U0856221

中国烟草年鉴

·2007·

CHINA TOBACCO YEARBOOK

国家烟草专卖局 编

北京

国家烟草专卖局、中国烟草总公司领导

姜成康

国家烟草专卖局局长、党组书记
中国烟草总公司总经理

张保振

国家烟草专卖局副局长、党组成员

何泽华

国家烟草专卖局副局长、党组成员

李克明

国家烟草专卖局副局长、党组成员

张辉

国家烟草专卖局副局长、党组成员

潘家华

中央纪委驻国家烟草专卖局纪检组组长、国家烟草专卖局党组成员

9月7日，中共中央政治局常委、中央纪律检查委员会书记吴官正（前排右二）视察安徽中烟蚌埠卷烟厂

安徽中烟蚌埠卷烟厂 供稿

11月8日，国务院副总理曾培炎（前排右一）视察湖北中烟黄鹤楼科技园

湖北中烟 供稿

1月10日，中共中央政治局委员、广东省委书记张德江（前排右二）一行视察珠海醋酸纤维有限责任公司

珠纤公司 供稿

9月4日，中共中央政治局委员、湖北省委书记俞正声（右）会见在湖北烟草调研的姜成康局长

湖北中烟 供稿

8月9日，全国人大常委会副委员长、中国科学院院长路甬祥（前排右二）视察兰州卷烟厂

兰州卷烟厂 供稿

5月29日，中央纪委副书记张惠新（前排右二）一行视察红塔集团

红塔集团 供稿

6月17日，国家发改委主任马凯（前排左二）一行视察江西中烟南昌卷烟厂

江西中烟 供稿

9月16日，姜成康局长（左一）在贵州大方县双山镇金家坝村与烟农亲切交谈

贵州省局 供稿

9月28日，张保振副局长（前排右二）在上海烟草企业调研

上海烟草（集团）公司 供稿

1月16～18日，2007年全国烟草工作会议在北京召开

陈兴杰 摄

1月18～19日，2007年烟草行业“按客户订单组织货源”工作会议在北京召开

颉虎平 摄

1月26日，国家局召开2007年烟草行业安全生产工作电视电话会议

陈兴杰 摄

3月2～3日，全国烟草系统纪检监察工作会议在北京召开

石开 摄

3月19～23日，全国烟草行业财务审计工作会议在北京召开

张婧 摄

3月20～21日，2007年烟草专卖管理工作会议在北京召开

刘海文摄

3月26日，姜成康局长为国家局、总公司新办公楼启用揭牌

汪为民 摄

4月11～12日，2007年全国烟草行业信息化工作会议在北京召开

武玉军 摄

4月17～18日，全国烟草系统2007年政治工作会议在北京召开

陈园媛 摄

4月24～25日，全国烟草行业多元化投资管理工作座谈会在山东青岛召开

王学仕 摄

4月27日，全国烟草行业劳动模范座谈会在北京召开

顿虎平 摄

5月15～16日，全国烟草行业老干部工作会、老干部活动中心现场会、老干部工作先进集体和先进个人表彰会在山东济南召开

王学仕 摄

5月23～26日，第三届全国烟草行业烟叶分级职业技能竞赛在河南郑州举行

陈兴杰 摄

6月5日，全国烟草行业2007年整顿和规范市场经济秩序工作会议在北京召开

吕玉敏 摄

6月12日，全国烟叶基层建设暨收购工作现场会在福建三明召开

福建省局 供稿

7月17～18日，全国烟草专卖局长、公司总经理座谈会在北京召开

陈兴杰 摄

7月31日～8月2日，全国烟草系统纪检监察工作座谈会在内蒙古海拉尔召开

张小乐 摄

8月24日，首届烟草行业卷烟产品鉴别检验技能竞赛在河南郑州举行

李大鹏 摄

9月6～7日，全国烟草行业企业管理现场会在广东广州召开

张方圆 摄

9月8日，全国烟草行业现代物流建设工作会议在安徽合肥召开

黄雪琴 摄

9月27～28日，首届烟草标准化论坛在上海举办

龚玲 摄

10月23日，国家局、总公司机关召开传达学习党的十七大精神大会

陈兴杰 摄

10月31日，全国烤房建设现场会在辽宁阜新召开

辽宁阜新市局 赵瑞 摄

11月27日，中国烟草在2007巴黎世界烟草博览会上举行“中国日”活动

刘峥 摄

11月27～29日，全国烟草行业践行“两个至上”从我做起报告会暨用工分配制度改革现场会在安徽合肥召开

汤元宋 摄

12月12日，国家烟草专卖局、公安部2007年全国卷烟打假总结表彰会在北京召开

汤元宋 摄

12月18日，由国家环保总局、国家烟草专卖局、联合国工业发展组织联合主办的中国烟草行业CFC-11(氟利昂)淘汰总结大会在北京召开

陈慧芳 摄

12月27日，全国烟草行业第三次企业文化建设工作会议暨政研会秘书长会议在浙江杭州召开

浙江杭州市局 管放军 摄

《中国烟草年鉴》编辑委员会

主　任：张保振

副主任：张修连　苗　绿　郭联君

委　员：刘　杰　孙宝义　毛幼力　赵和惠　赵百东　汪为民

《中国烟草年鉴》编辑部

主　　任：余　莉

责任编辑：刘　峥　彭　娟　吴中奇　谢争艳

编　　辑：吕红亮　周　佳

各栏目责任编辑

《领导讲话》：吴中奇

《重要文件》：谢争艳

《大事记》：刘　峥

《行业概览》

　　2007年全国烟草行业发展概况、信息化建设、烟叶生产经营、人事与劳资：吴中奇

　　发展计划与经济运行、烟草科技、财务与审计：刘　峥

　　卷烟生产经营、对外贸易与合作交流、思想政治工作：彭　娟

　　专卖监督管理、政策法规与体制改革、纪检监察、多元化经营：谢争艳

《国家烟草专卖局、中国烟草总公司机构》：刘　峥

《省级局（公司）》

　　北京、天津、河北、山西、内蒙古、辽宁、黑龙江、新疆、大连：谢争艳

　　江苏、浙江、安徽、福建、江西、山东、河南、湖北：彭　娟

　　吉林、湖南、广东、广西、海南、重庆、四川、贵州：吴中奇

　　上海、云南、西藏、陕西、甘肃、青海、宁夏、深圳：刘　峥

《工业企业》

卷烟工业企业：

河北、江苏、浙江、安徽、河南中烟：谢争艳

中烟实业、福建、江西、山东中烟：彭　娟

湖南、广东、广西、川渝中烟：吴中奇

湖北、贵州、云南、陕西中烟：刘　峥

烟草机械生产企业：刘　峥

辅料生产企业：刘　峥

烟叶加工企业：吴中奇

《科研机构》：刘　峥

《统计资料》：刘　峥

《人　　物》：谢争艳

《文　　化》：吴中奇

《公益事业》：谢争艳

《论点摘要》：彭　娟

《论文索引》：彭　娟

《附　　录》

国外烟草：彭　娟

先进集体名单：彭　娟

名词解释：吴中奇

《索　　引》：吴中奇

彩插、广告（文字编辑）：谢争艳

校　　对：陈慧芳　刘　斌　谢　娜　张志虎

发行电话：（010）63605464

广告电话：（010）63605472

2007年《年鉴》主要撰稿人名单

办公室（外事司）：林 海
科技教育司：高运谦
中国烟草机械集团有限责任公司：黄云海
中国烟草实业发展中心：陈 焕
中国烟草总公司郑州烟草研究院：程永玲
中国烟草总公司合肥设计院：宋 林
北京市烟草专卖局（公司）：王智誉 陈京军
天津市烟草专卖局（公司）：曹志永
河北省烟草专卖局（公司）：葛彦波
山西省烟草专卖局（公司）：陈晓勇
内蒙古自治区烟草专卖局（公司）：齐俊峰
辽宁省烟草专卖局（公司）：王 森
吉林省烟草专卖局（公司）：王兴谦
黑龙江省烟草专卖局（公司）：高 源
上海市烟草专卖局、上海烟草（集团）公司：胡剑平
江苏省烟草专卖局（公司）：张 华
浙江省烟草专卖局（公司）：章 莉
安徽省烟草专卖局（公司）：张 宁
福建省烟草专卖局（公司）：伊 尹
江西省烟草专卖局（公司）：刘国强
山东省烟草专卖局（公司）：张志强
河南省烟草专卖局（公司）：焦文明
湖北省烟草专卖局（公司）：朱 天
湖南省烟草专卖局（公司）：张 仕
广东省烟草专卖局（公司）：张 慧
广西壮族自治区烟草专卖局（公司）：刘 武
海南省烟草专卖局（公司）：李方友
重庆市烟草专卖局（公司）：龚洪磊
四川省烟草专卖局（公司）：张羽翔
贵州省烟草专卖局（公司）：王 乾
云南省烟草专卖局（公司）：杨 漾
西藏自治区烟草专卖局（公司）：张丽萍
陕西省烟草专卖局（公司）：王 玉
甘肃省烟草专卖局（公司）：王永青
青海省烟草专卖局（公司）：窦海宁
宁夏回族自治区烟草专卖局（公司）：汪创业
新疆维吾尔自治区烟草专卖局（公司）：张淑文
大连市烟草专卖局（公司）：高 瑞
深圳市烟草专卖局（公司）：李云娜
河北中烟工业公司：刘 辉
江苏中烟工业公司：滕舜英
浙江中烟工业有限责任公司：孙 琦
安徽中烟工业公司：朱要文
福建中烟工业公司：沈建书
江西中烟工业公司：张金泉
山东中烟工业公司：秦日旭
河南中烟工业公司：张 宇
湖北中烟工业有限责任公司：张小平
湖南中烟工业有限责任公司：周文圣
广东中烟工业有限责任公司：杨文雯
广西中烟工业公司：周丽霞
川渝中烟工业公司：晏 钢
贵州中烟工业公司：胡桂姜
云南中烟工业公司：贾学莉
陕西中烟工业公司：张建华
南通醋酸纤维有限公司：赵云峰
珠海醋酸纤维有限公司：许 江
昆明醋酸纤维有限公司：唐丽维

特别感谢：

马 超　李保江　邱纪青　邱学军

编写说明

一、《中国烟草年鉴》是由国家烟草专卖局组织编纂，全面反映中国烟草行业改革和发展情况，以及所属各企业发展概貌的专业性、权威性行业综合年鉴。《中国烟草年鉴》自1996年创刊以来，已先后编纂出版了1981～1990年、1991～1995年、1996～1997年、1998～1999年、2000年、2001年、2002年、2003年、2004年、2005年、2006年等11期。从《中国烟草年鉴》2004年版起，由国家烟草专卖局中国烟草杂志社《中国烟草年鉴》编辑部具体负责年鉴的编辑工作。

二、《中国烟草年鉴2007》设有领导讲话，重要文件，大事记，行业概览，国家烟草专卖局、中国烟草总公司机构，省级局（公司），工业企业，科研机构，统计资料，人物，文化，公益事业，论点摘要，论文索引，附录，索引共计16个栏目。本年鉴"栏目"下设"分目"和"条目"。

三、本年鉴主要收录了2007年全国烟草行业发展的主要工作情况，内容充实，信息量大，特别突出了资料的权威性、延续性，反映行业改革发展的历程，并配有大量彩图。

四、《省级局（公司）》栏目，主要介绍各省级烟草专卖局（公司）及所属地市级烟草专卖局（公司）2007年度发展情况。新增省级局（公司）所属"其他二级单位"的内容，反映各省级局（公司）下辖的除"所属地市级局（公司）"之外的其他二级单位的情况。对各地市级局（公司）的列表内容进行了一定的补充和调整，做到基本信息更完整清晰，既方便查阅，又突出重点，体现特色。

五、《工业企业》栏目，主要介绍烟草工业企业，包括卷烟工业企业、烟草机械生产企业、辅料生产企业、烟叶加工企业2007年的发展情况，重点突出了卷烟工业企业改制的情况。"卷烟工业企业"分目中，省级中烟工业公司及所属法人企业生产经营情况表述为"卷烟生产经营"，所属非法人生产厂、制造部等卷烟生产情况表述为"卷烟生产"。

六、《文化》栏目，新增行业部分单位网站网址、文化活动与文化团体的内容。"行业部分单位网站网址"收录了国家烟草专卖局、各省级局（公司）、各省级工业公司、上海烟草（集团）公司及国家烟草专卖局各直属经济实体的门户网站的网址；“文化活动与文化团体”收录了2007年烟草行业存在的各类文化团体及烟草行业开展的各项大型的文化活动。

七、《附录》栏目，新增名词解释的内容，对选取的烟草行业专业性词语及2007年度重要词汇进行解释。

八、本年鉴的各种资料、数据主要由国家烟草专卖局各部门、各单位和行业各直属单位提供，条目内容、数据均经各撰稿单位审阅，并由国家烟草专卖局办公室最后审定确认，资料可靠。本年鉴中有关涉及各地区的面积、人口及GDP数据均来自中华人民共和国统计局官方网站。

九、本年鉴中的各种资料、数据，除人物和先进集体名单外，一般截止时间为2007年12月31日。

编　者

2008年12月

目 录

领导讲话

财务审计

信息化建设

多元化经营

思想政治工作

纪检监察

重要文件

综　合

发展计划

专卖管理

经济运行

烟叶生产

法规体改

科技工作

人事政工

大事记

行业概览

国家烟草专卖局 中国烟草总公司机构

省级局（公司）

工业企业

卷烟工业企业

烟草机械生产企业

辅料生产企业

烟叶加工企业

科研机构

统计资料

总表部分

工业部分

商业部分

其　他

人　物

人物名单

人物介绍

文 化

公益事业

论点摘要

论文索引

附　录

国外烟草

先进集体名单

名词解释

索　引

领导讲话

全国烟草工作会议

在2007年全国烟草工作会议上的讲话

国家发展和改革委员会副主任　欧新黔

（2007年1月16日）

2007年全国烟草工作会议今天召开了。受国家发展和改革委员会党组委托，下面我讲几点意见：

一、充分肯定烟草行业2006年改革和发展所取得的成绩

全行业坚持以邓小平理论和“三个代表”重要思想为指导，全面贯彻落实科学发展观，认真贯彻党中央、国务院的各项方针政策和宏观调控措施，紧紧围绕“完善机制体制、优化资源配置、增强竞争实力、全面提升水平”的总体部署，深化行业改革取得重要进展，其他方面工作都取得了明显成绩。理顺资产管理体制工作进展顺利，行业资产划转工作全面完成，初步建立了烟草现代产权体制；企业组织结构调整进一步加快步伐，工商企业公司制改造、建立法人治理结构取得了较大进展，具有法人资格的卷烟工业企业整合减少到31家；烟草现代流通水平不断提高，重点企业和名优品牌的竞争力进一步增强；通过强化内部管理监督和市场专卖管理，坚持不懈地开展卷烟打假，整顿规范市场秩序，市场环境进一步改善；领导班子建设和党风廉政建设得到进一步加强，树立“国家利益至上、消费者利益至上”的行业共同价值观活动成效显著，干部职工队伍表现出良好的精神风貌。上年行业经济运行总体保持平稳，烟叶生产实现了连续9年的稳定发展，烟草生产经营保持了“产销协调、库存合理、价格稳定、效益提高”的良好态势，卷烟生产完成4043.6万箱，同比增长3.5%；销售完成4070.4万箱，同比增长3.9%；全行业实现工商税利达到2963亿元，比上年增加502亿元，增长20%。

二、要全面落实科学发展观，努力构建和谐烟草

烟草行业要认真贯彻中央经济工作会议及全国发展和改革工作会议的精神，紧密结合行业实际，全面抓好各项工作任务的落实。把科学发展观的要求切实落实到行业各方面工作中，用科学发展观指导和推动行业改革与发展。烟草行业落实科学发展观，要突出在“好”上下更大的工夫，高度重视经济增长的质量和效益，高度重视结构优化和降低成本，高度重视节约资源和保护环境，高度重视维护国家利益和广大消费者利益，高度重视行业发展与经济社会发展相和谐，在满足市场有效供给基础上促进经济效益增长，确保行业持续、稳定、协调、健康地向前发展，为实现国民经济又好又快发展和构建和谐社会作出积极的努力和应有的贡献。

近两年，国家烟草专卖局组织在全行业广泛开展牢固树立“国家利益至上、消费者利益至上”的行业共同价值观大讨论和“两个至上”在岗位主题实践活动，为构建和谐烟草奠定了较好的思想基础。在烟叶工作中，全行业近两年投入60多亿元，全面开展烟叶生产基础设施建设工作，不仅有利于烟叶生产持续稳定发展，也为社会主义新农村建设提供了积极支持。对这些富有明显成效的工作，今后还应继续坚持抓下去。构建和谐烟草，既要注重行业内部和谐，更要重视行业与社会和谐，认真履行社会责任。烟草产品关系到我国广大卷烟消费者，烟草生产、销售与我国广大烟区烟农和零售商户有着密切联系，构建和谐烟草，要始终把满足市场需求、维护消费者利益放在重要位置，要切实抓好惠及烟区、烟农有关政策措施和各项工作的落实，要为广大的卷烟零售商户提供更为良好的服务，要把“讲责任、讲诚信、讲效率、讲奉献”的要求落实到行业每个干部职工实际行动上，努力建设责任烟草、诚信烟草、和谐烟草，为促进社会和谐作出积极贡献。

三、要深化改革、严格管理、增强实力，积极应对国际竞争的挑战

加入WTO，加速了我国经济融入世界市场的进程。烟草行业面临国际大的跨国烟草集团的竞争形势同样严峻。因此，要从练好“内功”入手，不断增强全行业的竞争能力。

一是要深化行业改革。要继续贯彻落实国务院有关文件精神，还有许多要做的工作，比如如何进一步推动卷烟工业企业跨省联合重组，培育大型企业集团；如何在卷烟工业企业公司制改造的基础上，构建和形成董事会、监事会、总经理相互制衡的法人治理结构；如何在专卖体制下引入市场竞争机制，促进卷烟工业有序竞争；如何完善烟草商业企业管理体制，逐步组建全国统一的销售网络，推进全国大市场的形成，为卷烟工业企业提供公平竞争的市场环境；如何推进总公司和专业性公司改革，切实转变行业各级公司职能，认真履行国有资产经营和管理职能，确保国有资产保值增值，等等。可以说，全面贯彻落实国务院有关文件，2006年行业的改革还只是个开始，今后的任务更加艰巨和繁重。因此，行业改革要切实在“深”上下工夫，持续深入地加以推进。希望大家按照国家局总体部署和安排，统一思想认识，切实增强危机感、紧迫感和责任感，坚定搞好改革的信心，积极稳妥地抓好深化行业改革各项任务和措施的落实。

二是要严格行业内部管理。烟草行业连续3年全面开展财经秩序整顿和专项治理“两烟”体外循环，不断整顿和规范生产经营秩序，去年又集中开展了以内部专卖管理监督和同级审计监督为主要内容的“两项检查”工作，派出42个审计组对行业工商企业进行内部审计，推动了内部管理监督工作持续深入开展，为建立良好的生产经营管理秩序、促进行业健康发展发挥了积极作用。在实行专卖专营体制下，更要重视加强内部管理监督，严格行业自律，这是及时克服和解决行业改革发展中存在的突出问题，规范生产经营管理秩序，树立行业良好形象，保证行业健康发展的有效措施和重要手段。随着行业资产管理体制的理顺和企业改革的不断深化，国有资产经营管理的责任加重，加强内部管理监督就更为重要。希望大家充分认识加强内部管理监督的重要性，增强、加强内部管理监督的自觉性和主动性，把严格内部管理监督真正贯穿和落实到行业专卖管理、企业管理、财务管理、国有资产经营管理和“两烟”生产经营等各方面工作中，落实到每一个具体工作岗位上，健全和完善各项管理制度，构建加强行业内部监管的长效机制，坚持不懈地抓好落实。要把内部管理监督与加强行业党风廉政建设紧密结合，充分发挥纪检监察机构的监督检查职能，及时查处违规违纪行为，对出现的各种严重违纪问题必须严格执行纪律，给予严肃处理，确保行业健康发展。

三是要着力推进自主创新。烟草行业要把提高自主创新能力切实作为企业自身发展的头等大事，落实到实际工作中。要着眼于增强企业核心竞争力，切实加强技术创新体系建设，提高产品研发水平，着力培育拥有自主知识产权的名优品牌；要认真组织重大专项实施和科研项目攻关，努力在烟草良种培育、卷烟减害降焦、特色工艺技术等方面有重大突破；要充分利用信息技术改造传统产业，提高现代化管理和科学管理水平，促进产业结构不断优化升级；要更加重视行业节约生产和节能降耗工作，努力降低成本费用，提高资源利用效率，在建设资源节约型、环境友好型社会中发挥积极作用；要特别重视科技人才的培养和使用，充分调动和保护好科技人员在行业自主创新中的积极性和创造性。

四、着眼大局，认真做好履行《烟草控制框架公约》的相关工作

2006年1月9日，《烟草控制框架公约》在我国生效。履行《公约》对烟草行业来说又是一大挑战，是需要长期努力的一个过程。烟草行业为此做了充分的准备，多次组织研讨和培训，深入研究和学习《公约》的精神和要求，并取得了不少进展。希望在已有工作的基础上，继续抓好以下几个方面的工作：一是继续做好减害降焦的有关工作，通过加大科技投入，加强研究开发，使减害降焦进入新阶段；二是继续坚决打击卷烟制假、非法生产经营和走私活动；三是积极准备实行新的包装标识。

坚持以科学发展观统领行业改革和发展 全面提高中国烟草整体竞争实力

——在2007年全国烟草工作会议上的讲话

姜成康

（2007年1月16日）

这次全国烟草工作会议的主要任务是，坚持以邓小平理论和“三个代表”重要思想为指导，认真贯彻党的十六届六中全会和中央经济工作会议精神，全面落实科学发展观，紧紧围绕深入贯彻落实国务院有关文件精神，认真总结2006年工作，安排部署2007年任务，重点研究进一步推动行业改革和发展，全面提高中国烟草整体竞争实力，努力构建和谐烟草。

一、2006年行业主要工作完成情况

2006年，全国烟草行业坚持以科学发展观为指导，在党中央、国务院及国家发展和改革委员会的正确领导下，在各有关部门和地方党委、政府的大力支持下，围绕年初国家局提出的行业改革和发展总体部署和目标要求，通过全体干部职工共同努力，比较好地完成了各项工作任务，继续保持了持续健康发展，实现了“十一五”规划的良好开局。全行业实现工商税利2963.25亿元，比上年增加502.03亿元，增长20.4%。其中，实现工商税金1843.72亿元，同比增长15.34%；工商利润1119.53亿元，同比增长29.78%。

（一）烟叶生产保持稳定发展

全行业坚持把烟叶工作作为行业发展的重要基础，把“控制总量、稳定规模、防止过热”作为烟叶工作的突出重点，认真落实“重心下移、着眼基层、突出服务、加强基础”的烟叶工作方针，大力推进烟叶基层建设和烟田基础设施建设，切实加强生产经营管理。产区各级烟草部门认真贯彻国家局的部署要求，坚持以合同制为主线，全面抓好各项调控措施的落实，严格按国家计划组织生产收购，使烟叶种植面积得到有效控制，烟叶生产连续9年保持了稳定发展。全国烤烟种植面积完成1572万亩，同比减少102万亩；签订种植收购合同325万份，同比减少43万份。预计本农业年度烤烟收购量4100万担左右，较好地达到预期调控目标。以提高烟叶质量为中心，加大先进适用技术普及推广力度，烟叶生产、收购各个环节专业化服务得到进一步提高。全国集约化育苗移栽面积1374.8万亩，占种烟总面积的88%，其中漂浮育苗移栽面积1098.7万亩，占种烟总面积的70%。统一育苗、统一机耕、统一施肥、统一植保取得较大进展，土壤改良、平衡施肥、病虫防治、减灾减害、烟田排灌等技术到位率进一步提高，部分替代进口烟叶生产示范项目进展良好。各产区进一步完善烟叶收购、调拨工作管理制度，全面推广收购预检制，分层次加强对验级员、预检员和烟农进行培训，正确掌握国家等级标准。通过国家局组织检查，云南、贵州、福建等重点产区烟叶收购等级合格率达到80%以上。全行业两年共投入60多亿元，大力开展烟叶生产基础设施建设工作，各产区按照国家局总体部署，周密制订方案，精心组织实施，及时发现问题，正确加以指导，保证了烟叶基础设施建设顺利进行。通过对2005年度已建项目检查验收，工程质量比较好地达到建设标准，有效改善了烟农生产条件，提高了抗御自然灾害能力，促进了烟叶质量水平提升，同时也为全面推进烟叶基础设施建设积累了经验。切实重视和加强烟叶基层建设，国家局组织进行了烟叶基层建设专题调研，比较清楚地掌握了烟叶基层建设现状，制订《关于加强烟叶基层建设的决定》，烟叶基层建设得到普遍重视，基层建设各项工作深入推进。

（二）经济运行继续保持良好态势

继续坚持“控量、稳价、促销、增效”的生产经营方针，把经济运行工作的着力点放在建立可靠的市场基础和扎实的工作基础上，切实加强和改善宏观调控，努力保持卷烟产销的协调发展。全年累计生产卷烟20217.8亿支（4043.6万箱），比上年增加680.8亿支（136.2万箱），增长3.5%；销售卷烟20352.2亿支（4070.4万箱），同比增加767.4亿支（153.5万箱），增长3.9%；年末卷烟工商库存1184.8亿支（237.0万箱），同比减少103.7亿支（20.7万箱）。工商企业重视抓好低档卷烟生产和销售，全年共完成低档卷烟生产7575.3亿支（1515.1万箱）、销售

7491.1亿支（1498.2万箱），努力增加有效供给，在一定程度上缓解了低档卷烟市场供求矛盾。全行业紧紧围绕培育“两个10多个”的目标，认真落实《中国卷烟品牌发展纲要》，以卷烟“百牌号”为基础，加大品牌整合力度，重点骨干品牌的竞争力进一步提高，促进了资源优化配置。全年卷烟生产牌号224个，比上年减少90个；“百牌号”卷烟集中度为89.4%，同比上升4.5个百分点；前十个品牌集中度为31.9%，同比上升5.6个百分点；有8个牌号卷烟产销量超过100万箱，以“中华”、“芙蓉王”、“云烟”、“红塔山”、“双喜”为代表的一批名优品牌市场表现良好，为行业持续健康发展发挥了积极作用。卷烟销售网络建设按照“突出服务、注重效率、优化流程、提高素质”的要求整体推进、全面提升，截至2006年底，全国460万户卷烟零售客户中，实行电话订货的达到97.3%、电子结算的达到51.4%，电子商务和现代物流建设进一步加快步伐，为传统商业向现代流通转变奠定了更为良好的基础。重视加强卷烟价格管理，积极做好低档卷烟各个环节价格归档工作，卷烟牌号规格基本实现全国统一批发价格。改革卷烟交易方式，取消了产销衔接中原省内、省外计划分别核定的做法，实行统一管理，为营造公平有序竞争的市场环境创造了条件。烟草进出口工作在调整管理体制的同时积极开展各项贸易业务，烟叶、卷烟出口总体完成年度计划，实现出口创汇与上年持平，卷烟出口保持增长。丝束、烟机等烟用物资和装备供应稳定，生产经营管理水平不断提高。全行业高度重视安全生产管理工作，以落实安全责任、狠抓关键环节、推进体系贯标、强化制度落实为重点，坚持预防为主，全面推进职业安全健康管理体系建设，加强经常性安全生产检查，有效避免了重特大事故发生。

（三）行业改革取得积极进展

全行业把贯彻落实国务院有关文件精神作为全年工作的重中之重，紧紧围绕文件提出的任务要求，进一步理顺行业资产管理体制，大力推进和深化烟草企业改革。高度重视理顺资产管理体制工作，集中力量、周密组织、精心实施，全面完成了烟草产权划转工作。加强国有资产经营管理，制订《中国烟草总公司国有资产管理规定》，对有关资产使用、资产处置、产权转让、对外投资、捐赠等方面作出明确规定，为正确履行国有资产经营和管理职能、确保国有资产保值增值提供了制度保证。为确保资产质量真实可靠，全面开展多元化投资企业清产核资工作，比较全面地掌握了行业多元化投资情况和资产状况，基本完成省级烟草多元化投资管理机构建设，初步建立起自上而下、归口管理、分级负责的行业多元化投资管理体制。进一步深化卷烟工业体制改革，大力推动卷烟工业企业组织结构调整，加快省级工业公司与所属卷烟工业企业合并重组。截至2006年底，全行业有11家省级工业公司完成了与所属卷烟工业企业的合并重组，全国具有法人资格的卷烟工业企业调整减少到31家。加大省级工业公司和卷烟工业企业公司制改造力度，各省级工业公司全部改制为中国烟草总公司的全资子公司，卷烟工业企业相继改制为省级工业公司的全资子公司或分公司。积极进行建立符合现代企业制度要求的企业法人治理结构的探索，在红塔、红云烟草（集团）有限责任公司和中烟实业中心下属企业建立了董事会、监事会，初步形成规范运作、有效制衡、高效运行的法人治理结构。积极做好关闭破产小烟厂遗留问题的处理工作，职工安置和敏感债务处理基本完成。在商业企业体制改革方面，公司制改造继续推进。四川、安徽等省级公司建立了总公司、省公司、地市级公司三级母子公司体制，以地市级公司为市场营销主体，省级公司退出“两烟”经营，集中精力抓管理、抓资产经营。取消县级公司法人资格工作继续进行，全年取消县级公司法人资格225家，累计取消县级公司法人资格1542家。打叶复烤企业改制力度不断加大，有47家打叶复烤企业建立了有限责任公司体制。对烟草进出口管理体制进行了调整，按新体制要求建立和完善各项管理制度，为中国烟草更好地实施“走出去”战略创造有利条件。烟机工业同卷烟工业企业建立密切合作关系的试点工作进展良好。积极推进“按客户订单组织货源”的试点，在总结大连、深圳、杭州3个试点单位做法和经验的基础上，将试点范围扩大到山西、山东和浙江全省，依靠工商企业的密切配合，试点工作在发挥市场机制作用、增加适销对路货源、培育重点名优品牌等方面取得了积极进展和明显成效。

（四）内部管理监督工作深入推进

按照2006年初加强行业内部管理监督电视电话会议作出的部署，全行业全面开展以专卖管理监督和同级审计监督为主要内容的“两项检查”工作。国家局加大对开展“两项检查”工作的督导力度。在自查复查阶段，多次召开会议听取行业各直属单位开展“两项检查”工作的专题汇报，认真分析存在的问题，总结和推广试点单位好的做法和经验，对扎实有效地搞好“两项检查”工作提出明确的目标要求。在重点抽查阶段，制定标准统一、规范的抽查工作方案，从全行业抽调人员进行集中培训后组成检查组，分期分批对各单位开展“两项检查”工作的情况进行重点抽查，对抽查过的单位进行讲评，确保“两项检查”工作取得实效。截至2006年底，内部专卖管理监督完成了涉及10个省级局（公司）、4个工业公司共98家工商企业的抽查工作；同级审计派出42个审计组，对所有省级工业公司及其所属工业企业和生产点、22个省级局（公司）及其近1/3的地市级公司进行了行业内部审计。各单位对加强内部管理监督工作的认识进一步提高，自觉性、主动性增强，主要负责同志亲自抓，充实专卖管理和审计队伍力量，专卖、审计、整顿办、纪检监察等部门形成合力，认真履行职能，重点查找“两烟”生产经营、财务管理、资金管理等方面存在的问题，制订切实有效措施，依法依规进行整改，建立健全各项制度，推进了内部管理监督工作的制度化、规范化。在开展“两项检查”工作的同时，纪检监察部门加大对违规违纪案件的查处力度，严肃处理了一批前整后犯、顶风违纪的案件，使加强内部管理监督与构建行业惩治和预防腐败体系紧密结合起来。为进一步规范烟叶经营流通秩序，国家局以烟叶合同的签订和执行为主线，对种植合同的签订、移栽后的实际种植面积和按合同收购、调拨、加工烟叶等情况进行了重点检查，有效防止和减少了烟叶流通领域各类不规范问题的发生。为切实加强监管、堵塞漏洞，国家局组织调研组对行业重大工程项目、广告费支出、大宗物资采购情况专门开展调研，针对存在的问题和薄弱环节，积极提出措施和建议，为下一步制订具体措施、加强监管奠定了基础。

（五）专卖管理工作进一步强化

按照国家局总体要求，各级专卖管理部门认真履行职责，紧紧围绕打假打私、内部监管、加强基层建设三项重点任务，不断强化专卖管理各项工作。始终保持卷烟打假高压态势，坚持打源头与打网络并重，切实落实烟草、公安联合打假工作制度，加强对有价值案件线索的经营，对重大案件挂牌督办，成功组织了天津“1·12”、西南五省“5·31”、京冀“11·25”等一批重大贩假网络案件的集中打击行动。全国共打掉制售假烟网络475个，其中，达到国家局与公安部制定的制售假烟网络案件标准的255个，涉案金额千万元以上的大要案24个。通过严格落实卷烟打假责任制，深入开展端窝点、打源头工作，福建、广东等省制假重点地区的制假活动得到有效控制，各地呈转移、扩散势头的卷烟制假活动受到严厉打击，对烟机和卷烟纸、丝束等原辅材料的日常监管进一步加强。全年共查处制售假冒商标卷烟案件33万起，查获假冒卷烟90.7万件，捣毁制假窝点4296个，查缴制假烟机1281台、烟叶1.06万吨，依法拘留制假分子6634人，其中，劳教116人、判刑2313人，有力打击了制假分子嚣张气焰。全行业高度重视和加强专卖基层建设，认真贯彻落实国家局关于《加强县级烟草专卖局专卖管理工作的意见》各项内容和要求，在全面调查的基础上，明确县级局专卖管理的职责定位和机构设置，充实人员力量，制订装备设施配置、经费开支等方面的规定和标准，完善加强县级局建设的制度措施，进一步夯实专卖管理基础。切实加强卷烟零售市场监管，国家局专门组织对卷烟零售市场变化和监管情况进行了调研，针对存在的问题提出了加强监管的具体措施。加大卷烟零售许可证的管理力度，按零售业态标准对零售户实施分类管理。注重加强对卷烟零售市场特别是零售终端的研究，创新专卖管理方式方法，对重点环节和关键部位实施全面监控，依法查处各种非法经营活动，重点打击非法经营大户。准运证管理工作迈上新台阶。卷烟准运证管理系统自下半年正式升级启用，改变过去的省际、省内分级管理模式，实行统一管理，加强了对卷烟流向的动态监控。各级专卖局把依法行政工作摆在更加突出的位置，全面部署“五五”普法工作，大力开展法律法规培训教育，推行行政执法责任制，规范行政执法行为，促进了责权明确、行为规范、监督有效、保障有力的烟草专卖执法体系的逐步健全和完善。

（六）自主创新能力不断提升

烟草科技工作坚持中式卷烟发展方向，紧紧围绕培育中式卷烟代表品牌、提高中式卷烟核心竞争力这一中心任务，加强企业技术中心建设，开展一系列关键技术的研究、集成和推广，努力提高行业自主创新能力。召开全国烟草科技大会，制定颁布了《烟草行业中长期科技发展规划纲要（2006～2020年）》和《关于实施烟草科技发展规划纲要，增强行业自主创新能力的决定》，明确了烟草行业中长期科技发展的指导方针、基本原则以及行业创新体系建设目标和相关政策措施，资源节约型、环境友好型企业建设进一步受到重视，节约发展、清洁发展、安全发展更加深入人心。认真组织重大专项实施，积极推进烟草育种、卷烟调香、特色工艺、减害降焦“四大战略课题”和优质烟叶生产科技示范基地、烟叶种植区划等重点科技工作，建立了国家局调香技术人才培养基地，启动卷烟调香人才系统培养工作，发布实施了72项国家和行业标准。卷烟焦油量平均降至13.2毫克/支，比上年下降0.3毫克/支。中式卷烟制丝设备自主创新工作积极推进，行业“十五”重大技术装备项目10000支/分卷接机组、550包/分包装机组通过国家局组织的鉴定，总体技术水平达到国际先进。卷烟工业企业更加注重强化质量管理，积极运用现代信息技术实现对多点生产经营的实时监控，确保了扩张品牌在异地加工、多点生产条件下产品质量的一致和稳定。烟草经济研究和烟草科技学术交流活动取得新的成果，历时五年的《中国烟草通志》编纂工作全面完成并正式出版发行。行业信息化建设步伐进一步加快。制定和完善了信息化工作的有关标准和规范；卷烟生产经营决策管理系统稳定运行，并积极拓展在卷烟工业企业的应用；卷烟打码到条及订单采集系统项目全面实施；行业数据中心建设开始启动，推动各业务系统集成整合、信息共享；办公自动化系统应用更为广泛，网上审批系统在国家局和行业各直属单位之间开始试运行。行业统计工作服务能力不断提升，通过开展统计数据质量检查，促进了各单位更加重视统计基础工作和强化数据质量意识，“工商数据采集系统”数据清理核对工作有序开展，替代现有统计报表准备工作基本就绪。

（七）思想政治工作和反腐倡廉取得积极成效

按照国家局统一部署，全行业全面开展学习党章、学习《江泽民文选》、学习和践行社会主义荣辱观活动，继续深入开展“两个至上”行业共同价值观大讨论，采取多种形式组织开展“两个至上”在岗位主题实践活动。广大干部职工立足岗位，以极大的热情投入到实践活动中，努力践行“两个至上”，努力改进思想作风和工作作风，行业职工队伍的凝聚力进一步增强。深入开展“四好领导班子”争创考核活动，对行业各直属单位贯彻执行《党政领导干部选拔任用工作条例》情况进行了全面检查，推动和加强了各级领导班子思想政治建设和组织、作风建设。继续深化行业人事用工分配制度改革，严格落实薪酬管理各项制度规定，依法规范劳动用工行为。开展行业“四定”工作，制订烟草行业岗位名称目录，将各岗位分别纳入不同类别进行管理，逐步做到定岗、定员、定责、定薪。进一步加强教育培训工作，完善教育培训机制，制订《烟草行业教育培训工作实施办法》，充分发挥国家局党校和行业各级职工培训中心的作用，加强对各类人才以及不同岗位人员的培训；国家局党校在抓好教学活动的同时，结合行业实际，有针对性地对行业改革和发展中需要重点解决的问题组织专题研讨。大力开展企业文化建设工作，国家局确定了武烟集团等6家企业文化建设试点单位，对各级分管企业文化建设工作的领导进行专门培训，组织开展烟草企业文化建设论坛、成果展示等活动，促进企业文化建设有效开展。各单位努力增强服务意识，进一步重视做好离退休干部工作，加强离退休人员党支部建设和活动中心（站）建设，保证离退休干部政治、生活各项待遇得到较好落实。全行业认真贯彻落实中共中央印发的《建立健全教育、制度、监督并重的惩治和预防腐败体系实施纲要》，扎实推进构建行业惩防体系工作，各级领导班子和领导干部的廉政自律意识进一步增强。国家局采取以点带面方式，分别在云南、河北、山西、湖南、重庆等省级局进行贯彻落实《实施纲要》试点，及时总结推广经验。各级纪检监察机构认真履行监督检查职责，突出加强对重大投资决策和大额资金使用的监督以及对干部选拔任用工作的监督。行业各直属单位纪检监察机构进一步健全，重点抓好对同级领导班子特别是主要领导干部的监督，使对权力运行的制约和监督得到有效加强。加大对违纪违法案件的查处力度，全行业全年受理群众来信来访2380件(次)，新立案231件，共结案222件，给予428人党纪政纪处分。充分发挥行业各级工青妇等群众组织的作用，广泛开展精神文明创建活动和多种形式的文体比赛、演讲竞赛等活动，使思想政治工作的内容和形式更加丰富，效果更为明显。行业媒体坚持“三贴近”方针，弘扬主旋律，紧紧围绕行业中心任务开展宣传报道工作，为促进行业持续健康发展营造了积极的舆论氛围。

总结2006年工作，必须清醒看到当前行业发展中存在的突出矛盾和问题，有些深层次矛盾和问题随着行业改革的不断深化将进一步显现。主要表现在：烟叶基础还较为薄弱，制约和影响烟叶持续发展的不确定、不稳定因素依然存在，烟叶生产稳定规模的压力仍然较大，等级结构与卷烟生产发展需要存在很大差距；粗放型的经济增长方式尚未根本转变，不规范的生产经营行为依然存在，成本高、费用大、资源利用率低的问题仍然突出；合并重组后企业如何防止“大企业病”的问题更为显现，企业核心竞争力和适应市场能力不强，管理水平和创新能力亟待提高；行业国有资产经营管理和市场监管的责任进一步加重，在坚持专卖体制下如何发挥市场机制作用的任务更为艰巨。特别反映在经济运行工作中，如何在加强总量控制、保持稍紧平衡的同时发挥市场机制作用，在推进品牌整合、着力培育重点骨干企业和骨干品牌的同时形成有序的竞争格局，在控制成本费用取得一定成效的同时高度重视节约资源和保护环境，实现节约发展、可持续发展，都是需要下工夫认真加以解决的问题。全行业对此都要有足够认识，切实增强忧患意识和危机感，时刻保持清醒头脑，高度重视并积极解决前进中的矛盾和问题，努力推动行业持续健康发展。

二、2007年行业工作的主要任务

以贯彻落实国务院有关文件精神为标志，烟草行业改革和发展进入了新的阶段。这一阶段主要特点是：行业改革从重点突破、理顺关系向完善体制机制、实现制度创新转变；结构调整从重组整合、规模扩张向做强做大企业、培育骨干品牌转变；行业管理从行政管理为主向行政管理与资产经营管理并重转变。

行业改革和发展进入新的阶段，也面临新的形势和任务。一是中央提出构建社会主义和谐社会的重大战略任务对烟草行业提出了新的更高要求；二是理顺资产管理体制后，如何切实加强国有资产经营管理，确保国有资产保值增值责任更加重大；三是随着社会主义市场经济体制不断完善和《烟草控制框架公约》的履行，烟草行业面临的压力将日益增大。因此，行业当前和今后一个时期的主要任务是“完善体制机制、优化资源配置、增强竞争实力、全面提升水平”。根据以上对行业新阶段新形势新任务的分析判断，为进一步推进烟草行业改革和发展，国家局党组研究提出2007年行业工作的总体要求是：坚持以邓小平理论和“三个代表”重要思想为指导，认真贯彻党的十六大和十六届三中、四中、五中、六中全会和中央经济工作会议精神，以科学发展观为统领，以实现中国烟草由大变强为目标，继续深化行业改革，大力推进自主创新，切实转变增长方式，严格内部管理监督，努力构建和谐烟草，实现烟草行业持续健康发展，以优异成绩迎接党的十七大胜利召开。主要目标是：烟叶收购严格控制在国家计划之内，卷烟产销保持适度、协调增长，成本费用上升趋势得到有效控制，实现税利与国民经济发展速度基本同步。重点要抓好以下几个方面工作。

（一）紧紧抓住第一要务，努力实现行业科学发展

发展是第一要务，我们必须始终坚持以经济建设为中心，紧紧抓住发展这一主题；发展必须是科学的发展，要坚持以科学发展观为指导，努力实现烟草行业持续健康发展。

1. **进一步转变发展观念**。近年来行业持续保持良好发展，为今后发展奠定了较为坚实的基础。但也要清醒地认识到，我们的整体竞争实力并不强，经济增长方式尚未根本转变，按照科学发展观的要求仍然存在较大差距。全行业都要进一步增强对科学发展观重大意义的认识，深刻领会和准确把握科学发展观的科学体系和精神实质，不断提高贯彻落实科学发展观的能力，坚持用科学发展观指导推动行业改革和发展，切实在“好”字上下工夫，实现行业持续健康发展。要认真克服故步自封、满足现状的思想，进一步增强忧患意识，坚持用改革的办法解决发展中存在的矛盾和问题，把工作着力点真正放在调整结构、加强管理、自主创新、提升水平上来，努力提高中国烟草整体竞争实力，以应对更加激烈的市场竞争；要认真克服急于求成、急功近利等浮躁情绪，大力发扬求真务实精神，决不搞所谓的政绩工程和形象工程，把发展真正建立在可靠的市场基础和扎实的工作基础上，保持行业平稳发展，防止出现大的起落；要认真克服“贪大求洋”、不计成本的倾向，高度重视节约资源、保护环境、控制成本、提高效率，努力实现节约发展、可持续发展。

2. **更加注重发展的协调性**。当前要重视抓好烟叶生产与卷烟生产、卷烟产品结构与市场需求、农村市场与城市市场的协调发展。烟叶是行业发展的基础，也是行业发展最为薄弱的环节和制约因素。我国卷烟生产规模决定了解决烟叶问题必须立足国内，建立在国内烟叶质量水平不断提高的基础上，否则将面临极大风险。要把稳定烟叶生产规模始终摆在烟叶工作首要位置，严格控制烟叶种植面积，切实防止大的波动，保持烟叶生产稳定发展；要把提高质量、改善结构作为烟叶工作中心环节，适应和满足卷烟生产发展的需要，为重点骨干品牌扩张提供稳定可靠的原料保证；要把加强管理、提高管理水平作为烟叶工作突出重点，建立良好的生产经营秩序，促进烟叶工作的健康发展。为实现以上目标，要从构建社会主义和谐社会的战略高度重视烟叶工作，全面推进烟田基础设施建设，进一步提高烟叶专业化服务水平，加强对烟农的培训和技术指导，努力提高烟农素质；要从保持烟草行业持续健康发展的全局角度加强烟叶工作，正确分析烟叶生产发展趋势，准确把握烟叶生产发展规律，明确烟叶工作指导方针和工作重点，把烟叶工作切实转移到依靠科技进步、提高质量水平的轨道上来；要从夯实烟叶发展基础出发切实加强烟叶基层建设，全面落实“重心下移、着眼基层、突出服务、加强基础”的工作方针和国家局《关于加强烟叶基层建设的决定》的有关要求，加强对烟叶基层建设的领导，充分发挥地市级公司在烟叶基层建设中的主体作用，认真抓好烟叶基层建设各项措施的落实。要以建立良好的烟叶生产经营秩序为目标，突出合同管理这一主线，全面加强生产收购、复烤加工、调拨各个环节的管理监督，杜绝不规范生产经营行为的发生。继续高度重视低档卷烟产销工作。近年来，国家局采取一系列措施稳定低档卷烟生产，在一定程度上缓解了低档卷烟供应不足的矛盾。但低档卷烟产销矛盾仍未得到根本解决，产品结构与市场脱节现象仍然存在。我们一再强调要

把发展建立在可靠的市场基础之上，如果产品结构脱离市场需要，迟早是要出问题的。工商企业都要对市场负责，把解决好低档卷烟的产销问题继续作为今年生产经营工作的重要任务，作为一种责任，切实纠正和解决以税定结构的倾向，采取更加有效措施，努力实现卷烟产品与市场需求的协调，保证市场的稳定。农村市场是行业发展的潜力所在，尤其在结构调整方面具有较大提升空间，因此要在抓好城市市场的同时，高度重视农村市场，保证农村市场货源供应，提高农村市场服务质量，着力解决送货周期偏长、委托送货比重偏大、入网零售客户偏少、访销工作不到位、货源断档脱销等问题，实现农村市场与城市市场的协调发展。

3. **加强和改善宏观调控。**始终坚持控制总量方针，切实加强计划管理。严格计划管理是专卖体制的主要特征，也是推进行业持续健康发展的重要保证。工商企业都要严格执行国家计划，自觉维护计划的严肃性，保持烟叶生产稳定和卷烟产销的稍紧平衡。要在控制总量的同时，不断优化烟叶和卷烟产品结构，努力使总量平衡建立在优化结构的基础上。加强对卷烟、烟叶价格研究，制定合理的价格和各经营环节差率，严格执行烟叶价格政策和补贴政策，充分发挥价格调节利益的杠杆作用。更加重视资源节约型、环境友好型行业建设，采取有力措施，充分挖掘潜力，突出抓好节能降耗各项指标的落实。按照“明确职责、突出重点、提升水平、狠抓落实”的要求不断强化安全生产管理工作，防止重特大事故发生，努力做到安全发展。高度重视战略管理，加强行业经济研究，充分发挥专家咨询和法律顾问作用，建立科学决策、民主决策机制，确保行业沿着正确方向发展。

（二）加快培育“两个10多个”步伐，努力实现企业由大变强目标

保持行业持续健康发展，关键在于加快培育“两个10多个”重点骨干企业和重点骨干品牌，充分发挥重点骨干企业和重点骨干品牌的支撑作用。工商企业都要把培育“两个10多个”作为工作的突出重点，齐心协力、共同努力，务求取得实效。

1. **更加重视发挥市场机制作用。**在坚持专卖制度前提下，积极推进以市场为取向的改革，发挥市场机制作用，既是行业改革的方向，也是推动行业发展的动力。卷烟工业企业要适应新形势，面向更大范围、更高水平的市场竞争，努力实现“两个跨越”。随着省级工业公司与所属卷烟工业企业合并重组的加快推进，大部分省级工业公司构建了母分公司体制，卷烟工业企业格局发生了根本的变化。在新形势下，卷烟工业企业要找准新的竞争对手，明确新的竞争目标，打破原有以省内市场竞争为主的格局，努力实现从省内市场依赖型向着眼于全国统一大市场的跨越；要以提高国际竞争力为目标，进一步巩固国内市场的主导地位，在开拓国际市场上取得实质性进展，努力实现从立足国内市场向面向国际市场的跨越。烟草进出口企业也要努力适应这一要求，采取有效措施做好“转型、改制、整合”工作，积极推进中烟国际的组建和中国烟草“走出去”战略的实施。商业企业要扩大按订单供货试点工作面，深化卷烟流通体制改革。按订单组织供货是坚持专卖制度下发挥市场机制作用的有效途径和实现形式，是深化商业流通体制改革的主要任务。从2005年开始，国家局先后在深圳、大连、杭州和浙江、山东、山西开展按订单组织供货试点工作，通过两年来的积极探索，试点工作取得明显成效，尤其在培育重点骨干企业、重点骨干品牌方面效果明显，为专卖制度下如何更好地发挥市场机制作用积累了一些经验，走出了新的路子。今年要在总结试点工作经验基础上，进一步扩大试点面，把试点范围扩大到所有省会城市。在试点工作中，要更加注重消费者的真实需求，努力提高市场预测的准确率，为卷烟产品结构调整提供真实可靠的市场信息；要工商互动、协同营销，认真做好向订单生产延伸工作，为按订单供货提供适销对路货源；要坚持以市场为导向，以“百牌号”为基础，以培育10多个重点骨干品牌为目标，认真做好品牌培育工作，尤其对一些有良好发展前景的品牌要认真培育，形成适度竞争态势，推动重点骨干品牌水平提升；要继续按照“突出服务、注重效率、优化流程、提高素质”的要求，全面提升网建水平，为按订单供货试点工作提供强有力的支撑；要进一步克服非市场因素，切实改变品牌引进退出人为因素大于规则依据现象，坚决刹住卷烟交易中的不正之风，为卷烟工业企业营造公平竞争的市场环境，促进卷烟工业有序竞争。国家局要从宏观层面营造有利于适度有序竞争的市场环境。今年要重点抓好产销衔接模式的改革，其基本思路是：在坚持现有卷烟生产计划管理体制前提下，对卷烟品牌在全国范围内放开衔接，适度引导，定向整合，促进发展。对产大于销的产品要加快整合；对销大于产的产品要在适度引导前提下，通过定向整合等方式增加供给；今年新增生产计划主要用于扶持重点骨干品牌生产。通过采取以上措施，努力使重点骨干品牌能够有更好的发展。

2. **更加重视自主创新。**为抓好全国烟草科技大会精神的贯彻落实，大力推动自主创新工作，今年在全

行业开展“创新年”活动。坚持以企业为主体，以市场为导向，以增强企业核心竞争力为目标，高度重视行业创新体系建设，切实抓好重组后企业技术资源整合工作，在培育具有独特风格、技术含量高、适应市场能力强的重点骨干品牌方面取得实实在在的进展。增强创新意识，高度重视人才培养工作，打破论资排辈思想，建立有效激励机制，大胆引进、使用高素质人才，激发创新热情和活力，提高研发队伍整体素质。坚持产学研相结合，精心组织重大专项的实施，明确各个部门职责，充分发挥各级烟草学会作用，抓好各项配套政策措施落实，力求在烟草育种、卷烟调香、特色工艺、减害降焦等方面取得新的突破。重视发挥国产烟机在行业技术装备中的主导地位和作用，努力提高国产烟机制造技术和质量水平。积极实施知识产权战略和技术标准战略，争取拥有更多的发明专利，不断提高创造力。行业信息化建设要突出应用，积极推进电子政务、电子商务、管理监督系统、现代物流等重点工程建设，加快构建行业数据中心，加大系统集成、资源整合、信息共享力度，实现“数出一门”。坚持用信息化改造工商企业，支撑企业生产经营活动，提高管理监督水平，实现管理创新。

3. **更加重视提高效率。**经过近年来的重组整合，不论是工业企业还是商业企业，规模都在迅速扩张，管理幅度明显增大，如何克服“大企业病”，建立高效顺畅的组织构架和运行机制紧迫地摆在面前。省级工业公司与所属卷烟工业企业合并重组后，要高度重视和突出抓好资源整合和企业文化融合，充分调动和保护好各方面积极性，切实加强技术中心、营销中心、采购中心、生产中心的建设，严格控制新增管理机构和管理人员，把公司办成真正的公司，加快从管理为主向经营实体转变。省级公司退出“两烟”经营和取消县级公司法人资格后，地市级公司所承担的责任更为重大。要高度重视地市级公司建设，加快把地市级公司培育为市场营销主体，全面提高地市级公司的营销水平、管理水平、市场控制水平、人员素质水平。工商企业都要高度重视成本费用控制，加强成本、费用考核。从去年经济运行情况看，部分单位成本费用水平在继续上升，这与企业重组整合所应实现的目标是极不相称的，暴露了管理方面存在的问题。成本费用水平同样是竞争力，加强管理、提高效率要体现在成本费用水平的不断下降上。各单位都要认真分析管理方面存在的问题，采取更加有效的措施，抓住突出问题，严格各项管理，坚决遏制成本费用水平上升趋势。

4. **更加重视共同发展。**国家局提出的共同发展方针符合科学发展观要求，比较妥善地处理了改革重组过程中各方面利益关系，注重区域协调发展，调动了各方面积极性，形成了推动改革的强大动力。在加快培育“两个10多个”工作中，仍要十分注重区域之间的协调发展，实现共同发展的目标。培育“两个10多个”目标，客观上要求要继续推进卷烟工业的跨省联合重组，因此要积极探索跨省联合重组的有效途径和方式。今后卷烟工业企业跨省联合重组，要坚持以总公司为主导，充分发挥总公司牵头协调作用，妥善处理好各方面利益关系；以重点骨干企业、重点骨干品牌为支撑，通过重点骨干企业技术、管理、品牌的输出，改善和优化资源配置；以资产为纽带，在总公司控股前提下，通过资产划拨方式，支持重点骨干企业参股，建立长期稳定的合作关系。

（三）不断深化行业改革，努力实现制度创新

要继续把贯彻落实国务院有关文件精神作为今年工作的主要任务，进一步抓好各项改革措施的落实，不断深化行业改革。

1. **不断完善体制机制。**近年来经过工商分开、战略重组、调整职能、理顺产权等改革调整，烟草行业初步建立了专卖制度下的现代产权制度和有利于适度有序竞争的体制机制，在今后的工作中还要不断深化、加以完善。要坚持和完善烟草专卖制度。实践证明，烟草实行专卖，符合中国国情，有利于烟草行业的健康发展。因此，深化行业改革必须有利于专卖体制的巩固和完善，进一步解决提高效率和注重自律这两大课题，充分发挥专卖的体制性优势。必须进一步强调，《烟草专卖法》的调整对象主要是烟草专卖品生产经营及其各项管理活动，重点是烟草行业内部。行业所有单位都必须自觉遵守和严格执行烟草专卖法律法规，切实做到依法行政、依法管理、依法生产经营。要按照《公司法》和国务院有关文件要求，进一步规范总公司、省公司与地市级公司的关系。理顺资产管理体制后，总公司、省公司、地市级公司重新修订章程，进一步明确了权利和责任，要按照公司章程规定，切实做到规范运作、高效运行。总公司要进一步转变管理方式，减少审批，把工作重点切实转到宏观调控、战略管理、政策研究、资产经营、队伍建设方面来，实行科学决策、民主决策，为企业发展营造良好环境。省公司主要履行出资人职责，把工作重点转移到抓管理、抓监督、抓资产经营管理、抓队伍建设上。充分发挥地市级公司市场营销主体作用，尊重企业的生产经营自主权。要健全和完善行业资产经营管理体制。加强国有资产经营管理、建立完善的资产经营管理体制，对于我们来说是一项全新的工作，政策性强，任务重，责任大，各单位要引起高度重视，认真负责地

抓紧抓好。一是摸清家底。要在去年开展多元化投资清产核资工作基础上，全面开展清产核资工作，依法依规处置各种不良资产，保证资产真实可靠。二是明确职责。总公司、省级公司和基层企业都要认真履行职责，承担国有资产保值增值责任，把保值增值责任落到实处。三是加强管理。要切实加强国有资产基础管理、投融资管理、营运管理、投资收益管理。要把加强对多元化投资企业管理作为资产经营管理工作的突出重点，进一步健全机构、配好人员，在进行全面清产核资、依法依规处置不良资产工作基础上，认真做好企业改制、重组、调整工作，认真履行出资人职责，努力提高管理水平和经济效益。四是加强考核。为确保国有资产保值增值，防止国有资产流失，今年要把资产经营管理情况列入对各省级公司领导班子考核的重要内容。在考核指标上重点考核投入产出比，考核总资产贡献率、净资产收益率、对外投资收益率、固定资产收益率、成本费用利润率；考核资产营运质量，重点考核不良资产比率；考核资本发展能力，主要是资本保值增值率。

2. **积极探索卷烟工业企业建立法人治理结构**。近年来烟草行业在建立法人治理结构方面进行了一些尝试，积累了一些经验，尤其是去年行业基本理顺了资产管理体制，初步建立了现代产权制度，为行业建立和完善法人治理结构创造了更为有利的条件。但总体来说，行业建立法人治理结构工作仍处于探索之中，具有很强的挑战性和艰巨性。因此，要坚持在探索中起步，在实践中完善。要坚持从行业实际出发。烟草行业实行统一领导、垂直管理、专卖专营的管理体制，烟草企业绝大部分是国有独资企业，烟草行业建立法人治理结构要从这一实际出发，制订符合行业实际的实施方案。要突出工作重点。要把工作重点放在董事会建设上，着重解决好董事会“管什么、怎么管、谁去管”这三个问题。管什么，就是要明确职责。按照《公司法》的规定，国有独资公司不设股东会，可以授权公司董事会行使股东会的部分职权。从行业实际出发，卷烟工业企业董事会重点抓好四个方面工作：一是根据《烟草专卖法》和行业产业政策规定要求，研究制定企业发展战略和规划，确立企业发展目标和方向；二是按照国家局有关规定和程序，审议企业投融资计划；三是审议和批准企业年度财务预算和决算；四是根据国家收入分配政策和行业有关收入分配规定，审议和批准企业内部分配办法。怎么管，主要是处理好三个方面关系：处理好董事会与总经理的关系。从行业实际出发，企业法人代表原则上由总经理担任，具体组织企业生产经营活动。董事会主要是决策，董事长不长驻企业，不干预企业具体生产经营活动。处理好董事会与国家局、总公司有关职能部门的关系。有关国家局、总公司职能，国家局下发了文件对行政许可、非行政许可审批、行业管理、人事管理、资产经营管理等有关事项做出明确规定，切实做到职权法定，依法行政，依法管理。凡是属于国家局、总公司管理的职能，企业要通过必要的程序上报审批；凡是属于企业生产经营自主权的要切实受到保护。处理好“新三会”与“老三会”的关系。要充分发挥党组织在企业中的政治核心作用，在坚持党管干部的原则下，探索发挥市场机制选贤任能的作用。要发挥职代会民主管理、民主监督的作用，实行司务公开、厂务公开。谁去管，关键是选好人。董事会能否有效运作、发挥作用，关键在于董事会成员的素质。总公司直属企业董事会成员可由以下人员中选派：一是在总公司机关和省级公司抽调一批具有较高素质和较为丰富实践经验的司局级干部；二是所在企业的总经理和部分经营管理者；三是职工代表。

（四）严格内部管理监督和市场监管，努力建立良好的生产经营秩序

深入推进行业内部管理监督工作，加强重点抽查，着力解决存在的突出问题。注重自律对于烟草行业既是长期的任务，又是当前需要进一步解决的重大课题，必须坚定不移、坚持不懈努力抓好。要继续推进“两项检查”工作的深入开展。为检验内部管理监督工作的成效，全面开展全员自律教育，激发加强内部管理监督的内在动力，推动内部管理监督各项措施的贯彻落实，去年在全行业全面开展了“两项检查”工作。国家局通过对部分单位进行重点检查后认为，各单位对“两项检查”工作是重视的，取得了较好的效果。但在检查中也发现了一些值得引起高度重视的问题，主要是：违规生产经营和违规财会核算行为在一些单位仍然严重存在；财务检查中发现的问题尤其是历史遗留的问题整改率不够高；内管力量薄弱，工作不到位，有效的内部管理监督机制尚未建立。今年国家局要继续深入开展重点抽查工作，加大整改工作力度，推动内部监管工作深入开展。要认真总结内部管理监督好的做法和经验，进一步加强制度建设，健全内管机构，配足内管人员，认真研究内部管理监督的有效途径和方式，切实加强“两烟”生产经营、重大工程项目、物资采购、资金等方面的监管，建立加强内部监管的长效机制，努力实现内部监管的制度化、规范化。要定期开展内部检查工作。国家局从今年开始，要定期对卷烟工业企业和省级烟草公司进行财务审计，对各省专卖管理监督开展情况定期进行检查。各省级局、公司都要对所属单位专卖管理和财务工作开展经

常性检查，严格管理，严格监督，对有令不行、有禁不止、顶风违纪的必须严肃处理。

坚持不懈开展卷烟打假打私，加强市场监管，努力维护良好的市场秩序。坚持不懈地开展卷烟打假工作，既是为行业生产经营健康发展创造良好的市场环境，也是从根本上维护国家利益和广大消费者利益。近几年行业通过不断加大打假力度，特别是打击制售假烟网络的全面推动，卷烟打假取得了明显成效。但也要清醒认识到卷烟打假工作的艰巨性和复杂性，打假未有穷期，必须牢固树立长期作战思想，始终保持高压态势。要切实加强对卷烟打假工作的组织领导，在人力物力财力上充分保证。要继续发挥各级公检法机关和烟草部门联合打假长效机制的作用，以摧毁制售假烟网络为重点，严密监控非法烟机设备及卷烟纸、丝束等烟用材料向制假窝点的流入，加大打击卷烟制假贩假工作力度。要密切关注沿海沿边地区烟草专卖品走私活动，及时组织力量给予严厉打击，提高打私工作效果和质量，坚决遏制走私活动反弹。各省级局、地市局要对本地区的专卖管理工作进行经常检查，针对存在的突出问题和薄弱环节，确定工作重点，把集中打假行动与日常市场监管紧密结合，通过加强日常监管，发现线索，经营案件，集中予以打击，做到标本兼治。要更加重视加强烟草专卖基层建设，按照国家局《关于加强县级烟草专卖局专卖管理工作的意见》全面抓好落实，进一步建立健全机构、调整充实队伍、规范管理流程、严格管理程序，形成健全完善的内部专卖管理监督长效机制、打假打私联合办案机制、市场监管机制和执法监督机制等制度体系，充分发挥县级局一线专卖管理的重要作用。要切实重视加强各级专卖管理队伍建设，根据新的形势和任务要求搞好专业培训，转变管理方式，实行有效监管，努力提高专卖队伍执法水平和整体素质。

（五）认真学习贯彻十六届六中全会精神，努力构建和谐烟草

党的十六届六中全会通过的《中共中央关于构建社会主义和谐社会若干重大问题的决定》，坚持以邓小平理论和“三个代表”重要思想为指导，全面体现科学发展观的要求，是构建社会主义和谐社会的纲领性文件。烟草行业学习贯彻十六届六中全会精神，努力构建和谐烟草，既要注重行业内部和谐，妥善处理好行业内部各方面的关系，更要把工作着力点放在处理好烟草行业与社会各方面的关系，促进烟草行业与社会的和谐，为构建和谐社会作出应有的努力。

正确处理国家与企业的关系，切实维护国家利益，为社会和谐提供更多的财政积累。社会要和谐，首先要发展。近年来烟草行业通过深化改革，调整结构，加强管理，自主创新，生产经营保持良好发展态势，实现税利较大幅度增长，为国民经济发展、社会和谐发挥了积极作用。构建社会主义和谐社会是全党的重大战略任务，烟草行业要坚持以科学发展观为统领，始终把维护国家利益作为一切工作的根本出发点和落脚点，继续保持生产经营良好发展态势，不断提高经济效益，自觉遵守财经纪律，依法及时足额纳税，管好用好企业资金，积极参与国家有关重大战略性项目投资和建设，努力为社会和谐提供更多的财政积累，作出应有的贡献。

从战略高度与烟农、零售客户建立平等互利、长期合作、共同发展的良好关系。全国共有300多万户烟农和400多万户零售客户，他们的生产经营状况如何，不仅与行业发展息息相关，而且关系到社会和谐和稳定。因此，要把为烟农和零售客户提供优质的服务、创造更为有利的生产经营环境作为构建和谐烟草的重要内容和应尽责任，从战略的高度和长远的角度予以重视，抓好落实。要认真贯彻落实中央提出的工业反哺农业、城市支持农村的重大方针和建设社会主义新农村的重大历史任务，切实抓好各项惠及烟农措施的落实，进一步把烟农从技术难度高、劳动强度大的环节中解放出来，为烟农增产增收提供更好的环境。要为零售客户提供适销对路的货源，保证合理的卷烟批零差率，提供优质的服务，维护零售客户的合理利益。

正确处理行业内部利益关系，充分调动各方面积极性，建立和谐相处的良好氛围。坚持市场取向的劳动用工制度改革，发展和谐的劳动关系。近年来，随着网建工作的全面推进和专卖稽查队伍建设的不断加强，行业从业人员结构发生了很大变化，呈现出用工形式多样化。要认真总结劳动用工改革成功做法和经验，依法规范劳动用工行为，对聘用员工全面实行劳动合同制度，创造人才成长的良好机制和环境，维护职工合法权益。按照分类管理、科学设岗、明确职责、严格考核、落实报酬的总体要求，深化用工分配制度改革。分类管理，即根据不同工作性质和职责任务，把从业人员分别按照管理、技术、生产、营销业务四种类型分类进行管理。今后对各类人员的调整，包括管理人员调整，要打破身份界限，通过明确标准、择优录用、竞聘上岗，形成“进得来、留得住、出得去”的用人机制，营造有利于人才脱颖而出的良好环境。科学设岗，即每种工作类型都要根据工作需要，设置相应的岗位，严格定员定岗。明确职责，即突出

岗位管理，每个岗位都要编制说明书，明确岗位职责。严格考核，即对每个岗位的从业人员都要按照岗位职责进行严格考核，根据考核结果决定其职级升降。落实报酬，即根据岗位职责和考核结果，兼顾历史情况落实报酬，体现奖优罚劣，有效激励。这里要特别强调，十六届六中全会通过的《中共中央关于构建社会主义和谐社会若干重大问题的决定》对企业的工资分配提出了明确要求，指出要加强企业工资分配调控和指导，发挥工资指导线、劳动力市场价位、行业人工成本信息对工资水平的引导作用，强调要规范国有企业经营管理者收入，确定管理者与职工收入合理比例，完善并严格实行工资总额控制制度。我们一定要认真学习、深刻领会，结合行业实际认真抓好落实。当前尤其要认真执行工效挂钩政策，严格工资开支渠道，严格控制职工平均工资水平的过快增长，防止内部收入差距的进一步拉大。要规范企业经营管理者的收入。去年国家局制定了省级公司领导班子薪酬管理办法，对省级公司领导班子实行年薪制。年薪由两个部分组成，一部分是基本薪酬，所有省级公司主要领导基本薪酬是统一的，国家局根据国家收入分配政策和行业发展状况进行制定；另一部分是绩效薪酬，绩效薪酬由规模系数和考核系数组成。各省级公司也要根据国家局制定的薪酬管理办法，对所属单位领导班子薪酬加以规范，逐步形成有序规范的行业薪酬管理体系。要高度重视做好行业离退休干部工作，积极主动地为离退休干部服务，围绕构建和谐烟草和促进社会和谐，充分发挥离退休干部的积极作用。

牢固树立“两个至上”的行业共同价值观，为构建和谐烟草打牢思想道德基础。构建和谐烟草，必须高度重视和切实加强行业文化建设，倡导和谐理念，培育和谐精神，打牢思想道德基础。近几年，国家局明确提出要牢固树立“国家利益至上、消费者利益至上”的行业共同价值观，强调要“讲责任、讲诚信、讲效率、讲奉献”，要求努力做到潜心做事、低调做人，宽容开放、勇于创新，甘于奉献、自强不息，报效国家、回报社会。这些应成为行业的共同追求和行为规范，尤其是各级领导干部要身体力行，率先垂范。国家局党组要求在全行业深入开展“两个至上”在岗位主题实践活动，就要求行业各级领导干部要联系自己岗位实际，认真检查对照在生产经营活动中是否真正体现了“两个至上”的要求，在工作中是否严格要求自己，认真履行职责，严格执行纪律，确保政令畅通，为建立责任烟草、诚信烟草、和谐烟草作出了应有努力。我们强调要潜心做事，低调做人，就要求各级领导干部要正确对待成绩，正确对待组织，正确对待自己。烟草行业有今天好的形势，专卖制度发挥了根本性的作用，绝不要忘乎所以，把功劳全记在自己身上，而是要更多地看到问题和不足，始终保持清醒的头脑，潜下心来做事，老老实实做人。强调要勇于创新，自强不息，就要求行业各级领导干部要把事业作为追求，以增强中国烟草整体竞争实力为己任，一心一意谋发展，专心致志干事业，不断解放思想，奋力拼搏，开拓创新，为行业发展作出不懈努力。强调要甘于奉献，报效国家，回报社会，就要求行业各级领导干部始终牢记“两个务必”，大力发扬艰苦奋斗和勤俭节约的精神，坚决克服铺张浪费、大手大脚的不良风气，对社会负责，为国家作出应有的努力和贡献。

大力推进各级领导班子建设和党风廉政建设，在构建和谐烟草中充分发挥领导和保障作用。构建和谐社会必须充分发挥党的领导核心作用，要以迎接党的十七大胜利召开为主线，大力加强各级党组织先进性建设和执政能力建设，努力推动和谐烟草建设。突出抓好行业各级领导班子思想政治建设和作风纪律建设，坚持和完善民主集中制，严格党内生活各项制度，切实增强组织纪律观念，努力改进工作作风，高度重视党校教育培训工作，不断提高各级领导班子领导行业发展的能力和水平，以领导班子的表率作用带动和促进和谐烟草建设。重视加强基层党组织建设，认真落实保持党员先进性长效机制的各项制度和措施，加强党员教育和党性锻炼，巩固和发展先进性教育活动成果，在构建和谐烟草中切实发挥基层党组织的战斗堡垒作用，凝聚人心、促进和谐、推动发展。认真贯彻中央纪委七次全会精神，以加强领导干部作风建设为重点，坚持“标本兼治、综合治理、惩防并举、注重预防”，深入开展党风廉政建设和反腐败斗争。全面抓好行业贯彻《实施纲要》、构建惩治和预防腐败体系各项工作的落实，切实加强对领导机关和领导干部权力运行的制约和监督，确保权力正确行使；进一步健全和完善纪检监察工作体制机制，充分发挥职能作用，从严查处违纪违法案件；要以保证各级领导干部廉洁从政为目标，把党内监督与各方面监督结合起来，形成监督合力，提高监督实效，坚决纠正损害群众利益的各种不正之风。各级党组织都要切实加强对构建和谐烟草各项工作的领导，为促进行业持续健康发展提供坚强有力的政治保证。

在全国烟草专卖局长、公司总经理座谈会上的讲话

姜成康

(2007年7月17日)

这次全国烟草专卖局长、公司总经理座谈会，要坚持以邓小平理论和“三个代表”重要思想为指导，认真学习贯彻胡锦涛总书记在中央党校的重要讲话精神，全面贯彻落实科学发展观，紧紧围绕行业当前及今后一个时期“完善体制机制，优化资源配置，增强竞争实力，全面提升水平”的主要任务，认真总结上半年工作，安排部署下半年的工作任务，确保今年任务目标顺利实现，以优异成绩迎接党的十七大胜利召开。下面，我就全行业上半年工作情况以及下半年需要进一步重点做好的工作，讲六个问题。

一、关于烟叶工作

烟叶始终是行业发展的重要基础。近两年来，全行业认真贯彻落实中央关于“工业反哺农业，城市支持农村”的战略方针和建设社会主义新农村的重大历史任务，从保持行业持续健康发展和构建社会主义和谐社会的战略高度，坚持“重心下移，着眼基层，突出服务，加强基础”的烟叶工作方针，更加重视烟叶基础地位，更加重视为烟农提供优质服务，全面落实烟叶生产收购合同制，加快普及推广先进适用技术，扎实推进烟叶生产基础设施建设和基层建设，促进了烟叶工作整体水平明显提高。

从上半年工作看，一是及时调整政策，烟叶生产收购计划得到较好落实。今年以来，烟叶生产外部环境发生较大变化，尤其是农村劳动力市场价格提高较快，对稳定烟农种烟积极性带来较大影响。针对新的情况和变化，国家烟草专卖局及时研究调整烟叶收购价格，稳定产前投入标准，认真落实烟叶种植收购合同，在烟叶产区全体工作人员艰苦努力下，烟叶生产收购计划得到较好落实，保持了烟叶生产稳定发展。全国签订烟叶种植收购合同285万份，比上年减少41万份；烟叶移栽面积1534万亩，比上年减少36万亩；烟农户均种植面积5.38亩，比上年增加0.56亩；合同签订烟叶收购量208.5万吨，由于烟叶生产整体水平提高和今年气候条件总体较好，预计可以完成国家下达的收购计划，烟叶生产有望连续10年保持稳定发展。二是强化服务意识，专业化服务水平明显提升。各产区紧密结合本地实际，积极探索集约化、专业化生产管理模式，不断加大烟叶技术创新和先进适用技术普及推广力度，一些地区初步实现商品化育苗、机械化耕作、智能化烘烤和病虫害统防统治，具有了现代烟草农业的基本特征。2007年全国烤烟集约化育苗移栽面积1423万亩，占种烟总面积的93%；其中，漂浮育苗移栽面积1133万亩，商品化育苗移栽面积1063万亩，分别占种烟总面积的74%和69%。烤房技术改造积极推进，全国密集型烤房达10万余座，土壤改良、平衡施肥、防灾减害等技术到位率进一步提高，入户预检、编码收购在更大范围推广普及，服务烟农的水平有了新的提高。三是加强产销管理，烟叶流通秩序进一步规范。各产区高度重视烟叶收购和调拨管理，继续抓好烟叶复烤环节整顿工作，健全完善规章制度，不断规范业务流程，切实加强管理监督。福建等一些烟区烟叶收购全面落实合同管理、全面推行预检制、全面开展编码收购，今年开始全面推行“原收原调”，不断创新烟叶经营管理方式，在实践中逐步探索形成“合同种植、入户预检、编码收购、原收原调、委托加工”的烟叶流通业务模式，使烟叶流通秩序更为规范有序。烟叶产销衔接进展顺利，全国共签订2007年度烤烟购销合同186.9万吨，完成集中交易计划的98%，烟叶供应总量能较好适应卷烟生产需要；原烟加工合同签订数量有较大增加，共签订2007年度加工合同173.95万吨，同比增加68.15万吨。四是确保工程质量，烟叶生产基础设施建设和基层建设扎实有效推进。认真总结和推广重庆黔江、福建等地烟叶生产基础设施建设和基层建设经验，科学制定规划，整村连片推进，加强项目和资金管理，及时组织验收，使烟叶生产基础设施建设和基层站建设水平不断提高。两年来全行业投入70多亿元资金用于烟水配套工程和烤房建设，项目完工后可以解决900余万亩烟田排灌和230万亩烟叶烘烤需要，烟区抗御自然灾害的能力明显增强，对烟农增产增收提供了基础保障。当前全国烟叶生产总体态势良好，但也出现一些新的矛盾和问题，特别是随着卷烟重点骨干品牌规模扩张，对烟叶需求的结构性矛盾反映更为突出。因此，如何切实稳定烟农种烟积极性，如何确保烟叶质量进一步提高，如何更有效地改善烟叶供应结构等，都是需要进一步着力解决的问题。下半年，要在切实抓好烟田后期管理和烟叶收购的同时，紧紧围绕解决突出问题，

进一步高度重视和认真做好以下几方面工作：

（一）认清形势，努力适应行业发展新阶段对烟叶工作提出的新要求

近几年，随着行业改革不断深化和结构调整加快推进，一批卷烟重点骨干品牌得到较好发展。重点骨干品牌的快速发展，对烟叶工作提出了新的更高的要求。如何为重点骨干品牌提供优质烟叶保障，成为关系行业发展的全局性、战略性问题。全行业要从确保持续健康发展的高度，切实增强紧迫感和危机意识，着力解决这一突出矛盾。提高优质烟叶保障能力，要坚持稳定规模、优化结构、突出特色、提高质量。就全国而言，当前350万吨的烟叶库存总体上可以保障卷烟生产需要，关键是结构是否合理、质量能否保证、特色是否明显。要认真研究今后一个时期烟叶生产规模，通过保持适度规模，提供较为充足的优质烟叶；要认真研究如何进一步优化布局，不断改善烟叶供应结构；要认真研究如何突出香气风格特征，改善香气品质，努力提高烟叶整体质量水平。工业企业也要努力提高工艺技术水平，大力推进技术创新，提高烟叶的使用价值。

（二）打牢基础，全面抓好“重心下移、着眼基层、突出服务、加强基础”烟叶工作方针的落实

全面落实烟叶工作“十六字”方针，当前就是要进一步加快推进烟叶生产基础设施建设、烟叶基层站点建设和烟叶基层队伍建设。要认真贯彻重庆现场会提出的要求，继续扎实推进烟叶生产基础设施建设；要注重项目建设整体规划和系统设计，围绕基本烟田作规划、依托水源定项目、因地制宜搞建设，坚持“三个以我为主”，建管并重，有效利用；要健全和完善各项管理制度，加强项目全过程的管理，严格按照规定使用资金，确保资金使用合规合法；要认真做好今年基础设施建设项目的规划和申报工作，当前尤其要克服松懈、畏难和自满情绪，认真总结经验，不断完善提高，以更加饱满的热情、更加负责的态度，切实抓紧抓好、抓出成效；要进一步重视抓好烟叶基层站点建设；要按照合理规划、相对集中、方便烟农、有利管理的原则，对基层烟站进行系统规划和整合，力争到“十一五”末在全国主产烟区改造或兴建4000个左右“设计合理、功能齐全、经济适用、管理高效”的烟叶基层工作站点，整体提升服务和管理水平；要更加重视烟叶基层队伍建设，县级公司取消法人资格后，地市级局（公司）要强化对烟叶基层建设的管理，充分发挥县级烟叶工作机构的作用；要不断改善基层工作条件，全面推行技能鉴定和持证上岗，切实关心基层员工生活，充分调动基层员工的积极性，努力培养一批具有较高素质和业务水平的烟叶技术和管理骨干。烟叶生产基础设施建设和基层建设直接关系到烟叶工作整体水平的提高，各单位要进一步提高认识，加强领导，狠抓落实，把烟叶生产基础设施建设和烟叶基层建设的各项措施和要求落到实处，打牢烟叶可持续发展基础。

（三）明确方向，积极推动传统烟叶生产向现代烟草农业转变

2007年中央一号文件明确指出：“发展现代农业是社会主义新农村建设的首要任务，是以科学发展观统领农村工作的必然要求。”努力推动传统烟叶生产向现代烟草农业转变，是贯彻落实中央的精神，反映了烟农的愿望，也是行业发展的需要。通过到一些烟区调研，我感到近两年烟叶生产整体水平提高很快，特别是通过加强烟叶生产基础设施建设，为建设现代烟草农业奠定了基础。因此，现在有条件加快推进传统烟叶生产向现代烟草农业转变。如何向现代烟草农业转变，需要在实践中探索发展，就目前看，是否可以概括为“打牢‘一个基础’，努力实现‘四个化’”，即全面推进烟叶生产基础设施建设，努力实现烟叶生产的“规模化种植、集约化经营、专业化分工、信息化管理”。现代烟草农业，首先要规模种植。烟叶规模种植要坚持从实际出发，尊重农民土地流转的意愿。现在一些地区户均种植达10亩以上，有的种烟大户达到几十亩，烟叶生产组织形式已经发生了很大变化，必将对烟叶生产方式带来重大影响。其次是集约经营。要把粗放的、传统的烟叶生产方式转变为集约化的、现代化的生产方式，精耕细作，集约经营，尤其要在推广先进适用技术上下更大工夫，努力提高烟叶生产技术水平，大力发展先进的生产力。第三是专业分工。现代农业的一个明显特征是提高专业化服务水平。要认真总结各地实践经验，通过典型示范、加强引导，逐步实现育苗、机耕、物资供应、病虫害防治、烘烤等烟叶生产全过程的专业化服务，努力提高专业化服务水平。现代烟草农业对烟农素质也提出了更高要求，要把培养一批职业化烟农队伍作为现代烟草农业的重要内容，通过加强培训和政策扶持，努力提高烟农素质，促进烟农队伍的职业化。第四是信息管理。信息管理要逐步从烟叶经营环节延伸到生产管理环节，用信息化改造传统烟叶生产，带动现代烟草农业的发展。当前，烟叶生产如何向现代烟草农业转变紧迫地摆在我们面前，全行业在深入推进烟叶生产基础设施建设的同时，要在规模化、集约化、专业化、信息化这几

个方面积极进行探索，努力实现传统烟叶生产向现代烟草农业的转变。

（四）加强调研，确保烟叶生产稳定发展

烟叶生产要始终坚持“既要控得住、又要稳得住”的方针。要充分认识和把握烟叶生产的规律性。20世纪80年代到1997年，我国烟叶生产经历了4次波动，其间的教训值得认真总结和记取。1998年以来烟叶生产有望连续10年保持稳定发展，这一局面来之不易，我们要倍加珍惜。认识和把握烟叶发展规律，加强调研至为重要。下半年工作中，要认真做好以下几个问题的调研：一是烟叶价格政策问题。保持烟叶生产稳定首先要建立在稳定烟农种烟积极性的基础上。稳定烟农种烟积极性，不同时期有不同要求，过去主要是参照烟粮比价制定价格，现在可能就要更多考虑劳动力价格等方面的变化。开展烟叶价格政策调研，各基层单位要积极配合，真实准确地反映情况和提供信息。二是完善服务体系问题。烟叶生产能不能保持稳定发展，与服务体系的健全和完善密切相关。近两年随着基层建设不断推进，烟叶服务体系建设得到加强，但我们不能满足现状，要努力寻找薄弱环节，不断加以改进和提高，使服务体系更加健全，在减轻烟农劳动强度和技术难度方面提供更为有效的服务。三是通过技术进步促进减工增效问题。当前，提高烟农收益要研究如何围绕减工增效来进行。能否提出这样一个目标，即通过技术进步和规模化种植、专业化服务水平提高，每亩烟田在两年内能至少节约5个工作日。如果实现了这一目标，种烟效益就会明显提高。总之，要通过价格政策调整、完善服务体系、加快技术进步等综合措施来稳定烟叶种植面积，促进烟叶生产水平不断提高，努力适应行业发展新阶段对烟叶工作的新要求。

二、关于经济运行

今年以来，全行业经济运行继续保持良好态势，经济效益持续增长。1～6月份累计实现工商税利2061.26亿元，比上年同期增加430.69亿元，增长26.41%，其中，实现工商税金1178.14亿元，同比增加222.44亿元，增长23.27%；实现工商利润883.12亿元，同比增加208.25亿元，增长30.86%。上半年经济运行的主要特征：一是卷烟产销保持协调。全行业坚持“控制总量，稍紧平衡”的调控方针，把保持产销协调作为经济运行的重要任务来抓，采取一系列行之有效的措施，实现卷烟销量的持续增长，拉动卷烟生产的稳定发展，较好地适应了市场需求。1～6月份全行业累计生产卷烟11148.1亿支（2229.6万箱），同比增加833.4亿支（166.7万箱），增长8.1%；销售卷烟11036.0亿支（2207.2万箱），同比增加641.6亿支（128.3万箱），增长6.2%。二是重点骨干品牌发展态势良好。认真贯彻实施《中国卷烟品牌发展纲要》，加快培育“两个10多个”的步伐。上半年，有14个卷烟品牌产量超过50万箱，其中，“红梅”、“白沙”、“红金龙”三个牌号超过100万箱，前10个品牌生产集中度为37.5%，比上年同期提高6.4个百分点。在一类卷烟的59个品牌中，前10个品牌生产集中度为83.7%，二类卷烟的50个品牌中，前10个品牌生产集中度为67.2%，比上年同期分别提高1.9个和1.8个百分点。三是经济运行质量稳步提高。全行业切实加强企业管理，严格控制成本费用，努力把税利增长建立在成本费用不断降低和资源配置不断优化基础上。上半年，工业销售收入成本率为32.7%，三项费用率为7.9%，同比分别降低2.5个和1.3个百分点；商业三项费用率为7.1%，同比降低1.2个百分点。四是宏观调控得到明显改善。全行业始终坚持总量控制、稍紧平衡，积极推进“按客户订单组织货源”和组织生产，产品适应市场的水平不断提升，市场需求得到较好满足。上半年，按照“放开衔接，适度引导，定向整合，促进发展”的方针，先后组织两次衔接补货工作，商业企业两次提报货源需求缺口为92万箱，通过新增计划和定向整合等方式解决了89万箱，基本满足商业企业提报的需求。为保持低档卷烟供给的基本稳定，国家局定期通报各单位低档卷烟产销完成情况，继续实施低档卷烟补贴政策，较好地保障了低档卷烟的市场供应。

总体来看，上半年卷烟生产经营发展良好，烟草进出口运行平稳，烟机、丝束供应稳定，行业经济运行保持持续健康发展。但也存在一些需要高度关注的问题：一是税利增长速度偏快，存在“由偏快转向过热”迹象。上半年工商税利同比增长26.41%，增幅比上年同期上升7.8个百分点。要深刻认识到，税利增长一定要有可持续性，并不是越快越好，过快的增长会引发一系列矛盾和问题。二是部分单位追求高毛利的倾向仍较突出。上半年，工商毛利总额均有较大幅度增加，销售毛利率在较高水平上仍在提高，商业以毛利率定产品、工业以税利定结构的现象仍然存在。三是低档卷烟供不应求与供非所求的矛盾同时存在。当前，低档卷烟的市场供应大部分集中在零售价格每条20～25元区间，20元/条以下的产品供应量减少较多，一些过去受到消费者喜欢的低档卷烟品牌整合过快，而替代品牌的市场接受程度不高，低档卷烟市场消费需求不能得到有效解决。四是少数单位成本费用增长速度仍然较快，特别是部分企业

工资费用呈现较快增加趋向。为切实解决以上问题，客观理性地看待行业发展，努力推进持续健康发展，下半年，行业经济运行必须更加重视做好以下工作：

（一）更加重视消费者的真实需求

开展“按客户订单组织货源”试点以来，烟草行业积极探索在专卖体制下发挥市场机制作用的有效途径和实现形式，烟草市场化水平在不断提高，全国统一大市场在加快形成。上半年省际间卷烟交易实际执行量占全国总销量的比重提高到43%，比上年全年平均水平提高近4个百分点。试点面扩大到36个重点城市后，为顺利推进试点工作，要认真学习借鉴山西网建“打牢基础、创新营销、规范运作、充满活力”的经验，进一步提高网络建设整体水平，为试点提供有力支撑。要认真分析卷烟市场需求变化特点和走势，建立科学的市场需求预测制度，增强一线客户经理预测能力，切实提高预测准确率，把握好消费者真实需求，努力为产品结构调整提供真实可靠的基础依据。要精心安排好下半年的产销衔接工作。下半年商业提报的需求是2072万箱，工业暂按照1903万箱调出计划衔接，整个需求还存在较大缺口。商业企业对提报的需求要进一步分析，作出准确的判断，为国家局宏观调控提供可靠的市场信息。对商业提报的符合市场实际的真实需求，国家局将通过两次定向整合给予解决，防止出现断档脱销。卷烟工业企业要努力适应“按客户订单组织货源”的新形势，增强定向整合的自觉性，更好地适应市场，进一步改善和提高资源配置效率。

（二）更加重视农村市场和低档卷烟的有效供应

保障农村市场和低档卷烟的有效供应，既是行业实现可持续发展的客观需要，也是烟草行业的责任所在。当前，要切实扭转过分依靠高档卷烟、片面追求结构提升的倾向，真正把发展建立在可靠的市场基础和扎实的工作基础之上，促进农村市场与城市市场协调发展，努力解决好产品结构与市场需求不相适应的问题。下半年，要切实加大对低档卷烟产销的支持力度，除继续实行低档卷烟补贴政策外，要拿出一部分增量计划指标，专项安排生产调拨价在10～15元/条的卷烟，力争全年五类卷烟产销总量不低于上年。同时，要高度重视四类卷烟的生产和销售，保障有效货源供应。工商企业都要从大局和长远出发，高度关注农村市场，切实搞好低档卷烟的生产和销售，努力适应农村市场消费需要。

（三）更加重视重点骨干品牌的全面提升和持续发展

近年来，行业经济运行的一个突出特点是重点骨干品牌发展良好，重点骨干品牌的发展成为行业发展的关键性因素，行业的持续发展在一定程度上取决于重点骨干品牌的可持续发展。因此，全行业要把培育重点骨干品牌摆在更加突出的位置，努力实现重点骨干品牌的全面提升和持续发展。要进一步明确卷烟工业企业的竞争主体地位，积极构建适度竞争的格局，支持走在前面的品牌加快发展，同时也鼓励一些潜力较大、前景看好的品牌异军突起，后来居上，通过有效发挥市场机制的作用，在竞争中实现重点骨干品牌的全面提升和持续发展。要紧紧依靠科技进步，坚持中式卷烟“高香气、低危害、低焦油”的发展方向，突出风格特色，提高产品质量，在创新中实现重点骨干品牌的全面提升和持续发展。要从战略和全局高度，高度重视烟叶保障工作，有效利用国内国际两种资源，优化烟叶资源配置，提高烟叶利用效率；高度重视品牌培育和市场营销工作，加强工商协同、互动，充分发挥网络功能，努力提高品牌培育和营销水平，在统筹协调中实现重点骨干品牌的全面提升和持续发展。在培育重点骨干品牌过程中，要重视处理好三个关系：一是重点骨干品牌与“百牌号”的关系。我国地域广阔，消费层次较多，消费习惯差异较大，国家局提出着力培育10多个重点骨干品牌，是建立在卷烟百牌号基础上的，并不是全国只发展10多个品牌；而且10多个重点骨干品牌是在市场竞争中形成的，如果不经过适度有序竞争，重点骨干品牌也难以真正在市场立足。二是重点骨干品牌与低档卷烟的关系。要进一步明确，品牌整合主要是中高档重点骨干品牌，要切实扭转低档卷烟品牌整合过快的倾向；低档卷烟视同“百牌号”，要充分尊重消费者的选择，努力适应和有效保障低档卷烟消费需求。三是重点骨干品牌发展速度与后劲的关系。要高度关注重点骨干品牌的市场表现和发展态势，进一步突出主导规格，清晰品牌定位，着力解决重点骨干品牌产品价类跨度过大、产品线过长的问题，努力打牢市场基础，增强发展后劲，防止急功近利，避免出现大的起伏和波动。

（四）更加重视提高经济运行的质量

持续提高行业经济运行质量，必然要求在保持产销稍紧平衡基础上，不断优化烟草资源配置。要积极推动烟草资源在更大范围内的合理流动和高效配置，当前重点是积极推进卷烟品牌的定向整合。对于“销大于产”品牌，除了在增量计划上给予支持外，要积极推动跨省的品牌定向整合，逐步形成“销大于产”

品牌对“产大于销”品牌的生产替代和市场置换，不断提高资源的整体配置效率。各省级工业公司要把加强技术、营销、采购、生产“四个中心”建设摆在更加突出的位置，加快从管理为主向经营实体转变。工商企业都要高度重视基础管理，严格成本费用核算，切实防止人浮于事，坚决反对铺张浪费，最大限度地节约资源，减少消耗，降低成本费用，努力提高经济效益。国家局、总公司将定期公布企业成本费用和节能降耗状况，加强对成本费用和节能降耗的评价和考核。各单位都要进一步重视和加强安全生产工作，以高度负责的精神，全面落实安全生产责任制和各项安全制度措施，坚决防止各类事故发生。

（五）更加重视加强和改善宏观调控

要始终坚持总量“稍紧平衡”调控方针，严格执行国家计划，完善宏观调控措施，有效利用信息化手段，不断提高宏观调控的预见性、针对性和有效性。要进一步完善卷烟品牌在全国范围内“放开衔接、适度引导、定向整合、促进发展”的具体办法和措施，确保宏观调控更加贴近市场、符合实际，使产品结构调整更好地适应市场、满足消费。要加强对低档卷烟产销的调控和指导，始终把保障低档卷烟有效供应放在突出位置，切实解决好低档卷烟的价位分布、货源供应和产销衔接等问题。要认真研究全局性、前瞻性、战略性的重大问题，确保宏观调控符合行业改革和发展的总体方向。

三、关于深化改革

今年以来，全行业在坚持和完善烟草专卖制度前提下，按照市场化取向原则，积极探索建立完善符合烟草行业实际的市场适度竞争机制、企业法人治理结构、国有资产经营管理体制、收入分配激励约束机制等，各项改革进一步深入推进。一是卷烟工业企业公司制改造和建立法人治理结构迈出新的步伐。上半年湖北中烟工业公司与所属企业实现了合并重组，截至当前，12家省级工业公司完成了与所属卷烟工业企业的合并重组；红河卷烟总厂、深圳卷烟厂实施了公司制改造；在广东、浙江、湖南、湖北四家省级工业公司开始建立董事会试点准备工作。二是商业流通体制改革进一步推进。上半年有32家县级公司取消法人资格，累计取消县级公司法人资格1574家。在总结“按客户订单组织货源”试点工作经验基础上，进一步把试点范围扩大到36个重点城市，同时积极推动向按订单组织生产延伸，试点工作在发挥市场机制作用、增加适销对路货源、培育重点骨干品牌、准确把握市场真实需求等方面取得积极进展和明显成效。三是国有资产经营管理明显加强。上半年，财政部和国家发改委印发了《中国烟草总公司章程》，财政部印发了《中国烟草总公司投资收益收取和使用管理办法（暂行）》，这些规范性文件的制订下发和实施，逐步规范了行业母子公司的管理和运作。行业清产核资工作全面开展，上半年，国家局分两批听取了45个直属单位主要领导关于多元化经营企业清产核资整改工作汇报，积极推动依法依规处理历史遗留问题和不良资产，切实加强对多元化经营企业的整顿和管理，努力提高资产质量和经济效益。为进一步摸清家底，做实资产，在上年开展多元化经营企业清产核资工作基础上，今年在全行业全面开展了主业清产核资工作。四是按照“分类管理、科学设岗、明确职责、严格考核、落实报酬”的总体要求，在四川、安徽省局（公司）等单位进行劳动用工分配制度改革试点工作，通过试点发现问题，积累经验，以更好地指导面上工作开展。同时，烟草进出口系统的“改制、转型、整合”和组建中烟国际工作也在进一步推进。上半年各项改革取得了新的进展，有力地促进了行业持续健康发展。按照国务院有关文件提出的部署要求，当前和今后一个时期，行业各项改革的任务依然十分艰巨和繁重，直接涉及体制机制调整、管理方式转变等一些全局性问题，有些方面改革的难度要比以往大得多。因此，全行业各单位都要进一步增强改革意识，切实加强理论学习，加强深入调研，加强政策研究，加强综合协调，努力推动行业改革取得新的进展和成效。

（一）努力构建适度竞争的体制机制

在坚持烟草专卖体制的前提下，积极推进市场取向的改革，构建适度竞争的体制机制，通过竞争促使专卖体制下的烟草始终保持旺盛的生机和活力，是行业改革的主要任务。近年来，随着联合重组的加快推进，卷烟工业企业的竞争格局发生了很大变化，初步显现出“大对大、强对强、快对快”的竞争趋势。在未来一个时期，卷烟工业企业的竞争格局还将发生新的更加深刻的变化。面对新的形势和未来更加激烈的市场竞争，卷烟工业企业作为市场竞争的主体，要认清竞争格局的变化趋势，明确方向，找准位置，主动融入，努力实现从省内市场依赖型向面向全国统一大市场的跨越；要积极实施“走出去”战略，加强对境外投资办厂的规划、协调和支持力度，力争在开拓国际市场上取得实质性进展。商业企业要进一步明确任务，加快推进全国统一大市场建设，着力提升网络建设水平，进一步克服非市场因素，努力为卷烟工业企业营造公平竞争的市场环境，更好地促进卷烟工业企业的适度竞争。全行业要进一步加快推进按客户订单组织货源和组织生产进程，努力在把握消费者真实需求、组织有效货源、工商协同营销共育品牌以及宏观和政策层面下工夫、求突破。工商企业要加强互动，形成合力，避免重复劳动和资源浪费。国家局、总公司要切实加强政策引导，按照“放开衔接、适度引导、定向整合、共同发展”的方针，进一步明确相关管理规定，理顺工作流程，规范操作程序，制订出台卷烟品牌定向整合的具体措施和办法。要积极探索卷烟品牌跨省定向整合、卷烟工业企业跨省联合重组的有效途径，妥善处理好各方面利益关系，在更大范围内实现烟草资源的合理流动和优化配置，努力实现共同发展的目标。

（二）加快建立和完善资产经营管理体制

理顺行业资产关系后，切实加强国有资产经营管理，是当前行业改革的一项重要工作。下半年，要认真抓好多元化经营企业各项整顿和管理措施的落实，进一步做好多元化经营企业清产核资整改工作，落实多元化经营企业退出计划，切实加强多元化经营企业管理。要精心开展主业的清产核资工作，全面清查各单位主业资产情况，依法依规处置各种不良资产，提高资产质量和确保资产的真实性。要修改完善《中国烟草总公司国有资产管理规定（试行）》，制订资产经营管理考核办法和预算管理办法，认真落实《中国烟草总公司投资收益收取和使用管理办法（暂行）》，建立较为完善的资产经营管理制度。要切实加强对国有资产经营管理的考核，重点突出对不良资产比率、总资产贡献率、成本费用利润率和国有资产保值增值率等指标的考核，把资产经营管理情况列为对企业领导班子考核的重要内容。要进一步加强内部控制制度建设，加强对国有资产和资金的监管，完善资本性支出和对外捐赠的审批管理办法，防止国有资产流失，确保国有资产保值增值。

（三）积极推进卷烟工业企业建立董事会试点

下半年，要按照“探索中起步，实践中完善”的总体要求，围绕忠实代表出资人利益、对总公司负责的宗旨，精心组织广东、浙江、湖南、湖北四家工业公司建立董事会试点工作。要认真制定《董事会工作制度》、《董事管理暂行办法》等文件，切实做到有章可循，依法管理，规范运作，协调运转，发挥好董事会的作用。要高度重视董事人选的安排工作。董事会一般由7人组成，其中，从所在企业经营班子中选派3人，职工代表1人，总公司从司局级干部（包括省级公司领导）中选派3人。省级工业公司组建时，有的是依照《企业法》进行工商登记的，公司章程也是按《企业法》制定的，随着公司制的改造和董事会的建立，省级工业公司要从《企业法》调整规范的对象转变为《公司法》调整规范的对象。因此，要认真抓紧做好公司章程修改、工商登记变更和相关工作，保障公司在建立董事会后能尽快正常运转，董事会的作用有效发挥。建立董事会试点工作政策性强，影响深远，意义重大，要进一步统一思想认识，切实加强领导，精心组织实施。

四、关于自主创新

今年以来，全行业深入贯彻落实全国烟草科技大会精神，大力推动自主创新工作。按照年初工作会议和国家局《关于烟草行业开展“创新年”活动的实施意见》的要求，“创新年”活动在行业全面开展。一是加快推进以企业为主体、市场为导向、产学研相结合的创新体系建设。上半年，卷烟工业企业更加重视技术中心建设，加快技术资源整合步伐，认真做好品牌维护和研发工作，在提高卷烟品质方面取得新的进步。卷烟流通企业高度重视农村市场建设，全面掌握零售客户经营状况，建立工商协同营销机制，制订品牌进退规则，扎实推进按客户订单组织货源工作，在建设现代流通方面取得新的进展。烟叶产区大力推广先进适用技术，开展群众性革新活动，创新烟叶收购和经营模式，在全面提升烟叶工作水平方面取得新的突破。郑州烟草研究院等科研院所更加贴近市场、贴近实际，加强与企业合作，在牵头、指导、推动行业技术进步方面取得新的成效。二是启动和加快重大专项实施。继续深入推进烟草育种、卷烟调香、特色工艺、减害降焦“四大战略性课题”的实施，制订了中国烟草种质资源平台建设实施方案，开展卷烟危害性评价指标体系研究，提出了卷烟危害性定量评价方案；中式卷烟制丝生产线等4个重大专项的启动准备工作有序进行，11个重点科技项目进行了公开招标。三是加强标准化和质量监督工作。制定了《烟草行业标准化中长期发展战略》，发布了《烟草行业联运通用平托盘》等32项行业标准，并对一批行业重点标准开展修订工作；加强卷烟产品质量监督工作，从上半年卷烟产品质量监督市场抽查结果看，卷烟产品总体质量基本稳定，名优品牌继续保持较高的质量水平和风格特征，一些新品牌（规格）在降焦增香保味的技术创新方面取得明显成效。四是以提高信息化水平为重要手段全面开展管理创新。继续加快信息化建设步伐，行业数据中心建设稳步推进，工商数采系统与统计系统实现并轨，卷烟生产经营决策管理系统在稳定运行的基础上进一步拓展应用，卷烟打码到条及订单采集系统在湖北全省试点成功的基础上启动行业实施工作，工商营销信息共享平台建设完成用户测试工作并在全行业推广应用。五是积极营造激励全员自主创新的良好氛围。企业文化建设按照国家局部署，结合各单位实际扎实有效推进；烟草自主创新高层论坛、标准化论坛和知识竞赛、烟草产品鉴别检验技能大赛的各项前期工作有序进行，“六个一”等群众性创新活动在职工中积极开展；充分利用行业媒体开展“创新年”活动专题宣传报道。烟草行业发展的实践充分说明，转变烟草经济增长方式，促进行业全面协调可持续发展，关键在于推动科技进步和自主创新。创新是行业发展的不竭动力。当前烟草行业加强自主创新，更多体现在技术创新、管理创新、营销创新和文化创新。开展“创新年”活动，不仅工业企业有大量工作要做，商业企业也同样大有作为，全行业职工都要积极参与投入。下半年，要继续围绕开展“创新年”活动，着力在以下几个方面做好工作：

（一）以扎实有效地开展“创新年”活动为契机，加快行业技术创新步伐

各单位要按照国家局关于“创新年”活动的总体部署和要求，加强组织领导，协调各方面力量，发动全员广泛参与，明确重点，突出特色，创造性地开展“创新年”活动，努力在技术创新方面取得新的成果。要切实加强企业技术中心建设，明确研发方向，大胆引进人才，加大资金投入，完善配套政策，实行有效激励，实现重点突破，充分发挥企业技术中心在技术创新中的支撑作用。要积极实施项目带动战略，启动优质特色烟叶开发、中式卷烟制丝生产线、超高速卷接包机组等重大专项的方案编制和论证工作，加快中式卷烟原料研究和关键技术、共性技术的联合攻关、技术集成和技术推广工作，充分发挥郑州院等科研院所在技术创新中的引领作用。要以“主攻质量、改善结构、突出特色”为着力点，加强优质烟叶科技示范基地建设和部分替代进口烟叶生产示范工作，深入挖掘烟叶品质潜力，促进烟叶质量不断提高。要大力推进实施《烟草行业标准化中长期发展战略》，制定节约资源、能源，降低生产成本，提高企业和相关产品的安全、卫生指标，以及减少污染的技术标准、管理标准，重点抓好卷烟生产和打叶复烤标准化示范企业、农业标准化示范区建设工作，以点带面，树立典型，提高行业标准化工作水平。要进一步加大质量技术监督工作力度，烟草质检工作直接关系消费者身体健康，关系行业形象，全行业各单位尤其是各省级局、公司要给予高度重视，努力适应行业发展和履行《烟草控制框架公约》的要求，从人力、物力、财力等方面切实加以保证，加强对“两烟”和卷烟材料的质量检验，推进质量信用体系建设，全面提高质检工作水平。要尽快制定并实施烟草行业知识产权发展战略，逐步提高行业知识产权创造、管理、保护和运用的能力。要大力开展群众性创新活动，充分调动广大员工的创新热情，从本职岗位做起，从身边工作做起，积极投身“创新年”活动中。要加大创新型人才培养力度，组织制订烟草科技人才库建设方案和青年创新人才培养计划，选拔一批行业创新人才进行重点培养，为行业持续创新提供强有力的人才保证。

（二）强化信息技术和手段的应用，大力推动管理和营销创新

在行业改革和发展新形势下，提高行业管理水平，加快推进工业公司向经营实体转变、传统商业向现代流通转变和传统烟叶生产向现代烟草农业转变，实现管理创新和营销创新，都迫切需要信息化水平的不断提高，信息技术、信息资源的开发利用成为行业创新的重要支撑和有效手段。全行业各单位要按照行业信息化建设总体规划，结合各项业务工作开展的需要，突出应用，加强服务，进一步提高信息技术和信息系统为生产经营服务的水平。要以提升管理水平、切实提高效率为根本着力点，加大信息资源开发和集成利用力度，充分发挥卷烟生产经营决策管理系统功能，加快打码到条及订单采集系统项目实施，抓紧制订烟叶基础管理、会计核算、资金监管等系统开发方案，努力实现商流、物流、资金流“三流合一”。要加快行业数据中心建设步伐，制定数据中心建设的各项技术标准、数据管理办法和具体实施安排，推进行业数据中心信息资源标准体系和工商营销信息共享平台建设，高度重视信息网络安全建设，切实加强数据资源管理，规范信息采集和更新流程，做到“数出一门”。行业各直属单位都要认真抓好本级数据中心建设工作。要继续推进电子政务建设，按照《国家电子政务总体框架》要求，做好《烟草行业电子政务总体规划》，推进行业电子政务体系建设向更高水平迈进。

（三）高度重视企业文化建设，努力实现文化创新

文化创新是提升管理水平的重要途径，是行业持续健康发展的持久动力。要从行业实际出发，以“两个至上”行业共同价值观为核心，努力推动行业文化创新。文化创新既要充分发掘和体现企业自身优势、突出特色，又要注意博采众长、融合提炼。特别是根据企业联合重组、规模做大后的新情况，要把企业经营发展战略与企业文化培育结合起来，把不断创新、与时俱进的文化理念贯穿到各项管理制度、工作标准、

考评体系中，运用于生产经营管理实际过程中，在生产经营活动中切实体现和落实“两个至上”的要求。要坚持以人为本，充分发挥文化创新的激励导向作用，形成勇于创新的良好氛围，不断增强广大员工的创新意识，在本职工作岗位上努力践行“两个至上”行业共同价值观，促进企业管理水平和核心竞争力不断提升。

（四）切实抓好节能降耗和环境保护工作，加快推进资源节约型、环境友好型行业建设

近些年，烟草行业实现经济效益持续不断增长，但资源利用率低的问题依然存在，节能减排降耗仍是当前的重要任务，要通过创新努力改变粗放型的经济增长方式。上半年，国务院召开全国节能减排工作电视电话会议，印发了《节能减排综合性工作方案》，进一步明确我国节能减排的目标任务、总体要求以及今后一个时期的工作重点和主要措施，烟草行业要切实抓好贯彻落实。要充分认识节能减排的重要性和紧迫性，把思想认识和行动统一到中央关于节能减排的决策和部署上来。要把节能减排作为落实科学发展观的重要内容，作为转变经济增长方式的突破口，作为一项重要而紧迫的硬任务，加强领导，明确目标，制定规划，完善措施，落实责任。行业各单位都要围绕国家局确定的“十一五”期间节能减排的主要目标，针对节能减排的重点环节，从技术改造、工艺流程再造、产品设计、清洁能源应用等源头抓起，强化管理措施，加大节能减排技术改造和技术创新投入，充分挖掘潜力，突出抓好节能降耗各项指标的落实，有效降低能耗、减少污染，在全行业形成节约资源、保护环境的良好风尚，促进资源节约型、环境友好型行业建设，使烟草经济增长切实建立在节约资源和保护环境的基础之上。

五、关于强化监管

按照国家局对2007年行业整顿规范和加强内部管理监督工作的总体部署和要求，全行业各单位严格落实责任，认真履行职责，继续深入推进和加强内部管理监督工作，行业自律意识明显增强，生产经营秩序进一步改善。一是“两项检查”工作在上年进行企业自查、省级局（公司）和工业公司复查、国家局重点抽查的基础上继续深入开展。上半年国家局听取了14个直属单位主要领导关于专卖管理监督检查整改工作的汇报，继续组织了两批专卖管理监督重点抽查，截至6月底，完成了对18个省市30家行业直属单位的抽查，共检查183家工商企业。行业内部审计工作不断加强，大部分单位建立了较为完善的内部审计制度，配备具有较高素质的审计人员，积极开展内部审计工作；有的省级公司将全省审计人员集中管理，集中使用，对地市级公司定期开展审计，充分发挥内部审计的日常监督作用，收到了较好成果。在深入开展“两项检查”的同时，各单位针对检查发现的问题，在认真整改基础上，进一步加强制度建设，积极探索和建立加强内部管理监督的长效机制。二是全行业重点加强对“两烟”生产经营、重大工程项目、物资及烟机零配件采购、资金等方面的管理监督。各项工作的牵头部门认真履行职责，整顿办加强协调，拟订工作方案，明确工作重点、任务目标和进度安排，推动了内部管理监督工作的深入开展。三是始终保持卷烟打假高压态势，切实加强市场监管。行业各级专卖管理机构充分发挥联合打假长效机制的作用，继续把打击制售假烟网络工作放在突出位置，坚持从源头上打假和重点打击假烟中转集散地运输分销行为，取得了新的成果。1～6月份，全行业共查处案值5万元以上的制售假冒商标卷烟案件2441起，其中，破获涉案金额100万元以上的售假网络案件178个，查获假冒卷烟41.2万件，捣毁制假窝点1557个，查缴制假烟机313台、烟叶1.4万吨，依法拘留制假分子2995人，其中，判刑1160人，尤其是成功组织了京冀“4·3”、河南“4·15”等打击售假网络行动，有效遏制了制售假烟活动反弹。严格内部管理监督和加强市场监管，是坚持和完善烟草专卖制度的必然要求，是建立良好烟草生产经营秩序的重要保证，全行业各单位在任何时候都要毫不放松地切实抓好。为此，下半年要进一步抓好以下几个方面工作：

（一）进一步完善工作机制，严格落实内部管理监督责任

加强内部管理监督是一项长期的任务，伴随着行业改革和发展的全过程，必须坚持不懈地努力抓好。要进一步完善“主要领导负总责、分管领导具体负责、管理监督部门为主、整顿办日常协调、各部门齐抓共管”的工作机制，切实加强对内部管理监督工作的领导，专卖管理、财务审计、纪检监察、整顿办等部门要严格按国家局要求健全机构，配齐人员，明确职责，形成监管合力，推动工作有效开展。各单位要按照国家局《关于2007年烟草行业整顿规范生产经营秩序和加强内部管理监督工作的意见》所确定的主要任务和提出的要求，结合本单位实际，认真研究制订具体实施方案，全面落实好今年加强内部监管的各项任务。要着眼于行业的长远发展，以“完善制度，规范程序，严格监管”为工作重点，积极探索实现内部监管制度化、规范化、日常化的有效途径和方式，努

力建立起加强内部监管的长效机制，下大力气研究解决一些深层次的问题，下决心解决一些屡禁不止的不规范问题，从生产、经营和管理的各个环节全面加强内部监管，切实做到规范运作。建立加强内部监管的长效机制，要把加强对行业干部职工的教育作为一项重要工作切实抓好。通过深入开展注重自律教育、广泛进行法律法规和制度培训，在干部职工中真正树立依法管理、依法生产经营的观念，为解决行业“注重自律”课题打牢思想基础。

（二）明确内部监管工作重点，确保加强内部管理监督取得实效

下半年，全行业加强内部管理监督要重点做好五个方面的工作：一是继续深入开展“两项检查”，突出抓好整改工作。国家局要继续开展专卖管理监督检查，争取在年内完成对直属单位重点抽查工作；各省级局要对辖区内所有工商企业定期开展专卖管理监督检查工作，要对上半年生产经营情况进行全面检查，加大内部监管工作力度。要全面加强内部审计工作，国家局下半年要组织力量对各单位专项资金使用情况进行全面审计，彻底解决专项资金使用中存在的问题；要继续对各直属单位和所有卷烟工业企业2006年度财务收支进行全面审计，既要解决违法违纪问题，又要下大力气纠正管理不规范行为。行业各直属单位都必须加强对所属单位的审计监督，坚持每年全面审计一次，做到不留死角，及时发现问题。对检查发现的问题，要依法依规、逐条逐项进行彻底整改，尤其是对查出问题较多的单位和具有普遍性的问题，要认真分析原因，高标准、严要求，督促彻底整改，确保内部监管取得实实在在的效果。二是进一步强化对“两烟”生产经营的管理监督。规范烟叶经营秩序工作以加强对复烤加工企业的管理监督为重点，深入查找和分析复烤加工环节存在的问题，出台管理办法，开展专项检查，完善对打叶复烤企业的管理机制。规范卷烟经营秩序工作以认真解决卷烟交易中的非市场因素为重点，进一步完善卷烟交易方式，加快推进按订单组织货源向按订单组织生产延伸，规范工商企业交易行为，促进卷烟交易秩序进一步改善。三是加强对工程投资项目的管理监督。要根据投资额对行业工程项目监管实行分级负责制，对项目的决策、审批、招标、资金拨付等环节实施重点监督，抓紧制定和完善有关投资项目的管理规定，使工程项目建设中反映的突出问题得到有效解决。四是加强对物资、烟机零配件采购的管理监督。要积极推行非专卖品物资网上采购工作，探索建立非专卖品物资价格信息披露机制，严格执行资质认证、公开招标、比质比价的有关规定，切实做到阳光操作；要认真研究制订烟机零配件交易规则，开发零配件网上交易监管系统，规范烟机零配件采购行为。五是加强对资金的管理监督。要以防范资金风险、保障资金安全为目的，尽快制定与《会计法》、《企业财务通则》、《企业所得税法》等法律法规相配套的行业工商企业财务管理办法，建立健全加强资金收支管理的各项内部控制制度，严格资金预算审批，加强银行账户管理，加大专项资金审计，建立资金监管信息平台，采用信息化手段实现对资金运作的实时监控。

（三）持续深入地开展卷烟打假打私，严格市场监管

打假未有穷期，全行业各级专卖管理机构要始终坚持把“端窝点、断源头、打网络”作为卷烟打假工作的突出重点，保持卷烟打假的高压态势；要针对卷烟制假活动靠近市场、向销区转移的趋势，及时行动，坚决打击转移、扩散的卷烟制假活动；要有针对性地打击违法生产经营原辅材料行为，加强原辅材料日常监管，打击地下非法复烤厂，切断制假窝点原辅材料来源。按照重点打击售假网络、每个地市局都要打掉1～2个较大规模制售假烟网络的任务要求，各级专卖管理机构要在加强检查、发现线索、经营案件上下更大工夫，国家局要加大对查处跨省重大案件的协调指导，在打击售假网络上取得新的突破。下半年国家局还将会同公安部，针对涉烟网络案件开展全国性的网上追逃专项行动，并在做好涉案人员信息收集的同时，积极协调省际间的资源共享和合作抓捕工作，加大对违法分子的打击和威慑力度。要积极协调铁路、航运、民航、高速公路等部门，加强对交通要道、铁路货运站、汽运中转站、机场等运输枢纽的检查，打击跨区域、网络化、集团化的运输、贩卖假烟团伙。广西、广东、福建、云南等沿海沿边重点地区要密切关注走私新动向，与海关、边防等部门密切配合，进一步加大打击走私卷烟、烟叶、丝束、卷烟纸等烟草专卖品的违法犯罪活动。与此同时，各级专卖管理机构要认真抓好国家局《关于加强专卖组织机构建设的指导意见》的贯彻落实，按照指导意见确定的有关机构设置、岗位设置、职责定位、人员配备等方面要求，结合各地实际情况，拟定本级局专卖组织体系建设实施方案，统一专卖管理机构设置，充实专卖管理人员，明确专卖管理职责，积极推进专卖管理人员专业技能鉴定工作，全面加强专卖队伍建设。要依据今年3月份开始正式施行的新《烟草专卖许可证管理办法》的规定要求，结合行业许可证管理的实际状况，抓紧制定各类烟草专卖许可证办理程序，完善相应制度规定，

严格规范管理。

六、关于队伍建设

上半年，全行业认真学习贯彻党的十六届六中全会精神和胡锦涛总书记在中央纪委七次全会重要讲话精神，坚持以科学发展观为指导，以加强领导干部作风建设为重点，紧紧围绕构建责任烟草、诚信烟草、和谐烟草，继续深入开展"两个至上"在岗位主题实践活动，大力推进行业领导班子建设、党风廉政建设和企业文化建设，干部职工队伍表现出积极向上的精神风貌，为行业持续健康发展提供了有力保证。一是"两个至上"在岗位主题实践活动扎实推进，企业文化建设全面加强，各级领导干部以身作则，带头实践，较好地发挥了表率作用，促进了保持共产党员先进性教育活动成果的巩固和发展。二是切实加强领导干部作风建设，严格规范权力运行，积极构建行业惩治和预防腐败体系，依法行政、依法经营、依法管理、秉公用权、廉洁自律的意识得到进一步增强。三是全面贯彻《党政领导干部选拔任用工作条例》，不断深化人事用工分配制度改革，全面加强干部职工队伍建设，努力建立有效激励和约束机制，有力促进了和谐烟草的建设。下半年，全行业要认真学习贯彻胡锦涛总书记在中央党校的重要讲话精神，按照今年全国烟草系统纪检监察工作会议和政治工作会议的部署和要求，进一步全面抓好贯彻落实，努力取得新的成效。这里，着重强调以下四点：

（一）认真学习贯彻胡锦涛总书记在中央党校的重要讲话精神，扎实推进行业改革和发展的各项工作

行业各级党组织要组织党员干部认真学习领会胡锦涛总书记的重要讲话，准确把握精神实质。要把学习贯彻胡锦涛总书记重要讲话精神作为当前各级党组（党委）中心组学习的重要内容，有计划地组织进行专题学习，各级领导干部要发挥带头示范作用，自觉做到"四个坚定不移"。要坚持理论联系实际，把学习贯彻胡锦涛总书记重要讲话精神，与烟草行业贯彻十六大以来党中央提出的一系列重大战略思想紧密结合起来，与烟草行业贯彻落实科学发展观和构建社会主义和谐社会重大战略部署、积极推进行业改革和发展的实践紧密结合起来，推动各项工作不断取得新的进步。

（二）以切实搞好"五查五看"为重点，深入推进"两个至上"在岗位主题实践活动

2007年全行业政治工作会议上，国家局明确提出在深入开展"两个至上"在岗位主题实践活动中，要以"五查五看"为重要内容，确保各级领导干部率先垂范作用落到实处。这"五查五看"，即查各级领导干部政治责任感强不强，思想认识高不高，看是否认真组织开展主题实践活动；查生产经营中是否真正体现"两个至上"的要求，看是否严格要求自己，认真履行职责，依法依规生产经营，严格执行纪律，确保政令畅通；查工作作风上是否能够做到潜心做事、低调做人，看是否正确对待成绩，正确对待组织，正确对待自己；查事业上是否能够孜孜追求，具有创新精神，看是否以行业发展为己任，专心致志干事业，勇于创新求发展；查工作中是否甘于奉献、报效国家，看是否有铺张浪费、大手大脚现象，社会责任意识强不强。从上半年北京市局、吉林省局等单位开展"五查五看"活动情况看，取得很好的效果，对领导干部在实际工作中自觉践行"两个至上"产生积极影响和推动作用。"五查五看"对行业各级领导干部来说，一是强调对"两个至上"在岗位主题实践活动的思想认识问题；二是强调在生产经营活动中严格自律问题；三是强调在行业持续健康发展新形势下作风建设问题；四是强调在行业改革和发展新阶段精神状态问题；五是强调在构建社会主义和谐社会进程中烟草行业社会责任和社会形象问题。"五查五看"具有很强的针对性和指导性，进一步说明"两个至上"不是抽象的，而是具体的；不是空洞的，而是实在的。全行业各单位在下半年开展主题实践活动中，要把组织开展"五查五看"作为重点内容，认真对照检查，自觉查找差距，制订具体措施，把"两个至上"在岗位主题实践活动不断引向深入。开展"五查五看"，主要是各级领导干部要带头做好。每个领导干部都要紧密联系个人思想和工作实际，谈认识、找差距、查不足、定措施，进一步明确今后工作方向，努力在各方面发挥表率作用。搞好"五查五看"活动，各单位还要从自身实际出发，结合开展企业文化建设，针对干部职工不同岗位分别提出具体要求，认真抓好落实。国家局将适时举办践行"两个至上"主题报告会，进一步总结和推广典型经验，促进主题实践活动深入、扎实地开展。

（三）以建立有效激励和约束机制为目标，进一步深化人事用工分配制度改革

深化人事用工分配制度改革，建立有效激励和约束机制，是当前深化行业改革的一项重要任务。人事用工分配制度改革涉及内部劳动关系和谐以及与社会各方面关系的和谐，直接关系到行业改革发展稳定的大局。行业各单位要认真贯彻落实国家局下发的《关于进一步深化烟草行业收入分配制度改革的意见》精神，结合各单位实际，周密研究和制订方案，搞好试

点，精心实施，务求取得实效。深化人事用工分配制度改革，要有利于依法规范劳动用工行为，有利于发展和谐劳动关系，有利于调动员工积极性，有利于职工成长和素质提高。在年初全国烟草工作会议上，国家局对深化人事用工分配制度改革提出了“分类管理、科学设岗、明确职责、严格考核、落实报酬”的总体要求，明确了改革的指导思想、基本原则和主要内容。开展人事用工分配制度改革，要按照国家局总体部署和要求抓好落实。人事用工分配制度改革政策性强，涉及全体员工切身利益，为保证改革顺利推进，必须切实加强领导，尤其是主要领导要积极组织和推动。要认真开展试点工作。国家局确定在四川、安徽、浙江省局（公司）和川渝、湖北中烟工业公司5个单位先进行试点，待试点经验成熟后稳步推开。各试点单位要精心组织这项改革工作，对试点过程中遇到的矛盾和问题要及时研究，妥善解决，确保试点工作取得实效。行业各单位也要按照国家局提出的总体要求和基本思路，积极探索，努力实践，为全面开展人事用工分配制度改革做好准备。在人事用工分配制度改革工作中，要严格执行《劳动法》和即将生效的《劳动合同法》等法律法规，依法规范劳动用工行为；严格执行国家工资政策和工效挂钩的有关政策规定，规范工资开支渠道；严格执行国家局核定的工资标准，保持工资总水平基本稳定，切实防止工资水平过快增长和差距进一步拉大。

（四）以切实加强领导干部作风建设为重点，进一步推进行业党的建设和反腐倡廉工作

下半年，党的十七大即将召开，这是全党政治生活中的一件大事。全行业要以迎接党的十七大胜利召开为重要契机，进一步加强党的建设、领导班子建设和党风廉政建设。各级领导班子和领导干部要进一步增强政治意识、责任意识和大局意识，按照胡锦涛总书记提出的加强领导干部作风建设的要求，更加严格、自觉地抓好落实。国家局、总公司及各省级局、公司要进一步转变职能、转变作风，特别是省级工业公司要积极适应重组整合后职能的变化，从思想观念、思维方式、管理形式、工作作风等方面切实加以转变，更加扎实、务实地做好工作。要更加重视加强基层党组织建设，充分发挥基层党组织的战斗堡垒作用和党员的先锋模范作用，努力提高基层党组织的战斗力、凝聚力和创造力。要以贯彻落实《实施纲要》、构建行业惩治和预防腐败体系为主线，进一步强化反腐倡廉教育，严格落实党风廉政建设责任制，扎实推进党风廉政建设和反腐败工作。要认真贯彻执行《中共中央纪委关于严格禁止利用职务上的便利谋取不正当利益的若干规定》，认真做好对照检查和清理纠正工作，切实提高党员领导干部的廉洁从政意识，严肃查处违纪违规行为，全面推进惩治和预防腐败体系建设，为行业改革和发展提供强有力的思想政治和纪律保证。党的十七大召开后，全行业要及时迅速地组织好学习宣传教育活动，掀起学习贯彻十七大精神热潮，把广大党员干部的思想和行动统一到十七大精神上来，为推动行业改革和发展积极贡献力量。各单位都要切实加强领导，各有关部门要积极协调配合，高度重视做好维护稳定工作，确保在稳定中推进行业改革和发展。

专卖管理

落实两项监管任务　加强专卖队伍建设　努力建立维护两个良好秩序

——在2007年全国烟草专卖管理工作会议上的讲话（摘要）

张　辉

（2007年3月20日）

今年专卖管理工作要认真贯彻落实国家局党组的部署和姜成康局长在全国烟草工作会议上提出的要求，确保进一步取得实效。总体要求是：坚持以邓小平理论和“三个代表”重要思想为指导，全面落实科学发展观，深入贯彻党的十六大和十六大以来历次全会精神，紧紧围绕“完善体制机制，优化资源配置，增强

竞争实力，全面提升水平”的行业主要任务，严格内部监管，努力建立良好的生产经营秩序；加强市场监管，努力维护良好的市场秩序；全面加强专卖队伍建设，提高队伍整体素质，促进行业持续健康发展。主要目标是：全面完成内部专卖管理监督检查工作，全面建立内部监管长效机制；每个地市局都要打掉1～2个规模较大的制售假烟网络，制假贩假售假违法犯罪活动得到明显遏制；加强专卖队伍建设，统一机构设置，明确职责定位，规范岗位管理，提高队伍整体素质。

一、内部监管

姜局长在今年的全国烟草工作会议上对内部专卖管理监督工作提出了明确的要求：今年国家局要继续深入开展重点抽查工作，加大整改工作力度，推动内部监管工作深入开展。要认真总结内部管理监督好的做法和经验，进一步加强制度建设，健全内管机构，配备内管人员，探索实践内部管理监督的有效途径和方式，切实加强“两烟”生产经营的监管，建立加强内部监管的长效机制，努力实现内部监管的制度化、规范化。各单位要认真贯彻落实国家局党组的要求，在深入推动上下工夫，在实现制度化、规范化上取得实效，真正建立起内部监管的长效机制。

（一）进一步提高认识，坚持不懈地抓好专卖内管工作

深入推进内部专卖管理监督工作，是坚持和完善烟草专卖制度，保证行业改革和发展顺利推进，树立烟草行业在社会上负责任的形象的需要。从目前的情况看，内部专卖管理监督工作仍任重道远。各级局要进一步提高认识，坚定不移、坚持不懈，继续推动内部专卖管理监督工作的深入开展。要把长效机制建设作为内部监管工作的突出重点，认真总结好的经验和做法，积极探索实现内部监管制度化、规范化、日常化的有效途径和方式，全面建立健全生产经营企业严格自律的内部控制机制、有效的同级监管机制、严格的上级督察机制，构建内部专卖管理监督体系，彻底解决前整后犯、边整边犯的问题，促进行业“注重自律”课题的解决。要采取有力措施，加大整改力度，进一步解决存在的突出问题。对重点抽查发现问题较多的企业，有关省级局要组织进行补查，按照内管检查的标准对2006年的生产经营业务逐笔进行核对，彻底查清问题，彻底进行整改。国家局将继续组织做好对未抽查过的23个省市区的检查工作。未抽查过的省级局、工业公司要积极主动地开展工作，在国家局检查组进驻前，进一步做好整改、监管制度和长效机制建设、教育引导等工作，确保不断取得实效；重点抽查结束后，要以正式文件向国家局报告处理整改情况和下一步的工作安排。

（二）落实责任，确保监管到位

各级局要认真贯彻落实《烟草行业内部专卖管理监督实施意见》，切实履行内部监管职责，扎实有效地开展同级监管、日常监管工作。要重点抓好责任分解、责任考核、责任追究三个关键环节。要把对行业内部生产经营活动进行全过程有效监管的总任务分解落实到各级专卖管理机构，分解落实到具体的工作岗位和工作人员。要切实加强内部监管机构建设，各级局内部专卖管理监督部门要有相对独立的办公场所，配备必要的办公设施。各级局要结合实际，按所承担的专卖内管工作职责，配备足够的专职工作人员，数量不得少于当地专卖管理人员总人数的10%；要选拔业务素质、政治素质过硬的优秀人才，充实内部监管力量，确保工作需要。要建立专卖内管考核监督机制，国家局每年对省级局考核一次，省级局每半年对市级局考核一次，市级局每季度对县级局考核一次。要建立责任追究制度：一是监管不作为、监管缺位的，没有按要求成立专卖内管部门、配备专职工作人员的，追究专卖局主要领导的责任；没有明确专卖内管部门各岗位的职责、确定对生产经营活动监管工作流程的，追究分管领导和专卖内管部门负责人的责任；没有履行职责，按制度开展专卖内管工作的，追究专卖内管部门负责人和监管人员的责任。二是对出现顶风违法违规生产经营问题的，对直接责任人严格依法依规处理，出现重大违法违规案件的，还要追究单位主要领导、分管领导和领导班子责任，追究相关业务部门的责任，追究专卖内管部门的责任。要通过实行严格的责任制，确保专卖内管长效机制真正建立起来，制度化、日常化监管真正开展起来，切实发挥有效预防和及时发现处理不规范问题的作用。

各工商企业要主动接受、积极配合专卖内管，及时提供生产经营有关资料；同时要切实抓好严格自律的内部控制机制建设工作，认真梳理业务流程，明确工作职责，严格落实烟草专卖法律法规和国家局的规章制度；要确定专门机构、要有得力人员负责专卖内管工作，认真抓好企业内控制度的执行，有效防范不规范问题的发生。要加大对违法违规行为的查处力度，下决心解决存在的突出问题。对于违法违规问题，发现一起查处一起，按有关规定移交纪检部门或司法机关追究责任，不作法外处理。

（三）加强教育引导，进一步激发注重自律的内在动力

开展注重自律教育，激发广大干部的内在动力，是解决注重自律课题的必然要求。去年广大干部职工通过专卖内管检查工作，受到一次比较深刻的注重自律教育和专卖法律法规教育。但从目前的情况，主动监管和主动接受监管意识不强，专卖监管缺位和不到位的问题仍不同程度存在；一些干部职工法制观念仍比较淡薄，特别是少数领导干部还没有真正树立依法管理、依法组织生产经营活动的观念；解决注重自律课题的思想基础还有待进一步加强。因此，各单位要把加强教育引导作为一项重要工作切实抓好，要把注重自律教育同“两个至上”在岗位主题实践活动紧密结合起来，组织干部职工联系岗位实际，认真检查对照在生产经营、专卖管理监督中是否真正体现了“两个至上”的要求。依法行政、依法管理、依法组织生产经营活动是树立“国家利益至上、消费者利益至上”的行业共同价值观最基本的要求。各级局要进一步增强责任意识，认真履行职责，切实做好专卖内管工作。各工商企业要进一步加强教育引导，针对专卖内管检查出的问题，组织干部职工进行深刻反思，同时加强烟草专卖法律法规及国家局规章制度的培训教育工作，使干部职工真正学法、知法、懂法、用法，使依法依规组织生产经营活动变为自觉行动。要切实加强对专卖内管人员的培训教育，使其熟练掌握工业、商业、卷烟、烟叶等生产经营业务流程，把握专卖监管切入点和关键环节，提高有效监管的能力和水平。

二、市场监管

今年各级局要继续加强与公安部门的配合，保持严厉打击的高压态势，切实做到守土有责，以摧毁制售假烟网络为重点，使制假贩假售假违法犯罪活动得到明显遏制，努力维护良好的市场秩序。

（一）进一步加强卷烟打假联合执法工作

各级局要认清当前卷烟打假工作面临的形势，落实好国家局对卷烟打假工作的部署，确立新目标，制订新措施，着力解决存在的突出问题，深入推进卷烟打假工作，继续取得新成效。要进一步巩固和完善烟草部门与公安机关的打假协作机制，同时加强与其他执法部门之间的协作关系，建立联合执法协作机制，努力做到沟通协调顺畅、技术支持有力、执法配合密切，形成强大的卷烟打假合力。

（二）继续有效摧毁假烟生产能力

任何时候都不能放松“端窝点，打源头”工作。福建要继续以打击云霄卷烟制假活动为重点，采取设卡堵截、斩断制假原辅料供应链、清剿制假窝点等措施，巩固“断链行动”成果，严防制假活动反弹。广东要继续加大对生产窝点、原辅材料供应的打击力度，着力解决广州等地的包装假烟问题。云南、湖南、河南、河北等省要采取更加有效的措施，在摧毁假烟生产能力方面取得新成效。各地要针对卷烟制假活动靠近市场，向销区转移的趋势，及时予以严厉打击，决不能让制假活动形成气候。要进一步从源头上遏制卷烟制假活动，云南等烟叶主产区要加强日常监管，坚决打掉地下非法复烤厂，堵源截流，切断制假窝点的烟叶来源渠道；要继续加强对卷烟纸、烟用丝束（滤嘴棒）的监管，打击违法生产经营卷烟材料的行为。

（三）继续深入开展打击制售假烟网络工作

各省级局要充分认识打击制售假烟网络是提高卷烟打假工作质量和水平的有效措施，是卷烟打假成效的综合体现，把打网络作为卷烟打假工作的突出重点，努力取得更大成果。今年的工作目标仍然是每个地市局都要打掉1～2个规模较大的制售假烟网络，年底没有完成任务的地市局要向省局负责任地说明情况，省局对没有完成打网络任务的要向国家局写出汇总说明。各级局要切实转变市场监管的方式，把重点放在发现线索、查处案件、打击制售假烟团伙上，从源头上解决贩假贩私等问题，进一步净化卷烟市场；对零售客户管理要把工作重点放在分析经营业态发展变化、了解掌握零售客户经营状况上，及时发现查处违规经营行为。要善于抓住有价值的线索，从查扣的假烟入手，以烟找人、以人找网，切实提高经营案件的能力和水平，同时要在人力、物力、财力上充分保证，确保全面完成今年打网络的目标任务。国家局和公安部将继续加大对跨省重大案件的协调指导工作力度，统一部署和协调跨省重大案件，适时组织跨地区打击行动。

（四）加大对运输分销假烟环节的打击力度

广东要着力解决广州等地的中转运输假烟问题，坚决打击具有跨区域、网络化特征的运输、贩卖假烟团伙。湖北要继续阻截假烟北上，在打击运输假烟网络方面取得新成效。江苏、浙江、江西要切断假烟流向安徽、山东的通道。陕西要扼住假烟通往西北地区的咽喉。京、津、冀要斩断假烟流向内蒙古及东北地区的通道。各省要积极协调铁路、民航、高速公路公安等有关执法部门，采取有效措施，对交通要道、铁路货运站、汽运中转站、机场

等运输枢纽加强检查，严厉打击运输假烟违法犯罪活动。

（五）加大抓捕追刑工作力度

各级局要积极配合公安机关和司法机关，加强案件情报工作，建立规范有序的案件信息交换处理机制，保证案件信息畅通，实现信息共享。及时向公安部门移送涉嫌犯罪的案件，积极配合公安部门将制售假烟违法犯罪分子抓捕归案。国家局将进一步加强与最高法院、最高检察院的协调，争取将《卷烟打假适用法律问题的会议纪要》上升为司法解释，解决追刑的法律依据问题。各级局要加强与公检法机关的沟通协调，充分发挥《会议纪要》和《卷烟打假协作机制意见》的作用，依法严惩制假主犯。

各级局要进一步加大打击走私卷烟、烟用丝束、卷烟纸等烟草专卖品的力度。广西、广东、福建等重点地区要密切关注走私的新动向，高度重视，与海关、边防等部门密切配合，适时组织专项打击行动，有效遏制走私贩私违法犯罪活动。

这里，我还要强调三个问题：一是要管好用好打假经费，严格遵守财务规章制度。国家局补贴的打假经费必须全额用于打假，按规定及时拨付，不得截留、坐支或挪作他用。二是要加强罚没物资的管理，严格执行收支两条线的规定，对罚没物资的入库、出库、变卖、销毁等环节都要建立交接手续，完善相关管理制度，罚没款要及时全额上缴。三是要有效发挥打假表彰的作用。近两年各级局召开了不少打假表彰会，对调动有关执法部门的积极性，不断掀起卷烟打假高潮起到了重要作用。下一步要提高奖励的有效性，主要表彰公安、司法等部门确实对卷烟打假作出了重大贡献的同志，但不要过度奖励、重复奖励，要使奖励政策更好地发挥推动卷烟打假工作深入开展的作用。

三、专卖队伍建设

随着行业的改革和发展进入新阶段，专卖管理面临的形势和任务发生了深刻的变化，专卖管理必须由“重市场监管、轻内部监管”转变为“市场监管、内部监管并重”，这就对专卖队伍建设提出了新的要求。我们必须适应专卖管理工作内容和任务的变化，有效解决存在的问题，切实加强专卖队伍建设，提高队伍整体素质。只有这样，我们才能真正履行好“两项监管”职责，维护好“两个秩序”，保障行业持续健康发展。下一步加强专卖队伍建设的基本工作思路是：以坚持和维护烟草专卖制度为中心，以强化内部监管和市场监管为重点，切实做到统一机构设置、明确职责定位、规范岗位管理，不断优化人员结构，提高专卖队伍整体素质，提高依法行政、依法执法的能力和水平。具体要求是：

（一）统一机构设置

省级局设专卖监督管理处、内部专卖管理监督处，两个部门合署办公，两块牌子、一套人马。地市局、县级局设专卖监督管理科、内部专卖管理监督科，两个部门合署办公，两块牌子、一套人马。关于专卖稽查队伍，省级局设专卖稽查总队、地市局设专卖稽查支队、县级局设专卖稽查大队。各个省级局、地市局、县级局的专卖部门、内部监管部门、稽查队的负责人由1人担任，统一调配、指挥本级专卖队伍，全面负责地抓好“两项监管”任务的落实，做好各项专卖管理日常工作。

（二）明确职责定位

按照专卖管理机构的设置，必须明确相应的职责定位。各级专卖监督管理部门的职责在“三定”方案中已经明确了，这里就不再重复。现在需要明确的就是省市县三级局内部专卖管理监督部门和专卖稽查队伍的职责。

1. 内部专卖管理监督部门的职责。省、市、县三级局内部专卖管理监督部门都要贯彻落实上级局内部专卖管理监督的部署和要求，制订实施本辖区内部专卖管理监督制度，建立内部专卖管理监督长效机制。

省级局内部专卖管理监督处的具体工作职责是：组织领导市县级局做好对行业内部生产经营活动的同级监管、日常监管工作，对市级局、县级局专卖内管工作开展情况进行监督检查；每半年对辖区行业内工商企业进行一次重点抽查，每年进行一次全面检查；每半年向国家局报告一次专卖内管工作，5万元以上的内部违法违规生产经营问题处理情况要及时上报。

地市局内部专卖管理监督科的具体工作职责：一是组织县级局做好同级监管、日常监管工作，及时调查处理不规范生产经营问题，每季度对所属县级局专卖内管工作开展情况进行一次全面检查。二是对市公司本级以及所属县营销部（公司）的“两烟”生产经营活动坚持日常监督。三是对辖区行业内工商企业生产经营全过程进行日常监管。对工业企业主要检查按合同、准运证等规定购进原辅材料，按计划、码段组织生产，通过正常渠道销售卷烟等方面的情况；对烟叶复烤加工企业主要监管无合同加工、超合同加工、无证运输以及超范围经营等问题；对烟机、辅料生产经营企业主要检查执行烟草专卖法律法规以及国家局有关规章制度的情况；对辖区内所有工商企业处理废弃烟草专卖品进行监管。每季度向省级局报告一次专卖内管工作，5 万元以上的内部违法违规生产经营问题要在 48 小时内报省局，按省局的意见进行处理。

县级局内部专卖管理监督科的具体工作职责是：对辖区内卷烟、烟叶生产经营业务进行同级监管、日常监管。对卷烟访销配送业务坚持日常监督，对销量波动大、零售户进货异常的情况实地走访进行核对，主要查拆单分摊、假入网等问题。对烟叶种植收购合同的签订情况进行检查，主要查超计划种植、合同签订与实际不符、多签少种、少签多种、亩产异常等问题；对烟叶种植收购合同的执行情况进行检查，主要查超计划、超合同、无合同收购等问题；检查有无非正常渠道调拨烟叶、违规处理报废烟叶等问题。县级局每个月要向市级局报告一次内部专卖管理监督工作情况；发现不规范生产经营情况，要在 24 小时内报市级局。

同时，各级局内部专卖管理监督部门还要承担本辖区烟草专卖行政执法监督工作，监督专卖人员依法行政、文明执法；负责开展行政执法错案责任追究工作。

2. **专卖稽查队伍的职责**。省、市、县三级局专卖稽查队伍的主要职责是：负责指导、协调、组织本辖区卷烟打假打私工作；负责督办或直接查处各类烟草违法案件；组织、指挥、协调打击制售假烟网络案件的经营和查办工作；负责监督检查卷烟打假打私工作；负责协调配合相关执法、司法部门建立协作机制；负责本地区涉烟违法案件的情报信息管理工作，建立健全查处涉烟违法案件信息联动及共享机制。省级局专卖稽查总队的工作重点是协调、组织、指挥跨省、跨地市制售假烟网络案件的侦破，以及对犯罪嫌疑人的抓捕追刑工作；解决本地区存在的制假、贩假、售假等突出问题、难点问题。市级局稽查支队工作重点是协调、组织、指挥跨县的制售假烟网络案件的侦破以及对犯罪嫌疑人的抓捕追刑工作，及时上报跨省、跨地市的制售假烟网络案件线索。县级局稽查大队的主要职责是：负责辖区内烟草市场监管和涉烟违法案件的查处工作；负责对零售市场实施日常监管；负责了解零售业态变化及其对专卖管理工作的影响等基础情况；排查制售假烟网络案件线索，及时向地市级局上报，按照上级局统一指挥开展打击制假贩假售假网络行动。

（三）规范岗位管理

要对专卖管理岗位进行分类，实行资格认证制度，对每类岗位都要明确具体的任职资格条件，符合条件并取得资格证书的才能上岗。要实行定岗定员，专卖工作岗位不得由从事企业生产经营业务的人员兼任。各岗位一般不得兼职，尤其是内部监管岗位和打假打私岗位不得兼任，要实现专职化、专业化。要通过实行资格认证管理，彻底解决过去谁都能干专卖、什么人都往专卖部门安排的问题。这个问题不解决，专卖队伍素质就很难得到明显改善。要切实加强教育培训，挖掘现有人员的潜力，使其具备任职条件；对于文化素质差的人员，要多给他们提供学习机会，提高他们的文化素质；要吸收法律专业的大中专毕业生，充实专卖力量，不断改善队伍结构，提高整体素质。要按照“分类管理、科学设岗、明确职责、严格考核、落实报酬”的总体要求，加强专卖队伍建设。对各类专卖人员的调整，包括管理人员调整，要打破身份界限，通过明确标准、择优录用、竞聘上岗，形成“进得来、留得住、出得去”的用人机制，营造有利于专卖人才脱颖而出的良好环境，充分调动专卖管理人员积极性。

（四）加强工作制度建设

一是要建立完善考核奖惩制度。要明确岗位职责，对每个专卖管理岗位都要编制说明书；要按照岗位职责对专卖人员进行严格考核，根据考核结果决定其职级升降，落实报酬，体现奖优罚劣，有效激励。二是要建立健全各项具体的工作制度。对专卖管理各项工作，都要制订具体的、针对性强、操作性强的制度，形成按制度办事、靠制度管人、用制度规范行为的机制。要切实提高制度建设的质量，过去有的单位制度一大堆，但是挂在墙上的多，管用的少，我们要强调制度的可操作性，不是要做什么事的制度，做什么事各级专卖管理机构职责已经很清楚了，关键是要怎么做事的制度。比如内部监管的同级监管、日常监管怎么开展，工作流程、标准是什么，业务部门怎么配合，怎么考核；市场监管接到举报、发现线索怎么处理，市级局怎样协调指挥县级局统一行动，打假费用怎么开支，收到国家局打假经费补贴怎么处理，罚没物资怎么处理，等等。这些工作都需要完善相关的制度，没有制度管着，就会产生随意性，就会有自由度，就容易出问题，有的单位是有过教训的。同时要抓好制度的落实，加强监督检查，提高执行力，对有章不循、不按制度办事的，要严肃处理。

增强责任意识　精心组织实施

——在烟草行业贯彻施行国家发改委发布的《烟草专卖许可证管理办法》电视电话会议上的讲话

张　辉

（2007 年 3 月 7 日）

今年 2 月 5 日，国家发改委发布了新修订的《烟草专卖许可证管理办法》（下称新办法）。新办法从 2007 年 3 月 7 日开始施行。国家局对新办法的贯彻实施高度重视。下面，对烟草行业贯彻实施新办法，我受姜成康局长的委托，讲三点意见。

一、修改工作概况

烟草行业内外形势的发展变化，要求必须修改烟草专卖许可证管理规定。烟草专卖法规定，我国对烟草专卖品的生产、销售和进出口依法实行专卖管理，并实行烟草专卖许可证制度。烟草专卖许可证制度，是依法对烟草实施专卖管理的重要手段。1998 年国家局 2 号令发布的《烟草专卖许可证管理办法》（下称原办法）实施以来，对于深入贯彻执行烟草专卖法及其实施条例，依法规范和加强烟草专卖许可证的管理工作，促进和保障烟草行业持续稳定健康发展发挥了重要作用。

近年来，随着我国社会主义市场经济体制和法制建设的不断健全完善，烟草专卖许可证管理工作的外部环境、内部环境都发生了很大的变化。原办法已经不能够适应发展和变化了的新形势和新要求。

（一）全面推进依法行政的社会法治进程，提出了修改的要求

行政许可法的实施，给我国依法治国、依法行政和行政许可提出了更高的目标和要求。职权法定、依法行政、有效监督、高效便民，已经成为包括烟草专卖管理在内的各级政府行政管理必须遵守的基本准则。由于历史的原因，行政许可法合法、高效、公正、便民的原则，以及有关实施行政许可的程序性规定、行政机关的监督检查与责任等具体规定，在原办法中有很大的缺漏和不足，有的规定不够具体明确，在执行中操作性不强。

（二）落实我国政府加入世贸组织的承诺，提出了调整的要求

一方面，我国政府在加入世贸组织的承诺中，没有对外资开放卷烟的批发和零售业务。相关内容在原办法中没有体现，没有明确区分内资和外资在批发和零售行政许可上的不同要求。在国家局下发有关禁止规定之前，有些地区已向外资企业发放了烟草专卖零售许可证。据统计，近年来全行业累计发放涉及外资的烟草专卖零售许可证达 1837 个。原办法客观上存在着烟草专卖法律与我国入世承诺有关烟草规定不配套的问题。另一方面，中国政府承诺取消对国外卷烟零售许可的限制。即一个烟草专卖零售许可证可以同时经营国产卷烟和国外卷烟，不再区分国产卷烟和国外卷烟。在这方面，原办法第二十五条中有限制性规定。在实际管理中，还衍生出了“特零证”。国家局为了执行我国入世承诺的规定，于 2003 年 7 月印发了专门文件，在全国统一了国内外卷烟的零售许可。但这仅仅是政策性规定，这些规定与我国入世承诺所不适应的情况，需通过修改原办法进行相应调整。

（三）履行烟草控制框架公约义务，提出了细化的要求

2005 年 8 月 28 日，第十届全国人大常委会第十七次会议决定批准我国加入《烟草控制框架公约》。现行的烟草专卖法律没有体现履行《公约》有关要求的具体规定。对中小学校周边设立卷烟零售摊店、自动售货机零售卷烟、利用互联网销售卷烟等新情况新问题，原办法更没有涉及，必须进行细化调整。

（四）烟草行业改革发展新阶段新任务，提出了修改的内在要求

近年来，烟草行业改革不断深化。尤其是伴随着深入贯彻落实国务院重要文件精神，理顺产权关系，构建母子公司体制，对卷烟工业企业进行公司制改造，积极探索建立现代企业制度下的法人治理结构，逐步把烟草行业推到了一个新的发展阶段。原办法对于卷烟工业企业联合重组、产权关系变更后的专卖许可证的申请、变更、注销等管理问题没有规定。

（五）社会环境发展变化的新情况，提出了更具体更高的修改要求

原办法是1998年制定的，它所规定的内容符合当时的社会发展条件。但伴随着我国经济社会发展的进程，烟草专卖许可证管理的外部环境发生了深刻的变化。现阶段，我国已进入改革发展的关键时期，经济体制深刻变革，社会结构深刻变动，利益格局深刻调整，思想观念深刻变化。在这样的社会背景下，我国城镇化发展的提速，广大农村营销网点建设出现了新的需求、商业连锁经营、商业企业性质的变更转换、商场场柜分割、社区改造、业主流动、家族家庭成员共用许可证件、持证人自行有偿出租出让许可证件等新情况新问题大量涌现。对于这些新情况，原许可证管理的规定明显地不适应。

为了适应烟草专卖许可证管理的内外部环境发展变化的要求，必须对原办法进行修改、调整和完善。对于原办法的修改，是严格按照立法法规定的权限和《规章制定程序条例》的有关规定进行的。经过了国家局申报立法计划、调查研究、组织起草、论证协调、国家发改委审查审议、发布施行几个步骤。从2005年初向国家发改委提出立法申请至2006年末审议通过，前后历时两年。

从总体看，这次修改工作准备充分，程序规范，组织周密，民主透明，重点突出，合法合理。所有修改和调整的内容，都是在上位法许可的范围和幅度内进行的，较好地体现了行政许可法的立法精神和原则。

二、修改的主要内容

根据行政许可法的指导精神，新办法对原办法的体例进行了调整。原办法共九章四十一条。体例设置的逻辑关系，主要是以烟草专卖许可证的种类来划分章节，构成整个法律文件主体框架。新办法改变了原来的体例形式，按照行政许可管理流程先后的逻辑顺序设置章节。与原办法相比较，在内容上增加了“烟草专卖许可证使用”和“法律责任”两个专章。新办法共七章六十六条。这种体例设置，更加符合行政许可法的要求，突出了便民和服务、监督和责任，增强了许可证管理工作的科学程序和规范流程，具有较强的可操作性。

新办法的具体内容同原办法相比较，发生了很大变化，主要体现在以下六个方面。

（一）吸收了行政许可法的相关规定

切实体现行政许可法的基本精神和原则，是这次修改工作始终遵循的一个重要指导思想。由于历史的原因，原办法不可能在这方面有更多的体现。因此，这次修改中，最大限度地把行政许可法所倡导的公开、公正、公平、便民的原则落实到具体规定之中。这一指导思想主要体现在以下几个方面：一是增加公示制度。新办法在受理方面规定，办理许可证的场所应当公示办理许可证的法律依据、审批机关、申请条件、申请材料、申请方式和途径、审批程序和时限等内容；进一步规定对依法做出发放烟草专卖许可证的情况应当公开，允许和方便公众查阅。二是改进申请方式。新办法规定，申请人一般以书面方式提出申请，也可以通过信函、电报、传真、电子数据交换和电子邮件等其他方式提出申请；还可以委托代理人提出申请。三是规定告知义务。对于不需要取得烟草专卖许可证的，应当及时告知，不属于本行政主管部门法定职权范围的，应当及时做出不予受理的决定，并告知申请人向有关机关申请；对于依法不予发放的，应当向申请人说明理由，并告知其享有依法申请行政复议或者提起行政诉讼的权利。

烟草专卖许可证管理，本质上属于行政许可管理。在修改中，十分注重依法规范烟草专卖行政主管部门的管理行为。新办法在总则第三条中明确规定，烟草专卖行政主管部门应当依照法定的权限、范围、条件和程序审批、发放烟草专卖许可证，并进行有效的监督管理；在申请与受理、审批与发放、监督管理等有关章节中，对依法正确实施许可证管理工作的重要实体和程序要求做出了明确的规定；在法律责任中，具体列举了烟草专卖行政主管部门及其工作人员违反有关规定应当给予的不同处分和承担的相应责任。

（二）体现了保护与约束并重的指导思路

1. 新办法同原办法比较，增加了依法保护专卖管理相对人的具体规定。在保障行政相对人合法权益的设定上，总则的第四条、第五条明确规定，公民、法人或者其他组织对烟草专卖行政主管部门发放的烟草专卖许可证，享有陈述权、申辩权；有权依法申请行政复议或者提起行政诉讼；其合法权益因烟草专卖行政主管部门违法发放烟草专卖许可证受到损害的，有权依法申请赔偿；依法取得的烟草专卖许可证受法律保护；烟草专卖行政主管部门依法变更或者撤回已经生效的烟草专卖许可证，必须依照法定条件、遵循法定程序进行。在审批方面，第二十五条规定，依法做出不予发放烟草专卖许可证的书面决定的，应当向申请人说明理由，并告知申请人享有依法申请行政复议或者提起行政诉讼的权利。在监督管理方面，第三十六条规定，上级主管部门应当加强对下级主管部门办理烟草专卖许可证的监督检查，及时纠正违法行为，并建立完善烟草专卖行政执法责任追究制度和考评机

制；第三十九条规定，公众可以查阅烟草专卖行政主管部门的监督检查记录。在规范受理、审批、发放的期限保障方面，要求对申请材料不齐全或者不符合法定形式的，应当当场或者在五日内以书面形式一次告知申请人需要补正的全部内容；要求对于申请人的申请符合法定条件的，烟草专卖行政主管部门应当自受理申请之日起二十日内做出许可书面决定。二十日内不能作出决定的，经本单位负责人批准，可以延长十日，并应当将延长期限理由告知申请人；要求烟草专卖行政主管部门应当自作出予以发放烟草专卖许可证决定之日起十日内向申请人送达烟草专卖许可证。

2. **新办法与原办法比较，增加了对使用烟草专卖许可证行为的约束**。主要包括：明确界定了不予发放烟草专卖许可证的七种具体情形；对于经营期满依法不予延续的条件，作出了具体界定；对于使用涂改、伪造、变造的烟草专卖许可证的，烟草专卖行政主管部门可以作罚款处理的规定；对于未领取烟草专卖许可证擅自从事烟草专卖品生产经营的情形，明确规定烟草专卖行政主管部门应当依法查处，构成犯罪的，依法移送司法机关追究刑事责任；对于持证人从事违法生产经营活动，具体规定了依法应当责令暂停烟草专卖业务、进行整顿，直至取消其从事烟草专卖业务资格的九种情形；对于停止经营业务和领取烟草专卖许可证后在规定期限内没开展生产经营活动，并且没办理停业或者歇业手续的情形，在时间上作出了具体规定。

这些规定，对于鼓励持证人合法经营、有效约束其生产经营行为提供了明确的界限和尺度。

（三）转化了入世承诺和《烟草控制框架公约》要求

1. **将我国政府入世有关承诺转化为新办法的具体规定**。统一了零售许可。原办法第二十五条规定，经营外国烟草制品零售业务，需要申请领取特种烟草专卖经营企业许可证。在实际管理中，发放的是“特零证”。根据中国政府加入世贸组织的承诺，应当统一烟草专卖许可程序，使用一个烟草专卖零售许可证既可以经营国产卷烟，也可以经营外国卷烟。这次修改，将国家局的相关政策性规定纳入了新办法，以规章的形式在第三十条加以规定，即取得烟草专卖零售许可证的公民、法人或者其他组织，可以依法从事国产和外国卷烟的零售业务。对外资进入烟草经营领域作出明确禁止规定。根据我国政府加入世贸组织的承诺，烟草的批发和零售业务没有对外资开放。商务部发布的《外商投资商业领域管理办法》第十七条规定：“从事批发的外商投资商业企业不得经营盐、烟草，从事零售的外商投资商业企业不得经营烟草。”原办法没有体现相关内容。所以在新办法的第十八条规定：“外商投资的商业企业或者个体工商户不得从事烟草专卖品批发或者零售业务，不得以特许、吸纳加盟店及其他再投资等形式变相从事烟草专卖品经营业务。”

2. **对烟草控制框架公约的有关要求作出了明确规定**。新办法比原办法更多地体现了烟草控制框架公约有关要求和烟草专卖管理的社会责任，在三个方面作出具体规定，切实加强对未成年人的保护。一是第二十六条明确规定，对中、小学校周围的摊、店不予发放零售许可证；二是第四十一条规定，不得利用自动售货机销售卷烟；三是第四十一条规定，除了取得烟草专卖生产企业许可证、烟草专卖批发企业许可证或者特种烟草专卖经营企业许可证的企业依法销售烟草专卖品外，任何公民、法人或者其他组织不得通过信息网络销售烟草专卖品。

（四）细化了申领烟草专卖零售许可证条件

原办法对烟草专卖零售许可证发放条件规定得比较原则。新办法对这些条件进行了细化，主要体现在两点：一是细化了“固定经营场所”，规定申请人应当“有与住所相独立的固定经营场所”。目的是解决一些零售户的卷烟经营场所、仓储场所与住所不分，给专卖执法人员执法检查造成障碍的实际问题。二是细化了制定烟草制品零售点合理布局规划的要求。鉴于各地存在较大差异的实际情况，不宜“一刀切”，新办法从三个方面作出了规定：一是强调制定规划必须考虑的基本要素，包括辖区内的人口数量、交通状况、经济发展水平、消费能力等因素。二是明确了合理布局规划制定的权限和主体。三是规定了听证程序，以保障利害关系人的合法权益。

（五）增补了烟草专卖许可证使用的规定

新办法增加“烟草专卖许可证的使用”专章，目的是要着重解决好烟草专卖许可证在使用过程中的突出问题。一是针对行业深化改革、联合重组中出现的生产、批发、特种烟草经营企业的企业类型发生变化的情况，规定应当重新申领烟草专卖许可证；二是针对烟草专卖零售许可证的持证主体、企业类型或者经营地址发生改变的，规定应当重新申领烟草专卖零售许可证；三是针对企业法人资格发生变化的，规定应当及时重新申请或者变更烟草专卖许可证。

（六）充实了监督管理规定

原办法监督管理的内容只有三条。为了避免出现重许可轻监管的现象，新办法吸收了行政许可法的相关规定，在三个方面加以明确。一是按照构建有效的系统的监督机制要求，对监管主体、方式、范围、主要内容、责任追究制度、考评机制作出了明确规定，为进一步改进和完善许可证的监督和管理工作奠定了具有系统性、科学性的法律基础。二是按照权责对等的要求，对烟草专卖许可证管理机关和上级监管部门的具体责任进行了细化和明确界定。在进一步明确监督管理部门具体的监督事项和允许采取的方式方法的基础上，明确对监督主体进行有效监督的具体内容。主要是上级主管部门要加强对下级主管部门实施行政许可的监督检查，及时纠正违法行为；对于烟草专卖行政主管部门及其工作人员违反有关规定的情形和相应的法律责任，在新办法第五十九、六十、六十一条中作出了明确规定。三是按照权利和义务对等的要求，对有效监督持证人使用烟草专卖许可证从事生产经营活动进一步作出了明确规定。重点是以下三个方面：第一，细化了监督检查的主要内容。第二，在不依法进行变更登记、未领取许可证擅自从事生产经营活动和买卖、出租、出借许可证等方面，对于取消烟草专卖业务资格的各种情形，逐一作出了细化规定，有关内容主要体现在新办法第四十三、四十四、四十五条中。第三，对使用烟草专卖许可证不符合法律规定的主要情形，作出明确界定。尤其是对于取得烟草专卖品许可证的企业为无证的企业或者个人提供烟草专卖品加工服务，向无证的企业或者个人提供残次烟叶或者废弃的烟叶、烟末等情形，作出了具体规定。使这方面的行业政策规定上升为行政规章。对于上述的监督管理，都相对应地在法律责任规定中逐一加以明确。从而保证了监督工作与法律责任相配套，提高了监督工作的法律权威。

三、贯彻实施新办法的几点要求

新办法的发布施行，是全行业的一件大事。在今年的全国烟草工作会议上，姜局长在工作报告中提出了“三个依法”（依法行政、依法管理、依法生产经营）的要求。要落实好“三个依法”，必须要先把新办法宣传好，贯彻好，实施好。

（一）强化责任观念，深刻认识贯彻实施新办法的重要意义

贯彻实施好新办法，对于各级烟草专卖局及其法规、专卖部门是一项政治责任。要担负好这项政治责任，最根本的是要解决好思想认识问题。要真正从思想上正确理解和准确把握新办法在烟草专卖制度中的重要地位，对烟草行业持续健康发展的重要影响。

贯彻实施好新办法，对于巩固、完善烟草专卖制度具有重要意义。我国烟草专卖制度的基础，是国家烟草专卖法律制度。烟草专卖法明确规定：“国家对烟草专卖品的生产、经营和进出口依法实行专卖管理，并实行烟草专卖许可证制度。”这一规定表明，烟草专卖许可证制度是国家依法实施专卖的基本制度保障。因此，作为行政规章的烟草专卖许可证管理办法，在我国烟草专卖法律体系中占据着特殊重要的地位。新办法是根据烟草行业改革和发展的内外部环境发展变化进行修改后发布施行的。它的施行，必将有力地推动烟草行业行政许可管理向着更好地适应烟草行业新阶段新形势新任务的需求迈出新步伐；必将有力地推动烟草专卖许可证管理提高到新水平；必将有力地推动烟草行业依法行政、依法管理、依法生产经营跨上新台阶。所以，贯彻实施好新办法，是巩固和完善烟草专卖制度的重要组成部分。

贯彻实施好新办法，对于建立和完善烟草专卖执法体制具有积极的推动作用。当前，随着我国依法治国进程的加快和全面推进依法行政工作的日益深化，烟草行业提出了要建立“权责明确、行为规范、监督有效、保障有力”的烟草专卖执法体制的目标。构建这样的专卖管理体制，首要的问题是权责明确。这是贯彻落实国家依法行政的基本要求。新办法不仅严格遵循了烟草专卖法及其实施条例，而且还严格遵循了行政许可法的立法精神和指导原则，根据当前和今后一个时期烟草专卖管理的实际需求，进一步明确了烟草专卖许可证管理的权力和责任、体现公平公正原则的主要程序、依法正确有效实施监督的内容和方法、依法保护烟草专卖管理对象合法权益的具体渠道。这些规定，为改进和加强管理提供了更加全面和准确的依据，为进一步加强和完善烟草专卖执法体制建设提供了法律支持和基础保障。所以，贯彻实施好新办法，必将对构建更加完善的烟草专卖执法体制产生积极的推动作用。

贯彻实施好新办法，为烟草行业依法管理、依法生产经营提供了明确的法律规范。随着国务院重要文件的全面贯彻实施，行业改革从重点突破、理顺关系向完善体制机制、实现制度创新转变；结构调整从重组整合、规模扩张向做强做大企业、培育骨干品牌转变；行业管理从行政管理为主向行政管理与资产经营管理并重转变。这样的改革和发展的新形势，对烟草行业的依法管理、依法生产经营提出了“权责明晰、决策民主、程序公平、管理规范”的更高目标和要求。新办法较好地体现了依法管理、科学管理、规范管理的要求。所以，正确地贯彻实施好新办法，对于烟草行业在更高的层次和更高水平上推进依法管理和依法生产经营工作提供了法律制度上的运行规范。

贯彻实施好新办法，同建设社会主义和谐社会紧密相关。烟草专卖许可证管理工作，是烟草行业连接社会的一个十分重要的窗口，不仅规范烟草行业专卖管理活动，而且还涉及社会的许多方面；不仅涉及各级政府有关部门和各级有关执法机关的管理，而且还涉及“三农”、流通领域等广大利益群体。构建和谐烟草，是国家局党组根据现阶段我国经济社会发展发生的深刻变化提出的重大战略举措，需要从法律层面、政策层面、实际管理层面统筹协调、抓好落实。由于烟草专卖许可证管理的特殊地位和作用，贯彻实施好新办法，有利于进一步在全社会树立好负责任的烟草形象，对于把和谐烟草建设提升到法制化、科学化的战略高度将发挥重要作用。同时，也有利于最大限度地减少在烟草行业实施专卖管理过程中与社会产生的不和谐因素。这本身就是为构建和谐社会作出贡献。

（二）加强组织领导，有效落实新办法的宣传贯彻工作

1. **层层负责，组织好宣传贯彻。**宣传贯彻新办法，不仅仅是哪一个部门的事情，是全行业的共同责任。做好新办法的宣传贯彻落实工作，各级烟草专卖局的主要负责人要亲自过问，分管领导具体负责。要按照层级管理的要求，层层负责地抓好宣传贯彻工作。各级法规和专卖部门要积极主动地做好配合，形成相互配合、共同落实的工作合力。

宣传贯彻落实新办法，是一项长期的工作。要做出细致的安排和部署。新办法的宣传贯彻工作，要同“五五”普法工作有机结合，把宣传贯彻工作具体地贯穿到学法、用法的计划和任务中去，尤其是在近两年要把深入学习贯彻新办法作为普法工作中学法和用法的重点任务抓好落实。宣传贯彻的范围，既要着眼于行业内部，又要统筹兼顾覆盖到社会与烟草专卖管理和生产经营活动相关的有关单位，特别是要把宣传贯彻工作做到基层和零售环节。要从实效性的要求出发，创新宣传贯彻的工作思路，通过各种有效的渠道和载体，运用有效的先进手段，加大宣传和贯彻的力度，因地制宜地营造好宣传贯彻的浓厚氛围，达到覆盖全面、认识统一、理解正确、自觉遵守的目标要求。

2. **突出重点，落实好学习培训。**要把学习培训作为贯彻实施好新办法的重要环节，抓紧抓实，抓出成效。各省级局（公司）要结合本地区的实际情况制订出各自的培训实施方案。要把各级烟草专卖局领导、工商企业领导和法规、专卖、行政复议部门作为学习培训的重点对象。真正从思想上提高认识。对新办法的具体内容做到准确全面理解，为正确地运用和组织实施管理打下坚实的基础。

3. **集中力量，安排好清理和废止。**新办法规定，自新办法施行之日起，原办法同时废止。新办法施行前各级烟草专卖局制定的有关烟草专卖许可证管理的规定，制定部门应当依照本办法及时进行清理；不符合新办法规定的，自新办法施行之日起停止执行。根据上述规定，各级烟草专卖局要从现在起至3月末，集中时间组织专门力量依法进行有关文件的清理。凡是与新办法规定不一致或者相抵触的，要立即停止执行。各省级局要在3月31日前将具体清理和废止情况以书面形式报国家局法规司。

（三）精心组织实施，全面推进新办法的实施工作

根据新办法的规定，从今天起就进入了全面施行的阶段。认真执行好新办法，是当前摆在全行业面前的一项突出的任务。

1. **及时调整和完善相适应的工作流程。**新办法同原办法比较，调整和增加了许多新的内容和程序。各级烟草专卖局要根据这些新变化、新要求，组织专门力量积极做好在工作内容、工作流程、工作程序、岗位责任、监督管理等方面实施新办法的调整和充实，确保各项管理工作同新的规范尽快实现对接。

2. **尽快健全和完善配套保障的运行机制。**新办法在申请、受理、审批、发放、监督等管理环节中增加了许多新的规定。对于新增加的内容和程序，无论是在制度建设上还是在物质准备上，都需要及时地进行配套保障，尤其是在公示、听证、电子查询、岗位调整、人力配置等方面需要进一步细化。对于必要的事项，要建立起规范具体操作的相关制度和相对应的管理岗位职责。还要从科学管理的目标和要求出发，按照新办法实施责任，研究制定相适应的考评制度，尽快建立和完善与新办法相适应的工作运行机制。

3. **积极探索科学高效的工作方法。**由于新办法的施行没有留出更多的准备时间，因此有关的调整和对接工作只能在执行中加以落实。这就要求各级执行机构和领导在工作思路和工作部署上要适应这种新情况。当前，要突出抓好三个环节。一是组织专门力量有针对性地学习和研究。这里所说的“专门力量”，是指具体负责执行的法规和专卖部门。这里强调的“有针对性”，是要求带着找准新办法与原办法的异同、执行新办法调整和增减的具体事项、全面履行管理职责和配套制度建设等问题，进行扎扎实实地深入研究，按照烟草专卖许可证管理工作的流程进行对照和梳理、调整和充实。在此基础上，进一步优化和完善许可证管理工作的管理规范和运行机制。二是坚持在学习中调整、在调整中执行、在执行中完善。要按照落实基

本规定、区别轻重缓急的要求，优先解决好必须调整的基本内容、基础程序，优先组织准备好相关文本材料、电脑软件等配套的物质准备，优先制定好相适应的基本工作规程、岗位责任、运行管理制度。通过解决好这“三个优先”，实现新办法与原办法管理上的顺利衔接，以保障烟草专卖许可证管理工作的连续性。三是注重典型引路。要真正贯彻好、执行好新办法，不可能一蹴而就，是一个持续推进、不断提高的过程。因此，要坚持立足当前、着眼长期发展，除了注重做好新办法与原办法的衔接工作外，各级烟草专卖局还要下大力气抓好典型引路工作，主要领导要投入必要的精力，培育典型，深入研究，加强指导，在更高目标的基础上探索出科学、高效、规范的管理路子。在此基础上，加强典型经验的交流和推广，推动烟草专卖许可证管理全面地不断向更高层次、更高水平迈进。

（四）加强检查指导，确保贯彻实施工作取得实效

逐级落实检查和指导。新办法的贯彻和实施，要实行逐级负责制，一级管一级，一级抓一级。对于在全行业全面贯彻和实施新办法，前面已经作出了部署，明确了责任，提出了要求。关键是层层抓好落实。各级烟草专卖局要以高度的政治责任感和使命感，切实加强对本辖区贯彻施行情况的督促和检查。要把检查工作贯穿到新办法的贯彻实施过程之中。要针对检查中发现的新情况、新问题加强指导。如需国家局解决的问题请及时向国家局反映。

明确检查的重点。今年对新办法学习、宣传、贯彻，落实检查的重点要突出以下六个方面：一是宣传贯彻情况，主要是查范围涵盖是否全面，重点对象是否突出，思想认识是否到位，主要内容是否掌握。二是学习培训情况，要查计划、查方案、查落实、查效果。三是废止清理情况，重点查各地落实国家局有关废止清理意见的执行情况；查继续执行的有关法律文件和规定是否与新办法规定一致。四是配套制度建设情况，新办法的配套制度建设，关系到烟草行业许可证管理的质量和水平。因此，要把配套制度建设当作检查的一个重点，突出抓好，发现问题及时进行指导。五是具体执行情况，通过检查分析新办法是否得到全面正确地贯彻执行。六是责任落实情况，要检查各级专卖管理部门的责任监督和追究制度建设执行情况。国家局要按照上述检查的要求，对烟草行业贯彻执行新办法情况进行重点检查。

生产经营

在全国烟叶工作座谈会上的讲话（摘要）

姜成康

（2007年9月28日）

一、要把保持烟叶生产稳定发展始终摆在烟叶工作首要位置

今年烟叶生产收购基本定局，在外部环境发生较大变化的情况下，通过产区同志们的艰苦努力，烟叶收购预计可以达到4100万担左右，烟叶生产连续10年保持稳定发展。这一成绩来之不易，有许多做法和经验值得认真总结，在此我对从事烟叶工作的全体同志表示衷心感谢。烟叶生产能够连续10年保持稳定发展，烟叶工作水平全面提升，主要表现在：合同制贯彻落实明显进步；烟叶基础工作明显加强；烟叶生产水平明显提高；宏观调控措施明显改善。

（一）合同制贯彻落实明显进步

近年来，国家局强调要突出合同制这一主线，充分发挥合同对落实种植计划、组织烟叶收购、规范流通行为的积极作用，这一要求在近年来得到比较好的落实。对烟叶生产要始终强调“控得住、稳得住”，既要满足卷烟生产的需要，根据卷烟生产的发展安排好烟叶种植收购计划；同时又要加强计划管理，严格按计划组织生产，保持烟叶生产较长时期稳定发展，避免出现大的起伏。近三年来，由于收购计划作了比较大的调整，烟叶库存在逐年增加，从总量上完全可

以满足卷烟生产的需要。按照烟叶公司提供的数字，到2007年6月底，全国烟叶工商库存总量为7087万担，同比增长3.2%，可以满足26个月左右卷烟生产需要。因此，明年烟叶生产计划安排总的原则是基本稳定，适度调整。在补充当年卷烟生产消耗烟叶的同时，适当增加库存，但总的规模不作大的调整。保持烟叶生产稳定发展始终是烟叶工作的首要任务。保持烟叶生产稳定，首先还是要全面落实合同制，这是一条基本的经验，也是烟叶工作的基本功，没有什么别的捷径可走。不论是烟叶种植、收购，还是调拨、委托加工，都必须全面抓好合同落实，否则会导致烟叶生产经营秩序的混乱。这里还要强调规范烟叶收购流通秩序问题。近年来烟叶经营秩序有明显好转，但也不要估计太高，还要看到存在的问题，要把规范收购流通秩序作为今后工作的突出重点，进一步抓好落实。

（二）烟叶基础工作明显加强

各地认真贯彻“重心下移、着眼基层、突出服务、加强基础”的烟叶工作方针，全面推进烟田基础设施建设、烟叶基层站建设，切实加强基础工作，取得了明显成效。今年我到一些烟区调研，尽管烟农反映由于劳动力价格上涨等因素要求提高烟叶收购价格，但烟叶收购秩序良好，烟叶等级纯度明显提高，烟农对烟草公司的服务普遍表示满意。这说明烟草公司与烟农关系比较融洽，烟叶基层管理工作明显加强，这是保持烟叶生产稳定的重要的基础。特别是烟叶原收原调试点顺利推进，也反映出基层管理、基础管理明显加强。推行原收原调必须建立在扎实的管理基础上，要全面推行预检制，提高预检质量水平；烟叶收购每个环节都要建立等级质量把关制度，严格等级验收；工商交接要对照国标严格验级，以确保等级质量。对这项工作目前主要还是搞好试点，不要一哄而起，以避免出现混乱。加强烟叶基础管理还要大力推进信息化建设。从目前看，各地烟叶信息化水平发展不平衡，基础较薄弱，今后要作为信息化工作的重点，积极加以推进，努力提升烟叶管理信息化水平。

（三）烟叶生产水平明显提高

近年来在烟叶生产方面加大科技创新工作力度，坚持用先进的技术改造烟叶生产，全面提高烟叶生产水平，尤其在育种、育苗、栽培、烘烤、植保、科学施肥、防灾救灾等方面取得明显进步，使烟叶质量明显改善，烟叶收购均价逐年提高。2002年均价9.26元/千克，去年均价9.68元/千克，今年预计可以达到10.30元/千克，有力地支撑了烟叶生产稳定发展。

（四）宏观调控措施明显改善

国家局高度重视烟叶生产，及时分析和把握烟叶生产面临的形势及其发展变化，正确做出决策，适时调整烟叶政策，加大烟叶生产投入，出台了一系列扶持烟叶生产的措施，全面推进烟叶生产基础设施建设，从宏观和政策方面保证了烟叶生产稳定发展。

（五）规模种植发挥了积极作用

2002年全国户均种植面积3.1亩，今年发展到5.38亩，其中10亩以上农户比例已由2006年的7.53%上升到2007年的11.18%，种植面积和收购量分别由23.5%上升到32.48%、23.77%上升到32.6%，这是一个很大的进步。从今后发展趋势看，保持烟叶生产稳定发展，需要在更大程度上依靠规模种植。可以这样说，规模种植发展得越好烟叶生产就越稳定。在今后的工作中要把推进规模种植摆在更加重要的位置，通过规模种植来保证烟叶生产的稳定。要充分利用农村劳动力转移的有利时机，适时推进规模种植。规模种植客观上要求土地流转，如果农村劳动力不转移，土地流转将受到严重制约，规模种植也难以实现。最近我去贵州烟区调研，贵州的生产条件是比较差的，但烟叶规模种植发展得较好，2007年户均种植面积已接近8亩，其中10亩以上的占45%，生产水平也明显提高。有这样的形势就是抓住了农村劳动力转移的有利时机，大力发展规模种植，取得了良好的效果。这说明在土地相对分散、耕作条件较差的地区规模种植同样可以有所作为。要通过规模种植，培养一批职业化烟农，提高烟农整体素质。从调研情况看，凡是规模种植的农户素质相对都较高，有的是村里的“能人”，烟叶在整个家庭收入中占有很大比重，这就为培养职业化烟农创造了条件，从而推动烟叶生产水平的全面提高。从发展看，保持烟叶生产稳定，关键在于稳定规模种植的专业户，在于烟农素质的提高，这是在今后工作中需要认真研究、重点加以解决的问题。

二、要把提高优质烟叶保障能力作为烟叶工作中心环节

近年来卷烟生产变化很大，进步很快，尤其是一、二类卷烟发展很好，对烟叶供应提出了新的更高要求。今年1～8月份，一、二类卷烟比重达到12.9%，比2002年增长166.32%，比2006年增长40.4%。如何提高优质烟叶保障能力、满足重点骨干品牌发展需要，是当前烟叶工作的中心任务。

（一）卷烟工业对今后一段时期烟叶需求要认真分析，准确预测

明年烟叶生产规模如何确定，今后几年烟叶生产发展如何规划，关键取决于卷烟生产发展的需要，尤其是一、二类卷烟生产发展的需要。因此，卷烟工业企业需求预测是否准确，对于烟叶生产安排至为重要。一是所有卷烟工业都要摸清家底，对现有烟叶库存做到心中有数。截至今年6月底，全国烟叶库存7087万担，从总量讲完全可以满足，存在的问题是：等级结构与一、二类卷烟发展存在不适应，上等烟消耗比重超出收购比重；各企业库存不平衡，还有部分工业企业库存在24个月以下，部分工业企业烟梗利用率低，资源没有充分利用，造成损失浪费；对烟叶醇化期如何确定需要进一步分析研究。会后所有卷烟工业都要对烟叶库存作一次全面分析，对如何充分利用现有资源，提高资源利用率提出具体意见，切实做到节约发展、提高效益。二是对今后一个时期品牌发展，主要是一、二类卷烟发展要科学理性分析，搞好预测。这项工作难度很大，但又十分重要。提高优质烟叶保障能力，保障什么至为重要，只有对今后品牌发展有科学的分析和预测，才能有明确的目标和任务。对今后一个时期一、二类卷烟的发展，既要积极又要慎重，在预测中要注意对定向整合的品牌避免重复计算。希望工业企业以负责任的态度把这项工作抓好。

（二）烟叶布局调整要优化结构，保证重点

今后烟叶增量调整是有限的，要把有限的计划用于优化布局和结构上，重点保证条件较好、基础较牢、质量较高、风格明显的烟叶产区的发展。条件较好即既有良好的自然条件，又要有良好的社会环境，当地党委政府重视，农民种烟积极性比较稳定。基础较牢即有一个很好的基本烟田规划，烟田基础设施建设扎实推进，并取得明显成效；有完善的烟叶生产组织体系，有扎实的管理基础。质量较高、风格明显就是能适应卷烟发展需要，具有较强核心竞争力。为保持烟叶长期稳定发展，今后增量安排要与工业企业签订长期合同。

（三）烟叶基础工作要扎实推进，不断加强

提高优质烟叶保障能力需要进一步改善烟叶生产条件，加强基层建设，充分调动基层人员工作积极性。要继续推进烟田基础设施建设，保质保量完成既定目标。一要科学规划。要根据基本烟田规划认真搞好烟田基础设施建设规划。规划要先行，规划的水平在一定程度上决定了项目水平和效益发挥。因此，要在总结经验的基础上，对原有的规划进行必要的调整和完善。二要综合配套。要以烟水配套为主，适时考虑机耕路建设，当前尤其要把烤房改造作为重点加以考虑。三要完善制度。要进一步完善项目申报、资金管理、工程管护等制度，切实做到起点要高、管理要严、效果要好。四要加强领导。继续发扬不怕吃苦、甘于奉献精神，克服松懈自满情绪，善始善终，保质保量完成既定目标。要认真贯彻落实“重心下移、着眼基层、突出服务、加强基础”的方针，全面加强基层站建设，把基层站建设成为功能齐全、服务优良、设施先进、管理一流的烟草工作站。要高度重视烟叶基层队伍建设，深化用工分配制度改革，依法规范劳动用工行为，全面开展定员定岗，落实报酬，建立有效的激励机制，为员工的成长营造良好环境。

（四）烟叶质量要突出风格特色，不断改善提高

提高优质烟叶保障能力要建立在烟叶质量不断改善、风格特色更加突出的基础上，以更好地适应卷烟工业发展的需要。近年来通过大力推广先进适用技术，开展部分替代进口烟叶生产科研项目，发展清香型、浓香型、中间香型等具有特色的烟叶产区，大力推进技术创新，使烟叶质量水平和可用性明显提高。近期我到一些烟区调研，看到上部烟叶质量大为改善，可用性明显提高，呈现供不应求的状况，这充分说明烟叶质量水平在明显改善。在今后工作中，要把提高质量始终作为烟叶工作的中心任务，各项工作都要围绕质量来展开，把技术创新放在更加突出的位置，健全技术推广机构，提高技术队伍素质，大力推广先进适用技术，努力提高技术到位率，全面提高烟叶质量水平。

三、要把发展现代烟草农业作为全行业重要的历史任务

建设现代烟草农业，当前主要抓好以下几个方面工作：

（一）精心组织试点

建设现代烟草农业是全新的工作、系统的工程，既要用满腔的热情积极推进，同时又要用科学的态度慎重对待，不要一哄而起。当前重点是认真规划、搞好试点。试点还是以村为主，如果范围搞得太大，实施起来难度较大。国家局要建立联系点，各省局、公司都要抓一到二个试点，尤其是主要领导要亲自抓，通过试点来积累经验，创新思路，从而更好地指导面上工作开展。

（二）务求取得实效

在推进现代烟草农业建设中，要认真解决好土地

流转、专业化服务、科技水平提升、生产组织方式等方面的问题。现代烟草农业要建立在规模种植的基础上，客观上要求土地流转。土地流转政策性强，要尊重农民意愿，根据依法、自愿、有偿原则，认真做好土地承包经营权流转。要积极探索土地流转的有效形式，目前在一些地区采用租赁经营、地块互换、土地入股、返租倒包等方式，取得了一定效果，对此要认真总结，分析利弊，完善提高，使烟叶种植能逐步向种植大户、种植能手转移，为实现规模种植打下坚实基础。规模种植要靠专业化服务来支撑，在商品化育苗、机械化耕作、集约化烘烤、生产资料统一供应、病虫害统防统治、分级扎把预检一体化等方面取得新的突破。我们提出要通过专业化服务水平提高，每亩用工要减少5个以上，实现减工增效目标，不仅可能，而且大有潜力，关键是如何去组织运作。要认真研究生产组织方式问题。生产组织方式涉及生产关系调整，要与生产力发展水平相适应，具有很强的探索性和挑战性，在具体方式上不搞“一刀切”，也不搞单一模式，通过实践去完善提高。是否可以这样考虑，今后生产组织方式以规模种植农户为基础，以专业化服务体系为纽带，以专业合作组织为保障。当前要注重把握好以下几点：一是各项措施出台要使烟农得到实实在在的利益；二是要以专业化服务为纽带，同时又要对服务价格加强管理，严格控制，不要加重烟农负担；三是搞专业合作组织的管理人员要精干高效，十分注意管理成本，否则难以为继。

（三）加大扶持投入

建设现代烟草农业必须加大投入，进一步扶持烟区的发展。这是烟草行业的优势，也是烟草行业责任所在。当前要把投入的重点放在保质保量完成烟田基础设施建设、加快烤房改造等方面，这方面任务仍然十分艰巨，这是建设现代烟草农业的基础和前提。在商业化育苗、农用物资供应、病虫害统防统治、防灾救灾等方面各地都已出台了具体扶持措施，要在总结经验基础上不断加以规范完善。投入问题政策性很强，今后出台新的扶持政策，投什么、怎么投，要坚持通过试点，在试点中研究制订新的政策。对烟叶的政策扶持资金要切实加强管理，做到依法合规，讲求效益。最近国家局就专项资金管理进行了全面检查，制订了一系列措施，各单位都必须按国家局要求，以高度负责的精神抓好落实。

（四）切实加强领导

建设现代烟草农业必须在当地党委、政府的统一领导下开展，因此要主动向当地党委、政府汇报，争取党委、政府的支持，保证现代烟草农业的健康发展。烟叶产区各级领导班子尤其是主要领导要用极大的热情、科学的态度、扎实的工作作风，精心组织，积极推进。建设现代烟草农业要与社会主义新农村建设紧密结合起来，为建设社会主义新农村做出新的努力。建设现代烟草农业，推进社会主义新农村建设，要有产业支撑，要有政策扶持，要改善农民生产条件，提高专业化服务水平，从而提高生活水平，促进民主管理，环境改善。在这方面我们有许多工作可做，同样可以有所作为。

三、要坚持把烟叶工作作为行业发展的重要基础切实抓好

保持烟叶生产稳定发展需要不断研究新情况，解决新问题。要加强政策研究，制定符合实际的收购价格，同时通过调整价格、完善投入、提高专业化服务水平、实现减工增效等措施，稳定烟农种烟积极性。要认真总结原收原调、原烟交接、委托加工的做法和经验，进一步严格基础管理，规范业务流程，加强日常监管，努力提高烟叶工作整体水平。工业企业要高度重视烟叶工作，加强工商协调，尤其在基地化发展方向上要加强研究，走出一条基地化发展的新路子。

发展现代烟草农业　保障优质烟叶资源
开创烟叶工作新局面

——在全国烟叶工作座谈会上的讲话（摘要）

何泽华

（2007年9月27日）

加快传统烟叶生产向现代烟草农业转变，是国家局党组在今年7月份全国烟草专卖局长、公司总经理座谈会上做出的战略部署。发展现代烟草农业，我们要认真解决好“为什么”、“能不能”、“干什么”、

"怎么干"四个问题。

一、充分认识发展现代烟草农业的重大意义

推进现代烟草农业建设，顺应我国农业与农村经济发展的客观趋势，是行业工作的重大历史任务，是产区烟草企业参与社会主义新农村建设的重要举措，是促进烟农持续增收的基本途径，是烟叶生产可持续发展的客观需要。

1. **发展现代烟草农业是全面落实科学发展观，实现行业持续平稳健康发展的必然要求。**2007年中央一号文件明确指出："发展现代农业是社会主义新农村建设的首要任务，是以科学发展观统领农村工作的必然要求。"烟叶生产具有生产周期长、影响因素多、环节复杂的特点，是一个资金密集、劳动密集、技术密集的产业，投入多，产出和附加值相对较高。增加烟农收入，是烟区"三农"工作和社会主义新农村建设的本质要求和目标追求。烟草行业有责任和义务积极发展现代烟草农业，为发展现代农业努力做出探索。烟叶始终是行业发展的重要基础，烟叶生产稳定发展对行业的平稳健康发展具有基础性的影响。行业发展新阶段对烟叶工作提出了新要求，传统的烟叶生产方式已不能适应大企业、大品牌对烟叶原料批量化、优质化、特色化、稳定性的要求。如何为重点骨干品牌提供优质原料保障，已经成为关系行业发展的全局性、战略性问题。推动传统烟叶生产向现代烟草农业转变、发展现代烟草农业，符合中央的要求，反映了烟农的愿望，也是行业发展的需要。

2. **发展现代烟草农业是应对新挑战，保持烟叶生产可持续发展的必然选择。**随着我国经济社会发展和市场化不断完善，烟叶生产面临着诸多挑战。一是农业种植结构调整步伐加快，农村经济呈现多元化发展，农业生产经营环境发生了深刻变化，农民生产生活方式不断转变，部分产区对种烟依赖性下降，行政手段稳定烟叶种植规模的作用逐步弱化。二是工业化、城镇化的发展，农民就业渠道增多，大量农村劳动力外出务工或本地从业转移，烟农结构发生变化。三是烟用物资价格持续上涨，粮食及经济作物价格上扬，种烟比较效益降低。由于劳动力价格迅速上升，加上生产资料和土地价格涨价因素，烟叶生产成本明显增加，种烟比较优势逐步丧失，部分产区烟叶生产稳定发展的压力较大。在目前市场经济快速发展的大背景下，烟叶生产维持传统分散种植、手工小生产方式路子会越走越窄，而烟叶价格及生产投入政策不可能无限制提升，单纯依靠价格和投入政策已经很难从根本上解决发展问题。只有转变观念，用现代化的生产方式发展烟叶生产，才能实现可持续发展。

3. **发展现代烟草农业是打好行业发展基础，增强行业竞争实力的重大任务。**经过行业多年的改革发展，特别是近年来"两个10多个"战略的推进实施，卷烟工业竞争力显著增强。商业环节通过卷烟现代营销网络建设和现代物流建设，开展"按客户订单组织货源"工作，正在实现由传统商业向现代流通的转变。目前烟草农业总体上还是传统小生产方式，集约化程度低，自我发展能力较弱，是烟草产业链中最薄弱的环节。行业要实现农、工、商平衡发展，增强整体竞争实力，迫切需要转变烟叶生产方式，大力发展现代烟草农业。

4. **发展现代烟草农业是解决烟农减工降本增效的根本出路。**我们要深刻认识到，发展现代烟草农业，是烟草行业支持和参与社会主义新农村建设，积极构建和谐烟草的重要任务，也是提高烟叶比较效益，促进烟农持续增收的基本途径。只有发展现代烟草农业，努力提高烟叶生产规模化、机械化、专业化水平，提高生产资源集约配置效率，才能有效减少生产用工，降低生产成本，增加烟农收益，解决目前劳动力价格上涨带来的烟叶生产成本迅速增加、比较效益下降问题，才能从根本上解决零星分散小生产方式与社会化大生产的矛盾，适应经济社会发展的需要。建设现代烟草农业成为我国烟叶生产发展的必由之路。

二、坚定不移地走发展现代烟草农业的道路

我国烟叶生产经过多年的发展积累，初步形成了较为完善的产业体系，发展现代烟草农业的条件已经基本具备。一是有科学发展观作指导。近几年行业保持了持续较快发展，科学发展观得到了很好的落实，取得了宝贵经验，科学发展的理念已成为发展现代烟草农业的行动指南。二是有基础。设施基础初步完善，烟田基本设施、科研设施、收购经营设施配套水平有了较大提高。工作基础比较扎实，基本烟田保护制度基本确立，基层建设得到加强，烟叶管理体系逐步完善。技术基础得到强化，技术保障体系较为完善，实用技术推广成效显著，科技创新能力和技术到位率不断提高。组织基础坚实有力，行业上下重视烟叶基础地位，地方政府对烟叶生产比较重视，工业企业积极参与。三是有实力。行业经济实力增强，对烟叶生产扶持有力且效果明显。烟草农业具有完善的产业化经营体系、较强的技术研发力量、健全的技术服务网络，生产要素的支撑能力明显强于有关的农业产业。四是有优势。发展现代烟草农业具有专卖专营的体制优势及其带来的规模生产优势，有与地方政府和烟农长期

合作的良好关系。五是有实践、有探索。近年来各地积极探索创新烟叶生产组织方式，深入进行区域性实践，福建、黑龙江、云南楚雄、四川凉山、山东潍坊、河南平顶山、辽宁阜新等许多省份产区在烟叶生产的某些环节初步具备了现代烟草农业的特征，为今后发展现代烟草农业提供了经验借鉴。

三、明确现代烟草农业的目标要求和措施

现代烟草农业是现代农业的组成部分，具有现代农业的基本特点和要求。现代农业相对于传统农业而言，是广泛应用现代科学技术、现代工业提供的生产资料和科学管理方法进行的社会化农业。现代农业的核心是科学化，特征是商品化，方向是集约化，目标是产业化。现代农业的基本特征包括：有完整的高质量的农业基础设施；一整套建立在现代自然科学基础上的农业科学技术，使农业生产由经验转向科学；现代机器体系的形成和农业机器的广泛应用，使农业由手工畜力农具生产转变为机器生产；农业生产社会化程度有很大提高，"小而全"的自给自足生产被高度专业化、商品化所替代，形成农工商一体化产业链；现代管理理论和方法广泛运用；形成良好的高效能的生态系统。现代农业的本质特征是科学发展观、大生产方式、规模化生产、集约化思路、专业化分工（即工业化方法）、信息化手段。对于现代烟草农业而言，应该同样具备上述现代农业的特征。

发展现代烟草农业的基本思路是：以科学发展观为指导，认真落实党中央、国务院关于积极发展现代农业扎实推进社会主义新农村建设的战略部署，坚持和完善烟草专卖制度，积极运用现代科学技术和先进管理方法，通过加大要素投入，转变生产方式，优化资源配置，完善政策措施，加强烟叶生产基础设施建设，扎实推进规模化种植、集约化经营、专业化分工、信息化管理，提高土地产出率、资源利用率和劳动生产率，促进烟农收入持续增加，构建适应卷烟大企业、大品牌规模要求的原料保障体系，努力为烟草行业的平稳健康发展提供更加坚实的基础，为发展现代农业和建设社会主义新农村作出更加积极的贡献。

发展现代烟草农业的总体要求是：努力做到三个结合。一是与社会主义新农村建设相结合。建设社会主义新农村是我国现代化进程中的重大历史任务，围绕社会主义新农村建设做好农业和农村工作是中央做出的战略部署。烟草行业要从战略和全局的高度，通过积极发展现代烟草农业，为烟叶产区的社会主义新农村建设发挥积极作用。二是与卷烟工业的发展需要相结合。烟叶是卷烟的基础性原料，有效保障卷烟工业的原料供应是烟草农业的中心任务。发展现代烟草农业要适应卷烟工业发展需要，有效支撑中式卷烟大企业、大品牌的持续发展；卷烟工业企业要按照烟草产业链一体化协调发展的要求，积极参与到发展现代烟草农业中来。三是与烟叶生产基础设施建设相结合。用五年时间完成烟叶生产基础设施建设，是国家局党组2005年开始部署实施的一项重大战略工程。近三年来，全国烟叶生产基础设施建设取得了显著成效。发展现代烟草农业，要紧密结合烟叶生产基础设施建设规划，认真总结烟叶生产基础设施建设的实践和经验，进一步打牢基础，积极探索符合中国国情、符合各地实际、符合行业特点的发展道路和可行模式。

发展现代烟草农业的过程，是改造传统烟叶生产方式、不断发展先进生产力的过程，是转变烟草农业发展方式、促进烟叶生产平稳健康发展的过程。发展现代烟草农业，要用现代物质条件装备烟草农业，用现代科学技术改造烟草农业，用现代产业体系提升烟草农业，用现代经营形式推进烟草农业，用现代发展理念引领烟草农业，用培养新型烟农发展烟草农业。当前和未来一个时期，发展现代烟草农业的主要任务是：完成3005万亩基本烟田基础设施建设，持续改善烟叶生产基础条件；大力推进科技进步，持续强化烟草农业的科技支撑；大力推进管理创新，持续提高烟叶基础管理水平；积极培育新型烟农和加强人才建设，持续优化烟叶队伍素质结构；健全完善生产经营组织体系，持续改进烟草农业组织模式；有效实现降本减工增效，持续增加烟农家庭收入；统筹协调烟草农业和卷烟工业发展，持续增强优质烟叶资源保障能力；积极构建和谐烟草，持续提升烟草行业社会形象。

发展现代烟草农业是一项长期的重大历史任务，目前刚刚处于起步阶段，需要不断实践、探索。国家局在深入调研论证的基础上，研究制订了《关于发展现代烟草农业的指导意见（征求意见稿）》，并在这次会议上征求意见，请大家认真讨论，提出修改意见。发展现代烟草农业，要重点抓好以下几个方面：

1. 继续加强基础设施建设。加强基础设施建设，改善烟叶生产条件，是发展现代烟草农业的重要内容。要进一步深刻认识开展烟叶生产基础设施建设的重大意义，继续加大投入，切实加强管理，努力打牢烟叶生产基础。要加强烟田基础设施建设。按照科学规划、系统设计、整体推进的原则，继续扎实推进烟水配套工程建设，保质保量完成各项建设任务。搞好综合配套，加强机耕路建设，积极为机械化耕作创造条件。认真总结经验，进一步完善管理制度，创新管理方式，规范管理行为，确保烟田基础设施建设的质量和效果。要加强烤房建设。根据基本烟田规划和规模化种植发展要求，结合各地烤房建设实际和烟叶发展趋势，按

照统一规划、科学安排、体现先进性和实现适度集中的原则，大力加强烤房建设。逐步淘汰标准低、容量小、性能差、煤耗高的普通烤房，积极发展密集烘烤能力，加快实现专业化密集式烘烤。要加强烟叶基层站建设。基层站是联结广大烟农、基层地方政府的重要纽带，是搞好烟叶工作的基础环节。要按照合理规划、相对集中、方便烟农、有利管理的原则，对基层站进行系统规划和整合，努力建成一批设计合理、功能齐全、环境良好、管理高效的综合性工作站，整体提升基层站的服务和管理水平。

2. **加快发展规模化种植**。规模化种植是发展现代烟草农业的必由之路。要紧紧抓住农村经济结构深刻调整、农业劳动力大量转移、农民市场化意识快速提高的有利时机，加快发展烟叶规模化种植。要扶持发展适度规模种烟农户。紧紧依靠地方政府，在稳定和完善以家庭承包经营为基础、统分结合的双层经营体制前提下，根据依法、自愿、有偿的原则，尊重农民意愿，积极探索土地流转的有效方式，促进烟田向种烟能手集中。积极引导合理轮作，注重发展以烟为主的配套农业生产经营，努力提高适度规模种烟农户的综合收益。要推动烟叶种植向优势产区适度集中。在严格计划管理前提下，坚持以市场为导向，遵循自然和经济规律，进一步优化烟叶生产布局，推动烟叶种植逐步向优势产区适度集中，努力扩大连片种植规模，大力发展千亩村、万亩乡。以烟农为主体，积极探索烟草企业、地方政府、专业合作组织和烟农的不同联结方式，进一步总结完善“烟草企业+村组+农户”、“烟草企业+专业合作组织+农户”、“烟草企业+农户”等生产组织模式，努力提高烟草农业组织化程度。围绕增强“10多个重点骨干企业”和“10多个重点骨干品牌”的原料保障能力，进一步加强烟叶基地化建设。要创新烟叶生产组织模式，建立稳固的产销关系。

3. **稳步推进集约化经营**。强化科技支撑作用，通过密集使用生产要素和不断提高要素生产率，实现烟叶生产方式从粗放型向集约型转变，走内涵式发展道路，既是发展现代烟草农业的本质要求，也是发展现代烟草农业的根本出路。要整体提高烟叶生产科技水平。科技进步是发展现代烟草农业的重要支撑。要着眼增强科技自主创新能力，认真搞好烟草农业基础研究和技术开发，加强对烟草基因组计划、高香气低危害烟草新品种、无公害烟叶工程、基本烟田治理工程、特色优质烟叶开发等科研专项的重点攻关。要不断推进烟叶技术进步，加大土壤改良、平衡施肥、病虫害综合防治、密集烘烤等适用技术推广力度，提高基本烟田综合生产能力。要围绕重点骨干品牌原料需求，加强工商技术互动，突出烟叶风格特色，优化生产技术体系，增强优质烟叶生产保障能力。加强基层烟叶技术技能队伍建设，建立完善科技人员直接到户、良种良法直接到田、技术要领直接到人的科技成果转化应用新机制，不断提高科技运用和转化能力。要坚持精耕细作和节约发展。立足于我国耕地资源高度紧张的国情，必须切实改变粗放型外延式烟叶生产方式，坚持精耕细作，注重土地和各种要素资源的高效、集约利用，努力以最少的资源消耗、最低的成本费用获得最大的经济和社会效益。按照建设资源节约型、环境友好型行业的总体要求，认真做好节能减排工作，切实注重节约发展，努力实现烟叶生产的生态安全和环境友好，保持与自然、社会的和谐发展。要大力发展机械化作业。机械化作业是现代烟草农业的重要标志，也是实现规模化种植、集约化经营的有效保障。要加强行业内外技术合作，鼓励自主创新，加快研制功能集成、先进适用的烟草农用机械，着力改善烟草农业机械装备结构，提升机械装备水平。积极培育和发展农机专业户和专业服务组织，有效利用社会化、市场化服务力量，因地制宜地拓展机械化作业的范围和领域，优先解决起垄、采收、编烟等用工量大的环节的机械化作业。

4. **深入拓展专业化分工**。专业化分工是现代烟草农业的基本特征，是把烟农从劳动强度大、技术要求高的环节解放出来的根本途径，是提高资源配置效率和发展先进生产力的有效方式。要进一步细化专业分工。认真总结各地实践经验，特别是育苗专业化的成功经验，注重面向市场，积极推进育苗、耕地、移栽、采收、编烟、烘烤、分级、物资供应、病虫害防治等烟叶产前、产中、产后全过程的专业化分工，不断延伸专业化服务范围。重点推进劳动强度大、技术要求高的环节的专业化服务。要积极培育职业烟农。培育“以烟为生、精于种烟”的职业化烟农队伍，持续提高种烟收入占烟农家庭收入的比重。在规模化种植水平较高的地区，努力培育一批素质高、技术好、稳定性强的烟叶生产工人。通过各种有效方式和途径，普遍开展烟叶生产技能培训和相关业务知识培训，大力提高烟农素质，加快培育一批有文化、懂技术、会经营的新型烟农。要提高社会化服务水平。牢固树立社会化大生产观念，支持和正确引导与烟叶生产有关的农民专业合作经济组织、烟农协会、烟农互助组发展，培育专业化、社会化服务主体，扶持专业队、专业户发展，促进与烟农利益合理联结机制的形成，注重让烟农得实惠。积极探索专业化、社会化服务的有效途径和可行方式，进一步健全服务机制，完善服务体系，提高服务水平。

5. **全面加强信息化管理**。信息化是实现现代化的必然选择，用信息技术改造传统烟叶生产，通过信息化全面提升烟叶基础管理水平，对发展现代烟草农业具有非常重要的意义。要加快信息化建设步伐。适当增加投资，改善基层烟叶单位的软硬件设施，加快实现信息数据的电子化处理和网络化传送。进一步扩大烟叶信息收集范围，拓宽烟叶信息收集渠道，逐步完善信息收集、传送、发布的程序和办法，强化信息服务功能。全面推广烟叶信息管理基础软件，按照“统一标准、统一平台、统一数据库、统一网络”的要求，适时集成到烟草行业统一信息平台上，实现与其他信息管理系统的有效对接。要加强烟叶全过程管理。按照供应链管理思想，把信息化管理从烟叶经营环节延伸到生产管理环节，贯穿于“合同种植、入户预检、编码收购、原收原调、委托加工”整个烟叶业务流程。积极推行电子合同，坚持以合同为主线，全面加强烟叶种植、收购、调拨、加工及仓储管理。要推行标准化生产和管理。积极实施良好农业操作规范，推广应用GAP生产和管理模式，探索完善更加符合实际的技术标准、生产标准和管理标准，推动烟叶生产和管理向规范化、标准化方向发展。积极推行和贯彻ISO9000质量管理体系，加强全员、全过程质量管理，重视对烟叶生产环境和烟叶质量的检验检测，建立完善烟叶质量可追溯制度。探索应用全球卫星定位系统、地理信息系统、遥感信息系统、计算机自动控制系统等现代信息技术，积极推广精准烟草生产。

四、扎实推进传统烟叶生产向现代烟草农业转变

发展现代烟草农业是新课题，政策性强，需要协调的环节多，没有成熟系统的经验可循，需要加强领导，统筹规划，搞好试点，综合配套，逐步完善，稳步推进。

1. **科学规划，搞好试点**。各烟叶产区要认真搞好生产调研，按照国家局《关于发展现代烟草农业的指导意见》要求，结合自身实际，认真制定现代烟草农业发展规划，明确计划目标任务，将现代烟草农业融入大农业体系统筹考虑。要选择好试点单位，制订工作方案，落实工作措施。试点原则上以村为单位进行，试点单位要少而精，不能一哄而上、盲目发展。在一个示范点上，“一基四化”和各生产要素要系统设计、综合配套、整体推进。国家局计划把贵州毕节作为现代烟草农业示范建设联系点，探索总结发展现代烟草农业的经验。要注意研究试点过程中出现的新情况、新问题，积极探索解决问题的办法，重要情况要及时报告。有关领导和部门要切实加强对试点工作的跟踪、指导，及时总结试点经验，认真解决试点工作中遇到的困难和问题。

2. **抓住重点，突破难点**。发展现代烟草农业是一项十分复杂的系统工程，要在科学制订规划基础上，区分轻重缓急，抓住重点，突破难点。当前，各地要把搞好土地流转、专业化服务和生产组织形式创新作为发展现代烟草农业的突出重点，着力突破制约规模化种植的瓶颈性难点。劳动力转移为土地流转创造了良好条件，具体怎样实现土地有效流转值得认真研究和探索。烟叶规模经营需要专业化服务支撑，靠手工劳动是行不通的，要大力推进烟叶生产专业化分工和机械化作业，认真探索专业化服务的运作机制与管理机制。要切实探索现代化的烟叶生产组织方式，把烟农有效地组织起来，在推进专业化服务过程中，要以烟农为主体，一切从烟农出发，使烟农得到真正的利益，降低种烟成本，减少管理费用，提高种烟效益，通过搞好试点，结合实际进行探索，形成系统的生产组织模式。要进一步解放思想，开阔思路，锐意创新，力争在土地流转方面每年都有新进展，在专业化服务方面每年都有新成效，在生产组织形式方面每年都有新探索，推动规模化种植每年都取得新突破。

3. **制定政策，完善措施**。发展现代烟草农业，必须有相应的政策措施做支撑。要按照“工业反哺农业”的战略方针，进一步加大投入支持力度，健全投入保障机制，形成发展现代烟草农业稳定的资金来源。要在完善烟叶生产基础设施建设补贴基础上，逐步形成目标清晰、受益直接、类型多样、操作简便的补贴制度，让烟农得到真正的实惠。要综合考虑供求关系、成本费用和劳动力价格、比较效益等因素，适时调整烟叶价格，以保障烟农收入为基点协调各方利益关系，稳定烟农种烟积极性。

4. **加强组织领导，务求取得实效**。发展现代烟草农业是一项长期的艰巨任务，涉及面广，工作量大，切实加强组织领导，是现代烟草农业建设取得实效的根本保证。国家局、总公司成立现代烟草农业建设领导小组，统一组织领导现代烟草农业建设工作。行业各单位要认真学习领会中央有关精神，根据国家局的统一部署，积极争取地方党委、政府的领导和支持。要从战略和全局的高度出发，把发展现代烟草农业作为“一把手”工程，列入党组（党委）的重要议事日程，成立组织领导现代烟草农业建设的相应机构，认真抓好各项工作的落实。要注重分析和把握当前农业农村经济形势政策，把农民得实惠作为出发点和落脚点，围绕生产条件改善、生活水平提高、村容村貌改善等方面进行探索，为社会主义新农村建设做出积极努力，让烟区广大农民共享烟草行业改革发展的成果。

要用发展现代烟草农业的思路统领烟叶生产工作。在开展试点的同时，面上工作也要按照现代烟草农业的要求来调整思路，把烟叶各项工作与现代烟草农业的指导要求联系起来、协调统一起来。卷烟工业企业要加大支持力度，通过深化原料基地建设，深度参与到产区的现代烟草农业建设中来。要加大责任落实和检查考核力度，确保现代烟草农业建设取得实效。

在2007年全国卷烟销售网络建设现场会上的讲话（摘要）

何泽华

（2007年5月12日）

这次会议既是现场会，也是经验交流会。会议内容丰富，形式多样，组织严谨，达到了预期的效果。三天来，我们听取了山西省局和几个市公司的经验介绍，其他省、市的五个单位作了经验交流，又对太原、晋中两个市公司进行了现场观摩。销售公司吴总和专卖司魏司长对网络建设和专卖管理工作提出了工作要求。会议召开前，姜成康局长专门到山西调研，对山西烟草网络建设工作给予了高度评价。这次会议给大家的印象是深刻的，反响是强烈的，将对行业网建水平的进一步提升产生积极的影响。

一、对山西卷烟销售网络建设工作的评价

（一）山西网建的成绩代表了行业卷烟销售网络建设工作的新水平

1. **解决了在客观条件较差、工作基础比较薄弱的省份如何实现整体推进、快见成效的问题。**山西的自然条件和经济条件不是很好，工作基础也比较薄弱。但现在来看面貌焕然一新，使人为之一振。可以说，山西烟草网建实现了打基础和上水平同步进行，工作是有水平的，各地区的发展比较平衡。昨天在晋中分会场观摩时，大家对两名客户经理的发言反映比较强烈；太原、长治的物流配送工作，水平也比较高。一个省在一年多的时间内发生了这么大的变化，给了我们一个启示：山西在这样的条件下能做到的事情，其他省份也应该能够做到。

2. **山西网建比较好地解决了农村网建问题。**农村网建是目前要着力解决的薄弱环节。山西烟草对这个问题认识比较早，反应比较快，工作比较到位。农村市场是卷烟销售工作的主阵地、大市场，现在有些单位把主阵地丢掉了，把大市场忘记了。在这方面，山西烟草对主阵地和大市场的认识是到位的，思路是明确的，措施也是得力的，集中解决了点、数、量、服务、管理五个方面的问题。通过在农村建设服务大厅，使县级局（营销部）的工作找到了着力点，县级局（营销部）的人员到农村跑市场了，市、县两级公司的领导每月、每周有两天在大厅工作，效果是明显的，从点、线、面三个方面解决了供货问题。网建工作的成绩最终体现在农村市场的销售上。去年山西农村销售卷烟69万箱，同比增加4.3万箱，增幅为6.7%，高于全省销量增长6.2%的水平。

3. **山西网建较好地解决了服务问题。**服务、效率和流程是网建工作的三个难点。可以说，服务是网建工作的灵魂和宗旨，也是难点。随着市场环境和供求关系的变化，服务问题始终贯穿在网建工作当中。有的单位销售形势一好就放松了服务，有的单位服务是浮在表面的。山西烟草在网建工作中紧紧抓住服务这一核心问题，把服务作为网络建设的根本指导思想，在服务上的定位比较准确，提出建立完整的服务体系，一方面服务零售户，着眼于与零售户建立平等互利、长期合作、共同发展的关系，从货源、价格、毛利、订货、送货、结算、经营指导、服务等方面提出了系统的要求；另一方面服务工业企业，在市场环境、品牌引入、品牌评价、品牌试销等方面，从流程上对服务工业企业进行了规范。

4. **山西网建较好地解决了网络建设和经营主体建设相结合的问题。**行业组织结构调整以后，工业企业和商业企业作为经营主体，主体能力如何提升、主体行为如何规范、主体水平如何提高，都是亟须解决的问题。山西烟草十一个市局（公司）主体地位比较明确、主体能力逐步提升、主体行为比较规范，特别是县级局（营销部）作用的发挥找到了着力点，体现了较好的水平。

（二）山西网建的经验体现了行业网建工作的新成果

1. **比较系统地解决了农村网建问题。**在农网建设工作中，山西烟草围绕“让农民兄弟到最近的地方买到最满意的烟”，做了很多工作，解决了空白村

的问题、对农村客户服务的问题、营销资源配置的问题、农村网建基层建设问题。全省一年中增加了一万多个零售户，解决了空白村14815个，在自然村的覆盖率达68%，300人以上的自然村中99.7%有了零售户。从全国来说，在全省范围内比较系统地解决农村网建问题，山西烟草是第一家。农网建设是行业网建工作的基础，只有农村网建工作做扎实了，才能真正实现整体推进。大家回忆一下，我们的网建工作是从农网建设开始的，经过城市网建工作的提升，现在又进一步加强农村网建。因此，山西农网建设是行业农村网建工作的突破，代表了行业网建工作的阶段性成果。

2. **工商协同营销、共同培育品牌，体现了行业工商关系建设的阶段性成果。**自工商分开以来，工商关系建设一直是行业的热门话题和重点工作之一。工商协同营销、共同培育品牌也是下一步网建工作的重要内容。山西烟草着眼于提升行业整体竞争实力，与在本地市场销售的工业企业紧密结合，从营造环境、完善规则、规范商业企业自身行为入手，采取“百点销售法”等有效措施，重视重塑商业企业形象，得到了工业企业的普遍认可，为工商协同营销、共同培育品牌创造了较好的经验。

3. **提高营销水平、把握市场需求工作取得了较好的突破，体现了完善计划体制、更好地面向市场的阶段性成果。**山西烟草利用“百、千、万”的信息体系、动销台账等有效手段，较准确地全面掌握了社会库存，对做好市场需求预测工作非常重要，值得重视。如果能够使用动销台账，零售户就进入了营销状态，进行有意识的、主动的销售。这就使得卷烟销售从工业企业到商业企业，再到零售环节，实现了全线贯通，使行业的宏观调控建立在可靠的信息基础上，对保持行业平稳发展将起到重要作用。从营销上来讲，网建是一个渠道工程。我们搞了十几年的网建，先是打通了工商环节，现在又打通了批零环节，整个渠道就比较通畅了，很不容易。

（三）山西网建的探索标志着行业网建工作的新起点

1. **工商关系的新探索。**如何在全面提升中发展新型工商关系，实现品牌建设与网络建设的结合，是下一步网建工作的重要内容。形象地说，产销关系就是“渠”和“水”的关系，现在“渠”已经建好，接下来就是“水”如何放的问题了。工商之间是上、下游的关系，过去工商之间有个“坝”；现在“坝”没有了，就真正实现了工商一体化营销、分工协同运作。市场环境如何公平、竞争如何有序、机会如何均等、结果怎么评价，这些都不是容易的事，希望大家在这方面进一步探索。

2. **客我关系的新探索。**山西烟草在这方面进行了系统的研究。网建的本质是为客户服务。客我关系如何定位、“平等互利、长期合作、共同发展”的原则如何变为具体的规则至为重要。一些单位在服务客户方面有些摇摆不定，市场供应稍一紧张，就对零售户这样限制、那样规定，这是不应该的。“两个至上”的行业共同价值观如何体现，如何提升客户服务水平，让零售户和消费者真正有所选择，订单的满足率是一个重要的指标。当然，有些紧俏品牌不可能完全满足客户需求，但要适当把握。关于服务质量和水平如何评价、服务体系如何建立等问题，销售公司要制订相应的规范。

3. **计划和市场关系的新探索。**从网建的角度讲，适应市场、把握需求，就是打通信息流、实现渠道畅通。虽然客户需求有放大的因素，不能客户要什么就供什么、要多少就供多少；但是计划也要面向市场。对市场真实需求的把握是有效进行计划管理的基础，也是下一步工作的一个重点。现在我们提出建立需求预测制度，就是为了解决这个问题。

4. **经营主体建设的新探索。**全面提升的重点是地市级公司的能力建设问题，就是要注重发挥县级单位（营销部）的作用，提升地市级公司面向市场、服务客户、培育品牌、科学管理的能力。这就要求我们的组织结构真正扁平化，把服务客户和管理市场有效结合起来，实现管理上移和经营下延，在一个市的范围内优化资源配置，提高主体能力，把地市级公司变成真正有水平的市场操盘手。

二、下一阶段网络建设工作的几点要求

当前，网建工作要从硬件与模式的建立向软件与水平的提升转变，注重提高网络的运行水平；从销售向营销转变，注重发挥网络培育品牌的功能；从粗放管理向精细化管理转变，注重提高网络的管理水平和运行效率。下一步网建工作要围绕这三个转变，重点抓好以下几个方面的工作：

（一）要正确处理整体推进与全面提升的关系

下一步网建的总体目标是在整体推进的基础上全面提升，不断缩小与国际水平的差距，增强中国烟草参与国际竞争的能力。既要注重硬件、更要注重软件，既要注重表面、更要注重实质，既要注重自我、更要注重客户，既要注重城市、更要注重农村，既要注重形似，更要注重神似，不断提升企业把握市场、服务

客户、培育品牌和科学管理的能力。要继续抓好整体推进工作，重点是要更加重视农村市场、把农村网建工作搞好，为全面提升打牢基础。

（二）要把面向市场、服务客户作为网建的核心问题紧紧抓牢

面向市场是服务客户的核心。网建要有效果，就要真正解决面向市场的问题，适度满足客户需求，让客户真正有所选择。面向市场的前提是对市场真实需求的把握，这就涉及经营主体的能力建设问题。地市级公司作为经营主体，要将把握市场真实需求、搞好市场预测作为新时期网建工作的重要任务，真正做到稍紧平衡。在一个市的范围内保持卷烟供求稍紧平衡，关键是抓好需求、库存和价格三个要素。库存包括行业工商库存和零售户的社会库存。现在我们通过卷烟生产经营决策管理系统，能够及时掌握行业工商库存信息；如果能够及时了解社会库存，卷烟销售工作就不会出现大问题。当地市场价格是供求关系的晴雨表，当卷烟市场价格高于零售指导价、并呈继续上升的趋势时，说明市场供应是偏紧的，零售户库存处于较低的水平。去年下半年卷烟价格普遍上涨，就是因为供应偏紧。如果市场价格下降，说明卷烟市场供应量偏大。省局（公司）要重点考虑这个问题，从总体上把握市场。同时，经营主体对本地市场的了解和把握也很重要。地市级公司要认真分析辖区内零售户的经营状况以及消费者的收入情况、消费特点等，把本地市场研究透，准确了解和把握本地市场。同时，要牢牢抓住服务这个网建工作的本质，通过在省局（公司）建立客户投诉中心等手段，促使企业不断提高服务客户水平。

（三）要在工商协同、培育品牌上下工夫

目前这方面已经有了可喜的变化，可以说渐入佳境，但还要在完善竞争规则、保证竞争的公平性等方面继续探索。工商企业要分工合作，明确工作重点，形成品牌培育的一整套方法、规则和流程。近年来，商业企业通过加强网络建设，营销水平和品牌培育能力大大提高。在目前情况下，虽然工业企业向重点销区派驻销售代表仍有必要，但品牌培育不能再靠人海战术，而是要适应商业企业的这种变化，积极调整营销策略。品牌培育、结构提升关键要靠营销水平的提高。2003 年以前，太原的卷烟销售结构在全国大城市中处于偏低的水平，现在单箱销售收入已经达到了 15000 多元，靠的就是培育重点品牌。工业企业的代表要注重研究消费者，把管辖区域的消费特点研究透，并与商业企业把货源衔接好。商业企业要注重研究客户，总经理、营销部经理、客户经理都要抓住市场、客户、品牌三个关键要素，加强市场和客户研究。同时，商业企业要加强对工业企业驻地代表的服务和管理。现在山西所有地市级公司都把这件事情做起来了。工业企业驻地人员同样是烟草员工，商业企业要为他们提供必要的办公条件，并在生活方面提供便利，搞好衣、食、住、行等方面的服务。这对一个市公司来说并不算大问题，但会让他们感到行业的温暖。同时，要把这些人员纳入统一的管理体系，对他们的工作也要提出一定的要求，并及时向他们所在的工业企业反馈他们的情况。此外，要逐步开展工商企业在网建方面的相互评价工作，建立健全评价体系。现在行业内部的营销渠道已经打通了，工商企业也都找到了各自工作的着力点，行业品牌营销工作将会取得更好的进展。

（四）要把优化流程、提高效率作为科学管理的重要环节，实现三线封闭运作和信息共享

少数单位一味强调所谓的团队营销，把客户经理、送货员、订单员捆绑成一个团队，结果出现了三员串通搞不规范行为的现象。虽然这种情况很少，但影响很不好。太原、晋中的物流配送线路不是固定的，而是由计算机根据当天的送货量、送货里程测算后自动分配；订单员不与客户见面，面对的客户也不是固定的，电话线路的分配是随机的；只有客户经理的客户和线路相对固定。三条线是相对独立、封闭运作的，这是规范经营的基础；但在企业内部，三条线又通过系统的支撑实现信息共享。送货员和订单员的工作属于重复性劳动，要进行标准化；客户经理的工作属复杂劳动，要对客户进行深入地分析。但问题是现在不少地方客户经理的简单性、重复性劳动太多，一天到晚填表格、写心得，客户经理疲于应付。要通过优化业务流程，建立工商共享互动的信息平台，把复杂的设计留给后台、简单的操作放在前台，提高一线员工的工作效率，给他们充分的时间去思考、研究，不断提高服务质量和工作水平。

（五）要进一步加强队伍建设，不断提高干部职工队伍素质

队伍建设是网络建设中必须长期抓好的一项工作。在队伍建设上要下硬工夫，一方面要通过改革完善用工机制，建立健全激励约束机制；另一方面，要把好入口关，并通过交流培训，不断提高员工素质。员工是企业的内部客户，只有内部员工满意了，工作才能做好。网络文化建设要能够凝聚人心，提高员工满意度。山西烟草非常重视内部员工的满意度问题，花了

很大精力进行内部评议，值得学习借鉴。

（六）要处理好省局（公司）统一组织与地市级公司发挥主体作用的关系

省局（公司）要在统一规范、组织领导、把握全省市场上下工夫，让地市级公司既有压力、又有动力；地市级公司要克服浮躁情绪，静下心来搞网建，扎扎实实从本地实际出发，围绕培养四个能力开展工作。

在全国烟草行业现代物流建设工作会议上的讲话（摘要）

何泽华

（2007年9月19日）

这次会议的主要任务是，总结去年重庆会议以来行业的物流建设工作，对下一阶段的工作进行部署。下面，我讲两个问题：

一、一年多来行业现代物流建设的简要总结

自去年6月份重庆行业现代物流建设工作会议以来，行业现代物流建设工作比较全面地展开，有了一个良好的开端，较好地达到了会议提出的目标。主要表现在四个方面：

（一）商业企业卷烟物流配送体系框架初步建立，运行水平逐步提高

1. **新的业务模式全面推广，配送体系基本建立。**一年多来，商业企业的网络建设整体推进工作取得了令人满意的效果，物流建设水平明显提升。目前全国商业企业共有配送中心367个，配送分库573个，中转站1325个，分拣线1484条，送货车16629辆，对412万个零售客户实行分拣到户，分拣到户比例已经达到87%，送货率接近100%，全国除西藏以外全部实行了“一库制”管理。不仅沿海地区的物流工作在原有基础上进一步探索，水平有了比较明显的提升；而且在新疆、青海等地广人稀的边疆地区，卷烟配送工作都比较规范；全国统一的标准化的卷烟物流配送体系初步建立，运行水平逐步提高。

2. **配送中心建设更趋规范。**自去年国家局出台商业企业配送中心建设的规范性意见以来，全行业新建商业企业配送中心70多个。虽然造价还有些偏高，但“经济实用”的概念得到了普遍认可，片面追求豪华的势头基本得到了遏制，不仅降低了成本、节约了时间，而且对行业的形象也产生了积极影响。

3. **配送中心的运行水平不断提升，基础工作大大加强。**重庆、湖州、商丘、安徽等地的经验表明，行业卷烟配送物流在制度建设、流程优化、信息化管理等方面都有很大加强，总体运行水平有了较大提升。

4. **物流管理工作受到了广泛的重视。**重庆会议提出物流工作要从“重建设”向“重管理”转变，总体上看，一年多来服务、效率、成本这三项物流建设的重点工作都得到了加强，管理水平明显提升。特别是去年行业出台了商业企业物流成本费用核算规范，核算的观点引起了广泛重视，核算工作得到了普遍加强，这是一个很好的开端。

（二）工业物流建设在新形势下有了新的进展

1. **物流工作更加受到重视。**许多工业企业把现代物流建设作为提升企业竞争力的重要体现和适应新形势的重要任务来抓。上海烟草（集团）公司积极推行供应商管理库存，对周边地区实行网上配货；浙江中烟工业公司在全行业率先推出了电子标签技术，进行整托盘运输。这些做法对行业的物流工作产生了较大影响。

2. **工业企业内部物流资源的整合取得了明显进展。**红云集团在供应物流工作中，通过整合资源、统筹计划、集中采购，按照“一库制”的理念对各生产点原辅材料的仓储进行统一管理，每年节约费用近1亿元。江西中烟工业公司通过整合各生产点的省外卷烟销售物流，实现了企业卷烟物流模式标准的统一，在保证服务质量的前提下，物流运输成本下降近30%；川渝中烟工业公司先后制订实施了卷烟营销物流资源整合方案、营销物流平台解决方案等，对物流资源和物流平台进行了全面的整合；山东中烟工业公司在供应物流方面进行统一采购、积极推进零库存和及时供应的目标供应物流体系；安徽中烟也进行了比较系统的内部物流整合。

3. **工业企业内部一体化物流流程建设有了明显进步。**在纵向方面，接到订单后安排生产，根据生产决

定采购，通过采购进而保证生产，通过生产保证销售，从订单供货到订单生产整个企业内部的流程得到了优化。在横向方面，对供应物流、生产物流、销售物流三个方面进行了规范。工业企业内部也有一个“门对门”的问题，比如采购部门下达采购指令后，供应商把材料送到公司，公司经过内部配货把原辅材料送到生产工厂，这一部分属于供应物流；工厂成为真正意义上的加工单位，只负责生产物流；产品的销售物流由物流中心负责。这样一个全过程的流程优化已成为工业企业建立快速反应机制的重要内容。

（三）工商协同在物流方面有了明显体现

1. 面向市场的卷烟供应链框架初步形成。供应链管理是企业竞争力的重要体现。供应链的整合、运行情况及反应速度，直接影响着企业的竞争水平。目前行业卷烟供应链的整体框架初步形成。近年来卷烟销量的大幅增长，一方面与货源供应较好有关，另一方面与行业内部卷烟营销方式的变化有很大关系，特别是卷烟物流体系建设起到了重要的保障作用。

2. 资源共享方面有了良好的开端。工商双方在信息资源、技术资源、物流资源等方面进行了有效共享，安徽、重庆、贵州、内蒙古等地区工商企业在共用同城仓储资源方面进行了有效尝试。

3. 对工商流程对接进行了积极探索。工商双方在物流方面的协同出现了积极变化，初步形成了“两个门对门”，即工业企业的卷烟物流通到商业企业的“门口”，商业企业的卷烟物流送到零售客户的“门口”，这是现代物流的一个基本特征。

（四）行业物流基础性工作有所加强

1. 行业物流的标准化建设扎实起步。今年国家局批准成立了全国烟草标准化技术委员会物流分技术委员会，经过反复测算对全行业的物流代码和托盘标准作了统一规定，并出台了商业企业配送中心建设的规范性意见。这些都是重要的基础工作。

2. 工商营销信息共享平台初步建立。目前正在行业全面推广的打码到条和订单采集系统、在湖南实施的电子仓储信息系统，以及最近将推出电子跟踪系统都是有效的信息手段。安徽通过应用电子锁技术对物流进行全过程的跟踪管理，从而能够很好地把握在途卷烟库存。行业卷烟库存管理特别是工业企业库存管理作用很大，我们将在进一步研究的基础上进行推广。

3. 人才建设受到了广泛重视。人才和队伍建设作为现代物流建设的一项重要基础工作，越来越得到行业上下的高度重视。

二、关于下一步行业现代物流建设的工作安排

通过近两年的努力，行业现代物流建设工作取得了明显进步。当前，要重点抓好以下几个方面的工作：

（一）要进一步统一思想，明确工作思路

1. 要明确“搞什么样的物流”。烟草行业的现代物流建设，有着不同于其他行业的特点和要求，要在“完善体制机制、优化资源配置”的指导思想下开展工作。一是烟草物流，要考虑烟草制品的特点。卷烟产品具有较为统一的包装规格，每一箱、每一件、每一条、每一盒卷烟包装都比较规范，与其他行业产品小批量、多规格、很复杂的情况有较大差别。因此，烟草行业的现代物流建设必须考虑烟草产品的特点。二是行业物流，要充分发挥行业的体制优势、政策优势和规模优势。体制决定组织结构，组织结构决定业务运作，业务运作决定流程设计。过去卷烟物流是以批发部为单位的，后来开始以县公司为单位进行大配送，现在工商物流一体化是以省为单位的，但卷烟配送仍然是以市公司为单位的，这与行业的体制有很大关系。在这个体制框架下，少数商业企业要求跨地区（市、地区）配送、少数工业企业要求跨地区建设中转库，都是不符合国家局有关要求的。因此，必须站在有利于巩固和完善烟草专卖制度的角度、站在中国烟草长远发展的高度考虑本单位的现代物流建设工作。三是企业物流，要以经营主体为单位考虑现代物流建设，继续把工商企业作为物流作业的基本单位。四是现代物流，不同于计划经济体制下的行政物流，关键是要有现代的管理理念和掌握现代的物流技术。要改变传统的作业方式，提高作业效率；改变企业内部的运作方式，适应从订单供货向订单生产的转变；改变企业的经营方式，以建立面向市场的快速反应机制为物流建设的根本出发点；改变宏观调控和专卖管理方式，加强对物流的管理和控制，提高管理和运行效率。

2. 要明确行业物流正在面临的新变化。要从注重建设向注重管理转变，把管理作为今后物流工作的重点；要从分散的单个企业物流向适度规模的全省物流建设转变，这里是指要在一个省的范围内规范企业物流的标准化运作；要从工商各自搞物流向工商协同搞物流转变，加强工商企业物流资源共享和流程对接；要从固化流程向柔性流程转变，不断优化业务流程，提高物流效率；要从以商业企业为重点向工商并重乃至以工业企业为重点转变，在继续做好商业企业卷烟物流配送工作的基础上，突出工业企业物流工作的重要性，加强工业企业原辅材料的供应物流、制造线上的生产物流和卷烟产品的销售物流等环节的管理。

3. 要继续把省内物流、企业物流、卷烟物流作为当前物流工作的重点。所谓省内物流，是指要在一个省的范围内对物流进行系统规划，统一管理。所谓企业物流，是指仍然要以企业为单位开展物流工作。所谓卷烟物流，是指仍然要把卷烟物流作为目前物流工作的重点，并同时着手考虑烟叶和物资的采购物流工作。

（二）当前要抓好三项重点工作

1. 商业企业要注重物流水平的提升。这与网络建设全面提升的要求是一致的。一是省局（公司）要在物流建设方面加强管理，在全行业统一平台、统一标准的前提下，全省统一运作、统一管理、统一作业方式，以省为单位全面提升物流管理和运行水平。二是新建物流配送中心要认真搞好规划设计，注重水平提升，避免低水平重复建设，在保证具备必要技术含量的前提下防止盲目追求豪华的做法。三是仍然要把服务和效率作为根本指导思想，在保证服务质量的前提下，通过流程优化和加强管理来提高物流运作效率。四是要通过技术来优化流程、提高效率，充分发挥实用技术的驱动作用，防止不讲技术和片面追求先进技术两种倾向，全面考虑技术的使用效果。比如，选择分拣设备的关键是做好成本分析，要把用人和劳动量的问题结合起来考虑，同时注重设备有效作业率的发挥。五是要讲究成本效益，避免不讲成本和牺牲服务计算成本两种错误做法。比如，不仅要考虑成本，还要考虑送货的及时性和准确性，因此不能通过把物流配送业务外包来降低成本。再比如，人工成本是物流成本的重要组成部分，也是未来降低物流成本的潜力所在；但不能因为强调成本而违反劳动法的规定，一味压低聘用人员工资。同时，由于各地人口密集程度和零售户布局不同，商业企业的送货里程也有较大差异。因此，今后的物流运作评价体系要设置“工资水平”和“送货里程”两个修正系数，对物流成本根据商业企业聘用工工资水平和卷烟送货里程进行修正，从而合理评价商业企业的物流运行水平。同时，成本核算中还要考核设备的利用效率。总之，要把成本效益的测算和评价体系的建立作为下一步商业企业一项重要的具体工作。六是要抓好物流文化建设和团队建设。物流工作是简单的熟练性劳动，操作比较简单枯燥，如果没有文化因素，职工的劳动积极性就要下降。因此，要加强物流团队的文化建设，安排好员工的文化生活，实现“快乐物流”，从而增强企业的活力。

2. 工业企业要在企业内部物流的系统性整合方面取得突破性进展。浙江中烟、安徽中烟较早开展了该项工作，效果较为明显。工业企业的物流比较复杂，包括供应物流、生产物流、销售物流三个部分，其中，供应物流和销售物流技术要求比较高，对此要有充分的认识，真正把工业企业物流整合作为行业下一步物流工作的重点，把工业企业物流建成真正大企业的现代物流。一是要明确目标、整体设计、系统运作。服务是企业的本质要求，目的就是要建立快速反应的机制。工业企业要树立服务营销的理念，在服务水平和服务质量上下工夫，保证生产供应，保证及时供货。二是工业企业要采用集中管理、分散作业的物流组织方式，全面实行“一库制”，对所属生产点的仓库实行统一管理。三是要加强内部资源配置的优化，通过自动化和信息化手段，优化企业内部人力资源、仓储资源、技术资源等资源的配置效率。四是要系统规划设计，进行流程再造。特别是新建物流中心的选址，要系统设计、认真算账，为今后的管理打好基础。五是要积极考虑开展工业企业内部物流整合达标的考核评价工作，做出具体的时间和工作安排，保证通过整合减少管理人员和后勤人员，使一线员工作业量尽量饱和，从而提高物流效率。

3. 要积极开展省内工商物流的一体化建设。工商物流一体化是协同营销的重要体现，是品牌培育的重要支撑，也是服务客户的重要手段，对此要有深刻的认识。一是要树立大局意识，在协同中克服观念、利益和工作衔接三个方面的障碍。标准化、口径、平台建设等属于具体工作衔接的方面内容，从表面上看难度大，但实际上观念转变才是最主要的难题。工商企业要算小账更要算大账，从行业发展的大局来考虑推进物流建设，在工商一体化物流建设方面树立服务的观念，为市场、客户和上下游企业搞好物流服务。二是工商物流一体化要在统一平台的基础上加以实现，目前国家局有关部门正在研究解决这个问题。组织一体化方面，要建立自上而下的协作和协调机制；流程一体化方面，要实现完整的流程无缝对接；信息一体化方面，要求信息接口、软件等能互相支持；作业一体化方面，要求作业标准和作业方式等能够互相协调。三是工商物流一体化要包括资源共享、流程对接、分工负责、网络运作等多种形式。资源共享方面，我们提倡同城物流资源共享；流程对接方面，在同城资源共享不能全部做到的情况下，就显得尤为重要；分工负责方面，主要是做好平台衔接工作；网络运作方面，主要是做好网上配货和工业管理商业库存的工作。四是工商物流一体化要认真研究技术手段问题。要树立虚拟仓库的概念，加强对仓库的统一管理，以有效利用现有仓储资源，提升仓储空间利用率；工商企业和烟叶产区都要考虑联合运输的问题，以有效提高设备利用率；要积极研究电子锁技术，以便及时了解掌握在途货物信息，提高对在途卷烟库存的控制水平；要在省内工商企业之间建立共用的GPS平台，达到规模效益。

（三）要进一步加强物流建设的基础工作

国家局要着眼于建立一个工商共同运作、各部门协调配合的流程平台，作为加强现代物流建设的一项基础工作。各部门要按照职能分工抓好物流建设的相关工作。电子商务公司是国家局现代物流建设工作归口管理部门，主要负责综合协调、全局把握和具体技术支持工作。各省局（公司）、各工业公司也要在企业内部将各部门的工作职责加以明确。当前重点要开展以下几项工作：一是要对行业主要的物流资源和需求进行普查，为行业整个物流规划打下基础。计划司和电子商务公司要抓紧组织力量开展这项工作。各个省级公司和工商企业都要认真开展调查，把自己的家底和需求摸清楚，在此基础上进行系统设计。二是要建设行业物流的统一平台和标准。这涉及技术、信息和整个物流的标准体系。三是加强行业物流的信息化建设。要加快建设和推广营销共享信息平台的二期、三期项目建设，将零售客户分类及送货信息录入系统，同时做好工商之间的产销衔接；要加快推广数字仓储软件，在总结安徽全省和湖南衡阳实施情况的基础上，在全行业加以推广，使工商双方在一个平台上将数字仓储软件统一起来；要积极推广物流动态管理系统，使先进先出、货位管理、送货线路的分配等均通过计算机自动实现，同时加快研究电子锁技术的应用。四是深入开展物流核算工作。核算是基础，预算是主线。物流的核算工作既要算大账、又要算总账、还要算未来的账，注重对库容、设备选型、车辆和设备的利用率等问题的研究，从效率、服务、成本三个方面综合加以考虑，下一步财务部门要抓好核算这项基础性工作。商业企业要认真贯彻落实国家局的商业企业物流操作规范，工业企业要着手建立和积极开展从服务、效率、成本三个方面进行的物流核算体系，工商企业都必须把这项基础工作做扎实。

企业管理

围绕“一个目标”　着力“三个推进”　加强行业企业管理工作

——在全国烟草行业企业管理现场会上的讲话（摘要）

李克明

（2007年9月7日）

行业企业管理工作要“围绕一个目标，着力三个推进”。具体而言，就是企业管理工作要以满足和创造需求为目标，着力推进工商协同营销、着力推进“四个中心”建设、着力推进质量体系贯标。对于满足和创造需求来讲，工商协同营销是途径，“四个中心”建设是关键，质量体系贯标是基础。工商协同营销是途径。只有卷烟工业企业着力于做出好产品，商业企业着力于把好产品卖好，实现两者有机结合，才能把产品培育成品牌，才能快速响应市场，有效满足和创造需求。“四个中心”建设是关键。就烟草行业而言，其竞争力要更加注重体现在制造业的竞争力上。工业企业是竞争主体，工业企业竞争实力增强对行业整体竞争实力提升发挥着关键性作用，“四个中心”的建设是烟草行业竞争力的重要体现。质量体系贯标是基础。质量体系贯标是加强企业基础管理工作行之有效的一个抓手，具有基础性作用。下面，就行业企业管理工作“围绕一个目标”和“着力三个推进”，我讲四点意见。

一、要切实把满足和创造需求作为企业管理工作的出发点和落脚点，真正体现以满足和创造需求为目标

以满足和创造需求为目标，不是一句口号，它意味着企业管理流程、运行机制、考评机制等方面，都要发生深刻的变化。通常说企业管理本质在于优化企业资源配置。在企业发展不同阶段，企业资源内涵也

发生了改变。传统企业资源内涵更多的是关注企业内部有形资源，企业管理也是更多关注企业内部管理。随着企业改革与发展深入推进，企业资源内涵从最初比较关注企业内部有形资源，如机器、设备、资金等，不断向人力资源、信息资源扩展。到今天，企业资源配置的内涵又发生更加深刻变化，进一步扩展到客户、供应商、合作伙伴等方面。特别是客户资源将会越来越成为企业稀缺的宝贵资源。因此，企业管理的方式、内容和重点也要随着企业资源内涵变化而变化。我们有不少企业都建立了企业资源计划系统。我认为，对于烟草工业企业来讲，目前大体可以分为三类：第一类侧重企业内部资源的管理，其与市场、客户需求是割裂的；第二类开始注重和市场的接轨，建立企业和市场之间的接口；第三类建立快速响应市场企业管理系统，就是真正以市场需求进行企业管理体系建设，目前已经取得很大进步。企业资源管理信息系统也是在不断发展的，最初以企业内部资源为主，随着市场经济发展，ERP 系统和 CRM 系统结合起来形成了目前比较先进的 ERP2 系统，突出了对客户需求的快速响应，突出了企业间的协同，使企业资源管理系统真正成为面向市场的企业管理流程系统。使企业内部资源，即企业物流、资金流、信息流能够协调运作，营销、生产、研发、采购等环节协调一致，满足客户不断变化的需求。

企业管理理念的转变和企业流程的再造重组，以“逆向整合”方式呈现出来，就是从市场和客户需求来倒推企业流程的设置，从市场和企业价值链角度，从客户一端来逆向整合企业生产要素和业务流程，把外部市场订单转变为一系列企业内部订单，形成以订单为驱动的市场力。因此，企业管理如何采用先进管理系统、管理体系、管理理念是非常重要的。许多成功企业在总结企业发展时认为，对企业发展影响最大因素还是企业管理理念不断的变革和更新。许多企业家都认同“无形胜有形”这种理念。我们在注重有形管理，同时，在企业整体流程，包括管理程序和职能定位等方面要真正体现理念的变革。要把管理创新和信息化建设更加紧密结合起来，通过信息化建设来推动企业管理创新。我们仍需进行更加深入的探讨，推进企业管理水平持续提升。

二、要不断提升工商企业协同营销水平

近两年来，工商企业在协同营销方面进行了积极探索，从最初品牌培育、信息共享，发展到把工业企业和商业企业联系起来，实现深度协同营销，包括协同品质保证、协同产品研发、协同库存管理等方面。按照国家局总体安排部署来推进协同营销工作，一个很重要方面是更加突出协同把握市场真实需求，营销管理实际上就是一种需求管理。

（一）要协同把握供需总量

在今年召开“按客户订单组织货源”第二次工作会议前，国家局召开了按订单组织货源工作领导小组会议。在这次会议上，研究讨论了下一步如何处理好按订单供货和“稍紧平衡”之间的关系，以及如何从微观层面、中观层面和宏观层面对“稍紧平衡”的把握问题。在实际操作中，是由现在市级局（公司）提出需求，省级局（公司）进行综合平衡，国家局、总公司进行宏观调控。如何保持卷烟销量稳定增长、卷烟价格走势稳定、卷烟库存比较合理的运行态势是行业经济运行工作始终追求的目标。从近几年实践来看，“稍紧平衡”是实现销量增长、价格平稳、库存合理的基础，订单供货就是为了更好地促进资源优化配置，更好地体现改革的市场取向。这两年“按客户订单组织货源”工作取得了非常明显成效，为行业改革与发展注入了新的动力。在下一步工作中要进一步完善，使按订单组织货源和宏观调控目标不断趋于一致，更好地体现按订单来组织卷烟产销，尽可能减少行政的、硬性的宏观调控措施，关键取决于如何进一步实现工商协同把握好市场需求。

今年国家局已经进行了三次“放开衔接”工作。第一次是今年 4 月份，当时主要考虑到一些货源滞销等因素，衔接后的货源满足率达到 100% 以上；第二次是今年 5 月份，工业企业除对个别高端品牌提出了调整意见外，货源满足率达到 98%；第三次是今年 8 月份，按照下半年第一次提报的货源需求是 2082 万箱，国家局经过反复研究，结合今年 6、7 月份行业工商库存状况和卷烟价格情况，进行了稍紧平衡，最后按照 2040 万箱总量组织商业企业进行第二次货源提报。如果按照下半年第一次提报数量，货源满足率为 73%。按照商业企业下半年第二次提报数量，实际满足率为 92%。“稍紧平衡”从微观层面、中观层面和宏观层面不可能是完全一致的，宏观调控措施更多地体现在宏观层面，中观层面如果较好地体现“稍紧平衡”原则导向，“放开衔接”、“定向整合”、订单供货以及宏观调控各项工作就会朝着越来越健康的方向发展。

今年 6、7 月份行业的经济运行还是出现了一些波动。从卷烟工商库存来说，去年 1~8 月份，有 5 个月库存控制在 240 多万箱，还有 2 个月控制在 250 万箱左右，只有 1 月份库存是 262 万箱（春节因素）。今年 1~8 月份，有 1 个月份库存超过 290 万箱，有两个月份库存超过 280 万箱，这里有码段两个月一并下达以

及节日等因素，但库存仍出现了一些波动，处于高位。特别是今年6、7月份，在总体价格稳定情况下，一些卷烟品牌市场零售价格出现了小幅波动。因此，今年8月份安排卷烟产量时进行了调整，只安排了342万箱，确保8月末工商库存回落到正常水平。对于工商协同营销来说，如何协同把握供需总量，是工商企业都要关注的问题。订单组织供货、订单组织生产就是要适应市场变化，这对于工商企业研究市场、把握市场都提出新的更高要求。作为工商企业来说，要更加注重对市场变化规律的把握和研究。市场发展变化是有规律的，要更加注重适应市场需求，从卷烟价格、库存以及品牌发展变化等方面进行综合研究和探索。当前，生产经营管理系统为国家局宏观调控提供了及时准确的数据信息，国家局可以根据卷烟库存、价格以及总量、供需情况进行及时快速调控。但是这种硬调控还是少一些好，工商企业要协同把握需求总量，促进行业经济运行保持平稳。

（二）要协同把握供需结构

要通过不断提升工商协同营销水平，真正解决低档卷烟的供需矛盾。低档卷烟供需矛盾是近几年行业经济运行比较突出而且也是始终没有得到很好解决的问题。要把解决好低档卷烟市场“供非所求”和“供过于求”同时存在的问题作为衡量订单供货、订单生产、协同营销取得成效的一个重要方面。今年卷烟结构提升比较明显，一、二类卷烟基本上保持30%以上的增长速度，由于8月份稍紧控制产量，一、二类卷烟结构还在进一步提升。今年1～8月份总销量比去年同期增长4.8%，而一类卷烟销量增长36.5%，二类卷烟销量增长36.4%。从工商库存来讲，今年8月末比去年同期增长7.09%，而一类卷烟库存同期增长23.05%，二类卷烟同期增长30.7%。从今年1～7月份低档卷烟销量来看，销量下降速度是比较快，批发价11元/条卷烟销量同期下降76.3%，批发价13.5元/条卷烟销量同期下降55.7%。一方面，市场、客户、消费者对低档烟是有需求的；另一方面，低档烟也应该成为调节行业经济增长速度的调速器，保持行业平稳发展。从“按订单组织货源”的试点单位调查分析，包括一些市局（公司）的市场调查和问卷调查来看，低档卷烟仍有较大发展空间。我最近看了一个资料，以山西省太原市局（公司）调查为例，太原市城区只有70%的客户认为低档卷烟是基本满足需求的，县区有63.6%的客户认为低档烟不能满足需求，要求补充低档卷烟货源供给。因此，在低档烟供需方面，如何通过工商协同营销，把握好卷烟供需结构是应引起高度重视的问题。今年1～8月份在产低档卷烟牌号是57个，去年同期是85个，同比减少了28个，减少了32.5%，虽然存在价格归档后有的原低档卷烟价格上调等因素，但从总体上讲，低档卷烟牌号减少是过快的。今年后几个月要围绕行业经济运行主要任务和目标，扭转由“偏热”转为“过热”的趋势，仍需把低档卷烟作为宏观调控的方法与手段。目前对低档卷烟的考核不但不能弱化，而且应该加强。

（三）要协同营造市场竞争环境

如何营造公平、公正、有序、适度的市场竞争环境是行业一直努力的方向。我认为，在营造良好市场竞争环境方面，工商协同营销工作成效应体现在行业内部交易成本不断降低上。今年1～7月份，25家工业企业（有独立法人资格）产品销售费用46.2亿元，比上年同期降低8.8%。但是企业间差距非常大，有11家企业销售费用同比上升，有的企业上升幅度还比较大，有的产量规模和产品结构相似的工业公司，其销售费用相差一倍左右，相差2亿～3亿元。今年1～7月份，工业企业管理费用127.2亿元，比上年同期增长10.5%，管理费用总体是上升的，只有两家企业同比是下降的。当然，企业销售费用和管理费用增加并不完全体现在工商企业交易费用提高上，还包括产品市场促销等费用增加，但是仍存在工商企业如何有效整合资源，进一步发挥工商协同营销作用，营造更加公平、公正、适度、有序的竞争环境的问题。

（四）要协同捕捉市场信息

协同捕捉市场信息是协同营销非常重要的工作。对工商企业来讲，是“买”与“卖”的有机结合。从一些成功企业发展过程来看，既要注重“卖”，更要注重“买”。要把卖出去的卷烟产品作为获取信息的一个载体，使每一条卖出去的卷烟都能成为企业捕捉信息的来源，把产品卖出去、把客户和消费者需求信息能够“买”回来，这是非常重要的。所以，通过工商协同营销，形成协同捕捉市场信息的渠道，进一步提升协同营销水平，还可以再做更为深入的探索。

三、要注重着力创造市场需求

对于创造市场需求来讲，工商企业担负着同样职责和重任。关于工业企业“四个中心”建设问题，国家局召开了多次会议，总体要求非常明确。包括如何坚持“统一协调、明确职责、减少环节、高效顺畅”原则；如何作为实现省级公司转型的关键；如何着力于增强企业快速反应市场能力，着力于提高企业效率，着力于提升管理水平，以及通过“四个中心”建设实现企业由销售向营销的转变，来提升营销力，实现柔性化的生产，提升制造力，建立市场反应型供应链，来提升采购力；如何实现产品研发，提高科技力等方面。按照以上原则和要求，工商企业需要更加注重和突出创造需求。作为工业企业来讲，要始终注重增强竞争主体意识，一个重要方面就在于始终着力于创造市场需求。昨天，埃森哲咨询公司提出“卓越绩效是衡量企业发展水平标志”的观点。满足需求是体现企业发展水平的，也是体现企业竞争力的，但是我认为，在更高层次、更高水平上的企业应该是创造市场需求。下面，就创造市场需求谈几点意见。

（一）工业企业要突出品类构建

对于工商企业来说，品类概念是不一样的，其共同点是按照产品、品牌生命周期来进行分类和管理。但是，工业企业品类构建独特点在于品牌在市场上应体现与众不同的创新力。工业企业品类构建是一种创造需求的途径。打造“中式卷烟”概念提出，实际上是从世界范围内卷烟大品类角度上提出的品类构建。在“中式卷烟”概念提出之前，世界卷烟市场以美式混合型和英式烤烟型为主要品类，“中式卷烟”就是要在世界卷烟市场打造或者说创新一个新品类。同样，在“中式卷烟”大品类下，也由一些细分小品类构成。“中式卷烟”作为大品类来讲，需要比较长期的培育发展过程。因此，对于每一个中烟工业公司来讲，都应该去构建“中式卷烟”大品类下的小品类。过去曾经有一些小品类构建的思路，比如，开发疗效型，改造烤烟型等，但是按照《烟草控制框架公约》要求，包括疗效型、淡味型卷烟都不可以作为产品宣传方法。但是，从卷烟创新角度来讲，着力于构建品牌是创新工作的一个切入点，像“金圣”品牌最初是以中草药作为品类构建出发点。品类构建和品牌定位在很多方面是有交叉的，其区别在于品类构建的着力点是创新。从卷烟特色来讲，过去有清香型、中间香型、浓度香型等，但是对于“中华”卷烟，划分不到以上任何分类中，正由于“中华”成为在香型方面具有特色的产品，才能够始终保持持续发展态势。不同的卷烟消费者有不同的偏好，这就为品牌创新提供更广阔的空间。同样好的卷烟品牌，其风格和特色不一样，创新的方式也不同，即专家学者提出的“不对称性创新”。姜成康局长在行业培育“10多个”重点骨干品牌研讨会上，提出了要鼓励卷烟品牌的异军突起和后来者居上。因此，在目前行业发展大背景下，如何构建新卷烟品类，特别是如何实现创新，是一个非常具有研究探索价值的课题。

（二）工业企业要突出核心品牌

全行业要着力于培育“10多个”重点骨干品牌，而重点骨干品牌是在竞争中形成的，也应是动态的。国家局提出工业企业要实现“两个跨越”，提倡异军突起和后来居上，这对于品牌竞争力比较强的工业企业，以及目前品牌竞争力还不明显的工业企业来说，都是机遇与挑战并存。因此，在培育“10多个”重点骨干品牌总体目标下，工业企业都应该突出核心品牌的培育。企业的核心竞争力主要是体现在核心品牌上，核心品牌要具备比较强的带动力和整合力。目前，有些工业公司品牌带动力和整合力受到了较大的制约，其核心竞争力不强。在18家省级工业公司中，有的企业核心品牌是比较清晰的，有的企业核心品牌是不清晰的。广东中烟工业公司在品牌整合过程中不是简单地靠行政办法确定其核心品牌，而是通过市场发展把核心品牌培育定位在“双喜”品牌上，目前“双喜”品牌呈现了整合力和带动力趋强的良好发展态势。

（三）工业企业要突出资源整合

工业企业创造需求的能力要依托于资源整合能力。在企业资源整合过程中，既要重视有形资产整合，更要注重无形资产整合。相比较而言，有形资产整合是容易实现的，而无形资产整合涉及许多人为因素，是整合中真正难点所在。只有把无形资产整合到位，企业创新才具有持续动力。在工业企业“四个中心”建设过程中，要始终关注如何形成市场竞争压力传导机制，始终关注如何形成创造需求和创新的激活机制，把企业技术骨干、生产骨干、营销骨干积极性保护好，才能发挥好，使他们既具有压力又能保持活力是至关重要的。许多省级工业公司都在积极探索如何从压力传导机制和激活机制方面，推进绩效管理考评和考核体系建设，实现公司职能以管理为主导向经营实体运作的转型，这是企业注重无形资产整合的有效途径。

四、要全面推进质量体系贯标

去年9月，国家局印发了《关于烟草行业全面实施ISO9000质量管理体系的指导意见》。在工业企业联合重组、商业企业取消县级公司法人资格新的发展阶段，许多单位围绕质量体系贯标工作进行了积极探索。今天上午，四川省局（公司）和杭州市局（公司）作了较为详细的介绍，体会非常深刻。关于工商企业全面推进质量体系贯标工作，国家局还要专题召开会议进行部署和安排。

企业管理工作要以满足和创造需求为目标，工商协同营销、“四个中心”建设以及推进质量体系贯标三方面工作是相互依存和促进的。从目前贯标情况来看，商业企业比工业企业显得更加重视。烟草行业工业企业从20世纪90年代开始实行体系贯标工作，上海烟草（集团）公司是全行业第一家获得认证的企业。全行业质量体系贯标工作经历了三个阶段，与企业管理过程变化基本一致。ISO 9000（1987 年版）以保证企业内部质量为主要内容；ISO 9000（1994 年版）增加了企业持续改进内容；ISO 9000（2000 年版）更加突出了是以顾客为关注焦点，强调企业要依赖顾客，企业要理解顾客当前和未来需求，要满足顾客并争取提供超越顾客期望的服务。

ISO 9000（2000 年版）体系和标准实质就是更加突出了注重服务，创造需求。质量管理体系是企业管理中一种先进理念和先进管理方式结晶，贯标工作对于提升企业管理水平，特别是打牢企业管理基础起着基础性作用。质量体系贯标从最初作为一种资格，发展到今天已经成为提升企业管理水平的一个基础和体系。如何结合工作实际，全面贯彻质量标准要进行认真研究和实施。四川省局（公司）“统一实施、整体推进、全面覆盖、分层构建”，杭州市局（公司）“注重实效、覆盖全面、合纵连横、一贯到县”贯标思路和做法，都是按照质量体系标准要求，结合企业自身实际推进的。过去重点卷烟工业企业都进行了贯标，并且按照体系文件运作。企业联合重组实行一体化运作后，运作模式和运营方式发生了变化，企业各部职能调整，各级的衔接也发生了很大变化，企业质量体系、标准的重新梳理和建立提到了议事日程。工业企业要通过贯标来建立和打造新的管理平台，把贯标和职能定位紧密结合起来，把贯标和完善制度紧密结合起来，把贯标和提升员工素质紧密结合起来，把贯标和优化流程紧密结合起来，把贯标和“节能减排”紧密结合起来，工业企业的贯标工作才具有更强的指导意义。

烟草科技

振奋精神　开拓创新
努力开创行业标准化工作的新局面

——在烟草行业首届标准化论坛上的讲话（摘要）

张保振

（2007 年 9 月 27 日）

一、行业标准化工作的基本情况及存在的主要问题

近年来，在国家局的高度重视和大力推动下，经过大家的共同努力，行业标准化工作取得了一定成绩。

一是机构进一步建立健全。去年 11 月，新一届的全国烟草标准化技术委员会经国家标准委的批准正式成立，现全标委下设卷烟、农业、劳动定额、工程建设、企业、烟机、信息、烟用材料和物流等 9 个专业分技术委员会，共有委员 240 余人。

二是标准体系的建设健康发展。去年新一届全标委成立后，确立了“要在 2010 年基本建立包含有 500 项左右烟草类国家或行业标准、强制性与推荐性标准相配套的行业标准体系”的奋斗目标。截至目前，我们已经制定并已发布以及正在制修订将要发布的标准 430 项，其中农业类标准有 71 项、工业类标准有 315 项、商业类标准有 44 项。在这 430 项标准中，去年发布的有 70 余项，今年已经发布了 30 项，到年底前还有 30 余项将要发布。可以说，行业的标准制修订工作正在健康有序地开展，预计可以提前一年实现行业制定 500 项烟草类标准的目标。

三是国际标准制修订“零”的突破初现端倪。去年，行业新一届全标委成立的时候，明确提出了在国际标准的制修订上要实现“零”的突破的目标。这项工作有很大的难度，但经过行业上下尤其是科技人员的努力，现已初见端倪。我们将《片烟箱内密度偏差无损检测——离子辐射法》作为国际标准提案，提交给了国际标准化组织烟草与烟草制品技术委员会，将提请该委员会的烟叶分技术委员会组织成员国进行投票，以决定是否将其列入国际标准的制修订计划。一旦这个提案被列入了国际标准的制修订计划，就说明我们制修订国际标准的工作有了实质性的突破。现在我们在国际标准的制修订上还没有什么话语权，我们

要争取有“零”的突破。

四是工业企业的标准化委员会组织机构多数已经建立。去年，国家局提出了有国家或行业级技术中心的单位都要成立标准化技术委员会。截至目前，有上海、河南、山东、福建、湖南、广西、广东、贵州、江苏等9家省级工业公司和红塔集团成立了标准化技术委员会；还有5家正在筹备成立，河北、安徽、湖北、川渝中烟工业公司正在酝酿成立；有的当时还没有国家或行业级技术中心，但也成立了标准化委员会，如广西中烟工业公司。当然，无论是否有国家或行业级技术中心的单位都应该成立标准委。总体上，除了个别单位，多数企业还是比较重视这项工作的。

五是针对行业在发展过程中出现的问题而制修订的标准工作初见成效。《卷烟名称编制规则》的行业标准就是对卷烟的命名进行的一种有效规范。比如，同一包硬盒包装的红塔山，有的叫“翻盖红塔山”，有的叫“硬包红塔山”，还有的叫“红塔山翻盖”，这样的名字很多，只有本单位的少数人才清楚，以致其他的很多人都分不清这几种叫法是否指的是同一个产品。针对这种情况，我们及时组织制定了《卷烟名称编制规则》行业标准，规定了卷烟命名的统一方法，给某一规格的卷烟“起名字”的时候，都必须按照这个标准执行，一个规格的卷烟只有一个大名而没有小名，卷烟实物和其唯一的名称一一对应，从而解决了这个问题。再比如针对行业存在的烟草转基因问题，制定了《转基因烟草控制释放操作规程》。有针对性地制定了《转基因烟草控制释放操作规程》行业标准，并通过严格的监督执行，有效地控制了少数转基因烟草释放的问题，防止了由此所带来的影响和损失。还有，前面已经提到，我们针对企业联合重组之后，一些卷烟品牌实行多点生产的实际，组织制定了《卷烟品牌许可生产质量保障通则》的行业标准，从而发挥了十分重要的指导作用。现在无论是法人之间品牌许可生产，还是法人内部的多点加工，品牌输出和输入方均十分重视多点加工相同规格卷烟质量的一致性，基本上都能够把标准落实到实际工作中，有的已将其纳入到质量管理体系中，真正做到了以标准化指导品牌许可生产及多点加工。从最近对35个品牌许可生产及多点加工的卷烟的调研评吸来看，尽管在风格的强弱上、品质因素上有所差异，但总体的一致性还是比较令人满意。

六是重点企业的标准化工作表现突出。如上海烟草（集团）公司和淮阴卷烟厂，分别被国家标准委评定为AAAA级“标准化良好行为企业”。上海烟草（集团）公司目前自行编制的标准有463项，另外他们还引用行业和国家标准122项，共585项。同时，上海烟草（集团）公司下属的企业另有自己的企业标准1700余项。也就是说，上海烟草（集团）公司现有标准2200多项。我们平时都说上海烟草（集团）公司的工作精细，精细就在于他事事有标准，时时按标准执行。没有标准或者有了标准不遵照执行，是难以做到精细的。

七是行业培养标准化人才工作正在稳步进行。目前，行业确定了9位同志作为重点培养的标准化工作领军人物，并确定了首批70名行业标准化工作技术骨干。当然这项工作还有很多事要做，光是兼职的还不行，还要有课题、有任务。

八是针对薄弱环节，制定新的目标。针对烟叶标准化生产中存在的问题，确定了要在全国烟区拥有的4万余名烟叶生产技术人员中，通过系统的逐级培训，力争用三年的时间建立起由5000人组成的烟叶标准化生产技术推广队伍。

应该说，行业的标准化工作已经取得了不小的成绩，并且正在健康地发展。但是，还有不少问题需要引起我们的重视。特别是以下四个方面的问题更要引起我们的高度重视。

一是行业部分领导同志对标准化工作的重要性认识不到位，以至于不重视、不关注、不过问标准化工作。在部分地方和部门仍然存在“标准讲起来重要，学起来次要，具体执行时不要”的问题。本来标准是“硬”的，但他们却把标准看得很“软”。

二是标准制修订的水平有待进一步提高。从总体看，现阶段我们针对标准的研究深度和精细化水平还不够，制修订标准的总体水平还不高，特别是达到国际先进水平、或在国际上能够发挥引领作用的标准还很少。这也在一定程度上严重制约了我们承担或参与制修订国际标准的工作。

三是标准的执行不到位。现在很多企业都有自己的标准，但对标准的执行情况重视不够，特别是一些重要标准没有很好地贯彻落实，甚至有的人认为一些标准影响了他的“效率”而把这些标准束之高阁。

四是标准化专业人才缺乏。行业标准化专业人员明显不足，特别是既有专业知识又熟悉标准化工作的复合型人才更是严重匮乏。另外，标准化工作目前也缺少必要的激励机制。这也是需要下一步积极加以改进的地方。

二、近期的主要工作和具体任务

第一，要进一步提高认识，扎实开展工作。只有认识提高了，才能指导行动，才能真正加强对标准化工作的组织与领导，才能使标准化工作扎实推进并取得实实在在的成效。要提高认识，必须加强学习，既要认真学习国家的相关政策，把握国家对标准化工作的总体要求，也要紧密联系行业实际，不折不扣地贯彻落实国家局确定的有关方针、政策；不仅要把重视标准化工作讲在口头上，更要落实在行动中。

第二，要依托技术创新和专利成果，不断提高标准和标准化工作的质量和水平。标准是随着相关技术水平的提高而相应提升的，是现实技术水平的真实反映。今年是行业的“创新年”，在国家局党组领导下，全行业积极行动起来，技术创新工作以及群众性的“小发明、小创造、小改革”活动全面推进，并取得了一些重要成果。各单位要以创新成果和专利技术为依托，适时将先进、适用、成效显著的创新成果转化为相应标准，以促进创新成果转化为现实生产力，并不断提升标准和标准化工作的质量和水平，为推动行业的技术进步提供支撑和服务，尤其要为今后参与或主持制修订国际标准奠定必要的技术基础。对于制修订国际标准的目标，我们绝不仅是为了制修订一、两项国际标准，更重要的是要通过这项工作提高我国烟草业在国际标准领域的话语权，并通过国际合作这个平台及时掌握国际上相关政策和技术标准的发展态势，努力实现与国际标准的接轨，提升我们的水平。所以，对这项工作各单位都要高度重视，积极准备，厚积薄发。

第三，要潜心研究，科学定标。标准的制定必须要坚持科学性、先进性、适用性和可操作性的原则，特别是一些关键性指标的确定，必须符合客观实际，既要体现先进，也要适用、可用，这也是标准能否有效执行的关键因素之一。同时，还必须要关注相关指标的经济性，这是“科学定标”的重要内容。一项指标的背后往往是有成本、有代价的，这就必须要把握好“度”的问题。比如，据国外跨国烟草公司提供的数据，霍夫曼名单44种烟气成分中一个有害成分指标的一次检测成本平均就要1.5万英镑。某项指标可能很先进，甚至具有超前性，但在现实条件下需要付出很大的成本或代价才能实现，这样的指标就要认真权衡，慎重把握。要仔细分析一下这个指标在现阶段的必要性，特别是我们正在努力建设资源节约型、环境友好型行业，更要把节约资源、保护环境、降低成本放在十分重要的位置。为此，必须潜心研究、科学定标，这也是我们落实科学发展观的重要内容。

第四，要加大贯标和考核工作，保证标准落实到位。制定标准的根本目的是要有效地执行。否则，再好的标准也只能是纸上谈兵，难以发挥作用。为此，不仅要加强标准的宣传，更要加强对标准执行效果的检查。今年，国家局党组决定将创新工作纳入对直属单位主要负责人年度工作绩效的考核内容，其中也包括对标准化工作的考核。比如，今年将省级烟叶标准化生产的达标面积定为40%，这是下限，一些做得好的省份已经超过了60%，而相对落后的省份可能还不足30%，以后这个指标要逐年有所提高，并认真考核。

第五，要大力加强标准化人才队伍建设，并建立行业标准化工作的激励机制。行业标准化人才队伍建设是我们的薄弱环节之一，必须进一步加强。标准和标准化工作既要有专家引领，更要有广大员工的积极参与。为此，要尽快建立起以专家和领军人物为核心、各专业技术委员会委员为中坚、标准化工作技术骨干为基础、行业广大员工积极参与的“金字塔”式的、根基厚实的行业标准化工作队伍。同时，要对在标准化工作中做出突出贡献的同志给予必要的奖励。

根据上述五项主要工作，还需要明确以下7项具体任务：

一是要认真研究、制订具体的工作方案。各直属单位及各专业标准化技术委员会要根据上述总体要求，紧密结合本单位和相关专业领域的实际，认真研究并确定下一步、特别是2008年度标准化的工作重点，并制订目标明确、重点突出、切实可行的工作方案，务求真正解决好几个关键性问题，以有效提升相关领域标准化工作的质量和水平。

二是要力争提前构建起包含有500项左右烟草类国家或行业标准的烟草标准体系。行业各科研机构、各技术中心、各标准研究室和中国烟草标准化研究中心要以创新成果和专利技术为依托，积极开展重要标准的研究和预研，切实提高标准制修订工作的质量和水平。已经列入国家局标准制修订计划的项目务必抓紧完成并确保质量。明年，要根据行业发展的需求，再组织一批标准的制修订，力争到2009年底，提前一年建立起包含有500项左右烟草类国家或行业标准的烟草标准体系。这是行业的“技术大法”。

三是要在2010年基本实现烟叶的标准化生产。最近，国家局党组提出了要建设现代烟草农业的目标。要建设现代烟草农业，必须要进行标准化生产。没有标准化，就谈不上现代烟草农业。所以，为了落实国家局党组提出的建设现代烟草农业的目标，必须要重视烟叶标准化生产。现在，行业已经建立了34个国家级的烟叶标准化示范区，另外还有11个烟叶产区正在申报第六批国家级烟叶标准化示范区建设。建设示范区的根本目的是要发挥示范、引领和带动作用，以全面推进烟叶的标准化生产，为建设现代烟草农业作出贡献。

在上年全标委成立会议上，国家局提出了到2010年烟叶主产区要基本实现标准化生产的目标。各单位根据这一要求认真制订了具体的年度工作计划和实施方案，下一步的任务就是要狠抓落实。各烟叶产区所在的省级局标准化工作归口管理部门和烟叶生产管理部门要按既定计划，紧密配合，通力合作，通过标准宣讲、技术指导，以及开展自评、自查、自纠工作，切实推进烟叶标准化生产工作。明年上半年，国家局要组织力量对产区上报的烟叶标准化生产年度计划和实施方案进行现场考核、督办落实。

四是要力争实现制修订国际标准“零”的突破。有关分标委和有关单位要密切跟踪国际标准的动态和发展趋势，结合我们的实际情况，组织技术力量经过认真分析和科学论证后，选准若干我们有条件、有实力、有比较优势而且容易与国际间达成共识的项目为突破口，成立重大标准课题攻关组，积极而稳妥地开展以冲击国际标准为目标的预研工作，以力争实现“零”的突破。在这里，以项目为载体，以项目组为依托，避免单打独斗，通过项目来实现突破是关键。同时，要注意积极与国际标准化组织进行沟通，加强联络，以争取在制修订国际标准工作中得到更多的支持。

五是要建立起“金字塔”式的行业标准化人才团队。在烟叶生产方面，今年底前各烟叶产区要组建技术推广与标准宣贯相结合的省级局（公司）、地（市）级公司和县公司三级烟叶标准化生产领导小组，同时，各行政县要组建一支精干的标准宣贯小分队，配备技术骨干，切实将标准宣贯工作落实到村、到户、到田间地头；明年上半年，行业要建立起一支由千人组成的、常年活跃在烟区的烟叶标准化工作宣贯队伍。在卷烟生产方面，各中烟工业公司、上海烟草（集团）公司和中烟实业发展中心要以本届论坛为契机，紧密结合本单位的实际情况，进一步加强对全员的培训以及对标准化专业人才的培养。明年，各单位要对所属企业中层以上干部进行标准化工作的系统培训；同时，要组织对全体员工进行重点培训，以全面提高大家对标准化工作重要性的认识和执行标准的自觉性。今后，凡是新招聘的员工，都要先期就本岗位经常应用的标准进行系统培训，不掌握相关标准的不能上岗。

六是要加强对重要标准执行情况的监督检查。各单位要通过自查自纠，切实查找标准在执行过程中存在的突出问题，并及时加以解决。国家局有关部门、各省级局和工业公司，以及各专业分标委要不定期地开展对重要标准执行情况的监督检查，督办重要标准的贯彻执行。国家局非常重视产品质量安全方面的问题，并于近期召开了专门会议。与卷烟质量安全相关的包括烟叶农残、转基因、烟用添加剂、包装材料挥发性有机化合物、接装纸砷和重金属等方面指标和标准的执行情况尤其要引起我们各企业的高度重视。企业所有的原料、辅料、添加剂及接装纸都要严格把关。特别一提的是，目前有部分卷烟的包装过于豪华，不仅造成了资源浪费，而且由于印刷和油墨等问题还导致卷烟品质和安全性的问题，这需要引起高度重视并加以改正。

七是要抓紧设立行业的标准创新贡献奖。去年，国家标准委按照国务院领导的指示设立了“中国标准创新贡献奖”，以表彰为标准化工作作出突出贡献的单位和人员。根据国标委的要求和做法，国家局也制定了相应的行业标准创新贡献奖的管理办法初稿，国家局原则同意这个管理办法和评奖细则，明年上半年就要组织开展评奖工作。

上述7项任务中，除第4项“要力争实现制修订国际标准‘零’的突破”外，其余6项具体工作都是要在近二三年内要完成的硬任务。这些任务基本完成后，预计行业的标准化工作水平将会迈上一个新的台阶。

财务审计

切实加强国有资产经营和管理
努力做好2007年财务管理和审计监督工作

——在2007年全国烟草行业财务工作和审计工作会议上的讲话（摘要）

姜成康

（2007年3月20日）

关于2007年行业财务和审计工作的主要任务，各单位要认真抓好贯彻落实。这里，结合当前行业改革发展形势和财务审计工作面临的任务，我重点强调三个方面问题：

一、进一步提高对加强财务和审计工作重要性的认识

（一）加强财务管理和审计监督是切实转变职能的需要

国务院有关文件明确指出，中国烟草总公司依法对所属工商企业的国有资产行使出资人权利，经营和管理国有资产，承担保值增值责任。这一规定给理顺行业资产管理体制后的中国烟草总公司赋予了履行国有资产出资人的重要职责和任务，是对总公司管理职能的重大调整。在今年全国烟草工作会议上，国家局进一步明确提出行业改革和发展进入新阶段所面临的三个主要特点，其中之一就是“行业管理从行政管理为主向行政管理与资产经营管理并重转变”。实现这一转变，要求我们必须进一步加强国有资产经营和管理工作，切实摆到突出位置下大力气抓好。根据国务院赋予总公司的职责，理顺资产管理体制后，省公司的职能也发生了很大变化，管理责任更加重大。搞好国有资产经营管理，要更加重视和突出财务管理的核心地位，严格各项财经制度，努力提高资产经营管理水平；搞好国有资产监管，要更加重视和强化审计监督，防止国有资产流失，确保实现国有资产保值增值。行业各单位特别是各级领导干部要充分认清，加强国有资产经营管理，建立和完善国有资产经营管理体制，切实承担起国有资产保值增值责任，对于行业来说既是一项全新的工作，也是当前面临最为紧迫的任务。因此，全行业各单位尤其是各直属单位，都要紧紧围绕行使和履行出资人权利这一重要职责，牢固树立资产经营和管理观念，切实转变工作思路和管理方式，认真履行责任，加快职能转变，把加强国有资产经营管理，防止国有资产流失，实现国有资产保值增值作为当前和今后一段时期的重点工作突出抓好，全面推进国有资产经营和管理水平的提升。

（二）加强财务管理和审计监督是行业健康发展的需要

保持行业持续健康发展，是今后一个时期全行业的中心任务和主要目标。近些年来，通过进行财经秩序整顿，全面加强审计监督，深入开展“两烟”体外循环专项治理，行业规范经营的意识不断增强，不规范生产经营行为明显减少，财务管理水平明显提高，财经秩序明显好转。但是必须看到，由于烟草生产经营和行业管理具有特殊性，严格内部管理监督始终是我们必须坚持抓好的一项长期性任务。在多次进行的行业审计和同级审计监督检查中，不断暴露出生产经营和财务管理方面的一些不规范问题，有的问题甚至是边查边犯、边整边犯，顶风违纪。去年进行的行业多元化投资清产核资，不仅发现不少尚未处理的历史遗留问题，而且还发现新的情况和问题。所有这些问题的发生和存在，都是与内部监管不力有着直接关系，严重扰乱了正常的生产经营秩序，影响行业健康发展，必须引起我们高度重视。同时，随着国有资产经营和管理的任务加重，切实重视和认真解决好一些单位财务管理基础比较薄弱、制度不够落实、财务审计人员素质水平不适应等问题，坚持依法管理、依法理财，进一步规范财务管理，强化审计监督，完善监管制度，落实监管责任，也是我们必须加强和需要抓紧做好的工作。这既是深入推进行业内部管理监督的根本措施，也是履行国有资产经营管理职能的内在要求。全行业都要从保持行业持续健康发展的高度，更加重视加强财务管理和审计监督工作，特别是行业各级领导和各级财务、审计部门，在确保行业健康发展上肩负有更为重要的任务和责任。

（三）加强财务管理和审计监督是全面提升水平的需要

当前和今后一个时期，行业改革和发展的主要任务是“完善体制机制，优化资源配置，增强竞争实力，全面提升水平”。完成这一主要任务，对财务管理工作和审计监督工作都提出了新的更高要求。完善体制机制，重要的是要健全和完善国有资产经营管理制度，全面搞好清产核资，探索建立企业法人治理结构，加强资产经营管理考核，把保值增值责任落到实处。优化资源配置，就要更加重视自主创新和提高效率，加强创新体系建设，高度重视节约资源、保护环境，努力降低成本费用，提高内控水平，实现节约发展、可持续发展。增强竞争实力，就要加快培育“两个10多个”步伐，积极推进按订单组织供货试点，加快实施“两个跨越”，努力实现企业由大变强。所有这些，都需要财务审计部门积极主动开展工作，切实加强监管，及时统计出真实、准确、可靠的数据信息，为行业各项工作的有效实施和顺利推进提供有力保障，把贯彻落实科学发展观的各项要求切实体现到行业财务管理和审计监督的具体工作中。行业各级领导要把加强财务管理和审计工作摆到更加重要的位置，使财务审计工作在推动行业改革和发展、全面提升水平上发挥出更加积极的作用。

二、当前需要重点抓好的几项工作

（一）切实增强责任意识，全面加强国有资产经营管理

根据国务院有关文件规定要求和财政部有关文件

精神，国家局去年制定了《中国烟草总公司国有资产管理规定（试行）》，明确了各级公司资产经营管理的权利，对国有资产基础管理、投融资管理、国有资本营运管理、投资收益管理、内部控制、考核与监督等作了具体规定，为国有资产管理工作提供了制度保证。加强国有资产经营管理，要严格按照国家局制定《规定》执行，认真履行职责，全面抓好国有资产管理各项规定的落实。一是各单位都要认真制定贯彻落实《中国烟草总公司国有资产管理规定（试行）》的具体实施意见，进一步明确管理职能，确定管理事项，落实管理责任，并将实施意见上报总公司批准。二是认真开展清产核资，确保资产真实可靠。要继续搞好多元化投资企业清产核资工作，当前尤为重要的是要加大依法依规处理遗留问题的工作力度，切实做到不留尾巴、不留死角。对于这项工作，3 月初总公司开会进行了专门安排部署，希望各单位要以高度负责的精神切实抓好落实。要全面开展主业的清产核资工作，全面清查各单位主业资产情况，重点是清理往来性账款、闲置资产和土地权属证明，核实企业资本金，依法依规处置各种不良资产，提高资产质量和确保资产的真实性。清产核资的范围包括省级公司、地市级公司、未取消法人资格的县级公司及所属复烤企业，所有卷烟工业企业、进出口企业、烟机企业和直属事业单位等。清产核资自 4 月份开始，争取到年底结束，按照准备阶段、资产清查阶段、资金核实阶段和总结阶段四个阶段进行。各单位要按照国家局对清产核资工作的具体安排部署，集中力量，抓紧时间，精心组织实施，确保清产核资工作取得实效。三是严格实行考核，确保国有资产保值增值。今年要把资产经营管理情况列入对各省级公司领导班子考核的重要内容。在考核指标上，重点考核投入产出比，包括总资产贡献率、净资产收益率、对外投资收益率、固定资产收益率和成本费用利润率；考核资产营运质量，主要是流动资产周转率和不良资产比率；考核资本发展能力，主要是资产保值增值率。其中，要突出总资产贡献率、成本费用利润率、对外投资收益率、不良资产比率这四个指标的考核。各省级公司领导对此要高度重视，财务部门要认真负起责任，及时做好有关统计分析等工作，积极提供决策参考，确保考核取得实效。同时按照下管一级原则，各省级公司也要按有关规定切实做好对所属企业的资产经营管理考核工作。

（二）坚持依法理财，严格规范财务管理行为

认真贯彻执行国家有关法律法规和政策规定，严格规范财务管理行为，严格遵守财经纪律和制度规定，坚决纠正和严肃查处违规违纪行为，是财务管理和审计监督工作的突出重点，各单位都要下工夫努力抓好。一是要认真贯彻执行《会计法》等财经法规，加强资金监管，严格规范会计核算，坚决杜绝做假账和偷漏国家税收行为，决不允许损害国家利益。二是要充分发挥预算、投资、薪酬委员会的作用，实行科学管理、民主管理，防止个人说了算，避免决策失误造成损失。预算管理是企业生产经营活动有序运行的重要保证，也是企业对经营活动进行监督、控制、审计、考核的基本依据。预算管理和执行情况直接反映企业的管理水平。行业各级领导必须明确，预算管理是内部控制的重要手段，是克服随意性最有效的措施。要认真总结近几年推行全面预算管理各单位的做法和经验，进一步完善预算管理制度，根据工商企业不同特点，形成编制科学、考核严格、奖惩分明的预算管理工作机制，使预算真正成为财务开支的硬约束，全面提高预算管理水平。要切实加强投资管理，对重大投资必须经过充分论证、专家咨询、集体决策，对工程预算、结算实行严格的审计制度。要严格控制新开投资项目和投资规模，坚决落实中央有关投资的规定，切实做到令行禁止、政令畅通。要切实加强薪酬管理，积极探索建立符合国家政策、符合行业特点的薪酬管理办法，建立较为完善的薪酬管理体系。三是要坚持艰苦奋斗、勤俭节约的方针，精打细算，严格审核把关，严格控制成本费用水平上升，努力做好节能降耗、保护环境、提高效率工作，切实防止和避免大手大脚、挥霍浪费现象。

（三）强化内部审计监督，健全和完善内控制度

1. **要进一步强化审计监督的重要作用。**审计监督是加强行业内部管理监督的主要方式，是企业依法经营、规范管理的重要手段。近几年全行业不断加大内部审计工作力度，审计工作范围不断扩展，审计内容不断深化，审计质量有所提高，发挥作用日益明显，但在开展工作中需要研究解决的问题也随之增多，特别是如何有效地开展同级审计监督、增大审计工作覆盖面、形成审计监督制度化等问题，需要在实践中继续探索，努力做好工作。许多情况表明，领导重视是审计工作发挥应有作用的重要前提，领导的重视程度高，内审工作就能顺利有效开展，发挥的作用也越大。在国有资产经营管理责任加重的情况下，行业各级领导更要重视审计工作，加强审计工作，要从加强审计更多是企业“自我发展、自我规范、自我保护”的自身需要出发，在体制机制上进一步确立审计工作的重要职责和地位，建立审计监督工作长效机制，切实发挥审计监督在国有资产经营和管理中的重要作用。

2. 要进一步抓好审计工作各项任务的落实。从去年行业开展同级审计检查的效果看，同级审计为深化行业改革、严格行业自律、提高内部管理监督水平发挥了重要的作用。国家局决定今年继续在全行业开展同级审计工作，从下半年开始要结合专项审计，对所有省级公司及部分基层单位2006年和2007年上半年财务收支和开展同级审计情况进行审计检查，检查内容包括同级审计开展情况、自2004年行业审计以来外部和上级单位审计报告中披露问题的整改落实情况、同级审计工作质量情况和制度建设情况等。各单位要把同级审计作为今年审计工作的重点任务，切实加强领导，保证同级审计工作扎实有效开展。要结合开展同级审计，进一步搞好专项资金审计、经济责任审计、基建审计、预算管理审计等专项审计工作，确保各项审计任务落实，充分发挥审计监督职能，推进行业内部管理监督工作扎实、持久地开展。

3. 要进一步推动内部审计监督的制度化、规范化。行业审计工作的重点是强化内部审计。要从建立长效机制入手，从制度上规范企业经营行为，保证内部审计工作顺利开展和持续推进。在内部审计目标要求上，要以确保国有资产保值增值为根本出发点，努力将以事后查错防弊为特点的财务收支审计为主逐步向以"关口前移"为特点的事前、事中的管理审计和效益审计转变，积极参与对企业日常经济活动的监督。要通过强化对各项经济活动和重大开支制度、程序、手续的监督，把公开监督和民主管理结合起来，特别对领导干部和人、财、物管理岗位建立起有效的制约监督机制，提高企业内控能力。要逐步建立和完善内部审计工作制度体系，明确各部门职责分工，规范审计内容和操作程序，从组织制度上保证内部审计工作定期、有效地开展，努力提高审计工作质量和效率，推动内部审计工作向制度化、规范化方向发展。

（四）严格规范会计核算，打牢财务管理基础

严格规范会计核算是加强财务管理的基础性工作，也是加强国有资产经营管理的必然要求。随着行业理顺资产管理体制和公司制改造的推进，各级公司已逐步按照母子公司体制要求运作，这对加强资产经营管理和财务管理工作都提出了新的要求。要按照新《会计法》等财经法规和《中国烟草总公司国有资产管理规定（试行）》等内部管理规定要求，对包括会计核算、预算管理、资金管理、成本费用、资产管理、内部控制等方面的制度重新进行认真梳理，使之进一步健全和完善。要切实加强内控制度建设，按照财政部《内部控制基础规范》要求，根据烟草企业管理体制和业务流程的变化，重点抓好和健全完善对"两烟"生产经营资金、固定资产投资项目、大额物资采购和广告宣传费开支的内部控制制度。要强化会计核算基础工作，对投资实行权益法核算，切实加强工业企业实行合并重组后的基础工作，统一核算口径和方法。要加强物流成本费用管理，严格控制物流成本费用上涨的不合理因素。要以会计信息真实性和程序规范化为目标，切实加强烟叶种植收购、复烤加工、工商交易等各个生产经营环节的会计核算工作，加强对基层烟站和复烤企业的核算管理。要严格落实国有资产经营管理的有关规定要求，全面抓好包括清产核资、资产评价统计、产权登记等在内的资产管理基础工作，高度重视重大工程投资项目、大宗物资采购等资本性支出的管理。

三、切实加强对财务和审计工作的领导

加强财务管理和审计监督工作，切实搞好国有资产经营管理，行业各级领导班子和领导干部肩负有重大责任。这里，对各级主要领导同志提出三点要求：

1. 要自觉坚持依法理财，带头遵守法律法规和财经纪律。在今年的全行业纪检监察工作会议上，国家局对严格行业内部管理监督明确提出了坚持依法行政，严格规范审批、管理行为；坚持依法经营，严格规范生产经营行为；坚持依法理财，严格规范财务管理和资产经营管理行为；坚持廉洁自律，严格规范领导干部权力运行的要求。要把"四个坚持、四个严格规范"落到实处，关键在于各级领导干部特别是主要领导要带头遵守执行。我们各级主要领导同志要自觉坚持依法理财，带头严格遵守财经纪律和制度规定。在决定每一笔开支时，认真对照是否符合制度规定，用自己的模范行动营造遵纪守法、诚实守信的良好氛围。这里再次强调，为了更有效地加强财务管理，今后各单位要有一名领导协助主要领导分管财务工作，审计工作要由单位主要负责人直接分管。这对于从制度和机制上进一步加强财务管理是完全必要的，也是更好地适应职能转变后开展工作的需要。

2. 要积极支持财务审计人员履行职责。行业不断深化改革的新形势对财务审计工作提出了更高要求，各级领导特别是主要领导要为财务、审计部门开展工作提供有力支持和充分保障。要积极支持财务审计人员依法履行职责。各单位主要领导作为本单位法定代表人，自己本身要熟悉财经法律法规的相关内容，支持财务、审计部门和人员按照《会计法》、《审计法》等法律法规认真履行职责，大胆开展工作。要从履行职能出发，高度重视和确保本单位所有财务会计资料的真实、完整、可靠，实事求是地报告财务审计情况

和反映问题，不得授意、指使或默许财会审计人员违法违规办理有关财务事项，更不准做假账。要对财务、审计部门和人员的工作严格把关。要站在维护国家利益的高度，切实增强全局观念，认真贯彻和严格执行各项财经法规、国家有关政策规定以及国家局的部署要求，对本单位有关财务、审计的重大事项以及工作中反映的问题要认真研究解决，切实维护国家利益，而决不能损害国家利益。要为财务、审计人员开展工作创造良好环境。财务审计工作尤其是审计监督工作涉及行业管理、生产经营的方方面面，政策性强，行业各单位领导要为财务、审计部门和人员开展工作创造有利条件。对于上级单位及有关部门进行的审计监督检查，更要积极予以配合和提供有力支持，保证财会审计人员实事求是、客观公正地反映各项经济业务活动情况，严格维护财经纪律。

3. **要切实高度重视财务审计队伍建设。**为保证财务审计人员严格履行职责，切实搞好国有资产管理，必须进一步加强财会审计队伍建设，切实做到思想上更加重视、要求上更加严格、管理上更加规范，全面提高财会审计队伍素质。要高度重视财会审计队伍组织建设。各省级公司都要按照国家局加强财务、审计机构建设的要求，健全财务、审计机构，尤其是配备能够履行职责的高素质的财会、审计人员，在财务部门要明确专职人员负责国有资产管理工作。在领导班子中要逐步配备总会计师，具体负责财务管理、会计核算、会计监督等方面工作。要高度重视财会审计队伍业务建设，加强教育培训，同时要吸收录用具有专业基础和良好素质、较高学历的优秀人才充实财务审计队伍。财务审计人员也要结合实际工作加强自身学习，在实践中努力钻研业务，不断提高水平、增长本领。要高度重视财会审计队伍思想建设。针对财务审计工作特点，坚持不懈地抓好财务审计队伍的思想品德和职业道德教育，努力提高财务审计人员综合素质。财务人员要诚信为本、操守为重、依法理财、秉公办事；审计人员要坚持原则、客观公正、实事求是、廉洁奉公。所有财务审计人员都要始终保持奋发进取的精神状态，爱岗敬业，恪尽职守，严格自律，坚决反对和制止弄虚作假、欺上瞒下等不良行为，促进财务审计队伍整体素质不断提高。

信息化建设

整合资源　提升能力　推动行业信息化建设和谐发展

——在2007年全国烟草行业信息化工作会议上的讲话（摘要）

张保振

（2007年4月12日）

今年行业信息化工作的总体要求是：认真落实姜成康局长在今年全国烟草工作会议上提出的要求，积极推进电子政务、电子商务、管理监督系统、现代物流等重点工程建设，加快构建行业数据中心，加大系统集成、资源整合、信息共享力度，实现“数出一门”。要坚持用信息化改造工商企业，支撑企业生产经营活动，提高监管水平，突出应用，实现创新。具体的工作思路是，积极推进数据中心建设向数据中心管理延伸、推进系统建设向信息资源优化利用延伸；继续做好行业重点工程项目建设，完善统一平台；进一步落实四项保障措施，增强信息化建设的执行力，实现行业信息化建设的和谐发展。

一、推动数据中心建设向数据中心管理延伸，提高资源整合的能力

加强数据中心建设是行业信息化发展的必然选择。我们必须要牢固树立“信息是资源”的理念。像管理其他资源那样管理好信息资源，重点抓好数据资源管理，强调对数据的掌控，做到“数出一门”；重点做好信息处理管理，保证信息有效利用和资源共享，同时，积极支持决策。

1. **“一数一源”**。信息化建设数据是基础，流程是主线，效率是目的。数据中心的数据均来自于业务系统。数据中心建设的一个重要目的就是集成这些不同业务系统产生和存储的信息。应用系统数据的标准

化、准确性、完整性等质量的高低直接关系到数据中心的数据质量。因此，必须进一步规范数据源建设标准，保障一项数据是一次一处生成的，最大限度地消除信息资源的重复建设，做到“一数一源”。

2. **“数入一库”**。业务数据被自动抽取到数据中心之后，将按不同的主题进行自动分类存储。这个自动的加工存储过程必须要依赖于有序的数据采集、更新机制。因此，必须进一步理顺和规范信息采集、更新流程，明确界定各部门的权责，切实保证业务部门掌握的业务数据能够及时、完整地流入到数据中心。对于新开发的应用系统，一方面要考虑现有数据中心的数据基础，做到不重复生成和采集；另一方面要考虑如何将新业务系统数据源归集到现有数据中心。纵向上省级数据中心的数据经过抽取、清洗和转换，能自动载入行业数据中心，从而实现全行业的数据集中。

3. **“一个门户”**。门户作为面向行业内外不同用户的统一登录窗口，逐步会成为提供服务的统一窗口，实现单点登录和相应的权限管理，并通过合理的布局和主题划分，把后台的信息资源和应用资源展现到前台，提供按需服务功能。

二、推进重点工程建设，提高自主创新能力

挖掘信息化的价值，离不开创新。今年，要继续坚持规划引路、应用推进、集成整合，做好五项重点工程项目建设。

一是按照《国家电子政务总体框架》的要求，结合行业实际，做好《烟草行业电子政务总体规划》，并进一步做好“两个网站”建设，推进行业电子政务体系建设向更高水平迈进。

二是在去年试点工作的基础上，全面推进卷烟“打码到条”和电话订货项目建设，完善卷烟物流信息，并实现商流、资金流、物流的统一。

三是从加强烟叶管理的关键环节入手，制订行业烟叶信息化建设总体解决方案，并做好五个省烟叶基础软件的推广工作。

四是以资产管理为核心，加强内部监管，提高财务管理规范水平，制订烟草行业统一财务管理系统总体解决方案，推进行业财务管理、内部审计的信息化建设。

五是按照“分类管理、科学设岗、明确责任、严格考核、落实报酬”的行业劳动用工分配制度改革的要求，制订烟草行业人力资源管理系统总体解决方案，并通过推动试点工作，推进行业人力资源管理体制的创新。

三、进一步完善统一平台建设，提高驾驭信息化持续发展的能力

随着行业数据中心和各项重点应用项目的推进，完善统一平台建设，提高信息化可持续发展能力变得更加重要。我们必须要落实好“十一五”行业信息化“遵循架构，坚持标准，提升整合，服务变化”的统一平台建设方针，提供适应变化的、动态服务的环境，依照标准实施软件部署，分步替代和适度集成并行的系统资源整合。我们要对未来业务和管理变化有前瞻性，防止重复浪费；还要学会化繁为简，把各种软件的功能分解为更加灵活的服务组件单元，在应用中实现统一。

四、落实四个方面的措施，打造信息化推进工作的“执行力”

1. **关于信息化的管理模式**。按照行业“两级数据中心”的总体部署和行业重点工程项目的推进要求，当前省级公司信息化部门的任务更加明确，管理和服务功能也在向更加集中的趋势发展。受各种条件的制约，管理模式的集中不可能一步到位。在过渡时期，一定要处理好集中与分布的关系，省级公司信息中心要履行好统一规划、管理和服务的职责，保障下属各市公司在统一领导下，分层、分散、有序地执行；工业公司信息中心要及时调整好定位，加快合理配置好公司本部与各生产点人才、技术、信息等资源，确保各项任务的落实，继续保持工业企业信息化建设的先进性。

2. **关于人才脱颖而出的机制**。当前，我们的信息化工作正处在一个更高水平的发展时期。这种发展归根到底要靠人才。实践证明，谁在人才上占有优势，谁就能在发展上占领制高点。抓好信息化，必须造就大批优秀的人才。要充分发挥行业信息化工作者的潜能，通过落实重点任务和重大项目，培养和锻炼优秀人才。要在行业信息化工作战线倡导淡泊名利、甘于寂寞、埋头苦干、无私奉献的精神；要在全行业形成尊重科学、尊重知识、支持信息化工作的良好环境。

3. **关于营造“数字文化”的氛围**。伴随着信息化和网络技术的蓬勃发展，大家从不习惯计算机到把使用计算机和网络办公变为一种自觉的习惯。事实上，信息化建设的过程就是一个改变人们传统习惯的过程。原来手工操作的、传统的管理方式和理念逐步转化为信息技术的现代化管理理念。在这种形势下，全行业应该营造一种“数字文化”氛围，在工作中提倡精确化、流程化、规范化、痕迹化，为建设和谐烟草贡献力量。

4. **关于健全制度化的考核评估体系。**要充分发挥考核这一激励机制作用。要将行业信息化考核工作进一步制度化，每年都要根据工作任务提出不同的考核目标。要通过考核，进一步促进行业内部相互交流学习，共同进步。要紧密结合实际，逐步破解信息化效益评估的难题，量化信息化的绩效。衡量信息化的经济效益主要表现在对业务绩效提升的贡献度上。主要包括：一是对业务运作效率提升的贡献度。譬如业务流程的速度优化了多少，节约了多少时间，提高了多少效率等；二是对管理效益提升的贡献度。譬如对某个产品或服务的成本降低了多少，对某个项目成本的降低又相应增加的收入等。

多元化经营

加快清退工作进度　深入推进整改工作　切实加强多元化经营企业监管力度

——在烟草行业多元化投资管理工作座谈会上的讲话（摘要）

李克明

（2007 年 4 月 25 日）

下面，就加快清退工作进度、深入推进整改工作，切实加强对多元化经营企业监管问题，讲两点意见。

一、加快清退工作进度，深入推进整改工作

以贯彻落实国办有关文件为标志，烟草行业改革和发展进入了新的阶段。姜成康局长在全国烟草工作会议上指出：这一阶段主要特点是体现在“三个转变”上。烟草行业理顺资产管理体制后，中国烟草总公司已成为国务院投资的特大型企业，如何切实加强国有资产经营管理，确保国有资产保值增值责任更加重大。多元化投资是烟草行业国有资产的重要组成部分，如何加强多元化投资经营管理成为总公司的一项重要职责。去年年初，国家局明确了加强多元化经营管理阶段性的目标任务。第一阶段主要任务是清理登记，中国烟草投资管理公司成立后用了近半年的时间完成了这项工作，基本清晰地掌握了行业多元化企业的经营现状、投资结构、资产关系、市场前景等情况。第二阶段主要任务是清产核资，目前正在进行账务处理和不良资产处置等后续工作。第三阶段主要任务是清理整顿。清产核资是加强多元化经营管理的基础，清产核资后，还有大量的历史遗留问题需要解决，还有大量的资产质量差、无市场前景的企业需要处理，必须进行清理整顿。第四阶段主要任务是规范管理，要从制度和机制上进一步加强规范管理，切实提升多元化企业经营管理水平。

针对清理登记中发现的有关问题，国家局印发了《当前烟草行业多元化投资管理工作要点》，明确提出“对在清理登记中已处于停业、清盘、破产等状态的企业，各投资主体要制订具体的清退工作计划”的工作要求。各省级公司高度重视，及时上报了多元化经营企业的清退工作计划。一些省级公司根据实际情况，增加了清退企业的数量，对清退工作计划进行了调整。去年下半年行业多元化经营企业清产核资工作全面展开，通过清产核资查明了主业对外投资的资金去向，进一步摸清了多元化经营企业家底，很多单位也结合清产核资中发现的问题，进一步加强多元化企业经营管理工作，并对清退企业工作进行了补充和完善。

去年 10 月，国家局召开了行业多元化投资经营管理工作会议，提出“先瘦身、后强身”的工作思路，进一步统一思想，明确了当前及今后一段时间多元化投资管理工作重点工作，就是加快对不良资产处置力度，加快对资产比较差、长期亏损、无市场前景的多元化经营企业退出市场的步伐。去年 12 月，中国烟草投资管理公司对各省级公司上报的《多元化企业清退工作进度调查表》进行了汇总。从汇总情况来看，各省完成清退工作进度较快。通过清算、注销、关闭、破产、有偿转让、并入主业等方式实现了对多元化经营企业的退出。列入清退计划的既有处于停业、清盘、破产等状态的多元化经营企业，也有正常经营但处于亏损状态或不符合未来投资方向主动退出的企业。上海烟草（集团）公司、浙江省公司、福建省公司、黑

龙江省公司、山东中烟工业公司、云南中烟工业公司等单位工作力度较大，清退企业数量较多。其中，上海烟草（集团）公司将关停企业的清退工作延伸到无市场前景的、对提升主业竞争力无关的多元化经营企业；福建省公司结合福建海晟集团有限公司产业发展方向，对所属多元化投资企业逐一制订了投资整合意见，进一步增加了清退企业数量。

从客观上讲，企业清退是政策性强、工作难度大，涉及各方面利益，且历史遗留问题较多的一项工作，没有高度责任心和工作韧性将很难完成。因此，负责企业清退工作需要依法依规，并积极探索出切实可行的办法。在各省级公司努力下，目前此项工作总体进展还是比较好的。为了进一步提高多元化投资的资产质量，为今后企业重组整合打下基础，真正实现多元化经营企业良性发展，国家局要求，在两年内要基本完成清退企业的工作任务。同时，将加大对多元化投资管理的工作力度，突出对多元化经营企业不良资产比率和投资收益率的考核，系统制订多元化经营企业的考核办法。

（一）总结经验、加强指导，进一步加快清退工作进度

去年下半年，中国烟草投资管理公司组成工作组赴上海、广东、云南、河南、河北、湖南、湖北、黑龙江、吉林、辽宁、大连等地进行了调研和检查。从各地调研和检查情况来看，各地企业清退工作全面开展，但由于存在工作难易程度、历史遗留问题以及投资状况复杂等情况，各省级公司进度存在一定差异。目前，有些省级公司基本完成了清退工作，有些省级公司清退工作任务还很重。国家局召开这次座谈会的目的之一就是研究共性问题、难点问题，总结经验并为下一步清退工作提供指导。国家局还将在今年6月份组织2～3期培训班，邀请有实际清退工作经验的法律、财务、审计等方面的专家授课，做进一步的交流和总结，不断促进清退工作进展。

中国烟草投资管理公司要继续组成工作组，加强对重点省份和起步较晚省份清退工作的具体指导、督促和检查，要确保清退计划的落实和工作质量。各省级公司要继续深入、扎实地开展清退工作，排除畏难情绪，把工作做细。由于有些问题没有现成的法律法规、财务规定能照搬照套，企业清退工作难度很大。各省级投资管理机构对所属多元化经营企业要认真调研分析，深入了解企业情况和所属行业发展状况，研究国家产业政策，结合行业改革和发展的方向，参照本地区经济发展的格局，进一步明确企业的进退。企业清退工作要经得起检验，不能为了赶进度而使清退工作留下隐患。

关于多元化企业层级过多的问题，国家局在多次会议上进行了明确，行业多元化投资企业的层级不超过三级。从投资总体布局来讲，行业重复投资现象比较严重，如宾馆酒店、印刷企业数量较多，还有些企业形不成规模，下一步整合的任务还很重。

（二）做实资产、理顺产权，深入推进清产核资后的整改工作

在多元化经营企业清理登记和清产核资工作的基础上，要全面展开清产核资后的整改工作。春节刚过，国家局就召开行业多元化经营企业清产核资整改工作布置会议，姜局长亲自主持并对整改工作提出了明确要求和具体任务，各省级公司要认真抓好会议精神的贯彻落实。整改工作涉及账务处理、产权明晰、历史遗留问题解决、管理规范和制度健全等多方面问题。在实际操作过程中，我们要做到“三个结合”，即将整改工作和清退工作结合起来，将整改工作和加强企业管理结合起来，将整改工作和企业整合重组结合起来。同时，多元化投资管理部门要根据多元化企业清产核资后整改工作的特点，重点解决好还未处理的损失（或有损失），以及尚未处理的历史遗留问题，不能因为清产核资阶段性任务即将结束就放松整改工作力度。我们要清楚地认识到，摆在面前的清理任务更艰巨、更具体，“硬骨头”更多，要充分做好打攻坚战的思想准备。就如何深入推进整改工作，我再强调两点：

1. 要做实资产，认真处理历史遗留问题。从清理登记和清产核资的结果来看，行业多元化投资形成的历史遗留问题较多、且时间跨度比较长。有些多元化经营企业存在诉讼或其他法律纠纷，有些多元化经营企业资产权属证书等投资相关的法律文件缺失，不少多元化经营企业还涉及企业职工安置问题等等。正是由于这些问题的存在，加之企业退出政策还不是很完备、不是很配套，市场退出机制不健全，处理起来难度大，更需要我们下大力气来认真研究，制订切实可行的解决方案。各省级公司要结合整改存在的问题，结合多元化经营企业2006年度审计报告、管理建议书中提出来的问题，与多元化经营企业一一对应，逐家提出包括企业现状、存在问题、适用政策、处置方式、时间进度要求等内容的整改方案，做到切实可行，不留死角。该清退的制订清退方案纳入清退计划，该整改的提出整改措施，该整合的提出整合方案，不搞打包处理。总之，制订方案时要综合考虑多元化经营企业的经营现状、发展前景、产业投资方向等因素，认真研究，慎重决策。各单位要在今年6月底前以书面

形式上报中国烟草投资管理公司。中国烟草投资管理公司要负起责任，认真监督、检查、指导清产核资后的整改工作，要全面掌握情况，逐省跟踪检查。

2. **要进一步理顺产权，整合投资关系。**从清理登记和清产核资的结果来看，烟草行业多元化经营企业投资结构比较复杂，交叉投资、多头投资的现象较多，还有一部分多元化经营企业的出资人模糊，产权归属不明确。要建立现代产权制度，首先就是要明确产权，如果产权不清，企业的清退、转让、划转以及重组整合都无法进行。因此，在整改工作中，各省级公司投资管理机构要根据国家相关法律法规，进一步明晰多元化经营企业产权。确定企业的产权归属，才能明确国有资产的监管范围和保值增值的责任范围。要进一步减少投资层级，加强管理，提高效率。要减少多头投资、交叉投资，将分散的股权集中起来统一行使股东权利，一方面可以提高管理效率，另一方面可以增加对所投资多元化经营企业的控制权和话语权。从目前情况来看，一些省级单位结合这次整改工作进行了较好的实践，取得了较好的成效。云南中烟工业公司通过无偿划转和股权置换等多种方式整合了投资主体，增强了对所属多元化企业的控制力，为加强管理奠定了基础。福建省公司将所属分公司持有的兴业银行股权采用无偿划转的方式先集中到省公司统一持有，然后一并划转给福建海晟集团有限公司，进一步理顺了产权，提高了管理效率，增强了控制力。

（三）增强责任意识，依法依规推进清退及整改工作

1. **要认识到位。**领导的高度重视是多元化经营企业清退工作和清产核资整改工作顺利开展的关键。姜局长多次亲自主持会议听取国家局、总公司本级投资企业的清退工作汇报，推动工作进展。各省级公司要继续深入贯彻落实多元化投资管理工作会议精神，各省级公司主要领导要亲自抓，分管领导要牵头抓，主管部门要具体抓，共同负责企业清退工作和清产核资后的整改工作。多元化经营企业的清退方案、整改方案、整合方案要经过领导班子集体研究、慎重决策。各省级公司领导“新官要理旧账”，要克服畏难情绪，在工作中要敢于负责，敢于处理历史遗留问题。对历史遗留问题没有处理，造成新的损失，就是现任领导的直接责任。今后，国家局对省级公司多元化经营管理工作的考核，整改工作和清退工作的完成情况将列入考核范围，要通过考核来确保国有资产保值增值。

2. **要责任到位。**要进一步强化责任意识，多元化经营企业的清退和整改工作是各省投资管理机构的职责所在。各省投资管理机构要在省级公司党组的领导下，主动、积极地开展工作，要本着对国有资产负责、对多元化经营企业负责的态度认真进行整改，加快清理进度。工作中要结合企业实际情况，依法依规进行处理。清退工作和整改工作涉及的法律法规较多，有产权交易方面的，有破产清算方面的，有员工安置方面的，有财务税务方面的，要求我们必须吃透相关政策法规，依法依规开展工作。既要强调工作进度，同时也不能盲目追求工作进度，不按照法律法规来进行处理。各省级公司要不等不靠、主动地去探索、去解决，要积极发挥中介机构的作用，统筹考虑，慎重决策，制订切实可行的解决问题的方案。

二、切实加强多元化经营企业的监督管理

行业多元化投资经营中存在的很多问题，归根溯源还是监督管理问题，有些是决策程序不健全，有些是账务处理不规范，有些是企业的基础管理差。多元化经营企业本身存在的问题也都是与企业管理缺位、不到位紧密相关。可以说，整改工作既是对现有存在问题的处理和改正，也是对我们加强监督管理、提升管理水平的促进和推动。

如何加强对多元化经营企业的管理是我们面临的一项艰巨任务。我认为，长期以来，多元化投资经营管理不到位与没有建立起一个多元化投资管理体制，没有一套较为完整的制度是直接相关的。就机构建设、制度建设我着重讲三点意见。

（一）要加强机构建设

去年，在国家局统一部署下，行业上下积极推进、共同努力，基本完成多元化投资管理机构的建设，初步建立起自上而下、归口管理、分级负责的多元化投资管理体制。有的省级公司，比如湖南中烟工业公司在去年下半年主业整合重组，调整任务比较重的情况下，高度重视多元化投资管理机构的建设，比较好地发挥了投资管理机构的作用。但是，我们也应该看到，各省级公司在多元化投资管理机构建设方面的工作进度还不一致，一些省级公司投资管理机构刚刚成立，还需要进一步明确职责，落实人员，尽快熟悉业务，尽快开展工作。各省级公司要进一步加强投资管理机构建设，一是要做到职责到位，各省级公司要认真研究，明确投资管理机构的岗位设置、管理范围、职责分工；二是要做到人员到位，设立投资管理部门的要按照岗位职责的要求配齐人员，财务部门兼管的要有专职负责多元化投资管理的人员，单独成立投资管理公司的还可以根据实际需要充实力量。

目前，国家局已正式批复福建省公司、浙江省公司、湖北省公司、湖北中烟工业公司、重庆市公司、

内蒙古自治区公司、上海烟草（集团）公司等7家省级公司成立了专门的投资管理公司。从清退和整改工作情况来看，成立投资管理公司的省级公司，实施清退、整改工作的力度明显加大，多元化经营管理的工作思路、工作重点、工作步骤也更明晰，同时通过成立投资管理公司，以产权纽带实施资产管理也有利于对多元化经营企业实施有效监管和整合重组。国家局要求，有条件的省级投资管理部门要打好基础，创造条件，积极向经营性的投资管理公司转变；没有条件的，如因管理工作需要成立投资管理公司的，省级公司也要积极创造条件，推动投资管理部门向公司转变，将国有资产的经营管理和保值增值责任真正落到实处。

（二）要加强制度建设

制度建设是规范管理的重要前提，建立健全管理制度，对加强多元化经营管理至关重要，起着保障作用。制度建设要切实体现依法依规、责任明确、符合实际、监管有力的原则。当前，根据行业归口管理、分级负责的多元化投资管理体制现状，要从三个层面来构建行业多元化投资管理制度体系。

1. **总公司层面**。要依据国家相关法律法规和《中国烟草总公司国有资产管理办法（试行）》的要求，在《烟草行业多元化投资经营管理暂行规定》的框架内，按照归口管理的原则，制订并完善烟草行业多元化经营企业国有资产管理办法、经营管理考核办法、审计监管办法等三项制度。今年，中国烟草投资管理公司已组成专题工作小组，初步完成了这三项制度讨论稿的起草任务，在本次座谈会上作为会议材料发给各位代表，征询大家的意见，希望大家认真研究，结合工作实际提出书面反馈意见，以便做进一步的修改和完善，真正使制度符合实际，具有可操作性。

2. **省级公司层面**。各省级多元化投资管理机构要从加强内部控制、加强监管力度的角度出发，根据《公司法》等相关法律法规，首先对全资、控股的多元化经营企业加强监管，建立起人员派出制度、重大事项报告制度、绩效考核制度，再逐步建立起多元化经营企业财务信息报告制度、多元化经营企业档案管理制度等制度，规范多元化经营企业的管理流程，为加强对多元化经营企业的监管提供制度保障。

3. **多元化经营企业层面**。各省级多元化投资管理机构要指导多元化经营企业完善法人治理结构，特别是对全资、控股的多元化经营企业，要在公司章程中明确股东会、董事会、监事会的职责、议事规则，建立并完善投融资决策程序、财务风险管理制度、全面预算管理制度等企业内部管理制度，提高企业的经营管理水平。

（三）加强对重大投资项目和重大事项的管理

当前和今后一个时期，国家局对行业多元化投资方向主要是集中资金投资于国家产业政策和经济发展需要的战略性建设项目、保证烟草产业安全和提高卷烟品质的重大项目。国务院有关领导明确批示，要把烟草行业积累的资金用于国家需要的新能源、环保、节能等领域的建设。除了以上重大战略性投资外，行业多元化领域目前还存在着一些在建、续建的重大投资项目，如云南澜沧江水电投资项目、江门摩迪纸业项目、玉溪薄片项目等，还有一些在建的房地产投资项目、酒店扩建项目，这些项目投资规模较大，需要进一步加强监管，提升水平，增加收益。中国烟草投资管理公司要切实负责加强对行业重大多元化投资项目的监督管理，要建立重大投资项目信息管理档案，对重要事项信息进行备案；要及时了解投资项目进度、经营运作等方面的情况；要通过有效监管，防范投资风险。

从清理登记和清产核资的结果来看，部分多元化经营企业存在着投、融资行为不规范，投、融资行为缺乏有效控制等问题，主要是由于内部控制不严，没有建立相应的决策程序、管理制度。各省级投资管理机构要按照整改工作和国家局相关要求，进一步加强内部控制，建立完善管理制度，加强对所属多元化经营企业重大事项的管理。要完善法人治理结构，发挥好派出的股东代表、董事、监事的作用。

多元化投资管理工作在经过清理登记、清产核资摸清家底后，要认真整改，切实加强监管，要通过信息化建设来推动管理方式的创新，要推动管理创新来提升多元化经营企业管理水平。管理和信息化的支撑必须紧密结合起来。信息化水平和企业的管理水平是相辅相成的，通过提升信息化水平，可以提升管理水平，但是没有管理需求，没有管理创新，信息化的作用也不能有效发挥。烟草行业卷烟生产经营决策管理系统，在国家局宏观调控和经济运行工作中发挥了重要作用。从投资管理公司的角度来说，我们要把加强信息化建设、提升对多元化经营企业的信息化管理作为重要手段，要深入调研，总结经验，推动管理创新，建立符合行业多元化实际的管理制度体系。要推动管理体制的创新，通过产权的调整和企业的整合重组来优化投资结构和资源配置，真正实现多元化经营企业的良性发展。从对烟草主业管理角度来说，通过近几年不断加强规范管理工作，生产经营全过程逐步有了明确的管理体制和机制。但是，从对多元化投资管理角度来说，规范管理还是处于起步阶段，要通过2～3年的探索和努力来建立和完善管理制度和管理机制。希望中国烟草投资管理公司加大调研力度，推进行业多元化投资管理工作的不断深入。

思想政治工作

坚持以科学发展观统领政治工作
努力为行业持续健康发展提供坚强保证

——在全国烟草系统政治工作会议上的讲话（摘要）

姜成康

（2007年4月18日）

2007年是全面贯彻落实科学发展观、努力构建社会主义和谐社会和党的十七大即将胜利召开的重要一年。在年初的全国烟草工作会议上，国家局党组对行业改革和发展面临的新阶段新形势新任务作出了分析判断，明确提出了当前及今后一个时期行业改革和发展的主要任务和重点工作。行业各级党组织和政工人事部门要深入学习领会，全面把握会议精神，统一思想认识，进一步明确政治工作的目标定位，切实做到围绕中心、服务大局、提供保证。下面，围绕这次会议的主题，结合行业改革和发展实际，我重点就加强各级领导班子和基层党组织建设、贯彻执行《干部选拔任用工作条例》、深化劳动用工分配制度改革等问题，讲几点意见。

一、大力加强各级领导班子建设和基层党组织建设

在烟草行业改革和发展的新阶段，面对新的形势和任务，要把各项工作扎实有效推进，努力建设诚信烟草、责任烟草、和谐烟草，全面增强中国烟草整体竞争实力，关键在人，关键在于切实加强行业党的建设，加强各级领导班子建设。当前尤为重要的是要把加强领导干部作风建设的要求，贯穿到行业各级领导班子和基层党组织建设之中，形成坚强的领导集体，发挥政治核心作用，带领广大干部职工以更加奋发有为的精神状态和扎扎实实的工作作风，自觉践行“两个至上”行业共同价值观，全面完成各项任务，为烟草行业持续健康发展作出应有的努力和贡献。

（一）加强理论武装，努力提高各级领导班子贯彻落实科学发展观的自觉性和坚定性

思想理论素质是领导干部综合素质的基础，也是领导班子整体素质的核心。加强理论学习，强化理论武装，对提高领导班子和领导干部的思想政治素质和领导水平具有至关重要的作用。在中央纪委第七次全会上，胡锦涛总书记强调提出了全面加强新形势下领导干部作风建设的要求，在全党大力倡导和坚持八个方面的良好风气，其中，第一个方面就是强调各级领导干部要勤奋好学、学以致用。因此，加强行业各级领导班子建设，必须始终抓住思想理论建设这个根本，认真学习邓小平理论和“三个代表”重要思想，学习《江泽民文选》，努力提高各级领导班子和领导干部运用科学理论指导工作的能力。当前，要紧紧抓住树立和落实科学发展观这个理论武装工作的中心任务，切实用党的最新理论成果武装头脑、指导实践、推动工作。要不断加深对科学发展观重大意义的认识，更加全面系统地把握科学发展观的精神实质和内涵，坚持把树立和落实科学发展观作为行业改革发展的根本指导思想，提高贯彻落实科学发展观的自觉性和坚定性。要进一步坚持和完善党组中心组学习制度，把理论武装与专题研讨相结合，着眼于解决行业改革发展稳定中的实际问题，一段时期突出一个主题，努力做到学以致用，用有所成。

要加深对烟草行业发展规律性的认识，努力提高各级领导班子领导发展的能力。近几年，国家局党组明确提出了“做精做强主业，保持平稳发展”的基本方针，“完善体制机制、优化资源配置、增强竞争实

力、全面提升水平”的主要任务，强调要把发展建立在扎实的工作基础和可靠的市场基础之上，要在推进行业改革发展中着力解决好“提高效率，注重自律”两大课题等等，这些方针和措施符合科学发展观的要求，切合行业实际，在今后工作中要继续坚持和抓好落实。同时也要看到，在新的阶段，面对新形势和新任务，一些深层次的矛盾和问题将进一步显现，解决这些矛盾和问题的难度将比以往大得多。但千条万条，最根本的一条，就是要以科学发展观为指导，深入研究烟草发展的规律和特点，大力弘扬以改革创新为核心的时代精神，坚持用发展的办法解决前进中的矛盾和问题。要进一步转变发展观念，切实在“好”字上下工夫，更加重视发展的协调性，更加重视自主创新，更加重视节约资源、保护环境、降低成本、提高效率，更加重视持续发展，努力实现又好又快发展。要继续推进行业改革，切实在“深”字上下工夫，在不断巩固和完善烟草专卖体制，建立和完善专卖体制下有利于适度竞争的体制机制；建立和完善烟草资产经营管理体制，建立企业法人治理结构；建立和完善有效激励和约束机制等方面取得新的突破，进一步解决束缚行业发展的体制性障碍，使专卖制度下的烟草充满生机和活力。要加强内部管理监督，切实在“严”字上下工夫，深入开展“两项检查”，继续抓好专项整顿，积极探索和建立内部监管的长效机制，努力建立良好的生产经营秩序。

要坚持想大事、议大事、抓大事，不断增强各级领导班子驾驭全局的能力。对于领导班子和领导干部来说，最主要的是要善于把方向、抓大事、谋全局，认真研究解决全局性、前瞻性、战略性的重大问题，努力使各项工作体现时代性，把握规律性，富于创造性。要大力发扬求真务实精神、大兴求真务实之风，切实转变职能，自觉地从繁杂的事务性工作中解放出来，把主要精力放在深入基层调查研究、指导工作、狠抓落实上。当前要适应行业改革发展新阶段新形势要求，高度重视抓好资产经营管理，全面开展清产核资工作，切实防止国有资产流失，确保实现国有资产保值增值；高度重视改制后的母子公司运作，明确职责，规范运作，高效运行；高度重视严格规范权力运行，明确省级局、省级公司管理职能和具体事项，切实做到职权法定，依法行政，依法管理；高度重视队伍建设，切实加强教育培训，进一步调动全体员工积极性，努力提高队伍整体素质。

（二）认真学习贯彻胡锦涛总书记重要讲话精神，把领导干部作风建设摆在更加突出位置

在行业纪检监察工作会议上，国家局党组就认真学习贯彻胡锦涛总书记在中央纪委七次全会上的重要讲话精神，切实加强烟草行业领导干部作风建设作了具体部署，要求要突出抓好培养良好学习风气，时刻牢记“两个务必”，严格内部管理监督，大力培育行业精神，希望各单位要结合实际，认真抓好贯彻落实。领导干部作风是干部世界观、人生观、价值观的外在反映，是干部党性修养、政治品质、道德境界的具体表现。因此，要把加强领导干部作风建设作为加强领导班子建设的重要内容，予以高度重视，切实负起责任，抓紧、抓实、抓出成效。

在今年的“两会”期间，胡锦涛总书记强调指出，各级干部特别是领导干部要进一步增强忧患意识，始终保持开拓进取的锐气；要进一步增强公仆意识，始终牢记全心全意为人民服务的宗旨；要进一步增强节俭意识，始终发扬艰苦奋斗的精神，团结带领广大群众不断夺取改革开放和社会主义现代化建设的新胜利。胡锦涛总书记提出的“三种意识”，内涵深刻，意味深长，令人警醒，意义重大，对于加强行业领导班子建设尤其是加强领导干部作风建设具有很强的指导性和现实针对性。

近年来行业通过不断深化改革、加强管理、自主创新，有力推动了行业发展，取得了明显成效。在行业发展处于比较好的时期，有些现象和问题值得引起重视和警惕。有的盲目乐观，对可能遇到的矛盾和困难思想准备不足；有的满足现状，缺乏开拓进取的精神；有的骄傲自满，不能正确对待成绩，把功劳都记在自己身上，有的甚至忘乎所以，这是十分危险的。我们应当清醒地认识到，不论是改革和发展，今后一个时期要解决的矛盾和问题，其难度要比以往大得多，提高中国烟草总体竞争实力还有很长的路要走，面临着前所未有的挑战。我们一定要增强忧患意识，居安思危，越是形势好的时候，越是发展顺利的时候，越是要居安思危，未雨绸缪，防患未然，只有这样才能在工作中赢得主动，才能始终保持开拓进取的锐气。

进一步增强公仆意识，始终牢记全心全意为人民服务的宗旨，对于加强行业领导班子建设十分重要。烟草由于实行政企合一体制，各级烟草管理部门既要承担生产经营组织活动，又要履行行政管理职能；烟草企业都是国有企业，而且实行专卖专营，权力相对集中，责任十分重大。因此，能否真正意识到我们的权力是人民赋予的，正确对待手中的权力，正确使用人民赋予的权力，是对每一个领导干部最基本的要求，也是严峻的考验。我们少数干部走上领导岗位后，个人私欲膨胀，导致权力扩张，权力懈怠，腐败滋生，教训是十分深刻的。增强公仆意识，关键是要树立“两个至上”的信念。如果每一个领导干部在任何时

候、任何情况下都坚持把国家利益、消费者利益摆在一切工作的首要位置，把实现好、维护好、发展好最广大人民的根本利益作为一切工作的根本出发点，就能赢得人民群众的信任，就能把各项工作不断推向前进。

勤俭节约是中华民族的传统美德，艰苦奋斗是我们党的优良传统。近年来，烟草行业经济效益大幅度提高，企业积累大幅度增加，在这一新的形势面前，如何增强节俭意识，始终发扬艰苦奋斗精神显得特别的重要。应当肯定，在我们烟草行业，大多数单位和领导干部对自己要求是比较严格的，能够精打细算，勤俭节约。但是，也要清醒地看到，随着企业的发展，经济效益大幅度提高，能否自觉抵制享乐主义、拜金主义，认真克服讲排场、比阔气、挥霍浪费的不良现象，大力发扬艰苦奋斗、勤俭节约的优良作风对于我们同样是严峻的挑战。如果不能保持清醒的头脑，不能正确对待所取得的成绩，不能坚持勤俭办一切事情的方针，就很有可能形成铺张浪费的不良风气。当前有一些现象应引起我们高度重视，如，在生产经营活动中管理粗放、不计成本，对铺张浪费不以为然；在接待活动、承办会议中大手大脚、互相攀比、挥霍浪费；在用车、办公场所方面高档豪华、追求享受；在个人待遇问题上，不顾社会影响、不考虑企业长远发展，过分考虑个人得失等。以上这些问题如不能得到有效解决，势必腐蚀我们的队伍，影响行业形象，造成很不好的影响，企业也难以保持持续稳定发展。我们还要清醒地认识到，艰苦奋斗、勤俭节约是一种精神状态，能够起到砥砺意志、陶冶情操的重要作用，形成凝聚人心、战胜困难的强大力量。行业发展得越好，越要大力发扬艰苦奋斗、勤俭节约的精神，时刻牢记“两个务必”，始终保持昂扬向上、奋发进取的精神状态，形成以勤俭节约为荣，以铺张浪费为耻的良好风气。只有这样，行业发展才有坚实的思想基础，才有强大的精神动力。

（三）深入开展“两个至上”在岗位主题实践活动，大力推进行业思想政治工作和基层党组织建设

烟草行业贯彻落实十六届六中全会精神，努力构建和谐烟草，必须紧紧抓住“两个至上”行业共同价值观这个核心，进一步加强和改进行业思想政治工作，为行业持续健康发展提供动力和源泉。

要以“两个至上”行业共同价值观为核心，不断丰富和完善行业核心价值体系建设。作为一个行业，必须要有共同的理想和追求，共同的文化观念和价值取向，这是行业发展的精神动力和力量源泉。“两个至上”行业共同价值观把国家利益、消费者利益摆在行业一切工作的首要位置，符合社会主义核心价值体系的本质要求，具有鲜明的行业特色，是动员和带领烟草行业全体员工共同奋斗的思想道德基础。要继续深入开展“两个至上”在岗位主题实践活动，紧密联系思想实际和工作实际，力求在进一步明确生产经营的指导方针和工作重点上取得成效，在进一步提高服务水平上取得成效，在进一步改进领导干部作风上取得成效。当前，抓好“两个至上”在岗位主题实践活动，要突出领导干部这个主体和重点。践行“两个至上”，是对行业全体干部职工的要求，但更关键的和更主要的，是对行业各级领导干部的要求。国家局强调指出，“两个至上”在岗位主题实践活动能否取得实效，关键在于领导干部以身作则、率先垂范。这次会上大家听了来自基层的八名同志演讲，非常朴实、感人。下一步，我们领导干部做得怎么样，也要让群众来评议。今年各单位举办的主题演讲会、报告会，就要由各级领导班子、领导干部来讲，按照“五查五看”的要求，带头把自己摆进去，全面对照检查，由干部职工来评议。要通过各级领导干部岗位践行的实效、作风转变的成效，带动和推进行风建设，大力培育以“潜心做事、低调做人，宽容开放、勇于创新，甘于奉献、自强不息，报效国家、回报社会”为主要内容的行业精神，努力形成以“讲责任、讲诚信、讲效率、讲奉献”为基本要求的行业行为准则，把建设责任烟草、诚信烟草、效率烟草统一于构建和谐烟草的整体，融入到构建社会主义和谐社会的总体布局。

要切实巩固和发展先进性教育活动成果，毫不放松地抓好基层党建工作。今年我们党即将召开十七大，这是全党政治生活中的一件大事。为迎接十七大的胜利召开，我们要更加重视基层党组织建设，巩固和发展先进性教育的成果，提高党组织的战斗力。要把贯彻落实中央《关于加强党员经常性教育的意见》等四个文件，作为保持共产党员先进性经常性工作的重点，不断研究新情况、解决新问题，总结新经验、形成新制度，逐步建立起符合本单位实际、保证党员“长期受教育、永葆先进性”的长效机制，进一步发挥基层党支部的战斗堡垒作用和党员的先锋模范作用。要加强对党员的教育和管理，认真落实党员学习教育制度、党员管理制度、党员评价考核制度。要把树立社会主义荣辱观、践行社会主义核心价值体系作为行业思想政治教育的重要内容，纳入到企业文化建设之中，坚持常抓不懈，努力在全行业培育和形成“知荣辱、讲正气、促和谐”的文明道德风尚。党的十七大召开后，要迅速有力地组织好学习宣传教育活动，兴起学习贯彻党的十七大精神热潮，把广大党员干部的思想和行动统一到十七大精神上来。要充分发挥工青妇等群众组织在促进和谐烟草建设中的优势和积极作用，坚持开展为困难职工、患病职工“送温暖”活动，搞好群众性的精神文明创建活动，丰富基层文化生活，调动干部职工积极性，营造和谐向上的文化氛围，不断增强基层党组织的凝聚力和战斗力。

二、认真贯彻执行《党政领导干部选拔任用工作条例》和有关规定，继续深化干部人事制度改革

选人用人是关系党和国家事业兴衰成败的重大问题。近年来，中央在深化干部制度改革方面采取了一系列重大举措，制定了《党政领导干部选拔任用工作条例》等法规性文件。行业各级党组（党委）认真贯彻落实中央要求，高度重视干部选拔任用工作和干部队伍建设，特别是《党政领导干部选拔任用工作条例》正式颁布以来，坚持以贯彻执行《党政领导干部选拔任用工作条例》和有关规定为着力点，以建设高素质干部队伍为目标，切实履行职能，加强组织领导，不断提高干部选拔任用工作水平，取得了明显的成效。总体来看，当前行业干部职工对干部选拔任用工作是比较满意的。同时，我们也要清醒地看到，在干部选拔任用工作方面还存在着一些不容忽视的问题。凡是有问题的单位，必须认真进行整改，以维护干部工作的严肃性。当前要重点抓好以下几方面：

（一）严格程序，不折不扣地贯彻执行《党政领导干部选拔任用工作条例》和有关规定

《党政领导干部选拔任用工作条例》和有关规定，是选拔任用干部的基本规章，是从源头上预防和治理用人上不正之风的有力武器。贯彻执行《党政领导干部选拔任用工作条例》和有关规定，要切实把好以下环节：一是把好提名关。要严格执行民主推荐制度，除公开选拔、竞争上岗和挂职锻炼情况外，对在本单位、本系统拟提拔的对象必须经过民主推荐，并达到规定的推荐比例才能列为考察对象。二是把好考察关。对拟提拔的对象，人事部门要会同纪检监察部门进行考察。为比较全面了解掌握情况，考察范围要适当扩大，考察组对考察对象要形成书面报告，人事部门要研究提出任用意见。三是把好监督关。对拟提拔任用的干部，必须书面征求纪检部门意见；凡是法人代表提任必须先进行审计；在任前必须进行公示；纪检监察部门和审计部门提出有影响提拔任用的问题，不能提交党组会议研究；在公示期间要充分听取群众意见，接受群众监督。四是把好讨论关。在提交党组讨论前，人事部门要将拟提拔对象考察情况向党组成员分别进行汇报，充分听取党组成员意见，党组成员对拟提拔对象要充分酝酿后才上会研究。

（二）严肃纪律，继续加大对干部选拔任用工作的监督力度

加大对干部选拔任用工作的监督检查，既是构建烟草行业惩防体系的必然要求，也是干部选拔任用工作得以健康开展的重要保证。行业各级党组（党委）要切实负起领导责任，充分发挥组织人事、纪检监察、审计等部门的作用，形成监督合力，在推进行业惩防体系建设的大格局中，加强对干部选拔任用工作的全过程监督，提高监督实效和监督威力。要坚持不懈地抓好《党政领导干部选拔任用工作条例》和有关规定执行情况的监督检查，认真贯彻《党政领导干部选拔任用工作监督检查办法（试行）》，坚持把集中检查与重点抽查、上级检查与自我检查、组织检查与群众监督有机结合起来，努力实现监督检查工作的经常化、制度化。要坚持以预防为主，把监督贯穿于干部培养教育、考察考核、选拔任用和日常管理的各个环节，不断创新加强干部选拔任用工作监督的新形式、新方法。去年以来，对国家局党组管理的司局级干部选拔任用考察以及对直属单位领导班子的全面考核，均有纪检组的同志参与，这种形式和方法取得了很好的效果，今后要推广到行业各直属单位。要认真落实中央有关规定，严格执行党员领导干部述职述廉、诫勉谈话和函询、报告个人有关事项等制度，对领导干部思想政治、履行职责、工作作风、道德品质、廉洁自律等方面出现的苗头性问题，及时加以提醒，帮助纠正，防止小毛病发展成大错误。要努力拓宽监督渠道，坚持与纪检、审计等部门的联席会议制度，加强协调沟通，继续抓好领导干部任期审计、离任审计。要进一步强化纪律意识，加大责任追究的力度，对在民主推荐中搞非组织活动的、违反《条例》及有关规定任免干部的，要严肃查处，切实做到有权必有责、用权受监督、违规必追究。

（三）把贯彻《干部选拔任用条例》与健全干部选拔任用机制相结合，积极推进干部人事制度改革，提高选人用人的公信力

深化干部人事制度改革，进一步健全干部选拔任用机制，是提高选人用人公信力的长效措施，是防止选人用人上出现不正之风的治本之策。要进一步扩大干部选拔任用工作中的民主，认真组织民主推荐、任前公示等，落实干部职工对干部选拔任用工作的知情权、参与权和监督权。要进一步加强和改进干部考察工作。干部考察工作是选准用好干部的关键环节，同

时，考察的标准和内容对干部以什么样的作风、出什么样的政绩具有重要的导向作用。要着眼于形成正确的用人导向，抓紧制订体现科学发展观、正确政绩观、符合行业特点的干部考核评价体系。今年要对各直属单位领导班子进行全面考核，前段考核了6个单位，在全面考核的同时，做好班子调整工作。对这项工作可以先搞试点，完善后再正式实行。要切实加强对领导干部作风状况的考察了解，对思想意识不好、作风漂浮的人决不能提拔重用。要营造公开、平等、竞争、择优的用人环境。中央指出，从全国范围看，公开选拔、竞争上岗已经成为选拔干部的重要方法。这几年，国家局机关和各直属单位在这方面进行了积极的探索与实践，积累了一些成功的经验，下一步要继续加大公开选拔和竞争上岗工作力度，扩大范围和比重，努力形成充满生机与活力的用人机制。要积极探索和尽快建立企业法人治理结构。当前，烟草行业已初步建立起现代产权制度，要按照“在探索中起步，在实践中完善”的总体要求，以董事会建设为重点，上半年准备在4个工业公司开展法人治理结构试点工作，在试点单位取得经验基础上，加快法人治理结构建设步伐。各级党组织要正确处理好党管干部、扩大民主、依法办事三者之间的关系，逐步建立和完善适应现代企业制度要求、符合烟草行业实际的企业负责人任免管理制度和办法。党管干部，就是要充分发挥党组织在企业中的政治核心作用，在坚持党管干部的原则下，探索发挥市场机制选贤任能的作用；扩大民主，其中一条重要途径就是要发挥职代会民主管理、民主监督的作用，大力推进包括干部任用公示在内的司务公开、厂务公开；依法办事，就是要遵守国家法律，依据公司章程，在选人用人的过程中，认真履行好相关的职责。

各级党组织和人事（组织）部门要从促进公平正义、提高选人用人公信力出发，从有利于建设一支高素质干部队伍出发，严格贯彻执行《干部选拔任用条例》，深化干部人事制度改革，提高干部选拔任用工作水平，真正做到对那些在条件艰苦、工作环境困难的地方工作的干部要高看一眼，对那些不图虚名、踏实干事的干部要多加留意，对那些埋头苦干、注意为长远打基础的干部绝不能亏待，态度鲜明地鼓励和重用那些潜心做事、甘于奉献、勇于创新的人，形成正确的用人导向，引导行业广大干部把心思和精力放在学习上和工作上，不断提高自身素质，增强本领，为烟草行业的发展多作贡献。

三、深化劳动用工分配制度改革

深化劳动用工分配制度改革，建立有效激励和约束机制，是当前和今后一个时期行业改革的重要任务。近年来，行业不少单位在劳动用工分配制度改革方面进行了积极探索，提出了很好的思路，为行业深化劳动用工分配制度改革积累了宝贵的经验。但从总体来说，这项工作发展不平衡，相对滞后，存在不少矛盾和问题，如果不加以重视，将制约行业的进一步发展。因此，要把深化劳动用工分配制度改革摆上各单位工作的重要位置，认真研究，周密部署，精心组织，务求取得实实在在的效果。

深化劳动用工分配制度改革，要按照“分类管理、科学设岗、明确职责、严格考核、落实报酬”的总体要求，积极稳妥推进。分类管理，即将烟草行业在职人员根据不同工作职责和性质，分别不同类别进行管理，一般情况下可分为管理类、专业技术类、业务类、生产操作类。科学设岗，即根据工作开展的需要设置岗位，逐步实现由身份管理向岗位管理转变。明确职责，即每个岗位都要编制岗位说明书，明确岗位职责。严格考核，即每年都要对各类在职人员对照岗位职责进行考核，作出具体评价。落实报酬，即根据岗位职责和考核结果兑现报酬。

要进一步明确深化劳动用工分配制度改革的指导思想。深化劳动用工分配制度改革要有利于依法规范劳动用工行为，有利于发展和谐劳动关系，有利于调动员工积极性，有利于职工成长和素质提高。要坚持市场取向的劳动用工分配制度改革方向，形成“进得来、出得去、留得住”的用人机制，不能再回到计划经济条件下的用工分配制度，否则是没有前途和希望的。要严格执行《劳动法》、《劳动合同法》，用合同的形式明确用人单位与聘用员工的权利和责任，保护聘用员工的正当权益。要合理确定不同岗位的工资水平，本着尊重历史、共享发展的原则，妥善解决正式职工与聘用员工收入差距。要全面推行竞聘上岗，公平竞争，择优录用，为聘用人员提供成长发展的通道和空间，为各类人员成长营造良好环境。

在具体工作中要注意把握以下问题：一是要合理确定收入总水平。收入分配是社会十分关注的问题，如果不能正确把握，很有可能成为社会关注的热点。在收入分配问题上，一定要严格执行国家有关政策。目前行业仍实行工效挂钩政策，所有工资性支出都必须在工资基金中列支，这要作为一条纪律严格遵守。在收入总水平把握上要瞻前顾后、留有余地。近年来有少数单位工资水平增长过快，给今后的工作造成了被动，也造成了不好的社会影响，应引以为戒。目前行业收入水平已经不低了，总水平要保持基本稳定，个别过高的还要作必要的调整。在深化分配制度改革中一定要系统设计，用制度去规范分配行为，决不能再搞“水涨船高”。二是要建立科学合理的工资结构。目前不少单位现有工资结构不尽合理，发放项目多，随意性大，需要通过改革使工资结构逐步趋于合理。对企业经营管理者，要推行年薪制。国家局去年出台了对各直属单位领导班子薪酬管理办法，明确了各单位的领导班子实行年薪制。年薪由两部分组成：基本薪酬和绩效薪酬，绩效薪酬又有规模系数和考核系数。从实行结果看是比较科学合理的，各直属单位也比较认可。各直属单位对所属单位经营管理者可参照国家局的做法，建立以年酬制为主要内容的薪酬管理办法。对各类在职人员的工资结构也要用制度去规范，要以岗位工资和绩效工资为主。要合理确定岗位工资水平。根据不同岗位价值和劳动力市场价格划分不同的等级、档次，确定各个岗位的基本工资。近年来不少单位在这方面已有比较好的做法，比如对卷烟销售网络的市场经理，分别定为访销员、初级经理、中级经理、高级经理不同等级，按照不同等级确定不同的岗位工资，收到了较好的效果。今后对各类不同岗位的在职员工都要定级定档，岗位工资按照工作性质和责任、贡献大小加以确定。各类人员的岗位工资也不要搞相互对应，建立较为完善的岗位工资体系。要合理确定绩效工资。岗位工资与绩效工资比重要合理，目前对各直属单位领导班子基本薪酬与绩效薪酬比重是1：2，对其他类别人员岗位工资与绩效工资比重可以根据不同工作性质加以确定。三是要建立工资增长的正常机制。要突出岗位管理，对不同岗位确定不同的级别、档次，岗变薪变；要突出绩效考核，对各项指标完成好、成绩显著的要给予必要的奖励；要突出对员工综合评价，同一岗位可以设立若干工资档次，对考核评价称职、优秀的，可以晋升工资档次，岗不变薪变，以充分调动员工积极性。

以党的十七大精神为指导
推动行业文化创新　促进行业文化繁荣
不断提高中国烟草文化软实力

——在全国烟草行业第三次企业文化建设工作会议暨政研会秘书长会议上的讲话（摘要）

张保振

（2007年12月28日）

这次全国烟草行业第三次企业文化建设工作会议暨政研会秘书长会议，是在认真学习党的十七大精神，深入贯彻落实科学发展观，推进行业改革和发展，深入开展“两个至上”在岗位主题实践活动，全面推进企业文化建设的新形势下召开的。这是烟草行业认真学习贯彻党的十七大精神，推动行业文化创新，促进行业文化繁荣，不断提高中国烟草文化软实力的一次重要会议。下面，我就如何深入贯彻党的十七大精神，推动行业文化创新，促进行业文化繁荣，不断提高中国烟草文化软实力，讲几点意见。

一、行业企业文化建设工作回顾

全国烟草行业第二次企业文化建设工作会议以来，各直属单位认真落实国家局党组的部署和要求，结合本单位实际，不断深化认识，切实加强领导，坚持以邓小平理论和“三个代表”重要思想为指导，认真贯彻落实科学发展观，深入开展“两个至上”在岗位主题实践活动，紧紧围绕打造责任文化、诚信文化、和谐文化、构建和谐烟草的总体目标，着力推进行业精神文化建设、制度文化建设、行为文化建设、物质文化建设，为促进行业改革和发展，保证企业的决策行为、经营行为和员工行为，提高中国烟草核心竞争力，提供了坚强有力的文化支撑。一年来，行业企业文化建设工作取得较好成效，呈现出与行业改革和发展相适应的良好态势。主要体现在领导重视、定位准确、指导有力、突出特色、引领方向、提高素质这六个方面。

（一）领导重视，既当组织者和推动者更是责任者

行业第二次企业文化建设工作会议以来，各直属单位党组（党委）高度重视、行动迅速。全行业57家直属单位中，有54家直属单位及时制订了全面推进企业文化建设的实施意见。各直属单位领导高度重视，要求明确、狠抓落实。四川省局党组制定了《关于加强企业文化建设的决定》，全省统一设立了政工科，配备了文化建设专职人员，将企业文化建设纳入目标考核体系，与各单位目标奖和干部业绩考评挂钩。江

苏省局党组书记、局长、总经理尉彭城同志明确提出，要把企业文化建设作为一项事业来办，建立了组织、明确了目标、预算了资金、配备了队伍、确定了主题。江西省局党组书记、局长、总经理揭国雄同志不仅主动担任企业文化建设领导小组组长，还亲自参与各市局（公司）企业文化建设的定位、理念的提炼与修改。河南省局党组书记、局长、总经理郑建民同志明确要求，在严格控制、压缩各项费用支出的同时，必须保证企业文化建设的投入，省局（公司）连续两年列支了150万元的文化建设专项经费。浙江省局专题组织召开了全省商业系统企业文化建设推进会，交流了经验，参观了展示，明确了任务。安徽省局主要负责人问武同志在全省政工会上指出，对文化建设的投入是对企业发展的投资而不是经营成本，明确要求2007年确保全省22家具有法人资格单位企业文化建设开展率达到100%。北京、吉林、上海、浙江、云南、广东、江苏、江西、重庆等省级局，湖南中烟、浙江中烟、云南中烟、江苏中烟、江西中烟、川渝中烟工业公司等单位年初就及时制订了企业文化建设推进方案。福建、河南、新疆、甘肃、天津、深圳等单位精心组织，认真部署了全年的各项工作安排，确保企业文化建设扎实有效，稳步推进。

（二）定位准确，推进文化力向企业发展动力的转化

企业文化建设的目的，关键是着眼于提高企业核心竞争力，适应先进生产力的发展要求；着眼于提高职工队伍素质，以人为本、实现人的全面发展，体现先进文化的发展方向；着眼于满足干部职工日益增长的物质和精神文化需求，代表广大员工的根本利益。浙江、云南、福建、湖南、山东、江苏、陕西、河北、河南、安徽等单位，在企业文化建设工作中，坚持三个导向，即：战略导向、市场导向、绩效导向，积极为企业发展战略服务，为做大市场、做大品牌、提升员工素质和绩效服务，使企业文化建设的目标与企业的发展目标始终保持一致。湖北中烟工业公司积极倡导“思想力，行动力”，为员工解放思想、不断创新、积极实践带来了勃勃生机，企业生产经营实现了“异军突起，后来居上”的转变。山西省局提出“需求就是服务，满意就是标准”的理念，在全省大力推行一个价值理念，一套规范、多维服务体系，一个良好经营环境，一个公开公平的货源配置办法，一系列合理的赢利保障措施，一个精准的动销台账，一本痕迹化的管理服务手册，一个零售客户满意度评价体系，一个顺畅的沟通渠道的“九个一”标准，努力融合、传承太行精神、货郎精神，创造了直达服务的先进经验，找准了文化建设的创新点和着力点，使文化建设在山西网络建设中发挥着积极作用，使无形观念变为有形价值，实现了文化出战斗力、出生产力、出竞争力的要求，达到了文化建设为经营管理服务的目的。

（三）指导有力，确保企业文化全面推进目标实现

为落实国家局提出的全面推进企业文化建设的要求，国家局先后在西安、杭州、长沙、沈阳、红河等地召开了各直属单位政工部门负责同志参加的企业文化建设推进工作座谈会，进一步传达、解读了第二次企业文化建设工作会议的精神。明确要求，各单位要结合实际，既有面上的工作布置和要求，又要切实解决难点和重点问题；既要落实国家局提出的推进目标，更要保证工作的推进质量。在做好指导工作的同时，国家局重点抓好了文化架构体系构建的试点工作。一是具体布置，实地指导。今年初，国家局专门组织人员到浙江省局、吉林省局、浙江中烟、湖南中烟4家试点单位进行了具体布置、指导。二是确定主题，制订方案。3月底，4个试点单位均制订了试点推进实施方案，成立了主要领导负责的试点工作办公室。湖南中烟工业公司确定了“加快文化融合，构建文化体系；创新文化模式，一元主导百花齐放；尊重继承历史，创新品牌文化”的工作思路。浙江中烟工业公司明确了“提炼精神文化，规范制度文化，推进行为文化，提升物质文化”的工作重点。浙江省局明确了“企业文化建设与完善体制机制、促进创新发展、提升服务水平、体现服务责任、坚持科学管理、严格规范监管相结合”的工作思路。吉林省局确定了“建立核心价值体系，以企业理念转化为制度创新、行为规范和形象塑造为重点，着力推进企业文化架构体系建设，提高企业文化建设水平”的指导思想。三是狠抓落实，工作细致。各单位从访谈、问卷设计、理念提炼、架构体系定位、母子文化关系等方面，体现了“精准、严实、细致”的工作原则，确保了试点工作的顺利推进。借鉴行业企业文化建设成果和经验，中烟实业、烟机集团、湖南、辽宁、福建等38个直属单位全面推行了以点带面的工作制度。按照国家局党组的要求，由国家局党组管理的320多名领导干部，与410个单位建立了企业文化建设联系点。

（四）突出特色，努力彰显烟草企业文化的魅力个性

为保证行业企业文化建设全面推进既切合实际，又扎实有效，国家局采取了片区指导、重点参与、个别帮助等办法，切实解决各单位企业文化建设中，坚

持以“两个至上”行业共同价值观为指导，正确处理母子文化关系、促进文化融合、确保文化有效等难点和重点问题，在努力彰显文化的魅力和个性上下工夫，在正确处理工作推进速度与保证文化建设质量上做文章。浙江省局采取以点带面的方式，积极推广嘉兴市局、公司的经验和做法，引导所属企业的文化建设工作。逐步形成了杭州市局的“品质文化”、金华市局的“金雁文化”、宁波市局的“海洋文化”等。在服务品牌建设中，积极探索，初步形成了嘉兴市局的“春蚕服务”、绍兴市局的“放心服务”、舟山市局的“水手服务”等品牌。陕西省局采取对口帮助、相互促进的办法，形成了西安带动关中、安康带动陕南、榆林带动陕北的格局。西安市局的“开元文化”、榆林市局的“心桥文化”、安康市局的“同心文化”、汉中市局的“智诚文化”、渭南市局的“天路文化”等各具特色。河南省局以“根文化”为主线，努力培育“超越自我，创造满意”的企业精神。四川、吉林省局以“多元一体，和而不同”的原则为指导，确定了成都市局的“方圆之道”、眉山市局的“追求至上”文化建设主题；吉林市局的“连心服务”、延边州局的“金达莱服务”、松原市局的“三心三情服务”等品牌。云南省局坚持稳中求进的原则，以省烟叶公司“链合文化”为引导，重点抓好玉溪、丽江市局（公司）文化建设，玉溪市局的“碧玉清溪”文化、丽江市局的“和合丽水”文化建设带动了全省企业文化建设工作稳步向前推进。江西上饶市局，聚焦一个“上”字，用“创上品服务”的企业愿景，“向上向善、图新图强”的企业精神，激发员工力争上游。

（五）提高素质，不断激发广大员工工作热情与潜能

企业文化建设的全面推进，关键在于不断提高广大员工的认知度和参与热情，依托文化建设培训是提高员工素质，激发员工潜能的有效途径。一是积极参与。国家局今年举办了服务文化、品牌文化、营销文化3期专题培训班，各单位高度重视，认真组织。有来自行业47个直属单位，358个工商企业的1332名同志参加了培训。二是集中培训。为落实国家局提出的企业文化建设的任务和要求，行业各直属单位中，有26家直属单位组织了企业文化建设集中培训。安徽省局组织全省分公司主要领导、分管领导、负责部门人员参加的专题集训，参训人员达200多人。培训期间，还组织了“企业文化建设与提高安徽烟草竞争力论坛”。云南中烟工业公司在年初组织150多人培训的基础上，组织参训人员到山东、浙江、湖北等地开展了实地学习考察。云南省局结合贯彻第二次企业文化建设工作会议精神，集中对全省地市公司分管领导、业务部门全体人员进行了培训。培训期间，还进行了经验交流。三是专题培训。今年以来，全行业举办企业文化建设专题培训班80多期，培训各级各类人员10000多人次。甘肃、江西、安徽、福建、贵州、上海等省局（公司），积极组织有关人员到先进企业进行学习考察，对所属单位的主要领导、分管领导进行了专题辅导，建立了企业文化内训师队伍、制订了内训师管理制度、编写了内训师培训教材。四是以会代训。今年以来，吉林、湖南、陕西、山西、江苏、浙江中烟、江苏中烟等单位结合召开政治工作会议，聘请专家到会授课，为推进本单位企业文化建设工作起到了积极的作用。

（六）引领方向，文化建设有力推动了思想政治建设

各直属单位始终坚持以邓小平理论和“三个代表”重要思想为指导，以“两个至上”行业共同价值观为行业文化建设的根本要求，自觉将企业文化建设与生产经营实践相结合，与“五查五看”活动相结合，与各级领导干部率先垂范“两个至上”主题实践活动相结合。湖南、湖北等中烟工业公司致力于“中式卷烟代表品牌”和“减害降焦”的研究，并将研究成果应用到卷烟产品的生产、营销之中，以满足广大消费者的需求。云南中烟工业公司将“两个至上”在岗位主题实践活动与“平凡的感动”巡回宣讲活动结合起来，让普通员工以文化大使的身份，宣讲中国烟草提倡什么、反对什么，受到各生产企业的欢迎。行业文化建设还主动延伸到支持新农村建设、希望工程、抗洪救灾、对口帮扶、文化下乡各个角落，积极参与社会公益事业，既展示了责任烟草、诚信烟草、和谐烟草的良好形象，又进一步提高了广大员工的思想政治素质。

二、当前和今后一个时期的主要工作

全面推进企业文化建设，不断提升中国烟草文化软实力，更加自觉、主动地推进行业文化的大发展、大繁荣，兴起行业文化建设新高潮，牢固树立与和谐社会、和谐烟草构建相适应、与烟草专卖专营体制相适应、与行业改革和发展相适应、与“两个至上”行业共同价值观相适应的新观念、新文化，正确引导广大员工的思想观念和行为规范，是增强行业创新意识、焕发行业创新激情、开拓文化创新思路，推进行业改革和发展的重要保证和迫切需要。行业文化建设的指导思想是：以党的十七大精神为指导，深入贯彻

落实科学发展观，广泛开展“两个至上”在岗位主题实践活动，紧紧围绕打造责任烟草、诚信烟草、和谐烟草的愿景，推进行业文化创新，促进行业文化繁荣，提高中国烟草文化软实力，增强中国烟草核心竞争力，为实现行业又好又快发展提供文化支撑。当前和今后一个时期行业文化建设的主要任务是：全面推进行业文化建设，推动行业文化创新，宣贯行业文化架构体系，检验行业文化评价体系，规范行业视觉识别系统，打造行业服务品牌，保证行业平稳发展。(简称：“211”，即：两个体系、一个系统、一个品牌。)

(一) 打牢思想基础，为提升行业文化软实力提供政治保证

高举中国特色社会主义伟大旗帜，以社会主义核心价值体系为指导，牢固树立“两个至上”行业共同价值观，努力在全行业形成共同的理想信念、强大的精神支柱和基本的道德规范，保持行业文化发展正确方向，赋予行业文化新的科学内涵和要求，促进行业又好又快发展，具有重要意义。

1. **要坚持以党的十七大精神为指导**。当前，要按照国家局党组的要求，把学习贯彻党的十七大精神作为首要政治任务，坚持用十七大精神武装头脑，指导行业先进文化建设。要与牢固树立“两个至上”行业共同价值观，深入开展“两个至上”主题实践活动结合起来，切实抓好领导干部率先垂范“两个至上”，深入开展“五查五看”工作；要同推进行业改革和发展结合起来，审视本单位的工作，促进行业又好又快地发展；要同推动行业科技进步和管理创新结合起来，坚持以科学发展观统领全局，创新发展，提高发展质量，破解发展难题，进一步提高中国烟草的总体竞争实力；要同加快推进社会主义新农村建设结合起来，积极推进传统烟草农业向现代烟草农业的转变，为建设社会主义新农村作出积极的贡献；要同构建和谐烟草结合起来，不断深化劳动用工和分配制度改革，充分调动各方面积极性、主动性、创造性，发展和谐劳动关系；要正确处理好与行业外部的关系，关心烟农和零售户，把切实维护消费者的利益落到实处，营造烟草发展的良好外部环境，为构建和谐社会做出积极贡献；要同党的先进性建设结合起来，认真学习《中国共产党章程（修正案）》，充分发挥各级党组织的战斗堡垒作用和广大党员的先锋模范作用，为行业的改革与发展打牢思想基础，为提升行业文化软实力提供坚强的政治保证。

2. **要以科学发展观为行业文化建设指南**。全面推进企业文化建设，就必须要坚持以科学发展观为指导，把“两个至上”落到实处。努力做到认识上进一步提高，行动上进一步自觉，目标任务进一步明确。当前，行业的改革与发展，已经站在一个更高的起点上，机遇与挑战并存，面临的任务更加艰巨，责任更加重大。行业体制机制深刻变革、利益格局深刻调整、劳动用工深刻变化，这一切都给广大员工的价值观念和思想活动带来了活力和冲击。在这个发展新阶段和矛盾凸显期相互交织的关键阶段，难免会有人产生疑惑、误解等，这种现实凸显出以科学发展观指导行业文化建设的重要性和紧迫性。“两个至上”行业共同价值观的提出，行业文化架构体系的建设，正是我们积极主动地正视矛盾、化解矛盾、最大限度地增加和谐因素，最大限度地减少不和谐因素，正本清源、创建和谐烟草的重要举措。必须要大力弘扬宽容开放、改革创新、敬业奉献、自律自强的精神，特别是各级领导班子、领导干部，要自觉坚守潜心做事、低调做人的行为信条，专心致志干工作，一心一意谋发展，努力耕耘，不事张扬，严于律己，宽以待人，打造烟草人的人格魅力，努力报效国家、回报社会、成就员工，实现责任烟草、诚信烟草、和谐烟草的美好愿景。

3. **要以社会主义核心价值体系指导实践**。社会主义核心价值体系是烟草行业“两个至上”共同价值观的思想基础，“两个至上”行业共同价值观是社会主义核心价值体系的具体体现。要全面把握社会主义核心价值体系的深刻内涵和基本要求，通过“两个至上”在岗位主题实践活动，体现社会主义核心价值体系的深刻内涵和精神实质。“两个至上”行业共同价值观是中国烟草生存和发展的灵魂，是行业文化建设的核心，是提升烟草行业文化软实力的重要保证，同时也是中国烟草改革和发展的现实要求。

(二) 实现共同价值，推进“两个至上”主题实践活动深入开展

国家局党组旗帜鲜明地提出要牢固树立“两个至上”行业共同价值观，这是行业先进文化建设的核心，同时也是引领行业健康发展的导航灯、持续发展的加油站。从行业“两个至上”共同价值观的提出，到大讨论活动的开展；从广大员工岗位的积极实践，到各级领导干部的率先垂范，已经将近6年了，这项工作取得了显著的成效。我们要正确对待成绩，不断解决深层次的认识问题、实践问题、长远建设问题，真正做到入心入脑，实现知行合一。为此，还需要做大量工作。

1. **要完善践行“两个至上”岗位职责**。实践是基础，制度是保证。要通过制度来规范我们的岗位工作

流程。烟草行业“两个至上”共同价值观要在每一个岗位、每一个员工的行动上实现知行合一，真正实现“内化于心、固化于制、外化于行”，必须进一步完善岗位职责，用制度的方式，在企业和员工之间建立一种新型的关系。特别是各级领导干部，要以“五查五看”为重要内容，进一步明确岗位职责，确保领导干部率先垂范作用落到实处。要通过岗位职责、岗位理念、岗位标准的建设，将“两个至上”行业共同价值观内化为员工心灵的道德准则、固化为员工遵循的行为规范，外化为员工的言谈举止。

2. **要建立践行“两个至上”长效机制。**以岗位职责为基础，构建践行“两个至上”长效机制，是推进“两个至上”主题实践活动向制度化、规范化、科学化方向深入发展的有效载体。行业各直属单位要积极抓好引导工作，明确岗位职责，建立保障措施，重点抓好各级领导班子和领导干部践行“两个至上”长效机制的建设工作。国家局要重点抓好行业“两个至上”长效机制建设4个省级单位、4个地市公司的试点和指导工作。行业各直属单位要在地市公司、工业企业生产点中全面开展长效机制建设工作。各直属单位党组成员要与基层单位建立1个联系点，指导、督促、检查长效机制建设情况，尤其是领导班子和领导干部践行“两个至上”长效机制构建情况，确保工作落到实处。各直属单位要制订科学具体，切实可行的实施意见。

3. **要完善践行“两个至上”评价体系。**建立践行“两个至上”评价体系，是检验行业共同价值观在全体员工中是否实现知行合一的有效手段，也是检验“两个至上”主题实践活动成效的重要依据。行业各直属单位要深入调研，科学论证，明确构建评价体系的目的，探索建立方法，突出不同岗位评价重点，健全工作评价要素，细化岗位评价标准，确保评价体系科学、实用、有效。建立“两个至上”评价体系，要坚持以人为本、提高效率的宗旨，将本单位年度工作、重大决策、重大投入、效益指数、员工福利等指标体系，以及各部门、各单位履行法定职责、完成工作任务情况结合起来制定评估指标，积极运用现代信息技术手段进行综合评估，确保评价体系客观、真实、有效。国家局要结合建立长效机制试点工作，积极指导好试点单位评价体系的构建工作。2008年是行业建立“两个至上”长效机制和评价体系推进年，各级党组（党委）要高度重视、周密计划、认真组织、积极实施。要坚持边建设、边实施、边推进、边考核、边总结的原则，确保“两个至上”在岗位主题实践活动向纵深推进。

（三）建设文化架构，为文化成果转化为发展动力提供支撑

随着经济全球化的深入发展和科学技术的日新月异，经济的文化含量日益提高，文化的经济功能越来越强，谁占据了文化发展的制高点，谁就拥有了强大的文化软实力，谁就能够在竞争中赢得主动。作为专卖专营体制的烟草行业，必须高扬自己的文化理念，形成自己的文化优势。

1. **要宣贯行业文化架构体系。**党的十七大明确提出要建设社会主义核心价值体系，提升文化软实力，为烟草行业文化架构体系的建设提供了坚实的理论基础。国家局党组高度重视行业思想文化和理想信念建设，近两年来，经过深入的调研和反复研究，《烟草行业文化架构体系》已经建立和完善，不久前已印发全行业。行业各直属单位要结合实际，将宣贯工作列入本单位企业文化建设的重要议事日程。国家局要认真组织行业媒体开展宣传活动，在行业文化建设培训中做好解读、释义、宣讲工作。行业各直属单位在做好宣贯工作的同时，要结合本单位文化架构体系构建工作，既要融汇行业文化架构体系内容，又要体现本单位文化架构体系特色。要力避形式主义、本本主义、虚无主义，大胆革故鼎新，探索企业文化架构体系构建工作的新思路、新途径、新模式、新办法，使行业文化架构体系在企业工作实际中生根、开花、结果。

2. **要建设企业文化架构体系。**构建具有企业自身特色的文化架构体系，是整合、提升企业文化的重要步骤。今年，重点谈谈构建文化架构体系的程序和方法。干任何工作，程序都是不可少的。一是摸底调查。弄清企业文化的现实、现状是什么？影响企业文化的因素有哪些？企业文化的现象、问题的因果联系是什么？有什么成功的经验和可吸取的教训。二是定格设计。要把企业现在的生产经营状况、员工的构成与素质、当地的人文环境、企业的人文环境、企业的传统与现有文化的适应性等，在提炼抽象化的基础上，变为形而上的东西，并描绘、设计出企业的文化体系。三是宣传推广。再好的东西也要宣传推广。要用必要的手段，将企业文化所确定的各种理念和行为方式，准确而全面地贯彻到员工的行为中去，体现到企业的各项活动中去。四是完善提升。企业总是不断发展的，社会也是不断进步的，人类的交往总是越来越多的。因此，不能故步自封，要不断根据发展着的形势和变化着的环境，吸收来自社会和外来的文化精华，做好“结合”的文章，使之产生与时俱进的效果，使企业文化架构体系在不断完善、提升的过程

中，既“造企”，又“造人”，并相互作用，相得益彰。构建企业文化，离不开方法，尤其是思想方法。思想决定着行动，思路指引着出路。构建企业文化体系的方法，就是要学好、用好哲学，特别是要坚持好、把握好、运用好唯物主义和辩证法的认识论，力求做到：坚持客观性，注意继承性、发挥能动性、体现开放性、讲究辩证性、把握全面性。今年，4 个试点单位做了有益的尝试，明年各直属单位要全面开展文化架构体系的构建工作。

3. **要正确处理母子文化关系。**《烟草行业文化架构体系》由六个方面组成。即：“国家利益至上，消费者利益至上”的行业共同价值观；责任烟草、诚信烟草、和谐烟草的行业愿景；报效国家、回报社会、成就员工的行业使命；宽容开放、改革创新、敬业奉献、自律自强的行业精神；潜心做事、低调做人的行为信条；讲责任、讲诚信、讲效率、讲奉献的行为准则。这是烟草行业的主流文化（母文化）。各单位要以此为根本要求，建设有自身特色的企业文化。各单位所构建的企业文化，是行业主流文化的具体体现，这是第一个层次的母子文化关系。第二层次的母子文化关系是各直属单位与所属工、商企业的关系。在处理第二层次母子文化关系时，要坚持“一个原则、两个避免”的思路。“一个原则”：即包容互补的原则，首先是母文化包容子文化，构建一个具有兼容并蓄、统分有度的母子文化架构，母文化要认同并吸收子文化的优秀元素且保持其独特性。其次是子文化互补，子文化之间既是互相独立的个体，又存在密切的关系，在母文化统领下形成百花齐放、互为补充的格局。“两个避免”：既要避免将母文化等同于各直属单位的机关文化，又要避免母文化大包大揽，代替子文化现象的发生。要坚持统分结合的原则，使母子文化形成“整体协同、明确边界、共享核心、分层定位、各具特色”的格局。

（四）打造服务品牌，为企业文化建设与提升建立落地平台

我们的企业是干什么的？说到底，是为社会提供产品和服务的。企业文化建设最终也要围绕企业的这个终极目标服务。离开了这个目标，企业的文化建设就难以做下去。烟草企业最根本的是要提升服务质量，降低运营成本，提高客户满意度，把服务做成品牌，让服务创造价值。

1. **要充分认识打造服务品牌的重要性。**服务创造价值。作为市场经营主体，打造服务品牌，完善服务体系，提高服务水平，是适应专卖体制下市场化取向的需要，是烟草企业应对挑战、提升核心竞争力的需要，是丰富企业文化内涵、提升企业文化建设水平的要求，是深化企业文化建设的有效载体，是践行“两个至上”、促进企业发展的有效途径，是建设服务型企业、锻造素质型团队的必然选择，是落实科学发展观、构建和谐社会的最高选择。打造服务品牌，从专卖立法的宗旨、社会道德的要求、市场经济的客观需要等层面而言，就是加强服务文化建设，提升行业网络建设水平，依托服务品牌的文化力推动行业经济力的发展。

2. **要理解打造服务品牌的内涵和实质。**服务是满足他人需求的价值双赢的活动。服务的目的是为他人提供解决方案。服务的本质是一种文化的互动、感情的沟通。服务与文化具有天然的情结，有服务就有文化。我们所讲的服务文化，就是企业群体信奉践行的服务价值理念，就是企业在长期的服务过程中所形成的服务理念、职业观念等服务价值取向的总和，就是以创造顾客满意、赢得顾客信赖的服务价值认知和行为规范为内容的文化。服务文化是一个科学体系。其理念是顾客至上，其核心是服务为本，其保证是机制流程，其动力是创新创异，其标志是星级服务，其载体是传奇故事，其形象是服务品牌。这种服务品牌，实质上就是经营者提供并得到市场认可的个性化服务的标识。浙江嘉兴市烟草公司，以“精诚奉献、丝丝入微”为服务理念，以精益管理为手段，打造“春蚕”服务品牌，就是一个有益的尝试。

3. **要构建具有行业文化特色的服务品牌。**随着行业企业文化建设的全面推进，涌现出一大批企业文化建设先行单位，推动着服务创新，提升着服务品位，打造着服务品牌，推进着企业文化向深层次发展。明年，国家局要重点指导、引导好行业服务品牌建设工作，进行试点引导。从行业企业文化建设先行单位中选定 8 ~ 10 个地市公司着力打造服务品牌。要建章立制，密切联系行业企业文化建设实际，借鉴其他行业的做法和经验，采取内外结合、上下参与、共同建设的办法，制定《烟草行业服务名牌评价管理办法》，以服从于、服务于、引领行业服务品牌建设的需要。要深入调研，针对烟草行业的实际，国家局要组织行业企业文化建设骨干，开展“烟草行业服务品牌建设现状及对策”课题调研工作，为行业文化建设提供决策依据。要上下联动，各直属单位要在企业文化建设基础扎实、规范有效的单位中开展服务品牌建设工作。

（五）推进文化创新，努力造就行业文化大发展大繁荣局面

文化创新是姜成康局长在今年 7 月份召开的局长、

总经理座谈会上代表党组提出的行业四个创新内容的一项重要工作。作为负责此项工作的各级领导和工作人员，必须要身体力行，认真抓好。要认识到创新是文化的本质特征，是推动文化繁荣发展、提高行业文化软实力的不竭动力。推进文化创新不仅是行业改革和发展的迫切需要，而且也是建设创新型行业的重要内容，是行业创新体系的重要组成部分，是行业管理创新、营销创新、科技创新的重要条件，对激发创新活力、培育创新意识、提倡创新精神、完善创新机制、营造创新氛围、建设创新队伍等有着不可替代的作用。

1. **依托文化力推动经济力，推进文化观念创新。**观念是行动的先导。观念不更新，就不会有创新的精神、创新的自觉、创新的行动，就难以实现行业文化的又好又快发展。推进文化观念创新，要准确把握行业文化发展的方向，深刻理解十七大报告中的新思想新观点新论断，牢固树立“两个至上”共同价值观，不断深化对行业文化的地位作用、发展方向、发展动力、发展思路、发展格局、发展目的的认识。与企业的发展目标紧密结合起来，不能就抓企业文化抓企业文化，更不能使企业文化建设与企业发展目标形成“两张皮”现象。要坚持与时俱进、实事求是，把转变观念贯穿于文化创新的全过程，用创新的观念认识新情况，用创新的思路解决新问题。

2. **检验行业文化评价体系，推进文化机制创新。**机制创新带有根本性、长期性的特征，是推进文化创新的关键环节。要以《烟草行业企业文化评价体系》试运行工作为契机，检验我们的公益文化、企业文化设施建设；检验行业文化管理体制机制；检验行业文化的实践；检验行业文化传播效果；检验行业文化品牌价值。

3. **组织行业文艺汇演活动，推进文化内容创新。**内容创新是文化创新的本质要求。要通过不断推进文化内容创新，使行业文化具有鲜明的实践特色。明年，国家局将组织行业第四届文艺汇演活动，这是推进行业文化内容创新的良好契机，要树立“文娱活动文化化”的观念，将活动赋予文化内涵，使文化在活动创意中产生价值，产生观念性的力量，产生文化性的联想和审美性的情趣，通过文艺汇演达到传播文化理念，在娱乐中提高员工思想道德情操，体现文娱活动的文化价值。要积极创作烟草员工喜闻乐见、站得住、叫得响、传得开、留得下，展现烟草行业文化，具有烟草特色、烟草风格、烟草气派的优秀精神文化作品。要讴歌行业“两个至上”在岗位主题实践活动成果；讴歌烟草专卖制度和行业改革发展成就；讴歌烟草员工昂扬向上的精神风貌；讴歌责任烟草、诚信烟草、和谐烟草的良好形象。

4. **规范行业视觉识别系统，推进文化形式创新。**一定的文化形式是任何一种文化生存、传播和发展的必要条件。《中国烟草VI视觉识别系统》是体现和承载行业文化的外在表现形式，国家局在广泛征求各方意见的基础上，正抓紧修改完善，明年将下发全行业。各单位要严格规范使用。尤其对基础部分和规范应用部分，要严格按照国家局要求抓好落实，以形成中国烟草统一、有序的整体形象。

（六）坚持常抓不懈，确保行业企业文化建设取得实质成效

1. **要开展文化建设“回头看”。**今年，是行业企业文化建设的第4个年头，去年，我们提出了40%推进比率的要求，基本达到了要求，但企业文化建设科学、系统、有效、规范的企业不多。在文化建设实践中，有的单位文化建设存在着模仿复制、应付要求、表里不一等现象，既没有特色，更没有形成体系。为此，在开展企业文化建设“回头看”活动中，各单位要立足实际，去查找这几年的得与失、知与行、好与坏，从而找准方向和定位，有效开展下一步的工作。国家局要结合组织片区会议，充分利用《烟草行业文化建设评价体系》，进行文化建设的调度诊断，指出问题、提出整改措施、明确方向，对问题突出的重点单位，进行一对一的帮助与指导。

2. **要加大对文化建设的投入。**企业文化建设，既要有企业领导的支持，也要有人力的投入，更要有资金的保证。领导支持，不在口头，而在行动；人力投入，不在多少，而在高效；资金保证，不在账上，而在到位。

3. **要造就文化建设人才队伍。**兴起行业文化建设新高潮，队伍是根本，人才是关键。要把思想政治坚定、组织能力较强、业务素质较高、具有开拓精神、熟悉文化工作的同志选拔到企业文化领导岗位和工作岗位。明年国家局将组织企业文化师培训工作，为行业从事企业文化建设工作的同志开辟成长通道，提供智力支持，努力建设一支既有专业知识又善文化管理的骨干队伍。

纪检监察

加大监督检查力度　拓展源头治理领域
不断开创烟草系统反腐倡廉工作新局面

——在全国烟草系统纪检监察工作会议上的讲话（摘要）

潘家华

（2007年3月2日）

这次会议的主要任务是：以邓小平理论和“三个代表”重要思想为指导，全面落实科学发展观，深入贯彻党的十六大和十六大以来历次全会、中央纪委第七次全体会议和国务院第五次廉政工作会议精神，认真学习胡锦涛总书记在中央纪委第七次全体会议上的重要讲话，总结烟草系统2006年党风廉政建设和反腐败工作，研究部署2007年工作任务。下面，我受国家局党组委托，向大会作工作报告。

一、2007年主要工作任务

烟草系统2007年党风廉政建设和反腐败工作，要坚持以邓小平理论和“三个代表”重要思想为指导，全面落实科学发展观，深入贯彻党的十六大和十六大以来历次全会精神，以及党中央关于反腐倡廉工作的一系列重大部署和要求，按照中央纪委第七次全体会议和国务院第五次廉政工作会议精神，紧紧围绕国家局提出的“实现中国烟草由大变强的目标”，把反腐倡廉工作融入行业改革发展进程之中，服务行业中心工作，履行监督检查职能，加大案件查办力度，拓展源头治理领域，健全体制机制制度，推进惩防体系建设，加强领导干部作风建设，进一步强化“四个纪律保证”，促进行业持续健康发展。

（一）加强对科学发展观贯彻落实情况的监督检查，促进和谐烟草建设

行业各级纪检监察机构要充分发挥职能作用，教育引导广大党员干部深刻认识实现又好又快发展，是全面落实科学发展观的本质要求，不断增强贯彻落实科学发展观的自觉性和坚定性。要切实加强对科学发展观贯彻落实情况的监督检查，对违背科学发展观的苗头性问题，要及时打招呼；对违背科学发展观的倾向性问题，要坚决纠正；对违背科学发展观造成不良后果的，要严肃处理。在监督检查过程中，要加强调查研究，善于发现问题解决问题，为行业持续健康发展提出合理化的意见和建议。烟叶生产是行业生产经营的基础，烟叶生产的协调发展对行业的科学发展至关重要，因此，今年要突出对烟叶“双控”落实情况的监督检查，严格控制烟叶种植面积，防止大的波动，保证烟叶生产稳定发展，坚决做到按合同收购烟叶，维护国家计划的严肃性。

（二）大力加强领导干部作风建设，促进领导干部廉洁自律

胡锦涛同志在中央纪委第七次全体会议上的重要讲话，深刻阐述了加强领导干部作风建设的极端重要性和紧迫性，强调要在各级领导干部中大力倡导八个方面的良好风气。贯彻落实胡锦涛同志的重要讲话和中央纪委第七次全体会议精神，切实加强领导干部作风建设，是党的建设的一项战略任务，也是纪检监察工作当前和今后一个时期的重要任务。

烟草行业各级领导干部要带头“勤奋好学、学以致用，心系群众、服务人民，真抓实干、务求实效，艰苦奋斗、勤俭节约，顾全大局、令行禁止，发扬民主、团结共事，秉公用权、廉洁从政，生活正派、情趣健康”，率先垂范，在广大党员和群众中树立良好形象。各级纪检监察机构要充分运用民主生活会、谈话、诫勉、询问和质询等多种手段，督促领导干部改正作风方面的突出问题。对问题突出、群众反映强烈的领导干部，要运用组织和纪律手段，给予惩治和处理，挽回影响，肃清风气，以严明的纪律保证领导干部的作风建设。

领导干部廉洁自律工作，要继续按照“八个坚持，八个反对”的要求，严格执行“四大纪律八项要求”和领导干部廉洁从政的各项规定，认真解决领导

干部在思想作风、学风、工作作风、领导作风、生活作风等方面存在的突出问题。各级领导班子和领导干部要大力发扬求真务实的精神，自觉树立科学发展观，坚决克服形式主义、官僚主义。对领导干部利用职权和职务影响，为本人谋取不正当利益的，或以各种方式为配偶、子女和其他亲友谋取不正当利益的，参与赌博或以变相赌博等形式收钱敛财的，违反规定收送现金、有价证券和支付凭证的违纪问题，要严肃查处，涉嫌犯罪的，移送司法机关依法处理。今明两年，正值地方换届，对那些牺牲行业利益换取个人政治资本的问题，要引起高度重视，坚决予以制止。

（三）严肃党纪政纪，坚决查处违纪违法案件

各级纪检监察机构要进一步加大查办违纪违法案件的工作力度，充分发挥惩治的作用，以惩治促预防。要把发生在领导机关和领导干部中的违纪违法问题作为查办案件的重点，严肃查办领导干部滥用职权、贪污贿赂、腐化堕落、失职渎职案件；严肃查处领导干部利用人事权、审批权、资金（项目）调配权谋取私利的案件，以及官商勾结、权钱交易，在企业重组改制中隐匿、私分、转移、贱卖国有资产的案件；严肃处理在“两烟”生产经营、烟叶生产基础设施建设、重大工程建设、大宗物资采购、广告宣传费用支出等问题上的违纪违法行为。结合行业特点，把深化改革，完善制度，强化管理作为行业防治商业贿赂的工作重点，逐步建立有效防治商业贿赂的长效机制，坚决纠正不正当交易行为。

认真研究行业违纪违法案件的新特点，进一步加强信访举报、案件检查、案件管理和审理工作，切实保障党员和群众的合法权益。在查办案件工作中，要正确运用政策和策略，做到宽严相济、区别对待，教育与惩处相结合，既要查处严重阻碍和破坏改革发展的案件，又要支持和保护广大党员干部大胆创新地开展工作。进一步完善和规范案件检查措施，加强对办案全过程的管理和监督。加大案件的督办催办力度，认真落实上级交办的案件查处工作。充分发挥查办案件的治本作用，利用典型案例，对案件进行深入剖析，找出制度的漏洞和管理上的薄弱环节，有针对性地完善规章制度，加强防范。

（四）以严肃认真的态度，坚决纠正损害国家利益和群众利益的不正之风

要立足和谐烟草建设，坚持纠建并举、综合治理，加大专项治理力度，逐步建立起加强行风、政风建设的长效机制，切实纠正损害国家利益和群众利益的不正之风。结合行业开展的“两个至上”在岗位主题实践活动，教育引导干部职工牢固树立维护国家利益、维护消费者利益的观念。坚决纠正烟叶收购中损害烟农利益的问题、卷烟销售中损害零售户和消费者利益的问题、专卖执法中的违纪违规问题等，做到公正文明执法，维护群众利益。进一步开展政务、司务、厂务公开工作，保障群众的知情权、参与权和监督权，增强工作的透明度。按照国务院统一部署，全面清理、审核各种评比达标表彰活动，凡可以撤销的项目，坚决予以撤销；凡可以合并的项目，一律予以合并；对推动工作有重要作用确需保留的项目，要具体说明理由，经批准后保留，切实解决各种评比活动过多过滥问题。

（五）强化制约和监督，严格规范权力运行

加强对权力运行的制约和监督，是有效预防腐败的关键。要认真查找权力制约和监督方面存在的薄弱环节，完善有效制约和监督的措施，确保权力正确行使。行业纪检监察机构，要积极参与并监督干部选拔任用工作，既要考察选拔对象廉政状况，又要监督考核程序，严肃查处违反《干部选拔任用条例》的行为，加大纠正用人方面不正之风的工作力度；要加强对大额度资金使用的监督，严格遵守财经纪律，执行国家局资金管理规定，按照“四个严禁”的要求，确保资金安全，防止国有资产流失；要加强对重大工程项目的监管，协调计划、财务、审计等部门在各自职责范围内发挥监督作用、形成监督合力。通过不断完善制度，在全行业建立结构合理、配置科学、程序严密、制约有效的权力运行机制。

（六）切实加强纪检监察队伍建设，提高履行职责的能力

各级纪检监察机构要围绕行业开展的“两个至上”在岗位主题实践活动，把“做党的忠诚卫士、当群众的贴心人”主题实践活动不断引向深入。要结合行业体制改革，进一步加强完善各级纪检监察机构，配齐配强纪检监察干部，保证机构健全、人员到位。要以多种形式开展业务学习，驻局纪检组监察局拟在年内，组织一次新任纪检组长和监察处长培训班，不断提高纪检监察干部的业务水平。要加强业务探讨，围绕行业中心工作，深入研究解决影响行业健康发展问题的方法和措施，提高抓好工作落实的能力。要带头遵纪守法，严格执行纪律，努力建设一支“政治坚强、公正清廉、纪律严明、业务精通、作风优良”的纪检监察队伍。

随着行业改革不断深化，地市级公司成为市场营

销的主体。抓好地市级公司纪检监察机构和纪检监察干部队伍建设，对行业纪检监察工作至关重要。各省级局要加强对地市级公司纪检监察工作的指导，机构不健全的，要抓紧建立机构；人员没配齐的，要尽快配齐人员，争取在两年内将地市级公司纪检监察机构领导轮训一遍。各地市级公司党组要高度重视纪检监察工作，以工作促进机构和队伍建设。烟叶产区地市级公司纪检监察机构，今年要重点抓好烟水配套工程建设的监督工作，确保工程建设质量和资金安全。

二、需要强调的几项重点工作

中央纪委第七次全体会议强调，要适应中国特色社会主义事业总体布局的要求，把反腐倡廉工作融入经济建设、政治建设、文化建设、社会建设和党的建设之中，拓展从源头上防治腐败工作领域，健全防范腐败的体制机制。这是当前和今后一个时期纪检监察工作全面落实科学发展观，促进社会主义和谐社会建设的重要任务。我们必须以科学发展观为指导，解放思想、努力探索、抓住重点，不断拓展从源头上防治腐败的工作领域，积极构建与现代企业制度相适应的行业惩治和预防腐败体系。下面，就行业拓展从源头上防治腐败工作领域强调几点意见。

（一）围绕中心、服务大局，为行业持续健康发展提供“四个纪律保证”

行业纪检监察工作必须自觉服从服务于行业改革发展这个中心，始终把为行业政令畅通、为坚持专卖制度、为深化烟草企业改革，为维护“两个至上”提供纪律保证作为工作的立足点和出发点。一方面，坚持把纪检监察工作融入到行业改革发展的大局中去，找准结合点，突出着力点，抓住切入点，积极探索为改革发展服务的新途径；另一方面，要着力解决影响行业“两烟”生产经营秩序、影响专卖制度、影响国务院有关文件贯彻执行、损害群众利益的深层次问题，切实做到支持改革，鼓励创新，教育失误，惩处腐败，努力营造一种干事创业的良好氛围。

1. **要严明纪律，为行业政令畅通提供纪律保证。**各级纪检监察机构要把严明党的纪律，特别是政治纪律作为首要任务，加强对贯彻执行党的路线方针政策和国家法律法规情况的监督检查，确保行业政令畅通，坚决做到令行禁止。

2. **要严肃执纪，为坚持专卖制度提供纪律保证。**各级纪检监察机构要通过对专卖管理的执法监察，加大治理“两烟”体外循环和商业贿赂工作力度，坚决纠正专卖管理中的违纪违规问题；要与专卖部门加强协调，落实办案程序，强化监督指导，切实维护行业形象，维护专卖制度的权威性。

3. **要优化环境，为深化烟草企业改革提供纪律保证。**要紧紧围绕国家局党组的重大改革措施和重要决策开展监督检查，适应现代企业制度要求，着力解决妨碍改革发展的突出问题，为行业持续健康发展创造良好环境。

4. **要严格自律，为维护“两个至上”提供纪律保证。**各级纪检监察机构要通过查办“两烟”生产经营中的违纪违法案件，有效遏制以权谋私行为，防止国有资产流失，保证国家财政收入增长；通过参与加强行业内部管理监督工作，坚决纠正借助专卖权力损害零售户和消费者利益的现象；通过参与烟叶基础设施建设监督管理工作，保证工程质量，确保资金安全，维护烟农利益。

（二）加强对领导干部的监督，进一步规范权力运行

要认真贯彻执行《党内监督条例》，加强对领导班子、领导干部特别是主要领导干部的监督，抓好领导干部个人重大事项报告、民主生活会、述职述廉、民主评议、诫勉谈话和函询等制度的建设和落实。严格落实民主集中制，坚决纠正个别主要领导干部在“三重一大”问题上搞“一言堂”、独断专行的问题。今年，根据《党内监督条例》和《中共中央纪委、中共中央组织部巡视工作暂行规定》，国家局党组和驻局纪检组决定在行业开展巡视工作，对行业直属单位领导班子、领导干部特别是主要领导干部履行工作职责，执行党风廉政建设责任制，贯彻执行廉洁从政规定等情况开展巡视检查。

（三）维护《烟草专卖法》，规范“两烟”生产经营行为

《烟草专卖法》的调整对象，主要是烟草专卖品生产经营及其各项管理活动，重点是烟草行业内部。“两烟”体外循环问题的实质，就是行业内部人员与行业外不法烟贩相互勾结，共同实施的倒买倒卖卷烟、烟叶，违反《烟草专卖法》的违法行为。作为执法主体，严格遵守《烟草专卖法》，是行业各级领导干部履行岗位职责的基本要求，是具备任职资格的起码条件，一旦发生执法犯法的问题，首先就丧失了任职资格和从业资格。各级领导干部和从业人员一定要不折不扣地遵守专卖法、执行专卖法、维护专卖法。去年以来，我们多次强调对违反专卖法、搞“两烟”体外循环的问题不作法外处理，其目的就是要坚决维护《烟草专卖法》的权威性和严肃性。各单位要研究从根本上杜绝“两烟”体外循环的有效途径和方法，坚

决做到，不论工业企业，还是商业企业，一律不准与烟贩子进行交易：商业企业要做到不从烟贩子手中收购烟叶，不将烟叶卖给烟贩子；工业企业要做到不从烟贩子手中购进烟叶，不将卷烟卖给烟贩子；打叶复烤企业不准为烟贩子加工烟叶，不准将烟叶卖给烟贩子。凡发现业内人员搞“两烟”体外循环的，发现一个查处一个。

（四）把握关键环节，确保对重大工程项目的监督

在利益诱惑下，发生在工程建设领域的违纪违法问题屡禁不止，手段不断翻新。有的设计单位与施工单位相勾结，虚拟支出、夸大预算，抬高工程造价；有的施工单位随意更改工程设计、增加预算，或是层层转包、违法分包，甚至在建筑材料上做文章；有的监理机构与施工单位相勾结，偷工减料、以次充好，等等。这就需要我们通过不断完善制度、创新机制，认真研究和加以解决。重点要把握好以下四个关键环节：一是要加强工程概算的监督。聘请与设计方无利益关系的第三方，对工程项目的设计方案进行审核和评估，挤出“水分”，降低造价，优化方案。二是要设立违约保证金。约定甲乙双方拿出工程项目总造价一定比例的资金，存入双方共同开设的银行账户，若一方违约，另一方凭司法裁定收取对方违约金，以实现对随意更改工程设计等违约行为的控制。三是要设立工程项目建设专项账户。甲方根据合同约定和施工进展情况，分期将工程建设费用打到专项账户，并约定有权查询施工方账户，以实现对工程转包、分包的有效制约和对工程材料采购情况的有效监控。四是加强对工程监理的监督。甲方与监理机构共同核查进场材料、设备采购的原始凭证、检测报告等数质量情况；与施工方共同负责材料的入库保管；出库必须经甲方签字同意，通过对收、管、用环节的控制，有效防止问题的发生。此外，合同甲乙双方约定的内容一定要周全，要请法律顾问对合同文本慎重把关，做好每一条款都可能起诉、应诉的准备。从今年起，行业各级在建项目都要根据上述办法加强监督。

（五）建立制约机制，完善大宗物资采购和广告宣传费用支出的监管

对物资采购加强监管，重点是要合理分解权力，建立有效的制约机制，实行阳光操作，痕迹管理，改变由一个人或少数几个人说了算的做法。核心内容是：需求的不询价，询价的不谈判，谈判签约的不付款，通过前一程序对后一程序的制约、后一程序对前一程序的监督，堵塞物资采购工作中的漏洞。加强对广告宣传费用支出的监督，规范管理，严禁通过广告宣传业务捞取个人好处。

（六）落实派员驻厂和定点联系制度，加强对打叶复烤企业的监督

加强对打叶复烤企业的管理监督，有利于从源头上治理假烟生产和销售，有利于为卷烟销售创造更大市场空间。去年，国家局印发了《关于对打叶复烤企业实行派员驻厂和定点联系制度的通知》，要求省级局对所属打叶复烤企业实行专卖派员驻厂监督制度，纪检监察机构与打叶复烤企业建立工作联系制度，以规范打叶复烤企业生产经营行为。总的来看，各单位执行情况是好的，但是也有个别单位人员不到位、工作不落实、监督不得力，有关省级局要立即进行整改，不折不扣地落实国家局通知要求。

（七）加强资金监管，确保资金安全

烟草行业资金巨大，资金安全问题十分重要。国家局高度重视资金监管问题，责成财务司和驻局纪检组监察局研究、推进行业资金监管系统建设，经过调研论证，已经有了基本思路，其核心内容是：以银行为枢纽，以信息为载体，变规范为程序，变监管为控制，实现实时在线审计，使传统的事后监督变为事前监督和实时监督，将行业生产经营和资金管理全部纳入网络运行和监管，使商流、物流、资金流形成信息流，确保整个生产经营和资金运行过程痕迹化，从而实现规范生产经营、确保资金安全，提高烟草行业国有资产监督管理水平。

重要文件

综　合

财政部　国家发展改革委关于印发《中国烟草总公司章程》的通知

（2007 年 1 月 16 日　财建〔2007〕2 号）

中国烟草总公司：

现将《中国烟草总公司章程》印发给你们，请认真贯彻执行。

附件：中国烟草总公司章程

中国烟草总公司章程

第一章　总　则

第一条　为确立中国烟草总公司（以下简称公司）的法律地位和行为准则，保障公司的合法权益，规范公司的管理和运作，根据《中华人民共和国烟草专卖法》及《中华人民共和国烟草专卖法实施条例》，结合公司实际情况，制定本章程。

第二条　公司中文全称：中国烟草总公司，简称：中国烟草。

公司英文全称：China National Tobacco Corporation，英文缩写：CNTC。

公司的法定住所：北京市宣武区宣武门西大街 26 号 2 号楼，邮政编码为 100053。

第三条　公司是经国务院批准组建的特大型国有企业，出资人为国务院。公司在国家工商行政管理部门登记注册，是企业法人，享有法人财产权。公司以其全部财产对公司的债务承担责任。其合法权益和经营活动受国家法律保护。

第四条　公司依法对所属工商企业的国有资产行使出资人权利，经营和管理国有资产，承担保值增值责任。

第五条　公司在国家宏观调控和行业监管下，依法经营，照章纳税，维护国家利益和消费者利益，自主进行生产经营管理活动。

第二章　注册资本和经营范围

第六条　公司的注册资本为人民币 570 亿元。

第七条　公司的经营宗旨是：遵守国家法律、法规，执行国家政策，根据国民经济中长期发展规划、国家产业政策，按照国家计划和烟草行业发展规划，依法自主从事生产经营管理活动，深化企业改革，加快结构调整，优化资源配置，增强国内外市场的竞争能力，促进烟草业持续稳定协调健康发展，维护消费者利益，保证国家财政收入。

第八条　公司主要经营以下业务：

（一）公司及其全资企业、控股企业、参股企业中由国家投资形成的国有资产和国有股权；

（二）烟草专卖品的生产、销售、进出口业务；

（三）国家允许或委托的其他业务。

第三章　组织机构

第九条　公司接受国务院有关部门的业务指导和行业管理。

公司实行总经理负责制。总经理为公司法定代表人。总经理由国家烟草专卖局局长兼任。

第十条　总经理负责公司全面工作，主要行使下列职权：

（一）贯彻党和国家的方针、政策，执行国务院的决议，向国务院及有关部门报告工作；

（二）组织制订和实施公司的发展战略、中长期发展规划、重大固定资产投资项目；

（三）主持公司的资产经营和生产经营管理工作；

（四）组织制订和实施公司年度计划；

（五）组织制订和实施公司年度财务预算方案，编制年度财务决算；

（六）组织制订和实施公司利润分配方案；

（七）按照干部管理程序，任免、考核全资企业和事业单位的领导班子成员，以及公司各部门负责人员；

（八）召集并主持总经理办公会议，研究决定重大事项；

（九）行使国务院及有关部门授予的其他职权。

第十一条 按照精简、统一、效能和权责一致的原则，结合烟草专卖体制特点，设置职能部门，在总经理的领导下开展工作。

第十二条 建立和健全投资委员会、预算委员会、薪酬委员会，明确职责，规范运作，严格按照程序规范决策行为，实现科学决策、民主决策、依法决策。

投资委员会：审议并通过烟草行业投资规划。

预算委员会：审议并通过年度预算草案，审核预算执行报告。

薪酬委员会：制定适应中国烟草发展战略的薪酬福利政策和薪酬制度发展规划，建立健全薪酬福利体系，监督规划的执行，评估规划执行结果。

第十三条 根据中国共产党章程的规定，在公司中设立党的组织，开展党的活动。公司职工依法组织工会，开展工会活动，维护职工的合法权益。公司应当为党组织活动、工会活动提供必要条件。

第四章 主要职责、权限和与有关企业的关系

第十四条 公司的主要职责：

（一）对企业的国有资产收益依法履行出资人职责；

（二）依照法律法规任免、考核企业负责人，并根据考核结果进行奖惩；

（三）依照法定程序决定企业的分立、合并、破产、解散、对外提供信用担保、增减资本等重大事项；

（四）加强国有资产监管，提高资产经营水平，确保国有资产保值增值；

（五）对企业的重大投融资规划、发展战略和规划，依照国家发展规划和产业政策履行出资人职责；

（六）深化企业改革，推进结构调整，优化资源配置，建立现代企业制度，加强企业管理，增强企业活力；

（七）推动经济增长方式转变，负责重大科技项目的开发和创新体系建设，推进技术进步，提高自主创新能力；

（八）指导和加强企业思想政治工作和精神文明建设；

（九）承担国务院及有关部门委托的其他工作。

第十五条 公司的主要权限：

（一）依法对烟草专卖品的生产、销售和进出口业务实行专卖专营、统一管理；

（二）依法对所投资企业享有资产收益和分配权；

（三）按照国家规定，对全资企业、控股企业实行合并财务报表；

（四）依法享有烟草专卖品国营贸易进出口专营权；

（五）投资决策按照国家现行项目审批权限管理；依法决定所投资企业的经营方式、分配方式和重大生产经营决策，实行科学管理，严格监督；

（六）按照国家有关规定，对所投资企业可自主决定联合重组、转让、租赁及外部资产的收购和兼并；

（七）按照干部管理权限，任免和管理公司各部门和全资企业、事业单位的领导班子成员。按照《中华人民共和国公司法》和有关规定，对控股企业及参股企业按出资比例委派股东代表，推荐董事会成员，派出监事会成员；

（八）国务院及有关部门授予的其他权限。

第十六条 公司与全资企业、控股企业之间是以资产为纽带的母子公司关系，按照《中华人民共和国公司法》和国家有关规定，规范母子公司体制。

第五章 财务会计和审计

第十七条 公司依照国家法律、行政法规和国务院财政部门的规定建立公司和全资、控股企业的财务、会计制度。

第十八条 公司在每一会计年度终了时编制财务报告，并依法经会计师事务所审计。公司的会计年度自公历1月1日起至12月31日止。

第十九条 公司的财务和资产关系在财政部单列，接受财政部监管。

第二十条 公司以人民币为记账本位币，根据经营需要，分别开设人民币账户和外汇账户。

第二十一条 公司按国家有关规定，建立内部审计机构，实行内部审计制度，对公司及所投资的企业的经营管理活动进行审计。

第二十二条 公司除法定的会计账簿外，不得另立会计账簿。对公司资产，不得以任何个人名义开立账户存储。

第六章 人力资源管理、收入分配和劳动保障

第二十三条 公司根据国家法律、法规和有关政策，结合生产经营需要，制订人力资源规划，健全和完善相关制度，对职工培训、用工总量、人工成本等进行管理和指导。

第二十四条 公司依据国家有关规定，建立健全

企业收入分配激励约束机制。

第二十五条　公司遵守国家法律、法规和行业政策，规范劳动用工制度，制定劳动保障制度，保障劳动者的合法权益。

第二十六条　公司按照有关规定提取福利费和工会经费。

第七章　附　则

第二十七条　本章程未尽事宜，按照国家有关法律、法规和行业政策执行。

国家发展改革委、国家烟草专卖局关于2007年烟叶收购价格政策的通知

（2007年6月4日　发改价格〔2007〕1196号）

各省、自治区、直辖市发展改革委、物价局、烟草专卖局：

为引导农民合理安排烟叶生产，促进烟叶生产稳定发展，保持烟叶供求总量平衡和等级结构的不断改善，现将2007年烤烟、白肋烟和香料烟收购价格政策通知如下：

一、适当提高烤烟收购价格。各等级烤烟收购价格每50千克提高20元，价区划分维持上年不变。各价区分等级烤烟收购价格详见附表一、附表二。白肋烟收购价格适当提高，香料烟收购价格保持基本稳定，各主产区白肋烟、香料烟分等级收购价格详见附表三、附表四。

二、各地要认真贯彻国家烟叶价格政策和烟叶生产投入补贴政策。严格执行国家规定的等级质量标准，烟叶收购等级合格率必须达到国家规定标准。

三、各级价格主管部门要会同烟草等部门加强对烟叶收购价格政策执行情况的监督检查，对压级压价、抬级抬价、越权调价等违法行为要依法严肃查处。

附表：一、2007年烤烟收购价格表

二、2007年烤烟价区表

三、2007年白肋烟收购价格表

四、2007年香料烟收购价格表

附表一　　**2007年烤烟收购价格表**　　单位：元/50千克

等　级		一价区	二价区	三价区	四价区
上等					
C1F	中桔一	890	880	840	770
C2F	中桔二	820	810	770	700
C3F	中桔三	720	710	670	610
C1L	中柠一	820	810	780	710
C2L	中柠二	740	730	700	640
B1F	上桔一	720	710	680	620
B2F	上桔二	590	580	560	510
B1L	上柠一	620	610	580	530
B1R	上红一	580	570	545	500
H1F	完熟一	610	600	570	520
X1F	下桔一	630	625	600	550
中等					
C3L	中柠三	635	625	600	550

续表

等　级		一价区	二价区	三价区	四价区
X2F	下桔二	525	520	500	455
C4F	中桔四	565	560	540	490
C4L	中柠四	525	520	500	460
X3F	下桔三	425	420	400	370
X1L	下柠一	610	600	570	520
X2L	下柠二	490	485	470	430
B3F	上桔三	420	415	410	380
B4F	上桔四	260	255	250	240
B2L	上柠二	440	430	420	400
B3L	上柠三	270	265	260	250
B2R	上红二	490	480	460	420
B3R	上红三	315	305	300	285
H2F	完熟二	505	500	480	440
X2V	下微青二	335	330	320	290
C3V	中微青三	525	520	500	455
B2V	上微青二	400	395	375	340
B3V	上微青三	300	295	280	255
S1	光滑一	245	240	230	210
下等					
B4L	上柠四	180	170	160	155
X3L	下柠三	330	320	310	290
X4L	下柠四	205	200	190	180
X4F	下桔四	240	230	220	210
S2	光滑二	130	125	120	110
CX1K	中下杂一	225	220	210	200
CX2K	中下杂二	155	155	150	145
B1K	上杂一	210	205	200	195
B2K	上杂二	125	120	120	115
GY1	青黄一	100	100	100	100
低等					
B3K	上杂三	100	100	100	100
GY2	青黄二	80	80	80	80

附表二　　2007年烤烟价区表

价　区	中准级收购价格（X2F级）	各价区所包括的地区
一价区	525元/50千克	云南省玉溪市、昆明市、红河州
二价区	520元/50千克	云南省除玉溪市、昆明市、红河州以外其他市（州）；贵州省遵义市、黔西南州；湖南省郴州市、永州市、长沙市、衡阳市、娄底市、益阳市、邵阳市；福建省；浙江省；江西省；广东省；广西壮族自治区；河南省三门峡市、洛阳市；安徽省皖南地区
三价区	500元/50千克	四川省；重庆市；湖北省；山东省；贵州省除遵义市、黔西南州以外其他市（州）；湖南省除郴州市、永州市、长沙市、衡阳市、娄底市、益阳市、邵阳市以外其他地市；河南省除三门峡市、洛阳市以外其他地市；陕西省安康市、商洛市、汉中市；安徽省除皖南以外其他地市
四价区	455元/50千克	河北省；山西省；内蒙古自治区；辽宁省；吉林省；黑龙江省；陕西省除安康市、商洛市、汉中市以外其他地市；甘肃省；宁夏回族自治区

附表三　　2007年白肋烟收购价格表　　单位：元/50千克

等　级	代号	四川	重庆	云南	湖北	湖南
中一	C1	450	450	520	450	450
中二	C2	410	410	470	410	410
中三	C3	380	380	420	380	380
中四	C4	340	340	360	340	340
中五	C5	260	260	260	260	260
中六	C6	200	200	200	200	200
上一	B1	380	380	420	380	380
上二	B2	310	310	340	310	310
上三	B3	260	260	280	260	260
上四	B4	200	200	200	200	200
上五	B5	150	150	150	150	150
末级	N	100	100	100	100	100

附表四　　2007年香料烟收购价格表　　单位：元/50千克

等　级	代　号	湖　北	云　南	浙　江	新　疆
上一	A1	900	1000	1300	960
上二	B1	780	800	1000	810
上三	K1	450	500	650	470
中一	A2	650	900	1100	840
中二	B2	590	650	800	690
中三	K2	330	300	250	290
下一	A3	410	600	650	630
下二	B3	250	500	200	530
下三	K3	100	150	20	150
末级	ND	20	50	10	40

关于印发《关于对制售假烟重大案件实行督办制度的若干规定》的通知

（2007 年 6 月 25 日　公通字〔2007〕45 号）

各省、自治区、直辖市公安厅、局，烟草专卖局，新疆生产建设兵团公安局、烟草专卖局：

为进一步加大打击制售假冒伪劣烟草制品犯罪活动的工作力度，推动全国卷烟打假工作的深入开展，公安部、国家烟草专卖局制定了《关于对制售假烟重大案件实行督办制度的若干规定》，现印发给你们。请结合本地实际，认真贯彻执行。

关于对制售假烟重大案件实行督办制度的若干规定

为进一步加大打击制售假冒伪劣烟草制品犯罪活动的工作力度，推动全国卷烟打假工作的深入开展，有效遏制制售假烟犯罪泛滥的势头，公安部、国家烟草专卖局决定对制售假烟重大案件实行督办制度。现制定如下规定：

一、公安部、国家烟草专卖局实行制售假烟重大案件督办制度，对下列制售假冒伪劣烟草制品案件联合挂牌督办：

（一）中央、部（局）领导交办的案件；

（二）在全国有影响的重大刑事案件；

（三）案情复杂，跨多省区、涉案金额巨大的制假、售假网络案件；

（四）公安部、国家烟草专卖局认为有必要挂牌督办的其他重大案件。

二、凡符合上述条件的重大制售假烟案件，省级公安机关和烟草专卖局的打假工作部门可以向公安部、国家烟草专卖局打击制售假烟网络工作领导小组办公室提出书面督办申请，内容应包括案件基本情况、已办理的情况、需要督办的事项、请求督办的理由等。

三、公安部治安管理局决定各地申请督办的案件是否列为督办案件；国家烟草专卖局专卖监督管理司认为有必要列为督办案件的，经商公安部治安管理局同意，可以列为督办案件。

在接到各地督办申请两周内，由公安部、国家烟草专卖局打击制售假烟网络领导小组办公室通知申请单位是否列为督办案件。

公安部治安管理局可以根据需要，决定督办事项，并以下发通知、转发线索等形式对重大案件进行督办；必要时，可以会同国家烟草专卖局专卖监督管理司组织打击行动。

四、被列为督办案件的，原则上不到侦查终结不予撤销督办。但经核实不再符合督办案件标准、不需继续督办的，可以通知立案单位所在省级公安机关烟草打假工作部门，撤销对案件的督办。

五、督办案件的侦查工作由案件发生地的公安机关负责，行政稽查工作由案发地烟草部门负责。

跨省区犯罪案件，由主要犯罪地公安机关管辖；其他犯罪地公安机关应在信息沟通、线索传递、调查取证、查扣赃款赃物、抓捕和羁押犯罪嫌疑人等方面给予必要的协助配合。主要犯罪地公安机关要及时向其他涉案地公安机关提供案件线索、法律手续等相关资料。必要时，公安部可以指定管辖。

六、省级公安机关烟草打假工作部门督办案件责任单位，部门主要负责人是督办案件的第一责任人。责任单位和责任人要切实负起责任，定期组织侦查办案人员分析案情，制订各阶段、各环节的侦查取证工作方案，明确责任，确保各项侦破措施落实到位。

七、具体承办案件的公安机关要成立专案组，主要领导同志担任组长，并落实专人督办，精心组织攻坚突破。要及时向当地党委、政府报告督办案件工作情况，取得支持。要严格执行破案标准，加强与检察院、法院的沟通协作，及时研究解决工作中遇到的问题，强化侦查、审讯、追逃等措施，提高督办案件的破获率、在逃人员抓获归案率和追刑率。

八、烟草部门要做好案件的移送工作，并配合公安机关、检察院、法院做好案件侦查、起诉和审判阶段的工作，提供相应的技术保障和后勤保障。

九、各地要及时跟踪案件进展情况，对督办案件建立专门档案。档案内容包括督办案件编号、案件名称、责任人、主要案情、侦破时间等。

十、对督办案件的进展情况实行定期上报制度，并将信息上报情况纳入相关考核内容。各地公安机关烟草打假工作部门在接到督办通知后，要每月向公安部治安管理局报送一次情况；案件取得重大进展的，要迅速报告；案件侦查终结的，要在一周内专题上报。专题报告内容应包括案件基本情况、侦破情况、经验教训或得失体会、工作建议等。

案件移送检察机关审查起诉后，要及时跟踪掌握情况，并及时报告。法院作出一审判决后要及时报告判决结果。

十一、公安部治安管理局定期对督办案件的办理情况进行通报。必要时，邀请新闻媒体进行宣传报道。

十二、公安部、国家烟草专卖局对督办案件实行奖惩制度。对完成督办案件工作力度大、成效明显的，给予鼓励和奖励。具体方式包括：发贺电、通报表扬；根据案件复杂程度、价值大小等情况，一次性给予5万至10万元办案经费补助，由国家烟草专卖局（中国烟草总公司）支付；将案件办理情况作为年终评选卷烟打假先进集体、先进个人和特殊贡献奖的重要参考。

对工作力度不大，甚至不积极、不主动，致使督办案件长时间未能取得较大进展的，给予通报批评，并不得参加年终先进集体的评选；违法违纪的，依法追究责任。

十三、省级公安机关、烟草部门可以结合本地区实际情况，根据本规定，制定本省（自治区、直辖市）范围内关于重大案件督办制度的具体规定。

十四、本规定自印发之日起施行。

中共国家烟草专卖局党组关于认真学习贯彻党的十七大精神的通知

（2007年10月24日　国烟党〔2007〕46号）

行业各直属单位党组（党委）：

中国共产党第十七次全国代表大会，是在我国改革发展关键阶段召开的一次十分重要的大会，举国关注，举世瞩目。大会批准了胡锦涛同志代表第十六届中央委员会所作的报告，批准了中央纪律检查委员会工作报告，审议通过了《中国共产党章程（修正案）》，选举产生了新一届中央委员会和中央纪律检查委员会。认真学习、深刻领会、全面贯彻党的十七大精神，是当前和今后一个时期烟草行业的一项重要的政治任务。按照中央的统一要求，结合烟草行业实际情况，现将认真学习宣传贯彻党的十七大精神有关要求通知如下：

一、统一思想，充分认识党的十七大的重大意义

党的第十七次全国代表大会，是一次团结的大会、胜利的大会、奋进的大会，大会高度评价了胡锦涛同志所作的报告。报告高举中国特色社会主义伟大旗帜，认真总结了党的十六大以来5年的工作，回顾总结了改革开放的伟大历史进程和宝贵经验，对继续推进改革开放和社会主义现代化建设、实现全面建设小康社会的宏伟目标作出了全面部署，对以改革创新精神全面推进党的建设新的伟大工程提出了明确要求。报告集中全党智慧、凝聚各方共识、反映人民心声，鲜明地向党内外、国内外宣示了在改革发展关键阶段我们党举什么旗、走什么路、以什么样的精神状态、朝着什么样的发展目标继续前进，以战略性思维和前瞻性眼光描绘了我国改革发展的宏伟蓝图。这是中国共产党人面向现代化、面向世界、面向未来的政治宣言，是马克思主义的纲领性文献，是指引全国各族人民夺取全面建设小康社会新胜利、开创中国特色社会主义新局面的行动纲领。

党的十六大以来，面对复杂多变的国际环境和艰巨繁重的改革发展任务，以胡锦涛同志为总书记的党中央带领全党全国各族人民，高举邓小平理论和“三个代表”重要思想伟大旗帜，提出并贯彻科学发展观等重大战略思想，战胜各种困难和风险，推动党和国家工作取得新的重大成就、人民生活得到显著改善，开创了中国特色社会主义事业新局面，开拓了马克思主义中国化新境界。实践充分证明，党的十六大和十六大以来中央作出的各项重大决策是完全正确的。5年的伟大实践，为我国进一步改革发展奠定了坚实基础；5年的辉煌成就，谱写了中国特色社会主义事业的光辉篇章。

党的十七大的主题，对我们党带领人民继往开来、开拓奋进具有十分重大的意义。“高举中国特色社会主义伟大旗帜，以邓小平理论和‘三个代表’重要思想为指导，深入贯彻落实科学发展观，继续解放思想，坚持改革开放，推动科学发展，促进社会和谐，为夺取全面建设小康社会新胜利而奋斗。”这一主题，揭示了中国社会主义的发展规律，反映了时代发展的新要求和各族人民的新期待，是党的十七大的历史性贡献。

在改革开放的历史新时期，中国共产党和中国人民以一往无前的进取精神和波澜壮阔的创新实践，谱写了中华民族自强不息、顽强奋进的新的壮丽史诗，中国人民的面貌、社会主义中国的面貌、中国共产党的面貌发生了历史性变化。改革开放以来取得一切成绩和进步的根本原因，归结起来就是：开辟了中国特

色社会主义道路，形成了中国特色社会主义理论体系。

学习宣传贯彻党的十七大精神，对于烟草行业干部职工统一思想、振奋精神，转变发展观念，推动烟草行业又好又快地发展，具有十分重要的意义。行业各级党组（党委）、各级党组织和广大党员干部要充分认识党的十七大的重大意义，坚持以十七大精神为指导，通过广泛深入的学习，以高度的政治责任感，自觉地把思想和行动统一到十七大精神上来，贯彻落实科学发展观，站在新起点谋划新发展，抓住新机遇促进新发展，推进烟草行业步入科学发展的轨道，为构建社会主义和谐社会、和谐烟草作出新的贡献。

二、把握实质，深刻领会党的十七大的基本精神

学习宣传和全面贯彻落实党的十七大精神，把行业干部职工的思想统一到党的十七大精神上来，把力量凝聚到实现党的十七大确定的各项任务上来。要认真研读党的十七大文件，原原本本学习党的十七大报告和党章，全面准确学习领会党的十七大精神，要认真领会党的十七大的主题，认真领会党的十六大以来所取得的成绩，认真领会改革开放的伟大历史进程和宝贵经验。

深刻领会中国特色社会主义道路和中国特色社会主义理论体系。在当代中国，坚持中国特色社会主义道路，就是真正坚持社会主义。中国特色社会主义理论体系，包括邓小平理论、“三个代表”重要思想以及科学发展观等重大战略思想在内的科学理论体系。这个理论体系，坚持和发展了马克思列宁主义、毛泽东思想，凝结了几代中国共产党人带领人民不懈探索实践的智慧和心血，是马克思主义中国化最新成果，是党最可宝贵的政治和精神财富，是全国各族人民团结奋斗的共同思想基础。在当代中国，坚持中国特色社会主义理论体系，就是真正坚持马克思主义。

深刻领会科学发展观的科学内涵、精神实质、根本要求。在新的发展阶段继续全面建设小康社会、发展中国特色社会主义，必须坚持以邓小平理论和“三个代表”重要思想为指导，深入贯彻落实科学发展观。科学发展观，是对党的三代中央领导集体关于发展的重要思想的继承和发展，是马克思主义关于发展的世界观和方法论的集中体现，是同马克思列宁主义、毛泽东思想、邓小平理论和“三个代表”重要思想既一脉相承又与时俱进的科学理论，是我国经济社会发展的重要指导方针，是发展中国特色社会主义必须坚持和贯彻的重大战略思想。科学发展观，第一要义是发展，核心是以人为本，基本要求是全面协调可持续，根本方法是统筹兼顾。

深刻领会实现全面建设小康社会奋斗目标的新要求。党的十七大基于我国仍处于并将长期处于社会主义初级阶段的基本国情，适应国内外形势的新变化，顺应各族人民过上更好生活的新期待，提出了实现全面建设小康社会奋斗目标的新要求，按照中国特色社会主义事业总体布局，对社会主义经济建设、政治建设、文化建设、社会建设作出了全面部署。要实现全面建设小康社会的目标，必须促进国民经济又好又快的发展，坚定不移发展社会主义民主政治，推动社会主义文化大发展大繁荣，加快推进以改善民生为重点的社会建设。

深刻领会社会主义经济建设、政治建设、文化建设、社会建设等方面的重大部署。党的十七大报告关于社会主义经济建设、政治建设、文化建设、社会建设的部署，为发展中国特色社会主义指明了方向。自觉把思想和行动统一到党的十七大精神上来，把智慧和力量凝聚到落实党的十七大提出的重大战略部署和各项重大任务上来。居安思危、增强忧患意识，戒骄戒躁、艰苦奋斗，刻苦学习、埋头苦干，加强团结、顾全大局，同心同德推动党和人民事业取得新的更大胜利。

深刻领会以改革创新精神推进党的建设新的伟大工程的重大任务。党要站在时代前列带领人民不断开创事业发展新局面，必须以改革创新精神加强自身建设，必须把党的执政能力建设和先进性建设作为主线，坚持党要管党、从严治党，贯彻为民、务实、清廉的要求，以坚定理想信念为重点加强思想建设，以造就高素质党员、干部队伍为重点加强组织建设，以保持党同人民群众的血肉联系为重点加强作风建设，以健全民主集中制为重点加强制度建设，以完善惩治和预防腐败体系为重点加强反腐倡廉建设，使党始终成为中国特色社会主义事业的坚强领导核心。

三、联系实际情况，用党的十七大精神指导各项工作

学习贯彻党的十七大精神，要大力发扬理论联系实际的学风，坚持从烟草行业的实际出发，积极推进当前和今后一个时期的各项工作，用工作业绩来检验学习贯彻党的十七大精神的成效。

要把学习贯彻党的十七大精神同牢固树立“两个至上”行业共同价值观，深入开展“两个至上”在岗位主题实践活动结合起来。当前，尤其要抓好领导干部率先垂范“两个至上”，深入开展“五查五看”工作，用“两个至上”的标准检验我们的各项工作；要把学习贯彻党的十七大精神同谋划，推进行业改革和发展结合起来。站在维护国家利益、维护消费者利益和改革发展大局的高度，审视烟草行业的发展方向和

定位，以“完善体制机制，优化资源配置，增强竞争实力，全面提升水平”的主要任务和“做精做强主业，保持平稳发展”的基本方针为基调，审视本单位的工作，促进行业又好又快的发展；要把学习贯彻党的十七大精神同推动行业科技进步和管理创新结合起来。坚持以科学发展观统领全局，创新发展，提高发展质量，破解发展难题，建设精神文明、政治文明、物质文明，进一步提高中国烟草的总体竞争实力；要把学习贯彻党的十七大精神同加快推进社会主义新农村建设结合起来。认真贯彻落实中央关于“工业反哺农业，城市支持农村”的战略方针和建设社会主义新农村的重大历史任务，从保持行业持续健康发展和构建社会主义和谐社会的战略高度，坚持“重心下移，着眼基层，突出服务，加强基础”的烟叶工作方针，更加重视烟叶基础地位，认真抓好烟田基础设施建设，积极推进传统烟草农业向现代烟草农业的转变，为建设社会主义新农村做出积极的贡献；要把学习贯彻党的十七大精神同构建和谐烟草结合起来。进一步深化烟草行业劳动用工及收入分配制度改革，切实解决维系烟草发展利益相关者和干部职工切身利益的突出问题，坚持以人为本，加强利益协调、理顺情绪、保持稳定，努力构建和谐烟草，为构建和谐社会作出积极贡献；要把学习贯彻党的十七大精神同党的先进性建设结合起来。认真学习《中国共产党章程（修正案）》，将学习贯穿到党的先进性教育和建设的各项工作中，充分发挥各级党组织的战斗堡垒作用和广大党员的先锋模范作用，为行业的改革与发展提供坚强的政治保证。

四、加强领导，迅速掀起学习党的十七大精神的热潮

行业各级党组（党委）要把学习宣传贯彻党的十七大精神作为当前工作的头等大事，精心组织、周密部署、扎实推进，迅速掀起学习热潮，紧密结合本单位和本部门实际情况全面贯彻落实。一是要领导带头。各级党组（党委）中心组要率先垂范，带头认真学习党的十七大精神，做到先学一步、多学一些、学深一点。二是要形式多样。各基层党组织要通过政治学习、集中授课、集中培训等多种途径，使党的十七大精神进机关、进企业、进网点。三是要密切配合。各级工会、共青团和妇联等组织要充分发挥广泛联系各界群众的优势，开展各具特色的学习宣传贯彻活动。四是要开展培训。各级党组（党委）宣传部门要把学习宣传党的十七大精神作为重中之重，举办理论骨干培训班，深入基层开展理论辅导和学习宣讲活动。五是要大力宣传。行业各媒体、网站等要牢牢把握舆论导向，充分发挥媒体的宣传主导作用，开辟专栏和专版，加大集中宣传力度，积极营造学习宣传贯彻党的十七大精神的良好氛围。行业各直属单位党组（党委）要注意总结经验、推广典型，加强示范引导，把学习宣传贯彻党的十七大精神工作不断推向深入。

行业各直属单位党组（党委）要把学习宣传贯彻党的十七大精神的情况及时报国家烟草专卖局党组。

国家烟草专卖局关于2007年烟草行业整顿规范生产经营秩序和加强内部管理监督工作的意见

（2007年3月8日　国烟办〔2007〕135号）

行业各直属单位：

2006年，按照国家局党组的总体部署，全行业“两项检查”工作有序展开，内部管理监督工作深入推进；烟叶生产经营秩序更趋规范，计划和合同的执行力明显提高；重大工程项目的监管取得积极进展，对重点部位、重要环节的监督取得实效；干部职工的自律意识进一步增强，有力地促进了行业各项工作任务的完成。

整顿规范和加强内部管理监督工作是行业的一项长期任务，也是当前需要重点解决的重大课题。行业生产经营中存在的一些不规范的问题，不可能通过几次专项治理整顿就得到彻底的解决。因此，要充分认识整顿规范和加强内部管理监督工作的重要性、长期性和艰巨性，清醒认识行业面临的新形势和新任务，在以往工作的基础上，进一步加大工作力度，坚持不懈、持之以恒、一以贯之，不断取得整顿规范和加强内部管理监督工作的新成效。

2007年烟草行业整顿规范和加强内部管理监督工作，要以科学发展观为统领，认真贯彻全国烟草工作会议精神，继续开展专项治理整顿，更加注重加强内部管理监督，进一步完善制度、规范流程、严格监管，积极探索内部监管的有效途径和方式，构建内部监管的长效机制，努力维护良好的生产经营秩序，把行业内部管理监督工作提高到一个新水平。

一、2007年整顿规范和加强内部管理监督工作的主要任务

（一）深入开展"两项检查"工作

今年，国家局将继续开展专卖内部管理监督检查抽查工作。没有接受国家局抽查的省级公司，要认真做好迎接抽查的各项准备工作；抽查工作已经结束的省级公司，要针对检查中发现的问题，严肃认真地进行整改并将整改情况报国家局，同时要加强对下属企业整改情况的检查工作，认真检查具体问题的整改情况和有关制度的完善情况，防止只查不改、前整后犯等情况的发生。

同级审计监督检查工作在重点抽查工作基本结束的基础上，今年要突出抓好整改工作。对重点抽查中发现的问题，要及时下达整改通知。凡被下达整改通知的单位，都要逐条逐项抓落实，限期完成整改任务并报告情况。要加强对整改工作的检查和督促，同时结合整改狠抓制度建设，防止已整改的问题再度发生。要继续加强同级审计监督工作，重点解决三方面问题：一是严格执行《中华人民共和国会计法》和有关会计制度，规范会计核算，加强资金监管，及时交纳税金；二是严格执行国家有关的法律法规和政策规定，确保法律和政令畅通；三是严格执行国有资产管理的有关规定，加大清产核资的工作力度，依法依规处理历史遗留问题，防止国有资产流失。

"两项检查"工作告一段落后，要进行认真的总结和讲评，进一步完善监督机制，提高监管水平，建立起加强内部管理监督的长效机制，切实巩固"两项检查"的成果。要定期开展内部检查工作。国家局从今年开始，要定期对卷烟工业企业和省级公司进行财务审计，对各省级局专卖管理监督开展情况定期进行检查。（以上工作分别由国家局专卖司和财务〈审计〉司牵头，整顿办配合）

（二）切实加强对"两烟"生产经营的管理监督

今年规范烟叶经营秩序工作的重点是加强对复烤加工企业的管理监督。有关部门要加大对复烤加工企业的检查工作力度，杜绝无合同加工和超合同加工等问题的发生；要严格执行"原烟交接、委托加工"的行业规定，进一步建立健全复烤加工的有关制度，规范从原烟调入到片烟调出的工作流程；认真落实属地专卖主管部门向打叶复烤企业派员驻厂制度和纪检监察部门定点联系制度，加强对派驻联系制度执行情况的检查监督，充分发挥制度的规范和约束作用。各级烟叶主管部门要进一步转变观念、转变职能，以更多的精力、更大的力度抓好烟叶生产经营的规范运作和日常监管。（以上工作由中国烟叶公司牵头，国家局专卖司、中国烟草进出口〈集团〉公司和监察局、整顿办配合）

今年规范卷烟经营秩序工作的重点是认真解决卷烟交易中的非市场因素问题，严肃纠正交易活动中的不正之风。卷烟工业企业要制定公开透明的紧俏货源供货制度，不得"捆绑销售"，不得向商业企业开展任何形式的让利活动，不得向商业企业送钱送物；卷烟商业企业要制定公开透明的品牌准入和品牌培育制度，不得变相设置准入门槛，不得收受和索要卷烟工业企业的钱物，不得收受卷烟工业企业发放的奖金、补贴和贵重物品，不得以任何理由向非正常渠道供货，搞体外循环。各级销售主管部门要主动靠前，严格管理，在指导行业规范经营上下更大工夫。（以上工作由国家局运行司牵头，中国卷烟销售公司和国家局计划司、专卖司及中国烟草进出口〈集团〉公司、整顿办配合）

（三）继续加强对工程投资项目的管理监督

对工程投资项目的管理监督实行分级负责制度，国家局负责行业项目预算超过1亿元的重大工程投资项目的管理监督，各省级公司要负责本省（区、市）行业内1000万元至1亿元的工程投资项目的管理监督。工程投资项目的监管要紧紧抓住招标、开标、评标、定标等关键环节，重点监督工程投资项目审批手续是否完备，工程项目实施过程中是否执行了项目法人责任制、招标投标制、工程监理制、项目审计制，有无擅自改变项目用途、扩大建设规模等问题。要进一步建立和完善行业工程建设项目立项审批制度、工程建设概算审批制度、工程建设招投标管理办法、工程设计招投标管理办法和行业招投标的监督办法。要加大对工程投资项目中有关制度执行情况的检查，加大对工程投资项目全过程的监督力度。（以上工作由国家局计划司牵头，监察局和财务〈审计〉司及中国烟草投资管理公司配合）

（四）全面加强对大宗物资和烟机零配件采购、广告宣传活动的管理监督

为了进一步规范物资采购和广告宣传行为，今年要全面加强对大宗物资和烟机零配件采购、广告宣传活动的管理监督。重点监管在资质认证、公开招标、比质比价和资金流转程序等方面存在的问题，以及在广告宣传立项、招标、广告费支出等方面存在的问题。进一步建立健全采购和广告宣传制度，形成询价、谈判签约、付款三者相互制约的运作机制，建立行业统一的物资采购和广告宣传规范程序；理顺烟机零配件

供应渠道，加强对零配件生产企业的质量监督。严格零配件全国会员准入条件，规范烟机零配件采购行为。加强卷烟材料市场信息平台建设，向行业及时提供全面准确的卷烟辅料和烟机零配件供应信息。（大宗物资采购和广告宣传监管工作由国家局运行司牵头；烟机零配件采购监管工作由中国烟草机械集团有限责任公司牵头，国家局财务〈审计〉司、中国烟草进出口〈集团〉公司和监察局、整顿办配合）

（五）进一步加强对资金的管理监督

要高度重视资金管理，防范资金风险，不断提高资金管理的规范性、安全性和有效性，从“重收轻支”向“收支并举、监管并重”的方向转变，实现对资金的有效监管。完善大额资金支出的审批程序，提高资金使用的规范性；严格执行资金预算制度，提高资金的使用效益；进一步增强对资金结算、存储和使用等各个环节的监控力度，确保资金安全流转。进一步完善资金管理（结算）中心的各项规章制度，实现岗位间的相互制衡，形成严密有效的资金风险防范机制。严格执行银行账户管理的有关规定，避免滥设银行账户。加快行业资金管理信息化项目建设，利用现代信息技术，实现对资金运作的动态监控和在线审计。（以上工作由国家局财务〈审计〉司牵头，监察局配合）

（六）努力探索加强内部监管的长效机制

认真研究、探索建立内部监管的长效机制，要重点抓三个方面的工作：一是要严格制度，形成用制度管事、管人、管权的良性机制；二是要严格程序，发挥上下游间的相互监督作用，克服工作中的随意性；三是要加强监管，杜绝违反制度和程序问题的发生。另外，长效机制建设要注重制度的培训工作，增强干部职工遵章守纪的意识；要加强对正面典型的总结和宣传工作，发挥典型的示范引路作用；要加大对“两烟”生产经营、工程投资项目、大宗物资采购、广告宣传、资金使用等领域中违规违纪案件的查办力度，依法依规严肃处理；要认真研究内部管理监督的有效途径和方式，努力实现内部监管的制度化和规范化。

二、做好今年整顿规范和加强内部管理监督工作的几点要求

（一）加强组织领导，严格落实责任

要继续坚持“主要领导负总责、分管领导具体负责、管理监督部门为主、整顿办日常协调、各部门齐抓共管”的领导机制。要把加强内部管理监督工作与构建惩治和预防腐败体系紧密结合起来，高度重视源头治理和建立长效机制工作。要联系本系统本单位实际情况，认真部署今年的整顿规范和加强内部管理监督工作，加强领导，精心组织，狠抓落实，确保各项任务的完成。

（二）认真履行职能，形成监管合力

行业各直属单位和各有关部门要根据本意见的要求，认真研究制订加强内部监管的具体措施。各项工作的牵头部门要充分发挥主导作用，主动与各协助部门进行沟通，各协助部门要积极配合，不推不诿，共同完成好加强内部监管的工作任务。要切实加强监管机构建设，进一步健全专卖、审计、监察、整顿办等内管机构，充实内管队伍，提高监管人员素质。要适时召开整顿规范工作领导小组会议，听取有关部门加强内部监管工作的进展情况和工作打算。

（三）努力开拓进取，创新监管途径

要充分认识建立加强内部管理监督工作长效机制的重要性和紧迫性，认真研究建立一系列适合烟草行业特点的内部管理监督办法。要着力提高全行业干部职工的自律意识，积极探索加强内部监管的有效途径和方式，建立加强内部管理监督的长效机制。要进一步拓宽监督渠道，广泛接受监督与批评，充分发挥各职能部门的监管作用，树立烟草行业负责任的社会形象。

国家烟草专卖局关于发展现代烟草农业的指导意见

（2007 年 10 月 24 日　国烟办〔2007〕467 号）

行业各直属单位：

烟草农业是烟草行业发展的重要基础，是我国农业的重要组成部分。为认真贯彻党的十七大精神和党中央、国务院关于积极发展现代农业扎实推进社会主义新农村建设的战略部署，促进烟农收入持续增加，构建适应卷烟大企业、大品牌规模要求的烟叶原料保障体系，保持烟草行业平稳健康发展，现就发展现代烟草农业提出如下指导意见。

一、发展现代烟草农业是烟草行业参与社会主义新农村建设的重大历史任务

近年来，烟草行业高度重视烟叶基础工作，认真贯彻落实中央关于“工业反哺农业、城市支持农村”的战略方针和建设社会主义新农村的重大历史任务，坚持“重心下移，着眼基层，突出服务，加强基础”的烟叶工作方针，不断加大烟叶生产投入扶持力度，全面加强烟叶基层建设，烟叶生产始终保持平稳健康的良好发展态势。但当前我国烟草农业仍然存在许多矛盾和问题，烟叶生产基础设施依然比较薄弱，以“小农生产、分散种植、粗放经营、人畜作业”为主要特征的传统烟叶生产方式依然没有根本性转变。随着现代农业发展和社会主义新农村建设步伐的不断加快，随着我国农民生产和生活方式的不断转变，随着卷烟大企业、大品牌生产规模的不断扩张，对烟草农业提出了许多新的更高的要求。面对新的形势和任务，必须认真领会中央把解决“三农”问题作为全党工作重中之重的战略思想，进一步转变观念，提高认识，把发展现代烟草农业作为烟草行业参与社会主义新农村建设的重大历史任务，切实抓紧抓好。

（一）发展现代烟草农业的基本思路。发展现代烟草农业，是贯彻落实中央精神的重大举措，反映了烟农的愿望，符合烟草行业发展的需要。顺应我国农业与农村经济发展的客观趋势，遵循世界烟草农业发展的一般规律，发展我国现代烟草农业的基本思路是：以科学发展观为指导，认真贯彻落实党的十七大精神和党中央、国务院关于积极发展现代农业扎实推进社会主义新农村建设的战略部署，坚持和完善烟草专卖制度，积极运用现代科学技术和先进管理方法，通过加大要素投入，转变生产方式，优化资源配置，培养新型烟农，完善政策措施，加强烟叶生产基础设施建设，扎实推进规模化种植、集约化经营、专业化分工、信息化管理，走有中国特色的烟草农业现代化道路，提高土地产出率、资源利用率和劳动生产率，促进烟农收入持续增加，构建适应卷烟大企业、大品牌规模要求的原料保障体系，努力为烟草行业的平稳健康发展提供更加坚实的基础，为发展现代农业和建设社会主义新农村作出更加积极的贡献。

（二）发展现代烟草农业的总体要求。烟草行业实行国家专卖专营体制，近年来发展态势良好，具备比较有利的体制和物质条件，可以率先发展现代烟草农业，为发展我国的现代农业做出积极探索。在发展现代烟草农业过程中，必须做到三个结合：一是与社会主义新农村建设相结合。建设社会主义新农村是我国现代化进程中的重大历史任务，围绕社会主义新农村建设做好农业和农村工作是中央做出的战略部署。烟草行业要从战略和全局的高度，通过积极发展现代烟草农业，为烟叶产区的社会主义新农村建设发挥积极作用。二是与卷烟工业的发展需要相结合。烟叶是卷烟的基础性原料，有效保障卷烟工业的原料供应是烟草农业的中心任务。发展现代烟草农业要适应卷烟工业发展需要，有效支撑中式卷烟大企业、大品牌的持续发展；卷烟工业企业要按照烟草产业链一体化协调发展的要求，积极参与到发展现代烟草农业中来。三是与烟叶生产基础设施建设相结合。加强烟叶生产基础设施建设，是国家局党组2005年开始部署实施的一项重大战略工程。近年来，全国烟叶生产基础设施建设取得了显著成效。发展现代烟草农业，要紧密结合烟叶生产基础设施建设规划，认真总结烟叶生产基础设施建设的实践和经验，进一步打牢基础，积极探索符合中国国情、符合各地实际情况、符合行业特点的发展道路和可行模式。

（三）发展现代烟草农业的主要任务。发展现代烟草农业的过程，是改造传统烟叶生产方式、不断发展先进生产力的过程；是转变烟草农业发展方式、促进烟叶生产平稳健康发展的过程。发展现代烟草农业，要用现代物质条件装备烟草农业，用现代科学技术改造烟草农业，用现代产业体系提升烟草农业，用现代经营形式推进烟草农业，用现代发展理念引领烟草农业，用培养新型烟农发展烟草农业。当前和未来一个时期，发展现代烟草农业的主要任务是：完成3005万亩基本烟田基础设施建设，持续改善烟叶生产基础条件；大力推进科技进步，持续强化烟草农业的科技支撑；大力推进管理创新，持续提高烟叶基础管理水平；积极培育新型烟农和加强人才建设，持续优化烟叶队伍素质结构；健全完善生产经营组织体系，持续改进烟草农业组织模式；有效实现降本减工增效，持续增加烟农家庭收入；统筹协调烟草农业和卷烟工业发展，持续增强优质烟叶资源保障能力；积极构建和谐烟草，持续提升烟草行业社会形象。

二、继续加强基础设施建设，努力打牢烟叶生产基础

加强基础设施建设，改善烟叶生产条件，是发展现代烟草农业的重要内容。要进一步深刻认识开展烟叶生产基础设施建设的重大意义，继续加大投入，切实加强管理，努力打牢烟叶生产基础。

（一）加强烟田基础设施建设。按照科学规划、系统设计、整体推进的原则，继续扎实推进烟水配套工程建设，保质保量完成各项建设任务。搞好综合配套，加强机耕路建设，积极为机械化耕作创造条件。认真总

结经验，进一步完善管理制度，创新管理方式，规范管理行为，确保烟田基础设施建设的质量和效果。

（二）加强烤房建设。根据基本烟田规划和规模化种植发展要求，结合各地烤房建设实际和烟叶发展趋势，按照统一规划、科学安排、体现先进性和实现适度集中的原则，大力加强烤房建设。逐步淘汰标准低、容量小、性能差、煤耗高的普通烤房，积极发展密集烘烤能力，加快实现专业化密集式烘烤。

（三）加强烟叶基层站建设。基层站是联结广大烟农、基层地方人民政府的重要纽带，是搞好烟叶工作的基础环节。要按照合理规划、相对集中、方便烟农、有利管理的原则，对基层站进行系统规划和整合，努力建成一批设计合理、功能齐全、环境良好、管理高效的综合性工作站，整体提升基层站的服务和管理水平。

三、加快发展规模化种植

规模化种植是发展现代烟草农业的必由之路。要紧紧抓住农村经济结构深刻调整、农业劳动力大量转移、农民市场化意识快速提高的有利时机，加快发展烟叶规模化种植。

（一）扶持发展适度规模种烟农户。紧紧依靠地方人民政府，在稳定和完善以家庭承包经营为基础、统分结合的双层经营体制前提下，根据依法、自愿、有偿的原则，尊重农民意愿，积极探索土地流转的有效方式，促进烟田向种烟能手集中。积极引导合理轮作，注重发展以烟为主的配套农业生产经营，努力提高适度规模种烟农户的综合收益。

（二）推动烟叶种植向优势产区适度集中。在严格计划管理前提下，坚持以市场为导向，遵循自然和经济规律，进一步优化烟叶生产布局，推动烟叶种植逐步向优势产区适度集中，努力扩大连片种植规模，大力发展千亩村、万亩乡。

（三）创新烟叶生产组织模式。以烟农为主体，积极探索烟草企业、地方人民政府、专业合作组织和烟农的不同联结方式，进一步总结完善“烟草企业+村组+农户”、“烟草企业+专业合作组织+农户”、“烟草企业+农户”等生产组织模式，努力提高烟草农业组织化程度。围绕增强“10多个重点骨干企业”和“10多个重点骨干品牌”的原料保障能力，进一步加强烟叶基地化建设，建立稳固的产销关系。

四、稳步推进集约化经营

强化科技支撑作用，通过密集使用生产要素和不断提高要素生产率，实现烟叶生产方式从粗放型向集约型转变，走内涵式发展道路，既是发展现代烟草农业的本质要求，也是发展现代烟草农业的根本出路。

（一）整体提高烟叶生产科技水平。科技进步是发展现代烟草农业的重要支撑。要着眼增强科技自主创新能力，认真搞好烟草农业基础研究和技术开发，加强对烟草基因组计划、高香气低危害烟草新品种、无公害烟叶工程、基本烟田治理工程、特色优质烟叶开发等科研专项的重点攻关。要不断推进烟叶技术进步，加大土壤改良、平衡施肥、病虫害综合防治、密集烘烤等适用技术推广力度，提高基本烟田综合生产能力。要围绕重点骨干品牌原料需求，加强工商技术互动，突出烟叶风格特色，优化生产技术体系，增强优质烟叶生产保障能力。加强基层烟叶技术技能队伍建设，建立完善科技人员直接到户、良种良法直接到田、技术要领直接到人的科技成果转化应用新机制，不断提高科技运用和转化能力。

（二）坚持精耕细作和节约发展。立足于我国耕地资源高度紧张的国情，必须切实改变粗放型外延式烟叶生产方式，坚持精耕细作，注重土地和各种要素资源的高效、集约利用，努力以最少的资源消耗、最低的成本费用获得最大的经济和社会效益。按照建设资源节约型、环境友好型行业的总体要求，认真做好节能减排工作，切实注重节约发展，努力实现烟叶生产的生态安全和环境友好，保持与自然、社会的和谐发展。

（三）大力发展机械化作业。机械化作业是现代烟草农业的重要标志，也是实现规模化种植、集约化经营的有效保障。要加强行业内外技术合作，鼓励自主创新，加快研制功能集成、先进适用的烟草农用机械，着力改善烟草农业机械装备结构，提升机械装备水平。积极培育和发展农机专业户和专业服务组织，有效利用社会化、市场化服务力量，因地制宜地拓展机械化作业的范围和领域，优先解决起垄、采收、编烟等用工量大的环节的机械化作业。

五、深入拓展专业化分工

专业化分工是现代烟草农业的基本特征，是把烟农从劳动强度大、技术要求高的环节解放出来的根本途径，是提高资源配置效率和发展先进生产力的有效方式。

（一）进一步细化专业分工。认真总结各单位实践经验，特别是育苗专业化的成功经验，注重面向市场，积极推进育苗、耕地、移栽、采收、编烟、烘烤、分级、物资供应、病虫害防治等烟叶产前、产中、产后全过程的专业化分工，不断延伸专业化服务范围。重点推进劳动强度大、技术要求高的环节的专业化服务。

（二）积极培育职业烟农。培育“以烟为生、精于种烟”的职业化烟农队伍，持续提高种烟收入占烟农家庭收入的比重。在规模化种植水平较高的地区，努力培育一批素质高、技术好、稳定性强的烟叶生产工人。通过各种有效方式和途径，普遍开展烟叶生产技能培训和相关业务知识培训，大力提高烟农素质，加快培育一批有文化、懂技术、会经营的新型烟农。

（三）提高社会化服务水平。牢固树立社会化大生产观念，支持与烟叶生产有关的农民专业合作经济组织、烟农协会、烟农互助组的发展，培育专业化、社会化服务主体，扶持专业队、专业户发展，促进与烟农利益合理联结机制的形成，注重让烟农得实惠。积极探索专业化、社会化服务的有效途径和可行方式，进一步健全服务机制，完善服务体系，提高服务水平。

六、全面加强信息化管理

信息化是实现现代化的必然选择，用信息技术改造传统烟叶生产，通过信息化全面提升烟叶基础管理水平，对发展现代烟草农业具有非常重要的意义。

（一）加快信息化建设步伐。适当增加投资，改善基层烟叶单位的软硬件设施，加快实现信息数据的电子化处理和网络化传送。进一步扩大烟叶信息收集范围，拓宽烟叶信息收集渠道，逐步完善信息收集、传送、发布的程序和办法，强化信息服务功能。全面推广烟叶信息管理基础软件，按照“统一标准、统一平台、统一数据库、统一网络”的要求，适时集成到烟草行业统一信息平台上，实现与其他信息管理系统的有效对接。

（二）加强烟叶全过程管理。按照供应链管理思想，把信息化管理从烟叶经营环节延伸到生产管理环节，贯穿于“合同种植、入户预检、编码收购、原收原调、委托加工”整个烟叶业务流程。积极推行电子合同，坚持以合同为主线，全面加强烟叶种植、收购、调拨、加工及仓储管理。

（三）推行标准化生产和管理。积极实施良好农业操作规范，推广应用GAP生产和管理模式，探索完善更加符合实际的技术标准、生产标准和管理标准，推动烟叶生产和管理向规范化、标准化方向发展。积极推行和贯彻ISO 9000质量管理体系，加强全员、全过程质量管理，重视对烟叶生产环境和烟叶质量的检验检测，建立完善烟叶质量可追溯制度。探索应用全球卫星定位系统、地理信息系统、遥感信息系统、计算机自动控制系统等现代信息技术，积极推广精准烟草生产。

七、切实加强组织领导，确保现代烟草农业建设取得实效

发展现代烟草农业是一项长期的艰巨任务，涉及面广，工作量大，切实加强组织领导，是现代烟草农业建设取得实效的根本保证。国家局、总公司成立现代烟草农业建设领导小组，统一组织领导现代烟草农业建设工作。行业各单位要深刻领会党的十七大和中央有关文件精神，按照国家局的统一部署，积极争取地方党委、人民政府的领导和支持，从战略和全局的高度出发，把发展现代烟草农业作为“一把手”工程，列入各级领导班子重要议事日程，成立组织领导现代烟草农业建设的相应机构，认真抓好各项工作的落实。

（一）科学规划，搞好试点。各烟叶产区要按照本指导意见的要求，结合自身实际情况，认真制定现代烟草农业发展规划，选择试点单位，制订工作方案，落实工作措施。要通过试点总结经验，探索模式，不断完善，稳步推进。试点原则上以村为单位进行，试点单位要少而精，不能一哄而上，盲目发展。要注意研究试点过程中出现的新情况、新问题并积极探索解决问题的办法，重要情况要及时报告。有关领导和部门要切实加强对试点工作的跟踪、指导，及时总结试点经验，认真解决试点工作中遇到的困难和问题。

（二）抓住重点，突破难点。发展现代烟草农业是一项十分复杂的系统工程，要在科学制订规划基础上，区分轻重缓急，抓住重点，突破难点。当前，各单位要把搞好土地流转、专业化服务和生产组织形式创新作为发展现代烟草农业的突出重点，着力突破制约规模化种植的瓶颈性难点。要进一步解放思想，开阔思路，锐意创新，力争在土地流转方面每年都有新进展，在专业化服务方面每年都有新成效，在生产组织形式方面每年都有新探索，推动规模化种植每年都取得新突破。

（三）制定政策，完善措施。发展现代烟草农业，必须有相应的政策措施做支撑。要按照“工业反哺农业、城市支持农村”的战略方针，建立以工促农、以城带乡的长效机制，进一步加大投入支持力度，形成发展现代烟草农业稳定的资金来源。在完善烟叶生产基础设施建设补贴基础上，逐步形成目标清晰、受益直接、类型多样、操作简便的补贴制度，让烟农得到真正的实惠。要综合考虑供求关系、成本费用和劳动力价格、比较效益等因素，适时调整烟叶价格，以保障烟农收入为基点协调各方利益关系，稳定烟农种烟积极性。

发展现代烟草农业意义重大，任务艰巨。全行业要按照党的十七大精神和党中央、国务院关于积极发展现代农业扎实推进社会主义新农村建设的战略部署，全面落实科学发展观，进一步提高认识，坚定信心，扎实苦干，奋力开拓，确保现代烟草农业建设不断取得实效，努力为建设社会主义新农村作出新的贡献！

发展计划

国家烟草专卖局关于下达打叶复烤加工费主要价外项目收费标准的通知

（2007 年 2 月 14 日　国烟计〔2007〕92 号）

各省级局（公司）、工业公司，中国烟叶公司，中国烟草实业发展中心：

为了规范烟叶生产流通秩序，规范复烤加工企业和卷烟工业企业的价格行为，国家局制定了打叶复烤加工费主要价外项目收费基本标准，现印发给你们，请遵照执行。

一、打叶复烤加工费价外项目（不含增值税，下同）指《国家烟草专卖局关于打叶复烤加工费有关问题的通知》（国烟计〔2001〕315 号）所规定的 10 项内容以外发生的费用。其主要项目是：分级费、回潮费、烤末费、烤梗费、理化检测费、叶片包装费和梗条包装费。

二、打叶复烤加工费主要价外项目收费基本标准，由国家局制定管理。各打叶复烤企业和卷烟工业企业在国家局规定的收费基本标准范围内协商确定收费具体标准。

三、卷烟工业企业为满足卷烟产品特殊要求而对片烟加工提出的高于一般加工质量和技术标准的要求，凡本通知未作规定的，其收费具体标准由打叶复烤企业和卷烟工业企业协商确定。其他未列明的收费标准由打叶复烤企业和卷烟工业企业协商确定。

四、各打叶复烤企业和卷烟工业企业应严格执行国家局规定的打叶复烤加工费用标准和价外项目收费标准。凡国家局规定收费基本标准的，不得随意变更。

五、本通知自发文之日起执行。

附件：打叶复烤加工费主要价外项目收费基本标准表

打叶复烤加工费主要价外项目收费基本标准表

项　目	单　位	收费标准	备　注
分级费（片选）	原烟（元/吨）	每吨原烟 300～350 元	分级费及以下各项均不含增值税
分级费（把选）	原烟（元/吨）	每吨原烟 100～120 元	
回潮费	原烟（元/吨）	每吨原烟 100～120 元	
烤梗费	烟梗（元/吨）	每吨成品烟梗 270～330 元	依据实际成品烟梗产量据实结算
烤末费	烟末（元/吨）	每吨成品烟末 300～350 元	依据实际成品烟末产量据实结算

续表

项　目	单　位	收费标准	备　注
理化检测费	元/次	每次检测 55～65元	指使用连续流动分析法检测费用
叶片包装费 （出口包装）	片烟（元/箱）	每箱成品叶片 120～135元	包括纸箱、内衬塑料袋、打包带、标识； 卷烟厂自购纸箱每箱收取4元
叶片包装费 （国内包装）	片烟（元/箱）	每箱成品叶片 85～120元	包括纸箱、内衬塑料袋、打包带、标识； 卷烟厂自购纸箱每箱收取3元
梗条包装费 （纸箱包装）	烟梗（元/箱）	每箱成品梗条 80～90元	包括纸箱、打包带、标识； 卷烟厂自购纸箱每箱收取3元
梗条包装费 （麻袋包装）	烟梗（元/吨）	每吨成品梗条 140～160元	包括麻袋、扎口线、标识； 卷烟厂自购麻袋每吨收取15元

国家烟草专卖局办公室关于省会城市公司调出进口卷烟（雪茄烟）加价标准的通知

（2007年1月23日　国烟办综〔2007〕23号）

各省级烟草专卖局（公司）：

为进一步规范进口卷烟（雪茄烟）价格管理工作，根据国家局有关进口卷烟（雪茄烟）价格管理政策规定，对已退出卷烟经营业务的省级公司，其省会城市公司调出进口卷烟（雪茄烟）加价标准定为：在购进价格（口岸拨交价格）的基础上上浮1%，自2007年1月1日起执行。

专卖管理

中华人民共和国发展和改革委员会令

（2007年2月5日　第51号）

为了规范烟草专卖许可证管理，根据《中华人民共和国烟草专卖法》、《中华人民共和国行政许可法》、《中华人民共和国烟草专卖法实施条例》及相关法律、行政法规规定，特制定《烟草专卖许可证管理办法》，经国家发展改革委主任办公会议审议，现予以发布，自2007年3月7日起施行。

国家发展和改革委员会主任：马　凯

烟草专卖许可证管理办法

第一章　总　则

第一条　为了规范烟草专卖许可证管理，保护公民、法人和其他组织的合法权益，根据《中华人民共和国烟草专卖法》、《中华人民共和国行政许可法》、《中华人民共和国烟草专卖法实施条例》及相关法律、行政法规的规定，制定本办法。

第二条　本办法适用于中华人民共和国境内（含海关监管区、免税区等，港澳台地区除外）烟草专卖许可证的管理。

第三条　烟草专卖行政主管部门应当依照法定的权限、范围、条件和程序审批、发放烟草专卖许可证，并进行有效的监督管理。

第四条　公民、法人或者其他组织对烟草专卖行政主管部门发放的烟草专卖许可证，享有陈述权、申辩权；有权依法申请行政复议或者提起行政诉讼。其合法权益因烟草专卖行政主管部门违法发放烟草专卖许可证受到损害的，有权依法要求赔偿。

第五条　公民、法人或者其他组织依法取得的烟草专卖许可证受法律保护。

烟草专卖许可证所依据的法律、法规、规章修改、废止，或者办理烟草专卖许可证所依据的客观情况发生重大变化的，为了公共利益的需要，烟草专卖行政主管部门可以依法变更或者撤回已经生效的烟草专卖许可证。

第六条　本办法所称的烟草专卖许可证，包括烟草专卖生产企业许可证、烟草专卖批发企业许可证、特种烟草专卖经营企业许可证、烟草专卖零售许可证四类。

第七条　烟草专卖行政主管部门依法审批发放和管理烟草专卖许可证。

第二章　申请与受理

第八条　公民、法人或者其他组织从事烟草专卖品的生产、批发、零售、进出口等业务的，应当依法向烟草专卖行政主管部门申请领取烟草专卖许可证。

法人所属的不具备法人资格的单位单独领取烟草专卖生产企业许可证或者烟草专卖批发企业许可证的，其所属法人单位应当向相关的烟草专卖行政主管部门提出申请，并提交有关申请材料。

第九条　申请人一般以书面方式提出申请，也可以通过信函、电报、传真、电子数据交换和电子邮件等方式提出申请，并按烟草专卖行政主管部门要求填报格式文本。

申请人可以委托代理人提出申请。委托代理人提出申请的，应当提供委托人的授权委托书及代理人的身份证明。

第十条　烟草专卖行政主管部门应当根据申请人申请的不同事项确定申请类型，并要求提供相应的申请材料。

烟草专卖许可证申请类型包括新办申请、延续申请、变更申请、停业申请、恢复营业申请、歇业申请等。

第十一条　申请烟草专卖生产企业许可证，应当具备下列条件：

（一）有与生产烟草专卖品相适应的资金；

（二）有生产烟草专卖品所需要的技术、设备条件；

（三）符合国家烟草行业的产业政策要求及企业组织结构调整的需要；

（四）国务院烟草专卖行政主管部门规定的其他条件。

第十二条　申请烟草专卖批发企业许可证，应当具备下列条件：

（一）有与经营烟草制品批发业务相适应的资金；

（二）有固定的经营场所和必要的专业人员；

（三）符合烟草专卖批发企业合理布局的要求；

（四）国务院烟草专卖行政主管部门规定的其他条件。

第十三条　申请特种烟草专卖经营企业许可证，应当具备下列条件：

（一）有与经营特种烟草专卖品业务相适应的资金；

（二）有固定的经营场所和必要的专业人员；

（三）符合经营外国烟草专卖品业务合理布局的要求；

（四）国务院烟草专卖行政主管部门规定的其他条件。

第十四条　申请烟草专卖零售许可证，应当具备下列条件：

（一）有与经营烟草制品零售业务相适应的资金；

（二）有与住所相独立的固定经营场所；

（三）符合当地烟草制品零售点合理布局的要求；

（四）国务院烟草专卖行政主管部门规定的其他条件。

第十五条 本办法第十一条、第十二条、第十三条、第十四条所规定的国务院烟草专卖行政主管部门规定的其他条件，在实施前应当公布。

第十六条 制定烟草制品零售点合理布局规划时，应当根据辖区内的人口数量、交通状况、经济发展水平、消费能力等因素，在举行听证后确定零售点的合理布局。

烟草制品零售点合理布局规划、经营资金要求和经营场所条件，由县级以上烟草专卖行政主管部门制定，并报上一级烟草专卖行政主管部门备案。

第十七条 连锁经营企业在申请烟草专卖零售许可证时，应当由各个分店分别向所在地烟草专卖行政主管部门提出申请。

第十八条 外商投资的商业企业或者个体工商户不得从事烟草专卖品批发或者零售业务，不得以特许、吸纳加盟店及其他再投资等形式变相从事烟草专卖品经营业务。

第十九条 烟草专卖行政主管部门应当将办理烟草专卖许可证的条件、要求、程序、时限等需公示的内容通过公示栏、电子查询系统或者互联网等方式予以公示。

第二十条 办理烟草专卖许可证的场所应当公示下列内容：

（一）烟草专卖许可证名称；

（二）办理烟草专卖许可证所依据的法律、法规、规章；

（三）各类烟草专卖许可证的审批机关；

（四）申请烟草专卖许可证的条件；

（五）申请人需要提交的全部材料目录；

（六）烟草专卖许可证申请的方式、途径；

（七）烟草专卖许可证审批程序、时限；

（八）办理烟草专卖许可证的办公场所准确地址、联系方式；

（九）其他需要公示的内容。

第二十一条 申请人要求烟草专卖行政主管部门对公示内容予以说明、解释的，烟草专卖行政主管部门应当予以说明、解释，提供准确、可靠的信息。

第二十二条 烟草专卖行政主管部门对申请人提出的申请，应当根据下列情况分别作出处理：

（一）申请事项依法不需要取得烟草专卖许可证的，应当即时告知申请人不受理；

（二）申请事项不属于本烟草专卖行政主管部门法定职权范围的，应当即时作出不予受理的决定，并告知申请人向有关行政机关申请；

（三）申请材料存在可以当场更正的错误的，应当允许申请人当场更正；

（四）申请材料不齐全或者不符合法定形式的，应当当场或者在五日内以书面形式一次告知申请人需要补正的全部内容，逾期不告知的，自收到申请材料之日起即为受理；

（五）申请事项属于本烟草专卖行政主管部门法定职权范围，申请材料齐全、符合法定形式，或者申请人按照烟草专卖行政主管部门的要求提交全部补正申请材料的，烟草专卖行政主管部门应当受理烟草专卖许可证申请。

第二十三条 烟草专卖行政主管部门受理或者不予受理烟草专卖许可证申请，应当向申请人出具加盖专用印章和注明日期的书面凭证。

第三章 审批与发放

第二十四条 经审查，申请人的申请符合法定条件的，烟草专卖行政主管部门应当自受理申请之日起二十日内作出许可书面决定。二十日内不能作出决定的，经本单位负责人批准，可以延长十日，并应当将延长期限理由告知申请人。但法律、法规另有规定的，依照其规定。

烟草专卖行政主管部门应当自作出予以发放烟草专卖许可证决定之日起十日内向申请人送达烟草专卖许可证。

第二十五条 依法作出不予发放烟草专卖许可证的书面决定的，应当向申请人说明理由，并告知申请人享有依法申请行政复议或者提起行政诉讼的权利。

第二十六条 有下列情形之一的，不予发放烟草专卖零售许可证：

（一）经营场所基于安全因素不适宜经营卷烟的；

（二）中、小学校周围；

（三）取消从事烟草专卖业务资格不满三年的；

（四）因申请人隐瞒有关情况或者提供虚假材料，烟草专卖行政主管部门作出不予受理或者不予发证决定后，申请人一年内再次提出申请的；

（五）因申请人以欺骗、贿赂等不正当手段取得的烟草专卖许可证被撤销后，申请人三年内再次提出申请的；

（六）未领取烟草专卖零售许可证经营烟草专卖品业务，并且一年内被执法机关处罚两次以上，在三年内申请领取烟草专卖零售许可证的；

（七）国务院烟草专卖行政主管部门规定的其他不予发证的情形。

第二十七条 烟草专卖行政主管部门依法作出发放烟草专卖许可证的情况应当公开，允许和方便公众查阅。

第二十八条 烟草专卖许可证的有效期限最长为

五年，自发证之日起计算。

第四章　烟草专卖许可证的使用

第二十九条　取得烟草专卖许可证的，应当按照烟草专卖许可证的许可范围和有效期限依法生产和经营烟草专卖品。

第三十条　取得烟草专卖零售许可证的公民、法人或者其他组织，可以依法从事国产或者外国卷烟的零售业务，并在烟草专卖零售许可证标明的当地烟草批发企业进货。

第三十一条　烟草专卖许可证的持证人应当将取得的烟草专卖许可证正本摆放在经营场所的显著位置。

第三十二条　烟草专卖生产企业许可证、烟草专卖批发企业许可证、特种烟草专卖经营企业许可证的持证企业因企业类型发生改变的，应当重新申领烟草专卖许可证。

烟草专卖零售许可证的持证人因主体、企业类型或者地址发生改变的，应当重新申领烟草专卖零售许可证。

企业法人资格发生变化的，应当及时重新申请或者变更烟草专卖许可证。

第三十三条　烟草专卖许可证有效期届满需要继续生产经营的，应当在该烟草专卖许可证有效期届满三十日前向原发证机关提出延续申请。

第三十四条　烟草专卖许可证有效期届满需要继续生产经营的，因生产经营能力、条件发生重大变化导致不符合法定条件的或者有严重违法行为的，不予延续。

第五章　监督管理

第三十五条　烟草专卖许可证发证机关有权对辖区内取得烟草专卖许可证的公民、法人或者其他组织的生产经营活动进行监督检查，也可以授权或者委托下级烟草专卖行政主管部门进行监督检查。

第三十六条　上级烟草专卖行政主管部门应当加强对下级烟草专卖行政主管部门办理烟草专卖许可证的监督检查，及时纠正违法行为，并建立完善烟草专卖行政执法责任追究制度和考评机制。

第三十七条　监督检查可以采取书面检查、现场检查或者书面检查与现场检查相结合的方式。

烟草专卖行政主管部门可以依法对持证人生产经营的烟草专卖品进行抽样检查、检验、检测，对其生产经营场所（包括仓储场所）进行实地检查。检查时，可以查阅或者要求持证人提供有关情况和报送有关材料，持证人应当如实提供有关情况和材料。

第三十八条　监督检查的主要内容有：

（一）遵守烟草专卖法律、法规、规章的情况；

（二）名称或者字号、法定代表人（负责人）、经营地址、经营方式、经营范围、经营期限等重要事项，是否与烟草专卖许可证登记事项相符合；

（三）烟草专卖许可证变更、注销、延续等手续的执行和办理情况；

（四）国务院烟草专卖行政主管部门规定需要检查的其他事项。

第三十九条　烟草专卖行政主管部门依法对烟草专卖许可证持证人的生产经营活动进行监督检查时，应当有两名以上烟草专卖执法人员进行，并将监督检查的情况和处理结果予以记录，由监督检查人员签字后归档。公众可以查阅烟草专卖行政主管部门的监督检查记录。

第四十条　取得烟草专卖许可证的公民、法人或者其他组织，应当按照有关法律、法规、规章及本办法的规定接受烟草专卖行政主管部门的监督检查。

第四十一条　公民、法人或者其他组织不得利用自动售货机销售烟草制品。

除了取得烟草专卖生产企业许可证、烟草专卖批发企业许可证或者特种烟草专卖经营企业许可证的企业依法销售烟草专卖品外，任何公民、法人或者其他组织不得通过信息网络销售烟草专卖品。

第四十二条　任何企业或者个人不得涂改、伪造、变造烟草专卖许可证。不得买卖、出租、出借或者以其他形式非法转让烟草专卖许可证。

第四十三条　登记事项发生改变，取得烟草专卖许可证的公民、法人或者其他组织不依法进行变更登记的，烟草专卖行政主管部门应当责令其依法进行变更登记；拒绝变更登记的，应当取消其经营资格，收回烟草专卖许可证。

第四十四条　公民、法人或者其他组织未领取烟草专卖许可证擅自从事烟草专卖品生产经营活动的，烟草专卖行政主管部门应当依法查处。构成犯罪的，依法移送司法机关追究刑事责任。

第四十五条　有下列情形之一的，发证机关可以责令持证人暂停烟草专卖业务、进行整顿，直至取消其从事烟草专卖业务的资格：

（一）经检查不符合烟草专卖法、烟草专卖法实施条例及本办法规定条件的；

（二）买卖、出租、出借或者以其他形式非法转让烟草专卖许可证的；

（三）因违法生产经营烟草专卖品一年内被烟草专卖行政主管部门或者其他执法机关处罚两次以上的；

（四）被烟草专卖行政主管部门或者其他执法机关一次性查获假烟、走私烟50条以上的；

（五）因非法生产经营烟草专卖品被追究刑事责任的；

（六）不执行烟草专卖行政主管部门行政处罚决定的；

（七）被工商行政管理部门吊销营业执照的；

（八）持有烟草专卖批发企业许可证的企业，擅自将烟叶、卷烟纸、滤嘴棒、烟用丝束、烟草专用机械出售给无烟草专卖生产企业许可证、烟草专卖批发企业许可证企业的；

（九）法律、法规、规章规定的其他情形。

第四十六条 烟草专卖许可证的发证机关或者其上级烟草专卖行政主管部门发现有下列情形之一的，可以根据利害关系人的请求或者依职权撤销烟草专卖许可证，收回烟草专卖许可证：

（一）滥用职权、玩忽职守审批发放烟草专卖许可证的；

（二）超越职权审批发放烟草专卖许可证的；

（三）违反法定程序审批发放烟草专卖许可证的；

（四）对不具备申请资格或者不符合烟草专卖许可证申领条件的申请人审批发证的；

（五）依法可以撤销烟草专卖许可证的其他情形。

第四十七条 公民、法人或者其他组织以欺骗、贿赂等不正当手段取得烟草专卖许可证的，烟草专卖行政主管部门应当予以撤销并收回烟草专卖许可证。

第四十八条 烟草专卖品生产经营企业法人资格发生变更，需要收回烟草专卖许可证的，发证机关应当及时收回。

第四十九条 有下列情形之一的，发证机关应当依法注销烟草专卖许可证：

（一）烟草专卖许可证有效期限届满未延续的；

（二）烟草专卖许可证核定的经营主体为自然人，自然人死亡或者丧失民事行为能力的；

（三）烟草专卖许可证核定的经营主体为法人或者其他组织依法终止的；

（四）因不可抗力导致经营主体无法继续从事烟草专卖品生产经营业务的；

（五）法律、法规规定的应当注销烟草专卖许可证的其他情形。

第五十条 取得烟草专卖许可证的公民、法人或者其他组织需要停业的，应当在停业前七日内向发证机关提出停业申请，停业期限最长不得超过一年。停业期满或者提前恢复营业的，持证人应当向发证机关提出恢复营业的申请。

第五十一条 取得烟草专卖许可证的公民、法人或者其他组织停止经营业务一年以上不办理停业手续的，经发证机关公告三个月后仍未办理手续的，由发证机关收回烟草专卖许可证。

第五十二条 取得烟草专卖许可证的公民、法人或者其他组织在领取烟草专卖许可证后满六个月尚未开展生产经营活动的，视同歇业。烟草专卖行政主管部门应当收回其烟草专卖许可证。

第五十三条 取得烟草专卖生产企业许可证的企业，不得为无烟草专卖许可证的企业或者个人提供烟草专卖品加工服务。

第五十四条 取得烟草专卖许可证的企业，不得向无烟草专卖许可证的企业或者个人提供残次烟叶或者废弃的烟叶、烟末。不能回收利用的残次烟叶或者废弃的烟叶、烟末，应当予以销毁。

第六章　法律责任

第五十五条 因申请人隐瞒有关情况或者提供虚假材料的，应当不予受理或者不予发证，给予警告；申请人在一年内不得再次申请烟草专卖许可证。

第五十六条 因申请人以欺骗、贿赂等不正当手段取得的烟草专卖许可证被撤销的，申请人三年内不得再次提出申请。

第五十七条 使用涂改、伪造、变造的烟草专卖许可证的，由烟草专卖行政主管部门处以1000元以下的罚款。

第五十八条 违反本办法规定，不及时办理烟草专卖许可证变更、注销手续的，由烟草专卖行政主管部门责令改正，拒不改正的，处以1000元以下的罚款。

第五十九条 烟草专卖行政主管部门及其工作人员违反本办法的规定，有下列情形之一的，由其上级烟草专卖行政主管部门责令改正；情节严重的，对直接负责的主管人员和其他直接责任人员依法给予行政处分：

（一）对符合法定条件的申请不予受理的；

（二）不在办公场所公示依法应当公示的材料的；

（三）在受理、审查、发放烟草专卖许可证过程中，未向申请人、利害关系人履行法定告知义务的；

（四）申请人提交的申请材料不齐全、不符合法定形式，不一次告知申请人必须补正全部内容的；

（五）未依法说明不受理申请或者不发证理由的。

第六十条 烟草专卖行政主管部门工作人员办理烟草专卖许可证或者依法进行监督检查时，索取、收受他人财物或者谋取其他利益的，依法给予行政处分；构成犯罪的，依法追究刑事责任。

第六十一条 烟草专卖行政主管部门发放烟草专卖许可证，有下列情形之一的，由其上级烟草专卖行政主管部门责令改正，对直接负责的主管人员和其他直接责任人员依法给予行政处分；构成犯罪的，依法追究刑事责任：

（一）对不符合法定条件的申请人发放烟草专卖许可证或者超越法定职权发放烟草专卖许可证的；

（二）对符合法定条件的申请人不予发放烟草专卖许可证或者不在法定期限内发放烟草专卖许可证的。

第七章 附 则

第六十二条 烟草专卖许可证的证件式样，由国务院烟草专卖行政主管部门统一规定。

第六十三条 本办法所称外商投资商业企业，包括中外合资企业、中外合作企业、外商独资企业、港澳台地区投资企业等。

第六十四条 本办法规定的期限以工作日计算，遇到法定节假日的，工作日顺延。

第六十五条 本办法由国家发展和改革委员会授权国务院烟草专卖行政主管部门负责解释。

第六十六条 本办法自2007年3月7日起施行。国家烟草专卖局1998年发布的《烟草专卖许可证管理办法》（国家烟草专卖局令第2号）同时废止。

本办法施行前各级烟草专卖行政主管部门发布的有关烟草专卖许可证的规定，制定机关应当依照本办法予以清理；不符合本办法规定的，自本办法施行之日起停止执行。

国家烟草专卖局关于印发《罚没卷烟管理办法（试行）》的通知

（2007年9月24日 国烟专〔2007〕413号）

各省级局（公司）、工业公司：

为加强罚没卷烟的管理，统一和规范处理程序，确保罚没卷烟顺畅纳入流通渠道，现将《罚没卷烟管理办法（试行）》印发给你们，请遵照执行。在执行过程中，请注意收集、汇总各单位对办法的意见和建议，及时反馈国家烟草专卖局，以便进行修改完善。

附件：罚没卷烟管理办法（试行）

罚没卷烟管理办法（试行）

第一章 总 则

第一条 为加强对罚没卷烟的管理，规范罚没卷烟的处理程序，根据《中华人民共和国烟草专卖法》、《中华人民共和国烟草专卖法实施条例》及相关法律法规，制定本办法。

第二条 本办法所称罚没卷烟，是指烟草专卖局依法收购或没收的，以及其他执法机关移送烟草专卖局处理的真品卷烟（含雪茄烟，下同）。

本办法所称涉案卷烟，是指执法机关依法立案查处的卷烟，包括依法收购或没收的真品卷烟，以及依法查获的假冒商标卷烟。

第三条 本办法适用于各级烟草专卖局和参与罚没卷烟处理的烟草企业。其他执法机关移送烟草专卖局处理罚没卷烟，依照本办法执行。

第二章 涉案卷烟保管

第四条 烟草专卖局负责涉案卷烟的保管，设立专门仓库，指定专人负责并建立涉案卷烟台账等保管制度。涉案卷烟在结案前应当分案管理和单独封存。

第五条 涉案卷烟的保管入库，由案件经办者向仓库保管者进行实物交接，确认无误后办理涉案卷烟入库手续。

第六条 涉案卷烟的保管出库包括鉴别检验出库、发还出库、指定收购（拍卖）出库、销毁出库等。

第七条 涉案卷烟的鉴别检验出库必须凭涉案卷烟委托鉴别检验书办理手续。发还出库必须凭先行登记保存物品发还清单办理手续。指定收购（拍卖）出库必须凭罚没卷烟指定收购书办理手续。销毁出库必须凭违法物品销毁记录表办理手续。

第八条 仓库保管人员每月对涉案卷烟的出入库情况进行核对和账务处理。专卖管理部门定期对涉案卷烟的库存进行清查盘点，保证账物相符。

第三章　涉案卷烟鉴别检验

第九条　涉案卷烟必须进行真假烟鉴别和卷烟质量检验。

第十条　省级以上烟草质量检测部门及其委托的机构依据《烟草产品鉴别检验管理办法》（国烟科〔2006〕894 号）及有关规定对涉案卷烟进行鉴别检验。

第十一条　对涉案卷烟进行鉴别检验后，质量检测部门必须出具专门的鉴别检验报告。

第十二条　经鉴别为真品的涉案卷烟，依法须对其收购或没收的，结案后进入罚没卷烟处理程序。经鉴别检验为假冒商标卷烟或无法准确辨别真伪以及已丧失吸食价值的卷烟，由烟草专卖局集中销毁处理。

第四章　罚没卷烟处理程序

第十三条　罚没卷烟应当采用变价处理或拍卖方式纳入流通渠道。

第十四条　罚没卷烟的变价处理实行属地原则，由查处案件或接受其他执法机关委托的烟草专卖局所在地的地市级烟草公司购进后纳入流通渠道。

第十五条　依法购进罚没卷烟是卷烟商业企业的责任。卷烟商业企业根据烟草专卖局出具的指定收购书必须购进罚没卷烟。

第十六条　卷烟商业企业购进的罚没卷烟确实在当地不能销售的，经中国卷烟销售公司或省级烟草公司批准可以进行商商交易。地市级公司之间通过卷烟交易平台签订罚没卷烟购销合同，进行罚没卷烟的商商交易。罚没卷烟所在地有权签发准运证的专卖部门依据购销合同办理准运手续。

第十七条　罚没卷烟的拍卖应由国家烟草专卖局批准设立的烟草拍卖行进行，持有特种烟草专卖经营企业许可证的地市级烟草公司可以参加竞拍。

第十八条　委托烟草拍卖行拍卖罚没卷烟的，由办理案件的烟草专卖局或其他执法机关向烟草拍卖行提交罚没卷烟委托拍卖函、行政处罚决定书（刑事判决书）、鉴别检验报告等相关文书。

拍卖成交后，烟草拍卖行与买受企业签订烟草专卖品拍卖成交确认书。罚没卷烟所在地有权签发准运证的专卖部门依据拍卖成交确认书办理准运手续。

第十九条　烟草专卖局对罚没卷烟的查处应当建立相应的案件卷宗，未建立案卷的罚没卷烟不得委托卷烟商业企业购进或烟草拍卖行拍卖。

其他执法部门向烟草专卖局移交罚没卷烟的，应提交罚没卷烟委托处理函、行政处罚决定书（刑事判决书）、鉴别检验报告等相关文书。

第二十条　卷烟商业企业购进罚没卷烟后，应登录国家烟草专卖局行业卷烟生产经营决策管理系统进行商业入库处理。罚没卷烟入库不进行扫码，在行业卷烟生产经营决策管理系统中设置单独业务模块进行专门管理。

第二十一条　商业入库的罚没卷烟使用行业卷烟生产经营管理决策系统的统一产品代码，国内没有相同牌号的罚没卷烟，新增的产品代码由省级烟草专卖局通过行业卷烟生产经营管理决策系统报送国家烟草专卖局进行即时系统维护。

第二十二条　卷烟商业企业购进或竞买的罚没卷烟，必须通过销售系统入网销售。

第五章　罚没卷烟处理价格

第二十三条　依法收购的罚没卷烟，商业购进价格按照统一批发价格的 70% 计算。统一批发价格目录中没有该牌号卷烟的，按目录中同类卷烟的平均批发价格的 70% 计算。

依法收购的罚没卷烟如果有包装破损、出厂时间超过两年等情况，可以酌情降低购进价格，但不得低于统一批发价的 50%。

第二十四条　依法没收的罚没卷烟和其他执法部门移交的罚没卷烟，商业企业的购进价格不得低于统一批发价格的 60%。统一批发价格目录中没有该牌号卷烟的，按目录中同类卷烟的平均批发价格的 60% 计算。

依法没收的罚没卷烟如果有包装破损、出厂时间超过两年等情况，可以酌情降低购进价格，但不得低于统一批发价的 50%。

第二十五条　烟草拍卖行拍卖罚没卷烟的拍卖底价，参照没收的罚没卷烟的商业购进价格，由烟草拍卖行和执法机关协商确定。

第二十六条　卷烟商业企业销售罚没卷烟，可以在统一批发价格的基础上降低 5% ~10% 的幅度。

有包装破损、出厂时间超过两年等情况的罚没卷烟，可以酌情放宽降价幅度，但降低幅度不得超过统一批发价格的 20%。

第六章　罚没卷烟财务管理

第二十七条　烟草专卖局对违法当事人依法收购卷烟的变价款，返还当事人。

烟草专卖局对违法当事人予以行政处罚的罚款及没收卷烟的变价款或拍卖款，构成罚没收入。

第二十八条　罚没收入应严格执行“收支两条线”管理，及时足额上缴同级财政，任何单位和个人不得坐支、截留和挪用。

其他执法机关委托烟草专卖局处理的罚没卷烟，

变价款或拍卖款交由该委托机关上缴财政。

第二十九条 购进罚没卷烟的商业企业应当依法对罚没卷烟进行相关税项缴纳并建立购进罚没卷烟的相应台账和管理制度。

第三十条 烟草专卖局在处理涉案卷烟中产生的仓储保管、卷烟运输、鉴别检验等费用在办案经费中进行列支，纳入预算管理。

第七章 监督检查

第三十一条 罚没卷烟管理实行定期统计报告制度，下级烟草专卖局定期向上级烟草专卖局报告罚没卷烟的案件查处、仓储保管、销毁处理、变价处理与拍卖情况。省级烟草专卖局通过国家烟草专卖局专卖监督管理司的MIS系统报告罚没卷烟管理情况。

第三十二条 各级烟草专卖局建立罚没卷烟管理的监督检查制度。查处卷烟违法案件的烟草专卖局要定期组织相关部门对罚没卷烟管理情况进行检查；地市级烟草专卖局要每季度对辖区内罚没卷烟管理情况进行检查，省级烟草专卖局每年对罚没卷烟的管理进行专项抽查。

第三十三条 对违规处理罚没卷烟、管理不规范的单位要进行通报批评并依据《烟草行业行政处分暂行规定》（国烟监〔1999〕33号）、《违反行政事业性收费和罚没收入收支两条线管理规定行政处分暂行规定》（国务院令第281号）等对直接责任人和负有领导责任的人员给予相应的行政处分。

第八章 附 则

第三十四条 本办法自发布之日起施行。

第三十五条 本办法由国家烟草专卖局负责解释。

国家烟草专卖局关于印发烟草专卖许可证申请与办理程序规定的通知

（2007年12月5日 国烟专〔2007〕549号）

各省级局、工业公司：

为贯彻和落实《烟草专卖许可证管理办法》（国家发展和改革委员会令第51号），完善相关烟草专卖许可证申请与办理的程序规定，现将《烟草专卖许可证申请与办理程序规定》印发给你们，请遵照执行。

烟草专卖许可证申请与办理程序规定

第一章 总 则

第一条 为加强烟草专卖许可证管理，规范申请和办理程序，根据《中华人民共和国烟草专卖法》、《中华人民共和国行政许可法》、《中华人民共和国烟草专卖法实施条例》及《烟草专卖许可证管理办法》等相关法律、法规和规章制定本规定。

第二条 公民、法人或其他组织申请烟草专卖许可证，烟草专卖局办理烟草专卖许可证，适用本规定。

第三条 本规定所称的烟草专卖许可证，包括烟草专卖生产企业许可证、烟草专卖批发企业许可证、特种烟草专卖经营企业许可证、烟草专卖零售许可证，其中，烟草专卖批发企业许可证分为烟草专卖批发企业许可证和烟草专卖批发企业许可证（经营）两个样式、烟草专卖零售许可证分为烟草专卖零售许可证和烟草专卖零售许可证（个体）两个样式。

烟草专卖生产企业许可证、烟草专卖批发企业许可证、烟草专卖批发企业许可证（经营）和特种烟草专卖经营企业许可证总称生产经营类许可证。烟草专卖零售许可证、烟草专卖零售许可证（个体）总称零售类许可证。

第四条 烟草专卖局应当积极推行电子政务，方便烟草专卖许可证的申请并提高办事效率。生产经营类许可证应当通过烟草专卖许可证计算机网络管理系统办理，零售类许可证应当逐步采用信息化手段办理。

第二章 申请人与实施机关

第五条 烟草专卖局是烟草专卖许可证的办理机关，负责烟草专卖许可证的受理、审查、审批和管理。

第六条 以下烟草专卖许可证由省级烟草专卖局受理和审查，国家烟草专卖局审批：

（一）烟草专卖生产企业许可证，申请人为从事烟草专卖品生产、加工业务的法人或其他组织；

（二）烟草专卖批发企业许可证，申请人为从事卷烟、雪茄烟批发业务，跨省、自治区、直辖市经营的法人或其他组织；

（三）烟草专卖批发企业许可证（经营），申请人为从事烟叶、复烤烟叶、烟丝、卷烟纸、滤嘴棒、烟用丝束、烟草专用机械经营业务的法人或其他组织；

（四）特种烟草专卖经营企业许可证，申请人为从事烟草专卖品进出口业务、免税烟草制品批发业务或罚没烟草制品拍卖业务的企业，或从事外国烟草制品批发业务、罚没国外烟草制品批发业务的地市级烟草公司。

第七条 以下烟草专卖许可证由地市级烟草专卖局受理和审查，省级烟草专卖局审批：

（一）烟草专卖批发企业许可证，申请人为从事卷烟、雪茄烟批发业务，在本省、自治区、直辖市范围内经营的法人或其他组织；

（二）特种烟草专卖经营企业许可证，申请人为从事外国烟草制品批发业务、罚没国外烟草制品批发业务的县级烟草营销单位。

第八条 以下烟草专卖许可证由县级烟草专卖局受理和审批：

（一）烟草专卖零售许可证，申请人为从事烟草制品零售业务的法人或其他组织；

（二）烟草专卖零售许可证（个体），申请人为从事烟草制品零售业务的公民。

申请人所在地未设立县级烟草专卖局的，由地市级烟草专卖局受理和审批。

第三章 申请程序

第九条 烟草专卖许可证的申请类型包括新办申请、变更申请、延续申请、停业申请、恢复营业申请、歇业申请、补办申请等。其中，新办申请、变更申请、延续申请为许可类事项的申请；其他申请类型为管理类事项的申请。

第十条 申请人应当按申请类型提交相应的申请材料并对材料的真实性负责。

第十一条 申请人提出申请时，一般应当以书面方式提交相应类型的格式文本。通过信函、电报、电传、传真、电子数据交换和电子邮件等方式提出申请的，由受理机关将其转换为格式文本并经申请人确认。

第十二条 申请人可以委托代理人提出申请，代理人应当提供委托书、委托人及代理人的身份证明。

第十三条 申请新办生产经营类许可证，应当提交以下材料：

（一）烟草专卖许可证新办申请表；

（二）企业设立的证明文件，其中烟草制品的生产经营企业应当提交国家烟草专卖局批准企业成立的文件；

（三）法定代表人任职文件、身份证明；

（四）工商营业执照副本或企业名称预核准通知书；

（五）审批机关规定需要提供的其他材料。

第十四条 申请新办零售类许可证，应当提交下列材料：

（一）烟草专卖许可证新办申请表；

（二）个体工商户、法定代表人或企业负责人的身份证明；

（三）房屋权属证明或房屋租赁协议；

（四）审批机关规定需要提供的其他材料。

第十五条 取得生产经营类许可证的企业，在许可证有效期内企业名称、企业住所、法定代表人（负责人）发生变化的，应当自变更事项发生后30日内提出变更申请；许可范围需要变化的，应当提前提出变更申请。申请变更的，应当提交下列材料：

（一）烟草专卖许可证变更申请表；

（二）与变更事项相关的证明材料；

（三）原许可证正副本；

（四）工商营业执照副本；

（五）审批机关规定需要提供的其他材料。

第十六条 取得生产经营类许可证的企业，在许可证有效期内企业类型发生变化的，应当重新申办许可证。

第十七条 取得零售类许可证的公民、法人和其他组织，在许可证有效期内企业名称或字号发生变化的，应当自变更事项发生后30日内提出变更申请并提交下列材料：

（一）烟草专卖许可证变更申请表；

（二）与变更事项相关的证明材料；

（三）原许可证正副本；

（四）工商营业执照副本；

（五）审批机关规定需要提供的其他材料。

第十八条 取得零售类许可证的公民、法人和其他组织，在许可证有效期内经营主体或者经营场所发生变化，应当重新申办许可证。

第十九条 许可证有效期届满后仍需要继续生产经营的，持证人应当在有效期届满30日前提出延续申请并提交下列材料：

（一）烟草专卖许可证延续申请表；

（二）原许可证正副本；

（三）工商营业执照副本；

（四）审批机关规定需要提供的其他材料。

申请延续零售类许可证时，还应当提交有效的房屋权属证明或房屋租赁协议。

第二十条 持证人需要暂停生产经营行为的，应当在停业前7日内提出停业申请，停业期限最长不得超过一年。申请停业的，应当提交下列材料：

（一）烟草专卖许可证管理类事项申请表；

（二）许可证正副本；

（三）审批机关规定需要提供的其他材料。

停业期间，许可证正副本交由审批机关暂行保存。

第二十一条 停业期满或者提前恢复营业的，持证人应当提出恢复营业的申请并提交下列材料：

（一）烟草专卖许可证管理类事项申请表；

（二）审批机关规定需要提供的其他材料。

审批机关审批同意的，发还原许可证正副本。

第二十二条 持证人在有效期内遗失或损毁许可证的，应当向发证机关申请补办许可证并提交下列材料：

（一）烟草专卖许可证管理类事项申请表；

（二）遗失或损毁证明；

（三）审批机关规定需要提供的其他材料。

第二十三条 发生《烟草专卖许可证管理办法》第四十九条第二项至第五项规定的情形，持证人或利害关系人应当在规定情形发生后30日内申请歇业；持证人在许可证有效期限内不再从事生产经营活动的，应当及时提出歇业申请。申请歇业的，应当提交以下材料：

（一）烟草专卖许可证管理类事项申请表；

（二）许可证正副本；

（三）审批机关规定需要提供的其他材料。

第四章　受理、审查与审批程序

第二十四条 烟草专卖局收到申请人提交的申请材料后，应当根据下列情况分别作出处理：

（一）申请事项依法不需要提出烟草专卖许可证申请的，应当即时告知申请人不受理。

（二）申请事项不属于本烟草专卖局职权范围的，应当即时告知申请人向有关烟草专卖局申请。

（三）申请材料存在可以当场更正的错误的，应当允许申请人当场更正。

（四）申请材料不齐全或不符合法定形式，申请人不能当场更正的，应当当场或者在5日内出具烟草专卖许可证申请材料补正告知书，一次性告知申请人需要补正的全部内容。逾期不告知的，自收到申请材料之日起即为受理。

（五）申请人在烟草专卖许可证申请材料补正告知书规定的期限内未补正申请材料，或补正的材料仍不齐全或不符合法定形式的，烟草专卖局应当出具烟草专卖许可证不予受理通知书。

（六）申请事项属于法定职权范围，申请材料齐全、符合法定形式，或者申请人已按照要求提交全部补正申请材料的，应当受理烟草专卖许可证申请并出具烟草专卖许可证受理通知书送达申请人。

第二十五条 地市级或省级烟草专卖局受理生产经营类许可证申请后，应当对申请是否符合办理条件进行初步审查，提出是否办理的意见，通过烟草专卖许可证计算机网络管理系统将申请材料和审查意见报送上一级烟草专卖局。

第二十六条 烟草专卖局在审查和审批生产经营类许可证的申请时，一般以书面方式进行。审查机关或审批机关认为需要实地核查的，由本机关或委托下级烟草专卖局指派两名以上工作人员进行。

烟草专卖局审批零售类许可证的许可类事项申请时，应当指派本机关两名以上工作人员进行实地核查。

第二十七条 烟草专卖局进行实地核查时，应当填写烟草专卖许可证实地核查记录，由核查人员与被核查方签字确认。被核查方拒绝签字的，由核查人员在烟草专卖许可证实地核查记录上注明情况。

第二十八条 烟草专卖局审批零售类许可证，应当符合当地烟草制品零售点合理布局规划。两个或两个以上申请人的申请因合理布局所限，无法都给予行政许可的，应当根据受理的先后顺序作出是否准予行政许可的决定。

第二十九条 烟草专卖局审批许可证时，认为涉及公共利益需要听证的，应当在作出行政许可决定前，通过公告栏或烟草专卖许可证管理系统等方式向社会发布烟草专卖许可证听证公告并举行听证。

第三十条 烟草专卖局审批许可证时，审批结果直接涉及申请人与他人之间重大利益关系的，应当告知申请人、利害关系人享有要求听证的权利。申请人、利害关系人在被告知听证权利之日起5日内提交烟草专卖许可证听证申请书的，烟草专卖局应当依法举行听证并向申请人、利害关系人出具烟草专卖许可证听证通知书。

第三十一条 烟草专卖局应当自受理之日起20日内作出行政许可决定。受理和审批生产经营类许可证的，受理机关应当在受理申请后10日内将审查意见和全部申请材料报送审批机关，审批机关应当自收到申请材料之日起10日内作出行政许可决定。

审批机关在前款规定的期限内不能作出行政许可决定的，经审批机关负责人批准，审批期限可以延长10日并出具烟草专卖许可证延长审批期限通知书送达申请人。

依法需要听证、检验、检测的，所需时间不计算在规定期限内。

第三十二条 审批机关作出行政许可决定时，申请类型属于许可类事项的，应当出具烟草专卖许可证准予行政许可决定书或烟草专卖许可证不予行政许可决定书；申请类型属于管理事项的，应当出具烟草专卖许可证管理类事项办理通知书。

第三十三条 烟草专卖许可证的有效期限由审批机关根据实际情况决定，最长不得超过5年，自发证之日起计算。

第五章　注销程序

第三十四条 持证人或利害关系人按规定提出歇业申请的，原许可证审批机关应当注销许可证。

第三十五条 原许可证审批机关发现存在下列情形之一的，应当依职权注销持证人的烟草专卖许可证：

（一）烟草专卖许可证有效期届满未延续的；

（二）发生《烟草专卖许可证管理办法》第四十九条第二项至第五项规定的情形，持证人或利害关系人未在规定期限内提出歇业申请的；

（三）登记事项发生改变后，持证人未按照本规定提出变更申请，自收到责令变更许可证通知书30日内仍拒绝变更的；

（四）停止经营业务1年以上不办理停业手续，或办理了停业手续、停业期届满后未申请恢复营业的，经发证机关公告3个月后未申请歇业或申请恢复营业的；

（五）领取烟草专卖许可证后满6个月未依法开展生产经营活动的；

（六）法律、法规、规章规定的其他情形。

第三十六条 发生以下法定情形之一的，原许可证审批机关应当依据相关行政处罚或行政决定注销该烟草专卖许可证：

（一）烟草专卖许可证被依法撤销的；

（二）烟草专卖许可证被依法撤回的；

（三）烟草专卖许可证持证人被依法取消从事烟草专卖业务资格的；

（四）烟草专卖许可证持证人被工商行政管理部门吊销营业执照的。

第三十七条 原许可证审批机关注销许可证时，应当根据歇业申请、相关行政处罚决定书、刑事判决书、公告或检查记录等材料填写烟草专卖许可证注销审批表，审批机关负责人批准后，注销该许可证。

第三十八条 烟草专卖许可证注销后，审批机关应当出具烟草专卖许可证注销决定书送达原持证人并收回原许可证，许可证无法收回的应当予以公告。

第三十九条 依法注销的烟草专卖许可证，应当通过公告栏、烟草专卖许可证信息系统等方式向社会公告。

第六章　文书送达程序

第四十条 本规定所称的行政许可文书包括申办许可证过程中的各类申请表、烟草专卖局相关行政许可决定、烟草专卖局内部审批表等格式文本。

第四十一条 烟草专卖局出具的行政许可文书应当加盖烟草专卖许可证专用印章或本行政机关印章。核发的烟草专卖许可证，应当加盖本行政机关印章。行政许可文书或烟草专卖许可证由两名以上工作人员在10日内直接送达。直接送达有困难的，可采用邮寄送达方式。

生产经营类许可证的行政许可文书或烟草专卖许可证可以由审批机关委托受理机关送达。

第四十二条 审批机关对许可类事项的申请作出准予行政许可决定的，应当自作出行政许可决定之日起30日内，通过公告栏、烟草专卖许可证信息系统等方式，将许可事项、被许可人的姓名或企业名称、经营场所、许可范围、许可有效期限、许可证号以及作出行政许可决定的日期予以公告。

第四十三条 公众要求查阅行政许可决定时，应当出示有效身份证明。公众查阅内容不包括烟草专卖局内部审批表。

第四十四条 烟草专卖局应当建立行政许可卷宗归档保存制度，对办理完毕的申请材料以及相关行政许可文书收集整理并妥善保存。

第七章　附　则

第四十五条 烟草专卖局办理烟草专卖许可证，不得收取任何费用。

第四十六条 本规定中烟草专卖局办理烟草专卖许可证的期限以工作日计算，不含法定节假日。

第四十七条 本规定由国家烟草专卖局负责解释。

第四十八条 本规定自2008年1月1日起施行。以往发布的有关规定与本规定不一致的，以本规定为准。

国家烟草专卖局关于加强专卖管理组织机构建设的指导意见

（2007 年 4 月 17 日 国烟人〔2007〕186 号）

各省级烟草专卖局：

为适应新形势、新任务对专卖管理工作的要求，全面提升专卖管理水平，切实加强内部监管和市场监管，建立良好的生产经营秩序和良好的市场秩序，确保行业平稳健康发展，维护社会正义和专卖法律尊严，国家局对加强专卖管理组织机构建设提出如下指导意见：

一、指导思想和基本原则

（一）指导思想

专卖管理组织机构建设，要以坚持国家烟草专卖制度，切实维护国家利益和消费者利益为宗旨，以规范组织机构、明确职能定位、科学定岗定员、高效协调运转为目标，坚持职权法定、依法行政、有效监督、高效便民，构建行为规范、运转协调、公正透明、廉洁高效的烟草专卖执法体制。

（二）基本原则

要坚持职权法定、依法实施原则，从机构设置到职能确定，从岗位设立到内部运转，均应有法可依；要坚持以人为本、执法为民原则，切实体现便民要求；要坚持成本控制、精简高效原则，进一步优化机构设置，整合现有管理资源，全面提高行政效率，注重运转实效，降低管理成本；要坚持统筹规划、因地制宜原则，按照国家局的统一部署和要求，扎实推进工作，做到政令畅通，同时要结合本地区实际情况，制订具体实施方案，确保实效性。

二、组织机构和职能定位

（一）统一机构设置

省级局、地市级局、县级局设专卖监督管理机构和内部专卖管理监督机构，两个部门合署办公，两块牌子、一套人员；省级局称专卖监督管理处、内部专卖管理监督处，地市级局称专卖监督管理科（处）、内部专卖管理监督科（处），县级局称专卖监督管理科（股）、内部专卖管理监督科（股）。专卖稽查队伍按照《烟草专卖稽查队伍管理规定（试行）》（国烟专［2001］201 号），省级局设专卖稽查总队、地市级局设专卖稽查支队、县级局设专卖稽查大队，稽查大队可以根据工作需要设立若干稽查中队。省级局根据专卖管理工作需要，经国家局批准，可以设立派驻机构，以省级局的名义开展工作。省级局派驻机构的职能由省级局确定。

（二）明确职责定位

1. 省级局专卖管理机构的职责。专卖监督管理处的主要职责是：负责本辖区《中华人民共和国烟草专卖法》及《中华人民共和国烟草专卖法实施条例》和有关法律、法规及国家局规章制度的贯彻实施并对执行情况进行监督、检查；结合本地区实际情况，制订专卖管理工作目标和规章制度并组织落实；负责监督、检查烟草专卖品生产、经营和进出口企业执行《中华人民共和国烟草专卖法》及《中华人民共和国烟草专卖法实施条例》和国家局有关规章制度的情况；负责专卖综合事务管理；负责烟草专卖许可证、烟草专卖品准运证和其他各类烟草专卖证件的管理；负责专卖队伍组织建设和专卖管理人员培训；负责督导考核地市级局专卖管理工作；负责专卖信息化建设的指导和实施工作；负责指导、监督、检查罚没物品的处理和罚没收入的管理。

内部专卖管理监督处的主要职责是：贯彻落实国家局内部专卖管理监督的部署和措施，建立内部专卖管理监督长效机制，制定实施本辖区内部专卖管理监督制度；组织领导地市级局、县级局做好对行业内部生产经营活动的同级监管、日常监管工作，对地市级局、县级局专卖内管工作开展情况进行监督检查；每半年对辖区行业内工商企业进行一次重点抽查，每年进行一次全面检查；每半年向国家局报告一次专卖内管工作，5 万元以上的内部违法违规生产经营问题处理情况要及时上报；开展本辖区烟草专卖行政执法监督工作，监督专卖人员依法行政、文明执法；负责开展行政执法错案责任追究工作。

专卖稽查总队的主要职责是：负责指导、协调、组织本辖区卷烟打假打私工作；负责督办或直接查处各类重大烟草违法案件；组织、指挥、协调打击制售假烟网络案件的经营和查办工作；负责监督检查卷烟打假打私工作；负责协调配合相关部门建立协作机制，建立健全行政执法与刑事司法衔接机制；负责本地区涉烟违法案件的情报信息管理工作，建立健全查处涉烟违法案件信息联动及共享机制。工作重点是协调、组织、指挥跨省、跨地市制售假烟网络案件的侦破以及对犯罪嫌疑人的抓捕追刑工作；解决本地区存在的制假、贩假、售假等突出问题、难点问题。

2. 地市级局专卖管理机构的职责。专卖监督管理科（处）的主要职责是：负责本辖区《中华人民共和国烟草专卖法》及《中华人民共和国烟草专卖法实施条例》和有关法律、法规的贯彻实施并对执行情况进行监督、检查；结合本地区实际情况，制订专卖管理工作目标和规章制度并组织落实；负责专卖综合事务管理；根据授权或委托签发烟草专卖品准运证，参与对国发或省发烟草专卖许可证的初审，对本辖区内准运证和许可证的使用情况进行监督检查，对县级局核发烟草专卖零售许可证进行指导；负责专卖队伍组织建设和专卖管理人员培训；负责督导考核县级局专卖管理工作；负责专卖信息化建设的指导和实施工作；负责指导、监督、检查罚没物品的处理和罚没收入的管理。

内部专卖管理监督科（处）的主要职责：一是组织县级局做好同级监管、日常监管工作，及时调查处理不规范生产经营问题，每季度对所属县级局专卖内管工作开展情况进行一次全面检查。二是对地市公司本级以及所属县营销部（公司）的“两烟”生产经营活动坚持日常监督。三是对辖区行业内工商企业生产经营全过程进行日常监管。对工业企业主要检查按合同、准运证等规定购进原辅材料，按计划、码段组织生产，通过正常渠道销售卷烟等方面的情况；对烟叶复烤加工企业主要监管无合同加工、超合同加工、无证运输以及超范围经营等问题；对烟机、辅料生产经营企业主要检查执行烟草专卖法律法规以及国家局有关规章制度的情况；对辖区内所有工商企业处理废弃烟草专卖品进行监管。每季度向省级局报告一次专卖内管工作，5万元以上的内部违法违规生产经营问题要在48小时内报省级局，按省级局的意见进行处理；开展本辖区烟草专卖行政执法监督工作，监督专卖人员依法行政、文明执法；负责开展行政执法错案责任追究工作。

专卖稽查支队的主要职责是：负责组织本辖区卷烟打假打私工作；负责督办或直接查处各类重大烟草违法案件；负责组织、指挥、协调打击制售假烟网络案件的经营和查办工作；负责协调配合相关执法、司法部门建立协作机制，建立健全行政执法与刑事司法衔接机制；负责本地区涉烟违法案件的情报信息管理工作，建立健全查处涉烟违法案件信息联动及共享机制。工作重点是协调、组织、指挥跨县的制售假烟网络案件的侦破以及对犯罪嫌疑人的抓捕追刑工作，及时上报跨省、跨地市的制售假烟网络案件线索。

3. 县级局专卖管理机构的职责。专卖监督管理科（股）的主要职责是：在本辖区宣传、贯彻实施《中华人民共和国烟草专卖法》及《中华人民共和国烟草专卖法实施条例》和相关法律法规；协调与当地党委、人民政府和相关执法、司法部门的工作关系，建立健全行政执法和刑事司法衔接机制、协作联动机制；负责专卖综合事务管理；负责审核办理和管理烟草专卖零售许可证；负责审理本辖区涉烟违法案件和内部专卖管理监督案件；负责罚没物品的处理和罚没收入的管理；负责对专卖人员实施工作绩效考核。

内部专卖管理监督科（股）的主要职责是：对辖区内卷烟、烟叶生产经营业务进行同级监管、日常监管。对卷烟访销配送业务坚持日常监督。对烟叶种植收购合同的签订情况进行检查，主要查超计划种植、合同签订与实际情况不符、多签少种、少签多种、亩产异常等问题；对烟叶种植收购合同的执行情况进行检查，主要查超计划、超合同、无合同收购等问题；检查有无非正常渠道调拨烟叶、违规处理报废烟叶等问题。县级局内部专卖管理监督科（股）每个月要向地市级局内部专卖管理监督科（处）报告一次内部专卖管理监督工作情况；发现不规范生产经营情况，要在24小时内报地市级局。开展本辖区烟草专卖行政执法监督工作，监督专卖人员依法行政、文明执法；负责开展行政执法错案责任追究工作。

稽查大队的主要职责是：负责辖区内烟草市场监管和涉烟违法案件的查处工作；负责对零售市场实施日常监管；负责了解零售业态变化及其对专卖管理工作的影响等基础情况；排查制售假烟网络案件线索，及时向地市级局上报，按照上级局统一指挥开展打击制假贩假售假网络行动。

三、岗位设置和人员配备

专卖管理岗位设置和人员配备应充分考虑地理条件、管理对象、市场环境等因素，在保持专卖队伍稳定的基础上实施。

（一）省级局专卖管理岗位设置和人员配备

省级局配备专卖监督管理处长、副处长，内部专卖管理监督处长、副处长，稽查总队长、副总队长。内部专卖管理监督处长、稽查总队长由专卖处长兼任。省级局派驻机构要配备处级干部作为负责人。

省级局专卖监督管理处设置专卖信息管理岗、专卖内勤管理岗、市场监管岗、案件审理岗、专卖证件管理岗。内部专卖管理监督处设置涉烟（不含烟叶）生产企业监督管理岗、卷烟经营监督管理岗、烟叶生产经营监督管理岗（非烟叶产区可不设此岗位）、执法监督岗。内部专卖管理监督处各岗位人员总数不得低于本级专卖管理人员的35%。稽查总队设置案件督导岗、案件协调岗、案件调查岗。稽查总队各岗位人员总数不得低于本级专卖管理人员的35%。以上各岗位根据实际情况可以兼任，一人最多兼任两个岗位，但内部专卖管理监督处和稽查总队岗位不能相互兼任。

（二）地市级局专卖管理岗位设置和人员配备

地市级局配备专卖监督管理科（处）长、副科（处）长，内部专卖管理监督科（处）长、副科（处）长，稽查支队长、副支队长。内部专卖管理监督科（处）长、稽查支队长由专卖科（处）长兼任。

地市级局专卖管理科（处）设置专卖信息管理岗、专卖内勤管理岗、市场监管岗、证件管理岗、案件审理岗。内部专卖管理监督办公室设涉烟生产企业监督管理岗、卷烟经营企业监管岗、烟叶企业监管岗、执法监督岗。内部专卖管理监督科（处）各岗位人员总数不得低于本级专卖管理人员的25%。稽查支队设置案件督导岗、案件协调岗、案件调查岗。稽查支队以上各岗位人员总数不得低于本级专卖管理人员的35%。地市级局所在城区没有设立烟草专卖局的，市场监管岗可设在稽查支队，其人数由各单位依据辖区人口、地理、经济发展水平和法制环境等因素综合平衡确定，总数不得超过专卖队伍总人数的20%并报上级单位核准。以上各岗位根据实际情况可以兼任，一人最多兼任两个岗位，但内部专卖管理监督科（处）岗位和稽查支队岗位不能相互兼任。

（三）县级局专卖管理岗位设置和人员配备

县级局配备专卖监督管理科（股）长、副科（股）长，内部专卖管理科（股）长、副科（股）长，稽查大队长、副大队长。内部专卖管理监督科（股）长和稽查大队长由专卖科（股）长兼任。

专卖监督管理科（股）设置综合管理岗、证件管理岗、案件审理岗。内部专卖管理科（股）设置卷烟经营企业监管岗、烟叶企业监管岗、执法监督岗。内部专卖管理科（股）各岗位人员总数不得低于本级专卖管理人员的20%。稽查大队设置案件调查岗、情报线索分析岗和市场监管岗，稽查大队案件调查岗、情报线索分析岗人员合计不得低于本级专卖管理人员的25%；市场监管岗人数由各单位依据辖区人口、地理、经济发展水平和法制环境等因素综合平衡确定，总数不得超过本级专卖队伍总人数的30%并报上级单位核准。以上各岗位根据实际情况可以兼任，一人最多兼任两个岗位，但内部专卖管理科（股）岗位和稽查大队岗位不能相互兼任。

四、工作要求

（一）明确责任，狠抓落实

各级局要将加强专卖管理机构建设，作为当前和今后一个时期专卖管理工作的重点，放在更加突出的位置，认真按照国家局的要求和部署，制订详细具体的工作计划和操作性强的工作措施，层层分解工作任务。各级局主要负责人对此项工作负总责，确保工作稳步推进，抓出实效。

（二）细化方案，确保效果

各级局在认真学习领会国家局指导意见的基础上，按照指导意见确定的标准，结合当地实际情况，拟订本级局专卖队伍组织体系建设实施方案。省级局要加强对地市级局方案制订的指导，地市级局要加强对县级局方案制订的指导。各省级局在收集整理本省各单位的方案后，统一制订本省专卖队伍组织体系建设方案，报国家局批准执行。

经济运行

国家烟草专卖局关于全面提升卷烟销售网络建设与运行水平的指导意见

（2007年3月9日　国烟办〔2007〕131号）

各省级局（公司）：

全国卷烟销售网络建设经过不断探索、不断总结、不断提高，特别是最近三年的整体推进，新的网络组织结构基本建立，新的业务模式转换基本完成，全国卷烟商业企业初步实现了由传统商业向现代流通的转变。卷烟销售网络建设在烟草行业改革和发展进程中起到了重要的支撑、保障和促进作用。

全国卷烟销售网络建设工作取得了阶段性成果，但仍然存在一些不容忽视的问题。个别单位服务水平不高，以客户为中心的观念还没有真正确立；较多依赖体制优势，运用市场手段解决问题的能力还不强；网建发展不平衡，统一规范程度不够，特别是农村网络比较薄弱；网络管理比较粗放，运行效率较低；工商协同营销的机制有待探索建立；网络从业人员素质还不能适应现代流通发展的要求。全面提升全国卷烟销售网络建设与运行水平，以应对将来更加激烈的国际竞争，是新阶段摆在全行业商业系统面前紧迫而重要的战略任务。

一、总体目标与要求

（一）总体目标

以科学发展观为指导，全面贯彻“完善体制机制、优化资源配置、增强竞争实力、全面提升水平”战略部署，认真落实国家局改革和发展各项措施，切实按照“突出服务、注重效率、优化流程、提高素质”总要求，大力提高网络服务客户、培育品牌、控制市场、科学管理和员工素质水平，从2007年起经过三年的努力，建立起全国统一规范、功能先进、优质高效、经济实用的现代化卷烟销售网络；在此基础上，再用两到三年时间，通过进一步完善机制、增强功能、提高效率，实现烟草商业企业向现代流通的根本转变，使全国卷烟销售网络全面达到国际水平，以迎接更加激烈的国际竞争。

（二）基本要求

今后三年网建全面提升工作的基本要求是：

1. 把握三个要点。一是统一规范。要按《地市级烟草公司卷烟销售网络业务规范（试行）》（中烟销网〔2005〕20号，以下简称《规范》）要求，统一业务流程、统一系统标准和操作规范，不断提升全国卷烟销售网络统一规范程度，实现不同公司的同基点运作。二是完善功能。加强现代网络功能建设，大力提高网络服务客户、引导消费、培育品牌、控制市场的能力，有效发挥网络功能作用。三是优质高效。树立服务第一的思想，始终把“突出服务”作为网建工作的灵魂，正确处理服务与效率的关系。在优质服务的前提下，提高效率，降低成本。

2. 实现三个转变。一是网建工作重点要从硬件与模式建立向软件与水平提高转变。从注重基础设施建设转向提高设施利用率，从确立新业务流程转向不断优化流程，建立健全体系，提高整体水平。二是网络功能要从销售产品向培育品牌转变。从单纯注重销售指标转向更加注重培育品牌，从被动适应市场转向积极引导市场，实现服务营销、品牌营销。三是网络运行管理从粗放型向集约型转变。以人为本，应用先进管理方法和技术，从简单平面化管理转向整体系统化管理，从注重职能管理转向注重流程管理，从主要依靠行政手段控制市场转向更多利用经济手段控制市场，实现网络管理的系统化、流程化、规范化。

3. 提升四个能力。一是提升服务客户能力，与零售客户实现平等相处、长期合作、共同发展，与工业企业实现资源共享、互动互信、协同营销；二是提升培育品牌能力，营造行业内公平竞争环境，促进重点品牌成长，增强行业核心竞争力；三是提升市场控制能力，净化市场，规范市场，提升市场占有率及价格调控水平；四是提升科学管理能力，优化资源配置，优化组织结构，优化业务流程，创新服务模式。努力实现全国卷烟销售网络高水平的规模化经营、专业化分工、流程化作业、信息化管理、集约化运作。

二、主要任务与措施

（一）突出服务，建立和完善客户服务体系与保障机制

1. 规范客我关系，健全服务体系。树立零售客户是烟草行业一个重要组成部分的思想，按照市场化原则，通过制度和政策措施，规范与零售客户的关系。一要规范与零售客户平等互利、相互合作、共同发展的平等地位关系。二要规范权利责任关系。商业企业拥有专卖专营权利，但不得滥用市场支配权，要做到中低档烟基本满足需求，紧俏烟供货公正、公开透明。维护零售客户经营自主权、知情权和得到公平待遇的权利。三要规范利益关系。合理调整利益分配，保障零售客户收益水平。四要规范服务项目和标准。在规范客户分类、规范客户维护、规范客户评价基础上，建立健全包括服务项目、服务程序、服务标准、服务承诺、服务监督、服务评价等为主要内容的服务管理体系，切实改进与提高服务的质量和水平。

2. 加强终端研究，促进零售网点合理分布。加强网络终端的调查和研究，掌握其变化的特点与规律，积极引导和优化零售客户业态结构、规模结构和地理分布，改善零售客户的经营环境，提升行业市场控制力。按照“方便购买、有效控制”原则，以市场为依据，合理分布城乡零售网点。城市网建重点是提升能力，综合运用行政和市场手段，有效控制和约束不规范经营行为，为零售客户创造良好的经营环境。农村网建要通过客户服务方式创新，服务重心下移，扩大市场占有率和服务覆盖面。着力解决农村入网零售客户偏少、适销货源不能保证、送货周期偏长、委托送

货比重偏大、服务工作不到位等问题。实现农村网络与城市网络的协调发展。

3. 提供适销货源，满足市场需求。卷烟销售工作要抓市场营销、品牌培育，形成优质市场资源；抓市场分析和预测，准确把握市场真实需求和发展变化趋势；提高组织货源能力，使品牌、品类、产品结构最大可能地与市场需求匹配。实施品类管理，提高品牌培育能力，解决好品牌整合过程中的品牌置换问题。零售市场同类可替代品牌不少于2～3个，不得以任何名义捆绑销售。建立分配政策公开和货源公示制度，加强监管，严防拆单分摊、假入网等违法违规行为。按照“控制大户、稳定中户、扶持小户”的原则，合理、公正地分配货源。通过有效组织货源、适当引导，均衡投放，做到基本满足零售客户和消费者需求。

4. 规范价格秩序，维护零售客户利益。保持合理的批零差率、稳定市场零售价格是保证零售客户合理利润的主要手段。以深入推行明码标价工作为切入点，逐渐向明码实价过渡。建立科学的卷烟调拨、批发、零售价格体系，合理调整各环节利益分配，保障零售客户的合理收益。零售客户毛利率达到10%左右，农村零售客户赢利水平要有明显上升。

对零售客户进行有计划的拜访，提供有针对性、专业性的经营指导和咨询服务，使零售客户及时了解有关的行业政策信息、品牌信息和价格信息，增加共识，提高能力，促进零售客户与行业融合。加强省、市二级客户投诉中心建设，增强行业对市场和服务的监控能力。倾听消费者和零售客户意见，接受投诉，建立分级负责的投诉受理机制，及时发现问题，解决问题，切实维护好零售客户和消费者权益。

（二）强化网络培育品牌功能，建立工商协同营销机制

1. 营造公平竞争市场环境，促进适度竞争。营造公平、公正、有序、适度竞争的市场环境是新阶段营销工作的基本要求。商业企业要根据市场化原则，建立科学合理的品牌评价体系、品牌引入退出机制和统一的服务标准，公平对待所有工业企业。对地产烟和省外烟、高档烟和低档烟、新品牌和老品牌做到竞争机会公平、竞争规则公平、竞争过程公平。按照《中国卷烟品牌发展纲要》（国烟运〔2006〕303号）要求，坚持以市场为导向，以“百牌号”为基础，以培育“两个10多个”为目标，形成工业企业、卷烟品牌适度竞争的格局。

工业企业要建立科学合理的市场评价体系和品牌培育、货源供给保障机制。依据对地区市场需求、市场环境、市场营销能力的客观评价，制订产品的投放政策、计划和货源保障措施，公平、公正地对待所有商业企业和每一个市场。在商业企业之间形成培育优质市场、公平获取优质供应的竞争态势。

2. 建立工商信息交流机制，实现信息共享。工商企业要本着“平等对待、满足需求”原则，建立多层次、多方面的信息沟通机制，为对方提供需要的信息。国家局将以“一号工程”为支撑，建立工商企业信息共享平台。商业企业要及时向工业企业提供市场需求信息、营销信息、品牌信息、消费者信息、客户信息等。工业企业要及时向商业企业提供年度品牌生产计划、品牌整合发展规划、新品培育计划、月度调运计划、全国市场布局等信息。建立工商信息交流、反馈、共享的有效机制，增强行业响应市场能力。

3. 建立工商协同营销体系，提升品牌培育能力。协同营销是新阶段行业发展的需要，也是新型工商关系的主要内容。商业企业要在公平公正的前提下，以品牌为纽带，与工业企业探索建立一体化的营销机制。工商企业对品牌的市场发展目标、生产、销售计划的安排要协同一致；品牌维护的手段方法、产品的投放和价格策略要协同一致；产品的推介促销、对零售客户和消费者的服务要协同一致；工商企业营销力量要合理分工、各有侧重、协同运作。工业企业营销工作要重点研究宏观市场，研究消费者，研究市场对产品质量、口味、风格的要求和发展趋势；商业企业营销工作要重点研究当地市场，研究零售客户，提高服务质量水平和效率。运用“供应商管理库存”理论，与省内工业企业开展网上配货，与省外工业企业积极探索网上配货运作模式。通过协同营销，一体化运作，大力提升行业品牌培育能力。

4. 建立市场分析和预测制度，推进“按订单组织货源”工作。准确把握消费者真实需求，是商业企业有效组织货源、工业企业按市场整合品牌、真正满足零售客户和消费者需求的前提，是行业营销工作的起点。商业企业要以提高市场分析能力为重点，建立规范的定期市场分析报告制度，全面提升企业把握市场、分析市场能力。积极探索建立市场预测制度，从客户经理、市场经理、营销中心多层次，从订单信息收集处理、零售客户调查、社会抽样调查多方面，应用现代信息技术，探索市场预测方法，规范预测工作流程，提高市场分析预测水平，推进“按订单组织货源”工作。

（三）优化流程，不断提高网络管理与运行效能

1. 优化管理流程，提高组织管理效能。通过管理流程的纵向和横向整合，使网络机构扁平化，清晰界定决策层、管理层、执行层的权利和责任。明确业务

流程中各岗位职责和前后台、上下游关系。树立上游为下游服务的意识，强化后台对前台的支持。提高地市级公司对商流、物流、资金流和信息流的全面控制水平，实现企业部门之间、上下级营销部门之间的流程化、规范化运作，以流程驱动各职能部门的高效合作，提高企业组织管理效能。

2. 优化业务流程，提高网络运行效率。优化流程是不断提升网络水平的着力点。按照《规范》要求，进一步梳理贯通、优化细化网络主要业务操作流程，重点解决流程中断和节点梗阻问题。加快物流运作流程、品牌管理流程、货源分配流程、市场预测流程以及处理一些特别问题的工作流程的建设和优化。加强信息流程的优化与规范，提高信息质量和价值。紧紧围绕流程优化和运行，改进工作方法，狠抓流程运行中的突出问题和过程的监督考核。保证流程上下贯通、节点平滑顺畅，提高网络运行效率。

3. 优化上下游衔接流程，提高市场响应能力。根据市场需求、市场预测、库存情况、消费特点进一步优化采购工作流程，提高组织货源能力；优化与工业企业协同营销工作流程，提高工作效率；优化客户关系管理流程，制订客户服务应急预案，建立应急工作流程；建立和优化与工业企业和零售客户信息交流工作流程，实现信息共享。建立上下游贯通的工作流程，使工业企业、商业企业、零售客户之间有效衔接，提高工业企业、商业企业对零售客户、消费者的响应能力。

4. 统一流程，提高规范化标准化水平。按照《规范》要求，统一业务流程，统一岗位设置，制订各岗位流程的操作规范。实施全国卷烟销售统一呼叫中心和仓储软件，加快电话订货和仓储管理流程的统一；建立自下而上的卷烟购销模式，加快卷烟交易流程的统一；建立工商协同营销平台，加快品牌管理和信息交互流程的统一；推进两级投诉中心建设，不断完善客户投诉管理体系，加快客户意见处理流程的统一。通过统一业务流程，不断提升全国卷烟网络规范化标准化水平。

（四）注重效率，实现网络低成本高效运行

1. 合理配置资源，提高主体能力。商业企业要按大市场、大流通的思想，遵循系统化、集约化原则，以建设中国烟草现代流通为总体目标，按照《规范》要求，结合本单位实际情况，明确工作目标和主要任务，抓住薄弱环节，发挥自身优势，合理配置企业人力、财力、物力资源，打好企业良性发展基础。通过内部结构调整、组织创新、机制创新，激活人的因素；通过科学管理、新技术应用、优化流程，提高工作效率；通过规范服务、优质服务，形成优质客户资源，推动网络乃至整个企业高效率运作。

2. 加强信息化建设，提高科学管理水平。按照国家局信息化建设规划和有关技术要求，加强商业企业信息化建设。网络业务流程的优化，操作规范的实施、标准的落实，都依赖于信息技术的应用和支撑。各单位要搞好信息建设规划，建设好维护好网络信息平台，不断完善营销管理系统、客户关系管理系统及分析决策系统，提高企业信息化建设和应用水平。以信息化建设改造传统商业，带动企业管理科学化、规范化水平的提高。

3. 开展成本核算，降低网络运行成本。要制定规范的费用管理办法和核算规程，把物流中心、订单中心、营销中心作为内部单独核算单位进行考核，全面实行成本核算和费用控制。考核不能简单化，要将考核细化到具体环节、具体项目上，要在保证服务质量，保证工作到位的前提下，提高网络用工、用房、用车、用钱效率。坚决克服不计成本、大手大脚的行为。定期分析网络运行成本及费用的构成状态和变化趋势，发现和改善薄弱环节，力争销售费用率、网络整体运行成本（按可比口径计算）逐年有所下降。

4. 加强物流管理，提高物流配送效率。按照“合理规划、统一标准、经济实用、综合配套”的方针，既要考虑建设成本和运行成本，不贪大求洋，又要满足发展需要，充分利用现有资源，加快物流体系建设。形成以信息技术为核心，分拣技术、运输和配送技术、装卸搬运技术、自动化仓储技术、库存控制技术、包装技术等专业技术为支撑的现代化物流。地市级公司要加强物流体系的整合与管理，实现一体化配送，强化现场管理，不断优化送货线路，降低用车用工费用，提高物流配送效率。

（五）提高素质，建设一支适应现代流通发展的员工队伍

1. 推进网络用工分配制度改革，建立良好的用人机制和环境。按照国家局“分类管理、科学设岗、明确责任、严格考核、落实报酬”的总要求和用工分配制度改革的总体部署，积极推进“四定”工作，核定网络基层“四员”队伍编制，逐步推行持证上岗制度。按照市场化原则和方法，对网络从业人员的使用和调整，要根据岗位要求，明确标准、择优录用、竞聘上岗；对照岗位职责要求，严格考核；依据岗位职责和考核结果，合理分配收入，奖优罚劣，实行有效激励。形成“进得来、留得住、出得去”的用人机制，营造有利于人才脱颖而出的良好环境。

2. 加强教育培训，提高员工队伍知识技术水平。要结合网建工作实际情况，制定三年网络从业人员教育培训规划。以现代流通、现代营销、网络业务规范、

“四员”手册、信息技术等为主要内容，开展多层次、全方位培训，全面提高网络从业人员的现代营销知识水平和专业技术能力。国家局负责省级销售管理部门和地市级公司主要负责人的培训，三年内完成一次轮训；省级局（公司）负责地市级公司五大业务中心（部门）主任、市场经理的培训，三年内完成一次轮训；地市级公司负责“四员”的经常性在岗培训。

3. 建立考评晋升制度，为员工提供职业发展平台。根据国家局人力资源改革的原则，结合企业实际情况，建立和完善营销业务技术等级考评及晋升制度，加快推进市场经理等重点技术岗位人员考评和定级工作，为员工岗位成才、岗位发展创造条件，营造爱岗敬业、积极向上的工作氛围。

4. 开展岗位练兵，提高客户经理素质。网络基层管理人员和客户经理素质是决定网建水平的关键，各级商业企业领导要高度重视网络基层管理人员的配备和客户经理的工作。对网络基层管理人员要加强管理，明确责任，严格考核，切实提高网络基层管理人员的事业心、责任心和职业素养。客户经理队伍人多面广，要普遍开展岗位练兵，通过优秀典型引导、横向纵向交流、岗位技能竞赛等方式，通过在岗学习培训、在岗实践锻炼，全面提高客户经理的工作能力与水平，打造一支有较高素质的职业经理人队伍。

三、工作安排与督察

（一）加强学习培训，进一步提高对网建工作的认识

各级烟草商业企业要加强现代营销、现代流通理论技术知识的学习和培训，教育广大干部职工从形势发展需要、从行业结构特征和体制条件出发，深刻领会国家局提出的“突出服务、注重效率、优化流程、提高素质”的总要求，提高对网建全面提升工作的认识。充分认识到中国烟草是一个整体，工商企业是两个有机的组成部分，烟草商业作为中国烟草的“销售部门”，必须对市场负责、对工业负责、对品牌负责，大力提升网络培育品牌的能力；充分认识到目前是在专卖专营条件下建网，必须注重服务和效率，必须着眼于培养企业在市场开放条件下的国际竞争能力。要以建设中国烟草现代流通为目标，以优质服务为前提，以优化流程为手段，以培育品牌为责任，以提高素质为保证，结合“按订单组织货源”工作，全面提升网建水平。

（二）巩固“整体推进”成果，打牢全面提升基础

各级烟草商业企业要开展“整体推进”回头看活动，对照标准和要求，认真分析整体推进工作，找出存在的问题和差距，采取有力措施，把整体推进的各项基础工作做好。整体推进工作还没有完全到位的单位，今年要继续以整体推进为重点开展网建工作；发展不平衡的单位，要在促平衡、补短板上下工夫；网建水平较好的单位，要认真总结经验，积极探索全面提升的有效途径和办法。

（三）加强组织领导，扎实开展“全面提升”工作

各省级局（公司）要高度重视全面提升工作。省级局（公司）主要领导要加强领导、统一部署、抓住重点、分步实施。要结合本单位实际情况，研究确定全面提升各项工作的目标、任务、措施和进度安排，要从解决网建工作中的焦点、热点、难点问题着手，加强调查研究，制订相应政策措施。各省级局（公司）要根据本指导意见的总体要求，制订全面提升实施方案，于2007年4月底前报送中国卷烟销售公司，经核准后组织实施。

（四）实行督察评价，促进全面提升工作

国家局将根据本指导意见的要求，制订卷烟销售网络建设与运行水平的考察评价办法。按科学合理、标准统一的评价体系，对各单位网建工作情况，实行年度督察，并通报督察结果。三年内分批对所有单位卷烟销售网络建设与运行水平进行一次全面考察评价，促进全面提升工作任务目标的实现。

国家烟草专卖局办公室关于建立卷烟需求预测制度的通知

（2007年4月13日　国烟办综〔2007〕112号）

各省级局（公司）、工业公司：

为进一步落实“按客户订单组织货源”工作，发挥市场机制配置资源的基础作用，切实实施“放开衔接、适度引导、定向整合、促进发展”的交易方针，

国家局决定在工商企业建立卷烟需求预测制度，现将有关事项通知如下：

一、建立卷烟需求预测制度的目的和意义

"按客户订单组织货源"是烟草行业在专卖体制下发挥市场机制作用的有效途径和实现形式。把握市场真实需求是"按客户订单组织货源"的前提和基础。随着行业体制机制的进一步完善，以市场为导向的行业产销衔接运行方式更加明确，但是由于零售客户对卷烟需求的放大和失真普遍存在，掌握真实需求是当前面临的难点，是各级卷烟商业企业要面对的重大课题，为此，建立全国卷烟需求预测制度，以规范预测流程，提高预测准确率，为行业宏观决策和资源合理配置提供真实可靠的市场依据。

二、卷烟需求预测制度的工作内容

1. 卷烟需求预测内容。卷烟需求预测的主要内容是：商业企业通过对辖区零售客户对各品牌规格卷烟的需求分析，研究、预测本地市场各品牌规格卷烟市场总体消费走势，以此预测、确定一定时间内本地市场的货源需求量。

2. 卷烟需求预测周期。为做好全国卷烟交易工作，卷烟需求预测的周期根据全国卷烟交易时间和流程主要分为年度预测、半年预测、半年预测季度调整和月度预测。

年度预测：各工商企业在研究历史销售数据和分析各品牌规格销售趋势的基础上，对下一年度全年各卷烟品牌规格的需求情况进行预测和分析，以此作为制订年度销售计划的重要依据（上报表格及说明见附件1）。

半年预测：为配合每半年一次的全国卷烟集中交易，各工、商业企业每半年对本地市场各个品牌规格卷烟的需求情况进行全面的预测和分析，从而确定商业企业半年度的卷烟货源需求量并以此作为签订半年协议的依据（上报表格及说明见附件2）。

半年预测季度调整：各工商企业在本半年第一季度实际销售情况及半年协议完成进度的基础上，对半年卷烟需求进行滚动预测，确定半年第二季度补充货源需求量并以此调整半年协议（上报表格及说明见附件3）。

月度预测：国家局"按订单组织货源"试点单位及推广城市（36个重点城市）要每月对本月本地市场销售情况进行分析，对下月卷烟市场总体趋势及各规格卷烟的实际需求情况进行预测，确定月度货源需求计划，签订月度卷烟购销合同（上报表格及说明见附件4）。

3. 卷烟需求预测上报程序。卷烟需求预测以地市级公司为主体进行，各地市级公司定期将预测数据填报上传至各省级公司，经各省级公司审核后，再将所属地市级公司卷烟需求预测数据报送中国卷烟销售公司。

年度预测、半年预测和半年预测季度调整由各省级公司指导所属地市级公司按照本通知要求的内容和流程实施、上报；月度预测由国家局"按客户订单组织货源"试点单位和推广单位（36个重点城市）按照本通知要求和《卷烟需求预测规范》（中烟销交〔2007〕11号）要求的需求预测工作方法和流程进行并按时将预测数据报省级公司。

各省级公司、工业公司也要对相关市场进行年度预测和半年预测，各省级公司在对全省市场进行分析、研究、预测的基础上，对所属地市级公司提报的货源需求数据进行合理审核；各省级工业公司要加强对目标市场、目标消费群和主导品牌的市场趋势进行预测，不断提升产品适应市场的能力，促进工商有效衔接和市场的均衡投放。

三、卷烟需求预测制度的工作要求

1. 各级工商企业要成立专门的需求预测工作领导小组。各省级公司和地市级公司要成立以分管领导为组长的预测小组，加强对预测工作的全面领导并对预测的准确性负全责，同时指定1～2名业务能力强、专业水平高的人员专门负责需求预测分析、汇总和上报工作。

各省级工业公司要按照本通知要求由分管领导负责，销售部门组织专门人员，积极研究、探索在新形势下，工业企业如何通过加强市场预测工作，提高企业和产品适应市场的能力和水平；提升卷烟生产企业产、销、调、运等环节的运行质量和效率。

中国卷烟销售公司也将成立卷烟需求预测工作组，由秦前浩副总经理担任组长，交易管理部刘艳主任担任副组长，具体负责全国卷烟需求预测工作。

2. 各级工商业企业要严格按照本通知要求科学合理建立本单位的预测制度，保证信息的真实性并切实加以落实。

3. 加强对卷烟需求预测工作的基础性培训。订单试点单位及推广单位（36个重点城市）要根据《卷烟需求预测规范》的程序要求对参与卷烟需求预测的工作人员进行专门培训。其他省级公司和地市级公司也要根据工作实际和业务需要开展培训，不断提高各级营销人员对市场的分析能力和预测水平。

4. 加强对卷烟需求预测工作的考核力度。各级公司都要加强对卷烟需求预测工作的考核，做到有制度、

有落实。通过考核，促进有关人员工作能力的提升，提高预测准确率、订单满足率和客户满意度，不断提高卷烟需求预测工作水平。

四、卷烟需求预测上报时间和方式

卷烟需求预测上报工作从4月份开始实施。月度、季度、半年和全年需求预测均以各地市级公司为主体实施。各省级单位销售部门不得对所属地市级公司的预测数据进行修改，更不能取代地市级公司预测的职能，对地市级公司上报需求数据要合理审核并提出审核意见，然后报送中国卷烟销售公司。上报方式均采用在线填报方式，具体请登录中国卷烟销售公司交易管理信息系统（http：//www. ccsmc. tobacco. gov. cn）。

全年卷烟需求预测于上年度10月15日之前上报；上半年卷烟需求预测于上年度11月15日之前上报，下半年卷烟需求预测于本年度5月15日之前上报；上半年预测季度调整于4月25日前上报，下半年预测季度调整于10月25日前上报；月度卷烟需求预测于每月20日之前上报。

各省级局（公司）、省级工业公司接到本通知后要抓紧落实并请将本单位具体负责卷烟需求预测工作的领导和负责需求预测汇总上报工作人员的姓名、电话、部门、职务、邮箱等信息于4月底前报送中国卷烟销售公司。

附件：1. 年度卷烟需求预测申报表（略）
2. 半年卷烟需求预测申报表（略）
3. 半年卷烟需求预测季度调整申报表（略）
4. 重点城市月度货源需求预测申报表（略）

国家烟草专卖局关于烟草行业加强节能减排工作的实施意见

（2007年8月13日　国烟运〔2007〕340号）

行业各直属单位，中国烟草实业发展中心：

为全面贯彻落实《国务院关于加强节能工作的决定》（国发〔2006〕28号）和《国务院关于印发节能减排综合性工作方案的通知》（国发〔2007〕15号），提高能源利用效率，减少污染物排放，创建资源节约型、环境友好型行业，促进烟草行业和谐、可持续发展，现提出烟草行业加强节能减排工作的实施意见。

一、充分认识加强节能减排工作的重要意义

党的十六届五中全会提出把节约资源作为基本国策，国家“十一五”规划纲要进一步明确把“十一五”时期单位国内生产总值能耗降低20%左右，主要污染物排放总量减少10%作为约束性指标。随着经济的发展，资源紧缺与环境污染的现象日趋显现，烟草行业必须增强节约能源保护环境的责任感、使命感、紧迫感，要把完成节能减排任务要求与树立烟草行业良好社会形象紧密联系起来，始终坚持节约能源，提高能源利用效率，大力促进和谐社会建设。这是烟草行业贯彻落实科学发展观，创建资源节约型、环境友好型行业，提升企业核心竞争力，保持烟草行业可持续发展的必然要求，也是企业不断提升管理水平，转变经济增长方式的重要途径。

近年来，烟草行业在经济效益持续稳定增长的同时，节能减排工作取得了一定成效，但面对全国新的节能减排任务要求，不少生产环节依然存在着能耗高、能源资源利用率低等问题。2005年，烟草行业万元产值能耗折标煤（下同）54.9千克，行业单位实物产量能耗平均水平：卷烟生产6.45千克/万支，烟叶复烤309千克/吨片叶，丝束生产1875千克/吨丝、2469千克/吨醋片，烟机制造50.5千克/万元。部分企业实物能耗处于较高状态，同一区域内同类型企业间实物能耗存在着较大差距。

全行业要真正把思想和行动统一到国务院关于节能减排的决策和部署上来，采取切实可行的措施，扎扎实实地开展好节能减排工作。

二、节能减排工作的指导思想、基本原则和目标

指导思想：以科学发展观为指导，强化全行业节能减排意识，调动企业节能减排的自觉性；以转变经济增长方式、优化资源配置、加快技术进步为根本，构建节约型的生产方式和能源消费方式；以提高能源利用效率和减少污染为核心，大力推进节约生产、清洁生产，促进烟草行业和谐发展、可持续发展。

基本原则：坚持源头控制与存量挖潜、重点整治与全面推进相结合，切实强化节能减排管理；坚持企业自觉节能减排与行业政策引导相结合，建立和完善

能源成本管理机制和污染物排放达标约束机制；坚持技术创新与增强员工节能减排意识相结合，切实提升能源利用效率和减少污染物排放。

节能目标：到2010年，烟草行业万元产值能耗由2005年的54.9千克下降到43.9千克，降低20%。单位实物产量平均能耗：卷烟工业不高于6千克/万支，烟叶复烤不高于280千克/吨片叶，丝束生产不高于1800千克/吨丝、2300千克/吨醋片，烟机制造不高于40千克/万元。工业用水量符合行业标准要求。

减排目标：主要污染物排放指标符合国家标准（或行业规定）。生产过程排放物控制指标：二氧化硫排放浓度平均不高于400毫克/立方米，化学需氧量（COD）平均不高于500毫克/升，烟草粉尘排放浓度（除尘排放口）平均不高于120毫克/立方米。

三、工作措施

实现烟草行业节能减排目标是各企业必须完成的硬任务，国家局要求未达到目标的企业必须加大工作力度，必须采取有效措施，每年取得实质进展，确保到2010年全行业实现节能减排目标。已达到节能减排目标的企业更要持续深入开展节能减排工作，向更高的目标迈进，力争每年取得新的突破，为全行业节能减排工作不断做出新的贡献。“十一五”时期，烟草企业应着力抓好以下几方面节能减排工作。

（一）抓好投资环节的节能减排工作

节能减排工作必须坚持源头控制原则，要切实推行固定资产投资项目节能评估和审批制度，严格控制高耗能装备投产，防止新增高污染源，使行业尽快形成低能耗、低污染的装备格局。

1. 严格进行企业基本建设和技术改造前期论证。企业在进行基本建设和技术改造前，要把国家和烟草行业节能减排目标作为技改设计依据，根据企业的实际情况及发展空间，合理规划建筑面积及技术改造项目，严禁企业不顾能耗和排放量的增加，盲目进行超规模技改。企业要对技改前后实物产量能耗水平进行测算和对比，严格控制能耗水平增长。企业要拿出一定比例技改资金用于节能减排投入，确保达到国家和行业关于节能减排的指标要求。

2. 严格实施固定资产投资项目能源消耗和环境影响评估制度。制订烟草行业固定资产投资项目能耗标准和节能评估标准，建立以实物能耗为主的综合性评价体系。一是投资单位的《项目申请报告》中必须包含能源消耗测评、节能目标、节能方案和拟采用的国家或烟草行业用能标准等内容。二是项目要有具备资质的节能评估咨询单位出具的节能评估报告，有当地政府节能主管部门和环保部门的审查批复意见。三是更新改造设备能耗不得高于更新改造前同生产能力的设备能耗。四是基建投资项目要积极采用节能建筑材料、节能空调系统、楼宇设备自控系统等先进节能技术和配套设施。

3. 严格固定资产投资项目节能环保评估审查和竣工验收。行业主管部门对没有进行节能环保评估，或设计规划不符合国家和行业节能要求、超前超大配备装机容量、厂房建筑面积明显超过企业发展需求的项目将不予审批。竣工项目必须通过节能环保评审验收方可投产，并严格检查项目节能措施的落实情况，评估节能的实际效果。

（二）抓好生产环节的节能减排工作

企业节能减排要注重挖掘生产潜力，不断提高管理水平，全方位深入开展节能减排工作。

1. 科学组织生产，优化工艺流程。一是要科学编排生产计划，合理生产布局、优化生产批量、统筹物资供应，合理配置能源供给，提高生产效率。二是要在满足产品质量要求的前提下，以降低能源消耗为目标不断优化设计工艺流程和工艺参数，力求工艺流程和参数设置科学合理。三是要通过持续改进，使能耗指标明显降低。

2. 推行清洁生产。要认真贯彻《中华人民共和国清洁生产促进法》，卷烟工业企业要按照《卷烟企业清洁生产评价准则》（烟草行业标准YC/T 199—2006）的要求，以有关能耗标准和污染物排放指标为基准，严格制订各生产工序节能减排限额指标；烟叶复烤企业、丝束生产企业和烟机制造企业要参照《卷烟企业清洁生产评价准则》，大力推进清洁生产工作。

3. 推广使用无毒无害、易降解材料。卷烟包装要使用无毒无害、易降解包装材料，要推广使用真空镀铝纸替代不可降解的复合铝箔纸，用喷铝卡纸替代不可降解的小盒条盒商标包装材料。

4. 实行水资源的循环利用。要实现冷却水循环利用，努力提高循环水利用率；要实现蒸汽冷凝回收水用作锅炉补充水，减少软化水的制水量；要提高中水利用率，增加中水利用范围。

（三）狠抓重点环节、重点部位的治理改造

1. 深入开展高耗能环节的挖潜改造。高耗能环节主要集中在卷烟生产的制丝、采暖通风、空调制冷工序；烟叶复烤的打叶工序；丝束生产的醋酸和丙酮回收工序；烟机制造的热处理工序等。企业要对上述耗能重点环节采取切实可行的降耗措施，尽快降低能源消耗水平。

2. 加快实施污水治理工程。企业必须安装污水排放计量装置，实现企业内部污水排放准确计量；要在高污染部位的污水排放口加装过滤减污等预处理装置，污水经处理达标后方可对外排放。污水排放量大或当地政府对污水排放有要求的企业要建立污水处理站及中水回用设施，实现污水零排放和中水全利用。

3. 燃煤锅炉污染物排放要达到国家标准。使用燃煤锅炉的企业要严格按照国家《锅炉大气污染物排放标准》（国家标准 GB13271—2001）控制排放。对经检测不能达标的燃煤锅炉要安装先进的除尘和脱硫设备，确保污染物排放指标符合国家标准。有条件的企业要采用燃气、燃油等节能环保型锅炉替代高排放燃煤锅炉，大幅度降低污染物排放量。

4. 国家和各省确定的重点节能企业要确保完成国家和地方下达的节能指标。要采取切实可行的措施，着力抓好节能降耗工作，确保完成节能指标，为提升烟草行业良好社会形象做出积极贡献。

（四）抓好管理机关节能工作

各级管理机关要强化崇尚节约、合理用能的思想意识，在日常工作中时时处处注重节能，从点滴做起搞好节能工作。机关办公设备、照明用品、用水器具要使用节能、节水、环保产品。办公区尽量采用自然光照明，应用节能灯具。室内空调温度设置要求冬季不高于 20℃，夏季不低于 26℃。

（五）完善定额标准、健全规章制度

1. 加强节能减排标准制定工作。国家局将制定《烟草工业企业能源消耗评价标准》，进一步完善《卷烟企业清洁生产评价准则》。各省级公司、企业要参照以上标准、准则和烟草行业节能减排目标，结合本单位的实际情况，组织制订能耗、水耗定额标准和污染物排放控制指标。实施定额标准要覆盖各相关工序、岗位，形成“横到边，纵到底”的定额标准管理体系。

2. 加强节能减排工作制度化建设。各单位要切实抓好以固定资产投资、生产过程、设备运行、高耗能高污染环节等方面为重点的节能减排规章制度建设，建立节能减排自我监测评价及环保部门监测评价机制，严格按制度办事，认真实施考核奖惩，确保节能减排目标的实现。

（六）不断推进节能减排技术进步

1. 要通过自主创新、集成创新、引进消化吸收再创新，不断提高节能减排技术保障能力。各单位要围绕节能节水、减少污染，大力推广应用新技术、新工艺、新材料和新设备，加快实施电机系统、用排水系统、燃煤锅炉的更新改造；普及应用高效电机及低损耗新型变压器，普及应用循环水及冷凝水、冷冻水回收系统，普及应用高效节能光源、灯具及智能化能源自动控制装置；要逐步调整优化能源使用结构，积极推广应用太阳能等清洁能源和可再生能源。

2. 加强节能减排科研工作。科技部门、科研院所及烟草学会要积极组织开展节能减排技术的应用研究，加强与企业的合作，针对行业节能减排的共性问题，开展重点课题专项研究，并开展节能减排技术服务，为企业提供节能减排投资、设计、改造、运行、技术、管理等方面的咨询诊断服务，不断提升行业节能减排工作的科技水平。

（七）抓好节能减排监管体系建设

1. 加强节能减排统计和计量管理工作。各企业要建立健全节能减排统计报告制度，加强统计人员培训，配备计量器具，完善计量管理办法，健全原始记录、基础台账、器具检验以及主要耗能设备档案，建立起统计计量精确、信息传递及时的统计计量工作体系。

2. 加强节能减排目标责任制管理。各省级公司要根据烟草行业节能减排总体目标，结合本单位的实际情况，研究制订分年度节能减排实现目标，各企业也要依据省级公司的目标制定本企业的节能减排目标。通过目标分解，逐级落实，最终在行业内形成一级抓一级、一级考核一级的层级目标责任管理体系。

3. 加大考核力度。在“十一五”时期的后四年内，国家局把烟草行业节能减排目标考核结果纳入《经济运行业绩考核》指标体系中。各省级公司要对企业完成节能减排目标情况进行考核。各企业和生产点要建立“目标到岗、责任到人、考核严明”的考核制度。

四、组织实施

（一）加强组织领导

为加强烟草行业节能减排工作的组织领导，国家局成立烟草行业节能减排工作领导小组，李克明副局长任组长，办公室、计划司、运行司、科教司和中国烟叶公司、中国烟草投资管理公司、中国烟草机械集团有限责任公司主要负责人为领导小组成员。烟草行业节能减排工作领导小组办公室设在国家局运行司。

（二）明确职责，落实责任

各级单位要明确节能减排工作职责，由分管经济运行工作的领导负责节能减排工作，确定经济运行管理部门为节能减排工作职责部门，指定专人具体落实节能减排工作。

（三）加强宣传引导

各单位要强化职工节能减排意识，调动职工的积极性，实行全员性节能减排管理。要开展多种形式的节能宣传活动，认真组织一年一度的全国节能宣传周活动，要把节能和 QC 小组、小改小革等群众性活动结合起来，广泛开展合理化建议等“金点子”活动，充分发挥广大员工的能动性，搞好节能工作。

（四）加强培训交流

不断开展全行业及各省级公司间的节能减排工作培训交流活动，向企业介绍国内外节能减排的新技术、新方法和最新动态，提升企业节能减排工作管理和技术水平。

（五）建立烟草行业节能减排工作报告制度和通报制度

国家局建立能源消耗和生产排放物统计报表制度，各单位要按照要求定期准确上报相关数据。各省级单位每半年要向国家局报告一次本单位节能减排工作进展情况、采取的工作措施、存在的主要问题以及下一步的工作计划等情况。国家局将每半年通报一次全行业节能减排目标完成情况和行业节能减排工作进展情况，公布各单位能源消耗和污染物排放数据。

（六）各省级公司要按照本意见的要求，努力抓好落实并结合本单位的实际情况，制订切实可行的实施方案，于九月底前报烟草行业节能减排工作领导小组办公室

国家烟草专卖局关于进一步做好全面实施质量管理体系工作的通知

（2007 年 9 月 29 日　国烟运〔2007〕422 号）

各省级局（公司）、工业公司，中国烟草实业发展中心：

为进一步贯彻落实国家局领导在全国烟草行业企业管理现场会议上的重要批示：要高度重视企业管理工作，进一步打牢发展基础，提高发展水平，努力实现节约发展、安全发展、可持续发展和全国烟草行业企业管理现场会议精神，现将行业全面实施质量管理体系工作有关要求通知如下：

一、要突出实效

各单位要充分运用质量管理体系的理念和方法，以建立科学规范的企业流程制度为核心，结合行业特点和自身实际情况，充分运用过程方法科学细化质量方针目标，基于市场，面向市场，优化企业内部业务流程，明确工作标准，完善相关制度，逐步形成靠制度管人，按流程分责，照标准做事，高效顺畅、快速响应市场并持续改进的运行机制，从而建立一种面向流程的执行体系，实现系统化、流程化、制度化的管理，进一步理清各种责权关系，从机制和制度上推动企业内部纵向和横向有效协调，形成高效顺畅、协调运转的管理基础平台，进一步夯实管理基础，实现管理持续改进，切实推进企业管理进步，全面提升水平。

（一）工业企业实施质量管理体系的重点，要从生产制造向产品研发和市场营销延伸，注重产品研发能力、过程控制能力、品牌培育能力和持续改进能力的全面提升。

1. 要紧密结合省级工业公司转型的需要。以省级工业公司为主体，按照企业化运作的要求，运用过程方法，分析管理现状，诊断管理体系运行中存在的薄弱环节，对原有成员企业的管理体系加以改造、整合和提升，做到统一体系策划与文件编制，统一体系实施与运行，形成企业内部自上而下、高度统一、全面覆盖的管理体系，以适应多点生产的需要，实现省级工业公司的一体化运作和企业化经营，使省级工业公司成为真正意义上的市场竞争主体。

2. 要紧密结合企业“四个中心”建设。一是搭建企业统一的卷烟生产经营业务流程架构。要从战略和业务出发，在企业集团内部建立一套统一涵盖所有业务活动的流程架构，打破流程的部门化，建立流程的衔接体系。重点是建立流程的分类和分层体系，以清晰展现企业“四个中心”的职能定位、业务分类、管理层次和流程逻辑。确保“四个中心”纵向层级清晰、接口平滑、管理到位；横向职责明确、衔接顺畅、高效运转，实现职能与流程的协调统一。二是搭建真正关注市场真实需求的流程。要努力克服非市场因素，以满足消费，创造需求为出发点，建立流程化、科学

化的卷烟零售客户、卷烟消费群的识别分析系统和客户关系管理系统，制订差异化的市场营销服务策略。将工商协同营销，品牌培育的关键流程、关键环节进行科学的梳理和优化，建立能够真正准确把握市场需求，快速敏捷反应市场的卷烟营销、品牌维护、客户服务流程与体系。要将卷烟产品研发的过程前移至市场终端，使之更加贴近市场需求，对卷烟品牌及产品的开发过程要按质量管理体系的要求进行策划、控制和科学的评价改进，不断优化技术研发的流程程序，努力提高原料适用范围和使用效率。同时要注重了解掌握卷烟消费者在口味特点、降焦减害、品位风格等方面的变化趋势，注意发现潜在及未来需求，创造需求，引导消费，建立着眼长远的卷烟产品开发技术储备体系。三是搭建严格的质量控制规范。工艺质量控制和特色工艺创新过程要下伸至生产点，强化质量标准，运用质量体系的先进质量分析方法，提高卷烟生产制造系统的稳定性、可靠性和适应性，加强卷烟制造过程的品质控制工作，最大限度地减少质量波动，努力提高关键工艺指标参数的控制和调整能力，持续提升生产效率和产品质量，切实增强质量竞争力。要紧紧围绕骨干品牌的培育发展，将品牌培育作为企业管理的系统工程，建立营销与研发目标高度一致、沟通及时有效、工作衔接顺畅的运行协调机制。四是搭建有效的物资保障平台。物资采购要坚持公正透明、公开竞争和比质比价，做到统一采购标准和平台，统一采购流程，严格采购程序。要注重引入供应链管理思想和方法，建立与物资供应商的互利合作关系，将管理体系和标准规范向供应商延伸，及时对供应商的能力和水平进行评价和审核，采用信息化手段加强与供应商的沟通，切实提高供应商的物资保障和快速反应能力，有效降低采购成本，确保原辅料供应稳定、及时、可靠。

3. 要紧密结合按订单组织生产的需要。要充分运用过程方法和系统管理方法对按订单组织生产相关的卷烟订单需求预测、订单确定、生产计划控制调整、原辅料供应保证、产品库存发货等重要过程和环节进行整合和分解细化，识别分析各流程的相互关系，建立订单拉动、流程驱动、快速响应、协调联动的业务接口和衔接机制，全面提高生产组织各环节的响应速度和质量。

国家局确定湖北中烟工业公司作为工业公司体系建设整体推进的联系单位。

（二）商业企业质量管理体系建设要坚持市场导向，在服务客户、科学管理、培育品牌、市场控制等方面取得明显提升。质量管理体系的核心是“以顾客为关注焦点，通过满足顾客需求，增强顾客满意”。商业企业当前要突出抓好掌握卷烟消费的真实需求，建立科学细化的需求预测工作流程，采用科学的方法加强过程监测，提高需求预测的准确率。要细分客户，重点把握不同业态卷烟库存、价格、品牌销售变化趋势，建立完整准确、动态管理的零售客户台账，培养专业化的市场监测队伍。要全面优化货源组织、物流配送、终端服务、专卖管理等主要业务流程，努力做到“三个注重”（注重服务质量、注重流程优化、注重规范管理），不断提高服务质量和效率。

1. 注重服务质量。重点提升卷烟销售网络服务水平，抓好以电话访销、需求预测、订单确定、配送服务等为主要内容的服务流程、行为的规范标准化，建立以专卖督察管理、零售和消费客户投诉、咨询指导服务为主要内容，以解决客户需要为核心的一体化管理服务平台，建立和完善标准化的服务考核机制，努力构建优质服务体系。

2. 注重流程优化。以按订单组织货源为核心，突出抓好工商协同营销、品牌培育、产销衔接等主要业务流程的整合优化，建立工商分工合作、各有侧重、协同配合、衔接顺畅的业务流程和工作规范，搭建公平竞争、资源共享、有效沟通的服务平台，切实提高服务效率。

3. 注重规范管理。要强化行业内外监管，完善和分解细化专卖管理和内部监督管理及各项检查督导的内容和工作标准，不断优化专卖执法、检查督导和市场管理服务的各项流程，实现执法与服务，内管和外打并举并重、有机结合，确保各项制度的有效执行和监管到位。

烟叶生产经营管理（包括烟叶复烤企业）也要纳入质量管理体系建设，按照加快推进烟叶生产方式向现代烟草农业转变的指导思想，以“打牢一个基础”实现“四个化”为目标，运用过程方法全面加强烟叶生产基础设施建设，强化全过程监督和控制，确保项目建设质量和项目建成后有效发挥作用。要按照体系建设的要求，切实加强烟叶基层站建设和基础管理，全面提高基层管理水平。要重视烟叶种植技术和管理的流程规范的细化和分解，规范要求要做到简单易学、实用可靠，并不断加以改进优化，在提供技术资金服务的同时提供流程支持服务，使烟农在掌握先进种植技术的同时，掌握烟叶种植的规范流程，提高种植效率，降低劳动强度，逐步培养一支懂技术会管理的职业化烟农队伍，真正实现烟叶生产的规模化种植、集约化经营、专业化分工、信息化管理。

商业企业实施质量管理体系建议采取先个别试点，后在全省行业分批次推广实施的方式，保证全省行业工作稳妥、高质量开展，国家局确定浙江省局（公司）

为分批次推广实施的联系单位。具备条件的省级局（公司），可以考虑全省行业整体推进，国家局确定四川省局（公司）作为全省行业整体推进的联系单位。

（三）在实施质量管理体系过程中，工商企业都要充分利用信息化的手段，要加强市场信息的收集、分析，为管理和决策提供准确有效的信息和预测分析。要通过统一的信息化平台支撑体系的运转，落实并运行质量管理体系的各项管理原则、方法和要求，从而实现集成管理，提高管理效率。国家局确定河北省局（公司）为结合信息化实施质量管理体系的联系单位。

二、要注重培训

要加大培训力度，国家局每年将组织专业型培训班，逐步培养和打造一支专业知识过硬、能力强的行业专家队伍，做好人才储备。行业各级单位要积极组织本单位的内审员培训，单位内部参加内审员培训的人员不得少于管理人员的10%，以造就一批行业专业人才和骨干。要通过不同形式、不同层次的全员培训，全面强化员工的质量管理意识，建设一支具有全面质量意识和管理意识的高素质人才队伍，尤其是体系实施单位，对于内审员的培训要更加注重针对性，不仅要培训标准知识和审核知识，更要注重通过培训，培养一批确保体系有效运行的专业骨干力量，不断提高内部管理诊断的深度和力度，推动企业持续改进能力稳步提高。

三、要强化审核

工业企业质量管理体系建立实施过程的时间不低于15个月，体系发布试运行时间不低于9个月；商业企业质量管理体系建立实施过程的时间不低于12个月，体系试运行时间不低于6个月；工商企业体系实施各阶段要求要执行到位。在实施第三方认证前，各实施体系单位必须组织2次以上的内部审核和一次“一把手”亲自主持的管理评审，整改措施完成后，通过国家局组织的行业审核，才能申请第三方认证。必要时，企业进行第三方认证，国家局将派行业专家作为观察员监督整个认证过程，严把认证质量关。对于咨询、认证机构发生违规行为的，国家局将向国家认监委通报并取消其烟草行业咨询、认证资格。

今后，行业审核将作为一项长期性工作，既对体系建立实施效果进行验收把关，同时作为一项管理评价方法，以评价各省级单位管理工作。国家局每年将组织专家队伍进行行业评审，持续改进和全面提升体系运行水平。

四、要加强领导

各省级局（公司）、工业公司要加强质量管理体系实施工作的领导，实施单位“一把手”要负总责，工业公司、商业公司要明确一位班子成员主管体系建设工作并兼任管理者代表。管理者代表的职责是代表总经理负责体系建设，协调体系建设过程中所有活动。要明确综合业务部门牵头，具体负责所属企业实施质量管理体系工作的组织、推进、运行和考核。同时各单位要自上而下做好动员，单位主要负责人要率先垂范、亲力亲为、精心部署，明确职责任务，对质量体系实施的有效性和持续改进做出全面承诺，引导企业员工以顾客为关注焦点，制订明确的质量方针、目标并直接参与评审和提供足够的资源支持，努力营造全员充分参与实现企业战略目标的内部环境。

各单位在接到通知后，要依据附件中所列资质条件做好咨询、认证机构选择并尽快启动体系建设工作，体系建设实施方案尽快报国家局备案。国家局将从12月份开始在全行业督导检查，以促进体系建设工作的开展。

附件：咨询、认证机构的基本资质条件（略）

国家烟草专卖局关于卷烟品牌定向整合的指导意见

（2007年11月21日　国烟运〔2007〕530号）

各省级局（公司）、工业公司，中国烟草实业发展中心：

为进一步贯彻落实“放开衔接、适度引导、定向整合、促进发展”十六字方针，提高烟草行业市场化水平，优化资源配置，促进优势品牌做大做强，规范卷烟品牌定向整合运作流程，现提出以下指导意见：

卷烟品牌定向整合是指在国家局的适度引导下，具有法人资格的卷烟工业企业之间建立的相对长期稳定的品牌输入、输出的生产经营模式，半年交易会（11月份）前双方自愿签订的下一年度定向加工协议和交易会后补货时确定的定向加工协议统称为卷烟品牌定向整合。与传统的品牌联营加工相比，卷烟品牌定向整合要更加突出以市场为导向，强调品牌合作、整合与扩张的目的性、方向性、长期性和稳定性；更加突出品牌合作、整合与扩张的价值与意义，品牌定向整合有利于做大做强重点骨干品牌，有利于实现和推动“两个跨越”；更加突出政策的引导，强调资源在更大范围内的优化配置。

一、指导思想

认真贯彻落实科学发展观，在坚持烟草专卖制度前提下，坚持市场取向的改革方向，以工商双方充分衔接为主，以卷烟品牌定向整合为辅，以百牌号为基础，以培育10多个重点骨干品牌和实现“两个跨越”为目标；促进“按客户订单组织货源”向“按客户订单组织生产”延伸；实现行业资源进一步优化配置，推动企业更高层次、更高水平的联合重组，全面提升水平，增强行业整体竞争实力，实现共同发展。

二、卷烟品牌定向整合的原则

（一）市场导向原则：以市场真实需求为导向，以百牌号为基础，以全国性重点骨干品牌为重点，发挥市场机制的作用，推动卷烟品牌定向整合。

（二）资源优化配置原则：有利于在全行业范围内实现资源优化配置，实现生产要素在更大范围合理流动，缓解优势品牌在扩张过程中的资源约束。

（三）品牌培育原则：有利于促进品牌的适度有序竞争，有利于做大做强品牌，有利于为10多个重点骨干品牌的发展创造良好的环境。

（四）成本效率原则。综合考虑落地销售、运距、原料等因素，努力降低成本，提高效率和效益。

（五）共同发展原则：有利于合作各方共同发展，和谐发展，实现双赢或多赢。

三、定向整合牌号（规格）的条件

定向整合的牌号（规格）需满足以下条件：

（一）百牌号目录内的牌号（规格）；

（二）具有一定市场需求、发展潜力大、市场基础好、原料约束少的牌号（规格）；

（三）定向整合的牌号（规格）原则上应是三类烟以上产品且成本利润率和单箱利润要高于行业同类牌号（规格）和加工企业的平均水平；

（四）订单需求与计划生产缺口在10亿支（2万箱）以上，省外销售比重原则上应大于30%的牌号；

（五）年产销量150亿支（30万箱）以上的牌号的主导规格。

四、卷烟品牌定向整合的方式

（一）已有资产关系的卷烟工业企业之间进行定向整合，要选择品牌输出企业的主导品牌进行定向加工。

（二）没有资产关系但长期有联营加工合作的卷烟工业企业之间进行定向整合，要在尊重历史的基础上，保持品牌整合、扩张的长期性、稳定性，优先选择长期合作并符合定向整合牌号（规格）条件的品牌进行定向加工。

（三）没有以上两种关系的品牌输入企业在选择定向整合的对象时，优先选择行业最具扩张能力、市场发展潜力大的全国性重点品牌进行定向加工。

五、工作要求

（一）工商双方要进一步提高认识，增强品牌定向整合的自觉性，更好地适应市场，积极推动跨省的品牌定向整合，逐步形成“销大于产”品牌对“产大于销”品牌的生产替代和市场置换，不断提高资源的整体配置效率。

（二）商业公司要克服非市场因素，提高市场需求预测的准确率，提供真实的市场需求，工业公司按照商业公司所提需求提供适销货源后，商业公司必须按照所提需求如数购进；补充货源需求经国家局确认后，工业企业必须严格按照国家局确认方案组织生产，满足需求。

（三）工业公司要提高市场反应能力及工作效率，全面提升水平，积极推进卷烟品牌的定向整合工作。

一是在半年交易会（11月份）前签订的下一年度定向加工协议，必须符合本意见中卷烟品牌定向整合的原则、牌号（规格）条件及相关要求并且必须将历年累计新增卷烟生产计划中用于定向加工的生产计划在下一年度仍全部用于定向加工，未用于定向加工部分的计划视同放弃，由国家局收回另行安排。

二是半年交易会（11月份）后补货时确定的定向加工协议，在符合本意见中卷烟品牌定向整合相关要求外，按以下要求执行：

1. 商业公司提报需求总量大于剩余调出计划的工业公司为品牌输出企业。

（1）在工业公司计划内，商业公司需求的低档卷烟必须给予满足；

（2）供不应求的中档价位卷烟的需求缺口，主要通过品牌输出定向整合方式给予满足，同时辅以适度增加生产计划进行支持。

2. 商业公司提报需求总量小于剩余调出计划的工业公司为品牌输入企业。

（1）在工业公司计划内，商业公司需求的低档卷烟必须给予满足；

（2）中档价位的卷烟，按照商业公司提出的需求给予满足；

（3）上述需求满足后，剩余调出计划大于商业需求总量的差异，所对应的调出计划要全部用于卷烟品牌定向整合。

（四）卷烟品牌定向整合双方要本着公平、公正、公开的原则，精心组织、规范运作，要严格按照定向加工协议进行生产和调拨，不得随意更改或废除合同。

（五）品牌输入方工业公司要使品牌定向整合的加工点相对集中，尽量安排在一个加工点进行生产并且要合理安排生产进度，满足品牌输出方的供应要求。

（六）卷烟品牌定向整合双方要按照行业标准《卷烟品牌许可生产质量保障通则》（YC/T198—2006）开展定向加工工作，在努力实现当地制丝、落地销售的原则下，品牌输出方要在合作前期加强技术与管理跟踪服务，品牌输入方要按照品牌质量标准提升生产制造和管理水平，确保定向整合品牌质量的稳定性。

六、业务流程

（一）国家局有关部门负责组织实施年度、半年及半年补充货源需求预测，作为卷烟交易和定向整合的市场依据，工商双方要以需求预测为基础进行货源衔接。

（二）半年交易会（11月份）前，卷烟品牌定向整合双方根据国家局关于品牌定向整合的有关要求自愿签订下一年度的定向加工协议并报国家局。

（三）国家局有关部门对卷烟品牌定向整合双方的请示文件进行批复后，品牌输出方在半年交易会（11月份）上与商业企业就下一年度卷烟品牌定向整合的牌号（规格）进行充分衔接并在国家局电子商务平台上与提报需求的商业企业签订购销合同。

（四）工商双方在执行上下半年合同时，由于市场变化，部分市场需求仍无法得到满足，市场出现缺口，按照国家局要求，商业企业向国家局提报需求。

（五）国家局有关部门对商业企业提报的需求进行汇总、审核；制订新增计划预安排方案及卷烟品牌定向整合方案。

（六）有关工业企业按卷烟品牌定向整合方案要求签订定向加工协议并报国家局审批。

（七）国家局有关部门对品牌定向整合双方的请示文件进行批复并对双方的调拨计划进行调整后，品牌输出方在国家局电子商务平台上与提报需求的商业企业签订购销合同。

（八）国家局将根据商业企业提报的对各工业公司产品的需求，对工业企业和商业企业所签订的协议进行审核评估，以提高商业企业需求预测水平及工业企业对订单的满足水平。

中国烟草总公司关于开展烟草行业清产核资工作的通知

（2007年4月13日　中烟办〔2007〕4号）

行业各直属单位，国家局、总公司机关各二级公司：

为进一步贯彻国务院有关文件精神，切实履行出资人职责，建立完善的国有资产经营管理体制，做实烟草行业企业资产，现将2007年在烟草行业主业全面开展清产核资工作有关问题通知如下：

一、清产核资的目的

（一）摸清“家底”。在烟草行业多元化经营企业清产核资工作基础上，全面清查烟草主业企业各项资产、负债和所有者权益，摸清企业“家底”，如实反映企业资产及经营状况。针对存在的突出问题，重点核查清理烟草主业企业各类往来账款、存货、闲置资产、土地及各类权属证明情况。

（二）明晰产权。在理顺烟草行业资产管理体制后，通过清产核资，进一步明晰产权关系，实现资源的优化配置，落实保值增值责任。

（三）做实资产。积极妥善处理清产核资清理出的问题，核实企业资本金，依法依规处置各种不良资产，促进企业解决历史遗留问题，做实企业资产，保证资产真实可靠。

（四）加强管理。针对清理出的问题及整改情况，按照《中国烟草总公司国有资产管理规定（试行）》（国烟财〔2006〕736号），建立健全国有资产经营管理规章制度，强化资产经营管理意识和观念，防止前清后乱。

二、清产核资的范围

中国烟草总公司及所属二级公司；

商业企业：省级公司及所属地市级公司、未取消法人资格的县级公司和烟叶复烤企业及烟叶、销售、进出口公司等；

工业企业：省级工业公司及所属工业企业和控股烟叶复烤企业及进出口、烟机、物资公司等；

其他：郑州烟草研究院、合肥设计院、中国烟草总公司职工技术培训中心等。

三、清产核资时间安排

烟草行业清产核资资产清查时间点为2006年12月31日。全面铺开时间为2007年4月份，全部工作于2007年12月份结束。

四、清产核资工作要求

（一）领导重视，健全机构。企业法人代表是清产核资工作的第一责任人，各级分管领导要亲自抓；各级单位要成立清产核资工作领导小组，负责所属企业清产核资工作。清产核资领导小组下设办公室，负责清产核资日常工作。清产核资工作涉及企业生产经营的方方面面，企业要根据清产核资工作内容调整充实办事机构，机构成员除财务、审计、纪检监察、办公室人员外，还要有烟叶、销售、物资、烟机及后勤保障等专业人员，同时成立原辅材料、烟机设备、应收应付款三个专业化清查鉴定小组并请于2007年4月30日前将机构及人员名单以正式文件报国家局、总公司。

（二）精心组织，确保质量。省级公司在认真做好自身清产核资工作的同时，还要积极组织好所属企业的清产核资工作。各单位要根据国家局、总公司清产核资工作时间安排合理组织，优化程序，注重效率，确保质量。

（三）依法依规，全面清理。要严格以国家的法律法规及国资委关于清产核资工作的有关规定为依据，做好清产核资工作。在资产清查过程中，要认真对各类资产、负债和所有者权益进行全面的清理、登记、核对和查实；对需重点核查的项目进行认真查实，突出重点；切实摸清“家底”，保证清产核资工作结果真实、可靠。

（四）加强管理，认真整改。对清产核资工作中反映出的各项管理问题要认真总结经验，建立健全各项管理制度，对存在的问题要依据国家清产核资政策和有关财务会计制度规定，认真研究逐项提出整改措施，制订实施方案，落实工作责任。

烟叶生产

国家烟草专卖局关于印发《烟叶种植收购合同管理暂行办法》的通知

（2007年1月12日　国烟办〔2007〕20号）

福建、广东、广西、山东、湖南、湖北、河南、陕西、云南、贵州、四川、重庆、黑龙江、安徽、辽宁、江西、吉林、内蒙古、河北、山西、宁夏、新疆、甘肃省（区、市）烟草专卖局（公司），浙江中烟工业公司：

为提升烟叶种植收购合同管理水平，提高烟叶种植收购过程控制能力，进一步规范烟叶生产经营秩序，切实做到以合同为主线组织烟叶种植收购工作，确保烟叶国家计划落实和烟叶生产规模稳定，现将《烟叶种植收购合同管理暂行办法》印发给你们，请认真贯彻执行。

烟叶种植收购合同管理暂行办法

第一章　总　则

第一条　为规范烟叶种植收购合同（以下简称合同）管理，维护国家利益和烟农利益，依据《中华人民共和国烟草专卖法》与《中华人民共和国烟草专卖法实施条例》、《中华人民共和国合同法》，以及《财政部 国家发展改革委关于规范烟叶生产投入补贴若干问题的意见》的有关规定，制定本办法。

第二条 合同是烟草公司与种植烟叶（指生产烟草制品所需的烤烟和名晾晒烟，包括白肋烟和香料烟，下同）的农户签订的、明确双方权利义务的书面形式合同。合同须经双方盖章或签字后方能生效。

第三条 本办法适用于合同签订与履行全过程的管理与监督。

第二章 合同签订的依据、原则与程序

第四条 合同签订依据。

国家发展和改革委员会下达年度烟叶收购计划（以下简称国家计划），国家烟草专卖局以正式文件形式将国家计划转发到各省级烟草公司。

1. 省、地市、县级烟草公司要严格按照国家计划，以正式文件形式逐级分解落实烟叶收购计划，安排指导性种植面积。

2. 地市级烟草公司（或被授权的县级烟草公司）在上级烟草公司分解的国家计划和安排的指导性种植面积总量内，与符合条件的种烟农户户主签订合同。

第五条 合同签订原则。地市级烟草公司（或被授权的县级烟草公司）为合同甲方，种烟农户为合同乙方，双方本着平等、自愿的原则协商签订合同。

第六条 合同签订程序。

1. 农户申请。种烟农户需向地市级烟草公司（或被授权的县级烟草公司）提出种烟申请，填写《种烟农户基本情况登记表》。《种烟农户基本情况登记表》由地市级烟草公司统一印制。

2. 资格审核。地市级烟草公司（或被授权的县级烟草公司）要认真核实申请种烟农户的土地条件、基础设施、技术水平及往年合同履约率等基本情况，建立种烟农户基础信息档案。

3. 签订合同。地市级烟草公司（或被授权的县级烟草公司）与通过资格审核的种烟农户签订合同，约定烟叶收购数量、种植面积及种植株数。

4. 建立档案。地市级烟草公司（或被授权的县级烟草公司）要将合同录入烟叶信息管理基础软件，建立合同档案。合同档案内容要包括户主姓名、身份证号、合同编码、IC 卡号、种植面积、种植株数、收购数量、生产投入补贴标准等信息。

第三章 合同格式、编码与主要内容

第七条 合同格式。国家烟草专卖局统一制订合同式样（见附件 1、附件 2），省级烟草公司（或地市级烟草公司）统一组织印制本辖区合同。

第八条 合同编码。国家烟草专卖局统一制定合同编码规则，合同编码共 15 位，格式为：

（年度编码 4 位） + （省级编码 2 位） + （地市级编码 2 位） + （县级编码 2 位） + （流水号编码 5 位）。

省级编码号、地市级编码号、县级编码号执行《烟草行业组织机构代码编制规则》（YC/T190—2005），年际间不变；流水号在县级烟草公司范围内统一编码，按签订合同的顺序从 00001 开始，上限为 99999。

合同签订时要保证合同编码号的连续性。未签与错签的合同编码号要统一注销。

第九条 合同主要内容。

1. 收购数量。根据上级烟草公司分解的当年收购计划及种烟农户条件，确定每个种烟农户的烟叶收购数量（其中包括出口备货数量）。

2. 指导性种植面积、种植株数。按照约定的收购数量和实际单产水平确定。

3. 种植品种。根据客户需求，从全国或省级烟草品种审定委员会审定的品种资源中确定。

4. 种烟地块所属基本烟田编号。根据基本烟田规划，按国家烟草专卖局确定的基本烟田编码规则对烟田进行编号。

5. 调制设施编号及其容量。根据基础设施建设规划，按国家烟草专卖局确定的烟叶基础设施编码规则对在用调制设施进行编号。

6. 收购烟叶的烟叶工作站名称及收购时间。约定种烟农户交售烟叶的烟叶工作站名称和交售时间。

7. 收购价格。执行国家发展改革委会同国家烟草专卖局制定的当年烟叶收购价格。

8. 烟叶生产投入补贴政策。省级烟草公司根据国家烟草专卖局的批复，制订具体补贴项目、补贴标准。地市级烟草公司根据省级烟草公司有关规定和本辖区烟叶生产实际情况，确定生产投入补贴兑现时间、兑现方式。

第十条 双方责任。

1. 甲方责任：向乙方有偿（或无偿）供应烟叶生产物资；兑现本年度烟叶生产投入补贴政策；提供生产技术培训和技术咨询服务；执行国家烟叶标准和收购价格，按合同收购烟叶；以现金方式、委托金融部门付款或电子结算方式支付乙方烟叶货款。

2. 乙方责任：按技术方案要求使用烟叶生产物资；按技术方案要求进行农事操作；按技术指导进行烟叶分级；按照约定的时间、地点、等级和数量向甲方出售烟叶，不跨站交售烟叶，不倒买倒卖烟叶，不转借合同或 IC 卡。

第十一条 违约责任。

1. 甲方未履行合同规定的相关条款，乙方有权如实向上一级烟草专卖局举报。甲方是地市级烟草公司，

合同中要公布省级烟草专卖局举报电话；甲方是地市级烟草公司授权的县级烟草公司，合同中要公布地市级烟草专卖局举报电话。

2. 甲方不履行合同，要视后果适当赔偿乙方经济损失。

3. 乙方不履行合同，要返还甲方提供的本年度烟叶生产投入补贴物资或资金。

4. 乙方无正当理由，连续两年违约弃种，甲方将不再与之签订合同。

第四章　合同的管理与监督

第十二条　计划管理。烟叶产区各级烟草公司要严格逐级分解国家计划，不得以任何理由超计划安排。在合同签订之前，各级烟草公司必须逐级上报本单位分解国家计划的正式文件。

第十三条　合同管理。

1. 合同约定的烟叶收购总量不得突破上级烟草公司分解到本辖区的国家计划。要根据种烟农户实际单产水平约定种植面积，对合同履约情况进行评价并视考核结果对烟农给予差异化生产投入补贴。要建立完整的合同档案，合同签订与执行情况通过烟叶信息管理基础软件报上级烟草公司。

2. 地市级和县级烟草公司要切实加强合同监管，通过烟叶信息管理基础软件等手段，及时监控本辖区合同签订与执行质量，把加强合同监督检查作为行业内部管理监督工作的一项重要内容，突出过程控制，不断提高合同管理水平。

3. 烟草专卖、整顿办、烟叶等部门要加强合同的监督，在育苗、移栽、收购等环节，组成联合检查组对合同签订质量、执行情况进行专项检查，制止无计划、超计划签订合同以及先种后签、多种少签、少种多签合同等现象。

4. 合同签订时间。各产区合同签订必须在每年烟叶移栽开始前全面完成。

5. 合同签订之前，地市级、县级烟草公司要认真做好各项准备工作，与种烟农户充分协商沟通，确定种植面积和收购数量。合同一经签订，不得调整。

6. 合同解除。如确因不可抗力（如严重自然灾害等）造成烟叶绝收，甲乙双方可协商解除合同，收回种烟农户的合同文本，同时在烟叶信息管理基础软件中予以剔除。

第十四条　生产管理。

1. 以合同为主线，加强生产过程管理。严格按照国家计划和实际单产水平引导种烟农户预留烟地；严格按合同向种烟农户供应种子和其他生产物资；严格按合同组织育苗、移栽，杜绝无合同、超合同移栽；烟地预留、种子等物资采购供应以及育苗、移栽等基础数据要逐级上报。

2. 产区各级烟草公司要切实加强烟叶生产过程控制能力建设，加强辖区内烟叶生产过程监管，采取综合措施，及时发现并解决问题。

第十五条　收购管理。

1. 推行烟叶收购预检制，按合同进行预检，未经预检的烟叶不予收购。

2. 严格按合同收购，严禁超计划、无合同收购烟叶。确因丰产造成烟叶产量超出当年收购计划的，要推迟到下年度1月1日后收购并抵减下年度计划。

3. 按照工作流程组织好烟叶收购工作。产区各级烟草公司要加强烟叶收购过程监管，通过烟叶信息管理基础软件，监控本辖区烟叶收购量与国家收购计划完成进度情况，及时发现并解决问题。

第十六条　加强监督。在合同签订和烟叶收购结束后，烟叶工作站张榜公布所有种烟农户合同约定面积、约定收购量以及实际交售数量，接受社会监督。

第五章　罚　则

第十七条　凡出现以下问题的单位，国家烟草专卖局将给予通报批评并按有关纪律要求，对直接责任人、分管领导和主要领导进行严肃处理；违反《中华人民共和国烟草专卖法》及《中华人民共和国烟草专卖法实施条例》的，依法追究法律责任。

1. 没有严格按照国家计划分解计划；没有分解国家计划的正式文件。

2. 超出国家计划签订合同；签订虚假合同；强迫农民签订合同。

3. 没有建立合同管理档案，或合同管理档案内容虚假；没有建立烟叶生产各环节的检查制度和考核档案。

4. 因工作不得力造成超计划移栽、无计划移栽、超合同移栽、无合同移栽。

5. 超计划收购烟叶、无计划收购烟叶、超合同收购烟叶、无合同收购烟叶。

第六章　附　则

第十八条　本办法自发布之日起施行。

第十九条　本办法由国家烟草专卖局负责解释。

附件： 1. 关于《烟叶种植收购合同》文本格式的说明

2. 《烟叶种植收购合同》文本格式

附件1：

关于《烟叶种植收购合同》文本格式的说明

一、《烟叶种植收购合同》文本由省级烟草公司或地市级烟草公司组织统一印制。

二、《烟叶种植收购合同》骑马订方式立折装订，文本底宽9cm×边高12cm，封面、封底绿色。

三、合同编码号、甲方单位名称、补充条款、生产投入补贴政策、收购价格，直接印制在合同中。

四、乙方所在省、市、县、乡、村名，乙方姓名、身份证号码、IC卡号，要约中各项内容，甲乙双方签名、签名日期，在签订合同时填写。

五、《烟叶种植收购合同》签订，甲方如是地市级烟草公司，则在合同文本第四部分“违约责任”第一条中，注明省级烟草专卖局举报电话；甲方如是地市级烟草公司授权的县级烟草公司，则注明地市级烟草专卖局举报电话。

六、各单位在《烟叶种植收购合同》“说明”部分中，第四条要印明烟叶（指生产烟草制品所需的烤烟和名晾晒烟，包括白肋烟和香料烟）类型。

附件2：

《烟叶种植收购合同》文本格式

2007年烟叶种植收购合同

编 码：
甲 方：

乙 方：______ 省（市、区）______ 市（地、州）
______ 县 ______ 乡（镇） ______ 村
烟农姓名：________________
身份证号码：________________
I C卡号码：________________

为了确保烟叶生产的平稳发展，依据《中华人民共和国烟草专卖法》及《中华人民共和国烟草专卖法实施条例》、《中华人民共和国合同法》的有关规定，甲乙双方本着平等、互利、自愿的原则，协商签订如下合同。

1

一、要约主要内容

约定烟叶收购量		千克
	其中出口备货收购量	千克
约定种烟面积	亩 共	株
	其中	
	号烟田 亩	株
	号烟田 亩	株
	号烟田 亩	株
种植品种	品种 亩（株） 品种 亩（株）	
调制设施	式烤房（晾、晒房）	座
	式烤房（晾、晒房）	座
	式烤房（晾、晒房）	座
总容量		亩
收购地点		
收购时间	月 日 月 日	
	月 日 月 日	
	月 日 月 日	
	月 日 月 日	

2

二、甲方的权利和义务

1. 根据市场需求和优质烟叶生产要求，指导乙方选择适宜地块，合理进行轮作，发展适度规模种植。

2. 向乙方有偿（或无偿）提供烟叶生产扶持。扶持项目、补贴标准、兑现时间、兑现方式由甲方按照上级烟草公司有关规定并结合生产实际制定。

3. 向乙方提供技术指导，技术培训和技术咨询服务。

4. 入户指导乙方做好初分预检工作。

5. 在烟叶工作站张榜公布烟叶收购价格和生产投入补贴标准，悬挂收购仿制样品。认真执行烟叶国家标准和国家烟叶收购价格，严格遵守烟叶收购工作的各项规章和纪律，公平、公正验级。对需要重新进行分级挑选的，须向乙方说明原因。

6. 合同内烟叶保证全部收购。无计划、无合同、计划外、合同外烟叶不予收购。

7. 向乙方及时足额支付烟叶货款。

3

三、乙方的权利和义务

1. 具备种植优质烟叶的土地、劳力、资金及烟叶调制设备等条件，积极发展适度规模种植。

2. 服从区域烟田规划安排，同一地块不连年种植烟叶，按照以烟为主的要求，合理进行轮作。

3. 将甲方提供的生产投入补贴全部用于烟叶生产，不挪作他用。种植甲方所提供的种子或烟苗，不使用自留、自繁烟草种子。不使用未在烟草上登记的农药，不使用降低烟叶品质的化肥、农药等化学品。

4. 按照甲方提出的技术标准和技术方案进行各环节的烟叶生产。

5. 按照烟叶国家标准要求和技术指导进行分级扎把，不掺杂使假。

6. 按照约定的时间、地点和数量向甲方出售烟叶。不跨站（点）交售烟叶，不向第三方出售烟叶或提供售烟IC卡、合同，不倒买、倒卖、转借合同。

4

四、违约责任

1. 甲方未履行本合同规定的相关条款，乙方有权如实向上一级烟草专卖局举报。（举报电话：____________）

2. 甲方不履行合同约定条款造成乙方经济损失的，视情节轻重给予乙方适当补偿。

3. 乙方由于人为因素不履行合同约定条款造成甲方经济损失的，视情节轻重返还甲方生产投入补贴。

4. 乙方无正当理由，连续两年违约弃种，甲方将不再与之签订合同。

五、附则

1. 本合同不得随意变更和解除。若遇自然灾害等不可抗力致使不能履行，经双方协商同意，可以解除本合同。

2. 本合同自双方签订之日起一年内有效。未尽事宜经甲乙双方协商，可在其他约定事项中注明。

六、补充条款

5

甲方(签字): _______ 签字日期: ___年__月__日

公　章

乙方(签字): _______ 签字日期: ___年__月__日

6

附件1

烟叶生产投入补贴标准

7

附件2

烟叶收购价格表

说　明

1. 凭此合同种植、交售烟叶和供应烟用物资。
2. 本合同不准伪造、涂改、损坏、撕页、不准租借、转让或买卖，违者一律视为无效。
3. 本合同是甲乙双方签订的法律文书，乙方应妥善保管，如有丢失，应持有关证明向甲方挂失，甲方经审查确认后，方可补发新合同。
4. 本合同所指烟叶是指 ***** 烟叶。

8　　9

国家烟草专卖局关于印发《烟叶生产基础设施建设项目管理办法（试行）》的通知

（2007 年 7 月 24 日　国烟办〔2007〕325 号）

云南、贵州、福建、湖南、四川、湖北、广东、山东、安徽、江西、湖南、河北、甘肃、陕西、山西、辽宁、黑龙江、重庆、内蒙古、广西、宁夏、吉林省（区、市）烟草专卖局（公司）：

现将《烟叶生产基础设施建设项目管理办法（试行）》印发给你们，请各单位认真执行，做好烟叶生产基础设施建设工作。

烟叶生产基础设施建设项目管理办法（试行）

第一章　总　则

第一条　为提高烟叶生产基础设施建设项目管理（以下简称项目管理）水平，规范项目管理行为，保证项目建设质量和资金安全，特制定本办法。

第二条　本办法适用于烟叶生产基础设施建设项目的组织与管理。

第三条　项目管理要体现资金直补烟农政策和规划立项、资金管理、质量检查和验收以烟草部门为主的原则。

第四条　按照统一组织、分级管理的原则，国家局、总公司统一组织管理全行业烟叶生产基础设施建设，省级局（公司）负责辖区内项目的组织管理，地市级局（公司）负责项目的组织实施。各级局（公司）的其他有关职能参照国家局、总公司制订的实施方案及其补充意见执行。

第五条　县级烟草部门会同县级人民政府有关职能部门组成烟叶生产基础设施建设领导小组及其办公室，对项目建设的各项具体工作予以指导、协调、管理和服务。

第六条 烟叶产区的烟草行业各级纪检监察和审计等部门要协助同级党组（党委）取得地方人民政府及有关职能部门的支持，对工程质量和资金使用情况实行跟踪监督，确保工程质量和资金的安全。

第二章 项目管理

第七条 项目管理是项目业主方、组织方、施工方对项目进行规划、实施、监督、协调、验收、管护等全过程的管理，以实现项目预期的进度、质量和资金安全。

1. 项目组：烟农、村民小组或村委会是项目的受益者和产权所有者，即业主方（跨村的项目由受益村共同组织项目组）。烟草行业是项目的主要投资方。项目组由烟农、村民小组或村委会推选的代表和烟草企业派出的代表共同组成，是项目建设的临时性管理组织，代表项目区内受益烟农的利益。每个项目组都要明确一名非烟草部门人员为项目实施负责人，组织项目组的工作。

2. 组织方：指组织项目管理的烟草部门和地方人民政府有关职能部门。依据法律、法规及行业规定，负责制定总体规划和年度实施计划、项目审批、勘察设计、质量、资金的监管和检查验收等组织工作。县级烟草部门负责人为项目组织监督负责人。

3. 施工方：由烟农或项目组根据项目建设需要确定施工方。

第八条 项目管理工作流程包括：申报、审批、设立项目组、签订补贴合同、项目施工、检查验收、档案管理、管护等。

第三章 申报、审批

第九条 申请。由烟农、村民小组或村委会自愿向县级烟草部门提出书面的项目建设和补贴申请，须载明项目基本情况、出资（含投劳折资）安排、运行管护方案等内容并附受益烟农花名册，签字并加盖手印或私章。

第十条 公示。申请补贴的烟农、村民小组或村委会名单和项目内容要在所在乡镇或村级范围内公示，征求意见，接受社会和群众监督。

第十一条 上报审批。公示无异议后，由县级烟草部门汇总，编制年度实施计划和资金预算，逐级上报，按立项条件及审批权限论证、审核。

项目立项要符合因地制宜、烟农自愿、整村连片推进的原则。所有项目须在规划的基本烟田范围内，各地烟叶生产基础设施建设规划的基本烟田面积总体上不得超过国家局、总公司计划分配的面积数量。

各省级局（公司）对大型工程的立项要建立严格的审批制度，确定相应的审批权限。工程补贴资金额在500万元以上的单个项目须报国家局备案。

第四章 项目建设

第十二条 各地根据项目建设需要设立烟叶生产基础设施建设项目组。

第十三条 签订补贴合同。各地市级局（公司）为项目补贴合同的主体，授权县级烟草部门与烟农、村民小组或村委会签订补贴合同。

第十四条 项目建设需实行公开工程招标和招标采购方式的，要根据国家法律规定，履行招标投标程序。

第十五条 烟草部门和地方人民政府有关职能部门对项目建设的规划设计、招投标、组织施工、物资采购和工程质量等进行指导、服务和监管。

第十六条 项目组的项目实施负责人和县级烟草部门的项目组织监督负责人共同监管烟叶生产基础设施建设专用资金账户。有关资金管理按照国家局、总公司相关文件规定执行。

第十七条 质量标准和项目施工。各省级局（公司）要制订本省（区、市）的项目建设质量标准。各地要严格按照设计要求和质量标准进行施工，加强现场签证管理，确保工程质量。

第五章 检查、验收和档案管理

第十八条 各级烟草部门要加强对项目建设的经常性检查。

第十九条 项目竣工后，由县级烟草部门对辖区内项目实行100%验收并上报提请逐级抽验。

国家局、总公司对各单位上年项目的运行管护情况进行检查，确认合格之后，依据各省级局（公司）申请验收报告对其当年项目进行抽验。

第二十条 档案管理。烟草部门要按照行业有关规定，建立项目档案，真实、完整、准确、系统地保管各类项目建设资料。凡属应向村委会或其代管部门移交的档案资料，在该项目验收后及时办理移交手续并妥善保管所移交档案资料的备份资料。

第六章 产权和管护

第二十一条 产权归属。烟叶生产基础设施建设项目产权归属于烟农、村民小组或村委会。

第二十二条 烟农、村民小组或村委会对项目的运行负有管护责任和义务。烟草部门要加强对项目运行管护的指导与监督。

第七章 附 则

第二十三条 本办法由国家局、总公司负责解释。

第二十四条　凡与本办法相抵触的有关规定同时废止，以此办法为准。

第二十五条　各省级局（公司）可结合当地实际情况，制定具体实施办法。

第二十六条　本办法自发布之日起施行。

法规体改

国家烟草专卖局关于印发烟草行业多元化经营企业管理暂行规定的通知

（2007年10月24日　国烟办〔2007〕461号）

行业各直属单位：

为规范和加强对行业多元化经营企业的管理，现将《烟草行业多元化经营企业管理暂行规定》印发给你们，请认真遵照执行。

烟草行业多元化经营企业管理暂行规定

第一章　总　则

第一条　为加强和规范管理烟草行业多元化经营企业，依据国家有关法律、法规，以及《中国烟草总公司国有资产管理规定（试行）》（国烟财〔2006〕736号）等相关规定制定本规定。

第二条　本规定所称多元化经营企业是指烟草行业所有单位向烟叶、卷烟及烟草机械生产经营企业以外投资形成的企业。

第二章　管理机构

第三条　国家烟草专卖局、中国烟草总公司（以下简称国家局、总公司）对行业多元化经营企业实行归口管理、分级负责的管理体制。

第四条　国家局、总公司及各省级公司分别设立多元化经营企业归口管理机构。省级多元化经营企业归口管理机构按照《国家烟草专卖局关于省级局（公司）和工业公司设置多元化经营管理机构的通知》（国烟人〔2006〕388号）的要求进行设置，有条件的应成立投资管理公司。

第五条　多元化经营企业管理机构根据授权对行业多元化经营企业实行归口管理，其主要职责是：

（一）研究制订多元化投资规划及管理规定，对多元化经营企业进行分类指导；

（二）组织开展多元化经营企业整顿工作；

（三）指导多元化经营企业建立现代企业制度，完善法人治理结构；

（四）建立并完善全资、控股多元化经营企业国有资产保值增值指标体系和目标考核制度。

第六条　投资管理公司按照《中华人民共和国公司法》对其出资的多元化经营企业履行出资人职责。

第三章　企业基础管理

第七条　多元化经营企业要按照国家相关法律法规及行业规章制度建立健全多元化经营投融资决策、项目管理、财务管理、内部控制、信息管理、统计分析、人事管理、重大事项管理、安全生产等方面的基础管理制度，实行制度化、规范化管理。

第八条　多元化经营企业应建立投融资决策程序、决策评价标准及风险控制制度，规避企业经营风险。

第九条　多元化经营企业必须严格执行《中华人民共和国会计法》等相关法律法规，规范会计核算，实行预算管理，完善财务管理制度。

第十条　全资、控股多元化经营企业必须加强对国有资产的基础管理，产权界定、产权登记、产权纠纷调处、国有资产权证管理、清产核资、资产评估及资产统计等事项必须依照《中国烟草总公司国有资产管理规定（试行）》的相关条文执行。

第十一条　多元化经营企业要建立内部控制制度，明晰工作流程，明确岗位职责，规范日常经营管理行为。

第十二条 多元化经营企业应加强企业基本信息、会计资料、合同文本、权益证书等相关资料的管理，确保企业信息真实、资料完整。

第十三条 全资、控股多元化经营企业的统计工作必须遵守《中华人民共和国统计法》，严格执行烟草行业多元化经营企业统计报表制度。

第十四条 多元化经营企业应保护劳动者合法权益，按照国家相关法律法规建立规范的劳动用工制度。

第十五条 多元化经营企业应实现安全生产，按照国家相关法律法规建立严格的安全生产制度，落实责任、明确奖惩、控制风险，达到国家环保、节能减排增效的相关要求。

第四章　董事、监事及高管人员管理

第十六条 主业各级投资主体（含投资管理公司）应依照相关法律、法规及公司章程，向所投资公司派出股东代表、董事、监事及财务负责人员等，参加股东会、董事会、监事会，多元化经营企业归口管理机构应制订相应的派出人员管理制度。

第十七条 多元化经营企业的董事、监事、高级管理人员必须遵守法律、行政法规及公司章程，对公司负有忠实义务和勤勉义务。

董事、监事、高级管理人员不得利用职权收受贿赂或者其他非法收入，不得侵占公司的财产。

第十八条 多元化经营企业归口管理机构要按现代企业制度的要求，建立健全多元化经营企业负责人的选用机制和激励约束机制。

第十九条 多元化经营企业归口管理机构依照有关规定，可以提出全资、控股多元化经营企业负责人的任免建议。多元化经营企业负责人的任免、变动等情况要逐级上报多元化经营企业归口管理机构。

第二十条 多元化经营企业归口管理机构要参与对多元化经营企业负责人的考核，提供考核建议，制订考核办法，考核结果作为全资、控股多元化经营企业负责人薪酬标准和奖惩依据。

第五章　企业重大事项管理

第二十一条 全资、控股多元化经营企业应及时报告企业重大事项。重大事项包括但不限于进行投资、融资、对外担保、产权转让、安全事故、重大合同、重大技改、重大损失、重大诉讼等。

第二十二条 涉及多元化经营企业的国有产权转让、国有资产无偿划转等重大事项需经国家局、总公司多元化经营企业归口管理机构审核。

（一）多元化经营企业国有产权有偿转让按照《企业国有产权转让管理暂行办法》（国务院国有资产监督管理委员会、财政部令第3号）及《财政部关于烟草行业国有资产管理若干问题的意见》（财建〔2006〕310号）的有关规定执行。

（二）多元化经营企业国有资产无偿划转按照财政部《关于企业国有资产办理无偿划转手续的规定》（财管字〔1999〕301号）和《财政部关于烟草行业国有资产管理若干问题的意见》（财建〔2006〕310号）中的有关规定执行。

第二十三条 涉及多元化经营企业的投资需经国家局、总公司多元化经营企业归口管理机构审核。

（一）主业对多元化经营企业的投资严格按照《烟草系统企事业单位多元化经营投资项目审批管理办法》（国烟法〔2004〕643号）的有关规定进行申报、审批和组织实施。

（二）省级各投资主体要根据多元化经营企业特点制订相应的投资管理制度，严格审批程序，各投资主体应将投资管理制度报国家局、总公司归口管理机构备案。

第二十四条 多元化经营企业的重大投资项目需建立项目信息管理档案，及时向多元化经营企业归口管理机构报告项目进度、经营运作、资金运用、对外担保等方面情况，严格防范投资风险。

第六章　企业清退与整合

第二十五条 长期亏损、扭亏无望、资产质量差、无市场前景的全资、控股多元化经营企业，要依法、依规退出市场，多元化经营企业归口管理机构要指导企业按程序做好清理整顿工作。

在企业清退过程中，要做好人员安置工作，促进社会和谐与稳定。

第二十六条 多元化经营企业归口管理机构要制订企业整顿工作计划，细化具体工作方案，指导推动清理整顿工作。

第二十七条 对必须清退的参股多元化经营企业，要依法依规转让股权、收回权益。

第二十八条 多元化经营企业归口管理机构要对多元化经营企业整顿工作进行检查，及时掌握工作动态，要进行重点督导、检查，落实清退工作进度，检查清退工作质量。

第二十九条 多元化经营企业归口管理机构要根据国家产业政策和行业改革方向，制订多元化投资规划，确定进退领域，整合存量资产，优化资源配置，进而有为，退而有序。

第三十条 理顺投资关系，明晰产权，减少投资层级。多元化经营企业的投资层级原则上不得超过三级（含主业）。

第三十一条 多元化经营企业的整合重组要统筹规划、慎重决策、精心组织、稳步推进。省级公司间的多元化经营企业的整合重组，由国家局、总公司多元化经营企业归口管理机构负责组织实施；省级公司范围内的多元化经营企业的整合，由省级多元化经营企业归口管理机构负责组织实施。

第七章 监督与考核

第三十二条 多元化经营企业归口管理机构，组织开展全资、控股多元化经营企业定期、不定期的审计监督工作。

第三十三条 多元化经营企业归口管理机构要依法依规组织对全资、控股多元化经营企业资产、负债、损益的真实、合法和效益情况进行审计，加强对企业经营管理的监督。

第三十四条 多元化经营企业归口管理机构要依法依规组织对全资、控股多元化经营企业重大项目进行开工前、建设中和竣工后的审计，加强对项目全过程的监督。

第三十五条 多元化经营企业归口管理机构经授权，会同相关部门，依法依规对全资、控股多元化经营企业的主要负责人进行任期经济责任审计，加强对企业经营者的监督。

第三十六条 省级公司要加强对所属多元化投资管理公司的审计监督，履行监管职责。省级多元化投资管理公司要设立审计部门，建立和完善内部审计制度。

第三十七条 国家局、总公司多元化经营企业归口管理机构应组织对省级公司多元化经营管理工作进行年度考核，考核结果纳入国家局、总公司对省级公司的年度考核体系。考核办法另行制定。

第八章 附则

第三十八条 本规定自印发之日起执行。1999 年 4 月 5 日印发的《烟草行业多元化经营管理办法》（国烟法〔1999〕176 号）同时废止。

第三十九条 本规定解释权归国家局、总公司。

国家烟草专卖局 中国烟草总公司关于省级工业公司建立董事会工作的指导意见

（2007 年 9 月 30 日 国烟法〔2007〕426 号）

各省级工业公司：

为贯彻党的十六大和十六届三中、四中、五中、六中全会精神，认真贯彻落实国务院有关文件，在省级工业公司探索建立董事会，加快现代企业制度建设，适应烟草行业理顺资产管理体制的需要，依法行使出资人权利，履行出资人义务，中国烟草总公司（以下简称总公司）决定在直接从事卷烟生产经营的省级工业公司开展建立董事会工作。现提出以下意见：

一、主要目的

（一）按照《中华人民共和国公司法》规定，通过在直接从事生产经营的省级工业公司建立董事会，逐步形成符合现代企业制度要求，各司其职、有效制衡、高效运行的公司法人治理结构。

（二）通过明确董事会职权、义务，既实现总公司出资人职责到位、加强对企业的管理和监督，又确保企业依法享有经营自主权。

（三）通过加强董事会建设，在烟草企业建立有效的激励约束机制和责任传递机制，落实国有资产保值增值责任，提高卷烟工业企业的核心竞争力。

二、基本思路

（一）按照“探索中起步，实践中完善”的总体要求，依照有利于巩固和完善烟草专卖制度、有利于发挥市场配置资源作用、有利于提高中国烟草总体竞争实力的原则，从烟草行业实际出发，在省级工业公司建立董事会制度并不断加以完善。

（二）将忠实代表出资人利益、对总公司负责，作为董事会建设的根本宗旨。

（三）总公司依法履行出资人职责，组建省级工业公司董事会，委派董事会成员。公司董事会按照公司法、烟草专卖法等相关法律法规履行职责。

（四）按照权利、义务、责任相统一原则，妥善处理公司董事会、经理层之间的相互关系。

（五）按照民主管理原则，省级工业公司董事会成员中要有员工代表参加。董事会中的职工代表由公司职工通过职工代表大会、职工大会或者其他形式民主选举产生。公司高级管理人员、党组（党委）书记、纪检组长（纪委书记）和党组（党委）副书记不得担任职工董事。

三、董事会建设

（一）董事会的组成

省级工业公司的董事会成员一般由7人组成，主要从下列三类人员中选派：一是在总公司机关和省级公司抽调具有较高素质和较为丰富实践经验的司局级领导干部；二是所在企业的领导班子成员；三是职工代表。职工代表须经公司职工代表大会、职工大会或者其他形式民主选举产生并由总公司聘任。董事长由总公司在董事会成员中指定。董事每届任期2年，任期届满后经委派或选举可以连任。

（二）董事会的主要职权

1. 向总公司报告工作。

2. 依据总公司发展规划，决定公司发展战略及中长期发展规划并对其实施监督。

3. 根据国家局下达的计划，审议批准公司年度生产经营计划并对其实施监督。

4. 审议公司的投融资方案，报总公司批准后执行。

5. 审议批准公司的年度财务预算方案、决算方案，其中资本性支出和对外捐赠须报总公司批准后执行。

6. 按照总公司有关规定，审议批准公司内部工资分配方案（不含公司高级管理人员薪酬分配）。

7. 审议公司的利润分配方案和弥补亏损方案，报总公司批准后执行。

8. 制订公司增加或者减少注册资本的方案，报总公司批准后执行。

9. 制订公司合并、重组、解散或者变更公司形式的方案，报总公司批准后执行。

10. 审议公司内部管理机构设置，报总公司批准后执行。

11. 根据国家局、总公司的干部管理规定，办理聘任或者解聘公司总经理、副总经理、总会计师的事项。

12. 审议批准公司的基本管理制度。

13. 制订公司章程草案和公司章程的修改方案，报总公司批准后生效。

14. 按照财政部规定，审议批准公司处置资产损失。

15. 公司章程规定的其他职权。

（三）董事会履行的义务

1. 对总公司负责，完成总公司交给的任务。

2. 对董事会决议中有关国有资产问题，承担相应的保值增值责任。

3. 确保烟草专卖法等法律法规及国家局、总公司的各项规定、决定在公司的贯彻执行。

4. 向总公司提供公司重大事项的处理情况。

5. 根据总公司要求，向总公司提供真实、准确、全面的财务和经营信息。

6. 维护国家、企业和职工的合法权益。

（四）董事会的运作

董事会会议由董事长召集和主持。董事长不能履行职务或不履行职务的，由董事长或者总公司指定一名董事召集和主持。董事会会议必须有2/3以上的董事出席方可举行。

董事会实行集体决策。董事会决议的表决，实行一人一票。董事会成员应当根据自己对表决事项的判断独立进行投票。

董事会应当对所议事项的决定做成会议记录，出席会议的董事应在会议记录上签名。会议记录应当存档妥善保管。

（五）董事的管理

总公司根据董事会建设的需要，选择符合规定条件、具有较高素质和丰富实践经验的人员，建立总公司派出董事人才库。董事会成员中除企业人员担任董事外的其他董事，其人事关系隶属总公司，不得在公司及其下属单位获得任何形式的其他收入和福利。董事长按照总公司部门正职配备。

四、省级工业公司董事会与经理层、党组织和国家局、总公司的关系

省级工业公司董事会在实际运作中，要妥善处理好三个方面关系：

一是处理好董事会与经理层的关系。

董事会与经理层作为省级工业公司法人治理结构中的两个组成部分，只有各司其职、各负其责、有效配合、协调运转，才能达到公司规范运作、高效运行的目的。董事会一方面要决定公司的发展战略、投融资、预决算、内部分配方案等重大事项，另一方面还要对决策的执行情况进行监督，要对公司的经理层及其他高级管理人员的职务行为行使监督权。董事会成员对提交董事会表决的事项承担监督责任，还要对整个公司业务执行情况承担监督义务。经理层是公司组织生产经营的执行机构，既得到董事会的授权，又受到董事会的监督。

董事会依据法律、政策及公司章程规定，在总公司授权范围内负责公司的重大决策。对于经理层承担

的公司执行性工作尤其是总经理作为法定代表人享有的职权，董事会要给予经理层充分的自主权。从总公司机关委派担任董事的人员不长驻企业，不干预企业具体生产经营活动。经理层根据总公司的要求对董事会负责，负责执行董事会决议和公司的执行性事务，依照《公司法》、《烟草专卖法》等有关法律法规及公司章程的规定行使职权并向董事会报告工作。

二是处理好董事会与企业党组织的关系。

根据《中国共产党章程》的规定，省级工业公司要设立党的组织，开展党的活动。党的十六届三中全会决定指出："企业党组织要发挥政治核心作用，并适应公司法人治理结构的要求，改进发挥作用的方式，支持股东会、董事会、监事会和经营管理者依法行使职权，参与企业重大问题决策。"《中央组织部、国务院国资委党委关于加强和改进中央企业党建工作的意见》中明确指出，参与企业重大问题决策是国有企业党组织的重要职责，是党组织在企业中发挥政治核心作用的基本途径。党组织参与国有企业重大问题决策的主要内容是：企业发展战略、中长期发展规划，企业生产经营方针、年度财务预算和决算，企业资产重组和资本运作中的重大问题，企业的重要改革方案和重要管理制度的制订、修改，企业重要人事安排及内部机构的设置调整，涉及企业职工切身利益的重大问题等。党组织参与企业重大问题决策，要坚持和完善"双向进入、交叉任职"的企业领导体制。公司党组织成员可以通过法定程序进入董事会，董事会中的党员可以依照有关规定进入公司党组织。董事会和公司党组织要通过建立健全议事规则，完善公司党组织参与企业重大问题决策的程序和工作机制。公司党组织对重大问题要集体研究，由进入董事会的党组织成员反映党组织的意见和建议，使党组织的主张在企业决策中得到重视和体现并把董事会的决策结果反馈给党组织，实现决策的科学民主，同时充分发挥董事会对重大问题统一决策的作用，公司党组织要积极推动企业重大问题决策的贯彻落实。

三是处理好董事会与国家局、总公司的关系。

国家局、总公司依法行使职权，负责行政许可、非行政许可审批、行业管理、人事管理、资产经营管理等有关事项；依法对所属烟草企业履行出资人职责，承担国有资产保值增值的责任；按照公司法和干部管理规定，组建董事会，委派董事会成员并指定董事长。总公司主要行使宏观调控、战略管理、政策研究、资产经营管理、队伍建设等五项职能。参照公司法第六十七条规定，授权公司董事会行使出资人的部分职权，决定公司的重大事项。

董事会对总公司负责，完成总公司交给的任务；对董事会决议中有关国有资产问题，要承担相应的保值增值责任，确保烟草专卖法等法律法规及国家局、总公司的各项规定、决定在公司的贯彻执行；依照公司法、烟草专卖法及总公司授权行使职权，向总公司报告工作。

五、组织实施

省级工业公司建立董事会工作，在国家局、总公司的统一规划和指导下，有计划、有组织、按步骤进行。

（一）前期准备阶段

1. 明确领导机构和工作小组。省级工业公司建立董事会工作由国家局经济体制改革工作领导小组统一领导，下设董事会工作小组具体负责相关工作。

2. 制订并印发《省级工业公司董事管理暂行办法》、《省级工业公司职工董事管理暂行办法》等相关制度规定。

3. 选择试点企业，研究建立董事会工作的安排步骤。

（二）试点阶段

1. 召开试点企业建立董事会工作座谈会，统一思想认识，提出具体要求，征求意见和建议。

2. 试点企业成立相应工作机构，拟订公司章程修改方案，制订董事会有关制度规定并上报国家局、总公司审批。

3. 国家局、总公司批复试点企业建立董事会、修改公司章程的请示，委派董事会成员并指定董事长。

4. 试点企业通过公司职工代表大会、职工大会或者其他形式民主选举职工董事并由总公司聘任。

5. 办理工商变更登记等相关手续。

6. 试点企业召开第一届董事会会议，董事会正式开始运作。

（三）全面推进阶段

1. 在总结试点单位经验的基础上，进一步完善建立董事会工作的有关制度规定。

2. 制订和提出省级工业公司建立董事会工作的进度安排，参照试点企业的工作流程，分阶段、分批次推进建立董事会工作。

（四）运行完善阶段

1. 省级工业公司要不断完善董事会相关制度规定，规范运作，高效运行，逐步形成符合现代企业制度要求和烟草行业特点的法人治理结构。

2. 在实施过程中总结经验，将工作进展情况及遇到的问题及时报国家局、总公司。

六、具体要求

（一）加强组织领导。省级工业公司建立董事会工作，在国家局经济体制改革领导小组统一领导下进行。国家局经济体制改革领导小组下设专门的董事会工作小组，负责指导省级工业公司建立董事会工作，审查公司章程，协调处理建立董事会工作中遇到的各种问题。省级工业公司也要成立相应的工作机构，具体负责建立董事会的相关工作。

（二）统一思想认识。省级工业公司要充分认识到，建立董事会工作既是贯彻落实国务院有关文件的明确任务，也是贯彻落实公司法、实现依法管理的具体要求，要把干部职工的思想认识统一到国务院有关文件精神和完善行业管理体制上来，通过进一步完善法人治理结构，提升管理水平，增强企业竞争实力。

（三）研究制订方案。省级工业公司要按照本指导意见，研究制订省级工业公司建立董事会工作的具体实施方案、公司章程和董事会工作的相关制度规定，特别是明确董事会的职权义务和具体工作制度，报国家局、总公司审批后组织实施。

（四）精心组织实施。国家局、总公司董事会工作小组要加强对省级工业公司建立董事会工作的指导，及时调查研究，认真总结经验。省级工业公司要按照本指导意见的具体要求，建立符合现代企业制度要求的法人治理结构，使董事会能够切实履行法律规定和国家局、总公司赋予的各项职权义务，提高运作效率，完善制度规定，不断改进工作。

国家烟草专卖局关于卷烟新产品商标设计和宣传用语有关规定的通知

（2007年2月25日　国烟运〔2007〕105号）

各省级局（公司）、工业公司，中国烟草实业发展中心：

为进一步加强行业卷烟商标设计、包装及宣传用语的管理，严格执行国家相关法律、法规及行业有关标准，切实维护行业形象和品牌形象，针对行业目前在产品商标设计、包装及宣传用语中执行相关法律、法规、行业标准及国家局有关文件精神不严格、不规范的行为，特做如下规定，请各单位在产品商标设计、包装及宣传时遵守。

一、企业在新品牌（规格）开发、老产品改造的商标设计、产品描述、包装及宣传用语等方面要严格执行国家相关法律、法规、行业标准及国家局有关文件要求，从对社会、对行业负责的角度出发，正确反映产品质量和设计思想，维护品牌形象。

二、新产品商标设计必须符合《中华人民共和国商标法》、《中华人民共和国产品质量法》、GB5606—2005《卷烟》国家标准（以下简称《卷烟》国标）、《卷烟名称编制规则》及《国家烟草专卖局关于规范境内销售包装标识的规定》等有关法律、法规、标准、文件的规定，商标图文规范，内容得当，表述清晰。为避免引起争议，商标图形不得采用人物肖像或与其他注册商标相近的设计；商标采用外文标注时不得使用与有关法律法规、标准规定内容相悖的文字或可能误导消费者、引起争议的意思表示。

三、卷烟盒包装内置卡片中的文字不得违反相关法律、法规和《卷烟》国标及国家局文件的规定，企业的广告品亦不能违反上述规定。

四、企业的新产品进行宣传促销活动要严格按照《中华人民共和国广告法》、《中华人民共和国商标法》、《中华人民共和国产品质量法》、《卷烟》国标及国家局有关文件的规定执行。在公共场所的文字、图片等广告宣传中不得出现与有关法律、标准规定相悖的内容，不得出现可能误导消费者、引起争议、产生负面影响的文字、图片。国外品牌的宣传推广活动亦遵从此规定。

五、各省级工业公司要严格管理企业的产品宣传促销活动，严格审查宣传促销方案及广告品包装设计，不符合规定的不得实施。各地烟草公司要对企业宣传促销活动严格监督管理。各省级工业公司要对报国家局的有关新产品的文件严格把关，并一律加附拟用商标的电子文件及条、包商标的实物。

六、自文件发布之日起，凡企业在商标设计、卷烟盒包装内置卡片内附说明、宣传促销活动等方面存在不符合上述规定问题的，必须限期整改；情节严重、对行业或品牌造成负面影响的，暂时停止该品牌（规格）的生产。

七、本文的各项要求同样适用于雪茄烟。

国家烟草专卖局 国家质量监督检验检疫总局关于印发境内卷烟包装标识的规定的通知

（2007 年 11 月 7 日　国烟科〔2007〕511 号）

各省级烟草专卖局、工业公司，上海烟草（集团）公司，中国烟草实业发展中心，郑州烟草研究院：

《中华人民共和国境内卷烟境内卷烟包装标识的规定》业经我国履行《烟草控制框架公约》工作部际协调领导小组成员单位多次研究并确定，现予印发，自 2009 年 1 月 1 日起施行。

中华人民共和国境内卷烟包装标识的规定

根据世界卫生组织《烟草控制框架公约》的相关规定和要求，依据《中华人民共和国产品质量法》和《中华人民共和国烟草专卖法》，制定本规定。

第一条　本规定适用于在我国境内生产的所有非出口卷烟和国外进口卷烟的条、盒包装和标识。

第二条　卷烟包装体上及内附说明中禁止使用误导性语言，如“保健”、“疗效”、“安全”、“环保”、“低危害”等卷烟成分的功效说明用语；“淡味”、“超淡味”、“柔和”等卷烟品质说明用语；“中低焦油”、“低焦油”、“焦油含量低”等描述用语。

第三条　卷烟包装体上应使用中华人民共和国的规范中文汉字和英文印刷健康警语。警语内容分两组：

第一组：吸烟有害健康
SMOKING IS HARMFUL TO YOUR HEALTH
戒烟可减少对健康的危害
QUIT SMOKING REDUCES HEALTH RISK

第二组：吸烟有害健康
SMOKING IS HARMFUL TO YOUR HEALTH
尽早戒烟有益健康
QUIT SMOKING EARLY IS GOOD FOR YOUR HEALTH

第四条　健康警语必须轮换使用。在市场流通环节中的同一品牌、同一规格、同一包装、同一条码的卷烟，其条、盒每年应轮流或同时使用两组不同健康警语标识，同时使用时不要求条、盒警语一一对应。

第五条　健康警语应位于卷烟条、盒包装正面和背面，正面使用中文警语，背面使用对应英文警语。警语区域所占面积不应小于其所在面的 30%，底色可采用原商标的底色（纹）。

第六条　盒包装健康警语应位于其所在面下部，条包装健康警语应位于其所在面右侧。

第七条　健康警语应明确、清晰和醒目，易于识别。中文字体采用黑体字，英文采用 Arial Narrow 字体，中文字体高度不得小于 2.0mm，英文不得大于相应的汉字。颜色采用与警语区域底色有一定差异的色组。

第八条　卷烟包装体应按照国家标准要求标注焦油量、烟气烟碱量及烟气一氧化碳量等烟气成分和释放物的信息，中文字体高度不得小于 2.0mm。卷烟条、盒包装的其他标识也应符合国家标准的相关要求。

第九条　本规定自 2009 年 1 月 1 日起施行并由国家烟草专卖局、国家质量监督检验检疫总局负责解释。

中国烟草总公司关于印发投资项目管理规定（暂行）的通知

（2007 年 3 月 29 日　中烟办〔2007〕1 号）

国家局、总公司机关各部门、各单位：

为贯彻国务院关于投资体制改革的精神，认真履行出资人职责，加强对所属企业投资项目管理，现将《中国烟草总公司关于投资项目管理的规定（暂行）》印发给你们，请遵照执行。在执行过程中有何问题，请及时报告。

中国烟草总公司关于投资项目管理的规定（暂行）

第一章　总　则

第一条　为贯彻落实国务院投资体制改革的精神，认真履行出资人职责，加强对所属企业投资项目的管理工作，确保国有资产保值增值，根据《国务院关于投资管理体制改革的决定》（国发〔2004〕20号）、《中国烟草总公司章程》及有关规定，制订本规定。

第二条　投资项目要按照国家和地方人民政府有关规定办理相关手续。实行备案制的项目，在报当地有关部门备案前须按本规定要求报经中国烟草总公司（以下简称总公司）、省级公司、省级工业公司、总公司机关二级公司（省级公司、省级工业公司、总公司机关二级公司以下简称总公司直属公司）批准。本规定所称批准是指总公司作为出资人对所属工商企业（以下简称企业）投资行使的决策权利。

第三条　总公司所属企业以下投资建设的项目适用本规定。

（一）烟草专卖品的仓储、配送、物流项目；

（二）雪茄烟、烟叶（含再造烟叶）、烟丝、复烤烟叶、卷烟纸、滤嘴棒、烟草专用机械等烟草专卖品的生产经营项目；

（三）科研与教学投资项目；

（四）计算机软件与信息化工程项目；

（五）总公司另有规定的其他项目。

卷烟技改项目、企业中外合资和合作项目及变更事项、境外投资项目及设立代表处事项、多元化经营投资项目、办公楼的审批仍按照国家及国家局有关规定执行，不适用本规定。

第二章　项目的申请

第四条　项目申报单位要提交项目申请报告及有关文件一式两份，申请报告由项目申报单位或其委托的咨询、设计单位编制。

第五条　项目申请报告的内容要包括：

（一）项目申报单位基本情况，重点说明生产经营状况、技术装备状况等；

（二）项目基本情况，重点说明项目的必要性、市场分析、项目规模、产品方案等；

（三）建设用地规划；

（四）原材料、能源耗用情况和公用设施情况；

（五）技术方案的选择，重点说明经济技术比较分析；

（六）项目实施进度安排；

（七）投资估算与资金筹措方案；

（八）经济分析与评价；

（九）招标投标方案；

（十）按有关规定要提交的其他文件。

第六条　含购置土地内容的项目申请报告，要附以下资料：拟选项目用地的区域，地方人民政府或地方土地管理部门出具的有关挂牌土地的位置、总面积、用途、容积率、建筑密度、出让年限、规划建筑面积、起始价等基本情况。

第七条　项目申报单位为多家企业共同出资设立的有限责任公司的，其申请报告要附董事会或股东会一致同意的决议。

第八条　项目由多家企业共同投资的，要附共同投资的初步协议。

第三章　项目的批准和备案

第九条　投资项目按投资金额分级进行管理：

（一）总投资额1000万元（本规定涉及投资金额均以人民币为单位）以上的项目报总公司批准；

（二）总投资额低于1000万元、300万元以上的项目按资产关系报总公司直属公司批准并报总公司备案；

（三）总投资额低于300万元的项目由企业自主决定并报总公司直属公司备案。

第十条　由总公司批准的项目，项目申报单位按资产关系将项目申请报告报总公司直属公司审查；总公司直属公司对项目申请报告审查无异议的，将项目申请报告报送总公司并附书面审查意见。

第十一条　总公司对上报的项目申请报告批准的主要原则为：

（一）符合国家和地方的有关法规、政策；

（二）符合烟草行业发展规划；

（三）符合烟草产业技术政策和其他投资政策；

（四）符合项目申报单位生产经营的实际需要。

第十二条　对于重大投资项目，由总公司组织专家对项目申请报告进行论证并出具专家论证意见，项目批准后，其初步设计方案由总公司或总公司委托直属公司组织有关部门进行审查并出具审查意见；其余项目由总公司直属公司组织专家对项目申请报告进行论证，项目批准后，组织有关部门对初步设计方案进行审查。

第十三条　总公司各直属公司要根据本规定，在批准权限内制订相应的投资项目内部批准管理规定并报总公司备案。

第十四条 经批准同意的项目，项目申报单位要根据地方人民政府有关规定办理项目备案手续并依法办理城市规划、土地使用、环境评价、资源利用、安全生产等手续。手续办结后方可实施。项目申报单位要及时将上述有关材料抄报总公司。

第十五条 项目批准文件下发后两年内项目未实施的，该文件自动失效。

第四章 项目的变更与调整

第十六条 经批准同意的项目，如有下列情形之一，项目申报单位要及时向原批准部门书面报告，经原批准部门同意后，方可继续实施。

（一）项目生产规模、建设规模和项目主要内容调整的；

（二）技术方案变更的；

（三）建设地点变更的；

（四）土地面积超过批准上限的；

（五）总投资超过经批准的项目投资额15%的。

第十七条 项目申报单位在竞拍土地时，若竞拍价格超出批准上限，则不得继续竞拍，可在批准区域内选择其他土地参与竞拍；若批准区域内无土地可供选择，则该项目须重新申报。

第五章 监督和责任

第十八条 项目申报单位必须对所有申报材料内容的真实性负责。

第十九条 企业在项目实施过程中，要严格按照国家有关规定实行项目法人责任制、招标投标制、工程监理制、项目审计制等制度，项目实施管理要遵照总公司有关规定并主动接受有关部门的管理和监督。

第二十条 企业违反本规定，或以拆分项目、项目批准后追加投资等方式有意逃避监管的，对有关责任人根据情节轻重，给予严肃处理。

第五章 附 则

第二十一条 本规定由总公司负责解释。

第二十二条 本规定自发布之日起执行。此前发布的规定中与本规定不一致的，一律按本规定执行；本规定未涉及的其他投资项目，按原审批管理规定执行。

中国烟草总公司关于印发《中国烟草总公司投资收益收取和使用管理实施办法（试行）》的通知

（2007年11月30日 中烟办〔2007〕252号）

行业各直属单位：

为规范和加强行业内部投资收益的分配、收取及使用监督管理，根据《财政部关于印发〈中国烟草总公司投资收益收取和使用管理办法（暂行）〉的通知》（财建〔2007〕214号）规定，现将《中国烟草总公司投资收益收取和使用管理实施办法（试行）》印发给你们，请认真贯彻执行。

中国烟草总公司投资收益收取和使用管理实施办法（试行）

第一章 总 则

第一条 根据《财政部关于印发〈中国烟草总公司投资收益收取和使用管理办法（暂行）〉的通知》（财建〔2007〕214号）规定，为规范和加强烟草行业内部投资收益的分配、收取及使用的监督管理，结合烟草行业实际情况，制定本办法。

第二条 本办法适用于作为投资收益缴纳主体的中国烟草总公司所属具有法人资格的烟草工、商企业。

第二章 投资收益缴纳和使用

第三条 计算基数

各投资收益缴纳主体以经社会中介机构审计确认的企业会计决算报表为依据，以可供投资者分配的利润为基数，按照规定的比例计算应缴投资收益，投资收益的计缴以万元为单位。

第四条 计缴比例和缴纳程序

实行三级财务管理体制的烟草工业企业，可供分配的投资收益额本企业留存50%、省级工业公司收取30%、中国烟草总公司收取20%；省级工业公司和中国烟草总公司收取的50%部分实行逐级上缴，省级工业公司将所属企业上缴的50%投资收益全额计入年度损益，在利润分配时将应上缴中国烟草总公司的20%部分由省级工业公司汇缴中国烟草总公司。

实行二级财务管理体制的工业企业，可供分配的投资收益额企业留存80%，20%上缴中国烟草总公司。

实行三级财务管理体制的烟草商业企业，可供分配的投资收益额地市级烟草商业企业留存40%、省级公司收取30%、中国烟草总公司收取30%；省级公司和中国烟草总公司收取的60%部分实行逐级上缴，省级公司将所属企业上缴的60%投资收益计入年度损益，在利润分配时将应上缴中国烟草总公司的30%由省级公司汇缴中国烟草总公司。

实行二级财务管理体制的商业企业（含中国烟草广东省公司及尚未取消经营的省级公司），可供分配的投资收益额省级公司留存70%，30%上缴中国烟草总公司。

中国烟草总公司各直属二级公司可供分配的投资收益额，原则上按50%上缴中国烟草总公司。

未取消法人资格的县级公司可供分配的投资收益额纳入地市级公司统一计算缴纳投资收益。

股份制主业企业不作为一级缴纳主体，由出资方按出资比例计算应享有的收益后，统一计算缴纳投资收益。

第五条 汇缴及清算

实行三级财务管理体制的工商企业，省级公司收取的投资收益额，可按季预缴，每季度终了后15日内将应由省级公司收取的投资收益额预缴到省级公司，年终根据会计决算数据汇算清缴。

中国烟草总公司收取的投资收益额按会计年度收取，每年4月底以前完成上年度应缴纳投资收益的汇算清缴。

投资收益各缴纳主体年终根据会计决算数据编制“应缴投资收益计算（汇总）表”（详见附件1）并附完税凭证逐级上报；省级公司及中国烟草总公司直属二级公司编制“应缴投资收益清算表”（详见附件2），报中国烟草总公司审核。

第六条 省级公司收取的投资收益，作为企业的预算收入，纳入预算管理。用于省级公司经费支出及所属企业的宏观调控支出，包括烟叶生产发展、卷烟生产发展、市场营销体系建设和企业技术创新、改造等事关行业发展的各项支出。

第三章　投资收益的监督检查

第七条 各省级公司要加强对所属企业投资收益计缴的审核监督，确保准确、及时、足额上缴。

第八条 各省级公司必须严格执行国家法律、法规和财务会计制度，按照本办法及有关规定的要求收取和使用投资收益，规范账务处理并负责对所属企业收到中国烟草总公司或省级公司资本性投入或费用性补助的使用情况进行监督检查。

第九条 中国烟草总公司对省级公司投资收益的收取和使用情况进行定期或不定期的检查。

第四章　附　则

第十条 本办法由中国烟草总公司负责解释。

第十一条 各省级公司可依据本办法制订具体实施细则。

第十二条 本办法自2007年1月1日起施行。

附件1：应缴投资收益计算（汇总）表（略）

附件2：应缴投资收益清算表（略）

科技工作

国家烟草专卖局关于印发烟草行业标准化中长期发展战略（2007～2020年）的通知（节选）

（2007年2月15日　国烟科〔2007〕98号）

行业各直属单位：

现将《烟草行业标准化中长期发展战略（2007～2020年）》印发给你们，请各单位认真贯彻施行。

烟草行业标准化中长期发展战略（2007～2020年）

标准和标准化工作在推动行业技术进步、提升管理水平、支撑中式卷烟发展等方面具有非常重要的作用。为进一步指导和推动行业标准化工作，依据《中华人民共和国国民经济和社会发展第十一个五年规划纲要》及《烟草行业中长期科技发展规划纲要（2006～2020年）》（国烟科〔2006〕526号）等精神，结合行业实际情况，制定本发展战略。

一、工作现状

“十五”以来，行业标准化工作积极推进，富有成效。

一是标准化工作机构和制度建设得到加强。国家烟草专卖局（以下简称国家局）设立了行业标准化工作归口管理部门，加强了对行业标准化工作的组织、协调与管理。完成了全国烟草标准化技术委员会（以下简称全标委）和卷烟、农业、企业、烟机、工程和劳动定额6个分技术委员会（以下简称分标委）的换届，成立了信息、烟用材料和物流分标委。实行了年度标准制修订项目立项的专家评审制。印发了《全国烟草标准化技术委员会章程》（国烟科〔2006〕90号）、《烟草行业标准制修订项目经费管理办法》（国烟办综〔2005〕338号）和《烟草行业国家、行业标准制修订管理工作规程》（国烟科〔2006〕379号）等。

二是初步建立了行业标准体系框架，制定和发布了一批标准、规程。编制了《烟草行业标准体系表》，建立了烟草机械、烟草信息和烟用材料标准体系。重点组织研究和制定了《卷烟》国家标准，以及一批涉及相关产品安全、卫生、环保和节约能源资源、控制成本等方面的重要标准。发布各类标准和计量检定规程189项。依托标准，加强了行业信息系统集成、资源整合和信息共享工作，制定了行业发展急需的信息代码类标准。开展了形式多样、重在实效的标准宣贯工作。建立了行业用压力、流量和风速计量基准，开展了部分专用仪器、计量器具的计量检定。

三是标准化示范带动工作初见成效。组织20个烟叶生产县（市）参加了“国家级烟叶标准化生产示范区”建设工作。启动了卷烟标准化生产示范企业建设。卷烟商业企业的标准化工作稳步推进。

四是标准化工作的信息化水平明显提高。初步建成了行业标准化工作网络平台和数据库，实现了标准制修订项目的网上申报和相关工作的信息化管理。

五是采用国际标准工作稳步推进。行业已将或正将国际标准化组织烟草和烟草制品技术委员会（ISO/TC126）公布的46项国际标准中的37项转化为国家或行业标准，国际标准转化率达到80%，高于全国平均水平。

在充分肯定成绩的同时，也必须清醒地看到，随着行业的改革和发展，标准化工作还存在一些不相适应的问题。

一是行业标准化工作基础尚显薄弱。部分企业的主要领导对标准化工作重视不足，支持不够，领导缺位；一些企业标准化工作机构不健全，工作人员不落实，用于标准研究或标准化工作的资金投入不足，贯标工作不到位；行业从事标准化工作的专业技术和管理人员缺乏，特别是缺少具有较高专业水平和较丰富实践经验、熟悉标准化工作的复合型人才；标准执行效果的信息反馈、综合评价和监督检查机制尚未系统建立。

二是标准的整体技术水平与国际先进水平相比存在差距。有利于节约能源资源、保护环境、控制成本、实现安全生产等方面的标准体系尚不完善。

三是与国际标准化组织烟草和烟草制品技术委员会、国际烟草科学研究合作中心（CORESTA）和烟草科学研究会议（TSRC）等国际组织的交流和实质性合作不够紧密，对国外制定或提出的相关政策、技术法规，以及技术、产品研发动态的针对性研究明显不足。

二、总体思路

1. 指导思想。以科学发展观为指导，紧密围绕行业重点工作，以全面提升行业标准化工作的质量和水平为主要目标，着力完善行业的标准化工作体系和标准体系，着力加强对国内外相关标准的深入研究，着力提高标准执行的有效性，为建设创新型行业、保障行业的平稳健康可持续发展提供支撑和服务。

2. 基本原则。行业标准化工作要依据《烟草行业中长期科技发展规划纲要（2006～2020年）》，坚持夯实基础、重点突破、示范带动、持续提高的原则。夯实基础就是要加强标准化工作和研究机构建设，全面构建标准体系，完善工作机制。重点突破就是要集中力量制定一批符合国家产业政策和行业发展方向、具有引领作用的标准，特别要将拥有自主知识产权的先进技术转换为标准；要基本建立行业的技术性贸易措施体系，努力实现制修订国际标准的历史性突破。示范带动就是要在行业各主要领域发掘、培育标准化工作先进典型，通过示范带动实现整体提升。持续提高就是依托技术创新成果和相关工作的不断进步，推进标准化工作整体水平的不断提升。

3. 战略目标。行业标准化中长期发展的战略目标是：建立系统、完整的行业标准化工作体系和标准体系，标准研究和标准制修订水平显著提高，参与或主持制修订国际标准的能力明显增强，标准化工作对行业技术进步和可持续发展的贡献度不断提升。

（略）

三、主攻任务

1. 基础工作。

（1）重要标准的研究与制修订。

制定一批有效推进行业技术进步、规范相关工作、巩固烟叶生产的基础地位、实现安全生产、科学控制成本、指导"资源节约型、环境友好型企业"建设的重要标准，包括：

——引用或自主制定相关的检测方法与限量标准，科学规范烟用农药、化肥的使用，限定烟草和烟草制品中有害成分残留量。

——完善卷烟加工过程的工艺技术标准，建立卷烟"品质参数"与"特性参数"检测方法和相应的控制性标准。

——制定并完善烟叶生产技术指导与收购、卷烟营销与配送，以及专卖管理等方面的劳动定额定员标准。

——建立各类烟用材料质量指标的检测方法、有害成分限量、降解程度判定，以及烟用添加剂许可及限量等方面的标准，建立包括安全、卫生、环保、质量、成本，以及对设备适应性等方面内容的烟用材料质量综合评价体系。

——制定并完善行业信息安全、信息代码、数据元、应用系统规范和信息化管理类标准；构建行业物流标准体系。

——完善各类烟草机械产品标准、大修标准和通用基础类标准；积极采用国外先进标准，实现烟机制造标准的跟踪、借鉴、掌握与超越；及时将拥有自主知识产权的关键技术转化为标准。

——加强与相关国际标准化组织及国际烟草科学研究组织的交流与合作，着力加强对相关国际标准、国外相关政策和技术法规的针对性研究。

——建立科学权威的行业用标准物质和标准样品库；不断完善行业计量检定标准。

（2）着力提升行业各类企业标准化工作的质量和水平。

要着力提高烟叶生产与经营的各个环节，以及相关农用物资质量保障等各个方面标准化工作的质量和水平；着力加强卷烟生产、卷烟营销、烟用醋纤丝束生产、打叶复烤和烟草机械制造等领域重点骨干企业的标准化工作。

2. 重点专项。

（1）制定卷烟质量综合评价标准。

依据卷烟烟气中有害成分、包装材料中挥发性成分、包装材料降解程度、烟用添加剂安全性以及卷烟产品成本构成等，科学划分卷烟等级并制订卷烟质量综合评价标准。

（2）建立行业清洁生产标准体系。

科学确定行业各类企业节能、降耗、减污、控制成本的指标体系，着力推进"资源节约型、环境友好型"行业建设。

（3）建立行业的技术性贸易措施体系。

要依托技术创新，发掘比较优势，逐步建立行业的技术性贸易措施体系，有效维护国家和消费者利益。

3. 平台建设。

（1）发挥标准化技术委员会的重要作用。

建立权威、高效的全标委和各分标委；着力加强重点骨干企业标准化技术委员会的建设，提高工作的质量和水平。

（2）科学构建行业标准化工作体系。

构建起在国家局统一领导下，以全标委为主导，分标委为基础，中国烟草标准化研究中心（以下简称标准化中心）、行业重点骨干企业标准化技术委员会和标准研究室为依托，各有关单位积极参与的行业标准化工作体系。

国家局和各直属单位有关部门负责行业或本地区标准化工作的组织与协调，各直属单位须有专人负责标准化工作。

标准化中心要在国家局有关部门领导下，建设成为行业重大标准课题的协调和研究中心，标准化工作技术指导和服务中心，行业用相关检测和计量器具的计量检定中心，以及标准物质归口定标和发放中心。

具有法人资格的卷烟生产重点骨干企业、烟用醋纤丝束生产企业及部分重点打叶复烤企业要建立企业标准化技术委员会并设立标准研究室；要建立并不断完善企业标准体系，开展重在实效的标准化工作，特别要及时将自主创新成果转化为标准。

（3）完善行业标准化信息网络。

2010年底前，要完成标准化工作体系、管理体系和服务体系的信息化建设，构建包括标准制修订项目管理系统、标准电子版发行系统、国际标准跟踪反馈系统等在内的标准信息资源平台。

四、保障措施

1. 建立适度超前的标准预研机制。建立"密切跟踪、超前研究、及时制修订"的标准预研工作机制，及时掌握国际相关标准和技术的发展态势，开展针对性预研并适时提出工作预案，提高工作的前瞻性和有效应对突发事件的综合能力。

2. 建立标准化培训和标准宣贯机制。定期组织对行业和企业标准化技术委员会委员、标准起草人员、行业有关工作人员进行标准化知识的系统培训。各单位、各企业要加强标准、特别是相关重要标准的宣贯工作，要努力提高员工和有关人员认真学标准、严格贯标准的自觉性。

3. 建立标准执行效果的综合评价和奖励机制。建立科学、公正的标准执行效果综合评价机制，提高标准化工作的有效性。要对在标准化工作中做出突出成绩和重要贡献的单位和个人给予表彰和奖励，以激励广大科研、管理人员积极投身标准化事业，促进工作质量和水平不断提高。

4. 实施标准化人才培养战略。加快培养一批高素质、高水平的标准化工作人才队伍。在2010年底前，要形成由十位左右标准化工作领军人才、百位行业内外有关技术骨干和千位专业技术人员组成的标准化专业人才队伍，为提升行业的标准化工作提供人才支撑。

5. 建立专项经费投入保障机制。必要经费的投入是实现行业标准化中长期发展战略的基本保障。国家局从经费上重点支持完成行业标准化工作的主攻任务，着力加强“十、百、千”人才队伍建设并奖励在标准制修订和标准化工作中做出突出成绩和重要贡献的单位和人员。行业各直属单位、各企业要根据实际工作需要，本着“科学预算、规范使用”的原则，在年度经费预算中列出专项，确保相关工作经费的足额投入。

积极贯彻并有效实施《烟草行业标准化中长期发展战略（2007～2020年）》，需要行业各级领导的高度重视和大力支持，需要各单位、各企业、各有关人员的努力工作、相互配合及自觉行动。全行业要把实施标准战略落实到各相关工作中，使标准和标准化工作在提高中国烟草核心竞争力、促进行业平稳健康可持续发展中发挥更加重要的作用。

国家烟草专卖局关于烟草行业开展“创新年”活动的实施意见

（2007年3月26日　国烟科〔2007〕152号）

行业各直属单位，中国烟草机械集团有限责任公司，中国烟草实业发展中心：

为全面贯彻落实全国烟草工作会议、全国烟草科技大会精神以及《国家烟草专卖局关于实施烟草科技发展规划纲要增强行业自主创新能力的决定》（国烟科〔2006〕647号），加快实施《烟草行业中长期科技发展规划纲要（2006～2020年）》（国烟科〔2006〕526号，以下简称《规划纲要》），全面提高中国烟草整体竞争实力，国家局决定，今年在全行业开展“创新年”活动。现就开展“创新年”活动提出如下实施意见。

一、指导思想

以邓小平理论和“三个代表”重要思想为指导，以科学发展观为统领，以培育“两个10多个”和提高中国烟草整体竞争实力为中心，以全面实施《规划纲要》为重点，大力推进原始创新、集成创新和引进消化吸收再创新，努力实现企业由大变强目标，全面提高企业自主创新能力，积极建设创新型行业。

二、活动主题

烟草行业开展“创新年”活动的主题是：自主创新，支撑发展。

不断提高贯彻落实科学发展观的能力，激发全体职工的创新精神，大力推进技术创新，全面增强企业自主创新能力，把提升行业自主创新能力作为行业发展的战略任务和转变经济增长方式的中心环节，以创新促进实现“两个跨越”，转变发展观念，优化发展环境，提高发展质量，使创新成为企业发展的强大支撑和不竭动力。

三、主要目标

（一）提高创新能力。增强企业自主创新能力，为行业培育“两个10多个”和实现“两个跨越”提供动力，努力提高中国烟草整体竞争实力。

（二）突破关键技术。在提升卷烟品质、推进减害降焦、实现节能降耗等方面取得一批阶段性创新成果、技术标准和核心专利。

（三）完善创新体系。整合行业技术资源，推进企业技术中心建设，形成以企业为主体、以市场为导向、产学研相结合的技术创新体系。

（四）培养创新人才。在烟草重点专业领域培养和选拔一批富有创新精神的科技人才，重点加强青年创新人才的培养，形成科技创新人才选拔培养机制。

（五）营造创新氛围。创新意识普遍增强，在全行业形成激励创新、鼓励尝试、求真务实、宽容失败的创新氛围。

四、基本原则

（一）坚持重点突破的原则。重大专项是科技工作的重点。通过实施重大专项，着力解决制约行业发展的关键技术问题。

（二）坚持以企业为主体的原则。企业是技术创新的主体，也是开展“创新年”活动的主体，要积极创造条件，使企业真正成为研发投入的主体、技术创新的主体和创新成果应用的主体。

（三）坚持以人为本的原则。充分利用行业科技人才资源，最大限度地激发科技人员的创新精神，充分调动科技人员的积极性、创造性，积极发挥创新人才在科技发展和技术进步中的引领、骨干作用。

（四）坚持机制保障的原则。完善创新体制机制，深化科技体制改革，进一步促进科技资源高效配置和综合集成，加大创新考核力度，强化和完善激励创新的长效机制，全面推进行业创新体系建设。

五、主要内容

（一）实施专项，重点突破。启动事关行业发展的重大科技专项，全面实施知识产权战略和技术标准战略。取得一批阶段性自主创新成果、高水平的技术标准和具有自主知识产权的核心专利，着力解决制约行业发展的关键技术问题。

1. 启动重大专项。继续深入推进烟草育种、卷烟调香、特色工艺、减害降焦四大战略性课题的实施，同时根据行业发展需要和实施条件的成熟程度，逐步启动烟草基因组计划、基本烟田治理工程、特色优质烟叶开发、卷烟增香保润、中式卷烟制丝生产线、超高速卷接包机组等重大专项实施方案的编制和论证工作。

按照“成熟一项、启动一项”的原则，在2007年内争取启动烟草基因组计划和中式卷烟制丝生产线两个重大专项。通过启动烟草基因组计划重大专项，拟构建高密度烟草遗传图谱和物理图谱，建立烟草基因组数据库，开展重要烟草功能基因的定位和克隆研究，做到分子标记辅助育种。通过启动中式卷烟制丝生产线重大专项，拟打造满足中式卷烟特色工艺加工要求、符合品牌个性化加工特点、适应订单式生产需要、具有自主创新成果和知识产权的制丝生产线，提高卷烟加工技术水平，突出卷烟产品风格特色，提升卷烟品质，提高成本控制水平，形成品牌核心技术，为培育“两个10多个”提供技术支持。

各单位在积极配合和参与国家局组织的四大战略性课题与重大专项的同时，要以科研攻关拉动科技创新，分析研究确定制约本企业发展的关键技术问题和技术“瓶颈”，确定本单位的重大专项集中精力攻关，力争短期内取得突破性进展。

2. 实施知识产权战略。制定并实施烟草行业知识产权发展战略，重点做好行业知识产权发展和保护研究、知识产权政策制定和实施、行业知识产权试点及知识产权管理组织体系构建等工作。各企业要完善知识产权管理组织，充实知识产权人员，建立有效的知识产权管理制度，积极运用知识产权策略，努力使行业的专利数量明显增加、专利质量明显提高，形成一批对国际竞争力具有重要影响的发明专利，培育具有国际竞争力的产品品牌。

3. 实施标准化战略。大力推进《烟草行业标准化中长期发展战略（2007～2020年）》（国烟科〔2007〕98号）的实施，制定节约资源、能源和降低生产成本及提高企业、相关产品的安全、卫生指标，减少污染的技术或管理标准，深化“资源节约型、环境友好型”企业建设，推动企业将拥有自主知识产权的技术或产品的主要技术指标适时转化为相应标准，进一步加强国际标准和国外相关法律、法规，以及发展态势的针对性研究，为“以我为主”制修订国际标准创造条件。

（二）强化考核，激励创新。进一步转变管理方式，在以管理方式创新和管理手段优化、推进企业提高管理监督水平上取得新突破，将创新成效作为工商企业和科研单位业绩考核指标的内容，进一步完善创新体制机制。

1. 加大创新考核力度。进一步完善创新考核指标体系，建立创新成效逐级考核机制。国家局将加大创新工作在卷烟工业企业和烟草商业企业竞争能力指标体系中的比重，将创新成效作为各省级局、工业公司领导班子业绩考核的重要内容。要建立并实施创新奖励办法，采取积极有效形式，对创新成果突出、效益显著的先进集体与个人进行表彰奖励。各省级局、工业公司要根据国家局的有关要求，制订相应的创新成效考核办法，建立相应的创新考核评价体系，对所属企业的创新成效进行评价考核。

2. 科研单位实施科技业绩评价考核。行业各科研院所在明确职责定位的基础上，优化资源配置，深化体制改革。建立完善并实施科技产出绩效评价体系和业绩考核评价制度，同时将科技创新成效作为部门业绩考核指标的内容，建立并完善有利于促进创新与发展的有效体制与动力机制。

3. 大力推进企业技术中心建设。提出进一步加强企业技术中心建设的指导性意见和配套政策，推动企业在更高层次和更高水平上进行技术资源优化整合重组，将技术创新能力作为企业考核的重要指标。加快烟叶生产、烟用材料和烟机制造等企业建立技术中心的步伐，努力构建以企业为主体、产学研紧密结合的技术创新体系。

（三）以人为本，培养人才。创造人才成长的良好机制和环境，加大重点专业领域人才培养力度，制订并实施青年创新人才培养计划，选拔一批青年创新人才进行重点培养。积极开展卷烟调香人才、特色工艺人才、烟草基因组计划人才、标准化管理和质量技术监督工作骨干的培养工作。加大知识产权管理人员的专业素质培养，提高行业知识产权管理人员的业务水平。

充分调动和激发科技人员的积极性、创造性，发挥创新人才在科技发展中的核心作用，建立促进科技发展的长效机制，营造有利于创新的环境，形成人人重科技、学科技、抓科技的良好风尚。国家局将建立并完善包括行业内外有关单位知名烟草专家、学者、高级专业技术人员和高层管理人员在内的烟草科技人才库。

（四）普遍发动，营造氛围。普遍动员广大职工以奋发有为的精神状态积极投身于“创新年”活动之中，努力营造激励全体职工解放思想、不断创新的浓厚氛围。

1. 开设行业“创新年”活动宣传专栏。各单位要充分利用行业内部网站、报刊、广播等各类宣传媒体和大众社会传播媒体，开设“创新年”活动专题、专栏等固定宣传栏目，进行全面、系列、集中的“创新年”专题宣传报道，广泛宣传报道行业“创新年”活动的基本情况和取得的成绩。在全行业营造激励自主创新的良好氛围，普遍动员广大职工全面提高创新意识，进一步激发创新热情。

国家局将在《中国烟草》杂志、《东方烟草报》、国家局内部网站与行业网站、中国烟草科教网等行业主要媒体上开设行业“创新年”活动专栏，开展优秀创新论文评选等活动。

2. 举办烟草自主创新高层论坛。以烟草业的自主创新与持续发展为主题，邀请行业各直属单位和行业外相关单位的高层管理、专业技术人员、知名烟草专家和学者等，对烟草业自主创新与烟草业持续发展等问题进行深入研讨。

3. 开展科技创新专题研究活动。组织开展卷烟标准化生产示范企业、烟叶标准化生产示范区、提高烟叶香气、品牌维护与品牌安全、国际烟草科技发展态势等科技交流研讨及专题竞赛等活动。

六、组织领导与要求

（一）切实加强组织领导。成立行业“创新年”活动领导小组及领导小组办公室，由姜成康局长任组长，张保振副局长任副组长。国家局办公室、科教司、运行司、人劳司、财务司和中国烟叶公司、中国烟草机械集团有限责任公司及《中国烟草》杂志社等部门负责人为小组成员。行业“创新年”活动领导小组办公室设在国家局科教司。

各单位要成立开展“创新年”活动领导小组，主要领导是开展“创新年”活动的第一责任人，要按照国家局“创新年”活动的总体要求，结合本单位实际情况，尽快制订并实施“创新年”活动方案。行业各直属单位、中国烟草机械集团有限责任公司、中国烟草实业发展中心的“创新年”实施方案请于2007年4月20日前报国家局行业“创新年”活动领导小组办公室。

（二）通力合作、务求实效。各单位要建立全员参与、各部门通力合作的“创新年”活动机制。各级科技管理部门要强化统筹规划、协调配合的职能，重点组织实施覆盖面广、带动性强、推动企业发展明显的重大创新项目，实施全过程跟踪管理与指导，结合实际情况及时研究解决所面临的突出问题。其他各有关部门也要根据工作实际情况，提出创新思路，设计创新活动载体，创造性地开展创新活动，务求取得实效。

（三）大力开展群众性创新活动。“创新年”活动要立足于提高广大职工的科学技术素质，引导教育职工钻研本职业务，提高岗位技能，改善知识结构，努力成为知识型劳动者。各单位要积极组织职工广泛开展“六个一”活动，即提出一条合理化建议、学习一门新技术、开发一项新成果、改革一项新工艺、刷新一项新纪录、转化一项新成果。充分发挥技术人员和能工巧匠在技术创新过程中解决技术难题、实现科技成果转化的骨干作用，使创新真正成为广大干部职工的自觉行为。

国家烟草专卖局关于印发烟草行业知识产权发展战略（2007～2015年）的通知（节选）

（2007年10月24日　国烟科〔2007〕464号）

行业各直属单位：

现将《烟草行业知识产权发展战略（2007～2015年）》印发给你们，请结合本单位实际情况，认真贯彻执行。

烟草行业知识产权发展战略（2007～2015年）

目　录

烟草行业知识产权发展战略（2007～2015年）

为全面贯彻落实全国烟草科学技术大会精神，推进《烟草行业中长期科技发展规划纲要（2006～2020年）》（国烟科〔2006〕526号）（以下简称《规划纲要》）的实施，促进行业自主创新能力的提升和经济增长方式的转变，提高行业的国际竞争能力和保障行业经济运行安全，特制定《烟草行业知识产权发展战略（2007～2015年）》（以下简称《发展战略》）。

本《发展战略》所称知识产权涵盖烟草行业所涉及的所有知识产权类型，包括专利权、商标权、商业秘密、原产地标志及植物新品种等。本《发展战略》适用于烟草行业内各有关组织的知识产权创造、保护、运用和管理活动。

一、形势与挑战

（一）国际间围绕知识产权的竞争日趋激烈

1. 知识产权在国际竞争中的作用和地位日益凸显。知识产权制度的根本宗旨，就是通过对智力劳动和创作成果的保护，以遏制他人模仿与复制，进而激发更多的人去创造。几百年来，知识产权制度为推动人类科技进步和社会发展做出了巨大贡献。自20世纪90年代以来，随着高新技术的快速发展、知识经济的兴起和经济全球化进程的不断加快，知识产权的重要性也得到历史性提升并成为了各个国家争取科技和经济竞争优势的重要手段和国家竞争力的核心要素，围绕争夺知识产权的国际间竞争日趋激烈。

2. 知识产权制度对国际经济秩序的影响更加深入。自20世纪80年代起，西方发达国家为强化其在国际竞争中的优势地位，纷纷对其知识产权政策做出调整，除对内采取激励创新、激励创新成果转化外，还不断扩大知识产权的保护范围并借助其在国际政治上的强势地位，不断提高国际贸易中的知识产权保护强度，成功地将知识产权保护纳入WTO框架。知识产权制度已经成为国际经济秩序中最基本的准则之一。

3. 发展中国家所面临的知识产权挑战和机遇。面对以知识产权制度为基础的国际经济新秩序，与拥有丰富知识产权资源的发达国家相比，发展中国家的自主创新能力薄弱，核心知识产权极度匮乏，科技和产业发展，乃至国家经济安全都受到了前所未有的威胁和挑战。但是，受新技术革命不断涌现、技术产业化周期不断缩短、模仿创新风险降低以及发展中国家励精图治等因素影响，知识产权制度也同样为发展中国家创造了“追赶、跨越和后来居上”的创新机遇。事实上，中国、印度和巴西等发展中国家已在某些产业领域实现了知识产权的重要突破。

4. 中国的知识产权制度和国家知识产权战略。改革开放以来，我国先后颁布了《中华人民共和国专利法》、《中华人民共和国商标法》、《中华人民共和国著作权法》和《中华人民共和国对外贸易法》等知识产权相关法律法规，知识产权的法律制度体系日臻完善。加入WTO以后，中国的知识产权制度与《与贸易有关的知识产权协议》（TRIPS协议）等国际规则更趋一致，知识产权制度对经济秩序的影响力日渐突出。伴随着国家自主创新战略，国家知识产权战略也开始启动。实施国家知识产权战略，既是应对国际经济新秩序的需要，更是坚持自主创新，实现经济跨越式发展和国家经济安全的基本保障。

（二）烟草行业知识产权发展现状

1. 行业知识产权发展成效显著。进入新世纪后，伴随着行业科技创新工作的不断深化和知识产权意识的不断提高，行业知识产权工作受到了国家烟草专卖局和各基层单位的普遍重视，知识产权的创造、保护、运用和管理能力得到普遍提高。

（1）知识产权保护意识和水平得到提高。截至2006年底，国家知识产权局已经受理并公开、公告的行业烟草技术类专利达到1151件，获得授权941件，其中发明专利分别达到348件和133件，同时有一大批烟草技术类专利申请正在受理之中。包括地理标志在内的卷烟类注册商标已达20000多件。共有16个卷烟商标被评定为中国名牌，23个卷烟商标被认定为中国驰名商标。

（2）知识产权管理能力有所提高。知识产权管理工作已得到企业的重视，已有一些企业设置了知识产权管理部门或知识产权管理岗位，制订了基本的知识产权管理流程和规范。包括专利申请、商标注册等在内的知识产权保护和管理活动已基本形成规范，企业知识产权管理的规范性和能力水平都较以往有了不同程度的提高。已培育出了“白沙”、“红梅”、“红金龙”、“红河”等一批年销量超100万箱的卷烟品牌。

（3）知识产权政策制定工作得到重视。当前，旨在促进行业知识产权工作的有关精神和措施已在行业的文件、科技发展规划、科技奖励办法和技术创新评价等方面得到了不同程度的体现。如在《中国烟草总公司科学技术奖励办法》（中烟办〔2007〕135号）中特别强化了对发明创造的奖励措施，在《规划纲要》中特别载明要实施行业知识产权战略等。这些举措为行业今后的知识产权工作提供了重要的政策支撑。

（4）知识产权基础性工作正在逐步展开。随着国家烟草专卖局对行业知识产权工作重视程度的不断提高，知识产权所涉及的人才培训、信息资源建设与服务、相关专题研究等各项基础性工作正在行业各个层面逐项展开。知识产权法律基础及运用策略培训活动成效显著，行业知识产权发展策略和知识产权管理专题研究工作已经启动，行业及企业的知识产权信息服务平台建设受到普遍重视，部分企业已经建立了专利信息服务和检索系统。

2. 行业知识产权工作的力度仍亟待加强。面对日益激烈的国际竞争形势和未来发展安全所面临的各种严峻挑战，行业知识产权发展所存在的问题更为突出，知识产权工作的力度亟待加强。

（1）对知识产权的认识有待全面提高。知识产权意识总体上仍较为淡薄。尊重他人知识产权、有偿使用他人知识产权尚未成为行业普遍的自觉行为习惯；对知识产权的理解缺乏系统性，普遍没有将知识产权的创造、保护、运用和管理作为一个有机整体看待；对知识产权所蕴涵的劳动价值和市场价值普遍估计不足，在知识产权保护、运用及应对知识产权纠纷上缺乏主动性。

（2）知识产权的创造、保护、运用和管理能力较低。从保持行业安全和持续发展的角度看，行业目前所拥有的发明专利数量仍十分有限，仅占国家知识产权局授权的烟草技术类专利的14.42%，且缺乏具有重要影响的原创性核心专利成果。在知识产权的管理能力上，普遍缺乏对知识产权保护和运用策略的掌握。从品牌培育上看，尚未形成在国际上具广泛影响的产品品牌。

（3）知识产权工作基础薄弱。知识产权管理组织体系尚未建立，已导致知识产权管理职能缺位；缺少知识产权管理的基本规范，导致知识产权管理无章可循。知识产权信息和服务支撑平台建设滞后，影响了知识产权工作的效率。知识产权工作尚未被纳入到企业正常的经营和管理业务范畴，导致企业知识产权工作的手段和条件缺乏，投入严重不足。

（4）知识产权人才队伍建设滞后。行业知识产权专职管理人员配备严重不足，不少单位尚未配备专门的知识产权管理人员。知识产权人才队伍普遍没有经过系统的专业知识和专业技能培训，知识产权专业素养和技能较低。高水平的知识产权专业人才缺乏。研发及技术管理等与知识产权密切相关人员的知识产权意识和素养仍亟待提高。

（三）加强行业知识产权工作的战略意义

1. 知识产权战略是行业安全发展的有力保障。随着我国市场经济的不断发展，对外开放的不断深入，中国烟草市场必将成为各国际烟草巨头竞争的焦点，知识产权无疑将是竞争的重要武器。事实上，各国际烟草巨头早已开始了针对中国烟草行业的知识产权布局。因此，能够危及未来行业发展安全的最关键因素，无疑是知识产权的缺乏。实施行业知识产权战略，构建行业知识产权安全防御体系，是事关行业安全发展的战略性举措。

2. 知识产权保护是实现行业自主创新的基本保障。要真正激发企业的自主创新热情，使中国烟草走上自主创新的道路，实现行业经济增长方式的根本转变，就必须有良好的自主创新机制和氛围作保障。实践经验表明，只有有效地保护知识产权，充分体现"谁创造，谁受益"原则，才能够从制度上给创新者以良好预期，使创新热情极大地迸发并获得更多的创新成果。知识产权制度就是促进与实现自主创新的最基本保障。

3. 知识产权管理是提高行业创新成效的重要保障。作为行业创新活动的重要产出，知识产权既是行业自主创新活动的重要归宿，也是行业自主创新活动成效的重要标志。通过对行业创新活动中知识产权的创造、保护和运用环节的有效管理，不仅使我们能更好地掌握新技术和新知识，而且能有效减少行业科技创新风险，促进行业知识产权产出，进而使行业的创新活动更加富有成效。

二、指导思想、基本原则和战略目标

（一）指导思想

依据行业知识产权创造、保护、运用和管理现状以及保持未来行业安全和可持续发展的需要，2007～2015年行业知识产权工作指导思想是：以邓小平理论、"三个代表"重要思想为指导，以科学发展观为统领，以增强企业自主创新能力、提高中式卷烟的国际竞争力和保障行业安全为宗旨，建立以企业为主体的行业知识产权制度，加强企业的知识产权创造、保护、运用和管理，构建行业知识产权风险防范体系，为行业的持续、稳定、健康和协调发展提供重要支撑。

（二）基本原则

1. 行业安全原则。实施行业知识产权战略，要充分体现行业的整体利益和发展安全，从行业知识产权的创造、保护和运用要求出发，对行业的知识产权工作加强管理，对行业的智力资源和智力成果进行整合，对行业的知识产权发展进行系统布局。

2. 企业主体原则。强化企业的知识产权主体地位，使企业真正成为行业知识产权投入的主体，创造、保护和运用的主体，知识产权发展战略实施的主体。充分尊重企业的知识产权，逐步建立以"谁创造，谁受益"为核心的行业知识产权制度。

3. 协调发展原则。行业知识产权的创造、保护、运用和管理要与行业的发展水平相协调，尤其要与行业的技术发展水平相协调；要与行业的资源投入能力相协调，达到资源投入的整体效果最优；要实现自身能力和外部资源利用的协调；要实现知识产权创造数量和质量的协调，在数量积累的基础上，力争在关键技术等领域实现重要突破。

4. 以人为本原则。尊重劳动、尊重知识、尊重人才、尊重创造，充分肯定知识产权创造者的智力劳动成果并依据国家有关政策给予精神和物质奖励，激发全行业的知识产权创造热情。

（三）战略目标

1. 总体目标。经过5～10年的发展，使行业的知识产权创造、保护和运用能力显著提升并在若干关键技术领域形成一批具有自主知识产权的核心专利；建立起符合国际市场竞争需要的行业知识产权制度；行业知识产权管理组织健全、运行高效，管理能力显著提高；培育若干家拥有核心自主知识产权，具有国际竞争力的骨干企业，培育若干个具有国际竞争力的中式卷烟品牌；培养出一支具有较高知识素养和专业技能的知识产权专业人才队伍；基于行业安全的知识产权支撑得到有效保障。

2. 具体目标。

（略）

三、战略任务

（一）全面提升行业知识产权创造、保护、运用和管理能力

1. 强化对行业知识产权创造、保护和运用活动的管理。知识产权的创造、保护和运用是知识产权活动的三个核心环节，知识产权管理贯穿于这些环节，并且能够保障每个环节良好有序地运行。要着力加强对知识产权三个核心环节的管理力度，"四位一体"地同步推进行业的知识产权创造、保护、运用和管理工作，全面提升行业知识产权综合水平。

2. 充分调动企业的知识产权创造积极性。企业是行业技术创新活动的主体，企业的知识产权创造能力是整个行业知识产权创造的基础。要充分调动企业的知识产权创造积极性，引导、协助企业做好对知识产权创造活动的管理，进而促进企业知识产权创造能力

的提升，使企业真正成为行业知识产权创造、保护、运用和管理的主体。

3. 着力加强企业运用法律保护知识产权的能力。知识产权保护必须以有效的知识产权法律体系为基础。目前，我国已构建起了主要由《中华人民共和国宪法》、《中华人民共和国民事诉讼法》、《中华人民共和国反不正当竞争法》、《中华人民共和国专利法》、《中华人民共和国商标法》、《中华人民共和国著作权法》、《中华人民共和国对外贸易法》、《中华人民共和国合同法》、《中华人民共和国刑法》等法律法规构成的较为完善的知识产权法律体系。要着力加强企业对知识产权法律法规的学习，使其能够更加有效地通过法律措施保护自身的知识产权，要加强企业对TRIPS协议等知识产权国际规则的学习，以应对可能的知识产权国际纠纷。

4. 充分发挥重大项目对知识产权工作的带动作用。明确行业知识产权工作的关键领域和关键技术，以此作为知识产权创造、保护、运用和管理能力提升的突破口。重点抓好《规划纲要》所列重大专项和行业其他重点科技创新项目实施过程中的知识产权创造、保护、运用和管理工作，及时对项目实施过程中遇到的知识产权问题提供解决方案和技术支持，从而带动行业知识产权水平和管理水平的进一步提升。

5. 积极引导企业提高自身知识产权保护意识和能力。增强企业的知识产权权利意识和保护意识，及时将科研成果和其他知识资源转化成知识产权加以保护。指导和协助企业合理地选择知识产权保护策略，积极应对知识产权侵权行为，提高企业维护自身知识产权的能力。引导企业健全内部法律机构和法律顾问制度，维护企业知识产权；引导企业加强与外部知识产权法律和咨询机构的合作，提高企业应对和处理知识产权纠纷的能力。

6. 大力提高企业运用知识产权的能力。创造有利条件，激发企业运用知识产权的积极性和自觉性。鼓励和引导企业采取自主实施、许可转让、权利作价等多种方式运用知识产权，获得收益，推动知识产权成果的商品化和产业化。鼓励和引导企业在已有知识产权成果基础上进行知识产权创造活动，以提高行业知识产权创造的起点，保持知识产权创造的持续性。引导企业合理地选择知识产权运用策略，提高企业的知识产权运用效率。

（二）建立和完善行业知识产权制度政策体系

1. 确立以企业为主体的行业知识产权制度。在国家知识产权法律框架下，确立以企业为主体的行业知识产权制度，制定和发布行业知识产权管理有关办法。强调企业是行业知识产权创造、保护和运用的主体并依法享有对其知识产权进行保护、运用、处置和获益的权利；强调各企业在维护自身知识产权的同时，必须尊重他人的知识产权，在获取他人知识产权时，应自觉履行自身应承担的义务；强调各企业之间的知识产权许可、转让和转移必须遵循市场法则。

2. 完善行业知识产权管理制度。建立行业知识产权综合计划管理机制，对行业的知识产权创造、保护和运用活动进行规划、指导和动态综合管理，对行业内部的知识产权纠纷和许可等进行协调。建立和完善行业知识产权绩效考评制度。建立和完善行业科技计划管理中的知识产权目标和过程管理规范，将知识产权的创造和运用在科技计划的目标管理和过程管理中加以体现。

3. 完善行业知识产权激励政策。承认并重视知识产权创造者的劳动价值，以《中华人民共和国专利法》、《中华人民共和国促进科技成果转化法》及《国家科学技术奖励条例》（国务院令第265号，2003年12月20日修订）等法律法规为依据，进一步细化和完善行业促进知识产权创造、保护和运用的激励政策，完善对行业知识产权创造、保护、运用和管理过程中有突出贡献人员的激励措施。完善行业内知识产权保护、许可和共享细则和措施，以凸显知识产权制度本身所具有的创新激励作用。

4. 建立和完善行业知识产权重点扶持政策。在积极落实国家知识产权扶持政策的基础上，完善行业对具有自主知识产权国产先进装备和产品采购的优惠政策；完善行业对应掌握自主知识产权关键技术和重要产品的优惠扶持政策；建立和完善行业重大经济活动方面的知识产权特别审查制度；建立和完善行业知识产权许可、转让、转移和行业知识产权价值评估等规范。

（三）加快行业知识产权管理体系建设

1. 完善行业知识产权管理和指导职能。确立并完善行业知识产权主管部门的职责，以加强对行业知识产权工作的组织、协调和管理力度。主管部门的主要职能包括：拟订行业知识产权创造、保护、运用和管理工作规划（计划）；对行业知识产权管理的制度规范和政策进行完善；对行业各单位的知识产权管理的规范化进行达标考评；协调行业知识产权运用和许可纠纷；对行业各项知识产权活动进行监督和管理。

设立行业知识产权工作指导委员会。委员会的主要职责包括：为涉及行业知识产权发展的重大方针和政策制定提供决策支持；对行业的知识产权工作进行专业性指导。委员会成员由行业内外与知识产权相关的技术、法律和管理等领域的专家组成。委员会定期就行业所面临的知识产权重大问题进行研讨。

2. 加强各单位知识产权管理组织建设。行业各直属单位和基层单位要根据知识产权管理工作需要，设置相应的知识产权管理组织和岗位。工业企业及研究开发机构应设置专门的知识产权管理部门和专职岗位并视实际情况设立知识产权领导机构和顾问机构；商业企业及其他单位可根据需要设立相应的知识产权管理部门和专职管理人员。

3. 建立有效的行业知识产权管理机制。以提升行业的知识产权创造、保护、运用和管理能力，提高行业的知识产权管理效率，激发企业和相关人员的知识产权工作热情为目标，建立有效的行业知识产权学习机制、激励机制和协调管理机制。

（四）加强行业知识产权人才的培养和使用

1. 加大行业知识产权专业人才培养力度。通过课程培训、专题研讨、交流合作等多种形式对行业知识产权相关人员进行培养。加强对行业知识产权专职管理人员法律法规、基本技能和工作实务等方面的培训，实施“专利工程师”专项培养计划；对企业高层管理人员进行知识产权战略管理能力方面的培训；对研究开发和技术管理等知识产权相关人员进行知识产权基本素养和管理技能方面的培训和培养。

2. 重视对知识产权人才的使用和管理。逐步提高对行业研究开发、技术管理等有关人员的知识产权素养要求。对专职的知识产权管理人员实行岗位任职资格考评，逐步建立行业知识产权专业技术职称（职务）体系，以拓展知识产权专业人才的发展空间。

3. 加强知识产权专业人才的合作交流与引进。制订行业知识产权人才发展规划，将知识产权人才的合作交流与引进纳入行业人才交流与引进计划。重视从行业外及海外引进行业所急需的高层次知识产权专业人才。建立行业知识产权人才库和知识产权人才信息服务平台，以支撑和促进行业知识产权人才合作交流与引进工作。

（五）建立和完善行业知识产权公共服务平台

1. 加快行业知识产权公共信息服务平台建设。按照“行业主导、企业参与、市场运作”的原则，加快行业知识产权公共信息服务平台的建设。加快对行业知识产权基础信息数据库的建设并将其列入行业科技基础条件平台建设的重点支持方向。充分利用国际、国内知识产权信息资源，开发满足行业需要的知识产权信息通用检索系统与深层次数据挖掘系统，使知识产权信息资源得到充分利用。

2. 构建社会化的行业知识产权中介服务平台。专业化的中介服务是行业知识产权工作必不可少的支撑条件。要加强包括信息咨询、战略分析、政策研究、技术转移、价值评估和代理申请等服务领域的中介服务平台的维护和完善，积极探索适合行业需要的知识产权中介服务管理模式，对行业知识产权中介服务机构实行规范化管理。建立行业知识产权中介服务诚信管理机制。

以行业知识产权中介服务平台为依托，加强对知识产权法律法规的分析和研究，密切跟踪国内外知识产权重要事态和知识产权发展动态，建立和完善行业知识产权决策支持系统。

（六）建立行业知识产权风险防范和预警机制

1. 积极跟踪烟草知识产权发展动态。充分发挥行业知识产权信息服务平台、中介服务机构和专门研究机构的作用，积极开展对国内外与烟草知识产权相关的法律法规、科技活动、市场活动和企业活动等动态的跟踪和研究，以保障行业知识产权管理和科技活动能够适应行业安全需要。加强对行业科研、生产、经营及发展有重大影响的知识产权战略性问题研究。

2. 建立行业知识产权风险预警机制。在对国内外相关信息进行跟踪的基础上，及时向行业有关部门和企业提供技术发展分析报告、政策分析报告和特别专题报告。对行业可能遇到的知识产权风险，要进行缜密分析和深入研究并及时地就相关信息进行报告和反馈。

3. 完善行业知识产权风险防范制度。对可能出现的行业知识产权风险和突发性紧急事件，要有切实可行的应急预案；对涉及行业技术安全的专利申请、专利纠纷以及公开公告信息，要及时向国家知识产权管理部门提出专利异议、申诉和复审；要使行业的知识产权风险防范制度化。

四、战略措施

（一）加强对行业知识产权工作的领导

1. 加强对行业知识产权工作的组织领导。行业各级领导务必要从行业安全的高度充分认识知识产权工作的重要性，切实把知识产权工作纳入重要议事日程并为实施行业知识产权战略提供组织保障，及时解决知识产权工作遇到的问题。国家烟草专卖局拟成立行业知识产权工作领导机构并全面加强对行业知识产权工作的领导。

2. 加强对行业知识产权战略的组织实施。行业各直属单位务必要做好行业知识产权战略的贯彻落实工作，制订切合本单位实际的知识产权战略和实施计划并严格遵照执行；要把知识产权战略的实施成效纳入对其所属单位和部门的重要考核内容。国家烟草专卖局将对各直属单位的知识产权战略落实情况进行考核。

（二）完善行业知识产权激励政策措施

1. 实行多方位的行业知识产权激励。要在行业科学技术奖励、创新能力考核及对企业技术中心的考核等活动中，充分体现对知识产权创造、保护、运用和管理的重视与尊重。要在职称评定、职务晋升、科技奖励等过程中，把知识产权创造、保护、运用和管理等的业绩作为重要的考核内容。

2. 完善行业对知识产权的资金投入政策。加大行业对知识产权的专项资金投入幅度。行业知识产权专项资金主要用于行业知识产权公共信息服务平台建设、事关行业发展的知识产权专题研究、重大知识产权学术交流活动、重大科技活动的知识产权保护与应用，以及重要的行业知识产权复议、法律诉讼、风险防范和突出贡献奖励。

3. 鼓励企业加大知识产权相关投入。企业在加大对研究开发费用投入的同时，要加大对知识产权创造、保护、运用和管理费用的投入，要将知识产权发展所需费用纳入企业年度财务预算。企业的科研项目预算必须包括知识产权的保护、运用和管理费用。企业应进一步加大在知识产权人才培养、信息利用、专题研究和合作交流等方面的投入。

（三）开展行业知识产权专项推进工程

1. 开展行业知识产权试点工程。选择5家左右有代表性的行业内企业或研究机构作为试点单位并有针对性地对其知识产权工作进行辅导和试验。试点工作以发现企业知识产权管理普遍存在的困难与问题，以及探寻有效的企业知识产权管理办法和机制为主要目的并为行业的知识产权管理政策制定提供依据。

2. 开展行业知识产权创造引导工程。以保障行业安全为宗旨，在对行业知识产权形势进行深入分析和研究的基础上，确定行业的知识产权创造重点，定期发布行业“应掌握自主知识产权的技术及产品目录”，以引导企业的知识产权创造方向，以期在最具价值的知识和技术领域实现知识产权创造的重要突破。引导工程的目标是逐步建立起行业的防御性专利布局，形成具有持久市场竞争力的专利群。

（四）大力培育行业知识产权文化氛围

1. 大力开展群众性的知识产权普及活动。运用多种形式和途径，加强全行业的知识产权宣传和教育，弘扬正面典型，以提高全行业员工的知识产权意识，营造全行业“崇尚创造发明、尊重知识产权”的文化氛围。加强对行业内知识产权侵权行为的监督、协调和查处，积极维护权利人的合法权益。

2. 牢固树立行业知识产权安全和危机意识。行业各级领导及广大技术人员和管理人员，都必须站在行业安全的高度来认识实施行业知识产权战略的意义，充分认识知识产权制度对激励行业自主创新所具有的作用，充分认识提升行业知识产权创造、保护、运用和管理能力是增强行业国际竞争力、保障行业安全的迫切需要。要通过实施行业知识产权战略，逐步建立行业知识产权制度，使尊重和保护知识产权成为行业所有员工的基本理念和自觉行动。

人事政工

中共国家烟草专卖局党组关于印发烟草行业文化架构体系的通知

（2007年12月17日　国烟党〔2007〕63号）

行业各直属单位党组（党委）：

为全面推进烟草行业企业文化建设，现将《烟草行业文化架构体系》印发给你们，请结合本单位实际情况，认真学习贯彻执行。

烟草行业文化架构体系

烟草行业文化架构体系由六个部分组成：

行业共同价值观：国家利益至上，消费者利益至上

行业愿景：责任烟草、诚信烟草、和谐烟草

行业使命：报效国家、回报社会、成就员工

行业精神：宽容开放、改革创新、敬业奉献、自律自强

行业行为信条：潜心做事、低调做人

行业行为准则：讲责任、讲诚信、讲效率、讲奉献

一、行业共同价值观：国家利益至上，消费者利益至上

释义："两个至上"行业共同价值观是国家实行烟草专卖制度的根本要求，是烟草行业持续发展的思想基础，起着规范行为、推动改革发展、提供精神动力的作用，在行业发展中具有导向性、规范性、实践性，"两个至上"是全行业共同的价值取向，是行业及每一位员工的价值评价标准和所崇尚的精神。在国家烟草专卖体制下，必须把国家利益和消费者利益摆在高于一切的位置，作为一切工作的根本出发点和归宿。

国家利益至上：是指作为国家专卖专营体制的烟草行业，必须把维护国家利益摆在高于一切的位置，保证国家利益实现。具体内容包括：《国家烟草专卖法》及其相关政策规定必须得到不折不扣地贯彻执行，烟草市场的运行秩序必须得到切实维护，为国家财政积累多做贡献，确保国有资产保值增值。

消费者利益至上：是指为消费者提供烟草制品的烟草行业，必须把维护消费者利益摆在高于一切的位置，努力满足消费者多方面的正当需求。其具体内容包括：依靠科技创新和严格管理，有计划地组织指导烟叶、烟草制品生产，以适度的烟草商品数量、满意的烟草商品品质、合理的烟草商品价格、优质的行业服务水平，满足不同层次消费者的需求，为消费者服务提供保障。

二、行业愿景：责任烟草、诚信烟草、和谐烟草

释义：烟草行业的共同愿景，是落实行业发展基本方针、完成行业改革和发展主要任务的需要，是凝聚和激励员工的需要。体现了烟草行业的发展蓝图，是烟草人的共同愿望。

责任烟草：是烟草行业文化的本质特征。烟草行业生产经营特殊商品，必须是负责任的行业，这种责任，既是法律上的要求，也是道德上的要求。责任是一种品质，一种追求，一种精神境界。烟草行业要牢固树立责任意识，在社会上树立责任烟草形象，真正对国家负责，对消费者负责，对社会负责。对国家负责，就是要严格遵守国家法律法规，明确行业改革发展目标和方向，做大做强烟草企业，提高行业核心竞争力，实现行业又好又快发展，发挥专卖专营体制性优势，保证国家财政增收，确保国有资产保值增值。对消费者负责，就是要牢记专卖立法宗旨，依靠科技创新减害降焦，增强市场观念，提供优质产品，满足市场需求，确保有效供给，树立服务意识，提供优质服务。对社会负责，就是要关爱烟农和零售客户，创造良好环境，提供优质服务，努力回报社会，支持公益事业。

诚信烟草：是烟草行业的道德要求，是中华民族传统美德和市场经济的有机结合。市场经济是法治经济，也是道德经济。诚信是一种文化，是人际关系中最基本的道德准则。烟草行业要"以诚实守信为荣，以见利忘义为耻"，这是社会主义荣辱观的必然要求，是中华民族的传统美德，是烟草行业实现又好又快发展的重要因素。人无信不立，国无信不兴。作为专卖专营体制下的烟草行业，诚信是应具有的关键品质。建设诚信烟草，就是要密切联系实际情况，加强诚信教育，遵纪守法，忠诚老实，自觉养成良好的职业操守和道德行为。自觉将岗位道德规范落到实处，认认真真办事、老老实实做人，对国家负责、对社会负责、为客户着想。自觉联系工作实际情况，联系生产经营实际情况，做一个维护"两个至上"的人，一个忠诚事业的人，一个遵纪守法的人。

和谐烟草：是实现行业又好又快发展目标的基础。建设和谐烟草，就是要实现经济建设、政治建设、文化建设、社会建设的协调发展。建设和谐烟草，要坚持以人为本，重视人的价值，重视人际沟通和协调，重视人文关怀和心理疏导，尊重人、关心人、理解人、成就人。正确处理好行业内部关系，积极、稳妥、科学、有效推进行业劳动用工和分配制度改革，着力打造上下级之间、员工之间、员工与企业之间、单位之间的和谐氛围。建设和谐烟草就是引导广大员工用和谐的思维认识事物，用和谐的态度对待问题，用和谐的方式处理矛盾，用和谐的思想观念和价值取向规范行为，努力形成烟草行业心齐、气顺、劲足、实干的良好氛围。建设和谐烟草，要正确处理好与行业外部的关系，主动承担与烟草行业利益相关者和自然环境

之间的和谐义务。关爱烟农和零售客户，积极回报社会、扶危济困、支持新农村建设、推动社会进步。建设和谐烟草，要注重节约资源，保护环境，遵纪守法，诚信经营，做社会的道德典范。

三、行业使命：报效国家、回报社会、成就员工

释义：烟草行业是一个社会经济组织，是社会的一分子，必须在社会活动中履行自己的社会责任和义务，是烟草行业生存和发展的价值所在。使命是行业共同价值观的载体和反映，是行业生存和发展的根本，是最有价值的、崇高的责任和任务，它回答了“我们要做什么？为什么这样做”的现实问题。因此，要承担起行业对国家、对消费者、对社会、对员工的基本责任和义务。

报效国家：全行业广大员工要时刻牢记，烟草专卖的主体是国家，而不是烟草行业或某一企业。这从根本上决定了烟草行业没有自身的特殊利益。行业利益是国家利益和消费者利益在烟草企业的具体体现。因此，烟草行业必须把报效国家放在高于一切的位置，通过改革和发展努力为国家积累资金，支持国家建设，这是烟草行业的历史重任。

回报社会：是指为广大消费者和社会大众提供能够满足特殊需求的产品和优质服务，支持公益事业、扶危济困，支持新农村建设、关爱烟农，支持经济建设，推动社会进步，落实和实现“取之于社会，回报于社会”的责任和使命。

成就员工：是坚持以人为本，牢固树立员工主体地位，关心员工、理解员工、尊重员工、激励员工，为员工提供成就事业的平台。

四、行业精神：宽容开放、改革创新、敬业奉献、自律自强

释义：在经济全球化、市场一体化的大背景下，宽容开放、改革创新是一种与时俱进的精神品质，敬业奉献、自律自强是一种超越自我的精神境界。要把行业精神体现在扎实的工作基础和可靠的市场基础“两个基础”之上。

宽容开放：随着市场经济不断完善，人民生活水平不断提高和经济全球化趋势的进一步发展，烟草行业建设宽容开放型文化，既要继承弘扬中华民族优秀文化传统，又要博采众长，融合创新，吸收借鉴国内外先进文化成果，在继承中创新，在弘扬中升华。宽容是一种美德。进入21世纪，烟草行业进入一个全新的发展阶段。税利实现持续较快增长，改革发展步伐明显加快，职工收入水平不断提高，与此同时，烟草行业面临的形势和发展环境发生了前所未有的变化，随着市场化程度的提高、《烟草控制框架公约》正式签署生效，吸烟与健康问题引起全社会关注，烟草行业的发展环境进一步受到制约。面对来自社会各方面的指责和压力，要正视现实、认清职责、接纳压力、认真分析、宽容对待，更加关爱社会、积极工作、化解矛盾，自觉将压力和指责转化为动力，增强行业活力。开放是一种胸怀，是烟草行业应具备的思想品质。随着国际烟草业整合步伐加快，中国烟草面对的市场竞争更加激烈。坚持烟草专卖制度，决不是自成一统，而是规范市场健康发展的需要，是国际合作富有效率的基础，是坚持开放增强活力的保证。

改革创新：改革创新是烟草行业实现又好又快发展的不竭动力。改革与创新密切相连，改革就是除弊兴利、革故鼎新。以党的十七大精神为指导，毫不动摇地坚持改革方向，提高改革决策的科学性，增强改革措施的协调性。坚持“做精做强主业，保持平稳发展”的基本方针，认真落实“完善体制机制，优化资源配置，增强竞争实力，全面提升水平”的主要任务，实现行业又好又快发展。在全行业培育创新意识，倡导创新精神，完善创新机制，大力提倡敢为人先、敢冒风险的精神，大力倡导敢于创新、勇于竞争和宽容失败的精神，努力营造鼓励科技人员大胆创新、支持科技人员实现创新的有利条件。让知识创新、技术创新、制度创新、管理创新、文化创新成为推动行业发展的引领力量，成为有效利用资源的核心要素和主要动力。统筹发明创造、自主创新、集成创新协调发展；统筹创新队伍与创新人才培养协调发展；统筹创新基础设施、创新文化和创新制度建设协调发展，让一切创新智慧竞相迸发，为行业发展提供不竭的动力，努力实现节约发展、清洁发展、安全发展、可持续发展，努力建设成为创新型行业。紧密结合行业实际情况，坚持方向、突出重点、持续创新、支撑发展。坚持中式卷烟发展方向，坚定不移地走中式卷烟发展道路，把发展中式卷烟作为烟草科技发展的主要任务。

敬业奉献：敬业是奉献的基础，乐业是奉献的前提，勤业是奉献的根本。不论职务高低，不论岗位分工，只有敬业爱岗，才能贡献国家、奉献社会。“敬业”就是在“两个至上”行业共同价值观引领下，专心致志以事其业，用恭敬严肃的态度对待自己的工作，认真负责，一心一意，任劳任怨，精益求精。奉献，是一种真诚自愿的付出行为。时刻心系群众、服务员工，正确对待名利地位，保持良好的心志，知足常乐，知足幸福，把事业作为追求，为企业发展努力。珍惜工作岗位，努力成就事业，乐于回报社会，为国家、为行业、为企业、为社会做出应有的贡献。奉献是崇

高的精神境界，是美好的人生追求，是成就事业的前提，更是全行业干部职工恪守的天职。

自律自强：自律是一种约定俗成的道德力量，是自我的理性限制规范。烟草行业在专卖制度下，各级烟草管理部门既承担生产经营组织活动，又履行行政管理职能，权力相对集中，责任十分重大。要正确对待手中的权力。防止个人私欲膨胀导致权力扩张，权力懈怠，腐败滋生。增强公仆意识，牢固树立"两个至上"的信念，要重点解决好"提高效率、注重自律"两大课题。自觉抵制拜金主义、享乐主义、极端个人主义和社会不正之风的影响以及市场经济负面效应的冲击，以"两个至上"行业共同价值观作为一切工作的思想基础，坚持自律自强精神，严格执行国家法规制度，清清白白做事，堂堂正正做人，牢固树立负责任的烟草行业形象，在任何时候、任何情况下，自觉做到自重、自省、自警、自励，慎独、慎微、慎始、慎终。始终把国家利益、消费者利益摆在一切工作的首要位置，把实现好、维护好、发展好最广大人民的根本利益作为一切工作的根本出发点，赢得人民群众的信任，把各项工作不断推向前进，永远立于不败之地。

五、行业行为信条：潜心做事、低调做人

释义：烟草行业行为信条是"两个至上"行业共同价值观的具体体现，是行业文化的重要内容。针对行业专卖专营的实际情况，要坚持内强素质，外塑形象，在思想上树立一盘棋的观念，在行业发展基本方针中行动，在完成行业主要任务中发展，在行为上讲规范，踏踏实实做事、老老实实做人，像"老黄牛"一样，努力耕耘，不事张扬，严于律己，宽以待人，打造烟草人的人格魅力，树立责任烟草、诚信烟草、效率烟草、和谐烟草的良好行业品牌。

六、行业行为准则：讲责任、讲诚信、讲效率、讲奉献

释义：讲责任：责任是一种品质，一种追求，一种精神境界。全行业要树立责任意识，在社会上树立负责任的形象，对国家负责，对消费者负责，对社会负责，对行业发展负责。牢固树立取之于社会、回报于社会的思想，践行"报效国家、回报社会、成就员工"的行业使命。

讲诚信：诚信是一种文化，是每一位职工特别是领导干部应有的关键品质。要树立诚信意识，烟草市场体系的建立一定要体现诚信，要开展诚信教育，弘扬中华民族的传统美德，把诚信作为每一位干部职工的应有品质，切实做到遵纪守法，忠诚老实，自觉养成良好的职业操守和道德行为。

讲效率：效率是一种速度，是检验工作的砝码。要树立效率意识，提高领导能力和执行能力，使烟草行业成为有效率的行业，企业成为有效率的企业，为国家创造更多财富，增加国家财政收入。不断深化改革，为行业发展注入动力，激发活力，提高效率，建立科学的管理机制和高效的运作模式，使烟草行业成为一个充满生机与活力的行业。

讲奉献：奉献是一种忠诚，是一种道德境界。烟草行业的发展，专卖体制和政策发挥了根本作用。国家为烟草行业发展创造了良好的体制性环境，一定要报效国家、服务人民，取之于社会，回报于社会。要树立奉献意识，以报效国家、服务人民为己任，摆正国家、企业和个人的关系，始终把国家利益、消费者利益放在首位，学习先进人物忠诚敬业、无私奉献的高尚精神品质，努力为行业发展和社会进步多作贡献。

国家烟草专卖局关于进一步深化烟草行业收入分配制度改革的意见

（2007 年 4 月 27 日　国烟人〔2007〕204 号）

行业各直属单位：

为进一步加强烟草行业收入分配的指导管理，理顺收入分配关系，规范收入分配秩序，构建科学合理的收入分配格局，根据烟草行业的实际情况，提出如下意见。

一、指导思想

全面贯彻落实党的十六大和十六届三中、四中、五中、六中全会精神，以科学发展观为统领，坚持和完善烟草专卖制度，维护国家利益和消费者利益，推进以市场为取向的改革，从着眼于规范收入分配秩序，着眼于调动全体员工的积极性，着眼于员工队伍的成长和整体素质的提高，着眼于建立和谐的劳动关系、构建和谐烟草出发，按照"分类管理、科学设岗、明确职责、严格考核、落实报酬"的总体要求，努力实现烟草行业收入分配的科学化、规范

化、制度化。

二、基本原则

（一）分类指导、分级管理的原则。根据收入分配管理工作的职能，国家局、总公司确定收入分配的总体原则，省级公司制订所属企业的收入分配的具体办法；依照行业特点实行岗位分类管理，根据岗位价值和劳动力市场价位确定各类岗位的工资标准和水平。

（二）规范有序、调控有度的原则。理顺分配秩序，规范分配行为，收入分配的调整要有制度、有尺度，改革规范的措施要积极稳妥。

（三）按劳分配、注重公平的原则。收入分配要体现按岗位、按实绩、按贡献，体现公平，收入的增长与企业经济效益以及经济运行质量挂钩，与员工业绩挂钩。

（四）有效激励、严格考核的原则。建立公平公正的考核评价机制，形成有效的激励约束机制。

三、改革目标

建立权责清晰、分类科学、规范有序的收入分配制度，建立分类管理的岗位绩效工资体系，建立规范的收入分配结构，建立有效激励的考核评价机制，建立科学的工资调整机制，实现烟草行业收入分配的公平、规范、有序。

四、主要内容

（一）岗位设置管理

依据烟草行业特点和企业工作性质，对烟草企业的岗位设置实行分类管理、规范操作。

1. 规范岗位设置。将全行业岗位分为管理类岗位、专业技术类岗位、生产操作类岗位、业务类岗位以及服务类岗位。

管理类岗位是指：保证生产、经营和服务等工作顺利进行并且需要具备一定的管理知识，掌握一定管理技术，使用一定管理工具，担负领导职责或管理任务的工作岗位。包括综合管理和专业管理两个序列。

综合管理序列是指：履行决策、控制、监督、协调职能，确保总体或部分工作目标实现的岗位，主要指企业领导班子成员岗位。专业管理序列是指：具体履行组织、实施、执行职能的岗位，主要指中层及以下管理人员岗位。

专业技术类岗位是指：从事有明确职责、目标任务、任职条件并需要具备专门知识和技术水平，经过聘任才能担任的工作岗位，包括工程、农业、科研、经济、财会、政工等序列。

生产操作类岗位是指：属于生产操作性质并且需要具备一定的专业技能，能够解决生产操作问题的工作岗位，包括烟叶生产、打叶复烤、卷烟生产和包装、烟机设备维修、烟用醋酸纤维丝束滤棒制作、卷烟流通分检配送、其他通用职业（工种）等序列。

业务类岗位是指：从事产品营销、烟草专卖、物资采购、进出口贸易等具体业务并且需要具备一定专业技能的工作岗位，包括卷烟商品营销、烟草专卖管理、物资采购、进出口贸易、其他通用职业（工种）等序列。

服务类岗位是指：不具有管理、专业技术、生产操作、业务类工作岗位的性质，承担后勤服务等职责且无技术等级的普通工作岗位。

2. 划分岗位等级。省级公司系统根据各岗位工作特点划分不同的等级、档次。

管理类综合管理岗位可设八个等级；专业管理岗位可设八个等级，每个等级可设4至6个档次。

专业技术类岗位按照序列可设八个等级，其中，正高级二个等级；副高级二个等级；中级二个等级；初级二个等级。每个等级可设4至6个档次。

生产操作类岗位按照序列可设六个等级，每个等级可设4至6个档次。

业务类岗位按照序列可设六个等级，每个等级可设4至6个档次。

服务类岗位可根据企业实际设立相应等级。

3. 岗位设置要求。各省级公司要依据所属企业的工作性质和工作职责，按照国家局确定的类别设定岗位，按照优化结构、合理配置的要求，具体制订各岗位之间、各岗位内部不同等级之间的结构比例控制标准和办法，严格控制高等级岗位的结构比例，依照岗位的职责要求合理定员。

管理类岗位的设置要符合增强企业运转效能、提高工作效率、提升管理水平的要求；专业技术类岗位的设置要符合专业技术工作的规律和特点、提高专业技术水平的要求；生产操作类岗位的设置要符合企业生产经营实际情况、专业技能的规律和特点、提高专业技能水平和劳动效率的要求；业务类岗位的设置要符合业务流程的规律和特点、提高专业技能水平和劳动效率的要求；服务类岗位的设置要符合提升服务水平、满足生产经营工作实际的要求。

在设置专业技术类、生产操作类、业务类岗位时，可根据企业发展的需要设立高技术、高技能带头人岗位。在设置服务类岗位时，鼓励企业后勤服务社会化，已实现社会化服务的劳务工作，不再设置相应的工作岗位。

4. 明确岗位职责。在科学设岗基础上，按照健全和完善内部运行机制、严格规范操作、提高管理水平和提高员工队伍素质的要求，对每个岗位编制岗位说明书，明确岗位职责、任职条件等。

（二）收入分配管理

1. 分级分类管理。管理类综合管理序列实行薪酬管理，国家局负责制订省级公司领导班子薪酬管理办法，核定省级公司领导班子薪酬。省级公司依照《烟草系统省级公司领导薪酬管理暂行办法》（国烟人〔2006〕770号）规定的原则，制订所属企业领导班子薪酬管理办法，核定领导班子薪酬。

管理类专业管理序列、专业技术类各序列、生产操作类各序列、业务类各序列岗位实行岗位绩效工资制。服务类岗位实行与当地劳动力市场工资指导价位相衔接的协议工资制。

2. 规范工资构成。实行岗位绩效工资制的收入构成主要包括岗位工资、绩效工资、津补贴（经国家局批准）等。各省级公司在国家局核定的工资总额的范围内，根据企业经济运行质量、经营效益，参照企业所在地劳动力市场工资指导价位等，自主确定所属企业员工的岗位工资标准和绩效工资标准。

3. 确定工资收入比例。科学评价各岗位价值，合理确定各类岗位的岗位工资与绩效工资的比例。

专业管理岗位绩效工资的比重要高于岗位工资；专业技术岗位的岗位工资与绩效工资的比重要大体一致；生产操作、业务岗位的岗位工资的比重要高于绩效工资。

4. 收入水平控制。要保持收入总水平的基本稳定，合理确定综合管理岗位与专业管理岗位、专业技术岗位、生产操作岗位以及业务岗位的收入比例关系。

5. 健全考核机制。按照保证部门履行职责和完成工作目标、促进员工履行岗位职责、提高企业管理水平、奠定薪酬分配基础的要求，建立健全严格的绩效考核制度。针对不同类型的岗位性质和岗位职责要求，确定有针对性的绩效考核内容，采取不同考核方式，对每位员工进行公开、公正的考核，考核结果作为岗位调整、等级升降、档次进退、奖励分配的重要依据。

6. 建立工资收入正常调整机制。一是通过岗位变动调整工资，通过公开选拔、竞争上岗、择优聘用等实现“岗变薪变”。二是通过岗位等级变动调整工资，通过专业技术职务评聘、职业资格认证，以及工作业绩考核等实现“等级能升能降”。三是通过岗位档次变动调整工资，通过年度绩效考核，确定进退档比例，对考核优秀者直接晋升一档；对连续两年考核称职者晋升一档；对考核基本称职者不调档；对考核不称职及连续两年考核基本称职者降一档。

五、几点要求

1. 加强领导。收入分配制度改革工作政策性强，涉及面广，关系到每位员工的切身利益，各级领导要高度重视，做好深入细致的思想政治工作，保持队伍的稳定。要加强调查研究，摸清企业的机构设置情况、岗位分布情况、工资结构情况、员工收入水平情况及与收入分配相关的其他情况，按照本意见确定的原则，结合实际情况制订切实可行的工作方案。

2. 严格调控。要严格按照本意见中岗位设置的原则，设置各类具体岗位，明确岗位等级，确定各类岗位结构的比例标准，确定各类岗位的工资标准。要严格控制收入水平的增长幅度，各企业收入水平的确定与调整要在国家局核定的工资总额范围内进行。

3. 稳步实施。各省级公司可先选择一两家进行试点，在试点的基础上，总结经验，完善方案，逐步推开。

4. 审核报批。省级公司及所属企业的分配制度改革方案一律报国家局批准后实行，国家局对落实情况及时跟踪监督指导。

附件：烟草行业各类岗位序列等级表

烟草行业各类岗位序列等级表

管理类综合管理序列岗位等级表

等级	岗位	工资制度
一	1. 省级局（公司）局长、总经理、党组书记 2. 省级工业公司总经理、党组书记	薪酬管理
二	巡视员	
三	1. 省级局（公司）副局长、副总经理、纪检组长 2. 省级工业公司副总经理、纪检组长 3. 副省级城市地市级局（公司）局长、经理、书记	
四	副巡视员	
五	1. 副省级城市地市级局（公司）副局长、副经理、纪检组长 2. 地市级局（公司）局长、经理、书记 3. 打叶复烤厂、卷烟厂等企业负责人正职	
六	1. 地市级局（公司）副局长、副经理、纪检组长 2. 打叶复烤厂、卷烟厂等企业负责人副职	
七	县级公司负责人正职	
八	县级公司负责人副职	

管理类专业管理序列岗位等级表

等级	岗位						工资制度
	省级局（公司）	省级工业公司	副省级城市地市级局（公司）	地市级局（公司）	复烤厂、卷烟厂等	县公司	
一	处长、主任	部长、主任					岗位绩效工资制
二	调研员	调研员					
三	副处长、副主任	副部长、副主任	处长、主任				
四	副调研员	副调研员	副调研员				
五	主任科员	主任科员	副处长、副主任	科长、主任	部长、主任		
六	副主任科员	副主任科员	主任科员	副科长、副主任	副部长、副主任		
七	科　员	科　员	副主任科员	科　员	办事员	主　任	
八	办事员	办事员	办事员	办事员	办事员	办事员	

专业技术类各序列岗位等级表

等级	职业资格	岗位（聘任后）	工资制度
一	正高级	工程、农业、科研、经济、财会、政工序列相应岗位	岗位绩效工资制
二			
三	副高级		
四			
五	中　级		
六			
七	初　级		
八			

生产操作类各序列岗位等级表

<table>
<tr><th>等　级</th><th>职业资格</th><th>岗　位</th><th>工资制度</th></tr>
<tr><td>一</td><td>高级技师
（国家职业资格一级）</td><td rowspan="6">1. 烟叶生产序列：包括烟草种植、烟叶分级、烟叶调制、烟草检验等岗位。
2. 打叶复烤序列：包括打叶复烤、烟叶回潮、烟叶发酵等岗位。
3. 卷烟生产、包装序列：包括烟叶制丝、膨胀烟丝、白肋烟处理、烟草薄片、卷烟卷接、卷烟包装等岗位。
4. 卷烟流通序列：卷烟分拣、配送等岗位。
5. 烟机设备维修序列：包括烟机设备修理等岗位。
6. 烟用醋酸纤维丝束滤棒制作序列：包括烟用二醋片制造、烟用丝束制造、滤棒工等岗位。
7. 其他通用工种序列：包括电工、车工、加工中心操作工、驾驶员、厨师等岗位。</td><td rowspan="6">岗位绩效
工资制</td></tr>
<tr><td>二</td><td>技师
（国家职业资格二级）</td></tr>
<tr><td>三</td><td>高级技能
（国家职业资格三级）</td></tr>
<tr><td>四</td><td>中级技能
（国家职业资格四级）</td></tr>
<tr><td>五</td><td>初级技能
（国家职业资格五级）</td></tr>
<tr><td>六</td><td>无职业资格</td></tr>
</table>

业务类卷烟商品营销序列岗位等级表

<table>
<tr><th>等　级</th><th>职业资格</th><th>岗　位</th><th>工资制度</th></tr>
<tr><td>一</td><td>高级营销师（国家职业资格一级）</td><td rowspan="2">市场经理</td><td rowspan="6">岗位绩效
工资制</td></tr>
<tr><td>二</td><td>营销师（国家职业资格二级）</td></tr>
<tr><td>三</td><td>高级营销员（国家职业资格三级）</td><td rowspan="3">客户经理</td></tr>
<tr><td>四</td><td>中级营销员（国家职业资格四级）</td></tr>
<tr><td>五</td><td>初级营销员（国家职业资格五级）</td></tr>
<tr><td>六</td><td>无职业资格</td><td>业务员</td></tr>
</table>

业务类专卖管理序列岗位等级表

<table>
<tr><th>等　级</th><th>职业资格</th><th>岗　位</th><th>工资制度</th></tr>
<tr><td>一</td><td>高级专卖管理师（烟草行业职业资格一级）</td><td rowspan="6">专卖稽查、
市场管理等岗位</td><td rowspan="6">岗位绩效
工资制</td></tr>
<tr><td>二</td><td>专卖管理师（烟草行业职业资格二级）</td></tr>
<tr><td>三</td><td>高级专卖管理员（烟草行业职业资格三级）</td></tr>
<tr><td>四</td><td>中级专卖管理员（烟草行业职业资格四级）</td></tr>
<tr><td>五</td><td>初级专卖管理员（烟草行业职业资格五级）</td></tr>
<tr><td>六</td><td>无职业资格</td></tr>
</table>

业务类物流序列岗位等级表

<table>
<tr><th>等　级</th><th>职业资格</th><th>岗　位</th><th>工资制度</th></tr>
<tr><td>一</td><td>高级物流师（国家职业资格一级）</td><td rowspan="6">采购、储运、配送、
运货等岗位</td><td rowspan="6">岗位绩效
工资制</td></tr>
<tr><td>二</td><td>物流师（国家职业资格二级）</td></tr>
<tr><td>三</td><td>助理物流师（国家职业资格三级）</td></tr>
<tr><td>四</td><td>物流员（国家职业资格四级）</td></tr>
<tr><td>五</td><td rowspan="2">无职业资格</td></tr>
<tr><td>六</td></tr>
</table>

业务类进出口贸易及其他序列岗位等级表

等　级	岗　位	工资制度
一	进出口贸易及其他序列岗位	岗位绩效工资制
二		
三		
四		
五		
六		

服务类岗位表

岗　位	工资制度
普通工	协议工资

国家烟草专卖局关于烟草行业贯彻落实《劳动合同法》进一步规范劳动用工行为的通知

（2007 年 9 月 6 日　国烟人〔2007〕378 号）

行业各直属单位：

《中华人民共和国劳动合同法》将于 2008 年 1 月 1 日起施行。为认真贯彻落实《劳动合同法》，进一步依法规范行业各单位的劳动用工行为，促进和谐烟草建设，现就有关事项通知如下：

一、充分认识贯彻落实《劳动合同法》的重要意义

《劳动合同法》对于更好地保护劳动者合法权益，构建和发展和谐稳定的劳动关系，促进社会主义和谐社会建设，具有十分重要的意义。行业各单位要从全面落实科学发展观和构建和谐烟草的高度，充分认识贯彻实施《劳动合同法》的重要性和紧迫性，把规范企业的劳动用工行为作为当前一项重要工作重点抓好。

二、大力开展学习培训工作

对《劳动合同法》的学习培训工作，直接关系到各单位工作人员依法实施劳动用工管理的能力和水平。各单位要认真抓好企业负责人与相关部门工作人员的学习培训，通过学习研讨深刻领会和准确理解《劳动合同法》的各项条款，增强依法用工的自觉性，依法规范企业与员工的劳动关系。

三、抓紧完善劳动规章制度

《劳动合同法》在坚持《劳动法》确立的劳动合同制度框架基础上，不仅对劳动合同期限、试用期、经济性裁员、经济补偿金等内容作了补充和完善，而且对用人单位民主管理、劳务派遣、非全日制用工、竞业限制等内容作出了新的法律规定，既加大了对劳动者的保护力度，也增加了维护用人单位合法权益的内容。各单位要认真研究，严格依法对本单位制订的劳动规章制度进行一次全面清理。对不符合法律规定的，要及时按照法定程序修订或废止；对需要制订配套制度的，要抓紧制订，切实搞好现行相关制度与《劳动合同法》的衔接。同时，各单位要将清理、制订和修订配套制度的情况及时报国家局。

四、抓紧开展劳动用工行为的清理和规范

1. 要认真研究《劳动合同法》颁布施行对劳动关系的影响，分析在劳动纠纷方面可能出现的新情况、新变化，提前制订工作预案，积极研究解决办法，做好劳动关系预警工作，增强工作的预见性和针对性。要将劳动合同签订和解除、工资支付、工作时间等涉及劳动者切身利益的情况作为清理规范重点，维护烟草行业劳动关系和谐与稳定。

2. 按照“工效挂钩”有关政策和国烟人〔2007〕204 号文件，进一步规范工资发放渠道，构建科学合理的收入分配格局。按照《劳动合同法》的规定，劳务派遣一般在服务类等临时性、辅助性、可替代性的岗位实施，烟草行业主业从业人员不宜采用劳务派遣的方式。

要对当前劳动用工情况进行摸底排查，全面掌握劳动合同、劳务派遣协议订立的基本情况，建立完善

劳动用工信息数据库，确保在年底前将历史遗留问题清理完毕。

3. 按照《劳动合同法》中同工同酬的要求，依照国烟人〔2007〕204 号文件规定，深化用工分配制度改革，对员工按照岗位实行分类管理。尚未开展用工分配制度改革的单位，要抓紧时间进行岗位分类、岗位评价、岗位竞争，通过岗位分类管理，结合考核结果，确定员工报酬。

4. 要切实加强对规范劳动用工工作的组织领导，结合本单位实际研究制订具体实施方案，明确目标任务、工作责任和工作措施，认真抓好落实。

5. 要加强对下属单位的指导、督促和检查，注意了解掌握规范劳动用工工作过程中出现的新情况、新问题，及时采取措施认真加以解决。要充分发挥有关职能部门和工会作用，相互支持，协调配合，共同推进规范劳动用工工作的顺利开展。

国家烟草专卖局关于进一步深入开展“两个至上”在岗位主题实践活动的通知

（2007 年 9 月 21 日　国烟人〔2007〕409 号）

行业各直属单位：

今年以来，行业各单位按照国家局年初工作会议和政工会议要求，以“五查五看”为主要内容，以突出抓好领导干部率先垂范作用为重点，积极行动，狠抓落实，深入开展了“两个至上”在岗位，“抓班子、带队伍、促发展、创和谐”的主题实践活动。绝大多数单位结合实际情况，在按照国家局要求开展有关活动的同时，还有针对性、有重点地开展了内容丰富、形式新颖、富有特色的主题实践活动，收到了较好的效果。这些活动的开展，对切实加强各级领导班子思想作风建设，提升管理水平，严格规范自律，促进改革发展，起到了积极的推动作用。但是，从行业主题实践活动开展总体情况看，还存在一些问题和不足，主要是：个别单位主要领导认识不高、重视不够、行动迟缓，只做了些下下文件、搞搞宣传教育等形式上的工作，而真正深入实际调查研究、查摆问题、制订措施、有效落实不够，致使本单位主题实践活动停留在表层；国家局党组明确提出各级领导干部在主题实践活动中要以“五查五看”为内容，联系自身岗位和思想实际找差距、查不足、定措施、及时改进，而有的单位在工作中却不知如何抓？抓什么？思路不清，致使工作滞后；有的单位没有把开展主题实践活动的重点放在领导干部身上，有的领导干部只谈认识，不谈实践，只谈表面问题，不谈深层次问题，使活动不能真正落到实处。

针对上述问题，根据近期国家局党组关于进一步深入开展主题实践活动的要求，现将下半年的主题实践活动有关问题通知如下：

一、三四季度党组理论学习中心组学习，要以学习贯彻胡锦涛总书记 6 月 25 日在中央党校发表重要讲话精神和党的十七大会议精神为主要内容，按照“五查五看”的要求，联系自身思想和岗位实际谈认识、谈问题、谈措施、谈效果。

二、个别主题实践活动进展较慢、工作研究不深、问题查摆不透的单位要按照国家局的部署和要求紧密结合本单位实际情况，尽快研究制订具体落实措施，将主题实践活动全面展开扎实推进。

三、践行主题实践活动，要抓住领导干部这个重点，以身作则，率先垂范。各级领导干部要以“五查五看”为主要内容，深入联系点抓好典型，总结经验，大力宣传，指导基层主题实践活动的深入开展。

四、认真开好践行“两个至上”从我做起的主题演讲报告会，以“五查五看”为主要内容，领导干部要带头讲自己践行“两个至上”的体会，“一把手”还要按照国家局党组的要求谈如何带好班子、带好队伍的认识和体会，为国家局举办主题演讲报告会奠定基础。

五、为推动主题实践活动的深入开展，自今年 6 月份起，国家局组织开展了践行“两个至上”从我做起征文活动，这项活动得到了行业各单位的积极响应和大力支持。但有些单位的投稿率不高，各单位要进一步提高对这项工作重要性的认识，认真落实组稿工作，各省级局、工业公司投稿不得少于 5 篇，其他单位不得少于 3 篇。

六、为了及时宣传基层主题实践活动好的经验和做法，推动主题实践活动深入开展，各单位要加强上下信息沟通力度，及时将本单位主题实践活动开展情况报国家局人劳司。

大事记

2007年中国烟草大事记

1月

1日 国家烟草专卖局（以下简称“国家局”）局长、中国烟草总公司总经理姜成康通过《中国烟草》、《东方烟草报》、行业网站三家媒体向全国烟草行业发表新年贺词。

4日 国家局召开当前烟叶工作暨全国烟叶生产基础设施电视电话会议。国家局副局长何泽华、中央纪委驻国家局纪检组组长潘家华出席会议并讲话。

9日 国家局印发《国家烟草专卖局关于福建卷烟工业企业管理体制改革的批复》（国烟法〔2007〕9号），同意龙岩卷烟厂、厦门卷烟厂分别更名改制为龙岩烟草工业有限责任公司和厦门烟草工业有限责任公司，作为福建中烟工业公司的全资子公司。

11日 国家局印发《国家烟草专卖局关于中国烟草总公司河南省公司建立母子公司体制改革的批复》（国烟法〔2007〕17号），12日、15日，国家局相继印发《国家烟草专卖局关于中国烟草总公司北京市公司建立母子公司体制改革的批复》（国烟法〔2007〕21号）、《国家烟草专卖局关于中国烟草总公司广东省公司建立母子公司体制改革的批复》（国烟法〔2007〕23号），同意河南省、北京市、广东省公司实施建立母子公司体制的改革。

16~18日 2007年全国烟草工作会议在北京召开。国家发展和改革委员会副主任欧新黔出席会议并作重要讲话。国家局局长姜成康作题为《坚持以科学发展观统领行业改革和发展　全面提高中国烟草整体竞争实力》的工作报告。国家局副局长张保振、何泽华、李克明、张辉、纪检组组长潘家华出席会议。

18~19日 2007年烟草行业“按客户订单组织货源”工作会议在北京召开。姜成康、何泽华、李克明出席会议并讲话。会议就2006年“按客户订单组织货源”试点工作进行全面总结，对2007年“按客户订单组织货源”工作进行了安排部署。

26日 国家局召开2007年烟草行业安全生产电视电话会议。姜成康主持会议，李克明作题为《增强安全保障能力　努力实现安全发展》的工作报告。

30日 国家局召开全国烟草行业行政复议工作电视电话会议。姜成康出席会议，张辉作题为《提高认识 狠抓落实　认真贯彻国务院行政复议工作座谈会精神》讲话。

31日~2月1日 中国烟草机械集团有限责任公司2007年工作会议在广东广州召开。李克明出席会议并讲话，提出烟机工业要切实增强主导意识，通过竞争提升企业实力和水平；要加强技术创新的战略管理，推进技术创新取得新进展；要进一步提升烟机工业作为制造业的生产制造水平。

自1月起，工商数据采集系统与统计系统完成并轨，电子数据替代传统的纸质报表。

2月

2日 国家局印发《国家烟草专卖局关于上海烟草管理体制改革的批复》（国烟法〔2007〕60号），上海烟草（集团）公司依法成为中国烟草总公司的全资子公司。

15日 国家局印发《烟草行业标准化中长期发展战略（2007~2020年）》（国烟科〔2007〕98号）。《战略》的出台和实施，将进一步推动行业标准化工作的深入开展，充分发挥标准和标准化工作在提高中国烟草核心竞争力、促进行业平稳健康可持续发展中的重要作用。

3月

2~3日 全国烟草系统纪检监察工作会议在北京召开。监察部副部长陈昌智出席会议并讲话，姜成康作题为《认真学习贯彻胡锦涛总书记重要讲话精神　切实加强烟草行业领导干部作风建设》的讲话，潘家华作题为《加大监督检查力度　拓展源头治理领域　不断开创烟草系统反腐倡廉工作新局面》的工作报告。张保振、何泽华、李克明、张辉出席会议。

4日 国家局、总公司直属单位主要领导干部述职大会在北京召开。姜成康主持会议，张保振、何泽华、李克明、潘家华出席会议。来自北京、山西、辽宁、吉林等15家行业直属单位的主要领导作了述职报告。

7日 国家发展和改革委员会2月5日发布的新《烟草专卖许可证管理办法》正式实施。同日，国家局召开电视电话会议，张辉出席会议并就贯彻施行《管理办法》作题为《增强责任意识　精心组织实施》的讲话。

8～9日 中国烟草学会第五届理事会第三次会议暨学术年会在广东广州召开。张辉出席会议并作题为《适应行业改革和发展新形势，开创学会工作新局面》的讲话。中国烟草学会理事长杨传德代表常务理事会作工作报告。

9日 按照中纪委、中组部的要求，国家局党组召开以加强领导干部作风建设为主题的专题民主生活会。中纪委、中组部、中央国家机关工委、国家发改委派人到会指导。

15～16日 2007年全国烟草进出口工作会议在北京召开。姜成康、李克明出席会议并讲话。此次会议紧紧围绕烟草行业改革与发展要求，明确了今后一个时期中国烟草"走出去"的基本思路，扎实推进中国烟草"走出去"战略。

19～20日 全国烟草行业财务审计工作会议在北京召开。姜成康、何泽华出席会议并讲话。姜成康对当前的财务审计工作提出四项要求：一要全面加强国有资产经营管理；二要坚持依法理财，严格规范会计核算；三要强化内部审计监督，健全完善内控制度；四要切实加强对财务审计工作的领导。

20～21日 2007年全国烟草专卖管理工作会议在北京召开。姜成康对专卖管理工作作了批示，张辉作题为《落实两项监管任务　加强专卖队伍建设　努力建立维护两个良好秩序》的工作报告。

中国烟草实业发展中心2007年第一次厂长（总经理）工作会议在北京召开。李克明出席会议并讲话，对中烟实业要全面深刻地认识当前的形势，在提高整合效率上下工夫，在适应市场的基础上培育品牌，加强管理、控制成本，加强队伍建设和企业文化建设等5个方面提出了新的要求。

26日 国家局、总公司举行新办公楼升旗、揭牌仪式，新址位于北京市西城区月坛南街55号。姜成康为新办公楼揭牌，张保振、何泽华、李克明、潘家华出席仪式。

国家局印发《国家烟草专卖局关于烟草行业开展"创新年"活动的实施意见》（国烟科〔2007〕152号），对"创新年"活动进行了全面部署，将自主创新、支撑发展作为活动的主题，以全面实施《烟草行业中长期科技发展规划纲要（2006～2020年）》为重点，大力推进原始创新、集成创新和引进消化吸收再创新。

27～28日 全国烟草行业部分替代进口烟叶工作座谈会在云南昆明召开。何泽华出席会议并讲话，他指出，要认真总结部分替代进口烟叶工作三年来所取得的成绩和经验，并强调要进一步加深对部分替代进口烟叶工作的认识，要充分认识烟叶生产和卷烟生产的关系、品质和风格的关系、生态环境和生产水平的关系、替代和带动的关系、管理和技术的关系。

29～30日 2007年全国烟草行业发展计划工作会议在北京召开。姜成康、何泽华、李克明出席会议并讲话。会议紧紧围绕行业发展改革的主要任务，重点研究行业发展计划工作如何适应新阶段、新形势、新任务要求，努力实现国家局党组对发展计划工作提出的"计划管理工作重点向优化结构、综合协调转变，审批管理工作重点向加强政策研究转变，宏观调控工作重点向营造公平竞争环境转变"的要求。

4月

11～12日 2007年全国烟草行业信息化工作会议在北京召开。姜成康为行业信息化工作作出批示，张保振出席会议并作题为《整合资源　提升能力　推动行业信息化建设和谐发展》的讲话。

17日 国家局召开行业部署卷烟市场需求预测及建立预测制度工作电视电话会议，决定在工商企业建立卷烟需求预测制度，在卷烟产销层面把工商企业紧密连接起来。何泽华出席会议并讲话。

17～18日 全国烟草系统2007年政治工作会议在北京召开。姜成康出席会议并作题为《坚持以科学发展观统领政治工作　努力为行业持续健康发展提供坚强保证》的讲话，张保振作题为《围绕中心工作　做好五项保证　努力开创政工人事工作新局面》的工作报告。

22日～8月10日 国家局在北京连续举办5期地市级烟草专卖局（公司）领导班子成员培训班，行业452家地市级烟草专卖局（公司）主要负责人全部参加了培训。

24日 国家局召开2007年全国烟草行业经济运行电视电话会议。姜成康出席会议并讲话，李克明作题为《适应市场真实需求　做强重点骨干品牌　促进和保持经济运行协调发展》的工作报告。

24～25日 全国烟草行业多元化投资管理工作座谈会在山东青岛召开。李克明出席会议并作题为《加快清退工作进度　深入推进整改工作　切实加强多元化经营企业监管力度》的讲话，要求行业各单位要进一步加快清退工作和清产核资后的整改工作进度，做实资产，加强监管，提升多元化经营管理水平。

25～27日 2007年全国烟草行业职业技能鉴定工作会议在福建厦门召开。张保振出席会议并讲话，强调要深刻认识新形势下行业职业技能鉴定工作的重要意义，努力实现鉴定工作与用工分配制度改革、企业文化建设、员工职业发展的衔接，真正发挥服务主业、服务生产、服务职工，整体提升行业技能人才竞争力的作用。

27日 国家局印发《国家烟草专卖局关于进一步深化烟草行业收入分配制度改革的意见》（国烟人〔2007〕204号），进一步加强烟草行业收入分配的指导管理，理顺收入分配关系，规范收入分配秩序，构建科学合理的收入分配格局。

5月

9日 国家局、总公司印发《国家烟草专卖局 中国烟草总公司关于红河卷烟总厂实施公司制改造的批复》（国烟法〔2007〕213号），同意红河卷烟总厂更名改制为红河烟草（集团）有限责任公司（包括红河卷烟厂、昭通卷烟厂、新疆卷烟厂），作为云南中烟工业公司的全资子公司。

10～12日 全国卷烟销售网络建设现场会在山西太原召开。会议召开前，姜成康提出了"打牢基础，创新营销，规范运作，增强活力"的网建工作新要求。山西省省长靳善忠到会致辞，何泽华出席会议并讲话。会议总结2006年浙江网建现场会以来全国网建工作进展情况，学习山西烟草网建先进做法和经验，旨在进一步推动全国网建工作深入开展。

15～16日 全国烟草行业老干部工作先进集体和先进个人表彰大会在山东济南召开。张保振出席会议并作题为《立足新起点、开创新局面》的讲话。会议对行业41个老干部工作先进集体和69名先进个人进行了表彰。

17日 第十四届烟气分析亚洲合作研究会议（Asia Collaborative Study）在云南昆明举行。会上，来自日本、德国、英国、韩国、印度、中国台湾等国家和地区的50多位专家与国内烟草行业的专家们就烟气分析方面新的研究成果进行了研讨和交流。红塔集团、上海烟草（集团）公司和郑州烟草研究院等3家单位参加了现场专题交流发言。

17～19日 全国烟叶生产基础设施建设现场会在重庆召开。何泽华、潘家华出席会议。何泽华作题为《总结经验 创新思路 稳步推进烟叶生产基础设施建设工作》的讲话。会议对全国烟叶生产基础设施建设工作进行了总结回顾，指出两年来，全国烟叶生产基础设施建设工作开局良好。

23～26日 第三届全国烟草行业烟叶分级职业技能竞赛在河南郑州举行。本届竞赛的主题是"高技能、新技师"，竞赛内容包括理论竞赛、把烟实物操作竞赛、单片烟实物操作竞赛。来自行业36家省级局（公司）、工业公司和中烟实业发展中心的193名选手参加了比赛，其中，获前30名的选手由国家局授予"全国烟草技术能手"荣誉称号，获前3名的选手将由劳动和社会保障部授予"全国技术能手"荣誉称号。

5月 中国烟草杂志社与《农民日报》联合派出采访组，深入贵州、重庆、云南、福建四省、市烟区进行采访，全面了解烟草行业贯彻落实中央关于"工业反哺农业、城市支持农村"的战略方针和开展烟田基础设施建设的情况。《农民日报》于5月17日、18日头版连续刊登了《烟草行业与三百万种烟农户共发展——烟草行业实施"烟水配套工程"反哺"三农"纪实》一组文章，全方位展示了烟草行业加强烟叶生产基础设施建设的工作成果。

6月

5日 国家局党校组织召开了烟草行业反哺农业与构建和谐烟草课题汇报会。何泽华、潘家华出席报告会并讲话。与会人员从行业反哺农业的回顾与展望，行业在反哺农业中的贡献，行业反哺农业与烟叶生产科技进步的研究，烟叶种植风险防范机制研究，坚持专卖制度、实现烟叶生产可持续发展五个方面对这一课题进行了详细论述。

5～6日 全国烟草行业2007年整顿和规范市场经济秩序工作会议在北京召开。姜成康、张辉、潘家华出席会议并讲话。会议确定，2007年全国烟草行业要把构建内部监管长效机制作为整顿规范工作的重要任务，"完善制度、规范程序、严格监管"，重点加大对"两烟"生产经营、工程投资项目、大宗物资采购、广告宣传、资金使用等方面的监管力度。

12～13日 烟草行业培育"10多个"重点骨干品牌研讨会在北京召开。姜成康、李克明出席会议并讲话。姜成康指出，培育"10多个"重点骨干品牌是行业一项战略性任务和目标，国家局既要支持走在前面的品牌加快发展，又要鼓励异军突起、后来居上的品牌。卷烟工业企业要认清当前竞争格局的变化，明确方向、找准位置、主动融入，使重点骨干品牌在竞争中不断得到提升和持续发展。

12～14日 全国烟叶基层建设暨收购工作现场会在福建三明召开。何泽华出席会议并讲话，要求各烟叶产区认清形势，把握机遇，扎扎实实地推进烟叶基层建设，严格认真地规范烟叶流通秩序，加强烟叶流通管理，积极慎重地探索现代烟叶生产方式，努力实现传统农业向现代烟草农业的转变。

14日 全国卷烟打码到条及订单采集项目实施工作现场会在湖北武汉召开。李克明、潘家华出席会议并讲话。会议交流了湖北烟草打码到条及订单采集项目试点的成功经验，推动项目在行业内实施推广。

21日 国家局党校召开2007年春季司局级干部

进修班座谈汇报会。姜成康、潘家华出席会议并讲话。姜成康在讲话中提出三点要求：第一，要始终把加强理论武装摆在首要位置；第二，要坚持理论联系实际，加强对行业发展中重大现实问题的研讨；第三，要坚持以科学发展观来指导实践、推动工作。

26日 全国烟草行业“创新年”活动座谈会在浙江安吉召开。张保振出席会议并讲话，指出当前全行业要重点抓好四个方面的创新：以提高中式卷烟品牌质量为主体的技术创新；以信息化为载体的管理创新；以电话订货、网上配货、电子结算、现代物流为流程的营销创新；以“两个至上”为核心的文化创新。

中国烟草罗马尼亚宝丰烟草公司项目竣工仪式在罗马尼亚布泽乌省举行。李克明出席竣工仪式并讲话。

7月

1日 中国全面淘汰CFC/哈龙总结大会在江苏常熟召开。会上，国家环境保护总局联合世界银行、联合国环境规划署、联合国工业发展组织等机构向国家局颁发了“淘汰全氯氟烃/哈龙贡献奖”。中国烟草行业历时7年，逐步削减并最终于2006年12月31日全面停止了CFC－11的消费，比《关于消耗臭氧层物质的蒙特利尔议定书》的规定提前了3年时间。

2日 国家局、总公司印发《国家烟草专卖局 中国烟草总公司关于组建深圳烟草工业有限责任公司的批复》（国烟法〔2007〕282号），深圳卷烟厂更名改制为深圳烟草工业有限责任公司，股东方为中国烟草实业发展中心和广东中烟工业公司。

6日 国家局召开全国烟草行业工商营销信息共享平台推广应用电视电话会议。何泽华出席会议并讲话，强调了建设工商营销信息共享平台的重要意义，明确了这一平台建设的基本设想和管理原则，并就全行业如何进行推广应用提出要求。

12日 国家局召开2007年下半年烟草行业安全生产电视电话会议，对下半年行业安全生产工作进行了部署。李克明出席会议并讲话。

17～18日 2007年全国烟草专卖局长、公司总经理座谈会在北京召开。会议围绕行业当前及今后一个时期“完善体制机制，优化资源配置，增强竞争实力，全面提升水平”的主要任务，总结上半年工作，安排部署下半年的任务。姜成康在讲话中着重就烟叶工作、经济运行、深化改革、自主创新、强化监管和队伍建设等六个方面的任务作了总体部署。张保振、何泽华、李克明、张辉、潘家华、杨传德出席会议。

31日～8月2日 2007年全国烟草系统纪检监察工作座谈会在内蒙古呼伦贝尔召开。潘家华出席会议并讲话。会议紧紧围绕如何深化行业惩防体系建设、不断拓宽源头治理工作领域，强化纪检监察机构为行业改革发展服务的理念、努力为行业持续健康发展提供“四个纪律保证”，提高纪检监察工作能力和预防腐败的工作能力等问题进行了讨论部署。

8月

13日 国家局印发《国家烟草专卖局关于烟草行业加强节能减排工作的实施意见》（国烟运〔2007〕340号），明确了节能减排工作的指导思想、基本原则、目标及工作措施，确保到2010年全行业实现节能减排目标。

14～15日 全国烟草行业现代烟草农业专题座谈会在黑龙江哈尔滨召开。来自中国烟叶公司、国家局经济研究所和全国各省、市烟草系统的近50名代表参加了会议，共同探讨建设现代烟草农业的课题。

15～16日 全国烟草行业第十八届QC小组成果发布会在北京召开。发布会上，行业共21家企业、44项成果参加了发布和评审，现场评出一等奖12项、二等奖14项、三等奖18项。

21～22日 2007年下半年全国卷烟打假打私工作座谈会在北京召开。姜成康、张辉出席会议并讲话。姜成康在会上强调，要切实增强责任意识、提高打假工作能力、加大打私工作力度。

22日 国家局、总公司印发《国家烟草专卖局 中国烟草总公司关于哈尔滨卷烟总厂更名改制的批复》（国烟法〔2007〕354号），哈尔滨卷烟总厂更名改制为黑龙江烟草工业有限责任公司，作为中国烟草实业发展中心的全资子公司。

23～24日 2007年“按客户订单组织货源”工作第二次会议在山东济南召开。何泽华出席会议并讲话，充分肯定了2007年上半年订单供货工作所取得的成绩，并提出要进一步提高认识，完善预测体系，在协同营销、培育品牌上下工夫，把订单供货与网络建设、营销中心建设结合起来，从订单供货的角度积极思考探索“两个跨越”等五点要求。

24～25日 典型示范单位卷烟销售网络全面提升工作启动会在山东济南召开。何泽华出席会议并讲话，强调对网建工作的认识要提高；要明确目标，抓住关键，突出重点；要把网建工作与订单供货结合起来。

9月

5～6日 全国打叶复烤企业工作会议在云南昆明召开。何泽华出席会议并讲话。会议提出打叶复烤企业当前和今后一个时期改革和发展的总体思路和奋斗目标，并明确了要重点抓好的八个方面的工作。

6～7日 全国烟草行业企业管理现场会在广东广

州召开。姜成康对会议召开和行业企业管理工作作出批示。李克明出席会议并讲话，强调企业管理工作要围绕“一个目标”，着力“三个推进”，即以满足和创造需求为目标，着力推进工商协同营销建设，着力推进“四个中心”建设，着力推进质量管理体系建设。

7日 中共国家烟草专卖局直属机关第二次代表大会召开，选举产生了国家局直属机关第四届党委委员和纪委委员。姜成康、张保振、潘家华出席会议。

10日 “卷烟危害性指标体系研究”项目鉴定会在北京召开，项目通过国家局鉴定。张保振出席鉴定会并讲话。该科研项目是减害降焦工程的前导性课题，提出了卷烟主流烟气危害性定量评价方法，在国际上率先提出整体评价卷烟烟气危害性的指标体系。

11日 国家局、总公司印发《国家烟草专卖局 中国烟草总公司关于中国烟草进出口（集团）公司更名改制的批复》（国烟法〔2007〕390号），同意中国烟草进出口（集团）公司更名改制为中国烟草国际有限公司，作为中国烟草总公司的全资子公司。

国家局办公室印发《国家烟草专卖局办公室关于进一步做好禁止中小学生吸烟宣传教育工作的通知》（国烟办综〔2007〕349号），要求行业各单位从关心下一代健康成长的高度，积极做好“禁止中小学生吸烟”的宣传教育工作。

17~21日 烟草行业第一期新任司局级领导干部任职培训班在国家局党校举办。姜成康、张保振分别为学员们进行了专题授课。

18~19日 全国烟草行业现代物流工作会议在安徽合肥召开。何泽华出席会议并讲话，强调要以“完善体制机制、优化资源配置”为指导，充分发挥行业的体制优势，努力实现行业物流工作从注重建设向注重管理转变，从分散、单个的物流建设向全省范围的、适度规模的物流建设转变，从工商各自建设向工商协同建设转变，从“硬化流程”向“优化流程”转变，从以商业为主向工商并重、工业的角色越来越突出转变，积极打造烟草行业的现代物流。

20日 国家局印发《国家烟草专卖局关于中国烟草总公司浙江省公司建立母子公司体制改革的批复》（国烟法〔2007〕404号），同意中国烟草总公司浙江省公司投资设立13个全资子公司，全资子公司的出资人为中国烟草总公司浙江省公司。

26日 国家局召开烟草行业安全生产工作电视电话会议，贯彻落实全国安全生产电视电话会议精神，安排部署了行业在国庆节、党的十七大召开期间的安全生产工作。姜成康、李克明出席会议并讲话。

27~28日 全国烟叶工作座谈会在北京召开。姜成康、何泽华出席会议并讲话。会议全面总结了烟叶生产连续十年保持稳定的工作经验，安排部署了2008年烟叶工作的任务，并就如何加快传统烟叶生产向现代烟草农业转变进行了专题研讨。

烟草行业首届标准化论坛在上海举行。张保振出席会议并作题为《振奋精神，开拓创新，努力开创行业标准化工作的新局面》的讲话。

30日 国家局、总公司印发《国家烟草专卖局 中国烟草总公司关于省级工业公司建立董事会工作的指导意见》（国烟法〔2007〕426号），对董事会建立工作的主要目的、基本思路、董事会建设和组织实施提出了具体要求。

10月

10~11日 全国烟草行业国际化发展工作座谈会在北京召开。姜成康对会议的召开和中国烟草国际有限公司的组建作出批示。李克明出席会议并作题为《形成主导 调动主体 扎实推进中国烟草“走出去”战略的实施》的讲话。

12~13日 “2007·中国烟草自主创新高层论坛”在湖北武汉举办。张保振、何泽华、李克明出席论坛。中国工程院院士季国标、朱尊权、张伯礼和中国科学院院士杨叔子参加了论坛研讨。

23日 国家局、总公司机关召开传达学习党的十七大精神大会。姜成康向国家局、总公司机关处级以上党员干部传达了十七大精神，畅谈学习体会，并对学习贯彻十七大精神提出明确要求。张保振、何泽华、李克明、张辉出席会议。

24日 国家局印发《国家烟草专卖局关于印发烟草行业知识产权发展战略（2007~2015年）的通知》（国烟科〔2007〕464号），明确了今后一段时期烟草行业知识产权工作的指导思想、基本原则、战略目标、战略任务和战略措施。

国家局印发《国家烟草专卖局关于发展现代烟草农业的指导意见》（国烟办〔2007〕467号），明确了现代烟草农业发展的基本思路、总体要求和主要任务。

24日 国家局、总公司印发《国家烟草专卖局 中国烟草总公司关于广东中烟工业公司更名改制和建立董事会的批复》（国烟法〔2007〕462号），29~30日国家局、总公司相继印发《国家烟草专卖局 中国烟草总公司关于浙江中烟工业公司更名改制和建立董事会的批复》（国烟法〔2007〕481号）、《国家烟草专卖局 中国烟草总公司关于湖南中烟工业公司更名改制和建立董事会的批复》（国烟法〔2007〕489号）、《国家烟草专卖局 中国烟草总公司关于湖北中烟工业公司更名改制和建立董事会的批复》（国烟法〔2007〕492号），同意广东、浙江、湖南、湖北中烟工业公司更名改制为广东、浙江、湖南、湖北中烟工业有限责任公司，并按照现代企业制度要求建立董事会，逐步完善法人治理结构。

30～31日 全国烟草行业第六次稳定和信访工作座谈会在北京召开。张保振出席会议并作题为《做好稳定信访工作 保证行业平稳发展》的讲话。

31日 全国烤房建设现场会议在辽宁阜新召开。何泽华出席会议并讲话，提出要把建设密集式烤房群组作为行业烤房建设的发展方向。

10月 2007年烟草行业卷烟销售网络建设国际交流研讨会在北京举行。何泽华出席会议并讲话。会议邀请日本烟草、英美烟草、帝国烟草、瑞士红塔公司的专家介绍了营销经验。

11月

8～9日 2007年全国烟草行业多元化企业清理整顿工作现场会暨投资管理工作会议在上海召开。李克明出席会议并讲话，强调要突出清退、严格管理、积极探索，切实把推进市场化进程和现代企业制度建设作为多元化企业健康发展的根本途径。

14～16日 全国烟草行业烟机工作会议在四川成都召开。李克明出席会议并讲话，指出要按照国家局提出的“体现专业分工，突出强调服务，努力提高水平”的要求，进一步明确烟机工业的发展方向、发展目标和发展要求，理顺行业设备管理体制，建立设备技术创新体系，提高专业性公司对烟叶、卷烟生产经营的保障能力。

22～23日 全国卷烟销售工作暨产销衔接会在北京召开。姜成康、何泽华出席会议并讲话，强调今后的销售工作要把握三个重点：建设统一市场，促进“两个跨越”；推进协同营销，着力培育品牌；严格规范经营，提高服务水平。

27～29日 全国烟草行业践行“两个至上”从我做起报告会暨用工分配制度改革现场会在安徽合肥召开。姜成康出席会议并作题为《深入开展“两个至上”主题实践活动 推进行业用工分配制度改革 促进行业科学发展》的讲话，张保振作题为《规范秩序 提高效率 增强活力 全面推进烟草行业用工分配制度改革》的报告。

12月

6日 姜成康到国家局党校为2007年秋季学期全体进修学员作题为《学习贯彻党的十七大会议精神，建设严格规范、富有效率，充满活力的中国烟草》的专题报告。

烟草行业首届卷烟工业企业标准化知识竞赛在北京举行。行业16家省级工业公司、上海烟草（集团）公司、中国烟草实业发展中心共18支代表队的54名选手参加了竞赛。

8日 中式卷烟大品牌发展高层论坛在云南玉溪举行。姜成康、何泽华、李克明出席论坛并讲话。本次论坛以“工商协同、培育品牌、适应市场、共同发展”为主题，旨在从战略和全局的高度，总结中式卷烟大品牌的发展经验，以培育“10多个”重点骨干品牌为目标，促进和深化工商企业的沟通和合作，提升中国烟草总体竞争实力。

11～12日 全国烟草行业质量管理体系建设研讨交流会在四川成都召开。李克明出席会议并讲话，就进一步加强行业质量管理体系建设提出要全面推进、突出重点和打牢基础三项要求。

12日 国家局、公安部2007年全国卷烟打假总结表彰会议在北京召开。姜成康主持会议，公安部副部长刘金国出席会议并讲话，张辉作题为《坚定信心 振奋精神 继续推进卷烟打假工作深入开展》的工作报告。会上，分别授予10个单位“全国卷烟打假工作特殊贡献奖”，授予40个集体“全国卷烟打假工作先进集体”荣誉称号，授予5名同志“中国烟草金叶卫士”荣誉称号，授予57名同志“全国卷烟打假工作先进个人”荣誉称号。

国家局、总公司印发《国家烟草专卖局 中国烟草总公司关于兰州卷烟厂更名改制的批复》（国烟法〔2007〕568号），同意兰州卷烟厂更名改制为甘肃烟草工业有限责任公司，作为中国烟草实业发展中心的全资子公司。

17日 国家局党组印发《中共国家烟草专卖局党组关于印发烟草行业文化架构体系的通知》（国烟党〔2007〕63号），明确了行业文化架构体系由行业共同价值观、行业愿景、行业使命、行业精神、行业行为信条、行业行为准则六部分组成。

18日 国家局与国家环境保护总局、联合国工业发展组织在北京联合组织召开中国烟草行业CFC－11淘汰总结大会。张保振出席会议并讲话。

20日 国家局和公安部在云南昆明联合召开会议，专题研究部署整治烟叶流通秩序、打击非法经营烟叶违法犯罪活动工作。张辉出席会议并讲话。

20～22日 2007年度中国烟草总公司科学技术进步奖评审会议在广东深圳召开。张保振主持会议。总公司科学技术委员会通过答辩、质疑、评议和记名投票等程序，评选出2007年度中国烟草总公司科学技术进步奖项目16项，其中一等奖1项、二等奖3项、三等奖12项。

26～29日 2007年巴黎世界烟草博览会在法国巴

黎举行。我国烟机制造企业和国内部分卷烟品牌参加了博览会，向世界展示近年来的发展成果。李克明出席展会。

27日 2007年全国烟叶生产汇报会议在北京召开。何泽华出席会议并讲话，指出要继续把稳定规模摆在首要位置，精心组织现代烟草农业试点，抓好烟叶生产基础设施建设，有序推进烤房建设。

27～28日 全国烟草行业第三次企业文化建设工作会议暨政研会秘书长会议在浙江杭州召开。姜成康对行业企业文化建设作出批示，张保振出席会议并作题为《以党的十七大精神为指导 推动行业文化创新 促进行业文化繁荣 不断提高中国烟草文化软实力》的报告。

2月10日，张保振副局长（右二）代表国家局党组到河南中烟郑州卷烟厂慰问老红军余秀英

河南中烟郑州卷烟厂 李金周 摄

9月24日，中国烟草总公司社会主义新农村示范林在北京房山区落户

司翠华 摄

8月14日，第一届中韩烟草网球友谊赛在内蒙古呼和浩特举行

内蒙古区局 齐俊峰 摄

北京市局（公司）举办“‘两个至上’在岗位”处级干部论坛

北京市局 供稿

10月，江苏中烟举办"两个至上 从我做起"主题报告会

江苏中烟南京卷烟厂 任强林 摄

江苏中烟淮阴卷烟厂召开党风廉政各方共建座谈会

江苏中烟淮阴卷烟厂 供稿

11月，浙江省烟草专卖商业系统廉政歌曲演唱会在浙江杭州举行

浙江杭州市局 管放军 摄

7月1日，浙江中烟举行践行“两个至上”、“四新”主题教育歌咏比赛

浙江中烟 张健源 摄

12月19日，安徽中烟合肥卷烟厂举办“学习十七大 实现新跨越”知识竞赛

安徽中烟合肥卷烟厂 供稿

7月1日，安徽中烟蚌埠卷烟厂举行老年大学毕业典礼汇报演出

安徽中烟蚌埠卷烟厂 张冰 摄

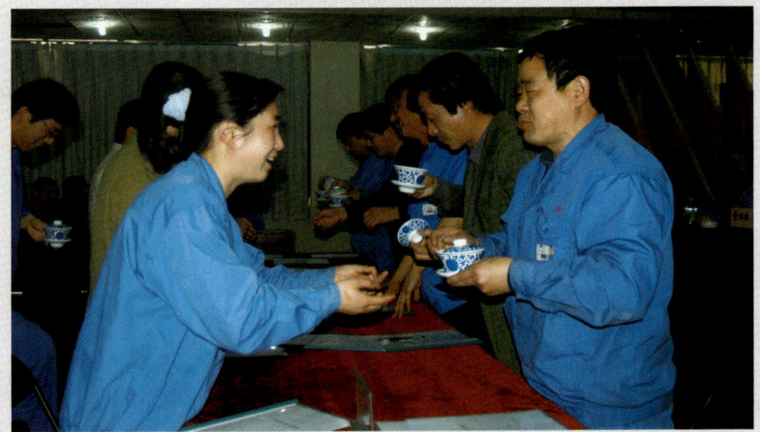

4月24日，河南中烟安阳卷烟厂举办“五四”表彰大会暨拜师学技活动

河南中烟安阳卷烟厂 高娟 摄

湖北中烟举行“唱响黄鹤楼 构建和谐湖北中烟”大型文艺演出

湖北中烟 余德华 摄

1月，广东广州市局（公司）对年度优秀员工进行表彰

广东广州市局 蔡业泉 摄

广东中烟举办“百年双喜”杯乒乓球赛

广东中烟 李广阳 摄

广东中烟举办“喜缘盛会·喜传天下”2007双喜世纪婚礼

广东中烟 李广阳 摄

2月，广西中烟举办首届“真龙杯”职工文艺汇演活动

广西中烟 李存功 摄

6月，四川省局（公司）机关开展庆祝建党86周年暨歌咏比赛活动

四川省局 供稿

红塔集团冠名赞助“玉溪杯”第六届中国围棋西南棋王赛

红塔集团 供稿

12月，甘肃省烟草行业举行“迎奥运、讲文明、树新风”职工健身操比赛活动

甘肃省局 汤乐 摄

大连市局（公司）召开方永刚事迹报告暨“三先两优”表彰大会

大连市局 董金龙 摄

6月29日，深圳市局（公司）召开庆祝中国共产党成立86周年暨纪律教育月动员大会

深圳市局 詹云 摄

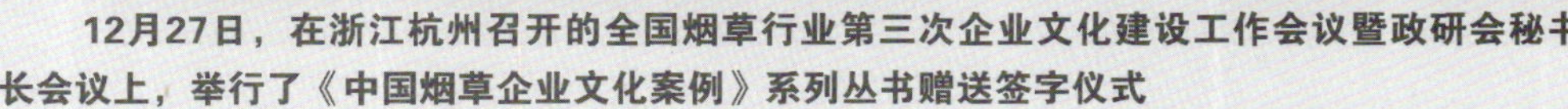
12月27日，在浙江杭州召开的全国烟草行业第三次企业文化建设工作会议暨政研会秘书长会议上，举行了《中国烟草企业文化案例》系列丛书赠送签字仪式

浙江杭州市局 管放军 摄

12月27日，《中国烟草企业文化案例》系列丛书共计18本第一次完整展示

张家口卷烟厂有限责任公司 王玉峰 摄

8月，内蒙古区局（公司）举行《内蒙古自治区志·烟草志》首发式

内蒙古区局 齐俊峰 摄

8月，辽宁烟草商业系统召开企业文化建设经验交流会

辽宁本溪市局 王俊辉 摄

6月3日，山东济宁市局（公司）举办2007“泰山杯”济宁烟草企业文化知识竞赛

山东省局 供稿

12月，浙江省烟草专卖商业系统举办企业文化建设成果展

浙江嘉兴市局 供稿

7月，川渝中烟召开企业文化建设动员大会

川渝中烟 供稿

6月，甘肃烟草召开企业文化建设试点单位座谈会

甘肃金昌市局 任学涛 摄

行业概览

2007年全国烟草行业发展概况

【生产经营保持良好发展态势】 2007年，全国烟草行业以迎接党的十七大胜利召开和认真学习贯彻党的十七大精神为动力，在党中央、国务院和国家发改委的正确领导下，以邓小平理论和“三个代表”重要思想为指导，深入贯彻落实科学发展观，紧紧围绕“完善体制机制、优化资源配置、增强竞争实力、全面提升水平”的主要任务，各项工作扎实有效推进，发展质量进一步提高，比较好地体现了“好”字优先，实现了行业持续健康发展。

全行业按照2007年年初确定的目标任务，更加重视烟叶工作，继续推进结构调整，努力降低成本费用，实现了经济效益较大幅度增长。全年生产卷烟21413.8亿支（4282.8万箱），比上年增长5.9%；销售卷烟21395.9亿支（4279.2万箱），同比增长5.1%；年末卷烟工商库存1220.2亿支（244万箱），保持正常水平。全行业实现工商税利3880.63亿元，比上年增加784.23亿元，增长25.33%。其中，实现工商税金2277.58亿元，同比增长21.14%；工商利润1603.05亿元，同比增长31.8%。

烟叶基础工作明显加强，发展现代烟草农业逐步形成共识。国家烟草专卖局根据烟叶生产形势变化适时调整政策，烟叶产区认真落实“重心下移、着眼基层、突出服务、加强基础”的烟叶工作方针，进一步加强和完善合同管理，努力提高烟叶生产技术和专业化服务水平，烟叶生产连续十年保持稳定发展。全国共种植烤烟1534万亩，签订烟叶种植收购合同285万份，预计2007农业年度收购烟叶195万吨（3900万担）。先进适用技术加快推广，烟叶生产水平明显提高。全国集约化育苗移栽面积占到总面积的93%，其中漂浮育苗占74%；病虫害统防统治面积28.3%，机耕面积29.1%；累计新建和改建密集式烤房31.9万座。全年投入45亿元资金用于烟叶生产基础设施建设，烟叶生产基础设施建设取得新的成效。国家局明确提出“打牢一个基础，努力实现规模化种植、集约化经营、专业化分工、信息化管理”的建设现代烟草农业要求，制定了《关于发展现代烟草农业的指导意见》，积极推进传统烟叶生产向现代烟草农业转变。发展现代烟草农业规划制定工作全面展开，试点工作正式启动。

宏观调控不断加强和改善，卷烟产销保持协调发展。始终坚持“控制总量、稍紧平衡”的调控方针，高度重视市场预测，准确把握市场动态，严格控制生产进度，保持产销稍紧平衡。按照“放开衔接、适度引导、定向整合、促进发展”的卷烟交易方针，根据商业提报的需求先后三次组织补货，通过新增计划和定向整合等方式，解决了278.5万箱货源需求缺口问题，比较好地满足了市场需要，提高了产品适应市场水平。为适应农村市场和低收入消费者需求，高度重视低档卷烟产销工作，全年生产低档卷烟1400.6万箱，销售1401.9万箱，较好地完成了国家局下达指标。

重点骨干品牌发展良好，“10多个重点骨干品牌”加快形成。全年共有13个品牌产销量超过100万箱，其中“红梅”、“白沙”超过200万箱；有19个品牌销售额超过100亿元，其中，“中华”超过300亿元，“云烟”、“白沙”、“芙蓉王”、“双喜”、“利群”、“红河”6个品牌超过200亿元，“红塔山”、“红梅”、“红金龙”、“黄山”、“玉溪”、“七匹狼”、“南京”、“红旗渠”、“黄果树”、“黄鹤楼”、“哈德门”、“红山茶”12个品牌在100亿元以上。卷烟牌号数量进一步减少，集中度进一步提高。全年在线生产牌号173个，比上年减少53个；前10个品牌集中度37.8%，比上年提高5.9个百分点。卷烟销售网络建设整体水平进一步提升，电子商务和现代物流建设步伐加快，卷烟交易全部纳入国家局统一交易平台，全国统一销售网络基本形成，并向建设全国统一大市场积极推进。全年省际间卷烟交易量达到1896.97万箱，占国内市场总销量比重的44.9%，同比提高4个百分点。

成本费用控制不断加强，经济运行质量明显提高。全年卷烟工业企业销售收入成本率33.07%，同比降低1.84个百分点；三项费用率9.12%，同比降低1.33个百分点；商业企业三项费用率8.3%，同比降低1.49个百分点。

配套产业发展良好，企业管理不断加强。烟机、丝束、盘纸等烟用设备和物资供应稳定，产品质量得到提高。烟草进出口商品总值13.79亿美元，实现出口创汇6.06亿美元，境外企业实体化运作取得进展。多元化投资管理在抓好清理整顿工作的同时，注重加强对存续企业的管理。全行业继续推进职业健康安全管理体系建设，高度重视和切实加强安全管理工作，有效避免了重特大安全生产事故发生，保持了稳定有序的安全生产局面。

【行业各项改革继续深入推进】 省级工业公司建立董事会试点工作进展顺利。按照“在探索中起步、实践中完善”的要求，国家局、总公司经过认真调研、反复论证、精心准备，制定了《关于省级工业公司建立董事会工作的指导意见》、《省级工业公司董事管理暂行办法》等规范性文件，在广东、浙江、湖南、湖北4家省级工业公司开展建立董事会试点工作。4家工业公司更名改制和建立董事会工作顺利完成，初步建立起符合现代企业制度要求的公司法人治理结构。

国有资产经营管理工作不断加强。全面开展多元化投资企业清理整顿和主业清产核资工作。截至2007年底，全行业列入清退计划的多元化投资企业完成清退600余家，主业清产核资全面完成对账和相关数据汇总整理工作。资产经营管理制度进一步完善。财政部印发了《中国烟草总公司投资收益收取和使用管理办法（暂行）》，国家局修订了《中国烟草总公司国有资产管理规定（试行）》，制订了《国有资产经营管理考核办法》。

企业公司制改革迈出新的步伐。湖北、江西、广东中烟工业公司与所属工业企业实现了合并重组，红河、哈尔滨卷烟总厂和深圳、兰州卷烟厂等实施了公司制改造。中国烟草进出口（集团）公司改制、转型、整合和组建中国烟草国际有限公司的工作顺利实施。

“按客户订单组织货源”试点取得新的进展。试点工作由三省三市扩大到36个重点城市。卷烟工业企业主动融入，积极开展按订单组织生产，工商双方加强产销衔接和协同营销，“按客户订单组织货源”工作进展顺利，开展订单供货的70个试点城市卷烟销量增幅高于全国平均水平1.7个百分点。

职能转变继续推进。2007年取消县级公司法人资格138家，截至年底，累计取消1680家，有23个省级公司全部取消了县级公司法人资格。地市级公司市场营销主体地位进一步确立和加强，营销水平和管理能力不断提高。按照国家局要求，省级公司退出经营领域进展顺利，过渡平稳。各级机构职能定位更加明确，运行效率进一步提高。

【内部管理监督和专卖管理监督进一步强化】 按照国家局《关于2007年烟草行业整顿规范生产经营秩序和加强内部管理监督工作的意见》，全行业坚持以“完善制度、规范程序、严格监管”为工作重点，继续推进内部管理监督工作，促进了生产经营秩序进一步规范。内部专卖管理监督工作深入开展。国家局先后组织5批检查组，深入到行业36个直属单位的183家企业进行重点抽查，发现了内部专卖管理的薄弱环节和存在的问题，总结推广了一些单位好的经验和做法，取得明显成效。内部审计工作进一步加强。国家局对全行业专项资金使用情况开展全面审计，及时发现和整改了存在的问题；经济责任审计逐步走向制度化、规范化，全年有41名国家局党组管理的领导干部接受了任期或离任经济责任审计；工程项目审计试点工作进展顺利，为全面开展工程项目审计工作积累了经验；国家局对打叶复烤、“两烟”交易、工程项目投资、烟用物资采购、烟机零配件采购、资金等如何加强管理组织了专题调研和检查，制订了相关规定。

始终保持卷烟打假高压态势，持续深入地开展卷烟打假。各级烟草专卖管理机构在抓好“打源头、端窝点”的同时，坚持把打击售假网络摆在突出位置，坚决遏制制假活动出现反弹。国家局与公安部联合下发了《关于对制售假烟重大案件实行督办制度的若干规定》，对制售假烟重大案件实行挂牌督办，进一步完善联合打假工作制度。福建、广东成功组织了以摧毁制假能力、切断原辅材料来源和打击假烟运输分销为重点的打假专项行动，取得了重大战果；成功破获了京冀“4·3”、河南“4·15”制售假烟网络案和“6·26”深圳特大走私假烟辅料案等一批重大制假售假网络案件，有力地打击了制售假烟违法犯罪活动。积极开展打击非法倒卖烟叶、非法拼装倒卖烟机、非法生产经营卷烟纸和丙纤丝束等原辅材料行动，努力形成多层次、全方位打假格局。全年共查处案值5万元以上的制售假冒商标卷烟案件5505起，其中，涉案金额千万元以上的制售假烟网络大案49起，查获假烟92.8万件，捣毁制假贩假窝点3876个，查缴大型制假烟机设备717台、烟丝烟叶2.8万吨，依法拘留制假分子7026人，其中，劳教198人、判刑3492人。

按照国家局《关于加强专卖管理组织机构建设的指导意见》，各级专卖管理机构高度重视专卖基层建设，启动专卖管理人员岗位技能鉴定工作，充实和加强专卖内部监管和打假稽查队伍，为建设严格规范的专卖执法队伍奠定坚实基础。

【自主创新取得积极进展】 按照国家局统一部署，全行业紧紧围绕中式卷烟发展方向，坚持以企业为主体，以市场为导向，产学研相结合，大力推动自主创新，全面开展“创新年”活动，形成了高度重视自主创新的良好氛围。卷烟工业企业技术中心建设明显加强，技术资源整合工作加快推进，产品研发和维护水平明显提高，为企业持续发展提供了有力的技术支撑。烟草育种、卷烟调香、特色工艺、减害降焦“四大战略性课题”继续实施，中式卷烟制丝生产线、特色烟叶开发、超高速卷接包机组等重大专项论证启动，卷烟保润增香、卷烟危害性指标评价体系等研究取得明显进展。卷烟减害降焦进一步推进，全国卷烟平均焦油量为13.2毫克/支。加强卷烟工艺技术研究应用和产品质量监督检测工作，卷烟产品质量总体稳定，重点骨干品牌保持较高质量水平和明显风格特征，一些新品牌（规格）在降焦增香保润技术创新方面迈出新步伐，多点生产的卷烟均质化水平持续提高。

成功举办“2007·中国烟草自主创新高层论坛”，制定颁布《烟草行业知识产权发展战略（2007~2015年)》和《烟草行业标准化中长期发展战略（2007~2020年)》，加强行业知识产权发展、保护、管理和行业标准化工作。积极开展一些群众性的技术革新、管理创新活动，广大职工创新意识不断增强，岗位职业技能水平明显提高，取得一批技术创新和管理创新成果。高度重视履行《烟草控制框架公约》有关工作，与国家质检总局联合印发了《中华人民共和国境内卷烟包装标识的规定》。行业历时7年进行的氟利昂（CFC-11）整体淘汰任务全面完成，受到国家环保总局等单位表彰。

【队伍建设进一步加强】 全行业紧紧围绕贯彻十六届六中全会精神，以加强领导干部作风建设和深化劳动用工分配制度改革为重点，大力推进行业党的建设、领导班子建设和职工队伍建设。继续深入开展以“五查五看”为主要内容的“两个至上”在岗位主题实践活动。行业各级领导班子、领导干部紧密联系自己的思想和工作实际，以身作则，普遍开展对照检查。其中，国家局党组管理的320余名领导干部建立410多个联系点，撰写了1100多篇学习体会，带头进行宣讲，有力推动了主题实践活动深入开展。国家局召开了全行业践行“两个至上”从我做起报告会，对“五查五看”活动开展情况进行认真总结并提出新的更高要求。

企业文化建设全面推进。国家局在浙江、吉林省局（公司）和浙江、湖南中烟工业公司开展企业文化建设试点，通过试点总结经验，推动企业文化建设全面开展。行业文化构架体系基本形成，坚持以社会主义核心价值体系为指导，以“两个至上”为行业共同价值观，以报效国家、回报社会、成就员工为使命，大力弘扬宽容开放、改革创新、敬业奉献、自律自强的行业精神和潜心做事、低调做人的行为信条，努力建设责任烟草、诚信烟草、和谐烟草。

积极推进用工分配制度改革。国家局制定了《关于进一步深化烟草行业收入分配制度改革的意见》，提出“分类管理、科学设岗、明确职责、严格考核、落实报酬”的总体要求，在安徽、浙江、四川省局（公司）和湖北、川渝中烟工业公司5个单位进行试点，并及时召开现场会总结推广试点单位经验，用工分配制度改革取得积极进展。结合开展《劳动合同法》培训学习，继续抓好职业技能鉴定，依法规范劳动用工行为，加快建立符合法律法规和适合行业特点的用工分配制度。

认真贯彻落实中共中央关于《建立健全教育、制度、监督并重的惩治和预防腐败体系实施纲要》，以严格规范领导干部权力运行，加强对领导干部监督和人、财、物关键部位监督为重点，深入开展反腐倡廉教育，不断完善各项制度，切实加强案件查办，行业党风廉政建设和反腐败工作扎实推进。全年共受理来信来访1470件（次），新立案182件，结案183件，给予331人党纪政纪处分。党的十七大胜利闭幕后，全行业迅速掀起学习贯彻十七大精神热潮，把学习十七大精神作为首要政治任务，采取多种形式认真组织学习十七大文件，联系实际认真研究今后工作和发展思路，大力推进行业党的建设和职工队伍建设。

——摘编自国家烟草专卖局局长姜成康在2008年全国烟草工作会议上的报告《认真学习贯彻党的十七大精神为建设严格规范、富有效率、充满活力的中国烟草努力奋斗》

发展计划与经济运行

【行业经济运行总体情况】 2007年，烟草行业经济运行处于平稳增长态势，产销均衡增长，库存基本合理；卷烟产品结构提升，价格稳定，效益稳步增长；行业重点品牌价格稳中有升，市场表现强劲，重点企业运行态势良好，竞争实力明显增强。

2007年，全年生产卷烟21413.8亿支（4282.8万箱），比上年增长5.9%；销售卷烟21395.9亿支（4279.2万箱），同比增长5.1%。年末卷烟工商库存1220.2亿支（244.0万箱），保持正常水平。

卷烟产品结构稳步提升，一、二类烟产品集中度增势明显。2007年卷烟产量同比增长5.9%，其中，一、二、三、四类烟产量同比分别增加73万箱、80.26万箱、164.91万箱、52.93万箱，五类烟产量同比减少131.18万箱。2007年，一、二、三类烟产量占总产量的比重分别为5.88%、7.22%、19.99%，同比增长1.46、1.56和2.89个百分点，四、五类烟产量比重分别为35.15%、31.76%，同比分别降低0.77、5.13个百分点。

【计划管理】 *烟叶生产计划*。改进烟叶计划资源配置方式，保持烟叶原料与卷烟产品之间的协调。着力解决烟叶存量资源在企业间总量不平衡的矛盾。新增的烟叶收购计划以卷烟生产企业提出的需求为依据，向有市场需求的适宜区配置，实现烟叶“产得出、上得去、调得动”，缓解供求矛盾，提高重点骨干品牌原料保障能力。下达2007年烤烟种植计划1561万亩，烤烟收购计划4169.2万担，烤烟调出、调入计划3789.2万担，晾晒烟收购计划131万担，烤烟供应出口计划380万担，烤烟国家储备计划500万担。

卷烟生产计划。坚持“控制总量、稍紧平衡”的卷烟调控方针，以优化结构、满足市场有效供给为主要调控目标，确保卷烟产销的平衡。按照“放开衔接，适度引导，定向整合，促进发展”的要求，对产销衔接模式进行改革，在坚持现有卷烟生产计划管理体制前提下，对卷烟品牌在全国范围内放开衔接，适度引导，定向整合，促进发展。对产大于销的产品加快整合；对销大于产的产品在适度引导前提下，通过定向整合等方式增加供给。2007年新增的卷烟生产计划主要用于扶持重点骨干品牌生产。通过“定向整合”，卷烟产品适应市场的水平有所提升，市场需求得到较好满足。

进出口计划。对外贸易保持稳定，原辅料进口计划保障了卷烟工业企业的生产需求。

【物价管理】 *规范“两烟”价格行为*。针对2007年以来烟叶种植成本增加、种烟比较收益降低等问题，国家局组织相关部门进行专题调研，就烟农种植成本和收益情况进行了深入调查和测算，并在此基础上，提出2008年烟叶收购价格的初步安排意见。经过3年的努力，基本实现统一全国卷烟批发价格、规范调批差率和批零差率的局面，规范了卷烟经营行为，稳定了市场价格，保障了零售客户和卷烟消费者的合理利益。召开北方、南方和西部三个统价区域统一批发价格协调会议，及时更新区域统一批发价格目录。国家局价格管理部门重新制订区域卷烟统价工作流程，提高了区域统价工作的效率。9月，国家局下发《国家烟草专卖局关于印发〈罚没卷烟管理办法（试行）〉的通知》，加强罚没卷烟的管理，统一和规范处理程序，确保罚没卷烟顺畅纳入流通渠道。

卷烟价格审批和统一归档。国家局价格管理部门以做强做大企业、市场和品牌，积极培育“两个10多个”为目标，按照“公平竞争、平稳发展、市场导向、培育重点品牌”的原则，促进资源优化配置，严把卷烟价格审批关，逐步压缩小牌号规格卷烟的批发毛利率。稳步推进低档烟牌号的跨类归档、零售价3~5元/包卷烟批发价格归档和零售明码标价等工作。严格控制超高价位卷烟的审批，有效防止盲目开发超高价位卷烟，减少了对烟草行业的负面影响，为企业竞争、市场竞争和品牌竞争营造出一个相对公平的竞争环境。

价格管理信息化建设。2007年，烟草行业卷烟价格管理以价格为轴心，以掌握真实市场需求为目标，在卷烟价格管理分析和卷烟市场监测两个系统的建设上取得突破性进展。

卷烟价格管理分析系统成效显著。为使卷烟价格管理分析系统尽快发挥效用，国家局先后3次下发关于卷烟价格管理分析系统在行业内运行的管理文件，完善卷烟信息采集、卷烟数据分析等模块功能，丰富数据信息，提高了数据的准确性、时效性。

卷烟市场监测系统运行平稳。2007年，在全国范围内构建起稳定高效运行的卷烟零售户调查网络，信息流由系统内延伸至卷烟终端消费市场，积累了价格、总量、结构、市场、品牌、企业等多维度系统内市场信息资源。

【投资管理】 *制度建设及项目管理*。进一步健全符合行业实际和新形势的投资管理制度。为严格履行中国烟草总公司出资人职责，加强对所属企业投资项目管理，4月，总公司下发《中国烟草总公司关于投资项目管理的规定（暂行）》。为规范中国烟草总公司机关投资、采购行为，加强对机关投资项目、采购工作的管理和监督，11月，总公司下发《中国烟草总公司机关投资项目管理规定》和《中国烟草总公司机关采购管理规定》。对《卷烟物流配送中心设计手册》、《烟草行业投资项目招标投标管理办法》、《卷烟厂建设标准》、《烟草行业固定资产投资项目节能减排管理办法》等规章制度做了进一步修改完善。

国家局、总公司向各省局（公司）及机关各部门、各单位转发了中共中央办公厅国务院办公厅《关于进一步严格控制党政机关办公楼等楼堂馆所建设问题通知的通知》，严格控制行业内楼堂馆所类建设项目。

全行业开展烟草系统固定资产投资专项检查，全面掌握系统内固定资产投资的管理运行状况，重点检查项目（包括烟机购置）的审批和管理是否符合有关规定和程序。

烟草工业系统投资管理。推进卷烟工业企业技术改造，以培育“两个10多个”为工作重点，以工业企业“四个中心”建设为主要内容，围绕卷烟重点骨干品牌进行卷烟生产企业的技术改造，鼓励企业在工艺技术和产品技术方面的自主创新和技术进步。以分类加工、精细化加工和智能化控制为建设的主要内容，以节能间配合为再造的主要内容，以突出卷烟特色工艺和风格特征为主要目标，统筹兼顾、积极稳妥地推进行业技术改造。

2007年国家局论证和批准的工业系统投资项目有：长春卷烟厂易地技术改造、贵阳卷烟厂易地技改项目调整、昆明卷烟厂易地技术改造项目主要建设内容调整、长春卷烟厂“十一五”易地技术改造、新疆卷烟厂原料高架库及配套输送系统的技术改造、大理卷烟厂烟叶仓库建设、合肥卷烟厂新建烟叶醇化库、零陵卷烟厂仓储设施建设、深圳烟草工业有限责任公司烟叶仓库建设、南昌卷烟厂“十五”易地技术改造、蚌埠卷烟厂“十五”易地技术改造、吴忠卷烟厂技术改造、河北白沙烟草有限责任公司“十五”易地技术改造二期工程、广西中烟工业公司柳州卷烟分厂“十一五”技术改造、漯河卷烟厂填平补齐技术改造、张家口卷烟厂有限责任公司片烟醇化仓库建设、遵义卷烟厂联合工房局部加层技改；上海卷烟厂“中华”牌卷烟专用生产线技术改造、龙岩烟草工业有限责任公司精品“七匹狼”卷烟专用生产线技术改造、厦门烟草工业有限责任公司“金桥”卷烟生产线技术改造等品牌专线项目。

烟草商业系统投资管理。根据商业系统改革和销售网络建设需要，引导物流系统建设。2007年国家局论证和批准的商业系统投资项目有：辽宁省局购置烟草专卖稽查中心业务用房、陕西省渭南市公司建设卷烟物流配送中心及经营业务用房，陕西汉中、陕西商洛、河南周口、福建泉州、福建龙岩、湖北随州、四川万州、江苏常州、江苏泰州、江苏镇江、江苏淮安、江苏连云港、河北廊坊、江西萍乡、江苏宿迁、湖南常德、河北邯郸、四川广安、四川凉山、四川资阳等市公司建设卷烟配送中心项目。

多元化投资管理。坚持“做精做强主业，保持平稳发展”的行业工作指导方针，严格控制多元化投资项目，集中行业资金投资国家需要的重点项目。对新建项目实行严格控制；对已经运营、经济效益较好，需要进一步改造和完善的项目给予支持；对经济效益较差的项目，严格控制其追加投资。2007年国家局论证和批准的多元化投资项目有：红塔烟草（集团）有限责任公司投资入股云南华能澜沧江水电有限公司项目、厦门海晟信息技术有限公司购买厦门软件园二期研发楼。

烟机购置管理。做好行业烟机控制审批工作，严格控制生产能力，同时为重点骨干企业和重点骨干品牌技术改造提供合理装备支持。

【品牌培育与品牌整合】 2007年，全行业推进按订单组织货源和向订单组织生产延伸工作的深入开展，使卷烟结构和品种更加适应市场。为促进优势品牌做大做强，规范卷烟品牌定向整合运作流程，国家局下发《国家烟草专卖局关于卷烟品牌定向整合的指导意见》，明确卷烟品牌定向整合的指导思想与原则，并对定向整合的条件、方式、工作要求和业务流程做出相关规定。

6月，国家局在北京召开烟草行业培育10多个重点骨干品牌研讨会，会议总结交流了自国家局《中国卷烟品牌发展纲要》下发后各地培育“10多个”重点骨干品牌的经验和做法，重点研讨如何进一步以市场为导向、以“百牌号”为基础提高品牌特别是“10多个”重点骨干品牌的核心竞争能力，进一步明确了培育重点骨干品牌的思路、方向和须重点处理好的几个关系。

2007年，卷烟牌号进一步减少，产销集中度进一步提高，重点骨干品牌发展呈现良好态势。全国卷烟销量排名前10位的卷烟品牌全年销量总计7972.5亿支（1594.5万箱），品牌集中度为37.8%，同比提高5.9个百分点。特别是“红塔山”、“双喜”两个品牌进入全国卷烟销量排名前10位，标志着新的二类卷烟进入行业大品牌行列。“中华”、“芙蓉王”、“云烟”、“玉溪”、“苏烟”、“黄鹤楼”、“利群”、“七匹狼”、“南京”、“红河”、“红塔山”、“双喜”等一批品牌产销扩量的同时，保持了较低的存销比。2007年，共有13个卷烟品牌产销量超过500亿支（100万箱），其中“红梅”、“白沙”超过1000亿支（200万箱）；有19个品牌销售额超过100亿元。

2007年，行业累计在产牌号176个，同比减少52个。2007年行业累计在产规格885个，同比减少194

个。行业平均单品牌产量121.65亿支（24.33万箱），同比增加33亿支（6.6万箱）；行业平均单规格产量24.2亿支（4.84万箱），同比增加5.45亿支（1.09万箱）。

【低档烟产销】 2007年，全行业累计生产低档卷烟7003.1亿支（1400.62万箱），同比减少7.56%，占全年低档卷烟产量计划的99.46%。累计销售低档卷烟7009.5亿支（1401.9万箱），同比减少6.43%，占全年低档卷烟销售计划的101.85%。

【打码到条及订单采集系统项目建设】 *项目方案测试*。在完成打码到条及订单采集系统项目（简称“打码到条项目”）软件开发的基础上，对系统设计方案及系统原型进行了运行测试，对行业在用的分拣、打码设备进行了可用性和适用性测试工作，配合中国软件测评中心开展第三方测试工作。

项目试点实施。1月，湖北烟草作为烟草行业打码到条项目的试点单位，在全省开展项目试点；3月底，顺利完成全省的项目实施；4月，打码到条及订单采集系统在湖北全面运行；6月，在湖北武汉召开全国打码到条项目实施工作现场会，会议重点对湖北实施经验进行了总结，行业各项目实施单位学习了湖北省打码到条项目试点的成功经验，推进了打码到条项目在行业的全面实施。通过湖北打码到条项目的试点实施，推动了技术方案的成熟，充分验证了技术可靠性和业务适应性；形成了以省为单位有效的实施推广模式；推动了整托盘工商联运；推动了决策系统的应用深化。

项目在全行业实施推广。6月底，国家局组织项目二期实施省份进行项目设备选型和商务合同的集中签订。项目二期实施单位包括17家省级局（公司）及其所属的151家地市级公司。

2007年，打码到条项目一、二两期在全国的实施单位包括33家省级公司和342家地市级公司。截至2007年底，有193家实施单位完成系统初验，进入项目试运行阶段，占实施单位总数的52%；135家单位正在进行系统部署和联调工作，占实施单位总数的36%。总体上看，2007年底基本完成了项目建设进度的80%。

【卷烟工艺】 2007年，行业先后召开了中式卷烟制丝生产线专项论证会、中式卷烟制丝生产线自主创新试点单位座谈会以及中式卷烟制丝生产线专项品牌专用制丝生产线创新目标研讨会，不断强化新版工艺规范贯彻，推进中式卷烟制丝设备自主创新工作。

在不断强化新版工艺规范贯彻的同时，积极推进中式卷烟制丝设备自主创新工作。全行业卷烟工业企业和科研单位贯彻落实《烟草行业中长期科技发展规划纲要（2006～2020年）》，按照《国家烟草专卖局关于实施烟草科技重大专项的若干意见》的要求，围绕突出重点骨干品牌风格特点、提升卷烟品质、提高烟叶原料的使用价值、增强中式卷烟产品的核心竞争力，从中式卷烟的品牌风格特征研究入手，采用“工艺研究提需求，研制开发出设备，系统打造专用线”的技术思路，打造中式卷烟制丝生产线。中式卷烟制丝生产线专项完成启动实施。

【企业管理】 *“四个中心”① 建设*。推进“四个中心”的建设，促进重组后的省级工业公司由管理为主向生产经营实体的职能转型。9月，国家局下发《国家烟草专卖局关于加强省级工业公司“四个中心”建设的意见》，《意见》从“四个中心”建设的重要性、职能定位、建设的目标、原则、要求及组织实施等方面为“四个中心”建设提供了指导性意见。

9月初，在广东广州召开全国烟草行业企业管理现场会，会议围绕“加强‘三个建设’，实现‘两个转变’”② 的会议主题，强调企业管理工作要以满足和创造需求为目标，着力推进工商协同营销建设、“四个中心”建设和质量管理体系建设。

质量管理。为切实强化企业基础管理和提高管理水平，以突出“四个中心”建设、突出按订单组织货源、突出向现代烟草转变，全面提升企业管理水平为主要目标，全行业工商企业全面推行和贯彻ISO 9000质量管理体系。截至2007年底，工商企业启动ISO 9000质量管理体系建设的单位超过50%，行业近700人取得实施质量管理体系内审员资格。

规范质量管理体系建设运作。9月，国家局下发《国家烟草专卖局关于进一步做好全面实施质量管理体系工作的通知》，明确指出行业全面实施质量管理体系工作要突出时效、注重培训、强化审核、加强领导。为了全面提升质量管理体系运行的质量和持续改进水平，10月，国家局办公室下发《国家烟草专卖局办公室关于组建烟草行业体系审

---

① 即技术研发中心、市场营销中心、物资采购中心、生产制造中心。

② 即通过推进“四个中心”建设，努力实现在管理模式上由传统卷烟工业向现代卷烟工业的转变；通过推进质量管理体系建设，努力为由传统商业向现代流通，传统烟叶生产向现代烟草农业转变打牢管理基础；通过工商协同营销机制的建设，搭建现代卷烟工业与现代流通的平台。

核专家队伍的通知》，按照相关规定进行行业体系审核人员的选拔。

加强质量管理体系建设研讨。12月11日，全国烟草行业质量管理体系建设研讨交流会在四川成都召开，来自行业省级局（公司）、工业公司，36家重点城市和产量50万担以上烟叶产区单位代表238人参加了会议。会议通过经验交流与现场参观相结合的方式，推广四川省局（公司）“全面贯标”的工作模式，共同交流研讨进一步提高行业质量管理体系建设和运行水平，加快实现传统管理向现代管理的转变。

广泛开展QC小组活动。8月，召开2007年全国烟草行业优秀QC成果发布会，各省级单位推选的优秀QC成果在发布会上发布，12项成果被选评为“中国质量协会优秀QC成果”。

物资管理。在确保行业物资供应安全可靠的同时，强化规范、节约、环保、利用资源、降低成本的管理理念和工作要求，逐步推广企业实行专卖品和非专卖品网上交易活动，实现“阳光采购”。

安全管理。以切实提高安全管理水平，确保安全生产为目的，全面推进OHSAS18000行业职业健康安全管理体系的实施。1月26日、7月12日、9月26日，国家局先后3次召开烟草行业安全生产工作电视电话会议，部署行业安全生产工作。几次会议全面分析了2007年初以来行业各类安全事故发生的主要原因和安全生产工作中存在的主要问题，提出要切实增强安全生产意识、全面落实安全生产责任、突出抓好安全专项整治、扎实推进安全基础建设。

【节能减排】 2007年，大力推进节能减排工作。更加重视节约成本、降低费用、减少消耗，更加重视提高资源利用效率，把发展建立在投入少、消耗低、效益好的基础上，努力建设资源节约型和环境友好型行业。根据《国务院关于印发节能减排综合性方案的通知》要求各行业应提出2010年节能减排的实现目标，国家局于8月分别确定行业万元产值能耗降低20%的目标与污染排放物总量减少10%的目标。

为确保完成烟草行业节能减排任务指标，国家局下发《国家烟草专卖局关于烟草行业加强节能减排工作的实施意见》，《意见》着重强调节能减排的重要意义，明确了指导思想，制订了工作措施，提出了工作要求，确定了到2010年行业节能减排实现目标。行业各单位都按照中央部署和国家局要求，制订节能减排具体目标、任务和措施，针对企业不同特点确定工作重点，持续加以推进，确保节能减排目标实现。

2007年，行业工业万元产值能耗43.2千克标煤，比2005年降低21.3%；万支卷烟综合能耗4.5千克标煤，比2005年降低29.7%；万支卷烟烟叶消耗7.1千克，比2002年降低5.8%。工业二氧化硫和化学需氧量排放量分别比2005年下降28.2%和32.6%。商业企业人均销售卷烟比2002年增长18.15%；物流配送成本万支卷烟比上年降低10%左右；总资产报酬率比2002年提高25.1个百分点。

烟叶生产经营

【烟叶工作相关政策】 2007年，全国烟草行业继续把烟叶工作作为行业发展的重要基础来抓，坚持“稳定规模、优化结构、提高质量、平稳发展”的工作方针，狠抓计划落实、科技进步、基础建设和管理创新，烟叶种植规模保持稳定，生产水平不断提高，烟叶生产基础设施建设进一步加强，生产经营方式逐步转变，烟叶生产实现连续十年平稳发展。

国家烟草专卖局加强对烟叶工作的宏观指导，明确把稳定规模作为烟叶工作的首要任务，调整烟叶收购价格，稳定生产投入政策，多次召开电视电话会议部署烟叶工作。将合同制作为保障烟叶生产平稳发展的根本措施来抓，进一步加大合同管理力度，国家局印发《烟叶种植收购合同管理暂行办法》，明确合同签订原则，规范签订程序，完善合同内容，统一合同格式，加强对合同执行情况的监督检查。

根据烟叶生产形势的复杂变化，调整完善了有关烟叶的经济政策。烤烟用煤补贴纳入烟叶收购价格进行管理；烟叶生产投入坚持分类管理、总量控制，全国烟叶生产投入补贴标准基本控制在15%的范围内，有效保护了烟农的积极性，促进烟叶生产规模的稳定。

烤房补贴政策有了新的调整，《全国烟叶烤房建设工作方案》规定，2.7米×8米以上规格新建卧式密集烤房每座补贴14000元，热源外置普通标准化烤房改造每座补贴4000元，热源内置普通标准化烤房改造每座补贴2000元，不足部分由基层公司、烟农或村组自行承担。

【烟叶种植】 国家局多次召开电视电话会议部署烟叶工作，牢牢把握发展主动权。通过落实《烟叶种植收购合同管理暂行办法》，以合同为主线，加强烟叶计划管理，搞好烟田预留、种子供应、烟苗培育、物资发放、烟苗移栽等环节控制。

烟叶生产规模保持稳定，规模化水平进一步提高。全国种植烤烟1534万亩，签订种植收购合同285万份，比上年减少41万份；烟农户均种植面积5.38亩，比上年增加0.55亩。在较多产区烟叶生长期持续阴雨和低温寡照，部分产区遭遇风、雹、旱、病等自然灾害，烟叶减产减质较重的情况下，全国烟叶生产基本实现了“稳得住、控得住”的目标。

【烟叶收购】 2007年，国家局在“一省五市”（福建省、云南红河、贵州遵义、四川宜宾、河南信阳、湖南衡阳）开展了烟叶原收原调试点工作，促进了烟叶入户预检、编码收购全面推行，合同制收购和收购纪律得到较好执行。全年先后在云南昆明、陕西咸阳、内蒙古呼伦贝尔召开烟叶收购边界协调会，稳定烟叶收购秩序。各烟叶产区在收购工作中严格执行国家局关于烟叶收购工作的纪律要求，严格按计划、按合同组织收购，等级质量比较平稳。

全年共收购烤烟194.62万吨（3892.47万担），完成收购计划的92.45%。收购晾晒烟5.01万吨（100.19万担），其中，白肋烟2.60万吨（51.99万担），香料烟1.22万吨（24.32万担），其他晾晒烟1.19万吨（23.88万担）。全国平均收购上等烟比例为48%、中等烟比例为37%，收购均价10.84元/千克，烟农实现售烟收入211亿元。平均收购等级合格率66.8%，工商交接等级合格率63.3%。

【种质资源开发及烟草育种】 2007年，全国烤烟种植品种以“云烟87”、“K326”、“云烟85”比例最大，其次为“中烟100”、“红花大金元”、“NC89”、“龙江911”、“翠碧1号”。“云烟87”面积进一步扩大，“K326”、“NC89”、“云烟85”略有下降，优质特色品种“红花大金元”、“翠碧1号”和新品种“中烟100”保持稳定。“云烟202”、“中烟201”、“秦烟1号”等新品种的种植面积上升较快，新品种“云烟203”、“中烟103”、“吉烟9号”、“辽烟16号”、“粤烟96”等新品种也扩大了种植示范区域。

烤烟新品种、自育品种的种植比例进一步提升，达到73.8%；种植品种数量较多，达到30多个，不过主栽品种仍然单一。“K326”、“云烟85”、“云烟87”3个品种占全国烤烟种植面积的76.9%，比上年降低5个百分点；“中烟100”、“红花大金元”、“NC89”、“龙江911”、“云烟87”、“翠碧1号”、“K326”、“云烟85”8个品种占全国烤烟种植面积的94.0%。南方烟区“K326”、“云烟85”、“云烟87”3个品种占烤烟种植面积的83.1%；北方烟区“中烟100”、“云烟87”、“NC89”和“龙江911”四个品种占烤烟种植面积的71.3%，同比下降7.5个百分点。

【烟叶流通】 行业烟叶流通模式逐步完善，福建等一些烟区烟叶收购全面落实合同管理、全面推行预检制、全面开展编码收购。各烟区不断创新烟叶经营管理方式，“合同种植、入户预检、编码收购、原收原调、委托加工”的流通模式基本框架初步形成，烟叶流通秩序不断改善，过程控制能力明显提高。2007年开始全面推行的“原收原调”，促进了入户预检、编码收购全面推行，提高了收购工作整体水平。

烟叶交易模式和准运证管理系统调整优化，实行全国统一管理，烟叶购销合同和委托加工合同进一步完善。全国共签订2007年度烤烟购销合同3739万担（不含出口备货），完成集中交易计划的98%，同比增加63万担。

【技术推广】 先进适用技术推广。行业烟叶种植的先进适用技术得到快速推广，全国集约化育苗移栽面积达93%，其中漂浮育苗达种植面积的74%。2007年度建设烤房受益面积206万亩，其中，建设密集式烤房5.2万座，累计新建和改建密集式烤房31.9万座，集约化烘烤得到加快推广。土壤改良、平衡施肥、病虫防治、烟田排灌、科学烘烤等技术普遍推广应用。烟叶质量管理体系、GAP管理模式、标准化生产推广面积不断扩大，烟叶生产水平不断提高。

烟叶技术改进。中国烟叶公司投入烟叶技术改进经费1500万元，开展营养管理、质量改进、减灾减害、烘烤配套、烟草农用机械、基层建设、技术指导等7类18个烟叶技术改进项目的深化研究，提高了烟叶科技水平；启动“特色优质烟叶开发”重大专项课题，并完成了项目总体方案的编写论证。

部分替代进口项目。全年安排部分替代进口烟叶项目面积39万亩，收购量115.2万担。项目区的烟叶质量明显改善，风格特色更加突出，部分替代进口烟叶的生产、收购、调拨任务，配方打叶、综合叶组、配方模块替代也取得较大进展。自2004年项目启动以来，累计安排烟叶种植面积71.6万亩，收购烟叶213.6万担，涉及10个省43个县区和17家卷烟工业企业，项目发挥了良好的带动、探索、替代作用。

烟叶生产专业化服务。以实现烟农减工、降本、提质、增效为目标，积极引导，分类指导，加快烟叶生产专业化分工、社会化服务的步伐。全国烤烟商品化供苗率达69%，烟田机耕面积达29.1%，烟田病虫害统防统治面积达28.3%，专业化烘烤面积不断扩大，烟叶生产合作组织深入发展，风险保障体系、农化服务体系更加完善，生产组织化程度显著提高。

【现代烟草农业】 2007年7月，国家局做出了发展现代烟草农业的战略部署，提出了发展现代烟草农业的总体要求和目标措施。8月，全国现代烟草农业专题座谈会在哈尔滨召开，下发了《国家烟草专卖局关于发展现代烟草农业的指导意见》，明确把发展现代烟草农业作为全行业重要的历史任务。国家局在深入调研论证的基础上，把加强"基础设施建设、规模化种植、集约化经营、专业化服务、信息化管理"的"一基四化"作为现代烟草农业建设的工作重点。

按照"统筹规划、突出重点、综合配套、稳步推进"的原则开展现代烟草农业试点工作，云南楚雄、贵州毕节、四川凉山、山东潍坊作为全国烟草行业的现代烟草农业试点。

【烟叶生产基础设施建设】 烟叶生产基础设施建设工作在实践中认识不断深化、制度不断完善、管理逐步规范，全年先后在重庆、辽宁、北京和山东召开了全国烟叶生产基础设施建设会议，总结烟叶生产基础设施项目的建设经验，明确烟水配套及烤房建设的目标措施。

烟水配套工程形成了"系统规划、网络布局、规模推进"的工作思路，建设了一大批优质高效工程，发挥了烟水配套工程的整体效益。项目管理方式更加完善，国家局印发了《烟叶生产基础设施建设项目管理办法（试行）》、《烤房建设工作方案》等文件，形成"政府牵头、部门联动、三个以我为主"的项目管理模式。烤房建设按照以密集式烤房为主、以群组式烤房为主、以整村成片推进为主的"三为主"原则，坚持集约化发展方向。烤房设备管理得到加强，推行烤房设备供应商资格认证制度，第一批烤房设备供应商的资格得到认证。

2007年度全国在建烟水配套工程受益烟田面积479万亩，烤房受益面积206万亩，密集式烤房5.2万座，机耕路1447公里。全年烟草行业共投入45亿元资金用于烟叶生产基础设施建设。有57个验收组290人次，先后分30批对22个省（市、区）2006年度烟叶生产基础设施项目进行验收，随机抽取68个市级局下属136个县级局的2613项工程，确保了项目建设的进度、质量和效果。国家局对有关烟叶产区2007年度项目进行验收结果表明，各地工程建设项目不断优化，工程质量得到提高，项目管理更加规范，整体效益充分发挥。2005年以来，全国共完成烟叶生产基础设施项目153万项，烟水配套工程受益基本烟田1443万亩，烤房受益面积456万亩。

【烟叶基层建设】 2007年，各烟叶产区认真落实"重心下移、着眼基层、突出服务、加强基础"的烟叶工作方针，按照国家局《关于加强烟叶基层建设的决定》要求，对照本单位实际开展工作，烟叶基层建设取得了一定进展。

烟叶基层站建设。初步制定了基层站建设的规范和设计标准，按照"合理规划、相对集中、方便烟农、有利管理"的原则，提高资源配置效率，在全国范围内对基层站建设进行统一规划、优化布局，并且优先建设重点烟叶产区，烟叶基层站的布局得到优化，标准化水平逐步提高。

烟叶基层队伍建设。深入开展技术培训，提高烟叶基层队伍整体素质，以中国烟草总公司职工技术培训中心和有关烟叶科技培训基地为依托举办了全国烟叶烘烤、分级、复烤等技术培训班，其中，举办烤烟国标分级培训班5期，培训人数1055人。举办第三届全国烟草行业烟叶分级职业技能竞赛，开展职业技能培训和鉴定工作。

【烟叶信息化建设】 以合同为主线，推行电子合同。2007年，在福建全省、陕西咸阳和铜川、贵州遵义等地开展了烟叶电子合同试点，签订电子合同11.3万份，种植面积达97万亩，推进了烟叶种植收购合同信息化管理。

全面推广烟叶信息管理基础软件，按照"统一标准、统一平台、统一数据库、统一网络"的要求，集成到烟草行业统一信息平台上，实现与其他信息管理系统的有效对接。在贵州、四川、湖北、山东、内蒙古五省区的烟叶基层站点推广烟叶信息管理基础软件，截至2007年底，全国23个烟叶产区省级公司、18个工业公司、110个地市级公司、30个卷烟企业均已应用了基础软件的收购和调拨模块，烟叶工作站基本实现了电子收购机（微机、POS机）收购。

开发了烟叶生产子系统产情查询模块，烟叶产情信息采集实现定期化、制度化、实效化。对基础软件的业务流程进行系统优化，全面梳理烟叶业务流程，紧紧围绕“物流、合同”两条管理主线展开对基础软件业务流程的升级优化，实现从烟叶工作站到地市级公司、复烤厂、卷烟工业企业各环节，烟叶种植收购合同、购销合同、加工合同的有效管理。

【烟叶复烤加工】 2007年9月，全国打叶复烤企业工作会议在云南昆明召开，完成了《关于加强打叶复烤烟叶流通管理的若干规定》、《打叶复烤企业“十一五”技术改造指导意见》的起草工作，在深化打叶复烤企业改革、加强复烤环节烟叶流通管理、推广先进复烤工艺技术、完善烟叶加工服务、调研和检查复烤企业节能减排情况等方面做出了相关规定，并提出了相关指导意见。

打叶复烤企业改革不断深化，全行业打叶复烤企业减少到62家，打叶复烤线减少到83条，有48家打叶复烤企业完成了公司制改造，全国打叶复烤企业年加工烟叶总量达4000万担左右。复烤加工资源配置不断改善，企业资产状况和经营效益有所好转，技术工艺和服务水平进一步提高，经营秩序有了较大转变，节能减排受到各打叶复烤企业的重视。

【烟叶进出口】 2007年，克服了国际市场烟叶资源紧张、价格上涨等不利因素，主动组织货源，从巴西、津巴布韦、美国、阿根廷、赞比亚、加拿大购进烟叶9.3万吨，比上年增加4.9万吨。出口烟叶10.9万吨，出口创汇24956万美元。

卷烟生产经营

【卷烟产销情况】 2007年，全国卷烟工业企业累计生产卷烟21413.8亿支（4282.8万箱），同比增长5.9%。全年国内卷烟销量21395.9亿支（4279.2万箱），同比增长5.2%，完成全年销售任务的104.9%，超额完成991.9亿支（198.4万箱）。年末卷烟库存总量1220.2亿支（244.0万箱），其中，工业库存180.3亿支（36.1万箱）、商业库存1039.9亿支（208.0万箱）。

全国卷烟销售结构进一步提高，全年一、二类烟销量超过2700.0亿支（540.0万箱）；销售三类烟4207.2亿支（841.4万箱），同比增加725.9亿支（145.2万箱），增长20.9%；四类烟7504.7亿支（1500.9万箱），同比增加187.8亿支（37.6万箱），增长2.6%；五类烟6747.8亿支（1349.6万箱），同比减少629.0亿支（125.8万箱），下降8.5%。

名优烟累计销售11814.9亿支（2363.0万箱），同比增加2352.8亿支（470.6万箱），增长24.9%，占全国销量的55.6%。“百牌号”卷烟累计销售20176.7亿支（4035.3万箱），同比增加1691.1亿支（338.2万箱），同比增长9.2%，占全国销量的95%，同比提高3.7个百分点。商业企业实现卷烟销售额5732.7亿元，同比增加879.8亿元，增长18.1%。

【卷烟市场分析】 2007年，全国卷烟销售呈现出全面、协调、稳定增长的良好态势。全行业33个省级单位销量均有所上升，最高增幅不超过10%，最低增幅不低于1%，卷烟销量处于近五年来最好水平。

从区域层面看，华东地区和中南地区是卷烟销量增长的主要区域，销量始终保持较快增长态势。2007年，华东地区销量为6507.0亿支（1301.4万箱），同比增加373.3亿支（74.7万箱），增长6.1%，销量和增幅均位居全国六大行政区的首位，除江苏、安徽两省外，所有省份销量增幅均超过5%。中南地区销量为5887.4亿支（1177.5万箱），同比增加235.8亿支（47.2万箱），增长4.2%，其中广西、湖南两省销量的增幅超过5%。西北地区尽管销量规模不大，但销量快速增长，2007年销量为1455.2亿支（291.0万箱），同比增加9.3亿支（13.9万箱），增长5.0%，新疆、陕西两地的增幅均大于西北地区平均增幅。华北、东北和西南地区也保持了平稳增长态势，华北地区销量2767.0亿支（553.4万箱），同比增加110.9亿支（22.2万箱），增长4.2%，其中，内蒙古区局销量增幅最大，达到8%。东北地区销量为1795.1亿支（359.0万箱），同比增加46.3亿支（9.3万箱），增长4.2%，所有省份销量增幅均在2%～4%之间。西南地区销量为2823.9亿支（564.8万箱），同比增加

153.4亿支（30.7万箱），增长5.7%，其中云南省和西藏自治区增幅最大，超过8%。

【卷烟网上交易】 国家局于2006年下半年放开省际、省内交易计划限制，2007年上半年集中交易期间，又进一步提出“放开衔接、适度引导、定向整合、促进发展”的交易方针。卷烟交易方式的改变一定程度上降低了原来省际卷烟交易中的区域性封锁，改善了市场结构。工业企业更加重视对省外市场的拓展，商业企业也越来越重视对省外资源的引进。重点优势品牌在全国市场上的占有率进一步提高，全年省际间卷烟交易量达到9484.85亿支（1896.97万箱），占国内市场总销量的比重为44.9%，同比提高4个百分点。

2007年上半年全国卷烟集中交易共签订半年协议5152份，协议签订议总量9631.85亿支（1926.37万箱），完成调入计划10751.6亿支（2150.32万箱）的89.59%，完成调出计划10645.85亿支（2129.17万箱）的90.48%。

2007年下半年全国卷烟集中交易共签订半年协议5274份，协议签订总量9293.85亿支（1858.77万箱），完成调入计划9665.5亿支（1933.1万箱）的96.15%，完成调出计划9516.7亿支（1903.34万箱）的97.66%。

【按客户订单组织货源】 2007年，“按客户订单组织货源”工作由原三省三市试点单位，推广到36个重点城市。按照《2007年按客户订单组织货源工作方案》的要求，各重点城市在经过1月~3月的准备阶段和4月~6月的试运行阶段后，于7月开始进入正式运行阶段，总体上呈现出“重点突出、协同创新、扎实有序、整体推进”的特点。2007年订单供货工作在三个延伸方面取得了明显进展，一是从试点单位向全国重点城市的延伸取得明显成效，二是从订单供货向订单生产延伸取得实质性进展，三是从操作层面向体制机制层面的延伸取得了重要突破。

*宏观政策层面推进订单供货工作。*1月，国家局“按客户订单组织货源”领导小组召开了2007年“按客户订单组织货源”工作会议，对2007年工作进行了全面部署，下发《2007年“按客户订单组织货源”工作方案》，以及“需求预测规范”、“货源组织规范”、“货源供应规范”、“品牌管理规范”等多份规范性文件。3月，国家局在分别在深圳、大连就“按客户订单组织货源”工作流程开展培训。4月，召开部署卷烟市场需求预测工作电视电话会议，决定在工商企业建立卷烟需求预测制度。5月和10月，国家局两次在平谷举办卷烟需求预测培训班，下发文件要求各级工商企业成立专门的需求预测工作领导小组，由专人负责需求预测工作。8月，国家局召开2007年“按客户订单组织货源”工作第二次会议，总结上半年工作，分析、解决工作中的突出问题，安排部署下半年工作。

*原试点单位继续带头引路，新推广单位努力跟进。*大连、深圳、杭州三个试点城市总结前两年的试点经验，归纳出了相关的业务流程和操作规范。深圳市局（公司）积极创新管理手段和预测方法，预测准确率大大提高。大连市局（公司）注重优化品类结构，促进批零互动，培育品牌方面又有新的进展。山西省局（公司）不断创新社会库存、零售客户需求的信息采集方法。浙江省局（公司）积极探索尝试现代营销和物流新模式。山东省局（公司）认真把握市场真实需求，细致做好抓住货源和品牌培育两大工作。新推广单位则在需求预测、货源组织和供应工作进行探索。广州市局（公司）做了大量的消费者信息收集整理工作，建立消费者信息库，为合理分配货源提供可靠依据；郑州市局（公司）不断优化订单供货工作流程，提高工作效率；南京市局（公司）通过实施精确营销，结合零售业态和商圈类型等情况，积极探索把握需求和货源供应的有效做法；昆明市局（公司）开展半年需求预测和季度调整预测工作，预测准确率不断提高；西安市局（公司）应用“市场因素量化分析法”，注重社会库存数据的采集和分析，基础工作不断得到加强。

*按订单组织货源向按订单组织生产延伸。*卷烟工业企业逐步认识到订单供货给企业和品牌发展带来的机遇，开始把订单生产放到重要位置，不断整合内部资源、优化生产流程，在生产组织上更加注重适应市场需求，订单生产取得了积极进展。上海烟草（集团）公司就订单生产和订单响应展开研究；浙江中烟工业公司积极开展网上配货，完善工商物流配送体系；红塔烟草（集团）有限责任公司按照订单生产的要求加强“四个中心”建设，2007年定向生产和定向整合将达到93万箱。

*经济运行指标的提升和重点品牌的快速发展。*随着订单供货工作的深入开展，市场真实需求得到较好把握，非市场因素得到较好克服，产销衔接比较顺畅，货源供应比较充足，重点品牌得到较好发展，体制机制得到较好完善，同时也有力地促进了试点和推广单位各项经济运行指标的提升。2007年开展订单供货的70个城市销量合计1604.12万箱，同比增加97.96万箱，增长6.5%，增幅高于全行业1.59个百分点，销量占全行业总销量的比重达到37.89%。一些重点品

牌在试点单位和推广城市得到了快速发展。2007年1~10月，“中华”、“芙蓉王”、“玉溪”、“黄鹤楼”、“苏烟”、“红塔山”、“云烟”、“利群”、“双喜”销量同比分别增长了24.59%、52.42%、61.53%、54.94%、83.91%、83.57%、35.29%、31.08%、42.43%。

【卷烟网络建设】 全国卷烟销售网络建设经过三年的整体推进，从2007年开始进入了全面提升的新阶段。全年全国烟草行业农村网建工作得到进一步加强，经营主体的能力建设得到增强，物流工作有了良好的开展，明确了网建的新目标。

制定规范。2007年，国家局制定并印发了《国家烟草专卖局关于全面提升卷烟销售网络建设与运行水平的指导意见》（国烟办［2007］131号），对未来几年行业“网建”工作目标、工作要求、主要任务和措施，提出明确意见。4月，下发烟草行业商业企业《客户经理工作手册》、《市场经理工作手册》、《品牌经理工作手册》、《电话订货员工作手册》（统称《四员工作手册》），进一步规范了网络一线客户经理、市场经理、品牌经理、电话订货员的岗位职责、作业流程和作业要求。

典型示范。5月，国家局在山西召开全国卷烟销售网络建设现场会，总结山西烟草网建工作，具体解决了整体推进、农网建设、服务网络建设和经营主体建设相结合四大问题。山西网建现场会后，各省级局（公司）按照姜局长“打牢基础、创新营销、规范运作、充满活力”的要求，做实做好整体推进工作，为开展全面提升工作打牢了市场基础和工作基础。8月，在山东召开了典型示范单位卷烟销售网络全面提升工作启动会，确定了64家地市级公司为典型示范单位。会后下发《关于做好典型示范单位网建全面提升工作的通知》，制订了《烟草行业卷烟网络建设与运行水平评价办法》讨论稿，并召开典型示范单位考核评价会，全面部署典型示范单位全面提升阶段性考核评价工作。

学习研讨。为深入、系统地了解和认识跨国烟草公司的卷烟营销工作，进一步思考和探索中国卷烟营销网络建设的途径和方法。10月，国家局举办卷烟营销网络国际研讨会，在对比分析、思考研讨的基础上，提出了网建全面提升的工作目标，明确了向现代流通转变的工作重点。

取得成果。截至2007年底，各省统一开展了地市级公司典型示范单位网建全面提升的工作，网络打牢基础、规范运作、优化流程、资源整合取得实质性进展。全行业有310个地市级公司实现集中电话订货，有25个省级局（公司）在全省范围内实现了地市级公司集中电话订货，有258个地市级公司，实现了“一库式”集中配送，有23个省级局（公司）在全省范围内实现了地市级公司集中配送。

【工商协同营销】 2007年，行业工商企业不断加大协同营销工作力度，更新协同营销观念，探索协同营销方式，丰富协同营销内容，实现了由传统工商关系向新型工商关系的转变，以市场为导向、以培育品牌为重点、以产销衔接为手段的协同营销框架随之建立。

4月，国家局在广州召开工商企业协同营销座谈会，统一了行业工商企业对协同营销工作的认识，确定以徐州、广州为试点单位，探索工商协同营销操作办法。12月，制定《国家烟草专卖局关于大力推动工商企业协同营销的指导意见》，明确了工商协同营销的目的和原则，指出了基本内容和实现途径，对工商企业开展协同营销提出具体要求。

随着协同营销工作的深入推进，工商企业培育品牌的能力不断增强。全年培育出19个销售额超过100亿元和13个销售量超过100万箱的卷烟品牌；行业销量前十名品牌集中度为37.7%，比2006年提高6.1个百分点，销售额前十名品牌集中度为41.1%，比2006年提高3.8个百分点。“红梅”、“白沙”、“红金龙”、“红河”、“哈德门”、“黄果树”、“红旗渠”、“红山茶”、“双喜”、“红塔山”、“云烟”、“黄山”12个品牌无论是销量还是销售额均突破百万和百亿大关，成为规模性品牌的代表。

【行业卷烟销售管理】 2007年，国家局坚持“控量、促销、稳价、增效”的经济运行指导方针，继续把促进销量的稳定增长放在首位，进一步加强销售管理工作。

企业营销管理。一是工业企业把营销管理和资源整合放在重要位置，以信息化为支撑，推进营销中心组织机构的扁平化；立足市场营销和品牌营销，把营销工作的重点放在目标市场的选择上。二是商业企业把优化流程、提高效率作为科学管理的重要环节，做到由信息系统自动分配货源、自动分配订单处理、自动分配送货线路，实现三线封闭运作和信息共享；从营造环境、完善规则、规范行为入手，重塑商业企业形象；加强货源采购工作，把服务客户与管理市场有效结合，实现管理上移和经营下延。三是工商企业在卷烟需求预测、产品定向整合、有效货源衔接、低档烟市场供应等方面密切配合，营销费用开始得到有效控制。总体上看，工商企业在需求导向上目标一致，在产销衔接上更加协调，在品牌培育上形成合力，在资源共享、流程对接上积极探索，工商关系处于近几年来最好的状态。

开展卷烟消费调查。完成《流动人口卷烟消费状况调查》，研究了流动人口的消费特征、消费心理、消费趋向及流动人口对全国和各省卷烟消费带来的影响等问题。为加强对全国卷烟市场的预测、研究和分析，开发完成全国卷烟市场分析系统、万名零售户信息上报系统、全国卷烟预测分析系统。组织市场分析小组对2006～2007年上半年的全国卷烟市场进行了全面深入的分析。针对部分省份低档卷烟销售进度偏慢的情况，撰写《关于未来几年低档卷烟产销的若干建议》。按照国家局党组的安排，中国卷烟销售公司会同其他部门共同就如何完善订单供货，推进全国统一大市场建设课题开展了专题调研并撰写了调研报告。

解决卷烟交易中非市场因素。2007年，规范卷烟经营秩序工作的重点是解决卷烟交易中的非市场因素问题，纠正交易活动中的不正之风。做好“按客户订单组织供货”工作，国家局按照《2007年“按客户订单组织货源”工作方案》，总结和推广试点单位的先进经验，推进按订单组织货源向按订单组织生产延伸，完善卷烟交易方式。加强对商业企业经营行为的指导，国家局出台了《国家烟草专卖局办公室关于建立卷烟需求预测制度的通知》，提高商业企业在需求预测方面的经营管理能力。加快工业企业卷烟品牌的定向整合，出台了《国家烟草专卖局关于卷烟品牌定向整合的指导意见》。进一步明确工商交易的有关纪律，出台了《国家烟草专卖局关于进一步规范工商企业零售终端营销活动的通知》。

【卷烟销售工作五年回顾】 2002～2007年的五年中，行业卷烟销售工作最鲜明的特点是以订单供货为主要内容的市场化取向改革。自2005年开展“按客户订单组织货源”试点工作以来，各试点单位积极探索、大胆实践、勇于创新，各工业企业密切配合、主动融入、积极跟进，基本上走出了一条在专卖制度前提下的市场化改革道路，那就是在专卖制度前提下，立足烟草行业实际，发挥市场配置资源的积极作用，坚持做大做强，坚持共同发展，切实维护国家利益和消费者利益，确保专卖制度下的烟草充满生机和活力。

这一时期最显著的成就是以重点品牌发展壮大为标志的市场竞争实力的增强。“中华”、“云烟”、“芙蓉王”、“双喜”、“利群”、“玉溪”、“黄鹤楼”和“七匹狼”的批发销售收入分别达到380亿元、280亿元、250亿元、220亿元、210亿元、150亿元、120亿元和150亿元，同比增长了30.73%、38.73%、40.09%、38.79%、31.51%、48.53%、69.55%和58.33%；“红梅”、“白沙”批发销量达到220万箱和210万箱，同比分别增长了31%和20%；“红塔山”、“黄山”一些传统优势品牌重新崛起，2007年实现销量115万箱和100万箱；“红金龙”、“长白山”部分新兴品牌异军突起、后来居上，成为卷烟市场的后起之秀，2007年销量达到200万箱和40万箱，同比分别增长31.42%和28%。

这一时期最突出的标志是以网络建设为主要形式的向现代流通的转变。以山西网建会议为标志，烟草网络建设实现了由整体推进向全面提升的迈进。经营主体地位更加明确、经营更加规范、能力更加突出。订单供货工作的深入，基本建立起了面向消费者的营销体系，服务水平得到提高，客我关系更加密切，把握市场的能力进一步增强。工商协同营销，在适应市场、把握市场需求方面取得了较好的突破，实现了工商和批零两个环节之间的沟通互联，为现代流通搭建了运行平台。经过努力，销售网络控制市场、培育品牌的功能进一步发挥，卷烟市场消费规模迅速扩大。2007年销售卷烟4250万箱，同比增加200万箱，增长5%，比2002年增加了860万箱，增长25.4%；销售总额将达到5700亿元，比2002年增加了3100亿元，增长120%，五年翻了一番多。

专卖监督管理

【内部专卖管理监督】 2007年，全国各级烟草专卖管理部门依法履行职责，推进“内部专卖管理监督、卷烟打假打私和专卖队伍建设”三项重点工作，努力维护良好的生产经营秩序和市场秩序，进一步提升专卖管理工作水平。

内管检查。2006～2007年，行业通过自查、复查、重点抽查三个阶段，全面开展内部专卖管理监督检查工作。2007年，行业先后印发《国家烟草专卖局

关于切实做好内部专卖管理监督有关工作的通知》、《国家烟草专卖局关于进一步加强内部专卖管理监督工作有关问题的通知》、《国家烟草专卖局关于印发新修订的<烟草行业内部专卖管理监督考核暂行办法>的通知》，加强对行业内部专卖管理监督的指导。国家局先后组织了25个检查组，分8个批次，对全国23个省市183家工商企业进行了重点抽查。截至2007年底，全面完成内部专卖管理监督检查工作，发现了生产经营中值得关注的突出问题，对推进行业内部监督工作发挥了积极作用。

构建长效机制。全行业坚持以“完善制度、规范程序、严格监管”为工作重点，认真落实《烟草行业内部专卖管理监督实施意见》的要求，进一步加强长效机制建设。对各级局落实机构人员、如何开展工作，进行集中调研，修订内部专卖管理监督考核办法，组织人员编写了日常监管的工作规范。

行业各单位结合检查中发现的问题进行整改，从制度和流程入手，切实加强内管基础工作。湖南、江西等省局坚持边查边改，不断修改完善内管制度，加强对薄弱环节的监管；深圳、辽宁等省级局加强调研、梳理业务流程，编制岗位说明书和内管工作规范手册；山西、福建等省局注重对联系单位的培养，通过联系单位出经验、出办法，明确监管内容，落实监管责任，完善对各类专卖品的监管流程。各单位坚持定期检查、定期汇报，积极探索监管方式，认真履行监管职责。黑龙江、云南等省局利用信息系统发现线索，有针对性地开展实地检查，提高监管效率；河北、安徽等省局组织突击检查、市场暗访，加强对卷烟访销配送环节的监管。江苏、河北、广东等中烟工业公司切实加强内管机制建设，指导企业积极配合日常监管，落实负责内管监督的职能部门。各单位加强内管考核，将考核结果同绩效评估挂钩，同时严格责任追究，推动日常监管工作的开展。

日常监管工作。各省级局开展定期检查、定期报告工作，对相关情况进行总结分析通报。2007年，日常监管初步发挥了有效预防和及时发现处理不规范问题的作用，违法违规案件明显减少，全年行业查获非正常渠道卷烟9.65亿支，同比减少26.2%，长效机制的作用初步显现。

【卷烟打假打私】 源头打假。各级烟草部门把“端窝点、打源头”作为卷烟打假工作的突出重点，全面加大对制假源头的打击力度。2007年，共查获5万元以上假冒卷烟案件5505起，同比增长13%；查获假烟92.8万件①，同比增长2.28%；查获制假烟机717台，同比下降44%；捣毁制假窝点3876个，同比下降9.78%；查获烟丝烟叶2.8万吨，同比下降44%。案值共计52.9亿元。

闽粤打假联合行动取得重大成果。2007年9月，公安部、国家烟草专卖局在福建、广东设立指挥中心，部署以摧毁制假能力、切断原辅材料来源和打击假烟运输分销为重点的跨省联合打假行动。截至11月底，福建、广东公安、烟草部门共打掉制假窝点1060个，查获制假设备357台套，假烟9万多件，烟叶、烟丝2358吨，假烟标识623万张，配合公安部门抓获犯罪嫌疑人213人，案值2.8亿元。

有效防止制假活动的扩散。为防止制假活动向销区转移，山西、辽宁、贵州、云南、湖南、山东、四川、黑龙江等省局积极开展对制假窝点的排查工作，打掉一批立足未稳的卷烟制假窝点。打击制假原辅材料供应链。为防止云南、贵州、四川等地的原料经广西流入闽粤卷烟制假窝点，云南、四川、重庆等省（市）局加大对原辅材料监管力度，开展专项打击行动，查处了一批违法生产销售烟叶、烟丝案件。广西、贵州省（区）局严厉查处贩运烟丝、烟叶违法行为。广西区局在2007年1～11月共查扣非法烟叶5000多吨；山东、江苏、深圳等省（市）局成功破获一批非法经营卷烟制假辅料案件；山东泰安“2·13”新矿集团百川纸业有限责任公司非法生产销售卷烟纸案件，涉及江苏、安徽等13个省市，案值达3174万元。

打击制售假烟网络。加大对重大制售假烟网络案件的督导力度。2007年，公安部、国家局联合制定了《关于对制售假烟重大案件实行督办制度的若干规定》，挂牌督办了20个制售假烟网络案件，并直接组织、指挥了在全国有重大影响的打击制售假烟网络行动。在京冀“4·3”制售假烟网络案件中，捣毁贩藏假烟窝点5个，抓获犯罪嫌疑人20名，现场查获准备向英国邮寄的假烟430件。在河南“4·15”制售假烟网络案件中，河南省公安厅、河南省烟草专卖局在江苏、大连等11个省（市）有关部门的配合下，成功打掉了涉及20个省份33个地市的特大制售假烟网络，共抓捕犯罪嫌疑人30名，查获制假烟机61台、假烟1万多件，涉案金额7560万元。广东、深圳“6·26”特大走私制假辅料网络案件中，6月26日，查获走私入境的卷烟盘纸319.5吨、丝束163吨、滤嘴棒321万支、假烟192件，抓获2名主要犯罪嫌疑人；7月20日，在广州捣毁由深圳供应辅料的制假窝点4个，烟丝生产点4个、烟叶烟梗仓库1个、假烟仓库1个，查获烟机4台套以及大批假烟和辅料，抓获犯罪嫌疑

① 1件=1万支，本《年鉴》所提及的卷烟数量，1件均为1万支

人14名。

各地相继破获了一批有影响的制售假烟网络案件，如浙江德清“6·1”特大销售假烟网络案件、江苏扬州“7·11”假烟网络案件。一些过去打击制售假烟网络成效不明显的省（区），如内蒙古、甘肃、宁夏、黑龙江等地，取得了新突破，相继破获了一批跨省（区）销售假烟网络案件。

2007年，各省级局基本完成了每个地市局打掉1~2个网络案件的任务。各地破获的符合公安部、国家局标准的制售假烟网络案件303起，比上年增加了48起，其中，涉案金额千万元以上的案件49起，比上年增加了25起。

打击假烟运输分销。各地烟草部门与有关执法机关加强协作，采取有效措施，在运输分销环节严查、严堵假烟。积极争取地方政府的支持，解决上路执法权限问题。湖北、广东、福建、浙江等省局积极协调政府有关部门，设立由公安、交通、烟草部门联合执法的临时检查点，堵截假烟运输车辆。针对货运流通环节的运输假烟问题，集中开展专项整治行动。河南、湖北、陕西、江西、山西、山东等省局，积极协调省综治办、整顿办、公安厅、交通厅、工商局等部门，开展集中整治货运站和高档卷烟经营场所非法经营烟草专卖品专项行动。

2007年，全国在运输环节查获假烟44.8万件，占全年假烟查获总量的48%。

加大抓捕判刑力度。2007年，全国依法移送公安机关追究涉烟刑事责任案件5009起，立案案件3940起，退回案件1002起。其中，排名前5位的省（市）分别为：山东省657起，湖北省553起，云南省432起，北京市283起，浙江省252起。共判刑3492人，同比增长50.97%，其中被判无期徒刑的3人；劳教198人，同比增长70.69%；拘留7026人，同比增长5.91%。其中，广东、福建省局配合各地抓捕涉烟犯罪嫌疑人300多人次，协助抓捕主要犯罪嫌疑人72名；浙江缙云“12·20”案和杭州“10·19”销售假烟网络案的主犯均被判处无期徒刑；江苏淮安“7·14”制售假烟网络案的2名主犯均被判处有期徒刑15年。

【专卖队伍建设】 加强县级局执法主体地位。取消县级烟草公司法人资格后，县级局职能发生了变化，作为烟草专卖执法基层单位，需要进一步强化县级局的执法主体地位。山东省局（公司）制定了县级局工作规范和预算管理指导意见，完善县级局专卖工作考核体系，探索建立适合县级局建设的信息平台。山西、江苏等省局（公司）把加强县级局建设和管理作为经常性工作，落实机构人员，夯实专卖管理基础，在装备设施、经费开支等方面给予充分保障，提高县级局建设整体水平。

调整机构设置和人员结构。下发《国家局关于加强专卖队伍组织机构建设的指导意见》，统一机构设置，明确职责定位，规范岗位管理。多数省局（公司）制订了专卖队伍组织体系建设实施方案，对专卖管理机构和人员进行调整，增加一线执法人员。在专卖内管方面，建立省、市、县三级内管机构，设立了内管处、科、股，按不低于专卖总人数10%的岗位标准配备内管人员。浙江、甘肃、山西等省局在严把准入关的基础上逐步提高内管人员比例，明确岗位分工，制订工作流程。截至2007年底，全国专卖内管人员数量达到11872人，占专卖人员总数的20.26%。在打假工作方面，各省设立了稽查总队、支队、大队，充实了省、市、县三级稽查队伍。

岗位技能鉴定。国家局启动了专卖管理员岗位技能鉴定工作，制定《烟草专卖管理员岗位标准（试行稿）》和《烟草专卖执法检查证管理办法》。11月，组织全国15个省市26名行业烟草专卖管理专家集中编写了《烟草专卖管理员培训教材》，介绍了各级专卖管理员从事烟草专卖管理工作应具备的知识和技能。建立了专卖职业技能鉴定专家队伍。

专业培训。国家局在重点抽查阶段先后组织了8批培训，共培训业务骨干408人次。云南、山东、河南、江苏、大连、河北、重庆、广西、陕西、海南、天津等省级局分别举办了专卖内管、许可证管理、打假破网培训班。

【证件管理】 《烟草专卖许可证管理办法》（国家发展和改革委员会令第51号）经国家发展和改革委员会主任办公会议审议，于3月7日施行，国家烟草专卖局1998年发布的《烟草专卖许可证管理办法》（国家烟草专卖局令第2号）同时废止。行业以制度化建设为重点，制订了一系列配套的规章制度，加强对罚没烟、异地携带卷烟的管理，推进证件系统整合，进一步完善许可准入的配套管理。

政策法规与体制改革

【卷烟工业企业改革】 *董事会建设试点*。直接从事卷烟生产经营的省级工业公司开展建立董事会的试点工作，国家局制定了《关于省级工业公司建立董事会工作的指导意见》、《省级工业公司董事管理暂行办法》、《省级工业公司职工董事管理暂行办法》等指导性文件。截至2007年底，广东、浙江、湖南、湖北中烟工业公司作为董事会建设试点单位，改制为有限责任公司，初步建立董事会、经理层，分别制定了公司章程，完成工商、税务登记变更和挂牌成立等相关工作。

公司制改造。将工厂制的卷烟工业企业改造成为按《公司法》登记注册的公司，红河卷烟总厂、深圳卷烟厂、哈尔滨卷烟总厂、厦门卷烟厂、龙岩卷烟厂、兰州卷烟厂实施了公司制改造。

理顺管理体制。上海烟草（集团）公司、湖北中烟工业公司2家省级工业公司的管理体制改革工作完成。截至2007年底，全国17家省级工业公司全部调整为中国烟草总公司的全资子公司，其所属的卷烟工业企业大部分取消企业法人资格，成为省级工业公司的卷烟生产厂，部分卷烟工业企业调整为省级工业公司的全资子公司，继续保留法人资格。全国具有法人资格的卷烟工业企业减少到31家。

善后工作。做好卷烟工业企业关停、兼并、重组中职工安置、设备销毁和地方利益处理等问题。清江卷烟厂依法实施破产；调整澄城分厂的管理体制，将其划转陕西中烟工业公司管理。

【商业企业管理体制改革】 *构建母子公司体制*。2007年完成河南、北京、广东、浙江烟草公司等4家省（市）公司与中国烟草总公司构建母子公司体制改革工作。以地市级公司为市场营销主体，省级公司彻底退出“两烟”经营，集中精力抓管理、抓资产经营。截至2007年底，除山东、西藏外，中国烟草总公司与各省级烟草公司均建立起母子公司体制。

取消县级烟草公司法人资格。2007年内取消县级烟草公司法人资格138家。截至2007年底，全国累计取消县级烟草公司法人资格1680家。24个省（区、市）完成县级烟草公司法人资格取消工作，其中，山西、辽宁、江西、山东、海南、青海、新疆、大连、宁夏、江苏、湖南、贵州、安徽、重庆、福建、贵州、四川、河南、吉林等19个省（区、市）全部取消了县级烟草公司法人资格，北京、天津、上海、深圳等4个市保留市、区（县）两级烟草公司法人体制，西藏自治区所属县级烟草机构未上划。

打叶复烤企业改制。2007年全行业有5家打叶复烤企业参与改制，其中，2家为有限责任公司、1家理顺管理体制、2家增资扩股。共有13家卷烟工业企业参与打叶复烤企业的改制，投入改制资金共计2.9亿元。截至2007年底，49家打叶复烤企业建立了有限责任公司体制，剩余的5家未改制打叶复烤企业制订了改制方案并进行前期准备工作。

专业化公司改革。国家局对中国烟草进出口（集团）公司下属的18家企业的管理体制进行调整和完善，研究办理中国烟草进出口（集团）公司改制，组建中国烟草国际有限公司，并按照现代企业制度要求在该公司建立和完善法人治理结构。

【加强行业法律保障】 *加强行业立法*。完善烟草行业法律法规体系，国家发展改革委修改并发布了《烟草专卖许可证管理办法》（51号令），行业出台了相应配套措施。在国家立法征求意见过程中，行业依据《烟草专卖法》，对《国有资产法》、《价格违法行为处罚规定》等征求意见稿提出了修改意见。

审批管理制度建设。严格规范审批管理行为，切实做到依法行政，依法管理，依法生产经营。在总结吉林、湖南和深圳等省、市局（公司）试点单位经验的基础上，组织开展制定省级局（公司）行政许可、非行政许可审批、行业内部管理、资产经营管理和人事管理五个方面审批管理事项的工作。贵州省局（公司）党组召开两次专题党组会议进行部署，结合实际情况，制定了52项审批管理事项，并且每一个事项都制定出了相应的管理制度，初步形成了一套较完整的制度体系；广东省局（公司）党组提出要认真界定省级局（公司）与地市局（公司）的职能配置，权限界定，不能出现职能交叉、权限不清的现象，也不能出现管理真空地带；同时要求审批管理事项要与省级局（公司）的办公自动化建设相结合，实现审批管理事项流程信息化。通过多次征求意见，国家局制定了省级局（公司）共有的行政许可项目3项、非行政许可审批项目1项、行业内部管理项目10项、资产经营管理项目4项和人事管理项目11项。

行业法制宣传教育。行业下发《国家烟草专卖局

关于转发全国普法办二OO七年全国普法依法治理工作要点的通知》、《关于进一步加强烟草行业领导干部学法用法工作实施意见》等文件，推进法制宣传教育工作。5月9～11日，国家局组织了新颁布的《烟草专卖许可证管理办法》培训班，行业各省级局、工业公司分管领导及相关工作负责人200余人参加了培训；5月17日，召开电视电话会议，组织行业所有行政执法和生产经营部门参加《烟草专卖许可证管理办法》统一培训，培训数千人；行业各级单位结合本单位工作实际，开展相关的法律培训工作。2007年，全行业行政执法、生产经营等相关工作人员超过2万人次参加了各类法律培训。

行业行政复议工作。行业加强对行政复议工作的部署，以各地市级局为重点，依法调整和理顺了行政复议工作机构。加大行政复议指导和监督力度，坚持遵守《行政复议法》、《烟草专卖法》及《烟草专卖法实施条例》，制定规范性文件，建立相关的规章制度，依法进行复议；开展行政复议法律知识和实务培训工作；发挥行政复议“定纷止争”的功能，普及宣传《行政复议法》，依法开展行政复议；重视行政复议在促进专卖执法工作上的作用，各级局通过办理行政复议案件，发现专卖执法工作中的问题和不足，向被申请人即下级局反馈，提出专卖执法工作的改进意见；加强行政复议机构及队伍建设，加强《行政复议法》的培训，行业组织了各省级局、工业公司分管领导及相关工作负责人共200余人参加了培训。

建立前置式法律审查机制。一是严格规范性文件的合法性审查，严格前置式法律审查，对以国家局名义下发的规范性文件进行合法性审查。二是严格各类生产经营合同的审查把关，在制定重大决策、开展重大经营活动前，行业各级法规部门通过参与决策、审核合同、提供咨询服务等，降低法律风险。三是严密关注烟草诉讼动态，政策法规司积极协调在行业内涉及有关企业的吸烟与健康诉讼以及涉及中国烟草总公司的诉讼，通过与帝国烟草公司、奥驰亚集团的定期法律交流活动，了解国际涉烟诉讼的最新进展。

创新开展法治工作。利用局域网和网络资源，建立行业法律交流和宣传平台，提高普法宣传的时效性。建立专卖执法工作机制，通过理清、界定专卖行政执法的依据、职权，明确专卖执法各环节、各岗位、各流程的具体职权和责任，明确专卖执法的职权和责任在各级烟草专卖局的合理配置，实现事后监督向过程监督转化。制定专卖执法案卷审查制度，使专卖执法监督效果从后果的被动监督转换到过程的预警监督，从运动式的突击监督转换到长效型的日常监督。

大部分省级局成立了推行行政执法责任制领导小组和日常工作机构；对《烟草专卖法》、《行政处罚法》、《行政许可法》等相关法规分类排序、列明目录、汇编成册；根据本单位专卖执法岗位的设置情况，分解执法职权、确定执法责任；出台本单位的执法评议考核办法；落实行政执法责任制，建立健全行政执法奖励机制。

启动和部署“五五”普法工作，召开动员会议，制定规划和年度计划，调整组织机构，落实宣传经费；行业各级单位联系行业改革发展、针对不同对象、采用多样形式，积极组织法律宣传和培训；深入推进行政执法责任制工作，继续开展依法行政教育和宣传，完成梳理执法依据、规范执法主体、分解执法职权、明确执法责任等基础性工作，完善专卖执法的制度体系和运行机制；围绕“三个依法①”，围绕行政执法、生产经营，经济运行、治理整顿、内部监管等工作，行业各级单位全面开展制度建设；成立投资、薪酬、预算等专业委员会，加大法律监督和支持力度。

烟草提取物产品的管理工作。行业继续开展关于烟草提取物产品的管理工作。政策法规司与国务院法制办有关部门开展座谈，向其报送材料、反映意见，与军事医学科学院等权威检测机构联系，协调烟草提取物产品的检测等事宜，推动烟草提取物产品的管理工作。

开展法规工作检查。行业行政执法责任制检查工作。自1月起，国家局组织实施对各省级局行政执法责任制的现场检查。通过听取省级局的有关汇报，查看相关文件资料，以及随机抽取部分执法案卷和许可案卷进行评查等方式，组织现场检查并将检查情况向全行业下发通报。截至2007年底，除西藏区局外，对各省级局的检查工作全部结束。通过调查发现，行业行政执法责任制体系基本形成，实现了对执法行为的过程监督和长效监督，行政执法水平、执法人员的法律素质进一步提高。

行业行政复议检查工作。2007年，对32个省级局（不包括西藏区局）展开行政复议工作检查，并对检查情况向全行业下发通报。通过开展座谈、听取工作汇报、查看相关文件资料，以及到部分地市局进行实地抽查等方式，督促行业相关单位、部门积极开展行政复议工作，推动行业依法行政工作的开展。

行业“五五”普法检查工作。2006年是全国烟草行业组织实施“五五”普法规划的起始之年。2007年，行业对32个省、区、市烟草系统的法制宣传教育情况进行了全面检查，并进行了情况通报。

---

① 即依法经营、依法管理、依法行政。

财务与审计

【资产管理】 2007年，全行业贯彻落实国家局关于国有资产管理工作“摸清家底、履行职责、加强管理、加强考核”的十六字方针，加强国有资产监管，不断提高国有资产管理水平。

多元化经营企业清产核资整改。明确提出加大力度依法依规处理历史遗留问题和不良资产，切实加强对多元化经营企业的整顿和管理，努力提高资产质量和经济效益。全行业通过清算、注销、关闭、破产、有偿转让、无偿划转、并入主业等方式，依法依规积极开展清退工作，落实清退计划，取得了明显成效。

截至2007年底，行业列入清退计划的企业有1248家；已完成清退企业778家，占多元化经营企业清退计划总数的62%，涉及投资额70.6亿元；正在清退的多元化经营企业470家，占清退计划总数的38%，涉及投资额83.5亿元。

主业清产核资。2007年，全面开展主业清产核资，进一步做实主业资产。清产核资分为准备阶段、资产清查阶段、资金核实阶段和总结阶段。在行业多元化经营企业清产核资的基础上，全面清查烟草主业各项资产情况，重点清理主业往来性账款、存货、闲置资产和土地权属证明，核实企业资本金，依法依规处置各种不良资产，进一步解决企业历史遗留问题，提高企业资产的真实性程度。

截至2007年底，主业清产核资已完成对账和相关问题汇总整理，据初步统计，参加清理的873户主业企业共清理出资产损失及挂账45亿元。通过此次主业清产核资，进一步摸清了家底、做实了主业资产，为加强国有资产考核奠定了基础。

资产管理制度的完善。在资产划转、资产处置等日常国有资产管理工作中，企业严格按照《中国烟草总公司国有资产管理试行规定》操作，逐步改变企业资产处置随意的不规范状况，国有资产管理的意识不断增强。2007年，国家局下发《烟草行业国有资产经营考核管理办法》，规定了国有资产经营管理的指标体系和考核管理的流程，为建立起国有资产管理的激励和约束机制创造了有利条件；下发《国有资产经营管理考核指标细则》，明确了国有资产经营管理考核指标和计算公式，为开展烟草系统省级公司领导年度工作业绩考核工作创造条件。

为履行出资人权利，总公司根据财政部对烟草行业投资收益管理办法，制定《中国烟草总公司关于加强烟草行业投资收益收支管理的实施意见》，为在行业内建立起规范的投资收益分配体制提供了制度保障。

【财务管理】 国家局明确了财务管理和内部审计监督在内部监管体系中职能定位，把财务管理和内部审计工作纳入到行业内部监管工作的整体布局中统筹安排。

预算管理。以预算管理为主线，加强财务日常管理监督。2007年，总公司按照出资人职责对省级公司、机关各二级公司和直属事业单位的预算实行了审批、备案制，进一步增强法人代表“没有预算、不能开支”的预算意识，加大了对预算执行的监督。为规范各单位经费开支渠道，强化规范意识，防止“灯下黑”问题，国家局制定《总公司机关直属二级公司财务管理制度（试行）》和《国家局直属事业单位财务管理的若干规定》，首次对机关各二级公司的财务预算进行了批复，首次对直属事业单位预算按照企业化管理的要求进行了批复。

成本费用控制。各省级公司对下属企业的生产经营强化预算管理，通过细化成本费用预算的审核，达到控制成本费用的目的。严格控制不计成本的资本性支出，以投入产出最优化为资本性支出的审核标准。

以规范烟叶生产投入为重点，以会计信息真实性和程序规范化为目标，全面加强烟叶种植收购、复烤加工、工商交易等各个生产经营环节的会计核算和财务管理，加强对基层烟站和复烤企业的核算和管理。完善烟叶生产投入和烟田基础设施建设的核算管理，成本费用上升的势头得到有效遏制。2007年，卷烟工业企业销售收入成本率为33.07%，同比降低1.84个百分点；三项费用率9.12%，同比降低1.33个百分点。商业企业三项费用率8.3%，同比降低1.49个百分点。

资金管理。以监控资金运作为重点，加强资金风险管理。为适应工商体制分开的变化，按照规范管理的要求，行业内统一了资金管理的总体思路，各省资金管理中心从资金结算管理型逐步向资金监督管理型转变。2007年，大多数省份已经建立起以“收支两条线”和“资金预算”相结合的资金监管模式。省级公司依托资金监管中心平台，实行收支两条线管理，收入及时上划，费用按月、按季均衡下拨，加强预算执行控制，资金相对封闭运行，资金风险得到较好控制。加强银行账户的监管，从源头上强化对资金的监控。

规范烟叶生产投入行为，加强对烟叶环节的资金管理。国家局财务部门协调财政部出台了允许烟叶生产投入在费用中列支的政策，解决了困扰烟草行业多年的烟叶生产投入没有列支渠道的问题。制定严格的资金审核及相互制衡的资金拨付办法，规范资金运作程序。加强对基层烟站的财务管理，明确核算体制，监控银行账户。继续发挥烟叶资金结算系统的作用，各地市级公司严格按国家局的烟叶结算系统进行企业间的烟叶资金收付结算。在烟叶复烤加工环节，严格执行收费标准、加强内部成本费用管理，避免造成资金体外循环。

加强卷烟货款的结算监管，大力推行卷烟电子卡结算和移动POS机结算，进一步提高卷烟货款非现金结算率。2007年的各项审计检查中，未发现银行存款和现金直接流失等问题。

【审计监督】 进一步强化审计监督的重要作用，财务审计坚持把规范作为监管工作的主要目标。审计监督是加强行业内部管理监督的主要方式，是企业依法经营、规范管理的重要手段。

2007年，为巩固2005年同级审计工作成果，国家局对各省逐个下达《国家烟草专卖局2005年同级审计工作整改通知书》。在总结2005年同级审计工作的基础上，国家局继续组织行业各单位开展2006年同级审计工作。6月，国家局下发《国家烟草专卖局关于开展同级审计工作检查的通知》，各省按照国家局要求制订2006年同级审计的自查和复查工作方案，并组织内部单位开展了相关自查和复查工作。通过连续开展同级审计，行业各单位逐步转变审计观念，加强企业管理。

专项资金检查。为规范专项资金的核算管理，国家局在全行业广泛开展专项资金检查，于5月下发《国家局对2005年度部分、2006年度部分行业专项资金开展检查的通知》。行业各单位对2005～2006年专项资金进行自查和复查，初步摸清了在财政预算资金方面存在的问题。

国家局财务管理部门对打叶复烤、“两烟”交易、工程项目投资、烟用物资采购、烟机零配件采购、资金等如何加强管理组织专题调研和检查，制定了相关文件规定。

8月，国家局召开行业省级工业公司、省级公司专项资金检查汇报会，根据各省检查和复查的结果分省下达专项资金检查整改通知书，对违规问题提出具体处理意见，对完善专项资金的核算管理提出规范性意见，对违规的资金重新进行调整分配，专项资金审计结果得到较好落实。

经济责任审计。开展领导干部任期或离任经济责任审计，提高法人代表的规范意识，经济责任审计逐步走上制度化、规范化。2007年，国家局财务审计部门完成经济责任项目27个，其中，任期经济责任审计项目24个，离任经济责任审计项目3个；完成拟提拔审计项目26个。

【会计基础工作】 针对财政部2006年发布的与国际财务报告准则“实质性趋同”的38项新会计准则体系、新审计准则体系及《企业财务通则》，2007年，全行业以学习新《企业财务通则》、《新会计准则》为契机，抓培训、抓执行，努力提高会计基础工作水平。

加强对新通则、准则的学习培训与执行。2007年，国家局在郑州、合肥两地举办10期财会知识和财会信息化知识培训班，重点培训新会计准则、权益法核算、合并会计报表和即将统一的财会软件的内容，共培训财务审计人员达2000余人，占全行业财务人员的1/5。同时各省也有针对性地开展形式多样的会计准则、会计制度培训班，加大培训力度。为促进新通则、准则的学习，行业选拔组队参加了第三届中央国家机关会计知识大赛，并取得较好成绩。

国家局下发执行新财务通则的衔接处理文件，对职工福利费和财政补贴收入等问题做出明确规定；召开2007年行业财务决算布置会，对如何进一步落实新通则新准则提出了具体要求。

强化会计核算基础工作。在2006年会计决算中，对投资实行权益法核算、对应纳入编制合并报表范围的企业按照财务会计制度规定编制合并会计报表，改变了长期以来的成本法和汇总报表的习惯做法。

继续加强工业企业重组整合后的会计基础工作，统一核算口径、方法和政策；加强县级营销中心的财务管理工作，防止削弱和边缘化；强化资产管理的基础工作，进一步加强包括清产核资、资产评价统计、产权登记等在内的资产管理的基础工作。

推进财会信息管理系统建设。资产理顺后，要求在全行业确定统一的会计软件，实行统一的会计核算。2007年，为尽快满足资产一体化条件下会计核算和财务报表工作需要，加快推进财会信息管理系统建设。财会信息管理系统建设分两阶段实施：第一阶段，进行会计核算软件的建设，包括会计核算、合并报表等内容；第二阶段，进行资金监管软件和财务管理软件的建设。

统一会计核算软件的前期准备工作基本完成。国家局成立了以姜成康局长为负责人的财会管理信息系统领导小组，各省级公司成立了以公司主要领导为负责人的领导小组，以保障行业财会信息管理系统建设的顺利进行。2007年，国家局完成行业统一会计核算软件的招投标工作，确定了中标单位。

烟草科技

【科技发展思路】 2007年，烟草行业科技工作围绕贯彻落实全国烟草科技大会精神，坚持中式卷烟发展方向，努力提高中式卷烟核心竞争力，积极建设创新型行业。大力推动自主创新工作，开展“创新年”活动，切实抓好重组后企业技术资源整合工作，大力推进自主创新，完善创新激励机制，提高研发队伍整体素质，精心组织实施重大专项，大力推进烟草育种、卷烟调香、特色工艺、减害降焦四大战略性课题，实施知识产权战略和标准化战略，进一步完善科技创新、标准化和质量监督体系。

【行业“创新年”活动】 *启动行业“创新年”活动*。2007年3月26日，国家局印发《关于烟草行业开展“创新年”活动的实施意见》，明确了行业开展“创新年”活动的指导思想、活动主题、主要目标、基本原则和具体安排，正式启动行业的“创新年”活动。在全行业开展“创新年”活动是国家局为全面贯彻落实全国烟草工作会议、全国烟草科技大会精神，加快推进实施《烟草行业中长期科技发展规划纲要（2006～2020年）》，全面提高中国烟草整体竞争实力而做出的一项重要决策。烟草行业开展“创新年”活动的主要内容是：实施专项，重点突破；强化考核，激励创新；以人为本，培养人才；普遍发动，营造氛围。2007年，行业各单位按照国家局“创新年”活动的总体要求，根据本单位实际情况，创造性地开展各种活动，全行业形成激励创新、鼓励尝试、求真务实、宽容失败的良好创新氛围，创新意识普遍增强。

开展重大专项实施工作。建立重大专项工作机构。根据《国家烟草专卖局关于实施烟草科技重大专项的若干意见》要求，成立烟草行业科技重大专项领导小组及其办公室，加强“烟草基因组计划”等9个重大专项的统筹规划和综合协调。推动重大专项的论证启动工作，开展中式卷烟制丝生产线、特色烟叶开发、超高速卷接包机组等重大专项方案的编制与论证。推进中国烟草基因组计划重大专项论证工作。国家局科技部门制订“中国烟草基因组计划方案”，举办烟草基因组学培训班、基因组测序与数据分析培训班，开展烟草基因组计划关键技术研究。青州烟草研究所等3个科研单位开展“烟草CDNA文库构建及重要基因表达谱研究”等重大科研项目的研究工作。

实施行业知识产权发展战略。2007年，国家局印发《烟草行业知识产权发展战略（2007～2015年）》，着手开展行业知识产权发展和保护研究、知识产权政策制定和实施、行业知识产权试点及行业知识产权管理组织体系构建等工作。完善知识产权管理组织，充实知识产权人员，建立有效知识产权管理制度。2007年，国家知识产权局公开/公告的烟草行业烟草技术类专利382项，授权的专利272项，分别比2006年增长12%、6.7%。

加大创新考核力度。2007年9月，国家局印发《烟草系统省级公司领导年度工作业绩考核办法》，将创新能力考核第一次列入对省级公司领导的年度工作业绩考核。制定省级公司领导创新能力考核指标体系，明确了省级局和工业公司创新能力考核的创新活动、创新成果和创新效益三大类九项指标，并健全了评分标准、指标权重、指标解释，进一步完善了创新考核指标体系，加大创新考核力度。

开展群众性创新活动。国家局印发《关于深入开展群众性创新活动的意见》，强调以群众性创新活动“六个一”为主要内容即“提出一条合理化建议、学习一门新技术、开发一项新成果、改革一项新工艺、刷新一项新纪录、转化一项新成果”。各单位积极开展了以“六个一”为基本内容的技术革新、技术协作、创造发明、管理创新等群众性创新活动。

【四大战略性课题】 *烟草育种*。全面启动烟草种质资源平台建设工作。国家局制订《中国烟草种质资源平台建设实施方案》和《烟草种质资源平台建设管理办法》。开展烟草种质资源平台建设，全面检查平台建设项目（五大片区16个试点）执行情况。开展2007年全国烟草品种审定工作，审定通过10个烤烟品种和3个白肋烟品种。开展全国烟草品种试验培训，培训范围覆盖全国烟草品种审定委员会专家库成员、承担烟草品种试验的16个省级烟草公司以及科研单位。

卷烟调香。针对中式烤烟型卷烟普遍存在的干燥感明显、刺激性大、余味欠舒适等共性问题，安徽中烟工业公司等4家单位分别开展卷烟保润机理及其应用技术研究工作。

推进卷烟调香人才的培养工作。完成卷烟高级调香师和调香师的2007年度培养计划，开办了2007年卷烟调香方向工程硕士研究生班。

特色工艺。开展特色工艺专项技术研究。针对卷烟工业企业联合重组、卷烟品牌多点生产的新形势以及按客户订单组织生产供货的新要求，湖南中烟工业有限责任公司等3家单位开展“卷烟品牌多点加工均质化技术研究”工作。红云烟草（集团）有限责任公司等3家单位开展“面向分组加工及订单生产的柔性制造系统”研究工作。为满足卷烟工业企业对中式卷烟特色工艺设备的需求，开展了“烟梗膨胀制粒工艺技术研究及装备研制”和“隧道式多喷嘴加料（香）机”的研究工作。

减害降焦。完成卷烟危害性指标体系研究，通过专家论证和技术鉴定，明确了卷烟减害方向和目标是降低一氧化碳、氢氰酸等7种有害成分释放量，并依据此7个指标建立卷烟危害性评价指数，实现了卷烟危害性的定量评价。以卷烟危害性指标体系研究结论为基础，国家局下发《国家烟草专卖局关于进一步推进减害降焦工作的意见》。开展减害技术研究及应用，郑州烟草研究院牵头开展“卷烟辅助材料参数对主流烟气HOFFMANN分析物的影响研究”工作，重点研究一氧化碳、氢氰酸等7种有害成分的释放规律。川渝中烟工业公司等单位开展“选择性减害技术研究及产品应用”工作，开发有效降低卷烟7种有害成分的应用技术，并进一步实现减害技术在产品中的转化和应用。

据统计，2007年全国卷烟焦油量加权平均为13.2毫克/支，稳定在2006年焦油量水平。开发出“长白山”、“娇子”等烤烟型低焦油高香气产品，在技术创新上迈出了新的步伐。“芙蓉王”、“玉溪”、“云烟”、“贵烟”、“帝豪”、“红塔山”等品牌（规格）卷烟的焦油量水平已向12毫克/支或13毫克/支迈进，并保持了高品质香气。

重点领域和优先主题攻关。围绕《烟草行业中长期科技发展规划纲要（2006～2020年）》确定的烟草育种、烟叶原料、卷烟调香、特色工艺、减害降焦、技术装备、循环经济、数字烟草等8个重点领域和28项优先主题，结合行业发展实际需求，确定“中式卷烟风格特征剖析”等11个招标项目作为2007年度科研项目计划。以项目招投标方式引入科技竞争机制，集中行业内外科研力量联合攻关，力求在中式卷烟关键技术、共性技术领域取得突破。

【烟叶可持续发展研究】 *优质烟叶基地建设*。发挥优质烟叶生产科技示范基地建设引领作用，推进示范基地建设从传统烟叶生产向现代烟草农业转变。在云南大理召开优质烟叶生产科技示范基地现场观摩会，大理、遵义等地10家国家局优质烟叶生产科技示范基地的主要负责人和相关技术人员在会上交流优质烟叶生产科技示范基地建设经验，研讨如何实现传统烟叶生产向现代烟草农业转变。对大理、遵义、临沂3个第一批优质烟叶生产科技示范基地进行了考核验收。

中国烟草种植区划研究。开展全国烟草种植区划专家论证工作，增加种植分区中的生态适宜性表达，将烟草种植一级区由4个调整为5个，确定了烟草种植二级区命名原则。完成中国烟草种植区划信息系统的单机版和网络版开发，继续深入开展典型省份烟草种植区划研究。

【行业创新体系建设】 *加强企业技术中心建设*。重点开展湖南中烟工业有限责任公司、山东中烟工业公司和红云烟草（集团）有限责任公司等单位重组后企业技术资源整合工作。红云烟草（集团）有限责任公司、长沙卷烟厂、常德卷烟厂、颐中烟草（集团）有限公司、上海烟草（集团）公司等国家级技术中心在企业重组后，体制机制和政策措施完善工作开展顺利并通过国家认定。浙江中烟工业有限责任公司、川渝中烟工业公司和中国烟草机械集团有限责任公司进行了所属企业技术中心技术资源整合与机制建设工作。

开展自主创新专题调研。国家局科技部门就“提高自主创新能力，增强行业总体竞争实力”开展专题调研。以书面调研的方式，对行业各省级局、工业公司开展自主创新工作的情况、自主创新取得的经验进行调查，其中，对云南、江苏、湖北三个重点省份的省级局、工业公司进行了现场调研，并最终形成《提高自主创新能力，增强行业总体竞争实力》调研报告。

举办自主创新论坛。10月12～13日，“2007·中国烟草自主创新高层论坛”在湖北武汉举行，本次论坛的主题是“自主创新、支撑发展”。论坛包括“现代烟草农业与重点骨干品牌的原料保障”、“卷烟减害降焦与中式卷烟的健康发展”、“科技管理创新与行业科技创新体系建设”和“国内外烟草科技发展动态与

未来研究方向”4个专业分论坛。有关高校和科研单位专家，行业各直属单位、各有关科研单位的主要领导、科技管理部门负责人及特邀行业内外专家和优秀论文作者等共计320余人参加了本届论坛。与会者围绕现代烟草农业与重点骨干品牌的原料保障、卷烟减害降焦与中式卷烟的健康发展、全球烟草科技发展与未来发展方向等论题展开了探讨。论坛共征集论文490余篇。

【科技奖励】 进一步完善科技奖励体系。为推进烟草科学技术事业的发展，增强行业自主创新能力，国家局修订印发《中国烟草总公司科学技术奖励办法》和《中国烟草总公司科学技术奖励办法实施细则》。2007年，按照国务院有关文件要求，将国家局科学技术奖励变更为中国烟草总公司科学技术奖励，并作为社会力量设奖在国家科学技术奖励工作办公室登记备案。

12月20~22日，2007年度中国烟草总公司科学技术进步奖评审会议在深圳召开。中国烟草总公司科学技术委员会通过答辩、质疑、评议和记名投票等程序，对申报2007年度中国烟草总公司科学技术进步奖的39个项目进行了严格评审，评选出2007年度中国烟草总公司科学技术进步奖项目16项，其中，一等奖1项，二等奖3项，三等奖12项。

【质量技术监督】 *质检机构建设*。2007年，抓紧实施将国家烟草质量监督检验中心建设为独立法人机构的准备工作。不断拓展质检机构检测领域，稳步提升检测能力，承检能力已从烟叶、卷烟和卷烟材料的常规化学、物理检测拓展到烟叶、卷烟的农残、转基因以及卷烟材料主要有害成分的检测。拓展了卷烟包装挥发性VOC成分的检测能力，完成对全国主要卷烟品牌的包装材料的检测。检测技术进一步提升，先进的原子吸收、等离子质谱、自动流动化分等技术手段得到有效应用。

为进一步推动行业质检机构检测能力和水平的提高，增强各质检机构间或实验室间检测数据的准确性和可比性，举办了第五届卷烟及卷烟材料共同实验研究暨检测技术国际研讨会，行业各级质检机构、重点卷烟生产企业技术中心、部分烟用材料生产企业、国外相关实验室等参加会议。

质量监督检查。围绕中式卷烟品牌的建设和核心竞争力的提高，不断加强以维护卷烟品牌质量为核心的质量监督工作，对出现的不合格烟用材料加大质量跟踪抽查力度。2007年滤棒、卷烟纸、烟用接装纸、烟用香精香料抽查合格率分别为100%、98%、95.5%和99%。推进烟用材料质量信用体系建设，评价标准项目基本完成，并在部分卷烟工业企业物资采购的供应方认证上开展了试运行，收到良好效果。

加大对卷烟产品和烟叶工商交接质量监督工作力度，加强对流通领域卷烟产品的抽检力度，全年卷烟产品质量合格率稳定在99%以上。2007年烟叶等级质量监督抽查工作包括检查程序的规范和检查组各岗位职能的规范，检查重点前移，加大了对备货的烟叶等级质量抽查力度，抽检批次加大，提高了抽样的代表性。2007年，烟叶工商交接等级平均合格率为63%，与2005、2006年基本持平；烟叶收购等级合格率为66%。

继续开展烟草转基因、农药残留量安全性卫生指标的监测和控制工作。有针对性地对国内外卷烟产品、烟叶进行抽查检测。进一步拓展农药残留检测种类，为合理使用烟草农药提供了科学依据，同时为烟叶进出口贸易的正常开展打下了基础。

烟草产品鉴别检验。假冒伪劣产品鉴别检验报告是专卖执法中不可缺少的实证材料。据不完全统计，2007年行业省级以上质检机构共鉴别检验卷烟36.2万批次，完成2台套烟机和2个批次零配件的鉴别检验。制定了烟叶（烟丝）鉴别检验规程。

举办卷烟产品鉴别检验技术培训和资格考试。在国家烟草质量监督检验中心（简称“质检中心”）完成两次全国范围的集中培训，参加培训579人，其中468人考试合格并取得资格证书。分别在重庆、福建、浙江完成3次分片区培训，参加培训656人，其中597人考试合格取得资格证书。

按照质检机构质量体系规定和有关要求，举办烟叶等级质量鉴别检验资格认证培训班。质检中心烟叶等级质量检验委员会的委员以及第三届全行业烟叶分级职业技能竞赛前3名的获奖者，共计65人参加培训。经过培训和考试，有58名获得质检中心颁发的烟叶等级质量鉴别检验资格证书。

【技术交流】 5月，在昆明召开第十四届烟气分析亚洲合作研究会议（Asia Collaborative Study），53名国外技术专家和106名国内技术人员参加了会议。来自日本、德国、英国、韩国、印度等国和中国台湾的50多位专家与国内烟草行业的专家们就烟气分析方面新的研究成果进行了研讨和交流。

8月，为加强烟草行业高技能人才队伍建设，展示烟草质检和专卖人员的卷烟产品鉴别技能，结合行业开展的“创新年”活动，国家局举办了首届烟草行业卷烟产品鉴别检验技能竞赛。来自全行业32支代表队的质检和专卖战线的179名选手充分展示了各自在卷烟产品鉴别检验方面的高超技能。

国家局主办美国和津巴布韦烟叶分级标准技术培训班，邀请美国和津巴布韦烟草专家讲课。各省级工业公司烟叶采购技术人员、质检中心烟叶等级质量检验委员会委员，以及第一、第二、第三届全行业烟叶分级职业技能竞赛获奖者，共计116名学员参加培训。

【标准化管理】 健全行业标准化机构、体系。2007年，行业多数国家级和行业级技术中心所在的企业成立本企业的标准化技术委员会。进一步调整、健全全国烟草标准化技术委员会各分技术委员会机构设置。对有关单位的部分骨干及行业各分标委的部分委员等240余人进行集中培训，建立起由70名技术骨干组成的“行业标准化工作骨干人才库”。

对55项行业标准进行制修订，国家局批准发布《烟草行业联运通用平托盘》、《烟草及烟草制品 硒的测定 原子荧光法》等30项行业标准和计量技术规范，向国家标准化管理委员会报送并发布《烟草及烟草制品 二硫代氨基甲酸酯农药残留量的测定 分子吸收光度法》等10项国家标准。基本建立烟草和烟草制品、烟草农业和烟草物流的标准体系。

推进烟叶标准化生产。逐项落实烟叶主产区所在省级局（公司）制订2010年基本实现烟叶标准化生产的工作方案，配合国家标准委完成第四批国家级烟叶标准化生产示范区建设项目的考核验收。

加强企业标准化工作。2月，国家局印发《烟草行业标准化中长期发展战略（2007～2020年）》，组织制定节约资源、能源，降低生产成本，提高企业和相关产品的安全、卫生指标，减少污染的技术或管理标准，进一步深化“资源节约型、环境友好型”企业建设，推动企业将拥有自主知识产权的技术或产品的主要技术指标适时转化为相应标准，进一步加强国际标准和国外相关法律、法规以及发展态势的针对性研究，为修订国际标准创造条件。

通过“示范带动”的引领作用，进一步提升了卷烟生产、打叶复烤、醋酸纤维丝束生产和烟机制造等方面重点骨干企业标准化工作的质量，标准和标准化工作在企业联合重组、做强企业、做大优势品牌等行业重点工作中发挥了重要的支撑作用。

开展对重要标准执行效果的监督检查。开展《卷烟企业清洁生产通则》、《卷烟许可生产质量保障通则》等重要标准执行效果的综合评价，提高了标准执行的有效性。

推进行业标准物质和计量工作。正式启用标准物质和标准样品库，初步建立行业计量数据处理、计量信息管理系统和温湿度传感器计量基准。

举办行业标准化论坛和标准化知识竞赛。9月，首届烟草标准化论坛在上海举行，论坛以“标准化工作提升卷烟生产企业相关工作的质量和水平”和“全面推进烟叶标准化生产”为主题，探讨了卷烟生产企业的标准化工作以及烟叶的标准化生产。

12月，烟草行业首届卷烟工业企业标准化知识竞赛在北京举行，行业各省级工业公司等作为参赛单位参加了本届标准化知识竞赛。此次竞赛对普及行业标准化知识，推进行业标准化工作，对做强做大企业、做强做大名优品牌，提升行业整体技术、管理水平和整体竞争力都具有重要意义。

【履行国际公约】 氟利昂和甲基溴淘汰工作。国家局向联合国工业发展组织和国家环保总局分别提交《烟草行业CFC－11整体淘汰项目2006年和2007年度计划第二阶段报告》，烟草行业氟利昂淘汰第三阶段进展报告，烟草行业甲基溴淘汰第四阶段进展报告和烟草行业2007年氟利昂淘汰工作计划、甲基溴淘汰工作计划、福建龙岩等3个地区项目完成报告、山东临沂等3个地区《甲基溴淘汰育苗温室建设转赠协议》。2007年，拆除河南中烟工业公司、内蒙古昆明卷烟有限责任公司及乌兰浩特卷烟厂氟利昂烟丝膨胀装置共6套。全面提前3年完成烟草行业氟利昂（CFC－11）整体淘汰计划，9月24日，中国烟草行业氟利昂（CFC－11）整体淘汰计划全面淘汰氟利昂设备拆除仪式在内蒙古呼和浩特举行，至此，烟草行业最后一套氟利昂烟丝膨胀装置被拆除。2007年，国家局获得联合国环境规划署、国家环保总局等单位联合颁发的“全氯氟烃/哈龙贡献奖”，体现了中国政府和国际社会对中国烟草行业CFC－11整体淘汰工作的高度肯定。

验收福建龙岩等5个地区甲基溴淘汰项目（温室建设）。10月，在北京举行《中国烟草行业甲基溴淘汰育苗温室建设转赠项目协议》签署仪式，部署了烟草行业淘汰甲基溴、建立集约化育苗示范中心等重要工作。

做好履行《公约》技术准备。中国大陆境内2009年1月将全面实施《烟草控制框架公约》的有关规定。为做好履约的各项准备工作，国家局与国家质检总局经过调研、讨论，联合下发《中华人民共和国境内卷烟包装标识的规定》，并将于2009年1月1日起施行。

【学术交流】 国内学术交流。3月8～9日，中国烟草学会第五届理事会第三次会议暨2007年学术年会在广东广州召开。中国烟草学会第五届理事会理事、常务理事、名誉理事长、顾问，各专业委员会主任委员，各省级烟草学会秘书长，《中国烟草学报》期刊编辑委员会委员和学术交流论文作者参加了会议。此次会议按照程序完成理事会的各项相关议程，审议通过理事、常务理事和专业委员会的调整。

11月7～8日，中国烟草学会信息化专业委员会在福建厦门举办信息化研讨会暨信息中心主任培训，中国烟草学会信息化专业委员会委员、行业各直属单位信息主任共80余人参加了会议。会议围绕数据中心建设、网络信息安全问题进行了经验交流和专题讲座。

11月12～14日，中国烟草学会工业专业委员会针对行业大品牌快速扩张、异地多点生产实际，在海南海口召开以“异地多点生产品质、风格一致性及稳定性”为主题的研讨会。来自烟草行业内外从事烟草工艺技术和管理的130余名科技人员参加了会议。39篇学术论文入选本次会议论文集，其中15篇学术论文在大会宣读；评选出优秀论文一等奖1篇，二等奖3篇，三等奖5篇。

国际学术交流。10月8～12日，烟草科学研究合作中心（CORESTA）2007年农学与植病联席会议在波兰克拉科夫召开，中国烟草学会组团一行10人参加了会议。会议由波兰国家土壤科学和植物栽培研究所［（Institute of Soil Science and Plant Cultivation（ISSPC）－State Institute）］承办，来自20个国家和地区的122名代表参加会议。大会特邀专题报告2篇，会议宣读论文43篇，墙报论文13篇，其中，中国烟草科技工作者有10篇论文入选。

信息化建设

【信息化建设概况】 2007年，烟草行业各单位、各级信息化工作部门围绕“完善体制机制，优化资源配置，增强竞争实力，全面提升水平”的主要任务，全面落实《数字烟草发展纲要》，加快构建行业数据中心，继续整合资源、突出应用、加强服务、保障安全，为行业的改革和发展服务，信息化工作取得了新的成效。

行业数据中心建设稳步进行，行业信息化重点工程建设积极推进，信息资源核心价值逐步体现，行业电子政务建设有序开展，信息化专职队伍素质显著增强，全行业有27家卷烟工业企业入选“2007年度中国企业信息化500强”。

【行业数据中心建设】 按照《烟草行业数据中心建设实施意见》的总体部署，行业各级信息化工作部门高度重视行业数据中心建设工作，将其作为本部门的重点工作来抓，精心设计，稳步推进。牢固树立“信息是资源”的理念，管理好信息资源，重点抓好数据资源管理。加强行业数据中心数据的规范使用和管理，国家烟草专卖局烟草经济信息中心起草了《行业数据中心数据管理办法》，以制度明确数据的统一管理和使用权限。截至2007年底，全行业有34个省级单位启动了数据中心建设。

【工商数采系统建设】 2007年是实现工商数采系统替代原有统计报表系统的第一年，数据的上报渠道、方式、频度和数据的加工处理与展现均发生了深刻变化，是建设行业数据中心的关键一步，数据上报的准确性和时效性得到提高。全年共采集基础数据9788万余条，生成报表53800余套，处理数据达50亿个，行业各级领导和有关部门的决策、业务活动的开展有了信息保障。

【行业信息化重点工程建设】 打码到条及订单采集项目。行业各单位、各级信息化工作部门积极参与打码到条及订单采集项目，全行业有80%以上的地市级公司实施了打码到条及订单采集项目。湖北省局（公司）采用“省局牵头、试点先行、全省推广”的组织方式，精心组织、规范运作、科学实施，实现了物流、商流和资金流的整合。

工商营销信息共享平台建设。2007年，行业工商营销信息共享平台第一期建设、推广、应用工作基本完成，卷烟生产经营决策管理系统、卷烟交易系统和准运证管理系统的信息得到了初步整合。3月，工商营销信息共享平台第二期建设在湖南衡阳试点运行成功，通过了行业内外专家组验收及鉴定，并且在湖南娄底、贵州遵义、安徽全省进行了推广实施。行业各工商企业广泛应用工商营销信息共享平台；访问各功能页面6万余次。其中，安徽、广西、福建、山东等中烟工业公司和安徽、山东、四川、吉林等省局（公司）使用频率较高。

烟叶基础软件推广。2007年，按照国家局发展现代烟草农业的总体部署，初步明确了烟叶信息化建设的基本思路。烟叶信息管理基础软件收购模块在全国烟叶产区完成安装，调拨模块也在烟叶产区和工业企业得到应用。福建省局（公司）按照烟叶原收原调的要求，进行了烟叶物流管理信息系统的建设试点，进一步加强了烟区烟叶收购的规范化管理。

行业管理监督系统建设。行业各级有关部门开展了行业会计核算系统、行业人力资源管理系统和专卖证件管理系统建设，以信息化手段加强行业内部监管。行业统一会计核算系统进行了试点工作；行业人力资源管理系统完成了一期项目建设工作，截至2007年底，完成了行业3700多家单位及其内设机构信息和57万余人的人员信息的采集，初步形成行业数据中心人力资源主题数据库；行业专卖证件管理系统也进行了系统升级。行业各单位结合自身实际，进行了监管系统建设。浙江省局（公司）建立了内部监管系统，实现对业务经营全过程的动态监管，提高内部监管工作的针对性和有效性；建设全省行业投诉中心平台，推动投诉工作的规范化管理。

【工业企业信息化建设】 2007年，工业企业围绕“四个中心”建设的要求，适应合并重组后改革发展的需要，以改造和提升传统的管理和生产经营方式为重点，从业务流程梳理入手，开展企业的信息化规划和数据中心建设实施工作，推动工业企业的信息化建设工作。上海烟草（集团）公司、江苏中烟、山东中烟、广东中烟等工业公司通过周密筹备、精心组织，开展集团化管理信息平台（ERP）建设工作，并在所属卷烟生产厂进行了制造执行系统（MES）的建设实施，为建设集中、统一信息化大平台打下了基础。

【电子政务建设】 2007年，行业各级领导高度重视行业电子政务建设工作，国家局成立了以局长姜成康为组长，副局长张保振为副组长的烟草行业电子政务建设领导小组，行业各直属单位也都成立了以“一把手”或主管领导为组长的电子政务建设领导小组，为行业电子政务建设的顺利开展提供了组织保障。

行业电子政务建设规划。按照国家信息化领导小组要求，在行业各直属单位中开展电子政务检查工作，在各单位自查的基础上，国家局对16个省级局和工业公司进行了重点抽查。通过检查，总结了行业电子政务建设的现状、经验及有关问题，明确了下一步的工作方向。8月，行业电子政务建设研讨会召开，会议交流、探讨了行业电子政务建设的初步框架、总体目标、主要任务和管理机制，并起草了以推进政务公开、加强内部监管、提高办公效率、改善公共服务为目标的《烟草行业电子政务建设总体规划》。

办公自动化系统建设。行业各单位按照国家局有传输、有流转、有档案、有网站的办公自动化“四有”要求，结合本地区办公业务的实际，开展办公自动化系统完善、拓展、推广和应用工作；并且在原有系统建设的基础上，集成开发了安全管理、IT项目管理、手机移动办公等系统，扩宽了无纸化办公业务范围，提高了办公效率。

截至2007年底，国家局办公自动化系统共流转公文10272篇，收文6424篇，向行业发文5095篇；同时还启用了短信平台功能，累计发送短信7300余条。

行业电视会议系统建设。2007年，行业地面电视会议系统建设基本延伸到地市级公司，江苏、浙江、福建、江西、湖南、广东、贵州、宁夏、新疆等9家省级局（公司）所属的县级局也连通了电视会议系统，工作效率得到了提高。全年，国家局和省级局通过电视会议系统召开了各种形式的电视会议、培训达500余次。

【行业门户网站建设】 按照国办有关网站建设和原国信办政府网站绩效评估的要求，2007年国家局行业网站在页面布局、栏目设置、服务功能等方面进行了升级改造。国家局内部网站以统一门户、集成整合为重点，完成了行业数据中心展现的初步设计。2007年，行业网站共收到各单位投稿近3万篇，其中编辑、发布新闻稿件8000余篇，有87篇被中央政府门户网站采用；围绕行业中心工作，先后开设了“践行‘两个至上’从我做起”等10多个专题，并对50个行业级会议进行了跟踪报道；行业网站日均访问量达8300多人次，内部网站日均流量突破1万人次。行业网站在2007年部委政府网站绩效评估中排名第42位。

截至2007年底，行业有40个省级单位网站实现了与国家局内部网站的链接，北京、天津、吉林、浙江等省级局和湖北、福建中烟工业公司等单位内部网站成为全体员工及时了解行业方针政策、掌握改革进程和工作动态、进行信息共享与交流的重要园地。行业有27个省级单位建立了外部网站，部分卷烟工业企业和重点城市建设的、面向社会公众的互联网站有近百个，为企业面向社会进行对外宣传、事务办理和互动交流提供了窗口。

【相关制度和标准规范建设】 2007年，行业各单位在贯彻执行国家局信息化工作各项管理制度、技术标准的基础上，根据实际需要，制订和完善了本单位的信息化工作管理、项目管理、运维管理等一系列规章制度，并将信息化建设纳入本单位全年的预算管理，并按规定的项目管理流程申报立项，开展相应的招投标工作，制定项目管理制度、招投标管理规范等，保证项目招投标工作的公开、公平和公正。各单位还加强信息化软硬件管理，把软硬件纳入资产管理，同时加强软件正版化工作，增强正版化意识。为加强行业信息化工作严格规范管理，国家局把信息化建设情况纳入对省级局（公司）领导年度工作业绩考核指标中，行业有23个省级单位将信息化工作考核纳入到全省经济运行考核指标中。

加强行业信息化的标准化、规范化管理，充分发挥全国烟草标准化技术委员会信息分技术委员会的作用，以代码和数据元标准为重点，加强行业信息化标准建设工作，开展《烟用材料数据元》、《卷烟联运平托盘电子标签应用规范》、《烟草行业人力资源系统基本功能规范》等标准的制定工作；组织完成《烟草行业工商统计数据元》、《烟草行业专卖管理代码》、《烟草行业人力资源代码》、《烟草行业数据中心人力资源数据元》、《烟用材料编码第2部分 烟用材料物流单元代码与条码标签》五项标准。进行了行业新的代码管理信息系统的开发实施工作，以信息技术固化新的标准，初步实现行业代码标准自身的信息化。

【网络和信息安全体系建设】 加强信息安全保密管理，提高行业骨干网稳定运行和信息安全保障能力。按照国办和国家局保密工作会议的要求，国家局起草制定了《烟草行业办公计算机安全管理规定》等四份规范性文件，在全行业开展了行业信息安全及计算机信息系统保密检查工作，各单位对信息安全与保密工作的重视程度得到提高。完成行业CA和国家局CA系统的建设工作，与行业工商营销信息共享平台、电子交易系统、卷烟生产经营决策管理系统、计算机安全管理系统的CA应用等系统进行对接，行业部分单位CA系统纳入了行业CA安全认证体系之中。

行业各单位高度重视信息安全工作，福建、甘肃省局（公司）制定了信息安全保障体系长期规划，并逐渐形成了按规划实施信息安全保障体系建设、按需求和风险评估情况循环调整规划的机制。山东省局（公司）攻克了网络访问路径一致性、负载均衡性等技术难题，其中，《Cost值及网络拓扑在路由规划中的研究和应用》课题作为技术类自主创新项目在技术鉴定中得到了有关专家的好评。安徽省局（公司）在全省行业开展了计算机机房防雷检查，加强计算机机房的防雷保护工作，通过巡检，发现问题，及时整改，促进了全省机房的防雷建设。

【行业信息化队伍建设】 2007年，行业各单位更加注重信息化人才队伍的培养，共举办各类培训班700余次，培训人数近4万人次。国家局组织举办了全国烟草行业信息中心主任培训、工商数采统计培训、信息安全技术和管理培训、信息化标准化培训等7个培训班，共培训1000余人次。通过培训，业务人员的应用水平和信息化工作人员的专业技能得到提高。

行业各直属单位中，有47个单位设立了信息中心，8个单位的信息中心与有关部门合署办公，各基层单位、企业成立了信息化工作部门；行业从事信息化工作的人员也从2003年的3000余名发展到2007年的5000余名。

中国烟草学会信息化专业委员会发挥其作用，坚持“三服务一加强”的工作方针，围绕构建行业数据中心建设这一主题，深入开展学术交流，提供信息化工作沟通交流的平台，同时还进行人员队伍调整充实，加强自身建设。

多元化经营

【多元化经营概况】 2007年，全行业围绕“做精做强主业、保持平稳发展”的基本方针，坚持“先瘦身、后强身”的行业多元化投资管理工作思路，通过对多元化经营企业进行清产核资及清退整改，全面推动多元化企业清理整顿工作。同时，行业多元化投资管理机构建设、制度建设有序推进，初步建立了自上而下、归口管理、分级负责的行业多元化投资管理体制。多元化投资管理分散的局面得到了改变，运行机制开始得到理顺。

全行业多元化企业清退工作取得重大进展。截至2007年底，行业现有多元化投资项目1909项（未剔除多家投资一家多元化企业的重复因素），投资额为562.1亿元。已经完成清退的多元化企业778家；尚未清退或继续保留经营的多元化企业661家，其中全资、控股400多家。全年全行业多元化企业清退计划完成过半。

【多元化企业整改清退】 2007年，国家局要求全行业重视抓好多元化投资管理工作，并对多元化企业清理整顿工作进行了全面部署。6月4日，下发《中国烟草投资管理公司关于上报多元化经营企业清理整顿工作进展情况的通知》（中烟投行〔2007〕11号），加快清产核资后整改工作进度，加大多元化经营企业清退工作力度。汇总分析各省级公司工作进展情况及反映的共性、难点问题，在郑州举办了为期四天共两期的烟草行业多元化投资企业清退培训班，请专家就企业清退工作中资产处置、人员安置等方面所涉及的法律法规、政策依据及工作方法、步骤程序等内容，结合案例分析，进行讲解、培训。加强重点督导，组织工作组分别在全国30多家省级公司，对各单位贯彻落实企业清退计划的进展情况进行检查指导。

各省级公司积极参与多元化企业整改清退工作，其中，清退工作量较大、清退任务比较重的省级公司，成立了清退工作领导小组并由“一把手”亲自担任组长；有的省级公司把整改清退工作细致化，不仅省级公司成立领导小组，而且下辖各地市级公司都成立了清退工作领导小组。川渝中烟工业公司从公司总部到下属四川烟草工业有限责任公司、重庆烟草工业有限责任公司2个子公司，再到2个子公司的分厂，都成立了由“一把手”负责的多元化经营企业清理整顿工作小组，设立专门机构，落实责任人员。

有效发挥中介机构的作用。很多投资管理机构积极与会计师事务所、律师事务所、产权交易所等中介机构加强沟通，寻求清退企业、处理资产的法律法规、财务依据。

截至2007年底，多元化企业清退工作取得了重大进展。全行业通过清算、注销、关闭、破产、有偿转让、无偿划转、并入主业等不同方式，积极开展清退工作，落实清退计划。2007年，行业列入清退计划的企业有1248家，完成清退企业778家，占多元化企业清退计划总数的62%，涉及投资额70.6亿元。

【多元化投资管理体制建设和制度建设】 *多元化投资管理机构的建设*。2007年，基本完成省级多元化投资管理机构的建设，初步建立起自上而下，归口管理，分级负责的行业多元化投资管理体制。在国家局、总公司层面，由中国烟草投资管理公司负责行业多元化经营归口管理；在省级公司层面，既有以资产为纽带对多元化企业经营管理的省级投资管理公司，也有履行管理职能的投资管理部/处，还有在投资管理部门指导下的具有投资管理公司架构的实体公司，以及由财务部门兼管等4种管理模式。

截至2007年底，国家局正式批复6家省级公司成立投资管理公司，分别是：福建省烟草公司、湖北省烟草公司、湖北中烟工业公司、重庆市烟草公司、浙江省烟草公司、上海烟草（集团）公司。此外，在投资管理部门指导下的具有投资管理公司架构的实体公司还包括：红塔烟草（集团）有限责任公司、云南烟草兴云投资股份有限公司、颐中烟草（集团）有限公司、将军烟草（集团）有限公司、江苏金丝利集团公司等。其他各省局（公司）、工业公司设置了多元化投资管理部/处，投资企业很少的省级公司其投资管理职能纳入财务处。

多元化投资管理制度建设。全行业从总公司、省级公司和多元化经营企业三个层面，积极推进多元化投资管理制度建设。3月27～4月2日，国家局在北京召开多元化经营企业三项制度起草小组工作会议，正式启动《烟草行业多元化经营企业国有资产管理办法》、《烟草行业多元化经营企业国有资产经营管理考核办法》和《烟草行业多元化经营企业审计监管办法》等三项制度的起草工作。10月24日，国家局下发《国家烟草专卖局关于印发＜烟草行业多元化经营企业管理暂行规定＞的通知》（国烟办〔2007〕461号），对行业多元化经营企业归口管理机构、企业基础管理，董事、监事及高管人员管理，企业重大事项管理，企业清退与整合、监督与考核等方面做出了明确的规定。同时，部分省级公司将加强多元化企业清理整顿工作与加强制度建设紧密结合起来，建立适应行业多元化投资管理需要的管理制度体系。各多元化经营企业按照现代企业制度的要求，逐步建立健全法人治理结构，加强和完善内部管理制度。

以信息化推动管理创新。中国烟草投资管理公司利用原有的投资管理信息专栏，建立全国多元化企业管理信息平台，经过开发设计网页及建设发布系统、组建行业信息员队伍、开展信息报送工作培训、网站试运行等一系列准备工作，9月17日，开通中国烟草投资管理公司网站（www.ctimc.com）。截至12月31日，网站共发布信息324条，其中，发布行业各直属单位多元化投资管理机构信息员发来的信息138条。

【多元化投资项目】 战略性投资项目前期工作取得阶段性成果，能源化工基础建设有了实质性进展，行业重大投资项目按计划向前推进。

能源化工基地建设。7月26日，中国烟草总公司和内蒙古区政府签署了《上海庙能源化工基地开发建设合作框架协议》，明确了中国烟草整体开发建设该基地的业主地位，协调成立上海庙能源化工基地建设领导小组，开展战略性投资各项前期准备工作。

为夯实原料基础，按照“规模化、大型化、一体化、基地化”的发展模式，有序推进上海庙能源化工基地朝着“煤为基础、电为支撑、化工为主导”的循环产业集群的方向发展。8月，中国烟草投资管理公司与山东临沂矿业公司签订了煤矿基地建设的《合作意向书》；11月，完成煤矿投资的可行性研究和国家局组织的专家论证；12月28日，举行内蒙古上海庙矿业有限责任公司揭牌仪式，公司年生产能力为1000万吨。

煤化工启动项目基本完成预可行性研究。5月，总公司与拥有建设煤化工生产技术的美国伊斯曼公司签订了《谅解备忘录》和《保密协议》；9月，完成甲醇及有关下游产品的市场调研；10月，确定启动项目的内容，完成对上海庙及周边地区的实地考察；11月，基本完成170万吨/年甲醇项目预可行性研究报告的编制工作。

云南烟草薄片项目。中法双方经密切配合，截至12月底，基本完成项目申报文件和合作法律文件的准备工作，项目已通过国家局组织的专家论证和投资委员会的审查。同时，项目环评、征地前期准备等工作基本结束，产品试制工作进展顺利。

江门在建项目。中烟江门摩迪公司基本建设工作进展顺利。3月，召开江门摩迪卷烟纸公司第一届第六次董事会，同时进行现场工地勘查、检查工程进度、调整建设期预算并通过年度审计报告；6月，组织专家对江门摩迪卷烟纸项目建设进度、施工质量、成本控制、安全、市场准备等方面的情况进行调研。

中国双维投资有限公司的组建工作。专门从事重大投资的中国双维投资有限公司的组建方案已原则上通过国家局办公会的审议。

对外贸易与合作交流

【外事管理】 外事出访方面，严格按照年初制订的出国计划和相关制度规定审核出访申请报告，国家局加强对行业干部因公出访工作的管理，将行业党组管理干部出国计划备案制改为审批制。2007年，国家局、总公司机关出国人员339人次，其中，司局级领导100人次、其他人员239人次；各省级局、工业公司领导出国275人次，其他人员1617人次。

外事接待方面，全年共接待国外公司高层人员代表团和外国政府代表团20个，接待了中日、中韩烟草技术交流签字团、韩国烟草人参公社社长代表团、中日烟草企业管理交流团、欧盟委员会代表团、奥驰亚公司代表团、伦敦出口公司代表团、环球烟叶公司代表团、美国瑞安公司代表团、英美烟草公司代表团等国外团体。

国际会议筹备方面，2007年，圆满完成CORESTA2008年大会、第十四届烟气分析亚洲合作研究会和2007年TABEXPO世界烟草博览会“中国日”活动等国际会议的筹备与联系协调工作。

【履约工作】 做好履行《烟草控制框架公约》的各项工作。经过反复研讨、论证，与国家质检总局联合下发了《中华人民共和国卷烟境内包装标识的规定》。5月，参加由国家工商总局组织召开的有关烟草广告管理办法的研讨会，提出行业对于修改烟草广告管理办法的意见和建议。6月，在泰国曼谷召开的世界卫生组织《烟草控制框架公约》第二次缔约方会议上，派员参加中国代表团完成会议期间的各项工作。参加由国家发改委、卫生部组织的履行《烟草控制框架公约》报告的起草和修改工作。与国外烟草公司在履行《烟草控制框架公约》及公共事务方面进行交流。

【对外经贸】 2007年，全国烟草系统实现进出口商品总值13.8亿美元，同比下降8.33%，其中进口到货总值7.37亿美元。全年进口卷烟31.86万件，进口烟叶5.3万吨，进口丝束7.2万吨，进口滤嘴棒8.3亿支，进口卷烟纸1.1万吨。

2007年，实现出口6亿美元。全年共出口烟叶类产品15.66万吨，实现出口3.33亿美元。出口卷烟131.1万件，实现出口2.16亿美元。出口烟机2000万美元。

【进出口管理】 体制调整。行业各有关省级局（公司）、工业公司按照国家局调整中国烟草进出口（集团）公司成员企业管理体制工作要求，及时完成“三定”工作。部分省级局（公司）对进出口企业领导班子进行了调整充实，通过开展竞争上岗等方式，进一步调动广大干部职工工作积极性。各有关省级局（公司）、工业公司、进出口企业积极适应体制调整后的业务整合和分工，提高了开拓国际市场重要性的认识，加强了对开拓国际市场的研究分析。中国烟草进出口（集团）公司建立并完善各项业务经营管理办法，通过信息化建设提高内部管理水平，对境外企业的生产经营情况进行了调查摸底，为今后开展外贸经营业务和拓展国际市场打好基础。

在辽宁、吉林、黑龙江、上海、浙江、福建、山东、河南、湖北、湖南、广东、四川、贵州、云南、陕西、新疆等16省、市、自治区还设置了进出口公司，负责管理相关的进出口工作。

境外实体运作。2007年，各相关省级工业公司加强对境外卷烟厂生产经营管理，进一步发挥了开拓国际市场的主体作用。各省级工业公司将实施“走出去”战略摆上作为重要议事日程，境外企业市场拓展取得了新进展。2007年1～8月，境外9家企业卷烟销量同比增长2%。其中，广东中烟工业公司的柬埔寨威尼顿公司产销量同比增长28%。中烟实业发展中心的朝鲜大同江卷烟厂销量同比也有所增长。由中国烟草进出口（集团）公司牵头，各有关省级工业公司积极配合，理顺了部分境外企业的资产体制。2007年，国家局还组织了对巴西公司改制、实体化运作具体方案实地调研和论证工作，并对美国、阿根廷等国烟叶采购实体化运转的方式和途径进行了前期调研，各项工作有序推进。

附：

中国烟草进出口（集团）公司成员企业及驻外机构

为适应烟草行业实施“走出去”战略的要求，2007年9月12日，经国家烟草专卖局、中国烟草总公司批准，中国烟草进出口（集团）公司进行改制。中国烟草进出口（集团）公司是中国烟草总公司直属的专业性公司，承担一定行业宏观管理和服务职能。公司以控股方式管理深圳烟草进出口有限公司，直接管理7个驻外机构。

深圳烟草进出口有限公司

深圳烟草进出口有限公司成立于1997年12月，是经原对外贸易经济合作部和国家烟草专卖局批准成立的深圳特区唯一经营烟草进出口业务的经贸公司。公司工商注册资本为1000万元。深圳烟草进出口有限公司是中国烟草进出口（集团）公司的控股子公司，实行董事会领导下的总经理负责制。股东方为中国烟草进出口（集团）公司、中国烟草总公司深圳市公司、深圳中深烟草贸易中心。主要经营烟草、烟草制品及卷烟行业机械设备、卷烟原辅材料的进口业务（具体按外经贸部［96］外经贸政审函第3081号文执行）；国内商业、物资供销业（不含专营、专控、专卖商品）。

2007年，公司全年进出口总值2765万美元，其中，出口总值1532万美元，同比下降9.84%；进口总值1233万美元，同比增长24.72%。实现利润5240万元，超额完成董事会下达的利润指标。

天利国际经贸有限公司

天利国际经贸有限公司是中国烟草进出口（集团）公司的全资子公司，经原对外贸易经济部批准，于1989年在中国香港注册成立。公司的主要职责是经营烟草及其制品、烟草机械设备及零部件、烟用辅料等进出口业务；开展烟草经济技术合作及交流活动；负责烟草行业海外机构的管理工作；负责国际烟草商情信息的收集、汇编工作；承担有关出国团组的接待安排工作。

2007年，公司经济运行质量和效益较好，超额完成了董事会确定的各项经营目标。全年完成营业收入1.89亿港元，完成预算的143%。实现利润1.49亿港元，完成预算的164%。出口烟叶（含梗、末）4.80

万吨，完成计划的127%，实现销售收入9.35亿港元；出口卷烟1.49万件，实现销售收入6324万港元。

中国烟草进出口（集团）公司驻津巴布韦代表处 天泽烟草有限责任公司

代表处设立于1990年，地点为津巴布韦哈拉雷，内派人员7人。代表处主要任务是收集、了解津巴布韦及周边国家烟叶种植、收购、加工、销售情况，协助中国烟叶采购、监督加工验货团组开展工作，协调、解决中国进口烟叶过程中的有关问题，接待国内团组。2005年4月1日，津巴布韦公司注册局颁发了天泽公司注册证书。英文名称TIAN ZE TOBACCO COMPANY (PRIVATE) LIMITED，中文名称为天泽烟草有限责任公司（简称“天泽公司”）。公司主要经营烟叶采购，烟草合同种植、烟草合同收购，加工、包装、出口等业务。

2007年，天泽公司共采购原烟2122吨，占津巴布韦总销量的2.91%。为烟草加工津巴布韦有限公司（TPZ）加工成品烟1434吨，同比增加20%。天泽公司负责的采购团还完成了在赞比亚、南非和马拉维的采购任务，共采购非洲成品烟2.23万吨。

2007年，天泽公司还承担了监督采购烟叶的加工任务。在监督加工过程中，他们以成交样品为依据，工艺技术数据为依托，从摆把至装箱实行全程监督，在人员配置、样品分析和双重监督等方面总结了许多成功经验。

中国烟草进出口（集团）公司巴西有限公司

公司成立于2002年6月6日，注册地点为巴西圣克鲁斯，注册资本40万美元，现有内派人员2人。主要工作是收集、了解巴西烟叶种植、收购、加工、销售信息，协助中国烟叶采购、监督加工验货团组开展工作，协调、解决中国进口烟叶过程中的有关问题，研究探索公司改革、开展实质性经营业务的方案，接待国内团组。

2007年，公司继续收集了解巴西烟叶生产、收购信息，协助中国烟草进出口（集团）公司烟叶采购、监督加工验货团组开展工作。

中国烟草进出口（集团）公司驻莫斯科代表处

代表处设立于1992年，地点为俄罗斯莫斯科，内派人员2人。代表处主要任务是收集、了解俄罗斯及独联体国家的烟草商情信息，宣传、推销中国烟草制品及烟草机械，协助开展中外烟草合作项目，接待国内考察团组。

2007年，莫斯科代表处重点参与和跟进出口“金鹿”卷烟的“金鹿”项目，兼顾团组接待和其他事务性工作。全年接待国家烟草专卖局和省级公司团组6家。

中国烟草日本株式会社

公司成立于2001年4月21日，注册地点为日本东京，注册资本20万美元，其中，天利国际经贸有限公司占60%的股份、日本泰丰通商株式会社占40%的股份，现有内派人员2人。公司主要任务是经营中国卷烟在日本市场的销售。

2007年，公司完成卷烟出口总量7.19万件，其中“中南海”系列卷烟7.05万件。实现营业收入6900万日元，完成预算的87%。2007年，公司在日本市场遭遇所谓“中国问题产品”的不利形势下，积极做好宣传工作，与日本太丰商社一道参展了“健康博览会"，宣传"中南海"卷烟的安全性，为防止销量下降起到了很好的作用。全年公司共接待访日团组7个。

迪拜瑞世达贸易有限公司

公司成立于1997年，注册地点为阿联酋迪拜，注册资本30万美元。主要职责是开拓中东市场，经营中国卷烟、烟叶、烟梗在中东地区的销售。

2007年，销售卷烟2539件，实现销售收入123万美元。签订烟梗合同1个，预计销售收入达96万美元。全年接待中国团组11批次。

中国烟草进出口（集团）公司汉堡有限公司

公司成立于1998年，注册地点为德国汉堡。主要业务是经营烟叶、烟梗、烟机及零配件。

2007年，共执行上年签订的合同2个，合同金额55.5万欧元。洽谈并办理上海烟机公司2008年订购烟机关键部件合同，合同金额81.6万欧元。全年共接待国内赴德团组6个。

纪检监察

【惩防体系建设】 开展反腐倡廉教育。2007年，行业反腐倡廉教育工作以领导干部为重点，充分发挥教育在党风廉政建设和反腐败工作中的基础性作用。国家局党组将反腐倡廉教育纳入了国家局党校的教学计划，推进行业廉政文化建设。行业各单位围绕"抓班子、带队伍、促发展、创和谐"这一主题，开展以"五查五看"为主要内容的"两个至上"在岗位主题实践活动。各级纪检监察机构深入开展廉政教育活动，组织参观廉政教育展览、观看廉政教育录像、开展专题教育活动等2400多人次。驻局纪检组、监察局和一些直属单位举办反腐倡廉教育讲座22场，听课的局、处级干部达1600多名。

2007年因违反行业内部专卖管理监督的有关规定受到行政处分的人数为99人，同比减少了859人，降幅为89.67%，其中，处级及处级以上5人，同比减少43人；科级13人，同比减少283人；科级以下81人，同比减少533人。

反腐倡廉制度建设。国家局围绕《建立健全教育、制度、监督并重的惩治和预防腐败体系实施纲要》（以下简称《实施纲要》），先后出台了规范国有资产管理、组织人事管理、投资项目管理、烟叶种植收购合同管理等多项规定。驻局纪检组、监察局围绕行业的工作重点，着力构建预防腐败的长效机制，在"两烟"生产经营、工程项目、资金监管、物资采购等方面，督促有关部门建立完善规章制度；总结推广试点经验，对各单位构建惩防体系工作的情况进行跟踪检查。行业各单位根据实际情况研究制订了一些具体的规定和办法。截至2007年底，行业大多数直属单位的纪检组制订了加强同级监督的办法，制订对所属市局（公司）或卷烟生产企业实施监督的具体方案。据不完全统计，近两年来，行业各直属单位新制订关于监督检查的制度183项，修改完善106项。行业初步形成"党组统一领导，党政齐抓共管，纪检组织协调，部门各负其责"的工作机制。

【案件查办工作】 2007年，行业纪检监察机构共受理来信来访1470件（次），初核192件，立案182件，查结183件，给予党纪政纪处分158人。驻局纪检组、监察局办理群众来信来访421件（次），初核案件8起；对3起司局级干部的违纪问题进行了立案处理，对涉及违法犯罪的2名司局级干部给予了开除公职处分；2起案件初核后转有关单位处理；向10个省级局（公司）发函督办27件。在案件查办工作中，加大工作力度，多次对有关案件进行专题研究，取得中纪委有关部门的大力支持；与地方纪委及相关省市的公安、金融部门配合，使一些案件取得重大进展。

【专项治理工作】 行业各级纪检监察机构坚持纠建并举、综合治理，切实加强行风政风建设，坚决纠正损害国家利益和群众利益的不正之风。国家局党组对行业已建和在建的楼堂馆所进行清查，对行业评比达标表彰项目进行了全面清理，将以国家烟草专卖局名义在行业开展的28个评比达标表彰项目撤销合并为3个，预计节约经费支出560万元左右。在全国烟叶生产基础设施建设中，各级纪检监察机构对建设资金和工程质量进行同步监督和跟踪检查。各级纪检监察机构会同有关部门从资金监管、工程设计、工程监理、竣工验收等环节入手，对工程项目实行全方位监督，防止骗取、挪用、挤占和截留资金等问题的发生，保证专款专用。

【从源头防治腐败】 物资采购监管。加强大宗物资采购的监督，从健全制度、规范采购流程和操作程序入手，重点解决采购权力制约制衡、采购环节公开透明的问题。研究制订了烟草行业物资采购监管办法，将采购工作划分为五个环节，即提出物资需求、市场公开询价、组织商务谈判、定标签约、财务审核付款。各环节之间相互独立，并由不同的人员组成通过合理分解采购权，增强采购环节之间的相互制约和监督。2007年，仅国家局机关就节约采购资金2200万元。

规范卷烟用物资的采购行为。行业对卷烟用物资的采购情况进行全面调查，制定《关于规范卷烟用物资采购供应管理的若干意见》。开展非专卖品物资的网上采购工作，2007年下半年，推行水松纸的网上采购。加强对物资采购的成本费用控制，重点就商标纸采购管理进行调研。

重大工程建设项目监管。建立和完善工程项目监管的有关制度，制定出台《中国烟草总公司关于投资项目管理的规定（暂行）》，积极探索从源头规范行业重大工程项目建设、预防腐败的思路。根据行业具体情况，设计了旨在确保工程建设质量和资金安全的一些制度措施。这些制度措施主要突出了对三个环节的监管：对工程设计环节的监督，对总承包方及项目施工方的约束和对工程材料收、管、用的监管。

采购招标活动监督。研究制定了《烟草行业招标活动廉政监督工作暂行规定》，明确对招标活动五个阶段的重点监督内容，强调了违纪违规责任追究要求和监督人员工作纪律，驻局纪检组、监察局先后对国家局办公自动化系统项目、财务会计核算软件招标项目、新办公楼装修项目、卷烟生产经营决策管理系统项目等业务部门组织的采购招标活动进行现场监督，及时制止和纠正违反制度规定的行为，提出改进意见和建议，确保招投标活动过程和结果的透明与公平。

资金监管。2007年，国家局成立了行业资金监管系统项目组，开发资金监管系统软件，重点抓住资金预算、资金支付环节，通过建立与银行新的业务结算和网络对接，把完善内部控制和审批流程变成计算机程序，建立违规审批、支付实时网络报警系统，从而实现信息真实、痕迹运行、实时报警、程序控制、银企互联的行业资金监管模式，把传统的事后监督变为事前监督和实时监督，将行业生产经营活动和资金流动情况全部纳入统一信息平台进行监管。同时，在湖北省工商两家开展试点工作。

烟机零配件采购监管。制定出台《烟草加工企业烟机零配件规范采购的有关规定》、《烟机零配件网上交易、监管的有关规定》和《网上交易供需双方会员条件的有关规定》等制度性文件。检查近三年的烟机零配件采购活动的进行情况，对烟机零配件的储备情况进行清理。积极开发零配件网上交易监管系统。

【纪检监察队伍建设】 2007年，各级纪检监察机构积极充实人员，调整机构。驻局纪检组、监察局通过招聘考试和抽调挂职等形式，选拔行业内外优秀年轻干部充实到队伍中，编制由2005年的15名增加到20名，其中在编人员18人，学历及年龄结构进一步优化；16个省级中烟工业公司从成立之初没有纪检监察机构到全部单独设立了监察机构；50多个市局（公司）充实了纪检监察干部，部分市局（公司）对县局派驻了专职纪检监察员。

通过定期组织开展政治业务学习，召开年轻干部座谈会，安排年轻干部轮岗，组织以老带新、搞好传帮带，全行业先后组织150多名纪检监察干部到中纪委培训中心参加培训等方式，行业纪检监察队伍建设明显加强。同时，行业组织了新任司局级领导干部培训班、专卖处长培训班、5期地市级局（公司）领导班子成员培训班，对《实施纲要》进行宣讲。

人事与劳资

【干部人事工作】 国家局机关干部人事制度改革。2007年，国家烟草专卖局先后下发《国家局、总公司机关及直属单位非领导职务设置及选拔任用办法》、《国家局、总公司机关及直属单位新进人员任职定级暂行办法》和《国家局、总公司机关及直属单位新招录用人员效益工资发放办法》等文件，并对《国家局、总公司机关及直属单位领导干部选拔任用实施办法（试行）》提出了初步的修订意见。

国家局机关和直属单位12个部门（单位）、47位司级领导干部在政治素质、思想作风、团结协调、领导能力、工作成绩、廉政建设等方面接受了全面考核。全年累计提拔使用干部41名，其中，司级干部8名、处级干部33名。对15个处级岗位进行了竞争上岗，其中，正处长岗位2个、副处长岗位13个，通过竞争上岗，8名干部走上处级领导干部岗位。选派5名处级干部和科级干部到行业内挂职锻炼；接收3名少数民族地区干部到国家局机关挂职。通过凡进必考、结构化面试等方式接收2007年高校应届毕业生、军转干、社会公开招聘人员共9人。

省级局（公司）领导班子建设。全年有18个省级局（公司）的领导班子接受了全面考核，对32个省级局（公司）的领导班子成员进行了考察、调整和充实，共调整干部61名，其中主要领导调整7名；副职平级调整2名；新进领导班子18名；晋升级别（含巡视员、助理巡视员）29名；交流干部2名；退休11名。调整后的国家局党组管理的领导干部，平均年龄有所降低，学历结构也有所改善。

干部交流工作。2007年，全行业继续加大干部交流力度，创新干部选拔方式。国家局从省级局（公司）选调了6名副职后备干部到国家局任部门领导助理；从国家局机关交流到省级工业公司任职6名，行业交流到国家局机关任职3名；从行业选调了近50名干部到国家局机关挂职锻炼。四川省局（公司）积极探索党管干部与走群众路线相结合的新路子，在基层领导干部选拔中，凡是民主推荐得票未过半的，不列为考察对象，不提交党组研究，突出群众公认，突出公平竞争，实行阳光操作。上海烟草（集团）公司采用机关与区县干部交流、区县干部进行区域交流、交流与提拔同时并用等跨地区、跨专业、跨部门的方式促进干部流动，达到了培养干部、锻炼干部的效果。

【劳动工资管理】 用工分配制度改革。2007年，国家局对用工分配制度改革工作进行了全面部署，4月下发了《关于进一步深化烟草行业收入分配制度改革的意见》，明确提出“分类管理、科学设岗、明确职责、严格考核、落实报酬”的总体要求以及主要措施。浙江、安徽省局（公司）和湖北、川渝中烟工业公司进行了改革试点工作，国家局成立专项工作组，进行调研指导，多次召开工商企业用工分配制度改革座谈会，并于11月在安徽合肥召开行业用工分配制度改革现场会，总结推广试点单位的经验，研究部署了下一阶段行业用工分配制度改革的工作。行业各单位有总体方案和试点方案的22家；有总体方案无试点方案的10家；无总体方案有试点方案的10家；无任何方案的8家。从方案运行层面看，基本全部运行的有8家；试点单位试运行的有13家；尚未运行的有29家。

薪酬管理。加强对各单位工资收入分配的监督管理，促进行业收入分配实现公平、规范、有序。根据财政部《对中央企业经营管理者收入和职工内部收入分配情况进行调查的通知》要求，以各单位执行行业收入分配宏观调控政策情况、各单位职工全部工资性收入的列支和发放情况以及各单位执行《烟草系统省级领导薪酬管理暂行办法》等为重点，采取实地调研、听取汇报、查阅相关文件和凭证以及专项审计的形式，有13家行业直属单位进行了工资内外收入检查工作，并对发现的问题进行了整改。完善烟草行业企业薪酬福利制度，建立多层次的养老保障体系，增强企业凝聚力，保证企业生产经营持续健康发展，探索建立烟草行业企业年金制度，印发《中国烟草总公司关于烟草行业建立企业年金制度的通知》，为行业烟草企业建立和规范年金制度提供了政策依据。

进一步建立了有效的省级公司领导班子激励约束机制，完善省级公司领导收入分配办法，印发了《烟草系统省级公司领导年度工作业绩考核办法》以及《烟草系统2007年省级公司领导工作业绩考核细则》，督促省级公司领导切实履行出资人职责，客观评价工作业绩，完成了2006年省级局（公司）领导班子薪酬核定工作。

《劳动合同法》实施准备工作。《劳动合同法》颁布后，国家局下发《关于贯彻落实〈劳动合同法〉进一步规范劳动用工行为的通知》，对全行业学习贯彻《劳动合同法》提出明确要求，督促各单位依法规范劳动用工行为，全行业各级单位及时开展了各种学习《劳动合同法》的培训班，切实做好《劳动合同法》实施前的各项准备工作。截至2007年底，全行业从业人员劳动合同签订率89%，其中，在册在岗员工签订率98%，聘用在岗员工签订率99.3%，季节性用工签订率51.5%。省级公司本部在册在岗员工未签订劳动合同的单位仅有两家。

【内部管理体制调整】 国家局下发《省级烟草专卖局（公司）机构编制管理暂行办法》，规范省级烟草专卖局（公司）退出“两烟”经营后的职能配置、机构设置和人员编制，省级局（公司）的“三定”方案有了新的调整。调整了中国烟草进出口（集团）公司的“三定方案”，适应烟草行业实施“走出去”战略，落实国家局党组提出的“改制、转型、整合”的要求。围绕建立完善工业公司法人治理结构，制定《省级工业公司董事管理暂行办法》、《省级工业公司职工董事管理暂行办法》。

【领导干部监督】 国家局人事劳动司通过参加各单位民主生活会，阅读群众来信等方式及时了解省级局、公司领导班子和领导班子成员存在的主要问题，采取撰写说明材料、诫勉谈话等形式加强教育与监督，督促其及时整改。进一步加大对行业干部队伍建设的监督检查力度，行业各单位严格执行《党政领导干部选拔任用工作条例》，并认真检查干部任用条例的贯彻执行情况，严肃查处违规行为，坚决遏制用人上的不正之风和腐败现象。

2007年，行业围绕《实施纲要》的要求，坚持把领导机关、领导干部，特别是主要领导干部作为监督的重点对象。3月和8月，国家局党组分2批组织行业23个直属单位的“一把手”进行了述职述廉。

切实加强对“三重一大”① 的监督检查，尤其注重加强对干部选拔任用工作的监督。2007年，各级纪检监察机构配合人事部门对拟提任的1600多名干部进行了考察；对群众反映较多的人选，经了解和查核，提出了不宜提拔和暂缓提拔的意见，对不实反映予以澄清；对干部选拔任用工作程序进行监督，并在完善监督程序、提高监督实效等方面进行了尝试。2007年，有13名提拔到领导岗位和提高行政级别的基层企业法定代表人接受了任职前的经济责任审计。

行业各级纪检监察机构严格执行领导干部个人重大事项报告制度、礼品礼金上交制度和廉政谈话制度，及时发现和纠正个别领导干部在作风建设方面存在的突出问题。2007年，行业各级领导干部报告重大事项3040多人次，上交礼品礼金价值380多万元；纪检监察机构与新任处级以上干部开展廉政谈话1280多人次，开展诫勉谈话420多人次，函询30多人次，落实党风廉政建设责任制，受到责任追究的160多人。

【人才队伍建设】 专业技术人才队伍建设。行业各单位有关部门通过深入调研，召开座谈会等多种形式探索进一步规范行业专业技术资格评定工作的途径。2007年，国家局草拟了“2+6”文件，即《烟草行业专业技术资格评定工作规定》、《烟草行业高级专业技术资格评审委员会专家库管理办法》和6个系列的高级专业技术资格评审办法。完善高级专业技术资格评审方式，评审材料上报全部实行电子化及评委远程下载，节约了评审时间。行业各级人事部门在专业技术资格评审工作中严格认真审核申报材料，各级评审组织按照程序公平公正地开展评审工作，完成2007年度专业技术资格评审任务。

专业技术职务聘任工作。总结推广了专业技术职务聘任工作试点单位经验，印发了《专业技术职务聘任工作案例》，结合“四定”工作，进一步加强对专业技术职务聘任工作的指导。截至2007年底，全行业专业技术职务聘任人数为7914人，占具备专业技术资格人员总数的12%，其中，高级399人、中级3213人、初级4262人；行业各直属单位开展聘任工作的有41家，其中，有11家单位的聘任工作制度比较完善、程序比较规范、覆盖面较广、影响比较大。

职业技能鉴定。全面开展烟草工业、商业和烟叶生产领域的职业技能鉴定，开展行业鉴定机构质量管理体系认证试点工作，规范行业职业技能鉴定工作的统一管理。完善职业标准体系建设，健全完善国家职业技能鉴定题库烟草分库和培训教材，《烟草专卖管理员岗位标准（试行稿）》、《烟草专卖管理员职业技能鉴定培训教材》和《中级烟草专卖管理员岗位技能鉴定题库》等编写完成。全年完成28422人次技能鉴定，其中，初级工6593人、中级工15504人、高级工5972人、技师322人、高级技师31人。

技能竞赛。2007年5月，开展了第三届全国烟草行业烟叶分级职业技能竞赛，竞赛产生的30名优胜者获得“全国烟草技术能手”称号，云南中烟、安徽中烟等工业公司，云南、安徽、四川、湖北、河南等省局（公司）也举办了省级职业技能竞赛。

人力资源信息系统建设。完成“烟草行业人力资

① 三重一大：重大问题决策、重要干部任免、重大项目投资决策与大额资金使用。

源信息系统（一期）”的开发工作，截至2007年底，行业58家直属单位中的54家单位按时完成了数据采集上报工作，共采集3709家单位及其内设机构信息和571580人的人员信息，初步形成行业人力资源数据中心。

职业标准体系建设。完善职业标准体系建设，行业健全完善了国家职业技能鉴定题库烟草分库和培训教材，启动烟草专卖管理员职业技能培训与鉴定工作，完成了《烟草专卖管理员岗位标准（试行稿）》、《烟草专卖管理员职业技能鉴定培训教材》和《中级烟草专卖管理员岗位技能鉴定题库》等的编写工作。

【行业教育培训】 教育培训概况。2007年，行业各级单位按照《烟草行业教育培训工作实施办法（试行）》的有关要求，围绕中心工作，以能力建设为重点，大规模开展教育培训。国家局、总公司直属的三个培训机构注重发挥各自优势，明确职责，分工协作。国家局党校以政治理论学习和高级经营管理人员业务培训为重点，举办了培训班12期，培训学员1031人次；中烟平谷培训中心以适应性培训为主要内容，举办了地市级局（公司）领导班子成员培训班，对行业452家地市级局（公司）主要负责人进行了轮训；中国烟草总公司职工技术培训中心以高技术、高技能人员和中高级经营管理人员业务培训为主线，举办培训班179个，培训学员19706人次，并自主开发了多种培训项目，仅烟叶分级培训1个项目，全年开办29期，培训2557人次。行业各单位也广泛展开了形式多样、内容丰富的大规模培训。2007年全行业共计开办培训23915期，培训950435人次，形成了全行业领导重视、员工参与、学习主动的良好局面，有力地推动了行业学习型组织的建设。

干部教育培训。2007年，国家局党校举办了春秋两个学期党校干部进修班，其中，处级进修A班两期，司局级进修B班一期，处级进修B班两期，共培训司局、处级学员304人。国家局党校还举办国家局机关科级干部培训班即进修C班，共培训来自国家局机关及二级部门科级干部学员38名。承办行业司局级领导干部任职培训一期，培训行业新任司局级领导干部65人，干部教育培训提高了领导干部的理论水平、廉政意识、岗位能力和领导艺术。

远程培训。中国烟草总公司职工技术培训中心以“中国烟草培训网”为平台，利用网络媒体，对基层干部职工进行业务、技术培训。开展“专卖管理稽查员”、“电访员”、“烟叶生产技术”等远程培训项目，受到行业基层单位的欢迎，相关岗位工作人员报名参加学习人数达到22450人，全年培训11001人，参加网上学习并参加结业考试近6000人。烟草行业还与“中国国家人事人才培训网”合作建立了国家局机关内网网络培训学院，进一步拓展了远程培训项目。

学历教育。中国烟草总公司职工技术培训中心利用教育培训资源，面向全行业职工提供成人学历教育服务，2007年远程教育在读专科、专升本学生1112人。与中国科学技术大学等国内知名高校联合开展研究生专业学位教育，在读282人，其中，软件工程硕士168人、化学工程硕士42人、MBA课程进修班72人。

复退军人录用考试。全年进行了5次行业复退军人录用考试，提供录用考试卷15套，参加录用考试的人数达1227人；组织5个培训机构15个批次的复退军人岗前培训统考，参加统考的人数达1013人次。

【离退休干部管理】 行业离退休干部概况。截至2007年底，全国烟草行业共有退休干部42473人、离休干部3219人，其中，1927年8月1日至1937年7月6日（第二次国内革命战争）参加革命工作的8人；1937年7月7日至1942年12月底（抗战前期）参加革命工作的119人；1943年1月1日至1945年9月2日（抗战后期）参加革命工作的339人；1945年9月3日至1949年底（解放战争）参加革命工作的2753人。离休干部整体进入高龄期，80岁及以上的1214人，70岁至79岁的2004人，占离休干部总数的99.96%。离退休干部中，有党员25680人，占离退休干部总数的56.2%，离退休干部党支部840个。

活动站、老年大学建设。2007年，行业在山东济南召开老年活动中心、老年大学现场会，会议组织参观学习了山东省局（公司）老年活动中心、老年大学建设成果。行业各单位因地制宜，不断加强基础设施建设，以“实用、节俭、不奢华”为原则，在人力、物力、财力上加大投入，不同程度配备计算机、电视机、音响、乐器等各类学习、娱乐和健身器材。安徽省局（公司）先后投资700多万元，建成74个离退休干部活动中心（站、室），总建筑面积7000多平方米；广东省局（公司）强调要因地制宜，一室多用，一场地多用，注意“三个结合”，即工会活动与离退休干部活动相结合，在职人员与离退休干部的活动场所相结合，场所建设与离退休干部党支部建设工作相结合，并把所属老年活动中心建设纳入考核标准中，作为检查考核的内容之一。

截至2007年底，全行业有老年活动中心（站、室）1612个，总投资3.7亿元，日均活动人数2万人左右；参加老年大学学习的离退休人员有6150人，占离退休人员总数的13.46%。

生活待遇情况。行业各级离退休干部工作部门坚持以人为本的科学发展观，按照构建和谐社会、和谐烟草的总体要求，不断巩固和完善“三个机制”有效运转，确保离退休干部的离退休费、生活补贴、医药费等各项待遇落实到位。

全行业对1937年7月6日以前参加革命工作的老红军进一步给予适当生活补助，每人每月800元，同时进一步提高红军老干部的护理费。江西省局（公司）将老同志的身体健康检查由两年一次改为一年一次；从2007年1月1日起全省烟草系统离退休职工每人每月平均增加退休金76元，并形成长效机制，每一至两年调整一次。湖北省局（公司）进一步健全完善老干部医疗保健制度，不断探索老干部保健服务新机制，对参加革命时间早、长期身患重病、家庭困难较多的老同志，给予特别关心和照顾。陕西省局（公司）工作中做到“三个必到”，即老干部患病必到，老干部病故必到，老干部遇到意外和困难必到。广州卷烟二厂统一提高了各生产部离退休干部的补贴标准，对老同志的医药费报销给予优先照顾。江苏省局（公司）大胆创新工作方法，在老干部中开展“保持健康身体、保持快乐心情、保持长者风范”的主题活动。

政治待遇情况。各单位以加强组织建设和思想政治工作为主线，根据老同志的情况和特点，创新工作方法，坚持和完善各项学习制度，坚持过好组织生活，坚持定期向老干部通报情况、传达文件、征求意见，使老干部能够及时了解党的大政方针和本单位改革发展情况，从而认清形势，在政治上同党中央保持一致。上海烟草（集团）公司在离退休干部党支部人员配备上，采取推荐年龄相对较轻，素质较高，具有一定支部工作经验的在职人员进支部班子，以分组管理为主要形式，把党支部思想政治工作与解决老同志实际问题结合起来，充分发挥了党支部凝聚力。

各单位开展为离退休干部订阅“一报一刊”工作。截至2007年底，全行业为离退休干部订阅《东方烟草报》16307份，其中，国家局机关、北京、山西、山东、浙江、海南、青海、新疆、大连、深圳等省（市、区）局、广东中烟等单位做到每位离退休干部人手一份。

开展活动情况。5月，2007年全国烟草行业老干部工作会暨老干部工作“双先”表彰大会、老干部活动中心现场会在山东省济南市召开，全行业有41个老干部工作先进集体，69名先进个人受到了表彰。7月，举办烟草行业离退休干部工作人员政策业务培训，全行业有144名相关人员参加了培训。11月，举办烟草行业离退休干部工作人员信息管理系统培训。

国家局机关离退休干部工作。截至2007年底，国家局机关共有离退休干部188人，其中，离休干部15人，退休干部173人。加强离退休干部党支部建设，定期组织各支部党员学习，召开民主生活会，及时通报中央以及行业改革与发展的情况。将老党员党费的50%直接拨给各支部作为开展活动的经费，专款专用，专人管理、账目清楚，为各支部顺利开展工作提供了保障。加强老干部的政治理论学习，做到年有计划，月有安排，时间保证，内容落实。坚持离退休干部每季度一次政治学习和组织生活；坚持国家局老领导每月阅文制度，对年高、体弱的老领导每月按时把文件送到家中；坚持定期通报行业改革与发展情况制度；坚持为离退休干部每人订阅一份《中国烟草》杂志和《东方烟草报》。

保证按时发放离退休费，按时报销门诊医药费；确保离退休干部“老有所养、老有所医”。2007年为离退休干部审核、报销医疗费25.34万元（不包括住院费）；坚持每月送药到服务站、离退休干部每年一次体检和走访慰问制度，确保离休干部和老领导看病以及各项活动等用车安排。

组织机关离退休干部到京郊踏青、赏花、参观、采摘；组织国家局老领导、各支部书记到平谷中烟培训中心学习；组织机关离退休干部参观北京市卷烟厂；聘请专家教授为老同志举办健康专题讲座；迎接党的十七大和建军80周年，组织老同志参加由中组部老干部局、中国老龄协会、总政治部、中国老年报社联合举办的知识答题竞赛活动并取得优秀组织奖。2007年机关共有25名老同志参加了老年大学的学习，比上年增加13人，有的老同志参加了2～3门课程的学习。加强和完善离退休干部活动站建设，东经路活动站增加面积约45平方米。

思想政治工作

【学习贯彻十七大精神】 党的十七大召开以后，根据中央部署和要求，国家局党组及时下发《中共国家烟草专卖局党组关于认真学习贯彻党的十七大精神的通知》，全行业把学习宣传贯彻党的十七大精神作为首要政治任务，迅速掀起学习贯彻党的十七大精神的热潮。

国家局、总公司机关组织全体干部职工收听收看十七大开幕式和中央政治局常委同中外记者见面会的实况转播，及时组织学习讨论。印发《关于认真学习贯彻党的十七大精神的通知》，提出学习宣传十七大精神的具体要求，为每名干部职工配备十七大的学习用书和相关资料。举办十七大专题辅导讲座，邀请中央党校教授作了题为《全面正确理解十七大精神，深入贯彻落实科学发展观》的专题报告。机关各部门各单位普遍组织全体干部职工进行了两天的脱产学习。

行业各级党组（党委）也精心组织、周密部署、扎实推进十七大精神学习工作。各级党组（党委）中心组率先垂范，带头认真学习党的十七大精神，通过政治学习、专家教授辅导、集中培训、领导宣讲等多种形式开展各具特色的学习宣传贯彻活动。行业各媒体等牢牢把握舆论导向，充分发挥媒体的宣传主导作用，开辟专栏和专版，加大集中宣传力度，积极营造学习宣传贯彻党的十七大精神的良好氛围，促使党的十七大精神进机关、进企业、进网点。国家局、总公司还举办了5期培训班，对行业各直属单位领导班子成员和国家局、总公司机关各部门、各单位处级以上领导干部共730人进行了培训，为推动行业改革与发展奠定了扎实的思想基础。

【“两个至上”在岗位主题实践活动】 2007年，按照国家局党组的安排部署，全行业重点在各级领导班子、领导干部中深入开展了以“抓班子、带队伍、促发展、创和谐”为主题，以“五查五看”为内容，以突出抓好领导干部率先垂范为重点的“两个至上”在岗位主题实践活动。行业各级党组（党委）高度重视，结合实际制订活动方案，扎实开展针对性强、特色突出的主题实践活动。国家局党组管理的320多名领导干部与地市公司、卷烟生产企业、机关部门建立了410多个联系点，900多名处级以上领导干部结合“五查五看”，联系自身思想和工作实际到联系点向职工进行宣讲。全行业处级以上领导干部向各级党组织提交学习体会文章12000多篇，其中，国家局党组管理的领导干部提交学习体会文章1100多篇。11月下旬，国家局、总公司召开了“全国烟草行业践行‘两个至上’从我做起报告会”，12名省级局（公司）主要负责人结合行业发展、工作实际、岗位要求，谈认识、谈差距、谈措施、谈效果，促进了主题实践活动在全行业的深入开展。

【党组理论学习中心组学习】 2007年，国家局党组理论学习中心组共进行四次集中学习。第一季度重点学习胡锦涛同志在中纪委第七次全体会议上的重要讲话和吴官正同志的工作报告，按照胡锦涛总书记强调的要在领导干部中大力倡导“八个方面”良好风气的要求，切实加强领导干部思想作风、学风、工作作风、领导作风和生活作风建设。第二季度重点是贯彻落实全国烟草工作会议精神，结合传达学习第六次全国信访工作会议精神和《中华人民共和国企业所得税法》，着重研究解决在专卖体制下建立适度有序竞争的体制机制、进一步完善资产经营管理体制、建立健全法人治理结构、规范分配行为等问题。第三季度重点学习党的十七大精神，在阅读文件和领会精神的基础上，研究提出了烟草行业贯彻落实十七大精神的工作思路和具体措施。第四季度重点学习了胡锦涛总书记、温家宝总理在中央经济工作会议上重要讲话精神，听取四个调研组的专题汇报，对下一年度烟草行业改革与发展的工作思路和措施进行了研究。

【企业文化建设】 2007年，全行业紧紧围绕打造责任文化、诚信文化、和谐文化，构建和谐烟草的总体目标，着力推进行业精神文化、制度文化、行为文化和物质文化的建设。

构建烟草行业文化架构体系。下发《中共国家烟草专卖局党组关于印发烟草行业文化架构体系的通知》（国烟党〔2007〕63号），探索构建以行业共同价值观、行业愿景、行业使命、行业精神、行业行为信条、行业行为准则为主要内容的行业文化架构体系。制定《烟草行业文化评价体系》，并进入试运行阶段。

通过整理案例、总结经验、片区指导、个别帮助等方法，推进行业各单位企业文化建设。截至2007年底，全行业48家直属单位制定了企业文化建设规划，其中，有18家单位将企业文化建设规划以党组发文形式，下发基层实施。对2006年10家试点单位进行了案例整理工作的指导，出版了2007年企业文化案例，补充完善了中国烟草VI视觉识别系统。重点加强红云集团、武烟集团、西安烟草分公司、南京烟草分公司等9家企业的试点工作。试点单位在做好工作的同时，广泛传授经验做法，先后接受参观、交流、学习达11000多人次。国家局还先后对北京、河北、上海等35个直属单位进行了面对面的指导，为18个直属单位提供了资料信息等方面的帮助。2007年，行业共举办企业文化培训班70多期，培训各级各类人员9600多人，外送培训达2700多人次。全行业初步形成了重视企业文化，关注企业文化，推进企业文化的格局，为行业改革和发展提供了强有力的文化支撑。

【报纸期刊】 《中国烟草》杂志。《中国烟草》杂志是国家烟草专卖局主管、中国烟草杂志社主办的行业刊物，《中国烟草》自创办以来，坚持正确导向，坚持为行业服务，坚持与时俱进，交流探索行业改革思路，努力做到“贴近实际、贴近基层、贴近读者”。2007年，《中国烟草》编辑出版24期，文字量近300万字，订阅量3.26万份，同比增长7.1%。

2007年，《中国烟草》继续坚持“围绕中心、宣传中心、服务中心”的主旨，加强选题策划，深入采访报道，突出宣传重点，刊物的质量进一步提高，舆论引导能力不断增强。相继推出《从传统烟叶种植向现代烟草农业转变》、《创新年：自主创新 支撑发展》、《“五查五看”进行时》等专题，通过刊物报道引导行业广大干部职工了解国家局的方针政策和工作要求，营造正确的舆论氛围，充分发挥机关刊物引导舆论、推动改革发展的作用。加强《中国烟草》杂志网络版的改版升级工作，9月18日，“中国烟草资讯网”试运行。

《中国烟草学报》。2007年，《中国烟草学报》共出版6期，文字量90多万字，其中，工业栏目26篇，农业栏目28篇，经济栏目11篇，综述9篇，文摘16则。根据《中国学术期刊综合评价数据库》对全国学术期刊影响因子排序，2007年《中国烟草学报》影响因子为0.736。加强《中国烟草学报》网络版建设，开通学报网上投稿、审稿系统。

《东方烟草报》。2007年，《东方烟草报》继续按照“围绕中心、服务大局、突出特色、办成精品”的办报方针，创新报道方式，成功运用短消息报道行业改革发展新成就，通过“组合”新闻的形式加重头条新闻的分量，对短而精的“小稿”敢于突出处理。全年报纸发行量达66721份，同比增长30%。2月，与贵州中烟合作创办《东方烟草报·黄果树视窗》专刊。

【网络媒体】 行业网站管理。2007年，国家局行业网站对页面布局、栏目设置、服务功能等方面进行升级改造，举办行业网站通联工作会议及通讯员培训班，两次通报行业网站稿件采用和栏目建设情况。全年行业网站日均访问量达8300多人次，内部网站日均流量突破1万人次。在2007年中国政府网站绩效评估中，国家局行业网站排名第42位。加强对行业各级网站的指导和管理，截至2007年底，行业内已有40个省级单位网站实现了与国家局内部网站的链接，有27个省级单位建立了外部网站。

宣传报道工作。全年行业网站共收到各单位投稿近3万篇，其中编辑、发布新闻稿件8000余篇，有87篇被中央政府门户网站采用；围绕行业中心工作，组织了“践行‘两个至上’从我做起”等10多个专题，并对50个行业级会议进行了跟踪报道。

【志书编撰】 《中国烟草年鉴》。2007年，中国烟草年鉴编辑部完成2005年年鉴的审稿、编辑、出版发行等工作。《中国烟草年鉴（2005）》已免费发至国家局机关各部门、行业各直属单位及科研机构、各省局（公司）及分公司、工业公司。同时展开2006年年鉴的编辑、校对和审稿工作，并于2007年12月下旬召开了2006年年鉴的审稿工作会，审稿工作已基本完成。为提高年鉴编纂质量，年鉴部在总结经验的基础上，不断规范工作流程，改进工作方式，制定《中国烟草年鉴行文通则》，规范年鉴的撰稿、编辑和审校工作。

《中国烟草通志》。2007年9月24日，中国烟草学会组织行业内外专家对《中国烟草通志》编纂项目进行结题验收，与会专家认为：《中国烟草通志》资料丰富、体例完备、定位准确、主线突出、可读性强。该志书作为一项软科学项目，是一部高质量、高水平的志书，已通过验收。

国家烟草专卖局
中国烟草总公司机构

国家烟草专卖局　中国烟草总公司机构

国家烟草专卖局办公室（外事司）

【主要职责】 管理行业和办理机关的政务信息、新闻宣传、文秘档案、保密、信访、行政事务等工作；管理烟草系统外事工作。

【主要领导】 主任、司长：张修连；副主任、副司长：郭联君、杨永安；副巡视员：杨大宏、孙宝义。

【机构设置】 设综合调研处、秘书处（值班室）、文秘档案处、对外联络处、新闻联络处、保卫信访处。

国家烟草专卖局发展计划司

【主要职责】 国家烟草专卖局发展计划司是国家局主管烟草行业长远发展规划和生产经营计划管理的综合职能部门。负责研究提出烟草行业发展战略、行业规划，调整产业结构，引导行业合理布局；编制固定资产投资规划；研究提出和实施烟草专卖品产供销及进出口的年度计划；组织烟草行业对外经济技术合作；参与制订烟草专卖品的价格政策，管理烟草专卖品的价格；依法编制烟草专卖品管理名录；汇集、分析、发布行业经济、技术和市场信息。

【主要领导】 司长：赵洪顺；副司长：孙桂芳、郭齐贵。

【机构设置】 设综合处、计划处、物价处、投资处。

国家烟草专卖局专卖监督管理司

【主要职责】 监督、检查《中华人民共和国烟草专卖法》及有关法规的执行情况，查禁、关停计划外烟厂；检查烟草专卖品的生产、经营活动，查处违法、违章案件，打击涉烟不法行为，保护合法经营；依法组织烟草专卖品证件的发放和检查；管理烟草专卖派驻机构。

【主要领导】 司长：魏树琦；副司长：高兴智、关宏梅。

【机构设置】 设综合处、内部监督管理处、市场监督管理处、打假打私处、证件管理处。

国家烟草专卖局经济运行司

【主要职责】 国家烟草专卖局经济运行司是国家局主管烟草行业经济运行的综合职能部门。参与制订烟草行业产、供、销年度计划并组织实施，负责编制和下达月度生产计划；负责编制和实施烟草行业经济运行调控政策和方案；负责烟草行业经济运行的宏观分析、监控预警和统一调度，协调解决经济运行中出现的重大问题；起草、下达国家局、总公司生产经营调度指令。指导烟草系统工商企业管理工作，指导烟草企业提高管理水平，推进管理创新，负责组织烟草企业管理创新经验的推广和企业家队伍的培训工作；组织协调烟草企业生产经营活动的正常运行，负责工商运行协调有关工作；负责制订烟草行业工作目标考核办法并组织实施；宏观管理烟草行业产品品牌和结构调整；依法管理烟草制品商标注册及商标管理工作。组织实施中外烟草企业间生产技术合作工作；组织指导烟草行业诚信体系建设；制订烟草行业设备管理制度；负责烟草行业物资和质量管理工作。组织烟草系统贯彻执行国家有关安全生产的方针、政策、法律、法规；制订并实施安全、储运管理制度、规范及标准；负责烟草系统安全管理工作，组织烟草系统安全检查工作；负责烟草专卖品运输调度、重要物资紧急调度和运输协调工作。

【主要领导】 司长：王　平；副司长：卢瑞刚、李德义；副巡视员：舒　明（2007.6—）。

【机构设置】 设综合处、生产经营管理处、企业管理处、安全与储运处。

国家烟草专卖局政策法规与体制改革司

【主要职责】 国家烟草专卖局政策法规与体制改革司是国家局主管研究制订有关政策、法规以及烟草行业经济体制改革的职能部门。其主要职能是研究提出烟草行业有关法规和政策；组织制订烟草行业的规章、规范；承办法律咨询和行政复议工作；研究提出烟草行业体制改革的政策措施；指导企业的体制改革、组建跨地区的企业集团和专业性集团公司、建立现代企业制度；承办审批烟草企业的开办、分立、合并、撤销工作；指导直属事业单位改革。

【主要领导】 司长：刘敬如；副司长：李　鸣、赵国臣、王玉麟（2007.10—）。

【机构设置】 设综合处、政策法规处、体制改革处、行政复议处，其中政策法规处与行政复议处合并办公，一个机构，两块牌子。

国家烟草专卖局财务管理与监督司（审计司）

【主要职责】 国家烟草专卖局财务管理与监督司（审计司）是国家局主管烟草行业财务管理与监督、会计核算、国有资产监管及内部审计工作的职能部门。财务管理方面，制定全行业统一的财务管理办法和财务政策，指导监督行业各企业开展预算管理、资金管理、成本费用管理等方面的工作。会计管理方面，负责制定行业统一的会计核算制度，指导企业开展会计核算和报表编制工作、会计信息化、会计决算等工作。对国有资产进行管理，按照国家统一的规定，指导企业开展清产核资、产权登记、资产评估、资产划转等日常国有资产管理工作。内部审计监督工作，统一领导全行业内部审计方面，指导企业开展经济责任审计、财务收支审计和专项审计工作，直接开展省级公司和二级公司法人代表的经济责任审计工作。

【主要领导】 司长：张玉霞；副司长：王建雪、张书东、郝和国；副巡视员：叶建华、李晓兵。

【机构设置】 设综合处、财务处、会计处、资产处、审计一处、审计二处、机关财务处。

国家烟草专卖局科技教育司

【主要职责】 国家烟草专卖局科技教育司是国家局主管烟草行业科技、教育管理的综合职能部门。主要负责研究制定烟草行业科技发展方针、政策及规章制度；组织编制科技发展规划及年度计划；编制和组织实施烟草行业科技开发项目和研究课题年度计划；组织和管理重大科技开发项目；宏观指导烟草企业的科研开发工作；负责烟草行业标准化管理工作，组织制定烟草行业各项标准；监督检测烟草专卖品质量；根据国家局对外经济技术合作的统一规划，组织国内外科技合作与交流；负责烟草行业科技成果推广、奖励和专利申报工作；承担行业科技成果统计、分析工作；编制国家局科技经费预算、决算计划；指导烟草系统科学研究单位、企业技术中心的业务工作；承担国家局科技教育领导小组、科学技术委员会、全国标准化技术委员会日常工作；指导中国烟草学会工作。

【主要领导】 司长：金忠理；副司长：王献生；司长助理：谢昆或（2007.8—）。

【机构设置】 设综合处、科研推广处、技术监督处、标准化处。

国家烟草专卖局人事劳动司（机关党委）

【主要职责】 负责制定烟草系统人事、劳动工资、政治工作的方针、政策和规章制度，宏观管理烟草系统人事、劳动工资、教育培训工作。组织实施烟草系统机构、人事制度以及劳动用工制度、工资分配制度、社会保险制度的改革工作。负责国家烟草专卖局党组管理干部，国家局、总公司机关各部门、各单位干部的管理工作；组织指导、监督检查烟草系统各级领导班子建设工作；负责出国人员政审工作。负责国家局、总公司机关各部门、各单位，省级局（公司）、省级工业公司机关机构设置、撤销、编制的审批和管理工作。负责烟草系统专业技术人员管理、高级专业（技术）资格评定及人力资源配置工作，指导行业专业（技术）资格评定和专业（技术）职务聘任工作；负责制订和实施烟草系统人才规划。组织制订和实施烟草系统劳动工资计划；会同有关部门，组织和指导烟草系统工效挂钩、劳动定员定额管理、工资总额管理等工作。指导烟草系统基层企业党的建设、精神文明建设、企业文化建设及思想政治工作；承担中国烟草职工思想政治工作研究会和全国烟草系统党的建设研究会的日常工作。指导烟草系统人事档案管理工作；负责管理国家局党组管理干部档案；负责烟草系统人事、劳动工资统计工作。

【主要领导】 司长：邢万里；机关党委常务副书记：郭振景；机关党委副书记兼纪委书记：申秋生；副司长：刘景珍、孙晓莹。

【机构设置】 设综合处、干部处、机关人事处、劳动工资处、教育培训处、思想政治工作处、机关党委办公室。

中央纪委、监察部驻国家烟草专卖局纪检组、监察局

【主要职责】 中央纪委、监察部驻国家烟草专卖局纪检组、监察局是中央纪委、监察部派驻国家局的纪检监察机构，直接受中央纪委、监察部领导。根据《驻国家烟草专卖局纪检组、监察局关于实行统一管理的实施方案》的规定，驻局纪检组、监察局的主要职责是：监督检查国家局及所属系统贯彻党的路线、方针、政策和决议，遵守国家法律、法规，执行国务院决定、命令的情况。监督检查国家局党组和行政领导班子及其成员维护党的政治纪律，贯彻执行民主集中制，选拔任用领导干部，贯彻落实党风廉政建设责任制和廉政勤政的情况。经中央纪委监察部批准，初步核实国家局党组和行政领导班子及其成员违反党纪政纪的问题；参与调查国家局党组和行政领导班子及其成员违反党纪政纪的案件；调查国家局及所属系统司局级领导干部违反党纪政纪的案件及其他重要案件。受国家局党组和行政领导班子委托，继续履行组织协调国家局及所属系统党风廉政建设和反腐败工作的职责，管理和指导国家局所属系统各单位纪检监察机构及国家局直属机关纪委的业务工作，协助国家局人事劳动司管理所属系统纪检监察机构和纪检监察干部。受理对国家局机关及所属系统党组织、党员和行政监察对象的检举、控告，受理国家局机关及所属系统党员和行政监察对象不服处分的申诉。承办中央纪委监察部交办的其他事项。

【主要领导】 驻局纪检组组长：潘家华；驻局纪检组副组长、监察局局长：高　林；中国烟草总公司监察局副局长：赵同军；驻局监察局副局长：刘　忠。

【机构设置】 设综合室、监督检查室、信访审理室和纠风室。

国家烟草专卖局离退休干部办公室

【主要职责】 宏观管理全国烟草系统离退休干部工作，对国家局、总公司机关离退休干部进行管理、服务。

【主要领导】 主任：邵文龙；副主任：孔长生；副巡视员：刘　洁（—2007.9）。

【机构设置】 设综合处和机关离退休干部处。

国家烟草专卖局机关服务中心（服务局）

【主要职责】 负责国家烟草专卖局机关行政管理工作，制订内部管理制度并组织实施，保障机关工作正常运转；负责机关的交通运输、机动车辆管理、使用及安全工作；负责机关出差人员车、机票的订购工作；负责机关职工食堂的管理及主、副食品的采购供应工作；负责机关办公楼、所属职工宿舍的物业管理工作；负责机关的基本建设、房地产的管理工作；负责机关职工的医疗、保健、计划生育工作；负责机关服务中心多种经营经济实体的管理工作；负责机关与有关社区的联系；负责机关办公楼门前“三包”及绿化、美化工作。

【主要领导】 主任（局长）：王礼发（—2007.12）；副主任（副局长）（主持工作）：李东明（2007.12—）、何绍青、付久海（2007.10—）。

【机构设置】 设办公室、综合服务处、财务处、生活福利处、基建房产处。下设直属单位有西便门办公楼物业管理中心、广安门办公楼管理处、虎坊桥办公楼物业管理中心、东经路职工宿舍管理委员会、小马厂职工宿舍管理委员会、中烟平谷培训中心、机关汽车维修中心、机关房屋维修中心。

国家烟草专卖局职工培训中心（中共国家烟草专卖局党校）

【主要职责】 国家烟草专卖局职工培训中心（中共国家烟草专卖局党校）是全国烟草行业中高级领导干部教育培训的主渠道、主阵地，承担开展党校教育和短期培训的任务，同时还承担国家局机关及行业各单位举办的短期培训和会议。

【主要领导】 党校校长：潘家华；党校常务副校长、培训中心主任、党支部书记：何秀群；党校副校长、培训中心副主任、党支部委员：王继锋。

【机构设置】 设办公室、教务处、总务处。

国家烟草专卖局烟草经济信息中心

【主要职责】 国家烟草专卖局烟草经济信息中心是国家局、总公司负责行业信息化建设和信息采集、分析、预测及行业信息化管理等工作的直属事业单位，承担国家局信息化工作领导小组的日常工作（国家局信息化工作领导小组办公室设在烟草经济信息中心）。根据国家信息化的方针、政策和规划，结合烟草行业实际，研究制订并组织实施烟草行业信息化建设发展规划和年度计划，并组织实施。参与制订和贯彻实施烟草行业计算机、数据库系统及网络通信等技术标准，制订和实施烟草行业信息系统运行与管理的规章、制度。负责烟草行业信息网络、通讯系统的管理、运行和维护工作。负责烟草行业经济信息的采集、传输、加工、汇总和分析、预测工作，为烟草行业及国家局、总公司机关提供信息服务；负责相关技术咨询和服务工作等。

【主要领导】 主任：高　锦；副主任：陈　彤。

【机构设置】 设综合处、信息统计分析处、系统运行处、网络通信处。

国家烟草专卖局烟草经济研究所

【主要职责】 负责组织开展烟草行业改革与发展经济理论的研究，烟草行业经济政策、重大产业政策和发展战略的研究，烟草工业、农业、商业发展规划和经济政策的研究，参与烟草工业企业、商业企业、烟草流通体制以及烟草企业制度改革的研究，对国际烟草经济、科技信息以及国际烟草市场、有关国家政府烟草政策和管理模式的分析研究，整理和分析国家经济体制改革和国民经济运行信息，为国家局、总公司决策和行业发展提供服务，承担烟草行业软科学研究工作。

【主要领导】 所长：郭联君（兼）；副巡视员：黄忠魁。

【机构设置】 设办公室、经济政策研究室、产业发展研究室。

中国烟草杂志社

【主要职责】　编辑出版发行国家烟草专卖局的机关刊物《中国烟草》杂志（半月刊）；建设、维护、管理中国烟草资讯网；负责《中国烟草年鉴》编纂发行工作；编辑出版发行《新烟草》杂志（月刊）。

【主要领导】　社长、主编：苗　绿；副社长、副主编：刘　杰；副社长：毛幼力。

【机构设置】　设主编室、编辑一部、编辑二部、记者部、《中国烟草年鉴》编辑部、《新烟草》编辑部、美术摄影编辑部、网络部、综合办公室、广告部、出版发行经营部。

中国烟草学会

【主要职责】　中国烟草学会是由全国烟草科学技术工作者和与烟草事业有关的单位、团体自愿组成并依法登记的全国性、非营利、具有法人地位的学术性社会团体。中国烟草学会发挥科技人才密集、联系广泛等优势，结合烟草科技事业开展学术交流，促进科技进步和科技成果转化为生产力；开展烟草科学普及活动，编辑出版《中国烟草学报》及科普书籍，搞好学会网站建设，开展科技咨询、继续教育等服务活动；接受国家局、总公司的委托对烟草科技发展的有关问题进行调研论证，提出决策建议；开展国际民间烟草相关领域的交流，加强同国外和港、澳、台地区烟草科学技术团体和工作者的友好交往；及时反映会员和科技人员的建议和呼声，维护其合法权益，举办为其服务的公益型事业和活动；表彰、奖励有突出贡献的学会团体会员和个人会员；对省级烟草学会工作进行业务指导。

【主要领导】　理事长：杨传德；副理事长：王彦亭、金忠理（2007.3—）、谢剑平、胡荣海；副秘书长：董国智。

【机构设置】　设办公室、学术部、编辑部。

国家烟草专卖局整顿和规范市场经济秩序领导小组办公室

【主要职责】　整顿办为常设性临时机构，在国家烟草专卖局整顿和规范市场经济秩序领导小组（简称“领导小组”）的直接领导下，承担领导小组的日常工作。负责向领导小组报告全行业整顿和规范市场经济秩序工作的重大事项，做好牵头、组织、协调、综合指导全行业整顿和规范市场经济秩序工作；根据烟草行业整顿和规范市场经济秩序的总体要求，做好整顿和规范市场经济秩序的调研工作，向领导小组提出整顿和规范市场经济秩序的工作建议；组织全国烟草行业整顿和规范市场经济秩序的有关会议；负责组织起草整顿和规范市场经济秩序工作的领导讲话和文件；组织协调烟草行业专项整治行动的实施，督办重大案件的查处工作；负责与全国整顿和规范市场经济秩序领导小组办公室的工作联系。

【主要领导】　常务副主任：李　鸣（兼）；副主任：穆重林、马　宁、叶建华、张国宾。

【机构设置】　设综合组、财经组、烟叶组、内管组。

中国烟叶公司

【主要职责】　承担行业一定宏观管理和服务职能，并自主开展进口烟叶和化肥的经营业务。根据国家有关烟叶生产、收购和流通方面政策，研究提出烟叶生产、收购、加工、经营的制度、办法、规定和经济政策。协同有关部门编制烟叶种植、收购、储备和调拨计划。组织全国烟叶网上集中交易，协调交易和运输中有关问题，监督检查交易执行情况。推进烟叶管理基础软件的推广和实施，负责烟叶生产组织、指导、协调、服务工作。承担部分替代进口烟叶生产示范项目指导。指导、监督、协调全国的烟叶收购工作，检查烟叶收购政策执行情况，协调和处理省际边界矛盾。配合有关部门组织对烟叶国家标准的技术培训，审定各地年度烟叶收购基准样品。推行打叶复烤工艺，组织复烤技术的培训和交流。配合有关部门组织进口烟叶的采购、监督加工、验收、港口接货、调运、结算等工作。

【主要领导】 总经理：赵振山；巡视员：周尚勇（—2007.3）；副总经理：聂和平（2007.10—）、陈江华、张玉征、包　勤。

【机构设置】 设办公室、综合计划部、生产管理部（烟叶技术推广中心）、收购管理部、复烤企业管理部、投资管理部、财务部、经营部、全国烟叶基础设施建设领导小组办公室。

中国卷烟销售公司

【主要职责】 负责管理全国卷烟销售工作并承担行业宏观管理和服务职能，参与研究并提出全国卷烟销售工作的有关方针、政策和规章制度。负责组织、协调、指导和规范全国卷烟销售工作。负责制订全国卷烟销售网络建设的有关方针、政策，并督促贯彻落实。负责组织、指导全国卷烟市场的调查、预测。提供市场信息，做好市场管理及卷烟品牌的市场培育工作。会同有关部门制订工商企业卷烟交易规则及相关政策。负责对各省工商企业的卷烟交易工作进行指导和管理。负责卷烟（含雪茄烟）进口计划草案及进口卷烟（含雪茄烟）在国内市场的统一安排。

【主要领导】 总经理：田忠振（—2007.4）、吴庚宏（2007.10—）；副总经理：秦前浩、汪世贵。

【机构设置】 设办公室、财务部、网建部、市场部（2007年4月中国卷烟销售公司全面停止了卷烟经营职能，经营部更名为市场部）、信息部、交易管理部。

中国烟草投资管理公司

【主要职责】 对国家烟草专卖局、中国烟草总公司直接投资的企业（不含从事烟草制品生产与经营的企业、中国烟草机械集团有限责任公司和中国烟草进出口<集团>公司及其投资的企业）行使出资人权利，依法经营与管理。负责烟草行业多元化经营工作的归口管理。组织开展多元化经营整顿工作；研究制订行业多元化投资规划及管理规定，对多元化经营企业进行分类指导，研究制订长期亏损、扭亏无望的企业依法退出市场的办法；指导行业多元化经营企业建立现代企业制度，完善法人治理结构，理顺烟草主业与多元化经营投资关系；建立和完善行业多元化经营企业国有资产保值增值指标体系和目标考核制度，开展对多元化经营工作的监督检查。负责烟草行业战略性投资项目的规划、论证及组织实施。负责国产醋纤丝束经营。

【主要领导】 总经理：吴建明；副总经理：孙兰成、吴　益；副巡视员：苗交明（—2007.3）。

【机构设置】 设办公室、企业管理部、行业指导管理部、事业发展部、财务管理部、审计部、经营部。

中国烟草机械集团有限责任公司

【主要职责】 1999年，由中国烟草总公司控股，上海烟草（集团）公司、云南、山东、河南省烟草公司共同投资组建的中国烟草机械集团有限责任公司（以下简称“中烟机械集团公司”），是烟草行业内第一家按现代企业制度框架组建的专业化集团公司。主要负责烟草专用机械及相关产品的生产、经营、技术、质量等工作，同时负责制订烟草机械产品生产经营业务的管理制度。

【主要领导】 董事长、党组书记：张林海（—2007.4）；董事长、总经理、党组书记：王崇光（2007年1月任党组书记，4月任董事长）；副总经理、总会计师、党组成员：宋春华；副总经理、党组成员：王仲强、王建法；纪检组长、党组成员：姜　凯。

【机构设置】 设办公室、综合计划部、人力资源（纪检监察）部、生产管理部、市场部、技术合作部、财务资产部和审计部。中烟机械集团公司下辖7家控股子公司：上海、常德、许昌、秦皇岛烟草机械有限责任公司4家工业企业，北京达特烟草成套设备技术开发有限责任公司、北京特思达机电技术开发有限责任公司2家专业公司，以及设在上海浦东、专门从事烟机新产品开发的中烟机械技术中心有限责任公司。

中国烟草进出口（集团）公司

【主要职责】 根据烟草专卖法和外贸相关法规，经国家烟草专卖局、中国烟草总公司授权，负责全国烟草专卖品进出口经营管理工作及相关对外经贸合作事宜。同时，（集团）公司被赋予烟草类国营贸易唯一进口权，为全国烟草行业烟草类国营贸易唯一进口单位。

【主要领导】 总经理、党组书记：张本甫；副总经理、党组成员：郭胜锁、陈金铭、梁占华、潘肖勇；副总经理：高学林。

【机构设置】 设办公室、人事部、财务管理部、审计部、综合计划部、投资管理部等6个职能管理部门及烟机物资进出口部、烟叶进出口部、卷烟进出口部等3个业务管理部门。

集团公司以控股方式管理深圳烟草进出口有限公司。集团公司还直接管理7个驻外机构：天利国际经贸有限公司（所在地：中国香港）、天泽烟草有限责任公司/中国烟草进出口（集团）公司驻津巴布韦代表处（所在地：津巴布韦哈拉雷）、中烟国际巴西有限公司（所在地：巴西圣克鲁斯）、中国烟草进出口（集团）公司驻莫斯科代表处（所在地：俄罗斯莫斯科）、中国烟草日本株式会社（所在地：日本东京）、迪拜瑞世达贸易有限公司（所在地：阿联酋迪拜）、中国烟草进出口汉堡有限公司（所在地：德国汉堡）。

中烟电子商务公司

【主要职责】 根据国家法律法规和国家烟草专卖局、中国烟草总公司的政策规定，研究和探索烟草行业电子商务活动的方法和途径，围绕集商流、物流、资金流、信息流于一体的电子商务活动，搭建平台，提供服务。配合有关部门研究制订烟草行业物流建设规划及物流标准体系。负责烟草行业卷烟生产经营决策管理系统的日常管理、安全管理和技术支持服务工作；负责电子商务平台的日常管理、安全管理和技术支持服务工作；负责对有关数据进行汇总、分析，提供信息服务。

【主要领导】 总经理：李宝忠；副总经理：曹华青、董传国、范建治。

【机构设置】 设办公室、综合管理部、交易部、物流部、技术部和财务部。

中国烟草实业发展中心

【主要职责】 对没有成立省级工业公司的省级局（公司）参与组建的卷烟有限责任公司的股份进行管理，依法行使股东权利。对各省级工业公司、上海烟草（集团）公司管理范围以外的行业其他卷烟工业企业进行管理、指导、协调和服务。

【主要领导】 总经理、党组书记：许志龙；副总经理、党组成员：张建军、李保林（—2007.5）、李东明（—2007.4）、李增林；总会计师、党组成员：娄宝山；纪检组长、党组成员：傅鹏；副巡视员兼法改部主任：李立林（2007.12—）

【机构设置】 设办公室（外事办公室）、人力资源部（纪检监察部）、生产安全管理部、财务部、审计部（监事室）、法律与改革部、市场营销部、物资供应部。

中国烟草总公司郑州烟草研究院

【主要职责】 综合性从事烟草科学研究与开发，是国际标准化组织（ISO）第126技术委员会国内技术归口单位。主要从事烟草栽培调制及贮保、卷烟加工工艺和卷烟配方、烟草化学、烟用香精香料、卷烟减害降焦、再造烟叶等方面的应用基础研究和共性技术研究，卷烟厂和烟叶复烤厂的工程设计，行业相关检测仪器的研制、开发等。其学科范围覆盖烟草栽培及卷烟生产的全过程。

【主要领导】 院长、党委书记：闫亚明；党委副书记：傅清波；副院长、党委委员：赵继先、张建勋；副院长：谢剑平、罗登山。

【机构设置】 下设院长办公室、党委人事办公室（含研究生部）、科研开发处、财务管理处等4个职能部门；农业研究室、烟草工艺研究开发中心、烟草化学重点实验室、香精香料研究室等4个科研部门；国家烟草质量监督检验中心、中国烟草科技信息中心、中国烟草标准化研究中心等3个行业中心；郑州新桥实业有限公司、郑州嘉德机电科技有限公司2个多元化经营企业。

中国烟草总公司合肥设计院

【主要职责】 主要从事烟草行业大型技术改造建设工程设计和服务，以及行业工程建设基础研究性工作。

【主要领导】 院长、党委书记：朱小平；副院长、党委委员：陆 敏。

【机构设置】 设生产设计处（总师办）、经营处、人力资源处、财务处、办公室。

中国烟草总公司职工技术培训中心

【主要职责】 承担烟草行业高技术、高技能人员的技术、技能培训，中高级经营管理人员业务培训，培训师资的培训，开展远程教育培训和职业技能竞赛。

【主要领导】 主任、党委书记：翁 浩；副主任、党委委员：杨保吉、刘学义、李广才。

【机构设置】 设办公室、政工处、教务处、生产技术培训处、经营管理培训处、学员管理处、财务审计处和安保科等8个行政、教学管理部门，另设后勤服务部、客房服务部、餐饮服务部3个教学服务部门。

【专卖工作】

公安部、国家烟草专卖局召开侦办郑州“9·12”假烟网络案件协调会

河南省局 张树勇 摄

12月，辽宁省局与省公安厅联合召开全省卷烟打假总结表彰会

辽宁省局 洪志立 摄

江西高安市局开展“3·15”国际消费者权益日宣传咨询活动

江西高安市局 陈小清 摄

广东省局举行全省第二届烟草专卖岗位技能竞赛活动

广东省局 谢赞平 摄

卷烟打假人员查获制假烟机

广东省局 供稿

"3·15"前夕，浙江嘉兴平湖市局销毁假烟

浙江嘉兴市局 沈利平 摄

深入开展打击假冒伪劣卷烟经营专项整治行动

四川省局 供稿

湖北武汉市局执法人员查验假烟

湖北武汉市局 张怀忠 摄

打假人员清查非法生产的烟用丙纤丝束

江苏省局 何娴 摄

在门板夹层中查获假冒“黄鹤楼1916”等高档卷烟

湖北省局 供稿

8月14日，全国现代烟草农业专题座谈会在黑龙江哈尔滨召开

黑龙江省局 高源 摄

贵州省烟水配套工程施工现场

贵州省局 供稿

烟叶生产基础设施建设使烟农的生产更加有了保障

云南楚雄州局 供稿

皖南烟农准备将烟叶进行初烤

谢争艳 摄

山东诸城市公司加强集中烘烤，成为生态村建设中的亮点

王学仕 摄

用大型农机具对黑龙江密山市白泡子乡烟田集中进行秋耕整地

黑龙江省局 高源 摄

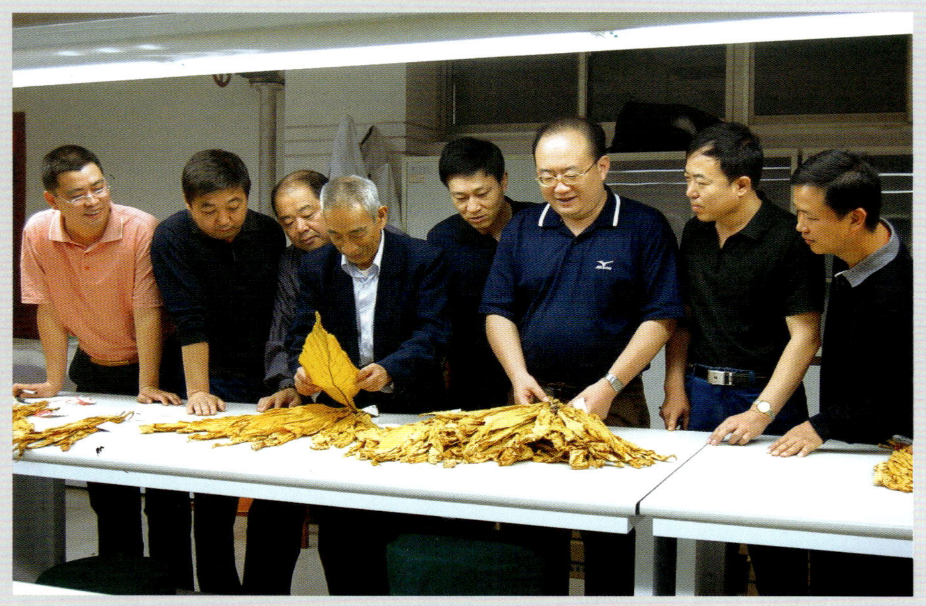

有烟叶分级“国手”之称的冯国桢（左四）在郑州职工技术培训中心进行现场授课

陈园媛 摄

烟叶科技人员为烟农分析讲解烟叶成色

安徽皖南烟叶有限责任公司 供稿

山东日照市公司烟叶技术员指导烟农种植烟叶

山东日照市局 供稿

湖北恩施州公司烟叶技术员指导烟农加强苗床管理

湖北恩施州局 周方奎 摄

贵州毕节市公司对烤烟收购人员进行集中培训

贵州省局 供稿

1月9～12日，中烟实业举办首届烟叶分级技能竞赛

吴琼 摄

广西中烟举办首届"真龙杯"烟叶分级技能竞赛

广西中烟 邓宾玲 摄

位于湖北恩施州的白肋烟新品种推广示范点

湖北省烟草科学研究所 供稿

位于安徽的浙江中烟替代进口烟叶生产示范项目基地

谢争艳 摄

烟叶专家检查烟叶外观品质

安徽皖南烟叶有限责任公司 供稿

在烟叶工商交接过程中加强抽检工作

陈园媛 摄

半自动分拣配送设备

颉虎平 摄

已分拣到户的卷烟正装上送货车

余莉 摄

浙江绍兴市公司烟草物流中心仓库保管员清点库存卷烟

浙江绍兴市局 供稿

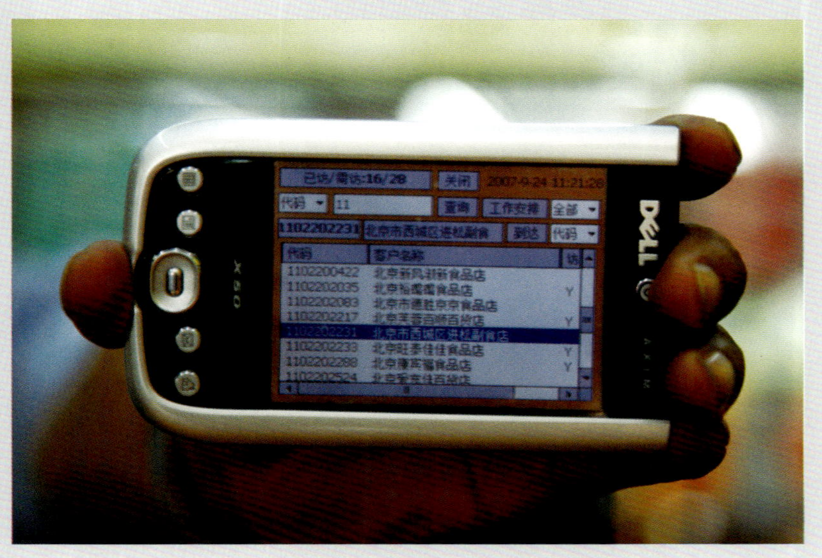

北京西城区公司开发的
PDA成为客户经理的好帮手
陈兴杰 摄

客户经理走访慰问卷烟零售户
吉林省局 供稿

送货员雪中送货
辽宁辽阳市局 张良 摄

安徽阜阳市公司送货员在洪灾期间坚持为零售户送货
安徽阜阳市局 供稿

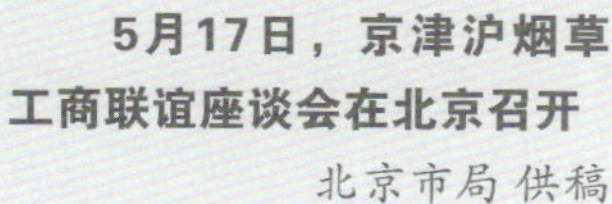

5月17日，京津沪烟草工商联谊座谈会在北京召开
北京市局 供稿

11月16日，川渝中烟与四川省公司举行打造百万箱“娇子”工程启动仪式

川渝中烟 供稿

8月29日，红云集团举办第一届卷烟商品营销职业技能竞赛

红云集团 供稿

湖北中烟、大连市公司举办“黄鹤楼”营销研讨暨品牌培育启动仪式

大连市局 高鹏 摄

2月5日，中烟机械集团公司与云南中烟建立密切合作关系协议书签字仪式在云南昆明举行

云南中烟 晏江 摄

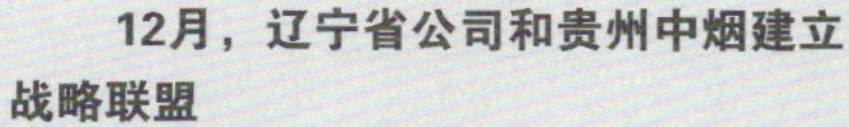

12月，辽宁省公司和贵州中烟建立战略联盟

辽宁省局 洪志立 摄

9月9日，中烟实业、红塔集团战略发展恳谈会在辽宁沈阳举行

红塔集团 供稿

12月19日，云南曲靖市局（公司）组织召开工、商、研“共建原料与品牌协同发展机制”项目研讨会

云南曲靖市局 李立军 摄

上海烟草（集团）公司与外商开展信息技术战略合作

上海烟草（集团）公司 供稿

7月29日，中国烟草学会在青海西宁召开华东—西北片区卷烟流通学术研讨会

青海省局 供稿

大连市公司客服中心始终坚持全心全意服务客户

余莉 摄

3月，“按客户订单组织货源”推广工作培训会议在辽宁大连召开

大连市局 供稿

7月3日，黑龙江省局（公司）举办全省行业卷烟产品鉴别检验技术培训班

黑龙江省局 高源 摄

省级局（公司）

北京市烟草专卖局（公司）

【概　况】 北京是中华人民共和国首都，位于华北平原西北边缘。全市总面积约 1.7 万平方公里。全市总人口 1633 万人。2007 年北京市实现地区生产总值（GDP）9006.2 亿元，同比增长 12.3%。

北京市烟草专卖局、中国烟草总公司北京市公司成立于 1986 年 1 月 1 日，下辖 18 个区（县）烟草专卖局（公司）和铁路运输专卖分局、公路运输专卖分局、北京市卷烟销售公司、烟草物流中心、北京京烟卷烟零售连锁有限公司。拥有总资产 47.82 亿元，其中，固定资产 11.56 亿元、流动资产 34.86 亿元，资产负债率为 16%。截至 2007 年底，共有从业人员 2809 人，其中聘用员工 1921 人。全市辖区共有卷烟零售户 35079 户。

8 月 12 日，北京烟草电话订货中心、北京烟草物流中心团员标准化服务配送车组、北京卷烟厂财务管理部、朝阳区烟草专卖局稽查大队等 4 个青年集体被共青团北京市委授予“2006 年度北京市青年文明号”称号；12 月 3 日，物流中心与贵阳普天物流技术股份有限公司联合向中国物流与采购联合会申报的“卷烟仓储、分拣及配送自动化技术研究与应用”创新技术被评为“2007 年中国物流与采购联合会科学技术奖”一等奖。

【领导成员】 局长、总经理、党组书记：周瑞增

副总经理、党组成员：仲长林

副局长、党组成员：梁宝贵

副局长、纪检组长、党组成员：孙　奇

副总经理、党组成员：焦为中

副总经理、党组成员：甄晓勇

烟草学会理事长：顾阿朝

副巡视员：石北生

副巡视员：王爱国（2007.2—）

副巡视员：沈　勇（2007.7—）

副巡视员：罗　莉（2007.7—）

【机构设置】 市局（公司）机关设办公室（外事办公室）、综合计划处（经济运行处、科技处）、安全保卫处、专卖监督管理处、法规处（专卖稽查总队、内部专卖管理监督处）、财务管理处（资金管理中心）、审计处、人事劳资处（离退办、职业技能鉴定站）、监察处（纪检组）、思想政治工作处（机关党委、工会、团委）等 10 个处室及质量监督检测站、经济信息中心、机关服务中心、烟草学会等 4 个专业部门。

【经济效益】 2007 年销售卷烟 346.95 亿支（69.39 万箱），同比增长 4.24%，其中，销售一类烟 24.9 亿支（4.98 万箱），同比增长 33.54%；二类烟 17.84 亿支（3.57 万箱），同比增长 45.41%；三类烟 84 亿支（16.8 万箱），同比增长 23.09%；四类烟 128.74 亿支（25.75 万箱），同比下降 5.39%；五类烟 91.47 亿支（18.29 万箱），同比下降 6.28%。

实现卷烟销售收入 87.56 亿元，同比增长 18.13%。实现税利 21.66 亿元，同比增长 22.96%，其中，实现利润 17.30 亿元，同比增长 24.80%。

【专卖管理】 打击制售假烟网络。市局（公司）专卖管理坚持以打假打私为工作中心，以打击制售假烟网络为主要任务，狠抓日常监管，开展专项治理，成功破获京冀“4·3”、“4·10”和“8·22”等重大制售假烟网络案件。国家局局长姜成康、副局长张辉分别对“4·10”和“8·22”案件作出批示。5 月 8 日，北京、河北烟草与公安联合行动，成功摧毁了一个跨国贩卖假冒卷烟网络。

建设联合执法机制。跨省协作机制进一步巩固和发展。6 月 29 日，京、津、冀、晋、蒙五个省、区、市的烟草与公安部门在山西联合召开华北地区第四届卷烟打假暨专卖管理联席会议，进一步完善协作打假机制。同时，加强与河北、湖北、河南、山西、福建、广东和海南等省的卷烟打假工作进行交流，奠定“两端一线”联合打假机制的基础。深化联合追刑机制，2007 年，市委政法委牵头两次召开全市公安、检察院、法院、烟草等四部门涉烟案件联席会议；市局两次承办北京市打击经济犯罪会商机制联络员会议，召开烟草和公安部门、烟草和检察部门的重大涉烟案件协调会；7 月 31 日，在北京召开全市烟草、公安卷烟打假工作会和打击制售假烟网络座谈会。积极创新案件侦破方式，建立多警种合作办理涉烟案件制度和重大案件挂牌督办制度。

打假成果。全年共查处各类涉烟违法案件 2693 起，同比下降 15.1%；查获非法卷烟 36959 万支，同

比增长0.6%，罚没款831万元。全年共捣毁制售假烟窝点129个，打掉制售假烟网络14个，在制售假烟网络案件中共查获假烟7710.4万支。查处违法运输假烟案件464起，运输环节查获违法卷烟20242万支。加大对犯罪分子的追刑力度，全年向公安、司法机关移送案件252起，刑事拘留101人，判刑73人。公开销毁假烟2123万支，标值1200万元；监销假烟18560万支，标值9015万元。

【品牌培育】 落实“三个重点”① 的分类经营原则，优化品牌结构，全年销售名优卷烟52.3万箱，占总销量的75.3%，同比增长15.3%；以“百牌号”为基础，围绕培育“两个10多个”的战略目标，培育重点骨干品牌，提高品牌集中度，“百牌号”卷烟占总销量的93.9%。

【网络建设】 坚持从北京烟草实际出发，推进“按客户订单组织货源”工作。3月9日，召开“按客户订单组织货源”工作会议。完善订单供货模式及流程，制定《北京烟草按客户订单组织货源工作规范》，统一和规范需求预测、货源组织、货源供应和品牌管理的工作流程，并在西城、丰台、顺义等3个区公司进行试点。9月，在总结试点单位经验的基础上，在全市全面实施订单供货工作。

建立信息平台和沟通机制，打通工商互动渠道。推进物流体系建设，对原自动分拣系统进行改造升级，增加新的分拣设备，提高分拣能力，推进全市统一仓储配送工作的进展。截至2007年底，除顺义、昌平区公司外，其他16家区县公司均已完成仓储配送业务的上划工作。全面启动打码到条工作，坚持明码标价工作的日常监管和督促考核，逐步完善价格管理体系。

【信息化建设】 开发利用集中式营销管理信息系统，并完成主体功能开发及信息系统在销售公司和18个区县公司的推广实施工作，实现经营管理工作统一集成的阶段性目标。启动内部专卖管理监督子系统项目开发，基本确定专卖监督管理系统整体升级改造的总体规划。建设完成“北京烟草网络安全管理平台”，完成“数据备份系统”项目实施工作，实现各应用系统的稳定运行以及各种电子数据的双重保护和永久保存。1月24日，市局（公司）召开北京烟草办公自动化系统建设项目验收会，邀请系统内有关评审专家对项目进行验收。

【队伍建设】 *干部人事和用工分配制度改革*。下发《关于公开选拔市局机关、基层单位部分处职领导干部实施方案》，在区县局（公司）副经理、副局长、综合计划处副处长3个处级职位和财务处高级会计师职位开展竞争上岗工作，全年调整交流了54名处级干部。完成处级干部薪酬制度改革调研工作以及“四定”前期准备工作。以创建“四好”班子为目标，完成对134名处级干部的年度考核工作。加强干部管理基础性工作，对全局139名处级干部和部分科级干部的档案进行全面清理。

下发《区县局（公司）初、中职级客户经理聘任办法》、《区县局（公司）初、中职级市场监管员和市场稽查员聘任办法》，聘任初、中级客户经理、市场监管员380名。重新明确专卖管理在市、区两级和直属分局的职能定位、机构和岗位设置。对直属单位和基层单位从业人员的岗位设置、岗位分类、人员混岗情况进行专项调研，对一般职工按照专业管理类、专业技术类、业务类（营销、专卖、物流）、生产操作类进行岗位绩效工资的测算。选择朝阳、崇文、昌平、平谷等4家区局（公司）作为深化收入分配制度改革的试点单位。对市场监管员和客户经理实行三级十五档的职级工资制，将聘用员工的安全奖、职级工资纳入年度工资总额计划管理，提高聘用人员防暑降温费、劳保费标准。加强专业技术队伍建设，为12人确认了专业技术职务任职资格，其中7人通过国家局高级专业技术资格认证。根据物流中心建设实际，对通州区局（公司）的配送人员实行整体上划。

教育培训。全年共选派13名处级干部参加国家局党校培训，选派13名处级干部参加北京市财贸管理干部学院工商管理研究生课程学习。全年举办了《公司法》、新《劳动法》、《会计法》、《审计法》4期讲座，培训干部816人次。启动市场监管员职级培训和考核，编写23万字的《初中级市场监管员培训教材》，并举办一期中级试点培训班。

【思想政治工作】 开展党风廉政宣传教育月活动；制定《系统干部职工从业行为纪律规定》。加强党组理论中心组学习，贯彻党的十七大精神。开展“两个至上”在岗位主题实践活动，在科级以上干部中开展“五查五看”活动，在科级以下干部职工中开展“立足岗位、查找不足、多做贡献”活动。完善与各类员工，包括卷烟工业企业、零售客户代表的座谈对话制度，开展市局（公司）领导与各单位领导班子、各级领导干部与广大干部职工的谈心活动。制订《北京烟

① 即“重点经营、重点培育、重点兼顾”。

草员工行为规范》，提升员工整体素质。积极参与“迎奥运、讲文明、树新风”活动，举办第二届职工运动会、首届毽球联赛等群众性体育活动。广泛开展“创新年”活动，6月20日，市局（公司）制订《北京烟草“创新年”活动实施方案》。

【特事要辑】 1月31日，国家局局长姜成康一行到北京烟草就劳动用工制度改革，特别是北京烟草开展的“两支队伍”职级管理工作进行专题调研。

2月2日，国家局局长姜成康对市局（公司）2007年工作报告作出重要批示。批示强调，近年来，北京烟草在培育名优品牌、打击售假网络、深化用工分配制度改革等方面做了大量卓有成效的工作，走在了全行业前列。

3月，市局（公司）档案室被国家档案局评为“全国档案工作优秀集体”。

11月17日，物流中心被人事部、中国物流与采购联合会授予“全国物流行业先进集体”称号；11月26日，北京市卷烟销售公司被国家局评为“2007年度全国卷烟销售工作先进单位一等奖”。

11月21日，国家局副局长何泽华一行到平谷区局（公司）考察工作并与干部职工座谈。

北京市局（公司）主要统计指标汇总

实现税利（亿元）	实现利润（亿元）	销售卷烟（亿支）	种植烟叶（万亩）	收购烟叶（万担）
21.66	17.30	346.95	—	—

所属区、县局（公司）

东城区烟草专卖局（公司）

北京市东城区烟草专卖局、北京市东城烟草公司成立于1998年3月。截至2007年底，共有从业人员76人，其中聘用员工42人。

2007年销售卷烟11.42亿支（2.28万箱），同比增长2.51%。实现销售收入30327万元，同比增长16.60%。实现税利5056万元，同比增长42.46%，其中，实现利润4004万元，同比增长44.18%。

西城区烟草专卖局（公司）

北京市西城区烟草专卖局、北京市西城烟草公司成立于1998年3月12日。截至2007年底，共有从业人员66人，其中聘用员工37人。

2007年销售卷烟12.95亿支（2.59万箱），同比增长3.52%。实现销售收入31964万元，同比增长12.60%。实现税利5576万元，同比增长28.51%，其中，实现利润4491万元，同比增长32.67%。

崇文区烟草专卖局（公司）

北京市崇文区烟草专卖局成立于1994年，北京市崇文烟草公司成立于1998年。截至2007年底，共有从业人员49人，其中聘用员工25人。

2007年销售卷烟10.13亿支（2.03万箱），同比增长3.05%。实现销售收入25932万元，同比增长13.02%。实现税利4208万元，同比增长34.92%，其中，实现利润3352万元，同比增长39.43%。

宣武区烟草专卖局（公司）

北京市宣武区烟草专卖局、北京市宣武烟草公司成立于1998年3月18日。截至2007年底，共有从业人员67人，其中聘用员工37人。

2007年销售卷烟10.88亿支（2.18万箱），同比增长2.06%。实现销售收入27327万元，同比增长11.44%。实现税利4501万元，同比增长30.54%，其中，实现利润3632万元，同比增长34.67%。

朝阳区烟草专卖局（公司）

北京市朝阳区烟草专卖局成立于1991年7月，北京市朝阳烟草公司成立于1998年3月。截至2007年底，共有从业人员150人，其中聘用员工88人。

2007年销售卷烟52.44亿支（10.49万箱），同比增长7.24%。实现销售收入151982万元，同比增长32.05%。实现税利31146万元，同比增长53.56%，其中，实现利润25618万元，同比增长53.15%。

海淀区烟草专卖局（公司）

北京市海淀区烟草专卖局成立于1994年，北京市海淀烟草公司成立于1998年。截至2007年底，共有从业人员143人，其中聘用员工97人。

2007年销售卷烟48.51亿支（9.70万箱），同比增长5.32%。实现销售收入132980万元，同比增长22.22%。实现税利26631万元，同比增长35.07%，其中，实现利润21960万元，同比增长33.44%。

丰台区烟草专卖局（公司）

北京市丰台区烟草专卖局、北京市丰台烟草公司成立于1997年11月24日。截至2007年底，共有从业人员128人，其中聘用员工96人。

2007年销售卷烟32.50亿支（6.50万箱），同比增长4.87%。实现销售收入98777万元，同比增长17.69%。实现税利20442万元，同比增长31.55%，其中，实现利润16903万元，同比增长32.83%。

石景山区烟草专卖局（公司）

北京市石景山区烟草专卖局、北京市石景山烟草公司成立于1997年1月。截至2007年底，共有从业人员67人，其中聘用员工45人。

2007年销售卷烟11.40亿支（2.28万箱），同比增长2.98%。实现销售收入26829万元，同比增长16.48%。实现税利4297万元，同比增长23.65%，其中，实现利润3456万元，同比增长26.27%。

通州区烟草专卖局（公司）

北京市通州区烟草专卖局、北京市通州烟草公司成立于1992年。截至2007年底，共有从业人员79人，其中聘用员工55人。

2007年销售卷烟21.92亿支（4.38万箱），同比增长3.20%。实现销售收入51290万元，同比增长16.37%。实现税利9479万元，同比增长25.25%，其中，实现利润7863万元，同比增长27.81%。

顺义区烟草专卖局（公司）

北京市顺义区烟草专卖局、北京市顺义烟草公司成立于1997年8月。截至2007年底，共有从业人员99人，其中聘用员工78人。

2007年销售卷烟20.99亿支（4.20万箱），同比增长2.04%。实现销售收入46140万元，同比增长7.56%。实现税利8402万元，同比增长17.44%，其中，实现利润6864万元，同比增长17.61%。

延庆县烟草专卖局（公司）

北京市延庆县烟草专卖局、北京市延庆烟草公司成立于1995年3月22日。截至2007年底，共有从业人员60人，其中聘用员工50人。

2007年销售卷烟7.54亿支（1.51万箱），同比增长2.72%。实现销售收入16342万元，同比增长17.84%。实现税利2296万元，同比增长27.70%，其中，实现利润1748万元，同比增长24.50%。

怀柔区烟草专卖局（公司）

北京市怀柔区烟草专卖局成立于1996年6月，北京市怀柔烟草公司成立于2001年12月。截至2007年年底，共有从业人员70人，其中聘用员工57人。

2007年销售卷烟10.62亿支（2.12万箱），同比增长3.61%。实现销售收入22419万元，同比增长14.98%。实现税利3988万元，同比增长30.97%，其中，实现利润3183万元，同比增长32.74%。

大兴区烟草专卖局（公司）

北京市大兴区烟草专卖局、北京市大兴烟草公司成立于1997年1月28日。截至2007年底，共有从业人员93人，其中聘用员工81人。

2007年销售卷烟18.62亿支（3.72万箱），同比增长2.08%。实现销售收入38825万元，同比增长9.70%。实现税利6961万元，同比增长19.05%，其中，实现利润5682万元，同比增长19.09%。

昌平区烟草专卖局（公司）

北京市昌平区烟草专卖局成立于1998年3月，北京市昌平烟草公司成立于1998年4月。截至2007年底，共有从业人员98人，其中聘用员工69人。

2007年销售卷烟20.12亿支（4.02万箱），同比增长5.18%。实现销售收入44094万元，同比增长16.84%。实现税利7626万元，同比增长29.78%，其中，实现利润6210万元，同比增长29.35%。

密云县烟草专卖局（公司）

北京市密云县烟草专卖局、北京市密云烟草公司成立于1997年8月。截至2007年底，共有从业人员66人，其中聘用员工50人。

2007年销售卷烟11.58亿支（2.32万箱），同比增长2.39%。实现销售收入24960万元，同比增长20.01%。实现税利4072万元，同比增长31.87%，其中，实现利润3304万元，同比增长38.77%。

门头沟区烟草专卖局（公司）

北京市门头沟区烟草专卖局、北京市门头沟烟草公司成立于1998年2月18日。截至2007年底，共有从业人员49人，其中聘用员工40人。

2007年销售卷烟6.15亿支（1.23万箱），同比增长4.95%。实现销售收入11812万元，同比增长19.26%。实现税利1508万元，同比增长25.67%，其中，实现利润1127万元，同比增长21.71%。

房山区烟草专卖局（公司）

北京市房山区烟草专卖局、北京市房山烟草公司成立于1998年4月。截至2007年底，共有从业人员79人，其中聘用员工68人。

2007年销售卷烟20亿支（4万箱），同比增长3.95%。实现销售收入43334万元，同比增长17.62%。实现税利7661万元，同比增长25.55%，其中，实现利润6331万元，同比增长25.79%。

平谷区烟草专卖局（公司）

北京市平谷区烟草专卖局、北京市平谷烟草公司成立于1998年2月16日。截至2007年底，共有从业人员61人，其中聘用员工50人。

2007年销售卷烟9.19亿支（1.84万箱），同比增长3.26%。实现销售收入17287万元，同比增长17.69%。实现税利2422万元，同比增长33%，其中，实现利润1874万元，同比增长36.19%。

铁路运输专卖分局

北京市烟草专卖局铁路运输专卖分局成立于1990年7月。主要职责是检查铁路违法运输卷烟行为。截至2007年底，共有从业人员18人，其中聘用员工3人。

分局先后与北京铁路公安处刑侦支队、石家庄铁路公安处刑侦支队、北京市公安局公交总队、海淀公安分局永定路派出所及各区县专卖局确立长效工作机制，加强对案件的调查经营和信息的共享，联合查处了“1·20”、“4·10”、“11·28”等案件。

2007年，共立案106起，同比增长36%，其中，案发在铁路环节的案件共35起，同比下降35%；案发在非铁路环节的案件共71起，同比增长344%。案值20万元以上的案件有15起，72起案件依法移送公安、司法机关，其中，刑事拘留5人，判刑2人。

全年共查获非法卷烟2204.84万支，其中，真品卷烟716.94万支，罚没款137.06万元；假冒伪劣卷烟1487.9万支，同比增长111%，案值1347.32万元，同比增长47%。全年未发生行政诉讼或行政复议案件。

公路运输专卖分局

北京市烟草专卖局公路运输专卖分局成立于1992年11月。主要职责是检查公路运输环节违法运输烟草专卖品行为。截至2007年底，共有从业人员22人，其中聘用员工1人，交通执法总队派驻人员3人。

分局先后与北京市执法总队、北京市公安局、首都机场公安分局、首都机场工商分局、丰台区检察院、法院及各区县专卖局确立长效工作机制，加强对案件的调查经营和信息的共享，联合查处了“4·5”、“10·15”、“11·18”案件。

2007年，共立案45起，查获制售假烟网络案件3起，其中查办案值100万元以上的大要案12起。查获各类非法卷烟4984.52万支，涉案金额2645.02万元，其中，查获假冒卷烟3863.26万支，真品卷烟1121.26万支，罚没款79.9万元。全年向公安机关移送案件33起，案件移送率达100%；公安机关依法刑事拘留、逮捕2人。全年未发生行政诉讼或行政复议案件。

所属其他二级单位

北京京烟卷烟零售连锁有限公司

北京京烟卷烟零售连锁有限公司是北京市烟草公司直属的零售终端企业，成立于2005年1月。截至2007年底，共有从业人员302人，其中聘用员工275人。

2007年销售卷烟3.24亿支（0.65万箱），同比下降5.1%。实现销售收入21052万元，同比增长18%。实现税利1179万元，其中实现利润603万元。

2007年北京市烟草商业系统主要情况统计

区县局（公司）名称		东城区烟草专卖局（公司）	西城区烟草专卖局（公司）	崇文区烟草专卖局（公司）	宣武区烟草专卖局（公司）	朝阳区烟草专卖局（公司）
法人代表/主要负责人		杨　捷	殷　刚	武　斌	张　业	王爱国
总资产（万元）		7308	8693	6339	7174	48163
所属县级局数量（个）		—	—	—	—	—
所属县级公司数量（个）		—	—	—	—	—
所属营销部、分公司		—	—	—	—	—
所属业务机构	访销机构	1个访销中心	1个访销中心	1个访销中心	1个访销中心	1个访销中心
	物流配送机构	—	—	—	—	—
	稽查机构	1个稽查大队	1个稽查大队	1个稽查大队	1个稽查大队	1个稽查大队
销售卷烟（亿支）		11.42	12.95	10.13	10.88	52.44
实现税利（万元）	本年	5056	5576	4208	4501	31146
	上年	3549	4339	3119	3448	20283
实现利润（万元）	本年	4004	4491	3352	3632	25618
	上年	2777	3385	2404	2697	16727
烟叶种植（亩）		—	—	—	—	—
烟叶收购（担）		—	—	—	—	—
零售户数（户）		1441	1570	659	1137	4249

区、县局（公司）名称		海淀区烟草专卖局（公司）	丰台区烟草专卖局（公司）	石景山区烟草专卖局（公司）	通州区烟草专卖局（公司）	顺义区烟草专卖局（公司）
法人代表/主要负责人		沈　勇	李宝珍	艾小平	武玉清	王文相
总资产（万元）		41133	30178	8348	18165	16844
所属县级局数量（个）		—	—	—	—	—
所属县级公司数量（个）		—	—	—	—	—
所属营销部、分公司		—	—	—	—	—
所属业务机构	访销机构	1个访销中心	1个访销中心	1个访销中心	1个访销中心	1个访销中心
	物流配送机构	—	—	—	—	—
	稽查机构	1个稽查大队	1个稽查大队	1个稽查大队	1个稽查大队	1个稽查大队
销售卷烟（亿支）		48.51	32.50	11.40	21.92	20.99
实现税利（万元）	本年	26631	20442	4297	9479	8402
	上年	19717	15539	3475	7568	7154
实现利润（万元）	本年	21960	16903	3456	7863	6864
	上年	16457	12725	2737	6152	5836
烟叶种植（亩）		—	—	—	—	—
烟叶收购（担）		—	—	—	—	—
零售户数（户）		3682	3204	997	2580	2401

区、县局（公司）名称		延庆县烟草专卖局（公司）	怀柔区烟草专卖局（公司）	大兴区烟草专卖局（公司）	昌平区烟草专卖局（公司）
法人代表/主要负责人		高雪生	杨　军	孙立勇	王亚非
总资产（万元）		4906	8419	14056	13919
所属县级局数量（个）		—	—	—	—
所属县级公司数量（个）		—	—	—	—
所属营销部、分公司		—	—	—	—
所属业务机构	访销机构	1个访销中心	1个访销中心	1个访销中心	1个访销中心
	物流配送机构	—	—	—	—
	稽查机构	1个稽查大队	1个稽查大队	1个稽查大队	1个稽查大队
销售卷烟（亿支）		7.54	10.62	18.62	20.12
实现税利（万元）	本年	2296	3988	6961	7626
	上年	1798	3045	5847	5876
实现利润（万元）	本年	1748	3183	5682	6210
	上年	1404	2398	4771	4801
烟叶种植（亩）		—	—	—	—
烟叶收购（担）		—	—	—	—
零售户数（户）		1222	1335	2273	2246

区、县局（公司）名称		密云县烟草专卖局（公司）	门头沟区烟草专卖局（公司）	房山区烟草专卖局（公司）	平谷区烟草专卖局（公司）
法人代表/主要负责人		孔繁国	王献军	李学梅	罗明录
总资产（万元）		8590	3304	13849	5107
所属县级局数量（个）		—	—	—	—
所属县级公司数量（个）		—	—	—	—
所属营销部、分公司		—	—	—	—
所属业务机构	访销机构	1个访销中心	1个访销中心	1个访销中心	1个访销中心
	物流配送机构	—	—	—	—
	稽查机构	1个稽查大队	1个稽查大队	1个稽查大队	1个稽查大队
销售卷烟（亿支）		11.58	6.15	20.00	9.19
实现税利（万元）	本年	4072	1508	7661	2422
	上年	3088	1200	6102	1821
实现利润（万元）	本年	3304	1127	6331	1874
	上年	2381	926	5033	1376
烟叶种植（亩）		—	—	—	—
烟叶收购（担）		—	—	—	—
零售户数（户）		1893	683	1894	1613

注：北京市烟草专卖局（公司）下辖烟草物流中心，负责全市卷烟配送工作。

（王智誉　陈京军）

天津市烟草专卖局（公司）

【概　况】 天津市地处华北平原的东北部，是中国4个直辖市之一。全市下辖18个区、县，总面积1.2万平方公里，总人口1115万人。2007年全市实现地区生产总值（GDP）5018.28亿元，按可比价格计算，比上年增长15.1%。

天津市烟草专卖局、中国烟草总公司天津市公司组建于1986年1月1日，下辖10个区（县）烟草专卖局（分公司）、5个区（县）烟草专卖局（有限公司）和天津市卷烟销售分公司、天津市烟草公司物流分公司、天津市恒大实业公司。全市商业企业从业人员为1672人，其中，高级职称6人、中级职称44人。截至2007年底，拥有总资产23.54亿元，其中，固定资产1.28亿元、流动资产19.34亿元，资产负债率为25.66%。

2007年7月，市局（公司）被天津市文明委授予“文明行业”荣誉称号。11月，卷烟销售分公司成品库被天津市总工会授予天津市“工人先锋号”荣誉称号。

【领导成员】 局长、总经理、党委书记：张永栋

副总经理、党委委员：王建民

副局长、党委委员：陈　余

副总经理、党委委员：陈雅康（—2007.6）

纪委书记、党委委员：高玉明

副局长、党委委员：朱　军（—2007.7）

总会计师、党委委员：李加春（2007.10—）

【组织机构】 市局（公司）设办公室（外事办公室）、综合计划处、专卖监督管理处（内部专卖管理监督处）、法规处、财务管理处（国有资产管理处）、审计处、人事劳资处、安全保卫处、监察处（与党委纪检委合署办公）、思想政治工作处（机关党总支、工会）等10个处室，及经济信息中心、机关服务中心、职业技能鉴定站等3个专业部门。

【经济效益】 2007年销售卷烟253.35亿支（50.67万箱），同比增长3.51%，其中，销售一类烟15.7亿支（3.14万箱），同比增长41.18%；二类烟12.5亿支（2.50万箱），同比增长95.9%；三类烟57.2亿支（11.44万箱），同比增长20.8%；四类烟84亿支（16.8万箱），同比下降11%；五类烟83.95亿支（16.79万箱），同比下降1.83%。销售“百牌号”卷烟252.55亿支（50.51万箱），同比增长3.40%。销售名优卷烟126.65亿支（25.33万箱），同比增长5.54%。

全年实现销售收入68.76亿元，同比增长18.58%。实现税利13.48亿元，同比增长20.20%，其中，实现利润10.87亿元，同比增长22.82%。

【专卖管理】 *内部专卖管理监督*。4月，市局（公司）组建了内部专卖管理监督机构，市局（公司）机关组建了内部专卖管理监督处，各区（县）局（公司）成立内部专卖管理监督科。开展自查工作，年内先后4次抽调相关职能处室人员组成内管检查组，对所属各区（县）局（公司）内部专卖管理监督检查的组织开展情况、卷烟规范经营情况、专卖内管长效机制和企业内控制度建设情况、卷烟规范经营情况进行了检查。组织开展取消内供专户检查、对核心户进行调研、加大电子结算卡的监管力度等专项检查活动。健全内管长效机制，完善了定期检查、工作报告、监督考核等制度。

落实办案目标责任制。2007年，市局（公司）将卷烟打假工作任务层层分解，逐级签订责任制。制定了《侦破案件目标责任考核办法》等制度规定，把打网络、端窝点、缴烟机三个方面的成果列入重点考核内容。坚持每半月听取一次汇报，每月进行一次考核。

开展打假专项行动。适时调整工作思路，将卷烟打假工作的重心转移到打击制售假烟网络和源头上来，连续破获“5·10”、“6·26”、“6·27”、“9·4”、“9·19”等重大制售假烟网络案件。开展联合打假，天津市局与市公安、工商、技术监督等部门合作，组织开展了“津鹰”系列打假行动，共查获各类涉烟违法案件500余起，收缴违法卷烟6.5万余条。

加大打假宣传力度。2007年初，市局（公司）与天津电视台联合制作并播放了系列打假宣传片《小店风波》，于“3·15”期间在天津卫视频道播放。7月，根据查破的塘沽“6·26”制售假烟网络大案，制作并播放电视专题片《查破“6·26”假烟网络大案纪实》。

打假成果。2007年，全市共出动烟草专卖稽查人

员、公安执法人员59746人次，查处各类涉烟违法案件1262起，其中，涉案金额达5万元以上的案件200余起。捣毁制假窝点7个，查获制假烟机13台，各类违法卷烟总案值4934.7万元。

【卷烟销售】 2007年，市局（公司）严格落实省外烟购进计划进度表，保证了购销平衡。在卷烟购入环节，强化“百牌号”意识，全年购入“百牌号”卷烟占在销品牌的99%。根据市内各辖区市场需求变化，及时增补购入指标，有效保障低档烟的市场供应。积极发挥北方十一省（市区）价区牵头单位的桥梁作用，做好统价稳价工作，并加强有效监督，确保联动价格落实到位。

【网络建设】 网建全面提升工作。制订《全面提升卷烟销售网络建设与运行水平工作实施方案》，明确了天津烟草行业网建全面提升工作的指导思想、总体目标、基本要求、工作任务及措施，并作为今后三年天津网建工作的指导性文件。同时，将市区第一局（分公司）、津南区局（分公司）确定为网建全面提升的典型示范单位。7月，在全市范围内开展“网建整体推进回头看”专项活动，分总结、整改、自查三个阶段，夯实网建基础。对卷烟营销管理系统进行全面改造，打造“天津烟草专销一体化系统平台”，并在8月完成对系统平台的总结验收。

推进电子结算网上扣划工作。制订《中国烟草总公司天津市公司电子结算网上扣划实施方案》，分三批在全市范围内实施电子结算网上扣划工作。经过4个月时间，网上扣划范围由原来的六家单位扩大到下辖的全部区（县）局（公司）。截至2007年底，全市电子结算网上扣划比例达90.35%。

【按客户订单组织货源】 制订《中国烟草总公司天津市公司“按客户订单组织货源”业务操作规范》，明确了业务运行机制。加强组织领导，在市局（公司）和区（县）局（公司）两个层面分别成立了“按客户订单组织货源”领导小组和实施推广办公室。

1月，与武汉烟草（集团）有限责任公司共同组织召开“黄鹤楼”品牌发展汇报会暨按订单组织货源研讨会。4月，开展天津烟草行业“按客户订单组织货源”推广工作培训。5月，市局（公司）在全市范围内启动了“按客户订单组织货源”试运行工作，并于7月转入正式运行阶段。建立卷烟需求预测制度和工作报告制度，加强对区（县）局（公司）日常工作的监管。开发应用需求预测系统软件，并在需求预测软件的基础上，研发“按客户订单组织货源”信息系统，该系统在市区第一局（分公司）和津南区（分公司）投入试运行。

【队伍建设】 继续开展争创“四好”领导班子创建活动，细化各项考核要素，2007年底，对15个区（县）局（公司）和恒大实业公司的基层领导班子和全体处级干部进行了述职和民主测评工作。

继续加强处级领导干部、中层业务骨干和一线员工“三支队伍”的建设。加强基层领导干部培训工作，全年共选派6名处级干部参加国家局党校的脱产培训，选派12名基层单位的“一把手”参加国家局组织的地市级领导班子成员培训班；加强中层业务骨干培训工作，分别在3月和11月举办培训班，对基层单位办公室主任、财务科长、专卖科长、网建办主任、法规科长进行岗位知识培训；加强一线员工培训工作，组织15个区（县）局（公司）的经营一线人员参加国家局举办的网络远程培训，106人获国家局颁发的岗位培训证书，此外还组织了初、中、高级卷烟商品营销员鉴定培训及考试。

继续坚持干部选拔任用程序，选拔了13名年轻干部充实到领导岗位。此外，对基层单位的“四定”工作进行了调研。

【党风廉政建设】 党风廉政教育。通过组织党员干部学习党的十七大精神、学习领导讲话、观看警示教育片、开展正反典型教育等形式，加强思想教育。邀请驻国家局纪检组副组长、监察局局长高林进行专题讲课。深化党支部“达标晋级”活动，对所属各区（县）局（公司）党组织及天津卷烟厂党委开展的党支部“达标晋级”活动情况进行考核。6月，召开了天津烟草系统纪念建党86周年暨表彰大会，对全系统的先进党组织和优秀共产党员、优秀党务工作者进行表彰。

制度建设。积极探索从源头上预防和治理腐败的有效途径，制定《天津市烟草专卖局内部审计实施办法》，修订完善了行业财务管理、会计核算和预算管理制度以及干部选拔任用制度，制定了推行明示承诺制度的实施办法。2007年，基本完成17项制度建设任务。

领导干部监督。以查办发生在领导机关和领导干部中违反党纪政纪的案件为重点，加大对领导干部滥用职权、贪污受贿的问题，利用人事权、审批权谋取私利的问题；卷烟流通领域中内外勾结，倒买倒卖卷烟的问题；重大投资决策失误和大额资金失控造成国有资产流失、损失的问题；利用职权在物资采购、工程建设招标、软件开发中谋取私利等违规违纪问题的查处力度。

效能监察。在配送中心建设过程中，加强对工程概算和工程监理的监督，设立了违约保证金和工程项目专项账户，强化资金管理。2007 年，配送中心建设共有 17 个招标项目，涉及金额 361 万元；市局（公司）机关有 3 个招标项目，涉及金额 767.3 万元，均按照有关规定进行招标，有效节约了费用，避免违规违纪问题的发生。

【思想政治工作】 *"两个至上"在岗位主题实践活动*。制定《关于进一步开展"两个至上"在岗位主题实践活动的实施意见》。召开"践行'两个至上'，从我做起"领导干部主题报告会，通过党课、座谈会等形式开展广泛的宣讲活动。

"迎奥运、讲文明、树新风"主题实践活动。市局（公司）成功组织了"人文奥运知识竞赛"、奥运知识答卷活动、植绿护绿活动、整治周边环境、回报社会捐助等迎奥运主题活动。组织开展了 2007 年"和谐天津烟草"系列文体活动，倡导奥运精神。

共青团工作。调整了基层团组织的机构设置，调整市局（公司）所属各单位团支部委员会，举办天津烟草系统团干部培训班。规范团的制度体系建设，草拟了《天津市烟草专卖局共青团工作制度汇编》（初稿）。创新团支部的活动形式，举办科学发展观主题团课、"玫瑰之约"青年联谊活动、"三·五"志愿服务、弘扬五四精神主题团日活动、青年思想状况调研等一系列主题实践活动。

【企业文化】 2007 年，市局（公司）确定北京仁达方略管理咨询有限公司作为企业文化建设的合作单位，正式启动天津烟草企业文化咨询合作项目。11 月，召开企业文化建设项目启动会。通过对机关本部、区局（公司）所属基层单位干部职工 132 人进行访谈，了解干部职工对企业的期待，整理天津烟草的演进历史，为天津烟草企业文化建设方向和理念体系的制订提供第一手资料。制订《企业文化综合调查问卷》和《管理者文化倾向调查问卷》并进行问卷调查。

【特事要辑】 11 月 26 日，国家局副局长何泽华一行到天津烟草物流分公司参观指导。

天津市局（公司）主要经济指标汇总

实现税利（亿元）	实现利润（亿元）	销售卷烟（亿支）	烟叶种植（万亩）	烟叶收购（万担）
13.48	10.87	253.35	—	—

所属区、县局（公司）

天津市区第一烟草专卖局（分公司）

天津市区第一烟草专卖局、天津市烟草公司第一分公司成立于 1999 年 8 月，负责和平区、河西区的烟草专卖管理和卷烟销售工作。截至 2007 年底，拥有总资产 4082 万元，其中，固定资产 337 万元、流动资产 3590 万元。共有从业人员 150 人，其中聘用员工 102 人。

2007 年销售卷烟 28.65 亿支（5.73 万箱），同比增长 3.32%。实现销售收入 71129 万元，同比增长 21.24%。实现税利 17378 万元，同比增长 94.41%，其中，实现利润 15255 万元，同比增长 106.07%。

天津市区第二烟草专卖局（分公司）

天津市区第二烟草专卖局、天津市烟草公司第二分公司成立于 1999 年 9 月 28 日，负责河东区、河北区的烟草专卖管理和卷烟销售工作。截至 2007 年底，拥有总资产 3879 万元，其中，固定资产 395 万元、流动资产 3466 万元。共有从业人员 152 人，其中聘用员工 98 人。

2007 年销售卷烟 33.55 亿支（6.71 万箱），同比增长 2.07%。实现销售收入 83276 万元，同比增长 22.02%。实现税利 20519 万元，同比增长 96.77%，其中，实现利润 18255 万元，同比增长 113.21%。

天津市区第三烟草专卖局（分公司）

天津市区第三烟草专卖局、天津市烟草公司第三分公司成立于1999年8月，负责红桥区、南开区的烟草专卖管理和卷烟销售工作。截至2007年底，拥有总资产4107万元，其中，固定资产377万元、流动资产3660万元。共有从业人员153人，其中聘用员工106人。

2007年销售卷烟33.57亿支（6.72万箱），同比增长0.9%。实现销售收入82891万元，同比增长18.75%。实现税利20839万元，同比增长93.04%，其中，实现利润18545万元，同比增长109.95%。

东丽区烟草专卖局（分公司）

东丽区烟草专卖局、天津市烟草公司东丽分公司成立于1998年5月12日。截至2007年底，拥有总资产1514万元，其中，固定资产254万元、流动资产1184万元。共有从业人员85人，其中聘用员工57人。

2007年销售卷烟11.45亿支（2.29万箱），同比增长1.78%。实现销售收入26459万元，同比增长14.90%。实现税利6257万元，同比增长91.17%，其中，实现利润5516万元，同比增长109.02%。

津南区烟草专卖局（分公司）

津南区烟草专卖局、天津市烟草公司津南分公司成立于1998年7月。截至2007年底，拥有总资产1494万元，其中，固定资产161万元、流动资产1323万元。共有从业人员80人，其中聘用员工58人。

2007年销售卷烟10.65亿支（2.12万箱），同比增长0.95%。实现销售收入24359万元，同比增长13.16%。实现税利5797万元，同比增长90.32%，其中，实现利润5131万元，同比增长109.09%。

西青区烟草专卖局（分公司）

西青区烟草专卖局、天津市烟草公司西青分公司成立于1998年5月11日。截至2007年底，拥有总资产1331万元，其中，固定资产158万元、流动资产982万元。共有从业人员70人，其中聘用员工38人。

2007年销售卷烟11.05亿支（2.21万箱），同比增长2.22%。实现销售收入25373万元，同比增长13.64%。实现税利5939万元，同比增长106.43%，其中，实现利润5198万元，同比增长128.18%。

北辰区烟草专卖局（分公司）

北辰区烟草专卖局、天津市烟草公司北辰分公司成立于1998年5月。截至2007年底，拥有总资产1411万元，其中，固定资产173万元、流动资产1231万元。共有从业人员82人，其中聘用员工54人。

2007年销售卷烟11.35亿支（2.27万箱），同比增长1.98%。实现销售收入25613万元，同比增长11.91%。实现税利5990万元，同比增长87.48%，其中，实现利润5281万元，同比增长104.93%。

塘沽区烟草专卖局（分公司）

塘沽区烟草专卖局、天津市烟草公司塘沽分公司成立于1995年8月，负责塘沽区、天津经济技术开发区、天津港保税区的烟草专卖管理和卷烟销售工作。截至2007年底，拥有总资产3085万元，其中，固定资产546万元、流动资产2532万元。共有从业人员101人，其中聘用员工75人。

2007年销售卷烟16.51亿支（3.30万箱），同比增长14.1%。实现销售收入40135万元，同比增长29.95%。实现税利10053万元，同比增长125.61%，其中，实现利润8937万元，同比增长150.20%。

汉沽区烟草专卖局（分公司）

汉沽区烟草专卖局、天津市烟草公司汉沽分公司成立于1997年。截至2007年底，拥有总资产1008万元，其中，固定资产139万元、流动资产772万元。共有从业人员37人，其中聘用员工27人。

2007年销售卷烟4.50亿支（0.90万箱），同比下降1.96%。实现销售收入10595万元，同比增长7.05%。实现税利2368万元，同比增长79.12%，其中，实现利润2073万元，同比增长100.48%。

大港区烟草专卖局（分公司）

大港区烟草专卖局成立于1993年6月，大港区烟草分公司成立于1995年。截至2007年底，拥有总资产3170万元，其中，固定资产1833万元、流动资产1325万元。共有从业人员61人，其中聘用员工39人。

2007年销售卷烟10.70亿支（2.14万箱），同比增长7.43%。实现销售收入26464万元，同比增长24.33%。实现税利6582万元，同比增长113.63%，其中，实现利润5844万元，同比增长140.10%。

武清区烟草专卖局、武清烟草有限公司

武清区烟草专卖局成立于1992年，武清烟草有限公司成立于1996年6月并于成立之日起与武清区烟草专卖局合署办公。截至2007年底，拥有总资产5442万元，其中，固定资产308万元、流动资产4285万

元，资产负债率为8.51%。共有从业人员145人，其中聘用员工53人。

2007年销售卷烟20.84亿支（4.17万箱），同比增长2.91%。实现销售收入43039万元，同比增长14.12%。实现税利5474万元，同比增长14.49%，其中，实现利润4290万元，同比增长15.01%。

宝坻区烟草专卖局、宝坻烟草有限公司

宝坻区烟草专卖局成立于1991年10月，宝坻烟草有限公司成立于1996年9月并于成立之日起与宝坻区烟草专卖局合署办公。截至2007年底，拥有总资产4195万元，其中，固定资产183万元、流动资产3809万元，资产负债率为2.78%。共有从业人员134人，其中聘用员工75人。

2007年销售卷烟17.55亿支（3.49万箱），同比增长10.03%。实现销售收入36950万元，同比增长24.51%。实现税利4775万元，同比增长30.50%，其中，实现利润3760万元，同比增长32.67%。

宁河县烟草专卖局、芦台烟草有限公司

宁河县烟草专卖局成立于1992年，芦台烟草有限公司成立于1996年8月并自成立起与宁河县烟草专卖局合署办公。截至2007年底，拥有总资产2373万元，其中，固定资产247万元、流动资产1813万元，资产负债率为11.31%。共有从业人员84人，其中聘用员工30人。

2007年销售卷烟9.45亿支（1.88万箱），同比增长6.9%。实现销售收入20638万元，同比增长19.70%。实现税利2374万元，同比增长27.02%，其中，实现利润1814万元，同比增长30.50%。

静海县烟草专卖局、静海烟草有限公司

静海县烟草专卖局成立于1992年7月，静海烟草有限公司成立于1996年11月，并自成立之日起与静海县烟草专卖局合署办公。截至2007年底，拥有总资产3154万元，其中，固定资产205万元、流动资产2943万元，资产负债率为2.64%。共有从业人员96人，其中聘用员工38名。

2007年销售卷烟13.31亿支（2.66万箱），同比增长0.83%。实现销售收入28546万元，同比增长14.65%。实现税利3698万元，同比增长19.52%，其中，实现利润2915万元，同比增长19.91%。

蓟县烟草专卖局、渔阳烟草有限公司

蓟县烟草专卖局成立于1991年12月，渔阳烟草有限公司成立于1996年8月并于成立之日起与蓟县烟草专卖局合署办公。截至2007年底，拥有总资产4670万元，其中，固定资产441万元、流动资产3815万元，资产负债率为8.36%。共有从业人员115人，其中聘用员工60人。

2007年销售卷烟20.10亿支（4.02万箱），同比增长1.67%。实现销售收入41272万元，同比增长12.23%。实现税利5141万元，同比增长9.55%，其中，实现利润4028万元，同比增长9.46%。

所属其他二级单位

天津市恒大实业公司

天津市恒大实业公司成立于2005年，是天津市局（公司）下辖的具有独立法人资格的全资子公司。截至2007年底，共有在册员工878人，其中，岗上员工264人，岗下员工614人。公司设办公室、政治工作部、工会、审计部、财务部、劳资部、经营部、后勤部、安保部、岗下办、退休办等11个科室、部门，下设印刷厂、运输公司、销售部等3个经济实体。

2007年天津市烟草商业系统主要情况统计

区、县局（公司）名称	天津市区第一烟草专卖局（分公司）	天津市区第二烟草专卖局（分公司）	天津市区第三烟草专卖局（分公司）	东丽区烟草专卖局（分公司）	津南区烟草专卖局（分公司）
法人代表/主要负责人	张永栋	张永栋	张永栋	张永栋	张永栋
总资产（万元）	4082	3879	4107	1514	1494
所属县级局数量（个）	—	—	—	—	—
所属县级公司数量（个）	—	—	—	—	—
所属营销部、分公司	—	—	—	—	—

续表

区、县局（公司）名称		天津市区第一烟草专卖局（分公司）	天津市区第二烟草专卖局（分公司）	天津市区第三烟草专卖局（分公司）	东丽区烟草专卖局（分公司）	津南区烟草专卖局（分公司）
所属业务机构	访销机构	1个访销中心	1个访销中心	1个访销中心	1个访销中心	1个访销中心
	物流配送机构	1个配送中心	1个配送中心	1个配送中心	1个配送中心	1个配送中心
	稽查机构	2个稽查大队	2个稽查大队	2个稽查大队	1个稽查大队	1个稽查大队
销售卷烟（亿支）		28.65	33.55	33.57	11.45	10.65
实现税利（万元）	本年	17378	20519	20839	6257	5797
	上年	8939	10428	10795	3273	3046
实现利润（万元）	本年	15255	18255	18545	5516	5131
	上年	7403	8562	8833	2639	2454
烟叶种植（亩）		—	—	—	—	—
烟叶收购（担）		—	—	—	—	—
零售户数（户）		2330	2227	2805	1230	1148

区、县局（公司）名称		西青区烟草专卖局（分公司）	北辰区烟草专卖局（分公司）	塘沽区烟草专卖局（分公司）	汉沽区烟草专卖局（分公司）	大港区烟草专卖局（分公司）
法人代表/主要负责人		张永栋	张永栋	张永栋	张永栋	张永栋
总资产（万元）		1331	1411	3085	1008	3170
所属县级局数量（个）		—	—	—	—	—
所属县级公司数量（个）		—	—	—	—	—
所属营销部、分公司		—	—	—	—	—
所属业务机构	访销机构	1个访销中心	1个访销中心	1个访销中心	1个访销中心	1个访销中心
	物流配送机构	1个配送中心	1个配送中心	1个配送中心	1个配送中心	1个配送中心
	稽查机构	1个稽查大队	1个稽查大队	2个稽查大队	1个稽查大队	1个稽查大队
销售卷烟（亿支）		11.05	11.35	16.51	4.50	10.70
实现税利（万元）	本年	5939	5990	10053	2368	6582
	上年	2877	3195	4456	1322	3081
实现利润（万元）	本年	5198	5281	8937	2073	5844
	上年	2278	2577	3572	1034	2434
烟叶种植（亩）		—	—	—	—	—
烟叶收购（担）		—	—	—	—	—
零售户数（户）		1003	1279	1364	506	1123

区、县局（公司）名称		武清区烟草专卖局（有限公司）	宝坻区烟草专卖局（有限公司）	宁河县烟草专卖局、芦台烟草有限公司	静海县烟草专卖局（有限公司）	蓟县烟草专卖局、渔阳烟草有限公司
法人代表/主要负责人		李加春	李加春	李加春	李加春	李加春
总资产（万元）		5442	4195	2373	3154	4670
所属县级局数量（个）		—	—	—	—	—
所属县级公司数量（个）		—	—	—	—	—
所属营销部、分公司		—	—	—	—	—
所属业务机构	访销机构	1个访销中心	1个访销中心	1个访销中心	1个访销中心	1个访销中心
	物流配送机构	1个配送中心	1个配送中心	1个配送中心	1个配送中心	1个配送中心
	稽查机构	1个稽查大队	1个稽查大队	1个稽查大队	1个稽查大队	1个稽查大队

续表

区、县局（公司）名称		武清区烟草专卖局（有限公司）	宝坻区烟草专卖局（有限公司）	宁河县烟草专卖局、芦台烟草有限公司	静海县烟草专卖局（有限公司）	蓟县烟草专卖局、渔阳烟草有限公司
销售卷烟（亿支）		20.84	17.55	9.45	13.31	20.10
实现税利（万元）	本年	5474	4775	2374	3698	5141
	上年	4781	3659	1869	3094	4693
实现利润（万元）	本年	4290	3760	1814	2915	4028
	上年	3730	2834	1390	2431	3680
烟叶种植（亩）		—	—	—	—	—
烟叶收购（担）		—	—	—	—	—
零售户数（户）		2018	1764	1039	1195	2156

（曹志永）

河北省烟草专卖局（公司）

【概　况】　河北省位于华北地区，总面积18.77万平方公里，总人口6943.2万人。全省有11个地级市、36个市辖区、22个县级市、114个县（含6个自治县）、1962个乡镇。2007年全省实现地区生产总值（GDP）13863.5亿元，同比增长12.9%。

河北省烟草专卖局、中国烟草总公司河北省公司成立于1982年，1986年河北省公司上划中国烟草总公司。下辖11个地市级烟草专卖局（公司）、138个县级烟草专卖局、137个营销部。完善母子公司体制，2007年2月，全省11个市公司全部完成工商变更登记工作。全省行业共有从业人员11223人，其中聘用人员3501人。截至2007年底，拥有总资产74.12亿元，其中，固定资产7.95亿元、流动资产61.92亿元，资产负债率为23.97%。

2007年，省局连续第三次被国家局、公安部授予“全国卷烟打假特殊贡献奖”。

【领导成员】　局长、总经理、党组书记：滑福生

副局长、党组成员：鲍灵军

纪检组长、党组成员：王玉田

副总经理、党组成员：钱　江

副总经理、党组成员：杨子辛

【组织机构】　省局（公司）机关设办公室（外事办公室）、综合计划处（经济运行处、科技处、经济信息中心）、专卖监督管理处（专卖稽查总队、内部专卖管理监督处）、政策法规和体制改革处、思想政治工作处（机关党委）、人事劳资处（职业技能鉴定站）、财务管理处、审计处、监察处（与党组纪检组合署办公）、安全保卫处、烟叶管理处、卷烟销售管理处等12个职能处室，机关服务中心、烟草质量监督检测站、烟草职工教育培训中心、烟草学会、离退休人员管理办公室等5个专业部门，整顿和规范市场经济秩序领导小组办公室1个临时机构。

【经济效益】　2007年，全省商业系统销售卷烟1038.06亿支（207.61万箱），同比增长2.47%，其中，销售一类烟21.52亿支（4.3万箱），同比增长28.67%，占总销量的2.07%；二类烟33.06亿支（6.61万箱），同比增长59.75%，占总销量的3.18%；三类烟184.6亿支（36.92万箱），同比增长11.7%，占总销量的17.78%；四类烟285.93亿支（57.19万箱），同比增长3.39%，占总销量的27.54%；五类烟512.95亿支（102.59万箱），同比下降6.14%，占总销量的49.41%。年末库存卷烟44.74亿支（8.95万箱），同比增长1.93%。

全年实现卷烟销售收入172.2亿元，同比增长13.96%。实现卷烟税利31.92亿元，同比增长19.94%，其中，实现利润24.7亿元，同比增长22.85%。

【专卖管理】　卷烟打假。充分发挥联合打假工作机制的作用，县级局打假职能得到充分发挥，案件经营取得重大突破。全年全省共查处涉烟违法案件16546起，涉案金额3.2亿元。查获假冒卷烟2.16亿支、违法烟丝51.86吨、违法烟叶22.9吨、违法卷烟纸5.41吨、违法滤嘴棒192万支。捣毁制假窝点20个、贩藏

假烟窝点624个，缴获各种制假机械41台。破获案值50万元以上的制售假烟网络案件34个，其中被列为部级督办案件2个。公安、司法机关共抓获违法犯罪嫌疑人731人，其中，刑事拘留322人，判刑68人。由保定市局经办、京冀烟草、公安部门共同侦破的“4·3”案件，在行业内外产生了较大影响。

市场监管。积极配合工商部门，开展无证经营卷烟专项治理行动。2007年全省共取缔无证户7602户，为符合条件的14903户零售户办理了零售许可证。实行了目标管理责任制，完善“分片负责、管理到户、责任到人、考核到人”的管理机制，加强对卷烟零售户的管理和服务。加强对卷烟市场的检查力度。全省共查处无证运输案件197起、无证经营案件156起、假冒商标卷烟案件16546起、非法渠道进货案件4761起，查扣各种非法卷烟24552万支，罚没款合计322万元。

证件管理。2007年全省共计审批发放烟草专卖零售许可证18001份，变更许可证13639份，注销许可证8537份；审批发放卷烟准运证13573份，发放烟叶、烟用物资准运证1700份；发放烟草专卖执法检查证851份。

专卖队伍建设。开展专卖执法主体资格认证管理工作，推行行政执法责任制，建立完善培训考核制度，对专卖人员进行培训考核。2007年，全省共培训内管检查人员500余人次。同时，积极开展法律法规、案件经营、打假破网等方面的培训。

【网络建设】 全省行业按照“打牢基础、创新营销、规范运作、充满活力”的网建工作要求，着重在“精、深、细、严、新”上下工夫，提高全省卷烟销售网络服务客户水平、培育品牌能力、科学管理水平和员工素质水平。

信息化网建。按照全省统一平台和全员、全流程信息化的思路，重新梳理和整合原有营销管理和客户关系管理系统，完善和创新“订单供货”、“品牌管理与服务”、“终端营销”、“省市两级客户服务监督”等四个信息系统平台，并在全省推广实施。

按客户订单组织货源。省局（公司）成立试点工作领导小组，健全组织机构，制订“按客户订单组织货源”工作试点方案，确定以“按客户订单组织货源”工作流程为主线，重点做好“信息分析、需求预测、货源组织、品牌培育、客户服务、素质提升”等六项工作，建立了“三维三层”① 的需求预测体系。

健全服务体系。提升客户服务水平，建立零售客户和消费者恳谈会制度、新增零售客户培训管理制度、客户满意度调查制度、客户服务质量督办制度等。健全完善省市两级服务监督体系，建立省局（公司）投诉中心。完善网络应急机制建设，制订《河北省烟草专卖局（公司）卷烟销售网络突发事件应急预案（试行）》。抓好《四员手册》的贯彻落实，制定全省卷烟销售网络业务规范。

现代物流建设。制定《河北烟草商业系统物流中心建设“十一五”投资规划》、《河北烟草商业系统卷烟物流配送中心建设近期工作要点》，提出全省卷烟物流配送中心建设的指导思想、工作目标、工作原则、工作职责、工作内容及安排、工作要求等。

【烟叶产销】 坚持“重心下移、着眼基层、突出服务、加强基础”的工作方针，扎实推行种植收购合同制。2007年，全省共签订种植收购合同2482份，同比减少643份。合同约定收购量与实际收购量均为0.399万吨（7.97万担），签订销售合同量与实际销售量均为0.399万吨（7.97万担）。移栽烟叶面积为28747亩，同比减少1453亩；户均植烟面积11.58亩，同比增加1.92亩。

【内部管理监督】 开展行政处罚案卷评查，严格合同审核，加强法律培训。拓宽监管领域，加大对财务、营销、物资采购、工程投资等领域的监管力度。对各项监管制度实行归口管理，明确具体责任部门、工作原则和工作责任，建立联席会议制度、规范性文件合法性审查制度。开展“两项检查”的自查和复查，深化财务管理和审计监督，推进主业清产核资和多元化经营企业清产核资整改工作；开展全面预算管理，落实资金监控措施；开展专项资金检查和物流建设投资项目跟踪审计，对11个市局（公司）分别进行了法定代表人离任或任期经济责任审计。突出对烟叶生产、卷烟经营、资金管理、工程投资和物资采购等方面的管理监督，落实国家烟草专卖局有关整顿规范的六个实施方案。

【企业管理】 基础管理。组织全省行业宣贯ISO 9000质量管理标准工作，制订《ISO 9000质量管理体系标准实施方案》。启动全省行业科技创新及标准化工作，拟定“创新年”活动实施意见和《河北省烟草行业科技和管理创新项目管理办法》。推进全省行业

---

① 三维：市场部门从市场和客户的维度开展预测，采购（品牌）部门从品牌的维度开展预测，呼叫中心负责数据分析统计人员从订单的维度开展预测。三层：市场部门的预测分三个层次进行，客户经理做基础预测，市场经理在客户经理预测的基础上做汇总分析，营销部经理对市场经理的预测做综合平衡。

"打码到条及订单采集系统"相关工作。

行政审批。6月，省局（公司）制定《河北省烟草专卖局（公司）关于明确行政审批和内部管理项目工作实施意见》，共确定省局（公司）行使的5类26项行政审批和内部管理项目。

财务审计。制定《河北省烟草商业企业国有资产管理实施办法》，明确省、市公司国有资产管理职责，规范行业国有资产管理程序、内容和方法。各级财务部门按照全省统一的清产核资方案，进行清产核资工作，成功撤并8家多元化投资企业。深化预算管理工作，建立预算管理组织机构，完善预算管理制度体系，先后制订全面预算管理办法、预算管理实施细则和预算考核暂行办法等预算管理制度。

围绕监督和服务两大主题，加大内部审计监督力度。做好2006年同级审计发现问题的整改和"回头看"，开展2007年同级审计自查、复查。加大经济责任审计力度，对保定、张家口、承德3个市局（公司）原法定代表人进行离任经济责任审计，对其余8个市局（公司）法定代表人进行任期经济责任审计。参与2007年专项资金自查、复查工作，配合国家局检查组的检查。以平山培训中心改造基建项目为试点，摸索基建项目跟踪审计的方法和经验。完善内部审计制度体系，省局（公司）先后制定了固定资产投资项目审计、预算审计、专项资金审计、物资采购审计四个实施办法，修改完善同级审计操作规程，进一步充实了内部审计制度体系。

劳资管理。推进用工分配制度改革，充实调整改革领导小组和工作机构，初步完成了岗位设置及其职责设制、薪酬设计，制订配套制度和实施意见框架。以邯郸市局（公司）为试点单位，完成岗位测评和薪酬设计，制定改革实施方案和有关配套政策。学习贯彻《劳动合同法》，进一步规范和理顺行业的劳动关系。根据年度目标考核结果，核定各市局（公司）处级干部2007年度薪酬。

安全工作。省局（公司）制定修订安全管理的相关规章制度，落实安全生产管理责任制。加大安全生产投入，2007年全省行业购置和维护安全设备投入资金1400余万元。开展安全检查，省局组织全面安全检查2次，专项安全检查3次，查出安全隐患142条，提出整改建议70余条，下达隐患整改通知书59份。加强队伍建设，多次组织开展针对行业安全管理人员的教育培训活动。截至2007年底，河北省局（公司）所属各单位全部完成了《职业健康安全管理体系》的建立、咨询、认证工作任务。

【信息化建设】 信息化制度建设。完善制度建设，先后下发了《河北省烟草商业企业计算机网络和信息系统突发事件总体应急预案》（试行）和《河北烟草商业企业物流配送中心计算机机房建设要求》。对信息化工作部门的岗位权限和工作职责进行讨论，完成了省、市、县三级信息化从业人员岗位说明书的编制。

信息化基础设施建设。推广应用办公自动化系统，进一步统一全省系统平台建设。构建存储区域网络（SAN）系统架构，提高数据存储的可用性和灵活性。实施地面视讯会议系统，完成视频基础设施建设。同时，加强信息安全基础设施建设。

重点信息化项目建设。启动数据中心建设项目。加强工商营销信息共享平台应用，组织实施国家局打码到条及订单采集项目，组织实施订单供货为核心的信息化网建提升工作。

【队伍建设】 领导干部队伍建设。坚持党组理论学习中心组学习和民主生活会制度。加大对各级领导干部的教育培训力度，选派26名市局（公司）领导成员分别参加国家局组织的教育轮训和党校脱产学习，对31名县局主要负责人进行履行职责能力培训。强化对领导班子和领导干部的考核管理，通过述职述廉、民主测评、个别谈话等程序和方式，对全省行业11个市局（公司）的领导班子及其成员2007年工作情况进行全面考核。全年提拔处级干部23人，交流轮岗处级干部18人。通过公开选拔的方式，使10名市局（公司）科级干部走上了处级领导岗位。

培训与职业资格鉴定。结合行业重点工作，举办法律、物流、反腐倡廉以及安全驾驶等主题讲座。举办了第三期县级局领导干部培训班、中青年干部培训班和新晋职干部培训班。举办物流师、企业培训师和高级营销师（卷烟商品营销）业务知识培训。

做好职业资格鉴定工作，出台了《河北省烟草行业职业技能鉴定"十一五"规划》，完成了三个批次营销师的技能鉴定，鉴定人数为914人；进行了两个批次特有工种的技能鉴定，鉴定人数为783人；选派17人参加了国家局组织的技师鉴定，组织河北烟草行业25名物流管理人员参加全国职业资格统一鉴定；组织全省烟草行业118名驾驶员参加了河北省劳动厅鉴定中心举办的技能鉴定。

招聘工作。经过笔试和面试，全省行业共聘用法律、财会、计算机、中文等专业的大学毕业生112名。对省局（公司）机关4名新聘大学毕业生进行了岗前培训。组织143名新进转业退伍军人参加录用考试，对考试成绩合格的138名同志进行岗前培训。

【思想政治工作】 全省行业把学习宣传贯彻党的

十七大精神作为首要政治任务。省局（公司）举办了三期培训班，对85名处级干部和56名基层党支部书记进行轮训；省局（公司）机关5名领导班子成员全部参加了国家局党校的培训。积极组织“两个至上”在岗位主题实践活动，广泛开展以“创新观念、转变作风、清廉实干、科学发展”为主题的解放思想大讨论活动，同时认真开展“五查五看”活动。2007年，全省行业103名处级以上干部撰写研讨文章400余篇，23名领导干部参加了践行“两个至上”从我做起主题演讲。行业基层党组织和党员队伍发展迅速，建有12个机关党委、202个基层党支部，拥有5100名党员。开展“创建学习型组织、争做知识型员工”活动，切实加强各级工会组织和职代会建设。

【党风廉政建设】 省局（公司）先后印发了《河北省烟草专卖局（公司）2007年党风廉政教育工作安排》、《关于节日期间严格遵守廉洁自律规定，坚决禁止奢侈浪费行为的通知》。2007年，纪检监察部门全程参与了10名副处级干部的公开选拔，并与新任职干部进行廉政谈话，签订廉政承诺书。加强对薪酬、招标、预算、投资4个委员会工作的监督，全省行业各级纪检监察部门参与同级4个委员会各种活动367次，提出监察建议31项。省局（公司）纪检监察部门派出纪检监察干部67人次，参加对省局（公司）各个重点项目的监督，参与投资项目审议、招投标、项目评价等43次，涉及金额10亿元以上。全年收到信访件66件，初步核实违纪线索13件，查否9件，立案4件，处分人员4人。参加省纪委和省电台组织的阳光热线活动5次，解答群众咨询62个，解决问题17个。加强纪检监察队伍建设，组织专题调研组，召开33次座谈会，针对纪检监察业务工作开展的情况征求各单位意见。

【企业文化】 2007年，企业文化建设全面启动。邯郸、石家庄、唐山市局（公司）3家企业文化建设试点单位进行了成果展示，保定、张家口、廊坊、秦皇岛市局（公司）等先后对企业文化形象进行设计。

【特事要辑】 1月23日，国家局局长姜成康一行到河北烟草考察，参观石家庄市局（公司）等基层单位并慰问一线职工。

2月28日，河北省局、北京市局在石家庄联合召开卷烟打假工作座谈会。

3月14日，沧州市局会同工商、公安等部门开展大规模集中销毁假冒卷烟活动，销毁总标值达2000余万元的假烟和原辅材料。

5月23日，国家局副局长李克明一行到石家庄市局（公司）调研。

11月14~15日，国家局副局长张保振一行就收入分配制度改革等工作到河北烟草调研。

河北省局（公司）主要统计指标汇总

两烟税利（亿元）	两烟利润（亿元）	销售卷烟（亿支）	烟叶种植（万亩）	烟叶收购（万担）
31.92	24.70	1038.06	2.87	7.97

注：两烟税利不含烟叶税利、两烟利润不含烟叶利润。

所属地市级局（公司）

石家庄市烟草专卖局（公司）

【概　况】 石家庄市烟草专卖局、河北省烟草公司石家庄市公司成立于1985年7月，下辖辛集市、晋州市、藁城市、新乐市、鹿泉市、正定县、深泽县、无极县、赵县、栾城县、高邑县、元氏县、赞皇县、井陉县、平山县、灵寿县、行唐县等17个县（市）烟草专卖局（营销部）。截至2007年底，共有从业人员1556人，其中聘用员工747人。拥有总资产107865万元，其中，固定资产5753万元、流动资产99987万元，资产负债率为28.36%。

【领导成员】 局长、党组书记：戴　勇

经理、党组副书记：杨克勤

副经理、党组成员：马宝平

副局长、纪检组长、党组成员：段纪俊

副局长、党组成员：李琏柱

副经理、党组成员：安志发（2007.7—）

总会计师：付立民

工会主席：贾永亮

【组织机构】 市局（公司）机关设有办公室、营销中心、机关服务中心、物流中心、信息中心、专卖科、企管办、财务科、人事劳资科、纪检监察科、审计科、安保科、政工科和法规科等14个科室、部门。

【经济效益】 2007年全市共销售卷烟155.45亿支（31.09万箱），同比增长4.75%，其中，销售一类烟2.55亿支（0.51万箱），同比增长29.32%；二类烟11.02亿支（2.2万箱），同比增长34.44%；三类烟26.60亿支（5.32万箱），同比增长15.95%；四类烟40.70亿支（8.14万箱），同比下降0.49%；五类烟74.58亿支（14.92万箱），同比增长0.24%。

实现卷烟销售收入273199万元，同比增长17.16%。实现卷烟税利58951万元，同比增长62.08%，其中，实现卷烟利润47364万元，同比增长65.11%。

【专卖管理】 全市共查处各类涉烟违法案件1403起，向公安部门移送案件14起，查获各类违法卷烟4504万支，收缴罚款26.72万元，捣毁制假窝点5个，贩假窝点40个，收缴制假烟机4台以及大量制假原辅材料。成功打掉有较大影响的制售假烟网络12个，其中，达到国家局标准的网络案件5个，包括国家局、公安部挂牌督办的案件1个。涉案假烟共计8800余万支，涉案金额4150余万元，刑事拘留36人，逮捕38人。

【网络建设】 作为全省按客户订单组织货源、典型示范及信息化提升工程工作试点单位，市局（公司）网建工作取得明显进展。在国家局需求预测规范基础上，建立了以“三维三层预测”为特征的市场需求预测体系，全年预测准确率除第一个月外，均保持在80%以上。针对全市辖区货源结构与市场需求存在较大矛盾的现状，实行以客户分类和品牌分类为基础的差异化货源供应策略。完善品牌引入退出标准和流程，实行品牌综合测评、生命周期测评、品类测评三测并举。建立工商互评体系和品牌信息互动工作机制，与工业企业共同实施品牌管理与维护。加强物流建设工作，重点抓好项目的组织协调、总体设计、土地征用等关键环节。截至2007年底，签署了征地协议、征地补偿协议，基本完成基建项目设计方案。

邯郸市烟草专卖局（公司）

邯郸市烟草专卖局、河北省烟草公司邯郸市公司成立于1986年，下辖大名县、魏县、曲周县、邱县、鸡泽县、广平县、成安县、临漳县、磁县、涉县、永年县、馆陶县、峰峰矿区、邯郸县、武安市等15个县（市）烟草专卖局（营销部）及1个未上划的肥乡县烟草专卖局（经理部）。共有从业人员1322人，其中聘用员工300人。

2007年销售卷烟125.01亿支（25万箱），同比增长2.07%。实现卷烟销售收入181300万元，同比增长15.55%。实现卷烟税利33900万元，同比增长61.20%，其中，实现卷烟利润25400万元，同比增长67.41%。

全年共查处各类涉烟违法案件10588起，查获违法卷烟3816件。依法移送公安、司法机关42人，其中，刑事拘留28人，批捕4人，劳教1人，判刑9人。

不断提高品牌集中度，销售品牌由年初的104个减少到81个。

保定市烟草专卖局（公司）

保定市烟草专卖局、河北省烟草公司保定市公司成立于1984年12月，下辖曲阳县、安国市、安新县、定兴县、阜平县、博野县、满城县、蠡县、易县、顺平县、徐水县、涞水县、高阳县、唐县、容城县、涞源县、高碑店市、清苑县、望都县等19个县（市）烟草专卖局（营销部），涿州、雄县2个稽查大队（营销部）及定州稽查大队（卷烟经理部）。共有从业人员1630人，其中聘用员工586人。

2007年销售卷烟156.73亿支（31.35万箱），同比增长2.58%。实现销售收入262716万元，同比增长14.37%。实现税利47209万元，同比增长47.9%，其中，实现利润36822万元，同比增长52.77%。

全年查处各类涉烟违法案件1263起，查扣各类违法卷烟4637件，捣毁制售假烟窝点3个，拘留15人，逮捕3人，判刑20人。成功破获“3·18”、“4·3”、“8·21”特大贩运销售假烟网络案件。

张家口市烟草专卖局（公司）

张家口市烟草专卖局、河北省烟草公司张家口市公司成立于1984年6月，下辖沽源县、尚义县、张北县、康保县、怀安县、怀来县、赤城县、万全县、涿鹿县、蔚县、阳原县等11个县烟草专卖局（营销部）和2个未上划的宣化县、崇礼县烟草专卖局（公司）。

共有从业人员686人，其中聘用员工254人。

2007年销售卷烟71.26亿支（14.25万箱），同比增长1.02%。实现卷烟销售收入131078万元，同比增长10.16%。实现卷烟税利20825万元，同比增长54.71%，其中，实现卷烟利润16297万元，同比增长62.58%。

全年共查获各类涉烟违法案件320起，查获制假烟机6台，端掉制假售假窝点9个，总涉案金额达180余万元。公安、司法机关依法刑事拘留8人，逮捕2人。

承德市烟草专卖局（公司）

承德市烟草专卖局、河北省烟草公司承德市公司成立于1985年，下辖承德县、宽城满族自治县、平泉县、滦平县、隆化县、兴隆县、围场满族蒙古族自治县、丰宁满族自治县等8个县烟草专卖局（营销部）。共有从业人员576人，其中聘用员工225人。

2007年销售卷烟51.32亿支（10.26万箱），同比增长2.45%。实现销售收入84315万元，同比增长16.80%。实现税利15063万元，同比增长49.52%，其中，实现利润11397万元，同比增长59.73%。

全年共查处涉烟违法案件128起，查获非法卷烟561.55件，涉案金额154万元。移送公安机关涉烟案件4起，刑事拘留12人。8月31日，成功破获“1·1”贩售假冒卷烟网络案件，涉案人员80余人，涉案卷烟数量达3936.76件，标值844万元。

唐山市烟草专卖局（公司）

唐山市烟草专卖局、河北省烟草公司唐山市公司成立于1986年3月，下辖丰润区、丰南区、滦县、滦南县、乐亭县、迁安市、迁西县、遵化市、玉田县、唐海县等10个县级烟草专卖局（营销部）。共有从业人员857人，其中聘用员工321人。

2007年销售卷烟111.52亿支（22.30万箱），同比增长1.61%。其中，全年销售一至三类烟34.71亿支（6.94万箱），同比增长27.91%；四、五类烟76.82亿支（15.36万箱），同比下降6.79%。实现销售收入215263万元，同比增长13.92%。实现税利44829万元，同比增长43.85%，其中，实现利润35458万元，同比增长49.99%。

全年查处各类涉烟违法案件1778起，捣毁售假窝点45个，捣毁非法卷烟囤积地40余个。查获各类非法卷烟78682.92条，罚没款20.32万元。向公安、司法机关移送涉案嫌疑人60余人，其中，刑事拘留6人，批捕4人，判刑10人。

廊坊市烟草专卖局（公司）

廊坊市烟草专卖局、河北省烟草公司廊坊市公司成立于1986年7月，下辖城区、三河市、大厂回族自治县、香河县、永清县、固安县、霸州市、文安县、大城县等9个县级烟草专卖局（营销部）。共有从业人员704人，其中聘用员工193人。

2007年销售卷烟65.2亿支（13.04万箱），同比增长2.65%。实现销售收入117074万元，同比增长12.17%。实现税利22178万元，同比增长35.21%，其中，实现利润17191万元，同比增长50.84%。

全年查处各类涉烟违法案件103起，罚没款11万元。查获各类违法卷烟2070件，缴获大型制假烟机6台，捣毁制假售假窝点12个。破获达到省局标准的制售假烟网络案件2起。公安、司法机关依法刑事拘留20人，其中批捕6人。

沧州市烟草专卖局（公司）

沧州市烟草专卖局、河北省烟草公司沧州市公司成立于1985年，下辖任丘市、泊头市、黄骅市、河间市、沧县、肃宁县、孟村回族自治县、东光县、海兴县、献县、青县、吴桥县、盐山县、南皮县等14个县级烟草专卖局（营销部）和花园酒店1家多元化企业。共有从业人员1360人，其中聘用员工334人。

2007年销售卷烟100.71亿支（20.14万箱），同比增长2.22%。实现销售收入157200万元，同比增长14%。实现税利29971万元，同比增长42.17%，其中，实现利润23440万元，同比增长49.99%。

全年共查处涉烟违法案件2187起，捣毁制假贩假窝点17个，收缴各类制假烟机6台，查扣非法卷烟4872万支，罚没款12万元。公安、司法机关依法刑事拘留72人，逮捕26人，判刑10人。破获各类涉烟大要案、制售假烟网络案件40余起，其中达到省局标准的制售假烟网络案件7起。沧县、任丘市、南皮县查处的制售假烟网络案件达到国家局制售假烟网络标准，实现了县级局在打假破网工作中的突破。

衡水市烟草专卖局（公司）

衡水市烟草专卖局、河北省烟草公司衡水市公司成立于1985年，下辖桃城区、冀州市、枣强县、武邑县、深州市、武强县、饶阳县、安平县、故城县、景县、阜城县等11个县级烟草专卖局（营销部）。共有从业人员683人，其中聘用员工39人。

2007年销售卷烟59.5亿支（11.90万箱），同比增长3.11%。实现销售收入90924万元，同比增长

12.69%。实现税利15020万元，同比增长36.89%，其中，实现利润11117万元，同比增长42.78%。

市局先后破获了“6·17”、“6·25”、“8·26”三大制售假烟网络案件，涉及全国十几个省市，涉案人员达90余人，涉案金额780万元。公安、司法机关依法刑事拘留16人，批捕6人，其中“6·25”案件被列为省局、省公安厅挂牌督办案件，“8·26”案件被列为国家局、公安部挂牌督办案件。

2007年，市局（公司）被河北省人民政府评为“整顿和规范市场经济秩序先进单位”。

邢台市烟草专卖局（公司）

邢台市烟草专卖局、河北省烟草公司邢台市公司成立于1984年，下辖邢台县、沙河市、内丘县、临城县、隆尧县、柏乡县、宁晋县、巨鹿县、平乡县、广宗县、南和县、任县、南宫市、新河县、威县、清河县、临西县等17个县级烟草专卖局（营销部）。共有从业人员1249人，其中聘用员工330人。

2007年销售卷烟95.59亿支（19.12万箱），同比下降0.31%。实现销售收入141652万元，同比增长5.66%。实现税利24689万元，同比增长24.94%，其中，实现利润19228万元，同比增长31.73%。

全年共查处涉烟违法案件2760起，捣毁各类制假窝点115个，查获非法烟机5台、非法卷烟2636万支、非法烟丝4吨、非法烟叶22吨。

秦皇岛市烟草专卖局（公司）

秦皇岛市烟草专卖局、河北省烟草公司秦皇岛市公司成立于1986年，下辖抚宁县、昌黎县、卢龙县、青龙满族自治县等4个县烟草专卖局（营销部）。共有从业人员392人，其中聘用员工115人。

2007年销售卷烟45.75亿支（9.15万箱），同比增长5.65%。实现销售收入86700万元，同比增长19.81%。实现税利16560万元，同比增长43.8%，其中，实现利润12777万元，同比增长45.14%。

全年共查处各类涉烟违法案件484起，查没违法卷烟505.85万支，查处售假案件2起，移送公安机关2起。公安、司法机关依法批捕5人，刑事拘留5人，公安机关立案网上追捕1人，上缴罚没款11.64万元。成功破获“11·5”制售假烟网络案件。

2007年河北省烟草商业系统主要情况统计

地市级局（公司）名称		石家庄市烟草专卖局（公司）	邯郸市烟草专卖局（公司）	保定市烟草专卖局（公司）	张家口市烟草专卖局（公司）	承德市烟草专卖局（公司）	唐山市烟草专卖局（公司）
法人代表/主要负责人		杨克勤/戴勇	成志忠/闫福宽	王春怀/张书林	罗明海/迟德明	毛建民/张宝月	骆刚/张继跃
总资产（万元）		107865	64984	81879	43848	26176	93090
所属县级局数量（个）		17	16	19	13	8	10
所属县级公司数量（个）		—	—	—	—	—	—
所属营销部、分公司		17个营销部	15个营销部	20个营销部	11个营销部	8个营销部	10个营销部
所属业务机构	访销机构	1个访销中心	1个访销中心	1个访销中心	1个访销中心	1个访销中心	1个访销中心
	物流配送机构	1个物流配送中心	1个物流配送中心	1个物流配送中心	1个物流配送中心	1个物流配送中心	1个物流配送中心
	稽查机构	1个稽查支队	1个稽查支队	1个稽查支队	1个稽查支队	1个稽查支队	1个稽查支队
销售卷烟（亿支）		155.45	125.01	156.73	71.26	51.32	111.52
两烟税利（万元）	本年	58951	33900	47209	20825	15063	44829
	上年	36371	21030	31920	13461	10074	31163
两烟利润（万元）	本年	47364	25400	36822	16297	11397	35458
	上年	28687	15172	24103	10024	7135	23640
烟叶种植（亩）		6000	—	2700	20000	—	—
烟叶收购（担）		19900	—	7800	51500	—	—
零售户数（户）		35080	29803	35625	15397	16889	23985

地市级局（公司）名称		廊坊市烟草专卖局（公司）	沧州市烟草专卖局（公司）	衡水市烟草专卖局（公司）	邢台市烟草专卖局（公司）	秦皇岛市烟草专卖局（公司）
法人代表/主要负责人		贾立业（代）/贾立业	李学成（—2007.9）、王铁军（2007.9—）/李学成（—2007.6）、梁瑞国（2007.6—）	李济民/谭新社	张玉华/林海	孙广起/马学雷
总资产（万元）		71192	65886	28896	54695	41405
所属县级局数量（个）		9	14	11	17	4
所属县级公司数量（个）		—	—	—	—	—
所属营销部、分公司		9个营销部	14个营销部	11个营销部	17个营销部	4个营销部
所属业务机构	访销机构	1个访销中心	1个访销中心	1个访销中心	1个访销中心	1个访销中心
	物流配送机构	1个物流配送中心	1个物流配送中心	1个物流配送中心	1个物流配送中心	1个物流配送中心
	稽查机构	1个稽查支队	1个稽查支队	1个稽查支队	1个稽查支队	1个稽查支队
销售卷烟（亿支）		65.20	100.71	59.50	95.59	45.75
两烟税利（万元）	本年	22178	29971	15020	24689	16560
	上年	16403	21081	10972	19760	11519
两烟利润（万元）	本年	17191	23440	11117	19228	12777
	上年	11397	15992	7786	14596	8803
烟叶种植（亩）		—	—	—	—	—
烟叶收购（担）		—	—	—	—	—
零售户数（户）		10282	18821	10334	19592	11105

注：表中两烟税利不含烟叶税利、两烟利润不含烟叶利润。（葛彦波）

山西省烟草专卖局（公司）

【概　况】 山西省地处华北地区，占地面积为15.66万平方公里，总人口为3392.58万人。全省共辖11个地级市、119个县（市、区）。2007年全省实现地区生产总值（GDP）5696.2亿元，同比增长14.2%。

山西省烟草公司成立于1982年，1983年7月设立山西省烟草专卖局，1984年6月省公司上划中国烟草总公司。下辖11个地（市）级烟草专卖局（公司）和111个县级烟草专卖局（营销部）。截至2007年底，全省行业拥有总资产64.53亿元，其中，固定资产11.33亿元、流动资产48.69亿元，资产负债率为38%。共有从业人员7575人。辖区零售客户为123674户。

2007年，省局（公司）被山西省直机关精神文明建设委员会授予“文明和谐单位标兵”称号，被山西省财贸轻纺烟草工会委员会授予“山西省创建优秀服务品牌模范集体”称号。

【领导成员】 局长、总经理、党组书记：李泽华

副局长、纪检组长（兼）、党组成员：陈克进

副总经理、党组成员：王志毅

副总经理、党组成员：程高峰

副巡视员：杨德江（—2007.4）

副巡视员：栗书文

【组织机构】 省局（公司）机关设办公室（外事办公室）、综合计划处、安全保卫处、专卖监督管理处、政策法规与体制改革处、财务管理处（资金管理中心）、审计处、人事劳资处、监察处（与纪检组合署办公）、思想政治工作处（与机关党委、工会合署

办公)、卷烟经营管理处、烟叶生产经营管理处等12个职能处室，机关服务中心、经济信息中心、质量监督检测站、离退休人员管理办公室、烟草学会、职业技能鉴定站、山西烟草职工培训中心等7个专业部门和督查办公室、调研办公室、整顿办公室、基建项目办公室、劳动服务公司等5个增设机构。

【经济效益】 2007年销售卷烟665.83亿支（133.17万箱），同比增长4.53%，其中，销售一类烟34.62亿支（6.92万箱），同比增长42.90%；二类烟23.70亿支（4.74万箱），同比增长62.46%；三类烟144.61亿支（28.92万箱），同比增长24%；四类烟265.28亿支（53.06万箱），同比下降2.81%；五类烟197.62亿支（39.52万箱），同比下降5.27%。年末卷烟库存29.14亿支（5.83万箱）。

实现卷烟销售收入146.19亿元，同比增长18.57%。实现卷烟税利33.26亿元，同比增长28.42%，其中，实现卷烟利润26.28亿元，同比增长30.75%。

【专卖管理】 *卷烟打假打私*。以打击制售假烟网络为突出重点，重新调整了山西省公、检、法、烟草四部门联合打击涉烟刑事犯罪活动领导小组及办公室成员，建立“四部门”案件通报制度。与省公安厅联合下发了《关于对制售假烟重大案件实行督办制度的若干规定》，建立重大案件督办制度。与山西省高速公路交警支队建立烟草、高速公路交警部门联合打假协作机制。组织华北五省烟草、公安部门召开华北地区卷烟打假暨专卖管理联席会议第四届会议，完善华北地区卷烟打假协作机制。

全年全省共查处制售贩藏假烟案件4941起，查获各类假冒卷烟38088.76件，收缴制假烟机设备7台，端掉制假窝点4个、贩藏假烟窝点304个，依法移送公安机关涉烟案件129起。公安、司法机关依法拘留62人，逮捕55人，判刑65人。查获网络案件14起，结案8起，其中，吕梁“8·27”案件和临汾“9·19”案件达到国家局确定的打击制售假烟网络案件标准。

专卖队伍建设。统一内部专卖管理机构名称、岗位名称，明确机构、岗位设置和人员配备。省局（公司）制订市县局43个专卖管理岗位工作职责，制订了涵盖专卖管理各项主要工作环节的50个工作流程，创新开展专卖管理全员工作流程化，确定以吕梁市局（公司）为专卖全员工作流程化的工作联系点。制定全省行业专卖管理人员职业道德规范及仪容仪表规范、语言规范，确定以晋城市局（公司）为职业道德建设试点单位，开展专卖人员职业道德建设活动。实行专卖管理人员上岗资格认证，省局（公司）先后举办了12期专卖管理执法人员职业资格认证培训班，全省行业1900余名专卖执法人员参加了相关法律、法规知识的培训和考试，对成绩合格者颁发上岗资格证书，不合格者调离专卖管理岗位。

【订单供货】 *建立预测体系*。加强培训，提高需求预测人员的工作能力。建立全省卷烟需求预测人员联系制度，制定考核办法、管理办法，加强对各市公司需求预测工作的指导。完善“四维协同预测”办法，即客户经理—市场经理—营销中心从市场的维度开展预测，品牌管理科从品牌的维度开展预测，订单部从客户订单的维度开展预测，采供部从工商协同的维度开展预测。强化市场三级跟踪制度，即销售跟踪、客户跟踪、重点消费者跟踪。

多渠道掌握市场信息。利用多种渠道，加强对市场信息的掌握。6月，省公司与专业市场调研公司合作，开展市场调研工作，内容包括全省卷烟市场容量、结构、消费习惯、消费者品牌选择转移、消费行为变化趋势等。推进“双万”信息工程，即建立万名零售客户、万名消费者信息互动机制。在全省推广“三维”采集社会库存工作办法，即客户经理与零售户共同盘点库存、电访员电话调查客户库存、客户智能终端机自动生成库存信息。以太原、晋中市局（公司）为试点单位，探索智能终端机建设。探索对零售客户的订单预测、网上配货、电子动销台账、信息采集等有效手段。截至年底，全省终端机客户达到800余户。

【网络建设】 *全面提升*。实施全省卷烟销售网络建设“整体推进、全面提升”，出台《网络建设工作“回头看、再提升”指导意见》。将长治、临汾市局（公司）确定为省内“全国网建典型示范单位”，长治市局（公司）突出开展劳动用工分配制度改革和现代物流建设，临汾市局（公司）突出开展优化工商零流程体系、完善工商协同培育品牌机制。加强基础建设，大同、阳泉、晋城、朔州、晋中、运城市局（公司）卷烟物流项目建成并投入使用。改革卷烟物流费用管理办法及核算规程，在晋中市局（公司）开展物流中心独立核算的试点工作。改进物流信息系统，阳泉、长治、晋中等市局（公司）建立智能配送线路优化信息系统（GIS）。全省行业实现服务项目、服务程序、服务标准、服务监督、服务评价的“五个统一”。

农网建设。着力解决空白村问题，继续发展有条件的农村零售客户入网。截至2007年底，全省农村卷烟销售网络覆盖自然村31866个，占自然村总数的68.5%，同比提高29.6个百分点。提升农村管理服务大厅运行水平，出台《山西烟草农村卷烟专卖管理营

销服务大厅管理运行模式规范》，加强大厅成本与效益的核算，开展优秀大厅和优秀大厅主任评选活动，对全省50%以上的大厅进行专项检查。

新型客我关系。从八个方面构建新型客我关系。细化《卷烟零售客户分类标准》，健全货源分配网上公示制度和有效货源调入机制，对月销量千条以上的零售客户加强监管。以临汾市局（公司）为试点单位，开展商业企业与零售客户互评工作。推广电子《零售客户卷烟经营动销台账》。运用手机订单采集工具（PDA）、电子动销台账、浪潮V3客户分析信息系统，对客户开展“一对一”的经营指导服务。加强零售客户培训，组织集中培训班、座谈会、新品见面会等500余场（次），培训面达50%以上。实施帮扶弱势群体客户活动，提供优先办证、经营扶持、理财帮助、人性化服务等。规范经营行为，加强电访员、客户经理、专管员、送货员监管服务工作的“痕迹化”管理。利用全省客户投诉中心与零售户刊物，加强与客户沟通交流。

工商协同营销。拓展工商协同营销内容，以培育“10多个重点骨干品牌”为目标，积极发挥品牌引退机制的作用。提升品牌评估系统和卷烟商品生命周期管理办法运用水平，品牌的引入和退出遵循规范化、流程化、工具化，企业向“服务商”、“责任商”的角色转变。利用信息系统实现对品牌数据的自动加工汇总分析，加强品牌管理分析工作，制定全省统一的品牌管理分析工作标准。加强工商营销团队和品牌管理队伍的建设，把工业企业驻地人员纳入各市局（公司）进行统一管理。省、市公司成立品牌管理部门，每季度召开一次全省卷烟品牌培育管理工作会议，将品牌管理评估结果纳入绩效考评。

营销队伍建设。完善激励机制，各市局（公司）加强对客户经理的考核评定和等级划分，完善晋升通道和激励奖惩制度。以客户信息维护、客户分析、市场分析、品牌分析、客户服务、卷烟营销分析等工作内容为对象，征集优秀工作案例，提高客户经理服务技能。开展形式多样的培训活动，重点开展市场经理、客户经理岗位练兵活动，11月28日至12月2日，先后在太原、大同、长治、临汾召开“山西烟草千人营销队伍大培训暨经验交流会”。

【烟叶产销】 烟叶生产收购。全面推进入户预检制度，探索现代烟叶业务流通模式。强化合同管理，加强对种植面积和预期收购量的控制，坚决杜绝无合同、无计划、超合同、超计划种植收购烟叶。2007年，全省签订5612份烟叶种植收购合同，分布在运城、临汾、长治3个市的44个乡镇，全年种植面积5.3万亩，收购烟叶0.74万吨（14.85万担），其中，上等烟叶比例34.39%、中等烟叶57.49%、下低等烟叶8.12%，均价为10.1元/千克。

烟叶基础设施建设。完成2006年烟叶基础设施建设工程项目，新建密集式烤房77个，工程项目全部验收合格。工程总造价为647万元，其中，烟水配套工程510万元，烟叶调制设施造价130余万元。烟草行业投入资金570万元，其中，省内烟草行业配套资金303万元，国家局补贴资金267万元。

【内部管理监督】 建立流程体系。开展内部专卖管理监督，重点突出“流程化、痕迹化、精细化”管理，建立监管流程体系。2月，省局（公司）出台《山西省烟草行业专卖管理监督工作流程规范》。11月，制定50项规范，建立对卷烟生产经营全过程的监管流程体系，其中，针对卷烟商业企业，设置“需求预测、卷烟购进、计划增补、货源分配、电话访销、卷烟入库、卷烟出库、货款回收、零售户入网、市场核查”10个监管关口。针对卷烟工业企业，重点突出对卷烟生产和销售及其他专卖品的监管。针对烟叶生产经营，锁定“计划分解、种植合同、收购合同、烟叶库存、调拨销售、销售资金、准运证开具使用、废弃烟叶处理”8个环节。

加强检查考核。制订2007年内部专卖管理监督检查工作实施方案和考核办法。加大对大宗物资采购的监管力度，省局（公司）成立“阳光采购”小组，按程序实行“阳光作业”。对省公司及11个市公司2006年财务收支情况开展自查整改和同级审计检查，建立同级审计定期汇报制度。山西昆明烟草有限责任公司、市公司营销中心、物流中心、县级局（营销部）、县级烟办按月开展内部专卖管理监督自查工作，并形成自查工作报告。8月，省局（公司）对2007年上半年的“两烟”生产经营情况进行检查，并将检查结果进行实名制通报。同时，各单位组织演讲会、报告会、自律宣誓、技能竞赛等活动，加强自律教育。

信息手段监管。利用信息化管理手段，加快搭建信息化监管平台。注重网上日常监管，省局（公司）定期抽查各市公司、县级营销部的销售数据；各市县局发现问题后，及时向有关部门下达整改通知并跟踪监督整改落实情况，网上监管和实地核查紧密结合。11月，省局（公司）立项开发内部监管中心（平台），实现数据网上传输、网上日常监管、异常预警提示、流程网上运转四大功能。

【信息化建设】 信息化项目实施与管理。2月，浪潮V3系统通过验收。7月，卷烟生产经营决策管理系统“打码到条”项目完成实施工作。开展全省行业数据中心、全员流程化和电子政务项目的立项和招标工作，完成项目招投标工作。建立省局（公司）短信服务平台。加强信息化项目管理，所有的信息化项目或硬件采购要执行招投标程序。

基础设施建设。3月，完成现有网络的升级改造，全省广域网已覆盖到各县级局和农网服务大厅。加强视频综合管理系统的应用，6个市局（公司）完成全市地面视讯会议系统的建设，实现了国家局与省、市、县三级视讯会议系统的互联互通。5个市局（公司）完成数据中心机房的建设改造。

加强网络信息安全体系建设。重视加强基础管理，制订一系列安全管理制度。同时，制订信息系统的各类使用和管理人员的岗位职责、操作规范等相关管理规定，制定事故报告处理制度、应急预案等安全管理制度。

【“创新年”活动】 坚持从营销、管理、技术、文化、理念等方面持续创新。省局（公司）制订活动的实施方案、计划，成立“创新年”活动领导小组，建立联络员制度和工作月报制度。确定以五个方面为创新重点，即以建立全员流程化体系为手段，创新管理体系；以订单供货试点工作为突破口，创新科学的需求预测体系；以全国网建现场会为契机，创新网络建设流程体系；以加强信息化建设为依托，实现数据中心资源共享；推动烟叶育苗新技术，探索烟叶施肥新方法，其中，全员流程化系统建设有较大突破，专卖管理、市场营销、人力资源管理、财务审计、现代物流、绩效考评与宽带薪酬管理、惩治和预防腐败、职工培训、安全管理、阳光采购等十大流程体系文本框架基本确立。开展全省行业创新建议征集活动，征集建议286条。

【队伍建设】 *干部人事制度改革*。出台《干部选拔任用工作责任制暂行规定》，完善干部选拔任用工作机制和监督约束机制。建立全省行业后备干部人才资源库，制订年轻干部挂职锻炼等一系列制度和配套措施。优化基层领导班子结构，调整了部分市局（公司）领导干部，解决一批非领导职务。坚持竞争上岗，严格选拔程序、任用标准。

针对财会、信息技术专业人才缺乏和各市公司员工年龄、知识结构断层问题，招聘一批高学历人才。起草《全省行业专业技术职务聘任管理办法（讨论稿）》，打通专业技术职务晋升通道。坚持公开招聘，对符合条件的职工子女实行考试录用办法，按50%的比例录用了88人。

教育培训和技能鉴定。全年完成各项技能培训共30期，培训学员3590余人次。组织参加行业卷烟商品营销员鉴定464人，组织1943名专卖执法人员进行岗前培训考试，组织343名驾驶员参加地方驾驶员初、中、高级及技师鉴定。

劳动用工分配制度改革。在省局（公司）机关率先开展改革，完成机关人员的访谈调研和岗位梳理，重新明确了处室职能和137个岗位职责，制订岗位工作流程243条，按实际需要核定各处室编制和中层领导职位，先后出台了各项管理方案、规章制度。

3月，在长治、晋城市局（公司）开展“四定”试点探索。两个市局（公司）突出岗位分类、岗位管理、打通职业通道、以岗定薪和绩效考核等5个关键内容，明确各类岗位任职标准，细化岗位说明书，制定了8个配套管理办法。长治市局（公司）采取相对考核、事实记录和绝对考核相结合的方法，晋城市局（公司）采取指标分解和完成评估相结合的方法。11月20日，省局（公司）公布《山西省行业用工分配制度改革及全员流程化实施意见》，全省行业用工分配制度改革进入全面推广阶段。

【思想政治工作】 开展“三评两测一对照”活动，即班子成员互相评，职工评领导，下级评上级，对领导干部“五查五看”基本情况测评和对领导干部“五查五看”整改工作群众满意度测评；领导干部结合实际工作对照“五查五看”要求自我查摆问题。收集各类建议163条，召开专题民主生活会，制订解决方案和18项整改措施，并向全省行业干部职工进行反馈说明。11月2日，省局（公司）举办“‘两个至上’在岗位，‘五查五看’作表率”领导干部演讲报告会。加强党风廉政建设，重点对烟田基本建设资金投入、选拔任用干部、《社会团体、婚丧嫁娶等特殊用烟（试行）》执行情况及各类评比达标表彰活动进行监督检查。

【企业文化】 2007年是全省行业企业文化建设的全面推进之年。开展企业文化审计工作，将行业共同价值观、行业准则作为企业文化建设的基本宗旨，开展有奖征集行业理念、行业精神活动和员工满意度调查工作。全省行业共有410余人参与理念征集活动，征集理念800余条。举办三期以践行“两个至上”为主要内容的企业文化图板集中展示。在全省行业开展员工满意度调查工作，下发《山西烟草行业员工满意度评价体系》，调查的覆盖面达全省行业员工数的80%。

【特事要辑】 4月24～25日，国家局局长姜成康一行赴山西烟草调研。姜成康将山西网建的经验概括为“打牢基础、创新营销、规范运作、充满活力”。

5月10～12日，全国卷烟销售网络建设现场会在山西太原召开。国家局副局长何泽华出席会议。

6月22日，山西烟草首次全省烟草行业信息化工作会议在太原召开。

6月28～30日，华北地区卷烟打假暨专卖管理联席会议第四届会议在山西太原召开。

山西省局（公司）主要统计指标汇总

两烟税利（亿元）	两烟利润（亿元）	销售卷烟（亿支）	烟叶种植（万亩）	烟叶收购（万担）
33.26	26.28	665.83	5.30	14.85

注："两烟税利"不含烟叶税利、"两烟利润"不含烟叶利润。

所属地市级局（公司）

太原市烟草专卖局（公司）

【概　况】 太原市是山西省省会，位于山西省中部，占地面积6998平方公里，总人口345.71万人，全市辖10个县（市、区）。2007年，全市实现地区生产总值（GDP）1254.95亿元。

太原市烟草专卖局、山西省烟草公司太原市公司成立于1983年8月，下辖清徐县、古交市、阳曲县、娄烦县等4个县级烟草专卖局（营销部）。共有从业人员666人。

2007年，市局（公司）被山西省精神文明建设指导委员会授予"山西省文明和谐单位标兵"称号。

【领导成员】 局长、经理、党组书记：董文彦

副局长、党组成员：罗永康（2007年11月改任调研员）

副局长、工会主席、纪检组长、党组成员：董康毅

副局长、党组成员：李效忠

副经理、党组成员：董旭红

副经理、党组成员：王玉花

【组织机构】 市局（公司）机关设办公室、财务管理科（资金结算中心）、经济运行科（管理控制中心）、政工科、专卖监督管理科、人事教育科、品牌科、法规科、内部专卖管理监督科、纪检监察室、技术信息科、审计科、监督检查科、安全保卫科等14个科室、中心，其中品牌科、法规科、内部专卖管理监督科为2007年新设。

【经济效益】 2007年销售卷烟81.80亿支（16.36万箱），同比增长7.04%，其中，销售一类烟8.59亿支（1.72万箱），同比增长60.65%；二类烟5.50亿支（1.10万箱），同比增长29.23%；三类烟22.88亿支（4.58万箱），同比增长22.36%；四类烟30.99亿支（6.20万箱），同比下降12.18%；五类烟13.84亿支（2.77万箱），同比增长5.36%。

实现销售收入244582万元，同比增长27.72%。实现税利65705万元，同比增长50.15%，其中，实现利润53389万元，同比增长54.16%。

【专卖管理】 确定市场准入管理、市场环境整治、网络案件侦破齐抓共管、齐头并进的工作重点。加强对农村市场无证经营的"扫盲"建设，解决了全市300人以上农村"空白村"问题。开展卷烟市场综合治理专项行动和市场交叉检查，多次组织召开太原市公、检、法、烟草四部门联席会议，加强打假沟通协作。2007年，全市共查处涉烟违法案件158起，查获假冒卷烟13924件，端掉贩藏假烟窝点44个。依法移送公安、司法机关涉烟案件26起，拘留17人，逮捕16人，判刑6人。

【网络建设】 加快信息系统平台建设，实现卷烟入库数字管理、储位动态管理、卷烟在线打码，改建3条A字型半自动分拣线，提高了工作效率。打破行政区划，实现全市范围的统一大配送。提高预测准确率，通过对动销台账、智能零售终端机、营销作业舱、"双千"信息工程、PDA手机库存采集预测载体等手段，预测准确率从4月份的80.51%提高到了12月份的96.72%。提高农网服务水平，在4个县（市）局改建或兴建了4个农网服务大厅，为农村客户搭建"无障碍农村服务平台"。

【品牌培育】 发挥工商协同团队作用，运用"三上一站式"、"百点销售法"、"梯次推进法"等营销手

段，加强品牌的培育和管理。针对不同类型的品牌，制定《卷烟品类划分标准》、《规模型骨干品牌管理办法》等，与工业企业召开协同营销品牌培育座谈会、新品上市推介会。2007年，销量前10位品牌占总销量的比重达61.97%，品牌集中度进一步提升。

【企业管理】 *内部监管*。开展同级审计工作，对财务收支、内控制度、预算执行和专项资金等方面进行自查自纠。加强对国有资产的经营管理，做好专项资金自查，对2003～2006年财政专项资金进行自查。加强资金监管，强化预算管理，落实“阳光工程”制度，全年审核经济合同67项，大型款项支出审核258份。

创新活动。设计创新工作标志，制作创新宣传版面，编发创新简报，提出创新工作主题：创新、真实、激情、责任。以创新月例会、部门协调会、员工纳谏会等形式开展“创新大家谈”活动。引入QC管理，开展创新课题研究。2007年共收集创新合理性建议165条，完成焚烧假烟、固定资产管理软件、创新项目管理3个创新课题的研究和评审工作。

安全管理。开展“安全生产月”、火灾应急预案演练、安全生产隐患排查等活动。按照职业健康安全管理体系流程和要求，开展安全工作大检查。

【队伍建设】 实施“聘用一批、引进一批、培养一批”的企业发展人才战略，聘请企业内管体系建设专家。全年招聘研究生8名、本（专）科生14名。举办各类培训17期。组织职业技能鉴定194人，193人通过鉴定，其中，取得职业资格证书的驾驶员14人、营销员17人、物流师3人、专卖管理人员159人。

【企业文化】 结合“两个至上”在岗位主题实践活动，出版《源缘圆心合力》企业文化案例。弘扬“上班是幸福、工作是愉快、相聚是缘分、奉献是责任”的企业精神，相继举办了主题演讲、服务竞赛、技能比赛等一系列竞赛比武活动。

大同市烟草专卖局（公司）

大同市烟草专卖局、山西省烟草公司大同市公司成立于1983年8月，下辖城区、南郊区、新荣区、大同县、天镇县、阳高县、浑源县、广灵县、灵丘县、左云县等10个县级烟草专卖局（营销部）及大同市同烟实业公司。共有从业人员779人。

2007年销售卷烟63.34亿支（12.67万箱），同比增长0.84%。实现销售收入156662万元，同比增长12.53%。实现税利40711万元，同比增长32.72%，其中，实现利润33053万元，同比增长37.72%。

全年查处涉烟违法案件701起，查获假冒卷烟3864.56件，端掉贩藏假烟窝点81个。依法移送公安、司法机关涉烟案件34起，拘留15人，逮捕4人，判刑6人。

现代物流建设取得突破，4月8日起，对全市物流配送资源进行全面整合，彻底打破行政区划。11月18日，大同烟草新物流中心工程项目投入使用。提升专卖内管水平，推行“流程化、痕迹化、精细化、规范化”管理，建立内部专卖管理监督通报制度、督查制度和绩效考核办法；加强内管信息化建设，初步实现“流程网上运转”。

阳泉市烟草专卖局（公司）

阳泉市烟草专卖局、山西省烟草公司阳泉市公司成立于1983年9月，下辖平定县、盂县2个县级烟草专卖局（营销部）和城区、矿区、郊区3个专卖稽查支队。共有从业人员298人。

2007年销售卷烟24.25亿支（4.85万箱），同比增长0.37%。实现销售收入49005万元，同比增长9.73%。实现税利11970万元，同比增长27.25%，其中，实现利润9587万元，同比增长29.96%。

全年查处涉烟违法案件592起，查获假冒卷烟240.65件。

实现物流管理信息化，以“优化送货路线”和“实现数字化仓储”为突破口，将全市重新划分为5大送货区域，实行GPS实时导航配送。启动数字化货位、智能化仓库软件系统，基本形成语音提示入库位置、电子显示入库卷烟数量、微机实时自动生成出入库数据的自动化运行模式。

长治市烟草专卖局（公司）

长治市烟草专卖局、山西省烟草公司长治市公司成立于1983年，下辖长治县、潞城市、屯留县、长子县、壶关县、平顺县、黎城县、武乡县、襄垣县、沁县、沁源县、城区、郊区等13个县级烟草专卖局（营销部），共有从业人员717人。

2007年销售卷烟63.90亿支（12.78万箱），同比增长3.71%。实现卷烟销售收入126993万元，同比增长17.42%。实现卷烟税利28276万元，同比增长42.51%，其中，实现卷烟利润22536万元，同比增长45.63%。

烟叶种植覆盖7个乡镇，烤烟种植面积7800亩，收购烟叶0.11万吨（2.18万担），实现销售收入1101

万元。

全年查处涉烟违法案件494起，查获假冒卷烟1288件，端掉贩藏假烟窝点35个，依法移送公安、司法机关涉烟案件8起，拘留4人、逮捕4人、判刑8人。

启动用工分配制度改革，将岗位划分为一、二、三类等三大序列，确定全员竞聘上岗实施办法和竞聘程序，规范岗位分类、分级，分别设定相应的工资制，建立了分层管理、逐级考核、突出全员的绩效考核体系。

晋城市烟草专卖局（公司）

晋城市烟草专卖局、山西省烟草公司晋城市公司成立于1983年8月，下辖城区、泽州县、高平市、阳城县、沁水县、陵川县等6个县级烟草专卖局（营销部）。共有从业人员416人。

2007年销售卷烟42.13亿支（8.43万箱），同比增长1.63%。实现销售收入83395万元，同比增长12.69%。实现税利18427万元，同比增长37.32%，其中，实现利润14525万元，同比增长40.46%。

全年查处涉烟违法案件338起，查获假冒卷烟1740件，端掉贩藏假烟窝点26个，依法移送公安、司法机关涉烟案件2起，判刑1人。

启动用工分配制度改革，实施人事用工、收入分配、绩效考核及全员流程化等方案，实行全员重新竞争上岗，400名员工进入新的工作岗位，新聘46名科级干部，科级干部平均年龄由42岁下降到35岁。

朔州市烟草专卖局（公司）

朔州市烟草专卖局、山西省烟草公司朔州市公司成立于1989年7月，下辖朔城区、平鲁区、山阴县、怀仁县、应县、右玉县等6个县级烟草专卖局（营销部）。共有从业人员328人。

2007年销售卷烟28.01亿支（5.60万箱），同比增长1.28%。实现销售收入62058万元，同比增长18.12%。实现税利13954万元，同比增长53.37%，其中，实现利润11171万元，同比增长60.36%。

全年查处涉烟违法案件555起，查获假冒卷烟2048件，端掉贩藏假烟窝点38个，依法移送公安、司法机关涉烟案件3起，拘留1人，逮捕3人，判刑2人。

忻州市烟草专卖局（公司）

忻州市烟草专卖局、山西省烟草公司忻州市公司成立于1983年4月，下辖忻府区、原平市、代县、繁峙县、定襄县、五台县、宁武县、神池县、岢岚县、五寨县、保德县、静乐县、偏关县、河曲县等14个县级烟草专卖局（营销部）。共有从业人员720人。

2007年销售卷烟54.79亿支（10.96万箱），同比增长1.64%。实现销售收入110249万元，同比增长15.13%。实现税利24788万元，同比增长26.32%，其中，实现利润19349万元，同比增长28.64%。

全年查处涉烟违法案件166起，查获假冒卷烟753.57件，端掉贩藏假烟窝点19个，依法移送公安机关涉烟案件4起，拘留6人，逮捕2人。

偏远山区网络特色服务。针对山区偏、远、散的分布特点，设立4个流动服务站、14辆流动服务车，结合农村服务大厅，形成具有忻州烟草特色的厅、站、车相结合的农网服务新模式，服务偏远山区客户。

吕梁市烟草专卖局（公司）

吕梁市烟草专卖局、山西省烟草公司吕梁市公司成立于1984年，下辖离石区、汾阳市、孝义市、中阳县、柳林县、石楼县、交口县、方山县、临县、岚县、兴县、交城县、文水县等13个县级烟草专卖局（营销部）。共有从业人员909人。

2007年销售卷烟65.57亿支（13.11万箱），同比增长2.16%。实现销售收入136180万元，同比增长14.54%。实现税利30715万元，同比增长29.11%，其中，实现利润23699万元，同比增长28.13%。

全年查处涉烟违法案件517起，查获假冒卷烟2554.83件，端掉制假窝点1个、贩藏假烟窝点26个，依法移送公安、司法机关涉烟案件14起，拘留7人，逮捕12人，判刑9人，其中孝义“8·27”案件达到国家局确定的打击制售假烟网络案件标准。

晋中市烟草专卖局（公司）

晋中市烟草专卖局、山西省烟草公司晋中市公司成立于1984年10月，下辖榆次区、太谷县、祁县、平遥县、介休市、灵石县、榆社县、左权县、和顺县、昔阳县、寿阳县等11个县级烟草专卖局（营销部）。共有从业人员692人。2007年，市局（公司）电话访销部被全国妇女联合会授予“巾帼文明岗”称号。

2007年销售卷烟65.03亿支（13.01万箱），同比增长4.89%。实现销售收入133956万元，同比增长19.45%。实现税利31305万元，同比增长52.05%，其中，实现利润24453万元，同比增长53.51%。

全年查处涉烟违法案件276起，查获假冒卷烟1649.29件，捣毁贩藏假烟窝点10个，依法移送公安、司法机关涉烟案件4起，拘留2人，判刑11人。

实施全员流程化作业，确定“四定一有”标准，即部门定职能、岗位定职责、工作定流程、流程定标准、业绩有评价，出台《晋中烟草全员流程制度汇编》，开展管理流、营销流、监管流、资金流等流程整合，探索建立现代企业管理模式。

临汾市烟草专卖局（公司）

临汾市烟草专卖局、山西省烟草公司临汾市公司成立于1985年7月，下辖尧都区、侯马市、曲沃县、翼城县、襄汾县、洪洞县、霍州市、古县、吉县、安泽县、浮山县、乡宁县、蒲县、大宁县、永和县、隰县、汾西县等17个县级烟草专卖局（营销部）。共有从业人员820人。

2007年销售卷烟81.53亿支（16.31万箱），同比增长5.13%。实现卷烟销售收入169976万元，同比增长16.92%。实现卷烟税利37421万元，同比增长46.55%，其中，实现卷烟利润29660万元，同比增长48.16%。

烟叶种植覆盖14个乡镇，烤烟种植面积1.34万亩，收购烟叶0.19万吨（3.76万担），实现销售收入1899万元。

全年查处涉烟违法案件551起，查获假冒卷烟3845.31件，端掉制假窝点1个、贩藏假烟窝点40个，依法移送公安、司法机关涉烟案件22起，拘留7人，逮捕12人，判刑5人，其中“9·19”案件达到国家局确定的打击制售假烟网络案件标准。

运城市烟草专卖局（公司）

运城市烟草专卖局、山西省烟草公司运城市公司成立于1984年9月，下辖盐湖区、临猗县、永济市、万荣县、河津市、新绛县、稷山县、铝厂厂区、绛县、闻喜县、夏县、垣曲县、平陆县、芮城县、风陵渡区等15个县级烟草专卖局（营销部）。共有从业人员974人。

2007年销售卷烟95.47亿支（19.09万箱），同比增长12.03%。实现卷烟销售收入188892万元，同比增长25.34%。实现卷烟税利39865万元，同比增长64.20%，其中，实现卷烟利润31871万元，同比增长75.57%。

烟叶种植覆盖23个乡镇，烤烟种植面积3.18万亩，收购烟叶0.45万吨（9.06万担），实现销售收入4575万元。

全年查处涉烟违法案件593起，查获假冒卷烟5923.53件，端掉制假窝点2个，依法移送公安、司法机关涉烟案件12起，拘留10人，判刑17人。

持续创新农村网络建设，倾力打造“金叶乡亲工程”，强化大厅管理，实行县级局局长大厅跟班作业；提高网络覆盖，彻底解决全市300人以下“空白村”的网络覆盖盲点问题；注重队伍建设，确定农网队伍“本土化”的基本思路；开展优秀服务大厅创建活动，全市50个大厅全部达到省公司确定的优秀标准。

2007年山西省烟草商业系统主要情况统计

地市级局（公司）名称		太原市烟草专卖局（公司）	大同市烟草专卖局（公司）	阳泉市烟草专卖局（公司）	长治市烟草专卖局（公司）	晋城市烟草专卖局（公司）	朔州市烟草专卖局（公司）
法人代表/主要负责人		董文彦	高兰生	张维良	金永平	陈惠民	宫治堂（—2007.7）、蔡金平（2007.7—）
总资产（万元）		102436	62539	21466	51654	33211	20772
所属县级局数量（个）		4	10	2	13	6	6
所属县级公司数量（个）		—	—	—	—	—	—
所属营销部、分公司		4个营销部	10个营销部	2个营销部	13个营销部	6个营销部	6个营销部
所属业务机构	访销机构	1个营销中心	1个营销中心	1个营销中心	1个营销中心	1个营销中心	1个营销中心
	物流配送机构	1个物流配送中心	1个物流配送中心	1个物流配送中心	1个物流配送中心	1个物流配送中心	1个物流配送中心
	稽查机构	1个稽查中心	1个稽查大队	1个稽查大队	1个稽查大队	1个稽查大队	1个稽查大队

续表

地市级局（公司）名称		太原市烟草专卖局（公司）	大同市烟草专卖局（公司）	阳泉市烟草专卖局（公司）	长治市烟草专卖局（公司）	晋城市烟草专卖局（公司）	朔州市烟草专卖局（公司）
销售卷烟（亿支）		81.80	63.34	24.25	63.90	42.13	28.01
两烟税利（万元）	本年	65705	40711	11970	28276	18427	13954
	上年	43759	30675	9407	19842	13419	9098
两烟利润（万元）	本年	53389	33053	9587	22536	14525	11171
	上年	34633	24000	7377	15475	10341	6966
烟叶种植（亩）		—	—	—	7800	—	—
烟叶收购（担）		—	—	—	21800	—	—
零售户数（户）		12065	10611	4849	12113	8825	5518

地市级局（公司）名称		忻州市烟草专卖局（公司）	吕梁市烟草专卖局（公司）	晋中市烟草专卖局（公司）	临汾市烟草专卖局（公司）	运城市烟草专卖局（公司）
法人代表/主要负责人		任川水	张凤翔	闫　杰	郭生平	景随玉
总资产（万元）		38293	51136	49141	57752	60888
所属县级局数量（个）		14	13	11	17	15
所属县级公司数量（个）		—	—	—	—	—
所属营销部、分公司		14 个营销部	13 个营销部	11 个营销部	17 个营销部	15 个营销部
所属业务机构	访销机构	1 个营销中心	1 个营销中心	1 个营销中心	1 个营销中心	1 个营销中心
	物流配送机构	1 个物流配送中心	1 个物流配送中心	1 个物流配送中心	1 个物流配送中心	1 个物流配送中心
	稽查机构	1 个稽查大队	2 个稽查大队	1 个稽查大队	1 个稽查大队	1 个稽查大队
销售卷烟（亿支）		54.79	65.57	65.03	81.53	95.47
两烟税利（万元）	本年	24788	30715	31305	37421	39865
	上年	19623	23789	20589	25534	24279
两烟利润（万元）	本年	19349	23699	24453	29660	31871
	上年	15041	18496	15929	20019	18153
烟叶种植（亩）		—	—	—	13400	31800
烟叶收购（担）		—	—	—	37600	90600
零售户数（户）		11255	12753	11001	16545	18139

注：长治、临汾、运城市局（公司）两烟税利，两烟利润不含烟叶税利、烟叶利润。

（陈晓勇）

内蒙古自治区烟草专卖局（公司）

【概　况】 内蒙古自治区以蒙古族人口为主体，汉族人口占大多数，有 49 个民族。面积为 118.3 万平方公里。全区下辖 12 个盟（市），101 个旗（县、区、市），1112 个苏木、乡、镇。截至 2007 年底，全区总人口 2405.06 万人，实现地区生产总值（GDP）6018.81 亿元，同比增长 19%。

内蒙古自治区烟草专卖局、中国烟草总公司内蒙古自治区公司成立于 1984 年，下辖 14 个地市级烟草专卖局（公司）和金叶实业（集团）有限责任公司（与投资管理处合署办公）1 个直属二级单位。截至 2007 年底，除锡林郭勒盟的正镶白旗外，全区烟草行业县级烟草公司全部取消法人资格。共有主业从业人员 5962 人，拥有总资产 41 亿元，其中，固定资产 6.45 亿元、流动资产 28.92 亿元，资产负债率为 31.81%。

【领导成员】 局长、总经理、党组书记：董晓民

副局长、纪检组长、党组成员：胡新华

副总经理、党组成员：乌力吉

副总经理、党组成员：张福义（2007 年 12 月改任副巡视员）

副巡视员：郑子林（2007.12—）

副巡视员：于小芹（2007.12—）

【机构设置】 区局（公司）机关设办公室（外事办、烟草学会）、人事劳资处、思想政治工作处（机关党委、工会）、专卖管理处（稽查总队、内部专卖管理监督办公室）、财务管理处（资金管理中心）、审计处、纪检监察处、综合计划处、法规处、信息中心、安全保卫处、整顿办、卷烟销售公司（处）、烟叶生产经营管理部、烟草质量监督检测站等 15 个处室、部、站。

【经济效益】 2007 年销售卷烟 472.75 亿支（94.55 万箱），同比增长 10.39%，其中，销售一类烟 15.898 亿支（3.18 万箱），同比下降 53.39%；二类烟 29.28 亿支（5.86 万箱），同比下降 49.98%；三类烟 82.95 亿支（16.59 万箱），同比下降 57.5%；四类烟 177.85 亿支（35.57 万箱），同比增长 53.21%；五类烟 166.78 亿支（33.36 万箱），同比增长 459.07%。

实现卷烟销售收入 97.9 亿元，同比增长 24.68%。实现卷烟税利 19.68 亿元，同比增长 44.43%，其中，实现卷烟利润 15.44 亿元，同比增长 55.44%。

【专卖管理】 *专卖制度建设*。加强联合打假制度建设，4 月，鄂尔多斯市局与毗邻的陕西省各市烟草专卖局签订了打假协议；10 月，区局与吉林省局联合召开卷烟打假、共建共管联席会议。7 月，自治区公安厅下发《关于进一步明确卷烟打假工作有关事宜的通知》，规定了全区各级公安机关卷烟打假模式、涉烟案件管辖划分和卷烟打假协调工作。12 月，区局起草《对制售假烟重大案件实行督办制度的实施意见》并与自治区公安厅联合发文。落实错案和违规执法责任追究制，坚持案件备案制度。实行案卷评查制度，及时发现并纠正不规范的执法行为。建立健全监督制约机制，各级局建立群众评议制度，对专卖管理人员的工作情况进行评议。

内部专卖管理监督。年初，印发《致全区烟草行业干部职工的一封信》和《致全区卷烟零售户的一封信》，发放给全体干部职工和零售户，加强内部自律和外部社会的监督。4 月、5 月，分别举办两期行业内部专卖管理监督工作培训班。印发《内蒙古自治区烟草行业专卖管理监督工作程序与标准》，规定工作程序和操作标准，同时设计了各项内部监管工作的程序图。7 月，对各单位内部专卖管理监督工作进行检查，检查内容包括行业内部专卖管理监督长效机制运行情况，各工商企业 2007 年规范生产经营卷烟情况，检查范围包括所有盟市局和工业企业。确定以鄂尔多斯市局（公司）为行业内部专卖管理监督联系单位。

“两烟”生产经营规范检查。1～3 月，对 2006 年度“两烟”生产经营规范进行检查。自查期间，针对存在的问题，各单位及时召开整改会议，全区共处分责任人 131 名（其中行政处分 6 人）。3 月 9 日，抽调 45 名工作人员，组成 11 个复查小组，复查面为 100%。4 月 2～5 日，召开复查工作汇报会。

卷烟打假。2007 年，查获涉烟违法案件 7340 起，破获制售假烟网络案件 12 起，捣毁贩藏假冒卷烟窝点 91 个。全年共没收、收购非法卷烟 1962.38 件，查获假烟 2408.72 件，销毁假冒卷烟 439.41 件，罚没款 458.45 万元。移送公安、司法机关劳教 3 人，判刑 23 人。

由自治区公安厅、烟草专卖局直接指挥，呼和浩特市、乌兰察布市公安、烟草部门直接破获的“5·28”假烟网络案件中，涉案假烟标值超过 1000 万元，已查明的分销点有 134 个，抓获犯罪嫌疑人 18 人，刑事拘留 7 人，其批捕 5 人。鄂尔多斯市“6·8”销售假烟网络案件涉案金额 460 余万元。乌海市“10·27”制售假烟网络案件涉案金额近 1000 万元。

【网络建设】 *按客户订单组织货源*。通过实施货源需求信息采集、加强工商协同营销、严格推行合理定量、推进货源公平公正分配、强化工作考核等措施，推进全区“按客户订单组织货源”工作开展。

成立工作领导小组，下发《内蒙古自治区烟草公司“按客户订单组织货源”工作实施方案》。各盟、市公司实行了自下而上的货源需求信息采集工作，客户经理依据零售客户提报的货源需求，结合零售客户的历史销售数据与实际经营能力进行评估，对客户需求进行预测，再交由市场经理进行分析汇总，营销中心主任对市场经理的预测汇总数据进行综合评析。制订相应的考核办法，加强对订单满足率、预测准确率、销售增长率、品牌培育度、零售价格指数、客户货源满意度等方面的考核。建立工商协同信息平台，与上海、云南、湖南、山东、湖北等省（市）工业公司建立工商战略联盟合作伙伴。商业企业密切关注零售客户的经营动态、零售价格、品牌走势和市场行情，定

期与重要工业企业互通信息。

提升品牌集中度。制订《内蒙古市场卷烟品牌整合方案》，确定了主导性、培育性、过渡性牌号。积极推进品牌整合工作，全年在销品牌（规格）181个，同比减少55个品牌（规格），品牌集中度进一步提高。

【烟叶产销】 2007年，实际收购烟叶0.86万吨（17.16万担），完成计划收购量的86.34%。签订烟叶收购合同3699份，合同约定种植面积4.06万亩。签订购销合同568份，销售烟叶0.86万吨（17.16万担）。实现税利540万元，同比下降79.61%，其中，实现利润98万元，同比下降94.32%。

在全区范围内实施集约化育苗措施，从源头上遏制了“超种、超产、超收”问题。全年投资烟水配套工程建设821.5万元，完成密集式烤房334座、机电井7眼、沟渠3.9千米、管网3.558千米基建项目。组织了五期烟叶生产技术集中培训，提升基层队伍素质。进一步推广集约化育苗，密集式烘烤、土壤改良、平衡施肥等先进技术。加强烟叶种植、收购等各个环节的监管考核，特别是在收购期间，实施与邻省共建烟叶市场联合管理机制，规范烟叶收购市场。

【体制改革】 2月28日，将内蒙古昆明卷烟有限责任公司下辖的全资子公司呼和浩特市苁蓉山庄有限责任公司无偿划转区公司，区公司将其划转到内蒙古金叶实业（集团）有限责任公司。2月，国家局下发《关于理顺赤峰地区烟叶管理体制的批复》（国烟法〔2007〕107号），同意在喀喇沁旗、宁城县设立烟草分公司并逐步对辖区内原卷烟营销部进行整合；将敖汉旗、瓮牛特旗原卷烟营销部改造为烟草分公司。7月，国家局下发《关于理顺内蒙古自治区锡林郭勒盟烟草管理体制的批复》（国烟法〔2007〕313号），同意将苏尼特左旗、阿巴嘎旗、镶黄旗和乌拉盖开发区等4家县级烟草专卖局划归烟草行业管理。

【审批制度改革】 组织实施机关各处室行政审批和内部管理项目的收集、汇总、整理及审核工作，制定《内蒙古自治区烟草商业系统行政审批和内部管理项目工作实施意见》并上报国家局，明确行政审批和内部管理项目共5类46项。

【队伍建设】 人事用工分配制度改革。2007年，完成《内蒙古自治区烟草专卖局（公司）关于盟市局（公司）、旗县局（营销部）机构设置、职能配置、岗位设置和人员编制调整指导意见》等一系列改革配套措施，共计12万多字。完成全区烟草商业企业全部在编人员、聘用人员身份的核定和登记工作。举办全区烟草商业企业贯彻落实《劳动合同法》暨深化人事用工分配制度改革研讨会，印发《关于全面推进全区烟草商业企业深化人事用工分配制度改革工作的通知》，重新核定各盟市局（公司）的机构设置和人员编制。各盟市局（公司）相继完成本单位人事用工分配制度改革实施办法及有关配套措施。

人员招录。首次通过网站和文件面向社会及各单位公开发布招聘启事，在689名报名应聘的高校毕业生中招聘录用51名。根据地方复退军人安置部门下达的安置任务，组织26名退役士兵参加了国家局统一举办的录用考试，择优录用10名退役士兵。

培训工作。组织6名处级干部参加国家局党校2007年春、秋季党员领导干部进修班，12名盟市局（公司）主要负责人参加国家局举办的第1～4期地市级局领导班子成员培训班，1名处级干部参加自治区党校举办的处级干部培训班。组织第10期中青年干部工商管理培训班报名、选拔考试，共录用33名学员，10月开班。分片分批举办了三期客户经理培训班，共有427人参加。与中国人民大学培训学院合作举办第六期管理创新与企业发展战略研修班，150余人参加培训。

【企业文化】 成立企业文化建设领导小组，制定企业文化建设中长期规划。选派33名人员参加国家局举办的3期企业文化建设培训班。包头、呼伦贝尔市局（公司）引入企业文化咨询公司，进行系统调研、培训，对现有的企业文化理念进行系统提炼和整合。包头市局（公司）形成“春晖·寸草”文化，呼伦贝尔市局（公司）形成“劲草”文化，完成理念系统（MI）、行为系统（BI）以及《企业文化手册》等。呼和浩特市局（公司）开展“内蒙古——我的骄傲”和“除了努力工作　我别无选择”主题演讲，深化企业精神。4月，《内蒙古自治区志·烟草志》由内蒙古人民出版社出版发行。

【特事要辑】 7月31日～8月2日，全国烟草系统纪检监察工作座谈会议在呼伦贝尔市召开。

12月，印发涉及领导决策、专卖管理、党务纪检、人事劳资、法规体改、办公综合等13个篇目、共计139个制度的《内蒙古自治区烟草行业规章制度汇编》（上、下集）。

内蒙古自治区局（公司）主要统计指标汇总

两烟税利（亿元）	两烟利润（亿元）	销售卷烟（亿支）	烟叶种植（万亩）	烟叶收购（万担）
19.68	15.44	472.75	4.06	17.16

注：两烟税利不含烟叶税利、两烟利润不含烟叶利润。

所属地市级局（公司）

呼和浩特市烟草专卖局（公司）

【概　况】 呼和浩特市位于内蒙古自治区的中部，是内蒙古自治区的首府。全市总面积为1.7万平方公里，下辖4区、4县、1旗、1个国家级开发区和1个国家级出口加工区，总人口258万人。2007年，实现地区生产总值（GDP）1118亿元。

呼和浩特市烟草专卖局、内蒙古自治区烟草公司呼和浩特市公司成立于1984年，下辖和林县、清水河县、托克托县、武川县、土默特左旗等5个县级烟草专卖局（营销部）和新城区、回民区、赛罕区、玉泉区4个城区烟草专卖局。共有从业人员661人，其中聘用员工442人。

2007年，市局（公司）被内蒙古质量协会授予“自治区质量效益型企业先进企业特别奖”；被中国财贸轻纺烟草工会全国委员会授予“全国烟草行业职工创新示范岗”称号。

【领导成员】 局长、经理、党组书记：郑子林（2007年12月任区局〈公司〉副巡视员，兼任呼和浩特市局〈公司〉局长、经理、党组书记）

副局长、副经理、党组成员：于小芹（2007年12月任区局〈公司〉副巡视员，兼任呼和浩特市局〈公司〉副局长、副经理、党组成员）

副局长、副经理、党组成员：谢振瀛

副局长、副经理、党组成员：跃　述

副局长、副经理、党组成员：梁　磊

副调研员：王丽媛

副调研员：董玉军

【组织机构】 市局（公司）机关设办公室、政工科（精神文明办公室）、人事劳资科、财务管理科（含资金管理中心）、审计科（督察考评科）、监察科、安全保卫科、网建办、营销中心、信息中心、物流配送中心、多种经营公司、专卖监督管理科（内部专卖管理监督科）等13个科室。

【经济效益】 2007年销售卷烟65.70亿支（13.14万箱），同比增长10.16%，其中，销售一类烟4.37亿支（0.87万箱），同比增长48.48%；二类烟6.89亿支（1.38万箱），同比增长4.16%；三类烟13.73亿支（2.75万箱），同比下降8.25%；四类烟23.76亿支（4.75万箱），同比增长42.09%；五类烟16.98亿支（3.40万箱），同比增长11.03%。

实现销售收入185931万元，同比增长26.7%；实现税利43466万元，同比增长63.12%，其中，实现利润34463万元，同比增长70.52%。

【专卖管理】 2007年，开展4次整顿市场专项行动。查处各类涉烟违法案件1045起，查扣非法卷烟1425万支，涉案金额1928.07万元。破获符合国家局和公安部规定标准的制售假烟网络案件3起，涉案金额1400余万元。加大对涉烟犯罪分子特别是主犯的抓捕追刑力度，公安、司法机关依法刑事拘留3人，批捕10人，判刑15人。

【网络建设】 2007年，以构建集“销售网络、服务网络、客户网络、信息网络”于一体的网络体系为目标，逐步形成以三大中心（营销中心、物流配送中心、稽查中心）、城区局、旗县营销部为基础，以管理信息系统为保障，以督察考评为手段，以奖惩激励为动力的网建工作新格局。新建物流中心，两条卷烟分拣线投入运行，实现了一户一码、打码到户、塑封卷烟。减少卷烟配送的中间环节，提高配送效率。建立旗县、城区卷烟零售户行业协会，制定《行业协会实施方案》、《行业协会章程》、《双向承诺书》等一系列制度和办法。与零售客户签订《品牌共育双向承诺书》，为部分零售客户安装播放器，开通卷烟零售户教育培训台。完成零售户分类工作。零售户订单满足率为87.79%，总需求预测准确率为98.88%，客户满意度达到93.85%。

满洲里市烟草专卖局（公司）

满洲里市烟草专卖局、内蒙古自治区烟草公司满洲里市公司成立于1992年12月，下辖扎赉诺尔烟草专卖局（营销部）。共有从业人员87人，其中聘用员工36人。

2007年销售卷烟5.70亿支（1.14万箱），同比增长8.37%。实现销售收入12146万元，同比增长35.51%。实现税利1748万元，同比增长289.31%，实现利润1187万元。

全年查获各类违法卷烟80.9万支，案值33.02万元，罚没款0.27万元。查获万元以上案件5起，捣毁销售假烟窝点1个。

呼伦贝尔市烟草专卖局（公司）

呼伦贝尔市烟草专卖局、内蒙古自治区烟草公司呼伦贝尔市公司组建于1984年，下辖海拉尔区、牙克石市、扎兰屯市、阿荣旗、莫力达瓦达斡尔自治旗、鄂伦春族自治旗、根河市、额尔古纳市、陈巴尔虎旗、鄂温克族自治旗、新巴尔虎左旗、新巴尔虎右旗、大杨树等13个县级烟草专卖局（营销部）和呼伦贝尔烟草宾馆1个多元化企业。共有从业人员619人，其中聘用员工402人。

2007年销售卷烟41.13亿支（8.23万箱），同比增长5.98%。实现销售收入65604万元，同比增长19.8%。实现税利9044万元，同比增长63.22%，其中，实现利润5681万元，同比增长110.8%。

全年查获涉烟违法案件517起，查扣非法卷烟2270万支，标值61万元，上缴罚没款6.49万元。成功破获“8·28”制售假烟网络案件。

赤峰市烟草专卖局（公司）

赤峰市烟草专卖局、内蒙古自治区烟草公司赤峰市公司成立于1984年，下辖巴林左旗、巴林右旗、克什克腾旗、林西县、阿鲁科尔沁旗等5个县级烟草专卖局（营销部），喀喇沁旗、元宝山区、敖汉旗、宁城县、翁牛特旗5个县级烟草专卖局（分公司），红山区、松山区2个县级烟草专卖局和松山区烟叶分公司。共有从业人员1330人，其中聘用员工616人。

2007年销售卷烟54.39亿支（10.49万箱），同比增长13.53%。实现销售收入104362万元，同比增长45.82%。实现税利17914万元，同比增长53.55%。实现利润12930.35万元，同比增长62.15%。

侦破跨越辽宁、广东、福建、天津、河北和内蒙古6个省、市、自治区的“9·13”销售假烟网络案件，查获假冒卷烟56.9万支，涉案金额达140万元。公安、司法机关依法刑事拘留4人，逮捕2人，判刑3人。

基础设施建设计划项目中，全年修建机电井10眼、沟渠7段共5.3千米、管网13段共10.3千米、密集式烤房515座，总投资894.8万元，项目受益烟农1072户，烟田受益面积18040亩。2007年，全市烟农增收275万元。

兴安盟烟草专卖局（公司）

兴安盟烟草专卖局、内蒙古自治区烟草公司兴安盟公司成立于1984年，下辖阿尔山市、扎赉特旗、科尔沁右翼前旗、突泉县、科尔沁右翼中旗等5个县级烟草专卖局（营销部）和乌兰浩特市烟草专卖局。共有从业人员323人，其中聘用员工179人。

2007年销售卷烟26.21亿支（5.24万箱），同比增长9.25%。实现销售收入36963万元，同比增长9.05%。实现税利4778万元，同比增长29.27%，其中，实现利润3481万元，同比增长39.18%。

全年共出动专卖打假打私人员5013人次，捣毁制售假烟窝点25个，查获假冒卷烟780万支。侦破涉案金额达260余万元的“5·29”制售假烟网络案件，案件涉案人员达12人，其中，公安、司法机关刑事拘留、劳教3人，判刑3人。

通辽市烟草专卖局（公司）

通辽市烟草专卖局、内蒙古自治区烟草公司通辽市公司成立于1984年，下辖科尔沁区、开鲁县、科尔沁左翼中旗、科尔沁左翼后旗、奈曼旗、库伦旗、扎鲁特旗、霍林郭勒市等8个县级烟草专卖局（营销部）。共有从业人员554人，其中聘用员工340人。

2007年销售卷烟47.71亿支（9.54万箱），同比增长2.58%。实现“两烟”销售收入93101万元，同比增长19.67%。实现“两烟”税利13240万元，同比增长41.22%，其中，实现烟叶税利83万元，同比增长692.86%。实现“两烟”利润10296万元，同比增长57.46%，其中，实现烟叶利润65万元，同比增长309.68%。

全年查获各类涉烟违法案件196起，查获非法卷烟293万支，查获非法烟叶2.2吨，上缴罚没款4.8万元。公安、司法机关依法刑事拘留7人，劳教1人，上网追逃2人。4～6月开展专项治理行动，破获3起制售假烟网络案件，其中1起达到国家局规定的标准。

锡林郭勒盟烟草专卖局（公司）

锡林郭勒盟烟草专卖局成立于1985年10月，内蒙古自治区烟草公司锡林郭勒盟公司其前身为成立于1984年4月的锡林郭勒驻张家口分公司，下辖太仆寺旗、多伦县、正蓝旗、东乌珠穆沁旗、西乌珠穆沁旗、苏尼特右旗、镶黄旗、阿巴嘎旗、苏尼特左旗、乌拉盖管理区等10个县级烟草专卖局（营销部）和锡林浩特市烟草专卖局。共有从业人员326人，其中聘用员工147人。

2007年销售卷烟18.81亿支（3.76万箱），同比增长2.23%。实现销售收入38907万元，同比增长23.05%。实现税利4812万元，同比增长71.80%，其中，实现利润3638万元，同比增长103.81%。

全年查获各类涉烟违法案件167起，查获假冒卷烟62万支，涉案金额达19万元，罚没款3.5万元。

二连浩特市烟草专卖局（公司）

二连浩特市烟草专卖局、内蒙古自治区烟草公司二连浩特市公司成立于1996年。共有从业人员32人，其中聘用员工12人。

2007年销售卷烟1.73亿支（0.346万箱），同比增长9.49%。实现销售收入5313万元，同比增长33.84%。实现税利1075万元，同比增长89.93%，其中，实现利润789万元，同比增长85.65%。

全年查获制售假烟网络案件10起，查获非法卷烟11万支，涉案金额达6.1万元。

乌兰察布市烟草专卖局（公司）

乌兰察布市烟草专卖局、内蒙古自治区烟草公司乌兰察布市公司成立于1984年，下辖丰镇市、凉城县、四子王旗、卓资县、兴和县、化德县、商都县、察哈尔右翼前旗、察哈尔右翼中旗、察哈尔右翼后旗等10个县级烟草专卖局（营销部），集宁区烟草专卖局和凉城县烟叶公司。共有从业人员528人，其中聘用员工210人。

2007年销售卷烟45.42亿支（9.08万箱），同比下降6.58%。实现“两烟”销售收入82688万元，同比增长2.16%，其中，烟叶生产实现收入437万元，同比下降36.2%。实现“两烟”税利17099万元，同比增长49.52%，其中，烟叶生产实现税利168万元，同比增长15.07%。实现“两烟”利润10916万元，同比增长26.04%，其中，烟叶实现利润8万元，同比下降91.92%。

全年查获涉烟违法案件1503起，查扣各类非法卷烟1038万支，查获非法烟丝11.38吨，非法烟叶0.38吨，非法手工卷烟纸0.77吨，罚没款39.37万元。成功破获“1·30”、“5·28”、“9·22”等制售假烟网络案件。

包头市烟草专卖局（公司）

包头市烟草专卖局、内蒙古自治区烟草公司包头市公司成立于1984年，下辖土默特右旗、固阳县、达尔汗茂明安联合旗、石拐矿区、白云矿区等5个县级烟草专卖局（营销部）。共有从业人员390人，其中聘用员工214人。2007年，市局（公司）被自治区党委、政府授予“自治区文明单位”称号。

2007年销售卷烟60.04亿支（12.01万箱），同比增长23.49%。实现销售收入150655万元，同比增长30.89%。实现税利46462万元，同比增长104.97%，其中，实现利润30126万元，同比增长69.81%。

全年破获各类涉烟违法案件1317起，查扣非法卷烟1070万支，案值652.44万元，罚没款65.09万元，销毁假冒卷烟276万支，捣毁贩藏假冒卷烟窝点47个，破获制售假冒卷烟网络案件1起。破获“9·14”制售假烟网络案件，涉案金额达400余万元。公安、司法机关依法刑事拘留6人，逮捕2人，取保候审2人，判刑1人。

鄂尔多斯市烟草专卖局（公司）

鄂尔多斯市烟草专卖局、内蒙古自治区烟草公司鄂尔多斯市公司成立于1984年，下辖达拉特旗、伊金霍洛旗、准格尔旗、乌审旗、杭锦旗、鄂托克前旗、鄂托克旗、准格尔经济开发区等8个县级烟草专卖局（营销部），乌兰木伦、棋盘井经济开发区2个直属分局和东胜区烟草专卖局。共有从业人员450人，其中聘用员工225人。

2007年销售卷烟49.91亿支（9.98万箱），同比增长26.51%。实现销售收入141632万元，同比增长46.64%。实现税利27411万元，同比增长87.4%，其中，实现利润21556万元，同比增长91.98%。

全年查获各类非法卷烟1290万支，行政处罚涉烟违法案件228起，罚没款81.21万元。6月，成功破获一起特大跨省制售假冒卷烟商标网络案件，案件标值463.55万元，涉案人员84人。

2007年重新建立了全市卷烟零售户业态标准和零售户档案，建立零售户评价体系，制订标准服务流程。

巴彦淖尔市烟草专卖局（公司）

巴彦淖尔市烟草专卖局、内蒙古自治区烟草公司巴彦淖尔市公司成立于1984年，下辖五原县、杭锦后旗、乌拉特前旗、磴口县等4个县级烟草专卖局（营销部），临河区、乌拉特中旗、乌拉特后旗3个县级烟草专卖局。共有从业人员 321 人，其中聘用员工 162 人。

2007 年销售卷烟 33.41 亿支（6.68 万箱），同比增长 10.8%。实现销售收入 63320 万元，同比增长 25.32%。实现税利 15721 万元，同比增长 103.9%，其中，实现利润 9444 万元，同比增长 77.62%。

全年共查获各类涉烟违法案件 560 起，查获非法卷烟 350 万支，罚没款 12.74 万元，破获制售假烟网络案件 1 起。公安、司法机关依法刑事拘留 1 人。

乌海市烟草专卖局（公司）

乌海市烟草专卖局、内蒙古自治区烟草公司乌海市公司成立于 1984 年。共有从业人员 99 人，其中聘用员工 38 人。

2007 年销售卷烟 12.29 亿支（2.46 万箱），同比增长 32.44%。实现销售收入 34098 万元，同比增长 48.88%。实现税利 8826 万元，同比增长 73.91%，其中，实现利润 7039 万元，同比增长 72.02%。

全年查处各类涉烟违法案件 1991 起，查扣非法卷烟 200 万支，罚没款 22.54 万元。

阿拉善盟烟草专卖局（公司）

阿拉善盟烟草专卖局、内蒙古自治区烟草公司阿拉善盟公司成立于 1984 年，下辖阿拉善左旗、阿拉善右旗、额济纳旗等 3 个县级烟草专卖局（营销部）和乌斯太烟草专卖分局。共有从业人员 95 人，其中聘用员工 49 人。

2007 年销售卷烟 5.90 亿支（1.18 万箱），同比增长 12.38%。实现销售收入 13919 万元，同比增长 24.4%。实现税利 2899 万元，同比增长 67.09%，其中，实现利润 2089 万元，同比增长 76.73%。

全年查处各类涉烟违法案件 111 起，罚没款 3.38 万元。

所属其他二级单位

内蒙古金叶实业（集团）有限责任公司

内蒙古金叶实业（集团）有限责任公司成立于 1997 年，下辖内蒙古派力建筑工程有限责任公司、内蒙古派力房地产开发有限责任公司、内蒙古烟草培训中心、内蒙古金叶物业管理有限责任公司、二连浩特市金叶时代广场有限责任公司、五原华阳商厦有限责任公司 6 家企业。截至 2007 年底，拥有总资产 5 亿元，其中，固定资产 0.7 亿元、流动资产 3.97 亿元。共有从业人员 354 人，其中聘用员工 300 人。2007 年，金叶（集团）公司被自治区党委、政府授予“自治区文明单位标兵”称号。

全年实现产值 32814 万元，与上年持平。实现税利 4027 万元，同比增长 15.7%，其中，实现利润 3231 万元，同比增长 17.5%。

2007 年内蒙古自治区烟草商业系统主要情况统计

地市级局（公司）名称	呼和浩特市烟草专卖局（公司）	满洲里市烟草专卖局（公司）	呼伦贝尔市烟草专卖局（公司）	赤峰市烟草专卖局（公司）	兴安盟烟草专卖局（公司）
法人代表/主要负责人	郑子林	李会安（—2006.12）、毛吉山（2006.12—）	王文忠	王永章	罗松林
总资产（万元）	62788	2504	17625	35513	18545
所属县级局数量（个）	9	1	13	12	6
所属县级公司数量（个）	—	—	—	—	—
所属营销部、分公司	5 个营销部	—	13 个营销部	5 个营销部、5 个分公司、1 个烟叶分公司	5 个营销部

续表

地市级局（公司）名称		呼和浩特市烟草专卖局（公司）	满洲里市烟草专卖局（公司）	呼伦贝尔市烟草专卖局（公司）	赤峰市烟草专卖局（公司）	兴安盟烟草专卖局（公司）
所属业务机构	访销机构	1个营销中心	1个营销中心	1个营销中心	1个营销中心	1个营销中心
	物流配送机构	1个物流配送中心	1个物流配送中心	3个物流配送中心	1个物流配送中心	1个物流配送中心
	稽查机构	2个稽查大队	1个稽查大队	1个稽查大队	1个稽查大队	1个稽查大队
销售卷烟（亿支）		65.70	5.70	41.13	54.39	26.21
两烟税利（万元）	本年	43466	1748	9044	17913	4778
	上年	26647	449	5541	11666	3696
两烟利润（万元）	本年	34463	1187	5681	12930	3481
	上年	20210	-46	2754	7974	2501
烟叶种植（亩）		—	—	—	37791	—
烟叶收购（担）		—	—	—	160800	—
零售户数（户）		8330	1221	8906	12868	5243

地市级局（公司）名称		通辽市烟草专卖局（公司）	锡林郭勒盟烟草专卖局（公司）	二连浩特市烟草专卖局（公司）	乌兰察布市烟草专卖局（公司）	包头市烟草专卖局（公司）
法人代表/主要负责人		张清泉（—2007.4）、王化敏（2007.4—）	赵德国	卢　智	薛钢伟	刘先勇
总资产（万元）		24833	8759	2341	25930	49000
所属县级局数量（个）		8	11	—	11	5
所属县级公司数量（个）		—	—	—	1	—
所属营销部、分公司		8个营销部	10个营销部	—	10个营销部、1个烟叶公司	5个营销部
所属业务机构	访销机构	1个营销中心	1个营销中心	1个营销中心	1个营销中心	1个营销中心
	物流配送机构	1个物流配送中心	1个物流配送中心	1个物流配送中心	1个物流配送中心	1个物流配送中心
	稽查机构	1个稽查大队	1个稽查大队	1个稽查大队	1个稽查大队	1个稽查大队
销售卷烟（亿支）		47.71	18.81	1.73	45.42	60.04
两烟税利（万元）	本年	13240	4812	1075	17099	46462
	上年	9490	2801	566	11436	22668
两烟利润（万元）	本年	10296	3638	789	10916	30126
	上年	6635	1785	425	8568	17741
烟叶种植（亩）		1000	—	—	1325	—
烟叶收购（担）		4600	—	—	6200	—
零售户数（户）		9734	3086	198	6266	7489

地市级局（公司）名称	鄂尔多斯市烟草专卖局（公司）	巴彦淖尔市烟草专卖局（公司）	乌海市烟草专卖局（公司）	阿拉善盟烟草专卖局（公司）
法人代表/主要负责人	董建华	乔培雄	董祥生	石贺令
总资产（万元）	26057	19315	12112	5088
所属县级局数量（个）	11	7	—	4
所属县级公司数量（个）	—	—	—	—
所属营销部、分公司	8个营销部	4个营销部	—	3个营销部

续表

地市级局（公司）名称		鄂尔多斯市烟草专卖局（公司）	巴彦淖尔市烟草专卖局（公司）	乌海市烟草专卖局（公司）	阿拉善盟烟草专卖局（公司）
所属业务机构	访销机构	1个营销中心	1个营销中心	1个营销中心	1个营销中心
	物流配送机构	1个物流配送中心	1个物流配送中心	1个物流配送中心	1个物流配送中心
	稽查机构	1个稽查大队	1个稽查大队	1个稽查大队	1个稽查大队
销售卷烟（亿支）		49.91	33.41	12.29	5.90
两烟税利（万元）	本年	27411	15721	8826	2899
	上年	14627	7710	5075	1735
两烟利润（万元）	本年	21556	9444	7039	2089
	上年	11228	5317	4092	1182
烟叶种植（亩）		—	—	—	—
烟叶收购（担）		—	—	—	—
零售户数（户）		4921	3743	1465	916

（齐俊峰）

辽宁省烟草专卖局（公司）

【概　况】 辽宁省位于中国东北地区南部，面积约15万平方公里，总人口4298万人。全省共辖14个地级市、56个市辖区、17个县级市、19个县、8个自治县。2007年，全省实现地区生产总值（GDP）11022亿元，同比增长14.5%。

辽宁省烟草公司成立于1983年5月21日，同年7月22日辽宁省烟草专卖局成立。1984年9月，辽宁省烟草公司正式上划中国烟草总公司。下辖13个地市级烟草专卖局（公司）和中国烟草辽宁进出口公司、丹东辽东烟草发展有限责任公司。拥有总资产57.57亿元，其中，固定资产10.18亿元、流动资产42.88亿元，资产负债率31.68%。共有从业人员7465人。

【领导成员】 局长、总经理、党组书记：赵振林

副局长、党组成员：于嘉云

副总经理、党组成员：杜胜利

副局长、党组成员：孙世夫

纪检组长、党组成员：韩永斌

党组成员：李德贤

副巡视员：赵晋生

【组织机构】 省局（公司）机关设办公室（外事办公室）、综合计划处（经济运行处）、安全保卫处、专卖监督管理处（专卖稽查总队）、政策法规与体制改革处、财务管理处（国有资产管理处、资金管理中心）、审计处、人事劳资处、监察处（党组纪检组）、思想政治工作处（机关党委）、卷烟销售管理处、烟叶管理等12个职能处室，烟草学会（编辑部）、经济信息中心、离退休人员管理办公室、机关服务中心、职业技能鉴定站、烟草质量监督检测站（科技处）等6个专业部门，整顿和规范市场经济秩序领导小组办公室1个增设机构。

【经济效益】 2007年，全省商业系统销售卷烟621.75亿支（124.35万箱），同比增长2.48%，其中，销售一类烟21.45亿支（4.29万箱），同比增长0.8%；二类烟35.5亿支（7.10万箱），同比增长0.81%；三类烟116.6亿支（23.32万箱），同比增长3.34%；四类烟211.9亿支（42.38万箱），同比下降2.47%；五类烟236.3亿支（47.26万箱），同比下降2.47%。

实现“两烟”销售收入128.50亿元，同比增长1.77%，其中，实现卷烟销售收入124.77亿元，同比增长1.74%。实现“两烟”税利23.47亿元，同比增长33.51%，其中，实现卷烟税利22.76亿元，同比增长31.19%。实现“两烟”利润17.52亿元，同比增长40.5%，其中，实现卷烟利润17.16亿元，同比增长30.99%。

【专卖管理】 内部专卖管理监督。印发《辽宁省烟草行业内部专卖管理监督办法（试行）》，进一步建立健全内部监管长效机制。5月、11月，分别开展内管

专项检查。创新内部专卖监管体系，初步实现“五化一提高”① 的工作目标。

卷烟打假。2007 年，全省各级专卖部门层层分解工作任务，做到“四个落实”，即落实打网责任、协作机制、案件经营和打网成果。全年全省共查处涉烟违法案件 4975 起，捣毁地下制假烟厂 2 个、贩藏假烟窝点 175 个，破获制售假烟网络 30 个，其中，符合国家局标准的 11 个，查获假烟 3.2 万件、走私烟 788.44 件、制假烟机 5 台。公安、司法机关依法拘留 58 人，逮捕 44 人，判刑 56 人。

县级局建设。5 月，省局印发了《辽宁省烟草专卖局关于进一步加强县级局职能建设的实施意见（试行)》，确定以新民市局、开原县局为县级局职能建设试点单位。8 月，制定《辽宁省烟草行业县级局专卖监督管理工作流程规范（试行)》，进一步规范县级局专卖管理的各项工作程序。10 月，在新民市局召开全省行业县级局职能建设试点工作现场会，明确县级局职能建设的主攻方向。

证件管理。针对无证经营情况，组织各市局（公司）开展专项整治活动，统计辖区内无证经营情况，建立无证户经营档案。与工商部门建立联合工作机制，每半年开展一次联合专项行动。全年取缔清理无证户 1000 多家。

【销售管理】 制订《辽宁省工商协同营销工作方案》，与湖北、福建、贵州中烟工业公司建立战略合作联盟。截至 2007 年底，省局（公司）先后与红塔集团、福建中烟、湖北中烟、贵州中烟四家工业企业签订战略联盟合作协议。起草《辽宁省卷烟品牌管理办法》(讨论稿)，提出辽宁省卷烟品牌体系规划、卷烟品类管理办法、卷烟品牌评价体系等一系列规范和制度。挖掘农村消费潜力，培育“大丰收”品牌，目标是把“大丰收”培育成全省市场最主要的低档烟品牌。加大品牌整合力度，2007 年全省卷烟经营品牌（规格）由上年的 359 个减至 333 个。

【网络建设】 全面部署网建工作。制定《辽宁省网络建设全面提升考核方案》及辽宁省网建三年规划，提出攻占网络建设“十个制高点”的工作目标。全省统一推行《零售客户卷烟经营动销台账》，推广《“按客户订单组织货源”业务操作规范（试行)》。

规范投诉管理。启动客户投诉受理系统，安装自动语音录音系统。4 月，各市局（公司）对省市二级投诉专线进行宣传，投诉电话启用免费电话，并在送货小票上统一打印号码。

网建队伍建设。对 13 个市级公司的“四个中心”主任实施资格认证考试，52 人获得任职资格证书。组织“四员”手册考试，320 人参加考试。邀请优秀客户经理参加全省行业客户经理“心怀客户，创新思路”主题演讲交流会。

【烟叶产销】 烟叶种植和收购。全省签订烟叶种植收购合同 9460 份，合同约定收购量为 2.37 万吨(47.46 万担)。全年实际种植烤烟 14.84 万亩，收购量 2.31 万吨（46.22 万担），均价为 8.81 元/千克，上中等烟比例达 80.78%。

全省范围内首次实行烟叶收购等级质量检验专职岗位负责制。市公司设置烟叶等级质量总监，县公司设置等级质量总检，重点烟站设置等级质量主检，层层负责辖区内的烟叶收购和工商交接的等级质量工作。

新技术推广。全年全省推广大棚假植育苗 11.15 万亩，测土施肥面积 3.94 万亩，育苗新基质（秸秆基质）推广面积 1.23 万亩，机械化作业面积 25.84 万亩。丹东烟区在个别酸化地块进行土壤改良技术，调节土壤 PH 值，抑制土壤酸化。全省推广带茎烘烤面积 1 万亩，配色膜覆盖推广面积 5 万亩。

现代烟草农业。2007 年，全省烟叶生产示范村成立育苗专业户 372 个、机械耕作专业户 143 个、烘烤专业户 176 个、植保专业队 73 个、成熟采收专业队 220 个、烟叶分级专业队 198 个、移栽专业队 117 个。专业化的烟农合作组织，实现了分工专业化，种植规模化，流程作业工厂化。提高生产效率，全省烟农种烟用工为 30 个/亩，同比减少 8 个/亩，机械刨埯效率是原来人工刨埯效率的 20 倍。烤房建设上，着力从模式、流程和标准上创新，以“四合一”组合式密集烤房群为中心，在阜新地区建设了具有专业化烘烤、回潮、分级、预检等多功能的烟叶集约化烘烤工场。

烟叶信息化建设。建立完善烟叶生产与收购、基本烟田、基础设施建设信息网络。建立烟农基本信息查询系统、基础设施项目查询系统、物资管理系统。与辽宁省气象局联合建立全省气象服务信息网，与沈阳农业大学合作建立全省烟草病虫害预测预报信息网和病虫害专家智能查询系统。2007 年烟叶损失下降到 2.5 万担，同比减少 50%。

基础设施建设。在千亩烟叶集约化生产示范村和凤城国家级标准化示范区内，重点推进烟叶生产基础设施建设。烟水配套工程以机井建设为主，以水池建设为辅；调制设施以建设密集式烤房群为主，以普通标准化烤房为辅。2007 年，全省实施基础设施建设项

① 即复杂问题简单化、抽查工作日常化、局部检查全面化、掌握情况准确化、解决问题及时化，提高网建质量。

目达1209个，受益农户1502户，项目总造价为2419.57万元，行业投入资金1861.98万元，其中，修建烟水烟路配套项目303项，新建密集式烤房852座，普通烤房标准化改造53座，修建机耕路3391米。

【科普与学术交流】 组织落实“科普惠农兴村”计划，全年发放科普书籍3000册，组织推广新烟叶生产模式和新技术29项。举办科普讲座32期，参加讲座4000人次，全省9个产烟县（市）近万名烟农得到新技术培训。全省行业共征集学术论文237篇，评审出106篇优秀论文。全年累计举办学术活动38次，参加人员2700人次。

【信息化建设】 启动信息化建设新项目20多个，合同总额4600万元。建设专卖内部监管系统、财务资金监管及预算管理系统、人力资源管理系统。加强卷烟生产经营决策管理系统的建设，统一系统数据接口，制定《储位条码编码标准》、《托盘条码标示标准》等标准化文档。抚顺、本溪、锦州、盘锦、阜新市局（公司）完成现代物流项目建设工作。启动全省工商之间共用的网上配货平台，与浙江、湖北中烟工业有限责任公司实现了对接。

【企业管理】 *财务管理*。完成主业清产核资工作，理清往来款挂账2106笔，全省行业不良资产率由12%下降到不足1%。累计处理闲置房屋土地11宗、车辆40台。更新资金管理中心现有软件并于6月开始运行。全年三项费用总额比预算减少2959万元。

物价管理。制定《2007年卷烟价格目录》，规范卷烟价格行为。9月，以卷烟统一批发价格为基础，推出零售卷烟建议价格。严格执行“一物一码一价”，对卷烟明码标价提出具体要求，减少卷烟零售市场的价格波动。

安全管理。下辖市局（公司）全部通过职业健康安全管理体系认证。全年下发了15项安全规章制度。落实安全责任，省局（公司）分别同市局（公司）相关负责人签订安全生产目标管理责任状。组织3期安全生产理论知识教育培训，全年开展3次安全生产大检查，查出隐患998处。

【队伍建设】 *领导干部调整*。调整沈阳、本溪、锦州、铁岭、丹东、辽阳等6个市局（公司）的领导班子，3个单位的“一把手”实现新老交替，调整干部20余人。开展全省行业各直属单位“一把手”述职述廉，7个市局（公司）主要领导向省局党组做了述职述廉报告。省局（公司）机关部分岗位实行竞争上岗，16名同志竞聘上岗。

用工分配制度改革。省局党组提出“两定一分、两个对应、两种选择、两员合一”的操作思路，以辽阳、朝阳2个市局（公司）为试点单位进行用工分配制度改革，制订了竞聘上岗、双向选择、绩效考核、待岗培训和内部退养等用工制度，员工岗位绩效工资制度等分配制度。2007年底，国家局审核批准两家试点单位的改革实施方案。

【思想政治工作】 *“素质年”活动*。2007年辽宁烟草开展“素质年”活动，省局（公司）制订了《辽宁省烟草行业深入开展“素质年”活动实施方案》，在辽宁烟草内部网站开辟了“素质年”活动专栏，举办机关大讲堂讲座9次，组织员工参加国家局各级各类培训班200余人次，在辽宁大学、沈阳农业大学分别举办了10期行业高级经营管理培训班，举办各种类型培训班602期，培训员工22598人次，举办学习体会交流会45场。同时，加强教育培训制度建设。

主题实践活动。组织召开华东东北地区烟草职工思想政治工作研究会，交流获奖作品52篇。召开全省行业践行“两个至上”主题实践活动宣讲报告会。召开全省烟草系统优秀政研论文交流会，对征集的105篇全省优秀政研论文进行表彰，其中一等奖23篇、二等奖32篇。

【党风廉政建设】 加强领导干部作风建设，省局（公司）党组提出了“学、摆、建、查、树”五个方面的工作部署，召开专题民主生活会和党组理论学习中心组学习班。省局（公司）制定《辽宁省烟草行业基建工程项目过程中关键环节监督管理办法（试行）》、《辽宁省烟草行业大宗物资采购监督管理办法》和《加强资金使用监督管理办法》。创新监督方式，建立《纪检监察痕迹化再监督报告单》制度。开展两次《加强对各级领导班子及主要领导干部监督的实施办法》执行情况专项检查。加大案件查处力度，受理群众信访举报27件。

【企业文化】 8月，召开全省行业企业文化建设经验交流会，交流沈阳、本溪市局（公司）两家试点单位的基本经验和做法，总结全省企业文化建设情况，其中，沈阳市局（公司）重视企业文化建设的基础工作，编辑了《“有话有画”故事集》，收集整理《沈阳市烟草专卖局企业文化建设文件汇编》、《听客户讲你我的故事集》等基础资料。2007年底，全省14家直属单位对企业文化进行定位。

【特事要辑】 1月5日，辽鄂工商战略联盟合作暨“黄鹤楼”品牌营销研讨会在沈阳举行，省局（公司）与湖北中烟工业公司正式签署了战略联盟合作协议。

10月9日，国家局副局长何泽华一行到沈阳市局（公司）检查指导工作。

10月31日，国家局在阜新召开全国烟草行业工厂化烤房建设工作现场会，国家局副局长何泽华出席会议并指出：“辽宁阜新烤房建设体现了集成创新的特点，是烟草农业自主创新典型，是国家局‘创新年’的一个重要成果，应作为烤房建设模式在全国大力推广。”

12月18日，省局（公司）与贵州中烟工业公司签订的战略联盟合作协议仪式在沈阳举行。

辽宁省局（公司）主要统计指标汇总

两烟税利（亿元）	两烟利润（亿元）	销售卷烟（亿支）	烟叶种植（万亩）	烟叶收购（万担）
23.47	17.52	621.75	14.84	46.22

所属地市级局（公司）

沈阳市烟草专卖局（公司）

【概　况】 沈阳市位于辽宁省中部，占地面积为1.298万平方公里。2007年，全市户籍总人口709.8万人，实现地区生产总值（GDP）3073.93亿元。

沈阳市烟草专卖局、辽宁省烟草公司沈阳市公司成立于1983年10月。下辖和平区、沈河区、大东区、皇姑区、铁西区、于洪区、东陵区、沈北新区、苏家屯区、新民市、辽中县、康平县、法库县等13个县级烟草专卖局（区域市场部）。共有从业人员1497人，其中聘用员工1316人。

【领导成员】 局长、党组书记：韩佳君（2007年5月免去经理职务）

副局长、经理、党组副书记：邱崇宝（2007.5—）

副局长、副经理、党组副书记：张国梁

副局长、党组成员：闫学明

副局长、党组成员：孙炳莲（2007年3月，改任调研员）

副经理、党组成员：王文有

纪检组长、党组成员：李建华

【组织机构】 市局（公司）机关设综合管理办公室、专卖监督管理办公室（内部专卖管理监督办公室、稽查支队）、法规管理办公室、纪检监察办公室（内部监管办公室）、思想政治工作办公室（机关党委、机关工会）、财务资金管理部（资金结算中心）、审计监督管理部、人力资源管理部、安全保卫部、经济运行管理部（信息中心）、卷烟营销中心、卷烟配送中心、督察考评中心（整顿办）、离退休人员管理办公室、服务中等15个处室、中心。

【经济效益】 2007年销售卷烟157.25亿支（31.45万箱），同比增长5.03%，其中，销售一类烟7.40亿支（1.48万箱），同比增长39.60%；二类烟11.60亿支（2.32万箱），同比增长23.06 %；三类烟38.95亿支（7.79万箱），同比增长35.54%；四类烟60.60亿支（12.12万箱），同比下降6.53%；五类烟38.70亿支（7.74万箱），同比下降6.78%。

全年实现销售收入360107万元，同比增长19.03%。实现税利77395万元，同比增长42.58%，其中，实现利润61397万元，同比增长47.34%。

【专卖管理】 市场监管。修订《沈阳市卷烟零售户日常监督管理办法》，坚持以“三员联系卡”的形式加强与零售户的沟通。在沈河区、大东区开展打击各类涉烟违法行为的“两个战役”。开展“两次行动”，即外来户、私自兑证户、违规经营户清理整顿行动和今冬明春卷烟市场专项治理行动。打击各类涉烟违法行为，全年开展3次卷烟市场净化率达标互检互查活动，检查零售户4150户。

卷烟打假。建立全市《涉烟违法犯罪人员信息档案》，形成市局、支队（区局）、县（市）局三位一体的信息网络。坚持烟草、公安联合打假工作机制和公安派驻制度。全年查处涉烟违法案件1842起，查获非法卷烟18296件，收缴伪劣烟丝、烟叶47.7吨，捣毁售假窝点63个，其中，破获4个符合国家局标准的制售假烟网络案件。公安、司法机关依法刑事拘留22

人，逮捕5人，判刑11人。

零售许可证管理。组织新《许可证管理办法》学习培训活动，统一制作了办证程序、持证须知公示板，下发《致全市广大卷烟零售业户的一封信》，对许可证到期的外商投资经营企业进行集中清理。召开听证会，审议《沈阳市卷烟零售点合理布局管理办法（草案）》。

专卖队伍建设。开展专卖人员岗位大练兵活动，建立考试题库。组织专项培训11次，参加培训的专卖人员累计达3000余人次，汇编出版了《学习体会文集》、《专卖管理论文集》。

【网络建设】 按照零售客户的业态、等级、经营规模、经营方式等多个方面内容，将客户的销售定量划分为15个档次。开展两次零售客户真实销量摸底调查，制订新的货源投放办法，建立货源公示制度、三维三层预测体系。建立了12家重点卷烟工业企业档案、38个重点品牌档案，确定了10个万箱培育品牌。加强工商互动，定期、不定期地开展工商恳谈会。制订《卷烟品牌引入与退出方案》。截至2007年底，市局（公司）在销牌号68个，同比减少23个；在销规格191个，同比减少59个；培育超万箱品牌9个。

【队伍建设】 制定人事改革制度，实行公开选拔、竞争上岗。建立年度企业工资总额使用相关制度，实行领导班子个人收入申报制度。制定薪酬管理办法，对劳动合同签订情况进行摸底调查。

全年累计购置各类学习书籍3000余册，员工撰写读书笔记1700余本。开展提高部门管理水平的研讨活动21次，撰写理论研讨文章12篇，其中4篇在省级以上刊物发表。组织人员参加国家局培训21次、省局培训33次、市局培训76次，人均培训40学时。

鞍山市烟草专卖局（公司）

鞍山市烟草专卖局、辽宁省烟草公司鞍山市公司成立于1984年4月，下辖海城市、台安县、岫岩县等3个县（市）烟草专卖局（区域市场部），立山、永乐、康宁、湖滨4个区域市场部。共有从业人员469人，其中聘用员工260人。

2007年销售卷烟58.95亿支（11.79万箱），同比增长1.64%。实现销售收入118346万元，同比增长12.15%。实现税利23613万元，同比增长27.56%，其中，实现利润18595万元，同比增长36.95%。

全年共查处涉烟违法案件787起，查扣非法卷烟2765件，涉案金额845万元，罚没款6.17万元，捣毁假烟窝点24个，破获制售假烟网络案件4个，其中符合国家局标准的2个。公安、司法机关依法刑事拘留10人，批捕4人，判刑10人。

抚顺市烟草专卖局（公司）

抚顺市烟草专卖局、辽宁省烟草公司抚顺市公司成立于1984年1月1日，下辖清原县、新宾县2个县烟草专卖局（区域市场部），抚顺县和市区2个区域市场部。共有从业人员405人，其中聘用员工292人。

2007年销售卷烟39.90亿支（7.98万箱），同比增长1.66%。实现销售收入77010万元，同比增长9.76%。实现税利14272万元，同比增长43.42%，其中，实现利润11039万元，同比增长55.06%。

全年共查处涉烟违法案件665起，查扣假烟1987件，走私烟453件，罚没款12.3万元，捣毁假烟窝点4个，破获制售假烟网络案件2个，其中符合国家局标准的1个，移送公安机关售假犯罪嫌疑人8人。

本溪市烟草专卖局（公司）

本溪市烟草专卖局、辽宁省烟草公司本溪市公司成立于1984年5月，下辖本溪满族自治县、桓仁满族自治县和南芬区3个县级烟草专卖局（区域市场部），明山、平山、溪湖3个区域市场部。共有从业人员311人，其中聘用员工231人。

2007年销售卷烟28.65亿支（5.73万箱），同比增长1.92%。实现销售收入57498万元，同比增长7.82%。实现税利10210万元，同比增长14.18%，其中，实现利润7647万元，同比增长14.13%。

全年共查处涉烟违法案件126起，查扣假烟197件，罚没款13.04万元，捣毁制假窝点6个，破获制售假烟网络案件1个。

丹东市烟草专卖局（公司）

丹东市烟草专卖局、辽宁省烟草公司丹东市公司成立于1984年4月。下辖东港市、凤城市、宽甸县3个县级烟草专卖局（区域市场部），1个市区区域市场部，凤城、宽甸2个烟叶总站，1个凤城科技示范农场。共有从业人员818人，其中聘用员工572人。

2007年销售卷烟38.75亿支（7.75万箱），同比增长0.81%。实现“两烟”销售收入88170万元，同比增长15.36%，其中，实现卷烟销售收入73938万元，同比增长11.05%。实现“两烟”税利14989万元，同比增长29.13%，其中，实现卷烟税利12049万元，同比增长23.53%。实现“两烟”利润11063万元，同比增长24.25%，其中，实现卷烟利润8912万元，同比增长11.65%。

全年共查处涉烟违法案件285起，查扣非法卷烟534件，查获非法烟叶19.42吨，罚没款31.55万元，打掉制售假烟网络和非法制售烟丝网络各1个，移送司法机关案件3起。公安、司法机关依法刑事拘留2人，批捕5人，取保候审6人，判刑1人。

锦州市烟草专卖局（公司）

锦州市烟草专卖局、辽宁省烟草公司锦州市公司组建于1984年，下辖凌海市、北镇市、黑山县、义县等4个县（市）烟草专卖局（营销部）。共有从业人员399人，其中聘用员工295人。

2007年销售卷烟48.70亿支（9.74万箱），同比增长1.46%。实现销售收入88915万元，同比增长13.36%。实现税利17465万元，同比增长44.07%，其中，实现利润13750万元，同比增长46.98%。

全年共查处涉烟违法案件81起，查获非法卷烟1245.78件，上缴罚没款10.38万元，打掉售假网络2个，判刑4人。

营口市烟草专卖局（公司）

营口市烟草专卖局、辽宁省烟草公司营口市公司成立于1984年4月28日，下辖盖州市、大石桥市2个县级烟草专卖局（营销部）、老边区、鲅鱼圈区2个县级烟草专卖局（配送中心）。共有从业人员378人，其中聘用员工277人。

2007年销售卷烟38.70亿支（7.74万箱），同比增长0.52%。实现销售收入75635万元，同比增长7.98%。实现税利14726万元，同比增长10.56%。实现利润11507万元，同比增长14.11%。

全年共查处涉烟违法案件226起，查扣非法卷烟5439件，罚没款65万元，破获制售假烟网络1个，移送公安、司法机关案件8起，依法批捕涉案人员8人，判刑4人。

阜新市烟草专卖局（公司）

阜新市烟草专卖局、辽宁省烟草公司阜新市公司成立于1984年4月20日。下辖阜蒙县、彰武县2个县烟叶生产销售公司，阜蒙县、彰武县2个县烟草专卖局，1个彰武县区域市场部。共有从业人员500人，其中聘用员工399人。

2007年销售卷烟31.95亿支（6.39万箱），同比增长0.79%。实现“两烟”销售收入61842万元，同比增长10.77%，其中，实现卷烟销售收入55196万元，同比增长11.08%。实现“两烟”税利9736万元，同比增长38.10%，其中，实现卷烟税利9320万元，同比增长60.50%。实现“两烟”利润7132万元，同比增长51.10%，其中，实现卷烟利润6946万元，同比增长79.34%。

全年共查处涉烟违法案件245起，其中，假烟案件201起，查扣非法卷烟3374件，其中假烟318件。查获违法收购烟叶烟丝6.04吨，上缴罚没款51.34万元，捣毁假烟窝点82个，破获制售假烟网络案件3个，公安、司法机关依法刑事拘留2人，批捕1人，判刑1人。

烟草农业自主创新。2007年，阜新市实现烟叶生产规模化种植、集约化经营、专业化分工、社会化服务的新局面，国家局将其确定为烟草农业自主创新的典型。市局（公司）在太平乡新邱村建设了一个集约化生产千亩示范村，利用新邱村1万多平米的废弃河滩地建设集约化烟叶烘烤工场，创建四合一烟叶烘烤单元、分级工作室，优化编烟、烘烤、回潮、分级、预检等工作流程，实行流水作业。创新组织模式，以“三户三队”为烟叶生产专业化、社会化服务的主要形式，培育各类专业户100多户，每亩节约用工8个左右，节省用工费用300多元。

辽阳市烟草专卖局（公司）

辽阳市烟草专卖局、辽宁省烟草公司辽阳市公司成立于1983年11月，下辖灯塔市、辽阳县2个县（市）烟草专卖局。2007年市局（公司）被辽宁省总工会授予“辽宁省五一劳动奖状”。共有从业人员258人，其中聘用员工200人。

2007年销售卷烟30.90亿支（6.18万箱），同比增长2.15%。实现销售收入60824万元，同比增长10.45%。实现税利11423万元，同比增长15.75%，其中，实现利润8925万元，同比增长19.21%。

全年共查处涉烟违法案件99起，查扣非法卷烟3958件，查扣非法烟丝、烟叶43.1吨，查扣制假烟机8台，制假卷烟纸1.15吨，制假滤嘴棒89万支，打掉制假烟厂1个，涉案金额1340万元。破获制售假烟网络案件2个，其中符合国家局标准的1个。公安、司法机关依法刑事拘留9人，批捕8人，判刑1人。

铁岭市烟草专卖局（公司）

铁岭市烟草专卖局、辽宁省烟草公司铁岭市公司成立于1984年1月1日，下辖开原市、调兵山市、昌图县、西丰县、清河区等5个县级烟草专卖局（营销部），开原市、昌图县、西丰县3个县级烟叶分公司。共有从业人员778人，其中聘用员工498人。

2007年销售卷烟45.95亿支（9.19万箱），同比增长2.91%。实现“两烟”销售收入83572万元，同比增长12.5%，其中，实现卷烟销售收入75860万元，同比增长13.06%。实现“两烟”税利8021万元，其中，实现卷烟税利7919万元，同比增长46.78%。实现“两烟”利润5028万元，其中，实现卷烟利润5317万元，同比增长64.41%。

全年查处涉烟违法案件162起，查扣假冒卷烟926件，上缴罚没款5.36万元，捣毁假烟窝点4个，破获制售假烟网络案件2个，移送案件2起。公安、司法机关依法刑事拘留4人，批捕3人。

朝阳市烟草专卖局（公司）

朝阳市烟草专卖局、辽宁省烟草公司朝阳市公司成立于1984年，下辖北票市、建平县、凌源市、喀喇沁左翼蒙古族自治县等4个县（市）烟草专卖局（营销部），北票市、建平县2个烟叶生产收购总站，1个市局（公司）直属管理部。共有从业人员673人，其中聘用员工540人。

2007年销售卷烟39.50亿支（7.90万箱），同比增长2.60%。实现“两烟”销售收入67726万元，同比增长0.78%，其中，实现卷烟销售收入65548万元，同比增长13.97%。实现“两烟”税利9478万元，同比增长5.99%，其中，实现卷烟税利10018万元，同比增长36.06%。实现“两烟”利润6823万元，同比增长8.53%，其中，实现卷烟利润7477万元，同比增长44.37%。

全年共查处涉烟违法案件1581起，其中假烟案件1240起，查扣卷烟857件，涉案金额232万元，破获符合国家局标准的制售假烟网络案件2个。移送公安、司法机关案件3起，依法批捕13人。

盘锦市烟草专卖局（公司）

盘锦市烟草专卖局、辽宁省烟草公司盘锦市公司成立于1984年12月19日，下辖盘山县、大洼县2个县烟草专卖局（区域市场部），兴隆台区区域市场部和广大公司1家多元化企业。共有从业人员232人，其中聘用员工174人。

2007年销售卷烟20.90亿支（4.18万箱），同比增长0.72%。实现销售收入47434万元，同比增长11.14%。实现税利9316万元，同比增长19.80%，其中实现利润7270万元，同比增长23.68%。

全年共查处涉烟违法案件176起，查扣假烟270件，涉案金额70万元，上缴罚没款26.96万元，破获制售假烟网络案件5个。移送公安、司法机关案件3起，依法刑事拘留3人。

葫芦岛市烟草专卖局（公司）

葫芦岛市烟草专卖局、辽宁省烟草公司葫芦岛市公司成立于1990年1月，下辖兴城市、绥中县、建昌县等3个县（市）烟草专卖局（营销部）和1个市局直属营销部。共有从业人员391人，其中聘用员工303人。

2007年销售卷烟41.60亿支（8.32万箱），同比增长1.71%。实现销售收入79440万元，同比增长12.89%。实现税利15478万元，同比增长53.08%，其中，实现利润12032万元，同比增长46.11%。

全年共查处涉烟违法案件745起，查扣假冒卷烟1664件，涉案金额1600万元，破获制售假烟网络案件4个。公安、司法机关依法刑事拘留3人，批捕4人，判刑6人。

所属其他二级单位

中国烟草辽宁进出口公司

中国烟草辽宁进出口公司成立于1985年，2006年改制为省公司的全资专业子公司，主要经营卷烟进出口、烟叶出口、烟机和烟机零配件及其他烟用辅料进出口配套服务业务。截至2007年底，拥有总资产19866万元，其中，固定资产833万元、流动资产13531万元，资产负债率为42.7%。共有员工53人。

全年实现进出口总值2161万美元。出口烟叶3040吨，同比增长555%，创汇602万美元，同比增长676%。进出口卷烟10.2万件，其中，出口7.4万件，创汇862万美元；进口卷烟2.8万件，同比增长90%。

全年实现销售收入14443万元，同比增长62%。实现税利5068万元，同比增长116%，其中实现利润1030万元。

烟叶出口业务。截至2007年底，超额完成新烟备货8万余担。B3F、B4F、B2L、B3L等中等烟叶比例达到总备货量的15.2%，实现出口烟叶备货“瓶颈”新突破。创造公司独有规格，成功试加工切把散叶、手抽片及TYB、TYC、TYD、TBF、TBL等级系列混打组合配方烟叶，加工完成期比往年提前约5个月。开拓国际市场，辽宁烟草制品主要销往欧盟、北美、北非、东南亚地区。

2007年辽宁省烟草商业系统主要情况统计

地市级局（公司）名称		沈阳市烟草专卖局（公司）	鞍山市烟草专卖局（公司）	抚顺市烟草专卖局（公司）	本溪市烟草专卖局（公司）	丹东市烟草专卖局（公司）
法人代表/主要负责人		邱崇宝（2007.5—）、韩佳君（2007年5月免去经理职务，担任局长、党组书记）	曹永芳	李　力	蒋全波	范学忠（—2007.5）、孙　奇（2007.5—）
总资产（万元）		143432	34086	24516	18557	56197
所属县级局数量（个）		13	3	2	3	3
所属县级公司数量（个）		—	—	—	—	—
所属营销部、分公司		13个区域市场部	7个区域市场部	4个区域市场部	6个区域市场部	4个区域市场部、2个烟叶总站、1个示范农场
所属业务机构	访销机构	1个营销中心、1个电访中心	1个营销中心、1个电访中心	1个营销中心	1个营销中心、1个电访中心	1个营销中心、1个电访中心
	物流配送机构	1个配送中心、5个中转站	1个物流配送中心、3个中转站	1个物流中心、1个配送中心、2个中转站	1个物流储配部、1个中转站	1个物流中心、3个中转站
	稽查机构	1个稽查支队	1个稽查支队、2个稽查大队、1个机动大队、1个市场监管大队	1个稽查支队、1个直属大队	1个稽查支队、2个专管大队、2个稽查大队	1个稽查支队、3个稽查大队、1个打假大队
销售卷烟（亿支）		157.25	58.95	39.90	28.65	38.75
两烟税利（万元）	本年	77395	23613	14272	10210	14989
	上年	54283	18512	9951	8942	11608
两烟利润（万元）	本年	61397	18595	11039	7647	11063
	上年	41671	13578	7119	6700	8904
烟叶种植（亩）		—	—	—	—	60402
烟叶收购（担）		—	—	—	—	176580
零售户数（户）		26130	12059	6575	5511	8702

地市级局（公司）名称	锦州市烟草专卖局（公司）	营口市烟草专卖局（公司）	阜新市烟草专卖局（公司）	辽阳市烟草专卖局（公司）
法人代表/主要负责人	王碧（—2007.5）、卜剑飞（2007.5—）	仲崇库	齐世英	于海荣
总资产（万元）	33234	32304	20668	18556
所属县级局数量（个）	4	4	2	2
所属县级公司数量（个）	—	—	2	—
所属营销部、分公司	4个营销部	2个营销部	1个区域市场部	—

续表

地市级局（公司）名称		锦州市烟草专卖局（公司）	营口市烟草专卖局（公司）	阜新市烟草专卖局（公司）	辽阳市烟草专卖局（公司）
所属业务机构	访销机构	1个营销中心、1个电访部	1个营销中心、1个电访中心	1个营销中心、1个电访中心	1个营销中心、1个电访中心
	物流配送机构	1个物流中心、4个配送站	1个物流中心、2个配送中心、3个中转站	1个物流中心、1个配送中心、1个中转站	1个物流中心、3个中转站
	稽查机构	1个稽查支队、3个稽查大队	1个稽查支队、2个稽查大队	1个稽查支队、3个稽查大队	1个稽查支队、3个稽查大队
销售卷烟（亿支）		48.70	38.70	31.95	30.90
两烟税利（万元）	本年	17465	14726	9736	11423
	上年	12123	13319	7050	9869
两烟利润（万元）	本年	13750	11507	7132	8925
	上年	9355	10084	4720	7487
烟叶种植（亩）		—	—	24454	—
烟叶收购（担）		—	—	81599	—
零售户数（户）		11102	8659	5677	6194

地市级局（公司）名称		铁岭市烟草专卖局（公司）	朝阳市烟草专卖局（公司）	盘锦市烟草专卖局（公司）	葫芦岛市烟草专卖局（公司）
法人代表/主要负责人		王书文	吕其华	姜振光	张宁一
总资产（万元）		26416	24818	17453	31704
所属县级局数量（个）		5	4	2	3
所属县级公司数量（个）		3	—	—	—
所属营销部、分公司		5个营销部	4个营销部、1个直属管理部、2个烟叶总站	3个区域市场部	4个营销部
所属业务机构	访销机构	1个营销中心、1个电访部	1个营销中心、1个电访部	1个营销中心、1个电访中心	1个营销中心、1个电访中心
	物流配送机构	1个物流中心、4个配送站	1个物流中心、5个中转站	1个物流中心、1个配送中心	1个物流中心、3个中转站
	稽查机构	1个稽查支队、4个稽查大队、1个机动大队	1个稽查支队、2个稽查大队	1个稽查支队、1个稽查大队	1个稽查支队、6个稽查大队
销售卷烟（亿支）		45.95	39.50	20.90	41.60
两烟税利（万元）	本年	8021	9478	9316	15478
	上年	-1336	8942	7776	10111
两烟利润（万元）	本年	5028	6823	7270	12032
	上年	-4131	6287	5878	8235
烟叶种植（亩）		36777	23678	—	—
烟叶收购（担）		111700	92337	—	—
零售户数（户）		11422	10854	3489	9988

（王　森）

吉林省烟草专卖局（公司）

【概　况】 吉林省地处中国东北，总面积18.74万平方公里，有48个少数民族。全省设8个地级市、1个自治州、20个市辖区、20个县级市、17个县、3个少数民族自治县。2007年，全省有常住人口2730万人，实现地区生产总值（GDP）5226亿元。

吉林省烟草专卖局、中国烟草总公司吉林省公司成立于1983年7月，下辖长春市、吉林市、四平市、辽源市、通化市、白山市、白城市、松原市和延边州等9个市、州烟草专卖局（公司）。截至2007年底，全省烟草商业系统有总资产39.32亿元，其中，固定资产11.64亿元、流动资产27.68亿元，资产负债率31.54%。共有从业人员7011人，其中聘用员工2232人。

【领导成员】 局长、总经理、党组书记：王健男

副局长、副总经理、党组成员：董伟光（2007年10月改任巡视员）

副局长、党组成员：曹东伟

副总经理、党组成员：王永盛

纪检组长、党组成员：徐　智

副巡视员：杨贵生

副巡视员：张永刚

【组织机构】 省局（公司）机关设有办公室（与外事办公室、烟草学会合署办公）、综合计划处、安全保卫处（与吉林省公安厅直属三分局合署办公）、专卖监督管理处（与专卖管理稽查总队、内部专卖管理监督办公室合署办公）、政策法规与体制改革处、财务管理处（与资金管理中心合署办公）、审计处、人事劳资处（与离退休干部办公室合署办公）、监察处（与党组纪检组合署办公）、思想政治工作处（与机关党委、工会合署办公）、卷烟经营管理部、烟叶生产经营管理部等12个职能处室，信息中心、机关服务中心、职业培训中心（与职业技能鉴定站合署办公）等3个中心和吉林省烟草质量监督检测站。

【经济效益】 2007年，全省烟草商业系统销售卷烟442.95亿支（88.59万箱），同比增长4.15%，其中，销售一类烟11.95亿支（2.39万箱），占总销量的2.7%；二类烟16.1亿支（3.22万箱），占总销量的3.63%；三类烟91.9亿支（18.38万箱），占总销量的20.75%；四类烟201.05亿支（40.21万箱），占总销量的45.39%；五类烟122亿支（24.4万箱），占总销量的27.54%。实现“两烟”税利17.89亿元，同比增长37.27%，其中实现卷烟税利16.70亿元；实现“两烟”利润13.69亿元，同比增长39.59%，其中实现卷烟利润12.96亿元。

【专卖管理】 2007年，省局（公司）组织各地市级局（公司）开展了零售户普查活动，各单位抓住新《烟草专卖许可证管理办法》实施的有利时机，开展多种形式的市场监管活动，保护合法经营者的利益。加大“破网追刑”力度，全年破获制售假烟网络案件13起，其中，案值100万元以上的案件11起。

全年共查处各类涉烟违法案件4891起，捣毁制售假烟窝点157处，查获假烟15178件，查扣非法烟丝10.2吨、烟叶6.7吨，向公安、司法机关移交涉烟违法人员16人，判刑13人。

【卷烟销售】 继续加大结构调整力度，在保持销量稳定增长和确保完成低档卷烟销售计划的基础上，突出抓好一、二类卷烟的品牌培育和市场营销。进一步巩固完善与战略联盟企业合作关系，协调落实货源，利用全省市场整体资源优势来提高货源组织能力和调控力度。

完善品牌培育机制，促进卷烟经营结构进一步优化。各市、州公司扎实做好“中华”、“芙蓉王”、“玉溪”、“云烟”、“长白山”等11个重点品牌卷烟的市场营销，实现了在销量增长的基础上保持销售结构的稳步提升，2007年，省局（公司）确定的11个重点培育品牌销售137.3亿支（27.46万箱），同比增长12.04%，占总销量的31%。

【网络建设】 2007年，省局（公司）制订了《全面提升卷烟销售网络建设与运行水平实施方案》，提出了三年全面提升卷烟销售网络建设与运行水平的工作思路。确定吉林市局（公司）和延边州局（公司）为全省网建全面提升的试点单位，试点单位按照试点实施方案探索符合吉林省实际的网建全面提升措施，各市、州局（公司）借鉴典型示范单位经验，开展了网建全面提升工作。

截至2007年底，全省有卷烟销售送货线路653条、送货车辆305台、送货人员363人，分别比上年减少219条、20台、119人，送货效率得到较大提高。电话订货零售客户115301户，占零售客户总数的99%以上，电话订货成功率97%。

【烟叶产销】 烟叶种植收购。2007年，全省烟草商业系统共签订烤烟种植合同6717份，种植烤烟14.26万亩，户均种植面积22.23亩，收购烤烟2.29万吨（45.74万担），完成收购计划的107.37%，其中，收购上等烟比例23.61%、中等烟比例54.36%、下等烟比例22.03%。实现烟叶利润7441万元，达到1998年以来烟叶效益的最好水平。

基础设施建设。2007年，全省共投入烟叶基础设施建设资金4808万元，完成2346项烟水配套和烤房建设等烟叶基础设施建设，其中，修建水池33个，容量1300立方米；修建小塘坝2个；铺设管网351条，全长197千米；修建提灌站9座；新建密集烤房1386座，改建381座。

烟叶基层建设。省局（公司）以强化培训为重点，加强烟叶基层建设，全省行业举办各级培训班600多期，培训生产管理、技术人员和烟农5万余人次，投资1240万元，新建、改建5个标准化烟叶工作站。

【内部管理监督】 2007年，省局（公司）在总结近两年来推广建立“双建双考”内部专卖管理监督长效机制的基础上，制定了《内部专卖管理监督制度》，组织开展了包括卷烟、烟叶生产在内的半年、全年内部管理监督大检查，促进内部监管工作的落实，各市、州局（公司）每季度进行一次内部专卖管理监督检查。

全省烟草商业系统开展了“自律经营年”活动，省局（公司）和部分市、州局（公司）对2005年底以来制订的内部管理监督制度进行了修订完善和汇编，并开展了对现有规章制度的学习培训活动。

【人事劳资】 省局（公司）对全省行业“三项制度”改革后存在的共性问题进行梳理并研究出具体措施，解决了“三项制度”集中改革后在薪酬分配方面存在的突出问题。举办全省烟草系统学习贯彻《劳动合同法》培训班，就依法规范劳动用工行为进行专题研究和部署。

省局（公司）制定了《关于进一步深化市州局（公司）收入分配制度改革的指导意见》，并在四平、吉林市局（公司）试点单位取得经验后，全面推广。各市、州局（公司）精心组织、规范操作，确保收入分配制度改革顺利进行，改革规范了收入分配结构，建立了分类管理的岗位绩效工资体系，建立了有效激励的考核评价机制和科学的工资调整机制，进一步打破了身份界限。

【企业文化】 企业文化建设坚持以“两个至上”为统领，继续实施“131”工程，即抓住“一个核心”，实现“三个转化”，建立“一个机制”。抓住一个核心，就是要抓住企业文化理念系统的提炼和普及应用这个核心；实现三个转化，就是要把企业文化理念转化为制度创新、转化为员工行为准则、转化为企业环境形象；建立一个机制，就是要初步建立吉林烟草企业文化建设长期坚持和发展的长效机制。

全省烟草行业落实企业文化建设工作会议的部署和《吉林省烟草系统2006～2007年企业文化建设实施意见》，推广吉林市局（公司）企业文化建设工作试点经验，并聘请专家参与设计、整合，形成一整套企业文化建设规范化操作模式。全省行业各单位进行了企业文化诊断，以此为依据，撰写企业文化诊断报告、制定企业文化建设规划、编订企业文化手册、开展企业理念宣传等任务。

省局（公司）成立了专门的企业文化建设办公室，负责企业文化建设的具体工作。在长春、吉林、四平、延边、白城、松原等市、州局（公司）设立专门的思想政治工作机构或配备专职人员从事企业文化工作。

吉林省局（公司）主要统计指标汇总

两烟税利（亿元）	两烟利润（亿元）	销售卷烟（亿支）	烟叶种植（万亩）	烟叶收购（万担）
17.89	13.69	442.95	14.26	45.74

所属地市级局（公司）

长春市烟草专卖局（公司）

【概　况】　长春市是吉林省省会，面积2.06万平方公里，下辖6区3市1县，2007年，全市常住人口746万人，实现地区生产总值（GDP）2089亿元。

长春市烟草专卖局、吉林省烟草公司长春市公司成立于1984年，下辖榆树市、农安县、德惠市、九台市、双阳区、朝阳区、宽城区、南关区、二道区、绿园区等10个县级烟草专卖局（分公司、营销部）和1个特业分局（营销部），1个烟叶公司（长春烟叶公司），1个零售公司（长春市金叶烟草有限责任公司）。

【领导成员】　局长、经理、党组书记：陈建新

副局长、副经理、党组副书记：张建华

副局长、副经理、党组成员：张　波

副局长、副经理、党组成员：毛元国

副局长、副经理、党组成员：车大光

副局长、副经理、党组成员：刘　炜

【组织机构】　市局（公司）机关设有办公室、营销中心、配送中心、专卖处、信息中心、企业管理处（考评中心）、人事劳资处、财务处、监察审计处、安全保卫处、宣传政工处、工会、基础设施建设办公室、服务中心等14个职能部门。

【经济效益】　2007年，全市辖区销售卷烟124.37亿支（24.87万箱），同比增长4.5%，其中，销售一类烟7.55亿支（1.51万箱），占总销量的6.07%；二类烟28.20亿支（5.64万箱），占总销量的22.67%；三类烟55.50亿支（11.1万箱），占总销量的44.62%；四、五类烟33.1亿支（6.62万箱），占总销量的26.61%。销售“百牌号”卷烟123.50亿支（24.7万箱），占总销量的99.8%。实现卷烟单箱收入10445元，同比增长23.1%。实现“两烟”税利64562万元，其中实现“两烟”利润50694万元。

【专卖管理】　开展卷烟打假专项整治活动，提高控制市场能力。各级专卖管理部门针对制售假烟的易发地和高峰期，分别开展“两节期间清理整顿市场专项行动”、“突击清理早（夜）市、烟酒行、综合市场专项行动”和“冬季清理整顿卷烟市场专项行动”，对重点部位、重点问题实施全面监控、重点解决。

市局（公司）以开展“自律经营年”活动为契机，调整、完善了专卖内管规章制度，加大“两烟”生产经营的重点监管，特别强化了对购销环节合同、卷烟分配和落地销售等环节的监管，保证了卷烟购销环节的“三个百分之百”。

全年共出动专卖执法人员2.5万人次，出动车辆2.1万车次，查处各类涉烟违法案件211起，捣毁贩藏假烟窝点32个，收缴假冒商标卷烟5300件，涉案金额1260万元，破获3起案值在100万元以上的制售假烟网络案件。

【网络建设】　开展网建全面提升工作，在突出“效益、效率优先”的前提下，进行大规模的物流成本核算，建立弹性送货模式，降低网络运行成本。全年单箱配送成本97.23元，低于全行业平均水平。

2007年7月，市局（公司）初步建立了订单供货的总体框架，订单供货工作正式运行。在具体实施过程中，市局（公司）相继出台了《预测管理办法》、《市场经理预测管理办法》、《客户经理预测操作管理办法》和《货源公开投放实施方案》等多项管理制度，并在全面推广动销台账的基础上，在300名重点诚信商户中设立了智能终端机，进一步理顺信息采集渠道，保证各项流程作用的有效发挥。

【烟叶产销】　全年共投入烟叶基础设施建设资金436万元，建设烤房436个。与2752户烟农签订了烤烟种植合同，种植面积5.49万亩，合同收购量0.82万吨（16.37万担），并与大型卷烟工业集团签订了16.17万担的烤烟销售合同，基本达到了产销平衡。

【企业文化】　根据形势的变化要求，长春市局（公司）对原有的企业文化体系做了完善和提炼，并结合三项制度改革修订了《员工道德守则》和《员工行为细则》，设计完成了长春烟草主题歌曲和“一切为你”的服务品牌形象和内涵。

丰富企业文化载体，开展各种寓教于乐的文体活动，加大对外宣传工作力度，开展各种形式的扶贫济困活动，进一步树立烟草企业“讲责任、讲奉献”的良好社会形象。

吉林市烟草专卖局（公司）

吉林市烟草专卖局（公司）组建于1984年6月，

下辖舒兰市、磐石市、桦甸市、蛟河市等4个县级烟草专卖局（分公司）和永吉县烟草专卖局，以及吉林市金叶烟草有限责任公司。截至2007年底，共有从业人员601人，其中聘用员工299人。

2007年，全市辖区销售卷烟71.57亿支（14.31万箱），同比增长3.4%。实现销售收入142355万元，同比增长18.8%。单箱销售收入9945元，同比增长14.9%。实现税利28170万元，同比增长66.05%，其中，实现利润21820万元，同比增长72.38%。

全年查处各类涉烟违法案件2137起，查获非法卷烟3113件、烟丝4.5吨、烟叶4吨，总案值548万元，上缴罚没款128万元，破获两起制售假烟网络案件。移送公安、司法机关拘留7人，劳动教养1人。

四平市烟草专卖局（公司）

四平市烟草专卖局、吉林省烟草公司四平市公司组建于1984年，下辖公主岭市、梨树县、伊通满族自治县和双辽市等4个县级烟草专卖局（分公司）。截至2007年底，有从业人员510人，其中聘用员工298人。

2007年，全市辖区销售卷烟52.51亿支（10.5万箱），同比增长6.82%。完成低档卷烟20.95亿支（4.19万箱）的销售计划，占卷烟总销量的39.88%，高出全省平均水平7.74个百分点。实现销售收入86726万元，同比增长21.44%。实现税利14540万元，同比增长44.22%，其中，实现利润11188万元，同比增长45.75%。

全年查处各类涉烟违法案件1862起，查获各类非法卷烟1353件，标值332万元，上缴罚没款140万元，取缔无证卷烟零售户866户。

卷烟销售网络建设水平得到全面提升，并且有创新，“把量算账”工作具体做法在全国网络建设现场会上进行了交流，以“把量算账”为重点的“共赢”服务品牌基本确立。

企业文化建设深入推进，企业之歌《携手同心铸辉煌》获中国第四届群众创作歌曲大赛企业行业类创作和作词两项金奖。

辽源市烟草专卖局（公司）

辽源市烟草专卖局、吉林省烟草公司辽源市公司成立于1984年，下辖东丰县、东辽县2个县级烟草专卖局（分公司）。截至2007年底，共有从业人员203人，其中聘用员工55人。

2007年，全市辖区销售卷烟20.90亿支（4.18万箱），同比增长4.86%。实现销售收入37424万元，同比增长18.39%。单箱销售收入8926元，同比增长12.5%。实现税利7144万元，增长47.54%，其中，实现利润5501万元，增长56.99%。

2007年，新物流中心投入使用，实现全区统一一次分拣到户，当天访销、当天配货、次日送货到户。

全年查处各类涉烟违法案件196起，查扣非法卷烟226件，价值62.48万元，上缴罚没款23万元，破获“11·8”假烟网络经营案件，市场净化率保持在98%以上。

通化市烟草专卖局（公司）

通化市烟草专卖局、吉林省烟草公司通化市公司组建于1984年，下辖梅河口市、集安市、通化县、辉南县、柳河县等5个县级烟草专卖局（分公司）。截至2007年底，共有从业人员388人，其中聘用员工140人。

2007年，全市辖区销售卷烟39.31亿支（7.86万箱），同比增长5.63%，实现销售收入75913万元，同比增长20.09%。单箱销售收入9656元，同比增长13.68%。实现税利14207万元，同比增长55.06%，其中，实现利润11103万元，同比增长64.82%。

全面启动“按客户订单组织货源”工作，全市电子结算率96.72%，电子结算成功率98.81%。全面落实《货源分配管理办法》和《卷烟经营大户管理办法》，重视和保护中小客户的合法利益，客户满意率达90%以上。完善“双建双考”长效机制，开展“经营自律年”活动。

全年查处各类涉烟违法案件236起，捣毁制售假烟窝点33个，查获假冒商标卷烟424件，案值200余万元。集中清理市场8次，取缔无证经营、违法违规商户61户。破获“7·31”、“8·24”两起售假网络案件，打掉售假窝点7个，查获假烟334件。开展专项打假会战，出动人员3000余人次，车辆1000余台次，查获假烟100余件。

白城市烟草专卖局（公司）

白城市烟草专卖局、吉林省烟草公司白城市公司组建于1984年，下辖洮南市、大安市、通榆县、镇赉县等4个县级烟草专卖局（分公司）。截至2007年底，共有从业人员459人，其中聘用员工192人。

2007年，全市辖区销售卷烟33.5亿支（6.7万箱），实现销售收入53497万元，同比增长20.12%。实现税利10178万元，同比增长49.83%，其中，实现利润7824万元，同比增长63.82%。

全年查处各类涉烟违法案件491起，捣毁制售假烟窝点1个，查获假冒商标卷烟390件，案值58.5万元。集中清理市场6次，取缔无证经营商户80户、违法违规商户286户，向公安、司法机关移送涉烟违法案件1起。

白山市烟草专卖局（公司）

白山市烟草专卖局、吉林省烟草公司白山市公司成立于1985年，下辖临江市、靖宇县、长白朝鲜族自治县、抚松县等4个县级烟草专卖局（分公司）。截至2007年底，共有从业人员282人，其中聘用员工115人。

2007年，全市辖区销售卷烟22.55亿支（4.51万箱），同比增长6.57%。实现税利7956万元，同比增长72%，其中，实现利润5926万元，同比增长75.07%。

全年查处各类涉烟违法案件28起，查获各类非法卷烟8587条。将打假“破网工作”作为重中之重，破获销售假冒卷烟网络案件1起，案值近300万元，捣毁藏假窝点两处，抓捕涉烟犯罪嫌疑人3人，批捕1人，取保候审2人。

松原市烟草专卖局（公司）

松原市烟草专卖局、吉林省烟草公司松原市公司组建于1992年8月，下辖扶余县、长岭县、乾安县等3个县烟草专卖局（分公司）和前郭尔罗斯蒙古族自治县烟草专卖局。截至2007年底，共有从业人员429人，其中聘用员工226人。

2007年，全市辖区销售卷烟40.85亿支（8.17万箱），同比增长1.38%。实现税利12137万元，同比增长51.96%，其中，实现利润9195万元，同比增长53.89%。

2007年，市局（公司）加快企业文化理念向员工行为转化的步伐，修订《企业文化手册》，编制了《员工道德手册》、《员工工作手册》、《情系圣水湖畔》等7个企业文化文本，并举办了企业文化丛书发布会。

延边朝鲜族自治州烟草专卖局（公司）

延边朝鲜族自治州烟草专卖局、吉林省烟草公司延边州公司组建于1983年12月，下辖图们市、汪清县、珲春市、龙井市、和龙县、安图县、敦化市等7个县级烟草专卖局（分公司）及汪清县、龙井市、和龙县、敦化市等4个烟叶生产管理部。截至2007年底，共有从业人员688人，其中聘用员工333人。

2007年，全州辖区销售卷烟37.92亿支（7.58万箱），同比增长3.58%。实现“两烟”税利17609万元，同比增长129.25%，其中，实现“两烟”利润13710万元，同比增长171.11%。

全年查处各类涉烟违法案件644起，查获各类非法卷烟250件、烟叶25.7吨，查获两起案值20余万元的制售假烟网络案件。12月，在全州开展了名为“风雪行动”的整顿卷烟市场秩序大会战。

2007年吉林省烟草商业系统主要情况统计

地市级局（公司）名称		长春市烟草专卖局（公司）	吉林市烟草专卖局（公司）	四平市烟草专卖局（公司）	辽源市烟草专卖局（公司）	通化市烟草专卖局（公司）
法人代表/主要负责人		陈建新	于　谦	高晓青	崔福安（—2007.3）、牛　千（2007.3—）	庞晓龙
总资产（万元）		93127	36668	12972	14435	20796
所属县级局数量（个）		4	5	4	2	5
所属县级公司数量（个）		—	—	—	—	—
所属营销部、分公司		5个分公司、6个营销部	4个分公司	4个分公司	2个分公司	5个分公司
所属业务机构	访销机构	1个营销中心	1个营销中心	1个营销中心	1个营销部	1个营销中心
	物流配送机构	1个配送中心	1个配送中心	1个配送中心	1个配送中心	1个物流中心、1个配送中心
	稽查机构	3个直属稽查队	3个稽查大队	9个稽查大队	1个稽查支队	1个稽查大队
销售卷烟（亿支）		124.37	71.57	52.51	20.90	39.31
两烟税利（万元）	本年	64562	28170	14540	7144	14207
	上年	32279	16965	10082	4842	9162
两烟利润（万元）	本年	50694	21820	11188	5501	11103
	上年	26116	12658	7676	3504	6737
烟叶种植（亩）		54900	—	—	—	—
烟叶收购（担）		163700	—	—	—	—
零售户数（户）		24000	21000	12105	3982	10166

地市级局（公司）名称		白城市烟草专卖局（公司）	白山市烟草专卖局（公司）	松原市烟草专卖局（公司）	延边朝鲜族自治州烟草专卖局（公司）
法人代表/主要负责人		于显锋	徐继坤	吴家伟	范忠顺
总资产（万元）		20874	10958	23839	37602
所属县级局数量（个）		4	4	4	7
所属县级公司数量（个）		—	—	—	—
所属营销部、分公司		4个分公司	4个分公司	3个分公司	7个分公司
所属业务机构	访销机构	1个营销中心	1个营销中心	1个营销中心	1个营销中心、1个电访中心
	物流配送机构	1个配送中心	1个配送中心	1个配送中心	1个配送中心
	稽查机构	5个稽查大队	1个稽查支队	1个稽查支队	7个稽查大队
销售卷烟（亿支）		33.50	22.55	40.85	37.92
两烟税利（万元）	本年	10178	7956	12137	17609
	上年	6793	4622	7987	7681
两烟利润（万元）	本年	7824	5926	9195	13710
	上年	4776	3385	5975	5057
烟叶种植（亩）		32000	—	—	55700
烟叶收购（担）		103300	—	—	180600
零售户数（户）		10037	6532	14210	10543

（王兴谦）

黑龙江省烟草专卖局（公司）

【概　况】　黑龙江省位于中国东北部。全省下辖12个地级市、1个地区、64个市辖区、18个县级市、45个县、1个自治县。总面积为46万平方公里，总人口3824万人。2007年全省实现地区生产总值（GDP）为7077.2亿元，同比增长12.1%。

黑龙江省烟草专卖局成立于1983年4月，黑龙江省烟草公司成立于1982年7月，1984年4月正式上划中国烟草总公司。下辖14个地市级烟草专卖局（公司）、哈尔滨烟叶公司和牡丹江烟叶公司2个烟叶公司、中国烟草黑龙江进出口有限责任公司。共有从业人员11033人，其中聘用员工2419人。截至2007年底，拥有总资产58.86亿元，其中，固定资产13.78亿元、流动资产43.84亿元，资产负债率为37.63%。辖区内共有卷烟零售户197645户。

2007年，全省行业以科学发展观为统领，以推进“三个正规化”建设为根基，把全面加强精细化管理作为各项工作目标的实现途径，通过加强正规化建设，推进精细化管理，落实“三个正规化”的内在要求和“十七个不可”的工作规制①，全省行业经济发展实现了增速快、结构优、效益好的良好局面，经济发展的稳定性、协调性、可持续性进一步增强。

【领导成员】　局长、总经理、党组书记：吕忠信
副局长、党组成员：迟焕发
副总经理、党组成员：孙杰邦
纪检组长、党组成员：牛中全
党组成员：王殿贵
副总经理、党组成员：杨鹤声

① 三个正规化：加强正规化管理，走向正规化经营，实现正规化发展。十七个不可：资产管理，保值增值不可失；内部监管，遵规守矩不可悖；经济运行，宏观调控不可松；专卖管理，力拼各域不可怠；卷烟营销，增量升值不可畏；烟叶产销，固本强基不可毁；财务管理，笔笔如丝不可疏；人事劳资，公允为基不可私；纪检监察，护航大局不可偏；内部审计，铁面无私不可软；体制改革，创新机制不可滞；科技创新，跟踪态势不可误；安全保卫，四防为主不可懈；政治工作，晓之以理不可浮；整顿规范，抓住重点不可泛；廉洁自律，腐败赌博不可恕；祸害企业，彻查严处不可饶。

【组织机构】 省局（公司）机关设办公室（外事办公室）、综合计划处（计划运行处）、安全保卫处、专卖监督管理处、政策法规与体制改革处、财务管理处、审计处、科技处、人事劳资处、监察处（与党组纪检组合署办公）、思想政治工作处、卷烟销售管理处、烟叶管理处等13个处室和机关服务中心、离退休人员管理办公室、烟草质量监督检测站、烟草工会、烟草学会、整顿和规范市场经济秩序领导小组办公室等6个专业部门。

【经济效益】 2007年销售卷烟587.53亿支（117.51万箱），同比增长1.75%，其中，销售一类烟15.17亿支（3.03万箱），同比增长58.39%；二类烟15.41亿支（3.08万箱），同比增长15.42%；三类烟104.93亿支（20.99万箱），同比增长46.46%；四类烟215.46亿支（43.09万箱），同比增长14.45%；五类烟236.56亿支（47.31万箱），同比下降80.3%。

实现卷烟销售收入116.37亿元，同比增长12.41%。实现卷烟税利24.85亿元，同比增长45.74%，其中，实现卷烟利润18.19亿元，同比增长59.14%。

【专卖管理】 卷烟打假。2007年，全省共破获假冒商标卷烟案件9192起，案值4400万元，查获假冒卷烟8092件，捣毁制假贩假窝点256个，查获制假烟机2台、非法烟叶烟丝（含烟梗）680吨。破获18起制售假烟网络案件，其中达到国家局规定标准的6起。向公安机关移送涉烟违法案件143件。公安、司法机关依法拘留逮捕涉烟违法人员97人，判刑47人。3月14日，省局（公司）在哈尔滨市垃圾焚烧发电厂将1至2月份全省行业查获的案值约1200万元的近2000件假烟进行了集中销毁。

建立联合打假机制。巩固和完善以各级政府为主导的卷烟打假工作机制，以守土有责，摧毁制售假烟网络为重点，坚持从源头上打假和重点打击假烟中转集散地运输分销行为，着力加大抓捕追刑力度。省局先后与有关厅、局、部门联合制定了《关于联合开展打击非法利用公路运输烟草专卖品行为的通知》、《联合打击邮寄贩运非法烟草专卖品协作制度》、《关于开展整顿和规范森工林区卷烟市场经济秩序、严厉打击制售假冒伪劣卷烟行为的通告》。拓宽打假渠道，截至2007年底，全省共成立5个铁路烟草专卖分局，7个铁路烟草检查站，5个民航烟草检查站，4个林业地区公安局驻烟草值勤室，3个农垦分局公安局驻烟草值勤室，4个烟草专卖局驻农垦分局。

内部专卖管理监督。制订《日常监管工作制度》、《内管工作责任追究制度》，建立专卖内管工作流程。2007年，针对烟叶生产经营及复烤加工企业，共制订专卖内管制度和长效机制48项；针对商业企业内管工作，建立、修改和完善116项制度。制订《加强专卖管理组织机构建设实施方案》，对全省各级局专卖内管机构实行统一设置，统一职责定位，规范岗位监督管理。各级局共配备212名专职内管人员，做到专岗、专职和专人。

烟叶“双控”专卖管理。烟叶产区各级局围绕烟叶“双控”工作目标，稳定全省烟叶生产经营流通秩序。烟叶收购期间，全省共出动专卖人员5.23万人次，公安干警1.45万人次，出动车辆1.7万台次，设卡143处，查获违法经营烟叶案件70起，收缴违法烟叶216.95吨。

【网络建设】 按客户订单组织货源。每月向各地市公司下达月工作重点。各市公司制订员工培训计划，重点学习《按客户订单组织货源工作规范》和《四员工作手册》。将哈尔滨市公司作为全省“按客户订单组织货源”推广工作试点单位。

典型示范单位推广。确定以佳木斯、绥化市公司为全省卷烟销售网络建设典型示范单位。针对全省卷烟零售客户特点，为典型示范单位设计了“七统一”模式，即统一卷烟营销模式、统一零售客户标识、统一卷烟经营柜台、统一价格标签、统一零售客户分类、统一零售客户自律组织、统一电子结算。加强烟卷物流配送管理，初步建立卷烟物流考核办法。通过对齐齐哈尔、佳木斯两公司的定点测算，制定《卷烟物流费用核算规程》，建立健全《卷烟仓库预警管理制度》、《卷烟扫码制度》等。

网建提升工作。制定《黑龙江省烟草行业卷烟销售网络建设与运行水平评价体系》，统一网络管理制度和流程。加强工商协同营销，制定《工商协同营销实施方案》、《黑龙江省卷烟品牌发展规划》和《黑龙江省卷烟品牌引入退出机制》。加强零售户的规范管理，制定《黑龙江省烟草专卖局卷烟销售大户管理办法》、销售大户审批制度。各市公司严格执行“六不准”，即不准批条销售、不准以多种价格批发销售、不准以捆绑形式变相销售、不准以虚拟客户拆单分摊、不准为零售户窜货、不准以任何形式对关系店、自营店分别对待，重点对虚拟客户、拆单分摊、窜货等进行清理整顿。初步建立网络运行质量评价体系，对商流、物流、资金流各环节的运行情况及相关从业人员的工作情况定期撰写分析报告。

【烟叶产销】 烟叶种植与收购。省局（公司）制订有关稳定生产投入补贴政策，制订《黑龙江省2007年烟叶生产技术指导意见》，烟叶质量明显改善。新品种选育工作取得突破，“龙江925”和“龙江935”通过省级审评。

2007年，全省种植烤烟面积44万亩，收购烟叶6.91万吨（138.23万担）。烟叶收购均价为8.73元/千克，同比增长15.48%。上等烟比例为21.66%，同比提高6.99%；中等烟比例为56.63%，同比下降9.06%。销售烟叶6.76万吨（135.17万担），实现销售收入12.74亿元。

烟叶生产坚持“四化”。确立“四化”目标要求，即烟叶生产“规模化种植、专业化生产、机械化作业、精细化管理”。实现规模化种植，全省100亩以上的连片烟田占总种烟面积的27.3%。全省烟农户均种植面积27.93亩。培育专业化种植队伍，加强职业化烟农队伍建设，持续提高种烟收入占烟农家庭收入比重。加强机械化作业，省局投资2000万元，用于购置烟田用大型机械设备，全省烟田每亩平均用工为16个。以精细化管理为载体，加强常规技术、综合技术、核心技术的指导。

烟叶基础设施建设。2007年全省烟叶生产基础设施建设项目3581个，其中，机井20眼，受益农户100户，受益面积3000亩；修建密集式烤房3561座，受益农户3000户，承担烘烤面积78342亩。截至2007年底，全省共有打机电井928眼，小型机井2392眼，72%的烟田实现烟水配套工程；共有密集式烤房15805座，可承担烘烤面积36万多亩。

【企业管理】 财务管理。省局（公司）开展多元化经营企业清产核资、主业清产核资工作，坏账损失全部处理完毕；明晰资产权属关系，权属证明基本办理完毕；处理闲置资产，通过五次拍卖会，全省行业累计拍卖闲置资产107项，资产净值合计9545万元，拍得金额12810万元；实行全面预算管理，有效控制费用支出。

安全管理。开展职业健康安全管理体系贯标工作，下辖各单位近半数完成认证。落实安全工作责任，层层签订安全工作责任书。加强痕迹化管理，实行安全隐患整改报告制，形成安全工作监管机制。加强安全工作监督检查，推进安全体系贯标工作。2007年，全省行业杜绝了重大安全生产事故的发生。

【信息化建设】 3月，省局开始实施“两打三扫”① 项目建设。与浪潮公司签订V3项目合同，6月1日，V3系统在哈尔滨市公司上线运行。强化网络管理，10月31日，完成对各市公司到各区县营销部的网络升级。加强销售系统应用管理，保证数据的准确。加强信息化基础建设、电子政务及电子商务建设和烟叶信息化建设，开发人力资源管理信息系统软件。

【科技创新】 2007年，全省从事科技创新活动的人员共663人。筹集各类科技活动经费6786万元，开展各类科研项目39项，其中重点项目32项。截至2007年底，共有15项科研项目通过鉴定和验收，其中，3项科研成果获得省部级奖励，新申请1项专利并获得授权资格。

牡丹江烟草科研所与省农垦科学院联合开发烟草专用“三龙精制有机肥”；开发新型环保育苗基质，促进工厂化育苗进程；与东北农业大学联合研发烤烟节能炉，每千克干烟耗煤0.9千克；与佳木斯房佳锅炉厂联合研发烤烟节能炉，每千克干烟耗煤0.8千克。

【队伍建设】 “四定”工作。2月，全省行业全面启动“四定”改革工作。9月，组织人员到全省各全资子公司及典型县级营销部进行调研并编制改革方案。11月，与地市级公司落实岗位设置及劳动用工情况，下达定编、定岗、定员计划。截至2007年底，全省行业减少聘用人员189人。

人事管理。对下辖各单位的人劳科、财务科、纪检监察科、专卖科、审计科等五部门主要负责人的任免实行报批制度，对各单位人员内部调动管理实行严格的报批手续。建立人员编制、人员工资及奖金发放管理电子台账。

加强对全资子公司领导和员工的薪酬管理，建立激励约束机制。依据省局（公司）核定的所属企业的定员人数和全省行业从业人员平均工资水平，省局（公司）分两次下达工资计划。以齐齐哈尔市局（公司）为试点单位，进行收入分配制度改革。

教育培训。组织相关人员参加国家局举办的各类培训班272人次。省局（公司）举办经营管理类培训班49期、专业技术类培训班21期、技能类培训班37期，培训人员14474人次。举办首次全省行业县级局局长（经理）培训班。加强技能鉴定考评员队伍建设，截至2007年底，全省考评员共有107人，其中高级考评员6人。开展技能鉴定，全年全省共鉴定327人。

【思想政治工作】 通过专题培训、党组理论学习中心组学习、学习交流会、报告会等多种形式，学习

① 即针对卷烟生产经营决策管理系统，工业企业实施“一打一扫”：件烟打码、件烟出库扫码；商业企业实施“一打两扫”：件烟入库扫码、条烟分拣打码、条烟出库扫码。

贯彻十七大精神。深入开展以“抓班子、带队伍、促发展、创和谐”为主要内容的“两个至上”在岗位主题实践活动，共征集体会文章37篇，国家局行业网站和《东方烟草报》登载相关主题实践活动报道19篇，《黑龙江烟草报》刊登相关主题实践活动报道32篇。开展文明单位创建活动，5月，省委省政府表彰了一批精神文明创建活动先进集体，全省行业中，哈尔滨市局（公司）、绥化市局（公司）等10个单位受到表彰。

【企业文化】 结合全省行业实际，确定以哈尔滨、齐齐哈尔、大庆、佳木斯、鸡西、七台河市公司和哈尔滨烟叶公司为全省行业企业文化建设试点单位，5月，召开企业文化建设试点单位推进会，明确企业文化建设的指导思想、目标任务、方式方法等。各试点单位在企业文化理念提炼、价值观认同等方面开展调研，为全面推进企业文化建设工作奠定基础。

【特事要辑】 1月22~23日，国家局副局长张辉一行到黑龙江烟草考察调研。

2月13日，哈尔滨市召开依法打击涉烟草制品犯罪公判大会，首次集中公开宣判涉烟犯罪分子，23人被判刑，其中，4人被判处15年有期徒刑，判处罚金近3400万元。

6月5~7日，国家局副局长何泽华一行到黑龙江烟草考察卷烟销售、烟叶生产、烟田基础设施建设和卷烟产销工作。

7月25日，省局（公司）向黑龙江省公安民警“英烈基金”捐赠仪式在哈尔滨举行。

8月3~6日，国家局纪检组组长潘家华一行到黑龙江烟草考察调研卷烟销售、烟叶生产、烟田基础设施建设等情况。

8月14~15日，全国烟草行业现代烟草农业专题座谈会在哈尔滨举行。

黑龙江省局（公司）主要统计指标汇总

实现税利（亿元）	实现利润（亿元）	销售卷烟（亿支）	烟叶种植（万亩）	烟叶收购（万担）
24.85	18.19	587.53	44.00	138.23

所属地市级局（公司）

哈尔滨市烟草专卖局（公司）

【概　况】 哈尔滨市下辖8个区，10个县（市），193个乡镇，1879个村。总面积为5.38万平方公里，总人口975万人。

哈尔滨市烟草专卖局、黑龙江省烟草公司哈尔滨市公司成立于1983年。市局（公司）下辖市区第一、第二、第三卷烟营销部等3个营销部，第一、第二、第三、第四、第五分局等5个分局，阿城区、五常市、双城市、尚志市、巴彦县、宾县、依兰县、延寿县、木兰县、通河县、方正县等11个县（市、区）烟草专卖局（营销部）。共有从业人员2075人，其中聘用员工618人。

【领导成员】 局长、经理、党组书记：秦殿刚

副经理、党组副书记：王培泉

副经理、党组成员：张利斌

副经理、党组成员：郝志强

党组副书记、纪检组长、工会主席：郭泽玉

副经理、党组成员：张绍忱

副局长、党组成员：潘进勇

副经理、党组成员：李明学

【组织机构】 市局（公司）设办公室、财务管理处、人事劳资处、专卖监督管理处、综合计划处、政工处、监察室、审计处、安全保卫处、法规处、营销管理处（中心）、信息中心、物流中心等13个处室、中心。

【经济效益】 2007年销售卷烟171.39亿支（34.28万箱），同比增长3.08%，其中，销售一类烟7.11亿支（1.42万箱），二类烟4.47亿支（0.89万箱），三类烟34.17亿支（6.83万箱），四类烟78.01亿支（15.60万箱），五类烟47.63亿支（9.53万箱）。

实现销售收入407043万元，同比增长27.23%。实现税利76119万元，同比增长55.99%，其中，实现利润59897万元，同比增长66.82%。

【专卖管理】 卷烟打假。全年查获涉烟违法案件696起，查缴非法卷烟20.1万条，案值2454万元。破获达到国家局标准的制售假烟网络案件1起，破获达到国家局标准的制售假烟窝点案件6起。公安、司法机关依法刑事拘留及批捕21人，判刑37人。全市烟草、公安部门出动600余人，联合整治特业市场。动用“稽烟犬”检查市场450余次。

专卖队伍建设。在全市专卖战线开展向第四分局学习活动。第四分局努力打造“金叶铁军”，查办案件从小处入手，破获大量涉烟违法案件。以一张回收烟酒名片为线索，破获4起涉烟违法案件，收缴违法卷烟777.8条，案值24.85万元，移交犯罪嫌疑人2名；以查处“小背小倒”为线索，破获涉烟违法案件17起，收缴违法卷烟5652条，案值73.15万元，移交犯罪嫌疑人3名；以办案时的一个车牌号为线索，破获涉烟违法案件3起，查获案值55万元的违法卷烟777.8条，移送犯罪嫌疑人3名。

【网络建设】 将进一步提高客户赢利水平、电子结算率、四率一度（有效衔接率、预测准确率、销售成长率、订单满足率，客户满意度）作为卷烟销售网络建设的工作目标。把客户经理服务营销水平提升工作作为网建工作的重中之重，抓好服务理念的转变、提升。完善客户关系管理（CRM）平台建设，加大客户关系培养力度。开展按订单组织供货工作，基本达到预期目的。推广动销台账，将客户赢利水平管理纳入到日常工作中来，重点通过动销台账的推广，培养零售客户的理财意识，收集零售客户“赢利痕迹”。

【教育培训】 4月，组织420余人参加“按客户订单组织货源”培训。5月，聘请专业人员对公司机关各相关处室人员进行计算机操作培训，培训600余人次。对市区各专卖分局人员分别进行《行政复议法》和真假烟鉴别知识培训。9月，下属各单位按照《金叶铁军创建方案》要求，以集中军训为手段开展专卖管理岗位“大练兵”活动，分期分批进行了集中军事化训练活动。9月，市公司举行全国烟草系统卷烟商品营销员职业技能鉴定，共鉴定61人。基层各单位制订《教育培训工作方案》及各季度的《教育培训安排表》，有针对性地开展“二级培训”。

【企业文化】 强化全员培训，组织开展“为什么要建设先进的企业文化”、“怎样建设先进的企业文化”的大讨论。突出“效益在我心中，市场在我手中”的营销专卖文化和“满足客户需求，一次就做好”的服务文化特色，建立学习培训的长效机制。增强员工提升企业形象的自觉性，引导员工在岗位工作、提供服务、对外交往以及公共场所中，自觉维护企业的形象。

齐齐哈尔市烟草专卖局（公司）

齐齐哈尔市烟草专卖局、黑龙江省烟草公司齐齐哈尔市公司成立于1983年，下辖龙江县、甘南县、富裕县、克山县、克东县、依安县、拜泉县、讷河市、泰来县等9个县级烟草专卖局（营销部），富拉尔基区、昂昂溪区、梅里斯达斡尔族区、龙沙区、铁锋区、建华区等6个区烟草专卖局（营销部）及齐齐哈尔铁路烟草专卖局。共有从业人员750人，其中聘用员工241人。

2007年销售卷烟72.42亿支（14.48万箱），同比增长1.90%。实现销售收入126587万元，同比增长14.62%。实现税利17694万元，同比增长40.84%，其中，实现利润13387万元，同比增长47.30%。

全年共查处涉烟违法案件2115起，端掉制售假烟窝点41个，收缴非法卷烟968.9件，案值424万元。公安、司法机关依法拘留19人，判刑4人，劳教4人。

绥化市烟草专卖局（公司）

绥化市烟草专卖局、黑龙江省烟草公司绥化市公司成立于1983年，下辖肇东市、海伦市、庆安县、青冈县、明水县、望奎县、兰西县、安达市、绥棱县、北林区等10个县级烟草专卖局（营销部）。共有从业人员1151人，其中聘用员工283人。

2007年销售卷烟67.96亿支（13.59万箱），同比增长2.36%。实现销售收入101530万元，同比增长10.10%。实现税利11680万元，同比增长55.24%，其中，实现利润8907万元，同比增长92.17%。

全年共查获各类涉烟违法案件2126起，查获非法卷烟33472条，非法烟叶、烟丝11.05吨，案值543.5万元。破获一起跨省涉烟网络大案，案值达470余万元。公安、司法机关依法刑事拘留11人，判刑1人。

大庆市烟草专卖局（公司）

大庆市烟草专卖局、黑龙江省烟草公司大庆市公司成立于1983年5月，下辖萨尔图区、让胡路区、新村区、乘风区、红岗区、龙凤区、大同区、肇州县、肇源县、林甸县、杜尔伯特蒙古自治县等11个县级烟草专卖局（营销部）。共有从业人员486人，其中聘用员工155人。

2007年销售卷烟48.10亿支（9.62万箱），同比增长2.73%。实现销售收入118991万元，同比增长

22.67%。实现税利22813万元，同比增长47.81%，其中，实现利润18113万元，同比增长51.61%。

全年共查处各类涉烟违法案件2865起，查获违法卷烟1940余件，案值1046.6万元，其中破获重大制售假烟网络案件3起。公安、司法机关依法批捕25人，其中判刑14人。

初步建立了以“贡献国家、回报社会、科学发展、成就员工”的企业宗旨和“和谐、求远、高效、崇俭”的企业精神。

佳木斯市烟草专卖局（公司）

佳木斯市烟草专卖局成立于1983年，黑龙江省烟草公司佳木斯市公司成立于1985年。下辖永红、向阳、前进、东风、郊区等5个区烟草专卖局，富锦市、桦南县、汤原县、桦川县、同江市、抚远县等6个营销部和建三江农垦烟草专卖分局（营销部）。共有从业人员683人，其中聘用员工182人。

2007年销售卷烟40.27亿支（8.05万箱），同比增长2.22%。实现销售收入78400万元，同比增长17.77%。实现税利12038万元，同比增长50.76%，其中，实现利润9351万元，同比增长67.08%。

全年共查处各类涉烟违法案件1024起，查处非法卷烟1185件，案值347万元，其中，破获制售假烟网络案件2起。公安、司法机关依法逮捕3人，刑事拘留5人，判刑1人。

牡丹江市烟草专卖局（公司）

牡丹江市烟草专卖局、黑龙江省烟草公司牡丹江市公司成立于1983年，下辖西安、东安、阳明、爱民等4个区烟草专卖局和林口县、东宁县、海林市、宁安市、穆棱市等5个营销部。共有从业人员589人，其中聘用员工82人。

2007年销售卷烟38.82亿支（7.76万箱），同比增长1.80%。实现销售收入77321万元，同比增长14.63%。实现税利10853万元，同比增长40.87%，其中，实现利润8134万元，同比增长44.12%。

全年共破获制售假烟网络案件4起，案值189万元。公安、司法机关依法判刑24人。

在企业文化建设中，坚持以“学习文化、执行文化、自律文化”为框架，初步形成“根”文化。

鸡西市烟草专卖局（公司）

鸡西市烟草专卖局、黑龙江省烟草公司鸡西市公司成立于1983年3月，下辖鸡冠区烟草专卖局，鸡东县、密山市、虎林市等3个县级烟草专卖局（营销部）。共有从业人员397人，其中聘用员工62人。

2007年销售卷烟31.04亿支（6.21万箱），同比增长2.41%。实现销售收入64129万元，同比增长15.76%。实现税利10380万元，同比增长73.49%，其中，实现利润8113万元，同比增长84.22%。

全年共查处涉烟违法案件879起，其中万元以上案件11起，案值109.8万元。捣毁贩藏假烟窝点13个，没收非法卷烟15085.4条，收缴非法烟叶1.65吨。

黑河市烟草专卖局（公司）

黑河市烟草专卖局、黑龙江省烟草公司黑河市公司成立于1990年2月，下辖北安市、嫩江县、五大连池市、逊克县、孙吴县等5个县级烟草专卖局（营销部）和爱晖区营销部。共有从业人员425人，其中聘用员工203人。

2007年销售卷烟25.78亿支（5.16万箱），同比下降6.30%。实现销售收入41936万元，同比增长2.24%。实现税利5336万元，同比增长14.88%，其中，实现利润4017万元，同比增长19.55%。

双鸭山市烟草专卖局（公司）

黑龙江省烟草公司双鸭山市公司成立于1983年1月，双鸭山市烟草专卖局成立于1986年5月。下辖集贤县、宝清县、友谊县、饶河县等4个县级烟草专卖局（营销部）。共有从业人员326人，其中聘用员工12人。

2007年销售卷烟26.36亿支（5.27万箱），同比增长2.33%。实现销售收入52087万元，同比增长15.35%。实现税利7142万元，同比增长56.38%，其中，实现利润5446万元，同比增长79.56%。

全年共破获假烟案件310起，查获假冒卷烟13854.6条，案值200.9万元。端掉制售假烟窝点21个。破获1起达到国家局标准的制售假烟网络案件，案值124万元，公安、司法机关依法判刑1人。

2007年完成ISO 9001质量管理体系和GB/T28001职业健康安全管理体系认证工作。

鹤岗市烟草专卖局（公司）

鹤岗市烟草专卖局、黑龙江省烟草公司鹤岗市公司成立于1983年，下辖萝北县、绥滨县2个县烟草专卖局（营销部）和1个农林专卖分局。9月28日，成立鹤北林业地区公安局执勤室，撤销原宝泉岭农垦专卖分局，成立农林专卖分局。共有从业人员246人，其中聘用员工37人。

2007年销售卷烟19.95亿支（3.99箱），同比增长1.28%。实现销售收入38278万元，同比增长12.80%。实现税利5236万元，同比增长24.67%，其中，实现利润4139万元，同比增长44.12%。

全年查处各类涉烟违法案件479起，端掉制售假烟窝点13个，收缴假冒卷烟4540条。

伊春市烟草专卖局（公司）

伊春市烟草专卖局、黑龙江省烟草公司伊春市公司成立于1983年10月，下辖铁力市、嘉荫县2个县级烟草专卖局（营销部）和伊春区、南岔区、汤旺河区等3个区烟草专卖局（营销部）。加强联合打假，成立伊春市公安局驻伊春市烟草专卖局公安值勤室。共有从业人员192人，其中聘用员工56人。

2007年销售卷烟17.63亿支（3.53万箱），同比增长0.68%。实现销售收入30025万元，同比增长10.83%。实现税利4228万元，同比增长48.40%，其中，实现利润3337万元，同比增长65.85%。

全年查处各类涉烟违法案件433起，查获非法卷烟77.62万支，案值65.74万元。

截至2007年底，辖区销售的卷烟品牌（规格）由2005年的128个整合到35个。7月1日，实施“按客户订单组织货源”试点工作。

七台河市烟草专卖局（公司）

七台河市烟草专卖局、黑龙江省烟草公司七台河市公司成立于1983年，下辖勃利县烟草专卖局（营销部）。共有从业人员189人，其中聘用员工65人。

2007年销售卷烟15.99亿支（3.20万箱），同比增长1.10%。实现销售收入33441万元，同比增长13.84%。实现税利5068万元，同比增长36.02%，其中，实现利润3998万元，同比增长50.58%。

全年共查处各类涉烟违法案件210起，其中，万元以上案件11起，罚没假冒商标卷烟3614条，案值82万余元。

大兴安岭地区烟草专卖局（公司）

大兴安岭地区烟草专卖局、黑龙江省烟草公司大兴安岭地区公司成立于1985年，下辖加格达奇区、漠河县、塔河县、呼玛县、松岭区、新林区、呼中区等7个县级烟草专卖局（营销部）。共有从业人员173人，其中聘用员工43人。

2007年销售卷烟8.52亿支（1.70万箱），同比下降8.85%。实现销售收入10387万元，同比增长3.95%。实现税利2040万元，同比增长23.71%，其中，实现利润1548万元，同比增长53.72%。

全年共查获各类涉烟违法案件48起，查获非法卷烟62.14万支，案值37.99万元，打掉制售假烟窝点6个，抓获涉烟犯罪嫌疑人2人。

绥芬河市烟草专卖局（公司）

绥芬河市烟草专卖局、黑龙江省烟草公司绥芬河市公司成立于1998年1月。共有从业人员51人，其中聘用员工4人。

2007年销售卷烟3.33亿支（0.67万箱），同比下降3.05%。实现销售收入8006万元，同比增长10.03%。实现税利1839万元，同比增长165.75%，其中，实现利润1496万元，同比增长218.30%。

全年共查处各类涉烟违法案件92起，查获违法卷烟494万支，案值1050万元，查处制售假烟网络案件2起，端掉窝点4个。公安、司法机关依法治安拘留1人，刑事拘留3人。

所属其他二级单位

哈尔滨烟叶公司

黑龙江省烟草公司哈尔滨烟叶公司成立于2001年12月，2006年12月由黑龙江烟叶公司改制而成。下辖宾县、绥化、肇州、汤原、集贤、富锦、望奎、肇东、绥滨、桦南等10家烟叶分公司及哈尔滨天阳国际烟草有限公司、绥化红塔烟叶有限责任公司两家烟叶加工企业。8月，山东中烟工业公司出资8000万元，增资哈尔滨天阳国际烟草有限公司。拥有总资产67155万元，其中，固定资产10839万元、流动资产45166万元，资产负债率为68.53%。共有员工1622人，其中聘用员工66人。辖区共有种烟农户5867户。

2007年辖区种植烟叶22万亩，收购烟叶3.40万吨（68.05万担）；收购均价为8.68元/千克，同比增长23.65%；上等烟比例突破20%，同比增长5.89个百分点；烟农收入29100万元，同比增长52%。全年实现税利27264万元，同比增长146.69%，其中，实现利润17001万元，同比增长906%。实现烟叶税6400万元，同比增长51.21%。

探索现代烟草农业可持续发展新模式，在2007年全国烟叶收购会议和全国现代烟草农业座谈会上，绥化分公司分别做了降本减工、中小型农机具推广应用、烟叶生产专业农场建设等经验介绍。

牡丹江烟叶公司

黑龙江省烟草公司牡丹江烟叶公司成立于2001年12月，2006年12月牡丹江烟叶公司改制而成。下辖宁安、东宁、林口、勃利、宝清、密山、海林、穆棱等8个烟叶分公司和虎林、鸡东2个烟叶生产经营站，勃利龙湘烟叶有限责任公司、林口龙鄂烟叶有限责任公司2个烟叶加工企业。2007年，湖北中烟工业有限责任公司出资4000万元，与牡丹江烟叶公司共同改制林口打叶复烤企业，成立林口龙鄂烟叶有限责任公司，并于8月18日举行挂牌仪式。拥有总资产47374万元，其中，固定资产5811万元、流动资产31508万元，资产负债率为41%。共有员工1372人，其中聘用员工285人。辖区共有种烟农户8365户。

2007年辖区种植烟叶22万亩，收购烟叶3.51万吨（70.18万担），收购均价为8.78元/千克。实现销售收入48333万元。实现税利27822万元，其中，实现利润18186万元。实现烟叶税6546万元。

公司联合黑龙江省烟草科研所，建立了四级烟叶植保110体系，配备技术服务专用车辆，为烟农提供快速服务。建立牡丹江烟叶公司特困烟农救助基金，全年发放2.5万元，救助10户特困烟农。开展以满足工业企业真正需要为核心内容的“质量服务年”活动，全年为上海烟草（集团）公司提供优质填充型烟叶原料6.2万担。加强烟叶收购环节廉洁自律检查，组成检查组，走访358个种烟村、4200多户烟农，受检烟站和走访烟农分别占总数的51%和57%。

中国烟草黑龙江进出口有限责任公司

中国烟草黑龙江进出口有限责任公司成立于1992年，2006年改制为省公司的全资子公司。拥有总资产17543万元，其中，固定资产3948万元、流动资产10296万元，资产负债率为43%。共有在岗员工31人。

2007年公司完成进出口总值1799万美元，其中出口创汇1338万美元，进口461万美元。销售烟叶11471吨，进口卷烟11535件。实现销售收入27263万元。实现税利3494万元，同比增长83.12%，其中，实现利润1006万元，同比增长117.75%。

严格运行ISO 9000：2000质量体系，认真把好原烟采购关、加工关，努力提高入库原烟、加工成品烟叶等级合格率。在确保烟叶出成率，努力降低成本的同时，全力培育CYB、CYC、CYE、CYX等重点品牌。积极与中国烟草进出口（集团）公司协商，确保现有六大主要客户一个不丢失，重点确保对欧美、俄罗斯、北非、东南亚等市场主要客户的货源供应，同时主动出击，有针对性地向客户邮寄样品，拓宽市场销售渠道。实现财务预算管理，全年节省各项费用304万元。

2007年黑龙江省烟草商业系统主要情况统计

地市级局（公司）名称		哈尔滨市烟草专卖局、哈尔滨市烟草公司	齐齐哈尔市烟草专卖局、齐齐哈尔市烟草公司	绥化市烟草专卖局、绥化市烟草公司	大庆市烟草专卖局、大庆市烟草公司	佳木斯市烟草专卖局、佳木斯市烟草公司
法人代表/主要负责人		秦殿刚	王永权	刘　俊	王乃信	耿金波
总资产（万元）		156436	32917	19721	36861	19344
所属县级局数量（个）		16	16	10	11	6
所属县级公司数量（个）		—	—	—	—	—
所属营销部、分公司（个）		14	15	10	11	7
所属业务机构	访销机构	1个营销中心	1个营销中心	1个访销中心	1个访销中心	1个营销中心
	物流配送机构	1个配送中心	1个物流中心	1个物流中心	1个配送中心	1个配送中心
	稽查机构	15个稽查大队	15个稽查大队	1个稽查大队	13个稽查大队	17个稽查大队
销售卷烟（亿支）		171.39	72.42	67.96	48.10	40.27
实现税利（万元）	本年	76119	17694	11680	22813	12038
	上年	48797	12563	7524	15434	7985
实现利润（万元）	本年	59897	13387	8907	18113	9351
	上年	35905	9088	4636	11947	5598
烟叶种植（亩）		—	—	—	—	—
烟叶收购（担）		—	—	—	—	—
零售户数（户）		50314	24000	24872	14154	15002

地市级局（公司）名称		牡丹江市烟草专卖局、牡丹江市烟草公司	鸡西市烟草专卖局、鸡西市烟草公司	黑河市烟草专卖局、黑河市烟草公司	双鸭山市烟草专卖局、双鸭山市烟草公司	鹤岗市烟草专卖局、鹤岗市烟草公司
法人代表/主要负责人		郭万成	贺志勤	于荣廷	孙胜良	傅建政
总资产（万元）		23340	16028	11962	14094	11714
所属县级局数量（个）		4	3	5	4	3
所属县级公司数量（个）		—	—	—	—	—
所属营销部、分公司（个）		5	3	6	4	2
所属业务机构	访销机构	1个访销中心	1个营销中心	1个访销中心	1个营销中心	1个访销中心
	物流配送机构	1个物流中心	1个配送中心	1个配送中心	1个配送中心	1个配送中心
	稽查机构	1个稽查支队	6个稽查大队	8个稽查大队	8个稽查大队	1个稽查支队
销售卷烟（亿支）		38.82	31.04	25.78	26.36	19.95
实现税利（万元）	本年	10853	10380	5336	7142	5236
	上年	7704	5983	4645	4567	4200
实现利润（万元）	本年	8134	8113	4017	5446	4139
	上年	5644	4404	3360	3033	2872
烟叶种植（亩）		—	—	—	—	—
烟叶收购（担）		—	—	—	—	—
零售户数（户）		14757	11512	9600	10669	7000

地市级局（公司）名称		伊春市烟草专卖局、伊春市烟草公司	七台河市烟草专卖局、七台河市烟草公司	大兴安岭地区烟草专卖局、大兴安岭地区烟草公司	绥芬河市烟草专卖局、绥芬河市烟草公司
法人代表/主要负责人		李超富	邵建波	宁　辉	高国东（—2007.2）、杨春荣（2007.2—）
总资产（万元）		10245	9836	3336	2330
所属县级局数量（个）		5	1	7	—
所属县级公司数量（个）		—	—	—	—
所属营销部、分公司（个）		5	1	7	—
所属业务机构	访销机构	1个访销中心	1个访销中心	1个营销中心	1个营销中心
	物流配送机构	1个配送中心	1个配送中心	1个配送中心	1个配送中心
	稽查机构	5个稽查大队	4个稽查大队	1个稽查大队	2个稽查大队
销售卷烟（亿支）		17.63	15.99	8.52	3.33
两烟税利（万元）	本年	4228	5068	2040	1839
	上年	2849	3726	1649	692
两烟利润（万元）	本年	3337	3998	1548	1496
	上年	2012	2655	1007	470
烟叶种植（亩）		—	—	—	—
烟叶收购（担）		—	—	—	—
零售户数（户）		5441	6600	2493	1231

（高　源）

上海市烟草专卖局、上海烟草（集团）公司

【概　况】 上海地处长江三角洲，面积6340.5平方公里，共有18个区1个县，人口1378.86万人。2007年实现地区生产总值（GDP）达12001.16亿元，比2006年增长13.3%。

上海市烟草专卖局成立于1984年2月，上海烟草（集团）公司于1993年11月由原上海市烟草公司及所属企业改制组建。截至2007年底，下辖浦东、虹口、青浦、崇明、金山、宝山、长宁、普陀、南汇、闸北、松江、奉贤、黄浦、静安、杨浦、徐汇、卢湾、闵行、嘉定19个区（县）烟草专卖分局以及驻上海铁路专卖局。上海烟草（集团）公司下辖9个工业企业，包括上海卷烟厂、北京卷烟厂、天津卷烟厂、上海高扬国际烟草有限公司、上海烟草储运公司、上海烟草工业印刷厂（含上海金鼎印务有限公司）、上海白玉兰烟草材料有限公司、上海海烟物流发展有限公司、太仓海烟烟草薄片有限公司。上海烟草（集团）公司共有干部职工4980人，其中，高级职称55人、中级职称466人。有总资产549.35亿元，其中，固定资产39.59亿元、流动资产382.06亿元，资产负债率9.31%。

2007年，上海烟草（集团）公司被中华慈善总会授予"中华慈善事业突出贡献奖"，被国家旅游局命名为"全国工业旅游示范点"，被中华全国总工会评为2005~2006年度"全国厂务公开民主管理工作先进单位"，被上海市精神文明建设委员会办公室评为2005~2006年度"上海市文明单位"。

【领导成员】 上海烟草（集团）公司实行局长、总经理负责制，主要领导成员有：

局长、总经理、党委书记：董浩林
党委副书记：刘罗曼
工会主席、纪委书记：谢华庆
副总经理、党委委员：施　超
副局长、党委委员：吴菊民
总经济师、党委委员：沈伟明
中国烟草博物馆常务副馆长、党委委员：王传清
副总经理、党委委员：董秀明
副总经理、党委委员：周永森
巡视员：高宪法
巡视员：徐明辉
副巡视员：许虎烈

【组织机构】 上海烟草（集团）公司共设31个处室、部门，分别是：办公室（党委办公室、外事办公室）、综合计划处、驻北京办事处、组织处（老干部处、统战处）、劳动工资培训处、政策法规与体制改革处、思想政治工作处、监察处（与纪委合署办公）、工会（退休人员管理办公室）、团委、机关党委、安全保卫处（人民武装部）、机关服务中心、专卖监督管理处（专卖稽查总队、内部专卖管理监督办公室）、上海市烟草学会（修志办公室）、财务管理处（资金管理中心）、投资管理处、审计处、市场营销部（市场营销中心）、上海烟草贸易中心有限公司、物资供应部、原料供应部、经济信息中心、技术中心、烟草质量监督检测站、基建设备处、生产管理部、中国烟草上海进出口有限责任公司、三产管理中心、房地产开发经营公司、苏州中华园大饭店。

【经济效益】 2007年，集团公司共生产卷烟1190.37亿支（238.07万箱），同比增长6.14%，其中，生产一类烟215.35亿支（43.07万箱），二类烟72.61亿支（14.52万箱），三类烟349.04亿支（69.81万箱），四类烟250.61亿支（50.12万箱），五类烟302.76亿支（60.55万箱）。共销售卷烟1214.4亿支（242.88万箱），同比增长7.95%。

实现卷烟销售收入445.41亿元。实现工商税利306.32亿元，同比增长23.67%；实现工商利润114.54亿元，同比增长19.26%，其中，工业利润87.85亿元，同比增长14.54%；商业利润26.69亿元，同比增长38%。

出口卷烟42.12亿支（8.42万箱），同比增长1.22%；出口烟叶2867吨，同比减少64.85%。创汇9266万美元，同比减少10.2%；对外贸易实现利润5462万元，同比增长10.28%。

【品牌战略和产品介绍】 集团公司主要卷烟品牌有"中华"、"熊猫"、"红双喜"、"中南海"、"牡丹"、"上海"、"大前门"、"孟菲斯"、"北京"、"江山"、"恒大"等。

2007年，聚焦"中华"品牌，积极培育重点品

牌，增强各档次代表性品牌的竞争实力。做精以“中华”牌为代表的高档烤烟型卷烟，做大以“红双喜”牌为代表的中档烤烟型卷烟，做强以“中南海”牌为代表的混合型卷烟，做实以“大前门”牌为代表的低档烤烟型卷烟。持续增强“中华”牌的市场竞争力，使之成为高档中式卷烟的重点骨干品牌，着力巩固其国内高档卷烟市场占有率第一的地位。把“红双喜”牌培育成为中档价位的重点品牌，同时保持“牡丹”品牌的一定规模。加快“中南海”牌混合型卷烟的发展，增强其与国际混合型卷烟的抗衡能力，保持其混合型卷烟品牌总产销量和技术含量全国第一的位置。集中低档烟计划资源发展“大前门”牌卷烟，稳定产品质量，努力降低成本。

【专卖管理】 以规范市场秩序为根本，建立专卖“社区化”建设特色示范点，探索形成网络监管、社区协管、区域联管“三管合一”的新型市场监管模式。2007 年，共查处涉烟违法案件 7654 件，查处各类假冒卷烟 313 万条，查获 5 万元以上案值的藏假仓库、制假窝点 189 个，查扣违法运输车辆 142 部。移送公安、司法机关抓获涉烟犯罪嫌疑人 475 人，其中，刑事拘留 249 人，依法追刑 147 人。

【市场建设】 市外市场建设。不断深化订单供货试点工作，探索更趋市场化的跨省“网上配货”新模式，形成工商协同销售和管理供应链的创新方法。抓住重点品牌、目标市场，以订单识别为核心，围绕商业订单需求开展分析预测，形成开展订单识别的操作规范，在计划资源有限的情况下更贴近市场的真实需求、更符合重点品牌发展的目标。

市内市场建设。以“按客户订单组织货源”为主线，做好需求把握、品牌培育、客户服务、终端建设等主要工作，形成一套数据化、科学化反映市场真实需求的预测体系和工商一体的品牌培育体系，建立针对不同客户服务需求的识别机制，推广“挖掘和利用终端价值”的创新模式，规范上海精品网络的运行。

【烟叶采购】 针对“中华”卷烟需求增长造成的原料供应紧张状况，及时调整计划、组织货源。针对烟叶产区自然灾害导致的资源紧缺问题，集中力量，深入产区第一线，协调烟叶调拨结构，确保烟叶原料采购计划的有效落实。2007 年完成烟叶采购 13 万吨（260 万担）。

【企业管理】 资源整合。以“四个统一”为目标，加快卷烟工业企业整合资源力度。推进集团化质量体系整合，形成集团内部自上而下、高度统一、全面覆盖的文件化质量管理体系。扎实开展“信息化应用年”活动，加快信息资源整合利用，形成三地四厂（即上海卷烟厂、北京卷烟厂、天津卷烟厂和上海高扬国际烟草有限公司）可复用的管理模式，支撑生产中心的运作。深化全面预算管理，建设预算分级管理体系，统一三地四厂核算标准，初步建立集团化财务管理与运行模式。开展三地四厂“四定”（定职、定编、定岗、定员）工作，优化人力资源配置；加大薪酬和绩效考核的挂钩力度，进一步完善以岗位薪级工资为主的岗位绩效组合工资制，强化分配的激励作用。

能源管理。突出抓好集团公司能源管理工作，确立实施 17 项节能降耗项目，普及和推广节能降耗“四新技术”应用，提升资源利用能力。2007 年集团公司万元工业产值综合能耗同比下降 15%。

【体制改革】 7 月 12 日，上海烟草（集团）公司上海烟草贸易中心改制为有限责任公司，正式更名为上海烟草贸易中心有限公司，此举标志着上海烟草商业系统全部实现公司制管理模式。10 月 30 日，上海烟草（集团）公司以及所属有关烟草糖酒有限公司将持有的冠生园（集团）有限公司 55% 股权协议全部转让给上海益民食品一厂（集团）有限公司。

【科技创新】 上海烟草（集团）公司技术中心是中国烟草行业的行业级和国家级技术中心，1995 年 2 月被国家烟草专卖局认定为烟草行业级企业技术中心，同年 8 月被原国家经贸委、国家税务总局、海关总署认定为国家级企业技术中心。主要负责产品开发、工艺研究及产品技术标准管理，烟叶原料和配方的技术研究和管理，烟用材料应用技术研究，以及开展烟草化学和应用基础研究，吸烟与健康相关研究。拥有约 8000 平方米科研场所及一批先进实验分析检测仪器设备。2007 年，有员工 60 人，其中，大专以上学历 51 人，博士、硕士研究生学历 15 人；高、中级职称 27 人。下设技术管理部、卷烟产品工艺技术研究部、烟叶原料配方技术研究部、烟草化学研究部、理化实验室。2007 年共实施开展各类科技项目 40 项。

结合集团公司“中华”、“红双喜”、“中南海”、“大前门”四大品牌的发展要求，以“高舒适、高香气，低焦油、低危害”为技术特点，开展工艺技术创新等四方面研究，实施卷烟技术标准研究等八方面项目，保润技术、防霉技术、热裂解模拟技术等一些关键技术取得新的突破。加强对“中华”等卷烟产品的开发维护，通过强化工艺技术研究、细化开发维护技术模块、应用烟草化学研究成果等工作，进一步提高卷烟的内在品质。2007 年，“中华 5000” 成功开发上市，低焦油“中华” 补香技术研究、“中华” 卷烟防伪技术研究等取得积极成果。

【技术改造】 加快实施京、津、沪三地技术改造项目。年产 100 万箱“中华专线”技术改造项目按照“高起点、高质量、高效益” 建设的要求，扎实抓好前期各项准备工作，技改实施方案通过国家局审批，项目正式启动。北京卷烟厂易地技改工作稳步推进，主体工程实现结构封顶。天津卷烟厂技改项目进展迅速，主厂房工程正式开工建设。上海高扬国际烟草有限公司技改项目完成《需求报告》的编制工作；“十一五” 技术改造首个重点项目 500 千克/小时试验线通过调试，投入使用。

【多元化经营】 集团公司对多元化经营企业投资情况进行全面清查，对控股的多元化经营企业开展清产核资，依法依规处置各种不良资产。探索实施集团公司及其下属相关子公司（控股公司）的公司制改革，以出资人的名义加强对所属工业企业的生产经营管理控制，使决策权与经营权相分离。2007 年实现股权投资收益 4.33 亿元。

【队伍建设】 干部队伍建设。以“五查五看” 为重要内容，联系个人思想和工作实际，认真对照检查，自觉查找差距，增强各级领导干部的忧患意识、大局意识、责任意识，充分发挥各级领导干部率先垂范作用。深化“四好” 领导班子建设，以党组理论学习中心组联组学习交流会的形式，组织厂处级领导干部进行集中学习交流，着力改进领导干部思想作风和工作作风。

党员队伍建设。落实党建 18 项工作规定，扎实抓好“三会一课” 制度的执行和“达标创优” 活动，切实做好基层党组织换届选举工作，加强党员意识教育和党性锻炼。

职工队伍建设。针对工商单位培训对象的不同要求，完善教育培训的管理体系。采用技师聘任、“名师带徒”、专项培训等方法，优化技术工人队伍结构，加大技能型人才的培养力度；组织实施烟叶分级职业资格、卷烟感官评吸等培训，加快行业前沿领域紧缺技能人才的培养。2007 年开设各类培训班 548 个，培训人员 13581 人次。高级工以上技术等级的有 1234 人，占集团公司技术工人总数的 37.4%。

【党风廉政建设】 开展“履权自律、端正作风、遵纪守法” 主题教育，进一步推进“双保护” 工程。2007 年集团公司个人和集体登记上交礼品、礼金和礼券共计 487 人次、3115 件次，价值 182.07 万元。在民主评议干部中，职工对上海烟草（集团）公司、工业企业和商业企业领导班子成员的平均满意率分别为 94.34%、93.17%、92.23%。

【企业文化】 以和谐文化建设为目标，以培育部门文化为切入点，针对集团公司工商单位和机关处室在生产经营和管理中的不同要求，分别以“质量和品质”、“服务和诚信”、“责任和效率” 为核心内容构建部门文化。

【特事要辑】 1 月 30 日 ~2 月 1 日，国家局副局长张保振一行到上海烟草（集团）公司考察调研。

1 月 31 日，国家局局长姜成康考察北京卷烟厂。

3 月 9 日，天津市副市长杨栋梁考察天津卷烟厂。

3 月 19 日，日本太丰商社社长今关威一行访问上海烟草（集团）公司。

4 月 26 日，上海市副市长胡延照一行到青浦区太来村金叶社区服务点考察指导工作。

7 月 26 日，国家局局长姜成康到上海烟草（集团）公司考察调研。

8 月 9 日，德国 HAUNI 公司首席执行官鲍瓦一行访问上海烟草（集团）公司。

9 月 27 ~ 28 日，国家局在上海举办首届烟草标准化论坛。国家局副局长张保振出席会议并作报告。

9 月 28 日，国家局副局长张保振到上海烟草工业印刷厂、上海烟草机械有限责任公司和中烟机械技术中心考察调研。

10 月 11 日，国家局副局长何泽华一行到上海烟草（集团）公司考察调研。

10 月 17 日，国家局副局长张辉一行到上海烟草（集团）公司考察调研。

11 月 3 日，国家局局长姜成康考察北京卷烟厂新厂工地。

11 月 7 日，国家局副局长李克明一行考察上海烟草集团太仓海烟烟草薄片有限公司。

11 月 16 日，上海市副市长胡延照、市政府副秘书长周波一行到上海烟草（集团）公司调研。

11 月 26 日，上海烟草（集团）公司举行天津卷烟厂“十一五” 技术改造项目开工奠基仪式。天津市副市长杨栋梁、国家局副局长何泽华出席奠基仪式。

上海烟草（集团）公司主要统计指标汇总

实现工商税利（亿元）	商业利润（亿元）	销售卷烟（亿支）	烟叶种植（万亩）	烟叶收购（万担）
306.32	26.69	1214.40	—	—

所属区、县局（公司）

上海市烟草专卖局浦东新区分局 上海烟草集团浦东烟草糖酒有限公司

上海市烟草专卖局浦东新区分局成立于1993年11月。上海烟草集团浦东烟草糖酒有限公司成立于1995年12月，由上海烟草（集团）公司、上海烟草集团上海烟草贸易中心、上海浦东新区烟酒茶经营有限公司共同出资组建。2007年，有从业人员434人，其中聘用员工73人。2007年，企业被上海市精神文明建设委员会办公室评为2005~2006年度“上海市文明单位”，被上海市社会治安综合治理委员会授予2007年度“上海市平安单位”称号。

全区销售卷烟26.1亿支（5.22万箱），同比增长7.7%。实现销售收入109572万元，同比增长14.3%。实现税利15250万元，其中，实现利润12246万元，同比减少2.25%。

全年共查处各类涉烟违法案件421起，查获非法卷烟4182.88万支，标值2086.47万元；捣毁假烟仓库25个、制假窝点1个；配合公安、司法机关破获网络批发售假案1起，抓获涉案嫌疑人11人。

完成薪酬分配制度（含职工分流配套方案）改革和中层干部聘用制度改革。

上海市烟草专卖局虹口分局 上海烟草集团虹口烟草糖酒有限公司

上海市烟草专卖局虹口分局成立于1990年12月。上海烟草集团虹口烟草糖酒有限公司成立于1993年10月，由上海烟草（集团）公司、虹口区糖业烟酒公司（1994年更名为上海大祥集团公司）共同出资组建。2007年，共有从业人员1323人，其中聘用员工417人。企业被国家工商总局授予2006年度第四批“守合同重信用企业”称号。

全年销售卷烟17.34亿支（3.46万箱），同比增长18.93%。实现销售收入102082万元，同比增长10.36%。实现税利14524万元，同比增长14.63%，其中，实现利润10746万元，同比增长18.79%。

2007年破获涉烟违法案件87起，查获各类违法卷烟13191.42万支，查获藏假仓库69个，总案值5833.82万元。

上海市烟草专卖局青浦分局 上海烟草集团青浦烟草糖酒有限公司

上海市烟草专卖局青浦分局成立于1991年1月。上海烟草集团青浦烟草糖酒有限公司成立于1995年3月，由上海烟草（集团）公司、青浦区供销合作联合社共同出资组建。2007年，共有从业人员370人。

全年销售卷烟13.95亿支（2.79万箱），同比增长4.1%。实现销售收入67931万元，同比增长3.08%。实现税利11895万元，同比减少6.38%，其中实现利润8943万元。

全年查处涉烟违法案件512起，查获各类非法卷烟2200余万支，配合公安、司法机关破获卷烟售假网络团伙大案1起，案值660万元。

推进专卖社区化工作，以“三管合一”为工作模式，以“三区联动”为工作载体和平台，完善具有地方特色的社区化工作机制。

上海市烟草专卖局崇明分局 上海烟草集团崇明烟草糖酒有限公司

上海市烟草专卖局崇明分局成立于1991年1月。上海烟草集团崇明烟草糖酒有限公司成立于1995年4月，由上海烟草（集团）公司、上海烟草集团上海烟草贸易中心、上海崇明供销商业（集团）有限公司共同出资组建。2007年，共有从业人员291人，其中聘用员工20人。企业被上海市精神文明建设委员会办公室评为2005~2006年度“上海市文明单位”。

全县销售卷烟16.26亿支（3.25万箱），同比增长4.84%。实现销售收入58973万元，同比减少37.53%。实现税利11637万元，同比减少12.86%，其中，实现利润8605万元，同比减少17.57%。

全年查处涉烟违法案件128起，共查获各类非法卷烟91.85万支，其中假冒卷烟74.43万支、走私卷烟1.06万支。

上海市烟草专卖局金山分局
上海烟草集团金山烟草糖酒有限公司

上海市烟草专卖局金山分局成立于1990年11月5日。上海烟草集团金山烟草糖酒有限公司成立于1995年1月，由上海烟草（集团）公司、上海烟草集团上海烟草贸易中心、上海金石商社共同出资组建。2007年，共有从业人员563人。企业被上海市精神文明建设委员会办公室评为“上海市文明单位”。

全区销售卷烟14.05亿支（2.81万箱），同比增长3.31%。实现销售收入67764万元，同比减少6.14%。实现税利11092万元，同比增长18.24%，其中，实现利润8456万元，同比增长33.29%。

全年破获各类涉烟违法案件118起，其中案值50万元以上案件4起；查获违法卷烟3703.11万支，总案值1758.96万元。配合公安、司法机关抓获涉案嫌疑人14人，刑事拘留11人。

上海市烟草专卖局宝山分局
上海烟草集团宝山烟草糖酒有限公司

上海市烟草专卖局宝山分局成立于1990年12月。上海烟草集团宝山烟草糖酒有限公司成立于1995年12月，由上海烟草（集团）公司、上海烟草集团上海烟草贸易中心、上海宝山区糖业烟酒有限责任公司共同出资组建。2007年，共有从业人员502人，其中聘用员工4人。

全区销售卷烟13.49亿支（2.7万箱），同比增长2.59%。实现销售收入57939万元，同比增长8.3%。实现税利11775万元，同比增长0.93%，其中，实现利润8729万元，同比减少4.82%。

2007年共查获各类涉烟违法案件170起，捣毁藏假仓库13个，查获非法卷烟12408万支，总案值5400万元。

上海市烟草专卖局长宁分局
上海烟草集团长宁烟草糖酒有限公司

上海市烟草专卖局长宁分局成立于1991年2月。上海烟草集团长宁烟草糖酒有限公司成立于1996年10月，由上海烟草（集团）公司、上海烟草集团上海烟草贸易中心、上海九华商业（集团）有限公司共同出资组建。2007年，共有从业人员239人，其中聘用员工34人。

全区共销售卷烟8.7亿支（1.74万箱），同比增长6.88%。实现销售收入42611万元，同比增长11.26%。实现税利7674万元，同比减少14.89%，其中，实现利润6027万元，同比减少17.63%。

全年查获各类涉烟违法案件168起，查获各类违法卷烟45499条，案值490万元。配合公安、司法机关抓获涉案嫌疑人16人，其中，刑事拘留12人，判刑6人。成功破获国家级标准“5·22”网络大案。

上海市烟草专卖局普陀分局
上海烟草集团普陀烟草糖酒有限公司

上海市烟草专卖局普陀分局成立于1990年11月。上海烟草集团普陀烟草糖酒有限公司成立于1996年10月，由上海烟草（集团）公司、上海市快乐集团有限公司共同出资组建。2007年，共有从业人员575人。

全区销售卷烟12.12亿支（2.43万箱），同比增长4.48%。实现销售收入60377万元，同比增长10.58%。实现税利9794万元，同比增长1.91%，其中，实现利润7087万元，同比减少7.71%。

全年查获各类涉烟违法案件240起，查获非法卷烟2538.85万支，捣毁假烟仓库18个、制假窝点2个；破获网络批发售假案两起。配合公安、司法机关抓获涉案嫌疑人16人，判刑10人。

上海市烟草专卖局南汇分局
上海烟草集团南汇烟草糖酒有限公司

上海市烟草专卖局南汇分局成立于1991年1月。上海烟草集团南汇烟草糖酒有限公司成立于1995年1月，由上海烟草（集团）公司、上海烟草集团上海烟草贸易中心、上海南供投资有限公司共同出资组建。2007年，共有从业人员425人，其中聘用员工106人。企业被上海市精神文明建设委员会办公室评为2005～2006年度“上海市文明单位”，被上海市工商局评为“2006～2007年度上海市守合同重信用企业”。

全区销售卷烟16.97亿支（3.39万箱），同比增长5.6%。实现销售收入62800万元，同比增长3.97%。实现税利10314万元，同比减少1.01%，其中，实现利润8105万元，同比减少3%。

2007年立案221起，查获各类非法卷烟897.48万支，总案值369万元。配合公安机关侦破大要案6起，有3名涉案嫌疑人被依法追究刑事责任。

作为“万村千乡”市场工程建设试点单位，以抓农村村级商业网络和名烟名酒（烟酒专卖）店建设为重点，取得网建工作新成效。改善农村消费环境，拓展卷烟销售网点。截至2007年底，已建成“为农连锁超市”151家。

上海市烟草专卖局闸北分局
上海烟草集团闸北烟草糖酒有限公司

上海市烟草专卖局闸北分局成立于1990年12月。上海烟草集团闸北烟草糖酒有限公司成立于1996年11月，由上海烟草（集团）公司、上海烟草集团上海烟草贸易中心、上海市闸北区国有资产投资公司共同出资组建。2007年，共有从业人员310人，其中聘用员工45人。企业被人事部、商务部评为“全国商务系统先进集体”，被上海市知识产权局命名为“上海市首批知识产权保护工作示范单位”。

全区销售卷烟10.47亿支（2.09万箱），同比增长3.97%。实现销售收入45886万元，同比增长6.96%。实现税利7940万元，同比减少2.03%，其中，实现利润6287万元，同比减少4.68%。

2007年共立案1098起，查获各类非法卷烟732.42万支，其中，假冒卷烟641.69万支、走私卷烟53.86万支。

上海市烟草专卖局松江分局
上海烟草集团松江烟草糖酒有限公司

上海市烟草专卖局松江分局成立于1991年1月。上海烟草集团松江烟草糖酒有限公司成立于1995年1月，由上海烟草（集团）公司、上海烟草集团上海烟草贸易中心、松江商业总公司共同出资组建。2007年，共有从业人员561人，其中聘用员工160人。企业被评为“上海市首批知识产权保护工作示范单位”。

全区销售卷烟14.55亿支（2.91万箱），同比增长6.67%。实现销售收入73836万元，同比增长7.01%。实现税利12706万元，同比增长3.73%，其中，实现利润10070万元，同比增长1.2%。

2007年，查处各类涉烟违法案件1035起，查获非法卷烟4208.67万支，标值1403.71万元；捣毁假烟仓库12个，破获网络售假案1起；配合公安、司法机关抓获涉案嫌疑人17人，刑事拘留15人，判刑9人。

上海市烟草专卖局奉贤分局
上海烟草集团奉贤烟草糖酒有限公司

上海市烟草专卖局奉贤分局成立于1991年2月。上海烟草集团奉贤烟草糖酒有限公司成立于1995年1月，由上海烟草（集团）公司、奉贤区供销合作总社共同出资。2007年，共有从业人员898人，其中聘用员工7人。企业被上海市精神文明建设委员会办公室评为2005～2006年度“上海市文明单位”。

全区销售卷烟14.81亿支（2.96万箱），同比增长6.09%。实现销售收入100419万元，同比减少0.28%。实现税利14323万元，同比增长13.64%，其中，实现利润10418万元，同比增长16.22%。

2007年，查获各类涉烟违法案件121起，查获假冒卷烟1754.58万支；成功破获1起无证批发经营卷烟大案和1起违法运输卷烟大案，案值150万元。

多元化经营企业上海金叶商厦2007年实现销售收入27584万元，同比减少4.88%；实现利润2339万元，同比增长37.59%。

上海市烟草专卖局黄浦分局
上海烟草集团黄浦烟草糖酒有限公司

上海市烟草专卖局黄浦分局始建于1990年12月。2002年6月，与原上海市烟草专卖局南市分局合并成立新的上海市烟草专卖局黄浦分局。上海烟草集团黄浦烟草糖酒有限公司成立于1993年11月，由上海烟草（集团）公司、上海烟草集团上海烟草贸易中心、上海得强实业有限公司、上海豫园（集团）有限公司共同出资组建。2007年，有从业人员540人，其中聘用员工50人。企业被上海市精神文明建设委员会办公室评为2005～2006年度“上海市文明单位”。

全区销售卷烟20.37亿支（4.07万箱），同比增长8.76%。实现销售收入156265万元，同比减少11.86%。实现税利33650万元，同比增长1.53%，其中，实现利润28238万元，同比增长2.55%。

2007年，查获各类涉烟违法案件33起，其中破获1起特大家庭网络型非法经营雪茄烟团伙案，案值102.79万元；查获非法卷烟682.55万支，配合公安机关抓获犯罪嫌疑人17人。

上海市烟草专卖局静安分局
上海烟草集团静安烟草糖酒有限公司

上海市烟草专卖局静安分局成立于1990年12月25日。上海烟草集团静安烟草糖酒有限公司成立于1996年10月，由上海烟草（集团）公司、上海九百（集团）有限公司、上海海烟物流发展有限公司共同出资组建。2007年，共有从业人员311人，其中聘用员工31人。

全区销售卷烟5.27亿支（1.05万箱），同比增长4.56%。实现销售收入31681万元，同比增长11.95%。实现税利6167万元，同比减少2.77%，其中，实现利润4724万元，同比减少4.57%。

2007年查处各类涉烟违法案件101起，查获非法卷烟61971.89万支，标值963.67万元；破获网络批发售假案1起，配合公安、司法机关抓获涉案嫌疑人19人，判刑6人。

上海市烟草专卖局杨浦分局 上海烟草集团杨浦烟草糖酒有限公司

上海市烟草专卖局杨浦分局成立于1990年12月25日。上海烟草集团杨浦烟草糖酒有限公司成立于1996年12月，由上海烟草（集团）公司、上海烟草集团上海烟草贸易中心、上海杨浦商业发展投资有限公司共同出资组建。2007年，共有从业人员385人，其中聘用员工63人。企业被上海市精神文明建设委员会办公室评为2005～2006年度“上海市文明单位”，被上海百货商业行业协会命名为“上海市商业零售业规范服务示范单位”。

全区销售卷烟13.05亿支（2.61万箱），同比增长7.94%。实现销售收入58700万元，同比增长15.32%。实现税利9625万元，同比减少6.33%，其中，实现利润7532万元，同比减少7.58%。

分局建立“专卖管理进派出所”监管机制，将“烟草专卖管理联络点”进驻派出所，形成“网格监管、社区协管、区域联管”的新模式。破获4起制售假烟网络案，共查获假冒卷烟10400万支，案值7001万元；配合公安、司法机关抓获涉案嫌疑人73人，其中，刑事拘留47人，逮捕16人，判刑8人。

上海市烟草专卖局徐汇分局 上海烟草集团徐汇烟草糖酒有限公司

上海市烟草专卖局徐汇分局成立于1990年12月。上海烟草集团徐汇烟草糖酒有限公司成立于1997年1月，由上海烟草（集团）公司、上海烟草集团上海烟草贸易中心、上海徐汇国有资产投资经营有限公司共同出资组建。2007年，共有从业人员208人，其中聘用员工11人。

全区销售卷烟9.29亿支（1.86万箱），同比增长7.9%。实现销售收入43800万元，同比增长14.96%。实现税利7426万元，同比减少10.11%，其中，实现利润5647万元，同比减少15.74%。

全年查获涉烟违法大案、要案7起，查获各类非法卷烟5016.34万支，涉案金额2451万元，其中，成功侦破1起制售假烟网络团伙案，查获藏烟仓库17个，查获各类非法卷烟2818.92万支，案值达1450余万元。

上海市烟草专卖局卢湾分局 上海烟草集团卢湾烟草糖酒有限公司

上海市烟草专卖局卢湾分局成立于1991年1月。上海烟草集团卢湾烟草糖酒有限公司成立于1996年8月，由上海烟草（集团）公司、卢湾区国资委共同出资组建。2007年，共有从业人员1054人，其中聘用员工96人。

全区销售卷烟6.8亿支（1.36万箱），同比增长4.45%。实现销售收入55284万元，同比增长10.57%。实现税利12215万元，同比增长2.85%，其中，实现利润9434万元，同比增长4.05%。

2007年，共查获涉烟违法案件51起，查获非法卷烟786万支，案值308.56万元。破获1起涉及上海市五个区的地下假烟网络案，查获假冒卷烟776万支，案值260万元；配合公安、司法机关抓获犯罪嫌疑人10人，依法追刑4人。

上海市烟草专卖局闵行分局 上海烟草集团闵行烟草糖酒有限公司

上海市烟草专卖局闵行分局始建于1990年11月。1995年1月1日，与原上海市烟草专卖局上海县分局合并成立新的上海市烟草专卖局闵行分局。上海烟草集团闵行烟草糖酒有限公司成立于1995年2月，由上海烟草（集团）公司、闵行区供销社、闵行区商业集团公司共同出资组建。2007年，共有从业人员511人。

全区销售卷烟16.5亿支（3.3万箱），同比增长6.66%。实现销售收入74043万元，同比增长11.13%。实现税利15915万元，同比增长0.96%，其中，实现利润12600万元，同比减少2.37%。

2007年，破获制售假烟网络团伙案件1起，查获大案、要案10起；查获非法卷烟6733万支，总标值2487万元；移送公安、司法机关刑事拘留3人，依法追刑2人，网上追逃2人。

上海市烟草专卖局嘉定分局 上海烟草集团嘉定烟草糖酒有限公司

上海市烟草专卖局嘉定分局成立于1991年1月。上海烟草集团嘉定烟草糖酒有限公司成立于1995年1月，由上海烟草（集团）公司、上海烟草集团上海烟草贸易中心、嘉定区供销社共同出资组建。2007年，共有从业人员623人，其中聘用员工2人。

全区销售卷烟18.9亿支（3.78万箱），同比增长3.05%。实现销售收入85459万元，同比增长1.86%。实现税利12697万元，同比增长5.06%，其中，实现利润9470万元，同比增长2.22%。

2007年，共查获非法卷烟4416万支，其中，走私烟40万支、假冒卷烟3452万支，总案值2085万元。

上海市烟草专卖局驻上海铁路专卖局 上海烟草集团铁路烟草有限公司

上海市烟草专卖局驻上海铁路专卖局成立于1991年9月15日。上海烟草集团铁路烟草有限公司于2003年12月26日由原上海铁路烟草批发市场改制组建。公司由上海烟草（集团）公司、上海烟草集团上海烟草贸易中心、上海铁路经济发展有限公司共同出资。上海烟草集团铁路烟草糖酒有限公司成立于1992年1月，由上海烟草（集团）公司、上海烟草集团上海烟草贸易中心、上海铁路经济发展有限公司共同出资组建。2007年，有从业人员39人，其中聘用员工6人。

全年销售卷烟1.48亿支（0.296万箱），同比增长13.85%。实现销售收入7858万元，同比增长15.57%。实现税利1432万元，同比增长11.33%，其中，实现利润956万元，同比增长10.83%。

2007年，共查处涉烟违法案件16起，查获各类非法卷烟320.9万支，其中，假冒卷烟256.78万支、走私卷烟23.16万支。

所属其他二级单位

中国烟草上海进出口有限责任公司

中国烟草上海进出口有限责任公司原名中国烟草上海进出口公司，始建于1985年1月1日，是原对外贸易经济合作部批准的工贸一体化外贸公司。1999年12月27日，中国烟草进出口（集团）公司与上海烟草（集团）公司联合对其进行改制。2000年7月1日，中国烟草上海进出口公司正式更名为中国烟草上海进出口有限责任公司，实行董事会领导下的总经理负责制。2006年1月1日，中国烟草进出口（集团）公司将其所拥有的51%公司股权无偿划拨给上海烟草（集团）公司，自此中国烟草上海进出口有限责任公司成为上海烟草（集团）公司的全资子公司，注册资金4028万元。

公司实施以“市场提质”为核心的市场策略，在巩固免税市场的同时，积极发展有税市场，在美国、澳大利亚和中东地区有税市场的拓展上取得新的进展。截至2007年底，已相继开辟欧洲、亚洲、非洲、大洋洲和北美洲的26个国家和地区的有税市场，并不断拓展美国、英国、澳大利亚、日本、南非、中国香港、中国台湾等41个国家和地区、91个城市的免税市场。

建立和推进“有我参与、共同经营”的出口卷烟经营方式，以市场、渠道、价格、流向、消费群体“五个跟踪”为核心，及时准确地把握、分析海外市场信息和卷烟出口核心经营指标，进一步提高卷烟营销的针对性和及时性。突出市场、品牌、客户三个重点，增强海外市场营销能力。2007年，共实现出口创汇1.27亿美元，进出口贸易总额1.61亿美元。共出口卷烟42.12亿支，创汇9299万美元，其中，自营卷烟出口39.263亿支，代理“中南海”卷烟出口2.86亿支，出口烟叶2867吨，出口膨胀烟丝999吨，出口废料6030吨。

所属企业

上海烟草（集团）公司上海卷烟厂

【概　况】 上海烟草（集团）公司上海卷烟厂始建于1925年，前身是英美烟草公司颐中三厂。1952年4月，颐中三厂转让给中国政府，更名为国营上海卷烟二厂；1960年12月，更名为上海卷烟厂。1993年11月26日，上海烟草（集团）公司正式成立，上海卷烟厂成为其核心层单位之一。企业占地面积4.77万平方米。2007年，上海卷烟厂有在册员工2120人。拥有德国HAUNI制丝生产线，PROTOS、GD、FOCKE等卷包设备，以及570千克/小时膨胀烟丝生产线。年卷烟生产能力750亿支（150万箱）。

2007年，企业确立“以提高‘中华’品牌竞争力为核心”的方针目标，以市场需求为准绳，积极适应按订单组织生产的生产模式，通过产能挖掘、资源配置调整、优化生产组织等举措，及时调整生产组织。2007年，上海卷烟厂被上海市总工会评为“上海市职工最满意企业”。

【领导成员】 上海卷烟厂实行厂长负责制，主要领导成员有：

厂长、党委委员：郜　强

副厂长、党委书记：姜立功

工会主席、纪委书记：汤红芳（—2007.8）

副厂长、党委委员：周　铭
副厂长、党委委员：胡勤伟
副厂长、党委委员：卢　游
工会主席、纪委书记：刘晓晴（2007.8—）
副厂长、党委委员：戴志渊（2007.10—）
党委委员：杨　莺

【组织机构】 上海卷烟厂设办公室（党委办公室、厂长办公室）、综合管理科、财务科、人事劳资科、政工科、纪委监察科、工会、团委、工艺质量科、仓储科、设备科、安保科、行政科、科室党总支、一车间、二车间、三车间、膨胀烟丝车间、动力车间共19个部门、车间。

【卷烟生产】 2007年，主要生产的卷烟品牌有“熊猫”、“中华”、“上海”、“红双喜”、“牡丹”、“飞马”、“大前门”等。共生产卷烟750.08亿支（150万箱），同比增长1.99%，其中，生产一类烟212.13亿支（42.43万箱），二类烟59.4亿支（11.88万箱），三类烟241.39亿支（48.28万箱），四类烟125.01亿支（25万箱），五类烟112.14亿支（22.43万箱）。生产“中华”品牌卷烟207.03亿支（41.41万箱），占总产量的27.6%；“红双喜”品牌卷烟242.95亿支（48.59万箱），占总产量的32.4%；“牡丹”品牌卷烟125.01亿支（25万箱），占总产量的16.67%。2007年产品质量抽检合格率为100%，卷烟外在质量平均得分为99.21分，其中“中华”牌卷烟的外在质量得分为99.71分；卷烟制造过程σ水平达到4.262。

【科技创新】 以“中华”品牌为重点，有序推进各类攻关活动。2007年申报科技项目7项、各级质量改进项目43项、QC项目79项、六西格玛项目10项，合计立项数达139项。申报7项专利（含2项发明专利）。企业荣获省部级以上技术和管理项目奖项4个。

【信息化建设】 开展以应用需求为导向、以分析应用点为载体的4个层次信息资源利用工作，逐步完善数据资源利用推进机制，形成广度深度协同发展的信息资源利用管理框架，有效推动管理数字化和精细化。

【企业管理】 管理创新。推进以“质量、成本、交货期和队伍”为主要内容、标杆管理为重要方法的管理创新活动，确立“以观念和方法创新为先导，提升基层建设水平；以标杆管理和卓越绩效管理模式为载体，不断提升‘中华’品牌竞争能力”的管理创新指导思想，通过卓越绩效管理模式和标杆管理的实践，在持续创新、基础管理和“两个满意”（消费者满意，员工满意）等方面均取得长足的进步。

质量管理。质量控制继续保持高位有序运行。卷烟制造过程σ水平由2006年的3.838上升到4.262；“工序参数控制符合率”由2006年的94.85%上升到99.74%；制造质量百亿支投诉次数由2006年的4.14次下降到2.89次；产品满意度为86.7%，同比上升1.4%。

设备管理。以进一步保障工艺、保障生产为目标，着力提升质量保障能力和成本控制能力，深化设备全要素管理理念，夯实各项基础管理。推进设备防差错（FMEA）管理，运用FMEA方法对缺陷开展分析与改进，提高设备对生产、安全的有效保障。

安全管理。探索建立全面安全管理（TSC）新模式，在对历年安全、消防管理情况进行回顾的基础上，运用体系要素管理方法，加强对重点危害、重点部位的控制，实现安全的过程控制。

【标准化工作】 开展“中华”品牌系列标准的建立工作，制定并实施《“中华”工艺技术参数标准》、《“中华”过程控制标准》和《“中华”制造过程检测方法标准》等“中华”品牌系列标准。

建立“（软盒）中华”标准成本体系，确定制造环节标准成本控制的具体指标；通过引入价值量因素、统一指标的统计口径等方式，初步形成“（35号软盒）中华”标准成本控制框架。

【企业文化】 以“‘两个维护’在岗位，‘品质文化’融心间”主题实践活动为抓手，推动企业文化建设向纵深发展。初步确立文化建设框架，在全厂范围内征集文化框架中的质量、成本、人才、从业、管理、绩效等六大理念的内涵，并围绕六大理念的表述和内涵诠释进行专题研讨，形成《工厂文化理念框架（草案）》。

上海烟草集团北京卷烟厂

【概　况】 北京卷烟厂始建于1970年，2004年1月1日正式纳入上海烟草（集团）公司管理。占地面积8.95万平方米。2007年，有总资产19.7亿元，其中，固定资产2.47亿元、流动资产14.62亿元，资产负债率16.7%。共有员工804人，其中，大中专以上学历396人，高级职称6人、中级职称139人。拥有1条4000千克/小时制丝线，10台套PROTOS卷接机、1台套ZJ17等设备。年卷烟生产能力200亿支（40万箱）。2007年，北京卷烟厂被北京市质量协会信用评价中心评为“北京市重质量守信用企业”，并连续第九年被评为“首都文明单位标兵”。

【领导成员】 企业实行厂长负责制，主要领导成员有：

厂长、党委副书记：曲志刚

党委书记：马庆林

常务副厂长、党委委员：齐伟城

工会主席、党委副书记、纪委书记：蔡继东

总工程师：张维群

总会计师：于国欣

副厂长：赵丽儒

【卷烟生产经营】 2007年，生产卷烟171.03亿支（34.2万箱），同比增长15.87%，其中，生产一类烟3.06亿支（0.61万箱），二类烟5.07亿支（1.01万箱），三类烟40.96亿支（8.19万箱），四类烟78.51亿支（15.7万箱），五类烟43.42亿支（8.68万箱）。

销售卷烟169.9亿支（33.98万箱），同比增长14.69%。实现销售收入23.91亿元，同比增长25.64%。实现税利16.12亿元，同比增长30.74%，其中，实现利润4.09亿元，同比增长50.37%。出口创汇1290万美元，同比增长14.74%。平均单箱税利4785元，同比增长15.27%。

企业能耗进一步降低，天然气消耗2.22立方米/万支，同比减少0.02立方米/万支；电耗3.48千瓦时/万支，同比减少0.08千瓦时/万支；水耗0.06吨/万支，同比持平。

【品牌战略和产品介绍】 坚持“中南海”品牌“科技创新生活”的理念，坚持“首都是基础、空间在外埠、拓展在海外”营销方针，以集团公司新的营销体系为平台，把营销中心作为第一方队，加大首都、外埠和海外市场拓展力度，加快“中南海”品牌扩张和结构调整步伐。“中南海”卷烟销量比重从上年的75.74%上升到88.58%，市场占有率进一步提高，占全国混合型卷烟市场份额由上年的23.17%提高到30.14%。

2007年销售“中南海（5mg）”9.5亿支（1.9万箱），同比增长103%；销售“中南海（金8mg）”30.05亿支（6.01万箱），同比增长81.25%；销售“中南海（软盒精品）”2.485亿支（0.497万箱），同比增长47.1%。“中南海”卷烟出口马来西亚0.675亿支（0.135万箱），同比增长372%，其中薄荷型烟占53%。在免税市场，“中南海”卷烟销售3.28亿支（0.656万箱），同比增长96%，占到出口卷烟份额的30%。在中国澳门市场，“中南海”卷烟市场覆盖率达到60%以上。

【科技创新】 完成“中南海（5mg细支）”的试制和市场调研等工作。完成烤烟型“中南海（祥和132）”配方设计，明确商标设计方案并进入中试阶段。

加强气相自由基限量标准研究，完成41种国外卷烟烟气中气相自由基释放量测定工作。《应用离子阱GC/MSn测定主流卷烟烟气中的烟草特有N－亚硝胺》论文在《质谱快报》上发表。基本解决卷烟一氧化碳量超标问题，提高卷烟包灰能力。

先后开展真空镀铝纸、白玉兰滤棒替代和长润硬盒包装胶等试验工作。在烟支搭口改进、白肋烟烘焙机温湿度调查、提高三丝配比精度和膨胀烟丝工艺参数化等项目上取得新进展和成果。

【技术改造】 加强与地方政府及设计、招标、施工、监理等单位的沟通与协调，易地技术改造按照工程计划组织落实。9月16日，联合工房实现主体结构封顶；10月31日，联合工房网架安装完毕；2007年底，科研办公楼、动力中心开始动工。

【企业管理】 生产管理。以按订单组织生产为要求，坚持生产围着市场转，着力协调产能、库存与订单之间的不平衡，实现BIMS系统正常运行，确保及时交货。2007年，在品牌更换246次的情况下，圆满完成生产任务。

质量管理。确立六西格玛项目10个，编制修订企业标准172项。有8个QC项目分别荣获北京市、国家局和中国产品质量协会QC成果奖。着力提高过程控制能力、参数化控制水平和精细化管理水平，组织开展参数优化工作，明确关键参数44个，一般参数177个。

【三项制度改革】 2007年，进一步深化三项制度改革。进一步完善新岗位薪级工资体系，完成新效益工资对接和顺利运行，并实现新岗位薪级工资体系的整体运行。开展技术技能岗位人员评聘工作，组织职工参加工程、工艺研发、营销、技能4个序列13个岗位的竞聘，提高职工岗位技能。参加国家局组织的行业特有工种技师鉴定工作，有10名职工取得技师资格。积极贯彻《劳动合同法》，开展业务外包、劳务派遣、自主聘用人员自查工作，进一步规范和理顺企业劳动关系。

【信息化建设】 配合开展产销集成、资金管理、预算管理等信息系统实施工作；会计核算信息系统由分步式变为集中式；推进MES信息系统方案设计、调研等工作。

上海烟草（集团）公司天津卷烟厂

【概　况】 上海烟草（集团）公司天津卷烟厂始建于1919年，前身系天津英美烟草公司。1952年被中央人民政府接管，更名为天津卷烟厂。2004年12月与上海烟草（集团）公司签署联合重组协议，取消企业法人资格，更名为上海烟草（集团）公司天津卷烟厂。企业占地面积18.28万平方米。2007年，有在职员工1037人，其中，研究生学历7人、本科学历71人；高级职称3人、中级职称59人、初级职称70人。拥有5000千克/小时制丝线1条、PROTOS70卷接机组10台套、GDX1包装机组5台套、GDX2包装机组5台套等卷接包生产线关键设备。年生产能力200亿支（40万箱）。

【领导成员】 企业实行厂长负责制，主要领导成员有：

厂长、党委书记：李钢成
副厂长、党委委员：田振勇
副厂长、党委委员：唐　涛
副厂长、党委委员：张培勇（—2007.10）
工会主席、党委副书记、纪委书记：孟庆荣
副厂长：李　卫
党委委员：王自明（2007.12—）

【卷烟生产】 2007年生产卷烟165.25亿支（33.05万箱），同比增长13.18%。销售卷烟165.4亿支（33.08万箱），同比增长12.59%。实现卷烟销售收入13.32亿元，同比增长14.53%。实现税利6.32亿元，同比增长5.93%，大部分利润用于消化历史遗留不良资产。

【产品介绍】 2007年生产“江山”、“恒大”、“大前门”、“牡丹”4个卷烟品牌。生产“江山”8亿支（1.6万箱），同比增长14%；“恒大”57.8亿支（11.56万箱），同比减少25.04%；“牡丹”10亿支（2万箱），同比减少17.9%；“大前门”89.45亿支（17.89万箱），同比增长170.24%。“大前门”首次被认定为天津市著名商标。

【节能降耗】 开展节能降耗攻关活动。成立推进清洁生产工作领导小组，明确工作职责，制订实施方案。通过降低盒皮成本、降低燃煤消耗等节能降耗项目的实施，2007年总能耗同比降低8.95%，万支综合能耗和单位产值能耗同比分别降低19.55%和20.07%。2007年累计节约成本费用449万元。

【科技创新】 开展课题立项工作，2007年设立质量改进项目11项、QC课题51项、班组创新课题40余项、小改小革26项。中草药添加技术研究被纳入集团重点科研项目。“烟草薄片工艺技术研究”、“喷镀铝纸的应用推广”等成果被推广应用到实际生产中。“滚筒安全制动装置及其气动控制电路”项目获得国家知识产权局实用新型专利。

【人力资源管理】 推进人力资源的优化配置工作，导入胜任能力模型，组织管理7岗综合能力测评和中层管理岗位选拔竞聘工作；实施双轨制，开展2个级别6个条线的专业技术职称评聘工作。按照“大规模、多途径、深层次、高技能”的培训要求，从完善培训机制入手，统筹考虑员工学习与发展的需求，将员工的学习培训同胜任能力模型、职业生涯规划的要求紧密地结合在一起，初步建立一体化培训体系。

上海高扬国际烟草有限公司

【概　况】 上海高扬国际烟草有限公司创建于1992年2月，1995年7月正式投入生产，由上海烟草（集团）公司、香港南洋兄弟投资（中国）有限公司合资经营，投资总额为5000万美元。企业占地面积4.8万平方米。2007年，公司共有员工351人。有总资产4.12亿元，其中，固定资产1.82亿元、流动资产2.05亿元，资产负债率18%。拥有3300千克/小时的HAUNI制丝线1条，1000千克/小时的制梗线1条，800千克/小时的白肋烟线1条，卷接包机组8台套。年卷烟生产能力150亿支（30万箱）。

【领导成员】 董事会

董事长：高宪法
副董事长：陆大镛
董事：徐国强（2007.2—）陈宣民（2007.2—）陆益敏（2007.8—）陆禹平（2007.8—）谢亦三（—2007.2）李　跃（—2007.2）朱明华（—2007.8）陈烨（—2007.8）陆永年

班子成员
总经理、党总支书记：谢亦三（—2007.8）
总经理、党总支书记：徐国强（2007.8—）
工会主席、党总支副书记：盛晓敏
总工程师：蔡得明（—2007.4）
副总经理：沈　涛（2007.4—）
副总经理：张　强（—2007.9）
副总经理：张　巍（2007.9—）

【卷烟生产经营】 企业以委托加工生产低焦油卷烟产品为主，生产的卷烟品牌有“牡丹”、“红双喜”、“金鹿”等，并与日本烟草产业株式会社合作来料加工生产“七星”品牌卷烟。

生产委托加工卷烟 106.5 亿支（21.3 万箱），同比增长 13.47%；另外，生产“七星”卷烟 1.39 亿支（0.28 万箱）。实现销售收入 1.74 亿元，同比减少 0.57%。实现卷烟税利 0.57 亿元，同比减少 27.85%，其中，实现利润 0.32 亿元，同比持平。实现单箱税利 270 元，同比减少 12.57%。

【科研成果】 以低焦油卷烟产品特色工艺研究为方向，建立分层次的项目体系。全年实施科技项目 2 项，局级质量改进项目 4 项，标杆管理项目 6 项，双进步项目 9 项，六西格玛项目 2 项，以及 QC 课题 26 个，技术类项目职工参与率高达 65.13%。共申报专利 2 项，2 个六西格玛项目被评为“上海市优秀六西格玛项目”。

【技术改造】 完成一套 ZJ112 – ZB47 机组、两组 PROTOS1 – 8 卷接机，以及瑞龙连接设备的调试、验收、整改等工作；完成一套 FOCKE 486C 装箱机的安装调试；实施一组德斐坏烟处理机、白肋烟制丝线的技术改造项目；实施使用外高桥电厂热力公司的城网蒸汽项目，有效提高设备对生产、工艺、质量的保障能力和制丝生产品质控制能力。

【企业管理】 *质量管理*。每月对生产制造过程西格玛水平进行测试、跟踪、分析和反馈。产品质量抽检合格率为 100%，外在质量加权平均得分 99.41 分，理赔率 0.04ppm，质量事故和二级、三级工序异常均为零，卷包一次成品率达 99.01%。

设备管理。依据现有设备维修保养后的精度状况，建立涵盖回丝量等 8 项内容和涵盖缺支检测等 4 项内容的公司卷包设备性能评价标准；推行性能评价标准在设备轮季保养中的应用，进一步完善设备维修保养方法。

财务成本管理。推行预算管理精细化，实行预算指标考核由“总体指标”到“单个指标”的转变，预算编报由“手工”申报转变为“系统”申报。研发低值易耗品管理模块和项目、合同管理模块，启用集团公司资金管理系统，提升全面预算管理的刚性控制水平。

签订《降本增效指标确认书》，明确每万支能源成本、每万支维修成本、每万支零配件消耗成本和每万支办公用品成本分别比 2006 年下降 5% 的目标，全年降低成本费用 82 万元。

【信息化建设】 围绕生产过程，深入推进信息化应用。完成月滚动计划、材料退料条码分配、烟叶投料重量录入等 8 项优化工作。编制产量消耗指标奖金分配、制丝投入产出、卷包质量报告等数据分析表单。调试与实施“二打三扫”项目，提升物流效率。

【企业文化】 公司以全员参与为根本，分阶段开展企业文化建设。宣传动员阶段，结合《员工文明手册》进行宣传贯彻，开展“大家都来找陋习”有奖竞答活动，进一步规范职工行为习惯；培训审视阶段，在组织普及培训和专业培训的基础上，对公司现有的文化进行梳理，明确培育方向；实施贯彻阶段，开展质量品质文化核心理念的征集、评选、竞猜活动，职工参与率达 96.6%。

上海烟草储运公司

【概　况】 上海烟草储运公司成立于 1993 年 11 月，拥有两个烟叶原料仓库（云岭西路仓库和国权北路仓库）、一个卷烟成品仓库和一个专业运输车队。公司主要承担上海烟草行业烟叶原料和卷烟成品的储存、养护、运输、调拨、配送职能。2007 年，公司有总资产 9.09 亿元，烟叶仓库面积 33.06 万平方米，卷烟仓库面积 5.12 万平方米，生产运输车辆 86 辆，各类铲车 105 台（包括夹包车、托盘推垛机、托盘搬运车、叉车等）。共有在岗员工 650 人，其中，大中专学历 494 人，技术工人 445 人，中、高级工占技术工人总数的 89.89%。

【领导成员】 公司实行总经理负责制，主要领导成员有：

总经理、党委委员：解建伟（2007 年 8 月起不再兼任党委书记）

党委书记：汤红芳（2007.8—）

副总经理、党委委员：黄龙翔（—2007.2）

副总经理、党委委员：许资新

副总经理、党委委员：宋　玮

工会主席、纪委书记：陆仁平

【生产经营】 2007 年，完成烟叶吞吐 21.62 万吨（432.4 万担），同比增长 3.3%；卷烟吞吐 1551.76 亿支（310.35 万箱），同比增长 12.65%；汽车运输 614.29 万吨公里，同比增长 14.66%；柴油单耗 7.55 升/百吨公里，同比减少 1.44%。主要生产设备完好率 98.43%，提高 0.08 个百分点。2007 年无质量事故和重大安全事故。

【服务链打造】 2007年是公司三年打造服务链计划的第二年，主要在巩固和完善外部服务链的基础上打造内部服务链。公司以服务文化建设、员工满意度测评、服务流程梳理及服务质量管理为重点，探索实践服务文化建设的新思路、新途径和新方法，着力构建公司—部门—班组三级服务文化框架。制订并完善《员工满意度测评办法》，对测评结果进行分析总结，制定业务内部服务流程图和相应的质量标准，提出“准确、畅通、精细、满意”的内部服务承诺，并在上下道工序间形成服务承诺和衔接标准，以内链驱动外链，着力满足客户的需求。

【企业管理】 *质量管理*。通过“探索电子标签在‘一打二扫’工作中的应用”项目的应用，有效提高卷烟发货速度、降低劳务工装箱强度、满足客户对发货时间需求。“环境友好型烟叶熏蒸探索”质量改进项目从减少磷化铝投放量和投放频次入手，在确保烟叶熏蒸效果的前提下实现了保质、降耗。

安全管理。加强对重点危险源的分级监控和作业现场的动态管理，从事故追究型向事故预防型转变。继续运用和深化网络化、区域化安全管理模式，进一步细分区域，健全网络，落实责任。将重点班组的安全理念、安全格言、行为准则和操作标准汇编成册，推进安全文化建设。

财务管理。完善可控预算管理网络建设，加强预算管理的过程控制，完善预算管理网络建设。规范卷烟运费结算工作，确保资金管理中心数据采集的准确性。按照明确责任、摸清家底、做实资产、加强管理的清产核资要求，落实好清产核资相关工作。

【信息化建设】 根据储运物流管理系统项目的开发计划，做好系统各功能模块可行性确认、系统对外的接口流程测试、内部业务流程测试确认和操作界面风格的确认。通过培训增强主要业务人员的实际操作能力，并对主要业务模块功能进行验证。根据办公室导航系统测试过程中提出的问题和建议进行分类归纳整理，进一步优化完善系统流程和操作界面。基本完成系统主体模块搭建，进入试运行准备阶段。

上海烟草工业印刷厂
（含上海金鼎印务有限公司）

【概　况】 上海烟草工业印刷厂始建于1929年，是国内最早专业生产卷烟商标的印刷厂。现为上海烟草（集团）公司全额投资的子公司。拥有集资兴建的上海金鼎印务有限公司和上海罗德烟草印务有限公司两个公司。2004年上海烟草工业印刷厂整体搬迁至浦东新区高行工业园区，占地面积11万平方米。下属子公司上海金鼎印务有限公司于2005年12月28日与上海罗德烟草印务有限公司合并。2007年，有总资产11.15亿元，其中，固定资产5.43亿元、流动资产3.19亿元，资产负债率27.96%。有在册员工1054人。

上海烟草工业印刷厂主要生产高中档卷烟商标及包装装潢印刷品、画册、样本等，具备国内领先的创意设计、制版、胶印、凹印、烫金、丝网印刷和模切等综合印刷能力。2007年，企业被上海市精神文明建设委员会办公室评为2005~2006年度“上海市文明单位”。

【领导成员】 上海烟草工业印刷厂实行厂长负责制，主要领导成员有：

上海烟草工业印刷厂厂级领导

厂长、党委委员：俞志康

副厂长、党委书记、纪委书记：曹水萍

副厂长、党委委员：张国生

副厂长、党委委员：孙健法

副厂长：邹国南

工会主席、纪委书记：甘向红

副厂长：罗　龙

上海金鼎印务有限公司董事会成员

董事长、总经理：俞志康

副董事长：陈金铭

董事：郑宁生（—2007.3）　郭　宇（2007.3—）　罗文强　钱春生（—2007.3）　陈荣富（2007.3—）　张国生　王晓南　邹国南　张　琴

烟印实业合作公司董事会成员

董事长：邹国南

董事：陈　依　高祥麟　程丽娟　方海建　聂　明　祁光荣

【生产经营】 2007年，上海烟草工业印刷厂完成印刷产量124624对开万印，同比增长7.66%。实现工业产值5.46亿元，同比增长18.95%。实现销售收入8.4亿元，同比增长16.34%。实现税利1.42亿元，同比增长71.08%，其中，实现利润0.97亿元，同比增长115.56%。

上海金鼎印务有限公司完成印刷产量162277对开万印，同比增长8.51%。实现工业产值3.08亿元，同比增长10.41%。实现销售收入3.14亿元，同比增长16.87%。实现税利0.87亿元，同比增长102.14%，其中，实现利润0.58亿元，同比增长126.43%。

【产品介绍】 企业的产品主要包括烟标产品和社会产品两方面，其中，烟标产品主要有上海卷烟厂的“熊猫”、“中华”、“红双喜”、“上海”、“金鹿”等系列烟标，以及部分外省市烟标。社会产品大致可分为日用化工类、食品类、文教用品类等产品的包装印刷品，主要品牌包括：德国汉高公司的“蓓泽丝”染发剂系列外包装盒、法国欧莱雅公司的唇膏系列外包装盒、肯德基公司的外带全家桶系列包装盒、上海不凡帝糖果有限公司的“阿尔卑斯”和“贝洁”系列包装盒、瑞特元昌公司的订书机、订书钉系列外包装盒等。

【科技创新】 参与卷烟新品包装设计工作。完成“中华5000”设计稿的生产性转化，以及“（百顺）红双喜”和“中华5000”产品宣传手册的设计制作，开展“（5mg）红双喜”烟标和高端“红双喜”烟标的设计工作。

开展提高卷烟包装质量的课题研究。在“熊猫”、“中华”、“上海”、“江山”等烟标上进行了表面耐磨性的工艺试验、光油涂布工艺的适应性研究、烟标模切成型工艺改进、烫印适性工艺技术试验等工作。

开展专利申报工作。完成“（百顺）红双喜”硬盒及条盒的两项外观专利的申报和全开式“中华”烟盒开槽机改造的实用新型专利的申请工作。引进650联机复卷装置和印刷套准装置。

【企业管理】 卓越绩效管理。2007年企业围绕创建“追求卓越绩效印刷企业”目标，对照卓越绩效评价准则，以开展自评工作为契机，夯实企业基础管理，挖掘企业管理细度和深度。通过组织推广标杆管理方法，扎实推进基层建设。2007年企业被评为“上海市实施卓越绩效管理先进企业”。

客户关系管理。全方位地实施客户分类管理，设计了重要客户的个性化服务方案，确立形成年度企业重要客户。在做好新的、有潜质的客户服务的同时，开展针对重要客户的个性化服务。

标准化管理。从提高企业标准的有效性和可操作性出发，完成对全厂标准体系文件的审视和修订工作。为提高标准的执行力度，组建了一支结构合理、高素质的“信息化标准化联动工作团队”。同时，采用标准制度的计划督查和“飞行”督查相结合的方式，策划并开展了年度标准制度督查工作。

质量管理。推广印刷商标条形码的应用，实施卷烟质量的跟踪追溯。加强质量控制力度，将成品检验调整为巡检制，重新明确产品抽样要求，确立凹印产品坏片分析的方法。总结PQI评价系统在胶印、在制品产品质量评价上取得的成功经验，并将其初步运用和推广到联机凹印产品的质量评价上。

安全管理。完成对危险源的重新排摸、辨识与评价工作，修订“重点危险源管理表”，细化管理措施和技术措施。基本建立企业分类安全技术标准体系，完成“凹印、胶印、车辆、危险化学品、通用机械”等安全技术标准。

【信息化建设】 开展“烟印资源管理系统”二期建设，其中包括定单成本核算系统、人力资源系统、产品质量追溯系统三大模块。逐步建立起高效便捷的信息沟通网络和集成的生产管理系统，有效地支持各个关键业务的管理。

【企业文化】 从“提升素质创品牌，拓展市场塑形象”的目标出发，企业制订了以质量、品质为核心的2007年度企业文化实施计划。深入开展“两个至上”、“两个为荣”核心价值观的学习宣传，召开“以企业文化推动和谐烟印发展”为主题的第二十二届思想政治工作年会，举办以“培育品质文化，构建和谐烟印”为主题的企业文化建设辅导会，进一步统一员工对培育以质量、品质为核心的企业文化工作的认识。

上海白玉兰烟草材料有限公司

【概　况】 上海白玉兰烟草材料有限公司2003年由原上海烟草材料厂浦东联营公司转制组建，由上海海烟实业合作公司、上海惠民工贸合作公司、上海张江实业总公司合资经营，专业生产各类包装纸箱、制造卷烟滤棒和多用途胶粘剂。企业占地面积2.6万平方米。2007年，有总资产1.6亿元，其中，固定资产1.05亿元、流动资产0.55亿元，资产负债率19.24%。有在册员工397人。公司拥有德国HAUNI公司复合成型机、KDF－2滤棒成型机、波纹滤棒成型机等各类专用生产设备，长期为上海卷烟厂、上海高扬国际烟草有限公司提供“熊猫”、“中华”和“红双喜”等产品的滤棒或卷烟烟箱，为上海烟草（集团）公司各烟叶基地提供烟叶大箱，同时为国内其他数家卷烟厂提供滤棒等配套产品。

【领导成员】 公司实行总经理负责制，主要领导成员有：

总经理、党总支书记：徐国强（—2007.1）
总经理、党总支书记：陈桂荣（2007.1—）
工会主席、党总支副书记：蔡建国
副总经理：张荣彪
副总经理：秦建国
副总经理：田永昌

【生产经营】 2007年，公司生产瓦楞纸箱1128万标准平方米，滤棒37.61亿支（其中醋纤滤棒20.81亿支、丙纤滤棒9.37亿支、特种滤棒1.35亿支）。实现销售收入1.41亿元（业外产品销售收入0.27亿元），同比减少3.42%。实现税利0.24亿元，同比减少46.7%，其中，实现利润0.13亿元，同比减少31.58%。

【技术改造】 2007年，顺利完成"煤改油"锅炉技术改造，并完成与之配套的储油罐、供油系统、给水系统等安装及管线切换。完成纸箱车间厂房扩建工程，并完成新纸箱流水线安装、调试和验收工作。

【技术创新】 2007年，公司以"减害降焦"为目的，规划企业技术创新发展目标和新型滤棒发展方向，不断研发各种规格、品种的滤棒系列产品，以满足各类卷烟产品的需求。分别实施了复合滤棒成型纸材料、57克纤维纸波纹滤棒、APP滤棒、木浆纤维滤棒四类产品的试制工作。

【质量管理】 坚持以参数化管理为手段，加强过程控制，优化参数指标，完善工艺规程，加大检验力度，确保产品质量稳定受控。2007年滤棒一次交验合格率达99.87%，纸箱批抽检合格率达100%。

【降本增效】 2007年，积极开展"提质降本"工作。开展全面预算管理，将资金纳入集团公司资金管理中心统一监管，进一步规范企业资金的控制和使用。稳步推进滤棒箱挑拣、回用工作，全年共挑拣、回用滤棒盒盖21.6万只。卷烟烟箱和烟叶大箱用纸门幅分别缩小5~10毫米，全年节约采购费用30万元。做好卷烟烟箱回用工作，制订烟箱回用业务流程，共回用烟箱58万只，回用率达88%。合理调整设备保养时间，2007年增产滤棒1.5亿支、纸板40万片，印刷模切机增产12万片。

上海海烟物流发展有限公司

【概　况】 上海海烟物流发展有限公司成立于2002年6月18日。公司整合上海烟草糖酒行业优势资源，专注于烟草、酒类、食品、百货的分销与配送，已形成以现代物流、糖酒品牌运作、卷烟销售为核心的三大主营业务，是集现代物流、商品营销、信息服务于一体的供应链服务提供商。公司下属海烟物流中心占地面积6.25万平方米，拥有无人自动高架库和自动存取机、SENZANI自动卷烟拣选系统等设备。2007年，公司有总资产13.18亿元，固定资产3.98亿元、流动资产8.41亿元，资产负债率15%。有在职员工670人。

【领导成员】 2007年1月20日，公司召开2007年第一次股东会，选举产生了新一届董事会、监事会，任命了公司经营管理人员。

董事会

董事长：董秀明

副董事长：吴顺宝

董事：管振毅　倪鸿宾　郭　兰

监事会

监事：倪　蓉　冯小莉

班子成员

总经理、党委委员：过明啸

副总经理、党委书记：陆　捷

工会主席、党委副书记、纪委书记：蒋国澄

副总经理：柏树兴

【生产经营】 2007年，公司共分拣配送卷烟369.16亿支（73.83万箱），同比增长6.36%；销售卷烟107.77亿支（21.55万箱），同比增长15.92%；实现卷烟销售额42.14亿元，同比增长17.06%；实现糖酒销售额15.07亿元，同比减少8.67%。实现税利3.08亿元，其中实现利润2.25亿元。

【技术改造】 根据国家局"二打三扫"工作要求，落实技术方案编制和技术测试工作。无线射频识别系统（RFID）项目按计划完成设备安装、调试，以及人员培训等工作并正式上线，成功替代原"一打二扫"系统。

【企业管理】 设备要素管理。梳理公司设备管理框架，建立设备管理文件体系。加强对设备管理技术经济指标的统计与分析，增强现场管理能力。强化备品备件管理，确保备件库存与结构保持在合理水平。修订公司能源管理规定，建立公司能源管理网络，并将计量管理工作纳入集团公司统一管理平台。

财务管理。建立预算审核小组，优化预算审核流程，通过集体会审提高部门预算的合理性。搭建成本中心平台，做好物流成本定额指标编制工作。加强应收账款管理，改善糖酒业务账龄结构，2007年账龄在90天以内的应收账款余额占总额的99.94%，应收账款周转同比加快10.28天。

【信息化建设】 公司统一SAP物流配送信息系统平台，完成糖酒进销存管理系统建设，梳理并优化业务流程，加强对业务全过程的管理和控制，实现公司层面统一的财务管理、成本核算、库存管理和业务管理。

【企业文化】 公司围绕"服务创造价值"的企业文化理念，将企业文化与员工思想融和、与业务流程融和、与工作方法融合。组织"'服务创造价值'在岗位"活动，通过班组学习、"我与海烟共成长"主题征文比赛等活动，推动重点工作的落实。

上海烟草集团太仓海烟烟草薄片有限公司

【概　况】 上海烟草集团太仓海烟烟草薄片有限公司注册成立于2004年1月，位于江苏省太仓市港口开发区，2007年正式投产。公司由上海烟草（集团）公司、上海烟草工业印刷厂、上海牡丹香精香料有限公司共同出资组建，总投资2.3亿元。公司占地面积14.85万平方米，年生产能力为1万吨造纸法烟草薄片，是国内生产烟草薄片规模较大，技术较先进的造纸法烟草薄片生产基地之一。2007年，有总资产2.78亿元，其中，固定资产2.1亿元、流动资产0.52亿元，资产负债率18.96%。共有员工165人，其中高级工程师2人。

2007年，公司坚持"做精做强"战略思想，坚持"和搏一流"企业精神，实现"1231"年度目标任务，即"突出一条主线"：稳定和逐步提高产品质量；"增强两个能力"：技术突破能力、基础管理能力；"抓好三项重点"：项目竣工验收、生产运行稳定、职工队伍建设；"实现一个目标"：确保产品质量符合中档卷烟配方要求。

【领导成员】 公司实行董事会领导下的总经理负责制，主要领导成员有：

董事会

董事长：吴菊民

董事：王　平　单国荣　李惠敏　陈耀岐

监事会

监事：郭　宇　邹国南

经理层

总经理：谢亦三

副总经理：宗宝祥

副总经理：严新龙

副总经理：仇仕良

【生产经营】 公司于2007年7月开始试生产，9月产品批量使用在"牡丹"、"前门"等品牌卷烟配方中。2007年共生产造纸法烟草薄片1985吨，实现销售收入0.36亿元，实现税利0.18亿元。

2007年上海市烟草商业系统主要情况统计

区、县局（公司）名称		上海市烟草专卖局浦东新区分局（有限公司）	上海市烟草专卖局虹口分局（有限公司）	上海市烟草专卖局青浦分局（有限公司）	上海市烟草专卖局崇明分局（有限公司）	上海市烟草专卖局金山分局（有限公司）
法人代表/主要负责人		倪鸿宾	董秀明	管振毅	倪鸿宾	杨圣明
总资产（万元）		32631	35614	22574	20560	32059
所属县级局数量（个）		—	—	—	—	—
所属县级公司数量（个）		—	—	—	—	—
所属营销部、分公司		—	—	—	—	—
所属业务机构	访销机构	1个营销部	1个营销部	1个营销部	1个营销部	1个营销部
	物流配送机构	—	—	—	—	—
	稽查机构	1个稽查支队	1个稽查支队	1个稽查支队	1个稽查支队	1个稽查支队
销售卷烟（亿支）		26.10	17.34	13.95	16.26	14.05
实现税利（万元）	本年	15250	14524	11895	11637	11092
	上年	15324	12670	12706	13354	9381
实现利润（万元）	本年	12246	10746	8943	8605	8456
	上年	12528	9046	10284	10440	6344
烟叶种植（亩）		—	—	—	—	—
烟叶收购（担）		—	—	—	—	—
零售户数（户）		3379	1484	1873	2518	1915

区、县级局（公司）名称		上海市烟草专卖局宝山分局（有限公司）	上海市烟草专卖局长宁分局（有限公司）	上海市烟草专卖局普陀分局（有限公司）	上海市烟草专卖局南汇分局（有限公司）	上海市烟草专卖局闸北分局（有限公司）
法人代表/主要负责人		董秀明	管振毅	杨圣明（—2007.3）、倪鸿宾（2007.3—）	倪鸿宾	杨圣明（—2007.4）、吴菊民（2007.4—）
总资产（万元）		30453	13849	17443	20893	13368
所属县级局数量（个）		—	—	—	—	—
所属县级公司数量（个）		—	—	—	—	—
所属营销部、分公司		—	—	—	—	—
所属业务机构	访销机构	1个营销部	1个营销部	1个营销部	1个营销部	1个营销部
	物流配送机构	—	—	—	—	—
	稽查机构	1个稽查支队	1个稽查支队	1个稽查支队	1个稽查支队	1个稽查支队
销售卷烟（亿支）		13.49	8.70	12.12	16.97	10.47
实现税利（万元）	本年	11775	7674	9794	10314	7940
	上年	11666	9017	9610	10419	8104
实现利润（万元）	本年	8729	6027	7087	8105	6287
	上年	9171	7317	7679	8356	6596
烟叶种植（亩）		—	—	—	—	—
烟叶收购（担）		—	—	—	—	—
零售户数（户）		1802	928	1120	2094	1148

区、县局（公司）名称		上海市烟草专卖局松江分局（有限公司）	上海市烟草专卖局奉贤分局（有限公司）	上海市烟草专卖局黄浦分局（有限公司）	上海市烟草专卖局静安分局（有限公司）	上海市烟草专卖局杨浦分局（有限公司）
法人代表/主要负责人		吴国权	沈伟明	沈伟明	杨圣明	董秀明
总资产（万元）		31890	42647	100081	16692	17164
所属县级局数量（个）		—	—	—	—	—
所属县级公司数量（个）		—	—	—	—	—
所属营销部、分公司		—	—	—	—	—
所属业务机构	访销机构	1个营销部	1个营销部	1个营销部	1个营销部	1个营销部
	物流配送机构	—	—	—	—	—
	稽查机构	1个稽查支队	1个稽查支队	1个稽查支队	1个稽查支队	1个稽查支队
销售卷烟（亿支）		14.55	14.81	20.37	5.27	13.05
实现税利（万元）	本年	12706	14323	33650	6167	9625
	上年	12249	12604	33142	6343	10275
实现利润（万元）	本年	10070	10418	28238	4724	7532
	上年	9951	8964	27535	4950	8150
烟叶种植（亩）		—	—	—	—	—
烟叶收购（担）		—	—	—	—	—
零售户数（户）		1974	1891	1416	629	1074

区、县局（公司）名称		上海市烟草专卖局徐汇分局（有限公司）	上海市烟草专卖局卢湾分局（有限公司）	上海市烟草专卖局闵行分局（有限公司）	上海市烟草专卖局嘉定分局（有限公司）	上海市烟草专卖局驻上海铁路专卖局（有限公司）
法人代表/主要负责人		倪鸿宾	沈伟明	董秀明	杨圣明	杨圣明
总资产（万元）		15088	32072	37097	29472	3481
所属县级局数量（个）		—	—	—	—	—
所属县级公司数量（个）		—	—	—	—	—
所属营销部、分公司		—	—	—	—	—
所属业务机构	访销机构	1个营销部	1个营销部	1个营销部	1个营销部	1个营销部
	物流配送机构	—	—	—	—	—
	稽查机构	1个稽查支队	1个稽查支队	1个稽查支队	1个稽查支队	1个稽查支队
销售卷烟（亿支）		9.29	6.80	16.50	18.90	1.48
实现税利（万元）	本年	7426	12215	15915	12697	1432
	上年	8261	11877	15763	12086	1286
实现利润（万元）	本年	5647	9434	12600	9470	956
	上年	6702	9067	12906	9264	863
烟叶种植（亩）		—	—	—	—	—
烟叶收购（担）		—	—	—	—	—
零售户数（户）		812	615	1756	2185	101

注：上海烟草（集团）公司下辖的上海海烟物流发展有限公司，负责全市卷烟配送工作。

（胡剑平）

江苏省烟草专卖局（公司）

【概　况】 江苏省位于长江下游地区，总面积10.26万平方公里，总人口7550万人。2007年，实现地区生产总值（GDP）25560.10亿元。

江苏省烟草专卖局、中国烟草总公司江苏省公司分别组建于1983年7月、1982年11月，省局（公司）下辖13个市烟草专卖局（公司）、68个县（市、区、分）烟草专卖局（营销部）以及江苏金丝利集团公司1个多元化经营企业。总资产311.75亿元，其中，固定资产20.44亿元、流动资产270.02亿元，资产负债率13.5%。共有在册正式职工3104人，聘用员工10332人。2007年，省局（公司）荣获"2007年度全国卷烟销售工作先进单位一等奖"。

【领导成员】 局长、总经理、党组书记：尉彭城

副总经理、党组成员：杨兴泉

副局长、党组成员：樊剑峰

纪检组长、党组成员：马鲁宁

副总经理、党组成员：刘加荣（2007.1—）

副巡视员：张　强（2007.6—）

【组织机构】 省局（公司）机关下设办公室（外事办公室）、政策法规与体制改革处、综合计划处（经济运行处）、专卖监督管理处、卷烟销售管理处、财务管理处（国有资产管理处、资金管理中心）、审计处、投资管理处（由财务处负责）、人事劳资处、教育培训中心（由人劳处负责）、离退休人员管理办公室（由人劳处负责）、安全保卫处、监察处（与党组纪检组合署办公）、思想政治工作处（机关党委、工会）、经济信息中心、烟草质量监督检测站、科技处（由烟草质量监督检测站负责）、职业技能鉴定站、机关服务中心、烟草学会等20个处室、部门。

【经济效益】 2007年，共销售卷烟1240.68亿支（248.13万箱），同比增长3.67%，其中，销售一类烟133.91亿支（26.78万箱），二类烟155.67亿支（31.13万箱），三类烟215.30亿支（43.06万箱），四类烟478.85亿支（95.77万箱），五类烟256.95亿支（51.39万箱）。销售省产卷烟619.2亿支（123.84万箱）。实现销售收入436.42亿元，实现税利112亿

元，同比增长17.89%，其中实现利润91.2亿元。

【专卖管理】 卷烟打假打私。坚持“每个地市都要打掉1～2个制售假烟网络”的目标，将侦办网络案件作为打假工作重点。建立健全卷烟打假打私行政执法与刑事司法衔接机制，建立打假破网专职机构和队伍，强调“一把手”是专卖工作的第一负责人，努力在“打网络、摧团伙、端窝点、抓首犯”上下工夫。利用元旦、春节、中秋、国庆等节日，组织开展代号为“狩猎行动”、“春雷行动”和“天网行动”的三次市场集中整治专项行动，市场净化率达到96%以上。全年共出动打假打私19.1万人次，查处涉烟违法案件3.28万起，其中案值20万元以上的假冒卷烟案件78起。破获售假网络案件35起，查获违法卷烟50833件。移送公安、司法机关拘留537人，逮捕181人，判刑412人。

内部专卖管理监督。出台《全省烟草行业内部专卖管理监督同级监管操作规程》，明确工商企业28个部门、42个岗位的112个工作节点，初步实现全省内部专卖管理监督工作的流程化管理。省、市、县三级局在7月底前全部成立内部专卖管理监督处（科），明确组织机构、职能定位、岗位设置和人员配备，同时，确定淮安市局（公司）、淮阴卷烟厂为内部专卖管理监督工作试点单位。举办4次全省性内部监管培训班，就内部监管的工作要求、业务流程、工作方法、相关法律法规等方面进行培训。建立健全内部监管问题的受理、处理、反馈机制，扩宽内部监管工作范围和渠道，将卷烟落户销售、落地销售、货源分配等零售户关心的卷烟营销行为进行公示，开展“向零售户承诺、请零售户监督、让零售户放心”活动。搭建网上投诉平台，受理全省各地零售终端对“四员”（电访员、客户经理、送货员、市场稽查员）在涉及内部监管工作等方面的意见和要求。

推进“两项建设”。加强专卖管理工作基层建设和队伍建设，确定连云港市局为试点单位，围绕“依法行政、提高效率、严格责任”三大原则，制订试点实施方案。8月，在连云港召开全省专卖基层建设和队伍建设现场会，通过典型带动，推动“两项建设”在全省的开展。11月，下发《加强专卖基层建设和队伍建设工作实施意见》，确立“两项建设”的基本原则、基本目标和工作重点。

【网络建设】 网建全面提升。制订《全省网建全面提升工作方案》，以“按客户订单组织货源”、“服务农村市场”、“工商协同培育品牌”、“客户经理职能转变”、“客户服务应急预案”等为重点课题，在苏州、南通、徐州分别召开3个片区试点交流会，加强联动单位试点工作经验的交流和借鉴。6月，召开全省网建全面提升工作座谈会，制订《江苏烟草统一零售客户服务标准意见》，实现全省服务项目、标准、程序、评价、监督的统一；制订《关于加强需求预测的意见》，进一步明确各部门、各岗位、各环节的预测流程和标准，提高预测工作的质量。

优化客户服务。推进“客户投诉中心”建设，完善投诉中心工作内容，提高投诉受理质量。每月随机选取零售户，就总体服务、货源供应、电话订货员、客户经理、送货员、专卖稽查人员的工作质量等方面进行电话调查，完善“全省商业系统服务质量评价体系”，推动服务质量提高。截至2007年底，省客户投诉中心累计接到零售户电话2万多个，其中，客户投诉967件、客户建议807件、客户咨询27302件。客户投诉中心主动调查零售户27302户。客户投诉回访满意度达80%以上，平均月投诉量下降到10件以下。

网建队伍建设。重视培训工作，提高员工综合素质。截至2007年底，共组织各类营销网建培训106次，参加培训人员15892人次。开展岗位练兵活动70次，共6225人参加。4月，组织200人参加网建管理人员培训班，学习国家局《“按客户订单组织货源”业务操作规范（试行）》，邀请国际烟草公司相关人员就营销管理等内容进行授课。

【信息化建设】 将信息化建设工作重心逐步转移到信息化综合管理和应用上来。在综合管理方面，加强制度建设和制度执行情况的监督检查，制订《全系统信息化工作管理办法》、《专卖营销管理信息系统运行维护管理规定》、《终端计算机安全管理规定》等相关文件，加强信息化项目管理和人力资源管理。在应用方面，通过应用专卖管理信息系统，新办零售许可证31877个，恢复零售许可证16937个，停业歇业注销零售许可证47606个；通过应用营销管理信息系统，统一管理全省卷烟商品的基本信息，统一控制全省卷烟价格，全面支撑“电话订货、电子结算、网上配货”和配送管理。

做好信息化项目的升级改造，重点开展六项工作。建设省局（公司）专卖营销信息门户，设计开发客户经理工作平台软件，完成江苏烟草工商信息互动平台的升级，完善专卖案件管理软件，开展全省综合办公自动化系统的升级改造、档案管理信息系统的推广应用、内部网站的局部改造，全面推进网络升级改造和信息安全建设工作。

【财务管理】 加强制度建设。重新修订《江苏省公司基本建设项目财务管理暂行办法》、《江苏省公司固定资产投资项目审计暂行办法》、《江苏省公司经济责任审计管理暂行办法》、《加强全省财务状况动态监管实施意见》。重点加强费用预算的编制和监控管理，严格限制无预算和超预算资金支出，首次将预算执行情况纳入考核指标体系。在全系统实施统一会计政策，对全省财务会计科目的设置、会计核算方法等进行统一。

清产核资。制订全省清产核资工作方案，统一清产核资的范围和内容，对清产核资工作质量、完成时间都提出明确要求。2007 年，全省共核销资产损失1274 万元，基本清理了 3 年以上的往来款项。

【人事劳资】 “四好”班子建设。调整完善争创“四好”班子活动的实施细则和考核指标体系，对争创“四好”班子活动情况进行检查考评，将争创“四好”班子活动检查考评与全省经济运行质量和效益考核有机结合。

规范分配管理秩序。制订全省薪酬管理规定的试行办法，各单位领导干部开始执行薪酬制，对各单位2006 年度执行工资收入情况、财经纪律执行情况进行彻底核查；确定南京、淮安、南通 3 家市局（公司）为试点单位，逐步开展“四定”工作。

教育培训。组织全系统 80 多名处级以上干部就当前经济形势、物流建设前沿理论、金融形势与财富管理策略、企业执行《劳动合同法》中的注意事项等方面开展培训；组织 6 个市局（公司）分两批领导参加国家局举办的战略思维与领导科学培训班；组织全系统 40 多名人事劳资干部进行专业知识培训；开展新进军转干部和毕业生岗前培训工作，共有 27 名军转干部、28 名毕业生参加。

【企业文化】 根据《江苏烟草商业系统企业文化建设实施意见》，努力在“四个结合”上下工夫，即坚持企业文化建设与践行“两个至上”的核心价值观相结合，与企业的改革发展的要求相结合，与提高干部职工队伍的素质相结合，与满足干部职工的文化需求相结合。起草《2007 年江苏省烟草商业系统企业文化建设计划》，提出全系统企业文化建设分成“总体设计、构建全系统企业文化架构体系；全面实施企业文化建设，促进企业文化落地生根；深化提高企业文化建设，建立企业文化评价体系”三个阶段的初步设想，进一步明确当前企业文化建设的内容、总体要求、工作目标、时间进度等。编写《江苏省烟草商业系统企业文化理念》（讨论稿），对全系统企业文化进行梳理。开展“共创共享，实现企业与员工互动”的讨论。抓好企业文化试点单位工作，协助有关市局（公司）做好《企业文化案例》的编写工作。

【特事要辑】 3 月 17 日，国家局纪检组组长潘家华到江苏烟草考察调研。

5 月 15 日，国家局副局长张辉会见江苏省南通籍一位写烟草提案的全国人大代表。

6 月 6 ~ 7 日，国家局副局长张保振到江苏烟草调研行业“创新年”开展情况。

6 月 9 日，国家局副局长何泽华到南京市局（公司）考察调研。

11 月 1 ~ 2 日，国家局局长姜成康到江苏烟草考察指导工作。

江苏省局（公司）主要统计指标汇总

实现税利（亿元）	实现利润（亿元）	销售卷烟（亿支）	烟叶种植（万亩）	烟叶收购（万担）
112.00	91.20	1240.68	—	—

所属地市级局（公司）

南京市烟草专卖局（公司）

【概　况】 南京市是江苏省省会，面积 6597.63 平方公里，2007 年常住人口 741.3 万人，实现地区生产总值（GDP）3275 亿元。

南京市烟草专卖局、江苏省烟草公司南京市公司组建于 1983 年，下辖浦口区、六合区、江宁区、溧水、高淳等 5 个区、县烟草专卖局（营销部）和一分局、二分局、三分局、四分局等 4 个城区分局。2007年 4 月 27 日，成立江苏省烟草公司南京市公司第一营销部、第二营销部、第三营销部、第四营销部，与一分局、二分局、三分局、四分局合署办公。共有从业人员 1406 人，其中聘用员工 1048 人。

【领导成员】 局长、经理、党组书记：李潮江
副经理、党组成员、机关党委书记：陈利生
副局长、党组成员：李定华

【组织机构】 市局（公司）机关设办公室、安全保卫处、基建办公室、专卖监督管理处、人力资源处、监察处、财务管理处（审计处）、经济信息中心、卷烟营销中心、配送中心、督察考评中心等11个部门。(2007年4月27日，成立江苏省南京市烟草专卖局内部专卖管理监督处，与专卖监督管理处合署办公)

【经济效益】 2007年，共销售卷烟147.00亿支(29.40万箱)，同比增长6.15%，其中，一类烟19.20亿支（3.84万箱），二类烟27.70亿支（5.54万箱），三类烟29.05亿支（5.81万箱），四类烟56.30亿支（11.26万箱），五类烟14.75亿支（2.95万箱）。销售“百牌号”卷烟143.15亿支（28.63万箱）。实现销售收入588500万元，同比增长16.79%。实现税利156782万元，其中实现利润125970万元。

【专卖管理】 先后开展代号为“狩猎行动”、“春雷行动”和“天网行动”3次较大规模的市场集中整治行动。全年共查获违法卷烟7174件，案值4167万元，销毁假冒伪劣卷烟10479件。破获售假网络案件4起。移送公安、司法机关拘留139人，逮捕42人，判刑60人。全年卷烟市场净化率为96.5%。

开展专卖内管日常监管工作，加入南京市政府“122社会求助服务中心”，建立24小时联络电话畅通、2小时受理并到达现场、12小时工单反馈等制度，实施以“公开、透明”为基本要求的“阳光工程”，确保了“122”社会救助体系顺利运转。

【网络建设】 网建全面提升。以CRM系统为平台，建立健全零售户档案，通过CRM系统对零售户的基本信息、网络信息、管理信息、销售信息、形象信息、个人信息共6个大类，99个小项进行信息采集和汇总分析。参照《烟草零售业态分类标准》对全市零售客户从守法程度、零售业态、经营规模3个方面进行了分类，从订单服务、配送服务、货源保障服务、实地拜访服务、经营指导服务、信息支持服务、促销支持服务、情感服务8个方面展开针对性的服务。推进以构建客户服务体系为课题的典型示范单位试点工作，初步构建以服务价值理念体系、服务标准化体系、客户满意度监控评价体系、客户忠诚提升体系、服务组织与考核体系6大体系为主要内容的客户服务体系。全面实行“按业态分类定量供货”，做到“合理投放”，保持“稍紧平衡”；开展创建“明码实价示范一条街”、“明码实价示范片”、“明码实价示范户”等活动。

工商协同营销。健全《品牌培育管理制度》、《工业企业关系管理制度》、《工业企业满意度调查制度》等3个大项、14个小项的管理制度，对卷烟工业企业的服务与管理真正实现制度化、标准化，营造公平竞争的市场环境。整合有效资源，为工业企业提供“五项支持”，即信息支持、品牌培育支持、宣传促销支持、结算服务支持、综合服务支持，完善《工业企业满意度调查制度》。开展聘请工业企业驻宁代表为品牌经理的试点工作，设立了品牌经理办公室，开发了工商协同营销信息平台。建立定期的工商磋商协调机制，与工业企业围绕品牌培育、市场策略等工作进行定期磋商，加强互访，加强信息共享与交流，促进工商企业间的文化融合与战略协同。

健全督察考评。先后修订完善《南京市烟草公司2007年度卷烟销售网络督察考评工作总体方案》、《南京市烟草公司卷烟销售网络经济运行质量考评办法》，健全三级督察体系和两级考核的工作机制。开展中层督察，形成“月度督察、季度综合考评”的模式。推进基层督察，加强客户投诉管理体系建设，健全、完善客户投诉的分析、查处、反馈、回访机制，统一客户投诉的接待流程和标准。

【信息化建设】 应用“按客户订单组织货源”系统、专卖案件管理系统和工商协同营销系统。对办公自动化系统进行全面升级，调整优化人力资源管理系统。继续抓好电子结算“1+多”项目的推广工作，实现市局系统与6家银行间的“银企、银银”合作。电子政务一期工程——企业门户网站及单点登录与统一用户管理系统工作建设向前推进，内部网站进入试运行。加强信息网络安全建设，加大对网络应用情况的监控，建立网络应用黑名单制和定期通报制，提高全系统网络使用效率。

【企业文化】 开展南京烟草商业系统企业文化建设试点工作，发布《南京烟草商业系统价值理念》手册，拟定《南京烟草商业系统企业文化建设三年规划(2007~2009年)》，制订《南京市烟草专卖局（公司）礼貌规则》及《南京市烟草专卖局（公司）价值理念体系视觉识别应用方案》，编写并出版10万字左右的企业文化建设案例——《正心笃行》。2007年，市局（公司）企业文化建设被中国企业联合会、中国企业家协会评为“2007年度全国企业文化优秀案例”。

【精神文明】 开展文明礼仪学习实践活动，以“学礼仪知识、树文明形象”为主题，研究制订了文明礼仪学习实践的规划和安排，下发《市民文明礼仪》手册800本，为文明礼仪教育实践活动的全面铺开打下良好基础。

苏州市烟草专卖局（公司）

苏州市烟草专卖局、江苏省烟草公司苏州市公司成立于1984年1月，下辖吴城分局、吴江、昆山、常熟、太仓、张家港等6个市烟草专卖局（营销部）。共有从业人员1342人，其中聘用员工1122人。

2007年，共销售卷烟155.67亿支（31.13万箱），同比增长5.27%。实现销售收入569700万元，同比增长12.42%。实现税利186540万元，同比增长11.77%，其中，实现利润154765万元，同比增长13.10%。

共查处涉烟违法案件5848起，查获假冒卷烟6910件、走私烟158件，破获百万元以上假冒卷烟网络案件5起，移送公安、司法机关拘留22人，判刑19人。

推进“创商业品牌”战略，加强市场分析和服务，加大品牌整合力度，做好新品卷烟宣传和客户终端服务，建立工商协同营销平台。全年销售低档烟18.60亿支（3.72万箱），超额完成省局下达的任务。

无锡市烟草专卖局（公司）

无锡市烟草专卖局、江苏省烟草公司无锡市公司成立于1984年1月，下辖江阴、宜兴2个市烟草专卖局（营销部）以及锡惠分局（营销部），共有从业人员922人，其中实现聘用员工783人。

2007年，销售卷烟105.57亿支（21.11万箱），同比增长4.87%。实现销售收入446600万元，同比增长11.85%。实现税利139666万元，同比增长17.15%，其中利润116594万元，同比增长18.57%。

共查处涉烟违法案件2196起，查获假冒卷烟3744件，破获售假网络案件3起，移送公安、司法机关拘留26人，批捕17人，判刑45人。

常州市烟草专卖局（公司）

常州市烟草专卖局、江苏省烟草公司常州市公司组建于1984年，下辖武进区、金坛、溧阳等3个市、区烟草专卖局（营销部）。共有从业人员674人，其中聘用员工528人。

2007年，共销售卷烟74.04亿支（14.8万箱），同比增长5.7%。实现销售收入259000万元。实现税利80634万元，同比增长21%，其中，实现利润66203万元，同比增长21.8%。

全年出动专卖打假人员1.27万人次，查处涉烟违法案件1870起，查获违法卷烟25万条，捣毁制假窝点96个，破获制售假烟网络案件1起，移送公安、司法机关拘留23人，判刑24人。

镇江市烟草专卖局（公司）

镇江市烟草专卖局、江苏省烟草公司镇江市公司组建于1983年，下辖丹阳、句容、扬中、丹徒区等4个市、区烟草专卖局（营销部）。共有从业人员699人，其中聘用员工540人。

2007年，共销售卷烟57.70亿支（11.54万箱），同比增长2.19%。实现销售收入211600万元，同比增长9.13%。实现税利63530万元，同比增长18.47%，其中，实现利润51534万元，同比增长19.74%。

共查处涉烟违法案件1163起，查获违法卷烟1384件，破获符合国家局标准的销售假冒卷烟网络案件2起，移送司法机关拘留21人、判刑10人。

南通市烟草专卖局（公司）

南通市烟草专卖局、江苏省烟草公司南通市公司成立于1983年5月，下辖海安、如皋、如东、通州、启东、海门等6个县、市烟草专卖局（营销部）。共有从业人员984人，其中聘用员工747人。

2007年，共销售卷烟112亿支（22.4万箱），同比增长3.11%。实现销售收入344700万元，同比增长15.65%。实现税利107000万元，同比增长24.02%；其中，实现利润87000万元，同比增长24.37%。

构建以反腐倡廉“五大体系”（即组织、教育、制度、监督、惩处体系）和“一个机制”（反腐倡廉工作机制）为主要内容的惩治和预防腐败体系基本框架，实施《南通烟草践行“两个至上”成效评价体系》，构建践行“两个至上”的长效工作机制。

扬州市烟草专卖局（公司）

扬州市烟草专卖局、江苏省烟草公司扬州市公司成立于1983年7月，下辖邗江区、江都、高邮、仪征、宝应等5个县、市烟草专卖局（营销部）。共有从业人员1010人，其中聘用员工773人。

2007年，共销售卷烟80.55亿支（16.11万箱）。实现销售收入308365万元。实现税利79500万元，同比增长23%，其中，实现利润63480万元，同比增长24.33%。

开展“狩猎行动”和“春雷行动”，全年共查处涉烟违法案件2412起，查获违法卷烟2762件，破获售假网络案件3起。

网络建设方面，印发《关于创新网络文化，推进网建工作全面提升的实施意见》，召开“网络文化创新推进会”，并明确3个网络文化创新课题小组。先后开展“精益配送”服务法、物流配送中心行业规范、卷烟喷码查询系统、省际间托盘联运、RFLD无线射频技术运用、DPS电子标签拣选系统、WMS仓储管理软件、TMS运输管理系统和物流信息管理系统等项目创新，提高物流运行效率。2007年卷烟分拣效率从6000条/小时提升到8000条/小时。与浙江中烟成功实现华东地区首家省际间托盘联运，使500件卷烟的入库作业时间从50分钟缩短到15分钟。

泰州市烟草专卖局（公司）

泰州市烟草专卖局、江苏省烟草公司泰州市公司成立于1996年10月，下辖靖江、泰兴、姜堰、兴化等4个市烟草专卖局（营销部）。共有从业人员1077人，其中聘用员工854人。

2007年，共销售卷烟78.55亿支（15.71万箱）。实现销售收入245100万元，同比增长16.32%。实现税利74997万元，同比增长27.39%，其中，实现利润60925万元，同比增长29.16%。

共查处涉烟违法案件1443起，其中，案值百万元以上案件2起。查获违法卷烟12.7万条。破获销售假烟网络案件1起，查获贩卖烟叶案件2起。

盐城市烟草专卖局（公司）

盐城市烟草专卖局、江苏省烟草公司盐城市公司组建于1983年，下辖响水、滨海、阜宁、射阳、建湖、大丰、东台等7个县、市烟草专卖局（营销部）。共有从业人员1246人，其中聘用员工946人。

2007年，共销售卷烟116.65亿支（23.33万箱）。实现销售收入260800万元，同比增长12.49%。实现税利73790万元，同比增长21.98%，其中，实现利润59539万元，同比增长24.75%。

共查处涉烟违法案件2627起，查获违法卷烟9.94万条，破获案值百万元以上的网络案件3起、千万元以上网络案件1起，捣毁藏假窝点51个，移送公安、司法机关拘留27人，判刑60人。

深化专卖“两项建设”。突出强化了专卖基层领导责任制，进一步细化“一把手首先要做好专卖局长”的工作要求，创新性地提出“四个主要”，即县级局主要领导亲自抓专卖，分管局长主要精力做好专卖工作，县级局的主要经费优先保障专卖；人力资源优先倾斜专卖，既强化了专卖工作领导责任，同时也为市、县两级局强化行政执法主体建设提供了人财物的支持，专卖市场监管能力不断增强，市场净化率明显提高。

开展客户服务应急预案研究，建立“持证零售客户应急服务需求流程”、“卷烟销售配送突发性故障应急处置流程”等一系列业务操作规范，深化“与客户共创成功”的服务理念。

淮安市烟草专卖局（公司）

淮安市烟草专卖局、江苏省烟草公司淮安市公司组建于1983年7月，下辖楚州区、淮阴区、涟水、洪泽、金湖、盱眙等6个县、区烟草专卖局（营销部）。共有从业人员788人，其中聘用员工522人。

2007年，共销售卷烟66.03亿支（13.21万箱）。实现销售收入143100万元。实现税利34984万元，其中实现利润28240万元。

共查处涉烟违法案件676起，查获违法卷烟3043件，捣毁制售假窝点151个，移送公安、司法机关刑事拘留62人，逮捕19人，判刑20人。

宿迁市烟草专卖局（公司）

宿迁市烟草专卖局、江苏省烟草公司宿迁市公司组建于1996年，下辖沭阳、泗阳、泗洪、宿豫区等4个区、县烟草专卖局（营销部）。共有从业人员826人，其中聘用员工685人。2007年，市局（公司）被江苏省文明委授予“江苏省文明行业”称号，被中国财贸轻纺烟草工会全国委员会授予“全国烟草行业职工创新示范岗”称号。

2007年，共销售卷烟56.00亿支（11.20万箱）。实现销售收入120300万元。实现税利25019万元，其中实现利润19767万元。

专卖管理方面，坚持“以小见大、注意经营”的理念，破获泗洪“12·1”、宿迁“3·13”、泗阳“8·15”、沭阳“2·3”共4起假烟网络案件，其中，泗洪“12·1”案件得到公安部挂牌督办，被江苏省公安厅、江苏省烟草专卖局授予“江苏省2007年度卷烟打假工作先进集体”称号。

网络建设方面，推进“大市区域、统一运作、深度营销”工作，实现客户服务共同开展、品牌培育同步进行、货源安排趋同一致、有效资源统一配置的大市场运行格局。开展江苏烟草商业系统“服务农村客户、控制农村市场”试点工作，实施“服务农村客户‘千百工程’”，启动包括新客户开业指导、潜力客户能力提升、重点客户能力拓展和违规客户教育转化的客户培训工程。

文化建设方面，确立思想价值、行为价值、管理价值、发展价值等宿迁烟草“四大核心价值取向”，开展“共创共享‘百人论坛’”活动，创设“宿迁烟草大讲堂”，创办“宿迁烟草法律大专班”，成功开展江苏烟草商业系统“卷烟规范经营‘明示承诺’”试点工作。

徐州市烟草专卖局（公司）

徐州市烟草专卖局、江苏省烟草公司徐州市公司创建于1983年6月，下辖丰县、沛县、铜山、睢宁、新沂、邳州、贾汪区等7个县、市、区烟草专卖局（营销部）。共有从业人员1446人，其中聘用员工1095人。

2007年，销售卷烟127.62亿支（25.52万箱）。实现销售收入252948万元，实现税利57264万元，同比增长15.89%，其中，实现利润45851万元，同比增长16.67%。

共查处涉烟违法案件10603起，其中百万元以上案件6起。查获违法卷烟8475.8件，破获符合国家局标准的网络案件5起。

网络建设方面，作为全国64家“网建全面提升典型示范单位”之一，全面提升网建水平。与东软公司联合对订单供货软件进行升级改造，与移动公司合作推进呼叫中心功能，提升改造和零售终端信息化建设，为2000名零售户配备终端信息机，开发“烟信通”业务，拓展网上订货及手机订货功能。发展新型工商关系，抓住市场、客户和品牌三个关键要素，探索协同营销新方式。

连云港市烟草专卖局（公司）

连云港市烟草专卖局、江苏省烟草公司连云港市公司组建于1983年，下辖赣榆、东海、灌云、灌南等4个县烟草专卖局（营销部）。共有从业人员885人，其中聘用员工689人。

2007年，销售卷烟62.21亿支（12.44万箱），同比增长3%。实现销售收入127194万元，同比增长15.65%。实现税利30521万元，同比增长21.5%，其中，实现利润23817万元，同比增长18.54%。

共查处涉烟违法案件454起，查获违法卷烟61001条，捣毁制假窝点122个，移送公安、司法机关行政拘留2人，刑事拘留68人，逮捕26人，判刑57人。

开展“创新年”活动，全年共开展创新创优项目38个，其中专卖“两项建设”、“三合一贯标”和“明码实价工程”分别获得省局创新成果一等奖、三等奖和优秀奖。建立“三合一贯标”管理体系，开展质量管理、职业健康安全管理和环境管理“三标一体”认证，是全省烟草商业系统通过“三合一”认证的唯一单位。明码实价工程由“线”到“片”全面突破，全市建立明码实价一条街114条，片区38个，参与创建零售户11364户。

2007年江苏省烟草商业系统主要情况统计

地市级局（公司）名称		南京市烟草专卖局（公司）	苏州市烟草专卖局（公司）	无锡市烟草专卖局（公司）	常州市烟草专卖局（公司）
法人代表/主要负责人		李潮江	沈昌炘	蔡仲康	许亚楠
总资产（万元）		431800	370514	314242	172294
所属县级局数量（个）		5	6	2	3
所属县级公司数量（个）		—	—	—	—
所属营销部、分公司		9个营销部	6个营销部	3个营销部	3个营销部
所属业务机构	访销机构	1个营销中心、1个电访中心	1个营销中心、1个电访中心	1个营销中心、1个电访中心	1个营销中心
	物流配送机构	1个配送中心	1个物流中心、1个配送中心	1个物流中心	1个物流中心
	稽查机构	10个稽查大队	11个稽查大队	8个稽查大队	4个稽查大队
销售卷烟（亿支）		147.00	155.67	105.57	74.04
两烟税利（万元）	本年	156782	186540	139666	80634
	上年	122292	166743	119216	66616
两烟利润（万元）	本年	125970	154765	116594	66203
	上年	99956	136742	98331	54344
烟叶种植（亩）		—	—	—	—
烟叶收购（担）		—	—	—	—
零售户数（户）		25812	40155	24658	13103

地市级局（公司）名称		镇江市烟草专卖局（公司）	南通市烟草专卖局（公司）	扬州市烟草专卖局（公司）	泰州市烟草专卖局（公司）
法人代表/主要负责人		刘茂珍	秦立华	朱安平	刘培峰
总资产（万元）		113200	242700	135610	140088
所属县级局数量（个）		4	6	5	4
所属县级公司数量（个）		—	—	—	—
所属营销部、分公司		4个营销部	6个营销部	5个营销部	4个营销部
所属业务机构	访销机构	1个营销中心、1个电访中心	1个营销中心、1个电访中心	1个营销中心、1个电访中心	1个营销中心、1个电访中心
	物流配送机构	1个物流中心	1个物流中心	1个物流中心、1个配送中心	1个物流中心
	稽查机构	7个稽查大队	8个稽查大队	6个稽查大队	6个稽查大队
销售卷烟（亿支）		57.70	112.00	80.55	78.55
两烟税利（万元）	本年	63530	107000	79500	74997
	上年	53523	86100	64282	59033
两烟利润（万元）	本年	51534	87000	63480	60925
	上年	43187	70000	50722	47332
烟叶种植（亩）		—	—	—	—
烟叶收购（担）		—	—	—	—
零售户数（户）		16021	34800	24203	24093

地市级局（公司）名称		盐城市烟草专卖局（公司）	淮安市烟草专卖局（公司）	宿迁市烟草专卖局（公司）	徐州市烟草专卖局（公司）	连云港市烟草专卖局（公司）
法人代表/主要负责人		李成军	蒋　银	杨思藻	王玉平	符晖明
总资产（万元）		158479	85815	63822	135426	15344
所属县级局数量（个）		7	6	4	7	4
所属县级公司数量（个）		—	—	—	—	—
所属营销部、分公司		7个营销部	6个营销部	4个营销部	7个营销部	4个营销部
所属业务机构	访销机构	1个营销中心、1个电访中心	1个营销中心、1个电访中心	1个营销中心、1个电访中心	1个营销中心、1个电访中心	1个营销中心、1个电访中心
	物流配送机构	1个物流中心	1个物流中心	1个物流中心	1个配送中心	1个物流中心
	稽查机构	10个稽查大队	4个稽查大队	4个稽查大队	13个稽查大队	7个稽查大队
销售卷烟（亿支）		116.65	66.03	56.00	127.62	62.21
两烟税利（万元）	本年	73790	34984	25019	57264	30521
	上年	60514	30610	21159	49413	25116
两烟利润（万元）	本年	59539	28240	19767	45851	23817
	上年	47969	24250	16785	39300	20092
烟叶种植（亩）		—	—	—	—	—
烟叶收购（担）		—	—	—	—	—
零售户数（户）		39071	23337	26966	42860	19672

（张　华）

浙江省烟草专卖局（公司）

【概　况】 浙江省地处中国东南沿海，长江三角洲南翼，陆域面积10.18万平方公里，总人口5060万人。2007年，实现地区生产总值（GDP）18638亿元。

浙江省烟草专卖局、中国烟草总公司浙江省公司组建于1984年，下辖11个地、市级烟草专卖局（分公司），65个县级局（公司、营销部），以及浙江烟草投资管理有限责任公司、浙江烟草进出口有限公司。总资产272.19亿元，其中，固定资产39.11亿元、流动资产215.02亿元，资产负债率41.51%。

【领导成员】 局长、经理、党组书记：钱锦根

副局长、党组成员：涂　勇

副局长、党组成员：邱　萍

副总经理、党组成员：于政雄

副总经理、党组成员：戴伟坤（2007.10—）

副巡视员：张玉勇（—2007.2）

副巡视员：黄晓峰（2007.10—）

副巡视员：章福祥（2007.10—）

【组织机构】 省局（公司）机关设办公室（外事办公室）、综合计划处（经济运行处）、专卖监督管理处、销售管理处、法规处、财务管理处、审计处、科技处、安全保卫处、人事劳资处、监察处（与党组纪检组合署办公）、思想政治工作处（机关党委）等12个部门；浙江烟草进出口有限公司1个全资子公司；信息中心、投资管理中心、烟草质量监督检测站（与科技处合署办公）、机关服务中心、烟草专卖稽查总队、浙江省烟草拍卖行、烟草学会秘书处等7个专业部门。

【经济效益】 2007年，共销售卷烟1182.65亿支（236.53万箱），同比增长8.3%，其中，一类烟209亿支（41.80万箱），二类烟132.35亿支（26.47万箱），三类烟334.55亿支（66.91万箱），四类烟332.2亿支（66.44万箱），五类烟174.60亿支（34.92万箱）。实现销售收入440.92亿元。实现“两烟”税利131.80亿元，同比增长28.19%，其中，实现“两烟”利润106亿元，同比增长28.8%。全年种植烟叶1.78万亩，收购烟叶0.19万吨（3.86万担）。

【专卖管理】 卷烟打假打私。坚持“见人见物见网”、“有假烟必有网络，有网络必有大要案”、“追主犯追实刑追重刑”的工作理念，强化联横合纵执法协作机制，突出卡口建设，形成跨区域、跨省市协作打假破网合力，全年共查获假冒卷烟6.38万件，案值2.55亿元。破获售假网络案件30起，涉案金额2.79亿元，查扣涉案汽车72辆，清查分销商和零售商425家。移交公安、司法机关判决涉烟违法案件168起，刑事拘留、逮捕340人。全省卷烟零售市场净化率达98%以上。

专卖内部监管。按照“内管内控并重、以内管促内控”的总体思路和“事前防范、事中发现、事后追究”的工作模式，推进内管监督工作由专项检查向日常监管转变。建立内管内控的制度体系，共制订制度1225个，其中，内管制度536个、内控制度689个。

基层专卖管理建设。按照“专职化、专业化”的内部监管队伍建设要求，以提升软实力为重点，根据“缺什么、补什么”的原则，分5期对全省专卖管理所队长以上干部进行执法实务培训，提高专卖管理骨干打假破网的方法技能和执法水平。开展专卖、安全“双能”竞赛，坚持专卖尖子比武和群众性的岗位练兵并重，日常培训与强化训练相结合的方法，营造专卖人员比智能、赛体能氛围，提高专卖队伍的身体素质和业务水平。在烟草行业首届卷烟产品鉴别检验技能竞赛中，浙江省局参赛选手包揽了竞赛奖项的前六名。

【网络建设】 网建提升工作。制定《浙江省卷烟销售网络建设再提升工作指导意见》，在全省导入并完成ISO 9000贯标工作，推广和落实省局（公司）的各项标准、规范和体系，使原来较为分散的网络运行管理模式达到全省规范统一。2007年，全省电子结算率从上一年度的61%上升到85%；全省物流中心整合到11个中心、7个分中心。

“突出服务”工作。围绕“打基础、造声势、订标准”的工作要求，在“突出服务”方面开展了大量扎实有效的工作。通过统一思想，明确目标，细化任务，严格督考，全系统各级领导和职工对突出服务的重要性、必要性和紧迫性有了进一步的认识。通过召开工商恳谈会和零售客户座谈会等形式，营造突出服

务的热烈声势和良好氛围。通过在全系统实施国家局制定的市场经理、客户经理、品牌经理、电话订货员工作标准，编写《浙江烟草工业企业服务承诺书》、《浙江烟草专卖行政管理服务规范》和送货员、投诉受理员工作手册，细化服务内容、优化服务流程、明确各岗位的服务标准，形成各具特色的服务规范。召开全省全面推进突出服务工作座谈会，总结推广突出服务工作的做法和经验，推动全省突出服务工作深入开展。

【体制改革】 *母子公司体制改革*。9月，国家局正式下发《关于中国烟草总公司浙江省公司建立母子公司体制改革的批复》，同意浙江省公司投资设立13个全资子公司，取消全省62家县级烟草公司法人资格并将其全部资产、负债、权益无偿划转到隶属的市级烟草公司，由市级公司统一经营管理。

省局（公司）机构调整。1月，浙江省公司全资子公司浙江省卷烟销售公司停止经营，并按有关规定办理省卷烟销售公司工商、税务登记、许可证注销手续。公司的资产归并浙江省公司，员工按照“双向选择、组织安排”的原则，统一进行调配安置。

用工分配制度改革。作为国家局收入分配改革的试点单位，积极推动收入分配改革。按照“分类管理、科学设岗、明确职责、严格考核、落实报酬”的总体要求，对各级领导班子、省局（公司）机关和市、县级局（公司）三个层次实施分类指导，建立统一的薪酬制度和正常的调整机制，制订《浙江省烟草专卖局（公司）机关收入分配制度改革实施方案（试行）》。省局（公司）机关实施非领导职务、专业技术职务、技能岗位的考核聘任，通过个人述职、民主测评和民主推荐，1名同志晋升为调研员，1名同志被聘为高级工程师，4名同志晋升为副调研员，29名同志被聘任为主任科员。以学习贯彻《劳动合同法》为契机，规范行业用工行为，按规定与员工签订劳动合同。

【多元化经营】 开展多元化投资企业清理整顿和主业清产核资工作。按照主副分离、规范管理的要求，2007年，成立浙江烟草投资管理有限责任公司，基本理顺了全系统多元化企业资产管理关系。

就长期投资、出借资金、对外担保、证券投资、委托贷款、委托理财等多元化经营内容进行摸底调查，对多元化经营企业清理出来的问题进行核对分析，逐项提出处理意见。制订主业清产核资工作方案，全省清退多元化经营企业66家，清理各类闲置资产和权证不齐的资产700多项，净值8.45亿元。采用关、停、并、转等形式清退多元化经营企业88户，收回委贷资金5.5亿元，转让股票等有价证券2300万元，解除对外担保2.84亿元。指定专人配合、协调会计师事务所开展审计工作，积极核销不良资产，对闲置资产和权属证明不齐的资产提出整改意见。主业共清理出各类资产净损失699.41万元；闲置资产414项，净值1.51亿元；权属不齐全的资产341项，账面净值6.94亿元。

【贯标工作】 制定《浙江省烟草专卖、商业企业质量管理体系规范（试行）》，推进质量管理体系和职业安全健康管理体系的贯标工作，形成了“六有”质量管理标准体系（即人人有职责、事事有程序、干事有标准、过程有痕迹、绩效有考核、改进有保障）、“七步法”流程化的文件编写方法和“四个程度”的管理体系二方审核方法（即覆盖程度、描述程度、认知程度和执行程度），衢州、舟山、嘉兴等3家单位顺利通过第三方审核认证，其他地区的管理体系建立工作已经完成，进入试运行阶段。国家局确定浙江省局（公司）为分批次推广实施的联系单位。

【“创新年”活动】 坚持“围绕中心、贴近一线、注重效用、提升水平”的指导思想，开展“创新年”活动。制定《创新奖励办法》，建立随时申报、随时受理、及时考察、集中评选的申报评审制度。各单位围绕“自主创新、推进发展”主题，从管理和营销的重点环节入手，明确创新工作的目标任务，围绕18个重点方向和12个重点关注课题，开展创新活动，截至2007年底，全系统共有91个项目汇总申报。

【队伍建设】 *领导班子建设*。2007年，是领导班子调整力度最大的一年，共任命副厅级领导干部5人，提升和调整处级以上领导干部16人，7个地市局（分公司）领导班子和16个县级局（公司）领导班子得到充实。各地在干部选拔形式上有新的探索。温州市局（分公司）率先推出县级局（公司）“一把手”在全市范围内公开选拔和竞争上岗；台州市局（分公司）采取“凡提必交流”的办法，对新任县级局（公司）领导班子成员，实行易地交流任职。

教育培训工作。开展行业领导干部、经营管理人员和一线操作员工的政治教育、素质教育和职业培训，初步形成国家局党校、省委党校干部教育基地和台州黄岩职工培训基地“一校两基地”的教育培训新格局。全年共派送14名领导干部参加国家局组织的培训和学习，组织94名省局（公司）处级干部和市、县级（公司）领导干部参加了两期培训班，对136名新进大学生和军队转业干部分两期进行入职

培训。

技能鉴定和专业技术资格评审。推进职业技能鉴定和专业技术任职资格评审工作，全年共进行9个批次、5个等级的卷烟商品营销员鉴定工作，鉴定人数达1290人。组织开展全省市场经理、客户经理和品牌经理应知应会考试。根据《2006～2010年全省烟草专卖、商业系统人才队伍建设规划纲要》，对专业技术人才队伍建设的目标进行分解，推荐12名同志参加高级专业技术资格评审。开展工程、政工系列专业技术职务任职资格的评审，5人获得工程师资格，3人获得政工师资格。

【思想政治工作】 开展“两个至上”从我做起主题实践活动，以领导班子和领导干部为重点，围绕“抓班子、带队伍、促发展、创和谐”主题，组织开展学习宣讲会、主题报告会、实践交流会，开展“五查五看”等活动。授予戴丽红等10位同志为浙江省烟草专卖、商业系统“十佳优秀员工”称号，树立“两个至上”教育活动的先进典型。开展“十佳优秀员工”先进事迹巡回报告活动，1700余人聆听了十佳员工的先进事迹。以“作风建设年”、“6·25”讲话、十七大精神为主题举行四次党组理论学习中心组学习会，提高理论水平。

【企业文化】 4月，召开全省烟草系统企业文化推进会，初步构建了以“精实”① 为核心的浙江烟草商业企业文化架构和“五圆同心”② 母子文化管理模式。即由省公司和下属11个地市公司形成母子公司体制，共同构建一种相对一致、独具特色的母子文化。浙江烟草的母子文化建设，是以行业共同价值观为灵魂，以核心理念（浙烟愿景、浙烟精神、浙烟宗旨）一致为前提，保持企业伦理（面向工业企业、面向零售客户、面向全体员工、面向社会公众）基本元素的统一，形成“整体协同、边界明确、核心共享、表述分层”的母子文化管理模式，既有规范一致的母子文化核心理念，又体现11个地市公司子文化的个性特色，充分发挥子文化的优势。

【特事要辑】 7月27～28日，国家局局长姜成康到省局（公司）考察调研。

11月30日，国家局副局长张辉到省局（公司）考察。

12月27～28日，全国烟草行业第三次企业文化建设工作会议暨政研会秘书长会议在浙江杭州召开。国家局副局长张保振出席会议并讲话。

浙江省局（公司）主要统计指标汇总

两烟税利（亿元）	两烟利润（亿元）	销售卷烟（亿支）	烟叶种植（万亩）	烟叶收购（万担）
131.80	106.00	1182.65	1.78	3.86

所属地市级局（公司）

杭州市烟草专卖局（分公司）

【概　况】 杭州市地处长江三角洲南翼，杭州湾西端，面积1.66万平方公里，人口786.2万人。2007年，全市实现地区生产总值（GDP）4103亿元。

杭州市烟草专卖局、浙江省烟草公司杭州分公司下辖萧山区、余杭区、临安市、富阳市、桐庐县、建德市、淳安县7个县、市、区烟草专卖局（公司），共有从业人员1542人，其中聘用员工1118人。

【领导成员】 局长、经理：方祖英（—2007.10）

党组书记：钟　详（—2007.10）

局长、经理、党组书记：李定晓（2007.10—）

副局长、党组成员：丁显成

副经理、党组成员：裘木根

副经理、党组成员：沈世英

副经理：傅久海（—2007.9）

副调研员：余炎鑫

① “精实”：“精”表示精心、精细；“实”表示实干、实效。

② “五圆同心”指的是共同价值观、核心理念、企业伦理、经营理念和企业形象等“五圆”要同一。

【组织机构】 市局（分公司）机关下设办公室、人事劳资处、思想政治工作处、纪检监察处、安全保卫处、专卖监督管理处、法规处、销售业务处、销售管理处、财务管理处、审计处、投资管理处、信息中心、卷烟配送中心等14个处室、部门。

【经济效益】 2007年，共销售卷烟195.20亿支（39.04万箱），同比增长10.67%，其中，销售省外卷烟89.55亿支（17.91万箱），同比增长22.37%。“中华”、“利群”、“云烟”、“玉溪”、“芙蓉王”、“黄鹤楼”、“苏烟”、“红塔山”等八大重点骨干品牌平均增幅在112.88%以上。实现销售收入935400万元，其中，卷烟单箱销售收入23958元，同比增长13.13%。实现税利231700万元，同比增长37.70%，其中，实现利润188000万元，同比增长37.60%。综合毛利率29%，同比提高0.92个百分点。

【专卖管理】 全年共查处假冒卷烟案件2060起，其中100万元以上14起；查获假冒卷烟58.47万条，案值5071万元；移送公安、司法机关刑事拘留52人，判刑81人。成功破获萧山“4·29”销售假冒卷烟网络案件、余杭“10·19”销售假冒卷烟网络案件。

【网络建设】 以全市接货站整合、扩大行政区域送货范围为主要手段，优化送货线路，降低配送成本，其中，萧山将原有的27条送货线路优化整合为23条，淳安将原有的23条农村送货线路调整为10条，全县设置4个接货点。积极探索解决跨县级区域送货问题，优化成本效率。

【清产核资】 做好资产清理和划转工作，全市各直属单位划归地方政府资产3.1亿元，划归浙江香溢投资控股有限公司资产2.59亿元。开展清产核资工作，清理多元化企业4家。

【队伍建设】 加强干部考核，全年对试用期满的班子成员和市局（公司）试用期满的处、科级干部共11人进行了考核。开展行业领导干部、经营管理人员和一线操作人员的培训和教育，全年组织各类教育培训260场次，参加人数达7000人次。推进职业技能鉴定和专业技术任职资格评审工作，58名客户经理通过中级职业技能鉴定。

【特事要辑】 6月10日，市局（公司）组织质检、专卖人员在市区武林广场向消费者宣传如何鉴别真假卷烟。

8月25日，首届全国烟草行业卷烟产品鉴别检验技能竞赛在河南郑州召开。市局（公司）5名选手代表省局参赛，2人获得一等奖、2人获得二等奖、1人获得三等奖。

宁波市烟草专卖局（分公司）

【概　况】 宁波位于中国海岸线中段，长江三角洲南翼，陆域面积9816平方公里，人口564.56万人。2007年，实现地区生产总值（GDP）3433.10亿元。

宁波市烟草专卖局、浙江省烟草公司宁波分公司成立于1988年，下辖慈溪市、余姚市、奉化市、象山县、宁海县、镇海区、北仑区、鄞州区等8个县、市、区烟草专卖局（公司、营销部）。共有从业人员1727人，其中聘用员工1087人。

【领导成员】 经理、党组书记：聂建华（—2007.11）

局长、经理、党组书记：包诚善（2007.10—）

局长、党组成员：乐眉初（—2007.11）

副经理、党组成员：李宗勤（2007.11—）

副局长、行业工会主任、纪检组长、党组成员：周志猛

副局长、党组成员：陈健胜

副局长、党组成员：池昌敏（2007年11月免去其副经理职务，改任副局长）

【组织机构】 市局（分公司）机关下设办公室、人事劳资处、专卖监督管理处、经济运行处、营销中心、配送中心、法规处、纪检监察处、财务处、审计处、安全保卫处、投资管理处、思想政治工作处、信息中心、整顿和规范市场经济秩序领导小组办公室、浦甬兄弟有限公司等16个部门。

【经济效益】 2007年，共销售卷烟186.40亿支（37.28万箱），实现销售收入874900万元。实现税利226138万元，同比增长38.98%，其中，实现利润181113万元，同比增长40.13%。三项费用率5.71%，国有资产保值增值率197.28%。

【专卖管理】 开展打假破网工作，重点打击物流托运环节的无证运输活动，加强对无证经营和异地经营户的查处。建立智能化询问系统，积极拓展情报信息网络，完善联横合纵协作机制。成功破获“1·18”温岭籍地下售假网络大案，查获假冒卷烟11.27万条，案值2500余万元，抓捕犯罪嫌疑人15名。全年共查

获违法案件8975起，查获违法经营卷烟39.32余万条，移送公安、司法机关刑事拘留29人，判刑40人。编制《内部专卖监督管理制度与业务部门自律制度汇编》，推进内部专卖监督管理。

【网络建设】 重视突出服务工作，成立"突出服务"工作领导小组，制订《强化服务理念，提高服务水平，打造网络服务品牌工作实施方案》，教育全体员工自觉履行服务规范、自觉践行服务承诺。开展"服务年"活动，梳理服务流程，严格服务规范，完善服务工业企业、服务零售户的各项服务标准和考评标准；建立工商企业联络室，构建工商信息交互平台，实现市场信息共享；加强服务创新，实行领导接待日制度；建立应急服务机制，推广《零售客户服务手册》，提高服务和投诉管理水平。

截至2007年底，全市入网销售率100%，电话订货率100%，电子结算面率88.02%，电子结算额率79.38%，零售户卷烟经营毛利率10.51%，持证零售户卷烟明码标价率近100%。完成配送卷烟433.80万包，配货到户率100%，配送差错率基本为零。客户投诉中心共计受理来电2978个，其中，投诉类2299件，建议类150件，咨询类529件，省投诉中心投诉（建议）处理结果回访满意度在97%以上。电话订货满意度达到91%以上，送货服务满意度达到93%以上，拜访服务满意度达到91%以上，工业企业满意度达到92%以上，网建整体推进提升达到新水平。

【资产管理】 做好多元化资产的清退与核实划转工作，落实多元化经营企业清产核资整改意见，推进投资结构、项目结构、企业结构的调整和整合。开展主业清产核资工作，全市共剥离资产28458万元划给浙江香溢控股公司。完善投资管理决策机构和工作机构，抓好投资主体和投资项目管理，严格报表制度和审批制度，建立管资产、管人员和管事务相结合的新管理体制，加强国有资产投资管理。

【队伍建设】 对5个县级局（公司）的领导班子进行调整充实，组织各级干部参加省局（公司）组织的领导干部理论培训班和宁波市委党校的处级干部培训班学习，举办"学习十七大、谋划新发展"干部理论学习会。开展员工培训和继续教育，鼓励员工参加学历教育，参加省局（公司）举办的"双能"竞赛和经营系列的应知应会知识竞赛，提升队伍素质。完成卷烟商品营销员职业技能鉴定工作。

【企业文化】 制订企业文化建设方案，举办4场研讨营活动，组织管理者和员工代表200余人，运用头脑风暴和娱乐激励等方法，提炼出以"海洋文化"为核心的五种文化，即团结战斗、和衷共济、甬烟一家的团队文化；求真务实、潜心做事、低调做人的实干文化；科学发展、追求卓越、共享和谐的和善文化；不甘平庸、开拓进取、有所作为的创新文化；依法行政、规范经营、干净干事的自律文化。开展文化诊断、理念提炼、文化共识营和省局企业文化成果展示等活动，推进企业文化建设。

温州市烟草专卖局（分公司）

温州市烟草专卖局、浙江省烟草公司温州分公司成立于1985年，下辖永嘉县、瑞安市、乐清市、平阳县、苍南县、泰顺县、洞头县、文成县等8个县、市烟草专卖局（公司），以及温州名烟销售专卖店和温州香溢经贸有限公司2个多元化经营企业。共有从业人员1539人，其中，聘用员工1157人。

2007年，共销售卷烟178.25亿支（35.65万箱），同比增长9%，其中，销售省外卷烟89.35亿支（17.87万箱），同比增长11.86%；全年共销售低档烟29亿支（5.80万箱），"百牌号"卷烟177.95亿支（35.59万箱）。实现销售收入683100万元，同比增长25.33%。实现税利186400万元，同比增长35.27%，其中，实现利润151400万元，同比增长36.4%。

全年共查处各类违法卷烟案件4975起，查获假冒卷烟97万条，破获制售假冒卷烟网络案件4起，移送公安、司法机关判刑45人。

2007年，全市行业以网络建设、打假破网、人事改革三大硬战为着力点，全力攻破主体建设瓶颈，形成了地市公司管理的基础框架，其中，温州分公司依托新配送中心和物流分拣系统投入运行，成功完成全市"一库制"整合，形成全市"一库六站"的温烟物流新格局，向现代流通企业迈出了关键的一步。

嘉兴市烟草专卖局（分公司）

嘉兴市烟草专卖局、浙江省烟草公司嘉兴分公司成立于1985年，下辖嘉善县、平湖市、海盐县、海宁市、桐乡市等5个县、市烟草专卖局（公司），共有从业人员867人，其中聘用员工596人。

2007年，共销售卷烟85.75亿支（17.15万箱），同比增长8.49%。实现销售收入453800万元，同比增长20.10%。实现"两烟"税利119900万元，同比增长37.19%，其中，实现"两烟"利润95300万元，同比增长35.51%。三项费用率7.89%，国有资产保值增值率161.58%。全年共种植烟叶1709亩、移栽烟苗297万株，烟农户均收入超过2000元，同比增长67.80%。

全年共查处各类涉烟违法案件2149起，查获各类违法卷烟52.50万条，案值4261万元。查处案值百万元以上的售假网络案件13起。

“服务年”建设。将创建“春蚕”服务品牌作为“服务年”的重要工作，制定《嘉兴烟草推行精益管理、打造“春蚕”服务品牌实施意见》、《嘉兴烟草春蚕服务体系》，逐步形成“1154”的嘉烟服务体系，2007年，市局（公司）荣获“全省烟草专卖、商业系统优质服务奖”、“浙江省企业文化建设先进单位”、“全省系统精神文明建设考核一等奖”、“嘉兴市慈善特别奖”等荣誉称号。

湖州市烟草专卖局（分公司）

湖州市烟草专卖局、浙江省烟草公司湖州分公司成立于1985年8月，下辖长兴县、德清县、安吉县等3个县烟草专卖局（公司），共有从业人员762人，其中聘用员工580人。

2007年，共销售卷烟64.06亿支（12.8万箱），同比增长5.47%。实现销售收入309100万元，同比增长19.28%。实现税利83811万元，其中实现利润66691万元。

卷烟打假取得新突破，成功破获长兴“4·28”售假网络案件、德清“6·1”售假网络案件两起特大网络案。全年共查处涉烟违法案件3911起，查获非法卷烟25.07万条，捣毁制假售假窝点25个，移送公安、司法机关判刑11人。

绍兴市烟草专卖局（分公司）

绍兴市烟草专卖局、浙江省公司绍兴市公司组建于1986年，下辖诸暨市、上虞市、嵊州市、新昌县等4个县、市烟草专卖局（公司）。共有从业人员1004人。

2007年，共销售卷烟100.78亿支（20.2万箱），同比增长5.15%。实现销售收入438000万元，同比增长15.67%。共种植香料烟12866亩，收购烟叶1.11万吨（22.23万担）。实现“两烟”税利121200万元，同比增长25.12%，其中，实现“两烟”利润99800万元，同比增长25.37%。

专卖管理方面，以“和谐有力”为主旋律，以构建良好的市场秩序和规范的经营秩序为目标，全年实现“主要街道100%持证、次要路段无公开摆卖、偏远地区明显减少”的总体目标。共查处涉烟违法案件2043起，查获违法卷烟13.5万条，移送公安、司法机关刑事拘留18人，批捕4人，判刑20人。

企业文化方面，启动企业文化建设再提升工程，制定绍烟企业文化建设三年规划，形成以“持续超越”为核心的绍烟文化体系。

金华市烟草专卖局（分公司）

金华市烟草专卖局、浙江省烟草公司金华市公司组建于1986年，下辖兰溪市、东阳市、浦江县、武义县、义乌市、永康市、磐安县等7个县、市烟草专卖局（公司）。共有从业人员1189人，其中聘用员工910人。

2007年，共销售卷烟112亿支（22.40万箱），同比增长8.60%，实现销售收入438000万元。实现税利116000万元，其中实现利润93500万元。

专卖监管工作，以规范市场经营秩序为中心，以办网络案件、内部监管、队伍建设和依法行政为重点，开展专卖服务、精细管理、市场监管、内部监管、准军事化管理等“五大机制”建设。全年共查处涉烟违法案件5972起，查获违法卷烟42.9万条，成功破获兰溪“10·23”、义乌“8·1”两起特大假烟销售网络案件。

网络建设方面，突出服务工作，以维护获利权、参与权、知情权、被服务权、投诉权等“五项权利”为核心，开展为零售客户办“十件实事”活动，积极引进紧俏货源，推行明码标价，在订单、营销、配送、管理各领域促进服务标准落地。

衢州市烟草专卖局（分公司）

衢州市烟草专卖局、浙江省烟草公司衢州分公司组建于1986年，下辖江山市、龙游县、常山县、开化县等4个县、市烟草专卖局（公司）。共有从业人员554人，其中聘用员工327人。

2007年，共销售卷烟46.50亿支（9.30万箱），同比增长7.58%。实现销售收入157800万元，同比增长29.01%。实现税利42700万元，同比增长48.18%，其中，实现利润34000万元，同比增长47.79%。

全年共查处涉烟违法案件851起，查获非法卷烟31.98万条，案值2799万元，其中，假冒卷烟23.95万条，案值2014万元，走私卷烟0.87万条，案值87.86万元。加强省际卡口建设，成立浙赣收费站卡口专卖稽查队。

网络建设方面，提出“用存销比方法指导零售户经营”工作思路，8月24日，召开“用存销比方法指导零售户经营”试点工作现场会，9月，在全市全面推广。2007年，该项工作取得阶段性成效：真实掌握客户的卷烟进销存状况，减少客户的资金积压，有效推动重点品牌培育和新品的上柜，减少客户断货率，提高公司物流配送能力等。

丽水市烟草专卖局（分公司）

丽水市烟草专卖局、浙江省烟草公司丽水分公司成立于1986年，下辖青田县、缙云县、龙泉市、庆元县、景宁畲族自治县、遂昌县、松阳县等7个县、市烟草专卖局（公司）和云和县、市烟草专卖局（营销部）。共有从业人员819人，其中聘用员工479人。

2007年，共销售卷烟50.20亿支（10.04万箱），同比增长9.46%，实现销售收入180000万元，同比增长26.78%。实现“两烟”税利38266万元，同比增长40.04%，其中，实现“两烟”利润29594万元，同比增长48.36%。共种植烟叶3257亩，收购烟叶0.06万吨（1.18万担）。

全市共查处各类违法案件783起，查获违法卷烟84745条，移送公安、司法机关立案侦查9起，刑事拘留20人，逮捕8人，判刑16人。

完善依法行政体系，制定《丽水市烟草专卖局行政执法依据和职责划分》。通过听证，发布实施《烟草零售点合理布局规划》。

台州市烟草专卖局（分公司）

台州市烟草专卖局、浙江省烟草公司台州分公司组建于1986年，下辖天台县、仙居县、三门县、临海市、黄岩区、温岭市、玉环县等7个县、市、区烟草专卖局（公司）。共有从业人员1338人，其中聘用员工1040人。

2007年，共销售卷烟132.55亿支（26.51万箱），同比增长7.02%。实现销售收入432885万元。实现税利134200万元，同比增长30.54%，其中，实现利润107900万元，同比增长30.16%；三项费用水平7.22%，国有资产保值增值率180.02%。

专卖管理方面，全年共破获符合国家局标准网络案1个，符合省局标准网络案3个，其中，临海“9·28”售假网络案件，查获假烟18630条，案值130万元；温岭“11·11”售假网络案件，查获假烟6413条，案值250万元。

网络建设方面，突出服务工作，成立专题项目小组，选定黄岩、仙居为试点单位，以准确把握客户服务需求为出发点，完成《台州烟草营销服务体系（初稿）》的编制。推进订单供货，运用营销工具箱，开展三维预测，全年销售预测准确率达到98%以上。积极组织有效货源，全年订单满足率达95%以上；注重对低档烟货源的组织和销售，超额完成省公司下达的低档烟销售任务；整合物流资源，撤并了临海和温岭配送分中心，全市实现了“一库制”分拣配送，一级配一级送的总量达48%。全年物流费用总额下降289万元，同比下降12.78%，单箱物流费用下降了23.30元。

舟山市烟草专卖局（分公司）

舟山市烟草专卖局、浙江省烟草公司舟山分公司成立于1987年4月，下辖普陀区、岱山县、嵊泗县等3个区、县烟草专卖局（公司）。共有从业人员360人，其中聘用员工187人。

2007年，共销售卷烟30.80亿支（6.16万箱），同比增长8.68%。实现销售收入122900万元，同比增长21.68%。实现税利37760万元，其中实现利润29730万元。成本费用利润率20.76%，国有资产保值增值率223.33%。

共查处涉烟违法案件342起，查获非法卷烟7119条。破获涉烟违法犯罪案件9起，涉案金额1240万元，捣毁藏假窝点5个。

深化以突出服务为主要内容的营销网络建设，全市形成12个服务大项、52个服务子项的服务内容及对应的服务流程和标准的服务体系。开展创新活动，进行重点创新课题攻关，全市共收集创新项目20个，向省局（公司）申报了8个项目，其中《零售库存管理和网上配货》、《数字化档案建设》获2007年度省局（公司）全省烟草商业系统创新项目二等奖，《绩效考核机制建设》获得三等奖。

所属其他二级单位

浙江烟草进出口有限公司

浙江烟草进出口有限公司成立于1997年，2006年8月，根据国家局关于理顺进出口系统资产管理体制的要求，浙江烟草进出口有限公司调整为中国烟草总公司浙江省公司的全资子公司。公司总资产6384万元，其中，固定资产1072万元、流动资产5312万元，资产负债率39%。

2007年，公司实现进出口总值1250万美元，实现销售收入11942万元，实现利润1644万元。全年出口烟叶326吨，出口创汇94万美元，实现进口30个批次32个牌号的进口卷烟21746件。

浙江烟草投资管理有限责任公司

浙江烟草投资管理有限责任公司，由中国烟草总公司浙江省公司全额投资，成立于2007年5月25日。主要经营投资管理、实业投资、酒店管理、进出口经营等业务。企业总资产10513.71万元，其中，固定资产13.71万元、流动资产10500万元。

2007年，实现税利460万元，其中实现利润309万元。

2007年浙江省烟草商业系统主要情况统计

地市级局（公司）名称		杭州市烟草专卖局（分公司）	宁波市烟草专卖局（分公司）	温州市烟草专卖局（分公司）	嘉兴市烟草专卖局（分公司）	湖州市烟草专卖局（分公司）
法人代表/主要负责人		方祖英（—2007.10）、李定晓（2007.10—）	聂建华（—2007.11）、包诚善（2007.10—）	陈金声	王德源	孙佳华
总资产（万元）		417700	298914	297040	189426	141106
所属县级局数量（个）		7	8	8	5	3
所属县级公司数量（个）		7	7	8	5	3
所属营销部、分公司		7个营销部	1个营销部	—	—	—
所属业务机构	访销机构	1个营销中心、1个电访中心	1个营销中心	1个营销中心	1个营销中心、5个营销部	1个营销中心
	物流配送机构	1个配送中心	1个物流配送中心	1个配送中心、6个配送中转站	1个配送中心、1个配送分中心	1个物流中心
	稽查机构	1个稽查支队、11个稽查大队	1个稽查大队	1个稽查支队、10个稽查大队	1个稽查支队、6个稽查大队	1个稽查支队、5个稽查大队
销售卷烟（亿支）		195.20	186.40	178.25	85.75	64.06
两烟税利（万元）	本年	231700	226138	186400	119900	83811
	上年	169500	162717	137800	87400	61673
两烟利润（万元）	本年	188000	181113	151400	95300	66691
	上年	137800	129246	111000	70300	49960
烟叶种植（亩）		—	—	—	1709	—
烟叶收购（担）		—	—	—	4529	—
零售户数（户）		33276	44553	44000	18688	22041

地市级局（公司）名称	绍兴市烟草专卖局（分公司）	金华市烟草专卖局（分公司）	衢州市烟草专卖局（分公司）	丽水市烟草专卖局（分公司）	台州市烟草专卖局（分公司）	舟山市烟草专卖局（分公司）
法人代表/主要负责人	戴伟坤(—2007.10)、潘昵琥（2007.11—）	邱樟海	缪裕富	朱聪佩	童循亚	包诚善（—2007.10）、黄安康（2007.10—）
总资产（万元）	81373	171373	63713	70996	240737	77266
所属县级局数量（个）	4	7	4	8	7	3
所属县级公司数量（个）	4	7	4	7	7	3
所属营销部、分公司	—	—	—	1个营销部	8个营销部	4个营销部

续表

地市级局（公司）名称		绍兴市烟草专卖局（分公司）	金华市烟草专卖局（分公司）	衢州市烟草专卖局（分公司）	丽水市烟草专卖局（分公司）	台州市烟草专卖局（分公司）	舟山市烟草专卖局（分公司）
所属业务机构	访销机构	1个营销中心、4个营销部	1个营销中心、7个营销部	1个营销中心、1个电访中心	1个营销中心、1个电访部、8个客户部	1个营销中心、1个电访中心	1个营销中心、1个电访中心
	物流配送机构	1个配送中心、1个配送分中心	1个配送中心、1个配送分中心	1个配送中心、4个配送站	1个物流中心、1个分中心、7个送货部	1个配送中心	1个配送中心、1个配送分中心
	稽查机构	1个稽查支队、6个检查大队	1个稽查支队、7个检查大队	1个稽查支队、4个检查大队	1个稽查支队、8个稽查大队	1个稽查支队	1个稽查大队
销售卷烟（亿支）		100.78	112.00	46.50	50.20	132.55	30.80
两烟税利（万元）	本年	121200	116000	42700	38266	134200	37760
	上年	98136	83000	28600	27390	102700	30044
两烟利润（万元）	本年	99800	93500	34000	29594	107900	29730
	上年	79598	65000	23000	20025	82700	22820
烟叶种植（亩）		12866	—	—	3257	—	—
烟叶收购（担）		222251	—	—	11842	—	—
零售户数（户）		26129	30770	13500	14609	34800	7136

（章　莉）

安徽省烟草专卖局（公司）

【概　况】 安徽省位于华东腹地，面积13.96万平方公里，全省设17个地级市，44个市辖区，5个县级市，56个县，人口6110万人。2007年，实现地区生产总值（GDP）7345.7亿元。

1980年10月，安徽烟草在全国率先实行烟草管理体制改革，成立烟草工业公司，实行产供销、人财物、内外贸统一管理。1983年更名为安徽省烟草公司，同年10月，上划至中国烟草总公司。1984年5月，安徽省烟草专卖局成立，与安徽省烟草公司属一套机构、两块牌子。2003年安徽烟草实行工商分开管理体制改革。

安徽省烟草专卖局、中国烟草总公司安徽省公司下辖17个市烟草专卖局（公司），2家烟叶复烤企业（华环国际烟草有限公司、华圆烟草有限责任公司）以及皖南烟叶有限责任公司。共有员工11299人，其中聘用员工6513人。

【领导成员】 副局长、副总经理、党组副书记（主持工作）：问　武

副局长、纪检组长、党组成员：刘焕荣（2007年9月改任巡视员）

副局长、党组成员：王汉文

副总经理、党组成员：卓俭华

纪检组长、党组成员：鹿　军（2007.9—）

总会计师：贾零霓（2007.9—）

副巡视员：江太平（2007.9—）

副巡视员：曹永钦（2007.9—）

【组织机构】 省局（公司）机关设办公室（外事办公室、烟草学会）、综合计划处（经济运行处）、安全保卫处、专卖监督管理处（与稽查总队合署办公）、政策法规与体制改革处、财务管理处（国有资产管理处、资金管理中心）、审计处、科技处（与烟草质量技术检测站合署办公）、人事劳资处（与离退休干部办公室、特有工种职业技能鉴定站合署办公）、监察处（与党组纪检组合署办公）、政工处（机关党委、烟草工会）、卷烟营销管理处、烟叶生产经营管理处

等13个职能部门，经济信息中心、机关服务中心、机关离退休干部服务中心、安徽烟草培训中心等4个专业部门，整顿办公室1个非常设机构。

【经济效益】 2007年，共销售卷烟882.50亿支（176.50万箱），同比增长4%，其中，销售一类烟53.90亿支（10.78万箱）、二类烟99.75亿支（19.95万箱）、三类烟90.45亿支（18.09万箱）、四类烟311.30亿支（62.26万箱）、五类烟327.05亿支（65.41万箱）。实现销售收入232.80亿元，同比增长21%。实现“两烟”税利51亿元，同比增长34%，其中，实现“两烟”利润41.10亿元，同比增长37%。

【专卖管理】 打击制售假烟网络。制订《打击制售假烟网络工作方案》，以打击制售假烟网络犯罪为重点，以“追逃犯、挖窝点、打团伙、破大案”为目标，签订打击涉烟网络案件目标责任书。全年共查获网络案件25起，其中，案值50万元以上大案18起，涉案金额达7134万元，其中，蚌埠“8·1”、池州“6·2”两起假冒卷烟网络案件，涉案金额均突破1000万元。

开展专项整治行动。开展“奋战六十天”农村市场整治专项行动，对辖区内名烟名酒店、物流、快运等重要部位、重要环节进行重点监控、重点打击，对小饭店、小超市、小集镇等农村市场进行有针对性的专项整治行动。全年共查处涉烟违法案件31735起，查获违法卷烟17251件，其中假冒卷烟14459件。捣毁制售假窝点506个。移送公安、司法机关拘留326人，劳教2人，判刑168人。

【卷烟销售】 销售管理。采取集中协调与分散衔接相结合的原则，加强与工业企业的产销衔接，即由省局（公司）统一对重点大企业、大品牌的计划安排先行衔接、集中协调，市级公司加强与关联企业的具体衔接，确保产销计划落实。省局（公司）还根据卷烟销售的阶段性特点，动态分解全年销售计划，开展市场调研，建立需求分析预测制度，了解市场和服务的情况。加强低档卷烟销售工作，2007年新增低档卷烟“红三环（渡江）”、“红三环（喜庆）”并投放市场，较好地保障了低档卷烟的市场供应。

品牌培育。提出“两个兼顾、两个下降”（两个兼顾为兼顾省内外卷烟品牌、兼顾省内外卷烟市场；两个下降为省产卷烟销量下降、省产卷烟市场份额下降）的营销工作指导方针，加快市场布局调整步伐，加大重点品牌培育工作力度。制定《安徽烟草商业卷烟品牌发展规划》，提出了市场布局调整的主要目标。配合省内工业企业加快品牌整合，做大“黄山”品牌，与安徽烟草工业联手启动“双百工程”（即“黄山”品牌销量达100万箱，销售额达100亿元），制订品牌培育实施方案和考核方案。2007年，全省累计销售“黄山”系列卷烟302.5亿支（60.5万箱），同比增长58%，“双百工程”取得阶段性成果。

【网络建设】 地市级公司市场营销主体建设。在地市公司市场营销主体能力建设专题调研的基础上，围绕“市场引导、机制灵活、规范运作、服务高效、科学发展”的总体目标，选择巢湖、黄山市公司开展试点工作。其他市公司发挥主观能动性，组织“网建回头看”，进行网建整改全面自查，提升服务客户、培育品牌、控制市场、科学管理的水平。

“按客户订单组织货源”试点。省局（公司）成立领导小组，明确工作职责，制订实施方案，深入基层指导宣传试点工作。合肥市局（公司）抽调精干人员，建立定期信息通报制度，开展多维预测和工商衔接工作。试点工作在货源投放、价格维护、品牌培育和队伍素质提高等方面取得初步效果，客户赢利水平和满意程度提高。

现代物流建设。制订《全省商业企业现代物流建设实施方案》、《安徽烟草工商物流对接工作方案》，明确“合理规划、统一标准、经济实用、综合配套”的物流建设总体思路，确定以“八个统一”为重点的物流建设工作任务。加快物流资源整合，合理选择卷烟配送中心的改建、扩建和新建方案，集中分拣与分级配送有机结合。按照工商对接模式，优化入库、出库、分拣、送货等物流业务运作流程，统一托盘标准和信息标准，初步建立工商统一的信息共享平台。蚌埠、芜湖、合肥初步实现工商仓储资源共享；铜陵、池州、安庆尝试打破市级行政区划的仓储配送模式，开展区域配送；其他商业企业物流建设以市公司为单位，不断提高物流的集中度，优化配送流程和送货线路，实现仓库、车辆、人员的合理配置。

【烟叶生产】 落实烟叶种植与收购。全年共种植烟叶11.97万亩，其中种植面积10亩以上的烟农占总数的23%。户均种烟面积不断提高，皖南烟区户均种烟面积达到16亩；签订烟叶种植合同1.57万份，户均种烟7.6亩。收购烟叶1.61万吨（32.2万担），其中，上等烟占总量的28.5%、中等烟占总量的56%。签订烟叶购销合同40.69万担，其中，省内1.35万吨（27万担），省外0.68万吨（13.69万担）。

加大基础设施建设。全省推广漂浮育苗6万亩，占育苗面积的50%以上，同比增长46%；已建密集烤房6561座，密集烘烤率达67%，同比增长19%。同时，开展烟叶生产基础设施建设，全年投入资金4224万元，开展烟水配套项目228个，新建和改建密集烤房2237座，受益烟田2.97万亩。

推广先进适用技术。至2007年底，初步筛选出“龙江911”、“龙江9717”、“龙江9601”等烟叶品种。由皖南烟叶公司组织烟叶生产标准化示范县工作，生产标准化程度进一步提高；池州烟区试点湿润育苗技术，100%商品化育苗，密集烘烤率达80%以上。亳州烟区建成“秸秆压块”生产试验基地，“秸秆压块”在8月召开的全国秸秆压块替代煤炭烘烤烟叶技术交流观摩会上进行推广。

探索烟叶经营新模式。机械化作业逐渐推广，全省机械化起垄面积2.7万亩，剪叶器、点播器等技术的应用，实现了减工降本；集约化育苗普遍推广，全省专业化育苗面积3.14万亩，阜阳、池州等地全部实现专业化育苗；蚌埠等地出现“公司+烟农组织+农户”等与集约经营相适应的生产组织形式，皖南烟叶公司职业化烟农队伍初具规模，池州市成立了全省第一家烟叶合作社；亳州、宿州市探索“专业承包、委托烘烤、收取烤费”、“收购鲜烟，专业烘烤”的专业化烘烤模式；皖南烟叶公司开展了电子合同试点，全省烟叶管理的信息化水平不断提高；加强工商合作，皖南设立“都宝”实用皖南优质烟叶基地，蚌埠建立5000亩“紧密型”基地；加快皖南特色烟叶开发进程，皖南烟叶公司落实特色烟开发面积6500亩，在池州烟区还开展特色烟研究和生产试点工作。

【企业管理】 推进政（企）务公开。总结和推广蚌埠市局（公司）工作经验，在全省范围内整体推进政（企）务公开。8月下旬至9月上旬，开展专题调研，发放问卷调查表389份，调查显示员工对本单位公开工作的认知度达到93%；公开工作的总体满意率达99%。12月下旬，召开推行政（企）务公开工作交流会，促进公开工作的日常化、规范化、制度化。

推行免检制度。即免检单位在免检有效期内免于省局（公司）统一组织的各类综合性监督检查（不含相关职能部门日常业务工作指导、考核和上级安排的监督检查）。制定《关于对直属单位实行免检工作的暂行规定》，以“高门槛、高荣誉、高压力、高境界”为原则，依据免检评审条件、评审程序和评审要求。及时掌握蚌埠、芜湖两家免检单位工作情况，马鞍山、巢湖、铜陵市局（公司）主动申报免检，接受免检审核，行业自律规范意识和监管工作自觉性明显增强。

【清产核资】 开展主业清产核资工作，制订《安徽烟草商业企业清产核资工作方案》，分析资产和日常财务管理中存在的问题，落实相应整改措施。制定《安徽省烟草公司关于闲置资产的处置意见》，规范各类国有资产处置，及时纠正处置过程中出现的问题，防止国有资产流失。完成安徽阳光传媒有限公司、淮南兴烟综合经营部、桐城商城城市信用社等多元化企业的清产核资整改工作。

【信息化建设】 推进“安徽烟草商业信息系统”二期项目。目标是建立现代物流管理系统、人力资源管理系统、经济运行管理系统、协同办公管理系统。物流管理系统主要包括商业数字化仓储及RFID应用系统、全省自动分配送货线路系统、全省电话订货系统交换机改造和全省监听系统。人力资源管理系统建设于3月启动，年底进入项目实施阶段。经济运行管理系统是以基础业务系统为平台，进一步延伸供应链信息采集范围，建立省、市两级经济运行分析决策管理系统，截至2007年底，已完成业务需求的整理工作和项目立项工作。协同办公管理系统已进行项目立项前的初步需求整理。

信息化基础平台建设。完成全省广域网升级改造项目的建设并通过验收；完成全省综合网管软件项目实施并通过验收；开展全省“一期工程”硬件平台升级扩充项目的建设；开展全省机房防雷检查工作。

【人事与劳资】 “四定”工作。“四定”，即“定岗、定责、定员、定薪”。人事用工分配制度改革在2006年选择蚌埠市局（公司）试点先行、典型示范的基础上，按照“1+17”模式[全省1个“四定”工作指导意见+17个市局（公司）实施方案]，鼓励各地结合实际大胆探索，取消员工身份界限，打通晋升通道，重建薪酬体系，实现由身份管理向岗位管理的转变，促进了人力资源优化配置，调动了全体员工的积极性和创造性。改革前后用工情况发生明显变化：17家市局（公司）改革前卷烟营销劳动用工11631人，万箱用工71人；改革后，卷烟劳动用工9640人，万箱用工55人。科级干部落聘104人，新聘56人；股级干部落聘173人，新聘167人。

人才队伍建设。加大领导班子的考核力度，贯彻落实《党政领导干部选拔任用工作条例》，健全制度、规范程序、扩大民主，规范、开展干部选拔和岗位竞聘工作。按照政技分开、分类管理要求，结合“四定”工作，在全省系统各单位设置技术岗位，制订聘任制度，打通技术人员发展通道；指导皖南烟叶公司开展技术职务聘任试点。开展职业技能培训和鉴定工作，全年鉴定12批次，19家企业2643人参加了鉴定，涉及21个工种、4个等级。按照“凡进必考”原则开展高校毕业生招聘工作，全省系统招聘本科以上毕业生37人。改进和完善招聘办法，在人员初选、统一考试、单位面试的基础上，增加了专家面试环节，提高员工招聘质量。

教育培训。组织落实大规模教育培训和全员轮训规划，截至2007年底，安徽省局（公司）举办培训班32个，培训2814人次，分别完成年初计划的76.2%和58.7%，并举办县级局局长培训班、高校毕业生岗前培训班、《劳动合同法》讲座、档案管理培训班等。组织人员参加国家局教育培训，全年选送122人次参加国家局主办的27个培训班，理顺培训管理体制，继续落实全员培训和岗位轮训三年规划。提高整体合力和工作效率。

【思想政治工作】 深入开展“两个至上”在岗位主题实践活动，先后分别组织召开了征求机关群众意见座谈会和离退休人员座谈会，设立了征求意见箱，党组召开了“五查五看”专题民主生活会。行业各直属单位开展了多种形式的问题查摆活动，举办领导班子成员“践行‘两个’至上，从我做起”的主题报告会。

开展“作风教育月”活动。按照“学、看、写、改”四个步骤，制订了《安徽烟草商业系统领导干部集中开展“作风教育月活动”实施方案》，从6月1日至6月30日，在省局（公司）机关组织开展了为期一个月的“作风教育月”活动。

【企业文化】 制定《安徽烟草商业深化企业文化建设实施意见》。所属各单位相继启动文化建设，将行业共同价值观、行为准则有效融入企业文化建设之中，效果显著。合肥、蚌埠、阜阳、淮南、滁州、池州、安庆、黄山市局（公司）8家单位经过系统调研、诊断、提炼、讨论、总结，相继发布了企业文化建设理念体系成果，宿州、滁州、池州市局（公司）进一步将企业文化建设渗透到经营管理之中，创建了独具企业特色的服务品牌，推动了文化落地。

【特事要辑】 2月15日，安徽省副省长黄海嵩到安徽烟草考察工作。

4月24~26日，国家局副局长何泽华到安徽烟草考察调研，指导工商一体化物流建设和皖南特色烟叶生产工作。

10月16~18日，国家局副局长张保振到安徽烟草调研考察。

11月29日，国家局局长姜成康、副局长张保振到安徽烟草考察工作。

安徽省局（公司）主要统计指标汇总

两烟税利（亿元）	两烟利润（亿元）	销售卷烟（亿支）	烟叶种植（万亩）	烟叶收购（万担）
51.00	41.10	882.50	11.97	32.20

所属地市级局（公司）

合肥市烟草专卖局（公司）

【概　况】 合肥市烟草专卖局、安徽省烟草公司合肥市公司，下辖长丰、肥东、肥西3个烟草专卖局（营销部）和庐州分局。共有从业人员1119人，其中聘用员工537人。

【领导成员】 局长、经理、党组书记：项建安

副经理、党组成员：张雪松

工会主席、纪检组长、党组成员：纪　萍

副局长、党组成员：葛鲁民

【组织机构】 市局（公司）下设办公室、纪检组监察室、人力资源科、专卖管理科（稽查支队）、财务管理科、安全保卫科、政工科（工会）、营销管理中心、卷烟配送中心、信息技术中心等10个科室、中心。

【经济效益】 2007年，共销售卷烟80.98亿支（16.20万箱），同比增长10.26%，其中，一类烟11.50亿支（2.3万箱），二类烟16.87亿支（3.37万

箱），三类烟10.76亿支（2.15万箱），四类烟24.29亿支（4.86万箱），五类烟17.57亿支（3.51万箱）。实现销售收入272730万元，同比增长26.83%。实现税利80052万元，同比增长49.13%，其中，实现利润65018万元，同比增长49.07%。

【专卖管理】 将守法经营率作为专卖管理工作的第一要务来抓，继续加强与政法各部门的密切合作，突出“端窝点、断源头、打网络”的卷烟打假打私工作重点，加大对重大案件的查处力度，严厉打击公开摆卖假冒卷烟行为，以及涉黑恶势力控制的各类售假活动。开展“奋战六十天”等专项整治活动，加强对货运站非法卷烟活动的监督管理，初步建立一市三县烟草、工商共同查处无证经营户的联合执法机制。

全年共查获各类涉烟违法案件5732起，其中5万元以上案件62起。查获各类违法卷烟3307件，其中假冒卷烟3007件。移送公安、司法机关治安拘留51人，判刑48人。

【按客户订单组织货源】 作为国家局第二批36个重点城市推广单位，市局（公司）提出“六精原则”，即精明把握需求、精心组织货源、精确投放市场、精细服务沟通、精致流程标准、精华考核评价。

从订单准备、预测、采购、维护四大主流程方面入手，编写《按客户订单组织货源工作操作手册》，在卷烟客户中推行动销台账工程，利用自主开发的软件系统进行订单模型预测，为卷烟供应提供了基础参考数据。

【经营管理】 在现代物流建设方面，进一步优化业务流程，取消中转站，实行全区大配送，更新分拣设备，降低用工成本，减少送货车辆，实施数据化物流仓储试点工作，完成了“两打三扫”试点工程，即：工业企业入库打码、出库扫码，商业企业入库、出库扫码，然后在分拣机上打码到条。初步具备现代物流雏形。在规范月度绩效考核收入流程方面，结合“四定”实施了工资套改工作，实行薪酬的内部动态管理，健全各岗位、各部门月度关键业绩考核体系。在信息技术应用方面，依托现有的网络资源，完善“按客户订单组织货源”软件，建立GPS车辆行驶监控系统，创建工商一体化信息平台、政务公开平台和综合数据信息系统。

【队伍建设】 开展人事用工分配制度改革，市局（公司）的“四定”工作，从宣传发动、制订方案、征求意见到民主决策、方案实施的每个环节、每个细节，都做到了分工明确，责任到人。实施方案将原则与实际相结合，经历了自上而下、自下而上多次征求意见、专题研究、修订完善的过程，共有941人分别报名6大岗位类别的竞聘。全体员工共同参与以“融”为特征的合肥烟草文化理念，用文化来为合肥烟草的持续健康发展、员工团队建设凝心聚力，为打造和谐烟草奠定扎实的思想基础。

淮北市烟草专卖局（公司）

淮北市烟草专卖局、安徽省烟草公司淮北市公司成立于1981年，下辖濉溪县烟草专卖局。共有员工354人，其中聘用员工236人。

2007年，共销售卷烟28.85亿支（5.77万箱），同比增长1%。实现销售收入59000万元，同比增长22%。实现税利17202万元，同比增长36.8%，其中，实现利润14191万元，同比增长38.7%。

全年共查处涉烟违法案件736起，查获违规卷烟337件，在破获案值500万元的“4·13”贩售假烟网络案中，查获假烟263.6件，铲除贩假窝点7个。

亳州市烟草专卖局（公司）

亳州市烟草专卖局、安徽省烟草公司亳州市公司成立于1981年，下辖涡阳、蒙城、利辛、谯城分局等4个县级烟草专卖局。共有在岗员工1199人，其中，聘用员工319人。2007年，被安徽省委、省政府评为“第八届省级文明单位”。

2007年，共销售卷烟60.50亿支（12.10万箱），同比增长2.1%。种植烟叶4万亩，收购烟叶0.41万吨（8.1万担）。实现“两烟”销售收入121100万元。实现“两烟”税利18748万元，同比增长70.45%，其中，实现“两烟”利润13256万元，同比增长66.28%。

全市查处涉烟违法案件2062起，查获违规卷烟61543条，移送公安、司法机关拘留24人，劳教1人，判刑6人。

宿州市烟草专卖局（公司）

宿州市烟草专卖局、安徽省烟草公司宿州市公司成立于1981年，下辖萧县、砀山、灵璧、泗县、埇桥等5个县级烟草专卖局。共有在岗员工1161人，其中聘用员工390人。

2007年，共销售卷烟71.85亿支（14.37万箱），同比增长1.1%。种植烟叶2561亩，收购烟叶0.03万吨（0.60万担）。实现“两烟”销售收入107400万元。

实现“两烟”税利22451万元，同比增长36.26%，其中，实现“两烟”利润17908万元，同比增长42%。

联合开展“春节”、“五一”、“奋战六十天”、“利剑”等市场整治活动；全面整治低档卷烟市场，加强重点牌号的监控检查，开展农贸集市非法出售烟叶、烟丝、烟末行为的专项整治；与工商部门协调加强无证经营行为整治，制订了《联合整治卷烟市场无证（照）经营行为实施方案》；加大对假烟运输及分销环节的监控打击力度，连续查获多起非法运输卷烟案；2007年，共查处涉烟违法案件2129起，其中，破获“8·14”售假网络案，案值56万元。查获非法卷烟19699条，烟叶、烟丝、烟末2873千克，移送公安、司法机关批捕5人，拘留18人，判刑5人。

蚌埠市烟草专卖局（公司）

蚌埠市烟草专卖局、安徽省烟草公司蚌埠市公司成立于2000年，下辖怀远、固镇、五河等3个县烟草专卖局、1个直属分局。

2007年，全市共销售卷烟51亿支（10.2万箱），比上年增长4.1%；实现销售收入88400万元，同比增长17.9%；实现“两烟”税利20000万元，同比增长25.1%，其中，实现“两烟”利润15400万元，同比增长24.4%。

全年共查获涉烟违法案件1366起，查扣非法卷烟2278件，捣毁制假窝点15个，破获案值50万元以上网络案件3起，移送公安、司法机关拘留18人，劳教1人，判刑14人。

阜阳市烟草专卖局（公司）

阜阳市烟草专卖局、安徽省烟草公司阜阳市公司成立于1981年，下辖临泉、阜南、太和、颍上、界首市、颍城区等6个市、县、区烟草专卖局（营销部）。共有在岗员工1135人，其中聘用员工621人。

2007年，共销售卷烟100.55亿支（20.11万箱），同比增长4.72%；实现销售收入155569万元，同比增长26.03%。种植烟叶1567.59亩，收购烟叶180.1吨（3602担）。实现“两烟”税利32744万元，同比增长49.28%，其中实现“两烟”利润25968万元。

全年共查处涉烟违法案件1600起，其中大要案8起；查获违法卷烟640.54万支，铲除制售假烟窝点27个，移送公安、司法机关行政拘留4人，刑事拘留16人，判刑12人。

淮南市烟草专卖局（公司）

淮南市烟草专卖局、安徽省烟草公司淮南市公司组建于1982年，下辖凤台县烟草专卖局、5个专卖分局、1个营销中心、4个区域营销部。共有员工490人，其中聘用员工330人。

2007年，共销售卷烟39亿支（7.80万箱），同比增长3.80%。实现销售收入101819万元。实现税利26295万元，其中，实现利润22437万元，同比增长48.5%。

开展“维权四号”和“维权五号”、“大战六十天”专项联合打假行动。全年共查处各类违法违规案件1228起，查获各类违章卷烟364件，捣毁制假窝点18个，移送公安、司法机关刑事拘留10人，判刑1人。

形成了以“诚”文化为核心的框架体系，举行“参与、健体、向上、和谐”为主题的首届职工运动会。

滁州市烟草专卖局（公司）

滁州市烟草专卖局、安徽省烟草公司滁州市公司组建于1982年，下辖来安县、全椒、天长、定远、凤阳、明光等6个县、市烟草专卖局（营销部）。共有员工759人，其中聘用员工158人。

2007年，共销售卷烟62.65亿支（12.53万箱），同比增长3.71%。实现销售收入134300万元，同比增长24.58%。实现税利32400万元，其中，实现利润26200万元，同比增长45.40%。

全年查获各类违法卷烟52879条，捣毁制假窝点68个，查获万元以上案件共25起。移送公安、司法机关刑事拘留13人，逮捕11人，判刑9人。

启动企业文化建设，制订企业文化建设实施方案，开展文化调研诊断、理念征集研讨，提炼形成“真·实·人本”的文化定位，构建“158”理念体系，编印《企业文化手册》。

六安市烟草专卖局（公司）

六安市烟草专卖局、安徽省烟草公司六安市公司成立于1985年，下辖寿县、霍邱、舒城、金寨、霍山等5个县烟草专卖局（营销部）和皋城、叶集2个直属烟草专卖分局。共有员工834人，其中聘用员工581人。

2007年，共销售卷烟75.85亿支（15.17万箱），同比增长2.28%。种植烟叶1189亩，收购烟叶154.45吨（3089担）。实现“两烟”销售收入188400万元。实现“两烟”税利43600万元，同比增长38.43%，其中，实现“两烟”利润34600万元，同比增长37.08%。

全年共查处涉烟违法案件4366起，查获违法卷烟673件，铲除藏匿非法卷烟窝点21个，移送公安、司法机关刑事拘留18人，判刑8人。

提炼出以“厚德弘毅，坚韧行远”为企业精神，以“责任、诚信、务实、创新”为核心价值观，以“奉献国家、服务客户、成就员工、关爱社会”为企业使命，以“不断创造社会价值，建设基业长青的现代化烟草流通企业”为企业愿景的“韧”文化理念体系。

马鞍山市烟草专卖局（公司）

马鞍山市烟草专卖局、安徽省烟草公司马鞍山市公司组建于1981年，下辖当涂县烟草专卖局、市局直属分局和2个营销部。共有员工326人，其中聘用员工227人。

2007年，共销售卷烟22.40亿支（4.48万箱），同比增长4.80%。实现销售收入77000万元，同比增长18.20%。实现税利19000万元，同比增长31.10%，其中实现利润15500万元。

全年共破获各类涉烟案件1658起，查扣各类违规卷烟18723条，移送公安、司法机关判刑12人，刑事拘留22人。

电子结算额比重加大，达到68.30%；注重资源优化，电话订货员日均服务由89户增至131户；在线送货车减少6辆，配送人员减少14人。启用数字化仓储系统，实现“四个转变”，即卷烟入库转变成伸缩带传输，“两打一扫”转变成传输带自动扫码，卷烟搬运转变成叉车运送，卷烟包装转变成热塑膜包装。

巢湖市烟草专卖局（公司）

巢湖市烟草专卖局、安徽省烟草公司巢湖市公司成立于1985年，下辖无为、庐江、和县、含山、居巢区5个县（区）烟草专卖局和1个营销中心。共有员工859人，其中聘用员工464人。

2007年，共销售卷烟58.85亿支（11.77万箱），同比增长5.93%。实现销售收入150826万元，同比增长19.66%。实现税利38866万元，同比增长36.93%，其中，实现利润31033万元，同比增长39.11%。

全市共查获各类涉烟案件1188起，其中5万元以上案件12起；查获各类非法卷烟13466条；捣毁贩藏假烟窝点25个；破获符合国家局标准的贩售假烟网络案件2起，拘留30人，拘役1人，判刑12人，上缴财政罚没款19.46万元。

在和县县局开展县级局标准化建设试点工作。坚持“六项原则”，即工作流程化、队伍正规化、执法规范化、政务信息化、勤务实战化、保障标准化。确定“六个目标”，即建立保障烟草执法队伍依法履行职责的组织体系、建立科学合理的工作流程体系、建立适应烟草执法实战需要的执法人员职业培训体系、建立具有烟草执法队伍特色的内务管理体系、建立完备的烟草执法规范体系、建立权威有效的监督制约体系。

推进市场营销主体建设试点。建立健全客户服务体系与保障机制，提升客户服务力。建立市场分析和预测制度，形成“三层+三维+三线、自下而上”的需求预测体系，采用平衡协商法、双向互动法、趋势分析法预测客户销量，提升把握市场能力。

芜湖市烟草专卖局（公司）

芜湖市烟草专卖局、安徽省烟草公司芜湖市公司成立于1981年，下辖芜湖、南陵、繁昌等3个县烟草专卖局（营销部）和1个专卖直属分局。共有员工417人，其中聘用员工247人。

2007年，共销售卷烟37.30亿支（7.46万箱），同比增长1.45%。实现销售收入103400万元，同比增长13%。实现税利29086亿元，同比增长27%，其中，实现利润23754万元，同比增长28%。

开展“元旦、春节”两节期间专项行动、“江城猎鹰”专项行动、“奋战六十天”以及打击所谓“名烟名酒店”等专项行动。成功破获“2·12”非法经营网络案件、“8·21”假冒卷烟案件、“8·29”非法经营卷烟案件。全年查获违法违规卷烟60726条，涉案金额560万元。

宣城市烟草专卖局（公司）

宣城市烟草专卖局、安徽省烟草公司宣城市公司组建于1984年，下辖郎溪、广德、宁国、泾县、绩溪、旌德6个县市烟草专卖局和宣州区烟草专卖分局。共有员工606人，其中聘用员工360人。

2007年，共销售卷烟47.25亿支（9.45万箱），同比增长1.76%。实现销售收入145900万元。实现税利33798万元，同比增长28.76%，其中，实现利润27726万元，同比增长32.88%。

全年共查处各类违规卷烟案件368起，查获各类违规卷烟527.68件，罚没款25.56万元。移送公安、司法机关逮捕8人，劳动教养1人，刑事拘留23人，判刑6人。

铜陵市烟草专卖局（公司）

铜陵市烟草专卖局、安徽省烟草公司铜陵市公司成立于1981年，下辖铜陵县烟草专卖局（营销部）和铜都烟草专卖分局。共有员工170人，其中聘用员工103人。

2007年，共销售卷烟13.85亿支（2.77万箱），同比增长8.20%。实现销售收入48500万元，同比增长21.15%。实现税利14755万元，同比增长34.93%，其中，实现利润12196万元，同比增长39.85%。

全年共查获涉烟违法案件167起，其中，万元以上案件14起，捣毁售假窝点2个，查获违法卷烟7080条，移送公安、司法机关刑事拘留4人，判刑1人。

市局（公司）积极探索物流整合试点新模式，8月顺利完成仓库平移和信息平台调试，跨区域物流配送新模式稳步运行。

池州市烟草专卖局（公司）

池州市烟草专卖局、安徽省烟草公司池州市公司组建于1981年，下辖贵池区、青阳、石台、东至等4个县、区烟草专卖局，1个营销中心，1个烟叶生产经营中心及1个多元化经营企业九子山宾馆等单位。共有员工841人，其中聘用员工715人。

2007年，共销售卷烟25.30亿支（5.06万箱），同比增长3%。种植烟叶5217亩，收购烟叶0.09万吨（1.73万担）。实现销售收入75100万元。实现“两烟”税利16367万元，其中，实现“两烟”利润12834万元，同比增长30%。

开展“突击”系列、清理“回流烟”、“许可证清理月”、“奋战六十天”等专项行动，破获贵池“6·2”特大涉烟网络案件，涉案价值1073万元。全年共查处各类涉烟违法案件1567起，其中，10万元以上大要案4起，查获各种违法卷烟842.7件，捣毁制售假窝点7个，移送公安、司法机关拘留25人，逮捕5人，判刑4人。

全面启动企业文化建设工程，形成以“仁”文化为核心的企业文化理念体系以及“香樟树”服务品牌。

安庆市烟草专卖局（公司）

安徽省烟草公司安庆市公司成立于1981年、安庆市烟草专卖局成立于1984年，下辖宜城烟草专卖局以及桐城市、枞阳县、怀宁县、潜山县、岳西县、太湖县、望江县、宿松县烟草专卖局、9个营销部。共有员工1029人，其中聘用员工725人。

2007年，共销售卷烟81.10亿支（16.22万箱），同比增长4.78%。实现销售收入190000万元，同比增长20.75%。实现税利48239万元，同比增长40%，其中，实现利润25159万元，同比增长37.91%。

全年查处10万元以上大要案件11起，捣毁制售假窝点181个，破获国家局标准的售假卷烟网络案件2起，查获违法卷烟3905件，查获黄烟丝2524.5千克，移交公安、司法机关行政拘留3人，刑事拘留46人，判刑10人。

开展网建工作“回头看”，优化整合市场资源与业务流程，访销、配送线路分别减少167条、238条，配送车辆减少30台。开展工商协同营销，颁布《大服务宪章》，成功注册烟银电子结算（TBES）商标。

展示“和”文化成果的中国烟草企业文化建设系列丛书（2007）《和风宜人》出版发行。出台《“和”文化宣言》、《职业行为规范》、《企业文化建设实施规划》。

黄山市烟草专卖局（公司）

黄山市烟草专卖局、安徽省烟草公司黄山市公司组建于1981年，下辖屯溪区、徽州区2个烟草专卖分局，歙县、休宁、祁门、黟县和黄山区等5个县、区烟草专卖局。共有在岗员工348人，其中聘用员工211人。

2007年，共销售卷烟25.16亿支（5.03万箱），同比增长2.5%。实现销售收入66900万元，同比增长16.94%。实现税利17400万元，同比增长31.12%，其中，实现利润13800万元，同比增长38.29%。

全年共查处涉烟违法案件187起，查获非法卷烟25.87万支。破获横跨安徽、江西、浙江、福建四省的“2·1”重大涉烟网络案件。移送公安、司法机关刑事拘留8人，判刑5人。

开展营销主体试点建设工作。在开展“三维三度”方法预测的基础上，结合社会库存监控工作，抽取5%的零售户作为样点，进行价格指数和客户赢利指数的调查，最终确定客户提交法、双向互动法、趋势分析法的预测流程，形成了较为完整的市场分析与预测系统。

2007年作为“企业文化年”，开展企业文化、情商、绩效管理等培训活动，初步构建起以“徽骆驼”为底蕴，由精神、制度、行为和物质文化组成的整体架构。

2007年安徽省烟草商业系统主要情况统计

地市级局（公司）名称		合肥市烟草专卖局（公司）	淮北市烟草专卖局（公司）	亳州市烟草专卖局（公司）	宿州市烟草专卖局（公司）	蚌埠市烟草专卖局（公司）	阜阳市烟草专卖局（公司）
法人代表/主要负责人		项建安	王传清	孙太勇	王世华	金小玲	时玉玲
总资产（万元）		105765	35911	33657	49492	39574	49200
所属县级局数量（个）		3	1	4	5	4	6
所属县级公司数量（个）		—	—	—	—	—	—
所属营销部、分公司		1个营销中心、4个营销部	1个营销部	1个营销中心、4个区域营销部	1个营销管理中心、5个区域营销部	1个营销管理中心、3个区域营销部	1个营销管理中心、6个区域营销部
所属业务机构	访销机构	1个订单部	1个订单部	1个订单部	1个订单部	1个订单部	—
	物流配送机构	1个配送中心	1个配送中心、2个中转站	4个物流分拨点	1个配送中心、4个中转站	1个配送中心、3个中转站	1个配送中心
	稽查机构	3个专卖大队、4个市管大队、1个机动大队	8个稽查大队	21个专卖稽查管理队（所）	21个稽查大（中）队	1个稽查支队、4个稽查大队、1个打假大队、12个专卖管理所	1个稽查支队
销售卷烟（亿支）		80.98	28.85	60.50	71.85	51.00	100.55
两烟税利（万元）	本年	80052	17202	18748	22451	20000	32744
	上年	45084	12568	10999	16107	14155	22500
两烟利润（万元）	本年	65018	14191	13256	17908	15400	25968
	上年	36584	10087	7972	12284	10546	16833
烟叶种植（亩）		—	—	40000	2561	7138	1568
烟叶收购（担）		—	—	81000	6035	13100	3602
零售户数（户）		22885	8007	22000	27018	13821	36608

地市级局（公司）名称		淮南市烟草专卖局（公司）	滁州市烟草专卖局（公司）	六安市烟草专卖局（公司）	马鞍山市烟草专卖局（公司）	巢湖市烟草专卖局（公司）	芜湖市烟草专卖局（公司）
法人代表/主要负责人		昝兴标	戴锦亮	谢建生	盛昌科	丁云水	吴永成
总资产（万元）		40909	58222	74659	36004	70118	63368
所属县级局数量（个）		1	6	7	2	5	4
所属县级公司数量（个）		—	—	—	—	—	—
所属营销部、分公司		1个营销中心、4个区域营销部	1个营销管理中心、7个营销部	1个营销中心	2个营销部	1个营销中心	1个卷烟营销中心、3个县级经营部
所属业务机构	访销机构	1个订单部	1个订单部	—	—	1个订单部	—
	物流配送机构	1个物流中心、3个配送站	1个配送中心、4个配送站	1个配送中心	1个配送中心	1个物流中心、3个配送站	1个卷烟配送中心、3个县级配送中转站
	稽查机构	22个稽查大队	7个稽查大队	8个稽查大队	8个稽查大队、1个市场大队、1个侦查大队	1个稽查支队	1个稽查大队、3个市管大队
销售卷烟（亿支）		39.00	62.65	75.85	22.40	58.85	37.30
两烟税利（万元）	本年	26295	32400	43600	19000	38866	29086
	上年	19104	23170	31459	14242	28384	23021
两烟利润（万元）	本年	22437	26200	34600	15500	31033	23754
	上年	15106	18019	25240	11354	22309	18646

续表

地市级局（公司）名称	淮南市烟草专卖局（公司）	滁州市烟草专卖局（公司）	六安市烟草专卖局（公司）	马鞍山市烟草专卖局（公司）	巢湖市烟草专卖局（公司）	芜湖市烟草专卖局（公司）
烟叶种植（亩）	—	—	1189	—	—	—
烟叶收购（担）	—	—	3089	—	—	—
零售户数（户）	13000	16444	29061	6697	20304	10183

地市级局（公司）名称		宣城市烟草专卖局（公司）	铜陵市烟草专卖局（公司）	池州市烟草专卖局（公司）	安庆市烟草专卖局（公司）	黄山市烟草专卖局（公司）
法人代表/主要负责人		张后全	陈长生	齐美生	江太平	范家福
总资产（万元）		51974	26720	34717	93623	36978
所属县级局数量（个）		7	2	4	9	7
所属县级公司数量（个）		—	—	—	—	—
所属营销部、分公司		1个营销管理中心	1个营销部	1个营销中心、4个营销部	1个营销管理中心、9个驻地营销部	7个区域营销部
所属业务机构	访销机构	—	1个访销中心	1个订单部	1个订单部	1个订单部
	物流配送机构	1个卷烟配送中心、3个卷烟配送中转站	1个配送中心	1个配送中心	1个卷烟配送中心、8个配送中转站	1个配送中心、2个配送中转站
	稽查机构	—	4个稽查大队	18专卖管理所、4个稽查中队	1个稽查支队、9个稽查大队、35个稽查（监管）中队	2个稽查大队
销售卷烟（亿支）		47.25	13.85	25.30	81.10	25.16
两烟税利（万元）	本年	33798	14755	16367	48239	17400
	上年	26248	10935	11725	34474	13232
两烟利润（万元）	本年	27726	12196	12834	25159	13800
	上年	20866	8721	8955	18234	9993
烟叶种植（亩）		—	—	5217	—	—
烟叶收购（担）		—	—	17300	—	—
零售户数（户）		15250	4552	10606	27933	9611

（张　宁）

福建省烟草专卖局（公司）

【概　况】 福建省地处中国东南部，面积12.37万平方公里，人口3558万人。2007年福建省实现地区生产总值（GDP）9075亿元。

福建省烟草专卖局、中国烟草总公司福建省公司组建于1984年，下辖9个设区市烟草专卖局（公司）、70个县级局、68个分公司、2个烟叶复烤企业以及福建烟草海晟投资管理有限公司和中国烟草福建进出口有限责任公司。总资产157.71亿元，其中，固定资产22.50亿元、流动资产120.05亿元，资产负债率26.4%。共有从业人员11974人，其中聘用员工8201人。

【领导成员】 局长、总经理、党组书记：杨培森

副局长、党组成员：张　卉

副总经理、党组成员：揭柏林

副总经理、党组成员：李晓陆

纪检组长、党组成员：黄星光

【组织机构】 省局（公司）机关设办公室（外事办公室）、综合计划处（经济运行处）、专卖监督管理处（专卖稽查总队、内部专卖监督管理处）、卷烟销售处、烟叶管理处、政策法规与体制改革处、财务管理处、审计处、人事劳资处（离退休人员管理办公室、职工教育培训中心合署办公）、监察处（与党组纪检组合署办公）、思想政治工作处（机关党委、工会）、安全处等12个处室，机关服务中心、专卖管理稽查总队、经济信息中心、烟草质量监督检测站、技能鉴定站、福建省烟草学会秘书处、福建省烟草农业科学研究所（与科技处合署办公）等7个专业部门，以及福建省烟草拍卖行1个专业公司。

【经济效益】 2007年，全省共销售卷烟728.60亿支（145.72万箱），同比增长7.38%，其中，销售一类烟55.80亿支（11.16万箱），二类烟72.30亿支（14.46万箱），三类烟201.55亿支（40.31万箱），四类烟236.95亿支（47.39万箱），五类烟161.95亿支（32.39万箱）。卷烟条均批发价61.96元，单箱毛利3341元。种植烟叶86万亩，收购烟叶11.81万吨（236.27万担），其中上等烟占56%。实现“两烟”税利59.00亿元，同比增长26.7%，其中卷烟税利48.10亿元。实现“两烟”利润43.66亿元，同比增长24.30%，其中卷烟利润37.80亿元。

【专卖管理】 卷烟打假打私。围绕“巩固成果、遏制反弹、摧毁网络、深挖犯罪”的工作目标，保持卷烟打假高压态势。联合有关部门出台《关于办理烟草专卖品等案件适用法律若干问题的座谈纪要》、《涉案烟草物品价格鉴定管理办法》和《涉案烟草物品价格鉴定计算标准》等规范性文件，为卷烟打假提供有力的政策法规支持。开展“断链行动”，在云霄周边设立6个临时检查站，组织120余人连续3个月全天候轮值检查。在厦门成立闽南专卖管理特派办，将卷烟打假指挥重心前移。开展闽粤联合打假行动，建立闽浙联合打假协作机制，封锁假冒卷烟北上渠道，全年配合省外单位办案80余批次，抓获涉假嫌疑人60余人。加强沿海地区属地管理，与海关、边防等部门建立“海上抓、岸上堵、陆上查”的打私联动机制，全省共查获走私烟698件，出口倒流卷烟199件。截至2007年底，全省共捣毁制假窝点2683个，查获假冒卷烟13.93万件、制假烟丝6386吨、制假烟机259台，破获制售假冒卷烟网络案件16起，移送公安、司法机关刑事拘留284人，逮捕128人，判刑227人。

加强市场管理。贯彻新的《烟草专卖许可证管理办法》，进一步规范行政许可程序。各地市级局抓住省政府出台《关于进一步完善查处无证无照经营工作机制的通知》的有利时机，与工商部门建立相互合作、齐抓共管的工作机制，省、市、县三级基本形成委托办案、查处分离、信息反馈、联合执法的工作格局。围绕“合理布局”、“合理供货”两个重点，完善对零售户的管理与服务。提升专卖管理信息系统，运用信息技术手段提高市场监管有效性和针对性。

内部专卖管理监督。创新专卖内管工作方法，建立以制度为基础、以企业内控为重点、以信息管理为手段、以专卖监管为保障的“内控+监督”的内管工作模式，在行业队伍中营造出“人人讲规范、处处讲自律”的良好风气，专卖内管工作在国家局专项检查中获得好评。

加强队伍建设。制定《福建省烟草专卖管理行为规范》，建立队伍建设制度体系，规范专卖管理工作。各地市级局加强专卖基层组织建设，重新调整基层所队分布，加强专卖人员业务技能培训。在2007年首届全国烟草行业卷烟产品鉴别检验技能竞赛中，省局（公司）共有5位选手进入前20名。

【网络建设】 网建全面提升。制定《福建省地市级烟草公司卷烟销售网络运行规范》，对全省市场经理以上营销人员进行卷烟销售网络运行规范培训。开展工商协同营销，组织占省内市场销量85%的福建中烟工业公司、上海烟草（集团）公司、云南中烟工业公司等战略合作伙伴就营销协同、物流协同与信息协同进行专题研讨，推进“按订单组织货源”试点工作。加强终端信息化建设，对零售户经营进行指导培训，以赠送柜台、烟架、装饰店面等形式，改善零售终端形象。2007年，全省零售户平均毛利率达到11%。加强营销队伍建设，推进营销人员作业标准化、规范化。举办福建省第二届客户经理技能竞赛。

物流创新。确立发展现代物流的战略思路，制定全省物流发展规划，与福建中烟工业公司联合成立福建烟草工商物流建设领导小组，对省内工商物流对接进行初步探索。制定《烟草行业企业卷烟物流管理办法和核算规程》，统一全省物流核算口径。组织福州市局（公司）对宁德、古田等县、市的跨区送货，为大规模跨区配送和线路优化提供经验。在福州、泉州、宁德、南平、龙岩等地实行物流垂直管理，提高物流管理专业化、标准化、信息化程度。

【烟叶生产】 烟叶基层建设。按照“重心下移、着眼基层、突出服务、加强基础”的方针，加强烟叶基层组织体系、经营体系、服务体系、设施体系与队伍体系建设。一是理顺组织架构，再造业务流程。省局（公司）制定《烟叶生产经营规范》，重新明确市、县、站三级职能，进一步加强地市级公司的烟叶经营主体地位，巩固县级分公司烟叶生产中心地位，强化烟草站综合服务功能。二是创新流通模式，推行烟叶生产原收原调。率先在全国推行烟叶“原收原调、一打三扫”。三是建立烟叶生产四大保障体系，促进专业化机耕、商品化育苗、集约化烘烤，推广烟叶生产新技术。全年投入烟叶生产补贴 2.78 亿元，投入 498 万元建设人工防雹系统。将信息化管理贯穿烟叶生产工作全过程，在烟叶产区 100% 实现电子合同、电子结算。四是夯实烟叶基础，改善生产条件。全省共投入资金 4.42 亿元，完成 2006 年度烟田基础设施项目 3722 个、密集式烤房 9043 座、普改密烤房 3020 座，全部通过国家局验收。新建、改造标准化烟草站 22 个，多数烟草站具备了编码收购功能。五是加强培训考核，提升队伍素质。对全省烟草站站长、技术骨干共 335 人进行《烟叶生产技术规范》培训，对烟技员推行岗位绩效考核，全省烟技员持证上岗率达 98.1%。在第三届全国烟草行业烟叶分级职业技能竞赛中，4 人荣获“全国烟草技术能手”称号。

清香型烟叶开发。全省共确立 8 个清香型烟叶生产示范片，落实清香型烟叶种植面积 4.46 万亩，产量 0.62 万吨（12.3 万担）。名优品种“翠碧一号”特色更加彰显，省烟科所自主研发的新品种“闽烟 7 号”顺利通过全国烟草品种审定。优质烟叶科技示范基地、无公害烟叶示范基地、替代进口烟叶示范基地建设均取得新进展。

【财务管理】 成立审计委员会，建立“双重领导、垂直管理、监督驻地、参审异地”的审计体制，增强省公司作为母公司对市级子公司的知情权和监督权。推行县级财务主管委派制，制定《县级分公司财务主管委派制试行办法》，统一调整县级分公司组织机构，增设财务管理办公室。市级公司统一向县级分公司委派财务主管，通过实行财务主管例会制、重大事项报告制等，促使市、县两级在财务管理、会计核算、资产管理、预算管理、内控制度等方面融为一体，加强对县级分公司财务会计、资金使用的日常监管。

【队伍建设】 按照《党政领导干部选拔任用工作条例》选拔任用干部。出台《全省烟草商业系统用工分配制度改革意见》，制定《设区市局（公司）职能配置、机构设置和人员编制规定》与《劳动合同管理暂行办法》，规范用工管理。在泉州、龙岩市局（公司）开展用工分配制度改革试点。

加强教育培训工作，全年共举办培训班 42 个，通过开展专题讲座的形式培训人员 4013 名。加大干部培训力度，选调 9 名干部参加各级党校培训。

【思想政治工作】 贯彻“十七大”精神系列活动。举办学习贯彻“两会”图片展、庆祝香港回归十周年图片展和喜迎“十七大”图片展等文化活动。继续深入开展“两个至上”在岗位主题实践活动。制定《行业继续深入开展“‘两个至上’在岗位”主题实践活动实施意见》。

开展党建“三级联创”工作。制定《福建省烟草行业（2006～2008 年度）文明创建规划》、《福建省烟草行业（2006～2008 年度）文明创建考核评选办法》、《福建省烟草行业 2006～2008 年度文明示范窗口考核评选办法》等文件，开展省、市、县三级党建联创工作。

纪检监察工作。省局（公司）和各设区市局（公司）均成立监督委员会，对行业国有资产管理、生产经营管理、专卖行政管理等进行监察与督导。重点抓好固定资产投资审批、大额资金使用、干部任用程序、党组班子民主决策等方面情况的监督。加强对全省多元化重点项目“海晟·维多利亚”地产开发的专项监察。全年监督委员会向省局党组提出建议 6 条，向各直属单位和有关部门提出整改意见 30 条，总结重大基建工程项目监管经验 8 条。

福建省局（公司）主要统计指标汇总

两烟税利（亿元）	两烟利润（亿元）	销售卷烟（亿支）	烟叶种植（万亩）	烟叶收购（万担）
59.00	43.66	728.60	86.00	236.27

所属地市级局（公司）

福州市烟草专卖局（公司）

【概　况】 福州是福建省省会，面积1.2万平方公里，人口630.3万人，2007年，全市实现地区生产总值（GDP）1974.59亿元。

福州市烟草专卖局、福建省烟草公司福州市公司组建于1984年，下辖福清市、长乐市、闽侯县、连江县、罗源县、永泰县、平潭县、闽清县8个市、县烟草专卖局（分公司）和城南、城北分局（分公司），以及福州金叶物流有限公司、福州金叶大酒店有限公司2家多元化经营企业。2006年底，福建省烟草公司福州分公司更名为福建省烟草公司福州市公司。共有从业人员1181人，其中聘用员工777人。

【领导成员】 局长、经理、党组书记：林则森

副局长、党组成员：江永俊

副经理、党组成员：吴　润（—2007.11）

副经理、党组成员：臧世涛

纪检组长、党组成员：陈艳红

【组织机构】 市局（公司）机关设办公室、人事劳资科、审计科、纪检监察科、综合计划科、财务科、专卖管理科、市场营销部、安全科、电访中心等10个科室，以及信息中心、烟草学会2个专业部门。

【经济效益】 2007年，共销售卷烟128.15亿支（25.63万箱），同比增长9.04%，其中，销售一类烟9.84亿支（1.97万箱），二类烟15.48亿支（3.10万箱），三类烟50.36亿支（10.07万箱），四类烟25.56亿支（5.11万箱），五类烟26.90亿支（5.38万箱）。销售省产烟87.43亿支（17.49万箱），同比增长7.51%。销售省外烟39.78亿支（7.96万箱），同比增长12.46%。实现销售收入357715万元，同比增长21.68%。实现“两烟”税利86042万元，同比增长64.73%，其中，实现“两烟”利润69354万元，同比增长67.65%。

【专卖管理】 组织开展8次市场整顿专项行动，重点治理大型农贸市场、火车站等场所。与工商部门联合开展取缔主干街道无证经营户专项行动。加强对交通要道、专业物流公司等运输枢纽、运输车辆的检查，切断假冒卷烟流通通道。加强烟草专卖法制宣传力度，以“3·15”国际消费者权益日、“12·4”法制宣传日为契机，向市民宣传专卖法律法规。完善专卖服务职能，在城南、城北、罗源和平潭等4县区成立烟草专卖行政服务中心，规范证件申领、信息流转。

全年共查处涉烟违法案件2523起，查获假冒卷烟9862件、非法渠道卷烟451件、走私烟241件，其中案值5万元以上的假冒卷烟案件51起，破获“3·18”、“12·17”等大型非法销售卷烟网络案件2起。移送公安、司法机关判刑3人。

【网络建设】 推进卷烟销售网络建设工作，做好网建提升“五个四”，即“四大服务、四个机制、四种管理、四个统一、四项改革”，以此提升客户服务水平、品牌培育水平、物流配送水平、科学管理水平和队伍建设水平，构建规范统一、功能先进、优质高效、经济适用的现代卷烟销售网络。“四大服务”即细化零售终端服务、精细货源投放服务、推行客户发展服务、完善投诉处理服务；“四个机制”即健全品牌准入退出机制、搭建工商信息交流机制、建立工商协同营销机制、建立按客户订单组织货源工作机制；“四种管理”即推行物流垂直管理、细化成本核算管理、实行作业标准化管理、加强物流信息化管理；“四个统一”即统一组织机构设置、统一岗位职能设置、统一管理服务流程、统一业务操作流程；“四项改革”即用工分配制度改革、激励机制改革、晋升制度改革、培训制度改革。

厦门市烟草专卖局（公司）

【概　况】 厦门经济特区地处福建东南，与中国台湾隔海相望。全市陆域面积1565平方公里，人口243万人，2007年，全市实现地区生产总值（GDP）1375亿元。

厦门市烟草专卖局、福建省烟草公司厦门市公司组建于1984年，下辖厦门市局第一分局（分公司）。2007年，福建省烟草公司厦门分公司更名为福建省烟草公司厦门市公司。共有从业人员314人，其中聘用员工182人。

【领导成员】 局长、经理、党组书记：陈全志

副经理、党组成员：金向阳

纪检组长、党组成员：刘水金

【组织机构】 市局（公司）机关下设办公室、人事劳资科、综合计划科（督察考评中心）、财务科、监

察科（工会）、专卖监督管理办公室（稽查支队、专卖内部监督管理办公室）、卷烟营销中心、物流中心（安全科）、信息中心、审计派驻办公室等10个科室。

【经济效益】 2007年，全市共销售卷烟73.45亿支（14.69万箱），同比增长16.41%，其中，一类烟7.45亿支（1.49万箱），二类烟6.59亿支（1.32万箱），三类烟20.14亿支（4.03万箱），四类烟32.01亿支（6.40万箱），五类烟7.26亿支（1.45万箱）。实现销售收入223110万元，同比增长35.19%。实现税利59594万元，其中实现利润49065万元。

【专卖管理】 加大打击制售假冒卷烟网络案件力度，联合市、区两级公安部门加强打击假冒卷烟运输网络，针对无证经营、景点售假等问题进行专项整治，全年共取缔无证户368户，捣毁卷烟制假窝点3个、滤嘴棒仓储窝点1个，破获案值1亿元的特大跨省假冒卷烟销售网络1个，假冒卷烟中转网络1个、跨国假冒卷烟销售网络1个，打击涉烟犯罪分子59人，拘留28人。

开展“阳光专卖”活动，聘请社会监督员监督依法行政，规范准运证、许可证管理和案件审理工作，全年共办理专卖许可证1505户。

【销售与网建】 “按订单组织货源”试点工作。从提高预测准确率入手，通过增设系统需求采集功能模块、开发“需求预测管理系统”、建立三维三层需求预测模式、确定评估修正流程、突出考核重点等办法，确保平均预测准确率达到90%以上。通过加大“七匹狼”、“中华”、“牡丹”、“红梅”等核心品牌的组织和投放力度，引进12个“百牌号”品牌及“哈德门”、“芙蓉后”、“甲天下（富）”、“红山茶（软）”等低档卷烟品牌，扩大消费者的选择面，缓解货源供需矛盾，全年客户需求满足率为75.37%。

工商协同营销。制订《工商协同营销实施方案》，确定了包括协同需求预测、协同货源组织、协同制定营销策略、协同宣传促销、协同营销队伍建设、协同分享信息、协同服务客户、协同物流对接在内的“八个协同”；开发工商信息平台，为工业企业提供查询服务，联合福建中烟工业公司进行“商业库存工业管理”试点和“准零库存”试点工作；修订并实施《供应商评价体系》等相关文件，对品牌的引入、推广、评价、退出实施全过程管理，按主导、辅助、补充、整合4种经营地位建立品类划分办法；通过分析定位、宣传促销、上柜考核进行品牌培育；设立“厂家代表工作室”，不定期组织工商座谈会和品牌发展报告会，为厂家代表提供等同职工待遇的工作便利，增进工商间协作。

网建提升服务。制订《全面提升卷烟销售网络建设与运行水平实施方案》，细化《卷烟销售网络精细化管理实施方案》、《服务体系建设方案》等配套方案，修订《卷烟经营管理规范》等16个文件，增加《需求预测管理规定》等30多个文件，形成了一套涵盖从客户需求到货源组织各个节点的全过程体系文件。

在服务提升上，完善零售户分析和评价体系，加强分类、定量管理，细化投放策略，保证了客户需求总体满足；面向零售客户制作发放经营指导书、“百宝箱”、客户经营宝典、温馨小贴士等，组织开展新客户和“五星级”客户培训、“感动营销”等丰富多样的经营指导活动，提升零售客户获利能力；增设网上订货渠道，全市有1300多户使用网上订货系统，占订货总数的13.46%。

【多元化经营】 多元化经营企业福建厦门海晟连锁商贸有限公司继续坚持做大做强的目标，全年实现利润930万元；上海捷强烟草糖酒集团厦门有限公司做好清退工作，全年实现利润410万元；厦门五福贸易有限公司做好主业的后勤保障工作，全年实现利润147万元。

【企业文化】 通过开展企业文化研讨营、征集经典语句、组织理念考试、编撰案例丛书、组织文艺节目等活动推动企业文化“生根年”建设。市局（公司）还承担起国家局企业文化建设、企业文化评价体系建设两个试点任务，编订了《三角梅说》作为烟草行业企业文化建设案例丛书之一，将企业文化建设重心逐步由宣贯转为实践应用。

宁德市烟草专卖局（公司）

宁德市烟草专卖局、福建省烟草公司宁德市公司组建于1984年，下辖福安市、福鼎市、霞浦县、蕉城区、寿宁县、周宁县、柘荣县、古田县、屏南县等9个县级烟草专卖局（分公司）。2007年1月，福建省烟草公司宁德分公司更名为福建省烟草公司宁德市公司。共有从业人员723人，其中聘用员工423人。

2007年，共销售卷烟53.20亿支（10.60万箱），同比增长7.6%。实现销售收入145024万元，同比增长18.5%。实现税利35976万元，同比增长57.54%，其中，实现利润29274万元，同比增长68.62%。

全年查处涉烟违法案件378起，查获假冒卷烟12108件、走私烟39件、卷烟盘纸11152盘、烟叶18.8吨。公开销毁假冒卷烟12398件。移送公安、司法机关判刑12人。开展专卖真假卷烟识别、计算机操作和优秀案卷评选等竞赛活动。举办“六好所”专卖基层管理现场会，促进专卖队伍素质提升。

网络建设方面，实现全市物流垂直化管理，将全市物流的人、财、物从各县级分公司剥离出来，由市局物流中心统一管理，提高物流管理的规范化、专业化、标准化水平。为加快全省一体化的物流体系建设，打破行政区划，将古田县纳入福州物流配送体系。投资2400万元，建设卷烟配送中心工程。

莆田市烟草专卖局（公司）

莆田市烟草专卖局、福建省烟草公司莆田市公司组建于1984年，下辖仙游县、秀屿区、城区等3个县、区烟草专卖局（分公司）。2007年1月，福建省烟草公司莆田分公司更名为福建省烟草公司莆田市公司。共有从业人员423人，其中聘用员工307人。

2007年，共销售卷烟51.55亿支（10.31万箱）。实现销售收入130490万元，同比增长16.03%。实现税利30979万元，同比增长43.15%，其中，实现利润25355万元，同比增长44.94%。

全年破获制售假冒卷烟网络案件2起，案值678万元，移送公安司法机关刑事拘留27人，逮捕20人。

企业文化方面，对“山海文化”体系进行深入宣贯。汇编8本企业文化建设书籍，成立了面向零售户、消费者、工业企业的“山海俱乐部”，并培育起“三情”服务品牌，即“温情营销”、“热情送货”、“真情专卖”。

泉州市烟草专卖局（公司）

泉州市烟草专卖局、福建省烟草公司泉州市公司组建于1984年，下辖城区、晋江市、南安市、石狮市、惠安县、安溪县、永春县、德化县、泉港区等9个县级烟草专卖局（分公司）。2006年底，福建省烟草公司泉州分公司更名为福建省烟草公司泉州市公司。共有从业人员1251人，其中聘用员工926人。

2007年，共销售卷烟167.50亿支（33.5万箱），同比增长6.4%。实现销售收入451274万元。实现税利122485万元，其中实现利润100803万元。

专卖管理方面，增设五个专管所，增强市场管理工作力量，破获“3·14”、“7·5”、“7·14”三起重大制售假烟网络案件。

网络建设方面，启动“按客户订单组织货源”工作。开拓特营场所，归纳品牌培育营销新方法。开通客户网上订货服务、“泉州烟草客户在线”网站，搭建客户短信平台。

人力资源建设方面，构建人力资源管理体系，淡化身份管理，建立岗位管理，形成招聘配置、培训发展、绩效管理、薪酬管理和岗位管理五大模块，用体系化的制度规范干部选拔任用、劳动用工分配，平稳推进用工分配制度改革。

漳州市烟草专卖局（公司）

漳州市烟草专卖局、福建省烟草公司漳州市公司组建于1984年，下辖城区、龙海市、漳浦县、云霄县、诏安县、长泰县、东山县、南靖县、平和县、华安县等10个县级烟草专卖局（分公司）。2007年1月，福建省烟草公司漳州分公司更名为福建省烟草公司漳州市公司。共有从业人员1086人，其中聘用员工571人。

2007年，共销售卷烟103.88亿支（20.78万箱），同比增长6.8%；实现销售收入274024万元，同比增长16.79%。实现税利62121万元，同比增长33.12%，其中，实现利润50493万元，同比增长37.95%。

落实卷烟打假责任制，促成各级政府建立以政府为主导的卷烟打假机制，开展“断链行动”、“飓风行动”、“闽粤联合行动”等大型打假行动，扩大打假成果，全年共查获制假烟机114.5台套、制假制丝生产线51条、查获假冒卷烟7.5万件、制假烟丝4891吨，有效遏制云霄等重点地区制假反弹和扩散。同时，积极侦办制假售假网络案件，设立“金叶”云霄教育专项发展基金，推动云霄县政府堵疏结合开展打假工作。

龙岩市烟草专卖局（公司）

龙岩市烟草专卖局、福建省烟草公司龙岩市公司组建于1984年，下辖长汀县、永定县、上杭县、武平县、连城县、漳平县、新罗区等7个县级烟草专卖局（分公司），以及鑫叶农资有限责任公司、鑫叶物流有限公司2家多元化经营企业。2006年12月，福建省烟草公司龙岩分公司更名为福建省烟草公司龙岩市公司。共有从业人员2004人，其中聘用员工1195人。

2007年，共销售卷烟48.65亿支（9.73万箱），同比增长4.17%。种植烤烟23万亩，收购烟叶2.99万吨（59.72万担），其中上等烟比重为57.7%。实现“两烟”销售收入200587万元。实现“两烟”税利51447万元，同比增长19.44%，其中，实现“两烟”利润33807万元，同比增长23.22%。

全年共查处涉烟违法案件345起，其中，5万元以上案件5起、百万元以上案件1起、无证运输卷烟案件35起、假冒商标卷烟案件114起、非法渠道进货卷烟案件145起。查获违法卷烟775.38件、烟丝2.81

吨、烟叶17.98吨、滤嘴棒5394.64万支、烟用丝束3.48吨、制假烟机5台。

三明市烟草专卖局（公司）

三明市烟草专卖局、福建省烟草公司三明市公司组建于1984年，下辖城区、永安市、清流县、宁化县、建宁县、泰宁县、明溪县、将乐县、沙县、尤溪县、大田县等11个县级烟草专卖局（分公司），福建省三明金叶复烤有限公司、三明金明农资有限公司2个对外投资企业，以及宏叶物流发展有限公司1个多元化经营企业。2007年1月，福建省烟草公司三明分公司更名为福建省烟草公司三明市公司。共有从业人员2202人，其中聘用员工1667人。

2007年，共销售卷烟48.28亿支（9.66万箱），同比增长6.72%。实现卷烟销售收入115600万元。全年共种植烟叶40.80万亩，收购烟叶5.44万吨（108.78万担），其中特色品种“翠碧一号”2.41万吨（48.20万担）。实现烟叶税利13400万元。烟农收入首次突破6亿元。实现“两烟”税利74805万元，同比增长8.36%，其中，实现“两烟”利润47169万元，同比增长7.8%。

全年共出动专卖打假人员14498人次，查处涉烟违法案件188起，查获违法卷烟544.8件、烟叶、烟丝69.52吨，破获百万元以上制售假冒卷烟网络案件1起，移送公安、司法机关逮捕11人，判刑9人。

加强烟叶基础建设，全年共投入烟叶基础建设项目资金2.57亿元，新建烟水路工程项目1413项，密集式烤房5743座。加快实用技术推广普及，湿润育苗技术荣获国家局科技进步三等奖。推广现代烟草农业，烟农户均种植达到9.3亩，机械起垄面积达85%，集约化育苗接近100%，烤房安装维护专业化服务达100%。推行烟叶“原收原调”模式，烟叶收购等级合格率达到74.6%，工商交接等级合格率达到69.2%。

南平市烟草专卖局（公司）

南平市烟草专卖局（公司）组建于1984年，下辖延平区、邵武市、顺昌县、建阳市、建瓯市、浦城县、武夷山市、光泽县、松溪县、政和县等10个县级烟草专卖局（分公司），以及福建武夷烟叶有限公司1个复烤企业。2007年1月，福建省烟草公司南平分公司更名为福建省烟草公司南平市公司。共有从业人员2152人，其中聘用员工1702人。

2007年，共销售卷烟53.80亿支（10.76万箱），实现销售收入117760万元。共种植烟叶22.10万亩，收购烟叶3.39万吨（67.80万担）。实现“两烟”税利54083万元，同比增长40.47%，其中，实现“两烟”利润35658万元，同比增长44.88%。

烟叶生产方面，推进烟叶规模化种植、专业化生产和社会化服务。扩大适度规模种植，全市户均种植面积10.7亩，10亩以上大户种植面积占总面积的63.3%。烟叶生产布局更加优化，邵武、建阳、浦城、光泽、武夷山和松溪等6个县（市）种植规模占全市的89.3%。全市改良土壤20.50万亩、烟田轮作12.35万亩、商品化育苗17.90万亩、机械化冬翻起垄17.70万亩，组建专业化组织1170个，开发清香型特色烟叶1035吨（20700担），现代烟草农业特征初步显现。与青州烟草研究所合作，启动烟叶品种开发与烟叶质量评价两个合作项目；投入275万元与福建省农林科技大学、福建省烟科所、福建中烟工业公司技术中心等科研院所合作研究开发19个科研项目。

网络建设方面，加强农网建设，探索农村客户服务站与专管所、烟草站合署办公、一体管理，加强农村核心零售户的培育和管理工作。推行“个十百千万”工程，即在一个县市选择一条街区（或乡镇），每个客户经理选择10个零售户，一个县选择100户、一个地区选择1000户、全省选择约10000户零售客户，向零售户赠送陈列柜台、规范标准出样等，提升关键客户的形象。全市零售客户毛利率达13%。立足山区实际，推进以市为单位的跨区配送工作，全市共整合优化送货路线49条，减少送货里程1.76万公里。

所属其他二级单位

中国烟草福建进出口有限责任公司

中国烟草福建进出口有限责任公司于1985年1月1日在福州成立，1991年迁址到厦门。2001年11月，改制更名为中国烟草福建进出口有限责任公司，股东方为中国烟草进出口（集团）公司、福建省烟草公司、福建中烟工业公司、龙岩烟草工业有限责任公司、厦门烟草工业有限责任公司。2006年12月，经国家局批准改制为有限责任公司，成为中国烟草总公司福建省公司的全资子公司。总资产1.7亿元，其中，固定资产0.15亿元、流动资产1.4亿元，资产负债率

30.42%，经营范围涉及烟叶出口与卷烟进口两个方面。共有从业人员49人，其中聘用员工13人。

2007年，出口烟叶（含烟梗、晒烟）0.54万吨（10.8万担），创汇680.12万美元，其中，出口烟叶0.12万吨（2.4万担），创汇488.89万美元；出口烟梗0.42万吨（8.4万担），创汇191.23万美元。烟叶出口备货0.34万吨（6.7万担）。全年进口卷烟49367.29万支，进口总额837.28万美元。销售进口卷烟（雪茄烟）47924.71万支，销售额16779.23万元。全年实现销售收入37000万元。实现税利9163万元，其中，实现利润3503万元，同比增长33.24%。

福建烟草海晟投资管理有限公司

福建烟草海晟投资管理有限公司成立于1993年，位于福建省厦门市，2007年，福建海晟集团有限公司改制更名为福建烟草海晟投资管理有限公司，成为福建烟草专卖局（公司）的全资子公司，公司控股参股的11家企业按“9+2”模式纳入省局统一管理，负责福建省烟草商业系统多元化投资管理工作，是以资本经营、投资管理为主线，投资范围涵盖金融投资、房地产开发、信息技术开发、连锁经营、文化传媒、旅游酒店等领域的多元化综合性企业。总资产15.62亿元，公司本部从业人员共30人，其中聘用员工14人。

公司对外投资控（参）股企业11家，其中控股企业9家，分别是：厦门海晟房地产开发有限公司、武夷山海晟国际大酒店管理有限公司、福建海晟连锁营销发展有限责任公司、福建海晟信息技术有限公司、厦门海晟信息技术有限公司、福建省烟草拍卖行、福建省金叶文化传播有限公司、福建省海晟物业管理有限公司、武夷山通仙茶叶有限责任公司；参股企业2家，分别是：厦门中软海晟信息技术有限公司、福州芸香阁酒店策划管理有限公司。2007年，公司9家投资控股企业，实现经营收入21590万元，实现利润529.06万元。

2007年福建省烟草商业系统主要情况统计

地市级局（公司）名称		福州市烟草专卖局（公司）	厦门市烟草专卖局（公司）	宁德市烟草专卖局（公司）	莆田市烟草专卖局（公司）	泉州市烟草专卖局（公司）
法人代表/主要负责人		林则森	陈全志	黄端启	朱建国	孔祥统
总资产（万元）		156747	113344	68435	57012	225236
所属县级局数量（个）		10	1	9	3	9
所属县级公司数量（个）		—	—	—	—	—
所属营销部、分公司		10个分公司	1个分公司	9个分公司	1个分公司	9个分公司
所属业务机构	访销机构	1个营销中心、1个电访中心	1个订单部、5个客户服务部、1个集团客户服务部、1个渠道部、1个品牌部	1个营销中心、1个电访中心	1个卷烟营销中心（下辖品牌部、渠道部、订单部各1个）	1个营销中心、1个电访中心
	物流配送机构	1个物流配送中心	1个配送中心、1个中转站	3个物流分中心，5个配送站	1个物流中心	3个物流中心
	稽查机构	1个稽查支队、11个稽查大队	5个稽查支队（1个内部管理监督中心、1个证件管理中心、1个案件审理中心、1个行动大队）	1个稽查支队、9个稽查大队	1个稽查支队、4个稽查大队	9个稽查大队
销售卷烟（亿支）		128.15	73.45	53.20	51.55	167.50
两烟税利（万元）	本年	86042	59594	35976	30979	122485
	上年	52232	38921	22836	21642	72705
两烟利润（万元）	本年	69354	49065	29274	25355	100803
	上年	41368	31566	17361	17494	61431
烟叶种植（亩）		—	—	—	—	—
烟叶收购（担）		—	—	—	—	—
零售户数（户）		25754	9713	15300	10745	35400

地市级局（公司）名称		漳州市烟草专卖局（公司）	龙岩市烟草专卖局（公司）	三明市烟草专卖局（公司）	南平市烟草专卖局（公司）
法人代表/主要负责人		游文忠	姜林灿	刘添毅	黄宗淦
总资产（万元）		116201	153400	209055	122519
所属县级局数量（个）		10	7	11	10
所属县级公司数量（个）		—	—	—	—
所属营销部、分公司		10个分公司	7个分公司	11个分公司	10个分公司
所属业务机构	访销机构	1个营销中心、1个订单部	1个客户服务中心、1个订单部	1个营销中心、11个客户服务中心、1个订单部	1个营销中心、1个电访中心
	物流配送机构	1个物流中心、2个配送中心	1个物流公司（含综合部、仓储部、配货部、送货部）	1个物流中心，3个配送中心，8个中转站	1个物流中心、3个配送中心
	稽查机构	1个稽查支队	1个稽查支队、7个稽查大队	1个稽查支队，12个稽查大队	1个稽查支队、10个稽查大队
销售卷烟（亿支）		103.88	48.65	48.28	53.80
两烟税利（万元）	本年	62121	51447	74805	54083
	上年	46667	43074	69036	38503
两烟利润（万元）	本年	50493	33807	47169	35658
	上年	36602	27437	43758	24611
烟叶种植（亩）		—	230000	408000	221000
烟叶收购（担）		—	597200	1087800	678000
零售户数（户）		21600	10350	10594	12437

（伊　尹）

江西省烟草专卖局（公司）

【概　况】 江西省地处长江中下游南岸，面积16.69万平方公里，人口4311万人。2007年，实现地区生产总值（GDP）5469.3亿元。

江西省烟草专卖局、中国烟草总公司江西省公司组建于1984年1月。2007年下辖南昌、九江、上饶、抚州、赣州、吉安、宜春、景德镇、新余、鹰潭、萍乡等11个设区市烟草专卖局（公司）、驻南昌铁路烟草专卖局，以及中国烟草井冈山传统教育基地。总资产59.45亿元，其中，固定资产16.89亿元、流动资产42.56亿元，资产负债率19.78%。共有员工9430人，其中聘用员工5304人。

2007年，省局（公司）被江西省委、省政府授予“2007年全省民主评议政风行风工作优秀组织奖”。萍乡市局、鹰潭市局、景德镇市局同时被授予“2007年全省民主评议政风行风工作人民群众满意的行政管理部门”荣誉称号。

【领导成员】 局长、总经理、党组书记：揭国雄（—2007.12）

副局长、副总经理、党组成员：雷万春

副局长、纪检组长、党组成员：罗年安

副总经理、党组成员：郑　京

副局长、党组成员：魏　平（2007.8—）

总会计师：陈建辉（2007.8—）

副巡视员：胡声宇

【组织机构】 省局（公司）机关设办公室（外事办公室）、综合计划处（经济运行处）、专卖监督管理处（专卖稽查总队、内部专卖监督管理处）、政策法规与体改处、财务管理处、审计处、科技处、人事劳资处（离退休人员管理办公室）、思想政治工作处（机关党委、工会）、监察处（与党组纪检组合署办公）、安全保卫处、烟叶管理处、卷烟销售管理处、驻江西中烟工业公司专卖监管办公室、信息中心、机关服务中心、烟草质量监督检测站、烟叶科学研究所、烟草职工教育培训中心、行业特有工种职业技能鉴定站、烟草学会等21个处室、部门。

【经济效益】 2007年，共销售卷烟576.41亿支（115.28万箱），同比增长6%。销售省产烟367.46亿支（73.49万箱），同比增长0.5%；销售省外烟208.96亿支（41.79万箱），同比增长17.4%。其中，销售一类烟31.66亿支（6.33万箱），二类烟69.11亿支（13.82万箱），三类烟145.47亿支（29.09万箱），四类烟135.88亿支（27.18万箱），五类烟194.29亿支（38.86万箱）。销售“百牌号”卷烟495.72亿支（99.14万箱），同比增长22.0%。全省在销品牌71个、规格235个，分别同比减少30个、97个。实现销售收入141.23亿元，同比增长19.1%。实现“两烟”税利30.07亿元，同比增长32.23%，其中，实现“两烟”利润23.43亿元，同比增长37.3%。

全年种植烟叶19.13万亩，收购烟叶2.80万吨（56.00万担），同比增长8.80%，其中，上等烟叶占57.04%、中等烟叶占31.76%。烟叶收购均价11.38元/千克。烟叶省外销售1.76万吨（35.20万担），同比增长31%。

【专卖管理】 卷烟打假打私。贯彻《联合打击制售假烟违法犯罪活动工作制度》，定期召开打击制售假烟专项工作联席会议，对制售假冒卷烟等重大案件实行联合挂牌督办制度，加大抓捕追刑力度。就追究涉烟犯罪分子刑事责任适用法律方面的难点问题，协调司法机关开展调研，形成强大的打假合力。围绕“巩固成果、遏制反弹、摧毁网络、深挖犯罪”的工作目标，坚持打击与预防并重，突出破网络，强化案件经营意识。全年共查处涉烟违法案件22759起，其中5万元以上大要案件230起。查获假冒卷烟22206.50万支，走私烟850.30万支，查获非法烟叶、烟丝142.38吨，捣毁贩假窝点41个。移送公安、司法机关拘留191人，逮捕56人，劳教6人，拘役5人，判刑68人。

内部专卖监督管理。健全和完善管销联席会议、到货确认制度，同时完善内管工作流程、内管工作要点、重点监管品牌和目录。探索对工业企业的监管模式和监管流程，研究卷烟工业企业生产业务流程。

专卖队伍建设。制定《专卖队伍组织体系建设实施方案》，以烟草专卖法律法规、内部监管、案件审理、案件侦办、真假烟识别为重点进行教育培训。加强行政执法监督，抓好《烟草专卖许可证管理办法》的宣传贯彻和行政复议工作，开展行政执法责任制考核评议。开展全省专卖管理案卷评审工作，对全省各级局抽调的案卷进行评审，确保案卷评审工作公开、公平、公正。

【销售与网建】 构建合理货源结构。正确处理高中档烟和低档烟、省产烟和省外烟的关系，重视低档烟销售。2007年全省销量排名前16位品牌均为“百牌号”品牌，全年销售低档烟194亿支（38.80万箱），完成国家局下达任务。推进工商协同营销，销售订货合同履约率达99.25%。

推进网建提升。制定《客户关系管理标准文件》，增强客户经理服务客户、培育品牌的能力。加强对零售户的培训和经营指导，提升其赢利水平和经营能力。加强专销结合，将游离于网外的零售户纳入网内管理服务，杜绝了零售户“空白村”的问题。建立省局（公司）客户投诉中心，客户关系管理系统改造和卫星定位系统试点工作基本成功。开展“按客户订单组织货源”试点工作，加强卷烟市场需求预测。开展物流建设，全省拟建物流中心11个，已建成3个，在建5个。在南昌市局（公司）开展客户关系管理试点，形成统一的经营模式和业务流程。学习山西网建经验，开展农村乡镇市场卷烟销售状况调查，培育一批农村市场适销对路的品牌。

【烟叶生产】 按照“稳定规模、狠抓基础、提升水平”的思想，推进烟叶产业发展。全省漂浮育苗20.38万亩，实现了100%漂浮育苗，商品化供苗9.86万亩。全年轮作面积达到70%，病虫害综合防治示范面积达30%以上。平衡施肥、中耕大培土、下部叶适熟早采和顶叶带秆烘烤等技术措施落实到位。

加强烟叶基层队伍建设，择优招录了一批大学本科以上毕业生充实烟叶基层队伍，举办两期烟叶基层管理人员培训班。烟叶基础设施建设质量进一步提高，投入1.01亿元用于烟水配套工程和密集式烤房建设，全年新建密集烤房3559座，密集化烘烤率达40%。

【信息化建设】 提升专卖、销售系统应用水平。开展呼叫中心系统升级改造，采用集中分布式呼叫中心建设模式。开展“订单供货”信息系统试点工作，系统运行所需基础数据基本到位，货源组织、投放等相关模块已运用到生产环境中。完成“打码到条及订单采集项目”试点工作，11个市局（公司）打码装置已安装到位并投入运行。完善全省系统电子公文处理系统，完成视频会议系统建设，截至2007年底，全省系统11个市局（公司）、83个县局（分公司）实现与省局（公司）会议系统的互联互通。

加强信息网络基础建设。增加2M MSTP线路作为省域网传输骨干线路的扩容和备份线路，增加核心路由的备份。在硬件升级的同时，将全省系统的静态路由统一调整为动态路由。开展机房改造工作，重点做好机房接地、防尘、温湿度控制、消防、监控、电力供应等项目改造，新建机房均达到国家《电子计算机机房设计规范》A级标准，改造机房达到B级标准。

【人事劳资】 加强领导班子和职工队伍建设，努力把各单位的领导班子建设成为政治素质好、经营业绩好、团结协作好、作风形象好的“四好”领导集体。对各市局（公司）贯彻执行《干部任用条例》情况和干部人事档案管理工作进行检查。在吉安市局（公司）开展用工分配改革试点，完成机构和岗位设置、岗位说明书的编制、收入分配改革方案、工资调整的测算、绩效薪酬制度等相关准备工作。开展《劳动合同法》培训活动，清理和规范劳动用工，全省系统97个单位参加劳动保障年审，全部一次性取得年检合格证。加强教育培训，全年开展培训项目38个，共举办各类培训班和专题讲座117期次，培训职工5200余人次。

【思想政治工作】 开展十七大精神宣传教育活动。制订《中共江西省烟草专卖局党组关于认真组织学习贯彻党的十七大精神的方案》，要求全省系统把学习宣传贯彻党的十七大精神作为首要政治任务，通过多种形式，宣传、学习党的十七大的意义及其精神实质。

开展“两个至上”在岗位主题实践活动。将2003年以来姜成康局长在全国行业历次会议上关于“两个至上”的讲话内容编印成册，举办机关“践行‘两个至上’从我做起”专题报告会。省局（公司）党组成员分别结合学习、工作和思想实际，就如何践行“两个至上”行业共同价值观进行宣讲。举办全省系统领导干部践行“两个至上”演讲比赛。

推进企业文化建设。坚持“总体规划，统筹安排、分步实施、落实到位”的企业文化建设基本原则，举办南昌、九江、吉安市局（公司）企业文化建设成果展和“金叶风采”摄影书法优秀作品展，在抚州、上饶、宜春等市局开展“企业文化月”活动，举办企业文化建设知识宣讲活动。推选79名政工干部参加国家局举办的企业文化建设培训班，其中6人获得高级企业文化师资格。

【党风廉政建设】 反腐倡廉教育。首次将党风廉政建设和反腐败工作目标管理考评纳入综合目标管理考评体系。坚持党组理论学习中心组学习制度，把廉政教育纳入日常学习计划。坚持典型教育和警示教育相结合，组织干部职工集中观看廉政教育片，受教育达9000余人次。通过发送贺年廉政短信，开展革命传统教育等方式，开展廉政文化创建活动。

干部作风建设。召开以加强领导干部作风建设为主题的民主生活会。开展“公开廉政承诺”活动，全省系统9303名干部职工根据所在部门和岗位的职责要求，分别做出公开承诺，接受群众监督。

管监一体化工作。全面铺开销售、专卖、烟叶、财务、人事劳动用工和综合管理六项管监一体化工作的落实和再监督工作。开展效能监察，全省11个市局在基建工程、人事用工、专卖管理、卷烟销售等重点环节和重要领域，共上报和实施本级效能监察项目15项。

【特事要辑】 5月13～14日，闽、赣、鄂、湘、粤、深、桂、琼、苏、浙、沪、皖南方十二省（区、市）卷烟价格联动协调会在江西南昌召开。

5月21日，根据《国家烟草专卖局关于中国烟草总公司江西省公司建立母子公司体制的批复》精神，省局正式撤销江西省烟草质量监督检测站、江西省烟叶科学研究所事业单位法人资格，并作为中国烟草总公司江西省公司专业部门继续保留。

12月12日，在国家局与公安部联合在北京召开的2007年卷烟打假总结表彰会上，新余市局、吉安市公安局治安支队被国家局、公安部授予“全国卷烟打假工作先进集体”称号，省公安厅治安总队案件侦查处副处长邓景宏被授予“全国卷烟打假工作先进个人”称号。

江西省局（公司）主要统计指标汇总

两烟税利（亿元）	两烟利润（亿元）	销售卷烟（亿支）	烟叶种植（万亩）	烟叶收购（万担）
30.07	23.43	576.41	19.13	56.00

所属地市级局（公司）

南昌市烟草专卖局（公司）

【概　况】 南昌市2007年下辖南昌县、新建县、进贤县、安义县、东湖区、西湖区、青云谱区、青山湖区和湾里区等9个县（区），面积7402.86平方公里，人口484万人。2007年实现地区生产总值（GDP）1390.10亿元。

南昌市烟草专卖局、江西省烟草公司南昌市公司下辖南昌县、新建县、进贤县、安义县4个县烟草专卖局（分公司）、第一、第二两个直属分局和综合开发公司。共有员工880人，其中聘用员工385人。

【领导成员】 局长、经理、党委书记：魏　平（—2007.10）

局长、经理、党委书记：李　文（2007.10—）

纪委书记、党委委员：任梦暾

副经理、党委委员：蔡晓荣

副经理、党委委员：唐胜团

副局长、党委委员：齐波浪

【组织机构】 市局（公司）机关设办公室、综合管理服务科、信息中心、政工科（工会、团委）、监察科、人事劳资科、财务科、审计科、安保科、营销中心、综合计划科（督察考评中心）、配送中心、专卖监督管理科（稽查支队、法规科）、房管科（筹建处）等14个科室、部门。

【经济效益】 2007年，共销售卷烟84.70亿支（16.94万箱），其中，销售一类烟5.95亿支（1.19万箱），二类烟14.10亿支（2.82万箱），三类烟31.65亿支（6.33万箱），四类烟17.92亿支（3.58万箱），五类烟15.03亿支（3.01万箱）。实现销售收入2.41亿元，同比增长22.96%。实现税利55964万元，同比增长56.23%，其中，实现利润45210万元，同比增长55.76%。

【专卖管理】 卷烟打假。全年共出动专卖执法人员70340人次。查处涉烟违法案件8481起，其中5万元以上大要案件54起。查获假冒卷烟4809万支，捣毁制假窝点10个。破获符合国家局和省局标准的网络案各1起，其中“1·17”网络案为江西省破获的第一个案值达千万元的售假网络案。移送公安、司法机关刑事拘留29人，逮捕9人，判刑10人。

市场监管。打击“大户控制小户”，对重点经营户开展监控管理，巡查部门对重点经营户按时间和质量要求进行监控，在规定的时间摸清其实际经营情况并移交给业务部门或稽查部门处理，全市月销售卷烟20件以上经营户由2007年初的1000户减至年末的331户。

专卖队伍建设。创新专卖人员培训方式，将原来的集中培训改为到县局、直属局一线“手把手”培训，将原来由市局确定培训内容改为由一线提出培训需求最终确定培训内容，改全员培训为分岗位培训。通过扎实的培训工作，全面提高专卖管理人员的专业水平。

民主评议政风行风。开展以“提升执法水平，提升服务质量，提升群众满意度，提升队伍素质”为主题的民主评议政风行风活动，基本解决专卖执法不文明、执法不公正、处罚程序不公开透明、服务不到位等问题。

【网络建设】 推进“按客户订单组织货源”工作，按照自下而上预测需求，构建科学合理稳定的货源结构，较好地处理了高中档烟和低档烟、省产烟和省外烟的关系，提高农村市场需求满足率。

客户关系管理试点工作取得突破，完成CRM标准化文件的一期编撰并投入使用，初步构建起符合南昌烟草实际的客户关系管理框架体系。督察考核职能进一步加强，在成功制定并推行年度、月度考核办法的基础上，完善各类考评办法标准，构建全市系统标准化、规范化的考评考核体系。

农村网建进一步推进，基本完成农村基层网点选址工作。南昌县局（分公司）向塘网点成为全省农村网点的亮点，进贤县局（分公司）农村网点软硬件环境得到改善。

以建设全省一流的配送中心为目标，依托专卖管理信息系统、订单供货系统、GIS地理信息系统、员工互动平台四大信息应用平台，优化物流配送线路，提高销售预测水平。

【企业文化】 制订《南昌烟草企业文化宣传推广工作方案》，以“香澄征文活动”为载体，以视觉感观为表现形式，统一了“香澄文化”服装，工号牌、制度栏，在办公场所张贴“香澄文化”宣传画，使企业文化宣贯落地生根。

九江市烟草专卖局（公司）

九江市烟草专卖局、江西省烟草公司九江市公司成立于1985年5月，2007年下辖城区、九江县、修水县、武宁县、瑞昌市、永修县、德安县、星子县、共青城、庐山区、都昌县、湖口县、彭泽县等13个县级烟草专卖局（分公司）。共有员工918人，其中聘用员工385人。2007年，市局（公司）被评为“江西省第三届文明行业”。

2007年，共销售卷烟66.90亿支（13.38万箱），同比增长2.49%。实现销售收入168117万元。实现税利35133万元，同比增长44.76%，其中，实现利润27789万元，同比增长50.28%。

推进专卖内部监督管理工作和社区化建设，全市共有烟草专卖社区71个，社区参与面达44%。全年共查处涉烟违法案件406起，其中5万元以上案件12起。查获违法卷烟11万条，破获制售假烟网络案件14起。移送公安、司法机关刑事拘留15人，逮捕9人，判刑4人。

上饶市烟草专卖局（公司）

上饶市烟草专卖局、江西省烟草公司上饶市公司成立于1984年6月，2007年下辖信州区、上饶县、玉山县、广丰县、横峰县、铅山县、弋阳县、鄱阳县、余干县、万年县、德兴市、婺源县等12个县、市、区烟草专卖局（分公司）。共有员工1218人，其中聘用员工681人。

2007年，共销售卷烟82.70亿支（16.54万箱），同比增长7.4%。收购烟叶0.02万吨（0.37万担）。实现“两烟”销售收入185500万元。实现“两烟”税利42999万元，其中利润33754万元，同比增长64.69%。

全年查处涉烟违法案件2122起，查获违法卷烟858万支，捣毁制假贩假窝点3个，移送公安、司法机关刑事拘留32人，逮捕5人，判刑3人。

开展以专卖执法、服务态度、营销行为、赢利水平、廉洁自律为主要内容的“客户五满意”学习教育活动和“网建工作无止境”大讨论活动，通过“二学五查”（学南昌、学山西，查标准高不高、查要求严不严、查工作细不细、查执行力强不强、查学习够不够），学习先进，查找差距。开展网点标准化建设工作，对网点的外观形象、内部装修、室内设置和员工形象、服务用语、着装等进行统一设计，规范网点的学习制度、例会制度、卫生管理制度、作息制度、岗位职责，对网点工作人员实行准军事化管理。

抚州市烟草专卖局（公司）

抚州市烟草专卖局、江西省烟草公司抚州市公司成立于1984年7月，2007年下辖黎川县、崇仁县、南城县、金溪县、南丰县、资溪县、广昌县、宜黄县、东乡县、乐安县、临川区等11个县、区烟草专卖局（分公司）。共有员工1399人，其中聘用员工972人。

2007年，销售卷烟44.95亿支（8.99万箱），同比增长1.69%。收购烟叶0.89万吨（17.87万担）。实现“两烟”销售收入129900万元。实现“两烟”税利30526万元，同比增长22.7%，其中，实现卷烟税利23691万元，同比增长72.91%。实现“两烟”利润23217万元，同比增长72.26%，其中，实现卷烟利润19643万元，同比增长88.46%。

共查处涉烟违法案件359起，查获违法卷烟3812件。破获达到国家局标准的假冒卷烟网络案件1起，达到省局标准的假冒卷烟网络案件1起。

全年投资3882万元用于烟叶基础设施建设，完成烟水配套工程35项，新建密集型烤房778座，普改密烤房1504座。

宜春市烟草专卖局（公司）

宜春市烟草专卖局、江西省烟草公司宜春市公司成立于1985年1月，2007年下辖袁州区、丰城市、樟树市、高安市、奉新县、靖安县、宜丰县、铜鼓县、上高县、万载县等10个县、市、区烟草专卖局（分公司）。共有员工900人，其中聘用员工403人。

2007年，共销售卷烟70.80亿支（14.16万箱），同比增长4.10%。实现销售收入146000万元。实现税利30230万元，其中实现利润24149万元。

共查处涉烟违法案件2691起，其中，符合国家局标准网络案件1起、符合省局标准网络案件2起。查获违法卷烟906件、非法烟叶0.19万吨（3.80万担）。移送公安、司法机关刑事拘留32人，逮捕11人，判刑11人。

先后投入300余万元用于加强农村网点改造和办公、生活、文化设施建设。初步打造以“和谐、敬业、文明、进步”为核心的宜烟文化体系。

吉安市烟草专卖局（公司）

吉安市烟草专卖局、江西省烟草公司吉安市公司组建于1985年，2007年下辖直属局、吉安县、吉水县、峡江县、新干县、永丰县、安福县、泰和县、遂川县、万安县、永新县、井冈山市等12个县级烟草专卖局（分公司）。共有员工820人，其中聘用员工298人。

2007年，共销售卷烟53.47亿支（10.69万箱），同比增长4.7%。收购烟叶0.44万吨（8.87万担）。实现“两烟”销售收入120400万元，同比增长18.55%。实现“两烟”税利26021万元，同比增长45.07%，其中，实现“两烟”利润19600万元，同比增长57.51%。

共查处涉烟违法案件609起，其中5万元以上的29起。查获非法卷烟1740件。移送公安、司法机关刑事拘留36人，劳教3人，判刑1人。

共投资1841万元用于烟叶基础设施建设，实施烟水配套工程10个，新建、改建密集烤房1025座。

开展人事用工分配制度改革试点工作。重新梳理业务流程，制订组织机构调整方案和岗位设置方案。建立岗位绩效工资制，科学设定等级和档次，实现员工晋升通道的多样化。推行绩效考核制度，实现员工工资等级与档次“能升能降”。

赣州市烟草专卖局（公司）

赣州市烟草专卖局、江西省烟草公司赣州市公司成立于1984年8月，2007年下辖章贡区、赣县、上犹县、崇义县、南康市、大余县、信丰县、龙南县、全南县、定南县、安远县、寻乌县、于都县、兴国县、瑞金市、会昌县、石城县、宁都县等18个县、市、区烟草专卖局（分公司）。共有员工1981人，其中聘用员工1361人。

2007年，共销售卷烟83.55亿支（16.71万箱），同比增长11.1%。收购烟叶1.44万吨（28.82万担）。实现“两烟”销售收入187700万元。实现“两烟”税利38518万元，同比增长32.4%，其中卷烟税利32800万元，同比增长30.68%。实现“两烟”利润27951万元，同比增长41.7%，其中，实现卷烟利润23800万元，同比增长39.85%。

全年共出动专卖打假人员4.24万人次，查处涉烟违法案件4395起，查获非法卷烟3817件。破获销售假冒卷烟网络案件18起，其中符合国家局标准的2起。移送公安、司法机关刑事拘留25人，逮捕4人，判刑15人。

加强同级监管和日常监管，探索巡查员、稽查员、客户经理、送货员“四员互动”管理。建立并完善“四员互动”平台查询系统，设置“四员互动”工作平台。

建设富有赣州特色的“火”文化。围绕“火”的文化主题，提炼出赣州烟草核心理念和经营管理理念，完成《赣州烟草企业文化》手册初稿。挖掘燃放激情、自强不息的“火”文化精神和内涵。

景德镇市烟草专卖局（公司）

景德镇市烟草专卖局、江西省烟草公司景德镇市公司成立于1985年1月，2007年下辖乐平、浮梁、城区等3个县、市、区烟草专卖局（分公司）和景德镇市金叶大酒店1个全资子公司。共有员工359人，其中聘用员工201人。2007年，市局（公司）获“江西省第三届文明行业”、“江西省第十一届文明单位”等称号。

2007年，共销售卷烟27.30亿支（5.46万箱），同比增长4.80%。实现销售收入69000万元。实现税利16650万元，同比增长46.64%，其中，实现利润13263万元，同比增长46.88%。

共查处涉烟违法案件573起，其中，大要案6起，符合国家局标准的网络案1起。查获非法卷烟312件，其中，假冒卷烟169件，罚没款49.83万元。

萍乡市烟草专卖局（公司）

萍乡市烟草专卖局、江西省烟草公司萍乡市公司成立于1985年2月，2007年下辖直属局、上栗县、卢溪县、湘东区、莲花县等5个县、区烟草专卖局（分公司）。共有员工423人，其中聘用员工268人。

2007年，共销售卷烟28.19亿支（5.64万箱），同比增长9.43%。实现销售收入66655万元。实现税利13978万元，同比增长48.70%，其中，实现利润11028万元，同比增长57.34%。

共查处涉烟违法案件2180起，其中查获5万元以上案件12起，破获符合国家局标准网络案件1起，符合省局标准网络案件2起，查获非法卷烟1226万支，上缴罚没款90余万元，移送公安、司法机关刑事拘留23人，判刑2人。

新余市烟草专卖局（公司）

新余市烟草专卖局、江西省烟草公司新余市公司组建于1984年，2007年下辖渝水区、分宜县2个县、区烟草专卖局（分公司）。共有员工235人，其中聘用员工141人。

2007年，共销售卷烟17.17亿支（3.43万箱），同比增长10.6%。实现销售收入42000万元。实现税利8466万元，同比增长37.12%，其中，实现利润6725万元，同比增长52.67%。

共查处涉烟违法案件1036起，其中，5万元以上案件12起、1万元以上案件50起。查获非法卷烟2.32万条，捣毁藏假窝点12个，破获符合国家局标准网的发络案件3起。移送公安、司法机关刑事拘留37人，逮捕10人，判刑11人。

鹰潭市烟草专卖局（公司）

鹰潭市烟草专卖局、江西省烟草公司鹰潭市公司成立于1985年3月，2007年下辖月湖区、贵溪市、余江县等3个县级烟草专卖局（分公司）。共有员工284人，其中聘用员工148人。

2007年，共销售卷烟16.60亿支（3.32万箱），同比增长4.2%。实现销售收入48900万元。实现税利10150万元，同比增长27%，其中，实现利润8284万元，同比增长32.95%。

共出动专卖打假人员4105人次，查处涉烟违法案件136起，查获非法卷烟1.4万条，移送公安、司法机关劳教2人，判刑1人。

驻南昌铁路烟草专卖局

驻南昌铁路烟草专卖局2001年11月恢复设立，是江西省烟草专卖局的派驻机构。共有员工36人，其中聘用员工26人。主要职能是依法加强铁路烟草专卖管理，保护烟草专卖品在铁路辖区内的合法经营和运输，打击和查处违法行为。下辖南昌铁路卷烟经营部，卷烟销售范围为南昌铁路局所辖江西省境内的车站、客车和南昌地区铁路二、三村家属区。

2007年，共销售卷烟1.19亿支（0.24万箱）。实现销售收入7040万元。实现税利624万元，其中实现利润431万元。

共查处涉烟违法案件144起，查获非法卷烟595万支，其中假冒卷烟310万支、走私卷烟12万支、无证运输卷烟273万支，案值365万元。移送公安、司法机关刑事拘留15人，逮捕2人，判刑2人。

所属其他二级单位

中国烟草井冈山传统教育基地

中国烟草井冈山传统教育基地（以下简称基地）成立于1996年10月，隶属于江西省烟草专卖局（公司）。既是烟草系统进行革命传统教育的基地，又是独立核算的旅游饭店—金叶大厦。

2007年，实现营业额566.40万元，实现利润97万元，同比增长168.04%。

2007年江西省烟草商业系统主要情况统计

地市级局（公司）名称		南昌市烟草专卖局（公司）	九江市烟草专卖局（公司）	上饶市烟草专卖局（公司）	抚州市烟草专卖局（公司）	宜春市烟草专卖局（公司）	吉安市烟草专卖局（公司）
法人代表/主要负责人		魏平（—2007.10）、李文（2007.10—）	刘　淳	熊也农	叶福建	胡义强	辛焕荣
总资产（万元）		99936	56634	67090	48500	59660	41347
所属县级局数量（个）		4	13	12	11	10	12
所属县级公司数量（个）		—	—	—	—	—	—
所属营销部、分公司		2个营销部、4个分公司	13个分公司	12个分公司	11个分公司	10个分公司	12个分公司
所属业务机构	访销机构	1个营销中心、1个电访中心	1个营销中心、1个电访中心	1个营销中心、1个电访中心	1个营销中心	1个营销中心	1个营销中心、1个电访中心
	物流配送机构	1个物流配送中心	1个配送中心	1个配送中心	1个配送中心	1个配送中心	1个物流中心、12个配送中心
	稽查机构	10个稽查大队	12个稽查大队	12个稽查大队	11个稽查大队	10个稽查大队	13个稽查大队
销售卷烟（亿支）		84.70	66.90	82.70	44.95	70.80	53.47
两烟税利（万元）	本年	55964	35133	42999	30526	30230	26021
	上年	35288	24269	26745	24876	20213	17936
两烟利润（万元）	本年	45210	27789	33754	23217	24149	19600
	上年	28597	18492	20495	13478	14966	12824
烟叶种植（亩）		—	—	1365	59900	—	29200
烟叶收购（担）		—	—	3660	178700	—	88700
零售户数（户）		18901	18781	26365	15947	21686	15174

地市级局（公司）名称		赣州市烟草专卖局（公司）	景德镇市烟草专卖局（公司）	萍乡市烟草专卖局（公司）	新余市烟草专卖局（公司）	鹰潭市烟草专卖局（公司）	驻南昌铁路烟草专卖局
法人代表/主要负责人		罗建武	徐素珍	王毅力	肖启裕	陈小平	郭才方
总资产（万元）		69660	30282	23399	14848	20493	674
所属县级局数量（个）		18	3	5	2	3	—
所属县级公司数量（个）		—	—	—	—	—	—
所属营销部、分公司		18个分公司	3个分公司	5个分公司	2个分公司	3个分公司	1个营销部
所属业务机构	访销机构	1个营销中心、1个电访中心	1个营销中心	—	1个营销中心、1个电访中心	1个电访中心	—
	物流配送机构	1个配送中心	1个配送中心	—	1个物流配送中心	1个配送中心	—
	稽查机构	18个稽查大队	3个稽查大队	18个稽查大队	3个稽查大队	3个稽查大队	1个稽查大队
销售卷烟（亿支）		83.55	27.30	28.19	17.17	16.60	1.19
两烟税利（万元）	本年	38518	16650	13978	8466	10150	624
	上年	29095	11354	9396	6207	7992	972
两烟利润（万元）	本年	27951	13263	11028	6725	8284	431
	上年	19732	9030	7088	4405	6231	697
烟叶种植（亩）		100720	—	—	—	—	—
烟叶收购（担）		288240	—	—	—	—	—
零售户数（户）		28804	8000	7205	4310	3882	99

（刘国强）

山东省烟草专卖局（公司）

【概　况】　山东省位于中国东部沿海，陆地总面积15.7万平方公里，总人口9248万人。2007年，全省实现地区生产总值（GDP）25887.67亿元。

山东省烟草专卖局、山东省烟草公司分别组建于1983年和1982年，1985年山东省烟草公司上划中国烟草总公司。省局（公司）下辖17个市级烟草专卖局（有限公司）、140个县级烟草专卖局（分公司、营销部）、2家烟叶复烤有限公司，以及青州烟草中等专业学校、中国烟草山东进出口公司、山东宏发烟草（集团）有限公司。共有在岗员工21094人，其中聘用员工10592人。总资产136.96亿元，其中，固定资产23.86亿元、流动资产101.91亿元，资产负债率24.31%。

2007年，山东省烟草专卖局被国家局、公安部授予“全国卷烟打假工作特殊贡献奖”，被山东省委、省政府评为“全省整顿和规范市场经济秩序工作先进集体”和“平安山东”建设先进单位。

【领导成员】　局长、党组书记：孙公准

总经理、副局长、党组副书记：王彦亭

副局长、党组成员：陈毅力

副总经理、党组成员：武梅华

副局长、纪检组长、党组成员：王玉麟（—2007.10）

副总经理、党组成员：刘云生

副巡视员：曹卫国

副巡视员：董永平

副巡视员：邓志坚

【组织机构】　省局（公司）机关设办公室（外事办公室）、人事劳资处、监察处（党组纪检组办公室）、法规处、专卖监督管理处（专卖监督管理稽查总队）、综合计划处、财务管理处、审计处、安全保卫处、科技处、思想政治工作处、投资管理处等12个处室；职工基本养老保险统筹办公室、离退休人员管理办公室、铁路烟草专卖局、机关服务中心、山东省

烟草行业特有工种职业技能鉴定站、山东烟草资金管理中心、山东烟草信息中心、山东省烟草质量监督检测站、山东省烟草学会、东方烟草报等10个专业部门；山东省卷烟销售公司、山东省烟叶生产购销公司2个专业公司，以及1个临时常设机构整顿办公室、1个临时机构新办公楼筹建处。

【经济效益】 2007年，共销售卷烟1510.80亿支（302.16万箱），同比增长7.30%，其中，销售一、二类烟94.1亿支（18.82万箱），三类烟207.61亿支（41.52万箱），四类烟618.82亿支（123.76万箱），五类烟590.27亿支（118.05万箱）。单箱销售额11280元，单箱销售利润1578.52元，卷烟综合毛利率为25.34%。全省种植烟叶49.5万亩，收购烟叶6.12万吨（122.39万担），烟叶等级合格率69.8%。实现销售收入310.85亿元。实现"两烟"税利63.93亿元，同比增长53.51%，其中，实现"两烟"利润47.57亿元，同比增长64.27%。

【专卖管理】 *优化专卖执法环境。*建立整顿和规范烟草市场秩序联席会议制度，逐步形成省、市、县、乡四级执法部门共同参与、配套联动的执法格局。与省公、检、法部门联合制订《办理违反烟草专卖管理刑事案件适用法律若干问题的意见》，举办打击涉烟犯罪工作会议暨适用法律问题培训班，推动行政执法和刑事司法的衔接。

*巩固和扩大重点地区打假成果。*坚持"打、疏、建相结合"，加强与重点地区县乡党委、政府及村"两委"的协调配合，加大经济帮扶力度，开展"平安县"、"平安乡镇"、"无制假村庄"共建活动，济阳、商河、庆云等重点地区打假成果进一步巩固。全年端掉制假窝点15处、贩藏假烟窝点2123处，查获制假设备75台。

*重点打击制售假烟网络。*与相关执法部门联合开展集中整治货运站和高档卷烟经营场所非法经营烟草专卖品专项行动、道路联合稽查非法运输烟草专卖品行动。共查获案值3万元以上案件794起，打击非法经营大户5372个。成功破获32起符合国家局标准的制售卷烟网络案件，完成每个地市打掉1~2个制售假烟网络的任务。移送公安、司法机关拘留1020人，逮捕212人，判刑238人。

*加强专卖基层建设。*制订加强县级局建设指导意见，推动县级局建设不断向纵深开展，形成了规划合理、覆盖面广、监管有效的专卖管理网络。抓好新《烟草专卖许可证管理办法》培训工作，全省共举办9期培训班，培训各级专卖、法规人员1556人。

【销售与网建】 *"按客户订单组织货源"工作。*突出抓好"一个前提"、"两个重点"。完善预测体系，把握市场真实需求，全省总量预测准确率达93.3%。组织货源向订单生产延伸，全省协议签订率达到99.6%。17家市局（有限公司）全部与浙江、山东中烟工业公司实现了网上补货。客户自由选择品牌占品牌总数的80%。着力培育全国大品牌，全省销售名优卷烟同比增长56.60%，重点品牌销量同比增长59%。

*推进网建水平提升。*按照"打牢基础、创新营销、规范运作、充满活力"的要求，借鉴山西、浙江等先进单位的经验，开展"零售终端建设年"活动，增强网络精细管理、服务客户和经营市场的能力。推进现代物流建设，11家市局（有限公司）打破县级行政区域开展跨区配送。按照"扩大销量、提升结构、培育品牌、增加效益"的工作思路，突出"城市抓结构，农村增销量"的工作任务。

【烟叶产销】 全年共签订烟叶购销合同6.69万吨（133.7万担），其中，省内合同2.78万吨（55.5万担），出口备货0.5万吨（10万担）。在国家局组织的检查中，全省烟叶等级合格率为64.7%，比上年提高1.4个百分点。

重点实施烟叶生产生态村"富民工程"。全省计划建设1000个烟叶生产生态村，2007年在100个村进行了先期试点。全年完成51万亩基本烟田的设施建设，配套投资5.4亿元，建设烟叶农场546个，发展种植大户8760户，农场和大户面积占总面积的51%。共举办3期烟叶农场经理培训班，培训农场经理686人，初步建立了一支水平较高的专业烟农队伍。

【内部管理监督】 *开展"整顿规范年"活动。*开展卷烟生产经营秩序、工程项目投资、资金管理、打叶复烤方面的专项整治和检查活动。完善内部专卖管理监督特派员制度，进一步发挥特派员在"两烟"生产经营管理监督中的作用。全面加强制度建设，全系统制度体系框架基本形成，全省统一的制度查询系统开始运行。截至2007年底，共收录各种规章制度1223项，其中，适用于行业监管的规章制度15项，适用于系统监管的规章制度1208项。

*探索新的监管模式。*以驻站监督、自我监管为核心，推行烟叶收购内部管理监督新模式。以实行收货确认制度为核心，推行烟叶和卷烟流通内部管理监督新模式。在烟叶运输环节，从烟站到储运站，再到复烤加工企业和卷烟生产企业，每一个环节都落实责任

制，执行收货确认手续，实现了对烟叶流通运输环节的全过程、闭环式监督。在卷烟流通环节，以严格准运证管理为载体，规定每一种准运证都必须在有效期限内确认，把到货确认监管点向零售户结点延伸，实现调拨、批发、配送“三个环节、环环相扣、责任到人”的“闭环式”监督管理。

【科技创新】 实施重大科技专项。制定《山东省烟草专卖局（公司）科技重大专项实施意见》，明确了实施山东省烟草科技重大专项的总体目标、指导原则、专项分工、专项实施和保障措施。烟草病毒病综合防治等4个专项进入立项研究阶段，烟草新品种选育等3个专项的启动工作有序进行，已完成论证方案及专家听证。

实施标准化战略。制定《山东省烟叶标准化生产市建设意见》和《山东省烟叶标准化生产市建设管理办法（试行）》，成立了全省标准化生产市建设领导小组。确定潍坊、临沂、日照等3个市局（有限公司）为烟叶标准化生产市建设单位。第四批国家级烟叶标准化示范县已全部通过国家标准化委员会和国家局的验收。

推进创新体系建设。完善以企业为主体、市场为导向、产学研相结合的创新体系，推动科技成果向现实生产力的转化。组织以“自主创新、支撑发展”为主题的山东省烟草专卖局（公司）系统自主创新论坛。在2007年度山东省企业管理现代化创新成果评审中，全省系统共有3项成果获得一等奖。

【信息化建设】 重点工程项目建设。完善订单供货信息支撑系统，实现工商联运和网上自动补货。加快实施国家局“打码到条”和订单采集项目的推广和技术支持。全面启动数据中心建设，制订《山东烟草数据中心建设方案》。

信息系统基础设施建设。完成行业地面骨干网络的升级改造工作，将现有主备线路提升至广域网链入（8MSDH）。实现办公、销售、专卖、烟叶等业务性流量和互联网访问等非业务性流量的有效分流和带宽的合理分配。引入虚拟专用网（VPN）技术，实现移动办公。

【企业管理】 财务管理。开展烟草主业清产核资工作，将省局（公司）系统与山东中烟工业公司有关交叉持有的股权、资产采取无偿划转方式进行处理，理顺资产关系。建立国有资产经营考核体系，加大考核力度，确保国有资产保值增值。加强会计基础工作，完成全省统一会计政策、统一会计科目、统一会计编码工作，提高会计信息质量。加强价格管理工作，及时测算卷烟价格调整对全省效益的影响，更新《山东省卷烟统一批发价格目录》和山东烟草电子交易系统相关卷烟信息，确保全省卷烟经营顺利进行。

审计监督。加强对2006年同级审计结果的分析和利用，推进整改促进规范。开展同级审计和专项资金审计，通过对财务收支、预算、资产状况、专项资金等方面审计，注重从制度层面分析原因，提出建议，解决问题。开展经济责任审计，全年共进行经济责任审计66次，其中，任中审计17次、离任审计49次，审计金额71.8亿元。加强工程项目、物资采购及合同管理审计，共开展工程项目审计1170项，审计金额3.23亿元，审减3180万元。开展物资采购及合同管理审计370项，审计金额6100万元，节约资金120万元。

安全管理。通过逐级签订安全责任书，缴纳风险抵押金的形式，实现考核与奖惩挂钩。实行安全生产“一票否决”制，强化各级领导和广大干部职工的安全意识。实行“安全月报”制度，制定《山东省烟草专卖局（公司）系统安全检查考核标准》，使安全管理逐步实现规范化、标准化。重点加强仓储安全管理、交通安全管理，成功开展了《职业安全健康管理体系》贯标试点工作。通过开展各层次安全检查和企业自查，事故隐患比上年降低20%左右。

【多元化经营】 落实多元化企业清产核资整改，2007年，全系统共处理多元化企业各类损失约2亿元。稳步推进多元化企业退出市场步伐，全系统共清退33户。加强对保留多元化企业的监管，发布《关于上报多元化经营企业2007年度预算的通知》，初步建立预算管理体系。全面推进多元化投资管理制度建设，制定《省局（公司）系统多元化投资项目审批管理办法》。

【人事与劳资】 干部队伍建设。完善领导干部选拔任用机制，充实各地市级公司领导班子力量。2007年通过竞争上岗和组织考察，共选拔处级干部15名。开展领导班子和领导干部年度考核工作，实施干部挂职锻炼，省局（公司）机关选派3名干部到市局（有限公司）锻炼，选派7名干部到沂水县烟草部门挂职锻炼。

教育培训工作。制定《山东烟草系统2007～2010年教育培训规划》。全系统共举办各类培训班1419个，累计培训学员58520人次，其中3期为干部培训班，313名干部接受了为期3个月的脱产培训；247名干部参加了与山东大学、山东农业大学联合举办的学历、学位教育；选派18名业务骨干到上海烟草（集团）公司跟班学习。

【思想政治工作】 抓好十七大精神的学习贯彻。省局（公司）党组下发《关于认真学习贯彻党的十七大精神的通知》，举办学习贯彻十七大精神辅导报告会。开展“两个至上”在岗位主题实践活动，召开专题读书会，举办两次主题报告会，并把处级以上领导干部“五查五看”材料汇编成册。举办“五查五看”大型宣讲会19次、报告会22次、演讲比赛13次。举办“践行‘两个至上’、从我做起”巡回演讲暨企业文化巡展活动。

【党风廉政建设】 推进惩治和预防腐败体系建设。坚持管理监督一体化的工作思路，重点突出治理“两烟”体外循环、重大工程项目和大宗物资采购监督、治理商业贿赂等方面的工作。下发省局（公司）党组《关于加强市级局（公司）纪检监察组织机构和队伍建设的意见》，健全党的纪律检查委员会，开展预防职务犯罪课题研讨，进行党风廉政建设责任制考核，推动惩防体系建设。

2007年，共组织开展廉政教育178场次，6334人次参加了教育活动，领导干部主动上交礼品、有价证券共15.7万元。制订《山东省烟草专卖局（公司）系统纪检监察案件检查工作规则（试行）》，规范和加强案件检查工作。全系统共受理信访举报51件次，初核11起，立案3起，诫勉谈话11人，追究党纪政纪责任15人。

【企业文化】 在继续抓好济宁、济南、青岛等试点单位的基础上，促进全系统企业文化建设全面铺开。进一步明确企业文化建设思路，确定了抓住“一个重点”，实现“三个转化”，建立“一个机制”的企业文化建设工作要点。抓住“一个重点”，即抓住企业文化理念的提炼和普及应用这个重点，努力形成具有烟草特色和企业特色的文化理念体系；实现“三个转化”，就是要把企业文化理念转化为制度创新，转化为企业环境形象，转化为企业的决策行为、经营行为和员工行为，渗透到企业生产经营管理的各个环节；建立“一个机制”，就是要建立企业文化建设长期坚持和发展的长效机制，确保企业文化常抓不懈，在企业生产经营管理中发挥应有的作用。

加强企业文化知识培训，举办全系统企业文化建设培训班。泰安市局（有限公司）承担的《“按客户订单组织货源”为导向的烟草商业企业文化再造》项目，被国家局确定为行业企业文化典型案例。

【特事要辑】 4月3日，国家局副局长张保振到青岛市局（有限公司）调研。

8月20～22日，国家局副局长何泽华到山东烟草考察调研。

8月23～24日，2007年“按客户订单组织货源”工作第二次会议在济南召开。国家局副局长何泽华出席会议并讲话，山东省副省长郭兆信出席会议并致辞。

9月22日，国家局纪检组组长潘家华一行到青岛市局（有限公司）考察指导工作。

山东省局（公司）主要统计指标汇总

实现税利（亿元）	实现利润（亿元）	销售卷烟（亿支）	烟叶种植（万亩）	烟叶收购（万担）
63.93	47.57	1510.80	49.50	122.39

所属地市级局（公司）

济南市烟草专卖局（有限公司）

【概　况】 济南市总面积8177平方公里，总人口603.35万人。2007年，全市实现地区生产总值（GDP）2554.3亿元。

济南市烟草专卖局、山东济南烟草有限公司组建于1984年，下辖历下区、槐荫区、天桥区、历城区、章丘市、长清区、平阴县、济阳县、商河县等9个县级烟草专卖局（营销部）。共有员工1142人，其中聘用员工637人。

【领导成员】 局长、总经理、党委书记（副厅级）：张克强

党委副书记、纪委书记：崔爱民

副局长、党委委员：何东升

副局长、党委委员：刘加信（—2007.8）

副总经理、党委委员：高　萍

副总经理、党委委员：陈　勇

副局长、山东省烟草专卖局内部专卖管理监督副特派员（副处级，驻将军烟草集团有限公司济南卷烟厂）：赵　强

副调研员：张华昌

副调研员：周　洁

【组织机构】　市局（有限公司）设办公室（党委办公室、外事办公室）、人事劳资处、政工处、监察处、专卖监督管理处（专卖监督管理稽查支队）、法规处、综合信息处、财务（国有资产管理）处、审计处、安全保卫处、离退休人员管理处、整顿办公室、卷烟营销中心等13个部门，其中，卷烟营销中心下设销售部、市场部、配送部、客户部。

【经济效益】　2007年，共销售卷烟109.91亿支(21.98万箱)，同比增长9%；实现销售收入234700万元，同比增长28.81%；实现税利52664万元，同比增长39.31%，其中，实现利润41814万元，同比增长45.31%。

【专卖管理】　发挥稽查支队职能，成立市场监管大队，全年共督办各类大要案件317起，破获达到省局标准网络案件1起，达到国家局标准网络案件2起。增设法制科并建立运行专卖管理所31个，加强对市公司卷烟经营业务和济南卷烟厂、泉永印务公司的同级监管，对济南卷烟厂机械设备搬迁和淘汰过程进行全程监管。构建完善零售许可管理机制，修订《零售点布局标准》并举行听证会。做好转移烟机的追缴工作，3月和5月两次从德州乐陵缴回大型烟机6台。

全年共查获涉烟违法案件9163起，查获违法卷烟5753万支，收缴制假烟机设备7台，案值2710万元。抓获涉案人员121人，拘留25人，逮捕11人，判刑16人。

【网络建设】　开展“零售终端建设年”活动。客户信息维护面达到98%以上，客户经营指导面达到90%以上，累计培训零售户3472户次。新建“中国烟草”网络形象店22家，发放卷烟零售标价签68万张。进一步整合物流资源，单箱物流费用由上年的114元下降为112元。

推进“按客户订单组织货源”工作，建立“四维四层、纵横互动、立体预测”的需求预测体系，依托工商协同信息平台，完善品牌培育规划，开展终端导购，强化上柜考核，做到“市场需求基本满足、零售客户有所选择”。

【“整顿规范年”活动】　开展“整顿规范年”活动，全年新建制度29项。开展清产核资，加强资金管理和投资管理。开展2006年同级审计，对11个基层单位的负责人进行离任审计。加强日常审计管理，全年实施物资采购审计67项，基建工程审计41项，经济合同审计101项。

【信息化建设】　2007年，对全市局549台电脑，31台服务器，168台打印机，27台网络设备建立资产档案。完成主干网络线路升级、路由设备安装及机房改造工程。所有出库卷烟实现32位打码要求。“万店通”项目顺利实施，全年共有629个零售户安装“万店通”零售终端信息采集机。

【科技创新】　市局（有限公司）物流仓储管理无限射频识别技术项目达到国际先进水平。《企业系统优化管理》获省局（公司）管理创新成果一等奖和山东省企业管理创新成果奖。《优化管理的思考与实践》论文被收入《2007中国烟草自主创新高层论坛》。智能终端信息采集系统等3个项目通过省局（公司）成果鉴定。

【企业文化】　编辑出版五个版本的企业文化手册，做到人手一套。做好视觉文化建设，设计制作了企业文化展板12块，“省身之道”文化板120块。举办企业文化巡回培训13场，邀请山东大学教授就“省身之道”文化体系进行专题讲解和培训。续编《企业文化建设专刊》。

青岛市烟草专卖局（有限公司）

【概　况】　青岛市总面积10654平方公里，人口749万人，2007年，实现地区生产总值（GDP）3787亿元。

青岛市烟草专卖局、山东青岛烟草有限公司下辖市南区、市北区、四方区、李沧区、崂山区、城阳区、黄岛区、胶州县、胶南县、平度县、莱西县、即墨县等12个区、县烟草专卖局（营销部、分公司）。共有员工1098人，其中聘用员工463人。

【领导成员】　局长、总经理、党委书记（副厅级）：刘国华

副总经理、党委委员：温　清

副局长、党委委员：谢　云

副总经理、党委委员：王健民

副局长、党委委员：王军伟

纪委书记、党委委员：董海燕

副局长：潘瑞杰

【组织机构】 市局（有限公司）机关设办公室、人事劳资处、政工处、监察处、专卖监督管理处、法规处、综合计划（信息）处、财务处、审计处、安全保卫处、卷烟营销中心、烟叶生产经营中心、整顿办公室、山东省烟草质量监督检测站青岛假冒伪劣卷烟鉴别小组等14个职能部门。

【经济效益】 2007年，共销售卷烟160.59亿支（32.12万箱），同比增长9.59%。种植烟叶8500亩，收购烟叶1066.88吨（21300担）。实现“两烟”销售收入397101万元，同比增长25.67%。实现“两烟”税利105307万元，其中，实现“两烟”利润85477万元。

【专卖管理】 加强烟草专卖市场秩序专项治理整顿，联合青岛市有关部门开展“卷烟无证零售户规范入网工作”和“全市整治交通运输领域和高档卷烟消费场所非法经营烟草专卖品行动”等专项治理行动。加强行政执法与刑事司法衔接机制，完善联合打假长效机制，与青岛市公安局联合建立公安干警进驻烟草专卖局办公制度，由派驻的公安干警提前介入侦察涉烟案件。

全年共查处涉烟违法案件9922起，查获违法卷烟5827万支，制假烟机6台、原辅材料37.30吨，案值2949万元。查获案值10万元以上大要案件49起（其中案值百万元以上案件3起），捣毁贩藏假烟窝点105个，破获2起达到国家局标准的销售假烟网络案件。

【卷烟销售】 *消费者数据库建设*。制订《卷烟消费者数据库建设实施方案》，编写《消费者数据库建设操作手册》，规范消费者数据库建设，完成近11万名消费者信息的采集和录入。

开展消费者卡和手机订货推广工作。发展持卡消费者近3000名，对其购买卷烟的品牌、价格、数量及消费频次等信息进行采集、建档和分析。选取100户卷烟零售户开展手机订货试点工作，为零售户开辟新的订货途径，进一步拓宽需求采集模式。

推进现代化物流建设。撤销二级节点仓库，建成“一个中心，五个节点”的配送体系，实现全市分拣到户工作目标。与山东、浙江中烟工业有限责任公司实现整托盘扫码入库项目，提高卷烟入库效率。

【烟叶生产】 通过稳定扶持投入、加强基层站建设、试行员工带薪办烟叶农场等措施，保持烟叶种植规模稳定。通过试行烟叶生产农场化、规模化经营，落实烟叶农场6个。稳步推进生态村建设，依据“实事求是、因地制宜、突出重点”原则，规划15个重点种烟村进行生态村建设。

【信息化建设】 自主研发的“零售终端网络管理系统”得到进一步优化升级，增加网上银行自主支付等功能。2007年，使用“零售终端网络管理系统”的终端用户书增加至1000余户，其中200余户实现网上银行贷款自主支付。GIS及配送线路优化系统可实施实时定位跟踪、远程控制和报警等功能。

【队伍建设】 实施员工素质再升级计划。42名员工通过硕士研究生入学考试，攻读中国海洋大学项目管理专业研究生。分期分批安排大中专院校毕业生到基层一线岗位实践锻炼，并定期轮岗，培养复合型人才。

淄博市烟草专卖局（有限公司）

淄博市烟草专卖局、山东淄博烟草有限公司成立于1982年12月，下辖张店区、博山区、淄川区、周村区、临淄区、桓台县、高青县、沂源县等8个县、区烟草专卖局（生产营销部，营销部）及淄博金建物流有限公司和淄博金叶工贸有限公司2个多元化企业。截至2007年底，共有从业人员1259人，其中聘用员工408人。

2007年，共销售卷烟74.50亿支（14.9万箱）；种植烤烟26000亩，收购烟叶2550吨（51000担）；实现“两烟”销售收入148611万元。实现“两烟”税利26961万元，其中实现“两烟”利润19279万元。

全年共查处涉烟违法案件3591起，其中查获大要案件73起。查获违法卷烟1767.4万支，案值454.8万元。

枣庄市烟草专卖局（有限公司）

枣庄市烟草专卖局、山东枣庄烟草有限公司成立于1982年9月，下辖滕州市、市中区、薛城区、山亭区、峄城区、台儿庄区等6个市、区烟草专卖局（营销部）。截至2007年底，共有从业人员876人，其中聘用员工530人。

2007年，共销售卷烟62.50亿支（12.5万箱）；实现销售收入141900万元。实现税利32515万元，其中实现利润25211万元。

全年查处涉烟案件5429起，其中，案值3万元以上案件22起，案值270万元的假冒卷烟网络案件1起；查获非法卷烟3300件，案值近700万元。

东营市烟草专卖局（有限公司）

东营市烟草专卖局、山东东营烟草有限公司成立于1983年12月，下辖东营区、河口区、垦利县、利津县、广饶县等5个区、县烟草专卖局（营销部）。共有从业人员223人，其中聘用员工165人。

2007年，共销售卷烟37.00亿支（7.4万箱）；实现销售收入69264万元。实现税利19017万元，其中实现利润14551万元。

全年共查处涉烟违法案件934起，查获非法卷烟912.98万支，案值429.64万元。“4·23”和“7·13”两起涉烟违法网络案件，涉案金额分别达到1086万元和235万元。

烟台市烟草专卖局（有限公司）

烟台市烟草专卖局、山东烟台烟草有限公司成立于1982年，下辖芝罘区、莱山区、福山区、牟平区、蓬莱市、龙口市、招远市、莱州市、莱阳市、栖霞市、海阳市、长岛县等12个县、市、区烟草专卖局（营销部）。共有从业人员1282人，其中聘用员工631人。

2007年，共销售卷烟124.26亿支（24.85万箱）；实现销售收入281287万元。实现税利63871万元，其中实现利润49967万元。

全年共查处涉烟违法案件3704起，其中，破获案值2000多万元的“8·9”特大非法经营网络案件1起。查获违法卷烟1767.06万支，案值694.36万元，其中大要案件36起。

潍坊市烟草专卖局（有限公司）

潍坊市烟草专卖局、山东潍坊烟草有限公司成立于1982年，下辖潍城区、寒亭区、坊子区、奎文区、青州市、诸城市、寿光市、安丘市、高密市、昌邑市、临朐县、昌乐县等12个县、市、区烟草专卖局（分公司、营销部），山东京鲁烟叶复烤有限公司，山东鑫叶经贸有限公司和东方大酒店。共有从业人员4460人，其中聘用员工1249人。2007年，被国家烟草专卖局（总公司）党组授予“全国烟草行业老干部工作先进集体”荣誉称号。

2007年，共销售卷烟137.26亿支（27.45万箱）；种植烤烟168644亩，收购烟叶24458吨（489158担）；实现“两烟”销售收入319829万元。实现“两烟”税利53457万元，其中实现“两烟”利润32606万元。

全年共查处涉烟违法案件5829起，查获违法卷烟2376.8万支，案值939.3万元，查获大要案件227起。

烟叶生产推进规模化种植。截至2007年底，全市共发展烟叶农场298个，面积6.91万亩；20亩以上大户428个，面积1.8万亩。完善社会化、专业化服务体系，全市培育专业育苗点346个、植保队306个、专业烘烤队305个、农机服务组织200多个；加强烟叶基础设施和烟叶生态村“富民工程”建设，投资8814万元，建设项目2789项，建设生态村35个。潍坊诸城市被国家局确定为全国现代烟草农业试点单位。

济宁市烟草专卖局（有限公司）

济宁市烟草专卖局、山东济宁烟草有限公司成立于1982年，下辖市中区、任城区、兖州市、曲阜市、泗水县、邹城市、微山县、鱼台县、金乡县、嘉祥县、汶上县、梁山县等12个县、市、区烟草专卖局（营销部）及兖州印刷公司、济宁新星砼制品有限公司两个多元化企业。共有从业人员1573人，其中聘用员工783人。

2007年，共销售卷烟128.32亿支（25.66万箱）；实现销售收入230799万元。实现税利46713万元，其中实现利润36037万元。

全年共查处涉烟违法案件4269起，查获违法卷烟1250.25万支，案值464.92万元，查获大要案件34起。

深入推进企业文化建设。进一步诠释“仁·和”文化体系，提炼出“仁和之魂”、“仁和之义”、“仁和之行”、“仁和之韵”、“仁和之实”、“仁和之品·和风服务”等核心理念。

泰安市烟草专卖局（有限公司）

泰安市烟草专卖局、山东泰安烟草有限公司组建于1983年，下辖泰山区、岱岳区、新泰市、肥城市、宁阳县、东平县等6个县、市、区烟草专卖局（营销部）。共有从业人员1078人，其中聘用员工501人。

2007年，共销售卷烟78.82亿支（15.76万箱）；实现销售收入128396万元。实现税利19472万元，其中实现利润13944万元。

全年共查处涉烟违法案件11394起，查获违法卷烟3949万支，案值4224万元，查获大要案件29起，其中“2·13”非法生产经营卷烟盘纸案，案值3174.77万元，涉及14个省市，移送公安、司法机关刑事拘留（转取保候审）13人，网上追逃2人，判刑10人。

全面启动企业文化建设，创建起以“国家利益至上、消费者利益至上”为行业共同价值观，以“泰山青松”品质为文化品格，以“人品若山、真情奉献”为核心理念，以“重塑自我，服务社会”为企业宗旨，以“求实创新、负重奋进”为企业精神的泰安烟草

"实"文化体系。《"按客户订单组织货源"为导向的烟草商业企业文化再造》项目，被省局（公司）评为"2007年度山东省烟草专卖局（公司）企业管理现代化创新成果一等奖"，被山东省国资委、山东省企业联合会评为"山东省企业管理现代化创新成果二等奖"。

威海市烟草专卖局（有限公司）

威海市烟草专卖局、山东威海烟草有限公司组建于1988年7月，下辖荣成市、文登市、乳山市、市区等4个市、区烟草专卖局（营销部）。共有从业人员524人，其中聘用员工235人。

2007年，共销售卷烟50.78亿支（10.16万箱）；实现销售收入113138万元。实现税利26292万元，其中实现利润20997万元。

全年共查处涉烟违法案件1848起，查获非法卷烟809.12万支，案值442.10万元，其中万元以上案件88起。移送公安、司法机关拘留55人，逮捕9人，判刑8人。

全面推进新型标准化管理体系建设。9月，市局（有限公司）以ISO 9000质量管理体系标准模式为主线，融入ISO 14000环境和GB/T28000职业健康安全标准要素的要求，建立涵盖质量、环境和职业健康安全"三标一体"的新型标准化管理体系，顺利通过中国质量协会现场审核，实现企业管理平台全面升级。

日照市烟草专卖局（有限公司）

日照市烟草专卖局、山东日照烟草有限公司组建于1991年，下辖东港区、莒县、五莲县、岚山区等4个区、县烟草专卖局（分公司）和开发区烟草专卖局。共有从业人员997人，其中聘用员工305人。

2007年，共销售卷烟46.37亿支（9.27万箱）；种植烤烟74226亩，收购烟叶9748.10吨（19.50万担）；实现"两烟"销售收入122002万元。实现"两烟"税利25946万元，其中实现"两烟"利润15947万元。

全年共查处涉烟违法案件2809起，查获违法卷烟482.34万支，案值279.11万元，查获大要案件21起。

全年共规划建设烟叶生产生态村15个，规划项目208项，投资1154万元。加强基础设施建设，规划项目984个，总造价4139.39万元，其中日照莒县洛河镇宅科村的风力提灌站，在全国烟草行业属于创新点。

莱芜市烟草专卖局（有限公司）

莱芜市烟草专卖局、山东莱芜烟草有限公司组建于1984年，下辖莱城区、钢城区2个区烟草专卖局和1家多元化企业莱芜金叶商贸有限公司。共有从业人员303人，其中聘用员工175人。

2007年，共销售卷烟19.14亿支（3.80万箱）；种植烤烟12368亩，收购烟叶1532.35吨（30647担）；实现"两烟"销售收入46574万元。实现"两烟"税利7990万元，其中实现"两烟"利润5551万元。

全年共查处涉烟违法案件359起，其中大要案2起。查获违法卷烟611万支，案值89.52万元。

临沂市烟草专卖局（有限公司）

临沂市烟草专卖局、山东临沂烟草有限公司组建于1982年，下辖兰山区、罗庄区、河东区、沂南县、郯城县、沂水县、苍山县、费县、平邑县、莒南县、蒙阴县、临沭县等12个县、区烟草专卖局（分公司、营销部）、山东申沂烟叶复烤有限公司及山东临沂荣华大酒店和临沂金叶经贸有限公司两个多元化企业。共有从业人员2845人，其中聘用员工1477人。

2007年，共销售卷烟148.13亿支（29.63万箱）；种植烤烟205000亩，收购烟叶21840吨（436800担）；实现"两烟"销售收入292336万元。实现"两烟"税利59086万元，其中实现"两烟"利润40162万元。

全年共查处涉烟违法案件10444起，查获违法卷烟6882万支，案值1715万元，查获大要案件99起。

开展烟叶特色定位、区域定位和技术定位研究以及烟叶带茎烘烤等生产技术试验，着力打造"沂蒙山"烟叶品牌。8月，"沂蒙山"优质烟叶生产科技示范基地建设项目通过国家烟草专卖局组织的验收。12月，"国家烟草优质烟叶生产科技示范基地"通过国家局认定并批准挂牌。

德州市烟草专卖局（有限公司）

德州市烟草专卖局、山东德州烟草有限公司组建于1982年，下辖德城区、乐陵县、禹城县、陵县、宁津县、庆云县、临邑县、齐河县、平原县、夏津县、武城县等11个县、市、区烟草专卖局（营销部）。共有从业人员1011人，其中聘用员工464人。

2007年，共销售卷烟82.25亿支（16.45万箱）；实现销售收入131533万元。实现税利25129万元，其中实现利润19308万元。

全年共查处涉烟违法案件3510起，查获违法卷烟1378.71万支、烟叶（丝、梗）30.39吨，案值578.82万元，查获大要案件23起，移送公安、司法机关拘留82人，劳教6人，判刑11人。

聊城市烟草专卖局（有限公司）

聊城市烟草专卖局、山东聊城烟草有限公司组建于1982年9月，下辖东昌府区、临清市、冠县、莘县、阳谷县、东阿县、茌平县、高唐县等8个县、市、区烟草专卖局（营销部）。共有从业人员956人，其中聘用员工603人。

2007年，共销售卷烟76.25亿支（15.25万箱）；实现销售收入118913万元。实现税利20798万元，其中实现利润15584万元。

全年共查处涉烟违法案件15773起，其中，破获符合国家局标准的制售假烟网络案件1起。查获非法卷烟2413.91万支、烟丝烟叶57.5吨。打击非法经营大户431户，移送公安、司法机关逮捕20人，判刑7人。

滨州市烟草专卖局（有限公司）

滨州市烟草专卖局、山东滨州烟草有限公司组建于1983年1月，下辖滨城区、惠民县、阳信县、无棣县、沾化县、博兴县、邹平县等7个城区县、烟草专卖局（营销部）。共有从业人员695人，其中聘用员工414人。

2007年，共销售卷烟60.49亿支（12.098万箱）；实现销售收入102900万元。实现税利20382万元，其中实现利润15597万元。

全年共查处涉烟违法案件4891起，查获违法卷烟1393.72万支，案值776.42万元。

深化以“一店、一牌、一柜、一册、一签”为主要服务内容的“亮丽终端”工程，推进营销标准化建设，开展全市500家明星卷烟零售店的评选表彰、核心客户店的打造、卷烟品牌店的建设等活动。客户综合满意度达99.26%。

菏泽市烟草专卖局（有限公司）

菏泽市烟草专卖局、山东菏泽烟草有限公司组建于1982年，下辖牡丹区、曹县、定陶县、成武县、单县、巨野县、郓城县、鄄城县、东明县等9个区、县烟草专卖局（营销部）。共有从业人员1218人，其中聘用员工676人。

2007年，共销售卷烟116.51亿支（23.30万箱）；实现销售收入180461万元。实现税利31232万元，其中实现利润23962万元。

全年共查处涉烟违法案件10813起，其中，破获国家局标准网络案件1起、大要案件17起。查获违法卷烟4551.63万支、烟叶烟丝121.57吨，案值1261.30万元。打击非法经营大户143户，移送公安、司法机关逮捕18人，判刑13人。

所属其他二级单位

中国烟草山东进出口公司

中国烟草山东进出口公司成立于1985年2月，2006年7月划归山东省烟草专卖局（公司）管理，其中，中国烟草总公司山东省公司持有60%股份，山东中烟工业公司持有40%股份。总资产21854万元，其中，固定资产2692万元、流动资产18568万元，资产负债率74.66%。共有从业人员91人，其中聘用员工2人。

2007年，共实现销售收入38777万元，同比增长5.92%。实现税利3331万元，同比下降7.47%；实现利润1924万元，同比下降16.54%。实现进出口总值2047万美元，同比下降55.4%。出口烟叶1657吨，出口卷烟92429万支，进口丝束1595吨，代理进口烟叶2061吨，代理进口烟机设备4套，内销丝束4285吨。

中国烟草总公司青州中等专业学校

中国烟草总公司青州中等专业学校（山东烟草职工培训中心）建于1983年。2006年12月，学校资产上划山东省烟草专卖局（公司）所有。总资产3034.80万元，其中，固定资产2210.94万元、流动资产823.86万元，资产负债率10.52%。共有在职员工101人，其中聘用员工3人。

2007年，共举办各类培训班90个班次，培训人数6450余人次。普通中专招生123人，其中为陕西中烟工业公司订单培养51人，并与陕西中烟工业公司签订长期订单培养协议。成人学历学位教育方面，在全省烟草行业招收本科、专科生函授学员297名。

2007 年山东省烟草商业系统主要情况统计

地市级局（公司）名称		济南市烟草专卖局（有限公司）	青岛市烟草专卖局（有限公司）	淄博市烟草专卖局（有限公司）	枣庄市烟草专卖局（有限公司）	东营市烟草专卖局（有限公司）
法人代表/主要负责人		张克强	刘国华	付体兴	赵 波	蒋树珍
总资产（万元）		91000	167556	52265	45463	29286
所属县级局数量（个）		9	12	8	6	5
所属县级公司数量（个）		—	—	—	—	—
所属营销部、分公司		9 个营销部	9 个营销部、3 个分公司	8 个营销部	6 个营销部	4 个营销部
所属业务机构	访销机构	1 个客户部、1 个销售部	1 个卷烟营销中心［含综合办公室、市场部、销售部（含电访中心）、配送部］	1 个营销中心、1 个电访中心	1 电访呼叫中心	1 个营销中心、1 个电访中心
	物流配送机构	1 个配送部	1 个配送部	1 个物流中心	1 个配送中心	1 个物流中心
	稽查机构	1 个稽查支队	1 个市局稽查支队	8 个稽查大队	6 个稽查大队	1 个稽查支队
销售卷烟（亿支）		109.91	160.59	74.50	62.50	37.00
两烟税利（万元）	本年	52664	105307	26961	32515	19017
	上年	37804	74963	15211	25210	14190
两烟利润（万元）	本年	41814	85477	19279	25211	14551
	上年	28776	59064	15255	19604	10886
烟叶种植（亩）		—	8500	26000	—	—
烟叶收购（担）		—	21300	51000	—	—
零售户数（户）		28600	30720	19644	13383	7734

地市级局（公司）名称		烟台市烟草专卖局（有限公司）	潍坊市烟草专卖局（有限公司）	济宁市烟草专卖局（有限公司）	泰安市烟草专卖局（有限公司）	威海市烟草专卖局（有限公司）
法人代表/主要负责人		祝国业	王成才	崔方成	韩春曦	毕庶国
总资产（万元）		98117	143011	83967	24963	50099
所属县级局数量（个）		12	12	12	6	4
所属县级公司数量（个）		—	—	—	—	—
所属营销部、分公司		12 个营销部	6 个营销部、6 个分公司	12 个营销部	6 个营销部	4 个营销部
所属业务机构	访销机构	1 个营销中心（含 1 个电话订货部 1 个配送科）	1 个电访中心	1 个营销中心（含市场部、销售部、配送部）	1 个营销中心（含销售部、市场部、配送部）、1 个电访中心	1 个营销中心（含 1 个市场部、1 个销售部、1 个配送部）
	物流配送机构	2 个配送部	1 个配送部	1 个配送部	1 个配送部	1 个配送部
	稽查机构	1 个稽查支队、12 个稽查大队	1 个稽查支队、12 个稽查大队、52 个中队、49 个专卖管理所	1 个稽查支队、12 个稽查大队	1 个稽查支大队、6 个稽查大队	1 个稽查支队、5 个稽查大队、10 个稽查中队、15 个专卖管理所
销售卷烟（亿支）		124.26	137.26	128.32	78.82	50.78
两烟税利（万元）	本年	63871	53457	46713	19472	26292
	上年	42348	40087	24114	13265	18390
两烟利润（万元）	本年	49967	32606	36037	13944	20997
	上年	31637	24373	16356	9178	14016
烟叶种植（亩）		—	168644	—	—	—
烟叶收购（担）		—	489158	—	—	—
零售户数（户）		32221	44616	37094	26431	14794

地市级局（公司）名称		日照市烟草专卖局（有限公司）	莱芜市烟草专卖局（有限公司）	临沂市烟草专卖局（有限公司）	德州市烟草专卖局（有限公司）	聊城市烟草专卖局（有限公司）
法人代表/主要负责人		张守厚	李　峰	刘昌宝	刘延章	贺连军
总资产（万元）		48286	13385	115627	40689	28502
所属县级局数量（个）		5	2	12	11	8
所属县级公司数量（个）		—	—	—	—	—
所属营销部、分公司		4个分公司	—	2个营销部、10个分公司	11个营销部	8个营销部
所属业务机构	访销机构	1个营销中心（含1个市场部、1个销售部、1个配送部）	1个营销中心、1个电访中心	1个营销中心、1个电访部	1个营销中心、1个电访中心	1个卷烟购销中心（包括1个采购部、1个电访部）
	物流配送机构	1个配送部、属于营销中心	1个物流中心（1个配送部）	1个配送部	1个配送部	1个物流中心
	稽查机构	1个稽查支队、4个稽查大队、17个专卖管理所	1个稽查大队	1个稽查支队、12个稽查大队、26个稽查中队、68个专卖管理所	1个稽查支队、11个稽查大队	8个稽查大队
销售卷烟（亿支）		46.37	19.14	148.13	82.25	76.25
两烟税利（万元）	本年	25946	7990	59086	25129	20798
	上年	13148	5037	39715	16169	12506
两烟利润（万元）	本年	15947	5551	40162	19308	15584
	上年	8378	3378	24924	12285	8708
烟叶种植（亩）		74226	12368	205000	—	—
烟叶收购（担）		194962	30647	436800	—	—
零售户数（户）		12954	6001	41537	23588	27450

地市级局（公司）名称		滨州市烟草专卖局（有限公司）	菏泽市烟草专卖局（有限公司）
法人代表/主要负责人		韩志忠	乔廷勇
总资产（万元）		27110	35170
所属县级局数量（个）		7	9
所属县级公司数量（个）		—	—
所属营销部、分公司		7个营销部	9个营销部
所属业务机构	访销机构	1个营销中心（含销售、市场、配送三个部，其中销售部含1个电访班）	1个营销中心（含销售、市场、配送三个部，其中销售部含1个电访中心）
	物流配送机构	1个配送部（属于营销中心）	1个配送部（属于营销中心）
	稽查机构	1个稽查支队、7个稽查大队、19个稽查中队、21个专卖管理所	1个稽查支队、9个稽查大队、77个稽查中队、31个专卖管理所
销售卷烟（亿支）		60.49	116.51
两烟税利（万元）	本年	20382	31232
	上年	12677	22247

续表

地市级局（公司）名称		滨州市烟草专卖局（有限公司）	菏泽市烟草专卖局（有限公司）
两烟利润（万元）	本年	15597	23962
	上年	9119	16018
烟叶种植（亩）		—	—
烟叶收购（担）		—	—
零售户数（户）		22079	34580

（张志强）

河南省烟草专卖局（公司）

【概　况】 河南省地处中国中部，面积16.7万平方公里，总人口9869万人。2007年全省实现地区生产总值（GDP）15058.07亿元。

河南省烟草专卖局、中国烟草总公司河南省公司下辖18个市级烟草专卖局（公司）和天昌国际烟草有限公司1家复烤企业。总资产112.02亿元，其中，固定资产24.16亿元、流动资产83.76亿元，资产负债率42.01%。共有在岗员工26549人，其中聘用员工6070人。

2007年4月，省局（公司）被河南省政府评为“全省行政执法责任制目标考核优秀单位”。12月，省局专卖监督管理处被国家局、公安部联合授予“全国卷烟打假工作先进集体”称号。

【领导成员】 局长、总经理、党组书记：郑建民

副局长、党组成员：秦留拽

副总经理、党组成员：王志富

副总经理、党组成员：李俊成

纪检组长、党组成员：徐德全

【组织机构】 省局（公司）机关设办公室（外事办公室）、综合计划处（经济运行处）、安全保卫处、专卖监督管理处、法规处、财务管理处、审计处、科技处、人事劳资处、监察处、思想政治工作处（机关党委）、投资管理处等12个内设机构，河南省烟草公司卷烟销售分公司、河南省烟草公司烟叶分公司、中国烟草河南进出口有限责任公司等3个专业公司，烟草质量监督检测站、烟草经济信息中心、河南省烟草学会秘书处、离退休人员管理办公室、机关服务中心、烟草行业特有工种职业技能鉴定站、烟草专卖稽查总队、河南烟草驻北京办事处等8个专业部门和整顿和规范市场经济秩序办公室1个临时性机构。

【经济效益】 2007年，全省共销售卷烟1342.80亿支（268.56万箱），同比增长3.13%，其中，销售一类烟23.75亿支（4.75万箱），二类烟115.35亿支（23.07万箱），三类烟46.85亿支（9.37万箱），四类烟533.35亿支（106.67万箱），五类烟623.55亿支（124.71万箱）。实现销售收入270.39亿元，实现“两烟”税利53.96亿元，同比增长27.47%，其中，卷烟税利41.68亿元，同比增长21.02%。实现“两烟”利润39.21亿元，同比增长25.79%，其中，实现卷烟利润31.28亿元，同比增长18.17%。

【专卖管理】 *卷烟打假。*以“端窝点、打源头、破网络”为工作重点，全年共捣毁制假窝点335个，缴获大型制假烟机47台，查获假冒卷烟4.18亿支，移送公安、司法机关拘留895人，判刑223人，劳教73人。把摧毁制售假冒卷烟网络作为突出重点，全年破获50万元以上网络案件37起，其中，郑州“4·15”特大制售假烟网络案件，涉案省份多达20个，总案值7650万元。与河南省交通厅建立联合工作机制，开展治理非法运输烟草专卖品专项行动，共查获非法运输烟草专卖品案件254起，其中，案值万元以上案件219起、百万元以上案件4起，查获非法运输卷烟6878.13万支。

*专卖基层建设。*按照“重心下移、保障下倾、力量下沉”的要求，精简机关人员，充实基层队所，提高基层队所的战斗力。学习贯彻新《烟草专卖许可证管理办法》，统一零售许可的公示内容、形式和零售

许可审批流程，提高证件管理水平。开展专卖法律法规宣传教育活动和文明执法活动，在全省行政执法责任制综合评比中，专卖行政执法排名第二。

【网络建设】 提升网建效能。在突出服务方面，制定统一的服务规范，明确服务内容和标准，抓好各级客户服务中心建设，拓宽客户咨询投诉渠道。推进“村村通网络”工程，全省所有行政村和500人以上的自然村全部实现了村村都有卷烟零售网点。在注重效率方面，做好优化资源配置、优化送货线路、优化人员队伍等工作，提高资源利用效率。2007年，全省全部实现了电话订货，网上订货率16.21%，同比增加11.56个百分点，网络从业人员减少338人，送货线路减少343条，送货车辆减少43台。在优化流程方面，按照《地市级公司网络建设规范》的要求，运用信息化技术手段，对货源采购流程、电话订货流程、物流配送流程和信息管理流程进行改造和优化，基本实现了网络的优质安全低成本运行。在提高素质方面，加强岗位培训，全省举办培训班599期，培训人员3万余人次。

优化卷烟销售。把销量增长作为经济运行的首要目标，稳步增加卷烟销量。注重市场分析和预测，加大与卷烟工业企业的衔接力度，努力满足市场需求。高度重视做好低档卷烟销售工作，全年销售低档烟653.3亿支（130.66万箱），超额完成了国家局下达的计划。以扩销重点价位卷烟为切入点，挖掘市场潜力，优化销售结构，卷烟平均单箱销售收入8723元（不含税），同比增加1315元，增幅居全行业第二。加强精细化管理，降低成本费用，提高卷烟经营效益，全年卷烟毛利率达到26.01%，同比增加1.72个百分点；单箱毛利达到2268.9元，同比增长24.67%；销售费用率9.98%，同比下降0.7个百分点；实现销售毛利60.86亿元，同比增长29.93%。

培育骨干品牌。加强工商协同营销，加大全国重点品牌的培育和开发力度。全年销售“百牌号”卷烟1340.5亿支（268.1万箱），同比增长3.12%，占总销量的99.83%，同比增加2.96个百分点。销售名优卷烟700.65亿支（140.13万箱），同比增长21.87%；占总销量的52.18%，同比增加8.1个百分点。销售全国销量排名前20名的品牌863.75亿支（172.75万箱），销量占全省同价类销售总量的64.3%。截至2007年底，全省在销品牌（规格）262个，同比减少134个。

开展订单供货。总结2006年郑州市局（公司）试点工作经验，扩大试点范围，省局（公司）制订了实施意见和工作方案，成立办事机构，召开专题会议，加强督促检查，保证试点工作的实效。试点单位结合市场实际，突出业务规范培训、操作流程创新、市场需求预测、绩效考核评价等环节，促进卷烟销售增量增效。全省5家试点单位卷烟销量平均增长5.37%，其中，郑州市局（公司）销量增幅高出全省6.63个百分点，单箱销售收入高出全省2847元。

【烟叶生产】 加强烟叶合同管理，以实际亩产确定指导性种植面积，保证合同落实到村、到户、到田；在种子发放、育苗、移栽和面积核实等各个环节，对照合同严格进行把关，从源头上防止弄虚作假问题的发生。全年种植烟叶115.3万亩，收购烟叶11万吨（220万担）。重视选育和推广具有河南特色的烟叶品种，3个烤烟新品系通过了省烟草品种审评委员会的评审，其中“豫烟5号”顺利通过了国家烟草品种审定委员会的审定。推进种植布局调整，大力压缩不适宜区和零星分散种植，提高规模化种植度，户均种烟面积5亩以上。推广集约化育苗，漂浮育苗和托盘育苗的移载比例达到90%以上，培育集约化育苗专业户5763户，商品化供苗达70%以上。

加强对烟农的服务。严格执行烟叶生产投入补贴新的标准和规定，全省烟叶亩均补贴达到230元以上。推广集约化育苗、商品化育苗和统一供苗、统一施肥、统一植保、集中移栽，扶持发展机耕和烘烤专业户，全年共扶持发展烟草农机专业户1874户，机械化耕地75.19万亩；培育集约化育苗专业户5763户；烘烤专业户密集烘烤面积46.2万亩；建立烟草病虫害统防统治专业队1005个，烟田统防统治面积70.83万亩；组织平衡施肥技术专业队2292个，平衡施肥技术应用90%以上。

烟叶生产基础设施建设。按照“合理规划、突出重点、分年实施、急用先建”的基本原则，加快烟叶生产基础设施建设。2007年，全省烟叶补贴资金39039.4万元，建成烟叶生产基础设施建设项目22284个，其中，烟水配套项目4283个，烟炕配套项目18001个，受益面积70.15万亩。烟水配套受益农户7.83万户，烟炕配套受益农户2.05万户。

【体制改革】 构建母子公司体制。按照国家局《国家烟草专卖局关于中国烟草总公司河南省公司建立母子公司体制改革的批复》（国烟发〔2007〕17号），完成构建母子公司体制改革工作。加快转变省公司的职能，重新明确省公司内部职责和工作程序。做好市级公司领导班子成员的选拔任用和绩效考核工作，提高县级公司班子驾驭市场的能力、经营管理的能力和依法办事的能力。构建母子公司体制后，2007年，市级公司作为省公司的全资子公司，统一由“河南省烟草公司××分公司”更名为“河南省烟草公司XX市公司”。

取消县级公司法人资格。加快取消县级公司法人资格的工作步伐，全年共取消39家县级公司法人资格。截至2007年底，全省126家县级公司法人资格已经全部取消。取消法人资格后，县级公司作为市级公司的经营分支机构，统一更名为“××市烟草公司××分公司”。

【多元化经营】 开展多元化经营企业清产核资工作，共清退企业25户，累计收回资金（资产）917万元，收回往来性投资355万元。

【人力资源管理】 按照“分类管理、科学设岗、明确职责、严格考核、落实报酬”的要求，开展用工分配制度改革试点工作，依法规范劳动用工和分配行为。加强收入分配管理，执行工效挂钩政策，规范工资列支渠道，防止收入水平过快增长和收入差距进一步拉大。统筹研究基层烟叶生产、卷烟营销、专卖稽查人员的收入分配问题，在待遇上给予必要的倾斜。开展市级公司“三定”工作，对市级公司领导实行年薪制。加强教育培训工作，全年省局（公司）举办各类培训班48期，培训人员6400余人次。

【思想政治工作】 开展“两个至上”在岗位主题实践活动，倡导“讲责任、讲诚信、讲效率、讲奉献”。开展“讲正气、树新风”主题教育活动，干部作风明显转变。开展“四好”领导班子创建活动，增强各级班子的凝聚力和战斗力。加强企业文化建设，提炼和形成了以“根文化”为主线的河南烟草商业企业文化理念框架性体系。开展精神文明创建活动，全省烟草商业有68个单位被评为“省级文明单位”。

【党风廉政建设】 加强权力运行监督和领导干部廉洁自律工作，全年共立案32起，处理违纪人员78人。加强行风政风建设，切实落实服务承诺，2007年，省局（公司）在全省民主评议政风行风综合考核中排名第19位，比上年前移5位；7个市局（公司）在当地民主评议政风行风综合考核中进入前10名。

【特事要辑】 2月11～13日，国家局副局长张保振考察河南商丘市卷烟物流中心。

4月3～6日，国家局局长姜成康到河南烟草商业考察工作，先后深入郑州、南阳、许昌市局（公司）和天昌国际烟草有限公司，考察卷烟物流中心建设、烟叶生产基础设施建设等情况。

5月14～15日，国家局副局长何泽华考察河南南阳市方城县烟叶生产基础设施建设工作和郑州烟草物流中心。

8月16～17日，国家局副局长何泽华考察河南烟草商业，就现代烟草农业和烟叶价格问题进行了座谈，并考察了商丘市卷烟物流中心。

8月30日，河南省省长李成玉到洛阳考察烟叶生产工作。

河南省局（公司）主要统计指标汇总

两烟税利（亿元）	两烟利润（亿元）	销售卷烟（亿支）	烟叶种植（万亩）	烟叶收购（万担）
53.96	39.21	1342.80	115.30	220.00

所属地市级局（公司）

郑州市烟草专卖局（公司）

【概　况】 郑州市总面积7446.2平方公里，总人口724.3万人，2007年郑州市实现地区生产总值（GDP）2421.1亿元。

郑州市烟草专卖局、河南省烟草公司郑州市公司组建于1984年，下辖城区、新密市、巩义市、荥阳市、新郑市、登封市、中牟县、上街区等8个县级烟草专卖局（分公司）。共有员工2252人，其中聘用员工819人。

【领导成员】 局长、经理、党组书记：徐鸿飞

纪检组长、党组副书记：寇建平

副经理、党组成员：王茂欣

副局长、党组成员：张俊生

副经理、党组成员：蒋中民

【组织机构】 市局（公司）机关设办公室、综合计划与经济运行处、安全保卫处、专卖监督管理处、财务管理处、审计处、人事劳资处、监察处、思想政治工作处、经济信息中心、服务中心、离退休人员管理办公室、卷烟采供管理处等13个科室、部门，以及卷

烟营销中心、卷烟电访中心、卷烟配送中心、烟叶营销中心等4个生产经营机构。

【经济效益】 2007年，共销售卷烟140.90亿支（28.18万箱），其中，销售一类烟5.46亿支（1.09万箱），二类烟22.70亿支（4.54万箱），三类烟6.70亿支（1.34万箱），四类烟67.40亿支（13.48万箱），五类烟38.64亿支（7.73万箱）。实现销售收入328300万元。实现“两烟”税利67459万元，同比增长39.23%，其中，实现卷烟税利66950万元，同比增长41.3%；实现“两烟”利润50740万元，同比增长36.98%，其中，卷烟利润50346万元，同比增长37.09%。全年种植烟叶1.06万亩，收购烟叶0.114万吨（2.27万担）。

【专卖管理】 以“堵源头、破网络、抓主犯”为突破口，以“办大案、办精品案”为目标，实施烟草、公安、交通联动，省内、省外配合，破获“4·15”制售假冒卷烟网络案件，该案涉案省份20个，涉案人员61人，涉及非法托运网络2个、销售网络2个、生产网络2个，查获违法卷烟8.40万件，案值7650万元。全年全市共查处各类涉烟违法案件7623起，查获非法卷烟6333件，移送公安、司法机关拘留18人，逮捕22人，判刑31人。

【网络建设】 加大对现代流通、“村村通网络”工程、3G系统安装运用等网建工作的推进力度，完成省局（公司）要求的500人以上自然村要有1户零售户的目标，与郑州市邮政局联手提高电子结算覆盖面，将电话订货方式由呼入改为呼出。开发客户业态动态管理软件，结合“高效低成本”的工作要求开发卷烟配送中心功能转换软件。

【烟叶生产】 加大烟叶生产基础设施建设投入，全年种植烟叶10600亩，收购烟叶1137.48吨（22750担），建设烟水配套项目19个、修建烟炕167个。

【企业管理】 加强内部管理监督，坚持规范自律不动摇，完善内管体系，健全管理机制，开展“两项检查”，企业内部监管走上制度化、规范化轨道。推行预算管理，压缩成本费用，“两烟”经营费用率由上年的9.54%下降到8.78%。加强国有资产的管理和经营，企业所有者权益同比增长30.11%。强化内部审计监督，对3个县级公司法人代表进行了任期经济责任审计，全年共审计基建维修项目19个，审减金额63.5万元。

【信息化建设】 制定《2007年信息化建设规划》，开发“按客户订单组织货源”需求软件。积极协调创联公司，河南、浙江中烟工业公司等单位，就工商协同信息交换技术问题进行研讨，构建统一信息平台，实现工商信息共享。推广“烟信通”信息平台，为手机订货模式的实施和推广提供可靠基础。努力实现资源整合和信息共享，实现经营过程自动化，管理方式网络化，决策支持智能化，商务运营电子化。

开封市烟草专卖局（公司）

开封市烟草专卖局、河南省烟草公司开封市公司组建于1983年，下辖城区、开封县、通许县、尉氏县、杞县、兰考县等6个县、区烟草专卖局（分公司）。共有员工916人，其中聘用员工359人。

2007年，全市销售卷烟68.06亿支（13.61万箱），同比增长3.33%。实现销售收入114800万元，同比增长24%。实现税利20103万元，其中，实现利润15004万元，同比增长46%。

全年共查处涉烟违法案件2508起，查处卷烟网络案件2起，查获非法卷烟1779万支，捣毁制售假冒卷烟窝点321个。

“村村通网络”工程。2007年，全市共消除无商户“空白村”543个，新增农村零售户1660户，全市3774个自然村全部实现“村村通网络”，实现了“村村有网点，村村有服务，村村重监管”的良好局面。截至2007年底，全市农村商户11766户，卷烟销量占总销量的66.2%。

“痕迹化管理”。制订《开封市烟草专卖局关于实施内部专卖管理监督痕迹化管理的意见》，在卷烟订购计划、交易、合同调整、退货、销售、到货确认、出库、营销等各环节均实行痕迹化管理，对决策层痕迹化管理、同级监管痕迹化管理、三员工作过程的痕迹化管理等方面也作了详细规定，将行业内部工作各个工作环节责任人的行为痕迹化。

洛阳市烟草专卖局（公司）

洛阳市烟草专卖局、河南省烟草公司洛阳市公司组建于1983年，下辖城区、偃师市、孟津县、新安县、宜阳县、伊川县、汝阳县、嵩县、洛宁县、栾川县、吉利区等11个区、市、县烟草专卖局（分公司）和孟津烟叶储备库。共有员工2304人，其中聘用员工559人。

2007年，全市销售卷烟99.06亿支（19.81万箱），实现销售收入232619万元。实现“两烟”税利51065万元，其中，卷烟税利30857万元，同比增长34.8%。实现“两烟”利润34333万元，同比增长21.99%，其中，实现卷烟利润25844万元，同比增长42.68%。全年共收购烟叶2.58万吨（51.5万担）。

全年共查处涉烟违法案件3982起，查获非法卷烟9.18万条，办理连环案、案中案67起，其中大型网络案件6起，移送公安、司法机关拘留174人，劳教12人，逮捕6人。

平顶山市烟草专卖局（公司）

平顶山市烟草专卖局、河南省烟草公司平顶山市公司成立于1984年5月，下辖城区、郏县、叶县、宝丰县、鲁山县、汝州市、舞钢市、石龙区等8个县、区、市烟草专卖局（分公司）和宝丰金叶烟草有限责任公司。共有员工3652人，其中聘用员工495人。

2007年，全市销售卷烟68.19亿支（13.64万箱），同比增长3.19%。实现销售收入185537万元，同比增长44.28%。实现“两烟”税利51729万元，其中，卷烟税利22862万元。实现“两烟”利润26595万元，同比增长50.14%，其中，实现卷烟利润15322万元，同比增长21.28%。

共查处涉烟违法案件3974起，查获非法卷烟25.13万条，破获卷烟网络案件4起，查获大型制假烟机2台、小型制假设备313台；移送公安、司法机关判刑24人，拘留40人，逮捕14人。

安阳市烟草专卖局（公司）

安阳市烟草专卖局、河南省烟草公司安阳市公司成立于1983年，下辖城区、安阳县、汤阴县、林州市、内黄县、滑县等6个县、区烟草专卖局（分公司）以及卷烟配送中心。共有员工846人，其中聘用员工383人。

2007年，全市销售卷烟73.08亿支（14.62万箱），同比增长3.6%；实现销售收入124027万元，同比增长24.27%。实现税利25853万元，同比增长61.93%，其中，实现利润20330万元，同比增长63.19%。

全年共查处涉烟违法案件5714起，破获案值百万元以上制售假冒卷烟网络案件2起，查获非法卷烟3764.61万支，捣毁制假窝点2个，查获制假烟机4台，移送公安、司法机关拘留83人。

鹤壁市烟草专卖局（公司）

鹤壁市烟草专卖局、河南省烟草公司鹤壁市公司组建于1984年，下辖城区、浚县、淇县等3个区、县烟草专卖局（分公司）以及卷烟物流配送中心。共有员工312人，其中聘用员工158人。

2007年，全年销售卷烟20.55亿支（4.11万箱），同比增长2.09%，实现销售收入33967万元，同比增长20.05%。实现税利5787万元，同比增长41.56%，其中，实现利润4390万元，同比增长43.09%。

全年共查处涉烟违法案件304起，查获非法卷烟862.55万支，捣毁制假窝点42个，破获案值在10万元以上的制售假烟网络案件2起，案值73.4万元，移送公安、司法机关劳教5人，逮捕13人。

新乡市烟草专卖局（公司）

新乡市烟草专卖局、河南省烟草公司新乡市公司组建于1983年，下辖城区、新乡县、获嘉县、原阳县、延津县、封丘县、长垣县、卫辉市、辉县市等9个县、市、区烟草专卖局（分公司）。共有员工894人，其中聘用员工347人。

2007年，全市销售卷烟73.3亿支（14.66万箱）。实现销售收入123950万元，同比增长22.47%。实现税利21914万元，同比增长41.29%，其中，实现利润16393万元，同比增长38.69%。

全年共查处涉烟违法案件3507起，查获非法卷烟1315件、烟（丝）7.23吨，移送公安、司法机关拘留48人，判刑9人。破获“5·1”制售假冒卷烟网络案件，查获51个品牌的假冒卷烟共175.35万支，案值55万元。

焦作市烟草专卖局（公司）

焦作市烟草专卖局、河南省烟草公司焦作市公司成立于1984年，下辖城区、修武县、武陟县、温县、孟州市、沁阳市、博爱县等7个区、市、县烟草专卖局（分公司）。共有员工618人，其中，聘用员工188人。

2007年，全市销售卷烟48.1亿支（9.62万箱）。实现销售收入78784万元，同比增长21.68%。实现税利13756万元，同比增长35.6%，其中，实现利润10430万元，同比增长42.6%。

全年共查处涉烟违法案件1191起，查获非法卷烟217万支，移送公安、司法机关拘留109人，逮捕10人，判刑11人。

濮阳市烟草专卖局（公司）

濮阳市烟草专卖局、河南省烟草公司濮阳市公司组建于1985年，下辖城区、濮阳县、清丰县、南乐县、范县、台前等6个县、区烟草专卖局（分公司）。共有员工711人，其中聘用员工392人。

2007年，销售卷烟47.85亿支（9.57万箱），同比增长3.92％，实现销售收入80694万元，同比增长23.19%。实现税利14418万元，同比增长47.27%，其中，实现利润11117万元，同比增长51.15%。

全年共查处涉烟违法案件3574起，查获非法卷烟1254件、烟丝3.99吨，破获50万元以上网络案件3个，案值239.74万元；移送公安、司法机关拘留30人，劳教6人，逮捕6人，判刑7人。

许昌市烟草专卖局（公司）

许昌市烟草专卖局、河南省烟草公司许昌市公司组建于1983年，下辖许昌县、襄城县、禹州市、鄢陵县、长葛市、魏都区等6个县、市、区烟草专卖局（分公司）。共有员工2187人，其中，聘用员工56人。

2007年，销售卷烟65.85亿支（13.17万箱），同比增长1.76%。实现销售收入117792万元。实现“两烟”税利26121万元，其中，实现卷烟税利22450万元，同比增长63.98%。实现“两烟”利润19650万元，其中，实现卷烟利润16855万元，同比增长65.28%。

全年共查处涉烟违法案件2930起，查获非法卷烟21.86万条、烟叶48.25吨，查获制假设备22台，捣毁制售假烟窝点86个，移送公安、司法机关拘留47人，劳教12人，逮捕17人，判刑15人。

漯河市烟草专卖局（公司）

漯河市烟草专卖局、河南省烟草公司漯河市公司组建于1986年，下辖临颍县、舞阳县、城区等3个县、区烟草专卖局（分公司）以及城区烟叶分公司、卷烟物流配送中心、孟庙烟叶储备库等3家直属单位。共有员工1409人，其中，聘用员工108人。

2007年，销售卷烟37.12亿支（7.42万箱），同比增长2.45%；实现销售收入82786万元，同比增长15.34%。实现“两烟”税利14178万元，其中，卷烟税利9461万元，同比增长43.46%。实现“两烟”利润10207万元，同比增长51.26%，其中，实现卷烟利润7243万元，同比增长51.62%。

全年共查处涉烟违法案件1299起，查处非法卷烟19.53万条，查获制假烟机22台，破获案值289万元卷烟制售假网络案件1起，移送公安、司法机关判刑25人，刑事拘留50人，逮捕12人。

三门峡市烟草专卖局（公司）

三门峡市烟草专卖局、河南省烟草公司三门峡市公司组建于1986年，下辖城区、卢氏县、渑池县、陕县、义马市、灵宝市等6个区、市、县烟草专卖局（分公司），以及烟叶营销中心、卷烟营销配送中心、三门峡金红烟草有限责任公司3家直属单位。共有员工1598人，其中聘用员工396人。

2007年，销售卷烟40.75亿支（8.15万箱），同比增长6.3%；实现销售收入130582万元，同比增长13.07%。实现“两烟”税利30748万元，同比增长5.55%，其中，卷烟税利15168万元。实现“两烟”利润24336万元，同比增长7.19%，其中，实现卷烟利润13223万元。

全年共查处涉烟违法案件591起，查获非法卷烟310万支、烟叶12.59吨，捣毁贩售假烟窝点36个，破获1起制售假冒卷烟网络案件，案值35万元。

南阳市烟草专卖局（公司）

南阳市烟草专卖局、河南省烟草公司南阳市公司组建于1983年，下辖镇平县、内乡县、西峡县、淅川县、邓州市、唐河县、新野县、社旗县、方城县、桐柏县、南召县、油田和城区等13个县、区烟草专卖局（分公司）和南阳金业复烤有限公司。共有员工5949人，其中聘用员工717人。

2007年，销售卷烟143.63亿支（28.73万箱），同比增长1.6%。实现销售收入270780万元，同比增长14.49%。实现“两烟”税利42090万元，其中，卷烟税利36659万元。实现“两烟”利润29675万元，同比增长31.53%，其中，实现卷烟利润27612万元，同比增长44.12%。

全年共查处涉烟违法案件14719起，查获非法卷烟4163件，捣毁售假窝点328个，破获50万元以上的假冒卷烟网络案件3个，移送公安、司法机关拘留103人，劳教9人，判刑17人。

商丘市烟草专卖局（公司）

商丘市烟草专卖局、河南省烟草公司商丘市公司组建于1981年，下辖夏邑县、虞城县、柘城县、宁陵县、睢县、民权县、梁园区、睢阳区、永城市等9个区、市、县烟草专卖局（分公司）。共有员工1788人，其中聘用员工543人。

2007年，销售卷烟104.65亿支（20.93万箱）。实现销售收入181225万元，同比增长20.16%。实现“两烟”税利30788万元，其中卷烟税利28462万元。实现“两烟”利润23104万元，其中，实现卷烟利润22409万元。

全年破获案值30万元以上网络案件4个、50万元以上网络案件1个，查获非法卷烟4243万支，捣毁制假窝点269个，收缴大型制假烟机设备7台，移送公安、司法机关拘留104人，劳教8人，判刑16人。

卷烟网络建设方面，建设综合烟草物流中心，实现六县一级配送、三县二级配送。利用“三G”系统进行痕迹化追踪，完善督察考评体系。

信阳市烟草专卖局（公司）

信阳市烟草专卖局、河南省烟草公司信阳市公司组建于1983年，下辖浉河区、平桥区、罗山县、息县、淮滨县、潢川县、光山县、商城县、新县、固始县等10个县级烟草专卖局和平桥、光山、固始等3个分公司。共有员工1355人，其中聘用员工341人。

2007年销售卷烟86.76亿支（17.35万箱），同比增长0.87%。实现销售收入165001万元，同比增长19.28%。实现“两烟”税利26098万元，其中，卷烟税利26693万元，同比增长19.39%。实现“两烟”利润19097万元，其中，实现卷烟利润19832万元，同比增长21.36%。

全年查处涉烟违法案件1473起，查获非法卷烟140.22件，移送公安、司法机关拘留7人，批捕2人，判刑6人。

网络建设方面，打造“信阳烟草网络”品牌，围绕“24小时送货上门服务”的承诺，开展服务质量“零缺陷”、服务态度“零投诉”活动，提升服务水平。完善商户协会自治功能，维护商户合理利益和信阳烟草网络店在消费者中的良好口碑。企业管理方面，完善并大力推行KPI绩效管理办法。企业文化方面，把“红黄绿”三色作为主色调，打造信阳烟草特色文化。

周口市烟草专卖局（公司）

周口市烟草专卖局、河南省烟草公司周口市公司组建于1983年，下辖城区、淮阳县、商水县、项城市、郸城县、太康县、西华县、扶沟县、沈丘县、鹿邑县等10个县级烟草专卖局（分公司）。共有员工2332人，其中聘用员工391人。

2007年，销售卷烟114.66亿支（22.93万箱），同比增长1.59%；实现销售收入177585万元。实现“两烟”税利27487万元，同比增长52.38%，其中，卷烟税利24547万元，同比增长60.85%。实现“两烟”利润19405万元，同比增长38.70%，其中，实现卷烟利润16560万元，同比增长46.51%。

全年共查处涉烟违法案件12237起，查处非法卷烟37.53万条，破获案值30万元以上的制售假冒卷烟网络案件6起，其中，案值300万元以上的1起，移送公安、司法机关判刑14人，刑事拘留70人，逮捕14人。

“明示和承诺”制度。针对“两烟”体外循环易发多发环节，在全市行业签订明示承诺书，完善明示承诺相关配套措施。在7月召开的全国烟草系统纪检监察工作座谈会上，国家局对周口市局（公司）的“明示和承诺”制度给予了充分的肯定。

“道德诚信”企业文化。打造“道德诚信”为核心的周烟特色企业文化，组织员工学习《道德经》，学原文、背原文，把道德文化精髓运用到具体工作实践中，强化员工诚信宽容、和谐共事的团队意识。

驻马店市烟草专卖局（公司）

驻马店市烟草专卖局、河南省烟草公司驻马店市公司组建于1983年，下辖城区、西平县、遂平县、上蔡县、新蔡县、平舆县、汝南县、正阳县、确山县、泌阳县等10个县、区烟草专卖局（分公司）。共有员工2754人，其中聘用员工796人。

2007年，销售卷烟101.70亿支（20.34万箱），实现销售收入169876万元，同比增长4.22%。实现“两烟”税利24510万元，其中，卷烟税利23883万元。实现“两烟”利润15332万元，其中，实现卷烟利润17139.7万元，同比增长8.24%。

全年查获涉烟违法案件5608起，上缴罚没款64.4万元，破获案值30万元以上的售假网络4个，捣毁售假窝点191个，移送公安、司法机关拘留45人，判刑14人。

济源市烟草专卖局（公司）

济源市烟草专卖局、河南省烟草公司济源市公司成立于1984年10月，下辖卷烟营销中心和烟叶部两个直属单位。共有员工252人，其中聘用员工56人。

2007年，销售卷烟9.26亿支（1.85万箱）。实现销售收入21567万元。实现“两烟”税利4599万元，同比增长26.62%，其中，卷烟税利3623万元，同比增长41.30%。实现“两烟”利润3508万元，同比增长19.73%，其中，实现卷烟利润2809万元，同比增长40.59%。

全年共查处涉烟违法案件395起，查获非法卷烟6816条，移送公安、司法机关拘留2人，逮捕1人，判刑4人。

所属其他二级单位

中国烟草河南进出口有限责任公司

中国烟草河南进出口有限责任公司组建于1985年7月。2006年12月，河南进出口有限责任公司调整为中国烟草总公司河南省公司的全资子公司。截至2007年底，总资产18783万元，其中，固定资产3873万元、流动资产13379万元，资产负债率为37.32%，共有员工23人。

2007年，出口烟叶、烟梗、烟末3101.7吨，创汇523.86万美元；出口烟丝269吨，创汇65万美元；出口“帝豪”、“FARSTAR”等品牌卷烟22940万支，创汇177万美元。进口“万宝路”、“555”等国际品牌卷烟8473万支。进口丝束2985吨。实现税利2490万元，其中实现利润413万元。

2007年河南省烟草商业系统主要情况统计

地市级局（公司）名称		郑州市烟草专卖局（公司）	开封市烟草专卖局（公司）	洛阳市烟草专卖局（公司）	平顶山市烟草专卖局（公司）	安阳市烟草专卖局（公司）
法人代表/主要负责人		徐鸿飞	赵　超	宋献彬	胡宏超	李晓海
总资产（万元）		114725	35905	115351	73776	44597
所属县级局数量（个）		8	6	11	8	6
所属县级公司数量（个）		—	—	—	—	—
所属营销部、分公司		8个分公司	6个分公司	11个分公司	8个分公司	6个分公司
所属业务机构	访销机构	1个营销中心、1个电访中心	1个营销中心、1个电访中心	1个卷烟营销中心、1个电访中心	1个营销中心、1个电访中心	1个营销中心、1个电访中心
	物流配送机构	1个物流配送中心、5个配送站	1个物流配送中心、4个配送站	1个卷烟配送中心、11个配送站	1个卷烟物流配送中心、7个配送站	1个配送中心、2个配送站
	稽查机构	1个稽查支队、8个稽查大队	1个稽查支队、6个稽查大队	1个稽查支队、11个稽查大队	1个稽查支队、8个稽查大队	1个稽查支队、6个稽查大队
销售卷烟（亿支）		140.90	68.06	99.06	68.19	73.08
两烟税利（万元）	本年	67459	20103	51065	51729	25853
	上年	48452	13385	43627	31124	15966
两烟利润（万元）	本年	50740	15004	34333	26595	20330
	上年	37042	10246	28145	15056	12458
烟叶种植（亩）		10600	—	257000	140000	—
烟叶收购（担）		22750	—	515000	339675	—
零售户数（户）		24500	17735	22500	14980	18960

地市级局（公司）名称	鹤壁市烟草专卖局（公司）	新乡市烟草专卖局（公司）	焦作市烟草专卖局（公司）	濮阳市烟草专卖局（公司）	许昌市烟草专卖局（公司）
法人代表/主要负责人	乔　勇	连豫民	蒋贺清	卢俊良	张佔军
总资产（万元）	10760	42114	22514	23568	50701
所属县级局数量（个）	3	9	7	6	6
所属县级公司数量（个）	—	—	—	—	—
所属营销部、分公司	3个分公司	9个分公司	7个分公司	6个分公司	6个分公司

续表

地市级局（公司）名称		鹤壁市烟草专卖局（公司）	新乡市烟草专卖局（公司）	焦作市烟草专卖局（公司）	濮阳市烟草专卖局（公司）	许昌市烟草专卖局（公司）
所属业务机构	访销机构	1个营销中心、1个电访中心	1个营销中心、1个电访中心	1个营销中心、1个电访中心	1个营销中心、1个电访中心	1个营销中心、1个电访中心
	物流配送机构	1个卷烟物流配送中心	1个卷烟物流配中心、1个配送站	1个卷烟物流配送中心	1个卷烟物流配送中心、3个配送站	1个物流配送中心
	稽查机构	1个稽查支队、3个稽查大队	1个稽查支队、9个稽查大队	1个稽查支队、7个稽查大队	6个稽查大队	1个稽查支队、7个稽查大队
销售卷烟（亿支）		20.55	73.30	48.10	47.85	65.85
两烟税利（万元）	本年	5787	21914	13756	14418	26121
	上年	4088	15510	10074	9790	23741
两烟利润（万元）	本年	4390	16393	10430	11117	19650
	上年	3068	11820	7316	7355	16667
烟叶种植（亩）		—	—	—	—	132700
烟叶收购（担）		—	—	—	—	261400
零售户数（户）		5424	16796	11548	11100	17051

地市级局（公司）名称		漯河市烟草专卖局（公司）	三门峡市烟草专卖局（公司）	南阳市烟草专卖局（公司）	商丘市烟草专卖局（公司）
法人代表/主要负责人		袁志永	吴明山	赵明山	张明显
总资产（万元）		25221	87133	113424	46740
所属县级局数量（个）		3	6	13	9
所属县级公司数量（个）		—	—	—	—
所属营销部、分公司		4个分公司	6个分公司	13个分公司	9个分公司
所属业务机构	访销机构	1个营销中心、1个电访中心	1个营销中心、1个电访中心	1个营销中心、1个电访中心	1个营销中心、1个电访中心
	物流配送机构	1个卷烟物流配送中心	1个卷烟物流配送中心	1个卷烟物流配送中心	1个卷烟物流配送中心
	稽查机构	1个稽查支队、3个稽查大队	1个稽查支队、6个稽查大队	1个稽查支队、16个稽查大队	1个稽查支队、11个稽查大队
销售卷烟（亿支）		37.12	40.75	143.63	104.65
两烟税利（万元）	本年	14178	30748	42090	30788
	上年	9554	29131	32117	24038
两烟利润（万元）	本年	10207	24336	29675	23104
	上年	6748	22703	22562	17594
烟叶种植（亩）		64000	235000	152000	41243
烟叶收购（担）		110564	404844	252730	79358
零售户数量（户）		6751	7978	32124	20441

地市级局（公司）名称		信阳市烟草专卖局（公司）	周口市烟草专卖局（公司）	驻马店市烟草专卖局（公司）	济源市烟草专卖局（公司）
法人代表/主要负责人		张振华	贺思廷（—2007.5）、李光明（2007.5—）	方嵩岳（—2007.5）、马　聪（2007.5—）	刘坤海
总资产（万元）		49011	34369	53195	8444
所属县级局数量（个）		10	10	10	—
所属县级公司数量（个）		—	—	—	—
所属营销部、分公司		3个分公司	10个分公司	10个分公司	—
所属业务机构	访销机构	1个营销中心、1个电访中心	1个营销中心、1个电访中心	1个营销中心、1个电访中心	1个营销中心、1个电访中心
	物流配送机构	3个卷烟配送中心	1个卷烟物流配中心、7个配送站	1个卷烟物流配送中心	1个卷烟物流配送中心
	稽查机构	1个稽查支队、12个稽查大队	1个稽查支队、10个稽查大队	1个稽查支队、10个稽查大队	1个稽查支队
销售卷烟（亿支）		86.76	114.66	101.70	9.26
两烟税利（万元）	本年	26098	27487	24510	4599
	上年	23199	18038	33150	3632
两烟利润（万元）	本年	19097	19405	15332	3508
	上年	16555	13991	21031	2930
烟叶种植（亩）		7000	42000	66000	17000
烟叶收购（担）		12000	66174	97408	38312
零售户数量（户）		16046	26037	19667	2681

（焦文明）

湖北省烟草专卖局（公司）

【概　况】 湖北位于长江中游，洞庭湖以北，故名湖北，简称鄂。全省面积18.59万平方公里，人口6050万人，下设12个省辖市、1个自治州、3个直管市、1个林区。2007年全省实现地区生产总值（GDP）9230.68亿元。

湖北省烟草专卖局、中国烟草总公司湖北省公司组建于1984年，下辖武汉、黄冈、襄樊、荆州、十堰、孝感、宜昌、咸宁、随州、黄石、荆门、鄂州等12个地级市烟草专卖局（公司），恩施州烟草专卖局（公司），仙桃、天门、潜江等3个直管市烟草专卖局（公司）和神农架林区烟草专卖局（公司），另有恩施金叶烟草有限责任公司、襄樊金叶烟草有限责任公司2家打叶复烤企业和中国烟草湖北进出口有限责任公司。全省烟草商业系统总资产103.74亿元，其中，固定资产21.24亿元、流动资产74.17亿元，资产负债率34.26%。全省烟叶收购量常年在10万吨（200万担）左右，卷烟市场容量近850亿支（170万箱），卷烟消费居全国中等水平。

【领导成员】 局长、总经理、党组书记：曹树斌（12月起任巡视员）

副总经理、党组副书记（主持工作）：赵全意（2007.12—）

副局长、纪检组长、党组成员：解　冰

副局长、党组成员：彭义政

副总经理、党组成员：杨　树

副巡视员：钟存高（2007.12—）

副巡视员：张友德（2007.12—）

【组织机构】 省局（公司）机关下设办公室（外事办公室）、综合计划处、专卖监督管理处（稽查总队）、法规处、财务管理处（含资金结算中心）、审计处、科技处、人事劳资处、安全保卫处、监察处（党组纪检组）、思想政治工作处（机关党委、工会、离退休人员管理办公室）、投资管理处、烟叶管理处、烟草学会、经济信息中心、机关服务中心、卷烟销售公司、烟草质量监督检测站、中国白肋烟试验站（省烟草科研所）等19个部门。

【经济效益】 2007年，全省销售卷烟846.45亿支（169.29万箱），其中，销售一类烟45.70亿支（9.14万箱），二类烟48.65亿支（9.73万箱），三类烟228.45亿支（45.69万箱），四类烟178.95亿支（35.79万箱），五类烟344.65亿支（68.93万箱）。销售“百牌号”卷烟816.7亿支（163.34万箱），同比增长13.93%，占总销量的96.49%。销售名优烟698.25亿支（139.65万箱），同比增长17.33%，占总销量的82.49%。销售低档烟370.25亿支（74.05万箱），同比下降12.71%，占总销量的43.74%。销售省产卷烟722.9亿支（144.58万箱），同比降低0.87%；销售省外卷烟122.95亿支（24.59万箱），同比增长14.80%。全省卷烟销售单箱均价13277元，同比增加1847元。全省卷烟销售毛利率27.41%。

2007年，全省烟草商业系统实现销售收入218.84亿元。实现“两烟”税利51.46亿元，同比增长48.08%，其中，实现“两烟”利润38.28亿元，同比增长49.12%。出口创汇2280万美元。

【专卖管理】 *专卖打假成果*。突出“端窝点、断源头、打网络”工作重点，开展经营案件、查破地下网络、集中整治等行动，加大对涉烟犯罪活动的打击力度，全年共出动卷烟打假、市场整顿人员44.7万人次；查处涉烟案件3.5万起，其中，假冒卷烟案件1.2万起，案值5万元以上的运输、存贮非法卷烟案件528起；查获卷烟7.8万件，其中假冒卷烟5.8万件；打击涉烟违法犯罪分子1072人，其中，移送公安、司法机关拘留617人，劳教10人，判刑445人。

经营网络案件。印发《关于经营网络案件的规定》，明确界定网络案件标准，规范办案程序。建立和完善内部考核激励机制，通过开展经营网络案件“典型案例”和“优秀稽查员”评选活动，调动一线稽查人员工作积极性。发挥公、检、法等部门在经营网络案件中的作用，完善联合打假工作机制，提高案件查处的效率和质量。加强省际间的联动协作，并针对地域特点，建立健全武汉、荆州、鄂东、鄂西北等几个片区的联合打假协作办案机制，初步解决了过去跨区办案难、查处不彻底、打击不到位的问题。2007年，全省共经营网络案件198起，其中案值在50万元以上的17起，抓捕犯罪嫌疑人152人，从广东、福建等重点制假地区抓捕制售假冒卷烟上线41人。咸宁“10·21”、武汉“8·18”、孝感“11·16”、荆门、黄冈联手查办的“5·18”等重大网络案件的侦破在行业内外产生了较大的影响，得到公安部、国家局的充分肯定。

市场监管。先后开展四次全省卷烟打假与市场整顿专项行动，共出动专卖执法人员8.1万人次，查处涉烟案件7298起，捣毁地下制假窝点111个，查获假、私、非卷烟1.1万件，案值3638万元。继续发挥口子烟草稽查大队和铁路联合执法室的作用，加大对利用高速公路和铁路进行非法运输假烟犯罪活动的打击力度，逐步形成东、南、北和点、线、面相互配合的卷烟打假格局。同时，针对非法经营卷烟活动的新情况、新动向，加强对零售市场的监控，突出对货物托运部、铁路货场、烟酒精品店的整治，保护合法经营，维护卷烟市场稳定。

专卖管理基层队伍建设。制定《关于加强基层专卖管理所建设的实施意见》，从指导思想、基本原则、机构设置、工作职能、工作流程、考评考核等六个方面进一步强化基层专卖管理所、市场管理员的工作规程。各市局严格规范专卖许可证管理，并结合实际，制定烟草专卖零售点合理化布局规划，按程序召开零售点合理化布局听证会。按照国家局提出的规范专卖工作岗位管理、实行资格认证制度的相关要求，加强对专卖管理人员的技能培训，通过与“两个至上”在岗位主题实践活动相结合，加强对专卖管理队伍职业道德教育，促进“责权明确、行为规范、监督有效、保障有力”烟草专卖执法体系的建立。

【烟叶生产】 2007年，各烟叶产区严格落实烟叶生产收购合同，全省共收购烟叶7.87万吨（157.32万担）；其中烤烟5.45万吨（109万担），烤烟收购均价10.26元/千克，同比增加1.94元/千克；烤烟上等烟率达40%。全省烟叶亩均收入1244元，与上年持平，烟农人均收入1948元，较上年增加148元。全省签订烟叶购销合同9.96万吨（199.19万担），同比增加0.27万吨（5.46万担），基本实现零库存。

烟叶基础设施建设。2007年，全省完成2006年度烟叶基础设施建设项目总数26500项，均于6月通过国家局组织的验收。截至2007年底，全省累计投入建设资金3.2亿元，已完工烟水配套工程受益面积达

38万亩，占“十一五”基本烟田规划的25%。可调制设施受益面积12万亩，占种烟面积的17%，受益农户7.2万户，占种烟农户的64%。高度重视烟叶基层站点建设，全年共投入资金3687万元，完成34个基层站点建设，占总规划数量的17%，其中，新建10个工作站、7个收购点，改扩建3个工作站、14个收购点。

现代烟草农业试点。按照国家局《关于发展现代烟草农业的指导意见》，制定了《现代烟草农业试点实施意见》，确定试点单位，并拟订了试点实施方案。烟叶产区市（州）、县成立了现代烟草农业领导小组及办公室，现代烟草农业试点的启动资金基本落实到位。

【自主创新】 全省商业系统认真贯彻落实全国烟草科技大会精神，开展“创新年”活动，推动自主创新。

烟叶生产组织模式创新。全面推进烟叶生产专业新村建设，第一批204个专业新村连片种植面积达80%以上，起垄机、覆膜机、施肥器等小型农机具的使用率显著提高，已建立机耕服务队140个，成立运输服务队123个，4个专业新村成立了烘烤专业技术服务队，职业烟农队伍逐步壮大。烟叶生产专业新村建设有效促进了机械化耕作、密集式烘烤、信息化管理等先进生产和管理技术的推广和应用，促进了专业化技术服务体系的建立和完善，促进了技术到位率的提高。

卷烟营销模式创新。为适应卷烟流通的重大变革，探索出卷烟整托盘扫码出入库、分拣自动塑封包装设备等现代物流手段。在全国率先开展卷烟打码到条及订单采集试点，成功召开了现场会，并在全行业推广。利用信息化手段将原有业务系统、客户关系管理系统、统计报表系统、投诉受理系统、电话访销系统、督查考评系统、信息互动系统等各个独立系统全面整合，搭建起统一的综合业务平台。通过建立“客户动销台账”，实地采集零售户社会库存和卷烟需求订单，分析零售户经营状况，指导、帮助其提升经营能力。

烟草科技创新。启动“特色烟开发”工程，在环神农架地区和恩施州开展“金神农”、“恩施山地特色烟”两大烟叶品牌试验攻关。启动“烟草育种”工程，将优质抗病白肋烟选育、烤烟新品种选育纳入重点项目，由省烟草科研所选育的“9908”新品种，通过了国家局审定，有望成为目前湖北白肋烟主栽品种“鄂烟1号”的替代品种。加大特色烤烟品种的引进、研究与示范力度，全年共引进烤烟新品种11个，其中有5个品种小区试验和生产示范效果较好。启动烟叶标准化生产工作，郧西、兴山、恩施3个县（州）烟叶标准化生产示范面积扩大到50%，其中，郧西、兴山两县被国家局授予“国家级烟叶标准化生产示范县”称号。开展生产适用技术推广，“三先技术”（先起垄、先施肥、先覆膜）推广面积已接近90%。全省漂浮育苗推广面积44.7万亩，占移栽面积的64.57%，同比增长15%。商品化育苗23.76万亩，占34.32%。集约化育苗59.2万亩，占85.5%。

企业文化创新。制定《湖北省烟草商业系统企业文化建设规划》，提出了企业文化建设的指导思想、基本原则和总体目标。省公司和各单位都成立了主要负责人牵头的领导小组，在全省烟草商业系统全面推进企业文化建设。各单位结合自身实际，创建各具特色的企业文化，如鄂州市公司的“家”文化，宜昌市公司的“三峡石文化”，黄冈市公司的“星火文化”等。这有力推动企业文化建设向纵深发展。

【网络建设】 按照《湖北省卷烟销售网络业务规范》要求，实现组织架构、业务平台、业务流程、岗位设置、操作标准、绩效考评等六个方面的统一。通过打破县域界限，整合送货线路、送货人员、送货车辆，提高物流资源配置效率，全年减少挂靠户1.1万户。推广荆门市取消客户经理预访的经验，转变客户经理工作职能，加强对零售客户的服务。开展零售终端信息采集工作，加强对零售客户经营的指导，为订单供货打好基础。实施平面访销，提高货源分配的公开、公平、公正，提升客户满意度。把卷烟现代物流体系建设作为提高网络运行效率的关键，扎实推进仓储管理数字化、卷烟分拣半自动化、配送线路最优化、车辆配载经济化、卷烟库存合理化，降低成本，提高效率。

【财务管理】 细化预算项目，突出费用预算管理，加强预算执行过程监督。对2006年度的预算执行情况进行考核，对各单位的预算执行进度适时通报，增强预算的严肃性。全年全省费用总额下降9.13%，费用率降低2.46个百分点，其中，费用率控制较好的武汉市公司为5.97%，荆门、天门、仙桃等市公司均在7%以内。

加强资金监管和安全防范，通过强化货款监管、账户监管、动态监管、数据监管、权限监管，确保资金安全。2007年，全省烟草商业系统实现了外部银行零借款，资金监管系统全年实现综合效益近1.1亿元。通过采取“电子结算”、“银行代收卡”和移动POS机结算，全省卷烟非现金结算率达到98.5%。推广烟叶在线支付结算方式，恩施、襄樊通过网上在线支付系统，共支付烟农烟叶收购款5.37亿元，保证了“两烟”结算资金的安全。

【特事要辑】 6月14日，全国烟草行业打码到条及订单采集系统项目实施工作现场会在湖北武汉召开。国家局副局长李克明、纪检组长潘家华到会并作讲话。

9月4~5日，国家局局长姜成康一行到湖北烟草调研。期间，中共中央政治局委员、湖北省委书记俞正声会见了姜成康一行。

湖北省局（公司）主要统计指标汇总

两烟税利（亿元）	两烟利润（亿元）	销售卷烟（亿支）	烟叶种植（万亩）	烟叶收购（万担）
51.46	38.28	846.45	79.29	157.32

所属地市级局（公司）

武汉市烟草专卖局（公司）

【概　况】 武汉市面积8494.41平方公里，总人口891万人。2007年，全市实现地区生产总值3141.5亿元。

武汉市烟草专卖局、湖北省烟草公司武汉市公司组建于1986年，下辖江汉、江岸、桥口、汉阳、武昌、青山、洪山、蔡甸、黄陂、新洲、江夏、东西湖、汉南等13个区局（营销中心）和武汉金叶惠民商贸有限公司①1个专业公司。市局（公司）总资产25.28亿元，其中，固定资产3.08亿元、流动资产21.67亿元，资产负债率16%。

【领导成员】 局长、经理、党委书记：刘裕堂

副局长、副经理、党委委员：张永红

副经理、党委委员、工会主席：祝有银

副局长、副经理、党委委员：史广礼

副局长、副经理、党委委员：孙维亚

纪委书记、党委委员：杨家银

副局级调研员：魏文才

副局级调研员：秦国秀

【组织机构】 市局（公司）机关下设办公室、人事劳资处（政治工作处）、专卖监督管理处、政策法规和体制改革处、营销总部、财务管理处、审计处、监察处、安全保卫处、信息中心、后勤服务中心、机关党委、工会委员会、烟草学会等14个部门。

【经济效益】 2007年，全市销售卷烟167.65亿支（33.53万箱），同比增长4.05%，其中，一类烟17.75亿支（3.55万箱），同比增长29.18%；二类烟16.85亿支（3.37万箱），同比增长4.42%；三类烟52.8亿支（10.56万箱），同比增长20.56%。实现销售收入519927万元，同比增长13.67%。实现税利151718万元，同比增长23.16%，其中实现利润120459万元。

【专卖管理】 *卷烟打假打私。*6月，“武汉市公安局经侦处驻烟草专卖局联络办公室”正式在武汉市局（公司）挂牌，标志着专警结合机制日益巩固。全年共查处假、私、非卷烟案件9363起，查获假、私、非卷烟3.68万件，案值1.26亿元，其中假冒卷烟2.82万件，案值9141万元。以经营案件方式查破涉烟犯罪案件129起，其中团伙网络型案件14起。229人被刑事拘留，168人被依法判刑。

*许可证管理。*开展卷烟专卖许可证的清理和分类处理工作，对长期停业、歇业而未办理注销手续的7000余户零售户提出了处理意见，对清理出的1292个无证户进行取缔，全市无证户比率控制在5%以下。按照“简化审批手续与强化事后监管相结合”的原则，规范许可证受理、勘验、复核、审批、送达流程，制定《卷烟零售经营户分类管理办法（试行）》，定期对卷烟零售户进行评定分类，针对不同类别经营户采取不同的巡查方式，增强市场监管的针对性。

*专卖队伍建设。*为进一步增强专卖队伍依法行政观念，提高行政执法水平和能力，从3月份开始，市局（公司）在专卖队伍中开展了为期3个月的教育整训活动。整训活动将提高专卖队伍素质、进一步调动专卖人员参与监管市场、打击非法卷烟的积极性、抓落实求实效贯穿始终，将提高服务意识、维护国家和消费者利益作为检验教育整训活动成效的重要

① 2007年5月21日，原武汉金叶惠民商贸有限公司、武汉金叶物流有限公司、武汉金叶信息工程有限公司实行联合重组，重组后的公司名称为“武汉金叶惠民商贸有限公司”。

标准。

【网络建设】 2007年，市局（公司）网建工作注重把握“统一规范、完善功能、优质高效”三个要点，以订单供货为抓手，以“九个突破”为目标①，逐步形成武汉烟草“统一规范、功能先进、优质高效、经济实用”的现代化销售网络。

通过开展不间断的卷烟消费市场现状调查和卷烟零售户基础信息调查，注重合理有效供应货源，加强与零售户的沟通，及时调整货源结构，注重优化流程，成功实施打码到条暨订单采集项目，实现了出入库卷烟扫码和配送卷烟32位标准码打码到户；注重工商协同培育品牌，形成了较为规范的品牌管理机制。与工业企业营销团队展开协同，初步打造起工商协同营销机制。同时，还与湖北中烟工业公司开展了网上配货和工商同城物流对接工作，实现与上游供应链的有效整合。

【多元化经营】 2007年，武汉金叶惠民商贸有限公司实现销售收入13378万元，实现利润1373万元。

【队伍建设】 开展“四好”领导班子争创活动。通过召开专题民主生活会等方式，进一步加强领导干部的作风建设。全面对全市烟草商业系统69名处级干部、287名科级干部进行了半年及年度考核。

开展岗位练兵活动。以提高基本业务技能为练兵重点，以实现“一口清”为主要途径，以竞赛比武为主要检验形式，对全市各条战线的员工开展多层次、全方位的学习提高活动。

黄冈市烟草专卖局（公司）

黄冈市烟草专卖局、湖北省烟草公司黄冈市公司组建于1984年，下辖黄州区、团风县、红安县、麻城市、罗田县、英山县、浠水县、蕲春县、武穴市、黄梅县等10个县、市、区烟草专卖局（营销部）和龙感湖分局（公司）。共有从业人员1105人，其中聘用员工337人。

2007年，全市共销售卷烟86.20亿支（17.24万箱），同比增长1.2%；实现销售收入19.73亿元，同比增长26%。实现税利38576万元，同比增长73.9%，其中，实现利润30680万元，同比增长103.8%。

全年共查处各类涉烟违法案件3216起，查扣非法卷烟6396件，涉案金额2190万元。

市局（公司）把“星火文化”作为黄冈烟草的企业文化结合点，昭示黄冈烟草未来发展的星火燎原之势。

襄樊市烟草专卖局（公司）

襄樊市烟草专卖局、湖北省烟草公司襄樊市公司组建于1984年，下辖樊城区、襄阳区、襄城区、宜城市、枣阳市、老河口市、谷城县、南漳县、保康县等9个县、市、区烟草专卖局（营销部）和南漳、保康2个烟叶经理部，控股襄樊金叶烟草有限责任公司。市局（公司）总资产76026万元，其中，固定资产27871万元、流动资产41483万元，资产负债率48.22%。共有从业人员1412人，其中聘用员工728人。

2007年，全市共销售卷烟82.20亿支（16.44万箱），同比增长0.17%。实现销售收入178711万元，同比增长25.58%。实现“两烟”税利30788万元，同比增长38.25%，其中实现卷烟税利31673万元。实现“两烟”利润22338万元，同比增长32.56%，其中实现卷烟利润24442万元。

开展卷烟打假“斩链破网”百日行动，共查获假冒卷烟案件162起，其中万元以上案件18起；查获假冒卷烟250件，案值90万元。全年共查处涉烟违法案件4523起，查获非法卷烟4912件，烟叶4.23吨。

启动烟叶生产专业新村建设，在南漳县栗林坪村开展示范工作，建立了基本烟田保护制度和专业化服务体系，以烟农协会为载体，实现了育苗、机耕、植保、烘烤专业化，完成烟水、烟路、烟电配套和卫生文化设施配套。7月底，湖北省委、省政府在襄樊召开全省烟叶生产专业新村建设工作现场会，推广襄樊专业新村建设工作经验。

荆州市烟草专卖局（公司）

荆州市烟草专卖局、湖北省烟草公司荆州市公司组建于1984年6月，下辖沙市区、荆州区、江陵县、

---

① “九个突破”，一是以贯彻《规范》为主线，在推进全省网建组织构架一体化上求突破；二是以综合业务平台建设为中心，在用信息手段支撑网建全面提升上求突破；三是以建立科学的货源分配机制为中心，在客户经理职能转变上求突破；四是以服务零售终端为中心，建立零售客户终端采集系统，在掌握卷烟社会库存上求突破；五是以“一号工程”为载体，在统计数据并轨上寻求突破；六是以建设现代物流为目标，以降低成本为切入点，在建设现代物流模式上寻求突破；七是以整体推进为基础，以提高服务为核心，在全面提升过程中，在创新上求突破；八是要开展岗位练兵活动，在提高员工队伍素质，服务网建全面提升工作上求突破；九是分清责任、突出重点、全面提升，在统一认识、统一步伐、统一标准中寻求突破。

公安县、监利县、松滋市、石首市、洪湖市等8个区、县、市烟草专卖局（营销部）。市局（公司）总资产57724万元，其中，固定资产10027万元、流动资产47697万元。共有从业人员901人，其中聘用在岗员工262人。

2007年，全市共销售卷烟81.58亿支（16.32万箱），与上年基本持平。实现销售收入175719万元，同比增长15.66%。实现税利40923万元，同比增长46.18%，其中，实现利润31435万元，同比增长52.34%。

2007年，市公司加大了对队伍建设的力度。公开选拔5名基层员工进入市局机关工作；组织400人参加基层基础工作培训；组织市局和县市区局领导干部接受警示教育，听取廉政辅导；承办全省系统“两个至上”在岗位主题实践活动局长（经理）论坛，创办《金叶》杂志，使企业文化有了新的起色。

十堰市烟草专卖局（公司）

十堰市烟草专卖局、湖北省烟草公司十堰市公司组建于1984年12月，下辖郧县、郧西县、竹溪县、竹山县、房县、丹江口市、城区分局等7个县、市、区烟草专卖局（营销部）和郧西县、竹溪县、竹山县、房县等4个烟叶分公司。市局（公司）总资产49754万元，其中，固定资产14941万元、流动资产32768万元。共有从业人员862人，其中聘用员工401人。

2007年，全市共销售卷烟45.39亿支（9.08万箱），与上年基本持平。实现“两烟”销售收入108694万元，同比增长24.5%。实现“两烟”税利24139万元，其中卷烟税利20900万元。实现“两烟”利润17984万元，其中，实现卷烟利润15400万元。

全年共种植烟叶49200亩，收购烟叶0.48万吨（9.6万担），收购金额4413.9万元。在遭受严重自然灾害烟叶减产20%的情况下，烟农收入基本稳定，烤烟亩收入1057元，烟农种烟积极性得到了保护。

跨区、跨省涉烟网络案件侦破取得重大进展，区域内外打假联动机制初步形成。全年查处各类涉烟案件924起，其中万元以上案件66起，查获非法卷烟567万支，案值297.8万元。

历经五载编撰的《十堰烟草志》及各县市志书付梓问世。

孝感市烟草专卖局（公司）

孝感市烟草专卖局、湖北省烟草公司孝感市公司组建于1984年4月，下辖孝南区、汉川市、应城市、云梦县、安陆市、大悟县、孝昌县等7个区、市、县烟草专卖局（营销部）。市局（公司）总资产51045万元。共有从业人员730人，其中劳务派遣制员工220人。

2007年，全市共销售卷烟62.35亿支（12.47万箱），同比增长1.41%。实现销售收入129739万元。实现税利31352万元，同比增长66.20%，其中，实现利润23477万元，同比增长62.49%。

全年开展4次联合打假专项行动，查处大案要案14起，拘留55人，移交司法机关判刑14人。

恩施土家族苗族自治州烟草专卖局（公司）

恩施土家族苗族自治州烟草专卖局、湖北省烟草公司恩施州公司组建于1984年，下辖来凤县、鹤峰县、咸丰县、宣恩县、巴东县、建始县、利川市、恩施市等8个县、市烟草专卖局（营销部）和8个县市烟叶分公司，另有州烟草物资供应公司、鄂西卷烟材料厂2家二级单位和省局委托代管的恩施金叶烟草有限责任公司。市局（公司）总资产137472万元，其中，固定资产23908万元、流动资产23908万元，资产负债率68.19%。共有从业人员2382人，其中聘用员工238人。恩施州是全国烟叶重点产区和白肋烟出口基地，白肋烟出口量占全国出口总量的80%以上。

2007年，全州共销售卷烟46.56亿支（9.31万箱），实现销售收入244500万元，同比增长31.41%。实现“两烟”税利66400万元，同比增长183.76%，其中实现卷烟税利17300万元。实现“两烟”利润46900万元，同比增长260.76%，其中实现卷烟利润13600万元。

2007年由于遭受严重自然灾害，烟叶产量和质量受到损失。全州收购烟叶5.2万吨（104万担），其中白肋烟1.49万吨（29.81万担），完成计划的80%，同比减少1.3万吨（26万担）。全年共销售烟叶6.01万吨（120.24万担），同比增长6.79%。

宜昌市烟草专卖局（公司）

宜昌市烟草专卖局、湖北省烟草公司宜昌市公司组建于1984年4月，下辖夷陵区、宜都市、枝江市、当阳市、远安县、兴山县、秭归县、长阳土家族自治县、五峰土家族自治县等9个区、县、市烟草专卖局（营销部），以及宜昌烟用物资公司、宜昌烟草贸易开发公司2个专业公司。共有从业人员1346人，其中聘用员工163人。

2007年，全市共销售卷烟68.87亿支（13.77万箱）。实现“两烟”销售收入162571万元。实现“两烟”税利36909万元，同比增长32.26%，其中实现“两烟”利润27441万元。

全年收购烟叶1.08万吨（21.6万担），其中，烤烟0.64万吨（12.77万担）、白肋烟0.30万吨（6.01万担）、马里兰烟0.14万吨（2.82万担）。

年内，开展4次卷烟打假市场整顿专项行动，累计出动联合执法人员5956人次，查获涉烟违法案件1503起，查获非法卷烟1186件，案值624万元。查处贩售假冒卷烟网络案件7起，端掉藏假、售假窝点13个，打击涉烟违法犯罪分子15人。

全年共启动17个村的烟叶生产专业新村建设，全年专业新村种烟面积28349亩，占总面积的31.3%。推广平衡施肥技术，增施有机肥，改良土壤，全年饼肥推广面积2.4万亩，叶面肥推广面积6万亩。漂浮育苗移栽面积近6万亩，占移栽面积的65.13%。投入1917万元用于烟田基础设施建设，完成了20个烟叶科研及推广项目。重点建设榛子—黄粮公路沿线，使其成为“科技兴烟的示范走廊，基础设施建设的走廊，基层站点建设的走廊”。

2007年，开展卷烟打码到条项目试点，实现了从打码到户向打码到条的转换，实际分拣速度达到了每小时9000条左右。宜昌城区1036户零售户安装了“商E通”智能信息终端设备。全年调整优化配送线路20余次，减少送货线路10条。改进物流送货设施，单车装载率由52%提高到74%。

咸宁市烟草专卖局（公司）

咸宁市烟草专卖局、湖北省烟草公司咸宁市公司组建于1984年4月，下辖咸安区、嘉鱼县、赤壁市、通城县、崇阳县、通山县等6个区、县、市烟草专卖局（营销部）。共有从业人员581人，其中聘用员工89人。2007年，市局（公司）被湖北省委、省政府授予2005~2006年度“省级文明单位”称号；被国家局、公安部评为“全国卷烟打假先进单位”；市局机关综合档案室被国家局授予“行业优秀档案室”称号。

2007年，全市共销售卷烟36.25亿支（7.25万箱），同比增长2.88%。实现销售收入82657万元，同比增长16.05%。实现税利18268万元，同比增长44.05%，其中实现利润13862万元。

共查处涉烟违法案件1577起，查获假、私、非卷烟11741件，案值3041.49万元。完成国家局级标准经营网络案件4起、省局级标准经营网络案件7起。

随州市烟草专卖局（公司）

随州市烟草专卖局、湖北省烟草公司随州市公司组建于2000年10月，下辖曾都区、广水市2个区、市烟草专卖局（营销部）。共有从业人员337人，其中聘用员工57人。2007年，市局（公司）被湖北省国税局评为“全省百佳纳税人”。

2007年，全市共销售卷烟30.69亿支（6.14万箱），同比增长2.12%。实现销售收入61060万元。实现税利12782万元，同比增长53.43%，其中实现利润9925万元。

黄石市烟草专卖局（公司）

黄石市烟草专卖局、湖北省烟草公司黄石市公司组建于1984年6月，下辖大冶市、阳新县、市局直属分局等3个县、市烟草专卖局（营销部）。共有从业人员462人，其中聘用员工240人。2007年，市局（公司）被授予“省级最佳文明单位”称号。

2007年，全市共销售卷烟33.01亿支（6.60万箱），同比增长1.02%。实现销售收入80166万元。实现税利20801万元，同比增长40.35%，其中，实现利润16232万元，同比增长39.44%。

在加强专卖管理工作中，要突出内部监管，注重抓好规范经营；突出经营案件，注重抓源头打击；突出内务管理，注重抓好卷烟质量；突出宣传教育，注重营造舆论气氛。全年共查获涉烟违法案件846起，其中万元以上大案128起，端掉地下制假窝点44个，查获非法卷烟1508件，总案值672.56万元。移送公安、司法机关依法拘留24人，判刑24人。

2007年，取消客户经理预访模式和县级营销部营销主体职能，建立以市公司为主体，“二部三中心”（卷烟营销部、督察考评部、配送中心、结算中心、信息中心）为支撑的组织结构，提升网络建设水平。

荆门市烟草专卖局（公司）

荆门市烟草专卖局、湖北省烟草公司荆门市公司组建于1984年8月，下辖沙洋市、京山县、钟祥市、城区等4个市、县、区烟草专卖局（营销部）。共有从业人员423人，其中聘用员工229人。

2007年，全市共销售卷烟40.53亿支（8.11万箱）。实现销售收入85996万元，同比增长20.80%。实现税利22536万元，同比增长49.01%，其中，实现利润18276万元，同比增长57.12%。

全年共开展4次卷烟市场整顿行动，共查处涉烟违法案件1281起，查获非法卷烟403件，案值231.94万元。破获国家局标准涉烟网络案件1起、省局标准涉烟网络案件5起，打击各类涉烟违法犯罪分子42人。

鄂州市烟草专卖局（公司）

鄂州市烟草专卖局、湖北省烟草公司鄂州市公司组建于1984年9月，下辖鄂城、华容、梁子湖等3个区烟草专卖局、1个卷烟营销部和4个卷烟市场部。共有从业人员183人，其中聘用员工86人。

2007年，全市共销售卷烟14.11亿支（2.82万箱）。实现销售收入36701万元，同比增长25.6%。实现税利9561万元，同比增长72.60％，其中，实现利润7224万元，同比增长86.24％。

全年共查处涉烟违法案件1204起，查获非法卷烟522件，案值229万元。

行业资金监管项目。2007年，鄂州市局（公司）被国家局列为烟草行业资金监管项目试点单位，市局（公司）开发了资金监管项目平台系统。在11月2日举行的烟草行业资金监管项目演示汇报会上，得到了国家局纪检组组长潘家华的充分肯定。

“家”文化建设。对“家”文化进行准确定位和规范设计，全面构建“家”文化的理念文化层、内涵文化层、行为文化层和形象文化层，统一“家”文化的视觉识别系统，建立健全“家”文化体系。围绕“家”文化核心理念，分别提炼和概括了具有本部门经营管理特色的个性（亚）文化理念。11月，鄂州烟草被国家局确定为企业文化评估体系首家试运行单位。

“乐万家”服务品牌。提出打造以“服务他人，快乐自己”、“至诚至信，快乐万家”、“‘小家’兴旺，‘大家’和谐”为内涵的“乐万家”服务品牌，通过建立供货倾斜机制、亲情联络机制、信息互通机制、荣誉激励机制、客户满意度衡量机制等五大机制支撑“乐万家”服务体系，为卷烟零售户、消费者、卷烟工业企业、内部职工四个方面的服务对象提供差异化、个性化、亲情化服务。同时，鄂州烟草还在《鄂州日报》上向社会推出公开承诺，与鄂州广播电台和鄂州日报社联合主办“亲民热线”活动，开展“3·15”、“12·4”等活动，推行诚信经营等。

仙桃市烟草专卖局（公司）

仙桃市烟草专卖局、湖北省烟草公司仙桃市公司组建于1984年4月，下辖毛嘴、三伏潭、张沟、通海口、彭场、长埫口、西流河、城区等8个市场部。共有从业人员213人，其中聘用员工64人。

2007年，全市共销售卷烟17.96亿支（3.59万箱）。实现销售收入40535万元，同比增长19%。实现税利10039万元，同比增长30%，其中，实现利润7844万元，同比增长33%。

全年共查处涉烟违法案件960起，查获非法卷烟502件，案值159.6万元。破获涉烟网络案件5起，打掉非法运销卷烟团伙12个，捣毁手工制假窝点4个。

天门市烟草专卖局（公司）

天门市烟草专卖局、湖北省烟草公司天门市公司组建于1984年4月，1995年1月隶属湖北省烟草专卖局（公司）直管，市局（公司）下设5个市场部、2个零售门市部、5个专卖管理所、2个市场稽查中队。共有从业人员223人，其中聘用员工65人。2007年，市局（公司）被省政府授予“全省卷烟打假打私先进单位”、“全省安全生产红旗单位”。

2007年，全市共销售卷烟19.25亿支（3.85万箱），同比增长3.17%。实现销售收入37605万元，同比增长20.54%。实现税利8640万元，同比增长41.59%，其中，实现利润6551万元，同比增长39.06%。

全年共查处涉烟违法案件594起，案值87.3万元。

潜江市烟草专卖局（公司）

潜江市烟草专卖局、湖北省烟草公司潜江市公司组建于1984年5月。下设城区、泽口、王场、广华、浩口、张金、老新、渔洋等8个市场部，4个专卖管理所（园林专卖管理所、广华专卖管理所、张金专卖管理所、老新专卖管理所），4个卷烟专卖店，2个稽查中队。共有从业人员129人，其中聘用员工37人。2007年，市局（公司）被湖北省政府授予“2007年度全省卷烟打假市场整顿工作先进集体”称号。

2007年，全市共销售卷烟12.50亿支（2.50万箱）。实现销售收入31105万元，同比增长20%。实现税利7830万元，同比增长33.3%，其中实现利润5961万元。

神农架林区烟草专卖局（公司）

1984年12月，湖北省烟草公司神农架林区公司从林区副食品公司分立，1986年8月，神农架林区烟草专卖局、湖北省烟草公司神农架林区公司财务体制上划，隶属湖北省烟草专卖局（公司）直辖。下辖1个卷烟配送部、1个卷烟配送站、4个二级委配站。共有从业人员31人，其中聘用员工7人。2007年，被湖北省委、省政府授予“省级最佳文明单位”称号。

2007年，销售卷烟1.42亿支（0.28万箱）。实现销售收入3468万元。实现税利858万元，其中实现利润660万元。

所属其他二级单位

中国烟草湖北进出口有限责任公司

中国烟草湖北进出口有限责任公司成立于1985年。2006年，调整成为中国烟草总公司湖北省公司的全资子公司。截至2007年底，总资产38740万元，其中，固定资产3427万元、流动资产34572万元，资产负债率为76.94%，所有者权益8935万元。共有从业人员64人。

2007年，实现销售收入30341万元，同比减少6.63%。完成出口总值2932万美元，同比增长30.89%，其中，出口各类烟叶10044吨，烟叶出口总值2932万美元，同比增长47.71%。进口寄售卷烟6412件，收入3213万元。

2007年湖北省烟草商业系统主要情况统计

地市级局（公司）名称		武汉市烟草专卖局（公司）	黄冈市烟草专卖局（公司）	襄樊市烟草专卖局（公司）	荆州市烟草专卖局（公司）	十堰市烟草专卖局（公司）	孝感市烟草专卖局（公司）
法人代表/主要负责人		刘裕堂	徐述舟	唐启楹	蔡　刚	梁　斌	宁康明（—2007.2）、严继松（2007.2—）
总资产（万元）		252800	59880	76026	57724	49754	51045
所属县级局数量（个）		13	11	9	8	7	7
所属县级公司数量（个）		—	—	—	—	—	—
所属营销部、分公司		13个营销中心	10个营销部、1个分公司	9个营销部、2个烟叶经理部	8个卷烟营销部	7个卷烟营销部、4个烟叶分公司	7个卷烟营销部
所属业务机构	访销机构	1个电话呼叫中心	1个营销中心、1个电访中心	1个订单部、1个客服部	1个营销中心、1个电访中心	1个电访中心	1个电访中心
	物流配送机构	1个物流配送中心	1个物流配送中心	1个物流配送中心	1个物流中心、1个配送中心	1个物流配送中心	1个物流配送中心
	稽查机构	1个稽查支队、13个稽查中队	10个稽查中队	1个稽查支队、41个稽查中队	1个稽查支队	1个稽查支队、7个稽查大队	1个稽查支队、8个稽查大队
销售卷烟（亿支）		167.65	86.20	82.20	81.58	45.39	62.35
两烟税利（万元）	本年	151718	38576	30788	40923	24139	31352
	上年	122675	22189	22270	27994	14529	18864
两烟利润（万元）	本年	120459	30680	22338	31435	17984	23477
	上年	97038	15052	16851	20635	10603	14448
烟叶种植（亩）		—	—	99000	—	49200	—
烟叶收购（担）		—	—	192500	—	96000	—
零售户数（户）		35958	23476	19519	20466	13150	12273

地市级局（公司）名称	恩施州烟草专卖局（公司）	宜昌市烟草专卖局（公司）	咸宁市烟草专卖局（公司）	随州市烟草专卖局（公司）	黄石市烟草专卖局（公司）	荆门市烟草专卖局（公司）
法人代表/主要负责人	黄树立	高道德	游爱民	邹元忠(—2007.1)、张俊初(2007.1—)	李学农(—2007.7)、吴天植(2007.7—)	雷培榜
总资产（万元）	137472	62914	32313	18717	34848	34103
所属县级局数量（个）	8	9	6	2	3	4
所属县级公司数量（个）	8	—	—	—	—	—
所属营销部、分公司	8个卷烟营销部、8个烟叶分公司	10个营销部	6个营销中心	3个营销部	3个营销部	4个营销部

续表

地市级局（公司）名称		恩施州烟草专卖局（公司）	宜昌市烟草专卖局（公司）	咸宁市烟草专卖局（公司）	随州市烟草专卖局（公司）	黄石市烟草专卖局（公司）	荆门市烟草专卖局（公司）
所属业务机构	访销机构	1个营销中心、1个电访中心	1个电访中心	1个营销中心、1个电访中心	1个电访中心	1个订单部	1个电访中心
	物流配送机构	1个物流中心、1个配送中心	1个物流配送中心	1个卷烟配送中心	1个物流配送中心	1个配送中心	1个配送中心
	稽查机构	1个稽查支队、8个稽查大队	1个稽查支队、9个稽查大队	1个稽查支队、6个稽查大队	2个稽查大队	1个稽查支队	1个稽查支队
销售卷烟（亿支）		46.56	68.87	36.25	30.69	33.01	40.53
两烟税利（万元）	本年	66400	36909	18268	12782	20801	22536
	上年	23358	27260	13070	8131	14819	15124
两烟利润（万元）	本年	46900	27441	13862	9925	16232	18276
	上年	13017	18188	8941	5782	11648	11632
烟叶种植（亩）		456000	89100	—	—	—	—
烟叶收购（担）		1040000	216000	—	—	—	—
零售户数（户）		12472	15578	8012	6198	8815	13594

地市级局（公司）名称		鄂州市烟草专卖局（公司）	仙桃市烟草专卖局（公司）	天门市烟草专卖局（公司）	潜江市烟草专卖局（公司）	神农架林区烟草专卖局（公司）
法人代表/主要负责人		夏汉林	马 力	黄海堂	张子义	韩 敏
总资产（万元）		13967	11818	11793	10939	1412
所属县级局数量（个）		3	—	—	—	—
所属县级公司数量（个）		—	—	—	—	—
所属营销部、分公司		1个营销部	1个卷烟营销部	5个市场部	1个营销部	1个营销部
所属业务机构	访销机构	1个电访中心	1个电访中心	1个营销中心	1个营销中心	1个电访中心
	物流配送机构	1个配送中心	1个物流配送中心	1个配送中心	1个配送中心	1个配送中心
	稽查机构	1个稽查支队	1个稽查大队、2个稽查中队	1个稽查大队	1个稽查大队	1个稽查大队
销售卷烟（亿支）		14.11	17.96	19.25	12.50	1.42
两烟税利（万元）	本年	9561	10039	8640	7830	858
	上年	5589	7725	6102	5876	605
两烟利润（万元）	本年	7224	7844	6551	5961	660
	上年	3866	5891	4711	4360	444
烟叶种植（亩）		—	—	—	—	—
烟叶收购（担）		—	—	—	—	—
零售户数（户）		3924	3353	4240	2893	432

（朱 天）

湖南省烟草专卖局（公司）

【概　况】 湖南省总面积 21.18 万平方公里，下辖 13 个地级市、1 个自治州和 122 个县（市、区）。2007 年，全省总人口 6805 万人，实现地区生产总值（GDP）9145 亿元。

湖南省烟草公司成立于 1983 年 7 月，湖南省烟草专卖局成立于 1983 年 10 月。1985 年 1 月，湖南省烟草公司正式上划中国烟草总公司。2007 年，根据国家烟草专卖局批复，完成了对 14 个市、州公司的资产下投，有 12 个市、州公司所属的县级烟草企业变更为市级烟草公司的分公司。省局（公司）下辖 14 个市、州烟草专卖局（公司），永州天顺烟叶复烤有限责任公司、郴州天泰烟叶复烤有限责任公司两家复烤企业和湖南省烟草职工培训中心（湘潭烟草中专学校）。截至 2007 年底，有总资产 123.46 亿元，其中，固定资产 23.62 亿元、流动资产 87.25 亿元，资产负债率 26.48%。截至 2007 年底，全省烟草商业系统有从业人员 13621 人，其中聘用员工 3251 人。

2007 年，湖南烟草商业系统荣获湖南省“文明行业（系统）”称号，省局（公司）被中华慈善总会授予“中华慈善事业突出贡献奖”，被省直机关工委评为“基层党的建设示范单位”。

【领导成员】 局长、总经理、党组书记：杨先杰

副局长、党组成员：张志刚

副总经理、总会计师、党组成员：吕　刚

纪检组长、党组成员：程晓邵

总农艺师：赵松义

【组织机构】 省局（公司）机关设有办公室（外事办公室）、综合计划处（经济运行处）、卷烟销售管理处、安全保卫处、专卖监督管理处（专卖稽查总队）、政策法规与体制改革处、财务管理处、审计处、烟叶管理处、人事劳资处（离退休人员管理办公室）、监察处（与党组纪检组合署办公）、思想政治工作处（机关党委、工会）、投资管理处、科技处等 14 个职能处室和烟草学会、机关服务中心、经济信息中心、烟草质量监督检测站、中国烟草中南农业试验站、中国烟草湖南进出口有限责任公司等 6 个专业部门，以及基建办 1 个临时性机构。

【经济效益】 2007 年，全省烟草商业系统销售卷烟 1132.60 亿支（226.52 万箱），同比增长 6.54%，其中，销售一类烟 60.50 亿支（12.10 万箱），占总销量的 5.34%；二类烟 99.70 亿支（19.94 万箱），占总销量的 8.8%；三类烟 128.90 亿支（25.78 万箱），占总销量的 11.38%；四类烟 438.25 亿支（87.65 万箱），占总销量的 38.69%；五类烟 405.20 亿支（81.04 万箱），占总销量的 35.78%。实现“两烟”税利 46.92 亿元，同比增长 8.41%，其中，实现“两烟”利润 34.80 亿元，同比增长 7.41%。

【专卖管理】 抓好依法行政和联合执法工作，“政府负责、部门参与、各方联动”的良好工作格局进一步形成。省委政法委牵头成立了省公、检、法、烟草等有关部门组成的涉烟刑事案件查处协调领导小组，创造更加有利的外部环境，相继出台了《湖南省高级人民法院、湖南省人民检察院、湖南省公安厅关于办理涉烟刑事案件适用法律若干问题的意见》、《湖南省人民政府办公厅关于进一步加强我省“两烟”市场综合治理工作的通知》等一系列指导性政策规定。

全年共出动专卖执法人员 106578 人次，查处各类涉烟违法案件 2636 起，其中，查获制售假烟网络案件 18 起；查获各类假烟 45347 件、制假烟机设备 42 台，捣毁贩藏假烟窝点 111 个、制假窝点 36 个，移送公安、司法机关拘留 138 人，劳教 4 人，判刑 148 人。

【卷烟销售】 省内外卷烟结构不合理的状况有所改变，2007 年，全省烟草商业系统销售省外卷烟 252.60 亿支（50.52 万箱），同比增长 35.61%。“白沙”品牌卷烟在全国销售 1029.50 亿支（205.90 万箱），其中省内销售 463.65 亿支（92.73 万箱）；“芙蓉王”品牌卷烟在全国销售 211.40 亿支（42.82 万箱），其中省内销售 52 亿支（10.40 万箱）。卷烟单箱销售均价 12359 元，同比增长 4.5%。

全面完成国家局下达的低档卷烟销售任务，销售低档卷烟 428.75 亿支（85.76 万箱），超计划完成 28.80 亿支（5.76 万箱），占卷烟销售总量的 37.86%。

品牌集中度进一步提高。全省销量排名前 10 位的

"白沙"、"芙蓉"、"芙蓉王"、"黄果树"、"双喜"、"红河"、"相思鸟"、"黄山"、"真龙"、"红梅"品牌集中度达91.47%。2007年，全省烟草商业系统在销品牌55个、规格140个，比上年同期分别减少20个和44个。"百牌号"卷烟销量占总销量的98.67%，高于全国平均水平。

【烟叶产销】 *烟叶种植*。全省签订烤烟种植收购合同13.14万份，户均种烟7.2亩，同比增加1.06亩。加大适用技术的推广力度，推广漂浮育苗93.14万亩、土壤改良72.79万亩和病虫统防统治90.03万亩，分别占种烟面积的85.9%、77%和95.2%，落实部分替代进口烟叶示范面积4.4万亩。

烟叶收购。全省共收购烤烟12.80万吨（256万担），完成收购计划的91.5%，其中，上等烟比例55.61%、中等烟比例32.80%，收购均价11.38元/千克。收购晾晒烟0.103万吨（2.06万担），收购均价11.07元/千克。

基础设施建设。全年投入烟叶基础设施建设资金3.16亿元，建设水池1.01万个、沟渠4520条、管网350处、密集烤房1.02万座，整治小塘坝1114处，完成38万亩烟田的烟水配套工程，建设标准化烟站30个，改建收购点8个。

【安全生产】 2007年，省局（公司）开展了道路交通安全管理制度执行情况、烟草工作站（点）安防工作、出租物业安全管理等专项整治以及火灾隐患普查整治工作，共查出安全隐患问题1462处，投入整改资金391.3万元。对2006年度省局（公司）检查组查出的89个安全隐患和问题建档跟踪，督促逐条落实整改，整改率达100%。继续推进职业健康安全管理体系建设，截至2007年底，岳阳、邵阳、长沙、永州、湘潭市局（公司）完成职业健康安全管理体系的建立工作并进入运行阶段，全省系统重大以上安全责任事故为零。

【多元化经营】 加大对全省多元化企业清产核资整改力度，出台《湖南省烟草公司多元化企业重大事项管理暂行办法》，清退珠海经济特区烟草物资有限公司、湖南永湘纸业有限公司、郴州金叶娱乐有限公司等11个多元化企业。彻底整改完成全省系统投资性往来、投资性借款、投资差异、担保与反担保、无偿占用主业资源等问题。

【信息化建设】 省局（公司）统筹规划出全省系统2007~2010年信息化发展的方案，完成了国家局数字仓储系统在衡阳市局（公司）的试点工作。完成与国家局视频会议系统的链接，视频会议系统使用率得到提高，召开次数由上年的26次增加到38次，节约会议费用720余万元。启动视频监控系统，逐步形成视频监控系统分级建设、分级管理、向下监管的体系规划，并在长沙建立10个烟站和2个"636"专卖店监控点。

结合信息技术基础设施库（ITIL）标准，搭建完成全省IT资源集中监控平台，对全省系统等基础平台进行统一、集中监控，并完善短信、语言报警功能，IT基础硬件平台实现自动化监控和报警。

制定《湖南省烟草专卖局（公司）互联网接入管理暂行办法》，对互联网接入严格实行审批准入制度，加强网络安全的评估加固工作，初步建成从外网到内网的边界防护体系。

【队伍建设】 *人力资源管理体系建设*。2007年，省局（公司）制定了《关于进一步规范全省系统现代人力资源管理体系建设工作的意见》和《省局（公司）职能配置、机构设置、人员编制方案》、《市级烟草专卖局机构编制管理暂行办法》，现代人力资源管理体系建设得到进一步推进。加强干部队伍建设，修改完善干部人事工作的有关规定和制度，组织开展4个直属单位班子5名副职的公开选拔工作。制定《省局（公司）机关公开选调工作人员暂行办法》，省局机关首次在全省系统选调9名工作人员。

贯彻实施《劳动合同法》。邀请专家举办《劳动合同法》讲座，组织全省商业系统各单位对照《劳动合同法》，三次对各类人员的使用、劳动合同签订、参加社会保险等情况进行全面清理，全省系统清退各类人员3663人（包括到期终止劳动合同的烟叶季节工）。修改完善《新进工作人员录用与管理暂行办法》，进一步规范招聘新进人员的工作程序，2007年，全省系统公开招聘人员43人。

教育培训。推进职工教育培训和专业技能人才建设，全年举办培训班32期，培训1600人次。开展内训体系建设，制定《全省系统内部职工教育培训体系实施暂行办法》和《企业内训体系实施方案》，并在湘潭市局（公司）成功试点。继续举办学历教育班，与湖南农业大学和湖南商学院联合举办第二期农学本科班及第二期工商管理本科班，开办全省烟草系统职工中等职业技术教育学历班。参加第三届全国烟草烟叶分级职业技能竞赛，其中两人获"全国烟草技术能手"称号。

【内部管理监督】 省局（公司）建立完善了包括内部管理监督教育培训、定期检查、案件查处、责任追究、同级监管等各个方面的制度体系，对生产经营活动进行全程监管和定期检查，并对烟叶加工企业实行派员驻厂监管制度。

加强审计监督，全年完成基建工程审计项目253个，送审金额3.85亿元，核减金额6130万元。开展财务收支交叉审计，完成各类审计和审计调查项目328个，审计金额204.22亿元，核减金额6130万元。开展主业清产核资和专项资金检查工作，进一步加大闲置和不良资产的处置力度，全省不良资产比例2.65%，同比下降3.38个百分点。

【党风廉政建设】 省局（公司）组织广大党员干部学习党中央有关反腐倡廉的重要精神，向全省系统副科级以上干部发送廉政短信1万余人次，并编写出版《案例汇编》，发挥党风廉政教育的基础性作用。加大查办违纪违法案件的工作力度，全省系统纪检监察机构全年受理群众来信、来访、来电60件（次），立案30件、结案30件，政纪处分47人。

坚持纠建并举，大力推进行风政风建设，通过省局内部网站公布监督举报电话和邮箱，纠正损害烟农、零售户和消费者利益以及专卖执法中的违纪违规问题。全面彻底清理登记2005年以来在建、已审批未开工建设项目以及其他改扩建、装修项目，加强对重大工程建设项目的监督，完善大宗物资采购的监管。全省烟草商业系统纪检监察部门参加经济评审项目达640余项，评审金额6861万元，节约项目预算942万余元。

【特事要辑】 4月3~5日，国家局副局长李克明一行考察了白沙物流和常德市烟草专卖局（公司）卷烟物流配送中心。

6月18日，湖南省涉烟刑事案件查处协调领导小组成立。

7月31日，湖南烟草商业系统捐资800万元启动“2007慈善医疗金叶卡”项目。

湖南省局（公司）主要统计指标汇总

两烟税利（亿元）	两烟利润（亿元）	销售卷烟（亿支）	烟叶种植（万亩）	烟叶收购（万担）
46.92	34.80	1132.60	94.70	256.00

所属地市级局（公司）

长沙市烟草专卖局（公司）

【概　况】 长沙市是湖南省省会，全市总面积1.18万平方公里，常住总人口652.92万人。2007年，实现地区生产总值（GDP）2190.25亿元。

长沙市烟草专卖局、湖南省烟草公司长沙市公司组建于1984年7月，下辖长沙县、望城县、宁乡县、浏阳市等4个县级烟草专卖局（营销部）。截至2007年底，公司总资产143000万元，其中，固定资产56100万元、流动资产55300万元，资产负债率20.67%。截至2007年底，全市有从业人员1316人，其中聘用员工389人。

【领导成员】 局长、经理、党组书记：李大幸

副局长、党组成员：吴奇林

副局长、党组成员：杨　奇

副经理、党组成员：徐招深

副经理、总会计师、党组成员：罗稳刚

纪检组长、党组成员：彭凤玲

【组织机构】 市局（公司）机关设有办公室（法规科）、经济运行科、人事劳资科、财务科、审计科、纪检监察科、政工科、安全保卫科、专卖管理科、烟叶生产经营部、信息中心、营销中心、配送中心、烟草服务中心等14个职能科室。

【经济效益】 2007年，全市辖区销售卷烟136.30亿支（27.26万箱），同比增长12.21%。其中，销售一类烟12.40亿支（2.48万箱），占总销量的9.1%；二类烟10.50亿支（2.10万箱），占总销量的7.7%；三类烟25.40亿支（5.08万箱），占总销量的18.64%；四类烟53.30亿支（10.66万箱），占总销量的39.1%；五类烟34.70亿支（6.94万箱），占总销量的25.46%。全年实现“两烟”税利69962万元，同比增长20.98%，其中，实现“两烟”利润48982万元，同比增长22.43%。

【专卖管理】 巩固联合打假协作机制，按照“政府主查、部门参入、各方联动、烟草发挥主导作用”的

工作格局，加强与各有关部门密切合作。开展以取缔无证无照和以摆卖“假、私、非”烟为重点的市场整治活动，组织两次大规模销毁假冒卷烟行动。举办长沙市局（公司）首届专卖岗位技能比武，提升专卖队伍整体素质和行政执法水平。

全年共查办各类涉烟违法案件1265起，查获各类违法卷烟17883件，查扣违法烟叶29.6吨，查处案值在50万元以上的案件17起，上缴罚没款354万元，移送公安、司法机关对涉烟违法人员追刑28人。

【烟叶产销】 2007年，全市种植烟叶11.3万亩，收购烟叶30.75万担（1.54万吨）。建成万亩种烟乡镇4个，烤烟户均种植面积9.82亩。在遭受高温干旱之年，上、中等烟比例仍保持在90%以上，收购等级合格率82.4%，工商交接等级合格率82%，实现烟质提升、政府满意、烟农增收，成为全省重点产区中唯一完成收购计划任务的单位。全年新建标准化烟站3个，改造1个，建设烟叶生产基础设施项目1518个，新建烤房931座，完成总投资3288万元。

【多元化经营】 市局（公司）主业对外投资有神农酒店、神农山庄和金网公司。2007年，实现经营收入15354万元，实现税收1360万元。神农酒店经过资产、资源重大调整后面貌一新；神农山庄理顺产权关系，并进行内部各项改革；金网公司通过打造“636”门店，建立烟草社会零售品牌。

株洲市烟草专卖局（公司）

株洲市烟草专卖局、湖南省烟草公司株洲市公司成立于1984年10月，下辖醴陵市、株洲县、攸县、茶陵县、炎陵县等5个县级烟草专卖局（营销部）。截至2007年底，有从业人员672人，其中聘用员工314人。

2007年，全市辖区销售卷烟77.90亿支（15.58万箱），同比增长4.77%，实现“两烟”销售收入187300万元。实现“两烟”税利36046万元，同比增长8.59%，其中，实现“两烟”利润28892万元，同比增长14.96%。

全年共查处各类涉烟违法案件526起，查获各类违法卷烟2736件，查获违法烟叶20吨，移送公安、司法机关刑事拘留35人，批捕29人，判刑18人。加大贩售假烟网络打击力度，破获一起涉及四省十市、涉案金额达1000余万元的制售假烟网络案件。

市局（公司）分批、分片组织全市系统14000余户卷烟零售户召开“网络户培训暨沟通会”。抓好电子结算工作，全市系统电子结算开通率达98.39%，结算成功率在95%以上。

实施物流仓库搬迁及改造工程，取消攸县、醴陵两个卷烟分库，增建自动化分拣场，购置三套分拣设备，实行流水线打包作业，日分拣量4000余件，减少了6个配送车组和17名配送人员。

湘潭市烟草专卖局（公司）

湘潭市烟草专卖局、湖南省烟草公司湘潭市公司成立于1984年12月，下辖湘潭县、湘乡市、韶山市等3个县级烟草专卖局（分公司）。截至2007年底，有从业人员353人，其中聘用员工124人。

2007年，全市辖区销售卷烟59.01亿支（11.80万箱），同比增长6.31%，实现卷烟销售收入127700万元，同比增长10.25%。实现税利26488万元，同比增长27.35%，其中，实现利润21136万元，同比增长28.84%。

全年共查处各类涉烟违法案件181起，其中，查获假烟案件64起，查获各类违法卷烟4100件，查获YJ14卷烟机1台套、YJ23接嘴机1台，捣毁制假窝点1个，端掉贩藏假烟窝点15个，上缴罚没款55.77万元，移送公安、司法机关追究违法人员刑事责任12人，其中判刑1人。

衡阳市烟草专卖局（公司）

衡阳市烟草专卖局、湖南省烟草公司衡阳市公司成立于1984年7月，下辖南岳区、常宁市、耒阳市、衡南县、衡阳县、衡山县、衡东县、祁东县等8个县级烟草专卖局（分公司）。截至2007年底，有从业人员1153人，其中聘用员工585人。

2007年，全市辖区销售卷烟111.53亿支（22.30万箱），同比增长7.23%。实现“两烟”销售收入274938万元，同比增长14.15%。实现“两烟”税利51371万元，其中，实现“两烟”利润36163万元，同比增长19.10%。

全年共查处各类涉烟违法案件731起，查获假冒卷烟14907万支、制假用烟丝1.47吨、滤嘴棒8.11万支，捣毁售假网络6个，移送公安、司法机关拘留涉烟违法人员26人，逮捕17人，劳动教养2人，判刑12人。

2007年，市局（公司）具体实施烟草商业企业数字仓储管理信息系统及衡阳试点工作，成立了数字仓储管理系统试点工作领导机构，并与系统开发方共同拟制试点工作方案及实施计划，形成《商业企业物流配送中心数字仓储管理系统方案》和《衡阳市实施技术方案》，完成整个数字仓储管理系统的开发和试运行，基本实现“仓储管理数字化、卷烟库存合理化、卷烟分拣自动化、配送线路最优化、车辆配载经济化”的“五化标准”，于2007年9月7日通过国家局验收。

岳阳市烟草专卖局（公司）

岳阳市烟草专卖局、湖南省烟草公司岳阳市公司组建于1984年，下辖临湘市、汨罗市、岳阳县、华容县、湘阴县、平江县等6个县级烟草专卖局（分公司）。截至2007年底，有从业人员702人，其中聘用员工202人。

2007年，全市辖区销售卷烟98.25亿支（19.65万箱），同比增长2.77%，实现销售收入209500万元，同比增长6.5%。实现税利38404万元，同比增长17.14%，其中，实现利润29935万元，同比增长19.6%。

全年共查处各类涉烟违法案件400余起，其中，5万元以上的案件26起，端掉假烟窝点26个，查获假烟6570件，向公安、司法机关移送涉烟违法人员31人。市局（公司）发起成立“湘鄂赣边卷烟打假打私联合行动小组”，建立了与毗邻地区专卖管理部门的周边联合打假机制。

郴州市烟草专卖局（公司）

郴州市烟草专卖局、湖南省烟草公司郴州市公司成立于1984年3月，下辖资兴市、桂阳县、嘉禾县、永兴县、安仁县、宜章县、临武县、汝城县、桂东县等9个县级烟草专卖局（分公司）。截至2007年底，有从业人员2649人，其中聘用员工48人。

2007年，全市辖区销售卷烟76.30亿支（15.26万箱），同比增长6%。实现“两烟”销售收入259858万元，同比增长13.77%。实现“两烟”税利48670万元，同比下降16%，其中，实现“两烟”利润25406万元，同比下降15.7%。

2007年，全年共查处各类涉烟违法案件514起，捣毁制假窝点12个，查缴制假烟机26台，查获假冒卷烟2968万支、制假用烟丝14.74吨、卷烟纸0.98吨、滤嘴棒95万支，移送公安、司法机关刑事拘留涉烟违法人员10人，判刑5人。

2007年，市局（公司）加强优质烟叶基地建设，扩大部分替代进口烟叶示范，全市建成核心科技示范园区6.5万亩，部分替代进口烟叶示范面积2.43万亩。加强标准化生产示范县建设，桂阳县烤烟农业标准化示范通过了国家局验收。规避烟农种烟风险，投入231万元进行灾害成本保险。突出产业集群发展，复烤加工水平取得较大进步，首次为外商加工烟叶9.35万担，成为郴州经济增长亮点。

2007年，市局（公司）被湖南省委、省政府授予“烟叶工作先进单位”称号。

常德市烟草专卖局（公司）

常德市烟草专卖局、湖南省烟草公司常德市公司成立于1984年4月，下辖津市市、安乡县、汉寿县、澧县、临澧县、桃源县、石门县等7个县级烟草专卖局（分公司）。截至2007年底，有从业人员661人，其中聘用员工187人。

2007年，全市辖区销售卷烟112.50亿支（22.5万箱），同比增长5.63%。实现“两烟”销售收入244070万元，同比增长14.03%。实现“两烟”税利45230万元，同比增长37.55%，其中，实现“两烟”利润34330万元，同比增长40.92%。

全年共查处各类涉烟违法案件196起，查获各类违法卷烟1990件，查获制假烟叶、烟丝23.1吨，向公安、司法机关移送涉烟违法案件11起，劳教3人，判刑6人。

益阳市烟草专卖局（公司）

益阳市烟草专卖局、湖南省烟草公司益阳市公司成立于1984年11月，下辖沅江市、南县、桃江县、安化县等4个县级烟草专卖局（分公司）。截至2007年底，有从业人员582人，其中聘用员工94人。

2007年，全市辖区销售卷烟80.25亿支（16.05万箱），同比增长6.64%。实现税利28022万元，同比增长10.54%，其中，实现利润21251万元，同比增长11.84%。

全年共查处各类涉烟违法案件391起，查获各类违法卷烟2498件，查处制售假烟网络案件3起，其中，符合国家局标准的网络案件1起、省级局标准的网络案件2起，移送公安、司法机关逮捕涉烟违法人员14人，拘留10人，判刑6人。

娄底市烟草专卖局（公司）

娄底市烟草专卖局、湖南省烟草公司娄底市公司建于1984年12月，下辖冷水江市、涟源市、双峰县、新化县等4个县级烟草专卖局（分公司）。截至2007年底，有从业人员394人，其中聘用员工87人。

2007年，全市辖区销售卷烟62.10亿支（12.42万箱），同比增长7.44%。实现销售收入135770万元，同比增长11.84%。实现税利26012万元，同比增长25.84%，其中，实现利润20237万元，同比增长31.20%。

全年共查处各类涉烟违法案件316起，查获违法卷烟1369件，查获违法烟叶7.62吨、烟丝0.5吨，上缴罚没款87万元，捣毁贩藏假烟窝点3个，移送公安、司法机关拘留17人，判刑5人。

邵阳市烟草专卖局（公司）

邵阳市烟草专卖局、湖南省烟草公司邵阳市公司组3个县级建于1984年10月，下辖武冈市、邵东县、新邵县、隆回县、洞口县、绥宁县、城步苗族自治县、新宁县、邵阳县等9个县级（分公司）。截至2007年底，有从业人员720人，其中聘用员工194人。

2007年，全市辖区销售卷烟99.30亿支（19.86万箱），同比增长6.72%。实现“两烟”税利30408万元，同比增长9.03%，其中，实现“两烟”利润22895万元，同比增长5.12%。

全年共查处各类涉烟违法案件122起，捣毁制售假网络1个、制假窝点2个，收缴制假烟机4台，查获各类假冒卷烟2173件、违法烟丝6.46吨，移送公安、司法机关判刑30人。

2007年，市局（公司）与广西中烟工业公司联合进行烟叶基地建设，投入科研和技术推广经费120余万元，开展“专用型优质高香气烤烟开发与原烟保障体系建设”以及“密集化烤房烘烤试验”等项目研究。全年投入烟叶生产基础设施建设资金3378万元，建设水池水窖352个，标准化烟站7个，沟渠617条，管网13处，提灌站工程15处，密集式烤房454座，整治小塘坝543处。

湘西土家族苗族自治州烟草专卖局（公司）

湘西土家族苗族自治州烟草专卖局、湖南省烟草公司湘西土家族苗族自治州公司组建于1984年5月，下辖龙山县、永顺县、保靖县、花垣县、古丈县、凤凰县、泸溪县等7个县级烟草专卖局（分公司）。截至2007年底，有从业人员1109人，其中聘用员工790人。

2007年，全市辖区销售卷烟37.65亿支（7.53万箱），同比增长9.99%。实现“两烟”税利4699万元，其中实现“两烟”利润513万元。

市局（公司）建立了病毒快速检测和病虫害预测预报、统一防治的技术体系，成熟采收、三段式科学烘烤全面普及。推进科技创新，承担和实施了7大类、15项科研开发、60多个专题项目。加强中国烟草中南农业试验站湘西基地建设，启动湘西烟叶生产标准化建设项目，建立930个烟农合作组织。

张家界市烟草专卖局（公司）

张家界市烟草专卖局、湖南省烟草公司张家界市公司组建于1988年12月，下辖武陵源区、慈利县、桑植县等3个县级烟草专卖局（分公司）。截至2007年底，有从业人员371人，其中聘用员工112人。

2007年，全市辖区销售卷烟29.51亿支（5.90万箱），同比增长7.09%。实现“两烟”税利11351万元，同比下降23.1%，其中，实现“两烟”利润7232万元，同比下降31.44%。

全年共查处各类涉烟违法案件169起，捣毁制假售假窝点6个，查获假冒卷烟116件、违法烟丝0.2吨，移送公安、司法机关依法拘留34人，逮捕30人。

2007年，全年投入烟叶生产基础设施建设资金3086万元，修建水池、水窖2336个，管网39条，沟渠138条，提灌站1座，密集烤房130座，整治小塘坝83处；受益烟农5682户，受益面积3.4万亩。

怀化市烟草专卖局（公司）

怀化市烟草专卖局、湖南省烟草公司怀化市公司成立于1984年5月，下辖洪江区、洪江市、沅陵县、辰溪县、溆浦县、麻阳县、芷江县、新晃县、会同县、靖州县、通道县等11个县级烟草专卖局（分公司）。截至2007年底，有从业人员596人，其中聘用员工128人。

2007年，全市辖区销售卷烟70亿支（14万箱），同比增长8%。实现“两烟”税利20554万元，同比增长12.95%，其中，实现“两烟”利润14638万元，同比增长11.08%。

全年共查处各类涉烟违法案件381起，出动专卖执法人员11600人次。查获违法卷烟3675件，查获违法烟叶、烟丝212吨、卷接机2台，捣毁制假窝点5个、贩藏假烟窝点22个，上缴罚没款70.74万元，移送公安、司法机关逮捕涉烟违法人员11人，判刑5人。

2007年，市局（公司）入选全国烟草行业企业文化建设第二批试点单位，提炼出符合自身实际的“山泉文化”，编写企业文化案例集《由爱启程》，并向全国烟草行业推广，“山泉文化”成为全国山区烟草商业企业文化的典型代表。

永州市烟草专卖局（公司）

永州市烟草专卖局、湖南省烟草公司永州市公司组建于1985年，下辖零陵县、祁阳县、东安县、双牌县、道县、江华县、江永县、宁远县、新田县、蓝山县等10个县级烟草专卖局（分公司）和天顺烟叶复烤有限责任公司。截至2007年底，有从业人员1762人，其中聘用员工105人。

2007年，全市辖区销售卷烟82亿支（16.4万箱），同比增长4.5%。实现“两烟”税利46438万元，同比增长40.7%，其中，实现“两烟”利润31541万元，同比增长21.3%。

全年共查处各类涉烟违法案件652起，其中，案值100万元以上的售假网络案1起，查获各类违法卷烟3803件，查获烟叶、烟丝15.24吨，捣毁制售假烟窝点19个，查获制假烟机设备11台，其中大型制假烟机4台。

全年投入烟叶基础设施建设资金10826万元，完成标准烤房的密集化改造3300余座。

所属其他二级单位

中国烟草湖南进出口有限责任公司

中国烟草湖南进出口有限责任公司成立于1991年12月，2006年，国家局对中国烟草进出口（集团）公司成员企业管理体制进行调整，中国烟草湖南进出口有限责任公司调整为湖南省局（公司）的子公司。公司主要经营烟草、卷烟、雪茄烟、烟草制品、烟草机械设备、原辅材料和技术的进出口及代理业务；办理在国内及寄售外国烟和在国外及港澳地区寄售国产烟业务；承办与烟草有关的中外合资、合作生产、“三来一补”、技术交流业务；经销烟草机械设备及配件、烟用原辅材料。截至2007年底，公司总资产19127万元，其中，固定资产905万元、流动资产18219万元，资产负债率44.18%；有从业人员13人，其中，处级干部5人、主任科员5人、副主任科员3人。

2007年，公司出口创汇2499万美元，其中，出口烟机设备7台套，创汇458万美元；出口卷烟纸176吨，创汇52万美元；出口烟叶（含烟梗）9432吨，创汇1989万美元，出口烟叶均价由上年的1800美元/吨达到2445美元/吨，中等以上烟叶出口占备货总量的30%，“B1F”、“B2F”、“C3L”、“B3F”、“B2L”等烟叶品种价格达20元/千克。进口卷烟3340件，实现进口总值71万美元，实现毛利363万元。

2007年湖南省烟草商业系统主要情况统计

地市级局（公司）名称		长沙市烟草专卖局（公司）	株洲市烟草专卖局（公司）	湘潭市烟草专卖局（公司）	衡阳市烟草专卖局（公司）	岳阳市烟草专卖局（公司）
法人代表/主要负责人		李大幸	杨万松	刘麦秋	柏承知	刘建贵
总资产（万元）		143000	69330	45513	106491	81335
所属县级局数量（个）		4	5	3	8	6
所属县级公司数量（个）		—	—	—	—	—
所属营销部、分公司		4个营销部	5个营销部	3个分公司	8个分公司	6个分公司
所属业务机构	访销机构	1个营销中心	1个营销中心	1个营销中心	1个营销中心、1个电访中心	1个营销中心、1个电访中心
	物流配送机构	1个物流中心	1个物流配送中心	1个物流配送中心	1个物流中心	1个配送中心
	稽查机构	1个稽查总队	1个稽查支队	1个稽查支队	1个稽查支队	1个稽查支队
销售卷烟（亿支）		136.30	77.90	59.01	111.53	98.25
两烟税利（万元）	本年	69962	36046	26488	51371	38404
	上年	57829	33195	20800	40900	32785
两烟利润（万元）	本年	48982	28892	21136	36164	29935
	上年	40009	25132	16405	30362	24978
烟叶种植（亩）		113000	3989	—	94372	—
烟叶收购（担）		307500	11428	—	291170	—
零售户数（户）		22500	15300	10793	25513	26641

地市级局（公司）名称		郴州市烟草专卖局（公司）	常德市烟草专卖局（公司）	益阳市烟草专卖局（公司）	娄底市烟草专卖局（公司）	邵阳市烟草专卖局（公司）
法人代表/主要负责人		姜孝清	吴明俭	肖钢超	李刚华	黎柏凯
总资产（万元）		105816	78394	50715	40000	56102
所属县级局数量（个）		9	7	4	4	9
所属县级公司数量（个）		—	—	—	—	—
所属营销部、分公司		9个分公司	7个分公司	4个分公司	4个分公司	9个分公司
所属业务机构	访销机构	1个营销中心、1个电访中心	1个营销中心	1个营销中心	1个营销中心、1个电访中心	1个营销中心、1个电访中心
	物流配送机构	1个物流中心	1个物流中心、1个配送中心	1个物流配送中心	1个物流中心、1个配送中心	1个物流中心
	稽查机构	1个稽查支队	1个稽查支队	1个稽查支队	1个稽查支队	1个稽查支队
销售卷烟（亿支）		76.30	112.50	80.25	62.10	99.30
两烟税利（万元）	本年	48670	45230	28022	26012	30408
	上年	58580	32883	25351	20670	27890
两烟利润（万元）	本年	25406	34330	21251	20237	22895
	上年	30137	24361	19002	15424	21779
烟叶种植（亩）		257677	32000	—	—	40000
烟叶收购（担）		737300	60300	—	—	117000
零售户数（户）		16324	29278	21707	14241	29913

地市级局（公司）名称		湘西自治州烟草专卖局（公司）	张家界市烟草专卖局（公司）	怀化市烟草专卖局（公司）	永州市烟草专卖局（公司）
法人代表/主要负责人		万　伟	邓少文	付依良	徐文军
总资产（万元）		48857	32413	52822	80429
所属县级局数量（个）		7	3	11	10
所属县级公司数量（个）		—	—	—	—
所属营销部、分公司		7个分公司	3个分公司	11个分公司	10个分公司
所属业务机构	访销机构	1个营销中心	1个营销中心、1个电访中心	1个营销中心、1个电访中心	1个营销中心、1个电访中心
	物流配送机构	1个物流中心	1个物流中心、1个配送中心	1个物流中心、1个配送中心	1个配送中心
	稽查机构	1个稽查总队	3个稽查大队	2个稽查支队	1个稽查支队
销售卷烟（亿支）		37.65	29.51	70.00	82.00
两烟税利（万元）	本年	4699	11351	20554	46438
	上年	25000	14761	18212	33252
两烟利润（万元）	本年	513	7232	14638	31541
	上年	14000	10548	13179	26022
烟叶种植（亩）		156000	65000	7993	183000
烟叶收购（担）		332400	117412	16710	513000
零售户数（户）		8189	7116	18516	20175

（张　仕）

广东省烟草专卖局（公司）

【概　况】 广东省位于中国南部，陆地总面积17.98万平方公里，全省设21个地级市、54个市辖区、23个县级市、41个县、3个少数民族自治县。2007年，广东省常住人口9449万人，实现地区生产总值（GDP）30606亿元。

广东省烟草专卖局、中国烟草总公司广东省公司成立于1983年，截至2007年底，下辖21个地市级局（公司）及广东省梅州烟叶复烤有限责任公司、广东省韶关烟叶复烤有限责任公司、广东南雄烟叶复烤有限公司等3个烟叶加工企业。

截至2007年底，全省烟草商业系统总资产201.45亿元，其中，固定资产13.16亿元、流动资产169.27亿元，资产负债率20.32%。有从业人员15715人，其中聘用员工8055人。

【领导成员】 局长、总经理、党组书记：向晋成

副局长、纪检组长、党组成员：何建华

副总经理、党组成员：黄履东

副总经理、党组成员：陈焕平

副巡视员：武铁云

【组织机构】 省局（公司）机关设有办公室（外事办公室）、综合计划处（经济运行处）、专卖监督管理处、政策法规与体制改革处、财务管理处、审计处、投资管理办公室、科技处、人事劳资处（职工培训中心）、安全保卫处、监察处、思想政治工作处等12个职能处室，离退休人员管理办公室、烟草学会办公室（编志办）、机关服务中心、经济信息中心、卷烟销售管理处、烟叶管理处、职业技能鉴定站等7个专业部门和珠江城基建办公室、广东烟草行业整顿和规范市场经济秩序工作办公室、广东烟草粤东管理中心、广东烟草粤西管理中心等4个临时机构。

【经济效益】 2007年，全省烟草商业系统销售卷烟1580.80亿支（316.17万箱），同比增长3.79%，其中，销售一类烟97.99亿支（19.6万箱），占总销量的6.2%；二类烟126.23亿支（25.25万箱），占总销量的7.99%；三类烟604.30亿支（120.86万箱），占总销量的38.23%；四类烟498.83亿支（99.77万箱），占总销量的31.56%；五类烟253.44亿支（50.69万箱），占总销量的16.03%。实现“两烟”税利119.09亿元，其中实现“两烟”利润94.28亿元。

【专卖管理】 进一步遏制卷烟制售假活动，省局（公司）根据制假活动出现的新情况、新特点，组织开展了以打击卷烟制售假网络、大型机械制假窝点、原辅材料供应、手工包装为主要内容的“四大战役”和为期3个月的“粤闽联合打假”专项行动。争取省政府支持，在全省主要交通要道设立4个临时检查点，对假烟运输进行全天候拦截，全年共拦截运输假烟9万件，查获分销假烟4.3万件。各单位贯彻源头源尾一起打的工作方针，加大假烟流向市场的封堵力度，遏制了假烟经广东流向全国的猖獗势头。

2007年，全年查处各类涉烟违法案件7005起，捣毁制假窝点652个、贩藏假烟窝点361个、手工包装窝点276个，缴获假烟16.74万件，查获大型制假烟机215台、制假烟叶和烟丝816吨，查获假烟运输车辆253台，破获16个制售假烟网络，出动1000余人次协助16个省39批次执法人员查获案件23起，移送公安、司法机关抓获涉烟违法人员648人，判刑277人。

【烟叶产销】 2007年，省局（公司）贯彻国家烟草专卖局部分替代进口烟叶项目“探索、带动、替代”的要求，与对口工业企业、技术依托单位三方联合行动，以成熟度为中心，以控制烟碱，提高香气质，增加香气量为目的，进行区域性特色烟叶开发。国家局部分替代进口烟叶南雄点规模0.3万吨（6万担），种植面积2万亩，达到替代目标，完成国家局任务。

全省种植烟叶29.54万亩，收购烟叶3.55万吨（71.1万担），完成收购计划的95.51%，其中，上等烟比例57.75%、中等烟比例34.37%、下等烟比例7.89%，烟叶收购均价11.48元/千克。全省烟叶收购平均等级合格率73.7%，居全行业第二；工商交接烟叶等级合格率72.9%，居全行业第一。

【网络建设】 *农网建设。*各地市级局（有限公司）在学习了山西省局（公司）农网建设经验以及河源、肇庆市局（有限责任公司）试点工作经验基础上，

组织实施了在各市辖区范围内农村及边远地区的调查摸底，并制订和上报了农村网建工作方案，对本地农村及边远地区的网建工作提出了具体规划。省局（公司）下发《广东烟草商业系统农村及边远区域卷烟销售网络建设管理实施办法（试行）》，全省各级烟草部门从明确服务站职能入手，健全组织机构，完善人员配备，理顺工作流程，统一作业管理，加快了农网建设的步伐，“协议供货、电话订货、区域服务、灵活送货”的农村网建模式初步形成，农网建设得到稳步推进。

区域性现代物流逐步形成。各地市级局（有限公司）按照布局合理、规范统一、人员精干、运作高效、线路合理的要求，大力加强现代物流建设。佛山、中山市局（有限责任公司）等单位还通过打破行政区域对配送线路进行了优化，实施物流智能化调度，有效降低了物流运行成本。

【体制改革】 实施总公司与省公司构建母子公司关系的体制改革，通过与省工商部门沟通协调，完成相关的工商登记变更，完成了资产上划。截至2007年底，除阳江市有限责任公司、湛江市有限公司、汕头市有限责任公司未完成体制改革工作外，全省基本完成地市级烟草有限公司与辖区内县级烟草有限公司的体制改革。

进一步巩固企业的绝对控股地位，通过再次股权比例调整，地市级烟草有限公司与辖区内的县级烟草有限公司合并重组成为一个整体，省公司对各地市级有限公司直接控股达70%以上。全省大部分单位完成了取消县级有限公司法人资格的工作，设立了分公司。完成南雄烟叶复烤厂的体制改革，企业更名为广东南雄烟叶复烤有限公司。依法调整韶关烟叶有限公司股权结构的工作有序推进。

剥离各地市级有限公司与金叶公司的关系，全省行业94家涉及理顺金叶公司管理工作的单位中，有76家理顺了管理关系，移交人员3400余人，从人、财、物上完成与金叶公司的剥离工作，金叶公司交由当地政府管理。

【内部管理监督】 2007年，全省行业广泛开展了专卖内管“回头看”的检查工作，按照省局（公司）的部署，继续把专卖内管检查工作摆在突出位置，内部管理监督工作进一步加强。

注重资金监管和国有资产保值增值，省局（公司）先后开展了多元化经营企业清产核资、同级审计、专项资金使用等方面的检查，以及取消县级有限公司法人资格后的财务统一、财务预算管理等工作。利用财务数据大集中系统，加强对各单位的财务管理和监控，确保资金安全和国有资产保值增值。

建立完善内部管理监督长效机制，制定《广东烟草商业系统加强内部管理监督长效工作机制实施办法（暂行）》等规章制度，进一步明确各单位、各部门在加强内部管理监督工作中的职责、任务和要求。

【党风廉政建设】 省局（公司）制定了惩防体系的实施办法，对构建惩防体系的各项工作进行责任分解和督促落实；制定了针对各级领导干部，特别是针对主要领导干部监督的实施办法，强化对领导干部的管理和监督。

加强与国家局纪检组、监察局，省纪委、省监察厅、省检察院，以及各级检察机关和纪委共同开展工程建设同步预防职务犯罪工作，进一步加强对基建工程招投标、合同管理、资金拨付、设计变更、竣工验收等关键环节的管理和监督。珠江城建设项目和各市级有限公司、县级分公司投资项目严格实行项目法人制，由党组集体领导。省局（公司）投资管理领导小组严格遵循法律、法规和各项工作规范，并以会议的形式集体行使职权，保障投资管理领导小组成员发表意见的权利，依照法定程序，按照少数服从多数的原则做出决定，确保重大工程项目在“阳光”下运行。

【特事要辑】 5月15日，国家局纪检组组长潘家华一行考察了珠江城工地，听取了关于珠江城建设的汇报。

9月5日，国家局副局长李克明一行到省局（公司）考察指导工作。

12月18日，国家局局长姜成康、副局长李克明一行到省局（公司）考察指导工作。

广东省局（公司）主要统计指标汇总

两烟税利（亿元）	两烟利润（亿元）	销售卷烟（亿支）	烟叶种植（万亩）	烟叶收购（万担）
119.09	94.28	1580.80	29.54	71.10

所属地市级局（公司）

广州市烟草专卖局（有限公司）

【概　况】 广州市是广东省省会，辖区面积0.74万平方公里。2007年，广州市常住人口1005万人，实现地区生产总值（GDP）7051亿元。

广州市烟草专卖局、广东烟草广州市有限公司下辖越秀区、荔湾区、海珠区、白云区、天河区、黄埔区、萝岗区、番禺区、南沙区、花都区、从化区、增城区等12个区烟草专卖局和广东烟草广州市有限公司物流配送中心。2007年，市局（有限公司）有总资产189268万元，其中，固定资产31106万元、流动资产155470万元，资产负债率19.10%。截至2007年底，有从业人员1239人，其中聘用员工810人。

【领导成员】 局长、总经理、党组书记：户春河

副局长、党组成员：陈秉恒

副局长、工会主席、纪检组长、党组成员：钟月晃

副总经理、党组成员：刁百尧

副总经理、党组成员：范国新

【组织机构】 市局（有限公司）机关设有办公室、营销管理中心、专卖管理办公室（内部专卖管理监督办公室、稽查支队）、信息中心、财务处（财务管理中心）、人事劳资处（含督察考评中心、质量管理办公室）、安全保卫处、纪检监察处、审计处、政工处、工会等11个部门。

【经济效益】 2007年，全市辖区销售卷烟217.80亿支（43.56万箱），同比增长4.45%，其中，销售一类烟17.05亿支（3.41万箱），占总销量的7.83%；二类烟19.05亿支（3.81万箱），占总销量的8.76%；三类烟88.35亿支（17.67万箱），占总销量的40.57%；四类烟63.65亿支（12.73万箱），占总销量的29.24%；五类烟29.65亿支（5.93万箱），占总销量的13.61%。实现税利171744万元，同比增长33.69%，其中，实现利润138908万元，同比增长34.28%。

【专卖管理】 2007年，市局出动专卖执法人员20342人次，检查卷烟零售户84308户次，查处各类涉烟违法案件2442起，捣毁制售假烟窝点925个，查获制假烟机70台、假烟8.39万件、非法烟丝266吨、非法烟叶136吨，向公安、司法机关移送涉烟违法人员254人，判刑46人。

*遏制重点地区制售假烟活动。*针对广州市天河区伍仙桥地区制售假烟违法犯罪活动较为严重的现象，在广州市政府和天河区政府的大力支持下，市局联合各职能部门连续开展了四个阶段的专项整治行动。烟草、公安、工商、交通等部门抽调精干执法力量组成联合执法队常驻伍仙桥，实行24小时不间断的巡查监控和有效打击。

*截断假烟运输流通渠道。*遏制假烟流入和流出广州，市局发挥作为全省卷烟打假主战场、假烟流转第三道防线的重要作用，加强对货运站、高速公路沿线等重点区域的巡查、排查和交叉检查。全年在运输环节共查获假烟2.98万件，涉案假烟案值在100万元以上的无证运输大案有27起。

*推进零售户合理化布局。*市局继续推进卷烟零售户合理布局工作的开展，11月28日，召开了《广州市卷烟零售户合理布局五年规划(2007~2011年)》听证会。

【按客户订单组织货源】 *优化业务流程。*按照订单供货业务流程的要求，从信息系统升级改造入手，建立起自下而上、由外而内，以市场为导向的业务工作流程，实现营销模式的转换。重点对卷烟营销信息平台进行升级改造，增设卷烟需求预测、卷烟货源组织、卷烟货源供应、品牌管理和监督考核等几项新功能。

*搭建工商协同营销信息平台。*搭建了工商协同营销信息平台，实现工商业务数据电子交换、决策信息共享、库存共同维护、货源有效组织衔接等功能，工商企业双方协同服务零售客户、协同培育品牌、协同市场营销、协同开展市场需求预测，服务市场、服务品牌的水平进一步提升，重点卷烟品牌的上架率、品牌集中度得到提高。

*提高卷烟需求预测水平。*制订了《卷烟需求预测工作制度》、《信息采集及需求预测工作方案》等具体流程手册，对业务流程进行优化和细化。与工业企业密切配合，协同开展需求预测工作。需求预测准确度和精细度都得到不断提高，预测结果能较好反映市场的真实需求。

*有效组织货源。*加强与工业企业沟通，确保组织适销对路的货源，并通过SAP信息系统建立了广州市与12个区域的二级库存预警系统，为各卷烟生产企业、卷烟品牌和规格设置了库存目标和上下限，实施

自动实时监控，准确掌握各卷烟进销存情况，把握货源的发运及投放节奏。

【特事要辑】 12月7日，国家局副局长何泽华一行到广州市局（有限公司）考察指导工作。

12月18日，国家局局长姜成康、副局长李克明一行到广州市局（有限公司）考察指导工作。

中山市烟草专卖局（有限责任公司）

中山市烟草专卖局成立于1990年，广东烟草中山市有限责任公司成立于1999年。截至2007年底，市局（有限责任公司）实行全员聘用制，有从业人员225人。

2007年，全市辖区销售卷烟47.40亿支（9.48万箱），同比增长7.45%。实现税利33693万元，同比增长38.61%，其中，实现利润27427万元，同比增长39.08%。

全年查处各类涉烟违法案件37起，查获非法卷烟1377件，上缴罚没款25万元，移送公安、司法机关抓获涉烟违法人员8人，批捕3人，判刑1人；清理无证卷烟零售户3118户。

珠海市烟草专卖局（有限公司）

珠海市烟草专卖局成立于1985年，广东烟草珠海市有限公司成立于2001年，下辖斗门区烟草专卖局（分公司）。截至2007年底，有从业人员200人，其中，聘用员工111人。

2007年，全市辖区销售卷烟31.72亿支（6.34万箱），同比增长3.54%。实现税利27497万元，同比增长39.7%，其中，实现利润22557万元，同比增长42%。

全年查处各类涉烟违法案件281起，查获非法卷烟523件，查处制售假烟窝点4个，涉案总值148万元，向公安、司法机关移交涉案违法人员15人。

东莞市烟草专卖局（有限公司）

东莞市烟草专卖局、广东烟草东莞市有限公司成立于1988年。截至2007年底，有从业人员628人，其中聘用员工555人。

2007年，全市辖区销售卷烟125.7亿支（25.14万箱），同比增长14.89%。实现税利93107万元，同比增长45.61%，其中，实现利润50957万元，同比增长45.78%。

全年查处各类涉烟违法案件480起，查获各类非法卷烟3984件，上缴罚没款118万元。移送公安、司法机关拘留4人。

佛山市烟草专卖局（有限责任公司）

佛山市烟草专卖局成立于1987年9月，广东烟草佛山市有限责任公司成立于1999年，下辖南海区、顺德区、三水区、高明区等4个区烟草专卖局（分公司）。截至2007年底，有从业人员724人，其中聘用员工437人。

2007年，全市辖区销售卷烟124.35亿支（24.87万箱），同比增长1.53%。实现税利81149万元，增长25.57%，其中，实现利润65530万元，同比增长28.2%。

全年查处各类涉烟违法案件1882起，查获各类非法卷烟11595件，上缴罚没款433万元，捣毁制售假烟窝点2个，缴获制假烟机6台，查获非法烟丝30吨、滤嘴棒136万支、卷烟纸0.95吨，移送公安、司法机关拘留44人。

肇庆市烟草专卖局（有限责任公司）

肇庆市烟草专卖局、广东烟草肇庆市有限责任公司成立于1988年，下辖高要市、广宁县、四会市、德庆县、封开县、怀集县等6个县级烟草专卖局（分公司）。截至2007年底，有从业人员712人，其中聘用员工390人。

2007年，全市辖区销售卷烟57亿支（11.4万箱），同比增长3.65%。实现税利36748万元，其中实现利润28928万元。

全年查处各类涉烟违法案件506起，查获各类违法卷烟514件，上缴罚没款26万元。

江门市烟草专卖局（有限公司）

江门市烟草专卖局成立于1986年，广东烟草江门市有限公司成立于2001年，下辖新会区、台山市、鹤山市、恩平市等4个县级烟草专卖局（分公司）和开平市烟草专卖局（有限公司）。截至2007年底，有从业人员747人，其中聘用员工431人。

2007年，全市辖区销售卷烟92.96亿支（18.59万箱），同比增长0.78%。实现税利57034万元，同比增长13.18%，其中，实现利润45250万元，同比增长14.11%。

完善大市卷烟销售网络建设，10月，在全市范围内全面推行协议供货；统一全市电话订货区域，打破分区运作，实现真正意义上的全市统一电话订货；统一货源计划，卷烟货源购进取消戴帽分配；加快农村销售网络建设，设立四个农网营销服务站。

全年查处各类涉烟违法案件191起，查获各类非法卷烟1216件，上缴罚没款39万元，移送公安、司法机关拘留13人，判刑2人。

惠州市烟草专卖局（有限责任公司）

惠州市烟草专卖局、广东烟草惠州市有限责任公司成立于1986年，下辖博罗县、惠东县、龙门县、惠阳区、大亚湾区等5个县级烟草专卖局（分公司）。截至2007年底，有从业人员693人，其中聘用员工456人。

2007年，全市辖区销售卷烟72.10亿支（14.42万箱），同比增长4.49%。实现税利50938万元，同比增长5.23%，其中，实现利润41912万元，同比增长4.31%。

全年查处各类涉烟违法案件113起，捣毁制假窝点2个，查获制假烟机4台，破获制售假烟网络案件1起、非法运输案14起。

茂名市烟草专卖局（有限责任公司）

茂名市烟草专卖局、广东烟草茂名市有限责任公司成立于1991年，下辖高州市、信宜市、化州市、电白县等4个县级烟草专卖局（分公司）。截至2007年底，有从业人员712人，其中聘用员工417人。

2007年，全市辖区销售卷烟74.02亿支（14.8万箱），同比增长5.22%。实现税利56440万元，同比增长12.18%，其中，实现利润47179万元，同比增长11.95%。

全年查处各类涉烟违法案件51起，捣毁制假窝点3个、烟叶复烤生产线1条，查获各类非法卷烟223件，查获非法烟叶5.5吨、烟丝2.64吨，上缴罚没款49.68万元。

阳江市烟草专卖局（有限责任公司）

阳江市烟草专卖局成立于1988年，广东烟草阳江市有限责任公司成立于1997年，下辖阳春市、阳东县、阳西县3个县级烟草专卖局（有限公司）。市局（有限责任公司）实行全员聘用制，截至2007年底，有从业人员477人。

2007年，全市辖区销售卷烟37.65亿支（7.53万箱），同比增长1.18%。实现税利23198万元，同比增长3.38%，其中，实现利润18112万元，同比下降0.52%。

全年查处各类涉烟违法案件120起，查获各类非法卷烟994件，查获非法烟丝4.69吨，捣毁制假窝点2个，查扣制假烟机2台套，上缴罚没款117万元，向公安、司法机关移送涉烟违法人员9人，判刑8人。

云浮市烟草专卖局（有限责任公司）

云浮市烟草专卖局成立于1994年，广东烟草云浮市有限责任公司成立于1998年，下辖罗定市、郁南县、云安县等3个县级烟草专卖局（分公司）和新兴县烟草专卖局（有限公司），其中，广东烟草新兴县有限公司为中国烟草总公司广东省公司直接控股企业。市局（有限责任公司）实行全员聘用制，截至2007年底，有从业人员442人。

2007年，全市辖区销售卷烟37.91亿支（7.58万箱），同比增长1.96%。实现税利27282万元，同比增长39.61%，其中，实现利润22136万元，同比增长44.57%。

湛江市烟草专卖局（有限公司）

湛江市烟草专卖局成立于1983年，广东烟草湛江市有限公司成立于2001年，下辖廉江市、雷州市、吴川市、遂溪县、徐闻县等5个县级烟草专卖局（有限公司）。截至2007年底，有从业人员887人，其中，聘用员工355人。

2007年，全市辖区销售卷烟91.90亿支（18.38万箱），同比增长3.22%。实现“两烟”税利60952万元，同比增长22.59%，其中，实现“两烟”利润48221万元，同比增长24.36%。

全年查处各类涉烟违法案件132起，查扣非法卷烟1608件，捣毁卷烟制假窝点3个，查获制假烟机6台，收缴假烟1095件、烟丝17吨，向公安、司法机关移送涉烟违法人员40人。

汕头市烟草专卖局（有限责任公司）

汕头市烟草专卖局成立于1985年，广东烟草汕头市有限责任公司成立于1999年，下辖澄海区、龙湖区、潮阳区、南澳县等4个县级烟草专卖局（有限公司）。截至2007年底，有从业人员809人，其中，聘用员工396人。

2007年，全市辖区销售卷烟95.80亿支（19.16万箱），同比增长3.62%。实现税利101472万元，同比增长25.08%，其中，实现利润82376万元，同比增长27.03%。

全年查处各类涉烟违法案件14起，缴获制假烟机34台，查获假烟20692件。

潮州市烟草专卖局（有限责任公司）

潮州市烟草专卖局、广东烟草潮州市有限责任公司成立于1998年，下辖潮安县、饶平县两个县烟草专卖局（分公司）。截至2007年底，有从业人员495人，其中聘用员工201人。

2007年，全市辖区销售卷烟47.82亿支（9.56万箱），同比增长2.67%。实现税利42916万元，同比增长29.07%，其中，实现利润34952万元，同比增长32.75%。

全年查处各类涉烟违法案件110起，开展卷烟打假行动53场，捣毁卷烟制假窝点5个，缴获卷烟制假机械8台，查获无证运输卷烟案件55起，缴获假烟16500件、烟丝7.85吨、滤嘴棒77万支。向公安、司法机关移送涉烟违法人员67人，判刑17人。

汕尾市烟草专卖局（有限公司）

汕尾市烟草专卖局成立于1988年，广东烟草汕尾市有限公司成立于2001年，下辖陆丰市、海丰县、陆河县等3个县级烟草专卖局（分公司）。截至2007年底，有从业人员574人，其中聘用员工194人。

2007年，全市辖区销售卷烟57.60亿支（11.52万箱），同比增长0.42%。实现税利51576万元，同比增长14.40%，其中，实现利润42990万元，同比增长15.59%。

2007年，全市捣毁卷烟制假窝点5个，查获制假烟机7套，查获各类非法卷烟18500件，破获制售假烟网络案件1起，查处非法运输假烟案件45起，查获假烟17530件，案值6124万元。向公安、司法机关移送涉烟违法人员109人。

揭阳市烟草专卖局（有限公司）

揭阳市烟草专卖局、广东烟草揭阳市有限公司成立于1992年5月，下辖揭东、揭西、惠来3个县烟草专卖局（分公司）和普宁市烟草专卖局（有限责任公司）。截至2007年底，有从业人员944人，其中聘用员工568人。

2007年，全市辖区销售卷烟110.45亿支（22.09万箱），同比增长2.2%。实现税利109507万元，同比增长24.28%，其中，实现利润90103万元，同比增长25.33%。

全年查处各类涉烟违法案件44起，捣毁制假窝点9个，查获卷接机械6台、切丝机5台，缴获假烟7886件、烟丝1.42吨，移送公安、司法机关追究刑事责任16人。

韶关市烟草专卖局（有限公司）

韶关市烟草专卖局成立于1984年，广东烟草韶关市有限公司成立于2001年，下辖始兴县、仁化县、乐昌市、曲江县、翁源县、乳源瑶族自治县、新丰县7个县烟草专卖局（分公司）。截至2007年底，有从业人员917人，其中聘用员工332人。

2007年，全市辖区销售卷烟53.18亿支（10.64万箱），同比增长3.48%。实现“两烟”税利33732万元，同比增长48.44%，其中，实现“两烟”利润24416万元，同比增长51.94%。

全年查处各类涉烟违法案件112起，总案值453万元，查处各种非法卷烟1959件，查获非法烟叶、烟丝54吨，捣毁制假窝点1个，移送公安、司法机关刑事拘留4人。

梅州市烟草专卖局（有限公司）

梅州市烟草专卖局成立于1983年，广东烟草梅州市有限公司成立于2001年，下辖梅县、兴宁市、大埔县、平远县、蕉岭县、丰顺县、五华县等7个县级烟草专卖局（分公司）。截至2007年底，有从业人员1301人，其中聘用员工446人。

2007年，全市辖区销售卷烟79.49亿支（15.9万箱），同比增长0.93%。实现“两烟”销售收入244003万元，同比增长13.82%。实现“两烟”税利59901万元，同比增长24.85%，其中，实现“两烟”利润45948万元，同比增长29.37%。

南雄市烟草专卖局（有限公司）

南雄市烟草专卖局、广东烟草南雄市有限公司成立于1983年。截至2007年底，有从业人员518人，其中聘用员工101人。

2007年，全市辖区销售卷烟7.30亿支（1.46万箱），同比增长0.14%。实现“两烟”税利20941万元，同比增长18.91%，其中，实现“两烟”利润12189万元，同比增长16.1%。

2007年，种植烤烟13.99万亩，收购烟叶1.65万吨（33.05万担），其中，上等烟比例55.6%、中等烟比例33.29%、下等烟比例11.11%。

全年查获各种非法卷烟102件，查获非法烟叶457担、烟丝0.75吨。

河源市烟草专卖局（有限责任公司）

河源市烟草专卖局成立于1983年，广东烟草河源市有限责任公司成立于1998年，下辖东源、和平、连平、龙川、紫金5个县烟草专卖局（分公司）。截至2007年底，有从业人员702人，其中聘用员工335人。

2007年，全市辖区销售卷烟58.62亿支（11.72万箱），同比增长3.08%。实现税利40753万元，同比增长37%，其中，实现利润32178万元，同比增长42%。

全年查处各类涉烟违法案件154件，查获无证运输案件6起，查处各种非法卷烟1980件，收缴非法烟丝2吨，捣毁制假窝点1个，查获卷接机4台，上缴罚没款6.37万元，移送公安、司法机关刑事拘留26人、判刑15人。

卷烟销售网络建设由传统商业模式向现代流通转型，基本形成具有河源山区特色的“协议供货、电话订货、区域服务、灵活配送”的农村网建模式，在远山区设立五个“区域营销服务站”，覆盖27个乡镇、人口72.9万人，辐射零售户1513户。

2007年，市局（有限责任公司）被国家工商行政管理总局评为“中国守合同重信用企业”。

清远市烟草专卖局（有限公司）

清远市烟草专卖局、广东烟草清远市有限公司组建于1988年，下辖英德市、清新县、佛冈县、阳山县、连州市、连南瑶族自治县、连山壮族瑶族自治县等7个县级烟草专卖局（分公司）。截至2007年底，有从业人员909人，其中聘用员工457人。

2007年，全市辖区销售卷烟67.19亿支（13.44万箱），同比增长2.05%。实现“两烟”税利44497万元，其中实现“两烟”利润35667万元。

全年查处各类涉烟违法案件96起，上缴罚没款47.76万元，查扣各类非法卷烟1370件、制假烟叶烟丝0.35吨、滤嘴棒5万支，移送公安、司法机关判刑4人。

所属其他二级单位

中国烟草广东进出口有限公司

中国烟草广东进出口有限公司成立于1985年1月，2006年，国家局对中国烟草进出口（集团）公司成员企业管理体制进行调整，中国烟草广东进出口有限公司调整为广东省局（公司）的子公司。公司主要经营烟草和烟草制品及烟草行业机械设备、原辅材料等进出口业务；接受委托、代理上述进出口业务；经营在国内寄售外国烟草制品和在国外及港澳地区寄售国产烟草及烟草制品业务；承办烟草行业中外合资经营、合作生产业务；承办烟草行业来料加工、来样加工、来件装配业务；开展补偿贸易业务；从事烟草行业对外技术交流业务。公司总资产34353万元，其中，固定资产357万元、流动资产33976万元，资产负债率68.82%，有从业人员33人。

2007年，公司进口卷烟43510万支，同比增长18.23%，内销发货43410万支，同比增长6.39%。全年出口卷烟104750万支，同比下降9.66%；出口烟叶4592吨，同比增长37.53%；出口烟丝1935吨，同比增长14.29%。实现销售收入64559万元，同比增长5.63%；完成出口总值4069万美元，同比增长5.88%，完成年度计划的109.71%；实现利润6616万元，同比增长53.97%，完成年度计划的118.14%。

2007年广东省烟草商业系统主要情况统计

地市级局（公司）名称	广州市烟草专卖局（有限公司）	中山市烟草专卖局（有限责任公司）	珠海市烟草专卖局（有限公司）	东莞市烟草专卖局（有限公司）	佛山市烟草专卖局（有限责任公司）
法人代表/主要负责人	户春河	仇燕红（—2007.2）、周　亮（2007.2—）	黄时南	刘恒建	王国飞
总资产（万元）	189268	27199	30547	82073	77314
所属县级局数量（个）	12	—	1	—	4
所属县级公司数量	—	—	—	—	—
所属营销部、分公司	10个营销部	—	1个分公司	—	4个分公司

续表

地市级局（公司）名称		广州市烟草专卖局（有限公司）	中山市烟草专卖局（有限责任公司）	珠海市烟草专卖局（有限公司）	东莞市烟草专卖局（有限公司）	佛山市烟草专卖局（有限责任公司）
所属业务机构	访销机构	1个营销管理中心、1个电话订货平台	1个营销管理中心、1个电访中心	1个营销中心、1个电访中心	1个访销中心	1个营销中心
	物流配送机构	1个物流配送中心	1个物流配送中心	1个物流配送中心	1个物流中心、1个配送中心	1个物流配送中心
	稽查机构	1个稽查支队、10个稽查大队	1个稽查支队、3个稽查大队	1个稽查支队、6个稽查大队	1个稽查支队、7个稽查大队	1个稽查支队、4个稽查大队
销售卷烟（亿支）		217.80	47.40	31.72	125.70	124.35
两烟税利（万元）	本年	171744	33693	27497	93107	81149
	上年	128469	24308	19681	63943	64500
两烟利润（万元）	本年	138908	27427	22557	50957	65530
	上年	103449	19720	15872	34955	51100
烟叶种植（亩）		—	—	—	—	—
烟叶收购（担）		—	—	—	—	—
零售户数（户）		26401	7092	3514	18642	17534

地市级局（公司）名称		肇庆市烟草专卖局（有限责任公司）	江门市烟草专卖局（有限公司）	惠州市烟草专卖局（有限责任公司）	茂名市烟草专卖局（有限责任公司）	阳江市烟草专卖局（有限责任公司）
法人代表/主要负责人		何启恒	赵汝光	陈惠忠	翁　飞	林　显
总资产（万元）		26367	47198	42731	52576	28010
所属县级局数量（个）		6	5	5	4	3
所属县级公司数量		—	1	—	—	3
所属营销部、分公司		6个分公司	4个分公司	5个分公司	4个分公司	—
所属业务机构	访销机构	1个电访中心	1个营销中心、1个电访中心	1个营销管理中心	1个营销中心、1个电访中心	1个营销中心、1个电访中心
	物流配送机构	1个物流中心	1个物流配送中心	1个物流配送中心	1个物流配送中心	1个物流配送中心
	稽查机构	1个稽查支队、4个稽查大队	1个稽查支队、8个稽查大队	1个稽查支队、5个稽查大队	1个稽查支队、7个稽查大队	1个稽查支队、7个稽查大队
销售卷烟（亿支）		57.00	92.96	72.10	74.02	37.65
两烟税利（万元）	本年	36748	57034	50938	56440	23198
	上年	36528	50391	48407	50312	22440
两烟利润（万元）	本年	28928	45250	41912	47179	18112
	上年	30720	39656	40180	42144	18206
烟叶种植（亩）		—	—	—	—	—
烟叶收购（担）		—	—	—	—	—
零售户数（户）		10329	14850	8559	11972	6056

地市级局（公司）名称		云浮市烟草专卖局（有限责任公司）	湛江市烟草专卖局（有限公司）	汕头市烟草专卖局（有限责任公司）	潮州市烟草专卖局（有限责任公司）	汕尾市烟草专卖局（有限公司）
法人代表/主要负责人		刘志强	李仕文	林松楷	陈业芝	卢　胜（—2007.2）、彭风波（2007.2—）
总资产（万元）		25570	62636	78505	40301	40298
所属县级局数量（个）		4	5	5	2	3
所属县级公司数量（个）		1	5	4	—	—
所属营销部、分公司		3个分公司	—	—	2个分公司	3个分公司
所属业务机构	访销机构	1个营销中心、1个电访中心	1个营销中心、1个电访中心	5个营销中心、1个电访中心	1个电访中心	1个营销中心、1个电访中心
	物流配送机构	2个物流中心	1个物流中心	4个物流中心	1个物流配送中心	1个物流中心
	稽查机构	1个稽查支队、6个稽查大队	1个稽查支队、10个稽查大队	1个稽查支队、9个稽查大队	1个稽查支队、4个稽查大队	1个稽查支队、2个稽查大队
销售卷烟（亿支）		37.91	91.90	95.80	47.82	57.60
两烟税利（万元）	本年	27282	60952	101472	42916	51576
	上年	19541	49721	81123	33251	45085
两烟利润（万元）	本年	22136	48221	82376	34952	42990
	上年	15357	38774	64847	26330	37193
烟叶种植（亩）		—	8571	—	—	—
烟叶收购（担）		—	4252	—	—	—
零售户数（户）		6585	13035	8385	5689	8856

地市级局（公司）名称		揭阳市烟草专卖局（有限公司）	韶关市烟草专卖局（有限公司）	梅州市烟草专卖局（有限公司）	南雄市烟草专卖局（有限公司）	河源市烟草专卖局（有限责任公司）	清远市烟草专卖局（有限公司）
法人代表/主要负责人		许永钦	徐永露（—2007.1）、何传国（2007.1—）	林建华	尹本良	刘志斌	杨伟平
总资产（万元）		45289	21686	31261	29946	41087	54743
所属县级局数量（个）		4	7	7	—	5	7
所属县级公司数量（个）		1	—	—	—	—	—
所属营销部、分公司		3个分公司	7个分公司	7个分公司	—	5个分公司	7个分公司
所属业务机构	访销机构	1个营销中心	1个营销管理中心、1个访销中心	1个营销管理中心	—	1个访销中心	1个营销管理中心、1个电访中心
	物流配送机构	1个配送中心	1个物流配送中心、	1个物流配送中心	—	1个物流配送中心	1个物流配送中心
	稽查机构	1个稽查支队	1个稽查支队、7个稽查大队	1个稽查支队、8个稽查大队	1个稽查大队	1个稽查支队、6个稽查大队	1个稽查支队、11个稽查大队
销售卷烟（亿支）		110.45	53.18	79.49	7.30	58.62	67.19
两烟税利（万元）	本年	109507	33732	59901	20941	40753	44497
	上年	88112	22724	47977	17611	29739	45799
两烟利润（万元）	本年	90103	24416	45948	12189	32178	35667
	上年	71889	16069	35517	10499	22658	38178
烟叶种植（亩）		—	63559	80059	139900	—	7915
烟叶收购（担）		—	158572	203683	330481	—	19213
零售户数（户）		13151	8700	10242	1254	9152	9912

（张　慧）

广西壮族自治区烟草专卖局（公司）

【概　况】 广西壮族自治区地处中国南部，陆地面积23.67万平方公里，下辖14个地级市，109个县（市、区），总人口4857万人。2007年，实现地区生产总值（GDP）5886亿元。

广西壮族自治区烟草公司组建于1983年5月，1985年1月上划中国烟草总公司，广西壮族自治区烟草专卖局组建于1984年1月。区局（公司）下辖14个市级烟草专卖局（公司）、伊灵1家烟叶复烤企业，以及北海甲天下国际大酒店1家多元化经营企业。截至2007年底，全区烟草商业系统有员工8562人，其中聘用员工4930人。有总资产73.6亿元，其中，固定资产8.57亿元、流动资产38.13亿元，资产负债率29.02%。

【领导成员】 局长、总经理、党组书记：张长胜

副局长、副总经理、党组成员（正厅级）：谈天江

副局长、纪检组长、党组成员：黄凤贵

副总经理、党组成员：张克勤

副总经理、党组成员：周志明

【组织机构】 区局（公司）机关设有办公室（外事办公室）、人事劳资处、专卖监督管理处、发展计划处、财务管理与监督处、审计处、科技处、监察处（纪检组）、安全保卫处、思想政治工作处（机关党委、机关工会）、政策法规与体制改革处、卷烟经营管理处、烟叶管理处、检测站、机关服务中心和烟草学会等16个部门。

【经济效益】 2007年，全区烟草商业系统销售卷烟603.20亿支（120.64万箱），同比增长7.49%，其中，销售一类烟19.59亿支（3.92万箱），占总销量的3.25%；二类烟20.14亿支（4.03万箱），占总销量的3.34%；三类烟117.91亿支（23.58万箱），占总销量的19.55%；四类烟211.27亿支（42.25万箱），占总销量的35.02%；五类烟234.30亿支（46.86万箱），占总销量的38.84%。平均卷烟单箱销售额9307元，同比增长15.29%。实现“两烟”税利21.5亿元，同比增长37.82%，其中，实现“两烟”利润15.87亿元，同比增长39.58%。

【专卖管理】 2007年，自治区政府“两烟”办公室成立，加强对全区烟草工作的组织和协调。区局（公司）分别与云南、广东两省建立了烟草专卖联合执法机制，并建立联席会议、联合检查、联合打击涉烟犯罪网络工作机制等制度。继续保持严厉打击的高压态势，先后破获了玉林“4·11”、桂林“6·11”、南宁“8·3”和“8·10”、梧州“8·13”等25个制售假烟网络案，其中，与自治区公安厅联合督办的南宁“8·10”假烟销售网络案，涉案地包括福建、广东等省和广西的南宁、崇左、梧州、北海等市，经过多方联合行动，共抓获犯罪嫌疑人12名，查获假烟800多件。

全年共查处涉烟违法案件15869起，查获各类非法卷烟24489件，其中，非法渠道卷烟6382件、假冒卷烟8371件、走私卷烟9736件；查获、收缴烟叶烟丝14.2万担，收缴制假机械14台套，破获制售假烟网络25个，捣毁制售假烟窝点185个；移送公安机关处理涉烟违法犯罪人员278人，其中判刑57人。

【网络建设】 2007年，区局（公司）制订了《广西卷烟销售网络建设全面提升工作方案》，各地市级公司按照要求结合本地实际情况制订了具体实施方案。规范工作流程，制定了《全区卷烟销售网络业务操作规范》，统一了客户分类标准，成立了区局（公司）客户投诉中心，完善区、市两级投诉中心建设。

组织各市公司参加网建“回头看”互检互学活动，共分成7个检查小组，分别对14个市公司的网建工作进行检查，着重检查了各单位的网络运行体系、网络组织机构、客户服务体系、货源分配体系、客户服务与改进体系、工商协同营销体系、现代物流体系、需求预测体系和农网建设等9个方面的内容，指出了存在问题，并要求进行限期整改。对全区网建“回头看”互检互学活动检查情况进行通报，总结切实可行的经验和做法，并对下一步的工作提出具体要求。把好的经验、做法进行提炼并汇编成册印发供各市公司借鉴，推动全区网建工作全面提升。

【烟叶产销】 *烟叶种植收购。*坚持合同种植、合同收购，对合同管理各环节进行严格把关，烟叶生产收购工作得到进一步规范。2007年与烟农签订烤烟种植

收购合同2.6万份，合同种植面积17.19万亩，平均每户种烟6.6亩。收购烟叶52.10万担，其中，烤烟44.23万担、晒黄烟7.87万担。上等烟比例42.7%、中等烟比例43.8%。调拨烤烟41.85万担，占收购量的99.1%，调拨晒黄烟3.1万担。烟农种烟收入2.22亿元，烟叶均价10.05元/千克。

烟叶种植专业化服务。漂浮育苗面积14.3万亩，占总面积的74.1%；专业户育苗面积2.5万亩，同比增长45%；商品化供苗面积2.85万亩，同比增长38%；测土配方施肥面积10万亩，同比增长15%；化学抑芽技术推广面积14.6万亩，推广率85%；开展统防统治的烟田面积12.41万亩，占总面积的72.2%。全年投入3000多台抽水机开展抽水抗旱，缓解了春旱带来的不良影响。

烟叶基层建设。区局（公司）成立了现代烟草农业办公室，按照“一基四化”的要求，推进传统烟叶生产向现代烟草农业转变，确定靖西等4个现代烟草农业示范点。晒黄烟纳入了规范化管理轨道，在贺州、贵港两市增设了晒黄烟管理部门，在晒黄烟区设立4个晒黄烟叶工作站。各烟区邀请专家教授授课184场次，培训烟技员4585人次，培训烟农1343场次、12.07万人次，发放技术资料11.04万份。

烟叶基础设施建设。全年投入烟叶基础设施建设资金9446万元，规划建设烟水工程项目172个，新建“普改密”烤房481座，新建标准化烟站7个。

【人事劳资】 按照公开选拔处级领导干部的工作部署，完成了公开竞聘人员的考核、任用，共考核干部15名，公示后正式任用10名。参照国家局非领导职务选拔任用办法，对区局机关和市级公司的非领导职务岗位进行了民主推荐和人事考核，提拔2名处级、1名副处级非领导职务人员。通过公开考试，在全区商业系统范围选调19名干部到区局（公司）机关工作，选调3名干部到区局（公司）现代烟草农业办公室工作。

开展以“四定”为重点的人事用工分配制度改革，对市局（公司）组织架构、岗位设置、人事用工和薪酬管理等方面进行全面调研，印发了广西烟草商业系统“四定”工作指导意见及工作步骤，在钦州、柳州、河池等市局（公司）开展试点工作。核实工效挂钩和工资基数，规范工资列支渠道，对全区烟草商业系统2006年度劳动用工分配进行检查，加强对劳动用工分配情况的监督。

【“创新年”活动】 按照国家局的要求，成立以区局局长为组长的“创新年”活动领导小组，设立专业办公室并配置工作人员，制订《广西烟草商业企业开展“创新年”活动实施方案》，实施国家局的科技重点项目“广西百色优质烟叶生产关键技术开发”。推进标准化工作，组织符合甲基溴淘汰（二期）第二批集约化育苗示范中心建设条件的公司的申报工作；重点抓好晒黄烟收购标准的制定，完善靖西烟叶标准化生产的经验和技术并在全区推广。

推进企业技术中心建设，重点抓好百色烟叶技术中心的建设，构建以企业为主体、产学研紧密结合的技术创新体系，对下属企业创新成果进行评价考核。开展群众性创新活动，大力推进管理创新、营销创新、技术创新和文化创新。2007年开展科技项目研究16个，结题的历年项目6个，科研经费投入686万元。

【信息化建设】 根据国家局“按客户订单组织货源”的要求，做好南宁市局的试点工作，完成“卷烟打码到条及订单采集系统”项目的实施。开通行业视讯会议系统，引入信息化项目建设监理机制，借助第三方专业机构力量，降低项目投资风险，委托IBM公司为办公自动化项目建设进行全程监理。通过建立广西烟草防火墙安全网关接入系统、全区网络防病毒体系和全区信息入侵检测系统（IDS），对全区烟草省域网、烟草行业地面骨干网进行维护管理，统一各市公司互联网出口，提高信息系统的安全性。

【企业文化】 2007年，区局（公司）按照《中国烟草企业文化建设纲要》和《广西烟草商业企业文化建设三年指导性规划》的要求，对广西烟草多年积淀形成的企业文化进行梳理、提炼，根据地域特点定位文化导向。区局（公司）在北海举办企业文化辅导员培训班，邀请企业管理专家进行专题讲座，各市局（公司）有关领导和企业文化辅导员70余人参加了培训。

区局（公司）党组提出，广西烟草商业企业文化建设的目标是：“责任烟草、诚信烟草、和谐烟草”。南宁市局（公司）的企业文化建设工作取得初步成效，“传送真情，合作共赢”的企业文化理念引领各项工作开展；桂林市局（公司）“让我们的服务与桂林山水同美”的服务理念，丰富了地方烟草企业文化的内涵；百色市局（公司）的“天香文化”以烟叶种植基地和盛产优质烟叶的优势，将“天香文化”信息传遍全国。

广西壮族自治区局（公司）主要统计指标汇总

两烟税利（亿元）	两烟利润（亿元）	销售卷烟（亿支）	烟叶种植（万亩）	烟叶收购（万担）
21.50	15.87	603.20	17.19	52.10

所属地市级局（公司）

南宁市烟草专卖局（公司）

【概　况】 南宁市是广西壮族自治区的首府，下辖6县6城区，全市总面积2.21万平方公里，2007年全市户籍人口683.5万人，实现地区生产总值（GDP）1063亿元。

南宁市烟草专卖局、广西壮族自治区南宁市烟草公司成立于1983年，下辖青秀区、兴宁区、江南区、西乡塘区、良庆区、邕宁区等6个城区烟草专卖局（营销部），武鸣县、宾阳县、横县、隆安县、上林县、马山县等6个县烟草专卖局（营销部）和市公司名烟销售部。截至2007年底，有总资产61000万元，其中，固定资产10100万元、流动资产44900万元。有从业人员1185人，其中聘用员工211人。

【领导成员】 局长、经理、党组书记：席亮文

副经理、党组成员：周力勇

纪检组长、党组成员：何　敏

副局长、党组成员：黄兴佳

【组织机构】 市局（公司）机关设办公室（法规科）、人力资源科、纪检科、财务科、审计科、信息科、综合管理科、安全保卫科、专卖办、机关后勤服务中心、基建管理办公室、整顿和规范管理办公室、营销管理中心、物流管理中心等14个部门。

【经济效益】 2007年，全市辖区销售卷烟91.73亿支（18.35万箱），同比增长9.5%。卷烟单箱销售额12179元，同比增长19.2%。销售一类烟4.15亿支（0.83万箱），占总销量的4.5%；二类烟4.75亿支（0.95万箱），占总销量的5.2%；三类烟16.35亿支（3.27万箱），占总销量的17.8%；四类烟40.5亿支（8.1万箱），占总销量的44.1%；五类烟26.00亿支（5.20万箱），占总销量的28.4%。实现税利38546万元，同比增长60.87%，其中，实现利润29626万元，同比增长65.93%。

【专卖管理】 全年查处涉烟违法案件5955起，其中，案值超5万元的案件54起，20万～50万元的案件7起，案值1200多万元的特大制假案2起。查获非法卷烟6452件，查获违法烟叶1452吨、烟丝40吨，查获大型制假机械5台套，查获切烟丝机5台套，侦破制贩假烟网络2个，查获制贩假烟窝点53个，上缴罚没款511万元。移送公安、司法机关处理涉烟违法案件38起，移交涉烟违法人员38人。

市局（公司）围绕打击制售假烟网络，重点抓好以“8·3”、“8·31”等案件为代表的制售假烟网络案件侦破工作，其中，“8·3”案件的涉案金额1230万元，网络涉及生产、运输等环节；“8·10”售假网络案件涉案金额达1300万元，网络涉及运输、销售等环节，捣毁销售窝点17个。

优化行政许可工作流程，将行政许可审批权下放到各城区局，全面清理、调整、修订了原有的许可证管理规定、办理模式和工作流程，并增加了6个受理窗口，由“分批集中办理”改为“随到随办理”。修订了《南宁市辖区烟草制品零售点合理布局规定》（草案），依法召开由零售户、消费者和政府有关部门代表约200余人的大型听证会，提高公共管理决策的透明度。

【卷烟销售】 2007年，市局（公司）按照“农村稳定增加销量，城市适度提升结构”的工作思路，坚持“公平、合理、公开”的货源分配原则，统一货源分配，控制货源投放节奏，保证每个零售户能在同一订货周期拿到紧俏商品。把低档卷烟作为增量的关键，调整经营思想，组织低档卷烟货源。提升城市卷烟销售结构，采取以市场为导向、以结构求效益的营销策略，引导消费，注重中高档烟销售渠道的维护，增加适销对路的一、二类烟的投放，提高一、二类卷烟市场占有率。

按照“大市场、大品牌、大企业”的指导思想，结合按订单供货工作，建立以“百牌号”为基础、“两个10多个”为重点的品牌目录，促进品牌培育逐步向“两个10多个”集中。2007年，公司经营卷烟牌号48个，同比减少2个，经营卷烟规格88个，同

比减少 12 个；销售“百牌号”卷烟 91.65 亿支（18.33 万箱），占总销量的 99.94%。

【网络建设】 概况。2007 年，市局（公司）作为全国和自治区烟草网建提升试点单位，通过规范网建管理，提升网络运行水平。全市电话订货率 99.6%，电话订货成功率 94.2%，电子结算率 79.7%，电子结算成功率 96.3%，零售客户批零差率 14%，卷烟分拣到户率 100%，差错条率 0.01‰，差错户率 0.04‰，送货到户率 99.6%，配送到货确认率 100%，总量预测准确率 70%，订单满足率 61%。

优化网建工作流程。统一细化业务流程和作业标准，优化需求预测流程、内部运作流程和业务操作规范，建立和完善了 7 大类 56 个业务流程和制度，形成以业务流程为主，其他流程为辅的网建工作流程体系。抓好《四员工作手册》流程的梳理和优化，实现“四员”工作流程化、规范化，通过内审和管理评审，对网建工作中的不符合项及时进行改进。

降低配送成本。市局（公司）通过成本定期分析和实施费用定额管理，对配送物料实行统一比价采购和定额控制。打破城区配送车定客户、定线路的框框，实施弹性配送。根据“不走回头路、不交叉配送”的原则将区域内客户定好配送顺序，由系统根据当天送货量、配送顺序自动满载配车，实现配送线路最优化。打破各县严格以行政区域为界的配送模式，改为相邻区域零售户谁最近谁配送的跨区域配送模式。对 6 县配送线路进行优化，加强车辆运力整合，优化后单车配送装载率提高 30% ~50%。在油价上涨、销量增长 10% 的情况下，卷烟配送油费比整合前降低 5%，人员费用节约 110 万元，塑料袋、包装绳等生产资料费用减少 11.23 万元。

提升客户服务水平。市局（公司）设立客户投诉中心，设立免费投诉电话，为客户提供便捷、安全的投诉渠道，设置专职人员负责客户投诉处理，全年接到客户投诉 23 起，客户对投诉处理满意度为 91%。按月撰写《客户与消费者期望分析报告》，发现及改进服务工作中存在的问题，提高客户满意度。通过向客户发放《服务在线》、为客户撰写《营销作业指导书》、为客户提供培训机会等一系列营销支持手段，提高客户经营能力。物流中心给月销售额达到 3 万元以上、诚实守信的零售户及残疾零售户办理工商银行金卡，为其提供免排队、免年费等优惠。通过创建“青年文明号”活动，开展与困难零售客户结对子等一系列服务活动，从服务情感上提高对客户的关注和关心，打造烟草配送品牌，不断提高公司社会形象和客户满意度。

营销人员培训。加强对营销人员的教育培训力度，分别组织客户经理 839 人次、配送员 529 人次参加了“按订单供货”、“四员工作手册”、“配送服务礼仪”、“岗位技能练兵”等业务能力和基本技能培训。加强员工职业技能培训，全年有 69 人取得初、中、高级营销员资格证书，46 名配送驾驶员取得中高级驾驶员资格等级证。

柳州市烟草专卖局（公司）

柳州市烟草专卖局、广西壮族自治区烟草公司柳州市公司成立于 1984 年 4 月，下辖柳江县、柳城县、鹿寨县、融安县、融水苗族自治县和三江侗族自治县等 6 个县烟草专卖局（营销部）和城区烟草专卖局。截至 2007 年底，有从业人员 592 人，其中聘用员工 367 人。

2007 年，全市辖区销售卷烟 58.70 亿支（11.74 万箱），同比增长 7.33%；卷烟单箱销售额 9673 元（不含税），同比增长 10.93%。实现税利 23295 万元，同比增长 38.48%，其中，实现利润 17850 万元，同比增长 37.68%。

全年查处各类涉烟违法案件 126 起，查获违法假烟 833 件，违法烟丝、烟叶 98 吨，收缴违法切烟丝机 16 台套，端掉贩藏假烟窝点 47 个，捣毁案值 50 万元以上的假烟销售网络 4 个。向公安、司法机关移送涉烟违法人员 21 人。

桂林市烟草专卖局（公司）

桂林市烟草专卖局、广西壮族自治区烟草公司桂林市公司成立于 1984 年 12 月，下辖城区、临桂县、兴安县、全州县、灌阳县、阳朔县、荔浦县、平乐县、恭城瑶族自治县、龙胜各族自治县、资源县、永福县、灵川县等 13 个县级烟草专卖局（营销部）。截至 2007 年底，有从业人员 1067 人，其中聘用员工 412 人。

2007 年，全市辖区销售卷烟 78.58 亿支（15.72 万箱），同比增长 7.23%；卷烟单箱销售额 11300 元，同比增长 16.1%。实现“两烟”税利 26924 万元，同比增长 38.43%，其中，实现“两烟”利润 21123 万元，同比增长 47.69%。

全年查处各类涉烟违法案件 936 起，查获各种违法卷烟 1863 件，查获违法烟叶、烟丝 52 吨，收缴违法切烟丝机 13 台，端掉贩藏假烟窝点 29 个，上缴罚没款 205 万元。破获涉案金额超过 100 万元的“6·11”制售假烟网络案和涉案金额超过 70 万元的“9·20”销售假烟网络案。

河池市烟草专卖局（公司）

河池市烟草专卖局、广西壮族自治区烟草公司河池市公司成立于1988年10月，下辖金城江区、宜州市、罗城县、环江县、南丹县、天峨县、东兰县、巴马县、凤山县、都安县、大化县等11个县级烟草专卖局（营销部）。截至2007年底，有从业人员734人，其中聘用员工456人。

2007年，全市辖区销售卷烟48.92亿支（9.78万箱），同比增长5.57%；卷烟单箱销售额8746元，同比增长14.72%。实现“两烟”税利15584万元，同比增长45.22%，其中，实现“两烟”利润12022万元，同比增长59.04%。

全年查处各类涉烟违法案件324起，查获违法卷烟802件，其中假冒商标卷烟420件；查获违法烟叶、烟丝251吨。

全市电话访销率99.72%，电话访销成功率98.76%。电子结算率43.9%，农村信用社电子结算成功率从上年的48.35%提高到76.8%。

2007年，投入烟叶基础设施建设资金884万元，规划建设烟水配套工程建设项目33个。全年新建普通标准化烤房758座、大型密集式烤房7座、小改密烤房81座。

百色市烟草专卖局（公司）

百色市烟草专卖局、广西壮族自治区烟草公司百色市公司成立于1988年，下辖田阳县、田东县、平果县、德保县、靖西县、那坡县、西林县、凌云县、乐业县、田林县、隆林各族自治县等11个县级烟草专卖局（营销部）和城区烟草专卖局。截至2007年底，有从业人员1321人，其中聘用员工1019人。

2007年，全市辖区销售卷烟42.03亿支（8.40万箱），同比增长4.3%。实现“两烟”税利21471万元，同比增长43.99%。实现“两烟”利润16733万元，同比增长57.22%。

全年查获各类涉烟违法案件1234起，查获各类违法卷烟559件，其中假烟384件；查获违法烟叶2373吨、烟丝79吨；端掉制售假烟窝点10个，收缴制假工具11台套；上缴罚没款107万元。

2007年，全市用于烟水配套工程建设项目资金674万元，其中国家局补贴资金395万元。完成烟水配套工程建设项目27个。修建水池518座，容量5.85万立方米。修建沟渠30条，长40.52千米。修建管网2.52千米。修建小塘坝11座。烟水配套受益面积18541亩，受益农户2862户。

钦州市烟草专卖局（公司）

钦州市烟草专卖局、广西壮族自治区烟草公司钦州市公司成立于1988年4月，下辖城区、灵山县、浦北县等3个县级烟草专卖局（营销部）。截至2007年底，有从业人员399人，其中聘用员工282人。

2007年，全市辖区销售卷烟32.75亿支（6.55万箱），单箱销售额8530元。实现税利10083万元，同比增长68.16%，其中，实现利润7471万元，同比增长73.06%。

全年查获各种涉烟违法卷烟1862万支，收缴违法烟丝、烟叶42吨，破获5起制售假烟网络案件，移送公安、司法机关刑事拘留违法人员24人，其中判刑5人。

北海市烟草专卖局（公司）

北海市烟草专卖局、广西壮族自治区烟草公司北海市公司成立于1985年5月，下辖合浦县烟草专卖局。截至2007年底，有从业人员247人，其中聘用员工153人。

2007年，全市辖区销售卷烟19.80亿支（3.96万箱），同比增长11.3%。实现税利8999万元，同比增长30%，其中，实现利润6939万元，同比增长33.4%。

全年查获走私卷烟1492万支、假冒注册商标卷烟58万支、非正常渠道卷烟1086万支，查获违法烟叶、烟丝109吨，上缴罚没款222万元；移送公安、司法机关刑事拘留涉烟违法人员7人，判刑2人。

截至2007年底，全市电话订货率100%，电子结算率82.3%，其中农村电子结算率72.5%；分拣到户率100%，送货到户率100%。

防城港市烟草专卖局（公司）

防城港市烟草专卖局、广西壮族自治区烟草公司防城港市公司成立于1988年8月，下辖城区、上思县、东兴市等3个县级烟草专卖局。截至2007年底，有从业人员215人，其中聘用员工138人。

2007年，全市辖区销售卷烟12.80亿支（2.56万箱），同比增长4.07%。实现税利4513万元，同比增长26.5%，其中，实现利润3325万元，同比增长30.5%。

全年查处各类涉烟违法案件117起，查获违法卷烟819件，查获违法烟叶143吨，打掉非法窝点6个。移送公安、司法机关逮捕涉烟违法人员3人，刑事拘留8人，取保候审1人，判刑1人。

玉林市烟草专卖局（公司）

玉林市烟草专卖局、广西壮族自治区烟草公司玉林市公司成立于1984年，下辖容县、北流市、陆川县、博白县、兴业县、城区等6个县级烟草专卖局（营销部），以及一个二星级涉外酒店（玉林烟草大厦）。截至2007年底，有从业人员645人，其中聘用员工365人。

2007年，全市辖区销售卷烟51.23亿支（10.24万箱），同比增长12.6%。实现税利16924万元，同比增长43.06%，其中，实现利润12717万元，同比增长50%。

全年查处各类涉烟违法案件7127起，查获非法卷烟3781件，收缴违法烟丝65吨、烟叶751吨，捣毁特大卷烟造假窝点1个，上缴罚没款403万元。查处违规零售户403户，联合公安、工商部门查处无证经营户2743户。移送公安、司法机关行政拘留违法人员4人，刑事拘留21人，判刑6人。

贵港市烟草专卖局（公司）

贵港市烟草专卖局、广西壮族自治区烟草公司贵港市公司成立于1997年，下辖城区、桂平市、平南县等3个县级烟草专卖局（营销部）。截至2007年底，有从业人员565人，其中聘用员工329人。

2007年，全市辖区销售卷烟40.58亿支（8.12万箱），同比增长7.78%；卷烟单箱销售额8727元，同比增长12.56%。实现“两烟”税利11986万元，同比增长26.41%，其中，实现“两烟”利润9308万元，同比增长34.02%。

全市查处各类涉烟违法案件533起，查获各类违法卷烟876件，收缴违法烟叶、烟丝256吨。移送公安、司法机关处理涉烟违法人员51人，其中，行政拘留2人、刑事拘留22人、逮捕14人、判刑13人。

梧州市烟草专卖局（公司）

梧州市烟草专卖局、广西壮族自治区烟草公司梧州市公司成立于1985年1月，下辖苍梧县、岑溪市、藤县、蒙山县、城区等5个县级烟草专卖局（营销部）。截至2007年底，有从业人员475人，其中聘用员工297人。

2007年，全市辖区销售卷烟40.02亿支（8.00万箱），同比增长6.8%。实现税利13402万元，同比增长40%，其中，实现利润10127万元，同比增长39.3%。

全年查处各类涉烟违法案件147起，查获假烟、走私烟、非渠道卷烟共2300件，缴获违法烟叶、烟丝124吨，捣毁制假窝点11个，上缴罚没款298万元。突出打假烟网络的重点，破获涉案金额达130多万元的“8·13”假烟网络案。

2007年，市局（公司）突出抓农村市场和农网建设，全年新增740户农村零售客户，做到村村有点，防止无证经营和乡镇大户拆单销售，满足农村市场需求，同步延伸营销服务网络，将村一级的零售户全部纳入访销、配送、服务体系。

贺州市烟草专卖局（公司）

贺州市烟草专卖局、广西壮族自治区烟草公司贺州市公司成立于2001年12月，下辖城区、昭平县、钟山县、富川瑶族自治县等4个县级烟草专卖局（营销部）。截至2007年底，有从业人员483人，其中聘用员工219人。

2007年，全市辖区销售卷烟25.32亿支（5.06万箱），同比增长8.07%，卷烟单箱销售额8878元。实现“两烟”税利10791万元，同比增长54.03%，其中，实现“两烟”利润6721万元，同比增长33.67%。

全市签订烟叶种植合同14754份，其中，晒黄烟种植合同8563份，种植面积20242亩，收购晒黄烟0.285万吨（5.7万担）。市局（公司）把晒黄烟生产收购工作纳入规范管理范畴，是晒黄烟生产实现由烟草部门自主收购经营的第一年。

全年共查处烟草违法案件409起，查获各种非法卷烟581万支，查获违法烟叶、烟丝34吨，侦破案值50万元以上的销售假烟网络案件2个，移送公安机关处理违法人员14人，其中，刑事拘留8人，逮捕3人，判刑3人。

来宾市烟草专卖局（公司）

来宾市烟草专卖局、广西壮族自治区烟草公司来宾市公司成立于2003年2月26日，下辖城区、象州县、武宣县、金秀瑶族自治县、忻城县、合山市6个县级烟草专卖局（营销部）。截至2007年底，有从业人员451人，其中聘用员工274人。

2007年，全市辖区销售卷烟30.81亿支（6.16万箱），同比增长8.16%。卷烟单箱销售额7896元，同比增长7.43%。实现税利7278万元，同比增长30.03%，其中，实现利润5396万元，同比增长35.54%。

全年查处各类涉烟违法案件237起，查获各种非法卷烟664件，收缴违法烟叶、烟丝6.37吨，上缴罚没款51万元。

2007年，市局（公司）发动适合电子结算条件的经营户加入到电子结算网络中来，与银行达成协议，开设卷烟货款存缴专柜，电子结算率达96.45%，电子结算成功率达99%。开展网络建设，完善配送服务手段，配送成功率达100%，网络覆盖率达100%。

崇左市烟草专卖局（公司）

崇左市烟草专卖局、广西壮族自治区烟草公司崇左市公司成立于2003年8月，下辖江州区、扶绥县、宁明县、大新县、天等县、龙州县、凭祥市等7个县级烟草专卖局（营销部）。截至2007年底，有从业人员483人，其中聘用员工281人。

2007年，全市辖区销售卷烟30.42亿支（6.08万箱），同比增长3.04%。实现税利6501万元，同比增长34.82%，其中，实现利润4595万元，同比增长36.47%。

全年查处各类涉烟违法案件253起，查获非法卷烟273件，查获制假原辅材料1101吨，端掉制售假烟窝点46个，上缴罚没款472万元。加大对中越边境线及周边县区的专卖管理力度，查获凭祥“7·1”销售假冒卷烟网络案，案值超过64万元，为崇左市建市以来查获数量及金额最大的涉烟违法案件。

2007年广西壮族自治区烟草商业系统主要情况统计

地市级局（公司）名称		南宁市烟草专卖局（公司）	柳州市烟草专卖局（公司）	桂林市烟草专卖局（公司）	河池市烟草专卖局（公司）	百色市烟草专卖局（公司）
法人代表/主要负责人		席亮文	陈可忠	邹远发	范东升	王新均（—2007.11）、梁开朗（2007.11—）
总资产（万元）		61000	40535	57573	36095	53067
所属县级局数量（个）		12	7	13	11	12
所属县级公司数量（个）		—	—	—	—	—
所属营销部、分公司		12个营销部	6个营销部	13个营销部	11个营销部	11个营销部
所属业务机构	访销机构	1个营销中心	1个营销中心	1个营销中心	1个营销中心	1个营销中心
	物流配送	1个物流中心	1个物流中心	1个物流中心	1个物流中心	1个物流中心
	稽查机构	1个稽查支队	2个稽查支队	1个稽查支队	1个稽查支队	1个稽查支队
销售卷烟（亿支）		91.73	58.70	78.58	48.92	42.03
两烟税利（万元）	本年	38546	23295	26924	15584	21471
	上年	23961	16823	19709	10731	14912
两烟利润（万元）	本年	29626	17850	21123	12022	16733
	上年	17855	12965	14302	7857	10643
烟叶种植（亩）		—	—	1673	18600	118306
烟叶收购（担）		—	—	5054	46395	321910
零售户数（户）		24131	15599	22759	15477	17236

地市级局（公司）名称		钦州市烟草专卖局（公司）	北海市烟草专卖局（公司）	防城港市烟草专卖局（公司）	玉林市烟草专卖局（公司）	贵港市烟草专卖局（公司）
法人代表/主要负责人		覃敏良	吴长周	张新荣	朱东波	戴诗宜
总资产（万元）		17323	17973	9735	30694	20788
所属县级局数量（个）		3	1	3	6	3
所属县级公司数量（个）		—	—	—	—	—
所属营销部、分公司		3个营销部	—	—	6个营销部	3个营销部
所属业务机构	访销机构	1个营销中心	1个营销中心	1个营销中心	1个营销中心	1个营销中心
	物流配送	1个物流中心	1个物流中心	1个物流中心	1个物流中心	1个物流中心
	稽查机构	1个稽查支队	2个稽查大队	1个稽查支队	1个稽查支队	1个稽查支队
销售卷烟（亿支）		32.75	19.80	12.80	51.23	40.58

续表

地市级局（公司）名称		钦州市烟草专卖局（公司）	北海市烟草专卖局（公司）	防城港市烟草专卖局（公司）	玉林市烟草专卖局（公司）	贵港市烟草专卖局（公司）
两烟税利（万元）	本年	10083	8999	4513	16924	11986
	上年	5996	6926	3567	11830	9482
两烟利润（万元）	本年	7471	6939	3325	12717	9308
	上年	4317	5200	2548	8476	6945
烟叶种植（亩）		—	—	—	—	7184
烟叶收购（担）		—	—	—	—	8557
零售户数（户）		11278	6380	3317	18570	15183

地市级局（公司）名称		梧州市烟草专卖局（公司）	贺州市烟草专卖局（公司）	来宾市烟草专卖局（公司）	崇左市烟草专卖局（公司）
法人代表/主要负责人		彭　峰	张太玉	韩　峰	廖正清
总资产（万元）		22495	21825	14428	14532
所属县级局数量（个）		5	4	6	7
所属县级公司数量（个）		—	—	—	—
所属营销部、分公司		5个营销部	4个营销部	6个营销部	7个营销部
所属业务机构	访销机构	1个营销中心	1个营销中心	1个营销中心	1个营销中心
	物流配送	1个物流中心	1个物流中心	1个物流中心	1个物流中心
	稽查机构	1个稽查支队	1个稽查支队	1个稽查支队	1个稽查支队
销售卷烟（亿支）		40.02	25.32	30.81	30.42
两烟税利（万元）	本年	13402	10791	7278	6501
	上年	9656	7006	5597	4822
两烟利润（万元）	本年	10127	6721	5396	4595
	上年	7271	5028	3981	3367
烟叶种植（亩）		—	46124	—	—
烟叶收购（担）		—	125891	—	—
零售户数（户）		10394	7179	10171	10812

（刘　武）

海南省烟草专卖局（公司）

【概　况】　海南省位于中国最南端。全省辖2个地级市、4个市辖区、6个县级市、4个县、6个少数民族自治县，全省常住人口840万人，2007年实现地区生产总值（GDP）1230亿元。

海南省烟草专卖局、中国烟草总公司海南省公司成立于1988年6月，投资设立了海南省烟草公司海口、三亚、琼海、儋州公司等4家全资子公司，下辖2个地级市烟草专卖局、16个县级烟草专卖局（营销部），持有老挝红塔寮中好运烟草有限公司30%的股份①。截至2007年底，企业拥有总资产19.93亿元，其中，固定资产4.08亿元、流动资产13.75亿元，资

① 2007年3月，海南省局（公司）与红塔烟草（集团）有限责任公司签署股权转让协议，将海南省公司持有的老挝寮中好运烟草有限公司91%股份中的61%转让给红塔集团。12月，召开新的股东大会，共同确定公司章程、董事会、监事会人员等内容，寮中好运烟草有限公司资产重组工作完成。

产负债率25.46%。有从业人员1219人，其中聘用员工306人。

【领导成员】 局长、总经理、党组书记：张晓川

副局长、党组成员：杨　明

副总经理、党组成员：林先德

总会计师、党组成员：闫玉岗

纪检组长、党组成员：张永军

【组织机构】 省局（公司）机关设有办公室（外事办公室）、综合计划处（经济运行处）、安全保卫处、专卖监督管理处（专卖稽查总队）、政策法规与体制改革处、财务管理处（国有资产管理处）、审计处、人事劳资处、监察处（与党组纪检组合署办公）、思想政治工作处（机关党委、工会）、卷烟销售处、投资管理处12个职能处室及烟草质量监督检测站、经济信息中心、职工培训中心、职业技能鉴定站、机关服务中心、烟草学会等6个专业部门。

【经济效益】 2007年，全省烟草商业系统销售卷烟147.65亿支（29.53万箱），同比增长4.96%，其中，销售一类烟8.99亿支（1.8万箱），占总销量的6.09%；二类烟15.45亿支（3.09万箱），占总销量的10.46%；三类烟41.51亿支（8.3万箱），占总销量的28.11%；四类烟48.29亿支（9.66万箱），占总销量的32.71%；五类烟33.41亿支（6.68万箱），占总销量的22.63%。全年实现税利6.81亿元，同比增长15.03%，其中，实现利润5.28亿元，同比增长26.92%。

【专卖管理】 *卷烟打假打私。*2007年，全省行业各级专卖管理部门始终保持卷烟打假打私高压态势，相继在“春节”前后、“3·15”国际消费者权益日、“五一”和“十一”黄金周期间组织开展卷烟打假、整顿市场等专项行动，对机场、港口、码头、货运站、超市商场等重点部位和旅游景点、宾馆、酒店等娱乐场所进行重点整治，严厉打击制售假烟违法犯罪行为。加大卷烟打假宣传力度，在《海南特区报》等报刊刊登打假奖励规定、打假举报电话等，倡议公众举报假烟、拒绝假烟，营造良好社会氛围和卷烟打假环境。

全年共查处各类涉烟违法案件1418件，查获各类违法卷烟3787万支，其中假烟3041万支；查获制假烟机设备YJ14卷烟机和YJ23接嘴机各1台套；捣毁制假窝点1个、贩藏假烟窝点44个；上缴罚没款53.19万元；向公安、司法机关移送涉烟违法人员74人，其中判刑21人。

*打击制售假烟网络。*省局（公司）成立全省卷烟打假打网络指挥中心，加强对打击假烟网络案件的领导与协调。1月，召开全省打击制售假烟网络工作现场会，专题部署打假破网和案件经营工作。全年破获制售假烟网络案件7件，其中，符合国家局标准的制售假烟网络案件5件，涉案金额1051万元。

*加强联合执法。*重新修订与公安、工商、边防、海关等执法部门联合打假长效机制的相关规章制度，细化各部门在联合打假中的职责及相关工作程序，制定了一系列相关文件，明确各单位在联合执法中的权利和义务。9月，与省公安厅联合制订《海南省烟草专卖局、海南省公安厅联合打击制售假冒卷烟违法犯罪活动工作方案》，进一步明确烟草、公安部门在联合打假中的具体工作职责和工作任务。12月28日正式挂牌成立烟草、公安联合打假办公室，具体负责制订、组织、协调、督促全省烟草、公安部门开展联合打假、案件经营和大要案件督办等工作。

*基层专卖队伍建设。*加强全省烟草专卖队伍的培训学习，举办两期案件经营和内部监管专题培训班，提高全省专卖队伍的整体素质。全面开展“法律进乡村”和“五五”普法工作，推行行政执法责任制，规范行政执法行为。10月，省局（公司）协调省政府法制办，对全省专卖执法人员进行相关法律法规的统一培训和行政执法资格考试，由省政府法制办颁发全省行政执法证件，专卖执法人员实行双证上岗。

【卷烟销售】 2007年，省局（公司）在保证货源供应的同时，注重优化销售结构。制定了品牌培育规划，建立健全品牌引入、培育、维护和退出机制，实行品牌分类管理。每一类烟确定1～2个重点培育品牌、3～5个主销牌号、3～5个储备牌号，以降低销售风险，确保卷烟销量和市场的稳定。注重品牌整合，全省在销品牌（规格）102个，同比减少38个，“百牌号”卷烟销量145.7亿支（29.14万箱），同比增长19.64%，占总销量的98.68%。销量居前五名的卷烟品牌为“红梅”、“芙蓉”、“白沙”、“红塔山”、“云烟”，共销售103.78亿支（20.76万箱），同比增长24.5%，占总销量的70.3%。

【网络建设】 省局（公司）把贯彻落实国家局《地市级烟草公司卷烟销售网络业务规范（试行）》作为整体推进、全面提升的基础工作来抓，制订《海南省烟草行业全面提升卷烟销售网络建设与运行水平实施方案》，对网建全面提升工作提出具体要求。各单位突破原有县域经济格局，重新整合路线，合理布局

零售户，网络资源得到进一步整合，海口公司、三亚公司、儋州公司都实现了“一库式”配送。

按照“数字化”仓储和现代物流的标准，以琼海公司物流中心为试点，以物流信息系统建设为依托，启动全省“数字化”仓储工作。探索物流配送新模式，在“集中配送”服务方式的基础上，采取“定点取货”、“上门自提”及“委托配送”等辅助配送服务方式，解决偏远农村客户服务难、服务不到位的问题。

把解决“依靠谁、扶持谁、限制谁”问题作为夯实网建基础和提升网建水平的关键环节来抓，重点采取控制“大户”数量、限量供应“大户”货源、培育中小客户、提高农村市场办证率、扩大卷烟配送面等措施，较好解决了持证经营户比例低、千条大户比例高、零售户毛利率低的问题。截至2007年底，全省电话订货率100%，电子结算率91.54%，卷烟配送分拣到户率98.75%。

【企业管理】 *财务管理*。加强物流成本费用控制，对物流成本费用实行单独核算，制定《海南省烟草商业企业卷烟物流费用管理办法和核算规程实施细则》，详细规定物流成本费用的具体会计核算方法，并指定专人专职负责数据核算。

强化预算管理，对各单位上报预算经省局预算管理委员会办公室汇总初审调整后，召开预算管理委员会会议再逐一进行费用预算审查核定。

加强资金安全管理，发挥资金管理中心作用，通过审核各单位月现金流量的方式按时下拨日常经营资金，通过借贷的方式调剂资金来保证各单位资金周转顺畅，从源头上有效控制全省行业各项不合理开支情况的发生。

规范专项资金管理，7～8月开展了烟草打假经费的账务处理合规性、上报材料真实性、制度建设完整性的专项资金检查的自查和复查工作，并接受国家局专项资金检查小组的检查。

安全管理。制订全省行业突发公共事件总体应急预案，提高果断应对突发公共事件的组织指挥、快速处置、协同配合能力。落实安全生产责任制，加大安全检查和隐患整改力度，预防各类安全事故的发生。以“安全生产活动月”为契机，宣传安全生产，通过张挂《交通安全知识宣教挂图》、出版安全知识专栏、举办安全知识讲座等形式进行宣传。

【信息化建设】 *营销管理信息系统升级改造*。引进浪潮V3营销管理信息系统，并于4月底在全省行业推广使用系统中的呼叫中心、供应商管理、供应链管理、客户关系管理等4个模块；11月底在海口公司运行分销管理、专卖管理、绩效考核管理等3个模块。

电子政务。开展子公司办公系统建设，解决省局（公司）与子公司公文流转、档案管理、信息共享的问题，起草《海南省烟草行业电子政务规划方案》，对全省行业电子政务建设进行整体规划；开展电子政务建设情况自查工作，按时保质完成国家局检查要求。

视讯会议系统建设。省局（公司）完成了新办公楼视讯会议系统终端的安装调试，实现省局（公司）与国家局地面视讯会议系统的互联互通。保证子公司与国家局和省公司视讯会议系统的对接，5月制订《海南省烟草行业视讯会议系统建设方案》，对全省行业视讯会议系统建设进行安排部署；11月，正式启动子公司视讯会议系统建设。

信息安全系统项目二期建设。省局（公司）根据全省行业信息系统建设布局模式、技术架构和信息化环境变化的实际，制订新的技术实施方案。7月，组织行业内外信息化专家进行评审，并实施信息安全系统网络改造。按照全省行业实行“数据大集中”的信息技术模式，对通信线路进行冗余配置，实施省局（公司）局域网、省域网项目改造。

【人事与劳资】 *人事用工制度*。理顺劳动关系，对全省行业用工情况和劳动关系进行全面清理，打破身份界限，对市级局（公司）员工实行全员劳动合同制，淡化员工身份界限。建立公开招聘制度，全面实行“凡进必考”制度，并实行试用期制度和岗前培训制度。推行中层管理人员、专业技术人员、专业技能人员竞聘上岗，统一竞聘上岗的资格条件，规范聘期，规范竞争上岗程序，打破竞争上岗人员的身份界限，扩大竞争上岗参与人员范围，实行双向选择，择优聘用。

薪酬分配制度改革。将员工岗位按管理类、专业技术类、业务类、生产操作类和服务类等进行分类设置，每个类别划分不同的序列、等级和档次，实现员工从身份管理向岗位管理转变。理顺分配关系，规范分配渠道和结构，对市、县两级领导班子成员实施年度薪酬制管理，对员工实施岗位绩效工资制管理。调节工资总额，制定《海南省烟草行业市级局（公司）工资总额管理办法》，根据人员工资系数、销售、利润等经济效益因素重新确定工资总额，对薪酬分配实行总额控制。规范考核制度，在市级局（公司）、县级局（营销部）层层建立绩效考核制度，完善考核方案和工作目标体系。

规范机构岗位设置和职能。进一步理清省局（公司）、市级局（公司）、县级局及各部门的职能配置，整合和规范原有的内设机构，减少管理层次。按照机构职能和业务流程要求，梳理岗位，统一岗位名称，

合理设置人员编制，优化业务流程，相互制约的岗位不能兼职、减设，确定市级局（公司）设置7个内设机构和4个专业部门，并制定详细的岗位说明书，明确岗位性质和职责。

*教育培训和职业技能鉴定工作。*省局（公司）制定了《海南省烟草行业教育培训十一五规划》和《海南省烟草行业教育培训管理实施办法》，进一步理顺教育培训体系，规范各级部门的教育培训管理职能，明确教育培训指导思想、工作原则和目标任务，建立教育培训的考核与激励机制，推进全省行业教育培训工作制度化、规范化建设。制定《全省行业“十一五”职业技能鉴定规划》、《海南省烟草行业职业技能鉴定工作管理办法》和《海南省烟草行业职业技能鉴定考务管理办法》，从鉴定站职能、岗位设置及职责、考评人员管理到技能鉴定组织实施、证书管理等五个方面，明确和规范技能鉴定的工作规则和考务管理。组织全省行业卷烟商品营销员进行职业资格的鉴定考试和物流人员进行相应的职业技能鉴定考试。全年举办培训班47期，培训4183人次，鉴定585人次。

【党风廉政建设】 *加强反腐倡廉教育。*将反腐倡廉教育列为党组理论学习中心组学习的重要内容，纳入各项工作部署之中，组织参观廉政教育展览，观看《天职》、《职责与犯罪》和《赌之害》等系列教育片，并开展廉政宣传教育月活动。

*注重制度建设。*省局（公司）先后出台了人事用工管理、物流费用管理与核算、固定资产投资项目管理、经济责任审计办法等多项制度规定；海口市局对建立健全合同联合会审、基建工程“阳光招标”和联合验收、大宗物资比价采购、业务接待事前申请报批等制度；儋州市局建章立制规范卷烟紧俏货源的分配和营销服务管理等。

*加大对领导干部的监督力度。*以重大决策、重要干部任免、重大项目安排和大额资金使用为监督重点，加大对重点环节和重点部位权力行使的监督力度，发挥纪检监察部门在内部管理监督工作中的再监督作用。2007年，省局（公司）纪检监察部门参与海口公司、琼海公司物流中心基建项目、信息工程建设系统、数字化仓储管理系统、大宗物资采购、人事干部任用、录用考试等方面共27项监督活动。

*落实党风廉政建设责任制。*按照“一岗两责”、“权责一致”和“谁主管谁负责”、“谁负责谁承担责任”的原则，省局制订《落实全省烟草行业纪检监察会议精神分工方案》，明确落实党风廉政建设任务的具体事项、牵头部门、协作部门、具体内容和要求及完成时限。

【特事要辑】 5月29日，海南省副省长林方略一行到省局（公司）调研，强调要正确处理好三个关系，推动海南烟草又好又快发展。

12月28日，海南省烟草专卖局、省公安厅联合打击制售假烟违法犯罪活动领导小组办公室挂牌成立。

海南省局（公司）主要统计指标汇总

实现税利（亿元）	实现利润（亿元）	销售卷烟（亿支）	烟叶种植（万亩）	烟叶收购（万担）
6.81	5.28	147.65	—	—

所属地市级局（公司）

海口市烟草专卖局、海南省烟草公司海口公司

【概　况】 海口市面积2305平方公里，下辖秀英区、龙华区、琼山区和美兰区，全市总人口168万人。2007年，海口市实现地区生产总值（GDP）396.4亿元。

海口市烟草专卖局、海南省烟草公司海口公司是中国烟草总公司海南省公司打破原有行政区划管理模式，经过重组，以海口市烟草专卖局、海南省烟草公司海口市公司（成立于1997年）为核心，于2003年9月成立的正处级独立法人单位，下辖文昌市、澄迈县、定安县、临高县等4个县级烟草专卖局（营销部）。截至2007年底，市局（公司）有从业人员416人，其中聘用员工83人。资产总额33849万元，其中，固定资产11768万元、流动资产17307万元，资产负债率44.69%。

【领导成员】 局长、经理、党组书记：刘伯光

副经理、党组成员：苏海萍

副局长、党组成员：赵　强

副局长、纪检组长、党组成员：王业纯

【组织机构】 市局（公司）机关设有办公室（烟草学会分会合署办公）、安全保卫科、专卖监督管理科（内部专卖管理监督科、专卖稽查支队）、财务管理科、审计科、人力资源科、监察科（与党组纪检组合署办公）等7个职能科室和管理中心（督察考评办）、营销中心、物流中心、后勤服务中心等4个专业部门。

【经济效益】 2007年，全市辖区销售卷烟65.55亿支（13.11万箱），同比增长5.27%，其中，销售一类烟4.75亿支（0.95万箱），占总销量的7.28%；二类烟8.2亿支（1.64万箱），占总销量的12.51%；三类烟19.85亿支（3.97万箱），占总销量的30.28%；四类烟20.7亿支（4.14万箱），占总销量的31.58%；五类烟12.05亿支（2.41万箱），占总销量的18.38%。实现销售收入176374万元，同比增长14.43%。实现税利12870万元，同比增长40.49%，其中，实现利润9531万元，同比增长59.63%。

【专卖管理】 深入开展卷烟打私打假，全年查处各类涉烟违法案件1180件；破获符合国家局标准的网络案件3个；查获各类违法卷烟2251.21万支，其中假冒卷烟2109万支，案值约1136万元；上缴罚没款25.71万元。

加强法律法规宣传，组织开展“法律进乡村”活动，发放烟草专卖法律法规宣传册、宣传单、宣传画等宣传资料共18000余份。以“3·15”消费者权益保护日为契机，为广大市民解答经营烟草专卖品的各种疑难问题，传授真假烟鉴别知识，增强零售户守法经营意识，提高消费者维权意识。

【网络建设】 全市各单位注重加强“两电一送（电话订货、电子结算、卷烟配送）”、合理定量、客户服务、明码标价、品牌培育等基础性工作。同时，控制“大户”数量、限量供应“大户”货源、提高农村市场办证率、扩大卷烟配送面等方式和手段，落实“限制谁、依靠谁、扶持谁”的基本要求。

截至2007年底，全市电话订货率100%，电子结算率95.2%。开展“按客户订单组织货源”工作，不断优化需求预测流程，运用软件分析系统实施三维预测，初步建立科学预测制度，提高预测准确率。抓好电子售烟管理系统的项目实施工作，有30套电子售烟柜在海口市场投放。

【财务审计】 财务管理。推行全面预算管理，对各项预算逐项进行对比分析和审核。开展清产核资工作，重点清查各类往来账款、存货、闲置资产、土地及各类物权权证，共清查出历年闲置资产5项，账面原值64.18万元，净值44.69万元。资产损失83.14万元，资产潜赢189.39万元。做好专项资金检查工作，进一步核实2003年、2004年打假经费实际支出，对列支中不合规的问题进行纠正、整改。

审计监督。重点围绕预算管理、资金管理、费用支出、存货管理、物品采购、固定资产处置、基建工程项目以及财政专项资金使用等8个环节开展日常审计监督，做到事前、事中审计监督。开展2006～2007年上半年同级审计工作，查隐患，堵漏洞，对发现的“未建立工程项目管理制度”、“未建立公司担保制度”、“未建立预算管理制度”等13个问题逐一进行整改，充分发挥审计监督职能作用。

【信息化建设】 2007年，市局（公司）完成了海口、文昌、定安、澄迈、临高五地网络通信线路的升级优化，全面启用卷烟生产经营决策管理、卷烟批发销售、网上电子结算等信息系统。启动“呼叫中心”自动外拨试运行工作，逐步实施以自动外拨为主、客户拨入为辅，以人工坐席服务为主、自动语音服务为辅的电话订货方式，最大限度地利用资源进行订货服务，实现与客户关系管理相结合的电话营销手段的转变和提升。开发并推行了电子售烟管理系统的经营模式，构建封闭的零售网络和信息的双向互动。

【人力资源管理】 三项制度改革。根据省局（公司）三项制度改革的总体部署，制订机构设置、职能配置、岗位设置及人员编制实施方案和薪酬分配方案，实施“四定”工作。按照程序对中层管理岗位实行竞争上岗，对一般员工岗位实行双向选择。有289人参加了各类岗位的竞聘上岗工作，其中，48人参加了市局（公司）机关中层管理岗位的竞聘，56人参加县级局中层管理岗位的竞聘，8人被选拔到副科级岗位。规范劳动用工，对内部用工情况和劳动关系进行全面清理，打破全民所有制职工、聘用工、临时工等身份界限，实行全员劳动合同制。规范分配渠道和结构，对薪酬分配实行总额控制、分类分级动态管理。

教育培训。以提升员工整体素质为目的，开展包括按客户订单组织货源、团队拓展训练、扫码操作技术、电动叉车驾驶技术、助理物流师培训、安全知识、驾驶员培训等内容的业务技能培训。2007年，共举办各类培训班8期，参加培训职工达943人次。

三亚市烟草专卖局、海南省烟草公司三亚公司

三亚市烟草专卖局、海南省烟草公司三亚公司是中国烟草总公司海南省公司打破原有行政区划管理模式，经过改制，以三亚市烟草专卖局、海南省烟草公司三亚市公司（成立于1985年）为核心，于2003年9月成立的正处级独立法人单位，下辖陵水黎族自治县、乐东黎族自治县、保亭黎族苗族自治县、五指山市等4个县级烟草专卖局（营销部）。截至2007年底，有从业人员258人，其中聘用员工57人。

2007年，全市辖区销售卷烟31.42亿支（6.28万箱），同比增长5.47%，其中，销售“百牌号”卷烟30.9亿支（6.18万箱），占总销量的98.4%。实现税利3624万元，同比增长113.18%，其中，实现利润2383万元，同比增长75.61%。

全年查处各类涉烟违法案件453起，其中，符合国家局、公安部打击制售假冒卷烟网络案件标准的有两起；查获违法卷烟897.55万支；移送公安、司法机关刑事拘留涉烟违法人员17人，其中，逮捕9人、判刑3人。

市局（公司）加大物流线路优化整合力度，打破行政区划，扩大三亚公司本部直接配送区域。针对农网特点，采用“定时定点取货”、“直访代送”、“直访代收”等辅助运行模式，并由客户经理、专卖稽查员、送货员、电访员对其进行“四线监控”，提高了农村市场占有率。截至2007年底，三亚公司电话订货成功率达到98%、配送面达到90%，电子结算率、电子结算成功率均达到95%。

琼海市烟草专卖局、海南省烟草公司琼海公司

琼海市烟草专卖局、海南省烟草公司琼海公司是中国烟草总公司海南省公司打破原有行政区划管理模式，经过改制，以琼海市烟草专卖局、海南省烟草公司琼海市公司（成立于1989年）为核心，于2003年9月成立的正处级独立法人单位，下辖琼海市、万宁市、屯昌县、琼中黎族苗族自治县等4个县级烟草专卖局（营销部）。截至2007年底，有从业人员203人，其中聘用员工58人。

2007年，全市辖区销售卷烟29.19亿支（5.84万箱），同比增长4.29%，其中，“百牌号”卷烟销售28.64亿支（5.73万箱），占总销量的98.12%。实现销售收入67876万元，同比增长16.29%。实现税利3995万元，同比增长36.16%，其中，实现利润2735万元，同比增长46.65%。

全年查处各类涉烟违法案件134起，其中5万元以上的案件4件；查获各种违法卷烟128.42万支，其中假烟89.19万支；捣毁制售假烟窝点1个，收缴罚没款3.35万元；移送公安、司法机关拘留涉烟违法人员6人，逮捕1人，判刑1人。

儋州市烟草专卖局、海南省烟草公司儋州公司

儋州市烟草专卖局、海南省烟草公司儋州公司是中国烟草总公司海南省公司打破原有行政区划管理模式，经过改制，以儋州市烟草专卖局、海南省烟草公司儋州市公司（成立于1988年）为核心，于2003年9月成立的正处级独立法人单位，下辖儋州市、东方市、昌江黎族自治县、白沙黎族自治县等4个县级烟草专卖局（营销部）。截至2007年底，有从业人员166人，其中聘用员工18人。

2007年，全市辖区销售卷烟21.36亿支（4.27万箱），同比增长3.99%，其中，“百牌号”卷烟销售占总销量的99.87%。实现税利2273万元，同比增长13.82%，其中，实现利润1338万元，同比增长13.68%。

全年查处各类涉烟违法案件93起，查获违法卷烟950万支，捣毁制售假烟窝点4个，移送公安、司法机关拘留涉烟违法人员4人。

2007年海南省烟草商业系统主要情况统计

地市级局（公司）名称	海口市烟草专卖局（公司）	三亚市烟草专卖局（公司）	琼海市烟草专卖局（公司）	儋州市烟草专卖局（公司）
法人代表/主要负责人	刘伯光	赵江波	郭国文	许丁科
总资产（万元）	33849	12260	15308	7904
所属县级局数量（个）	4	4	4	4
所属县级公司数量（个）	—	—	—	—
所属营销部、分公司	4个营销部	4个营销部	3个营销部	3个营销部

续表

地市级局（公司）名称		海口市烟草专卖局（公司）	三亚市烟草专卖局（公司）	琼海市烟草专卖局（公司）	儋州市烟草专卖局（公司）
所属业务机构	访销机构	1个营销中心	1个营销中心	1个营销中心	1个营销中心
	物流配送机构	1个物流中心	1个物流中心	1个物流中心	1个物流中心
	稽查机构	10个稽查大队	8个稽查支队	6个稽查大队	7个稽查大队
销售卷烟（亿支）		65.55	31.42	29.19	21.36
实现税利（万元）	本年	12870	3624	3995	2273
	上年	9161	1700	2934	1997
实现利润（万元）	本年	9531	2383	2735	1338
	上年	5963	1357	1865	1155
烟叶种植（亩）		—	—	—	—
烟叶收购（担）		—	—	—	—
零售户数（户）		11985	5051	5075	4282

（李方友）

重庆市烟草专卖局（公司）

【概　况】 重庆市地处中国西南，面积8.24万平方公里，下辖40个行政区县（自治县、市），全市总人口3144万人，2007年重庆市实现地区生产总值（GDP）4112亿元。

重庆市烟草专卖局、中国烟草总公司重庆市公司成立于1983年，下辖39个区县局（分公司），重庆渝叶实业（集团）有限公司1个多元化经营企业，中国烟草总公司重庆市公司销售分公司、物流分公司和烟叶分公司等3个专业分公司，重庆金益烟草有限责任公司、重庆万兴烟叶有限责任公司2个打叶复烤企业。

截至2007年底，全市烟草商业系统有从业人员10967人，其中聘用员工2369人。企业有总资产54.6亿元，其中，固定资产12.9亿元、流动资产35.4亿元，资产负债率36.6%。

【领导成员】 局长、总经理、党组书记：贾明非（—2007.8）

副局长、党组成员：李恩华（2007年8月起任局长、总经理、党组书记）

副总经理、党组成员：高兴华

纪检组长、党组成员：李　江

副局长、党组成员：刘光洋

副巡视员：李　志

副巡视员：智　力（2007.8—）

【组织机构】 市局（公司）机关设有办公室（外事办公室）、综合计划处（经济运行处）、专卖监督管理处（专卖稽查总队）、政策法规与体制改革处、财务管理处（资金结算中心）、审计处、科技处（烟草质量监督检测站）、安全保卫处、人事劳资处、监察处（党组纪检组）、思想政治工作处（工会、共青团、机关党委）、经济信息中心、离退休人员管理办公室、特有工种职业技能鉴定站、机关服务中心、重庆烟草学会等16个部门和重庆市烟草公司销售分公司、重庆市烟草公司物流分公司、重庆市烟草公司烟叶分公司等3个专业分公司。

【经济效益】 2007年，全市烟草商业系统销售卷烟455亿支（91万箱），同比增长3.05%，其中，销售一类烟20.5亿支（4.1万箱），占总销量的4.51%；二类烟25亿支（5万箱），占总销量的5.49%；三类烟88.0亿支（17.6万箱），占总销量的19.34%；四类烟185.5亿支（37.1万箱），占总销量的40.77%；五类烟136.0亿支（27.2万箱），占总销量的29.89%。

实现“两烟”销售收入108亿元，同比增长

12%。实现“两烟”税利20.6亿元，同比增长21.9%，其中，实现“两烟”利润13.7亿元，同比增长25.5%。

【专卖管理】 *打假破网*。坚持打假破网的三级网络标准，由考核刑事拘留人数扩展为考核逮捕人数，加大对网络主犯及团伙的追刑力度，引导破网工作重心由重量到重质的逐步转移。进一步强化指挥中心职能，实行网络案件动态指挥制度，全市办案资源得到有效整合。实施专卖打假经费专项预算制，对办理假烟网络案件的费用进行单独追加预算，从经费上保障“破网”工作的正常运转。

打假协作机制。进一步强化“政府搭台、烟草牵头、部门协作”的打假协作机制，推进联合打假和市场整顿工作的制度化、经常化。继续巩固公安与烟草联合打假协作机制，实现与公安机关在制度共建、信息共享、联合执法及案件移送等方面的深度协作。加强烟草与工商、交通等各职能部门间的联防协作打假，完善卷烟打假司法协作机制，提高打击涉烟犯罪的效率。

打假成果。全年共查获涉烟违法案件4460起，案值2094万元；查获假烟5705件，查获非法烟丝、烟叶607吨；破获制售假烟网络27个，其中，达到国家局标准的10个，达到市局标准的17个；移送公安、司法机关236人，拘留137人，判刑50人。

【网络建设】 *统一网建运行规范*。健全《重庆市卷烟销售网络运行规范》，进一步完善了需求预测制度、流程和各业务应急预案，规范了卷烟商流、物流、资金流、信息流、客户关系管理、客户投诉、督察考评、应急预案等业务流程，统一了全市卷烟销售网络运行标准。

提高物流效率。根据《重庆市卷烟销售网络运行优化提速实施方案》，通过调整物流布局、改造配送区域、整合送货线路、优化访送周期、改变交接方式、加强设备养护、优化流程接口、合理分配作业层面等手段提高物流运行效率。全年直接送货车辆装载率达95.88%，接力送货车辆装载率达91.87%，送货差错率为零。

深化客户服务。按照《重庆市卷烟零售客户服务管理办法（试行）》要求，在客户评价的基础上，以经营规模为前提，兼顾市场类型、守法情况和业态类型，实施客户群体划分，在卷烟供给、客户拜访、宣传促销、情感服务等方面提供标准化和个性化相结合的服务。2007年，全市系统客户信息维护面达100%，经营指导面达92.91%，客户满意度达95.6%。

【烟叶产销】 *烟叶种植收购*。2007年，全市种植烟叶59.7万亩，收购烟叶（含白肋烟）4.55万吨（91万担），其中，上等烟收购比例17.33%、中等烟收购比例45.21%。销售烟叶6.1万吨（122万担），加工烟叶7.88万吨（157.60万担）。

科技兴烟。推广专业化育苗，全面取消分户育苗，开展集中育苗，统一供应，全市漂浮育苗实际推广33万亩，占移栽总面积的64%。优化品种布局，全市“K326”品种种植面积占总面积的13.04%，“云烟87”占47.42%，“云烟85”占38.79%，单一品种种植比例控制在50%以内。改良烟叶种植土壤，使用发酵菌处理农家肥，尝试秸秆还田、种植绿肥翻压等促进土壤理化性状的改善。启动“重庆特色烟叶生产综合技术体系研究”项目攻关，在“土壤改良、肥料配方”等8个子项目试验中取得了初步成效。

烟叶基础设施建设。全年建成水池3921个，完成配套设施面积22.45万亩，建设容量174万立方米，建成沟渠952条，建成烟田机耕道路4.9千米，铺设管网4785千米，推广小型农耕机械1300台。实现烟农售烟收入4亿元，烟叶综合税收近8000万元。

【企业管理】 *财务管理*。市局（公司）坚持全面预算管理，建立以“基础预算”为主干，以烟叶基础设施建设、物资采购等专业预算为分支的全面预算管理体系，强化预算执行分析和考核制度，规范烟叶生产投入行为，截至2007年底，全市系统三项费用率11.95%，同比下降2个百分点。组织和完成主业清产核资工作，清查出闲置固定资产346项、土地745宗、权属证明2131项，净值合计8661万元，资产损失692万元，针对清查结果，分门别类制订整改措施。

安全生产。构建全员责任的安全保卫目标责任体系，逐级层层签订安全管理责任书，加大检查和考核力度。全市系统各单位落实《2007年安全保卫工作要点》，突出交通安全管理和计算机网络安全管理在安全生产工作中的重要地位。加大对仓储管理的监控力度，重点加强转运前及转运中的安全保卫工作，整改各类隐患30余个，全年无特大生产性责任事故发生。推进职业健康安全管理体系建设，万州、涪陵、巴南、永川等4家试点分公司先后通过第三方审核认证，两家复烤企业通过了质量、环境、安全“三标合一”的体系认证。

【信息化建设】 *综合统计信息化*。市局（公司）将全市综合统计工作归口经济信息中心管理，以“加强数据管理，挖掘信息资源”为突破口，实现传统统计工作方式向统计信息化“转型并轨”，实现了全市系统统计数据"数出一门"、"数入一库"。从客户、城农网、公司三个层面，需求、品牌、价格、销量四个维度，设计开发并定期发布包含月度统计分析和11张报表的"重庆市卷烟营销动态信息"。

卷烟生产经营决策管理系统二期工程建设。2007年5月，市局（公司）启动了卷烟生产经营决策管理系统二期工程的推广，工程项目涵盖江北、万州、涪陵、黔江、丰都等5个配送中心打码到条项目所需的设备改造、硬件购置、软件开发实施以及为实现"两打三扫"目标所需的WMS改造完善等工作，经过实施准备、安装调试、运行三个阶段，于同年10月全面完成实施任务，成为全行业首个完成推广实施任务的省级单位，也是全行业首个攻克大集中模式下打码到条技术难题的单位。

信息安全。市局（公司）坚持"以我为主、借助外力"的原则，邀请第三方评估机构参与"数字渝烟"信息安全风险评估。通过评估发现"数字渝烟"低风险漏洞78个，中级风险漏洞21个，高风险漏洞3个。根据安全现状制订安全整改方案，通过整改落实，绝大部分漏洞得到封堵，安全预期达到90%，对部分无法控制的风险通过"系统改造"和"系统升级"的方法降低到可控、可承受的范围之内。

【内部管理监督】 市局（公司）严格按照监管流程开展日常检查、重点检查和对卷烟工业企业的同级监管，监管工作纳入日常化轨道。组织并完成专项资金检查工作，通过自查、复查，对全市系统多申领的打假经费365万元、烟叶基础设施补贴奖金131万元按照规定及时调账划回国家局。

全市系统加强对关键重点环节的过程监管，坚持对招标范围、招标方式等内容进行重点审计，全年开展合同审计126个，审计金额5425万元。坚持100%工程结决算审计，严格项目竣工决算，组织开展工程竣工结决算审计35个，审计金额1.27亿元，审减金额505万元。开展经济责任审计，全年实施了对8个单位主要领导的经济责任审计，涉及审计金额4.05亿元，查出各种违规行为金额102万元，存在问题得到全面整改。

【机构调整】 2007年，全市系统继续完善机构编制，推进"三定"工作，调整"两烟"经营单位机构设置，为区域配送中心所在地公司或年烟叶收购计划4万担及以上的单位增设了信息科；为年烟叶收购计划10万担及以上的单位增设了储运科；为万州区局（分公司）增设了监察审计科。出台《市局（公司）职能配置、机构设置及人员编制方案》，将经济统计信息职能划入经济信息中心，将稽查总队调整为内设处室并与专卖监督管理处合并。根据国家局《关于进一步深化烟草行业收入分配制度改革的意见》，对机关所有岗位进行划分，明确具体类别，实现机关岗位初步归类。

【多元化经营】 2007年，重庆渝叶实业（集团）有限责任公司从单一的经营职能向经营与管理并重的双重职能转变，初步理顺了和各子公司的职能定位，建立起集团公司——直属子公司——托管子公司的集约型经营管理体系。

按照"巩固'两烟'运输、突出房地产开发和拓展卷烟连锁"的经营思路，关、停经营效益不佳的渝叶塑钢门窗厂、汽贸分公司、贸易分公司。收购设立渝叶亚普公司。注册开办渝叶酉阳金汇宾馆、江津江舟大酒店。渝叶公司初步形成"两烟"运输、房地产开发和卷烟连锁经营三大基础产业齐头并进，物管、化工协调发展，烟叶生产配套材料生产及销售、汽修、酒店经营稳步增长的产业布局。

2007年，全市系统多元化产业实现销售收入1.97亿元，其中，渝叶公司及直属子公司实现营业收入1.79亿元，同比增长19.49%。实现税利1486万元，其中，实现利润887万元，同比增长40.65%。

【队伍建设】 对云阳、南川、大足等区县局（分公司）领导班子进行调整，充实市局（公司）机关部分部门处级干部。全年共提拔副处级以上领导干部8名，交流轮岗7名，对14名试用期满的副处级以上领导干部进行了转正考察，完成5个区县基层单位分管烟叶工作副职领导干部的公开选拔工作。

组织4名处级干部参加国家局党校政治理论培训，组织所属单位44名"一把手"分别参加了国家局举办的5期地市级局（公司）领导班子成员培训，组织5名干部参加了国家局举办的企业培训师职业资格培训，组织3名干部参加了职教干部岗位培训，组织近80人次分别参加国家局举办的信息化、统计、打叶复烤设等方面技术技能培训。与市委党校联合举办了全市系统第八期领导干部和后备干部政治理论培训班，选派5名干部参加了市国资委企业领导人员调训。

完成大中专毕业生召录和复转军人接收安置工作，签约录用大学应届毕业生30人，接收安置复员军人27人。

【思想政治工作】 全市系统深入开展"两个至上"在岗位主题实践活动，重点开展"五查五看"活动，收集领导干部书面分析材料50余篇，心得体会160余篇。全市系统各单位不断拓展活动形式，践行“两个至上”，北碚、万州区局（分公司）组织职工开展野外拓展训练、消防演练等活动；巴南、丰都区局（分公司）开展“5S”培训；江北区局（分公司）开展QC技能培训；渝北、开县等局（分公司）还聘请专家教授及知名人士开展党风廉政、文明礼仪、预防职务犯罪、安全健康等专题讲座。

加强机关党建工作，全年组织两期共39名入党积极分子参加学习培训，18名同志成为中共预备党员，12名中共预备党员按期转正。加强群团工作，完成机关工会、共青团换届选举，组织开展春节联欢、市直机关女员工运动会等形式多样、内容丰富的活动，进一步凝聚人心，振奋精神。

【企业文化】 2007年，市局（公司）成立了企业文化建设联合项目组，全面构建了以“核心理念”、“战略理念”、“经营理念”为主要内容的企业文化理念体系，形成了“山外有山、行者无疆”的企业精神，“人本和谐、务实创新”的核心价值观，“人人快乐、和谐发展”的企业愿景，“情系大众、报效国家”的企业使命等核心理念。重庆烟草《企业文化手册》、《员工行为手册》、《企业文化故事集》等11项成果于4月10日通过了内部评审，并在市局（公司）党组会上通过审定。

重庆市局（公司）主要统计指标汇总

两烟税利（亿元）	两烟利润（亿元）	销售卷烟（亿支）	烟叶种植（万亩）	烟叶收购（万担）
20.60	13.70	455.00	59.70	91.00

所属区、县局（公司）

万州区烟草专卖局（分公司）

万州区烟草专卖局、重庆市烟草公司万州分公司成立于1984年，截至2007年底，有从业人员850人，其中聘用员工259人。

2007年，辖区销售卷烟21.24亿支（4.25万箱），同比增长1.68%。实现“两烟”税利3587万元，同比增长32.85%，其中，实现“两烟”利润1718万元，同比增长37.99%。

2007年，区局（公司）推行“千亩村、万亩镇”的烟叶种植布局措施，加大户均种植面积。继续推进烟叶基础设施建设，修建水池44口、蓄水量3.73万立方米，改建验收合格晾房300座，新建标准晾房214座。

全年破获3起制售假烟网络案件，涉案总金额272万元，移送公安、司法机关刑事拘留26人，判刑4人。

黔江区烟草专卖局（分公司）

黔江区烟草专卖局、重庆市烟草公司黔江分公司成立于1983年，截至2007年底，有从业人员531人，其中聘用员工221人。

2007年，辖区销售卷烟6.75亿支（1.35万箱），同比增长7.31%。实现“两烟”税利4013万元，其中实现“两烟”利润819万元。

继续推进烟水配套工程建设，修建水池313口、蓄水量27.75万立方米，铺设管网800千米，开挖沟渠1.26千米，安装水桩8000余个，烟水配套覆盖面积3.7万亩。

涪陵区烟草专卖局（分公司）

涪陵区烟草专卖局、重庆市烟草公司涪陵分公司成立于1983年，截至2007年底，有从业人员378人，其中聘用员工195人。

2007年，辖区销售卷烟16.15亿支（3.23万箱），同比增长0.25%。实现“两烟”税利4088万元，同比增长11.33%，其中，实现“两烟”利润2899万元，同比增长14.9%。

全年投入烟叶生产基础设施建设资金280万元，修建水池24口、蓄水量0.15万立方米，铺设管网60千米，开挖沟渠3.84千米，维修整治烟区道路23千米，改建热源内置密集式烤房3座。

全年查处各类涉烟违法案件290起，案值近110万元，上缴罚没款12.9万元，移送公安、司法机关刑事拘留6人。

渝中区烟草专卖局（分公司）

渝中区烟草专卖局、重庆市烟草公司渝中分公司成立于1984年，截至2007年底，有从业人员96人，其中聘用员工2人。

2007年，辖区销售卷烟16.85亿支（3.37万箱），同比增长5.31%。实现销售收入55011万元，同比增长8.61%。实现税利9716万元，同比增长11.61%，其中，实现利润7758万元，同比增长12.39%。

全年查处各类涉烟违法案件1069起，其中大要案49起，破获符合国家局标准的假烟网络案件1个、市局标准假烟网络1个，查获非法卷烟1467件，取缔无证户232户，上缴罚没款38万元，移送公安、司法机关治安拘留3人，刑事拘留10人，判刑7人。

大渡口区烟草专卖局（分公司）

大渡口区烟草专卖局、重庆市烟草公司大渡口分公司成立于1985年，截至2007年底，有从业人员49人，其中聘用员工6人。

2007年，辖区销售卷烟7.02亿支（1.41万箱），同比增长10.55%。实现销售收入16516万元，同比增长23.3%。实现税利2414万元，同比增长34.04%，其中，实现利润1883万元，同比增长37.35%。

江北区烟草专卖局（分公司）

江北区烟草专卖局、重庆市烟草公司江北分公司成立于1985年，截至2007年底，有从业人员94人，其中聘用员工6人。

2007年，辖区销售卷烟16.55亿支（3.31万箱），同比增长10.92%。实现销售收入45612万元，同比增长19.91%。实现税利7958万元，同比增长55.76%，其中，实现利润6119万元，同比增长59.06%。

沙坪坝区烟草专卖局（分公司）

沙坪坝区烟草专卖局、重庆市烟草公司沙坪坝分公司成立于1985年，截至2007年底，有从业人员108人，其中聘用员工13人。

2007年，辖区销售卷烟21亿支（4.2万箱），同比增长8.3%。实现销售收入62414万元，同比增长20.11%。实现税利8983万元，同比增长32.83%，其中，实现利润7167万元，同比增长32.77%。

全年查处各类涉烟违法案件1889件，总案值107万元，上缴罚没款66万元，破获两起符合国家局标准的假冒卷烟网络案件，向公安、司法机关移送涉烟违法案件5件，行政拘留4人，刑事拘留19人，判刑9人。

九龙坡区烟草专卖局（分公司）

九龙坡区烟草专卖局、重庆市烟草公司九龙坡分公司成立于1985年，截至2007年底，有从业人员118人，其中聘用员工5人。

2007年，辖区销售卷烟23.84亿支（4.77万箱），同比增长14.67%。实现销售收入62227万元，同比增长28.4%。实现税利10262万元，同比增长43.52%，其中，实现利润8169万元，同比增长43.52%。

全年查处各类涉烟违法案件724起，没收假烟24767件，上缴罚没款93万元，破获了符合国家级标准和市局二级标准假烟网络案件各1起，移送公安、司法机关刑事拘留3人，判刑3人。

南岸区烟草专卖局（分公司）

南岸区烟草专卖局、重庆市烟草公司南岸分公司成立于1984年，截至2007年底，有从业人员96人，其中聘用员工20人。

2007年，辖区销售卷烟17.2亿支（3.44万箱），同比增长8.04%。实现销售收入46419万元，同比增长23.59%。实现税利7406万元，同比增长12.45%，其中，实现利润5807万元，同比增长50.56%。

北碚区烟草专卖局（分公司）

北碚区烟草专卖局、重庆市烟草公司北碚分公司成立于1985年，截至2007年底，有从业人员108人，其中聘用员工15人。

2007年，辖区销售卷烟13.38亿支（2.68万箱），同比增长3.88%。实现销售收入29574万元，同比增长15.35%。实现税利4140万元，同比增长25.26%，其中，实现利润3188万元，同比增长28.19%。

万盛区烟草专卖局（分公司）

万盛区烟草专卖局、重庆市烟草公司万盛分公司成立于1984年，截至2007年底，有从业人员50人，其中聘用员工11人。

2007年，辖区销售卷烟4.97亿支（0.99万箱），实现销售收入11369万元，同比增长9.5%。实现税利1081万元，同比增长25.7%，其中，实现利润771万元，同比增长32.7%。

渝北区烟草专卖局（分公司）

渝北区烟草专卖局、重庆市烟草公司渝北分公司成立于1985年，截至2007年底，有从业人员132人，其中聘用员工30人。

2007年，辖区销售卷烟25.98亿支（5.20万箱），实现销售收入64353万元，同比增长26.47%。实现税利10574万元，同比增长37.80%，其中，实现利润

8551万元，同比增长43.97%。

全力推动员工的教育培训工作，全年取得技师资格的10人、中级工资格的7人、高级工资格的12人。

巴南区烟草专卖局（分公司）

巴南区烟草专卖局、重庆市烟草公司巴南分公司成立于1986年，截至2007年底，有从业人员96人，其中聘用员工20人。

2007年，辖区销售卷烟16.90亿支（3.38万箱），实现销售收入32698万元，同比增长16.69%。实现税利4160万元，同比增长27.14%，其中，实现利润3239万元，同比增长40.34%。

长寿区烟草专卖局（分公司）

长寿区烟草专卖局、重庆市烟草公司长寿分公司成立于1984年，截至2007年底，有从业人员102人，其中聘用员工32人。

2007年，辖区销售卷烟11.6亿支（2.32万箱），同比增长1.67%。实现销售收入24920万元，同比增长16.14%。实现税利2199万元，同比增长46.6%，其中，实现利润1469万元，同比增长58.98%。

江津区烟草专卖局（分公司）

江津区烟草专卖局、重庆市烟草公司江津分公司成立于1985年，截至2007年底，有从业人员149人，其中聘用员工26人。

2007年，辖区销售卷烟17.77亿支（3.55万箱），实现销售收入29982万元，同比增长10%。实现税利3933万元，同比增长51.91%，其中，实现利润2276万元，同比增长30.36%。

合川区烟草专卖局（分公司）

合川区烟草专卖局、重庆市烟草公司合川分公司成立于1985年10月，截至2007年底，有从业人员188人，其中聘用员工57人。

2007年，辖区销售卷烟17.60亿支（3.52万箱），实现销售收入28800万元，同比增长10.62%。实现税利3089万元，同比增长30.01%，其中，实现利润2174万元，同比增长32.32%。

全年查处各类涉烟违法案件1120起，其中，制售假烟网络案件1起，大案要案2起，案值80余万元，上缴罚没款36万元。查处各类非法卷烟124万支，捣毁假烟窝点1个，移送公安、司法机关拘留5人。

永川区烟草专卖局（分公司）

永川区烟草专卖局、重庆市烟草公司永川分公司成立于1984年6月，截至2007年底，有从业人员151人，其中聘用员工29人。

2007年，辖区销售卷烟16.53亿支（3.31万箱），实现销售收入28607万元，同比增长20.69%。实现税利3052万元，同比增长41.95%，其中，实现利润1547万元，同比增长12.35%。

南川区烟草专卖局（分公司）

南川区烟草专卖局、重庆市烟草公司南川分公司成立于1983年，截至2007年底，有从业人员205人，其中聘用员工106人。

2007年，辖区销售卷烟9.45亿支（1.89万箱），同比增长2.16%。实现“两烟”税利1649万元，其中实现“两烟”利润1028万元。

綦江县烟草专卖局（分公司）

綦江县烟草专卖局、重庆市烟草公司綦江分公司成立于1984年，截至2007年底，有从业人员104人，其中聘用员工24人。

2007年，辖区销售卷烟13.30亿支（2.66万箱），同比增长2.07%。实现销售收入26491万元，同比增长15.2%。实现税利2901万元，同比增长24.03%，其中，实现利润2039万元，同比增长20.01%。

潼南县烟草专卖局（分公司）

潼南县烟草专卖局、重庆市烟草公司潼南分公司成立于1984年，截至2007年底，有从业人员88人，其中聘用员工33人。

2007年，辖区销售卷烟7.72亿支（1.54万箱），实现销售收入13945万元，同比增长15.55%。实现税利766万元，同比增长12.81%，其中，实现利润407万元，同比增长12.12%。

铜梁县烟草专卖局（分公司）

铜梁县烟草专卖局、重庆市烟草公司铜梁分公司成立于1985年，截至2007年底，有从业人员87人，其中聘用员工30人。

2007年，辖区销售卷烟9.37亿支（1.87万箱），实现销售收入15451万元，同比增长10.95%。实现税利1484万元，同比增长39.08%，其中，实现利润1015万元，同比增长37.72%。

大足县烟草专卖局（分公司）

大足县烟草专卖局、重庆市烟草公司大足分公司成立于1984年，截至2007年底，有从业人员101人，其中聘用员工6人。

2007年，辖区销售卷烟12.4亿支（2.48万箱），同比增长2%。实现税利2262万元，同比增长52.22%，其中，实现利润1611万元，同比增长71.93%。

全年查处各类涉烟违法案件361起，查获假冒卷烟55件，上缴罚没款12万元。

荣昌县烟草专卖局（分公司）

荣昌县烟草专卖局、重庆市烟草公司荣昌分公司成立于1984年，截至2007年底，有从业人员76人，其中聘用员工14人。

2007年，辖区销售卷烟11亿支（2.2万箱）。实现税利1829万元，同比增长31.21%，其中，实现利润1274万元，同比增长36.4%。

璧山县烟草专卖局（分公司）

璧山县烟草专卖局、重庆市烟草公司璧山分公司成立于1984年，截至2007年底，有从业人员90人，其中聘用员工20人。

2007年，辖区销售卷烟10.69亿支（2.14万箱），同比增长6.9%。实现销售收入19433万元，同比增长16.58%。实现税利2372万元，同比增长54.53%，其中，实现利润1525万元，同比增长48.93%。

全年查获各类涉烟违法案件334件，上缴罚没款4.45万元。

梁平县烟草专卖局（分公司）

梁平县烟草专卖局、重庆市烟草公司梁平分公司成立于1984年，截至2007年底，有从业人员85人，其中聘用员工7人。

2007年，辖区销售卷烟9.22亿支（1.84万箱），同比增长0.88%。实现销售收入13524万元，同比增长12.85%。实现税利945万元，其中实现利润322万元。

城口县烟草专卖局（分公司）

城口县烟草专卖局、重庆市烟草公司城口分公司成立于1984年，截至2007年底，有从业人员41人，其中聘用员工5人。

2007年，辖区销售卷烟2.6亿支（0.52万箱），同比增长4%。实现销售收入5736万元，同比增长20%。实现税利592万元，其中实现利润228万元。

丰都县烟草专卖局（分公司）

丰都县烟草专卖局、重庆市烟草公司丰都分公司成立于1983年，截至2007年底，有从业人员235人，其中聘用员工113人。

2007年，辖区销售卷烟6.44亿支（1.29万箱）。实现“两烟”税利1416万元，其中实现“两烟”利润214万元。

推进烟叶基础设施建设，新建水池245个、蓄水量8.59万平方米，新建小塘坝1座，安装管网166条、长40.46千米，建设沟渠42条、长7.67千米，修建机耕道路3条、长2千米，新建、改建烤房77座，启动基层站点建设2个。

全年查处涉烟违法案件293起，没收假烟156件，上缴罚没款95万元。

垫江县烟草专卖局（分公司）

垫江县烟草专卖局、重庆市烟草公司垫江分公司成立于1983年，截至2007年底，有从业人员100人，其中聘用员工3人。

2007年，辖区销售卷烟8.08亿支（1.616万箱），实现税利925万元，其中实现利润511万元。

全年查获各类涉烟违法案件424起，案值79.6万元，查获非法卷烟41件，移送公安、司法机关处理涉烟违法案件2起，刑事拘留5人、判刑1人。

坚持“安全第一、预防为主、综合治理”的工作方针，创新安全管理模式，组织安全学习培训13次，开展安全检查25次，查出安全隐患5个，并全部得到整改。

武隆县烟草专卖局（分公司）

武隆县烟草专卖局、重庆市烟草公司武隆分公司成立于1983年，截至2007年底，有从业人员378人，其中聘用员工195人。

2007年，辖区销售卷烟5.36亿支（1.07万箱）。实现“两烟”销售收入22775万元。实现“两烟”税利1989万元，其中实现“两烟”利润287万元。种植烤烟6.4万亩，实现烟农种烟收入5090万元。

忠县烟草专卖局（分公司）

忠县烟草专卖局、重庆市烟草公司忠县分公司成立于1984年5月，截至2007年底，有从业人员102

人，其中聘用员工6人。

2007年，辖区销售卷烟7.80亿支（1.56万箱），实现销售收入11836万元，同比增长11%，实现税利152万元。

开县烟草专卖局（分公司）

开县烟草专卖局、重庆市烟草公司开县分公司成立于1984年，截至2007年底，有从业人员99人，其中聘用员工44人。

2007年，辖区销售卷烟10.98亿支（2.62万箱），实现销售收入25876万元，同比增长24.71%。实现税利3922万元，同比增长63.62%，其中，实现利润2150万元，同比增长31.82%。

卷烟营销和网建取得突破进展，卷烟单箱销售收入9650元，同比增长22.56%。卷烟入网销售率100%，订单准确率95.31%，明码标价到位率97.76%，电话订货率100%，电话订货成功率98.03%，电子结算成功率99.69%，客户满意度97.7%。

云阳县烟草专卖局（分公司）

云阳县烟草专卖局、重庆市烟草公司云阳分公司成立于1984年，截至2007年底，有从业人员129人，其中聘用员工13人。

2007年，辖区销售卷烟9.02亿支（1.80万箱），实现税利2298万元，同比增长101.4%，其中，实现利润1061万元，同比增长193.09%。

奉节县烟草专卖局（分公司）

奉节县烟草专卖局、重庆市烟草公司奉节分公司成立于1984年，截至2007年底，有从业人员280人，其中聘用员工150人。

2007年，辖区销售卷烟10.04亿支（2.01万箱），同比增长1.93%。实现“两烟”税利3362万元，同比增长23.47%，其中，实现“两烟”利润2073万元，同比增长8.53%。

种植烤烟3.05万亩，实现烟农种烟收入2568万元，上缴烟叶综合税565万元。

巫山县烟草专卖局（分公司）

巫山县烟草专卖局、重庆市烟草公司巫山分公司成立于1984年，截至2007年底，有从业人员346人，其中聘用员工191人。

2007年，辖区销售卷烟7.72亿支（1.45万箱），同比增长4.61%。实现“两烟”销售收入33680万元，同比增长5%。实现“两烟”税利7128万元，其中实现“两烟”利润2979万元。

种植烤烟8.06万亩，实现烟农种烟收入8000万元，上缴烟叶综合税2961万元。

巫溪县烟草专卖局（分公司）

巫溪县烟草专卖局、重庆市烟草公司巫溪分公司成立于1984年，截至2007年底，有从业人员173人，其中聘用员工98人。

2007年，辖区销售卷烟4.52亿支（0.91万箱），同比增长2.26%。实现“两烟”销售收入13740元。实现“两烟”税利3984万元，其中实现“两烟”利润2192万元。

种植烤烟2.31万亩，实现烟农种烟收入1781万元，上缴烟叶综合税355万元。

石柱土家族自治县烟草专卖局（分公司）

石柱土家族自治县烟草专卖局、重庆市烟草公司石柱分公司成立于1983年，截至2007年底，有从业人员232人，其中聘用员工106人。

2007年，辖区销售卷烟5.23亿支（1.05万箱），同比增长2.55%。实现“两烟”税利2568万元，其中实现“两烟”利润819万元。

种植烤烟3.75万亩，实现烟农种烟收入2289万元，上缴烟叶综合税1342万元。

秀山土家族苗族自治县烟草专卖局（分公司）

秀山土家族苗族自治县烟草专卖局、重庆市烟草公司秀山分公司成立于1983年，截至2007年底，有从业人员179人，其中聘用员工71人。

2007年，辖区销售卷烟7.41亿支（1.48万箱），同比增长14%。实现“两烟”销售收入19327万元，同比增长31.72%。实现“两烟”税利1753万元，其中实现“两烟”利润1392万元。

种植烤烟1.13万亩，实现烟农种烟收入714万元，烟叶综合税收157万元。

全年查获各类涉烟违法案件91起，案值51万元，查扣非法卷烟187万支。

酉阳土家族苗族自治县烟草专卖局（分公司）

酉阳土家族苗族自治县烟草专卖局、重庆市烟草公司酉阳分公司成立于1984年，截至2007年底，有从业人员294人，其中聘用员工186人。

2007年，辖区销售卷烟6.86亿支（1.37万箱），同比增长7.02%，实现“两烟”销售收入25874万元。实现“两烟”税利6166万元，其中实现“两烟”利润1924万元。

种植烤烟6.89万亩，实现烟农种烟收入5304万元，烟叶综合税收3455万元。

彭水苗族土家族自治县烟草专卖局（分公司）

彭水苗族土家族自治县烟草专卖局、重庆市烟草公司彭水分公司成立于1983年，截至2007年底，有从业人员479人，其中聘用员工298人。

2007年，辖区销售卷烟6.28亿支（1.26万箱），同比增长1.62%。实现“两烟”税利10355万元，同比增长146.43%，其中，实现“两烟”利润2792万元，同比增长5.64%。

种植烤烟11.42万亩，实现烟农种烟收入9939万元，烟叶综合税收6547万元。

全年查处各类涉烟违法案件183起，案值40余万元，其中，无证经营卷烟案件159起，无证运输烟叶案件7起，经营假冒伪劣卷烟案件17起。

2007年重庆市烟草商业系统主要情况统计

区、县局（公司）名称		万州区烟草专卖局（分公司）	黔江区烟草专卖局（分公司）	涪陵区烟草专卖局（分公司）	渝中区烟草专卖局（分公司）	大渡口区烟草专卖局（分公司）
法人代表/主要负责人		梁世万（—2007.4）、李恩成（2007.4—）	谢会川	蔡世全	王　今	段承明
总资产（万元）		12670	15047	11954	6656	3441
所属县级局数量（个）		—	—	—	—	—
所属县级公司数量（个）		—	—	—	—	—
所属营销部、分公司		—	—	—	—	—
所属业务机构	访销机构	1个客户服务部、1个区域电话订货部	1个客户服务部、1个区域电话订货部	1个客户服务部	1个客户服务部	1个客户服务部
	物流配送机构	1个配送部	1个配送部	—	—	—
	稽查机构	7个稽查中队	1个稽查中队	5个稽查中队	2个稽查中队	3个稽查中队
销售卷烟（亿支）		21.24	6.75	16.15	16.85	7.02
两烟税利（万元）	本年	3587	4013	4088	9716	2414
	上年	2700	3360	3672	8705	1801
两烟利润（万元）	本年	1718	819	2899	7758	1883
	上年	1245	3181	2523	6903	1371
烟叶种植（亩）		15000	37000	8300	—	—
烟叶收购（担）		33000	89100	11500	—	—
零售户数（户）		6529	1810	3935	2525	1055

区、县局（公司）名称		江北区烟草专卖局（分公司）	沙坪坝区烟草专卖局（分公司）	九龙坡区烟草专卖局（分公司）	南岸区烟草专卖局（分公司）	北碚区烟草专卖局（分公司）
法人代表/主要负责人		郭　敏	黄在春	戴吉云	黄健雄	谷　华
总资产（万元）		9589	9941	12564	13233	5737
所属县级局数量（个）		—	—	—	—	—
所属县级公司数量（个）		—	—	—	—	—
所属营销部、分公司		—	—	—	—	—
所属业务机构	访销机构	1个客户服务部	1个客户服务部	1个客户服务部	1个客户服务部	1个客户服务部
	物流配送机构	—	—	—	—	—
	稽查机构	4个稽查中队	3个稽查中队	3个稽查中队	6个稽查中队	3个稽查中队
销售卷烟（亿支）		16.55	21.00	23.84	17.20	13.38
两烟税利（万元）	本年	7958	8983	10262	7406	4140
	上年	5109	6763	7150	6586	3305

续表

区、县局（公司）名称		江北区烟草专卖局（分公司）	沙坪坝区烟草专卖局（分公司）	九龙坡区烟草专卖局（分公司）	南岸区烟草专卖局（分公司）	北碚区烟草专卖局（分公司）
两烟利润（万元）	本年	6119	7167	8169	5807	3188
	上年	3847	5398	5565	3857	2487
烟叶种植（亩）		—	—	—	—	—
烟叶收购（担）		—	—	—	—	—
零售户数（户）		2103	2873	3610	2487	3116

区、县局（公司）名称		万盛区烟草专卖局（分公司）	渝北区烟草专卖局（分公司）	巴南区烟草专卖局（分公司）	长寿区烟草专卖局（分公司）	江津区烟草专卖局（分公司）
法人代表/主要负责人		徐 建	蒲志奇	田 松	张 旭	李长中
总资产（万元）		2319	11821	7359	4654	7168
所属县级局数量（个）		—	—	—	—	—
所属县级公司数量（个）		—	—	—	—	—
所属营销部、分公司		—	—	—	—	—
所属业务机构	访销机构	1个客户服务部	1个客户服务部	1个客户服务部	1个客户服务部	1个客户服务部
	物流配送机构	—	—	—	—	—
	稽查机构	2个稽查中队	7个稽查中队	4个稽查中队	5个稽查中队	11个稽查中队
销售卷烟（亿支）		4.97	25.98	16.90	11.60	17.77
两烟税利（万元）	本年	1081	10574	4160	2199	3933
	上年	860	7685	3272	1500	2589
两烟利润（万元）	本年	771	8551	3239	1469	2276
	上年	581	5951	2308	924	1746
烟叶种植（亩）		—	—	—	—	—
烟叶收购（担）		—	—	—	—	—
零售户数（户）		1107	4656	3193	3185	3694

区、县局（公司）名称		合川区烟草专卖局（分公司）	永川区烟草专卖局（分公司）	南川区烟草专卖局（分公司）	綦江县烟草专卖局（分公司）	潼南县烟草专卖局（分公司）
法人代表/主要负责人		窦梓铭	肖中华	张建华	张琼华	刘 伟
总资产（万元）		5222	5906	6509	6313	2294
所属县级局数量（个）		—	—	—	—	—
所属县级公司数量（个）		—	—	—	—	—
所属营销部、分公司		—	—	—	—	—
所属业务机构	访销机构	1个客户服务部	1个客户服务部	1个客户服务部	1个客户服务部	1个客户服务部
	物流配送机构	—	—	—	—	—
	稽查机构	9个稽查中队	6个稽查中队	6个稽查中队	5个稽查中队	4个稽查中队
销售卷烟（亿支）		17.60	16.53	9.45	13.30	7.72
两烟税利（万元）	本年	3089	3052	1649	2901	766
	上年	2376	2150	3945	2339	679
两烟利润（万元）	本年	2174	1547	1028	2039	407
	上年	1643	1377	1858	1699	363
烟叶种植（亩）		—	—	13000	—	—
烟叶收购（担）		—	—	21700	—	—
零售户数（户）		5185	3456	2516	3564	2389

区、县局（公司）名称		铜梁县烟草专卖局（分公司）	大足县烟草专卖局（分公司）	荣昌县烟草专卖局（分公司）	璧山县烟草专卖局（分公司）	梁平县烟草专卖局（分公司）
法人代表/主要负责人		张胜华	赵　飞	范　涛	楚　鹰	李锦福
总资产（万元）		3087	4599	4055	4502	1318
所属县级局数量（个）		—	—	—	—	—
所属县级公司数量（个）		—	—	—	—	—
所属营销部、分公司		—	—	—	—	—
所属业务机构	访销机构	1个客户服务部	1个客户服务部	1个客户服务部	1个客户服务部	1个客户服务部
	物流配送机构	—	—	—	—	—
	稽查机构	4个稽查中队	6个稽查中队	2个稽查中队	3个稽查中队	5个稽查中队
销售卷烟（亿支）		9.37	12.40	11.00	10.69	9.22
两烟税利（万元）	本年	1484	2262	1829	2372	945
	上年	1067	1486	1394	1535	1835
两烟利润（万元）	本年	1015	1611	1274	1525	322
	上年	737	937	934	1024	274
烟叶种植（亩）		—	—	—	—	—
烟叶收购（担）		—	—	—	—	—
零售户数（户）		3041	3405	1784	2131	2674

区、县局（公司）名称		城口县烟草专卖局（分公司）	丰都县烟草专卖局（分公司）	垫江县烟草专卖局（分公司）	武隆县烟草专卖局（分公司）	忠县烟草专卖局（分公司）
法人代表/主要负责人		夏刚东	刘　劲	程念民	肖鹏程	何汝成
总资产（万元）		1553	9164	3253	15476	2264
所属县级局数量（个）		—	—	—	—	—
所属县级公司数量（个）		—	—	—	—	—
所属营销部、分公司		—	—	—	—	—
所属业务机构	访销机构	1个客户服务部	1个客户服务部	1个客户服务部	1个客户服务部	1个客户服务部
	物流配送机构	—	—	—	—	—
	稽查机构	1个稽查中队	6个稽查中队	6个稽查中队	5个稽查中队	10个稽查中队
销售卷烟（亿支）		2.60	6.44	8.08	5.36	7.80
两烟税利（万元）	本年	592	1416	925	1989	152
	上年	842	2372	937	2661	1107
两烟利润（万元）	本年	228	214	511	287	—254（消化潜亏）
	上年	404	1102	420	1270	498
烟叶种植（亩）		—	23982	—	64000	—
烟叶收购（担）		—	49677	—	110000	—
零售户数（户）		1375	1954	2727	2095	2959

区、县局（公司）名称		开县烟草专卖局（分公司）	云阳县烟草专卖局（分公司）	奉节县烟草专卖局（分公司）	巫山县烟草专卖局（分公司）	巫溪县烟草专卖局（分公司）
法人代表/主要负责人		邬　俊	阳显春	杨洪涛（—2007.4）、张明礼（2007.4—）	冉庆远（—2007.4）、陈　涛（2007.4—）	李　明
总资产（万元）		8003	5014	12235	22045	6400
所属县级局数量（个）		—	—	—	—	—
所属县级公司数量（个）		—	—	—	—	—
所属营销部、分公司		—	—	—	—	—
所属业务机构	访销机构	1个客户服务部	1个客户服务部	1个客户服务部	1个客户服务部	1个客户服务部
	物流配送机构	—	—	—	—	—
	稽查机构	7个稽查中队	6个稽查中队	4个稽查中队	3个稽查中队	2个稽查中队
销售卷烟（亿支）		10.98	9.02	10.04	7.72	4.52
两烟税利（万元）	本年	3922	2298	3362	7128	3984
	上年	2397	1141	2723	7209	4015
两烟利润（万元）	本年	2150	1061	2073	2979	2192
	上年	1631	362	1910	3303	2169
烟叶种植（亩）		—	—	30540	80648	23073
烟叶收购（担）		—	—	64000	149700	37500
零售户数（户）		4125	3720	2744	2498	1601

区、县局（公司）名称		石柱土家族自治县烟草专卖局（分公司）	秀山土家族苗族自治县烟草专卖局（分公司）	酉阳土家族苗族自治县烟草专卖局（分公司）	彭水苗族土家族自治县烟草专卖局（分公司）
法人代表/主要负责人		罗晓庆	何明川	谢　静	江　波
总资产（万元）		7048	4895	19232	19445
所属县级局数量（个）		—	—	—	—
所属县级公司数量（个）		—	—	—	—
所属营销部、分公司		—	—	—	—
所属业务机构	访销机构	1个客户服务部	1个客户服务部	1个客户服务部	1个客户服务部
	物流配送机构	—	—	—	—
	稽查机构	3个稽查中队	3个稽查中队	3个稽查中队	10个稽查中队
销售卷烟（亿支）		5.23	7.41	6.86	6.28
两烟税利（万元）	本年	2568	1753	6166	10355
	上年	2620	2551	6333	4202
两烟利润（万元）	本年	819	1392	1924	2792
	上年	1634	1140	3114	2643
烟叶种植（亩）		37530	11287	68897	114163
烟叶收购（担）		50100	14300	110000	216000
零售户数（户）		1606	1809	2065	1850

（龚洪磊）

四川省烟草专卖局（公司）

【概　况】 四川省位于长江上游，面积48.5万平方公里，有汉、彝、藏、羌等50多个民族。2007年，全省常住人口8269万人，实现地区生产总值（GDP）9657亿元。

四川省烟草专卖局、中国烟草总公司四川省公司成立于1983年2月，1984年7月整体上划国家烟草专卖局和中国烟草总公司。截至2007年底，下辖22个市、州烟草专卖局（公司），163个县（市、区）烟草专卖局（营销部），有总资产122.29亿元，其中，固定资产4.14亿元、流动资产81.54亿元，资产负债率55%。有从业人员12126人，其中聘用员工5491人。

【领导成员】 局长、总经理、党组书记：龚锦华

副总经理、党组成员：伍勤江（—2007.9）

副局长、党组成员：杨永法

副总经理、党组成员：陈　霖

纪检组长、党组成员：黄晋南

副总经理、党组成员：陈　章（2007.3—）

党组成员：胡存忠

总会计师：石　磊

副巡视员：胡志清

副巡视员：陈维平（2007.3—）

【组织机构】 省局（公司）机关设有办公室（外事办）、综合计划处（经济运行处）、安全保卫处、专卖稽查管理处（稽查总队）、法规处、财务管理处（国有资产管理处）、审计处、人事劳资处、监察处（与党组纪检合署办公）、思想政治工作处（机关党委、工会）、科技处（与烟草质量监督检测站合署办公）、卷烟经营管理部、烟叶生产经营管理部、经济信息中心、资金管理中心、烟草经济秩序整顿办公室、离退休人员管理办公室、机关后勤服务管理中心、烟草职工教育培训中心（烟草职业技能鉴定站）、省烟草学会办公室等20个职能处室和中国烟草四川进出口有限责任公司。

【经济效益】 2007年，全省烟草商业系统销售卷烟1087.70亿支（217.54万箱），同比增长3.44%，其中，销售一类烟55.15亿支（11.03万箱），占总销量的5.07%；二类烟53.80亿支（10.76万箱），占总销量的4.95%；三类烟218.60亿支（43.72万箱），占总销量的20.10%；四类烟453.30亿支（90.66万箱），占总销量的41.68%；五类烟306.85亿支（61.37万箱），占总销量的28.21%。销售“百牌号”卷烟1062亿支（212.4万箱），占总销量的97.64%。品牌集中度不断提高，全省销售卷烟品牌82个，同比减少7个，品牌规格221个，同比减少29个。

全年实现“两烟”销售收入284.22亿元，同比增长23.16%。实现“两烟”税利67.85亿元，同比增长34.34%，其中，实现“两烟”利润51.6亿元，同比增长40.22%。

【专卖管理】 2007年，省局（公司）与省公、检、法和相关行政执法部门建立完善了《关于建立烟草制品打假协作机制的意见》和《打击制售假烟网络工作方案》，进一步强化联合打假工作机制。集中力量查办跨地区的重大制售假烟网络案件，组织10多个市局（公司）进行案件经营和收网行动，参加国家局统一部署的跨省网络案件查办工作。全年破获制售假烟网络案件38起，查获网络生产点29个、分销点282个、零售点772个。

省局（公司）制订了《加强县级局执法主体地位建设工作方案》、《县级局执法主体建设机构设置和人员配置方案》和系列配套制度，确定了基层执法主体建设的原则、内容、方法、标准和实施步骤。各县级局依法明确职能职权，完善专卖组织体系，推进基层查处分离，实施一线脱钩考核，建立起“查、处、管、核”的专卖管理新格局，专卖执法队伍素质和依法行政水平得到提高。

全年共查处各类涉烟违法案件29399起，其中，假烟案件14462起，走私烟案件868起；查扣非法卷烟45233件，其中，假冒卷烟35293件，走私烟452件；卷烟真伪鉴别5.5万批次；捣毁制假贩假窝点317个，涉案总金额7500万元。移送公安、司法机关刑事拘留281人，逮捕34人，判刑152人。

【网络建设】 网建全面提升。全省系统围绕“突出服务、注重效率、优化流程、提高素质”的总体要求，优化业务流程，明确职能，健全制度体系，完善绩效考核，拓展农村市场，全面推广实施V3营销信

息系统，加快推进网络建设全面提升。加强对月销量1000～1500条的卷烟零售户和边远农村委托配送客户的管理，客户数量分别控制在客户总量的1.71%和0.21%以内，销量分别占总销量的11.13%和1.1%。2007年，全省卷烟入网销售率100%，电话订货率96.3%，电话订货成功率98%，市级公司所在地电子结算率达到80%。

客户服务。对卷烟零售客户进行科学分类，制定客户分类服务标准。推进“按客户订单组织货源”工作，建立适应行业实际的订单和需求采集流程，提高货源供应效率。推进明码标价工作，引导客户规范经营，稳定市场价格。全省各市、州局（公司）成立督察投诉中心，强化咨询投诉服务，全省客户满意度达87%以上。

烟草物流建设。实施物流“两打三扫”工作，推进仓储数字化进程，全面完成全省打码到条工作，实现与国家局的系统联调。全面完成眉山烟草物流建设试点工作。建立物流成本核算体系，降低网络运行成本，全省卷烟配送线路优化到1603条。

【烟叶产销】 *概况*。2007年，全省签订烤烟种植收购合同14.3万份，种植烟叶83.4万亩，收购烟叶12.5万吨（250万担），收购均价9.8元/千克，上等烟比例43.5%，同比提高5.6个百分点，桔色烟比例56.9%，同比提高12个百分点。实现烟农种烟收入15亿元，烟农户均收入1万元，上缴烟叶税收2.7亿元。

科技创新。2007年，全省系统开展“创新年”活动，加快推广先进适用技术，全省烟叶集约化育苗达99%，漂浮育苗移栽面积达95.9%，平衡施肥推广面积达100%。烟叶科研工作取得突破性进展，“金攀西”优质烟叶开发项目获得中国烟草总公司科技进步一等奖，四川达州市烟科所选育的白肋烟新品种“达白2号”通过中国烟草品种审定委员会审定。

基础设施建设。2007年，全省烟叶基础设施建设项目共投入资金72270万元，其中烟草行业投入57121万元。修建小水窖937口、水池5732座，修建及改建水渠1140条，新建（含改造）山坪塘163座、管网1308条、提灌站9座，新建密集式烤房1818座、普改密烤房10001座、白肋烟晾房538座、香料烟晾房1100座。

现代烟草农业。省局（公司）确立了发展现代烟草农业的思路和措施，制定了《加快推进现代烟草农业建设的实施意见》，全省共有11个现代烟草农业建设试点全面启动。

原收原调试点。2007年，全省系统进行了原收原调试点工作，试点收购量占收购总量的62.5%。100%实行入户预检和76.5%实行编码收购，其中，凉山州局（公司）通过全面推进原收原调，创新烟叶经营流程，初步形成了“合同种植、入户预检、编码收购、原收原调、委托加工”的烟叶流通秩序，烟叶收购效率得到提高。

【内部管理监督】 省局（公司）坚持以“完善制度、规范程序、严格监管”为重点，深入开展内部专卖管理监督工作，加强日常监管，进行自查、复查和“回头看”，通过了国家局组织的重点抽查。健全内管机构，在全省系统各单位成立了督察（投诉）中心，内部监管长效机制得到完善。

全省烟草商业系统内部审计部门开展同级审计和专项资金检查，开展经济责任审计、管理审计、固定资产投资审计等专项审计。全年共完成审计项目906项，同比增长50%，其中，经济责任审计64项，经济效益审计5项，物资采购审计51项，财务收支审计73项，固定资产投资审计141项，经济合同审计441项，其他项目审计131项。对上年同级审计中尚未整改的问题进行全面整改，全省系统新增整改金额2.7亿元，累计整改金额5.91亿元，整改比例达97%。

【信息化建设】 *电子政务系统*。完成办公自动化系统二期工程“车辆管理”、“安全管理”、“资产管理”、“统一短信平台”和“统一邮件平台”等子系统的推广和验收，实现移动办公的试点应用，全年累计流转公文8.67万份，收发电子邮件1.4万份，办公效率和服务质量得到提高。

电子商务系统。全面实施国家局“打码到条”的重点工程，完成卷烟营销V3版本八大模块的推广工作，在全省系统7个烟叶产区的市州公司、26个县营销部、500多个烟叶收购站点全面应用国家局烟叶基础软件收购子系统、部分生产和调拨子系统，使用GPRS无线传输技术，确保烟叶收购数据及时、准确。

信息安全管理。建立内网安全防护平台，实现对全省系统近8000多台计算机终端的安全管理、计算机资产管理、杀毒软件和防火墙有效联动，对全省烟草商业系统23个互联网出口制定统一策略，实现统一管理，全年累计分发计算机安全补丁2万多个。

【安全生产】 省局（公司）坚持“安全第一、预防为主、综合治理”的方针，坚持安全生产工作抓基础、抓基层的“双基”原则，全省烟草商业系统22个单位全面完成了职业健康安全管理体系的建立工作，700余人取得内审员资格证，2人取得国家注册审核员资格证，初步建立起了具有自我特点的，以预防为主、持续改进的现代安全管理模式。全年实现了无重大以上火灾、伤亡、交通、被盗和卷烟、烟叶霉变事故的发生，工伤事故率控制在2‰以下的安全生产责任目标。

【队伍建设】 干部选拔任用。省局（公司）对10个地市级局（公司）的领导班子进行考核和调整充实，提拔处级干部14名，调整、交流处级领导干部11名。对10名任职试用期满的领导干部进行了考核，根据考核结果办理按期转正手续。在省局（公司）机关，通过公推公示或竞争上岗，提拔正处级领导干部5名、调研员5名、副处级领导干部12名、副调研员18名，聘任高级工程师1名。

人力资源管理。省局（公司）完善了全省系统人力资源管理的改革方案，按需设置岗位，构建分类管理机制，着力优化薪酬结构，构建分配导向机制，建立起科学合理的用工分配制度，绵阳、广元、宜宾、乐山、阿坝等5个市州局（公司）第二批试点工作全面完成。

技能竞赛。省局（公司）组织全系统30名烟叶分级选手开展了5次专题培训，并选派9名选手参加了第三届全国烟叶分级职业技能竞赛。省局（公司）组织1700多名营销人员进行"营销理论"模块竞赛初赛，又选拔450名营销人员分别集中在资阳、绵阳、乐山3个赛区进行3个模块竞赛的复赛。

职业技能鉴定。按照《全省烟草商业系统2007年职业技能鉴定实施意见》的安排，选送出烟叶分级技师16人参加国家局的鉴定培训，合格7人，合格率为43.8%。全年共开展了4个批次，烟叶分级、烟叶保管、卷烟商品营销3大工种的鉴定工作，鉴定等级涵盖了初级、中级和高级，选送了烟叶分级技师到总公司培训中心参加了培训和鉴定。全年共鉴定2619人，鉴定合格率为61.8%，其中，初级工鉴定809人，合格率为77.3%；中级工鉴定1522人，合格率为54.2%；高级工鉴定288人，合格率为58.3%。

【特事要辑】 8月15~19日，国家局局长姜成康一行到四川烟草考察指导工作。

9月12~13日，国家局副局长张保振一行到四川烟草商业系统考察指导工作。

12月11~12日，全国烟草行业质量管理体系建设交流研讨会在四川都江堰召开，国家局副局长李克明出席会议。

四川省局（公司）主要统计指标汇总

两烟税利（亿元）	两烟利润（亿元）	销售卷烟（亿支）	烟叶种植（万亩）	烟叶收购（万担）
67.85	51.60	1087.70	83.40	250.00

所属地市级局（公司）

成都市烟草专卖局（公司）

【概　况】 四川省省会成都，全市总面积1.24万平方公里，2007年，全市常住人口1103万人，实现地区生产总值（GDP）3324亿元。

成都市烟草专卖局、四川省烟草公司成都市公司成立于1983年11月，下辖19个区（市）县烟草专卖局、16个卷烟营销部和1个物流中心。市局（公司）实行全员聘用制，截至2007年底，有在岗员工1399人。企业总资产32.13亿元，其中，固定资产2.25亿元、流动资产29.26亿元，资产负债率12.88%。

【领导成员】 局长、经理、党组书记：胡存忠

副局长、纪检组长、党组成员：薛荣华

副局长、党组成员：雷　雯

副经理、党组成员：马青生

副经理、党组成员：王英杰

副经理：史惠民（2007.3—）

调研员：王崇华

【组织机构】 市局（公司）机关设有办公室、企业管理处、人事劳资处、专卖管理处、营销中心、思想政治工作处、法规处、财务管理处、审计处、监察处、督察（投诉）中心、信息中心、安全保卫处、行政管理处等14个职能部门。

【经济效益】 2007年，全市辖区销售卷烟227.60亿支（45.52万箱），同比增长10.5%。实现销售收入67.95亿元，同比增长33.8%，单箱销售收入17348元，同比增长20.44%。其中，销售一类烟20.60亿支（4.12万箱），占总销量的9.05%；二类烟23.60亿支（4.72万箱），占总销量

的10.37%；三类烟64.55亿支（12.91万箱），占总销量的28.36%；四类烟93.75亿支（18.75万箱），占总销量的41.19%；五类烟25.10亿支（5.02万箱），占总销量的11.03%。销售“百牌号”卷烟226.90亿支（45.38万箱），占总销量的99.69%。实现税利17.67亿元，同比增长40.27%，其中，实现利润14.54亿元，同比增长41.14%。

【专卖管理】 2007年1月1日，《成都市烟草专卖管理条例》正式施行，全市系统深入宣传贯彻并向社会发放单行本4万余册，宣传单5万余张，法律咨询700余人次。

市局（公司）制定了行政执法责任制等11个文件，实施涉假案件烟草制品集中管理，明确案件查处程序，进一步规范行政执法行为。完善内部专卖管理的监督、检查和考核机制，对辖区烟草工商企业生产经营各环节实施有效监管，确保100%入网销售。深入开展打击假冒伪劣卷烟违法经营专项整治行动，取缔售假烟店700个，取缔无证户3085户。

全年共查获各类涉烟违法案件4573起，摧毁制售假烟网络2个，捣毁存储、生产假烟窝点173个。查获各类违法卷烟27529件，其中假冒卷烟22311件，上缴罚没款1191万元，移送公安、司法机关追究刑事责任18人。

【网络建设】 *按客户订单组织货源。*市局（公司）遵循“人口决定销量、经济影响结构”的市场规律，准确把握“五大”因素，运用科学的市场调查手段和统一的数学预测模型，形成了“四维三线”的需求预测体系。需求预测准确率平均达83.96%，订单满足率平均达81.3%。客户赢利水平达10.6%，客户满意度达91.2%。

*农网建设。*全市辖区新增农网零售户411户，拥有持证卷烟零售户的行政村比例达到92.4%。继续加强客户经营规模控制，月销量1000条～1500条卷烟零售户的户数比例降至0.65%，销量比例降至2.89%。电话订货员日均呼叫户数140户，电话订货成功率达97%。全市电子结算户28773户，占全市在访零售户总数的91.05%，电子结算成功率达96.04%。

*烟草物流建设。*全市系统实现集中分拣、统一配送，物流中心全面推行仓储数字化管理，实现了钢架库和垛位堆码相结合的电算化货位式管理。创新了回旋型送货理论，对69条送货线路进行了调整优化，在配送量大幅增加的情况下，精简送货员4人、送货车辆2辆，单箱卷烟物流成本108元。

【企业文化】 企业文化建设从价值理念、管理理念、岗位理念等方面总结提炼出具有成都烟草特色的“方圆之道”企业文化体系，体现了成都烟草“方中创大业、圆中大发展、方圆当有度”的价值追求。围绕“方圆之道”，初步形成了“履两责、秉三为、尚方圆”的企业价值理念，形成了“为国家尽职、为客户尽心、为员工尽责”的企业使命，以及“超越自我、奉献有我”的企业精神。

自贡市烟草专卖局（公司）

自贡市烟草专卖局、四川省烟草公司自贡市公司成立于1983年，下辖富顺县、荣县、直属分局等3个县级烟草专卖局（营销部）。截至2007年底，有从业人员324人，其中聘用员工182人。

2007年，全市辖区销售卷烟36.20亿支（7.24万箱），同比增长2.50%。实现税利15487万元，同比增长28.52%，其中，实现利润12034万元，同比增长29.01%。

攀枝花市烟草专卖局（公司）

攀枝花市烟草专卖局、四川省烟草公司攀枝花市公司成立于1983年12月，下辖米易县、盐边县、仁和区、东区、西区等5个县级烟草专卖局和米易县、盐边县、仁和区、直属等4个营销部。截至2007年底，有从业人员571人，其中聘用员工445人。

2007年，全市辖区销售卷烟21.10亿支（4.22万箱），同比增长1.2%。实现“两烟”税利26927万元，同比增长6.3%，其中，实现“两烟”利润15729万元，同比增长13.45%。

全年共查获各类涉烟违法案件921起，查扣非法卷烟4.9万条，查获非法烟叶11吨，端掉售假窝点2个，移送公安、司法机关刑事拘留3人。

泸州市烟草专卖局（公司）

泸州市烟草专卖局、四川省烟草公司泸州市公司成立于1983年12月，下辖龙马潭区、江阳区、纳溪区、泸县、合江县、古蔺县、叙永县等7个县级烟草专卖局（营销部）和泸州市烟草科学试验站。截至2007年底，有从业人员1263人，其中聘用员工490人。

2007年，全市辖区销售卷烟59亿支（11.8万箱），同比增长3.1%。实现“两烟”税利45181万元，同比增长53.14%，其中，实现“两烟”利润35023万元，同比增长54.08%。

全年共查处各类涉烟违法案件2491起，查获非法卷烟1294件、烟叶36.73吨，捣毁制售假烟窝点4个，上缴罚没款143万元，移送公安、司法机关拘留36人，逮捕3人，判刑3人。

2007年，全市种植烤烟15.77万亩，收购烟叶2.13万吨（42.63万担），其中，上等烟比例46.66%、中等烟比例42.57%。全年投入烟水配套建设资金4918万元，修建水池3209口、水窖75口，整治山坪塘13口，修建沟渠213千米，铺设管网947千米，新增蓄水量40万立方米，覆盖面积13.35万亩。

德阳市烟草专卖局（公司）

德阳市烟草专卖局、四川省烟草公司德阳市公司成立于1983年1月，下辖旌阳区、什邡市、广汉市、绵竹市、中江县、罗江县等6个县级烟草专卖局（营销部）。有从业人员523人，其中聘用员工195人。

2007年，全市辖区销售卷烟49.11亿支（9.82万箱）。实现“两烟”税利25406万元，同比增长33.71%，其中，实现“两烟”利润19445万元，同比增长34.16%。

绵阳市烟草专卖局（公司）

绵阳市烟草专卖局、四川省烟草公司绵阳市公司成立于1984年1月，下辖涪城区、游仙区、江油市、三台县、盐亭县、梓潼县、安县、北川县、平武县等9个县级烟草专卖局（营销部）。截至2007年底，有从业人员616人，其中聘用员工424人。

2007年，全市辖区销售卷烟67.32亿支（13.46万箱），同比增长5.14%。实现税利29600万元，同比增长34.23%，其中，实现利润22900万元，同比增长31.13%。

全年共查处各类涉烟违法案件1500起，破获制售假烟网络案件4个，其中，案值100万元以上的案件2个，上缴罚没款44.65万元，移送公安、司法机关拘留8人。

广元市烟草专卖局（公司）

广元市烟草专卖局、四川省烟草公司广元市公司成立于1985年，下辖苍溪县、旺苍县、剑阁县、青川县、市中区、元坝区、朝天区等7个县级烟草专卖局（营销部）和剑阁、旺苍、元坝等3个烟叶生产管理部。截至2007年底，有从业人员631人，其中聘用员工444人。

2007年，全市辖区销售卷烟34.39亿支（6.88万箱），同比增长1.84%。实现“两烟”税利11991万元，同比增长7.1%，其中，实现“两烟”利润7861万元，同比增长7.85%。

遂宁市烟草专卖局（公司）

遂宁市烟草专卖局、四川省烟草公司遂宁市公司成立于1985年4月，下辖射洪县、蓬溪县、大英县、船山区、安居区等5个县级烟草专卖局（营销部）。截至2007年底，有从业人员361名，其中聘用员工169人。

2007年，全市辖区销售卷烟35.11亿支（7.02万箱），同比下降8.8%。实现税利12926万元，同比增长13.07%，其中，实现利润9481万元，同比增长9.39%。

全年共查处各类涉烟违法案件731起，查获假冒卷烟193件，查获非法烟叶8.88吨，涉案金额176万元，上缴罚没款16.85万元，取缔无证经营户332户，破获制售假烟销售网络案件2起，移送公安、司法机关逮捕2人，刑事拘留7人。

内江市烟草专卖局（公司）

内江市烟草专卖局、四川省烟草公司内江市公司成立于1983年10月，下辖市中区、东兴区、资中县、威远县、隆昌县等5个县级烟草专卖局（营销部）。有从业人员493人，其中聘用员工234人。

2007年，全市辖区销售卷烟47.5亿支（9.5万箱），同比增长1.4%。实现税利15238万元，其中实现利润11358万元。

全年共查处各类涉烟违法案件1365起，案值913万元，查获非法卷烟3435件，查获无证运输烟叶54吨，破获制售假烟网络案件3起，捣毁假烟生产点2个，上缴罚没款105万元，移送公安、司法机关刑事拘留39人，判刑17人。

乐山市烟草专卖局（公司）

乐山市烟草专卖局、四川省烟草公司乐山市公司成立于1984年2月，下辖市中区、峨眉山市、五通桥区、犍为县、井研县、夹江县、沙湾区、峨边彝族自治县、金口河区、马边彝族自治县、沐川县等11个县级烟草专卖局（营销部）和峨眉山金叶宾馆。市局（公司）实行全员聘用制，有从业人员399人。

2007年，全市辖区销售卷烟47.12亿支（9.42万箱），同比增长2.75%。实现“两烟”税利19186万元，同比增长34.89%，其中，实现“两烟”利润14905万元，同比增长40.19%。

全年查处各类涉烟违法案件1205起，查获非法卷烟1383件，涉案金额521万元，上缴罚没款52万元，破获制售假烟网络案件3起，移送公安、司法机关逮捕1人，拘留3人，判刑2人。

南充市烟草专卖局（公司）

南充市烟草专卖局、四川省烟草公司南充市公司成立于1984年，下辖顺庆、高坪、嘉陵区3个县级烟草专卖局，西充、南部、仪陇、蓬安、营山、阆中等6个县烟草专卖局（营销部），1个直属卷烟营销部和1个物流中心，有从业人员811人，其中聘用员工432人。

2007年，全市辖区销售卷烟61.5亿支（12.3万箱），同比下降4.28%。实现税利23673万元，同比增长47.19%，其中，实现利润13378万元，同比增长20.14%。

全年共查处各类涉烟违法案件3354起，破获制售假烟网络案件1起，移送公安、司法机关拘留14人，逮捕3人，判刑5人。

宜宾市烟草专卖局（公司）

宜宾市烟草专卖局、四川省烟草公司宜宾市公司成立于1983年，下辖翠屏区、宜宾县、南溪县、江安县、长宁县、高县、筠连县、珙县、兴文县、屏山县等10个县级烟草专卖局（营销部）和宜宾烟叶复烤厂。有从业人员828人，其中聘用员工256人。

2007年，全市辖区销售卷烟63.10亿支（12.62万箱），同比增长5.9%。实现“两烟”税利26347万元，同比增长31.78%，其中，实现“两烟”利润18691万元，同比增长36.1%。

全年共查处各类涉烟违法案件1336起，上缴罚没款147万元，移送公安、司法机关拘留54人，逮捕10人，判刑10人。

广安市烟草专卖局（公司）

广安市烟草专卖局、四川省烟草专卖局广安市公司成立于1993年12月，下辖广安区、岳池县、武胜县，华蓥市、邻水县等5个县级烟草专卖局（营销部）。有从业人员455人，其中聘用员工208人。

2007年，全市辖区销售卷烟44.51亿支（8.90万箱），同比增长0.7%。实现税利12838万元，同比增长38.1%，其中，实现利润9354万元，同比增长34.88%。

全年共查处各类涉烟违法案件570起，查获非法卷烟467件，上缴罚没款23万元，破获制售假烟网络案件6起，移送公安、司法机关拘留12人，判刑10人。

达州市烟草专卖局（公司）

达州市烟草专卖局、四川省烟草公司达州市公司成立于1984年，下辖通川区、达县、大竹县、渠县、开江县、宣汉县、万源市等7个县级烟草专卖局（营销部），市局（公司）实行全员聘用制，有从业人员747人。

2007年，全市辖区销售卷烟64.77亿支（12.95万箱），同比增长3.17%。实现“两烟”税利24742万元，同比增长37.78%，其中，实现“两烟”利润19147万元，同比增长44.58%。

全年共查处各类涉烟违法案件1587起，查获非法卷烟2529件。

2007年5月，国家烟草栽培生理生化研究基地四川省达州白肋烟试验站挂牌，该试验站将承担国家级、省级重要的白肋烟研究课题，着重根据达州的土壤、气候等自然特点，结合中式混合型卷烟发展对白肋烟原料的需求，研究集成先进配套的栽培技术，促进达州白肋烟达到世界先进生产水平。

巴中市烟草专卖局（公司）

巴中市烟草专卖局、四川省烟草公司巴中市公司成立于1993年12月，下辖巴州区、通江县、南江县、平昌县等4个县级烟草专卖局（营销部）。有从业人员361人，其中聘用员工132人。

2007年，全市辖区销售卷烟33.50亿支（6.70万箱）。实现税利9508万元，同比增长28.56%，其中，实现利润6990万元，同比增长24.51%。

全年共查处各类涉烟违法案件911起，案值302万元，查获非法卷烟575件，破获制售假烟网络案件2起，捣毁假烟生产点1个，上缴罚没款25.5万元，移送公安、司法机关拘留11人，判刑4人。

雅安市烟草专卖局（公司）

雅安市烟草专卖局、四川省烟草公司雅安市公司成立于1983年，下辖雨城区、名山县、荥经县、汉源县、石棉县、天全县、芦山县等7个县级烟草专卖局（营销部）和宝兴县烟草专卖局。有从业人员238人，其中聘用员工106人。

2007年，全市辖区销售卷烟22.85亿支（4.57万箱），同比增长1.46%。实现税利7980万元，同比增长30.71%，其中，实现利润6178万元，同比增长29.46%。

全年共查处各类涉烟违法案件464起，查获假冒卷烟232件，破获制售假烟网络案件1起，查处假冒卷烟储存点1个，移送公安、司法机关刑事拘留4人。

眉山市烟草专卖局（公司）

眉山市烟草专卖局、四川省烟草公司眉山市公司成立于1997年，下辖东坡区、仁寿县、洪雅县、彭山县、青神县、丹棱县等6个县级烟草专卖局（营销部）。有从业人员354人，其中聘用员工213人。

2007年，全市辖区销售卷烟39.35亿支（7.87万箱），同比增长3.32%，其中“百牌号”卷烟销量占总销量的97%。实现税利14842万元，同比增长26.2%，其中，实现利润11702万元，同比增长32.4%。

2007年3月，眉山市卷烟物流中心投入使用，物流中心采用了“物流、营销、信息三中心一体化”办公模式，“直接配送为主、对接配送为辅”的物流一体化配送模式，“第一天访、第二天配、第三天送”的访配滚动模式，集体预览外拨的随机呼叫模式。

全年共查处各类涉烟违法案件423起，破获两起案值100万元以上的制售假烟网络案件，查获假冒卷烟388件，查获制假设备4台、制假烟丝59.6吨、假冒烟标66件，移送公安、司法机关拘留43人。

资阳市烟草专卖局（公司）

资阳市烟草专卖局、四川省烟草公司资阳市公司成立于1998年，下辖雁江区、简阳市、安岳县、乐至县等4个县级烟草专卖局（营销部）。有从业人员848名，其中聘用员工122人。

2007年，全市辖区销售卷烟47.53亿支（9.51万箱），同比增长1.26%。实现税利13130万元，同比增长22.94%，其中，实现利润9751万元，同比增长29.27%。

全年共查处各类涉烟违法案件1314起，查扣各类非法卷烟242件，上缴罚没款37.77万元。

凉山彝族自治州烟草专卖局（公司）

凉山彝族自治州烟草专卖局、四川省烟草公司凉山州公司成立于1984年5月，下辖会理县、会东县、宁南县、德昌县、西昌市、普格县、盐源县、冕宁县、越西县、金阳县、布拖县、雷波县、美姑县、甘洛县、昭觉县、喜德县、木里藏族自治县等17个县级烟草专卖局（营销部）和四川三益烟草有限责任公司、四川金叶化肥股份有限责任公司2个多元化生产企业。有从业人员2805人，其中聘用员工2282人。

2007年，全州辖区销售卷烟54亿支（10.8万箱），同比增长11.82%。实现“两烟”税利125802万元，同比增长46.05%，其中，实现“两烟”利润100447万元，同比增长43.82%。

2007年，全州全面试行原收原调，全州96%的烟叶工作站点实现了数据适时传输和“一打一扫”，建立了各烟叶仓储中心的局域网，实行“两扫”出入库，完成了烟叶原收原调“一打三扫”工作流程。

加强烟叶基础设施建设，全年投入建设资金1.37亿元，修建沟渠555千米，铺设管网243千米，建设提灌站6个、配套水窖33685口、水池686个、小塘坝工程1个，整修田间道路26千米，建设密集型烤房346间。

全年收购烤烟7.39万吨（147.77万担），其中上等烟比例49.5%，桔色烟比例66.68%，收购均价10.13元/千克，烟农收入8.91亿元。

阿坝藏族羌族自治州烟草专卖局（公司）

阿坝藏族羌族自治州烟草专卖局、四川省烟草公司阿坝州公司成立于1999年6月，下辖阿坝、金川、理县、茂县、汶川、马尔康、若尔盖、松潘、黑水、九寨沟、红原、壤塘、小金县等13个县烟草专卖局（营销部）。有从业人员210人，其中聘用员工97人。

2007年，全州辖区销售卷烟13.8亿支（2.76万箱），同比增长0.76%。实现税利7079万元，同比增长33.84%，其中，实现利润5179万元，同比增长36.25%。

全年共查处各类涉烟违法案件60起，查获各类非法卷烟65件，上缴罚没款5万元，破获制售假烟网络案件1起，查获假烟分销点11个。

甘孜藏族自治州烟草专卖局（公司）

甘孜藏族自治州烟草专卖局、四川省烟草公司甘孜州公司成立于2003年，下辖康定、泸定、丹巴、九龙、雅江、理塘、巴塘、乡城、得荣、稻城、道孚、炉霍、色达、甘孜、石渠、新龙、德格、白玉等18个县级烟草专卖局和康定、泸定、丹巴、九龙、理塘、巴塘、乡城、炉霍、甘孜、德格等10个卷烟营销部。有从业人员221人，其中聘用员工67人。

2007年，全州辖区销售卷烟12.33亿支（2.47万箱），同比增长9.9%。实现税利4472万元，同比增长63.39%，其中，实现利润3071万元，同比增长102.44%。

都江堰市烟草专卖局（公司）

都江堰市烟草专卖局、四川省烟草公司都江堰市公司成立于1984年7月，原隶属于成都市烟草专卖局

(公司)，1996 年 10 月划归四川省烟草专卖局（公司）直属管理。有从业人员 110 人。

2007 年，全市辖区销售卷烟 11.75 亿支（2.35 万箱），同比增长 2.31%；实现税利 8782 万元，同比增长 15.98%，其中，实现利润 6904 万元，同比增长 12.26%。

全年共查处各类涉烟违法案件 299 起，上缴罚没款 18 万元，全市卷烟市场净化率达 96% 以上。

所属其他二级单位

中国烟草四川进出口有限责任公司

中国烟草四川进出口有限责任公司成立于 1993 年 5 月，2006 年，国家局对中国烟草进出口（集团）公司成员企业管理体制进行调整，中国烟草四川进出口有限责任公司调整为四川省局（公司）的子公司。公司是川渝地区唯一一家具有烟草及其制品进出口经营权的外贸企业，公司主要经营烟草及烟草制品的进出口业务和代理业务。

2007 年，出口烟叶 14333 吨（含烟梗、烟末），出口卷烟纸 379 吨。英美烟草公司、印尼盐仓公司等逐渐增加了中高等级烤烟的采购，两家公司的中高等级采购合同达 3100 吨，出口烟叶上等级、上结构进入良性发展轨道。进口卷烟 18140 万支，进口雪茄烟 0.53 万支，进口丝束 1182.68 吨，进口嘴棒 39371 千支，进口卷烟纸 90.57 吨。

全年共实现进出口总值 4053 万美元，出口创汇 3196 万美元，实现销售收入 35658 万元，实现利润 2973 万元。

2007 年四川省烟草商业系统主要情况统计

地市级局（公司）名称		成都市烟草专卖局（公司）	自贡市烟草专卖局（公司）	攀枝花市烟草专卖局（公司）	泸州市烟草专卖局（公司）	德阳市烟草专卖局（公司）	绵阳市烟草专卖局（公司）
法人代表/主要负责人		胡存忠	曾德昌	王　钟	任增福	宋海荣	刘应栋
总资产（万元）		312255	28786	43483	91143	54884	64088
所属县级局数量（个）		19	3	5	7	6	9
所属县级公司数量（个）		—	—	—	—	—	—
所属营销部、分公司		16 个营销部	3 个营销部	4 个营销部	7 个营销部	6 个营销部	8 个营销部
所属业务机构	访销机构	1 个营销中心	1 个营销中心	1 个访销中心	1 个营销中心	1 个营销中心、1 个电访中心	1 个营销中心、1 个呼叫中心
	物流配送机构	1 个物流中心	1 个物流中心	1 个物流配送中心	1 个物流中心	1 个物流中心	1 个物流中心
	稽查机构	1 个稽查支队、20 个稽查大队	1 个稽查支队、3 个稽查大队	1 个稽查支队、5 个稽查大队	1 个稽查支队、7 个稽查大队	1 个稽查支队、6 个稽查大队	1 个稽查支队、9 个稽查大队
销售卷烟（亿支）		227.60	36.20	21.10	59.00	49.11	67.32
两烟税利（万元）	本年	176655	15487	26927	45181	25406	29600
	上年	125940	12050	25330	29503	19001	22051
两烟利润（万元）	本年	145389	12034	15729	35023	19445	22900
	上年	103011	9328	13864	22730	14494	17464
烟叶种植（亩）		—	—	82800	157700	3771	—
烟叶收购（担）		—	—	240000	426281	6469	—
零售户数（户）		33829	7640	4493	13522	12801	17502

地市级局（公司）名称		广元市烟草专卖局（公司）	遂宁市烟草专卖局（公司）	内江市烟草专卖局（公司）	乐山市烟草专卖局（公司）	南充市烟草专卖局（公司）	宜宾市烟草专卖局（公司）
法人代表/主要负责人		宋　平	步克（—2007.6）、袁成（2007.6—）	刘耀亭	尹　柯	彭榜富(—2007.6)、步克（2007.6—）	赵屹峰
总资产（万元）		25199	22564	30756	40154	35148	56349
所属县级局数量（个）		7	5	5	11	9	10
所属县级公司数量（个）		—	—	—	—	—	—
所属营销部、分公司		7个营销部	4个营销部	5个营销部	11个营销部	7个营销部	10个营销部
所属业务机构	访销机构	1个营销中心、1个电访中心	1个营销中心、1个电访中心	1个营销中心	1个营销中心、1个电访中心	1个营销中心、1个电访中心	1个营销中心
	物流配送机构	1个物流中心、1个配送中心	1个物流配送中心	1个物流中心	1个物流配送中心	1个物流中心	1个物流中心
	稽查机构	1个稽查支队、7个稽查大队	1个稽查支队、6个稽查大队	1个稽查支队、5个稽查大队	1个稽查支队、11个稽查大队	1个稽查支队、10个稽查大队	1个稽查支队、10个稽查大队
销售卷烟（亿支）		34.39	35.11	47.50	47.12	61.50	63.10
两烟税利（万元）	本年	11991	12926	15238	19186	23673	26347
	上年	11196	11432	15639	14223	16083	19993
两烟利润（万元）	本年	7861	9481	11358	14905	13378	18691
	上年	7289	8667	11960	10632	11135	13733
烟叶种植（亩）		46000	—	—	—	—	73100
烟叶收购（担）		118000	—	—	—	—	188800
零售户数（户）		9876	9098	32832	11632	24259	14626

地市级局（公司）名称		广安市烟草专卖局（公司）	达州市烟草专卖局（公司）	巴中市烟草专卖局（公司）	雅安市烟草专卖局（公司）	眉山市烟草专卖局（公司）
法人代表/主要负责人		杜如万	黄凤培	吴长生	姜　宁	叶章贵
总资产（万元）		23625	47775	4968	19325	29107
所属县级局数量（个）		5	7	4	8	6
所属县级公司数量（个）		—	—	—	—	—
所属营销部、分公司		5个营销部	7个营销部	4个营销部	7个营销部	7个营销部
所属业务机构	访销机构	1个营销中心、1个电访中心	1个营销中心、1个电访中心	1个营销中心	1个营销中心、1个电访中心	1个营销中心、1个电访中心
	物流配送机构	1个物流中心	1个物流中心	1个物流中心	1个物流中心	1个物流中心
	稽查机构	1个稽查支队、5个稽查大队	1个稽查支队、7个稽查大队	1个稽查支队、4个稽查大队	1个稽查支队、8个稽查大队	1个稽查支队、6个稽查大队
销售卷烟（亿支）		44.51	64.77	33.50	22.85	39.35
两烟税利（万元）	本年	12838	24742	9508	7980	14842
	上年	9296	17957	7396	6105	11716
两烟利润（万元）	本年	9354	19147	6990	6178	11702
	上年	6935	13243	5614	4772	8838
烟叶种植（亩）		—	22168	—	—	—
烟叶收购（担）		—	48394	—	—	—
零售户数（户）		11197	15510	8550	4426	7304

地市级局（公司）名称		资阳市烟草专卖局（公司）	凉山彝族自治州烟草专卖局（公司）	阿坝藏族羌族自治州烟草专卖局（公司）	甘孜藏族自治州烟草专卖局（公司）	都江堰市烟草专卖局（公司）
法人代表/主要负责人		唐　强	宋　俊	苏王福	四朗彭措	刘兴红
总资产（万元）		21918	222491	13306	10922	15524
所属县级局数量（个）		4	17	13	18	—
所属县级公司数量（个）		—	—	—	—	—
所属营销部、分公司		4个营销部	17个营销部	13个营销部	10个营销部	—
所属业务机构	访销机构	1个营销中心	1个营销中心	1个营销中心、1个电访中心	1个营销中心、1个电访中心	—
	物流配送机构	1个物流中心	1个物流中心	1个物流中心	1个物流中心	—
	稽查机构	1个稽查支队、4个稽查大队	1个稽查支队、17个稽查大队	1个稽查支队、13个稽查大队	1个稽查支队、3个稽查大队	—
销售卷烟（亿支）		47.53	54.00	13.80	12.33	11.75
两烟税利（万元）	本年	13130	125802	7079	4472	8782
	上年	10680	86138	5289	2737	7572
两烟利润（万元）	本年	9751	100447	5179	3071	6904
	上年	7543	69841	3801	1517	6150
烟叶种植（亩）		—	480440	—	—	—
烟叶收购（担）		—	1477700	—	—	—
零售户数（户）		13099	11768	3446	2709	2322

（张羽翔）

贵州省烟草专卖局（公司）

【概　况】 贵州省地处云贵高原，总面积17.6万平方公里，总人口3975.48万人。全省辖贵阳、遵义、安顺、六盘水4个地级市，黔东南、黔南、黔西南3个自治州，毕节、铜仁2个地区以及88个县级行政单位。2007年，全省实现地区生产总值（GDP）2710.28亿元，同比增长13.7%。

中国烟草总公司贵州省公司组建于1981年11月，贵州省烟草专卖局组建于1983年9月。1986年6月贵州省烟草公司上划中国烟草总公司，2004年1月实行工商分开。2007年，省局（公司）下辖9个市级烟草专卖局（公司）、1个市级专业公司（中国烟草贵州进出口有限责任公司）和1个市级烟草科学研究所（贵州省烟草科学研究所）。截至2007年底，全省烟草商业系统有从业人员30503人；拥有总资产114.58亿元，固定资产24.91亿元、流动资产81.97亿元，资产负债率36.89%。

【领导成员】 局长、总经理、党组书记：陈卫东（2007.1—）

副局长、副总经理、党组成员：杨　俊

副局长、党组成员：顾青松（—2007.11）

副总经理、党组成员：李智勇

【组织机构】 省局（公司）机关设有办公室（外事办公室）、综合计划处（经济信息中心、经济运行处）、安全保卫处、专卖监督管理处（专卖稽查总队、内部专卖管理监督办公室）、政策法规与体制改革处、财务管理处（国有资产管理处、资金管理中心）、审计处、科技处（烟草学会）、人事劳资处（职业技能鉴定站）、监察处（与党组纪检组合署办公）、思想政治工作处（机关党委、工会）、卷烟销售管理处、烟叶管理处等13个处室，机关服务中心、烟草质量监督检测站、离退休人员管理办公室等3个专业部门，整顿和规范市场经济秩序工作办公室、烟叶基础设施建设办公室2个阶段性机构。

【经济效益】 2007年，全省烟草商业系统完成卷烟销售513.50亿支（102.70万箱），同比增长4.89%，其中，销售一类烟14.25亿支（2.85万箱），占总销量的2.8%；二类烟48.65亿支（9.73箱），占总销量的9.5%；三类烟19.70亿支（3.94万箱），占总销量的3.8%；四类烟281.50亿支（56.30万箱），占总销量的54.8%；五类烟149.35亿支（29.87万箱），占总销量的29.1%。“百牌号”卷烟销量498.50亿支（99.70万箱），占总销量的97.08%，“黄果树”等前10位品牌卷烟销量占总销量的88.7%，品牌集中度进一步提高。

全年共实现“两烟”税利43.76亿元，同比增长14.71%，其中，实现“两烟”利润26.61亿元，同比增长8.21%。实现单箱销售均价11284元，同比增长12.54%。

【专卖管理】 打私打假。全省各级烟草专卖管理部门加大“外打”力度，进一步完善联合打假工作协作机制，严厉打击制售假烟网络。坚持打源头与打网络并重，将摧毁制假能力、切断原辅材料来源、打击非法烟叶流通作为工作的重点，加大对烟叶非法经营、运输的打击力度。重点开展“断渠道、截运输”工作，加大对假烟运输环节的拦截力度，严查、严堵假烟运输分销。

全省打掉制售假烟网络13个（贵阳市3个，遵义市、六盘水市各2个，其他市、州、地各1个）。全年查处涉烟违法案件5661起，其中，制售假烟案件1648起，查获违法卷烟8998.5万支；其中，假烟7834.9万支、走私烟6.2万支；查缴拼装制假烟机4台、违法烟丝和烟叶1623.49吨；捣毁制贩假烟窝点92个；移送公安、司法机关拘留制假分子79人，其中，逮捕25人，判刑24人。

严格依法行政。2007年，省局（公司）成立了依法行政工作领导小组，负责对全省依法行政工作的领导、管理和督促。制定了《专卖执法责任制年度工作计划和工作安排》、《专卖执法人员法律教育培训制度和培训计划》、《专卖执法监督检查制度》、《专卖执法错案追究制度》、《专卖执法案卷审查制度》、《行政规范性文件法律审查备案监督办法（暂行）》、《行政执法依据和职权目录梳理》、《专卖执法岗位职责分解》、《专卖执法案件移送制度》等规范性文件，不断完善依法行政制度。落实《行政许可法》，严格行政许可管理规定。执行执法标准，强化烟草市场监管，注重办案质量，提高行政执法水平。开展专卖行政执法案件评查工作、行政执法责任制检查考评工作，规范烟草专卖行政执法行为和“两烟”生产经营行为。促进行业依法行政、依法管理、依法生产经营工作的开展。

专卖队伍建设。2007年，省局（公司）根据《国家烟草专卖局关于加强专卖管理组织机构建设的指导意见》，研究制定了加强专卖机构建设工作方案，拟订了《贵州省烟草专卖队伍组织体系建设方案》。开展“五五”普法工作，加强法制宣传教育，组织《行政复议法》及《烟草专卖许可证管理办法》的培训，强化依法行政、依法管理、依法生产经营的意识和能力。

按照省局三级培训制的要求，各地市级局每半年、各县级局每季度，就烟草专卖法律、法规及有关业务知识，对行业内有关领导、内部专卖管理监督工作人员和业务人员进行系统培训。对于新调入的专卖人员，在省局专卖处监督下，经由地市级局培训考试合格后准予上岗。坚持检查证必须要各级局分管局长签署意见后方能申办，对于没有签订劳动合同、考试没有合格的，坚决不予办理。

【烟叶产销】 概况。2007年，全省签订烤烟种植收购合同33.57万份。种植烟叶257.7万亩，收购烟叶28.4万吨（568万担），其中上等烟所占比例44.56%。全省销售烟叶22.95万吨（459.04万担），实现销售收入33.88亿元，其中，供给全国前10位重点卷烟企业20.75万吨（414.9万担），采购量在30万担以上的卷烟工业企业7家。烟叶收购均价10.14元/千克，收购总值28.8亿元。实现烟农收入28.81亿元，烟农户均收入8842.5元。实现烟叶税6.3亿元，投入烟叶生产补贴4.5亿元，工商交接烟叶等级合格率63%。

烟叶种植。推行“分离式”移栽技术，全省大部分烟叶产区移栽时间较往年提前10~15天。全面普及集约化育苗，漂浮、托盘育苗移栽面积占总面积的95%以上；配方施肥进一步细化，全省使用烤烟专用肥配方达21个，比上年增加6个。引进的“晚花K326”品种通过了全国烟草品种审定委员会的省级审定，“南江3号”、“韭菜坪2号”、“GTH-1”品种通过了省级农业部门的评审。

种植集中度进一步提高，全省户均合同约定收购量18.3担，其中10亩以上种烟农户种植面积占总面积的45%。全省商品化供苗比例达到71%，比上年增加11%，其中遵义、贵阳、六盘水等烟叶产区实现100%的商品化供苗。进一步推广使用旋耕机、起垄机、覆膜机等小型农机具，全省机耕面积达30万亩。

烟叶生产专业化服务。全面开展初分预检工作，试行编码验级收购、原收原调，推行电子结算。探索建立保障烟农种烟基本收入长效机制，在遵义、修文、毕节等3个市（县）及遵义县三合、开阳县龙岗、黔西县红林、德江县高山、兴义市捧乍、都匀市坝固等6个乡（镇）开展烟农种烟风险保障试点工作。加大入户定级、统一为烟农组织运输车辆交售烟叶试点工作。向种烟农户免费提供50多万个售烟预检袋。针对自然灾害频发的情况，为各产烟县、乡（镇）烟农提供统一平台的烤烟专题气象服务，提高抗灾防灾预警能力。

*烟叶基层建设。*省局（公司）成立了烟叶基层建设领导小组，并下设烟叶生产基础设施建设、基层烟叶站建设、烟叶基础管理三个办公室，加强对全省烟叶基层建设的组织领导。制定《关于加强烟叶基层建设的意见》，明确加强基层建设的总体要求和原则。制定《加强烟叶工作站（点）设施建设指导意见》、《贵州省烟叶工作站（点）建设规范》，编制了全省烟叶工作站（点）建设总体规划和2008年度实施计划。

*烟叶生产基础设施建设。*全面完成2006建设年度烟叶生产基础设施建设任务，全省共投入烟叶生产基础设施建设资金9.9亿元，实施烟水配套面积124.8万亩，其中，烟草部门实施113.8万亩。新建密集烤房2917座，普改密烤房2.6万座，可解决32万亩烟叶的密集烘烤需要。

【网络建设】 2007年，省局（公司）围绕客户服务、品牌培育、科学管理、人才培养四个工作重点，对照《地市级烟草公司卷烟销售网络业务规范》，开展整体推进"回头看"，进一步优化流程、夯实基础工作。制订了《卷烟销售网络建设全面提升工作方案》和《进一步推进卷烟销售网络建设全面提升的指导意见》、《中国烟草总公司贵州省公司关于进一步推进卷烟销售网络建设全面提升的实施意见》，延伸卷烟供应链管理，开展卷烟消费市场调研，建立市场信息数据库，加强市场需求调查分析，深入开展农村网络建设。通过"典型带动"和"课题推动"，不断提高品牌培育能力和服务水平。

推进"按客户订单组织货源"试点工作，平均总量预测准确率91.4%，分品牌预测准确率80.9%，货源总量满足率91.2%。全年电话订货率100%，同比增长2.8个百分点；电子结算率59.2%，同比增长12.5个百分点。撤并5个卷烟分库和2个物流中转站，精减送货线路117条。

【科技创新】 2007年，科技创新与开展"创新年"活动结合，省局（公司）投入科研经费2500万元，开展科技研究40项，其中2007年新增立项15项。遵义"优质烟叶生产科技示范基地建设"项目及毕节市、开阳县"优质烟叶标准化示范县建设"项目获国家局正式授牌。引进的"K326LF"通过了全国烟草品种审定委员会省级审定。"南江3号"、"韭菜坪2号"、"GTH-1"通过了省级农业部门的评审。"散叶堆积烤房及烘烤方法"获得国家发明专利，"细颈种子袋"获国家实用新型专利，"纸管法烟草杂交技术"等10项发明和实用新型专利申请被国家知识产权局受理。"烤烟漂浮育苗技术研究应用"获贵州省2007年科技进步三等奖。"西南部分烟区优质烟叶生产配套技术研究应用"通过国家局科技进步三等奖评审。

各级科技人员在《烟草科技》、《中国烟草科学》、《中国烟草学报》等科技核心期刊上发表《关于烟叶的可用性问题》、《贵州烤烟棒孢霉叶斑病的发生与发展》等研究论文60余篇。

【内部监管】 2007年，省局（公司）印发《2007年加强内部监管工作要点》，全省行业以"完善制度、规范程序、严格监管"为主线，重点加强对打叶复烤企业、"两烟"生产经营、工程投资项目、物资及烟机零配件采购、资金管理等6个方面的监管。11月，在贵阳市局（公司）召开全省商业系统内部专卖管理监督工作现场会，为各市（州、地）局提供借鉴和示范。加强制度建设，清理、修改、补充、完善55个行政审批、内部管理规范性文件。加大整改力度，解决了向无证零售户销售卷烟、超合同无合同销售加工烟叶等9个方面的突出问题。

省局（公司）拟定了《贵州省烟草行业内部专卖管理监督工作流程手册》，制定了《贵州省烟草行业内部专卖管理监督考核实施细则》，将内部专卖管理监督工作的全部环节细化为33个考核项目，把国家局工作标准和省局（公司）内管工作制度的要求融入其中，制定了明确、具体的考核标准，突出内管工作的实效化考核。省局（公司）分别于7月、12月开展了半年、年度检查考核，覆盖范围分别达全省行业的60%和100%。

【人事劳资】 按照国家局"分类管理、科学设岗、明确职责、严格考核、落实报酬"的工作要求，深化人事用工分配制度改革。在总结贵阳市、六盘水市、铜仁地区公司改革试点工作的基础上，继续推进以"淡化身份"为切入点的薪酬分配制度改革，逐步建立和完善行政职务、专业技术职务、职业技能3个薪酬分配体系。严格执行国家局工资政策和核定的工资标准，出台《贵州省烟草商业地级局（公司）在岗员工收入分配管理暂行办法》，加强对各单位收入分配指导，规范工资开支渠道，保持工资水平基本稳定。

【党风廉政建设】 2007年，省局（公司）认真学习贯彻中纪委七次全会精神和《关于严格禁止利用职务上的便利谋取不正当利益的若干规定》，加强反腐倡廉教育，落实党风廉政建设责任制，深入开展反腐败工作。结合实际，开展了预防职务犯罪警示教育等活动，组织学习了《行政机关公务员处分条例》。全省烟草商业系统受理来信来访144件，初步核实违纪案件47件、结案34件、处分52人，挽回经济损失26万元。

【特事要辑】 4月6～11日，国家局纪检组组长潘家华在贵州烟草考察指导烟水配套工程建设和纪检监察工作。

6月27～28日，贵州省副省长禄智明一行到毕节地区大方县实地察看烟水配套工程建设情况。

9月16～17日，国家局局长姜成康一行到毕节地区考察调研"两烟"工作情况。

12月18～19日，国家局副局长何泽华在贵阳市烟草专卖局（公司）、毕节地区烟草专卖局（公司）考察指导卷烟营销和烟叶生产工作。

贵州省局（公司）主要统计指标汇总

两烟税利（亿元）	两烟利润（亿元）	销售卷烟（亿支）	烟叶种植（万亩）	烟叶收购（万担）
43.76	26.61	513.50	257.70	568.00

所属地市级局（公司）

贵阳市烟草专卖局（公司）

【概　况】 贵阳市位于云贵高原东部，是贵州省省会。全市总面积8034平方公里，下辖五区三县一市、两个开发区。2007年，全市人口357万人，实现地区生产总值（GDP）696.4亿元。

贵阳市烟草专卖局、贵州省烟草公司贵阳市公司成立于1983年，负责专卖管理和卷烟销售。市局（公司）下辖南明区、云岩区、小河区、花溪区、乌当区、白云区等6个区烟草专卖局（营销部）和修文县、息烽县、开阳县、清镇市等4个县级烟草专卖局（分公司）。截至2007年底，拥有总资产133098万元，其中，固定资产10614万元、流动资产120675万元，资产负债率39.92%。从业人员1658人，其中聘用员工708人。

【领导成员】 局长、经理、党委书记：任　林

副局长、副经理、党委副书记：黄天林

纪委书记、党委委员：张群超

副局长、党委委员：谢　宏

副经理、党委委员：谭　建

【组织机构】 市局（公司）机关设有办公室、人事劳资科、财务科（资金结算中心）、审计科、纪检监察科、政治工作科、工会、计划科、企业管理科（督察考评中心）、安全保卫科、专卖管理科、专卖稽查支队、烟叶生产收购科、烟叶销售科、法规科、卷烟营销中心、卷烟配送中心、信息中心等18个部门。

【经济效益】 2007年，全市辖区销售卷烟87.70亿支（17.54万箱），同比增长6.69%，其中，销售一类烟4.38亿支（0.88万箱），占总销量的4.99%；二类烟13.65亿支（2.73万箱），占总销量的15.56%；三类烟5.53亿支（1.11万箱），占总销量的6.31%；四类烟45.90亿支（9.18万箱），占总销量的52.34%；五类烟18.25亿支（3.65万箱），占总销量的20.81%。实现卷烟销售收入255022万元，同比增长21.43%。实现"两烟"税利55630万元，同比增长23.04%，其中实现卷烟税利45537万元。实现"两烟"利润43704万元，同比增长21.02%，其中实现卷烟利润35053万元。实现单箱销售均价14541元，同比增长13.87%。

【专卖管理】 2007年，全市查处各类涉烟违法案件3469起，其中大要案77起，查处大要案金额1413万元，捣毁地下制假窝点17个。向公安司法机关移送达到涉嫌犯罪标准的案件30起，其中，2起达到国家局标准、1起达到省局标准，全年市场净化率达到97%以上。

破获了"5·23"制售假烟网络案，捣毁了在广

州和贵阳的两个跨省中转站。该案涉及福建、广东等省，涉案假烟2000余件，涉案金额632万元，抓获涉案人员40余人、逮捕犯罪嫌疑人4人、判刑4人。

【烟叶产销】 2007年，全市收购烟叶1.77万吨（35.44万担），烟叶收购均价9.87元/千克；烟农收入1.75亿元，户均收入10537元，全面完成计划任务，成为全省完成计划任务的两个市（州、地）公司之一。全年销售烟叶1.664万吨（33.28万担），实现销售收入34452万元。

烟叶生产基础设施建设全面完成计划并通过国家局验收。全年投入建设资金2657万元，建成水池4145口、容积24.39万立方米，整治小塘坝1个、容积7300立方米，建提灌站1座、配套管网8896米，修建机耕道8条，采购发放起垄机29台，新建密集烤房29座，普改密烤房2804座。新增烟水配套工程受益面积2.44万亩，密集烤房烘烤受益面积3.59万亩。

【企业管理】 导入质量、环境、职业健康安全“三标一体”的综合管理体系，全面开展贯标活动。2月，获得了国家认证机构颁发的认证证书，并实施了管理体系提升项目。市局（公司）对体系文件和工作流程重新梳理、补充完善，由符合性贯标向充分运用管理体系提升管理水平转变。通过建设运行综合管理平台，市局（公司）有效展开了全面质量管理、全面绩效考核和全面成本控制管理。

对固定资产的状况进行全面清理，理顺投资管理程序，建立流程，分段管理，规范企业投资行为。2007年，120个项目通过投资管理程序立项，其中，对33个项目进行了招投标、34个项目进行了商务谈判，为企业节约资金240万元。

【人力资源管理】 市局（公司）推行以淡化身份界限为特点的薪酬分配制度改革。按照现代企业薪酬管理制度的要求，在定岗定员和定责的基础上，合理确定各岗位的薪酬水平，以岗定薪，易岗易薪，建立科学、动态的工资运行机制。逐步改变了历史形成的市、县两级收入差距过大的现象。实现员工工资按岗位的责任大小、管理幅度、技术程度、劳动强度等来确定，突出了岗位的重要性和贡献度，缩小了由于身份不同而带来的收入差距，聘用员工收入增长明显。

认真贯彻《劳动合同法》，全面规范劳动用工，2007年底，市局（公司）的从业人员1640人按照规定签订了劳动合同，完善了部分从业人员的劳务派遣手续。对一线员工实行《五员岗级晋升办法》，提供足够的组织内成长空间。按计划开展职工教育培训，2007年举办各级各类培训81班次，参训人员2000余人次。加强干部队伍建设，调整到主持工作岗位11人，挂职锻炼4人，易地交流3人。经过任期跟踪，13人通过了提拔考察，4人通过了任职考察。采取公开竞聘方式，选拔了1名分公司分管烤烟的副经理。

【特事要辑】 1月22～23日，国家局副局长张保振一行到贵阳市局（公司）考察调研。

2月1～2日，国家局副局长李克明到贵阳市局（公司）考察指导卷烟营销。

遵义市烟草专卖局（公司）

遵义市烟草专卖局、贵州省烟草公司遵义市公司成立于1983年，下辖市区、务川县、湄潭县、遵义县、仁怀市、习水县、道真县、余庆县、桐梓县、正安县、绥阳县、凤冈县、赤水市等13个县级烟草专卖局（分公司），控股贵州遵义烟叶有限责任公司和贵州申义烟叶复烤有限责任公司两家打叶复烤企业。有从业人员4279人，其中聘用员工2273人。

2007年，全市辖区销售卷烟92.51亿支（18.5万箱），同比增长3.14%。实现“两烟”销售收入395960万元，其中，烟叶销售收入216015万元、卷烟销售收入179945万元。实现“两烟”税利149278万元，同比增长15.66%，其中，实现“两烟”利润79679元，同比增长18.93%。

全市共出动专卖执法人员10215人次，破获涉烟违法案件1478起，案值总计496.32万元。

安顺市烟草专卖局（公司）

安顺市烟草专卖局、贵州省烟草公司安顺市公司成立于1984年，下辖西秀区、紫云县、平坝县、普定县、关岭县、镇宁县等6个县级烟草专卖局（分公司）。有从业人员1072人，其中聘用员工472人。

2007年，全市辖区销售卷烟37.20亿支（7.44万箱），同比增长5.44%。实现“两烟”税利18032万元，其中实现“两烟”利润11524万元。单箱销售均价10296元，同比增长1421元。

全市共出动专卖执法人员29074人次，检查卷烟零售户120938户次，查办各类涉烟违法案件827起，查获各类假、私、非卷烟623万支、非法烟叶154吨。破获了一个横跨福建、云南等省销售假烟网络案，捣毁分销窝点3个，现场查获假烟364.6件，涉案金额102万元。

全年共投入烟水配套工程4760万元，实现灌溉面积65977亩、管网1133千米，人畜饮水工程惠及31115人。

六盘水市烟草专卖局（公司）

六盘水市烟草专卖局、贵州省烟草公司六盘水市公司成立于1984年，下辖水城县、六枝特区、盘县等3个县级烟草专卖局（分公司）。市局（公司）有从业人员966人，其中聘用员工703人。

2007年，全市辖区销售卷烟41.85亿支（8.37万箱），同比增长4.08%。实现“两烟”销售收入113162万元，同比增长15.36%；单箱销售均价10968元，同比增长2%。实现“两烟”税利25731万元，同比增长40.11%，其中，实现“两烟”利润18074万元，同比增长26.75%。

2007年，市局（公司）破获了“5·16”制售假烟网络案件，捣毁生产假冒高档卷烟窝点1个、分销窝点3个，涉案金额100余万元。

黔东南苗族侗族自治州烟草专卖局（公司）

黔东南苗族侗族自治州烟草专卖局、贵州省烟草公司黔东南苗族侗族自治州公司成立于1984年，下辖凯里市、丹寨县、施秉县、镇远县、岑巩县、三穗县、天柱县、锦屏县、黎平县、从江县、榕江县、雷山县、黄平县、麻江县、台江县、剑河县等16个县级烟草专卖局（分公司、营销部）。有从业人员1462人，其中聘用员工630人。

2007年，全州辖区销售卷烟46.81亿支（9.36万箱），同比增长3.86%。实现“两烟”销售收入77836万元，同比增长18.77%，单箱销售均价8314元。实现“两烟”税利19981万元，其中实现“两烟”利润11681万元。

全年查处各类涉烟违法案件73起，查扣违法卷烟573.07万支、违法烟叶72.73吨，罚没款17.81万元。

2007年，州局（公司）被确定为全国65家、省内3家卷烟销售网络建设典型示范单位之一，形成全州卷烟“一库式”配送格局。明确了具有黔东南山区特色卷烟销售网络的工作思路，推进了网上订货、手机订货和按客户订单组织货源试点工作，规范卷烟“二级配送”管理，延伸农村客户服务体系，建成GPS卫星定位系统，形成了全州卷烟“一库式”的配送格局。

黔南布依族苗族自治州烟草专卖局（公司）

黔南布依族苗族自治州烟草专卖局、贵州省烟草公司黔南布依族苗族自治州公司成立于1984年，下辖都匀市、福泉市、惠水县、瓮安县、贵定县、独山县、平塘县、龙里县、长顺县、荔波县、罗甸县、三都县等12个县级烟草专卖局（分公司），以及黔南吉星烟叶有限责任公司、贵州黔南金福有限责任公司。州局（公司）有从业人员2329人，其中聘用员工1298人。

2007年，全州辖区销售卷烟51.06亿支（10.21万箱），同比增长3.11%。实现“两烟”销售收入155848万元，同比增长24.62%，单箱销售均价9639元。实现“两烟”税利39699万元，同比增长28.58%，其中，实现“两烟”利润26409万元，同比增长16.17%。

州局（公司）破获了“3·23”销售假烟网络案，该案涉及福建、广东、四川、重庆等省（市），捣毁分销窝点5个，涉案假烟318.8件，涉案金额66万元。

黔西南布依族苗族自治州烟草专卖局（公司）

黔西南州烟草专卖局、贵州省烟草公司黔西南布依族苗族自治州公司成立于1983年，下辖兴义市、兴仁县、普安县、晴隆县、贞丰县、安龙县、册亨县、望谟县等8个县级烟草专卖局（分公司）。州局（公司）有从业人员2306人，其中聘用员工1700人。

2007年，全州辖区销售卷烟39.11亿支（7.82万箱），同比增长10.11%。实现“两烟”销售收入123335万元。实现“两烟”税利45429万元，同比增长1.66%，其中，实现“两烟”利润23381万元，同比增长0.88%。

全州烟叶“原收原调”有序开展。州局（公司）逐级成立收购巡回检查组，及时纠正问题，保证“原收原调”工作顺利开展，对全州41个中心站、68个收购库进行统一编码，建立质量追踪体系，增强烟叶质量的可追溯性，从源头上保证收购的公平公正，实现了烟叶质量全程监控。

毕节地区烟草专卖局（公司）

毕节地区烟草专卖局、贵州省烟草公司毕节地区公司成立于1983年，下辖毕节市、大方县、黔西县、金沙县、织金县、纳雍县、威宁县、赫章县等8个县级烟草专卖局（分公司），1个烟叶营销中心和1个控股公司——毕节顺泰烟叶有限责任公司。地区局（公司）有从业人员4279人，其中聘用员工2273人。

2007年，全地区辖区销售卷烟77.22亿支（15.44万箱），同比增长3.99%。实现“两烟”销售收入328200万元。实现“两烟”税利81420万元，其中实现“两烟”利润42441万元。

全年完成烟水配套工程投资2.76亿元，实施烟水配套工程项目91个（处）、覆盖烟田42.7万亩，新建及改造烤房2012间。

铜仁地区烟草专卖局（公司）

铜仁地区烟草专卖局、贵州省烟草公司铜仁地区公司成立于1983年，下辖铜仁市、玉屏县、万山特区、松桃县、思南县、德江县、江口县、印江县、沿河县、石阡县等10个县级烟草专卖局（分公司）和梵净山烟叶有限责任公司1家打叶复烤企业。地区局（公司）有从业人员1901人，其中聘用员工1081人。

2007年，全地区辖区销售卷烟40.97亿支（8.19万箱），同比增长6.97%。单箱均价10487元，同比增加1205元。实现“两烟”税利24532万元，同比增长16.69%，其中，实现“两烟”利润12079万元，同比增长13.79%。

2007年贵州省烟草商业系统主要情况统计

地市级局（公司）名称		贵阳市烟草专卖局（公司）	遵义市烟草专卖局（公司）	安顺市烟草专卖局（公司）	六盘水市烟草专卖局（公司）	黔东南州烟草专卖局（公司）
法人代表/主要负责人		任　林	吴洪田	徐　铭	童立里	向必焰
总资产（万元）		133098	328521	47654	47574	43557
所属县级局数量（个）		10	13	6	3	16
所属县级公司数量（个）		—	—	—	—	—
所属营销部、分公司		6个营销部、4个分公司	13个分公司	6个分公司	3个分公司	9个营销部、7个分公司
所属业务机构	访销机构	1个营销中心、1个电访部	1个营销中心、1个电访中心	1个营销中心、1个电访中心	1个营销部心、1个电访中心	1个营销中心、1个电访中心
	物流配送机构	1个物流配送中心	1个物流中心、2个物流分库、9个物流中转站	1个物流配送中心	1个物流中心、1个物流分库	1个物流中心
	稽查机构	11个稽查大队	1个稽查支队、13个稽查大队	1个稽查大队	3个稽查大队	1个稽查支队、16个稽查大队
销售卷烟（亿支）		87. 70	92. 51	37. 20	41. 85	46. 81
两烟税利（万元）	本年	55630	149278	18032	25731	19981
	上年	45212	129063	20617	18365	22886
两烟利润（万元）	本年	43704	79679	11524	18074	11681
	上年	36114	66997	11158	14260	11278
烟叶种植（亩）		161500	739400	86198	94126	107934
烟叶收购（担）		354400	1479900	194700	198246	245400
零售户数（户）		17588	25458	11276	9837	17777

地市级局（公司）名称		黔南州烟草专卖局（公司）	黔西南州烟草专卖局（公司）	毕节地区烟草专卖局（公司）	铜仁地区烟草专卖局（公司）
法人代表/主要负责人		毛化贤	张锡荣	龙丽琴	陈风雷
总资产（万元）		75267	97822	210699	62181
所属县级局数量（个）		12	8	8	10
所属县级公司数量（个）		—	—	—	—
所属营销部、分公司		12个分公司	8个分公司	8个分公司	10个分公司
所属业务机构	访销机构	1个营销中心、1个电访中心	1个营销中心、1个电访中心	1个电访中心	1个营销中心、1个电访中心
	物流配送机构	1个配送中心	1个物流配送中心	1个物流中心	1个配送中心
	稽查机构	1个稽查大队	1个稽查支队、8个稽查大队	1个稽查支队、8个稽查大队	1个稽查支队
销售卷烟（亿支）		51. 06	39. 11	77. 22	40. 97
两烟税利（万元）	本年	39699	45429	81420	24532
	上年	30875	44685	86522	21023

续表

地市级局（公司）名称		黔南州烟草专卖局（公司）	黔西南州烟草专卖局（公司）	毕节地区烟草专卖局（公司）	铜仁地区烟草专卖局（公司）
两烟利润（万元）	本年	26409	23381	42441	12079
	上年	22733	23178	47100	10615
烟叶种植（亩）		220000	200000	705700	280844
烟叶收购（担）		524271	510014	1692600	482680
零售户数（户）		16380	11798	27208	13357

（王　乾）

云南省烟草专卖局（公司）

【概　况】 云南省地处中国西南，总面积39.4万多平方公里，约占全国总面积的4.1%。2007年，全省总人口4483万人。云南省下辖8个地级市、8个自治州、12个市辖区、9个县级市、79个县、29个自治县、1559个乡镇。云南省是全国的优质烟叶主产区之一，烤烟主要分布在昆明、玉溪、曲靖、红河、楚雄、大理、昭通、文山、保山、普洱、丽江、临沧等12个州（市）。2007年全省实现地区生产总值（GDP）4700亿元，同比增长12.5%。

云南省烟草公司成立于1982年4月，云南省烟草专卖局成立于1983年11月。2007年，省局（公司）下辖16个州（市）烟草专卖局（公司），并拥有云南省烟草科学研究所①、云南省烟草职业技能鉴定站、云南省烟草烟叶公司②、中国烟草云南进出口公司以及云南省烟草实业公司等5个直属单位。有总资产442.75亿元，其中，固定资产71.15亿元、流动资产327.09亿元，资产负债率35.14%。全省烟草行业共有在岗员工14838人，其中聘用员工10963人。

【领导成员】 局长、总经理、党组书记：李万兴

副局长、党组成员：刘瑞生

纪检组长、党组成员：温宁军

副总经理、党组成员：杨经建

副总经理、党组成员：童荣崑

副总经理、党组成员：高体仁（2007.2—）

总会计师：万里明（2007.3—）

总农艺师：胡荣海（—2007.1）

副巡视员：管自和（—2007.1）

【组织机构】 省局（公司）机关设有办公室（外事办公室）、烟叶管理处、专卖监督管理处、销售管理处、综合计划处、法规处、财务管理处、审计处、科技处、人事劳资处、监察处（纪检组）、投资管理处、安全保卫处、思想政治工作处（机关党委、工会、共青团）等14个职能处室；信息中心、离退休人员管理办公室、特有工种职业技能鉴定站、烟草学会及烟草报、整顿与规范市场经济秩序办公室、现代烟草农业基础设施建设办公室等6个专业部门，以及云南省烟草专卖局铁路分局、云南省烟草专卖局民航分局2个特设部门。

【经济效益】 2007年，累计销售卷烟726亿支（145.20万箱），同比增长7.2%，完成全年目标销售计划的102.25%，其中，一类烟30.75亿支（6.15万箱），二类烟90亿支（18.00万箱），三类烟180.35亿支（36.07万箱），四类烟165.3亿支（33.06万箱），五类烟259.6亿支（51.92万箱）。

实现“两烟”销售收入437.86亿元，同比增长19.85%。全年实现“两烟”税利130.35亿元，同比增长25.97%，其中，实现“两烟”利润85.26亿元，同比增长36.22%。“两烟”出口全年创汇1.6亿美元。

【专卖管理】 以“打源头、端窝点、破网络、抓主犯、清市场、守边境”为重点，持续开展了一系列专项行动。2007年，全省共破获制售假烟网络14个，共出动打假打私人员25.7万人次，查办假冒卷烟案件5948起、各类走私涉烟案件359起，查获假冒卷烟

① 详见《科研机构》栏目。

② 详见《工业企业》栏目的烟叶加工企业部分。

2.8万件、走私烟2470件、各种制假设备96台套，移送公安、司法机关刑事拘留1108人，逮捕351人，判刑306人。

加强对一线办案人员的教育培训，组织和开展烟草专卖管理岗位业务技能竞赛，夯实专业技能基础，专卖队伍素质有较大提高。

【销售与网建】 *网建全面提升*。在总结和推广昆明、玉溪、曲靖、大理等地网建全面提升试点单位经验的基础上，从精细化、科学化管理入手，提高网络服务客户、控制市场、培育品牌、把握需求的能力。初步建立全省卷烟物流配送体系框架，按照“优质、高效、安全、低成本”的要求，开展物流成本分析和物流提速工作。

按客户订单组织货源。制定全省统一执行的按客户订单组织货源“需求预测”工作办法和指导意见。就“订单满足率”、“预测准确率”等指标运用对相关部门进行指导，就客户需求数的采集和紧俏货源的过度放大问题进行具体分析。开展了两期以“按客户订单组织货源工作”为主的营销人员培训班。

工商协同营销。就协同营销方面的协作机制、协同内容、信息互动、品牌培育和人力资源的共享等方面，指定实施办法，并整合营销资源，共同面向市场，形成品牌培育和控制市场的合力。

品牌培育。针对全省中低端品牌整合力度逐渐加大的情况，为满足市场需求，特别是满足农村市场中低档卷烟品牌的需求，在品牌的选择、引入、退出机制上制定相应的指导意见，引入“七匹狼”、“雄师”、“黄果树”、“黄芙蓉”、“白沙”、“大丰收”等品牌。加强货源投放的技巧和节奏，通过品牌促销和推广、品吸烟的发放、零售店铺的陈列改善等方式，强化品牌培育意识，取得了较为理想的市场效果。

【烟叶产销】 *烟叶种植、收购*。2007年，全省种植烟叶536.08万亩，收购烤烟75.25万吨（1505万担），收购总值89.4亿元，收购均价11.89元/千克；收购晾晒烟1.43万吨（28.54万担），收购总值1.5亿元；全省烟叶收购总量76.68万吨（1533.54万担），收购总值90.9亿元。出口烟叶、烟梗、薄片共计6.69万吨，创汇1.56亿美元。

烟叶收购以合同制为主线，全省共签订烟叶收购合同150.9万份，户均种烟面积5亩以上的有31.5万户。各地切实把烟叶生产的重点转移到“提高质量、改善结构、突出特色”上来，在提质、增效等方面取得实效。优化品种结构，进一步增加“K326”、“红大”种植面积比例；创新育苗机制，全省商品化育苗率达94.4%，高茎壮苗率进一步提高。

基础设施建设。近三年来，累计投入烟叶生产基础设施建设补贴资金32.5亿元，建成烟水工程59万件，受益面积497万亩。2007年，全省共落实部分替代进口烟叶生产示范点23个，面积23.8万亩，实际完成收购量3.5万吨（70.5万担）。全省在93个种烟县各安排一个乡（镇）作为省优质烟示范点，面积达83.74万亩。

【信息化建设】 *基础业务系统*。开展烟叶生产管理系统建设，对全省的卷烟销售营销系统进行重新开发建设。完善并稳步推广实施专卖管理系统继续建设，项目一期通过验收，同时启动二期工程；二期工程主要完成了分析系统以及同辅料企业、公、检、法的数据交换和共享。

管理决策支持系统。全面开展全省打码到条工程。建设了行业数据中心，对网站进行了改版，对栏目和主页均进行重新编排。

【多元化经营】 继续开展多元化经营企业清理整顿工作，截至2007年底，计划清退的66个投资项目中，已完成的清退项目24个，剩余42个中继续经营的多元化项目为17个，其余25个计划在2008年内清退完毕。主业固定资产用于多元化投资的项目从原94个项目减少到28个，将保留11个继续经营。针对各个多元化经营项目的自身特点，对其处置方式分为有偿转让、无偿划转、收归主业、清算关闭、对外出租和成立酒店管理公司6种方法。

【队伍建设】 *用工分配制度改革*。按照《国家烟草专卖局关于进一步深化烟草行业收入分配制度改革的意见》，组织在玉溪、曲靖市局（公司）进行了用工分配制度改革试点，取得阶段性成果。

人员招聘、培训。全省系统接收高等院校应届毕业生179人；接收安置军队转业干部3人，安置退役士兵101人；举办各类职工培训班2021个，受训人员达41548人次。

干部选拔任用。做好干部选拔任用工作，用《党政干部选拔任用工作条例》规定的基本条件和资格要求选拔干部，严格执行民主推荐、组织考察、任前公示等工作程序。2007年，提拔任用处级干部62人。

加大干部交流力度，选拔一些年轻干部到业务性强、环境艰苦的岗位任职，经受锻炼，全年共有22名处级干部交流使用。加大干部工作监督力度，严密组织好民主推荐、组织考察、任前公示等关键环节工作。

职级管理。组织开展专业技术职务评审工作，

2007年全省系统农业、政工、工程等岗位共88人取得了中级专业技术职务任职资格，推荐17人参加国家局举办的高级专业技术职务任职资格评审，其中11人被认定具备高级专业技术职务任职资格。

【思想政治工作】 省局（公司）下发《关于在全系统各级领导班子和领导干部中深入开展"'两个至上'在岗位"主题实践活动的意见》，以"抓班子、带队伍、促发展、创和谐"为重点，深入开展"两个至上"在岗位主题实践活动。

全省系统各单位开展评议活动或报告会，每位班子成员严格对照"五查五看"的内容，逐条检查自己的言行，接受职工的评议。同时，各单位紧密结合自身实践，开展了一系列有自身特色的活动。玉溪市公司开展了"牢记宗旨、服务烟农、提质增效"主题实践活动，提出力争在"两烟"生产经营中实现使烟农亩平均收入同比增加50元，卷烟零售户月均获利增加170元的目标。红河州公司在烤烟收购期间，多渠道了解烟农心声，把烟农的满意程度作为检验收购工作的标准之一，广泛开展烟农满意度调查，围绕烟农最关心、与烟农利益最密切的合同签订、合同执行、入户预检定级等8项内容进行调查，在收购期间，对136个收购烟站（点）、2321户烟农进行调查，满意度达90.92%。

【企业文化】 省局（公司）召开全省系统企业文化建设工作座谈会，对企业文化工作进行动员部署。在2006年红河州烟草公司、省烟叶公司企业文化试点取得初步成绩的基础上，正式启动丽江、玉溪、保山、曲靖等4家市局（公司）企业文化建设工作。丽江市公司提出打造"和合丽水"的文化价值理念，强调要用文化力推动经济力，提升企业综合竞争力，塑造丽江烟草的新境界和新形象；玉溪市公司要求各级领导率先垂范，以自己的言行激励、要求每一个员工，要把企业文化建设作为对各级领导年终绩效考核的重要指标；保山市公司针对保山"永昌围棋甲天下"的特色，明确提出了构建"永子"文化的理念；曲靖市公司举行了企业文化建设启动暨《源文化论坛》开坛仪式，提出将围绕"源"字，着力打造具有自身特色的"源文化"品牌。

【特事要辑】 3月25～26日，国家局副局长张辉一行到云南保山调研烟叶生产情况。

3月27～28日，全国烟草行业部分替代进口烟叶工作座谈会在云南昆明召开。

7月18～19日，云南省副省长程映萱到玉溪市、曲靖市考察了烤烟新品种试验示范工作。

7月23～24日，云南省烟叶收购暨基础建设工作现场会在红河州弥勒县召开。

8月2～3日，全省烟草专卖局长、公司经理座谈会在云南昆明召开。

9月5～6日，全国打叶复烤企业工作会议在云南昆明召开。云南省副省长程映萱、国家局副局长何泽华出席会议并讲话。

9月12～14日，国家局局长姜成康一行到云南烟草调研指导工作。

11月8日，西部10省（区、市）区域第三轮卷烟价格协调会议在西双版纳州景洪市召开。

云南省局（公司）主要统计指标汇总

两烟税利（亿元）	两烟利润（亿元）	销售卷烟（亿支）	烟叶种植（万亩）	烟叶收购（万担）
130.35	85.26	726.00	536.08	1533.54

所属地市级局（公司）

昆明市烟草专卖局（公司）

【概　况】 昆明市是云南省省会，全市总面积2.15万平方公里，辖盘龙区、五华区、官渡区、西山区、东川区、呈贡县、晋宁县、安宁市、富民县、宜良县、嵩明县、石林彝族自治县、禄劝彝族苗族自治县、寻甸回族彝族自治县等5区1市8县，共26个民族。

昆明市烟草专卖局、云南省烟草公司昆明市公司组建于1984年，于2003年实行工商分设，专卖局和烟草公司实行一套班子、两块牌子管理。2007年，市局（公司）将其全资子公司石林天合烟叶复烤有限公司48%的股权转让给省外6家卷烟工业企业，重组石林天合烟叶复烤有限公司，建立与大型卷烟工业企业的战略合作伙伴关系。截至2007年底，下辖官渡、西山、东川、呈贡、晋宁、安宁、富民、宜良、嵩明、石林、禄劝、寻甸等12个县级烟草专卖局（分公司），以及昆明市城区卷烟配送有限责任公司、石林天合烟叶复烤有限责任公司（以下简称“天合公司”）2个股份公司。2007年，有总资产519278万元，其中，固定资产77860万元，流动资产441418万元，资产负债率28.06%。共有从业人员2037人，其中聘用员工227人。

【领导成员】 局长、经理、党委书记：郑天一

副局长、副经理、党委委员：赵树昆

副局长、党委委员：赵　斌

纪委书记、党委委员：郭生云（2007.6—）

副经理、党委委员：杨晓安

总会计师：徐　宏

【组织机构】 市局（公司）机关共设办公室、劳动人事部、专卖管理办公室、财会部、审计部、卷烟营销中心、烟叶经营部、企业管理部、监察部、安保部等10个部门。

【经济效益】 2007年，全市累计销售卷烟108.5亿支（21.7万箱），同比增长7.64%。实现“两烟”销售收入585000万元。实现“两烟”税利168500万元（含卷烟税利59500万元，烤烟税利109000万元），同比增长19.42%，其中，实现税金54000万元，同比增长10.2%；实现利润114500万元，同比增长30.11%。

【专卖管理】 卷烟打假打私。2007年，全市共出动专卖执法人员32566人次，查处各类涉烟违法案件1425起，查获假冒、走私、非渠道类卷烟13105万支（其中走私卷烟74.56万支），捣毁制假贩藏假窝点154个，查获卷烟制假设备30台，查处烟丝、烟叶合计426.95吨；销毁假冒卷烟11680万支、制假原辅材料20余吨。移送公安、司法机关案件75起，拘留涉烟违法分子230人、劳动教养23人，批捕61人，判刑70人。

烟叶专项治理。2007年4月，针对昆明市呈贡县回回营村一带烟叶无序流动现象，提出“加强领导、严惩首恶、疏堵并举”的整治思路，并形成《昆明市整顿和规范两烟市场经济秩序领导小组关于对昆明市呈贡县回回营村存在违法经营烟叶情况的调查报告》，及时出台《昆明市整顿和规范“两烟”市场经济秩序领导小组关于印发整治呈贡县回回营村违法经营烟叶工作专项行动实施方案的通知》。2007年底，查获涉及回回营村的烟叶案件11起，烟叶数量122.1吨。

专卖机构建设。编制《云南省昆明市烟草专卖局关于专卖管理组织机构及人员设置方案》。昆明市烟草专卖管理组织机构实行两级管理、三个层级运行模式，烟草专卖稽查组织机构实行两块牌子、三级统一运行模式。

【烟叶生产】 烟叶种植、收购。全年收购烟叶9.16万吨（183.24万担），收购均价11.88元/千克，实现烟农收入10.89亿元。全市烤烟育苗65.6万亩。以“高茎壮苗深栽”为中心任务，重点加强病毒病防控技术措施的落实和商品化育苗的全面推行，及时出台《关于昆明市2007年烤烟育苗工作安排的意见》，巩固加强育苗技术规范，规范全市育苗物资的采购和管理。

烤烟新品种试验示范。加强对全市烤烟新品种试验示范工作力度，在全市主要4个生态区进行13个烤烟新品种生产适应性试验的基础上，引进示范烤烟新品种“NC102”，示范面积3000余亩。下发《烤烟新品种试验示范及推广技术》培训教材，对烤烟新品种工作进行了进一步规范。

基础设施建设。2007年全市建设烟水工程9135件，总造价1.28亿元。新增受益和水利条件改善面积11.57万亩，受益农户3.38万户。完成智能化烤房建设1475座、密集型烤房建设25座、标准化烤房建设9668座。

【销售与网建】 品牌培育。进一步规范品牌的引入、宣传、培育、推广、维护和退市工作。围绕“两个10多个”，培育出一批有较好市场前景的重点品牌，其中，“百牌号”卷烟集中度为98.8%，同比上升4个百分点；组织省外货源，加大低档卷烟可替代品牌培育；确定卷烟品牌价位段划分标准，划分出84个类别客户，实施卷烟品牌精细投放。

客户服务。加大推行明码标价力度，将价格执行情况与客户服务类别评定相结合，对全市8341户卷烟零售客户开展了3期零售客户综合测评。加强“客户动销台账”及《客户经营指导建议书》的推广。开展零售客户满意度调查，满意率为96.04%。以手工预测为主，完成三维三度预测，到10月中旬，全市需求预测准确率达90.12%。

加强农网市场的调查和研究，农村网络布点达2340户。全年分别组织零售客户、卷烟工业企业客户200余人参加赴省外卷烟工业企业考察和互动交流活动，组织450多名零售户营业员开展了卷烟零售终端服务培训和团队建设活动。

销售队伍建设。结合《客户经理队伍建设三年规划》要求、“按客户订单组织货源”推广工作、“四员”手册，组织营销人员实施培训14次，培训2555人次。

【信息化建设】 完成卷烟生产经营决策管理系统工程“打码到条、扫码出库”的安装调试工作，成功与分拣线实现试运行对接；完成“打码到条”项目初试工作，为进一步提高物流效率奠定基础。

【财务管理】 制订《关于烟草公司管理体制改革后有关税收利益分配和税收征收管理的实施方案（试行）》，及时办理国有资产产权变更登记等相关工作。对各县级分公司财务负责人实行委派制，加强对分公司财务的内部监管。

下发《昆明市烟草专卖局（公司）财务管理制度》，实现全市系统在同一账套内的会计核算，统一规范会计核算管理，加强了成本费用及资本性支出预算执行考核力度。

开展清产核资工作，依法依规对所属分公司的28个历史遗留项目进行账销案存的处置，核销金额261万元。

【内部管理监督】 加强对各级领导干部的监督管理。制定《加强领导班子和领导干部监督管理的实施意见》，加大对领导干部监督的力度和对县级局领导班子的监督管理。开展县级分公司终结审计及法人代表离任审计，核实界定了各分公司的资产、负债、所有者权益。

开展专项资金检查，规范了打假经费、专卖管理经费开支，完善烟叶基础设施建设程序及资料归集管理。

签订资金安全责任状，启用农业银行现金管理平台，完善资金安全制度，顺利通过了省公司组织的资金安全复查，确保全系统资金安全。

【队伍建设】 进一步加大干部交流力度，全年对12个县级局（分公司）和天合公司、城区公司的领导班子进行调整和充实，对机关有关部门领导进行调整补充。

以提高业务技能为主题，对全市卷烟营销售人员进行培训，对全市专卖稽查人员进行专卖执法信息系统培训，对烤烟生产技术人员进行全面培训，不断提高职工的业务素质和思想意识。

玉溪市烟草专卖局（公司）

玉溪市烟草专卖局、云南省烟草公司玉溪市公司组建于1982年，截至2007年底，下辖红塔区、澄江县、江川县、通海县、华宁县、峨山县、新平县、元江县、易门县等9个县级烟草专卖局（分公司）。共有从业人员843人，其中聘用员工116人。

全年销售卷烟37亿支（7.4万箱），同比增长5.66%。实现“两烟”销售收入384929万元，同比增长20.92%。实现“两烟”税利131589万元，同比增长30.27%，其中，实现“两烟”利润82805万元，同比增长36.77%。

全市共查处涉烟违法案件667起，查获各类涉案卷烟1065件，没收烟叶2.996万担，罚没款504万元。移送公安、司法机关案件22起，拘留78人，逮捕22人，判刑23人。

全年种植烤烟67.1万亩，收购烟叶9.4万吨（188万担）。推广和落实烟叶生产实用技术，优化品种结构，创新育苗机制。进一步增加“K326”、“红花大金元”品种种植比例，在“一乡一品、一站一品”的基础上，在华宁、元江两县首推“一县一品”种植和原收原调工作。共完成烟叶生产基础设施建设项目12472件，总投资1.9亿元；新建卧式密集烤房910座、普通小烤房智能化改造2000座；新建烟叶工作站8个、流程改造14个。

曲靖市烟草专卖局（公司）

曲靖市烟草专卖局、云南省烟草公司曲靖市公司成立于1982年，截至2007年底，下辖麒麟区、宣威市、会泽县、富源县、沾益县、陆良县、师宗县、罗平县、马龙县等9个县级烟草专卖局（分公司），控股云南曲靖烟叶有限责任公司、云南曲靖天然烟叶复烤有限责任公司2个复烤企业，参股曲靖天福烟叶复烤有限责任公司。2007年共有从业人员5374人，其中聘用员工2133人。

2007年，销售卷烟96.3亿支（19.26万箱），同比增长6.55%。实现“两烟”销售收入708369万元，同比增长9.13%。实现“两烟”税利243696万元，同比增长21.82%，其中，实现“两烟”利润146505万元，同比增长35.65%。

全年共查处涉烟违法案件2083起，移送公安、司法机关拘留181人，劳教27人，逮捕49人，判刑30人。

全年种植烟叶125万亩，收购烟叶17.5万吨（350万担），实现收购总值21.5亿元。推行聚约式烟叶收购模式，漂浮育苗、土壤改良、揭膜提沟培土示范等工作取得新进展。全年累计投入资金2.3亿元，修建烟水配套工程8740件，受益农户8.48万户，受益面积30.47万亩；新改建QJⅢ型智能化烤房1122座、普改密200座。

切实提升农村网建工作质量，在宣威市组织开展了农村网建延伸试点工作。

红河哈尼族彝族自治州烟草专卖局（公司）

红河哈尼族彝族自治州烟草专卖局、云南省烟草公司红河哈尼族彝族自治州公司组建于1983年12月，2007年1月，州局（公司）对下属7个经营部、1个营销部机构名称进行了变更。截至2007年底，下辖弥勒县、泸西县、个旧市、开远市、蒙自县、建水县、石屏县、屏边县等8个县级烟草专卖局（分公司），红河、元阳、河口、金平、绿春等5个县烟草专卖局（营销部），以及红河打叶复烤有限公司、泸西烟叶复烤厂。2007年共有从业人员2303人，其中聘用员工1293人。

2007年，销售卷烟67.45亿支（13.49万箱），同比增长9.29%。实现卷烟销售收入148390万元，同比增长19.29%。实现“两烟”税利126732万元，同比增长24.17%，其中，实现“两烟”利润82272万元，同比增长31.68%。

全年共出动打假打私人员9416人次，查处涉烟违法案件599起，罚没款332.22万元。移送公安、司法机关刑事拘留犯罪嫌疑人48人，逮捕26人，拘役7人，劳教1人，判刑5人。

全州种烟农户134413户，种植烤烟56.7万亩。全年收购烟叶8.01万吨（160.24万担），其中上等烟叶占66.12%，中等烟叶占21.45%，收购均价11.87元/千克。全年建设完成烟区水利工程项目23516件，总投资1.61亿元，受益农户47639户，受益面积13.62万亩。改建并验收合格密集化烤房2248座，烘烤面积22480亩，受益农户2162户。

大理白族自治州烟草专卖局（公司）

大理白族自治州烟草专卖局、云南省烟草公司大理白族自治州公司组建于1984年1月，截至2007年底，下辖大理市、祥云县、宾川县、弥渡县、洱源县、巍山县、南涧县、永平县、鹤庆县、剑川县、云龙县、漾濞彝族自治县等12个县级烟草专卖局（分公司），以及云南烟草宾川白肋烟有限责任公司、云南省烟草大理烟叶复烤有限责任公司两个控股公司。共有从业人员2427人，其中聘用员工596人。

2007年，销售卷烟59.64亿支（11.93万箱），同比增长6.05%。实现“两烟”销售收入380384万元。实现“两烟”税利113123万元，同比增长57.12%，其中，实现“两烟”利润78508万元，同比增长116.64%。

全年共查处涉烟违法案件2187起；查扣非法卷烟2903.30万支、烟叶1011.44吨，捣毁制假窝点等10个。移送公安、司法机关案件84起，判决18起。

全年种植烤烟47.59万亩，收购烟叶7.23万吨（144.5万担）（含白肋烟6万担）。完成烟水配套工程建设项目15457件，工程总投资1.21亿元，受益面积12.74万亩，受益农户6.23万户。

楚雄彝族自治州烟草专卖局（公司）

楚雄彝族自治州烟草专卖局、云南省烟草公司楚雄彝族自治州公司始建于1982年7月，2007年1月1日，将元谋县营销部改名为元谋县烟草分公司，截至2007年底，下辖楚雄市、双柏县、牟定县、南华县、姚安县、大姚县、永仁县、武定县、禄丰县、元谋县等10个县级烟草专卖局（分公司），楚雄烟叶复烤有限责任公司，以及楚雄仁恒化肥有限公司1个控股合资企业。共有从业人员1743人，其中聘用员工457人。

2007年，销售卷烟42.25亿支（8.45万箱），同比增长5.87%。实现“两烟”销售收入344409万元，同比增长33.21%。实现“两烟”税利123293万元，同比增长44.71%，其中，实现“两烟”利润85729万元，同比增长78.97%。

全州共查处涉烟违法案件541起，查获烟叶719.46吨、假冒卷烟1128.92万支、走私烟3.24万支、假冒商标标识50.54万张。移送公安、司法机关刑事拘留犯罪嫌疑人171人，逮捕63人，判刑46人。

全州种植烤烟51.1万亩，收购烟叶7.47万吨（149.3万担），实现烟农收入8.86亿元。全年建成烟水配套工程项目35410件，完成工程总投资1.77亿元，受益面积15.91万亩，受益农户5.1万户。建成密集型烤房969座，烤房群密集化改造126座，普通烤房功能化改造118座。

昭通市烟草专卖局（公司）

云南省烟草公司昭通市公司、昭通市烟草专卖局分别组建于1982年、1984年，截至2007年底，下辖昭阳区、鲁甸县、巧家县、镇雄县、彝良县、威信县、大关县、永善县、盐津县、绥江县、水富县等11个县级烟草专卖局（分公司）以及云南省烟草公司昭通市公司画苑宾馆1个三产部门。共有从业人员2942人，其中聘用员工313人。

2007年，销售卷烟78.5亿支（15.7万箱），同比增长7.53%。实现“两烟”销售收入289785万元，同比增长20.06%。实现“两烟”税利76303万元，同比增长41.01%，其中，实现“两烟”利润50325万元，同比增长60.06%。

全市共查处涉烟违法案件2062起，没收假烟2681万支、烟叶25.31吨，征收烟叶82.63吨。移送公安、司法机关拘留19人，逮捕12人，劳教1人，判刑18人。

全年种植烤烟 36.5 万亩，收购烤烟 4.78 万吨（95.5 万担），其中上中等烟比例为 83.77%。2007 年规划建成烟水工程项目 11311 件，受益面积 81463 亩，截至 2007 年底，完工 4367 件，在建工程项目 6944 件；小型密集式烤房改建完成 450 座，完成总投资 216.01 万元。

保山市烟草专卖局（公司）

保山市烟草专卖局、云南省烟草公司保山市公司组建于 1988 年，截至 2007 年底，下辖隆阳区、腾冲县、龙陵县、施甸县、昌宁县等 5 个县级烟草专卖局（分公司）。共有从业人员 1125 人，其中聘用员工 184 人。

2007 年，销售卷烟 40.55 亿支（8.11 万箱），同比增长 7.85%。实现“两烟”销售收入 195484 万元。实现“两烟”税利 70557 万元，同比增长 14.32%，其中，实现“两烟”利润 45833 万元，同比增长 26.12%。

全市共出动专卖执法办案人员 29670 人次，查处各类涉烟违法案件 1459 起；查办假冒卷烟案件 694 起，查获假冒卷烟 1590.43 万支，捣毁贩藏假烟窝点 5 个。移送公安、司法机关涉烟案件 25 起，拘留 38 人，劳教 1 人，拘役 2 人。

2007 年，种植烤烟 28.83 万亩，收购烟叶 4 万吨（80 万担），其中，上等烟占 44.33%、中等烟占 38.39%，实现收购产值 4.35 亿元。2007 年全市规划烟水工程项目总投资 1.16 亿元，建设工程项目 22005 件，已全部完工。全市烟水工程配套面积达 34.95 万亩，受益农户 9.5 万户。启动了 11 个标准化站点的改扩建工作。

丽江市烟草专卖局（公司）

丽江市烟草专卖局、云南省烟草公司丽江市公司成立于 1985 年 4 月，截至 2007 年底，下辖永胜县、华坪县、玉龙纳西族自治县、宁蒗彝族自治县等 4 个县级烟草专卖局（营销部）。共有从业人员 460 人，其中聘用员工 79 人。

2007 年，销售卷烟 21.11 亿支（4.22 万箱），同比增长 7.97%。实现“两烟”销售收入 87426 万元，增长 11.29%。实现“两烟”税利 24835 万元，同比增长 22.99%，其中，实现“两烟”利润 15368 万元，同比增长 22.42%。

全市查处涉烟违法案件 310 起，查扣非法卷烟 41.95 万支，查获假烟 95.4 万支、烟叶 86.57 吨、烟丝 22 吨，罚没款 25.17 万元。移送公安、司法机关逮捕犯罪嫌疑人 2 人。

2007 年，全市有种烟农户 23113 户，种植烤烟 9.53 万亩，收购烟叶 1.35 万吨（27 万担），实现烟农收入 1.6 亿元。全年总投资 4661.48 万元，建成烟田水利工程项目 2836 件，受益农户 4.6 余万人，受益面积 4.26 万亩；新建、改造烤房 8343 座，并全部投入使用。

文山壮族苗族自治州烟草专卖局（公司）

文山壮族苗族自治州烟草专卖局、云南省烟草公司文山壮族苗族自治州公司成立于 1984 年 7 月，截至 2007 年底，下辖文山、砚山、西畴、麻栗坡、马关、丘北、广南、富宁等 8 个县级烟草专卖局（分公司）以及云南烟草文山州复烤厂、云南文山烟草物资运输有限公司。2007 年，共有从业人员 2116 人，其中聘用员工 1501 人。文山州局（公司）被云南省政府授予“四五”普法先进集体称号。

2007 年，销售卷烟 44.3 亿支（8.86 万箱），同比增长 9.91%。实现“两烟”销售收入 228923 万元，同比增长 40.02%。实现“两烟”税利 67839 万元，同比增长 49.65%，其中，实现“两烟”利润 45865 万元，同比增长 86.35%。

全年共查处涉烟违法案件 855 起，查获烟叶 2680 吨、烟梗 315.85 吨、真品卷烟 314.39 万支、假冒商标卷烟 2045 万支；移送公安、司法机关拘留 26 人，逮捕 23 人，劳教 3 人，判刑 8 人。

全年种植烤烟 28.2 万亩，收购烟叶 3.82 万吨（76.36 万担），实现烟农收入 4.49 亿元。在全省首次全面推行商品化育苗，共育苗 512 片 63522 个标准池，基本做到了统一育苗池标准、统一卫生消毒、统一防护设施、统一苗期病虫害防治，烟苗成苗率、壮苗率明显提高。

在全省首次实行卷烟一级分拣一级配送、首次实现由被动电话呼入订货模式向主动电话呼出订货模式转变，有效杜绝了代订货、卖大户等不规范行为发生。

德宏傣族景颇族自治州烟草专卖局（公司）

德宏傣族景颇族自治州烟草专卖局、云南省烟草公司德宏傣族景颇族自治州公司成立于 1989 年，截至 2007 年底，下辖潞西市、瑞丽市、陇川县、盈江县、梁河县等 5 个县级烟草专卖局（分公司）。共有从业人员 182 人，其中聘用员工 93 人。

2007 年，销售卷烟 17.81 亿支（3.56 万箱），同比增长 6.32%。实现卷烟销售收入 44200 万元。实现税利 6574 万元，同比增长 30%，其中，实现利润 4914 万元，同比增长 35.6%。

全州查获涉烟违法案件309起，查获假冒卷烟351.68万支、走私卷烟1185.03万支、烟叶405.53吨、烟丝2.15吨、假冒商标标识324.56万张，罚没款16.84万元。移送公安、司法机关刑事拘留105人，逮捕16人，拘役2人，判刑16人。

西双版纳傣族自治州烟草专卖局（公司）

西双版纳傣族自治州烟草专卖局成立于1991年6月，云南省烟草公司西双版纳傣族自治州公司成立于1993年1月。截至2007年底，下辖景洪市、勐海县、勐腊县等3个县级烟草专卖局（市场室），控股新傣园酒店管理有限公司。共有从业人员793人，其中聘用员工648人。

2007年度，销售卷烟17.8亿支（3.56万箱），同比增长7.56%。实现销售收入46952万元，同比增长26.83%。实现税利8416万元，同比增长69.5%，其中，实现利润6138万元，同比增长108.5%。

全年共查处各类涉烟违法案件474起，查获违法卷烟2323.6件，查获烟叶141.75吨、烟丝3.48吨，案值590.73万元，罚没款47.88万元。移送公安、司法机关案件28起，依法刑事拘留69人，批捕12人，判刑4人。

怒江傈僳族自治州烟草专卖局（公司）

怒江傈僳族自治州烟草专卖局、云南省烟草公司怒江傈僳族自治州公司组建于1994年8月。截至2007年底，下辖兰坪白族普米族自治县、贡山独龙族怒族自治县、福贡县等3个县级烟草专卖局（分公司）。共有从业人员122人，其中聘用员工53人。

2007年，共销售卷烟10.1亿支（2.02万箱），同比减少9.81%。实现销售收入24005万元，同比减少10.28%。实现税利3401万元，同比减少6.26%，其中，实现利润2426万元，同比减少10.15%。

全州共出动打假打私人员2766人次，查处涉烟违法案件73起，查获非法卷烟83.66万支，罚没款2.87万元。

普洱市烟草专卖局（公司）

普洱市烟草专卖局、云南省烟草公司普洱市公司系原思茅市烟草专卖局、云南省烟草公司思茅市公司更名而来①，成立于1992年。2007年4月6日，各县（区）局（营销部）变更为各县（区）局（分公司）。截至2007年底，下辖景东彝族自治县、镇沅彝族哈尼族拉祜族自治县、墨江哈尼族自治县、景谷傣族彝族自治县、宁洱哈尼族彝族自治县、江城哈尼族彝族自治县、澜沧拉祜族自治县、孟连傣族拉祜族佤族自治县、西盟佤族自治县和思茅区等10个县级烟草专卖局（分公司）。共有从业人员742人，其中聘用员工314人。

全年销售卷烟39.15亿支（7.83万箱），同比增长8.5%。实现“两烟”销售收入126394万元，同比增长25.68%。实现“两烟”税利32535万元，同比增长93.02%，其中，实现“两烟”利润20936万元，同比增长118.97%。

全年共查处涉烟违法案件376起，其中，假冒卷烟案件106起，走私卷烟案件37起。移送公安、司法机关案件17起，拘留50人，劳教3人，逮捕15人，判刑18人。

2007年，全市烤烟种植面积12.49万亩，收购烟叶1.72万吨（34.32万担），其中，上等烟叶占51.60%、中等烟叶占36.13%。实现烟农收入1.95亿元。全市新建烟叶站2个，改扩建烟叶站2个，新建烟叶收购点2个。

临沧市烟草专卖局（公司）

临沧市烟草专卖局、云南省烟草公司临沧市公司组建于1985年6月，截至2007年底，下辖永德县、云县、凤庆县、临翔区、镇康县、双江拉祜族佤族布朗族傣族自治县、沧源佤族自治县、耿马傣族佤族自治县等8个县级烟草专卖局（分公司）。共有从业人员1059人，其中聘用员工709人。

全年销售卷烟37.55亿支（7.51万箱），同比增长6.51%。实现“两烟”销售收入88957万元，同比增长20.88%。实现“两烟”税利16111万元，同比增长36.56%，其中，实现“两烟”利润9917万元，同比增长52.73%。

全年共查办各类涉烟案件692起，查获违法卷烟3201.95件，其中，假冒卷烟1183.34件，走私卷烟1190.88件，非渠道卷烟827.73件；查获烟丝和烟叶106.81吨、假冒商标标识39.19万张、盘纸186盘；移送公安、司法机关案件50起，劳教1人，刑事拘留79人，批捕38人，判刑23人。

全市种植烤烟7.41万亩，共收购烟叶0.92万吨（18.37万担）。

迪庆藏族自治州烟草专卖局（公司）

迪庆藏族自治州烟草专卖局成立于1995年，云南省烟草迪庆藏族自治州公司组建于2002年3月，2007年1月更名为云南省烟草公司迪庆藏族自治州公司。

---

① 思茅市于2007年2月16更名为普洱市。

设有7个区域卷烟营销中心。2007年，共有从业人员111人，其中聘用员工25人。

全年销售卷烟7.55亿支（1.51万箱），实现销售收入17320万元，同比增长15.81%。实现税利2445万元，同比增长55.48%，其中，实现利润1459万元，同比增长50.39%。

全年出动打假打私人员1200人次，查处涉烟违法案件62起，罚没款8.17万元。查扣违法卷烟5190.4条，案值27万元，没收假烟1902.8条。

所属其他二级单位

中国烟草云南进出口有限公司

中国烟草云南进出口有限公司始建于1985年8月，原为中国烟草进出口（集团）公司的成员企业。2006年，根据国家局调整进出口企业资产关系和管理体制的部署，中国烟草云南进出口有限公司改制为中国烟草总公司云南省公司的全资子公司。主要经营业务有：云南省烟叶出口、卷烟进口、烟丝出口、复烤设备及零配件进出口、烟草技术进出口业务；委托代理其他产品的进出口业务；建材、五金、化工、机电、轻工等非烟草产业业务。截至2007年底，有总资产179545万元，其中，固定资产8933万元、流动资产119509万元，资产负债率6.34%。共有从业人员63人。

2007年，实现进出口总值16848万美元，其中，进口总值746万美元，出口总值16102万美元。出口烤烟（含副产品）59220吨，同比增长18%；创汇12828万美元，同比增长33%。出口香料烟及晒切烟7710吨，同比增长29%；创汇2787万美元，同比增长53%。出口白肋烟520吨，同比增长112%；创汇132万美元，同比增长103%。出口烟草薄片36吨，创汇11万美元。全年实现利润14602万元。

2007年云南省烟草商业系统主要情况统计

地市级局（公司）名称		昆明市烟草专卖局（公司）	玉溪市烟草专卖局（公司）	曲靖市烟草专卖局（公司）	红河州烟草专卖局（公司）	大理州烟草专卖局（公司）
法人代表/主要负责人		郑天一	邓小刚	高体仁（—2007.4）、杨荣生（2007.4—）	谷　宏	宋利民（—2007.6）、樊在斗（2007.8—）
总资产（万元）		519278	381640	627300	390371	264783
所属县级局数量（个）		12	9	9	13	12
所属县级公司数量（个）		—	—	—	—	—
所属营销部、分公司		12个分公司	9个分公司	9个分公司	8个分公司、5个营销部	12个分公司
所属业务机构	访销机构	1个营销中心	1个营销中心	1个营销中心	1个卷烟经营管理部、1个订货室	1个营销中心
	物流配送机构	1个物流中心	1个物流中心	1个卷烟物流中心	1个物流配送中心	1个物流中心、1个配送站
	稽查机构	1个稽查支队、13个稽查大队	1个稽查支队、9个稽查大队	1个稽查支队、9个稽查大队	1个稽查支队、13个稽查大队、13个稽查中队	1个稽查大队
销售卷烟（亿支）		108.50	37.00	96.30	67.45	59.64
两烟税利（万元）	本年	168500	131589	243696	126732	113123
	上年	137000	101012	200044	102061	72100
两烟利润（万元）	本年	114500	82805	146505	82272	78508
	上年	88000	60540	107176	62478	36600
烟叶种植（亩）		656000	671000	1250000	567000	495900
烟叶收购（担）		1832400	1880000	3500000	1602390	1445000
零售户数（户）		13945	7028	17004	15406	10143

地市级局（公司）名称		楚雄州烟草专卖局（公司）	昭通市烟草专卖局（公司）	保山市烟草专卖局（公司）	丽江市烟草专卖局（公司）	文山州烟草专卖局（公司）
法人代表/主要负责人		段应泽	何兴普	何　伟（2007.1—）	张卫国	杨世田
总资产（万元）		282708	203950	141523	67803	146885
所属县级局数量（个）		10	11	5	4	8
所属县级公司数量（个）		—	—	—	—	—
所属营销部、分公司		10 个分公司	11 个分公司	5 个分公司	4 个营销部	8 个分公司
所属业务机构	访销机构	1 个营销中心、1 个电访中心	1 个营销中心	1 个营销中心	1 个营销中心、1 个电访中心	1 个营销中心
	物流配送机构	1 个物流中心、10 个配送站	1 个物流配送中心	1 个物流中心	1 个物流配送中心	1 个卷烟物流中心
	稽查机构	10 个稽查大队	1 个稽查支队、11 个稽查大队	1 个稽查支队、5 个稽查大队	1 个稽查支队	1 个稽查支队、8 个稽查大队
销售卷烟（亿支）		42.25	78.50	40.55	21.11	44.30
两烟税利（万元）	本年	123293	76303	70557	24835	67839
	上年	85252	54112	61721	20192	42865
两烟利润（万元）	本年	85729	50325	45833	15368	45865
	上年	47945	31440	36341	12554	23174
烟叶种植（亩）		511000	365000	288342	95294	282000
烟叶收购（担）		1493000	955000	800000	269986	763616
零售户数（户）		7583	12910	8787	3908	7662

地市级局（公司）名称		德宏州烟草专卖局（公司）	西双版纳州烟草专卖局（公司）	怒江州烟草专卖局（公司）	普洱市烟草专卖局（公司）	临沧市烟草专卖局（公司）	迪庆州烟草专卖局（公司）
法人代表/主要负责人		李京辉（—2007.3）、田泽华（2007.3—）	彭　川	何杨赵	黄灿宁	陈发勇	夏　巴
总资产（万元）		22341	24049	9197	66430	39749	6634
所属县级局数量（个）		5	3	3	10	8	—
所属县级公司数量（个）		—	—	—	—	—	—
所属营销部、分公司		5 个分公司	3 个市场室	3 个分公司	10 个分公司	8 个分公司	7 个区域营销中心
所属业务机构	访销机构	1 个营销中心	1 个电话订货室、1 个卷烟营销中心	1 个营销中心、1 个电访中心	1 个电话订货中心	1 个营销中心	1 个营销中心、1 个电访中心
	物流配送机构	1 个物流配送中心	1 个物流配送中心	1 个物流中心、1 个配送中心	1 个物流中心、10 个中转站	1 个物流中心、8 个配送站	1 个物流中心
	稽查机构	1 个稽查支队	1 个稽查支队	1 个稽查大队	1 个稽查支队、10 个稽查大队、4 个稽查中队	9 个稽查大队	1 个稽查支队
销售卷烟（亿支）		17.81	17.80	10.10	39.15	37.55	7.55
两烟税利（万元）	本年	6574	8416	3401	32535	16111	2445
	上年	5241	4965	3628	16856	11798	1573
两烟利润（万元）	本年	4914	6138	2426	20936	9917	1459
	上年	3624	2944	2700	9561	6493	971
烟叶种植（亩）		—	—	—	124852	74059	—
烟叶收购（担）		—	—	—	343154	183734	—
零售户数（户）		4172	3312	1432	5634	5281	1803

（杨　漾）

西藏自治区烟草专卖局（公司）

【概　况】　西藏位于中国西南，全区总面积120多万平方公里，约占全国国土面积的1/8，境内平均海拔在4000米以上。全区设6地1市、73个县（市、区），总人口281万人，是一个以藏族为主体，汉、门巴、珞巴等民族聚居的少数民族自治区。2007年，全区实现地区生产总值（GDP）342.19亿元，比上年增长14%。

西藏自治区烟草专卖局、中国烟草总公司西藏自治区公司组建于1998年，2001年上划国家烟草专卖局、中国烟草总公司。下辖昌都、日喀则、山南、林芝、那曲①、阿里等6个地区烟草专卖局（公司），其中那曲地区烟草专卖局（公司）体制未上划。西藏区局（公司）分设10个处、1个专业公司、3个专业部门。2007年，全区烟草行业有总资产6.65亿元，其中，固定资产1.42亿元、流动资产4.51亿元，资产负债率22.96%。共有从业人员809人（不含那曲地区），其中聘用员工465人。

【领导成员】　局长、总经理、党委副书记：平措旺扎

副局长、副总经理、党委书记：杨桂选

副局长、副总经理、党委委员：蔡建文

副局长、纪检书记、党委委员：旺　啦

副总经理、工会主席、党委委员：乔建民

【组织机构】　西藏区局（公司）设办公室（外事办公室）、综合计划处（经济运行处）、专卖监督管理处（专卖稽查总队、内部监督管理处）、销售管理处、财务管理处、审计处、人事劳资处（思想政治工作处、机关党委、离退休人员管理办公室、与工会合署办公）、纪检监察处（与纪委合署办公）、政策法规与体制改革处、安全保卫处等10个处室，访销配送中心、储运中心、信息中心等3个专业部门和金叶实业发展有限责任公司1个专业公司。

【经济效益②】　2007年，全区共销售卷烟43.06亿支（8.61万箱），同比增长10.81%，其中，一类烟4.25亿支（0.85万箱），占总销量的9.87%；二类烟3.41亿支（0.68万箱），占总销量的7.90%；三类烟11.86亿支（2.37万箱），占总销量的27.53%；四类烟15.61亿支（3.12万箱），占总销量的36.24%；五类烟7.92亿支（1.58万箱），占总销量的18.35%。全区烟草行业实现销售收入12.95亿元，实现税利2.23亿元，其中实现利润1.75亿元。

【专卖管理】　2007年，西藏烟草重点抓好“内部监督、打假打私、基层队伍建设”三项任务，始终保持卷烟打假高压态势。加强市场监管，围绕“破网络、打源头、抓主犯”的打假工作方针，努力提高卷烟打假工作水平。发挥联合协作机制作用，加强与公安等执法部门的协作，形成以烟草、公安牵头，多部门配合的联合打假机制，深入开展“打网络”专项斗争，完成国家局部署的“打网络”任务。

全年共查获各类涉烟违法案件1039起，查获非法卷烟1918.64件，案值1061万元，捣毁制假窝点3个、分销窝点16个，配合公安、司法机关抓获犯罪嫌疑人21人，起诉2人，刑事拘留7人，判刑2人。

【销售与网建】　2007年，全区卷烟网络建设以“城网讲标准，农网求实效”为目标，结合全区烟草实际，在县城、重点乡镇、交通要道、旅游景点和驻军所在地设立网点102个。拉萨市城区完成“集中呼叫，统一配送”卷烟网点建设任务。各地区局（公司）结合自身实际，积极探索经营模式，把卷烟销售到农牧区基层，提高了市场占有率，增强了市场调控能力。

根据国家局提出的“整体推进、全面提升”、“按客户订单组织货源”要求，区局（公司）取消“坐店批发”的形式，加大访销配送力度，开始筹备拉萨市访销配送向县级网点的延伸工作。卷烟分配本着公平、公正、公开的原则，尽量满足客户的卷烟需求。加强客户经理队伍建设和对访销配送员的管理，开展感情营销，真诚为客户服务，逐步形成“呼叫集中、统一配送、营销集中、分片管理”的卷烟销售网络。

【财务管理】　*规范财务运作*。2007年，区局（公司）加强制度建设，强化内部财务管理。更新全区烟草行业财务软件系统，对财务人员进行软件培训，充

---

① 那曲地区烟草专卖局（公司）体制未上划。

② 经济效益数据均不含那曲地区。

分利用现代财务信息系统，加强对凭证管理、费用报销、数据录入、档案资料保存等工作的管理监督，实现了财务运作的规范化、制度化。

资金监管。加强资金监管，合理筹措、调度资金，提高资金使用效率。针对各地区局（公司）经营资金和基建资金严重缺乏的问题，2007年先后给6个地区局（公司）投入资金1.3亿元，用于解决经营资金缺乏和各地区局（公司）基建、历史遗留问题，实现了各地区卷烟销售量的快速增长和基础设施建设的明显改善。

清产核资。区局（公司）制订《西藏烟草行业2006年度同级审计实施方案》，结合行业要求开展主业清产核资工作。对2006年和2007年1～6月的同级审计中，共检查出各类问题129项，区局（公司）提出整改意见要求，各单位限期整改，并对整改情况进行检查。完成西藏烟草行业清产核资各阶段工作，基本达到“摸清家底、明晰产权、做实资产、加强管理”的目的，明确了资产使用、管理权限，确保了国有资产的安全和完整。

成本控制。采用严格的成本费用核算办法，坚决执行工效挂钩政策，控制工资发放总量，努力降低人工费用成本。整合物流资源，最大限度地减少不合理费用开支，强化成本费用的控制力度，费用开支更加规范化、合理化。

【信息化建设】 1月1日，西藏烟草商业管理信息系统正式上线，9月通过验收。各地区局（公司）在机房和北郊配送中心安装UPS不间断电源，保证全区烟草行业各大业务系统的正常运行。建立数据质量通报制度，清理核对2006年至2007年数采数据和卷烟代码，实现了统一卷烟代码，提高了工商数采数据质量。

根据《国家烟草专卖局关于烟草行业地面视讯会议系统建设有关事项的通知》和《烟草行业地面视讯会议系统建设方案》，区局（公司）结合实际情况制定系统方案，实现了电视电话会议从卫星网到行业骨干网上运行。

【内部管理监督】 2007年，区局（公司）分企业自查、区局（公司）复查、接受国家局抽查3个阶段对辖区内经营企业开展内部管理检查。根据国家局抽查组的意见，制订《西藏自治区烟草专卖局开展2007年内部专卖管理监督补查工作实施方案》，针对全区烟草行业在经营中存在的薄弱环节及不到位的问题进行及时整改，逐步规范经营行为。区局（公司）制订《西藏自治区烟草专卖局关于加强专卖管理监督组织机构建设的实施方案》，设立了内部管理监督处，各地区局（公司）、各县专卖管理所设立了内部专卖管理监督科。

开展各地区（局）公司法人经济责任审计和干部离任经济责任审计，本着“凡离必审、凡提必审”的原则，先后对5个地区（局）公司法人代表和离任法人代表开展经济责任审计，对其任职期间经济责任履行情况、国有资产保值增值情况、遵守财经及其他法规情况进行全面审计。

【人力资源管理】 用工分配制度管理。在用工分配制度的改革中，贯彻落实国家局提出的“分类管理、科学设岗、明确职责、严格考核、落实报酬”的要求，采用笔试、面试的方式，完成业务类、操作类、管理类用工的招聘、培训和分配工作，搭建起人才招聘、培养、使用的平台。区局（公司）制定《地区公司领导班子薪酬管理办法》、《聘用员工管理办法》、《用工分配制度改革方案》等规章制度，为全区烟草行业用工分配制度改革奠定基础。

干部队伍建设。加强领导干部的团结协调，把在政治上靠得住、工作上有本事、作风上过得硬的干部提拔到领导岗位上来。本着“重要干部重点培训，优秀干部加强培训，年轻干部经常培训，紧缺人才抓紧培训”的原则，采取“走出去、引进来”的方式，组织部分干部参加各种培训，促进干部素质和能力的全面提高。

职工队伍建设。为了提高专卖队伍的整体素质，定期开展专卖执法人员理论、业务综合知识培训，组织全体专卖人员学习新出台的《烟草专卖许可证管理办法》。组织全区12名专卖内管人员赴山西学习内部专卖管理监督的成功经验；统一组织全区销售人员到山西学习网建经验。日喀则地区局（公司）派出9名专卖管理人员赴安徽学习，借鉴兄弟省局（公司）的先进工作经验。同时，各地区局（公司）通过开展不同形式的业务培训，提高了客户经理的营销能力。

【安全管理】 加强安全监督管理，对消防安全存在的隐患及时进行整改。区局（公司）全年投入技术资金75万元，为各地区局（公司）仓库安装超音速消防灭火系统，将安全隐患消灭在萌芽状态。区局（公司）与拉萨市政府、市综治委、市公安局签订交通道路安全责任书，做好单位内部车辆的安全管理，提高了预防安全生产事故能力和专业管理水平。

【企业文化】 建立西藏烟草企业文化理念体系和培训体系。区局（公司）聘请企业文化建设咨询公司对西藏烟草《西藏自治区烟草专卖局（公司）企业文化建设规化发展纲要》进行提炼整合，建立了符合西藏烟草工作实际、突出西藏少数民族特色的企业文化理念体系和培训体系。全年共举办6场企业文化基础知识讲座，对全体员工进行企业文化基础知识专项培训。通过培训，提升了干部职工的思想境界、忠诚度、归属感和自律能力，推进了企业文化建设。

西藏自治区局（公司）主要统计指标汇总

实现税利（亿元）	实现利润（亿元）	销售卷烟（亿支）	烟叶种植（万亩）	烟叶收购（万担）
2.23	1.75	43.06	—	—

注：因原拉萨市烟草专卖局（公司）2003年初体制上划西藏区局（公司），国家局批准取消了拉萨市烟草专卖局（公司）这一机构。拉萨市卷烟市场管理、卷烟经营全部由区局（公司）承担，所以，拉萨市作为全国36个网建重点城市之一，其工作概况均包含在区局（公司）的情况介绍中。

所属地市级局（公司）

昌都地区烟草专卖局（公司）

昌都地区烟草专卖局、西藏自治区烟草公司昌都地区公司组建于1998年，2004年7月体制上划。2007年，下设10个营销中心。共有员工72人，其中聘用员工34人。

全年共销售卷烟5.39亿支（1.078万箱），同比增长0.75%，其中，一类烟0.46亿支（0.092万箱），二类烟0.37亿支（0.074万箱），三类烟1.25亿支（0.25万箱），四类烟1.99亿支（0.398万箱），五类烟1.32亿支（0.26万箱）。实现销售收入14617万元，同比减少11.4%。实现税利877万元，同比增长6.30%，其中，实现利润410万元，同比增长10.81%。

2007年，共出动专卖打假人员3000余人次，查获各类涉烟违法案件50起，没收假冒卷烟13万支，价值7万余元，上缴罚没款9110元。

日喀则地区烟草专卖局（公司）

日喀则地区烟草专卖局、西藏自治区烟草公司日喀则地区公司成立于1998年9月，2004年7月体制上划。2007年，下设11个卷烟配送中心。共有员工120人，其中聘用员工80人。

全年销售卷烟7.11亿支（1.42万箱），同比增长5.96%，其中，一类烟0.39亿支（0.078万箱），二类烟0.4亿支（0.08万箱），三类烟1.4亿支（0.28万箱），四类烟2.89亿支（0.58万箱），五类烟2.02亿支（0.404万箱）。实现销售收入19900万元。实现税利992万元，其中实现利润606万元。

2007年，共出动专卖打假人员2060人次，出动车辆350台次；查办各类涉烟违法案件826起，案值94.06万元。没收假冒卷烟3122.4条，价值48.62万元；罚没款13.72万元。

山南地区烟草专卖局（公司）

山南地区烟草专卖局、西藏自治区烟草公司山南地区公司成立于1998年，2004年7月体制上划。2007年，下辖贡嘎、扎囊、浪卡子、洛扎、错那、措美、曲松、琼结、桑日、隆子、加查、乃东等12个县直属网点和甲竹林镇（机场）直属网点以及泽当镇3个门市。共有员工96人，其中聘用员工63人。

全年销售卷烟4.48亿支（0.896万箱），同比增长19.79%，其中，一类烟0.43亿支（0.086万箱），二类烟0.14亿支（0.028万箱），三类烟1.26亿支（0.25万箱），四类烟2.01亿支（0.40万箱），五类烟0.64亿支（0.13万箱）。实现销售收入15217万元，同比增长76.14%。实现税利721万元，同比增长26.27%，其中，实现利润513万元，同比增长101.18%。

2007年，查处各类涉烟违法案件77起（包括简易程序处罚案件），立案17起，结案17起；查获违法卷烟10144条，案值97.49万元。

山南烟草网络建设业务重点向乡镇一级延伸，初步形成以行署所在地为中心，以县城为支点，辐射农牧区的卷烟销售网络体系。特别是与邮政合作建设的乡（镇）、旅游景点一级销售网点建设已初步形成规模。

林芝地区烟草专卖局（公司）

林芝地区烟草专卖局、西藏自治区烟草公司林芝地区公司成立于1996年11月，2004年7月体制上划。2007年，下辖米林县、波密县、工布江达县等3个卷烟配送中心（专卖管理所），有14个卷烟批发、零售网点。共有员工78人，其中聘用员工42人。

全年共销售卷烟4.86亿支（0.97万箱），同比增长33.88%，其中，一类烟0.56亿支（0.11万箱），二类烟0.77亿支（0.15万箱），三类烟1.31亿支（0.26万箱），四类烟1.5亿支（0.3万箱），五类烟0.72亿支（0.14万箱）。实现销售收入17356万元，同比增长63.47%。实现税利1066万元，同比增长26.60%，其中，实现利润765万元，同比增长42.99%。

2007年，共查获各类涉烟违法案件81起，案值5.39万元，上缴罚没款7861元。

林芝烟草按照以高档烟求效益、以低档烟占市场，以市场和效益为中心的要求，不断提高服务质量和水平。按照“城网讲标准，农网求实效”的要求，科学合理设置网点，建立起以八一镇为中心、以各县城为支点、以各乡镇、村、街道、社区为网络，覆盖全地区的烟草营销体系，卷烟销售网络建设得到全面改善，市场控制力和市场占有率明显提高。在2007年全区卷烟销售网络建设现场会上，林芝地区局（公司）被评为“西藏自治区卷烟销售工作先进集体”。

阿里地区烟草专卖局（公司）

阿里地区烟草专卖局、西藏自治区烟草公司阿里地区公司成立于1999年，2006年7月体制上划。主要负责阿里地区嘎尔县、普兰县、扎达县、日土县、革吉县、改则县、措勤县、狮泉河镇等7县1镇的烟草专卖行政执法监督管理、卷烟批发零售，以及城乡卷烟销售网络建设与管理工作。2007年，共有员工30人，其中聘用员工6人。

全年共销售卷烟1.01亿支（0.201万箱），同比增长28.44%，其中，一类烟0.095亿支（0.019万箱），二类烟0.286亿支（0.057万箱），三类烟0.352亿支（0.07万箱），四类烟0.099亿支（0.02万箱），五类烟0.176亿支（0.035万箱）。实现销售收入3304万元，同比增长55.92%。实现税利153万元，其中，实现利润141万元，同比下降7.58%。

所属其他二级单位

西藏金叶实业发展有限责任公司

西藏金叶实业发展有限责任公司成立于2002年4月，隶属于西藏自治区烟草专卖局（公司），注册资本250万元。2007年，有总资产1848万元，其中，固定资产517万元、流动资产1106万元，资产负债率28.5%。公司主要在拉萨市城区从事卷烟零售业务，有连锁店10个。共有从业人员66人，其中聘用员工38人。

2007年，共销售卷烟0.15亿支（0.03万箱），同比下降42.38%；实现销售收入3057万元，同比增长10.98%。实现税利280万元，同比增长280.97%，其中，实现利润142万元，同比增长155.84%。

2007年西藏自治区烟草商业系统主要情况统计

地市级局（公司）名称		昌都地区烟草专卖局（公司）	日喀则地区烟草专卖局（公司）	山南地区烟草专卖局（公司）	林芝地区烟草专卖局（公司）	阿里地区烟草专卖局（公司）
法人代表/主要负责人		尼玛泽仁（—2007.6）、尼　加（2007.6—）	普　布	袁金平	顿　珠	旺　扎
总资产（万元）		4210	5178	4067	4506	1367
所属县级局数量（个）		—	—	—	—	1
所属县级公司数量（个）		—	—	—	—	1
所属营销部、分公司		—	—	—	—	—
所属业务机构	访销机构	10个营销中心	11个营销中心	—	1个营销中心	7个营销中心
	物流配送机构	1个配送中心	11个配送中心	1个配送中心、1个物流中心	3个配送中心	1个配送中心
	稽查机构	1个稽查支队、5个稽查大队、5个专卖管理所	2个稽查支队	1个稽查大队、1个专卖监督管理所	1个稽查支队	1个稽查支队

续表

地市级局（公司）名称		昌都地区烟草专卖局（公司）	日喀则地区烟草专卖局（公司）	山南地区烟草专卖局（公司）	林芝地区烟草专卖局（公司）	阿里地区烟草专卖局（公司）
销售卷烟（亿支）		5.39	7.11	4.48	4.86	1.01
实现税利（万元）	本年	877	992	721	1066	153
	上年	825	740	571	842	145
实现利润（万元）	本年	410	606	513	765	141
	上年	370	354	255	535	152
烟叶种植（亩）		—	—	—	—	—
烟叶收购（担）		—	—	—	—	—
零售户数（户）		882	2229	1980	928	365

（张丽萍）

陕西省烟草专卖局（公司）

【概　况】　陕西省位于中国西北地区东部的黄河中游，面积20.56万平方公里，总人口3735.05万人。辖10个地级市、1个农业高新技术产业示范区、3个县级市、80个县和23个市辖区。2007年，全省实现地区生产总值（GDP）5330亿元，同比增长14.3%。

陕西省烟草公司组建于1984年7月，陕西省烟草专卖局成立于1984年9月，1985年1月1日中国烟草总公司陕西省公司正式上划中国烟草总公司。2007年正式实施母子公司体制改制，确定了省公司与各地、市公司的母子公司隶属关系。截至2007年底，下辖西安、咸阳、宝鸡、渭南、铜川、榆林、延安、安康、汉中、商洛、杨凌等11个地市级烟草专卖局（公司）、陕西烟草进出口有限责任公司和96个县级烟草专卖局（营销部）。有总资产49.48亿元，其中，固定资产10.76亿元、流动资产34.94亿元，资产负债率16.14%。2007年，全省系统共有在岗员工8600人，其中聘用员工3112人。

【领导成员】　局长、总经理、党组书记：李嵩震

副总经理、党组成员：张曼军

副局长、党组成员：燕宏恩

副总经理、党组成员：聂和平

纪检组长、党组成员：高玉杰

巡视员：田纪楼（—2007.1）

【组织机构】　省局（公司）机关设办公室（外事办）、综合计划处（经济运行处）、安全保卫处、专卖监督管理处、政策法规与体制改革处、财务管理处、审计处、科技处、人事劳资处、监察处（与党组纪检组合署办公）、思想政治工作处（机关党委）、卷烟销售管理处、烟叶管理处等13个处室，会计核算中心、经济信息中心、烟草学会、烟草工会（机关工会）、机关后勤服务中心、烟草质量监督检测站、烟草研究所、烟草技能鉴定站等8个专业部门，驻京办1个（2006年9月22日成立），以及整顿与规范市场经济秩序领导小组办公室1个临时机构。

【经济效益】　2007年，销售卷烟644.65亿支（128.93万箱），同比增长6.18%，其中，一类烟26.70亿支（5.34万箱），二类烟23.30亿支（4.66万箱），三类烟118.49亿支（23.7万箱），同比增长24.65%，四类烟219.74亿支（43.95万箱），五类烟256.41亿支（51.28万箱）。实现销售收入127.23亿元，同比增长17.18%。实现“两烟”税利21.42亿元，同比增长18.41%，其中，实现“两烟”利润15.63亿元，同比增长14.01%。

【专卖管理】　卷烟打假。2007年，成功破获了以安康“12·20”、西安“6·8”特大案件为代表的14起假烟网络案件和两起利用互联网进行走私、贩假的案件。2007年，共查获各类涉烟违法案件5490起，查获假冒卷烟21324.39万支，捣毁贩藏假烟窝点166个，移送公安、司法部门依法刑事拘留90人，批捕38人，判处有期徒刑64人。2007年，省局和省公安

厅经侦总队被国家局、公安部授予“全国卷烟打假先进集体”称号。

内部监管。坚持“重心下移、关口前移、标准上移”的内管工作总体思路，以日常监管和同级监管为重点，加大监管力度，加强制度建设，创新监管方式。全面组建与专卖部门合署办公的内部专卖管理监督处（科、股），明确工作职责、岗位设置和人员配置标准，具体负责辖区烟草生产经营企业的专卖内管工作。下发《陕西省烟草专卖管理工作规范》，全面理顺、完善专卖管理工作制度、工作流程。通过严格自查、复查和抽查，及时整改各类违规问题。10月，全省工商企业内部专卖管理监督工作顺利通过国家局的检查验收。

专卖队伍建设。落实国家局《关于加强专卖管理组织机构建设的指导意见》，基本完成专卖组织机构设置、岗位调整和人员配置工作。对全省系统专卖业务骨干集中开展了一次“素质大比武”活动和培训工作，全面提升专卖执法人员整体素质和执法水平。组织学习新的《烟草专卖许可证管理办法》，调整卷烟零售户布局。实行“双向选择、竞争上岗”的选拔用人制度，加强对专卖人员“一技多能”的培养，实行“绩效挂钩，分级负责”的考核办法。

【网络建设】 截至2007年底，全省共排查出卷烟零售店“空白村”4396个，已解决“空白村”问题1265个；建成农村专卖管理与客户服务大厅33个、客户服务站38个，配备流动服务车25台。在全省范围内与浙江中烟工业有限责任公司开展试行网上配货业务，西安、汉中市公司与浙江中烟工业有限责任公司开展了工商物流对接。全省共投资2.52亿元建设现代化的卷烟配送中心，7个市公司分别进入前期准备和施工建设阶段。截至12月底，11个市级公司全部完成卷烟打码到条项目的实施工作，进入试运行阶段；全省卷烟数字化仓储管理系统建成并部署到位。省公司客户投诉中心建成并投入运行，形成了省、市两级客户投诉管理体系，客户回访满意率达到98%。对187名市场经理、706名客户经理进行了业绩考核与资格认定。

【烟叶生产】 2007年，全省共种植烟叶43.2万亩，收购烤烟4.09万吨（81.87万担）。全省烟叶种植县33个，户均种植面积8.8亩，集约化种植水平进一步提高。

启动第二批省级烟叶标准化示范区建设，安康市公司被列入第六批国家级烟叶标准化示范单位。在宝鸡陇县建立了陕西第一个出口烟叶生产示范区。安康、咸阳、商洛市公司分别开展“原收原调”试点工作，烟叶收购秩序平稳。全省出口烟叶1776.71吨，完成年计划的118%。2006年、2007年两个年度的烟叶基础设施建设项目全部完工。近三年来，全省累计投入烟叶基础设施建设资金3.54亿元，共建成烟水配套项目19257个，新建和改建密集式烤房11243座，有效满足了3.92万户烟农、27.53万亩基本烟田的灌溉和1.11万户烟农、13.95万亩烟叶密集式烘烤的需要。

【科技创新】 在全省广泛开展“六个一”群众性创新活动，出台了《中国烟草总公司陕西省公司科学技术奖励办法》和《中国烟草总公司陕西省公司管理创新奖励办法》。在全省首次科学技术和管理创新评选中，共有19项创新成果获得奖励，其中，已申报或获得授权专利4项。对“特色烟叶开发”、“烟田数据采集系统开发与应用”、“基本烟田治理工程”及“建立烤烟专家施肥系统”4个重大专项进行论证和评审。“密集烘烤技术研究与示范”项目的实施推广在陕西、甘肃两省21个种烟县取得良好的示范效果。

【财务管理】 全面开展主业清产核资工作，进一步做实主业资产；不重不漏全面清查，逐项深入摸清家底，结清42项应收款项、55项应付款项；找准问题，及时进行整改；理顺产权，及时办理产权证。

以成本费用控制和资金监管为中心，全面做好预算管理。强化资金管理，加强资金调控力度、内控管理、专卖打假资金的监督管理、烟叶产前投入和烟叶生产基础设施建设资金管理。扎实开展2003～2006年度财政专项资金检查，确保专项资金的规范运作。

【劳动用工管理】 *规范劳动关系*。深化劳动用工分配机制，规范劳动关系，与20名聘用人员依法签订劳动用工合同，理顺了工资发放渠道。对大学毕业生引进严格计划控制和录用条件，坚持“凡进必考”与“持证上岗”，组织39名复退军人和转业士官参加全省系统岗前培训的考试。

职级管理。在补充调整省局（公司）专业技术评审委员会的基础上，组织开展全省系统农艺、政工两个系列的中级职称评审工作，14名员工获得中级专业技术资格。疏通“三员”岗位序列的人才成长晋升通道，形成进退有渠道、升降有机制、收入有差别的奖惩激励机制。进一步修订、完善客户经理、市场经理资格等级认定及管理办法，出台《烟叶生产技术指导员的资格认定和等级管理暂行办法》，制定《专卖稽

查人员的资格认定和等级管理暂行办法》，构建起“两烟一专”三员相统一、相联系、相促进的动态管理平台，形成三位一体的职级管理模式。

薪酬管理。制定《市级局（公司）领导薪酬管理暂行办法》，《办法》明确了权责清晰、分类科学、规范有序的收入分配制度，分类管理的岗位绩效工资体系，科学的收入分配结构，有效激励的考核评价机制，以及正常的工资调整机制，建立起基本薪酬与绩效薪酬相结合、激励与约束相统一的薪酬分配机制。

【信息化建设】 筹备全省集中式办公自动化系统建设，通过前期调研、部署方式确立、业务需求确定、项目招标、实施、全员培训、上线试运行等阶段，系统运行状况良好。做好行业网络日常维护工作，完成地面网会议系统建设工作。建成新内部门户网站，与旧门户网站于12月15日顺利切换。

开展全省系统信息和网络安全评估工作，制定《陕西省烟草商业网络信息安全体系建设规划》（讨论稿）。做好“打码到条”工程实施工作，带动全省系统物流信息化建设，12月20日，全省统一的数字化仓储管理系统（DWMS）全部实施完毕。完成信息大平台卷烟销售系统、专卖管理系统和客户关系管理系统三大应用系统的验收。

【整顿规范】 “两项检查”工作。2007年，继续深入开展“两项检查”、“回头看”和自查复查工作。国家局对省局（公司）、3个市局（公司）和咸阳复烤厂的内部专卖管理监督自查复查情况进行了重点抽查，并对省局（公司）2007年同级审计工作进行了抽查。“两项检查”工作基本达到流程规范化、管理制度化、责任明晰化、过程痕迹化、监管精细化、机构人员专职化的新要求。

资金监管。全面加强对行业资金的管理监督，建立严格的授权审批制度和银行账户管理制度，组织开展对2002年11月～2006年10月打假经费的收支情况、烟叶基础建设以及烟水配套资金等专项资金的自查复查整改工作，顺利通过国家局专项资金的重点检查。通过省局（公司）资金管理中心工作平台，实现了对全省系统资金流动的动态监管和实时监控。

“两烟”经营规范。加强对“两烟”生产经营秩序的管理监督。以解决卷烟交易中的非市场因素为重点，进一步完善卷烟交易方式，规范卷烟经营行为。

【多元化经营】 巩固多元化经营企业清产核资成果，组织开展多元化经营企业清理整顿工作，对存在的问题及时进行整改，加大多元化经营企业的清退力度，同时加强对存续多元化经营企业的管理工作。针对全省33家多元化经营企业存在的问题和清产核资结果，对企业实行“一企一策”，逐户制定出清理、处置、关停、退出的具体方案。截至2007年底，完成清理清退企业17家，正在进行清理企业5家，继续保留企业10家。

【干部队伍建设】 以创建“四好”班子为载体，推进基层班子和机关处级干部队伍建设。对7个市局（公司）以及省局（公司）4个直属单位进行全面考察，完成基层班子调整、补充、届中考核工作。分批选派10个市局（公司）主要领导参加国家局举办的培训班。

加强干部管理工作制度化、规范化建设。对各基层单位贯彻执行《干部任用条例》和人事档案整理情况进行检查验收，进一步完善干部任用监督的制度、办法、程序。召开机关处级干部述职述廉大会，进行处级干部民主测评和处级后备干部的民主推荐工作，深入开展机关干部作风纪律整顿活动。组织召开2007年度专题民主生活会，广泛征求职工群众意见和建议，逐条查找差距和不足，制订落实整改措施，班子解决自身问题的能力和整体合力得到进一步增强。

【特事要辑】 5月14日，国家局局长姜成康到陕西烟草考察工作。

7月23日，陕西省烟草商业系统局长、经理座谈会在陕西西安召开。

陕西省局（公司）主要统计指标汇总

两烟税利（亿元）	两烟利润（亿元）	销售卷烟（亿支）	烟叶种植（万亩）	烟叶收购（万担）
21.42	15.63	644.65	43.20	81.87

所属地市级局（公司）

西安市烟草专卖局（公司）

【概　况】 西安市烟草专卖局、陕西省烟草公司西安市公司组建于1987年，下辖4个城区烟草专卖分局（营销部）和长安、临潼、高陵、周至、户县、蓝田、阎良等7个区（县）烟草专卖局（营销部）。2007年，全市行业共有员工1493人①。资产总额136952万元，其中，固定资产22635万元、流动资产112914万元，资产负债率33.45%。2007年，市局（公司）被陕西省委、省政府授予“陕西省先进集体”称号。

【领导成员】 局长、经理、党委书记：王万勋

副局长、纪委书记、党委委员：周亚清（2007年2月5日起不再担任纪委书记职务）

副经理、党委委员：周武庆

纪委书记、党委委员：杨登慧（2007.2—）

【组织机构】 市局（公司）下设办公室、专卖监督管理处（与专卖稽查中心、稽查支队、内部专卖监督管理处合署）、人事劳资处、计划财务处、审计处、政工处、监察处、安全保卫处等8个处室，营销中心、物流配送中心、资金结算中心、信息中心、督察考评中心、机关后勤服务中心、机关工会、企业文化处等8个专业部门，基建办公室1个临时机构和金叶实业发展有限公司1个多元化投资企业。

【经济效益】 2007年，全市销售卷烟160.32亿支（32.06万箱），同比增长12.92%，其中，一类烟8.40亿支（1.68万箱），二类烟8.17亿支（1.63万箱），三类烟34.03亿支（6.81万箱），四类烟66.44亿支（13.29万箱），五类烟43.28亿支（8.65万箱）。

实现销售收入344361万元，同比增长22.21%。实现税利83154万元，同比增长43.11%，其中，实现利润66888万元，同比增长42.37%。

【专卖管理】 加大对重点难点区域的监管力度。开展“名烟名酒”店、“烟酒茶”店、货运部专项整治活动，组建具有民族特色的旅游区专管中队，有效解决了市场监管的阶段性突出问题，提高了市场净化率。市局、各（区）县局都设立了相应的专卖内管机构。市局（公司）制订《内部专卖管理监督流程》、《“十不准”规定》等一系列内部监管制度，充分发挥制度的保障作用。建立内管例会制度，真正实现了靠制度管人和按制度办事。

全年查获万元以上的涉烟违法案件930起，其中，涉假案件677起。查获违法卷烟24113件，案值6282余万元。移送公安、司法机关刑事拘留41人，批捕18人，判刑28人。成功破获“5·28”、“6·8”等较有影响的假烟网络案件。

【销售与网建】 全面开展卷烟需求预测和按客户订单组织货源工作。以“全面合作、共同发展”为主题，与18家卷烟工业企业签订工商合作议定书，初步建立了工业、商业、零售户共同面向市场的三方协同营销体系。实施品牌发展战略，全年引进新品21个规格，退出10个规格，销售“百牌号”卷烟133.5亿支（26.7万箱），占到总销量的83.37%。

实施卷烟生产经营决策管理系统，实现了全省系统销售卷烟的集中分拣喷码和区域送货对接。加快网上配货进程，在6个大型商场部署了客户机，完成与浙江、湖北中烟工业有限责任公司之间的工商网上配货和托盘物流对接工作。市局（公司）与西安航天基地管委会签订了新物流中心建设入区合同，完成项目总体规划方案的编制工作和前期准备。

【科技创新】 在抓好省局（公司）2007年立项的四个科研项目攻关的同时，成功申报2008年5个科研项目，市局（公司）自主研发的4个项目分别获得2007年度全省系统科技创新成果奖。征集科技论文28篇，其中3篇被国家局科技论坛论文集收录。

【企业文化】 开展“开元文化”推广实施暨试点工作，完成《开元永续》一书的编写和出版工作。

【特事要辑】 2月23日，国家局副局长张辉于春节期间到西安看望并慰问了全国烟草行业“践行社会主义荣辱观模范职工”王兵及其家属。

4月16日，西安市局（公司）在陕西西安举办“全面合作、共同发展”工商企业恳谈会，行业18家中烟工业公司参加会议。会上，工商双方签订了《全面合作共同发展议定书》。

5月15日，国家局局长姜成康一行考察了西安市局（公司）电访中心和二分局等基层单位。

---

① 实行全员合同制管理。

12月7日，国家局副局长张保振在陕西烟草考察工作时指出，要进一步抓好以人为本的用工管理、以项目带动为主的创新管理、以能力提高为主的文化管理，推动陕西烟草持续健康发展。

咸阳市烟草专卖局（公司）

咸阳市烟草专卖局、陕西省烟草公司咸阳市公司组建于1986年，2007年，下辖城区、兴平市、武功县、乾县、礼泉县、永寿县、彬县、长武县、旬邑县、淳化县、泾阳县、三原县等12个县级烟草专卖局（分公司）和宏立商贸有限公司、咸阳烟叶复烤有限责任公司。共有从业人员1213人，其中聘用员工409人。

全年销售卷烟78.80亿支（15.76万箱），同比增长6.61%。实现“两烟”销售收入146256万元，同比增长13.8%。实现“两烟”税利21330万元，同比增长6.9%，其中，实现“两烟”利润19575万元，同比增长32%。种植烤烟5万亩，收购烟叶0.51万吨（10.1万担），等级合格率达85%以上。

全市共查处涉烟违法案件2449起，查获非法卷烟1689件，烟叶16.7吨，案值313万元，移送公安、司法机关依法刑事拘留18人，批捕6人，劳教6人，判刑6人。

宝鸡市烟草专卖局（公司）

宝鸡市烟草专卖局、陕西省烟草公司宝鸡市公司成立于1986年12月。2007年，下辖陈仓区、凤翔县、岐山县、扶风、陇县、眉县、麟游县、千阳县、凤县、太白县等10个县级烟草专卖局（分公司）和1个市区直属分局（营销部）。共有从业人员1093人，其中聘用员工615人。

全年销售卷烟57.5亿支（11.5万箱），同比增长3.9%，其中，销售省外卷烟16.3亿支（3.26万箱），同比增长43.7%。实现“两烟”销售收入117778万元。实现“两烟”税利11113万元，同比下降31%，其中，实现“两烟”利润6158万元，同比下降51.27%。

建成81个“无假烟示范社区（街道）”，在陈仓、凤翔两县新设立3个专卖管理所。全年共查获各类烟草违法案件2156起，查扣卷烟556.46件，案值110余万元。

种植烤烟6.8万亩，收购烟叶0.79万吨（15.8万担），调拨烟叶1.09万吨（21.8万担）。投入11000万元建成一批烟水配套及烟叶烘烤工程；投入380万元建成全省第一批集约化育苗大棚。在陇县建成全省第一家烟叶外贸出口基地。与全国10个省、市的11个卷烟工业企业建立了稳定的烟叶购销合作关系，与湖北、陕西中烟，川渝中烟共建烟叶生产基地，实现了烟叶调拨基地化。

挖掘地域文化特色，融行业先进文化于一体，建成以“崇礼修德，臻善至美”为核心的企业“礼”文化体系。

渭南市烟草专卖局（公司）

渭南市烟草专卖局、陕西省烟草公司渭南市公司组建于1986年。2007年，下辖直属分局、韩城市、合阳县、澄城县、富平县、蒲城县、潼关县、白水县、华县、华阴市、大荔县等11个县级烟草专卖局（分公司）。共有从业人员1398人，其中聘用员工144人。

全年销售卷烟89.5亿支（17.9万箱），同比增长2.7%。实现“两烟”销售收入139130万元。实现“两烟”税利17362万元，同比增长19.87%，其中实现“两烟”利润11860万元。

全年查处各类涉烟违法案件544起，查获假烟1297件，烟叶102吨，罚没款91万元，其中，蒲城“12·10”、大荔“12·16”、直属分局“8·28”假烟网络案件案值均超过100万元。

种植烤烟2万亩，收购烟叶0.18万吨（3.5万担），其中，中上等烟叶占82.54%，实现烟农收入1626万元。全年投入265.5万元用于烟叶产前物资扶持。

铜川市烟草专卖局（公司）

铜川市烟草专卖局、陕西省烟草公司铜川市公司组建于1986年7月。2007年，下辖城区、耀州区和宜君县等3个县级烟草专卖局（分公司）。共有员工385人，其中聘用员工218人。

全年销售卷烟15亿支（3万箱），同比增长6.36%。实现“两烟”销售收入34655万元，同比增长20.82%。实现“两烟”税利6266万元，同比增长53.27%，其中，实现“两烟”利润4639万元，同比增长63%。

全年共查处涉烟违法案件364起，查处各类非法卷烟7300.9条，移送司法机关17人，捣毁窝点12个。

种植烟叶1.5万亩，收购烟叶0.18万吨（3.53万担），其中中上等烟叶占87.1%。全年投入烟叶基础设施建设资金834.3万元，新建密集式烤房669座，小水窖150座；投入烟叶生产扶持资金195万元，投资20万元购置各种农用机械设备。

在卷烟营销网络服务工作中提出“三个关注”，即关注农村卷烟市场、关注特殊消费群体、关注特殊经营场所。

企业文化建设从5月下旬开始启动实施，有铜川地域特色又有传统文化底蕴的“智圆行方，惠风和畅”的核心理念基本成型。

商洛市烟草专卖局（公司）

商洛市烟草专卖局、陕西省烟草公司商洛市公司成立于1986年，2007年，下辖商州区、洛南县、丹凤县、商南县、山阳县、镇安县、柞水县等7个县级烟草专卖局（分公司）及金叶大酒店。有员工786人，其中聘用员工456人。

全年销售卷烟33.6亿支（6.72万箱），同比增长3.38%。全市种植烤烟5.99万亩，收购烟叶0.77万吨（15.37万担）。实现“两烟”销售收入69156万元，同比增长23.98%。实现“两烟”税利11512万元，同比增长35.8%，其中卷烟税利6703万元。实现“两烟”利润8818万元，同比增长31.53%，其中卷烟利润5612万元。

2007年，共查获各类涉烟违法案件464起，查获各类卷烟532.33万支，案值175.16万元，移送公安机关刑事拘留9人，批捕2人。

汉中市烟草专卖局（公司）

汉中市烟草专卖局、陕西省烟草公司汉中市公司成立于1986年7月，2007年，下辖南郑、城固、洋县、勉县、西乡、略阳、宁强、留坝、佛坪、镇巴等10个县烟草专卖局（分公司）。共有员工863人，其中聘用员工331人。

全年销售卷烟53.2亿支（10.64万箱），同比增长2.5%。实现“两烟”销售收入98541万元，同比增长19.8%。实现“两烟”税利15186万元，同比增长26.5%，其中，实现“两烟”利润10745万元，同比增长23.02%。

2007年，查获各类涉烟违法案件759起，查获各类违法卷烟3580件，涉案金额522.28万元。

全市种植烤烟2.8万亩，收购烟叶0.28万吨（5.5万担），其中上中等烟叶占78.9%。烟叶亩产130千克，实现烟农收入2698万元。全市烟叶生产基础设施建设项目总投资1160.43万元，共建成烟水配套项目39个，新建和改建密集式烤房779座。

安康市烟草专卖局（公司）

安康市烟草专卖局、陕西省烟草公司安康市公司组建于1986年，2007年，下辖旬阳、白河、平利、石泉、汉阴、紫阳、宁陕、镇坪、岚皋等9个县烟草专卖局（分公司）、汉滨分局（分公司）、汉滨烟叶生产部共11个分支机构。共有员工995人，其中聘用员工741人。

全年销售卷烟40.54亿支（8.11万箱），同比增长2.37%；实现“两烟”销售收入94543万元。实现“两烟”税利18498万元，同比增长5.3%，其中卷烟税利15241万元。实现“两烟”利润17477万元，同比增长21.6%，其中卷烟利润12217万元。

2007年共查处涉烟违法案件57起，其中假烟案件43起，查扣假冒卷烟1488万支，查处非法运输烟叶22.33吨，罚没款2.48万元。取缔无证经营零售户135户。成功破获“12·20”假烟网络案件，汉阴“9·18”制售假烟网络案件。

全面完成年度烟叶基础设施建设任务，新建水窖8321口、水池143口、小塘坝1处、沟渠2.35千米、密集烤房66座、普改密烤房5627座，工程总造价7482.84万元。

延安市烟草专卖局（公司）

延安市烟草专卖局、陕西省烟草公司延安市公司创建于1981年3月，2007年，下辖宝塔区、黄陵县、黄龙县、洛川县、宜川县、富县、延长县、安塞县、吴起县、志丹县、延川县、子长县、甘泉县等13个县级烟草专卖局（分公司）。共有员工674人，其中聘用员工235人。

全年销售卷烟48.25亿支（9.65万箱）。实现“两烟”销售收入95631万元，同比增长1%，其中卷烟销售收入88478万元，同比增长2.06%。全年实现“两烟”税利13391万元，同比增长11.82%，其中，实现“两烟”利润9800万元，同比增长35.40%。

2007年，查处涉烟违法案件38起，查扣非法烟叶91.5吨；查扣非法卷烟1079.28万支，标值163.79万元。

全市烟叶种植面积4.2万亩，烟农户均种植面积11.8亩。收购烟叶0.38万吨（7.51万担），其中，上等烟比例7.56%、中等烟比例56.4%。全年共投入462万元产前扶持资金以物资形式补贴烟农，投入662.96万元进行烟叶基础设施建设。

榆林市烟草专卖局（公司）

榆林市烟草专卖局、陕西省烟草公司榆林市公司组建上划于1986年。2007年，下辖榆阳区、神木县、府谷县、煤田县、定边县、靖边县、横山县、绥德县、佳县、吴堡县、米脂县、子洲县、清涧县等13个县级烟草专卖局（分公司）。共有员工798人，其中聘用员工210人。

全年共销售卷烟64.87亿支（12.97万箱），同比增长5.27%。实现销售收入121964万元。实现税利21830万元，同比增长44.87%，其中实现利润16701万元。

全年共查处各类涉烟违法案件710起，查获非法卷烟965件，其中假冒商标卷烟394件；罚没款37.25万元；破获制售假烟网络2个。

实施《榆林烟草企业文化建设规划》，精心打造“心桥”服务品牌。确定榆阳、府谷、绥德、清涧、定边5个县局（分公司）为企业文化建设试点单位，企业文化建设步入了新的阶段。

杨凌示范区烟草专卖局（公司）

杨凌示范区烟草专卖局、陕西省烟草公司杨凌示范区公司组建于1999年10月，2007年，共有员工38人，其中聘用员工19人。

全年共销售卷烟2.91亿支（0.58万箱），同比增长11.15%。实现销售收入5867万元，同比增长19.1%。实现税利1013万元，同比增长25.5%，其中，实现利润748万元，同比增长31.9%。

全年共查处涉烟违法案件113起，其中假烟案件42起，查获非法卷烟26.65万支，罚没款0.6万元。

所属其他二级单位

陕西烟草进出口有限责任公司

陕西烟草进出口有限责任公司成立于1999年9月，注册资本1000万元。主要经营和代理烟草及其制品、烟用原辅材料及配套物资，以及其他商品的代理进出口业务。2006年，国家局对中国烟草进出口集团（公司）管理体制进行调整，改制后的陕西烟草进出口有限责任公司成为中国烟草总公司陕西省公司的全资子公司。2007年，企业有总资产7407万元，其中，固定资产552万元、流动资产6855万元，资产负债率66%。有从业人员16人，其中聘用员工5人。

全年实现进出口总值735万美元，出口烟叶1702吨，完成全年计划的113%。进口卷烟4765万支，出口烟叶备货4万担；共实现销售收入6406万元。实现进出口利润306万美元。烟叶出口整体比较平稳，东南亚市场恢复成效显著，印尼、菲律宾市场签订合同1000多吨，同时建立了相对稳定的中间商市场。初步建立起高效顺畅的出口烟叶备货机制，在宝鸡和商洛两市建立了两个陕西出口烟叶生产示范区，为陕西烟叶的进一步发展做好深层服务。

陕西省烟草专卖局西安铁路烟草专卖分局

陕西省烟草专卖局西安铁路烟草专卖分局成立于1992年8月26日，是陕西省烟草专卖局对西安铁路局的派驻机构，是西安铁路局陕西省行政区划管段内和管内各次旅客列车烟草专卖行政主管部门和执法机关。受陕西省烟草专卖局和西安铁路局双重领导，以陕西省烟草专卖局领导为主。主要职责是：依法查处所辖范围内违反烟草专卖法律、法规案件；负责所辖范围内烟草专卖零售许可证的审批、发放、检查和换证工作；负责辖区范围内卷烟、雪茄烟配送服务工作和罚没卷烟的销售处理。

2007年，企业有总资产615万元，其中，固定资产25万元、流动资产589万元，资产负债率10%。有从业人员28人，其中聘用员工15人。

全年配送卷烟9600万支，配送额3550万元，入网销售率达100%，实现利润47万元。

全年查办各类涉烟违法案件15起，罚没款33万元。联合西铁公安处共同查获了“1·18”运输销售假烟网络案件，查获99个牌号假冒商标卷烟106.9万支，案值100余万元，移送公安、司法机关抓捕犯罪嫌疑人10人，依法刑事拘留8人，判刑2人，罚款12人。查抄囤积假烟窝点10处，查封和处罚售假商店11个。

2007 年陕西省烟草商业系统主要情况统计

地市级局（公司）名称		西安市烟草专卖局（公司）	咸阳市烟草专卖局（公司）	宝鸡市烟草专卖局（公司）	渭南市烟草专卖局（公司）	铜川市烟草专卖局（公司）	商洛市烟草专卖局（公司）
法人代表/主要负责人		王万勋	李振海	吉应城	孙新增	崔传斌	杨一端
总资产（万元）		136952	50000	34204	35473	11801	26251
所属县级局数量（个）		11	12	11	11	3	7
所属县级公司数量（个）		—	—	—	—	—	—
所属营销部、分公司		11 个营销部	12 个分公司	1 个营销部、10 个分公司	11 个分公司	3 个分公司	7 个分公司
所属业务机构	访销机构	1 个营销中心	1 个营销中心、1 个电访中心	1 个营销中心	1 个营销中心、1 个电访中心	1 个营销中心、1 个电访中心	1 个营销中心、1 个电访中心
	物流配送机构	1 个物流中心	1 个物流中心、1 个烟叶公司	1 个物流配送中心	1 个物流中心、1 个配送中心	1 个物流配送中心	1 个物流中心
	稽查机构	1 个稽查支队	1 个稽查大队	1 个稽查大队	1 个稽查大队	1 个稽查大队	1 个稽查支队、7 个稽查大队
销售卷烟（亿支）		160.32	78.80	57.50	89.50	15.00	33.60
两烟税利（万元）	本年	83154	21330	11113	17362	6266	11512
	上年	58107	19939	16105	14484	4088	8477
两烟利润（万元）	本年	66888	19575	6158	11860	4639	8818
	上年	46982	14813	12637	10333	2846	6704
烟叶种植（亩）		—	50000	68000	20000	15000	59862
烟叶收购（担）		—	101000	158000	35000	35290	153700
零售户数（户）		27317	12841	10374	16698	2056	6948

地市级局（公司）名称		汉中市烟草专卖局（公司）	安康市烟草专卖局（公司）	延安市烟草专卖局（公司）	榆林市烟草专卖局（公司）	杨凌示范区烟草专卖局（公司）
法人代表/主要负责人		张爱峰	奚柏龙（2007.3—）	刘 玮	张 涛	李当生
总资产（万元）		29316	43456	26745	44168	2247
所属县级局数量（个）		10	10	13	13	—
所属县级公司数量（个）		—	—	—	—	—
所属营销部、分公司		10 个分公司	10 个分公司、1 个烟叶生产部	13 个分公司	13 个分公司	—
所属业务机构	访销机构	1 个营销中心、1 个电访中心	1 个营销中心、1 个电访中心	1 个营销中心、1 个电访中心	1 个营销中心、1 个电访中心	1 个电访中心
	物流配送机构	1 个物流中心、1 个配送中心	1 个物流中心	1 个物流配送中心	1 个物流中心、1 个配送中心	1 个营销中心
	稽查机构	1 个稽查支队、10 个稽查大队	1 个稽查支队	1 个稽查支队	1 个稽查支队	1 个稽查大队
销售卷烟（亿支）		53.20	40.54	48.25	64.87	2.91
两烟税利（万元）	本年	15186	18498	13391	21830	1013
	上年	12007	17565	11976	15069	807
两烟利润（万元）	本年	10745	17477	9800	16701	748
	上年	8734	14372	7238	10984	567
烟叶种植（亩）		28000	140000	42000	—	—
烟叶收购（担）		55000	205556	75120	—	—
零售户数（户）		14222	10194	7830	7470	504

（王　玉）

甘肃省烟草专卖局（公司）

【概　况】 甘肃省地处黄河上游，总面积45.5万平方公里，总人口2606.25万人。境内居住有回、藏、东乡、土、裕固、保安、蒙古族等54个少数民族，其中裕固、东乡、保安族为甘肃省特有少数民族。全省共设14个市（州）、86个县（市、区）。2007年，全省实现地区生产总值（GDP）2699.20亿元，比上年增长12.10%。

甘肃省烟草专卖局、中国烟草总公司甘肃省公司成立于1984年9月，辖兰州、天水、武威、金昌、张掖、酒泉、敦煌、平凉、庆阳、陇南、白银、定西、临夏、甘南等14个市、州烟草专卖局（公司）和70个县烟草专卖局（营销部）。2007年，全省烟草商业系统共有员工4703人（不含临夏、甘南州局，不含离退休人员和三产人员），其中聘用员工2687人。企业总资产46.88亿元（不含财政关系未上划的临夏、甘南州局），其中，固定资产8.79亿元、流动资产37.52亿元，资产负债率29.20%。

【领导成员】 局长、总经理、党组书记：武卫东

副局长、纪检组长、党组成员：周孝贤

副总经理、总会计师、党组成员：孔荣成

副总经理、党组成员：张　威

副巡视员：芮　澍

副巡视员：张建新

【组织机构】 甘肃省局（公司）机关共设办公室（外事办公室）、综合计划处（经济运行处、科技处）、专卖监督管理处（专卖稽查总队、内部专卖监督管理处）、政策法规与体制改革处、财务管理处、审计处、人事劳资处、思想政治工作处（机关党委）、监察处（与党组纪检组合署办公）、安全保卫处、投资管理处、烟叶管理处、卷烟销售管理处等13个职能处室，经济信息中心、机关服务中心、行业特有工种职业技能鉴定站、西北烟草质量监督检测站等4个专业部门，驻兰州铁路烟草专卖局1个派出机构，整顿和规范市场经济秩序办公室1个临时机构和烟草学会。

【经济效益】 2007年，全省销售卷烟362.02亿支（72.41万箱）（不含临夏、甘南州局），同比增长1.39%，其中，省产烟286.76亿支（57.35万箱），省外烟75.26亿支（15.05万箱）。销售三类以上卷烟54.30亿支（10.86万箱），占总销量的15%；四类烟144.03亿支（28.81万箱），占总销量的39.78%；五类烟163.69亿支（32.74万箱），占总销量的45.22%。

全年共实现销售收入60.3亿元，同比下降26.6%。实现“两烟”税利13.96亿元，同比增长16.91%，其中，实现利润10.51亿元，同比增长23.14%。

【专卖管理】 卷烟打假破网。建立全省假烟案件信息数据库，对全省涉嫌制售假烟违法犯罪案件实行统一的信息化管理。加强案件经营，加大重点区域和环节的监控力度，坚持查处案件“四不放过”，即上线查不清不放过、下线查不实不放过、嫌疑人不归案不放过、犯罪分子得不到打击处理不放过。落实联合办案机制，与省公安厅联合印发《甘肃省对制售假烟重大案件实行督办制度的若干规定》，加大对打击制售假烟犯罪活动的督办指导。健全完善地区间联查联动机制，成立甘肃省卷烟打假破网协调指挥中心。

2007年，全省共查获各类卷烟违法经营案件30831起，查获卷烟5314万支，捣毁贩假窝点22个，移送公安、司法机关拘留，逮捕54人，判刑18人。破获案值在50万元以上的制售假烟网络案件9起，其中案值在100万元以上的假烟网络案件4起。

市场监管。探索新网络运行模式下“三员互动”（专管员、市场经理、客户经理）机制的有效运作途径，加强专管员、市场经理、客户经理间的工作配合，提高市场监管水平和服务质量。落实新的《烟草专卖许可证管理办法》，全面清理检查零售许可证发放情况。

专卖内部管理监督。修订完善内部专卖管理监督工作规范及考核办法，制定《甘肃省烟草专卖局烟草专卖行政执法案件报告制度》、《甘肃省烟草专卖局专卖执法案件移送规定》、《甘肃省烟草专卖局专卖涉案物品及罚没款管理办法》，统一规范案件报告、案件移送、涉案物品及罚没款管理等重要环节。开展内部专卖管理监督工作考核和督察工作，及时整改工作中存在的问题。调整充实专卖内管工作机构，专职内管工作人员占全部专卖人员的19.58%。

【卷烟营销】 培育重点骨干品牌。抓住市场、客户和品牌3个关键要素，制定卷烟品牌发展规划，加大品牌引进和培育力度，初步形成以省产品牌为基础、全国名优品牌为主导的品牌体系。2007年，销量前20位的全国重点品牌集中度达18.08%，省外烟销售比重达20.79%。

加大工商协调营销力度。发挥全省统一信息平台作用，建立以省公司为主导的与工业企业信息资源互通、品牌培育互动、市场营销互助的工作机制，提高卷烟品牌适应市场、满足消费的能力。

【网络建设】 全面提升网建水平。抓住服务、效率、流程、队伍素质四个关键，深入开展以调查农村卷烟市场和零售客户，实现客户经理、送货员、订货员的三线封闭运作等内容为重点的网建整体推进“回头看”活动，分析查找整体推进工作中存在的问题和差距，巩固网建整体推进成果。制定《甘肃省全面提升卷烟销售网络建设与运行水平实施方案》，确定兰州、天水、白银、武威、临夏等5家市、州公司为工商互动、物流核算、客户关系管理、农村网络建设、督察考评等工作的联系单位。

加强物流体系建设。加快物流配送中心建设，制定《甘肃省烟草商业“十一五”卷烟物流配送中心建设规划》。充分利用信息技术手段，突破行政区划，优化配送线路。

开展物流配送精细化管理。实施“弹性装箱、弹性装车、弹性线路”的分拣配送方式，采取核定行车里程、核定油耗指标、核定维修费用的“三定”措施，卷烟配送成本明显降低。普遍推行分拣车间的定置管理、分送过程的定点停车管理，有效提高管理水平和作业效率。合理设置卷烟代送（代取）点，提高送货的及时性和零售客户的满意度。

探索客户关系管理。着力解决没有入网零售客户的“空白村”问题，建成农村客户服务部71个，不断完善农村客户服务体系和市场监管体系。武威市公司创新农村客户经理驻点服务方式，全面推行核定拜访片区、拜访计划、拜访费用和交通方式的“四定”工作制，提高对农村客户的服务质量和效率。

【烟叶产销】 落实烟叶收购合同制。落实烟叶种植收购合同制，规范合同签订程序。采取重点排查与随机抽查相结合、明查与暗访相结合、实地检查与合同档案相对照的方式，分环节严格检查烟叶合同签订工作。采用量化到株的形式严格按合同约定进行烟苗供应，由单纯限制供种控制面积向供苗不供种转变，有效防止了超计划种植。2007年，全省共签订合同6559份，约定种植面积4.01万亩，收购烟叶0.3万吨（5.96万担）。

维护烟叶生产经营秩序。全面推行集中漂浮育苗，统一育苗，统一供苗，分户假植，建立烟苗发放台账。完善烟叶收购预检制度，加强烟叶收购监督管理。做好烟叶收购期间信息化设备维护以及烟叶收购物资、资金保障工作，及时解决烟叶收购中的矛盾和问题，确保烟叶收购秩序的稳定。协调和帮助庆阳市政府开展烟叶种植监管工作，制止超计划种植烟叶。组织陕甘宁边界烟叶收购和专卖管理协调会，进一步加强毗邻地区间的专卖执法协作，维护烟叶收购经营秩序。

烟田基础设施建设。2007年，投入烟叶生产补贴资金449.2万元，推广先进适用生产技术，漂浮育苗移栽面积占全省烟叶移栽面积的95%。制定、完善烟叶生产基础设施项目建设管理、质量标准、项目补贴资金管理、项目抽查验收评价、项目管护、项目标识、档案管理、密集式烤房建设规范和标准等一系列制度，规范烟叶基础设施建设工作流程。聘请专业的水利设计部门，实地勘察、组织论证，编制完成全省烟叶生产基础设施总体规划。

【信息化建设】 进一步完善电子商务和电子政务信息系统，推进物流配送数字化建设。全面启动数据中心、打码到条、托盘联运和空间地理信息系统等建设项目，为转变发展方式、推进“精细实”管理发挥了积极作用。

【资产管理】 开展主业清产核资工作。重点核查影响资产质量的各类往来账款、存货、闲置资产、土地及各类物权权属，并针对全省行业各类资产权属证明管理工作相对薄弱的问题，按照“突出重点、抓住难点”的思路，对闲置资产、土地及各类权属进行全面清查，对查出的问题进行彻底整改。

做好多元化经营企业清产核资整改工作。推进多元化经营企业的整合，撤销4家多元化经营企业，撤并整合221个零售网点，处置闲置、不良资产和挂账损失7269万元。

制定《甘肃省烟草公司国有资产管理办法（试行）》，进一步完善资产运营管理制度。对全省行业固定资产、无形资产、在建工程等基础信息进行调查摸底，为建立全省行业资产管理信息系统提供基础资料。

【队伍建设】 领导干部选拔任用。严格执行《党政领导干部选拔任用工作条例》和《甘肃省烟草系统处级领导干部选拔任用工作实施办法》，考核部分市局（公司）领导班子后备干部，建立省局（公司）机关处级以下后备干部队伍。调整两个市局（公司）领导班子和21个处级干部岗位，交流8名处级干部，成立甘南州局（公司）党组和纪检组。

人才引进与教育培训。按照“凡进必考”的原则，组织录用考试、面试，全年共引进25名大学毕业生和6名研究生。结合省局（公司）《“十一五”干部职工教育培训规划》，制定《2007年省内教育培训计划》。分别组织23名处级干部参加国家局党校和省委党校、省行政学院脱产进修培训，14个市州局（公司）“一把手”参加国家局组织的领导干部轮修班，7名科级干部参加省行政学院企业管理培训。开展专卖管理、营销网建教学案例征集活动，推荐15篇优秀案例参加评选，有2篇获奖并被收录到行业职工培训教材。开展不同形式的业务知识和岗位技能培训，年共举办各类培训班249期，培训人员12885人次。

【用工分配制度改革】 按照“分类管理、科学设岗、明确职责、严格考核、落实报酬”的总体要求，坚持先试点、后推广的原则，在兰州、白银、武威市局（公司）全面开展用工分配制度改革试点工作。试点单位按照“定编、定岗、定责、定薪”的“四定”要求推进改革。科学设置岗位，开展岗位分析与评价，全面开展竞争上岗，实现由传统身份管理向岗位管理的转变。建立管理、技术、业务等职业发展平台，通过管理岗位竞聘、专业技术职务评聘、职业技能资格认证等途径，打通员工晋升通道，实现员工由传统混岗管理向分类管理的转变。建立正常的薪酬升降机制，实现由按身份职务定薪向以岗位贡献定薪的转变。

加强劳动用工管理，规范用工行为。开展对《劳动法》、《劳动合同法》及相关法律、法规的培训学习。按照《劳动合同法》的要求，完善现有劳动用工管理制度，细化劳动合同条款，合理确定劳动合同期限，提高合同约束力。开展劳动用工情况自查，规范各类岗位尤其是辅助岗位的用工方式。

【党风廉政建设】 反腐倡廉宣传教育。制定《关于进一步加强领导干部作风建设的意见》，明确全面加强领导干部作风建设的总体要求和工作任务。指导各单位领导班子增开作风建设专题民主生活会，组织10个单位的主要领导、纪检组长进行述职述廉。对全省系统166名处级干部落实了收入申报和重大事项报告制度。制订严禁党员干部利用玩牌等娱乐活动进行赌博的规定，继续完善廉政专题网页，开设案件警示教育、法规制度查询等栏目。全年开展各类专题教育82次，举办讲座、报告会37场次，受教育总人数1686人次。

案件管理及查处。集中开展党纪政纪处分决定执行情况的专项检查，省局（公司）组织重点抽查，对案件查办和处分决定的执行情况进行通报，督促整改存在的主要问题。全年受理群众来信来访10件（次），初核3件、立案6件、结案6件，11人因违纪违规问题受到行政处分，其中，处级干部5人，科级干部4人，一般职工2人。

政风行风建设。全面清理、审核各类评比达标表彰活动，清理上报项目13个，制订并落实《表彰奖励暂行规定》，促进表彰奖励活动规范有序。省局（公司）和各市、州局（公司）参加由省纪委、省监察厅和省纠风办联合举办的“政风行风热线”直播活动，现场受理和解答涉及专卖管理、业务经营、行政执法等群众关心的问题。在金昌、陇南两个市局（公司）开展明示和承诺制度的试点工作，11月底，试点单位结合劳动用工改革与全体员工签订了明示承诺书。

【企业文化】 增加酒泉、白银市局（公司）为全省系统企业文化建设试点单位。建立党组成员企业文化建设联系点制度，加强对试点单位的督促和指导。全面启动定西、金昌、酒泉、白银等市局（公司）试点单位的企业文化建设，总结提炼富有特色的企业发展理念。召开全省系统企业文化建设试点单位座谈会，总结开展企业文化建设工作的经验，明确下一步试点工作方向。加强对企业文化建设工作骨干人员的培训，分别选送5人参加中国企业文化建设促进会举办的企业文化管理师培训，4人参加国家局举办的企业文化培训班。

【特事要辑】 4月4～8日，甘肃省委书记、省人大常委会主任陆浩，省委副书记、省长徐守盛等一行到天水市局（公司）考察工作。

5月14～16日，国家局副局长李克明一行到甘肃省局（公司）考察调研。

6月27～28日，国家局局长姜成康到甘肃省局（公司）考察。

甘肃省局（公司）主要统计指标汇总

两烟税利（亿元）	两烟利润（亿元）	销售卷烟（亿支）	烟叶种植（万亩）	烟叶收购（万担）
13.96	10.51	362.02	4.01	5.96

所属地市级局（公司）

兰州市烟草专卖局（公司）

【概　况】 兰州是甘肃省省会，下辖城关、七里河、西固、安宁、红古等5区和永登、榆中、皋兰等3县，市域总面积1.31万平方公里，全市总人口314万人。2007年，兰州市实现地区生产总值（GDP）732.8亿元。

兰州市烟草专卖局、甘肃省烟草公司兰州市公司组建于1985年2月。2007年，下辖城关区、七里河区、西固区、安宁区、红古县、榆中县、皋兰县、永登县等8个县级烟草专卖局（营销部）和1个多元化经营企业——甘肃欣大实业集团兰州经销有限公司。有总资产92825万元，其中，固定资产17547万元、流动资产74211万元，资产负债率20.28%。全市系统共有从业人员763人，其中聘用员工447人。

2007年，兰州市局（公司）被甘肃省总经贸工会和甘肃省商业联合会授予甘肃省商贸服务业“十佳优秀企业”称号。

【领导成员】 局长、经理、党组书记：刘　震

副经理、党组成员：王玉峰

副局长、党组成员：乔亚男

副经理：李　涛（—2007.11）

副经理、党组成员：王玉琴

副经理、党组成员：金　明

【组织机构】 兰州市局（公司）机关设办公室（整顿和规范市场经济秩序办公室）、政工（监察）科、财务科（资金结算中心）、专卖监督管理科（稽查支队、内部专卖管理监督科）、安全保卫科、营销管理中心、仓储配送中心、信息中心和督察考评中心（审计科）等9个部门。

【经济效益】 2007年，全市辖区共销售卷烟73.06亿支（14.61万箱），同比增长1.38%，其中，一类烟3.42亿支（0.68万箱），二类烟7.68亿支（1.54万箱），三类烟6.05亿支（1.21万箱），四类烟33.30亿支（6.66万箱），五类烟22.61亿支（4.52万箱）。实现销售收入165632万元，同比增长10.94%。实现税利47035万元，同比增长29.30%，其中，实现利润37939万元，同比增长34.06%。

【专卖管理】 2007年，全市共查处涉烟违法案件2.64万起，查获卷烟2340.39件，案（标）值1197.45万元，其中假冒卷烟案件5352起，查获假冒卷烟1288.97件，标值861万元。向公安、司法机关移送5案16人，其中，刑事拘留9人，判刑5人。与省局稽查总队和省公安厅联合破获一起跨8个省、市的非法贩销假冒卷烟网络案件，共捣毁贩假窝点12个，涉案卷烟240件，案（标）值400余万元，抓获犯罪嫌疑人19人，已批捕5人。

【销售与网建】 2007年，市公司以推广“按客户订单组织货源”为主线，遵循供应链管理数据上报流程，使用三维分层独立预测的方法，采集市场需求，开展以市场需求为导向的货源组织和货源供应，加强月末客观分析指标考核和延伸指标考核，预测准确率和订单满足率稳步提高。提高中、高档卷烟特别是二类烟和重点品牌卷烟的销售比重，二类烟销售比重占总销量的10.54%，同比提高3.39%；提高卷烟单箱销售额，卷烟单箱销售额同比增长9.43%，企业在卷烟销量增长较小的情况下实现了利润的快速增长。

推行和推广“整托盘移库、整托盘供给分拣需求”和“停车分送”等新流程，不断优化资源配置，提高物流效率。通过移动通信手段及时、有效公开货源投放方案及相关营销信息，解决信息传递滞后的问题。对核心客户实行当日订货、当日送货的快速响应机制，提高客户满意度。2007年，在甘肃质量协会、省总工会等5个部门联合发起的创建“甘肃省用户满意服务明星”活动中，市局（公司）有集体和个人分别被授予“用户满意服务明星班组”和“用户满意杰出管理者”荣誉称号。

加强与卷烟工业企业在信息互动、品牌培育、市场营销等方面的沟通和衔接，有针对性地共同开展促销活动。工商互访和座谈的制度开始形成。

【信息化建设】 2007年，市局（公司）在全面启用专卖与营销资源管理信息系统（V3）的基础上，逐步完善专卖、营销、仓储、客户关系管理的信息链接网络。推进办公自动化系统和政务信息网站建设，在确保与省局（公司）间文件和信息无纸化传输的同时，不断提高传输效率和准确率。通过试运行，市、县局间公文的无纸化传输条件逐步成熟。

【人力资源管理】 深入推进用工分配制度改革，重新核定岗位和编制，理顺和优化工作流程，开展全员竞争上岗工作。秉承“上岗靠竞争、收入靠业绩、晋升靠能力”的原则，通过竞职演讲、民主评议、考试等阳光程序确定每一个岗位的人选。2007 年，全市系统共有千余人次参加竞争上岗，有 1 名原正科级干部、6 名原副科级干部落聘；13 人通过竞争走上科级干部岗位。

继续推行科级干部考核制度，分别对排名前、后 3 位的科级干部进行奖励和诫勉谈话，并开始将考核成绩纳入新的工资体系中。

加强员工培训。在营销队伍培训中，采取“谁的工作谁主讲”的培训方式，并将这一做法延伸到客户经理对客户的培训上，使培训更加切合实际工作。

【特事要辑】 5 月 15 日，国家局副局长李克明到兰州市局（公司）考察网建工作。

6 月 27 日，国家局局长姜成康考察兰州市局（公司）。

天水市烟草专卖局（公司）

天水市烟草专卖局、甘肃省烟草公司天水市公司组建于 1984 年 12 月。2007 年，下辖秦州区、麦积区、秦安县、甘谷县、武山县等 5 个县级烟草专卖局（营销部），清水、张家川 2 个县烟草专卖局（公司）（未上划），以及 1 个多元化经营企业——天水欣大实业有限公司。共有从业人员 517 人，其中聘用员工 357 人。

2007 年，销售卷烟 40.20 亿支（8.04 万箱），同比增长 0.16%。实现销售收入 62800 万元，同比增长 6.91%。实现税利 13152 万元，同比增长 48.06%，其中，实现利润 10332 万元，同比增长 50.83%。

全年共查获各类涉烟违法案件 1114 起，查获非法卷烟 464.1 件，案值 160.8 万元，罚没款 166.12 万元。成功查破“10·21”假烟网络案件，涉案人员 20 余人，涉案标值近 100 万元。

武威市烟草专卖局（公司）

武威市烟草专卖局、甘肃省烟草公司武威市公司成立于 1985 年 1 月。2007 年，下辖凉州区、天祝县、古浪县、民勤县等 4 个县级烟草专卖局（营销部）和 1 个多元化经营企业——武威欣大烟草有限责任公司。共有从业人员 327 人，其中聘用员工 189 人。

2007 年，销售卷烟 23.63 亿支（4.73 万箱），同比增长 0.02%。实现销售收入 37323 万元，同比下降 17.83%。实现税利 7131 万元，同比增长 23.29%，其中，实现利润 5286 万元，同比增长 31.62%。

全年共查获各类烟草违法案件 700 起，查获非法卷烟 169.64 件、莫合烟 13 吨，案值 106.92 万元，罚没款 4.87 万元。成功查破“3·26”假烟网络案件，涉案人员 20 人，涉案标值 60 万元。

开展农村客户服务阵地建设，创新农村客户经理驻点服务方式。推行核定拜访片区、核定交通方式、核定拜访计划、核定拜访费用的“四定”工作方法，完善农村客户经理拜访机制，提高客户经理拜访工作质量。实行以直接配送为主，辅以“委托送货、定点取货”和“成片送货、一次到户”的多种配送方式，提高配送效率和农村中转站服务效率。

作为全省行业用工分配制度改革试点单位之一，武威市局（公司）按照行业改革思路和“四定”要求，制订《武威市烟草专卖局（公司）用工分配制度改革实施方案》和 8 项配套措施。初步打破员工身份界限，建立起能进能出的用工机制，规范劳动合同管理，逐步实现由身份管理向岗位管理转变。

金昌市烟草专卖局（公司）

金昌市烟草专卖局、甘肃省烟草公司金昌市公司成立于 1984 年。2007 年，下辖永昌县烟草专卖局（营销部）。共有从业人员 120 人，其中聘用员工 65 人。

2007 年，销售卷烟 8.91 亿支（1.78 万箱），同比增长 2.36%。实现销售收入 17946 万元，同比增长 13.06%。实现税利 4220 万元，同比增长 27.57%，其中，实现利润 3332 万元，同比增长 42.70%。

全年共查处各类涉烟违法案件 450 起，查获违法案件 139.09 件，案值 30.85 万元，罚没款 5.58 万元。

开展明示承诺制度试点工作。围绕规范“两烟”经营这一核心，重点从思想教育、法规培训、程序运行、痕迹化管理、监督检查、处理结果运用、制度运行等方面进行探索，制订和签订明示承诺书，总结出一套符合实际的明示承诺制度管理模式。

组织开展企业文化建设试点工作。开展员工访谈和基础调研，对企业文化建设现状进行评估，形成《金昌烟草企业文化调研诊断报告》。确定企业文化建设的总体思路和基本原则，形成企业文化理念体系。完成《企业文化手册》和《员工行为手册》的编写，搭建了企业文化建设的基本框架。

张掖市烟草专卖局（公司）

张掖市烟草专卖局、甘肃省烟草公司张掖市公司成立于1992年6月。2007年，下辖甘州区、高台县、临泽县、山丹县、民乐县等5个县级烟草专卖局（营销部）和1个多元化经营企业——张掖市欣大烟草有限责任公司。共有从业人员266人，其中聘用员工137人。

2007年，销售卷烟18.45亿支（3.69万箱），与上年持平。实现销售收入30092万元，同比下降6.55%。销售毛利7335万元，同比增长22.84%。实现税利6848万元，同比增长37.37%，其中，实现利润5252万元，同比增长55.11%。

全年共查获卷烟违法案件463起，先行登记保存涉案卷烟106件，案值17万元。

酒泉市烟草专卖局（公司）

酒泉市烟草专卖局、甘肃省烟草公司酒泉市公司成立于1985年。2007年，下辖肃州区、嘉峪关市、玉门市、瓜州县、金塔县等5个县级烟草专卖局（营销部）和1个多元化经营企业——酒泉欣大烟草有限责任公司。共有从业人员270人，其中聘用员工162人。

2007年，销售卷烟21.51亿支（4.30万箱），同比下降7.41%。实现销售收入47002万元，同比下降35.65%。实现税利11938万元，同比增长4.39%，其中，实现利润9284万元，同比增长12.06%。

全年共查处各类卷烟违法犯罪案件989起，查获违法卷烟393.69万支，标值157.86万元，其中，玉门市局成功破获一起涉及5省12个地、市的跨省贩销假冒卷烟网络案件，登记保存假烟223.71万支，涉案金额101万元。

敦煌市烟草专卖局（公司）

敦煌市烟草专卖局、甘肃省烟草公司敦煌市公司组建于1992年5月。共有从业人员82人，其中聘用员工35人。

2007年，销售卷烟4.51亿支（0.90万箱），同比增长3.45%。实现销售收入11450万元，同比增长13.72%。实现税利2494万元，同比增长16.16%，其中，实现利润1883万元，同比增长23.39%。

2007年，共查获各类违法经营案件400起，登记保存各类涉案卷烟5226.8条、莫合烟12.3吨，涉案金额32.88万元。查获假冒、走私卷烟3223.6条，涉案金额15.96万元，罚没款3.52万元。

平凉市烟草专卖局（公司）

平凉市烟草专卖局、甘肃省烟草公司平凉市公司组建于1984年8月。2007年，下辖崆峒区、泾川县、崇信县、灵台县、华亭县、庄浪县、静宁县等7个县级烟草专卖局（营销部）和1个多元化经营企业——平凉欣大商贸有限责任公司。共有从业人员383人，其中聘用员工258人。

2007年，销售卷烟25.76亿支（5.15万箱），同比增长3.28%。实现销售收入39636万元。实现税利8933万元，同比增长16.88%，其中，实现利润6204万元，同比增长8.03%。

全市共查获涉烟案件2697起，查扣非法卷烟500.74万支，案值85.19万元。破获案值55万元的贩销假烟网络案件1起。

庆阳市烟草专卖局（公司）

庆阳市烟草专卖局、甘肃省烟草公司庆阳市公司组建于1984年12月。2007年，下辖西峰区、庆城县、华池县、环县、合水县、宁县、正宁县、镇原县等8个县级烟草专卖局（营销部）和1个多元化经营企业——庆阳市欣大商贸有限公司。共有从业人员517人，其中聘用员工198人。

2007年，销售卷烟30.30亿支（6.06万箱），同比增长2.02%。实现卷烟销售收入48607万元。实现“两烟”税利12651万元，同比增长11.99%，其中，实现“两烟”利润9209万元，同比增长18.90%。

全年共查处各类烟草违法案件567起，其中查获非法卷烟284.15万支，烟叶88.12吨，罚没款4.92万元。

全市共种植烤烟1.99万亩，收购烟叶0.12万吨（2.38万担），收购担均价454.59元。烟叶基础设施建设立项报批项目4个，预算投资1679.66万元，计划分布3个乡镇28个行政村，受益面积11520亩，受益农户2189户。

陇南市烟草专卖局（公司）

陇南市烟草专卖局、甘肃省烟草公司陇南市公司成立于1987年。2007年，下辖武都区、宕昌县、西和县、两当县、康县、文县、礼县、成县、徽县等9个县级烟草专卖局（营销部）和1个多元化经营企业——陇南欣大烟草经销有限责任公司。共有从业人员510人，其中聘用员工316人。

2007年，销售卷烟34.04亿支（6.81万箱），同比增长2.09%。实现卷烟销售收入52833万元。实现“两烟”税利13758万元，同比增长73.21%，其中，实现“两烟”利润10151万元，同比增长97.45%。

全年共查获卷烟违法案件804起，查扣各类违法卷烟206.9件，案值35.34万元，罚没款2.84万元。

全市共种植烤烟2.03万亩，收购烟叶0.18万吨（3.58万担）。规划烟叶基础设施建设项目440处，预算总投资627.17万元。

坚持品牌经营规模化，与卷烟工业企业联手，采取区域性投放策略和宣传促销措施，最大限度满足高档烟市场需求。建立7个农村客户服务部1个延伸点。针对陇南山大沟深的实际情况，在偏远农村地区设立代送（代取）点，实行市、县两级接力式送货。

白银市烟草专卖局（公司）

白银市烟草专卖局、甘肃省烟草公司白银市公司成立于1987年。2007年，下辖白银区、平川区、靖远县、景泰县、会宁县等5个县级烟草专卖局（营销部）和1个多元化经营企业——白银欣大烟草经销有限公司。共有从业人员362人，其中聘用员工240人。

2007年，销售卷烟24.73亿支（4.95万箱），同比增长0.74%。实现销售收入38029万元，同比增长4.14%。实现税利7976万元，同比增长41.34%，其中，实现利润6182万元，同比增长56.82%。

全年共查获假冒卷烟案件452起，涉案假冒卷烟7570余条，涉案金额141.5万余元。成功破获一起标值35万元的制售假烟网络案件。

2007年，白银市公司确立“四个责任”（卷烟零售客户“买不到、卖不出、不赚钱、不满意”是客户关系管理的责任）的客户关系管理指导思想，建立起规范的客户服务和销售策略体系。开展营销服务分析，利用Visual Basic For Application程序开发出“营销分析工具箱”，作为开展营销服务分析的工具，通过细分客户、细分品牌、细分市场，合理配置卷烟货源，控制投放标准，增强品牌置换意识。

定西市烟草专卖局（公司）

定西市烟草专卖局、甘肃省烟草公司定西市公司组建于1992年7月。2007年，下辖安定区、临洮县、陇西县、岷县、通渭县、渭源县、漳县等7个县级烟草专卖局（营销部）和1个多元化经营企业——甘肃欣大实业集团定西经销有限公司。共有从业人员414人，其中聘用员工254人。

2007年，销售卷烟32.86亿支（6.57万箱），同比增长3.02%。实现销售收入43257万元，同比下降18.38%。实现税利7768万元，同比增长29.10%，其中，实现利润5715万元，同比增长39.08%。

全市共查获各类违法卷烟案件999起，登记保存违法卷烟611.21件，涉案金额134.54万元，罚没款25.48万元。

临夏回族自治州烟草专卖局（公司）

临夏回族自治州烟草专卖局、甘肃省烟草公司临夏回族自治州公司组建于1994年8月。2007年，下辖康乐、和政、永靖、积石山等4个县烟草专卖局（营销部）。共有从业人员288人，其中聘用员工177人。

2007年，销售卷烟16.45亿支（3.29万箱），同比增长8.67%。实现销售收入23698万元，同比下降5.99%。实现税利4739万元，同比增长18.53%，其中，实现利润3672万元，同比增长27.32%。

全年查获各类卷烟违法案件1871起，其中，涉案卷烟345万支，涉案金额63万元，没收假冒伪劣卷烟78.9万支，标值24.9万元。

健全三级督察考评机制，逐步实现督察工作流程化。从组织愿景、战略规划、关键绩效指标三方面进行层层分解，确立目标、过程管理、部门、员工4个维度，州局（公司）绩效、部门绩效、员工绩效3个层面的关键业绩考核指标体系，实行目标导向型绩效管理。建立专项督察机制，通过明察暗访、现场观测、交流座谈等方式，积极开展送货服务、专卖执法、分拣作业、电话订货等专项督察工作，加强一线员工优质服务的自律意识。

甘南藏族自治州烟草专卖局（公司）

甘南藏族自治州烟草专卖局、甘肃省烟草公司甘南藏族自治州公司组建于1998年6月。2007年，共有从业人员74人，其中聘用员工35人。

2007年，销售卷烟7.62亿支（1.52万箱），同比增长8.63%。实现销售收入11241万元，同比增长17.46%。实现税利1930万元，同比增长49.61%，其中，实现利润1269万元，同比增长32.33%。

全年共查获非法卷烟案件1158起，先行登记保存违法卷烟8431条（其中假冒卷烟42条），案值30.14万元。

2007年甘肃省烟草商业系统主要情况统计

地市级局（公司）名称		兰州市烟草专卖局（公司）	天水市烟草专卖局（公司）	武威市烟草专卖局（公司）	金昌市烟草专卖局（公司）	张掖市烟草专卖局（公司）
法人代表/主要负责人		刘 震	李 明	张仕儒（—2007.4）、向 阳（2007.4—）	来锁成（—2007.4）、李建业（2007.4—）	贾辉林
总资产（万元）		92825	29726	22238	9475	15122
所属县级局数量（个）		8	7	4	1	5
所属县级公司数量（个）		—	2	—	—	—
所属营销部、分公司		8个营销部	5个营销部	4个营销部	1个营销部	5个营销部
所属业务机构	访销机构	1个营销中心、1个电访中心	1个营销中心、1个电访部	1个营销中心、1个电访中心、	1个营销中心、1个电访中心、	1个营销中心、1个电访订货部
	物流配送机构	1个物流配送中心	1个仓储配送中心	1个物流配送中心	1个配送中心	1个卷烟配送中心
	稽查机构	1个稽查支队、8个稽查大队	1个稽查支队、7个稽查大队	1个稽查支队、4个稽查大队	1个稽查支队	1个稽查支队、9个稽查（所）队
销售卷烟（亿支）		73.06	40.20	23.63	8.91	18.45
两烟税利（万元）	本年	47035	13152	7131	4220	6848
	上年	36377	8883	5784	3308	4985
两烟利润（万元）	本年	37939	10332	5286	3332	5252
	上年	28299	6850	4016	2335	3386
烟叶种植（亩）		—	—	—	—	—
烟叶收购（担）		—	—	—	—	—
零售户数（户）		14620	13687	7303	2523	6260

地市级局（公司）名称		酒泉市烟草专卖局（公司）	敦煌市烟草专卖局（公司）	平凉市烟草专卖局（公司）	庆阳市烟草专卖局（公司）	陇南市烟草专卖局（公司）
法人代表/主要负责人		米虎祥	赵普忠	杨 洪	缑守恩	牛跟道
总资产（万元）		27205	6238	21543	33393	30086
所属县级局数量（个）		5	—	7	8	9
所属县级公司数量（个）		—	—	—	—	—
所属营销部、分公司		5个营销部	—	7个营销部	8个营销部	9个营销部
所属业务机构	访销机构	1个营销中心、1个电访中心	1个营销中心	1个营销中心、1个电访中心	1个营销中心、1个电访中心	1个营销中心、1个电访中心
	物流配送机构	1个仓储配送中心	1个配送中心	1个物流配送中心	1个物流配送中心	1个仓储配送中心
	稽查机构	1个稽查支队、5个稽查大队	3个稽查大队	1个稽查支队、7个稽查大队	1个稽查支队、8个稽查大队	1个稽查支队、9个稽查大队
销售卷烟（亿支）		21.51	4.51	25.76	30.30	34.04
两烟税利（万元）	本年	11938	2494	8933	12651	13758
	上年	11436	2147	7643	11297	7943
两烟利润（万元）	本年	9284	1883	6204	9209	10151
	上年	8285	1526	5743	7745	5141
烟叶种植（亩）		—	—	—	19857	20260
烟叶收购（担）		—	—	—	23830	35772
零售户数（户）		5382	1183	7940	8413	10254

<table>
<tr><td colspan="2">地市级局（公司）名称</td><td>白银市烟草专卖局（公司）</td><td>定西市烟草专卖局（公司）</td><td>临夏州烟草专卖局（公司）①</td><td>甘南州烟草专卖局（公司）②</td></tr>
<tr><td colspan="2">法人代表/主要负责人</td><td>蔺志宏</td><td>蒋大成</td><td>魏小敏</td><td>张建辉</td></tr>
<tr><td colspan="2">总资产（万元）</td><td>19705</td><td>24910</td><td>11221</td><td>6848</td></tr>
<tr><td colspan="2">所属县级局数量（个）</td><td>5</td><td>7</td><td>4</td><td>—</td></tr>
<tr><td colspan="2">所属县级公司数量（个）</td><td>—</td><td>—</td><td>—</td><td>—</td></tr>
<tr><td colspan="2">所属营销部、分公司</td><td>5个营销部</td><td>7个营销部</td><td>4个营销部</td><td>—</td></tr>
<tr><td rowspan="3">所属业务机构</td><td>访销机构</td><td>1个营销中心、1个电访部</td><td>1个营销中心、1个电访中心</td><td>1个营销中心、1个电访中心</td><td>1个营销中心、1个电访中心</td></tr>
<tr><td>物流配送机构</td><td>1个仓储配送中心</td><td>1个物流配送中心</td><td>1个配送中心</td><td>1个仓储配送中心</td></tr>
<tr><td>稽查机构</td><td>1个稽查支队、5个稽查大队</td><td>1个稽查支队、7个稽查大队</td><td>1个稽查支队</td><td>1个稽查支队</td></tr>
<tr><td colspan="2">销售卷烟（亿支）</td><td>24．73</td><td>32．86</td><td>16．45</td><td>7．62</td></tr>
<tr><td rowspan="2">两烟税利（万元）</td><td>本年</td><td>7976</td><td>7768</td><td>4739</td><td>1930</td></tr>
<tr><td>上年</td><td>5643</td><td>6017</td><td>3998</td><td>1290</td></tr>
<tr><td rowspan="2">两烟利润（万元）</td><td>本年</td><td>6182</td><td>5715</td><td>3672</td><td>1269</td></tr>
<tr><td>上年</td><td>3942</td><td>4109</td><td>2884</td><td>959</td></tr>
<tr><td colspan="2">烟叶种植（亩）</td><td>—</td><td>—</td><td>—</td><td>—</td></tr>
<tr><td colspan="2">烟叶收购（担）</td><td>—</td><td>—</td><td>—</td><td>—</td></tr>
<tr><td colspan="2">零售户数（户）</td><td>7911</td><td>10882</td><td>6563</td><td>3470</td></tr>
</table>

注：①②临夏、甘南州局财政关系隶属于地方，未上划到烟草行业管理。

（王永青）

青海省烟草专卖局（公司）

【概　况】 青海省位于中国西部的青藏高原，全省面积72.23万平方公里，辖8个州（地、市）、51个县级行政单位，440个乡、镇。2007年末全省总人口551.6万人。青海是一个多民族聚居的省份，主要少数民族有藏族、回族、土族、撒拉族和蒙古族，少数民族人口占全省人口的46.32%。2007年，全省实现地区生产总值（GDP）760.96亿元，比上年增长12.5%，人均生产总值13836元，比上年增长11.5%。

青海省烟草专卖局、中国烟草总公司青海省公司组建于1984年，1986年青海省烟草公司上划中国烟草总公司。2007年，省公司与各州、地、市公司建立母子公司体制，各州、地、市公司依法成为省公司的全资子公司。截至2007年底，下辖西宁、海东、海西、海北、海南、黄南、玉树、果洛和格尔木等9个州、地、市烟草专卖局（公司）及其33个县级烟草专卖局（营销部）。有总资产13.94亿元，其中，固定资产2.50亿元、流动资产11.44亿元，资产负债率16.53%。全省烟草系统共有从业人员1262人，其中聘用员工264人。2007年，青海省烟草公司连续第四年上缴各类税金过亿元，被青海省人民政府评为“青海财政支柱企业”。

【领导成员】 局长、总经理、党组书记：宋亚强
副总经理、党组成员：侯国昆
副局长、党组成员：张超凡
纪检组长、党组成员：李成方

【组织机构】 省局（公司）机关设有办公室（外事办）、综合计划处（经济运行处、科技处）、安全保卫处、专卖监督管理处（专卖稽查总队、内部专卖管理监督处）、政策法规与体制改革处、财务管理处、审计处、人事劳资处（职工教育培训中心）、监察处（与党组纪检组合署办公）、思想政治工作处（机关党委、工会）等职能处室和卷烟销售管理处（卷烟网络建设办公室）、烟草学会、经济信息中心、机关服务中心等14个处室。

【经济效益】 2007 年，全省累计销售卷烟 88.15 亿支（17.63 万箱），同比增长 2.41%，其中，一类烟 3.96 亿支（0.79 万箱），占销售总量的 4.50%；二类烟 2.57 亿支（0.51 万箱），占销售总量的 2.91%；三类烟 10.86 亿支（2.17 万箱），占销售总量的 12.32%；四类烟 34.38 亿支（6.88 万箱），占销售总量的 39.00%；五类烟 36.38 亿支（7.28 万箱），占销售总量的 41.27%。全年累计实现销售收入 17.85 亿元，同比增长 21.07%。实现税利 4.73 亿元，同比增长 35.26%，其中，实现利润 3.74 亿元，同比增长 36.50%。

【专卖管理】 *卷烟打假*。坚持“打假破网”工作重点，重视案件经营，加强地区间的协作配合，加大对运输环节的检查力度和日常市场监管力度。召开打击制售烟草制品违法犯罪活动联席会议，进一步完善卷烟打假联合工作制度和与公、检、法等部门的协作机制，同时加大对涉烟违法犯罪分子的追刑力度，联合办案工作基本做到制度化、经常化和规范化。2007 年，共查处卷烟违法案件 797 起，其中，假冒卷烟案件 392 起，捣毁贩藏假烟窝点 24 个；破获在省内影响较大的假烟网络案件 2 起，涉案卷烟 2136.17 万支；由公安机关拘捕制售假烟犯罪分子 35 人，判刑 21 人。

基础建设。强化基层组织建设，贯彻落实国家局《关于加强县级烟草专卖局专卖管理工作的意见》，强化县级局专卖管理职责。注重对卷烟市场和零售终端的监管，加强对经营大户和无证卷烟经营户的监管，卷烟市场进一步规范。

组织学习新《烟草专卖许可证管理办法》，清理原有规章制度，制订和落实许可证办理程序。开展对专卖零售许可证的审批、发放、使用情况的专项检查。健全完善行政复议和错案追究制度，明确烟草专卖执法职权和法定责任。加大法律法规宣传力度，有针对性地组织学习和开展业务技能培训。

【网络建设】 制订“按客户订单组织货源”实施方案，确定西宁市公司和格尔木市公司为全省烟草“按客户订单组织货源”的推广试点单位。西宁市公司和格尔木市公司初步摸索出一些有效做法。其他各州、地、市公司在所属营销部组织开展试点，为“按客户订单组织货源”工作全面推广积累经验。

针对边远农牧区入网零售客户少及存在“空白村（乡）”的问题，开展农牧区市场和零售客户调研工作，努力把管理和服务不断向零售终端延伸和下沉，并规范“代订代送”行为，有效满足农牧区卷烟消费需求。

整合全省烟草市场资源，结合青海烟草实际推行“集中电访、集中配送”新型业务模式，研究制订工作标准和流程，并于 11 月开始在海北州门源县实行卷烟集中配送试点。

【体制改革】 推进母子公司管理体制改革，各州、地、市公司依法成为省公司的全资子公司，并相应完成其章程的重新修订和工商注册、税务登记、专卖许可证变更以及资产划转等工作。

加强对多元化经营企业的清理整顿工作。取消省公司综合经营部的法人资格，将其变为非独立法人的经营机构，保留青海省烟草公司综合经营部名称。撤销关闭青海金叶贸易有限责任公司和海东瑞德商贸有限责任公司。

【安全管理】 加强对员工的安全教育，严格落实各项安全制度和责任，重视安全隐患的检查和整改，组织开展消防、交通应急预案实战演练，营造良好的安全环境。组织开展全员动员、内审员培训考核、危险源辨识、体系文件编写等工作，全省烟草系统《职业健康安全管理体系》编制工作基本完成。

编制《突发公共事件总体应急预案》和《突发自然灾害应急预案》、《突发事故灾难应急预案》、《突发公共卫生事件应急预案》、《突发社会安全事件应急预案》等 4 个分项预案，并在全省烟草系统正式发布实施。

【信息化建设】 加大系统集成、资源整合和信息共享力度，强调和突出各业务系统建设和应用，注重系统的稳定和网络安全，推进办公自动化系统、营销管理系统、现代物流等重点工程建设，信息化建设取得新的进展。2007 年，正式启用青海烟草办公自动化系统，全面推广使用销售管理系统、客户关系管理系统（CRM）、卷烟专卖 MIS 综合信息管理系统，进一步扩大财务管理、人力资源管理等软件的应用范围。

【人力资源管理】 *干部选拔任用*。严格贯彻落实《党政领导干部选拔任用工作条例》，强化对干部选拔任用推荐提名、民主推荐、组织考察、征求意见等各个环节的监督管理，加大干部交流力度，充实基层单位领导班子，加强各级领导班子建设，干部队伍的年龄、知识、能力结构进一步优化。2007 年，全省烟草系统共提任、调整处级干部 34 人。

教育培训。以提高员工素质为目的，以岗位技能

培训为重点，开展理论知识、专题学习、实践技能等方面的教育培训。突出培训方式方法的新尝试，通过采取异地培训、跟班作业等方式，加强与地方院校的合作办班，鼓励干部职工利用业余时间参加学习，干部职工的工作能力和整体素质全面提高。2007年共举办各类培训班19期，参训人员达1300余人次。

用工分配制度改革。采取“试点先行，稳步推开”的办法，按照“分类管理、科学设岗、明确职责、严格考核、落实报酬”的总体要求，在学习和借鉴外省烟草人力资源先进管理经验的基础上，以加强工资总量调控、理顺分配关系、调整收入结构、建立科学规范及具有内在激励和约束机制的工资收入分配制度为目标，在深化劳动用工分配制度改革方面进行了有益的探索和尝试。制定《全省烟草系统州地市局（公司）领导班子薪酬管理暂行办法》，完成省局（公司）职能配置、机构设置和人员编制方案，开展贯彻实施《劳动合同法》的前期培训和规范劳动用工的合同签订工作。

【内部监管】 在强化自律的基础上，继续深入开展“两项检查”整改措施落实工作。认真对照国家局内管检查组反馈的问题，按照自查自纠的工作部署，进一步细化整改内容和措施，自查自纠工作取得明显实效。在同级审计监督工作中，省公司将各单位审计人员集中管理，对各单位开展交叉互审，并建立健全内部审计管理和考核制度，充分发挥内部审计的日常监督作用。

加强对重大工程项目、物资采购、资金使用等方面的监督，严格重大工程项目立项审批和监理，实行物资采购公开招投标和质量把关，加大财政专项资金检查审计，有效防止了不规范行为的发生。

以“完善制度、规范程序、严格监管”为工作重点，在健全制度和提高执行力上下工夫，注重制度规范性和可操作性，实施经营全过程监督，并改变监管方式方法，从原来单一的检查向检查与监督相结合转变，向同级监管、日常监管和监督检查相结合转变，基本实现了内部监管长效机制的有效运行。

【思想政治工作】 深入开展以领导班子和领导干部为重点的“两个至上”在岗位主题实践活动，各级领导班子和领导干部根据制订的活动实施方案，通过建立基层联系点、召开主题报告会、撰写学习体会文章等方式，认真对照“五查五看”查找不足，提出整改措施并逐项落实。省局（公司）对各单位开展主题实践活动的情况进行督促和指导，组织有关部门采取群众评议、查看资料、个别谈话等方式，开展对“五查五看”基本情况的测评，主题实践活动取得实效。

【特事要辑】 1月24~25日，全省烟草工作会议在青海西宁召开。

4月4日，青海省局（公司）主持召开打击制售烟草制品违法犯罪活动联席会议，青海省高级人民法院、人民检察院、公安厅有关人员出席会议。

6月29~30日，国家局局长姜成康到青海烟草考察调研。

7月29~30日，中国烟草学会华东—西北片区卷烟流通学术研讨会在青海西宁召开。

8月2~5日，国家局副局长何泽华到青海烟草考察调研。

青海省局（公司）主要统计指标汇总

实现税利（亿元）	实现利润（亿元）	销售卷烟（亿支）	烟叶种植（万亩）	烟叶收购（万担）
4.73	3.74	88.15	—	—

所属地市级局（公司）

西宁市烟草专卖局（公司）

【概　况】 西宁是青海省省会，总面积7665平方公里，辖城东、城西、城北、城中等4个行政区，大通、湟中、湟源等3个县以及西宁（国家）经济技术开发区、城南新区，2007年末全市常住人口215.36万人。2007年，西宁市实现地区生产总值（GDP）343.09亿元，同比增长15.3%，人均生产总值16029元，同比增长13.8%。

西宁市烟草专卖局、青海省烟草公司西宁市公司组建于2000年9月，截至2007年底，下辖大通回族土族自治县、湟中县、湟源县等3个县级烟草专卖局（营销部）。有总资产13806万元，其中，固定资产

570万元、流动资产8190万元，资产负债率41%。共有从业人员376人，其中聘用员工61人。

【领导成员】 局长、经理、党组书记：崔会民

副经理、党组成员：林兆红

副局长、纪检组长、党组成员：戴岳鹏（—2007.11）

副局长、纪检组长、党组成员：孙永珍（2007.11—）

副经理、党组成员：杨　玲

副经理、党组成员：杨立群（2007.11—）

【组织机构】 市局（公司）设有办公室、综合计划科（信息中心）、专卖监督管理科（稽查支队）、财务管理科（结算中心）、人力资源科、监察科、审计科、安全保卫科8个科室，以及营销中心、配送中心2个专业部门。

【经济效益】 2007年，全市累计销售卷烟38.57亿支（7.71万箱），同比增长6.43%，其中，一类烟2.53亿支（0.51万箱），占总销量的6.57%；二类烟1.36亿支（0.27万箱），占总销量的3.52%；三类烟5.83亿支（1.17万箱），占总销量的15.11%；四类烟14.54亿支（2.91万箱），占总销量的37.69%；五类烟14.32亿支（2.86万箱），占总销量的37.12%。全年累计实现销售收入91848万元，同比增长25.64%。实现税利3474万元，同比增长29.53%，其中，实现利润2523万元，同比增长30.12%。

【专卖管理】 卷烟打假。围绕加强市场监管、打击贩售假烟网络、加强基础管理和队伍建设的主要任务，重视加强与铁路、机场公安和工商部门的协作，积极开展市场集中整治行动，“查窝点、断渠道”效果明显，市场环境得到有效净化。2月5日，西宁市局与市公安局密切协作，破获2006年“11·23”跨省特大制贩伪劣商品（烟草）网络案件。

2007年，共查处各类卷烟违法案件256起，其中，查处假冒卷烟案件164起，查获各类卷烟1106.64万支；收缴各类假冒卷烟980.62万支，标值570.23万元。向公安、司法机关移送涉烟违法案件9起，刑事拘留27人，逮捕20人，判刑18人。

内部专卖监督管理。继续从“物流、资金流、信息流”三方面入手，制订实施方案，对2005年及2006年度经营业务再次逐笔复核。制订《内部专卖管理监督自查自纠工作实施方案》和工作进度表，全面深入开展自查自纠及“回头看”工作，针对自查出的问题，制定措施进行整改。修订完善同级监管及日常监管工作流程，初步建立起内部专卖管理工作长效机制。

【网络建设】 订单供货。扎实开展“按客户订单组织货源”工作。本着“边预测、边改进”的原则，深入开展需求预测，初步建立以需求预测为起点、以市场为导向的机制。

物流整合。以新建物流配送中心为基础，制定全省烟草物流集中的工作标准和工作流程，做好“集中电访、集中配送”新型业务模式的前期准备工作，并按照“边试点边推广”的工作思路，从11月起在海北州门源县实行卷烟集中配送试点。

电子结算。加快“网上银行”结算模式的实施步伐，依托专卖营销综合管理系统软件与银行搭建资金管理平台，制订《网上银行结算实施方案》，与卷烟零售客户签订《卷烟营销系统“电子结算”三方协议书》、《账户查询授权书》、《扣款授权书》，并选择城西区部分客户开始试点。

【企业管理】 财务管理。统一收入确定、固定资产折旧等8项会计政策，进一步提高会计信息质量和会计基础工作水平。运用专业财务管理软件对物流费用、成本及基建项目进行项目核算，提高核算准确率和核算水平。以部门为基本单位全面加强预算管理，加大预算控制力度，全年预算实际执行比率为99.88%。

质量管理。2007年，市局（公司）通过ISO9001：2000质量管理体系认证，并在实际工作中全面推行，将其持续改进的理念融入到日常经营管理中，管理效能得到提升，进一步推进了基础工作的精细化、规范化。

安全管理。全面运行职业健康安全管理标准体系，加强安全管理过程控制，持续改进安全管理。加大日常安全教育宣传力度，加强安全设施建设，增加安全器材配备，定期开展安全检查，及时整改存在隐患，全年无重大安全事故发生。

【人力资源管理】 2007年，采取个人述职、民主测评、个别谈话方式，组织对18名部门负责人作了任期考核。

增强培训的针对性和实效性，组织开展法律法规知识培训、“按客户订单组织货源”推广工作培训、专卖营销综合管理系统培训、《劳动合同法》培训等，全年累计举办培训班14期，教育培训职工995人次。

海东地区烟草专卖局（公司）

海东地区烟草专卖局、青海省烟草公司海东地区

公司组建于2000年8月，截至2007年底，下辖乐都县、民和回族土族自治县、互助土族自治县、平安县、循化撒拉族自治县、化隆回族自治县等6个县烟草专卖局（营销部）。共有从业人员212人，其中聘用员工93人。

2007年，全地区累计销售卷烟17.83亿支（3.57万箱），同比下降0.94。全年累计实现销售收入26917万元，同比增长14.87%。实现税利733万元，同比增长10.39%，其中，实现利润336万元，同比增长3.10%。

全年共查处各类卷烟违法案件135起，其中无证运输案件17起，无证经营案件8起，假冒卷烟案件42起，非渠道卷烟案件67起，无证批发卷烟案件1起；查获违法卷烟113.03万支，案值50.6万元。

成立卷烟需求预测领导小组，初步形成自下而上的卷烟需求预测体系。制订《卷烟零售客户补货管理办法》、《海东局（公司）2007年卷烟品牌规划方案》等制度，进一步提高营销水平。在全区开展卷烟“空白村”情况调查，制订出有针对性的措施，基本解决农村卷烟市场“盲区盲点”问题。优化卷烟配送线路，打破行政区划创新卷烟配送模式，提升了卷烟配送效率和网络建设水平。

海西蒙古族藏族自治州烟草专卖局（公司）

海西蒙古族藏族自治州烟草专卖局、青海省烟草公司海西蒙古族藏族自治州公司组建于1986年8月，截至2007年底，下辖都兰、乌兰、天峻、茫崖、大柴旦等5个县（行委）烟草专卖局（营销部）。共有从业人员107人，其中聘用员工16人。

2007年，全州累计销售卷烟6.12亿支（1.22万箱），同比下降3.22%。全年累计实现销售收入12239万元，同比增长15.17%。实现税利752万元，同比增长25.12%，其中，实现利润469万元，同比增长34.11%。

全年共查获卷烟违法案件90起，涉案金额25.1万元。

格尔木市烟草专卖局（公司）

格尔木市烟草专卖局、青海省烟草公司格尔木市公司组建于2000年12月，截至2007年底，共有从业人员62人，其中聘用员工9人。

2007年，全市累计销售卷烟5.84亿支（1.17万箱），同比下降7.94%。全年累计实现销售收入15213万元，同比增长15.54%。实现税利424万元，同比下降3.42%，其中，实现利润309万元，同比增长1.98%。

全年共查处卷烟违法案件25起，其中，查处5万元以上案件2起，查扣各类违法卷烟116.81万支，其中假冒卷烟24.44万支。

海北藏族自治州烟草专卖局（公司）

海北藏族自治州烟草专卖局、青海省烟草公司海北藏族自治州公司组建于2004年3月。2007年7月，新设海晏县烟草专卖局。截至2007年底，下辖门源回族自治县、祁连县、刚察县、海晏县等4个县烟草专卖局（营销部）。共有从业人员79人，其中聘用人员7人。

2007年，全州累计销售卷烟5.26亿支（1.05万箱），同比下降2.86%。全年累计实现销售收入7841万元，同比增长7.12%。实现税利378万元，同比增长13.17%，其中，实现利润216万元，同比增长66.15%。

全年共查处各类卷烟违法案件46起，查获违法卷烟20.28万支，其中假冒卷烟1.37万支，收缴罚没款1.93万元。

海南藏族自治州烟草专卖局（公司）

海南藏族自治州烟草专卖局、青海省烟草公司海南藏族自治州公司于2004年5月成立，截至2007年底，下辖共和、兴海、同德、贵南、贵德等5个县烟草专卖局（营销部）。共有从业人员74人，其中聘用员工10人。

2007年，全州累计销售卷烟6.10亿支（1.22万箱），同比增长6.70%。全年累计实现销售收入9498万元，同比增长27.64%。实现税利528万元，同比增长68.69%，其中，实现利润312万元，同比增长91.41%。

全州共查获各类卷烟违法案件29起，查扣没收卷烟301.5条，涉案金额2.14万元，罚没款7930元。

积极探索农牧区网络建设工作，创建青海湖旅游沿线的卷烟消费绿色通道。向卷烟零售客户发放服务手册，制作统一的卷烟零售柜台和连心卡，公布咨询投诉电话并承诺对客户投诉在24小时内处理完毕，推行零售客户回访制度，零售客户满意度显著提高。

黄南藏族自治州烟草专卖局（公司）

黄南藏族自治州烟草专卖局、青海省烟草公司黄南藏族自治州公司组建于2004年5月，截至2007年底，下辖同仁县、尖扎县、泽库县、河南蒙古族自治县等4个县烟草专卖局（营销部）。共有从业人员63人，其中聘用员工12人。

2007年，全州累计销售卷烟3.5亿支（0.7万箱），同比增长4.39%。全年累计实现销售收入5688万元，同比增长8.01%。实现税利202万元，同比下降33.77%，其中，实现利润83万元，同比下降45.75%。

全年共查获各类卷烟违法案件19起，其中，5月成功破获一起案值超过万元的贩售假烟案件，查获假烟430.1条，案值8.36万元。

在借鉴原有经营户手册的基础上，重新制作《卷烟零售客户服务手册》。进一步完善和规范《卷烟零售客户服务标准》，制订细化客户经理月度工作流程、周工作流程和日工作流程，使客户经理能在不同阶段突出不同的工作重点。

根据国家局《卷烟需求预测规范》，制定黄南州局（公司）《卷烟市场需求预测管理制度》、《信息采集和发布管理办法》、《工作会议制度》、《订单需求采集操作管理办法》、《工作汇报通报制度》，并设计实施“三维三层”预测业务流程，初步建立卷烟市场需求预测体系和信息采集机制。

玉树藏族自治州烟草专卖局（公司）

玉树藏族自治州烟草专卖局、青海省烟草公司玉树藏族自治州公司组建于2004年6月，截至2007年底，下辖杂多、治多、曲麻莱、囊谦、称多等5个县烟草专卖局（营销部）。共有从业人员65人，其中聘用员工23人。

2007年，全州累计销售卷烟2.97亿支（0.59万箱），同比增长4.74%。全年累计实现销售收入5239万元，同比增长22.98%。实现税利236万元，同比增长38.01%，其中，实现利润148万元，同比增长722.22%。

全年共出动卷烟打假人员808人次，查获各类违法案件150起，其中，查获假冒卷烟案件37起，查获假烟420.2条，标值6.67万元；查获渠道外卷烟案件113起，涉案卷烟737.7条，罚没款3.27万元。

果洛藏族自治州烟草专卖局（公司）

果洛藏族自治州烟草专卖局、青海省烟草公司果洛藏族自治州公司组建于2004年9月，截至2007年底，下辖久治县局（营销部）。共有从业人员40人，其中聘用员工15人。

2007年，全州累计销售卷烟1.96亿支（0.39万箱），同比增长6.77%。全年累计实现销售收入3346万元，同比增长20.53%。实现税利144万元，同比增长20%，其中，实现利润79万元，同比增长88.10%。

共查获各类违法卷烟案件60起，查获并销毁假冒卷烟337.9条，标值2.06万元，罚没款1.10万元。

2007年青海省烟草商业系统主要情况统计

地市级局（公司）名称		西宁市烟草专卖局（公司）	海东地区烟草专卖局（公司）	海西州烟草专卖局（公司）	格尔木市烟草专卖局（公司）	海北州烟草专卖局（公司）
法人代表/主要负责人		崔会民	钟建平	钟彦君（—2007.11）、戴岳鹏（2007.11—）	李安益	董长吉
总资产		13806	4458	2799	1907	1691
所属县级局数量（个）		3	6	5	—	4
所属县级公司数量（个）		—	—	—	—	—
所属营销部、分公司		3个营销部	6个营销部	5个营销部	—	4个营销部
所属业务机构	访销机构	1个营销中心	1个营销中心	1个营销中心	1个营销中心	1个营销中心
	物流配送机构	1个配送中心	1个配送中心	1个配送中心	—	1个配送中心
	稽查机构	8个稽查大队	6个稽查大队	5个稽查大队	2个稽查大队	3个稽查大队
销售卷烟（亿支）		38.57	17.83	6.12	5.84	5.26
实现税利（万元）	本年	3474	733	752	424	378
	上年	2682	664	601	439	334
实现利润（万元）	本年	2523	336	469	309	216
	上年	1939	326	350	303	130
烟叶种植（亩）		—	—	—	—	—
烟叶收购（担）		—	—	—	—	—
零售户数（户）		7943	4307	1071	819	972

地市级局（公司）名称		海南州烟草专卖局（公司）	黄南州烟草专卖局（公司）	玉树州烟草专卖局（公司）	果洛州烟草专卖局（公司）
法人代表/主要负责人		张国明	李映元	王洪胜	房光源（2007.11—）
总资产		1801	1313	1457	956
所属县级局数量（个）		5	4	5	1
所属县级公司数量（个）		—	—	—	—
所属营销部、分公司		5个营销部	4个营销部	5个营销部	1个营销部
所属业务机构	访销机构	1个营销中心	1个营销中心	1个营销中心	1个营销中心
	物流配送机构	—	1个配送中心	—	—
	稽查机构	4个稽查大队	4个稽查大队	1个稽查大队	1个稽查大队
销售卷烟（亿支）		6.10	3.50	2.97	1.96
实现税利（万元）	本年	528	202	236	144
	上年	313	305	171	120
实现利润（万元）	本年	312	83	148	79
	上年	163	153	18	42
烟叶种植（亩）		—	—	—	—
烟叶收购（担）		—	—	—	—
零售户数（户）		1359	785	530	316

（窦海宁）

宁夏回族自治区烟草专卖局（公司）

【概　况】　宁夏回族自治区位于中国西北地区东部，黄河中上游，与甘肃、陕西、内蒙古毗邻。全区总面积6.64万平方公里，总人口610万人，其中回族人口215万人。自治区辖银川、石嘴山、吴忠、固原和中卫等5个地级市，2个县级市，11个县，1个县级移民开发区及8个市辖区。2007年，全区实现地区生产总值（GDP）830亿元，比上年增长17.4%。

1983年10月15日，自治区人民政府批准成立宁夏回族自治区烟草专卖局、中国烟草总公司宁夏回族自治区公司，并于1984年4月挂牌成立，1986年7月上划国家烟草专卖局、中国烟草总公司。截至2007年底，宁夏区局（公司）下辖银川、石嘴山、吴忠、固原、中卫等5个市烟草专卖局（公司）。全系统共有干部职工1399人，其中聘用员工754人。总资产12.47亿元，其中，固定资产1.41亿元、流动资产10.61亿元，资产负债率18.42%。

2007年，宁夏区局（公司）致力于加强宏观调控和经营管理，“控量、稳价、促销、增效”取得新成效，总体经济运行态势良好。2007年，区局（公司）被自治区直属机关精神文明指导委员会评为“自治区文明机关”。

【领导成员】　局长、总经理、党组书记：师增建

副总经理、党组成员：毕溪英

副局长、纪检组长、党组成员：李光荣

副总经理、党组成员：张天峰

巡视员：葛波涛（—2007.1）

【组织机构】　区局（公司）机关设办公室（外事办公室）、综合计划处（经济运行处）、安全保卫处、专卖监督管理处（专卖稽查总队、内部管理监督处）、政策法规与体制改革处、财务管理处、审计处、人事劳资处、思想政治工作处（机关党委、工会）、监察处（与党组纪检组合署办公）、卷烟销售管理处，机关服务中心、经济信息中心，烟草学会秘书处等14个部门。

【经济效益】 2007年，全区销售卷烟94.99亿支（18.998万箱），同比增长4.6%，完成年计划的102.7%，其中，一类烟4.71亿支（0.94万箱），占销售总量的4.96%；二类烟4.89亿支（0.98万箱），占销售总量的5.15%；三类烟23.81亿支（4.76万箱），占销售总量的25.07%；四类烟35.35亿支（7.07万箱），占销售总量的37.21%；五类烟26.23亿支（5.25万箱），占销售总量的27.61%。销售"百牌号"卷烟79.66亿支（15.93万箱），同比增长13%，占总销量的83.9%；低档卷烟销售26.88亿支（5.38万箱），同比增长3%，占总销量的28.3%，完成年计划的104.3%。2007年底，全区库存卷烟5.66亿支（1.13万箱），卷烟总量存销比0.8，基本趋于合理。全年实现卷烟销售收入20.8亿元，卷烟单箱销售额12821元，同比增长11.89%。

全年实现税利4.53亿元，同比增长17.97%，其中，实现利润3.58亿元，同比增长21.52%；上缴税金0.95亿元，同比增长6.74%。

【专卖管理】 *打假破网工作*。2007年，区局（公司）召开四部门打假联席会议，形成《联合打击制售假烟违法犯罪活动联席会议纪要》，下发《关于办理假冒伪劣烟草制品等刑事案件若干问题的意见》和《卷烟打假手册》，加强了对全区打假工作的组织领导和指挥协调。各市局（公司）完成打假破网任务，相继破获吴忠马成贵团伙、中卫"11·21"等假烟网络案件，有力震慑了不法烟贩的嚣张气焰。全区共查处各类涉烟违法案件650起，其中假冒商标卷烟案件493起，查获假烟1501.52万支，逮捕37人，判刑21人，收缴罚金243.9万元。

基层建设工作。根据国家局加强专卖管理组织机构建设的要求，区局（公司）研究制订全区专卖管理组织体系建设方案，力求做到科学设岗、明确职责、优化结构、提高素质。加大对新《烟草专卖许可证管理办法》的宣传和学习培训力度，以中卫市局（公司）为试点单位成功开展了合理布局规划听证会，为做好专销结合、加强市场管理工作奠定了基础。

【网络建设】 *基础工作*。2007年是全区卷烟销售网络建设全面提升的第一年。区公司结合实际，研究制订全面提升网建工作实施方案及其《考评细则》，制订了涉及卷烟营销、品牌培育、现代物流、客户服务等内容的制度和指导性文件，解决了全面提升工作的统一规范和路径问题。银川市公司作为典型示范单位和"按客户订单组织货源"的推广单位，通过再造业务流程，实施协同营销，推广工作稳步推进。

农网建设。进一步加强农村网建工作。在2007年全国卷烟销售网络建设现场会以后，各单位普遍开展农村市场调查，紧紧抓住零售户入网销售和低档烟供应两个重点，切实加强客户服务和网络基础建设。中卫、固原市公司建立专卖管理营销服务大厅，吴忠等市公司将农村空白点纳入网络覆盖，初步解决了农网与城网发展不协调问题。

物流建设。在考察借鉴安徽、湖北等省先进物流建设经验的基础上，对物流资源、需求情况、送货线路、销售流量等基础数据进行普查，制定了《宁夏烟草现代物流标准》，全区物流配送体系框架基本建立。

【品牌培育】 坚持以市场为导向，以"百牌号"为基础，以培育10多个重点骨干牌号为目标，区公司制定了《宁夏烟草系统品牌运营管理办法》，公开品牌培育标准、业务工作流程以及业务操作规范，以公开促进公平，推进有序竞争，提高品牌运营效率和规范运营行为，发挥了网络培育品牌的功能，促进产品结构趋于合理，市场需求基本满足，品牌集中度进一步提高。全年在销品牌57个，比上年减少3个。"百牌号"卷烟占总销量的83.9%，同比增长13%，"百牌号"卷烟销量前10位的集中度为62.7%。

【体制改革】 *母子公司体制初步建立*。区局（公司）制订体制改革实施方案和章程样本，指导各市局（公司）完成前期准备工作。按照精简、统一、效能的原则，制订市局（公司）机构设置、职能界定及职数配备等有关规定，进一步理顺市、县两级单位管理体制，完成工商、税务等证件变更登记工作。区局（公司）对机关主要职能、内设机构、工作职责、人员编制进行重新界定，抓管理、抓监管、抓资产经营、抓队伍建设的职能得到进一步加强。

用工分配制度改革稳步推进。按照国家局"分类管理、科学设岗、明确职责、严格考核、落实报酬"的总体要求，制定全系统"四定"（即定岗、定责、定员、定薪）工作指导意见，并确定银川市局（公司）为先期试点单位。加强对劳动工资分配的宏观调控和规范管理，印发《市局（公司）领导薪酬管理暂行办法》，初步形成全员薪酬与绩效考核挂钩的收入分配机制，较好地解决了市公司与市公司收入分配不规范、不合理，原有限责任公司与县公司员工收入差距较大的问题，为推进用工分配制度改革、构建和谐烟草奠定了良好基础。

【企业管理】 预算、成本管理。推行全面预算管理，加强预算控制和考核，使预算编制更具有科学性，预算审核更具有实效性，预算执行更具有严肃性。充分发挥财务审计监督和控制作用，对各项捐赠支出进行严格考察监督，对执行工效挂钩政策进行检查，有效控制资本性支出、捐赠支出、人工成本费用。根据《烟草行业卷烟物流成本费用管理办法和核算规程》，统一物流费用核算口径，加强物流成本费用管理，物流费用更加趋于合理化。加强预算管理和内部控制，严格成本费用核算，2007年三项费用率为8.15%，同比下降0.87%，经济运行质量和效益进一步提升。

安全管理。全系统继续推进职业健康安全管理体系建设，强化安全管理工作。加强安全管理、监督和检查，实现了传统安全管理向现代安全管理的转变，保证了行业稳定有序、安全发展。

【内部管理监督】 专卖内部管理监督检查。区局（公司）通过自查、复查、抽查等方式，对2006年、2007年的内部专卖监督管理工作进行检查，整改生产经营中存在的问题，并建立有效的监管流程、措施和办法，国家局检查组重点抽查后给予充分肯定。

同级审计检查。全区行业按照国家局要求，开展2007年的同级审计、经济责任审计工作。区局（公司）按审计规定和程序，完成对本级和5个市局（公司）2007年上半年的同级审计工作。

专项资金检查。经过各单位自查、区公司复查、国家局专项资金检查组检查，对存在的诸多问题采取措施进行整改。同时，开展主业清产核资工作，对全部应收、应付款项进行函证、实地核对；对存货、库存现金、固定资产进行实地盘点；对全部建筑物、土地、车辆权属证明进行清查核实，进一步加强了资产管理、资金监管。区（局）公司完善相关制度，并对重大建设项目进行检查督查，加大了对投资项目全过程的监管力度。

内部监管长效机制建立。按照国家局2007年整顿规范工作的要求，修订有关监管制度，内部监管工作由单一的监督检查向检查与服务指导并重转变，管理方式也由专项检查、部门监管向日常管理、同级监管转变，各单位自律意识明显增强，监管力度明显加大，规范程度明显提高。

【队伍建设】 干部队伍建设。区局（公司）严格执行《干部选拔任用工作条例》，认真抓好干部管理工作落实，进行了基层、机关处级干部的述职、测评、推荐及后备干部的民主推荐工作。全面开展“四好”领导班子创建活动，建立联系点、领导干部下基层等制度，促进了领导干部和机关作风的转变。

人员招聘、培训。按照“凡进必考”原则，面向社会选拔录用20名应届大学毕业生，进一步优化员工队伍的年龄结构、文化结构、专业结构。各单位组织员工参加营销员、物流师、企业培训师等资格鉴定和培训活动，按照不同需求对员工进行有针对性的培训，收到较好的效果。

【思想政治工作】 按照上级党组织的要求和相关规定，先后组织开展“两个至上”在岗位主题实践活动，召开以加强领导干部作风建设为主题、以“五查五看”为主题的民主生活会。各级领导班子、领导干部联系思想实际、工作实际开展“五查五看”活动，30多名领导向干部职工作了演讲报告，接受职工评议，率先垂范作用进一步落到实处。

充分利用各种媒体展示近年来区局（公司）在卷烟经营、打假打私等方面所付出的努力和取得的成果，树立了宁夏烟草负责任的良好形象。

【特事要辑】 2月4～5日，区局（公司）在银川召开全区烟草工作会议。自治区党委常委、政府副主席刘慧出席会议并讲话。

7月26～27日，区局（公司）在银川召开全区烟草专卖局长、公司经理座谈会。

宁夏回族自治区局（公司）主要统计指标汇总

实现税利（亿元）	实现利润（亿元）	销售卷烟（亿支）	烟叶种植（万亩）	烟叶收购（万担）
4.53	3.58	94.99	0.60	1.34

所属地市级局（公司）

银川市烟草专卖局（公司）

【概　况】 银川市是宁夏回族自治区首府，辖兴庆区、金凤区、西夏区、灵武市、永宁县、贺兰县，占地面积9170.3平方公里，2007年底总人口为148.79万人。2007年，全市实现地区生产总值（GDP）400.3亿元。

银川市烟草专卖局、宁夏回族自治区烟草公司银川市公司组建于1998年1月，截至2007年底，辖永宁县、贺兰县、灵武市烟草专卖局（分公司）。共有干部职工384人，其中聘用员工217人。有总资产38340万元，其中，固定资产4790万元、流动资产32500万元，资产负债率30.51%。全市共有卷烟零售户5767户，其中城网3403户，农网2364户。

【领导成员】 局长、经理、党组书记：杨保仓

副经理、党组成员：刘　虹

副局长、纪检组长、党组成员：王国慧

副经理、党组成员：杨学增

调研员：邵生智、李建国

副调研员：杜兵治

【组织机构】 市局（公司）机关设办公室（法规科）、专卖监督管理科（内部专卖管理监督科、专卖稽查支队）、人事政工科（人事、劳资、监察、党总支、工会）、财务管理科、审计科、安全保卫科、卷烟营销中心、物流配送中心、督察考评中心、信息中心等10个部门。

【经济效益】 2007年，银川烟草销售卷烟33.33亿支（6.67万箱），同比增长7.07%，其中，一类烟2.17亿支（0.43万箱），占总销量的6.51%；二类烟2.51亿支（0.50万箱），占总销量的7.53%；三类烟9.32亿支（1.86万箱），占总销量的27.96%；四类烟11.53亿支（2.31万箱），占总销量的34.59%；五类烟7.79亿支（1.56万箱），占总销量的23.37%。实现销售收入82700万元，同比增长19.81%。实现税利20805万元，同比增长35.90%，其中，实现利润16702万元，同比增长43%；上缴税金4103万元，同比增长16.11%。

【专卖管理】 市场监管。以打击贩售假烟网络为重点，加强情报调研分析，强化案件经营理念，加大案件移送力度，2007年破获的28起重大案件中，15起是通过对货运部严密布控依法查处。导入“PEST”市场环境分析模型，从政治、经济、技术和社会文化四大因素着手，全面分析卷烟市场环境，有针对性地制定专卖管理策略，拓展了市场监管手段。导入“STP”分析工具，细分卷烟零售客户类型、卷烟营销区域、客户管理方式，积极探索从区域管理向客户类型管理转变的“一对一”的管理服务模式，进一步加强了日常市场监管。

卷烟打假。全年共查处各类卷烟违法案件379起，没收非法生产卷烟1105件，捣毁贩藏假烟窝点20个，收缴罚没款56万元，移送公安、司法机关27起，拘留3人，逮捕14人，判刑7人。成功破获案值在50万元以上的“7·19”贩售假烟网络案。

制度完善。组织开展“《烟草专卖许可证管理办法》学习宣传月”系列活动，修订完善《卷烟经营户诚信自律服务管理工作实施意见》，听证出台《银川市卷烟零售点合理布局管理规定》。

【网络建设】 作为全国36个重点城市的“按客户订单组织货源”试点单位，2007年，银川市局（公司）制订《按客户订单组织货源实施方案》、《按客户订单组织货源培训方案》，构建起由订单预测流程、卷烟货源组织流程、卷烟货源供应流程组成的订单供货流程体系，初步形成“科学预测、高效采购、均衡供应、监控修正”的工作机制，2007年订单预测准确率达到92%。制订《购销合同管理办法》、《订货协议管理办法》等制度，进一步健全完善工商协同营销机制。制定《客户投诉管理办法》、《800服务热线管理办法》，完善投诉体系，优化业务流程，加强督察考评，充实客户经理队伍，强化零售终端建设，提升客户服务水平。

实施打码到条及订单采集系统项目，引进物流半自动分拣线、自动薄膜包装机及配套笼车。与2006年相比，人均日分拣效率提高12.5%，车辆满载率提高26%，送货结束时间提前30分钟。

【企业管理】 制订《关于机构设置职能界定干部配置的实施方案》、《关于定岗定员定责的实施方案》，修订完善《干部绩效考评办法》、《管理岗位人员绩效考评办法》、《网络用工人员绩效考评办法》，为设立科学的绩效管理体系奠定基础。充分发挥投资、预算、薪酬三个委员会的管理监督职能，形成对项目建设投资、大额资金使用和职工工

资福利发放的监管机制。

深入开展“创新年”活动，通过开设“创新年”活动专题专栏、召开全员创新座谈会、开展自主创新征文活动等多种形式，扎实推进理念创新、管理创新、营销创新和信息系统管理创新，鼓励和支持群众性的创新活动，全年采纳的员工合理化建议达12条，征集到创新思路和建议52条，有力促进了企业的改革与发展。

【教育培训】 以开展“创建学习型组织、争当知识型职工”活动为主线，分别组织开展客户经理营销技能竞赛、专管员（稽查员）专卖执法知识竞赛、送货员服务技能比赛和驾驶员技术技能大比武，促进职工增长知识，提高工作效率。全年举办政策法规学习培训、各类业务知识技能培训81次，累计授课218课时，参加职工达2722人次。通过运用“岗前教育、集中培训、分层施教、帮对学习、闭卷考试”等多种手段，强化岗前教育、岗中锻炼和在岗培训，以检查和评估保证培训的实用性、系统性和科学性，提高职工的综合素质。

【思想政治工作】 党员思想教育。组织员工赴陕北延安革命圣地进行党的传统和作风教育。全年开展干部集中学习活动16次，全员教育活动6次。通过内容丰富、形式多样的思想政治教育，武装全员的头脑。

加强党的基层组织建设。按照银川市委关于开展“党建月”活动的部署，开展一系列结对帮扶活动，开展到扶贫点义务劳动活动，参加全市“党员奉献日”活动，充分发挥了党的领导核心作用和党员的先锋模范作用。

工会工作。2007年，建立劳动争议预测、预警、预防制度，成立由企业代表、职工代表、工会代表组成的劳动争议调解委员会，切实保障了员工的利益。建立职工工资发放和五险一金缴费监督制度，劳动保护管理制度，重大节庆日慰问制度，内退、退休职工管理服务制度，职工食堂管理制度，以及职工体检制度和职工生日、职工婚丧嫁娶拜访制度，为构建和谐烟草奠定了基础。

【党风廉政建设】 开展以加强和改进干部“领导作风、工作作风、思想作风、学习学风、生活作风”为主要内容的干部作风建设整顿活动。通过“民主测评、素质考试、个人述职、综合评估”四种方式，对干部履行《效能建设责任书》和职工履行《岗位绩效目标责任书》情况进行监督检查，加强对干部职工的监督与管理、激励与约束。

以惩防体系建设为重点，确立“以文感化人、以德教化人”的廉政文化理念，打造落实于形、教育于心、感化于人、管理于制“四位一体”的廉政文化体系。

扎实开展政风行风评议。通过开展“党建月”活动、举办“颂歌献给党”歌咏比赛等多种形式，加强企业基层组织建设。开展廉政教育，健全完善和认真执行党风廉政建设责任制、领导干部重大事项报告制、廉政档案制度和政务公开制度，举办银川市的廉政文化进机关现场观摩会，加强党风廉政建设。

【企业文化】 2007年，市局（公司）开展“企业文化建设推进年”活动，制定《企业文化建设工作安排意见》，健全完善企业文化建设的各项规章制度，编写《企业形象识别系统》、《企业文化手册》和《企业文化读本》，构建起具有银烟特色的“追求”文化体系。

石嘴山市烟草专卖局（公司）

石嘴山市烟草专卖局、宁夏回族自治区烟草公司石嘴山市公司成立于1986年12月。截至2007年底，下辖平罗县烟草专卖局（分公司）、惠农区烟草专卖管理所两个直属单位。有员工504人，其中聘用员工114人。有总资产16718万元，其中，固定资产1581万元、流动资产15137万元。2007年，市局（公司）被自治区精神文明指导委员会授予“文明单位”称号。

2007年，共销售卷烟16.31亿支（3.26万箱），同比增长5.6%，其中，一类烟0.72亿支（0.14万箱），二类烟0.81亿支（0.16万箱），三类烟3.88亿支（0.78万箱），四类烟6.67亿支（1.34万箱），五类烟4.23亿支（0.85万箱）。实现销售收入35362万元，同比增长16.6%。实现税利8798万元，同比增长39.43%，其中，实现利润7116万元，同比增长45.76%。

2007年，共出动专卖打假检查人员7230人次，上街集中宣传专卖法律法规4次，查获各类案件78起，其中假冒卷烟案件66起，没收假冒商标卷烟243.88件，罚没款5.35万元。

网络建设在整体推进的基础上，健全和完善服务体系，在市场环境、品牌引入、品牌评价、品牌试销等方面进行规范和深化。加强农村网建的管理和服务，开展农村市场普查工作，填补农村市场空白点。

吴忠市烟草专卖局（公司）

吴忠市烟草专卖局、宁夏回族自治区烟草公司吴忠市公司成立于1999年8月。截至2007年底，下辖青铜市、盐池县、同心县3个县级烟草专卖局（分公司）、红寺堡营销部。有在册干部职工265人，其中聘用员工140人。有总资产17600万元，其中，固定资产1388万元、流动资产13576万元。

2007年，共销售卷烟18.94亿支（3.79万箱），同比增长2.99%，其中，一类烟0.92亿支（0.18万箱），二类烟1.36亿支（0.27万箱），三类烟4.3亿支（0.86万箱），四类烟7.4亿支（1.48万箱），五类烟4.97亿支（0.99万箱）。实现销售收入40980万元，同比增长15.26%。实现税利9648万元，同比增长36.85%，其中，实现利润7726万元，同比增长40.29%。

2007年，共出动专卖打假检查人员12442人次，上街集中宣传专卖法律法规12次，查获各类案件89起，其中无证运输案件9起，没收假冒商标卷烟38088条，罚没款17.3万元。

积极探索完善农村网络建设工作，调整农村网建思路，初步解决了农网与城网发展不协调问题。建立单个卷烟品牌3年的历史销售数据库，利用各种预测计算公式集合起来，建立起市场预算运算模型。以客户需求为导向，以短流程、快流速、高效率为目标，建立了管理流、商流、物流、资金流四流合一的流程管理体系。

固原市烟草专卖局（公司）

固原市烟草专卖局、宁夏回族自治区烟草公司固原市公司成立于1998年1月。截至2007年底，下辖西吉县、彭阳县、隆德县、泾源县等4个县级烟草专卖局（分公司）。有在册干部职工255人，其中聘用员工159人。有总资产10512万元，其中，固定资产1989万元、流动资产8282万元。2007年，市局（公司）被自治区精神文明指导委员会授予“文明单位”称号，被自治区支援基层教育工作领导小组授予“支教帮扶工作先进集体”称号。

2007年，共销售卷烟14.2亿支（2.84万箱），同比增长3.18%，其中，一类烟0.42亿支（0.08万箱），二类烟0.25亿支（0.05万箱），三类烟2.86亿支（0.57万箱），四类烟5.28亿支（1.06万箱），五类烟5.39亿支（1.08万箱）。实现销售收入29116万元，同比增长30.99%。实现税利4585万元，同比增长51.57%，其中，实现利润3494万元，同比增长58.81%。

2007年，共出动专卖打假检查人员10286人次，路查635次，上街集中宣传专卖法律法规58次。共查处各类卷烟违法案件49起，收缴假烟63万支，涉案金额196万元，涉案人员41名，移送公安机关刑事拘留3人，检察机关批捕4人。罚没款累计1.46万元，公开焚烧标值约23万余元的假冒商标卷烟。

突出“服务客户”这个中心，抓住“品牌培育、科学管理、市场控制、员工素质提升”四个关键环节，实现网建工作在新起点上的新突破。提高客户经理“分析”和“预测”能力。制订《农村网建工作实施方案》。对行政村的网络覆盖面由原来的88%提高到100%。将管理与服务阵地前移，设立三营镇农村卷烟专卖管理营销服务大厅，不断探索管理农村卷烟市场新途径、尝试服务新办法。加快现代物流建设步伐，减少仓储、分拣、配送的中间环节，先后撤销隆德、西吉卷烟分库，成立中转站，实现了全市集中分拣配送。

中卫市烟草专卖局（公司）

中卫市烟草专卖局、宁夏回族自治区烟草公司中卫市公司成立于2004年7月。截至2007年底，下辖中宁县、海原县2个县级烟草专卖局（分公司）。共有在册干部职工179人，其中聘用员工109人。有总资产10588万元，其中，固定资产2906万元、流动资产7682万元。2007年，市局（公司）被自治区精神文明指导委员会授予“文明单位”称号。

2007年，共销售卷烟12.3亿支（2.46万箱），同比增长2.07%，其中，一类烟0.5亿支（0.1万箱），二类烟0.5亿支（0.1万箱），三类烟3亿支（0.6万箱），四类烟4.9亿支（0.98万箱），五类烟3.6亿支（0.72万箱）。实现销售收入24474万元，同比增长15.2%。实现税利5164万元，同比增长29.3%，其中，实现利润4179万元，同比增长37.56%。

2007年，成功破获横跨5省区、案值80余万元的“11·21”贩售假烟案件。全年共出动专卖打假检查人员9268人次，上街集中宣传专卖法律法规12次，查处各类涉烟违法案件70起，其中，5万元以上重大案件2起、无证运输案件3起，查获非法卷烟32.52万支，拘留10人，批捕7人，判刑5人。

2007年宁夏回族自治区烟草商业系统主要情况统计

地市级局（公司）名称		银川市烟草专卖局（公司）	石嘴山市烟草专卖局（公司）	吴忠市烟草专卖局（公司）	固原市烟草专卖局（公司）	中卫市烟草专卖局（公司）
法人代表/主要负责人		杨保仓	刘大年	沙　军	马　斌	马存军
总资产（万元）		38340	16718	17600	10512	10588
所属县级局数量（个）		3	1	3	4	2
所属县级公司数量（个）		—	—	—	—	—
所属营销部、分公司		3个分公司、4个营销部	1个分公司、	3个分公司、1个营销部	4个分公司	2个分公司
所属业务机构	访销机构	1个营销中心	1个营销中心	1个营销中心	1个营销中心	1个营销中心、1个访销部
	物流配送机构	1个物流配送中心	1个物流配送中心	1个物流配送中心	1个物流配送中心	1个物流配送中心
	稽查机构	1个稽查支队、6个稽查大队	1个稽查大队	6个稽查大队	5个稽查大队	1个稽查支队、2个稽查大队
销售卷烟（亿支）		33.33	16.31	18.94	14.20	12.30
实现税利（万元）	本年	20805	8798	9648	4585	5164
	上年	15309	6310	7050	3025	3787
实现利润（万元）	本年	16702	7116	7726	3494	4179
	上年	11775	4882	5507	2200	3037
烟叶种植（亩）		—	—	—	—	—
烟叶收购（担）		—	—	—	—	—
零售户数（户）		5767	4005	4402	5674	3614

（汪创业）

新疆维吾尔自治区烟草专卖局（公司）

【概　况】 新疆维吾尔自治区位于中国西北部，面积约166万平方公里，是多民族聚居地区，其中主要有维吾尔族、汉族、哈萨克族、回族、蒙古族等。截至2007年底，全区总人口2095.19万人。2007年实现地区生产总值（GDP）3494.42亿元，同比增长12.2%。

新疆维吾尔自治区烟草专卖局、中国烟草总公司新疆维吾尔自治区公司成立于1986年1月。下辖15个烟草专卖分局（公司）、69个县（市）烟草专卖局、新疆烟草进出口有限责任公司。截至2007年底，区局（公司）拥有总资产26.03亿元，其中，固定资产5.28亿元、流动资产19.41亿元，资产负债率为22.69%。共有从业人员2900人。辖区共有卷烟零售户60154户，其中，城区客户33691户、农网客户26463户。

【领导成员】 局长、总经理、党组书记：陈玉芳

副局长、党组成员：石道明

副总经理、总会计师、党组成员：邱永春

副局长、纪检组长、党组成员：多里坤·阿西木

【组织机构】 区局（公司）机关设办公室（外事办公室、烟草学会）、综合计划处（经济运行处）、安全保卫处、专卖监督管理处（专卖稽查总队、内部专卖管理监督处）、政策法规与体制改革处、财务管理处、审计处、人事劳资处（离退休人员管理办公室）、监察处（与党组纪检组合署办公）、思想政治工作处（机关党委、工会）等10个处室，以及卷烟销售管理处（卷烟销售公司）、经济信息中心、机关服务中心等3个专业部门。

【经济效益】 2007 年，全区商业系统销售卷烟 265.35 亿支（53.07 万箱），同比增长 8.4%，其中，销售一类烟 6.03 亿支（1.21 万箱），同比增长 47.2%；二类烟 7.85 亿支（1.57 万箱），同比下降 8.6%；三类烟 42.06 亿支（8.41 万箱），同比增长 0.3%；四类烟 150.14 亿支（30.03 万箱），同比增长 15.4%；五类烟 59.27 亿支（11.85 万箱），同比下降 1.3%。

全年实现销售收入 51.18 亿元，同比增长 20.62%。实现税利 11.20 亿元，同比增长 21.55%，其中，实现利润 8.71 亿元，同比增长 31.05%。

【专卖管理】 *内部专卖管理监督*。制定《新疆维吾尔自治区烟草行业内部专卖管理监督工作标准》，统一全区内部专卖管理监督工作标准，并制定《内部专卖管理监督工作考核办法》。严格监督检查，检查人员对卷烟生产、经营和烟叶生产加工，以及卷烟原辅材料的经营账目、到货确认和准运证开具情况进行反复核对，对每一个单位的生产经营规范情况提出改进意见。

市场监管。组织检查各地州卷烟市场，对市场监管过程中存在的问题进行分析，提出改进监管方式的要求，修改了举报和公安配合奖励标准。全区市场平均净化率保持在 98% 以上。认真开展查处莫合烟市场工作，协助有关分局打掉 4 个莫合烟加工点。

行政执法。3 月，制定《新疆维吾尔自治区烟草专卖行政执法错案责任追究办法》。邀请专家进行行政许可法专题教育培训讲座。邀请法官参与全区行政执法案件评查工作，点评行政执法案卷并对其中存在的问题，并提出解决方案，规范案件处理工作。

专卖队伍建设。进行案件知识培训，对各分局领导、机关工作人员、专卖稽查人员和客户经理进行了互动式培训，参加培训的人员达 1200 余人。

打假成果。加大打击制售假烟网络的力度，全年查处各类涉烟违法案件 1410 起，其中符合区局（公司）规定标准的制售假烟网络案件 19 起。全年查获假冒卷烟 2296.58 件，公安、司法机关依法对 22 名涉烟违法人员追究刑事责任。3 月 14 日，在“3·15”国际消费者权益保护日活动中，现场销毁假冒卷烟 800 条，标值 5.83 万元；销毁莫合烟 1628 千克，标值 3.26 万元。

【网络建设】 *网络建设全面提升*。2007 年，全区启动“按客户订单组织货源”工作，乌鲁木齐分局（公司）被列为全国试点单位，其他地州市公司开始模拟运行。在网络建设全面提升工作中，确定以乌鲁木齐分局（公司）、阿克苏分局（公司）作为新疆区局（公司）的试点单位，其中乌鲁木齐分局（公司）被列为全国网建全面提升工作试点单位。

加强农村市场调查研究，在全区组织开展为期两个月的农村市场调查，进一步建立健全零售客户档案，提升农村零售客户服务水平。编写《新疆烟草卷烟销售网络业务规范》，制定了全区统一的客户服务标准、服务程序、服务监督、服务考核内容，补充了“按客户订单组织货源”业务操作规范、工商协同需求预测等新的工作内容。

物流中心建设。4 月 22 日，新疆烟草物流配送中心建成并投入使用。物流中心位于乌鲁木齐市火车北站，占地总面积 5 万平方米，总建筑面积 2 万多平方米，拥有烟草铁路专用线 1 条，采用数字化管理系统，并与卷烟生产经营决策管理系统进行了有效对接。

拓展电子结算领域。区局（公司）与自治区邮政储汇局联合下发《关于邮政绿卡结算卷烟货款协议》的通知。2007 年，全区电话订货率为 100%，电子结算客户达 49054 户，电子结算率平均为 81.5%，其中，城区为 96.2%、农村为 62.9%。

【烟叶产销】 开展交流创新，组织烟农到加工厂参观烟叶加工生产过程，稳定烟农队伍。开展经营思路创新，在对国际香料烟市场调研的基础上，确定“以我为主，有所作为，以经济效益为中心，平稳健康发展”的香料烟出口经营策略。取消国际联一公司的优先挑选、单独加工、按需发运、剩余不要等特权，改变了烟叶销售受制于人的被动局面。开展科技创新，引进穿烟机械。开展内部运营机制创新，形成烟叶由加工厂收购、加工，公司买断统销的烟叶经营运行新模式。开展信息沟通创新，探索利用公共网络建立加密的虚拟私有网（VPN），实现了与加工厂办公自动化连接，为公司节约开支十余万元。

全年种植烟叶 5427 亩，其中香料烟为 5000 亩，半香料烟为 427 亩。收购烟叶 523 吨（10460 担），其中香料烟 470 吨（9400 担），半香料烟 53 吨（1060 担）。销售烟叶 954 吨（19082 担），其中，销售香料烟和半香料烟 790 吨（15810 担），烤烟 164 吨（3272 担）。

【体制改革】 成立体制改革工作领导小组，由区局（公司）主要领导担任组长，其他领导为副组长，机关各处室主要负责人为成员。研究制订《中国烟草总公司新疆维吾尔自治区公司建立母子公司体制改革实施方案》、《中国烟草总公司新疆维吾尔自治区公司章程》等。6 月，依法解散新疆天河烟草加工厂。

【企业管理】 清产核资。对全区16家烟草主业企业各项资产、负债和所有者权益进行了全面清查、核实、清理和整改，共清查综合资产20.53亿元。整合撤销多元化经营企业5户，清理转让多元化经营企业2户，清理投资境外企业1户，清理账外投资2户，清理往来账中对外投资1户。

安全管理。加强安全生产工作，将完善制度、落实责任制、实行目标考核管理等措施纳入了标准化体系管理。提出11项安全管理目标，制定了14项达标要求和5项量化考核指标。强化机动车辆维护保养工作，对技术性能达不到安全要求的车辆进行更新和淘汰，对行业内驾驶员上岗证的发放进行审核审批。结合“全国安全生产月”和“119”消防宣传周的活动，对全员进行宣传教育。编制新疆烟草系统突发公共事件应急预案。落实年度安全生产责任制，从领导至各岗位人员签订了年度《安全生产经营目标管理责任书》。实施动态检查、抽查和考核，消除安全生产的潜在隐患。

劳资管理。成立新疆烟草系统用工分配制度改革领导小组，全面展开各分局（公司）的改革工作，昌吉州、和田地区分局（公司）形成竞聘上岗制度。制定《新疆烟草系统地州市级公司领导薪酬管理暂行办法》，加强对各地州市公司收入分配的指导管理。

区局（公司）机关用工分配制度改革办公室编写了职责、岗位分析说明书，完成岗位的测评工作，制定机关收入分配制度改革实施办法和机关年度绩效考核办法。在机关实施岗位竞聘，处级以下岗位采取公开竞聘和双向选择的方法。11月，区局（公司）机关用工分配制度改革工作完成。

【信息化建设】 构建全区信息化三大应用体系，即卷烟生产经营决策管理系统、电子政务系统、电子商务系统，全面推进行业重点工程的应用，打造新疆“数字烟草”。1月1日，卷烟生产经营决策管理系统、工商数据采集系统正式替代传统统计月报表，上报频数由月报改为日报。以“系统集成、资源整合、信息共享”为目标，实施全区数据大集中软件的开发和推广工作，完成与金融机构的网上电子结算，为实现从传统商业企业向现代流通企业的转变提供信息技术支撑。建立健全全区烟草系统信息化管理办法及各项规章制度，制订了岗位职责。

【队伍建设】 制定《机关与基层干部挂职锻炼实施办法》，机关共有18名员工进行挂职锻炼。面向全疆各高校应届毕业生举行公开招聘活动，近300名应届大学毕业生分别参加了营销、法律、文秘、财务和计算机5个专业的统一考试，全区烟草行业共录用了43名大学本科毕业生。

加大培训工作力度，组织各类培训班51期，培训人员达2500余人次。组织全区行业150余人参加国家局举办的各类专业培训班，其中近20名分局（公司）领导参加了国家局党校培训班。组织全区700余人参加了营销员、物流师及卷烟生产经营决策管理系统的网上培训。

【思想政治工作】 学习党的十七大精神，开展“两个至上”在岗位主题实践活动，区局（公司）及分局（公司）党组成员都与基层单位、部门建立了主题实践活动联系点，召开专题座谈会，并对活动情况进行调研。开展演讲、征文、出版故事集等多种活动，利用《新疆烟草》杂志和网讯等宣传阵地，推进“两个至上”在岗位主题实践活动。完善精神文明组织领导机构，及时修订精神文明创建工作规划、实施方案及检查考核制度。依托党支部、工会、共青团等组织，开展多种形式的宣传教育活动。努力建设诚信烟草、责任烟草和和谐烟草，顺利通过自治区级“文明单位”的复验。

【党风廉政建设】 深化对建设项目、资金管理使用和工程、物资、设备、软件开发招投标的专项监督检查。全年共实施监督项目37个，先后派49人次参与项目招投标过程监督和调研工作。区局（公司）制定《新疆维吾尔自治区烟草专卖局（公司）办理来信来访工作规则（试行）》。全年全区共接到群众来信26件，初查初核26件，办结率100%；接待群众来访2起23人次。参与自治区纠风办与新疆人民广播电台联办的“新广行风热线”节目，回应、解答听众的疑问和咨询。

【企业文化】 制订《新疆烟草2007年品牌传播实施方案》。收集整理基层一线和机关部门的先进人物材料，编辑《新疆烟草感动故事集》，树立新疆烟草的感动文化品牌形象。在区局（公司）机关办公区域、新疆烟草物流中心统一实行了企业文化理念上墙，设计制作企业文化理念展示牌300余块。

4月27日，区局机关举行企业文化全员培训，培训人员120余人。组织4期企业文化主题培训，参加人员96人次。参加郑州烟草培训中心三期企业文化培训班，参加人员20人次。

【特事要辑】 6月，依法解散新疆天河烟草加工厂。

6月28日，新疆烟草物流中心揭牌仪式在乌鲁木齐举行。

7月，成立伊犁烟叶有限责任公司。

7月26日，国家局副局长何泽华到新疆烟草检查指导工作。在对卷烟销售网络建设工作进行调研时，提出“建设高标准现代流通企业、高水平卷烟销售网络、高素质干部职工队伍”的要求。

9月12日，国家局副局长张辉到新疆烟草检查指导工作。

新疆维吾尔自治区局（公司）主要统计指标汇总

实现税利（亿元）	实现利润（亿元）	销售卷烟（亿支）	烟叶种植（万亩）	烟叶收购（万担）
11.20	8.71	265.35	0.54	1.05

所属地市级局（公司）

乌鲁木齐烟草专卖分局（公司）

【概　况】 乌鲁木齐烟草专卖分局、新疆维吾尔自治区烟草公司乌鲁木齐市公司成立于1986年5月。截至2007年底，拥有总资产33392万元，其中，固定资产4278.91万元、流动资产27252万元，资产负债率为17%。共有从业人员493人，其中聘用员工236人。

【领导成员】 局长、经理、党组书记：曲卫东

副经理、党组成员：马培杉（—2007.2）

纪检组长、党组副书记：李卫东（—2007.4）

副经理、党组成员：金新民

副局长、党组成员：邵　岩（2006.12—）

纪检组长、党组成员：梁　慧（2007.4—）

【组织机构】 分局（公司）机关设办公室、人力资源管理中心、政工科、财务管理科、物业管理科、安全保卫科、工会、营销中心、专卖管理科（稽查支队）、物流中心、信息技术中心等11个职能部门。

【经济效益】 2007年，累计销售卷烟57亿支（11.4万箱），同比增长6.88%，其中，一类烟2.3亿支（0.46万箱），同比增长40.1%；二类烟2.35亿支（0.47万箱），同比下降14.6%；三类烟11.85亿支（2.37万箱），同比增长1.8%；四类烟33.07亿支（6.61万箱），同比增长9.6%；五类烟7.4亿支（1.48万箱），同比增长3.8%。

全年实现销售收入133430万元，同比增长18%。实现税利8691万元，同比增长6.56%，其中，实现利润6880万元，同比增长24.43%。

【专卖管理】 围绕打假打私、内部监管、基层建设三项重点任务，深化专卖管理工作。将市场监管的重点放在以案件经营为主的发现线索、查处案件、打击制售假烟网络案件上，从源头上解决市场贩假贩私等突出问题。全年共查办各类涉烟违法案件2250起，查获各类违法卷烟52337.7条；查处贩售莫合烟案210起，共计52.12吨；破获典型制售假烟网络案件11起，收缴罚没款18.26万元。向公安部门移送23人，移送司法机关追刑20人。

加强对入网零售客户的管理分析，加强对无证经营卷烟的监控。全年受理卷烟零售许可证办证申请2375起，新办证1072户，总持证户达9911户。

加强卷烟零售行业协会建设，全市35%的卷烟零售户加入协会。组织会员参加法律法规及营销知识培训，参观营销、物流、专卖等部门工作现场。

【网络建设】 按客户订单组织货源。建立需求预测制度，加强预测培训，优化预测流程，实现信息化预测模型。开展三维三层卷烟需求预测①，货源供需矛盾有效缓解。

进一步完善客户分类，实施动态管理。在把握客我库存的基础上，加强对社会库存的定性分析，设定零售客户卷烟存销比，做好量、价、存分析管理。按照“市场基本满足，客户有所选择”的要求，坚持自下而上、由外到内的流程方向，做好货源的分配供应。一方面利用信息技术，实现紧俏品牌的货源分配，订单处理由系统自动生成；另一方面，定期向零售客户公开货源投放相关政策及信息，提高客户订货服务效率，增强卷烟货源分配的透明度、公正性。

---

① 即市场部从市场和客户维度、采购部从品牌维度、订单部从订单维度，客户经理做基础预测、市场部主任做汇总分析、营销中心经理做综合平衡。

通过量、价、存分析管理，测定客户的合理周转数、实际需求数，加强对零售终端的调控管理，严格控制大户不正常的购进品种数量，保证中小零售客户的合理利益。截至2007年底，月销量千条以上零售户控制在客户总数的6‰以内，卷烟明码实价执行率在93%以上。

提高卷烟物流运行效率。完成卷烟物流中心整体搬迁，修订物流作业规范，细化岗位绩效标准。应用中鼎仓储管理信息系统，脱离手工账，实现数字化仓储管理。开展群众性创新活动，收集“金点子”、“小经验”，从细节上解决分拣工作中存在的问题。继续优化送货线路，结合客服实际，调整部分客户的订货周期，减少送货频次，提高车辆使用效率，全年共优化送货线路7条。细化配送流程，严格操作标准，加强过程管理，减轻塑膜包装后配送挤压烟增多问题，每月挤压调换卷烟数量下降41%。加强物流成本核算，完善费用预算管理办法和核算规程，把物流中心作为内部单独核算单位，仓储、配送、管理部门的人工成本、商品损耗、折旧、燃油费、修理费、机器运输设备、无形资产等各项费用单独考核，提高网络用工、用车、用钱效率。

【人力资源管理】 *规范人力资源基础管理*。修订人力资源管理制度，开展领导班子、干部职工、零售客户“三支队伍”建设工作，加强人工成本核算，开发应用人力资源管理信息系统。推进薪酬制度改革，重新设计员工薪酬体系，变员工身份管理为岗位管理，将岗位价值与员工的能力和努力结合起来，将按劳分配、奖勤罚懒与工资惯性、历史贡献结合起来。

健全岗位竞聘机制。结合员工的能力、贡献、态度，对员工队伍进行优化调整。干部选拔以能力为导向，不论身份、不拘资历，实行公开选拔、竞聘上岗，9位员工通过竞聘走上基层管理岗位，20余人实现岗位优化。

加强职工教育培训。完善公司、部门两级培训体系，加强培训管理。结合“按客户订单组织货源”推广工作新要求，开展烟草商业企业一线员工远程教育、行业初中级卷烟营销员职业技能鉴定培训。2007年，组织各类培训23项，外派培训16次，受训人员达21896人次。

【党风廉政建设】 完善以教育、制度和监督为核心的惩防体系建设，组织开展“五查五看”活动。结合第九个“党风廉政教育月”活动，在全体党员中开展自查自纠活动。成立预算、投资、薪酬三个委员会，加大对资金运作、卷烟经营、物资采购、项目招标等重大事项的监督力度。2007年，对总造价387.23万元的9项物资采购及维修工作进行了市场调研和跟踪监督。全年共接待群众来信来访5起。

【企业文化】 通过主题演讲会、感动事迹报告会、座谈讨论会等活动，深入开展“两个至上”在岗位主题实践活动，提高干部职工对行业共同价值观的理解。开展以“六个一”为主题的群众性创新活动。加强企业文化知识培训，对4930人次进行了企业文化理念培训，对820人次进行了企业文化知识测试。

昌吉回族自治州烟草专卖分局（公司）

昌吉回族自治州烟草专卖分局、新疆维吾尔自治区烟草公司昌吉回族自治州公司成立于2000年6月15日。分局（公司）下辖木垒县、奇台县、吉木萨尔县、阜康市、米泉市、五家渠市、呼图壁县、玛纳斯县等8个县、市烟草专卖局和8个配送中心。共有从业人员262名，其中聘用员工241名。

2007年，累计销售卷烟27.3亿支（5.46万箱），同比增长11.79%。全年实现销售收入49000万元，同比增长22.67%。实现税利3553万元，同比增长40.66%，其中，实现利润2605万元，同比增长48.43%。

全年全州烟草系统共出动专卖稽查人员7725人次，立案查处涉烟违法案件323起，查处各类非法卷烟3669条，查获莫合烟成品0.36吨，涉案金额达43万元，罚没款6.8万元。侦破制售假烟网络案件1起，抓获犯罪嫌疑人14人，查获莫合烟烟杆12吨，半成品15吨，成品莫合烟8吨，案值40余万元。捣毁莫合烟生产加工点4处，查扣制作莫合烟机器设备9台。

新疆维吾尔自治区烟草专卖局石河子分局、新疆烟草兵团石河子有限公司

新疆维吾尔自治区烟草专卖局石河子分局成立于1998年，石河子烟草公司成立于1996年，2001年改制更名为新疆烟草兵团石河子有限公司。共有从业人员120人，其中聘用员工80人。

2007年，累计销售卷烟11.4亿支（2.28万箱），同比增长1.97%。全年实现销售收入21000万元，同比增长13.7%。实现税利4658万元，同比增长132.78%，其中，实现利润2310万元，同比增长108.29%。

全年共查处各类涉烟违法案件191起，捣毁销售假烟窝点15个，查扣卷烟5868.7条，查扣莫合烟0.23吨，案值约42万元。公安、司法机关依法治安

拘留2人，刑事拘留4人。

博尔塔拉蒙古自治州烟草专卖分局（公司）

博尔塔拉蒙古自治州烟草专卖分局、新疆维吾尔自治区烟草公司博尔塔拉蒙古自治州公司成立于1997年8月，下辖精河、温泉两个县级烟草专卖局（营销部），阿拉山口、塔斯尔海两个专卖管理所。共有从业人员81人，其中聘用员工68人。

2007年，累计销售卷烟8.47亿支（1.69万箱），同比增长3.04%。实现销售收入13941万元，同比增长11%。实现税利680万元，同比增长1.95%，其中，实现利润443万元，同比增长15.67%。

全年全州共查处涉烟违法案件312起，查获非法卷烟1128.3条，案值11.97万元。立案案件98起，结案65起，上缴罚没款1.28万元。

伊犁哈萨克自治州烟草专卖分局（公司）

伊犁哈萨克自治州烟草专卖分局、新疆维吾尔自治区烟草公司伊犁哈萨克自治州公司成立于1991年9月。下辖伊宁市、霍城县、察布查尔锡伯自治县、巩留县、特克斯县、昭苏县、尼勒克县、新源县等8个县级烟草专卖局（营销部）。共有从业人员254人，其中聘用员工215人。

2007年，累计销售卷烟25.07亿支（5.01万箱），同比增长8.06%。实现销售收入47735万元，同比增长19%。实现税利1287万元，同比增长71.6%，其中，实现利润847万元，同比增加834万元。

全年共查处各类涉烟违法案件741起，查获非法卷烟262.1件，案值60.15万元，罚没款10.93万元。移送公安、司法机关拘留3人，判刑6人。铲除莫合烟1590.1亩，查处莫合烟案件399起，案值72.56万元。

克拉玛依烟草专卖分局（公司）

克拉玛依烟草专卖分局、新疆维吾尔自治区烟草公司克拉玛依市公司于2000年9月16日上划区局（公司）。下辖独山子区烟草专卖局（中转站）1个县级烟草专卖局。共有从业人员73人，其中聘用员工71人。

2007年，累计销售卷烟8.76亿支（1.75万箱），同比增长4.91%。实现销售收入23244万元，同比增长17.8%。实现税利1592万元，同比增长28.7%，其中，实现利润1214万元，同比增长33.55%。

全年共查处涉烟违法案件111起，没收各类违法卷烟376.8条，案值约16万元。查获莫合烟181.8千克，罚款4.92万元。

塔城地区烟草专卖分局（公司）

塔城地区烟草专卖分局于2000年7月上划自治区烟草专卖局，塔城地区烟草商贸有限责任公司于2002年6月由区公司垂直管理。2006年6月，塔城地区烟草商贸有限责任公司改制更名为新疆维吾尔自治区烟草公司塔城地区公司。下辖塔城市、乌苏市、奎屯市、沙湾县、额敏县、和布克赛尔蒙古自治县、裕民县和托里县等8个市、县烟草专卖局（营销部）。共有从业人员198人，其中聘用员工196人。

2007年，累计销售卷烟21.19亿支（4.23万箱），同比增长7.24%。实现销售收入36428万元，同比增长25.8 %。实现税利2349万元，同比增长14.25 %，其中，实现利润1737万元，同比增长22.07%。

全年共查处各类涉烟违法案件643起，查扣非法卷烟85.84万支，罚没款7.07万元。查处莫合烟2.8吨，铲除莫合烟苗7500株。

阿勒泰地区烟草专卖分局（公司）

阿勒泰地区烟草专卖分局、新疆维吾尔自治区烟草公司阿勒泰地区公司于2003年上划区局（公司），下辖福海县、布尔津县、富蕴县、哈巴河县、青河县和吉木乃县等6个县烟草专卖局（营销部）。2007年，分局（公司）成立了内部专卖管理监督领导小组和内部专卖管理监督科，组织制定规范标准。共有从业人员105人，实行全员聘用制。

2007年，累计销售卷烟10.11亿支（2.02万箱），同比增长4.12%。实现销售收入1.63亿元，同比增长18.65%。实现税利807万元，同比增长6.61%，其中，实现利润500万元，同比增长11.61%。

全年查处各类涉烟违法案件248起，查获违法卷烟63.34万支，打掉售假窝点3个，查获莫合烟3.59吨，市场净化率保持在99%以上。

强化农牧区服务。通过普查，对全区达到三十户的连队和自然村都办理了卷烟零售许可证，解决了全地区58%“空白村”的问题。对一些偏远的哈萨克民族聚居的村队重点进行了服务，通过印发哈语宣传单，对当地村民进行相关法律、政策的宣传教育，进一步萎缩莫合烟的需求市场。

巴音郭楞蒙古自治州烟草专卖分局（公司）

巴音郭楞蒙古自治州烟草专卖分局、新疆维吾尔自治区烟草公司巴音郭楞蒙古自治州公司成立于1994年8月22日，负责巴州地区八县一市、兵团农二师和马兰基地的卷烟销售和专卖管理工作。下辖焉耆回族自治县、博湖县、和硕县、和静县、轮台县、尉犁县、若羌县、且末县等8个县烟草专卖局（营销部）及马兰专卖管理所。共有从业人员233人，其中聘用员工164人。

2007年，累计销售卷烟23.49亿支（4.7万箱），同比增长9.1%。实现销售收入46118万元，同比增长20.58%。实现税利1886万元，同比增长24.41%，其中，实现利润1750万元，同比增长228.95%。

全年共查获涉烟违法案件405起，查获违法卷烟15622.3条，总案值119.74万元，收缴罚没款3.14万元。查获莫合烟15.37吨，铲除非法种植的莫合烟41.1亩。

吐鲁番地区烟草专卖分局（公司）

吐鲁番地区烟草专卖分局、新疆维吾尔自治区烟草公司吐鲁番地区公司成立于1986年。下辖鄯善县、托克逊县两个县烟草专卖局（营销部）。共有从业人员73人，其中聘用员工42人。

2007年，累计销售卷烟8.60亿支（1.72万箱），同比增长14.06%。实现销售收入16087万元，同比增长24.98%。实现税利732万元，同比增长33.82%，其中，实现利润491万元，同比增长67.58%。

全年共查处涉烟违法案件243起，总案值36.68万元。查处莫合烟1.61吨，查扣非法卷烟52.16万支，罚没款8.03万元。

哈密地区烟草专卖分局（公司）

哈密地区烟草专卖分局成立于1979年10月，新疆维吾尔自治区烟草公司哈密地区公司前身为哈密地区糖烟酒公司，1988年5月上划区局（公司）。下辖巴里坤县烟草专卖局（营销部）、伊吾县烟草专卖管理所（营销部）及哈密三道岭矿区烟草专卖管理所。共有从业人员139人，实行全员聘用制。

2007年，累计销售卷烟9.18亿支（1.84万箱），同比增长9.29%。实现销售收入19995万元，同比增长21.91%。实现税利1122万元，同比增长82.74%，其中，实现利润791万元，同比增长198.49%。

全年共查处各类涉烟违法案件415起，案值84.5万元。查获违法卷烟5841条，查处莫合烟45.85吨，罚没款3.74万元。全年联合公安机关办案51次，传讯涉案人员15人。

阿克苏地区烟草专卖分局（公司）

阿克苏地区烟草专卖局、新疆维吾尔自治区烟草公司阿克苏地区公司于2003年1月上划区局（公司），下辖库车县、新和县、拜城县、沙雅县、温宿县、阿瓦提县、乌什县、阿拉尔市等8个县、市烟草专卖局（营销部）和沙井子营销部。共有从业人员225人，其中聘用员工223人。

2007年，销售卷烟25.48亿支（5.10万箱），同比增长11.95%。实现销售收入56496万元，同比增长23.08%。实现税利3515万元，同比增长23.64%，其中，实现利润2630万元，同比增长42.09%。

成功查获“8·10”特大假烟案和“10·25”冒充武警贩卖假烟案。全年查处各类涉烟违法案件247起，没收违法卷烟121.57件，罚没款17.34万元，没收莫合烟11.7吨，铲除莫合烟19.6亩。

喀什地区烟草专卖分局（公司）

喀什地区烟草专卖分局、新疆维吾尔自治区烟草公司喀什地区公司成立于1999年7月，下辖巴楚县、图木舒克市、泽普县、叶城县、莎车县、麦盖提县、英吉沙县、岳普湖县、伽师县、阿图什市、乌恰县、阿克陶县、疏勒县、疏附县等14个县、市烟草专卖局（营销部）。共有从业人员188人，其中聘用员工185人。

2007年，累计销售卷烟21.2亿支（4.24万箱），同比增长11.93%。实现销售收入38179万元，同比增长20.54%。实现税利2240万元，同比增长21.74%，其中，实现利润1667万元，同比增长41.27%。

全年全区共查获各类涉烟违法案件305起，没收非法卷烟38.13件，查获莫合烟26.09吨，罚没款3.58万元。

和田地区烟草专卖分局（公司）

和田地区烟草专卖分局、新疆维吾尔自治区烟草公司和田地区公司成立于2001年3月，下辖皮山县、墨玉县、洛浦县、策勒县、于田县、民丰县等6个县烟草专卖局（营销部）。共有从业人员87人，实行全员聘用制。

2007年，累计销售卷烟8.1亿支（1.6万箱），同比增长9.31%。实现销售收入16620万元，同比增长20.5%。实现税利496万元，同比下降24.39%，其中，实现利润191万元，同比下降21.4%。

全年查获各类涉烟违法案件308起，案值8.99万元，罚没款2.75万元，依法没收莫合烟6.22吨，铲除莫合烟343.7亩。全年实现查处案件无复议，执法管理无诉讼。

所属其他二级单位

新疆烟草进出口有限责任公司

新疆维吾尔自治区烟草公司新疆烟草进出口有限责任公司成立于1996年7月，由中国烟草进出口（集团）公司和区公司共同投资组建。2006年5月，改制为区公司的全资专业子公司。2006年12月，新疆烟叶生产开发有限责任公司依法解散，其烟叶生产、加工、销售业务改由新疆烟草进出口有限责任公司负责。下辖石河子天河烟草加工厂、察县香源烟叶有限责任公司。截至2007年底，拥有总资产60470万元，其中，固定资产1395万元、流动资产4970万元，资产负债率为72%。共有从业人员60人，其中聘用员工6人。

全年种植烟叶5427亩，收购烟叶470吨（9400担）；销售烟叶954吨（19080担）；代理进口卷烟7665万支。实现利润总额852.65万元，进出口总额365.5万美元，创汇190.91万美元。

2007年新疆维吾尔自治区烟草商业系统主要情况统计

地市级局（公司）名称		乌鲁木齐市烟草专卖分局（公司）	昌吉回族自治州烟草专卖分局（公司）	新疆维吾尔自治区烟草专卖局石河子分局（有限公司）	博尔塔拉蒙古自治州烟草专卖分局（公司）	伊犁哈萨克自治州烟草专卖分局（公司）
法人代表/主要负责人		曲卫东	李天锡	张小勇	展安忠	刘建昌
总资产（万元）		33392	7177	5528	2396	8103
所属县级局数量（个）		—	8	—	2	8
所属县级公司数量（个）		—	—	—	—	—
所属营销部、分公司		—	—	—	2个营销部	8个营销部
所属业务机构	访销机构	1个营销中心	1个营销管理中心	—	1个营销中心	1个营销中心
	物流配送机构	1个配送中心	1个仓储配送管理中心、8个配送中心	1个营销配送中心	1个物流中心	1个配送中心、1个中转分库
	稽查机构	1个稽查支队	1个稽查支队、8个稽查大队	2个稽查大队	3个稽查大队、2个专卖管理所	1个稽查大队
销售卷烟（亿支）		57.00	27.30	11.40	8.47	25.07
实现税利（万元）	本年	8691	3553	4658	680	1287
	上年	8156	2526	2001	667	750
实现利润（万元）	本年	6880	2605	2310	443	847
	上年	5529	1755	1109	383	13
烟叶种植（亩）		—	—	—	—	—
烟叶收购（担）		—	—	—	—	—
零售户数（户）		9911	7699	2500	2244	6637

地市级局（公司）名称	克拉玛依烟草专卖分局（公司）	塔城地区烟草专卖分局（公司）	阿勒泰地区烟草专卖分局（公司）	巴音郭楞蒙古自治州烟草专卖分局（公司）	吐鲁番地区烟草专卖分局（公司）
法人代表/主要负责人	李立新	秘秀峰	杜世荣	张景	孙勇
总资产（万元）	2389	5983	2688	10974	3052
所属县级局数量（个）	1	8	6	8	2
所属县级公司数量（个）	—	—	—	—	—
所属营销部、分公司	1个中转站	8个营销部	6个营销部	8个营销部	2个营销部

续表

地市级局（公司）名称		克拉玛依烟草专卖分局（公司）	塔城地区烟草专卖分局（公司）	阿勒泰地区烟草专卖分局（公司）	巴音郭楞蒙古自治州烟草专卖分局（公司）	吐鲁番地区烟草专卖分局（公司）
所属业务机构	访销机构	1个营销管理中心	1个营销管理中心	1个营销中心	1个访销中心	1个卷烟营销中心
	物流配送机构	1个配送中心	1个配送中心	1个物流中心	1个配送中心	1个物流配送中心
	稽查机构	1个稽查支队、2个稽查大队、4个稽查中队	8个稽查大队	1个专卖管理所、6个稽查大队	1个专卖管理所、8个稽查大队	2个稽查大队
销售卷烟（亿支）		8.76	21.19	10.11	23.49	8.60
实现税利（万元）	本年	1592	2349	807	1886	732
	上年	1237	2056	757	1516	547
实现利润（万元）	本年	1214	1737	500	1750	491
	上年	909	1423	448	532	293
烟叶种植（亩）		—	—	—	—	—
烟叶收购（担）		—	—	—	—	—
零售户数（户）		1706	6418	2756	4991	2266

地市级局（公司）名称		哈密地区烟草专卖分局（公司）	阿克苏地区烟草专卖分局（公司）	喀什地区烟草专卖分局（公司）	和田地区烟草专卖分局（公司）
法人代表/主要负责人		李煜东	李谦明	郑学义	张　力
总资产（万元）		4367	5124	6964	3885
所属县级局数量（个）		1	9	14	6
所属县级公司数量（个）		—	—	—	—
所属营销部、分公司		2个营销部	9个营销部	14个营销部	6个营销部
所属业务机构	访销机构	1个订单部	1个营销管理中心	1个电访中心	1个订单部
	物流配送机构	1个物流配送部	1个物流配送中心	1个物流配送中心	1个物流部
	稽查机构	2个专卖管理所、1个专卖稽查支队	8个稽查大队	1个稽查大队、12个稽查分队	6个稽查大队
销售卷烟（亿支）		9.18	25.48	21.20	8.10
实现税利（万元）	本年	1122	3515	2240	496
	上年	614	2843	1840	656
实现利润（万元）	本年	791	2630	1667	191
	上年	265	1851	1180	243
烟叶种植（亩）		—	—	—	—
烟叶收购（担）		—	—	—	—
零售户数（户）		1923	4870	4290	2943

（张淑文）

大连市烟草专卖局（公司）

【概　况】　大连市位于辽东半岛南端。全市总面积为12574平方公里，人口约620万人。大连市下辖6个区、3个县级市、1个县、21个乡、54个镇、85个街道办事处，并设有大连经济技术开发区、大连保税区、大连高新技术园区等经济开放先导区。2007年全市地区生产总值（GDP）突破3000亿元，同比增长17%。

大连市烟草专卖局、中国烟草总公司大连市公司组建于1984年，在烟草行业内计划单列，是国家烟草专卖局、中国烟草总公司直接管理的省级烟草专卖局（公司）。下辖旅顺口区、金州区、瓦房店市、普兰店市、庄河市等5个区、市级局（营销部），1个市区营销部，1个烟草培训中心，大连经济技术开发区东方大厦有限公司1个控股子公司。共有从业人员840人，其中聘用员工569人。拥有总资产25.93亿元，其中，固定资产2.55亿元、流动资产21.85亿元，资产负债率为15.43%。辖区内共有卷烟零售户22634户，其中，城镇零售户11266户、农村零售户11368户。

【领导成员】　局长、总经理、党组书记：毕长敏

副局长、副总经理、党组成员：戚　兵

副总经理、党组成员：王卫东

纪检组长、党组成员：潘洪革

【组织机构】　市局（公司）设办公室、安全保卫处、综合计划处、专卖监督管理处、内部专卖管理监督处、政策法规与体制改革处、财务管理处、审计处、人事劳资处、监察处、思想政治工作处等11个处室和物流中心、经济信息中心、开发办公室、销售处、市内营销部等5个专业部门。

【经济效益】　2007年全市辖区共销售卷烟143.05亿支（28.61万箱），同比增长2.8%，其中，销售一类烟8.48亿支（1.70万箱），同比增长40.34%；二类烟8.69亿支（1.74万箱），同比增长6.95%；三类烟42.94亿支（8.59万箱），同比增长40.95%；四类烟54.88亿支（10.98万箱），同比下降11.49%；五类烟28.06亿支（5.61万箱），同比下降13.78%。年末库存卷烟7.91亿支（1.58万箱）。

实现销售收入40.51亿元，同比增长15.90%。实现税利9.03亿元，同比增长9.26%，其中，实现利润7.24亿元，同比增长6.03%。

【专卖管理】　卷烟打假。大连市各级烟草专卖行政管理部门加大与公安、工商等执法部门协同办案的力度，打击贩假走私活动，全年开展了三次专项整治行动。共查获违法卷烟5300余件，案值达2700余万元，万元以上案件297起，4起案件具有制售假烟网络案件性质，移送司法机关追刑案件9起，抓捕嫌疑人28人，判刑6人。市局协助河南、福建烟草分别在金州和瓦房店抓获了2名违法经营卷烟案件嫌疑人。2007年所属区（市）局在查处大要案件方面也取得了突破。旅顺口区烟草专卖局查获了一台老式制假烟机，涉案金额达10万元；瓦房店市烟草专卖局捣毁1个制假窝点，案值达18万元，抓获犯罪嫌疑人1人，查处违法卷烟580余件，涉案金额达90余万元；金州区烟草专卖局捣毁1个制假烟丝窝点，涉案金额10万余元。

内部专卖管理监督。2007年，大连烟草内管机构建设进一步加强。明确组织机构，市局成立了内管处，配备专职内管人员，各区（市）局明确负责内管工作的具体部门并配备专职人员，确保内管工作的组织保证。开展内管自查检查工作，组织两次大规模的内管检查，党组领导亲自带队。完善内管制度，优化工作流程，各基层单位对有关制度进行了补充和修改，对存在的问题积极采取措施并加以整改。

卷烟零售市场监管。市局（公司）对辖区内重点管理客户实行重点监管，制定重点管理内容和目标，分别在上半年和下半年召开重点客户培训大会，采取播放卷烟打假光盘、召开座谈会等形式，宣传行业法规知识。采取授课的形式，加强对新客户的教育培训工作。营销队伍和机关工作人员也参与到市场管理和监督工作中，配合专卖队伍对违法使用行业标识、牌匾的零售户进行了规范。

许可证管理。全年新办烟草专卖许可证2178个，其中，国有6个、集体9个、个体2079个、其他84个。停业整顿92户经营者，取消经营资格17户。

【客户关系管理】　强化客户关系管理，提升客户服务水平，促进以客户为中心的理念由概念层面向操作层面推进。通过完善订货系统、推广邮政TEB电子

结算，将农村客户电子结算率提高到90%以上。开发《配送清单手册》、《客户订货手册》，建立管理客户需求、服务客户的载体，细化对客户的服务，并将营销、配送、法律等服务置于卷烟零售户的监督之下。加大对基层营销人员、专卖稽查人员工作的跟踪检查、考核力度，从机制上促进市场营销和客户管理工作规范化。发挥先进基层市场部和优秀客户经理的典型示范作用，提升客户拜访和客户服务水平。合理确定货源投放节奏和规范实施供应策略，把公平对待零售户切实体现到营销服务实践中。

【订单供货】 切实关注消费者和零售户的真实需求，提高预测准确率，强化品类管理，完善货源差异化投放机制，提高品种的可选择度和商品满足度。完善订单供货流程和工商信息共享、营销互动。深化工商协同、营销互动，贯通行业内部供应链、优化烟草工商企业的资源配置，促进可供货源进一步适应市场。以培育“百牌号”，尤其是以“两个10多个”为目标，探索构建“品质保证、工商协同、批零互动”的工作模式。组织5000余个客户和部分消费者，对“红梅（硬春）”、“红山茶（软）”、“黄鹤楼（硬雅香）”3个品牌的包装、吸味进行调查，促进卷烟工业企业针对大连市场的产品配方和口味进行调整，提高替代品牌的市场竞争力。

【信息化建设】 2007年正式启动了IT服务子系统项目，着手进行需求分析、系统设计、系统测试、系统试运行工作。系统试运行后，集中搜集整理问题，向软件公司提交了程序变更书。截至2007年底，系统试运行效果良好。针对V3系统原限量模块功能较为单一的情况，在软件设计上，由原来较为简单的销售策略支持，升级为对卷烟销售策略工作的计划、实施、停止的全过程的支持，进一步提升卷烟销售策略制定的计划性，规范相关工作流程。在具体功能上，增加了面向客户、商品的自定义条件功能，使系统的使用更为方便。

【队伍建设】 市局（公司）整合社会优势教育资源和企业自身教育资源，初步建立职工教育培训体系。全面开展“素质年”活动，结合经营管理实际开展培训和课题研究，全局组织各种培训32次，参加培训人员1500人次，研究课题20个。市局（公司）成立用工分配制度改革领导小组，对全地区800多名员工进行摸底调查，结合“四定”工作要求，对市局（公司）改革方案进行调研准备。

【思想政治工作】 全市烟草系统以学习党的十七大精神、胡锦涛“6·25”讲话精神和在中纪委第七次全会讲话精神为重点，切实开展理论学习。完善党组理论学习中心组学习制度，学习人员扩大到全体处级干部，并健全支部和部门的学习制度，结合干部队伍作风建设和加强党员队伍建设活动，开展党日活动。召开党员座谈会、群众座谈会、党员群众谈心会等活动，先后学习了赵振金、方永刚等优秀党员的先进事迹。

【企业文化】 大连烟草积极践行“两个至上”行业共同价值观，结合经营管理实际，深入开展“五查五看”，努力把“内强素质，外塑形象，振奋精神，提升能力”作为企业文化建设的根本要求。9月，组织相关人员到浙江嘉兴、福建厦门实地学习考察，并成立大连烟草企业文化建设小组，整合大连烟草的企业精神、价值观、经营理念，初步形成大连烟草企业文化架构体系，该体系包括行业共同价值观、企业精神、企业愿景、企业使命、企业战略、企业宗旨、企业哲理、企业核心理念、企业道德准则、企业道德信条、企业行为准则、企业行为信条、企业口号、企业服务品牌、企业歌曲等15个部分。

【特事要辑】 3月17日，全国“按客户订单组织货源”推广工作培训会在大连召开，国家局副局长何泽华出席会议。

12月17日，“黄鹤楼2008湖北中烟——大连烟草工商协同、品牌培育年会”在大连召开。

大连市局（公司）主要统计指标汇总

实现税利（亿元）	实现利润（亿元）	销售卷烟（亿支）	烟叶种植（万亩）	烟叶收购（万担）
9.03	7.24	143.05	—	—

（高　瑞）

深圳市烟草专卖局（公司）

【概　况】 深圳市位于中国南部沿海，地处广东省南部，东临大亚湾和大鹏湾，南边深圳河与香港相连，总面积1952.84平方公里。2007年底常住人口861.55万人，其中户籍人口196.83万人。全市设福田、罗湖、南山、盐田、宝安、龙岗等6个市辖行政区。2007年，深圳市实现地区生产总值（GDP）6765.41亿元，比上年增长14.5%。

深圳市烟草专卖局、中国烟草总公司深圳市公司组建于1986年，1995年上划国家烟草专卖局管理，被授予省级烟草专卖管理权，下辖6个区局（公司）和深圳市烟草沙头角分公司、深圳烟草进出口有限公司①、中深烟草贸易中心3个联营公司。2007年，全市烟草商业系统有员工1067②人，其中高级职称11人，中级职称44人。深圳市局（公司）总资产494587万元，其中，固定资产93612万元、流动资产394397万元③，资产负债率13.21%。

2007年，深圳烟草行业围绕"完善体制机制，优化资源配置，增强竞争实力，全面提升水平"的主要任务，按照年初国家局局长姜成康在深圳烟草工作报告上批示的"在'好'、'深'、'实'、'严'、'和'字上下工夫"，全面落实科学发展观，抢抓机遇、开拓创新，各方面工作取得新的进展。2007年，深圳市局（公司）被评为"广东省最佳诚信企业"。

【领导成员】 局长、总经理、党组书记：罗光伟

副局长、党组成员：顾永光

副局长、副总经理、工会主席、纪检组长、党组成员：崔茂德

副总经理、党组成员：吴建荣

副总经理、党组成员：张锦辉

副总经理、党组成员：卢杰英（—2007.3）

党组成员：钟春锋

【组织机构】 市局（公司）机关设立16个处级管理机构，分别为办公室（外事办公室）、人事劳资处、财务管理处、审计处、综合计划处（科技处）、专卖监督管理处、思想政治工作处（机关党委、工会）、监察处（与党组纪检组合署办公）、安全保卫处、政策法规与体制改革处等10个职能处室，以及卷烟销售管理中心、经济信息中心、机关服务中心、物业管理办公室、酒店管理办公室、物流中心等6个专业部门。

【经济效益④】 2007年，市局（公司）销售卷烟225.76亿支（45.15万箱），同比增长2.93%，其中，一类烟20.50亿支（4.10万箱），占销售总量的9.08%；二类烟16.87亿支（3.37万箱），占销售总量的7.47%；三类烟60.25亿支（12.05万箱），占销售总量的26.69%；四类烟109.59亿支（21.92万箱），占销售总量的48.54%；五类烟18.55亿支（3.71万箱），占销售总量的8.22%。销售低档烟18.85亿支（3.77万箱），完成年初计划的101.9%。实现销售收入81.65亿元（含增值税），同比增长15.5%。平均单箱销售额18084元（含税），同比增长12.21%。实现税利21.9亿元，同比增长28.1%，其中，实现利润17.29亿元，同比增长23.5%。

全年进出口商品总额2738万美元，实现利润5260万元，同比增长17.88%。实现出口创汇1496万美元。

【专卖管理】 卷烟打假社区化管理。为建立综合治理和长效监督管理机制，实现卷烟打假由单一的行业行为转变为社会各界广泛参与的综合治理，2005年深圳市局（公司）根据地缘特征和社会环境等特点，在宝安区开展卷烟打假社区化管理模式的尝试工作。经过近两年的总结推广，2007年，全市宝安区、罗湖区、南山区、盐田区、福田区、龙岗区全部建立起社区化管理模式。各区政府制订《卷烟打假社区化管理工作方案》，并与各有关执法部门、街道办签订卷烟打假责任书，卷烟打假逐渐延伸到社区。与街道、居委、村委、小区的社会防御体系密切结合起来，充分发挥社区群众、当地干部熟悉地形和管理便利的优势，

---

① 深圳烟草进出口有限公司由中国烟草进出口（集团）公司、深圳市烟草专卖局（公司）共同控股，详细情况请见"行业概览"栏目中的"中国烟草进出口（集团）公司"。

② 员工总数包含深圳市烟草沙头角分公司、深圳烟草进出口有限公司和中深烟草贸易中心。深圳市局（公司）实行全员聘用制。

③ 总资产、固定资产、流动资产和资产负债率数据含深圳市烟草沙头角分公司、中深烟草贸易中心，不含深圳烟草进出口有限公司。

④ 经济效益含深圳市烟草沙头角分公司、中深烟草贸易中心、深圳烟草进出口有限公司3个联营公司的数据。

推动了当地基层组织打假责任制的落实，构建起一个以“打击源头、摧毁网络”为中心的全方位、多层次的卷烟打假工作体系。

证件管理。2007年年初，开始实施新的《烟草专卖许可证管理办法》。市局（公司）贯彻落实的工作方案，组织全体专卖管理人员观看国家局电视电话培训讲座，组织证件管理人员进行专题培训学习。根据新办法在申请、受理、审批、发放、监督等管理环节增加的新规定，在公示、听证、查询、岗位调整等方面建立起规范的工作制度和相应的岗位职责，建立健全与新办法相适应的工作运行机制。

市场监管。调整市场监管方式，突出市场监管重点，将主要精力放在发现制售假烟网络案件线索上。安排专人负责、接待处理市民群众对假烟、走私烟的投诉、举报，并由稽查组进行核实，对掌握重要线索的进行立案追查，为打网络工作提供案源。加强与公安、铁路、公路、民航等部门的联系，联合各部门加大对机场、码头、车站等窗口单位和重点地区、路段的突击检查力度，有力地遏制了假烟、走私烟的运输、分销活动。加强对清水河货站、银湖汽车站、罗湖口岸、宝安机场、广深高速、深汕高速等地区、路段的监管，突击查处多起假烟、走私烟的运输分销案件，斩断了假烟、走私烟的流通渠道，为市场净化取得良好成效。

全年共出动专卖执法人员26900余人次，办理烟草违法案件1502宗（其中打假案件1268宗），查获假冒卷烟14570万支、走私烟519万支、丝束163吨、盘纸329吨，捣毁制造假烟窝点15个、贩藏假烟窝点48个，捣毁制售假烟网络8个，查获制假烟机35台、非法烟丝63吨以及大批其他原辅材料，召开销毁假烟及机械现场会5次，配合公安机关抓获制售假烟分子140人。2007年，深圳市局被国家局、公安部评为“全国卷烟打假先进集体”。

专卖队伍建设。加强专卖队伍业务技能培训。以国家局举行全国烟草行业卷烟产品鉴别检验技能竞赛为契机，制订法律法规及鉴别检验知识培训方案。通过专题讲座和封闭学习班的形式，对专卖稽查人员进行有关产品质量管理、烟草专卖管理方面的法律法规知识，以及卷烟产品鉴别检验知识的学习培训。12月底，对全体专卖稽查人员进行“体能五项”的达标考核测试，各区局（公司）队伍整体合格率达100%。

【品牌培育】 继续优化品牌结构。2007年，一、二类烟的销售比重达到16.55%，在销量增幅空间有限的情况下，结构优化明显，有力地支撑了效益的整体增长。“好日子”系列卷烟销售101.5亿支（20.3万箱，含出口），同比增长18%，其中“（吉祥）好日子”全年销量突破15亿支（3万箱）。内销产品单箱销售额8010元，同比增长9.35%；省外市场开拓能力增强，省外市场份额同比增长48.97%。加大重点品牌、名优品牌卷烟等有效货源的组织力度，全年“百牌号”卷烟占总销量的96.24%。

加强工商协同营销，多层次多角度培育重点品牌。在管理层，加强与卷烟工业企业高层的互动；在中间层，充分利用信息协同平台交换市场信息，共同分析调控市场；在执行层，强化品牌经理对重点品牌的重点跟踪培育。2007年，“中华”、“芙蓉王”、“玉溪”、“红塔山”、“苏烟”、“白沙”、“云烟”、“双喜”、“好日子”销量同比分别增长54.65%、37.54%、27.2%、51.97%、32.37%、11.14%、16.72%、4.23%、14.94%，品牌集中度进一步提高。

【销售与网建】 销售经营服务。严格执行卷烟销售计划，在卷烟分配调拨过程中，细致扎实地做好对区公司及大商场超市的卷烟货源的安排，综合把握好重点名优品牌、低档烟、地产烟的投放节奏和投放数量，既满足区公司和零售客户的需求，又力求做到市场价格平稳，品种齐全。

做好对卷烟工业企业的服务工作，在购进上做好计划，在发货上提前提醒，在到货后做好服务。2007年，市局（公司）被国家局评为“全国烟草行业卷烟销售工作先进单位二等奖”。

“订单供货”工作。完善需求预测。在按客户订单组织货源试点工作初步总结出“三维三层”预测模式的基础上，不断提高需求预测的水平，推进需求预测工作实现四个转变，即由逐户预测转变为群体预测，注重把握客户群的需求；由客户预测转变为市场预测，注重研究客户所在的商圈和市场；由静态预测转变为滚动预测，注重适应市场的不断变化；由商业预测转变为协同预测，注重共同提高预测水平。

完善考核机制。制定了《深圳市烟草行业商业企业2007年度“双文明”考核及奖励办法》。办法综合考虑了水平指标和成长性指标，根据发展实际调整指标权重，增加“供货公平度”、“重点品牌分客户订单预测准确率”、“电话委托扣款率考核”、“客户满意度”、“重点培育品牌订货面”、“获国家局创新奖”6项附加指标，充分发挥了考核的导向、激励和鞭策作用。

完善市场规则。在继续落实12项管理制度的基础上，落实国家局制定的需求预测规范、货源组织规范、货源供应规范和品牌管理规范，对有关工作流程进一步完善。2007年，制定了《卷烟需求协同预测规范》、

《规范客我关系实施方案》、《工商协同营销实施办法》、《品牌评价办法及进退规则》、《大商场（超市）客户服务管理规则》、《进一步规范卷烟经营的具体实施方案》等规章制度，建立了较为完善的市场操作规则，为营造公平竞争的市场环境提供了制度保证。

网建创新。落实“打牢基础，创新营销，规范运作，充满活力”网建工作新要求，结合深圳烟草实际，制订《深圳市卷烟销售网建全面提升实施方案》，并将福田区公司作为试点实施单位。再造“四员”工作流程，深圳烟草综合营销系统（EM系统）正式上线，全面实现群呼群访，着力从机制上杜绝不规范行为的发生。2007年，网建水平全面提升取得明显效果，第三方市场研究公司全年两次调查结果显示，客户总体满意度指数达83%以上。

物流创新。市局（公司）持续推进物流创新，增设物流仓储白沙仓，实行尾数盘点并积极推进系统改造，全年条烟分拣率达80%以上，且差错率为零。2007年，物流中心荣获“深圳市经济技术创新示范岗”称号。

【体制改革】 2007年，深圳市局（公司）全面完成母子公司体制改革，理顺沙头角分公司和中深烟草贸易中心资产管理体制。落实多元化经营企业清产核资整改计划，9户多元化经营企业中有7户企业已经完成整改。进一步理顺产权关系、夯实企业资产、整合企业资源。

【信息化建设】 推动“数字深烟”建设，加快信息化发展步伐。围绕电子商务、电子政务、管理决策三大应用体系，加强信息资源的整合，应用水平再上新台阶。完成深圳烟草信息化整体规划、综合营销系统一期工程和协同办公系统项目，财务信息管理系统进入上线实施阶段。以龙岗区公司为试点单位，成功研发“客户资源与专卖管理地理信息系统”，开发试用“多媒体网上培训系统”，创新了信息化条件下员工教育培训的有效途径。

【企业管理】 *资产管理*。扎实开展主业清产核资工作，摸清家底，完善资产管理。全面清查和盘点各区局（公司）相关固定资产、存货、往来款项，完成清理、整改阶段工作；基本清理收集完相关权属证明，资产损失得到了分析和认定。清产核资工作进入整改阶段后期。

安全管理。坚持“安全第一、预防为主”的方针，编制深圳市局（公司）突发事件应急预案，实现了“年度重大生产事故率为零、年度重大火灾事故率为零、年度重大交通事故率为零、年度重大盗窃事故率为零、年度员工体检覆盖率为100%”的安全管理目标。

【思想政治工作】 *党建工作*。2007年，以迎接党的十七大召开和学习贯彻十七大精神为主线，以开展纪念建党86周年活动为契机，全面加强党的建设，形成良好的工作态势和氛围。贯彻落实国家局关于党建工作的指示和驻深工委“三抓三创三强”党建工作思路，探索党建工作目标管理责任制考核，取得明显成效。机关党委顺利换届，召开两次民主生活会，进一步增进班子团结，改进了工作。广泛开展“我身边的党组织和党员、党支部书记”大家谈活动，在行业引起强烈反响。举行向党龄30年以上、在深圳工作20年以上党员颁发纪念章仪式，进一步鼓舞了行业员工的创业激情。

“两个至上”在岗位主题实践活动。2007年，市局（公司）重点围绕“抓班子、带队伍、促发展、创和谐”的主题，深入开展“两个至上”在岗位主题实践活动。以“五查五看”为重点内容，突出领导班子的率先垂范作用。制定深入推进“两个至上”在岗位主题实践活动的实施意见，举行全市行业“践行‘两个至上’从我做起”的“一把手”专题汇报大会。

【党风廉政建设】 2007年，市局（公司）组织开展以“胡锦涛总书记提出的关于加强领导干部八个方面的作风建设”为主题的党员领导干部专题民主生活会，要求全体党员和副科级以上干部填报《落实中共中央纪委关于严格禁止利用职务上的便利谋取不正当利益的若干规定的情况登记表》，并对8个方面的禁止性规定进行自查，写出书面的学习和自查汇报材料。认真落实《深圳市烟草行业反腐保廉预防体系实施方案》及其《分工方案》，开展党风廉政建设责任制考核。

为规范“两烟”生产经营、大宗物资采购、加强对领导干部的监督、治理商业贿赂等7个方面的制度规定，市局（公司）纪检监察部门参与信息中心和其他有关部门的软件采购、办公设备改造等大的投资项目。开展“两项检查”活动，特别是对经营过程中违反内部管理规定的违纪违规行为进行查处。

严格贯彻执行《关于各级领导干部接受和赠送现金、有价证券和支付凭证的处分规定》、《礼品登记上缴制度》和《关于严禁接受和赠送“红包”的暂行规定》。全年共125人次登记上缴礼品礼金折合人民币20.996万元。

【企业文化】 2007年，深圳烟草启动《深圳烟草企业文化手册》编写工作，开展“深烟人眼中的企业文化”征集活动，以及以特美思俱乐部为主阵地开展“和谐深烟”主题文体系列活动，极大地丰富了员工的业余生活。进一步改进和加强宣传工作，采取多种措施深入推进深烟网站建设，《深圳烟草》杂志完成改版刊印。

【特事要辑】 1月30日，特美思俱乐部正式揭牌成立。

12月19日，国家局副局长张保振考察深圳烟草物流中心。

深圳市局（公司）主要统计指标汇总

实现税利（亿元）	实现利润（亿元）	销售卷烟（亿支）	烟叶种植（万亩）	烟叶收购（万担）
21.90	17.29	225.76	—	—

所属区局（公司）

深圳市福田区烟草专卖局（公司）

深圳市福田区烟草专卖局、深圳市烟草公司福田区公司组建于1995年8月，实行“两块牌子，一套人马”，对烟草制品施行专卖、专营管理。2007年，区局（公司）共有员工49人。

2007年，全区销售卷烟24.01亿支（4.80万箱），同比增长2.21%。实现销售收入76779万元，同比增长14.4%。实现税利9924万元，同比增长21.74%，其中，实现利润6968万元，同比增长24.2%。

2007年，区局（公司）作为深圳市烟草行业内部专卖管理监督工作联系单位，制订《福田区烟草专卖局内部专卖管理监督日常监管工作流程》，进一步完善和加强内部专卖管理日常监管工作规范。福田区局（公司）专卖科将稽查人员相对应地分为四个组，其中包括市场组、案件组、内勤组、督查组，既强化了内部专卖管理监督职能，又改变了以往重外部检查轻内部监督的观念。

2007年，福田区局（公司）被确定为深圳市网建全面提升工作试点单位。区局（公司）从战略高度将这项工作与深入开展“按客户订单组织货源”工作有机结合，从客户服务、品牌培育、科学管理、队伍建设等四个方面入手，着重构建制度体系、细化客户分类、规范岗位工作流程、完善信息管理。进一步规范“客我关系”。初步实现工商协同营销，建立了品牌管理与培训机制，网络功能逐步从销售产品向培育品牌转变。

区局（公司）作为《两烟经营明示承诺》试点单位，制订实施方案和暂行规定，圆满完成明示承诺书的签订工作，总结经验，为构建预防腐败体系，规范行业经营行为，杜绝以权谋私、以烟谋私现象奠定了基础。

深圳市罗湖区烟草专卖局（公司）

深圳市罗湖区烟草专卖局、深圳市烟草公司罗湖区公司组建于1995年6月，位于深圳市中部。2007年，区局（公司）共有员工59人。

2007年，全区销售卷烟24.03亿支（4.71万箱），同比增长1.99%。实现销售收入76999万元，同比增长14.11%。实现税利9748万元，同比增长13.83%，其中，实现利润7984万元，同比增长11.35%。

深圳市南山区烟草专卖局（公司）

深圳市南山区烟草专卖局、深圳市烟草公司南山区公司组建于1994年4月，位于深圳市西部。2007年，区局（公司）共有员工63人。

2007年，全区销售卷烟22.33亿支（4.47万箱），同比下降4.74%。实现销售收入68783万元，同比增长5.4%。实现税利8848万元，同比增长1.43%，其中，实现利润7302万元，同比增长14.06%。

深圳市盐田区烟草专卖局（公司）

深圳市盐田区烟草专卖局、深圳市烟草公司盐田区公司组建于1998年9月，位于深圳市东部。2007年，区局（公司）共有员工46人。

2007年，全区销售卷烟21.00亿支（4.25万箱），同比增长8.14%。实现销售收入64308万元，同比增长19.09%。实现税利8403万元，同比增长28.06%，其中，实现利润6961万元，同比增长28%。

深圳市宝安区烟草专卖局（公司）

深圳市宝安区烟草专卖局、深圳市烟草公司宝安区公司组建于1995年6月，位于深圳市西北部。2007年，区局（公司）共有员工122人。

2007年，全区销售卷烟48.08亿支（9.61万箱），同比增长3.51%。实现销售收入132813万元，同比增长13.36%。实现税利16606万元，同比增长5.29%，其中，实现利润13702万元，同比增长17.29%。

宝安区局（公司）扎实推进卷烟打假社区化管理工作，完善信息联动共享机制、社区化打假考核机制、宣传与培训机制等各项机制，不断丰富卷烟打假社区化管理工作的内涵。建立并完善信息联动共享制度，对各街道、社区提供的信息坚持做到“四个到位”——“接收到位，处理到位，反馈到位，奖励到位”。全年各街道、社区部门提供信息线索、移交或协助查处的涉烟案件共26起，彰显信息联动共享机制的成效。依托各街道社区，在12个街道开展4次大型的社区卷烟打假宣传活动，发放宣传单册8.3万余份，培训出租屋管理员、治安巡防员5000余人次，提高了群众的打假意识，更好地促进卷烟打假社区化工作的开展。卷烟打假社区化管理模式推行后，街道打假工作成效显著，制售假烟活动得到有效压制，制售假烟案件明显减少。

深圳市龙岗区烟草专卖局（公司）

深圳市龙岗区烟草专卖局、深圳市烟草公司龙岗区公司组建于1993年1月，位于深圳市东部。2007年，区局（公司）共有员工111人。

2007年，全区销售卷烟40.46亿支（8.09万箱），同比增长3.72%；实现销售收入111711万元，同比增长14.13%。实现税利14056万元，同比增长24.10%，其中，实现利润11565万元，同比增长24.30%。

2007年深圳市烟草商业系统主要情况统计

区局（公司）名称		深圳市福田区烟草专卖局（公司）	深圳市罗湖区烟草专卖局（公司）	深圳市南山区烟草专卖局（公司）	深圳市盐田区烟草专卖局（公司）	深圳市宝安区烟草专卖局（公司）	深圳市龙岗区烟草专卖局（公司）
法人代表/主要负责人		叶选强	罗求安	赛 民	吴镇丰（2007.1－）	李新忠	黄励勋
总资产（万元）		14675	15005	13459	11064	20999	18603
所属县级局数量（个）		—	—	—	—	—	—
所属县级公司数量（个）		—	—	—	—	—	—
所属营销部、分公司		—	—	—	—	—	—
所属业务机构	访销机构	1个营销部	1个营销部	1个营销部	1个营销部	1个营销部	1个营销部
	物流配送机构	—	—	—	—	—	—
	稽查机构	1个稽查大队	1个稽查大队	1个稽查大队	1个稽查大队	1个稽查大队	1个稽查大队
销售卷烟（亿支）		24.01	24.03	22.33	21.00	48.08	40.46
实现税利（万元）	本年	9924	9748	8848	8403	16606	14056
	上年	8152	8564	8723	6562	15771	11326
实现利润（万元）	本年	6968	7984	7302	6961	13702	11565
	上年	5610	7170	6402	5433	11682	9304
烟叶种植（亩）		—	—	—	—	—	—
烟叶收购（担）		—	—	—	—	—	—
零售户数（户）		2421	2366	3225	2496	6531	4776

（李云娜）

【企业大事】

3月1日，吉林烟草工业有限责任公司成立大会暨揭幕仪式在吉林延吉举行

魏侠利 摄

6月8日，江西中烟南昌卷烟厂进行“十五”技改竣工验收工作

江西中烟 袁热娜 摄

7月29日，深圳烟草工业有限责任公司挂牌

黄凤玲 摄

8月8日，“金圣”品牌荣获“品牌中国总评榜（2006～2007）·金谱奖”

江西中烟 袁热娜 摄

8月18日，河南中烟洛阳卷烟厂举行"十五"技改设备搬迁仪式

河南中烟洛阳卷烟厂 赵修强 摄

9月4日，川渝中烟长城雪茄烟厂在四川什邡成立

川渝中烟 供稿

9月17日，南通醋酸纤维有限公司召开成立20周年暨四期扩建投产庆典大会

刘峥摄

9月19日，秦皇岛烟机公司举行易地技改项目奠基仪式

陈兴杰 摄

9月26日，湖北中烟襄樊卷烟厂举行技术改造项目开工仪式

湖北中烟 供稿

11月9日，广东中烟工业有限责任公司挂牌成立，成为全国烟草行业首家建立董事会的省级工业公司

广东中烟 供稿

11月26日，上海烟草（集团）公司天津卷烟厂"十一五"技术改造项目举行开工奠基仪式

上海烟草（集团）公司 供稿

11月30日，浙江中烟工业有限责任公司举行揭牌仪式

浙江中烟 张健源 摄

12月18日，广东中烟广州生产基地奠基

广东中烟 刘爱华 摄

生产车间

南通醋酸纤维有限公司自主研发的电动摆丝机

南纤公司 赵云峰 摄

高效的丙酮回收装置

南纤公司 赵云峰 摄

张家口卷烟厂有限责任公司用于加热松散烟片的微波烟片松散机

河北中烟 供稿

河南中烟郑州卷烟厂现代化的卷烟生产线

河南中烟郑州卷烟厂 李宗亚 摄

蒙昆公司联合工房全线投产

中烟实业 供稿

5月2日，安徽中烟阜阳卷烟厂制丝工段SH92管式膨胀机燃烧炉使用天然气点火成功

安徽中烟阜阳卷烟厂 刘士忠 摄

四川烟草工业有限责任公司成都卷烟厂除异味系统

四川烟草工业有限责任公司 供稿

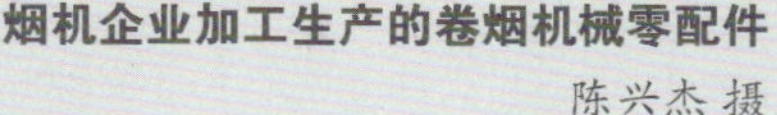

烟机企业加工生产的卷烟机械零配件

陈兴杰 摄

袁隆平（左）和官春云院士共同为中国烟草中南农业试验站本部新址揭牌

湖南省局 供稿

年近九旬的资深卷烟配方专家韩焕章带领青年技术人员共同研究“黄鹤楼（经典）”配方

湖北中烟 供稿

9月27日，中国烟草行业最后一套CFC—11烟丝膨胀装置在蒙昆公司被拆除

中烟实业 供稿

9月，浙江中烟举办首届"中烟杯"烟机设备维修职业技能竞赛

浙江中烟 沈潮 摄

5月29日，河南中烟驻马店卷烟厂举行全员业务技术技能大比武

河南中烟驻马店卷烟厂 王粹 摄

6月1日，河南中烟与郑州烟草研究院签署《战略合作伙伴关系协议》

河南中烟 瞿卫华 摄

11月27日，“红旗渠杯”第二届河南中烟工业公司烟机设备维修职业技能竞赛在河南中烟新郑卷烟厂举行

河南中烟新郑卷烟厂 梁伟平 摄

8月8日，菲·莫首席配方师访问安徽中烟芜湖卷烟厂

安徽中烟芜湖卷烟厂 刘魁 摄

“金圣”卷烟在降低卷烟危害方面的核心技术取得实质性突破

江西中烟南昌卷烟厂 傅鹣 摄

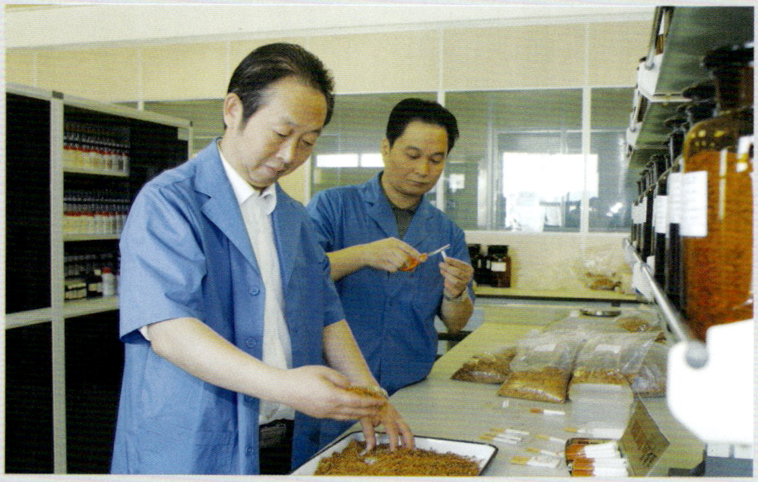

检验员对卷烟产品的配方进行检测

川渝中烟 供稿

!改革的挑战与发展的机遇

有效率、充满活力的企业将赢得行业的未来

着烟草行业 “深化改革，推动重组，走向联合，共同发展” 的战略推进，全面建设 “严格规范、富有效率、充满活力” 的中国烟草为当前烟草行业的总体要求。东软烟草信息化整体解决方案是按照中国烟草总公司信息化建设规划和有关技术要求，致力于以全面信化解决方案来帮助烟草企业运营、管理和决策的各个方面，从而提升其整体竞争实力。

欠烟草信息化整体解决方案（简称T6）是一套整合业务、产品和技术的全面完整的解决方案。该方案以最新信息技术为基础，通过分系统、完整集成的产品系列，来全面实现烟草企业的最佳业务实践。

欠T6烟草行业整体解决方案，帮助您的企业成为规范、效率与活力完美平衡的组织，凭借综合实力屹立行业前端。

东软烟草行业信息化整体解决方案概览

业务解决方案
- 电子商务系列
  - 东软烟草卷烟营销解决方案
  - 东软烟草卷烟物流解决方案
  - 东软烟草零售电子商务解决方案
  - 东软烟草工商协同解决方案
- 电子政务系列
  - 东软烟草服务中心解决方案
  - 东软烟草专卖管理解决方案
  - 东软烟草内部监管解决方案
  - 东软烟草协同办公解决方案
- 管理决策系列
  - 东软烟草商业智能解决方案
  - 东软烟草管理控制计划解决方案
  - 东软烟草人力资源解决方案
- 单项应用方案
  - 东软烟草配送线路优化解决方案
  - 东软烟草GIS融合应用解决方案
  - 东软烟草移动销售队伍管理解决方案
- 技术解决方案
  - 东软烟草统一应用平台解决方案
  - 东软烟草数据中心解决方案
  - 东软烟草信息门户解决方案
  - 东软烟草安全管理解决方案
  - 东软烟草运维管理解决方案

东软烟草用户已分布在全国包括中国烟草总公司在内的20 余个省、自治区、直辖市

- 中国烟草总公司
- 北京烟草
- 安徽烟草
- 福建烟草
- 重庆烟草
- 广西烟草
- 海南烟草
- 陕西烟草
- 四川烟草
- 甘肃烟草
- 云南烟草
- 山西烟草
- 青海烟草
- 江苏烟草
- 天津烟草
- 辽宁烟草
- 深圳烟草
- 河北烟草
- 湖南烟草
- 贵州烟草
- 江苏中烟
- 湖北中烟
- 湖南中烟
- 河南中烟
- 红辽集团
- 内蒙烟草
- 山东烟草

团股份有限公司
北京市海淀区东北旺西路8号中关村软件园6号楼（ 100193 ）
36 10-82777697
36 10-82826065
费服务热线：400-655-6789
eusoft.com

Neusoft东软®
Beyond Technology™

香港永发印务有限公司

永发印务（东莞）有限公司新厂外貌

香港永发印务有限公司是香港上海实业集团旗下的一间包装印刷专业公司，公司成立于一九一三年，在东南亚包装印刷业具有较悠久的历史，并负良好声誉。公司传承“积极进取，力创同业先进，精益求精，务求客户满意”的企业宗旨，坚持技术领先，品质一流的信念，努力为国内外广大烟草企业提供优质服务。近十多年来，公司先后在广东、浙江、河南、四川等地区建立了控股和参股的包装印刷企业十二家，近二年来又引进了高档瑞士BOBST 820凹版印刷联线平压生产线，德国斯托拿滚压烫金机，及引进美国、法国、德国等关键部件的高档水松原纸生产线等一系列高、精、尖专业生产设备。全心全意，全方位致力为烟草企业提供一站式的服务，为烟草企业产品提升形象，增强竞争力，尽绵薄之力。我们也坚信，在国内外广大烟草企业的继续厚爱和关心下，永发公司将会一如既往与您们携手共进，迎接新的挑战。

永发印务（东莞）有限公司引进的
BOBST 尚普兰 Lemanic 82–H
八色凹版印刷生产线

工业企业

卷烟工业企业

河北中烟工业公司

【概　况】 河北中烟工业公司成立于2003年6月12日，下辖张家口卷烟厂有限责任公司、河北白沙烟草有限责任公司两家卷烟工业企业。公司共有从业人员8659人。拥有总资产63亿元，其中，固定资产15亿元、流动资产43亿元，资产负债率为40.59%。

【领导成员】 总经理、党组书记：段铁力

副总经理、党组成员：杨　军

副总经理、党组成员：严金虎

纪检组长、党组成员：李金祥

副总经理、党组成员：王礼发（2007.12—）

【组织机构】 公司机关设办公室（外事办公室）、综合计划部、生产管理部、安全保卫部、法律与改革部（整顿办）、财务管理部（投资管理部）、审计部、人力资源部、思想政治工作部、监察部、市场营销中心、原料供应部、物资供应部、技术中心、信息中心、后勤服务中心等16个部门和北方烟机配件有限公司1个专业公司。

【卷烟生产经营】 2007年共生产卷烟685亿支（137万箱），同比增长10.5%，其中，生产一类烟1.78亿支（0.36万箱），同比增长63.8%；二类烟15.55亿支（3.11万箱），同比增长41.6%；三类烟96.25亿支（19.25万箱），同比增长34.6%；四类烟217.80亿支（43.56万箱），同比增长48.7%；五类烟353.65亿支（70.73万箱），同比减少9.3%。销售卷烟685亿支（137万箱），同比增长10.4%。

实现卷烟销售收入76.08亿元，同比增长24.6%。实现税利47.04亿元，同比增长24.19%，其中，实现利润8.82亿元，同比增长24.04%。

【品牌战略和产品介绍】 2007年，公司以“钻石”、“白沙”、“新石家庄”三大品牌为重点，加快推进产品结构由宝塔型向枣核型转变①的品牌发展目标。公司生产的卷烟品牌主要有“钻石”、“白沙”、“新石家庄”、“玉兰”、“北戴河”、“灵芝”等6大品牌、26个规格。围绕中式卷烟研发方向，研制开发了高中档产品“钻石（软景泰）”和“钻石（软如意）”。8月，新产品“钻石（软如意）”全面上市。

全年销售“钻石”系列卷烟141.9亿支（28.38万箱），同比增长25.9%，其中重点规格“钻石（硬蓝）”、“钻石（硬特醇）”产销量均超过50亿支（10万箱）。销售“新石家庄”系列卷烟141.6亿支（28.32万箱），同比增长20.5%，其主要规格“新石家庄（绿石2代）”、“新石家庄（红石2代）”和“新石家庄（软）”分别在河北省内零售价10元/包、5.5元/包和2.5元/包的卷烟产品市场中占龙头地位。

【科技创新】 围绕公司重点品牌，坚持以市场为导向，创新研发模式，实现以市场为导向的研发前移，成功研制开发新产品“钻石（如意）”、“钻石（景泰）”等卷烟并成功投放市场。在“创新年”活动期间，共开展科研项目30项，其中，重点课题10项，对外合作项目4项。验收成果29项，评定各类获奖成果19项，成功申报专利2项。进一步完善科研计划课题制管理制度，修订课题管理办法，建立全省工业系统卷烟感官质量评吸技术委员会，完善对科技创新、科技人员的激励分配机制，制订科技奖励办法及实施细则。广泛开展以“突出节能减排和创新管理”为重点的QC活动，2007年全省工业系统共注册68个项目，内容涉及技术改造、工艺改进、提高效率、降低能耗等方面。开展烟丝在线填充值检测系统的研究，在张家口卷烟厂有限责任公司、河北白沙烟草有限责任公司保定卷烟分厂进行了在线试验，该技术在世界烟草行业技术领域处于领先地位。

【企业管理】 预算管理。全面推进预算管理各项工作，首次实现全省预算统一编审监控、资金统一调度运营的管理模式，建立起一整套从预算编制、审核、

---

① 宝塔型：产品结构越高，销售比重越小；枣核型：低档卷烟要紧张平衡，中档卷烟要逐步做大，10元/包以上产品要力求突破。

指标下达、预算实施、执行情况分析到预算考核的全面预算管理的完整流程。

设备管理。设备自主修理工作取得突破性进展。2007年，张家口卷烟厂有限责任公司先后对两组ZB25包装机组进行了深度修理，保定卷烟分厂对一组ZB25包装机组进行了深度修理。按照有关规定及设备报废程序，销毁了河北白沙烟草有限责任公司的一批旧制丝设备、3台MK95、2台SASIB6000、1台ZB43，销毁张家口卷烟厂有限责任公司的一批旧制丝设备、YJ14－23卷烟机以及硬盒包装机（条包机）等设备。

内部监管。建立内部专卖管理监督检查日常工作机制，基本实现对专卖管理的日常化监管。对生产经营中管理不到位、容易出现问题的关键环节，加强制度约束和流程控制。针对“四统一”，即营销、生产、技术和采购统一带来的管理体制变化，梳理完善相关管理制度和业务流程。

质量管理。全面推进质量管理体系建设，确定方针、目标，实施一体化运作模式，搭建基本框架。成立了公司标准化管理委员会，编写了企业标准化工作指导规则。以标准化的形式为编写要求，编制质量手册和38个程序文件初稿。

安全管理。加强安全检查，抓好交通安全管理，全年无各类安全事故发生。深入开展法制建设工作，组织开展对《道路安全法》、《物权法》、《招投标法》等一系列法律知识的学习和培训。公司统一组织各企业编制了《突发公共事件预案》，提高应对各种突发事件的能力。

【信息化建设】 启动全省烟草工业系统信息化总体规划，确定信息化工作方向、工作方针和实施策略。在公司原有财务管理系统的基础上，扩充购、销、存和成本核算功能，解决了卷烟统一销售、原辅料统一采购、财务统一核算的问题。完成公司本部到国家局和各直属企业行业地面骨干网视频会议系统。制定新办公楼网络规划，组建新办公楼局域网。

【队伍建设】 进行企业领导班子的年度考察和调整，提拔正处级干部（含正处级待遇）3人，副处级干部3人，企业与机关交流调整处级干部4人。先后选送3名处级干部参加国家局党校的脱产学习，选送经营管理干部68人次参加行业的业务培训。修订印发了《公司本部一般管理人员聘任非领导行政职务的规定》，完善公司本部一般管理人员的职级设置。开展高、中、初级职称的推荐评审和确认工作，推荐高级职称8人，评定中级职称23人，确认初级职称86人。制定“十一五”职业技能鉴定的总体目标，印发《河北中烟工业公司职业技能鉴定管理办法（暂行）》。全年共组织开展烟机设备维修、卷烟营销等特有工种技能鉴定5批次，鉴定人数883人；开展物流师等通用工种技能鉴定6批次，鉴定人数175人。

【思想政治工作】 制订《中共河北中烟工业公司党组“两个至上”在岗位主题实践活动和企业文化建设领导联系点制度》，建立并实施行业员工思想动态分析制度，及时了解思想政治工作领域中的新情况、新问题，及时掌握职工的思想动态。利用《河北烟草》报和企业网站、大屏幕、宣传栏等进行正面舆论导向宣传。9～12月，围绕“抓班子、带队伍、求发展、促和谐”这一主题，重点开展以“五查五看”为主要内容的践行“两个至上”从我做起报告会，成立河北烟草工业系统践行“两个至上”从我做起巡回宣讲团，进行巡回宣讲。

【党风廉政建设】 制定贯彻落实《建立健全教育、制度、监督并重的惩治和预防腐败体系实施纲要》的实施意见及工作分工方案，提出了2007～2015年反腐倡廉建设的近期和中长期工作目标。以“四个一”教育活动为载体，即每周发送一条廉政短信、每月推荐一篇廉洁从业主题文章，每季度观看一次反腐倡廉教育片、每年读一本反腐倡廉主题教育丛书，通过领导干部述职述廉活动、推行领导干部廉政承诺制度、征集廉政短信和廉政漫画、编制技改工作人员从业指导手册、张挂勤政廉政书法作品、安装廉政警言电脑屏保等活动，广泛开展党风廉政教育活动。全年开展专题教育35次，编发廉政短信150条，受教育党员干部累计达4519人次。通过设立专项账户、加强对工程监理的再监督、加强对招标活动的监督等措施，加大对技改工程项目监督管理工作力度。

【特事要辑】 1月23日，国家局局长姜成康一行到河北白沙烟草有限责任公司考察。

4月6日，河北省省长郭庚茂一行考察河北白沙易地技改工程。

5月23日，国家局副局长李克明一行考察河北白沙易地技改工程。

11月14～15日，国家局副局长张保振一行就收入分配制度改革等工作到河北中烟考察调研。

12月11日，河北省委书记张云川一行到张家口卷烟厂有限责任公司考察指导工作。

所属企业

张家口卷烟厂有限责任公司

【概　况】　张家口卷烟厂有限责任公司其前身为始建于1939年的张家口卷烟厂。企业占地面积为31.87万平方米，年卷烟生产能力为400亿支（80万箱），共有在岗员工3631人。截至2007年底，拥有总资产23.89亿元，其中，固定资产8.38亿元、流动资产13.71亿元，资产负债率为58.45%。

12月18日，公司被国家烟草专卖局、国家环境保护总局、联合国工业发展组织授予“中国烟草行业淘汰三氯一氟甲烷贡献奖”。公司党委被河北省委授予“先进基层党组织”称号。

【领导成员】　董事会

董事长：段铁力

副董事长：杨　军

董　事：严金虎　李建新　栾永亮　贾保军　师进辉　刘学峰　史　凯（—2007.6）

监事会

主　席：李金祥

监　事：胡俊华　何　庄　胡自强（—2007.6）　牛亚维

班子成员

总经理、党委副书记：师进辉（2007年6月由党委书记改任党委副书记）

党委书记：刘学峰（2007.6—）

常务副总经理、党委委员：胡自强（2007.6—）

副总经理、党委委员：王大放

副总经理、党委委员：黄　强

工会主席、纪委书记、党委委员：范建华

【卷烟生产经营】　2007年生产卷烟377.5亿支（75.5万箱），同比增长9.42%，其中，生产一至三类烟69.85亿支（13.97万箱），同比增长37.7%；四、五类烟307.65亿支（61.53万箱），同比增长4.55%。全年销售卷烟376.65亿支（75.33万箱），同比增长9.05%。

实现卷烟销售收入36.86亿元，同比增长18.4%。实现税利20.58亿元，同比增长18.91%，其中，实现利润2.41亿元，同比增长5.5%。

全年平均消耗烟叶、嘴棒、盘纸分别为7.2千克/万支，1683.8支/万支，638.4米/万支。

【产品介绍】　公司拥有“钻石”和“北戴河”两个自有品牌，都入选《全国卷烟产品百牌号》目录，其中“钻石”为全国名优卷烟。“钻石”系列拥有7个规格产品，“北戴河”系列拥有5个规格产品。此外，合作加工生产的品牌有“白沙”、“新石家庄”、“七匹狼”和“大丰收”，其中，开展与福建中烟工业公司的品牌合作，全年生产“七匹狼”系列卷烟2.5亿支（0.5万箱）。

【机构调整】　2007年，撤销质检处、技术中心，设立工艺质量处；撤销外联办，其职能划归生产处。成立清产核资领导小组，组建清产核资工作办公室。撤销张家口钻石工贸有限公司生产一部、生产二部，成立六车间，原生产一部丝束工段划归六车间，生产一部薄片工段划归五车间。撤销张家口钻石实业开发公司，成立后勤服务处；撤销张家口金叶运输队，划归后勤服务处。

【技术改造】　4月22日，成功地对旧厂房1至3号楼、动力中心共计3.5万平方米的建筑物进行了定向爆破拆除，为“十一五”技改工程的顺利实施做好了各项前期准备工作。8月16日，举行“十一五”技改工程开工仪式。截至2007年底，完成光明街主体结构施工，浇筑混凝土6000立方米。

【企业管理】　加强生产组织和生产管理，做好与工业公司的协调与沟通，利用产销协调会、生产调度会、经济运行会等，落实生产计划进度，解决产销矛盾。加强成本费用管理，从成本预测、计划、控制、核算、考核和分析等6个环节入手，强化消耗定额管理，严格控制制造费用，全年可比成本节约6000多万元。成立能源管理机构，根据实际制定目标、完善制度、细化指标、加强考核，加强节能降耗工作。7月10日，公司开始运行ISO14001环境管理体系。强化质量管理，强化过程控制和现场监控，针对卷烟生产中容易出现质量缺陷的五个关键时间点，实施重点控制和检查，加强生产现场巡检，全年产品质量检验合格率达100%。在安全生产管理上，坚持“谁主管、谁负责”的原则，落实安全目标责任制、日常安全检查制度，开展全员安全教育，完成公司“5022”① 工作目标。

---

① 即无死亡及重大人身伤害事故，无压力容器严重事故，无重大火灾事故，无重大交通事故，轻伤事故率控制在2‰以内，发案率控制在2‰以内。

【信息化建设】 加强卷烟生产经营决策管理系统、客户关系管理系统的日常维护，开发了生产制造管理系统。先后完成了网络安全工程项目、企业资源管理系统（ERP）、客户关系管理系统（CRM）的改进和完善工作、新厂区综合布线及数字监控布线工作。

【队伍建设】 对技改一期后相关部门人员实行定员定岗。终止所有派遣大学生的派遣协议，依法与其签订了劳动合同；清退全部劳务工。加大人才引进力度，全年共引进大学毕业生48名。加强员工培训工作，与中国人民大学合作开办了中高层管理人员MBA研修班；结合高级专业技能人才的培养目标，与贵州平水机械厂合作开展GD包装机电气修理和机械修理高级技能培训工作；采取理论授课以及实操指导相结合的方式，实行一对一、传帮带的形式，培训员工102人次，培养技术修理的带头人。2007年公司累计实施了A级培训7项，培训员工473人次；B级培训30项，培训员工839人次，派出业务培训144人次。

【思想政治工作】 公司党委通过组织自学、分组讨论、举行专题辅导报告会等多种形式，全面学习、贯彻、落实党的十七大精神。建立公司领导联系点制度，组织先进事迹报告会，积极开展"两个至上"在岗位主题实践活动。加强党员"三项"活动和"优秀党员示范岗"创建活动，充分发挥党员的先锋模范作用。

【企业文化】 企业以"诚文化，我知我行"为主题，围绕企业文化建设总体目标，即"建立一个体系、发展三种力量、实现三个一致"①，弘扬和深化诚文化理念。深入推广诚文化理念体系，编制《诚文化故事集》，制订《企业文化建设目标管理制度》，确立企业文化建设与企业管理工作的融合机制和管理职责，开展多种形式的企业文化主题实践活动。制定《张烟公司企业文化发展规划（草案）》，着手企业文化案例的编写筹备工作。注重交流学习，10月22日，湖南中烟工业公司长沙卷烟厂代表到公司参观，双方就企业文化建设和质量管理等进行了交流。12月27～29日，在杭州召开的全国烟草行业第三次企业文化建设工作会议暨政研会秘书长会议上，公司的企业文化案例《大道至诚》一书发布。

河北白沙烟草有限责任公司

【概　况】 河北白沙烟草有限责任公司其前身为成立于1948年的石家庄卷烟厂，下辖保定卷烟分厂和灵芝卷烟材料厂。公司本部占地面积为16.69万平方米（不含易地技改新址34.7万平方米），年卷烟生产能力300亿支（60万箱），共有在职员工4175人。截至2007年底，拥有总资产32.57亿元，其中，固定资产6亿元、流动资产24.05亿元，资产负债率为28.81%。

2007年，公司被河北省政府授予"河北省质量管理奖"，被河北省企业家协会授予"河北省诚信企业"称号。三车间团支部被团中央授予"全国五四红旗团支部"称号。8月24日，公司一车间工艺QC小组"降低制丝烟末率"获全国烟草行业第十八届优秀QC小组成果发布会一等奖。

【领导成员】 董事会

董事长：段铁力

副董事长：卢　平

董　事：严金虎　杜为红　狄东昇　涂清明　陈国联　刘建福　朱方钦　臧　靖

监事会

主　席：华谢飞

监　事：李丽华　王　芬　丁付起　胡俊华　李永乐

班子成员

总经理：杜为红

党委书记：狄东昇（2007.1～6）

党委书记：丁付起（2007.7—）

副总经理：赵文华（2007.1～6）

党委副书记、纪委书记：张太明

副总经理：易　广

副总经理：周振威

副总经理：刘松杨

工会主席：路　莉

副总经理：李维娜（2007.7—）

总工程师：臧　靖（2007.7—）

【卷烟生产经营】 2007年生产卷烟307.5亿支（61.5万箱），同比增长11.8%。销售卷烟307.5亿支（61.5万箱），同比增长11.8%。实现销售收入37.25亿元，同比增长22.7%。实现税利24.95亿元，同比增长22.8%，其中，实现利润5.25亿元，同比增

① 一个体系：建立起适应烟草行业改革发展要求，体现维护国家利益和消费者利益，具有鲜明张烟特色的"诚文化"体系；三种力量：增强企业凝聚力，激发员工创造力，提高企业核心竞争力；三个一致：实现企业发展与员工发展和谐一致、企业文化优势与竞争优势和谐一致、企业效益与企业形象和谐一致的目标。

长12.79%。

【产品介绍】 公司生产的卷烟品牌有“新石家庄”、“灵芝”和“白沙”系列。全年销售“新石家庄”系列卷烟126亿支（25.2万箱），“灵芝”系列28亿支（5.6万箱），“白沙”系列134亿支（26.8万箱）。

【机构调整】 3月21日，成立易地搬迁领导小组和工作小组。撤销质量管理部，成立工艺质量部。撤销金石百利工贸有限公司、万事利货运服务有限公司，分别成立服务中心和运输部。

【技术改造】 易地技改一期工程进展顺利，修建联合工房、科研办公楼、综合服务楼、动力中心、库房，完成配套的公用工程和辅助工程。二期工程完成前期施工图设计和工程招标。

【企业管理】 财务管理。推行全面预算管理，严格控制成本费用。全面梳理会计核算流程及相关制度。开展主业清产核资，清退多元化经营企业，理顺国有资产管理流程。加强同级审计整改，规范会计管理，以会计基础管理为支撑，实行A、B角管理，提升财务管理水平。

物资管理。坚持资质认证，完善招投标制度和比价采购制度，采取由工业公司经营、省公司采购和省公司授权子公司自行采购三种模式。

质量管理。公司严格执行《国家烟草标准》、《工艺质量管理规定》和《消费者权益保护法》的有关规定，在国家局、二级站、工业公司组织的77次市场抽检中，合格率达100%，包装及卷制平均得分98.52分。全年市场产品不合格率为0.024ppm；成品抽检2579批次，产品质量合格率100%；部门质量职责落实率100%，无漏检重大质量事故；接待顾客投诉41次，处理率100%。其中，对市场反馈的有问题的产品实施“有一换一奖一（以盒为单位）”承诺，加强产品质量服务。

安全管理。加强安全监督检查，完善重、特大事故应急预案演练，注重员工的安全教育培训。以“综合治理、保障平安”为主题，开展“安全生产月”和“百日安全无事故”系列活动，推进职业安全健康管理体系建设，完成工业公司提出的“5022”安全工作目标。

【信息化建设】 完善《河北白沙信息化工作管理办法》，在意见征求的基础上形成《河北白沙信息化工作管理办法》修正稿。维护企业资源计划系统（ERP），2007年，对其各子系统开发新增功能点129个，更新功能点938个。实施网络改造，将保定卷烟分厂网络与河北白沙烟草有限责任公司石家庄卷烟厂网络数据对接，实现卷烟生产经营决策管理系统的数据由互联网传送转为由工业公司内网传送。作为“打码程序升级改造”的试点单位，公司制订了实施方案并成功改造。升级改造公司内网，增设相关栏目，提升网站各项功能。建立石家庄卷烟厂和保定分厂的网络视频会议系统。此外，采购相关物资，提升信息化工作条件。

【品牌合作】 与湖南中烟工业公司及时沟通，加强“白沙”品牌合作。产量规模大幅度提升，全年共生产“白沙”系列卷烟134亿支（26.8万箱），同比增加53.45亿支（10.69万箱）。产品结构得到提高，精品“白沙”产量较上年增加。产品质量持续稳定，“白沙”产品均质化的要求得到实现，产品合格率达100%，平均得分均在96分以上。

【队伍建设】 引入竞争机制。探索引入竞争机制，通过述职测评、竞争上岗等多种方式，考核员工的工作业绩，逐步实现了人才“进得来、留得住、下得去”。加大对中层管理人员绩效考核评议力度，在2007年测评中，有一人被免职，一人被黄牌警告。制订《中层后备管理人员选拔培养管理办法》，6月上旬组织了选拔工作。组织开展四次竞争上岗工作，先后共为工艺质量部、营销中心驻厂部、二车间及车间劳资员岗位选拔了17名人才。5月，组织了2007年大学毕业生招聘工作。全年招聘大学本科毕业生27人，硕士研究生1人；接收复转军人15人。

技能鉴定与职称考评。开展职业技能鉴定工作，全年共有283人次参加了鉴定，其中，烟草行业特有工种鉴定242人次、通用工种鉴定41人次。在职称评审工作中，评定初级职称7人、中级职称20人、高级职称2人。职称考试进展顺利，20人通过职称计算机考试、17人通过职称英语考试、12人通过经济专业资格考试、1人通过统计专业资格考试。

员工培训。针对不同类别的人才，实施不同的培训项目。2007年，培训工作重心转移到监督检查各部门的二级培训上，共组织一级培训班9个、二级培训班62个，共授课579课时，共有5249人次参加了培训，培训内容包括“6S”知识、安全知识、质量意识、党务知识、新制丝线知识等。组织系统内专业技术培训，授课1440课时，共有238人次参加，培训内容包括制丝设备、卷接包设备、质量管理、系统维护、财务管理等。为保证技改搬迁后新设备的正常运转，对制丝生产线、动力车间、仓储部等部门的技术和管理人员进行培训。组织技术骨干到长沙卷烟厂对新制丝线进行现场学习，多次安排车间新老技术骨干到烟机厂、先进企业和职工培训中心学习。

劳资管理。改革分配机制，对各部室奖金系数进行调整，划分为五个档次。深化人力资源改革，8月，公司开展“四定”工作，完成对岗位的类别划分及全公司岗位职能及相关要求的问卷调查。根据新的退休金计发办法，及时调整离退休人员的养老金，共为642人办理了调资手续。

【党风廉政建设】 以《职工思想动态分析报告》为纽带，开展“党员先锋号”和“青年文明号”创建活动，制订“党员营销尖兵”的评选办法。在党员中开展“读一本好书，写一篇心得”活动。

制订对工程建设、物资采购、比质比价的监督程序，完善原有关于招投标的制度，细化招投标工作实施办法，对技改工作人员落实《技改人员廉洁从业五不准》，对招投标实施全过程的监督。建立廉政准入制度，对投标单位的廉政情况进行考察，同时邀请工业公司、检察院的相关人员参加对技改工程有重大影响的项目的招标。建立询价制度，在技改工程建设中实行“双书制”，即在签订工程建设合同的同时，签订《技改工程廉政建设管理协议》。

【企业文化】 2007年是河北白沙“五同”红色文化的全面推进之年，“五同”即“文化上同魂、思想上同心、愿景上同向、战略上同一、行动上同步”，公司制订了《全面推进企业文化建设实施意见》，健全企业文化建设宣传网络，建立企业文化宣传推广骨干队伍。拍摄电视宣传片《和新中国一起成长》，记录企业革命传统和发展历史。3月，在公司和保定分厂分别举办了《全面推广企业文化建设专题讲座》，邀请相关专家现场授课。按照比价招标的方式，确定了企业文化案例编写咨询公司，协助咨询组进行调研工作，完成企业文化案例编写工作，出版《文化聚力》一书。

（刘 辉）

上海烟草（集团）公司所属企业

上海烟草（集团）公司上海卷烟厂

【概　况】 上海烟草（集团）公司上海卷烟厂始建于1925年，前身是英美烟草公司颐中三厂。1952年4月，颐中三厂转让给中国政府，更名为国营上海卷烟二厂；1960年12月，更名为上海卷烟厂。1993年11月26日，上海烟草（集团）公司正式成立，上海卷烟厂成为其核心层单位之一。企业占地面积4.77万平方米。2007年，上海卷烟厂有在册员工2120人。拥有德国HAUNI制丝生产线，PROTOS、GD、FOCKE等卷包设备，以及570千克/小时膨胀烟丝生产线。年卷烟生产能力750亿支（150万箱）。

2007年，企业确立“以提高‘中华’品牌竞争力为核心”的方针目标，以市场需求为准绳，积极适应按订单组织生产的生产模式，通过产能挖掘、资源配置调整、优化生产组织等举措，及时调整生产组织。2007年，上海卷烟厂被上海市总工会评为“上海市职工最满意企业”。

【领导成员】 上海卷烟厂实行厂长负责制，主要领导成员有：

厂长、党委委员：郜　强
副厂长、党委书记：姜立功
工会主席、纪委书记：汤红芳（—2007.8）
副厂长、党委委员：周　铭
副厂长、党委委员：胡勤伟
副厂长、党委委员：卢　游
工会主席、纪委书记：刘晓晴（2007.8—）
副厂长、党委委员：戴志渊（2007.10—）
党委委员：杨　莺

【组织机构】 上海卷烟厂设办公室（党委办公室、厂长办公室）、综合管理科、财务科、人事劳资科、政工科、纪委监察科、工会、团委、工艺质量科、仓储科、设备科、安保科、行政科、科室党总支、一车间、二车间、三车间、膨胀烟丝车间、动力车间等19个部门、车间。

【卷烟生产】 2007年，主要生产的卷烟品牌有“熊猫”、“中华”、“上海”、“红双喜”、“牡丹”、“飞马”、“大前门”等。共生产卷烟750.08亿支（150万箱），同比增长1.99%，其中，一类烟212.13亿支（42.43万箱），二类烟59.4亿支（11.88万箱），三类烟241.39亿支（48.28万箱），四类烟125.01亿支（25万箱），五类烟112.14亿支（22.43万箱）。生产

“中华”品牌卷烟207.03亿支（41.41万箱），占总产量的27.6%；“红双喜”品牌卷烟242.95亿支（48.59万箱），占总产量的32.4%；“牡丹”品牌卷烟125.01亿支（25万箱），占总产量的16.67%。2007年产品质量抽检合格率为100%，卷烟外在质量平均得分为99.21分，其中“中华”牌卷烟的外在质量得分为99.71分；卷烟制造过程σ水平达到4.262。

【科技创新】 以“中华”品牌为重点，有序推进各类攻关活动。2007年申报科技项目7项、各级质量改进项目43项、QC项目79项、六西格玛项目10项，合计立项数达139项。申报7项专利（含2项发明专利）。企业荣获省部级以上技术和管理项目奖项4个。

【信息化建设】 开展以应用需求为导向、以分析应用点为载体的4个层次信息资源利用工作，逐步完善数据资源利用推进机制，形成广度深度协同发展的信息资源利用管理框架，有效推动管理数字化和精细化。

【企业管理】 *管理创新*。推进以“质量、成本、交货期和队伍”为主要内容、标杆管理为重要方法的管理创新活动，确立“以观念和方法创新为先导，提升基层建设水平；以标杆管理和卓越绩效管理模式为载体，不断提升‘中华’品牌竞争能力”的管理创新指导思想，通过卓越绩效管理模式和标杆管理的实践，在持续创新、基础管理和“两个满意”（消费者满意，员工满意）等方面均取得长足的进步。

质量管理。质量控制继续保持高位有序运行。卷烟制造过程σ水平由2006年的3.838上升到4.262；“工序参数控制符合率”由2006年的94.85%上升到99.74%；制造质量百亿支投诉次数由2006年的4.14次下降到2.89次；产品满意度为86.7%，同比上升1.4%。

设备管理。以进一步保障工艺、保障生产为目标，着力提升质量保障能力和成本控制能力，深化设备全要素管理理念，夯实各项基础管理。推进设备防差错（FMEA）管理，运用FMEA方法对缺陷开展分析与改进，提高设备对生产、安全的有效保障。

安全管理。探索建立全面安全管理（TSC）新模式，在对历年安全、消防管理情况进行回顾的基础上，运用体系要素管理方法，加强对重点危害、重点部位的控制，实现安全的过程控制。

【标准化工作】 开展“中华”品牌系列标准的建立工作，制定并实施《“中华”工艺技术参数标准》、《“中华”过程控制标准》和《“中华”制造过程检测方法标准》等“中华”品牌系列标准。

建立“（软盒）中华”标准成本体系，确定制造环节标准成本控制的具体指标；通过引入价值量因素、统一指标的统计口径等方式，初步形成“(35号软盒）中华”标准成本控制框架。

【企业文化】 以“‘两个维护’在岗位，‘品质文化’融心间”主题实践活动为抓手，推动企业文化建设向纵深发展。初步确立文化建设框架，在全厂范围内征集文化框架中的质量、成本、人才、从业、管理、绩效等六大理念的内涵，并围绕六大理念的表述和内涵诠释进行专题研讨，形成《工厂文化理念框架（草案）》。

上海烟草集团北京卷烟厂

【概　况】 北京卷烟厂始建于1970年，2004年1月1日正式纳入上海烟草（集团）公司管理。占地面积8.95万平方米。2007年，有总资产19.7亿元，其中，固定资产2.47亿元、流动资产14.62亿元，资产负债率16.7%。共有员工804人，其中，大中专以上学历396人，高级职称6人、中级职称139人。拥有1条4000千克/小时制丝线，10台套PROTOS卷接机、1台套ZJ17等设备。年卷烟生产能力200亿支（40万箱）。2007年，北京卷烟厂被北京市质量协会信用评价中心评为“北京市重质量守信用企业”，并连续第九年被评为“首都文明单位标兵”。

【领导成员】 企业实行厂长负责制，主要领导成员有：

厂长、党委副书记：曲志刚

党委书记：马庆林

常务副厂长、党委委员：齐伟城

工会主席、党委副书记、纪委书记：蔡继东

总工程师：张维群

总会计师：于国欣

副厂长：赵丽儒

【卷烟生产经营】 2007年，生产卷烟171.03亿支（34.2万箱），同比增长15.87%，其中，生产一类烟3.06亿支（0.61万箱），二类烟5.07亿支（1.01万箱），三类烟40.96亿支（8.19万箱），四类烟78.51亿支（15.7万箱），五类烟43.42亿支（8.68万箱）。

销售卷烟169.9亿支（33.98万箱），同比增长14.69%。实现销售收入23.91亿元，同比增长25.64%。实现税利16.12亿元，同比增长30.74%，其中，实现利润4.09亿元，同比增长50.37%。出口创汇1290万美元，同比增长14.74%。平均单箱税利4785元，同比增长15.27%。

企业能耗进一步降低，天然气消耗2.22立方米/万支，同比减少0.02立方米/万支；电耗3.48千瓦时/万支，同比减少0.08千瓦时/万支；水耗0.06吨/万支，同比持平。

【品牌战略和产品介绍】 坚持“中南海”品牌“科技创新生活”的理念，坚持“首都是基础、空间在外埠、拓展在海外”营销方针，以集团公司新的营销体系为平台，把营销中心作为第一方队，加大首都、外埠和海外市场拓展力度，加快“中南海”品牌扩张和结构调整步伐。“中南海”卷烟销量比重从上年的75.74%上升到88.58%，市场占有率进一步提高，占全国混合型卷烟市场份额由上年的23.17%提高到30.14%。

2007年销售“中南海（5mg）”9.5亿支（1.9万箱），同比增长103%；销售“中南海（金8mg）”30.05亿支（6.01万箱），同比增长81.25%；销售“中南海（软盒精品）”2.485亿支（0.497万箱），同比增长47.1%。“中南海”卷烟出口马来西亚0.675亿支（0.135万箱），同比增长372%，其中薄荷型烟占53%。在免税市场，“中南海”卷烟销售3.28亿支（0.656万箱），同比增长96%，占到出口卷烟份额的30%。在中国澳门市场，“中南海”卷烟市场覆盖率达到60%以上。

【科技创新】 完成“中南海（5mg细支）”的试制和市场调研等工作。完成烤烟型“中南海（祥和132）”配方设计，明确商标设计方案并进入中试阶段。

加强气相自由基限量标准研究，完成41种国外卷烟烟气中气相自由基释放量测定工作。《应用离子阱GC/MSn测定主流卷烟烟气中的烟草特有N－亚硝胺》论文在《质谱快报》上发表。基本解决卷烟一氧化碳量超标问题，提高卷烟包灰能力。

先后开展真空镀铝纸、白玉兰滤棒替代和长润硬盒包装胶等试验工作。在烟支搭口改进、白肋烟烘焙机温湿度调查、提高三丝配比精度和膨胀烟丝工艺参数化等项目上取得新进展和成果。

【技术改造】 加强与地方政府及设计、招标、施工、监理等单位的沟通与协调，易地技术改造按照工程计划组织落实。9月16日，联合工房实现主体结构封顶；10月31日，联合工房网架安装完毕；2007年底，科研办公楼、动力中心开始动工。

【企业管理】 生产管理。以按订单组织生产为要求，坚持生产围着市场转，着力协调产能、库存与订单之间的不平衡，实现BIMS系统正常运行，确保及时交货。2007年，在品牌更换246次的情况下，圆满完成生产任务。

质量管理。确立六西格玛项目10个，编制修订企业标准172项。有8个QC项目分别荣获北京市、国家局和中国产品质量协会QC成果奖。着力提高过程控制能力、参数化控制水平和精细化管理水平，组织开展参数优化工作，明确关键参数44个，一般参数177个。

【三项制度改革】 2007年，进一步深化三项制度改革。进一步完善新岗位薪级工资体系，完成新效益工资对接和顺利运行，并实现新岗位薪级工资体系的整体运行。开展技术技能岗位人员评聘工作，组织职工参加工程、工艺研发、营销、技能4个序列13个岗位的竞聘，提高职工岗位技能。参加国家局组织的行业特有工种技师鉴定工作，有10名职工取得技师资格。积极贯彻《劳动合同法》，开展业务外包、劳务派遣、自主聘用人员自查工作，进一步规范和理顺企业劳动关系。

【信息化建设】 配合开展产销集成、资金管理、预算管理等信息系统实施工作；会计核算信息系统由分步式变为集中式；推进MES信息系统方案设计、调研等工作。

上海烟草（集团）公司天津卷烟厂

【概况】 上海烟草（集团）公司天津卷烟厂始建于1919年，前身系天津英美烟草公司。1952年被中央人民政府接管，更名为天津卷烟厂。2004年12月与上海烟草（集团）公司签署联合重组协议，取消企业法人资格，更名为上海烟草（集团）公司天津卷烟厂。企业占地面积18.28万平方米。2007年，有在职员工1037人，其中，研究生学历7人、本科学历71人；高级职称3人、中级职称59人、初级职称70人。拥有5000千克/小时制丝线1条、PROTOS70卷接机组10台套、GDX1包装机组5台套、GDX2包装机组5台套等卷接包生产线关键设备。年生产能力200亿支（40万箱）。

【领导成员】 企业实行厂长负责制，主要领导成员有：

厂长、党委书记：李钢成

副厂长、党委委员：田振勇

副厂长、党委委员：唐　涛

副厂长、党委委员：张培勇（—2007.10）

工会主席、党委副书记、纪委书记：孟庆荣

副厂长：李　卫

党委委员：王自明（2007.12—）

【卷烟生产】 2007年生产卷烟165.25亿支（33.05万箱），同比增长13.18%。销售卷烟165.4亿支（33.08万箱），同比增长12.59%。实现卷烟销售收入13.32亿元，同比增长14.53%。实现税利6.32亿元，同比增长5.93%，大部分利润用于消化历史遗留不良资产。

【产品介绍】 2007年生产“江山”、“恒大”、“大前门”、“牡丹”4个卷烟品牌。生产“江山”8亿支（1.6万箱），同比增长14%；“恒大”57.8亿支（11.56万箱），同比减少25.04%；“牡丹”10亿支（2万箱），同比减少17.9%；“大前门”89.45亿支（17.89万箱），同比增长170.24%。“大前门”首次被认定为天津市著名商标。

【节能降耗】 开展节能降耗攻关活动。成立推进清洁生产工作领导小组，明确工作职责，制订实施方案。通过降低盒皮成本、降低燃煤消耗等节能降耗项目的实施，2007年总能耗同比降低8.95%，万支综合能耗和单位产值能耗同比分别降低19.55%和20.07%。2007年累计节约成本费用449万元。

【科技创新】 开展课题立项工作，2007年设立质量改进项目11项、QC课题51项、班组创新课题40余项、小改小革26项。中草药添加技术研究被纳入集团重点科研项目。“烟草薄片工艺技术研究”、“喷镀铝纸的应用推广”等成果被推广应用到实际生产中。“滚筒安全制动装置及其气动控制电路”项目获得国家知识产权局实用新型专利。

【人力资源管理】 推进人力资源的优化配置工作，导入胜任能力模型，组织管理7岗综合能力测评和中层管理岗位选拔竞聘工作；实施双轨制，开展2个级别6个条线的专业技术职称评聘工作。按照“大规模、多途径、深层次、高技能”的培训要求，从完善培训机制入手，统筹考虑员工学习与发展的需求，将员工的学习培训同胜任能力模型、职业生涯规划的要求紧密地结合在一起，初步建立一体化培训体系。

上海高扬国际烟草有限公司

【概　况】 上海高扬国际烟草有限公司创建于1992年2月，1995年7月正式投入生产，由上海烟草（集团）公司、香港南洋兄弟投资（中国）有限公司合资经营，投资总额为5000万美元。企业占地面积4.8万平方米。2007年，公司共有员工351人。有总资产4.12亿元，其中，固定资产1.82亿元，流动资产2.05亿元，资产负债率18%。拥有3300千克/小时的HAUNI制丝线1条，1000千克/小时的制梗线1条，800千克/小时的白肋烟线1条，卷接包机组8台套。年卷烟生产能力150亿支（30万箱）。

【领导成员】 董事会

董事长：高宪法

副董事长：陆大镛

董　事：徐国强（2007.2—）　陈宣民（2007.2—）　陆益敏（2007.8—）

陆禹平（2007.8—）　谢亦三（—2007.2）　李　跃（—2007.2）

朱明华（—2007.8）　陈　烨（—2007.8）　陆永年

班子成员

总经理、党总支书记：谢亦三（—2007.8）

总经理、党总支书记：徐国强（2007.8—）

党总支副书记、工会主席：盛晓敏

总工程师：蔡得明（—2007.4）

副总经理：沈　涛（2007.4—）

副总经理：张　强（—2007.9）

副总经理：张　巍（2007.9—）

【卷烟生产经营】 企业以委托加工生产低焦油卷烟产品为主，生产的卷烟品牌有“牡丹”、“红双喜”、“金鹿”等，并与日本烟草产业株式会社合作来料加工生产“七星”品牌卷烟。

生产委托加工卷烟106.5亿支（21.3万箱），同比增长13.47%。另外，生产“七星”品牌卷烟1.39亿支（0.28万箱）。实现销售收入1.74亿元，同比减少0.57%。实现卷烟税利0.57亿元，同比减少27.85%，其中，实现利润0.32亿元，同比持平。实现单箱税利270元，同比减少12.57%。

【科研成果】 以低焦油卷烟产品特色工艺研究为方向，建立分层次的项目体系。全年实施科技项目2项，局级质量改进项目4项，标杆管理项目6项，双进步项目9项，六西格玛项目2项，以及QC课题26个，技术类项目职工参与率高达65.13%。共申报专利2项，2个六西格玛项目被评为“上海市优秀六西格玛项目”。

【技术改造】 完成一套ZJ112－ZB47机组、两组

PROTOS1－8卷接机以及瑞龙连接设备的调试、验收、整改等工作；完成一套FOCKE 486C装箱机的安装调试；实施一组德斐坏烟处理机、白肋烟制丝线的技术改造项目；实施使用外高桥电厂热力公司的城网蒸汽项目，有效提高设备对生产、工艺、质量的保障能力和制丝生产品质控制能力。

【企业管理】 质量管理。每月对生产制造过程西格玛水平进行测试、跟踪、分析和反馈。产品质量抽检合格率为100%，外在质量加权平均得分99.41分，理赔率0.04ppm，质量事故和二级、三级工序异常均为零，卷包一次成品率达99.01%。

设备管理。依据现有设备维修保养后的精度状况，建立涵盖回丝量等8项内容和涵盖缺支检测等4项内容的公司卷包设备性能评价标准；推行性能评价标准在设备轮季保养中的应用，进一步完善设备维修保养方法。

财务成本管理。推行预算管理精细化，实行预算指标考核由“总体指标”到“单个指标”的转变，预算编报由“手工”申报转变为“系统”申报。研发低值易耗品管理模块和项目、合同管理模块，启用集团公司资金管理系统，提升全面预算管理的刚性控制水平。

签订《降本增效指标确认书》，明确每万支能源成本、每万支维修成本、每万支零配件消耗成本和每万支办公用品成本分别比2006年下降5%的目标，全年降低成本费用82万元。

【信息化建设】 围绕生产过程，深入推进信息化应用。完成月滚动计划、材料退料条码分配、烟叶投料重量录入等8项优化工作。编制产量消耗指标奖金分配、制丝投入产出、卷包质量报告等数据分析表单。调试与实施“二打三扫”项目，提升物流效率。

【企业文化】 公司以全员参与为根本，分阶段开展企业文化建设。宣传动员阶段，结合《员工文明手册》进行宣传贯彻，开展“大家都来找陋习”有奖竞答活动，进一步规范职工行为习惯；培训审视阶段，在组织普及培训和专业培训的基础上，对公司现有的文化进行梳理，明确培育方向；实施贯彻阶段，开展质量品质文化核心理念的征集、评选、竞猜活动，职工参与率达96.6%。

（胡剑平）

江苏中烟工业公司

【概　况】 江苏中烟工业公司成立于2003年9月17日，下辖南京卷烟厂、徐州卷烟厂、淮阴卷烟厂3个非法人卷烟生产企业和南通烟滤嘴有限责任公司、江苏格瑞实业有限责任公司2个全资子公司。12月12日，公司正式将徐州卷烟厂澄城卷烟分厂移交陕西中烟工业公司管理。截至2007年底，拥有总资产227.32亿元，其中，固定资产32.45亿元、流动资产184亿元，资产负债率为19.52%。共有员工7867人。

【领导成员】 公司实行总经理负责制，主要领导成员有：

总经理、党组书记：蒋洪喜

副总经理、党组成员：王广志

纪检组长、党组成员：俞惠梅

副总经理、党组成员：张岩磊（2007年2月任副总经理）

副总经理、党组成员：张铭业（2007年2月任副总经理）

党组成员：刘加荣（2007年1月调至江苏省公司）

副巡视员：郭粉林

【组织机构】 公司下设办公室（外事办公室）、人力资源部、党群工作部、监察部、法律与改革部、财务管理部（投资管理部）、审计部、综合计划部（整顿办）、后勤服务部、原料供应部、信息中心、生产制造中心、安全保卫部、物资采购中心、技术研发中心、市场营销中心等16个部门。

其中，办公室（外事办公室）和后勤服务部合署办公，法律与改革部和党群工作部合署办公，生产制造中心和安全保卫部合署办公。加快“四个中心”建设，截至2007年底，公司的市场营销中心、物资采购中心、技术研发中心、生产制造中心全部完成组建工作。

【卷烟生产经营】 2007年生产卷烟896亿支（179.2万箱），同比增长6.22%，其中，生产一类烟131.9亿支（26.38万箱），同比增长46.87%；二类烟183.5亿支（36.70万箱），同比增长147.45%；三类烟136.55亿支（27.31万箱），同比下降36.12%；四类烟296.55亿支

(59.31万箱)，同比下降8.55%；五类烟147.5亿支(29.5万箱)，同比增长4.24%。

销售卷烟895.7亿支（179.13万箱)，同比增长6.1%。实现销售收入237.6亿元，同比增长19.68%。实现税利195.4亿元，同比增长22.86%，其中，实现利润53.06亿元，同比增长17.14%。

【品牌战略和产品介绍】 以“苏烟”、“南京”、“一品梅”、“红杉树”为培育重点，建立品牌评价体系，加强品牌管理调控，整合品牌资源，优化产品结构，提高产品科技含量，开拓省内外市场，努力培育跻身行业“10多个”的大品牌。

2007年，主要生产的卷烟品牌有“苏烟”、“南京”“一品梅”、“红杉树”、“梦都”、“灵山”、“秦淮”、“大丰收”、“华西村”、“国烟”等10个品牌、40个规格，其中，重点品牌“苏烟”销量为43.75亿支（8.75万箱)，同比增长59.13%；“南京”销量252.75亿支（50.55万箱)，同比增长16.7%；“一品梅”销量为202.05亿支（40.41万箱)，同比增长2.82%；“红杉树”销量为246.65亿支（49.33万箱)，同比增长2.69%。4大重点卷烟品牌占总销量的比重为83.04%，同比上升2.54个百分点。2007年，“苏烟”被评为“中国驰名商标”。同时，公司开发研制了“南京（九五之尊)”、“苏烟（铂晶)”2个高档卷烟规格。

【科技创新】 2007年，公司科技活动经费支出总额为1.43亿元。开展科研项目66项，其中国家局项目6项，省级公司项目25项，共取得科技成果25项。“制丝工艺技术水平分析及提高质量的技术集成研究推广”项目获国家烟草专卖局科技成果一等奖，“数字化卷烟产品设计”项目获三等奖；两项QC成果获国家局QC成果评比三等奖。公开发表科技论文17篇，获得两项专利授权。

【辅料生产企业】 南通烟滤嘴有限责任公司。公司成立于1981年，年生产各种规格型号滤嘴棒能力达120亿支。截至2007年底，拥有总资产17292万元，其中，固定资产7639万元、流动资产9000万元，资产负债率为33.85%。拥有高速进口成型机14台，其他各类成型机9台。2007年，生产滤嘴棒129.07亿支，同比增长20.22%；销售滤嘴棒128.59亿支，同比增长19.03%。实现销售收入28291万元，同比增长60.88%。实现税利6422万元，同比增长266.13%，其中，实现利润4524万元，同比增长339.22%。

江苏格瑞实业有限责任公司。公司成立于2002年3月，是全国第一家二氧化碳膨胀烟丝专业生产企业。截至2007年底，拥有总资产21819万元，其中，固定资产11290万元、流动资产8162万元，资产负债率为24.09%，共有员工189名。2007年生产膨胀烟丝4716吨，同比增长21.88%。实现销售收入8364万元，同比增长24.99%。实现税利4926万元，同比增长59.11%，其中，实现利润3564万元，同比增长80.36%。

【信息化建设】 推进企业资源计划系统（ERP）及数据中心建设，在管理咨询基础上完成技术方案的规划和设计。完成网络升级改造与安全体系建设工作，公司至各卷烟厂广域网线路带宽全面升级，重新设计和规划了公司网络体系架构，完成覆盖全系统的防病毒体系、网络管理体系、终端管理体系的部署。制定《江苏中烟MES系统建设指导规范》，并在徐州卷烟厂开展制造执行管理系统（MES）的实施试点，重点在系统集成、生产排程、流程优化等方面进行关键技术攻关。

【思想政治工作】 深入开展“两个至上”在岗位主题实践活动，组织了“两个至上，从我做起”主题报告会。开展“五查五看”，组织副处级以上领导干部撰写“五查五看”自查报告64篇，举行领导干部“五查五看”交流会。重点围绕党的十七大精神进行学习宣传，邀请专家教授进行党的十七大精神专题讲座。

加大党风廉政宣传教育力度，层层签订党风廉政建设责任书。全年共开展廉政教育专题报告会40场次，组织党员干部和有关工作人员观看反腐倡廉电教片27场次，组织党员干部参观反腐倡廉成果展览等活动16场次。

【特事要辑】 1月，《江苏中烟报》创刊。

1月18日，南通烟滤嘴有限责任公司总投资3000万元的滤嘴成型车间建设工程项目举行开工奠基仪式。

2月，《江苏中烟》杂志创刊。

4月5日，江苏中烟工业公司与吉林省烟草专卖局（公司）签署了《战略联盟协议书》，建立新型工商战略联盟关系。

6月18~23日，江苏中烟工业公司举办首届烟机设备操作工职业技能竞赛。

12月，徐州卷烟厂“十一五”技改一期工程竣工并成功投产。

所属企业

江苏中烟工业公司南京卷烟厂

【概　况】 江苏中烟工业公司南京卷烟厂前身为1948年成立的南京卷烟厂，新厂区占地面积为27.2万平方米。企业年卷烟生产能力350亿支（70万箱），共有在册员工1500余人，其中专业技术人员500余人。拥有超高速卷接包卷烟机组GD121、PLUS、PROTOS等设备和现代化的制丝生产车间。2007年被评为"江苏省文明单位"、"首届江苏省企业文化建设先进单位"。

【领导成员】 企业实行厂长负责制，主要领导成员有：

党委书记：张岩磊（2007年1月免去厂长职务）

厂长、党委副书记：李　鸣（2007.1—）

副调研员：龚怀龙（2007年3月免去党委副书记、纪委书记职务）

副厂长、党委委员：王振洲

副厂长、党委委员：黄　彪

副厂长、党委委员：王　宁

工会主席、党委副书记、纪委书记：刘殷亭（2007年4月任党委、纪委职务）

副厂长、党委委员：金茂跃（2007.5—）

副调研员：谢文浩（2007年12月免去副厂长职务）

副厂长：成　群

副厂长：李卫东（—2007.10）

财务总监：杨　勇

【卷烟生产】 2007年生产卷烟337.90亿支（67.58万箱），其中，生产一类烟55.25亿支（11.05万箱），二类烟177.05亿支（35.41万箱），三类烟2.65亿支（0.53万箱），四类烟41.25亿支（8.25万箱），五类烟61.7亿支（12.34万箱）。生产的卷烟品牌为"南京"、"梦都"、"灵山"。

全年烟叶、嘴棒、盘纸平均消耗分别为7.02千克/万支、1869.64支/万支、638.94米/万支。水、电、燃料平均消耗分别为0.132吨/万支、8.28千瓦时/万支、2.35千克标煤/万支。

【机构调整】 适应现代企业机电一体化的需要，调整企业内设机构，使企业机构设置与江苏中烟工业公司保持上下统一、对口衔接，将信息中心、综合管理处、设备管理处合并为综合管理处。

【企业管理】 财务审计。实行厂、部门两级预算，企业预算总体执行情况良好。加大企业原料、辅料、备件等实际采购价格的分析，增加财务对业务活动的参与度，提高成本控制能力。坚持开展经济活动分析会，进一步控制生产成本。成立企业同级审计工作领导小组，重点加强企业固定资产和三产公司收支的审计工作。完善企业内控制度，规范合同的订立、履行、变更等行为，防范和规避合同风险。

生产管理。完善工艺管理制度，组织工艺摸底测试，完成6大项目攻关。推进企业"三标一体"整合工作，配合省公司完成整合文件的编写和宣贯。开展清洁生产审核，编制了《数据采集和评价规范》，促进水、电、物料平衡。顺利通过南京市清洁生产验收，达到行业AAA级水平。

【技术改造】 调整设备保养方式，跟进设备轮修和检查验收工作，组织了三次大范围的停产检修。新建白肋烟生产线，对辊压法薄片线、FBD梗丝干燥机等设备进行升级改造，新增一台套卷接包机组。推动厂区北扩近20万平方米征地项目的进展，完成工业出让用地的有关手续，签订了出让合同。

【队伍建设】 组织开展"四定"工作，细化部门工作职责。根据企业机构变化后的管理需要，先后提拔了14名中层干部。改革干部考核机制，实行干部月度考核与年终考核相结合，重点放在日常管理的考核上。启动企业内部"三个通道"建设，即打通主任科员、副主任科员，主任工程师、副主任工程师，主任技师、副主任技师之间的上升通道，通过公开竞聘、理论考试、个人述绩、民主测评与部门推荐，33人获聘。通过公开招聘，引进大学毕业生50人。

江苏中烟工业公司徐州卷烟厂

【概　况】 江苏中烟工业公司徐州卷烟厂前身为1939年成立的徐州卷烟厂，占地面积为27万平方米，是全国烟草行业"数字化烟草企业"建设试点和示范单位。企业年卷烟生产能力400亿支（80万箱），共有在岗员工2019人。在国内率先引进ESS梗丝处理线及PROFI－NET现场总线控制技术，形成采用两套HXD处理设备分组加工的全新制丝线生产格局。

2007年，企业被江苏省委省政府授予"江苏省文明单位标兵”称号，产品质量管理处、产品研究室被全国创争活动领导小组授予“全国学习型先进班组”称号。

【领导成员】 企业实行厂长负责制，主要领导成员有：

厂长、党委书记：张铭业（—2007.1）

厂长、党委书记：宣晓泉（2007.1—）

副厂长、纪委书记、党委委员：张兴顺

副厂长、党委委员：王继林（2007年9月改任副调研员）

副厂长、党委委员：蒋安东

副厂长、党委委员：朱卫星

副厂长、党委委员：董 彪

副厂长、党委委员：高 宏

工会主席、党委副书记：王洪雷

财务总监：边 姜

副厂长：凌 毅（2007.4—）

总工程师：吴宝兴（2007.7—）

【卷烟生产】 2007年生产卷烟302亿支（60.4万箱），其中，生产一、二类烟80亿支（16万箱），三、四类烟174亿支（34.8万箱），五类烟48亿支（9.6万箱）。生产的卷烟品牌主要为“苏烟”、“红杉树”、“东渡”。

全年烟叶、嘴棒、盘纸平均消耗分别为7.04千克/万支、2074.83支/万支、618.16米/万支。水、电平均消耗分别为0.15吨/万支、11.57千瓦时/万支。

【技术改造】 结束“十一五”重点跨越一期工程建设，4万平方米的联合生产工房竣工投产，新增一条4500千克/小时叶丝生产线，引进一条ESS梗丝生产线，新建一条400千克/小时辊压法薄片生产线。尝试采用双HXD+ESS的生产工艺，使用国际先进的PROFI-NET现场总线控制技术，突出“分组加工、分组加料、精细加工”的特色工艺。

【科技创新】 围绕“减害降焦、降低消耗、投入产出、过程精度控制”等方面开展各项工艺创新研究，用新工艺、新材料研发的“苏烟（铂晶）”成功投放市场，成为产品创新的一项重要成果。企业卷烟焦油加权平均值控制在12.52毫克/支，较全国平均值低0.7毫克/支。创新性地将“节能减排”新技术融入到技改工程中，综合应用溶液热回收型新风机组节能空调技术、低温等离子体光催化异味处理技术、污水处理及中水回用技术、环保真空镀铝纸、建筑综合节能技术等，推动企业清洁生产、环保生产、节约生产。

【企业管理】 机构调整。按照国家局批复意见，12月，澄城卷烟分厂划归陕西中烟工业公司管理。组织机构调整为16个常设部门和2个非常设部门，调整岗位人员280余人，并对全厂中层干部进行重新调整与聘任。

内部管理监督。成立由厂长担任组长的内部整顿规范工作领导小组，建立全厂联席会议制度，层层签订内部管理监督责任书，着力加强两烟生产经营、重大工程项目物资采购、烟机零配件及资金的监管。

质量管理。强调生产过程控制精度，成立全面质量管理领导小组，在生产的每个环节、每一道工序，执行自检、自查，质量管理部门不定期检查。进一步完善制丝、卷接工序质量管理规章制度、操作规程和作业指导书，生产环节各关键工序工艺参数指标较上年明显提高。在国家局卷烟产品质量市场抽查过程中，合格率达100%。进一步强化“苏烟工程链”建设，细化“苏烟”从原料、工艺、制丝、卷接、设备到仓储、销售等各环节的管理流程，在制度上实现了工程链整体的闭环管理，以特色工艺和优化流程拉动企业整体生产运作水平的协同提升。

安全管理。建立厂网络门禁考勤系统，扩充现场检查的检查范围和检查内容。通过实施职业安全管理体系、强化安全宣传教育培训、开展消防应急预案演练，强化职工安全意识，实现全年安全生产无事故。

【信息化建设】 完成制造执行管理系统（MES）的开发测试工作，相关模块已在生产环节进行试运行，并在全省行业推广。完成电子商务协同系统建设。推行办公自动化建设，公文远程传输、公文流转等环节全部实现了电子化。数字化档案管理系统运行顺利，完成十多万页的档案数据加工工作，实现档案信息共享。

【队伍建设】 创建“四好”领导班子，围绕政治素质、经营业绩、团结协作和作风形象四个方面细化工作，突出领导班子在企业各项生产经营活动中的带头作用。推进以“四定”为重点的用工分配制度改革，开展岗位分析，做好定岗定编工作。通过技能鉴定、岗位练兵、技术比武、师徒结对等多种形式，加强人才队伍建设。全年共举办各类培训班60余期，培训人员5000多人次，人均培训课时30学时以上。组织管理骨干参加省公司与清华大学联办的高级研修班，分两批对全厂90余名中层干部进行了为期两周的封闭式培训。组织70余名技术工人参加了中级技工、高级技工、技师和高级技师四个等级工的培训与鉴定。选派20余人次考评员参加省内外各种技能鉴定和技能竞赛工作。

【思想政治工作】 根据企业内设机构调整情况，将原有的16个党支部整合为12个党支部，进一步加强基层党组织的工作。组织学习党的十七大文件，营造团结和谐的氛围。严格执行党委理论中心组学习制度，每月学习不少于一次。深入开展以"五查五看"为主要内容的"两个至上"在岗位主题实践活动，中层以上干部撰写学习体会，在全体员工中开展践行"两个至上"从我做起主题演讲报告活动。编制《思想政治建设规划纲要（2007~2012）》，明确今后一个时期企业思想政治工作的指导思想、主要目标和总体部署。

以创建"廉洁徐烟"为切入点，落实党风廉政建设责任制，加强对企业重点工程项目的监管。在江苏中烟组织的党风廉政建设年度考评中，企业获得第一名。

江苏中烟工业公司淮阴卷烟厂

【概　况】 江苏中烟工业公司淮阴卷烟厂前身为1945年成立的新四军随军工厂。企业占地面积53.7万平方米，年卷烟生产能力300亿支（60万箱），共有在册员工2213人。拥有进口COMAS式6000千克/小时制丝生产线1条，HXD在线膨胀设备1套，卷接包生产线15条。

2007年，企业被全国厂务公开协调小组授予"全国厂务公开民主管理先进单位"称号。生产制造处卷包车间乙班被全国创争活动领导小组授予"2006年度全国学习型先进机组"称号。制丝车间被中国质量协会、中华全国总工会、共青团中央联合授予"2007年度全国优秀质量管理小组"称号。

【领导成员】 企业实行厂长负责制，主要领导成员有：

党委书记：刘加荣（—2007.3）

厂长、党委书记：唐　健（2007年3月任党委书记）

副厂长、党委副书记：周　涛（2007年8月任党委副书记）

副厂长、纪委书记、党委委员：樊兆庆

副厂长、党委委员：强　青（—2007.4）

副厂长、党委委员：郁雨昌

副厂长、党委委员：陶利群

工会主席、党委委员：关　军（—2007.7）

工会主席、党委委员：孔维应（2007.8—）

副厂长、党委委员：金殿明（2007.7—）

副厂长：张德新（2007.7—）

财务总监：郜广礼

【卷烟生产】 2007年生产卷烟256.7亿支（51.34万箱），其中，生产一类烟8.55亿支（1.71万箱），二类烟31.3亿支（6.26万箱），三类烟50.9亿支（10.18万箱），四类烟128.4亿支（25.68万箱），五类烟37.55亿支（7.51万箱）。主要生产的卷烟品牌有"一品梅"、"国烟"、"华西村"、"大丰收"等4个品牌、17个规格。生产主导品牌"一品梅"系列202亿支（40.4万箱），"华西村"系列19.46亿支（3.89万箱）。

全年烟叶、嘴棒、盘纸平均消耗分别为6.92千克/万支、2073.68支/万支、608米/万支。水、电、燃料平均消耗分别为0.17吨/万支、7.97千瓦时/万支、22.8千克标煤/万支。

【技术改造】 "十一五"技术改造工程项目申请报告通过国家局专家组和投资委的论证，完成联合工房、动力中心和综合生产辅房的专业设计、设备选型、项目招标、技术谈判、合同签订等工作，新建联合工房主体工程实现封顶，4栋烟叶库房完工，完成消防、用能和绿化建设。开展群众性QC活动，选送了5项成果参加江苏中烟QC成果发布会，获得一、二、三等奖各一个。其中，"提高烟梗预处理后含水率"项目代表淮安市参加江苏省QC成果发布会，代表江苏中烟参加国家局组织的QC优秀成果评审。对生产控制系统进行优化和完善，完成嘴棒接收装置、水洗梗设备等14项重点项目的技术改造、升级工作，完成了一台套高速卷接机组引进工作。

【科技创新】 引入配方评审机制，强化产品配方控制。开展"气流式叶丝干燥（HXD）"等新技术研究，建立了HXD对在制品加工质量影响的评价方法和影响干燥工序加工质量的优化指标。开展产品技术研究，通过推进卷烟纸国产化应用、丝束规格替代应用研究、配方叶组降本和"大丰收"叶组配方改良等研究，全年节约生产成本1736.21万元。

【机构调整】 按照江苏中烟工业公司机构统一设置方案，对内部机构进行调整和改革，设立办公室（外事办）、人力资源处、纪检监察处、政工处（工会、离退办）、财务管理处、审计处、行政处、企业管理处、综合管理处、生产制造处、信息中心、烟叶处、品质管理处、物资供应处、设备管理处、安保处等16个常设机构和整顿办、营销中心驻厂办等2个非常设机构，并实现正常运转。

【企业管理】 以“优化管理流程、整合管理体系、强化职能管理、确保有效高效”为主题，组织开展“企业管理年”活动。

管理体系建设。组织“四定”、“三标一体”、绩效管理和 ERP 项目的调研、咨询和实施工作。完成“三标合一”体系的审核和整改验证，通过 ISO14001 环境管理体系第三方认证审核及质量、职业健康安全管理体系的年度监督审核，修订和完善管理体系文件。

财务管理。落实预算管理责任，自主开发预算管理软件，将资金申报、执行、分析与考核纳入预算管理系统，强化预算的事前、事中控制，预算执行率达 95.5%。细化同级审计工作方案，开展多元化清产核资工作。

内部管理监督。健全内部专卖管理监督制度，完善各种台账、报表资料，自上而下层层签订责任状，制定相应的工作实施细则，建立了工作制度体系、内控制度体系、工作职责体系、流程图体系、检查考核体系等五个方面制度文件。开展整顿和规范自查工作，通过“两烟”生产经营、工程项目、物资采购、烟机零配件采购、资金管理监督等方面的自查和整改，规范生产经营行为。突出“十一五”技术改造工程的效能监察工作，主动邀请淮安市纪委介入，共建廉洁工程。出台《重大工程项目监管办法》，严格规范项目会办和招投标程序。

原辅材料管理。全年共调拨烟叶 2.68 万吨（53.5 万担），同比增加 0.5 万吨（10 万担）。对部分烟叶产区进行优化和整合，完善部分替代进口烟示范项目实施方案。推进质检关口前移，实行“谁检验谁负责”的责任制。

档案管理。档案管理工作在江苏烟草系统首家通过省“特一级”认定审核，并以 99.5 分的最高分获得烟草行业首批“优秀档案室”称号。厂档案室被国家档案局授予“全国档案工作优秀集体”荣誉称号。

【信息化建设】 对 ERP 项目进行咨询、调研，完成前期准备工作。对国家局卷烟生产经营决策管理系统、卷包数据采集等系统进行改造升级。组织网络安全体系项目建设，加装网络硬件防火墙、核心交换机安装防火墙、异常包检测模块、安全监控分析、漏洞评估和分析响应系统及终端管理工具。对档案管理软件进行升级和优化，与日常办公系统实现对接。

【队伍建设】 深化劳动用工制度改革，开展“四定”工作，编制部门和岗位说明书，制订岗位设置和人员编制计划。加大干部队伍建设，对拟提拔中层干部进行了任前考察、公示。举办两期中层干部培训班。开展劳动竞赛和技能鉴定活动，组织“先进班组、先进机台”劳动竞赛和评比先进活动。组织 69 名设备操作工参加全省特有工种中、高级工职业技能鉴定。选拔 15 人参加江苏省烟草工业系统首届烟机设备操作工职业技能竞赛。

（滕舜英）

浙江中烟工业有限责任公司

【概　况】 浙江中烟工业有限责任公司前身为成立于 2003 年 7 月的浙江中烟工业公司。2007 年，作为国家烟草专卖局进行公司制改造的试点单位之一，浙江中烟工业公司改制更名为浙江中烟工业有限责任公司，并于 11 月 30 日正式挂牌。公司下辖浙江中烟工业有限责任公司杭州制造部、宁波制造部 2 个卷烟生产企业及宁波三润投资有限责任公司、中烟文化策划有限责任公司 2 个多元化经营企业。公司拥有总资产 195.78 亿元，其中，固定资产 31.83 亿元、流动资产 154.06 亿元，资产负债率为 15.23%。

2007 年 1 月，浙江中烟工业公司被中国公益事业联合会、中国爱心工程委员会、中国公益先锋推选委员会评为“中国公益事业十大先锋企业”，被中华慈善总会授予“中华慈善事业突出贡献奖”；9 月，被中国企业联合会、中国企业家协会评为“2007 中国企业 500 强”。

【领导成员】 董事会

董事长：徐　璒（2007.10—）

董　事：张益山（2007.10—）刘建设（2007.10—）徐芳权（2007.10—）李晓兵（2007.10—）舒　明（2007.10—）韩春宁（2007.10—）

班子成员

总经理、党组书记：张益山

副总经理、党组成员：刘建设

副总经理、党组成员：徐芳权

副总经理、党组成员：孟伟刚

纪检组长、党组成员：许明忠（2007.3—）

副巡视员：洪　波（—2007.1）

【组织机构】 公司设办公室（外事办公室）、综合计划部、生产管理部、安全保卫部、财务管理部、审计部、法律与改革部、投资管理部、人力资源部、思想政治工作部、监察部、市场营销部、物资供应部、进出口部、技术中心、信息中心等16个部门。

【卷烟生产经营】 2007年，共生产卷烟927.6亿支（185.52万箱），同比增长8.49%，其中，自产内销卷烟725亿支（145万箱），同比增长8.62%；加工烟194.75亿支（38.95万箱），同比增长7.69%。全年销售卷烟935.43亿支（187.09万箱），同比增长10.39%，其中，销售内销卷烟927.58亿支（185.52万箱）；出口烟7.85亿支（1.57亿支），同比增长7.53%；样品烟1.4亿支（0.28万箱），同比下降26.12%。

全年实现销售收入232.21亿元，同比增长11.16%，其中，自产卷烟实现销售收入199.73亿元，同比增长18.18%。实现税利161.24亿元，同比增长19.88%，其中，实现利润34.47亿元，同比增长14.26%。

【品牌战略与产品介绍】 2007年，着眼长远战略规划，进一步加快品牌整合进度，不断提高品牌和规格的集中度，向价值规模大品牌冲刺，努力使浙产卷烟品牌成为行业有影响力的品牌。坚持“分层、错层、逐层”的品牌发展战略，重点推进“利群”品牌建设。

全年生产的主要卷烟品牌有“利群”、“大红鹰”、“雄狮”、“五一”、“新安江”、“西湖”、“上游”、“双叶”、“大丰收”等，其中“西湖”至年底停止生产，低档烟规模有所压缩。推出4个规格的新产品，分别是：“雄狮（硬）”、“雄狮（红）”、“大红鹰（软新品）”、“大红鹰（新品）”。“雄狮（硬）”的设计定位为整合替代“西湖（明珠）”，扩大“雄狮”品牌规模；“雄狮（红）”的设计定位为整合低价位卷烟，扩大“雄狮”品牌规模；“大红鹰（软新品）”的设计定位为内在质量和外观都要有竞争优势，扩大10元/包档次卷烟市场规模；“大红鹰（新品）”的设计定位为充分利用中国驰名商标、中国名牌的品牌知名度，面向全国市场。

“利群”、“大红鹰”、“雄狮”三大品牌的销量占总销量的62.69%，同比增长18.18%，效益贡献率达87.88%，其中，销售“利群”270.4亿支（54.08万箱），同比增长27.84%；“大红鹰”63.35亿支（12.67万箱），同比增长9.33%；“雄狮”252.7亿支（50.54万箱），同比增长134.66%。

重点品牌“利群”系列产品保持了较好的增长速率，批发市值突破200亿元，为企业打造价值规模和数量规模大品牌打下了较好的基础。2007年该品牌评估价值达118.75亿元，列中国最有价值品牌第18位。低端品牌“雄狮”整合推进较快，相继推出3元/包、2元/包“雄狮”，为替代浙烟的中低档烟创造了良好条件。

【体制改革】 10月29日，国家局下发《关于浙江中烟工业公司更名改制和建立董事会的批复》（国烟法〔2007〕481号），浙江中烟工业公司更名改制为浙江中烟工业有限责任公司。11月30日，公司正式挂牌成立。

【科技创新】 颁布试行《科技创新项目管理规定》、《科技管理办法》等制度，使科技创新纳入规范化管理之中。申报行业级技术中心，启动博士后工作站试点工作，加强相关机构建设，与有关院校展开合作研究。根据两个制造部在质检标准和工艺管理中存在的差异，统一质检标准和方法，对接工序工艺参数，使多点生产的同质化水平进一步提升。先后完成3大品牌12个规格的产品研发与储备，推出4个规格的新产品。技术中心工艺研究团队和杭州制造部制丝车间技术QC小组分别获得国家烟草专卖局颁发的行业第十八届优秀QC成果二等奖和三等奖。全年共申请专利9项。

【财务审计】 *加强预算管理*。重点是建立预算管理体制，完善预算审批制度，加强大额资金支出的预算管理，出台《预算管理制度（试行）》。加大预算执行情况的考核力度，逐步提高预算的准确性，减少执行偏差。

完善审计监督。围绕审计目标和审计职能，制订《财务审计制度》。根据“十一五”技改建设项目管理和监督需要，制订以过程控制为主线的《十一五技改项目过程审计工作方案》和《工程造价控制工作方案》，初步形成以一个审计规定、五个审计制度为主要内容，以财务审计和管理审计为主体的内部审计制度体系。在此基础上，初步建立内部审计工作程序。进一步完善以价格审计、合同审计、工程项目审计为主体的管理审计模式，妥善处理好监督和服务、规范和效率的关系，在事前、事中实现内审的服务和控制职能。后续审计工作逐步建立“计划、实施、检查、落实”的审计结果落实机制，确保审计结果的落实和审计成果的有效利用。积极开展企业内控评审，提升企业管理水平。

主业清产核资。开展主业清产核资，进行全面资产盘点，理顺资产管理和核算流程。2月，组织对公司的存货、固定资产进行了一次实物大盘点。6月，

正式启动主业清产核资工作。对于清查过程中发现的问题，及时制订整改措施并加以落实。

【“三标一体化”建设】 9月4日，正式启动“三标一体化”管理体系认证咨询项目。该项目计划用18个月左右的时间，分9个阶段展开实施，建立并实施适应公司管理特点和发展需求的ISO9001质量、ISO14001环境和OHSAS18001职业健康安全“三标一体化”的管理体系，结合企业标准化工作和清洁生产的要求，建立企业标准体系和清洁生产评价体系。2007年顺利完成前期动员、宣传、培训、调研和过程识别与策划、环境因素识别、危险源辨识、风险评价及风险控制的策划等工作。

【烟叶采购工作】 克服烟叶调入计划核定量严重不足的困难，调动各方积极因素，有效缓解烟叶库存大幅下降的势头。完成2006年度烟叶采购任务，实际调拨总量7.72万吨（154.47万担）。全面展开2007年度烟叶采购工作，核定计划较上年度增加2.1万吨(42万担)，同比增长32.8%。

【信息化建设】 根据联合重组后的具体情况，以信息资源整合作为工作的着力点和目标，在整合、提升、发展上下工夫。加大基础设施及应用系统整合力度，通过信息化手段不断加强关键业务的持续改进，推动业务流程的优化。针对企业在省外36个重点城市中开展的“网上配货/现代物流”项目，完成浙江中烟工商信息服务客户端程序，并在与浙江中烟有业务往来的全国200余家商业公司进行安装使用，实现工商之间的信息共享、协同营销。优化和完善信息网络平台，加大行业信息网络系统间的资源整合，完成省域网络改造工程，确保行业信息网络运行。

【队伍建设】 *领导干部选拔*。制订《党员领导干部民主生活会制度》、《关于党员领导干部报告个人有关事项的规定》和《关于领导干部收入申报的规定》，重新修订《领导职务选拔聘任管理暂行规定》，统一了科级以上干部选拔聘任的程序。根据需要在市场营销部业务一部、二部开展了副经理岗位竞聘工作，通过竞聘，4人成为副科级干部，4人成为后备干部人选。在浙江省委党校开展管理业务知识培训，分3批组织179名科级以上干部接受培训。

职称评定与人才招聘。修订完善《专业技术资格评定办法》，重新调整了职称改革工作领导机构和评审机构。全年有20人审定了任职资格，1人参加申报并通过国家局的高级职称评审，委托评审档案系列任职资格1人，组织27人参加经济、审计、统计等任职资格考试，组织12人参加职称外语考试。制订《招聘管理办法》，按照整合统一后的制度规定，招聘13名大学毕业生。

员工培训与技能鉴定。组织调研小组了解联合重组后企业各部门人力资源配置的状况，制定了企业2007～2008年的人力资源规划。建立专兼职培训管理员和兼职师资队伍，开展教育培训、技能鉴定。全年组织各种培训63批次，共培训员工4103人次，总课时达69903课时。全年进行了6个行业特有工种、5个等级的职业技能培训与鉴定，123人通过了技能鉴定，其中，2名员工通过行业高级技师资格鉴定，实现浙烟工业行业高级技师零的突破。积极开展全员岗位练兵。4月，组织开展烟叶分级工的职业技能竞赛选拔赛，选送3名员工参加了行业烟叶分级工大赛；9月，举办了企业首届“中烟杯”烟机设备维修职业技能竞赛。

劳动工资管理。规范和调整薪酬分配制度，两个制造部的员工收入水平相对统一。加快推进人事代理员工的纳编工作，60%的人事代理员工消除了身份矛盾。按照“一个企业”的运作模式，初步搭建起人力资源统一管理平台，制订有关选拔聘任、教育培训、员工调配、奖惩管理、岗位设置和业绩考核等方面的制度，并向分流下岗员工开通了竞聘上岗的渠道。5月开始，初步明确了各部门的职能和职责。成立岗位说明书编写小组，邀请管理咨询公司对编写工作进行培训和指导。截至2007年底，各部门岗位说明书初稿基本完成。

【思想政治工作】 调整和健全基层党组织，截至2007年底，全公司2个基层党委、2个党总支、29个党支部的机构基本调整到位。组织开展党务知识培训，全年共培训558人次。加强“四好”领导班子建设，开展领导班子成员述职述廉。开展“两个至上”、“五查五看”主题教育活动等。

健全工会组织，完善职代会制度。11月，召开浙江中烟第一届工会会员代表暨职工代表大会，制订《工会工作制度》、《职代会工作制度》、《职代会专门委员会工作制度》等相关制度，探索新形势下职工参与民主管理的方式方法。

组建政研会，修改发布新的《职工思想政治工作（企业文化）研究会章程》，搭建了新的组织机构。制订2007年政研会工作要点，采取课题立项的方式进行运作，组织撰写了48篇政研论文，从中评选出8篇获奖论文。

【党风廉政建设】 逐级签订党风廉政建设目标责任书。建立完善纪检监察工作网络，在杭州、宁波制造部设立纪委和监察科，配备专职纪检监察干部；在公司其他职能部门设立的党组织中，明确了负责纪检监察的工作人员。加强廉政制度建设，先后制订出台了关于业务交往和工程项目中加强廉政建设的5个制度，成立项目监督管理小组，探索工程项目的监管机制。做好信访核查工作，查处非法收受他人财物的科级干部一名。加强廉政文化建设，组织开展反腐倡廉教育，通过发送廉政短信、开展“读书思廉”征文活动、召开新任职处级干部座谈会等多种形式活动，加强党员领导干部的廉洁自律意识。

开展卷烟经营、工程投资、物资采购、烟机零配件和资金监管等方面的专项整顿规范工作。公司监察部、法律与改革部、审计部等共同参与公司重大工程建设、日常物资采购、招标投标和各类合同的审核把关，形成监督合力。

【企业文化】 联合重组后，公司力求通过企业文化架构体系建设，促进文化融合，依托文化力进一步推动经济力的发展。作为行业的试点单位之一，公司成立企业文化建设领导小组和工作办公室，组织制订了企业文化建设方案。聘请咨询公司，共同诊断企业文化现状和梳理分析行业其他企业的文化特色，形成诊断报告和梳理分析报告。广泛征求员工意见，提炼形成了公司的文化理念体系。

浙江中烟的企业精神是“敢想敢拼、善谋善为”，核心理念是“忧患、拼搏、创新”。公司制作《企业文化》手册并发放到每位员工，充分利用报纸、网站以及专栏等宣传工具，深入开展企业文化的宣传工作。12月，在杭州召开的全国烟草行业第三次企业文化建设工作暨政研会秘书长会议上，将浙江中烟的企业文化建设作为典型进行了交流。

【特事要辑】 4月4日，吉林省烟草专卖局（公司）与浙江中烟工商战略联盟签约仪式在杭州举行。

4月27日，2007年利群·阳光助学行动启动暨http://www.isunfly.com公益网站开网仪式在杭州举行。

7月27日，国家局局长姜成康一行到浙江烟草调研，要求浙江中烟不仅仅要成为“两个10多个”之一，而且要走在前面，成为“行业关键、少数的重点骨干企业”。

8月，公司本部由杭州中河中路217号搬迁至建国南路288号。

11月24日，浙江中烟第一届工会会员代表暨职工代表大会在杭州召开。

11月30日，举行浙江中烟工业有限责任公司挂牌仪式。

所属企业

浙江中烟工业有限责任公司杭州制造部

【概　况】 浙江中烟工业有限责任公司杭州制造部前身为成立于1949年10月的利群烟厂，1964年利群烟厂更名为杭州卷烟厂，2006年取消杭州卷烟厂法人资格后改制更名为浙江中烟工业公司杭州制造部。2007年10月，改制更名为浙江中烟工业有限责任公司杭州制造部。企业位于杭州市，年生产卷烟能力400亿支（80万箱）。4月，多种经营办公室上划，归属于公司投资管理部。截至2007年底，共有从业人员1034人。拥有从德国引进的8000千克/小时HAUNI制丝线1条，从德国和意大利进口的GD－PROTOS连接机组25台套，7组意大利产自动装封箱机，2台码垛机，9组KDF2滤棒成型机，7套滤棒发送机。

2007年，卷包车间技术组被中国财贸轻纺烟草工会全国委员会授予“全国烟草行业职工创新示范岗”、“全国学习型先进班组”荣誉称号。

【领导成员】 制造部实行主任负责制，主要领导成员有：

主　任、党委书记：张思荣

副主任、党委副书记、纪委书记：张立新

副主任、党委委员：童华杰

副主任、党委委员：周小忠

副主任：倪雄军

工会主席、党委委员：施成水

【卷烟生产】 全年生产卷烟462.8亿支（92.56万箱），其中，生产一类烟111.05亿支（22.21万箱），二类烟146.85亿支（29.37万箱），三类烟40.8亿支（8.16万箱），四类烟63.4亿支（12.68万箱），五类烟100.7亿支（20.14万箱）。按品牌计算，生产“利群”系列256.45亿支（51.29万箱），“新安江”系列34.75亿支（6.95万箱），“雄狮”系列43.35亿支（8.67万箱），“西湖”系列56.2亿支（11.24万箱），“双叶”等其他品牌72.05亿支（14.41万箱）。

全年烟叶、盘纸、滤棒平均消耗分别为7.42千克/万支、645.8米/万支、1680.6支/万支。水、电、油、蒸汽消耗分别为51千克/万支、6.57千瓦时/万支、1.03千克/万支、1.5千克标煤/万支。

【技术改造】 "十一五"易地技改项目于2006年12月23日奠基，2007年，完成了设计方案、初步设计会审及环境、交通和职业危害评价，引进了第三方项目管理咨询，制订了12项项目管理制度，完成了A、B地块建设用地审批工作，D地块进入报批程序。

继续做好"九五"技改的填平补齐工作，实施老二氧化碳生产线的搬迁大修，完成溴化锂制冷站控制系统软硬件升级改造。

【企业管理】 *质量管理*。积极运用QC小组活动方式开展质量课题攻关，全年完成26项质量改进课题。卷包车间包装QC小组的《解决内卡纸被擦污问题》项目获2007年浙江省QC成果一等奖，该小组被推选为"全国质量信得过班组"，该改进项目的专利申请已被受理。制丝车间设备技术组的《解决烘后烟丝湿块问题》项目获第十八届全国烟草行业优秀QC成果三等奖。在产品质量方面，一级站和二级站质量抽检合格率均为100%，三级站质量抽检优质率为99.82%，产品质量投诉理赔率为0.117ppm。

绩效管理。探索建立以目标为导向的业绩指标评价考核体系，努力推进"业绩有目标、过程有跟踪、结果有体现"运行模式。完善一级奖金分配方案和员工业绩考评方案，努力发挥激励机制作用。

预算管理。成立预算管理委员会，明确内部预算管理职责和管理流程。开发实施预算管理信息系统，使预算执行情况的查询更为方便。季度和全年预算执行率偏差控制在公司考核的指标以内。

安全管理。环境管理体系和职业安全健康体系正常运行，安全生产实现"五无控一"的目标，即全年实现无火灾事故，无重伤以上的工伤事故，无失窃事故，无治安事件，无我方主责的交通事故，工伤事故率控制在1‰以下。

【信息化建设】 完成企业资源计划系统（ERP）生产统计模块二期的需求调研和实施，升级改造制丝上位机系统，完成防毒墙项目。在完成省内商业配送中心整托盘电子标签（RFID）扫码入库项目的基础上，推进省外16家商业公司的电子标签（RFID）托盘到货扫描入库项目，另有7家商业公司已完成调研。获得信息化专利4项。

【人力资源管理】 根据"十一五"易地技术改造的发展目标，提出了2007～2010年工厂人力资源规划。开展制丝、卷烟成型包装、动力配套和辅助设备等岗位的操作比武活动，参加人员538人。全年举办各类培训85场次，有1619人次参加，人均培训21课时。组织参加职业技能培训与鉴定，15人取得了行业特有工种职业资格证书，其中技师3人、高级维修工12人，30多人取得通用工种职业资格证书和等级证书。

【思想政治工作】 3～11月，以多种形式开展"四新"① 主题教育活动，参加员工达3000多人次。继续开展"职工之家"、"职工小家"竞赛活动、员工读书活动和职业技能带头人活动等，努力创建学习型班组。职工王展军获"全国烟草行业职工创新能手"和杭州市"优秀职业技能带头人"称号。开展调查研究，撰写论文26篇，其中1篇在烟草行业华东、东北片区政研会上发表并获一等奖。

浙江中烟工业有限责任公司宁波制造部

【概　况】 浙江中烟工业有限责任公司宁波制造部前身为成立于1925年的宁波卷烟厂。企业位于宁波市，年生产卷烟能力300亿支（60万箱）。2006年取消宁波卷烟厂法人资格后改制更名为浙江中烟工业公司宁波制造部。2007年10月，改制更名为浙江中烟工业有限责任公司宁波制造部。4月，多种经营办公室上划，归属于公司投资管理部。截至2007年底，共有从业人员836名。拥有一条5000千克/小时的COMAS制丝线，16台套GD－PROTOS卷接设备，另一条5000千克/小时的制丝线基本建成。

【领导成员】 制造部实行主任负责制，主要领导成员有：

党委书记、纪委书记：何小寒
主任、党委委员：徐兆良
副主任、党委委员：冯四云
副主任、党委委员：邵国良
副主任、党委委员：谢琪君
党委委员：韩春宁
工会主席：何小寒（—2007.11）
工会主席：韩春宁（2007.11—）

---

① 即"组织新优势、创建新机制、瞄准新目标、实现新突破"。

【卷烟生产】 全年累计生产卷烟270.04亿支（54.01万箱），其中，生产一类烟14.27亿支（2.85万箱），二类烟58.20亿支（11.64万箱），三类烟70.53亿支（14.11万箱），四类烟76.04亿支（15.21万箱），五类烟51亿支（10.2万箱）。主要生产的卷烟品牌有“大红鹰”、“利群”、“五一”、“上游”、“新安江”、“雄狮”、“西湖”、“大丰收”、“摩登”等。

原料消耗基本稳定，主要辅料消耗明显下降。全年平均出丝率为99.48%，超过目标要求1.98个百分点。烟叶、盘纸、滤棒平均消耗分别为7.23千克/万支、648.3米/万支、1682.2支/万支。

【技术改造】 微波松散线完成安装调试，片叶线设备完成搬迁改造，两条线投入运行后具备交叉生产功能，扩大了生产工艺的适配性。安装调试运行新贮丝房、新梗丝线、新加香筒，完成原加香筒搬迁及与配套香料房安装调试。在线膨胀制丝线基本就位，原辅料高架库正式投入运行。

【科技创新】 研究滤棒物理性能成型机设备参数相关性，提高滤棒物理性能的稳定性，使吸阻由实验前的8毫米水柱提高到6毫米水柱。改变卷接检验的控制方式，着力提高烟支吸阻的达标率，使烟支重量标准偏差基本控制在21毫克/支，吸阻标准偏差基本控制在5毫米水柱内。

【企业管理】 节能降耗。通过实施以“合理用能、节约资源、杜绝浪费”为目的的能耗管理，规范用能管理，实施“增设蒸汽流量计和温压补偿装置”、“卷包设备单台单控”等3项节能课题项目。

安全管理。实行日、月、季、年分项检查、维护、测试，消防、监控、防盗三大系统正常运行，对检测出来的不合格处进行整改落实，查出隐患整改率达到100%。发挥宣传阵地作用，大力培育企业的安全文化，重点宣传与安全生产有关的法律法规。加强对铲车、电梯、锅炉、压力容器等特种设备的安全管理，运用多种技术手段进行检查，设置特种设备安全管理台账。强化特种作业管理，做到持证上岗，按程序操作。

【信息化建设】 调整拓展制造执行管理系统（MES），利用MES分析功能对制丝关键设备故障隐患进行分析，实现了按批次进行生产、实时数据跟踪的目标，确保产品的稳定性。完成“综合测试烟丝检测数据采集与分析”、“滤棒检测数据采集分析”、“新制丝MES系统接入安全”3个课题的开发验收，进一步提高设备管理的信息化水平。

【人力资源管理】 劳资管理。通过调整定员编制，推行内部招聘、人员调配，从人才代理员工中择优招收，调整生产作业作息时间和加强对外来用工的管理等措施，优化人力资源组合配置。实现工资制度、奖金分配方式的平稳切换和调整。根据公司薪酬管理制度，完成制造部主业员工新工资制度平稳切换，完成内部退养员工、待岗员工基本生活保障金的调整，对人才代理制员工实行新的薪酬管理制度。

推进绩效考核。继续推进以岗位关键业绩指标为核心的绩效考核制度，通过完善修订岗位绩效管理（KPI）标准，逐步完成KPI业绩数据提供和考核信息反馈。推进业绩考核向绩效管理转变，尝试建立目标计划、绩效监控与辅导、绩效考核、反馈沟通以及改进计划的循环管理模式。

员工培训。围绕制造部生产制造的中心定位，实行专业技术培训与文化素质教育相结合，教育培训与生产实际相结合进行培训。全年共组织举办19个培训项目、30个培训班，培训考核员工1302人次。

【思想政治工作】 抓好理论学习，提高干部职工的思想政治素养。组织党员干部围绕“三个代表”重要思想、十七大会议精神等内容进行学习，其中组织中心组学习3次；以支部为单位，组织党员干部学习近百次，受教育率达98.2%。细化支部考核方案，加强支部考核力度，开展党员民主评议和基层组织建设。落实廉政建设责任书，先后组织党员干部进行两次廉政教育。坚持职工民主议事会制度，全年召开两次职代会联席（扩大）会议，对公司制订的13项制度进行了讨论。坚持膳管会、医管会、安委会等员工代表每月一次的检查考核制度，做好制造部的部务公开工作，全年共公示57条经营事务。

加强企业文化建设，以党支部为单位，召开各类专题研讨会12个。组织“我为建设强势企业献计策”活动，发放1077份建议表，收回1021份，落实了3大类21个建议的整改或回复情况。组织企业文化理念征集活动。

（孙　琦）

安徽中烟工业公司

【概　况】　安徽中烟工业公司成立于2003年4月3日，下辖蚌埠、芜湖、合肥、阜阳、滁州卷烟厂5个卷烟生产企业，参与控股在罗马尼亚的中烟国际欧洲公司。企业年卷烟生产能力1250亿支（250万箱），共有在岗员工7273人。企业拥有总资产92.59亿元，其中，固定资产30.79亿元、流动资产58.17亿元，资产负债率为27.12%。

2007年，公司总体思路是“以党的十六届六中全会精神和科学发展观为指导，深入贯彻国务院有关文件精神，紧紧围绕行业当前和今后一个时期的主要任务，以跻身‘两个10多个’为目标，加快实施品牌战略，全力推进‘黄山’品牌‘双百工程’，进一步增强竞争实力，努力构建和谐文化，加快安徽卷烟工业做大做强的步伐”。公司重点攻关项目是“确保‘黄山’品牌产销百万箱、销售收入百亿元的‘双百’目标实现”。

2007年，公司被安徽省劳动竞赛委员会、安徽省总工会授予“劳动竞赛先进集体”称号，并获安徽省“五一劳动奖状”。

【领导成员】　公司实行总经理负责制，主要领导成员有：

总经理、党组书记：薛明德

常务副总经理、党组成员：朱建华

副总经理、党组成员：卢安宁

副总经理、党组成员：赵　辉

副总经理、党组成员：黄小虎

工会主席、纪检组长、党组成员：张会廷

总会计师：吴信芳

【组织机构】　公司机关设办公室（外事办、发改部）、企划部（信息中心）、生产管理部、安全保卫部、原料部、物资采购部、财务部、审计部、投资管理部、人力资源部、纪检监察部、政工部（机关党委、工会、团委）、技术中心、进出口部、机关服务中心等15个职能部门，1个营销中心和1个物流中心。

3月，撤销原省外营销事业部和省内营销事业部，组建营销中心，下设营销一部、营销二部、品牌策划部和综合管理部，实现营销资源一体化整合运作；从各企业抽调人员组建技术中心；增设进出口部，促进境外基地建设，拓展中国台湾市场。

【卷烟生产经营】　2007年生产卷烟1152.5亿支（230.5万箱），同比增长8.12%，其中，生产一类烟30.2亿支（6.04万箱），同比增长52.35%；二类烟94.2亿支（18.84万箱），同比增长49.54%；三类烟70.15亿支（14.03万箱），同比下降3.94%；四类烟540.4亿支（108.08万箱），同比增长37.12%；五类烟417.55亿支（83.51万箱），同比下降19.11%。生产雪茄烟0.75亿支（0.15万箱），同比增长34.66%。全年销售卷烟1125.55亿支（225.11万箱），同比增长5.53%。

实现销售收入151.52亿元，同比增长20.88%。实现税利97.07亿元，同比增长26.87%，其中，实现利润16.46亿元，同比增长47.12%。

【品牌战略和产品介绍】　*品牌战略*。2007年确定以跻身“两个10多个”为目标，加快实施品牌战略，全力推进“黄山”品牌“双百工程”，即产销百万箱、销售收入百亿元。“皖烟”系列、“迎客松”系列中的高档规格整合入“黄山”系列。全面梳理省外市场资源，确定以10个重点省份、26个重点地市为主要目标市场，主攻重点市场、维护传统市场、发展潜力市场。围绕“黄山”品牌整合宣传资源，突出主流媒体实施整合传播，注重向重点市场、重要区域实施资源倾斜。

产品介绍。公司全年生产的卷烟品牌有9个，分别为“黄山”、“红三环”、“光明”、“都宝”、“盛唐”、“丹健”、“香梅”、“大丰收”、“钟鼎”。雪茄烟品牌有3个，分别为“黄山松”、“味美思”、“王冠”。卷烟品牌“黄山”、“都宝”、“红三环”、“盛唐”、“光明”5个牌号进入全国《卷烟产品百牌号目录》，其中，“黄山”为中国驰名商标、全国名优品牌。

“黄山”实现“双百”目标。企业围绕“黄山”品牌开展“双百工程”，重点面向流通环节和社会层面，召开推进会、座谈会和评吸会，围绕重点市场、零售终端和消费者进行市场推广，持续开展电视、报纸等主流媒体宣传。

全力保障需求，严格按需组织生产，扩大部分规格的多点生产，安排节假日加班加点生产，加强工艺质量和品质管理，推进设备调配和标准化改造，优化调拨、生产和物流业务流程。技术中心围绕“黄山”品牌开展培育工作，完成“黄山（1993）”、“黄山（50）”两个新品的研发，支撑了5元/包、7元/包“黄山”进一步扩点生产。9月，实现“黄山”配方、材料和工艺标准的集中管理，以及产品的统一维护，打通了原料共享使用的通道。

全面提升资源配置效率，按照一切资源向“黄山”品牌倾斜的策略导向，建立和完善目标责任制考核、广告资源分配、工艺和设备管理、营销绩效考核、调拨运输管理等一系列保障制度，通过争取计划增量、优化计划结构、下调低端产品价格等多种措施，比较好地解决了计划的结构性矛盾。

安徽工商全力协作，构建更加紧密的沟通协调机制，通过调度例会、分析例会、沟通例会等形式，定期开展情况通报和分析评价，共同研究部署。

全年生产“黄山”系列卷烟 525 亿支（105 万箱），销售 526.5 亿支（105.3 万箱）。“黄山”实现销售收入 121 亿元，同比增长 192%。品牌销量进入行业前 13 位，实现销售收入进入行业前 11 位。

【内部管理监督】 组织同级审计检查、专卖内管监督检查的整改，加强督促检查和跟踪验证。全面开展主业清产核资工作，编制整改方案。组织专项资金自查和复查，完成固定资产投资专项检查的自查工作。推进内部管理规范化，全年修订和新增企业层面的制度 20 多项。强化对广告宣传、物资采购、工程建设等重大项目的监督，全年仅招投标就节约资金近 4800 万元。调整规范物流物业运作体制，规范工资支付渠道，理顺劳动用工关系，完成 7 个物流、物业企业的清算和注销合并工作。

【技术改造】 安徽中烟工业公司加快推进四项技术改造，蚌埠卷烟厂“十五”技改顺利通过总体验收，所属 5 个卷烟厂的工商物流对接项目如期完成，芜湖、蚌埠卷烟厂制丝线优化项目进入实施准备阶段，蒙城雪茄烟生产部技改项目已向国家局申请立项。全力协调并争取到硬盒生产设备 4 台，使硬盒产能缺口得到缓解。

【信息化建设】 信息化基础建设基本完成，重点项目建设有序展开。完成了网络整体改造，管理信息平台和 OA 系统的升级，以及网络防病毒系统、数据集中备份系统的建设，网络安全进一步改善。生产计划、质量管理模块已进入管理信息平台试运行，生产视频监控指挥系统建设进展顺利。

【企业管理】 *原辅料管理*。采购系统坚持统一集中采购，统一计划管理，严格标准程序，以重点产区优质烟叶为采购重点。全年采购国内外烤烟、晾晒烟 216 万担，其中，云南、贵州、四川、福建等重点产区及国储烟的实际采购量较上年度计划增加 20 万担，增补下等烟、低等烟 2 万多担。物资采购实行集体评审、过程监控、规范操作，降低采购成本约 3500 万元。启动 6 万平方米的烟叶库建设项目。

基础管理。加强投资管理，完成 17 个多元化企业的清退工作。加强预算管理控制，完善预算编制流程，通过采取技术手段，以及定额控制、招标比价、完善考核等管理手段，着力控制成本费用。落实安全生产责任制，加大安全检查和专项治理力度，加快安全质量标准化建设，推行安全生产专项目标考核。

质量管理。深入开展“质量月”等专项活动。蚌埠卷烟厂开展“质量管理年”活动；芜湖卷烟厂打造“三基一点”活动，即企业高档卷烟基地、特色品牌基地、辅材研发生产基地，行业生产管理示范点；合肥卷烟厂实施“三高”活动，即产品高品质、员工高素质、管理高水平；阜阳卷烟厂实施“深化低成本战略”活动；滁州卷烟厂实施“管理再提升”活动。

【特事要辑】 4 月 26 日，国家局副局长何泽华一行考察安徽中烟物流中心。

5 月 30 日 ~6 月 3 日，中国台湾经销商代表团台湾得宝烟草有限公司黄瑞雄总经理一行考察芜湖卷烟厂。

6 月 6 日，蚌埠卷烟厂“十五”重点技改项目通过竣工验收，国家局副局长李克明颁发了合格证书。

8 月 8 日，菲利普·莫里斯公司首席配方师 Andre Gally、生产运营主管 Jonathan Stalley 考察芜湖卷烟厂白肋线的工艺流程以及现实运行情况。

9 月，中共中央政治局常委、中央纪委书记吴官正到蚌埠卷烟厂视察。

9 月 18 ~ 19 日，全国烟草行业现代物流建设工作会议在合肥召开，国家局副局长何泽华出席会议。

10 月 16 ~ 18 日，国家局副局长张保振一行考察安徽烟草，就人事用工分配制度改革、企业文化建设和自主创新工作进行调研。

11 月 27 ~ 29 日，全国烟草行业践行“两个至上”从我做起报告会暨用工分配制度改革现场会在合肥召开，国家局局长姜成康、副局长张保振出席会议。

所属企业

安徽中烟工业公司蚌埠卷烟厂

【概　况】 安徽中烟工业公司蚌埠卷烟厂前身为成立于1942年的东海烟厂。企业占地面积为24万平方米。共有在岗员工1528人。企业拥有18台套卷接包生产机组。"十五"技改期间，新建一条制丝能力为8000千克/小时的制丝线。

2007年，企业被中国企业家管理协会授予"全国企业文化建设优秀单位"称号，被国家工商行政管理总局授予"全国重合同守信用企业"称号。

【领导成员】 企业实行厂长负责制，主要领导成员有：

厂长、党委书记：黄小虎（—2007.3）

厂长、工会主席、党委书记、纪委书记：乔宗华（2007年3月起代厂长，11月任厂长）

副厂长、党委委员：徐　斌

副厂长、党委委员：李国栋

副厂长、党委委员：王　毅

副厂长、党委委员：王成虎

副厂长、党委委员：张玲珑（2007.3—）

【卷烟生产】 2007年生产卷烟285.40亿支（57.08万箱），其中，生产二类烟23.61亿支（4.72万箱），三类烟6.90亿支（1.38万箱），四类烟153.58亿支（30.72万箱），五类烟101.32亿支（20.26万箱）。生产的卷烟品牌为"黄山"系列、"红三环"系列。

全年烟叶、嘴棒、盘纸平均消耗分别为7.07千克/万支、1688.7支/万支、607.48米/万支。

【技术改造】 完成原料配方高架库、综合成品库、嘴棒发射与接收、条烟输送和自动装封箱、辅料库和AGV系统及二氧化碳生产线的搬迁改造，新建蒸汽站房。积极筹备制丝线分组加工项目、蒙城雪茄烟生产部技改项目、技校楼改造项目、新建烟叶醇化库项目。2007年完成"十五"技改工程投资1.04亿元。6月，"十五"技改工程通过验收。

【科技创新】 企业承担的国家局课题"中草药降低烟气化学与生物毒性的应用研究"通过安徽中烟组织的结题验收，项目研究的中草药复合添加剂对卷烟烟气化学与生物毒性有明显的降低或抑制作用。建立了利用气相色谱－质谱仪（GC－MSD）、高效液相色谱仪等检测香精香料中香豆素、黄樟素、水杨酸，以及烟草及烟草制品中吡虫啉、有机氯、菌核净等7种农药残留的检测方法，建立检测毒杀芬的色谱分析方法，提高了卷烟的安全性指标。从原料、工艺、配方等方面开展雪茄烟技术研究，设计开发了两个香味型雪茄。转化配方模式，由比例配方转化为按千克（整箱）投料，有利于产品质量的稳定。

【信息化建设】 企业完成电子标签项目；完成成品库管理系统项目的建设和验收；完成辅料AGV系统、卷包数采等系统的建设；实施OA系统改造和ERP系统建设；开发、编制内部网站，完成全厂办公自动化设备的比价采购更新和软硬件系统的维护。

【企业管理】 加强"三标"宣贯工作，重新编制、修订"三标"体系文件并发布实施，同时对全厂范围的环境因素、危险源进行辨识、评价。加强目标管理，建立目标管理体系，按月、季度跟踪各项经济类指标和工作完成实绩，并进行检查和考核。加强标准化和招投标工作，成立标准化技术委员会及专业工作组，制订QC小组活动管理办法，全年发布14项QC成果，完成16个项目的招标工作，累计中标金额617万元。

【队伍建设】 开展各种类型的职工教育培训活动，举办了104期培训班。对20名新进人员、99名营销回厂人员进行了岗前培训。组织141名特殊工种人员参加"特殊工种操作"培训，并取得操作证书。聘请市专业技术人员对全厂特种作业人员共计284人进行安全培训。与安徽蚌埠机电技师学校签订教学合作协议，开办各类技能培训班，重点在制丝、卷包、动力三个工段开展机电维修工技能培训活动。加大委外培训力度，组织专业技术人员151人次分批到国家烟草培训中心、专业培训机构、引进设备的厂家等学习相关的专业技能知识，培训课时达6634学时。66人参加"电器中级工技能鉴定”、“电工技师技能鉴定”，26人取得驾驶技师、汽车维修技师等通用工种的资格证书。

安徽中烟工业公司芜湖卷烟厂

【概　况】 安徽中烟工业公司芜湖卷烟厂前身为始建于1949年的长江烟厂。企业占地面积为25万平方米，年卷烟生产能力400亿支（80万箱），共有在岗员工1227人。拥有8000千克/小时制丝线、2250千克/小时的叶丝中试制生产线和1500千克/小时的白肋烟线，拥有PASSIM80、PROTOS1－8、GDX2卷接包设备共计16台套。

【领导成员】 企业实行厂长负责制，主要领导成员有：

厂长、党委书记：何　盛

副厂长、工会主席、党委委员：孙　平（2007年3月起任工会主席）

副厂长、党委委员：张　劲

副厂长、党委委员：汪玉兰

财务总监：穆四元（2007.8—）

【卷烟生产】 全年累计生产卷烟278.1亿支（55.62万箱），其中，生产一类烟6.2亿支（1.24万箱），二类烟25.4亿支（5.08万箱），三类烟22.05亿支（4.41万箱），四类烟137.5亿支（27.50万箱），五类烟86.95亿支（17.39万箱）。出口卷烟2.56亿支（0.51万箱），同比增长147.3%；出口创汇253.87美元，同比增长149.1%。生产的卷烟品牌为“都宝”、“迎客松”、“黄山”。

全年烟叶、嘴棒、盘纸平均消耗分别为7.08千克/万支、1685.87支/万支、602.4米/万支。

【科技创新】 围绕卷烟提质降害开展研究，完成了《降低都宝卷烟中烟草特有亚硝胺关键技术研究与应用》项目的大量基础分析工作，开展降低烟草特有亚硝胺专用烟草薄片的研究、卷烟烟气烟碱及白肋烟料液化学调控技术研究，先后在《烟草科技》、《中国烟草学报》上发表论文《转化酶水解蔗糖加料烘培对白肋烟品质影响》、《离子色谱法测定卷烟主流烟气中氢氰酸》。完成《中式混合型卷烟“都宝”品牌体系的构建》和《国产四五类卷烟降低成本技术分析及相应对策研究》两个项目的结题工作，完成《烟草及烟草制品 蛋白质的测定 连续流动法》标准项目研究工作并形成烟草行业标准文件。

【企业管理】 加强标准化工作，全面推行“三标一体”贯标工作，完成体系策划、文件编写、人员培训、内审和整改、管理评审等方面工作。对全厂的管理制度进行梳理，组织修订了企业多项标准。加强目标管理，对目标考评方式进行调整。完成企业年度目标的编制与签订，并对企业年度目标进行监控。积极构建“大制造”模式，探索试行准时化生产、设备管理、生产现场、能源供应、安保综治等全方位管理标准，建立完善三个生产工段之间的联动机制，实行“一体化”运作，提高生产组织效率和企业快速响应能力。

【技术改造】 4月，在原有废弃厂房的基础上进行了物流系统改造，建立了新的物流系统。系统充分整合工商现有资源，配置提升机、叉车等基础物流设备和配套设施，安装新上RFID无线射频、数字化仓储等信息系统，优化业务流程，将库区划出2100多平方米改造成为商业成品库，实现同城工商“一库制”对接。自主开发的辅料物流库管系统，完全拥有自主知识产权。

【队伍建设】 继续推进岗位公开竞聘，全年完成8名中层干部和33名普通员工的公开竞聘，完成51名分流人员的回厂安置。加大干部职工教育培训工作力度，探索与创新学习方式，突出对专业技术人才、管理人才和复合型人才的培养。全年累计培训人员1600人次。

【思想政治工作】 深入开展“两个至上”在岗位主题实践活动，举行“践行两个至上、构建和谐芜烟”演讲比赛。加强基层文化建设，开展“爱我家园”演讲比赛、组织中层管理人员参加义务劳动、开展保持共产党员先进性长效机制“六个一”活动。重视基层党组织、团组织的建设工作，先后制订相关管理规定。2月26日，企业召开第一届一次职工代表大会，提出打造“三基一点”、构建和谐芜烟的目标。

安徽中烟工业公司合肥卷烟厂

【概　况】 安徽中烟工业公司合肥卷烟厂前身为皖北军分区后勤卷烟厂，1949年随部队迁移到合肥。企业占地面积为23.17万平方米，年卷烟生产能力250亿支（50万箱），共有在职员工1148人，下辖烟草科研教学实验基地。拥有13台套高速卷接包设备和一条5000千克/小时制丝线。

2007年，企业被全国绿化委员会授予“全国绿化模范单位”称号。

【领导成员】 厂长、党委书记：周恩海

党委副书记：时大远

副厂长、党委委员：王冬梅

副厂长、党委委员：林　河

工会主席、纪委书记、党委委员：崔　枫

财务总监：李国红（2007.8—）

【机构改革】 2007年，企业撤销物业公司，成立服务中心；撤销合烟物流公司，成立物流分中心。

【生产经营】 2007年生产卷烟190.27亿支（38.05万箱），其中，生产一类烟23.14亿支（4.63万箱），二类烟41.70亿支（8.34万箱），三类烟36.76亿支（7.35万箱），四类烟42.32亿支（8.46万箱），五类烟46.35亿支（9.27万箱）。生产的卷烟品牌为“黄山”、“红三环”、“香梅”。

全年烟叶、嘴棒、盘纸平均消耗分别为7.14千克/万支、1684.6支/万支、600.4米/万支。

【技术改造】 全年完成技术改造投资6736.25万元，主要项目有新建醇化库、35千伏变电所改造、新增1台硬包包装机组、进行设备大修等。

【企业管理】 重新修订企业规章制度，共计88项。建立目标管理和绩效考核体系，推进企业质量和职业健康安全管理体系建设。开展“质量月”、“创新年”和“遵守制度 规范行为”等多项活动，实施产品质量类、技术改造类、管理类和产品开发类创新项目共计33个，其中，“废弃烟用丙纤丝束的再生利用”项目获全国烟草行业QC成果一等奖。加强招标工作管理，建设招标项目专家库。

【信息化建设】 2007年，企业完成信息化项目投资近600万元。开展网络改造项目；升级改造安保视频监控系统；自主开发建立内部专卖管理监督监控信息系统；完成网络计算机（NC）系统升级改造项目；自主开发计算机管理系统，将企业所有信息化设备信息录入计算机信息管理系统。

【队伍建设】 提出“员工高素质”的企业人力资源战略目标。在理论研究方面，建立企业职位胜任力模型数据库，构建基于胜任力的干部考核机制，增强干部与岗位的匹配性。在员工培训工作方面，注重职工文化和技能素质的提高，全年举办各类培训680余期，培训人员3041人次。重视激励机制，企业围绕“科学设岗、分类管理”的总体要求，以构建员工多渠道晋升通道为切入点进行人力资源规划，划分岗位类别，设定晋升条件；探索建立以培养专业人员为导向的专业技术员工晋升通道；根据员工对企业的贡献度，设置专业年限晋升通道，鼓励富有经验的员工共享知识、技能和经验。

安徽中烟工业公司阜阳卷烟厂

【概　况】 安徽中烟工业公司阜阳卷烟厂前身为始建于1948年的人民烟厂。企业占地面积为26.27万平方米，年卷烟生产能力为200亿支（40万箱），共有在岗员工1005人。企业拥有一条5000千克/小时制丝生产线和25台套卷接包设备。

2007年，企业被中华全国总工会授予“全国厂务公开民主管理先进单位”称号；被安徽省总工会授予“安徽省‘安康杯’竞赛优胜单位”称号；卷接包工段甲班13号包装机组被安徽省总工会授予“五一巾帼标兵岗”称号。

【领导成员】 企业实行厂长负责制，主要领导成员有：

厂长、党委书记：刘　云（2007.8—）

党委副书记、纪委书记：汤福华（2007年6月改任调研员）

工会主席、党委委员：葛善礼

副厂长、党委委员：李　葆

财务总监：卢　健（2007.8—）

副厂长、党委委员：陈　鹏（2007.12—）

【卷烟生产】 2007年生产卷烟203.3亿支（40.66万箱），同比增长3.2%，其中，生产三类烟0.95亿

支（0.19 万箱），四类烟 22.8 亿支（4.56 万箱），五类烟 179.55 亿支（35.91 万箱）。生产的卷烟品牌为“黄山（硬一品）”、“红三环”，并与上海烟草（集团）有限责任公司合作生产“红双喜”、“大前门”。

全年烟叶、嘴棒、盘纸平均消耗分别为 6.94 千克/万支、1683.4 支/万支、626.4 米/万支。

【机构调整】 将制丝工段、卷接包工段、动力工段、薄片工段以及综合调度室纳入制造中心，成立制造中心（综合调度室）。11 月，取消物流中心法人资格，变为物流分中心。

【技术改造】 5 月 2 日，制丝工段 SH92 管式膨胀机燃烧炉使用天然气一次点火成功，也是企业首次使用天然气作为生产能源。11 月 16 日，新建烟叶醇化库工程正式开工。

【科技创新】 开展群众性小改小革，加大对新材料、新技术、新工艺的研究。自主开发 SH92 叶丝高速膨胀机冷却水的二次利用技术，降低了制造成本。自主研发改进型的缺包检测器，弥补了转移喷镀铝箔纸缺包监测器的缺陷。2007 年，企业获得四项实用新型专利，即“叶丝冷却机的恒温、恒湿空气调节装置”，“滚筒式片烟回潮机加温排潮装置”，“复式输送洗梗机”，“梗丝流化干燥机热交换器冷凝水排放装置”。

【企业管理】 加强制度建设，积极推进“三标一体”贯标实施，全年相继出台有关费用控制、物资采购、招投标等 18 项管理规定，修订管理规定达 157 项。推进预算管理，预算整体执行情况得到较好控制。开展目标管理，设立一级目标，分解二级目标。落实安全生产责任制，加大安全消防技术防范系统投入，加强安全教育培训。

【信息化建设】 应用办公自动化系统（OA）与电子防盗系统（EAS）信息化项目，开发质量管理软件，增加重量及水分检测两个模块，参与生产经营决策系统 RFID 托盘出库项目建设。

【队伍建设】 加强员工队伍建设，树立“人人是人才”的观念。完善培训管理体系，全年共举办各类培训 47 期，受训员工达 2300 人次。开展团队拓展训练，增强队伍的团队意识。梳理企业用工，理顺劳动关系，做好深化劳动用工分配制度改革的基础工作。实施人才轮训工程，并配套出台相应的激励措施，探索性地转变人才培养方式。

安徽中烟工业公司滁州卷烟厂

【概　况】 滁州卷烟厂前身为始建于 1949 年的蚌埠同生烟厂。企业占地面积为 8 万平方米，年卷烟生产能力为 179 亿支（35.8 万箱），共有主业在岗员工 645 人。拥有一条 5000 千克/小时制丝生产线，10 台套 ZJ19 卷接机组，5 台套 ZB45 机组，3 台套 B1 机组，4 台套 ZB43 机组。

2007 年 4 月，企业品质管理部被中国财贸轻纺烟草工会全国委员会授予“全国烟草行业职工创新示范岗”称号。

【领导成员】 企业实行厂长负责制，主要领导成员有：

厂长、党委书记：潘安民

第一副厂长、工会主席、纪委书记、党委委员：李金广

副厂长、总工程师、党委委员：乔国宝

副厂长、党委委员：黄　剑

【卷烟生产】 2007 年生产卷烟 183.23 亿支（36.64 万箱），其中，生产三类烟 0.48 亿支（0.096 万箱），四类烟 113.85 亿支（22.77 万箱），五类烟 68.9 亿支（13.78 万箱）。生产的卷烟品牌为“红三环”系列、“盛唐（金）”、“黄山（硬一品）”、“大丰收（软）”。4 月 15 日，安徽中烟工业公司品牌“黄山（硬一品）”顺利下线，在滁州卷烟厂成功实现同质化生产。

全年烟叶、嘴棒、盘纸平均消耗分别为 6.90 千克/万支、1683 支/万支、602 米/万支。

【技术改造】 2007 年完成技改基建投资 3393 万元。完成 ZB45 包装机组的安装、调试、交验和配套的条烟输送改造工作，并于上半年投产使用。启动厂区、库区防洪整治二期工程，对库区烟梗除尘系统进行改造，新建烟叶库辅楼。对物流系统实施改造。完成 7 台卷接机组 25 毫米嘴棒的改造工作，保证共享品牌在

烟支规格上的统一性。

【企业管理】 加强生产调度和现场管理，准确编制月、周生产作业计划，将生产任务精确到每周、每日、每个机台。加强设备、能源管理，推行新的设备保养模式，将周保、月保作为设备保养检查的重点，同时加强对生产辅助类设备维护。强化工艺、质量控制，对原料进行配方符合性检查，对辅助材料进行数量和重量检查，对水、电、汽、气的技术要求进行标准检查；开展工艺研究工作，重视对在线特殊工序控制、技术参数执行、技术条件保证和工艺纪律的检查。开展主业清产核资，完成对滁烟物流分公司的清理关闭工作。加强安全生产管理，推进综合管理体系（QEO）整合及“安全质量标准化”的实施，开展火灾隐患普查和专项整治行动。

【队伍建设】 处理企业历史遗留的劳动用工问题，完成了对短期工的梳理和安置职工子女的工作关系转移。探索新人新办法、老人老办法的用工制度和分配制度，新进员工采取新的薪酬分配方式，降低了人工成本。规范干部、技术人员竞聘、竞岗工作，建立岗位评聘制度。加强员工培训，建立培训工作责任制。2007 年共举办各类培训班 13 个，专题知识讲座 8 场，涉及全厂 17 个部门，全年共计培训 1191 人次。

（朱要文）

福建中烟工业公司

【概　况】 福建中烟工业公司成立于2003 年 11 月，下辖龙岩烟草工业有限责任公司、厦门烟草工业有限责任公司、龙岩金叶复烤有限责任公司、金闽再造烟叶有限责任公司。公司总资产 112.62 亿元，其中，固定资产 20.68 亿元、流动资产 81.58 亿元，资产负债率 27.93%。

2007 年 1 月 9 日，国家局下发《国家烟草专卖局关于福建卷烟工业企业管理体制改革的批复》（国烟法〔2007〕9 号），同意福建卷烟工业企业体制改革实施方案。按照批复精神，原龙岩卷烟厂改制更名为龙岩烟草工业有限责任公司，原厦门卷烟厂改制更名为厦门烟草工业有限责任公司，均为福建中烟工业公司的全资子公司。福建中烟工业公司正式建立母子公司管理体制。

【领导成员】 总经理、党组书记：卢金来

副总经理、党组成员：李仰佳

副总经理、党组成员：李跃民（2007.6—）

副总经理、党组成员：陈子强（2007.6—）

【组织机构】 公司机关设办公室（外事办公室）、人力资源管理处（纪检监察处）、财务（投资）管理处、审计处、市场营销管理处（营销中心）、科技开发处（技术中心）、生产处、安全保卫处、体改法规处、物资供应处、进出口处、思想政治工作处等 12 个处室。

【卷烟生产经营】 2007 年，共生产卷烟 709.95 亿支（141.99 万箱），同比增长 10.9%，其中，生产一类烟 31.10 亿支（6.22 万箱），二类烟 62.80 亿支（12.56 万箱），三类烟 195.55 亿支（39.11 万箱），四类烟 254.20 亿支（50.84 万箱），五类烟 166.35 亿支（33.27 万箱）。共销售卷烟 724.40 亿支（144.88 万箱），同比增长 12.09%，其中，销售一类烟 31.10 亿支（6.22 万箱），二类烟 62.40 亿支（12.48 万箱），三类烟 195.70 亿支（39.14 万箱），四类烟 268.85 亿支（53.77 万箱），五类烟 166.35 亿支（33.27 万箱）。实现销售收入 123.65 亿元，同比增长 20.51%。实现税利 92.86 亿元，同比增长 32.80%，其中，实现利润 23.59 亿元，同比增长 54.44%。

【品牌战略和产品介绍】 2007 年，主要生产卷烟品牌有“七匹狼”、“金桥”、“石狮”、“厦门”等。制定并实施“一优一特”品牌发展战略，即做强做大“七匹狼”品牌，努力使“七匹狼”品牌成为全国“10 多个”重点骨干品牌之一；打造有中国特色的高档混合型卷烟品牌“金桥”，使“金桥”成为中式混合型卷烟代表品牌之一。2007 年，“七匹狼”品牌卷烟实现销量 435 亿支（87 万箱），同比增长 61%；“金桥”品牌卷烟实现销量 43 亿支（8.60 万箱），同比增长 22%。

【科技创新】 以“创新年”活动为契机，以“打造特色工艺，提高产品市场适应能力”为主线，进一步加大产学研合作力度，推进自主创新。

特色工艺技术研究。制订“七匹狼”产品“增香保润”重大专项实施方案，与郑州烟草研究院香精香料中心合作开展“植物多糖提取及卷烟应用”和“新型保润剂A机理研究”两个项目研究。对制丝工艺设备进行优化改进，完成“七匹狼”大部分规格产品的模块加料技术研究与应用。《特色工艺生产线应用技术研究（龙岩）》项目于12月7日通过了国家局组织的鉴定。

新生产线技改研究。加强新产品的研发与储备，完成“七匹狼”和“金桥”系列7个新产品的开发工作。“七匹狼（精品）”卷烟专用生产线技改项目于9月10日通过国家局的批复，初步确定生产线工艺流程、工艺布局的设计方案；“金桥”卷烟生产线项目于11月5日通过了国家局投资委员会审核。

烟草化学研究。《烟草近红外光谱模型的适配性研究》在“2007中国烟草自主创新高层论坛”上宣读；完成“烟草中硫含量的测定——光度比浊法”国家局行业标准项目的整体研究工作，向标准化中心提交了标准送审稿；完成国家局“卷烟部分化学成分与产品质量稳定性关系研究”和“卷烟制丝过程中化学成分变化研究”两个项目的整体研究，于12月2日通过国家局验收；开展“定向合成潜香物质有效成分烟气转移率研究”项目研究，合成了两种新型潜香物质——苯甲醇和苯乙醇的四乙酰葡萄糖苷。选送的化学研究方向论文在中国烟草学会第五届理事会第三次会议暨学术年会上分获一、二、三等奖。

QC成果。在2007年度福建中烟QC成果发布会上，共有13个QC成果参加发布，评选出QC成果一等奖2个、二等奖5个、三等奖6个。其中，厦门烟草工业有限责任公司金桥生产中心的“持续降低叶片回潮机的烟叶消耗”成果荣获行业QC成果二等奖。

【对外技术合作】 2007年，公司与郑州院化学重点实验室合作开展“卷烟全分析”、“七匹狼卷烟风格特征的表征研究”、“卷烟烟气中主要有害成分分析方法的培训”、“卷烟设计参数与卷烟主流烟气中香味成分释放量关系研究”等项目研究。与郑州院质检中心签订了实验室建设与数据比对方面的合作协议。与郑州院香精香料中心签订“植物多糖提取物及其卷烟应用”和“新型保润剂A保润机理研究”两个合作协议。与郑州院工艺重点研究室合作，开展了“七匹狼（精品）”卷烟专用生产线技术改造项目工艺论证课题研究。与厦门大学探讨卷烟中草药提取项目的合作事宜。完成与菲利普·莫里斯公司合作的技术总结，具备了生产加工“万宝路”品牌卷烟的条件。

【信息化建设】 2007年，公司实现了与下属两个卷烟厂的MIS系统、卷烟生产经营决策管理系统和福建省烟草专卖局的销售系统数据采集及信息资源汇总、分析与查询功能。开发了样烟管理系统、费用管理与托收系统。

【队伍建设】 干部选拔。开展处级后备干部推荐工作，全年先后考核提拔26名处级干部（含3名非领导职务），调整处级干部任职岗位8人。在公司营销中心开展公开竞聘，选拔了两名正科级干部任市场营销管理处副处长。

教育培训。全年共有8名企业中高层管理人员参加厦门大学EMBA课程的学习，20人参加硕士学位的教育学习，70人参加专升本教育学习。选派1名厅级干部参加国家局司局级领导干部学习班，1名处级干部参加国家局组织的高层管理人员境外学习，4名副处级干部参加国家局党校学习，112人参加国家局组织的业务培训。全年企业共开展各项培训115次，共3960人参加。

【效能监察】 在物资采购方面，重点对广告品采购、各种广告项目商务谈判等过程进行监督，全年广告宣传项目共50项，立项金额3867.24万元，合同执行金额3423.45万元，节约金额443.79万元；广告品采购项目21项，立项金额1535.91万元，合同执行金额1361.62万元，节约金额174.29万元。

在工程建设方面，重点对福建中烟工业大厦各项招标工作、金闽再造烟叶有限公司工程建设、设备采购工作等进行全程监督，其中，福建中烟工业大厦工程项目招标共3项，项目控制金额4784.96万元，中标价格4250.25万元，节约金额534.71万元。

所属企业

龙岩烟草工业有限责任公司

【概　况】 龙岩烟草工业有限责任公司前身为创建于1951年的龙岩卷烟厂，2007年11月，龙岩卷烟厂改制更名为龙岩烟草工业有限责任公司，成为福建中烟工业公司全资子公司。下属福建红狼实业有限责任公司、贝森蜂窝新型材料（福建）有限责任公司2个多元化经营企业。企业总资产56.20亿元，其中，固定资产13.08亿元、流动资产40.13亿元，资产负债率34.67%。企业占地面积5.77万平方米，共有员工2011人。

2007年12月，"七匹狼"品牌卷烟被福建省人民政府评为"2007年度福建名牌产品"。

【领导成员】 总经理、党委副书记：赖鞍山

党委书记：邱全胜

副总经理：林荣欣

副总经理、工会主席：陈聪玉

副总经理：黄 华

副总经理：李海民

副总经理：廖材河

党委副书记、纪委书记：胡国林

【组织机构】 公司机关下设办公室、企业管理部、人力资源部、财务部、审计部、烟叶部、供应部、生产管理部、设备管理部、质量管理部、技术改造办公室、信息技术部、安全保卫部、后勤管理部、监察部、制丝车间、卷包车间、动力车间等18个部门。

【卷烟生产经营】 2007年，共生产卷烟365.06亿支（73.01万箱），同比增长10.61%，其中，生产一类烟30.21亿支（6.04万箱）、二类烟21.35亿支（4.27万箱），三类烟117.02亿支（23.4万箱），四类烟99.07亿支（19.81万箱），五类烟97.41万支（19.48万箱）。销售卷烟364.97亿支（72.99万箱），同比增长10.08%。实现销售收入71.83亿元，同比增长24.34%。实现税利52.47亿元，同比增长32.46%，其中实现利润13.38亿元。

【"七匹狼"品牌扩张】 2007年，"七匹狼"品牌卷烟销售437.65亿支（87.53万箱），单品牌销售额超过100亿元，在烟草行业"百牌号"卷烟排名中名列第13位。品牌互换加工和省外联营加工迈出实质性步伐，全年"七匹狼"系列卷烟在厦门烟草工业有限责任公司加工154.95亿支（30.99万箱），在张家口卷烟厂有限责任公司加工2.50亿支（0.50万箱），在河南中烟工业公司郑州卷烟厂加工4.98亿支（1万箱），在江西中烟工业公司赣南卷烟厂加工7.50亿支（1.50万箱）。"七匹狼"品牌在省外销量达到168.70亿支（33.74万箱），同比增长44.73%。

【科技创新】 技术创新工作在提升卷烟品位、原料研究、特色工艺、加香加料、减害降焦等关键技术研究领域开展。

新产品开发研究。引入"配方比稿"模式，按"贴近市场搞研发"的思路进行新产品开发。2007年7月，"七匹狼（红金）"正式投入生产；9月21日，"七匹狼（圣典）"正式投入生产；10月25日，"七匹狼（雅典）"完成第二批中试；开展350元/条低焦油"七匹狼"等储备产品的设计与试验工作。针对"七匹狼"系列产品在嗅香风格、烟香清晰度、刺激性、干燥感及浓度劲头方面的不足，开展激光打孔、生产过程工艺用水、新型保润剂、单体香料等的试验与研究。

龙烟特色工艺研究。以打造龙烟特色工艺及提升"七匹狼"产品综合感官质量为主线，依托"特色工艺生产线应用技术研究"项目的前期成果，应用工序质量评价方法，开展特色工艺技术研究。"特色工艺生产线应用技术研究（龙岩）"项目整体研究工作于12月7日通过国家局鉴定，项目成果达到国内领先水平。该项目成果应用于"七匹狼"系列卷烟产品，提高了产品质量及其稳定性，拓展了烟叶使用范围，烟叶原料消耗和配方成本得到明显降低。对现有制丝生产线使用现状、设备结构、性能、控制方式等方面进行调研、测试与分析，完成对制丝生产线工艺流程的改进。

烟叶仓储和醇化技术研究。解决企业初烤烟虫蛀与霉变、品牌扩张带来的库容紧张等问题，提高初烤烟、片烟的醇化质量。完成“部分替代进口烟叶生产示范与工业验证”、“福建南平区域特征风格烟叶研究”和“叶组替代技术研究”3个项目的研究工作。开展“福建清香型特色烟叶综合技术开发”项目研究，完成《2007年福建清香型特色烟叶质量评价报告》。

技术合作和品牌互换加工。2007年，与郑州烟草研究院开展多项技术合作，继续抓好与菲利普·莫里斯公司的产品加工合作。推进品牌异地加工均质化技术研究，确保“七匹狼”系列卷烟在厦门烟草工业有限责任公司、张家口卷烟厂有限责任公司、河南中烟工业公司郑州卷烟厂、江西中烟工业公司赣南卷烟厂生产的产品质量。

【企业管理】 开展企业标准化管理工作，成立企业标准化技术委员会，加强标准化信息系统建设，制定企业标准化规划、实施方案、管理办法、标准体系结构及标准编制原则等管理文件，组织开展管理体系全面审核，开展质量、环境、职业健康安全管理体系管理评审工作。

制定企业能源管理目标规划和能源（资源）管理办法，将节能降耗目标纳入企业方针目标进行跟踪管理。通过强化内部能源（资源）管理、开展清洁生产活动和推动技术改进等途径，能源消耗指标大幅减少。万元产值综合能耗（千克标煤/万元）、万支卷烟综合能耗（千克标煤/万支）、万支卷烟水消耗（吨/万支）同比分别下降30.34%、19.51%、11.27%。

开展以“科学管理，持续改进，和谐运行”为主题的设备管理活动，完成设备技术改造项目76项。围绕效率、质量、消耗三大指标，开展生产运行分析，2007年生产运行质量综合指数为110.83，同比增长5.40，其中，效率指数为98.44，质量指数为114.69，消耗指数为123.49，同比分别增长5.7、3.9和6.49。加强质量控制，企业成品合格率达100%。

【多元化经营】 2007年，完成福建红狼实业有限公司持有厦门兴中达包装材料有限公司49%股权的有偿转让工作。北京龙燕兴科贸有限公司和龙岩红七匹狼彩印有限公司完成注销工作。

【企业文化】 开展“两个至上”在岗位主题实践活动，举行“两个至上”从我做起报告会，把“两个至上”的行业共同价值观融入到企业的理念体系建设中。系统推进企业文化的传播与深植工作，企业文化理念逐步向沟通体系、管理制度、流程细部渗透，使企业文化建设向纵深推进。2007年，《龙岩卷烟厂厂史（2001~2006）》完成出版。

厦门烟草工业有限责任公司

【概　况】 厦门烟草工业有限责任公司前身为始建于1948年的厦门卷烟厂，2007年11月21日，厦门卷烟厂正式改制更名为厦门烟草工业有限责任公司，成为福建中烟工业公司全资子公司。公司下设卷包、制丝两个生产车间以及专门生产混合型卷烟的金桥生产中心，下辖厦门鑫叶集团有限公司1个多元化经营企业。企业总资产47.05亿元，占地面积20万平方米，在岗员工1240人。

2007年，企业荣获“全国实施卓越绩效先进企业”、“福建省文明单位”等称号。

【领导成员】 总经理：王道宽（2007.8—）

党委书记：王建勇（2007.8—）

副总经理、总会计师：刘宗柳

党委副书记、纪委书记：朱一民（2007年9月起兼任纪委书记）

副总经理：吴志文

副总经理：黄　宏（2007.8—）

副总经理：姜国海（2007.8—）

副总经理：林定丰（2007.8—）

工会主席、党委副书记、纪委书记：吴灿滨（—2007.8）

【组织机构】 厦门烟草工业有限责任公司下设办公室、组织宣传部、人力资源部、财务部、企业管理部、审计部、监察室、工会团委、营销服务部、物资供应部、信息技术部、安全保卫部、后勤保障部、技改办、生产制造中心（包括生产调度室、装备动力部、制丝车间、卷包车间）、质量管理部、金桥生产中心等17个部门、科室。

【生产经营】 2007年，共生产卷烟346.23亿支

(69.25万箱)，同比增长12.23%，其中，生产一类烟0.98亿支（0.20万箱)，二类烟42.37亿支（8.47万箱)，三类烟79.46亿支（15.89万箱)，四类烟154.25亿支（30.85万箱)，五类烟69.15亿支（13.83万箱)。共销售卷烟344.50亿支（68.90万箱)，同比增长9.58%。实现销售收入55.66亿元，同比增长26.47%。实现税利38.36亿元，同比增长31.46%，其中，实现利润9.05亿元，同比增长38.83%。

2007年，“七匹狼”系列销量为154.90亿支(30.98万箱)，同比增长143.09%；“金桥”系列销量为43.02亿支（8.6万箱)，同比增长22.61%；“石狮”系列销量为117.10亿支（23.42万箱)，同比下降33.8%。

【企业管理】 经济责任制。修订《生产车间经济责任制》，完善车间经济考核，改变原来考核以生产产量单箱计奖的考核模式，强化企业生产、工艺质量、设备管理、成本控制和安全管理等基础工作的考核。理顺过去车间实际人数与企业分配定额人数存在不一致的矛盾，简化考核指标项目。

标准化工作。开展整合管理体系、日常管理工作和制度的评估、修订工作，确保整合管理体系有效运行、持续改进和管理制度的有效执行。以《卷烟企业标准体系构架及指南》为依据，探索覆盖技术标准、管理标准的企业标准体系建设，逐步对企业现有体系文件与管理制度进行分类摸底。

质量控制。开展烟虫防治、制丝数采系统不稳定等问题的跨部门专项攻关活动，通过加强人员培训，改进管理方法和手段，提高工艺控制精度，增强过程质量预警、控制能力。2007年，企业产品市场抽检合格率达100%。全年设备有效作业率达87.74%（卷接设备92.61%，包装设备82.94%)，制丝、卷包主要设备完好率均为100%。

【队伍建设】 以技能提升和岗位培训为重点，建立职教培训体系，2007年，共开展各类培训105项，参培人数1321人，共22732课时；部门培训214项，参培人数3027人，18826课时。开展8个特有工种共95人参加的初、中、高级技能鉴定，其中，取得技师资格证书1人，取得中、高级职业资格证书53人，需持证岗位持证率100%。

【企业文化】 将践行“两个至上”行业共同价值观、开展“两个至上”主题实践活动、树立社会主义荣辱观作为企业文化建设的核心工作，在团员青年中开展“八荣八耻”征文、演讲比赛，开展“立足本职做贡献，超越自我在岗位”征文活动。

以“两个至上”行业共同价值观为指导编制完成企业文化5年规划，初步完成企业文化建设咨询公司的遴选和议标工作，并开展企业文化建设初步调查。

贯彻落实胡总书记的重要讲话精神和十七大精神、学习贯彻新党章。开展“做人做事做公仆，尽职尽责尽义务”的主题教育实践活动。围绕坚定理想信念、加强道德修养、发扬党内民主、严明政治纪律、强化制约监督、加强制度建设等六个方面，开展系列党建活动。

利用企业报、内部网等宣传载体，对行业形势、品牌整合等情况，广泛宣传，正确引导，培养职工的危机意识、责任意识和大局意识；在企业内部网站建立“普法”、“先进性教育”、“树立‘两个至上’行业共同价值观”等专栏，利用《学习园地》、《党的建设》栏目及时、迅速地向广大党员宣传党的路线、方针、政策，宣传行业、企业的重要会议精神。

（沈建书）

江西中烟工业公司

【概　况】 江西中烟工业公司成立于2004年10月28日。2007年12月12日，国家局下发《国家烟草专卖局、中国烟草总公司关于江西卷烟工业企业管理体制改革的批复》（国烟法〔2007〕567号）文件，同意江西中烟工业公司与南昌卷烟总厂合并重组为一个企业法人实体，取消南昌卷烟总厂法人资格，继续使用“江西中烟工业公司”名称，与中国烟草总公司构建二级母子公司体制。12月28日合并重组后的江西中烟工业公司正式挂牌。

江西中烟工业公司下辖南昌卷烟厂、赣南卷烟厂、广丰卷烟厂、井冈山卷烟厂、兴国卷烟厂5个非法人卷烟生产厂及江西锦峰实业有限公司1个控股子公司。截至2007年年底，公司总资产53.8亿元，其中，固定资产13.84亿元、流动资产37.4亿元，资产负债率52%，公司机关共有在册人员99人。

2007年，公司主导骨干品牌“金圣”品牌荣获首届中国品牌节“金错奖”、“中国烟草最具特色品牌”、“2007年江西重点名牌产品”称号。

【领导成员】 总经理、党组书记：郑　伟

副总经理、党组成员：徐仲良

纪检组长、党组成员：王志彬

副总经理、党组成员：于明芳

【组织机构】 公司机关下设办公室（外事办公室）、人力资源部、监察部（与党组纪检组合署办公）、法律与改革部、财务管理部（投资管理部、南昌卷烟总厂财务部）、审计部、生产安全管理部、物资供应部、信息中心（南昌卷烟总厂信息中心）、技术研发中心（南昌卷烟总厂技术研发中心）、市场营销部（南昌卷烟总厂市场营销中心）等11个部门。

【卷烟生产经营】 2007年，生产卷烟478.85亿支（95.77万箱），其中，生产一类烟12.55亿支（2.51万箱），二类烟35亿支（7万箱），三类烟155.65亿支（31.13万箱），四类烟79.30亿支（15.86万箱），五类烟196.35亿支（39.27万箱）。全年销售卷烟476.65亿支（95.33万箱），其中，销售一类烟12.40亿支（2.48万箱），二类烟35.10亿支（7.02万箱），三类烟152.60亿支（30.52万箱），四类烟79.50亿支（15.90万箱），五类烟197.05亿支（39.41万箱）。实现销售收入67.90亿元，同比增长15.24%。实现税利43.72亿元，其中，实现利润7.19亿元，同比增长12%。

【品牌战略和产品介绍】 2007年，公司主要品牌有“金圣”、“庐山”、“赣”烟和“月兔”品牌，以及新上市的“金圣（盛世典藏）”、“双低（低焦油、低一氧化碳）”系列产品中的“金圣（黑带）”。

按照推进品牌整合的思路，自主品牌规格由2006年的8个品牌38个规格减少至5个品牌31个规格。全年“金圣”系列卷烟销售68.95亿支（13.79万箱），同比增长26%，“庐山”系列卷烟销售296.4亿支（59.28万箱），同比增长34.5%。两大主导骨干品牌税利贡献度由上年的78%提高至86%，其中，“金圣（吉品）”、“金圣（盖）”和“金圣（软）”3款经典系列产品销量分别同比增长35%、16%和92%，“庐山（精品）”同比增长36.5%。省外市场开拓取得突破，全年实现省外销售103.15亿支（20.63万箱），同比增长14%，其中，“庐山（精品）”47.5亿支（9.5万箱），同比增长53%，并培育出了内蒙古、山东两个超20亿支（4万箱）的省外市场。

【体制改革】 2007年12月28日，根据《国家烟草专卖局、中国烟草总公司关于江西卷烟工业企业管理体制改革的批复》（国烟法〔2007〕567号）文件精神，江西中烟工业公司与所属南昌卷烟总厂合并重组为一个企业法人实体，继续使用“江西中烟工业公司”名称，直接从事卷烟生产经营。取消南昌卷烟总厂法人资格，其债务债权关系依法由江西中烟工业公司承继。江西中烟工业公司是中国烟草总公司的全资子公司，其出资人为中国烟草总公司。

合并重组后的江西中烟工业公司下辖5个不具有企业法人资格的卷烟生产厂和1个控股子公司，分别是南昌卷烟厂、赣南卷烟厂、广丰卷烟厂、井冈山卷烟厂、兴国卷烟厂及江西锦峰实业有限公司。此次合并重组，标志着江西卷烟工业管理体制改革工作顺利完成。

【科技创新】 科技创新机制建设。成立了科技委员会，制订完成科技委员会章程、科技项目管理办法、科技成果鉴定办法和科技进步奖励办法等科技管理制度。编制《江西中烟工业公司技术研发中心管理制度汇编》，邀请中国烟草科技信息中心专家对技术中心建设进行了调研和评价，并向国家局递交了申请行业级技术中心认定的报告。

科研合作机制建设。分别与中国军事医学科学院、郑州烟草研究院开展合作。先后启动“选择性减害降焦技术研究及产品应用”等5项课题的研究，并与郑州烟草院共同开展《中草药添加剂的通用技术要求》、《烟草及烟草制品中1、2－丙二醇和丙三醇测定方法》

等两项行业标准的制定工作。

“金圣”品牌核心技术研究。“中草药降低卷烟危害的机理研究”项目取得阶段性成果，并于1月在“金圣（盛世典藏）”上市暨“金圣”最新科研成果发布会上发布。加强“金圣香”的应用研究，第二代“金圣香”成功运用于“金圣（盛世典藏）”中，第三代“金圣香”研发成功。2007年完成“金圣（软·红新）”的配方改造和提升；实现低焦油、低一氧化碳产品开发的突破，成功开发“双低”系列产品“金圣（黑带）”。

专项技术研究。开展香精香料品控方法的研究，对常用香精香料进行内在成分的分析，建立部分样品成分的分析方法；开展单体香精对卷烟香气香味影响的技术研究，启动“功能性单体香料在‘金圣’系列卷烟中作用评价研究”项目。针对公司卷烟品牌多点生产的实际情况，开展卷烟品质一致性、质量稳定性的研究，通过加强加工过程控制、优化卷烟加工工艺参数，提高在制品加工质量和加香加料质量的稳定性。加强烟叶加工、烟叶醇化技术研究，与郑州烟草研究院烟草农业研究室合作启动“烟叶醇化养护管理体系研究”项目。加强了新材料、新技术、新工艺的研究和应用，开展推广使用转移内衬纸的前期研究工作，“庐山（精品）”、“庐山（黄精品）”、“庐山（新）”卷烟商标印刷用纸改为转移卡纸。加强知识产权管理和标准化工作，全年获得国家专利3项，另有3项专利正在受理和公告，2项专利正在申请。

【技术改造】 6月8日，江西中烟工业公司南昌卷烟厂“十五”易地技术改造项目通过国家局组织的验收。根据公司品牌发展战略进行推进技术改造，2007年，江西中烟工业公司南昌卷烟厂完成5000千克/小时的HXD气流式叶丝在线高速膨胀设备、3套ZJ19/CONCORD/ZB45卷接包机组的性能调研、选型论证、审核申报工作，2套ZJ19/CONCORD/ZB45已完成安装调试投入生产；江西中烟工业公司赣南卷烟厂、江西中烟工业公司广丰卷烟厂完成片烟线改造项目论证工作，实现各厂卷接包设备机型的相对统一，促进了全省卷烟产品多点生产的均质化；推进设备自主维修，对部分年度设备大中（项）修改造项目实施“以我为主，借助外力”的自主维修方式，节约资本性支出700余万元。

【企业管理】 推进管理整合。出台《江西卷烟工业企业合并重组管理运行方案》，分别就物资采购、行政事务、财务管理、生产管理等职能提出了具体的运行思路，优化了公司与各卷烟生产厂之间的管理流程。对卷烟配方、工艺标准、烟叶调拨、会计核算、设备布局进行了统一和调整，降低卷烟成本。就资金安排、组织生产、物资保障、卷烟销售等方面进行资源优化，实现重组后资金的科学调度、计划的均衡下达和生产的正常衔接。

开展管理创新。确定2007年为“管理创新年”，4月下发《江西中烟工业公司“创新年”活动实施方案》，开展管理制度执行情况检查活动、“我为企业发展进一言”活动、管理创新成果申报评比活动、“我为江西卷烟工业发展建言献策”案例研讨会、处长谈创新专题讲座、公司机关读书月等10项具体活动。全年江西中烟工业公司所属各卷烟工业企业确定了125项管理课题进行专项攻关，其中，中烟公司批准了40项管理创新课题及60多条“金点子”。年底对管理创新课题、“我为企业发展进一言”活动进行评比，并将优秀管理创新课题汇编成册。

加强质量管理。开展群众性质量管理活动，5月召开了全省卷烟工业第十五次QC成果发布会，其中，江西中烟工业公司南昌卷烟厂QC成果《提高梗丝填充值合格率》荣获全国烟草行业QC成果发布会一等奖。

【信息化建设】 完成全省系统财务、供应链管理信息系统的整合工作，从会计核算、财务预算、资金监管、财务分析、实时在线监督、供应链管理等方面提高了财务管理水平，实现了对全省卷烟工业的集约经营、集中监控和风险防范。完成江西中烟工业公司生产管理系统（江西中烟工业公司南昌卷烟厂卷接包数据采集系统二期工程）的建设，构建了全省统一的生产管理和调度信息平台。完成覆盖全省卷烟企业的地面远程视讯会议系统。推进办公自动化系统建设，年底进入试运行阶段。

【多元化经营】 2007年，江西锦峰实业有限公司及其所属锦峰大酒店按照“开拓思路、创新机制、调整定位、建立特色、提升水平”的总体要求，贯彻“边经营、边改造、边筹资”的经营方针，全年实现利润764.74万元。锦峰大酒店顺利通过国家旅游星级饭店的五星级评定。

【人事劳资】 推进用工分配制度改革，组织有关人员到江苏、湖南、湖北等中烟工业公司学习考察并撰写调研报告，作为试点单位的江西中烟工业公司赣南卷烟厂推进岗位分析和定岗定员工作。规范薪酬管理，出台《江西中烟工业公司薪酬管理委员会工作规则》。开展干部选拔任用和公司员工调配工作，做好公司机关、各企业部分处级干部任用和市场营销中心重新组建后的人员选聘工作。做好退役士兵安置和高校毕业生录用工作，组织2007年度全省系统高校毕业生录用考试，针对专业技术岗位到郑州烟草研究院等院校招聘两名硕士研究生。加大对所属企业劳动用工管理的指导和监督，公司本部及所属各企业均通过省劳动和社会保障厅组织的2006年度劳动用工年检。推进人员分流工作，江西中烟工业公司广丰卷烟厂按照“稳步推进、分步实施”的原则和“人心安定、社会和谐”的宗旨，上半年分流人员148人，实行内退、待岗190人，年底227名合同工退出岗位。

【队伍建设】 业务培训。全年开展各类业务培训2771人次，举办KPI绩效考核、企业内控制度建设、行业形势解读等专题讲座和文秘宣传、综治信访、安全、贯彻《劳动合同法》等培训班。组织公司机关全体干部职工参加全省司法统一考试，通过率为100%。选派7名同志到国家局党校、省直工委党校脱产学习。8月，公司首届EMBA工商管理高级研修班学员顺利结业。

职业技能鉴定。9月，南昌卷烟厂开展烟草行业特有工种的初、中级工职业技能鉴定工作，涉及制丝、卷接、包装、滤棒成型的初中级操作工、维修工，共17个工种（机型），共307人报名参加技能鉴定，合格率71%。广丰卷烟厂共242人参加行业特有工种的鉴定。

【思想政治工作】 开展党的上级组织为基层组织服务、党的基层组织为党员服务、党的各级组织和党员为群众服务的“三服务”活动、主题党日实践活动以及“和谐创业展风采、崛起路上当先锋”活动。开展首届“金圣杯”乒乓球比赛、江西中烟工业公司第三届职工运动会和机关乒乓球选拔赛。参加《江西省职工代表大会条例》知识竞赛，其中2人分获知识竞赛二、三等奖。参加省直工委组织的“创新创业、共建和谐”文艺调演，获创作奖1个，演出二等奖1个，三等奖2个。2007年，公司被省直属机关精神文明建设委员会评为第四届（2006~2007年度）省直文明单位。

【党风廉政建设】 制度建设。下发《党风廉政建设责任制考核与经济责任目标考核挂钩的暂行规定》，将党风廉政建设责任制考核与各级领导干部年度工作目标考核奖金挂钩，实行主要领导、分管领导、班子成员、部门领导廉政建设“一岗双责”，对违纪案件实行领导责任跨期追究和连带责任追究制，并制定《党风廉政建设考核评分标准》，实行百分制考核管理，切实抓好党风廉政建设责任制的落实。为切实加大对企业生产经营的监管，制定《关于烟机零配件采购监督管理的意见》、《薪酬管理委员会工作规则》、《预算管理暂行办法》等，根据企业重组实际完善了财务、审计、物资采购、广告宣传、内管监督及企业管理等各方面制度。

管理监督。加强对重大事项决策的监督，对各单位党政联席会、党委会关于重大事项决策情况的专项检查。坚持纪检监察部门与人事部门共同参与干部考核选拔，坚持领导干部任前廉政谈话、述职述廉、诫勉谈话等制度。全年开展领导干部任前廉政谈话28人次，诫勉谈话13人次，述职述廉257人次，其中处级以上干部56人次，党员领导干部执行个人有关事项报告制度93人次。制定《关于烟机零配件采购监督管理的意见》，规范采购流程。

效能监察。围绕工程项目、成本控制、预算管理等加强效能监察工作，着重对江西中烟工业公司南昌卷烟厂、江西中烟工业公司井冈山卷烟厂、江西锦峰实业有限公司等3个单位的在建工程项目进行监督检查。江西锦峰实业有限公司抓住锦峰大酒店改造升五星的重点工程，邀请省招投标公司、地方检察院有关人员参与监督。江西中烟工业公司井冈山卷烟厂通过招投标、议标、比质比价等形式，办公楼内装饰材料采购达到市场最低价，为企业节约近百万元。江西中烟工业公司广丰卷烟厂开展了“管理制度执行”、“燃料管理”、“降低卷烟生产成本”三项效能监察工作，全年节约生产成本700余万元。

【企业文化】 公司及各卷烟生产厂都成立了企业文化建设机构，按照《中国烟草企业文化建设纲要》和《烟草行业文化架构体系》的要求，开展企业文化建设前期调研工作，形成《江西中烟工业公司2008~2010年企业文化建设三年规划（草案）》。江西中烟工业公司赣南卷烟厂还提炼出“完美执行、快乐工作”的企业文化理念。创办《金圣报》和金圣网站，2007年《金圣报》荣获中国企业内部报刊一等奖。

【特事要辑】 6月17日，在江西省委副书记、省长吴新雄，省委常委、常务副省长凌成兴的陪同下，国家发改委主任马凯一行来南昌卷烟总厂本部视察工作。

所属企业

江西中烟工业公司南昌卷烟厂

【概　况】 江西中烟工业公司南昌卷烟厂前身为创建于1950年的南昌卷烟厂，2005年联合重组成为南昌卷烟总厂的一部分，更名为南昌卷烟总厂南昌卷烟厂。2007年12月28日，根据《关于江西卷烟工业企业管理体制改革的批复》（国烟法〔2007〕567号）文件精神，企业名称由原来的南昌卷烟总厂南昌卷烟厂更改为江西中烟工业公司南昌卷烟厂。企业以生产为中心、以质量为核心，突出抓好“安全、质量、成本、效率”四大核心指标，实现由生产经营型企业向生产管理型企业的过渡。企业总资产3643万元，其中流动资产3052万元，共有在岗员工1621人，年生产能力300亿支（60万箱），2007年，企业“十五”易地技改项目顺利通过国家局验收。

【领导成员】 厂长、党委书记：王迪汗

副厂长、党委副书记：叶华英

副厂长：张胜健

副厂长：付武军

调研员：胡全荣

调研员：杨纯志

副调研员：蒋椿生

【卷烟生产】 2007年，生产卷烟270.15亿支（54.03万箱），同比增长12.3%，其中，生产一类烟12.55亿支（2.51万箱），二类烟32.65亿支（6.53万箱），三类烟149.4亿支（29.88万箱），四类烟26.15亿支（5.23万箱），五类烟49.3亿支（9.86万箱）。

【机构调整】 企业下设办公室、企业管理办公室、人事教育科、财务科、审计科、供应科、烟叶科、工艺质检科、技改办公室、安全保卫科、稽查支队、总务科、生产科、设备管理科、制丝车间、卷包车间、动力车间、成型车间、党委办公室、纪检监察科、工会办公室、退管办22个部门。并下设江西金圣文化传播有限公司、江西金圣实业发展有限公司。

【技术改造】 5月，三套ZJ19、ZB45和CONCORD卷接包机组投产。10月，引进一台PASSIM8000。11月，完成一组ZJ19和ZB45卷包机组的调试验收，并投入生产。年底，完成叶丝在线高速膨胀干燥设备（HXD）的考察和选型论证、申报工作。

【企业管理】 内部管理监督。加强对内部监管工作的日常监督，建立内部专卖管理监督月度报告、同级审计季度报告、内控制度运行情况年度总结制度。加强工程项目审计和招投标工作。全年共审核工程项目98项，金额829.69万元，审计核减141.11万元，核减比率达17.01%。

质量管理。狠抓ISO9000管理体系的贯标工作，提高体系文件的执行力。针对生产管理方式的变化，调整了制丝工艺管理流程，优化了质量改进管理流程，规范了质量改进活动，提升质量改进成果的科学性和长期有效性。产品在国家局、省局质量抽检中继续保持合格率100%，名优卷烟合格率100%，成品全项检验合格率100%，顾客抱怨率为0.251%，同比下降43.21%。

成本管理。重新测算辅料综合成本，进一步比质比价，全年辅料可比采购成本同比下降2018万元。完成锅炉“油改气”等节能工作，在产量增长的情况下各项总能耗比上年均有不同程度下降，其中，消耗电同比下降1.54千瓦时/万支，消耗油同比下降0.1586千克/万支，消耗水同比下降0.0982吨/万支。开展成本分析和核算调研，并对辅料采购、材料消耗、仓储

费使用、业务招待费使用等进行了专项成本调研，进一步降低了成本。

绩效管理。将过去仅考核生产部门的绩效考核扩大到所有部门，分别设定目标任务以及重点考核工作，进一步突出了考核手段的导向作用和激励作用。一方面，注重突出重点，将各管理部门、后勤保障部门都纳入关键绩效考核，抓住部门的关键环节和关键工作。另一方面，强化过程控制，改变以往单向考核模式，通过定期进行绩效辅导，增强考核与被考核部门之间的互动，使考核目标设定更合理，考核中的问题更易沟通并解决，通过考核促进工作的作用愈加明显。

【队伍建设】 技术水平进一步提升。创新培训方式，鼓励技术人员开展自主维修，在工作实践中提高技能。开展并参与各类竞赛，在竞赛中提高技能。参加首届“金圣杯”烟机设备操作技能竞赛，囊括了所参加的三个项目的冠军。内训与外训相结合，在培训中提高技能。举办大规模的操作工机电基础知识培训班，部门技术、业务骨干内训员工30余次。开展“以师带徒”活动，在传、帮、带中提高技能。车间、技术部门共结师徒对子40多对。

创新能力进一步提升。开展“创新年”活动，共开展10余项管理创新和20余项技术创新。绩效考核、质量管理、执行力建设、成本控制等方面的管理创新成果，在江西中烟工业公司的评选中分别荣获一、二、三等奖。《提高嘴棒圆周CPK值合格率》等项目促进产品质量提高、降低生产消耗发挥。制丝车间“提高梗丝填充值合格率”QC成果荣获行业QC成果一等奖。

【思想政治工作】 完善中心组学习制度，加强党员领导干部政治理论学习。开展“人人为一线，全员保生产”为主题的大讨论活动，使领导干部进一步找准自身定位，树立服务一线、服务大局的观念。开展“领导干部带队伍创和谐”主题活动和“五查五看”活动。卷包车间挡车工唐晓祥和工艺质检科科长汪剑参加江西中烟工业公司组织的全省“两个至上”在岗位巡回演讲。

江西中烟工业公司赣南卷烟厂

【概　况】 江西中烟工业公司赣南卷烟厂的前身为创建于1969年的赣南卷烟厂，2007年12月28日，根据《国家烟草专卖局、中国烟草总公司关于江西卷烟工业企业管理体制改革的批复》（国烟法〔2007〕567号）文件精神，企业名称由南昌卷烟总厂赣南卷烟厂更改为江西中烟工业公司赣南卷烟厂。企业占地面积12万平方米，年生产能力100亿支（20万箱），企业共有员工1168人，其中在岗员工881人。

【领导成员】 厂长、党委书记：黄　平

党委副书记、纪委书记：刘海清

副厂长、党委委员：钟正荣

工会主席、党委委员：陈茂富

副厂长：何善懋

副厂长：朱　平

厂长助理：汪新华

【卷烟生产】 2007年，生产卷烟77.4亿支（15.48万箱），其中，生产“赣”烟32.9亿支（6.58万箱），“庐山”品牌卷烟37.05亿支（7.41万箱），定向加工“七匹狼（豪情）”7.5亿支（1.5万箱）。生产二类烟2.35亿支（0.47万箱），三类烟4亿支（0.8万箱），四类烟33.7亿支（6.74万箱），五类烟37.35亿支（7.47万箱）。

烟叶消耗7.54千克/万支，同比下降8.5%；卷烟盘纸消耗为632.40米/万支，同比下降1.92%；商标纸消耗502.80张/万支，同比下降0.24%；嘴棒消耗1699.20支/万支，同比下降0.67%。

【机构调整】 重组后的企业角色由生产经营型转变为生产管理型，在全省卷烟工业“品牌、资产、销售、采购”四统一的管理模式指导下，企业进行了相应的机构调整：撤销销售公司、销售系统综合部、调拨储运部、省内市场部、省外市场部、品牌管理部、驻京办事处、工艺技术科、质量检测站；成立品质科、调拨储运科、销售留守办公室；撤销南康市金赣工贸公司和江西中烟工业公司赣南卷烟厂纸箱厂。

【技术改造】 2007年，企业更新了1台薄板式烘丝机，1台隧道式叶丝回潮机，7台卷接机组落料器；安装8台ZB43缺包检测，5套ZB43铝箔自动加油装置，1套MK9-5卷烟纸/水松纸接头检测，2套KDF2滤

棒成型机烟枪油路冷却装置；完成5组卷接机组电烙铁改造。

【企业管理】 质量管理。通过改进工艺、统一配方和加强在线检测等方法，产品质量稳步提高。2007年抽检产品合格率达98.2%，卷制包装平均得分96.86分；国家局中心站、省局二级站抽检合格率为100%，平均卷制包装得分98.68分。

综治安全工作。坚持“安全第一、预防为主”的方针和“谁主管、谁负责”的原则，建立健全各类安全规章制度和安全档案资料，重点推进《职业安全健康管理体系》的建设工作。强化安全生产检查力度，全年组织安全大检查18次，隐患整改达58处，整改率达100%。

【队伍建设】 出台《职工自学取得大专以上学历给予相关待遇的规定》、《职工自学取得大专以上学历的补充规定》、《职工学历学位教育的有关规定》、《关于参加中国科技大学远程学历教育的通知》，鼓励职工参加继续教育。通过邀请专业人员举行集中培训和自我学习等形式狠抓职工培训，加强工艺、质量等方面岗位人员的技术知识培训，同时注重培训时效，每次培训后均组织相关考试，考试成绩与工资考核挂钩，并把考试成绩作为相关员工是否胜任其工作岗位的重要依据之一，提高职工参与培训的积极性和培训成效。

【企业文化】 针对新体制下企业性质的新变化，全厂干部职工积极转变观念，从思想和行动上主动对接和融合，实现了新体制下角色的转换、定位的调整和经营思想的转变，打牢了企业文化建设的思想基础。成立企业文化建设领导小组，邀请专家来厂讲解企业文化学习知识，向职工发放《中国烟草企业文化建设纲要》，奠定了企业文化建设工作基础。从生产制造中心的角色定位出发，在“逆水行舟，不进则退”的企业精神基础上，以行业共同价值观为前提，以加强与大企业文化融合为关键，提炼出“完美执行，快乐工作”的企业文化核心理念。

江西中烟工业公司广丰卷烟厂

【概　况】 江西中烟工业公司广丰卷烟厂前身为创办于1988年的广丰卷烟厂，1991年8月，正式被批准为国家计划内地方卷烟厂，2006年上划为中央预算内企业。2007年12月28日，根据《国家烟草专卖局、中国烟草总公司关于江西卷烟工业企业管理体制改革的批复》（国烟法〔2007〕567号）文件精神，企业名称由南昌卷烟总厂广丰卷烟厂更改为江西中烟工业公司广丰卷烟厂。企业占地面积14.66万平方米，年卷烟生产能力达150亿支（30万箱）。企业共有员工2700人，其中中级以上技术职称者52人。

【领导成员】 厂长、党委书记：余小斌

副厂长、党委委员：徐辉广

党委委员、纪委书记：蒋　捷

工会主席、党委委员：唐庆丰

副厂长、党委委员：俞增产

副调研员：夏良俊

【机构调整】 企业下设办公室、党群工作部、企管办、审计科、财务科、品管科、烟叶科、设备科、供应科、保卫科、纪检监察室、工会办公室、团委、人力资源科、招标办、信息中心、总务科、技改办、整顿办、制丝车间、卷接包车间、动力车间、薄片车间、硬包车间、成型车间、机修车间等26个部门、科室、车间。

【卷烟生产】 企业生产卷烟品牌主要为“月兔”系列品牌，包括“月兔（春）”、“月兔（王）”、“月兔（小）”、“月兔（特醇）”。2007年成功实现异地加工“庐山（新）”卷烟。

2007年，生产卷烟55.90亿支（11.18万箱），其中，生产三类烟2.20亿支（0.44万箱），四类烟18.20亿支（3.64万箱），五类烟35.49亿支（7.09万箱）。

【科技创新】 全年共有3个QC成果、1个科技革新项目获省级奖励。创新课题《提高薄片丝长度合格率》获省质量协会一等奖，《研制CBHSXT数据软件》、《降低流化床干燥出口水分标准偏差》获省质量协会二等奖，《改进制丝工艺，提高烟丝质量》获江西中烟工业公司科技革新项目优秀奖。

【企业管理】 围绕“保质保量保安全，降能降耗降成本”这一中心任务，全面提升管理水平。以开展

"管理创新年"活动为契机，推动管理创新和技术创新，努力提高制造水平，推进同质化生产。强化基础管理，巩固"两项检查"成果，有效开展同级审计，强化预算管理，认真开展清欠工作。积极导入绩效模式，深化人事改革。开展"两个至上"实践教育活动，注重员工知识技能培训。导入职业健康安全管理体系，全年未发生一起重特大安全事故。

【队伍建设】 重视职工教育培训工作，加强人力资源管理。倡导创建学习型企业，实行全员培训制度，全年共举办生产工艺、企业管理、法律法规等知识培训班25期，投入资金54万元，1500多人次参加了培训。

【企业文化】 以"超越不平凡"、"永不言弃"为企业精神，塑造企业核心价值观念，统一员工行为规范，将先进的企业文化理念渗透到企业经营管理和员工日常行为的各个方面；以"两个至上"行业共同价值观为指引，着力构建"责任烟草、诚信烟草、和谐烟草"。

江西中烟工业公司井冈山卷烟厂

【概　况】 江西中烟工业公司井冈山卷烟厂前身为创建于1982年的井冈山卷烟厂，1991年纳入国家计划内管理。2007年12月28日，根据《国家烟草专卖局、中国烟草总公司关于江西卷烟工业企业管理体制改革的批复》（国烟法〔2007〕567号）文件精神，企业名称由南昌卷烟总厂井冈山卷烟厂更改为江西中烟工业公司井冈山卷烟厂。2003年4月，经国家局、财政部批准上划为中央直属企业。企业占地面积15万平方米，共有员工527人。

【领导成员】 厂长、党委书记：刘一华

副厂长、党委委员：罗　飚（2007年1月任党委委员）

工会主席、纪检书记、党委委员：肖　灵

副厂长、党委委员：毛晓光

副调研员、党委委员：胡淡梅

副调研员：杨庚龙

副调研员：周冬庆

【卷烟生产】 2007年，生产的主要卷烟品牌主要有"庐山"和"南方"品牌。全年生产卷烟40亿支（8万箱），其中，生产"庐山（硬）"24.65亿支（4.93万箱）、"庐山（银）"1.25亿支（0.25万箱）、"庐山（新）"2.80亿支（0.56万箱）、"南方（千禧）"1.80亿支（0.36万箱）、"庐山（软）"9.50亿支（1.9万箱）。

全年完成薄片生产535.10吨，实现薄片调拨529.61吨，薄片保供率100%。

【机构调整】 2007年11月，进行了企业组织机构调整，撤销了嘴棒车间，企业下设厂办、党群办、财务审计科、企业管理科、物资供应科、信息科、后勤科、设备技术科、工艺技术科、品质科、生产计划科、安全保卫科、储运科、车队（二级机构）、招待所（二级机构）、南昌办事处（二级机构）、制丝车间、卷接车间、包装车间、动力车间、薄片车间等21个部门。

【技术改造】 全年共投入技改资金435万元，完成加薄片丝旁线改造、卷接机组风力送丝系统改造、记录仪/流量计改造、MK9-5卷接机组现场中修、MK9-5卷接机组装盘机调头及检测装置改造、4组MK9-5卷接机组电控系统改造、4组MK9-5卷接机组过滤嘴切割装置改造、薄片丝冷却装置改造、薄片线配料秤改造，新购1台VSD180喷油螺杆压缩机、1台在综合用房使用的空调。

【科技创新】 开展群众性质量管理活动，在江西省第二十八次QC成果发布中，《降低条盒缺包检测误剔次数》获江西省工业企业QC成果二等奖，《稳定加料机叶片流量》和《降低锅炉单箱煤耗》获江西省工业企业QC成果三等奖。在江西中烟工业公司举办的首届"金圣杯"烟机设备操作技能竞赛中，获得第一名1个、第二名2个、第三名1个。

【企业管理】 坚持"以人为本、勤俭办厂"的管理理念，实施"品牌强企"、"科技强企"、"管理强企"、"人才强企"和"文化强企"战略。全面推进预算管理、成本管理和质量管理三大体系建设，着力提升执行能力。按照"生产性支出从宽，费用性支出从严，资本性支出适度"的原则，将全年预算目标进行分解，落实到职能部门，做到"没有预算不能立项，没有预算不能开支"，全年费用支出5421.60万元，预算

执行率94.2%；资本性支出1459.70万元，预算执行率99.5%，均控制在预算范围以内。进一步完善经济责任考核制度，加强成本管理，将消耗指标分解到车间机台，有效控制单箱物耗，全年烟叶消耗7.19千克/万支，同比下降0.57千克/万支；滤棒消耗1693.60支/万支，同比减少4.60支/万支；小盒商标纸消耗502.80张/万支，同比减少了1.20张/万支。抓好ISO 9000贯标工作，确保质量体系持续、有效运行，产品抽检合格率达100%，卷烟焦油加权平均值11.50毫克/支，顾客抱怨率0.05%，重大顾客投诉质量事故为零。

江西中烟工业公司兴国卷烟厂

【概　况】 江西中烟工业公司兴国卷烟厂的前身为创办于1991年的赣南卷烟厂兴国卷烟分厂。2004年上划为中央预算内企业，2005年联合重组成为南昌卷烟总厂的一部分，更名为南昌卷烟总厂兴国卷烟厂。2007年12月28日，根据《国家烟草专卖局、中国烟草总公司关于江西卷烟工业企业管理体制改革的批复》（国烟法〔2007〕567号）文件精神，企业名称由南昌卷烟总厂兴国卷烟厂更改为江西中烟工业公司兴国卷烟厂。企业占地面积7万平方米，共有正式员工486人。

【领导成员】 副厂长、党委副书记（主持工作）：廖新尧

副厂长、党委委员：李继才

副厂长：李伟忠

副调研员、党委委员：雷开福

副调研员、党委委员：黄丝俊

【机构调整】 企业下设党委办公室、行政办公室、企管人事科、财务审计科、物资供应科、计划信息科、技术质量科、生产设备科、安全保卫科、动力车间、制丝车间、卷接车间等9个科（室）和3个车间。

【卷烟生产】 2007年，主要生产五类烟，品牌为“庐山”、“南方”。全年共生产卷烟35.40亿支（7.08万箱）。

【企业管理】 生产管理。强化生产激励机制，实行工资报酬向生产一线倾斜，向技术工种和关键岗位倾斜，营造全员抓生产、为生产、促生产的氛围。精心制订每月生产作业计划，实现生产作业无缝衔接、均衡有序进行。推进生产作业流程改革，实现操作班和保养班分离制度，实行三班两运转、三班三运转等多种作业组合。采取AB岗制度、卷包车间实行软硬包一岗双能制度，缓解操作人员不足的矛盾，提升生产组合能力。

质量管理。加大在线产品质量的监控力度，完善特殊工序和关键工序的监控管理制度以及25份第三层次管理文件。改进质量工资的考核办法，增加质量与薪酬挂钩的比重，确保产品同质化要求。在国家局和省局质量抽检中合格率达100%；技术中心抽检合格率100%；包装卷制质量得分超基本目标13.57分；卷烟焦油加权平均值同比下降1.11毫克/支；顾客抱怨率同比下降0.374%；重大工序质量事故为零，重大顾客投诉质量事故为零。

成本管理。2007年产值21912万元，能耗7.82千克/万支，烟叶消耗7.36千克/万支，同比降低0.41千克/万支。滤棒消耗1702.80支/万支，同比增加2.60支/万支。加胶棒消耗1717.80支/万支，同比下降11.20支/万支。卷烟商标纸消耗506.40张/万支，同比下降1.40张/万支。制造费用比目标值减少565.79万元。管理费用控制在目标值以内。

设备管理。进一步完善设备润滑、设备台账、设备资料等19项基础管理制度、41种适应于生产管理和设备运行管理的各种记录表格。全年设备完好率达96.65%，设备有效作业率同比提高1.85个百分点。

【科技创新】 制订“创新年”活动实施方案，开展“我为企业献一言”活动，共收到职工进言148条，申报管理、技术攻关课题12个。开展技术革新，自用井水泵运行率由原来的60%提高到99%，每月降低供水成本3000元以上。开展QC活动，制订QC活动方案和激励措施，在全省第15次QC成果发布会上，选送的3个课题全部获奖。全年共开展小改小革30多项，节约费用近60万元。组织工艺创新，对卷包机组共进行了7次工艺改进，制丝机组进行了5次工艺改进，解决了水渍烟、梗丝贮后结团率，以及切丝机切丝宽度不均等一系列问题，稳定了产品质量。

【思想政治工作】 开展“两个至上”在岗位的主题实践活动。围绕“抓班子、带队伍、促发展、创和谐”的主题，推进了“两个至上”的核心价值体系建

设。推进“四好”领导班子建设，开展“五查五看”活动，充分发挥领导班子的政治核心作用。坚持对中层干部半年考察和年终考评相结合制度，坚持中心组学习制度。强化员工技能的培训，开展了7次技能比武等形式的劳动竞赛。全年举办各类培训33期，共有920人次接受了培训，重点开展了职业技能鉴定、挡车技术、《劳动合同法》等培训。组建企业文化建设组织机构，开展《企业文化建设指引》的编制工作。全年开展第三届职工运动会等大型综合性文体活动11次。完成老年活动中心、职工活动室、培训室、电教室等建设工作，为职工提供了学习、交流、娱乐的平台。

（张金泉）

山东中烟工业公司

【概　况】 山东中烟工业公司成立于2004年2月，下辖济南、青岛、青州、滕州卷烟厂4家卷烟生产企业，将军烟草集团有限公司、颐中烟草（集团）有限公司、山东省烟草物资设备有限公司3个全资子公司以及山东中鲁烟叶公司、惠丰烟叶复烤公司、瑞博斯烟草公司3个直属公司，另参股山东省烟草包装印刷有限公司、山东省三名投资有限公司。企业总资产164.59亿元，在岗员工8623人，拥有国家级技术中心1个。

【领导成员】 总经理、党组书记：赵华民

副总经理、党组成员：蒲　强

副总经理、党组成员：朱怡聆

副总经理、党组成员：韩　林

副总经理、党组成员：张福廷（2007.4—）

副巡视员：徐长森（2007.4—）

副巡视员：李　平（2007.4—）

【组织机构】 公司机关下设办公室、人力资源部、生产安全部、营销中心、技术中心、物资采购中心、法律与改革部、财务部、审计部、投资管理部、监察部、政工部、机关党委办公室等13个职能部门，另设境外建厂筹备办、《山东中烟报》编辑部。

【卷烟生产经营】 2007年，生产卷烟1240亿支（248万箱，不含出口），其中，生产一类烟11.96亿支（2.39万箱），二类烟11.26亿支（2.25万箱），三类烟145.99亿支（29.2万箱），四类烟580.79亿支（116.16万箱）、五类烟490亿支（98万箱）。生产出口卷烟9.05亿支（1.81万箱），同比下降24.46%。销售卷烟1243.24亿支（248.65万箱），其中，销售一类烟12.00亿支（2.4万箱），二类烟11.34亿支（2.27万箱），三类烟146.41亿支（29.28万箱），四类烟580.87亿支（116.17万箱），五类烟492.62亿支（98.52万箱）。出口卷烟9.24亿支（1.85万箱），同比下降21.65%。实现销售收入160.56亿元，同比增长14.21%。实现税利93.47亿元，其中实现利润17.10亿元。

【品牌战略和产品介绍】 2007年，主要生产卷烟品牌有“泰山”、“将军”、“哈德门”、“壹枝笔”等。

根据做精“泰山”、做强“将军”、做大“哈德门”、“壹枝笔”作为效益贡献型过渡品牌的发展思路，制订鲁产卷烟品牌发展纲要和整合方案。2007年，“泰山”系列卷烟生产9.38亿支（1.88万箱），同比增长16.09%，销售9.23亿支（1.85万箱），同比增长13.53%；“将军”系列卷烟生产279.43亿支（55.89万箱），同比增长56.78%，销售279.19亿支（55.84万箱），同比增长57.42%；“壹枝笔”系列卷烟生产61.58亿支（12.32万箱），同比增长36.51%，销售61.51亿支（12.30万箱），同比增长36.36%；“哈德门”系列卷烟生产788.96亿支（157.79万箱），同比增长45.61%，销售788.35亿支（157.67万箱），同比增长50.23%，其中，“哈德门”、“将军”系列卷烟的产销量分别居行业“百牌号”卷烟销量第5位和第23位。

【科技创新】 以科技项目推动创新，全年共立项27个，其中，国家局重点项目“制丝工艺技术集成应用”结题验收。建立健全知识产权管理体系，截至2007年底，拥有有效专利201项，其中，发明专利18项，实用新型专利139项，外观设计专利44项。

【信息化建设】 截至2007年底，企业资源计划系

统（ERP）项目完成一期建设，将于2008年1月1日正式上线运行；行业唯一的国家“863”项目——青岛卷烟厂现代集成制造系统（CIMS）项目顺利通过国家局验收。计算机辅助设计系统（CAD）项目三期通过专家组验收。坚持研发前移，构建消费者信息反馈平台，加强产品维护、质量保障、生产标准、知识产权管理“四大体系”建设，全年下达技术标准62项。

【企业管理】 财务管理。建立健全投资管理、预算管理、绩效考核、经济运行分析等制度，理顺归口管理、分级负责的预算管理体系。坚持月度资金调度平衡例会制度，强化资金预算管理，统一规范全公司会计核算体系，初步搭建分级、分层次的财务管理平台。

采购管理。以资质认证比价采购为主线，统一采购标准和程序，在卷烟材料、烟机零配件等采购成本连续6年下降的基础上，2007年又降低5000多万元。推广试点联合库存管理、即时供应和烟机零配件寄售管理等采购管理模式，降低采购和库存成本，库存卷烟材料使用天数由2000年的30天降低到2007年的12天，资金占用额由11275万元降低到8963万元。公司卷烟材料采购管理经验获得第21届山东省企业管理现代化创新成果和优秀应用成果特等奖。

制度建设。从建立健全制度性规章、流程性规章入手，先后建立完善200余项规章制度，设计183项ERP系统、110项非ERP系统主要业务流程和5个关键领域的业务蓝图，建立公司新体制下的工作秩序。

节能减排。以2005年度为基准，2007年企业卷烟生产能耗为4.18千克标煤/万支，同比下降10.76%；万元产值能耗34.2千克标煤，同比下降29.7%。烟叶消耗为7.01千克/万支，同比下降0.29千克/万支。

“三标合一”。启动公司质量、环境、职业健康安全管理体系联合认证和标准化体系建设，收集、汇总1247个公司及各单位重要环境因素，335个重点危险源，2851个法律法规和其他要求清单，2918个各类标准化文件明细。

【内部管理监督】 开展打叶复烤企业、卷烟经营秩序、工程投资项目、物资采购、烟机零配件采购、资金管理等六个方面专项整顿。坚持“主要领导负总责、分管领导具体负责、管理监督部门为主、整顿办日常协调、各部门齐抓共管”的工作机制，从“完善制度、规范程序、严格监管”入手，推行内部监督月报制度。2007年，公司顺利通过国家局内部专卖管理监督重点抽查，同时被山东省经贸委评为“山东省整顿和规范市场经济秩序工作先进集体”。

【多元化经营】 加强多元化企业清理整顿，对116家多元化企业进行分类清退整合，2007年清理多元化企业29家，完成计划数量的107%。截至2007年底，共清退多元化企业62家，企业法人减少至54家。建立健全多元化企业投资管理、绩效考核、预算管理等制度，进一步理顺了投资管理体制。深入调研，充分论证，试行符合公司实际的劳动力价格补偿机制。

将军烟草集团有限公司。公司成立于1995年10月，注册资本为15.36亿元，其中，山东中烟工业公司出资占注册资本的92%，中国烟草实业发展中心出资占注册资本的8%。2006年8月，山东中烟工业公司实施管理体制改革，整合将军集团公司的烟草主营业务，保留将军集团公司的法人地位，作为山东中烟工业公司的全资子公司，主要从事多元化生产经营和管理。截至2007年底，下辖济南泉永印务有限公司、山东鲁烟莱州印务有限公司、山东将军开元纸业有限公司、山东将军物流有限公司等9家控股及相对控股的企业，将军集团德州实业有限公司、将军集团临清实业有限公司、将军集团沂水实业有限公司、光大银行、交通银行等6家参股企业。

2007年，将军集团公司及所属8家绝对控股公司全年完成总收入7.68亿元，同比增加24082万元；实现利润9077万元，同比增加6470万元。

颐中烟草（集团）有限公司。公司组建于1994年，2006年10月，山东烟草工业企业管理体制改革和资产重组后，颐中集团由原来以卷烟生产经营为主、多元化经营为辅转变为以酒店餐饮、卷烟配套材料加工为主营业务，兼有投资管理和生产经营功能的企业，下辖青岛颐中国际大酒店有限公司、颐中（青岛）体育产业发展有限公司、青岛黎马敦包装有限公司、颐中（青岛）置业有限公司及潍坊、滕州、菏泽、烟台实业公司等8家参控股企业，拥有颐中（青岛）实业有限公司、青岛颐中星日投资股份有限公司等多家成员单位。截至2007年底，颐中集团本部及所属多元化企业总资产37.3亿元，其中，固定资产10.5亿元、流动资金22.2亿元，资产负债率67.9%，共有从业人员2696人。

2007年，集团公司共实现主营业务收入25900万元，实现利润4993万元。

【队伍建设】 干部队伍建设。贯彻干部队伍“四化”方针，全年公开选拔30名副处级以上干部，调整21名处级干部职务，从基层选调53名工作人员。

教育培训工作。加强标准化、信息化、劳动用工、供应链管理、业务流程再造、团队建设等各类专业培训，全年共组织培训班740个，培训19000多人次。

职业技能竞赛。开展公文写作、计算机应用、驾驶技术、烹饪技术四项技艺展示、“泰山杯”山东中烟第二届烟机设备维修职业技能竞赛等活动。在全国烟机设备维修职业技能竞赛、烟叶分级大赛等活动中，1人获得“全国技术能手”称号，15人获得“全国烟草技术能手”称号。

收入分配改革。制订《山东中烟工业公司收入分配制度改革方案》，开展定岗定员、岗位类别序列划分、岗位工资标准设计等工作，采取“先行试点、总结经验、分步实施、稳步推进”的思路，确定青岛卷烟厂、公司本部和营销中心为试点单位。11月，青岛卷烟厂收入分配制度改革正式启动。

【思想政治工作】 以“五查五看”为重点，推进“两个至上”在岗位主题实践活动，公司党组成员及各单位领导班子成员采取主题报告会、经验交流会、巡回报告团等方式，宣讲践行“两个至上”体会。开展“两好一高”（作风好、形象好、效率高）创建活动，切实改进工作作风，提高办事效率和工作质量。成立公司职工思想政治工作研究会暨企业文化研究会，制订企业文化整合工作规划和推进计划。创办《山东中烟报》，及时报道公司改革发展成果。

所属企业

山东中烟工业公司济南卷烟厂

【概　况】 山东中烟工业公司济南卷烟厂始建于1928年。2006年8月，根据国家局《关于山东卷烟工业企业管理体制改革的批复》（国烟法〔2006〕497号），济南卷烟厂作为非法人企业上划山东中烟工业公司管理，企业占地面积7.33万平方米，共有在岗员工1100人。领导成员

厂长、党委副书记：段　玲（—2007.9）

厂长、党委副书记：秦日伦（2007年9月之前为副厂长、党委副书记）

副厂长、党委书记：孟令权（2007.9—）

副厂长、党委委员：王洪祥

副厂长、党委委员：王坤明

工会主席、纪委书记、党委委员：卞新中

副厂长、党委委员：迟修东（2007.9—）

【卷烟生产】 2007年，生产卷烟440.21亿支（88.04万箱，不含出口），同比增长3.31%，其中，“将军”系列卷烟258.70亿支（55.89万箱），“哈德门”系列卷烟128.75亿支（25.75万箱），“大丰收”系列卷烟52.6亿支（10.52万箱）。生产出口卷烟8.6亿支（1.72万箱），其中，“渔神”牌卷烟5.65亿支（1.13万箱）、“帝国”牌卷烟2.35亿支（0.47万箱）、“琥珀”牌卷烟0.4亿支（0.08万箱）、“D&J”牌卷烟0.1亿支（0.02万箱）。全年生产雪茄烟50128支。

全年烟叶平均消耗为7.14千克/万支，同比增长1.25%；盘纸平均消耗627米/万支，同比增长0.51%；嘴棒平均消耗1689.6支/万支，同比下降0.25%；综合耗能4.17千克标煤/万支，同比下降11%；生产耗能3.7千克标煤/万支，同比增长44%。

【技术改造】 2007年，济南卷烟厂易地技改工程建设完成综合楼、联合工房、动力中心、香精香料库、废品库、中水处理站的土建及装饰施工。完成制丝线、条烟输送系统等350余台专用设备，锅炉、空压机等280余台公用配套设备及650余台物流系统设备的安装、调试和生产。从2007年8月20日至12月3日，分三个阶段完成了老厂区设备的集中搬迁任务。共搬迁制丝生产线2条、卷包生产线23条以及各类配套设备，合计300多台套。

【企业管理】 质量管理。以强化过程控制、实施质量改进为重心，通过质量月活动、黑板报展评、专题培训、优秀机台评选、产品对比评价、质量分析会、市场走访等形式，加强质量管理。全年产品质量一、二级站抽检合格率100%，三级站检验合格率100%，一类品率99.66%。对各部门600多个标准化文件和50多项规章制度逐个进行审查，共修订、审查、批准企业标准31项，其中，管理标准20项、技术标准11项。

财务管理。制订《济南卷烟厂报销管理规定》、《资金平衡管理办法》、《济南卷烟厂代垫生活能源费支付管理规定》，财务会计工作更加制度化、系统化。按照“自上而下、自下而上、上下结合、分级编制、逐级汇总”的原则进行预算编制。

开展清产核资工作。制订《往来账款清查方案》、《烟叶清查方案》、《固定资产清查方案》和盘点计划表，清查工作有序进行。对库存烟叶完成了初步清查，所有机器设备、厂房、土地等固定资产实物的盘点完成。按照《济南卷烟厂清产核资整改方案》对往来款项、长期投资等问题进行整改。

安全管理。通过签订安全责任书、修订管理制度、承包全员安全、调整安委会人员、定期召开安委会会议、分解安全责任、重大节日安全检查等措施，形成了“横向到边、纵向到底”、“时间、空间不留任何空档”的安全监管体系。开展各种形式的安全教育活动，通过安全生产黑板报展评、“119”消防宣传、应急预案演练、安全生产月活动、安全技术比武等多种形式全面提高了员工的安全意识。事故隐患整改率100%，没有发生一起安全事故。

创新管理。对创新成果和职工合理化建议进行评审，共评出获奖创新成果145项，获奖合理化建议38项。做好QC成果评比工作，全年评选QC成果33项，其中，1项被评为行业一等奖，1项被评为山东中烟工业公司一等奖，8项被评为济南市一等奖。创新成果《信息化建设与ISO9000族思想相结合的高效精细生产模式》被评为济南市企业管理现代化创新成果一等奖。

【队伍建设】 制订《关于贯彻落实山东中烟工业公司收入分配制度改革方案的实施方案》，开展定岗定员、岗位类别序列划分、岗位测评等工作。按照山东中烟工业公司职称改革工作要求，完成相关专业技术职务任职资格的报评（考）工作，6人取得高级专业技术职务任职资格，15人取得中、初级专业技术职务任职资格。组织专人对企业4000余份人事档案进行审核整理，完成1450人的人力资源数据信息采集工作。

加大教育培训力度，全年组织各类培训班132期，完成岗位技术培训2856人次，其中，内部培训2468人次，外部培训388人次。在“泰山杯”山东中烟第二届烟机设备维修职业技能竞赛中，3人分获各机型第一名；在2007年山东烟草技师资格鉴定中，11人参加鉴定考核，10人取得烟机设备修理技师资格；在山东中烟工业公司技艺展示活动中，1人获得计算机操作比赛第一名。在全国烟机设备维修职业技能竞赛、烟叶分级大赛活动中，2人获“全国烟草技术能手”称号。

山东中烟工业公司青岛卷烟厂

【概　况】 山东中烟工业公司青岛卷烟厂始建于1919年。2006年8月，根据国家局《关于山东卷烟工业企业管理体制改革的批复》（国烟法〔2006〕497号），青岛卷烟厂作为非法人企业上划山东中烟工业公司管理，企业占地面积36.44万平方米，共有在岗员工1552人。

【领导成员】 厂长、党委副书记：邹　勇（—2007.9）

厂长、党委副书记：周　健（2007年9月之前为副厂长、党委副书记）

副厂长、党委副书记（主持党委工作）：郭本安（2007.9—）

工会主席、党委委员：徐　颖

副厂长、党委委员、纪委书记：张　彤

副厂长、党委委员：肖春菊

副厂长、党委委员：孟庆华（2007.9—）

【卷烟生产】 2007年，生产卷烟500.45亿支（100.09万箱），同比增长5.2%，其中，生产一类烟10.22亿支（2.04万箱），二类烟0.82亿支（0.16万箱），三类烟96.66亿支（19.33万箱），四类烟259.7亿支（51.94万箱），五类烟133.04亿支（26.61万箱）。全年生产“泰山”系列卷烟9.25亿支（1.85万箱），同比增长14.7%。“壹枝笔”系列卷烟61.6亿支（12.32万箱），同比增长36.8%。“哈德门”系列卷烟429.05亿支（85.81万箱），同比增长6.6%。

烟叶消耗为6.94千克/万支，产品质量经行业一、二级质量监督检测站抽检合格率均为100%。

【企业管理】 精细化制造。制订科学合理的生产作业计划，降低能源及物料消耗，缩短供应周期，根据市场需求努力实现柔性生产。积极采用新工艺新技术，通过MES系统、分组加工工艺等技术的应用，制丝线自动化水平和可控水平明显提高，产品流量稳定性有质的飞跃，精细化制造水平提高。

质量控制由结果控制转向过程控制，质量检验由工序产品检验转向在线仪器检测校验。推行即时供应下的卷烟材料入厂检验模式，与4家供货商签订材料进货免检协议，实施免检管理。

财务管理。加强预算过程控制与监督，提高资金预算的申报和使用质量，通过国家局专项资金复查。强化易地技改项目事前审计及全过程监督，实现事前把关、事中控制、事后监督的闭环管理，全年易地技改项目审计金额47623万元，核减8905万元，核减率18.7%。

流程再造。理顺企业内部职能分工、业务流程和工作接口，调整设立23个职能管理部门。梳理再造企业基础管理流程，初步完成256个业务流程的管理设计。以规范现场管理和提升全员素质为着力点，全面开展6S管理，提高精细化管理水平。

【队伍建设】 制度建设。开展人力资源管理体系制度整理、汇编工作，制订完善岗位考核、绩效考核方案，稳步推进岗位绩效工资制度改革试点工作。逐步完善首席员工、工人技师、技能等级考评制度，探讨实施专业技术职务聘任制。

技能练兵。开展第一届厂内岗位技术练兵技艺展示活动、第六届职工技术比武擂台赛及第一届职工培训教学案例征集评选活动。参加山东中烟工业公司四项技艺展示竞赛和“泰山杯”第二届烟机设备维修职业竞赛。

教育培训。完善教育培训三级管理机制建设，围绕精细化管理、企业文化、6S管理、绩效考核等重点内容开展培训，通过定期考核确保实效。继续推进与中国海洋大学合办的项目管理研究生班在职教育，推荐38人参加行业组织的在职研究生考试。开展卷烟特有工种设备维修技师技能鉴定，17人通过技师资格鉴定，截至2007年底，企业具备技师资格人员已达到63人。

山东中烟工业公司青州卷烟厂

【概　况】 山东中烟工业公司青州卷烟厂始建于1948年。1998年8月，山东烟草实施综合配套改革，青州卷烟厂划归颐中烟草（集团）有限公司管理。2006年8月，根据国家局《关于山东卷烟工业企业管理体制改革的批复》（国烟法〔2006〕497号），作为非法人企业上划山东中烟工业公司管理。企业占地面积16.7万平方米，共有在岗员工1965人。年生产能力250亿支（50万箱）。

【领导成员】 厂长、党委副书记：史春晓

副厂长、党委书记：黄文正

副厂长、党委委员：赵阳春

副厂长、党委委员：张金光

副厂长、党委委员：程逢春

工会主席、纪委书记、党委委员：王宗林（2007.1—）

副厂长、党委委员：赵玉成（2007.9—）

【卷烟生产】 2007年，共生产卷烟200亿支（40万箱），其中，生产二类烟9.10亿支（1.82万箱），三类烟38.91亿支（7.78万箱），四类烟76.09亿支（15.22万箱），五类烟75.86亿支（15.17万箱）。

烟叶消耗为6.73千克/万支，同比下降7.5%。卷烟消耗水0.09吨/万支，同比下降30.77%；标煤消耗为3.77千克/万支，同比下降5.99%，比全省平均水平低0.41千克标煤/万支。

【企业管理】 质量管理。完善《工艺考核细则》等工艺技术标准，加强对生产全过程各环节的工艺控制，提高加工环节工艺稳定性，工艺检测率、达标率均为100%。按照《卷烟品牌许可生产质量保障通则》要求，强化重点工序控制，定期对多点加工产品质量情况开展自我评价。组建制丝及卷包成品检验室，将部

分在线检测数据导入质量检验计分考核办法进行评价。改进卷包检验抽样方式，实行专检、巡检和机台自检相结合，全面监督检验关键过程和主要指标，质量抽检合格率为100%。

成本管理。以预算管理为核心，以控制酌量性费用支出为重点，制订《成本费用核算管理办法》等规章制度16项，2007年酌量性管理费用为5912万元，同比减少1991万元，其中，办公费、差旅费分别下降57%和63%。实施比价管理，降低采购成本，2007年共实施比价项目122项，节约资金37万元。

降低材料消耗。修订原辅材料消耗控制指标，细化消耗项目的考核控制，推行单日、单机消耗考核，商标纸、卷烟纸、接装纸损耗率分别为0.15%、0.77%、2.18%。加强卷烟单支重量监控，增加卷烟单支重量标准偏差、均值偏移量的检验考核，单支重量平均值同比下降0.014克，每箱可节约烟叶0.7千克。烟叶平均消耗6.73千克/万支，同比下降2.73千克，年节约费用3900余万元。

节能减排。修订《能源管理办法》和《能源监督检查管理办法》，查找、解决影响能源消耗的因素，积极推进技术攻关和小改小革活动，取得冷凝水再利用、污水处理达标利用和使用节能环保技术等多项节能成果。其中，仅冷凝水再利用一项年节约费用33.9万元。建立起科学的能源控制体系，单位资源贡献率进一步提高，水平均消耗为0.09吨/万支，同比下降30.77%；标煤平均消耗为3.77千克/万支，同比下降5.99%。2007年，企业被列为山东省循环经济试点企业。

安全生产。落实安全生产风险抵押制度，加大风险抵押奖惩和责任落实力度。定期组织较大规模安全检查，事故隐患整改率达100%。开展安全知识普及工作，举办各类安全培训30余次，培训人数达4100多人次。加强职业健康安全管理体系建设，通过上海质量审核中心监督审核。

【内部管理监督】 把“两项检查”和清产核资作为“一把手”工程，及时调整充实领导小组及其办公机构和专业小组，形成并巩固了“厂长总体抓，分管领导靠上抓，整顿办总体协调，专业小组具体指导，部门齐抓共管，职工全员参与”的工作格局。

以迎接国家局重点抽查为契机，加强了“回头看”，对2005年以来生产经营业务逐笔逐项自查理顺，共核查业务11万余笔。完成内部审计20余项，协助、配合外部审计4次。内部专卖管理监督检查顺利通过国家局重点抽查组检查；同级审计被确定为省试点单位并通过省中烟工业公司复查。

按照国家局内部专卖管理监督检查重点抽查组反馈意见，彻底整改了两个不规范问题。根据同级审计要求，在会计凭证、账簿等方面提出建议77条，并狠抓了整改落实。借助清产核资工作，堵塞管理漏洞，防止前清后乱，切实加强了内部资产管理，得到了山东中烟工业公司领导的充分肯定。加强长效机制建设。截至2007年底建立完善各类制度386个，长效工作机制初步建立。其中，整顿办管理成果《建章立制 创新工作 建立专卖生产内部监管长效机制》，获山东省企业管理现代化创新优秀应用成果一等奖。

【技术改造】 成立厂技改工作领导小组、技改工程指挥部和专业工作小组等组织机构，召开各级论证会、座谈会5次，从工艺、物流、公用工程、能源自控等方面展开调研。截至2007年底，变配电高压改造已部分完成，公用配套工程（公用管网）、配方库搬迁及新建嘴棒库的前期准备工作正在进行中。先后改造卷接机组风力送丝系统、除尘平衡系统、ZJ17机组电子控制系统，新建制丝车间电子皮带秤、喂丝机、柔性风选机和压棒机。

【用工分配制度改革】 2007年11月1日，召开厂收入分配制度改革动员大会，成立领导小组和办事机构，制订《收入分配制度改革方案》，对所有岗位进行定岗定员，理顺岗位类别、规范岗位名称、明确岗位职责、划分岗位序列，编写岗位说明书368份，在全省烟草工业系统首家完成岗位评价工作。配合咨询公司完成了“四定”前期调研访谈。

【思想政治工作】 围绕“抓班子、带队伍、建机制、提素质”工作方针，营造出了“工厂有生气、职工有士气、和谐成风气”的良好氛围，对干部提出“三个工作作风、四个修养、四个做到、四项工作要求、十个良好心态、七个对称”的要求。2007年企业荣获“全国文明单位”称号。

完善《政治工作制度》和《创先争优方案》，制订政治业务学习计划和党员自学计划并严格考核。以“五查五看”为重点，践行“两个至上”，组织大型宣讲会两次，各总支、支部组织宣讲会14次、主题报告会19次，中层以上干部撰写体会文章336篇。

山东中烟工业公司滕州卷烟厂

【概　况】 山东中烟工业公司滕州卷烟厂始建于1951年。1998年8月，山东烟草实施综合配套改革，滕州卷烟厂划归颐中烟草（集团）有限公司管理。2006年8月，根据国家局《关于山东卷烟工业企业管理体制改革的批复》（国烟法〔2006〕497号），作为非法人企业上划山东中烟工业公司管理。企业占地面积3.8万平方米，共有在岗员工808人，拥有5000千克/小时的制丝生产线一条，ZJ17、ZB25等卷接包设备22台套。年生产能力150亿支（30万箱）。

【领导成员】 厂长、党委副书记：赵　昆（2007年9月之前为副厂长、党委副书记）

副厂长、党委书记：孙　萍（2007年9月之前为副厂长、党委副书记）

副厂长、工会主席、纪委书记、党委委员：苏红卫

副厂长、党委委员：李继东（2007.9—）

副厂长、党委委员：葛振良（—2007.9）

副厂长、党委委员：孙有旗（—2007.3）

【卷烟生产】 2007年，生产卷烟100亿支（20万箱），全部为五类烟“哈德门”（软）。全年烟叶、嘴棒、盘纸平均消耗分别为7.36千克/万支、1673.66支/万支、647.30米/万支；综合能耗为4.26千克标煤/万支。

【科技创新】 开展QC活动。全年共取得活动成果35项，其中，烟梗杂物剔除装置、薄片断丝刀、烟梗筛分装置、洗梗机轧梗装置等4项创新成果获得了中国国家知识产权局实用新型专利的授权。

【企业管理】 提高同质化加工水平。全年卷烟焦油含量由14.5毫克下降到13.5毫克，烟气烟碱由1.3毫克下降到1.08毫克；三丝掺配精度和加香、加料精度均小于1%；烟支空头率大大减少；端部落丝量合格率由70%提高到98%。12月6日，通过山东中烟工业公司生产安全部组织的全省工艺质量专家对新生产线的技术鉴定；12月10日，通过山东中烟工业公司技术中心对该厂新线产品的评吸鉴定。

降低原料消耗。叶丝、梗丝和混合丝的填充值均有大幅提高；混合丝整丝率由85%提高到88%，碎丝率由2.3%下降到1.3%；卷烟单支重量下降到0.88克，单箱烟丝消耗下降近1千克。

【队伍建设】 开展职工培训工作，全年共完成培训项目53个，内容包括管理人员培训、专业技术人员培训、技术工人职业技能培训等方面。开展职业技能鉴定工作，在钳工、维修电工、焊工、中式烹调师4个通用工种中，有19名技术工人取得技师职业资格；在维修电工、机修钳工两个通用工种中，有13人取得高级工职业资格；推荐14名技术骨干参加了行业举办的烟机设备修理技师培训，经过培训和鉴定，有3名同志取得了技师职业资格。积极鼓励员工继续学习，2007年，有19名同志取得了工程师、经济师、会计师、审计师、主治医师、主管护师中级专业技术职称，另有8名同志取得质量工程师职业资格，2名同志取得企业文化管理师职业资格。完成了函授本科班的4门课程的教学任务和3门课程的结业考试工作，选送了3名同志攻读在职硕士学位。

【思想政治工作】 坚持、完善政工例会制度和政治业务学习制度，加强对思想政治工作的研究和交流，建立职工思想状况信息传导机制。开展“党团员佩戴标识上岗”、“党团员奉献日”等活动，在党团员之间形成“争先进、做标兵、当典型”的浓厚工作氛围。开展“两个至上”在岗位主题实践活动，召开“学习十七大精神，践行‘两个至上’”报告会，进一步提高干部职工思想道德素质。

【企业文化】 完成《企业文化建设学习研讨会暨2006年度政研会论文集》的编写工作，收集企业文化论文29篇。4月，成立“企业文化建设委员会”，下设核心理念领导小组、制度建设领导小组、视听文化领导小组、职工文化领导小组。确立新的文化建设指导思想，即以“两个至上”行业共同价值观为宗旨，

以山东中烟工业公司的指示精神为导向，以活泼多样的文体活动为载体，以激发和提高全体员工的参与热情和创造力为动力，以促进企业的持续和谐发展为使命，坚持以人为本，注重传承、认真总结、善于吸纳、积极创新，为企业的发展提供强有力的文化支撑。同时把“坚持‘质量优胜战略’，全力打造‘四项工程’”作为企业文化建设的工作重点，以企业文化建设带动其他工作的质量和效率的提高。

（秦日旭）

河南中烟工业公司

【概　况】 河南中烟工业公司成立于2003年10月。截至2007年底，下辖河南中烟工业公司新郑、郑州、许昌、安阳、南阳、驻马店、漯河、洛阳卷烟厂等8家卷烟生产企业及河南卷烟工业烟草薄片有限公司。公司拥有总资产136.9亿元，其中，固定资产44.4亿元、流动资产88.8亿元，资产负债率为56.79%。

2007年，公司坚持以科学发展观为指导，围绕“全力打造“四个中心”①、精心培育重点品牌”的工作主题，生产经营取得两大突破：产销规模突破300万箱；实现税利首次突破百亿元，成为河南省第一家税利超百亿元的企业。

12月，公司被联合国工业发展组织、国家环境保护总局、国家烟草专卖局授予“履行联合国臭氧层公约中国烟草行业淘汰三氯一氟甲烷贡献奖”。

【领导成员】 公司实行总经理负责制，主要领导成员有：

总经理、党组书记：赵九来

副总经理、党组成员：杨自业

副总经理、党组成员：赵志正（2007.3—）

副总经理、党组成员：宋有申（2007.3—）

副总经理、党组成员：杨志忠（2007.3—）

纪检组长、党组成员：邵富根（2007.3—）

【组织机构】 公司设办公室（外事办）、企划部、生产管理部、安全保卫部、装备部、法律与改革部、财务部、审计部、人力资源部（职业技能鉴定站）、投资管理部、监察部、政工部（机关党委、团委、工会）、市场营销部、原料部、物资部、进出口部、技术中心、信息中心、整顿和规范市场经济秩序办公室等19个部门。

【卷烟生产经营】 2007年生产卷烟1552.10亿支（310.42万箱），同比增长4.56%，其中，生产一类烟5.14亿支（1.03万箱），同比增长24.22%；二类烟107.98亿支（21.60万箱），同比增长50.06%；三类烟55.13亿支（11.02万箱），同比增长27.56%；四类烟629.25亿支（125.85万箱），同比增长15.34%；五类烟750.00亿支（150.00万箱），同比下降7.98%；供应出口和出口卷烟4.60亿支（0.92万箱），同比增长1.29%。销售卷烟1546.96亿支（309.39万箱），同比增长4.03%，其中，销售一类烟4.88亿支（0.98万箱），同比增长7.93%；二类烟105.92亿支（21.19万箱），同比增长46.48%；三类烟55.27亿支（11.05万箱），同比增长25.37%；四类烟628.36亿支（125.67万箱），同比增长15.04%；五类烟748.26亿支（149.65万箱），同比下降8.22%；供应出口和出口卷烟4.27亿支（0.85万箱），同比下降6.58%。

实现销售收入176.41亿元，同比增长13.54%。实现税利108.85亿元，同比增长16.49%，其中，实现利润16.61亿元，同比增长31.55%。

【品牌战略和产品介绍】 围绕公司重点品牌培育，拟定《河南中烟品牌战略规划》，提出公司3～5年品牌发展的整体思路、目标、重点和支撑策略，确立“以力争‘10多个’行业重点骨干品牌为目标，以‘浓香型’品类建设为科技创新方向，以品牌营销为手段，以主导规格突破为切入点，打造文化品牌，实施‘聚焦战略’，以品牌崛起带动河南中烟全面崛起”的指导思想。

公司生产的卷烟品牌主要有“帝豪”、“红旗渠”、“黄金叶”、“金芒果”、“金许昌”、“沙河”、“散花”、“芒果”等8个品牌、27个规格，其中“红旗渠”、“黄金叶”、“帝豪”为中国驰名商标。组织开发、改

① 指技术研发中心、市场营销中心、物资采购中心、生产制造中心。

造“帝豪（风华）”、“帝豪（国风）”、“红旗渠（嘉年华）”、“红旗渠（新世纪）”、“黄金叶（世纪之星）”、“黄金叶（茗仕之风）”、“帝豪（百年浓香）”，其中，“帝豪（风华）”、“红旗渠（嘉年华）”和“红旗渠（新世纪）”当年投放市场。

2月27日，“帝豪”商标被认定为中国驰名商标。全年销售“帝豪”83.95亿支（16.79万箱），同比增长38.26%，位居全国二类烟销量第7位，全国一、二类烟销量第13位；销售“红旗渠”689.75亿支（137.95万箱），同比增长21.54%，位列全国单品牌销量第7位。

【体制改革】 全省50亿支（10万箱）以下的卷烟生产企业组织结构调整工作进展顺利。截至2007年底，在已经关停的8家小烟厂中，淮滨、邓州、新乡、光山、商丘卷烟厂5家企业终结破产程序，汝州、开封、周口卷烟厂3家企业进入破产程序。

2007年9月，成立河南卷烟工业烟草薄片有限公司，作为河南中烟工业公司的全资子公司。

【“四个中心”建设】 把“四个中心”建设作为促进公司向生产经营实体转变的有效抓手，推进内部整合，提高运行质量。制订《“四个中心”建设实施方案》和《“四个中心”建设评价指标体系》，明确“四个中心”建设的指导思想和基本原则，规划建设总目标及分阶段发展目标，实施“河南中烟工业公司管理体系整合”项目，建立覆盖公司本部和八个卷烟厂统一的企业标准体系与质量、环境和职业健康安全管理体系相结合的整合型管理体系，制定发布企业管理标准87项。对账务进行并账，对资产、品牌、科技研发、市场营销、烟叶及物资采购和生产计划安排，实施集中统一管理。

技术研发中心建设：积极推进原河南新郑烟草（集团）公司、郑州卷烟总厂、许昌卷烟总厂3家企业技术中心的整合，导入集成产品开发（IPD）系统，制订研发流程，推行项目管理。市场营销中心建设：探索建立新的管理模式，努力提高品牌营销和市场建设水平。生产制造中心建设：根据“按订单组织生产”的要求，加强生产调度和计划管理，实现产销计划进度安排从月到旬的转变，建立质量管理平台和评价体系，提高产品均质化水平。物资采购中心建设：加强供应链管理，重视优质烟叶购进，实行比质比价采购，调配原料物资，盘活存量资源，保证生产供应，主要材料可比成本下降1.5亿元以上。

【科技创新】 开展“创新年”活动，制订《“创新年”活动工作实施方案》，围绕卷烟配方、原料替代、卷烟调香、特色工艺等重点，加大科研创新力度。在行业率先引入集成产品研发（IPD）理念和方法，明确以市场为导向、以消费者需求为目标的研发定位，建立研发体系流程框架。在国内首创“涡流低温保香技术”，并将这项技术应用于新产品“帝豪（风华）”中，促进减害降焦。合成拥有自主知识产权的功能型香料7种，开发香料和香基4个。2007年获发明专利3项。加强技术标准管理，完善产品技术标准20多项。加强投资项目管理，完成技改投资5.77亿元，安阳、洛阳卷烟厂“十五”技改项目投入试生产，烟草薄片项目进入设备安装阶段。广泛开展群众性QC小组活动，13个小组获“国优QC小组”称号，52个获省部级“优秀QC小组”称号，创直接经济效益1105.45万元。

【企业管理】 内部监管。继续深入开展“两项检查”，落实国家局关于卷烟经营秩序、工程投资项目、物资及烟机零配件采购、资金管理等规范监督的6个实施方案，通过国家局和河南省烟草专卖局专卖监督管理重点抽查。公司确定郑州卷烟厂为内部监管的工作联系单位，安阳卷烟厂为落实国家局整顿规范实施方案的试点单位。

财务审计。突出财务管理核心地位，强化预算、资金和成本费用管理，资产负债率、收入成本费用率分别同比下降了16.73和3.99个百分点，总资产贡献率提高了13.9个百分点，资本保值增值率达到122.9%。通过审计监督，全年审减金额0.18亿元。

安全工作。探索建立“分级负责、属地管理”模式，认真落实“抓基层、抓基础”的工作要求，有针对性地开展9次安全专项整治（检查）活动，查出各类事故隐患1903项。公司下发事故隐患整改通知，及时整改检查出的问题。

【信息化建设】 制定《信息化发展规划》。启动“综合办公管理平台系统”，实现公司本部和各卷烟厂之间的电子公文传递。开发完成公司外部网站建设并正式投入使用。完成联网单位的IP地址调整、路由器参数配置、防火墙配置及当地网通公司局端设备的调整，完成广域网的扩容、割接和应用系统传输通道的移植工作。按照“总体设计、分步实施”的原则，企业资源计划系统（ERP）一期工程投入运行。

【多元化经营】 加大多元化企业整合力度，制订《多元化经营企业整改工作实施方案》，32家多元化企业列入整合、关闭注销计划。截至2007年底，整合注销20家。加强对多元化企业的指导、管理、监督和服务工作，派人参加股份制企业的董事会、监事会会议，监督会议的规范性和决议的执行，维护公司的股东权益。

【合作交流】 积极开展战略协作。5月24日和11月5日，公司分别与河南省烟草公司、广东省烟草公司签署《营销战略联盟协议》与《工商合作协议》，围绕品牌和市场培育，通过建立平等互利、互动互信、资源共享、效率责任的协同营销机制，全面推动“按客户订单组织货源”工作，满足市场真实需求。6月1日，公司与郑州烟草研究院签署《战略合作伙伴关系协议》，双方将在中式卷烟制丝实验线的建设、河南卷烟风格特征定位与强化、减害降焦技术开发与应用等方面开展合作。

【队伍建设】 注重教育培训。注重领导干部的教育培训，全年共向国家局党校、省委组织经济管理干部培训班、省直工委党校、省委党校送培领导干部40人次。开展全员教育培训，对下属卷烟厂进行教育培训专题调研，汇总各类意见和建议40余条，拟订了相关培训实施方案，形成基础性材料8万余字。全年共举办各类培训班449期，培训人员共17907人次。

高技能人才培养。举办首期制丝设备维修技师交流培训班；以许昌卷烟厂为试点推行“首席技师聘任”制；举办“红旗渠杯”第二届河南中烟工业公司烟机设备维修职业技能竞赛；4名员工通过国家局鉴定，取得高级技师职业资格；54人获高、中级专业技术职务任职资格，3人获“全国烟草技术能手”称号，20人获“工业公司技术能手”称号。

劳资管理。加大对工资总额的宏观管理力度，对各卷烟厂核定下达工资计划从原来的按年度变为按月度进行，健全劳动工资统计报表制度，加强工资工作监督检查，掌控工资发放进度。调整公司薪酬管理委员会，印发《工资总额计划管理暂行办法》，探索公司“一体化”后工资总额的管理模式。加强薪酬分配的基础管理，规范工资支付行为。印发《卷烟厂负责人薪酬管理暂行办法》，明确各卷烟厂领导班子的收入管理模式。调整规范基本养老保险、基本医疗保险、住房公积金的缴费基数和缴费比例。加强人工成本的监控与管理，做好人工成本的统计分析工作，通过人工成本信息通报制度，促进企业建立完善人工成本自我约束机制。

合理配置人力资源。构建公司本部的组织架构并核定各部门管理人员编制，筹备组建公司18个部门及整顿和规范市场经济秩序办公室，对33名中层干部进行调整、任命，对公司机关原有的一般管理人员进行了重新调配。制订《公开选用公司本部一般工作人员实施方案》，面向下属企业公开选用41名工作人员，对14个部门、76个缺员岗位进行充实。同时，从下属企业中公开选用59名专业技术人员充实到公司技术中心工作。

三项制度改革试点。推进对劳动制度、人事制度和分配制度的改革。以许昌卷烟厂为试点单位，进行岗位分类和定编、定岗、定员“三定”等工作。截至2007年底，流程再造、岗位分类、“三定”工作基本完成，形成了《许昌卷烟厂组织结构与岗位编制图》、《许昌卷烟厂岗位说明书（修订稿）》、《许昌卷烟厂岗位分类表》等。

【思想政治工作】 学习贯彻党的十七大会议精神，扎实开展“五查五看”，以“抓班子、带队伍、促发展、创和谐”为主题，组织召开“两个至上”在岗位主题实践活动座谈会，所属8家卷烟厂分别召开“两个至上”在岗位从我做起演讲报告会。深入开展“讲正气、树新风”主题教育活动。大力开展廉政文化进机关、进厂区、进社区、进家庭活动。

加大新闻宣传工作力度，制订公司《新闻宣传工作管理办法》，形成了在办公室归口管理下，办公室、企划部、政工部、市场营销部各有侧重、相互协调的新闻宣传工作机制。加强与相关媒体的联系，组建公司通讯员队伍。全年行业内外主流媒体发布或转载公司新闻（文章）400余条（篇）。

组织机关人员开展以“迎奥运、促发展、创和谐”为主要内容的文体活动。

认真做好稳定和信访工作，编写落实应急预案。原8家小烟厂职工群众来郑州上访8起17人次，未发生群体性到郑州或进京上访事件。

【企业文化】 以“建设责任烟草、诚信烟草、和谐烟草”的总要求，以重点推进品牌文化为核心，全面加强企业文化建设。组织企业文化建设培训班，召开企业文化建设工作座谈会，制订《企业文化建设实施方案》。在品牌文化方面，丰富“帝豪”品牌文化，提炼出“帝豪风华，领风向前”的产品诉求和“大爱无疆”的“帝豪”品牌核心价值，初步建立“帝豪”品牌识别系统和品牌文化体系。

【特事要辑】 1月30日，河南省人民政府印发《关于表彰全省烟草工商系统的通报》，对2006年河南烟草工商系统实现税利132.75亿元，同比增长28.45%，超额完成省政府确定的预期目标予以通报表彰。

4月3~6日，国家局局长姜成康到河南烟草考察调研。河南省委书记徐光春、省长李成玉等会见了姜成康一行，并就河南烟草行业的改革发展问题深入交换了意见。

4月4日，河南省省长李成玉考察新郑卷烟厂。

4月29日，河南省国税局公布了2006年度全省纳税百强企业，公司以67.94亿元的纳税额高居榜首。

5月6日，国家局副局长张保振到新郑卷烟厂考察指导。

5月15日，国家局副局长何泽华到郑州卷烟厂考察指导。

所属企业

河南中烟工业公司新郑卷烟厂

【概　况】 河南中烟工业公司新郑卷烟厂始建于1949年5月，是河南中烟工业公司的下属卷烟生产厂。企业年卷烟生产能力300亿支（60万箱），主业在岗员工1172人。拥有生产能力6400千克/小时的制丝线一条，卷接包设备15组。

6月，企业被中华全国总工会、国家安全生产监督管理总局授予“全国‘安康杯’竞赛优胜企业”荣誉称号。企业动力车间供水工段获河南省“创新型班组”称号。

【领导成员】 企业实行厂长负责制，主要领导成员有：

厂长、党委书记：苏来兴

工会主席、党委副书记、纪委书记：赵天泉

副厂长、党委委员：常明升

副厂长、党委委员：李震宇

副厂长、党委委员：苏庚仁

【卷烟生产】 2007年生产卷烟230亿支（46万箱），其中，生产一类烟2.61亿支（0.52万箱），三类烟14.94亿支（2.99万箱），四类烟132.05亿支（26.41万箱），五类烟80.40亿支（16.08万箱），其中，“红旗渠”系列卷烟217.15亿支（43.43万箱），“金芒果（盛世金典）”2.61亿支（0.52万箱）。

全年烟叶、嘴棒、盘纸平均消耗分别为7.22千克/万支、1686.14支/万支、616.14米/万支。水、电、蒸汽平均消耗分别为0.15吨/万支、7.95千瓦时/万支、3.05千克标煤/万支。

【技术改造】 投入近8000万元，更新卷接包辅联设备，增加条包输送和自动装封箱输送系统。完成企业资源计划系统（ERP）各子系统的安装调试。投资300多万元，安装改造生产、仓库、办公安全监控系统。大力开展技术攻关，完成34项技术革新和小改小革。

【科技创新】 开展工艺攻关活动，提高精细化加工水平，卷烟单支重量标偏合格率达到78.78%，同比上升49.52%。开展“质量月”和工艺查摆活动，总结提炼岗位先进操作法56条、质量改善成果48项。坚持月度质量分析制度，产品质量稳定提高。在国家局质量监督检验中心下半年市场抽检中，“金芒果（盛世金典）”、“红旗渠（银河之光）”包装与卷制质量均获得100分；“红旗渠（银河之光）”综合质量两次进入全国同档次卷烟前10名。

【企业管理】 财务管理。严格开支项目审批手续，加强工程建设项目和专项资金检查，坚持“3+1”审票制度①和半年一次的物价调查制度，严格基建项目、大额度采购的招投标程序，提高资金使用效果。强化审计监督，全年经审计节约的资金达776万元。坚持月度原辅材料和能源消耗分析制度，努力降低各种消耗水平。坚持和完善废旧物资处理程序，减少资金占用。

内部监管。成立专门机构，充实人员，确保内部监管工作的日常化、规范化。根据企业重组后卷烟厂的职能变化，对全厂所有管理制度进行梳理，制订下发135项内部监管制度。扎实开展“两项检查”工作，被河南中烟工业公司确定为整顿和规范全面建设的联系点。

设备管理。修订完善设备管理的各项制度，坚持机台、车间、厂三级设备管理制度和设备保养“三步法”，即日清洗、周维护、月保养，不断提高设备管理制度化、规范化水平。2007年，企业获河南中烟工业公司“装备管理工作先进单位”称号。

安全管理。加强安全管理队伍建设，在5个安全重点单位选聘了专职安全员和群众安全监督员。坚持安全检查制度，开展隐患排查治理工作，开展“安全生产月”、“安康杯”竞赛、“11·9”宣传日等活动，组织各类安全检查64次，安全隐患整改、监控率100%。对生产作业现场粉尘、噪声、放射源等有害因素进行检测，对1600多名员工进行职业病健康检查，厂界噪声、污水等均达标排放。积极采纳职工建议，对特种病、慢性病进行鉴定，对职工生活区饮用水指标进行检测。强化应急管理，编制全厂突发公共事件应急预案，开展消防培训和演练21场次，组织安全培训2200人次。全年无安全事故。

节能减排。采取措施改进储丝房照明方式、卫生间冲水方式，使用净化处理后的废水浇洒草坪等。对卷接包车间空调系统进行改造，积极探索空调节能运行的模式和方法，与上年相比，制冷机开机时间减少3～4个月；全年节约蒸汽、电折合人民币360多万元。被郑州市人民政府授予“环境友好企业”称号。

【队伍建设】 开展“创建学习型组织，争当知识型职工”、“创新年”和“四创两争”② 等活动。制定实施《关于鼓励职工多渠道成才的若干意见》，建立有效的激励机制，多渠道培养职工成才。加大对操作、维修、技术、管理等关键岗位人员的培训力度，举办各类培训52期，培训人员1865人次。做好技能鉴定工作，对6名“首席操作工”、603名专业技能人员进行聘任，1名职工评定为高级技师。承办“红旗渠杯”第二届河南中烟工业公司烟机设备维修职业技能竞赛，获得SQ341切丝机前4名、GDX2包装机前2名。

【党风廉政建设】 落实党风廉政建设责任制，分层签订了《党风廉政建设目标责任书》，坚持季度抽查、半年考核。开展“讲正气、树新风”主题教育活动。坚持民主集中制，严格执行领导班子议事规则，企业重要问题实行集体研究、民主决策。全厂519名党员对照中纪委《关于严格禁止利用职务上的便利谋取不正当利益的若干规定》要求，填写了自查自纠表。

加大监督检查力度，纪检监察部门参与对人员选聘、大宗物资采购、工程项目招投标等监督29次（项），合计审察资金8000多万元，节约资金140多万元。坚持每月两次的厂领导接待日制度，接待职工140多人次，职工反映的63项问题反馈落实率100%。加强纪检监察队伍建设，成立纪检监察部，配备4名专职工作人员，聘请党风廉政信息员38名。

河南中烟工业公司郑州卷烟厂

【概　况】 河南中烟工业公司郑州卷烟厂始建于1944年，是河南中烟工业公司的下属卷烟生产厂。企业年卷烟生产能力为300亿支（60万箱），主业在岗员工1085人。拥有具备分组加工实际生产能力的制丝线，配置了具有国际先进水平的卷接包设备和产品质量检测仪器，拥有生产能力为6000千克/小时的制丝线一条，卷接包设备16组。

1月，企业被中国财贸经济烟草工会全国委员会授予“全国烟草行业职工创新示范岗”荣誉称号。

【领导成员】 企业实行厂长负责制，主要领导成员有：

厂长、党委副书记：邵富根（—2007.3）

---

① 即报销各种费用时，由财务处、企管处、纪检监察部三个部门共同审核把关，分管财务的厂领导签字的制度。

② 即争创技术创新能手、创新示范岗、创新型班组、创新型单位，争当节约标兵、优秀群众安全监督员。

副厂长、党委书记：吴殿信

副厂长：李　强（—2007.3）

副厂长、党委委员：白瑞民

党委副书记、纪委书记：张丕中

副厂长：曹曙东

副厂长：孙长青（—2007.3）

工会主席、党委委员：张建民

总会计师：邵宏杰（—2007.3）

【卷烟生产】 2007年生产卷烟252.50亿支（50.50万箱），其中，生产一类烟0.06亿支（0.012万箱），二类烟0.07亿支（0.014万箱），三类烟35.28亿支（7.06万箱），四类烟97.40亿支（19.48万箱），五类烟119.69亿支（23.94万箱）。生产的卷烟品牌为“黄金叶”、“帝豪”、“雄狮”、“红旗渠”、“七匹狼”系列，其中“雄师”、“七匹狼”为代加工烟。

全年烟叶、嘴棒、盘纸平均消耗分别为7.31千克/万支、1757.52支/万支、644.23米/万支。水、电、蒸汽平均消耗分别为0.097吨/万支、7.38千瓦时/万支、2.49千克标煤/万支。

【技术改造】 以设备有效作业率和故障停机率为重点，开展设备效能竞赛和技术创新活动。抓好设备日保、周保、月保、润滑及点检工作，开展小改小革，全年设备有效作业率、完好率分别为88.59%、100%。技改工作按计划推进，厂区大门完工，地下车库已结顶，4台嘴棒成型机运行状况良好，“七五”楼内外改造和部分二期工艺设备及公用工程的厂内完成验收。

【企业管理】 财务审计。强化财务管理，将价值链管理概念引入成本管理过程，科学量化共计146项各类成本、费用指标。抓好审计工作，全年审计各类经济合同99份，审减金额61.21万元。

质量管理。引入统计分析技术，先后23次对关键工艺工序进行调整和优化，确定不同产品在不同工序的加工参数。国家局一、二级站市场抽检合格率均达到100%；制丝工序合格率达到96.63%，比上年提高2.74个百分点；卷烟包装与卷制质量得分94.73分，比上年提高4.7分。广泛开展QC活动，活动内容涵盖多个工作层面，活动类型扩展到现场型、创新型、攻关型和服务型等，获国家级QC成果一等奖1个，省级QC成果一等奖5个，二等奖8个，三等奖7个；获“全国质量信得过班组”称号3个，“河南省质量信得过班组”称号2个。企业获“2007年度河南省质量管理小组活动优秀企业”称号。

信息化建设。企业被确定为河南中烟工业公司信息化建设试点单位，制订并正在逐步落实项目实施方案，完成卷烟生产经营决策系统搬迁改造和企业资源计划系统（ERP）一期项目。

【人力资源管理】 深化分配制度改革，探索推进新的分配模式，起草并试运行了《岗位绩效考核暂行办法（试行）》。完成“三定”方案和各部门组织架构图编制工作。规范劳动用工管理，制订《规范劳动用工实施方案》，解除15名外来务工人员劳务关系，对业务外包、劳务派遣进行了规范。开展2006年度中层干部年度考核工作。强化培训和技能鉴定工作，全年共举办内培班49个，培训3790人次，参加外培319人次。完成对133人的行业技能鉴定审验，对26名聘任期满和新取得技师、高级技师资格的人员进行了考评聘任，有15人通过中、高级专业技术资格评审和考试，中级以上职称达100人。

【企业文化】 推进企业能力文化建设，围绕能力这一核心诉求和企业新的职能定位，确定“一个核心价值观、一种精神、四项能力、十大理念”① 能力文化体系，围绕重组后的企业转型、管理、文化现状和未来发展的需要，提出“践行两个至上，支撑河南中烟，促进员工发展”的企业使命，“打造省内一流卷烟制造工厂，争创行业标志性卷烟加工基地”的企业愿景，“能力决定未来”的核心价值观和“敢破敢立，敢争第一”的企业精神，作为指导今后各项工作的核心理念。

围绕企业能力文化建设，制订《员工行为规范》，从员工的职业道德、岗位道德、社会道德、社交礼仪、公共行为、安全保障六个方面加以规范。制订《员工行为规范推进实施方案》、《企业最佳文化魅力先进集体和先进个人评选标准》和《能力文化执行力评价标

① 一个核心价值观：能力决定未来；一种精神：敢破敢立、敢争第一；四项能力：质量管理能力、成本管理能力、生产适应能力和和谐发展能力；十大理念：质量理念、成本理念、人才理念、激励理念、学习理念、信息化理念、工艺技术理念、装备理念、安全理念、环境理念。

准》，严格考核评比。通过制作能力文化长廊，编辑能力文化丛书，摄制“能力文化进基层”系列专题片等活动，大力宣传企业能力文化理念。

河南中烟工业公司许昌卷烟厂

【概　况】 河南中烟工业公司许昌卷烟厂是河南中烟工业公司的下属卷烟生产厂，其前身为创建于1949年2月的许昌泰兴烟厂。企业年卷烟生产能力为300亿支（60万箱），主业在岗员工1478人。拥有新世纪卷烟制丝线鉴定样线和与国际先进水平同步的卷接包设备和产品质量检测设备，其中生产能力8000千克/小时的制丝线一条，卷接包设备18组。

5月，企业被国家局党组授予“全国烟草行业老干部工作先进集体”称号；8月，被劳动和社会保障部授予“全国模范劳动关系和谐企业”称号。

【领导成员】 企业实行厂长负责制，主要领导成员有：

厂长、党委副书记：宋有申（—2007.3）
副厂长、党委书记：彭桂新
常务副厂长、党委委员：许廷选
党委副书记、纪委书记：张　辉
副厂长、党委委员：陈书政
副厂长、工会主席、党委委员：孟祥军
总会计师：王振华（—2007.3）
副厂长：李郑钢
副厂长：徐合军
总工程师：马宇平（—2007.3）
党委委员：李振宇

【卷烟生产】 2007年生产卷烟300亿支（60万箱），其中，生产一类烟2.47亿支（0.50万箱），二类烟84.21亿支（16.84万箱），三类烟4.92亿支（0.98万箱），四类烟117.51亿支（23.5万箱），五类烟90.89亿支（18.18万箱），其中，生产“帝豪”86.68亿支（17.33万箱），“金许昌”151.64亿支（30.33万箱），“红旗渠”58.93亿支（11.79万箱），“大丰收”2.75亿支（0.55万箱）。

全年烟叶、嘴棒、盘纸、水松纸平均消耗分别为7.54千克/万支、1745支/万支、650米/万支、0.27千克/万支。水、电、蒸汽平均消耗分别为0.15吨/万支、9.29千瓦时/万支、3.51千克标煤/万支。

【企业管理】 提升“四种能力”。以提升生产组织、工艺保障、成本控制、安全稳定“四种能力”为核心，全面加强企业管理。提升生产组织能力，充分调动人员、设备、时间、工艺等要素，积极调整卷烟生产秩序，合理安排生产计划，全面加强现场管理、设备管理、原辅材料管理和产品管理，推广应用分组加工和均质化加工技术。提升工艺保障能力，加大落实和执行贯标力度，加强在线质量控制、质量信息化和质量改进工作，逐步实现工艺质量管理向生产过程控制转变，向柔性加工和持续改进转变，深入开展“质量月”活动和QC小组活动，先后取得国家级QC成果5项，省市级QC成果12项，工厂被评为“2007年度河南省质量管理小组活动优秀企业”。提升成本控制能力，完善二级能源计量系统，加大能源考核力度，坚持把节能降耗与中心任务、建立长效机制、加强内部管理、群众性活动相结合，全年企业能耗、原辅材料消耗指标均有所降低。提升安全稳定能力，切实加强安全管理工作，通过国家局安全检查。

财务审计。全面推行预算管理，加强目标成本管理，较好地完成年度内成本、费用控制目标。加强内审工作，拓宽审计范围，全年共审减金额320多万元，促进增收节支114.5万元。

设备管理。加大技术改造力度，设备“轮保养”模式逐步完善。全年先后完成帝豪游园改造、制丝生产线提升改造、片烟库除湿改造等重大项目。企业获行业级制丝线自主创新项目的批复权。

【队伍建设】 推行首席技师评聘制，加强职工技术鉴定工作，开展技术比武和技术交流。2007年，1人被国家局授予“全国烟草技术能手”称号；在“红旗渠杯”第二届河南中烟工业公司烟机设备职业技能竞赛上，企业参赛选手获2项第一名，6名选手被河南中烟工业公司授予“技术能手”称号。

【党风廉政建设】 2007年累计开展廉政教育235场次，上交礼金13.2万元，监督各类招标、竞争性谈判70次，累计节约资金453万元。

河南中烟工业公司安阳卷烟厂

【概　况】 河南中烟工业公司安阳卷烟厂始建于1945年9月，是河南中烟工业公司的下属卷烟生产厂。企业年卷烟生产能力275亿支（55万箱），主业在岗员工1200人。拥有6000千克/小时制丝生产线一条，卷接包机组13组。

【领导成员】 企业实行厂长负责制，主要领导成员有：

厂长、党委书记：陈春喜

副厂长、党委委员：赵　磊

工会主席、党委副书记、纪委书记：董建兴

副厂长、党委委员：李文明

【卷烟生产】 2007年生产卷烟220.10亿支（44.02万箱），其中，生产二类烟23.70亿支（4.74万箱），四类烟126亿支（25.20万箱），五类烟70.30亿支（14.06万箱），出口烟0.085亿支（0.017万箱）。生产的卷烟品牌全部为“红旗渠”系列。

全年烟叶、嘴棒、盘纸平均消耗分别为6.98千克/万支、1679.61支/万支、647.05米/万支。水、电、天然气平均消耗分别为0.20吨/万支、7.57千瓦时/万支、0.99立方米/万支。

【技术改造】 在“十五”技改工程不停产的情况下，采取“搬二保五，即搬即用”的方式，完成27台卷接包设备的搬迁、调试、投产。截至2007年底，完成“十五”技改工程投资43283.3万元。截至2007年底，联合工房进入收尾和设备及工程验收阶段。先后完成6项设备技术革新改造。新进一组ZB45－YF17－PASSIM联合机组并在新厂房安装调试，大修一组GDX1设备，签订一组PASSIM大修技术协议。完成氟利昂烟丝膨胀线的拆除工作。对制丝工艺设备进行技术改造和程序优化，解决自动封箱机用箱皮的规格问题。开展“质量月”活动，征集推广“王石金烟支跑条故障查找法”、“秦建国套色钢印调整法”、“李自安水松纸挑纸臂改造法”等13项先进操作法。加强工艺质量技术攻关，解决新国标实行后出现的端部落丝和标准偏差两个问题。

【企业管理】 内部监管。多次进行内部监管的自查互查，及时发现问题并深入整改。6月，通过国家局专卖内管重点抽查。通过完善制度，实现了对生产、财务、零配件采购和工程投资项目的管理监管，形成“以职能部门监管为主，整顿办督促协调”的监管模式。企业被确定为落实国家局整顿规范实施方案的联系点。

设备管理。平均设备有效作业率85.12%，主要设备完好率100%，计量器具周期检验率100%，在用特种设备完好率100%，全年无重大设备事故发生。

安全管理。共开展安全大检查、专项检查52次，发现安全隐患496项，下达隐患整改通知书5份，整改率100%，全年无安全事故发生。企业被河南省卫生厅评为“全省职业卫生先进企业”。

节能减排。制订了相关的考核办法，及时兑现奖惩，调动生产车间的降耗积极性，实现了年度耗能指标分解。加强能源管理，修订厂《能源管理办法》。6月，开展节能宣传月活动。

【队伍建设】 针对技改后自动化控制程度高的特点，制丝车间抽调18名机电维修工、32名操作工到新制丝生产线参与调试，动力处组织29人开展岗位整合培训。2007年，企业共举办各类培训班16期，培训职工1467人次。

河南中烟工业公司南阳卷烟厂

【概　况】 河南中烟工业公司南阳卷烟厂始建于1950年，是河南中烟工业公司的下属卷烟生产厂。企业年卷烟生产能力150亿支（30万箱），主业在岗员工1116人。拥有5000千克/小时的制丝生产线一条，卷接机组11组，包装机组10组，薄片生产线3条，滤嘴成型机组10组。

【领导成员】 企业实行厂长负责制，主要领导成员有：

厂长：王恒宇

党委书记：李贵玲

副厂长：石国强

副厂长：张　喆

工会主席、党委副书记、纪委书记：曾显峰

副调研员：郭金亭

【卷烟生产】 2007年生产卷烟155.51亿支（31.10

万箱），其中，生产四类烟62.90亿支（12.58万箱），五类烟92.61亿支（18.52万箱）。生产的卷烟品牌为“金许昌”、“红旗渠”系列。

全年烟叶、嘴棒、盘纸平均消耗分别为6.69千克/万支、1677.6支/万支、624.43米/万支。水、电、蒸汽消耗分别为0.24吨/万支、6.78千瓦时/万支、3.2千克标煤/万支。

【企业管理】 加强企业内部监管，通过河南中烟工业公司的检查验收。加强成本核算管理和考核，产品实物总成本总体呈下降趋势。创新“6S”管理，在各类管理活动中全面导入“6S”管理。推行“闭环式”质量管理，在线质量管理水平有所提升。创新设备管理，设备完好率100%，有效作业率87.32%。开展职业健康安全管理（QOHS）体系文件修订、体系内审和运行重点抽查，以职业健康安全管理体系运行为中心，全面落实安全消防责任制，全年无重大安全事故发生，安全隐患整改率达100%。

【队伍建设】 开展学习型企业创建活动，制定长远规划，建立考评体系，成立干部读书会和青年读书社。编制实施《技能人才培训工作规划》，开展技能竞赛、技术比武、拜师学艺等活动，将职业技能培训与技能鉴定相结合。在车间推行“订单式”培训，摸清培训需求。

【企业文化】 通过建立组织机构、成立编纂小组、组织相关培训、开展基层调研等方式，在全厂范围内征集文化精神、理念，形成《和谐宛烟文化纲要》，确立以“和谐宛烟”为主题的文化纲要的工作思路。

河南中烟工业公司驻马店卷烟厂

【概　况】 河南中烟工业公司驻马店卷烟厂始建于1949年7月1日，是河南中烟工业公司的下属卷烟生产厂。企业年卷烟生产能力175亿支（35万箱），主业在岗人员776人。拥有5000千克/小时制丝线一条，卷接、包装设备23组。

8月，企业卷包车间电工组被中国质量协会、中华全国总工会、中国科学技术协会、共青团中央联合授予“全国质量信得过班组”称号，制丝车间梗丝线QC小组、卷包车间修理QC小组被授予“全国优秀质量管理小组”称号。

【领导成员】 企业实行厂长负责制，主要领导成员有：

厂长、党委书记：崔少卿

副厂长、党委委员：杨五奎

工会主席、党委副书记、纪委书记：刘玉成

副厂长、党委委员：岑定稳

副厂长：于建春

副厂长：范国民

【卷烟生产】 2007年生产五类烟110亿支（22万箱），其中，“金许昌（黄软）”65.75亿支（13.15万箱），“金许昌（红软）”34.25亿支（6.85万箱），“红旗渠（软红）”10亿支（2万箱）。

全年烟叶、盘纸、嘴棒、盒皮、条盒消耗分别为7.01千克/万支、650米/万支、1687支/万支、500.74张/万支、50.08张/万支。水、电、蒸汽消耗分别为0.09吨/万支、7.85千瓦时/万支、4.42千克标煤/万支。

【技术改造】 完成厂区外高压蒸汽管道的改造；签订驻马店卷烟厂在线真空回潮项目合同；进行卷包车间设备的整体移位和安装；针对设备存在的技术问题，先后开展并完成了GD条包透明纸自动输送装置和卷接设备的微波重量控制器紧头跟踪改造；改进了洗梗机加热系统，提高了能源综合利用效率；完成能源输送管道和办公场所的采暖节能改造。

【科技创新】 全面推进科技创新活动，烟支质量标准偏差由2004年的0.025克/支降低至2007年的0.023克/支。对制丝各工序进行了全面的工艺参数优化，实现了工艺参数的过程控制；研制并逐步优化了“自洁式振动输送机”，解决了制丝连续生产中筛网易堵塞、在制品筛分不充分的问题；进一步完善设备轮保轮休方式方法，开展“设备无故障连续运行竞赛”、工艺试验和参数调整等技术改进活动。

【企业管理】 加强对各项规章制度和体系文件的整合和完善，基本完成《管理制度汇编》和“一岗四责①”的编制。建立健全内部管理监督常设机构、相

① 四责是指基本职责、年度目标职责、安全职责、内管职责。

关制度，组织开展自查和专项检查。成立审计机构，全年审计金额352万元，审减金额40万元。完善设备管理网络体系，完善设备轮保养模式，开展群众性的设备无故障运行创纪录活动和小改小革活动，设备有效作业率保持在86%，设备完好率为100%。推进工艺质量管理的图表化和程序化，开展专项工艺分析与技术攻关，推进全面质量管理活动，QC小组活动获得市级以上成果8个，其中获国优2个，省优5个。推行全员风险抵押金制度，组织开展安全培训、安全事故应急预案演练、安全检查及安全隐患整改等工作，全年全厂区域内无安全责任事故发生。推进"6S"管理工作，组织专业人员设计制作《驻马店卷烟厂6S管理标识手册》并在全厂推广。

【队伍建设】 组织开展"全员业务技术技能大比武"和"个人能力建设年"活动。先后开展了多个项目的比赛。参与人数达963人次，涉及工种35个。配合活动的开展，先后举办各级各类培训班16期，培训人员1629人次。组织104人参加行业及地方组织技能鉴定培训并全部通过中、高级工、技师、高级技师考评，其中1人获高级技师资格，成为驻马店卷烟厂的第一位高级技师。

河南中烟工业公司漯河卷烟厂

【概　况】 河南中烟工业公司漯河卷烟厂始建于1949年5月1日，是河南中烟工业公司的下属卷烟生产厂。企业年卷烟生产能力为150亿支（30万箱），主业在岗员工884人。拥有生产能力5000千克/小时制丝线一条，卷接机组17组，包装机组11组，滤嘴成型机4组。

3月，企业被河南省总工会、河南省发改委授予"河南省创新型企业"称号；8月，被劳动和社会保障部授予"全国模范劳动关系和谐企业"称号。企业党委被中共河南省委授予2007年度"思想政治工作先进单位"称号。

【领导成员】 企业实行厂长负责制，主要领导成员有：

厂长、党委书记：程国胜

副厂长、党委委员：谢庆宏

副厂长、党委委员：赵群发

党委副书记、纪检书记：曹建军

副厂长：赵高杨

工会主席、党委委员：王洪安

【卷烟生产】 2007年生产卷烟150亿支（30万箱），其中四类烟39.37亿支（7.87万箱），五类烟110.63亿支（22.13万箱）。生产的卷烟品牌为"黄金叶"、"红旗渠"、"雄狮"、"沙河"、"散花"系列，其中"雄师"为联营加工烟。

全年烟叶、嘴棒、盘纸消耗分别为7.15千克/万支、1702.1支/万支、648米/万支。水、电、天然气消耗分别为0.1吨/万支、7.19千瓦时/万支、2.73立方米/万支。

【技术改造】 截至2007年底，共投资2.41亿元实施"十五"技术改造，建成一条5000千克/小时的新型制丝线和一座总建筑面积2.69万平方米的联合工房。同时对包括电、空调、空压、锅炉、除尘等动力设备进行了更新改造。9月21日，填平补齐项目通过国家局批复。

【企业管理】 建立标准化管理体系，并通过ISO9000质量管理体系和GB/28001职业健康安全管理体系的管理评审、内外部审核。深入开展"6S"管理，创新设备维修保养模式，设备平均有效作业率为87.74%，设备完好率为100%。加强目标成本控制，出台办公室用电、空调使用等管理规定，修订《能源使用管理规定》。坚持"三级质量反馈"和"三检"制度，市场抽检、二级站以上统检各牌号卷烟合格率均保持在100%。

【队伍建设】 注重岗位能力培训和专业技能培训，开展岗位练兵、技术比武、技能竞赛活动。制订《维修工定级实施方案》，设置首席维修工五个等级，从分配上拉开档次，初步建立技术人员激励机制。深化人事劳动用工分配制度改革，修订《派遣工管理规定》。推进管理人员和技术人员竞争上岗，通过全厂竞聘。推行薪酬制度改革，探索以岗位价值加个人绩效为核心的薪酬管理模式，引入同岗异薪制。

河南中烟工业公司洛阳卷烟厂

【概　况】 河南中烟工业公司洛阳卷烟厂始建于

1981 年，是河南中烟工业公司的下属卷烟生产厂。企业年卷烟生产能力 150 亿支（30 万箱），主业在岗员工 864 人。拥有 3000 千克/小时制丝生产线一条，卷包设备 21 组。

8 月，卷包车间电气 QC 小组和名匠 QC 小组被中国质量协会、中华全国总工会、中国科学技术协会、共青团中央联合授予“全国优秀质量管理小组”称号。

【领导成员】 企业实行厂长负责制，主要领导成员有：

厂长、党委书记：贾　兆

副厂长、党委委员：朱新甫

副厂长、党委委员：刘宏刚

工会主席、党委副书记、纪委书记：刘学军

副厂长、党委委员：张长杰

【卷烟生产】 2007 年生产卷烟 130 亿支（26 万箱），其中，生产四类烟 53.95 亿支（10.79 万箱），五类烟 76.05 亿支（15.21 万箱）。生产的卷烟品牌为“红旗渠”、“芒果”系列。

全年烟叶、嘴棒、盘纸平均消耗分别为 7.03 千克/万支、1687 支/万支、625 米/万支。水、电、蒸汽平均消耗分别为 0.144 吨/万支、7.98 千瓦时/万支、4.902 千克标煤/万支。

【技术改造】 “十五”后期，完成制丝线和联合工房技改工程，截至 2007 年底，累计总投资 1.88 亿元。完成联动试车、工艺验证，进行操作技术培训，安装调试制丝线配套的煤气工程、香料厨房设施、异味处理设施等。9 月，完成卷接包设备的搬迁。12 月，新生产线全线投入使用。

【企业管理】 日常监管。以“三合一”管理体系为核心，以目标管理考核体系为保障，以安全责任制建设和财务预算管理为重点，提升企业综合管理水平。重新修订《目标管理考核办法》，加强日常督促检查。推进“6S”管理标准化和程序化，“三合一”管理体系平稳运行，通过国家局清洁生产调研评估。

内部监管。修订完善 38 项涉及专卖管理的制度，进行多次自查，针对问题进行整改，通过国家局专卖内管抽查组的检查验收。拓宽监管范围，完善内部工作制度、监管流程和内部监管考核制度，实施内部监管周例会、月考核、季度讲评，主动与洛阳市局专卖部门建立联席会议制度，开展工程投资项目管理监督自查。

生产管理。提出高质量、高效率、低成本的“两高一低”生产工作思路，探索适应按订单组织生产的生产组织保障体系。完善生产组织应急预案，推行实施设备轮保和养护。开展“质量月”活动，组织专项质量攻关，较好地解决了吸阻、端部落丝等方面质量问题，在线质量合格率达 98.06%，同比提高 0.3 个百分点，成品抽检合格率达 100%。其中，卷包质量平均得分 96.84 分，同比提高 1.77 分。

【队伍建设】 开展“三定”工作，草拟出企业组织结构图，并对岗位进行了分类。开展职工技能等级鉴定培训工作，组织 35 名职工参加洛阳市组织的通用工种的技师、中高级工技能等级鉴定。完善企业《首席技工管理规定》，评选出 11 名“首席技工”。4～9 月，开展以“建设杯、创新杯、节约杯、技能杯、安康杯”为主要内容的“五杯”劳动竞赛。

（张　宇）

湖北中烟工业有限责任公司

【概　况】 湖北中烟工业有限责任公司的前身为成立于 2004 年 1 月 18 日的湖北中烟工业公司。2006 年，武汉烟草（集团）有限公司（简称“武烟集团”）与湖北中烟工业公司、武汉卷烟厂实行双向合署办公。2007 年 11 月 28 日，湖北中烟工业公司正式更名为湖北中烟工业有限责任公司。截至 2007 年底，湖北中烟工业有限责任公司下设 6 个不具有企业法人资格的卷烟生产厂和 1 个全资子公司，分别是湖北中烟工业有限责任公司武汉卷烟厂、红安卷烟厂、三峡烟草有限公司、广水卷烟厂、襄樊卷烟厂、清江卷烟厂①和全资子公司——红金龙（集团）有限公司。企业有总资产 135.7

① 清江卷烟厂于 2007 年 3 月停产。

亿元，其中，固定资产20.57亿元、流动资产100.79亿元，资产负债率48.6%。共有员工9173人。

2007年，湖北中烟工业有限责任公司围绕“完善体制机制、优化资源配置、增强竞争实力、全面提升水平”的行业主要任务，树立追求“又好又干净”发展的阶段性目标，有效整合产业资源，“黄鹤楼”、“红金龙”品牌延续良好的成长势头，各主要经济指标继续保持平稳增幅。2007年，企业被中国企业联合会、中国企业家协会授予“2007年度全国诚信企业”称号，荣获“全国实施卓越绩效模式先进企业”称号。

【领导成员】 2007年11月，湖北中烟工业有限责任公司成立董事会

董事会

董事长：徐 瑆

副董事长：彭明权

董事：李晓兵 舒 明 吴 俊 谢伯卿 吕有农

班子成员

总经理、党组书记：彭明权

副总经理、党组成员：吴 俊

副总经理、纪检组长、党组成员：谢伯卿

副总经理、党组成员：康永胜

副总经理、党组成员：彭传新

【组织机构】 2007年，公司按照“小总部、大中心、大市场”的思路，对组织机构做出优化调整。调整后设有办公室（外事办）、综合计划部、法律与改革部、财务管理部、审计部、科技开发部、市场营销部、物资部、安全管理部、人力资源部、监察部等11个部室。新增设技术研发中心、市场营销中心、物资采购中心、生产制造中心等4个中心。此外，还新增设湖北中烟工业有限责任公司工业园区新建项目办公室、湖北中烟工业有限责任公司进出口部。

【卷烟生产经营】 2007年，全省工业系统共生产卷烟1213.5亿支（242.7万箱）（不含联营加工），同比增长5.21%；销售卷烟1250.45亿支（242.69万箱），同比增长4.85%，其中，生产一类烟62.73亿支（12.54万箱），二类烟60.06亿支（12.01万箱），三类烟195亿支（39万箱），四类烟262.36亿支（52.47万箱），五类烟633.33亿支（126.67万箱）。实现销售收入194.19亿元。实现税利129.11亿元，同比增长40.92%，其中，实现利润27.75亿元，同比增长113.46%。全年与黑龙江烟草工业有限责任公司、川渝中烟工业公司合作完成37.5亿支（7.5万箱）定向整合联营加工任务，其中“（软龙）九洲红”20亿支（4万箱），“（硬）九洲”7.5亿支（1.5万箱），“（硬）虹之彩”10亿支（2万箱）。

【品牌战略】 2007年，围绕“做精中式卷烟经典品牌‘黄鹤楼’、做好大众品牌‘红金龙’、‘大丰收’”的品牌发展思路，以市场为导向，把消费者需求作为第一标准，把商业单位订单作为第一信号，把提升快速响应市场能力作为第一要求，推行中烟公司领导挂点省外市场制度，与江苏、浙江、辽宁、山东等省局（公司）建立战略合作关系，先后召开312场品牌听意见、找差距恳谈会，收集整理意见670条，用来指导产品研发、维护和提升等活动。

培植主导品牌特色，压缩品牌规格，塑造品牌文化，主导品牌销量保持一定增幅。全年实现“黄鹤楼”系列销量126.75亿支（25.35万箱），同比增长63.55%，其中，省外销售40.65亿支（8.13万箱），同比增长4.42倍，销售“红金龙”系列998.35亿支（199.67万箱），同比增长30.5%。

在消费者需求、商业订单和市场反应层面寻求交叉点，培植主导品牌特色，压缩品牌规格，塑造品牌文化，主导品牌销量保持一定增幅。推进技术创新，变制造为创造，变执行标准为制定标准，变生产传统消费品为生产专利集成品，全面提升产品的品质品位。

【科技创新】 湖北中烟工业有限责任公司技术中心是科技创新活动的主体，承担着产品开发、工艺与材料技术、香精香料技术、吸烟与健康技术及基础技术等重大科研课题的研究工作。2007年，有员工131人，主要由烟草工程、化学、食品工程、材料、工艺美术等专业人员组成，整体呈现知识化、年轻化的特点。科研队伍平均年龄34岁，其中，具有博士研究生学历的9人，具有硕士研究生学历的32人；高级职称7人，中级职称58人，初级职称23人。开展合作的外界各类社会专家400余人。

2007年，企业确立了“技术立企”的战略，技术中心以开展“创新年”活动为主线，围绕烟草育种、调香技术、特色工艺和减害降焦等四大战略课题，实施重大专项突破，为“黄鹤楼”品牌成就淡雅香风格提供技术支撑。加强原料应用技术和天然本草香料研究，完成60多种天然物质提取、39个样品评价，形成一批自主知识产权成果。加强特色工艺研究，开展全叶精选、分组加工、木桶醇化、异型包装等个性化工艺研究，部分关键工序工艺标准达到领先水平。加强减害降焦研究，“天然植物提取物活性成分在卷烟减害降焦中的应用研究”项目通过行业鉴定。开展均质化加工研究，仅“黄鹤楼”专用制丝线就形成27项自主知识产权技术，其中加料环节形成自主专利技术7项，有效提高了产品的精细化水平，全年产品质量抽检合格率为100%。创新技术管理体系，围绕将“黄鹤楼”打造成中式卷烟经典品牌，成立 天然本草香精香料研究所、减害增香型薄片研究所、个性化嘴棒研究所、天然本草植物烟用研究实验室等部门。加大技术攻关力度，全年申报专利117项，其中发明专利27项。初步建立起黄鹤楼科技园区，外延创建神农架原生态烟叶基地，新拓展红坪天然本草中草药植物园区、柏泉天然香料试验站，先后与国内外20多所科研院所、高等院校建立起战略合作关系，并相继与400余名社会专家联合开展技术攻关合作。

全年完成科研项目112项，其中，国家局项目2项，通过省级科研鉴定项目1项，达到国内领先水平的科研成果3项，已转化应用于生产的科研成果34项。其中，“原料质量标准体系”项目获2007年度“国家烟草专卖局科学技术进步奖”。

【企业管理】 标准化建设。推进标准化建设，确立以中烟公司为统一平台，在全公司内建立和保持统一的以质量管理体系为主体、其他管理标准和工作标准相配套的综合管理体系的工作思路和目标，并制订了具体的工作实施方案。组建专班，组建网络，系统推进质量管理体系贯标工作。

生产管理。强化和完善生产组织及生产调度，加强设备维修与保养工作，新增6套卷接包机组和一台包装机，就“黄鹤楼”特色制丝设备产能的提升、卷接包设备备件的准备及“黄鹤楼”卷烟生产原料摘梗能力的提升、摘梗备叶的仓储保障、生产技术标准的提前准备和生产物资材料的供给等细节方面形成了具体意见。开发生产计划管理系统，建立统一的生产计划及生产信息管理平台，制订全省统一的生产分析报告制度，解决了各生产厂生产数据统计口径不一致、数据传递途径不一致、反馈不及时等问题。

财务管理。夯实会计核算基础工作，加强内控制度建设，起草《账销案存资产管理办法》、《专项资金管理办法》，修订《应收账款管理制度》，拟定《湖北中烟工业公司国有资产管理实施办法》、《湖北中烟公司科研经费财务管理暂行办法》等制度。加大往来对账工作力度，专设往来对账会计，降低财务资金往来风险。针对营销费用等大额费用核算管理，在系统设置、流程改造、加强审核等方面进行了改善。统一会计核算平台和会计核算标准，实现了财务、业务一体化和信息集成。重点配合国家局资金监管平台湖北试点建设，将资金细分为13个类别，按照重要程度、金额的大小进行分类管理，确保重大开支监控到位的同时提高日常支付的效率。

安全管理。中烟公司与各卷烟厂落实安全生产责任制，签订2007年安全生产责任状，缴纳安全风险抵押金。开展了在重点行业和领域安全生产隐患排查治理专项行动和集中开展火灾隐患普查整治工作，上半年开展全省各企业安全检查，查出各类安全问题66条，下达安全检查隐患意见书6份共计21条书面意见。组织各企业安全管理人员近30人参加由国家安监局宣教中心举办的“安全标准化”、“应急救援预案编制”培训班；组织开展全省各企业消防比武竞赛活动。制定出《湖北烟草工业企业安全生产状况评估标准及细则》，完成应急救援预案体系编制工作。

【多元化经营】 对全省多元化经营企业实行系统管理，即资产管理一体化、发展规划统一化、经营运作属地化、保值增值责任化。开展多元化经营企业清理登记、清产核资等工作，清理交叉投资、多层投资现象。理顺了 湖北新业烟草薄片开发有限公司、武汉天然本草香精香料有限公司等5家公司产权关系，清算注销了两家公司，最终确定存续对外投资控股企业11家。

【对外交流与合作】 2007年，境外生产、销售、办厂实现实质性成果。全年出口卷烟1万件，同比增长11%，其中，出口“黄鹤楼”系列0.39万件，创汇181.22万美元。推动“红金龙RGD”在东欧落地生产、落地销售，在罗马尼亚投产2.05万件，春节前正式投放捷克、斯洛伐克市场。启动墨西哥合作办厂项目，签署先期合作协议，立项报告处在审批阶段；与越南平阳烟草总公司签订合作协议，项目已获中国烟草国际有限公司批准；初步拟订出非洲投资办厂规划、操作模式等。经国家局正式批复，香港统一联邦公司股权全部转让湖北中烟工业有限责任公司，初步搭建起境外运作的平台。

【人力资源管理】 稳步推进“四定”试点工作，开展了理顺岗位序列、规范工资结构、稳步推进劳动人事分配制度优化等工作，基本完成市场营销中心、武汉卷烟厂等单位、部门的试点改革。创办“黄鹤楼”学院，开办两期市场营销班，培训学员达83人次。开展系列“五五”普法教育活动，举办了《公司法》、《劳动合同法》等系列讲座，合计培训人员8100余人次。

【内部管理监督】 强化内管专卖机构建设，充实内管力量，形成以3名专职、7名兼职为骨干的内管专卖专班，严格对照国家局关于整顿规范生产经营秩序和加强内部管理监督的相关要求，开展好自查整改工作。配合国家局内部专卖管理监督重点抽查组完成内部监管重点抽查，对存在的五个问题进行全面整改，完善了准运证制度，加强了残次和废弃烟叶、烟梗、烟末的规范管理和专用烟机设备、专卖许可证的管理。

加强制度建设，建立健全内部管理监督的长效机制，先后出台《国有资产管理办法》、《关于技术改造和烟机专用设备管理的规定》、《预算管理办法》、《预算委员会议事规则》等30多项规范文件和管理制度。

严格按电汇方式进行烟叶资金结算，健全烟叶管理制度。强化对大宗物资采购、广告宣传活动的管理监督，按照“管理集权、采购分散”的原则，确定了材料供应商目录，统一了渠道和价格管理。对技术中心、营销中心、物资部等业务部门实行派驻纪检监察员制度，将投资管理纳入到效能监察的范围，坚持“阳光”操作、痕迹管理，进一步加大投资管理监督力度。

【党风廉政建设】 以贯彻落实《建立健全教育、制度、监督并重的惩治和预防腐败体系实施纲要》为主线，严格规范权力运行，推行纪检监察员派驻制度，加强对重点工程、关键部位的监管，拓展从源头防治腐败的领域，扎实推进惩治和预防腐败体系建设。2007年，全省卷烟工业企业纪检监察部门共受理群众来信举报2件，立案查处3人，其中，2人受到党纪、政纪处分，1人被追究刑事责任，挽回经济损失110万元。

【企业文化】 作为全国烟草行业企业文化建设的试点单位，公司组织成立了企业文化编写专班和宣传专班，先后组织相关人员参与行业内外组织的各类企业文化活动87次，在企业内部通过采取问卷调查、有奖征集等形式，丰富企业文化体系，编辑出版了湖北中烟工业有限责任公司企业文化案例读本《思行致远》。配合国家局成功举办“2007中国烟草自主创新高层论坛”，举办“唱响黄鹤楼”活动，促进了全省卷烟工业企业文化大融合。

【特事要辑】 2月3日，湖北省副省长任世茂到湖北中烟工业有限责任公司考察调研。

6月15日，国家局副局长李克明调研湖北中烟工业有限责任公司时强调，要进一步创新品牌建设，将“黄鹤楼”品牌打造成中式卷烟经典品牌。

9月5日，国家局局长姜成康一行考察湖北中烟工业有限责任公司，并为“黄鹤楼”科技园揭牌。

11月8日，国务院副总理曾培炎一行考察了湖北中烟工业有限责任公司“黄鹤楼”科技园。

11月17日，原中共中央政治局常委、中央纪委书记吴官正一行考察了湖北中烟工业有限责任公司“黄鹤楼”科技园。

11月28日，湖北中烟工业有限责任公司揭牌仪式在湖北武汉举行，国家局副局长张辉、湖北省副省长任世茂共同揭牌。

所属企业

湖北中烟工业有限责任公司武汉卷烟厂

【概　况】 湖北中烟工业有限责任公司武汉卷烟厂前身为创建于1916年的南洋兄弟烟草公司汉口分公司，1964年10月由汉口制造厂改名为汉口卷烟总厂，1968年汉口卷烟总厂改名为武汉卷烟厂。企业占地面积80万平方米。2007年，企业拥有卷烟卷制设备、KDF2滤嘴成型机、滤嘴发射机，昆船公司仿德国HAUNI制叶、5000千克/小时的制丝线，1500千克/小时制梗线，570千克/小时二氧化碳膨胀烟丝生产线，2400千克/小时“黄鹤楼”特色工艺线及公共配套工程和理化检测设备。年卷烟生产能力550亿支（110万箱）。共有在岗员工1440人，其中，大中专以上学历395人，中高级技术职称254人。2007年，企业被授予“全国实施卓越绩效模式先进企业”称号。

【领导成员】 厂长、党委书记：吕有农

党委副书记：肖贤敬

副厂长：王时俊

副厂长：周汉生

总工程师：陈祖刚

党委委员：辜玉庭　魏兰英　刘致华　魏　嵬　黄如意

【卷烟生产】 2007年，企业生产“黄鹤楼”、“红金龙”品牌卷烟。全年生产卷烟556.45亿支（111.29万箱），同比增长25.15%，其中，“黄鹤楼”品牌卷烟136.4亿支（27.28万箱），同比增长67.87%；“红金龙”品牌卷烟420.05亿支（84.01万箱），同比增长20.75%。全年设备有效作业率达90.31%，全员劳动生产率769.9箱/人，同比提高42.64箱/人。综合卷烟纸消耗同比下降11.4米/万支，综合能耗同比下降0.51千克标煤/万支，水总耗同比下降7.71万吨。

【技术改造】 围绕扩大产能、提高效率实施技术改造，不断提高生产制造水平。制丝车间、设备办等部门实施1500千克/小时工艺试验线的“两头两尾”扩产改造，形成可以满足“黄鹤楼”品牌未来60万~70万箱生产任务的产能。卷包车间实施做“方烟”（烟支是方型的）、GDX174mm特异规格产品改造、“（硬盒）黄鹤楼（漫天游）”产品小包透明设备研制、79mm产品的软硬包装设备研制等70余项特色包装研究和异型设备技术改造，实现了传统包装工艺与现代机械化生产的结合，增强了产品特色。

【企业管理】 标准化建设。结合武烟集团与武汉卷烟厂双向合署办公的实际情况，全面修订质量、安全、生产、设备、人力资源等管理制度，开展质量、环境和职业健康安全管理体系标准的年度审核工作，顺利通过三项体系年度审核。

生产管理。加强部门之间的配合和协作，科学调度配送车间仓库资源，强化烟叶摘梗管理，提高烟叶除杂率，全年配送烟叶10.24万担，确保“黄鹤楼”品牌的生产和市场供应。坚持“四班三运转”生产模式，实施24小时不间断生产，提高了生产效率；从湖北中烟工业有限责任公司卷烟材料厂等单位调剂98人充实到生产一线，化解了人力资源不足的矛盾。卷包车间强化特色车间员工技术培训，实施分区管理，提升专业化分工水平，人均劳动生产率实现较大幅度提高。

质量管理。围绕“黄鹤楼”专用原料、手工摘梗、木桶储丝、加香加料、分组加工、手工包装等特色工艺工序，开展研究和测试，强化了“黄鹤楼”品牌的差异化特质。加强质量过程控制和管理，对关键工序和工段实施精细化作业，全年“黄鹤楼”品牌三级站质量抽检合格率均为100%；客户投诉率为0.05ppm。

安全管理。贯彻“安全第一、预防为主”的安全方针，深入开展危险源、危险因素大排查，重新识别和更新危险源544条，危险因素220条，整改了污水、噪声等安全隐患95起；采取机台设岗、区域巡查等办法，强化“黄鹤楼”品牌安全生产保护。开展消防技能训练，组队参加湖北中烟工业有限责任公司消防技能比武，取得团体第一名的成绩。

【队伍建设】 调整人才培养和培训工作思路，着力培养技能型、操作型和维修型人才。全年实施培训

189项，培训3835人次，截至2007年底，累计共有57人获得技师资格，4人通过高级技师鉴定，2人荣获“全国烟草技术能手”称号。多渠道补充近百名经过系统培训的员工充实到生产一线，满足了生产需要。

湖北中烟工业有限责任公司襄樊卷烟厂

【概　况】 湖北中烟工业有限责任公司襄樊卷烟厂始建于1944年，生产厂区面积6.3万平方米。2007年，拥有5000千克/小时制丝线1条，专用卷接包设备共49台套，其中，PROTOS对GD机组11台套，长城机组10台套。年卷烟生产能力250亿支（50万箱）。有主业在岗员工1244人，其中，高级职称1人、中级职称93人、初级职称149人；技师24人，高级工257人、中级工306人。

【领导成员】 厂长、党委副书记：李金春

副厂长、党委委员：赵天洙（2007年9月任副厂级调研员）

纪委书记、党委委员：陈德录

副厂长、党委委员：张道义

副厂长、党委委员：苏质斌

副厂长、党委委员：王耀国

【卷烟生产】 2007年，企业生产“红金龙”、“黄金龙”品牌卷烟。共生产卷烟283.75亿支（56.75万箱），同比增长17.26%。

企业烟叶平均消耗7.45千克/万支，同比增加0.09千克/万支；嘴棒平均消耗1673.22支/万支，同比减少1.73支/万支；盘纸平均消耗643.91米/万支，同比减少0.52米/万支。

【质量管理】 按照“以自主检查、改进为核心，以提高加工精度为重点”的要求，进一步规范三级质量检验制度。加强工艺质量的检查和改进措施跟踪，层层把好各工序质量关。启动工序能力指数CPK的测定工作，摸清了关键工序的加工能力，重新修订《襄樊卷烟厂卷烟工艺规程》、《襄樊卷烟厂产品加工标准》、《襄樊卷烟厂辅助材料技术标准》、《卷烟烟支漏气检测的补充规定》、《包装技术标准的补充说明》、《工艺管理规定》等技术、管理类文件，为提高产品加工精度、稳定产品加工质量、提高过程控制水平打下基础。

【科技创新】 推进“创新年”活动，制订开展“创新年”活动的实施细则。通过厂评审委员会评审，42个项目获得2007年度襄樊卷烟厂技术改进与管理创新项目奖，其中，“企业管理科室绩效考核分配体系”项目荣获一等奖，“梗丝柜往复式进料方式的设计与应用”等5个成果荣获二等奖，“襄樊卷烟厂小车管理规范”等20个成果荣获三等奖，“提高核子秤精度改进”等16个成果荣获四等奖。

【技术改造】 襄樊卷烟厂制丝线技术改造项目于2005年10月经国家局批复同意，项目投资金额1.95亿元。2007年9月26日，技术改造项目举行开工仪式。

【队伍建设】 制定襄樊卷烟厂2007~2009年培训工作规划。举办中高层管理人员培训班，进行了人力资源、中层领导力、财务管理、商务礼仪等课程的学习培训。开展了仓储人员安全培训及消防演练，动力车间各岗位新设备理论及操作培训，通讯员相关知识及技能培训，《劳动合同法》等相关法律法规培训，危险化学品培训，检验员岗位培训等。全年有3名职工通过省技能鉴定站组织的论文答辩和技师实操考试取得技师资格。

湖北中烟工业有限责任公司三峡烟草有限公司

【概　况】 湖北中烟工业有限责任公司三峡烟草有限公司成立于1998年，占地面积约16万平方米。2007年，公司拥有3000千克/小时的国产、进口制丝线，PASSIM系列卷接机组，ZB45、ZB25包装机组、GDX1包装机组、FOCKE包装机组，以及荷兰高档雪茄烟生产线。年卷烟生产能力150亿支（30万箱），雪茄烟生产能力100万支。企业共有从业人员761人，其中大专以上学历269人。

【领导成员】 总经理、党委书记：倪　华

副总经理、党委委员：刘兴国

副总经理、党委委员：杨　猛

副总经理、党委委员：邹华荣

工会主席、党委委员：李先师

党委委员：廖其双

党委委员：尚有喜

总经理助理：廖中海

【卷烟生产】 2007年，企业生产“红金龙”、“大丰收”品牌卷烟，以及“顺百利”、“茂大”牌雪茄烟。共生产卷烟25.9亿支（5.18万箱），生产“茂大”标准雪茄烟46.5万支，“三峡”特醇微型雪茄11315万支。

企业烟叶、嘴棒、盘纸平均消耗分别为7.49千克/万支、1683.8支/万支、650.4米/万支。电、标煤平均消耗分别为5.66千瓦时/万支、4.16千克/万支，水总量消耗50万吨。全年节约成本1000余万元。

【质量管理】 修订完善《产品技术标准》和《产品管理制度》等22个相关文件。加大在线生产抽检频次，尤其是对关键工序和薄弱环节进行检验，严把物资供应质量关，先后在卷包车间、制丝车间开展“降低重量标偏”、“提高过程控制精度”等竞赛活动，彻底解决了影响产品质量的重量标偏和烟丝精度的问题。执行质量“一票”否决制、产品追溯制、责任追求制。参与QC活动成果的研究，卷包车间的“开发铝纸防伪标识位置变换调试装置”、“降低ZB45机组内衬皱折缺陷”，制丝车间的“提高烟丝加香反算精度”在湖北中烟工业有限责任公司QC成果发布会上分别取得二等奖和三等奖。

湖北中烟工业有限责任公司广水卷烟厂

【概　况】 湖北中烟工业有限责任公司广水卷烟厂始建于1970年，占地总面积50余万平方米。2007年，企业拥有较为完善的卷烟生产流水线及公共配套工程和理化检测设备，其中有引进英国、德国的先进制丝设备和卷接包设备8台套。年卷烟生产能力150亿支（30万箱）。共有从业人员406人，其中，高级职称32人、中级职称180人。

【领导成员】 厂长、党委书记：彭涛鸣

工会主席、党委副书记、纪委书记：肖才敏

副厂长：易宙晓

副厂长：周章铁

副厂长：余迁鸿

总工程师：孙立国

厂长助理：尚　斌

厂长助理：韩向东

党委委员：陈前民

【卷烟生产】 2007年，企业生产“红金龙”品牌卷烟。共生产卷烟105.05亿支（21.01万箱），同比增长28.19%。

企业烟叶、盘纸、嘴棒平均消耗分别为7.46千克/万支、649.8米/万支、1684.8支/万支，盒片、水松纸、条盒平均消耗分别为502.6张/万支，0.28千克/万支，50.2张/万支，标煤、电平均消耗分别为5.77千克/万支、5.39千瓦时/万支。

【技术改造】 根据“中美”女士烟加工的需要，对一台长城机和一台YB41包装机进行了改造；完成女士烟设备改造，对DT和BE电器检测系统进行了改进。

湖北中烟工业有限责任公司红安卷烟厂

【概　况】 湖北中烟工业有限责任公司红安卷烟厂始建于1980年，1983年纳入国家计划，属国家中二型卷烟制造企业，占地面积24万平方米。2007年，主要有3000千克/小时制丝线1条、切丝机4台、切梗丝机2台，PROTOS、PASSIM等卷接机组12台、包装机组10台等生产装备，年卷烟生产能力125亿支（25万箱）。

【领导成员】 厂长、党委书记：方战先

副厂长、党委委员：王闰光

纪委书记、党委委员：张均锡（—2007.4）

工会主席：潘清明

厂长助理：张福平

厂长助理：熊平安

副总工程师：肖志国

厂长助理：帅克彬

厂长助理：罗红坪

【卷烟生产】 2007年，企业生产“红金龙”品牌卷烟共计95亿支（19万箱），同比增长22.57%。

企业烟叶、盘纸、嘴棒平均消耗分别为7.38千克/万支、656.2米/万支、1692.8支/万支，盒片平均消耗501.8张/万支，综合能耗为3.88千克标煤/万支。

【科技创新】 以行业"创新年"活动为契机，在全厂各部门开展创新工作，全年完成63个创新项目。研发出混合型"红金龙"、"黄鹤楼"、"中美"的配方设计、商标设计和小样制备。QC小组发布10项课题，其中3项参加全省卷烟工业企业QC成果发布会。

【技术改造】 2007年，设备技术改造项目投资3300余万元，购进PROTOS－GDX2卷接包机组1台套、切丝机2台，大修切丝机1台；完成配电房的迁移改造。

湖北中烟工业有限责任公司清江卷烟厂

【概 况】 湖北中烟工业有限责任公司清江卷烟厂的前身为组建于1970年的利川卷烟厂，2003年8月21日，原利川卷烟厂和来凤卷烟厂合并组建清江卷烟厂，总部厂区位于利川。企业拥有占地面积2.2万平方米的主厂房、锅炉房和空压站，配套有制丝生产线、卷接包设备和动力、科研设施。年生产能力350亿支（70万箱）。2007年，清江卷烟厂在继续抓好卷烟生产、圆满完成1～3月生产任务的同时，按时终结破产程序，着重组织开展了依法破产工作。2007年有员工557人。

【卷烟生产】 2007年1～3月，共生产"红金龙"卷烟62.42亿支（12.48万箱），实现产值5.73亿元。

【依法破产情况】 因清江卷烟厂亏损严重、资不抵债，经2005年12月2日湖北省人民政府专题会议研究，湖北中烟工业有限责任公司向国家局提出申请，国家局批复同意清江卷烟厂依法破产。

清江卷烟厂于2007年3月22日正式停产，3月25日召开职代会通过《职工安置方案》，3月31日向湖北恩施州中级人民法院递交破产申请，5月15日恩施州中级人民法院依法宣告湖北清江卷烟厂破产，并指定成立了清江卷烟厂破产清算工作组。破产清算组对该厂债务进行了依法处理，历时8个月。

（张小平）

湖南中烟工业有限责任公司

【概 况】 湖南中烟工业公司成立于2003年5月23日，2007年，经国家局批复，湖南中烟工业公司更名改制为湖南中烟工业有限责任公司，下辖长沙卷烟厂、常德卷烟厂、郴州卷烟厂、零陵卷烟厂、四平卷烟厂、吴忠卷烟厂等6个非法人资格卷烟生产厂和湘西鹤盛原烟发展有限公司、常德芙蓉烟叶复烤有限公司、浏阳天福打叶复烤有限公司等3个具有独立法人资格的烟叶加工企业，1个具有独立法人资格的烟草薄片加工企业，并持有河北白沙烟草有限责任公司50%的股权。

截至2007年底，资产总额280.46亿元，其中，固定资产49.75亿元、流动资产178.47亿元，资产负债率14.27%，企业有从业人员14053人。

【领导成员】 董事会

董事长：徐 瑾

董 事：周昌贡 卢 平 曾献兵 李晓兵 舒 明 杨智敏 熊丽萍

班子成员

总经理、党组书记：周昌贡

副总经理、党组成员：蒋效拉

副总经理、党组成员：卢 平

副总经理、党组成员：曾献兵

副总经理、党组成员：杨智敏

纪检组长、党组成员：李曙光

总工程师：刘建复

总会计师：郑则豪

副巡视员：白玉琦

【组织机构】 公司机关设有办公室（外事办公室）、综合计划部（企业管理部）、生产管理部、安全保卫部、法律与改革部、财务管理部、审计部、人力资源部、思想政治工作部（机关党委、团委、工会）、监察部、投资管理部、进出口部、原料供应部、物资供应部、市场营销部、技术中心、信息中心、后勤服务中心等18个部门。

【卷烟生产经营】 2007年，湖南省卷烟工业企业累计生产卷烟1587.25亿支（317.45万箱），同比增长5.01%。全年在河北、陕西、广西等省区加工湖南卷烟品牌308.5亿支（61.7万箱），同比增长63.66%。全年省外销量（含联营加工落地销售）997.5亿支（199.5万箱），占国内销量的53%，省外销量首次超过省内销量，销量在25亿支（5万箱）以上的省外市场达到14个，其中50亿支（10万箱）以上的6个。全年出口卷烟11.95亿支（2.39万箱），同比增长0.66%，创汇1829万美元，同比增长18.89%。

“白沙”、“芙蓉王”品牌的商业销售额均超过200亿元。全年实现税利279.19亿元，同比增长28.8%，其中，实现利润70.8亿元，同比增长51.15%。

【品牌战略和产品介绍】 湖南中烟工业有限责任公司确定了高档以“芙蓉王”为主、中档以“白沙”为主、低档以“芙蓉”为主的卷烟品牌发展思路。在巩固省内市场基础地位的同时，先后与10多个省级局（公司）建立战略合作伙伴关系，广东、浙江、江西、陕西等湘烟产品的主导市场得到进一步巩固和发展，重庆、福建、安徽等目标市场的开拓力度进一步加大。

加强品牌维护，始终将品牌质量的维护与提升作为工作的重中之重，设立了“白沙”、“芙蓉王”两个品牌维护组，强化卷烟厂以“以生产为中心、以质量为核心”的责任，注重定向整合过程中的均质化管理，在“芙蓉王”受产能瓶颈制约、“白沙”多点生产的情况下，保持了产品质量的稳定。

全年销售“白沙”系列1040亿支（208万箱），同比增长18.86%；销售“芙蓉王”系列215亿支（43万箱），同比增长43.33%。加强新产品开发和配方储备，“白沙（精品2007）”、“芙蓉王（蓝星）”、“白沙（软精品）”等几个新产品上市，产品链条得到了丰富，其中，“白沙（精品2007）”上市半年时间销售13.5亿支（2.7万箱）。

【烟叶原料保障】 2007年度，全国烟叶资源相对紧缺，面临着烟叶原料总量和结构的双重压力。公司加强与重点产区的战略合作，建立云、贵、川、渝、鄂、湘六省市战略合作伙伴关系，推进品牌导向型烟叶基地建设，签订了烟叶基地五年框架协议和年度开发协议，加大对基地的技术投入，烟叶供应渠道得到进一步稳定。

加强调拨过程的质量控制，严格执行“三级质检模式”，实行业务、质检相对分离，互相监督，根据品牌对原料需求的特点，在烟叶的纯度和适用性上进行把控，“芙蓉王”烟叶片选合格率、精品类“白沙”烟叶把选合格率均超过70%。2007年度烟叶调拨量13.5万吨（270万担），完成年度调拨计划的90%，调拨整体进度明显快于往年，全年云贵川烟叶调拨量8.5万吨（170万担），其中调拨云南烟叶4万吨（80万担），“芙蓉王”系列和精品类“白沙”的快速扩张与重点烟叶资源的矛盾有所缓和。

【科技创新】 深入开展“创新年”活动，推动烟草育种、卷烟调香、特色工艺、减害降焦四大战略性课题的研究，全年投入科研经费1.7亿元，确立科技项目71个，3项科研成果获得了行业科技进步奖，申请专利26项，公司技术中心通过了国家级企业技术中心的复评。

推进减害降焦工作，全年卷烟焦油量加权平均值12.4毫克/支，处于全行业领先水平。在品牌快速扩张、焦油量稳步降低的同时，产品风格保持稳定，质量得到提升，“白沙”、“芙蓉王”和“芙蓉”三大品牌在国家局组织的行业市场抽检中合格率为100%。

【技术改造】 公司各卷烟生产厂加强技术改造项目管理，注重项目进度和施工质量，各项重点技术改造工程有序进展。长沙卷烟厂联合工房二期工程基本完工，常德卷烟厂“芙蓉王”卷烟生产线联合工房封顶，郴州卷烟厂装备填平补齐，零陵卷烟厂完成了片烟仓库建设征地拆迁，四平卷烟厂按照“白沙”的生产要求改造了生产制丝线，吴忠卷烟厂整体改造完成，各卷烟生产厂的装备水平都得到较大提升。

【财务管理】 加强全面预算管理，公司组织预算编报，严格预算评审，强化预算执行，预算的约束力有所增强，成本费用得到控制。进行主业清产核资，依法依规处置不良资产2.56亿元，资产质量得到提高。实施多元化企业清退，完成了6家多元化企业的清退工作，对10家多元化企业的投资关系进行了调整。

【特事要辑】 1月4日，湖南省委书记张春贤、省委副书记梅克保一行到湖南中烟工业公司调研。

4月3日，国家局副局长李克明一行到湖南中烟工业公司考察指导工作。

8月13日，国家局副局长何泽华一行到湖南中烟工业公司考察指导工作。

11月21日，湖南中烟工业公司更名改制为湖南中烟工业有限责任公司，实现由“工厂制”向“公司制”转变，成为全国烟草行业首批四个公司制改造成立董事会的省级工业公司之一。

12月3日，“白沙”年产规模突破200万箱，成为行业第二个突破200万箱的品牌。

所属企业

湖南中烟工业有限责任公司长沙卷烟厂

【概　况】 湖南中烟工业有限责任公司长沙卷烟厂始建于1947年。2006年10月，湖南烟草工业实施合并重组，长沙卷烟厂成为湖南中烟工业公司6个非法人生产厂之一，更名为湖南中烟工业公司长沙卷烟厂。2007年11月，湖南中烟工业公司改制更名为湖南中烟工业有限责任公司，湖南中烟工业公司长沙卷烟厂更名为湖南中烟工业有限责任公司长沙卷烟厂。

长沙卷烟厂主厂区占地面积34.8万平方米，有在岗员工2000人，卷烟年生产规模750亿支（150万箱），拥有2条制丝线、36台卷接包装机组，主要产品为“白沙”系列。

2007年，长沙卷烟厂被湖南省人民政府评为“2007年度湖南省重点建设目标管理先进单位”、“湖南省十大标志性工程建设优秀项目单位”。

【领导成员】 厂长、党委书记：范康君

副厂长、党委委员：沈力平

副厂长、党委委员：黄　昂

副厂长、党委委员：刘京广

党委副书记：尹　宾

纪委书记、党委委员：丁洪涛

工会主席、党委委员：黄朝晖

【卷烟生产】 2007年，长沙卷烟厂生产卷烟662.65亿支（132.53万箱），同比增长3.23%，其中，生产一类烟2.35亿支（0.47万箱），占总产量的0.35%；二类烟197.05亿支（39.41万箱），占总产量的0.35%；三类烟98.30亿支（19.66万箱），占总产量的14.83%；四类烟363.05亿支（72.61万箱），占总产量的54.79%；五类烟1.85亿支（0.37万箱），占总产量的1.4%。

2007年主辅料消耗情况：平均耗用烟叶7.03千克/万支，同比下降0.64%；耗用卷烟纸622.32米/万支，同比下降0.79%；耗用120毫米滤嘴棒1683.3支/万支，同比下降0.32%；耗用100毫米滤嘴棒2534.32支/万支，同比下降0.35%；耗用商标纸501.56张/万支，同比下降0.16%；耗用条盒50.13张/万支，同比下降0.42%；综合能耗3.05千克标煤/万支，同比下降4.69%。

【联营加工】 根据公司部署，长沙卷烟厂将对外合作工作的重心，由开拓新的联营加工点与项目现场监控并重调整为项目精细化管理，进一步规范品牌许可生产项目管理。针对联营加工点的不断增加，企业克服本部人员紧张的困难，抽调人员组成项目组，确保合作项目的启动和平稳推进。

继续强化项目过程管理和质量监控，开展均质化评审与改进，进一步完善品牌许可加工流程制度，严格团队管理，确保联营加工产品质量的稳定，全年联营加工计划执行率达100%，联营加工产量296.0亿支（59.2万箱），同比增长73.72%。深入推进品牌合作，加强与各合作方的沟通交流，先后21次走访合作生产厂，接待合作方来厂培训与交流32批314人次。

【技术改造】 2007年，长沙卷烟厂二期技改主体工程完工，配套设备安装基本到位，并进入调试阶段。全年安全施工无重大事故，分项工程一次性验收合格率100%，工程优良率85%以上。

加快对新设备技术的消化吸收，两台套超高速设备于2007年6月全面投入生产，有效作业率达到并保持在85%以上，联合工房制丝线万箱设备故障停机时间控制在2.69小时，同比下降5.24小时。开展技术创新，全年完成106项专项改进，设备保障能力得到

提升。将两台煤锅炉改造为油气两用锅炉，实现主厂区清洁能源使用率100%，完成卷接设备放射源改微波、激光打码尾气处理工程。

【企业管理】 长沙卷烟厂根据新的职能定位，编制了全厂管理进步规划，组织开展了构建企业度量指标体系等7项重大课题。企业对既有流程进行了全面审视和优化，删除流程17个，修订文件87份，取消文件29份，流程效率得到提升。企业组织机构进行了重新设计与调整，全厂部门由26个调整为18个，实现了与公司职能的有效对接。夯实基础管理，企业组织开展了物资配送部和多元化企业嘉沙公司的管理诊断试点工作。

【队伍建设】 2007年，长沙卷烟厂举办各类培训278项，培训5728人次。组织20次劳动竞赛和技术比武，参赛员工达5076人次，员工技能得到有效提升。组织573名员工参加职业技能鉴定，3名员工获得高级技师资格，13名员工获得技师资格。

湖南中烟工业有限责任公司常德卷烟厂

【概　况】 湖南中烟工业有限责任公司常德卷烟厂前身是常德县公营新湘烟厂，成立于1951年7月。2006年10月，湖南烟草工业实施合并重组，常德卷烟厂成为湖南中烟工业公司6个非法人生产厂之一，更名为湖南中烟工业公司常德卷烟厂。2007年11月，湖南中烟工业公司改制更名为湖南中烟工业有限责任公司，湖南中烟工业公司常德卷烟厂更名为湖南中烟工业有限责任公司常德卷烟厂。

常德卷烟厂主业在岗员工3178人，有PROTOS70卷烟机31台、GDX1包装机11台、GDX2包装机20台，PROTOS2－2与GDH1000高速机1组，KDF2成型机组10台，拥有设计生产能力12000千克/小时和3000千克/小时制丝线各一条。

【领导成员】 厂　长、党委书记：邹纲强

副厂长：李明三

副厂长、党委委员：刘存孝

党委副书记：曾兆亚

纪委书记、党委委员：杜　晖

工会主席、党委委员：向晓芳

副厂长、党委委员：李平华

【卷烟生产】 2007年，常德卷烟厂生产卷烟509.75亿支（101.95万箱）（含出口），其中，生产一类烟216.85亿支（43.37万箱），占总产量的42.54%；三类烟0.9亿支（0.18万箱），占总产量的0.18%；四类烟13.3亿支（2.66万箱），占总产量的2.61%；五类烟278.7亿支（55.74万箱），占总产量的54.68%。

常德卷烟厂生产的卷烟产品共5个品牌41个规格，主要为“芙蓉王（钻石）”、“芙蓉王（软蓝）”、“芙蓉王（蓝）”、“芙蓉王（硬）”、“芙蓉（精品）”、“芙蓉（黄后）”、“芙蓉（佳品）”、“芙蓉（软红）”、“芙蓉（黄）”、“芙蓉（软橙）”等。全年生产“芙蓉王”216.85亿支（43.37万箱），占生产总量的42.54%，生产“芙蓉”289.75亿支（57.95万箱），占生产总量的56.84%。

2007年主辅料消耗情况：平均耗用烟叶7.08千克/万支，同比下降0.56%；耗用卷烟纸650.48米/万支，同比下降0.92%；耗用120毫米滤嘴棒1691.64支/万支，同比下降1.37%；耗用112毫米滤嘴棒2551.16支/万支，同比下降0.29%；耗用商标纸501.2张/万支，同比下降0.07%；耗用条盒50.12张/万支，同比下降0.04%；综合能耗3.94千克标煤/万支，同比增长4.79%。

【技术改造】 2007年，“芙蓉王”卷烟生产线技术改造项目全面完成了项目设计、主要工艺设备与动力设备的招投标和合同签订、主要建安工程的招投标和合同签订工作，共完成招投标40多项，达到招标项总量的70%，并完成了生产工房和动力中心的土建主体施工。

石板滩烟叶库区扩建工程项目（一期），项目总投资3.27亿元，建设烟叶仓库17栋，面积11.38万平方米，截至2007年底，全部竣工并投入使用。

【企业管理】 财务管理。通过清产核资，对163项闲置资产分别进行了妥善处理，对土地、房屋等资产权属进行了清理整顿，建立健全资产台账记录，制作资产标牌，出台了《固定资产管理办法》，促进了资产管理的规范化。充分借助OA信息平台，进一步促进预算管理的精细化。预算的编制、上报、分解和调整做到了过程透明，执行公开。

质量管理。建立了材辅料质量评价体系，制定并启动了《卷烟材辅料质量评价管理办法》，并于10月正式启动质量管理信息系统，促进了过程质量控制水平的进一步提升。

物资管理。克服库容紧张，解决材辅料仓储、配送难题，相继出台了《烟叶熏蒸杀虫操作规程》、《物资采购控制程序》，修订、完善了《材辅料领发及配送管理》、《仓储管理规定》、《出入库管理规定》等5项厂级规章制度，另外还出台了《计划、票证管理办法》、《成品卷烟内部移转库管理办法》、《石板滩成品卷烟仓库安全管理办法》等多部较具操作性的内部暂行管理办法。全年材辅料配送以及卷烟成品的发运及时率、准确率达100%。

【队伍建设】 加大干部选拔任用力度，采取择优直接提拔与竞争上岗相结合的方式，全年有6名干部从副职晋升为正职，14名干部被提拔为中层副职，制订《中层干部离岗暂行规定》，修订和完善了《中层干部年度考评办法（暂行）》，以及《中层后备干部管理暂行办法》，为干部的管理与考核提供了更科学的依据。

全年组织3次大型的清岗调编和竞争上岗工作，涉及162个岗位、410个编制，共有418人参加，其中，225人通过竞争上岗走上了新的工作岗位。

全面完成年度教育培训计划，累计培训3345人次，其中送外培训688人次，超计划培训项目24个。

湖南中烟工业有限责任公司郴州卷烟厂

【概　况】 湖南中烟工业有限责任公司郴州卷烟厂前身是创建于1939年的华中卷烟厂。2006年10月，湖南烟草工业实施合并重组，郴州卷烟厂成为湖南中烟工业公司6个非法人生产厂之一，更名为湖南中烟工业公司郴州卷烟厂。2007年11月，湖南中烟工业公司改制更名为湖南中烟工业有限责任公司，湖南中烟工业公司郴州卷烟厂更名为湖南中烟工业有限责任公司郴州卷烟厂。

郴州卷烟厂占地面积55.3万平方米，年设计生产能力225亿支（45万箱），共有员工3087人。有1200千克/小时的梗丝线和5000千克/小时的制丝线各一条，卷包线有10台套PT－GD、4台套KDF2。

【领导成员】 厂　长、党委书记：周文斌

党委副书记：刘　军

副厂长、党委委员：吕爱华

副厂长、党委委员：周景秋

工会主席、党委委员：刘春兰（2007.1—）

副厂长、党委委员：汤　华（2007年1月30日调至零陵卷烟厂）

【卷烟生产】 2007年，郴州卷烟厂生产卷烟170亿支（34万箱），同比增长11.5%。主要生产“白沙”、“相思鸟”、“芙蓉”三个品牌，并承担部分外运烟丝生产任务。

2007年主辅料消耗情况：耗用烟叶7.09千克/万支，耗用滤嘴棒1672.4支/万支，耗用条盒50.14张/万支，耗用卷烟纸643.8米/万支，综合能耗5.02千克标煤/万支。

湖南中烟工业有限责任公司零陵卷烟厂

【概　况】 湖南中烟工业有限责任公司零陵卷烟厂创建于1976年。2006年10月，湖南烟草工业实施合并重组，零陵卷烟厂成为湖南中烟工业公司6个非法人生产厂之一，更名为湖南中烟工业公司零陵卷烟厂。2007年11月，湖南中烟工业公司改制更名为湖南中烟工业有限责任公司，湖南中烟工业公司零陵卷烟厂更名为湖南中烟工业有限责任公司零陵卷烟厂。

企业占地面积60万平方米，共有员工1875人，其中在岗员工904人。企业年生产能力200亿支（40万箱），有5000千克/小时的制丝生产线一条，有PROTOS卷接机2台，ZJ17卷接机8台，GDX1包装机5台套，GDX2、YB43、KDF2包装成型设备各4台套。

【领导成员】 厂　长、党委书记：陈东平

副厂长、党委委员：朱凌冰

党委副书记、纪委书记：何洁松（2007.1—）

副厂长、党委委员：邓永志

工会主席、党委委员：汤　华（2007.1—）

总工程师、党委委员：易和新

副厂长、党委委员：吕爱华（2007年1月30日调至郴州卷烟厂）

【卷烟生产】 2007年，零陵卷烟厂共生产卷烟159.83亿支（31.97万箱），同比增长30.47%，其

中，生产三类烟5.44亿支（1.09万箱），四类烟12.58亿支（2.52万箱），五类烟139.65亿支（27.93万箱）。主要生产“芙蓉”和“白沙”品牌系列卷烟，并承担“银象”和“元帅”品牌系列出口卷烟的生产任务。生产出口卷烟“银象”、“元帅”2.16亿支（0.43万箱）。

2007年主辅料消耗情况：耗用烟叶7.14千克/万支，耗用滤嘴棒1677.16支/万支，耗用条盒50.2张/万支，耗用卷烟纸645.3米/万支，综合能耗7.02千克标煤/万支。

湖南中烟工业有限责任公司四平卷烟厂

【概　况】 湖南中烟工业有限责任公司四平卷烟厂始建于1948年，2003年与常德卷烟厂实现联合重组，更名为常德卷烟厂四平卷烟分厂。2006年10月，湖南烟草工业实施合并重组，四平卷烟厂成为湖南中烟工业公司6个非法人生产厂之一，更名为湖南中烟工业公司四平卷烟厂。2007年11月，湖南中烟工业公司改制更名为湖南中烟工业有限责任公司，湖南中烟工业公司四平卷烟厂更名为湖南中烟工业有限责任公司四平卷烟厂。

截至2007年底，四平卷烟厂占地面积6.5万平方米，拥有制丝生产线一条、PT－GD联合机组2套、卷接机组5套、包装机组5套、嘴棒成型机组3套，企业年生产能力75亿支（15万箱）。共有员工1008人，其中在岗员工526人。

【领导成员】 厂　长、党委书记：白玉琦

副厂长、党委委员：衣文友

副厂长、党委委员、工会主席：高占忠

副厂长、党委委员：韩志明

党委副书记、纪委书记：马英林（2007年10月免去纪委书记职务）

纪委书记：刘少军（2007.10—）

【卷烟生产】 2007年，四平卷烟厂生产卷烟60亿支（12万箱），同比增长9.1%，其中，生产四类烟45.54亿支（9.11万箱），占生产总量的75.9%；生产五类烟14.46亿支（2.89万箱）。生产品牌为“芙蓉”系列，其中，生产“芙蓉（黄）”11.95亿支（2.39万箱），“芙蓉（佳品）”18.72亿支（3.74万箱），“芙蓉（红软）”2.51亿支（0.5万箱），“芙蓉（黄后）”26.82亿支（5.36万箱）。

2007年主辅料消耗情况：耗用烟叶7.16千克/万支，耗用滤嘴棒1673.56支/万支，耗用条盒50.14张/万支，耗用卷烟纸643.64米/万支，综合能耗4.54千克标煤/万支。

湖南中烟工业有限责任公司吴忠卷烟厂

【概　况】 湖南中烟工业有限责任公司吴忠卷烟厂前身是宁夏吴忠卷烟厂，创建于1970年。2004年8月，长沙卷烟厂对吴忠卷烟厂实施兼并，成立了长沙卷烟厂吴忠卷烟分厂。2006年10月，湖南烟草工业实施合并重组，吴忠卷烟厂成为湖南中烟工业公司6个非法人生产厂之一，更名为湖南中烟工业公司吴忠卷烟厂。2007年11月，湖南中烟工业公司改制更名为湖南中烟工业有限责任公司，湖南中烟工业公司吴忠卷烟厂更名为湖南中烟工业有限责任公司吴忠卷烟厂。

企业占地总面积9.5万平方米，共有员工439人，其中在岗员工341人。企业有1500千克/小时的制丝生产线1条，MK9－5卷接机组5台套，YB43包装机6台套，KDF2成型机1台套。

【领导成员】 厂　长、党委书记：李朝辉

党委副书记、工会主席：沈中和

副厂长、党委委员：李占保

纪委书记、党委委员：毛建华（2007.10—）

【卷烟生产】 2007年，吴忠卷烟厂生产卷烟25亿支（5万箱），同比增长92.3%，其中，生产三类烟5.03亿支（1.01万箱），占生产总量的20.12%；四类烟5.03亿支（1.01万箱），占生产总量的20.12%；五类烟14.95亿支（2.99万箱），占生产总量的59.8%。企业主要生产“乒坛”、“芙蓉”系列卷烟。

2007年主辅料消耗情况：耗用烟叶7.38千克/万支，耗用滤嘴棒1722.5支/万支，耗用条盒50.3张/万支，耗用卷烟纸659.68米/万支，综合能耗11.24千克标煤/万支。

（周文圣）

广东中烟工业有限责任公司

【概　况】 广东中烟工业有限责任公司前身是广东中烟工业公司，成立于2003年5月28日，2007年10月26日国家烟草专卖局批复，广东中烟工业公司改制更名为广东中烟工业有限责任公司，同年11月9日，举行改制更名挂牌仪式，成为全国烟草行业首家建立董事会的省级工业公司。广东中烟工业有限责任公司下设4个不具有企业法人资格的卷烟生产厂，分别是广东中烟工业有限责任公司广州卷烟二厂、梅州卷烟厂、韶关卷烟厂、湛江卷烟厂。拥有"双喜"、"五叶神"、"椰树"、"羊城"、"红玫"五大系列品牌。截至2007年底，公司有从业人员5381人，拥有总资产160亿元，其中，固定资产21亿元、流动资产124亿元，资产负债率14.95%。

2007年，广东中烟工业有限责任公司被中国保护消费者基金会推介为"全国文明诚信（窗口）单位"；获中国妇女发展基金会"大地之爱·母亲水窖"七周年公益表彰特别贡献奖；被国家烟草专卖局、国家环保总局、联合国工业发展组织联合授予"履行联合国保护臭氧层公约·中国烟草行业淘汰三氯一氟甲烷贡献奖"。

【领导成员】 董事会

董事长：徐　瑺

董　事：李根基　李世胜　张穗强　李晓兵　舒明　张赤兵

班子成员

总经理、党组书记：李根基

副总经理、党组成员：李世胜

副总经理、党组成员：廖中浩

纪检组长、党组成员：何锦标（—2007.6）

总会计师、党组成员：张穗强

党组成员：林孟昌

副巡视员：成善松

【组织机构】 公司机关设有办公室（外事办）、综合计划部、生产管理部、安全保卫部、市场营销部、原料供应部、物资供应部、财务管理部、审计部、法律与改革部（投资管理部）、人力资源部、思想政治工作部（直属党委、工会、直属团委）、监察部、企业管理部、技术中心、信息中心、烟机零配件中心、技改办等18个部门。

【卷烟生产经营】 2007年，公司生产卷烟1018亿支（203.6万箱），其中，生产一类烟31.2亿支（6.24万箱），占总产量的3.06%；二类烟95.35亿支（19.07万箱），占总产量的9.36%；三类烟570.80亿支（114.16万箱），占总产量的56.07%；四类烟138.90亿支（27.78万箱），占总产量的13.64%；五类烟181.70亿支（36.34万箱），占总产量的17.85%。

销售卷烟1092亿支（218.4万箱），同比增长12.79%，其中，销售一类烟31.88亿支（6.38万箱），占总销量的2.92%；二类烟95.80亿支（19.16万箱），占总销量的8.77%；三类烟641.18亿支（128.24万箱），占总销量的58.72%；四类烟140.36亿支（28.07万箱），占总销量的12.85%；五类烟182.77亿支（36.55万箱），占总销量的16.74%。2007年，公司实现税利137.94亿元，其中实现利润34.26亿元。

境外企业柬埔寨威尼顿公司2007年销量增长近2万箱，同比增长30%，在柬埔寨的市场占有率接近40%。威尼顿公司在当地建立了完整的销售网络，覆盖了全国1621个乡区的36980个网点。

卷烟物资消耗情况：卷烟平均耗用烟叶7.4千克/万支，同比降低0.01千克/万支；耗用盘纸645米/万支，同比减少2米/万支；耗用滤嘴棒1680支/万支，同比持平；综合能耗1.97千克标煤/万支，同比降低0.12千克标煤/万支。

【品牌战略和产品介绍】 公司制订了科学的品牌发展思路：以市场为导向，满足订单需要，全力做大"双喜"，做强"五叶神"；协调整合其他品牌，支撑大品牌和强势品牌发展。紧紧抓住"放开衔接、适度引导、定向整合、促进发展"的机遇，注重发挥整合优势，科学合理编制生产计划，调整生产布局，提高资源配置效率，并根据市场需求，不断滚动调整生产计划，实现生产与市场的有机结合。2007年，公司主要生产品牌为"双喜"、"五叶神"、"椰树"、"红玫”、“羊城”，占总产量的98%以上。

2007年，广东省内市场销售有了新突破，产品价格稳定，销量稳步上升。省内销售858亿支（171.6万箱），同比增长4.6%。销售结构稳步上升，一类烟增长22.1%，二类烟增长7%，三类烟增长18%。省外市场取得重大突破，广东省产卷烟的销售区域从上年的13个省（自治区、直辖市）扩大到2007年的29个省（自治区、直辖市），销售量从135亿支（27万箱）增加到223亿支（44.6万箱）。

“双喜”品牌于2007年12月推出最高端规格“（尊贵逸品）双喜”。2007年，“双喜”系列产量达556.6亿支（111.32万箱），销量达626.25亿支（125.25万箱），同比增长31.27%，成为行业十个规模最大、最具发展潜力的卷烟品牌之一。

“五叶神”品牌拥有“中草药入烟”的独有核心技术。2007年产量达110.2亿支（22.04万箱）。

“椰树”品牌的产品配方均以云南上等烤烟烟叶为主要原料，2007年产量达150.3亿支（30.06万箱），是广东省最大的中低档卷烟品牌。

“红玫”品牌是清香型口味的补充品牌，在华南地区中高档卷烟销售市场占有一席之地，2007年产量达115亿支（23万箱）。

“羊城”品牌是中国知名的混合型卷烟产品之一，2007年产量达66.1亿支（13.22万箱）。

【科技创新】 *产品配套技术研究。*2007年，公司加强了卷烟品质、原料技术、特色工艺等领域的研究。开展品质研究，“功能性香精香料”、“特色烟草抽提技术”等研究项目取得良好成效。开展原料技术研究，实施了国家局“部分替代进口烟叶及工业验证”项目。进一步开展卷烟增香保润相关研究工作并应用于产品中，开展特色工艺研究，“制丝工艺技术集成推广应用”科研项目通过国家局组织的现场验收。

*打造技术创新平台。*2007年11月，公司专门用于研发和试验的制丝试验线投入使用，该试验线运用“模块配置，柔性连接”的工艺设计理念，实现了“多种控制模式和要素灵活切换，扩大控制参数可调控范围”的功能，成为公司进行工艺和原料深度研究，提高特色工艺水平的重要平台，为广州生产基地提供前期工艺验证和支撑，确保技术改造后大品牌在保持原有风格特色的基础上，实现新的特色工艺技术平稳过渡。

*配香中心建设。*2007年9月，公司配香中心投入使用，采用全自动数字化配置，专门配制“双喜”的香精香料，进一步保障同一品牌多点生产的质量一致，提高香料的品质。香料集中在广州配置，可以借助技术中心的检测平台，进行集中质量监控，有利于配方的保密。集中配置要求集中采购原料，在一定程度上降低了采购成本。

【企业管理】 *财务预算管理。*公司推行以预算管理为抓手，以职能化管理为主线，公司总部和各责任单位全面参与的预算管理体系。确立了预算管理“谁使用、谁编制、谁控制”和“谁管理、谁组织、谁评审、谁监督”的原则，由职能部门对分管范围内的各种业务指标实施分模块管控。将业务计划和预算管理有机地结合起来，较好实现财务内控和业务管控的相互结合，预算控制逐步由被动控制转向自我控制。

*财务内控。*公司确定了财务管控的“总部主导”模式，提出财务集中管理、总部深化管理、工厂细节管理的要求，充分发挥集团化财务管理的优势，建立“总部主导”的财务内控新体系。在财务内控新体系的建设过程中，突出建立以全面预算管理为主线的多层面内部管控机制。通过实施财务内控新体系建设，公司内部经济运行更加规范，企业资产管理更加严密，成本费用得到有效控制，企业经济效益得到不断提高。

*安全生产。*贯彻落实《安全生产法》，安全生产工作坚持“安全第一、预防为主、综合治理”的方针和“谁主管、谁负责”、“管生产（经营）必须管安全”的原则。推进职业健康安全管理体系的建立与实施工作，按照安全质量标准化的要求，构建和完善安全技术标准和安全管理规章体系。2007年，公司坚持以防火、防电气和防交通事故为工作重点，实现了重大火灾事故、重大交通责任事故、重大生产经营责任事故、重大爆炸事故、重大恶性案件、重大工伤事故、工伤死亡事故等事故控制“七个为零”的安全管理目标。

【信息化建设】 推进信息化制度建设，公司完善和编写了《信息化建设项目管理制度》、《信息化设备及软件采购流程管理规范》等一系列制度和规范。探索信息化垂直管理的新思路、新方法，制订信息中心与各卷烟厂信息科的部门职责以及岗位职责。

2007年，公司提出了信息化建设“三步走”的实施策略，并着手进行信息化建设“三步走”的第一步准备阶段的相关工作。成立ERP项目建设的组织机构，推进相关项目的建设。组织相关技术顾问进行“四个中心”模式和ERP体系的数据设计工作，为将来的系统实施打好基础。同年11月，启动管理信息系统（ERP）体系建设项目，整个体系包括四层架构，分别是企业战略和辅助决策管理系统（ESS）、企业资源管理系统（ERP）、制造执行管理系统（MES）和数采、物流系统，该项目将建立起广东卷烟工业企业的行业数据中心，实现广东中烟资金流、物流、信息流的统一，实现全省卷烟工业管理模式的统一，支撑“四大中心”及按订单组织生产的业务运作。

【队伍建设】 *人力资源基础建设。*2007年，公司加大干部交流力度，提高各级干部的岗位适应能力，对机关及生产厂的28名干部进行岗位调整，其中调整处级干部21名。聘请专业机构，公开择优录用99名新员工，这是2003年公司成立以来，首次集中录用新员工。进一步加强高技能人才培养力度，有3人取得了烟机设备修理高级技师资格证书，实现公司高级技师零的突破。

*组建博士后工作站。*2007年，公司制定了《广东中烟工业公司博士后工作站管理办法》，引入博士后开展科研攻关工作。2007年8月，博士后研究人员正式进站开展研究工作。

*建立员工培训体系。*公司着力建设管理人才、专业技术人才和技能人才的“三条跑道”，建立“三支队伍”的培训体系，提高员工的综合素质。

处级干部培训。对中高级管理人员的培训，重在提高综合素质和管理能力，全年共举办专题培训5期，参加培训人数达277人次。

管理人员和专业技术人员培训。重点加强管理人员和专业技术人员“组织与协调”等综合能力素质的培养，依托中山大学“TFO培训基地”的各类课程，大力推动自主选学。全年共有460人次参加了53个课题的学习。

技能人才培训。充分利用广州卷烟二厂的培训基地，利用公司兼职教师队伍的力量，举办各类技术课程和技术交流培训班，帮助员工提高理论知识和技能水平。全年共举办培训班4期，参加人数达190人次。

【对外交流与合作】 4月2～3日，英美烟草公司大中华区董事、总经理白民邦一行7人到公司就有关合作事宜进行洽谈。5月15日，斯道拉恩索集团公司负责全球烟草包装的销售总监霍笑玲一行3人和中国香港迪昌公司董事、总经理陈金玉到公司进行技术交流。11月23日～12月3日，公司企业管理部等部门共6人赴法国参加世界烟草博览会。

【党风廉政建设】 2007年，深入推进企业党风廉政建设，构建反腐倡廉长效机制。促进干部廉洁自律，组织全体党员收看廉政教育片《赌之害》，增强自律意识。切实加强对领导干部的监督管理，开展领导干部述职述廉。公司市场营销部等六个“管钱、管人、管物”的职能部门对敏感环节运作情况进行公开。

健全制度，规范程序，进一步完善监督机制，先后制定了《不相容岗位相分离实施细则》、《广东中烟工业公司内部专卖管理监督办法》、《关于在公务活动中收受礼品礼金及有价证券上交管理规定》等规章制度。加强对重点项目、敏感环节的监管力度，确保权力的正确行使，加大对物资采购、卷烟销售广告宣传项目、信息中心软件工程以及一些热点敏感问题的监管力度。

【特事要辑】 2月1日，国家局副局长李克明到广东中烟调研，对广东中烟的工作给予肯定，认为广东中烟在行业的改革与发展中起到了引导作用。

7月9日，广东中烟工业公司入股深圳烟草工业有限责任公司。

9月6日，全国烟草行业企业管理现场会在广州召开，国家局副局长李克明在大会总结发言中指出，广东中烟富有效率地向现代企业迈进。

9月10日，广东中烟配香中心投入试运行，标志着广东卷烟工业将结束香料在各生产厂分散配制的历史，真正实现香料同出一门。

11月9日，广东中烟工业有限责任公司举行挂牌仪式，广东中烟工业有限责任公司成为全国烟草行业首家建立董事会的省级工业公司，国家局副局长张辉出席了挂牌仪式。

12月6日，全国烟草工业企业财务内控建设现场研讨会在广州召开，国家局副局长何泽华对广东中烟的财务内控建设给予了充分肯定和高度评价。

12月18日，国家局局长姜成康、广东省省长黄华华出席了广东中烟工业有限责任公司广州生产基地奠基仪式。

12 月 18～19 日，国家局局长姜成康、副局长李克明一行到广东中烟调研，认为广东中烟在企业重组和转型方面走在了行业的前面。

所属企业

广东中烟工业有限责任公司广州卷烟二厂

【概　况】 2004 年 1 月，原广州卷烟二厂、广州卷烟一厂及南海卷烟厂三厂合并重组，新的广州卷烟二厂成立。2005 年，企业更名为广东卷烟总厂广州卷烟二厂。2006 年，广东中烟工业公司与广东卷烟总厂合并成为一个法人实体，保留广东中烟工业公司的企业名称，企业更名为广东中烟工业公司广州卷烟二厂。2007 年 10 月 26 日，广东中烟工业公司改制更名为广东中烟工业有限责任公司，企业更名为广东中烟工业有限责任公司广州卷烟二厂，下设生产一部、生产二部、南海生产部。

截至 2007 年底，企业占地面积 17 万平方米，有从业人员 2531 人，年设备生产能力 710 亿支（142 万箱），有 50 多套进口和国产的卷烟机、包装机。

【领导成员】 厂长、党委书记：成善松

副厂长、党委委员：周临干

工会主席、纪委书记、党委委员：庄　红

党委委员：张赤兵

党委委员：赵呈祥（—2007. 11）

党委委员：李显万

党委委员：张金城

党委委员：陈国定

党委委员：刘焕钊

【卷烟生产】 2007 年，广州卷烟二厂生产“双喜”、“羊城”、“椰树 ”系列，共计 568. 4 亿支（113. 68 万箱），其中，“双喜”系列 473 亿支（94. 6 万箱），“羊城”系列 66. 1 亿支（13. 22 万箱），“椰树”系列 29. 1 亿支（5. 82 万箱）。

卷烟物资消耗情况：卷烟平均耗用烟叶 7. 44 千克/万支，平均耗用盘纸 646 米/万支，平均耗用滤嘴棒 1680 支/万支，综合能耗 1. 51 千克标煤/万支，平均耗用电 4. 27 千瓦时/万支。

【企业管理】 生产管理。广州卷烟二厂生产一部开展了“质量月活动”，根据工艺质量标准执行情况，修改完善了《质量问题上报制度》、《质量考核管理制度》等制度，结合执行“新国标”以来总结的经验，对工艺标准提出了多项修改建议，有 8 条建议得到了技术中心的采纳。生产二部坚持开展“消费者满意优质机组”质量创优竞赛活动，2007 年 1～3 季度，卷接包车间有 41 台机组经考核被评为“消费者满意优质机组”称号。南海生产部开展了以“质量在我心中、质量在我手上”为主题的质量活动月，2007 年产品质量抽检合格率继续保持 100%。

设备管理。加大设备检修保养，减少设备的故障率。生产一部全年卷接包设备平均有效作业率达到 97. 47%，制丝线故障停机率也处于 0. 89% 较好水平。生产二部采用“设备轮保”制度代替了“三级保养”制度，提高设备的稳定性。坚持车间的日巡检制度及点检制度，及时发现设备运行期间出现的故障萌芽。

ISO 贯标工作。着力推行管理整合与贯标，完善企业内部管理制度。生产一部结合 ISO 贯标工作，健全完善工作标准、管理标准、技术标准，以及各项规章制度 160 余份。生产二部在贯标试运行期间，向公司提交问题反馈表共 184 份，提交修订的操作规程共 92 份，107 人次完成 GB/T19001－2000《质量管理体系要求》的培训。南海生产部做到了确保 ISO 各项管理制度准时上线运行、确保试运时各项工作不断不乱和确保各项管理各个流程到位到点“三个确保”。

【技术改造】 广州卷烟二厂生产一部先后完成了制丝线中控室计算机升级，1 台成型机、1 组卷接包机 PLC 控制改造，2 台卷烟机组电控系统改造，膨丝线、润叶筒加料系统技术改造，GDX1 小包机铝箔纸气动夹紧装置、自动换线装置技术改造，KDF2 滤嘴成型机技术改造。

生产二部对使用了 20 年的 PROTOS80 机进行了机组

电控系统PLC改造，该项目开展顺利，并完成改造投产。

南海生产部完成了卷接包工段三楼一组卷接包新机组的安装调试，以及三楼管网、条包输送等技术改造配套项目，使用简单的技术装置攻克了条包向下垂直输送的难关。

【队伍建设】 广州卷烟二厂生产一部先后组织管理人员参加了TFO专项高级管理培训、“领导力与管理艺术”培训、“执行力及拓展”培训、“合同法”培训等项目。有3名技师顺利通过了国家局高级技师的评估，6名电工通过了高级技师的培训和鉴定，24人取得技师资格证书，31人取得高级工鉴定证书。全年培训员工1163人次。

生产二部开办多期《职业能力提升大讲堂》，为管理人员提供学习平台。做好专业技术人员的继续教育工作，选送和组织382人次参加各类专业的学习培训。全年选送生产人员参加各类岗位培训、职业资格培训和特殊工种上岗培训达622人次。

南海生产部除安排员工参加公司组织的各项培训外，还按照贯标要求建立员工培训档案和培训手册共380卷，组织19名车间生产一线员工参加特有工种技能鉴定工作。

广东中烟工业有限责任公司梅州卷烟厂

【概　况】 广东中烟工业有限责任公司梅州卷烟厂前身是广东梅州卷烟厂，创建于1939年。2005年，企业更名为广东卷烟总厂梅州卷烟厂。2006年，广东中烟工业公司与广东卷烟总厂合并成为一个法人实体，保留广东中烟工业公司的企业名称，企业更名为广东中烟工业公司梅州卷烟厂。2007年10月26日，广东中烟工业公司改制更名为广东中烟工业有限责任公司，企业更名为广东中烟工业有限责任公司梅州卷烟厂。

截至2007年底，企业占地面积13.86万平方米，有从业人员870人，年设备生产能力190亿支（38万箱），拥有5000千克/小时的制丝生产线、11台套PROTOS70、2台套GDX1和8台套GDX2卷接包生产设备以及国内一流的检测设备。

2007年，梅州卷烟厂获得由中华全国总工会、国家安全生产监督管理总局授予的“全国‘安康杯’竞赛优胜企业”称号；获劳动和社会保障部、中华全国总工会、中国企业联合会、中国企业家协会授予的“全国模范劳动关系和谐企业”称号。质量检验科下属的质量监督监测站获得由中华全国妇女联合会、全国妇女“巾帼建功”活动小组授予的全国“巾帼文明岗”称号。

【领导成员】 厂长、党委书记：刁东田

副厂长、党委委员：饶智华

工会主席、党委副书记、纪委书记：吴宗雄

副厂长、党委委员：李伟才

【卷烟生产】 2007年，梅州卷烟厂生产“五叶神”、“椰树 ”系列，共计142.1亿支（28.42万箱），其中，“五叶神”系列110.2亿支（22.04万箱），“椰树”系列31.9亿支（6.38万箱）。

卷烟物资消耗情况：卷烟平均耗用烟叶7.43千克/万支，平均耗用盘纸646米/万支，平均耗用滤嘴棒1681支/万支，综合能耗1.96千克标煤/万支，平均耗用电5.99千瓦时/万支。

【企业管理】 生产管理。重点抓好质量、设备管理及节能降耗，开展“全面质量管理月”活动。开展QC小组活动，“降低卷烟端部落丝量”项目在公司QC成果发布会上获得一等奖，并被选送参加省质协成果发布会及国家局行业成果发布会。2007年，卷烟产品质量整体稳定，产品统检、抽检合格率达100%，焦油量合格率为100%。全面推进节能降耗工作，原辅材料消耗的各项指标达到公司的指标要求，并在受控范围之内。能源消耗进一步规范化、标准化，全年生产耗电和生产综合能耗分别比上年下降11.4%和8.2%。

安全管理。2007年，梅州卷烟厂以“建立安全生产长效机制、规范安全管理、突出重点、狠抓落实”为中心，加强职工安全教育，建立、完善并严格执行三级安全检查制度，实现“七个为零”的安全生产管理目标。

【技术改造】 2007年，梅州卷烟厂主要进行了三次技术改造：2月进行了制丝车间除杂机技术升级改造及SP31烟丝膨胀机加工罐更换维修工作，5～6月进行了制丝线储叶柜、梗丝加料设备及配套的电控部分技术改造，9月嘴棒成型车间整体搬迁合并到卷接包车间。

改进车间设备保养模式，实施轮修轮保，卷接包设备联线有效作业率达84.91%，比实施前提高1.68

个百分点。卷接设备有效作业率达86.97%，比实施前提高1.35个百分点。包装设备有效作业率达75.60%，比实施前提高1.67个百分点。

广东中烟工业有限责任公司韶关卷烟厂

【概　况】 广东中烟工业有限责任公司韶关卷烟厂前身为创建于1950年6月的民生卷烟厂。2005年，企业更名为广东卷烟总厂韶关卷烟厂。2006年，广东中烟工业公司与广东卷烟总厂合并成为一个法人实体，保留广东中烟工业公司的企业名称，企业更名为广东中烟工业公司韶关卷烟厂。2007年10月，广东中烟工业公司改制更名为广东中烟工业有限责任公司，企业更名为广东中烟工业有限责任公司韶关卷烟厂。

截至2007年底，企业占地面积约15万平方米，在岗员工749人，年设备生产能力225亿支（45万箱），拥有5000千克/小时的制丝线一条，二氧化碳膨胀烟丝生产线一条，GD卷接包机组12台套。

【领导成员】 厂长、党委委员：张卓研

党委书记：赖建文

副厂长、党委副书记：陈绮婷

副厂长：何维贵

副厂长：戴建国（2007年1月到广州卷烟二厂生产一部挂职）

工会主席、党委委员：潘醒初

【卷烟生产】 2007年，韶关卷烟厂生产“双喜”、“红玫”系列，共计178.5亿支（35.7万箱），其中，“双喜”系列83.6亿支（16.72万箱），“红玫”系列94.9亿支（18.98万箱）。

卷烟物资消耗情况：卷烟平均耗用烟叶7.29千克/万支，平均耗用盘纸642米/万支，平均耗用滤嘴棒1680支/万支，综合能耗1.74千克标煤/万支，平均耗用电4.53千瓦时/万支。

【企业管理】 韶关卷烟厂将2007年定为“企业内部管理年”，在想实法、动实招、求实效上下工夫。抓好产品质量的管理工作，严格配方管理及工艺管理，加强烟用原材料检验跟踪反馈工作，确保每一批上机使用的烟用材料都符合使用要求。开展以“我为提高产品质量献计献策”活动，收到员工合理化建议991条。

完成设备管理考核细则的修改，全面修订设备、基建、计量及零配件等管理标准，建立资产三级管理制度，重大设备事故为零。

【技术改造】 2007年，韶关卷烟厂完成制丝小线、储丝柜一、二期及空压机组、供电专线等大型技术改造工程，新置一套国产GDX1包装机组。实施了6台卷接机PLC，4台成型机PLC及一套香料厨房、燃油锅炉改气等较大型技术改造。

【队伍建设】 加强职工教育培训工作，全年共组织实施了80个项目的培训，813人次参加培训。充实人才队伍，做好2007年员工招聘工作，通过公开招聘，录用了8名新员工。

广东中烟工业有限责任公司湛江卷烟厂

【概　况】 广东中烟工业有限责任公司湛江卷烟厂前身是创建于1978年的湛江卷烟厂。2005年，企业更名为广东卷烟总厂湛江卷烟厂。2006年，广东中烟工业公司与广东卷烟总厂合并成为一个法人实体，保留广东中烟工业公司的企业名称，企业更名为广东中烟工业公司湛江卷烟厂。2007年10月，广东中烟工业公司改制更名为广东中烟工业有限责任公司，企业更名为广东中烟工业有限责任公司湛江卷烟厂。

截至2007年底，企业占地面积8.89万平方米，在岗员工683人，年生产能力150亿支（30万箱），拥有生产能力3000千克/小时的制丝生产线和先进的卷接包生产设备。

【领导成员】 厂长、党委书记：符　敏（2007年7月兼任党委书记）

党委书记：陈国明（—2007.6）

副厂长、党委委员：庞耀林

副厂长、党委委员：王忠刚

副厂长、党委委员：李旭华（挂职）

纪委书记、党委委员：刘广英

工会主席、党委委员：林卫中

【卷烟生产】 2007年，湛江卷烟厂主要生产“椰树”、“红玫”等系列，共计129亿支（25.8万箱），

其中，“椰树”系列89.4亿支（17.88万箱），“红玫”系列21.8亿支（4.36万箱），生产其他系列17.8亿支（3.56万箱）。

卷烟物资消耗情况：卷烟平均耗用烟叶7.34千克/万支，平均耗用盘纸646米/万支，平均耗用滤嘴棒1676支/万支，综合能耗2.16千克标煤/万支，平均耗电4.21千瓦时/万支。

【企业管理】 湛江卷烟厂通过不断完善各项制度，优化流程来提升企业的管理体系。在ISO9001：2000质量管理体系宣贯工作中，针对管理文件提出了239个修改意见和建议。不断完善管理制度，先后制订符合企业财务管理要求的《广东中烟工业公司湛江卷烟厂资金费用管理规定》、《广东中烟工业公司湛江卷烟厂财务管理若干规定》等制度。

全面提升企业的管理水平，湛江卷烟厂在2006年提出“精细成就未来”的基础上，2007年进一步提出“创新引领未来”、“人才决定未来”的管理理念。以建立和健全考核机制来提升企业的工作效率，形成“人人有事做、事事有人管，管理有标准，标准有考核，考核有反馈、反馈有改进”的闭环管理链。

确保安全工作的进行，组织“安全月”和“11·9消防日”宣教活动，实现了“七个零”的目标。着重做好技术创新和管理创新，开展“我能为企业创新发展做什么”的问卷调查，通过全厂职工评选出10个创新的项目。

【技术改造】 2007年，湛江卷烟厂加大技术改造的投入和车间环境的综合整治工作。燃气（油）锅炉3月1日正式投产使用，结束了湛江卷烟厂燃煤锅炉的历史。利用“五一”和“十一”期间安排了41项技改项目同时实施，并按时投入生产。通过技术改造来提升设备的运行质量，对废支机进行技术改造，废支机的残丝出品率由70%提高到80%，改造后的废支机每年可回收6000千克的烟丝。

【队伍建设】 2007年，湛江卷烟厂加大了对员工的教育培训力度，以技能竞赛、职业技能鉴定、导师带徒、拓展培训等为载体，开展灵活多样的多种形式培训。开展技能竞赛工作，选拔5名选手参加广东中烟首届技能竞赛。开展职业技能鉴定工作，对制丝车间部分操作工、修理工和厂质量检验工等8个特殊工种66人的职业技能进行鉴定，取得优良成绩。推进“导师带徒”活动，有16对师徒结对。邀请专家开展“管理能力提升”、“TNPM设备管理”、“企业招投标”、“创新思维与创新能力”等培训。全年开展各种管理、技能培训3460余人次，其中管理岗位1200余人。

（杨文雯）

广西中烟工业公司

【概　况】 广西中烟工业公司成立于2003年12月，下辖柳州卷烟厂、南宁卷烟厂两家卷烟生产企业和广西甲天下烟用辅料有限责任公司。2004年9月，柳州卷烟厂、南宁卷烟厂实施联合重组，成立广西卷烟总厂。2006年10月国家烟草专卖局批复，广西中烟工业公司与广西卷烟总厂合并成为一个法人实体，保留广西中烟工业公司的企业名称，原广西卷烟总厂南宁分厂、柳州分厂，作为广西中烟工业公司的卷烟生产点，分别称广西中烟工业公司南宁制造部、柳州制造部。2007年，广西中烟工业公司南宁制造部、柳州制造部对外名称变更为广西中烟工业公司南宁卷烟分厂、广西中烟工业公司柳州卷烟分厂。

截至2007年底，公司在岗员工共2683人，其中聘用员工669人。拥有总资产62.90亿元，其中，固定资产24.32亿元、流动资产30.24亿元，资产负债率38.81%。

【领导成员】 总经理、党组书记：罗　毅

副总经理、党组成员：张雨夏

副总经理、党组成员：张汉涛

纪检组长、党组成员：王　全

总会计师：陈仲良

【组织机构】 公司设有办公室（外事办公室）、企业管理部、生产管理部、安全保卫部、法律事务与企业改革部、财务管理部（投资管理部）、审计部、人

力资源部、思想政治工作部（机关党委、工会）、监察部、市场营销部、物资供应部、原料供应部、后勤服务中心、技术中心、信息中心、制造一部和制造二部等18个部室、中心，广西甲天下纸品包装有限责任公司、广西甲天下化纤有限责任公司两家全资子公司和广西真龙彩印包装有限公司、广西甲天下水松纸有限公司两家控股子公司。

【卷烟生产经营】 2007年，广西中烟工业公司生产卷烟603.75亿支（120.75万箱），同比增长9.77%，其中，生产一类烟3.09亿支（0.62万箱），占生产总量的0.51%；二类烟0.33亿支（0.07万箱），占生产总量的0.05%；三类烟152.57亿支（30.51万箱），占生产总量的25.27%；四类烟243.7亿支（48.74万箱），占生产总量的40.36%；五类烟204.06亿支（40.81万箱），占生产总量的33.8%。

全年销售卷烟603.11亿支（120.62万箱），同比增长8.82%。实现卷烟销售收入75.66亿元，同比增长21.72%。实现工业总产值74.75亿元，同比增长22.8%。实现税利48.31亿元，同比增长39.57%，其中，实现利润11.94亿元，同比增长161%。

公司烟叶、盘纸、嘴棒三大物耗情况：消耗烟叶7.2千克/万支，同比降低0.06千克/万支；盘纸629.6米/万支，同比减少7.2米/万支；嘴棒1684.8支/万支，同比增加1.4支/万支。

【品牌战略和产品介绍】 *品牌战略*。2007年，广西中烟工业公司加大品牌整合力度，实施做强做大“真龙”的品牌发展战略。研发出高端新产品，市场价2000元/条“真龙（盛世）”，以及高香气、低危害、低焦油产品“真龙（天韵6mg）”、“真龙（天翔8mg）”改造准产上市。坚持“卓越品质铸真龙，顾客满意甲天下”的质量理念，贯彻“用心服务，时刻满足客户需求；至信至诚，不断超越客户期望”的服务理念，发扬“亮剑精神”，倡导黑马精神，积极参与市场的竞争，拓展全国市场。2007年“真龙”品牌市场覆盖面达31个省（自治区、直辖市）、217个地市级烟草公司，基本实现由区域性品牌向全国性品牌的跨越。

产品介绍。公司生产的卷烟品牌为“真龙”、“甲天下”。“真龙”系列品牌（规格）有“真龙（盛世）”、“真龙（金韵）”、“真龙（神韵）”、“真龙（海韵）”、“真龙（鸿韵）”、“真龙（天韵）”、“真龙（祥云）”、“真龙（珍品）”、“真龙（天翔）”、“真龙（软娇子）”、“真龙（娇子）”。“真龙”系列卷烟全年生产114.66亿支（22.93万箱），同比增长80.9%；销售115.43亿支（23.09万箱），同比增长74.23%。

“甲天下”系列品牌（规格）有“甲天下（珍品）”、“甲天下（富）”、“甲天下（特制）”、“甲天下（精品）”、“甲天下（醇和）”、“甲天下（醇和新）”、“甲天下（软）”、“甲天下”系列卷烟全年生产284.52亿支（56.90万箱），销售282.98亿支（56.60万箱）。

【烟叶基地建设】 2007年，公司与各烟叶基地共同制订了优质烟叶基地生产技术实施方案、培训方案及优质烟叶基地示范技术实施方案。加强产、学、研联合，会同多所高等院校的科研机构以及地方烟草公司三方联合进行有关烟叶基地建设的专项课题研究。印制《烟农服务手册》发放到烟农手中，采用图文并茂的方式，对关键技术要领进行解读和推广，确保所有烟农最大限度得到技术指导和支持。

在云南、贵州、广西、湖南、湖北、四川6省区27个县建立烟叶基地，2007年，合同种植面积26.35万亩，调拨量61万担，占公司全年烟叶调拨计划的69.31%。公司投资1655万元在区外烟叶基地建设7个烟叶收购站，其中湖南邵阳塘渡口、湖北恩施和贵州遵义3座烟叶收购站投入使用。

【技术改造】 2007年，公司继续保持技术改造投入力度，技术改造项目针对制约企业发展的瓶颈问题，重点提升公司卷烟生产制造能力和烟叶醇化仓储能力，全年累计完成投资2.1亿元。公司在南宁、柳州等地开展烟叶仓储项目建设，建成库区总建筑面积7.56万平方米，仓储库容72万担，有效缓解了仓储能力水平不足的问题。2007年，公司“十一五”期间技术改造项目总体规划通过了国家局专家组论证，南宁卷烟分厂“十一五”完善提高项目、柳州卷烟分厂“十一五”技改项目、公司研发中心项目、武鸣红岭烟叶醇化库B区项目等获得国家局批复同意实施。截至2007年底，南宁、柳州卷烟分厂综合周转车间项目完工并投入试运行，柳州卷烟分厂“十一五”技改项目开工建设，公司研发中心项目进行了主体钢构吊装。

【科技创新】 *卷烟新产品研发*。公司强调以市场为导向，以减害降焦技术研究为主线，以高香气质、低焦油量、低危害性为研发核心，突出以博士后科研工作站为平台，通过中草药烟用添加剂、生物薄片、微生物制剂、高科技卷烟盘纸、功能型滤嘴棒等新技术、新材料的研究应用，成功研制开发出“真龙（盛世）”（7毫克/支）、“真龙（天韵）”（6毫克/支）、“真龙（天翔）”（8毫克/支）三个高香气、低焦油、低危害产品，标志着公司在“高香低焦”中式卷烟研发方面取得了重大突破。针对南北方卷烟吸食差异，开发浓香型“真龙（软娇子）”及“真龙（祥云）”，产品得到目标市场消费者的好评。

配方技术研究。加强小叶组配方打叶和配方模块技术研究，开展烟草薄片应用研究，强化调香技术研究，保障“真龙”系列卷烟品质风格稳定。通过配方技术调整，降低产品成本，仅“甲天下（醇和新）”和“甲天下（醇和）”两个规格产品，同比降低成本共3300多万元。

构建科技项目战略体系。2007年，公司实施了“项目带动战略”、“知识产权战略”，搭建以项目课题制为载体的科研立体管理体系，注重科技项目在实施过程中的知识产权管理，所取得的科技成果及时以专利知识产权的形式加以保护。按照公司“十一五”科技规划，“三个100工程”①稳步推进，全年有“拉式香烟盒”等6个项目获得国家专利授权，其中，“烫印工艺中镭射烫印膜的送膜方法”为发明专利。“一种增香保润天然烟用添加剂”等31个专利申请获得受理或初审合格，其中，发明专利23项。制订《论文评审管理办法》，组织优秀学术论文评选，选送36篇学术论文在《烟草科技》、《中草药》等中文核心期刊及各类学术交流会发表。开展技术创新项目189项，联合科研项目24项，其中，“选择性减害技术研究及产品应用”项目中标2007年度烟草行业重点科技攻关项目，5个项目被列入2007年自治区科技计划重点项目，两个项目获“2007年广西科技进步三等奖”。

【企业管理】 *测量管理体系认证*。公司在有效运行质量、环境、职业健康与安全管理“三标”体系的基础上，启动了测量管理体系认证（GB/T19022—2003）工作。从加强内部调整，理顺部门职能，完善体系管理的软件、硬件等方面入手，对有关计量器具配备等问题进行有效管理，将测量设备管理台账与ERP系统对接，加大日常监督检查以及内部审核的力度。确定计量工作的质量方针，制定两项质量目标，分解到各相关部门。共编制及修改了1个质量手册、17个程序文件、13个作业指导书、20多张表格，校准2974次，其中送检624次。12月，公司通过了GB/T19022—2003测量管理体系（AAA）认证，公司在质量、环境、职业健康安全、测量管理等方面达到国际国内先进水平和行业领先水平。

开展TPM②现代化管理项目。公司在总结南宁卷烟分厂及柳州卷烟分厂成功推行“6S”现场管理的基础上，在公司范围内导入并实施TPM项目。分别在两个分厂组建了以6个专业组为主体，以各车间TPM推行小组为具体实施载体的TPM推行组织架构。

全面质量管理。2007年是公司“创新年”，各部门围绕提高工作效率、提高产品质量、节能降耗、减少废弃物排放等内容开展QC小组活动，活动过程主要以创新为主线进行，截至2007年底，公司级注册的QC小组有94个。2007年，有7个课题和小组分别获得“全国优秀QC成果一等奖”和“全国优秀QC小组”称号、有10个小组获得“广西优秀质量管理小组”称号、有3个班组获得“广西质量信得过班组”称号。广西中烟工业公司被中国质量协会评为“全国质量管理小组活动优秀企业”。

【信息化建设】 2007年2月，公司正式启动了网络安全二期项目，实施互联网出口防毒网关系统安装，实现计算机系统漏洞自动下载、自动安装及病毒信息自动统计，有效监控U盘、移动硬盘的病毒传播。完成南宁卷烟分厂周转库网络项目，柳州卷烟分厂工业园区醇化库、周转库综合布线项目及桂林办事处弱电系统工程项目的建设，柳州卷烟分厂工业园区安全监

---

① 2007年3月，公司提出了科技研发自主知识产权及核心技术目标要实施“三个100工程”，即“100项专利”、“100篇论文”、“100个项目”。

② TPM指公司在包括生产、开发、设计、销售及管理部门在内的所有部门，从最高管理层到一线员工全员参与和开展重复小团队活动，以追求生产系统的极限为目标，构筑能预防所有浪费的体系，挑战故障为零、浪费为零、不良为零的高效率企业，以及部门、班组自主改善活动的活力型企业。

控系统改造工程通过验收，解决了安防监控设备维护本地化工作，确保安防系统的正常运行。优化、升级公司远程访问 Citrix 应用系统，在服务器上设置安全防护，出差在外及驻外人员可以高效、安全访问公司各应用系统，保障信息数据的完整性和保密性。

全面推行 ERP 系统各业务管理模块，涉及专卖检查报表子系统、ERP 与烟叶醇化立库系统数据接口、ERP 与电信电话考勤接口、烟叶管理子系统功能追加、卷烟日生产计划及烟叶日运输计划、工资管理子系统等 6 个子系统工程。设定了 ERP 系统基础数据的代码规范，重新对 ERP 基础数据的权限进行梳理和调整，明确基础数据维护人员名单。编制企业基础编码，形成《ERP 基础数据代码规范》、《ERP 基础数据维护责任表》两个文件和《ERP 基础数据集》一个文件集。

【机构调整】 2007 年 5 月，公司实施了内设机构调整和岗位编制调整。公司机关除技术中心、市场营销部、生产管理部、品质保障部暂时保留科室编制外，其余部门均取消了部室内设科级机构，由四级管理变为三级管理，并对大部分部室的管理岗位编制进行缩编调整；增设生产管理部物流管理科，整合公司物流业务。

12 月，公司针对市场营销部管理体制实施第四次机构改革。按照“重心下移、机构扁平、管理科学”的原则，重新设置市场营销部组织架构，市场营销部管理重点从过去的片区，下移到各个省级市场（区内为区域市场），与各省区建立点对点的直接沟通与联系。

【队伍建设】 干部选拔任用。开展副处级岗位竞聘上岗，选拔 11 名干部到副处级领导岗位，充实公司中层领导干部队伍。按照干部交流轮换原则，对人事、物资、生产等部门领导进行了岗位交流。首次面向社会公开招聘财务、审计部部门副职，严格按照个人报名、资格审查、知识考试、竞聘演讲、组织考察、任前公示的程序，引进了两名担任财务、审计部门副职重要岗位的人员。

员工培训。公司将教育培训情况列入年度培训考核内容，并进行量化考核，分期分批组织特种设备操作人员 185 人送外培训、取证、复审及换证，确保特种设备操作人员持证上岗率达 100%。采取和烟机设备厂家合作办班的方式，安排技术人员 7 批共 35 人次到上海、常德烟草机械有限责任公司进行技术培训，提高烟机设备维修与管理人员的理论水平。《劳动合同法》颁布后，公司举办 6 期针对不同群体的培训班。全年送外培训 125 期 600 人次，组织内部培训 84 期 6730 人次。

技能鉴定工作。全年共开展 4 批次职业技能鉴定，鉴定人数达 601 人，其中，选派 15 名烟机设备修理高级工到上海烟草机械有限责任公司参加技师培训和鉴定，7 名高级工获得烟机设备修理技师职业资格。截至 2007 年底，公司各类工种持职业资格证人数为 1131 人，其中，技师 44 人，高级工 311 人、中级工 571 人、初级工 205 人。

【企业文化】 公司深度挖掘和广泛宣传亮剑精神和黑马精神，充分发挥两种精神的激励、号召和凝聚作用。谱写创作了企业主题曲《真龙之歌》，充分反映公司的目标、追求、精神、作风等企业文化的主要内容。各辅料公司以广西中烟的企业文化为蓝本，编制了具有自身特色的企业文化，并通过统一理念识别体系（CI）、形象识别体系（VI）、行为识别体系（BI）系统等方式，让全体员工感知和认同广西中烟的企业文化。

企业文化宣传体系建设实现新跨越，“真龙”广播电视站正式投入使用，电视信号传输覆盖南宁、柳州、桂林、钟山和富川等地，传播渠道和覆盖面得到拓宽，信息传递的时效性和针对性得到提高。开通公司外部网站，与“真龙”广播电视站、公司 OA 办公系统、《真龙报》、板报共同构成了公司“一站、两网、两报”的宣传体系。

【特事要辑】 9 月 11 日，广西中烟工业公司工商协同营销座谈会在南宁召开。自治区人民政府副主席杨道喜、国家局副局长李克明等领导到会指导。

12 月 14 日，广西中烟工业公司通过中启计量体系认证中心对 GB/T19022—2003 测量管理体系（AAA）的认证。

所属企业

广西中烟工业公司南宁卷烟分厂

【概　况】 广西中烟工业公司南宁卷烟分厂前身为广西壮族自治区南宁卷烟厂，成立于1978年。2003年，广西中烟工业公司成立，南宁卷烟厂成为广西中烟工业公司下属两个卷烟生产企业之一。2004年，取消南宁卷烟厂与柳州卷烟厂两厂法人资格，实施联合重组，成立广西卷烟总厂，南宁卷烟厂更名为广西卷烟总厂南宁分厂。2006年，广西中烟工业公司与广西卷烟总厂合并成为一个法人实体，保留广西中烟工业公司的企业名称，广西卷烟总厂南宁分厂更名为广西中烟工业公司南宁制造部。2007年，企业更名为广西中烟工业公司南宁卷烟分厂。

南宁卷烟分厂占地面积9.3万平方米，年生产能力250亿支（50万箱），有从业人员648人。企业有4500千克/小时、2000千克/小时的叶丝生产线各一条，1500千克/小时的梗丝生产线一条，卷接机组18台套，包装机组16台套，滤棒成型机6组，堆垛机10台。

【领导成员】 厂长、党委书记：戴　翔

副厂长：李江宁（—2007.6）

工会主席、纪委书记：覃汉良

副厂长：陆万林（2007.7—）

副厂长：罗仕成（2007.7—）

【卷烟生产】 2007年，南宁卷烟分厂生产卷烟307.09亿支（61.42万箱），同比增长14.54%，其中，生产一类烟3.09亿支（0.62万箱），占生产总量的1.01%；二类烟0.33亿支（0.07万箱），占生产总量的0.11%；三类烟25.63亿支（5.13万箱），占生产总量的8.35%；四类烟138.72亿支（27.74万箱），占生产总量的45.17%；五类烟139.32亿支（27.86万箱），占生产总量的45.37%。

烟叶、盘纸、嘴棒三大物耗情况：消耗烟叶7.24千克/万支，同比减少0.02千克/万支；盘纸633.2米/万支，同比减少1.5米/万支；嘴棒1686.2支/万支，同比增加1.2支/万支。

【企业管理】 质量管理。南宁卷烟分厂围绕质量做产品，立足创新促质量，通过落实和分解工艺标准和指标，强化全员质量意识，走全员质量管理和精细化管理之路。用产品质量管理高目标指导设备维修，探索全员全过程质量管理的新路子、新方法，学习和吸收先进企业的管理经验，导入TPM等新的管理模式。全年卷烟产品质量一、二级站监督抽查合格率达100%，三级站常规抽查合格率平均达100%。

设备管理。以“创新管理”和“细节管理”为出发点，制定实施《南宁卷烟分厂设备管理考核实施细则（试行）》，按照各车间的设备特点进行挖潜，规范各种设备管理行为，通过设备改造、固定资产购置、设备委外维修等方式改善设备运行状况。实行设备常规保养和轮保（轮修）制度，生产设备正常运行得到了保障。

生产管理创新。在“真龙”车间卷包段试点推行“677”工作制，即由原来三班倒每班生产8小时，改为白班6小时，中班、零点班各7小时。2007年，车间单机生产日均产量150.3箱，比上年三班24小时生产工作制单机生产日均产量提高44.1箱，设备有效作业率提高11.43%，设备故障率降低2.14%；卷制、包装、封箱、成品检验的优等品率增幅在14%～26%，实现了20个小时完成原来24小时的产能，创造了车间产量、设备运行效率的历史新高。

【队伍建设】 员工培训及技能鉴定。制订实施《南宁卷烟分厂内部培训考核方案》、《南宁卷烟分厂课酬发放管理办法》等培训管理制度。首次实现了对操作工从理论到实操技能的系统培训，组织车间技术骨干陆续完成约34万字的操作工培训教材编撰工作，共开展包括维修技能、设备理论知识等培训160项，员工受训面100%。6名员工参加了上海烟草机械有限责任公司的技师培训和鉴定，并获得了技师资格。297名员工参加了年度技能鉴定理论考试，其中158人通过考试。

打造技术精英团队。形成技术团队建设“三个平台”：

一是员工技术职务竞升平台。健全内部职称评聘制度，开展年度主任工程师、副主任工程师、首席维

修工评聘工作。经过严格审核和民主评议，评选聘用4名主任工程师，6名副主任工程师和10名首席维修工。

二是技术技能展示平台。重点建设技术骨干团队，以班组（机组）活动为基础，以课题（立项）、小改小革、QC活动等为内容，引导技术团队对影响生产的重点难点进行攻关，全年组织10个QC课题成果参加了各类QC成果发布，共获得全国一等奖、行业一等奖4个，全国二等奖1个，中国轻工协会二等奖1个，区优QC课题4个。积极申报重大攻关成果和申请国家专利技术，2007年南宁卷烟分厂向公司申报创新立项87项，其中，技术创新48项、管理创新立项20项、增收节支立项10项、专利技术申请9项，《卷烟包装机组拉线快换装置》等7项专利获国家知识产权局受理，《GD卷烟包装机条盒缺包、玻纸检测装置》获国家知识产权局的实用新型专利证书。

三是技术资源学习交流共享平台。收集、整理操作和维修经验，针对不同机型、不同设备、不同类别的操作和维修经验进行分析、整理、归档，建立操作和维修经验库电子检索目录和编印成册，形成技术教材，并定期组织人员进行交流学习。全年共收集操作经验和维修经验212条，内容涵盖制丝、卷接、包装、通用、物流等。完成包括PROTOS70等各类机型约34万字的操作工专用技术培训教材编撰工作，生产一线设备故障处理逐渐规范化。

建设党员先锋模范团队。全年共发展党员11名，并吸收企业技术精英加入到党组织，增强党员队伍活力。全厂110名党员中，各类技术人才72名，占党员比例的66%。发挥党员在技术创新中的“聚力”作用和“领头羊”作用，在2007年分厂的小改小革课题创作中，各车间党员及入党积极分子负责并参与的课题占整个课题创作的90%，党员参与率达到93%。开展“党员先锋岗”活动，营造“比、学、赶、超”的氛围，涌现出涵盖各岗位的先进典型，成为车间技术尖子和分厂党员及员工队伍的楷模。

广西中烟工业公司柳州卷烟分厂

【概　况】 广西中烟工业公司柳州卷烟分厂前身为广西壮族自治区柳州卷烟厂，成立于1951年。2003年12月，广西中烟工业公司成立，柳州卷烟厂成为广西中烟工业公司下属两个卷烟生产企业之一。2004年，取消南宁卷烟厂与柳州卷烟厂两厂法人资格，实施联合重组，成立广西卷烟总厂，柳州卷烟厂更名为广西卷烟总厂柳州分厂。2006年，广西中烟工业公司与广西卷烟总厂合并成为一个法人实体，保留广西中烟工业公司的企业名称，广西卷烟总厂柳州分厂更名为广西中烟工业公司柳州制造部。2007年，企业更名为广西中烟工业公司柳州卷烟分厂。

柳州卷烟分厂占地面积21.3万平方米，年生产能力375亿支（75万箱），有从业人员730人。企业制丝线生产能力为8000千克/小时，卷包线由20组卷包机组、6台嘴棒机组、5台封箱机、3条小车送丝线等组成。

【领导成员】 厂长、党委书记：刘春鸣

副厂长：郭志宏

工会主席、纪委书记：文胜辉

副厂长：黄庆群（2007．7—）

【卷烟生产】 2007年，柳州卷烟分厂生产卷烟296.66亿支（59.33万箱），同比增长5.23%，其中，生产三类烟126.94亿支（25.39万箱），占生产总量的42.79%；四类烟104.98亿支（21万箱），占生产总量的35.39%；五类烟64.74亿支（12.95万箱），占生产总量的21.82%。

烟叶、盘纸、嘴棒三大物耗情况：消耗烟叶7.14千克/万支，同比减少0.12千克/万支；盘纸626米/万支，同比减少13米/万支；嘴棒1683.4支/万支，同比增加1.4支/万支。

【企业管理】 创新年活动。围绕公司“创新年”工作要求，通过QC小组活动、“6S”、“6σ”管理带动，搭建多个激励机制平台，开展了以主题活动改善、提案征集的活动，鼓励广大员工参与到创新活动中来。2007年，分厂成立四个专业管理组开展创新管理工作，在实施过程中，对各创新项目共组织开展两次过程监督和检查。全年完成122项创新项目立项和实施，其中，管理创新项目46项，技术创新项目73项，增收节支项目3项。组织优秀QC课题参加各级发布活动，“开发变压器调压档位数据远传系统”和“研制真空回潮机蒸汽使用预警装置”两个QC项目分别获得国酒“茅台杯”、全国轻工杯赛一等奖；“研发条码

在线识别系统”获全国烟草行业 QC 小组成果发布二等奖。开展现场工艺改善活动，鼓励一线管理人员和机台员工参与工艺创新活动，全年共收集工艺改善提案 91 项。

设备管理。组织设备效能提升活动，确保各类常规设备、专用设备和特种设备安全、高效。加强设备日常保养，定期开展设备轮保。开展设备改造，全年共完成设备改造项目 19 项，中修 5 项，大修 1 项。加强生产过程设备点检查，降低设备故障频次，定期对生产设备的日常保养、轮保进行检查；按照国家相关规定按时完成了压力容器、电梯、叉车的年度检验申报与检验。

质量管理。寻求管理服务于一线、管理服务于质量的最佳方式，重新梳理产品质量方面激励制度，实施《质量奖励实施细则》，实现由以扣罚为主的负激励向以正激励奖励为主、负激励扣罚为辅的管理方式转变，增加一线员工的自我管理和成长空间。全年产品质量状况为：卷包车间各工序现场抽检优等品率 95.06%，合格品率 99.86%；成品抽检综合优等品率 84.87%，合格品率 99.96%。

【队伍建设】 专业技术人员聘任。2007 年重新核定专业技术人员和首席员工的聘任数，共计聘任 12 名工程师、9 名技师、7 名首席电工、10 名首席维修工、22 名首席操作工。完善首席操作工和首席维修工聘任管理办法，制订专业技术人员考核办法，对薪点工资实行动态管理，将薪点工资与工作绩效紧密挂钩，加大考核力度。

员工培训及技能鉴定。开展岗位互动、一岗多能、“学、比、超”以及技术提升、师徒结对、技术比武等系列培训活动，组织实施设备技能知识、生产工艺知识、生产管理知识、管理体系知识等方面培训。全年共实施送外培训 48 项，共 201 人次，内部培训 412 项，共 9906 人次。组织烟草行业特有工种技能鉴定培训和考试工作，制丝、卷包车间各机型各工种共 115 人参加考试，其中 52 人考试合格。分两批共选派 8 名卷包设备修理工参加烟机设备修理技师鉴定，1 人获得技师资格。

（周丽霞）

川渝中烟工业公司

【概　况】 川渝中烟工业公司是全国烟草行业首家跨省组建的工业公司，成立于 2003 年 8 月。截至 2007 年底，公司下辖四川、重庆烟草工业有限责任公司两个全资子公司，成都、什邡、西昌、绵阳、重庆、涪陵、黔江分厂等 7 个卷烟生产厂，以及长城雪茄烟厂和四川三联卷烟材料有限公司。

截至 2007 年底，公司资产总额 147.8 亿元，其中，固定资产 35.6 亿元、流动资产 105 亿元，资产负债率 47%。公司共有员工 18000 人，其中在岗员工 10000 人。领导成员

总经理、党组书记：吴应禄

副总经理、党组副书记：李存林

副总经理、党组成员：程佳华

副总经理、党组成员：吴　宪

副总经理、党组成员：李东明（2007.4～2007.12）

党组成员、重庆烟草工业有限责任公司总经理：易从宽

副巡视员：罗　维

副巡视员：赖成虎

【组织机构】 2007 年，公司进行组织机构调整，4 月，成立安全保卫部，将生产安全管理部调整为生产综合部，将原安全保卫职能划归安全保卫部。8 月，单独成立信息中心，撤销企业管理部（信息中心），将企业管理职能调整到生产综合部。9 月，将雪茄烟生产从什邡分厂分离，成立长城雪茄烟厂，由公司直接管理。

截至 2007 年底，公司机关设有办公室（外事办）、人力资源部、监察部、法律与改革部、信息中心、财务管理部、审计部、投资管理部、企业策划部、党群工作部、进出口部、生产综合部、安全保卫部、市场营销中心、技术研发中心、物资供应中心等 16 个部门。

【卷烟生产经营】 2007 年，全年累计生产卷烟 1156.23 亿支（231.25 万箱），同比增长 4.65%，其中，生产一、二类烟 70.84 亿支（14.17 万箱），占总产量

的6.13%；三类烟196亿支（39.2万箱），占总产量的16.95%；四类烟450.82亿支（90.16万箱），占总产量的38.99%；五类烟438.05亿支（87.61万箱），占总产量的37.89%；出口烟0.51亿支（0.1万箱），占总产量的0.04%。

销售卷烟1145.74亿支（229.15万箱），同比增长3.44%，其中，销售一、二类烟69.07亿支（13.81万箱），三类烟191.03亿支（38.21万箱），四类烟446.67亿支（89.33万箱），五类烟438.37亿支（87.67万箱），出口烟0.58亿支（0.12万箱）。

全年实现卷烟及雪茄销售收入154.3亿元，同比增长13.8%。实现税利95.5亿元，同比增长21.8%，其中，实现利润15.6亿元，同比增长61.3%。

【品牌战略和产品介绍】 2007年，公司的品牌发展实现了从学习跟进到自主创新的转变，在开展对外合作、学习先进经验的过程中，坚持自主创新，注重系统推进，初步走出了一条符合自身实际的品牌发展之路。公司围绕"做强'娇子'、做精'天子'、做优'龙凤呈祥'、打造国产第一雪茄"的品牌发展思路，启动了百万箱"娇子"工程，转化运用"复合生化制剂综合减害技术"、"天然植物提取液减缓烟气对呼吸系统危害"等自主知识产权核心技术。

"娇子"、"天下秀"、"龙凤呈祥"三大品牌卷烟合计销售594亿支（118.8万箱），同比增长70.08%，其中，"娇子"系列销售125亿支（25万箱），同比增长42%，具备了成长为全国性重点骨干品牌的基础条件；"龙凤呈祥"系列销售48亿支（9.6万箱），同比增长50.23%；"天下秀"系列销售421亿支（84.2万箱），同比增长84%。高端卷烟品牌"天子"系列销售2.95亿支（0.59万箱），同比增长114%，在全国高端市场有较好起步。雪茄系列销售2.76亿支，同比下降10.2%。

【科技创新】 2007年，公司加强了复合生化制剂减害技术在"娇子"品牌研发中的推广，先后开发了5个规格的产品，形成了"娇子"高香减害系列产品。对"娇子"品牌的"娇子（蓝）"、"娇子（红）"、"阳光娇子（软）"支撑规格产品进行了降焦研究，形成了"娇子"增香、降焦的系列产品。通过对白肋烟处理技术的创新应用，开发了6毫克"娇子（新概念）"，形成"娇子"特色系列产品。

全年完成86个工艺技术标准的更新，组织开展86次工艺试验与验证，对大宗产品的主要原辅材料的技术要求和标准进行了统一，特色工艺项目、均质化工艺项目取得阶段性成果。加强基础研究，完成7个国家局科研项目及其他科研项目的检测和相关工作。举办两期检验员培训班，培训检验员240人，实现所有检验员持证上岗。公司产品在国家局和二级站抽检的合格率达100%，同比增长19个百分点。

【信息化建设】 信息资源管理系统。公司制定了信息化建设标准框架，按照国家、行业的相关标准和规范，开发企业信息资源管理系统，主要包括基础编码管理子系统、数据交换子系统、文档管理子系统、人员权限管理以及单点登录子系统。

营销管理信息系统。开发实施了营销管理信息系统，主要包括计划调拨和物流配送两大主要业务。实现与国家局销售合同自动同步、生产点远程出库票据打印，整个业务流程得到了优化和规范。完成卷烟生产经营决策管理系统升级改造工程，完成该系统在公司总部的部署和四川烟草工业有限责任公司的实施，原系统的遗留问题得到解决。

电子政务。制订公司电子政务总体规划和工作计划，继续推广办公自动化系统的使用，规划电子政务系统的建设方案。在各卷烟分厂和二级部门推广办公自动化系统，并开发实施了电子档案管理系统。

财务信息化。完成了公司结算系统、成本系统和预算管理系统的开发实施工作。开发实施了集中财务管理NC平台系统。实施成本管理和预算管理，达到集中采购集中结算、集中销售集中结算的管理要求，基本实现财务业务一体化。

【队伍建设】 干部队伍建设。全年完成了对11个职能部门120名借调人员的考核工作和869名员工双向选择工作。按照规定程序，公开、公正、择优招聘录用135名高校应届毕业生和65名复退军人。完成35名工程师、政工师的资格评定。公司对党组管理的45名干部进行了考察、调整和配备，对四川、重庆烟草工业有限责任公司的12名试用期满干部进行了考核。建立健全选人用人机制，完成公司总部5个副处级岗位公开选拔工作。加强后备干部队伍建设，组织开展党组管理干部的后备干部推荐工作，逐步建立健全各级后备干部名单，实施后备干部动态管理。

技能鉴定。全年组织特有工种技能鉴定808人次，成绩合格670人，合格率达82.92%，其中，高级工356人、技师11人，组织34名维修电工参加四川省劳动厅鉴定指导中心的技能鉴定，合格32人，合格率达94%。全年举办鉴定培训班8个班次，参加培训350余人次。启动川渝中烟高级技师培训鉴定工作，有3名技师通过国家局专家组业绩考核和技改项目评估，并参加了高级技师集训，1名技师获得高级技师资格。

教育培训。公司初步开展了川渝烟草工业系统培训师资、教材库建设，入库管理各专业类别兼职培训师100余人，自编培训教材20余本。组织所属企业参加全国烟草行业培训案例报送及评审工作，公司共获二等奖4个、三等奖3个，公司人力资源部获“优秀组织奖”。全年组织公司本部员工参加培训80余项，培训300余人次。企业领导干部和中青年干部培训、新招聘录用高校毕业生岗前培训、新录用复退军人岗前培训等大型自主内部培训项目近200天，并自主完成2万余字的创新性培训项目自编教材的开发。

【内部管理监督】 2007年，公司内部管理监督工作实现了由注重达标到注重治本的转变。抓好“两项检查”整改，开展多元化企业清理整顿、专项资金清理检查和主业清产核资工作，一些遗留问题得到解决，消化历史包袱2.7亿元。针对运行中存在的漏洞和薄弱环节，进一步健全生产经营、决策管理、财务审计、专卖内管、纪检监察和资产经营管理等方面的内控制度体系，先后修订和新建了80多项办法规定。

推进业务系统建设，强化过程控制和痕迹管理，基本做到用制度管人、管事、管资产。通过预算管理、项目审批、签订廉政合同等手段，加强对各级干部、关键岗位、重点环节的约束和监督，促进权力规范运行、干部廉洁从业。

【企业文化】 公司的企业文化实现了主体多元到整体融合的转变。坚持围绕中心、服务大局，以践行“两个至上”、构建和谐企业为主线，高度重视改革重组过程中企业文化的继承创新、融合提升，加快构建统一的企业文化体系，弘扬“激情创业、创新发展”的企业精神和“敬业、爱岗、忠诚、奉献”的员工理念，在培育“激情文化”方面取得了进展。

【特事要辑】 1月16日，四川省委书记杜青林一行到四川烟草工业有限责任公司成都分厂考察指导工作。

3月23日，国家局局长姜成康一行到重庆烟草工业有限责任公司黔江分厂考察指导工作。

8月15~23日，国家局局长姜成康一行在四川烟草进行工作调研。

8月22日，国家局副局长张保振一行到重庆烟草工业有限责任公司黔江分厂考察指导工作。

8月23日，四川省委书记杜青林一行到四川烟草工业有限责任公司什邡分厂考察调研。

9月4日，川渝中烟工业公司长城雪茄烟厂在什邡市正式成立，成为川渝中烟的内设机构。长城雪茄烟厂的前身为原什邡分厂雪茄烟制造部。

9月13日，国家局副局长张保振一行到川渝中烟进行调研，调研内容主要包括收入分配制度改革、“创新年”活动开展、企业文化建设等方面。

10月25日，四川省委书记杜青林、省长蒋巨峰一行到四川烟草工业有限责任公司西昌分厂考察指导工作。

11月12~15日，公司与著名雪茄烟制造商荷兰AGIO公司达成合作意向。15日，国家局副局长李克明会见了AGIO公司总裁温特曼，表示全力支持川渝中烟与AGIO公司在雪茄烟领域进行合作。

所属企业

四川烟草工业有限责任公司

【概　况】 四川烟草工业有限责任公司组建于2006年6月，由成都卷烟厂和什邡卷烟厂联合重组而成，是川渝中烟工业公司出资设立的全资子公司，下设四川烟草工业有限责任公司成都分厂、什邡分厂、西昌分厂、绵阳分厂4个卷烟生产厂。

公司拥有4条先进的卷烟生产线，卷烟生产设备61台套，年卷烟生产能力900亿支（180万箱）。公司总资产71.82亿元，其中，流动资产44.77亿元，资产负债率33.24%。公司共有员工4096人。

【领导成员】 董事会

董事长：罗 维

董 事：姜 鸥 陆 伟 汤柱国 邓 权 吴 钢

职工董事：毛开跃

监事会

主 席：赖成虎

班子成员

总经理、党委副书记：邓 权

副总经理、党委书记：吴 钢

副总经理、党委委员：冯广林

副总经理、党委委员：张 静

纪委书记、党委委员：李长勋

总工程师、党委委员：徐太源

总会计师：程晓苏

党委委员、成都分厂厂长：甘忠德

党委委员、什邡分厂厂长：黄若强

党委委员、西昌分厂厂长：周 冰

党委委员、绵阳分厂厂长：秦富炳

【卷烟生产经营】 2007年，生产卷烟731.5亿支（146.2万箱）（不含出口），同比增长4.57%，其中，生产一类烟2.5亿支（0.5万箱），占生产总量的0.34%；二类烟45.95亿支（9.19万箱），占生产总量的6.28%；三类烟107.35亿支（21.47万箱），占生产总量的14.66%；四类烟281.40亿支（56.28万箱），占生产总量的38.42%；五类烟294.30亿支（58.86万箱），占生产总量的40.18%。生产出口卷烟0.5亿支（0.1万箱）。

全年实现销售收入92.04亿元，同比增长8.03%。实现税利55.61亿元，同比增长12.10%，其中，实现利润7.01亿元，同比增长35.33%。

卷烟物资消耗情况：平均耗用烟叶7.57千克/万支，同比降低0.03千克/万支；耗用盘纸641.81米/万支，同比降低2.82米/万支；耗用滤嘴棒1713.95支/万支，同比降低5.71支/万支；综合能耗4.67千克标煤/万支，同比降低0.7千克标煤/万支。

【企业管理】 “管理执行年”活动。公司围绕打造“一流卷烟生产基地”的目标，以“管理执行年”活动为全年工作载体，各分厂立足自身实际，不断推进。成都分厂“六西格玛管理方法推行、能源计量分析及控制系统优化”等七大管理项目特色突出；什邡分厂“业务流程化、管理制度化、技术专业化、责任岗位化”理念导向明确；西昌分厂质量投标机制、消耗预警机制等创新项目富有成效；绵阳分厂13个活动课题选题精准，全面覆盖。公司本部各部门梳理各线机制流程，与四个分厂业务对接更加紧密。

工艺质量管控。全面加强工艺质量管控，全年抽检平均卷制包装质量得分98.03分，公司产品合格率100%。什邡分厂加强工艺质量管控，拓宽管控范围，率先推行“专业化分工”，压缩层级，减少环节，工艺质量管控水平得到有效提升。

财务管理。有序推进NC财务系统与各业务系统的共享整合，形成了以费用控制为核心的全面预算管理体系，基本实现了覆盖全员、全过程、全要素的预算控制，全年财务费用7.63亿元，同比减少4.08亿元，经济运行质量得到有效提升。

物资管理。进一步推进零配件采购整合工作，对零部件供应实行计划与采购分离的管理制度，全年减少零部件库存占用750万元，降低采购成本5%以上。

安全生产。编制完成了安全生产应急预案，环境、职业健康安全管理体系建设全面推进，公司本部及各分厂均取得相应认证，重要环境因素和重大风险的危险源得到全面控制，实现“八无两控”的年度安全工作目标。

【信息化建设】 配合川渝中烟工业公司信息化系统建设项目，建成了NC财务信息系统、档案信息系统、公文流转系统、工资管理系统、合同管理系统，公司管理效率和水平得到了提高。

【队伍建设】 用工分配制度改革。2007年，全面完成公司本部及分厂部分干部岗位的选拔配备工作，完成公司领导班子副职、分厂领导班子副职及公司部门正职后备干部的推荐工作，完成了分厂定编定员审核，新进人员招聘以及169名营销人员的转岗安置工作。完成本部员工“四定”工作和4个分厂定编、定员的审核。按照“承认历史、逐步缩小差距”的原则，对

4个分厂的收入分配情况进行调查研究，并进行适当调整，形成统一的收入分配制度。

高技能人才培养与培训。加大对高技能人才的培养与培训工作，全年实施培训项目368项，有3人参加国家局高级技师申报，2人通过资格评审，1人取得高级技师资格证书。

技能鉴定。全年有373人参加技能鉴定，304人通过鉴定，合格率为81.5%，其中，获得高级证书的113人、中级证书的145人、初级证书的46人。

重庆烟草工业有限责任公司

【概　况】 重庆烟草工业有限责任公司成立于1998年11月，2003年工商管理体制分离，隶属于川渝中烟工业公司。2006年体制改革，重庆烟草工业有限责任公司成为川渝中烟工业公司的全资子公司，下设重庆分厂、涪陵分厂、黔江分厂3个分厂。公司占地面积53万平方米，年卷烟生产能力426亿支（85.2万箱），拥有微波松散装置、管板式烘丝机、气流式烘丝机等国内先进制丝设备60多台套，有完整的高速卷接包生产线21条。

截至2007年底，公司拥有总资产49.9亿元，其中，固定资产12.1亿元、流动资产32.1亿元，资产负债率53.22%。公司共有员工4352人，其中在岗员工3027人。

【领导成员】 总经理、党委书记：易从宽

副总经理、党委副书记：张建华

副总经理、党委委员：曾　俚

副总经理、党委委员：何昭全

副总经理、党委委员：时　红

副总经理、党委委员：吴陶林（2007.9—）

工会主席、纪委书记、党委委员：刘　炼

总会计师：程晓苏

【卷烟生产经营】 全年生产卷烟426亿支（85.2万箱），同比增长4.93%，其中，生产一类烟3.5亿支（0.70万箱），占总产量的0.8%；二类烟19.50亿支（3.89万箱），占总产量的4.57%；三类烟88.99亿支（17.78万箱），占总产量的20.89%；四类烟170.40亿支（34.08万箱），占总产量的40%；五类烟143.52亿支（28.70万箱），占总产量的33.69%。

销售卷烟420.25亿支（84.05万箱），同比增长3.82%。销售一类烟2.95亿支（0.59万箱），二类烟18.60亿支（3.72万箱），三类烟87亿支（17.40万箱），四、五类烟311.70亿支（62.34万箱）。全年销售“宏声”271.5亿支（54.3万箱），同比增长4.7%；销售“龙凤呈祥”44.95亿支（8.99万箱），同比增长40.7%；销售“天子”2.95亿支（0.59万箱），同比增长100.2%。实现销售收入57.4亿元，同比增长16.4%。实现税利35.76亿元，同比增长30.2%，其中，实现利润6.05亿元，同比增长108.01%。

卷烟物资消耗情况：平均耗用烟叶7.26千克/万支，同比降低0.1千克/万支；耗用盘纸644.4米/万支，同比降低6.6米/万支；耗用滤嘴棒1704.4支/万支，同比增加12.6支/万支；综合能耗4.06千克标煤/万支，同比降低0.92千克标煤/万支。

【科技创新】 公司结合“创新年”活动的开展和实施，开展了常规项目的理化分析和部分化学指标的比对实验，完成了“龙凤呈祥（软）”、“龙凤呈祥（喜庆珍品）”、“天子（软黄）”等8个规格产品的改造试制和降焦试验。完成101个烟叶样品、256个卷烟烟气样品、30个滤嘴棒样品的理化分析。以精细化生产管理创新活动为依托，组织工艺测试，在对三个分厂进行工艺质量消耗综合测试、优化质量消耗控制手段的基础上，先后对重庆分厂4800千克/小时、2400千克/小时制丝线的技术改造进行了工艺测试，形成了详细的测试报告。

开展基础性研究，在重庆分厂、涪陵分厂进行了“均质化加工研究”试点工作，并承担了淀粉、纤维素、果胶等常规化学样品分析的任务，参与了中国烟草质量检验中心组织的卷烟主流烟气和卷烟纸共同试验、重庆市烟草质量监督检验站组织的烟叶化学常规分析的比对试验。

【技术改造】 全面完成重庆分厂易地搬迁改造项目，除科研中心外，所有设备设施都投入了使用，企业生产装备水平、生产条件和厂区环境得到大幅度改善，卷烟加工能力、工艺控制能力得到增强。按计划有序推进涪陵分厂、黔江分厂的适应性改造，在配置烘丝、制冷、空压和除尘等多台套设备的基础上，对

部分设备进行了升级改造。公司全年共完成设备改造32项，投入技术改造资金1.3亿元。

【信息化建设】 公司完成了卷烟生产经营决策管理系统的升级，按计划全面启动了行业经济运行分析系统、NC财务信息系统、公司办公自动化系统，实现了与川渝中烟工业公司以及各分厂之间电子公文的适时交换。

【企业管理】 *推进精细化管理*。公司提出了以精细化管理为工作定位，并从生产管理上切入，着手设计企业精细化管理的制度框架，初步建立了精细化生产管理的指标体系、规章制度、运行机制和保障系统。全面开展精细化生产管理创新活动，改善和优化经济技术指标，培养了一批技术骨干和管理骨干，企业运行质量进一步提高。

提高规范管理水平。以行业整顿规范为契机，抓好财务同级审计问题整改、拓宽内部审计领域、推动专项审计、跟踪审计和中介机构参与的社会审计。开展主业清产核资、多元化企业清理整改、专项资金自查整改和固定资产投资自查清理等工作，坚持“一把手”全面负责，分管领导亲自布置，责任部门牵头落实，狠抓进度检查、报表填制和问题整改等环节，确保自查质量和整改实效。

建立长效管理机制。围绕专卖内管、财务审计、成本控制、资产管理、预算管理、定额管理、质量管理、安全管理等重点工作，以职能区域分析和业务流程优化为基点，在对公司近200项制度进行全面清理的基础上，作了补充、修订和完善，先后完成57项制度的修订、38项制度的新建工作。

【队伍建设】 公司以开展职业能力培训、职工岗位培训、管理人员素质培训和职业资格培训为重点，制订培训计划，组织阶段培训。全年共组织员工参加各类培训10335人次，其中，岗前培训115人次、技术培训488人次，技能培训4545人次。全年共有372人参加了职业技能鉴定，有307人取得了职业技能等级资格。

【思想政治工作】 加强党支部标准化建设，通过召开党建工作座谈会、党建理论研讨会等形式，导入标准化、精细化、规范化等管理理念，从建设目标、规章制度、党员考评、活动规范等主要环节着手，进一步完善机制、健全标准、打牢基础。

把群团工作纳入党的群众工作、党的执政工作、党的经济工作之中，定期召开党政工团组织负责人联席会议，通报党委（党总支）的工作情况，听取群团组织的意见和建议，研究解决党建工作和其他方面存在的问题。各级群团组织围绕创建和谐企业的战略目标和精细化管理的工作定位，先后开展了“实施精细化、创造新业绩”主题实践活动、“我为精细化管理献一计”的合理化建议等活动。

【企业文化】 公司深入贯彻川渝中烟工业公司“激情创业、创新发展”的企业精神和“敬业、爱岗、忠诚、奉献”的员工理念，把企业长期以来形成的纲领性文化元素、公众性的品牌文化、系统性的制度文化和诚信的行为文化融入到整体文化体系之中，贯穿到经营管理的全过程，促进文化与管理的深度融合。深入开展“两个至上”在岗位主题实践活动和精细化生产管理创新活动，升华职工的价值追求，培养企业的团队精神，倡导职工的敬业奉献精神。

（晏　钢）

贵州中烟工业公司

【概　况】 贵州中烟工业公司成立于2003年7月16日，主要职责是承担烟草制品的生产、销售，烟草物资、烟机零配件经营及其他相关的生产经营任务。截至2007年底，下辖贵阳卷烟厂、遵义卷烟厂、毕节卷烟厂、贵定卷烟厂、铜仁卷烟厂、兴义卷烟厂6个卷烟生产厂，卷烟生产厂均不具有独立法人资格。公司总资产98.96亿元，其中，固定资产20.15亿元、流动资产73.81亿元，资产负债率62.55%。共有员工14688人，其中在岗员工8567人。

【领导成员】 贵州中烟工业公司实行总经理负责制，主要领导成员有：

总经理、党组书记：张建华（—2007.11）

副总经理、党组成员：陈卫东（—2007.2）

副总经理、党组成员：廖天福（—2007.11，从2007年12月起任巡视员）

副总经理、党组成员：白云峰（2007.12月起主持公司全面工作）

副总经理、党组成员：徐东泰

副总经理、党组成员：马达祥

纪检组长、党组成员：杨　东

【组织结构】 2007年，按照国家局建设“四个中心”的要求，将市场营销部改为市场营销中心；成立进出口部。机构调整后下设办公室（外事办）、综合计划部、生产管理部、安全管理部、财务部、审计部、法律与改革部、投资管理部、人力资源部、政治思想工作部（机关党委、工会）、监察部、信息中心、物资部、烟叶部、技术中心、进出口部、市场营销中心。

【卷烟生产经营】 2007年，生产卷烟1103.5亿支（220.7万箱），同比增长4.25%，其中，一类烟10.45亿支（2.09万箱），二类烟54.15亿支（10.83万箱），三类烟20.1亿支（4.02万箱），四类烟732.2亿支（146.44万箱），五类烟286.6亿支（57.32万箱）。销售卷烟1104.1亿支（220.82万箱），同比增长4.55%。实现销售收入138.99亿元，同比增长14.77%；单箱销售收入6294元。实现税利90.16亿元，同比增长18.94%，其中，上缴税金72.88亿元，同比增长16.37%；实现利润17.28亿元，同比增长31.21%。

【品牌战略】 2007年，成功开发“黄果树（景象）”、“黄果树（锦绣）”、“黄果树（金时代）”、“贵烟（多彩）”、“贵烟（奇彩）”等多个具有较强竞争力的新产品。

制定《贵州中烟工业公司品牌发展规划纲要》，成立品牌管理委员会及办公室，改革营销管理体制。按照国家局“按客户订单组织货源”的要求，完善工商业务流程对接，大力开展工商协同营销，与贵阳市烟草公司共同成立全国烟草行业第一家工商协同营销管理办公室。积极开展市场需求预测，合理调配计划资源，提高订单满足率，适应市场的能力明显增强。形成四川、江苏、辽宁3个年销量50亿支（10万箱）以上的省级市场，浙江、山西、湖南3个年销量（30亿～40亿支）的省级市场，以及成都1个年销量10亿支（2万箱）以上的市场。2007年，“黄果树”品牌销量778.75亿支（155.75万箱），同比增长16.6%，单品牌销售收入超过100亿元；“贵烟”销量14.75亿支（2.95万箱），同比增长166%。

【科技创新】 *开展科技项目研究。*开展“部分替代进口烟叶课题”、“中式卷烟制丝设备创新特色工艺战略性课题研究”、“环保型烟丝膨胀介质开发及应用技术研究”等行业重大课题研究，承担省重点技术创新项目“贵阳卷烟厂卷包车间条烟输送线全自动清洁润滑方案”的研究工作。在公司内部大力开展新产品、新技术、新工艺的研发工作，深入实施特色烟叶、特色工艺、调香技术、减害降焦等战略性课题的研究和应用研究。

2007年，共开展科研项目68项，其中，国家局项目2项，省政府及其他部委、省级局（公司）3项，自立项目63项。

*完善科研机构建设。*2007年，成立贵州中烟工业公司科学技术委员会和专家委员会，对公司科技活动进行决策和管理，专家委员会作为科技委员会的专业咨询机构，拥有专家34名，其中外聘专家20余名。改革技术中心的管理运行机制，下设产品研究所、原料研究所、工艺技术研究所、烟草化学研究所、质量监督检测站、综合管理办公室。

实行课题项目管理制。在项目组织与管理中，明确了科技委、专家委和科技委办公室的职责和权限，同时对项目负责人的任职条件及职责、项目申报条件、项目选题申报、立项审批、检查验收等工作进行了明确规定。

*加强制度建设。*2007，制定《贵州中烟工业公司抽样、取样、送样的暂行规定》、《贵州中烟工业公司评吸管理办法》、《贵州中烟工业公司科学技术委员会章程》、《贵州中烟工业公司科技项目管理暂行办法》、《贵州中烟工业公司科学技术奖励暂行办法》（草案）、《贵州中烟工业公司科学技术奖励暂行办法实施细则》（草案）等内部管理办法、规定等。

按照贯标体系的要求，建立《研发管理手册》，设立《科技项目管理程序》、《卷烟产品开发与改良程序》、《原料研发程序》、《产品技术标准标准化程序》、《工艺执行监督管理程序》、《实验室管理程序》、《质量监督管理程序》等7个程序文件，逐步完善科研制度建设。

加强产学研合作。与国家烟草质检中心、郑州烟草科学研究院、四川大学、河南农业大学、贵州大学、贵州省烟草科研所建立了合作关系。2007年正在进行的产学研合作项目有：与郑州烟草研究院合作的“中式卷烟制丝设备创新研究”项目；与贵州省烟科所、河南农业大学合作的“部分替代进口烟叶研究”项目；由国家局立项，与北京航天试验技术研究所、北京长征高科技公司合作的“环保型烟丝膨胀介质开发及研究”项目；与贵州省烟草科学研究所合作的“贵州中烟工业公司基地建设”项目并成立“黄果树特色烟叶基地研究室”；与国家烟草质量监督检验站合作的“公司质量监督检测站实验室国家认证”项目等。2007年，贵州中烟工业公司分别被授予“产学研联合示范基地”、“知识产权试点单位”称号，并获得“省知识产权试点单位”认定。

取得创新成果。2007年，企业4项科技成果获“贵州省企业管理现代化创新成果奖”，发表科技论文19篇，其中，1篇论文入选《2007年中国烟草自主创新高层论坛论文集》，2篇论文在2007年中国科学技术协会年会上宣读。全年获得专利20项，其中，发明专利2项、实用新型专利2项。

【烟叶采购管理】 加强烟叶原料基础工作，积极探索省内烟草工商企业烟叶方面的合作，大大提高了烟叶原料的保障能力。根据国家局下达的2007年度烟叶核定量9.03万吨（180.5万担）及企业卷烟配方要求，对核定量进行产地、等级分解、加工及流向的安排，并与烟草商业企业、烟叶加工单位进行衔接，最终落实2007年度的烟叶采购及加工计划。2007年，采购118.91万担烟叶，其中，上等烟42.74万担，占采购量的35.95%；中等烟57.22万担，占采购量的48.12%；下等烟18.94万担，占采购量的15.93%。在国家局烟叶工商交接检查中，烟叶等级合格率为62.8%。

与省内各地烟草公司就基地合作事项进行沟通，听取了基地产区对合作方面的意向，交换了各家工业基地建设的成功经验，达成贵州“两烟”共同繁荣发展的共识，进一步明确了科、工、商基地合作与发展的方向。

【企业管理】 *“四个中心”建设*。根据国家局对“四个中心”建设的要求，提出《贵州中烟加强“四个中心”建设实施方案》。成立“四个中心”建设领导小组，进一步改革完善市场营销中心和技术研发中心的管理体制，积极探索和搭建生产制造中心和物资采购中心的管理构架，力争把“四个中心”建设成为不具有法人资格的实体。

质量管理。2007年，完成“质量信用等级”评估工作，公司获得“中国21315质量信用AAA等级”证书。深入开展QC活动，举办3次QC成果发布会，3个QC小组被评为“全国优秀质量管理小组”，1个小组被评为“全国质量信得过班组”，19个小组被评为“贵州省优秀质量管理小组”，2项QC成果获国家局优秀QC成果奖。

对所属生产厂有针对性地开展精细化管理，运用科学的管理制度、标准和方法，强化制丝、卷制、包装、材料配送等过程控制，确保生产管理各环节处于最佳状态，产品质量稳步提高，产品市场抽查合格率为100%。

基础管理。全面启动OHSAS18001职业健康安全管理体系、ISO9001质量管理体系及ISO10012测量管理体系认证工作，并全部通过认证，其中，测量管理体系获国家最高级别的“AAA”级认证。始终坚持“安全第一、预防为主、综合治理”方针，落实《安全生产法》等法律法规，加强安全生产基础设施建设和现场管理，全年未发生火灾事故、生产死亡责任事故、等责以上重特大交通责任事故、重特大锅炉和压力容器事故。

【信息化建设】 2007年，推动信息技术在企业管理中的应用，按照行业信息化建设“统一平台、统一数据库、统一网络”的要求和公司信息化建设规划，形成公司本部及6个卷烟生产厂组成的广域网络，初步实现管理信息化。

完成公司内部数据的采集和整合，实现了数据上报、固定报表和数据查询等功能，提高了公司对物资、烟叶、生产、销售等各个环节的监管能力。对门户网站进行改版，并对相关信息化部门进行维护培训。开展网络安全系统建设，完成市场营销中心和6个卷烟厂安全产品的部署、测试、验收，包括防火墙、病毒过滤网关、入侵检测系统及安全管理平台软件。完成卷烟生产经营决策管理系统的改造，实现了统一件烟条码标签产地、对各卷烟厂品牌规格定制情况进行监控、生产计划分解到各卷烟车间等功能。

在企业资源计划（ERP）系统建设方面，完成对数据库与应用服务器的整体优化方案与方案实施，进一步提高了系统性能和稳定性，并对优化效果进行了持续跟踪。扩大对办公自动化系统（OA 系统）的推广，2007 年在 OA 系统上接受国家局公文 684 份、公司发文 542 份、部门间行文 973 份，办理的公文达 14575 份次；进行审批的标准化文件 2000 多份，标准化文件访问共 7900 多人次。

【多元化经营】 2007 年，按照国家局“要把全面开展多元化企业清退整顿工作作为行业多元化经营管理工作的重点”的要求，本着“先瘦身、后强身”的工作思路，对 39 家多元化经营企业进行清理整顿，将其中 34 家多元化经营企业纳入清算注销、股权转让、资产损失下账等处理方式的范围。截至 2007 年底，完成 20 家企业的清退，保留了多元化经营企业 5 家，其中，贵州黄果树企业有限公司、贵阳黄果树纸业有限公司、贵州西牛王印务有限公司 3 家企业规模较大。

【队伍建设】 干部队伍管理。2007 年，贯彻落实《党政领导干部选拔任用工作条例》，健全领导干部选拔任用和日常管理机制。完成公司有关部门处级干部、贵阳卷烟厂、贵定卷烟厂领导班子的考察和配备；按照民主推荐、笔试、面试等程序开展副处级岗位的公开选拔聘任。

制订《贵州中烟工业公司干部考核管理暂行规定》，建立公司干部考核体系。制订《贵州中烟工业公司后备干部管理办法》、《贵州中烟工业公司非领导职务设置及选拔任用办法》。通过民主评议、基层组织推荐等形式，完成公司后备干部的考察推荐工作，确定正处级后备干部 13 人、副处级后备干部 23 人。

劳动用工管理。加强和规范劳动合同和劳动用工管理，对所属 6 家卷烟厂和市场营销中心各种劳动用工及劳动合同制度情况进行了调研，做好劳务派遣管理工作。转发《国家烟草专卖局关于烟草行业贯彻落实〈劳动合同法〉进一步规范劳动用工行为的通知》，结合实际提出具体要求。举办两期《劳动合同法》培训班，各单位 60 余人次参加了培训。拟订《贵州中烟工业公司劳动用工管理办法》，依法解决劳动用工中存在的问题。

做好大学毕业生招聘及复退军人安置工作。2007 年，共录用大学毕业生 69 名，组织全省卷烟工业系统 74 名复退军人参加国家局举办的录用考试，并组织考试合格的 59 名复退军人进行岗前培训。

薪酬管理。理顺和完善工资管理制度，确定各单位工资基数，对 2007 年所属各单位的工资进行清算，对工资发放进行有效控制。把按劳分配和按要素分配结合起来，科学评价各岗位价值，合理确定各类岗位的岗位工资与绩效工资，建立向岗位价值和绩效，建立向技术岗位、关键岗位、知识密集型岗位倾斜的收入分配制度，以充分发挥薪酬分配的导向作用。

教育培训。完善教育培训体系，规范培训管理，形成科学化、制度化的管理模式。2007 年，制订《贵州中烟工业公司教育培训管理规定》、《贵州中烟工业公司教育培训师资管理办法》、《贵州中烟工业公司学历教育管理办法》等制度。全年组织了营销知识、品牌与战略、招聘与面试技巧等 15 个培训班，累计培训 800 多人次；各卷烟厂共开办 313 个培训班，累计培训近 2 万人次。

制订 2007 年卷烟工业职业技能鉴定计划，首次在全省工业系统开展烟草行业特有工种高级技师鉴定。配合省局（公司）鉴定站完成了特有工种技师 15 人，高级工 515 人、中级工 867 人、初级工 84 人的培训和鉴定工作。完成 8 人高级职称的评审推荐，以及工程、政工系列 52 人中级专业技术职务任职资格的评审。举办烟叶分级职业技能选拔赛，被选拔人员参加了“第三届全国烟草行业烟叶分级职业技能竞赛”。

【思想政治工作】 建立完善《贵州中烟工业公司思想政治工作考评办法》及《考评细则》，与公司经济责任制考核工作接轨。《考评细则》涵盖领导班子建设、党组织建设、职工队伍建设、企业文化建设、思想政治工作研究等 6 个方面 54 项内容。全面开展考评 7 期，有力地促进了中心工作的开展。

开展政研工作，探索思想政治工作的有效途径。在全公司组织了政研论文征集评比工作。共收到论文 69 篇，评出优秀论文 18 篇并编印成册印发。

【党风廉政建设】 2007 年，深入贯彻落实《建立健全教育制度监督并重的惩治和预防腐败体系的实施纲要》，不断推进惩防体系长效机制建设。开展廉政文化“四进”（进支部、进科室、进车间、进家庭）活动、“以诚实守信、廉洁从业”为核心理念的廉政文化征文竞赛活动、廉政歌曲比赛等。全年组织党员干部共3950多人次观看《赌之害》、《铲除市场毒瘤—中国治理商业贿赂行动》等教育片共83场次，56人副处级以上领导干部作了党风廉政教育报告69场次，2100多人次参加报告会并受到教育。全年各单位督查督办重点工作事项760多项。

完善党风廉政建设责任制的执行和考核，2007年各级各单位层层签订党风廉政责任书533份，形成了逐级负责、层层落实的责任体系。进一步完善党风廉政各项工作制度30多项。

加强对领导干部廉洁从业的监督管理。全年73名副处级以上领导干部进行了重大事项报告，49名党员干部进行了述职述廉，纪检监察和组织人事部门与110名党员干部进行诫免谈话和任前廉政谈话。18人次登记上交礼品38件（次），14人次登记上交礼金共5.32万元。开展效能监察，进一步规范生产经营行为。共签订廉洁自律承诺书196份，廉政责任书67份，签订廉政合同40份，收取廉政保证金55.20万元。认真处理信访举报，加大违法违纪案件查办力度。全年共收到职工群众和上级转办的信件举报22件（次）。已调查核实了结21件，留存备查1件（次）。

【企业文化】 2007年，按照公司企业文化建设发展要求，确立贵阳、遵义、毕节3个卷烟生产厂为试点单位，形成重点推进、分部实施、逐步全面推进的计划。与北大纵横咨询公司建立合作关系，经过交流讨论，初步形成企业文化实施方案。

继续拓展“每月一星”活动，在8个二级党委单位对基层普通职工优秀代表每月进行评比，截至2007年底，已有101颗由职工群众评出的“星”级员工走出企业，取回先进企业的“真经”，达到相互学习提高的目的。开展“我爱‘黄果树’、我爱‘贵烟’”宣传教育活动，以“爱品牌、爱企业、爱社会”为主题，在全体职工中开展“商标设计”、“广告语征集”、“征文”活动，营造了践行“两个至上”的良好宣传氛围。将“共性”与“个性”并举，通过开展读书、健身活动，户外拓展训练等一系列寓教于文、寓教于乐的活动，丰富职工的精神文化生活。

【特事要辑】 2月2日，国家局副局长李克明考察贵州中烟工业公司，对如何推进品牌建设、加强重大项目技改工程管理、实现企业可持续发展提出要求。

9月15～18日，国家局局长姜成康考察贵州中烟工业公司，要求企业做大做强“黄果树”，突出做好“贵烟”。

11月21日，贵州省委书记石宗源考察贵州中烟工业公司。

所属企业

贵州中烟工业公司贵阳卷烟厂

【概　况】 贵州中烟工业公司贵阳卷烟厂成立于1940年7月1日，2003年底，贵阳卷烟厂兼并贵定卷烟厂，原贵定卷烟厂更名为“贵阳卷烟厂贵定分厂”；2007年，贵定分厂从贵阳卷烟厂分离出去。厂区占地面积7.86万平方米。

2007年，贵阳卷烟厂年生产能力达500亿支（100万箱）。共有员工4321人，其中，在岗员工3309人，有专业技术人员868人。企业主要设备有：高速卷烟设备27组，高速包装设备26组，KDF2嘴棒成型机13组，其中，引进德国PROTOS70/80卷烟机16台，引进英国PASSIM卷烟机3台，国产ZB45卷烟机8台，引进意大利GDX1软盒包装机9台，国产ZB25软盒包装机1台，引进意大利GDX2硬盒包装机6台，国产ZB45硬盒包装机10台；中低速卷包设备YJ14、SASIB3000各1组。

【领导成员】 2007年8月，贵阳卷烟厂贵定分厂从贵阳卷烟厂分离出去，企业进行了领导班子调整。

2007年8月前

厂长、党委副书记：魏　鹰

副厂长、党委书记：方　静

党委副书记：李宏达

工会主席、党委副书记、纪委书记：晏　敏

副厂长：杨　刚
副厂长：龙志远
副厂长：王兴举（—2007.2）
贵州中烟工业公司驻厂财务总监：孙俊如

2007年8~11月
厂长、党委书记：方　静
工会主席、党委副书记、纪委书记：晏　敏
常务副厂长：杨　刚
副厂长：龙志远
副厂长：陈　新
贵州中烟工业公司驻厂财务总监：孙俊如

2007年12月
厂长、党委副书记：杨　刚
副厂长、工会主席、党委书记：晏　敏
副厂长：龙志远
副厂长：陈　新
纪委书记：刘　晏
贵州中烟工业公司驻厂财务总监：孙俊如

【卷烟生产】 2007年，企业主要生产"黄果树"、"贵烟"、"遵义"等品牌，共生产卷烟488.3亿支（97.66万箱），同比增长2.99%；实现产值71.57亿元，同比增长22.45%。完成15个规格卷烟的试制生产任务，完成打叶生产4.42万吨，年末仓储烟叶8.55万吨（171万担），生产滤棒70.11亿支，生产薄片丝931吨。全年月平均全员实物劳动生产率为26箱/人，同比提高8箱/人；烟叶消耗平均为7.51千克/万支，同比下降0.19千克/万支。

【创新活动】 以行业"创新年"为契机，组织和推进创新活动。采用《小组活动记录本》管理方式，加强质量管理QC小组活动过程控制。2007年，企业的"降低烟叶醇化消耗"和"回收打叶除尘系统流失烟片的探索"两个项目获得全国烟草行业优秀QC成果二等奖。企业从2006年度177项创新项目中，评选出一等奖2项、二等奖6项、三等奖10项及鼓励奖48项，奖励40余万元。

贵州中烟工业公司遵义卷烟厂

【概　况】 贵州中烟工业公司遵义卷烟厂始建于1978年，占地面积21万平方米，建筑面积12万平方米。2007年，企业有烟叶醇化库4.6万平方米，年生产能力250亿支（50万箱）。配有从英、德、意大利等国引进的先进设备200多台套，其中，GDX2、PASSIM、福克等设备具有世界先进水平。共有在职员工1700余人，其中，中级职称112人、初级职称330人。

【领导成员】 厂长、党委副书记：余　文
副厂长、党委书记：何莉琴
工会主席、纪委书记：苟辉奇
副厂长：马　亚
副厂长：徐光明
公司驻厂财务总监：吴德波

【卷烟生产】 2007年，主要生产"黄果树"、"长征"、"桫椤"3个品牌卷烟，共生产卷烟233.1亿支（46.62万箱），同比增长6.49%，其中，"（盖）长征"132.55亿支（26.51万箱），同比增长47.61%；"（特制醇香）黄果树"59.95亿支（11.99万箱），同比增长30.04%。全年实现工业总产值28.46亿元，同比增长13.48%；单箱产值6105元。

【生产管理】 2007年，根据贵州中烟工业公司下达的管理费用、制造费用、辅助生产费用三大指标，重新制定《遵义卷烟厂目标管理及考核实施办法》，结合产量、原辅料消耗、燃料及动力、零配件采购、废旧物资管理等方面进行目标控制。以目标责任书的形式层层落实到各部门，定期检查控制指标完成情况。

坚持按时召开生产调度会，调度会集中解决上一个生产日中出现的问题，协调下一个生产日中可能会遇到的问题，及时沟通生产过程中的人员、质量、工艺、安全、设备、原辅料等情况，尽量做到无缝连接、顺畅无阻，使生产管理保持与贵州中烟工业公司生产指挥协调一致。

【工艺质量管理】 根据贵州中烟工业公司统一部署，开展质量管理体系、测量管理体系贯标工作，对

体系文件的符合性进行了验证。通过自查和公司内审组内审，对发现的质量不合格项及时进行整改，对配合公司一次性通过外部质量审核起到了积极的作用。

按照“精细化管理、精细化加工”的要求，进一步加强对生产全过程的产品工艺和质量控制。从工艺测量、质量、消耗及工艺稳定性控制4个方面入手，改进生产流程，节资降耗、提高产品质量。

开展新一轮全面质量管理知识的普及教育，厂领导带头到车间宣讲《卷烟》新国标，对产品质量波动问题进行调研、整改；生产车间开展了“质量在我手中”的研讨活动，将质量主题贯穿生产全过程。通过对设备进行技术改造、完善二级计量器具等办法，进一步提高质量检测的科技水平，确保质量检测的精度和对产品计量的精度。认真分析销售市场信息反馈的产品质量存在的问题，针对问题查找原因，跟踪解决，进一步提高产品质量。

积极开展争创QC成果活动。2007年，全厂共推荐10项QC成果参加贵州中烟工业公司QC成果发布会，有2项QC成果获得贵州中烟工业公司优秀QC成果称号，有4个QC小组获得“贵州省优秀质量管理小组”称号，1个QC小组获“全国优秀质量管理小组”称号。

贵州中烟工业公司毕节卷烟厂

【概　况】 贵州中烟工业公司毕节卷烟厂创建于1974年，占地面积32万平方米。2007年，共有在岗员工1270人，其中，具有大专以上学历的355人，各类专业技术人员600多人。企业年生产能力225亿支(45万箱)。设备有3000千克/小时HAUNI制丝线、570千克/小时膨胀烟丝生产线各1条，PASSIM卷接机1台、PROTOS卷接机组8台、GDX1包装机2台、GDX2包装机4台、B1包装机2台、ZB45包装机4台等高速卷接包设备及公共配套工程和理化检测设备。

【领导成员】 党委书记、纪委书记：胡齐志

厂长、党委副书记：丁先文

公司驻厂财务总监：程　华

副厂长：冷启国

副厂长：范丛军

工会主席：卢　镝

调研员：龙吉伦

【卷烟生产】 2007年，主要生产的卷烟品牌（规格）有：“驰（佳品）”、“黄果树（兰佳品）”、“黄果树（红佳品）”、“黄果树（红金牌）”、“黄果树（特制醇香）”、“黄果树（特醇）”、“遵义（软）”及浙江中烟工业公司杭州制造部联营烟。全年生产卷烟192.35亿支（38.47万箱），同比增长6.36%，其中，三类烟10亿支（2万箱），四类烟170.75亿支(34.15万箱)，五类烟11.6亿支（2.32万箱）。生产联营烟55亿支（11万箱）。2007年实现总产值（不含税）21.56亿元，单箱产值为5605元。

【费用控制】 以预算管理为核心，以成本控制和费用管理为重点的各项基础管理和专业管理，制定《毕节卷烟厂预算管理办法》、《毕节卷烟厂预算管理实施细则》等制度。不断完善和细化内控制度，建立健全费用控制台账，对全厂各项可控费用进行监督、控制，通过有效的管理，全年三项可控费用基本控制在公司下达的预算指标之内。2007年，烟叶平均消耗为7.46千克/万支，同比下降0.21千克/万支，节约费用1457.42万元；其他辅料消耗节约费用81.4万元。生产用煤（标煤）平均消耗为5.26千克/万支，同比下降0.53千克/万支，节约费用32.18万元；生产用电平均消耗为6.59千瓦时/万支，同比下降0.48千瓦时/万支，节约费用45.31万元。

【技术改造】 2007年，完成就地技术改造前期的基础资料提供、项目的方案招标现场答疑、完标等工作，技改用地一期房屋建筑物工程按计划拆除，英制丝线设备按计划拆除报废，技术改造的各项工作加紧进行。

【质量管理】 以质量和职业健康安全一体化管理体系宣传、贯彻为契机，切实加强质量控制。以强化过程控制为重点，从制丝、卷制、包装、薄片生产、材料配送、质量检验监督检查等工序切实加强质量管理。制订和完善质量管理的奖罚措施，加强生产环节的量化考核，确保产品质量稳定提升，市场投诉率与上年相比有所下降。同时，大力开展质量管理创新活动，全年1个QC小组获“全国优秀质量管理小组”称号，3个QC小组获“贵州省优秀质量管理小组”称号，2项QC成果分别获工业公司QC成果发布会二等奖和三等奖。

【安全管理】 按照职业健康安全管理体系人本、严格、精细、科学的方针和要求，努力实现安全管理的精细化、规范化和程序化。制订、修改各项规章制度和各个岗位职责，并加以贯彻落实。全年开展了长达5个月的消防技能训练，内容涉及20多个项目，进行了消防灭火应急疏散预案、CO_2 自救逃生预案等的演练；组织成立由20人组成的消防青年志愿者队伍，为消防安全宣传教育普及提供了平台；开展危险源辨识和安全隐患排查活动，定期或不定期地进行安全巡回检查、监督，进一步完善安全防范措施，全年共查找安全隐患350项，下达整改通知书34份，一般事故隐患整改率达98%以上，重大事故隐患整改率达100%。全年安全管理指标达到贵州中烟工业公司安全管理要求，没有发生一起重特大生产安全事故和交通安全事故。

贵州中烟工业公司贵定卷烟厂

【概　况】 贵州中烟工业公司贵定卷烟厂成立于1952年，占地面积28万平方米。2003年底，贵定卷烟厂被贵阳卷烟厂兼并，原贵定卷烟厂更名为“贵阳卷烟厂贵定分厂”。2007年8月，贵阳卷烟厂贵定分厂从贵阳卷烟厂分离出来，更名为“贵州中烟工业公司贵定卷烟厂”，贵定卷烟厂成为贵州中烟工业公司的下属生产厂。

2007年，企业年生产能力125亿支（25万箱）。共有在册员工1184人，其中在岗员工760人，其中具有专业技术任职资格的243人。拥有3000千克/小时德国HAUNI制丝生产线、梗丝膨胀线和SP31烟丝膨胀线各1条，PROTOS卷接机组4组、超9（PA95）卷接机组1组等设备。

【领导成员】 党委书记：尹志云（2007.8—）

代厂长、党委副书记：张健（2007.8—）

副厂长、党委委员：雷云泽（2007.8—）

副厂长、党委委员：史永飞（2007.8—）

【卷烟生产】 2007年，生产卷烟122.4亿支（24.48万箱），同比增长2%，其中，四类烟63.15亿支（12.63万箱），五类烟59.25亿支（11.85万箱）；生产“遵义（新精品）”32.65亿支（6.53万箱），“黄果树（特制醇香）”30.51亿支（6.10万箱），“黄果树（特醇）”0.23亿支（0.045万箱），“黄果树（特醇01）”54.92亿支（10.98万箱），“甲秀（红）”1.57亿支（0.31万箱），“大丰收（硬）”2.52亿支（0.50万箱）。累计实现工业产值（现价含税）12.72亿元，同比增长13.57%；单箱产值为1040元，同比增长11.35%。

【成本管理】 2007年，贵定卷烟厂加快建设节约型烟草企业工程步伐，进一步加强过程控制和物耗指标的控制。调整车间原辅料考核定额和奖惩比例，完善原辅料的考核制度，并对车间原材料消耗随时进行跟踪分析，原辅材料的消耗得到相应控制。在已经建立的测量管理体系的保障下，完成水、电、汽测量体系的建立，实时采集水、电、汽、气的使用数据，使各种能耗数据更加真实，由此而采取的降耗措施更加可行、有效。完成职工生活区用水用电社会一期工程，有效降低了企业的能耗开支，成本控制能力得到提升。

2007年，全年万支生产成本为348.37元，同比减少0.04元；成本总额4298万元，同比减少513万元。

贵州中烟工业公司铜仁卷烟厂

【概　况】 贵州中烟工业公司铜仁卷烟厂创建于1977年，占地面积8.18万平方米，其中建筑面积37186平方米，厂房面积20554平方米。2007年，全厂共有员工720人，其中，具有初级专业技术职务的201人、中级职务29人、高级职务2人。企业年生产能力75亿支（15万箱），主要设备有1500千克/小时仿HAUNI制丝线1条、PASSIM7000卷烟机2组、MK95卷烟机4组、YB22包装机10组、ZB43包装机8组、YJ14卷烟机组4组。

【领导成员】 厂长、党委书记：谭跃辉

副厂长、党委委员：陈　骏

工会主席、纪委书记、党委委员：杨　和

副厂长、党委委员：田应红

副调研员：胡成都

副调研员：胡凡军

副调研员：聂迪华

【卷烟生产】 2007年，生产卷烟53.5亿支（10.7万箱），其中，“黄果树（红金）”21.51亿支（4.30万箱），“桫椤（全红）”6.73亿支（1.35万箱），“黄果树（特制醇香）”3.96亿支（0.79万箱），“黄果树（特醇）”19.34亿支（3.87万箱），“黄果树（特醇01）”1.96亿支（0.39万箱）。

【技术改造】 2007年，贵州中烟工业公司批准计划投资1580万元，主要完成的重大项目有：5组YB22、1组ZB43设备的安装调试及2组ZB43设备的解体性维修工作；两组MK95卷接设备的安装调试并投入生产运行；制丝车间SQ316切梗丝机编码器改造工作；工艺质量管理科在线检测仪器及SO_2排放治理和监测项目；供汽网管更新改造项目；新增PASSIM8000型高速卷接机组的安装、调试、验收并投入使用等项目。

【科技创新】 2007年，申报“降低水环式真空泵系统的故障率”和“实现电线、网通双网合并”两个科技创新项目参加贵州中烟工业公司的科技创新活动，并荣获优秀奖；组织“快速换灯工具设计制作”项目参加烟草行业节能减排节约发展阶段性成果参展活动。

贵州中烟工业公司兴义卷烟厂

【概　况】 贵州中烟工业公司兴义卷烟厂是国务院1991年10月批准的国家计划内地方卷烟厂，其前身是作为贵阳卷烟厂分厂的兴仁县卷烟厂，1988年5月进行技术改造，1991年7月技改结束投产至今。企业占地面积15.33万平方米。2007年，共有员工301人，其中，本科以上学历12人、大专以上学历126人；高级职称2人、中级职称17人、初级职称170人。企业年生产能力75亿支（15万箱），拥有数十台套国产制丝、卷接、包装设备和2台英国制造的HLP250硬盒包装机。

【领导成员】 厂长、党委书记：刘凤文（2007.1—）

副厂长：李爱民（2007.1—）

工会主席、纪委书记：蒋先军（2007.1—）

【卷烟生产】 2007年，生产卷烟20亿支（4万箱），其中，“黄果树（特醇）”10.25亿支（2.05万箱），“黄果树（特醇01号）”9亿支（1.8万箱），“黄果树（红金）”0.75亿支（0.15万箱）。

（胡桂姜）

云南中烟工业公司

【概　况】 云南中烟工业公司于2003年10月23日登记注册，于2004年1月1日正式成立。截至2007年底，公司下设红塔烟草（集团）有限责任公司（以下简称“红塔集团”）、红云烟草（集团）有限责任公司（以下简称“红云集团”）、红河烟草（集团）有限责任公司（以下简称“红河集团”），以及云南中烟物资（集团）有限责任公司、云南烟草国际有限公司共5个全资子公司；云南烟草兴云投资股份有限责任公司、云南烟草机械有限责任公司两个控股子公司以及云南烟草科学研究院、云南烟草教育培训中心两家直属单位。共有从业人员36826人。有总资产1230.96亿元，其中，固定资产200.48亿元、流动资产826.83亿元，资产负债率25.4%。

【领导成员】 总经理、党组副书记：张水长

副总经理、党组书记：柳万东

副总经理、党组成员：朱绍明

副总经理、党组成员：邱建康

副总经理、党组成员：徐　瑆（—2007.10）

副总经理、党组成员：姚庆艳

纪检组长、党组成员：李新军

副总经理、党组成员：李穗明

副总经理、党组成员：李天飞

巡视员：李有义（—2007.5）

【组织机构】 机关内设办公室（外事办公室）、生产安全管理部、人力资源部、科技开发部、财务部、审计部、投资管理部、原料部、市场管理部、法律与改革部、党群工作部、纪检监察部、市场部、行政管理部等13部1室。

【卷烟生产经营】 全年生产卷烟3508.8亿支（701.76万箱）（含省内外生产企业），同比增长4.1%。省内卷烟生产企业生产3351.3亿支（670.26万箱），同比增长3.42%，其中，一类烟318.45亿支（63.69万箱），二类烟197.25亿支（39.45万箱），三类烟1388.35亿支（277.67万箱），四类烟1016.3亿支（203.26万箱），五类烟430.95亿支（86.19万箱）。销售卷烟4182.35亿支（836.47万箱）（含省外联营量），同比增长9.11%，占全国总销量的19.4%。

2007年，省内卷烟工业企业实现税利514.56亿元，同比增长23.1%，其中，实现利润115.65亿元，同比增长48.7%。省外生产厂新疆、乌兰浩特卷烟厂实现税利13.23亿元，同比增长25.15%，其中，实现利润2.19亿元，同比增长13.15%。卷烟平均单箱税利7664元。

【品牌战略和产品介绍】 *调整结构，提高品牌集中度。*2007年，云南中烟工业公司以提高一、二类烟品牌竞争力为重点，着力抓技术创新、营销创新和管理创新，用系统创新支撑一、二类烟品质的提升。全年一、二类烟销量（含省外回购）分别为312.65亿支（62.53万箱）、198.35亿支（39.67万箱），同比分别增长44.69%和32.37%，分别占总销量的9.38%和5.95%。

云南单牌号年产销量超过100万箱的达到5个："红梅"、"红河"、"红山茶"、"云烟"、"红塔山"，其中，"红梅"销售量1084.2亿支（216.84万箱），同比增长26.65%。；"红河"销量797.75亿支（159.55万箱），同比增长9.42%；"红山茶"销量667.4亿支（133.48万箱），同比增长53.22%；"红塔山"销售量578.95亿支（115.79万箱），同比增长84.32%；"云烟"销量539.65亿支（107.93万箱），同比增长45.85%。

*新产品开发。*对原料、新材料、新工艺、新技术进行研究与创新，在一些关键技术上取得突破性进展。2007年，新开发出"（尚善）玉溪"、"（境界）玉溪"、"红塔山（经典100）"等一批高科技含量、高附加值的新产品。在线生产卷烟品牌16个，比2006年减少4个，其中，共生产6大重点品牌"玉溪"、"云烟"、"红塔山"、"红河"、"红山茶"、"红梅"3016.65亿支（603.33万箱），同比增长28.75%。

【体制改革】 2007年，云南中烟工业公司对红河卷烟总厂实施公司制改造，并于5月20日举行了揭牌仪式，成立红河烟草（集团）有限责任公司。对红河集团进一步调整和完善内部组织结构，建立和完善了法人治理结构及与其相适应的各项内部管理制度。

2006年12月1日，国家局批复同意组建吉林烟草工业有限责任公司，2007年，中国烟草实业发展中心延吉卷烟厂与红塔集团长春卷烟厂组建成立吉林烟草工业有限责任公司，并于3月1日举行了揭牌仪式。

【信息化建设】 继续做好和完善公司中心数据库建设工作，全面完成中心数据库的信息资源标准、数据交换服务、数据加工存储、数据分析应用和信息安全保障5个体系的建设。建成以政务信息公开、公文流转和系统应用集成为主要内容的内部网站，为员工提供了办公平台和信息门户。

完成新办公楼网络及计算机应用系统的规划、设计、实施、调试、问题整改等工作。为保障系统和信息安全，网络在规划上做了多层安全防护体系。

对云南中烟工业公司及所属企业的电子政务、信息保密安全、行业卷烟生产经营决策系统数据报送制度执行情况等进行了检查。完成与国家局、省内三大卷烟企业的视讯会议系统的建设与对接工作，实现了工业公司上自国家局，下至省属各卷烟生产企业的实时视讯信号的传递。

【财务管理】 *清产核资。*开展清产核资工作，进一步提高资产质量。各企业对往来款的清理、存货的盘点清查、不良不实资产的取证鉴定等方面进行了处理，特别是在清产核资上报清查结果时，考虑到企业库存烟叶历史问题，在烟叶盘点基础上对3年以上库存烟叶进行彻底清查，并对存货品质进行认真鉴定，对质量下降的存货按实际鉴定等级进行处置，做好降等降级处理工作。

*专项资金检查。*加强专项资金的资料申报、政策依据、资金使用、档案管理等工作的管理。对2003年至2007年间国家局拨入所属企业的专项资金进行专项检查，对部分专项资金在基础资料管理中存在的薄弱环节及时进行了整改。

卷烟价格管理。加强企业卷烟价格管理，配合省国税局进行卷烟计税调拨价格方面的调研，确保税总核定的卷烟计税调拨价格的合理性。

会计基础工作。统一会计核算、归集办法，制订《云南卷烟工业卷烟消耗定额和成本标准控制管理规定》，提高了会计信息质量。加强预算管理，严格控制成本，全年卷烟生产企业成本费用利润率45.5%，同比提高13.1个百分点，三项费用率8.1%，同比下降1.86个百分点。

【科技创新】 2007年，以做精做强一、二类高端卷烟品牌，实现卷烟品牌差异化为目标，以7个“十一五”重大科技专项为工作重点，以烟叶原料、特色工艺、卷烟调香、减害降焦及生态工业、数字烟草、烟草经济与信息等6个领域为主攻任务，全面构筑具有自主知识产权的核心技术。

新立项目的启动及论证。组织红云集团、红塔集团与郑州烟草研究院、云南烟草科学研究院、云南瑞升公司等单位联合，参与国家局2007年公开招标的“卷烟保润机理及应用技术研究”、“面向分组加工及订单生产的柔性制造系统”、“中式卷烟风格特征剖析”、“卷烟品牌对多点加工均质化技术”、“卷烟辅助材料参数对主流烟气HOFFMANN分析物的影响研究”等5个重大科技项目的竞标活动，项目全部中标并被列入国家局2007年科技计划。

公司对2007年所属企业申报的28项计划备选项目经过初审和审议，最终确定“高档、高端卷烟产品的研发”等15项为2007年新立项目，全年拨款3998.34万元作为15项新立项目和31项延续项目的研究费用。

推进七大科技专项的实施。深入推进2006年启动的“原料差异化战略的研究与推广”等7个“十一五”重大科技计划的实施。组织有关专家到大理州宾川县拉乌乡考察云南中烟工业公司“2007年引进美国烤烟品种示范生产基地”的田间烤烟长势、抗病性、初烤烟叶质量等；听取了云南烟草科学研究院和云南瑞升公司承担的“物理及化学手段综合减害降焦研究”等6个重大科技专项的进展情况汇报，考察了云南瑞升公司“烟梗膨胀工艺小试生产线”的生产情况，并对“烟梗膨胀工艺及应用研究”项目进行阶段性验收。分别对5个重大科技专项和4个子项目2007年度实施情况进行逐项检查考评，对两个重大科技专项中试生产线开发方案进行可行性论证，同时对2008年拟启动的重大科技专项进行了讨论。7个重大专项进展顺利。

科技成果管理及奖励。2007年，共有3项省部级下达的科技计划项目通过国家局组织的鉴定验收，32项由企业立项和自行开展的科技项目通过云南中烟工业公司组织的鉴定验收。全年有26项科技成果获得云南中烟工业公司2006年度科技进步奖励，经上级主管部门评审，其中，“再造烟叶生产配套关键技术开发”、“卷包设备产品制造规格尺寸综合改造”两项获得云南省政府科技进步二等奖；“技术集成研发‘红塔山’（经典1956）卷烟”、“昆产名优卷烟低焦油、低CO相关技术研究”、“新型功能性嘴棒的开发及应用”3项获得云南省政府科技进步三等奖；“诺卡酮的合成及在卷烟香料中的应用研究”获得国家局科技进步三等奖。

全年申请专利33项（其中发明专利28项），获得授权专利27项。

【节能减排】 根据《国家烟草专卖局关于烟草行业加强节能减排工作实施意见》的要求，云南中烟工业公司成立了以分管副总经理为组长的节能减排工作领导小组及办公室，制订了《节能减排工作实施方案》。所属各卷烟生产企业也相继成立节能减排工作领导小组，制订工作实施方案，同时普遍加大节能减排管理的力度，制订和完善节能减排管理制度，建立奖节罚超制。

2007年，云南烟草工业系统节能减排取得明显成效。卷烟工业企业产值综合能耗16.74千克标煤/万元，综合能耗3.42千克标煤/万支，分别同比下降12.68%和2.06%；烟叶复烤综合能耗154.12千克标煤/吨烟，同比下降4.46%；卷烟生产用水量0.13吨/万支、烟叶复烤吨烟用水量4.1吨，同比分别下降36.89%和38.62%。主要污染物排放指标符合国家控制标准，化学需氧量、粉尘（烟尘）、废水排放量比上年明显减少。

【安全管理】 2007年，全面落实安全生产责任制，层层分解安全工作目标。坚持各单位主要领导是安全工作第一责任人，各集团、直属单位是安全生产责任主体的责任制度。公司与红塔集团、红云集团、红河集团、云南中烟物资（集团）有限责任公司、云南烟草兴云投资股份有限责任公司等8家所属企业签订2007年度安全生产责任书，分解了安全控制指标。

在全省烟草工业系统全面开展排查治理工作。通过检查，发现存在隐患48项，并限期进行了整改。举办企业主要负责人和安全管理人员安全管理培训班，下属单位共60人参加了培训，并取得培训合格证。通过专业咨询机构培训了730名职业健康安全管理体系“内审员”，另外还有3名员工通过国家注册审核员资格考试，25名员工通过“注册安全工程师”资质考试。

2007年，云南中烟工业公司安全生产工作实现了重特大火灾事故为零；因公死亡率为零，重大以上生产责任事故为零，重伤事故率控制在0.2‰以下；重大以上交通事故为零。

【物资配套服务】 云南中烟物资（集团）有限责任公司由云南中烟物资配套公司2006年6月改制而成，是云南中烟工业公司的全资子公司。公司是一个以经营管理云南省烟草工业系统卷烟辅料、烟机设备和零配件、仓储运输为主的国有独资公司。截至2007年底，公司有总资产15.15亿元，其中净资产8.37亿元。

2007年，实现主营业务收入72.77亿元，实现利润1.93亿元，上缴税金0.61亿元。

2007年，云南中烟物资（集团）有限责任公司通过云南中烟物资电子商务网资质认证子系统，完成对259家卷烟材料供应商的年度动态认证。全年审核审批上报设备大修计划22台套，完成大修设备19台套，调拨烟草专用设备19台套，监销制丝、卷烟、包装设备437台套，报废烟草通用、专用设备299台套，报废净值3600多万元。云南中烟物资（集团）有限责任公司被列入铁路部门大客户名单，获得车皮优先保证等优惠政策，计划批准率达100%。

【多元化经营】 云南烟草兴云投资股份有限公司为云南中烟工业公司多元化经营企业，其前身为云南烟草集团兴云股份有限公司，成立于1993年1月。1999年，公司进行资产重组，并最终更名为云南烟草兴云投资股份有限公司，注册资本5.5亿元。公司股东由云南中烟工业公司、云南省烟草公司、红塔集团、红云集团和红河集团共同组成。公司对非烟草产业投资实施集中统一管理，主要经营范围涉及房地产、物业管理、旅游酒店、高新技术产业、金融证券、保险等行业。2007年，公司总资产30.27亿元，其中净资产16.78亿元。共有在册员工1176人。

2007年，公司实现主营业务收入3.06亿元，实现利润1.04亿元，上缴税金0.43亿元。

【纪检监察】 加强对重大工程项目和大宗物资采购工作的监督管理，重点对工程建设项目中的同步预防职务犯罪、资金共管账户等工作的具体措施和办法进行学习、交流；分别对红塔、红云、红河集团的物资采购监督工作进行了深入调研。针对红云集团昆明卷烟厂易地技改、红塔集团楚雄卷烟厂危房改造和易地技改工程的投资情况，制定《红云烟草（集团）有限责任公司对昆明卷烟厂易地技改工程项目同步开展廉政监督的实施方案（试行）》、《红云烟草（集团）有限责任公司招标工作纪律（暂行）》等文件。红河集团、云南中烟物资（集团）有限责任公司，以及各直属单位根据纪检监察工作要求，修改和完善了相关制度。

做好对拟任干部人选在廉洁自律方面的审查工作，坚持“五必谈”的谈话制度（即干部任免时必谈，干部交流调动时必谈，有反映、有苗头必谈，班子内部不团结、有矛盾和有问题时必谈，出现问题，初查核实的必谈），收到良好效果。

【思想政治工作】 组织开展“抓班子、带队伍、促发展、创和谐”主题实践活动，对公司领导人开展以“五查五看”为主要内容的对照检查活动，组织下属三大集团领导班子成员，所属全资、控股生产企业党政一把手，公司机关处室负责人和直属单位的党政负责人近70人对公司领导班子及成员进行评议。组织各单位开展“平凡的感动”演讲比赛，选取9名优秀选手到各省内、外生产企业进行了为期40天的“感动之旅”的巡回宣讲活动。

召开党组专题扩大会议，深入学习中央4个长效机制文件、省委18项基层党建工作制度、国家局党组加强烟草行业党的先进性建设36项制度，结合云南中烟工业公司实际，查找在贯彻落实中存在的问题，研究制订整改措施，在各单位中开展了自查工作。云南中烟工业公司职工思想政治工作研究会下发《2007年云南中烟工业公司政研会调研提纲》，组织开展调研工作和政研论文评审活动，从收到的73篇论文中挑选出62篇论文交由行业内外的相关专家组成的评审会进行了评审。

修订完善《云南烟草工业系统2007年度基层工会工作目标管理办法》。召开工会一届四次全委（扩大）会议，审议通过了工会经审委员增补人选和女工委员替补人选。签订2007年基层工会目标管理责任书，对2006年基层工会目标管理考核先进单位、优秀工会工作者进行了表彰。

【企业文化】 全面推进企业文化建设。贯彻落实全国烟草行业第二次企业文化建设工作会议精神，召开云南中烟工业公司企业文化建设工作座谈会，督促和检查各单位开展企业文化建设工作的情况。下发《云南中烟工业公司企业文化建设工作实施意见》，对各单位企业文化建设工作加强指导和服务。组织员工65人参加了国家局2007年第三期企业文化建设培训班。组织红塔集团、红云集团有关人员参加了国家局举办的企业文化读本审定会和《中国烟草企业文化评价体系》试运行解读座谈会，做好《评价体系》试运行的相关准备工作。

所属企业

红塔烟草（集团）有限责任公司

【概　况】 红塔烟草（集团）有限责任公司前身是玉溪卷烟厂，1995年改制为玉溪红塔烟草（集团）有限责任公司，2005年12月2日，正式更名为红塔烟草（集团）有限责任公司。2007年3月1日，由红塔集团长春卷烟厂与中国烟草实业发展中心延吉卷烟厂重组整合后组建的吉林烟草工业有限责任公司正式成立。

截至2007年底，红塔集团以母分公司的形式拥有云南省内玉溪、楚雄、大理卷烟厂；控股海南红塔卷烟有限责任公司、红塔辽宁烟草有限责任公司；参股吉林烟草工业有限责任公司；拥有香港红塔国际烟草有限公司、红塔瑞士有限公司、老挝寮中红塔好运烟草有限公司3个境外烟草企业和云南红塔集团有限公司一个全资专业公司。总资产676.5亿元，其中，固定资产103.84亿元、流动资产427.2亿元，资产负债率20.62%。红塔集团（省内三厂）年卷烟生产能力1500亿支（300万箱）。共有在岗员工4173人，其中，博士研究生学历8人、硕士研究生学历201人、本科学历887人；专业技术人员（不含技术工人）1625人。

【领导成员】 董事会

董事长：柳万东

董　事：李新军　李穗明　李天飞　周少南　李光斗　李海昆　张　峻　郭　曼　张国良　谢昆或

监事会

主　席：李剑波

监　事：官润芬　廖世勇　赵建华　魏琼仙

经理层

总　裁：李穗明

副总裁：张国良　蒋顺华　谢昆或　李光林

总工程师：葛乎明

调研员：马曙勋　普学明（—2007.12）

党委会

党委书记：柳万东

党委副书记：施永超

工会主席、纪委书记：官润芬

党委委员：李穗明　李德贤　吕子军　张建华　吕　坚　王敏慧

【组织机构】 红塔集团设办公室、人力资源部、党委工作部、经济运行部、财务部、装备技术部、安全生产委员会、纪检监察办公室、集团工会等9个部门，市场营销中心、技术中心、生产制造中心、物资采购中心4个中心。

【卷烟生产经营】 2007年，红塔集团省内玉溪、楚雄、大理三厂，省外控股企业红塔辽宁烟草有限责任公司和海南红塔卷烟有限责任公司全年生产卷烟1718亿支（343.6万箱）（含出口卷烟4.6万箱），同比增长3.58%。销售卷烟1714.8亿支（342.96万箱）

（含出口卷烟 4.4 万箱），同比增长 3%。实现税利 243.47 亿元，同比增长 19.18%，其中，实现利润 48.68 亿元，同比增长 75.35%。

省内三厂全年生产卷烟 1391.15 亿支（278.23 万箱），同比增长 2.75%；销售卷烟 1386.6 亿支（277.32 万箱）（含出口卷烟 4.33 万箱），增幅 1.86%。红塔集团本部和省内三厂实现税利 219.29 亿元，其中实现利润 46.08 亿元。红塔辽宁烟草有限责任公司生产卷烟 257.35 亿支（51.47 万箱），同比增长 7.61%；销售卷烟 255.30 亿支（51.06 万箱）；实现税利 19.84 亿元。海南红塔卷烟有限责任公司生产卷烟 71.5 亿支（14.3 万箱），同比增长 9.14%；销售卷烟 71.60 亿支（14.32 万箱）；实现税利 5.20 亿元。

【品牌战略】 2007 年，红塔集团将品牌战略调整为“做精做强‘玉溪’，做强做大‘红塔山’，做实做稳‘红梅’，确立‘玉溪’在高端品牌的强势地位，确立‘红塔山’在品牌体系中的标志性地位”。突出高端、高档品牌工作重点，完善高端、高档产品线规划，突出主导规格，制定梯次化价格策略。成立跨部门“高端、高档品牌推进工作组”，制订“玉溪”、“红塔山”销量 KPI 指标，并设专项奖励资金。

2007 年，“红塔山”品牌持续快速增长，销售量 115.79 万箱，同比增长 84.32%，其中，主导规格“红塔山（经典 1956）”销售 66.53 万箱，同比增长 109%。“玉溪”销售量 31.8 万箱，同比增长 44.68%；“红梅”销售量 216.84 万箱，同比增长 26.65%。

【科技创新】 红塔集团技术中心成立于 1997 年，是原国家经贸委、海关总署、国家税务总局于 1996 年 12 月认定的国家级技术中心。2000 年 11 月，经国家人事部、全国博士后管理委员会批准，红塔集团博士后科研工作站正式成立并设于技术中心，企业技术进步与升级融为一体。技术中心下设产品研究开发一室、产品研究开发二室、香精香料研究室、原料研究室、工艺技术科等 11 个部门。截至 2007 年底，技术中心共有员工 153 名，其中，博士研究生学历 6 人、硕士研究生学历 31 人；高级职称 4 人、中级职称 53 人。

2007 年，技术中心在进行的科研课题和项目有：国家局项目“卷烟均质化加工技术研究”等共 7 项；云南中烟工业公司项目“高档、高端卷烟产品的研发”等共 12 项；企业自选项目“产品开发与品牌维护”等共 25 项，承担和开展了包括“烟用活性炭行业标准”等在内的十多项重点科研项目。

顺利完成“玉溪（境界）”、“玉溪（尚善）”、“玉溪（大成）”、“红塔山（经典 100）”、“红塔山（大经典）”的研发工作。通过综合降焦技术，完成焦油量 3mg、5mg、8mg 新品研发储备。省内三厂全面推广 72 级工业分级及模块加工特色工艺，提高了原料的稳定性和使用价值。专利技术工作取得重大进展，在云南中烟工业公司评选的 26 个科技进步奖中，红塔集团获 11 个奖项，其中，“技术集成研发‘红塔山（经典 1956）’”项目获得特等奖，“制丝配方叶组分模块加工工艺研究”、“新型复合嘴棒的研发及产业化”等 4 个项目获得一等奖，“制丝线工序工艺质量评价与优化”获云南省科技进步三等奖。

【技术改造】 2007 年，共启动技改项目 115 项，基建项目 38 项。顺利完成复烤一车间搬迁改造前期准备工作、大理卷烟厂打叶复烤生产线的搬迁及烟叶仓库建设项目、楚雄卷烟厂新厂区规划及设计招标等工作，与法国摩迪公司合作开展的烟草薄片项目已通过专家论证。

【信息化建设】 2007 年 1 月 1 日，红塔集团 ERP 系统优化项目正式上线，楚雄、大理卷烟厂同时上线运行，红塔集团主要业务运作和流程得以在一个规范、敏捷、信息同步共享的环境中运作。

【企业管理】 “四个中心”建设。进一步理顺集团内部管理体制机制，组建生产制造中心和物资采购中心，完善技术中心、市场营销中心组织架构，调整、整合“四个中心”职能，资源配置效率进一步提高。构建以客户订单为主线的管理体系，启动“ERP 系统‘四个中心’优化项目”，着力提升专业化管理职务授权相结合的“六个一体化”管理水平。

生产管理。有效推进原料差异化战略，增强原料、物资保障能力。加强对省内、省外 11 个卷烟生产厂的过程控制，多点生产产品质量保障能力明显提高。围绕“按客户订单组织生产”的要求，不断梳理优化业务流程，切实增强多点生产管理控制能力，卷烟生产快速响应市场能力进一步增强，制造成本大幅降低。

绩效管理。修订实施《红塔集团绩效管理制度》，全面开展绩效管理。制订年度KPI指标，明确工作重点，分解细化绩效指标。依托ERP系统和办公自动化系统创建了绩效管理模版并进行维护，实现了考核体系信息化。

【多元化经营】 继续依法依规按程序处置不良资产，全年累计清退多元化经营企业9家。对被列入“瘦身圈”的企业股权进行处置、重组和转让，对被列入“强身圈”的部分企业进行资产重组，资产运营水平明显提高。截至2007年底，红塔集团参与投资的多元化经营企业71家，按同口径纳入统计的企业52家，全年实现销售收入258.5亿元。实现税利127.5亿元，同比增长149.29%。

2007年，红塔集团对所属的全资、控股企业进行综合考评和调研，强化对多元化投资项目的监管力度，健全完善了各全资、控股企业激励机制和约束机制。红塔集团的多元化经营形成了跨地区、跨行业、跨所有制的格局，以参投、控股、联合、独资、融资等形式累计投资160多亿元，囊括烟草、金融、房地产、汽车、能源交通、医药、轻化工、贸易咨询、酒店及材料等多个行业。

【队伍建设】 红塔集团在玉溪卷烟厂和物资采购中心，以五类专业为试点建立起生产系统员工技术发展通道，制订《红塔集团关于建立生产系统员工技术发展通道的实施意见》。结合培训方案，对技术工人分7个工种进行职业技能鉴定。制定2007～2011年的五年培训规划，提出“人才开发培养的333工程”，即在2011年末，培养各类高层次人才300人、各类高技能人才300人、完成集团300余名中层管理人员的职业化培训、培养特殊人才和烟草技术能手30人。开展职业经理人资格证认证培训，2007年集团参加职业经理人资格认证考试的50名中层管理人员全部通过考试获得资格证书。

全年共举办培训168项，培训员工7215人次，其中，内训项目85项，共培训6149人次；外训项目76项，共培训529人次；职业技能鉴定7期，共培训537人次。

【特事要辑】 5月29日，中纪委副书记张惠新到红塔集团参观考察。

9月12日，国家局局长姜成康考察红塔集团楚雄卷烟厂易地搬迁技改项目现场。

10月29日，越南升龙卷烟厂总经理邓春方一行7人到红塔集团参观访问。经过协商，红塔集团、云南烟草国际有限公司与越南升龙卷烟厂、香港七星发展贸易公司就红塔品牌在越南当地许可生产、销售、市场培育、技术交流与合作等达成合作协议。

12月5日，老挝寮中好运烟草有限公司第十一次股东会在红塔集团举行，会议决议正式通过红塔集团控股老挝寮中好运烟草有限公司，并将公司名称更名为“老挝寮中红塔好运烟草有限公司”。

12月8日，由国家局和云南省人民政府共同主办的“中式卷烟大品牌发展高层论坛”在红塔集团举行。国家局局长姜成康、云南省委书记白恩培、云南省省长秦光荣、国家局副局长何泽华、李克明等一行出席了论坛。

12月12日，红塔集团楚雄卷烟厂易地搬迁技改项目奠基仪式在楚雄举行。云南省委书记白恩培、云南省省长秦光荣等对奠基仪式表示祝贺。

红云烟草（集团）有限责任公司

【概　况】 红云烟草（集团）有限责任公司组建于2005年11月8日，由昆明卷烟厂和曲靖卷烟厂合并改制组建，是中国烟草行业首家工厂制变公司制改制试点单位。截至2007年底，红云集团下辖昆明卷烟厂、曲靖卷烟厂、会泽卷烟厂、昆明卷烟厂分厂、乌兰浩特卷烟厂5个卷烟生产企业，控股山西昆明烟草有限责任公司（简称“山昆公司”），参股内蒙古昆明卷烟有限责任公司（简称“蒙昆公司”）。有总资产297.03亿元，其中，固定资产37.85亿元、流动资产218.82亿元，资产负债率24.73%。共有员工15525人，其中在岗员工9330人。企业年卷烟生产能力1500亿支(300万箱)。配备有具备国际先进水平的12000千克/小时打叶复烤线4条，12000千克/小时至1500千克/小时不同生产能力的制丝线8条，2270千克/小时和1140千克/小时二氧化碳膨胀线2条，滤棒成型机44台，PROTOS Ⅱ、GD121+等卷烟机组共109套，FOCKE700、GDX3000等包装机组共117套。

2007年，红云集团围绕行业“完善体制机制，优化资源配置，增强竞争实力，全面提升水平”的主要任务和云南中烟工业公司“着力培育高档卷烟，努力做强烟草工业”的工作部署，以处理好“四个关系”、强化“四项基础”为工作重点，进一步明确了培育“云烟”年产销量过百万箱、“云烟”单品牌年创税利过百亿元、红山茶年产销量过百万箱的“三百”目标，完善体制机制提高运行质量，圆满完成了各项生产经营管理目标。

【领导成员】 董事会

董事长：徐 瑺（—2007.12）

朱绍明（2007.12—）

董 事：陆宪生 郭洛夫 赵子敏 周少南 陆 琪 俞瑞方 武 怡

马子肖 许力为

监事会

主 席：李新军

监 事：袁林泽 李 明 魏琼仙 魏志刚

经理层

总 裁：朱绍明

副总裁：俞瑞方 武 怡 马子肖 许力为

总裁助理：和国刚 黄木忠 李 恒

调研员：方康宁

副调研员：郑楚声

党委会

党委书记：朱绍明

党委副书记：朱俊英

纪委书记：魏志刚

工会主席：田 福

党委委员：魏志刚 田 福 和国刚 黄木忠 杨校平 肖亚泽 刘凤书 田东明 马 珍 代 伟 祁 燕

【组织机构】 红云集团设立了党政办公室、人力资源部、计划财务部、审计部、原料部、发展改革部、信息管理部、三产管理部、营销中心、技术中心、制造中心、物资采购中心、党群工作部、纪检监察部、工会综合办公室、技改指挥部等2室10部4中心，以及5个直属党委、30个党总支、97个党支部和工会、共青团组织。

【卷烟生产经营】 2007年，红云集团所属5个生产厂累计生产卷烟1291.08亿支（258.22万箱），同比增长2.41%，其中，一类烟151.15亿支（30.23万箱），二类烟39.24亿支（7.85万箱），三类烟489.85亿支（97.97万箱），四类烟358.56亿支（71.71万箱），五类烟252.29亿支（50.46万箱）。累计销售卷烟1296.68亿支（259.34万箱），实现销售收入271.76亿元，同比增长19.07%。实现税利213.90亿元，同比增长29.94%，其中实现利润53.82亿元，同比增长47.54%。

控股企业山昆公司生产卷烟142.5亿支（28.5万箱），实现税利9.19亿元，同比增长23.58%，其中实现利润0.43亿元。参股企业蒙昆公司生产卷烟157.5亿支（31.5万箱），实现税利15.86亿元，同比增长22.85%，其中实现利润3.02亿元。

企业烟叶平均消耗6.77千克/万支，香精香料平均消耗12.98元/万支，卷烟盘纸平均消耗624.35米/万支，嘴棒平均消耗1716.3支/万支。卷烟产值能耗15.35千克标煤/万元，卷烟生产综合能耗3.34千克标煤/万支。

【品牌战略和产品介绍】 红云集团把进一步突破高端、高档卷烟作为首要任务，坚持“抓两头、调中间”，围绕“抢占高端、拓展高档、巩固中档、保证低档”的思路优化资源配置。明确了以“云烟”为主，“红山茶”、“石林”和“小熊猫”为辅的品牌整合发展思路。着力建立以一、二类烟结构提升为核心的综合管理考核体系，培育高档、高端“云烟”重点规格。成立市场预测需求领导小组，切实提高需求预测的准确性，构建工商信息共享平台，密切关注和监控市场动态。实施《订单订货工作手册》，突出对重点市场、重点分公司的重点投入，按存销比、市场价格和终端动销三要素安排好生产进度。

2007年，在线生产卷烟10个品牌36个规格（不含控股参股企业），“云烟”、“红山茶”、“小熊猫”、“石林”、“香格里拉”、“福牌”、“茶花”、“春城”、“吉庆”、“苁蓉”品牌均为“百牌号”产品。不断扩大“云烟”和“红山茶”规模，全年“云烟”销量539.65亿支（107.93万箱），同比增长45.85%；“红山茶”销量667.4亿支（133.48万箱），同比增长53.22%。

【生产质量管理】 有序推进“三标一体”管理体

系贯标认证工作，发布实施红云集团质量/环境/职业健康安全《管理手册》和《程序文件》。加大计划、消耗、质量、设备和安全5个专项量化考核力度，狠抓薄弱环节，提升品控能力，严格控制不合格产品流入下一环节。启用生产进度上报模块，完成与卷烟生产经营决策管理系统、云南中烟物资电子商务平台的对接，统一物资采供计划、合同签订、质量检验、供应商和价格管理，加快品牌辅料清理调整，严密控制库存，集中储备辅料，统筹调剂使用，及时跟进生产，提高物资周转效率。

开展群众性经济技术创新活动，提高操作维修技能。红云集团12个优秀QC成果受到云南中烟工业公司表彰，其中，“提高膨胀烟丝出丝率”的研究成果名列云南省烟草工业系统第四次优秀QC小组成果发布第一位。产品全年市场抽检、行业抽检、出口商检和质量监督检合格率均为100%，在云南省2007年下半年卷烟产品质量监督抽查中，“云烟（印象）”和“云烟（软珍品）”感官质量评吸得分列全省第一、二位，“云烟（印象）”、“云烟（醇香）”、“石林（软）”和“小熊猫（软红世纪风）”包装与卷制质量得满分，产品多点生产的均质化水平稳步提升。

【财务审计】 统一财务核算和考核指标口径，健全内部二级复核制度。试行预算模块，加强预算项目监控，制订《招标工作纪律》并建立评委成员库，前移内审关口，严把合同和结算审核关。开展财务收支、经济责任、预结算审计和内控制度评审，不断健全严格规范的内控机制。全年共审计合同和工程结算2773项，审减金额3009万元，组织参与招标410项，节约资金3978万元。红云集团省内单箱广告、宣传、促销3项支出低于云南中烟工业公司下达的考核指标。

【原料保障】 红云集团始终把“稳定规模、主攻质量、改善结构、突出特色”作为原料差异化战略的中心环节，着力解决品牌规模不断扩张，尤其是高档高端品牌拓展与进口和优质原料依赖度较高的矛盾。推进工商联动共建基地的原料生产模式，加强对基地计划分配、品种布局、育苗种植等的实地调查分析，原料基地发展到3省27县（市）区，83%的烟叶产区实现了基地化生产。对省内7个自育品种进行试验示范，筛选适宜集团品牌发展的原料新品种，4000亩美国引进品种示范推广进展顺利，部分替代进口烟叶生产示范面积由2006年的1.3万亩增加到2.3万亩。

健全原料管理信息系统，完善烟叶数据库，实现了省内原料一体化管理。拓宽烟叶使用范围，提高仓库养护能力和使用水平；前移烟叶收购关口，做好在昆明、曲靖两市开展的烟叶原收原调收购模式试点工作。

2007年，工商交接合格率进一步提高，等级结构趋于合理，降级率、碎耗、霉耗和损耗等主要指标均低于规定指标。

【科技创新】 探索“开放式”的技术创新模式，与国内外烟草相关领域的科研企业和院所密切合作，初步建成集团产学研联合创新平台。制订科技创新实施计划，深入开展国家局“利用化学指标体系表征卷烟产品品质特征的研究”及云南中烟工业公司“名优卷烟相应化学指标特征及在云烟等品牌维护中的应用”等多项科研项目，从制丝工艺、配方技术、减害降焦、生物技术、环保技术等方面加快中式卷烟特色工艺关键领域突破研究。以开展进口替代烟叶项目为契机，结合烤烟新品的试验研究应用，瞄准进口烟叶的质量、风格和水平，全程管理，定期评价，着力打造“云烟”品牌所需的特色主料烟叶。构建自主调香体系，建立近红外香精香料分析模型，开展增香保润的技术研究，运用造纸法薄片、卷烟纸添加剂、烟用材料改进等新技术新材料，稳步推进控焦降碱工作。

开发出“云烟（软礼印象）”、“大重九（礼品装）”、“云烟（硬珍品）”等新产品。全年向国家知识产权局提交了16项专利申报，其中，获省部级科技进步二等奖1项，云南中烟科技进步奖5项。

【技术改造】 统筹推进红云集团中长期技改，充实技改指挥部力量，昆明卷烟厂易地技改土地证、工程建设施工许可证等相关手续基本办结，初步设计的评审工作和安全预评价、职业卫生预评价及厂区交通预评价等工作基本完成。联合工房进入基础施工阶段，动力中心开工建设，第一批制丝主机和卷接包进口成型设备完成申报并签订部分合同，红云集团管理总部、科技创新园方案通过专家论证并上报国家局审批。

曲靖卷烟厂技术改造拟形成年产600亿支（120万箱）的规模，规划新建两条6000千克/小时制叶丝线和一条3000千克/小时烟梗集中处理线，建设物流信息系统，新建污水处理——中水回用、烟气脱硫、烟草异味处理等节能、环保配套设施，技改项目已上报国家局审批。

乌兰浩特卷烟厂易地技改项目获国家局批复同意，项目规划拟形成年产100亿支（20万箱）的规模，新建一条国产3000千克/小时制丝生产线，并购置配套设备，搬迁利用现有卷接包设备及嘴棒成型设备。

山昆公司易地技改联合工房全线投产，蒙昆公司易地技改后各项工作基本步入正轨。

【队伍建设】 落实人才兴企规划，突出岗位管理，严格绩效考核，选拔推荐了集团各部室（中心）及各生产厂领导班子后备干部42名，引进本科、硕士应届毕业生56人充实到各生产厂。推进评优树模工作，规范表彰奖励办法，设立总裁奖励基金。2007年，有1名员工获得“全国五一劳动奖章”，1名员工获“全国烟草技术能手”称号，2名员工被评为“云南省高技能人才（技术专家）”，12名员工获“云南中烟工业公司技术能手”称号；评选、表彰红云集团各类先进集体38个，劳动模范、“红云之星”、标兵、技术能手、优秀党员等先进个人共315名。

全年投入经费800万元，开展各类培训326次，参加培训人员共19290人次。组织2个团队和32名营销人员参加云南中烟工业系统第一届卷烟商品营销职业技能竞赛。成功举办红云集团第一届电气技术维修职业技能竞赛、卷烟商品营销职业技能竞赛和第二届烟机设备维修职业技能竞赛、烟叶分级职业技能竞赛。

【企业文化】 通过文化建设培训，激发员工的潜能和参与热情。整理员工文化案例，将红云故事编辑成册，以实例诠释红云人的先进性标准。总结提炼红云人的言行标准，制订《员工行为规范》，用《员工座右铭》把每个红云人的岗位理念落实到岗位行动上。各基层党委把主题实践活动与构建文化架构体系结合起来，广泛动员，试点推行，借助电子屏幕、贺卡、黑板报、宣传橱窗等形式营造氛围，通过演讲、文艺活动等各种载体强化文化理念，在知识竞赛中用身边的人和事进行案例分析，提高企业文化传播的效果。

采取突出重点、分类指导的办法，开展企业文化建设经验交流，帮助基层突破文化宣传贯彻的重点和难点，企业文化核心理念体系培训覆盖率达到了95%以上，认知率达85%以上，集团先后获全国企业文化建设优秀组织单位和中国烟草最佳企业文化奖等荣誉。

【特事要辑】 2月2日，云南省副省长程映萱一行到红云集团慰问。

4月25日，国家局局长姜成康参观考察山昆公司。

6月12日，津巴布韦国防部部长悉德尼·赛克拉玛伊一行到红云集团昆明卷烟厂参观访问。

7月18日，云南省副省长程映萱到红云集团石林、陆良烟叶基地，考察了烤烟长势和中耕管理情况。

7月26日，国家局副局长李克明一行到蒙昆公司新厂区考察。

8月20日，国家局纪检组长潘家华一行考察了红云集团昆明卷烟厂易地技改工地和昆明卷烟厂。

8月27日，内蒙古自治区政府副主席赵双连考察了红云集团乌兰浩特卷烟厂。

9月14日，国家局局长姜成康、云南省副省长程映萱一行到红云集团考察。

10月30日，老挝总理波松·布帕万一行到红云集团昆明卷烟厂参观访问。

12月20日，红云集团举行实现“双百”目标（即“云烟”年产销量突破百万箱，年创税利突破百亿元）的纪念仪式。云南省委书记白恩培、国家局副局长张辉等一行出席纪念仪式现场。

红河烟草（集团）有限责任公司

【概　况】 红河烟草（集团）有限责任公司前身为红河卷烟总厂，2007年5月，经国家局批准，红河烟草（集团）有限责任公司成立，并于5月18日举行了授牌仪式。截至2007年底，下辖红河卷烟厂、昭通卷烟厂、新疆卷烟厂3个卷烟生产厂。占地面积158.57万平方米。有总资产165.23亿元，其中，固定资产30.72亿元、流动资产110.55亿元，资产负债率47%。共有在岗员工3613人，其中，红河卷烟厂1023人、昭通卷烟厂2067人、新疆卷烟厂523人。拥有具备国际先进水平的打叶复烤、制丝、卷接包生产系统，年卷烟生产能力1200亿支（240万箱）。

【领导成员】 2007 年 5 月，红河集团组建了董事会、监事会和经营班子。

董事会

董事长：邱建康

董　事：毕凤林　许　泽　李海昆　余惠莲　孙　玲　张　峻　郭　曼

监事会

主　席：魏琼仙

监　事：金　航　李文仙

经理层

总　裁：毕凤林

副总裁：许　泽　李海昆　冯　斌　王家寿（2007. 12—）

党委会

党委书记：邱建康

党委副书记、纪委书记：金　航

党委副书记：张树山

党委委员：毕凤林　许　泽　张树山　王　勇

工会主席：普　庚（2007. 12—）

【卷烟生产经营】 2007 年，红河集团主要生产“红河”、“龙泉”、“钓鱼台”、“画苑”、“雪莲”“先锋”、“雪域”等 20 个卷烟品牌。全年生产卷烟 809. 1 亿支（161. 82 万箱）（其中，红河厂 90. 9 万箱、昭通厂 50. 92 万箱、新疆厂 20 万箱），同比增长 7. 04%，其中，生产一类烟 3. 57 亿支（0. 71 万箱），二类烟 70. 83 亿支（14. 17 万箱），三类烟 481. 66 亿支（96. 33 万箱），四类烟 240. 43 亿支（48. 09 万箱），五类烟 12. 6 亿支（2. 52 万箱）。实现销售收入 133. 07 亿元，同比增长了 11. 88%。实现税利 94. 06 亿元，同比增长 11. 97%，其中实现利润 17. 83 亿元。

烟叶平均消耗 5. 94 千克/万支，嘴棒平均消耗 2271. 55 支/万支，卷烟纸平均消耗 585. 59 米/万支，条盒平均消耗 50. 45 张/万支，产值综合能耗 21. 6 千克标煤/万元。

【品牌培育】 合理布局市场。加强重点市场的品牌培育，巩固和拓展市场份额，打造工商之间稳定的价值链。红河集团在继续巩固与拓展华北、华西市场战略要地的同时，力争在中国京、津、冀，长三角，珠三角三大城市群落的市场拓展有所作为。科学合理布局全国市场，对投放数量、方式、时间进行有效的调控，保证货源与市场的协调统一，实现增量、稳价运行。

围绕“做强、做精”品牌，根据现有的产品及市场定位，着力于做大、做强单价在 20 元/包以内的产品，稳步推进高端、高档产品的发展，重点做强二类卷烟产品。推进“红河（精品 88）”、“红河（精品 99）”系列销量的稳定增长。

做好客情与渠道维护。通过加强沟通往来，建立稳固的销售渠道，把工商战略协同真正建立在共同的品牌市场培育目标体系和监控管理措施的基础之上。争取分销商持续的资源、政策的支持，把握住品牌在全国商业渠道的运行质量。建立零售户数据库，对不同业态的零售户进行分类，实施模块管理，根据不同业态特点，实施个性化营销策略。

【科技创新】 2007 年 10 月，向国家局上报“红河（源）”、“红河（道）”两款新产品的《卷烟产品开发项目申报书》，11 月获得国家局批准。对“红河 V6”、“红河 V8”产品的提质研究工作初见成效。完成对“红河（精品扁盒）”的提质改造，促进了“红河（乙级）”、“红河（甲级）”产品质量的改进。

继续推进原料差异化研究和实施的相关系统工作，在膨胀烟丝配方及工艺研究、梗丝配方及工艺研究、产品配方结构性优化调整试验、昭通烟叶资源属性及应用研究、新疆原料本地化应用研究、切丝宽度对卷烟吃味品质量的影响等 20 多个项目研究上均取得较好成效。

结合红河集团发展需求和“红河”品牌特点，坚持重点突破的原则，在“三级配方”特色工艺的平台下，以企业自主开发为主，以产、学、研及企业间技术合作等多种形式为辅，进行新技术、新工艺、新材料、新产品的研究与应用等多项研究活动，着力解决了制约企业产品品质发展的关键技术问题。2007 年，经云南中烟工业公司组织鉴定，红河集团“三级配方烟叶配伍特性研究”项目在烟叶配伍特性的研究和应用方面处于国内领先水平，“造纸法再造烟叶在红河产品中的开发及应用研究”项目中的综合技术在国内同类领域中处于先进水平，“红河卷烟降焦工程研究与应用”项目的综合技术集成应用达到国内先进水平。

开展虚拟产品的设计，围绕虚拟产品进行开发规划。引进较为前沿的“三新”技术，从原料、香精香料、“三纸一棒”等各方面进行深入研究，不断形成具有行业领先的工艺及配方技术。

【质量管理】 充实和完善产品品质保障体系，加强和推动集团内部不同生产企业之间的生产质量管理交流，通过技术改造与支持、技术文件转换对接、人员互派等方式，建立可靠的品质保障体系，实现良好的过程控制。根据《卷烟品牌许可生产质量保障通则》的相关要求和规范，构建了自身的品牌质量保障体系。采取写实、整改、实验、再完善的方式，从硬件及操作两个方面为实现品质保障打下良好基础。

根据“红河”品牌产品设计和工艺要求，昭通、新疆两个生产厂对部分制丝主要设备、所有卷包设备及物流、废烟回收设备进行相应改造。红河集团对产品标准、工艺标准、工艺执行标准、产品质量在线检验标准等一系列技术文件进行讨论、修订、转换和完善，为产品同质化生产形成保障。制订质量定期巡检计划，对各生产厂的实际生产情况进行实地巡检、调研、产品评吸，并根据调研、巡检的结果制订措施，进行落实整改。

【技术改造】 红河卷烟厂技改项目涉及机械工程项目85项，项目总投资6466万元。主要项目有300千克/小时制丝试验线技术改造项目；购置横翻式硬盒包装机组；购置1套FY113型废烟支处理机；购置7台YF63盒包储存输送装置；购置1组ZB46型5支装抽取式硬盒包装机组。

昭通卷烟厂全年升级置换4台SUPER9卷接机组；对部分卷接包设备以及锅炉、空压等辅助设备设施进行技术改造；完成PASSIM机组平均重量控制系统、紧头自动跟踪控制装置、水松纸厚薄检测双倍剔除、物流自动化系各个配套项目，及部分供变配电设施和35吨/小时、10吨/小时锅炉及其打叶复烤电控系统等技术改造；完成1140千克/小时二氧化碳膨胀烟丝生产线和3000千克/小时制丝线的整体搬迁等多项设备技术改造工作。

新疆卷烟厂的项目主要有卷包滤棒系统、辅联设备、储丝柜购置改造等。

【特事要辑】 5月18日，举行了红河集团成立暨红河卷烟厂建厂20周年庆典。国家局副局长张辉、云南省政协主席王学仁、云南省副省长程映萱出席了庆典仪式。

7月30日，国家局副局长何泽华到红河集团新疆卷烟厂考察。

（贾学莉）

陕西中烟工业公司

【概　况】 陕西中烟工业公司成立于2003年12月，2007年12月12日，江苏中烟工业公司徐州卷烟厂澄城分厂被划归陕西中烟工业公司管理，更名为陕西中烟工业公司澄城分厂。截至2007年底，陕西中烟工业公司下辖宝鸡卷烟厂、延安卷烟厂、汉中卷烟厂和澄城分厂，共有从业人员9042人。资产总额78.64亿元，其中，固定资产10.76亿元、流动资产51.61亿元，资产负债率46.73%。

2007年，陕西中烟工业公司围绕“完善体制机制、优化资源配置、增强竞争实力、全面提升水平”的主要任务，按照“顺”、“深”、“严”、“实”、“好”的工作要求，秉承“和谐、发展、共享”的文化理念，继续深化改革，全面理顺管理，加快技术改造，狠抓内部监管，扎实开展“两个至上”主题实践活动，切实加强干部职工队伍建设，较好地完成了各项工作任务，实现了行业经济运行持续健康发展。2007年，陕西中烟工业公司被省委省政府授予“陕西省先进集体”称号。

【领导成员】 总经理、党组书记：龚朝凯（—2007.12）

总经理、党组书记：陈　晖（2007.12—）

副总经理、党组成员：高　峰（2007年10月后任巡视员）

副总经理、党组成员：曹兴浪

纪检组长、党组成员：陈建利

副总经理、党组成员：赵德学（2007.12—）

副总经理、党组成员：李春滨（2007.12—）

副巡视员：朱良同

副巡视员：常维祥

【组织机构】 陕西中烟工业公司机关下设办公室、法律与改革部、综合计划部、生产管理部、安全保卫部、人力资源部、财务管理部、审计部、监察部、思想政治工作部、投资管理部、物资供应部、市场营销部、技术中心、信息中心、进出口部、整顿办等17个部门。

【卷烟生产经营】 2007年，陕西中烟工业公司主要生产“好猫”、“猴王”、“金丝猴”、“延安”等品牌卷烟。全年生产卷烟710.15亿支（142.03万箱），同比增长9.23%，其中，生产一类烟10.35亿支（2.07万箱），二类烟3.10亿支（0.62万箱），三类烟83.85亿支（16.77万箱），四类烟287.85亿支（57.57万箱），五类烟325亿支（65万箱）。销售卷烟713亿支（142.6万箱），其中，省外销售243.95亿支（48.79万箱），同比增长29.63%。实现税利46.4亿元，同比增长23.27%，其中，实现利润8.69亿元，同比增长72.42%。

2007年，实现出口额498万美元、进口额289万美元，其中，烟丝出口1047.88吨，实现出口额238万美元。

【品牌战略】 2007年，坚持“以销定产、均衡生产”的原则，以提高效益为主线，加强生产调度，积极适应“按客户订单组织货源”，协调工商关系，卷烟产销持续增长，积极争取增补卷烟生产计划55亿支（11万箱），产品结构明显提升。围绕“做大‘猴王’、做强‘好猫’”的发展战略，按照开发一代、储备一代的思路，采用多种最新技术，克服各种技术难关，完成“好猫（古韵）”产品的研制和试生产工作。对“猴王（磨砂）”卷烟的质量进行了改进。

生产联营加工品牌卷烟139.5亿支（27.9万箱），同比增长34.98%。自有品牌省外销售134.35亿支（26.87万箱），同比增长18.4%。自有品牌“好猫”系列销售9.9亿支（1.98万箱），同比增长17.7%；“猴王”系列销售172.5亿支（34.5万箱），同比增长5.2%；“延安”系列销售142.5亿支（28.5万箱），同比增长10.2%。

【体制改革】 2007年，陕西中烟工业公司与陕西卷烟总厂合并为一个法人实体，理顺了资产管理关系。突出“做实资产、摸清家底、明晰产权、消化问题”的工作重点，开展主业清产核资，依法依规处置不良资产，共收回历史陈欠资金7238万元。开展多元化经营企业的清理整顿，清退多元化经营企业11家。

在已关闭的3家企业中，咸阳卷烟厂、延长分厂依法进入破产程序。

江苏中烟工业公司徐州卷烟厂澄城分厂由江苏中烟工业公司划归陕西中烟工业公司管理，顺利完成资产划转、人员接收、原辅料调配、品牌转换等工作。

【技术改造】 2007年，宝鸡、延安、汉中3家卷烟厂共完成技改投资7.47亿元。宝鸡卷烟厂联合工房、锅炉房土建工程基本完成，综合库土建进入收尾阶段，制丝主线和试验线主机设备安装基本到位，公用工程项目主体完工；延安卷烟厂联合工房、锅炉房土建主体完工，片烟醇化库交付使用，制丝线主机设备全部安装完成；汉中卷烟厂联合工房土建工程招标完成。

【科研成果】 开展自主创新活动。2007年，企业一项科研成果获得国家实用新型专利，一项发明专利进入授奖公示期。加大对影响焦油和一氧化碳的高透气性卷烟纸的研究力度，先后在“好猫（炫蓝）”、“猴王（磨砂）”、“猴王（金）”卷烟上进行60CU、70CU高透卷烟纸的试验，取得了比较满意的效果，卷烟焦油和一氧化碳得到有效控制。在保证卷烟内在质量稳定的前提下积极进行丙纤滤棒的研究与试验工作。设立专题研究项目组开展技术研究工作，针对丙纤滤棒与醋纤滤棒在应用过程中存在的性能差异，积极进行卷烟叶组配方、香精香料和丙纤滤棒的调整与研究，先后卷制试验样品1.1万支，评吸检测样品20余次。通过全面的试验与研究，丙纤滤棒卷制的“金丝猴（软蓝）”卷烟已批量投放市场。

【企业管理】 不断推进内控制度建设。新出台涉及决策监督、“两烟”经营、投资管理、宣传促销烟、试制烟、废弃烟草专卖品管理等6个方面的21项制度。干部职工自律意识普遍增强，生产经营秩序明显规范。

加强预算管理，压缩贷款规模。全系统银行贷款由年初的14.33亿元，下降到6.38亿元；减少利息支出2955万元，同比下降40.67%。

【队伍建设】 按照"分类管理、科学设岗、严格考核、落实报酬"的总体思路，制定《陕西烟草工业系统收入分配制度改革实施意见》，在宝鸡卷烟厂组织试点调研，为全系统收入分配制度改革稳步推开奠定基础。开展《劳动合同法》的学习宣传培训，以提高领导干部管理能力和职工业务技能为重点，开展多层次的培训活动，举办了两期处级干部培训班，全年累计举办各类培训693期次。

【内部管理监督】 2007年，以"完善制度、规范程序、严格监管"为主线，以规范"两烟"生产经营为重点，扎实开展内部管理监督工作。对2005年度内部专卖管理监督检查发现问题的整改情况进行审核验收，对2006年以来的生产经营情况进行全方位、规范化的内部专卖检查，根据自查出的问题进行认真整改，纠正不规范问题，通过了国家局专卖管理监督检查组重点抽查。

加强对技改项目、计算机软件、促销品的监管，理顺招标管理工作体制，高标准、严要求地开展了专项资金检查。整改完成同级审计312份工作底稿中的300份，对应收款项及对外投资进行重点督办，3年以上应收款项由1.73亿元下降到0.66亿元。

【党风廉政建设】 深入开展反腐倡廉教育。开展以"五个一"活动为载体的反腐倡廉宣传教育活动，通过观看警示教育片、反腐倡廉图片展、读一本好书、开一次座谈会、写一篇体会文章活动，提高反腐倡廉宣传教育活动的实际效果。

加大案件查办力度，全年立案2起、结案2起，14人次受到党纪、政纪处分和责任追究，干部职工的廉洁自律意识进一步增强。

【思想政治工作】 以领导班子和领导干部为重点，以"五查五看"为主要内容，深入开展"两个至上"在岗位主题实践活动。在全系统树立"两个至上"在岗位实践"十大标兵"，并组成报告团赴各卷烟厂进行巡回报告。开展了"发扬优良传统、整顿机关作风"及以"改善心智模式、熔炼高效团队"为主题的体验式拓展培训等多种活动，弘扬"宽容开放、改革创新、敬业奉献、自律自强"的行业精神和艰苦奋斗的延安精神，建立了陕西烟草工业革命传统教育基地。

党的十七大闭幕后，公司制订以"举办一期培训班、开展一次大讨论、举行一次报告会、提供一个宣贯阵地、组织一次成果展示"等"五个一"活动为载体的学习方式，结合企业实际在全系统组织开展了以培训、研讨、交流、理论宣传、成果展示等多种形式的学习宣传贯彻活动，推动党建和职工队伍建设。

【特事要辑】 1月28日，2007年全省烟草工业系统工作会议在陕西西安召开。

4月1日，陕西省委书记赵乐际考察陕西中烟工业公司延安卷烟厂。

5月9日，陕西省委书记赵乐际考察陕西中烟工业公司宝鸡卷烟厂。

5月14日，国家局局长姜成康考察陕西中烟工业公司延安卷烟厂。

5月16日，国家局局长姜成康考察陕西中烟工业公司，对公司提出"发展很好、潜力很大，明确方向、做实做强"的要求。

7月31日，全省烟草工业系统厂长、书记座谈会在陕西西安召开。

11月19日，国务院副总理曾培炎考察陕西中烟工业公司延安卷烟厂。

所属企业

陕西中烟工业公司宝鸡卷烟厂

【概　况】 陕西中烟工业公司宝鸡卷烟厂组建于1949年。截至2007年底，共有在岗员工3123人（含聘用员工680人），其中，大专以上学历910人，专业技术人员392人。企业下设20个职能科室、1个卷烟生产厂——旬阳生产厂、5个基本生产车间、2个辅助车间，以及以主业配套为主、年销售收入超过5亿元的好猫集团公司以及一家三星级饭店。企业年卷烟生产能力300亿支（60万箱）。

宝鸡卷烟厂本部占地面积8.4万平方米，拥有5000千克/小时、3000千克/小时制丝线各1条，200千克/小时薄片生产线2条，卷接包设备44台套。正在建设的易地技改新厂区占地33.3万平方米。旬阳生产厂生产区占地面积15.2万平方米，拥有3000千克/小时制丝线1条，200千克/小时薄片生产线1条，6000千克/小时打叶复烤线1条，卷接包设备19台套。

2007年，企业荣获“全国烟草行业经济效益先进企业”、“全国模范职工之家”、“全国精神文明建设先进单位”等多项国家、部、省级荣誉称号。

【领导成员】 厂　长、党委副书记：李　强

副厂长、党委书记：冷长林（—2007.11）

副厂长：王连峰

副厂长：杨琦保

副厂长：李保平

副厂长：郭东伟

工会主席、党委副书记、纪委书记：秦东生（2007年7月起不再担任工会主席职务）

工会主席：杨兰英（2007.7—）

【卷烟生产】 企业主要生产“好猫”、“猴王”、“金丝猴”品牌卷烟，其中，“猴王”是“全国名优卷烟”，“好猫”是“全国卷烟优等品”。2007年，共生产卷烟343亿支（68.6万箱），同比增长8.89%，其中，生产一类烟10.1亿支（2.02万箱），三类烟68.9亿支（13.78万箱），四类烟121亿支（24.2万箱），五类烟143亿支（28.6万箱）。

2007年，企业烟叶平均消耗7.44千克/万支，同比减少0.02千克/万支；盘纸平均消耗638.4米/万支，同比减少1.48米/万支；醋纤嘴棒120毫米、醋纤嘴棒100毫米、丙纤嘴棒120毫米分别平均消耗为1678.6支/万支、2512.8支/万支、1699.6支/万支；煤、电、水等能源消耗分别比上年减少0.42千克/万支、0.69千瓦时/万支、0.05吨/万支。

【科技创新】 落实烟草行业“创新年”活动要求，以保障现有生产线工艺能力为重点，在解决重点工艺质量难题、降低叶组配方成本等方面开展攻关，产品工艺质量控制取得新进展。

“（软、硬）猴王”产品掺兑薄片实验研究工作取得明显效果。在烟叶库存结构升高的情况下，加大配方维护研究实验，严格控制各品牌叶组配方成本在目标成本范围内，全年节约烟叶成本2400多万元。在保证产品质量的前提下，全年消化4年以上陈烟12万担。针对“金丝猴”端部落丝完成不理想的问题，对一系列过程参数进行研究调整，“金丝猴”端部落丝完成率稳定在65%以上。2007年，企业产品质量在国家局市场抽检中合格率为100%，成品一等品率达64.1%，同比提高2.9个百分点；优等品率达到37.6%，同比提高3.1个百分点。

【技术改造】 2007年，完成技改投资5.46亿元。核心建筑联合工房土建工程进入收尾阶段，开始进行设备安装；锅炉房土建工程基本完成，锅炉安装完成1/2；配套工程化材油料库、中水站等项目开工建设；办公及检测中心完成招标和设计工作。成立易地搬迁领导小组和12个职能小组，充分调研论证，制订搬迁工作保障计划，二氧化碳膨胀烟丝生产线完成整体搬迁，其他新购及搬迁设备陆续进入安装调试阶段。

【企业管理】 成本费用管理。坚持综合考虑，细化目标成本，量化考核内容，加强检查考核，生产成本得到有效控制。2007年，生产总成本同比下降4.16%。

科学合理地制订各部门费用计划，坚持部门费用定期通报和超进度预警制度，并与当月经济责任制挂钩兑现。全年发生管理费用占全年预算费用的89.69%，比预算减少3062万元。

在招标管理中，完善制度，严格程序，加快进度，完成招标比价采购项目83项，节约采购成本7129.19万元。

资产管理。开展主业清产核资工作，确保国有资产保值增值。加大欠款清收力度。全年共清收历史欠款5864万元。

设备管理。加强设备维护保养，努力提高设备有效作业率。全年设备完好率达99.29%，卷接包设备平均有效作业率达87.67%。设备项修计划完成100%，新购卷接包设备计划完成100%。

安全管理。加强安全教育培训，严格落实安全责任。全厂安全教育普及率达到98%以上。与全厂各部

门签订安全目标责任书和防火治安承包合同，层层分解落实安全责任，严格推行安全奖励基金考核办法，形成了由上而下、分级负责的安全管理责任体系。以消防安全、道路交通安全、重点设施安全和技改搬迁安全为重点，充实加强安全力量，修订完善管理制度，强化安全防范措施，加强设备检查监测，全面规范操作行为。切实抓好职业健康安全管理体系的贯标工作。汇集整理了特种设备目录，对生产场所危险源进行梳理摸排，对全厂原有安全管理制度进行清理，体系贯标工作顺利推进。

加大安全检查考核力度，检查情况按期通报点评并与当月经济责任制挂钩兑现。全年共下发隐患整改通知书26份，整改率达100%，安全工作实现“四无”目标，企业荣获2007年度“陕西烟草工业系统安全生产先进单位”荣誉称号。

【队伍建设】 加快人才培养、提高整体素质。2007年，完成厂级培训519人次，车间级培训2738人次，外培396人次，培训合格率达到98%以上。创新人才培养模式，选派6名工艺技术骨干赴郑州烟草研究院进行为期半年的脱产培训。完善人才培养激励机制，推行专业技术职务和工人技师月度津贴制度，营造加强学习、岗位成才的浓厚氛围。截至2007年底，全厂共有36人获得烟机设备修理技师资格。

做好用工分配制度改革工作。编制完成《新厂区岗位设置定员编制草案》、《新厂区竞争上岗实施意见》和《新厂区富余人员分流安置办法》等一系列用工分配制度改革草案，用工分配制度改革取得阶段性成果。

陕西中烟工业公司延安卷烟厂

【概　况】 陕西中烟工业公司延安卷灯厂始建于1970年5月。截至2007年底，企业占地面积38.67万平方米（包括易地技改占地20.67万平方米）。共有在册员工1416人，其中在岗员工1063人；拥有专业技术职称的275人，其中，高级职称5人、中级职称108人、初级职称162人。

2007年，企业年卷烟生产能力160亿支（32万箱）。拥有3000千克/小时制丝线一条，卷接设备共11台套，以及包装设备共14台套。

【领导成员】 厂　长、党委副书记：张国亮

副厂长、党委书记：谭福海

副厂长、党委委员：齐建心

工会主席、党委副书记、纪检书记：朱群虎

副厂长、总工程师、党委委员：白　丰

副厂长、党委委员：刘蟠生

副厂长：梁文涛（2007.6—）

调研员：韩世雄（2007.6—）

副调研员：张子琴（2007.6—）

【卷烟生产】 2007年，共生产卷烟157.5亿支（31.5万箱），其中，生产一类烟“延安（世纪经典）”0.26亿支（0.05万箱）；二类烟“延安（精品）”3.09亿支（0.62万箱）；三类烟“延安（醇香）”14.95亿支（2.99万箱）；四类烟67.10亿支（13.42万箱），其中，“延安（醇和）”46.93亿支（9.39万箱），“芙蓉（黄后）”12.5亿支（2.5万箱），“白沙（硬）”7.68亿支（1.54万箱）；五类烟72.10亿支（14.42万箱），其中，“延安（硬红）”37.12亿支（7.42万箱），“延安（软红）”34.99亿支（6.99万箱）。

企业全年完成挖潜降耗595.4万元，完成全年目标的119.08%。2007年，强化成本控制，各牌号卷烟累计节约成本6233.7万元。烟叶平均消耗7.6千克/万支，同比下降0.07千克/万支；盘纸平均消耗657.81米/万支，同比下降1.84米/万支；醋纤嘴棒平均消耗1688.74支/万支，同比下降0.72支/万支；84全包商标纸盒皮平均消耗505.61张/万支，同比下降0.92张/万支；条盒平均消耗50.19张/万支，同比下降0.02张/万支。

【技术改造】 2007年，技改工程全面开工建设联合工房、片烟醇化库、锅炉房、水池水泵房等项目。

成功对ZB25、FOCKE、MK9－5、6000型等机组进行大中修，对新购置的一组ZB45机组进行自主调试，维修费用由计划投资2026.2万元，降低到实际支出的1756.58万元，共节约资金269.62万元。

截至2007年底，易地技改共签订合同140份，签订合同额与其他费用总额约5.46亿元，累计完成投资约3.41亿元。

【科技创新】 对“延安（醇香1号）”、“延安（醇

香2号)”、“延安(醇和)”等产品的滤棒吸阻进行调整，增加吸阻，提高滤棒硬度，各牌号焦油含量平均下降了5%左右。在保证内在质量的前提下，针对所有产品原来多品种小比例配方进行了调整，有效减少各牌号的消耗烟叶等级数量，产品单箱消耗进一步降低。“延安(精品)”消耗烟叶等级由30个调整到23个；“延安(醇香2号)”由37个调整到28个；“延安(醇和)”和“延安(醇香1号)”由40个调整到29个；“延安(硬红)”由26个调整到22个；“延安(软红)”由24个调整到20个。

根据烟梗库存及上等梗丝的内在质量情况，依据吸味调整加料后，上等梗丝的木质气轻、刺激小、香气好、余味较净等特点，对上等梗丝加料进行单独试验，稳定提高了其内在质量。

在保证“延安(精品)”吸味不变的情况下，通过添加助燃剂和加大梗丝用量的方法提高了其燃烧性。

【质量管理】 针对由于不同厂家生产的同一种辅料存在差异、材料质量不稳定，造成设备更换材料频次较高，产品质量、设备有效作业率均受到不同程度影响的问题，起草了《关于辅料存在问题的改进建议》和《关于对“延安(软红)”包装材料改进的意见》，提出规范、统一各供方原纸、印刷油墨等材料和生产工艺，确保不同供方生产的同一种材料质量趋于一致、稳定。

【企业文化】 2007年，为企业重新设计标识。召开企业文化落地动员大会，会上发布了《2007年企业文化落地推进工作方案》，指明了要通过管理提升和全员素质的提升，朝着“红色文化典范、延安特色品牌”的文化落地方向迈进。

形成延安卷烟厂VI手册定稿并下发全厂，陆续实施新的VI。完成企业文化案例《进步之道》一书定稿。

陕西中烟工业公司汉中卷烟厂

【概　况】 陕西中烟工业公司汉中卷烟厂始建于1975年8月，占地面积20万平方米。截至2007年底，有在岗员工1743人，其中专业技术人员300余名。企业年卷烟生产能力225亿支(45万箱)。有4500千克/小时制丝线1条，薄片生产线3条，各类卷烟专用设备56台套。

【领导成员】 厂　长、党委副书记：任　立

副厂长、党委书记：蒋正林

副厂长、党委委员：刘振宇

副厂长、党委委员：刘景明

工会主席、纪委书记：朱亚锋(2007.6—)

副厂长、党委委员：李晓龙(2007.6—)

副厂长：雷东锋(—2007.6)

【卷烟生产】 2007年，企业主要生产“公主”、“猴王”、“金丝猴”、“大丰收”、“白沙”等品牌卷烟。共生产卷烟209.5亿支(41.9万箱)，同比增长8.89%，其中，“公主”51.25亿支(10.25万箱)，“猴王”16.07亿支(3.21万箱)，“金丝猴”40.10亿支(8.02万箱)，“大丰收”18.70亿支(3.74万箱)，联营品牌“白沙”83.5亿支(16.7万箱)。

全年原辅材料消耗有所降低，其中，烟叶平均消耗7.57千克/万支，同比减少0.13千克/万支；盘纸平均消耗651米/万支，同比减少6.6米/万支；醋纤嘴棒平均消耗1684.2支/万支，同比减少5.6支/万支；软包小盒平均消耗506.2张/万支，同比减少1.6张/万支；硬包小盒平均消耗502.8张/万支，同比减少0.2张/万支；条盒平均消耗50.26张/万支，同比减少0.06张/万支。

【技术改造】 2007年，汉中卷烟厂在总结“十一五”技改前期经验的基础上，进一步制订、完善技改工作管理制度，严格报批程序，规范项目施工。聘请专业审计人员跟踪审计技改各项工作程序和资金使用情况，加大对技改工程施工过程的跟踪监管力度。加强与地方政府沟通联系，减免各项行政审批收费470万元。结合技改需求，制订、完善信息化建设总体规划方案，完成6000千克/小时制丝线及配套设施技改项目前期转建、烟机设备选型和场地平整工作，以及卷接包车间及配套设施立项的审批工作。

投资5600多万元购进4台套先进的卷接包设备。技改“联合工房”建设项目主体工程于2007年12月20日全面开工。

【质量管理】 2007年，汉中卷烟厂借鉴行业先进企

业的工艺质量管理理念，深入探索和改进工艺质量管理办法，不断提高工艺质量管理水平。严格执行《卷烟工艺规范》，逐步实现了从结果控制向过程控制的转变，形成了工艺质量管理由事后检验向以产前预防和过程控制为中心的工艺质量管理模式。

加大对在线检测人员和机台操作人员的培训和考核力度，增强工艺质量维护意识，实现由被动受检到主动监测的管理方式的转变。全年共计抽检卷烟成品1785牌次，抽检合格率99.89%，满足了加工品牌的“同质化”要求。

QC工作坚持“与生产实际紧密结合，突出技术创新”的原则，注重发布与落实相衔接，效果较好。

【队伍建设】 干部管理。加大中层干部管理力度，制订《汉中卷烟厂中层干部外出报告制度》、《汉中卷烟厂中层干部管理办法》，对中层干部的责任、工作程序、管理层级、年度评议、选拔任用、外出报告及日常管理等内容进行详细的规定，从程序上促进了干部管理工作的规范化。通过职代会评议、中层干部互评、考察组评议及厂党委评议4个步骤，对现任的中层干部进行考评，将不合格的降级使用。2007年共任免、调整中层干部27人次、其中，新任职4人，职务提升8人，职务调整12人，退养2人，调出1人。

职工培训。围绕生产经营中的薄弱环节、“十一五”技术改造人才需求，以系统、科学的开发与管理人力资源为宗旨，深入开展职工培训。全年开展高速卷接包设备维修、新建锅炉设备技术、特色加工工艺等内部业务培训18项；实施生产工艺、质量管理等厂部统一培训23项；实施对外合作培训9项；实施技改配套设备、特殊工种取证等派出培训18项；实施职工学历提高和岗位学习等其他形式培训4项；实施计划外培训50余项。全年培训人数达3785人次，其中，外出培训378人次、企业内部培训3407人次。

【内部管理监督】 2007年，汉中卷烟厂细划职责，分解项目，成立了以卷烟生产、销售、烟叶、物资、设备、综合管理为重点的6个自查工作组。充实内部监管力量，对企业原有的155项管理制度进行全面修订和完善，新增制度16项，下发《汉中卷烟厂管理制度汇编》，为规范企业管理提供了制度保障。

对企业生产经营关键环节、关键岗位相关业务进行逐笔核对清查，对清查出的责任部门和责任人进行了处理。全年累计对12个责任部门、83名责任人进行了通报批评和教育，将2人调离原工作岗位，有11人写出书面检查，累计罚款10500元。经过反复整改和规范，10月通过了国家局内部专卖管理监督检查组的综合抽查。

陕西中烟工业公司澄城分厂

【概　况】 陕西中烟工业公司澄城分厂位于陕西省渭南市澄城县，始建于1976年5月，2004年7月2日与江苏中烟工业公司徐州卷烟厂进行了重组，更名为江苏中烟工业公司徐州卷烟厂澄城分厂。2007年12月12日，调整划归陕西中烟工业公司管理，正式更名为陕西中烟工业公司澄城分厂。企业年卷烟生产能力50亿支（10万箱）。拥有具备国际先进水平的HXD烘丝机、梗丝膨化塔等制丝设备和卷接包车间机组。截至2007年底，占地面积1.52万平方米。共有员工1370人，其中技术人员216人。

【卷烟生产】 企业主要加工生产“红杉树”系列卷烟。全年生产卷烟27.69亿支（5.54万箱），其中“红杉树（软红）”22.86亿支（4.57万箱）。销售卷烟27.75亿支（5.55万箱），实现销售收入16696万元。

【技术改造】 针对片烟线的外购梗经水洗梗工序后水分不稳定的实际情况，进行了一系列改造提升，保障了梗丝后序加工，提高了梗丝加工质量，降低了消耗。

消化吸收管道式烘丝机关键技术，改造动力车间的冷冻机组，改造道路及地下管网，实施了锅炉房和片烟库的设计、招标和施工。

【企业管理】 制度完善。建立《费用管理制度》、《用款管理制度》、《合同管理制度》、《药费管理制度》、《发票管理制度》、《出勤管理制度》、《物品管理制度》等制度，进一步规范了分厂的各项工作业务流程。

质量管理。坚持优质低耗高效的生产工作思想。以ISO9000质量体系为主线，严把片烟质量优、设备配件优、设备故障停机率指标优、卷烟原辅材料优、加工过程保障优等各种原辅材料入口关，最终形成成品质量优、消耗指标优、效率效益优。

安全管理。有效运行 OHSMS18000 职业健康安全管理体系，逐级签订安全生产责任书。坚持四级安全检查，持之以恒地进行自查整改。制订各种应急预案，及时补充完善各类消防器材、设施；适时检测各类特种设备等。全年无任何不安全事故发生。

（张建华）

中国烟草实业发展中心

【概　况】 中国烟草实业发展中心（以下简称“中烟实业”）成立于1999年1月，截至2007年底，包括黑龙江工业有限责任公司、吉林烟草工业有限责任公司、红塔辽宁烟草有限责任公司、兰州卷烟厂（2007年12月国家局下文更名改制为甘肃烟草工业有限责任公司）、山西昆明烟草有限责任公司、内蒙古昆明卷烟有限责任公司、深圳烟草工业有限责任公司、海南红塔卷烟有限责任公司8家卷烟工业企业和吉林烟草进出口有限责任公司。

中烟实业所属8家卷烟工业企业2007年总资产210.85亿元，其中，固定资产63.27亿元、流动资产134.73亿元，资产负债率42.75%。

【领导成员】 总经理、党组书记：许志龙（—2007.12）

副总经理、党组成员：张建军（2007.12开始主持工作）

副总经理、党组成员：李保林（—2007.5）

副总经理、党组成员：李东明（—2007.4）

副总经理、党组成员：李增林

总会计师、党组成员：娄宝山

纪检组长、党组成员：傅　鹏

【组织机构】 中烟实业机关设办公室（外事办公室）、人力资源部（纪检监察部）、生产安全管理部、财务部、审计部（监事室）、法律与改革部、市场营销部、物资供应部等8个部门。

【卷烟生产经营】 2007年，生产卷烟（含出口）1886.9亿支（377.38万箱），同比增长6.53%，其中，生产低档烟852.6亿支（170.52万箱），完成全年低档烟生产基数（161.5万箱）的105.42%。销售卷烟1899.3亿支（379.86万箱），同比增长5.65%，其中，销售一类烟16.6亿支（3.32万箱），同比增长46.2%；销售二类烟98.4亿支（19.68万箱），同比增长99.1%，销售三类烟204.75亿支（40.95万箱），同比增长47.4%；销售四类烟777.6亿支（155.52万箱），同比增长11.1%；销售五卷烟801.95亿支（160.39万箱），同比下降10.6%。8家卷烟工业企业共实现销售收入（含税）275.74亿元，同比增长22.90%。实现税利143.07亿元，同比增长26.73%，其中，实现利润23.77亿元，同比增长37.63%。

【品牌战略和产品介绍】 做强自有品牌。吉林烟草工业有限责任公司“长白山（东方神韵5mg）”在烤烟型减害降焦、技术创新方面取得了新的突破，为贯彻行业“高香气、低焦油、低危害”品牌发展方针进行了有益的尝试，产品覆盖23个省、市。2007年，兰州卷烟厂的“兰州（如意）”、深圳烟草工业有限责任公司的“好日子（吉祥）”、红塔辽宁烟草有限责任公司的“人民大会堂（本香）”、内蒙古昆明卷烟有限责任公司的“苁蓉（吉祥）”、山西昆明烟草有限责任公司的“福（平安）”、黑龙江烟草工业有限责任公司的“林海灵芝（硬白）”等一批新产品均投放市场。

做好品牌定向整合。全年生产加工重点骨干企业品牌卷烟675亿支（135万箱），占总产量的36%，同比增长47%。黑龙江烟草工业有限责任公司定向加工“红梅”、“红金龙”品牌卷烟共79.7亿支（15.94万箱），同比增长298.5%；山西昆明烟草有限责任公司定向加工“红山茶”品牌卷烟125亿支（25万箱），同比增长82.14%，加工“云烟”品牌卷烟6.56亿支（1.31万箱），同比增长285.2%；内蒙古昆明卷烟有限责任公司加工“红山茶”品牌卷烟71.19亿支（14.24万箱），同比增长24.15%；红塔辽宁烟草有限责任公司加工“红梅”、“红塔山”品牌卷烟242.65亿支（48.53万箱），同比增长53.17%；吉林烟草工业有限责任公司加工“红梅”、“红塔山”品牌卷烟87.7亿支（17.54万箱），同比增长92.8%；海南红塔卷烟有限责任公司加工“红梅”、“红塔山”品牌卷烟66.27亿支（13.26万箱），同比增长34.62%。

【体制改革】 按照国家局的部署和意见，推动深圳卷烟厂和广东中烟工业公司的联合重组工作。7月2日，国家局批准组建深圳烟草工业有限责任公司。7月29日公司挂牌，正式运作。推进哈尔滨卷烟总厂、兰州卷烟厂的改制工作。哈尔滨卷烟总厂、兰州卷烟厂分别于8月22日、12月12日由国家局正式批准改制为中烟实业的全资子公司。11月18日，黑龙江烟草工业有限责任公司挂牌运作，该公司是由原哈尔滨卷烟总厂改制设立的具有独立法人资格的有限责任公司。

【科技创新】 召开了以“从实际出发，走创新之路”为主题的科技创新研讨会，结合《中烟实业“十一五”科技规划发展纲要》制订下发一系列鼓励创新的奖励规定，完善科技创新激励机制，鼓励企业的创新热情和活力。根据《中烟实业科技项目管理办法》的要求，组织行业专家对企业报送的科技项目进行评审，评出一等奖二项：深圳公司特色工艺技术应用研究项目、吉林公司低焦油烤烟型“长白山（东方神韵5mg）”卷烟的研制与开发；二等奖三项：黑龙江公司二级配方工艺改造与应用、红辽公司HXD参数对卷烟品质影响的研究、兰州卷烟厂部分替代进口烟叶工业验证研究；三等奖五项：黑龙江公司“林海灵芝（白硬盒）”卷烟产品开发、吉林公司延边烤烟特色处理添加剂的研究与应用、甘肃公司高温管式热气流叶丝干燥（HDT）系统工艺参数优化、山昆公司均质化加工技术的研究、海红公司SH312C.O型滚筒管板式环形烘丝机系统工艺参数优化。

【队伍建设】 围绕工作重点，分别组织了关于市场营销、工资分配制度改革、公司董事监事、科技创新等方面的较大规模的培训。各企业结合自身特点，开展不同形式的专业培训，提高了员工文化素质和专业技术水平。召开中烟实业董事培训班，国家局局长姜成康亲自到会并作讲话，要求推进黑龙江、甘肃烟草工业有限责任公司的体制改造，深化吉林、深圳烟草工业有限责任公司的改革，完善法人治理结构。

3月20～21日，中烟实业2007年第一次厂长（总经理）工作会在北京召开。国家局副局长李克明到会并作重要讲话。

4月，召开由中国烟草进出口（集团）公司、中烟实业、辽宁进出口有限责任公司、河南进出口有限责任公司、吉林烟草工业有限责任公司、吉林烟草进出口有限责任公司等有关领导参加的对朝工作协调会，研究通过《切实加强中国烟草对朝烟草业务管理的主要原则》，确认吉林烟草工业有限责任公司对朝鲜业务工作的主体地位。

所属企业

黑龙江烟草工业有限责任公司

【概　况】 黑龙江烟草工业有限责任公司成立于2007年11月18日，是根据《国家烟草专卖局、中国烟草总公司关于哈尔滨卷烟总厂更名改制的批复》（国烟法〔2007〕354号）文件精神，由原哈尔滨卷烟总厂改制设立的具有独立法人资格的有限责任公司。下辖哈尔滨卷烟厂、海林卷烟厂、穆棱卷烟厂、绥化卷烟厂4家卷烟制造厂。公司总资产31.47亿元，其中，固定资产8.46亿元、流动资产21.87亿元，资产负债率为57.31%，占地面积55.6万平方米，共有员工5175人，其中在岗员工4125人。

【领导成员】 董事会

董事长：王殿贵

董　事：赵　琦　秦　燕　马保军　王志军　戴建存　吕德勋

监事会

主　席：傅　鹏

监　事：申　莹　王继民　王霄萍　张春华

班子成员

党组书记：王殿贵

总经理、党组副书记：王志军

副总经理、党组成员：苗国盛

副总经理、党组成员：李　野

副总经理、党组成员：周长春

总会计师、党组成员：仇慧君

总经济师、党组成员：连福昌

党组专职副书记：戴建存

工会主席、纪检组长、党组成员：吕德勋

【组织机构】 公司设技术研发中心、市场营销中心、物资采购中心、生产制造中心、经理办公室、财务管理部、审计部、人力资源部、经济运行部、技改工程部、党群工作部、纪检监察部、计算机管理部、原料采购部、设备管理部、工会等16个部门。

【卷烟生产经营】 2007年，生产卷烟423.5亿支（84.7万箱），同比增长3.92%，其中，生产二类烟0.12亿支，比上年的0.43亿支减少了0.31亿支，减幅为72.09%；三类烟1.59亿支（0.32万箱），四类烟82.83亿支（16.57万箱），五类烟338.96亿支（67.79万箱）。销售卷烟423.46亿支（84.69万箱），同比增长4.04%，全年实现销售收入33.80亿元，同比增长25.91%。实现税利21.40亿元，同比增长31.80%，其中，实现利润4.65亿元，同比增长119.54%；实现单箱税利2527元，同比增长31.11%。

【品牌战略及产品介绍】 公司以做强特色品牌“林海灵芝”品牌为基础，稳步做大“老仁义”品牌；做好“龙烟”品牌、做精“黄哈”品牌、做优联营加工品牌。

2007年，公司在产牌号卷烟为“老仁义（软红）”、“老仁义（和谐）”、“老仁义（吉祥）”、“林海灵芝（软红）”、“林海灵芝（软白）”、“林海灵芝（硬白）”、“林海灵芝（硬红）”、“哈尔滨（软黄）”。

【科技创新】 公司技术研发中心打破传统配方思路，运用低温烘烤技术开发的“林海灵芝（白硬）”，2007年生产21亿支（4.2万箱），带动“林海灵芝”系列结构、销量、效益的整体增长。完成二级配方的设备改造，该项目已经应用在“老仁义（软红）”、“老仁义（和谐）”、“哈尔滨（软黄）”三个品牌中，减少了片烟人工分包，提高投料精度，减少配方调整频次，使每千克烟叶成本下降了一元。加强工艺管理力度和工艺研究深度，明确工艺人员职责，调整现场管理思路，加强对重点过程、重点工序的控制，保证在线产品加工质量的稳定性。开展专项技术研究，实现白肋烟烤箱温度采集分析，提高梗丝干燥后的水分合格率。同时还规范工艺管理标准，完成了冬季蒸汽含水量高影响在线质量的技术报告及建议书，保证产品同质化生产。

【企业管理】 开展一系列以“强职能、重规范、挖潜力、增效益”为主题的管理创新活动，通过公司各部门、各企业层层报送创新成果，最终确定了管理创新成果项目44项。

哈尔滨卷烟厂通过加强“生产管理中心、质量成本控制中心、后勤服务保障中心”三个中心的建设，理顺机构，强化执行力；海林卷烟厂确立了以“生产为中心、节能节耗节成本；以质量为核心，保质保量保达标，向创建优质、高效、低成本的和谐海烟迈进”的工作目标，使各项消耗下降，费用得到有效控制；穆棱卷烟厂坚持“以人为本”，紧密结合企业“做低成本、做精产品”的中心工作；绥化卷烟厂坚持“狠抓质量经常化、狠抓管理制度化、狠抓现场规范化、企业文化群众化”的“四化”工作目标，加大严细管理，做好提质降耗工作。

兰州卷烟厂

【概　况】 兰州卷烟厂始建于1936年，企业总资产40.32亿元，占地面积80.47万平方米，年生产能力400亿支（80万箱）以上，共有在册员工1858人。2002年与原天水卷烟厂合并，形成了“一厂两点”的运行管理模式。2005年1月1日起划归中国烟草实业发展中心管理。2007年12月12日，根据国烟法〔2007〕568号文件，兰州卷烟厂改制更名为甘肃烟草工业有限责任公司，是中国烟草实业发展中心的全资子公司。

【领导成员】 厂　长、党委副书记：田成（2007年7月起兼任党委副书记）

党委书记、纪委书记：蒲蔚仲（2007年7月起不再兼任纪委书记）

副厂长、党委委员：雒宪玲　蔺翻红　李保明　吴　兵

副厂长：司继红

工会主席、党委委员：王凤阁

纪委书记、党委委员：张生俊（2007.7—）

厂长助理、党委委员：翟玉俊

【组织机构】 下设党委办公室、厂长办公室、财务科、审计科、人事教育科、工会办公室、纪检监察科、制丝车间、卷包车间、技术改造办公室、信息中心、生产计划科、设备动力科、销售科、省外销售科、供应科、烟叶科、安全保卫科和技术中心等19个部门，以及兰州瑞丰实业有限公司、兰州兰烟汽车运输公司两个独立核算公司。

【卷烟生产经营】 2007年，生产卷烟372亿支（74.4万箱），同比增长4.79%，其中，生产一类烟10.30亿支（2.06万箱），二类烟23.05亿支（4.61万箱），三类烟4.30亿支（0.86万箱），四类烟132.30亿支（26.46万箱），五类烟202.05亿支（40.41万箱）。销售卷烟371.45亿支（74.29万箱）。全年实现税利28.18亿元，同比增长34.29%，其中，实现利润3.10亿元，同比增长50.46%。

【品牌战略及产品介绍】 坚持把发展"兰州"品牌作为一切工作的出发点和落脚点，进行精心培育，围绕做大做强"兰州"品牌、把"兰州"品牌打造成为"中式卷烟"代表品牌的奋斗目标，加快品牌整合力度，加大科技投入，加大省外市场开拓，提高"兰州"品牌的影响力和知名度。截至2007年底，生产牌号、规格由2002年的8个牌号37个规格优化整合为"兰州"、"海洋"两个品牌11个规格。"兰州"品牌全年销量291亿支（58.2万箱），占总销量的78.34%，同比提高6.5个百分点。2007年，"兰州"品牌销量居全行业第20位。

省外市场拓展取得显著成效，全年销售卷烟94.3亿支（18.86万箱），同比增长137.53%，其中，三类烟以上产品15.25亿支（3.05万箱），产品销售规格也发展为11个。

【科技创新】 "三纸一棒"应用及新型卷烟材料的研究、皖南替代进口烟叶工业验证、烟叶质量评价体系研究等重大专项研究工作取得较大进展，部分成果已转化应用，发挥效益。优化和完善各牌号卷烟加工工艺参数，改进混合烟丝结构，对影响卷烟内在质量的加料、加香、掺配等重点工序实行严格的监控制度，提高加工精度。实施知识产权发展战略，健全科研管理体制，2006年申报的5项专利（实用新型专利4项，外观专利1项）和2007年申报的5项专利（发明专利2项，外观专利3项），已全部审批，企业所有的自主知识产权共有10项。加强与行业院校、科研机构的沟通交流。8月与郑州烟草研究院建立了战略合作伙伴关系，双方将在中式卷烟风格剖析、"兰州"系列卷烟风格剖析、减害降焦技术研究、检测技术研究、标准化研究、特色工艺研究等方面开展合作。

【信息化建设】 完善生产执行系统（MES）和办公自动化系统（OA），着手建设实验室管理系统（LMIS）。加强软硬件及网络平台的维护工作。企业资源计划系统（LY－ERP）项目通过验收，实现工艺、质量、设备、销售、生产计划、工资管理等20个子功能模块。2007年，在甘肃省"十一五"制造业信息化工程大会上，兰州卷烟厂荣获"甘肃省制造业信息化示范企业"称号。

【特事要辑】 5月14～16日，国家局副局长李克明到兰州卷烟厂考察指导工作。

6月27日，国家局局长姜成康到兰州卷烟厂调研。

8月9日，全国人大常委会副委员长、中国科学院院长路甬祥到兰州卷烟厂考察指导。

吉林烟草工业有限责任公司

【概　况】 中烟实业发展中心以延吉卷烟厂经评估后净资产出资、红塔烟草集团以长春卷烟厂经评估后净资产出资共同组建的吉林烟草工业有限责任公司成立于2006年12月1日，2007年3月1日，公司正式挂牌运营。公司注册资本12.94亿元，总资产38.68亿元，其中，固定资产6.1亿元、流动资产27.82亿元，资产负债率50.55%。公司共有员工5317人，其中在岗员工3421人。下辖延吉卷烟厂、长春卷烟厂以及朝鲜罗先新兴烟草会社、朝鲜平壤大同江烟草有限公司、朝鲜平壤白山烟草有限责任公司。

【领导成员】 董事会

董事长：许志龙

董事：张建军　马曙勋　李光林　孙国伟

曹锡忱　吕子军　刘轴承

监事会

主　席：李剑波

监　事：严奉炎　孙金昕　于　霞

班子成员

总经理、党组书记：孙国伟

常务副总经理、党组副书记：吕子军

副总经理、党组成员：杨金波

副总经理、党组成员：金洪天

党组副书记、纪检组长：李凤元

总会计师、党组成员：卜　莹

【组织机构】 企业下设办公室、经济运行部、财务部、审计部、人力资源部、党群工作部、安全保卫部、国际部、营销中心、技术中心、采购中心、物流中心等12个部门。

【卷烟生产经营】 2007年，生产卷烟309亿支（61.8万箱），同比增长7.11%，其中，生产二类烟39.15亿支（7.83万箱），三类烟103.3亿支（20.66万箱），四类烟126.55亿支（25.31万箱），五类烟37.65亿支（7.53万箱）。销售卷烟306亿支（61.2万箱），同比增长7.56%。实现销售收入57.16亿元，同比增长27.4%。实现税利27.53亿元，同比增长30.22%，其中，实现利润4.00亿元，同比增长19.84%。

【品牌战略和产品介绍】 公司拥有"百牌号"卷烟"长白山"与"人参"两大自主品牌。2007年，企业在市场开拓培育、产品研发和推进精细化管理等方面均取得了明显成效，企业重点品牌已行销全国27个省市地区，并成功推出了低焦油、低烟碱、低一氧化碳的"长白山（东方神韵5mg）"卷烟。2007年上半年，在国家烟草专卖局组织的市场抽检中，"长白山（东方神韵5mg）"综合质量得分96.3分获得第一名。

【科技创新】 技术中心以市场为导向、自主创新为基础、合作创新为依托，基本形成了产、学、研、用相结合的技术创新体系。推进减害降焦、特色工艺等基础性技术研究，卷烟焦油含量同比平均下降2.0毫克/支，降幅为15.4%。探索和研究中式卷烟核心技术，成功推出拥有自主知识产权核心技术和关键技术的"长白山（东方神韵5mg）"。

7月4日，延吉卷烟厂卷包车间机电技术员设计的针对GDX1卷烟软盒包装机的烟支模盒装置获得国家知识产权局颁发的实用新型专利证书。

【对外合作】 开拓朝鲜市场的主体地位得到确立，罗先新兴烟草会社的生产经营步入正轨，大同江烟草有限公司的发展进入快车道，与朝鲜烟草进出口商社合资的"平壤白山烟草有限责任公司"项目于2007年11月6日得到国家局的正式批复。

【思想政治工作】 初步建立各级思想政治工作有效运作体系。各基层党组织落实思想政治工作"一岗两责"责任制，坚持每季度职工思想动态分析，把握职工思想动态，做到及时发现、确实弄清、正确解决问题。加强思想骨干队伍建设，初步建立思想政治工作应急预案制度，将思想政治工作渗透到生产、经营、管理服务的各个环节之中，不断增强思想政治工作的主动性、针对性、实效性，保证了职工思想稳定和生产经营的正常运行。

【特事要辑】 3月1日，吉林烟草工业有限责任公司成立大会暨揭牌仪式在延吉市举行。吉林省委书记王珉、国家局副局长李克明出席仪式，并为新组建的吉林烟草工业有限责任公司揭牌。

5月20日，国家局局长姜成康到吉林烟草工业有限责任公司考察。

深圳烟草工业有限责任公司

【概　况】 深圳烟草工业有限责任公司前身为组建于1988年9月的深圳卷烟厂。2007年7月，国家局下发《关于组建深圳烟草工业有限责任公司的批复》（国烟法〔2007〕282号），同意深圳卷烟厂改制为有限责任公司。7月29日，公司正式挂牌，中国烟草实业发展中心和广东中烟工业有限责任公司分别拥有新公司70%和30%的股权。企业资产总额30.07亿元，其中，固定资产10.66亿元、流动资产19.26亿元，资产负债率20.22%。公司占地面积30万平方米，共有员工459人。

【领导成员】 董事会

董事长：张建军

董　事：李世胜　李增林　王文祥　袁汉辉（2007.7～12）　温东奇（2007.12—）
胡　波　梁　强　何博均　廖晓花

监事会

主　席：娄宝山

监　事：奚铁峰　李庆忠　喻志刚

班子成员

总经理、党委副书记：梁　强

党委书记：何博均

工会主席、党委副书记、纪委书记：廖晓花

副总经理、党委成员：宋士军

副总经理：曾培煜

副总经理、党委成员：王加深

【组织机构】　公司下设办公室、党委办公室、财务部、生产管理部、技术中心、人事部、基建部、烟叶部、辅料部、品质管理部、市场部、销售部、公关营销部、安全保卫部、计算机中心、工会、制丝车间、卷接包车间等18个部门。

【卷烟生产经营】　公司自有品牌为“好日子”、“特美思”，其中，“好日子”为中国驰名商标，共有“好日子（软盒）”、“好日子（吉祥）”、“好日子（精品）”、“好日子（珍品）”、“好日子（金尊）”5个规格。2007年，生产卷烟160.55亿支（32.11万箱），其中，联营加工卷烟20亿支（4万箱），共销售卷烟184.05亿支（36.81万箱）。实现销售收入29.1亿元（含联营收入2.85亿元），同比增长16.09%。实现税利17.47亿元，同比增长25.86%，其中，实现利润5.19亿元，同比增长21.18%。单箱税利5520元，同比增长7.91%。

【科技创新】　公司技术中心以项目管理为依托，成立公司科技委员会，建立以项目带动科技研发的发展模式。完成“好日子（盛世）”、“好日子（金尊）”（深圳市外规格的开发）和“好日子（软盒）”的改造。进行“好日子（精品）”、“好日子（珍品）”内质改造的研发储备，顺利完成“双喜”品牌的中试工作。

与郑州烟草研究院及有关厂家合作开展项目攻关，增强特色工艺研究。成立标准化委员会，承担2项行业标准的制定。全年共获得专利授权7项，申报专利21项。两项技术革新项目获中烟实业QC成果一等奖和国家局QC成果二等奖。

【信息化工作】　开展信息化项目建设工作，完成物流高架库与生产制造执行系统（MES）、企业资源计划系统（ERP）主数据的接口联调工作，实现三大系统的“数据共享”功能。同时，还开发销售中心客户关系管理系统（CRM）的市场分析、销售关系、促销管理和营销绩效四个模块，提高企业市场信息掌控、分析能力。启动“协同办公系统”项目，年底已基本完成开发，预计2008年初投入运行。

【安全管理】　树立“安全第一”的理念，通过职业健康安全管理体系认证，建立较为完善的职业健康安全管理机制。在“全国安全生产月”活动中，围绕“以人为本、安全第一”的主题，强化员工的安全责任，坚持日检与专项安全检查相结合，全年共组织11次安委会安全检查和2次节假日专项安全检查，发出整改通知书9份，提出整改意见38条，整改率达100%，实现全年无重大安全事故。

【队伍建设】　开展“三个队伍”（管理队伍、技术队伍、销售队伍）建设工作，加强整体素质。组织中层管理人员竞岗，激发管理队伍的活力；重新聘任中级职称人员，考核车间机电维修人员并调整岗位，提高技术水平；充实销售队伍，制订《2007年度销售中心考核方案》加强考核。

本着“适度从紧、适度超前”的原则，全年共引进人才31名，招聘大学毕业生13人，同时制订《员工内退暂行管理办法》、《在职学习管理办法》等规定，进行岗位交流，提升员工的学习热情和工作热情。

【思想政治工作】　做好党建工作，完成公司党委换届选举；开展“两个至上”在岗位主题征文、演讲比赛、摄影展览及“我身边的党组织和党员”大讨论等活动；组织观看廉政教育影片，做好反腐倡廉宣传工作，全年共收到5人次上交礼品（金），折合人民币5.1万元。开展“细节决定成败”大家谈活动，召开第十七届职工运动会和迎国庆歌咏比赛，组织员工登山健身、合理化建议、技术革新等活动。

红塔辽宁烟草有限责任公司

【概　况】 红塔辽宁烟草有限责任公司成立于2003年12月22日，由红塔集团和中国烟草实业发展中心持股，公司下设沈阳卷烟厂、营口卷烟厂，公司总资产31.37亿元，其中，固定资产9.55亿元、流动资产20.58亿元，资产负债率为55.04%。员工总数6414人，其中，在岗员工2280人，离退休职工2592人。

【领导成员】 董事会

董事长：柳万东

副董事长：李东明（—2007.9）、娄宝山（2007.9—）

董　事：李剑波　李德贤　宋玉强　罗　晶　张国良（2007.9—）　秦燕（2007.9—）　李天飞（—2007.9）　马曙勋（—2007.9）　朱明权（—2007.9）　李光林（—2007.9）　赵　琦（—2007.9）

监事会

主　席：傅　鹏

监　事：张　萌　朱学成　刘　宁（—2007.9）　黄向红（2007.9—）　张　华　王国祥

班子成员

总经理、党组书记：李德贤

副总经理、党组成员、纪检组长：宋玉强

副总经理、党组成员：罗　晶

副总经理、党组成员：慈　东（2007.10—）

总会计师、党组成员：徐　晖

【组织机构】 公司下设营销中心、采购中心、技术中心、经济运行部、财务会计部、党群工作部、审计监督管理办公室、人力资源部、办公室等9个职能部门。

【卷烟生产经营】 2007年，生产卷烟255.35亿支（51.07万箱），同比增长6.7%，其中，生产一类烟2亿支（0.4万箱），二类烟14.75亿支（2.95万箱），三类烟28.90亿支（5.78万箱），四类烟104.85亿支（20.97万箱），五类烟104.85亿支（20.97万箱）。共销售卷烟255.2亿支（51.04万箱），同比增长6.7%。实现销售收入34.35亿元，同比增长14.67%。实现税利19.8亿元，同比增长19.3%，其中，实现利润2.25亿元，同比增长58.5%。“红塔山”、“红梅”等品牌销量达219亿支（43.8万箱），占总销量的85%。

【品牌战略和产品介绍】 围绕“做大做强‘红塔山’、做稳‘红梅’、做精‘人民大会堂’”的品牌发展思路，以培育大品牌、促进大品牌成长为目标，实施扩大“红塔山”销量、推动“红梅”向高结构集中，提升“人民大会堂”结构的措施，积极开拓“红塔山”、“红梅”、“人民大会堂”的省内外市场。2007年“红塔山”牌卷烟在辽宁省内的销量达19.7亿支（3.94万箱），同比增长183.7%；“红梅”牌卷烟销量达194亿支（38.8万箱），同比增长48.2%。“人民大会堂”品牌在5个省、市的年销售量超过千箱，区域性特色品牌的特点已逐步显现。

【科技创新】 成立以总经理为组长的“创新年工作领导小组”，制订《红塔辽宁烟草有限责任公司科学技术项目管理办法》，详细规定了科技项目的评审细则及相应的奖励办法。

采用国家局重点科研成果“凝澈”技术和独特的分模块加香加料技术及卷烟增香保润技术成功开发新产品“人民大会堂（本香）”。其滤棒采用添加食品生物制剂技术，使有害物质明显降低，提高卷烟感观质量、吸食口感和气味特性。

完成“HXD参数对卷烟品质影响的研究”工作，为产品结构调整、卷烟配方调制及卷烟产品开发提供有力支持，为特色工艺加工搭建平台，减少“人民大会堂”（双色红）、“力士”（新特）、“红梅”（软顺）的烟丝消耗，降低成本。

【企业管理】 2007年，公司提出精细化管理的工作目标，以建立和完善管理制度、优化管理流程为切入点，推进精细化管理工程。完善财务预算管理体系，着力提高预算管理质量；加强“贯标”工作，在完善ISO 9000质量体系的同时，通过职工健康安全管理体系认证，完成物资管理信息化系统、市场营销综合业务系统建设，提高了管理水平和工作效率。按照“事前参与、事中监控、事后评价”的全程审计监督格局，设定30项内部审计职能，使内部审计职能更加明确和细致。

【思想政治工作】 围绕行业“创新年”主题活动，

在全体员工中开展“六个一”岗位创新活动，即提一条合理化建议，学习一门新技术，刷新一项新纪录，开发一项新成果，改革一项新工艺，转化一项新成果。

开展“两个至上”在岗位主题实践活动，全面提升员工素质和企业核心竞争力，开展“努力践行‘两个至上’、立足岗位争先创优”活动，以评选劳动模范、先进员工、岗位明星为主要内容，突出强调自觉践行“两个至上”，忠诚于企业，善于学习，勇于创新，不断提升自我，共评选出劳动模范5名、先进员工27名、岗位明星68名。

【特事要辑】 10月9日，国家局副局长何泽华到红塔辽宁烟草有限责任公司沈阳卷烟厂考察指导工作。

内蒙古昆明卷烟有限责任公司

【概　况】 内蒙古昆明卷烟有限责任公司（简称“蒙昆公司”）成立于2003年10月，公司总资产18.43亿元，其中，固定资产8.91亿元、流动资产9.58亿元，资产负债率32.50%，共有员工2612人。截至2007年底，中烟实业占59%股份、红云集团占41%股份。

【领导成员】 董事会

董事长：李保林（—2007.10）
李增林（2007.10—）

副董事长：朱绍明（—2007.10）
许力为（2007.10—）

董　事：娄宝山（—2007.10）
孔庆峰（—2007.10）　李　恒（—2007.10）
王玉堂（2007.10—）　杨　帆　李建平
田凤霞（2007.10—）　付英宝

监事会

主　席：胡志华（—2007.10）
毛家昌（2007.10—）

副主席：乌力吉（—2007.10）

监　事：寿庆春（—2007.10）
石忠宁（—2007.10）　陈少平（—2007.10）
宋燕玲（—2007.10）　丁良朝（2007.10—）
倪乐峰（2007.10—）　高晓东（2007.10—）
刘玉祥（2007.10—）

班子成员

总经理、党委副书记：李建平

党委副书记：陈少平（兼纪委书记、工会主席）（—2007.5）

党委副书记：田凤霞（兼纪委书记、工会主席）（2007.5—）

副总经理：王洪波　田凤霞（—2007.5）　王　林

副总经理、党委委员：张耀中

副总经理、党委委员：王向荣

副总经理：宋闻刚（—2007.10）

总会计师：申　莹（—2007.5）

副总会计师：倪乐峰

总经理助理：向　也（—2007.10）　魏　霞
谷超今

调研员：陈少平（2007.5—）
申　莹（2007.5～8）

副调研员：董海滨（2007.11—）　陈德顺（2007.11—）

【组织机构】 公司下设政治工作部、纪检监察部、工会、办公室、团委、人力资源部、企业规划部、技术中心、制造中心、营销中心、采购中心、财务部、审计部、安保部、后勤保障部等15个部门。

【卷烟生产经营】 2007年，生产卷烟157.50亿支（31.50万箱）。其中，生产一类烟1.22亿支（0.24万箱），二类烟19.40亿支（3.88万箱），四类烟51.06亿支（10.21万箱），五类烟85.81亿支（17.16万箱）。共销售卷烟154.55亿支（30.90万箱）。实现销售收入22.78亿元，同比增长20.89%。实现税利15.86亿元，同比增长22.85%，其中，实现利润3.02亿元，同比增长29.42%。单箱税利5131.31元，同比增长11.90%。

【品牌战略和产品介绍】 以“做精‘冬虫夏草’品牌、做强‘苁蓉’品牌，做大‘云烟’、‘红山茶’两个联营品牌”的思路进行品牌建设。在巩固内蒙古自治区内中、西部市场的同时努力开拓东部市场，2007年推出“苁蓉（祥和）”牌卷烟，全年实现销量3987万支（797.4箱）。2007年“冬虫夏草”牌卷烟销量达6094.5万支（1218.9箱），同比增长13.07%。“苁蓉”系列卷烟销量达18.86亿支（3.77万箱），同比增长28.43%。在内蒙古全区二类卷烟市场上，“苁蓉”系列卷烟的市场占有率达到71.70%①。做好红云集团优势品牌的加工和销售，2007年“红山茶”系列卷烟销量达69.58亿支（13.92万箱），同比增长199.8%。

【科技创新】 重点研究卷烟配方在新制丝工艺线的适应性，将卷烟配方技术从单纯的烟叶等级质量搭配提升为理化指标与原料基础相结合的配方结构，使其与原料、工艺有机结合。建立公司自有品牌所用烟叶品质数据库，拓宽了原料使用范围，提高了配方设计的技术含量。对“苁蓉”、“冬虫夏草”中草药提炼添加技术、中草药与烟香配伍技术及中草药减害技术的深度和广度进行研究，构建特色产品技术优势。研发“苁蓉（祥和）”卷烟，扩展“苁蓉”系列产品。

【企业管理】 管理创新。按照新的业务流程和工作程序衔接好各项工作，开展制度创新和流程创新，引入新的管理方法，全面提升管理水平。加强现场管理，推行6S管理模式，员工现场管理意识得以加强，生产现场及办公区域工作秩序井然有序，工作环境整洁干净，现场管理水平大幅提升。

QC成果。开展劳动竞赛、QC成果和小改小革（活动）、合理化建议、技术革新等群众性活动，在全国烟草行业第十八届优秀QC成果发布会上，制造中心制丝工段设备应用QC小组发布的《提高片烟加料合格率》成果荣获全国二等奖。

安全管理。坚持“安全第一，预防为主，综合治理”的方针和“宁听骂声不听哭声”的安全管理思想，实行“责任到人，考核到位”的安全承包责任制，建立安全工作管理网。开展第六届“全国安全生产月”活动，进行春季防火宣传月、宣传周及“119”防火宣传日等多种形式的安全宣传，营造“综合治理，保障平安”的氛围。加强安全检查，严格执行日查、周查、月查制度，重点抓好节假日期间的检查，对隐患及时整改。

【队伍建设】 按照《公司“十一五”期间教育培训规划》，通过外送培训和内部培训的方式开展教育培训。全年累计外送培训126人（次）、内部培训3273人（次）。认真组织员工参加国家局、中烟实业举办的有关技术、管理等方面的培训。开展司炉工、电工等工种的职业培训。开展外部委托在职人员专升本和硕士研究生教育工作，18人正在接受专升本教育，5人取得了硕士研究生入学资格。

【企业文化】 坚持“以人为本、以德治企”的企业管理理念，将“两个至上”作为企业文化建设的根本要求，对外塑造“谦和、诚信、效率、责任”的企业形象，对内营造“自然、和谐、竞争、向上”的人文氛围。通过主题演讲、图片展、征文等活动使“尽我所能、奉献社会、回报国家”的企业文化理念不断深化。2007年，确定了企业文化视觉识别系统（VI）主标识，对《蒙昆公司企业文化手册（初稿）》进行了多次修改，在公司内开展了岗位座右铭征集活动。

【思想政治工作】 通过主题演讲、图片展等系列活动将“两个至上”在岗位主题实践活动“我是蒙昆人、我为蒙昆添光彩”大讨论引向深入，调动了广大员工立足岗位、奉献蒙昆的热情。公司领导班子围绕“抓班子、带队伍、促发展、创和谐”进行“五查五看”工作，在日常工作中努力做到“讲责任、讲诚信、讲效率、讲奉献”。

【特事要辑】 7月26日，国家局副局长李克明到蒙昆公司新厂区考察指导工作。

9月24日，对2006年底已经停止使用并封存的1台氟利昂烟丝膨胀装置进行拆除和销毁。这台行业最后一台氟利昂设备的销毁标志着中国烟草行业淘汰氟利昂项目的圆满完成。

山西昆明烟草有限责任公司

【概　况】 山西昆明烟草有限责任公司（以下简称“山昆公司”）成立于2003年7月，公司总资产11.63亿元，其中，固定资产7.75亿元、流动资产3.84亿元，资产负债率22.77%，公司占地面积18.75万平方米，共有在岗员工1454人，年生产能力150亿支（30万箱），年产销规模140亿支（28万箱）。

---

① 因国家局卷烟分类标准变化，2007年除“苁蓉（祥和）”属一类烟外，“苁蓉”系列中其他规格属二类烟。

【领导成员】 董事会

董事长：许力为

副董事长：李保林（—2007.10）

董　事：马保军　李立林　杨帆　范　晓　王永平　刘根栓　李　恒（—2007.5）　李　昀（2007.5～2007.10）　王玉堂（—2007.10）　吴益昆（—2007.10）

监事会

主　席：娄宝山（—2007.10）傅鹏（2007.10—）

副主席：胡志华（—2007.10）杨德江(—2007.10)

监　事：毛家昌　王　凯　杨耀荣　杜玉山（—2007.10）　石忠宁（—2007.10）

杨德江（2007.10—）

班子成员

总经理、党委副书记：王玉堂（—2007.3）范　晓（2007.3—）

副总经理、党委委员：范　晓（—2007.3）陈景云　李稚宏　付云祥

副总经理：刘建明　吴益昆（—2007.10）吕家谋（2007.10—）

总会计师：李秋生

副总会计师：陈　东

党委书记：王永平

党委副书记、纪委书记：杜玉山（—2007.3）刘根栓（2007.3—）

党委委员：王　璐　杜玉山（2007.3—）

工会主席：刘根栓

【组织机构】 公司下设制造中心、营销中心、技术中心、采购中心、办公室、企划管理部、人力资源部、财务部、审计内管部、安全保卫部、思想政治工作部、纪检监察部和工会等13个部门以及云福物业管理有限公司。

【卷烟生产经营】 2007年，生产卷烟142.5亿支(28.5万箱)，同比增长9.62%，其中，生产二类烟6.41亿支（1.28万箱），三类烟6.93亿支（1.39万箱），四类烟117.29亿支（23.46万箱），五类烟11.87亿支（2.37万箱）。销售卷烟143.08亿支(28.61万箱)，同比增长9.74%；实现销售收入17.88亿元，同比增长32.70%；实现税利9.19亿元，同比增长23.58%，其中，实现利润4309万元，同比降低57.01%。单箱税利3212元，同比增长12.62%。

【品牌战略及产品介绍】 2007年，企业主要生产“福（银）”、“福（平安）”、“云烟（红）”、“红山茶（特制）”、“红山茶（软）”、“红山茶（软红）”3个牌号6个规格的卷烟。

围绕红云集团“云烟品牌实现年产销量超过100万箱，年利税超过100亿元，红山茶年产量百万箱”的“三百”目标，力争把企业打造成为红云集团在华北地区一流的名优卷烟加工基地。加大品牌集中度，进行品牌置换，将“春城”卷烟整合到“红山茶”卷烟，形成“福”牌、“云烟”、“红山茶”3个品牌6个规格，高、中、低档搭配合理的品牌体系。全年“福”牌卷烟销量6.01亿支（1.2万箱），占总销量的4.2%；“云烟”品牌卷烟销量6.56亿支（1.31万箱），占总销量的4.59%，同比增长326.04%；“红山茶”品牌卷烟销量124.82亿支（24.96万箱），占总销量的87.24%，同比增长123.23%。

【科技创新】 科技工作主要围绕新制丝线调试运行，提高产品均质化生产展开。经红云集团授权对新制丝线进行参数优化，制定了科学、合理的工艺标准，确保易地加工产品的同质性。优化烟叶投料流程，开展“均质化加工技术的应用研究”被确定为中烟实业发展中心科技项目。与红云集团合作开发“福（平安）”卷烟，进一步提高公司的品牌结构。在红云集团技术中心的指导下，进行分组加工技术的研究，使产品感官质量得到了提高。运用沙棘籽提取物进行减害降焦的研究取得较为明显的效果，此项技术的专利申请工作已进入公告阶段。“多相位条烟翻转装置”专利申请已被国家知识产权局受理。同时，公司在华北、东北地区烟草学会2007年学术交流研讨会、山西省烟草学会2007年论文交流会上有多篇论文获奖。

【企业管理】 质量管理。以ISO9001：2000版质量管理体系为核心，进一步细化“产品均质化”生产，加强重点品牌监控力度，成品内部抽检合格率100%，在省局（公司）二级站和国家局一级站抽检中全部合格。

物资管理。优化烟用材料库存配送流程，启用成品周转库与新营成品库。将辅助材料把纸箱包装更换为托盘塑封包装，降低搬运成本。实施“原料仓储管

理系统”、“材料仓储管理系统”，提高工作质量与效率。

【队伍建设】 围绕“六项工程”改革开展培训工作，做到一般人员普遍培训、骨干人员重点培训、紧缺人员抓紧培训，进一步提高了员工队伍的整体素质。积极开展外部培训和内部培训，全年参加外部培训员工达200多人次，其中，参加国家局举办的培训班11次共43人、参加中烟实业公司举办的培训班7次共23人，培训合格率达100%；加大内部培训力度，全年共培训9640人次。

【企业文化】 把“和谐、创新、超越”的企业精神作为指导公司发展和转变员工作风的思想利器，通过《企业文化理念体系》、《公司员工手册》的宣贯考核，以及“两个至上”在岗位主题实践活动的开展，使企业文化理念在广大员工中入眼、入脑、入心，以企业文化力的提升带动了公司软实力的提升。利用《大光报》、企业网站、部门简报等多种形式，开展各类企业文化宣传活动，并尝试建立了廊道文化、餐厅文化、角落文化、楼院文化等企业亚文化，从多层面、多角度教育员工学会尊重、学会理解、学会补偿、学会关心、学会合作、学会感动、学会感恩，使广大员工在日常工作生活的方方面面都感受到企业文化理念的启迪和熏陶。

【思想政治工作】 把创建“四好”领导班子作为文明和谐创建的关键点，把重实际、说实话、求实效作为文明和谐创建的出发点，切实做到了“六个结合”，即：贯彻落实十七大精神与文明和谐创建相结合；加强党组织建设与文明和谐创建相结合；企业文化建设与文明和谐创建相结合；创建“四好”领导班子、“四有”员工队伍与文明和谐创建相结合；创建学习型团队与文明和谐创建相结合；推进科技创新与文明和谐创建相结合。通过“六个结合”逐步营造了心齐气顺、风正劲足的文明和谐氛围。

海南红塔卷烟有限责任公司

【概 况】 海南红塔卷烟有限责任公司成立于2002年4月，由中国烟草总公司海南省公司与红塔集团实行股份制合作组建。2004年11月，按照行业工商分离改革的要求，海南省烟草公司所持海南红塔公司49%的股份划归中国烟草实业发展中心。公司占地面积16万平方米，在岗员工共587人，总资产6.36亿元，其中，固定资产3.3亿元、流动资产4.7亿元，资产负债率29.13%。

【领导成员】 董事会

董事长：马曙勋

董　事：陈玉秋（2007.9—） 朱家福（2007.9—） 朱明权（2007.9—） 郭　勇 梁生龙 杜泽平（2007.9—）

监事会

主　席：寿庆春（2007.9—）

监　事：李应国（2007.9—） 王秀环（2007.9—） 冯旺潜（2007.9—） 吴　锋（2007.9—）

班子成员

总经理、党委副书记：郭　勇

副总经理、党委书记：梁生龙

总经理助理、副总工艺师、党委委员（2007.9—）：阚永峰

副总经理、党委委员：潘　明（2007.9—）

党委委员、纪委书记（兼工会主席）：杜泽平（2007.9—）

总经理助理：冯旺潜（2007.9—）

【卷烟生产经营】 2007年，生产卷烟71.50亿支（14.3万箱），其中，生产二类烟0.71亿支（0.142万箱），三类烟9.20亿支（1.84万箱），四类烟23.65亿支（4.73万箱），五类烟37.95亿支（7.59万箱）。共销售卷烟71.80亿支（14.36万箱），同比增长13%；实现销售收入8.30亿元，同比增长20%；实现税利5.24亿元，同比增长34.7%，其中，实现利润1.22亿元，同比增长70.4%；平均单箱税利3651元，同比增长19.59%。

【技术改造】 组织落实2006年度技改项目的实施，已完成供配电系统、旧锅炉房、真空和空压系统、嘴棒发射机及电控系统、纸板线钢结构厂房等项目的实施。推进2007年度技改项目的实施，完成储丝（梗）柜、燃气（燃油）锅炉、溴化锂冷水机、嘴棒成型机及卷烟储存输送装置、完成超九机组等16个项目的实

施工作。

【协调营销】 完成好销售计划的合同评审、渠道沟通、产品促销、销售终端维护、销售传递等工作，加强工商沟通与交流。2007年参加工商间活动28项次，接触经营户4000人次，逐步建立起良好的工商互动、工商交流机制和新型的工商关系。

加大对终端市场的维护和走访，适时了解红塔集团各品牌、各规格卷烟的市场反馈信息，全年累计在销售终端开展活动250次，在终端布置店铺250处，大型广告牌4处。

【科技创新】 通过实施真空回潮机等项目技术改造，建立远程视频会议系统和开展QC攻关活动，进一步提升科学技术的创新能力。其中，动力车间QC小组的《降低锅炉风机噪声》获得“中烟实业优秀QC小组”的称号。

重点对“红梅”系列卷烟叶组配方进行研究，在确保产品质量稳定的基础上，实现“红梅”品牌叶组配方使用自存烟叶的比例增加15%，进一步降低了生产成本。

【队伍建设】 全年共组织各类培训27期，共计836人次参加培训。联合专业培训公司举办了5期团队体验式拓展训练活动，中层干部、管理人员、技术骨干、一线员工等共155人参加了培训。

【思想政治工作】 坚持以“抓班子，带队伍，促发展，创和谐”为主题，开展以“五查五看”为主要内容的“两个至上”在岗位主题实践活动。开展了“你为什么工作”和“你为谁工作”为主题的读书学习活动，引导员工树立正确的工作态度，树立正确的人生观和价值观。选派了2名选手参加红塔集团举办的“平凡的感动”演讲比赛。

【企业文化】 公司在培养内部文化的过程中，注重集团核心价值理念的引入，重点对“烟缘”、“夹缝中生存”等理念作注解，逐步培育起“居安思危，同舟共济”的船文化内涵。

吉林烟草进出口有限责任公司

【概　况】 吉林烟草进出口有限责任公司成立于1999年10月，2006年8月，国家局对中国烟草进出口（集团）公司成员企业管理体制进行了调整，吉林烟草进出口有限责任公司成为中国烟草实业发展中心的全资子公司，注册资本为1000万元。

吉林烟草进出口有限责任公司是吉林省唯一一家既有烟草专卖品进出口经营权，又有除国家组织统一联合经营的出口商品和国家实行核定公司经营的进口商品以外的其他商品及技术的进出口经营权的外贸企业。

【领导成员】 总经理：李维新

副总经理：厉　峰

【生产经营】 2007年，共出口烟丝1671吨，出口嘴棒38707万支，出口盘纸168吨，出口丝束60吨。全年创汇568万美元。

【企业管理】 严格依法开展烟草专卖品进出口贸易业务，用制度规范各项业务活动，落实企业内部经济责任制，实行企业绩效工资制，充分激发企业员工活力。以MIS系统操作规程来规范业务流程，按照海关、商检、卫生防疫等具体规定开展烟草专卖品的报关、报验等工作。以全面预算管理制度和各项财务会计制度严控财务活动。开展并严格落实同级审计、内部专卖管理监督各项工作，实现企业内部管理监督工作的制度化、科学化、规范化。

【思想政治工作】 开展以“岗位比贡献、敬业比奉献”为主题的岗位能手、岗位先进竞赛活动，培育员工社会公德、职业道德、家庭美德，提高企业知名度、文明度、美誉度，增强企业凝聚力、竞争力、创造力。

（陈　焕）

烟草机械生产企业

烟机工业概况

2007年，烟机工业整体发展情况主要有以下几个特点：一是结合“创新年”活动，大力推进自主创新。成立了中国烟草机械集团有限责任公司的两个技术决策机构——烟机科学技术委员会和专家委员会。开展科技进步奖申报工作，组织了ZJ112高速卷接机组等项目申报中国烟草总公司科技进步奖的相关工作。中国烟草机械集团有限责任公司发布《中烟机械集团公司中期（2006～2015）科技发展实施纲要》，增补了制造工艺、信息化、标准化等技术支持内容，围绕超高速卷接包机组和中式卷烟制丝线两个重大专项的研究，明确主攻方向和重点研究内容。广泛开展对外技术交流合作，全年共召开7次对外技术交流会，进行了几十次对外合作洽谈。二是与卷烟工业企业建立密切合作关系，积极开拓国内外市场。以市场为导向，继续贯彻实施“三分天下”的战略，整机、大修、零配件销售收入进一步增长。烟机出口保持良好势头。成功组织参加2007巴黎国际烟草博览会。进一步提高售后服务水平。三是继续提升企业管理水平，提高经济运行质量。四是加大技改力度，着力提升控股企业核心竞争力。五是全面加强行业设备管理。

中国烟草机械集团有限责任公司工业产值占整个烟机工业总产值的74%，烟草机械整体情况以介绍中国烟草机械集团公司的主要工作情况为主。全国合法持有《烟草专卖生产许可证》的主要烟草机械生产企业共有36家，具体名单参见附表。

中国烟草机械集团有限责任公司

【概　况】　1999年，由中国烟草总公司控股，上海烟草（集团）公司、云南省烟草公司、山东省烟草公司、河南省烟草公司共同投资组建的中国烟草机械集团有限责任公司（以下简称“中烟机械集团公司”），是烟草行业内第一家按现代企业制度框架组建的专业化集团公司。经过股权变更，中烟机械集团公司由中国烟草总公司控股，上海烟草（集团）公司及云南、山东、河南3家中烟工业公司参股。中烟机械集团公司是中国烟机工业的核心企业，对全国烟草专用机械的生产经营担负一定的行业管理职能。

中烟机械集团公司下辖7家控股企业：上海烟草机械有限责任公司、常德烟草机械有限责任公司、许昌烟草机械有限责任公司、秦皇岛烟草机械有限责任公司4家控股生产企业，北京达特烟草成套设备技术开发有限责任公司、北京特思达机电技术开发有限责任公司2家专业公司，以及设在上海专门从事烟机产品开发的中烟机械技术中心有限责任公司。

2007年，中烟机械集团公司以为行业发展提供强有力的技术装备支撑和保障为己任，狠抓各项工作措施的落实，在技术创新、市场开拓、整顿规范、进一步加强内部管理、政治思想建设等各方面工作取得新的成绩。

【领导成员】　董事会

董事长：张林海（—2007.4）王崇光（2007.4—）

副董事长：周永森

董　事：王仲强　姚庆艳　朱怡聆　杨自业　曲　伟（职工代表）

监事会

监　事：刘敬如　王建雪　刘亮山（职工代表）

班子成员

党组书记：张林海（—2007.1）

总经理、党组书记：王崇光（2007年1月任党组书记）

副总经理、总会计师、党组成员：宋春华（部门正职级）

副总经理、党组成员：王仲强

副总经理、党组成员：王建法

纪检组长、党组成员：姜　凯

【组织机构】 中烟机械集团公司设有办公室、综合计划部、人力资源（纪检监察）部、生产管理部、市场部、技术合作部、财务资产部和审计部等8个部门。

【生产经营】 2007年，主要产品生产销售情况为：ZB25B（C）型软盒硬条包装机组，生产23套，销售24套；ZB45B型硬盒硬条包装机组，生产42套，销售43套；ZL22D型纤维滤棒成型机组，生产8套，销售11套；ZB47型硬盒硬条包装机组，生产4套，销售4套；ZJ17机组，生产42套，销售41套；ZF12A机组，生产41套，销售38套；ZJ112机组，生产8套，销售7套；ZJ19B卷接机组，生产26套，销售20套；YF17机组，生产82台，销售38台；ZJ14卷接机组，生产6套，销售6套；ZJ15机组，生产3套，销售2套。

中烟机械集团公司本部和4家控股生产企业实现销售收入31.93亿元（扣除内部相互销售），同比增长19.9%；实现利润总额5.39亿元。集团公司6家控股企业（不含中烟机械技术中心有限责任公司）累计实现销售收入27.13亿元，同比增长14%；实现利润3.94亿元，同比增长18.55%。4家控股生产企业全年累计完成工业总产值25.5亿元，同比增长18.4%；完成工业增加值9.55亿元，同比增长5.6%。

2007年，4家控股生产企业共实现整机销售收入19.04亿元，同比增长16.5%；实现大修理销售收入3.64亿元，同比减少5.5%；实现零配件销售收入2.69亿元，同比增长24.7%。大修理、零配件销售收入占全部销售收入的24.8%。上海、常德、许昌、秦皇岛、达特5家控股企业共实现出口销售收入1.34亿元，同比增长334.2%，占出口业务销售收入的4.9%。

【品牌战略和产品介绍】 2007年，中烟机械集团公司继续实施“三分天下”战略，规范整机、大修理及零配件经营销售，建立整机与零配件的多种销售渠道，形成整机、大修、零配件协调发展的良好格局。

中烟机械集团公司的主要产品有：7000支/分钟、8000支/分钟和10000支/分钟卷接机组；400包/分钟软盒硬条包装机组、400包/分钟硬盒硬条包装机组和550包/分钟硬盒硬条包装机组；400米/分钟和600米/分钟纤维滤棒成型机组；卷烟储存输送系统；滤棒储存输送装置；制丝生产线；环保节能型打叶复烤线、二氧化碳膨胀烟丝生产线等。

【科技创新】 2007年，中烟机械集团公司结合“创新年”活动，大力推进自主创新工作。完善自主创新体系建设，不断整合中烟机械集团公司技术资源，突出技术中心在技术创新中的核心、骨干和引领作用，构建产学研相结合的技术创新体系。

加大科技项目计划管理力度。按照强化“统一归口、分级管理”的模式，规范烟机科技开发项目的征集申报、形式审查、专家评审、计划编制等程序，使之更加清晰明确、有章可循。制订《2007年烟草机械科学研究与技术开发项目计划》，共包括8个单位25个项目，其中控股企业有16个项目。

发布《中烟机械集团公司中期（2006～2015）科技发展实施纲要》，制订中烟机械集团公司《“创新年”活动实施方案》。积极开展超高速卷接包机组重大专项研究工作，超高速卷接包机组应用技术研究的第一阶段7个研究课题完成立项，完成“打造中式卷烟制丝线”重大专项方案论证工作，成立了“中式卷烟制丝线自主创新研究”项目烟机研发制造领导小组。

加大科技投入，加强科技开发投入经费的预算管理，建立了以企业为主体的科技投入机制。2007年，累计投入技术开发经费1.14亿元，其中，中烟机械集团公司本部1540万元，上海烟机公司958万元，常德烟机公司2045万元，许昌烟机公司1392万元，秦皇岛烟机公司5433万元，技术中心50万元。

【企业管理】 *基础管理*。继续加强目标考核与经济运行分析工作。调整对控股企业的部分考核体系指标，使目标值的设定更加符合实际，充分发挥目标考核的导向和激励作用。加强各控股企业的统计工作，有计划地建立起面向管理决策、面向企业、符合中烟机械集团公司发展实际的统计工作模式。开展节能减排工作，编制《烟机工业企业节能减排考核评价标准》。

质量管理。建立质量保障长效机制，持续提高产品质量。组织控股生产企业制订应用可靠性理论改进产品质量计划，完成 ZJ112、ZB47 可靠性考核评定规范的制订。组织开展烟机工业企业 QC 小组活动，上海烟草机械有限责任公司“缩短轴类零件键槽对称度测量时间”成果荣获中国烟草总公司 QC 活动一等奖。

安全管理。全面推进安全管理工作走向制度化、规范化、标准化。贯彻“安全第一、预防为主、综合治理”的安全生产方针，正确处理安全与生产、安全与效益、安全与发展、安全与稳定的关系，全年组织了两次对控股企业的安全检查。全年未发生重大安全事故。2007 年常德、上海烟草机械有限责任公司分别达到国家一级、国家二级安全质量标准化企业认证。

【信息化建设】 2007 年，中烟机械集团公司以深化信息化技术应用为载体，着力推进企业生产组织模式的持续改进。10 月底，上海烟草机械有限责任公司和中烟机械技术中心信息化项目通过验收，标志着除秦皇岛烟草机械有限责任公司外，各控股企业信息化建设项目一期工程全部结束。

【合作与交流】 与卷烟工业企业建立密切的合作关系，积极开拓国内外市场。继 2006 年底与湖北中烟工业有限责任公司、上海烟草（集团）公司签订建立密切合作关系协议书后，2007 年，与云南中烟工业公司签订了建立密切合作关系协议书。与湖北、云南两家中烟公司共同建立的区域零配件服务中心建设取得积极进展，建立合理的零配件价格体系，制订零配件服务中心有关管理制度，规范了业务流程。精心组织玉溪卷烟厂 PASSIM12K 大修、改造研发项目，积极参与云南烟草机械厂的改制工作。

烟机出口保持良好势头。进一步开展对外宣传、推销活动，不断提高国产烟机在国际市场的知名度。2007 年，国产烟机出口到 19 个国家和地区，出口设备 129 台套，合同金额 4100 万美元，较 2006 年增长 24%。

参加 2007 巴黎国际烟草博览会。此次展会是中烟机械集团公司首次代表中国烟草在欧洲工业发达国家和地区参加的国际性大型专业博览会。在博览会的“中国日”活动上开展了“中国烟机”的宣介活动，促进了国际烟草界对中国烟机的认识和了解，提高了中国烟机的知名度。

【内部管理监督】 下发《烟草专用机械企业申领许可证管理办法》，对定点烟机生产企业调整《购销协议书》。

整顿和规范烟机零配件市场秩序，理顺烟机零配件供应渠道，规范卷烟工业企业烟机零配件采购行为，制订《规范烟机零配件采购行为的若干规定》、《烟机零配件网上交易监管工作管理办法》等管理办法。与中烟电子商务公司共同开发建立了烟机零配件网上交易监管平台。

组织开展对中烟机械集团公司本部和控股企业的清产核资工作，针对发现的问题及时进行整改。进一步加强对资金的监督与控制，严格财务收支审批程序，修订和完善《中烟机械集团公司预算管理办法》等 18 个财务管理制度和规定。开展审计调查研究，完成对 4 家控股企业负责人任期经济责任审计。

【企业文化】 推动企业文化建设全面展开。成立了企业文化建设组织机构，制订中烟机械集团公司企业文化建设的总体思路，提炼出“求实创新、和谐发展、诚信烟机、服务烟草”的核心理念。

【特事要辑】 1 月 31 日～2 月 1 日，中烟机械集团公司 2007 年工作会议在广东广州召开，国家局副局长李克明出席会议并讲话。

2 月 5 日，中烟机械集团公司与云南中烟工业公司建立密切合作关系签字仪式及“中烟机械云南地区零配件服务中心”揭牌仪式在云南昆明举行，国家局副局长李克明出席仪式并讲话。

8 月 21 日，国家局局长姜成康对中烟机械集团公司工作做出重要指示：要紧紧围绕提高中国烟草总体竞争实力，提升技术装备水平，提高设备保障能力。

11 月 14～15 日，全国烟草行业烟机工作会议在四川成都召开，国家局副局长李克明出席会议并讲话。

11 月 26～29 日，中烟机械集团公司组团赴法国参加 2007 巴黎 TABEXPO 国际烟草博览会。

中烟机械集团所属企业

上海烟草机械有限责任公司

【概　况】 上海烟草机械有限责任公司（以下简称“上海烟机公司”）创建于1952年，是中国第一家烟草机械专业生产企业，中烟机械集团公司的核心企业之一。2007年，上海烟机公司下辖上海鑫隆烟草机械厂、上海新场烟草机械铸造有限责任公司、上海中臣烟草机械配件有限责任公司、上海中臣烟草数控技术有限责任公司以及英国莫林斯烟草机械零配件寄售站有限公司等5家子公司。企业占地面积8.14万平方米。共有总资产10.5亿元，其中，固定资产2.7亿元、流动资产6.8亿元，资产负债率45.26%。共有员工1184人，其中专业技术人员342人。年生产能力约80台套。

公司拥有从德国、瑞士、意大利引进的加工中心、数控铣镗机床、三座坐标测量仪、电子测高仪等世界先进的数控加工设备和精密检测仪器，具备设计开发、加工制造世界先进水平卷烟包装机组和烟用纤维滤棒成型机组的能力。2007年，上海烟机公司获得“上海市第十三届文明单位”称号。

【领导成员】 董事会

董事长：傅锦弟

副董事长：管振毅

董　事：胡淼炯　王海华　李　梅　曲　伟　刘国平

监事会

监　事：陈俊奎　倪莉萍　王冠雄

班子成员

总经理：胡淼炯

副总经理：童大方　王志祥　夏士红（2007.5—）　陈　黎（2007.5—）

总会计师兼财务负责人：吴可音

党委书记：傅锦弟

工会主席、纪委书记：倪莉萍

【生产经营】 2007年，上海烟机公司完成工业总产值9.03亿元；实现工业增加值3.66亿元，同比增长14.4%。实现销售收入9.57亿元，同比增长18.1%，其中，大修理收入0.91亿元，零配件销售收入1亿元。实现利润总额1.45亿元，同比增长28.32%。

【产品介绍】 2007年，上海烟机公司致力于为中国烟草提升技术装备水平、提高设备保障能力，形成以烟用包装机、烟用滤棒成型机、大修理、零配件、培训等产品提供的多元化产业结构，成为国内领先、国际先进、以烟用卷烟包装机械为主导产品的多品种现代机械制造企业，产品广泛应用于国内重点卷烟生产企业，并进入国际市场。

主要产品有：ZB45型硬盒硬条包装机组、ZB25型软盒硬条包装机组、ZL22系列纤维滤棒成型机组以及ZB47型硬盒硬条包装机组，同时提供大修理和零配件销售服务。产品基本覆盖国内卷烟工业企业，且出口东南亚和欧洲地区。

【科技创新】 根据国家局提出的“创新年”活动要求，加大科技投入，系统开展科技项目的研发工作，推进科技进步。ZL27型烟用滤棒成型机组、ZB26型软盒硬条包装机组三辅机设计等新产品开发项目均取得实质性进展。在满足用户个性化需求以及现有产品的二次开发、延长寿命等方面有了较大进步，ZB25、ZB45、ZB47型包装机组以及烟用滤棒成型机组等产品的整体性能改进和新功能装置的多个开发项目都通过鉴定验收；完成圆角、长支以及十六支包装机组等开发项目的设计工作，进入试制阶段。此外，公司还不断创新开发机制、创造技术开发条件、搭建技术开发体系框架，以技术力量整合、专业化分工为原则，实行技术研发与技术支持分离、技术工艺现场化，为建立快速反应机制创造了技术条件。

【技术改造】 从提升企业核心制造能力出发，以打造数字化工厂为方向，实现“国内一流、国际先进”

为目标，开展“十一五”技改工作。提出通过“厂区改扩建及高速包装机组技术改造项目”的实施，提高上海烟机公司技术能级、管理能级、市场能级、资源利用能级等4个能级的整体性技改思路和框架。根据“整体规划、系统思考、分步实施、留有空间”的设计原则和“高起点提升企业装备水平，提高对行业的保障能力”的要求，开展厂区改扩建及高速包装机组技术改造项目的启动准备工作。

【信息化建设】 2007年，完成计算机集成制造系统（一期）技术改造项目的建设，构建了包括产品数据管理分系统（PDM）、计算机辅助工艺设计系统（CAPP）、生产经营管理分系统（ERP）、制造执行分系统（MES）、企业知识库管理分系统（KBS）、人力资源管理分系统（HR）等的信息平台。企业的经营数据获取趋向简洁，数据准确性和可靠性不断提高，技术、生产、零件加工等方面信息化应用程度大大提高。生产计划编制、实施、物资仓库管理等方面全方位运用ERP生产物料管理系统工具，提升了经营效率。

【合作与交流】 继续贯彻实施“三分天下”战略，与卷烟工业企业建立密切合作伙伴关系。2007年，上海烟机公司相继与国内4家卷烟工业企业建立了密切合作伙伴关系。加快技术装备平台、大修改造平台、零配件保障平台、共同研发平台、信息交流平台、服务支撑平台等六大平台的建设：与长沙卷烟厂合作开展设备大修、组织文化、交流合作洽谈等活动；与武烟集团合作开发70毫米规格包装机和进口备件国产化，完善湖北地区烟机零配件服务；与红河集团合作进行进口件国产化生产以及为上海卷烟厂中华专线改造的GD500机组加装条透金拉线装置等。同时，企业还服务用户，建立了零配件电子商务平台寄售中心。2007年10月，上海烟机公司组织召开了一次全国用户技术恳谈会暨零配件价格研讨会，增强了与用户的双向交流，进一步巩固、深化了与卷烟工业企业的合作关系。

重视国际市场开拓。2007年，出口5套ZB45型包装机组（韩国2套、土耳其3套）。分别同印尼盐仓烟厂、阿联酋国际之星、韩国九江物产、印尼P. T. Forinco Ancol等公司进行洽谈，并达成初步合作意向。

【企业文化】 2007年，上海烟机公司大力开展“诚信、和谐、效率”的上海烟机企业文化建设。在舆论导向上，加强“诚信、和谐、效率”企业文化核心理念的宣传力度，注意处理好行业共性文化和企业个性文化的关系，注重在坚持统一性的前提下体现企业文化的特色。

【特事要辑】 3月9日，上海烟机公司举办“传承百年历史，铸就十年辉煌”的迁建十周年庆典活动。

9月28日，国家局副局长张保振一行到上海烟机公司考察。

常德烟草机械有限责任公司

【概　况】 常德烟草机械有限责任公司（以下简称“常德烟机公司”）创建于1969年，是中国最早从事烟草机械产品研发和生产制造的企业之一。企业占地面积13.33万平方米。2007年，有总资产6.3亿元，其中，固定资产1.5亿元、流动资产4.4亿元，资产负债率28.5%。共有员工934人，其中专业技术人员157人。公司拥有金切机床99台，数控及加工中心42台，年设备生产能力150台套。

2007年，常德烟机公司荣获“全国五一劳动奖状”、“全国机械行业文明单位”等称号。

【领导成员】 董事会

董事长：杜国锋

董　事：江海山　吴熙亮　唐咸瑞　刘承孝　周诗伟　赵训滋

监事会

主　席：范　红

监　事：郑则豪　何丽英　王本华　华建忠

班子成员

总经理：周诗伟

总会计师：熊卫国

副总经理：郭宏斌

副总经理：杨新安

党委书记：杜国锋

党委副书记、纪委书记：秦继玉

党委委员：周诗伟　华建忠　杨新安　何　平　严重阳

工会主席：华建忠

【生产经营】 2007 年，常德烟机公司完成烟机产品产量 246 台套，出库销售 109 台套。实现工业总产值 9.39 亿元，同比增长 17%；实现销售收入 7.34 亿元。实现利润 1.5 亿元，同比增长 11.11%。

【新产品研发】 稳步开展新产品研发和试制工作。ZJ112 型卷接机组电子部分国产化的设计得到有效验证和完善，样机在卷烟厂试运行情况良好；YF14A 型卷烟储存输送系统和 ZL26A 型纤维滤棒成型机组的样机设计工作基本结束；ZJ17 型卷接机组适应丁香烟的设计改进完成重量控制、烟丝输送等主要部分的改造；ZJ17C 型每分钟 8000 支卷接机组样机在卷烟厂试运行效果良好；超高速卷接机组后身送丝系统的原理研究按计划有序实施；完成 TH15 型每分钟 150 包手帕纸包装机组的设计改进，年底启动了每分钟 200 包产品的研发。同时，开展产品实验室的建设。

【合作与交流】 围绕国家局提出的烟机工业企业与卷烟工业企业建立密切合作关系的战略部署，常德烟机公司于 2007 年全面启动了与卷烟工业企业构建密切合作伙伴关系工作，拟定年度专项工作计划，围绕技术装备、大修改造、零配件保障、共同研发、信息交流和服务支撑“六个平台”，与红塔集团、武烟集团和长沙卷烟厂等卷烟工业企业进行了多方面、全方位的合作，实现了公司产品在云南等市场的有效突破。

【精细管理工程】 按照“精细管理工程”实施规划，常德烟机公司 2007 年继续拟订并下达了专项“精细管理”工作计划。计划包括 55 个工作项目，分别由 22 个部门承办，内容涉及技术管理、信息化建设、计划管理、生产管理等方面。以“精细管理”为主题组织对班、组长等管理骨干进行培训，对中层管理人员开展“精细管理”专题讲座，达到对“精细管理”理念深入宣传贯彻的目的。对涉及综合管理、计划与生产、质量管理等在内的 10 大类 50 余项管理制度及工作标准进行修订完善，进一步健全企业制度体系和工作标准体系，企业管理的规范化、制度化、程序化、标准化得以加强。

【特事要辑】 4 月 4 日，国家局副局长李克明一行到常德烟机公司考察指导工作。

8 月 14 日，国家局副局长何泽华到常德烟机公司考察指导工作。

许昌烟草机械有限责任公司

【概　况】 许昌烟草机械有限责任公司（以下简称“许昌烟机公司”）创建于 1958 年，是开发和制造烟草机械的大型骨干企业。企业占地面积 12.2 万平方米。2007 年，有总资产 5.13 亿元，其中，固定资产 1.12 亿元、流动资产 3.64 亿元，资产负债率 49%。有在岗员工 1123 人，其中，工程技术人员 241 人、专业技术人员 493 人。企业拥有主要机械加工设备 318 台套，其中，普通加工设备 279 台套、关键加工设备 39 台套；拥有先进的进口数控机械加工、数控热处理、数控钣金加工和高精密的检测设备，以及具备国际先进水平的数控激光切割与折弯设备、拥有完整的钣金表面处理与涂装生产线。年设备生产能力 150 套。

2007 年，许昌烟机公司被中国机械工业联合会授予“高技能人才队伍建设先进集体”称号，被国家工商行政管理总局认定为全国“守合同重信用”单位。

【领导成员】 董事会

董事长：张彦岭

董　事：江海山　吴熙亮　曹顺兴　贾会志　李新光　徐合军（—2007.5）　赵　磊（—2007.5）

监事会

主　席：刘亮山

监　事：王　萍（—2007.5）　王大勇（—2007.5）
李留木（2007.5—）　张梅香（2007.5—）

班子成员

总经理、党委副书记：曹顺兴

副总经理：董秀明　张松军　王向东

财务负责人：董秀明

党委书记：李新光(—2007.4) 张彦岭(2007.4—)

党委委员：董秀明　魏万昌　张梅香　吴永胜　张建民

纪委书记：魏万昌

工会主席：张梅香

【生产经营】 2007 年，完成烟机整机产品产量 201 台套，实现工业总产值 4.7 亿元。实现工业增加值 1.95 亿元，同比增长 11.4%。实现产品销售收入 4.36 亿元，同比增长 3.56%，其中，实现出口创汇 456 万美元，同比增长 153.3%。实现税利 1.41 亿元，同比增长 49.3%，其中，实现利润 0.83 亿元，同比增长 24.01%。

【产品介绍】 2007 年，许昌烟机公司主要产品有：MOLINS 卷接类系列产品，烟支储存输送装置、烟用储存器等系列产品，滤棒成型、存贮固化、发射与接收、复合滤棒成型等系列产品，以及装封箱装置等卷接包物流产品 4 类系列产品。

【科技创新】 *产品开发*。2007 年，完成 YF172 滤棒存贮固化装置、YF63 盒包储存输送装置的开发、试运行和验收准备工作；完成 ZL26 型纤维滤棒成型机、YL43 型复合滤棒成型机的试制工作，已在卷烟工业企业进行试用；根据印度尼西亚客户的个性化需求，完成适合生产丁香烟的 ZJ15 卷接机组的研发工作，卷烟速度达到 5500 支/分钟；完成 ZF15 卷烟储存输送装置、YF25 滤棒自动发射与接收装置的样机试制，进入装配阶段。

专项专利技术。截至 2007 年底，共申请“烟条交接装置”、“新型烟支成型装置”等实用新型专利项目 29 项，国家知识产权专利局已经授权的实用新型专利项目有 13 项。

【合作与交流】 与卷烟工业企业建立密切合作关系，选定河南、川渝和陕西 3 家中烟工业公司（主要以 MOLINS 系列产品为主）作为密切合作对象，重点在整机供应、设备维修和保养、零配件供应、新产品试用及服务等方面着手建立更加牢固、密切的合作关系。与云南、四川、河南 3 家中烟工业公司联合举办了卷烟设备管理经验交流会。

【特事要辑】 4 月 4 日，河南省委书记徐光春到许昌烟机公司考察。

4 月 18～20 日，在河南郑州组织召开了新产品展示暨用户恳谈会。8 家省级中烟工业公司和 37 家卷烟工业企业的代表共 103 人参加了会议。

6 月 29 日，许昌烟机公司为韩国 WOORI 公司生产的两组 ZJ19B 卷接机组和两组 YF17 卷烟储存输送装置正式发运，这是企业生产的 8000 支/分钟卷接机组和大容量卷烟储存输送装置首次实现出口。

12 月 26～28 日，许昌烟机公司顺利通过了质量、环境、职业健康安全“三标一体”的认证。

秦皇岛烟草机械有限责任公司

【概　况】 秦皇岛烟草机械有限责任公司（以下简称“秦皇岛烟机公司”）成立于 2002 年 3 月，由中烟机械集团公司与河北中烟工业公司共同出资，在原秦皇岛烟草工业机械厂的基础上组建而成。秦皇岛烟机公司下辖秦皇岛烟草工业机械厂轻机分厂、秦皇岛弘和机械有限责任公司、秦皇岛金叶物流有限责任公司。企业占地面积 20.2 万平方米。2007 年有总资产 4.96 亿元，其中，固定资产 0.72 亿元、流动资产 3.74 亿元，资产负债率 67.51%。有在岗员工 1019 人，其中各类专业技术人员 245 人。主要有打叶复烤线、制丝线、二氧化碳膨胀烟丝线三大类产品。

2007 年，秦皇岛烟机公司被中华全国总工会、国家安全生产监督管理总局联合授予“全国‘安康杯’竞赛优胜企业”称号。

【领导成员】 董事会

董事长：郭冬青

副董事长：段铁力

董　事：付　嘉　范思齐　赵文宏　王力明

监事会

主　席：张　涛

监　事：胡俊华　郑洪成　付东平

班子成员

党委书记：郭冬青

总经理、党委委员：付　嘉

工会主席、党委副书记：王力明

副总经理、党委委员：张世成

副总经理：刘习申

副总经理：张世成

副总经理：李　彪

总工程师：赵德玉

【生产经营】 2007 年，实现工业总产值（不含税）3.74 亿元，完成年考核指标的 133.53%。累计实现销售收入 3.82 亿元，同比增长 10.4%。实现工业增加值 0.73 亿元。累计实现利润 0.31 亿元。

【质量管理】 *生产管理*。2007 年，秦皇岛烟机公司继续坚持"用户至上、质量第一"的原则，进一步加强设计、采购和生产全过程的质量控制，严格坚持每周一、周三、周五的质量现场办公会制度，及时解决设计、生产制造现场存在的质量问题。加强用户现场的质量跟踪检测，确保整机产品的正常、平稳、有效运行。对出口产品存在的质量问题，及时召开质量分析会，分析原因，查找不足，并针对实际生产状况开展"精益求精、奉献精品"活动。对生产过程中存在的操作不规范行为进行自查，最大限度地改变生产制造各个环节中的不良习惯。

质量管理体系建设。2007 年，为确保质量管理体系运行的有效性，对质量目标完成情况进行分析汇总，通过内审、外审，发现质量管理体系文件之间不协调的地方，并进行修改。8 月，中国质量认证中心（CQC）河北评审中心审核组对秦皇岛烟机公司质量管理体系进行了监督审核，在综合所有现场审核发现的基础上，审核组作出了秦皇岛烟机公司质量管理体系具有持续的符合性和有效性，决定继续使用认证证书的审核结论。

不断修改、完善压力容器安装质量管理体系以及相关的质量记录等文件，发布实施《压力容器安装、改造、维修质量手册》。5 月，公司顺利完成《压力容器安装、改造、维修许可证》换证工作。

CE 认证①工作。建立健全 CE 认证文件，完善 CE 认证工作。2007 年，秦皇岛烟机公司完成了 WC8 型、WC10 型、WC12 型、WP7 型、WP8 型、WP9 型、WP11 型等 7 种型号的喂料机的 CE 认证工作，为产品进入欧洲市场提供了保证。同时，正在进行 GPT15D、GPT18D 等 11 种型号贮柜的 CE 认证工作。

QC 小组活动。2007 年，秦皇岛烟机公司各单位共申报成果 35 项，经公司评委会评审，有 31 项获得公司 2007 年度质量管理小组活动成果奖，其中，一等奖 5 项、二等奖 10 项、三等奖 16 项。"缩短打叶器安全销加工周期"项目获得国家级科技质量成果奖、全国烟草行业第十八届优秀 QC 小组成果三等奖和烟机工业质量管理小组活动成果一等奖；"减少烘丝机叶子板的焊接变形"和"解决复烤机网板平面度超差"均获得了烟机工业质量管理小组活动成果二等奖和河北省科技质量成果奖。

3 月，秦皇岛烟机公司完成 QC 小组的注册登记工作，有 20 个小组注册并立项，截至 2007 年底，共完成课题 28 项。

【技术改造】 2007 年 4 月，完成"辅联设备制造单元"项目的联合工房、库房土建和钢结构的施工招标工作。截至年底，完成厂房全部主体钢结构和维护结构的安装。

9 月 19 日，易地技术改造项目举行了奠基仪式。9 月 20 日，中烟机械集团公司在北京组织召开了秦皇岛烟机公司易地技术改造项目总体规划方案论证会，对总体规划方案进行了评审。工程前期工作全面开展；现场的"三通一平"、地质勘察，以及场地地基的强夯、东侧挡土墙、围墙等工程已经完成。

【合作与交流】 秦皇岛烟机公司与卷烟工业企业建立密切合作伙伴关系，开拓打叶复烤线、制丝线、

① CE 认证，又称 CE 标志，字母"CE"是法文句子"Conformité Européene"的缩写，其意为"符合欧洲（标准）"。

二氧化碳膨胀烟丝线三大主导产品市场。2007年，公司重点从共同研发和技术服务两方面入手，紧密围绕实施“中式卷烟”重大专项，跟踪行业重点企业重点项目的实施，落实与湖北、湖南、云南、贵州4家中烟公司和上海烟草（集团）公司等单位的相关合作项目。

具体合作项目有：武烟集团1000千克/小时燃油（气）管道式烘丝生产线、白沙集团300千克/小时实验线、红塔集团喂丝机、常德卷烟厂“芙蓉王”制丝线、石家庄卷烟厂2500千克/小时SDT梗丝膨胀设备、延吉卷烟厂SH713塔式烘丝机、上海烟草（集团）公司500千克/小时制丝试验线及制丝线特色工艺的课题攻关、第二代环保节能型打叶复烤线的完善、开发1400～2000千克/小时新型二氧化碳烟丝膨胀设备及与北京达特烟草成套设备技术开发有限责任公司共同研发300千克/小时二氧化碳膨胀烟丝生产线等。根据卷烟生产企业提出的个性化工艺要求，公司提供多种备选工艺设计方案及产品设计方案，双方通过交流逐步打造技术装备和大修改造等合作平台。

【企业文化】 秦皇岛烟机公司就企业文化建设工作明确提出“以企业文化建设为主题，坚持以人为本，努力构建和谐企业”的工作思路，形成了“以人为本，顾客满意，规范运作，争创一流，依靠科技创新，振兴民族烟机”的企业理念。

制订《企业文化建设实施方案》，并在员工中广泛征求意见，以“两个至上”的行业共同价值观为主旨，归纳总结企业发展40年来所形成的企业精神、企业理念等员工乐于遵守的共同行为准则，探索企业文化建设的新思路，构建具有鲜明企业特色的企业文化体系。

【特事要辑】 8月21～22日，中烟机械集团公司2007年烟机科技计划项目评审会在河北秦皇岛召开。来自全国烟草行业的12位专家对30个申报项目进行了评审。

9月19日，秦皇岛烟机公司举行易地技术改造项目奠基仪式，国家局副局长李克明出席仪式并讲话。

10月30日，秦皇岛烟机公司举行庆祝企业成立40周年大会暨首届企业文化节。

中烟机械技术中心有限责任公司

【概　况】 中烟机械技术中心有限责任公司（以下简称“技术中心”）于1999年12月24日挂牌成立，主要职能是承担中国烟草机械集团有限责任公司重大新品的研发和应用技术的研究，同时兼顾承担对控股企业产品重大改进（升级）、国产化方案和其他产品技术方案等的审查和评审工作，为控股企业的产品创新提供技术咨询和技术支持。2007年，有总资产0.91亿元，其中，固定资产0.24亿元、流动资产0.65亿元，资产负债率29.82%。共有员工70人。

【领导成员】 董事会

董事长：王崇光（2007.5—）

副董事长：王建法

董　事：董祥云　魏安忠　胡森炯　杜国锋　李新光

监　事：候燕霞

班子成员

总经理：董祥云

副总经理：魏安忠

副总经理：龚美华

工会主席：吴晓芸

【科技创新】 2007年，企业开展的科研项目有：“400米/分钟复合滤棒成型机组”项目，按计划完成各项设计任务，开始在许昌烟机公司进行样机试制工作。

“16000支/分钟新型卷烟贮存输送系统”项目，完成样机在试制工厂的装配、调试、出厂验收工作。

“550包/分钟软盒包装机开发”项目，机械设计完成产品零件建模80%左右，50%左右的部件完成零件二维出图。电气设计基本完成硬件设计、控制软件编写、电路图和电气接线图的设计。完成了IPC开发的前期准备工作。

“超高速卷接机组应用技术研究”课题，2007

年按计划完成了7个子课题的立项工作，同时针对超高速卷接机组中的技术关键点和主要结构进行了分析研究，已开始进行超高速卷接机组整机概念设计。

“超高速包装机组应用技术研究”课题，完成立项申报资料准备工作，同时开展了前期研究工作。

2007年组织申报专利7项，5项获得国家专利局受理，其中发明专利2项。

【技术改造】 2007年11月，自2000年开始实施的计算机系统技术改造项目顺利通过国家局组织的竣工验收。

对电气实验室进行技术改造，完成电气实验台的设计和外协加工，开始进行高速软盒包装机组控制系统开发平台和超高速卷接机组控制系统开发平台的搭建。

【信息化建设】 2007年3月，完成产品信息数据管理（PDM）项目的验收，开始在PDM平台上进行新产品研发。4月，开始正式推广应用Outlook邮件系统。对办公自动化系统进行升级，12月完成应用测试工作。

【合作与交流】 2007年3月，聘请西门子公司专家进行新技术讲座；5月，与德国ELAU公司进行伺服系统和运动控制技术交流；11月，与德国ELAU公司、郑州长河电子工程有限公司共同进行400米/分钟复合滤棒成型机组PLC、伺服控制、微波检测三方软件的联合实验。

组织科技人员参加了中烟机械集团公司举办的与德国HAUNI公司、德国FOCKE公司、意大利SASIB公司和意大利GD公司的技术交流会。

北京达特烟草成套设备技术开发有限责任公司

【概　况】 1998年3月经国家局批准，成立北京达特膨胀烟丝成套设备工程有限责任公司。为适应市场需求和公司业务拓展，2002年10月9日更名为北京达特烟草成套设备技术开发有限责任公司（简称“北京达特公司”）。北京达特公司由中国烟草机械集团有限责任公司、五洲工程设计研究院、秦皇岛烟草机械有限责任公司共同投资组建，注册资本1000万元，是一家集科、工、贸于一体，实施机、光、电、控一体化的烟草成套设备工程公司，同时承担烟草工、商物流设计与咨询业务。2007年，有总资产5649万元，其中，固定资产584万元、流动资产5042万元，资产负债率52%。共有员工41人，其中，研究员级高工2人、高级工程师13人、工程师18名。

【领导成员】 董事会

董事长：凌卫民

副董事长：陈海英

董　事：金　波　付　嘉

监事会

主　席：刘亮山

监　事：张国辉　王文祥

班子成员

总经理：于忠泉

副总经理：李建梅

工会主席：王小为

【生产经营】 2007年，实现销售收入7380万元，同比增长19.9%。实现税利1608万元，同比增长9.09%，其中，实现利润1051万元，同比增长7.91%。

【技术创新】 2007年，在膨胀烟丝技术创新方面取得两项实用新型专利，分别是，“用于膨胀烟丝线的燃烧炉”，专利号为ZL200620132375.4；“一种用于干冰膨胀烟丝线的电加热炉”，专利号为ZL200720172862.8。

北京特思达机电技术开发有限责任公司

【概　况】 北京特思达机电技术开发有限责任公司（以下简称“北京特思达公司”）由中国烟草机械集团公司控股，上海、常德、许昌、秦皇岛烟机公司共同出资组建。专业从事烟机零配件工作，重点开展进口烟机零配件业务，致力于在全国建立起一个系统化、信息化、专业化的服务网络，负责烟机零配件的查询、销售、调剂等业务，完善烟机零配件的售后服务等。2007 年，有总资产 6863 万元，其中，固定资产 438 万元、流动资产 6330 万元，资产负债率 48.8%。共有员工 13 人，其中，硕士研究生学历 1 人、本科学历 6 人、大专学历 5 人。

【领导成员】 董事会

董事长：王　珩

董　事：国程龙　廖默然　付　嘉　王本华　王志祥　曹顺兴

监　事：段书亭

班子成员

总经理：王　珩

副总经理：姬建红

【生产经营】 2007 年，实现销售收入 8483 万元，同比增长 12.03%；实现税利 301 万元，其中，实现利润 247 万元，同比增长 21.08%。

附表：

主要烟机企业名单

序号	企业名称	企业住所	专卖证许可范围
1	上海烟草机械有限责任公司	上海市浦东新区云间路 2555 号	烟用包装机械生产销售及大修理；烟用滤棒成型机械生产销售及大修理
2	常德烟草机械有限责任公司	湖南省常德市武陵区长庚路中段	废烟支、烟丝回收机械生产销售及大修理；烟用储存机械生产销售及大修理；烟用输送机械生产销售及大修理；烟用卷接机械生产销售及大修理；烟用滤棒成型机械生产销售及大修理
3	许昌烟草机械有限责任公司	河南省许昌市工农路南段	废烟支、烟丝回收机械生产销售及大修理；烟用卷接机械生产销售及大修理；烟用滤棒成型机械生产销售及大修理；烟用输送机械生产销售及大修理
4	秦皇岛烟草机械有限责任公司	河北省秦皇岛市海阳路 266 号	废烟支、烟丝回收机械生产销售及大修理；烟丝膨胀机械生产销售及大修理；烟用除杂、筛分机械生产销售及大修理；烟用储存机械生产销售及大修理；烟用输送机械生产销售及大修理；烟用烘烤机械生产销售及大修理；烟用烘丝机械生产销售及大修理；烟用加温加湿机械生产销售及大修理；烟用解把机械生产销售及大修理；烟用开（拆）包机械生产销售及大修理；烟用冷却机械生产销售及大修理；烟用切丝机械生产销售及大修理；烟用香精香料调配及加料加香机械生产销售及大修理；烟用压梗机械生产销售及大修理；烟用叶梗分离机械生产销售及大修理；烟用叶片分切机械生产销售及大修理；烟用预压打包机械生产销售及大修理；再造烟叶机械生产销售及大修理

续表

序号	企业名称	企业住所	专卖证许可范围
5	北京达特烟草成套设备技术开发有限责任公司	北京市丰台区海鹰路3号三号楼四层（园区）	烟丝膨胀机械生产销售及大修理；烟用除杂、筛分机械生产销售及大修理；烟用储存机械生产销售及大修理；烟用输送机械生产销售及大修理；烟用装封箱机械生产销售及大修理；烟用烘烤机械生产销售及大修理；烟用烘丝机械生产销售及大修理；烟用加温加湿机械生产销售及大修理；烟用开（拆）包机械生产销售及大修理；烟用冷却机械生产销售及大修理；烟用切丝机械生产销售及大修理；烟用香精香料调配及加料加香机械生产销售及大修理；烟用压梗机械生产销售及大修理；烟用叶片分切机械生产销售及大修理；再造烟叶机械生产销售及大修理
6	宝应仁恒实业有限公司	江苏省扬州市宝应县城叶挺路66号	烟用输送机械生产销售及大修理；烟用香精香料调配及加料加香机械生产销售及大修理；烟用预压打包机械生产销售及大修理
7	北京长征高科技公司	北京市丰台区万源南里甲43号	烟丝膨胀机械生产销售及大修理；烟用除杂、筛分机械生产销售及大修理；烟用储存机械生产销售及大修理；烟用输送机械生产销售及大修理；烟用烘烤机械生产销售及大修理；烟用加温加湿机械生产销售及大修理；烟用解把机械生产销售及大修理；烟用冷却机械生产销售及大修理；烟用香精香料调配及加料加香机械生产销售及大修理；烟用叶梗分离机械生产销售及大修理
8	北京倍易发烟机技术开发中心	北京市西城区木樨地北里24号	烟用包装机械大修理
9	大树智能科技（南京）有限公司	江苏省南京市江宁区经济技术开发区经一路8号	烟用除杂、筛分机械生产销售及大修理
10	东方机器制造（昆明）有限公司	云南省昆明市经济技术开发区牛街庄片区11—1号地	烟用装封箱机械生产销售及大修理
11	巩义市建设机械制造有限公司	河南省郑州市巩义市城东石灰务工业区	烟用加温加湿机械生产销售及大修理
12	贵州平水机械有限责任公司	贵州省安顺市平坝县	烟用包装机械生产销售及大修理
13	国营第一钟表机械厂	陕西省西安市丈八东路103号	烟用卷接机械大修理
14	杭州萧山烟草机械设备有限公司	浙江省杭州市萧山区临浦经济技术开发区	烟用储存机械生产销售及大修理；烟用输送机械生产销售及大修理

续表

序号	企业名称	企业住所	专卖证许可范围
15	合肥安大电子检测设备厂	安徽省合肥市长江西路669号高新技术开发区安大科技园电子楼	烟用除杂、筛分机械生产销售及大修理
16	机科发展科技股份有限公司	北京市海淀区首体南路2号	烟用开（拆）包机械生产销售及大修理
17	江苏智思机械集团有限公司	江苏省武进市高新技术产业开发区凤鸣路智思工业园	烟用烘丝机械生产销售及大修理；烟用加温加湿机械生产销售及大修理；烟用输送机械生产销售及大修理；烟用香精香料调配及加料加香机械生产销售及大修理；烟用烘丝机械
18	开封东方机械有限公司	河南省开封市通许县文卫路东段	再造烟叶机械生产销售及大修理
19	昆明船舶设备集团有限公司	云南省昆明市人民东路3号	烟用除杂、筛分机械生产销售及大修理；烟用储存机械生产销售及大修理；烟用烘烤机械生产销售及大修理；烟用烘丝机械生产销售及大修理；烟用加温加湿机械生产销售及大修理；烟用解把机械生产销售及大修理；烟用开（拆）包机械生产销售及大修理；烟用冷却机械生产销售及大修理；烟用切丝机械生产销售及大修理；烟用输送机械生产销售及大修理；烟用香精香料调配及加料加香机械生产销售及大修理；烟用压梗机械生产销售及大修理；烟用叶梗分离机械生产销售及大修理；烟用叶片分切机械生产销售及大修理；烟用预压打包机械生产销售及大修理
20	昆明风动新技术集团发展有限公司	云南省昆明市高新区科泰路	烟用输送机械生产销售及大修理；烟用预压打包机械生产销售及大修理
21	昆明烟机集团二机有限公司	云南省昆明市东郊金马寺	烟用切丝机械生产销售及大修理
22	昆明烟机集团三机有限公司	云南省昆明市东风东路145号	废烟支、烟丝回收机械生产销售及大修理；烟用包装机械生产销售及大修理；烟用储存机械生产销售及大修理；烟用输送机械生产销售及大修理
23	宁波轻工机械制造有限公司	浙江省宁波市镇海区骆驼工业区南一西路78号	烟用滤棒成型机械生产销售及大修理
24	如皋市恒昌烟草设备有限公司	江苏省如皋市环城西路29号	烟用输送机械生产销售及大修理
25	上海兰宝坤大智能技术有限公司	上海市奉贤区金汇镇世永路228号	烟用开（拆）包机械生产销售及大修理
26	沈阳飞机工业（集团）有限公司	辽宁省沈阳市皇姑区陵北街1号	烟用滤棒成型机械生产销售及大修理
27	天津华一有限责任公司	天津市红桥区丁字沽三号路8号	烟用包装机械生产销售及大修理；烟用输送机械生产销售及大修理

续表

序号	企业名称	企业住所	专卖证许可范围
28	武汉船用机械有限责任公司	湖北省武汉市青山区武东街9号	烟用包装机械生产销售及大修理
29	西安东风仪表厂	陕西省西安市东仪路	再造烟叶机械生产销售及大修理
30	扬州市天宝自动化工程有限公司	江苏省扬州市	烟用输送机械生产销售及大修理
31	颐中（青岛）烟草机械有限公司	山东省青岛市崂山区株洲路177号7号楼	烟用装封箱机械生产销售及大修理
32	云南烟草机械有限责任公司	云南省昆明市高新技术开发区科医路43号	烟用包装机械生产销售及大修理；烟用储存机械生产销售及大修理；烟用卷接机械大修理；烟用输送机械生产销售及大修理
33	云南紫金科贸有限公司	云南省昆明市金星广场A幢3楼	烟用除杂、筛分机械生产销售及大修理；烟用储存机械生产销售及大修理；烟用开（拆）包机械生产销售及大修理；烟用输送机械生产销售及大修理；烟用装封箱机械生产销售及大修理
34	张家口市通用机械有限责任公司	河北省张家口市	烟用储存机械生产销售及大修理；烟用烘烤机械生产销售及大修理；烟用解把机械生产销售及大修理；烟用加温加湿机械生产销售及大修理；烟用输送机械生产销售及大修理；烟用香精香料调配及加料加香机械生产销售及大修理
35	中船总第七研究院715研究所宜昌分部	湖北省宜昌市绿萝路43号	烟用输送机械生产销售及大修理；再造烟叶机械生产销售及大修理
36	中国铁道部建筑总公司徐州机械总厂	江苏省徐州市中山北路254号	烟用除杂、筛分机械生产销售及大修理；烟用储存机械生产销售及大修理；烟用加温加湿机械生产销售及大修理；烟用解把机械生产销售及大修理；烟用输送机械生产销售及大修理；烟用叶梗分离机械生产销售及大修理

（黄云海）

辅料生产企业

南通醋酸纤维有限公司

【概　况】 南通醋酸纤维有限公司（以下简称“南纤公司”）成立于1987年3月，由中国烟草总公司与美国塞拉尼斯公司合资经营，是集化工、化纤、热电为一体的大型工业企业。南纤公司占地面积57万平方米，总投资4.92亿美元，中方投资比例占69.32%，美方占30.68%。主要产品为烟用二醋酸纤维丝束（以下简称“醋纤丝束”）及其配套原料二醋酸纤维素片（以下简称“醋片”），其中，醋纤丝束销售到全国40多家卷烟生产企业；醋片作为醋纤丝束的生产原料，除公司自用外，同时供应昆明和珠海两家醋酸纤维有限公司。2007年，南纤公司有在职员工784名，其中，大专以上学历341名，助理工程师以上技术人员221名（含高级职称19名）。

2007 年，南纤公司按照“瞄准一个目标，确保两个重点，着力四个提高”① 的工作思路，全年醋纤丝束产销量、醋片产销量、产品主要质量指标、实现利润均突破历史最好水平。四期醋片扩建装置提前 4 个月投产成功，四期工程建设提前 4 个月圆满完成。

【领导成员】 南纤公司实行董事会领导下的总经理负责制，主要领导成员有：

董事长：边有伦

副董事长：沃尔特（Robert Walters）

总经理、党委书记：孙桂泉

副总经理、党委委员：杨占平

副总经理、党委委员：茅　俊

副总经理、党委委员：张　杰

副总经理：王文庭（WenWang）

工会代主席：邹　同

【组织机构】 南纤公司下设安全保卫部、质量管理部、办公室、财务部、供销部、技术开发组、设备技术项目部等 7 个职能部门，醋酐制备/醋酸回收工段、醋片工段、纺丝工段、制浆/丙酮回收工段、热电工段、动力工段、机械维修工段、电仪维修工段等 8 个生产、维修工段，另设党委/工会办公室；受董事会委托管理醋纤丝束技术中心。

【生产经营】 全年完成丝束产量 65006 吨，同比增长 2.37%；实现丝束销量 65009 吨，同比增长 4.06%。完成醋片产量 106382 吨，同比增长 71.20%；实现醋片销量 36900 吨，比计划增加 3900 吨。全年实现利润 9 亿元，同比增长 18.58%。

【质量管理】 围绕丝束、醋片主产品质量改进这一中心，开展“2007 精品”质量改进活动。着眼原辅材料、生产工艺、设备维护、内部管理、过程控制等中间环节，全面提升产品质量、工作质量、服务质量和管理质量。先后开展“十个一”推进活动，实施十项重大专题改进，启动十项课题研究。全年涌现出“降低回收丙酮中的甲苯含量”和“攻克煤粉炉喷燃器过热损坏难关”两个全国优秀 QC 成果，两个“江苏省优秀质量管理小组”，三项省级 QC 成果和一项烟草行业 QC 成果。2007 年，南纤公司用户满意度达 81.68%，获得“全国实施卓越绩效先进企业”称号。

2007 年，丝束生产合格率、醋片生产合格率等主要质量指标再创历史最高水平。通过国内外相关生产厂家的丝束、醋片样品的分析对比，南纤丝束吸阻稳定性、总旦 CV、卷曲能稳定性处于世界同行一流水平。

【成本管理】 面对原材料价格上升、折旧上升、费用上升、丝束售价持平的“三升一平”压力，公司通过增产增收节约节支增加效益。采用“低价多进，高价少进”的原则，比 2006 年节约采购成本 630 万元。利用汇率避险工具，尝试使用远期外汇调换付款方式，全年减少财务费用 350 万元。通过税收筹划，2007 年度退税金额近 2 亿元。2007 年，公司丝束单位总成本、醋片单位总成本都控制在预期目标以内。

【节能减排】 成立节能工作小组，制定工作目标，确定工作重点，节能降耗成果明显。全年节能率达 8.6%，节约标煤 2.8 万吨，减少能源成本 2400 多万元。全面完成各主要能耗目标指标，其中，吨丝束耗标煤 1.42 吨，同比下降 0.15 吨；吨醋片耗标煤 2.15 吨，同比下降 0.26 吨；热电综合效率 68%，同比上升 3%；动力电耗 8473 千瓦时，低于目标指标。

针对四期扩建投产后设备增加的情况，组织技术力量进行节能攻关，其中，异丙醇醋化项目减少醋酸异丙酯消耗 1307 吨，减少化学需氧量排放 1730 吨，节约成本 1500 万元。成功将 202、204、206 醋酸回收装置二级废水冷却器改造为萃取液初级预热器，每年可节约蒸汽 3 万吨。四期工程新建锅炉烟气脱硫装置运行效果显著，脱硫效率达 95%，全年可减少二氧化硫排放量 1500 吨。为进一步降低二氧化硫排放量，董事会批准投资 3900 万元，继续实施 4 台 75 吨老锅炉的烟气脱硫项目。

【四期工程建设】 2007 年，南纤公司四期工程建设转入醋片扩建装置调试、后续新增项目扫尾、项目单项验收阶段。1 月 18 日，醋酸回收扩建装置全部一次性投料开车成功；2 月 3 日，异丙醇酯化装置一次性开车成功；2 月 8 日，四期醋片扩建装置 A、B 生产线投料全线贯通；3 月 15 日，两条生产线全面开始试生产；3 月 18 日，全线稳定运行，醋片各项质量指标全部合格；3 月底，南纤公司开始提前向昆纤公司和珠纤公司供应醋片；5 月 20 日，四期醋片扩建装置产量达到设计能力，比原计划提前 3 个多月；8 月 28 日至 8 月 31 日，四期醋片生产装置顺利通过 72 小时考核。

---

① 即保持国内领先，争创国际一流；确保生产经营持续稳定健康发展，确保四期扩建工程建设全面完成；加强绩效管理，提高人力资源管理水平；加强精细管理，提高卓越绩效管理水平；加强技术管理，提高技术改进创新能力；加强文化建设，提高企业核心竞争能力。

四期醋片扩建装置投产，南纤公司成立竣工验收委员会和办公室，制订竣工验收总体计划，将工作内容分解成15个主要节点，明确了时间要求。截至2007年底，已完成了消防验收、环保验收、安全验收、工业卫生验收和档案验收。财务竣工决算和总体竣工验收准备工作有条不紊地进行。

四期工程建设总概算为20.3亿元，截至2007年底，共发生应付款18.9亿元。在四期工程建设中，严格招投标制度，建立项目负责制，建设费用得到有效控制。根据测算，整个四期工程建设费用将会控制在初步设计的概算范围内。

【“创新年”活动】 南纤公司结合企业实际，明确了“持续改进、追求卓越”的主题，将“创新年”活动有机融入企业生产经营之中，认真计划、精心组织。

按照“坚持服务生产和服务用户，坚持难题攻关，坚持专业性和群众性相结合”的原则，成立公司技术委员会，从机制上进一步规范和加强公司技术管理与监督工作。修订丝束行业标准，为进一步提高丝束生产的整体技术水平提供了科学、先进、实用的依据。完善丝束用户手册，进一步引导和帮助用户选准、用好丝束。完成《烟用二醋酸纤维素丝束应用技术汇编》，成为国内第一套从理论至实践的丝束应用培训教材。

“醋片集成技术研究”项目取得进展，375孔喷丝帽成功运用，继续开展巴凯软木浆和Neucel软木浆试验，四期工程新增的8号和9号锅炉实现燃烧全自动控制，成功进行了大醋酐装置工艺优化试验，全年多生产醋酐5000吨，技术改进和创新成果显著。

【标准管理体系建设】 2007年，以国家法律法规和规范性文件为指导，建立以技术标准为主体、管理标准和工作标准为支持的标准管理体系。制定设计、产品、采购、工艺等15类专项技术标准，以及经营综合、采购、质量、设备与基础设施等17类专项管理标准；建立了以考核方案、细则、部门职责规范为基础的通用工作标准和以岗位说明书、岗位胜任力模型和绩效考核细则为基础的岗位工作标准。截至2007年底，公司标准体系共有标准1460项，其中通用基础标准20项，技术标准1059项，管理标准288项，工作标准93项。在标准体系中，采用国外先进标准7项，执行国家标准253项、行业标准60项、地方标准1项、自行制定的企业标准1139项。2007年5月，公司通过了国家“AAAA级标准化良好行为企业”的评审并取得证书。

公司按照“精简、高效、科学”的原则，以ISO9001质量管理为主线，以环境管理、职业安全健康管理、测量管理体系为主干，对一体化体系文件进行全面梳理，同时结合职能管理，实现过程的简单化、流程化和标准化。经过整合，一体化管理体系文件的基本架构修改为管理手册1个、员工手册1个、文化手册1个、管理体系程序文件12个、管理制度和管理规定32个。

【人力资源管理】 对绩效考核制度进行较大幅度的改进和完善。首次建立年终综合考核制度，分三个级别，新设全年绩效奖。将工资普调与晋升奖励有机地结合起来，从董事会批准的增资额度中拿出一部分用于业绩突出员工的晋级、晋档奖励。2007年，共有17人（约占在岗员工总数的2%）获得“晋级奖励”，有81人（约占在岗员工总数的10%）获得“晋档奖励”。

依据新颁布的《劳动合同法》修订公司《集体合同》、《劳动合同管理程序》、《劳动合同书》、《员工手册》和《薪酬及绩效管理制度》。

【企业文化】 2007年，南纤公司抓住成立20周年这一契机，运用多种形式，开展丰富多彩的宣传教育活动，进一步推动企业文化建设。从各部门抽调人员，采用专职和兼职等形式，组成公司志编写小组，完成30万字《南通醋酸纤维有限公司志》编写任务。根据三纤公司新提炼的“安全、绿色、和谐、共赢”核心价值观，制订《核心价值观宣贯工作方案》，成立宣传贯彻领导小组，着手推进核心价值观宣传贯彻工作。

（赵云峰）

珠海醋酸纤维有限公司

【概　况】 珠海醋酸纤维有限公司（以下简称“珠纤公司”）成立于1993年5月20日，由中国烟草总公司和美国塞拉尼斯公司合资兴建，总投资8831万美元。专业生产烟用二醋酸纤维素丝束，年生产能力为3.4万吨。占地面积约16万平方米，共有员工322人。

2007年，珠纤公司按照“凝聚力量，提高员工满意度；加强管理，提升综合竞争力；加强沟通，建设和谐珠纤”的总体工作目标，在安全管理、节能减排、增产增收、提升客户满意度和员工满意度等方面取得突出成绩。2007年，珠纤公司被中华全国总工会、国家安全生产监督管理总局评为全国“安康杯”竞赛优胜企业，被中华全国总工会、中华全国工商业联合会授予“全国双爱双评先进单位”称号。

【领导成员】 珠纤公司实行董事会领导下的总经理负责制，主要领导成员有：

董事长：边有伦

副董事长：沃尔特（Robert Walters）

总经理、党委书记：王　军

生产副总经理：罗杰斯（Jim Rogers）（—2007.6）

生产副总经理：查擎美（Charles Zha）（2007.10—）

维修与工程副总经理、党委委员：潘定益

行政副总经理、党委委员：吴锡辉

财务副总经理：汪若泉（Bill Wang）

总会计师、党委委员：唐　炯

工会主席、党委委员：刘　强

【组织机构】 珠纤公司下设丝束生产工段、公用工程工段、电仪工段、机修工段、技术质量部、项目部、安保部、营销部、账务部、财务部、办公室等11个职能部门及工会。

【生产经营】 2007年，珠纤公司主要生产3.0Y35000，2.7Y35000，3.0Y32000三种规格丝束，并试生产近4吨3.5Y34000试用丝束产品。全年共生产丝束34864吨，销售丝束35325吨，产品销往全国13个省（区），实现利润1.78亿元，同比增长5.33%。

【技术创新】 2007年，丝束产品质量有了质的飞跃，飞花明显下降，纺丝断头率由2006年的0.6个/吨降为0.4个/吨，丝束Cv值受控。二氧化硫排放量比2006年下降45.9%，吨丝耗重油0.74吨，创历史新低，吨丝耗标煤1.18吨，提前三年完成国家“十一五”节能减排目标，处行业领先水平。油电成本比2006年节约692万元。

“热能回收”项目获得珠海市政府的20万元节能降耗专项资金。该项目每小时可节约蒸汽约1.45吨，经济效益达400万元/年；“锅炉使用流程优化”项目使珠纤公司每年至少减排二氧化硫950吨。珠纤公司2007年共申报7项专利，其中，发明专利3项、实用新型专利4项。

5月，启用自动检测及二次补丝系统，补丝成功率由97.4%提高到99.0%，不仅减少了废丝量，而且稳定了丝束总旦，提高了产品质量。8月，开始对纺丝机全面提速，其中，1号、2号机为565米/分钟，3号、4号机590米/分钟的纺丝速度则创下全国醋纤行业新高。9月，丝束自动夹包系统投入使用，提高了打包效率，减轻了打包工人的劳动强度，消除了人工夹包时存在的不安全因素。

【安全管理】 2007年，珠纤公司继续坚持执行STOP安全审核，全年2060人次参加安全审核工作，查找并及时纠正处理各类违规行为和隐患1800余件。每季度组织一次综合安全检查，全年四次综合安全检查共发现隐患231项，整改按时完成率100%。

2007年，总结提炼出独具特色的ABCD安全管理模式①。ABCD安全管理模式消除了安全管理的真空地带，确保整个安全生产系统全方位、全过程受控，形成一个高效的安全闭环管理系统。公司全年轻微以上人为事故为零。12月18日，珠纤公司荣获广东省“安全文化示范企业”称号，成为珠海市唯一入选的企业。

【基础管理】 继续加强各项基础管理不放松，严格执行“安全检查制度”、“体系审核制度”、“现场5S管理制度”、“总经理室成员带队检查规章制度”等，使管理受控并得到持续改进。

六西格玛（6σ）的实施在2007年进入新阶段。6σ项目依照突出重点、体现少而精的原则进行选择，内容涉及稳定和提高产品质量及稳定性、优化管理流程、降低生产经营成本等方面。7月，珠纤公司正式启动7个六西格玛（6σ）黄带项目。黄带项目是在2006年实施6σ成功的基础上提出的新模式，让项目在班组内得以实施和改进，使6σ项目涉及面更广、参与的人员更多、大家参与的意识更强，6σ管理模式更好地得以传承。制订全年度的黄带项目推进计划、黄带管理办法，以及各个阶段的结点汇报时间。

开始探索将6σ与公司战略结合的新途径，形成珠纤公司自我追求卓越体系。12月，举行为期两天的战略地图培训，对公司未来发展的战略进行全面的规划，并形成具有珠纤特色的战略地图。在此基础上，制定出公司2008年的经营管理指标和目标，并以受控文件的形式予以发布。对照此战略分解模式，结合公司文化层面、目标层面、工作层面的实际，追求卓越体系的初步框架最终得以确定和发布。

---

① 其中，A指意识（Awareness）、B指行为（Behavior）、C指状态（Condition）、D指文件化（Documentation）。

【信息化建设】 信息技术中心加强质量信息系统（QIS）维护，做到24小时响应。对QIS进行较大的修改和完善，系统的处理速度和稳定性进一步提高。对K3系统二次开发的功能进行完善和扩展，并根据各部门的需求对K3系统进行完善，包括增加各流程的邮件提醒、寄存库的建立和完善、仓库查询功能的完善、采购执行情况查询和采购报表的完善、新增项目入库情况完善等。

5月，安全管理信息系统投入使用，安全管理中的各环节更加公开化、透明化，确保安全事项的处置过程均处在监督之中，提升了安全隐患整改的执行力。7月，正式启动与南纤、昆纤两家公司的信息技术整合工作。9月，经过改进后的网上工作流系统正式投入使用，工作流系统包括小修维修、工作联系单、消防水管理、付款申请等四个方面。该系统的投入使用，使工作申请到执行形成一个闭环，显著提升了工作效率。

【技术交流】 *加强与丝束用户的技术交流*。2007年，共走访用户100厂次，为用户提供个性化服务，满足了个别用户的不同需求。分别为江西中烟工业公司下属的赣南卷烟厂和井冈山卷烟厂进行《丝束应用技术》专题培训，用户丝束使用技能得以提高。此外，珠纤公司邀请湖南长沙和广西南宁用户单位的一线操作人员到公司进行技术交流，增强了相互间的了解。

5月，珠纤公司在江西南昌召开丝束用户座谈会，中国烟草投资管理公司、各中烟工业公司物资部以及部分卷烟厂的领导和代表共56人参加了会议，增进了珠纤公司与用户间的了解与信任。

加强丝束应用技术交流。11月21日，由珠纤公司承办的醋纤丝束应用技术交流会在珠海召开，会议主题为“贯彻新标准，提高丝束使用水平”。来自行业内外的专家、代表150多人参加了会议，会议代表就醋纤丝束应用技术进行了交流。

2007年，珠纤公司共走访郑州烟草研究院3次，加强与该院的技术往来。积极开展与广东省经贸委、科技厅、环保局，以及珠海市经贸局、科技局、环保局等单位的联系与沟通，听取其在节能减排、清洁生产、创建国家环境友好企业方面的有益建议。9月，珠纤公司通过清洁生产审核验收。12月，通过广东省环保局“环境友好企业”初步审核。

【队伍建设】 在用人方面，坚持“凡进必考”和“凡空缺岗位必竞争”的原则，严格执行笔试、面试和群众评议三道程序，督促和监管招聘考核的全过程，防止用人腐败，确保了公平、公正。

注重加强员工在管理、技能方面的培训，努力提高员工素质。11月，珠纤公司举行为期两天的管理沙龙培训活动。公司全体管理人员分两批参加了培训。培训通过对身边真实案例的讨论，提升各级管理人员的管理水平。

公司各部门组织开展多种形式的技术比武。9月，丝束生产工段举行拉丝、擦帽比赛；机修工段举行劳动技能竞赛，竞赛内容包括实际操作与理论知识。10月，公用工程工段举行劳动知识竞赛。

进一步加大正激励的力度。2007年，开展年度优秀员工、先进集体的评比表彰，对技术创新先进个人进行重奖，对管理人员考核中被评为优秀的给予及时的通报表扬。

【思想政治工作】 2007年，公司党委提出并实践多年的“四沟通工作法”① 得到全国基层组织建设协调小组、中央组织部的肯定，并于2007年5月在《全国基层组织建设工作情况通报》上发文推介。5月，公司党委组织传达广东省第十次党代会精神，并结合公司实际，提出了在加强管理、凝聚力量、加强公司党的建设等方面贯彻落实会议精神的措施。

【企业文化】 2007年，珠纤公司董事长边有伦在对南纤、昆纤、珠纤三家公司价值观进行总结、归纳后，提炼出“安全、绿色、和谐、共赢”的核心价值观。12月11日，在昆明召开的三纤企业文化研讨会上，“安全、绿色、和谐、共赢”核心价值观正式确立。

珠纤公司通过会议、内部网站、报纸等形式，对核心价值观进行了广泛的讨论。召开核心价值观宣传专题研讨会，决定成立文化知识普及培训组、故事采集编纂组、体系制度梳理组3个工作小组，总体推进核心价值观的宣传贯彻活动。

【特事要辑】 1月10日，中共中央政治局委员、广东省委书记张德江一行到珠纤公司参观考察。

12月11日，“安全、绿色、和谐、共赢”的企业核心价值观正式确立。

（许　江）

---

① “四沟通工作法”即：全面、及时地向美方管理者沟通中国法律关于共产党的规定、沟通党在新时期的政策、沟通公司党组织的活动内容及效果、沟通公司党员表率作用。

昆明醋酸纤维有限公司

【概　况】 昆明醋酸纤维有限公司（以下简称“昆纤公司”）成立于1993年5月，由中国烟草总公司和美国塞拉尼斯公司共同投资兴建，生产烟用二醋酸纤维丝束。丝束年产量达3.2万吨。2007年，公司占地面积19万平方米，共有员工338人。

昆纤公司是云南省首家进入中国外商投资企业500强的外商投资企业。2007年，昆纤公司被云南省政府授予“云南省外商先进企业”、“云南省十大高营业和高利税企业”称号。

【领导成员】 昆纤公司实行董事会领导下的总经理负责制，主要领导成员有：

董事长：边有伦
副董事长：沃尔特（Robert Walters）
总经理：奥　兰（Scott Oran）
副总经理、党委书记：徐晓新
副总经理、党委委员：温　明
副总经理：李　博（Paul Liebbe）（—2007.9）
副总经理：艾德利（Alm Detlev）（2007.11—）
总会计师、党委委员：周本琼
工会主席、党委委员：杨　敏

【组织机构】 昆纤公司下设办公室、工会、供销部、财务部、信息部、会计部、环境健康安全部、设备项目部、技术质量工段、浆液制备工段、纺丝工段、热动工段、电仪工段和机修工段等14个部门。

【生产经营】 2007年，共生产丝束34930吨，同比增长5.5%；销售35100吨，同比增长9.69%。实现利润2.3亿元，同比增长14.77%。

【质量管理】 2007年，昆纤公司克服使用软、硬木浆混合醋片生产过程中出现的低产率、凝丝等困难，纺丝机平均速度从2006年的548米/分提高至570米/分，提高4.01%；产量从2006年的33124吨提高到34930吨，增长5.45%。合格品转换率达99.53%，处于行业领先水平；平均断头率0.34个/吨，丝包无接头包率98.1%，同比提高1.4%。2007年，软木浆醋片应用攻关小组“提高丝束产率”课题活动获全国烟草行业第十八届优秀QC成果三等奖。

2007年，根据国家局对烟草实验室的大气环境进行强制性计量检定的要求，昆纤公司实验室作出充分准备。8月，昆纤物检室大气环境通过中国烟草标准化研究中心专家队的实地检测，获得中国烟草标准化研究中心颁发的检定证书。

根据2007年新增广西、山东、河南、河北等8个省份新用户的新变化，昆纤公司主动与新用户取得联系，表达向其联营厂提供技术支持和服务的承诺，到现场协助卷烟厂/嘴棒厂试用昆纤丝束，增强他们对昆纤丝束的信心，使昆纤丝束得以在新用户现场顺利使用。2007年，共有4482.6吨昆纤丝束销往省外。

2007年，共进行顾客走访54次，全年顾客投诉为零。在2007年度进行的昆纤顾客质量满意度调查中，得分97分，为历史最高分。

【安全管理】 昆纤公司全面落实安全责任，通过TPM、QEHS管理体系统、STOP及事故隐患跟踪系统等手段来强化基础管理，突出重点整治、提升管理水平，有效地防止了各类事故的发生，实现了安全发展。2007全年实现无重大人员伤害和重大安全事故的安全目标。

在自主开发的事故和隐患管理系统的基础上，扩充STOP管理系统、工艺变更跟踪系统和六源管理系统等实用模块，初步形成功能强大的安全管理信息平台，管理效果显著。2007年，共记录跟踪处理350余项隐患，记录跟踪处理STOP观察报告2796项，记录跟踪处理六源报告768项。截至2007年底，累计跟踪处理隐患742项，跟踪处理STOP报告4044项。

基本完成综合应急预案、专项应急预案和现场处置方案的编制工作，应急响应系统更加完善和规范。并通过现场演练加深员工对应急文件和流程的理解，使应急响应系统更具有实用价值。

2007年，公司开展了“安全生产月”活动，实现了活动预定的目标。开展对特殊工种的培训，编译制作了如BP公司火灾爆炸事故、美国化学工艺安全中心《工艺安全警示灯》及吉林石化101工厂的爆炸等事故案例，并组织员工进行深入学习，大大提高了员工预防重特大事故的警惕性。

【节能减排】 2007年，昆纤公司开展“节能降耗合理化建议”活动。成立蒸汽消耗改善、水消耗改善和工艺调整等专题小组，组织以热动工段、电仪工段、制备工段为主的以节煤、节电、节水为重点的能源自查工作，对发现的能源浪费、能源使用效率不高的问题，提出改进建议。在“节能降耗合理化建议”专项活动中，共产生合理化建议558项，制订21项利润改进计划，并制订了《2007年利润改善计划奖励办法》。

与2006年相比，企业工业增加值能耗下降9.0%，丝束产品能耗下降8.0%，其中，吨丝束煤耗下降5.5%、吨丝束电耗下降4.93%、吨丝束水耗下降24.57%；综合耗标煤减少1682吨，水耗减少19.27万吨。公司通过工艺创新，在不增加能耗情况下，年产量提高1800吨，税前利润增加3000多万元。

【技术改造】 2007年，昆纤公司董事会批准技术改造项目21个，预算总金额1012万元，主要解决生产安全、环保方面存在的问题。其中，主要项目有：

“厂区噪声治理”项目，完成一期动力站循环水区域治理工程，整体降噪效果明显，但厂界噪声监测数据仍然超标。计划于2008年追加投资43.65万元，进行二期丙酮回收区域的治理工程，厂界噪声达标。

“水质分析仪表”项目，针对2007年发现锅炉换热管水垢严重的问题，公司集中资金，购买安装在线、实验室两套水质分析仪器，从设备和制度两方面加强锅炉水质的监控，保证了锅炉运行的安全和稳定，提高了锅炉等设备的运行安全和使用寿命。

“更换防爆电梯”项目，该项目属于安全检查整改项目，通过购买新型防爆电梯进行设备升级，彻底解决多年遗留的安全隐患问题。

“自动夹包运送装置改造”项目，对丝束包的运送系统进行自动化改造。

“PCS7控制系统实验室”项目，建立PCS7控制系统的实验和培训系统，提高维修人员的维修技术水平，同时将硬件作为备件储备。

“热电站DCS增加工作站”项目，通过增加热电站DCS工作站，提高热电站的设备监控能力。

【TPM管理模式】 昆纤公司从2005年起全面推动以“5S”现场管理为核心的管理创新活动并取得阶段性成果，2006年底积极倡导TPM管理的导入。2007年，将TPM管理模式的实施作为管理创新的重点工作，计划用三年的时间完成整个体系的建立。

完成TPM管理理念的导入、从管理层到基层员工的分级全员培训，进行实施TPM的策划与规划，进一步规范“5S”管理的标准，全员开展OPL（单点课程）、6H“六源检查”活动，并建立管理平台，收到显著效果。TPM推进工作逐步从基础管理活动阶段，转入到新的检（维）修模式的试运行阶段，完成预防维护体系的设计和新的维修工作流程设计，样板线的创建进入收尾阶段。编制完成纺丝样板线和锅炉样板线的检（维）修文件，并在样板线上实施新的检维修模式。

【人力资源管理】 *管理制度完善。*2007年，从重新评估公司现有制度的不合规性入手，分步骤开始修订《员工手册》、《昆纤公司行政处罚管理规定》等与《劳动合同法》相配套的文件制度。积极推进绩效管理体系建设工作，发布《昆纤公司突出贡献奖评选办法》、《昆纤公司明星员工评选办法》和《昆纤公司激励奖励管理办法》，修改发布《奖金考核方案》制度。

*员工激励。*2007年，公司评选出“2006年度明星员工”6名，“2006年下半年突出贡献奖管理创新银奖”1个，合理化建议一、二、三等奖30个以及合理化建议活动优秀部门/工段5个，公司对其进行表彰奖励，并组织“明星员工”出国考察。通过《华维简讯》、宣传栏和网页等宣传报道形式对获奖员工事迹和突出贡献奖、合理化建议奖获奖情况进行广泛宣传，将公司绩效管理激励奖励活动推向了高潮。

*员工培训。*按照《昆纤公司人力资源员工职业发展近期规划》的要求，2007年派7人参加MBA及相关专业的工程硕士学习。2007年公司主要完成的公共培训有TPM全员培训、SPC统计技术和管理人员《领导执行力》培训，同时，面向中层管理人员和班、组长举办《劳动合同法》知识讲座。全年共组织内部培训455项（次），完成外部培训项目68项，达到计划的90%，培训有效性评估率达100%。

【企业文化】 2007年，昆纤公司企业文化建设委员会组织全体员工参加“昆纤企业文化讨论调查活动”，针对《企业文化手册》中的员工行为规范、礼仪规范进行讨论调查，得到员工的认同。8月，昆纤公司《企业文化手册》正式印刷成册，于8月30日举行创业首发仪式。

组织全体员工学习、宣传《企业文化手册》所倡导的理念文化和行为文化，组织开展“我与昆纤共成长”征文活动，共收到各部门、工段员工的征文138篇，使《企业文化手册》真正成为全体员工的行动准则。通过宣传贯彻活动，全体员工理解、认同了“安全、绿色、和谐、共赢”的企业核心价值观和“勤和创新，卓越志远”的企业精神，在实际工作中争做企业文化建设的宣传者、贯彻者、执行者，为打造一流合资企业提供了文化支撑。

（唐丽维）

其他辅料生产企业

辅料生产企业名称	出资人/隶属关系	总资产（万元）	主要经营项目
常德金鹏凹版印刷有限公司	湖南中烟工业有限责任公司常德卷烟厂控股	46572.50	主要经营设计、制版、生产、销售纸制品、包装、书刊，商标印刷等；油墨制造及销售，让售国内印刷纸张及器材
常德芙蓉大亚化纤有限公司	湖南中烟工业有限责任公司常德卷烟厂控股	3777.90	主要经营烟用聚丙烯丝束，滤嘴棒的设计、开发、生产、销售
常德市金芙蓉实业发展总公司	湖南中烟工业有限责任公司常德卷烟厂参股	11553.00	卷烟原辅材料及包装物品的生产加工，木器加工制造，基建维修，装饰材料，建筑材料，日用杂品
常德有为物资再生中心	湖南中烟工业有限责任公司常德卷烟厂参股	1283.10	废旧物资回收、加工、销售；卷烟薄片防水复合；添加剂加工生产销售；塑料制袋的生产印刷；甘草的加工生产销售
四川三联卷烟滤嘴成型有限责任公司	川渝中烟工业公司、重庆烟草工业有限责任公司、四川烟草工业有限责任公司成都卷烟厂、什邡卷烟厂、绵阳卷烟厂、西昌卷烟厂出资	13454.00	主要经营滤嘴棒生产销售
西昌市腾飞纸箱厂	隶属四川烟草工业有限责任公司西昌卷烟厂管理	824.00	主要经营纸箱生产销售
四川西昌神驹印务有限责任公司	四川烟草工业有限责任公司西昌卷烟厂所属全资多元化投资企业凉山烟草运输有限责任公司、西昌市腾飞纸箱厂出资	2704.00	主要经营卷烟商标、铝箔纸生产销售
成都卷烟厂资阳劳动服务公司	隶属四川烟草工业有限责任公司成都卷烟厂管理（集体企业）	3341.00	主要经营滤嘴棒生产销售
成都平大机械有限公司	隶属四川烟草工业有限责任公司成都卷烟厂管理	4691.00	主要经营卷烟商标、铝箔纸生产销售。
绵阳市奔驰工业总公司	隶属四川烟草工业有限责任公司绵阳卷烟厂管理	1162.00	主要经营纸箱生产销售
重庆宏声卷烟配套材料有限责任公司	隶属重庆烟草工业有限责任公司涪陵宏声实业（集团）有限责任公司管理	3400.00	主要经营纸箱生产销售
重庆华福卷烟配套材料有限责任公司	隶属重庆烟草工业有限责任公司涪陵宏声实业（集团）有限责任公司管理	11156.00	主要经营铝箔纸、滤嘴棒生产销售

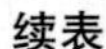
续表

辅料生产企业名称	出资人/隶属关系	总资产（万元）	主要经营项目
重庆宏声印务有限责任公司	隶属重庆烟草工业有限责任公司涪陵宏声实业（集团）有限责任公司管理	23205.00	主要经营卷烟商标生产销售
什邡佛兰包装材料厂	四川烟草工业有限责任公司什邡卷烟厂直属	1133.00	主要经营铝箔纸、粘胶带生产销售
什邡卷烟厂劳动服务公司	四川烟草工业有限责任公司什邡卷烟厂直属	619.00	主要经营薄片烟丝生产加工、卷烟商标生产销售
四川佛兰印务有限公司	四川烟草工业有限责任公司什邡卷烟厂直属	8869.00	主要经营卷烟商标、白卡纸生产销售
河南新郑金芒果实业总公司	隶属河南中烟工业公司管理（集体企业）	5524.46	主要经营滤嘴棒、白卡纸、内衬纸、接装纸、黏合剂、纸箱等
许昌帝豪实业公司	隶属河南中烟工业公司管理（集体企业）	13741.10	主要经营滤嘴棒、白卡纸、BOPP薄膜、内衬纸、接装纸、黏合剂、纸箱等
郑州黄金叶实业总公司	隶属河南中烟工业公司管理（集体企业）	7137.00	主要经营滤嘴棒、烟草薄片、白卡纸、BOPP薄膜、接装纸等
安阳市红旗渠集团	隶属河南中烟工业公司管理（集体企业）	5231.00	主要经营滤嘴棒、卷烟商标、白卡纸、内衬纸、接装纸等
南阳卷烟厂双龙实业公司	隶属河南中烟工业公司管理（集体企业）	3840.00	主要经营卷烟商标、BOPP薄膜、白卡纸、内衬纸、接装纸、黏合剂、纸箱等
洛阳烟草服务中心	隶属河南中烟工业公司管理（集体企业）	4229.00	主要经营滤嘴棒、卷烟商标、白卡纸、内衬纸等
漯河沙河实业有限公司	隶属河南中烟工业公司管理（集体企业）	1850.00	主要经营卷烟商标、BOPP薄膜、白卡纸、内衬纸、接装纸、纸箱等
驻马店发时达工贸有限公司	河南中烟工业公司控股	4300.00	主要经营滤嘴棒、烟草薄片、BOPP薄膜、白卡纸、内衬纸、接装纸、黏合剂、纸箱等
许昌永昌印务有限公司	河南中烟工业公司参股	18562.00	主要经营卷烟商标的印制

续表

辅料生产企业名称	出资人/隶属关系	总资产（万元）	主要经营项目
河南金芒果印刷有限公司	河南中烟工业公司参股	18540.00	主要经营卷烟商标的印制
河南金瑞香精香料有限公司	河南中烟工业公司控股	3088.00	主要经营香精香料
河南卷烟工业烟草薄片有限公司	河南中烟工业公司全资子公司	21734.00	主要经营造纸法烟草薄片
广东汕头龙华印务有限公司	河南中烟工业公司控股	7400.00	主要经营卷烟商标印制
合肥烟草工贸总公司	隶属安徽中烟工业公司管理	2681.80	主要经营纸箱、铝箔纸、水松纸、卡纸、丙纤丝束再生产品加工和生产，广告设计、策划、制作、发布（代理国内）；室内外装饰，物资回收及其加工品的销售；清洗保洁、空调安装、电机、电器维修；房屋、汽车租赁；搬运、装卸服务；包装装潢印刷；酿酒配方原料销售；卷烟、日用百货、副食品、家用电器零售
芜湖卷烟材料厂	隶属安徽中烟工业公司管理	10111.00	主要从事丝束加工、卷烟纸箱、烟用接装纸、铝箔纸、卡纸的生产经营
阜阳卷烟材料厂	隶属安徽中烟工业公司管理	4494.00	主要从事丝束加工、烟箱、水松纸、铝箔纸、卡纸等卷烟辅材的生产经营
滁州卷烟材料厂	隶属安徽中烟工业公司管理	8794.00	主要经营丝束加工、水松纸、铝箔纸、包装纸板箱、卡纸等
蚌埠卷烟材料厂	隶属安徽中烟工业公司管理	21145.00	主要经营丝束加工、水松纸、铝箔纸、包装纸板箱、卡纸等
上海烟草工业印刷厂	上海烟草（集团）公司直属	110830.36	主要生产高中档卷烟商标及包装装潢印刷品、画册、样本等
上海白玉兰烟草材料有限公司	上海海烟实业合作公司、上海惠民工贸合作公司、上海张江实业总公司出资	14812.00	专业生产各类包装纸箱、制造卷烟滤棒和多用途胶粘剂

续表

辅料生产企业名称	出资人/隶属关系	总资产（万元）	主要经营项目
上海烟草集团太仓海烟烟草薄片有限公司	上海烟草（集团）公司、上海烟草工业印刷厂、上海牡丹香精香料有限公司出资	27800.00	生产造纸法烟草薄片
南通烟滤嘴有限责任公司	江苏中烟工业公司直属	12400.00	主要经营滤嘴生产、研发
江苏格瑞实业有限责任公司	江苏中烟工业公司直属	20200.00	生产二氧化碳膨胀烟丝
红金龙(集团)有限公司	湖北中烟工业有限责任公司直属	30000.00	瓦楞纸箱、材料回收加工、封口；金属结构件加工；销售百货、纺织品、五金交电、工艺美术品、土产品、家具、民用建材、文化用纸、印刷机械配件、烟机配件、食品添加剂、香精与香料；柜台出租；仓储服务、机械设备安装及租赁；土建、装饰、市政、园林工程；烟草行业管理咨询；IT 规划、培训服务；计算机硬件、运行维护；提供企业信息化项目实施、监理服务；建筑智能化工程设计施工

烟叶加工企业

2007 年，全国烟草行业打叶复烤企业共有 62 家，83 条打叶复烤生产线，分布在 16 个烟叶生产省份。在 62 家打叶复烤企业中，商业公司控股 46 家，有 59 条生产线；工业公司控股 16 家，有 24 条生产线。在 62 家打叶复烤企业中，已完成公司制改造的 48 家，未完成的 14 家（卷烟工业企业所属打叶复烤车间 9 家，商业所属打叶复烤企业 5 家）。全国打叶复烤企业设计加工能力为 3440 万担/年，年均加工烟叶总量 4000 万担左右，加工能力基本满足全国烟叶打叶复烤加工的需求。

哈尔滨天阳国际烟草有限公司

【概　况】 哈尔滨天阳国际烟草有限公司位于黑龙江省哈尔滨市动力区，前身为成立于 1992 年的中港合资打叶复烤经营企业，由原哈尔滨卷烟厂和天利国际经贸有限公司共同投资组建。2004 年、2007 年，公司先后两次增资转股。截至 2007 年底，公司的投资方分别为黑龙江省烟草公司哈尔滨烟叶公司、山东中烟工业公司、黑龙江烟草工业有限责任公司和天利国际经贸有限公司。公司注册资本为 16000 万元人民币，隶属于哈尔滨烟叶公司。厂区占地面积为 14 万平方米，年处理原烟能力为 2.5 万吨（50 万担）。2007 年，完成“四定”工作，员工从 358 人减至 276 人。公司的主要业务是为客户进行原烟代料加工，可按客户的要求进行把选、片选、在线挑选等精选生产，可进行配方打叶复烤。

【生产经营】 2007年，公司共与11家卷烟厂签订了加工合同，新增河北中烟工业公司1家客户。

全年公司复烤加工烟叶1.66万吨（33.14万担），产出片烟2.1万吨（42万担），结算代料加工费4470万元。实现销售收入12370万元。实现税利1330万元，其中实现利润203万元。

【技术改造】 完成生产设备二期技术改造，加工能力由6000千克/小时提高至9000千克/小时。成立技改领导小组，先后5次公开招标，节约资金460余万元。突出抓好打叶复烤和动力两个重点部位节能减排的技术改造，每年可节省费用50余万元。完成生产车间电控系统改造，提出控制方式理念。

绥化红塔烟叶有限责任公司

【概　况】 绥化红塔烟叶有限责任公司位于黑龙江省绥化市，成立于2006年4月，由哈尔滨烟叶公司和红塔烟草（集团）有限责任公司投资组建，隶属于哈尔滨烟叶公司。公司注册资本为21089万元，年原烟加工能力2.5万吨（50万担），共有在岗员工150人。拥有一条1999年投产的美国MacTavish技术打叶生产线。截至2007年底，拥有总资产21507万元。

【生产经营】 2007年，公司复烤加工烟叶2.1万吨（42万担），产出片烟1.41万吨（28.2万担）。实现销售收入3820万元。实现税利721万元，其中实现利润33万元。

勃利龙湘烟叶有限责任公司

【概　况】 勃利龙湘烟叶有限责任公司位于黑龙江省七台河市勃利县，成立于2006年4月28日，由牡丹江烟叶公司与湖南中烟工业公司共同出资组建。公司注册资本10205万元，占地面积12.5万平方米，有在册员工183人。年原烟加工能力为2.5万吨（50万担）。

【生产经营】 2007年，公司复烤加工烟叶1.92万吨（38.40万担），产出片烟1.43万吨（28.60万担）。实现销售收入3891万元。实现税利1438万元，其中实现利润430万元。

林口龙鄂烟叶有限责任公司

【概　况】 林口龙鄂烟叶有限责任公司位于黑龙江省牡丹江市林口县，成立于2007年8月18日，由牡丹江烟叶公司和湖北中烟工业公司共同出资组建，隶属于牡丹江烟叶公司。公司注册资本8200万元，年原烟加工能力1.5万吨（30万担）。占地面积10万平方米，有在岗员工124人。拥有一条6000千克／小时的打叶生产线。

【生产经营】 全年签订烟叶加工合同1.3万吨（26万担）。截至2007年底，公司复烤加工烟叶0.95万吨（19万担），产出片烟0.93万吨（18.60万担）。生产的片烟未销售。

【技术改造】 完成引风机冷却水回收二次利用改造工作，增加了生产使用软化水回收量，并能达到100%地回收利用。完成生产车间冷凝水回收利用改造工作。新增一个38吨软化水回收水箱，投入使用后，仅此项每天节省用煤达1.5吨。

丹东辽东烟草发展有限责任公司

【概　况】 丹东辽东烟草发展有限责任公司位于辽宁省凤城市，成立于1996年7月9日。公司注册资本为6122万元，年原烟加工能力为2.5万吨（50万担）。拥有总资产13269万元，其中，固定资产10368万元、流动资产2857万元，资产负债率57.47%。公司有员工156人。

【生产经营】 2007年，公司复烤加工烟叶2.16万吨（43.20万担），产出片烟1.31万吨（26.20万担）。实现加工收入4039万元，同比增长222.6%。实现税利1421万元，其中实现利润499万元。

延边友利打叶复烤有限责任公司

【概　况】 延边友利打叶复烤有限责任公司位于吉林省延吉市，成立于2002年12月，由延吉卷烟厂与延边烟叶公司共同投资兴建。公司注册资本6054万元，占地面积8.5万平方米，年烟叶加工能力2万吨（40万担），共有员工273人。公司打叶设备采用柔打细分工艺，片烟复烤设备采用低温慢烤技术，拥有生产能力达6000千克/小时打叶复烤生产线，是吉林省唯一一家打叶复烤企业。

【生产经营】 2007年，公司复烤加工烟叶1.45万吨（29万担），同比下降8.98%，产出片烟0.99万吨（19.72万担）。实现加工收入2924万元，同比增长38.51%。实现税利670万元，同比增长63.41%，其中，实现利润160万元，同比增长1516.16%。

华环国际烟草有限公司

【概　况】 华环国际烟草有限公司位于安徽省凤阳县，成立于1994年5月，由安徽省烟草公司蚌埠储运公司（原名蚌埠烟叶复烤厂）与上海烟草（集团）公司、香港环球发展有限公司合资组建、共同经营。总资产17000万元，占地面积11万平方米，共有员工991人，其中聘用员工680人。拥有一条从美国引进的9000千克/小时打叶复烤生产线和全套质量检测设备，年生产能力2.25万吨（45万担）。

【生产经营】 2007年，公司复烤加工烟叶5.58万吨（116.67万担），产出片烟3.70万吨（74万担），实现加工收入11169万元。实现税利5813万元，其中，实现利润2708万元。

【技术改造】 投资666万元购置烟架，用于存放烟叶原料，减少了烟叶在转运中的造碎。加强设备日常管理，全年设备有效作业率96.26%。对关键设备、关键部位、易发故障点等542个设备项目进行彻底检修。投资90万元在烟叶包装处安装了微波水分仪，对叶片产品水分进行箱箱监控。投资2000万元新建“中华”烟叶分选生产线，截至2007年底，完成项目设计、报批、设备选型及招标采购工作。

安徽华圆烟草有限责任公司

【概　况】 安徽华圆烟草有限责任公司位于安徽省涡阳县，成立于2005年8月，由安徽省烟草公司亳州市公司和安徽中烟工业公司共同出资组建。公司占地面积19万平方米，共有员工153人，其中聘用员工38人，拥有一条6000千克/小时的打叶复烤生产线，年加工能力1.5万吨（30万担）。

【生产经营】 2007年，公司复烤加工烟叶3.03万吨（60.69 万担），产出片烟 2.17 万吨（43.36 万担），实现加工收入 6243 万元。实现税利 2072 万元，其中实现利润 1045 万元。

【企业管理】 按照 ISO 体系文件和 YC/T146－2001、YC/T147－2001 行业标准操作，烟叶挑拣和复烤加工过程质量稳定，各项工艺技术指标稳中有升。继续推行“5S”现场管理，营造良好作业环境。开展 QC 活动，《提高功率因数，降低能源消耗》项目获国家局 QC 成果发布三等奖。

福建武夷烟叶有限公司

【概　况】 福建武夷烟叶有限公司位于福建省邵武市，成立于 2000 年 12 月，由中国烟叶公司、中国烟草进出口（集团）公司、浙江中烟工业有限责任公司、福建省烟草公司、中国烟草福建进出口有限责任公司、福建省烟草公司南平市公司等 6 家烟草企业共同出资组建，截至 2007 年底，总资产 22761 万元，负债总额 6622 万元，所有者权益 16138 万元。公司有员工 190 人，其中聘用员工 150 人。拥有一条 8000 千克/小时打叶复烤生产线，年加工能力 2.5 万吨（50 万担）。

【生产经营】 2007 年，公司复烤加工烟叶 2.48 万吨（49.57 万担），产出片烟 1.64 万吨（32.78 万担）。实现税利 1757 万元，其中实现利润 523 万元。

【设备改造】 2007 年，公司对生产线叶片复烤机和烟梗复烤机进行扩大能力改造，在 2006 年烟草异味处理系统的基础上对车间排潮气体异味处理部分进行改进，车间屋顶和周边区域无浓烈的刺激性气味。

福建省龙岩金叶复烤有限责任公司

【概　况】 福建省龙岩金叶复烤有限责任公司位于福建省永定县，成立于 2003 年 4 月，由福建中烟工业公司、龙岩烟草工业有限责任公司、福建省烟草公司龙岩烟草分公司、厦门烟草工业有限责任公司 4 家烟草企业共同投资组建。公司共有员工 256 人，拥有两条 6000 千克/小时打叶复烤线，年加工能力 4 万吨（80 万担）。

【生产经营】 2007 年，公司复烤加工烟叶 4.58 万吨（91.58 万担），产出片烟 3.01 万吨（60.04 万担），实现加工收入 8917 万元。实现税利 4629 万元，其中实现利润 3064 万元。

福建省三明金叶复烤有限公司

【概　况】 福建省三明金叶复烤有限公司位于福建省三明市，成立于 1998 年 10 月 18 日，是在原三明市烟叶复烤厂基础上进行技术改造的国有股份制企业。企业注册资本 5000 万元，股东分别为福建省烟草公司三明市公司、中国烟草总公司福建省公司、厦门烟草工业有限责任公司，股权比例分别为 65%、30%、5%。2007 年，有在册员工 160 人（含退养 25 人），聘用员工 148 人。厂区占地面积 7.46 万平方米，有两条不同配置的 6000 千克/小时国产打叶复烤生产线。

【生产经营】 2007 年，公司复烤加工烟叶 4.48 万吨（89.59 万担），产出成品 2.94 万吨（58.80 万担）。实现税利 5309 万元，其中实现利润 3464 万元。

山东中鲁烟叶有限公司

【概　况】　山东中鲁烟叶有限公司位于山东省临沂市，成立于2000年4月，由中国烟叶公司、将军烟草（集团）有限公司、山东临沂烟草有限公司共同出资组建。2006年，中国烟叶公司所持公司股权自2005年12月31日无偿划转给山东省烟草公司，山东省烟草公司又于2007年6月将该股权无偿划转给山东临沂烟草有限公司。将军烟草（集团）有限公司所持公司股权自2006年8月31日随济南卷烟厂资产无偿划转给山东省烟草物资设备有限公司。截至2007年底，企业总资产15600万元，有在岗员工175人。拥有两条6000千克/小时打叶复烤生产线，年生产能力3万吨（60万担）。

【生产经营】　2007年，公司复烤加工烟叶1.92万吨（38.48万担），产出片烟1.26万吨（25.25万担）。实现加工收入3750万元。

【技术设备】　公司建有标准的烟叶理化检测分析中心和工控数据库，配有国外先进的机器设备，在确保烟叶油分、组织结构不破坏，烟叶本色不改变的基础上，首创了把成品叶片适中水分百分比合格率作为公司内部考核指标，创下了公司从事烟叶复烤以来无霉烂烟叶的历史纪录，成品质量合格率达到100%。2007年11月，在中国烟叶公司开展的打叶复烤企业产品质量检查中，公司各项检查指标均名列前茅，受到了专家检查组的好评。

山东京鲁烟叶复烤有限公司

【概　况】　山东京鲁烟叶复烤有限公司位于山东省诸城市，成立于2003年7月，由山东潍坊烟草有限公司和北京卷烟厂合资组建而成，隶属于山东潍坊烟草有限公司。公司注册资本6000万元，占地面积19.3万平方米，有在岗员工243人，其中聘用员工111人。拥有两条打叶复烤生产线，年加工能力5万吨（100万担）。

【生产经营】　2007年，公司复烤加工烟叶5.11万吨（102.2万担），产出片烟3.39万吨（67.80万担）。实现税利5271万元，其中，实现利润3630万元。

【技术改造】　2007年，打叶一车间购置安装了4台润叶机和1组打叶机，安装了自动打包系统。打叶二车间新增一区烤房，增设了子母扣除杂装置。投资1450万元，对一车间厂房进行翻建改造，新建5500平方米和8800平方米成品仓库各一座。

山东惠丰烟叶复烤有限公司

【概　况】　山东惠丰烟叶复烤有限公司位于山东省潍坊市，前身为山东潍坊廿里堡复烤厂，2001年8月经国家局批准改制成股份制公司，由山东省物资设备公司控股、山东潍坊烟草有限公司参股，注册资本7000万元。公司占地面积20.2万平方米，有在岗员工263人，拥有6000千克/小时打叶复烤生产线一条，年加工能力3万吨（60万担）。

【生产经营】　2007年，公司复烤加工烟叶2.22万吨（44.34万担），产出片烟1.47万吨（29.40万担）。实现工业总产值4289万元。

山东申沂烟叶复烤有限公司

【概　况】 山东申沂烟叶复烤有限公司位于山东省临沂市，成立于2004年12月，由山东省沂水烟叶复烤厂改制而成。总资产5838万元，占地面积14.99万平方米，共有员工107人，其中聘用员工15人。拥有6000千克/小时打叶复烤生产线一条，年加工能力1.5万吨（30万担），是上海烟草（集团）公司定点复烤加工企业。

【生产经营】 2007年，公司复烤加工烟叶1.15万吨（22.93万担），产出片烟0.76万吨（15.20万担），实现加工收入2210万元。

【技术改造】 2007年，投资60万元对在线水分检测、烟草粉尘筛分、锅炉水膜除尘等设备设施进行技术改造。

天昌国际烟草有限公司

【概　况】 天昌国际烟草有限公司位于许昌市魏都区，成立于1993年7月，直属河南省烟草专卖局（公司）管理，股东单位为天利国际经贸有限公司，中国烟草总公司河南省公司，中国烟草河南进出口有限责任公司，浙江中烟工业有限责任公司，河南中烟工业公司，河南省烟草公司许昌、信阳、洛阳、驻马店、商丘、漯河、济源市公司共12家公司。公司总资产51511万元，共有在册员工154人，拥有3条打叶复烤生产线，年加工能力6万吨（120万担）。

【生产经营】 2007年，公司复烤加工烟叶5.08万吨（101.6万担），产出片烟3.35万吨（67万担），实现销售收入48992万元。上缴税金4817万元，实现利润6548万元。

【体制改革】 2007年5月9日，中国烟草总公司对天昌公司收购许昌烤烟厂部分资产项目做出批复，5月14日，通过竞拍方式，公司收购许昌烤烟厂建筑物类、机械设备类和长期投资类资产。

宝丰金叶烟草有限责任公司

【概　况】 宝丰金叶烟草有限责任公司位于河南省宝丰县，成立于1988年，2005年，根据国家局对打叶复烤企业的改制要求，河南省烟草公司平顶山市烟草公司、河南中烟工业公司、河南省烟草公司洛阳市公司参股宝丰烟叶复烤厂，原宝丰烟叶复烤厂改制为宝丰金叶烟草有限责任公司。共有在册员工231人，年生产能力1.5万吨（30万担）。

【生产经营】 2007年，公司复烤加工烟叶2.6万吨（52万担），产出片烟1.69万吨（33.75万担）。实现税利3035万元，其中，上缴税金1709万元，实现利润1326万元。

【技术改造】 启动“十一五”打叶复烤生产线技术改造项目，整个技改项目投资预算8590万元，2007年完成总体规划和项目申请报告，前期立项资料全部准备到位。

三门峡金红烟草有限责任公司

【概　况】 三门峡金红烟草有限责任公司公司位于河南省三门峡市，成立于2001年，由河南省烟草公司三门峡市公司和河南中烟工业公司共同投资组建。总资产14500万元，共有员工109人，其中聘用员工35人。年生产能力3万吨（60万担）。

【生产经营】 2007年，公司复烤加工烟叶3.27万吨（65.30万担），产出片烟2.17万吨（43.48万担），实现加工收入6632万元，同比增长19.98%。实现税利2751万元，同比增长46%，其中，实现利润1825万元，同比增长65.6%。

【技术改造】 2007年8月，为解决挑拣过程中烟叶造碎问题，公司采用了瑞士爱克斯爱尔AxAir加湿系统，项目总投资45万元。运行该系统后，厂房室内温度可达到70%RH－90%RH，实现挑拣加湿降尘作用，改善挑拣现场工作环境。

南阳金业烟草有限责任公司

【概　况】 南阳金业烟草有限责任公司是1999年在原南阳邓州市烟草公司复烤厂基础上组建而成，公司位于河南南阳邓州市，2004年企业改制为股份有限责任公司，股东单位为河南省烟草公司南阳市公司、河南中烟工业公司。总资产8865万元，共有在册员工150人，拥有6000千克/小时的打叶复烤生产线，年加工能力2.25万吨（45万担）。

【生产经营】 2007年，公司复烤加工烟叶2.25万吨（45万担），产出片烟1.59万吨（31.80万担），实现加工收入4477万元，实现利润1679万元。

襄樊金叶烟草有限责任公司

【概　况】 襄樊金叶烟草有限责任公司位于湖北省襄樊市，成立于1999年7月，由襄樊市烟草公司、襄樊卷烟厂、武汉烟草（集团）有限公司、十堰市烟草公司共同出资组建。2004年归口湖北省烟草专卖局管理，总资产12300万元，占地面积7.99万平方米，共有员工447人，年加工能力1.5万吨（30万担）。

【生产经营】 2007年，公司复烤加工烟叶2.15万吨（43.05万担），出产片烟1.38万吨（27.6万担），实现销售收入4133万元。实现税利1544万元，其中实现利润807万元。

【技术改造】 对捆扎机程序和一润启动程序进行改造；对K331型烤梗机进行加长改造，改造后的烤梗机质量更加稳定，更加符合客户的工艺质量要求。

恩施金叶烟草有限责任公司

【概　况】 恩施金叶烟草有限责任公司位于湖北省恩施州，成立于2004年7月1日，隶属于湖北省烟草专卖局，企业拥有固定资产25779万元，流动资产6674万元，共有员工303人。拥有一条12000千克/小时打叶复烤线和一条6000千克/小时打叶复烤线，年加工能力4.5万吨（90万担）。

【生产经营】 2007年，公司复烤加工烟叶5.23万吨（104.61万担），其中，加工烤烟3.19万吨（63.70万担），加工白肋烟2.05万吨（40.91万担），综合出片率64%。实现税利2864万元，实现工业总产值9139万元。成品质量合格率99.5%。成本费用2464元/吨。

【技术改造】 易地改造一、二期工程全部竣工并通过审计；三期货棚建设工程投入使用，D、E原烟库正在建设中。恩施、建始、利川三条6000千克/小时打叶复烤生产线拆迁整合工作于2007年3月启动，9月完成全部安装，10月全线投入生产。

郴州天泰烟叶复烤有限责任公司

【概　况】　郴州天泰烟叶复烤有限责任公司位于湖南省郴州市，成立于2005年9月，2006年1月1日正式独立运作，隶属于湖南省烟草公司郴州市公司。公司注册资本14000万元，年设计加工能力4.5万吨(90万担)，有从业人员178人。

【生产经营】　2007年，公司复烤加工烟叶4.65万吨（93万担），实现销售收入10555万元。实现税利4614万元，其中实现利润2678万元。

【技术改造】　2007年，公司投资870余万元对加工设备、烟叶仓库、物流系统、厂区环境、职工食堂等实施局部改造。购置一批先进的检测设备，对质检中心进行扩建改造，并加强对打叶复烤工艺技术的研究，质量控制水平得到较大提升。

常德芙蓉烟叶复烤有限责任公司

【概　况】　常德芙蓉烟叶复烤有限责任公司位于湖南省常德市，隶属于湖南中烟工业有限责任公司。公司于2005年11月28日完成工商登记，注册资本3721万元，同年12月16日挂牌成立。公司由湖南中烟工业有限责任公司、湖南省烟草公司常德市公司、湖南省烟草公司张家界市公司共同出资设立。

公司有两条6000千克/小时打叶线、一条12000千克/小时复烤线、一套12000千克/小时打包设备线，两条12000千克/小时选叶生产线，另有一条1000千克/小时白肋烟处理线，年设计生产加工能力3万吨(60万担)。公司有从业人员161人，其中聘用员工2人。

【生产经营】　2007年，公司复烤加工烟叶3.83万吨（76.56万担），产出片烟2.55万吨（51万担），加工“芙蓉王”长梗0.089万吨（1.78万担）。实现主营业务收入9589万元，同比增长68.43%。实现税利3975万元，同比增长37.69%，其中，实现利润2655万元，同比增长47.5%。

湘西鹤盛原烟发展有限责任公司

【概　况】　湘西鹤盛原烟发展有限责任公司位于湖南省吉首市，成立于1999年，由湖南中烟工业有限责任公司与湖南省烟草公司湘西州公司共同出资9000万元组建，其中，湖南中烟工业有限责任公司出资8000万元，湖南省烟草公司湘西州公司出资1000万元，由湖南中烟工业有限责任公司控股。公司占地面积11万平方米，采取全员合同制的用工制度，有从业人员130人。

【生产经营】　2007年，公司复烤加工烟叶2.5万吨(50万担)，产出片烟1.59万吨（31.8万担）。全年实现销售收入4811万元。实现税利880万元，其中实现利润120万元。

浏阳天福打叶复烤有限责任公司

【概　况】　浏阳天福打叶复烤有限责任公司位于湖南省浏阳市，于2004年12月注册成立。公司由湖南中烟工业有限责任公司、长沙市烟草公司、衡阳市烟草公司共同出资组建，注册资本为16000万元，公司占地面积11万平方米，有生产能力9000千克/小时的打叶复烤线一条，规划年复烤能力3万吨（60万担），配备有整套的国际先进质量检测仪器和实验室。有从业人员108人，其中聘用员工95人。

【生产经营】 2007 年，公司复烤加工烟叶 2.78 万吨（55.50 万担），产出片烟 1.82 万吨（36.4 万担）。实现工业产值 5200 万元，同比增长 173.68%。

永州天顺烟叶复烤有限责任公司

【概　况】 永州天顺烟叶复烤有限责任公司位于湖南省永州市冷水滩区，是由中国烟草总公司批准，经原零陵烟叶复烤厂改制，于 2005 年 12 月 26 日挂牌成立的烟草股份制中型企业。公司注册资本 15000 万元，由湖南省烟草公司永州市公司、湖南中烟工业有限责任公司、山东中烟工业公司、江苏中烟工业公司出资组成，具有独立法人资格，隶属于湖南省烟草公司永州市公司。公司占地面积 21 万平方米，总资产 18000 万元，年加工能力 4 万吨（80 万担），有从业人员 200 人。

【生产经营】 2007 年，公司复烤加工烟叶 3.67 万吨（73.38 万担），产出片烟 2.38 万吨（47.6 万担）。实现工业产值 6173 万元，同比增长 17.58%。实现销售收入 7379 万元，同比增长 18.52%。实现税利 2059 万元，其中，实现利润 1059 万元。

【技术改造】 全年投入 1700 万元进行技术改造，技术改造主要包括整体更换铺叶解把机、打叶去梗段和二次润叶筒技改、除尘系统改造、烤梗机改造、储叶柜改造、整体更换预压打包机、添置在线微波水分仪等项目。

广东梅州烟叶复烤有限公司

【概　况】 广东梅州烟叶复烤有限公司位于广东省梅州市，成立于 1999 年 9 月，隶属于中国烟草总公司广东省公司，总资产 15224 万元。公司有生产能力 6000 千克/小时的打叶复烤线一条，年设计加工能力 1.5 万吨（30 万担），有从业人员 171 人，其中聘用员工 108 人。

【生产经营】 2007 年，公司复烤加工烟叶 2.74 万吨（54.70 万担），同比增长 7.19%。实现烟叶加工收入 4799 万元，同比增长 28.42%。实现税利 1937 万元，同比增长 74.05%，其中，实现利润 1036 万元，同比增长 163.63%。

【技术改造】 公司烟叶仓库基建工程于 2007 年 8 月完成，公司烟叶仓库面积由 2.5 万平方米扩大至 3.9 万平方米，设备加工能力和仓容不足的问题得到了解决，还解决了因仓容不足长期外租仓库造成的地点散、管理难，烟叶易霉坏、变质等难题，保障了客户的烟叶存放质量，将为公司每年节省仓库租赁等费用约 25 万元。

2007 年 3 月，开展设备现场大修改造工程，并于 2007 年烤季到来前竣工投入使用。经过大修改造，设备有效作业率由 94% 提高到 96%，实现快进快打。产品一次性合格率提高到 98%，在线各项工艺控制指标得到进一步稳定。

广东韶关烟叶复烤有限公司

【概　况】 广东韶关烟叶复烤有限公司位于广东省韶关市，其前身是创建于 1992 年的广东韶关烟叶复烤厂，于 2002 年改制为有限公司，隶属于中国烟草总公司广东省烟草公司。公司年设计加工能力 3 万吨（60 万担），有从业人员 140 人，其中聘用员工 20 人。

【生产经营】 2007 年，公司复烤加工烟叶 3 万吨

(60万担)，实现销售收入6653万元，实现工业总产值6881万元，同比增长9.38%，实现税利2080万元，同比增长37.11%。

广东南雄烟叶复烤有限公司

【概　况】 广东南雄烟叶复烤有限公司位于广东省南雄市，成立于2007年11月，隶属于广东烟草南雄市有限公司，其前身是南雄烟叶复烤厂，公司于2007年11月进行体制改革，组建为拥有独立法人资格、按照现代企业制度运作的法人企业。公司注册资本300万元，设备年加工能力1.5万吨（30万担），有从业人员98人，其中聘用员工8人。

2007年，公司复烤加工烟叶1.3万吨（26万担）①。

广西伊灵烟叶复烤有限责任公司

【概　况】 广西伊灵烟叶复烤有限责任公司位于广西壮族自治区南宁市，2000年筹建，2002年6月正式投产，2003年6月改制为有限责任公司。公司注册资本10000万元，隶属于广西壮族自治区烟草专卖局（公司）。有在岗员工169人。

公司有生产能力6000千克/小时的打叶复烤生产线一条，年加工烟叶能力2.5万吨（50万担）。公司还拥有纸箱生产设备及纸箱检测设备，可生产各类瓦楞纸箱，年生产能力400万只。

【生产经营】 2007年，公司复烤加工烟叶3.21万吨（64.29万担），同比增长33%。生产瓦楞纸箱317.61万只，同比增长24%，纸箱质量抽检合格率为99.75%。片烟及瓦楞纸箱成品交付合格率均达100%。全年实现工业产值7919万元。实现税利3120万元，同比增长95%，其中，实现利润1321万元，同比增长120.17%。

四川三益烟草有限责任公司

【概　况】 四川三益烟草有限责任公司位于四川省凉山彝族自治州，成立于1997年，由原成都卷烟厂、西昌卷烟厂和会理县烟草公司三家单位共同投资兴建的股份制企业。2006年，公司与原四川三鑫烟草有限责任公司进行合并重组。2007年，针对德昌打叶复烤厂建设，公司再次进行了增资扩股，通过重组和增资扩股，公司总资产71100万元，有四川省烟草公司凉山州公司、川渝中烟工业公司、武汉烟草（集团）有限公司、湖南中烟工业有限责任公司、上海烟草（集团）公司、广东中烟工业有限责任公司、浙江中烟工业有限责任公司、安徽中烟工业公司、山东中烟工业公司和中国烟草实业发展中心10家股东，由四川省烟草公司凉山州公司控股。

公司有年加工能力3万吨（60万担）的会理复烤厂、1.5万吨（30万担）的会东复烤厂及在建的3万吨（60万担）德昌复烤厂3个生产点，搭建了“五部一室三厂”的管理构架，实行“统一管理、分级负责、预算控制、目标考核”的管理办法。公司有从业人员270人，其中聘用员工180人。

【生产经营】 2007年，公司复烤加工烟叶8.4万吨（168万担），同比增长11.26%。实现片烟收入17474万元，同比增长36.47%。实现税利11500万元，其中实现利润5161万元。

---

① 2007年11月前，公司是广东省烟草公司南雄市有限公司的一个生产部门，无独立法人资格，无相关经济效益统计。

四川三友打叶复烤有限公司

【概　况】　四川三友打叶复烤有限公司位于四川省成都市，成立于2001年，是由四川省烟草公司、原什邡卷烟厂、四川省烟草公司泸州市公司合资组建的有限责任公司。2006年6月进行增资扩股，由四川省烟草公司泸州市公司控股。公司占地面积9.5万平方米，年设备生产能力4.5万吨（90万担），有从业人员79人。

【生产经营】　2007年，公司复烤加工烟叶2.53万吨（50.54万担），实现销售收入4073万元。实现税利1259万元，其中实现利润581万元。片烟成品交付合格率100%，年平均出片率65.68%，设备完好率98.7%，设备稳定运转率97.93%。

宜宾烟叶复烤厂

【概　况】　宜宾烟叶复烤厂位于四川省宜宾市，成立于1985年，隶属于四川省烟草公司宜宾市公司。企业占地面积3.8万平方米，总资产4948万元，有年生产能力1.5万吨（30万担）的打叶复烤生产线一条，打叶复烤设备为昆明船舶公司仿美国格瑞芬设备，拥有进口红外线水分控制仪等一整套质量检测设备。1990年开始为国外烟草企业加工片烟，加工的片烟远销英、美等国。公司有从业人员129人。

【生产经营】　2007年，公司复烤加工烟叶1.06万吨（21.20万担），产出片烟0.67万吨（13.40万担），产出烟梗815吨、碎叶片77吨。全年实现销售收入3095万元。实现税利1915万元，同比增长98.04%，其中，实现利润1381万元，同比增长167.64%。

中国烟草贵州进出口有限责任公司

【概　况】　中国烟草贵州进出口有限责任公司位于贵州省贵阳市，前身为成立于1991年的中国烟草贵州进出口公司。2007年4月，公司从中国烟草进出口（集团）公司划转到贵州省局（公司）管理。公司年加工能力为3万吨（60万担），共有在岗员工1097人。公司主要业务为经营烟叶、复烤烟叶出口，进口卷烟、雪茄烟配套服务，烟叶复烤加工。拥有一条12000千克/小时的打叶复烤生产线及相关配套工程和理化检测设备。

【生产经营】　2007年，产出片烟2.29万吨（45.80万担），出口烟叶2.26万吨（45.20万担），进口卷烟930万支。实现销售收入46450万元，同比下降2%。出口创汇4666万美元，同比增长14%。实现税利5092万元，其中实现利润4097万元。

【技术改造】　2007年，公司对副产品线振动装箱机控制系统、质检室粉碎机、烤梗机主网带、打包机往复喂料皮带远程调速进行改造；为打包机安装压缩空气自动报警系统；改进选叶台人工解把装置、SBD0902转辊除砂机传动系统、打包机往复皮带机传动系统；为烟梗测试机喂料皮带电机增加变频器、样品粉碎机。

贵州遵义烟叶有限责任公司

【概　况】　贵州遵义烟叶有限责任公司位于贵州省遵义市，成立于1999年12月。截至2007年底，公司股东为贵州省烟草公司遵义市公司、广东中烟工业有限责任公司、湖北中烟工业有限责任公司、龙岩烟草工业有限责任公司。公司注册资本23000万元，年烟叶加工能力4.5万吨（90万担），共有员工173人。公司是全国打叶复烤行业中的首家A++企业。2007年，被中国烟叶公司确定为全国打叶复烤企业标准化示范企业。

【生产经营】 2007年，公司复烤加工烟叶6.05万吨（120.91万担），同比增长10.81%，产出片烟3.9万吨（78万担）。实现经营收入11923万元，同比增长50.37%。实现税利5200万元，同比增长51.82%，其中，实现利润2520万元，同比增长101.92%。

【技术改造】 2007年，通过对生产设备的改造和工艺参数的研究，结合对打叶机组撕叶率和风分率的在线跟踪测试，以及对复烤机各区温度、湿度、水分、来料情况的分析，公司对生产设备进行改造、对工艺参数的设置进行调整，实现了“柔打细分、低温慢烤”的生产工艺。建立了标准成本管理体系、费用管理规定和能源管理系统。

贵州申义烟叶复烤有限责任公司

【概　况】 贵州申义烟叶复烤有限责任公司位于贵州省遵义市湄潭县，成立于1998年，由贵州省烟草公司遵义市公司与上海烟草（集团）公司共同投资组建。2006年进行增资扩股，长沙卷烟厂投资入股（后由湖南中烟工业有限责任公司继承其股东权益）。2007年，公司申请开展“十一五”技术改造项目。5月22日，中国烟草总公司下发批复，同意实施。公司注册资本15000万元，年加工能力3万吨(60万担)，共有在岗员工155人。

【生产经营】 2007年，公司复烤加工烟叶3.36万吨（67.18万担），同比增长5.55%。产出片烟2.14万吨（42.80万担）。实现加工收入6362万元，同比增长7.57%。实现税利2258万元，其中实现利润1232万元。

贵州梵净山烟叶复烤有限责任公司

【概　况】 贵州梵净山烟叶复烤有限责任公司位于贵州省铜仁市，是由原大龙烟叶复烤厂异地改造而成的打叶复烤国有中型企业。2000年3月，由铜仁地区烟草公司与浙江烟叶物资公司共同投资组建；2006年增资扩股，江西中烟工业公司南昌卷烟厂和龙岩烟草工业有限责任公司分别投资。公司占地面积8.5万平方米，年烟叶加工能力3万吨（60万担），共有员工151人。

【生产经营】 2007年，公司复烤加工烟叶2.895万吨（57.90万担），同比增长13%，产出片烟1.91万吨（38.20万担），同比增长13%。实现加工收入6495万元，同比增长28.8%。实现税利1465万元，同比下降15%，其中，实现利润1426万元，同比增长18.8%。

【技术改造】 5月，进行设备增量技改，年加工能力由1.5万吨（30万担）增长为3万吨（60万担）。

毕节地区顺泰烟叶有限责任公司

【概　况】 毕节地区顺泰烟叶有限责任公司位于贵州省毕节市，成立于2005年9月30日，前身为毕节地区烟叶复烤厂，由贵州省烟草公司毕节地区公司、江苏中烟工业公司、湖南中烟工业有限责任公司、上海烟草（集团）公司、贵州中烟工业公司、浙江中烟工业有限责任公司、广东中烟工业有限责任公司共同投资组建。公司注册资本30000万元，共有员工258名。拥有两条12000千克/小时打叶复烤生产线，年加工能力6万吨（120万担）。

【生产经营】 2007年，公司复烤加工烟叶6.8万吨（136万担），产出片烟3.05万吨（61万担）。实现加工收入8049万元，同期增长19%。实现税利3844万元，同比增长29%，其中，实现利润2386万元，同比增长39%。

黔南吉星烟叶有限责任公司

【概　况】 黔南吉星烟叶有限责任公司位于贵州省都匀市，前身为贵州省烟草公司黔南分公司烟叶复烤厂，2006年9月15日企业进行改制，由贵州省烟草公司黔南州公司、厦门烟草工业有限责任公司、中国烟草总公司贵州省公司、贵州中烟工业公司、安徽中烟工业公司、河北中烟工业公司、贵州省烟草公司黔东南州公司共同出资组建。公司注册资本15000万元，占地面积16万平方米，年加工能力3万吨（60万担），共有员工138人。

【生产经营】 2007年，公司复烤加工烟叶3.08万吨（61.10万担），同比增长0.77%，产出片烟2.02万吨（40.40万担），同比增长0.34%。实现加工收入5991万元，同比增长33.56%。实现税利3062万元，同比增长39.82%，其中，实现利润1238万元，同比增长42.34%。

【技术改造】 更新环保节能型机组；对叶片复烤机、预压打包机和碎叶干燥机进行彻底修理及局部改造；新增降温降湿机和成品微波水分检测仪。

石林天合烟叶复烤有限责任公司

【概　况】 石林天合烟叶复烤有限责任公司位于云南省昆明市，成立于1998年12月，由云南中烟工业公司昆明卷烟厂、昆明市烟草公司、石林县烟草公司、宜良县烟草公司在原石林复烤厂的基础上共同投资组建。公司占地面积25.4万平方米。2006年3月，公司股权置换，股东方变更为昆明市烟草公司、石林县烟草公司和宜良县烟草公司。2007年4月，公司取消法人资格，成为云南省烟草公司昆明市公司的独资公司。7月，按照《国家烟草专卖局关于天合烟叶复烤有限责任公司重组的批复》要求，公司股东变更为昆明市公司、湖南中烟工业有限责任公司、广东中烟工业有限责任公司、安徽中烟工业公司、江苏中烟工业公司、龙岩烟草工业有限责任公司。

公司打叶复烤生产线主体设备采用美国MacTavish打叶生产线和Proctor复烤机，成品烟包装线采用美国Fishburne预压打包机，生产线设计能力12000千克/小时，年复烤生产能力4万吨（80万担）。2007年，公司有在岗员工89人，其中，大专以上学历38人，专业技术人员32人。

2007年，公司通过质量、环境、职业健康安全管理体系认证。石林天合烟叶复烤有限责任公司荣获“昆明市劳动关系和谐企业”等称号。

【生产经营】 2007年，公司复烤加工烟叶4.49万吨（89.79万担），实现加工收入11773万元。实现税利4279万元，其中实现利润2583万元。

【技术改造】 完成风雨收烟房和整理车间空气加湿降尘系统安装，一润、二润热风循环系统改造，在线杂物粘条安装等技改项目，有效降低了烟叶造碎，改善了车间工作环境，提高了设备的可操控性。

红河烟叶复烤有限公司

【概　况】 红河烟叶复烤有限公司位于云南省红河州弥勒县，于2003年8月8日成立，由云南省烟草公司红河州公司、红河集团共同出资组建。公司注册资本20000万元，其中，红河州公司占51%的股份，红河集团占49%的股份。企业占地面积40万平方米。2007年，公司有总资产55074万元，所有者权益51573万元。有在册员工22人，其中大专以上学历7人。

企业拥有两条12000千克/小时打叶复烤生产线，年复烤生产能力10万吨（200万担）。

【生产经营】 2007年，公司复烤加工烟叶7.49万吨（149.71万担），产出片烟5.41万吨（108.26万担）。实现加工收入13087万元，同比增长22.66%；实现仓储收入960万元。实现税利3603万元，其中实现利润1232万元。

【技术改造】 2007年，围绕设备工艺提质、性能提升、运行稳定等方面开展的技改项目有：润叶机出口水分仪换型改造、预处理润叶机自动控制功能改造、两线润叶机热风管道、加湿管道技术改造、预处理投料段及二线烤机入口控制秤改造。通过技改项目的实施，达到提高产品的控制质量、打叶风分工序质量以及减少烟叶加工损耗等效果。

云南曲靖烟叶有限责任公司

【概　况】 云南曲靖烟叶有限责任公司位于云南省曲靖市，于2001年9月正式注册成立，2006年公司股东及股权进行变更后，有中国烟草总公司云南省公司、中国烟草云南进出口有限公司及云南省烟草公司曲靖市公司3家股东，注册资本23333万元。公司占地面积24.3万平方米，拥有现代化的烟叶存贮仓库12万平方米，可储备烟叶3万吨，露天货场12万平方米，可临时存放烟叶2.5万吨。2007年，公司有总资产50316万元，其中，固定资产4517万元、流动资产45792万元。有在岗员工165人，其中专业技术人员66人。

公司拥有国际先进水平的美国PIEDMONT打叶复烤生产线一条及配套物理检验设备，年复烤生产能力1.5万吨（30万担）；生产线上配有Model QB－6500在线水分检测仪；化验室配备有德国TEWS－ELEKTRONIK公司生产的MW3300微波水分测量系统和法国的联想之星连续流动化学分析仪（ALLIANCE FUTURA4）。

【生产经营】 2007年，公司复烤加工烟叶1.5万吨（30万担），产出片烟0.99万吨（19.8万担）。销售片烟0.997万吨（19.94万担），实现销售收入45573万元。实现税利7568万元，其中实现利润3877万元。

曲靖天福烟叶复烤有限责任公司

【概　况】 曲靖天福烟叶复烤有限责任公司位于云南省曲靖市，成立于2003年11月，由曲靖卷烟厂（占股份60%）、云南省烟草公司曲靖市公司（占股份40%）共同出资组建，注册资本24615万元。公司占地面积8万余平方米，其中厂房占地面积6.77万平方米。2007年，有员工172人，其中，硕士研究生学历3人，本科学历19人。

公司拥有两条生产能力为12000千克/小时的打叶复烤生产线，年复烤生产能力6万吨（120万担）。

【生产经营】 2007年，公司复烤加工烟叶5.14万吨（102.72万担），产出片叶3.39万吨（67.89万担）。实现加工收入11714万元。上缴税金1777万元，实现利润3129万元。

【技术改造】 近三年来，公司累计自筹资金11057万元购置安装了8组配方叶柜、两台套在线加料设备，更新两台套叶片复烤机，改造在线电器控制线路，新建工业以太网自动控制系统，改造烤后叶柜、烤梗机、润叶机，升级改造真空回潮机，实现了产品工艺质量从检验控制向工艺参数控制的转变，具备了精细化打叶复烤加工能力。

云南保山烟叶复烤有限责任公司

【概　况】　云南保山烟叶复烤有限责任公司位于云南省保山市，于2003年12月由国家局批复成立，由云南省烟草公司保山市公司和昆明卷烟厂以股份合作的形式投资组建，投资总额21245万元。公司占地面积10.88万平方米。2007年，有在岗员工154人。公司有一条12000千克/小时的打叶复烤生产线，年复烤生产能力3万吨（60万担）。

【生产经营】　2007年，公司复烤加工烟叶2.89吨（57.86万担），产出片烟1.95万吨（38.9万担）。实现主营业务收入6029万元。上缴税金1386万元，实现利润813万元。

【技术改造】　全年完成设备技术改造项目（含固定资产投资项目）25项，累计投资金额199万余元，其中，投资138.8万元在成品下线处增设在线烟包微波水分仪；投资6万元对电子皮带秤进行改造；投资5万元对润叶机托轮进行改造；投资3.68万元在预处理M34、M45输送机上增设不锈钢密封罩；投资2.7万元对液压系统热交换器及管路进行改造；投资3.2万元对预处理一润、二润出口两台振动输送机进行改造；投资0.95万元在空压供气系统中增加储气罐；其他改造项目18项，投资39万元。

云南曲靖天然烟叶复烤有限责任公司

【概　况】　云南曲靖天然烟叶复烤有限责任公司位于云南省曲靖市，于2005年9月注册成立，2006年11月公司股东及股权进行变更后，共有云南省烟草公司曲靖市公司、上海烟草（集团）公司、江苏中烟工业公司等11家股东，注册资本48376万元。公司主营烟叶打叶复烤加工，兼营储运、包装材料、麻制品、复烤工业副产品等业务。公司下设宣威、陆良、师宗3个复烤厂。2007年，有总资产53942万元，其中，固定资产32412万元、流动资产21355万元。有在岗员工329人，有专业技术职称的109人，其中中级职称13人。

公司有3条打叶复烤生产线，年复烤生产能力9万吨（180万担）。2007年，公司通过了职业健康安全管理体系认证。

【生产经营】　全年完成烟叶入库保管12万吨（240万担），复烤加工烟叶8.27万吨（165.3万担）。实现税利4994万元，其中实现利润982万元。

【技术改造】　全年组织维修技改项目6项，完成投资782.12万元。重点对陆良复烤厂的预处理段、电控系统进行了改造。

云南省烟草大理烟叶复烤有限责任公司

【概　况】　云南省烟草大理烟叶复烤有限责任公司位于云南省大理州祥云县，于2005年2月2日注册登记、2005年4月28日挂牌成立，是在原大理州烟叶复烤厂的基础上，由云南省烟草公司大理州公司和云南省烟草公司丽江市公司共同出资组建的国有股份制企业。企业注册资本1亿元（其中，大理州公司投资9000万元，丽江市公司投资1000万元）。公司占地面积29.85万平方米。2007年，公司有总资产13184万元，其中，固定资产6811万元、流动资产6368万元。共有员工81人。

公司拥有一条6000千克/小时的打叶复烤生产线，年复烤生产能力1.5万吨（30万担）。该生产线由昆明船舶集团公司设计，以加工烤烟为主，兼顾白肋烟加工要求，同时具备全叶打叶和切尖打叶功能。

【生产经营】　2007年，公司复烤加工烟叶2.76万吨（55.25万担），产出片烟1.66万吨（33.14万担），综合出片率67.87%。实现加工收入6162万元。实现税利4438万元，其中实现利润1924万元。

【技术改造】 2007年，对打叶复烤生产线进行扩建，使其生产流量达12000千克/小时，年生产能力达3万吨（60万担），所需投资约9890万元。对扩建项目可行性研究报告进行修改审定，对扩建方案进行了专家评审，并上报到国家局审批。

楚雄烟叶复烤有限责任公司

【概　况】 楚雄烟叶复烤有限责任公司位于云南省楚雄州临沧市南华县，成立于2005年10月，由云南省烟草公司楚雄州公司出资组建，属云南省烟草公司楚雄州公司的全资子公司，注册资本7800万元。2007年，有固定资产3905万元。共有员工101人，其中大专以上学历91人。

公司有一条6000千克/小时的打叶复烤生产线，两台节能环保型角管式锅炉。年复烤生产能力3.25万吨（65万担）。

【生产经营】 2007年，公司复烤加工烟叶3.14万吨（62.89万担），实现产值7229万元。实现税利3220万元，其中实现利润1121万元。

云南省烟草烟叶公司

【概　况】 云南省烟草烟叶公司位于云南省昆明市，成立于1982年7月，隶属于云南省烟草公司，注册资本19233万元，占地面积39万平方米。公司经营范围涉及烟叶的采购，烟叶的复烤加工及生产，农业生产咨询，包装材料，烟叶生产的配套器材、仓储、运输、烟叶的综合利用及开发。2007年，有总资产249299万元，其中，固定资产30222万元，流动资产214919万元，资产负债率63.87%。共有在岗员工562人，其中研究生学历3人、本科以上学历94人；有专业技术人员176人，技术工人220人。

公司拥有一条具有国际先进水平的美国PIEDMONT打叶复烤生产线，以及一条MACTAVISH1打叶复烤生产线，年复烤生产能力9万吨（180万担）。

【生产经营】 2007年，公司购进烟叶6.37万吨（127.41万担）（不含代加工），复烤加工烟叶9.41万吨（188.2万担）。销售烤烟12.34万吨（246.89万担）（初烟口径），实现销售收入360300万元。实现税利68600万元，其中实现利润47800万元。

【技术改造】 全年完成技术改造21项，主要完成仓喂流量控制改造、6T碎烟返投改造、挑选电子秤改造、5号变压器谐波治理改造、6T烤梗机凉房改造和梗头筛分等项目。设备维修工作共完成69项。

云南烟草文山州复烤厂

【概　况】 云南烟草文山州复烤厂位于云南省文山州文山县，于1994年1月兴建，1995年12月建成，1996年投入生产。隶属于云南省烟草公司文山州公司。占地面积18.67万平方米，有在职员工120人，其中大专以上学历48人。2007年，有总资产21371万元，资产负债率10.86%。

企业拥有一条6000千克/小时的打叶复烤生产线，年复烤生产能力2万吨（40万担）。

【生产经营】 2007年，公司复烤加工烟叶3.25万吨（65.04万担），产出片烟2.21万吨（44.11万担），出片率67.82%。实现加工收入6682万元。实现税利2492万元，其中实现利润1301万元。

【技术改造】 2007年，投入技改资金200多万元，对打叶风分设备四打、十二分及烤前振筛进行了技术改造；对梗烤机和预处理段烟叶加湿系统进行了改造。

红河州烟草公司泸西复烤厂

【概　况】　红河州烟草公司泸西复烤厂位于云南省红河州泸西县，创建于1985年8月，1994年与红塔集团合资兴建12000千克/小时的打叶复烤生产线。曾先后两次与红河州烟草公司泸西分公司合并、分设，隶属于云南省烟草公司红河州公司。企业占地面积21.33万平方米。烟叶仓储容量4万吨（80万担）（其中成品库40万担，原烟露天堆场40万担），年饱和加工量3.5万吨（70万担），是云南省烟草行业第一家实行“原烟交接、委托加工”的纯加工服务型复烤企业。2007年，有固定资产19900万元。有在岗员工102人，其中专业技术人员55人。

【生产经营】　2007年，公司复烤加工烟叶2.82万吨（56.35万担），产出片烟1.83万吨（36.6万担），综合出片率64.96%。吨烟用工2.97人，吨烟耗电215千瓦时，吨烟耗煤130千克，复烤综合损耗率8.97%。

【技术改造】　2007年，投资450余万元实施了厂区道路、锅炉分层燃烧及废水回收处理、预压打包自控系统等项目改造。

咸阳烟叶复烤有限公司

【概　况】　咸阳烟叶复烤有限责任公司位于陕西省咸阳市，始建于1978年，由原咸阳烤烟复烤厂改制而成。1986年划归陕西省烟草专卖局（公司）管理，1996年并入宝鸡卷烟厂，2003年划归咸阳市烟草专卖局（公司）管理。2006年12月18日，由咸阳市烟草公司、湖南中烟工业有限责任公司、四川烟草工业有限责任公司、宝鸡市烟草公司等8家工商企业联手，对原咸阳烤烟复烤厂进行改制，成立了咸阳烟叶复烤有限责任公司，注册资本9000万元。2007年，共有员工136人，其中大专以上学历95人；各类专业技术人员27人，各类技术工人68人。

公司有1996年建成投产的仿COMAS打叶复烤生产线一条，年复烤生产能力1.5万吨（30万担）。

【生产经营】　2007年，公司复烤加工烟叶1.79万吨（35.88万担），产出片烟1.13万吨（22.66万担），实现加工收入3670万元。实现税利1762万元，其中实现利润662万元。

【技术改造】　2007年，公司正式启动技术改造工程，总投资13000万元，其中设备投资6000万元，整线采用国内全新先进技术，建成后年加工能力将达到50万担以上。截至2007年底，完成基础施工验收、项目备案手续、专用设备需求计划报批、土建总包、钢结构分包招投标及合同签订、设备主机、辅联设备订购等工作，生产辅房提前顺利封顶。

重庆金益烟草有限责任公司

【概　况】　重庆金益烟草有限责任公司位于重庆市彭水县，成立于1999年10月，由中国烟叶生产购销公司和重庆市内五家工商企业共同出资组建，2006年，公司股东变更为重庆市烟草公司、重庆烟草工业有限责任公司、江苏中烟工业公司，由重庆市烟草公司控股，年设备加工能力3万吨（60万担）。企业总资产20273万元，其中固定资产21138万元。公司有从业人员170人。

【生产经营】　2007年，公司复烤加工烟叶4.52万吨（90.35万担），实现销售收入8749万元。实现税利3386万元，其中实现利润1494万元。

【节能减排】　公司采用静电除尘+涡轮增压湍流除尘脱硫塔方案，实施锅炉烟气脱硫除尘技术改造项目。2007年9月，项目竣工并投入使用，除尘效率达99.85%，粉尘排放浓度达15.83毫克/立方米，脱硫效率达96.28%，二氧化硫排放浓度57.67毫克/立方米，大大低于国家规定排放标准，每年可节约运行费用近30万元。

重庆万兴烟叶有限责任公司

【概　况】 重庆万兴烟叶复烤有限公司位于重庆市万州区，是国家局和重庆市烟草专卖局（公司）重点扶持的三峡库区移民迁建技改企业，成立于2001年，由重庆烟草工业有限责任公司、重庆市烟草公司万州区公司及万州区各产烟县公司等股东单位共同出资组建，2006年，公司股东变更为中国烟草总公司重庆市公司、湖南中烟工业有限责任公司、重庆烟草工业有限责任公司，由中国烟草总公司重庆市公司控股，股本金追加至12000万元，企业资产总额17022万元，有从业人员860人，其中聘用员工689人。

【生产经营】 2007年，公司复烤加工烟叶3.37万吨（67.34万担），同比增长15.76%。实现销售收入6371万元，同比增长45.76%。实现税利2061万元，同比增长93.53%，其中，实现利润853万元，同比增长284.23%。

附表：

2007年全国烟草行业打叶复烤企业名单

省　份	已改制企业	未改制企业	卷烟企业打叶复烤车间
合　计	48家	5家	9家
黑龙江	哈尔滨天阳国际烟草有限公司 绥化红塔烟叶有限责任公司 勃利龙湘烟叶有限责任公司 林口龙鄂烟叶有限责任公司		
辽　宁	丹东辽东烟草发展有限责任公司		
吉　林	延边友利打叶复烤有限责任公司		
安　徽	华环国际烟草有限公司 安徽华圆烟草有限责任公司		
福　建	福建武夷烟叶有限公司 福建省龙岩金叶复烤有限责任公司 福建省三明金叶复烤有限公司		
山　东	山东中鲁烟叶有限公司 山东京鲁烟叶复烤有限公司 山东惠丰烟叶复烤有限公司 山东申沂烟叶复烤有限公司		

续表

省　份	已改制企业	未改制企业	卷烟企业打叶复烤车间
河　南	天昌国际烟草有限公司 宝丰金叶烟草有限责任公司 三门峡金红烟草有限责任公司 南阳金业烟草有限责任公司		
湖　北	襄樊金叶烟草有限责任公司 恩施金叶烟草有限责任公司		
湖　南	郴州天泰烟叶复烤有限责任公司 常德芙蓉烟叶复烤有限责任公司 湘西鹤盛原烟发展有限责任公司 浏阳天福打叶复烤有限责任公司 永州天顺烟叶复烤有限责任公司		
广　东	广东梅州烟叶复烤有限公司 广东韶关烟叶复烤有限公司	广东南雄烟叶复烤有限公司	
广　西	广西伊灵烟叶复烤有限责任公司		
四　川	四川三益烟草有限责任公司 四川三友打叶复烤有限公司	宜宾烟叶复烤厂	
贵　州	中国烟草贵州进出口有限责任公司 贵州遵义烟叶有限责任公司 贵州申义烟叶复烤有限责任公司 贵州梵净山烟叶复烤有限责任公司 毕节地区顺泰烟叶有限责任公司 黔南吉星烟叶有限责任公司		贵阳烟厂复烤车间 遵义烟厂复烤车间

续表

省 份	已改制企业	未改制企业	卷烟企业打叶复烤车间
云 南	石林天合烟叶复烤有限责任公司 红河烟叶复烤有限公司 云南曲靖烟叶有限责任公司 曲靖天福烟叶复烤有限责任公司 云南保山烟叶复烤有限责任公司 云南曲靖天然烟叶复烤有限责任公司 云南省烟草大理烟叶复烤有限责任公司 楚雄烟叶复烤有限责任公司	云南省烟草烟叶公司 云南烟草文山州复烤厂 红河州烟草公司泸西复烤厂	昆明烟厂复烤车间 楚雄烟厂复烤车间 玉溪烟厂复烤车间 昭通烟厂复烤车间 大理烟厂复烤车间 玉溪烟厂江川复烤车间
陕 西	咸阳烟叶复烤有限公司		旬阳烟厂复烤车间
重 庆	重庆金益烟草有限责任公司 重庆万兴烟叶有限责任公司		

科研机构

科研机构

2007 年，全国烟草行业科研机构主要有以下 14 家：

中国烟草总公司郑州烟草研究院

国家烟草质量监督检验中心

中国烟草科技信息中心

中国烟草标准化研究中心

中国烟草总公司合肥设计院

中国烟草育种研究（南方）中心（云南省烟草科学研究所）

中国烟草东北农业试验站（中国烟草进出口烟叶检测站、黑龙江省烟草科学研究所）

中国烟草东南农业试验站（福建省烟草农业科学研究所）

中国烟草白肋烟试验站（湖北省烟草科学研究所）

中国烟草西南农业试验站（贵州省烟草科学研究所）

中国烟草中南农业试验站

云南烟草科学研究院

中国烟草遗传育种研究（北方）中心

国家烟草栽培生理生化研究基地

中国烟草总公司郑州烟草研究院

【概　况】 中国烟草总公司郑州烟草研究院（以下简称“郑州院”）始建于 1958 年，主要从事烟草栽培调制及贮保、卷烟加工工艺和卷烟配方、烟草化学、烟用香精香料、卷烟减害降焦、再造烟叶等方面的应用基础和共性技术研究，卷烟厂和烟叶复烤厂的工程设计、行业相关检测仪器的研制、开发等。其学科范围覆盖烟草栽培及卷烟生产的全过程。郑州院是国际标准化组织（ISO）126 技术委员会国内技术归口单位和烟草科学研究合作中心（CORESTA）的成员单位。2007 年，共有在职员工 269 人，其中，博士研究生学历 20 人、硕士研究生学历 75 人；高级职称 78 人、中级职称 89 人。

【领导成员】 院长、党委书记：闫亚明

党委副书记：傅清波

副院长：谢剑平

副院长、党委委员：赵继先

副院长、党委委员：张建勋

副院长：罗登山

【组织机构】 郑州院下设院长办公室、党委人事办公室（含研究生部）、科研开发处、财务管理处等 4 个职能部门；农业研究室、烟草工艺研究开发中心（烟草工艺重点实验室）、烟草化学重点实验室、香精香料研究室等 4 个科研部门；国家烟草质量监督检验中心、中国烟草科技信息中心、中国烟草标准化研究中心等 3 个行业中心；郑州新桥实业有限公司、郑州嘉德机电科技有限公司两个多元化经营企业。

【应用基础研究】 2007 年，郑州院全年承担国家局项目 119 项，其中两个项目获得国家自然科学基金资助。共有 5 个牵头或参与项目获得省部级奖励，其中，“应用全二维气相色谱技术研究卷烟烟气中化学成分”项目获得中国烟草总公司科技进步二等奖；“烟草及烟草制品农药残留量的测定系列标准研究”、“应用近红外检测技术快速测定烟叶主要化学成分的研究（20 项指标）”、“卷烟工艺技术研究及卷烟工艺规范的修订”3 个项目获得中国烟草总公司科技进步三等奖；“造纸法烟草薄片加工工艺及成套设备的研究”项目获得河南省科技进步三等奖。“卷烟危害性指标体系研究”等 6 个牵头项目通过国家局鉴定，其中，“卷烟危害性指标体系研究”项目通过分析卷烟主流烟气中主要有害成分与毒理学指标的相关关系，建立了能够客观表征卷烟危害性的综合评价指标体系，在研究思路、危害性定量评价方法和毒理学评价方法等方面有显著创新，在卷烟主流烟气危害性评价体系

研究方面达到国际领先水平。

在国家局组织的年度科技项目招标中，“中式卷烟风格特征剖析”、“卷烟辅助材料参数对主流烟气HOFFMANN分析物的影响研究”两个项目以主标单位中标；4个项目以参标单位中标。

“新型层状氢氧化物微结构组装体的水相合成、形成机理及应用研究”和“烟草二萜类成分降解过程的二维液相质谱分析研究”两个项目获得国家自然科学基金委员会青年科学基金资助。

“中式卷烟制丝生产线”重大专项，在前期调研、分析、测试的基础上，编制完成了论证方案，目前正在审批中。

“卷烟增香保润技术研究”重大专项，在对龙岩烟草工业有限责任公司、广东中烟工业有限责任公司、红塔集团、兰州卷烟厂、湖南中烟工业有限责任公司等多家企业进行专题调查研究的基础上，了解企业需求，并将意见进行归纳整理，运行方案和实施意见获得国家局和试点卷烟企业的认可。

【知识产权工作】 郑州院发布《中国烟草总公司郑州烟草研究院职务发明管理办法》，提高广大科技人员的专利申报意识，营造全员创新氛围。2007年共申报职务发明60项，比上年翻了一番，其中，发明专利37项，实用新型专利23项。12项实用新型专利获得授权，6项计算机软件著作权在国家版权局登记。发表科技论文40余篇，其中两篇发表在国外影响因子超过3.5的学术期刊上。

【技术服务】 2007年，郑州院相继与河南、河北、江西中烟工业公司等企业建立了战略合作伙伴关系，并在此基础上开展项目课题形式的技术合作和服务。工程设计招标中，获得楚雄卷烟厂、武汉卷烟厂、长春卷烟厂、龙岩烟草工业有限责任公司等卷烟生产企业和咸阳烟叶复烤有限责任公司、天昌国际烟叶有限责任公司的6个技改设计项目，在行业首次将工艺设计单独招标的湖北中烟工业有限责任公司技改项目中以绝对优势中标。

举办第15期烟草工艺培训班和第一期烟草化学培训班，取得良好效果。

【合作与交流】 2007年，派出30个团组、67人次出国（境）参与合作试验、学术研讨和考察交流。参加CORESTA组织中7个分学组或项目组的实验工作。邀请施韦策—摩迪国际集团、斯茹林公司、菲尔创纳公司高级研发人员相继到郑州院进行学术交流。郑州院与韩国烟草人参公社中央研究院第二届烟草科技联席会议在郑州召开，双方各自宣读了5篇论文，并互派访问学者分别进行了为期两周的客座研究。组团参加了CORESTA烟气科学与产品技术学组联席会议，在会议上宣读4篇论文。在巴黎世界烟草博览会烟草发展和科技研讨会上，郑州院科技人员代表中国烟草行业发表演讲。

【研究生教育】 2007年，通过全国硕士研究生考试初试和复试，郑州院录取12名硕士研究生。在读研究生共36名，其中中共党员20名。另有3名联合培养博士研究生，5名合作培养硕士研究生。共有上岗导师24名。

2007年，10名硕士研究生通过毕业论文答辩，取得工学硕士学位。郑州院与中国科学院大连化学物理研究所联合培养的第一届博士研究生通过论文答辩，获得分析化学专业理学博士学位；与东南大学签订联合培养烟草工艺方向博士研究生的工作顺利展开。毕业研究生公开发表学术研究论文14篇，1篇论文获得“河南省第二届优秀硕士学位论文”，已获受理实用新型和发明专利各1项。

【队伍建设】 2007年，继续深化人事用工分配制度改革，严格落实薪酬管理各项制度规定，依法规范劳动用工行为。引进硕士研究生和博士研究生共计22人。落实专业技术职务评聘分开制度，聘任高级专业技术职务8人、中级11人、初级13人。规范临时劳动用工行为，全面完成外聘人员清理工作。与中科院大连化学物理研究所、东南大学、北京大学等科研院所和高校就研究生管理等进行交流，为培养高素质人才打下良好基础。

2007年，郑州院有123人次接受不同形式的岗位培训，7人完成学历教育，17人次参加国家局或河南省省直工委组织的党校培训学习。

【特事要辑】 2月13日，国家局副局长张保振到郑州院看望朱尊权院士。

4月3日，国家局局长姜成康一行到郑州院考察指导工作。

5月15日，国家局副局长何泽华到郑州院考察指导工作。

12月18日，郑州院获得国家局、国家环境保护总局、联合国工业发展组织联合颁发的“履行联合国保护臭氧层公约中国烟草行业淘汰三氯一氟甲烷贡献奖”。

国家烟草质量监督检验中心

【概　况】 全国烟草质量监督检验中心（以下简称“质检中心”）位于河南省郑州市，是国家局的下属机构，业务上由国家局科教司指导和领导，日常行政工作由郑州烟草研究院管理。

质检中心是非营利性的烟草及烟草制品、烟用材料专职检验机构。主要承担国家监督抽查和企事业单位委托检验，承担和参与烟草及烟草制品、烟草材料的国家标准、行业标准的制定、修订工作，开展有关检测方法的研究，开展分析测试技术研究，围绕产品质量控制、工农业生产和科研需要开展非常规检验测试项目的分析方法研究。质检中心使用英国实验室系统公司的 LabSystems 系统进行实验室的信息管理、数据采集和数据处理，该系统的使用使质检中心在实验室信息管理、电子数据存档系统、数据处理等方面达到国际先进实验室水平。2007 年，共有员工 28 人，其中，研究员 2 人，高级职称 6 人、中级职称 11 人，初级职称 6 人。

【领导成员】 主任：闫亚明（兼）

常务副主任：胡清源

副主任：邢　军

【组织机构】 质检中心下设综合管理室、化学检验室、物理检验室、烟叶检验室、感观检验委员会等 5 个部门。

【科研项目】 2007 年，质检中心牵头的科研项目 21 项，已完成 11 项。分别有 11 名同志担任项目负责人，涉及卷烟、辅料、化学分析方法、产品设计的研究、计算机网络等领域。“新型层状氢氧化物微结构组装体的水相合成、形成机理及应用研究”项目获得国家自然科学基金委的资助，并被列为郑州院重点项目。参加国家局重点科研项目“卷烟危害性指标体系研究”中常规化学分析分项目的研究工作，该项目已通过国家局的鉴定。“国内外卷烟产品品质及设计技术分析研究”项目通过国家局鉴定。全年共申请专利 5 项，发表论文 8 篇，其中 CORESTA 论文 1 篇。

【质量监督检验】 加大烟用材料的监督力度，增加抽查频次，扩大抽样范围，拓展新的测试项目。烟用香精香料、烟用接装纸的抽查频次在原有基础上增加了一次抽查，卷烟纸、接装纸、烟用香精香料、烟用滤棒的抽样量普遍比上年增加了 3～5 倍。拓展卷烟包装纸挥发性有机化合物和卷烟商品条码的普查检验，抽查结果显示，2007 年度的卷烟、烟叶的总体质量水平与上年基本持平，烟用材料的抽样合格率普遍提高。组织有关专家完成对一台假冒伪劣烟机及两批烟机零配件进行了假冒伪劣质量鉴别。2007 年完成各类委托检验 2243 个（批）。

【质检培训】 2007 年，质检中心组织内部技术交流讲座 10 次，组织各类行业培训班 12 期，为行业培训检测技术人员 1828 人次。

【实验室管理】 开展国际实验室比对，提高检验水平。2007 年质检中心参加国际实验室比对 3 项，并组织国内实验室比对，内容涉及卷烟和烟用材料的 23 个参数。

【履约工作】 质检中心“烟草制品的包装和标识”工作组技术人员在工作组专题技术报告的基础上，参与制定《中华人民共和国境内卷烟包装标识的规定》，并于 2007 年 11 月由国家局和国家质检总局联合印发。9 月和 11 月，质检中心派出技术专家分别参加世界卫生组织在布鲁塞尔召开的烟草成分检测工作会议和在伦敦举办的国际控烟实验室网络会议，了解了《烟草控制框架公约》（FCTC）的进展和各国开展履约工作的实践经验，为下一步建立符合 FCTC 要求的实验室，开展烟草制品成分检测、成分管制和信息披露工作打下基础。

【国际交流】 2007 年，质检中心共派出 10 人次出国参加 CORESTA 的 4 个分学组，以及国际卫生组织烟草实验室网络（WHO TOBLOBNET）组织的学术活动。参加 5 月召开的“第十四届 ACS 会议”，会议通报了上年度烟气分析亚洲合作研究的工作情况和实验数据的分析结果，并对本届烟气分析合作研究工作进行部署，来自日本、德国、英国、韩国、印度、中国台湾等国家和地区的 50 多位专家与国内烟草行业的专家参加了会议，就烟气分析方面新的研究成果进行了研讨和交流。

中国烟草科技信息中心

【概　况】 中国烟草科技信息中心（以下简称“信息中心”）位于河南省郑州市，是国家烟草专卖局批准建立的行业信息机构，其前身为原国家轻工业部烟草工业科技情报站。1986年4月，经中国烟草总公司批准更名为全国烟草科技情报站，1989年3月更名为全国烟草科技情报中心，1994年更名为中国烟草科技信息中心。

信息中心业务上由国家局科教司领导，日常行政工作由郑州烟草研究院管理。主要从事国内外烟草科技信息的收集、研究、加工、报道、交流和软科学研究、科技查新、咨询服务以及烟草科技评估、评价等工作，负责编辑出版《烟草科技》期刊，为国家局提供决策支持服务和为行业经济建设提供综合信息服务。2007年信息中心共有员工28人，其中，高级职称11人、中级职称12人、初级职称4人、高级工1人。

【领导成员】 主　任：郑新章

副主任：程　彪

副主任：王　峙

【组织机构】 信息中心下设《烟草科技》编辑部、信息资源部、情报研究部、网络系统部和综合部等5个部门。此外，郑州院信息化工作领导小组办公室设在信息中心。

【科研项目】 2007年，参与完成国家局相关软科学项目。“卷烟工业企业技术创新能力评价及发展态势”软科学项目，完成相关报告、案例的撰写和修改，所有资料的整理、汇总，经郑州院验收通过，已报送国家局并申请评审。“中国烟草知识产权发展策略与管理研究”软科学项目，完成合同要求的所有研究工作内容，经郑州院验收通过，已报送国家局并申请评审，项目中，参与研究起草的“烟草行业知识产权发展战略”已经国家局批准，向行业发布实施。

“烟草及烟气化学信息资源系统建设”、“《烟用香精香料实用手册》的编撰和烟用香精香料数据库建立”项目已通过郑州院验收。

完成烟草种植区划项目GIS发布系统的设计工作，烟叶质量评价数据库系统开发项目正在进行中。

全年共完成180项科技成果鉴定或申报国家局奖励查新项目，其中，国家局立项28项，国家局成果申报48项，项目鉴定111项。

【信息资源建设】 信息资源体系建设。信息中心以建立中国烟草行业战略性信息资源基地为目标，加强三大类烟草信息资源体系建设。中国烟草信息文献资源系统建设（中国烟草信息文献数据库群），2007年完成中文科技文献、会议论文、学位论文、中外专利文献、科技成果、标准等各类数据共计4.5万条，全文上网13784篇；中国烟草科教网发布信息5000多条，各类文献2000篇；中国烟草科学技术数据资源系统建设（科学技术数据库群），全年收集烟叶主要化学成分分析数据库、卷烟产品品质及设计分析数据库、烟草及烟气全成分数据库、特种烟气有害成分分析数据库、烟气主要有害成分分析数据库、香精香料数据库以及法律法规数据库等各类数据7000多条（项）；中国烟草行业数字图书馆资源建设（烟草图书资料中心），全年完成数字图书制作105册、论文集190册。截至2007年底，有数字图书2051册，其中非烟草类1600册，烟草类451册。

中国烟草科教网建设。完成中国烟草科教网网站、中国烟草技术数据库网站等的管理维护与运行和相关信息发布管理；维护行业R&D资源统计管理系统，更新和填报相关数据；基本完成科技成果管理系统、科研项目管理系统、创新产品备案管理系统等科教业务管理系统的设计开发工作；完成行业“创新年”活动专题网站和自主创新高层论坛专题网站制作。

图书馆管理工作。负责郑州院图书馆管理工作。全年共采购中外文图书233种、534册；采购中外文期刊198种，到馆共2250册。

【情报研究与科技评价】 完成对烟草行业2006年度R&D数据的采集、核查，利用卷烟工业企业技术创新能力评价体系对获得的数据进行了初步的统计分析。参与烟草工商企业创新绩效评价指标体系的制订工作。撰写《1985～2006年国家知识产权局公开公告、授权烟草专利统计》、《2006年中国烟草专利统计及分析》等6种研究报告。开展《国内外烟草企业能耗和水耗对比》、《企业技术中心建设》、《行业内外创新能力及评价》的专题调研工作。参与国家局“创新年”活动的方案制订、实施，参与“2007·中国烟草自主创新高层论坛”方案的制订。完成中国烟草总公司科技进步奖网评指标体系（讨论稿）的制订工作。对《烟草行业卷烟工业企业科技活动年报表》和指标解释进行了修订。

【编辑出版】 2007年编辑出版《烟草科技》共12期。全年共发表论文192篇，约160万字。开展《烟草科技》创刊50周年纪念活动，2005、2006年度《烟草科技》"优秀论文"评选工作，以及2007年度"热心读者调查和优秀论文评选"活动等。继成为美国《化学文摘》等的收录期刊和中国中文核心期刊后，2007年《烟草科技》又被评为中国科技核心期刊。

中国烟草标准化研究中心

【概　况】 中国烟草标准化研究中心（以下简称"标准化中心"）位于河南省郑州市，成立于1995年1月，是国家烟草专卖局批准建立的行业标准化、计量专业机构，业务上受国家局和郑州烟草研究院领导，国家质量监督检疫检验总局、国家标准化管理委员会参与指导工作。主要职责是：负责全国烟草标准化技术委员会的日常工作，专门从事烟草标准化的研究及推广，组织重大标准的制修订，为行业提供标准体系框架，引导行业科学地制（修）订标准、积极地采用国际标准；作为ISO/TC126烟草和烟草制品技术委员会在国内的技术归口单位，承担了国际标准日常投票工作，为行业及时提供国际标准最新信息，组织专家对国际标准项目进行试验验证，开展中国烟草标准向国际标准上升的提案、制定工作；负责烟草行业计量基准的建立、专用检测仪器的量值溯源以及标准物质的制定，负责行业计量体系和计量网络的建立；负责烟草行业卷烟条码的审查、备案工作。

2007年，标准化中心共有员工15人，其中，研究员1人，高级工程师4人，工程师6人，助理工程师2人。

【领导成员】 主　任：范　黎

副主任：陈连芳

【组织机构】 标准化中心下设标准化研究与推广室、标准化管理室、计量室。

【标准化宣贯】 宣传贯彻《卷烟品牌许可生产质量保障通则》和《卷烟企业清洁生产评价准则》。组织行业技术骨干对《卷烟品牌许可生产质量保障通则》、《卷烟企业清洁生产评价准则》等重要标准的执行效果开展综合评价，有效规范行业卷烟品牌许可生产和多点加工活动，保障多点生产同一规格卷烟质量和风格的一致。

【标准化示范】 推进烟叶生产标准化示范工作。开展了对第四批10个示范区标准化建设的指导和验收，参与湖南、湖北、云南、河南、安徽、陕西等省农业标准体系的建设。制作国家级烟叶标准化生产示范区参比样品，对19个国家级烟叶标准化生产示范区主要部位等级的烟叶样品的主要化学成分、感官风格和品质、外观进行了评价，并完成《示范区典型样品分析报告》，使行业各级标准化主管部门、烟叶经营部门、卷烟工业企业可以通过相关数据，掌握、跟踪、考核示范区年度间烟叶品质的稳定和提高程度。

【全标委工作】 标准化中心作为全标委秘书处，负责全标委的日常工作。2007年，配合国家标准委、国家局审定发布国家标准10项、行业标准30项、感官标准样品23个、烟气标样2个。配合完成2007年标准项目合同审查以及2008年标准项目申报、答辩工作。完善、规范行业卷烟代码的管理工作。截至2007年底，烟草类国家及行业现行标准（规程、规范）共有305项，行业在研制修订项目共191项（修订64个），9个分标委中"烟草和烟草制品"、"烟草农业"、"烟草机械"、"烟用材料"、"烟草信息"、"烟草物流"等6个标准体系已初步建立。

【国际标准化工作】 标准化中心从国际标准化工作的建章立制入手，参与国际标准化组织ISO/TC126的活动，翻译标准及工作文件700余页，完成ISO/TC126征集的投票6批23个标准或文件，正式提案一次，并赴ISO/TC126总部进行座谈交流。探索实质性参与国际标准化活动的新途径，逐步明确了主要突破口，为"十一五"期间实现国际标准或国际先进方法的零的突破打下了基础。

【行业计量和标准物质工作】 2007年1月，《烟草实验室环境条件计量基准》通过国家质检总局考核，并获得国家局的正式授权，成为烟草行业正式建立的第4个烟草专用计量基准。完成温湿度传感器计量基准建标的现场考核工作。标准化中心检定相关计量器具2000余件，其中现场计量实验室约50个。开发完成行业计量数据处理及计量信息管理系统。正式启用标准物质和标准样品库，并在原有的烟气标样、感官标样、示范区参比样品的基础上，开发了“烟用条盒包装纸Vocs测定的参比试剂盒”，为标准物质（样品）库的系统建立迈出了重要的一步。

【知识产权工作】 2007年，标准化中心在首届行业标准化论坛宣读论文，其中，《从标准化对烟叶生产及品牌发展的支持作用，谈烟叶主产区标准化建设的方法和步骤》、《发挥企业标准化作用，推动卷烟工业企业“由大变强”》两篇论文分别获首届烟草标准化论坛优秀论文一、二等奖。登记计算机版权两项，《烟草行业标准化管理系统》（V1.0）和《卷烟企业清洁生产管理系统》（V1.0）获得软件著作权登记。

中国烟草总公司合肥设计院

【概　况】 中国烟草总公司合肥设计院（以下简称“合肥设计院”）成立于1990年6月，是国家烟草专卖局直属管理的专业设计院。主要从事烟草行业大型技术改造建设工程设计和服务，以及行业工程建设基础研究性工作。合肥设计院具有国家建设部批准的“轻纺行业（烟草）甲级”和“建筑工程乙级”设计资质，具备承担行业内大中型技术改造工程项目设计和高中级民用建筑设计的能力。2007年，共有员工69人，其中专业技术人员56人，高级职称16人、中级职称21人。2007年，全院继续坚持以设计业务为中心的工作指导思想，把设计主营业务作为工作的突出重点，全面做好设计及技术服务。

【领导成员】 院长、党委书记：朱小平

副院长、党委委员：陆　敏

【组织机构】 合肥设计院内设生产设计处（总师办）、经营处、人力资源处、财务处、办公室等5个处室。

【设计研究项目】 2007年，合肥设计院承接的主要工程设计项目有：张家口卷烟厂有限责任公司技术改造（二期）、延安卷烟厂技术改造（二期）、毕节卷烟厂技术改造初步设计、贵州黔南吉星烟叶有限责任公司技术改造、毕节顺泰烟叶复烤有限责任公司技术改造、广东中烟工业有限责任公司烟叶库区总体规划、大理卷烟厂烟叶库区工程、江西萍乡市烟草公司卷烟配送中心工程、湖南湘西州烟草公司和韶阳市烟草公司卷烟配送中心工程、湖北十堰市烟草公司卷烟配送中心工程等。全年新签订设计项目合同共16项，合同金额1600万元。全年完成设计项目16项，其中，卷烟厂技改项目2项，打叶复烤技改项目4项，卷烟配送中心物流项目和烟叶仓库设计项目10项。实现设计费收入2300万元，实现税利750万元。

组织编写了《卷烟配送中心设计规范》（送审稿）、《烟叶工作站设计规范》（征求意见稿）。

【企业管理】 提高服务意识。在坚持“设计院、项目组与业主单位联系不断”、“设计人员驻现场服务不断”的“两个不断”的服务宗旨的基础上，进一步提出为业主单位服务要“有求必应、不厌其烦”，全力解决好服务问题。在张家口卷烟厂有限责任公司二期技改项目实施过程中，先后派出3名工程师进驻施工现场，帮助建设单位解决工程实施过程中的多专业工种衔接问题；在毕节顺泰烟叶复烤有限责任公司工程施工现场，派出1名高级工程师解决疑难问题，一次驻点时间长达两个月。全年派驻建设工程现场人员16人次，驻现场人员中时间最长者达147天。

增强创新意识。在院内开展“创新年”活动，广泛组织宣传《烟草行业中长期科技发展规划》和《关于实施烟草科技发展规划纲要，增强行业自主创新能力的决定》。加大创新力度，积极探索和推行体现目标激励、工作激励、利益激励和荣誉激励等内容的激励机制，充分调动企业和人员的创新积极性。

中国烟草育种研究（南方）中心（云南省烟草科学研究所）

【概　况】 中国烟草育种研究（南方）中心位于云南省玉溪市，成立于1995年，与云南省烟草科学研究所合署办公（以下简称“南方中心”），承担国家烟草专卖局下达的烟草育种研究和优良品种的推广应用等任务。针对烟草生产中存在的科学技术问题，以应用研究为主，基础研究为辅。2007年，共有员工152人，其中，高级职称23人、中级职称45人。

【领导成员】 所长、主任、党总支副书记：邵　岩（—2007.6）

副所长、党总支书记：郭生云（—2007.6）

所长、主任、党总支书记：宋利民（2007.6—）

副所长：邓云龙

副所长：易　冕

副主任：李永平

副所长：晋　艳

【组织机构】 南方中心共设党政办公室、科研管理科、财务管理科、育种研究中心、农艺研究中心、科技推广中心、分析测试中心、信息中心等8个科室、中心。

【科研项目】 2007年，在研项目共计72项（其中延续项目54项），其中，国家自然科学基金项目2项、国家局项目7项、云南省科技厅项目4项、云南省局（公司）项目54项、与卷烟工业企业合作项目5项。

2007年承担国家局项目2项（基因组计划招标项目“烟草遗传群体建立与分子标记遗传连锁图谱构建”，中国烟叶公司技改项目“部分替代进口烟叶适宜品种筛选”），云南省科技厅项目1项（“烟草农业工程技术研究中心”），云南省局（公司）项目14项。

完成项目鉴定验收21项，其中，通过国家局鉴定验收项目2项，田间评议1项，云南省科技厅鉴定验收1项，云南省公司鉴定验收6项。

【科技创新】 *烟草新品种选育研究。*2007年，自育的新品种“YH05”和从巴西引进的早熟品种“PVH19”通过云南省烟草品种审评委员会的审评，自主选育的两个烤烟品种“云烟203”、“云烟98”，一个白肋烟品种“YNBS1”通过全国烟草品种审定委员会的审定。从津巴布韦引进烤烟品种14个。与云南中烟工业公司合作，从美国引进“NC102”、“NC297”、“NC55”3个品种并在昆明、玉溪、曲靖、大理、红河等5个州（市）共6个试点地区进行了种植面积为10103亩的生产示范。由云南省公司与美国金叶种子协商签订种子引进生产协议，引进“NC297”和“NC55”两个品种的亲本在景洪种子基地繁育种子供2008年生产使用。

*烟叶化学成分研究。*南方中心针对国家局重点项目“部分替代进口烟叶生产示范”研究中的关键技术问题，对云南省部分替代进口烟叶示范点和津巴布韦初烤烟样品的常规化学成分和主要挥发性香气物质含量进行分析检测，应用现代化学统计方法对主要致香物质进行分类比较，探讨了示范点烟叶致香物质与津巴布韦烟叶的差异和相似性，为2008年云南省烟叶生产计划提供了重要科学依据。

*烟草种植区划研究。*南方中心加强对“云南省烟草种植区划”项目的领导和管理，明确了气象因子与烟叶化学成分和香吃味的关联度，应用GIS技术确定云南烤烟气候适宜性分区指标，基于3S技术应用建立空间数据库及基于空间分布的烟草、气象、土壤等综合数据库，构建了云南烟草种植信息系统。

【科技服务】 2007年，南方中心承担了“全国部分替代进口烟叶生产示范与工业验证”项目中6家中烟工业公司15个生产示范点的科技服务工作，占全国的34.9%，占云南省的83.3%，涉及云南昆明、曲靖、文山、普洱、临沧、丽江等6个州（市）的11个县（区）。共派出科技人员26人到15个部分替代进口烟叶生产示范点和文山州、普洱市科技推广服务点驻点工作。以进一步彰显区域烟叶风格特色的综合配套生产技术集成推广为重点，全面提升部分替代进口烟叶生产示范项目科技服务水平。强化技术集成创新，加强烟叶生产先进实用技术培训，圆满完成了示范推广工作。15个示范点中期田间检查和烟叶收购等级检查综合等级合格率均达到了国家局考核要求。

全年共收到云南省局（公司）、云南省烟草进出口公司、各州（市）公司相关科研课题的样品6400个，完成烟叶、土壤、基质、转基因检测样品12133

个，报出有效数据54567个。

2007年度云南烟叶信息网的访问量稳步增加，1～10月网站点击率突破百万次，比上年同期增加18万余次；1～10月网站发布信息5505条，有800余条信息被行业主流媒体转载；结合开展“创新年”活动，推出“创新年专题报道”和“科技讲座”栏目；加强了通讯员队伍的建设，重新组建了290余人的通讯员队伍。完成两期《烟草农业科学》的编印。

【科研成果及转化】 2007年，南方中心获省部级科技进步三等奖2项、市厅级成果奖11项，其中，“降低白肋烟烟草特有亚硝胺含量的技术研究”获中国烟草总公司科技进步三等奖，“《烟草漂浮育苗基质》云南省地方标准”获中国标准创新贡献奖三等奖。共申请专利10项，获授权专利6项，其中，发明专利2项（“降低烟草特有亚硝胺含量的生物制剂及其制备方法”、“一种烟草原生质体高效快捷培养方法”），实用新型专利4项（“烤烟房”、“改进的种子筛”、“活动式田间拍照背景”、“一种适应蒸汽流消毒的烟草育苗盘”）。

种子繁殖生产。2007年度，在云南省临沧孟定、版纳景洪两个冬繁基地开展烟草种子繁殖生产工作，合计繁殖品种5个，繁殖面积463亩，种子产量合计2852千克。所有种子经质量检验，均符合国家相关质量标准。通过玉溪中烟种子有限责任公司面向云南省12个州（市）烟草公司供种443万袋。

种子新技术的推广应用。云南全省推广种植的烤烟雄性不育系品种主要包括“MSK326”、“MS云烟85”和“MS云烟87”3个品种，合计推广种植面积463.4万亩，占云南省烤烟种植面积的83.4%。推广种植烤烟漂浮育苗专用包衣种子共3个品种，推广种植面积217.3万亩，占云南省烤烟种植面积的39.1%。

中国烟草东北农业试验站（中国烟草进出口烟叶检测站、黑龙江省烟草科学研究所）

【概　况】 中国烟草东北农业试验站（以下简称“东北站”）是经国家局批准，于1995年3月在黑龙江省烟草科学研究所的基础上建立，位于黑龙江省牡丹江市，负责辽宁、吉林、黑龙江、内蒙古烟区的烟叶科研和技术推广工作。黑龙江省烟草科学研究所是1984年8月由黑龙江省烟草公司筹建，同年12月31日在牡丹江设置，1985年3月由中国烟草总公司正式批准建所。1998年6月经国家局批准，依托东北站成立中国烟草进出口烟叶检测站。2007年，东北站有员工23人，其中，高级职称9人、中级职称9人。

【领导成员】 所长、主任、党委书记：耿　牧

副所长：辛　钢

副所长：郭兆奎

副所长：刘德育（2007.8—）

【组织机构】 东北站设高新技术研究室、栽培与烘烤研究室、育种研究室、植保研究室、化验室、实用技术研究室、办公室、财务科等8个科室。

【科研成果】 2007年，东北站共承担各类科研项目28项，其中国家局项目19项，黑龙江省科技厅项目1项，黑龙江省局项目6项，牡丹江烟叶公司项目2项。公开发表科技论文21篇，其中3篇在黑龙江烟草学会年会上获奖，1篇在CORESTA会议上宣读。“拟南芥质子泵基因AtNHX1提高植物根系吸钾能力的应用”项目获得发明专利，“烤烟移栽复式作业机”项目获得实用新型专利，“一种转基因烟草检测方法及试剂盒”项目获得发明专利授权，“利用AtKup1基因提高烟叶钾含量研究”项目获中国烟草总公司科技进步二等奖，“烟草平衡施肥技术研究与推广”项目获黑龙江省人民政府科技进步三等奖。“龙江29”品系完成区域试验、生产试验、农业评审和工业评价程序，申报全国审定。1个烤烟新品种正式通过国家烟草品种审定委员会审定，并予命名为“龙江912”。

【成果转化】 重点推广“龙江911”品种的种植，同时，示范种植了“9833－514”、“9861－81”、“9861－82”和“LJ237”4个新品系。烤烟新品种示范推广取得较好的效果，新品种的布局得到优化，配套技术进一步得到落实。目前，东北站培育的品种已经逐步推广到吉林、辽宁、内蒙古、河北和安徽等烟区。

根据土壤化验结果，指导产区开展测土平衡施肥工作。全年为牡丹江烟区和哈尔滨烟区共计化验土样

4875个，烟叶样品1526个，得出土壤样品数据19500个。根据牡丹江烟区优质特色烤烟种植研究课题需要，分别到宁安、密山、林口、宝清、东宁等地的烟叶公司，采集土壤样品65个，烟叶样品235个。结合国家局烟叶生产基础设施建设工作，推进烘烤智能化进程。与东北农业大学合作研制的DDKY系列烘烤控制仪在黑龙江、吉林两省得到推广和应用。开展生产检查与技术指导，完善烤烟测土施肥、平衡施肥、品种示范网络、烟叶基础设施建设，烟草病虫害预测预报网络形成“传递信息、远程快速诊断、监控到位、预防为主、治疗为辅、2小时确诊、4小时药物到田”的统一防治系统。

【技术培训】 东北站科技人员深入黑龙江省各主产区，从品种特点、育苗、病虫害防治、栽培技术与烘烤措施等配套技术各个环节入手，对各地烟叶公司的生产技术人员、烟农进行培训，累计培训3000余人次。以试验场为依托，成功地举办为期60天的“牡丹江烟区第二期烟叶烘烤技术培训班”，提高受训学员实际操作水平。以《黑龙江省烤烟生产适用技术系列光盘》为主，在省内进行40场次的生产技术讲座，培训烟农到户。先后在黑龙江烟草植保网上发布《对牡丹江烟区大田生长前期栽培技术的几点建议》等文章，对特殊气候条件下的烟叶生产起到指导作用。

【实用技术研发】 东北站与科研院所、大学联合攻关，取得了一定的成绩。与东北农业大学联合开发研制的烤烟移栽复式作业机基本定型，可一次性完成刨埯、施肥、浇水、插苗、封埯、覆膜等作业环节，单机移栽作业能力每天30~50亩，并获得专利（专利号200620123165.9）。

开发“三龙精制有机肥”，缓解连作烟田营养障碍。2007年在牡丹江烟区示范面积4万亩，取得良好的使用效果。

开发新型“环保”育苗基质，促进工厂化育苗化进程。与省农垦科学院联合，开发了以作物秸秆及猪粪等为主要原料，通过生物菌剂进行发酵制备的营养土。

与东北农业大学联合开发研究的烤烟节能炉，达到每千克干烟耗煤0.9千克的烘烤效果；与佳木斯房佳锅炉厂开发的烤烟节能炉，达到每千克干烟耗煤0.8千克的烘烤效果。

【转基因检测】 2007年，东北站对国内各烟区出口烟叶和进口烟叶、卷烟进行转基因检测，共检测各类样品280个，其中包括进出口卷烟样品32个、进口烟叶样品165个，以及其他烟叶、种子样品83个，均未发现含有转基因成分样品。

【烤烟种子管理】 根据哈尔滨和牡丹江两家烟叶公司要求，从2006年9月到2007年3月，在海南繁殖“龙江911”、“龙江925”、“龙江935”和“龙江29”烤烟良种451千克，在本地繁殖“LJ237”品种9千克。同时，根据产烟县的要求，从外所分别调来“云烟87”、“云烟85”、“JY-02”和“9407”等烤烟良种，保证生产用种。

中国烟草东南农业试验站（福建省烟草农业科学研究所）

【概　况】 中国烟草东南农业试验站（以下简称“东南站”）于1996年在福建三明成立，2002年初迁到福州，与福建省烟草农业科学研究所实行一套班子、两块牌子管理。东南站在龙岩、三明、南平3个主产烟区建立分所。福建全省烟草农业科研形成了以东南站、福建省烟草农业科学研究所为龙头，龙岩、三明和南平3个分所和13个产烟县的烤烟试验站组成的科研试验网络。2007年，共有在岗员工16人，其中，博士研究生学历2人、硕士研究生学历5人；研究员1人、高级农艺师5人、中级职称2人、初级职称1人。

【领导成员】 所长：陈顺辉

副所长：林桂华

【组织机构】 东南站设有办公室、科研开发部和行政事业部等3个部门，其中科研开发部内设烤烟遗传育种、营养与栽培、调制技术、病虫害综合防治、化学分析等5个研究室和福建省烟草病虫害预测预报及综合防治站。在龙岩、南平、三明3个主产烟区设立省烟科所分所。

【科研项目】 特色烟叶研究。2007年是福建清香型特色烟叶开发项目实施的第二年，东南站先后组织召开3次专题会议，开展技术培训，研讨清香型烟叶开发的技术问题和扶持政策，研究制订清香型烟叶技术方案、工作意见和考核办法。在龙岩永定、上杭、长汀，三明宁化、尤溪，南平武夷山、浦城、政和等8个县（市）建立了清香型烟叶开发示范片区。正式签订清香型烟叶生产合同5270份，合同面积达44623亩。在9个县（市）开展了清香型品种、栽培技术、烘烤和病虫害防治等相关的试验研究。

烤烟育种。自主选育的烤烟新品种“闽烟7号”通过全国烟草品种审定。“福建适应性烤烟新品种选育与配套技术研究”进展顺利，筛选了育种后代材料，在宦溪基地共试验种植育种材料30余亩。“全国烟草种质资源平台建设”项目顺利实施。

病虫害预测预报和防治体系。构建了集培训、服务、指导、查询、交流、在线诊断为一体的福建省烟草植保专家信息系统平台，强化了技术交流和培训。进一步加强烟草病虫害预测预报及综合防治网络建设。截至2007年底，已在全省烟区建立了20个病虫害测报站。2007年发布病虫情报80期，并在福建省烟草植保专家信息系统上快速传递，大大提高了病虫情报的传递速度，解决了情报滞后于田间发病的脱节现象。

营养与栽培技术研究。“福建省烤烟种植区划研究”项目，完成福建烤烟种植区划的适宜性的评价指标体系，以及福建烤烟种植区划适宜性评价研究报告初稿；“部分替代进口烟叶生产示范”项目，研究制订生产技术方案和工业验证计划，为示范点烟叶生产中营养平衡、合理留叶与成熟采收提供了技术保证；“福建烟区耕作制度研究”项目，开展了不同培肥方式对土壤肥力、烟叶生产质量的影响研究，以及不同烟－稻复种轮作周期对烟草病虫害、土壤肥力、烟叶生产质量的影响研究等；“养分资源综合管理”项目，主要开展了烤烟不同基因型吸氮规律研究、不同生长素浓度对烤烟生产的影响研究、打顶对烤烟品质的影响研究。

烘烤研究。研制出具有自主知识产权的编烟机。在6个试验点分别开展清香型烟叶烘烤特性、适合工业需求的烟叶成熟度和带茎烘烤试验3个方面的试验，探明了不同清香型品种的烘烤特性，并初步总结出不同品种的烘烤工艺。初步测定了4种不同散热材料的散热性能。烟叶烘烤自动控制系统实现产品化。

【科研成果】 2007年，在研省级以上科技项目18项，其中国家局项目3项，福建省局项目15项。发表学术论文7篇，其中1篇获首届烟草标准化论坛优秀论文二等奖，2篇论文入选《2007·中国烟草自主创新高层论坛优秀论文集》。与福州迪特机电有限公司联合研制出具有自主知识产权的编烟机，申请了2项发明专利和5项实用新型专利。

中国烟草白肋烟试验站
（湖北省烟草科学研究所）

【概　况】 中国烟草白肋烟试验站（以下简称“白肋烟试验站”）成立于1997年7月，是全国唯一的白肋烟农业科研单位，其前身为成立于1986年1月的湖北省鄂西烟草科研所。湖北省烟草研究所成立于1995年，1997年与白肋烟试验站合署办公，实行一套班子、两块牌子管理。2002年7月，白肋烟试验站由湖北省恩施市搬迁到武汉市。白肋烟试验站以白肋烟、烤烟应用技术研究为主，开展烟草育种、栽培、调制、植保等方面的科学研究及科技推广。2007年，共有员工26人，其中，高级职称11人、中级职称7人、初级职称5人。

【领导成员】 站长、所长、党支部书记：林国平
副站长、副所长：李进平
总农艺师：杨春雷

【组织机构】 白肋烟试验站设有育种研究室、栽培调制研究室、植保研究室、科技推广室、良种繁育室、中心实验室、办公室和财务科等8个科室。

【科研项目】 2007年，共承担国家局、湖北省局科研项目26项，在湖北省4个烟叶产区19个烟叶生产县共开展173项试验。承担国家局重点攻关项目“优质抗病白肋烟新品种选育”，选育出“2017”、

"BX2003"、"9908"优质抗病白肋烟新品种，并分别通过全国烟草品种审定委员会评审。编写完成《中国烟草白肋烟品种资源图谱》。承担的国家局重点项目"恩施州优质烟叶（烤烟和白肋烟）生产科技示范基地建设"、"全国白肋烟品种区域试验"、"替代进口烟叶优质烟叶生产示范基地建设（兴山、咸丰）"和湖北省局重点项目"环神农架周边地区特色烤烟及综合配套技术研究与开发"等进展顺利。

【科研成果】 "一种提高烟草种子抵御吸胀冷害能力的种子处理方法"项目获得专利申请。"烟草种子渗透调节技术、机理及推广应用研究"等两个项目通过湖北省科技厅组织的成果鉴定。"优质高效白肋烟生产技术研究"等7个项目通过湖北省局组织的成果鉴定。"兴山烤烟标准化生产示范区"和"郧西香料烟标准化生产示范区"项目顺利通过国家局组织的验收，成为第四批国家级标准化生产示范区。"恩施州白肋烟综合标准体系"项目通过专家组的评审。"甲基溴淘汰集约化育苗中心"通过国家环保总局和国家局组织的验收。

2007年，公开发表科技论文11篇，学术交流论文32篇，其中，国家局自主创新高层论坛论文2篇（其中，获优秀论文奖1篇）、标准化论坛论文1篇、中国烟草学会中南片优秀论文5篇、湖北省烟草学会优秀论文22篇。《湖北省烟草科研所所志》正式出版，并被评为"湖北省烟草优秀志书"。

【科技服务】 深入湖北全省各烟叶产区，驻点开展烟草栽培、植保、育种和调制等烟叶生产关键技术问题专题讲座与培训，协助湖北省局科技处开展烟叶生产管理人员培训。为湖北中烟工业有限责任公司培训技术人员250人次，为湖北省局培训管理及技术人员200人次，在恩施、襄樊、十堰、宜昌、神农架等地实施现场指导22次，产区培训370人次。参与湖北省烟叶生产基础设施检查与验收工作，推进"湖北烟叶生产专业新村"的试点实施。

【良种繁育】 为提高种子繁殖质量和包衣加工质量，严格执行《烟草种子》系列行业标准和"烟草良种繁殖技术规程"、"烟草良种包衣加工技术规程"，切实加强目标责任管理。根据烟草良种繁育计划，共移栽烤烟、白肋烟繁殖面积47.2亩，烤烟、白肋烟包衣种均达到或超过国家行业质量标准，包装合格率达100%，单件种子袋数无误差，圆满完成了湖北省催芽包衣加工70.61万袋的计划。

【技术协作】 白肋烟试验站同华中农业大学、河南农业大学、郑州院、中国烟草总公司青州烟草研究所等单位建立了长期紧密的技术协作关系；与郑州院、河南农业大学等单位进行技术交流。加强在白肋烟新品种选育、栽培、晾制、病虫害防治、质量分析方面的研究。不断完善以市（州）公司为主体，以技术应用、集成、引进、整合为主要内容的技术创新体系，加快建立和完善以科技成果转化、技术推广、技术标准、质量监督和科技信息等为主要内容的创新服务体系。

【基础设施建设】 完成崔坝试验基地"甲基溴替代育苗温室大棚（A型棚）"的建设并投入使用，育苗效果明显，较往年成苗时间提前7～10天。完善良繁基地的基础设施建设，进一步改变科研良繁基础设施较差的状况。充分利用实验室现有的空间，对实验室进行了升级改造，增加实验设施17套，完成中心实验室的全面改装工作，优化了使用功能。

中国烟草西南农业试验站（贵州省烟草科学研究所）

【概　况】 中国烟草西南农业试验站（以下简称"西南站"）于1999年在贵阳成立，与贵州省烟草科学研究所合署办公，实行一套机构、两块牌子管理。2006年划归贵州省烟草专卖局（公司），以"事业化单位、企业化管理"的模式运作。主要职责是：开展现代烟草农业研究，促进科技进步，深化烟草遗传育种研究、特色烟叶研究、烟草病虫害研究和烟草生理生化研究，搞好烟草技术培训，加强烟草学术交流，提高厂办基地优质烟叶开发技术服务。2007年，共有员工106人，其中，科技人员73人，高级职称10人、中级职称24人。

【领导成员】 站长、所长：李明海（2007.1—）

副站长、副所长、党委书记：李继新

副站长、副所长、党委副书记、纪委书记：龚顺禹

副站长、副所长：韩晓红

副站长、副所长：陈　尧（2007.1—）

【组织机构】 西南站设科研中心、开发中心、培训中心、分析测试中心4个业务中心，以及综合办公室、财务科、安保科、基地办公室4个行政科室共8个部门，另设置临时部门基建办公室，负责贵州烟草科研实验大楼建设工作。与黔南州烟草专卖局（公司）合办1家烟草专用肥料厂（黔南金福有限责任公司）。

【科研项目】 2007年，共承担在研项目33项，其中重点开发项目6项，其中，国家局项目1项，国家局协作项目3项，贵州省局（公司）项目2项；卷烟工业企业研究课题2个，产区和烟叶基地技术服务5项，参加执行项目3项，委托试验1项。

烤烟育种。在种质创新方面，开展了南繁加代繁殖工作。进一步完善种质资源平台建设。截至2007年底，全所种质资源共计840份，2007年试验种植170份。开展品种区试与生产试验，“晚花K326”通过了全国烟草品种审定委员会贵州省省级审定；自育品系“GTH-1”和两个系选材料“南江3号”、“韭菜坪2号”通过了省级农业评审。在分子生物技术方面，与贵州大学搭建好实验平台，开展了DNA分子标记等相关分子生物学实验。

烟草种植区划。2007年，完成土样检测1206个，物检和化检烟样2751个，评吸典型烟样1704个。与黔东南州烟草公司、贵州中烟工业公司、贵州省质量监检站协作开发天柱特色烟叶，取得明显效果。

测土配方施肥。以“贵州省烟草测土配方施肥研究”和“贵州省主要植烟土壤氮素矿化特性与供氮潜力及应用研究”为主，开展平衡施肥专家系统升级、不同烤烟专用复合肥肥效评价等研究。同时，还开展了20个新专用肥配方试验。在贵州省39个县（市）分公司49个试验点进行区域配方试验，试验面积约2000亩，投入试验肥料100余吨。

此外，还开展了“密集烤房及烘烤工艺等技术研究与应用”、“烤烟优化灌溉参数和技术的研究与应用”、“贵州省烟草病虫害预测预报及综合防治网络”等项目研究。

【科研成果】 2007年，西南站化学检测室全年共报出分析结果7.8万多个；物理检测室完成了区划、成熟度等项目，全年共检测样品3700多个；卷制评吸室全年共卷制评吸烟叶样品3100多个；福泉培训基地完成“贵州烤烟42级标准”、“贵州烟水配套工程建设”、“贵州卷烟营销管理”、“贵州基层烟叶站标准化建设”、“贵州烟草病虫害测报及综合防治网建设”远程教育课件的拍摄和制作工作。

“贵州省烤烟漂浮育苗示范技术推广”项目获贵州省人民政府科技进步三等奖；“西南部分地区烤烟综合生产技术研究与应用”项目获总公司科技进步三等奖；6月，从巴西引进的烤烟品种K326LF经试验验证，通过全国烟草品种审定委员会组织的贵州省省级审定。

2007年发表研究论文63篇，其中，SCI收录1篇，中文核心期刊收录21篇，科技核心期刊收录20篇。申报并被受理发明专利12项，其中“细粒种子袋”（实用新型专利）得到授权（专利号ZL200620133619.0），“纸管法烟草杂交技术”（发明专利）和“烟草病毒病砂纸摩擦接种法”（发明专利）进入公示阶段。

中国烟草中南农业试验站

【概　况】 中国烟草中南农业试验站（以下简称“中南站”）成立于2000年7月，总部设在湖南长沙，与湖南省烟草公司烟叶处合署办公，下设永州、郴州、湘西、衡阳4个试验基地。2007年初中南站与烟叶处分离，2007年底与湖南省烟草公司科技处合署办公。10月，中南站本部新址揭牌仪式胜利举行，标志着湖南省烟草公司、湖南中烟工业有限责任公司和湖南农业大学三方联合建设新型中南站的合作迈入了实质性的阶段。

新型中南站在运行管理上以湖南省烟草公司为主，湖南中烟有限责任工业公司、湖南农业大学参与中南

站的建设和管理。其主要工作职责是：优化整合湖南烟草工商两家企业及湖南农业大学的科技资源，组织实施烟草农业重大科研项目攻关与科技创新工作，开展烟草农业基础科学与应用技术研究，指导湖南省烟草农业科技成果和烟叶生产先进适用技术的推广与应用。

【领导成员】 站　长：赵松义

常务副站长：郭　勃（2007.5—）

副站长：郭汉华（—2007.5）

副站长：刘正日（—2007.5）

副站长：张洁清（—2007.5）

副站长：徐双红（2007.5—）

副站长：周冀衡（2007.5—）

副站长：朱列书（2007.5—）

【组织机构】 中南站总部设烟草育种研究室、栽培调制研究室、植保研究室、综合实验室和技术推广部等5个部门。

【科技项目及成果】 2007年，中南站在湖南省局（公司）立项的科研与技术推广项目共13项（含在国家局立项的2个项目），其中，“经济适用高效密集烤房及配套烘烤工艺与应用”、“烤房纳米功能涂料研发及其在烟叶烘烤中的作用”、“烟草主要病虫害区域综合治理及配套技术研究”3个项目已通过湖南省科技厅组织的验收或成果鉴定，均获得“国际先进水平”的成果评价。在国家局立项的“湖南省烟草种植区划研究”和“湖南省基本烟田适宜性评价和可持续利用研究”两个项目基本完成。全年共鉴定成果13项，申报并获受理专利3项，授权专利1项，获科技成果奖励1项，发表科技论文20余篇，科技工作取得了明显成效。

编印了中南站宣传图册和《湖南烟草农业科研论文选集》。

【烟叶标准化工作】 2007年，制订《关于加强全省烟叶标准化工作的指导意见》，明确了湖南省近三年烟叶标准化工作的目标、进度与措施。多次检查、督促、指导桂阳县的烟叶标准化工作，在国标委和国家局的验收评比中，桂阳县位列第四批国家级烟叶标准化生产示范区第三名，获得“国家级烟叶标准化生产优秀示范区”的称号。组织衡阳、张家界、湘西3个市（州）公司与中国烟草标准化研究中心签订了烟叶标准化技术服务合作协议，全面启动烟叶标准化工作。组织行业标准化论坛论文征集工作，参选的6篇论文中有3篇获奖。组织召开湖南省烟叶标准化工作座谈会。组织国家级烟叶标准化生产示范区建设项目的申报工作，湘西自治州经国家局同意被列入第六批国家级烟叶标准化生产示范区建设项目计划。

云南烟草科学研究院

【概　况】 云南烟草科学研究院（以下简称“云南院”）创建于1998年6月，位于昆明国家高新技术产业开发区，隶属于云南中烟工业公司，是从事卷烟工业基础性研究、应用基础性研究和决策咨询研究的科研机构。主要职责是：围绕云南中烟工业公司发展战略和中心工作、云南省各卷烟生产企业现阶段的技术需求，依靠科技创新，组织基础研究和应用技术开发，实施重大科技项目的攻关，实现重点突破，解决云南烟草工业的主要共性技术。目前云南院重点开展卷烟原辅材料、卷烟综合技术、卷烟及烟气化学、减害降焦、核心调香技术、新材料应用开发、烟草经济、吸烟与健康等领域研究和相关学科建设。2007年，有在岗员工109人，其中，高级职称24人、中级职称52人，有3人分别享受国务院政府特殊津贴和云南省政府特殊津贴。

【领导成员】 院长、党委副书记：李　斌

党委书记、纪委书记：杨时斌（—2007.7）

副院长、党委副书记（主持党委工作）：程永照

副院长：陈辉敏

副院长：杨伟祖

党委副书记：张嘉滨

【组织机构】 云南院设有办公室、纪检监察部、人力资源部、科技教育处、财务处、经营服务部等6个管理服务部门，以及卷烟原料研究室、卷烟制造技术研究室、烟草化学研究室、生物化学研究室、经济信息研究中心、检测室、薄片研究与协调组等7个科研部门。

【科研项目】 2007年，共承担科研项目43项，其中新立项目3项，在原料、工艺、烟草化学、新材料

开发、减害降焦、品牌发展战略等方面开展研究工作。继续完善卷烟原料数据库和卷烟化学成分数据库的建设。配合国家局和云南中烟工业公司薄片基地筹建的技术引进和项目筹备开展调研和技术论证工作。

【科研成果】 2007年，云南院完成的项目中有14项通过了由下达项目单位组织的鉴定或验收，其中4项为国家局项目；3项成果达到国内领先水平、4项成果达到国内先进水平；13项发明专利获得授权。研究院在国内公开发行的国家级科技刊物上发表论文15篇。

"烟用香精香料系统品质控制体系开发"、"香原料及添加剂热裂解产物分析及在卷烟加工及设计中的应用推广"、"烟叶陈化品质调控研究及应用"、"近红外检测技术快速测定烟叶主要化学成分的研究"、"国内外卷烟特性数据库建立"、"云南卷烟品牌发展战略研究"等项目获云南中烟工业公司科技进步二等奖。

中国烟草遗传育种研究（北方）中心

【概　况】 中国烟草遗传育种研究（北方）中心（以下简称"北方中心"）于1999年5月成立，新址位于山东青岛。北方中心实行管委会领导下的主任负责制，管委会由国家局科教司、中国烟叶公司、山东省烟草专卖局、中国农业科学院、中国烟草总公司青州烟草研究所共同组成。北方中心以"立足山东、服务全国"为宗旨，是以应用研究为主、基础理论与应用研究相结合的烟草遗传育种研究基地。主要从事烟草种质资源、遗传育种理论、新技术研究与开发、新品种选育及推广等方面的基础和应用研究。

北方中心拥有科研、实验用房（楼）总建筑面积50000余平方米，保存烟草种质资源4073份。拥有专用科研仪器设备700余台套。2007年，共有研究人员30人，其中，研究员7人、副研究员7人；博士生导师2人、硕士生导师10人。

【领导成员】 主　任：王元英

副主任：许家来

副主任：贾兴华

【组织机构】 北方中心设有遗传育种研究室、种质资源研究室、综合技术研究室、原种繁育研究室4个专业研究室，以及山东省潍坊市、临沂市育种试验和生产示范试验基地。

【科研项目】 2007年，承担科技项目21项，其中，国家局招标项目1项、计划项目7项，科技部项目2项，农业部项目5项，其他项目6项。

*烟草种质资源研究。*2007年，对全国烟草种质资源进行全面调查，新收集31份种质鉴定编目，完成国家烟草中期库种质440份的繁种更新保存，分发利用630份次，完成烟草种质资源数据库的建立及数据录入。对106份种质进行CMV、TMV、PVY3种病害的抗性鉴定；分别对105份和82份种质进行了抗青枯病和抗黑胫病的鉴定。对25份核心种质进行了品质鉴定，完成中国烟草核心种质资源遗传多样性反应体系的建立、引物筛选及120余份种质的AFLP、SRAP分子标记。

*新品种选育。*初步找到与高香气基因型密切相关的几种致香物质成分和与高香气目的基因紧密连锁的SRAP标记，鉴定出烤烟、名优晒晾烟、香料烟高香气种质资源6个，筛选抗（耐）性育种材料8～10份。杂种早代选择出具有育种目标性状的稳定株系18个；品系鉴定出"4001"、"4003"等12个新品系；品种比较试验筛选出"5001"、"5003"、"5008"等3个优质抗病新品系；通过多点试验和省级区试筛选出"CF208"优良新品系。育成烤烟新品系"CF202"通过全国烤烟品种区试；完成"CF986"和"CF209"烤烟新品系的生产适应性、配套栽培技术研究、工业可用性评价和农业评审。

*抗病毒育种研究。*2007年，主要进行了抗CMV、TMV、PVY三种病毒病的遗传机理研究。在2006年研究的基础上，继续开展抗烟草病毒病种质筛选、标记选择研究，筛选出不同类型病毒病抗性选择标记，配制杂交组合57个，对选配的6个优势杂种组合进行产、质、抗性鉴定，筛选综合性状较好且具有两种以上病毒病抗性的新品种两个进入山东省区域试验。

*烟草生物技术研究。*利用50个随机引物对32份烟草种质基因组DNA进行RAPD分子标记试验，初步筛选出9种野生烟草特有RAPD分子标记。普通烟草与野生烟草的远缘杂交获得了17个组合种间杂种。完成22种野生烟草总植物碱和总氮等两项指标的化验分析。提出并确定以绒毛状烟草（N. tomentosiformis，2n

=24）为测序材料、以烟草功能基因研究为主导的中国烟草基因组计划实施方案。

烟草品种试验。进一步完善全国烤烟品种试验程序，加强区试检查指导力度，保证了试验质量。加强山东省烤烟品种试验管理，加强新品种配套技术研究。2007 年全国烤烟品种试验在全国的 4 大烟区分 3 个试验区进行试验，共设 25 个区域试验点，分别对 17 个品种进行小区比较试验，19 个生产试验点分别对 6 个品种进行大区对比试验和栽培调制试验，同时在 4 个单位进行 10 种病次的人工病害接种鉴定。5 个新品种通过全国烤烟品种试验程序，进行了农业评审；11 月，10 个新品种通过区域试验审定。

栽培、调制配套技术。与产区相结合，通过室内培养及田间试验，研究典型植烟土壤棕壤、褐土、黄棕壤、红壤、水稻土氮素矿化规律及有机肥料、秸秆、绿肥、种植制度的影响效果。以烤烟的成熟度为研究中心，对不同成熟度烤烟的品质指标、采收图谱以及配套的生产技术进行研究，对烟苗早发项目进行研究。

【科研成果】 2007 年，有 7 项成果通过鉴定，有 4 个项目结题，通过全国烟草品种审定品种 2 个。1 项成果获中国烟草总公司科技进步奖，5 项成果获山东省局（公司）科技进步奖，1 项成果获青岛市科技进步奖。通过送审标准项目 6 项。申报国家发明专利 1 项（已受理）。在国家级学术刊物正式发表论文 16 篇，其中在国际刊物发表 2 篇，被 SCI 收录 1 篇。

【成果转化】 2007 年，北方中心与山东、河南、四川、湖北、福建、广西、陕西等省（区）局（公司）开展品种筛选及配套技术研究。在山东、河南重点开展“中烟 100”的配套技术研究以及“中烟 201”、“中烟 103”的试验示范与推广工作；在四川、湖北、陕西等省重点开展“中烟 103”的配套技术的示范与推广工作；在湖北、福建等省重点开展特色品种“红花大金元”的配套技术与开发；在山东、广西、湖北等省（区）重点开展新品种的筛选与示范推广工作。与上海、山东、川渝、安徽、湖南等卷烟工业企业进行品种使用价值评价和配套品种的筛选研究以及在烟叶原料基地的推广利用。

【研究生教育】 2007 年，统招 16 名硕士研究生，在专业方向更加丰富多元化。指导、培养在读博士研究生 2 名、硕士研究生 16 名；有 4 名硕士研究生顺利通过毕业论文答辩并取得学位。为烟草行业培养推广硕士 6 名，在读推广硕士 20 名。

国家烟草栽培生理生化研究基地

【概　况】 国家烟草栽培生理生化研究基地（以下简称“生理生化基地”）组建于 1997 年，受国家局和河南农业大学双重领导，是从事烟草生产理论与技术研究和高层次人才培养的科学研究机构。2007 年，有从事烟草专业教学和科研工作的教师 46 人，其中，具有博（硕）士生导师资格的教授 10 人、副教授 23 人，博士研究生学历 11 人、硕士研究生学历 10 人。

【领导成员】 主　任：刘国顺

副主任：许自成

【组织机构】 生理生化基地下设办公室、科学研究部、技术研发部、对外合作研究部、学术委员会，拥有烟草行业烟草栽培重点实验室和河南省烟叶生产技术研究与推广中心。2007 年，增设了标准化研究室、现代烟草农业研究室。

【科研成果】 2007 年，生理生化基地与四川省局（公司）合作完成的“‘金攀西’优质烟叶开发”项目获中国烟草总公司科技进步一等奖，“烟草转法呢基焦磷酸合酶（fps）基因的研究”项目获中国烟草总公司科技进步三等奖；“‘四山五区’优质烤烟开发关键技术研究”项目获河南省政府科技进步二等奖。“豫烟 5 号”烤烟新品种通过国家局审定，“豫烟 6 号”通过河南省烟草品种审定委员会审定。

在《Chinese J. Structure. Chem》、《ELECTROPHORESIS》、《中国农业科学》、《农业工程学报》、《浙江大学学报》等 40 余种刊物共发表论文 150 余篇，其中 4 篇论文被 SCI 和 EI 收录，在国家核心期刊上发表的文章占 95% 以上。有 1 篇论文入选在美国举办的第 61 届 TSRC 国际学术论坛；3 篇论文入选并在波兰举办的 CORESTA 大会上宣读。在 2007 年中国烟草学会学术年会论文交流会上，有 2 篇论文获得优秀论文二等奖，1 篇论文获得优秀论文三等奖。

【人才培养】 2007年，烟草专业本科毕业生148人，一次性就业率达90%以上；毕业博士（硕士）研究生31人，就业率100%。招收烟草学专业博士研究生4人、硕士研究生62人、本科生150人。有3名博士研究生、1名硕士研究生获得河南农业大学首届香港“求实研究生奖学金”。受湖北中烟工业有限责任公司委托，在郑州分两期对湖北中烟工业公司贵州基地、云南基地专业技术人员分别进行了烟叶生产技术培训，每期培训约100人，历时半个月。

【重点实验室建设】 2007年，生理生化基地在河南农业大学召开“烟草行业烟草栽培重点实验室”学术委员会成立会议及第一次学术委员会会议，聘请中国农业大学、武汉大学、河南农业大学的教授、研究员等专家担任学术委员会委员，讨论并通过了《烟草行业烟草栽培重点实验室管理暂行办法》、《烟草行业烟草栽培重点实验室运行经费管理办法》等规章制度。继续资助“面向精准农业的烟草需肥及肥水耦合模拟模型研究”等6项研究课题，重点资助了“烟田灌溉自动控制系统研发”等3项实用技术的研发工作。

2007年购置价值130多万元的仪器，主要包括气相色谱仪、超低温冻干机、火焰光度计等大型设备。改建微生物检测实验室一间，进一步改善实验室的硬件条件。在四川省达州市挂牌“国家烟草栽培生理生化研究基地四川省达州白肋烟试验站”，加强了基地建设。

【学术交流与合作】 2007年11月，由生理生化基地举办的首届国际烟草学术论坛在河南农业大学举办，论坛邀请了美国肯塔基大学国际著名烟草专家Lowell Bush博士等外籍专家和中国农业大学武维华院士等著名国内学者参加论坛，他们分别就各自研究领域的最新进展和动态作了学术报告，来自全国有关烟草科研院所、烟草公司、中烟工业公司等单位的130多人听取了报告。报告会期间，生理生化基地与英国勒斯特大学进行了座谈，并就烟草栽培重点实验室建设、烟草蛋白质组学方向实验室建设、共同开展烟草蛋白质代谢研究等问题交换了意见。

统计资料

总表部分

全国烟草系统主要指标总表（2007年）

指标名称	计量单位	2007年	2006年	2007年比2006年±%
工业总产值（按当年价计算）	亿元	3798.9	3195.6	18.9
卷烟产值	亿元	3642.4	3032.2	20.1
工业增加值（按当年价计算）	亿元	2923.9	2353.4	24.2
复烤烟叶产量	万吨	149.1	155.9	-4.3
打叶复烤	万吨	148.5	155.3	-4.4
卷烟产量	亿支	21413.8	20215.2	5.9
一类卷烟［100元（含）以上］	亿支	1257.5	892.9	40.8
二类卷烟［50元（含）~100元］	亿支	1543.9	1139.3	35.5
三类卷烟［30元（含）~50元］	亿支	4284.0	3463.5	23.7
四类卷烟［16.5元（含）~30元］	亿支	7530.0	7260.7	3.7
五类卷烟［16.5元以下］	亿支	6798.5	7458.8	-8.9
11mg/支~15mg/支	亿支	21075.3	19926.4	5.8
5mg/支~10mg/支	亿支	328.5	272.5	20.5
4mg/支以下	亿支	9.0	9.1	-0.2
烤烟型卷烟	亿支	20887.0	19688.2	6.1
混合型卷烟	亿支	476.8	451.2	5.7
供应出口和出口	亿支	157.1	173.9	-9.7
百牌号	亿支	20369.9	18564.4	9.7
名优烟	亿支	12013.8	9521.9	26.2
雪茄烟产量	亿支	1.6	1.8	-11.5
二醋酸纤维丝束产量	吨	134800	131027	2.9

续表

指标名称	计量单位	2007 年	2006 年	2007 年比 2006 年 ± %
技术经济指标	—	—	—	—
卷烟质量抽检合格率	%	99.9	99.7	0.2
卷烟成品合格率	%	99.5	99.5	0.0
每万支卷烟耗用烟叶	千克	7.1	7.2	-0.6
每万支卷烟耗用盘纸	米	637	641	-0.6
每万支滤嘴烟耗用嘴棒	支	1847	1895	-2.5
万元产值耗能源（按现行价计算）	千克	41.6	49.0	-15.2
烟叶复烤年末生产能力	万吨	178.7	180.2	-0.8
卷烟年末生产能力（三班）	亿支	30649.6	31228.5	-1.9
烟叶收购量	万吨	202.8	207.1	-2.1
烤　烟	万吨	198.3	202.0	-1.8
卷烟销售量	亿支	21371.0	20389.5	4.8
出　口	亿支	154.0	166.2	-7.3
百牌号	亿支	20176.2	18478.5	9.2
名优烟	亿支	11814.3	9462.1	24.9
卷烟期末库存量	亿支	1228.9	1179.7	4.2
工　业	亿支	189.2	177.5	6.6
商　业	亿支	1039.7	1002.3	3.7
百牌号	亿支	1159.7	1084.0	7.0
名优烟	亿支	702.8	582.1	20.7
固定资产投资	亿元	167.0	165.5	0.9
多元化经营投资	亿元	10.4	61.1	-83.0

资料来源：国家烟草专卖局烟草经济信息中心。

工业部分

全国烟草系统工业企业主要指标汇总表（2007 年）

指标名称	计量单位	总计		卷烟工业		烟叶复烤	
		2007 年	2006 年	2007 年	2006 年	2007 年	2006 年
卷烟产量	亿支	21413.84	20215.19	21413.84	20215.19		
软盒嘴烟①	亿支	8677.38	8590.84	8677.38	8590.84		
硬盒嘴烟②	亿支	12714.09	11602.86	12714.09	11602.86		
一类卷烟［100 元（含）以上］	亿支	1257.48	892.93	1257.48	892.93		
二类卷烟［50 元（含）~100 元］	亿支	1543.93	1139.34	1543.93	1139.34		
三类卷烟［30 元（含）~50 元］	亿支	4283.96	3463.50	4283.96	3463.50		
四类卷烟［16.5 元（含）~30 元］	亿支	7529.99	7260.66	7529.99	7260.66		
五类卷烟［16.5 元以下］	亿支	6798.48	7458.75	6798.48	7458.75		
11mg/支~15mg/支	亿支	21075.31	19926.44	21075.31	19926.44		
5mg/支~10mg/支	亿支	328.51	272.51	328.51	272.51		
4mg/支以下	亿支	9.03	9.05	9.03	9.05		
烤烟型卷烟	亿支	20886.99	19688.22	20886.99	19688.22		
混合型卷烟	亿支	476.76	451.20	476.76	451.20		
其他型卷烟	亿支	50.09	75.54	50.09	75.54		
供应出口和出口卷烟	亿支	157.06	173.91	157.06	173.91		
来牌或来料加工卷烟产量	亿支	1.39	1.42	1.39	1.42		
雪茄烟产量	亿支	1.62	1.83	1.62	1.83		
联营加工卷烟产量	亿支	1470.60	1224.80	1470.60	1224.80		
省　外	亿支	1389.32	877.34	1389.32	877.34		
从生产者购进（指联营加工回购）	亿支	673.33	659.07	673.33	659.07		
省　外	亿支	604.80	369.69	604.80	369.69		

注：①指小包软包玻璃纸、金拉线，硬条盒玻璃纸包装的滤嘴卷烟。
②指小包硬盒翻盖玻璃纸、金拉线，硬条盒玻璃纸包装的滤嘴卷烟。
资料来源：国家烟草专卖局烟草经济信息中心。

续表

指标名称	计量单位	总计		卷烟工业		烟叶复烤	
		2007 年	2006 年	2007 年	2006 年	2007 年	2006 年
工业企业卷烟销售量	亿支	22071.37	20919.46	22071.37	20919.46		
卷烟期末库存	亿支	189.15	177.47	189.15	177.47		
一类卷烟［100 元（含）以上］	亿支	30.53	28.10	30.53	28.10		
二类卷烟［50 元（含）~100 元］	亿支	18.80	15.39	18.80	15.39		
三类卷烟［30 元（含）~50 元］	亿支	50.31	43.09	50.31	43.09		
四类卷烟［16.5 元（含）~30 元］	亿支	42.57	36.55	42.57	36.55		
五类卷烟［16.5 元以下］	亿支	46.92	54.35	46.92	54.35		
供应出口和出口	亿支	10.23	12.39	10.23	12.39		
联营加工	亿支	18.16	13.32	18.16	13.32		
复烤烟叶产量	吨	1490931	1558679	310340	340741	1180591	1217938
打叶复烤	吨	1485009	1553245	310340	340741	1174669	1212504
期末烟叶库存	吨	3485382	3160958	3424684	3117785	60698	43173
二醋酸纤维丝束产量	吨	134800	131027				
丝束期末库存	吨	37163	37976	30172	30378		
二醋酸纤维丝束	吨	35301	35910	28310	28312		
卷烟质量抽检合格率	%	99.85	99.70	99.85	99.70		
卷烟成品合格率	%	99.51	99.48	99.51	99.48		
每万支卷烟耗烟叶	千克	7.11	7.15	7.11	7.15		
每万支卷烟耗盘纸	米	637	641	637	641		
每万支卷烟耗嘴棒	支	1847	1895	1847	1895		
万元产值耗能源（按现价计算）	千克	41.56	49.00	23.22	29.20	404.29	424.39

烟草系统分地区卷烟工业企业

指标名称	计量单位	河北省		上海市		江苏省		浙江省	
		2007年	2006年	2007年	2006年	2007年	2006年	2007年	2006年
卷烟产量	万支	6850000	6200000	11917559	11228745	8969820	8454050	7328619	6707337
软盒嘴烟	万支	3505741	3723366	4429251	4620086	1709499	1487510	1914226	1644442
硬盒嘴烟	万支	3344259	2476634	7463181	6581607	7240190	6949004	5414393	5062896
一类卷烟［100元（含）以上］	万支	17790	10864	2168101	1667842	1327511	937134	1318645	1052614
二类卷烟［50元（含）~100元］	万支	155383	109702	661615	558530	1835158	722703	1989013	1689257
三类卷烟［30元（含）~50元］	万支	962354	715012	3555062	2938834	1366892	2136553	1109281	898822
四类卷烟［16.5元（含）~30元］	万支	2177919	1449962	2508001	2991016	2965259	3242625	1394396	1119514
五类卷烟［16.5元以下］	万支	3536554	3914462	3024780	3072523	1475000	1415035	1517284	1947130
11mg/支~15mg/支	万支	6850000	6200000	9785810	9318201	8954546	8443919	7324922	6699106
5mg/支~10mg/支	万支			2053214	1826150	15274	10131	3697	8232
4mg/支以下	万支			78535	84394				
烤烟型卷烟	万支	6610842	5958766	10427628	10113119	8969820	8454050	6831464	6124944
混合型卷烟	万支	239158	241235	1485435	1103324			54259	42268
其他型卷烟	万支			4496	12302			442896	540125
供应出口和出口	万支			481919	568398	9820	16050	78619	38109
雪茄烟产量	万支								
来牌或来料加工卷烟产量	万支			13863	13642				
联营加工卷烟产量	万支	1696633	966358						
省　外	万支	1515383	841195						
从生产者购进（指联营加工回购）	万支			224998		44220		1947610	1884887
省　外	万支			224998				1947610	1884887
工业企业卷烟销售量	万支	6851728	6206916	12148025	11262026	9014184	8686889	9354417	8550484
卷烟期末库存	万支	31437	33165	238784	257278	10455	9644	22864	100900
一类卷烟［100元（含）以上］	万支	4928	2578	118108	131835	1727	3731	205	13088
二类卷烟［50元（含）~100元］	万支	4592	2349	11498	6198	1661	642	36	20562
三类卷烟［30元（含）~50元］	万支	10652	5825	53966	34222	530	341	11293	19015
四类卷烟［16.5元（含）~30元］	万支	6380	545	25639	47506	1157	326	11227	29795
五类卷烟［16.5元以下］	万支	4885	21868	29573	37518	5380	4605	103	18440
供应出口和出口	万支			93804	117662				4
联营加工	万支	6544	6501	326	326			22475	22474
期末烟叶库存	吨	60456	55212	249818	230229	146982	156161	104171	109729
复烤烟叶产量	吨								
打叶复烤	吨								
丝束期末库存	吨	1435	1534	1773	3172	836	1414	1732	1901
二醋酸纤维丝束	吨	1145	1051	1773	3172	810	1356	1732	1901
卷烟质量抽检合格率	%	100.00	100.00	100.00	100.00	100.00	100.00	100.00	100.00
卷烟成品合格率	%	99.23	99.15	99.24	99.20	98.92	98.85	99.05	98.96
每万支卷烟耗烟叶	千克	7.19	7.21	7.48	7.33	7.04	7.06	7.47	7.33
每万支卷烟耗盘纸	米	649	666	652	652	626	630	581	597
每万支卷烟耗嘴棒	支	1681	1679	1840	1679	1996	2000	1743	1683
万元产值耗能源（按现价计算）	千克	46.55	76.94	14.03	15.25	15.62	23.99	9.25	9.38

资料来源：国家烟草专卖局烟草经济信息中心。

主要指标汇总表（2007 年）

安徽省		福建省		江西省		山东省		河南省	
2007 年	2006 年	2007 年	2006 年	2007 年	2006 年	2007 年	2006 年	2007 年	2006 年
11275572	10661619	7102889	6399997	4789939	4490243	12490544	12019865	15520986	14844406
3774413	4522623	2417545	2449871	672824	772396	5258088	5489196	7793356	7438471
7501159	6129097	4685344	3950126	4116206	3717151	7232456	6530669	7727630	7405092
293270	198352	306421	129730	125718	92996	121362	109159	52163	47460
901889	630825	632994	508359	391449	337398	112550	83136	1079763	719549
669638	730473	1955716	1394994	1556883	1117151	1464106	1002291	557815	455998
4870637	3940195	2541923	2473564	752272	615776	5865176	5580010	6292484	5456679
4540138	5161775	1665836	1893350	1963617	2326922	4927350	5245269	7538761	8164720
11115626	10558879	7030619	6328457	4789248	4490243	12038955	11691686	15520144	14838763
159546	101878	72270	71540	691		451589	328179		
400	862								4801
10538348	9852842	6668634	6048519	4789939	4490243	12381931	11850926	15485189	14818828
737224	808778	434255	351478			108613	168939	35797	24736
25600	11635	3204			2072	90544	119465	45986	44557
7633	5668					5	5		
249938				72565	182500			725000	676748
249938				72565				725000	328856
					182500				
11264048	10671056	7096020	6462784	4767914	4710793	12524847	11960977	15469561	14866117
75202	63677	16430	9560	141740	119948	37135	71438	61588	10163
10660	3895	2414	2475	9194	7778	1216	1820	4316	1637
16091	11703	4495	750	25450	25813	638	1452	21698	1161
10673	17544	2256	3377	76493	45870	1013	5216	797	2179
24133	15750	4862	1333	12867	15389	7260	9698	9748	879
13644	14785	2403	1626	17736	25097	27008	53252	25029	4307
	400	1071		7	18	431	2324	3405	80
122591	105338	119597	108704	53775	39746	155851	190180	170395	172757
2388	1357	1328	1319	470	962	2894	1145	1496	896
2197	1207	1325	1319	456	927	2892	1127	1357	809
99.99	99.99	100.00	100.00	100.00	100.00	100.00	100.00	100.00	100.00
98.99	98.94	98.80	98.67	100.00	100.00	100.00	100.00	100.00	100.00
7.08	7.07	6.67	7.17	7.53	7.29	7.13	7.11	7.26	7.26
622	644	627	640	642	631	620	634	625	646
2023	1854	1788	1664	1888	1703	1877	1760	1835	1780
22.60	46.53	13.55	18.03	33.16	37.46	27.64	43.20	40.42	60.84

烟草系统分地区卷烟工业企业

指标名称	计量单位	湖北省		湖南省		广东省		广西区	
		2007年	2006年	2007年	2006年	2007年	2006年	2007年	2006年
卷烟产量	万支	12134858	11534016	15872237	15115186	10179780	9483550	6037500	5500000
软盒嘴烟	万支	5427652	6019422	4069163	4342572	5657046	5091881	2989745	2885780
硬盒嘴烟	万支	6619917	5465342	11803074	10772432	4516721	4385188	3039925	2544481
一类卷烟［100元（含）以上］	万支	655539	326200	2192426	1588122	312372	254166	30938	23071
二类卷烟［50元（含）~100元］	万支	621195	418722	1963093	2006126	953402	812147	3262	
三类卷烟［30元（含）~50元］	万支	2019365	1460767	1103855	474800	5707792	4947403	1525657	782841
四类卷烟［16.5元（含）~30元］	万支	3669576	2337032	5275660	5066710	1389354	1766102	2437010	2289166
五类卷烟［16.5元以下］	万支	5169182	6991295	5337202	5979428	1816860	1703732	2040633	2404923
11mg/支~15mg/支	万支	12078125	11518005	15774733	15040294	10070246	9363479	6036047	5500000
5mg/支~10mg/支	万支	45411	15911	93504	70492	107734	118271	1453	
4mg/支以下	万支	11322	100						
烤烟型卷烟	万支	12119583	11511036	15836495	15074225	9517100	8767458	6037500	5500000
混合型卷烟	万支	3953	22880	31290	40110	646210	699235		
其他型卷烟	万支	11322	100	4452	851	16470	16857		
供应出口和出口	万支	10018	9015	119462	115186	104750	116947		
雪茄烟产量	万支	24	86						
来牌或来料加工卷烟产量	万支								
联营加工卷烟产量	万支	624165	2166959		505000			2045720	1731073
省　外	万支							2045720	1731073
从生产者购进（指联营加工回购）	万支	1016153	2223748	2130949	1476813	674250	252700		
省　外	万支	375000		2130949	989313	674250	252700		
工业企业卷烟销售量	万支	13176530	14161376	17968034	16556495	10919868	9639247	6031071	5542420
卷烟期末库存	万支	36324	61844	137792	102640	22796	88634	59877	51356
一类卷烟［100元（含）以上］	万支	4709	2055	11184	29607	11556	17972	2305	3256
二类卷烟［50元（含）~100元］	万支	1091	781	5588	15242	251	4868	1022	
三类卷烟［30元（含）~50元］	万支	2742	4496	12254	7237	9767	39511	6656	6107
四类卷烟［16.5元（含）~30元］	万支	13152	6869	65937	9432	1167	15398	3982	16534
五类卷烟［16.5元以下］	万支	14630	47642	42828	41122	55	10885	45911	25459
供应出口和出口	万支		109	3600			2		
联营加工	万支	8674	8674	38795		6570	6570	2	6323
期末烟叶库存	吨	199561	217283	271283	288042	102798	98423	55559	44287
复烤烟叶产量	吨								
打叶复烤	吨								
丝束期末库存	吨	1834	1435	1766	2368	537	999	1050	1421
二醋酸纤维丝束	吨	1831	1431	1604	2283	537	999	975	1405
卷烟质量抽检合格率	%	99.82	99.55	99.99	99.99	100.00	100.00	100.00	100.00
卷烟成品合格率	%	99.61	99.59	100.00	100.00	99.08	99.01	99.51	99.46
每万支卷烟耗烟叶	千克	7.24	7.46	7.07	6.78	7.40	7.85	7.19	7.26
每万支卷烟耗盘纸	米	659	643	639	638	666	670	617	613
每万支卷烟耗嘴棒	支	1761	1687	1784	1761	1680	1677	1857	1684
万元产值耗能源（按现价计算）	千克	22.21	37.05	18.64	21.20	9.98	21.03	33.92	37.10

主要指标汇总表（2007年）

川渝公司		贵州省		云南省		陕西省		中烟实业	
2007年	2006年	2007年	2006年	2007年	2006年	2007年	2006年	2007年	2006年
11575088	11048376	11035732	10586603	35088168	34835796	7100000	6499999	18869150	16551595
2982622	3158954	3310817	3370062	16532541	16018383	4373800	4262111	9955474	8611299
8591939	7888748	7724915	7216540	18554287	18748903	2721200	2235638	8844072	7891358
59714	49884	104280	77958	3211567	2179577	103567	86339	173431	111765
652827	414156	541654	381887	1988563	1474823	30886	26154	924569	495950
1961032	1817967	201161	200128	14165476	11509462	838708	682391	2118813	1369144
4518177	3752036	7322011	6798509	10988682	15468802	2875491	2253324	7455882	6015034
4383338	5014333	2866626	3128121	4733881	4203131	3251348	3451791	8196455	8559702
11409860	10945988	11018585	10567443	35068784	34717860	7100000	6499999	18786824	16542160
165229	102387	17147	19160	15985	43326			82326	9435
11553790	11029288	11035732	10586603	34930544	34412006	7100000	6499999	18035366	15732849
				157624	315520			833784	693510
21299	19088				40857				125236
5089	6086	732	1603	513168	603349			81650	86595
8524	12569								
					516				
606965	746338	544579	434856			1393824	810875	6746562	4027277
599663	599311	544579	434856			1393824	810875	6746562	4027277
				495150	220981				
				495150	220981				
11469428	11065521	11048705	10562319	35400851	34908390	7130051	6512544	19078458	16868213
237895	139940	48742	67003	461431	305037	19035	49086	231932	233408
10314	5648	5128	8321	89305	34141	885	811	17185	10357
21542	9650	5801	11746	25963	20040	317	342	40284	20557
73274	27231	4094	5981	175257	101059	2938	5997	48464	99667
48417	9626	19765	30152	88864	61156	4584	29898	76589	65209
84349	87785	13954	10803	82041	88641	10311	12038	49409	37618
	711			8	2417			20	136
652		434		12358	12358	1416		83363	54774
162300	154646	152776	155933	965500	922403	95089	68820	236181	226271
		52889	62690	243739	261252	11974	14729		
		52889	62690	243739	260281	11974	14729		
426	608	2230	933	4460	4405	558	519	2956	3391
231	442	1928	817	4450	4384	516	428	2549	2838
97.33	97.33	99.99	99.99	100.00	100.00	100.00	100.00	99.97	99.97
98.76	98.70	100.00	100.00	99.68	99.68	98.58	98.45	100.00	100.00
7.37	7.44	7.43	7.56	6.47	6.77	7.21	7.56	7.32	7.26
647	643	634	634	662	693	649	873	627	571
1772	1727	1836	1816	2061	1943	1723	1730	1932	1832
30.55	41.36	44.24	51.80	18.31	27.12	52.63	59.80	37.63	47.18

附：

总表及工业部分指标解释

【工业总产值、卷烟产值（当年价）】 指以货币表现的工业企业在报告期内生产的工业产品总量。它包括生产成品价值、对外加工费收入和自制半成品、在产品期末期初差额价值。它是计算增加值和劳动生产率及其他经济指标的依据。

工业总产值不包括：

（1）非本企业生产的工业产品价值；

（2）本企业非工业活动单位的非工业产品价值和收入；

（3）本企业工业生产过程中产生的废料（如锯末、切屑、矸石等）的出售价值。

【工业销售产值（当年价）】 指以货币表现的工业企业在一定时期内销售的工业产品总量。包括已销售的成品、半成品价值，对外提供的工业性作业价值和对本企业基本建设部门、生活福利部门等提供的产品和工业性作业及自制设备价值。除包含本企业生产的产品外，还包括本企业回购再销售的卷烟（计算产品销售率时要用不含回购部分的工业销售产值）。

【工业中间投入合计（不含增值税）】 指工业企业在报告期内用于工业生产活动中消耗的外购物质产品和对外支付的服务费用。服务费用包括支付给物质生产部门（工业、农业、批发零售贸易业、建筑业、运输邮电业）的服务费用和支付给非物质生产部门（保险、金融、文化教育、科学研究、医疗卫生、行政管理等）的服务费用。

工业中间投入包括直接材料、制造费用中的中间投入、管理费用中的中间投入、销售费用中的中间投入和利息支出五项工业中间投入按购买者价格计算。计算中间物质消耗时，如外购材料、燃料、动力等，按现行会计核算的有关规定执行，均按不含增值税（进项税额）的价格计算。

【工业增加值（当年价）】 指工业企业在报告期内以货币表现的工业生产活动的最终成果。该指标要通过计算求得，计算方法有两种，一种是生产法，一种是分配法。烟草系统工业企业一律采用生产法计算。计算公式为：

工业增加值（当年价）= 工业总产值（当年价）－工业中间投入＋本期应交增值税

【卷烟产量】 指产品质量符合《国颁标准》，经检验合格，并已包装入库的卷烟（包括雪茄烟）成品。凡不符合《国颁标准》的卷烟，不论是否包装入库，均列入不合格品，不做产量统计。

【卷烟产量按调拨价格分类统计】 调拨价格：指卷烟生产企业通过卷烟交易市场与购货方签订的卷烟交易价格。

一类卷烟：每标准条（200 支）不含增值税调拨价格 100 元（含）以上；

二类卷烟：每标准条（200 支）不含增值税调拨价格 50 元（含）~100 元；

三类卷烟：每标准条（200 支）不含增值税调拨价格 30 元（含）~50 元；

四类卷烟：每标准条（200 支）不含增值税调拨价格 16.5 元（含）~30 元；

五类卷烟：每标准条（200 支）不含增值税调拨价格 16.5 元以下。

出口卷烟划分等级不含税价计算按国内同牌号卷烟或参照同等级卷烟计算。

【百牌号卷烟】 指国家局下发的百牌号卷烟产品目录内的卷烟（含所有规格）。

【百牌号卷烟销售量（额）】 指售给系统外的各种经济类型的批发零售贸易单位和城乡居民、社会集团用于最终消费或公用消费的百牌号卷烟数量（金额），即对国内烟草商业系统外销售量（额）。

【名优卷烟产量】 按国家局经济运行司下发文件规定的名优卷烟牌号（规格）产量。

【卷烟产量按盒标焦油量分组】 11mg/支～15mg/支，5mg/支～10mg/支（含），4mg/支（含）以下3档。

【卷烟产量按卷烟类型分类统计】 卷烟按烤烟型、混合型、其他型分别统计。

【供应出口和出口卷烟产量】 指工业企业生产用作供应出口和直接出口的卷烟产量。

【雪茄烟产量】 指产品质量符合《部颁标准》，经检验合格入库的雪茄烟成品。凡不符合《部颁标准》的雪茄烟，不论是否包装入库，均列入不合格产品，不做产量统计。

【来牌或来料加工卷烟产量】 来牌加工卷烟：指国外（境外）卷烟牌号，其主要原料使用国内的，并在国内进行加工又销往国外的卷烟产量统计在该指标内。来料加工卷烟：指凡从国外（境外）来料加工，且在境外销售的卷烟产量统计在该指标内。

【联营加工卷烟产量】 指省内（外）工业企业之间的委托加工，委托方提供卷烟牌号和部分或全部原材料，且占用加工企业生产计划的卷烟产量一律由加工企业统计。

【工业企业卷烟销售量（额）】 指报告期内工业企业实际销售的由本企业生产（包括上期和本期生产）的符合质量要求或订货合同规定的技术条件的卷烟数量额，但不包括用订货者来料加工生产的卷烟数量（不包括次品烟数量）（额）。即对省内（外）烟草系统销售、供应出口与出口及其他项之和。

【卷烟期末库存、一、二、三、四、五类卷烟库存、滤嘴烟库存、供应出口、出口库存】 指报告期初或期末某一时点上，尚存在工业企业产成品仓库中，而暂未售出的产品实物数量（不包括次品烟数量）。包括订货者来料加工的产品，尚未拨出的实物量。其中：一、二、三、四、五类卷烟库存是指按不含增值税调拨价分类统计的卷烟库存数量；滤嘴烟库存是指库存总量中滤嘴烟的数量；供应出口库存是指暂未售给烟草进出口公司，尚存在工业企业产成品仓库中的实物数量；出口烟库存是指工业企业准备直接向国外出口的商品。

【复烤烟叶产量】 指烟叶经过复烤，产品质量符合《国颁标准》，经检验合格，并已包装入库的烟叶成品量。凡不符合《国颁标准》的复烤烟叶，不论是否包装入库均列入不合格品，不做产量统计。订货单位退回的本年内生产的不合格品量，应从产量中扣除。

打叶复烤烟叶产量：指烟叶经过打叶复烤，经检验合格，并已包装入库的烟叶成品量。

【烟叶期末库存量】 指的是工业企业报告期末烟叶库存总量，包括烤烟、晾烟、晒烟、进口烟叶。

【二醋酸纤维丝束产量】 指已包装入库的二醋酸纤维丝束成品。

【丝束期末库存】 指尚存在工业企业仓库中，而暂未售出的丝束数量。包括二醋酸纤维丝束和丙纤丝束。

【不合格品卷烟数量】 指次品和废品的数量之和。

$$\text{卷烟质量抽检合格率（\%）} = \frac{\text{报告期抽检合格品次数（次）}}{\text{报告期抽检总次数（次）}} \times 100\%$$

$$\text{万元产值综合耗能源（千克）} = \frac{\text{报告期生产消耗能源总量（折标准煤）（千克）}}{\text{报告期工业总产值（当年价）（万元）}}$$

$$卷烟成品率(\%)=\frac{报告期卷烟产品产量(万支)}{报告期卷烟产品产量(万支)+不合格品数量(万支)}\times 100\%$$

$$每万支滤嘴卷烟耗用烟叶(千克)=\frac{报告期车间实收烟叶投料量\pm期末期初在制品差异量(千克)}{报告期卷烟产品产量(万支)}$$

$$每万支滤嘴卷烟耗用盘纸量(米)=\frac{报告期耗用盘纸总量\pm期末期初在制品差异量(米)}{报告期卷烟产品产量(万支)}$$

$$每万支滤嘴卷烟耗用嘴棒量(支)=\frac{报告期耗用嘴棒总量\pm期末期初在制品差异量(支)}{报告期卷烟产品产量(万支)}$$

【从生产者购进(指联营加工)和其中省外】 指报告期内工业企业直接从本省内(外)烟草系统工业企业购进的,且由系统内工业企业生产的符合产品质量要求或订货合同规定的技术要求的联营加工卷烟数量。

【年末生产能力】 指在报告年末企业生产某种产品的全部设备的综合平衡能力,即企业生产某种产品的全部设备(包括主要生产设备、辅助生产设备、起重运输设备、动力设备及有关厂房和生产建筑等),在原材料、燃料、动力供应充分,劳动力配备合理,设备正常运转的条件下,可能达到的年生产能力。

【固定资产投资】 烟草行业直属工商企事业单位建造和购置与主业相关的固定资产的投资活动。

【本年完成固定资产投资】 从2007年1月1日起至本年最后一天止完成的全部投资额。

【固定资产投资项目种类】 按建设项目内容对固定资产投资项目进行分类。具体分类如下:

1. 烟叶仓库:用于储存烟叶的仓库类项目投资。

2. 卷烟仓库:用于储存成品卷烟的仓库类项目投资。

3. 综合经营设施:为维持正常生产经营而建造的营业设施类项目投资。包括卷烟销售网点、烟叶收购站及办公用房等。卷烟销售网点为商业企业用于建造、购置卷烟销售网点的项目投资。

4. 物流设施:用于卷烟配送等物流建设的项目投资。包括卷烟物流仓库、分拣配货和送货设施、相关的物流信息化系统建设等。

5. 福利设施:为单位职工解决生活问题建造的生活设施类项目投资。包括子弟幼儿园、浴室等。

6. 科教设施:与科研、教育设施有关的项目投资。包括学校建设、购买检测仪器等,也包括技术中心建设投资。

7. 信息化建设:信息化建设项目投资。包括购买软、硬件设备及管理信息系统(MIS)、计算机集成系统(CIMS)、卫星建设投入等。其中,软件为购置、开发软件的项目投资。

8. 打叶复烤:指购置、引进打叶复烤整线或对原有设备进行改造的项目投资。

9. 制丝线:指购置、引进制丝线整线或对原有设备进行局部改造的项目投资。

10. 卷接机组:指购置、引进卷接机组整机或对其局部进行改造的项目投资。

11. 包装机组:指购置、引进包装机组整机或对其局部进行改造的项目投资。

12. 滤棒成型:指购置、引进滤嘴成型整机或对其局部进行改造的项目投资。

13. 膨胀烟丝:指购置、引进整线或对其局部进行改造的项目投资。

14. 烟草薄片:指购置、引进的烟草薄片生产线或对原有设备进行改造的项目投资。

15. 烟用丝束:指购置、引进烟用丝束设备、生产线的项目投资。

16. 烟草机械制造:指报告期末经过改造后形成的烟草专用机械生产能力。

17. 公用设施:指工业企业内与生产相关的公用设施项目投资。其中,厂房为工业企业的厂房投资。

18. 其他：没有包括在本表内的其他项目投资。

【多元化经营投资】 烟草行业所属独立核算的企事业单位发生的与九种专卖品无关的对外投资，包括多元化经营企业以及这些多元化经营企业发生的投资行为。

烟草系统商业企业卷烟

指标名称	单位	全国总计	北京市	天津市	河北省	山西省
商品购进总量	万支	246702762	6797166	4220209	10392833	6655059
从生产者购进	万支	206792511	3050010	2128137	9330585	6262983
从省外	万支	86873475	2369993	1191019	4069442	5489588
从省内批零业购进	万支	34729466	3354391	1673788	3567	2080
烟草系统内	万支	34729466	3354391	1673788	3567	2080
从省外批零业购进	万支	5150658	392766	418284	1057558	389996
烟草系统内	万支	5150658	392766	418284	1057558	389996
进　口	万支					
其　他	万支	30127			1123	
商品销售总量	万支	246356045	6821285	4205092	10384207	6660384
批　发	万支	245894294	6821285	4203795	10384207	6660384
对省内批零业批发	万支	245894294	6821285	4203795	10384207	6660384
烟草系统内	万支	34186197	3351878	1672196	3567	2080
对省外批零业批发	万支					
烟草系统内	万支					
出　口	万支					
零　售	万支	461750		1297		
对国内烟草商业系统外销售	万支	212169848	3469407	2532897	10380640	6658304
一类卷烟［100元（含）以上］	万支	12127845	248974	158224	217002	346201
二类卷烟［50元（含）~100元］	万支	15515746	179046	116720	335583	236991
三类卷烟［30元（含）~50元］	万支	42064360	839331	578394	1838770	1446050
四类卷烟［16.50元（含）~30元］	万支	74922804	1288113	832235	2862323	2653917
五类卷烟［16.50元以下］	万支	67539090	913943	847323	5126962	1975146
云南烟	万支	41546328	1272657	871531	2427701	2813788
国外卷烟	万支	325754	16103	8074	3666	2731
期末库存	万支	10397163	159316	87757	447409	291434
出　口	万支					
一类卷烟［100元（含）以上］	万支	776930	23584	8607	11825	26015
二类卷烟［50元（含）~100元］	万支	740261	18000	4543	9202	16236
三类卷烟［30元（含）~50元］	万支	1918070	36196	24895	56909	68635
四类卷烟［16.50元（含）~30元］	万支	3592629	51961	39959	124247	91515
五类卷烟［16.50元以下］	万支	3369273	29574	9754	245225	89032
云南烟	万支	2610952	67295	50090	145146	119290
国外卷烟	万支	91424	5005	336	1566	2238
卷烟批发额	万元	66476774	1828404	1186181	2014770	1696075
卷烟零售额	万元	380974		1146		
对国内烟草商业系统外销售卷烟	万元	57279358	1023699	687363	2012897	1694874
卷烟期末库存额	万元	2158556	47350	24706	64464	64589
万支卷烟批发均价	元/万支	2703	2680	2822	1940	2547
万支卷烟零售均价	元/万支	8251		8836		
对国内烟草商业系统外万支卷烟销售均价	元/万支	2700	2951	2714	1939	2546
万支卷烟期末库存均价	元/万支	2076	2972	2815	1441	2216

资料来源：国家烟草专卖局烟草经济信息中心。

部分

商品购、销、存表（2007年）

内蒙古区	辽宁省	吉林省	黑龙江省	大连市	上海市	江苏省	浙江省
4738296	6225615	4504835	5924127	1425962	8408246	12378574	20376505
4630281	6008701	4304463	5838775	1312002	3716747	11639813	11564376
2897198	4076721	2111200	3539231	1312002	712028	5458803	5381470
85935	25131	44622	25926		4634127	60531	8495141
85935	25131	44622	25926		4634127	60531	8495141
22080	191205	155750	59425	113960	53199	675700	308205
22080	191205	155750	59425	113960	53199	675700	308205
	578				4172	2530	8783
4728735	6227853	4471151	5892091	1430500	8408319	12416835	20296364
4728733	6227853	4466413	5831244	1428928	8090622	12416835	20289780
4728733	6227853	4466413	5831244	1428928	8090622	12416835	20289780
102568	12109	41659	16828		4606107	10029	8469944
2		4738	60846	1572	317696		6584
4626168	6215744	4429492	5875263	1430500	3802212	12406806	11826420
158018	221915	112547	151670	89343	487245	1339113	2089438
267743	329058	169164	154054	63566	707987	1559050	1326631
791689	1180089	917229	1049253	441027	1427709	2150682	3342469
1741420	2191542	1915526	2156136	556808	734288	4790417	3323206
1667298	2293139	1315026	2364150	279756	444981	2567545	1744676
1754599	2719222	1439194	1273221	724647	186644	1534877	1329549
4460	8861	10602	11625	10022	36237	19819	23437
246210	282701	258632	390014	79122	74233	660909	401238
11102	22354	17521	22632	6608	12721	100731	70796
8515	19452	24657	18904	5270	9989	85136	41622
48582	59790	40123	103489	21184	16738	75233	79161
118141	90756	108063	161865	26590	20375	206670	110028
59870	90350	68268	83124	19469	14411	193139	99631
74185	107610	81346	139883	37156	4272	99339	64104
681	4625	1489	5520	2189	8705	6811	5533
1145569	1445342	991803	1184177	403389	3616334	4368660	7614190
0		2322	13847	1692	299935		11920
1126527	1441547	983359	1194142	405081	1918492	4364067	5147302
49388	61569	53692	66778	17651	24658	181082	116293
2423	2321	2221	2031	2823	4470	3518	3753
		4901	2276	10763	9441		18104
2435	2319	2220	2032	2832	5046	3517	4352
2006	2178	2076	1712	2231	3322	2740	2898

烟草系统商业企业卷烟

指标名称	单位	安徽省	福建省	江西省	山东省	河南省
商品购进总量	万支	8764710	7319183	5860076	15306585	13371539
从生产者购进	万支	8599792	6965360	5753541	15150106	13355507
从省外	万支	1460043	2240278	2110922	6135459	2398233
从省内批零业购进	万支	159371	98753	101183	85854	16032
烟草系统内	万支	159371	98753	101183	85854	16032
从省外批零业购进	万支	5548	255069	1875	70450	
烟草系统内	万支	5548	255069	1875	70450	
进口	万支					
其他	万支			3477	175	
商品销售总量	万支	8823667	7318230	5864061	15178289	13435032
批发	万支	8823667	7318230	5864061	15178289	13430876
对省内批零业批发	万支	8823667	7318230	5864061	15178289	13430876
烟草系统内	万支	7127	32015	99920	71168	7038
对省外批零业批发	万支					
烟草系统内	万支					
出口	万支					
零售	万支					4157
对国内烟草商业系统外销售	万支	8816540	7286215	5764141	15107121	13427995
一类卷烟［100元（含）以上］	万支	537747	539235	360432	541407	236916
二类卷烟［50元（含）~100元］	万支	1001893	747533	726095	436384	1130384
三类卷烟［30元（含）~50元］	万支	897603	2011775	1425166	2035924	491174
四类卷烟［16.50元（含）~30元］	万支	3106484	2392266	1309559	6192226	5190979
五类卷烟［16.50元以下］	万支	3272813	1595406	1942889	5901180	6378540
云南烟	万支	589468	708606	324489	1555400	374557
国外卷烟	万支	758	34611	1662	12938	9304
期末库存	万支	342329	261128	328495	566103	507283
出口	万支					
一类卷烟［100元（含）以上］	万支	29280	26361	15897	42834	24003
二类卷烟［50元（含）~100元］	万支	43341	27649	22670	34944	54042
三类卷烟［30元（含）~50元］	万支	40260	59209	69458	93123	37981
四类卷烟［16.50元（含）~30元］	万支	128502	97702	73913	232022	254833
五类卷烟［16.50元以下］	万支	100946	50207	146557	163180	136423
云南烟	万支	35957	48826	23777	132143	35664
国外卷烟	万支	1306	1561	780	3812	4326
卷烟批发额	万元	2329122	2269248	1602252	3417385	2740579
卷烟零售额	万元					4338
对国内烟草商业系统外销售卷烟	万元	2327469	2257335	1580121	3407404	2740780
卷烟期末库存额	万元	73248	59866	60539	118528	99048
万支卷烟批发均价	元/万支	2640	3101	2732	2251	2041
万支卷烟零售均价	元/万支					10435
对国内烟草商业系统外万支卷烟销售均价	元/万支	2640	3098	2741	2255	2041
万支卷烟期末库存均价	元/万支	2140	2293	1843	2094	1953

商品购、销、存表（2007年）

湖北省	湖南省	广东省	广西区	海南省	深圳市	重庆市	四川省
8506998	11414825	23338969	6235754	2979635	4363131	4476683	11177141
8488742	11408443	15788680	6045662	1421449	2244488	4403281	10415278
1200260	2539921	7199230	2982409	845334	1471008	4403281	4883882
13010	5382	7529000	154887	1478797	2118593		232045
13010	5382	7529000	154887	1478797	2118593		232045
50	1000	21270	34564	79365	50	73401	529818
50	1000	21270	34564	79365	50	73401	529818
5195		19	640	24			
8469675	11326794	23291720	6177158	2955292	4360118	4550693	11115390
8469675	11326794	23291591	6156913	2951569	4354342	4550693	11114390
8469675	11326794	23291591	6156913	2951569	4354342	4550693	11114390
5031	910	7483840	145060	1478778	2102555		240729
		130	20245	3723	5776		1001
8464644	11325884	15807880	6032098	1476514	2257563	4550693	10874661
456969	605036	979829	196616	89911	205029	209622	554813
487313	997799	1271650	252244	154496	168549	247021	533647
2283274	1288507	6033727	1129645	415111	602617	873749	2178655
1795446	4385330	4989064	2106269	483025	1097003	1864032	4520282
3441642	4049212	2533611	2347324	333970	184366	1356269	3087265
539916	676047	2065291	1805001	893996	277435	370609	3525959
5596	4077	41139	3243	554	13934	5373	14079
338740	376022	557566	380133	83497	119812	160368	986699
30055	17356	53990	21206	3823	12282	7798	54399
17990	13603	43715	27928	6651	9019	7753	48383
80979	38234	231265	79223	27204	24131	17012	220058
86379	101841	149836	141135	25184	61722	35915	277370
123337	204989	78760	110641	20635	12660	91890	386490
40762	22577	85446	122432	44857	14005	24822	335368
4002	1582	10808	2134	345	3629	1758	1291
2250629	2800098	6799970	1317636	816228	1441928	1104298	2821799
		86	14156	4924	5469		1622
2247699	2799605	5102253	1313031	433108	816500	1104298	2790175
71610	62079	142667	70877	19181	30321	24928	186966
2657	2472	2919	2140	2765	3311	2427	2539
		6615	6992	13226	9468		16204
2655	2472	3228	2177	2933	3617	2427	2566
2114	1651	2559	1865	2297	2531	1554	1895

烟草系统商业企业卷烟

指标名称	单位	贵州省	云南省	西藏区
商品购进总量	万支	5171337	7578389	587913
从生产者购进	万支	5008686	6897672	398620
从省外	万支	327821	950918	398620
从省内批零业购进	万支	34111	677585	187363
烟草系统内	万支	34111	677585	187363
从省外批零业购进	万支	128265		1930
烟草系统内	万支	128265		1930
进　口	万支			
其　他	万支	276	3132	
商品销售总量	万支	5166111	7586332	585708
批　发	万支	5166111	7559112	580958
对省内批零业批发	万支	5166111	7559112	580958
烟草系统内	万支	31572	327849	201188
对省外批零业批发	万支			
烟草系统内	万支			
出　口	万支			
零　售	万支		27221	4750
对国内烟草商业系统外销售	万支	5134539	7258483	384520
一类卷烟［100 元（含）以上］	万支	143470	310354	42326
二类卷烟［50 元（含）~100 元］	万支	485938	785353	30643
三类卷烟［30 元（含）~50 元］	万支	196704	1912113	103438
四类卷烟［16.50 元（含）~30 元］	万支	2814563	1720626	139194
五类卷烟［16.50 元以下］	万支	1493864	2530037	68919
云南烟	万支	250960	6423985	130741
国外卷烟	万支	2478	4892	1675
期末库存	万支	486364	590110	76141
出　口	万支			
一类卷烟［100 元（含）以上］	万支	12621	35867	8648
二类卷烟［50 元（含）~100 元］	万支	41616	37506	5047
三类卷烟［30 元（含）~50 元］	万支	24232	93291	9793
四类卷烟［16.50 元（含）~30 元］	万支	236490	140199	24638
五类卷烟［16.50 元以下］	万支	171404	283248	28015
云南烟	万支	28452	406883	14395
国外卷烟	万支	425	3326	553
卷烟批发额	万元	1162356	2006865	194829
卷烟零售额	万元		17485	351
对国内烟草商业系统外销售卷烟	万元	1158791	1915893	134931
卷烟期末库存额	万元	80035	110117	15010
万支卷烟批发均价	元/万支	2250	2655	3354
万支卷烟零售均价	元/万支		6423	739
对国内烟草商业系统外万支卷烟销售均价	元/万支	2257	2640	3509
万支卷烟期末库存均价	元/万支	1646	1866	1971

商品购、销、存表（2007 年）

陕西省	甘肃省	青海省	宁夏区	新疆区
6456005	3650270	1768459	953771	5373964
6429644	3456421	883374	951094	2939798
1759797	688726	883374	851974	2533292
26186	85869	884365	1675	2434166
26186	85869	884365	1675	2434166
175	107980	720	1000	
175	107980	720	1000	
			2	
6465468	3708793	1765335	951551	5317810
6463665	3708793	1765125	951551	5317810
6463665	3708793	1765125	951551	5317810
18970	88588	884811	1675	2668409
1803		209		
6446498	3620205	880524	949876	2649401
267058	82461	39608	47093	62221
233932	224918	27866	48906	77589
1183934	235609	106253	238079	418611
2197648	1446718	345513	353709	1426937
2563927	1630499	361283	262088	664044
423620	478324	93853	134826	1555614
6045	2784	964	893	3118
285374	216247	65915	56617	233245
17011	12310	3763	4151	8778
8414	13771	2867	2819	9010
70844	18864	10293	11432	30246
89723	102393	26377	18662	137624
99383	68909	22615	19553	47587
32580	34649	8376	6764	122502
1558	1731	296	370	1133
1376788	740528	401093	243855	1144395
1287		392		
1374258	726687	207577	243570	598523
51307	39188	14511	11253	45055
2130	1997	2272	2563	2152
7138		18756		
2132	2007	2357	2564	2259
1798	1812	2201	1988	1932

附：

商业部分指标解释

【商品购进总额（总量）】 指商品购进原价（含增值税），即烟草系统商业企业在一定时期内，从本企业以外的单位和个人购进（包括从国外直接进口）的所有权已经归属本单位的，作为转卖或加工后转卖的商品。这个指标主要反映烟草商业企业从国内、国外市场上购进商品的总额（总量）。包括：

（1）从工农业生产者购进的商品；

（2）从批发零售贸易业购进的商品。如：从烟草系统、其他系统批发零售贸易业购进的商品；

（3）从国（境）外直接进口和委托外贸部门代理进口的商品；

（4）从其他单位购进的商品。如从海关、市场管理部门、专卖管理部门购进的缉私和没收的商品。

不包括：

（1）企业为了本单位本级经营用，不是作为转卖而购进的商品。如材料物资、包装物、低值易耗品、办公用品等；

（2）未通过买卖行为而收入的商品。如接收其他部门移交的商品，借入的商品，代其他单位保管的商品，其他单位赠送的样品，加工收回的成品等；

（3）经本单位介绍，由买卖双方直接结算，本单位只收手续费的业务；

（4）销货退回和买方拒付货款的商品；

（5）商品溢余。

商品购进总额的计算方法：购进的各种商品，不论是否进入本单位仓库，凡是通过本企业结算货款，所有权已经归属本单位的都应包括在内。

从国内购进的商品，以进货原价（含增值税）计算商品购进；企业收购农副产品，按收购价款和在购入环节缴纳的税金计算。

【从生产者购进】 指烟草系统商业企业直接从工农业生产者购进的各种工矿产品和农副产品。包括：从工农业生产单位购进的其生产的产品。

不包括：

（1）从批发零售贸易业购进的商品；

（2）从其他单位购进的商品。如从海关、市场管理部门购进的缉私和没收的商品。

【从省（区、市）外生产者购进】 指烟草系统商业企业直接从省（区、市）外购进的工农业生产者生产的产品。

【从省（区、市）内（外）批发零售贸易业购进】 指烟草系统商业企业从本省（区、市）内（外）烟草系统内（外）的批发零售贸易业购进的商品。

【从省（区、市）内（外）烟草系统内购进】 指从本省（区、市）内（外）烟草系统批发零售贸易业购进的商品。

【进口总额（总量）】 指烟草系统进出口公司直接从国外、境外自主经营进口的商品和受托代理进口的商品，其所有权已归属本单位，并在我国海关办理入关手续的商品。不包括从国内有关单位（包括对外贸易部门和其他单位）购进的进口商品。本指标一律由中国烟草国际有限公司填报。各省级局（公司）商业统计不上报此指标的数据。

【其他】 指烟草系统商业企业从生产者和烟草系统内批发零售贸易业以外的其他单位购进的商品。在烟草系统主要是指从海关、市场管理部门和专卖管理部门购进的缉私和罚没的国内外烟草制品（包括卷烟、烟叶和其他烟草专卖品）。

【商品销售总额（总量）】 指商品销售收入，即烟草系统商业企业对本企业以外的单位和个人出售，以及出口［包括对国（境）外直接出口］商品（包括售给本单位消费用的商品）的总额（总量）。这个指标反映烟草系统商业企业在国内市场上销售商品以及出口商品的总额（总量）。包括：

（1）售给城乡居民和社会集团消费用的商品；

（2）售给烟草系统内和系统外批发零售贸易业等作为生产和经营用的商品，转卖或加工后转卖的商品；

（3）对国（境）外直接出口的商品；

（4）售给工业、农业、建筑业、交通运输邮电业、批零业、餐饮业、服务业、公用事业等作为生产、经营使用的商品。

不包括：

（1）出售本单位自用的废旧包装用品和其他废旧物资；

（2）未通过买卖行为付出的商品，如随机构移交而交给其他单位的商品，借出的商品，交付代其他单位保管的商品，加工原料付出和赠送给其他单位的样品等；

(3) 经本单位介绍，由买卖双方直接结算，本单位只收取手续费的业务；

(4) 购货退出的商品；

(5) 商品损耗和损失。

【批发】 指除零售以外的一切商品销售活动，包括烟草系统商业企业对生产经营单位批发和对系统内（外）各种经济类型的批发零售贸易单位批发及出口。

【对生产经营者批发】 指烟草系统商业企业售给生产经营单位作为生产或经营使用的商品（主要指烟叶）。由于卷烟销售问题发生的退货，不能计入本指标。

【对省（区、市）内（外）批发零售贸易业批发】 指烟草系统商业企业对本省（区、市）内（外）系统内（外）的各种经济类型的批发零售贸易单位销售的用作转卖或加工后转卖的商品。

【对省（区、市）内（外）烟草系统内批发】 指烟草系统商业企业对本省（区、市）内（外）的烟草批发零售贸易单位批发的商品。

【出口总额（量）】 指烟草系统进出口公司经营的已结算完毕、商品已出境，有海关签署验关凭证的商品。包括：直接向国（境）外自主经营出口的商品，受托代理出口的商品。不包括：售给本公司以外的进出口公司代理出口或加工后出口的商品，以及在国内市场以外币销售的卷烟。本指标一律由中国烟草国际有限公司填报。各省级局（公司）商业统计不再上报此指标的数据。

【零售】 指烟草系统商业企业售给城乡居民直接用于生活消费的商品和社会集团直接用于公共消费的商品的总量。不包括：

(1) 售给各行各业直接用于生产和业务经营使用的商品；

(2) 售给批发零售贸易等单位用于转卖的商品；

(3) 售给企业单位生产上专用的劳动保护用品；

(4) 售给民政部门救灾用的商品。

【对国内烟草商业系统外销售量（额）】 指烟草系统商业企业对本省（区、市）内（外）系统外的各种经济类型的批发零售贸易单位销售的卷烟和售给城乡居民、社会集团用于最终消费或公用消费的卷烟之和。

【库存】 指报告期初或期末烟草系统商业企业已取得商品所有权的全部商品的数量。这个指标反映商业企业的商品库存，对市场商品供应的保证程度。包括：

(1) 存放在本单位的仓库、货场、货柜、货架中的商品；

(2) 挑选、整理、包装中的商品；

(3) 已记入购进（即发货单或银行承兑凭证已到）而尚未运到本单位的商品；

(4) 寄放在他处的商品，如因购货方拒绝付款，而暂时存放在购货方的商品；

(5) 委托其他单位代销（未作销售或调出）尚未售出的商品；

(6) 代其他单位购进尚未交付的商品；

(7) 外贸部门作出口和内销用的库存商品。

不包括：

(1) 所有权不属于本单位的商品。如商品已作销售但买方尚未取走的商品；

(2) 代其他单位保管、运输、加工的商品；

(3) 代其他单位销售（未作购进或调入）而未售出的商品；

(4) 委托外单位加工的商品；

(5) 外贸企业代理其他单位从国外进口尚未付给订货单位的商品；

(6) 代国家储备部门保管的商品。

【出口库存】 指期末库存中准备用于出口的库存商品。

其他

2007 年卷烟品牌成交量统计表（省际）

序号	牌号	成交量（万支）	百分比（%）
1	红梅	6729553	7.40
2	红河	5045928	5.55
3	黄果树	4847256	5.33
4	白沙	4803766	5.28
5	红塔山	4579746	5.04
6	云烟	4576464	5.03
7	红金龙	3766894	4.14
8	红山茶	3674257	4.04
9	哈德门	2888631	3.18
10	红旗渠	2415254	2.66
11	宏声	2357115	2.59
12	大丰收	2340916	2.57
13	芙蓉	2158061	2.37
14	黄山	2125094	2.34
15	红双喜	2059185	2.26
16	大前门	1799125	1.98
17	七匹狼	1736810	1.91
18	芙蓉王	1625072	1.79
19	中华	1496732	1.65
20	双喜	1494341	1.64
21	玉溪	1486737	1.63
22	石林	1211053	1.33
23	牡丹	1162753	1.28
24	老仁义	1089285	1.20
25	长白山	1057664	1.16
26	庐山	986148	1.08
27	利群	974853	1.07
28	红杉树	904959	0.99
29	金许昌	896646	0.99

续表

序号	牌号	成交量（万支）	百分比（%）
30	南京	884937	0.97
31	中南海	883875	0.97
32	小熊猫	879874	0.97
33	五牛	852365	0.94
34	兰州	811553	0.89
35	都宝	679629	0.75
36	长征	678067	0.75
37	山城	647740	0.71
38	真龙	637070	0.70
39	娇子	632160	0.70
40	好日子	612115	0.67
41	西湖	578882	0.64
42	金丝猴	572150	0.63
43	甲天下	566485	0.62
44	红三环	548499	0.60
45	雄狮	544453	0.60
46	一品梅	455916	0.50
47	龙凤呈祥	437612	0.48
48	双叶	429519	0.47
49	黄金叶	417172	0.46
50	北戴河	410724	0.45
51	黄鹤楼	406472	0.45
52	金桥	387484	0.43
53	猴王	328212	0.36
54	特美思	299005	0.33
55	羊城	296162	0.33
56	钻石	276064	0.30
57	苏烟	246450	0.27
58	壹枝笔	233271	0.26
59	天下秀	228982	0.25
60	大红鹰	206242	0.23
61	五叶神	198295	0.22
62	将军	175611	0.19

续表

序　号	牌　号	成交量（万支）	百分比（%）
63	黄金龙	163696	0.18
64	福　牌	150715	0.17
65	公　主	150225	0.17
66	海　洋	131837	0.14
67	秦　淮	131481	0.14
68	延　安	127119	0.14
69	桫　椤	107595	0.12
70	贵　烟	91861	0.10
71	茶　花	90583	0.10
72	阿诗玛	90383	0.10
73	红　玫	80650	0.09
74	林海灵芝	77950	0.09
75	上　游	74670	0.08
76	国　宾	73641	0.08
77	八　喜	68100	0.07
78	香格里拉	67245	0.07
79	椰　树	59950	0.07
80	人民大会堂	57896	0.06
81	帝　豪	51640	0.06
82	沙　河	51439	0.06
83	五　一	50922	0.06
84	金　圣	45151	0.05
85	驰	38025	0.04
86	熊　猫	30779	0.03
87	芒　果	16947	0.02
88	天　子	16733	0.02
89	石　狮	15000	0.02
90	葡　萄	13999	0.02
91	红玫王	12600	0.01
92	上　海	11350	0.01
93	狮	8936	0.01
94	狮　牌	8631	0.01
95	北　京	8500	0.01

续表

序 号	牌 号	成交量（万支）	百分比（%）
96	威 斯	8250	0.01
97	人 参	7050	0.01
98	梦 都	6675	0.01
99	国 烟	5815	0.01
100	好 猫	5568	0.01
101	中 美	3250	0.00
102	三 峡	3209	0.00
103	孟菲斯	1100	0.00
104	泰 山	1025	0.00
105	钓鱼台	800	0.00
106	小南海	500	0.00
107	金芒果	400	0.00
108	长 城	267	0.00
109	华西村	10	0.00

资料来源：中烟电子商务公司。

2007年全国烟草行业名优烟品牌成交量统计表（省际）

序号	牌号	成交量（万支）	同比增减（万支）
1	中华	1496732	538516
2	红塔山	4579746	1927015
3	玉溪	1486737	498501
4	大红鹰	206242	14307
6	红河	5045928	381988
7	一品梅	455916	78682
8	五一	50922	-67970
9	利群	974853	203596
10	红梅	6729553	794631
11	牡丹	1162753	-200270
12	红双喜	1644580	338138
13	石林	1211053	-411057
14	芙蓉王	1625072	605201
15	金圣	45151	14731
16	福牌	150715	-12469
17	白沙	4803766	1269933
18	娇子	632160	174447
19	红金龙	3766894	1348158
20	南京	884937	188282
21	阿诗玛	90383	-405408
22	云烟	4576464	1537657
24	红山茶	3674257	1157938
25	红杉树	904959	306314
26	七匹狼	1736810	813749
27	黄果树	4847256	1149558
28	红旗渠	2415254	771012
29	黄山	2125094	984447
30	石狮	15000	-292767
31	天下秀	228982	
32	中南海	883875	295634
33	羊城	296162	79877
34	将军	175611	35194
35	猴王	328212	53942
36	金芒果	400	-25

注：36个名优烟品牌中成交量无统计数据的不列入。

资料来源：中烟电子商务公司。

2007 年全国卷烟交易成交量汇总表（省际）

（按销方地区计算）

序 号	销方地区	合同数（份）	成交情况			交易金额（元）
			交易量（万支）	占全国（%）	同比增减（万支）	
	总 计	221029	90953636.40	100.00	15361447.88	168308180176.84
1	云南省	45118	26951753.70	29.63	830934.80	57826130800.28
2	湖南省	28377	8227125.00	9.05	1813168.00	22104856078.22
3	贵州省	9310	5788154.00	6.36	421992.00	6313390215.10
4	上海市	16040	5405803.20	5.94	671210.70	18897704186.33
5	四川省	14709	5305713.50	5.83	3881229.50	7281788096.68
6	湖北省	20906	5213677.50	5.73	723884.50	7349502538.35
7	河南省	9099	3849498.00	4.23	455051.00	3992345984.96
8	安徽省	9984	3688312.00	4.06	433228.38	4192716166.39
9	山东省	8038	3417838.00	3.76	924976.00	4054367927.18
10	浙江省	12505	3070521.00	3.38	765497.00	5887925009.60
11	江苏省	10923	2853032.00	3.14	546848.00	8221632772.97
12	广东省	4521	2228693.00	2.45	877271.00	4058865909.88
13	福建省	4623	2095256.00	2.30	383663.00	3275393991.53
14	陕西省	3849	1605934.00	1.77	146597.00	1328551217.48
15	吉林省	3127	1416744.00	1.56	178991.00	2456898055.61
16	黑龙江	2685	1340630.00	1.47	-61420.00	970722395.78
17	广西区	2328	1203554.50	1.32	304409.00	1350169500.17
18	江西省	2647	1031299.00	1.13	130496.00	1287807858.46
19	甘肃省	2201	943390.00	1.04	545182.00	1253242265.96
20	深圳市	2068	911120.00	1.00	70040.00	1384702291.54
21	北京市	2223	892375.00	0.98	237224.00	1249708632.80
22	河北省	1587	728238.00	0.80	222644.00	675635404.79
23	天津市	839	715676.00	0.79	217348.00	467563435.62
24	辽宁省	1008	615030.00	0.68	81289.00	827282865.07
25	山西省	544	572905.00	0.63	245305.00	711696757.50
26	总公司	1047	387484.00	0.43	91934.00	449971194.86
27	内蒙古区	387	271956.00	0.30	96956.00	254056640.51
28	海南省	230	133665.00	0.15	37240.00	124486412.65
29	宁夏区	106	88259.00	0.10	88259.00	59065570.57

资料来源：中烟电子商务公司。

全国百牌号卷烟产、

序号	品牌	商标所有者	工业产量	
			2007年	2006年
合计			20369.92	18564.39
1	新石家庄	河北白沙烟草有限责任公司	141.12	115.76
2	钻石	张家口卷烟厂有限责任公司	142.50	112.03
3	北戴河	张家口卷烟厂有限责任公司	174.52	213.63
4	玉兰	河北白沙烟草有限责任公司	18.37	16.77
5	苁蓉	内蒙古昆明卷烟有限责任公司	19.95	14.68
6	长白山	吉林烟草工业有限责任公司	199.30	159.31
7	林海灵芝	黑龙江烟草工业有限责任公司	69.97	54.16
8	老仁义	黑龙江烟草工业有限责任公司	171.24	175.15
9	中华	上海烟草（集团）公司	207.03	158.86
10	红双喜（上海）	上海烟草（集团）公司	309.73	266.33
11	牡丹	上海烟草（集团）公司	169.04	217.74
12	熊猫	上海烟草（集团）公司	5.10	3.88
13	中南海	上海烟草（集团）公司	152.08	111.75
14	北京	上海烟草（集团）公司	7.70	16.01
15	恒大	上海烟草（集团）公司	57.45	76.95
16	江山	上海烟草（集团）公司	8.18	6.40
17	南京	江苏中烟工业公司	252.77	216.59
18	梦都	江苏中烟工业公司	6.18	32.83
19	一品梅	江苏中烟工业公司	202.03	196.48
20	华西村	江苏中烟工业公司	20.46	33.80
21	红杉树	江苏中烟工业公司	246.63	240.17
22	苏烟	江苏中烟工业公司	43.75	27.50
23	利群	浙江中烟工业有限责任公司	270.67	217.61
24	雄狮	浙江中烟工业有限责任公司	253.11	98.54
25	新安江	浙江中烟工业有限责任公司	64.78	60.45
26	西湖	浙江中烟工业有限责任公司	92.83	145.64
27	大红鹰	浙江中烟工业有限责任公司	62.15	58.48
28	五一	浙江中烟工业有限责任公司	59.79	86.89
29	上游	浙江中烟工业有限责任公司	29.89	90.50
30	黄山	安徽中烟工业公司	530.82	230.58
31	渡江	安徽中烟工业公司		21.15
32	迎客松	安徽中烟工业公司		57.59

注："百牌号"卷烟销售为对国内烟草商业系统外销售。

资料来源：国家烟草专卖局烟草经济信息中心。

销、存统计表（2007 年）

单位：亿支

商业销量		年末工商库存		
2007 年	2006 年	合 计	工 业	商 业
20176.22	18478.52	1159.68	182.13	977.55
140.46	115.67	3.90	0.98	2.91
138.53	111.43	6.35	0.98	5.37
170.08	208.70	11.27	0.12	11.15
18.24	17.39	0.59	0.28	0.31
19.37	14.19	1.55	1.31	0.24
197.07	156.60	15.04	5.53	9.52
67.56	54.04	3.93	0.17	3.77
166.86	172.21	6.24	0.29	5.95
187.75	151.26	20.60	10.53	10.06
301.92	266.39	12.48	5.50	6.97
166.57	216.15	7.72	1.71	6.01
3.69	3.23	1.87	1.14	0.73
137.40	100.81	6.86	2.42	4.44
7.80	15.70	0.17	0.04	0.13
58.78	77.22	0.77	0.26	0.51
7.96	7.33	0.37	0.26	0.11
256.23	220.66	12.71	0.12	12.59
8.04	37.70	0.37	0.01	0.37
200.75	199.48	10.09	0.24	9.85
21.87	36.86	2.25	0.01	2.24
249.48	242.67	13.93	0.13	13.80
42.66	26.94	2.75	0.06	2.69
272.03	206.89	6.08	0.01	6.07
240.21	107.46	15.65	1.13	14.52
67.23	57.72	0.72	0.00	0.72
99.79	140.72	0.61		0.61
63.53	62.29	1.93	0.01	1.92
63.08	89.62	2.34	1.12	1.22
32.26	99.16	0.03	0.00	0.02
508.84	226.25	31.59	5.14	26.45
0.00	23.29			
2.50	59.56	0.00		0.00

全国百牌号卷烟产、

序　号	品　牌	商标所有者	工业产量	
			2007 年	2006 年
33	都　宝	安徽中烟工业公司	73.68	80.75
34	盛　唐	安徽中烟工业公司	64.06	95.41
35	皖　烟	安徽中烟工业公司		40.74
36	光　明	安徽中烟工业公司	0.98	18.66
37	红三环	安徽中烟工业公司	351.88	337.84
38	七匹狼	龙岩烟草工业有限责任公司	437.67	270.81
39	乘　风	龙岩烟草工业有限责任公司		8.43
40	石　狮	厦门烟草工业有限责任公司	203.64	285.89
41	沉　香	厦门烟草工业有限责任公司		
42	金　桥	厦门烟草工业有限责任公司	43.43	35.15
43	金　圣	南昌卷烟厂	69.91	55.08
44	庐　山	南昌卷烟厂	298.64	217.45
45	赣	南昌卷烟厂	32.92	51.95
46	哈德门	山东中烟工业公司	789.00	526.75
47	壹枝笔	山东中烟工业公司	61.85	45.01
48	八　喜	山东中烟工业公司	47.90	168.05
49	将　军	山东中烟工业公司	279.44	178.34
50	大　鸡	山东中烟工业公司	0.11	228.31
51	泰　山	山东中烟工业公司	9.55	8.08
52	红旗渠	河南中烟工业公司	691.36	567.53
53	金芒果	河南中烟工业公司	2.90	5.92
54	洛　烟	河南中烟工业公司		0.15
55	黄金叶	河南中烟工业公司	120.09	118.12
56	散　花	河南中烟工业公司	185.87	94.30
57	沙　河	河南中烟工业公司	41.89	126.12
58	帝　豪	河南中烟工业公司	87.20	61.53
59	金许昌	河南中烟工业公司	340.21	461.04
60	群英会	河南中烟工业公司		
61	红金龙	武汉烟草（集团）有限公司	998.03	748.32
62	红双喜（武汉）	武汉烟草（集团）有限公司	41.41	100.24
63	黄鹤楼	武汉烟草（集团）有限公司	127.64	74.57
64	长　城	武汉烟草（集团）有限公司	0.00	11.55
65	中　美	武汉烟草（集团）有限公司	0.40	2.29
66	白　沙	湖南中烟工业有限责任公司	1041.57	871.80

销、存统计表（2007 年）

单位：亿支

商业销量		年末工商库存		
2007 年	2006 年	合 计	工 业	商 业
71.73	77.30	5.34	1.14	4.20
65.89	100.43	1.08	0.08	1.00
3.20	40.11	0.00	0.00	
1.38	20.32	0.00		0.00
357.68	332.11	11.35	0.99	10.36
427.40	271.46	17.67	1.03	16.65
0.52	10.21			
204.65	278.40	4.86	0.16	4.70
	11.37	0.00		0.00
40.06	36.13	3.25	0.31	2.94
70.39	55.75	6.67	5.10	1.57
291.24	212.50	21.81	7.13	14.67
39.64	53.69	2.12	1.34	0.78
784.75	525.16	25.34	2.69	22.65
61.50	45.09	2.87	0.14	2.73
48.08	172.92	1.22	0.03	1.18
274.98	177.40	7.86	0.65	7.21
2.53	231.30	0.01		0.01
9.20	8.03	0.52	0.08	0.44
691.93	557.04	33.83	1.75	32.07
3.06	6.76	0.28	0.14	0.14
	0.54			
122.80	113.78	5.82	0.65	5.17
183.07	93.20	3.84	0.28	3.55
43.87	131.51	0.82	0.02	0.80
86.55	57.32	6.85	2.12	4.73
346.21	461.67	12.09	0.86	11.23
0.00	0.34			
979.11	755.44	38.44	1.67	36.77
41.61	114.45	0.90	0.01	0.89
124.06	75.79	7.06	0.56	6.49
0.00	15.75			
0.34	3.43	0.08	0.07	0.01
1029.53	873.66	39.38	6.18	33.19

全国百牌号卷烟产、

序号	品牌	商标所有者	工业产量	
			2007年	2006年
67	长沙	湖南中烟工业有限责任公司		
68	相思鸟	湖南中烟工业有限责任公司	22.67	57.60
69	芙蓉王	湖南中烟工业有限责任公司	216.84	154.08
70	芙蓉	湖南中烟工业有限责任公司	595.52	561.09
71	东方红	湖南中烟工业有限责任公司		16.47
72	红豆	湖南中烟工业有限责任公司		12.18
73	羊城	广东中烟工业有限责任公司	66.09	68.94
74	双喜	广东中烟工业有限责任公司	624.10	480.65
75	椰树	广东中烟工业有限责任公司	150.34	152.82
76	红玫	广东中烟工业有限责任公司	86.20	122.47
77	五叶神	广东中烟工业有限责任公司	110.24	93.04
78	甲天下	广西中烟工业公司	284.52	313.51
79	真龙	广西中烟工业公司	114.66	63.39
80	好日子	深圳卷烟厂	99.65	91.20
81	特美思	深圳卷烟厂	71.71	79.81
82	娇子	四川烟草工业有限责任公司	128.93	89.08
83	五牛	四川烟草工业有限责任公司	140.45	301.43
84	九寨沟	四川烟草工业有限责任公司	0.38	10.63
85	宏声	重庆烟草工业有限责任公司	275.77	259.00
86	龙凤呈祥	重庆烟草工业有限责任公司	49.47	31.45
87	天下秀	四川烟草工业有限责任公司	422.25	228.35
88	国宝	四川烟草工业有限责任公司	1.14	6.54
89	小南海	重庆烟草工业有限责任公司		18.00
90	黄果树	贵州中烟工业公司	778.52	669.64
91	遵义	贵州中烟工业公司	99.65	106.23
92	桫椤	贵州中烟工业公司	10.69	75.98
93	长征	贵州中烟工业公司	132.56	89.94
94	驰	贵州中烟工业公司	5.83	53.44
95	贵烟	贵州中烟工业公司	15.18	5.99
96	红塔山	红塔烟草（集团）有限责任公司	578.79	311.72

销、存统计表（2007 年）

单位：亿支

商业销量		年末工商库存		
2007 年	2006 年	合 计	工 业	商 业
0.00	0.46			
25.93	61.61			
211.41	154.08	7.47	0.92	6.55
564.01	527.45	46.83	7.24	39.59
1.09	18.95	0.00	0.00	0.00
	12.89			
65.18	68.73	4.07	0.03	4.04
613.97	452.91	29.61	2.12	27.49
151.14	151.12	4.16	0.06	4.10
86.15	122.22	4.05	0.03	4.02
110.81	92.89	4.79	0.63	4.16
279.23	311.14	18.76	4.79	13.97
112.17	54.20	9.89	1.20	8.69
100.81	84.95	5.66	1.27	4.39
70.36	78.12	3.73	0.94	2.79
120.34	85.41	15.92	6.40	9.51
132.64	305.23	16.54	3.91	12.63
0.36	11.09	0.04	0.00	0.04
273.82	258.97	11.98	7.06	4.92
48.65	33.07	2.90	1.98	0.92
399.95	225.99	29.90	2.20	27.70
1.72	7.46	0.50	0.37	0.13
0.66	20.91	0.11	0.11	
772.38	647.57	63.39	2.39	61.00
100.16	103.71	8.74	0.33	8.41
14.73	82.08	1.26	0.01	1.24
130.37	87.50	9.72	0.58	9.13
8.46	65.48	0.67	0.07	0.60
14.04	4.95	2.46	0.71	1.75
565.45	306.99	31.67	1.58	30.09

全国百牌号卷烟产、

序号	品牌	商标所有者	工业产量	
			2007年	2006年
97	红梅	红塔烟草（集团）有限责任公司	1086.44	857.65
98	阿诗玛	红塔烟草（集团）有限责任公司	9.44	63.85
99	恭贺新禧	红塔烟草（集团）有限责任公司	7.31	34.98
100	玉溪	红塔烟草（集团）有限责任公司	162.50	107.57
101	国宾	红塔烟草（集团）有限责任公司	7.39	123.76
102	蝴蝶泉	红塔烟草（集团）有限责任公司		18.94
103	美登	红塔烟草（集团）有限责任公司		81.79
104	人参	吉林烟草工业有限责任公司	19.42	56.26
105	人民大会堂	红塔辽宁烟草有限责任公司	22.43	25.25
106	云烟	红云烟草（集团）有限责任公司	546.33	375.80
107	红山茶	红云烟草（集团）有限责任公司	672.82	424.76
108	春城	红云烟草（集团）有限责任公司	6.04	213.37
109	香格里拉	红云烟草（集团）有限责任公司	6.80	13.23
110	茶花	红云烟草（集团）有限责任公司	9.61	8.81
111	福	红云烟草（集团）有限责任公司	21.48	18.47
112	石林	红云烟草（集团）有限责任公司	151.11	198.42
113	吉庆	红云烟草（集团）有限责任公司		86.24
114	小熊猫	红云烟草（集团）有限责任公司	101.16	85.03
115	红河	红河烟草（集团）有限责任公司	807.54	712.93
116	龙泉	红河烟草（集团）有限责任公司		11.53
117	钓鱼台（红河）	红河烟草（集团）有限责任公司		6.27
118	雪莲	红河烟草（集团）有限责任公司	24.91	29.86
119	猴王	陕西中烟工业公司	170.16	162.93
120	好猫	陕西中烟工业公司	10.10	8.08
121	公主	陕西中烟工业公司	51.75	88.56
122	延安	陕西中烟工业公司	143.25	130.42
123	兰州	兰州卷烟厂	291.75	259.91
124	海洋	兰州卷烟厂	80.25	103.11
125	大丰收	贵州中烟工业公司	445.46	301.52

销、存统计表（2007年）

单位：亿支

商业销量		年末工商库存		
2007年	2006年	合 计	工 业	商 业
1076.07	839.06	64.92	5.22	59.71
11.89	66.70	0.03	0.00	0.03
8.23	38.64	0.64	0.35	0.29
153.02	104.38	15.06	3.91	11.15
12.80	130.89	0.13		0.13
0.08	25.86	0.00		0.00
2.56	91.06	0.00		0.00
20.46	64.27	1.23	0.66	0.57
22.89	25.28	3.28	1.91	1.37
526.57	384.74	53.23	14.10	39.13
665.64	397.56	54.19	13.39	40.80
15.00	223.43	0.00		0.00
7.60	15.10	0.64	0.17	0.47
9.50	10.26	0.80	0.24	0.55
21.44	19.23	1.43	0.37	1.06
153.51	212.97	10.15	2.07	8.07
2.14	102.48			
93.00	91.91	12.78	3.08	9.70
797.74	729.03	68.61	10.06	58.55
0.03	14.83	0.00		0.00
0.00	8.12	0.01		0.01
29.86	30.09	1.14		1.14
174.35	163.08	7.16	0.04	7.12
9.84	8.06	0.90	0.06	0.83
54.72	92.53	2.17	0.03	2.14
144.45	129.73	6.42	1.44	4.98
292.45	246.86	19.70	1.61	18.09
82.86	107.09	3.58	0.31	3.27
486.06	221.22	35.88	2.81	33.07

人 物

人物名单

【中国共产党第十七次全国代表大会烟草行业代表名单】 姜成康　国家烟草专卖局局长、党组书记，中国烟草总公司总经理

柳万东　红塔烟草（集团）有限责任公司董事长、党组书记

李元实　延吉卷烟厂技术中心主任

师进辉　张家口卷烟厂有限责任公司董事、总经理、党组书记

卢　平　湖南中烟工业公司党组成员、河北白沙烟草有限责任公司副董事长

【烟草行业2007年全国五一劳动奖章获得者名单】（中华全国总工会关于授予2006年度先进集体和先进个人全国五一劳动奖状、全国五一劳动奖章的决定　总工发〔2007〕14号　2007年4月28日公布）

王玉堂　山西昆明烟草有限责任公司董事

钱锦根　中国烟草总公司浙江省公司总经理

刘　群　厦门卷烟厂烟机维修工人

张明显　商丘市烟草专卖局局长

崔少卿　许昌卷烟总厂驻马店分厂厂长

刘裕堂　武汉市烟草专卖局局长

喻树洪　湖南中烟工业公司长沙卷烟厂卷包车间技术员

许永钦　揭阳市烟草专卖局局长

郑　丽（女）　四川烟草工业有限责任公司成都分厂卷烟制造部副主任

张昆华　红云集团昆明卷烟厂生产三部工人

【烟草行业2007年度全国“安康杯”优秀组织者获奖名单】（关于表彰2007年度全国“安康杯”竞赛优胜企业、优胜班组、优秀组织单位和优秀组织者的决定　总工发〔2008〕15号　2008年4月30日公布）

葛善礼　安徽中烟工业公司阜阳卷烟厂

【烟草行业2006年度全国青年岗位能手获奖名单】（关于命名表彰2006年度全国杰出青年岗位能手和全国青年岗位能手的决定　中青联发〔2007〕21号　2007年5月31日公布）

尹凯歌　河南中烟工业公司漯河卷烟厂

【烟草行业全国企业兼并破产和职工再就业工作先进个人名单】（全国企业兼并破产和职工再就业工作领导小组评选　2007年4月24日公布）

曹松林　国家烟草专卖局政策法规与体制改革司体改处处长

刘　兴　湖南中烟工业公司办公室主任

【2007年度中国烟草金叶卫士名单】（国家烟草专卖局　公安部关于表彰卷烟打假先进集体和先进个人的决定　国烟专〔2007〕553号　2007年12月7日公布）

庄玉土　福建省公安厅治安总队调研员

穆玉江　河北省公安厅治安总队副总队长

张苏宁　江苏省淮安市公安局治安支队案件侦查大队大队长

林维新　福建省烟草专卖局专卖稽查总队总队长

尹国林　江苏省如东县烟草专卖局稽查中队中队长

【2007年度全国卷烟打假工作先进个人名单】（国家烟草专卖局　公安部关于表彰卷烟打假先进集体和先进个人的决定　国烟专〔2007〕553号　2007年12月7日公布）

唐　毅　北京市公安局海淀分局治安支队二队队长

刘　丽　北京市昌平区烟草专卖局副局长

注：人物名单中，涉及单位名称时均采用文件原文。

曹瑞江　天津市公安局治安管理总队行动二支队二警组警长

郑玉海　河北省公安厅治安总队总队长

张联恩　河北省公安厅治安总队行动队副队长

吴　江　河北省烟草专卖局专卖处主任科员

薛翠娥　山西省公安厅治安总队行动队政委

郭红卫　山西省孝义市烟草专卖局副局长

王俊义　内蒙古自治区赤峰市公安局治安支队队长

王　羽　辽宁省公安厅经侦总队知识产权犯罪侦查队队长

王　琳　辽宁省鞍山市烟草专卖局专卖管理处处长

杨　锐　吉林省公安厅治安巡警总队副总队长

张　波　吉林省长春市烟草专卖局副局长

王明夫　黑龙江省公安厅治安总队行动支队支队长

石　建　上海市公安局治安总队治安行动队三大队副大队长

郑跃英　上海市烟草专卖局虹口分局副局长

孙建友　江苏省泰州市公安局副局长

汪　冰　江苏省南京市公安局治安警察支队副支队长

黄国宏　浙江省湖州市长兴县公安局治安大队副大队长

潘国良　浙江省湖州市德清县公安局经侦大队大队长

徐水春　浙江省湖州市德清县烟草专卖局副局长

朱长沙　福建省晋江市公安局副局长

郑　贤　福建省公安厅治安总队行动队民警

邓景宏　江西省公安厅治安总队案件侦查处副处长

高黎明　山东省泰安市公安局副局长

朱泗荣　山东省泰安市公安局治安支队副支队长

刘军亭　河南省驻马店市公安局治安支队支队长

胡贵州　河南省郑州荥阳市烟草专卖局副局长

黄承保　湖北省武汉市公安局经侦处五大队政治教导员

王洪斌　湖北省武汉市洪山区烟草专卖局局长

胡又新　湖南省邵阳市烟草专卖局专卖科稽查支队长

郑　华　广东省公安厅经侦局知识产权罪案侦查科科长

杨燕桓　广东省广州市公安局花都分局副局长

何健国　广东省广州市烟草专卖局天河分局专卖办主任

李启智　广西壮族自治区桂林市公安局治安巡逻警察支队八大队大队长

叶明才　海南省公安厅治安处行动队队长

赵　强　海南省海口市烟草专卖局副局长

王全伟　重庆市万州区公安局治安支队支队长

唐　红　重庆市九龙坡区烟草专卖局稽查支队副支队长

刘　进　四川省公安厅治安管理总队副总队长

李　浩　贵州省公安厅治安总队案件处侦察员

张　雄　贵州省六盘水市烟草专卖局稽查支队副支队长

袁庆辉　云南省曲靖市公安局经侦支队公司市场犯罪侦查大队副大队长

罗兴才　云南省昆明市烟草专卖局官渡分局副局长

邓增尼玛　西藏自治区公安厅治安总队治安行动支队支队长

格桑顿珠　西藏自治区烟草专卖局专卖处城东烟草稽查大队大队长

蒋乐耕　陕西省公安厅经侦总队侦查四队队长

王万勋　陕西省西安市烟草专卖局局长

黄晓军　甘肃省公安厅经侦总队副总队长

李红文　青海省西宁市公安局城中分局治安大队大队长

朱光坤　青海省西宁市烟草专卖局稽查支队代理大队长

张　宝　宁夏回族自治区固原市公安局原州区分局刑侦大队教导员

杨旭峰　宁夏回族自治区吴忠市烟草专卖局专卖科科长

王德志　新疆生产建设兵团农五师公安局治安支队支队长

张　亮　新疆维吾尔自治区巴州公安局经侦支队民警

陈跃敏　新疆维吾尔自治区烟草专卖局专卖处处长

刘明帅　大连市烟草专卖局专卖处科长

【烟草行业2007年度“全国技术能手”名单】

（关于表彰2007年度全国技术能手的决定　劳社部发〔2007〕45号　2007年12月19日公布）

李军民　山东省烟草公司日照烟草有限公司

罗　辉　四川省烟草专卖局（公司）烟叶部

董杏梅（女）　云南省烟草公司保山市公司

【第三届全国烟草行业烟叶分级职业技能竞赛“全国烟草技术能手”名单】（中国烟草总公司关于表彰第三届全国烟草行业烟叶分级职业技能竞赛获奖选手的通知　中烟办〔2007〕121号　2007年7月20日公布）

名　次	姓　名	单　位
1	李军民	山东省烟草公司日照烟草有限公司
2	罗　辉	中国烟草总公司四川省公司
3	董杏梅	云南省烟草公司保山市公司
4	林文贵	福建省烟草公司三明市公司
5	吴学巧	贵州省烟草公司毕节地区公司
6	杨昌全	重庆市烟草公司烟叶公司
7	戴良萃	中国烟草实业发展中心辽宁红塔烟草有限责任公司
8	徐昭梅	云南中烟工业公司红塔集团
9	张书伟	河南中烟工业公司许昌卷烟厂
10	刘世碧	贵州省烟草公司毕节地区公司
11	彭国勋	四川省烟草公司凉山州公司
12	李秋英	福建省烟草公司南平市公司
13	王祥勇	湖北省烟草公司宜昌市公司
14	管彦阳	贵州省烟草公司毕节地区公司
15	包　军	湖北中烟工业公司武汉卷烟厂
16	王　贵	湖南省烟草公司永州市公司
17	卢集东	福建省烟草公司南平市公司
18	杨尚明	山东省烟草公司潍坊烟草有限公司
19	卢　明	辽宁省烟草公司铁岭市公司
20	丁新洁	河南省烟草公司南阳市公司
21	张衍杨	山东中烟工业公司技术中心
22	刘华林	云南省烟草公司曲靖市公司
23	代绍周	云南省烟草公司曲靖市公司
24	尹小斌	湖南省烟草公司郴州市公司
25	师亚锋	河南省烟草公司三门峡市公司
26	陆承念	湖北省烟草公司恩施州公司
27	邱桂兰	福建省烟草公司三明金叶复烤有限公司
28	邓家强	四川省烟草公司凉山州公司
29	王洪炜	湖北省烟草公司恩施州公司
30	郭　文	上海烟草（集团）公司

【烟草行业首届卷烟产品鉴别检验技能竞赛获奖选手名单】（中国烟草总公司关于表彰烟草行业卷烟产品鉴别检验技能竞赛获奖选手的决定　中烟办〔2007〕181号　2007年9月19日公布）

质检组：

名　次	姓　名	工　作　单　位
1	杨华良	浙江省湖州市烟草专卖局
2	傅杭军	浙江省诸暨市烟草专卖局
3	骆震杰	浙江省富阳市烟草专卖局
4	翁焕焕	浙江省临安市烟草专卖局
5	姚　侃	浙江省永康市烟草专卖局
6	郑　建	浙江省温州市烟草专卖局
7	张　薇	北京市烟草质量监督检测站
8	沈　兵	上海市烟草专卖局卢湾分局
9	沈　云	上海市烟草质量监督检测站
10	李　慧	北京市烟草质量监督检测站
11	曹　美	江苏省烟草质量监督检测站
12	胡　涛	重庆市綦江县烟草专卖局
13	朱永平	福建省烟草质量监督检测站
14	黄健明	广东省烟草质量监督检测站
15	郑连锋	北京市烟草质量监督检测站
16	周文胜	浙江省杭州市萧山区烟草专卖局
17	李海燕	云南省烟草质量监督检测站
18	茅振宇	上海市烟草专卖局黄浦分局
19	张　茂	重庆市九龙坡区烟草专卖局
20	陈红伟	江苏省苏州市烟草专卖局

专卖组：

名　次	姓　名	工　作　单　位
1	倪国松	浙江省富阳市烟草专卖局
2	王小华	浙江省江山市烟草专卖局
3	施旭鹏	浙江省永康市烟草专卖局
4	石泯铭	浙江省浦江县烟草专卖局
5	徐志成	上海市烟草专卖局宝山分局
6	朱建生	浙江省桐庐县烟草专卖局
7	马永祥	上海市烟草专卖局虹口分局
8	戈　斌	上海市烟草专卖局普陀分局

续表

名 次	姓 名	工 作 单 位
9	李 强	河南省开封市烟草专卖局
10	刘宪连	江苏省南京市烟草专卖局
11	陈跃群	福建省漳州市芗城区烟草专卖局
12	徐 洋	北京市烟草专卖局
13	雷敏辉	广东省珠海市烟草专卖局
14	王海涛	江苏省连云港市烟草专卖局
15	顾 弢	上海市烟草专卖局杨浦分局
16	胡汝友	河南省商丘市睢阳区烟草专卖局
17	郑源辉	福建省福清市烟草专卖局
18	陈 辉	福建省长乐市烟草专卖局
19	苏龙池	福建省龙海市烟草专卖局
20	马 研	广东省广州市烟草专卖局

【国家局重点培养的标准研究工作领军人物名单】（国家烟草专卖局办公室关于重点培养标准研究工作领军人物的通知　国烟办综〔2007〕58号　2007年2月27日公布）

姓 名	工作单位	职 称	研究领域
刘百战	上海烟草（集团）公司	高级工程师	烟草化学
缪明明	红塔烟草（集团）有限责任公司	研究员	烟草化学
范 黎	中国烟草标准化研究中心	高级工程师	综合标准化
冯 茜	中国烟草标准化研究中心	高级工程师	国际标准
陈良元	郑州烟草研究院	研究员	卷烟工艺
邢 军	国家烟草质量监督检验中心	高级工程师	烟用材料
耿刚勇	国家烟草专卖局烟草经济信息中心	研究员	烟草信息
赵松义	湖南省烟草专卖局	高级农艺师	烟草农业
徐庆涛	中烟机械技术中心有限责任公司	工程师	烟草机械

【2004～2007年度全国烟草行业信息化工作先进个人名单】（中国烟草总公司关于表彰全国烟草行业信息化工作2004～2007年度先进单位和先进个人的决定　中烟办〔2008〕128号　2008年4月28日公布）

丁　敏　云南省公司科技处调研员

于占江　内蒙古自治区兴安盟市烟草公司经济信息中心副主任

仇慧君　中国烟草实业发展中心哈尔滨卷烟总厂总会计师

支宗良　河北省公司信息中心副主任

王冬青　山东省公司信息中心主任科员

王　宁　海南省公司信息中心主任科员

王伟民　上海烟草（集团）公司经济信息中心副主任

王志涛　天津市西清区烟草公司经理、天津市公司经济信息中心原主任

王　崙　吉林省公司信息中心副主任

边　疆　北京市公司经济信息中心副主任

伍　敏　四川省德阳市公司信息中心系统管理员

刘智敏　河北中烟工业公司信息中心副主任
朱亚莉　贵州省贵阳市公司计划科科长
何小敏　安徽中烟工业公司企划部处长
余　军　湖南中烟工业有限责任公司信息中心副主任
张建平　山西省运城市公司信息技术科科长
李　军　广西壮族自治区南宁市公司信息管理科科员
李宏亮　云南中烟工业公司红河卷烟总厂信息中心主任
杨劲虎　中国烟草总公司职工技术培训中心网络信息组组长
杨继春　新疆维吾尔自治区公司信息中心工程师
杨新辉　黑龙江省公司科技处主任科员
陆海龙　浙江中烟工业有限责任公司信息中心科员
陈　烜　江西中烟工业公司南昌卷烟总厂信息中心科员
周文革　宁夏回族自治区公司经济信息中心主任
周海涛　常德烟草机械有限责任公司信息中心主任
周　强　安徽省公司经济信息中心主任科员
林志忠　福建中烟工业公司厦门卷烟厂信息技术部副主任
欧阳威　广东中烟工业有限责任公司信息中心系统运行科科长
侯杰华　湖南省公司经济信息中心副主任
姚宇红　四川省公司经济信息中心主任
姚新军　河南中烟工业公司科员
段　飚　贵州中烟工业公司信息中心主任
赵兴东　辽宁省公司经济信息中心副主任
赵明山　河南省南阳市公司经理
钟　净　郑州烟草研究院信息中心网络系统部主任
徐跃明　红云烟草（集团）有限责任公司信息管理部副部长
秦　刚　青海省公司经济信息中心主任
郭晓惠　广西中烟工业公司信息中心主任
堆松卓玛　西藏自治区公司信息中心副主任科员
盛全铭　河南省公司信息中心主任科员
盛明荣　江苏省公司经济信息中心主任科员
黄　霞　川渝中烟工业公司企业管理部副部长
蒋华元　江苏中烟工业公司南京卷烟厂计算机管理中心科员
詹国华　江西省公司信息中心主任
裴永强　陕西中烟工业公司信息中心副主任科员

【全国烟草行业老干部工作先进个人名单】

（中共国家烟草专卖局党组关于表彰全国烟草行业老干部工作先进集体和先进个人的决定　国烟党〔2007〕24 号　2007 年 4 月 29 日公布）

陈魁杰（女）　北京市烟草专卖局（公司）人劳处（离退办）副主任
居文博　天津市烟草专卖局人事劳资处科长
贾鹏普　河北省烟草专卖局（公司）老干部管理办公室副主任
张学胜　河北省烟草专卖局（公司）老干部管理办公室主任科员
张保栋　山西省烟草专卖局（公司）离退休人员管理办公室主任
曲民钢　内蒙古自治区烟草专卖局（公司）人事劳资处科长
李建平　辽宁省烟草专卖局（公司）离退休干部管理办公室主任科员
尹建军　吉林省烟草专卖局（公司）人事劳资处（离退办）副处长
范国臣　吉林省白城市烟草专卖局（公司）副局长、副经理
孙福利　黑龙江省烟草专卖局离退休人员管理办公室科长
刘罗曼（女）　上海市烟草专卖局、上海烟草（集团）公司党委副书记
刘惟谊（女）　江苏省烟草专卖局（公司）人教处主任科员
张建华（女）　江苏省徐州市烟草专卖局（公司）人事劳资处副处长
卢　健（女）　浙江省衢州市烟草专卖局（分公司）人事处处长
李　平（女）　安徽省黄山市烟草专卖局（公司）人力资源部副经理、老干部科科长
黄德涛　福建省福州市烟草专卖局（公司）政工科科长
龙世清　江西省烟草专卖局（公司）离退休管理办公室副主任
陈毅力　山东省烟草专卖局（公司）党组成员、副局长
王　军　山东烟台烟草有限公司副总经理
郭玉才　河南省烟草专卖局（公司）离退办主任
张丽娟（女）　河南省郑州市烟草专卖局人事处副处长

李红生　河南省信阳市烟草专卖局老干科协理员

朱学锋　湖北省武汉市烟草专卖局（公司）政治工作处（老干办）科长

夏汉林　湖北省鄂州市烟草专卖局（公司）党组书记、局长、经理

李福林　湖南省郴州市烟草专卖局（公司）老干办主任

林圣贤　广东省烟草专卖局（公司）离退休人员管理办公室主任

龚志华　广西壮族自治区北海市烟草专卖局（公司）纪检组长

何　蓉（女）　海南省三亚市烟草专卖局（公司）人事监察科办事员

金一栋　四川省烟草专卖局（公司）离退休人员管理办公室主任

孟春华（女）　四川省绵阳市烟草专卖局（公司）政工科科长

李邵英（女）　贵州省遵义市烟草专卖局（公司）离退休管理科副科长

金树林　云南省曲靖市烟草专卖局（公司）工会副主席、党群工作部部长

和开红　云南省大理州烟草专卖局（公司）组织人事劳资部老干老龄科科长

韩正江　陕西省延安市烟草专卖局（公司）人事劳资科科长

王　治　甘肃省烟草专卖局（公司）助理调研员

焦双荣（女）　青海省烟草专卖局（公司）人事劳资处助理调研员

田喜梅（女）　宁夏回族自治区烟草专卖局（公司）人事劳资处副主任科员

戴忠英（女）　新疆维吾尔自治区乌鲁木齐市烟草专卖分局（公司）工会主席

陈雪梅（女）　西藏自治区烟草专卖局（公司）人事劳资处副处长

徐北丽（女）　大连市烟草专卖局（公司）人事劳资处科长

赖远程　深圳市烟草专卖局（公司）人事劳资处主任科员

王艳芬（女）　河北中烟工业公司河北白沙烟草有限责任公司组宣部老干部办公室主任科员

徐世清（女）　河北中烟工业公司张家口卷烟厂有限责任公司老干部活动中心干部

朱云建　浙江中烟工业公司人力资源部科员

董　治（女）　安徽中烟工业公司合肥卷烟厂离退办副主任

孙　波　福建中烟工业公司厦门卷烟厂组织宣传部科员

赵云泽　山东中烟工业公司济南卷烟厂离退休人员管理处处长兼党总支书记

郄英才　山东中烟工业公司青州卷烟厂离退休职工管理处处长、党总支书记

宋长春　河南中烟工业公司郑州卷烟总厂离退休管理办公室主任

李壮丽（女）　河南中烟工业公司河南新郑烟草（集团）公司洛阳卷烟厂离退休管理办公室主任

张　萍（女）　湖北中烟工业公司武烟集团政治工作部主任科员

孙曙光（女）　湖南中烟工业公司长沙卷烟厂离退休党支部书记兼离退休办公室主任

赵呈祥　广东中烟工业公司广州卷烟二厂生产一部厂长、党支部书记

吴宗雄　广东中烟工业公司梅州卷烟厂党委副书记、纪委书记、工会主席

李丽珍（女）　广西中烟工业公司机关离退休工作站站长

伍必芷（女）　广西中烟工业公司柳州卷烟厂制造二部离退休职工管理办公室主任

李贤茂　川渝中烟工业公司重庆烟草工业有限责任公司人力资源部部长

李　健　川渝中烟工业公司四川烟草工业有限责任公司党群工作部负责人、党总支副书记、公司工会副主席

王恒喜　川渝中烟工业公司四川烟草工业有限责任公司成都分厂厂工会离退休办公室主任、离退休党支部书记

令狐荣慧（女）　贵州中烟工业公司贵定卷烟厂工会副主席兼离退休党支部书记

史建华　云南中烟工业公司红塔烟草（集团）有限责任公司离退休人员管理科管理员

李聪明　云南中烟工业公司红云烟草（集团）有限责任公司曲靖卷烟厂离退休管理部主任

张晓芳（女）　陕西中烟工业公司宝鸡卷烟厂退休职工管理科干事

龙旭弘　江西中烟工业公司南昌卷烟总厂赣南卷烟厂党委办公室主任

许书平（女）　郑州烟草研究院工会副主席

倪金笼（女）　中国烟草总公司职工技术培训中心科员

张健民　许昌烟草机械有限责任公司政工部兼人力资源部主任

元钟善　中国烟草实业发展中心延吉卷烟厂退休办主任

史晓农　中国烟草实业发展中心兰州卷烟厂党委办公室干部

【烟草行业会计知识大赛获奖个人名单】（中国烟草总公司办公室关于表彰烟草行业会计知识大赛获奖单位及个人的通知　中烟办综〔2007〕18号　2007年11月8日公布）

舒玉林　海南省烟草专卖局（公司）

马学国　山东省烟草专卖局（公司）

赵会勇　河北省烟草专卖局（公司）

冯建海　陕西省烟草专卖局（公司）

刘家富　云南省烟草专卖局（公司）

吴大祝　浙江省烟草专卖局（公司）

王金良　山东省烟草专卖局（公司）

郭孟波　山东省烟草专卖局（公司）

丁秀平　安徽中烟工业公司

杨位星　山东中烟工业公司

人物介绍

【柳万东】　男，汉族，1950年1月出生，云南玉溪人，中共党员，工程师，云南中烟工业公司党组书记，红塔集团董事长、党委书记。2007年6月，当选为中国共产党第十七次全国代表大会代表。

1969年柳万东参加工作，先后在云南天然气化工集团、云南省工商行政管理局、中共云南省委组织部工作，历任车间主任、处长、党委书记，工商局党组书记、局长，省委组织部副部长、省纪委委员等职务。2002年4月，担任红塔集团董事长、党委书记。

2002年，红塔集团正处于发展的困难时期，柳万东果断推行“组织人事、用工、薪酬分配”的三项制度改革，提出“以主业为主，提质创新，增强企业核心竞争力”的归核化战略，建立扁平化组织机构，对管理人员、员工全部实行竞聘上岗，引入市场竞争机制，以激发企业内部活力。在他的领导下，红塔集团大力推行观念创新、管理创新、研发创新，提出“市场是第一车间”的经营理念。2007年，确立“加快发展步伐，全面提升水平，增强软硬实力，构建和谐红塔”的总体发展战略思路，逐步使产品销售向品牌营销转变，由关注内部发展向以市场、消费者为导向的市场化发展转变。推行全面预算管理和标准成本管理，健全完善涵盖集团主要业务流程的制度体系，在行业内首家推行质量、环境、职业健康安全“三标一体”管理体系认证。围绕提升品牌竞争力，建设红塔品牌工业导向型原料基地，实施红塔集团第三次大规模技术改造。

六年来，柳万东带领红塔集团全体干部职工按照行业改革发展总体部署要求，开拓创新，真抓实干，为红塔集团实现全面恢复性增长奠定了坚实的基础。

【李元实】　女，朝鲜族，1962年9月出生，吉林安图人，中共党员，大学学历，高级工程师，吉林烟草工业有限责任公司党组成员、技术中心总监。2007年，当选为中国共产党第十七次全国代表大会代表。

1983年7月，李元实毕业于延边大学化学系，1984年12月到延吉卷烟厂工作，先后在延吉卷烟厂技术中心担任科员、部长、副主任、主任等职务，2006年12月任吉林烟草工业有限责任公司技术中心总监。

李元实从事卷烟产品研发工作20余年，她广泛研究香精调试、叶组配方、卷烟工艺等领域，先后到云南、上海以及韩国、欧洲等国内外先进烟草企业学习考察，积累了丰富的理论和实践经验，独立设计研发了“（硬红）长白山”、“（软红）长白山”卷烟，主持研发了“五星”、“（宝石银）长白山”等系列产品。2007年，她主持研制的“长白山（东方神韵5mg）”卷烟，已成为国内“低焦油、低危害、高香气”中式卷烟的代表性品牌。同时，焦油含量3毫克的烤烟型卷烟也已研制成功，正在逐步完善和进行工艺改进。

几年来，李元实带领技术中心人员充分挖潜，在保证产品内在质量稳定的前提下，最大程度地降低生产成本。其中，“PVDC膜替代硬条盒”一项节约辅料成本900多万元，“高性能丙纶替代普通醋纤嘴”一项节约生产成本1000多万元。对部分老牌号卷烟进行挖潜改造，共节约烟叶配方成本1200多万元。

李元实为目前烟草行业全国仅有的两名女“国嘴”（卷烟感观评委）之一。曾先后被评为“延边州技术进步先进工作者”、“延边州巾帼建功标兵”、“延边州‘三八’红旗手”，被授予“全国五一劳动奖章”、“吉林省‘五一’劳动奖章”，以及“吉林省技术创新标兵”称号。

【师进辉】 男，汉族，1961年7月出生，河北正定人，中共党员，研究生学历，高级经济师，张家口卷烟厂有限责任公司总经理、党委副书记。2007年，当选为中国共产党第十七次全国代表大会代表。

师进辉认真总结企业发展经验，分析企业面临的形势，提出了“一个核心、两个基础、三个工程、四个提升”的工作思路，即以创名优品牌为中心，夯实企业管理和市场基础，实施技改、信息化建设和人才创新三大工程，实现经济效益、管理水平、竞争实力和职工生活水平的全面提升。他积极组织品牌整合，组织进行特色工艺、特色风格的产品创新研究，并在关键技术上取得重大突破。他坚持“科学技术是第一生产力”，不断加大技改力度，主持实施“十五”技改项目并于2006年12月投入运行，2007年8月，主持启动“十一五”技改工程。他大力实施管理创新，在企业中组织开展了全面预算管理、“6S”管理、精细化管理、项目管理等重点工作。全面推行企业“诚文化”建设，促进企业管理水平的提高。他先后获得“张家口市拔尖人才”、“河北省优秀企业家”等称号，被河北省总工会授予“河北省五一劳动奖章”。

【卢　平】 女，汉族，1961年出生，湖南长沙人，中共党员，博士研究生学历，湖南中烟工业有限责任公司董事、副总经理、党组成员。2007年，当选为中国共产党第十七次全国代表大会代表。

1978年，卢平进入长沙卷烟厂工作；1996年至2001年，历任长沙卷烟厂党委书记、厂长，2001年任湖南省烟草专卖局党组成员；2003年至2007年，任湖南中烟工业公司党组成员、副总经理；2007年10月，任湖南中烟工业有限责任公司董事、党组成员、副总经理。

她提出的“简单管理”，获全国企业管理现代化创新成果一等奖。她在行业内第一个实施“绿色烟草”战略，建立了国家级技术中心和行业内第一家博士后科研工作站，使白沙集团成为世界烟草科学研究合作中心（CORESTA）在中国的第一家企业会员单位。她勤政廉政，在群众中树立了良好的榜样，企业保持了快速、持续的良好发展势头，实现国有资产保值和不断增值。2001年被全国妇联评为全国城镇妇女“巾帼建功标兵”、“全国三八红旗手”；2002年当选为中国共产党第十六次全国代表大会代表；2003年被中华全国总工会授予“全国五一劳动奖章”；2004年被全国妇联授予“第五届中国十大女杰”称号；2005年被国务院授予“全国劳模”称号。

【王玉堂】 男，汉族，1951年11月出生，山西朔州人，中共党员，硕士研究生学历，高级工程师、高级职业经理人，内蒙古昆明卷烟有限责任公司第三届董事会董事。2007年，被中华全国总工会授予“全国五一劳动奖章”。

从1987年起，王玉堂历任山西昆明烟草有限责任公司（原太原卷烟厂）副总工程师、总工程师、公司董事、总经理。2007年3月由公司总经理、党委副书记改任非领导职务。2007年10月，出任内蒙古昆明卷烟有限责任公司第三届董事会董事。

王玉堂带领科研技术人员求真务实、开拓创新，在技术改造、产品开发、工艺研究、质量管理等方面取得了卓越的业绩。在技术改造方面，他主持完成企业“七五”技改项目的实施，并在“八五”、“九五”期间主持购置和改造了投资两亿多元的制丝设备。2001年起，他又主持设计实施了“十五”整体技术改造项目。

在产品研发方面，他始终把提高产品科技含量和市场竞争力作为研发工作的中心，大力实施品牌工程和均质化生产。开发研制出药物型“大光”、具有旅游特色的“五台山”、低焦油“金盼盼”和“紫气东来”等特色卷烟产品。在工艺研究方面，他带领科研人员深钻细研，撰写出多篇优秀科研论文，特别是企业自主研发的“新型复切式制梗丝工艺”项目还获得国家专利。在质量管理方面，他狠抓全面质量管理，真正做到“不合格的原辅材料不进入生产线，不合格的在制品不流入下道工序，不合格的产品不准入市场”，从2000年起企业连续7年保持了产品市场抽检合格率100%。

王玉堂从2000年至2003年连续四年被评为“太原市劳动模范”；2003年获“山西省五一劳动奖章”，并被评为“山西省劳动模范”。

【钱锦根】 男，汉族，1949年出生，浙江杭州人，中共党员，大专学历，浙江省烟草专卖局局长、中国烟草总公司浙江省公司总经理。2007年，被中华全国总工会授予“全国五一劳动奖章”。

钱锦根对工作热忱、负责，有强烈的事业心、责任心和良好的领导艺术。在浙江工商分设担任浙江省烟草专卖局（公司）主要负责人后，全身心投入到浙江烟草商业改革和发展中。他十分注重把握经济规律，善于以市场经济的手段解决改革发展中的重大问题。在任期间，他确定了浙江烟草“以人为本，打造网络品牌，建设现代流通”的总体指导思想和“做精做强主业，做实做好副业”的工作基本思路，提出“共生营销，稳内联外”的市场营销战略。他还十分重视班子和队伍建设，把民主集中制贯穿于各项决策制定和执行的全过程。

在他的领导下，浙江烟草商业经济效益和各项经营管理指标持续保持全国同行业领先，综合经济实力大大增强，企业面貌发生了根本性变化，完成税利从

2003年的56.3亿元上升到2007年的131.8亿元；国有资产保值增值率达到134.69%。在他的领导下，浙江省烟草专卖局连续两年被国家局、公安部授予“全国卷烟打假工作特殊贡献奖”。

【刘　群】 男，汉族，1973年6月出生，山东掖县人，中共党员，厦门烟草工业有限责任公司卷包车间卷接维修工人。2007年，被中华全国总工会授予“全国五一劳动奖章”。

1994年，刘群从烟草技工学校毕业后进入厦门卷烟厂工作，他吃苦耐劳，勤奋好学，短短四个月便成长为卷接机挡车工。2005年他以优异的成绩通过PROTOS高级维修工技能鉴定。为了响应车间提出一专多能的技术要求，他主动要求学习KDF滤棒成型机组操作和维修技能，2006年通过了KDF中级维修工技能鉴定，成为车间第一批多机种维修人才。刘群不仅出色地完成本职工作，还主动根据生产中存在的实际问题，开展技术攻关，他对MAX胶水泵的改造项目，每年为企业节约维修费用20万元。

刘群曾荣获厦门卷烟厂“企业劳模”、“积极分子”、厦门市“劳动模范”等称号。

【张明显】 男，汉族，1957年10月出生，河南郏县人，中共党员，大学学历，高级农艺师，商丘市烟草专卖局（公司）局长（经理）、党组书记。2007年，被中华全国总工会授予“全国五一劳动奖章”。

1975年9月张明显参加工作，历任郏县烟草公司生产科长、副经理、汝州市烟草专卖局局长、平顶山市烟草专卖局副局长、鹤壁市烟草专卖局局长、商丘市烟草专卖局（公司）局长（经理）、党组书记。

自担任商丘市烟草专卖局（公司）局长（经理）、党组书记以来，他率先在全省行业实行“总额预算，大额审批，费用审核，资金统配”财务管理模式，实现各级预算管理制度化、规范化，同时推进卷烟销售网络建设，市公司被省局确立为“全省网建全面提升工作”、“按订单供货”、“物流费用管理”试点单位。他还积极构建“平常心”文化，促进人的全面发展，构建和谐烟草。在他的领导下，商丘烟草2007年实现税利3.08亿元，是2001年的40倍。

张明显先后被评为“河南省优秀青年拔尖人才”、“全省烟草系统优秀思想政治工作者”、“全省烟草系统先进工作者”，被授予“河南省五一劳动奖章”。

【崔少卿】 男，汉族，1965年9月出生，河南驻马店人，中共党员，研究生学历，高级经济师，河南中烟工业公司驻马店卷烟厂厂长、党委书记。2007年，被中华全国总工会授予“全国五一劳动奖章”。

1989年7月，崔少卿到驻马店卷烟厂工作，2007年任厂长、党委书记以来，带领全厂干部职工，围绕打造具有较强核心竞争力的制造工厂目标，大力倡导和持续推进改革创新。推进“三项制度”改革，创新管理理念，推进规范化、精细化、格言式、数字化管理和“6S”管理，开展目标责任管理，鼓励创新活动，企业综合管理能力和技术水平不断提升。企业先后获“全国精神文明建设先进单位”、“全国文明单位”等荣誉称号。他本人也先后荣获“驻马店地区跨世纪先进青年”、“驻马店市劳动模范”、“河南省新长征突击手”等荣誉称号。2007年，当选为河南省人大代表。

【刘裕堂】 男，汉族，1957年5月出生，湖北大冶人，中共党员，研究生学历，武汉市烟草专卖局（公司）局长（经理）、党组书记。2007年，被中华全国总工会授予“全国五一劳动奖章”。

刘裕堂自2003年全面主持武汉烟草工作以来，带领全系统干部职工，围绕行业发展的基本方针和主要任务，强化烟草专卖管理，推进卷烟销售网络建设，开拓创新，锐意进取。在他的带领下，武汉烟草商业经济一年一个台阶，保持了强劲的增长态势。2003年至2007年市局（公司）实现税利47.6亿元，利润37.17亿元，主要经济指标屡创新高，进入全市纳税大户前六名。截至2007年底，国有资产增长了近四倍，企业经济实力显著增强。

刘裕堂还先后荣获“武汉市劳动模范”、“湖北省劳动模范”称号，被评为2004年度“武汉企业界十大新闻人物”和“武汉市2005～2006年度优秀企业家”。

【喻树洪】 男，汉族，1973年出生，湖南浏阳人，中共党员，中专文化，高级技师，湖南中烟工业有限责任公司长沙卷烟厂卷包车间GD包装设备技术员。2007年，被中华全国总工会授予“全国五一劳动奖章”。

1991年，喻树洪到长沙卷烟厂工作，先后在YB13、S6000、GDX1、GDX2等卷烟包装机组从事挡车、机械维修、技术管理等工作。他在工作中勤于思考，勇于攻关，主动攻克了“小透侧封质量问题”和“GD包装机封签溢胶”的技术难题。在与外商的合作生产项目中，对方要求在小包及条包底部打码，作为一项新的世界级包装打码技术，GD设备没有此项功能，他就把技术攻关工作带到家中，连续40多个夜晚，设计出了一套系统的、可行性非常强的打码技术攻关方案，实施后达到外商要求。针对出口卷烟车间噪声较大的问题，喻树洪作为一个既无专业功底，又无经验的维修人员，利用休息日到处找资料，向专家学者请教，在艰苦的环境下测量噪声数据，两年后，他拿出一份噪声治理方案，按照他撰写的方案进行工程实施后，车间平均噪声从89分贝降至85分贝。

2004年，喻树洪编写了《GDX2标准操作法》、《GDX1标准操作法》、《4350标准操作法》三本通俗易懂的教材，解决了GDX包装设备的操作培训教材在国内的空白，经过半年多时间，他又将教材编成剧本，自编自导完成三本教材的录像带制作，教材及教学录像带在车间内部和企业合作卷烟厂发行后取得了良好的成效。

喻树洪自参加工作以来，先后多次获得厂级“技术能手”、“先进工作者”等称号，2002年获“烟草行业全国技术能手”称号，他主持的《软盒小盒香烟打印装置》、《硬盒小盒香烟打印装置》技术改进项目获国家实用新型专利。

【许永钦】 男，汉族，1957年6月出生，广东普宁人，中共党员，广东省第十一届人大代表，硕士研究生学历，高级政工师，揭阳市烟草专卖局（公司）局长（经理）、党组书记。2007年，被中华全国总工会授予“全国五一劳动奖章”。

2003年，许永钦担任广东省揭阳市烟草专卖局（公司）局长（经理）、党组书记以来，创造性地开展工作，他提出了以“实现跨越发展并建设成为广东烟草商业流通强省的重要支撑点”作为揭阳烟草的奋斗目标。他创新了卷烟打假的“四大机制”，在行业内进行了经验介绍并得到推广，被称为卷烟打假的“揭阳模式”。他着力创新经营机制，通过强化专卖管理夺回和扩展市场、提升网络建设优化市场、调整品牌结构主导市场、适度计划卷烟投放调控市场、规范零售户管理巩固市场，促使管理与经营紧密结合，实现了经营方式大转变、服务意识大提升，揭阳烟草的经济业绩连续三年名列全省烟草行业地市级公司前列。

近年来，许永钦还先后被评为“全国卷烟打假先进个人”、“广东省卷烟打假工作先进个人”，并多次被中共普宁市委、中共揭阳市市直工委评为“优秀共产党员”。

【郑　丽】 女，汉族，1970年9月出生，重庆潼南人，中共党员，大学学历，四川烟草工业有限责任公司成都分厂卷烟制造部副主任。2007年，被中华全国总工会授予“全国五一劳动奖章”。

1988年，郑丽在原成都卷烟厂从事操作工和挡车工的工作，她勤奋刻苦，努力钻研技术。1995年后，她先后成为车间工艺检验员、车间检验班长、生产管理部工艺员、工艺质量管理员、制造中心工艺主任。在近20年的工作中，郑丽始终保持着积极的工作态度，工作中一丝不苟，勇于创新，先后多次获得厂“青年岗位能手”、“青年标兵”、“青年管理能手”、“工会积极分子”、“三八”红旗手、“优秀共产党员”、“先进工作者”等称号。2007年，她所带领的工艺团队获得“全国烟草行业职工创新示范岗”称号，参与的QC成果获成都市“青年技术创新成果奖”，参与的QC小组被评为“四川省优秀质量管理小组”。

【张昆华】 男，汉族，1963年11月出生，云南昆明人，中共党员，高级技师，红云集团昆明卷烟厂生产三部烟机修理工。2007年，被中华全国总工会授予“全国五一劳动奖章”。

他从1981年至1992年一直在昆明卷烟厂车间工作；1992年至今，在昆明卷烟厂生产三部工作。

张昆华认为“热爱和坚持是最好的老师”。1995年，一直从事卷烟机维修工作的他开始负责FOCKE350包装机维修工作，他迎难而上，仔细观察设备运转情况，摸索设备运行规律，熟练掌握了MAK8R、MAK－95、PROTOS70、FOCKE350等机型的维修技术。2004年12月，他参加了全国烟草系统“中华杯”首届烟机设备维修职业技能竞赛，取得了PROTOS70卷烟机型第四名的成绩。

近几年，张昆华主持和参与了“PROTOS70烟机SE供胶装置改造”、“FOCKE350包装机408堆码塔加装烙铁”、“PROTOS70卷烟机滚子支承的技术攻关”、“PROTOS70烟机供胶系统改造”等多项技术攻关改造项目，提高了设备效率，节约了维修费用，解决了条盒外包玻璃纸皱纹的问题，创造了烟机高产量、高质量的纪录。

他多次被评为厂级“标兵”、“劳模”，被授予“云岭优秀职工”、“云南中烟工业公司劳动模范”、“全国烟草行业职工创新能手”和“全国烟草技术能手”等称号。2005年、2006年经过层层考核，他连续两年被聘为“昆明卷烟厂首席技术人员”。2007年1月，张昆华通过考核，成为红云集团首批获得高级技师技术职称的技术人员。

【李军民】 男，汉族，1972年1月出生，山东莒县人，中共预备党员，大专学历，农艺师，山东莒县烟草专卖局（分公司）烟叶科科长。2007年在第三届全国烟草行业烟叶分级职业技能竞赛中获第一名，被国家局授予“全国烟草技术能手”荣誉称号，被劳动和社会保障部授予“全国技术能手”称号。

1993年，李军民毕业于山东农业大学植保系烟草专业，同年在山东莒县烟草专卖局（分公司）参加工作，长期工作在烟叶生产、科技、收购一线。

在烤烟科技试验推广工作中，他先后承担了50多个试验课题项目，推广了30多项先进生产技术。在

"国家烟草专卖局第四批烟草农业标准化示范区"建设项目中，他参与修订42个地方标准，编撰《莒县优质烤烟综合标准体系》。每年他主持培训的烟农达12000多人次。为搞好烟叶基础设施建设，他带领科室人员，在全县规划了92个烟叶生产生态村，重点进行烟水配套、密集型烤房改建和村容村貌整治等工作。他提出的风力提灌站项目，创造性地采用风力提灌系统，既节能又环保。他善于钻研学习，先后取得了国家局颁发的烟叶分级上岗证、检验人员资格证，以及劳动和社会保障部颁发的高级烟叶分级工（三级）和烟叶分级技师（二级）资格证。在国家级刊物上发表多篇科技论文，其中，《不同施氮水平对中烟100产质的影响》被美国《化学文摘》收编。多年被企业评为"先进工作者"。

【罗　辉】 男，汉族，1971年4月出生，中共党员，大学本科学历，四川省烟草专卖局（公司）烟叶部收购加工科科长，烟叶部首席烟叶分级技师。2007年在第三届全国烟草行业烟叶分级职业技能竞赛中获得第二名，被国家局授予"全国烟草技术能手"称号，被劳动和社会保障部授予"全国技术能手"称号。

罗辉1994年参加工作以来，先后在四川省烟叶生产购销公司、攀枝花市烟草公司、筠连县烟草公司从事有关烟叶生产技术方面的工作。

他刻苦钻研烟叶生产技术知识，通过不懈努力，他先后取得了中国烟草职工培训中心颁发的烟叶42级国标培训合格证书、烟叶分级师资培训资格证书，美国、津巴布韦烟叶分级技术培训合格证书。2004年，罗辉获得"四川省国家烤烟42级标准培训第二名"，2006年，获得"四川省第一届商业企业烟叶分级职业技能竞赛第二名"，被国家局授予"全国烟草技术能手"称号，并被劳动和社会保障部授予"全国技术能手"称号。

【董杏梅】 女，汉族，1972年3月出生，云南保山人，中共党员，大学学历，云南省烟草公司保山市公司烟叶经营部主管验级员。2007年，在第三届全国烟草行业烟叶分级职业技能竞赛中获得第三名，被国家局授予"全国烟草技术能手"称号，被劳动和社会保障部授予"全国技术能手"称号。

1995年，董杏梅毕业于云南省农业大学，同年进入云南省烟草公司保山市公司烟叶经营部工作，一直从事烟叶验级工作，先后担任过验级员、主管验级员。

在基层工作中，为了动员村民种烟，她从早到晚，一村村、一户户地做思想工作，有时一天要走几十里路。由于烟农缺乏烟草生产方面的系统知识，她根据生产时间，晚上到农户家讲解农事操作流程；在大田管理工作中，她及时调查苗情，做好统防统治工作，现场示范农药配比和使用方法，使多数烟农掌握了烤烟病虫害防治方法。工作中她和男同志一起穿梭于烟堆之间，爬烟车、提烟包，平均每天经她验收的烟叶就有2000多件。

董杏梅从事烟叶验收工作十余年，在本职岗位上兢兢业业，勤于钻研。2000年被保山地区烟草产业发展领导小组评为"1999年度烤烟生产先进工作者"；2005年在保山市烟草女职工技术技能竞赛中获二等奖；2005年、2006年两次在云南省局（公司）烟叶分级职业技能竞赛中分别荣获一等奖和被授予"云南省烟草专卖局（公司）技术能手"称号；2007年，被保山市局党委评为"2006～2007年度优秀共产党员"。

【林文贵】 男，汉族，1973年2月出生，福建永安人，中共预备党员，大专学历，福建省烟草公司三明市公司烟叶销售部质量主管。2007年，在第三届全国烟草行业烟叶分级职业技能竞赛中，被国家局授予"全国烟草技术能手"荣誉称号。

1993年2月至2001年10月，林文贵在永安市青水烟草站先后任烟技员、副站长；2001年10月至2007年6月，在永安市小陶烟草站任副站长；2007年6月至今，在三明市公司烟叶销售部任质量主管。

他勤奋刻苦，阅读了大量有关农作物栽培、病虫害防治、土壤肥料等书籍。他努力提高实践能力，经常与同事、农户交流经验。在烤烟生产技术培训中，他充分发挥自己的优势，用永安地方方言给烟农讲课，以至于许多村点名要他培训。由于烟叶生产的季节需要，他的大部分节假日都是在村里度过的，帮助烟农解决技术上的困难。2006年，获三明市首届烟叶分级技能竞赛一等奖，同年获福建省烟草公司第一届烟叶分级技能竞赛一等奖。

【吴学巧】 女，汉族，1977年11月出生，贵州毕节人，硕士研究生学历，助理农艺师，烟叶分级技师，毕节地区烟草公司烟叶生产收购科烤烟收购加工管理员。2007年，在第三届全国烟草行业烟叶分级职业技能竞赛中，被国家局授予"全国烟草技术能手"称号。

2001年，吴学巧毕业于贵州省农学院，同年到毕节地区烟草专卖局（公司）工作，她有很强的理论知识，同时，为了在烟叶实物分级技术上有较大提高，她扎在烟叶堆里，潜心辨认烤烟国家标准样品，请教烟叶分级技能强的同志，与烟叶专家、老师、同事探讨和交流烟叶知识，在短短的几年时间里，她的烟叶理论知识和烟叶实物分级技能得以很快提高。在第三届全国烟草行业烟叶分级职业技能大赛中获得第五名，片烟综合成绩取得最高分。近年来，吴学巧还被评为贵州省烟草病虫害预测预报及综合防网工作"先进个人”、毕节地区烟草专卖局（公司）机关“先进个人”、被授予贵州省烟草商业系统“烟叶分级技术能手”等称号，科研项目“烤烟托盘水床育苗技术开发与应用”获得了贵州省科技进步三等奖。

【杨昌全】 男，土家族，1972年3月出生，重庆市烟草公司烟叶分公司烟叶收购管理员。2007年，在第三届全国烟草行业烟叶分级职业技能竞赛中，被国家局授予“全国烟草技术能手”荣誉称号。

1995年，杨昌全到酉阳县烟草公司工作，先后担任过技术员、质检员、烟叶科副科长。杨昌全从事烟叶生产收购十余年，在工作上任劳任怨、兢兢业业、踏实肯干，不断创新工作思路，改进工作方法。自1998年以来，他一直负责酉阳县烟草公司烟叶生产、收购技术培训、收购质量管理，在烟叶收购过程中始终坚持国家标准，致力于提高烟叶的等级纯度和等级合格率，为确保酉阳县烟叶生产持续稳定健康发展做出了积极的努力。他坚持在实践中学习、在学习中创新，2003年，他提出的“业绩考核+业务技能考试、年终末位淘汰的技术员管理办法”的建议，得到了公司领导的大力支持和积极推行，在一定程度上提高了烟叶技术员的业务素质和业务能力，优化了技术员队伍的年龄结构和知识结构。

【戴良萃】 男，汉族，1963年12月出生，辽宁沈阳人，中共党员，大专学历，配方工程师、烟叶分级技师，红塔辽宁烟草有限责任公司技术中心原料管理员。2007年，在第三届全国烟草行业烟叶分级职业技能竞赛中，被国家局授予“全国烟草技术能手”荣誉称号。

戴良萃1982年6月参加工作，从事烟草科技工作25年，致力于卷烟产品配方设计和烟叶质量的课题研究工作，先后设计了“沈阳”、“蓝翎”等系列卷烟配方。他参与研究的“‘沈阳’牌卷烟的改造”、“改善低档烟叶品质，提高使用价值”的科技成果分别获辽宁省烟草公司一等奖、中国烟草总公司优秀科技成果奖；“卷烟烟气总粒相物选择性吸附研究”项目获辽宁省烟草公司科技进步二等奖。

在烟叶工商交接、复烤打叶工作中，他带领验收小组成员严把原料质量关，严格执行国家标准，科学、公正、公平地验收烟叶，保证了原料的质量。在国家局烟叶工商交接检查中，2006年、2007年红辽公司分别获得全国烟叶等级合格率第一名和第四名。

戴良萃在2007年中国烟草实业发展中心第一届烟叶分级职业技能竞赛中获第二名，获得“全国烟草技术能手”称号。他先后被评为国家烟草质量监督检验中心第一届烟叶等级质量检验委员会委员、辽宁省烟叶等级质量检验委员会委员、辽宁省烟草公司卷烟感官评吸员，多次被评为“先进工作者”、“优秀共产党员”，2007年荣获红辽公司“劳动模范”称号。

【徐昭梅】 女，汉族，1974年7月出生，云南保山人，大专学历，助理农艺师、烟叶分级高级工，红塔集团烟叶质检组组长。2007年，在第三届全国烟草行业烟叶分级职业技能竞赛中，被国家局授予“全国烟草技术能手”荣誉称号。

徐昭梅1995年开始在红塔集团从事烟叶质检工作，为尽快掌握烟叶分级技能，把好原料质量关，她跟着师傅从缝烟包、捆扎烟叶学起，每当烟叶收购季节来临，就在户外露天场上对采购的烟叶不停地进行重复抽检、甩把、看样、定级。通过多年的勤学苦练，她的分级技术不断提高，工作经验不断丰富。

2005年担任红塔集团烟叶质检组长后，她带领质检人员驻守红塔集团的烟叶收购入库点，严格执行标准，主动学习烟叶质检中遇到的新知识，每天工作10多个小时。2007年，徐昭梅作为烟叶质检组长被调到华宁县烟草公司，一人承担4个收购站工商交接质量检验工作，她圆满完成11.57万担烟叶的工商交接任务，为开展原收原调、就地工商交接新模式积累了经验。

她多次在国家局和云南省中烟工业公司举办的烟叶分级技能竞赛中获奖。1998年，在云南省烟草公司举办的烟叶分级竞赛中获第二名；2005年，荣获“红塔集团岗位技术能手”称号；2006年，在云南中烟工业公司首届烟叶分级职业技能竞赛中获得第一名。

【张书伟】 男，汉族，1976年11月出生，河南许昌人，大专学历，烟叶分级技师，河南中烟工业公司许昌卷烟厂质量监督检测站原料研究员。2007年，在第三届全国烟草行业烟叶分级职业技能竞赛中，被国家局授予“全国烟草技术能手”荣誉称号。

1996年7月，张书伟毕业于郑州烟草学校，同年进入许昌卷烟厂工作。先后在包装车间、原料部、质量监督检测站、技术中心工作。1998年起，一直从事原料检验工作。2006年3月，被聘为全国第一届烟叶等级质量检验委员会委员。

从接触烟叶分级工作以来，张书伟在理论知识和具体实践方面都严格要求自己。他从事烟叶质检工作的时候，常年奔波在全国各地。2005年在云南，不顾高原反应持续工作；2006年11月在东北冰雪覆盖的露天货场上，他爬上四五米高的烟垛，自己动手开包取样。丰富的实践经验使他的烟叶分级水平得到长足的进步。2005年5月，参加全国烟叶分级技能竞赛河南工业选拔赛，获得第一名；同年6月，参加全国第二届烟叶分级职业技能竞赛并取得优异成绩。2007年7月，许昌卷烟厂特发嘉奖文件，号召职工向他学习。

【刘世碧】 女，汉族，1969年9月出生，贵州毕节人，中专学历，烟叶分级技师，毕节地区烟草专卖局（公司）烟叶生产收购科烤烟样品制作员。2007年，在第三届全国烟草行业烟叶分级职业技能竞赛中，被国家局授予“全国烟草技术能手”称号。

1990年，刘世碧中专毕业后，被毕节地区烟草专卖局（公司）聘用为烤烟辅导员，她一直从事毕节全地区烟叶样品制作、评审工作。在参加工作的18年间，刘世碧具有不屈不挠的拼搏精神，干一行、钻一行、精一行。她有很强的实物分级技能，为提升自己的业务理论知识和技能水平，利用晚上时间和节假日，查阅大量烟叶参考资料，从基础知识学起，不断提高自己的烟叶理论知识水平。2005年，被授予贵州省烟草商业系统“烟叶分拣技术能手”称号。

【彭国勋】 男，汉族，1968年3月出生，大专学历，烟叶分级技师，凉山州烟草专卖局（公司）烟科所质检主管。2007年，在第三届全国烟草行业烟叶分级职业技能竞赛中，被国家局授予“全国烟草技术能手”称号。

1989年11月，彭国勋到西昌市烟草公司工作，后任黄水烟站站长，2005年在西昌烟叶仓储中心任主检。

在近20年的烟叶分级工作中，他凭着求知进取、精益求精的职业精神，迅速成长为专业技术队伍中的骨干。在2006年的烟叶质量管理中成绩突出，被授予州局（公司）“先进个人”称号，在2006年四川省局（公司）举行的烟叶分级技能竞赛中，获全省第三名的好成绩。

【李秋英】 女，汉族，1973年11月出生，本科学历，中共党员，助理农艺师，福建省烟草公司南平武夷烟叶有限公司烟叶销售部质量主管。2007年，在第三届全国烟草行业烟叶分级职业技能竞赛中，被国家局授予“全国烟草技术能手”荣誉称号。

1992年，李秋英在南平烟草公司邵武烟叶复烤厂参加工作，先后任质检员、生产科副科长、质检科副科长、烟叶收购等级主评、支部书记、工会女工委主任、销售部质量主管等职务。

她一心扑在烟草事业上，虽然工作调动频繁，但都能服从组织安排。在松溪县郑墩乡双源村，她克服艰苦环境，发动农民种烟并进行技术指导，使双源村成为烤烟千担村。她具有丰富的实践经验和烟叶分级操作技能特长，培养了上千名烟技员。她创建了烟叶分级培训管理体系和实践课程体系，率先在南平烟区推出烟技员烟叶分级“理论与实践训练班”，自主编写了烟叶分级技能课程。她生活简朴，却多次为家庭困难的烟农捐款。2006年，获南平市首届烟叶分级技能竞赛第一名，同年获福建省烟草公司第一届烟叶分级技能竞赛特等奖。多次荣获厂、部门先进工作者，优秀党务工作者和优秀员工等荣誉称号。

【王祥勇】 男，汉族，1979年5月出生，湖北秭归人，中专学历，秭归县烟草专卖局（营销部）周坪烟草站站长。2007年，在第三届全国烟草行业烟叶分级职业技能竞赛中，被国家局授予“全国烟草技术能手”荣誉称号。

自1999年参加工作以来，王祥勇一直在基层烟草部门从事烟叶生产工作。2007年担任周坪烟草站站长，以自己丰富的工作经验，扭转了当地烟叶种植面积下滑的趋势，完成了上级下达的2007年全年烟叶生产收购任务。

2007年5月参加全国第三届烟叶分级技能大赛获全国第十三名、湖北省第一名，并获得“全国烟叶分级能手”的称号；2007年8月，被湖北省烟草公司评为“优秀质检员”。

【管彦阳】 男，汉族，1971年2月出生，贵州威宁人，大专学历，助理农艺师，烟叶分级技师，毕节地区威宁县烟草专卖局（分公司）烟叶股副股长。2007年，在第三届全国烟草行业烟叶分级职业技能竞赛中，被国家局授予“全国烟草技术能手”荣誉称号。

1989年，管彦阳进入毕节地区威宁县观海风烟叶站工作，此后在毕节地区威宁县多个烟叶站工作，他工作认真负责，勤勤恳恳，在烟叶生产收购方面有着丰富的经验，1996～2002年调至威宁县烟草公司工作，2002～2006年在毕节地区烟叶复烤厂工作，2007年1月调至威宁县烟草专卖局（分公司）。他在工作的近20年里，一直从事烟叶收购、烟叶样品制作等工作，有较深的烟叶理论知识与烟叶实践能力。为提升自己对国内其他烟区和北方烟区烟叶的认识，他积极参加全国烟草分级培训班，潜心钻研，勇于创新，不断进步。

【包　军】 男，汉族，1980年10月出生，湖北武汉人，中共党员，大学学历，高级烟叶分级工。2007年，在第三届全国烟草行业烟叶分级职业技能竞赛中，被国家局授予“全国烟草技术能手”荣誉称号。

包军2003年进入武汉卷烟厂，先后在武汉卷烟厂人事科、厂办公室、动力车间工作，2004年8月开始从事烟叶原料质检工作。初入行的包军对烟叶质检工作无任何实践、理论基础，凭着一股“初生牛犊不怕虎”的精神，他决心“要做就做最好的”。他潜心学习基础知识，参加烟叶分级理论培训，长期在外实践烟叶检验，练就了一身烟叶分级的过硬本领。曾先后在湖北中烟工业有限责任公司、武汉卷烟厂组织的烟叶分级技能竞赛中荣获第一名。

【王　贵】　男，汉族，1975年10月出生，湖南江永人，中共党员，大专学历，湖南省永州市烟草公司江永县分公司松柏烟草站站长。2007年，在第三届全国烟草行业烟叶分级职业技能竞赛中，被国家局授予“全国烟草技术能手”荣誉称号。

王贵自1994年参加工作以来，一直从事基层烟站工作，先后担任湖南省永州市烟草公司江永县分公司黄甲岭烟草站培植员、松柏烟草站副站长、黄甲岭烟草站站长、回龙圩烟草站站长、松柏烟草站站长。

王贵在工作中始终恪尽职守、严以律己、勤于钻研，以严谨务实的工作态度从事烤烟生产、收购、基地建设、实用技术及新技术推广等工作。2005年，王贵参加湖南省烟草公司第一届烟叶分级比武，获得“省级烟叶分级能手”称号，他还获得了“‘白沙杯’烟叶分级竞赛三等奖”，被永州市烟草公司江永营销部评为“特殊贡献个人”。

【卢集东】　男，汉族，1970年9月出生，福建松溪人，大专学历，中共党员，高级分级工，烤房建设和烟叶烘烤技术指导小组组长。2007年，在第三届全国烟草行业烟叶分级职业技能竞赛中，被国家局授予“全国烟草技术能手”荣誉称号。

卢集东1992年10月参加工作，在工作中他善于创新、敢于钻研，他针对密集型烤房前后端温差较大的问题，提出气流混流式理论，改进加热设备，有效解决了密集型烤房的前后偏温问题；针对烤后烟叶色度不亮的问题，大胆提出在变黄前期适当增加湿度，解决烟叶色度的问题。使松溪烟叶烘烤水平和烟叶质量明显提高，损失率明显下降，而且减少了烘烤用工和劳动强度，为烟农轻松烤烟奠定坚实的基础，取得了良好的经济效益和社会效益。

卢集东曾获得福建省首届烟叶分级技能竞赛特等奖，2007年在首届全国烟叶烘烤农艺师培训技能比赛中，获得烟叶烘烤技能竞赛三等奖。

【杨尚明】　男，汉族，1965年2月出生，山东潍坊人，中共党员，大专学历，技师，潍坊市局（有限公司）烟叶经营中心质检员。2007年，在第三届全国烟草行业烟叶分级职业技能竞赛中，被国家局授予“全国烟草技术能手”荣誉称号。

1982年5月，杨尚明在诸城市局（分公司）基层烟站参加工作，先后担任烟叶技术员、烟叶分级员、评级组长。

他长期工作在烟叶生产收购一线，勤恳敬业，充分发挥自己在烟叶生产和烟叶分级方面的特长，服务烟农。连年被评为企业“先进工作者”和“示范岗党员”。2005年12月，获得“山东省用户满意服务明星”荣誉称号。

【卢　明】　男，满族，1968年8月出生，辽宁凤城人，中共党员，大专学历，技师、农艺师，铁岭市局（公司）生产科科长。2007年，在第三届全国烟草行业烟叶分级职业技能竞赛中，被国家局授予“全国烟草技术能手”荣誉称号。

自1987年毕业后，卢明一直从事烟草事业，先后担任过物资保管员、下乡技术员、烟叶收购验级员。1997～2002年，被聘为昌图烟叶复烤厂质量检查科科长。

在昌图开发新烟区期间，他边学边干，逐步掌握了烤烟生产技术，并独立指导烟叶生产。在烟叶生产工作中，他注意积累生产经验，先后推广大棚集约化育苗技术、三段式烘烤技术、铺叶挑选分级技术等十几项先进的烟叶生产技术。在烟叶收购工作中，坚持收购标准，收购等级合格率逐年提高，提高了客户满意度。担任生产科科长以来，他积极布置各项工作，推动烟叶生产示范村建设。1991年被评为“昌图烟叶总站先进生产者”。2003年3月，在辽宁省首届烟叶分级技术竞赛中获第二名。2003年11月，在首届全国烟草行业烟叶分级职业技能竞赛中获鼓励奖。多次被评为企业“先进工作者”。

【丁新洁】　男，汉族，1971年11月出生，河南邓州人，中共党员，大学学历，助理农艺师，南阳市烟草公司烟叶生产营销中心生产科技服务部副主任。2007年，在第三届全国烟草行业烟叶分级职业技能竞赛中，被国家局授予“全国烟草技术能手”称号。

1992年9月至2005年4月，丁新洁先后在南阳市社旗县烟草公司朱集烟站、质检科工作，2005年5月至今在南阳市烟草公司工作。

他负责烟叶收购工作，严把全市收购质量关，收购等级质量均符合国家标准或厂家要求，做到当年烟叶当年调销完毕，真正实现零库存。经省局、国家局历次检查，等级合格率都居全省之首，提高了南阳烟叶商品质量信誉，增加了市场占有份额。

2003年11月，他获得第一届全国烟叶分级技能竞赛“优胜奖”，被列入“烟草行业技能人才重点培养对象”。2005年6月，在第二届全国烟叶分级技能竞赛中被国家局授予“全国烟草技术能手”称号，同年11月被省公司授予“河南省烟草商业技术能手”称号。

【张衍杨】 男，汉族，1977年4月出生，山东青岛人，中共党员，高中学历，山东中烟工业公司技术中心青岛研究所原料研究室检验员。2007年，在第三届全国烟草行业烟叶分级职业技能竞赛中，被国家局授予“全国烟草技术能手”荣誉称号。

1997年7月，进入青岛卷烟厂包装车间实习。先后担任过质量检验员、原料检验员。

张衍杨在工作中努力发挥专业特长，致力于烟叶调拨接收标准的制定及调拨烟叶外观质量评价工作。根据原料发展规划和卷烟配方原料需求，完成了企业2007年在全国120多个基地产烟区396份烟叶的外观质量评价。参与完成CAD数据库原料数据的采集和外观质量评价。完成2006年度500多批次不同产地等级烟叶的采集，保证了CAD系统的上线运行。积极参与烟叶分级技术培训工作，为企业培养烟叶分级技术人才。2003年，在首届全国烟草行业烟叶分级职业技能竞赛中获得优胜奖。

【刘华林】 男，汉族，1974年12月出生，云南曲靖人，大专学历，云南省烟草公司曲靖市公司烟叶生产技术部烤烟三级站烟叶分级技师。2007年，在第三届全国烟草行业烟叶分级职业技能竞赛中，被国家局授予“全国烟草技术能手”荣誉称号。

1993年7月，刘华林毕业于云南省烟草学校，同年任曲靖市烟草公司烟叶生产技术部烤烟三级站质量管理员。

刘华林从事烟叶质量管理工作以来，参与并主要拟定了多项烟叶收购管理及质量管理的办法及措施。2003年，他参与“曲靖市聚约式烟叶收购模式”和“烟叶质量跟踪管理体系”的编写及宣传、贯彻、推广；2005年他主要拟定编写了《曲靖市烤烟按部位散烟收购管理实施办法》和《烤烟收购散烟零库存管理办法》，分别在曲靖市烤烟收购工作中推广应用并取得较好的效果。作为质量管理员中的烟叶分级技师，他在烤烟三级站的学习、工作、生活中发挥出模范带头作用，在烟叶质量标准化政策法规的宣传、贯彻、推广和烤烟分级技术培训教学方面发挥了骨干作用。2006年，他参加了云南省局第三届烟叶分级职业技能竞赛并获二等奖，被云南省局（公司）授予“云南省烟草分级技术能手”称号。

【代绍周】 男，汉族，1971年9月出生，云南曲靖人，大学学历，云南曲靖天然烟叶复烤有限责任公司质量技术科质量主管。2007年，在第三届全国烟草行业烟叶分级职业技能竞赛中，被国家局授予“全国烟草技术能手”荣誉称号。

1992年7月，代绍周毕业于昆明市农业学校，同年到云南省烟草公司曲靖市公司工作，先后担任过质检员、烟叶质量主管。

代绍周从事烟叶质量管理工作十余年来，曾参与曲靖市《烤烟四十级标准分级扎把技术》教材编写，参与了在曲靖地区进行的国际型优质烟开发研究工作，多年在曲靖市公司举办的烤烟分级技术比武中担任评委工作；参加曲靖市烟叶推迟集中收购研究推广实验，曲靖市烟草公司与武烟集团、上海卷烟厂等企业合作的曲靖地区烟叶初配方打叶技术的研究与应用实验，在配方打叶工作中主要负责烟叶外观评价和卷烟感官培训工作。在1995~2004年间，每年组织完成烟叶收购、国家标准以及烟农分级扎把培训10期，培训基层辅导教师、质检收购人员和烟农近1300人次；在烟叶收购期间，完成烟叶收购质量抽查100个左右收购站（点），抽查烟叶16000把左右。

2004年他被聘为曲靖市烤烟仿制样品审定委员会委员，2006年被聘为云南省烤烟仿制样品审定委员会委员。在2005年、2006年云南省公司烤烟分级技术比武中分别获得了三等奖、一等奖，两次荣获“云南省烟草专卖局（公司）技术能手”称号。2007年被曲靖市人民政府评为“曲靖市兴曲技能人才”。

【尹小斌】 男，汉族，1971年12月出生，湖南桂阳人，中共党员，大专学历，烟叶分级技师，郴州市烟草公司桂阳县分公司方元烟草站项目长、验级员、线负责人。2007年，在第三届全国烟草行业烟叶分级职业技能竞赛中，被国家局授予“全国烟草技术能手”荣誉称号。

1988年，尹小斌到方元烟草站工作以来，先后担任方元烟草站实物负责人、主验员以及项目长、验级员、线负责人。20年来，他一直扎根于烟叶生产、收购的第一线，爱岗敬业，工作认真负责，练就了高水平的烟叶分级技能，为桂阳县烟叶分级整体水平的提高做出了贡献。近年来，尹小斌还先后被评为湖南省烟草公司郴州市公司“先进工作者”、湖南省烟草公司郴州市公司桂阳县营销部“十佳员工”，获得郴州市烟草专卖局（公司）“突出贡献奖”。

【师亚锋】 男，汉族，1977年10月出生，河南陕县人，大专学历，烟叶分级高级工，现在河南省灵宝市烟草分公司烟叶科工作。2007年，在第三届全国烟草行业烟叶分级职业技能竞赛中，被国家局授予“全国烟草技术能手”荣誉称号。

自1996年12月参加工作以来，师亚锋一直在灵宝市烟草公司从事烟叶分级检验工作，工作中他认真钻研业务技术，不断提高业务技能与分级水平。烟叶收购期间，经常在各基层烟叶工作站巡回检查，并亲自对烟叶进行分级，帮助烟农挑拣烟叶。在他的指导下，灵宝市分公司连续两年烟叶等级合格率均在80%以上。

师亚锋曾在2006年国家局举办的烤烟分级标准培训班上取得第二名的好成绩；在河南省烟草公司举办的“河南省第一届烟叶分级技能竞赛”中取得第一名，荣获“河南省烟草技术能手”称号。

【陆承念】 男，苗族，1967年8月出生，湖北咸丰人，高中学历，高级烟叶分级工，咸丰县烟叶分公司质检科副科长。2007年，在第三届全国烟草行业烟叶分级职业技能竞赛中，被国家局授予“全国烟草技术能手”荣誉称号。

陆承念自1992年3月参加工作以来，始终坚持秉公办事、紧扣标准的原则，多年的基层工作经历养成了其吃苦耐劳、甘于奉献的品质。

1992～2002年在基层烟草站工作期间，多次被评为“先进工作者”；2003年、2005年被咸丰县人民政府和烟草公司同时评为“先进工作者”；2006年，被湖北省局授予“优秀质检员”荣誉称号；2007年1月参加湖北省局第一届烟叶分级技能大赛，获三等奖，被授予全省“烟叶分级技术能手”荣誉称号。

【邱桂兰】 女，汉族，1972年12月出生，福建龙岩人，中专学历，福建省烟草公司三明市公司烟叶销售部职工。2007年，在第三届全国烟草行业烟叶分级职业技能竞赛中，被国家局授予“全国烟草技术能手”荣誉称号。

1998年至2007年6月，邱桂兰在三明金叶复烤有限公司原料部任烟叶验级员；2007年6月至今，在三明市烟草公司烟叶销售部工作。

1998年，她进入原料车间工作，第一次接触到烟叶。她善于学习，向师傅请教并对每个烟叶等级进行认真比对；利用业余时间学习烟叶分级理论基础知识，做笔记、背定义、记标样；理论联系实际，制作烟叶样品并反复练习。通过她的努力，逐渐成长为骨干验级员。2006年，获三明市首届烟叶分级技能竞赛二等奖，同年获福建省烟草公司第一届烟叶分级技能竞赛一等奖；2007年，参加国家局组织的《烤烟》国家标准分级技术培训，成绩优秀。

【邓家强】 男，汉族，1978年9月出生，中共党员，大学学历，凉山彝族自治州烟草专卖局（公司）烟叶营销管理科质量主管。2007年，在第三届全国烟草行业烟叶分级职业技能竞赛中，被国家局授予“全国烟草技术能手”荣誉称号。

2003年，邓家强毕业于四川农业大学，同年进入凉山州烟草专卖局（公司）会理县公司工作，先后担任过技术员、选叶场管理员、仓储中心主检、州局（公司）业务管理。

邓家强从事烟叶分级工作几年来，在本职岗位上兢兢业业、勤于钻研。2004年，他参与了会理县烟草公司贯标工作。2005年，在仓储中心管理工作中，特别对选叶场实行精细化管理，有效降低了选叶损耗，为控制国有财产的流失作出了应有的贡献。在烟叶分级工作上，他潜心钻研，不断提高自己的烟叶分级水平。邓家强还先后被评为州局（公司）“先进个人”，在2006年四川省局（公司）举行的两次烟叶分级技能竞赛中，他分别获得第二名和第五名的好成绩。

【王洪炜】 男，土家族，1972年11月出生，湖北巴东人，中共党员，大学学历，烟叶分级技师、农艺师，湖北省标准委员会烟叶专业组成员，现任恩施州烟草公司烟叶质检科质检员。2007年，在第三届全国烟草行业烟叶分级职业技能竞赛中，被国家局授予“全国烟草技术能手”荣誉称号。

王洪炜于1993年9月参加工作，主要从事“两烟”样品的审定和全州的烟叶质量管理。他曾参与白肋烟28级标准培训教材的编写工作，并于2006年率先成功组织白肋烟新标准颁布后的试收购工作。2007年，他撰写的《白肋烟新旧标准对比研究》论文，荣获恩施州科技论文评比二等奖。他也是能同时熟练掌握烤烟和晾晒烟标准的技术能手。

【郭　文】 男，汉族，1979年9月出生，广东潮阳人，大学学历，技师，上海烟草（集团）公司原料供应部业务员。2007年，在第三届全国烟草行业烟叶分级职业技能竞赛中，被国家局授予“全国烟草技术能手”荣誉称号。

郭文2002年进入上海烟草（集团）公司原料供应部，成为一名专业从事烟叶原料的采购和调拨工作的业务员。5 年来，他先后在福建、湖北、吉林等烟叶产区开展工作，深入乡间田埂，与烟叶为伴，同烟农为伍。为了全面掌握不同烟叶分级技术的“精髓”，他一年中有 230 多天出差在外，驻扎在烟叶基地和基层收购站。在工作实践中，他虚心地向当地的技术人员请教，并静下心来仔细摸索，烟叶分级的“感官”水平有了很大的提高。郭文还参加了全国烟叶分级培训班、全国标样审定会，不断丰富自己的理论水平和分级经验，他不仅在烟叶调拨工作中独当一面，而且对几百个等级烟叶的标准也了如指掌。郭文曾被评为局级优秀团员和厂级“五好职工”。

【尹凯歌】 男，汉族，1974 年 10 月出生，河南漯河人，大学学历，河南中烟工业公司漯河卷烟厂制丝车间电工维修班班长。2007 年 6 月，被共青团中央、劳动和社会保障部授予 2006 年度“全国青年岗位能手”荣誉称号。

1996 年 7 月，尹凯歌毕业于合肥工业大学，同年进入漯河卷烟厂工作。

主要负责制丝电控系统的维修、改造及研究工作。他虚心学习，刻苦钻研，掌握了制丝线电控原理，并能熟练地应用松下、欧姆龙、西门子等工业可编程控制器（PLC），对制丝线进行监控和编程，成为制丝车间的技术骨干。他带领技术室的同事，主持并完成制丝线烘丝电控系统改造、梗丝膨化闪蒸（STS）电控技术革新等 25 项重大技术革新项目，稳定和提高了产品的内在质量，提高了设备有效作业率和过程控制精度并取得显著的经济效益。他多次被评为企业“先进个人”、“先进生产者”。2004 年，被郑州卷烟总厂誉为“郑烟张虎式的好职工”，并获得“河南省百名技术英杰”称号。

文　化

中国烟草博物馆

【概　况】 中国烟草博物馆位于上海市长阳路，于2004年7月15日开馆，总投资1.8亿元。它是一家反映中国烟草发展历史、传承中国烟草文化的专业博物馆，是上海首个国家级行业博物馆，也是目前世界上规模最大的烟草博物馆。中国烟草博物馆有烟草历程、烟草农业、烟草工业、烟草经贸、烟草管理、烟草文化、吸烟与控烟、新世纪等8个展馆，参观者可以通过大量珍贵的文物、文献、模型、场景、真人蜡像以及照片、多媒体等形式，全面了解我国烟草的起源及各发展阶段的概况和特征，了解吸烟与控烟的发展历史以及中国烟草行业在控烟与减害降焦等方面的情况。根据国家烟草专卖局的有关文件精神，中国烟草博物馆开馆后的日常管理纳入上海烟草（集团）公司统一管理。

【领导成员】 常务副馆长：王传清

馆长助理：章　伟

【组织机构】 下设办公室、陈列布展部、征集保管部、后勤保障部4个部门。

【参观交流】 中国烟草博物馆既是一个公益性的文化教育场所，也是全国烟草行业向社会开放的特殊窗口，拥有展示行业形象的重要职责。为了给观众提供幽雅的参观环境、热情的讲解服务、完好的无障碍设施，博物馆始终坚持“以人为本，真情服务”的服务宗旨，热情接待，回报社会。2007年，中国烟草博物馆继续组织上海烟草（集团）公司广大干部职工来馆参观。利用暑期，主动与杨浦区教育局等单位联系，组织区内万名中小学生开展以“相约未知王国，开启智慧人生”为主题的“寻访文博足迹”活动；与虹口区教育系统共同策划“走进烟草历史，感受烟草文化，提高科学知识”主题活动。截至2007年底，中国烟草博物馆累计接待各方观众近11万人次，包括来自美国、法国、德国、意大利、南非、日本、巴基斯坦等国的外宾，以及来自中国香港、台湾的观众。

【管理创新】 2007年，中国烟草博物馆继续围绕“展示、收藏、研究”的三大功能，以“夯实日常管理、加强员工队伍建设、提升专业水平”为抓手，努力把博物馆建设成为行业和社会的爱国主义、科普教育基地。一是以加强盘库为切入口，在摸清家底的基础上，着力提高征集保管工作水平；二是以新世纪馆筹建为突破口，应用新颖的展示手段，不断提升博物馆展示水平；三是以打造学习型团队为要求，强化培训和考核，不断加强员工队伍建设；四是以不断增强品牌效应为目标，加大对外交流与合作，不断扩大博物馆的知名度和影响力。

【特事要辑】 1月18～19日，国家旅游局召开2007年全国旅游工作会议。会上，上海烟草集团工业园区（包括中国烟草博物馆和上海卷烟厂）被国家旅游局命名为“全国工业旅游示范点”。

6月16日，中国烟草博物馆举行了以“鉴赏在烟博”为主题的第三届民间收藏家联谊会。

10月17日，国家局副局长张辉一行到中国烟草博物馆刚竣工的新世纪馆进行考察验收，对新世纪馆的陈列内容和陈列形式给予充分肯定。

11月16日，中国博物馆学会主席张文彬一行参观了中国烟草博物馆，并对展馆建设及管理等方面的成功运作模式给予充分肯定。

12月27日，中国烟草学会理事长杨传德一行参观了落成的新世纪馆，并对新世纪馆的陈列内容和展示手段给予了肯定。

烟草行业媒体名录

报刊名	报刊号/准印证号	创刊日期	刊　期	网　址	联系电话	主办单位
《中国烟草》	ISSN1008－9063 CN11－3831/D	1985年7月	半月刊	www.echinatobacco.com	010－63605464	中国烟草杂志社
《通讯员园地》	内部资料	2001年1月	季　刊	—	010－63605124	中国烟草杂志社
《中国烟草学报》	ISSN1004－5708 CN11－2985/TS	1992年	双月刊	www.tobacco.org.cn	010－63605768	中国烟草学会
《烟机通讯》		2001年3月	半月刊	—	0374－3266940	中国烟草机械集团有限责任公司
《北京烟草》	京内资准字1999－L0006	1993年	季　刊	—	010－84559779	北京市烟草专卖局（公司）、北京市烟草学会
《北京烟草视窗》	京内资准字0707－L0038	2005年1月	半月报	—	010－84559779	北京市烟草专卖局（公司）
《天津烟草》	准印证第05038号	2000年6月	季　刊	—	022－60336155	天津市烟草专卖局（公司）、天津市烟草学会
《河北烟草》	JL01－0160（内部交流）	1984年9月	双月刊	—	0311－88607992	河北省烟草专卖局（公司）、河北中烟工业公司、河北省烟草学会
《河北烟草报》	JL01－0312（内部交流）	2004年3月	月　报	—	0311－87027979－3058/3029	河北中烟工业公司、河北省烟草专卖局（公司）
《山西烟草》	山西省连续性内部资料准印证（99）第K224号	1987年3月	季　刊	—	0351－4153278	山西省烟草专卖局（公司）、山西省烟草学会
《客户服务窗》		2007年4月	月　刊	—	0352－6106707	山西省大同市烟草专卖局（公司）
《金叶之声》		2006年1月	月　刊	—	0356－2197877	山西省晋城市烟草专卖局（公司）
《工商客消连心桥》		2006年9月	半月刊	—	0359－2080680	山西省运城市烟草专卖局（公司）
《握手》		2006年1月	月　刊	—	0349－2288030	山西省朔州市烟草专卖局（公司）
《吕梁烟草》		2002年4月	半月刊	—	0358－8211720	山西省吕梁市烟草专卖局（公司）
《互动营销》		2006年8月	月　刊	—	0354－3073124	山西省晋中市烟草专卖局（公司）
《共同关注》		2005年10月	月　刊	—	0350－3040538	山西省忻州市烟草专卖局（公司）
《临网导刊》		2005年7月	周　刊	—	0357－3086373	山西省临汾市烟草专卖局（公司）

注：烟草行业上媒体名录中包括烟草行业主办的公开发行的报刊和行业内部交流资料等。

报刊名	报刊号/准印证号	创刊日期	刊 期	网 址	联系电话	主办单位
《内蒙古烟草》	15-088/C（内部交流）	1988年10月	双月刊	—	0471-2297071	内蒙古自治区烟草专卖局（公司）、内蒙古自治区烟草学会、内蒙古烟草职工思想政治工作研究会
《金叶报》		1998年11月	月 报	—	0471-4927156	内蒙古金叶实业（集团）有限责任公司
《呼烟报》		1998年1月	月 报	—	0471-5976633-6300	内蒙古昆明卷烟有限责任公司
《卷烟销售时讯》		2002年10月	双月刊	—	0471-5976633-6324	内蒙古昆明卷烟有限责任公司
《丝语》		2000年1月	月 刊	—	0471-5976633-6261	内蒙古昆明卷烟有限责任公司
《辽宁烟草》	辽宁省内部资料准印证第0022号	1990年1月	双月刊	—	024-22937058	辽宁省烟草专卖局（公司）、辽宁省烟草学会
《烟草资讯》		2003年1月	月 刊	—	024-22717756	辽宁省沈阳市烟草专卖局（公司）
《辽阳烟草》		2002年11月	季 刊	—	0419-4126788	辽宁省辽阳市烟草专卖局（公司）
《铁岭烟草》		2003年12月	月 报	—	0410-2651305	辽宁省铁岭市烟草专卖局（公司）
《锦州市烟草简报》		2005年7月	月 报	—	0416-2341431	辽宁省锦州市烟草专卖局（公司）
《网建与经营》		2006年7月	月 报	—	0412-5512157	辽宁省鞍山市烟草专卖局（公司）
《本溪烟草报》		2007年6月	月 报	—	0414-4517002	辽宁省本溪市烟草专卖局（公司）
《丹东烟草报》		2007年12月	双月报	—	0415-2122621	辽宁省丹东市烟草专卖局（公司）
《营烟信息》		2007年3月	双月报	—	0417-2815850	辽宁省营口市烟草专卖局（公司）
《阜新烟草》		2007年7月	月 报	—	0418-2833617	辽宁省阜新市烟草专卖局（公司）
《朝烟信息》		2005年5月	月 报	—	0421-2610269	辽宁省朝阳市烟草专卖局（公司）
《盘烟信息》		2007年5月	双月报	—	0427-2836464	辽宁省盘锦市烟草专卖局（公司）
《吉林烟草》	吉林省连续性内部资料出版物准印证编号：JN00-013	1994年1月	月 刊	—	0431-88401432	吉林省烟草专卖局(公司)

报刊名	报刊号/准印证号	创刊日期	刊 期	网 址	联系电话	主办单位
《新烟草》	ISSN1008－5181 CN23－1526/TS	1986年6月	月 刊	—	0451－82654197	《新烟草》杂志社
《黑龙江烟草》	黑新出印字2300009号	1999年3月	旬 报	—	0451－82643781	黑龙江省烟草专卖局（公司）
《哈尔滨烟草》	黑新出印字2301026号	2002年9月	半月刊	—	0451－88620697	黑龙江省哈尔滨市烟草专卖局（公司）
《政务信息》		2004年9月	月 刊	—	0467－2682215	黑龙江省鸡西市烟草专卖局（公司）
《上海烟业报》		1994年11月	周 报	www.sh－tobacco.com.cn	021－61669053	上海市烟草专卖局、上海烟草（集团）公司
《上海烟业》	上海市连续性内部资料准印证第0205号	1987年2月	季 刊	xh.sh－tobacco.com.cn	021－61669608	上海市烟草学会
《专卖网建动态》		2005年4月	月 刊	www.fxyc.com.cn	021－37101067	上海市烟草专卖局奉贤分局、上海烟草集团奉贤烟草糖烟酒有限责任公司
《白玉兰报》		2004年1月	双月刊	—	021－61662878	上海白玉兰烟草材料有限公司
《上海烟机》		1993年8月	月 刊	—	021－58541023	上海烟草机械有限责任公司
《京烟》	京内资准字99－L0501	1993年1月	月 报	www.znhonline.com	010－65762922－211	上海烟草集团北京卷烟厂
《中南海世界》		1999年6月	月 刊	www.znhonline.com	010－65790269	上海烟草集团北京卷烟厂
《津烟》	内部资料准印证号津07011	1994年10月	半月报	—	022－24727350	上海烟草（集团）公司天津卷烟厂
《烟印报》		1993年1月	月 报	—	021－61666913	上海烟草工业印刷厂
《江苏烟草报》	苏新出准印JS－S060号		周 报	www.js.com.yc	025－86795008－9902	江苏省烟草专卖局（公司）
《江苏烟草》	苏新出准印JS－S027号	1987年9月	双月刊	www.jstobacco.com.cn	025－86794543	江苏省烟草专卖局（公司）、江苏中烟工业公司、江苏省烟草学会
《金陵烟草报》		1987年4月	半月报	—	025－86479878	江苏中烟工业公司南京卷烟厂
《彭城烟草》		1989年	半月刊	www.xzjyc.com.cn	0516－3673208－3628	江苏中烟工业公司徐州卷烟厂
《浙江烟草》	浙内部资料准印证第0039号	1987年4月	季 刊	—	0571－87032401	浙江省烟草专卖局（公司）、浙江中烟工业有限责任公司、浙江省烟草学会

报刊名	报刊号/准印证号	创刊日期	刊 期	网 址	联系电话	主办单位
《杭州烟草报》	浙企准字第 A052 号	1999 年	月 报	—	0571－87227553	浙江省杭州市烟草专卖局（分公司）
《客户经理》		2002 年	月 刊	—	0571－87229720	浙江省杭州市烟草专卖局（分公司）
《客户直通车》		2003 年	月 刊	—	0571－87229720	浙江省杭州市烟草专卖局（分公司）
《零售户之友》		2002 年 11 月	月 刊	—	0576－8599018	浙江省台州市烟草专卖局（分公司）
《浙江中烟报》	浙企准字 S042 号	2006 年 10 月	月 报	—	0571－87048273	浙江中烟工业有限责任公司
《安徽烟草》	安徽省内部资料准印证号（综）00－2046	2001 年 1 月	月 刊	www. ahyc. com. cn	0551－2282013	安徽省烟草专卖局（公司）、安徽中烟工业公司、安徽省烟草学会
《安庆烟草》		2003 年 4 月	双月刊	—	0556－5543084	安徽省安庆市烟草专卖局（公司）
《安徽中烟报》	安徽省内部资料准印证第 01－020	2006 年 10 月	双周报	www. ahycgy. com. cn	0551－5392203	安徽中烟工业公司
《福建烟草》	闽内刊出版许可证第 K097 号	1987 年	双月刊	—	0591－87069999	福建省烟草专卖局（公司）、福建中烟工业公司、福建省烟草学会
《三明烟草》	闽内刊许可证第 123 号	1992 年	双月刊	—	0598－8566618	福建省三明市烟草专卖局（公司）、福建省三明市烟草学会
《海峡烟草》		2003 年 6 月	旬 报	www. fj－to bacco. com	0591－87069999	福建省烟草专卖局（公司）
《海峡烟草》（烟叶版）		2005 年 5 月	月 报	www. fj－to bacco. com	0591－87070000	福建省烟草专卖局（公司）
《永烟信息》		2002 年 2 月	月 刊	—	0598－3739108	福建省永安市烟草专卖局（公司）
《龙烟人》	闽内部资料出版物出版许可证第 119 号	1991 年 7 月	半月刊	www. lycf. com. cn	0597－2776792	龙岩烟草工业有限责任公司
《厦门烟草》	厦新出（99）内资第 16 号	1993 年 12 月	月 刊	www. xmjyc. com	0592－6536171	厦门烟草工业有限责任公司
《江西烟草》	赣内资字第 122 号	1993 年 3 月	双月刊	—	0791－6535010	江西省烟草专卖局（公司）、江西中烟工业公司、江西省烟草学会
《江西烟草调研》		1996 年 4 月	不定期	—	0791－6535255	江西省烟草专卖局（公司）

报刊名	报刊号/准印证号	创刊日期	刊期	网址	联系电话	主办单位
《江西烟草信息》		1994 年	周刊	—	0791－6535092	江西省烟草专卖局（公司）
《烟叶简报》		2004 年 12 月	月报	—	0791－6535137	江西省烟草专卖局（公司）
《南昌烟草》		2005 年 9 月	月刊	—	0791－6516840	江西省南昌市烟草专卖局（公司）
《学与思》		2005 年 1 月	不定期	—	0793－8310193	江西省上饶市烟草专卖局（公司）
《饶烟论坛》		2002 年 6 月	不定期	—	0793－8310528	江西省上饶市烟草专卖局（公司）
《今日家庭报·金叶周刊》	国内统一刊号：CN36－0025/03－12	2004 年 1 月	周报	—	0792－8136532	江西省九江市烟草专卖局（公司）、《江西日报》社
《鹰潭广播电视报·金叶周刊》	国内统一刊号：CN36－0025/08－12	2005 年 1 月	周报	—	0701－6227641	江西省鹰潭市烟草专卖局（公司）、鹰潭市广播电视局
《赣西都市·萍烟专版》	国内统一刊号：CN36－0042	2007 年 1 月	半月刊	—	0799－6786517	江西省萍乡市烟草专卖局（公司）、《萍乡日报》社
《景德镇日报·金叶专版》	国内统一刊号：CN36－0012	2007 年 1 月	半月报	—	0798－8522872	江西省景德镇市烟草专卖局（公司）、《景德镇日报》社
《赣烟人》		1998 年 6 月	月刊	—	0797－6611898－6186	江西中烟工业公司赣南卷烟厂
《金圣报》	赣内资字第 076 号	2004 年 6 月	月报	www.jinsheng.com	0791－8358779	江西中烟工业公司
《月兔信息》	赣内资字第 E004 号	1996 年 10 月	月刊	—	0793－2624118	江西中烟工业公司广丰卷烟厂
《南烟信息》		1999 年 10 月	月刊	—	0791－8358920	江西中烟工业公司南昌卷烟厂
《东方烟草报》	国内统一刊号：CN37－0082	1992 年 7 月	周五报	www.eastobacco.com	0531－88562706	东方烟草报社
《山东烟草》	鲁连内资（2007）1263				0531－88525069	山东省烟草专卖局（公司）、山东中烟工业公司、山东省烟草学会
《金叶》		2003 年 12 月	双月刊	—	0632－5501607	山东省枣庄市烟草专卖局（有限公司）
《淄博烟草》		2004 年 10 月	半月刊	—	0533－2175414	山东省淄博市烟草专卖局（有限公司）
《滨州烟草报》	滨州市内部资料准印证（2006）第 44 号	—	季报	—	0543－313077	山东省滨州市烟草专卖局（有限公司）
《将军视窗》	济南市内部资料准印证第 004 号	1990 年 7 月	旬报	www.chinageneral.com	0531－66776235	山东中烟工业公司济南卷烟厂、将军烟草集团有限公司

报刊名	报刊号/准印证号	创刊日期	刊 期	网 址	联系电话	主办单位
《星光报》	山东省连续性内部资料出版物准印证 0085 号	1997 年 10 月	不定期	www. qzcf. com	0536－3239468	山东中烟工业公司青州卷烟厂
《颐中烟草》	青岛市内部资料准印证第 071 号	1991 年 9 月	半月刊	www. etsong. com	0532－81921261	山东中烟工业公司青岛卷烟厂
《滕烟采风》	鲁 D 连内资（2008）第 031 号	1996 年 2 月	月 刊	—	0632－5636956	山东中烟工业公司滕州卷烟厂
《中国烟草科学》	ISSN1007－5119 / CN37－1277/S	1979 年	季 刊	www. tric. cn	0532－88703708	中国农业科学院烟草研究所、中国烟草总公司青州烟草研究所
《河南烟草》	内资［豫直］168 号	1996 年 6 月	季 刊	—	0371－65583125	河南省烟草专卖局（公司）、河南中烟工业公司、河南省烟草学会
《郑州烟草》	河南省连续性内部资料［郑州］0005 号	—	半月刊	—	0371－68810589	河南省郑州市烟草专卖局（公司）
《焦作烟草》	河南省连续性内部资料［焦作］0024 号	—	半月刊	—	0391－2285031	河南省焦作市烟草专卖局（公司）
《今日信烟》	河南省连续性内部资料［信阳］0025 号	—	半月刊	—	0376－6557519	河南省信阳市烟草专卖局（公司）
《信阳烟草》	豫内资准印证［信阳］0024 号	—	半月刊	—	0376－6557519	河南省信阳市烟草专卖局（公司）
《周口烟草》	豫内资周新通［2005］025 号	—	不定期	—	0394－8395384	河南省周口市烟草专卖局（公司）
《郑州院报》		2004 年 1 月	月 报	—	0371－67672000	中国烟草总公司郑州烟草研究院
《烟草信息》		1984 年 7 月	半月刊	www. tobaccoinfo. com. cn	0371－67672639	中国烟草科技信息中心
《烟草科技》	ISSN1002－0861 / CN41－1137/TS	1957 年	月 报	www. tobaccoinfo. com. cn	0371－67672637	中国烟草总公司郑州烟草研究院
《河南中烟》	内资［省直］163 号	2006 年 6 月	月 报	www. hatic. com/magazine	0371－69192833	河南中烟工业公司
《帝豪时讯》	内资［许昌］0006 号	1989 年 6 月	半月刊	—	0374－3351233	河南中烟工业公司许昌卷烟厂
《黄金叶信息》	豫内资通字［2002］0026	2002 年 2 月	月 报	www. goldenleaf. com. cn	0371－66393271	河南中烟工业公司郑州卷烟厂
《湖北烟草》	湖北省内部资料准印证第 2006/SG	1986 年 1 月	双月刊	—	027－83738388	湖北省烟草专卖局（公司）、湖北中烟工业有限责任公司、湖北省烟草学会

报刊名	报刊号/准印证号	创刊日期	刊 期	网 址	联系电话	主办单位
《武汉烟草》		2001年10月	季 刊	—	027－65682185	武汉烟草（集团）有限公司、武汉市烟草专卖局（公司）、武汉烟草学会
《鄂州烟草报》		2003年1月	双周刊	—	0711－3870952	湖北省鄂州市烟草学会
《襄樊烟草》		2001年	月 报	—	0710－3010881	湖北省襄樊市烟草专卖局（公司）
《随州烟草》		2000年10月	月 报	—	0722－3223091	湖北省随州市烟草专卖局（公司）
《随州烟草信息》		2000年10月	月 报	—	0722－3223092	湖北省随州市烟草专卖局（公司）
《黄鹤楼周刊》	国内统一刊号：CN42－0107	2006年1月	周 报	www. hhlweek. com	027－68832900	《长江日报》报业集团、红金龙集团
《黄鹤楼报》	鄂内资准印1013/WH	1988年	半月刊		027－68832900	湖北中烟工业有限责任公司
《湖南烟草》	湖南省内部资料刊型准印证号0058	1986年9月	双月刊	www. hntobacco. com	0731－5799277	湖南省烟草专卖局（公司）、湖南中烟工业有限责任公司、湖南省烟草学会
《白沙》	湖南省内部报型资料准印证A002	1989年	旬 报	www. baisha. com	0731－5559117	湖南中烟工业有限责任公司长沙卷烟厂
《常德烟厂报》		1984年4月	旬 报	www. furong wang. com	—	湖南中烟工业有限责任公司常德卷烟厂
《广东烟草》	粤内登字O第10310号	2004年8月	双月刊	—	020－38809775	广东省烟草专卖局（公司）
《广东中烟报》	粤O第0075号	2005年5月	月 报	—	020－87013273	广东中烟工业有限责任公司
《广西烟草》	广西壮族自治区内部资料性出版物准印证第0040475号	1987年1月	双月刊	—	0771－5851875	广西壮族自治区烟草专卖局（公司）、广西中烟工业公司、广西壮族自治区烟草学会
《邕城烟草报》	广西壮族自治区内部资料性出版物准印证第0010155号	2004年7月	半月刊	—	0771－2108681	广西壮族自治区南宁市烟草专卖局（公司）
《柳州烟草》	广西壮族自治区内部资料性出版物准印证第0000867号	2007年8月	月 报	—	0772－2838788	广西壮族自治区柳州市烟草专卖局（公司）
《河池烟草》	广西壮族自治区内部资料性出版物准印证第0029689号	2003年4月	月 报	www. hcto bacco. com	0778－2284430	广西壮族自治区河池市烟草专卖局（公司）

报刊名	报刊号/准印证号	创刊日期	刊 期	网 址	联系电话	主办单位
《来宾烟草》	广西壮族自治区内部资料性出版物准印证第0006441号	2006年6月	季 刊	—	0772-4228861	广西壮族自治区来宾市烟草专卖局（公司）
《真龙》	广西壮族自治区内部资料性出版物准印证第0018007号	2005年4月	旬 报	www. gxzygygs. com	0771-2093159	广西中烟工业公司
《海南烟草》		2000年10月	月 报	—	0898-66764848	海南省烟草专卖局（公司）
《长江烟草报》	渝内字07-040号	1999年2月	旬 报	—	023-62940675	重庆市烟草专卖局（公司）、重庆烟草工业有限责任公司
《重庆烟草》	渝内字（06）-（349）号	1989年	月 报	—	023-67982697	重庆市烟草专卖局（公司）、重庆市烟草学会
《四川烟草通讯》		1985年	双月刊	—	028-86162076	四川省烟草专卖局（公司）、川渝中烟工业公司、四川省烟草学会
《成都烟草》		2006年4月	月 报	—	028-82957346	成都市烟草专卖局（公司）、成都市烟草学会
《贵州烟草》	黔新出［报刊］2005连续性内资准字第220号	1979年	季 刊	—	0851-6830484	贵州省烟草专卖局（公司）、贵州中烟工业公司、贵州省烟草学会、贵州省烟草科学研究所
《贵阳烟草》	黔新出［报刊］2006内资准字第226号	2005年5月	季 刊	—	0851-6782827	贵州省贵阳市烟草专卖局（公司）
《遵义烟草》	贵州省［报刊］内资字第DK108号	2002年10月	双月刊	www. zytobacco. com	0852-8822787	贵州省遵义市烟草专卖局（公司）
《毕节烟草报》	黔新出（2006）内资准字162号	1987年7月	旬 报	www. gzbjcf. com. cn	0851-8282770	贵州省毕节市烟草专卖局（公司）
《六盘水烟草通讯》		2006年3月	月刊		0858-8322012	贵州省六盘水市烟草专卖局（公司）
《黄果树烟草报》	黔新出［报刊］连续性内资字第SB20号	1978年10月	周 报	www. huangguoshu. com	0851-6831628	贵州中烟工业公司、贵州省烟草专卖局（公司）
《云南烟草》	云新出（2006）准印连字第187号	1988年1月	双月刊	http: //www. yn-tobacco. org	0871-3154518	云南省烟草专卖局（公司）、云南中烟工业公司、云南省烟草学会
《云南烟草报》	云新出（2004）准印连字第402号	1993年	旬 报	http: //www. yn-tobacco. org/	0871-3136874	云南省烟草专卖局（公司）、云南中烟工业公司、云南省烟草学会

报刊名	报刊号/准印证号	创刊日期	刊期	网址	联系电话	主办单位
《红烟视窗》		2004年	月报	—	0873－6225009	云南省红河州烟草专卖局（公司）
《思烟》		2003年10月	月报	—	—	云南省普洱市烟草专卖局（公司）
《芳草》		1997年6月	季刊	—	0883－2162325	云南省临沧市烟草专卖局（公司）
《红河烟草信息》		2000年	双月刊	—	0873－3732056	云南省红河州烤烟生产协调领导小组办公室
《红塔时报》		1987年5月	周报	www. hongtatimes. com. cn	0877－2968943	红塔烟草（集团）有限责任公司
《红云烟草》	云新出准印连字（A16057）号		半月报		0871－5833129	红云烟草（集团）有限责任公司
《今日红云》	云新出（2007）准印连字（A16056）号		双月刊		0871－5833129	红云烟草（集团）有限责任公司
《昭通烟草》	云新出（2001）准印连字第379号		半月刊	www. zctf. com	0870—2130197	红河烟草（集团）有限责任公司昭通卷烟厂
《新烟工人》	准印证第0067号		月报		0992－3223394	红河烟草（集团）有限责任公司新疆卷烟厂
《红烟文苑》	第271号（内部资料）	1994年6月	旬刊	www. honghe. com	0873－6196737	红河烟草（集团）有限责任公司
《和谐昆烟》		2006年3月	双月刊		0871－5811733	红云烟草（集团）有限责任公司昆明卷烟厂
《昆烟报》		1987年6月	双周报	www. kmcf. com	0871－5825178	红云烟草（集团）有限责任公司昆明卷烟厂
《今日昆烟》		1991年1月	双月刊	—	0871－5811733	红云烟草（集团）有限责任公司昆明卷烟厂
《烟草农业科学》		2005年9月	季刊	www. tas. net. cn	0877－2075100	云南省烟草科学研究所、中国烟草育种研究（南方）中心
《烟草种子通讯》		2004年7月	双月刊	—	0877－2664910	中国烟草育种研究（南方）中心、云南省烟草公司烟叶处、中烟种子有限责任公司
《烟草科学研究》		1999年10月	季刊	—	0871－8310750	云南烟草科学研究院
《陕西烟草》	陕新出内印字第9617号	1990年12月	双月刊	—	029－87445566－8717	陕西省烟草专卖局（公司）、陕西中烟工业公司、陕西省烟草学会
《陕西中烟报》	陕新出内印字第9898号	2005年12月	半月报	—	029－88453239	陕西中烟工业公司
《陕烟信息》		2000年	不定期	—	029－87445566－8803	陕西省烟草专卖局（公司）

报刊名	报刊号/准印证号	创刊日期	刊 期	网 址	联系电话	主办单位
《陕烟办通报》		1998 年	不定期	—	029－87445566－8803	陕西省烟草专卖局（公司）
《西安烟草》		2004 年 3 月	半月刊	—	029－82509149	陕西省西安市烟草专卖局（公司）
《商洛烟草》		1992 年	周 报	—	0914－2313216	陕西省商洛市烟草专卖局（公司）
《烟语心声》		2006 年	双月报	—	0917－3251892	陕西省宝鸡市烟草专卖局（公司）
《政务信息》		2002 年 12 月	不定期	—	0917－3250219	陕西省宝鸡市烟草专卖局（公司）
《咸阳烟草》		—	不定期	—	0910－3369992	陕西省咸阳市烟草专卖局（公司）
《榆烟心桥》		—	不定期	—	0912－5632623	陕西省榆林市烟草专卖局（公司）
《甘肃烟草》	甘内资 G019	1992 年 12 月	不定期	—	0931－8858751	甘肃省烟草专卖局（公司）、甘肃省烟草学会
《青海烟草》	青内资 k－173 号	1986 年	双月刊	—	0971－6154026	青海省烟草专卖局（公司）、青海省烟草学会
《宁夏烟草》	宁新出管字［2007］第 622 号	1991 年	季 刊	—	0951－5044368	宁夏回族自治区烟草专卖局（公司）、宁夏回族自治区烟草学会
《银川烟草》	宁新出管字［2007］第 377 号	2005 年 1 月	双月刊	—	0951－5077021	宁夏回族自治区银川市烟草专卖局（公司）
《银烟市场报》		2003 年 1 月	月 报	—	0951－5077021	宁夏回族自治区银川市烟草专卖局（公司）
《石嘴山烟草报》		2004 年 7 月	月 报	—	0952－2013123	宁夏回族自治区石嘴山市烟草专卖局（公司）
《吴忠烟草报》			月 报	—	0953－2013426	宁夏回族自治区吴忠市烟草专卖局（公司）
《中卫烟草报》		2006 年 3 月	月 报	—	0955－7022901	宁夏回族自治区中卫市烟草专卖局（公司）
《新疆烟草》	新疆内部资料（刊型）准印证第 0113 号	1990 年	季 刊	—	0991－4810977	新疆维吾尔自治区烟草专卖局（公司）、新疆维吾尔自治区烟草学会
《深圳烟草》	粤内登字 B 第 11180 号		不定期	—	0755－82029915	深圳市烟草专卖局（公司）
《深烟风采》		2002 年 6 月	季 刊	www. szjyc. com	0755－25533525	深圳烟草工业有限责任公司

2007年度烟草新书目

1. 2007年版中国临床戒烟指南：试行本/世界卫生组织烟草或健康合作中心，中国疾病预防控制中心控烟办公室，中国控制吸烟协会医院控烟专业委员会主编．—北京：人民卫生出版社，2007

2. 常见慢性病社区综合防治管理手册·吸烟行为干预指导分册/杨晓辉［册］主编．北京市卫生局编．—北京：人民卫生出版社，2007

3. 大理卷烟厂志：1950～2005/谢昆或主编．大理卷烟厂志编纂委员会编纂．—昆明：云南人民出版社，2007

4. 鄂州烟草纵横·2006年度/夏汉林主编．鄂州市烟草学会编．—武汉：长江出版社，2007

5. 贵阳优质烟栽培与烘烤技术/贺化祥编著．—贵阳：贵州科技出版社，2007

6. 红河州烟草志/李保文主编．红河州烟草志编纂委员会编纂．—昆明：云南科技出版社，2007

7. 红塔年鉴·2007/黄朝茂主编．玉溪市红塔区史志编纂办公室编．—潞西：德宏民族出版社，2007

8. 津巴布韦烟叶生产/邵岩主编．云南省烟草科技研究所编著．—北京：科学出版社，2007

9. 卷烟厂工程建设与管理：长沙卷烟厂联合工房一期工程简单管理之实践/黄昂主编．—北京：中国建筑工业出版社，2007

10. 卷烟工艺与评吸/欧阳文，李佛琳，赵屹峰主编．—成都：西南财经大学出版社，2007

11. 卷烟营销网络建设调查研究报告/三明烟草卷烟网建工作组著．—大连：东北财经大学出版社，2007

12. 看图种烟/刘国顺主编．—郑州：中原农民出版社，2007

13. 烤烟栽培与烘烤/罗鹏涛，李佛琳编著．—成都：西南财经大学出版社，2007

14. 龙岩卷烟厂厂志：2001～2006/赖鞍山主编．《龙岩卷烟厂厂史》编纂委员会编．—北京：方志出版社，2007

15. 迈向健康路：一本为所有吸烟朋友设计的戒烟手册/（美）科尔曼等编．—北京：中国协和医科大学出版社，2007

16. 内蒙古自治区志·烟草志/《内蒙古自治区志·烟草志》编纂委员会编．—呼和浩特：内蒙古人民出版社，2007

17. 什邡卷烟厂志/吴秉全，陈吉国主编．什邡卷烟厂编纂．—成都：四川人民出版社，2007

18. 世界卫生组织烟草控制基础手册/刘光远主译．世界卫生组织编著．—北京：人民卫生出版社，2007

19. 腾冲烤烟/吴庭发主编．云南省烟草科学研究所，云南省烟草公司保山市腾冲县分公司编著．—昆明：云南科技出版社，2007

20. 通海县烟草志：1662～2005/段志伟主编．通海县史志办编．—潞西：德宏民族出版社，2007

21. 吸烟的历史/李科文，魏书彪编．—重庆：重庆出版社，2007

22. 雪茄的历史：20款世界经典雪茄/郑万春编著．—哈尔滨：哈尔滨出版社，2007

23. 烟草病虫草害的识别与防治图册/夏开宝，曾嵘，吴德喜主编．—昆明：云南科技出版社，2007

24. 烟草病虫害防治/任琼丽主编．—昆明：云南大学出版社，2007

25. 烟草病虫害防治技术/贺化祥，桑维钧编著．—贵阳：贵州科技出版社，2007

26. 烟草工艺与调香技术/许建营编著．—北京：中国纺织出版社，2007

27. 烟草商品学/李佛琳，马荣敏编著．—成都：西南财经大学出版社，2007

28. 烟草行业信息化标准汇编：2005年～2006年/高锦主编．全国烟草标准化技术委员会信息分技术委员会，中国烟草标准化研究中心编．—北京：中国标准出版社，2007

29. 烟草药剂保护/丁伟，关博谦主编．—北京：中国农业科学技术出版社，2007

30. 烟草遗传育种/李玉萍，张丽芬主编．—昆明：云南大学出版社，2007

31. 烟草营销绩效提升金典/《烟草营销绩效提升金典》编委会编著．—济南：山东大学出版社，2007

32. 烟草栽培新技术/辽宁省科学技术协会编．—沈阳：辽宁科学技术出版社，2007

33. 烟草种子学/李永平主编．云南省烟草科学研

究所，中国烟草育种研究（南方）中心编著．—北京：科学出版社，2007

34. 烟草专卖法律法规/赵屹峰，李佛琳，李祖云主编．—成都：西南财经大学出版社，2007

35. 烟叶化学成分及分析/李春丽，毛绍春主编．—昆明：云南大学出版社，2007

36. 烟叶科技进步贡献率评价体系研究/王现军主编．—北京：中国农业科学技术出版社，2007

37. 烟叶生产经营绩效管理：基于平衡记分卡的应用/三名烟草烟叶绩效管理课题组著．—大连：东北财经大学出版社，2007

38. 优质烤烟区划理论与实践/张振平主编．—西安：陕西科学技术出版社，2007

39. 云南烟草栽培学/胡荣海主编．云南省烟草科学研究所，中国烟草育种研究（南方）中心编著．—北京：科学出版社，2007

40. 云南烟叶主要化学成分分析/邵岩主编．云南省烟草科技研究所编著．—北京：科学出版社，2007

41. 中国烤烟气候适宜性和需水量的空间分布特征/龙怀玉，刘建利著．—北京：中国大地出版社，2007

42. 中国烟草发展战略·合肥烟草卷/项建安主编．—合肥：中国科技大学出版社，2007

43. 中国烟草昆虫/马继盛编著．—北京：科学出版社，2007

44. 中国烟民与烟文化/大丰，朝晖著．—长沙：岳麓书社，2007

45. 中国烟草年鉴（2005）/国家烟草专卖局编．—北京：中国经济出版社，2007

46. 中国吸烟史话/袁庭栋著．—济南：山东画报出版社，2007

47. 中国烟草企业文化系列丛书［2007］/中国烟草企业文化系列丛书编辑委员会．—北京：华艺出版社，2007

行业部分单位网站网址

主办单位名称	网站网址
国家烟草专卖局、中国烟草总公司	http：//www. tobacco. gov. cn
国家烟草专卖局科技教育司	http：//www. tobaccoinfo. com. cn
中国烟叶公司	http：//yanye. tobacco. com. cn
中烟电子商务公司	http：//www. tobt. com. cn
中国烟草机械集团有限责任公司	http：//www. ctmc. net. cn
中国烟草国际有限公司	http：//www. cntiegc. com. cn
中国卷烟销售公司	http：//www. ccsmc. tobacco. gov. cn
中国烟草投资管理公司	http：//www. ctimc. com
中国烟草学会	http：//www. tobacco. org. cn
中国烟草杂志社	http：//www. echinatobacco. com
东方烟草报社	http：//www. eastobacco. com
中国烟草总公司郑州烟草研究院	http：//www. ztri. com. cn
中国烟草总公司职工技术培训中心	http：//www. ctt. cn
北京市烟草专卖局（公司）	http：//www. bjtobacco. com

注：以上收录的是行业各直属单位以及工业公司下属卷烟生产厂已开通外部网站的网址。

续表

主办单位名称	网站网址
天津市烟草专卖局（公司）	http：//www. tjtobacco. cn
黑龙江省烟草专卖局（公司）	http：//www. hl. gov. yc
上海烟草（集团）公司	http：//www. sh – tobacco. com. cn
江苏省烟草专卖局（公司）	http：//www. js. com. yc
安徽省烟草专卖局（公司）	http：//www. ahyc. com. cn
福建省烟草专卖局（公司）	http：//www. fj – tobacco. com
重庆市烟草专卖局（公司）	http：//www. 966599. com
云南省烟草专卖局（公司）	http：//www. yn – tobacco. com
宁夏回族自治区烟草专卖局（公司）	http：//www. nx – tobacco. com. cn
大连市烟草专卖局（公司）	http：//www. dl. com. yc
江苏中烟工业公司	http：//www. jszygs. com
江苏中烟工业公司南京卷烟厂	http：//www. njjyc. com
江苏中烟工业公司徐州卷烟厂	http：//www. xzjyc. com. cn
江苏中烟工业公司淮阴卷烟厂	http：//www. yipinmei. com. cn
浙江中烟工业有限责任公司	http：//www. zjtobacco. com
安徽中烟工业公司	http：//www. ahycgy. com. cn
福建中烟工业公司	http：//www. fjtic. com. cn
龙岩烟草工业有限责任公司	http：//www. lycf. com. cn
厦门烟草工业有限责任公司	http：//www. xmjyc. com
江西中烟工业公司	http：//www. jinsheng. com
江西中烟工业公司赣南卷烟厂	http：//www. gnjyc. com
江西中烟工业公司广丰卷烟厂	http：//www. cnyuetu. com. cn
山东中烟工业公司	http：//portal. sdzy. com
山东中烟工业公司济南卷烟厂	http：//portal. chinageneral. com
河南中烟工业公司	http：//www. hatic. com
湖北中烟工业有限责任公司	http：//www. hbtobacco. cn
湖北中烟工业有限责任公司襄樊卷烟厂	http：//www. xfjyc. com
湖南中烟工业有限责任公司	—
湖南中烟工业有限责任公司长沙卷烟厂	http：//www. baisha. com
湖南中烟工业有限责任公司常德卷烟厂	http：//www. furongwang. com
广东中烟工业有限责任公司	—
广东中烟工业有限责任公司广州卷烟二厂	http：//www. tobaccogz. com
川渝中烟工业公司	http：//oaserver. cytobacco. com
贵州中烟工业公司	http：//www. guiyan. com
云南中烟工业公司	http：//www. ynzy – tobacco. com
红塔烟草（集团）有限责任公司	http：//www. hongta. com

续表

主办单位名称	网站网址
红云烟草（集团）有限责任公司	http：//www. hongyun. com
红河烟草（集团）有限责任公司	http：//www. honghe. com
陕西中烟工业公司	http：//www. sxtobacco. com
陕西中烟工业公司宝鸡卷烟厂	http：//www. chinahaomao. com
陕西中烟工业公司延安卷烟厂	http：//www. yanancf. com
陕西中烟工业公司汉中卷烟厂	http：//www. hanyan. com
中国烟草实业发展中心	—
吉林烟草工业有限责任公司	http：//www. yjcf. com
黑龙江烟草工业有限责任公司	http：//www. lopato. com. cn
兰州卷烟厂	http：//www. gslzcf. com
深圳烟草工业有限责任公司	http：//www. szjyc. com
红塔辽宁烟草有限责任公司	http：//www. htln. cn
山西昆明烟草有限责任公司	http：//www. sxky. cn
南通醋酸纤维有限公司	http：//www. ncfcinfo. com
珠海醋酸纤维有限公司	http：//www. zcfc. com

文化活动与文化团体

【文化活动】

北京市烟草专卖局（公司）
举办“迎奥运、讲文明、树新风”知识竞赛，有1800余人参加。
3～10月，举办“文明窗口奥运风”征文活动。
5月，举办北京市烟草商业系统第二届职工运动会。
9月，市局（公司）300人参加了“与奥运同行”长走活动。
9月，举办“全民健身与奥运同行·2007北京烟草系统首届‘i时代5mg中南海杯’”毽球联赛。
天津市烟草专卖局（公司）
4～10月，举办“和谐天津烟草”系列文体活动。
山西省烟草专卖局（公司）
2007年全国卷烟销售网络建设工作现场会期间，举办了“宣传网建经验、展示网建成果”图板展示活动，省局（公司）机关以及11个市局（公司）参加了活动。
2007年全国卷烟销售网络建设工作现场会期间，举办“让农民在最近的地方买到最满意的烟”专场文艺演出。
11月2日，举办“‘两个至上’在岗位、‘五查五看’作表率”主题演讲活动。

续表

黑龙江省烟草专卖局（公司）
8月2~6日，举办黑龙江省烟草行业第四届职工篮球赛，来自全省行业17支代表队、200余人参加了比赛。
浙江省烟草专卖局（公司）
10月21日，举办浙江省烟草专卖局（公司）机关首届职工运动会。
11月6日，举办浙江省烟草商业系统"廉政歌曲演唱会"。
安徽省烟草专卖局（公司）
举办安徽省烟草商业系统第一届文艺汇演。
举办安徽省烟草商业系统职工荣辱故事比赛。
举办"烟草员工之歌"演唱会。
举办安徽省烟草商业系统岗位技能竞赛。
福建省烟草专卖局（公司）
1月12日，举办全省烟草商业系统"两个维护在岗位"典型经验报告会。
8月27日，举办全省烟草商业系统乒乓球赛，共有12支代表队参加了比赛。
10月17日，举办全省烟草商业系统文艺汇演。
江西省烟草专卖局（公司）
7月17~18日，举办全省系统企业文化宣讲活动。
11月7~10日，举办全省系统职工网球比赛，全系统11个市局（公司）和省局机关共12支代表队、96名员工参加了比赛。
12月6日，举办全省系统"领导干部践行'两个至上'演讲比赛"活动，来自全省系统11个市局（公司）以及驻南昌铁路烟草专卖局共12个单位、22名选手参加了比赛。
湖南省烟草专卖局（公司）
6月19~7月31日，举办全省烟草商业系统第二届男子篮球联赛。
9月27日，举办全省烟草商业系统领导干部"'两个至上'在岗位，抓班子、带队伍、促发展、创和谐"主题实践活动报告会。
广东省烟草专卖局（公司）
举办全省烟草商业系统职工文艺汇演。
6月7~8日，举办全省烟草商业系统首届职工运动会。
广西壮族自治区烟草专卖局（公司）
10月22日，举办全区烟草商业系统男子篮球、女子气排球比赛的预赛，12月4日，在钦州体育馆举行了决赛。
陕西省烟草专卖局（公司）
5~6月，举办全省烟草商业系统领导干部球类比赛。
10月，举办全省烟草商业系统"两个至上"在岗位主题实践活动报告会。
甘肃省烟草专卖局（公司）
11月20日，举办全省烟草系统践行"两个至上"从我做起主题报告会。
12月2日，举办全省烟草系统"迎奥运、讲文明、树新风"职工健身操比赛。
大连市烟草专卖局（公司）
1月27日，举办"大连烟草迎春联欢会"活动，全市行业干部职工800人参加了本次活动。

续表

<table>
<tr><td colspan="2">3月8日，举办庆祝“三八”纪念活动，组织全系统女职工参观大连市现代博物馆。</td></tr>
<tr><td colspan="2">6月18日，举办“我为党旗添光彩，我在企业当先锋”主题座谈会。</td></tr>
<tr><td colspan="2">6月23日，举办“学习十七大精神，发展中国特色社会主义”的专题辅导报告会，全市烟草行业党员、干部、员工近350人参加。</td></tr>
<tr><td colspan="2">6月30日，举办“方永刚事迹报告暨2006~2007年度‘三先两优’表彰大会”。</td></tr>
<tr><td colspan="2">8月1日，举办“弘扬我军优良传统，争做践行‘两个至上’模范”纪念建军80周年座谈会。</td></tr>
<tr><td colspan="2">深圳市烟草专卖局（公司）</td></tr>
<tr><td colspan="2">1月31日，举办迎新春职工书画摄影展，共有64名职工的作品参展。</td></tr>
<tr><td colspan="2">4月21日，举行市局（公司）机关员工10公里远足活动，有110余人参加。</td></tr>
<tr><td colspan="2">7月16~27日，举办廉政书画摄影作品展，展出作品100余幅。</td></tr>
<tr><td colspan="2">7月，举办深圳市烟草商业系统第四届职工运动会，运动会历时4个月，设有篮球、游泳、田径等多个项目。</td></tr>
<tr><td colspan="2">10月，举办“开平碉楼摄影采风”活动。</td></tr>
<tr><td colspan="2">河北中烟工业公司</td></tr>
<tr><td colspan="2">4月5日，协办“迎奥运健步走”活动，省直机关和直属单位的2000余人参加。</td></tr>
<tr><td colspan="2">11月1日，举办“两个至上”巡回演讲活动，河北烟草系统6000余人参加。</td></tr>
<tr><td colspan="2">江苏中烟工业公司</td></tr>
<tr><td colspan="2">4月28日，举办江苏烟草系统“庆五一梦都杯”80分扑克比赛。</td></tr>
<tr><td colspan="2">5月，举办近百名报刊网络通讯员赴徐州采风活动，培养宣传队伍。</td></tr>
<tr><td colspan="2">10月26日，举办全省烟草工业系统“两个至上，从我做起”主题报告会。</td></tr>
<tr><td>南京卷烟厂</td><td>1月，举办南京卷烟厂第八届职工运动会，共有1500人次参加。</td></tr>
<tr><td rowspan="2">淮阴卷烟厂</td><td>3月，举办“我爱我家”女职工巧手展示、时装表演等活动，共300余名女职工参与。</td></tr>
<tr><td>5月，举办“红五月”书法美术摄影展，有51名职工参加。</td></tr>
<tr><td colspan="2">浙江中烟工业有限责任公司</td></tr>
<tr><td colspan="2">举办“我应该为企业做什么，我能为企业做什么”演讲比赛。</td></tr>
<tr><td colspan="2">举办“发扬优良传统，弘扬团队精神”七一歌咏比赛。</td></tr>
<tr><td colspan="2">举办“我爱我家”摄影比赛。</td></tr>
<tr><td colspan="2">安徽中烟工业公司</td></tr>
<tr><td rowspan="4">蚌埠卷烟厂</td><td>举办“新时期蚌烟职工新形象”演讲比赛。</td></tr>
<tr><td>举办蚌埠卷烟厂第20届职工运动会。</td></tr>
<tr><td>举办“迎奥运，展风采，树婚育新风”职工子女书画比赛。</td></tr>
<tr><td>举办新春联欢会。</td></tr>
<tr><td rowspan="7">芜湖卷烟厂</td><td>举办“爱我家园”演讲比赛。</td></tr>
<tr><td>举办“安康杯”羽毛球比赛。</td></tr>
<tr><td>举办保龄球比赛。</td></tr>
<tr><td>举办第二届“都宝杯”乒乓球比赛。</td></tr>
<tr><td>举办“都宝杯”篮球联赛。</td></tr>
<tr><td>举办职工子女才艺展示。</td></tr>
<tr><td>举办硬笔书法比赛。</td></tr>
</table>

续表

芜湖卷烟厂	举办离退休职工象棋比赛。
	举办摄影书画比赛。
	举办“两个至上”辩论赛。
	举办“庆三八”飞镖比赛。
合肥卷烟厂	3月2日，举办“追求卓越 共创和谐”新春职工联欢会。
	4~11月，举办第一届职工运动会。
	举办首届离退休（内退）职工活动节。
滁州卷烟厂	2月15日，举办“点燃快乐”2007年春节联欢会，滁州烟草工商系统400人参加。
	3月10日，举办庆“三八”跳绳接力比赛。
	3月21日，举办“插花”艺术培训班。
	4月30日，举办迎“五一”第八届职工登山比赛，450名职工参加。
	5月19日，举办“快乐周末”滁烟首届青年五人制足球比赛。
	5月27~31日，举办滁烟“第四届”职工篮球比赛。
	5月28日，举办女职工乒乓球比赛。
	7月14日，举办滁州市“烟草杯”2007年乒乓球邀请赛。
	7月26日，举办安徽中烟工业公司卷烟企业第一届第一次文体联谊会。
	8月12日，举办职工游泳比赛。
	9月30日，举办“迎国庆”职工乒乓球和踢毽子比赛。
江西中烟工业公司	
8月7~8日，举办江西中烟工业公司管理创新厂长论坛。	
10月20~21日，举办江西中烟工业公司第一届“金圣杯”职工乒乓球赛。	
12月上旬，举办江西中烟“两个至上”在岗位主题巡回演讲活动。	
12月3~9日，举办“金圣杯”烟机设备操作技能竞赛。	
南昌卷烟总厂	10月27日，举办南昌卷烟总厂第三届职工运动会。
赣南卷烟厂	国庆期间，举办“创建和谐烟厂”群众性文体活动。
	举办“技术比武”活动，提高设备操作技术和工作能力，达到岗位练兵的目的。
河南中烟工业公司	
9月18日，举办河南中烟工业公司首届标准化知识竞赛。	
河南中烟工业公司机关	9月21日，举办迎奥运健身长跑活动。
	6月，举办安全知识竞赛，11月19日，举行安全知识竞赛总决赛。
新郑卷烟厂	举办第22届“新烟之春”文艺晚会。
	4~10月，举办第22届“金芒果杯”运动会，每月有1~2个竞赛项目。
	9月18日，举办“普及安全消防知识，增强安全法制观念，提高安全综合素质”为主题的安全知识竞赛。
	12月19日，举办贯彻十七大和学习新党章知识竞赛。

续表

郑州卷烟厂	5月31日，举办能力文化综合知识竞赛。
	6~9月，举办第二届职工运动会。
	7月28日，举办军民共建和谐社区文艺演出。
	9月26日~10月17日，举办“安康杯”安全知识竞赛，10月17日，举行安全知识竞赛的决赛。
	9月27日，举办“我心中的郑烟”书法摄影作品展。
	12月24日，举办学习贯彻党的十七大精神知识竞赛。
许昌卷烟厂	4月20日，举办“迎五一、讲正气、树新风”书画作品展。
	6月8日，举办2007年职工运动会。
	8月30日，举办安全知识抢答赛。
	9月22日，举办“和谐许烟、魅力帝豪”大型文艺晚会。
	12月7日，举办学习贯彻十七大精神及新党章知识竞赛。
安阳卷烟厂	3~11月，举办第24届职工运动会，每月开展一个运动项目。
	9月5日，举办企业标准化知识竞赛。
	9月14日，举办“红旗渠杯”第三届卡拉OK歌手大奖赛。
	11月，举办“快乐工作、幸福生活”征文活动。
	12月25日，举办党的十七大知识竞赛。
南阳卷烟厂	5月9日，举办首届职工辩论赛。
	7~9月，举办“告别不文明行为”征文活动，活动收到文章117篇，短信588条。
	8月29~30日，举办“和谐杯”职工男子篮球赛。
	9月6日，举办首届标准化知识竞赛。
	9月11日，举办安全知识竞赛。
	9月，举办“和谐烟韵”美术书法摄影展，展出作品百余件。
	9月28日，举办迎国庆摄影作品展评活动，收到作品350余幅。
	11月10日~12月8日，举办男、女羽毛球单打比赛，有61名员工参赛。
	12月18日，举办学习贯彻党的十七大精神知识竞赛，竞赛分预赛和决赛两个环节。
	12月25日，举办“学习十七大、发展新宛烟”文艺汇报演出。
驻马店卷烟厂	8月31日，举办专卖法律法规知识竞赛。
	10月9日，举办“和谐驻烟”大型联欢晚会，节目由职工自编、自导、自演。
	10月16日，举办“平安杯”安全知识竞赛。
	11月12日，举办第二届“发展杯”乒乓球比赛。
	11月15日，举办“11·9”消防安全知识竞赛，推动“11·9”宣传活动月活动开展。
	12月20日，举办学习十七大精神及新党章知识竞赛。
漯河卷烟厂	5月16日，举办“感恩社会、奉献企业”征文比赛。
	6月28日，举办迎“七一”革命歌曲歌咏比赛。
	6月，举办迎“七一”书法、绘画、摄影比赛。
	9月7日，举办企业标准化知识竞赛。
	9月21日，举办安全知识竞赛。

续表

<table>
<tr><td rowspan="2">漯河卷烟厂</td><td>9月28日，举办“十月欢歌”迎十一文艺演出。</td></tr>
<tr><td>12月27日，举办学习贯彻党的十七大精神暨新党章知识竞赛。</td></tr>
<tr><td rowspan="4">洛阳卷烟厂</td><td>8月，举办“倡廉宏德”廉政格言警句书法比赛。</td></tr>
<tr><td>8月16日，举办迎奥运“激情欢歌”卡拉OK大赛。</td></tr>
<tr><td>9月21日，举办安全知识竞赛。</td></tr>
<tr><td>12月15日，举办十七大知识竞赛决赛。</td></tr>
<tr><td colspan="2">湖南中烟工业有限责任公司</td></tr>
<tr><td colspan="2">6月28~29日，举办“迎奥运”羽毛球大赛，各卷烟生产厂及所属烟叶加工企业100多名员工参加了比赛。</td></tr>
<tr><td colspan="2">广东中烟工业有限责任公司</td></tr>
<tr><td colspan="2">1月28日，举办“正气歌”歌咏比赛，全省烟草工业系统300余人参加比赛。</td></tr>
<tr><td colspan="2">9月20日，举办“百年双喜杯”乒乓球赛。</td></tr>
<tr><td colspan="2">11月22日，举办“双喜杯”人像风光摄影作品巡回展。</td></tr>
<tr><td colspan="2">12月9日，举办“双喜杯”第一届烟机设备维修职业技能竞赛。</td></tr>
<tr><td colspan="2">广西中烟工业公司</td></tr>
<tr><td colspan="2">2月8日，开展迎春晚会暨首届“真龙杯”职工文艺汇演。</td></tr>
<tr><td colspan="2">7月20日，开展“两个利益至上在岗位暨庆祝中国共产党建党86周年”企业主题歌曲合唱大赛。</td></tr>
<tr><td>南宁卷烟分厂</td><td>举办“真龙杯”系列文体活动，活动包括十余个项目，参与人数1432人次。</td></tr>
<tr><td>柳州卷烟分厂</td><td>12月25日，举办“乘着歌声的翅膀”新年音乐会。</td></tr>
<tr><td colspan="2">贵州中烟工业公司</td></tr>
<tr><td colspan="2">4~10月，举办“我爱黄果树、我爱贵烟”宣传教育活动，开展广告语、商标设计征集和征文竞赛。</td></tr>
<tr><td colspan="2">7月，由贵州中烟赞助举办的“黄果树杯”多彩贵州舞蹈大赛圆满结束。</td></tr>
<tr><td colspan="2">8月13~19日，举办会计知识大赛，选拔选手参加全国烟草行业会计知识大赛。</td></tr>
<tr><td colspan="2">9月21日，贵州中烟赞助的“放歌十七大、永远跟党走、CCTV大型红色经典音乐会”在遵义举行。</td></tr>
<tr><td rowspan="4">贵阳卷烟厂</td><td>2月，举办“春节”职工文艺演出。</td></tr>
<tr><td>3月，举办“三八”女职工才艺表演。</td></tr>
<tr><td>4月，举办“五一”职工羽毛球、乒乓球比赛。</td></tr>
<tr><td>8月，举办职工摄影、漫画比赛，558名职工参加了比赛。</td></tr>
<tr><td rowspan="3">遵义卷烟厂</td><td>3月13日，举办首届电工技术比赛。</td></tr>
<tr><td>8月7日，遵义卷烟厂开展国防知识竞赛。</td></tr>
<tr><td>9月，开展“质量月”活动。</td></tr>
<tr><td rowspan="3">毕节卷烟厂</td><td>3月22日~4月30日，举办专项技术大比武竞赛活动。</td></tr>
<tr><td>5月15日，举办2007年职工运动会。</td></tr>
<tr><td>11月20日，举办法律法规知识抢答赛。</td></tr>
<tr><td rowspan="2">贵定卷烟厂</td><td>4月28日，举办庆“五一”活动，开展才艺表演、拔河比赛等。</td></tr>
<tr><td>9月，开展质量、安全、职业健康、环保知识抢答赛，“企业在心中、质量在手中”征文比赛和演讲比赛。</td></tr>
</table>

续表

铜仁卷烟厂	4月25日~5月10日，开展“五一、五四”职工篮球赛。
	9月，开展“质量月”活动。
	10月20日，开展冬泳活动，纪念该厂游泳协会成立一周年。
兴义卷烟厂	3月9日，举办庆“三八”活动。
云南中烟工业公司	
红塔烟草（集团）有限责任公司	3月12~15日，冠名举办“玉溪杯”第六届中国围棋西南棋王赛。
	12月8日，举办“山高人为峰”大型文艺晚会。
	举办“平凡的感动”演讲比赛。
	举办“五五”普法法律知识现场比赛。
	举办职工美术书法摄影作品巡回展。
	举办“红塔中秋夜”大型文艺晚会。
	举办“红塔放歌”歌咏比赛。
红云烟草（集团）有限责任公司	举办“红云之夜”春节焰火晚会。
	举办红云先进文化论坛，全年共举行48场，听众达2万人次。
	与云南电视台联合举办“2007红云昆明好人”评选活动。
	4月，举办“红云书卷润心田 百书赠百校”活动。
	6月28日，曲靖卷烟厂举办“重走长征路”活动。
	9月20日，曲靖卷烟厂举办“和谐红云 祝福祖国”迎国庆职工文艺汇演及庆祝红云集团成立两周年文艺晚会。
	10月，举办“和谐红云”职工摄影书画比赛暨昆烟第十二届职工摄影书画展览。
	11月19日，昆明卷烟厂举办“咱们工人有力量”职工文艺演出。
	12月，举办昆明卷烟厂职工摄影作品展。
	12月，举办“迎2008 心随红云”万人健身跑活动。

【文化团体】

江苏中烟工业公司		
南京卷烟厂	“金梦都”羽毛球俱乐部	成立于2007年1月，有会员35人。
	职工管乐团	乐团成立以来，出色地完成了重大演出及企业的迎宾促销活动。
徐州卷烟厂	“红杉树”收藏协会	成立于1997年，旨在为爱好收藏的职工提供交流的平台，有会员131人。
	老年腰鼓队	旨在丰富老职工的文化生活，通过外出参加各类活动，展现老职工的精神风貌。
	乒乓球协会	是徐州卷烟厂第一个群众性组织，有会员78人。
	足球队	是徐州卷烟厂热爱足球运动的职工自发组成的一支业余球队，旨在锻炼身体，增强团队协作精神。

续表

<table>
<tr><td rowspan="2">淮阴卷烟厂</td><td>羽毛球协会</td><td>成立于2006年，有会员100余人，2007年5月，与淮安市羽协联合举办全市“一品梅杯”羽毛球比赛。</td></tr>
<tr><td>“一品梅”乒乓球俱乐部</td><td>成立于2007年5月，有会员160余人，负责组织开展全厂乒乓球年度积分赛和行业内外的比赛。</td></tr>
<tr><td colspan="3">江西中烟工业公司</td></tr>
<tr><td rowspan="2">赣南卷烟厂</td><td>老年体协</td><td>旨在丰富离退休职工的生活情趣，坚持开展有益于离退休职工身心健康的体育活动而成立的一个团体。</td></tr>
<tr><td>钓鱼协会</td><td>旨在丰富企业离退休职工的精神文化生活，增进钓鱼技术交流，企业钓鱼爱好者自愿加入的一个团体。</td></tr>
<tr><td colspan="3">河南中烟工业公司</td></tr>
<tr><td>新郑卷烟厂</td><td>体育运动协会</td><td>成立于2007年3月，下设篮球、排球、乒乓球、羽毛球、棋牌、田径、网球7个分会，协会在厂工会领导下，具体负责全厂体育活动的策划、指导、组织实施及对外交流。</td></tr>
<tr><td rowspan="3">郑州卷烟厂</td><td>工人技术协会</td><td>成立于2007年5月，下设制丝协会、卷包协会、印刷协会、动能协会、实业协会5个专业协会。旨在充分发挥人才优势、技术优势和组织优势，着力提高职工技术素质，推动企业技术进步，培养造就一批适应企业发展需要的技术人才队伍。</td></tr>
<tr><td>体育协会</td><td>成立于2007年5月，下设篮球协会、乒乓球协会等专业协会。旨在开展丰富多彩的体育活动，活跃职工生活，促进职工身心健康。</td></tr>
<tr><td>文化艺术协会</td><td>成立于2007年5月，下设书法绘画协会、摄影协会、器乐协会、表演协会和写作协会5个专业协会。旨在围绕企业中心和大局，创新内容和形式，开展丰富多彩的文化艺术活动，活跃职工生活，保障职工身心健康，发展先进文化。</td></tr>
<tr><td rowspan="6">许昌卷烟厂</td><td>文艺协会</td><td>成立于2005年，旨在为广大文化艺术爱好者在音乐、舞蹈、曲艺、戏曲、小品、朗诵、演讲、书法、写作等方面提供一个学习、交流和提高的舞台，丰富职工业余文化生活。</td></tr>
<tr><td>摄影协会</td><td>成立于2006年，旨在丰富职工的业余文化生活、提高职工艺术修养、培养高尚的审美情趣以及塑造良好的企业精神面貌。</td></tr>
<tr><td>乒乓球协会</td><td>成立于2005年，协会定期组织会员进行乒乓球比赛，开展与其他各单位乒协或俱乐部之间的联系和相互交流。</td></tr>
<tr><td>羽毛球协会</td><td>成立于2006年4月，协会设有顾问团、常务理事会和理事会，共有会员200余人。旨在增进职工之间的交流，丰富职工业余文化生活，增进企业文化建设活力。</td></tr>
<tr><td>篮球协会</td><td>成立于2006年，旨在丰富职工的业余文化生活，塑造企业良好的精神面貌，推动企业篮球运动的发展和普及。</td></tr>
<tr><td>足球协会</td><td>成立于2002年8月，本着“弘扬企业文化，塑造企业形象，推动全民健身，促进企业发展”的宗旨，对内开展各项健身活动，对外组建“帝豪集团足球队”和“帝豪球迷拉拉队”。</td></tr>
</table>

续表

安阳卷烟厂	“红旗渠”艺术团	成立于1984年，原名金钟艺术团，下设舞蹈队、合唱队、民乐队、夕阳红艺术队，其中，夕阳红艺术队下设10个老年文艺团体。艺术团为企业举办大型职工文艺汇演、参加对外交流培养了人才，也为职工展示才艺提供了平台。
	体育协会	成立于1984年，下设篮球队、乒乓球队、排球队、游泳队、中国象棋队、围棋队、田径队、网球队、国际飞镖队、拔河队、羽毛球队、足球队、台球队、老年体协。旨在提高职工身体素质，促进职工之间的交流和沟通，增强职工的团队精神，强化企业的凝聚力和向心力。
南阳卷烟厂	篮球协会	成立于2006年4月，共有理事会成员16人，会员120人。协会定期组织训练，配合工会承办年度职工篮球比赛，并组队开展企事业单位间的赛事交流。
	足球协会	成立于2006年4月，有会员35人。协会成立以来，定期进行集中训练和内部对抗赛，多次与行业内兄弟单位及南阳市其他企业球队进行比赛。
	羽毛球协会	成立于2006年4月，有会员60余人。协会成立以来，除定期组织训练外，还举办了3期队员和1期裁判员培训班，共有1000余人次参加了培训。男、女队均参加过两次南阳市羽毛球赛，有3人获得国家二级裁判员资格。
	摄影协会	成立于2006年4月，有会员40余人，其中8人是南阳市摄影协会会员。协会成立以来，在厂内举办过两期会员摄影展，举办摄影知识讲座4期，参与市摄影协会采风活动10余次。
	文化艺术协会	成立于2006年9月，是一个融文艺、文学、书法、绘画创作学习为一体的综合性社团，下设文艺、书画，文学三个分部，有会员400余人。协会在企业网站开辟有员工原创栏目，共发表职工原创作品256件，部分作品还在省市级报刊和公司杂志刊出。
	青年卓越读书社	成立于2007年9月，旨在以读书为载体，聚集优秀青年，培育知识型员工，围绕生产管理主题，开展各类读书活动，带动全厂的读书热、思辨热、写作热、创造热。
驻马店卷烟厂	篮球协会	成立于2004年3月，旨在普及篮球运动，提高竞技水平，增强企业凝聚力和团队精神。2007年，举办了“和谐杯”男子篮球赛、男女混合趣味赛和男女投篮个人赛，共200余人参加。
	乒乓球协会	成立于2004年3月，旨在组织广大乒乓球爱好者进行技术探讨和训练，丰富职工业余文化生活，提高竞技水平，达到强身健体的目的。2007年10月，举办男、女乒乓球团体赛，厂属8个分会56人参与比赛。
	书画协会	成立于2005年8月，成立以来举办多次书画展和书画比赛，2007年10月，举办了学习十七大职工书画展。
	羽毛球协会	成立于2005年10月，旨在为广大羽毛球爱好者提供一个交流球艺、共同提高的舞台，丰富职工业余文化生活，增进职工之间的交流，达到强身健体的目的。
	足球协会	成立于2006年6月，旨在为广大足球爱好者提供一个交流球艺、共同提高的平台，丰富业余文化生活，增进沟通与友谊。

续表

漯河卷烟厂	夕阳红艺术团	成立于1996年，由乐器队、戏曲队、秧歌舞蹈队、合唱队、民间艺术队、太极拳剑队、腰鼓队、铜器队8个大队组成，旨在丰富和活跃离退休职工的文化生活。
广东中烟工业有限责任公司		
美术书法诗词摄影协会		协会成立以来，举办过多项文化艺术活动，丰富了职工的文化生活。
贵州中烟工业公司		
贵阳卷烟厂	职工俱乐部	下设篮球协会、读书协会、足球协会、棋牌协会、乒乓球协会、摄影书画协会、羽毛球协会、网球协会、合唱协会、中老年文艺表演协会10个协会，并设立了会长、副会长等组织机构，协会在业余时间不定期地开展工作，对贵烟文化建设起到了较好的推进作用。
云南中烟工业公司		
红云烟草（集团）有限责任公司昆明卷烟厂	摄影协会	成立于1992年，有会员86人。
	书画协会	成立于2001年，有会员46人。

3月31日，由国家局与中国宋庆龄基金会合作开展的“太阳花杯”公益活动10周年纪念大会在北京举行

司翠华 摄

11月14日，残疾人特困户的亲属向北京宣武区局（公司）赠送锦旗

北京市局 供稿

4月21日，河北张家口市局（公司）为帮扶的河北张北县白庙滩村捐款

河北张家口市局 蔡陆丰 摄

7月25日，黑龙江省局（公司）向省公安民警英烈基金会捐赠100万元

黑龙江省局 高源 摄

8月21日，张家口卷烟厂有限责任公司在河北康保县举行"钻石情"医疗设备捐赠仪式

张家口卷烟厂有限责任公司 供稿

上海烟草集团北京卷烟厂捐资帮助青海共和县沙珠玉乡中学翻修校舍

颉虎平 摄

12月12日，江苏中烟淮阴卷烟厂举行“慈善一日捐、济困送温暖”捐赠活动

江苏中烟淮阴卷烟厂 王普刚 摄

8月20日，浙江中烟举行2007利群阳光·助学行动浙江区域助学金发放仪式

浙江中烟 张健源 摄

1月26日，由安徽中烟援建的迎客松希望小学举行落成典礼

安徽中烟芜湖卷烟厂 刘魁 摄

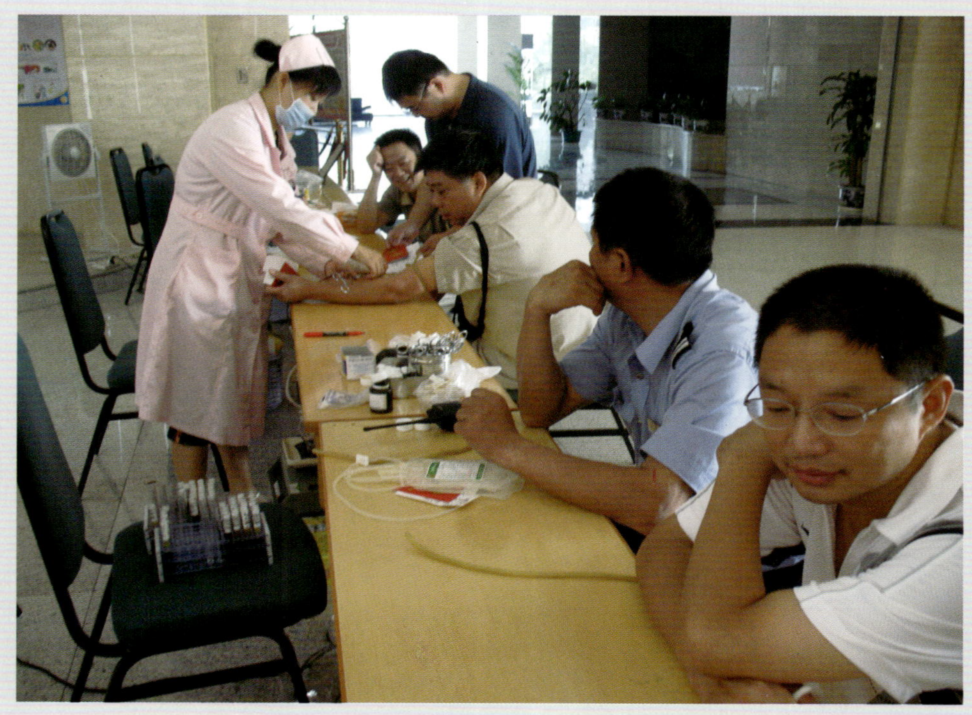

江西省局（公司）机关职工踊跃参加义务献血

江西省局 刘国强 摄

江西中烟向江西省慈善总会捐赠
100万元金圣学子助学基金

江西中烟南昌卷烟厂 傅鹈 摄

7月28日，山东省局（公司）向
山东沂水县受灾烟农捐款

山东省局 供稿

12月18日，河南中烟向
全省出资捐建40所帝豪希望
小学项目启动

河南中烟 瞿卫华 摄

9月28日，红塔集团爱心助学工程捐赠仪式在怒江州贡山一中举行

红塔集团 供稿

9月27日，红塔集团资助建设的怒江州贡山县丙中洛红塔小学学生宿舍落成

红塔集团 供稿

6月7日，红云集团向云南普洱市宁洱“6•03”地震灾区捐款100万元

红云集团 供稿

9月7日，红云集团向云南巧家县捐献“爱心助学基金”

红云集团 供稿

公益事业

公益事业

国家烟草专卖局、中国烟草总公司

国家烟草专卖局扶贫办继续定点帮扶湖北省十堰市郧西、竹溪两个山区特困县。4月，将两位挂职副县长派往贫困县并制订2007年扶贫工作方案。全年两县共实施扶贫项目5类49个，其中，郧西县13个、竹溪县36个。总投资600万元，郧西县、竹溪县各300万元，主要用于改善农民基本生活条件、医疗卫生、教育等方面。同时，资助两个贫困县克服重大灾情，捐款20万元，捐赠大米7.5万千克。开展“新长城特困大学生关爱行动”，资助十堰市郧西县、竹溪县100名特困大学生，向中国扶贫基金会捐款20万元。国家局机关职工自愿捐助两个贫困县的贫困学生62名。

国家局与中国宋庆龄基金会连续第11年合作开展“无烟花季，健康成长—‘太阳花’杯劝阻青少年吸烟公益活动”，捐款150万元。开展“大地之爱·母亲水窖”活动，在西部地区建水窖，向中国妇女发展基金会捐款100万元。在北京市房山区长沟镇建立中国烟草总公司社会主义新农村示范林，向中国绿化基金会捐款50万元。

国家局机关干部职工开展“送温暖、献爱心”活动，捐款9.18万元，捐赠棉衣、棉被等477件。

中国烟草实业发展中心

吉林烟草工业有限责任公司：11月，支持延吉市开展新农村建设，向延吉市小营镇小河龙村捐款200万元。

内蒙古昆明卷烟有限责任公司：2月，组织68名员工参加无偿献血，献血量达18800毫升。6月，参加“博爱一日捐”活动，向内蒙古自治区红十字会捐款19775元。8月，帮助呼和浩特市清水河县北堡乡老牛坡村改建村党支部活动场所，捐款5万元，并先后向该村捐赠15套办公桌和75套课桌。

北京市烟草专卖局（公司）

开展扶残助学活动，向北京市残疾人社会公益事业促进会捐款30万元。开展“共产党员献爱心”、“向受灾群众献爱心”、“生育关怀行动”、“亲情手牵手，爱心一帮一”等各项爱心活动，共捐款25.22万元。资助通州区文教事业，捐款6万元。

东城区烟草专卖局（公司）：7月，开展“扶贫济困献爱心”活动，捐款1705元。

西城区烟草专卖局（公司）：7月，开展“共产党员献爱心”活动，捐款2370元。

崇文区烟草专卖局（公司）：资助贫困学生，捐款3135元。

宣武区烟草专卖局（公司）：慰问遭受火灾的零售户，捐款600元。资助宣武区一名贫困学生，向希望工程北京捐助中心捐款400元。组织“帮困助残”活动，慰问残疾特困户，捐款1200元。

朝阳区烟草专卖局（公司）：开展“博爱在京城、博爱在朝阳”活动，5月，向朝阳区红十字会捐款1万元。开展“共产党员献爱心”活动、“向社会献爱心”活动，向朝阳区民政局共捐款2.17万元。资助朝阳区教育事业，捐款8万元。

海淀区烟草专卖局（公司）：7月，开展“共产党员献爱心”活动，向海淀区民政局捐款6770元。11月，支援灾区，捐赠棉衣100件、棉裤8条、褥子和棉被14床。

丰台区烟草专卖局（公司）：7月，开展“共产党员献爱心”活动，捐款2400元。8月，资助丰台区辛店镇太子峪村开展新农村建设，捐款10万元。

石景山区烟草专卖局（公司）：5月，开展“博爱在京城”活动，向石景山区红十字会捐款1510元。8月，向石景山区慈善协会捐款5万元。11月，资助四川患病贫困女孩，捐款5000元。

通州区烟草专卖局（公司）：6月，开展“共产党员献爱心”活动，捐款1540元。8月，向通州区红十字会捐款1730元。11月，组织“送温暖、献爱心”活动，捐款1万元，捐赠棉衣、棉被100件。

顺义区烟草专卖局（公司）：7月，开展“共产党员献爱心”活动，向顺义区民政局捐款2100元。11月，组织“送温暖、献爱心”活动，捐款3.12万元。

延庆县烟草专卖局（公司）：4月，开展“博爱在京城”活动，向延庆县红十字会捐款820元。6月，开展“共产党员献爱心”活动，向慈善协会延庆办事处捐款1350元。11月，组织“送温暖、献爱心”活动，捐款1930元。

怀柔区烟草专卖局（公司）：6月，开展“博爱在京城”活动，捐款1650元。6月，开展“共产党员献爱心”活动，捐款1110元。10月，组织“送温暖、献爱心”活动，捐款1621元。

大兴区烟草专卖局（公司）：6月，开展“博爱在京城”活动，捐款800元。9月，慰问大兴区采育二小教师，捐款3000元。

昌平区烟草专卖局（公司）：5月，开展“博爱在京城”活动，捐款1100元。6月，开展“共产党员献爱心”活动，捐款660元。11月，组织“送温暖、献爱心”活动，捐款660元，捐赠棉衣、棉被70件。

密云县烟草专卖局（公司）：1月至2月，组织“送温暖、献爱心”活动，资助密云县庄户峪村的14户贫困家庭，捐赠价值4200元的生活必需品。向密云县2名贫困学生发放2006年度“中南海”爱心基金600元，并捐赠学习用品。4月，开展“扶贫济困送温暖”活动，向密云县红十字会捐款3000元。资助密云县庄户峪村开展新农村建设，捐款3万元，捐赠3台电脑，并派人进行培训。

门头沟区烟草专卖局（公司）：4月，参加捐资助学活动，捐款3600元；开展“博爱在京城”活动，捐款990元。8月，向门头沟区红十字会捐款890元。11月，组织“送温暖、献爱心”活动，捐款585元，捐赠衣物69件。

房山区烟草专卖局（公司）：5月，开展“博爱在京城”活动，捐款2000元。6月，资助房山慈善事业，捐款1525元。开展“共产党员献爱心”活动，捐款1505元，慰问永安西里社区的19名困难群众，捐赠价值3.1万元的生活必需品。

平谷区烟草专卖局（公司）：2月，参加“爱心献功臣”活动，向复员军人捐款2000元。参加“百局扶百户”、“爱心救秋月”活动，捐款5600元。8月，资助熊儿寨乡花峪村供水改造工程，捐款5.75万元。向平谷区公安消防支队官兵捐赠图书200余册，价值3000元。救助灾区，向平谷区红十字会捐款5000元。11月，组织“送温暖、献爱心”活动，捐款3000元。

天津市烟草专卖局（公司）

天津市区第一烟草专卖局（分公司）：5月，开展“博爱助万家”活动，向天津市和平区红十字会捐款2000元。11月，开展“送温暖、献爱心”活动，捐款2000元。

天津市区第二烟草专卖局（分公司）：2月，为辖区街道困难户捐款4800元。

天津市津南区烟草专卖局（分公司）：10月，向天津市津南区慈善机构捐款5700元。

天津市北辰区烟草专卖局（分公司）：开展“奉献爱心、反哺社会”公益活动，为天津市北辰区一名家庭困难学生捐款2380元。

天津市大港区烟草专卖局（分公司）：慰问帮扶困难卷烟零售户7人，捐款1516元。

天津市宝坻区烟草专卖局（有限公司）：4月，向天津市宝坻区红十字会捐款6840元，向宝坻区建设路小学捐赠价值近3万元的会议桌椅，向宝坻区博爱小学捐款1万元并捐赠价值2000元的图书。9月，向宝坻区慈善协会捐款2万元。

天津市蓟县烟草专卖局（有限公司）：资助教育事业，向蓟县第一幼儿园、第二幼儿园、下营镇镇东小学等学校共捐款11.68万元并捐赠16台电脑。支援农村建设及开展扶贫活动，向蓟县上仓镇花窝村、罗庄子镇清水泉村、白涧乡共捐款8万元。9月，向蓟县工会捐款1.71万元。

天津市静海县烟草专卖局（有限公司）：帮扶社会困难群众，捐款1万元。帮扶静海一中6名贫困学生，捐款4800元。支持静海县胡辛庄村修路，捐款2万元。向静海县第一幼儿园捐款5000元。支持静海县地方植树造林活动，捐款2万元。

天津市宁河县烟草专卖局（有限公司）：向宁河县红十字会捐款5万元。开展博爱助困活动，捐款1000元。为残疾人捐款2200元。

河北省烟草专卖局（公司）

1月，公司机关向鸡泽县小学捐赠10台电脑。4月，参加“博爱一日捐”活动，捐款1.45万元。

石家庄市烟草专卖局（公司）：全年支援农村建设，捐款7.75万元。资助教育和慈善事业，捐款2.2万元。

邯郸市烟草专卖局（公司）：2月，向邯山区诸河路街道办事处捐赠价值3.6万余元的电脑设备。4月，向“爱在邯郸”希望工程捐款2.88万元。8月，资助曲周县修桥、修路和进行水网建设，捐款9万元。

保定市烟草专卖局（公司）：开展“扶贫、送温暖”活动，捐款50.99万元。资助教育事业，捐款2.18万元。支援生态文明村建设，捐款3.59万元。

张家口市烟草专卖局（公司）：4月，帮助张北县白庙滩村改善村民生活环境，捐款2万元。11月，开展“送温暖、献爱心”活动，向坝上受灾群众捐款9900元。

承德市烟草专卖局（公司）：全年支援农村建设，捐款6.97万元。参与慈善救助，捐款2000元。用于环境优化、社会救助，捐款9000余元。

唐山市烟草专卖局（公司）：4月，向市红十字会捐款5760元。6月，整修人民公园，捐款2.9万元。资助文明生态村、开展进村帮扶，共捐款4.5万元。

廊坊市烟草专卖局（公司）：11月，开展“送温暖、献爱心”活动，向市民政部门捐款9000元。

沧州市烟草专卖局（公司）：4月，资助献县改造危桥，捐款1万元。5月，向河间市捐助修路款2万元。向任丘市消费者协会捐款2万元。7月30日，向沧州市见义勇为工作协会捐款5万元。8月，向盐山县捐助扶贫款2万元。帮助孟村回族自治县进行“两室”建设，捐款5000元。

衡水市烟草专卖局（公司）：支援农村建设，向饶阳、武强、枣强、安平等县，共捐款10.1万元。进行社会救助、慈善事业、环境优化等，捐款4.46万元。

邢台市烟草专卖局（公司）：12月，向邢台县、平乡县贫困村捐款1.53万元，并赠送一批生活用品。

秦皇岛市烟草专卖局（公司）：1月，向抚宁县捐赠修路款8000元。8月，向市慈善协会捐款9000元。10月，资助昌黎县，捐款2万元。11月，向青龙县、抚宁县捐助扶贫款4万元。

河北中烟工业公司

开展“钻石助学活动”，8月，在河北、山西、山东、天津4个省市资助优秀贫困学子240人，捐款49.2万元。11月，公司机关开展“送温暖、献爱心”活动，148名干部职工捐款9010元。

张家口卷烟厂有限责任公司：1月，向东号村、柴家营村的贫困群众捐赠3.7万多斤大米。8月，向康保县医院、中医院、妇幼保健院及土城子中心医院捐资购置了价值50万余元的医疗设备。

河北白沙烟草有限责任公司：开展“金秋助学”活动，捐款3000元。开展“恒爱”活动，组织女职工为孤残儿童编织爱心毛衣29件。向石家庄解放60周年庆祝晚会赞助30万元。资助蔚县杨庄克乡胡家庄村修村内公路，捐款7万元。资助蔚县杨庄克乡嘴子村修水泥衬砌渠、盖大队部，捐款13万元。

山西省烟草专卖局（公司）

资助永和县阁底乡建设3000亩精品红枣示范园，累计捐款48万元。7月，对该乡20个自然村的村干部及枣农共800余人进行为期2天的集中培训，并赠送电脑20台及相关办公用品，价值17万元。公司机关春节慰问该乡贫困户，发放面粉500袋、衣服500件和现金6000元。1月、9月，公司机关两次向山西建筑机械厂特困户发放慰问金，捐款5400元。11月，参加“送温暖、献爱心”活动，向山西省社会捐助事务管理中心捐款1.53万元。

太原市烟草专卖局（公司）：7月，开展“文明出行、和谐交通”活动，向一线交警捐赠价值3万元的矿泉水。9月，资助阳曲县侯村金叶中学优秀中考考生，捐款9800元。12月，资助阳曲县侯村金叶中学购买生活用品，价值3万余元。

大同市烟草专卖局（公司）：11月，资助大同县峰峪乡修缮徐疃村小学，捐款11.5万元。

阳泉市烟草专卖局（公司）：9月，向山西省青少年发展基金会“希望工程助学”活动捐款1000元。

朔州市烟草专卖局（公司）：资助右玉县开展新农村建设，捐款9.81万元，捐赠图书571册。

忻州市烟草专卖局（公司）：开展“博爱一日捐”活动，捐款7340元，捐赠衣物146件。资助扶贫点五台县西马岭村，为孤寡老人捐款捐物，看望当地小学生并捐赠两台电脑。为南方灾区群众捐款4.25万元。

长治市烟草专卖局（公司）：资助扶贫点，捐款12万元，捐赠书籍、文具，价值3120元。资助白血病患者，捐款8630元。6月、12月，分别组织“博爱一日捐”活动，共捐款3.23万元。

晋城市烟草专卖局（公司）：向各县消费者协会捐款1500元。7月，组织“法律知识进校园”活动，捐款3万元。9月，开展教师节慰问活动，捐款500元。12月，资助晋城市冰雪灾区，捐款1.12万元；向晋城市社会福利院捐赠米、面、油50份，价值8320元。资助阳城县杨洼村及各扶贫点，共捐款6.5万元。开展助残等各项公益活动，捐款2.35万元。

晋中市烟草专卖局（公司）：资助乡村建设，1月，资助榆次区什贴镇、东赵乡各10个村建设文化室，捐赠图书3000册，价值2万元。3月，为和顺县马坊乡捐助农用物资，价值999元；向昔阳县东冶头镇韩信井村、介休市洪山镇朱家庄村、左权县圪道村等扶贫点捐款7万元。资助社会福利事业，帮助晋中市福利院购买生活用品，价值1500元；向灵石县困难职工帮扶中心捐款2000元。

吕梁市烟草专卖局（公司）：参加“博爱一日捐”活动，捐款1300元。开展“送温暖、献爱心”活动，捐款6350元，捐赠衣物52件。开展“金秋助学”活动，为贫困学生捐款2000元。开展定点扶贫，5月，慰问兴县全体师生，捐款3000余元。捐款8万余元，资助定点扶贫村改造农田灌溉低压线路、建立党员活动室和农民活动中心、种植优质枣树3000株。9月，帮助村民开展雨灾自救工作，捐款5万元。

临汾市烟草专卖局（公司）：开展扶贫济困，慰问全市贫困户、困难零售户，资助永和县南庄乡刘家圪塄村并慰问15户特困群众，共捐款14.22万元，捐赠衣物309件。1月，资助“红丝带”小学，捐款1万元。6月，向全国优秀共产党员李鸿海同志学习，慰问其遗孀并捐款3000元，市局（公司）全体党员做出“做一件对社会有益的事情”的承诺，为临汾市残疾聋哑儿学校捐赠价值900元的学习用品，志愿上街协助交警值勤并向交警捐款1200元，捐赠20箱饮料。

运城市烟草专卖局（公司）：资助夏县泗交镇泗交村、临猗县角杯乡吉家营村开展建设，捐款30万余元。

内蒙古自治区烟草专卖局（公司）

帮助兴安盟阿拉坦嘎查5户特困户进行危房改建，捐款6万元。捐款54.06万元，为扶贫点购买大马力柴油机15台、营造经济林220亩、为新建林地安装防护网、购买绒山羊500只。资助贫困大、中、小学生25名，捐款2.73万元。开展“送温暖、献爱心”活动，捐款61万余元，捐赠衣物1100余件。区局（公司）机关参加“博爱一日捐”活动，捐款2.48万元。资助社会病患者，捐款6555元。

呼和浩特市烟草专卖局（公司）：资助武川县得胜沟乡扶贫开发项目，捐款9.23万元。开展“送温暖、献爱心”活动，捐款2090元。资助社会病患者，捐款2090元。参加“博爱一日捐”活动，捐款1.23万元。资助玉泉区文明助学工程，捐款2390元。

满洲里市烟草专卖局（公司）：捐助扶贫资金2400元。参加“博爱一日捐”活动、救助灾害活动等，捐款7600元。

呼伦贝尔市烟草专卖局（公司）：参加“博爱一日捐”活动，捐款2.28万元。资助额尔古纳市上库力逸夫小学扩建校舍，捐款61.2万元。

赤峰市烟草专卖局（公司）：向赤峰市慈善总会捐款1万元。帮助喀喇沁旗王爷府村村委会开展建设，捐款10万元。资助“圆梦行动”，捐款2万元。资助红山文化节，捐款5万元。

兴安盟烟草专卖局（公司）：为扶贫点购买种子、化肥，并捐款6.99万元。资助困难学生，捐款4410元。资助社会上病患者，捐款400元。资助政府开展社会小巷治理，捐款1.5万元。参加“博爱一日捐”活动，捐款1950元。

通辽市烟草专卖局（公司）：资助库伦旗库伦镇固力板沟嘎查修建一座水库，捐款10万元。参加“博爱一日捐”活动，捐款5.7万元。向贫困地区捐赠衣物483件。

锡林郭勒盟烟草专卖局（公司）：帮扶苏尼特右旗新民乡榆树村，捐款1.8万元。参加“博爱一日捐”活动，捐款3900元。

乌兰察布市烟草专卖局（公司）：参加“博爱一日捐”活动，捐款8550元。开展包扶救灾行动，捐款1万多元、捐赠衣服150件。开展捐资助学，捐款3500元。

包头市烟草专卖局（公司）：捐赠结队共建扶贫款3024元。向包头市红十字会捐款6000元。资助贫困学生，捐款1.75万元。捐赠对口扶贫工程款10万元。

鄂尔多斯市烟草专卖局（公司）：资助困难大学生、特困小学生、资助学校，捐款16万元。向民政部门捐款1.4万元。资助达拉特旗爱召镇新民堡村引水工程，捐款18万元。

巴颜淖尔市烟草专卖局（公司）：资助扶贫联系点，捐款3万元。资助贫困大学生和救济残障人士等，捐款1万元。帮扶新农村建设联系点，捐款11万元。资助社区共建，捐款1万元。

乌海市烟草专卖局（公司）：向灾区捐款4100元。向海南区公乌素镇贫困妇女家庭捐赠衣物55件。参加“博爱一日捐”活动，捐款2290元。资助巴音陶亥镇五新村，捐款1万元。向海勃湾区顺达社区爱心超市捐赠学习用具和生活物品280件。捐赠顺达社区电脑、打印机1套，捐款3000元，帮助社区维修改造公共卫生设施。

阿拉善盟烟草专卖局（公司）：参加“博爱一日捐”活动，捐款6250元。资助孪井滩嘎查的村容村貌建设，捐款1.4万元。

辽宁省烟草专卖局（公司）

向彰武县满堂红乡捐赠扶贫款32.76万元。资助残疾人演出，捐款1.5万元。

沈阳市烟草专卖局（公司）：2月，春节慰问贫困零售户，捐款16.76万元。3月，资助石家庄燕赵残疾人艺术团演出，捐款3万元。资助教育事业，1月，参加沈阳市“大手牵小手”扶贫助学活动，资助10名学生，捐款3000元；5月，向沈阳市希望工程捐款3万元；8月，向法库县四家子乡后满洲屯村捐助扶贫助学金，捐款3.59万元。支援城乡建设，向朝阳市建昌县头道营子乡捐款24万元，向辽中县捐款2万元。向辽宁省妇女儿童基金会、市爱心慈善基金会、市红十字会共捐款4.64万元。

鞍山市烟草专卖局（公司）：资助贫困乡，向台安县台南区三角村、岫岩县扶贫开发办公室、岫岩县民政局捐助扶贫款，共捐款4.16万元。6月，资助岫岩三家镇公路建设，捐款25万元。9月，通过岫岩县民政局捐赠助学款，捐款1万元。

本溪市烟草专卖局（公司）：2月，开展“送温暖、爱心助残、助学、助贫”系列活动，捐款10万元。

丹东市烟草专卖局（公司）：9月，资助“加快新农村建设－百村模范工程及村委会‘两报一刊’”活动，捐款15万元。12月，资助丹东市棚户区困难居民，捐款1.75万元。

锦州市烟草专卖局（公司）：开展扶贫济困，资助锦州地区、温滴楼乡、义县城关乡等地的困难零售户、贫困户，共捐款7.5万元。3月，向市妇联捐款1万元。5月，向锦州市古塔区残疾人联合会捐款500元。

营口市烟草专卖局（公司）：开展扶贫济困，慰问贫困零售户、社会困难家庭子女、贫困零售户子女、贫困户等，共捐款8.3万元。资助乡村建设，向杨运乡、盖州市团甸镇西高屯村共捐款7.5万元。3月，资助辽宁省内暴雪自然灾害灾民开展恢复生产自救，捐款20万元。9月，慰问营口市养老院老人，捐款1万元。12月，慰问市特殊教育学校师生，捐款1万元。

阜新市烟草专卖局（公司）：向阜新市红十字会、市慈善总会、市总工会温暖工程基金共捐款22万元。资助彰武县开展扶贫工作、绿化工程、抗旱救灾，资助棚户区改造，共捐款7.5万元。支援教育事业，资助太平乡建校、捐赠爱心助学款，共捐款25.6万元。10月，捐赠烟叶扶贫款10万元。开展“送温暖、献爱心”活动，捐款8000元。

辽阳市烟草专卖局（公司）：开展扶贫济困，资助辽阳地区贫困零售户、残疾零售户、困难户，共捐款5.1万元。12月，向辽阳市慈善总会捐款5万元。

铁岭市烟草专卖局（公司）：支援城乡建设，向昌图县东嘎乡、清河区东老谷峪村、昌图县八棵树村、银州区银兴社区共捐款49万元。开展扶贫济困，资助烟农抗旱，资助开原市八棵树镇孟家沟村，开展“扶贫帮困献爱心”、“慈善爱心月”活动，共捐款19.86万元。9月，开展捐资助学活动，捐款3600元并捐赠电脑1台。

朝阳市烟草专卖局（公司）：开展扶贫济困，慰问受灾烟农、贫困户、贫困零售户，开展“扶贫帮困、助残捐助”活动，共捐款25.48万元。支援新农村建设，资助喀左县海岛营子修路，共捐款5.25万元。7月，资助打井抗旱，捐款5.65万元。

盘锦市烟草专卖局（公司）：7月，救助盘山县沙岭镇三合村小学苯中毒人员，捐款1.5万元。12月，通过盘锦市民政局捐赠救灾款1.34万元。

葫芦岛市烟草专卖局（公司）：1月，慰问贫困零售户，捐款6.54万元。支援乡村建设，向南票区双烧锅营子镇前富龙山村、建昌县素珠营子乡捐款13万元。救助受灾地区，向绥中县及南方遭受自然灾害地区捐款1.16万元。

吉林省烟草专卖局（公司）

省局（公司）机关参加“双日捐”活动，捐款3.69万元。

长春市烟草专卖局（公司）：开展各项公益活动，捐款50万余元。

吉林市烟草专卖局（公司）：参加“双日捐”活动，捐款10万元。资助新农村建设，捐款89万元。

通化市烟草专卖局（公司）：参加“双日捐”、“党群心连心”活动，捐款3.41万元。慰问贫困零售户，捐款1.15万元。支援新农村帮扶点进行新农村建设，捐款5万元。资助失学儿童，捐款2000元。

通化市烟草专卖局（公司）：向各级慈善总会捐款6.6万元。支援帮扶点进行新农村建设，开展专项扶贫，捐款23.97万元。资助四平市教育局开展扶贫助学，捐款9万元。

白城市烟草专卖局（公司）：向市红十字会捐款3.5万元。向市慈善总会捐款10.6万元。向市残联捐款74.97万元。

白山市烟草专卖局（公司）：支援乡村建设，向红土崖镇大青沟村、靖宇县龙泉镇富国村捐款2.32万元并捐赠10台电脑。11月，开展“送温暖、献爱心”活动，捐献冬衣70件。

松原市烟草专卖局（公司）：资助贫困零售户，捐款4670元。开展“送温暖、献爱心”活动，捐款1200元，捐献冬衣368件。开展“爱心捐助”、“金秋助学”等活动，捐款12.03万元。

延边朝鲜族自治州烟草专卖局（公司）：参加“双日捐”活动，捐款3.84万元。慰问军烈属，捐款2020元。资助贫困户、贫困村、贫困零售户，捐款5.68万元。开展“送温暖、献爱心”活动，捐款1100元。

黑龙江省烟草专卖局（公司）

支援抗旱救灾，8月，捐款1.79万元。11月，省局（公司）机关开展“送温暖、献爱心”活动，捐款1.34万元，捐赠衣物41件。

哈尔滨市烟草专卖局（公司）：资助阿城区平山镇双河村、延寿县寿山乡进行新农村建设，捐款16万元。

佳木斯市烟草专卖局（公司）：5月，资助沿江乡三连村进行新农村建设，捐款3万元。7月，支援抗旱救灾，捐款 2.52 万元。开展扶贫济困，捐款 1.65 万元。

牡丹江烟叶公司：公司下辖的林口龙鄂烟叶有限责任公司开展扶贫济困，捐款 4000 元，捐赠衣物118 件。

上海烟草（集团）公司

资助有关烟叶基地抗灾减灾，7～8 月，捐款 400 万元，其中，向福建省烟草公司龙岩、三明市公司分别捐款 150 万元、50 万元，向四川省烟草公司、重庆市烟草公司共捐款 50 万元，向江西省烟草公司、陕西省烟草公司安康市公司、河南省烟草公司驻马店市公司各捐款 50 万元。12 月，举行“知识改变命运—大型慈善报告会暨中华慈善教育基金捐助仪式”，向上海市慈善基金会捐款 800 万元。

上海烟草集团北京卷烟厂：举行“2007 中南海爱心接力骑行活动”，其中，8 月，在上海举行庆祝“圆梦大学”活动，向上海市希望工程捐赠助学金 38 万元，帮助 100 名贫困大学生；9 月，在青海省共和县建立“中南海爱心学校”，捐款 4.49 万元。向“中南海爱心基金”拨款 174.83 万元，其中，“中南海爱心基金”向北京市团委捐款 64.5 万元，帮助 1550 名贫困学生；在青海省共和县援建第三所“中南海爱心学校”，捐款 25 万元；在湖北省五峰县“中南海爱心学校”设立教师电子备课室，捐款 2 万元。

江苏省烟草专卖局（公司）

开展扶贫救助，捐款 42 万元。向见义勇为基金捐款 50 万元。开展各项慈善活动，捐款 10 万元。

南京市烟草专卖局（公司）：资助救灾、救济贫困、扶助残疾人等活动，捐款 13 万元。资助教育、文化等活动，捐款 7 万元。资助社会公共设施建设，捐款 59 万元。

苏州市烟草专卖局（公司）：向市慈善基金总会捐款 19 万元。向见义勇为基金捐款 13 万元。资助科教文卫体活动，捐款 38.45 万元。开展扶贫活动，捐款 104.5 万元。

无锡市烟草专卖局（公司）：5 月，资助新疆阿合奇县灾民，捐赠衣被 1131 件、书籍 221 本。7 月，资助宜兴市杨巷镇塘门村开展扶贫工作，捐款 40 万元。12 月，向市慈善总会捐款 37.44 万元。资助乡村建设及开展新农村建设，捐款 19.5 万元。

常州市烟草专卖局（公司）：开展扶危帮困、科教文卫、环境保护、福利事业等活动，共捐款近 40 万元。

镇江市烟草专卖局（公司）：开展各类公益活动，共捐款近 80 万元，其中，参加扶贫济困、慈善捐款等活动，捐款 10 万余元；资助新农村建设、社区建设等，捐款 30 万元；开展援藏活动，捐款 10 万元；向见义勇为基金、残疾人基金、市红十字会等福利机构捐款 5 万余元；开展捐资助学，捐款 1 万元。

南通市烟草专卖局（公司）：开展各类公益活动，共捐款 137.33 万元，其中，资助教科文卫体活动，捐款 23.66 万元；开展环境保护、社会公共设施建设活动，捐款 4.48 万元。在海安县、通州市开办“春蕾班”，帮助 60 名特困学生就读。

扬州市烟草专卖局（公司）：开展救灾、扶贫、扶助残疾人等活动，捐款 26.25 万元。资助教育事业，捐款 2.24 万元。资助社会公共设施建设，捐款 44.13 万元。

泰州市烟草专卖局（公司）：开展“1+1”爱心助学工程和党员义工活动，参与“快乐从心开始”医疗救助活动及“党员关爱工程”，共捐款 101 万元。

盐城市烟草专卖局（公司）：与阜宁县三灶镇开展结对帮扶，捐款 21 万元。2 月，向滨海慈善协会捐款 2 万元。5 月，向盐城红十字会捐款 1 万元。向东台市老年大学捐款 1.5 万元。6 月，参加“春蕾班”活动，资助建湖县上冈镇榆西村小学 30 名贫困儿童完成 6 年学业，并于 10 月举行“金叶春蕾班”揭牌仪式，捐款 7.2 万元。7 月，资助市残联开展残疾人就业保障，捐款 2.25 万元。9 月，资助响水中学、实验小学等学校庆祝教师节，捐款 3 万元。

淮安市烟草专卖局（公司）：开展各类公益活动，共捐款 108.34 万元，其中，开展救灾、救济贫困、扶助残疾人等活动，捐款 42.44 万元；资助教科文卫体活动，捐款 7.34 万元；开展环境保护、社会公共设施建设等活动，捐款 11.37 万元；开展其他社会公共福利事业等，捐款 47.19 万元。

宿迁市烟草专卖局（公司）：开展各类公益活动，共捐款 18.32 万元，其中，开展救灾、救济贫困、扶助残疾人等活动，捐款 1.58 万元；资助教科文卫体活动，捐款 1.15 万元；开展环境保护、社会公共设施建设等活动，捐款 1.3 万元；开展其他社会公共福利事业等，捐款 14.3 万元。

徐州市烟草专卖局（公司）：开展各类公益活动，共捐款 48.54 万元，其中，向各级慈善总会捐款 14.54 万元；资助丰县开展第八届梨花节、红富士苹果节，共捐款 3 万元；开展扶贫救济，向丰县扶贫队、铜山县单集镇阎庄村、新沂市时集镇敬元村、邳州市戴圩镇常庄村共捐款 19 万元；资助城乡建设，向沛县、铜山县黄集镇黄东村、新沂市合沟镇前朱村共捐款 12 万元。

连云港市烟草专卖局（公司）：开展各类公益活动，共捐款29.47万元，其中，开展救灾、救济贫困、扶助残疾人等活动，捐款14.24万元；资助教科文卫体活动，捐款9.68万元；开展环境保护、社会公共设施建设等活动，捐款5.55万元。

江苏中烟工业公司

开展“送温暖、献爱心”活动，11月，公司机关员工向江苏省慈善总会捐款1.69万元，资助灾区群众。

南京卷烟厂：6月，195名员工参加义务献血，献血量达39300毫升。10月，资助困难群众，向市民政部门捐赠200余件棉衣棉被等御寒物品。

徐州卷烟厂：9月，举行向海南团省委“青少年希望工程”捐赠仪式。

淮阴卷烟厂：2月，开展“送温暖、献爱心”活动，捐款6.8万元。12月，举行“慈善一日捐、济困送温暖”活动，向市慈善总会捐款7万元。资助教育事业，在江苏淮阴中学发放“一品梅”教育基金20万元。资助楚州区南马厂乡三联村贫困农民，赠送大米8000千克、棉被100床。

浙江省烟草专卖局（公司）

资助省总工会开展慈善事业，捐款100万元。资助贫困地区建设，向文成县上林乡、淳安县安阳乡陈家门村、泰顺县万排乡、南充县仪陇乡共捐款85万元。参加“关爱弱势群体，共建和谐社会”爱心助残活动和“送温暖、献爱心”社会捐助活动，捐款2.41万元。

杭州市烟草专卖局（分公司）：资助贫困地区、开展“春风行动”扶助项目、捐助希望工程等，共捐款604.34万元。

宁波市烟草专卖局（分公司）：向余姚、奉化、宁海、镇海、鄞州的慈善总会进行爱心捐款，资助余姚、宁海的癌症康复协会、镇海九龙湖福利院和老年公寓，资助结对帮扶村、镇海希望小学等，共捐款222.8万元。

温州市烟草专卖局（分公司）：开展慈善捐款、扶贫、帮困结对、希望工程等，共捐款162万元。

嘉兴市烟草专卖局（分公司）：开展社区、农村、地方共建工作，参加各类慈善捐款、献爱心、结对扶贫活动，组织“关爱南湖学子助学基金”、“慈善一日捐”、慰问零售户等活动，共捐款106万元。

湖州市烟草专卖局（分公司）：开展慈善募捐、扶贫济困、结对助学等活动，共捐款64.34万元。

绍兴市烟草专卖局（分公司）：开展社区、农村、地方共建工作，参加各类慈善捐款、献爱心、结对扶贫活动，资助“绍兴市未成年人爱心救助基金”，共捐款114万余元，其中，市局（公司）机关开展社区帮扶活动，向结对社区捐款4000元，捐赠4台电脑，慰问10位贫困户；资助“绍兴市未成年人爱心救助基金”，捐款10万元。

金华市烟草专卖局（分公司）：开展社区、农村、地方共建工作，参加各类慈善捐款、献爱心、结对扶贫活动，组织“春蕾捐资助学和结对助学”、“送温暖、献爱心”活动，慰问零售户和职工子女考上大学的家庭，共捐款156万元，其中，市局（公司）机关与市慈善总会联合开展“阳光助学”活动，资助300余名贫困学生，捐款30万元。

衢州市烟草专卖局（分公司）：参与共建新农村、共建文明社区、扶贫帮困助残、军民共建、爱心献功臣、无偿献血等活动，共捐款63.84万元，其中，资助社会残疾人和困难群体，捐款6.34万元；组织全市行业党员职工89人参与无偿献血活动，献血总量达19700毫升。

丽水市烟草专卖局（分公司）：开展各类公益活动，共捐款123.15万元，其中，向市慈善总会捐款50万元；开展扶贫、环境整治、“献爱心、送农医”等活动，捐款28.3万元；资助贫困大学生，捐款2500元。开展农村爱心医保、爱心助学、社区共建等活动，捐款29.6万元；资助乡村建设和开展扶贫工作，向青田县仁宫乡、遂昌县北界镇、景宁县标溪村共捐款15万元。

台州市烟草专卖局（分公司）：开展各类公益活动，共捐款69.12万元。

舟山市烟草专卖局（分公司）：开展各类公益活动，共捐款47.14万元。其中，开展救助灾害、救济贫困、扶助残疾人等活动，捐款46.64万元；资助教科文卫体育活动，捐款0.14万元；开展其他社会公共和福利事业活动，捐款0.36万元。

浙江中烟工业有限责任公司

公司及所属单位共捐款4855万元，用于各项社会公益活动。

2007年，连续第七年开展“利群·阳光助学活动”，在全国帮助2000名贫困学生进入大学，捐款580万元。资助淳安县王阜乡开展义务教育，捐款80万元。9月，向大红鹰青少年英才基金会捐款5万元。向文成慈善总会、武义慈善总会共捐款80万元。10月，向宁波市慈善总会捐款1000万元。12月，向杭州市慈善总会捐款3000万元。向浙江省老年事业发展基金会捐款20万元。参与“春风行动”爱心捐助活动，捐款90万元。

安徽省烟草专卖局（公司）

资助乡村建设，向郎溪县新和村、长丰县下塘镇、张桥镇等共捐款37万元。开展扶贫救助，向郎溪县20户贫困户、庐江县盛桥镇村民捐款10.5万元。支援救灾工作，向参加抗洪救灾抢险的官兵、洪涝灾区群众、泾县灾区捐款70万元，捐赠日用品一批，价值5.17万元。资助教育事业，向金寨县金叶希望学校捐款10万元。

合肥市烟草专卖局（公司）：资助文化教育事业，向金寨县洪冲中心学校、“党是阳光我是苗”少儿书画大赛、“金秋助学”活动共捐款10万元，捐赠衣服100套。开展扶贫济困活动，向长丰县宋岗村村委会、特困户捐款4万元，捐赠价值4000元的慰问品。开展“博爱在江淮公益募捐”、“送温暖、献爱心”活动，共捐款8万元。

淮北市烟草专卖局（公司）：1月，向百善镇捐赠扶贫款5000元；3月，为“五保户”、“特困户”捐款4000元。

亳州市烟草专卖局（公司）：开展向困难群众送温暖活动，捐款7000元。支援城乡建设，资助亳州市对谯城区魏武大道进行绿化等，共捐款16万元，捐赠价值1.7万元的桌椅。支援受灾地区，向利辛县洪涝灾区捐款并捐赠救灾物资，共计22.45万元。

宿州市烟草专卖局（公司）：春节慰问特困户，捐款3600元。开展“博爱在江淮”、“送温暖、献爱心”等活动，捐款1.6万元。支援受灾地区，向宿州市受灾烟农、灾区共捐款6.42万元。支援乡村建设，资助夹沟镇修路、资助灵璧县娄庄镇黄圩村建设温室大棚，共捐款3.05万元。9月，资助砀山果蔬论坛活动，捐款2万元。

滁州市烟草专卖局（公司）：开展“送温暖、献爱心”等活动，共捐款4.9万元，捐赠价值800元的棉被一批。支援乡村建设，为来安县施官乡周桥村、明光市等捐款1.6万元。支援受灾地区，捐款2万元。资助教育事业，参与爱心圆梦大学行动、资助来安县贫困大学生、向天长市贫困学生基金会捐款，共捐款2.1万元。开展扶贫济困活动，向帮扶村捐款3万元，捐赠办公用品，价值1.89万元。

六安市烟草专卖局（公司）：开展扶贫济困及各类慰问活动，向六安市社会福利院等共捐款3.3万元。支援受灾地区，共捐款23.17万元。资助舒城县孔集村修路，捐款4万元。向金寨县总工会捐款1810元。资助市“3·15”宣传活动、资助寿县开展文化健身活动，共捐款2.01万元。

马鞍山市烟草专卖局（公司）：向各县总工会、见义勇为奖励基金、市慈善总会捐款10.45万元。开展扶贫济困活动，向石桥镇济南村、社会困难家庭捐款7000元。资助各种文化活动，为金秋花卉展、太白诗社、李白诗歌节等共捐款9.7万元。支援城乡建设，为花山区东环路绿化工程、马鞍山市石桥镇团林村、社区共建捐款7.5万元，捐赠价值6800元的物资。

巢湖市烟草专卖局（公司）：开展扶贫济困活动，向“五保户”、“特困户”捐款，开展“送温暖、献爱心”活动，向无为县民政局提供慈善助孤款等，共捐款12.3万元。资助帮扶点开展新农村建设，捐款28.5万元。资助教育事业，向巢湖市中学捐款，资助特困大学生、奖励经营户子女，共捐款48.58万元。支持文化体育活动，为无为县文化街建设、乌江农运会、区直机关第二届运动会、和县蔬菜博览会捐款7.5万元。

宣城市烟草专卖局（公司）：支持新农村建设，向广德县绿村、水东大葛村、宣州区、绩溪、泾县、旌德县捐款5.1万元。开展扶贫济困活动，向绩溪杨溪镇捐款，参加助残日捐赠，开展“博爱在江淮”公益募捐活动，共捐款1.4万元。资助泾县修建新四军旧址，捐款2万元。8月，捐助“栋梁工程”圆梦大学活动，捐款2万元。

安庆市烟草专卖局（公司）：关心弱势群体，为困难群众、困难零售户、社会患者共捐款15.16万元。开展对口扶贫，向望江县鸦滩镇、岳西县冶溪镇司空山村、岳西温泉镇、桐城唐湾镇唐湾村、枞阳县周潭镇永兴村、徐桥镇桥西村捐款21.51万元。支援受灾地区，捐款2.72万元。向桐城市工会、抗癌协会、宿松县总工会、“博爱在江淮”活动等共捐款6.7万元。支援城乡建设，资助独秀园建设、社区建设、岳西县衙前河综合治理工程、青草海山水库防汛修路、桐城青草镇建设，共捐款86.65万元。关心社会文化事业，向孔雀东南飞文化节、赵朴初百年纪念活动捐款1.12万元。开展计生帮扶、尊老爱老活动，捐款6000元。

黄山市烟草专卖局（公司）：开展扶贫济困活动，向困难零售户、营销网络协会贫困会员捐款，向休宁县、黟县岔口镇、祁门县塔坊乡捐赠扶贫资金，共计4.78万元。关心社会文化事业，为“黄山国际山地车节”、休宁茶交会捐款1.3万元。开展“生育关怀行动”、“博爱在江淮”、“送温暖、献爱心”等活动，共捐款6.84万元。资助教育事业，为歙县特殊学校、屯溪区希望小学、富溪乡呈阳小学、“爱心助学、回报社会”等活动共捐款4.5万元。支援受灾地区，向黄山区甘棠镇兴村受灾零售户捐款8000元。

华环国际烟草有限公司：支援受灾地区，向凤阳县淮河灾区捐赠生活物品，价值4万元。资助教育事业，参加“爱心圆梦大学”行动，资助凤阳县门台小学，捐款1.08万元。

华圆烟草有限责任公司：1月，开展“送温暖捐款”活动，捐款1万元。资助教育事业，向涡阳县希望工程办公室、涡阳县郭寨中学贫困教师共捐款4000元。

皖南烟叶有限责任公司：资助宣城市宣州区新田镇、黄渡乡峄山村、周王镇的烟农学校，捐款1.5万元。向宣城市希望工程领导小组办公室捐款7.8万元。

安徽中烟工业公司

2007年，公司开展各项公益活动，共捐款1300多万元。

资助教育事业，6月，公司资助修建的泾县云岭迎客松希望小学和黟县渔亭镇希望小学相继竣工，共捐款40万元；8月，与巢湖烟草公司举办“黄山情—回报社会、回报客户”捐资助学活动，资助173户零售户家庭及含山县25户贫困家庭的子女考上大学。9月，资助“‘黄山杯’全民健身，与奥运同行健身活动”，吸引近2000名体育爱好者参加，捐款9.5万元。支援受灾地区，向蚌埠、阜阳受灾地区捐款200万元，联合安徽各地级市烟草专卖局（公司）开展“黄山金皖情暖江淮”活动，捐赠价值15万元的生活必需品。

蚌埠卷烟厂：开展“扶贫济困送温暖”活动，捐赠棉衣、被2000余件。

芜湖卷烟厂：3月，开展义务献血活动，近百名员工参加献血。8月，向芜湖市慈善总会捐款100万元；组织2007年“爱心圆梦大学”助学活动，资助5名优秀贫困大学新生，企业员工个人捐款1万元。

合肥卷烟厂：8月，开展“光明爱心行动”，资助肥东县白龙中学学生孙梅完成学业，捐款2000元。11月，开展“送温暖、献爱心慈善一日捐”活动，企业员工共向合肥市慈善协会捐款6.67万元。

阜阳卷烟厂：支援受灾地区，企业员工共捐款8.18万元，捐赠棉衣2051件、被子65床。

滁州卷烟厂：“春节”前夕，帮助社会困难群体，捐款10万元；11月，组织部分团员青年看望滁州市儿童福利院的孤、残儿童。

福建省烟草专卖局（公司）

资助乡村建设，向永泰县岭路乡、长庆镇上洋村、江镜镇谢塘村、福清市阳下溪头村委会共捐款14.5万元；参加福州市捐书助学活动，捐款4800元。

厦门市烟草专卖局（公司）：组织“为农民兄弟姐妹捐赠图书活动”，捐赠图书2000册。关心教育事业，开展“捐书助学献爱心”活动，为贫困山区中小学捐款4800元；资助第二十三届厦门市青少年科技创新大赛，捐款5000元。向厦门市儿童基金会、厦门市红十字会、厦门市红十字基金会共捐款55万元。

宁德市烟草专卖局（公司）：资助宁德市希望工程领导小组办公室开展“阳光助学”活动，捐款2万元。资助乡村建设，向古田县城西街道下洋村、福安市甘棠镇北门村捐款3万元。支援受灾地区，向黄柏乡游家边村、平溪乡环溪新村捐款2万元。向福安市红十字会捐款5000元。

莆田市烟草专卖局（公司）：资助荔城区新度镇沟口村、城厢区东海镇蔡亭村的24户贫困户，捐款7200元。关心妇女儿童及教育事业，共捐款4.7万元。资助火灾事故救治工作，捐款1万元。

泉州市烟草专卖局（公司）：资助安溪县官桥镇碧二村、新厅村、石岩村30户贫困户，捐款1.5万元。为第六届全国农运会捐款50万元。资助乡村建设，向安溪县参内乡坑头村、感德镇龙通村、向阳乡旗星村共捐款9万元。资助一名安溪县特困大学生，捐款5000元。

漳州市烟草专卖局（公司）：资助长泰县开展扶贫工作，捐款5000元；资助福建“金叶”云霄教育专项发展项目，捐款20万元。支援受灾地区，向诏安县天桥村、南靖县钟古村共捐款9000元。

龙岩市烟草专卖局（公司）：向上杭县慈善总会捐款5000元；春节慰问漳平市残疾零售户和特困零售户，捐款5000元；为考上大学的951户零售户子女捐款19万元；救助龙岩洪涝受灾地区，捐款325.5万元。

三明市烟草专卖局（公司）：资助清流县李家乡古坑村、明溪县盖洋镇村头村、泰宁县下渠乡下渠村、三明市翰仙镇岩里村开展新农村建设，捐款6万元。支援教育事业，为第十届“金叶”奖教、奖学金捐款3万元，资助永安一中10名特困生完成学业，捐款1万元。

南平市烟草专卖局（公司）：资助松溪县希望工程，捐款4500元。开展扶贫济困及救灾工作，向顺昌县特困户、建瓯市玉山镇受灾零售户捐款6980元，并向灾区捐赠救灾补助款157.67万元。向南平市慈善总会、武夷山市慈善总会共捐款8万元。支援乡村建设，向浦城县仙阳镇捐款5万元。资助南平市人民政府建设新农村、开展“平安烟区”活动，共捐款40万元。

福建中烟工业公司

资助文化体育事业，向省体育工作大队、客家文化联谊会共捐款40万元；资助教育事业，向集美大学教育发展基金会、厦门市教育基金会共捐款150万元；向福建省新四军研究会、闽西老区建设促进会、省“扶贫两会”（扶贫基金会、扶贫开发协会）、龙岩市老龄福利会共捐款118万元。

龙岩烟草工业有限责任公司：支援扶贫工作，向永定县洪山乡、省“扶贫两会”捐款120万元。资助教育事业，开展“红七匹狼”爱心助学活动，向希望工程龙岩市基金管理办公室捐款9.6万元；资助龙岩一中、永定抚市中学、龙岩学院等学校，共捐款247.5万元；资助福建省读书援助协会建设中小学图书馆，捐款10万元。支援城乡建设，资助古田开发区、永定县洪山乡、永定县下洋镇等进行福利中心建设、公路改造，捐款2263.1万元。资助贵州省务川仡佬族苗族自治县遭受火灾群众，捐款5万元。

厦门烟草工业有限责任公司：资助教育事业，发放“2007金桥奖教助学金”，向厦门市教育基金会捐款113万元；资助永定抚市中学，捐款1万元。向海沧区老年福利协会、厦门市红十字会、海沧区计划生育协会共捐款26万元；资助城乡建设，向抚市镇抚溪村等捐款21.13万元。

金闽再造烟叶有限责任公司：1月，救助罗源县松山镇外洋村遭受台风灾害的群众，捐款1万元。

江西省烟草专卖局（公司）

省局（公司）机关开展“慈善一日捐”活动，捐款1.14万元；49名同志参加无偿献血活动，献血总量达11300毫升。

南昌市烟草专卖局（公司）：资助城乡建设，向新建县、进贤县、安义县捐款27万元。开展慈善活动，资助北京残疾人万里行活动等，共捐款7.42万元。

九江市烟草专卖局（公司）：资助湖口县张青乡开展各项建设，捐款8万元；资助该乡的村小学配备办公用品并捐赠2台电脑，价值2万余元。

上饶市烟草专卖局（公司）：开展新农村建设、烟叶救灾、农村扶贫等公益活动，共捐款27.38万元。

抚州市烟草专卖局（公司）：开展救灾抗旱防汛，捐款1.92万元；资助帮扶点开展新农村建设，捐款25.99万元；资助贫困学生、残疾人、敬老院、各地慈善总会等，共捐款42.88万元。

宜春市烟草专卖局（公司）：开展救灾活动，捐款2万元；资助希望工程，捐款3万元；资助帮扶点开展新农村建设、扶贫等，捐款8万元；资助社会公共设施建设，捐款13万元。

吉安市烟草专卖局（公司）：全市商业系统共捐款23万元。资助“全民健身运动”体育活动，捐款10万元；资助帮扶村开展新农村建设、扶贫工作、基础设施建设，捐款11万元；开展助残、扶助贫困学生活动，捐款2万元。

赣州市烟草专卖局（公司）：资助石城县大由乡下伊村修建公路，捐款16.8万元；资助各地开展新农村建设，开展扶贫、走访慰问等活动，共捐款37.4万元。

景德镇市烟草专卖局（公司）：开展“捐献一日工资”活动，捐款1万余元；资助一名贫困学生，捐款1万余元。资助洪源镇桂花村修建水坝、村民洗衣码头等，捐款8万余元；资助昌江区渔山镇老屋场村开展新农村建设，捐款8万元；资助丽阳乡丽阳新村建设文化活动室，捐款2万元。

萍乡市烟草专卖局（公司）：参加“双拥助残”、“爱心救助”和“慈善一日捐”活动，捐款30余万元。

新余市烟草专卖局（公司）：资助渝水区南安乡南门村开展扶贫、建设新农村，捐款18.25万元；资助分宜县开展抗旱救灾，捐款1.05万元；资助江西省乒乓球协会，捐款5万元。

鹰潭市烟草专卖局（公司）：资助志光镇西江李家村等帮扶点开展新农村建设，共捐款5万余元；资助2007年鹰潭市第十届龙虎山道教文化节，捐款2万元。

驻南昌铁路烟草专卖局：11月，开展“慈善一日捐”活动，捐款300元。

江西中烟工业公司

资助帮扶点开展新农村建设，6月，捐款22万元；12月，向江西省慈善总会捐款100万元，成立“金圣学子”助学基金，资助每年考上重点大学的贫困学生。

赣南卷烟厂：资助南康市唐江镇白石村进行水利设施建设，捐款10万元；8月，开展为赣州“留守孩”捐款献爱心活动，捐款3250元。

山东省烟草专卖局（公司）

开展“关爱英雄·让英雄不再流泪，从我做起”活动，3月，向省见义勇为基金会捐款76万元；7月，省内部分烟田遭受风雹灾害，向受灾烟农捐款40余万元；9月，救助新泰“8·17”矿难，捐款307万元。省局（公司）机关组织“爱心图书室”活动，向社会贫困学生捐赠图书401册；组织“送温暖、献爱心”活动，捐赠衣物301件，捐款6720元。

济南市烟草专卖局（有限公司）：开展“交一次特别会费献爱心”、“慈心一日捐”、“送温暖、献爱心”活动，捐赠衣物49件、捐款85.57万元；9月，资助贫困大学生，捐款3090元。

青岛市烟草专卖局（有限公司）：开展“关爱英雄·让英雄不再流泪，从我做起”、“慈心一日捐”活动，捐款6.35万元；5月，慰问青岛市三江智障学校学生并捐助相关物品，价值1万余元。

淄博市烟草专卖局（有限公司）：6月，组织“慈心一日捐”活动，捐款5.42万元；11月，资助沂源县三岔乡璞邱四村，捐款3万元。

枣庄市烟草专卖局（有限公司）：5月，资助山亭区徐庄镇丝宝侨小学，捐款5万元；8月，参加枣庄市总工会帮扶中心组织的“2007全市工会金秋助学”活动，捐款5万元。

东营市烟草专卖局（有限公司）：资助乡村建设，向河口区西华村等扶贫村捐款21万元；组织“慈心一日捐”活动，共捐款4万元。

烟台市烟草专卖局（有限公司）：开展扶贫济困活动，结对帮扶困难家庭，捐款1万元。资助教育事业，开展“233”爱心帮贫助学活动、“手拉手、一帮一”爱心助学活动，共捐款204.4万元。开展“关爱英雄·让英雄不再流泪，从我做起”、“爱心捐款”活动，捐款29.86万元。

潍坊市烟草专卖局（有限公司）：开展“关爱英雄·让英雄不再流泪，从我做起”、“慈心一日捐”、“送温暖、献爱心”活动，共捐款32.62万元。6月，资助受灾烟农，捐款22万元。

济宁市烟草专卖局（有限公司）：资助教育事业，向曲阜市团委、梁山县民政局、济宁市希望工程共捐款13.92万元。庆祝“六一儿童节”、“教师节”，向兖州实验小学、济宁市机关幼儿园、兖州市东方中学共捐款4100元。资助“手套博览会”、“水浒文化节”、“石雕艺术节”等文化活动及微山县老年人体育协会举办老年文化活动，共捐款5.6万元。开展扶贫捐赠，向泗水县民政局捐款2000元。资助乡村建设，向微山县两城乡独西村、泗水县白仲泉村委会、曲阜市姚村镇佃户屯村委会、邹城市田黄镇瓦曲村委会等共捐款5.51万元。开展“慈心一日捐”活动，共捐款5.38万元。

泰安市烟草专卖局（有限公司）：2月，开展“关爱英雄·让英雄不再流泪，从我做起”活动，捐款1.73万元；8月，救援山东华源煤矿和名公煤矿的溃水淹井事故，捐赠资金及物品，总价值6万元。

威海市烟草专卖局（有限公司）：开展扶贫济困活动，资助乳山市育黎镇下宋格庄村、文登市泽头镇杨家庵村、文登市泽头镇胡格村、荣成市城西街道办事处向阳埠村等扶贫联系村，捐款18.77万元。向全市各类幼儿园、中、小学校捐资助学，捐款3.41万元。开展慈善捐助，向威海市红十字会、文登市民政局捐款15.43万元。

日照市烟草专卖局（有限公司）：组织“关爱英雄·让英雄不再流泪，从我做起”、“慈心一日捐”、“代理妈妈”、“帮残扶弱献爱心”等活动，共捐款5.86万元，捐赠衣物191件。7月，开展烟叶救灾捐款活动，共捐款1.38万元。支援乡村建设，向莒县聂家洪沟村、岚山区辛庄子村和玉峰岭村等帮扶点及东港区部分贫困农户捐款9.67万元。资助教育事业，开展“2007共同关注，希望工程圆梦行动”及庆祝“六一”儿童节活动，共捐款3.42万元。开展“送温暖、献爱心”活动，向敬老院、各级慈善总会捐款2.66万元。

莱芜市烟草专卖局（有限公司）：开展“救助百名贫困母亲”、“关爱英雄·让英雄不再流泪，从我做起”、“慈心一日捐”等活动，捐款8.52万元。5月，资助莱芜战役纪念馆进行改建，捐款20万元。资助帮扶点开展新农村建设，捐款8万元。

临沂市烟草专卖局（有限公司）：开展“关爱英雄·让英雄不再流泪，从我做起”、“送温暖、献爱心”、“慈心一日捐”活动，共捐款18.93万元。7月，资助临沂受灾烟区，捐款5.3万元。开展助残、助学、助教及帮扶特困户活动，捐款7500余元，捐赠图书1000余册。开展荒山绿化等公益活动，植树造林250亩，捐款5.6万元。

德州市烟草专卖局（有限公司）：开展“让英雄不再流泪·关爱英雄，从我做起”、“慈心一日捐”活动，捐款7.28万元。

聊城市烟草专卖局（有限公司）：开展“关爱英雄·让英雄不再流泪，从我做起”、“慈心一日捐”、“送温暖、献爱心”活动，捐款4.77万元。

滨州市烟草专卖局（有限公司）：3月，开展“关爱英雄·让英雄不再流泪，从我做起”、“博爱在滨州”、“慈心一日捐”活动，共捐款3.65万元。解决沾化县海防办事处职工群众的吃水问题，捐款8万元；开展帮残扶贫活动，向30多户残疾人捐赠面粉、食用油等。

菏泽市烟草专卖局（有限公司）：开展“关爱英雄·让英雄不再流泪，从我做起”活动，捐款3.54万元；开展“慈心一日捐”活动11次，捐款15.37万元；为营县、定陶县、成武县“帮扶村级组织活动”共捐款3万元。资助单县“万树进城”、“科普画廊”活动，共捐款4000元。7月，资助菏泽市老年门球协会，捐款1万元。

中国烟草山东进出口公司：参加“关爱英雄·让英雄不再流泪，从我做起”、“慈心一日捐”活动，共捐款1.02万元。

中国烟草总公司青州中等专业学校：11月，资助青州贫困学生，捐款4000元；12月，资助青州市残疾人联合会，捐款1万元。

山东中烟工业公司

济南卷烟厂：向济南市慈善总会捐款10万元，用于扶贫济困、安老救孤、赈灾助医、兴善助学等；为历城区全福街道办事处捐款5万元。

青岛卷烟厂：为青岛市农村贫困残疾人“安居工程”捐款10万元；参加“慈善一日捐”活动，向青岛市慈善总会捐款15万元。

青州卷烟厂：救助失学贫困学生，向青州市慈善总会捐款7万元；向省人口关爱基金会、青州市政协、残疾人联合会捐款2.36万元。

滕州卷烟厂：向滕州市慈善总会捐款6万元。

河南省烟草专卖局（公司）

1月，资助对口帮扶单位，捐款3.46万元。10月，救助驻马店上蔡邵庄乡尹赵艾滋病村，捐款50万元。救助受灾地区，向卢氏县水灾及全省9个市的受灾烟农共捐款804万元。

郑州市烟草专卖局（公司）：9月，资助两名新入校的贫困大学生，捐款1万元。

洛阳市烟草专卖局（公司）：救助受灾地区，共捐款6.85万元。

平顶山市烟草专卖局（公司）：2月，向市解困与再就业领导小组捐款1.25万元。

安阳市烟草专卖局（公司）：6月，开展“慈善一日捐”活动，捐款5万元；8月，资助残疾人，捐款1.09万元。资助乡村建设，向滑县枣村乡油坊村、卫辉市安都乡高安都村、辉县市上八里镇上八里村共捐款11.7万元。12月，资助长垣县金叶小学，捐款30万元。

鹤壁市烟草专卖局（公司）：3月，资助乡村建设，向浚县善堂镇柴村捐款3万元。

新乡市烟草专卖局（公司）：7月，资助新乡市创建国家卫生城市，捐款5.5万元。

焦作市烟草专卖局（公司）：10月，赞助焦作市电视台拍摄爱国题材片，捐款5万元；11月，资助温县南张羌乡南渠河村修建公路，捐款6万元。

濮阳市烟草专卖局（公司）：资助乡村建设，向濮阳县王称固乡、清丰县马庄桥镇孙旧寨村共捐款4.8万元。11月，资助“村村通”公路工程，捐款3万元。9月，资助濮阳县梨园乡朱寨小学和濮阳县八公桥一中，捐款1.2万元。

许昌市烟草专卖局（公司）：1月，向许昌市慈善协会捐款2.77万元。资助帮扶点开展新农村建设，捐款16万元。

漯河市烟草专卖局（公司）：6月，向章化乡知王村捐赠健身器材，价值1万余元。向受洪涝灾害的临颍县台陈镇捐赠面粉12.5吨，价值2.53万元，资助该县受灾烟农，捐款50万元。

三门峡市烟草专卖局（公司）：支援受灾地区，向卢氏县等受灾地区捐款221.26万元，捐赠衣物291件、面粉5000千克。10月，对卢氏县范里镇干沟村进行科技扶贫，组织5场技术培训，出资修建道路、水池、管网等，捐款44万元。

南阳市烟草专卖局（公司）：2月，参加“救助百户特困职工家庭”和“白河综合治理”捐款活动，资助市聋哑学校和市福利院，慰问残疾、困难零售户，共捐款2.3万余元。资助乡村建设，向昝岗乡杨店村等帮扶点捐款8万元。8月，93名职工参加无偿献血，献血37200毫升。支援受灾地区，向军马河乡毛坪村等地受灾群众捐款2.47万元。开展捐资助学活动，资助8名大学生、20名中小学生，资助丹水镇青龙庙村小学，共捐款4万元。

商丘市烟草专卖局（公司）：8月，参加“金秋助学”活动，捐款1万元。

信阳市烟草专卖局（公司）：资助固始县、淮滨县、罗山县、平桥区、浉河区、息县等地的受灾烟农，共捐款90万元。

周口市烟草专卖局（公司）：9月，资助失学儿童、贫困职工，捐款1.97万元；12月，资助项城市三店乡盛营村开展新农村建设，捐款4.8万元。

驻马店市烟草专卖局（公司）：资助乡村建设，向驻马店市瓦岗乡叶老庄村、任店镇、竹沟镇，上蔡县芦岗乡等地共捐款23.5万元。资助教育事业，资助上蔡县大路李乡小学、驻马店第二小学和第四中学，共捐款7.68万元。12月，资助革命老区建设，捐款3万元。

天昌国际烟草有限责任公司：1月，开展向困难群众“送温暖、献爱心”活动，捐款5.5万元；8月，救助三门峡市卢氏县灾区，捐赠衣物、被褥等物品

588件，捐款5.61万元；12月，资助许昌县苏桥镇孟村建设乡村文化大院，捐款17.8万元。

河南中烟工业公司

8月，救助三门峡市卢氏县灾区，捐赠新棉被200床、方便面500箱、矿泉水300箱，捐款54万余元；9月，资助各项文化体育活动，捐款560万元；12月，捐款设立“河南中烟帝豪希望工程爱心基金”1600万元，在河南省18个地区援建40所希望小学。

新郑卷烟厂：2月，参加“献爱心”活动，捐赠大米600袋，价值2.64万元。厂子弟学校与新郑市“金芒果希望小学”开展“手拉手”结对子活动，捐赠图书800册；开展“爱心助学”活动，资助两名困难大学生，捐款5000元。

郑州卷烟厂：4月，参加“爱心助残”活动，捐款6438元。

许昌卷烟厂：1月，向许昌市慈善协会捐款9.27万元。

安阳卷烟厂：6月，资助安阳市特困群众、孤寡老人等弱势群体，向安阳市慈善协会捐款5万余元；9月，资助贫困大学生，发放2007年度金秋爱心助学金1.3万元；11月，救助灾区群众，职工个人捐赠棉衣被2325件，捐款530元。

南阳卷烟厂：5月，资助南阳市残疾人文艺演出，捐款3000元；8月，救助南阳市灾区群众，捐款1万余元；12月，购买扶贫救助明信片，向南阳市总工会捐款1万元。

驻马店卷烟厂：7月，救助驻马店市受灾地区群众，捐款2万元。

漯河卷烟厂：参加“爱心助学圆梦行动”，资助两名贫困大学生，捐款4000元；参加“金秋助学活动”，捐款2000元。

湖北省烟草专卖局（公司）

全省商业系统共捐款800余万元用于各项社会公益活动，其中，资助扶贫村开展新农村建设，捐款20万元；省局（公司）机关开展“送温暖、献爱心”活动和资助贫困学生上学，捐款7万余元。

武汉市烟草专卖局（公司）：开展对口扶贫及向见义勇为基金会捐款，共捐款43.35万元。

黄冈市烟草专卖局（公司）：开展扶贫、助残、献爱心等社会公益事业，共捐款64.61万元。

襄樊市烟草专卖局（公司）：支持地方文化发展，9月，资助“和谐烟草情，走进新农村”送戏下乡慰问演出活动；10月，捐款14万元，出资主办襄樊市“金叶杯”业余剧团文艺汇演。

十堰市烟草专卖局（公司）：资助郧县安家乡神雾岭村开展新农村建设，捐款物10万元；结对帮扶贫困户、组织“爱心助学”活动，共捐款1.5万元。

孝感市烟草专卖局（公司）：支援扶贫工作、支持新农村建设，参与公益事业，共捐款57.44万元，恩施州烟草专卖局（公司）：参与各项社会公益活动，捐赠科技书籍696册、衣物239件，捐款485.84万元。

宜昌市烟草专卖局（公司）：资助帮扶点开展新农村建设，组织“献爱心、送温暖”活动，捐赠图书400余册、衣物154件，捐款41.35万余元。

黄石市烟草专卖局（公司）：资助乡村建设，开展扶贫救困，共捐款33.15万元。

荆门市烟草专卖局（公司）：资助帮扶点开展基础设施建设，资助贫困学生，捐款10万余元。

鄂州市烟草专卖局（公司）：开展“献爱心捐款”、“向贫困村捐赠书刊音像制品，实施智力扶贫”、“送技术、送温暖、送健康、送文化”活动，为对口扶贫村捐赠图书348册和一批健身器材，捐款38万元。

天门市烟草专卖局（公司）：全市商业系统共捐款28万元。救助遭受洪涝灾害的群众，向天门市慈善总会捐款21万元；资助黄潭镇敖堤村开展新农村建设，捐款2万元；资助天门市夏日文化广场活动，捐款5万元。

潜江市烟草专卖局（公司）：支援贫困乡村开展建设，捐款9.77万元。

湖北中烟工业有限责任公司

资助教育事业，参加“阳光助学”活动，在省内开办慈善阳光班，向湖北省慈善总会捐款100万元；在黄冈市援建十所小学，捐款200万元；资助老区建设促进会，开办阳光中专班，捐款10万元。资助体育事业，为第六届城市运动会捐款2000万元；向湖北省桥牌协会捐款60万元。此外，开展其他各项公益活动，捐款2230万元。

襄樊卷烟厂：11月，开办“襄樊卷烟厂慈善阳光班”，资助50名特困、特优生，捐款30万元；参加建设“农家书屋”活动；企业员工李洪洲多年来无偿献血，2007年被国家卫生部、红十字总会授予“无偿献血金奖”。

广水卷烟厂：开展助学活动，捐款24.3万元；资助帮扶点开展新农村建设，捐款5000元；开展扶贫捐赠、公益捐赠等活动，共捐款300.8万元。

湖南省烟草专卖局（公司）

参加“慈善医疗金叶卡”项目，资助社会困难群众，捐款50万元；8月，资助湘西永顺县灾区，捐款50万元；10月，资助革命老区桂东县，重建“三大纪律八项注意”纪念碑，捐款44万元；资助体育事业，赞助迎奥运活动，捐款3000元；资助省老年书画协会等开展文化体育运动，捐款22万元。慰问长沙市长岭区困难户，公司机关捐款1.45万元。

长沙市烟草专卖局（公司）：资助革命纪念地建设，捐款3.92万元；组织“金叶情·心连心”活动，资助贫困烟农与零售户，捐款75万元。

株洲市烟草专卖局（公司）：开展扶贫济困活动，资助“特困家庭”及向醴陵市、炎陵县、攸县部分乡、村共捐款20万余元；慰问老红军、资助纪念建军80周年活动，捐款22万元；向攸县、炎陵县部分受灾乡镇等捐助赈灾款9万元；向渌口镇敬老院、芦淞区教育基金会捐款2.5万元；6月，参加“慈善医疗金叶卡”项目，捐款50万元。

湘潭市烟草专卖局（公司）：开展慈善、助学、扶贫、助残等活动，捐助109万元。其中，捐助湘潭市慈善总会用于慈善医疗事业60万元；捐助“双联扶贫”2.4万元；捐助“关心下一代”基金1.9万元；资助新农村建设，捐款20.9万元；捐助残疾人保障金及助学等，捐款14万元。

衡阳市烟草专卖局（公司）：开展各类公益活动，共捐款230.8万元，其中，开展扶贫济困活动，资助特困企业及衡阳县演陂镇开展扶贫工作，捐款23万元；资助乡村建设，向衡南县、常宁市、祁东县、耒阳市部分乡、镇、村捐款56万元；参加“慈善医疗金叶卡”项目，捐款60万元；资助雁南监狱开展劳教联谊宣传，捐款5万元；资助耒阳市耒师附小、一中、二中，捐款3万元。

岳阳市烟草专卖局（公司）：开展各类公益活动，共捐款250.41万元。其中，开展扶贫济困活动，向市副食品总公司、湘阴县55户特困零售户、平江县西南村、临湘市梅池乡、华容县南山乡等帮扶点捐款34.1万元。向市社会福利院、华容县慈善协会、平江县光荣院捐款7.5万元；资助湘阴县建设敬老院，向民政局捐款5万元。资助教育事业，向华容县梅田乡捐资助学，开展“爱心助学”、“爱心改变命运”活动，捐款11.45万元。资助乡村建设，向平江县南江镇、冬塔乡、三阳乡、黄金洞乡等8个乡镇捐款21.94万元。向“生育关怀—幸福工程”救助活动、“慈善医疗金叶卡”项目共捐款53万元。

郴州市烟草专卖局（公司）：资助桂东县建设红军纪念碑，捐款18.5万元。开展“爱心助残日”、“慈善医疗金叶卡”活动，捐款61.18万元。资助城乡建设，向桂阳县城郊乡柏树村、郴州市捐款37万元。参加“教育基金”活动、“给我一个家”活动及支援救灾工作，共向郴州市慈善总会捐款210.34万元。

常德市烟草专卖局（公司）：开展扶贫救助，向石门县、常德市、汉寿县、临澧县、桃源县、安乡县等乡、镇、村共捐款44.61万元。支援乡村建设，向澧县、安乡县、汉寿县、临澧县等乡、镇、村共捐款36.5万元。资助社区建设，向石门县澧阳社区、澧县多安桥社区共捐款10.5万元。资助文化体育活动，共捐款29.69万元。6月，参加“慈善医疗金叶卡”项目，捐款53.5万元。

益阳市烟草专卖局（公司）：开展各类公益活动，共捐款170多万元，其中，开展扶贫救助，向南县同利村、沅江县向阳村、安化县等共捐款40.2万元。资助乡村建设，向南县、沅江市等共捐款16.5万元。资助文化体育活动，向益阳市“迎奥五环潇湘行”暨第九届大众运动会、湖南省第三届湘台经贸交流与合作论坛及益阳市文化建设、精神文明建设共捐款25万元。参加“慈善医疗金叶卡”项目，捐款50万元。

娄底市烟草专卖局（公司）：开展各类公益活动，共捐款80余万元，其中，资助零售户子女上学，开展“金秋助学”、送书下乡活动，共捐款6.4万元，捐赠价值3000元的图书。资助文化体育活动，向市文联、新化县篮球比赛共捐款3.1万元。资助乡村建设及扶贫，向新化县、冷水江市、娄底市、双峰县等乡、镇、村共捐款16.2万元。热心慈善活动，资助残疾人协会进行演出，开展“慈善一日捐”活动，共捐款6600元。向省慈善医疗基金会捐款50万元。

邵阳市烟草专卖局（公司）：开展各类公益活动，共捐款241.76万元。资助乡村建设，向新邵县、洞口县、城步县等乡、镇、村共捐款25万元。开展扶贫救助，向武冈市、新邵县、隆回县等乡、镇、村共捐款8.26万元。向各慈善总会捐款5万元。开展救灾工作，向洞口县“6·24”洪灾、洞口县石江镇等受灾地区共捐款201万元。11月，资助资江学校，捐款1万元。资助邵阳县进行茶山垦覆，捐款1.5万元。

湘西土家族苗族自治州烟草专卖局（公司）：开展各类公益活动，共捐款81.3万元。向贫困烟农子女、贫困学子捐款，开展“爱心改变命运”活动，共捐款5.6万元。开展扶贫工作，共捐款2.4万元。向省慈善总会、湘西敬老事业共捐款73.73万元。

怀化市烟草专卖局（公司）：开展各类公益活动，共捐款132万元，其中，多次为残疾人、困难学子捐款，资助帮扶村，共捐款5.9万元。资助乡村道路改建，向通道侗族自治县临口乡杏花村、溆浦县小江口共捐款3.5万元，并赠送物资一批。向怀化市扶贫基金会、怀化市助残基金会共捐款2.2万元。为会同县“纪念粟裕大将诞辰100周年”活动、建设“三大纪律八项注意”纪念碑、靖州县庆共捐款7.18万元。8月，参加“慈善医疗金叶卡”项目，捐款50万元。

永州市烟草专卖局（公司）：开展各类公益活动，共捐款290余万元，其中，支援受灾地区、补贴受灾烟农，共捐款180万元。资助乡村建设，向江华县大路铺镇、零陵区梳子铺乡凤凰村、双牌县、祁阳县等共捐款9.5万元。开展扶贫捐赠，通过市财政局捐款30万元。向市戒烟与健康协会捐款1万元。参加“慈善医疗金叶卡”项目，捐款60万元。

湖南中烟工业有限责任公司

7月，启动“第十届‘芙蓉学子’大型公益活动”，面向全国资助家庭经济困难的大学新生1682名、面向公司重点烟叶收购地资助烟农子女200名、面向灾区资助贫困学生100名，共捐款1154万元。

广东省烟草专卖局（公司）

参加“幸福工程”活动，6月，广东省局（公司）机关捐款2.4万元。

广州市烟草专卖局（有限公司）：开展“扶贫济困送温暖”活动，捐款5.2万元。开展向农民工爱心捐书活动，捐赠书籍和杂志2146册。

珠海市烟草专卖局（有限公司）：资助广西贺州贫困地区及广东韶关、湛江灾区，捐款1.22万元，捐赠衣物3503件。资助教育事业，向斗门区莲洲镇上栏村妇女学校以及两名失学学生共捐款1.5万元。资助上栏村修建环村公路、修缮水泵站，共捐款39万元。

佛山市烟草专卖局（有限责任公司）：资助禅城经济开发区管委会老人活动中心建设，捐款8000元。开展“劳模结对献爱心”、“抗雪救灾献爱心”活动，共捐款6.27万元。资助高明区更合镇关山村委会居民基本医疗基金，捐款2万元。

肇庆市烟草专卖局（有限责任公司）：参加救助灾害、救济贫困、扶助残疾人等活动，共捐款9.65万元。资助教科文卫体活动，共捐款3.67万元。资助环境保护、社会公共设施建设，共捐款1.25万元。开展其他各项公益活动，捐款3.3万元。

江门市烟草专卖局（有限公司）：向恩平市君堂镇太平村捐赠电脑2台及抽水机等设备，价值2万元。参加江门市“慈善公益万人行”活动，捐款2万元。

惠州市烟草专卖局（有限责任公司）：资助乡村建设，向惠东县白盆珠镇捐款1.44万元。资助体育文化活动，向“特美思”迎春长跑活动、惠州市“八一”军民共建晚会、惠州市第六届老年人运动会共捐款16.29万元。参加助学活动，捐款2000元。开展“送温暖、献爱心”活动，捐款6029.7元。

阳江市烟草专卖局（有限责任公司）：开展扶贫济困，慰问困难劳模、阳江市北门社区困难群众等，共捐款5.9万元。资助家庭贫困学生，捐款6200元。11月，向阳江市红十字会捐款2万元。

汕头市烟草专卖局（有限责任公司）：参加“十百千万”干部下基层驻农村工作。资助乡村建设，向潮南区胪岗镇五丰村等帮扶点捐款43.5万元。参加“行善举、促和谐”活动、资助贫困户等，捐款16.76万元。开展捐资建校、助学活动，捐款6万元。

潮州市烟草专卖局（有限责任公司）：参加由潮州市残疾人联合会发起的公益活动，捐款5000元。参加饶平县“固本强基”活动，捐款10.5万元。向潮州市社会福利院、湘桥区慈善总会捐款5.2万元。资助教育事业，参加“和谐潮州、关心儿童”活动、捐助失学扶贫活动，共捐款6万元。资助潮安县古巷镇东岗村、金石镇陈厝巷村等开展工作，共捐款4.5万元。

汕尾市烟草专卖局（有限公司）：开展扶贫济困活动，向陆河杂技艺术团孤儿、扶贫点的贫困学生及贫困户、残疾人演出等共捐款1.97万元。向汕尾市中老年活动、妇女联合会、陆丰县金厢镇春季计划生育活动、汕尾市总工会举办的职工乒乓球赛等共捐款2.4万元。资助教育事业，向汕尾市实验小学、机关幼儿园、实验幼儿园捐款5000元。

揭阳市烟草专卖局（有限公司）：开展救助灾害、救济贫困、扶助残疾人等活动，捐款5.97万元。资助教科文卫体活动，捐款16.5万元。资助环境保护、社会公共设施建设，捐款43.2万元。开展其他各项社会公共和福利事业活动，捐款5.77万元。

梅州市烟草专卖局（有限公司）：资助抗洪抢险、扶贫帮困、社区改造等活动，捐款15万余元。

河源市烟草专卖局（有限责任公司）：资助河源市教育奖励基金会，捐款10万元。

梅州烟叶复烤有限公司：开展救助灾害、救济贫困、救助残疾人等活动，捐款10万元。资助环保、社会公共设施建设活动，捐款50万元。

广东中烟工业有限责任公司

资助湛江雷州、徐闻等遭受特大洪涝灾害地区，捐款100万元。

广州卷烟二厂：47名员工参加无偿献血，献血量10000毫升。开展扶贫送暖捐款活动，5月，资助广西百色市，广东梅县、从化县，捐款1.83万元。6月，组织救助贫困母亲及助残献爱心活动，捐款1.8万元。8月，组织“见义勇为”及“禁毒”基金捐款活动，捐款9240元。南海生产部上缴礼金5400元，用于开展各项公益活动。

梅州卷烟厂：资助患病群众，捐款2.65万元。资助五华县平西村，捐赠一批办公桌凳。举办“‘和谐梅州，关爱儿童’—万名‘爱心父母’牵手困境”的儿童志愿行动，捐款9000元。开展“金秋助学”活动，捐款7030元。114名员工参加无偿献血，献血量22800毫升。

韶关卷烟厂：组织“情系灾区编织爱心送温暖”活动，捐赠衣物125件。

湛江卷烟厂：资助“固本强基”活动，解决东海岛试验区民安镇调旧村群众出行难等问题，捐款20万元。资助湛江雷州、徐闻等遭受特大洪涝灾害地区，捐款6.17万元，捐赠衣物2500余件。

广西壮族自治区烟草专卖局（公司）

资助扶贫点富川县和睦村的各项建设，慰问该村五保户以及学校师生，捐赠节日慰问品和教学文体用具一批，价值3000元。资助教育事业，资助修建长春完小金叶教学楼，捐款15万元。向宁明县那堪中学捐赠食堂餐桌椅195套，价值6.83万元。参加“共同关注·希望工程圆梦行动”，捐款50万元。资助东兰县花香乡永安小学、巴英小学修建综合楼，捐款16万元。资助富川县和睦村完小新建功能教室，捐款12万元。支持残疾人事业，捐款1万元。机关职工开展“送温暖、献爱心”活动，捐款9560元，捐赠衣物50件。

南宁市烟草专卖局（公司）：资助武鸣县锣圩镇硬化道路，捐款3万元。资助隆安县都结乡三乐村小学修缮教室和新建篮球场，为三乐村修建蓄水库。长年派人到隆安县都结乡龙民村驻点，协助引进扶贫资金44万元，捐款2.8万元。向公益组织捐赠2台电脑，与两户社区贫困户开展结对帮扶。

柳州市烟草专卖局（公司）：资助三江县洋溪乡发展茶叶生产，捐款5.6万元。资助三江县洋溪乡高路村修缮村级活动场所，捐款2.6万元。

桂林市烟草专卖局（公司）：资助受灾地区，向全州县、灌阳县捐款40万元。资助乡村建设，向恭城县三江乡三联村、灌阳县胡家村捐款30万余元，并向当地小学捐赠电脑和打印机一批。向桂林市“希望工程”捐款7万元。

河池市烟草专卖局（公司）：资助贫困小学、困难村屯等，捐款5万余元。

钦州市烟草专卖局（公司）：5月，120余名员工参加无偿献血活动。开展扶贫助教，捐款4.46万元。

北海市烟草专卖局（公司）：资助营盘镇中学开展校园建设，捐款3.9万元。选派干部分别到合浦山口镇英罗村、山口镇石康天堂村、石康镇大崇村担任新农村建设指导员，为三个村共捐款4万元。

玉林市烟草专卖局（公司）：组织“玉林烟草向贫困学生献爱心捐款仪式”，筹集捐款7300余元。

梧州市烟草专卖局（公司）：资助藤县塘步镇一中开展校园建设并捐赠一批教学仪器，价值6万元。与苍梧县贫困生结对，每学期定期资助助学款。资助大学困难新生，捐款5000元。

崇左市烟草专卖局（公司）：资助龙州县八角乡中学，捐赠课桌椅、篮球板等，价值1.95万元，职工捐款4730元。

广西中烟工业公司

资助大新县宝圩乡宝西村那么屯开展饮水工程建设，6月，捐款15万元。资助教育事业，8月，举办第三届“真龙金秋助学”活动，资助104名学生，捐款31.2万元。10月，开展“真龙送福—关爱农村留守儿童活动”，向百色市平果县果化镇、田阳县百育镇的农村留守儿童捐赠一批电脑及文体用品，价值1.6万元。12月，开展第二届“真龙教育基金”助困奖学活动，资助168名贫困优秀大学生，捐款50.4万元；在重庆市奉节县太和乡金子村捐建的“真龙希望小学”落成，共捐款50万元。柳州分厂718名职工参加“送温暖、献爱心”活动，捐款3.85万元。

海南省烟草专卖局（公司）

资助乡村建设，向临高县临城镇德老村和头星村捐赠100套书桌等，捐款近200万元。资助临城镇建设防洪楼和避风港，捐款15万元。资助教育事业，向临城镇政府和德老村小学、头星村小学捐赠电脑、打印机等办公用品。参加“送温暖、献爱心”活动，省局（公司）机关捐款9300元。

海口市烟草专卖局（公司）：资助贫困村修建道路、兴修水利、危房改造以及添置办公桌椅等，捐款11万元。

三亚市烟草专卖局（公司）：向三亚市直机关“七一”文艺晚会活动、三亚市老年琼剧团文艺活动和三亚市政府创建卫生城建设活动等捐款4.2万元。资助陵水县特困户及光坡镇开展建设等，捐款8547

元。资助计划生育经费、“三月三”活动和帮助解决旱情、资助保亭县政府冬修水利和嬉水节活动等，捐款2.62万元。开展“金秋助学”活动、资助扶贫点购买生产工具等，捐款7050元。

琼海市烟草专卖局（公司）：向琼海市残疾人服务社捐款1050元。资助城乡建设，向万宁市万城镇光明社区、礼纪镇合丰村、琼海市、屯昌县捐款9500元。资助屯昌县“送戏下乡”活动、琼中县“三月三”活动，捐款4500元。

儋州市烟草专卖局（公司）：开展扶贫济困，向海南省文化助残活动、白沙县南开乡捐款1.1万元。资助儋州市军屯职工宿舍社区、儋州市木棠镇、东方市感城镇开展计划生育活动，捐款1.12万元。资助教育事业，向儋州市少年儿童业余体育训练学校捐款、开展“金秋助学”活动，共捐款2.78万元。资助城乡建设，向儋州市、昌江县共捐款2.17万元。资助儋州企业文化活动及其他各项公益活动，捐款5.46万元。

重庆市烟草专卖局（公司）

万州区烟草专卖局（分公司）：5月，组织全体党员为全区党内温暖工程基金会捐款5000元。12月，开展“送温暖、献爱心”扶贫济困捐赠活动，向万州区慈善委员会捐款2950元。

黔江区烟草专卖局（分公司）：开展救助灾害、救济贫困活动，向遭受冰雪灾害的白土乡山塘村烟农赠送大米2.7万千克，价值11万元。支持教育、体育事业，资助老区受灾烟农中有大学生子女的家庭，向48名大学生发放助学金12.3万元；资助全区体育活动，捐款1万元。

涪陵区烟草专卖局（分公司）：中层以上干部全年定点帮扶49户贫困零售户，捐款9800元。救助20户贫困烟农、80户贫困零售户，捐款2万元。

渝中区烟草专卖局（分公司）：资助贫困山区学校的2名中学生。开展“送温暖、献爱心”活动，捐款2000元，捐赠棉衣、裤597件。参加街道、社区组织的各类社会宣传和公益活动，资助社区居委会举办书画展览、加强巡防，捐款3200元。

大渡口区烟草专卖局（分公司）：救助社会困难群众，开展“慈善双日捐”活动，捐款3934元。资助残疾人就业，捐赠就业保障金1万元。对口帮扶新山村光明社区、建胜镇陈家坝社区和跳蹬镇石盘村，共捐款2800元，捐赠电脑1台及图书、报刊等，慰问8户社区贫困家庭并送去生活必需品。

江北区烟草专卖局（分公司）：开展扶贫济困，为贫困党员捐款2000元。资助教育事业，为进城务工的农民工子女购书，帮助贫困女童完成学业，共捐款6700元；资助江北区石盘小学和七岩小学，各捐款5000元。支援救灾工作，向遭受洪灾群众捐款3000元。支援新农村建设，捐款5000元。开展“送温暖、献爱心”活动，捐款1.5万元。

沙坪坝区烟草专卖局（分公司）：帮扶石碾盘社区、管家桥村、磁器口街道、奉节县兴隆镇的35户困难群众，共捐款7399.8元。为一位红岩烈士遗属捐款4400元。支援救灾工作，组织志愿者们到青木关、陈家桥、井口镇等重灾区看望受灾群众并捐赠生活必需品及慰问金，价值3.02万元，同时捐赠救灾款6000元。资助教育事业，帮扶2名贫困大学生，捐款4000元；资助奉节县的6名贫困生，捐款3600元。开展“送温暖、献爱心”活动，捐款2000元。

南岸区烟草专卖局（分公司）：资助对口帮扶村广阳镇塘坎村，捐款8000元。4月，开展慈善捐款活动，捐款2000元。支援抗洪救灾工作，捐款11.2万元。结对帮扶贫困儿童，捐款300元。

万盛区烟草专卖局（分公司）：参加“慈善双日捐”活动，捐款2300元。与金桥镇星河村开展扶贫结对活动，捐款8000元。资助市级贫困村新木村，捐款1.5万元。支援救灾工作，为灾区人民捐款3659元，捐赠衣物、棉被147件。资助教科文卫体事业，4月，参加万盛区“同创文明共沐书香—好书献基层”图书捐赠活动，捐赠图书62册；“六一”儿童节为星河村希望小学捐赠价值1000余元的图书及体育用品。

渝北区烟草专卖局（分公司）：参加“慈善双日捐”活动，捐款2.21万元。开展扶贫济困，向贫困零售户、贫困党员捐款8000元，筹集党内互助帮扶资金1.11万元，捐赠价值2215元的慰问品；为渝北区扶贫济困对象订阅《人民日报》50份，价值14400元。资助城乡建设，向大湾镇、凯歌路社区捐款3.1万元。向市残联捐款2000元。资助教育事业，为华蓥山小学捐赠《少年先锋报》130份，价值4800元；向大湾镇德明小学捐赠慰问金3000元。

巴南区烟草专卖局（分公司）：与惠民镇贫困党员开展党员结对帮扶活动，捐赠价值1000余元的慰问品，捐款5000元。开展“党员一日捐”、“送温暖、献爱心”活动，共捐款6532元。支援抗洪救灾工作，捐款1620元。帮扶贫困女童上学，捐款1万元。

长寿区烟草专卖局（分公司）：开展救济贫困活动，慰问贫困零售户、优秀老党员、贫困村民，捐款3760元，捐赠生活用品。资助教育事业，开展“捐一日薪”爱心助学活动，捐款近3000元。资助环境卫生建设，向长寿轻化、望江两个社区共捐款6000元。开展“慈善双日捐”活动，捐款4150元。支持长寿

"文明城区"创建活动，捐款3600元，制作大型公益宣传牌。

江津区烟草专卖局（分公司）：3月，慰问孤儿，捐款3000多元，并捐赠书籍和学习用品。

合川区烟草专卖局（分公司）：结对帮扶钱塘镇小泥村，捐赠价值6000余元的电脑和打印设备，并帮助该村开通了互联网。资助残疾人、白血病患者，捐款4000余元。支援救灾工作，组织工作人员帮助零售户抗洪救灾。

潼南县烟草专卖局（分公司）：资助新胜镇明镜小学9名贫困学生，捐款5400元，捐赠价值900元的文具。

铜梁县烟草专卖局（分公司）：结对帮扶9名贫困学生，捐款2700元。开展"党员一日捐"活动，捐款1320元。支援救灾工作，捐款2000元。

大足县烟草专卖局（分公司）：开展慈善捐款、慰问特困户、支持山区道路建设、支援山区教育、对口扶贫等活动，共捐款3.4万余元。

荣昌县烟草专卖局（分公司）：资助清流镇贫困群众、特困对口扶贫计生户，共捐款4570元。开展"党内互助帮扶"、"慈善双日捐"活动，捐款1.46万元。

璧山县烟草专卖局（分公司）：开展扶贫捐款活动，捐款790元。慰问贫困党员，捐款1540元。支援救灾工作，向七塘镇捐款3.3万元。资助教育事业，为璧山中学100周年校庆捐款2000元。

梁平县烟草专卖局（分公司）：支援救灾工作，捐款1.62万元。

城口县烟草专卖局（分公司）：开展扶贫济困活动，救助贫困党员、残疾人，捐款1800元。资助贫困大学生，捐款1500元。资助城乡建设，向咸宜乡、南大街社区捐款1.3万元。向城口县慈善协会捐款3000元。

丰都县烟草专卖局（分公司）：慰问丰都县三坝乡金竹林村贫困党员，捐款5877元。春节慰问社区贫困户，捐款448元。向丰都县教育奖励扶助基金会捐款5000元。

垫江县烟草专卖局（分公司）：到垫江监狱开展警示教育，捐赠图书20册，价值1000元。慰问受害女童，捐款3000元。资助贫困大学生，捐款4000元。支援救灾工作，捐款4790元。资助教育事业，向垫江中学、第九中学、实验小学共捐款4000元。开展"慈善一日捐"活动，捐款2800元。

武隆县烟草专卖局（分公司）：向武隆县火炉镇筏子村捐赠6000千克复合肥、2000千克大米、70床棉被、200册农业科技读物和1台电脑。

开县烟草专卖局（分公司）：开展扶贫济困活动，慰问经济困难的下岗人员、帮扶三中村5户自谋安置移民；慰问对口扶贫的大德乡九岭村贫困户，捐款1万元，捐赠价值2000元的慰问品。开展"送温暖、献爱心"、"慈善双日捐"活动，职工共捐款4160元。

云阳县烟草专卖局（分公司）：支援救灾工作，共捐款2.13万元。教师节慰问新城第三中学教师，捐款3000元。重阳节慰问抗美援朝老战士，捐赠价值3000元的生活用品。

奉节县烟草专卖局（分公司）：开展扶贫济困活动，慰问贫困党员，捐款2487元；资助对口帮扶点太和乡，捐款3.85万元。资助教育事业，向永安中学、奉节中学捐款共2000元。支援城乡建设，为甲高人民广场开工大典捐款500元；资助奉节县兴隆镇修路，捐款1000元。开展"慈善两日捐"活动，向奉节县慈善总会捐款1.29万元。

巫山县烟草专卖局（分公司）：支援救灾工作，捐款5.7万元。慰问乐坪镇老党员，捐款3500元。资助龙舟赛，捐款800元。资助教育事业，向一名贫困大学生捐款5000元；奖励烟农子女考上大学，捐款3.7万元。

石柱土家族自治县烟草专卖局（分公司）：向县少儿书信大赛活动捐款3000元。资助万朝乡扶贫，捐款2000元。参加慈善捐赠活动，捐款1.04万元。慰问贫困烟农，捐赠大米500斤、食用油100斤、烤烟复合肥10包。

秀山土家族苗族自治县烟草专卖局（分公司）：资助对口帮扶的龙池镇，捐款6000元。开展党内互助捐赠活动，资助贫困党员，向县组织部捐款2000元。参加"三下乡"活动，组织8名党员深入乡村讲解技术，并发放价值1200余元的科技书籍。资助教育事业，向秀山县聋哑学校、县东风路小学、民族中学、秀山一中共捐款4400元；资助贫困女大学生，捐款2030元；向18户受灾烟农正在就读大学的子女捐款4.9万元。

彭水苗族土家族自治县烟草专卖局（分公司）：支援抗旱救灾工作，捐款3万元。资助贫困学生，与汉葭镇镇南村贫困学生签订帮扶协议，每年捐款4000元。热心环保事业，公司组织职工在植树节上山种树、参加打扫街道等义务劳动。帮扶受困烟农，共捐款1.2万元。

金益烟草有限责任公司：为彭水中学患白血病女生捐款5000余元。

万兴烟叶复烤有限公司：全年义务献血30人次，义务植树1420株。帮助下岗职工再就业150人，解决定点扶贫乡镇就业100人。

四川省烟草专卖局（公司）

全省商业系统共捐款2741万元用于各项社会公益活动。资助全省各受灾地区，捐款800万元。资助教育事业，资助凉山州民族寄宿制学校，捐赠价值300万元的床上用品。资助全省250名贫困大学生，捐款75万元。

成都市烟草专卖局（公司）：开展扶贫助学活动，捐款10万元。开展慈善活动，捐款18万元。

自贡市烟草专卖局（公司）：资助自贡市沿滩区瓦市合星村四川烟草希望小学，捐款100万元。开展慈善“一日捐”、资助新农村建设、帮扶农村“五保户”等，共捐款6万元。开展其他各项公益活动，捐款2万元。

攀枝花市烟草专卖局（公司）：资助帮扶点开展新农村建设，捐款100万元。

泸州市烟草专卖局（公司）：资助教育事业，资助希望小学、为“栋梁工程”共捐款105万元。开展扶贫捐赠及其他捐赠活动，捐款5万元。

德阳市烟草专卖局（公司）：资助师古镇、古店乡开展扶贫工作，捐款5万元。开展儿童助学活动，捐款2万元。资助精神文明建设及其他各项公益活动，捐款13万元。

绵阳市烟草专卖局（公司）：资助平武县开展扶贫工作，捐款40万元。资助希望小学，捐款100万元。

广元市烟草专卖局（公司）：开展扶贫工作，捐款17万元。

内江市烟草专卖局（公司）：支援抗旱救灾，向东兴区、资中市、威远县共捐款2万元。慰问困难户、在隆昌县开展慈善捐款，共捐款2万元。

乐山市烟草专卖局（公司）：资助帮扶点开展扶贫工作，捐款7万元。资助教育事业，向希望小学、贫困学生共捐款102万元。资助“八一建军节”庆祝活动，捐款1万元。

南充市烟草专卖局（公司）：开展扶贫工作，捐款17万元。

宜宾市烟草专卖局（公司）：资助珙县关斗乡苗族村希望小学，捐款25万元。

广安市烟草专卖局（公司）：资助帮扶点开展新农村建设和扶贫工作，捐款25万元。资助学校建设，捐款5万元。慰问受灾零售户，捐款5万元。

达州市烟草专卖局（公司）：支援受灾地区，捐款90万元。

巴中市烟草专卖局（公司）：开展扶贫工作，捐款3万元。支援抗洪救灾，捐款10万元。

雅安市烟草专卖局（公司）：开展扶贫工作，捐款6万元。

眉山市烟草专卖局（公司）：开展扶贫工作，捐款5万元。开展慈善捐赠，捐款20万元。支援抗旱救灾及开展其他各项公益活动，捐款11万元。

资阳市烟草专卖局（公司）：向资阳市慈善总会、希望工程共捐款6万元。为“光明工程”、“栋梁工程”捐款3万元。支援抗洪救灾，捐款3万元。资助帮扶点开展扶贫工作及帮扶文明新村，捐款6万元。

凉山彝族自治州烟草专卖局（公司）：资助希望小学，捐款220万元。资助会东县开展新农村建设，捐款300万元。

阿坝藏族羌族自治州烟草专卖局（公司）：支援乡村建设，向茂县飞虹桥浅沟村、汶川县绵池镇白土坎村共捐款10万元。资助汶川县和黑水县修建希望小学，捐款100万元。资助“六一”儿童节开展各项活动，捐款8万元。

甘孜藏族自治州烟草专卖局（公司）：资助帮扶点开展扶贫工作，捐款50万元。

都江堰市烟草专卖局（公司）：资助帮扶点开展扶贫工作，捐款5万元。

贵州省烟草专卖局（公司）

资助兴仁县雨樟镇修建希望小学，捐款50万元。资助帮扶点开展扶贫工作，捐款70万元。资助兴仁县沟边村开展新农村建设，捐款200万元。向送温暖基金会捐款50万元。公司机关参加“送温暖、献爱心”活动，捐赠衣物1140件，捐款1.86万元。

贵阳市烟草专卖局（公司）：全年组织向社会捐款、捐物4次，向困难员工献爱心2次，共捐款15万余元，捐赠衣物3500余件。

遵义市烟草专卖局（公司）：资助陆家园组开展“四在农家”创建活动，捐款5万元。

安顺市烟草专卖局（公司）：资助修建平坝县十字乡大坝金叶希望小学、普定县白岩镇金叶希望小学、紫云县猴场镇马寨金叶希望小学，共捐款78.4万元。资助平坝县夏云镇叶坪村进行道路硬化，捐款3万元。

六盘水市烟草专卖局（公司）：资助盘县四格乡水塘村开展生产建设，捐款20万元。资助水城县纸厂乡高炉村，捐款50万元。资助教育事业，为陇脚乡小学购买课桌椅，援建盐井、蟠龙希望小学，共捐款12万元。

黔东南苗族侗族自治州烟草专卖局（公司）：开展扶贫济困、资助福利事业等，捐款4.22万元。资助文化、体育事业，捐款2.03万元。资助社会公共设施建设，捐款3.75万元。资助教育事业，向锦屏县铜鼓高柳希望小学、施秉县双井希望小学、从江县传洞金叶小学、丹寨县排调希望小学、从江县秀塘小学等共捐款80.2万元。

黔南布依族苗族自治州烟草专卖局（公司）：资助受灾群众，向三都县、平塘县捐款10万元。资助全州各地开展新农村建设，捐款15.65万元。

黔西南布依族苗族自治州烟草专卖局（公司）：资助兴仁、册亨等地修建希望小学，捐款79万元。资助5名贫困学生上大学，捐款2万元。

毕节地区烟草专卖局（公司）：资助贫困山区农民修建和改造住房140余栋，捐款74万余元。在毕节市南箐乡修建金叶希望小学、在大方普底中心校捐建教学楼，共捐款80万元。资助3名贫困大学生，捐款1.8万元。

铜仁地区烟草专卖局（公司）：资助帮扶点开展新农村建设，捐款17万元。

贵州中烟工业公司

支持农村医疗事业，援建毕节地区烟叶基地行政村100个卫生室，捐款400万元。资助天柱县阳寨希望小学，捐款30万元。开展脱贫帮扶行动，公司本部与绥阳县杨柳村、新乐村，贵阳卷烟厂与大方县油杉河和鹏营村，遵义卷烟厂与汇川县泗渡村，毕节卷烟厂与青场镇渔洞村签订初步帮扶协议，共捐款60万元。资助各项文化活动，举办“黄果树杯”多彩贵州舞蹈大赛，捐款600万元；举办“放歌十七大·永远跟党走·CCTV大型红色经典音乐会”，捐款100万元；举办贵州省首届旅游发展大会，捐款100万元。

毕节卷烟厂：资助毕节地区新农村建设，参加“1+1”党建活动和茅草房改造工程，共捐款47.47万元。

贵定卷烟厂：开展向当地困难群众“送温暖、献爱心”活动，捐赠衣物677件，捐款5540元。

铜仁卷烟厂：开展“送温暖、献爱心”活动，资助贫困农民工，捐款5.54万元。

云南省烟草专卖局（公司）

省局（公司）重点帮扶麻栗坡县大坪镇，投入资金110万元，帮助解决了5个扶贫项目，分别是引水渠道工程、人畜饮水项目、小学建设工程、学校公路维修项目、小学饮水项目。春节前，公司机关干部职工开展爱心捐款活动，捐款8.5万元。

云南中烟工业公司

资助城乡建设，向文山州、广南县、砚山县共捐款140万元。资助德宏州陇川县户撒中心小学、怒江州福贡县匹河中心小学修建教学楼，资助修建大渡岗乡荒坝红塔希望小学、勐龙镇小街红河前卫希望小学，共捐款200万元。开展“扶贫济困献爱心”活动、资助昭通地区扶贫，共捐款206.38万元。

红云烟草（集团）有限责任公司：开展“兴边富民工程”，7月，成立“兴边富民工程”及扶贫工作领导小组，资助10余个自然村开展各项扶贫工程建设，连续3年共捐款1700万元。资助城乡建设，向临沧地区镇康县、文山州富宁县、巧家县、昭通市会泽县共捐款984万元。开展抗冻救灾、助教助学、文化扶贫、助老助残等各项公益活动，支持地方政府、新农村建设、烤烟生产种植，捐款近1700万元。组织“送温暖、献爱心”活动，慰问会泽县21所敬老院的509位孤寡老人。资助教育事业，为昭通市巧家县的贫困大学生、贫困儿童捐款、捐物21.4万余元。组织“红云书卷润心田·百书赠百校”活动，向会泽县6所小学赠书，并在会泽县东风、工农两所小学创建“红云图书阅览室”。

红河烟草（集团）有限责任公司：资助科教文化、卫生体育、赈灾助残、扶贫济困、地方发展等，捐款1856万余元。

红塔烟草（集团）有限责任公司：支持各项公益活动，共捐款2000万余元，其中，资助息县白土店乡中心学校贫困学生，捐款20万元。资助农村义务教育，向大理白族自治州财政局捐款500万元。资助云南七彩老年远程网络大学，捐款20万元。支援灾区建设，向普洱市地震灾区，元江县、昭通市洪涝灾区共捐款410万元。开展扶贫工作，向捧当乡、贡山县捐款45万元。资助城乡建设，为鹤庆县松桂镇、大理州博物馆南诏德化碑复制工程、红塔区小石桥乡共捐款148万元。

西藏自治区烟草专卖局（公司）

资助日喀则地区昂仁县桑桑镇，制订《对口帮扶调研报告及项目规划（建议）》，捐款104.25万元，用于改善农牧民的基本生活条件及进行科学技术培训。

昌都地区烟草专卖局（公司）：资助昌都地区儿童福利院和芒康县莽岭乡完全小学，捐款3000元，并捐赠价值2.5万元的物资。

日喀则地区烟草专卖局（公司）：资助拉孜县热萨乡杰村增养奶牛，捐款8万元。

山南地区烟草专卖局（公司）：资助加查县拉绥乡开展新农村安居工程建设，捐款5万元。

阿里地区烟草专卖局（公司）：资助改则县麻米乡夏亚、克勤两村开展扶贫工作，共捐款30万元。

陕西省烟草专卖局（公司）

资助教育事业，8月，开展“圆贫困学生大学梦”爱心助学活动，资助140人，捐款36万元；9月，开展“百校百桥”支援灾区捐建活动，向安康市白河县西营镇中心小学捐款65万元；参加北京六合兴助学中心助学活动，捐款100万元。支援乡村建设，向安康市岚皋县捐款15万元。

西安市烟草专卖局（公司）：慰问社区10户贫困家庭，捐款1000元。慰问长乐金叶希望小学师生，捐款3000元。开展“扶贫帮困捐助月”活动，向贫困大学生捐款2万元。开展扶困赈灾等及其他各项公益活动，共捐款15.6万元，捐赠衣物14件。

咸阳市烟草专卖局（公司）：资助遭受冰雹灾害地区，捐款4.87万元。资助教育事业，资助贫困的大学生3名，捐款1.03万元。开展“希望学子—爱心与你同行”活动，资助30名贫困大学新生，捐款9万元。开展冬季送温暖活动，向困难群众捐款3620元，捐赠衣物110余件。开展“新农合送健康”活动，资助全市烟农参加新农型农村合作医疗，职工个人捐款13.33万元。

宝鸡市烟草专卖局（公司）：资助坪头镇大湾河村村民开展合作医疗、搬迁大湾河小学、修建通村公路及“慈安桥”，捐款6万元。“六一”儿童节开展慰问活动，向坪头镇大湾河小学、陇县马曲小学、火烧寨小学捐赠书包324个。

渭南市烟草专卖局（公司）：1月，资助柳家村贫困老人，捐款2000元。8月，开展捐资助学，向渭南市慈善协会捐款2万元。9月，开展教师节慰问活动，向允张小学、前进中学捐款2000元。11月，资助蒲城县东阳乡柳家村修路，捐款4万元。

铜川市烟草专卖局（公司）：资助铜川市乒乓球协会，捐款2万元。开展“帮助贫困生完成学业”活动，资助3名大学生，捐款3000元。开展扶贫济困，参加“送温暖、献爱心”活动，捐款1310元。看望铜川市纺织厂4名困难职工，送去米、面、油等生活用品。

商洛市烟草专卖局（公司）：资助腰市镇屈村，捐款8万元。资助贫困大学生，捐款2430元。开展救灾活动，捐款3510元。

汉中市烟草专卖局（公司）：资助乡村建设，向城固二里镇星红村、洋县程河镇、宁强县巴山镇高桥村捐款9万元，捐赠水泥20吨，价值9740元。资助城固县傕家山镇开展科学知识培训，捐款1万元。为汉中洪涝灾区捐款1.5万元。向城固县盘龙乡石槽河村困难群众捐赠农用物资及现金，合计2.05万元；向西乡县白龙镇龙王村贫困群众捐款1.1万元；向市福利院捐款1万元。

安康市烟草专卖局（公司）：为残疾人交纳就业保障金，捐款10万元。支援救灾工作，捐款15万元。资助帮扶点开展新农村建设、发展教育事业等各项工作，共捐款56万元。

延安市烟草专卖局（公司）：资助贫困学生完成学业，共捐款2960元，捐赠衣物100余件。为富县直罗镇屈家沟小学、延川县延水关乡延水关小学共捐款8.2万元。资助遭受洪涝灾害地区，捐款3930元。为“我为延安种棵树”活动捐款7200元。

榆林市烟草专卖局（公司）：资助定边县砖井镇修路，捐款4.5万元。

陕西中烟工业公司

资助栗子坝乡狮子坝村开展道路交通建设，捐款15万元。资助旬阳县小河镇龙王滩村和吕河镇周家阳坡村发展科技种植、沼气能源利用等，分别捐款22万元、20万元。资助麟游县招贤镇阁头寺村加强基础建设，捐款130万元。

宝鸡卷烟厂：扶持安康市旬阳县小河镇龙王滩村修建康坪桥，捐款10万元，被群众称为“扶贫连心桥”。

延安卷烟厂：开展扶贫工作，向延安何庄坪镇田塔村、吴起县王洼子乡陈岔村等捐款10.6万元。为贫困户捐款3600元，捐赠面粉12袋、食用油60千克。

汉中卷烟厂：资助佛坪县李子坝乡狮子坝村修建硬化公路，捐款10万元，捐赠2000千克米面和2件卷烟。为陕西省南郑县中学贫困学生捐款5170元，捐赠衣物456件。

甘肃省烟草专卖局（公司）

全省商业系统为扶贫赈灾、捐资助学、扶残助残等社会公益活动先后捐款、捐物70余次，累计捐款87万余元，捐赠衣被570余件。

甘肃省烟草专卖局（公司）机关：落实合水店子乡支教工作，开展农业科技教育推广和扫盲活动，捐款1万元。开展“送温暖、献爱心”活动，为庆阳市合水县捐款1.92万元，捐赠衣被244件、应急灯48台。

兰州市烟草专卖局（公司）：为七里河区西果园乡古路坡小学购买文体、学习用品等，并捐款3050元。资助西岔镇漫湾村贫困村民及黑石乡黑石小学，捐款8010元，并向黑石小学捐赠床铺14张。

天水市烟草专卖局（公司）：资助乡村建设，为清水县平定村购买苹果树苗，价值3万元，资助该村贫困户，捐款1000元，捐赠衣物50余件。为市建三小患病小学生捐款1万元；为一名贫困教师捐款1500元，并决定资助其女上大学。

武威市烟草专卖局（公司）：为武威市石羊河流域综合治理暨日光温室建设、民勤县苏武乡日光温室建设捐款3.52万元。参加“救助单亲特困母亲”活动、资助白血病患者、参加“送温暖、献爱心”活动，共捐款8210元。开展“扶贫助学一日捐”活动，捐款950元。

金昌市烟草专卖局（公司）：市局（公司）团支部组织青年志愿者开展一对一助残帮扶活动。开展“万名机关党员承诺服务群众行动”，捐款2230元，捐赠衣物65件。开展“关注母亲、关爱女孩、救助特殊困难家庭”活动，捐款1000余元。

张掖市烟草专卖局（公司）：开展扶贫济困，捐款8000元，捐赠价值2200元的生产生活必需物品。资助民乐县三堡镇何家沟村，捐赠被褥160套，捐赠农业科普书籍200余册，价值2000余元，捐款2万元。为高台县、民乐县、山丹县等地的受灾群众捐款1691元，捐赠价值1035元的防冻柴油180千克，捐赠衣物5件，并组织员工参加救灾工作。为民乐县、临泽县开展绿化工程，捐款1.38万元。资助民乐县城区沿街巷道改造工程，捐赠水泥30吨，价值8400元。为甘州区大满镇兰家寨小学贫困儿童捐赠学习、生活用品，并捐款2000元。向张掖市慈善协会、张掖市社会治安见义勇为基金会共捐款2.11万元。

酒泉市烟草专卖局（公司）：开展“实践承诺、奉献爱心”活动、为单亲贫困母亲大型募捐活动、“送温暖、献爱心”活动、扶贫助残活动等，共捐款6035元。资助患病学生、贫困零售户、贫困户，共捐款6895元。开展其他各项公益活动，捐款400余元。

敦煌市烟草专卖局（公司）：开展“送温暖、献爱心、解困帮困”活动，资助敦煌市黄渠乡代家墩村困难群众，捐款5780元。

平凉市烟草专卖局（公司）：开展扶贫、助残、支教活动，捐款3.5万元。开展各项社会公益活动，捐款7万元。资助环境建设、绿化活动等，捐款3.1万元。

庆阳市烟草专卖局（公司）：开展救助灾害，捐款4.19万元。资助教育、文化和其他社会福利事业，捐款2.23万元。资助贫困群众，捐款1860元。

陇南市烟草专卖局（公司）：慰问礼县沙金乡徐门村贫困户及村级小学，捐赠教学用品等，价值6000元。资助陇南市残疾人，捐款1.34万元。资助武都区陈楞干村，捐款4.06万元，购置140套太阳灶和文具、教具、体育用品，价值5100元。

白银市烟草专卖局（公司）：开展“爱心及生育关怀”活动、“助残济困款”捐助活动，共捐款5240元。为会宁县草滩乡抗旱救灾捐款5000元。资助干旱灾区断粮群众500人，捐款16万元。为白银市第二届体育运动会捐款1万元。资助会宁县八里乡修路，捐款2万元。捐助见义勇为款、工会爱心款共计4490元。

定西市烟草专卖局（公司）：开展各类公益活动，共捐款1.3万元，绿化荒山71亩。

临夏回族自治州烟草专卖局（公司）：资助教育事业，为广河县、临夏市教育事业捐款2万元。资助东乡县董岭乡高嘴村修路，捐款10万元，并向该村学校捐款3万元，购置办学设施。开展“送温暖、献爱心”活动，捐款2800元。

甘南藏族自治州烟草专卖局（公司）：参与救助全州农牧特困单亲母亲活动，捐款581元。

青海省烟草专卖局（公司）

为省红十字会、省青少年发展基金会、见义勇为基金会共捐款85万元。省局（公司）机关开展“爱心助残”活动、“博爱一日捐”活动，共捐款7.37万元。为定点扶贫村捐赠衣物160件，为希望小学捐赠价值2440元的取暖煤。

西宁市烟草专卖局（公司）：参加“爱心助残”活动、“博爱一日捐”活动，捐款6565元。为湟源县日月乡寺滩村捐赠物品价值2500元，捐款2000元。

海西蒙古族藏族自治州烟草专卖局（公司）：参加“爱心助残”活动、“博爱一日捐”活动，捐款5910元。开展扶贫工作，为天峻县江河镇捐款1万元。

格尔木市烟草专卖局（公司）：开展“助学工程求助捐款”活动、“送温暖、献爱心”活动、“爱心助残”活动，共捐款6036.1元，捐赠衣物166件。捐赠“灭蚊费”2000元。

海北藏族自治州烟草专卖局（公司）：参加“爱心助残”活动、“博爱一日捐”活动、“送温暖、献爱心”活动，共捐款1990元。资助祁连山小学，捐款400元。为祁连山艺术节捐款1000元。

海南藏族自治州烟草专卖局（公司）：参与“爱心助残”活动、“博爱一日捐”活动共捐款1.17万元。资助共和县廿地小学建立教师活动室，捐赠办公用品，价值8000元。

黄南藏族自治州烟草专卖局（公司）：资助3名特困生，捐款1050元，并捐赠价值400元的学习用品。向泽雄村党员活动室捐赠电脑1台，价值

5129元。

玉树藏族自治州烟草专卖局（公司）：开展“爱心助残”活动、“博爱一日捐”活动，共捐款3240元。

宁夏回族自治区烟草专卖局（公司）

资助定点帮扶村同心县下马关镇五里墩村建立村合作医疗站、计生服务站、信息站等，捐款16.96万元，捐赠电脑4台及教学设备一批。春节慰问该村贫困户104户，捐款3万元。为自治区“六个一”工程捐款6万元。资助贫困山区、受灾地区及南部山区贫困群众，共捐款6.3万元。区局（公司）机关全体党员与富宁街社区开展结对帮扶活动，帮扶16户贫困家庭，捐款6400元。

银川市烟草专卖局（公司）：资助永宁县闽宁镇中心小学开展建设、资助辖区学校，共捐款8.04万元。为青少年基金会捐款6万元。资助对口帮扶单位修建水渠、订阅科技报刊，为灵武市狼皮子梁永清村、新民村捐款35.88万元，慰问困难群众20户，捐款1.54万元。资助北京中路社区，捐款1万元。向自治区残疾人联合会、自治区区域经济科学发展促进会等共捐款5万元。开展其他各项公益活动，捐款5.3万元。

石嘴山市烟草专卖局（公司）：资助患病少年，捐款8000元。开展送电影下乡宣传活动，捐款1.5万元。资助乡村建设，为平罗县金星村、周城村和张家墩村，大武口兴民村共捐款20万余元。为平罗县高仁乡回民中心小学、平罗县高庄小学、惠农区尾闸中学及惠农区燕子墩乡中心小学捐赠电脑及体育用品，价值3万元，并向6名特困生捐款1800元。开展“送温暖、献爱心”活动，捐款4400余元。

吴忠市烟草专卖局（公司）：慰问社区贫困住户，捐赠价值1000余元的生活用品。参加“烟草杯”金秋助学活动，捐款3万元。此外，先后向希望工程、军民共建、新农村建设、城镇基础设施改造、大众文体活动等捐款捐物，价值约30万元。

固原市烟草专卖局（公司）：向支教点、扶贫点赠送文具、图书，资助贫困大学生，开展节日慰问，资助帮扶点开展新农村建设等，共捐款19.6万余元。开展“送温暖、献爱心”活动，职工个人捐款3.5万元。

中卫市烟草专卖局（公司）：慰问困难零售户和山区困难群众、资助城区贫困妇女儿童，共捐款3.25万元。资助永康镇徐庄村党支部建设、贫困家庭，捐款4000元。支援抗旱救灾，捐款3320元。开展“送温暖、献爱心”活动，捐款3850元。开展“关心下一代健康成长”活动、资助贫困大学生，共捐款10.2万元。

新疆维吾尔自治区烟草专卖局（公司）

资助对口扶贫单位，为阿勒泰地区吉木乃县捐款59.7万元。支援吐鲁番地区救灾，捐款100万元。开展向社会献爱心活动、“人人捐献一元钱、扶贫帮困助母亲”活动、“送温暖、爱心一日捐”活动，共捐款5.35万元。重阳节慰问百岁老人，送去慰问品并捐款1000元。

乌鲁木齐烟草专卖分局（公司）：开展各类公益活动，共捐款10.4万元。其中，为自治区各级红十字会、乌鲁木齐儿童村和敬老院共捐款3.23万元，并捐赠价值5000元的物品。支援灾区建设，为阿勒泰等地区共捐款2.75万元，捐赠衣物1822件。为边防局外管所捐赠购书卡及慰问金，价值8000元。

昌吉回族自治州烟草专卖分局（公司）：慰问困难群众，捐赠生活用品。资助受灾地区、贫困大学生，开展“送温暖、献爱心”活动，捐款7950元。

伊犁哈萨克自治州烟草专卖分局（公司）：开展扶贫帮困献爱心活动，资助“结对子”乡村、困难户等，捐款5.75万元。

克拉玛依烟草专卖分局（公司）：开展“爱心捐款、传递感动”活动、“爱心一日捐”活动，共捐款2.87万元。

塔城地区烟草专卖分局（公司）：开展“捐书惠农”活动，捐赠图书274本。为塔城新城办事处捐款1000元。资助乡村建设，为喇嘛昭村、叶留拜村捐款8980元。

阿勒泰地区烟草专卖分局（公司）：资助和静县等地的贫困家庭，捐款600元，捐赠价值1100余元的生活用品。资助乡村建设，为富蕴县喀拉通克乡白扬沟村捐款3.27万元。资助青河乡受灾群众，捐款5740元。开展“送温暖、献爱心”活动，捐款3400元。为生态移民搬迁工程捐款2万元。开展包乡住村和防洪抢险、慰问农民工等活动，捐款2.16万元。

巴音郭楞蒙古自治州烟草专卖分局（公司）：为贫困家庭、特困零售户捐赠价值1400余元的生活用品，捐款1600元。关心农民工，捐款1890元，并捐赠一批衣物及140册图书杂志。组织“捐书惠农”活动，捐赠图书79册、光碟10盘。为巴州特殊教育学校捐款1000元。开展“企业家与贫困儿童手拉手”活动，捐款400元。

吐鲁番地区烟草专卖分局（公司）：为困难零售户、社区贫困户共捐款3000元。开展“送温暖、爱心一日捐”活动，捐款4650元。

哈密地区烟草专卖分局（公司）：支援哈密地区

救灾，捐款7.01万元。

阿克苏地区烟草专卖分局（公司）：资助拜城县建设学校，捐款3750元。资助库车县开展扶贫建房，捐款1万元。

喀什地区烟草专卖分局（公司）：开展“捐资济困，奉献爱心”活动，捐款6600元。资助巴楚县第四中学，捐赠价值2.8万元的教学用品。

和田地区烟草专卖分局（公司）：为皮山县科克铁热克乡阔恰克玉吉买勒克村捐赠价值4.2万元的扶贫物资。开展“献爱心、送温暖”活动，捐款6800元。

新疆烟草进出口有限责任公司：鼓励见义勇为，向乌鲁木齐开发区综合治理办公室捐款1000余元。

大连市烟草专卖局（公司）

各直属单位捐助扶贫款2.6万元；向各级慈善总会捐款314万元；向希望工程捐款7600元。

深圳市烟草专卖局（公司）

资助新疆塔城“好日子”光明社区建设文化活动中心，向希望工程、广东省教育基金会等捐款，共计55万元。

论点摘要

专卖管理

【疏堵结合打击制售假冒卷烟行为】 北京市烟草专卖局的苏英明、孙胜群在《试论假冒商标、伪劣卷烟存在的现状、原因及对策》一文中提出应该采取疏堵结合的治理方式打击制售假冒卷烟行为。疏，即通过有效的政策和机制来保障卷烟市场的正常运行，并采用有效的宣传教育形式增强卷烟零售客户的守法经营意识；堵，即充分运用内部管理手段规范行业内企业的生产经营或运用国家行政手段依法严厉打击假冒卷烟经营者。

疏主要从五方面着手：一是合理控制成本，扩大低档卷烟生产规模，满足农村市场和城市中的低收入人群的需求；二是建立新型工商合作关系，以市场为导向，满足低档卷烟市场消费需求；三是加强卷烟打假保障机制建设，要建立完善的包括联合执法机制、情报网络机制和案件移送追刑机制在内的一整套保障机制，进一步完善对查处违法案件有功的系统内单位和职工的奖励机制；四是切实加强专卖基层建设，充分发挥县级局专卖管理监督的职能；五是增强服务意识，加大宣传力度。专卖管理工作要坚持树立以人为本的观念，不断增强服务零售户的意识，加大对零售户和消费者的宣传力度。

堵主要从五方面着手：一是加强内部专卖管理监督工作，各级烟草工商部门应高度重视内管工作，进一步加强内部专卖管理监督，坚决防止非正规渠道卷烟流入市场，适当增加正规渠道卷烟的投放量，抑制假冒卷烟蔓延的趋势；二是加强对烟叶经营企业的管理，减少烟叶经营企业生产的盲目性和无针对性，满足低等级烟叶的市场供应，从而减少低档假冒卷烟的生产数量。同时，规范烟叶经营企业生产经营行为，尤其是加强对烟叶超种超收行为的监管，防止计划外烟叶流入非正常渠道；三是加强卷烟市场集中整治，坚持以查运输、清市场、端窝点、打网络为重点，加大对重点区域、重点部位、重点环节的整治力度。四是继续加强卷烟市场的监管，要做到专卖执法监管“六个到位”，即卷烟经营者户籍管理和信用分类监管到位，市场监管责任区、责任人和市场巡查到位，日常监管制度、机构到位，查办卷烟违法案件和取缔无照经营到位，受理处理消费者投诉与应急处置到位，监管卷烟经营大户到位；五是加强“两支队伍”建设，各级烟草部门要不断加强对市场监管员和客户经理的培训和考核。

（摘编自《中国烟草学会2007年论文集》）

【新形势下如何加强卷烟市场监管工作】 河南省郑州市烟草专卖局张俊生在《浅谈新形势下的卷烟市场监管工作》一文中指出，目前专卖市场监管工作面临四个方面的新形势：行业改革继续深入推进，卷烟生产销售方式正在调整，市场管理形势正在发生着改变，专卖执法环境不断变化。针对专卖市场监管工作的新变化，作者就如何加强卷烟市场监管工作提出了四点建议：

一要狠抓制度建设，强化工作过程控制。加强内部制度建设，促进监管工作标准化、程序化、规范化，通过建立健全市场监管、证件办理、案件查处等方面的工作流程，完善人员培训、学习教育、内部监理、责任追究等方面的制度。同时，要加强外部制度建设，促使监管对象依法经营、规范自律。

二要狠抓证件管理，增强零售户自律意识。要提高专卖人员对许可证管理的意识，增强零售户对许可证重要性的认识，同时，要创新许可证管理的手段，严格取缔违规经营零售户。通过将证件管理和市场监管的有机结合，增强零售户自我规范意识，变商户“被动管理”为“主动守法”。

三要狠抓重点环节治理，加强源头部位监管。要加大对违法卷烟产销网络的打击力度，成立专职“打假破网”机构，深化公安、烟草联合工作机制，提高网络案件经营意识。同时，要加大对运输环节违法行为的打击力度，通过新闻报道、张贴通告、发放宣传单等形式，为货运环节监管营造浓厚工作氛围；通过公开举报方式，建立卷烟打假情报网络；积极创新监管手段，运用“搜烟犬”、技术性检测等先进的检查方式，提高货运环节监管的准确性，增强打击效果。

四要狠抓零售户分类管理，提高市场监管效果。首先要坚持强化服务，因势利导，分类管理的原则，细化有证零售户管理。其次要加快无证商户治理，充分调动工商人员参与无证治理的积极性，提高无证商户治理成效，要对无证商户摸排调查，建立档案，落实责任，切实减少无证经营行为的发生。

（摘编自《中国烟草学会2007年论文集》）

烟叶生产

【取消县级公司法人资格应加强烟叶质量管理】 湖北省烟草专卖局袁国林在《取消县级公司法人资格后如何提高烟叶等级合格率》一文中，针对部分产烟县取消县级公司法人资格后在烟叶质量管理工作上存在忽视烟叶国家标准的强制性，执行烟叶国家标准时执行力偏弱、管理松懈等问题，指出加强县级公司法人资格取消后的烟叶质量管理刻不容缓。

首先，要加强思想政治工作，消除思想认识上的误区。取消县级公司法人资格后，打破了原有的权利和利益格局，更加有利于县级公司集中精力抓好烟叶生产、收购工作和基层建设工作。县级公司各级人员应该牢固树立质量意识，切实抓好烟叶质量管理。

第二，要加快县级公司职能转换工作。县级烟草公司取消法人资格后，其主要职能之一是集中精力抓好烟叶生产和收购，因此从事烟叶生产和收购的机构不能削弱，队伍不能削弱，县级烟草公司的质量管理职能更不能削弱。

第三，要以“责、权、利”为核心，建立健全质量管理体系，从而使企业管理程序化、制度化、科学化。做好烟叶质量管理工作，就必须以质量管理体系为基准。

第四，要对烟叶分级人员开展技能培训，实行择优上岗。目前，行业采取的是烟农分级、依照烟叶国家标准进行甩把验级的收购方式，这对烟叶分级人员的专业技术有较高的要求。因此，必须加强对烟叶分级人员的技能培训，统一操作技术，实行择优上岗。

第五，完善绩效评价体系建设，充分调动烟叶工作者的积极性。在层层下达工作责任制要求的同时，辅以必要的奖惩机制，通过严格的量化考评，给予烟叶工作者适度的物质奖励，充分调动其工作积极性。

最后，应强化执行力建设，建立巡视督导制度，提高质量管理的效率。

（摘编自《中国烟草》2007年第2期）

【稳定烟农队伍是烟叶生产平稳持续发展的关键】 中国烟叶公司王现军在《稳定烟农队伍 平稳烟叶生产》一文中指出，目前烟叶种植工作中存在烟农队伍不稳定、种烟规模较大农户需要承担一定生产风险等问题。因此，为实现烟叶生产的持续平稳发展，必须稳定烟农队伍，建立起一支具有较高素质的烟农队伍。

一是要建立起稳定烟农队伍的政策环境。最重要的是让烟农取得较为稳定的收益，使种烟的单位收益不低于种植其他作物的收益，并且减少烟农受务工潮的冲击，稳定烟农数量。因此必须建立起一种灵活的价格反应机制，通过科学制定烟叶收购价格和补贴政策，保证烟农的收益，稳定烟农队伍。

二是要逐步建立职业化的烟农队伍。建立起让烟农免受市场环境波动影响的机制对于提高烟农积极性至关重要。目前一些产区为长期种烟大户办理了养老保险和医疗保险，为其提供生产生活补贴，在建立职业化烟农队伍上进行了有益探索。

三是要构建烟叶现代化生产模式。烟叶种植劳动强度大，技术要求高，烟草公司要通过大力开展专业化分工、社会化服务，减轻烟农的种烟强度和技术复杂程度。产区烟草公司应大力推广统一机耕、推广集约化育苗、统一植保，推行专业化烘烤，提高现代化农业模式下的烟叶生产水平。

四是要确定合理的烟叶种植规模，引导烟农开展适度规模种植。首先必须明确烟叶生产规模多大烟农才有较好经济效益。从目前来看，种植5亩左右的烟叶，烟农一般可取得较好的规模效益。而农民种烟超过10亩，就势必要求其有较高的管理水平，否则，受工价上涨及劳动力缺乏等因素影响，烟叶移栽、采收、烘烤等方面工作一旦不能及时、有效开展，必然会影响烟农经济收益。

五是要建立培训烟农的制度，不断提高烟农素质。应通过利用农闲时节或到烟叶生产现场指导等方式开展对烟农的培训，普及先进适用技术。烟叶主产区应通过建立烟校、印发宣传资料、入户到田指导、切实提高适用技术到位率，提高烟农素质。

六是要加强对专业种烟大户的扶持，发挥科技户的示范带动作用。通过对种烟大户的扶持，增加其种烟收益，示范带动其他农户稳定烟叶种植。同时，当前要加强对育苗专业化、烘烤专业化的支持，提高烟叶生产的专业化、社会化服务水平，让烟农简单种烟，降低他们的劳动强度，从而稳定烟农队伍。

（摘编自《中国烟草》2007 年第 10 期）

【烟叶生产适应现代农业发展的四点建议】 湖北省烟草公司恩施州公司钟元兵在《关于烟叶生产如何适应现代农业发展的思考》一文中指出，烟叶生产适应现代农业专业化生产是一个必然趋势，也是实现烟叶生产可持续发展的必由之路。就烟叶生产如何适应现代农业专业化生产，作者提出了四点建议：

一、要选择适宜区域作为烟叶专业化生产区域。要优化布局，实行规模种植。规模种植要坚持从实际出发，尊重农民土地流转的意愿。重点烟叶产区，要在实行基本烟田保护的基础上，实行“规模化种植、集约化经营、专业化分工、信息化管理”。比如，实施“千亩千村工程、加强烟叶专业新村建设”，就是一个有益的探索。

二、以市场为纽带建立专业化组织。烟叶生产可以大力推行“公司 + 专业化组织 + 烟农”的生产组织模式，专业化生产组织要建立在烟农自觉自愿的基础上，保证烟农有稳定的收入，生产条件得到根本改善，基础设施相对优化，自然灾害防范体系健全。

三、烟农为生产的参与者。按照专业化生产的规模，专业组织应以本地农民为主，经过培训，选择适合烟叶产业发展的生产者，让大多数烟农经过培训能参加生产。烟农在接受新的经营理念的同时，保持农耕其地，让农民在生产中提高现代烟草农业的意识。

四、以利益共享为发展空间。合理的利益分配是发展现代烟草农业的根本保证。烟草公司在国家确定的经营利润中，应拿出一定的资金投入到专业组织中与专业组织在经营烟叶中产生的收益共同形成专业组织的原始资本积累，增强发展后劲，同时为保障烟农的既得利益提供财力支撑。

（摘编自《烟草政工通讯》2007 年第 9 期）

【制定烟叶收购价格应该考虑的五个方面】 福建省南平市烟草公司陈明章在《烟叶收购价值机制的思考》一文中指出，烟叶收购价格是烟叶生产的直接经济杠杆。近年来，部分地区烟叶的收购价格缺乏刚性和统一，烟叶收购价格显现出不均衡性，村与村、乡与乡、县与县、地区与地区同档次烟叶给农民带来的收入也不一致。因此，应该根据当前烟叶生产的实际情况和价值规律，制定科学合理的烟叶收购价格，作者建议应从以下几个方面予以考虑：

首先，烟叶收购价格应以烟叶生产的平均成本为基础，以烟农“有利可图”为基本要求。烟叶收购价格应保证烟叶生产有一定的利润空间作为生产风险的回报，以化解烟农流失风险。在此基础上，严格种植合同管理，让烟农自愿种烟，企业可以选择烟农、烟区，更有利于推进现代烟草农业建设。

其次，应打破单纯依赖价格限制来实现“控得住，稳得住”目标的传统思维模式。要实现“控得住，稳得住”的目标不应仅仅依赖价格政策来调控，国家的计划和专卖政策，以及目前的烟农服务队伍建设都是实现目标的手段。

第三，理顺价格和价外补贴的关系，整合价格和补贴，让烟叶的实际收购价格透明化、规范化。这样做既有利于行业的规范经营，同时也可以降低烟草企业的劳务成本、关联费用。

第四，在建立完善的风险保障机制的前提下，严格遵循按质定价、优质优价的原则。风险保障机制包括烟农生产风险保障、工业企业原料风险保障等。严格实行优质优价，改变“丰年不丰收”现象，保证烟草行业原料质量的稳定。

第五，调整和完善烤房、烟叶基础设施等基础性投入政策。在坚持推进新农村建设的同时，把资金投入到能持续发展烟叶的地方，让有限资金能够发挥出更大效用，促进烟叶生产可持续发展。

（摘编自《中国烟草》2007 年第 21 期）

销售与网建

【“订单供货”存在问题及对策】 湖北中烟工业公司彭传新在《订单供货与市场链重构》一文中指出，订单供货是烟草行业在专卖制度下发挥市场机制作用的有效途径和实现形式。随着订单供货试点工作的不断深入，许多烟草企业市场意识大大增强，需求的拉动作用正不断显现。作者分析了目前“订单供货”

中存在卷烟生产计划刚性与市场订单柔性相矛盾、有效货源供应不足、工商企业信息不对称、工商协同有待加强等问题，并就此提出以下几点对策：

一、卷烟生产计划刚性与市场订单柔性的矛盾。订单供货中存在计划供给和市场需求的矛盾，最突出的表现就是市场需求旺盛与计划指标受限的矛盾，这就需要加大定向整合的力度和扩大定向整合的范围，国家局鼓励有计划无订单的企业联营加工有订单无计划企业的品牌，甚至还可以探索跨省进行联合重组的可行性。这样势必可以迅速做大做强优势企业和优势品牌，为培育“两个 10 多个”创造良好的条件。

二、订单供货与工业响应问题。在实施订单供货的过程中，经常出现不同程度的有效货源供应不足的问题。这就要求工业企业要找出影响产品质量和成本的问题，改善生产经营效率，并努力提高计划的适时性和灵活性，使工业企业卷烟生产真正贴近市场，提高市场化水平，从而增强自身的快速响应市场能力和综合竞争力。

三、信息不对称问题。工商企业之间缺乏信息交流，这也是导致有效货源不足的原因之一。要通过构建烟草市场链中的信息平台，充分利用信息技术，建立畅通的信息渠道和信息反馈机制。通过信息共享，在要素市场，原料供应方能根据工业企业的需求信息调整原料生产，工业企业能够根据原料生产信息及时调整卷烟生产；在产品市场，工业企业又能根据商业企业的订单需求信息安排生产计划，商业企业则能根据工业企业的生产情况合理配置自己的卷烟资源。

四、工商协同问题。工商分开使烟草工业、商业独立成两个具有不同职能的经营主体，因此在开展订单供货时很容易遇到工商企业协同性不够的问题。为此，工商企业之间的要增强协同，协同主要包括信息协同和营销协同两个方面。信息协同是实现工商协同的重要基础，应当在全行业范围内统一建设工商信息协同平台，确定统一的技术指标、参数和数据格式，提供工商双方需要的信息。营销协同也是工商协同的重要内容，工商企业必须转变观念，增进认识，明确职责，在实现信息协同的基础上，充分发挥各自优势，形成培育品牌的合力。

（摘编自《中国烟草》2007 年第 17 期）

【必须加强品牌培育工作，才能切实提升网建水平】 沈阳市烟草专卖局闫学明在《强化品牌培育提升网建水平》一文中分析了目前行业品牌培育的现状，并就如何加强品牌培育工作提出四点建议：

第一，围绕“两个 10 多个”做好品牌规划工作。工商企业要深刻领会《中国卷烟品牌发展纲要》精神，做好品牌规划工作。商业企业要以市场为出发点，在公平、公正对待所有品牌的前提下，确定本地市场的“10 多个”重点培育品牌，同时重点培育产销规模在行业前 10 多位，但在本地市场处于弱势的行业强势品牌。

第二，深入推进订单供货工作，做好品牌的市场需求采集和预测工作。商业企业应通过开展市场需求采集和预测工作，落实品牌规划工作。在订单采集和需求预测工作中，应侧重于培育重点品牌，尤其是本地市场销量排名前“10 多个”和全行业销量排名前“10 多个”的品牌。

第三，全面开展品牌生命周期管理。品牌生命周期管理理论，主要将品牌培育分为引入、成长、成熟、衰退四个阶段。科学的品牌培育要将品牌控制在成熟阶段，以实现品牌的可持续发展。全面开展生命周期管理的关键，是在科学预测的基础上，渐进地稍紧投放卷烟货源，使优势品牌稳步占领市场，确保优势卷烟品牌的可持续发展。

最后，要进一步完善品牌管理体制和其他基础工作。进一步完善已建立的品牌管理、品类管理、品牌评价、品牌档案、品牌引入和退出等工作，使之更加完善；进一步做好品牌管理流程优化工作，畅通品牌工作流程，着重解决品牌培育工作流程中的节点衔接问题；在人力、物力和技术上加大对品牌培育工作的倾斜力度。

（摘编自《中国烟草》2007 年第 21 期）

【如何构建和谐批零关系】 内蒙古烟草专卖局齐俊峰、王福贵、郑宝仁在《简论如何构建和谐的批零关系》一文中指出，目前的批零关系中仍然存在零售客户需求多样化与大品牌之间的矛盾、零售客户市场培育与品牌整合之间的矛盾，针对以上矛盾，作者就如何构建和谐的批零关系提出五点建议。

一是努力购进适销对路的卷烟。一方面，商业企业应加强与工业企业的货源衔接与信息互通，同工业企业建立和谐共存、共同发展的合作关系。在符合烟草市场品牌培育政策的前提下，要强化货源分析、评估和采购工作，尽可能购进适销对路的产品。另一方面，工业企业应进一步面对市场，走进市场，适应市场，根据市场需要安排有关牌号的生产。

二是要从零售终端向消费终端延伸。在卷烟销售网建工作中，仅满足于对零售客户的服务和促销是不够的，只有使零售客户所购进的卷烟尽快被消费者消费掉，才是真正意义上的销售。因此，商业企业应把市场营销和开拓的重心向消费终端延伸，这是确保批零和谐、健康发展的必要途径。

三是积极推动和谐批零群体的形成。应建立一个烟草公司与广大零售户顺畅沟通的渠道与平台。通过成立卷烟零售业协会、定期召开零售客户座谈会等形式，将守法经营的各类别卷烟零售户召集起来开展各种有价值的沟通活动，引导零售客户按照市场需求确定经营策略和经营目标，加强零售客户之间的交流与合作，营造良好的市场环境。

四是努力培育卷烟长效品牌。以市场为导向，努力克服非市场因素，尊重市场，研究市场，适应市场。要对新引进品牌进行前期的市场营销规划；要通过客户经理或电访员的强化宣传，营造良好的市场销售环境；要做好与上游工业企业的货源衔接工作，防止断档脱销。

五是加强客户关系管理。要针对不同的客户类型，制定不同的客户服务标准，把服务标准全部统一到"一切为了客户、一切有利于客户经营"的中心工作上来。同时要引进先进的运行机制，对"四员"进行全面、科学考核，加大对"四员"的培训力度，不断提高"四员"的综合素质。

（摘编自《中国烟草学会2007年论文集》）

品牌建设

【提高卷烟品牌竞争力的四种策略】 国家烟草专卖局经济信息中心起亚宁在《提高卷烟品牌竞争力的思考》一文中指出，为了实现重点骨干品牌的全面提升和持续发展，推动一些潜力较大、前景看好的品牌异军突起、后来居上，企业应推进以下四方面工作：

一要根据品牌竞争力特点制订科学的品牌发展策略。对于效益主导型品牌，应根据市场需求适度发展，通过稳定扩大规模来继续维持较高的赢利水平；对于规模主导型品牌，重点从降低成本费用、提升品牌的技术含量、提高产品省外市场依存度方面入手提高品牌效益；对于效益或规模缺乏优势的品牌，应按照市场需求通过定向整合、品牌整合等方式优化企业和市场资源配置，提升品牌的市场规模和获利能力。

二要工商协同营销共同培育品牌。工商企业在品牌培育中的作用都是不可替代的，工业企业应注重重点骨干品牌核心能力的培育，商业企业则应以加快全国统一大市场的形成、创造公平竞争的市场环境为工作重点。同时还要注重加强对工商营销信息共享平台的使用，使工商企业能够真正实现"一体化营销"，不断推进"按客户订单组织货源"工作，增强市场预测能力，促进品牌做大做强，提高品牌的竞争力。

三要提高品牌在国际市场的竞争力。近年来，行业明确了"重点企业必须实施'走出去'战略，通过对外开拓国际市场和对内实施联合重组，推动企业规模的扩张"。深刻理解并贯彻落实国家局提出的中烟国际的改制、转型、整合六字方针，以及围绕"三大职能"，实现"三大转变"的深刻意义。认真汲取跨国烟草公司实施"走出去"的经验，积极开拓国际市场，提高品牌的国际竞争力。

四要提高品牌成本费用控制能力。针对一些品牌仍存在成本费用偏高的问题，应通过完善成本费用考核机制、推行预算管理、控制过度包装、加强广告促销费用管理等方式，加强成本费用控制。

（摘编自《中国烟草》2007年第21期）

【新形势下如何做好卷烟品牌培育】 山西省烟草专卖局樊彬在《浅议新形势下的卷烟品牌培育策略》一文中指出，当前，行业在培育重点品牌中存在四个方面的关系和矛盾，即局部利益和全局利益、短期利益和长远利益的关系；"百牌号"与"10多个"的关系；真实市场需求和专卖体制下计划管理的关系；营销主体地位与能力的关系。为加快行业重点骨干品牌培育进程，发挥工商企业在培育行业重点骨干品牌中的能动作用，作者认为应该从以下四个方面着手，加强和完善卷烟品牌培育的机制建设，促进行业重点骨干品牌的成长。

一是以培育品牌为目标，创新发展协同营销。要建立动态的品牌管理体系，运用商品生命周期管理体系，促进卷烟品牌管理水平的提升，强化对品牌管理工作的分析和评估。要完善工商协同营销体系，按照"市场导向、分工合作、诚信互动、资源共享、效率责任"五项基本原则开展工作。要建立市场化的品牌培育运作模式，围绕市场消费需求特点和趋势，建立定位清晰、架构合理、流程顺畅、营运高效、保障充分的市场化品牌培育运作模式。

二是以消费者为根本，深度把握市场需求。要把营销服务的节点从零售客户层面延伸到消费者层面，把消费者作为提升营销服务水平的支撑点。要建立面向消费者的营销体系，通过建立卷烟消费者信息资源数据库，研究消费者人口特征及其对品类、品牌的态度，从而科学制定营销策略。要动态跟踪消费行为并分析其特点，通过客户经理、电话订货员以及有的地区设立的市场信息员提供的信息，研究不同年龄、经济收入、生活方式与品牌目标消费者之间的关系，研究消费者行为与口味、包装、烟支长短等细节因素的相关关系，逐步建立消费者与品牌之间的选择模型。同时，要学会高效科学地采集利用市场信息。

三是注重市场分析研究，提高需求预测水平。要深刻分析把握市场经济环境中的各类变量，把现有的客户分类和市场细分、品牌定位有机结合起来，提高卷烟消费需求预测准确率。同时，要提高需求预测人员素质。

四是加强宏观管理、完善行业规则。未来全国行业统一、规范、标准化进行品牌培育工作，杜绝非市场因素，应由国家局牵头建立、完善相关规则，强化宏观管理。

（摘编自《中国烟草学会2007年论文集》）

烟草科技

【推进烟草品种工作的四点建议】 河南农业大学农学院的陈荣平和黑龙江省烟草科学研究所的杨铁钊在《我国烟草品种工作的分析与思考》一文中阐述了中国烟叶育种工作近年取得的成绩和目前烟草品种工作中存在的问题，就如何推进烟草品种工作提出四点建议：

一是加强烟草品质育种。通过建立品质育种田间选择标准和方法，减少育种过程中的盲目性。加强品质遗传控制研究，找到影响品质的关键控制因子，有效指导品质育种工作。加强烟草品质的生理生化研究，将其作为品质育种选择的生理指标。

二是加强烟草种质资源的收集与研究利用工作。中国是目前收集入库烟草种质资源最多的国家，收集编目了4042份种质资源，编写了《全国烟草品种资源目录》和《云南烟草品种志》，建立了烟草品种资源数据库。2007年启动的“中国烟草种质资源平台建设”项目，是对中国烟草种质资源进行的一次梳理。除此之外，还要将重要资源和重要资源的重要性状遗传规律研究作为重点，才能对育种工作有实质性的帮助。

三是加强品种区域试验。可以增加区域试验参试品种数量，减少参试品种种植面积，小区试验参试品种增加到10～12个，大区试验（生产试验）参试品种增加到5～8个。同时，建立优质品种补充试验鉴定圃，对于在区域试验中可能由于栽培条件不良或烘烤不利等因素造成的产值效益低下而被淘汰的品种再选择一次，进行补充试验，避免优良品种的遗漏。

四是加强烟区规划和基础设施建设。将可能改造成优质烟叶产区的烟区或地块进行统筹规划，集中财力、物力，配备上好的水利、烤房等基础设施，再建立起科学的耕作或种植制度，加上优质的烤烟品种，打造优质烟生产基地。

（摘编自《中国烟草学报》2007年第6期）

企业管理

【烟草商业企业创新赢利模式的五点建议】 湖北省烟草公司武汉市公司余永亮在《烟草商业企业如何创新赢利模式》一文中，在对比分析传统流通企业与现代流通企业赢利模式的基础上，就烟草商业企业如何实现赢利模式创新提出了五点建议。

一是转变经营理念。要树立市场需求驱动的经营理念，以更快、更好的服务内容满足消费者的需求；要加大提供增值服务内容的比重，并根据市场需求的变化而不断创新。目前行业进行中的“按客户订单组织货源”工作，正是烟草商业企业转变经营理念、创新赢利模式的有益尝试。

二是建立新型工商关系。商业企业对工业企业提供服务支持应该包括销售渠道支持、市场信息支持、分销服务网络支持、市场培育环境支持、品牌扩张支持、广告营销策划支持、企业形象宣传支持、售后服务支持和驻地人员服务支持等。工商企业应积极进行换位思考，以培育规模品牌为共同点与结合点，并以市场为导向，联手培育市场。

三是加快现代化物流企业的发展。建立现代化的物流企业，加快分销网络体系的建设，是由传统商品流通企业向现代商品流通企业转变的一个明显的标志。建设物流配送中心，必须从成本最优化的角度，根据自身的实际状况，采取自建或第三方物流外包的形式进行。物流配送中心的跨区整合则可以最大限度地实现资源共享和优化配置，为实现全国烟草行业大品牌、大市场、大流通的格局奠定坚实的基础。

四是加强流通企业内部信息化。把企业内部的信息化平台打造为一个集信息平台、交易平台、客户关系管理平台和内部管理平台等为一体的综合管理平台，为企业赢利模式的创新、经营方式与经营内容的转变提供强有力的信息技术平台支撑。

五是加强对经营管理人才的引进与培养。流通企业赢利模式的创新、发展战略的制定与执行等都离不开经营管理团队的高效执行。要吸取国外先进管理经验，通过与高校合作、共同培养等途径，加大对经营管理人才的培养。

（摘编自《中国烟草》2007 年第 3 期）

【建设行业企业技术中心的三种方法】 郑州烟草研究院赵继先在《整合、建设与创新—关于行业企业技术中心建设的思考》一文中指出，当前随着行业各省级中烟工业公司与所属企业合并重组的完成，各中烟工业公司相继展开了技术中心的组建和重点实验室的建设。在新一轮的技术中心建设过程中，应努力实现企业科技资源的有效整合，不断推进技术创新、技术进步，充分发挥企业技术中心在技术创新中的支撑作用，进而达到不断增强企业核心竞争力的目的。可从以下三方面来着手：

一是进行广泛全面整合。与过去单一工厂的技术中心相比，新组建的企业技术中心面临的任务更加广泛和全面，其主要任务及专业设置方向应包括以下几项内容：要认真做好共性技术研究（基础研究工作），可设立基础研究实验室，引进学科带头人；要做好应用技术研究工作，针对市场需求开发适应市场的新产品；要改造老产品，根据技术发展、政策和市场的变化，采用新技术对老产品进行升级改造和调整；要进行产品技术储备，开发一些具有前瞻性的产品；做好品质控制工作，建立相应部门，重点监控各个生产点的产品质量以及原辅材料质量；做好信息、标准化及相关工作，设立相应的部门，选聘有专业知识的人员开展科技情报的收集和标准化研究工作、专利申报工作、有关法律法规研究等方面的工作。

二是注重科研设施的配套建设。在技术中心建设时，除了保证具有良好科研办公环境外，要更加注重科研条件的配套，重点是实验室和仪器设备的配套。水、电、气、暖的配套，综合布线的配套。另外，实验室的仪器设备购置，要根据技术中心开展工作的具体情况，认真加以论证，进行统一规划。

三是建立适应自身发展的管理运行机制。实施项目带动战略；建立健全科研项目运行机制；建立科技创新考核综合评价和实验室整体创新能力评价制度；建立健全调动科技人员积极性的分配制度；设立科技创新风险基金，鼓励探索性课题研究，培养原始创新能力。发现和挖掘内部人才，吸引外部人才，重视员工的再教育和培训，建立人才发展和培养体系。

（摘编自《中国烟草》2007 年第 16 期）

【关于制定烟草产业政策的四点建议】 陕西中烟工业公司韩宗强在《关于烟草产业政策的几点思考》一文中指出，必须高度重视产业政策对产业未来指向和解决现实问题的操作性作用，理清烟草产业政策的主要原则，引导和促进烟草产业持续稳定协调健康发展。为此，作者根据国家局当前和今后一个时期烟草行业改革与发展的总体思路，就烟草行业制定相关产业政策提出四点建议。

一是努力推进烟叶加工向集约化、专业化转变。要提高烟叶加工的产业化水平，整体规划，分步实施，最终实现加工复烤产业化。加大烟叶基层建设的投资力度，加快烟叶复烤企业的改制，加强对烟叶复烤企业的管理指导。同时要根据烟叶生产布局和烟叶复烤企业的实际情况，逐步调整优化烟叶复烤企业布局，推进烟叶加工向集约化、专业化转变。

二是积极培育优势企业，加快卷烟工业合理布局。要以品牌为支撑，通过名优品牌扩张实现企业规模扩张，进一步适度提高生产集中度，着力培育具有国际竞争力的优势企业，加快实现卷烟工业布局规模化、合理化。

三是着力培育商业市场营销主体，全面推进全国卷烟统一市场的形成。要进一步细化地市级公司作为市场营销主体的管理体制、运行机制、管理方式等配套措施，促进地市级公司提高经营管理能力，加快由传统商业向现代流通的转变，使地市级烟草公司真正成为充满活力的市场营销主体，建立全国统一完善的卷烟销售网络，全面推进全国卷烟统一大市场的形成。

四是逐步实施中国烟草“走出去”战略，提高中国烟草的国际竞争力。以树立中国卷烟品牌为重点，以实现中国烟草的国际化为目标，以整合现有资源为基础，以构建中国烟草“走出去”运营平台为手段，加快制定中国烟草“走出去”的整体战略规划，主动参与国际竞争，拓展国际市场，实现跨国经营品牌化，提高中国烟草的国际竞争力。

（摘编自《中国烟草学会2007年论文集》）

科学发展

【树立“两个至上”观念促进行业科学发展】 国家烟草专卖局党校课题组在《树立“两个至上”观念　促进行业科学发展》一文中指出，“两个至上”是烟草行业贯彻落实科学发展观的具体体现，烟草行业要在进一步贯彻“两个至上”的实践中实现科学发展。

“两个至上”是烟草行业贯彻落实科学发展观的具体体现，它从基本价值取向角度回答了烟草行业为什么要发展的问题；明确了烟草行业的发展要把国家和消费者的利益摆在首位；明确了烟草行业的发展必须依靠国家和消费者；决定了烟草行业发展必须走以人为本、全面协调可持续发展之路。

“两个至上”，体现了科学发展观对我国烟草行业发展的要求。因此要坚持“两个至上”，实现科学发展，就要：

一、强化“两个至上”观念。通过开展学习教育，进一步把“两个至上”贯彻落实在烟草行业发展的全过程和各方面，促进烟草行业科学发展。在确立烟草行业的发展目标和战略思路，坚持和完善国家烟草专卖制度，制订烟草行业规范、企业规范和职工行为规范，加强烟草行业党的建设和队伍建设的过程中，都应贯穿“两个至上”的观念和要求。

二、深化烟草行业改革。在完善专卖专营体制的同时，理顺企业产权关系，建立健全现代企业制度，完善公司法人治理结构。进一步明确和规范烟草行业各级主体的权利和责任，加强国有资产的经营和管理。改革卷烟交易方式，增强烟草工业企业和地市级公司的市场活力，提高行业经济效益。确立与专卖制度相适应的行业监督制度，为确保行业各项改革的顺利推进营造良好环境。

三、推进烟草行业和谐社会建设。按照中央提出的构建社会主义和谐社会的重大战略部署，正确处理国家、企业和职工的关系；生产经营者与消费者、烟农、零售客户之间的关系；国家专卖与市场体制之间的关系；宏观调控与行业发展之间的关系；广泛开展和谐行业创建活动，报效国家、回馈社会，为构建和谐社会作出应有贡献。

（摘编自《人民日报》2007年4月6日）

企业文化

【构建和谐烟草必须强化“六种观念”】 江西省上高县烟草专卖局余达高在《构建和谐烟草必须强化“六种观念”》一文中指出，构建和谐烟草，要强化“学习、法制、服务、诚信、效率、透明”六种观念，从推进依法行政、改进营销服务、提高办事效率等方面入手，积极营造和谐的客我关系，创造良好的工作环境。

一是强化学习观念，打造学习成长型企业。企业要制订鼓励学习和创新的相关制度，使员工不断掌握先进的管理知识、方法和技能，使“全员学习”、“全过程学习”、“终身学习”和不断创新的理念成为企业全体员工的自觉行动和组织行为准则。

二是强化法制观念，创造公平公正执法环境。按照法定权限与程序执行各种烟草法律法规和政策，细化各项工作流程，建立明确的岗位职责体系，加强对专卖执法权的监督制约。

三是强化服务观念，提供优质高效文明服务。坚持在管理中服务，在服务中管理；严格履行行业所制订的服务承诺，开通专线服务电话，抓好重点客户及困难客户的服务性调研工作；丰富服务手段，强化服务措施，细化服务标准，提高服务质量，构建全方位的专卖、营销服务体系。

四是强化诚信观念，营造诚实守信创业氛围。倡导广大干部争做诚信表率，真心实意地接受客户提出的批评意见，及时改进存在的问题，切实落实各项优惠政策。

五是强化效率观念，建立健全方便快捷服务体系。实行首问责任制、服务承诺制、一次性告知制、限时办结制、政务公开制，把管理市场、采集订单、配送卷烟等工作落实到位，节约客户经营成本。

六是强化透明观念，推行阳光办事方式。将有关烟草的所有项目、内容、质量标准等向社会公开承诺，做到公开烟草法规政策、公开办事程序、公开廉政纪律、公开服务标准、公开卷烟分配、公开违章处罚。

（摘编自《烟草政工通讯》2007 年第 11 期）

【国内企业文化建设存在五大误区】 川渝中烟工业公司王新华在《顺应国际化趋势 提升企业文化竞争力》一文中指出，经济和社会快速发展到一定阶段后，各行各业必然会产生强烈的文化需求，在这样的背景下，形成了我国当前一股空前的“文化热”，但也存在一系列企业文化建设的误区，影响着企业软实力的提升，阻碍了企业国际化，主要表现在五个方面：

一是缺乏对企业文化的全面理解。片面认为企业文化只是企业精神，或企业价值观，或企业核心理念，或行为规范，有的企业关注的只是企业文化外在的表现形式，甚至认为企业文化就是 LOGO、企业和员工的外在形象、豪言壮语和文体活动等。其实，企业文化涵盖了组织中被广泛接受的思维方式、道德观念和行为准则。

二是缺乏建设手段和组织保证。企业文化理所当然要传递出组织的价值观，起到动员并鼓励全体员工为实现组织目标而努力的作用。欧美国家由于理论研究的基础深厚，企业文化建设的相关工具和方法已经相当完善，有一整套价值观测量工具、价值观考核方法等。但是国内很多企业在建设企业文化时“摸着石头过河”，缺乏系统科学的调研手段。国内企业在建设企业文化时的组织保证也较弱，很少建立专职承担企业文化建设事务工作的部门。

三是企业文化尚未形成体系。国内企业文化借鉴的多，独到的少；参照西方的多，融汇民族的少；口号形式多，主体精神少；能够在战略、策略和执行层面形成体系的更是凤毛麟角。企业文化无法形成体系，造成企业文化的“虚化”。

四是企业文化缺乏差异。企业文化本应成为企业的核心竞争力，成为企业差异化战略的核心。但是我国企业间文化的差异大多表现在实践方面，表现在价值观方面的较少。企业文化成了给人看的，而不是为自己所用。

五是随意性与僵化并存。许多企业在文化建设上随意性很大，但另一方面，当企业的生存环境发生重大变化，或企业经营战略发生调整时，企业又没有及时对企业文化加以变革。

（摘编自《中国烟草》2007 年第 19 期）

论文索引

论文索引使用说明

一、本索引采用内容分析索引法编制。收录2007年国内期刊公开发表的烟草相关论文，对其标题予以标注，以供检索使用。

二、本索引按烟草科技研究、农学与植病、机械与工艺、信息化与物流管理、经济与管理、吸烟与健康及其他共七个类目进行分类。

三、本索引每个标目有4个检索字段，分别按题名、作者、刊名、年份顺序排列。

四、本索引以首字音序排列。具体排列规律如下：以数字开头的标目，排在最前面；以英文字母打头的标目，列于其次；汉字标目按首字的音序、音调依次排列；首字相同时，则以第二个字排序，依此类推。

烟草科技研究

2006年烟草化学学科研究发展报告/谢剑平//中国烟草学报. -2007, (2)

3种流化床梗丝干燥设备热风系统对比/陶智麟//烟草科技. -2007, (2)

3种烟用香精的极性偶合柱系统—GC/MS分析/黄龙、罗诚浩、柯炜昌等//烟草科技. -2007, (2)

BP神经网络对烟草销售量预测方法的改进研究/仲东亭、张玥//工业技术经济. -2007, (9)

CO_2活化烟秆制造活性炭及其孔结构表征/张利波、彭金辉、杨坤彬等//烟草科技. -2007, (5)

D29A启动子的克隆及提高烟草抗逆性的研究/李新玲、杨传平、曲敏等//分子植物育种. -2007, (1)

FT-IR-ATR法预测卷烟主流烟气中的焦油、烟碱和水分/王家俊、杨清、汪帆等//烟草科技. -2007, (9)

FTIR-ATR指纹图谱的主成分分析—马氏距离法应用于烟用香精质量控制/王家俊、邱启杨、刘巍等//光谱学与光谱分析. -2007, (5)

GA3与2、4-D综合处理烟草对烟叶产量·等级的影响/王德明、林杨//安徽农业科学. -2007, (5)

GC/MS、GC×GC/TOFMS分析烟草半挥发性中性成分比较/鹿洪亮、钟巧霞、赵明月等//烟草科技. -2007, (1)

HPLC法测定特制卷烟及烟气中的前胡甲素、岩白菜素和槲皮素/陈义坤、卢金清、罗红兵等//烟草科技. -2007, (1)

HXD烘丝过程中在制品化学成分变化的研究/郝廷亮、周显升、贾玉国等//中国烟草学报. -2007, (4)

ICP-MS法同时测定卷烟滤嘴用丝束中的铬、镍、铜、砷和铅/索卫国、胡清源、陈再根等//烟草科技. -2007, (6)

PTV-GC/MS-SIM法检测卷烟烟气中的B[a]P/周仕禄、许锴霖、董永智等//中国烟草科学. -2007, (2)

SPE-LC/MS/MS快速测定卷烟丝中的烟草特有亚硝胺类化合物/李勇、吴名剑、练文柳等//分析试验室. -2007, (6)

薄层色谱扫描法测定烟叶表面蔗糖酯含量/阳会兵、周清明、杨虹琦等//湖南农业大学学报(自然科学版). -2007, (2)

不同变黄环境烤后烟叶均价及上等烟率变化规律/曾志三、艾复清、钟蕾等//中国农学通报. -2007, (11)

不同变黄温度与湿度对烤烟吸食质量的影响/虞蛟、吴勇、陈宗屏等//贵州农业科学. -2007, (4)

不同产区烤烟石油醚提取物含量对比分析/闫克玉、闫洪洋、闫洪喜等//河南农业大学学报. -2007, (5)

不同产区烤烟香气特征与化学成分的差异/张永安、郑湖南、周冀衡等//湖南农业大学学报(自然科学版). -2007, (5)

不同陈化条件下烤烟多酚类物质的动态变化及其与化学成分的相关分析/赵铭钦、陈红华、陈秋会等//中国烟草学报. -2007, (4)

不同成熟度对烤烟烟叶品质和安全性指标的影响/王勇、周冀衡、肖志新等//中国烟草科学. -2007, (3)

不同成熟度烟叶中香味成分分析/宣晓泉、薄云川、徐如彦等//中国农学通报. -2007, (2)

不同成熟烟叶在烘烤过程中的叶片组织结构变化研究/王亚辉、张树堂、杨雪彪等//中国农学通报. -2007, (9)

不同卷烟和烟叶中主要多酚含量的差异/杨虹琦、王勇、周冀衡等//中国烟草学报. -2007, (3)

不同气流运动方向密集烤房与普通烤房对比

研究/王方锋、谭青涛、杨杰等//中国烟草科学. -2007,(2)

不同生物制剂处理对发酵烤烟香气物质含量的影响研究/赵铭钦、李芳芳、李晓强等//云南农业大学学报. -2007,(4)

不同施氮量对烤烟总氮和烟碱积累的影响/李文卿、陈顺辉、江荣风等//中国烟草学报. -2007,(4)

不同温度条件对陈化期间香料烟内在质量的影响/赵铭钦、陈红华、刘国顺等//浙江农业科学. -2007,(5)

白肋烟烟碱、总氮含量及氮碱比的配合力与遗传力分析/王毅、林国平、黄文昌等//中国烟草学报. -2007,(3)

白肋烟烟碱转化对烟叶中性和碱性香气成分含量的影响/史宏志、凌爱芬、刘国顺等//华北农学报. -2007,(5)

毕节地区初烤烟叶中微量元素含量分布特征研究/袁有波、陈雪、罗贞宝等//中国烟草科学. -2007,(5)

部分国产烤烟型卷烟烟气冷凝物的中性红细胞毒性试验/王琴美、兰勤娴、吴嘉彤等//烟草科技. -2007,(5)

测定常规化学指针鉴别卷烟真伪的研究/唐雪梅//现代科学仪器. -2007,(5)

超高压处理对烟草香味成分的影响/张峻松、马林、徐如彦等//烟草科技. -2007,(2)

超声萃取—快速 HPLC 法测定卷烟主流烟气中的苯酚、甲酚和苯二酚/刘芳、杨柳、倪朝敏等//烟草科技. -2007,(10)

超声辅助液液萃取法提取烟用香精成分的研究/曲国福、陆舍铭、孟昭宇等//分析试验室. -2007,(11)

抽吸参数对卷烟燃烧温度及主流烟气中某些化学成分的影响/郑赛晶、顾文博、张建平等//中国烟草学报. -2007,(2)

抽吸条件对卷烟主流烟气苯并[a]芘释放量影响的研究/杜咏梅、王允白、肖协忠等//中国烟草学报. -2007,(2)

催化剂在降低卷烟焦油中的应用/杨志宏、余小斌、徐飞广等//南昌大学学报(理科版). -2007,(4)

带茎烘烤的烤烟上部叶的水分散失/滕永忠、胡从光、徐建平等//烟草科技. -2007,(2)

电子鼻在烟草分析测试中的应用/伍锦鸣、李敏健、沈光林等//现代食品科技. -2007,(6)

顶空—液相微萃取在烟用香精分析中的应用/廖堃、张翼、肖竞等//烟草科技. -2007,(6)

二硝基水杨酸比色法快速测定烟草水溶性总糖、还原糖及淀粉的探讨/尹建雄、卢红、谢强等//云南农业大学学报. -2007,(6)

方差分析在烟草金属元素测定中的应用/杨廷书、李玲、杨玉芳等//云南化工. -2007,(2). -20-22

废次烟末提取烟碱不同条件的对比试验/朱亚红、平立凤、胡秀卿等//浙江农业科学. -2007,(3)

费林试剂直接滴定法测定烟草中的淀粉含量/胡京枝、赵光华、董小海//河南农业科学. -2007,(4)

分子标记技术在烟草遗传育种中的应用/刘艳华、牟建民、王志德等//植物遗传资源学报. -2007,(1)

分子蒸馏分离云烟净油香味物质及其 GC-MS 分析/毛多斌、许志杰、杨靖等//郑州轻工业学院学报(自然科学版). -2007,(2)

福建龙岩普通烤房改密集烤房试验研究/童旭华、范启福、黎炳水等//中国烟草科学. -2007,(4)

傅立叶变换近红外光谱仪在烟草制丝线上的应用/马翔、温亚东、王毅等//烟草科技. -2007,(3)

梗丝结构对卷烟质量稳定性的影响/高尊华、鲍文华、程红军等//烟草科技. -2007,(2)

古巴手卷雪茄烟的物理鉴别检验/郑连锋//烟草科技. -2007,(9)

广西烟仓霉变发生状况调查及主要霉变因素探讨/黄福新、周兴华、朱桂宁等//广西农业科学. -2007,(4)

国产烤烟挥发碱含量对比分析/闫克玉、闫洪洋、闫洪喜等//烟草科技. -2007,(3)

过程稳态分析在加料工序含水率控制中的应用/孙东亮、李进、李文伟等//烟草科技. -2007,(5)

烘烤工艺、成熟度和取样方式对烤后烟叶多酚的影响/徐增汉、王能如、刘领等//湖北农业科学. -2007,(4)

烘烤工艺、成熟度和取样方式对烤烟CB-1中部叶石油醚提取物含量的影响/徐增汉、王能如、刘领等//安徽农业科学. -2007,(12)

烘烤过程多酚氧化酶抑制剂对烤烟多酚的影响/李尼杭、卢红、杨焕文等//云南农业大学学报. -2007,(1)

烘烤温湿度对烟叶香气物质的影响/王凌、苗果园、刘华山等//河南农业科学. -2007,(8)

红外水分仪网络动态标定技术在打叶复烤中的应用/方有贵、吴涛、李果等//烟草科技. -2007,(9)

湖南烤烟外观质量指标因子分析/张国、王奎武、朱列书等//中国农学通报. -2007,(2)

湖南烤烟总糖含量区域特征研究/吴又梯、邓小华、周冀衡等//安徽农业科学. -2007,(15)

环割处理对烤烟成熟期叶片理化成分的影响/杨俊兴、杨虹琦、周冀衡等//湖南农业科学. -2007,(4)

环境湿度对卷烟理化指标及感官质量的影响/宋旭艳、柯炜昌、张耀华等//烟草科技. -2007,(10)

灰色关联分析法在烤烟品种综合评估中的应用/孙焕、侯咏、段旺军等//河南农业科学. -2007,(2)

灰色关联分析及其在烟叶成分与烟气成分关系研究中的应用/彭玉富、李光照、朱智志等//郑州轻工业学院学报(自然科学版). -2007,(4)

活性炭复合滤嘴对香烟烟气中自由基含量的影响/张举成、郭亚力、李聪等//环境与健康. -2007,(7)

活性炭复合滤嘴吸附性能的热脱附研究/许保鑫、李中昌、缪明明等//分析试验室. -2007,(10)

活性炭改性对滤嘴吸附性能的影响/袁淑霞、吕春祥、李永红等//太原理工大学学报. -2007,(6)

基于图像处理的烟叶叶片结构分类算法/郑建冬、伍铁军、商庆清等//东华大学学报(自然科学版). -2007,(3)

基于支持向量机的卷烟焦油预测/王强、陈英武、李孟军等//计算机工程与应用. -2007,(9)

基于质谱的代谢组学方法在烟草化学中的应用研究/李忠、杨洪明、徐世涛等//分析测试学报. -2007,(z1)

基于组合优化的卷烟叶组配方设计/郭科、薛源、胡丹等//中国烟草学报. -2007,(2)

技术中心实验室建设应注意的几个问题/赵继先、郑广鹏//烟草科技. -2007,(8)

接头连接PCR步行法鉴定转基因烟草/万秀清、JUTTA TUERCK、MARTIN WARD等//烟草科技. -2007,(4)

近红外光谱法测定卷烟中多酚类物质含量的研究/章平泉、杜秀敏、张媛等//分析测试技术与仪器. -2007,(3)

近红外光谱法快速测定烤烟中钙、镁、铁、锰和锌的含量/周淑平、程贵敏、李卫红等//贵州农业科学. -2007,(1)

近红外光谱法快速检测烟草中部分香气物的应用研究/吴玉萍、夏振远、邵岩等//分析试验室. -2007,(3)

近红外技术在卷烟真伪鉴别中的应用/葛炯、王瑾、王维妙等//烟草科技. -2007,(4)

静态电子秤在香料厨房中的应用/徐辉能、田志雄、冯志斌等//机电工程技术. -2007,(8)

卷烟含末率的测量不确定度评定/徐军//烟草科技. -2007,(8)

卷烟挥发性成分的聚类分析/王玉、王保兴、武怡等//烟草科技. -2007,(2)

卷烟及烟气中薄荷醇的毛细管气相色谱分析/黄龙、陈一、刘辉等//烟草科技. -2007,(4)

卷烟焦油量的支持向量机预测/王强、陈英武、李孟军等//烟草科技. -2007,(10)

卷烟接装纸、成型纸中荧光增白剂ABP、VBL的HPLC测定/王艳、姚孝元、韩云辉等//烟草科技. -2007,(11)

卷烟卷制质量的稳定性研究/孙东亮、米强、胡建军等//烟草科技. -2007,(4)

卷烟滤嘴材料中汞、砷的 HG－AFS 测定/王艳、姚孝元、李栋等//烟草科技. －2007,（9）

卷烟滤嘴用纤维过滤材料减害降焦效果研究进展/霍晓晖、王玉林、胡秀峰等//科技导报. －2007,（22）

卷烟配方数据挖掘技术研究进展/王强、李孟军、陈英武等//中国烟草科学. －2007,（4）

卷烟生产企业联合厂房的防火设计/陶忠伟、刘铁军//林业科技情报. －2007,（1）

卷烟水松纸涂层专用水性涂料初探/骆光林、王海梅、闫志强//印刷技术. －2007,（5）

卷烟烟丝中游离态氨基酸的主成分分析和聚类分析/殷延齐、刘惠民、夏巧玲等//烟草科技. －2007,（10）

卷烟纸透气度对卷烟燃烧锥温度分布的影响/江威、李斌、于川芳等//烟草科技. －2007,（9）

卷烟纸中 Mg（$OH)_2$－$CaCO_3$ 加填及其对卷烟烟气的影响/侯轶、刘明友、徐程程等//中国造纸. －2007,（7）

卷烟制丝车间可燃物燃烧特性实验与火灾模拟/朱国庆、季经纬、程远平等//中国矿业大学学报. －2007,（3）

卷烟制丝工艺主要可燃物火灾特性实验研究/朱国庆、程远平、季经纬等//消防科学与技术. －2007,（3）

卷烟中非挥发性有机酸、糖类、某些氨基酸和磷酸的同时测定/杜启云、何海娟//烟草科技. －2007,（7）

卷烟主流烟气及其物理化学检测数据的挖掘与信息抽提/倪力军、郭佳、张鑫等//华东理工大学学报（自然科学版）. －2007,（1）

卷烟主流烟气人参皂苷的色谱分析/张洪飞、郑毅男、贾桂燕等//分析化学. －2007,（6）

卷烟主流烟气中多环芳烃的全二维气相色谱/飞行时间质谱分析/王祎、赵明月、赵晓东等//烟草科技. －2007,（10）

卷烟主流烟气中烟草特有亚硝胺的液质联用分析/吴名剑、胡念念、李勇等//烟草科技. －2007,（10）

烤烟按部位免分级收购试验报告/袁红星、刘国顺、杜阅光//烟草科技. －2007,（11）

烤烟复烤烟叶自然陈化过程中感官质量变化研究/周显升、董小卫、李成富等//中国烟草科学. －2007,（3）

烤烟烘烤节能现状与展望/汤明//安徽农业科学. －2007,（15）

烤烟密集烘烤研究主要进展/汤明、王芳//现代农业科技. －2007,（9）

烤烟上部叶带茎烘烤研究/徐建平、夏开宝、刘加红等//安徽农业科学. －2007,（1）

烤烟香气指数的建立及其与烟叶质量特征的关系/李章海、王能如、王东胜等//安徽农业科学. －2007,（4）

烤烟烟叶 PH 值的对比分析/闫克玉、龚珍林、张映等//烟草科技. －2007,（6）

烤烟主要挥发性香气物质含量的亲子相关及杂种优势分析/许仪、卢秀萍、许自成等//西北农林科技大学学报（自然科学版）. －2007,（12）

利用 OPC 技术实现成品烟发货扫描/卢子奎、张宏铭、徐仰高等//烟草科技. －2007,（6）

连续流动法测定卷烟主流烟气中的 HCN 释放量/杜文、周宇、曹继红等//烟草科技. －2007,（5）

连续流动分析法测定烟草中水溶性糖、烟碱、氯离子的比较研究/赵立红、方敦煌//光谱实验室. －2007,（2）

连续流动分析法在烟草分析中的应用/杜瑞华、周明松//中国测试技术. －2007,（3）

链霉菌对烟草中烟碱与绿原酸的降解作用研究/骆跃军、陈育如、李雪梅等//微生物学报. －2007,（6）

两种不同烟草加工废料的回田处理和养分循环潜力/LAUSCHNER M H、TEDESCO M J//中国烟草学报. －2007,（2）

滤嘴及烟气中三醋酸甘油酯的气相质谱/质谱分析/冯文宁、张积智//中国西部科技. －2007,（12）

毛头鬼伞多糖对烟草酶活性和同工酶谱的影响/吴艳兵、谢荔岩、谢联辉等//微生物学杂志. －2007,（5）

毛头鬼伞多糖抗烟草花叶病毒（TMV）活性研究初报/吴艳兵、谢荔岩、谢联辉等//中国农学通报. －2007,（5）

毛细管气相色谱法测定烟草中的甾醇类化合物/张峻松、徐如彦、薄云川等//烟草科技．-2007，(8)

毛细管气相色谱法测定烟草中葡萄糖、果糖、蔗糖的含量/张峻松、宣晓泉、唐纲岭等//中国烟草学报．-2007，(2)

密集烤房烘烤过程中烟叶淀粉含量的动态变化/李春艳、聂荣邦//作物研究．-2007，(2)

模糊综合评判在化学成分评价烟叶可用性中的应用/薛超群、尹启生、王信民等//烟草科技．-2007，(4)

纳米材料与纳米香烟/志轩//高科技与产业化．-2007，(8)

纳米材料在卷烟工业中的应用研究进展/易锦满、文俊、杨庆等//烟草科技．-2007，(2)

喷施Mg、B、Mo、Ca对烤烟烟碱、多酚类等成分的影响/周初跃、徐晓燕、江晓红等//烟草科技．-2007，(7)

片烟外观质量评价模式探讨/杨明峰//中国烟草科学．-2007，(4)

气相色谱法测定醋酸纤维滤棒中的三醋酸甘油酯/盛培秀、朱鲜艳、曹传华等//南通大学学报（自然科学版）．-2007，(3)

气相—选择离子监测—质谱法测定卷烟主流烟气中碱性成分/耿永勤、蒋次清、李忠等//质谱学报．-2007，(3)

铅锌对烟草复合污染程度的分析/谭光群、肖丹//化学研究与应用．-2007，(11)

浅谈烤烟分级工作中成熟度的把握/邱福学//科技咨询导报．-2007，(14)

溶剂助蒸馏法在烟草香气成分分析中的应用/孙凯健、王美琳、沈轶等//中国烟草科学．-2007，(2)

色谱指纹图谱在烟用香精质量控制中的应用/曲国福、陆舍铭、孟昭宇等//烟草科技．-2007，(7)

生态因子与烤烟部分化学成分的关系研究/张永安、朱亚刚、陈佳波等//安徽农业科学．-2007，(29)

声光可调—NIR法预测烟草中的总烟碱、总糖、还原糖和总氮/秦志强、蔡绍松、谢豪等//烟草科技．-2007，(2)

使用QTM综合测试台检测卷烟吸阻分布的方法研究/朱青林//安徽农学通报．-2007，(1)

松树皮提取物降低卷烟烟气自由基/毛绍春、李竹英、李聪等//烟草科技．-2007，(8)

太赫兹射线在烟草化学中新的应用/苏同福、韩鹏昱、官长荣等//云南农业大学学报（自然科学版）．-2007，(3)

碳酸薄荷酯的合成及其在卷烟中的应用/程传玲、刘艳芳、曾振强等//郑州轻工业学院学报（自然科学版）．-2007，(4)

碳酸钾对卷烟主流烟气焦油、烟碱、游离烟碱、PH值及劲头的影响/彭斌、金征宇、翁昔阳等//烟草科技．-2007，(7)

提高Intouch在香料厨房应用中的实用性/遇言、靳松、茹奇等//微计算机信息．-2007，(10)

提高卷烟吸味降低焦油释放量的应用研究/王钧、赵曰利//当代化工．-2007，(2)

微波处理提取烟叶叶绿素的研究/王海燕、赵谋明、沈光林等//陕西科技大学学报（自然科学版）．-2007，(4)

微波辅助提取工艺在废次烟草烟碱提取中的应用/王美兰、曹栋、王帅//江苏农业科学．-2007，(1)

微波检测在烟草水分检测中的应用/朱小会、陈艳、姚毅等//中国西部科技．-2007，(8)

微波消解—电感耦合等离子体质谱法同时测定烟草中27种元素/胡清源、李力、石杰等//光谱学与光谱分析．-2007，(6)

微波消解石墨炉原子吸收法测定烟草中的铅含量/李峰、胡静、张优茂等//烟草科技．-2007，(9)

微生物和酶学技术在烟草发酵中的应用及展望/赵铭钦、李芳芳//中国农学通报．-2007，(1)

我国烤烟生产体系中的养分平衡/陶芾、滕婉、李春俭等//中国烟草科学．-2007，(3)

硒对烟叶化学成分和烟气中有害成分的影响研究进展/李前进、杨春龙//中国烟草科学．-2007，(2)

现代萃取技术及其在烟草化学分析中的应用/姬厚伟、张建勋//烟草科技．-2007，(9)

香茅草产香菌发酵液的挥发性成分分析及在

卷烟中的应用/刘丽芬、李祖红、李雪梅等//烟草科技. -2007,(11)

新型材料在卷烟降焦减害中的应用/何景福//郑州轻工业学院学报(自然科学版). -2007,(2)

新型气流平移步进式多功能烤房的研制与应用/胡宏超、王振海、谢德平等//烟草科技. -2007,(11)

新型试剂—DSG在烟草RNA提取与纯化中的应用/李正风、李文正、夏玉珍等//中国农学通报. -2007,(3)

烟草废弃物造纸法制烟草薄片/唐兴平、陈学榕、戴达松等//福建农林大学学报(自然科学版). -2007,(2)

烟草化学精品课程建设的研究与实践/赵铭钦、姬小明、韩富根等//安徽农业科学. -2007,(23)

烟草及卷烟材料中金属元素含量分析技术研究进展/沈光林、李峰、温东奇等//烟草科技. -2007,(10)

烟草企业废水处理及再生回用技术的应用/周平//烟草科技. -2007,(3)

烟草石油醚提取物近红外光谱检测模型的建立/王轶、周淑平、任学良等//广东农业科学. -2007,(2)

烟草特有亚硝胺分析研究进展/张峻松、许小博、陈芝飞等//郑州轻工业学院学报(自然科学版). -2007,(4)

烟草特有亚硝胺及其前体物研究进展/刘国顺、赵春华、崔树毅等//中国烟草学报. -2007,(1)

烟草烟碱调控技术研究进展/朴世领、李树利、金香花//安徽农业科学. -2007,(25)

烟草样品中几种化学成分的近红外分析精度研究/李红军、刘巍、赵吉寿等//云南民族大学学报(自然科学版). -2007,(4)

烟草中不同部位尼古丁含量的测定与比较/李凤菊、毛泽宇、冶保献等//分析科学学报. -2007,(5)

烟草中痕量汞的检测及烟株中汞的分布/吴玉萍、夏振远、雷丽萍等//分析试验室. -2007,(11)

烟草中钾的流动注射光散射法测定/衷明华//烟草科技. -2007,(11)

烟草中生物碱的提取和分析方法研究进展/明宁宁、郭俊成、刘强等//中国烟草学报. -2007,(3)

烟草中游离糖类的BSTFA衍生化与气相色谱-质谱联用分析方法研究/周斌、张承明、张承聪等//云南民族大学学报(自然科学版). -2007,(3)

烟草中有害金属元素的检测技术概述/吴玉萍、邓建华、夏振远等//中国烟草科学. -2007,(3)

烟草生物技术研究进展/金磊、周冀衡、杨虹琦等//生物技术通讯. -2007,(6)

烟碱脱氢酶基因的原核表达及酶学特性研究/马林、曾晓鹰、张峻松等//中国烟草学报. -2007,(4)

烟末水浸液PH值与烟碱蒸出率的相关性/贺继涛、杨涛、段焰青等//烟草科技. -2007,(3)

烟丝硅烷化GC指纹图谱在卷烟质量判别中的应用/余苓、张怡春、周春平等//中国烟草学报. -2007,(3)

烟叶配伍性评价方法及规律性/王建民、袁红星、李晓等//烟草科技. -2007,(6)

烟叶铜锌超氧化物歧化酶的分离、纯化与性质/郑晓云、王瑞、甘学文等//烟草科技. -2007,(4)

烟叶叶绿素金属配合物制备及其降低主流烟气CO的效率/王海燕、张仕华、王鸿旻等//郑州轻工业学院学报(自然科学版). -2007,(5)

烟叶质量评价和叶组配方专家系统的开发/徐若飞、刘巍、陈章玉等//烟草科技. -2007,(6)

烟叶中性挥发性成分的GC和GC-MS分析/童红武、方意、周博等//安徽农业科学. -2007,(18)

烟叶重金属及砷限量标准制订研究初探/杨永建、刘芳、李永忠等//云南农业大学学报. -2007,(4)

烟叶重要香味物质的近红外快速测定/王玉、王保兴、武怡等//光谱实验室. -2007,(2)

烟叶贮藏期霉变原因及防霉技术研究/朱宏

建、高必达、易图永//安徽农学通报．－2007，(15)

烟用二醋酸纤维生产过程中飞花的定性表征/马晓龙、曹建华、杨爱军等//烟草科技．－2007，(4)

烟用香精、香料质量控制体系研究/王小燕、吕健//郑州轻工业学院学报（自然科学版）．－2007，(4)

烟用香精香料的高效液相色谱—蒸发光散射法质量控制研究/刘江生//中国测试技术．－2007，(2)

烟支内烟丝分布对卷烟烟气的影响/刘泽春、包可翔、张峰等//福建分析测试．－2007，(4)

烟丝干燥特性实验研究/顾中铸、许爱琴、吕留根等//南京师范大学学报（工程技术版）．－2007，(1)

液相色谱—电喷雾离子阱串联质谱分析烟草水提取物中的尼古丁/黄翼飞、沈光林、温东奇等//分析化学．－2007，(2)

一种可选择性降低苯并［a］芘的滤嘴吸附剂/程占刚、陈义坤、张楚安等//烟草科技．－2007，(11)

因素筛选试验在松散回潮和筛分加料工序质量评价中的应用/赵国庆、米强、钟青等//烟草科技．－2007，(11)

因子分析法在卷烟感官评吸中的应用/伍文斌、李智宇、鲁永祥等//烟草科技．－2007，(8)

阴离子交换色谱—积分脉冲安培检测法分离测定烟草料液中的山梨醇和糖/胡静、沈光林、温东奇等//色谱．－2007，(3)

应用加速溶剂萃取法分离烟丝致香成分/陈玲、李剑政、杨文彬等//分析测试学报．－2007，(1)

应用液相色谱仪测定烟草4CL酶活性/范丙友、赵艳玲、陆海等//河南科技大学学报（自然科学版）．－2007，(5)

营养元素对烟草产量和品质的影响浅析/李卫红、李洪勋//甘肃科技．－2007，(1)

影响烟草近红外光谱分析结果准确性的因素/段焰青、者为、杨涛等//光谱实验室．－2007，(4)

用快速分离柱高效液相色谱法测定烟草中的几种酚/黄云、樊瑛、缪明明等//分析试验室．－2007，(8)

用烟叶化学成分进行烟叶质量评价/杜文、谭新良、易建华等//中国烟草学报．－2007，(3)

原烟配方分组打叶对片烟质量的影响/何结望、魏嵬、谢豪等//烟草科技．－2007，(9)

原子荧光光谱法测定烟草中的砷和汞/黄云、樊瑛、孟昭宇等//云南民族大学学报（自然科学版）．－2007，(2)

云南香料烟中的TSNAs与亚硝酸盐、硝酸盐和烟碱的关系/施应选、王保兴、汪旭等//烟草科技．－2007，(9)

真空回潮对烟叶质量的影响/许淑红、熊安言、赵伟民等//烟草科技．－2007，(5)

制丝过程中多酚等成分及相关酶活性的变化/张西仲、徐晓燕、徐迎波等//烟草科技．－2007，(11)

主流烟气中碱性成分的LPME/MALDI－FT-MS分析/孙世豪、谢剑平、宗永立等//烟草科技．－2007，(11)

转APX基因烟草抗旱能力研究/韩瑞丽、陆海//成都大学学报（自然科学版）．－2007，(2)

农学与植病

2004～2005年云南烟草农业检测项目的统计分析/赵立红、方敦煌//西南农业学报．－2007，(4)

3种烤烟育苗方式成苗素质与育苗成本的研

究/李永刚、王玉帅、许清孝等//现代农业科技. -2007，(23). -124-125

4个烤烟新品种在低纬中海拔地区的比较试验/罗以贵、顾宇、刘彦中等//云南农业科技. -2007，(4)

8份新引优质烤烟品种资源综评/赵立红//中国农学通报. -2007，(5)

GIS支持下的植烟土壤肥力适宜性评价—以河南省许昌市为例/叶协锋、李亚娟、刘国顺等//农机化研究. -2007，(2)

PP333和PP2003对烟草漂浮苗生长的影响/江文林//耕作与栽培. -2007，(3)

R干旱胁迫对不同基因型烤烟品种旺长期光合作用的影响/李正风、孔光辉、张晓海等//中国农学通报. -2007，(8)

白肋烟晾制期间烟叶中细菌的分离和鉴定/张玉玲、黄琼、汪安云等//中国烟草学报. -2007，(1)

白肋烟杂交种烟碱转化性状的改良/史宏志、李进平、李宗平等//河南农业大学学报. -2007，(1)

毕节地区烤烟不同叶位烟叶化学成分和物理特性的差异分析/朱云燕、陈雪//安徽农业科学. -2007，(31)

饼肥对土壤性状、烤烟生长及烟叶品质的影响/郭群召、吴学巧、黄平俊等//中国土壤与肥料. -2007，(6)

饼肥与无机肥的不同配比对白肋烟烟叶中的游离氨基酸的影响/景延秋、高玉珍、魏跃伟等//中国农学通报. -2007，(1)

饼肥在植烟土壤中的矿化速率和腐殖化系数分析/武雪萍、钟秀明、刘增俊等//中国土壤与肥料. -2007，(5)

不同成熟条件下烤烟叶片中氨基酸含量的变化/赵铭钦、王玉胜、刘国顺等//华中农业大学学报. -2007，(4)

不同稻草还田方式对烟叶产质量的影响/郭金平、邱志丹、林桂华等//中国烟草科学. -2007，(3)

不同调控措施对烟叶钾素调节效应研究初报/史金钟、赵东方、张凤霞等//河南农业科学. -2007，(7)

不同腐殖酸用量对烤烟生长及产质的影响/王树会、张红艳//中国农学通报. -2007，(1)

不同覆盖措施的保水效果及对烟叶产质的影响/史宏志、陈炳、刘国顺等//河南农业科学. -2007，(11)

不同覆盖措施对烤烟生理特性及经济性状的影响/许自成、张婷、程昌新等//中国生态农业学报. -2007，(2)

不同覆盖方式对植烟土壤有机质及烟叶品质影响的初步研究/李正风、李文正、夏玉珍等//中国农学通报. -2007，(12)

不同化学药剂对晒烟病害防治效果试验/安金花、朴世领、金春姬//安徽农业科学. -2007，(33)

不同烤烟基因型主要挥发性香气物质含量的变异分析/卢秀萍、许仪、许自成等//河南农业大学学报. -2007，(2)

不同类型肥料对烤烟产量、品质及土壤物理性状的影响/张晓冬、史春余、张淑香等//山东农业大学学报（自然科学版）. -2007，(3)

不同类型烤房中烟叶水分动态变化规律/马翠玲、李佛琳、崔国民等//中国农学通报. -2007，(6)

不同起垄方式及覆膜对烤烟生长发育和产质的影响/夏海乾、杜德强、冯焕华等//贵州农业科学. -2007，(6)

不同起垄方式与钾肥施用方法对烤烟中性致香物质含量的影响/赵铭钦、刘金霞、黄永成等//西北农林科技大学学报（自然科学版）. -2007，(9)

不同生态环境下施肥对马里兰烟的影响/张晨东//中国农学通报. -2007，(8)

不同生育期降低光强对烟草生长发育和品质的影响/杨兴有、刘国顺、伍仁军等//生态学杂志. -2007，(7)

不同生育时期分根区交替灌溉对烤烟生长和氮钾含量的影响/刘永贤、李伏生、农梦玲等//灌溉排水学报. -2007，(6)

不同施氮量对大田烤烟产量及质量的影响/龙明锦、厉福强、蒋玉梅等//农技服务. -2007，(9)

不同施肥量对成熟期烟叶生长及产量和质量的影响/杨俊兴、杨虹琦、周冀衡等//作物研究. -2007，(1)

不同时间揭膜对烤烟生长发育和品质的影

响/杨峰钢、陈益银、高致明等//安徽农业科学. -2007，(29)

不同土壤改良剂对烤烟产量和品质的影响/刘春英//安徽农学通报. -2007，(21)

不同有机酸对烤烟生长发育及烟叶品质的影响/化党领、杜君、刘世亮等//中国农学通报. -2007，(8)

不同栽培条件对烤烟农艺、经济性状及烟碱含量的影响/李良勇、邹喜明、黄松青等//江西农业学报. -2007，(3)

不同种植方式植烟土壤养分及烟叶化学成分的差异/关广晟、屠乃美、肖汉乾等//湖南农业大学学报（自然科学版）. -2007，(1)

不同追肥次数对烤烟生长发育的影响/谢慧玲、齐绍武、钟波等//中国农学通报. -2007，(8)

菜籽饼肥不同用量对烤烟产量及质量的影响/付利波、苏帆、陈华等//中国生态农业学报. -2007，(6)

从现代农业看烟叶生产的可持续发展/李发新//中国农学通报. -2007，(11)

重庆市烤烟氯素营养研究/石孝均、霍沁建、关博谦等//西南大学学报（自然科学版）. -2007，(3)

重庆市植烟土壤肥力数值化综合评价/李晓宁、高明、王子芳等//西南农业学报. -2007，(1)

成熟期灌水对烤烟化学成分和致香物质含量的影响/汪耀富、宋世旭、杨亿军等//灌溉排水学报. -2007，(3)

成熟期光强对烤烟理化特性和致香成分含量的影响/杨兴有、刘国顺//生态学报. -2007，(8)

对福建烟叶质量现状的认识及生产中应注意的问题探讨/朱亚刚、张永安、范建立等//安徽农业科学. -2007，(30)

对湖南省部分替代进口烟叶工作的思考/张黎明//企业技术开发（学术版）. -2007，(6)

对我国烟叶农场化生产的思考/邱军、王先伟、李晓等//现代农业科技. -2007，(20)

打顶后施用 NAA 对烤烟钾素积累及分配的影响/李强、李章海、冯勇刚等//烟草科技. -2007，(7)

打顶留叶数与烤烟品种 TSNA 形成累积的关系/汪安云、秦西云//中国农学通报. -2007，(8)

大面山烤烟烟叶素质和烘烤特性研究/程森、唐宇、官长荣等//中国烟草科学. -2007，(2)

氮肥形态及揭膜对烤烟生长及产量品质的影响/王瑞宝、时映、夏开宝等//中国农学通报. -2007，(10)

氮钾营养与氮钾平衡对几种烤烟病害的影响/董艳、董坤、范茂攀等//中国农学通报. -2007，(1)

稻草不同还田量和还田方式对烤烟养分吸收及产质的影响/李良勇、李帆、黄松青等//福建农业学报. -2007，(1)

稻草覆盖对土壤理化性状和烤烟产量及质量的影响/靳志丽、梁文旭、胡述泉等//中国土壤与肥料. -2007，(3)

稻草还田对烟叶产量品质及后茬作物晚稻的效应/尹三宝、黄平娜、龙怀玉等//安徽农学通报. -2007，(16)

大豆 PM2 蛋白及其结构域可提高烟草耐盐性/刘昀、李冉辉、郑易之等//深圳大学学报（理工版）. -2007，(1)

房县与津巴布韦烟叶的中性致香物质含量分析/毕庆文、蔡冰、汪健等//湖北农业科学. -2007，(5)

肥料类型对香料烟叶片腺毛密度的影响/周世民、韩延、符云鹏等//烟草科技. -2007，(7)

分次施用钾肥对烤烟产量和品质的影响/郑宪滨、刘国顺、邢国强等//河南农业大学学报. -2007，(2)

分子标记在烟草育种中的应用/申爱荣、谭著明、肖炳光等//湖南农业科学. -2007，(3)

分子标记在烟草育种中的应用与前瞻/胡重怡、蔡刘体、郑少清//安徽农业科学. -2007，(25)

福建南平烟区烤烟合理施磷研究/白万明、徐茜、刘雪刚等//中国烟草科学. -2007，(4)

福建烟区土壤中量和微量营养元素含量状况的研究/熊德中、蔡海洋、张仁椒等//中国生态农业学报. -2007，(4)

干旱胁迫对不同基因型烤烟品种生物学性状

的影响/李正风、李文正、夏玉珍等//安徽农学通报. -2007,(11)

铬对烟草组培苗生长和某些生理指标的影响/石贵玉、秦丽凤、陈耕云等//广西植物. -2007,(6)

灌水次数和施氮量对香料烟品质的影响/苏泽春、屈生彬、刘光华等//现代农业科技. -2007,(4). -67-68

光强对烤烟生长发育及光合特性的影响/乔新荣、郭桥燕、刘国顺等//华北农学报. -2007,(3)

光强对烟草幼苗形态和生理指标的影响/杨兴有、叶协锋、刘国顺等//应用生态学报. -2007,(11)

光照强度对烤烟化学成分及物理特性的影响/乔新荣、刘国顺、郭桥燕等//河南农业科学. -2007,(5)

广东省烟草青枯菌的菌系和遗传多样性/郑向华、邓海滨、刘琼光等//华中农业大学学报. -2007,(4)

贵州的地质土壤环境与烤烟生产/李卫红//安徽农业科学. -2007,(28)

贵州地貌与烤烟生产/李洪勋//中国农学通报. -2007,(7)

贵州烤烟的主要害虫及防治对策/卢贤仁、龙庆祥、陈相等//贵州农业科学. -2007,(5)

贵州省毕节地区烟叶质量状况分析/代昌明、罗贞宝、彭华伟等//安徽农业科学. -2007,(21)

贵州植烟土壤施用中、微量元素肥料的探讨/吴春、石俊雄//贵州农业科学. -2007,(6)

贵州植烟土壤适宜性评价实用方法/任竹//安徽农业科学. -2007,(31)

贵州植烟土壤微量元素特征研究/秦钟立、秦松、武伟等//西南大学学报(自然科学版). -2007,(1)

桂阳烤烟田间不同栽培方式土壤速效养分动态变化/丁永乐、宋瑞芳、肖春生等//中国农学通报. -2007,(6)

关于烟叶的可用性问题/唐远驹//中国烟草科学. -2007,(1)

河南烤烟外观与内在质量的综合评价/章新军、黎妍妍、许自成等//安徽农业科学. -2007,(7)

河南省不同地区烤烟外观质量评价/王英元、李亚娟、叶协锋等//河南农业科学. -2007,(1)

河南省烤烟生产的地区比较优势研究/李富欣、赵建州、邓蒙芝等//中国烟草学报. -2007,(4)

黑龙江烤烟不同部位叶片锰锌铜含量的变化/赵光伟、阎秀峰、孙广玉等//中国烟草科学. -2007,(4)

黑龙江省几个晒烟种质抗病性的比较鉴定/王艳//黑龙江农业科学. -2007,(5)

湖北宣恩不同海拔植烟土壤养分含量状况分析与综合评价/焦敬华、刘春奎、许自成等//安徽农业科学. -2007,(28)

湖北宣恩烟区气候因素和烤烟质量特点分析/焦敬华、毕庆文、许自成等//中国农学通报. -2007,(8)

湖北主产烟区烤烟化学成分的变异分析/何结望、王欣、占金林等//安徽农业科学. -2007,(6)

湖南桂阳烟区土壤养分状况的综合评价/黎妍妍、许自成、肖汉乾等//西南农业学报. -2007,(1)

湖南烤烟部分化学成分与气象因素关系的研究/张国、朱列书、陈新联等//安徽农业科学. -2007,(3)

湖南烤烟化学成分特征及其相关性/邓小华、周冀衡、李晓忠等//湖南农业大学学报(自然科学版). -2007,(1)

湖南烤烟硫含量的区域特征及其对烟叶评吸质量的影响/邓小华、周冀衡、赵松义等//应用生态学报. -2007,(12)

湖南烤烟外观质量量化评价体系的构建与实证分析/邓小华、周冀衡、杨虹琦等//中国农业科学. -2007,(9)

湖南烟区气候因素分析及对烟叶化学成分的影响/黎妍妍、许自成、王金平等//中国农业气象. -2007,(3)

湖南主产烟区烤烟感官质量特征及变化规律研究/李晓忠、邓小华、周冀衡等//中国农学通报. -2007,(2)

湖南主产烟区烤烟气象灾害及应对措施/李仁

山、邓小华、陈冬林等//作物研究．－2007，(2)

基于GIS的河南省典型烟区土壤养分时空变异分析/陈伟强、刘国顺、华一新等//河南农业科学．－2007，(11)

基于GIS的湖南烟草可种植区域精细化研究/肖汉干、陆魁东、张超等//湖南农业大学学报（自然科学版）．－2007，(4)

基于GIS和GPS的烟田养分管理/陈胜利、乔红波、王红旗等//烟草科技．－2007，(2)

降低烤烟烟碱含量化学物质的筛选/王峰吉、江豪//山西农业大学学报（自然科学版）．－2007，(3)

秸秆还田对烤烟氮素的吸收与利用研究/余平、王发鹏、樊国奇//现代农业科技．－2007，(10)

秸秆还田在植烟土壤性状改良上应用的研究进展/李正风、张晓海、夏玉珍等//中国农学通报．－2007，(5)

抗旱保水剂对烤烟生长及品质的影响研究/刘世亮、刘芳、化党领等//干旱地区农业研究．－2007，(4)

烤烟“种烤分离”生产模式研究与探讨/郭全伟、侯跃亮、王乐三等//中国烟草科学．－2007，(1)

烤烟薄盘直播漂浮育苗技术应用研究/刘加红、代绍明、张瑞勤等//安徽农业科学．－2007，(8)

烤烟不同部位叶片中主要碳水化合物的变化/王春军、高潮、贺国强等//华北农学报．－2007，(z1)

烤烟不同成熟度叶片组织结构与色素含量的变化/吴国贺、李虎林、孙立娟等//安徽农业科学．－2007，(32)

烤烟不同起垄及覆盖方式的保水效果/赵书军、章新军、袁家富等//湖北农业科学．－2007，(2)

烤烟成熟期烟叶黑暴的研究进展/刘华山、郭传滨、韩锦峰等//安徽农业科学．－2007，(30)

烤烟发育过程中香气成分的变化动态研究/邵惠芳、杨永锋、刘国顺等//河南农业大学学报．－2007，(4)

烤烟烘烤环境条件对烟叶品质影响研究进展/李富强、宋朝鹏、宫长荣等//中国烟草学报．－2007，(4)

烤烟漂浮育苗主要病害及综合防治技术/尹福强、刘铭、彭世逞//现代农业科技．－2007，(20)

烤烟品种K326的特征特性及高产栽培技术/吴守清//江西农业学报．－2007，(4)

烤烟生产与气象条件分析/卢兆民、姜冬梅、夏福华等//现代农业科技．－2007，(10)

烤烟鲜烟叶成熟度的量化/李佛琳、赵春江、刘良云等//烟草科技．－2007，(1)

烤烟新品系“兰玉一号”的特征特性及栽培技术/柯旗炎、邱发奋//福建农业科技．－2007，(5)

烤烟新品种生态适应性评价/张新要、蒲文宣、袁士豪等//湖南农业科学．－2007，(5)

烤烟新品种云烟202的烘烤特性初报/王亚辉、卢秀萍、杨雪彪等//中国农学通报．－2007，(11)

烤烟与不同作物轮作对烤烟生长发育及产质的影响/黄光荣、赵致//耕作与栽培．－2007，(6)

烤烟主要病虫害发生特点及防治对策/韦发才、莫仁敏、杨再豪等//广西植保．－2007，(1)

烤烟主要物理性状与化学成分的典型相关分析/李东亮、许自成、陈景云等//河南农业大学学报．－2007，(5)

凉山烟区主要气候因素与烤烟质量特点分析/王晖、邢小军、许自成等//中国农业气象．－2007，(4)

凉山州烤烟苗期主要病害及其综合防治技术/尹福强、刘铭//农业与技术．－2007，(5)

磷对不同烤烟品种调制后烟叶物理特性的影响/徐敏、刘国顺、刘小可等//河南农业科学．－2007，(4)

绿肥在烤烟中的应用及其对烟叶品质的影响/张会芳、刘喜平、崔文艺//安徽农业科学．－2007，(29)

氯素对烤烟生长发育和品质的影响研究进展/徐安传、李佛琳、王超等//中国烟草科学．－2007，(2)

洛阳烟区烤烟化学成分特点分析/王小东、

许自成、李群平等//河南科技大学学报（自然科学版）. －2007，(6)

镁肥用量及施用方法对烤烟产量和品质的影响/周世民、符云鹏、周建军等//农业现代化研究. －2007，(5)

密集烘烤温湿度条件对烟叶生理生化特性和品质的影响/官长荣、刘霞、王卫峰等//西北农林科技大学学报（自然科学版）. －2007，(6)

密集烤房陶火管散热系统研究/刘添毅、黄一兰、陈献勇等//中国烟草科学. －2007，(5)

南阳烟区土壤部分矿质元素的含量与分布/常远程、赵国交、沈笑天等//中国土壤与肥料. －2007，(3)

农业气候资源对黔西南州烤烟生产的影响/李洪勋、莫建国//贵州农业科学. －2007，(4)

纳米材料的性质及其在卷烟工业上的应用/李玉娥、黄顺利、陈永森等//河南化工. －2007，(10)

喷施不同叶面肥对烤烟生长和品质的影响/胡建斌、王政、尹永强等//安徽农业科学. －2007，(32)

平顶山市土壤速效养分空间变异分析/陈伟强、刘国顺、华一新等//河南农业大学学报. －2007，(5)

气候变化对云南烤烟种植布局的影响分析/张家智、张茂松//云南农业科技. －2007，(5)

黔北烤烟灌水技术研究初探/彭成林、袁家富、崔政等//湖北农业科学. －2007，(6)

黔西南烟叶品质分区研究/马莹、胡元才、田野等//中国烟草科学. －2007，(4)

生物肥对烤烟产量和品质的影响/董艳、董坤、林克惠//安徽农业科学. －2007，(1)

生物活性肥对烤烟生长发育及品质的影响/罗连光、黄若玲、万强等//湖南农业科学. －2007，(5)

施肥方法对烤烟生长发育及产、质量的影响/陈永明、柯油松、邱妙文等//烟草科技. －2007，(8)

四川凉山烟区烤烟优质适产施肥技术研究/吴昊//现代农业科技. －2007，(12)

四川凉山州植烟土壤养分丰缺刍议/邢小军、吴晓彦//中国烟草科学. －2007，(2)

土壤有机质及有机肥对烟草品质的影响/孙燕、高焕梅、和林涛//安徽农业科学. －2007，(20)

土壤有效氮含量对烤烟代谢及氮素营养的影响/张仁椒、洪晓薇、李春英等//福建农林大学学报（自然科学版）. －2007，(4)

皖南烟区烤烟缺镁的初步调查/王世济、季学军、祖朝龙等//安徽农业科学. －2007，(27)

皖南烟区烤烟适度规模种植的研究/韩永镜、徐经年、祖朝龙等//安徽农业科学. －2007，(31)

皖南优质烟—杂交双晚间套高产栽培技术/崔海龙、奚波//现代农业科技. －2007，(22)

旺长期遮光及光照转换对不同烟草品种光合效率的影响/刘国顺、赵献章、韦凤杰等//中国农业科学. －2007，(10)

微量元素与烤烟生产/张长云//安徽农业科学. －2007，(33)

微生物肥料对几种烤烟病害及烟叶含钾量的影响/董艳、董坤、林克惠//江苏农业科学. －2007，(1)

窝肥配施有机物料对烤烟产量质量的影响/韩富根、史金钟、赵东方等//中国农学通报. －2007，(6)

我国烤烟生产中的氮素管理及其与烟叶品质的关系/李春俭、张福锁、李文卿等//植物营养与肥料学报. －2007，(2)

我国烟草优化灌溉技术发展的策略与措施/汪耀富、蔡寒玉、张晓海等//中国烟草科学. －2007，(1)

西南烟区烤烟质量状况及与巴西烤烟质量的相似性分析/王欣、何结望、许自成等//西南农业学报. －2007，(4)

湘南烟区烤烟内在质量量化分析与评价/邓小华、周冀衡、陈新联等//烟草科技. －2007，(8)

烟草抗寒性生理生化研究进展/陈卫国、周冀衡、杨虹琦等//作物研究. －2007，(1)

烟草微量元素缺乏症状的研究进展/刘永贤、李桂香、农梦玲等//广西农学报. －2007，(3)

烟草种植土地适宜性评价方法及综合应用/吴克宁、杨锋、吕巧灵等//中国烟草科学. －2007，(4)

烟草农业减害技术研究/史宏志//安徽农业

科学. -2007，(11)

烟—稻连作效益分析及其配套栽培技术/李林辉、徐国祥、覃立群等//现代农业科技. -2007，(18)

烟—稻轮作烤烟主要病虫害的综合防治技术/孔凡武、刘许生、张茂文等//江西农业学报. -2007，(8)

烟碱含量的影响因素及其调控技术/邵惠芳、焦桂珍、刘金霞等//中国农学通报. -2007，(8)

液体地膜覆盖对烟苗生长发育的影响/熊瑛、吕强、王小东等//河南农业科学. -2007，(7)

移栽期对红土晒烟生长发育和产质量的影响/张晨东//中国农学通报. -2007，(9)

移栽期对烤烟产量、质量和光合特性的影响/刘德玉、李树峰、罗德华等//中国烟草学报. -2007，(3)

以香气和口感特性判断云南和贵州黔南复烤片烟的最佳醇化周期/陈佳波、范建立、杨述元等//安徽农业科学. -2007，(33)

影响烤烟上部叶质量的因素及提高其可用性的措施/宫长荣、刘霞、宋朝鹏等//中国农学通报. -2007，(3)

优质抗病烤烟种质资源的筛选（续）/许美玲//中国农学通报. -2007，(9)

优质抗病晒烟新品种龙烟6号选育/解艳华、董清山、范书华等//黑龙江农业科学. -2007，(1)

有机肥的不同配置对烤烟生长的影响/杨宇虹、晋艳、杨丽萍等//中国农学通报. -2007，(2)

有机肥前移施用对烤烟品质和产值的影响/金萍、杨义三、杨绍富等//云南农业科技. -2007，(6)

有机无机配方肥对烤烟生长发育和烟叶质量的影响/赵正雄、户艳霞//云南农业科技. -2007，(5)

有机—无机烟草专用肥对烤烟品质、产量及产值的影响/谢永平、王家顺、陆引罡等//贵州农业科学. -2007，(6)

豫西烟叶烘烤过程中中性香气物质组分的变化/韦凤杰、张国显、赵志正等//中国农学通报. -2007，(12)

云南烤烟主产烟区烟叶化学成分比较分析/邵惠芳、郭波、任晓红等//安徽农业科学. -2007，(7)

云南烤烟主要推广品种适宜种植区域划分/周金仙//烟草科技. -2007，(1)

云南烤烟主要推广优良品种生态适应性分析/周金仙//中国农学通报. -2007，(3)

云南植烟区生态气候类型区划/顾本文、胡雪琼、吉文娟等//西南农业学报. -2007，(4)

增施不同有机物质对烤烟烟叶香气质量的影响/赵铭钦、陈红华、刘国顺等//华北农学报. -2007，(5)

遮阳网覆盖时间对烤烟出苗及死苗率的影响//吴涛、晋艳、杨宇虹等/云南农业大学学报. -2007，(4)

遮阴下氮肥用量对雪茄外包皮烟叶光合特性的调控效应/时向东、汪文杰、王卫武等//植物营养与肥料学报. -2007，(2)

中国烤烟中部叶矿质营养元素浓度状况/龙怀玉、张认连、刘建利等//植物营养与肥料学报. -2007，(3)

中国烟草育种研究进展/王献生、张忠锋、肖炳光等//烟草科技. -2007，(5)

中国烟叶低钾含量的成因及解决途径探讨/李强、李章海、黄义德//安徽农业科学. -2007，(2)

种植密度和施氮水平与白肋烟叶片组织结构的关系/柴家荣//中国农学通报. -2007，(7)

种植密度与施钾量对烤烟质量的影响/汪丽、刘雷、杨文钰等//华北农学报. -2007，(z1)

机械与工艺

BO型卷烟包装机控制系统的改进/陈杰、郭西进//烟草科技. -2007，(10)

CAE 技术在烟机产品开发中的应用/陈猛、张家毅、鲜春桥等//机械设计与制造. -2007,(2)

CO_2 回收冷却系统的改进/郝世林、王迎彬、靳建森等//烟草科技. -2007,(3)

COMFLEX-1 卷烟贮存输送系统的技术升级/杨春霞//烟草科技. -2007,(8)

GDX1/2(MICRO Ⅱ)包装机烟库下烟器永磁交流伺服改造/俞永成、徐智勇、赵石方等//电工技术. -2007,(1)

GDX1 包装机组条盒上胶装置的改进/陈元利、杨华伦//烟草科技. -2007,(5)

GDX2 硬盒包装机铝箔纸输送不到位的典型故障分析及处理/陶良华//包装与食品机械. -2007,(1)

GPS 标准在烟机零件中的应用研究/刘子建、李丽、吴文峰等//湖南大学学报(自然科学版). -2007,(8)

HXD 工艺条件对烟草香味物质影响的应用研究/廖惠云、郝喜良、甘学文等//中国烟草学报. -2007,(4)

HXD 气流干燥过程工艺气流传热分析/舒芳誉、王道宽、林志平等//烟草科技. -2007,(3)

LIRA3250 型 CO_2 监测仪的改进/王春、杨雨金、黄三华等//烟草科技. -2007,(1)

Mactavish 型耳座式打叶器的结构改进/付嘉、高津、闵卫民等//烟草科技. -2007,(9)

MAX 70 接装机传动系统的改造分析/朱喜庆//现代机械. -2007,(4)

PASSIM 接装机接装纸自动拼接控制系统的改进/李健、王继宏、梁华保等//烟草科技. -2007,(11)

PROFIBUS-DP 总线在盘纸自动更换机中的应用/张华军//电工技术. -2007,(6)

RC4 切丝机切丝宽度误差分析/贺万华、王雷、何念军等//烟草科技. -2007,(2)

RFID 在烟草行业卷烟成品工商对接中的应用/许勇//金卡工程. -2007,(5)

S200 型残烟处理机除尘系统的改进/张昌柱//中国设备工程. -2007,(1)

S7-300 PLC 和 PROFIBUS-DP 现场总线在 KDF2 滤棒成型机上的应用/杨绍胜//烟草科技. -2007,(7)

S7-300 可编程控制器和 PROFIBUS-DP 工业现场总线在 KDF2 滤棒成型机上的应用/杨绍胜、宋方刚、王仲斌等//中国科技信息. -2007,(1)

YB25 型软盒包装机铝箔纸输送装置的改进/沈继权//烟草科技. -2007,(5)

YB47 型硬盒包装机左大连杆受力分析/汤剑青、胡国胜、吴旭等//陕西科技大学学报(自然科学版). -2007,(3)

YF17A 型卷烟储存输送装置电气控制系统的设计/孔汉、杨小亮//郑州轻工业学院学报(自然科学版). -2007,(5)

YJ19 卷烟机落料器的改进/孟庆涛、张振华、吕桂芳等//烟草科技. -2007,(4)

YJ29 型接装机切纸鼓轮加热方式的改进/赵永杰//烟草科技. -2007,(8)

ZL22 滤棒成型机组成型枪冷却系统的改造/刘春林//烟草科技. -2007,(3)

艾默生变频器在 B1 包装机组上的应用/马继勤、黄炜//电机与控制应用. -2007,(7)

把叶分离工艺在打叶复烤中的应用/孙承顺、李建林、程新宇等//中国烟草科学. -2007,(2)

白肋烟烘焙关键工艺参数设置与加工质量/陈建军//烟草科技. -2007,(6)

变频器在分风机上的应用/常晏铭、吴张永、李健锋等//通用机械. -2007,(4)

打叶复烤中非烟杂物剔除工艺/马春丽、李纶、马仁刚等//郑州轻工业学院学报(自然科学版). -2007,(4)

大空间卷烟制丝车间烟气控制性能化设计/朱国庆、程远平、顾正洪等//西安建筑科技大学学报(自然科学版). -2007,(5)

单张纸凹印技术在烟包印刷中的应用/周宏//印刷技术. -2007,(2)

对于滤棒成型机组烟腔加热系统的改进/翟青//自动化技术与应用. -2007,(5)

防伪技术在卷烟包装上的应用/曾强、李清华、张国强//今日印刷. -2007,(10)

风力送丝系统配丝装置的改进应用/张楚安、陈德祥、熊浩等//烟草科技. -2007,(7)

风力烟丝输送系统的改进/李计刚、苏洪

军//烟草科技. -2007,(4)

风速监控仪在卷烟机风力送丝系统中的应用/张振峰、戴石良、李国荣等//烟草科技. -2007,(6)

复合PID控制技术在热风温度控制中的运用/杨燕平//烟草科技. -2007,(6)

复烤片烟烟包真空降温技术的应用/刘斌、朱效群、黄富等//烟草科技. -2007,(8)

改造后YJ19卷烟机刀头与喇叭嘴同步问题的解决/段绍伟、黄兰英//烟草科技. -2007,(7)

光电式直径检测控制系统在纤维滤棒成型机中的设计应用/周辰//自动化技术与应用. -2007,(6)

滚筒烘丝机中烟丝运动的模拟与试验/邓国栋、王宏生、李斌等//烟草科技. -2007,(9)

国内外烟叶生产机械化技术发展趋势研究/徐希文、朴龙洙、尹星//农业机械. -2007,(7)

横包机烟包推送机构的运动分析与改造/舒服华、王洪平、SHU FU-HUA等//烟草科技. -2007,(2)

活性物质降解烟叶中淀粉的工艺研究/刘谋盛、王平艳、杨亚玲等//精细化工. -2007,(9)

机器视觉技术在烟草异物剔除系统中的应用/张绍堂、蒋作、郑智捷等//云南民族大学学报(自然科学版). -2007,(2)

机器视觉在烟包包装检测中的应用/陶徐、晋帆、肖冬明等//仪器仪表用户. -2007,(3)

基于ARM7芯片L1PC2294的卷烟机仿真器设计实现/梁杰申、余志鹏、LIANG JIESHEN等//微电脑信息. -2007,(17)

基于ARM的烟支嘴棒圆周的检测及其控制/刘学、梁杰申//微计算机信息. -2007,(14)

基于DSP的烟支在线检测及调整系统/杜劲松、高洁//微计算机信息. -2007,(23)

基于GA-ANN的高速烟支切割支撑装置结构优化/刘子建、李珍珠、赵世宜等//湖南大学学报(自然科学版). -2007,(3)

基于PLC控制的非接触式GDX2包装机CH补包器/钱立根、洪军//烟草科技. -2007,(6)

基于Profibus-DP的塔式卷烟自动分拣机的设计应用/张鹏、沈敏德、范维华等//烟草科技. -2007,(3)

基于RS-485总线的烟叶烤房温度控制器/高明远、杜诗超//仪表技术与传感器. -2007,(8)

基于Web GIS的生态农业监测与决策支持系统设计—以云南省红河州烟草种植业为例/杨小冬、黄勇奇、危双丰等//地球信息科学. -2007,(1)

基于交流伺服系统和PLC控制的吸丝成型装置/李宏//工业仪表与自动化装置. -2007,(1)

基于西门子平台的卷包排产子系统的研究/谢五峰、鄂明成//中国制造业信息化. -2007,(1)

基于现场总线的切梗丝机控制系统设计/李秀芳、王明武、王永华等//郑州轻工业学院学报(自然科学版). -2007,(2)

基于支持向量机的烟叶感官品质评价/赵青松、李兴兵、唐小松等//计算机工程与应用. -2007,(10)

基于周边环境感知技术的AGV机器人及其在烟草企业生产现场的应用/冉宇瑶、尤艳丽//商场现代化. -2007,(12)

基于组态王的大型烟机监测诊断系统研究/陈涛、徐小力、吴国新等//微计算机信息. -2007,(7)

基于机器人技术的片烟纸箱拆包系统/杨灏泉、张勇、陈黎等//烟草科技. -2007,(10)

激光全息高速定位烫印膜烟包印刷行业造假者的克星/刘丙炎//印刷技术. -2007,(5)

加料工序的不同工艺条件对烟草香味成分含量变化的影响研究/潘高伟、王川、甘学文等//郑州轻工业学院学报(自然科学版). -2007,(2)

降低卷烟端部落丝量的方法/李志明、黄晶//机电工程技术. -2007,(10)

接咀粘接预加热系统的研制/李俊合、宋春明//陕西理工学院学报(自然科学版). -2007,(2)

解析烟包条码符号检验参数与印刷质量的关系/欧立国//印刷技术. -2007,(6)

浸梗工艺的改进试验/张志刚、郜海民、王振增等//烟草科技. -2007，(2)

局部全息转移纸及其在烟包上的应用/李义虹//中国品牌与防伪. -2007，(6)

卷接机组风力送丝风速控制技术与原理/谢海、袁国安、李国荣等//湖南科技学院学报. -2007，(4)

卷烟包装材料中残留的挥发性有机物/郭紫明、李艳春、董道竹等//烟草科技. -2007，(2)

卷烟工业中气力输送装置主要部件的选用/黄娟、杨湘杰、周晖等//轻工机械. -2007，(5)

卷烟机风力送丝落料器的设计/王松臣//包装与食品机械. -2007，(3)

卷烟卷制质量与车间温湿度的关系/杜荣杰、邢优诚、尤长虹等//烟草科技. -2007，(1)

卷烟纸拼接中胶带片粘贴及输送装置的改进/石跃朋//烟草科技. -2007，(7)

烤烟烘烤测控系统的设计与实现/王胜雷、陈顺辉、吴祖仁等//农机化研究. -2007，(4)

烤烟房温湿度自动测控系统设计/唐美斌、孙传友//自动化技术与应用. -2007，(2)

喇叭嘴相对烟枪位置调整通用装置的设计与应用/庞敏//烟草科技. -2007，(4)

滤棒成型工艺参数优化研究/魏步建、李清华、常纪恒等//烟草科技. -2007，(10)

滤棒在线控制系统的设计应用/张永刚//烟草科技. -2007，(1)

轮转印刷中彩虹镭射转移纸接缝避让技术/李玉民、张胜//印刷技术. -2007，(2)

螺杆式真空泵系统设计及其在卷烟企业的应用/吴锐、张军、徐冬梅等//工程建设与设计. -2007，(10)

螺旋式碎片干燥机排潮系统的改进/陶智麟//烟草科技. -2007，(9)

片烟加料筛网的改进/岳先领、石中金、何佳满等//烟草科技. -2007，(1)

平面转弯带式输送机在烟草制丝在线的应用设计/刘小波、刘跃明、杨冬平等//机械工程师. -2007，(6)

浅谈环保型烟标印刷油墨的应用与发展/周宏//印刷杂志. -2007，(5)

浅谈烟包的整合设计/彭翔//印刷技术. -2007，(2)

浅谈烟包印刷材料的检测/蔡兴明//印刷技术. -2007，(2)

切丝机刀辊自动定位系统的开发/杨晓春、金玮、王雷等//烟草科技. -2007，(3)

提高烟盒模切质量的几种方法/余成发//印刷杂志. -2007，(7)

提高烟叶香味的烘烤工艺研究/聂东发、盛孝雄//中国农学通报. -2007，(5)

条码技术在成品烟箱长距离传输中的应用/瞿德智//广西轻工业. -2007，(8)

条烟分拣设备分类及选型/侯洁//科技经济市场. -2007，(1)

条烟装封箱机堆垛机构的改进/孙吉华、刘淑旺、梁延刚等//烟草科技. -2007，(2)

条烟自动分拣的异步法及其装置/谢伟东、王磊、佘翊妮等//工程设计学报. -2007，(2)

条烟自动分拣机监控系统的设计/王磊、谢伟东、孟彬等//计算机测量与控制. -2007，(4)

喂料机提升皮带调速的模糊控制/杨征宇、方维岚//自动化仪表. -2007，(7)

温度传感器DS18B20及实时时钟DS12C. -7在烟叶烘烤自动控制系统中的应用和设计/聂学方、冯雅丽//计算机与现代化. -2007，(3)

我国烟草包装设计专利谈/黄珊珊//上海包装. -2007，(1)

我国烟草行业主要防伪技术/佚名// 中国防伪报道. -2007，(5)

厦门卷烟厂制丝线分组加工叶片加料系统/叶传铭、杨清水//科技信息（学术版）. -2007，(21)

香烟包装中的常用防伪技术/佚名//中国品牌与防伪. -2007，(8)

香烟条包拉线图像检测的研究/王珍、闻平、伍铁军等//长沙航空职业技术学院学报. -2007，(3)

小包烟包装质量机器视觉检测关键技术研究/贺鑫//包装工程. -2007，(8)

烟包凹印机的升级改造及技术分析/李景伟//印刷技术. -2007，(17)

烟包印刷的发展趋势/刘鹏程//印刷技术. -2007，(2)

烟包印刷品卷曲变形控制浅谈/焦杰明//印刷技术. -2007，(2)

烟包用涂布白卡纸国内发展概况/赵德清、杨汝男、平清伟等//上海造纸. -2007，(1)

烟包用涂布白卡纸主要技术指标浅析/赵德清、杨汝男、平清伟等//上海造纸. -2007，(2)

烟草拆箱机械手设计/谢丹、游庆、赵言正等//机械工程师. -2007，(2)

烟草废水处理及其中水回用/张魏、杨建华、夏根明等//净水技术. -2007，(4)

烟草制丝设备操作保养标准的建立与实施/黎明、刘国林//设备管理与维修. -2007，(11)

烟机叶片断裂突发事故的状态监测分析/周群//风机技术. -2007，(2)

烟箱重量在线检测系统的研究/张留刚、张乐年、李计刚等//长沙航空职业技术学院学报. -2007，(2)

烟叶烘烤过程智能控制系统研究/刘军、马建辉、乔伟杰等//河南科技大学学报（自然科学版）. -2007，(6)

烟叶原料配打技术研究/李晓、牛柱峰//中国烟草科学. -2007，(1)

烟用丙纶丝束生产线后加工卷曲机结构/马冲//纺织机械. -2007，(1)

烟用水松纸配墨工艺/刘磊//印刷世界. -2007，(3)

烟支输送系统中PLC与上位机通讯的实现/刘炼//科技咨询导报. -2007，(10)

烟支松头检测装置的研发与实现/任炜、冯丽辉、许胜善等//重庆工学院学报（自然科学版）. -2007，(10)

一种新型温度传感器在烟叶初烤炕房温度控制中的应用/殷英、许斌//贵州工业大学学报（自然科学版）. -2007，(4)

一种值得推广应用的实用新型高效节能烤烟机/谭览//装备制造技术. -2007，(8)

印刷过程中温湿度对烟标用纸张伸缩率的影响/张蕾、潘全玲//包装工程. -2007，(11)

应用MES技术优化分组加工工艺过程/张家毅、崔鸿刚//烟草科技. -2007，(6)

油墨在烟包上的残留异味及控制/周渝、徐卫琼//印刷世界. -2007，(2)

在烟草包装工艺中应用准时生产方式的探讨/李小军、冯智能//中国水运（学术版）. -2007，(1)

造纸法生产烟草薄片的新工艺研究/凌秀菊、吴正奇、万端极//湖北造纸. -2007，(2)

制丝CO_2膨胀线冷端膜片泵失效分析/廖和滨、张伟、林启红等//中国设备工程. -2007，(9)

智能温度传感器DS18B20在自动烤烟设备中的应用/杜礼霞、杨国斌、徐家萍等//仪表技术. -2007，(10)

自动化加热排湿烤烟房烘烤工艺初探/王亚辉、张树堂、程迎辉等//中国农学通报. -2007，(12)

组合补偿头手棒质量方法在滤棒成型机上的应用/张永刚、李英华、阮三星等//烟草科技. -2007，(10)

信息化与物流管理

“数字烟草”成功案例探析（二）整体集成、智能应用的“红河数字烟草”/北京大学数字中国研究院、昆明一帆创新信息科技有限公司、红河卷烟总厂//中国烟草. -2007，(13)

“数字烟草”中空间数据的集成与管理方法/吴孟泉、牛振国、崔伟宏等//遥感信息. -2007，(4)

3S技术平台支持下的烟草轮作查询和规划研究/黄勇奇、赵追//安徽农业科学. -2007，(11)

CMM中需求管理在烟草呼叫中心系统中的应用/叶银兰//金卡工程. -2007，(2)

CPFR：烟草工商协同体系发展模式初探/董海潮//中国烟草. -2007，(12)

EtherNet/IP 工业以太网在制丝线控制系统中的应用/赖林、万铀、王建新等//烟草科技. -2007，(7)

GIS 小网格技术在湘西烟草种植精细化区划中的应用/方红、田峰、张超等//安徽农学通报. -2007，(3)

GPRS 在内蒙古自治区烟草行业中应用的前景/邹益民//内蒙古大学学报（自然科学版）. -2007，(5)

Pico-Link 网络在烟厂智能照明系统中的应用/钱晓龙、路阳、井元伟等//控制工程. -2007，(4)

RFID 在烟草行业的应用/建新//金卡工程. -2007，(10)

SSR 和 ISSR 标记技术应用进展/蒋彩虹、王元英、孙玉合等//中国烟草科学. -2007，(2)

白肋烟晾房内温湿度调控设施研究/杨春雷、袁国林、李进平等//中国烟草科学. -2007，(3)

薄片烟丝生产线加纤胶自动配比系统的设计与实现/吴小娥、李其仲//陕西理工学院学报（自然科学版）. -2007，(4)

长春烟草物流中心的条码技术应用/斑马公司//信息与电脑. -2007，(6)

创建现代物流改进经营管理模式/邱思宁//当代经济. -2007，(6)

大力发展生产物流提高烟草制造业竞争力/陈宁宁、李明、陈姗等//科技和产业. -2007，(4)

对卷烟零售终端的分析及控制方法的探讨/张春昊、申娟//科技情报开发与经济. -2007，(7)

福建省烟草业一体化供应链与物流治理模式探讨/付秋芳//工业技术经济. -2007，(11)

关于福建省烟草发展现代物流的思考/付秋芳//物流技术. -2007，(6)

国内烟草门店 POS 机应用现状及发展趋势/高勇//信息与电脑. -2007，(9)

红塔卷烟自动分拣系统的应用研究/杨启成、袁国旺、陈勇等//烟草科技. -2007，(5)

湖南省烟草平衡施肥地理信息系统的开发研究/张一扬、肖汉乾、周冀衡等//安徽农业科学. -2007，(8)

基于“3S”技术的云南省烟草作物及农田资源信息系统的设计研究/王蓓蓓、施昆//云南地理环境研究. -2007，(4)

基于 3G 技术的卷烟物流配送应用研究/刘伟民、郑爱云、李苏剑等//物流技术. -2007，(11)

基于 CPFR 的烟草行业供应链管理研究/刘伟民、李苏剑、郑爱云//商场现代化. -2007，(26)

基于 GPS、GPRS 的车辆监控系统在烟草行业的应用/王胜力、孙丰金//物流技术. -2007，(11)

基于 GSM 网络的无线烟草配送系统/林波//现代电子技术. -2007，(15)

基于 IPTV 网上订烟系统的设计与实现/赵冬、王海龙、李钜等//中原工学院学报. -2007，(3)

基于 MES 系统的制丝工序能力判定/夏永明、韦小玲//烟草科技. -2007，(5)

基于 NET 框架结构的烟草工业客户服务系统（CSS）的设计/薛训明、苏明、汪飞等//电脑知识与技术（学术交流）. -2007，(15)

基于数据仓库和 OLAP 的卷烟质量管理系统/蔡正林、鲁小林//中国制造业信息化. -2007，(5)

基于图像测量的香烟滤棒在线检测系统/毕贵红、刘永清//微电脑信息. -2007，(10)

基于业务架构平台的烟草 CRM 系统设计与实现/王权于、吕国斌、杨强根等//计算机工程与设计. -2007，(8)

卷包生产废料回收物流自动化的实现/张建华、杨启成、陈勇等//烟草科技. -2007，(1)

卷烟材料计算机辅助设计系统的开发与应用/李斌、洪轶群、徐建荣等//烟草科技. -2007，(1)

卷烟分拣系统的时间建模分析/鲁五一、袁庆国、戴建民等//物流技术. -2007，(11)

卷烟工业企业的数据仓库构建方法/华勇//烟草科技. -2007，(6)

卷烟过程测评控制系统开发/卢游、邢伟标//上海质量. -2007，(1)

卷烟销售配送物流中心组成设备的研究/冉文学//中国包装工业. -2007,(11)

烤烟生产打叶组合配方计算机辅助系统构架研究/刘冬梅、卢艳萍、张薇等//农业网络信息. -2007,(11)

利用高科技构建节约型物流配送系统/吴耀华//物流技术. -2007,(8)

联欣烟草行业数字化 RFID 仓库管理解决方案/广州联欣自动识别技术有限公司//金卡工程. -2007,(3)

内蒙古自治区烟草行业网络安全分析和解决方案/邹益民//内蒙古大学学报(自然科学版). -2007,(3)

浅谈烟草商业企业物流体系规划与设计/曾永春、吴萍//沿海企业与科技. -2007,(5)

上海卷烟厂的精细化物流系统/江宏//物流技术与应用. -2007,(5)

数据仓库技术在烟草营销管理系统中决策分析的应用/欧阳秀军、肖晓红//集团经济研究. -2007,(13)

无线条码扫描技术在备件仓库实时管理中的应用/罗旺春、何善君、陈志平等//烟草科技. -2007,(8)

信息系统监控在烟草行业内部管理监督中的应用/支宗良//科技成果纵横. -2007,(5)

烟草工业集团化运作产销集成系统的研究应用/王伟民//烟草科技. -2007,(5)

烟草供应链管理环境中采购业务流程再造/宋家山//安徽农业大学学报(社会科学版). -2007,(4)

烟草核酸数据库管理系统的实现/李文正、黄夺克、邵岩等//中国农学通报. -2007,(1)

烟草企业决策支持系统模型的研究/杜玉兰、赵磊//广西轻工业. -2007,(9)

烟草物流的信息化重任/毕晓娜//中国物流与采购. -2007,(3)

烟草物流管理平台的设计与应用/屈琦、孔云峰、闫健康等//烟草科技. -2007,(1)

烟草系统卷烟需求预测模型的探讨/王森、吴春明//现代机械. -2007,(2)

烟草行业基于 B2C 网络平台的价值营销—武汉烟草集团案例研究/张春伟、廖燕凌//电子商务. -2007,(11)

烟草行业基于网络的预算管理中控制系统的研究/李伟//电子商务. -2007,(7)

烟草行业卷烟配送分拣包装系统的设计/张国全、方忠华、李全华等//包装与食品机械. -2007,(4)

烟草行业数字化仓库管理/维深科技//中国自动识别技术. -2007,(2)

烟草行业信息化标准体系研究/任冠华、陈淑仪、魏宏等//世界标准化与质量管理. -2007,(3)

烟草制造行业中的数据采集系统/陈睿、王欢、李炳法等//计算机应用. -2007,(z1)

烟厂环境参数自动监测系统/张越、张炎、赵延军等//微计算机信息. -2007,(14)

烟机企业 ERP 项目实施案例分析/严重阳、陈召国//装备制造技术. -2007,(6)

烟机企业信息网络安全防护体系的建立/李建英//成组技术与生产现代化. -2007,(1)

烟叶复烤生产线中柜式定量称重系统的开发应用/陈祖述、杨海河//烟草科技. -2007,(4)

一种多功能智能化条烟检测装置设计与应用/程凌//电工技术. -2007,(4)

一种基于现代信息技术的烟草身份识别码综合系统/林波//物流技术. -2007,(12)

运动香烟滤棒在线图像检测系统/毕贵红、昂毕芳、张琼等//机床与液压. -2007,(7)

云南烟草种植信息系统框架设计/魏跃伟、陈海生、刘国顺等//安徽农学通报. -2007,(21)

在线香烟滤棒图像检测系统的软件设计/谷凌雁、朱笑花//自动化与信息工程. -2007,(3)

在烟草企业推广制造烟机配件的信息化技术/李存华、薛卫//中国制造业信息化. -2007,(7)

早期烟雾探测报警系统在烟草工业建筑应用探讨/周岚、潘一平//湖南科技学院学报. -2007,(10)

制丝线设备状态监测系统的开发与应用/张家毅、鄢良国、崔鸿刚等//烟草科技. -2007,(9)

制造执行系统(MES)在烟厂的开发和应

用/丁毅、陈艳//自动化博览. -2007, (4)

智能化运输调度系统平台研究/胡红春、吴耀华、王红勃等//物流技术. -2007, (3)

自动分拣技术在卷烟成品配送系统中的应用/杨启成、李向东、陈勇等//物流技术. -2007, (2)

烟草经济与管理

2006年全球烟叶形势纵览与思考/陈江华、黄晓东、黄雪琴//中国烟草. -2007, (3)

重点品牌的原料保障—论政策及农、商、工交接收购方式的创新/朱尊权//烟草科技. -2007, (11)

大力推广卷烟百牌号战略/王峥//上海商业. -2007, (3)

对提升中国烟草行业国际竞争力的几点思考/李巍、王菅//全国商情·经济理论研究. -2007, (4)

对烟叶预检约时收购有关问题的探讨/齐永杰、曾祥难、黄武等//贵州农业科学. -2007, (6)

工商联办基地建设与烟叶质量管理/王能如、朱显灵//中国烟草科学. -2007, (3)

贵阳市烤烟种植大户经营模式的调查/廖勇、谭建、杨建志等//贵州农业科学. -2007, (3)

国有卷烟企业品牌战略中的财务支持/赖青莎//发展研究. -2007, (1)

湖南省烤烟生产集约经营发展状况及评价指标体系的探讨/颜合洪、颜波、陈佳峰等//中国烟草学报. -2007, (1)

基于博弈论的烟草工业组织结构调整研究/王德平、鲁耀斌、张龙//工业技术经济. -2007, (1)

基于随机前沿生产函数的我国烟草企业效率分析/顾建国、张文修//当代经济科学. -2007, (4)

基于主成分分析法的烟草流通企业绩效评价/唐健雄、王国顺//统计与决策. -2007, (11)

加强采购管理提高烟叶采购质量/李宙文//科技资讯. -2007, (12)

加强预检质量过程管理提高烟叶等级纯度/李帆、周世民、黄松青//安徽农学通报. -2007, (19)

建立烟草公司责任会计初探/龙建平//科技情报开发与经济. -2007, (33)

卷烟产品整体概念诠释及策略分析/卜庆娟、赵光胜、王辉//中国市场. -2007, (5)

卷烟工业企业法人治理结构与运行机制研究/连福昌、张凤忠、吴先等//中国烟草. -2007, (9)

卷烟品牌风险管理研究/荆志瑞//价值工程. -2007, (11)

卷烟品牌评价研究/吴一平、刘文//决策探索. -2007, (8)

卷烟品牌置换应有新思维/曹建敏//中国烟草. -2007, (4)

卷烟销售渠道的客户关系管理/崔莹、王美英//企业活力. -2007, (2)

卷烟销售之关键—网络制胜决战终端/宋树伟//商场现代化. -2007, (7)

垄断契约、专用资产与弱势契约主体行为研究—来自烟草种植业的经验资料/范其学//安徽大学学报(哲学社会科学版). -2007, (3)

六西格码方法在制丝质量管理中的应用/戴志渊、曹毅//自动化仪表. -2007, (5)

论英美烟草公司在华销售制度的建立和发展/吴明菊//黄山学院学报. -2007, (1)

论中国烟草管理体制改革与竞争力提高/隋文平、王树文//中国市场. -2007, (27)

农业信息技术在我国烟叶生产领域的应用现状与前景展望/李良勇、邹喜明、黄松青等//农业网络信息. -2007, (5)

企业精细管理的实践与思考—以常德烟草机械有限责任公司为例/秦继玉//湖南文理学院学报(社会科学版). -2007, (3)

浅论开展连锁经营推进卷烟零售终端建设/陈宝森//经济师. -2007，(12)

浅谈国外烟草企业多元化经营对中国烟草多元化发展的启示/王冬//集团经济研究. -2007，(1)

浅谈国有烟草企业内部审计中存在问题及其对策/朱壮东//现代商业. -2007，(2)

浅谈卷烟品牌扩展的方法和途径/李建平、余开朝、侯读成//全国商情·经济理论研究. -2007，(3)

浅谈如何规范烟草企业合同管理/张云武//集团经济研究. -2007，(8)

浅谈商业企业创新营销的途径/汪艺、张涛//商场现代化. -2007，(31)

浅谈烟草企业财务管理机制问题/朱壮东//时代经贸（学术版）. -2007，(3)

浅谈烟草行政管理的宏观调控职能及转变对策/张云武//集团经济研究. -2007，(7)

浅谈中国烟草品牌竞争力/谭艳华、李进//中国烟草科学. -2007，(4)

浅析烟草企业的激励机制/聂志勇//山东行政学院山东省经济管理干部学院学报. -2007，(3)

浅析战略成本管理与作业成本管理的结合/方婷、侯冉//商业时代. -2007，(12)

浅议中国农村卷烟市场的现状及对策/王冬//商场现代化. -2007，(12)

塑造吸烟者品牌偏好的营销策略研究/黄志强、张大亮//技术经济与管理研究. -2007，(3)

谈谈烟草商业企业的管理创新/刘红飞//技术经济与管理研究. -2007，(1)

谈烟站的会计基础工作/杜桂英//现代商业. -2007，(21)

统计技术在烟草农业研究中的应用综述/李东亮、王红旗、许自成等//烟草科技. -2007，(4)

透视中国烟草企业的专利战略/胡峰//云南民族大学学报（哲学社会科学版）. -2007，(2)

推广应用烤烟种植机械是当务之急/郑从文//农机质量与监督. -2007，(2)

皖南烟叶可持续发展的环境及相应对策分析/刘贯山、舒俊生、季学军等//中国烟草科学. -2007，(2)

网络环境下烟草企业营销创新探析/王瑞、蒋运通//北方经济. -2007，(6)

我国烤烟质量分析评价研究进展/闫克玉、王光耀、李春松等//郑州轻工业学院学报（自然科学版）. -2007，(2)

我国烟草产业未来发展模式的探讨/李汉洲//新闻三昧. -2007，(1)

我国烟草产业效率问题透视：基于DEA视角/曾进、金璟//经济问题探索. -2007，(7)

我国烟草规模经营的内容形式及保障机制/史宏志、刘国顺、李群平//安徽农业科学. -2007，(29)

我国烟草品牌战略管理/张浩//科技信息（学术版）. -2007，(31)

我国烟草业市场结构分析/黄剑文//金融与经济. -2007，(9)

我国烟草专卖业的经济学分析/彭克俭//现代商贸工业. -2007，(10)

我国烟叶生产技术现状与可持续发展对策/尚志强//农业网络信息. -2007，(10)

我国烟叶收购价格问题研究/张勇、池宏、王建军等//中国管理科学. -2007，(5)

现代烟草商业与企业核心竞争力/董海潮//现代企业. -2007，(2)

信阳市卷烟消费情况调查报告/余进、袁冬军//市场研究. -2007，(5)

烟草产业的发展约束与多元化经营/王再平//商业时代. -2007，(9)

烟草公司调拨中心管理系统的整体解决方案/李弘、李晋阳、王建国//商场现代化. -2007，(25)

烟草公司审计的重点、难点及对策/赵妙如、胡春晖//云南财贸学院学报·社会科学版. -2007，(3)

烟草广告的困境与突围/孙利平//商场现代化. -2007，(27)

烟草卷烟行业营销探析/祝艳萍//企业活力. -2007，(11)

烟草品牌延伸策略运用分析/孙惠//合作经济与科技. -2007，(23)

烟草企业开发客户信息资源探讨/卢增英//

福建质量管理. -2007,(4)

烟草企业实施专利战略初探/孟庆华、李桂贤//河南科技. -2007,(1)

烟草商业企业客户关系构建研究/龚锦华、石磊//软科学. -2007,(2)

烟草行业的电能质量及谐波治理/柳百奇、郭利民、梁文波等//电力电子技术. -2007,(5)

烟草行业的火灾危险性分析及消防安全管理/周超//科技资讯. -2007,(6)

烟草行业卷烟材料资质认证采购模式研究/宋家山//经济师. -2007,(4)

烟草业引入竞争机制的必要性及可行性分析/苏艳林//经济论坛. -2007,(6)

烟草专卖案件档案规范化管理探析/李昉、卜鉴民//档案与建设. -2007,(1)

烟印企业该如何应对行业的变革/黎建新//印刷杂志. -2007,(11)

英美烟草公司在华企业公共关系探析/李道永、丁毅//文教资料. -2007,(1)

云南省支柱产业发展的现状、问题和对策研究/秦成逊//昆明理工大学学报(理工版). -2007,(4)

云南烟草兼并重组战略分析/李伟//经济问题探索. -2007,(7)

政府控制烟草消费的经济学依据/刘虹//经济评论. -2007,(2)

中国卷烟工业企业规模经济与综合实力的实证分析/冯华//集团经济研究. -2007,(9)

中国卷烟消费者构成及消费特性统计研究的体系构架/段宁东//中国烟草学报. -2007,(4)

中国卷烟行业竞争态势分析/杜丹阳//特区经济. -2007,(8)

中国香烟的"非奥运营销"/沈志勇//东方企业文化. -2007,(8)

中国烟草国际化经营战略的思考/汪立军//中国烟草学报. -2007,(1)

中国烟草加工业内部价值链及竞争优势研究/张一粱、孔玲、夏振洲//经济研究导刊. -2007,(3)

中国烟草品牌运营的现状及对策研究/谭艳华//特区经济. -2007,(4)

中国烟叶宏观调控体系研究/唐绅、陆继锋//中国烟草科学. -2007,(3)

中华卷烟的品牌培育与推广/孙继宝//上海商业. -2007,(3)

吸烟与健康

4城市初中生吸烟与不健康行为的关系研究/田本淳、孟宪鹏、吕书红等//中华流行病学杂志. -2007,(3)

786名医务人员吸烟状况调查分析/伍艳明、林凯玲//现代预防医学. -2007,(6)

983名中学生吸烟现状及相关知信行调查分析/俞素芬、沈益妹、沈伟民等//中国健康教育. -2007,(10)

北京市1997~2004年三次居民吸烟情况分析比较/李春雨、崔小波、饶英生等//中华流行病学杂志. -2007,(5)

北京市医务人员吸烟现状调查/石建辉、刘秀荣、韩梅//中国公共卫生. -2007,(7)

潮州市居民吸烟和被动吸烟现状调查与分析//张晓宏、康焕发、杨丽军等/国际医药卫生导报. -2007,(5)

大学生吸烟状况调查/印爱平、张晓方、贺尚荣等//中国实用医药. -2007,(22)

多水平模型在吸烟行为研究中的应用/李佳萌//中华流行病学杂志. -2007,(4)

儿童被动吸烟现状及宣传教育效果评价/刘汝青、宋宏、傅洪军等//中国公共卫生. -2007,(1)

儿童被动吸烟与呼吸系统疾病患病率的关系/刘凤云、颜世义、王淑珍等//中国行为医学科学. -2007,(9)

儿童与成人烟雾病数字减影血管造影对比分析/李群芳、刘运海、申向民等//中国医师杂志. -2007,(7)

公共场所和工作场所环境空气中烟草烟雾污染状况的研究/黄露、杨功焕、郭新彪等//环境与健康杂志. -2007,(7)

冠心病患者介入治疗后吸烟控制情况分析/张立新、马长生、高国旺等//医学理论与实践. -2007,(4)

广东省居民吸烟现状调查/李丽霞、邹宇华、郜艳晖等//中国公共卫生. -2007,(7)

广州大学在校大学生吸烟状况调查/李茳、李晓春、刘伯椿等//中国健康教育. -2007,(4)

广州地区女性被动吸烟现状的调查分析/李洪玲//国际医药卫生导报. -2007,(16)

广州市201名小学生尝试买烟成功率及其影响因素/文孝忠、黄建华、陈维清等//中华流行病学杂志. -2007,(1)

广州市常住居民吸烟现状调查/李茳、马文革//疾病控制杂志. -2007,(4)

国外公共场所禁止吸烟立法进展综述/李云霞、姜垣//中国健康教育. -2007,(4)

杭州市742名大学生吸烟模式及相关社会心理因素研究/姜彩霞、裘欣、杨海飞等//中国预防医学杂志. -2007,(1)

河南省医务人员吸烟状况及控烟能力调查/张联、王卫峰、周刚等//现代预防医学. -2007,(21)

家长参与家庭控烟程度对初中生吸烟行为影响/邱泉、陈维清、文孝忠等//中国公共卫生. -2007,(7)

家长参与预防和控制初中生吸烟的影响因素分析/文孝忠、陈维清、梁彩花等//卫生研究. -2007,(3)

健康促进学校初中生控制吸烟干预效果评价/文孝忠、陈维清、梁彩花等//中国公共卫生. -2007,(7)

健康促进学校干预模式对学校和家庭控烟环境的影响/文孝忠、陈维清、梁彩花等//中国学校卫生. -2007,(3)

健康促进学校预防和控制初中生吸烟的过程评估/文孝忠、陈维清、卢次勇等//中华流行病学杂志. -2007,(3)

卷烟烟气凝集物诱发人支气管上皮细胞转化的初步研究/徐国蕊、郑红、朱茂祥等//安徽医科大学学报. -2007,(3)

绝经女性被动吸烟行为对骨密度指标及抗骨折能力影响的调查/王溪原、张伟、冯晰民等//实用预防医学. -2007,(2)

控烟干预对农村居民慢病预防知识的效果评价/陈先献、苏军英、刘海燕等//实用预防医学. -2007,(5)

老年男性吸烟者戒烟后肺功能改善情况分析/周永升//临床和实验医学杂志. -2007,(7)

老年无症状吸烟者肺部HRCT分析/杜绪仓、陈妙霞、王秀君等//中国现代医药杂志. -2007,(3)

临沂市职业司机吸烟状况调查与分析/陈丽琴、周晓、高明等//中国健康教育. -2007,(7)

柳州市青少年吸烟现状分析/王萍、曾宪柳、严志玲等//疾病控制杂志. -2007,(1)

农村社区健康教育与控烟工作新途径探索/张雅清、刘君、李秀彬等//中国初级卫生保健. -2007,(6)

农村社区居民吸烟及影响因素分析/姜维平、王亚龙、张建陶等//中国公共卫生. -2007,(1)

普通高中学生烟草使用状况及影响因素调查/裘欣、项海青、程彬等//浙江预防医学. -2007,(6)

青少年吸烟调查及影响因素分析/邢艳平、史宏凤、纠守文等//医药论坛杂志. -2007,(10)

上海市市区婴儿环境烟草烟雾暴露的现况调查/王铁英、付朝伟、陈跃等//中国初级卫生保健. -2007,(5)

社区控烟干预中面临的若干问题及思考/张继昌、吴先萍、谭琪等//预防医学情报杂志. -2007,(1)

生物—心理—社会医学模式与控烟及吸烟相关性疾病的防控/何权瀛//医学与哲学. -2007,(18)

天津市农村居民吸烟、饮酒现状分析/宋桂德、解鸿翔、张宏等//中国慢性病预防与控制.

-2007，(3)

维吾尔族中学生吸烟状况调查/何立红、冯国栋、瞿世和等//疾病控制杂志．-2007，(4)

无烟医院政策执行的障碍/王俊芳、马少俊、徐雪芳等//中国预防医学杂志．-2007，(2)

厦门市儿童被动吸烟干预效果分析/戴龙、张兰、王清和等//中国预防医学杂志．-2007，(3)

心理压力及疲劳对大学生不同吸烟行为的影响/韩旻雁、陈维清、卢次勇等//中华流行病学杂志．-2007，(11)

延庆县医务人员控烟健康教育效果评价/闫丽艳、王绍华、王新亚等//中国健康教育．-2007，(8)

药物戒烟方法/杨晓辉、姚崇华//中华预防医学杂志．-2007，(1)

医疗机构职工吸烟状况及控烟能力调查/张海涛、高健英、梁赢等//首都公共卫生．-2007，(3)．-111-113

医务人员吸烟现状及参与控烟干预情况调查/邢艳平、史宏凤、黄涛//中华医学与健康．-2007，(6)

婴幼儿父母对环境烟草烟雾暴露干预的意愿及影响因素的定性研究/王铁英、王洁、马恰怡等//疾病控制杂志．-2007，(1)

影响初中生家长签署无烟家庭协议的相关因素分析/邱泉、陈维清、文孝忠等//中华流行病学杂志．-2007，(4)

影响吸烟行为和尼古丁依赖环境因素的研究进展/孙洪强、郭松//中国医刊．-2007，(1)

湛江市区男性居民吸烟行为与相关知识态度状况分析/王忠、陈汉汛、陈愉等//中国健康教育．-2007，(7)

浙江省初中学生尝试吸烟行为调查/徐越、张新卫、郭俊香等//浙江预防医学．-2007，(8)

浙江省初中学生烟草使用调查报告/徐越、张新卫、郭俊香等//中国健康教育．-2007，(2)

国内外卷烟危害性评价方法现状和发展趋势/夭建华、陈辉敏、方力等//烟草科技．-2007，(1)

浙江省居民吸烟状况及烟草费用调查/王浩、胡如英、俞敏等//疾病监测．-2007，(9)

中国部分疾病预防控制机构室内烟草烟雾浓度测定/姜垣、李竹、邱五七等//中国慢性病预防与控制．-2007，(2)

珠海市健康教育控制小学生被动吸烟效果评价研究/陈琦、梁小冬、朱克京等//中国健康教育．-2007，(3)

综合院校大学生吸烟及认知状况调查/刘琳、张小梅、宋光等//中国公共卫生．-2007，(5)

其　他

地方政府对地方烟草企业保护博弈机制研究/黄剑文//学术论坛．-2007，(10)

国际贸易协定与政府烟草控制/柒江艺、阳立高、冯涛//现代商贸工业．-2007，(9)

吉安烟草的井冈魂“山文化”特色/付立红、万少清//中外企业文化．-2007，(6)

控烟缘何难/察已今//百姓．-2007，(11)

立法控烟在高利税和健康间两难/谢世诚//微型机与应用．-2007，(7)

论市场经济条件下的《烟草专卖法》/白玉琦//现代商贸工业．-2007，(2)

论提高香烟消费税在控烟措施中的重要意义/邹志毅//中山大学学报论丛．-2007，(4)

论怎样提高烟草科技队伍人才的政治素质和思想品德/邝玲亚//职业圈．-2007，(23)

我国卷烟需求分析（上）—需求现状与模型构建/白远良、吴应禄、程晓苏等//中国烟草学报．-2007，(3)

我国卷烟需求分析（下）—卷烟需求模型实证分析与结论/白远良、吴应禄、程晓苏等//中国烟草学报．-2007，(4)

我国烟税政策存在的问题与对策/廉春慧//

经济研究导刊. -2007,(2)

烟草税在控烟中的应用/陈彬、杨廷忠、王红妹等//中国社会医学杂志. -2007,(2)

烟草专卖管理与依法行政/杨中凡//理论界. -2007,(8)

真假香烟的识别/曾强、舒芳誉、李清华//企业标准化. -2007,(5)

附　录

国外烟草

世界烟草：2007年发展报告

2007年，世界烟草产业在更加严峻的环境压力下继续保持增长，卷烟产量达6.2万亿支，创历史最高水平。中国烟草保持平稳快速发展态势，卷烟产量占全球产量的34.5%，在世界烟草产业中的总体竞争实力进一步增强。在中国以外的世界烟草市场上，大规模的企业并购继续推进，初步形成了菲莫·国际公司、英美烟草公司、日本烟草公司和帝国烟草公司"四强相争"的寡头垄断格局，这四家跨国烟草公司竞争实力也正在向平衡化方向发展。为顺应发展环境的变化和应对更加激烈的市场竞争，各个跨国烟草公司均在继续推进并购重组和品牌扩张战略，广大发展中国家进一步成为跨国烟草公司激烈争夺的焦点和拉动世界烟草产业发展的引擎。

一、世界烟草发展环境

*烟草管制更加严格。*由于具有健康危害性和负外部性，烟草产品虽然有巨大的消费需求，但在世界各国一直受到严格管制。2007年6月30日~7月6日，世界卫生组织《烟草控制框架公约》缔约方第二届会议在泰国曼谷举行。此次会议主要取得了两项重要成果，一是讨论通过了防止接触烟雾准则，指出只有创建100%的无烟公共场所和工作场所才能有效防止在特定空间或环境消除接触"二手烟"；二是同意设立一个向所有缔约方开放的、政府间的谈判机构，以专家小组起草的非法贸易议定书作为基础，起草一项关于烟草制品非法贸易的议定书。除此之外，此次会议还决定成立三个工作小组，分别负责订制跨国界广告准则、烟草制品成分管制以及烟草制品披露准则、烟草制品包装和标签准则，同时还决定设立烟草替代作物研究小组。会议提出，将于2008年初进一步向世界卫生组织成员国提出"MPOWER一揽子方案"，即监测烟草使用并实施烟草预防、保护民众远离"二手烟"、为戒除烟草使用提供帮助、警示烟草危险、执行限制烟草广告、促销和赞助的规定和提高烟草税负等六项控烟措施方案。在世界卫生组织的积极推动下，全球控烟运动正向纵深发展，烟草产业面临更加严格的环境约束和限制。

*通过立法禁止在公共场所吸烟。*在公共场所禁止吸烟是世界各国较为普遍的做法，但在过去许多国家大多停留在政府倡导和一般性卫生管理规定的层面，禁止吸烟的执行力度较弱。近年来，越来越多的国家已通过专项法律法令，明确禁止在公共场所吸烟，违反者将受到法律的强制性制裁。例如，法国自2007年1月1日开始实施禁烟令，严禁在公共场所以及酒吧、咖啡馆和餐馆内吸烟，违者将被处以68欧元的罚款，公共场所负责人将被处以135欧元的罚款，如在某一禁烟公共场所屡次发现吸烟者，该公共场所负责人将受到最高可达750欧元的罚款。英国英格兰地区自2007年7月1日起开始实施禁烟令，规定在酒吧、俱乐部、咖啡店、商店、公共交通工具、工厂等所有公共场所和办公室内严禁吸烟，在禁烟区吸烟将被罚款50英镑，没有贴出"禁止吸烟"标志的法定禁烟场所负责人将被罚款200~1000英镑，对吸烟者违反禁烟令不闻不问的业主或雇主将面临最高可达2500英镑的罚款。中国香港自2007年1月1日起开始实行新修订的《吸烟（公众卫生）条例》，明确把所有工作及公众场所，包括餐饮场所、街市及公众游乐场地等都纳入禁烟范围，规定任何人不得在规定范围内吸烟或携带燃烧着的香烟、雪茄烟或烟斗，否则将被处以最高可达5000港币的罚款。据初步统计，截至2007年底，全球通过法律法令在公共场所或工作场所禁止吸烟的国家和地区达60多个。许多国家在禁烟法律法令生效后，烟草市场都出现了较大的波动和下滑。

*烟草税负越来越重。*为了抑制烟草生产与消费，增加国家财政收入，各国政府普遍对烟草产品实行重税政策，世界卫生组织、世界银行等国际组织也极力推动各国不断提高烟草税负。近年来，大幅度提高烟草税负已成为全球性趋势。2002年欧盟修订了烟草税收政策，要求成员国卷烟税负不得低于零售价的57%、每盒卷烟（20支装）征税不得少于1.28欧元，到2007年欧盟国家卷烟平均税负已超过零售价的70%，其中，法国卷烟税负为80%、捷克为80%、西班牙为78%、英国为77%、德国为76%、意大利为75%。日本从2006年7月起开始大幅度提高烟草税负，每千支卷烟中央消费税由3126日元提高到3552日元，地方消费税由3946日元提高到4372日元，卷烟综合税负为63%。美国是烟草税负相对较低的国

家，但近年来各州也纷纷提高烟草税负，仅在2007年就有12个州提高了烟草税。除发达国家外，许多发展中国家也在不断提高烟草税负，其中绝大部分拉美国家和泰国、缅甸、印度等亚洲国家目前卷烟综合税负均已超过50%。中国卷烟税负相对较轻，按可比口径计算，卷烟综合税率比世界平均水平低很多。除不断提高卷烟税负外，近年来，禁止出售免税卷烟的呼声也越来越高，一些国家已经对免税卷烟的入境采取限制措施。例如，土耳其规定出国3日以上方可携带免税卷烟入境；约旦规定机场入境免税卷烟携带限额从原来的2条下降至1条。

限制性规定越来越严。对烟草生产和经营行为的限制性规定越来越严，由于烟草产品的特殊性，即使是在市场经济高度发达的国家，烟草企业的生产经营也受到广泛的政府管制，特别是在烟草广告、促销和赞助等方面，绝大多数国家制定和实施了非常严格的限制甚至禁止性规定。据统计，目前全球已有48个国家禁止烟草直邮广告，有22个国家禁止卷烟销售点广告，有8个国家禁止卷烟销售渠道宣传，加拿大、冰岛、泰国等对卷烟在销售点陈列方面都进行了严格限制。一些国家不允许卷烟通过网络、邮寄、自动售货机等渠道销售，对卷烟生产和销售均实行严格的许可证制度，卷烟价格要经过政府有关部门的审批。此外，许多国家还对卷烟实行严格的检验检测标准，要求烟草企业定期披露卷烟产品的有害成分及其含量，明确限定卷烟焦油、烟气烟碱等的最高允许值，要求卷烟包装印制大面积的警示文字和图片。随着控烟运动的进一步推进，针对烟草公司的产品责任诉讼也此起彼伏，近年来，在环境烟雾、青少年营销、成瘾性等方面的新类型案件不断涌现，提起烟草诉讼的国家也逐年增多。2007年，哥斯达黎加、哥伦比亚、希腊、尼日利亚、沙特阿拉伯等国提起了针对菲莫·国际公司或其烟草批发商的吸烟与健康案件，尼日利亚、哥伦比亚、阿根廷等国对烟草企业提起集团诉讼的大型案件也呈不断增多的趋势。

非法卷烟的威胁越来越大。客观地看，各国在通过提高卷烟税负遏制烟草流行的同时也扩大了各种非法卷烟的赢利空间，刺激了非法卷烟的生产和销售。据估计，目前全球卷烟国际贸易总量中，约有25%～30%的交易量为走私卷烟；全球卷烟市场消费总量中，超过10%为走私卷烟和假冒商标卷烟。各种非法卷烟的流行，不但使各国政府每年损失高达50亿美元的税收，而且严重威胁合法烟草企业的权益，尤其是一些知名品牌卷烟，所受威胁程度更大。如何有效打击卷烟制假、售假和走私，遏制非法卷烟的流行，这是包括中国在内的许多国家长期面临的艰巨任务。目前，世界卫生组织正在推动各成员国在2010年前制定一份新的《打击烟草制品非法贸易议定书》，主要内容包括要求烟草业务的所有参与方必须持有相关许可、制订杜绝洗钱的措施、建立国际跟踪和追溯系统、规定非法贸易属刑事犯罪行为、增加执法机构执法能力等，其中，特别要求烟草生产商要严格控制其供应链，防止产品被用于非法贸易，如果生产商没有尽到这种义务，就可能被施以处罚。由世界卫生组织推动打击烟草制品非法贸易，一方面有利于遏制日益猖獗的烟草非法贸易活动，另一方面也对烟草企业规范自身行为提出了许多更细、更严的约束性要求，烟草企业接受检查、调查、询问的成本将不断增加。

二、世界烟草市场需求和供给

尽管面临日益严峻的发展环境，但作为一种合法商品，世界烟草消费需求一直在不断增长。主要原因是在“吸烟有害健康”已经成为常识性公共信息的情况下，仍然有大量的消费者理性地选择吸烟。根据世界著名研究机构—摩根士丹利（Morgan Stanley）的数据，1990～2005年，全球15岁以上成年吸烟人口年均增长率为2.5%，预计2005～2020年吸烟人口年均增长率为0.7%。而据世界卫生组织的估计，目前全球吸烟人口约有13亿人，到2030年将增加到16亿。随着吸烟人口的不断增加和人均收入的不断提高，世界烟草需求将保持稳中略升的态势。根据各种资料综合估计，2007年，全球卷烟产量为6.2万亿支，比上年增长2.1%；全球卷烟消费量为5.9万亿支。在全球卷烟消费总量中，亚太地区占57%，中东和非洲地区占6%，北美地区占7%，拉美地区占5%，西欧地区占11%，东欧地区占14%。

从全球卷烟市场增长结构来看，近年来，总体上呈现欧美发达国家不断下降，亚、非、拉发展中国家不断上升的趋势。2007年，中国生产卷烟21414亿支，比上年增长5.9%，比2000年增长27.4%；占全球卷烟总产量的比重为34.5%，比上年提高1个百分点。

除中国外世界主要卷烟生产国产量增长趋势

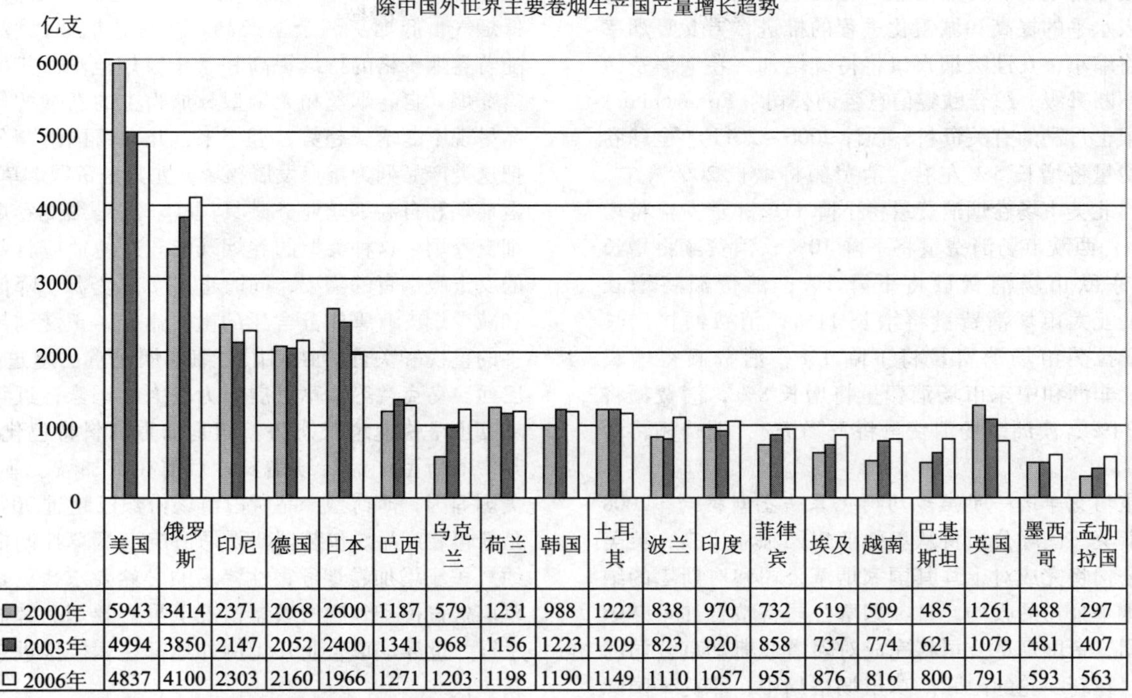

	美国	俄罗斯	印尼	德国	日本	巴西	乌克兰	荷兰	韩国	土耳其	波兰	印度	菲律宾	埃及	越南	巴基斯坦	英国	墨西哥	孟加拉国
2000年	5943	3414	2371	2068	2600	1187	579	1231	988	1222	838	970	732	619	509	485	1261	488	297
2003年	4994	3850	2147	2052	2400	1341	968	1156	1223	1209	823	920	858	737	774	621	1079	481	407
2006年	4837	4100	2303	2160	1966	1271	1203	1198	1190	1149	1110	1057	955	876	816	800	791	593	563

从2007年国内市场卷烟销量看，中国国内市场销量21242亿支，比上年增长5.2%。俄罗斯是近年来卷烟销量增长最快的国家之一，2007年国内市场销量约为3700亿支，总量超过美国成为全球第二大卷烟消费国，国内市场销量比2000年增长了40%。美国是第三大卷烟消费国，2007年国内市场销量为3670亿支，比上年下降3.2%；日本是第四大卷烟消费国，2007年国内市场销量为2700亿支，比上年下降5.3%；欧盟国家2007年卷烟销量为6525亿支，比上年下降0.7%，其中，德国下降4.0%、波兰下降3.5%、英国下降2.4%、法国下降1.5%、西班牙下降1.2%、意大利下降1.1%。印度尼西亚是全球第五大卷烟消费国，2007年国内市场销量约为2200亿支，比上年增长3.9%。

烟叶是原料类农产品，其生产布局和发展态势受卷烟工业需求、自然环境和体制政策等因素影响较大。根据环球公司提供的数据，2007年，全球烟叶产量为569.2万吨，其中烤烟399.6万吨，总体上保持稳定。除中国外，巴西、印度、美国、阿根廷和津巴布韦是全球烤烟生产规模最大的五个国家，2007年烤烟产量分别为62.5万吨、27.2万吨、23.8万吨、8.4万吨、7.0万吨。白肋烟产量最大的五个国家是美国、巴西、马拉维、泰国和阿根廷，2007年产量分别为11.3万吨、10.4万吨、8.7万吨、4.3万吨、3.7万吨。中国是全球最大的烟叶生产国，但烟叶类型基本都是烤烟。2007年，中国共种植烤烟1534万亩，比上年减少2.4%；收购烤烟193.5万吨，比上年减少7.2%。

三、世界烟草产业发展趋势分析

烟草产业一直都是比较有争议的产业，尤其是在日趋严峻的控烟环境下，其未来发展趋势如何，人们看法各异，存在着许多迥然不同的分析和判断。20世纪末，在世界卫生组织开始大力推动全球性控烟运动、美国出现索赔额高达上千亿美元的烟草产品责任诉讼、发达国家卷烟市场持续下滑的背景下，一些人得出了烟草产业即将没落、烟草企业即将破产、走多元化道路是烟草企业的必然选择的预言。但近年来的实践证明，世界烟草产业仍在继续增长，烟草产业整体绩效仍在继续提高，跨国烟草公司大都在回归烟草主业而不是在向多元化进军。综合各种因素进行客观理性地分析，我们认为，尽管全球控烟运动将继续深入开展，烟草产业将面临更加严峻的环境约束，但在未来较长一个时期内，全球吸烟人口仍将继续增加，烟草市场需求仍将保持增长。不过，约束条件的变化和市场竞争的加剧，将导致世界烟草产业内部进行重大而深刻的调整。在未来一个时期，世界烟草产业主要发展趋势是：

市场需求整体上保持稳中略升态势。从烟草实物消费数量来看，发达国家将持续下降，但发展中国家仍将稳定增长。从烟草货币消费数量来看，随着卷烟税收和价格的不断提高，全球绝大部分国家和地区都将继续保持增长。尤其是在广大发展中国家，随着居民收入水平的提高和城镇化进程的推进，男女吸烟率差距将缩小，女性吸烟人口将持续增加，卷烟消费结构将不断升级。综合欧睿信息咨询公司（Euromonitor）和摩根士丹利的有关资料，预计2006～2011年全球卷烟消费量将增长5%左右，消费额将增长20%左右。其中，北美市场卷烟消费量将下降11%，消费额将增长9%；西欧市场消费量将下降10%，消费额将增长7%；东欧市场消费量将下降1%，消费额将增长35%；亚太市场消费量将增长11%，消费额将增长14%；拉美市场消费量将下降1%，消费额将增长22%；非洲和中东市场消费量将增长8%，消费额将增长34%；澳洲市场消费量将下降7%，消费额将增长6%。

*市场竞争进一步呈现均衡化寡头垄断格局。*2008年，菲莫·国际公司将从奥驰亚集团独立出来，英美烟草公司将完成对土耳其国家烟草公司和对斯堪的纳维亚烟草公司的收购，日本烟草公司将整合加莱赫烟草公司，帝国烟草公司将完成对阿塔迪斯烟草公司的收购。在新一轮的国际烟草市场格局中，菲莫·国际公司的市场领导地位将受到挑战，英美烟草公司竞争位势将有所上升，日本烟草公司和帝国烟草公司规模实力将迅速增强。预计2008年，菲莫·国际公司卷烟销量为9000亿支左右，英美烟草公司为8000亿支左右（不包括在美国、印度参股的烟草公司），日本烟草公司为6000亿支左右，帝国烟草公司为4000亿支左右，四大跨国烟草公司的规模实力差距比2007年大幅缩小。未来一个时期，虽然四大跨国烟草公司之间进行并购重组的可能性很低，但许多其他中小型烟草公司将继续被上述几大公司收购，世界烟草产业的重组整合将继续深入推进。总体来看，在中国以外国际烟草市场上，将形成由实力趋向均衡的四大跨国烟草公司寡头垄断格局，大对大、强对强、快对快的市场竞争将更加激烈，广大发展中国家将进一步成为四大跨国烟草公司竞相进入的焦点市场和潜力市场。

*产品创新步伐将进一步加快。*顺应外部环境和市场需求的变化，近年来，世界烟草企业都在积极推进产品创新。从各国烟草产品创新实践和未来一个时期创新方向来看，重点集中在以下几个方面：一是开发低危害、减排放型产品，其中，最主要的是低焦油、低烟气、低烟灰剩余型产品。二是卷烟替代型产品。随着卷烟价格的持续提高和禁止吸烟范围的扩大，以雪茄烟、自卷烟丝和无烟型鼻烟为主的卷烟替代型产品呈现不断增长趋势，近年来，几大跨国烟草公司都把这类产品列为重点发展领域，尤其是帝国烟草公司，雪茄烟和自卷烟丝业务颇具规模。三是细支卷烟和超细支卷烟。这种类型的卷烟既能较好地适应日益增长的女士吸烟者的需要，同时也是节约资源、降低成本和减少烟支有害成分含量的重要途径，正受到越来越多的重视和关注。在韩国，细支烟比重已超过30%，巴西、乌克兰等烟草发展潜力较大的国家，近年来细支烟也呈快速增长态势。四是加香加料特色化产品。其中薄荷型产品持续增长，目前在新加坡、菲律宾、美国等国，薄荷型产品所占市场份额已超过30%。五是新包装产品。包装创新既是适应《烟草控制框架公约》关于增加卷烟危害性警示的必然要求，更是在烟草广告宣传受到严格限制情况下推广卷烟品牌的重要手段，世界烟草企业几无例外地都在积极推进包装创新步伐。

*加快发展核心品牌成为烟草企业的首要战略。*随着烟草广告、营销和市场消费环境受到越来越严格限制和市场竞争的更加激烈，品牌对烟草企业发展具有生死攸关的战略性意义。在未来一个时期，世界烟草企业无一例外地都会更加重视品牌培育，其重点是加快几个核心品牌的发展，努力实现核心品牌销售规模的扩张，提高目标市场占有率。从四大跨国烟草公司战略动向来看，菲莫·国际公司重点发展“万宝路”和“蓝星”；英美烟草公司重点发展“健牌”、“登喜路”、“好彩”和“波迈”；日本烟草公司重点发展“云丝顿”、“骆驼”、“柔和七星”、“金边臣”、“丝切”、“LD”、“寿百年”和“魅力”；帝国烟草公司重点发展“大卫·杜夫”和“威斯”（整合阿塔迪斯烟草公司后，可能会把“Gauliuses”、“Fortuna”和“Gitanes”三个品牌也列为重点发展对象）。可以预见，未来世界烟草市场的竞争，主要是围绕20多个全球化品牌展开，能否真正培育形成具有国际竞争力的强势品牌，将是决定烟草企业生存和发展的关键所在。

（李保江　马　超　衡丙权）

2007年主要跨国烟草公司发展动态

烟草产业是全球集中度最高的产业之一。在全球烟叶市场上，环球烟叶公司和联盟一号国际公司是影响力最大的两家烟叶类跨国公司。而在中国以外的卷烟市场上，目前70%左右的市场份额已被奥驰亚集团、英美烟草公司、日本烟草公司和帝国烟草公司四家跨国烟草公司所垄断。

一、烟叶类跨国公司

环球烟叶公司（Universal Corporation）

环球烟叶公司（以下简称“环球公司”）是世界最大的跨国烟叶公司，目前在35个国家和地区开展业务，其中25%～30%的烤烟来源于巴西，35%～45%的烤烟来源于非洲。通过全球合作，环球公司在保加利亚、土耳其、马其顿和希腊开展香料烟业务。

除了烟叶业务外，环球公司还经营木材和其他一些农产品业务。2007财政年度，公司加快了非烟业务的退出步伐。先以5.65亿美元的价格将其经营木材和建筑产品以及部分农产品业务的Deli Universal公司出售，接着，环球公司决定出售公司余下的非烟草农产品业务，于2007年1月出售了在伦敦的坚果和干果方面的业务。在烟叶经营布局上，环球公司把美国的烟叶加工厂集中于纳什维尔地区，并撤出马拉维和赞比亚的烤烟种植投资项目，减少了在相关农业领域的投资。

2007年财政年度，环球公司大量削减在非洲的烟叶种植项目，积极出售没有合同购买保证的库存烟叶，剥离了大部分非烟业务，公司债务明显减少。全年实现销售收入20.1亿美元，比上年增长12.7%；实现销售利润4400万美元，比上年增长5.5倍。目前，环球公司收入的80%来自几大跨国烟草公司，2007年从奥驰亚集团获得的收入为6.7亿美元，从日本烟草公司获得的收入为3.7亿美元。

联盟一号国际公司（Alliance One International）

联盟一号国际公司（以下简称“联一国际公司”）是世界第二大跨国烟叶公司，目前烟叶资源分布在45个国家和地区，在阿根廷、巴西等主要烤烟出口国，在马拉维、美国等主要白肋烟出口国，在保加利亚、土耳其等主要香料烟出口国均设有烟叶加工厂。截至2007年底，联一国际公司共在14个国家设有23家烟叶加工厂。

近年来，联一国际公司专注于烟叶核心业务，减少或退出了一些赢利能力差的种植品种，逐步从边缘化或不赢利的业务种类及烟叶产区撤退。继2006财政年度关闭美国、土耳其、巴拉圭、巴西、泰国等地加工厂，以及出售俄罗斯烟叶加工厂之后，2007年又关闭了马其顿、津巴布韦、希腊的烟叶加工厂，出售了西班牙的烟叶加工厂，并且做好了关闭和出售深色烟叶加工厂的准备。

2007年财政年度，联一国际公司共销售烟叶5.85亿千克，实现销售收入19.8亿美元，同比下降15.7%。全年亏损0.2亿美元，亏损额比上年减少4.3亿美元，全部债务比上年减少1.6亿美元，整体业绩有一定改善。烟叶采购方面，巴西、美国、阿根廷、中国、土耳其、马拉维等国分别占联一国际公司2007财政年度烟叶采购总量的35%、12%、7%、6%、6%、6%，其他国家所占比重都低于5%。目前，联一国际公司供应全球90多个国家和地区的卷烟企业及其他烟草制品企业，主要供应对象是几大跨国烟草公司。在2007年销售收入中，约有34%的收入来自奥驰亚集团，19%的收入来自日本烟草公司。

二、卷烟类跨国公司

奥驰亚集团（Altria Group）

奥驰亚集团是除中国烟草总公司外的世界第一大跨国烟草公司，其烟草业务由菲莫·国际公司（PMI）和菲莫·美国公司（PM USA）两大部分组成。2007年，奥驰亚集团宣布将把菲莫·国际公司分离出去，分离日期设定为2008年3月28日。这次分离是奥驰亚集团继重组米勒啤酒业务、剥离卡夫食品业务之后的又一重大举动，也是世界烟草企业逐步向烟草主业回归并积极向世界市场扩张的又一标志性事件。

从奥驰亚集团两大烟草子公司业务状况看，近年来一直呈现国内销量不断萎缩、国际销量持续增长的态势。2007年，菲莫·美国公司卷烟销量为1751亿支，同比下降4.5%，其中，“万宝路”品牌销量为1444亿支，同比下降3.9%；在美国市场的占有率为50.6%，比上年提高0.3个百分点，其中，“万宝路”品牌占有率为41.0%，比上年提高0.5个百分点。菲莫·国际公司2007年卷烟销量为8500亿支，同比增长2.2%，其中，“万宝路”品牌销量为3112亿支，同比下降1.5%。从地区市场分布看，2007年菲莫·国际公司在欧盟市场的销量为2571亿支，同比下降0.7%；在东欧、中东和非洲市场的销量为2913亿支，同比增长0.9%；在亚洲市场的销量为2117亿支，同比增长8.8%；在拉美市场的销量为899亿支，同比增长0.8%。2007年奥驰亚集团共销售卷烟10251亿支，同比增长1.0%；其中，“万宝路”品牌销量为4556亿支。

2007年，奥驰亚集团继续推进并购重组，第一季度收购了巴基斯坦拉克森烟草公司52.2%的股权，将其持股比例提高到98%；第四季度收购了在墨西哥的合资烟草企业30%的股权，将持股比例从50%提高到80%，交易价值约为11亿美元；11月，投资29亿美元收购了在美国市场占据领先地位的雪茄烟制造企业—约翰·米德勒顿公司，加快了向雪茄烟领域拓展的步伐。在推进对外并购的同时，奥驰亚集团积极推进企业内部重组步伐，2007年宣布对其全球卷烟生产布局进行优化调整，计划在2010年前关闭在美国北卡罗来纳州的卷烟厂，合并在弗吉尼亚的卷烟厂，并将于2008年第三季度大幅增加其在欧洲卷烟厂的生产能力。

2007年，奥驰亚集团不断加大产品创新力度，利用其强大的品牌影响力，在印度尼西亚推出了丁香型“万宝路”卷烟，在土耳其推出了7.2厘米迷你型“万宝路”卷烟，在美国推出了湿润无烟型“万宝路”鼻烟。从战略动向来看，雪茄烟、无烟烟草、特色加香加料型卷烟和减排放型卷烟是奥驰亚集团正在努力拓展的市场领域。

总体来看，2007年，奥驰亚集团成功克服了美国烟草市场整体萎缩的不利影响，取得了较为良好的经营业绩。全年实现烟草销售收入735.7亿美元，同比增长10.3%，其中，菲莫·美国公司实现销售收入184.8亿美元；菲莫·国际公司实现销售收入550.9亿美元，同比增长14.2%。实现销售利润134.4亿美元，同比增长1.3%，其中，菲莫·美国公司全年实现利润45.2亿美元，同比下降6.0%；菲莫·国际公司全年实现利润89.2亿美元，同比增长5.5%。上缴烟草税收357.4亿美元，同比增长15%；其中，菲莫·美国公司上缴税收34.5亿美元，同比下降4.6%；菲莫·国际公司上缴税收322.9亿美元，同比增长17.6%。

英美烟草公司（British American Tobacco）

英美烟草公司是世界第二大跨国烟草公司。20世纪90年代，英美烟草公司曾经提出，要把超过奥驰亚集团，成为世界第一大跨国烟草公司作为公司发展的战略性目标。但从近年来发展趋势来看，英美烟草公司与奥驰亚集团的差距在拉大。2008年，奥驰亚集团将剥离菲莫·国际公司，这为英美烟草公司实现成为世界第一大跨国烟草公司的目标提供了很好的机会和条件。

2007年，英美烟草公司卷烟销量为6840亿支，同比下降1%，是本年度四大跨国烟草公司中唯一一个销量下降的公司。从主要目标市场销量看，英美烟草公司在欧洲市场的销量为2450亿支，同比下降1.1%；在亚太市场的销量为1452亿支，同比增长2.3%；在拉美市场的销量为1505亿支，同比下降1.4%；在非洲和中东市场的销量为1010亿支，同比下降3.6%；在美洲和太平洋市场的销量为423亿支，同比下降3.4%。不过，尽管总销量在下降，但英美烟草公司重点发展的“健牌”（Kent）、“登喜路”（Dunhill）、“好彩”（Lucky Strike）和“波迈”（Pall Mall）四大“全球驱动品牌”的销量比上年增长了10%，其中，“健牌”和“波迈”的销量分别为530亿支和510亿支，增长率分别为19%和10%。

近年来，英美烟草公司坚持实施“促进增长、提高效率、强化责任、优化组织”四大战略，特别重视供应链的优化调整和成本节约，公司整体效益保持稳定增长态势。2007年，英美烟草公司实现销售收入262.3亿英镑（约524.9亿美元），同比增长4.1%；实现销售利润29.1亿英镑（约58.1亿美元）；上缴烟草税收162.2亿英镑（约324.5亿美元），同比增长5.1%。

2007年，英美烟草公司积极推进收购土耳其国家烟草公司（Tekel），预计具体收购工作将在2008年内完成。土耳其是全球第八大卷烟消费国，2007年卷烟销量为1110亿支，土耳其国家烟草公司占据土耳其卷烟市场29%的份额。英美烟草公司在完成对土耳其国家烟草公司的收购后，其在土耳其卷烟市场的份额将上升到36%，卷烟销量将达到400亿支左右。此外，英美烟草公司还将全面收购在北欧市场具有重大影响的斯堪的纳维亚烟草公司（Skandinavisk Tobakskompagni），预计交易总金额达20.55亿英镑。交易完成后，英美烟草公司在北欧市场的销量将增加300亿支，并将确定其在丹麦、挪威、瑞典等北欧国家的市场领导地位。

日本烟草公司（Japan Tobacco）

日本烟草公司是世界第三大跨国烟草公司。对日本烟草公司来说，2007年是其实现突破性发展的关键一年。继1999年投资78.3亿美元收购美国雷诺兹公司国际烟草业务后，2007年，日本烟草公司又开展了一次大规模的收购活动，4月，投资75亿英镑（约为147亿美元）收购了加莱赫烟草公司（加莱赫烟草公司成立于1857年，总部位于英国，在全球85个国家和地区开展烟草业务，曾是世界第五大跨国烟草公司，2006年销售卷烟1824亿支）。

收购加莱赫烟草公司后，日本烟草公司重新定位了其品牌发展战略，把原先自身拥有的“云丝顿”(Winston)、“骆驼”(Camel)、“柔和七星”(Mild Seven)三个品牌和加莱赫烟草公司的“金边臣”(Benson & Hedges)、“丝切”(Silk Cut)、“LD”、“寿百年”(Sobranie)、“魅力”(Glamour)5个品牌一起定位为“全球旗舰品牌”予以重点发展。

2007年，日本烟草公司国际卷烟销量为3856亿支，同比增长60.6%；销售收入达224.1亿美元，同比增长160.8%；实现销售利润24.3亿美元，同比增长122.7%；上缴烟草税收134.3亿美元，同比增长247.9%。8个“全球旗舰品牌”销量为2032亿支，占日本烟草公司国际总销量的52.7%。目前，日本烟草公司的市场范围已扩大到全球160多个国家和地区，在核心目标市场的主导地位进一步巩固，2007年，日本烟草公司占爱尔兰卷烟消费市场份额的49%、英国的39%、奥地利的37%、瑞典的34%、哈萨克斯坦卷烟的42%、俄罗斯的35%、乌克兰的29%、中国台湾的37%、马来西亚的18%。

近年来，日本国内烟草市场一直在不断下滑，受此影响，日本烟草公司在国内市场的销量也呈不断下降的趋势。2007年，日本烟草公司国内卷烟销量为1688亿支，同比下降5.0%。(按照财政年度计算，2007年财政年度销量为1749亿支，同比下降7.7%)。按照财政年度计算，2007年日本烟草公司在日本的市场份额为64.8%，同比下降1.6个百分点；其中，“柔和七星”品牌的市场占有率为31.6%，比上年下降0.6个百分点。国内烟草业务实现销售收入289.4亿美元，同比增长0.3%；实现销售利润20.8亿美元，同比增长11.5%；上缴烟草税收为192.2亿美元，同比增长1.2%。

帝国烟草公司(Imperial Tobacco)

帝国烟草公司是世界第四大跨国烟草公司。21世纪初期，帝国烟草公司规模实力还远远落后于上述其他三家跨国烟草公司。但是，通过一系列大规模的并购活动，帝国烟草公司快速发展成为世界烟草市场上举足轻重的跨国烟草公司。特别是在2002年，帝国烟草公司投资52亿欧元收购了德国利是美烟草公司，一跃成为世界第四大跨国烟草公司。2007年，帝国烟草公司继续大刀阔斧地推进并购重组，1月投资100万英镑收购了爱沙尼亚的Tremaco烟草公司；4月投资19亿美元收购了美国第四大烟草公司—共和牌号公司(Commonwealth Brands)，开始大规模向美国市场拓展；7月，提出以每股50欧元的价格(总价格为126亿欧元)收购全球第六大跨国烟草公司—阿塔迪斯烟草公司，此项交易预计将于2008年1月完成。

2007年，帝国烟草公司卷烟销量为2003亿支，同比增长7.2%；自产烟丝销量24450吨，同比下降4.1%；实现销售收入123.4亿英镑(约247.0亿美元)，同比增长5.7%；实现销售利润为14.2亿英镑(约28.4亿美元)，同比增长8.2%；上缴烟草税收90.6亿英镑(约181.4亿美元)，同比增长6.5%。

目前，帝国烟草公司在全球130多个国家和地区开展业务。2007年，帝国烟草公司在英国市场的卷烟销量为229亿支，占公司总销量的11.4%；德国为204亿支，占总销量的10.2%；其他西欧国家为196亿支，占总销量的9.8%；美国为71亿支，占总销量的3.5%。从帝国烟草公司在主要目标市场的销量增长情况看，2007年公司在英国的销量同比下降2.1%，在德国同比增长2.5%，在西欧其他国家同比下降2.5%，在世界其他国家同比增长5.5%。从帝国烟草公司在主要目标市场所占份额来看，帝国烟草公司占英国卷烟市场份额的46.4%、占德国的21.3%、占比利时的10.6%、占爱尔兰的26.4%、占波兰的16.9%、占美国的3.7%、占澳大利亚的17.5%、占俄罗斯的5.5%、占乌克兰的20.6%、占沙特阿拉伯的7.0%、占中国台湾的11.7%。

(李保江　马　超　衡丙权)

先进集体名单

【烟草行业2007年度全国五一劳动奖状获得单位名单】（中华全国总工会关于授予2006年度先进集体和先进个人全国五一劳动奖状、全国五一劳动奖章的决定　总工发〔2007〕14号　2007年4月28日公布）

河北白沙烟草有限责任公司保定卷烟分厂三车间
吉林省烟草公司通化市公司营销中心采购部
厦门烟草工业有限责任公司装备动力部动力班
常德烟草机械有限责任公司
广州市烟草专卖局
贵州中烟工业公司贵阳卷烟厂

【烟草行业2007年度全国“工人先锋号”单位名单】（中华全国总工会关于命名全国“工人先锋号”的决定　总工发〔2008〕18号　2008年4月29日发布）

红云烟草（集团）有限责任公司乌兰浩特卷烟厂卷接包车间甲班

红塔辽宁烟草有限责任公司营口卷烟厂制丝车间电气维修班

吉林烟草工业有限责任公司延吉卷烟厂卷包车间技术维修组

湖南中烟工业有限责任公司零陵卷烟厂卷包车间

广州市烟草专卖局白云分局稽查大队

【烟草行业2007年度全国“安康杯”竞赛优胜企业名单】（关于表彰2007年度全国“安康杯”竞赛优胜企业、优胜班组、优秀组织单位和优秀组织者的决定　总工发〔2008〕15号　2008年4月30日公布）

江苏中烟工业公司南京卷烟厂
安徽中烟工业公司蚌埠卷烟厂
河南省中烟工业公司新郑卷烟厂
河南中烟工业公司漯河卷烟厂
武汉烟草（集团）有限公司武汉卷烟厂
湖南中烟工业公司郴州卷烟厂
重庆烟草工业有限责任公司涪陵卷烟厂
四川烟草工业有限责任公司什邡分厂
四川烟草工业有限责任公司成都分厂
陕西中烟工业公司汉中卷烟厂
湖南中烟工业公司吴忠卷烟厂

【烟草行业2007年度全国“安康杯”竞赛优胜班组名单】（关于表彰2007年度全国“安康杯”竞赛优胜企业、优胜班组、优秀组织单位和优秀组织者的决定 总工发〔2008〕15号 2008年4月30日公布）

河北白沙烟草有限责任公司一车间甲班

河南中烟工业公司许昌卷烟厂三车间甲班

河南中烟工业公司南阳卷烟厂卷包车间丙班

湖南中烟工业公司零陵卷烟厂物质配送部成品仓储组

广东中烟工业公司梅州卷烟厂卷接包车间二班

重庆烟草工业有限责任公司重庆分厂制丝车间设备班组

红塔烟草（集团）有限责任公司玉溪卷烟厂安保消防科

中国烟草总公司陕西省公司机关服务中心车队

延安卷烟厂二车间小车送丝班

【2007年度全国卷烟打假工作先进集体名单】（国家烟草专卖局、公安部关于表彰卷烟打假先进集体和先进个人的决定 国烟专〔2007〕553号 2007年12月7日公布）

天津市公安局治安总队行动二支队
天津市烟草专卖局专卖监督管理处
山西省临汾市烟草专卖局
内蒙古自治区呼和浩特市烟草专卖局
辽宁省沈阳市烟草专卖局
吉林省公安厅治安总队
黑龙江省公安厅治安总队行动支队
黑龙江省烟草专卖局专卖监督管理处
上海市公安局治安总队治安行动队三大队

注：先进集体名单中的单位名称均采用文件原文。

上海市烟草专卖局杨浦分局
安徽省公安厅经侦总队
安徽省烟草专卖局
福建省公安厅治安总队
福建省漳州市公安局治安支队
福建省厦门市烟草专卖局
江西省吉安市公安局治安支队
江西省新余市烟草专卖局
山东省烟台市公安局治安支队
河南省安阳市公安局治安支队案件大队
河南省烟草专卖局专卖监督管理处
湖北省荆州市公安局治安支队
湖北省咸宁市烟草专卖局
湖南省公安厅治安总队
湖南省衡阳市烟草专卖局
广东省公安厅行动技术总队
广东省深圳市公安局盐田分局经侦大队
广东省汕尾市烟草专卖局
广西壮族自治区公安厅治安总队治安行动队
广西壮族自治区南宁市烟草专卖局专卖管理办公室
重庆市沙坪坝区公安分局治安支队
四川省公安厅治安管理总队
四川省烟草专卖局专卖稽查总队
贵州省公安厅治安总队案件处
云南省昆明市公安局官渡分局经侦大队
云南省楚雄州烟草专卖局
陕西省公安厅经侦总队
陕西省烟草专卖局
甘肃省公安厅经侦总队
甘肃省兰州市城关区烟草专卖局
深圳市烟草专卖局专卖监督管理处

【2007年度全国卷烟打假工作特殊贡献奖名单】（国家烟草专卖局、公安部关于表彰卷烟打假先进集体和先进个人的决定　国烟专〔2007〕553号　2007年12月7日公布）

江苏省公安厅　江苏省烟草专卖局
浙江省公安厅　浙江省烟草专卖局
山东省公安厅　山东省烟草专卖局
河北省公安厅　河北省烟草专卖局
北京市公安局　北京市烟草专卖局

【2007年度中国烟草总公司科学技术进步奖获奖项目名单】（中国烟草总公司关于2007年度科学技术进步奖励的决定　中烟办〔2008〕74号中国烟草总公司2008年3月12日公布）

序号	申报项目名称	获奖等级	成果类别	主要完成单位	主要完成人	申报单位
1	“金攀西”优质烟叶开发	一等奖	科学研究与技术开发类	四川省烟草专卖局（公司）、国家烟草栽培生理生化研究基地、河南农业大学、凉山州烟草公司、攀枝花市烟草公司	刘国顺、伍仁军、邢小军、于建军、李　霞、雷　强、刘成伟、成本喜、屈建康、殷　英、王治贵、夏　林、吴纯奎、王　岩、时向东	四川省烟草专卖局（公司）
2	应用全二维气相色谱技术研究卷烟烟气中化学成分	二等奖	科学研究与技术开发类	中国科学院大连化学物理研究所、中国烟草总公司郑州烟草研究院、长沙卷烟厂（现湖南中烟工业公司长沙卷烟厂）	许国旺、赵明月、路　鑫、刘建福、孔宏伟、吴　鸣、蔡君兰、叶耀睿、赵晓东、杜　文	中国科学院大连化学物理研究所
3	山东中烟工业公司青岛卷烟厂现代集成制造系统（CIMS）	二等奖	科学研究与技术开发类	山东中烟工业公司青岛卷烟厂、北京中科久辉信息自动化有限公司	蒲　强、胡盛国、邹　勇、肖春菊、肖协忠、宋学艳、刘所锋、李　燕、孙明明、李　晓	山东中烟工业公司
4	利用AtKup1基因提高烟叶钾含量研究	二等奖	科学研究与技术开发类	中国烟草东北农业试验站、上海市农业科学院生物技术研究中心	郭兆奎、姚泉洪、栾　双、万秀清、颜培强、彭日荷、李丽杰、熊爱生、范志新、陈荣平	中国烟草东北农业试验站
5	卷烟工艺技术研究及卷烟工艺规范的修订	三等奖	社会公益类	国家烟草专卖局经济运行司、中国烟草总公司郑州烟草研究院	张本甫、秦前浩、罗登山、刘朝贤、梁　伟、姚光明、袁汉辉	国家烟草专卖局经济运行司
6	烟草及烟草制品、农药残留量的测定系列标准	三等奖	社会公益类	国家烟草质量监督检验中心、中国科学技术大学烟草与健康研究中心、郑州大学分析测试中心	刘惠民、唐纲岭、蔡继宝、张书胜、张　威、徐　亮、边照阳	国家烟草质量监督检验中心
7	降低白肋烟烟草特有亚硝胺含量的技术研究	三等奖	科学研究与技术开发类	云南省烟草科学研究所、云南农业大学、中国烟草白肋烟试验站、云南烟草宾川白肋烟有限责任公司、云南烟草科学研究院	汪安云、李天飞、柴家荣、祝明亮、黄　琼、林国平、陈章玉	云南省烟草科学研究所

续表

序号	申报项目名称	获奖等级	成果类别	主要完成单位	主要完成人	申报单位
8	应用近红外检测技术快速测定烟叶主要化学成分（20项指标）的研究	三等奖	科学研究与技术开发类	中国烟草总公司郑州烟草研究院、上海烟草（集团）公司、云南烟草科学研究院、长沙卷烟厂、昆明卷烟厂	赵明月、刘惠民、张建平、陈章玉、谢复炜、杜　文、武　怡	中国烟草总公司郑州烟草研究院
9	烟草转法呢基焦磷酸合酶（fps）基因的研究	三等奖	科学研究与技术开发类	国家烟草栽培生理生化研究基地	崔　红、刘国顺、时向东、许自成、赵铭钦、叶协锋、李雪君	国家烟草栽培生理生化研究基地
10	西南部分地区烤烟生产综合技术开发研究	三等奖	科学研究与技术开发类	中国烟草西南农业试验站、贵州省烟草公司黔西南州公司、遵义市烟草公司道真县分公司、毕节地区烟草公司威宁县分公司	李继新、田　野、潘文杰、陈　浩、梁贵林、李国州、施　鸣	中国烟草西南农业试验站
11	烟草主要病毒病有效控制技术的研究	三等奖	科学研究与技术开发类	中国烟草总公司青州烟草研究所	王凤龙、钱玉梅、吴元华、王锡锋、李淑君、孙剑萍、陈德鑫	中国烟草总公司青州烟草研究所
12	武汉烟草（集团）公司烟叶原料质量体系研究和应用	三等奖	科学研究与技术开发类	武汉烟草（集团）有限公司	何结望、杨林波、蔡　冰、魏　嵬、毕庆文、章新军、许自成	武汉烟草（集团）有限公司
13	烤烟湿润育苗技术研究与应用	三等奖	科学技术成果推广类	福建省烟草公司三明市公司	刘添毅、张清明、赖禄祥、黄一兰、陈献勇、林　毅、王雪仁	福建省烟草公司三明市公司
14	指纹图谱及其相关方法在烟草和烟气品质监测中的应用研究	三等奖	科学研究与技术开发类	上海烟草（集团）公司、同济大学	余　苓、朱仲良、刘百战、张龙根、王美琳、吴　达、沈　轶	上海烟草（集团）公司
15	山东优质烤烟品种筛选及其布局研究	三等奖	科学研究与技术开发类	中国烟草遗传育种研究（北方）中心、中国烟草总公司山东省公司	罗成刚、许家来、王元英、尹东升、陈志强、宋志美、刘少云	中国烟草遗传育种研究（北方）中心
16	诺卡酮的合成及在卷烟香料中的应用研究	三等奖	科学研究与技术开发类	云南烟草科学研究院、云南瑞升烟草技术（集团）有限公司	陈永宽、杨伟祖、孔宁川、谢　冰、刘欣宇、刘维涓、张红娟	云南烟草科学研究院

【2006～2007年度烟草行业会计信息质量评比获奖单位名单】（中国烟草总公司办公室关于表彰2006～2007年度烟草系统会计信息质量评比获奖单位的通知　中烟办综〔2007〕17号　2007年11月5日公布）

中国烟草总公司福建省公司
中国烟草总公司山东省公司
江苏中烟工业公司
浙江中烟工业公司

【2004～2007年度全国烟草行业信息化工作先进单位名单】（中国烟草总公司关于表彰全国烟草行业信息化工作2004～2007年度先进单位和先进个人的决定　中烟办〔2008〕128号　2008年4月28日公布）

商业企业：
北京市烟草专卖局（公司）
大连市烟草专卖局（公司）
浙江省烟草专卖局（公司）
福建省烟草专卖局（公司）
山东省烟草专卖局（公司）
湖北省烟草专卖局（公司）
湖南省烟草专卖局（公司）
深圳市烟草专卖局（公司）
重庆市烟草专卖局（公司）
陕西省烟草专卖局（公司）
甘肃省烟草专卖局（公司）
广东烟草广州市有限公司
云南省烟草公司昆明市公司
工业企业：
上海烟草（集团）公司
浙江中烟工业有限责任公司
山东中烟工业公司
湖北中烟工业有限责任公司
广东中烟工业有限责任公司
龙岩烟草工业有限责任公司
红塔烟草（集团）有限责任公司

【全国烟草行业老干部工作先进集体名单】（中共国家烟草专卖局党组关于表彰全国烟草行业老干部工作先进集体和先进个人的决定　国烟党〔2007〕24号　2007年4月29日公布）

北京市烟草专卖局（公司）离退休工作管理办公室
天津市烟草专卖局（公司）人事劳资处
河北省烟草专卖局（公司）老干部管理办公室
山西省烟草专卖局（公司）离退休人员管理办公室
内蒙古自治区呼和浩特市烟草专卖局（公司）
辽宁省烟草专卖局（公司）离退休干部管理办公室
吉林省烟草专卖局（公司）离退休干部办公室
黑龙江省烟草专卖局（公司）离退休人员管理办公室
上海烟草（集团）公司老干部处
江苏省烟草专卖局（公司）
浙江省瑞安市烟草专卖局（公司）
安徽省烟草专卖局（公司）机关离退休干部服务中心
福建省厦门市烟草专卖局（公司）人事劳资科
江西省抚州市烟草专卖局（公司）
山东省枣庄市烟草专卖局（公司）
山东省潍坊市烟草专卖局（公司）
河南省南阳市烟草专卖局（分公司）离退休办公室
湖北省宜昌市烟草专卖局（公司）
湖南省烟草专卖局（公司）离退休人员管理处
广东省广州市烟草专卖局（公司）
广西壮族自治区河池市烟草专卖局（公司）
海南省烟草专卖局人事劳资处
四川省烟草专卖局（公司）离退休人员管理办公室
贵州省烟草专卖局（公司）离退休人员管理办公室
云南省烟草专卖局（公司）离退休干部管理处
陕西省咸阳市烟草专卖局（公司）
甘肃省平凉市烟草专卖局（公司）
重庆市武隆县烟草专卖局（分公司）
江苏中烟工业公司南京卷烟厂离退休办公室
浙江中烟工业公司宁波制造部人教科
龙岩烟草工业有限责任公司离退休职工管理委员

会办公室

山东中烟工业公司青岛卷烟厂离退休管理处

河南中烟工业公司许昌卷烟总厂离退休管理办公室

湖北中烟工业公司襄樊卷烟厂退休职工管理办公室

湖南中烟工业公司常德卷烟厂离退管理部

广东中烟工业公司广州卷烟二厂生产二部

广西中烟工业公司工会

川渝中烟工业公司重庆烟草工业有限责任公司重庆分厂离退休管理办公室

云南中烟工业公司红云烟草（集团）有限责任公司昆明卷烟厂离退休管理委员会

江西中烟工业公司南昌卷烟厂离退休人员管理办公室

中国烟草实业发展中心哈尔滨卷烟总厂

【烟草行业淘汰三氯一氟甲烷贡献奖获奖单位名单】（国家环境保护总局、国家烟草专卖局和联合国工业发展组织于2007年12月8日联合公布）

安徽中烟工业公司技术中心

广东中烟工业公司生产管理部

广西中烟工业公司生产管理部

贵州中烟工业公司生产管理部

河南中烟工业公司技术中心

湖北中烟工业公司

湖南中烟工业公司技术中心

江苏中烟工业公司

浙江中烟工业有限公司生产管理部

重庆烟草工业有限公司技术部

海南红塔卷烟有限责任公司

河北白沙烟草有限责任公司

黑龙江烟草工业有限公司技术中心

红河烟草（集团）有限责任公司

红塔辽宁烟草有限责任公司

红云烟草（集团）有限责任公司

吉林烟草工业有限公司长春卷烟厂

兰州卷烟厂

龙岩烟草工业有限责任公司

厦门烟草工业有限责任公司

内蒙古昆明卷烟有限责任公司

江西中烟工业公司南昌卷烟总厂

上海烟草（集团）公司天津卷烟厂

上海烟草（集团）公司北京卷烟厂

深圳烟草工业有限责任公司

四川烟草工业有限责任公司生产部

张家口卷烟厂有限责任公司

中国烟草总公司郑州烟草研究院

【烟草行业入选“2007年度中国企业信息化500强”企业名单】（国家信息化测评中心2008年3月22日公布）

企业名称	500强排名
上海烟草（集团）公司	15
红塔烟草（集团）有限责任公司	35
山东中烟工业公司	47
浙江中烟工业有限责任公司	74
江苏中烟工业公司	76
湖北中烟工业有限责任公司	101
红云烟草（集团）有限责任公司	103
红河烟草（集团）有限责任公司	116
贵州中烟工业公司	145

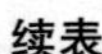
续表

企业名称	500强排名
广西中烟工业公司	178
厦门烟草工业有限责任公司	208
福建中烟工业公司	212
川渝中烟工业公司	224
湖南中烟工业有限责任公司	231
广东中烟工业有限责任公司	238
黑龙江烟草工业有限责任公司	243
安徽中烟工业公司	247
张家口卷烟厂有限责任公司	252
龙岩烟草工业有限责任公司	257
河南中烟工业公司	278
甘肃烟草工业有限责任公司	285
陕西中烟工业公司	343
深圳烟草工业有限责任公司	352
河北白沙烟草有限责任公司	416
内蒙古昆明卷烟有限责任公司	425
红塔辽宁烟草有限责任公司	428
海南红塔烟草有限责任公司	440

【烟草行业入选“中国最有价值商标100强”名单】（中国品牌研究院2008年1月10日公布）

排　名	品　牌	商标价值（亿元）
15	“中　华”	88.43
16	“芙蓉王”	87.33
20	“白　沙”	65.72
21	“云　烟”	63.75
25	“红塔山”	55.28
27	“利　群”	49.39
37	“红金龙”	41.67
39	“七匹狼”	36.86
40	“红　河”	36.39
49	“大红鹰”	30.16
54	“哈德门”	28.52
61	“将　军”	26.58
92	“黄　山”	21.25
94	“石　狮”	20.85

【烟草行业2007年中国物流与采购联合会科学技术奖获奖项目名单】（中国物流与采购联合会2007年11月30号公布）

等 级	项目名称	项目完成单位	项目主要完成人
一等奖	卷烟仓储、分拣及配送自动化技术研究与应用	北京烟草物流中心、贵阳普天物流技术股份有限公司	仲长林、金涧、刘进民、尤洪涛、孙壮志、边疆、谢刚、赵汝雄、董维富、张广秀、许鹏
一等奖	红塔烟草（集团）成品、辅料自动化物流系统	红塔烟草（集团）有限责任公司、昆明船舶设备集团有限公司	徐伟华、张永寿、何斌、姜明光、禚永东、杜晶、杨启成、许华、陆雄、钱德荣、王征

【第十四届国家级企业管理现代化创新成果烟草行业名单】（全国企业管理现代化创新成果审定委员会2008年1月4日公布）

奖 项	单 位	获奖成果
一等奖	红塔烟草（集团）有限责任公司	以提升市场竞争力为目标的品牌战略管理

【全国企业兼并破产和职工再就业工作先进集体烟草行业名单】（全国企业兼并破产和职工再就业工作领导小组2007年4月24日公布）

国家烟草专卖局政策法规与体制改革司

【2006～2007年度全国广告行业文明单位烟草行业名单】（中国广告协会于2008年1月12日公布）

中国烟草杂志社

名词解释

【6S】“6S”管理是现代工厂行之有效的现场管理理念和方法，包括整理（Seiri）、整顿（Seiton）、清扫（Seiso）、清洁（Seiketsu）、素养（Shitsuke）、自检（Self－criticism）6个方面，因均以“S”开头，简称“6S”。“6S”管理其作用是提高效率，保证质量，使工作环境整洁有序，预防为主，保证安全，作为基础性工作的“6S”管理能为其他管理活动提供优质的管理平台。

【6σ】“σ”是希腊文的一个字母，在统计学上表示总体中的个体离均值的偏离程度。“6σ”是建立在测量、试验和统计学基础上的企业现代质量管理方法，表示在生产或服务过程中百万次出现缺陷的机会仅3.4个，即达到99.99966%合格率。“6σ”是一种能够严格、集中和高效地改善企业流程管理质量的实施原则和技术，包含了众多管理的前沿成果，旨在以“零缺陷”的完美商业追求，带动成本的大幅度降低，最终实现财务成效的显著提升与企业竞争力的重大突破。

【CORESTA】即国际烟草科学研究合作中心，是国际上最具权威的烟草学术组织，该中心成立于1956年，旨在促进烟草科学在国际间的交流与合作，目前有来自47个国家的184个正式会员，会员主要由从事烟草研发活动的公司、大学及科研院所组成。CORESTA每两年（偶数年）举行一次大会，每两年（奇数年）举行学组联席会议。

【ERP系统】ERP即Enterprise Resource Planning（企业资源计划）的英文缩写，指建立在信息技术基础上，以系统化的管理思想为企业决策层及员工提供决策运行手段的管理平台。它是从 MRP（物料需求计划）发展而来的新一代集成化管理信息系统，其核心思想是供应链管理。

【QC 小组】 QC 即 Quanlity Control 的英文缩写，是指在生产或工作岗位上从事各种劳动的职工，围绕企业的经营战略、方针目标和生产现场存在的问题，以改进产品质量、降低消耗，提高人的素质和经济效益为目的，运用质量管理的理论和方法开展活动的小组。QC 小组是企业群众性质量管理活动的一种有效组织形式。

【按客户订单组织货源】 是指由烟草商业企业对客户、消费者的卷烟需求进行预测，然后与工业企业进行衔接调运货源，最后按照采集的订单量和合理定量的有关规定向客户进行供应。其实质就是通过订单的形式来反映市场需求，引导卷烟工商企业遵循市场规律，按照市场需求进行生产和经营活动，实现以订单为中心而不是以计划为中心的运营模式。

【白肋烟】 是马里兰深色晒烟品种的一个突变种，1864 年发现于美国俄亥俄州布朗县的一个农场。它的茎和叶脉均呈乳白色，含糖量低，叶片较薄，弹性强，填充力高，具有良好的吸收液料能力，在混合型卷烟叶组配方中占有重要的位置，是混合型卷烟和雪茄烟的重要原料。新中国成立后开始引进并发展白肋烟，种植面积较大的有湖北和四川等省。

【百牌号】 指 2004 年 8 月国家局印发的《卷烟产品百牌号目录》中的卷烟牌号（含所有规格）。国家局为进一步优化卷烟产品结构，实现行业资源的优化配置与合理利用，决定在行业内实施卷烟产品百牌号战略，即用 2～3 年的时间，将全行业卷烟产品生产和销售牌号（四、五类卷烟除外）压缩到 100 个左右。

【部分替代进口烟叶】 指为有效降低来自津巴布韦等国的进口烟叶在卷烟配方中的使用比例，保证卷烟品牌的扩张有序推进，国家局决定在全行业中筛选出部分具有潜力的叶组配方，通过对进口烟叶的生长环境、风格特征和理化指标的研究，选择环境特点与津巴布韦相似的地区，按照配方要求组织生产，通过配打技术生产出与进口烟叶同样质量要求的烟叶。2004 年，全国部分替代进口烟叶工作启动，安徽皖南、云南普洱、文山、临沧和保山等五地（市、州）烟叶具有类似津巴布韦烟叶的风格特征。2007 年，全国替代进口烟叶种植面积 32.6 万亩，收购烟叶 4.61 万吨（92.2 万担）。

【仓储数字化管理】 指运用仓储管理系统（WMS）对卷烟生产高架库、重力式货架和全自动分拣线的系统及储存仓库、物流配送中心进行管理，实现从卷烟入库、存放、调拨、出库、盘点、移位、检索到发货各个环节的精细化管理和规范化管理。

【“创新年”活动】 2007 年 3 月 26 日，国家局印发《国家烟草专卖局关于烟草行业开展“创新年”活动的实施意见》，明确提出在全行业开展“创新年”活动。《实施意见》明确了行业开展“创新年”活动的指导思想、活动主题、基本原则、主要内容、组织机构等，提出以培育“两个 10 多个”和提高中国烟草整体竞争实力为中心，以全面实施《烟草行业中长期科技发展规划纲要（2006～2020 年）》为重点，大力推进原始创新、集成创新和引进消化吸收再创新，努力实现企业由大变强目标，全面提高企业自主创新能力，积极建设创新型行业。

【打击制售假烟网络】 制售假烟网络指制售假烟犯罪活动涉及卷烟的生产、运输、仓储、分销、销售等各环节，形成了一个网络。打击制售假烟网络是解决假烟问题的治本之策，是进一步提高卷烟打假工作质量和水平的关键。2005 年 8 月，国家局、公安部联合印发了《打击制售假烟网络工作方案》，加大在全国范围内打击制售假烟网络力度。

【打码到条】 指烟草商业企业销售给零售户的卷烟，在出库时用机器在条装打上激光号码，让每一条卷烟都具有唯一的可识别的身份码。打码到条通过控制入库、出库、打码三个关键点，可以有效杜绝在仓储、分拣配送环节可能出现的漏洞，为强化专卖监管提供了有效手段。

【打叶复烤】 指现代通用的一种复烤工艺，即先对初烤后的原烟进行打叶，使叶片与烟梗分离后，将叶片与烟梗分别送入叶片复烤机和烟梗复烤机内进行干燥处理，使其含水率降低至适宜范围。打叶复烤与传统的挂杆复烤相比，减少了工艺环节，提高了劳动生产率，有利于打叶质量的提高，减少烟叶损耗。

【到货确认】 指国家局为加强对烟草专卖品流向的监控，规范经营行为，准确掌握合同履约情况，根据《烟草专卖品准运证管理办法》的规定，对跨省、自治区、直辖市烟草专卖品的运输实行到货确认制度。到货确认按照“谁订货，谁确认；谁确认，谁负责”的原则，由卷烟购销合同的需方单位依据随货同行的准运证进行到货确认。需方单位收到卷烟后，在随货同行的准运证上加盖“货已收讫”章并存档备查，保存期限为三年，并据此登录国家局烟草专卖品准运证计算机网络管理系统进行网上确认。

【低档卷烟】 指每标准条（200支）不含增值税调拨价16.5元（含）以下的卷烟。近年来，国家局一直把低档卷烟的生产销售作为经济运行工作中的一个重点。

【多元化经营】 也称多样化经营，指企业在多个相关或不相关的产业领域同时经营多项不同业务。多元化经营有利于扩大企业的生产经营范围和市场范围，发挥企业特长，利用企业的各种资源，提高经营效益，保证企业的长期生存与发展；同时，也伴随着巨大的风险，企业在多元化经营中，需要制订适合自身发展的多元化经营战略。

【法人治理结构】 又称公司治理结构（Corporate Governance），是现代企业制度中最重要的组织架构。法人治理结构是以法制为基础，按照公司本质属性的要求，一般由股东大会、董事会、监事会及经理层四部分组成，法人治理结构的建立应遵循法定原则、职责明确原则、协调运转原则、有效制衡原则。法人治理结构能够为企业高效运行提供制度保证。

【梗丝】 指通过复烤后的烟叶叶梗被梗丝机加工成具有一定宽度的细丝。梗丝必须具有一定的宽度，含一定量的水分和具有一定的温度，才能减少造碎，提高梗丝的弹性和填充能力。各等级卷烟梗丝的宽度不同，含水率不同，但是温度是一致的。

【工商数据采集】 即通过手工填报或是在烟草工商企业的MIS/ERP系统中提取数据，获取工业企业卷烟产、销、存和价格数据以及商业企业卷烟购、销、调、存数据和卷烟零售价格数据的日报表，同时填报工业企业烟叶、卷烟纸、丝束的购、销、存和财务数据以及商业企业烟叶的购、销、存和财务数据的月报表。上报单位向上一级主管单位或国家局报送数据，均要由本单位统计人员、统计负责人对数据（包括下属单位数据）进行审核，经法定代表人或其授权人认定后，作为合法数据上报。国家局通过采集的工商数据进行生产经营分析。

【工商税利】 指烟草工业企业和商业企业缴税和实现利润的总和。

【工商协同营销】 指烟草工业企业与商业企业协同联手，共同以培育大品牌、打造大市场为工作目标，充分发挥市场和计划的调控作用，从而获取双赢的营销模式。工商协同营销以“平等互利、互动互信、资源共享，效率责任”为指导，通过建立市场导向、面向消费者、面向客户的营销体系，着力解决当前工商企业营销脱节、重复投入、省内依赖等问题，努力克服非市场因素，营造公平竞争环境，形成全国统一市场，构建新的营销模式，提高行业营销效率，降低内部交易成本，促进企业有序竞争，培育中国烟草优势品牌。

【和谐烟草】 和谐烟草是在建设社会主义和谐社会的背景下提出的，指全国烟草行业要以和谐为思想内核和价值取向，融思想观念、理想信仰、企业精神、经营理念、行为规范、制度体制于一体，在价值取向上要目标一致，在行为取向上要步调一致，在组织取向上要上下一致。

【焦油量】 焦油是烟支中有机物不完全燃烧和缺氧（或贫氧）热解的产物，属于烟气的粒相部分。焦油量是指烟支在燃烧后产生焦油的多少，计量单位为毫克/支。卷烟焦油量越高，一次性吸入的焦油量也就越大，对人体的危害越严重。从1982年开始，烟草行业就开始联合卫生、医疗和科研等部门，研究各种减少卷烟焦油量的措施，降焦工作取得重大进展，平均每支卷烟的焦油量从1981年的30毫克降低到当前的13.2毫克。

【卷烟调拨价格】 指卷烟工业企业向烟草商业企业销售卷烟的价格。

【卷烟零售户】 指拥有烟草部门颁发的卷烟零售许可证，获准经营烟草专卖品的零售商户，目前，我国有460余万户卷烟零售户。

【卷烟生产经营决策管理系统】 主要由数码跟踪系统、工商数据采集系统两大子系统构成，通过信息技术与管理的有机结合，实现烟草行业工商数据集成，掌握行业卷烟生产环节的卷烟牌号、规格、产量、价格、库存、成本、利润和流向等信息及商业环节的各种卷烟牌号、规格、销量、库存、调批价、零售价以及合同执行情况等基础数据，实现对行业卷烟生产经营全面、及时、准确的分析和监控管理。

【卷烟销售网络建设】 20世纪80年代初，行业掌握了卷烟一、二、三级批发业务，但卷烟的零售仍然依靠国营商店和农村供销合作社及其所属的分店、代购代销店。随着供销社逐渐退出经营领域，烟草公司在一定程度上丧失了经营主动权，因此行业迫切需要建立自身的卷烟批发网络。1994年至2002年，行业卷烟销售网络建设经历了三个重要发展阶段：一是1994年首次提出建设全国卷烟销售网络，并决定以“农网”建设为主；二是1999年提出要转向城市网建，并以武汉作为城市网建的试点城市；三是2002年提出实现从传统商业向现代流通的根本转变。在实现以“电话订货、网上配货、电子结算、现代物流”为特征现代流通的转变过程中，行业始终坚持以实现消费者、零售户、卷烟工业企业“三个满意”贯穿始终，加快实施“按订单组织货源”试点工作，截至2006年底，全国卷烟零售客户的电话订货率达到97.3%、电子结算率达到51.4%。2007年，网络建设进入全面提升阶段。

【卷烟纸】 指以植物纤维为原料制成的用于卷制卷烟烟支的专用纸。由于制成品切成卷盘形式，故又称“盘纸”。卷烟纸是卷烟的主要材料，与普通纸张的不同之处是要有一定的厚度、透气度、白度和较好的抗拉强度，并且无毒、易燃、无杂气味和有良好的灰色。按内在质量分，卷烟纸可以分为特号、一号、全麻三种，分别用于不同等级的卷烟制品，此外，还有专供卷制雪茄烟的有色卷烟纸。

【烤烟】 亦称火管烤烟、浅色烟、弗吉尼亚烟，源于美国的弗吉尼亚州，因其独特的烤制方法而得名，颜色为柠檬黄或橘黄，糖分含量高，吃味醇和。它是我国也是世界上栽培面积最大的烟草类型，是卷烟工业的主要原料。

【来牌或来料加工卷烟】 来牌加工卷烟是指国外（境外）卷烟牌号，其主要原料使用国内的，并在国内进行加工又销往国外的卷烟。来料加工卷烟是指从国外（境外）来料加工，且在境外销售的卷烟。

【老三会】 指国有企业和集体企业中的党委会、职工代表大会和工会，与现代企业法人治理结构的主体框架—股东会、董事会、监事会“新三会”相对应。“老三会”是企业中发挥重要作用的领导部门，是我国政治制度在企业单位中的具体体现。

【联合执法】 指烟草部门与公安、工商等部门相互配合，联合打击各种违反《烟草专卖法》及相关法律法规的工作。加强与各执法部门之间的协作关系，可以做到沟通协调顺畅、技术支持有力、执法配合密切，形成强大的卷烟打假合力。

【联营加工卷烟】 指省内（外）卷烟生产企业之间委托加工的卷烟，委托方提供卷烟牌号和部分或全部原材料，并且占用加工企业的生产计划。

【两个10多个】 指10多个重点骨干企业和10多个重点名优品牌。培育“两个10多个”是做大做强烟草企业、提高行业整体竞争力的重要措施，也是当前和今后一个时期企业重组改制的主要任务。具体来说，即以培育10多个重点骨干企业为目标，努力实现更高层次、更高水平的企业联合重组；紧紧围绕培育10多个名优品牌，加大技术创新力度，力求在核心技术和关键技术取得突破。

【两个跨越】 指卷烟工业企业要在未来竞争中努力实现的目标，即卷烟工业企业要找准新的竞争对手，明确新的竞争目标，打破原有以省内市场竞争为主的格局，努力实现从省内市场依赖型向着眼于全国统一大市场的跨越；要以提高国际竞争力为目标，进一步巩固国内市场的主导地位，在开拓国际市场上取得实质性进展，努力实现从立足国内市场向面向国际市场的跨越。“两个跨越”，是衡量我国卷烟工业企业竞争力强弱的重要标志。

【两项检查】 指烟草行业开展的内部专卖管理监督检查和同级审计检查。开展“两项检查”工作是贯彻落实国务院有关文件精神，进一步理顺烟草行业资产管理体制，深化烟草企业改革的需要。

【两烟】 烟草行业的特有称谓，是卷烟和烟叶的统称。

【晾晒烟】 晾烟与晒烟的统称。晾烟，指调制过程在晾房、晾棚内或无阳光直接照射的自然气候条件下干燥的烟叶，包括浅色晾烟（白肋烟、马里兰烟）和深色晾烟；晒烟，指调制过程中借助阳光加温干燥的烟叶，包括晒红烟和晒黄烟。

【零售明码标价】 指卷烟零售户销售卷烟时向消费者明示卷烟的零售价格，卷烟零售明码标价要做到价目齐全、内容真实明确、字迹清晰规范、货签对位、标示醒目。卷烟零售明码标价的内容包括：品名、产地、规格、计价单位、零售价格等。

【“六个一”】 在烟草行业2007年“创新年”活动中，开展了以“提出一条合理化建议、学习一门新技术、开发一项新成果、改革一项新工艺、刷新一项新纪录、转化一项新成果”为基本内容的群众性创新活动，即“六个一”活动。

【滤嘴棒】 滤嘴和滤棒的合称。滤嘴，接装在烟支的一端，对卷烟烟气起过滤作用的圆柱体。滤棒，以过滤材料为原料卷制成的与卷烟烟支圆周相适应、具有一定硬度和长度、对卷烟烟气有过滤作用的圆柱形棒。一根卷烟滤棒通常为90毫米和120毫米，可切割成4个或6个滤嘴。根据过滤材料及结构不同，可分为醋酸纤维滤嘴、纸质滤嘴、聚丙烯滤嘴、复合滤嘴、活性炭滤嘴、通气滤嘴等。

【铝箔纸】 在纸张一面覆有铝箔的一种纸，分为全裱箔、线裱箔两种，以卷筒形式供应，可用作卷烟小包的内衬包装纸。

【密集式烤房】 指密集烘烤加工烟叶的专用设备，一般由装烟室、加热室、加热系统、通风排湿系统、热风循环系统、温湿度自控系统等几部分设备组成。与普通烤房相比，其基本特征是：装烟密度较大；可利用风机进行强制通风，实现热风循环；可实行温湿度自动控制。按建造形式可分为卧式和立式；按气流运动方向可分为上升式和下降式；按加热系统的设备位置可分为热源外置和热源内置。

【名优烟】 指国家局公布的“2001年度全国烟草行业名优卷烟品牌”名单中36种质量好、效益高的卷烟品牌，分别是“中华”、“红塔山”、“玉溪”、“大红鹰”、“红河”、“一品梅”、“五一”、“利群”、“红梅”、“牡丹”、“红双喜”、“石林”、“芙蓉王”、“金圣”、“福牌”、“白沙”、“娇子”、“红金龙”、“南京”、“恭贺新禧”、“阿诗玛”、“云烟”、“红山茶”、“红杉树”、“七匹狼”、“黄果树”、“红旗渠”、“黄山”、“迎客松”、“石狮”、“天下秀”、“中南海”、“羊城”、“将军”、“猴王”、“金芒果”。

【莫合烟】 是中国新疆维吾尔自治区栽培的一种黄花烟地方品种，味道浓烈，劲头大，刺激性小。莫合烟在新疆基本上处于自产自销状态，不少农民将莫合烟种植作为增收的主要来源，莫合烟厂大多是小作坊生产，无生产许可证，莫合烟的焦油量远远高于普通卷烟。2003年11月，新疆维吾尔自治区烟草专卖局与22家大型莫合烟厂签订了停止生产和关闭的协议。

【农网建设】 指农村地区卷烟销售网络建设，主要包括农村网建基础设施和农村客户服务两个方面，其重点是农村零售户入网销售和低档烟市场供应。农网建设体现了烟草行业负责任的形象，也是关注三农问题、解决三农问题在行业的具体体现。

【膨胀烟丝】 指经过膨胀工艺处理，体积扩大的烟丝。膨胀烟丝的使用始于20世纪60年代，能有效地节约卷烟的原料单耗和降低烟气中的焦油含量，减少吸烟带来的危害。

【片烟】 指经过打叶等方法进行去梗处理，将直径大于1.5毫米的烟梗去除后的烟叶。打叶去梗后的片烟仍可按国标42等级分类，分类的方法同烟叶。

【漂浮育苗】 全称烟草直播漂浮式育苗，是20世纪90年代在国际上开始推广的烟草育苗技术，要求在温室无土环境条件下按一定技术规程进行管理。其原理是将烟草种子直播在填有基质的育苗盘上，盘子漂浮在盛有营养液的池中，营养液根据烟草生长的需要配制，并能随时改变其浓度。其优点是育出的烟苗基本无还苗期，生长整齐一致，能够早发、快发，受病害侵害感染的程度明显低于传统育苗方式的烟株，抗御低温伤害能力强，程序简单，操作方便，单位面积育苗效率高，适宜工厂化育苗。

【品牌集中度】 即特定品牌占全国卷烟总销售量的比重，是反映烟草行业品牌发展格局的重要指标。按照分析要求不同，行业有“百牌号”卷烟品牌集中度、百万箱以上品牌集中度、前十个品牌集中度等多种品牌集中度分析指标，其中，前十个品牌集中度是衡量烟草行业品牌集中度的一个重要指标，2007年，行业前十个品牌的集中度达到37%。

【三标一体】 是指企业为实施质量、环境、职业健康安全管理体系一体化管理所需要的一体化组织结构、程序、过程和资源组成的综合性管理体系。具体来说，包括质量管理体系ISO9000、环境管理体系ISO14000、职业健康安全管理体系OHSAS18000的要求。

【三级配方工艺】 指卷烟烟叶配方工艺、烟丝配方工艺、产品配方工艺，卷烟三级配方工艺能够灵活方便地在多个环节对烟叶、烟丝和产品配方进行调整，并对不同品质的烟丝采取不同的加工处理工艺，使得每个批次生产出来的成品烟丝质量不因烟叶原料品质的不同而波动，质量稳定，能充分保障最终卷烟产品的内在品质。

【三项费用率】 三项费用指企业在生产经营过程中产生的营业费用、管理费用、财务费用。其中，营业费用是在整个经营环节中所发生的费用，管理费用是由行政管理部门的管理行为而产生的费用，财务费用是公司为筹集生产经营所需资金而发生的费用。三项费用率是指营业费用、管理费用、财务费用加总后与主营业务收入的比率。

【商品化育苗】 指在地方政府和烟草部门指导、辅助和组织下，由经验较为丰富的育苗专业户进行承包，开展集约化烟叶育苗，然后对种烟农户进行商品化供苗。商品化育苗可以把绝大多数烟农从烦琐的育苗环节中解脱出来，同时，大大提高了烟苗质量。

【社区化管理】 指烟草和工商等多个部门配合，与居民社区合作，取缔卷烟无证经营户，并对有证经营户实行总量控制。烟草专卖社区化管理增强了社区居民识别和抵制假冒卷烟，维护自身利益的能力，同时也增强了卷烟零售户的守法经营意识。社区化管理在建立卷烟市场长效的综合管理机制，提高卷烟零售户的满意度，净化和规范烟草市场方面发挥了作用。

【市场净化率】 指在一定时期内，由烟草公司统一经营的烟草市场占同一地区烟草市场总额的百分比。

【水松纸】 又名接装纸，是一种卷烟包装材料，专供卷烟用作过滤嘴卷接包装，属特种工业用纸，因传统水松纸外观类似松木纹而得名。水松纸按加工工艺不同分两大类：印刷型水松纸和涂布型水松纸。水松纸的规格一般为宽0.38～0.68米，长2000～3000米的盘纸。水松纸的印刷油墨和涂层必须要求无毒，符合食品卫生标准，并且具有一定的抗水性和湿强度。

【四大战略性课题】 即烟草育种、特色工艺、调香技术、减害降焦四大课题。烟草育种是烟叶生产的基础，要满足中式卷烟发展和中国烟叶生产可持续发展的需要。特色工艺是将“中式卷烟”原辅料以低成本、高效率的加工方法，制造高质量、高香气、低危害合格卷烟产品的全过程中采用的专有工艺。调香技术包含调味和调香，烟草液料的调配称为调味，烟草香精的调配称为调香。减害降焦是在保持和发展卷烟产品固有的风格特征基础上减少卷烟燃吸中产生的有害成分和降低卷烟的焦油量。

【四定】 指烟草行业实施的以定岗、定员、定责、定薪为主要内容的人事劳动用工和收入分配制度改革。2007年，国家局印发了《国家烟草专卖局关于进一步深化烟草行业收入分配制度改革的意见》，目的是整合经营管理职能，明晰岗位职责，调整分配制度，达到机构设置精干，岗位设置合理，人员配置优化，分配制度科学，经营管理组织体系运转协调高效的目标。四定工作为加快行业发展步伐创造有利条件。

【“四个中心”建设】 “四个中心”指省级烟草工业公司的技术研发中心、市场营销中心、生产制造中心和物资采购中心。加强“四个中心”建设可以促进工业公司尽快由以管理为主向经营实体转变，实现工业公司企业化运作，提高工业公司一体化运作效率，提升科技力、营销力、制造力和采购力。“四个中心”聚集了工业公司的主要生产经营资源，加强“四个中心”建设，促进资源和生产要素在更大范围内优化配置。

【“四好”领导班子】 2005年4月，国家局党组决定，在全行业开展以“政治素质好、经营业绩好、团结协作好、作风形象好”为主要内容的“四好”领导班子争创活动。

【体外循环】 指烟草行业内部人员与行业外不法烟贩相互勾结、串通作案，共同实施的倒买倒卖卷烟、烟叶行为，是一种违反《烟草专卖法》的行为，而且是一种执法违法行为。

【五查五看】 即要求各级领导干部查政治责任感强不强，思想认识高不高，看是否认真组织开展“两个至上”在岗位主题实践活动；查生产经营中是否真正体现“两个至上”的要求，看是否严格要求自己、认真履行职责、依法依规生产经营、严格执行纪律，确保政令畅通；查工作作风上是否能够做到潜心做事、低调做人，看是否正确对待成绩、正确对待组织、正确对待自己；查事业上是否能够孜孜追求，具有创新精神，看是否以行业发展为己任、专心致志干事业、勇于创新求发展；查工作中是否甘于奉献、报效国家，看是否有铺张浪费、大手大脚现象，社会责任意识强不强。

【现代烟草农业】 2007年6月，行业在福建三明召开的全国烟叶基层建设暨收购工作现场会上第一次提出了现代烟草农业的概念。7月，姜成康局长全面阐述了现代烟草农业的指导思想，并将之概括为“打牢‘一个基础’，努力实现‘四个化’”，即全面推进烟叶生产基础设施建设，努力实现烟叶生产的“规模化种植、集约化经营、专业化分工、信息化管理”。10月24日，国家局下发《关于发展现代烟草农业的指导意见》。2007年年底，行业确定以四川凉山等地为现代烟草农业的试点单位。

【香精香料】 香精是指将几种或几十种香料按一定的比例配制在一起的混合物，包括适宜的溶剂或载体；香料是指带有香气的物质或原料，并能被感官所能嗅、尝出香味。

【香料烟】 又名东方型烟，属茄科，为一年生草本植物，株型紧凑，叶片小，茎秆细，芳香气味好，易燃烧，香浓味醇，故有“香料烟”之称。香料烟是异香型和混合型卷烟的重要原料，由于受气候条件的限制，香料烟的种植范围主要集中在东欧和中东地区，土耳其是香料烟最大生产国，其年产量超过25万吨，约占世界香料烟产量的40%。中国自1951年从土耳其引入香料烟，并从南到北进行了多点试验，云南的保山市，浙江的新昌县、嵊县都是著名的香料烟生产基地。

【小改密烤房】 指普通烤房通过改造成为立式密集式烤房，俗称“小改密”烤房。它具有增大烤房承烤面积、通风排湿效果显著、节约燃料、节约烘烤时间、耗电少等优点。

【新三会】 指新时期公司法人治理结构中的股东会、董事会、监事会，与党委会、职工代表大会和工会的“老三会”相对应，“新三会”是现代企业法人治理结构的主体框架。

【行业CA安全认证体系】 CA即（certification authority），是以构建在公钥基础设施（public key infrastructure）之上的产生和确定数字证书的第三方可信机构，其主要进行身份证书的发放，并按设计者制订的策略，管理电子证书的正常使用。CA安全认证体系的主要功能包括：签发数字证书、管理下级审核注册机构、接受下级审核注册机构的业务申请、维护和管理所有证书目录服务、向密钥管理中心申请密钥、实体鉴别密钥器的管理等等。

【雪茄烟】 指由烟叶或部分烟叶卷制并用天然烟叶和（或）再造烟叶作为内包皮和外包皮卷成的烟制品。除完全由手工卷制的雪茄外，雪茄烟的芯烟和内包皮一般在内坯模中加工成特殊的形状，随后再包上外包皮，外包皮可螺旋式包卷，也可纵向包卷。

【烟草薄片】 又称重组烟叶、均质烟叶、再造烟叶，主要由烟末、碎片、烟梗或低次烟叶加入胶黏剂和其他添加剂等组合加工而成，用来与烟叶按一定比例掺配，制作卷烟。

【烟草集约化育苗】 指在同一土地面积上投入较多的生产资料和劳动，在人工控制的最佳环境条件下，通过精细管理来提高单位土地面积上培育的壮苗数量，是烟草育苗技术上的一个重大改革，有利于促进烟草育苗实现专业化和商品化。托盘育苗和漂浮育苗是集约化育苗的两种新技术。

【《烟草控制框架公约》】 2003年5月，在瑞士日内瓦召开的第56届世界卫生大会上，世界卫生组织192个成员一致通过了第一个限制烟草的全球性公约—《烟草控制框架公约》，公约及其议定书对烟草及其制品的成分、包装、广告、促销、赞助、价格和税收等问题均作出了明确规定。公约的主要目标是提供一个由各缔约方在国家、区域和全球各级实施烟草控制措施的框架，以便使烟草使用和接触“二手烟”频率大幅度下降，从而保护当代和后代人免受烟草对健康、社会、环境和经济造成的破坏性影响。2003年11月，中国成为该公约的第77个签约国。2005年2月27日，《烟草控制框架公约》正式生效。2005年8月，全国人大常委会表决批准了该公约，10月正式向联合国递交了批准书。

【《烟草专卖法》】 是我国烟草史上的第一部法典，于1992年1月1日起施行，《烟草专卖法》的制定、颁布与施行，标志我国烟草行业走上了依法治理的轨道，对于巩固和完善烟草专卖制度、有计划组织烟草专卖品的生产与经营，提高烟草制品质量，维护消费者利益，保证国家财政收入具有重大意义。《烟草专卖法》共分为八章四十六条，并附有相关法律条文。

【烟草专卖许可证】 指烟草专卖行政主管部门应公民、法人或其他组织的申请，经过审查，认为申请人具备法定条件，准许其从事有关烟草专卖品的生产、经营等活动的证明文书。烟草专卖许可证共分为烟草专卖生产企业许可证、批发企业许可证、零售许可证、特种烟草专卖经营企业许可证四类，在实际应用中，还有其他表现形式，如烟叶收购许可证、准运证等。

【烟叶标准化示范区】 针对全国烟农数量多，受教育程度、掌握相关技术水平等方面存在差异，国家局组织部分烟叶生产县（市）按照“技术要求统一，管理模式统一，相关标准统一”的要求，推广烟叶标准化的生产模式。根据《国家级烟叶标准化示范县管理办法》及《国家级烟叶标准化示范县考核验收办法》，示范县建设三年期满时，要参加考核验收。考核验收达到合格水平的，由国家标准化管理委员会、国家局颁发证书，授予“国家级烟叶标准化示范县（市）”称号，并有资格在示范县主要示范田的显著位置竖立按统一标准制作的“国家级烟叶标准化示范县（市）”展示碑；考核验收达到优秀水平的，将被授予“国家级烟叶标准化优秀示范县（市）”称号，并有资格竖立相应的展示碑。

【烟叶生产基础设施建设】 指包括烟水配套工程、烟田机耕路、烤房和烟草专用机械四个方面的建设，是发展现代烟草农业的重点和基础。自2005年以来，烟草行业在全国22个省份的烟叶主产区全面开展烟叶生产基础设施建设工作。截至2007年底，全行业共投入专项建设资金120多亿元，已建成的项目有：水窖87.66万口，蓄水池14.9万座，机井7327眼，小塘坝7305座，沟渠3万千米，管网6.64万千米，提灌站1142座，排洪渠1351条；机耕路2738公里，桥梁658座，防洪堤415座；新建密集式烤房13.4万座，改建密集式烤房18.9万座。这些项目可使全国烟田受益面积达到1500万亩左右。

【烟叶收购预检制度】 即烟农的烟叶尚未送到烟叶站出售之前，烟草部门派烟叶预检员，到烟农家进行初步分组、分级，核实烟叶产量，安排出售日程，并作相关技术指导。

【一打两扫】 指卷烟产品在工业企业下线打码、出库扫码和商业企业到货确认扫码。它是卷烟生产经营决策管理系统获取数据的核心程序。

【一打三扫】 指市烟草公司将各县烟草站（点）收购的烟叶集中到市公司仓库，按照工商衔接的采购计划组织工商交接。该模式是烟草站对收购的烟叶成包打码，出库时扫码，烟叶移到市公司仓库入库时扫码，烟叶工商交接出库时扫码，称为“一打三扫”。该模式在业务流程上杜绝了清选环节，是实行原收原调的重要保证。

【一库制管理】 即以烟草商业企业为营销主体的新型卷烟配送模式，存在“一库一点”和“一库多点”两种模式。其特点是打破过去县级区域限制，根据地域、交通、送货半径和送货线路的实际情况实现了科学的跨区配送。

【一类～五类卷烟】 一类卷烟指每标准条（200支）不含增值税调拨价格100元（含）以上，二类卷烟指每标准条（200支）不含增值税调拨价格50元（含）～100元，三类卷烟指每标准条（200支）不含增值税调拨价格30元（含）～50元，四类卷烟指每标准条（200支）不含增值税调拨价格16.5元（含）～30元，五类卷烟指每标准条（200支）不含增值税调拨价格16.5元以下。

【原收原调】 将烟草站收购的烟叶直接与工厂进行工商交接，工厂根据需要再委托复烤企业进行清选、加工，即烟草商业企业收进来是什么烟调出去也是什么烟。

【原烟】 刚采收的、未发酵或未经过复烤的烟叶。

【职业健康安全管理体系】 是由一系列标准来构筑的一套系统，表达一种对企业职业健康安全进行控制的思想，也给出按照这种思想进行管理的一整套方法。职业健康安全管理体系是科学的、有效的，能够被接受的，并与企业的其他活动及整体的管理是相容的。同时，作为一套标准，职业健康安全管理体系能得到广泛的接受和承认，具有规范性。

【中式卷烟】 指能够满足中国卷烟消费者当前和潜在消费需求，具有独特中式香气风格和属性、拥有核心技术的卷烟产品。主要包括中式烤烟型卷烟和中式混合型卷烟。2004年2月，中式卷烟被正式确定为中国卷烟产品的发展方向。中式卷烟的研究和开发必须把握“高香气、低焦油、低危害”的原则。

【重大案件挂牌督办制度】 指国家局与公安部联合对制售假烟重大案件实行联合挂牌督办的制度。2007年，国家局与公安部联合下发了《关于对制售假烟重大案件实行督办制度的若干规定》，并多次组成联合督导组协调跨省重大案件，挂牌督办了20个制售假烟网络案件，直接组织、指挥了在全国有重大影响的打击制售假烟网络的行动。

（年鉴编辑部）

索引

索引使用说明

一、本索引采用关键词索引法编制，对年鉴中有实质检索意义的内容予以标引，以供检索使用。

二、本索引基本上是按汉语拼音音序排列。具体排列规律如下：以数字开头的标目，排在最前面；以英文字母打头的标目，列于其次；汉字标目则按首字的音序、音调依次排列；首字相同时，则以第二个字排序，并依次类推。

三、索引标目后的数字，表示检索内容所在的年鉴正文页码，如果一个关键词在同一页中出现多次，页码只标一次。

索　引

图书在版编目（CIP）数据

中国烟草年鉴·2007年/国家烟草专卖局编．-北京：中国经济出版社，2009.3
ISBN 978-7-5017-9075-3

Ⅰ．中… Ⅱ．国… Ⅲ．烟草工业—中国—2007—年鉴 Ⅳ．F426.89-54

中国版本图书馆CIP数据核字（2009）第022160号

出版发行： 中国经济出版社（100037·北京市西城区百万庄北街3号）
网　　址： www. economyph. com
责任编辑： 刘一玲　（电话：010-68359417）
责任印制： 张江虹
封面设计： 吉天虹
彩插设计： 张晨艳　　**彩插印张：** 4.5
经　　销： 各地新华书店
承　　印： 北京金华印刷有限公司
开　　本： 889×1194mm　1/16　　**印张：** 55.25　**字数：** 2100千字
版　　次： 2009年3月第1版　　**印次：** 2009年3月第1次印刷
书　　号： ISBN 978-7-5017-9075-3/F·8048　　**定价：** 300.00元

中国烟草年鉴 2007